HARRAP'S NEW SHORTER

FRENCH AND ENGLISH DICTIONARY

by

J. E. MANSION, M. A.

Revised by

M. FERLIN, *Agrégé de l'Université, O.*❊

and P. FORBES, B.A. (Oxon)

Edited by

D. M. LEDÉSERT, M.A. ✿ and

R. P. L. LEDÉSERT, *Licencié-ès-Lettres, Licencié en Droit* ✿

PART ONE

FRENCH–ENGLISH

HARRAP LONDON

First published in Great Britain 1940
by GEORGE G. HARRAP & CO. LTD
182–184 High Holborn, London WC1V 7AX
Reprinted: April 1944; *March* 1945;
March 1946; *August* 1950; *January* 1952;
November 1952; *August* 1953; *July* 1954;
November 1955; *February* 1957; *June* 1958;
January 1960; *August* 1961; *October* 1963;
April 1964; *May* 1965; *December* 1965;
July 1966

Completely revised, enlarged and reset edition 1967
Reprinted with corrections 1968
Reprinted with corrections and additions 1969
Reprinted with corrections and additions 1970
Reprinted with corrections and additions 1971
Reprinted with corrections and additions 1972
Reprinted 1973

ISBN 0 245 59061 7

REPRODUCED AND PRINTED IN GREAT BRITAIN BY
REDWOOD PRESS LIMITED
TROWBRIDGE & LONDON

PREFACE

This work is a completely revised edition of HARRAP'S SHORTER FRENCH AND ENGLISH DICTIONARY, which embodies the 1961 Supplement, and incorporates words and phrases which have become established in the French or English language in recent years, and from which obsolete terms, particularly dated colloquialisms, have been deleted. A particular feature of this new edition is the inclusion of French–Canadianisms and numerous additional Americanisms. It is about one quarter longer than the original work.

As far as the orthography of the English language is concerned, however, the standard spellings current in England have been used throughout. Common alternative spellings are given in the English–French part, though it should be noted that for words with the alternative suffixes **-ise** or **-ize** and **-isation** or **-ization, -ize** and **-ization** have been adopted throughout. The attention of the North American user is drawn to a few salient differences in spelling:

(*a*) the English use of **-our** in words which in American usage are spelt with **-or** (e.g. *Eng:* colour, *U.S:* color).

(*b*) the use of the final **-re** in words where American usage favours **-er** (e.g. *Eng:* theatre, *U.S:* theater).

(*c*) the doubling of the **l** before an ending beginning with a vowel, irrespective of accentuation (e.g. *Eng:* woollen, *U.S:* woolen; *Eng:* travelling, *U.S:* traveling).

(*d*) the single **l** before a final syllable beginning with a consonant, where the American usage is **ll** (e.g. *Eng:* skilful, *U.S:* skillful; *Eng:* enrolment, *U.S:* enrollment).

(*e*) the use of a **c** in certain words where American usage favours an **s** (e.g. *Eng:* defence, *U.S:* defense).

The phonetics of both French and English words are given according to the symbols of the International Phonetic Association.

In order to keep the work within a reasonable compass, a number of space-saving devices adopted in the original HARRAP'S SHORTER FRENCH AND ENGLISH DICTIONARY have been maintained. When in an example a head-word is repeated in exactly the same form, it is represented by the initial letter, though plural nouns or verb conjugations in which the form differs from the infinitive are written in full.

e.g. **gentleman,** *s.* . . . **Young g.,** jeune homme . . . **Gentlemen's hairdresser,** coiffeur pour hommes.
gain, *v. tr.* . . . **To g. strength,** (re)prendre des forces . . . **You will g. nothing by it,** vous n'y gagnerez rien . . . **He is gaining in weight,** il prend du poids.

Similarly, compound words appearing in examples are represented by the two initial letters:

e.g. **gate-legged,** *a.* **G.-l. table,** table à abattants.

This method of abbreviation also applies to the English compound verbs when the two component parts are not separated; when they are separated, however, it has generally been considered clearer to write them in full.

e.g. **get through,** *v.* . . . **To g.t. an examination,** être reçu à un examen . . . **To get sth. through the customs,** (faire) passer qch. à la douane.

In the French–English part a certain number of adverbs and simple derivatives follow a headword when no difficulty in meaning is involved:

arros/er . . ., to water . . . *a.* **-able.** *s.m.* **-age.** *s.m.* **-ement.**
abrupt, *a.* Abrupt . . . *adv.* **-ement.**
aud/ible, *a.* Audible. *s.f.* **-ibilité.**

In the English–French part, adverbs in **-ly** normally follow the adjectives:

new, *a.* Nouveau, -el, -elle . . . **-ly,** *adv.* Récemment, nouvellement.
noisy, *a.* Bruyant . . . **-ily,** *adv.* Bruyamment . . .

Hyphenated words are normally entered under the headword forming their first element:

night, *s.* . . . **night-bird,** *s.* . . . **night-blindness,** *s.* . . . *etc.*

This system has, however, caused considerable difficulties, as North American usage appears to have rejected to a great extent the use of the hyphen, while in England many words which only a few years ago would have been written with a hyphen now appear either as a single word or as two separate words. Where the usage is not yet fully established the hyphen has been placed in brackets; but, as there are no definable rules for the use of the hyphen, the user should bear in mind that he may find a compound word listed either under the headword which forms its first element, or in its strict alphabetical place.

For English verbs with compound forms, the simple form is treated first, and then follow under the same headword (i) the compound forms, each with any participial adjective or gerund; (ii) participial forms of the simple verb; and (iii) any hyphenated compounds of the headword.

e.g. **to break; . . . to break down, break-down,** *s.*, **broken-down,** *a.* . . . **to break up, break-up,** *s.*, **breaking up; broken,** *a.*, **-ly,** *adv.*, **broken-backed,** etc.; **breaking,** *s.*, **breaking-point; break-neck.**

The following conventions have also been observed:

GENDER, FEMININES, PLURALS. Common nouns have been described as 'substantives', being listed as *s.m.* or *s.f.* in the French–English part. In the English–French part the gender is given after the French word, except where the English word is given its gender (e.g. **man,** *s.m.*). Irregular plurals are given, as are the feminine forms of French adjectives which do not form their feminine by the simple addition of an **-e.**

VERBS. The principal parts of irregular verbs are given after the infinitive.

The French pronominal verbs are dealt with in a separate article following the simple verb whenever the verb in the pronominal form assumes new meanings or constructions. Thus the verb **battre** is followed by a special entry for the verb **se battre,** to fight. But if the pronominal form is merely a reflexive use of the simple verb, implying no change of meaning, it is not treated as a separate entity.

PUNCTUATION. Within the sub-headings (1, 2, (*a*), (*b*) etc.) indicating different meanings of a word, a comma is deemed to imply a virtual synonym, while a semi-colon indicates a different shade of meaning. An example shown in brackets after a meaning does not necessarily imply that the construction can be used for no other example (e.g. **susciter,** *v.tr.* . . . To (a)rouse (envy); envy suggests only one of the feelings which might be aroused).

Owing to the different systems of administration, etc. in the two countries, it is not always possible to give true translations for different functions or offices. In such cases the sign = has been used to indicate the nearest equivalent.

We should like to thank Mr C. B. Johnson, B.A., Miss M. Holland Smith, Mrs P. Brading, M.A., and Mrs E. A. H. Strick, M.A., for their help in the revision work; Mrs F. Collin, M.A. (Montréal), for providing a list of French Canadianisms; Mr J. D. O'Connor, B.A., for his help in the revision of the English phonetics; Miss V. Brown, B.A., Mr P. H. Collin, M.A., and Mr F. G. S. Parker, M.A., for reading the proofs and bringing to our notice many omissions and imperfections which had escaped us.

Revisers:

M. Ferlin, *Agrégé de l'Université, O.*❋

Patricia Forbes, B.A.

Editors:

R. P. L. Ledésert, *Licencié en Droit, Licencié-ès-Lettres,* ✿.

Margaret Ledésert, M.A.

PRÉFACE

Cet ouvrage est l'édition entièrement révisée du HARRAP'S SHORTER FRENCH AND ENGLISH DICTIONARY, augmentée du supplément paru en 1961, des mots et locutions qui ont acquis droit de cité en français ou en anglais au cours de ces dernières années, et allégée des termes tombés en désuétude, en particulier des tournures familières vieillies. Cette nouvelle édition présente une particularité par rapport à l'ancienne: l'adjonction de canadianismes français et de nombreux américanismes supplémentaires. Elle est plus longue que l'édition originale d'à peu près un quart.

L'orthographe des mots anglais respecte l'usage britannique. Les variantes usuelles figurent dans la partie anglais–français; il faut cependant signaler que pour les deux formes des suffixes **-ise** ou **-ize**, et **-isation** ou **-ization** l'orthographe **-ize** et **-ization** a été adoptée dans les deux parties du dictionnaire.

Nous attirons l'attention du lecteur américain sur quelques différences particulièrement frappantes:

(*a*) l'emploi anglais de **-our** dans des mots pour lesquels l'américain emploierait l'orthographe **-or** (ex. *angl:* colour, *U.S:* color).

(*b*) l'emploi de la finale **-re** dans des mots pour lesquels l'usage américain donne la préférence à la forme **-er** (ex. *angl:* theatre, *U.S:* theater).

(*c*) le redoublement de la lettre **l** devant une voyelle (ex. *angl:* woollen, *U.S:* woolen; *angl:* travelling, *U.S:* traveling).

(*d*) l'emploi de l'**l** simple devant une syllabe finale commençant par une consonne, alors que l'usage américain est **ll** (ex. *angl:* skilful, *U.S:* skillful; *angl:* enrolment, *U.S:* enrollment).

(*e*) l'emploi d'un **c** dans certains mots pour lesquels l'américain donne la préférence à l's (ex. *angl:* defence, *U.S:* defense).

Pour la transcription phonétique des mots français et anglais, nous employons les signes de l'Association phonétique internationale.

Afin d'éviter d'accroître démesurément le volume du présent ouvrage, un certain nombre de règles typographiques de l'édition originale du HARRAP'S SHORTER FRENCH AND ENGLISH DICTIONARY ont été conservées. Quand, dans un exemple, un mot principal est répété sans changement, il est représenté par sa première lettre, alors que les noms au pluriel, ou les formes des verbes pour lesquels l'orthographe change (ce qui n'est pas toujours le cas en anglais), sont écrits en toutes lettres.

ex. **gentleman,** *s.* . . . **Young g.,** jeune homme . . . **Gentlemen's hairdresser,** coiffeur pour hommes.
gain, *v. tr.* . . . **To g. strength,** (re)prendre des forces . . . **You will g. nothing by it,** vous n'y gagnerez rien . . . **He is gaining in weight,** il prend du poids.

De même, les mots composés qui figurent dans les exemples sont représentés par la première lettre de chacun des composants.

ex. **gate-legged,** *a.* **G.-l. table,** table à abattants.

Cette méthode d'abréviation s'applique aussi aux verbes composés anglais lorsque les deux composants du verbe ne sont pas séparés, mais lorsqu'un complément les sépare nous avons cru préférable de les écrire en toutes lettres, afin d'en rendre la lecture plus aisée.

ex. **get through,** *v.* . . . **To g.t. an examination,** être reçu à un examen . . . **To get sth. through the customs,** (faire) passer qch. à la douane.

Dans la partie français–anglais, un certain nombre d'adverbes et de dérivés simples sont insérés à la suite du mot principal, à condition que ceci n'entraîne aucune difficulté de compréhension:

arros/er . . . , to water . . . *a.* **-able.** *s.m.* **-age.** *s.m.* **-ement.**
abrupt, *a.* Abrupt . . . adv. **-ement.**
aud/ible, *a.* Audible. *s.f.* **-ibilité.**

Dans la partie anglais–français, les adverbes en **-ly** suivent normalement les adjectifs:

new, *a.* Nouveau, -el, -elle . . . **-ly,** *adv.* Récemment, nouvellement.
noisy, *a.* Bruyant . . . **-ily,** *adv.* Bruyamment . . .

Les mots composés à trait d'union figurent normalement sous leur premier composant:

night, *s.* . . . **night-bird,** *s.* . . . **night-blindness,** *s.* . . . *etc.*

Ce procédé présente toutefois des difficultés considérables. En effet, l'usage américain semble avoir rejeté dans une très large mesure l'emploi du trait d'union, et en Angleterre de nombreux mots qui, il y a seulement quelques années, eussent été écrits avec un trait d'union, s'écrivent maintenant soit en un seul mot, soit en deux mots séparés. Quant aux mots dont l'orthographe n'est pas encore définitivement établie, le trait d'union est entre parenthèses; mais comme il n'y a pas de règles bien définies. l'usager du dictionnaire doit toujours avoir présent à l'esprit qu'il peut éventuellement trouver un mot composé soit sous le mot principal formant son premier élément, soit à sa place strictement alphabétique.

En ce qui concerne les verbes anglais avec postposition, on trouvera d'abord le verbe simple, puis, sous le même article, (a) les verbes à postposition, avec pour chacun, les adjectifs participiaux ou les gérondifs; (b) les formes participiales du verbe simple et (c) tous les composés à trait d'union du verbe simple.

ex. **to break;** . . . **to break down,** *s.*, **broken-down,** *a.* . . . **to break up, break-up,** *s.*, **breaking up; broken,** *a.* **-ly,** *adv.*, **broken-backed,** etc.; **breaking,** *s.*, **breaking-point; break-neck.**

Les conventions suivantes ont été respectées:

GENRES, FÉMININS, PLURIELS. Les noms communs ont été classés comme substantifs et catalogués *s.m.* ou *s.f.* dans la partie français–anglais. Dans la partie anglais–français le genre est indiqué après le mot français, sauf dans les cas où le genre est donné pour le mot anglais (ex. **man,** *s.m.*). Les pluriels irréguliers sont indiqués, ainsi que le féminin des adjectifs français, lorsque celui-ci n'est pas formé par la simple adjonction d'un **-e.**

VERBES. Les temps principaux des verbes irréguliers sont indiqués à la suite de l'infinitif.

Les verbes pronominaux français sont traités dans un paragraphe séparé à la suite du verbe simple chaque fois que le verbe sous sa forme pronominale implique un sens nouveau ou une construction nouvelle. Ainsi, le verbe **battre** est suivi d'un article spécial pour le verbe **se battre,** to fight. Mais quand la forme pronominale n'est qu'un emploi réfléchi du verbe simple, et n'implique aucun changement de sens, celui-ci n'est pas traité dans un article séparé.

PONCTUATION. Les différents sens d'un mot sont donnés sous les sous-titres (1, 2, (*a*), (*b*), etc.); une virgule indique en quelque sorte un synonyme, tandis qu'un point-virgule marque une légère différence de sens. Lorsque, après une signification donnée, un exemple est indiqué entre parenthèses, cela n'implique pas nécessairement que cette construction ne soit admise que pour ce seul exemple (ex. **susciter,** *v.tr.* To (a)rouse (envy); l'envie ne suggère que l'un des sentiments qui peuvent être suscités).

Etant donné les différences dans les structures administratives et autres des deux pays, il n'est pas toujours possible de traduire exactement les diverses charges, fonctions etc. Dans de tels cas, le signe = a été utilisé pour indiquer l'équivalent le plus proche.

Nous tenons à remercier Mr C. B. Johnson, B.A., Miss M. Holland Smith, Mrs. P. Brading, M.A., et Mrs E. A. H. Strick, M.A., qui nous ont aidés au travail de révision; Mrs F. Collin, M.A. (Montréal), qui nous a fourni une liste de canadianismes français; Mr J. D. O'Connor, B.A., qui a contribué à la révision de la phonétique anglaise; et Miss V. Brown, B.A., Mr P. H. Collin, M.A., et Mr F. G. S. Parker, M.A., qui ont lu les épreuves et ont attiré notre attention sur de nombreuses omissions et imperfections qui nous avaient échappé.

Réviseurs:

M. Ferlin, *Agrégé de l'Université, O.*✵

Patricia Forbes, B.A.

Rédacteurs:

R. P. L. Ledésert, *Licencié en Droit, Licencié-ès-Lettres,* ✿.

Margaret Ledésert, M.A.

ABBREVIATIONS USED IN THE DICTIONARY

a., adj.	*Adjective*	Adjectif
A:	*Archaism; ancient; in former use*	Sens vieilli; désuet
Abs.	*Absolutely, absolute use*	Emploi absolu
Ac:	*Acoustics*	Acoustique
acc.	*Accusative*	Accusatif
Adm:	*Administration*	Administration
adv.	*Adverb, adverbial*	Adverbe, adverbial
Adv.phr.	*Adverbial phrase*	Locution adverbiale
Aer:	*Aeronautics*	Aéronautique
Agr:	*Agriculture*	Agriculture
A.Hist:	*Ancient history*	Histoire ancienne
Alg:	*Algebra*	Algèbre
	Algae	Algues
Amph:	*Amphibia*	Amphibiens
Anat:	*Anatomy*	Anatomie
Ann:	*Annelida*	Annelés
Ant:	*Antiquity, -ies*	Antiquité
Anthr:	*Anthropology*	Anthropologie
Ap:	*Apiculture*	Apiculture
approx.	*Approximately*	Sens approché
Ar:	*Arithmetic*	Arithmétique
Arach:	*Arachnida*	Arachnides
Arb:	*Arboriculture*	Arboriculture; sylviculture
Arch:	*Architecture*	Architecture
Archeol:	*Archaeology*	Archéologie
Arm:	*Armour*	Armures
	Arms	Armes
	Art	Beaux-arts
Artil:	*Artillery*	Artillerie
Astr:	*Astronomy*	Astronomie
Astrol:	*Astrology*	Astrologie
Atom.Ph:	*Atomic physics*	Sciences atomiques
attrib.	*Attributive*	Attributif
Austr:	*Australia; Australian*	Australie; australien
Aut:	*Automobilism*	Automobilisme
aux.	*Auxiliary*	Auxiliaire
Av:	*Aviation*	Aviation
B:	*Biblical; Bible*	Biblique; Bible
Bac:	*Bacteriology*	Bactériologie
Bak:	*Baking*	Boulangerie
Ball:	*Ballistics*	Balistique
Bank:	*Banking*	Opérations de banque
B.Hist:	*Bible History*	Histoire sainte
Bib:	*Bibliography*	Bibliographie
Bill:	*Billiards*	Jeu de billard
Bio-Ch:	*Biochemistry*	Biochimie
Biol:	*Biology*	Biologie
Bookb:	*Bookbinding*	Reliure
Book-k:	*Book-keeping*	Tenue des livres
Bootm:	*Bootmaking*	Cordonnerie
Bot:	*Botany*	Botanique
Box:	*Boxing*	Boxe
Breed:	*Breeding*	Élevage
Brew:	*Brewing*	Brasserie
Brickm:	*Brickmaking*	Briqueterie
card.a.	*Cardinal adjective*	Adjectif cardinal
	Cards	Jeux de cartes
Carp:	*Carpentry*	Charpenterie; menuiserie du bâtiment

Cav:	*Cavalry*	Cavalerie
Cer:	*Ceramics*	Céramique
Cf.	*Refer to*	Conferatur
Ch:	*Chemistry*	Chimie
Chr:	*Chronology*	Chronologie
Cin:	*Cinematography*	Cinématographie
Civ:	*Civilisation*	Civilisation
Civ.E:	*Civil Engineering*	Génie civil
Cl:	*Classical*	Classique; antiquité grecque ou romaine
Clockm:	*Clock and watch making*	Horlogerie
Coel:	*Coelenterata*	Cœlentérés
cogn.acc.	*Cognate accusative*	Accusatif de d'objet interne
Coll:	*Collective*	Collectif
Com:	*Commerce*	Commerce
comb.fm	*Combining form*	Forme de combinaison
Comest:	*Comestibles*	Comestibles
comp.	*Comparative*	Comparatif
Conc:	*Concrete*	Concret
Conch:	*Conchology*	Conchyliologie
condit.	*Conditional*	Conditionnel
conj.	*Conjunction*	Conjonction
Conj. like	*Conjugated like*	Conjugué de même que
Const:	*Construction*	Bâtiment
Coop:	*Cooperage*	Tonnellerie
Corr:	*Correspondence*	Correspondance
Cost:	*Costume, clothing*	Costume
Cp.	*Compare*	Comparer
Cr:	*Cricket*	Cricket
Crust:	*Crustacea*	Crustacés
Cryst:	*Crystallography*	Cristallographie
Cu:	*Culinary; cuisine*	Cuisine
Cust:	*Customs*	Douanes
Cy:	*Cycles: cycling*	Cycles; cyclisme
Danc:	*Dancing*	Danse
dat.	*Dative*	Datif
def.	*Definite*	Défini
def.	*Defective*	Défectif
dem.	*Demonstrative*	Démonstratif
Dent:	*Dentistry*	Art dentaire
Dial:	*Dialect*	Dialectal
Dim:	*Diminutive*	Diminutif
Dipl:	*Diplomacy*	Diplomatie
Dist:	*Distilling*	Distillation
Dom.Ec:	*Domestic Economy*	Économie domestique
Draw:	*Drawing*	Dessin
Dressm:	*Dressmaking*	Couture et modes
Dy:	*Dyeing*	Teinture
E.	*East*	Est
E:	*Engineering*	Art de l'ingénieur; industries mécaniques
Ecc:	*Ecclesiastical*	Église et clergé
Echin:	*Echinodermata*	Échinodermes
e.g.	*For example*	Par exemple
El:	*Electricity; electrical*	Électricité; électrique
El.-Ch:	*Electro-Chemistry*	Électro-chimie

El.E:	*Electrical engineering*	Électrotechnique
Eng.	*English; England*	Anglais; Angleterre
Engr:	*Engraving*	Gravure
Ent:	*Entomology*	Entomologie
epith.	*Epithet (adjective)*	(Adjectif) qualificatif
Equit:	*Equitation*	Équitation
esp.	*Especially*	Surtout
etc.	*Et cetera*	Et cætera
Eth:	*Ethics*	Morale
Ethn:	*Ethnology*	Ethnologie
excl.	*Exclamation; exclamative*	Exclamation; exclamatif
Exp:	*Explosives*	Explosifs
f.	*Feminine*	Féminin
F:	*Colloquial*	Familier; style de la conversation
Farr:	*Farriery*	Maréchalerie
Fb:	*Football*	Football
Fenc:	*Fencing*	Escrime
	Ferns	Fougères
Fin:	*Finance*	Finances
Fish:	*Fishing*	Pêche
For:	*Forestry*	Forêts
Fort:	*Fortification*	Fortification
Fr.	*French; France*	Français; France
Fr.C:	*French Canadian*	Canadien français
fu.	*Future*	Futur
	Fuel	Combustibles
Fung:	*Fungi*	Champignons
Furn:	*Furniture*	Mobilier
	Games	Jeux
Gasm:	*Gasmaking*	Industries du gaz
Geog:	*Geography*	Géographie
Geol:	*Geology*	Géologie
Geom:	*Geometry*	Géométrie
ger.	*Gerund*	Gérondif
Glassm:	*Glassmaking*	Verrerie
Gr.	*Greek*	Grec
Gr.Alph:	*Greek Alphabet*	Alphabet grec
Gr.Ant:	*Greek Antiquity*	Antiquité grecque
Gr.Civ:	*Greek Civilization*	Civilisation grecque
Gram:	*Grammar*	Grammaire
	Gramophones	Phonographes
Gym:	*Gymnastics*	Gymnastique
Hairdr:	*Hairdressing*	Coiffure
Harn:	*Harness*	Sellerie; harnais
Her:	*Heraldry*	Blason
Hist:	*History; historical*	Histoire; historique
Hor:	*Horology*	Horométrie
Hort:	*Horticulture*	Horticulture
Hum:	*Humorous*	Par facétie
Husb:	*Husbandry*	Économie rurale
Hyd:	*Hydraulics; hydrostatics*	Hydraulique; hydrostatique
Hyg:	*Hygiene*	Hygiène
i.	*Intransitive*	Intransitif
I.C.E:	*Internal Combustion Engines*	Moteurs à combustion interne
Ich:	*Ichthyology*	Ichtyologie
imp.	*Imperative*	Impératif
impers.	*Impersonal*	Impersonnel
ind.	*Indicative*	Indicatif
Ind:	*Industry*	Industrie; arts industriels
indef.	*Indefinite*	Indéfini
ind.tr.	*Indirectly transitive*	Transitif avec régime indirect

inf.	*Infinitive*	Infinitif
Ins:	*Insurance*	Assurances
int.	*Interjection*	Interjection
interr.	*Interrogative*	Interrogatif
inv.	*Invariable*	Invariable
Iron:	*Ironical(ly)*	Ironique(ment)
Jew.	*Jewish*	Juif; juive
Join:	*Joinery*	Menuiserie
Journ:	*Journalism*	Journalisme
Jur:	*Jurisprudence: law*	Droit; terme de palais
	Knitting	Tricot
Lap:	*Lapidary Arts*	Arts lapidaires; taillerie
Laund:	*Laundering*	Blanchissage
Leath:	*Leatherwork*	Travail du cuir
Ling:	*Linguistics*	Linguistique
Lit:	*Literary use; literature; literary*	Forme littéraire; littérature; littéraire
Lith:	*Lithography*	Lithographie
Locksm:	*Locksmithery*	Serrurerie
Log:	*Logic*	Logique
Lt.	*Latin*	Latin
m.	*Masculine*	Masculin
Magn:	*Magnetism*	Magnétisme
Mapm:	*Mapmaking*	Cartographie
Mch:	*Machines*	Machines; machines à vapeur
Meas:	*Weights and Measures*	Poids et mesures
Mec:	*Mechanics*	Mécanique
Mec.E:	*Mechanical Engineering*	Industries mécaniques
Med:	*Medicine*	Médecine
Mediev:	*Medieval*	Du moyen âge
Metall:	*Metallurgy*	Métallurgie
Metalw:	*Metalworking*	Travail des métaux
Metaph:	*Metaphysics*	Métaphysique
Meteor:	*Meteorology*	Météorologie
Mil:	*Military*	Militaire; art militaire
Mill:	*Milling*	Meunerie
Min:	*Mining and quarrying*	Exploitation des mines et carrières
Miner:	*Mineralogy*	Minéralogie
M.Ins:	*Maritime Insurance*	Assurance maritime
Moham:	*Mohammedan*	Musulman
Moll:	*Molluscs*	Mollusques
Moss:	*Mosses and lichens*	Muscinées
Mount:	*Mountaineering*	Alpinisme
Mth:	*Mathematics*	Mathématiques
Mus:	*Music*	Musique
Myr:	*Myriapods*	Myriapodes
Myth:	*Myth and legend, mythology*	Mythes et légendes; mythologie
n.		Nous
N.	*North*	Nord
N.Arch:	*Naval Architecture*	Architecture navale
Nat.Hist:	*Natural History*	Histoire naturelle
Nau:	*Nautical*	Terme de marine
Nav:	*Navigation*	Navigation
	Navy	Marine militaire
Needlew:	*Needlework*	Travaux à l'aiguille; couture
neg.	*Negative*	Négatif
neut.	*Neuter*	Neutre

ABBREVIATIONS

nom.	*Nominative*	Nominatif
Num:	*Numismatics*	Numismatique
num.a.	*Numeral adjective*	Adjectif numéral
O:	*Obsolescent*	Vieilli
Obst:	*Obstetrics*	Obstétrique
Oc:	*Oceanography*	Océanographie
occ.	*Occasionally*	Parfois; par occasion
Onomat:	*Onomatopoeia*	Onomatopée
Opt:	*Optics*	Optique
Orn:	*Ornithology*	Ornithologie
Ost:	*Ostreiculture*	Ostréiculture
p.	(i) *Participle;* (ii) *past*	(i) Participe; (ii) passé
P:	*Uneducated expression; slang*	Expression populaire; argot
Paint:	*Painting trade*	Peinture en bâtiment
Pal:	*Paleography*	Paléographie
Paleont:	*Paleontology*	Paléontologie
Paperm:	*Papermaking*	Fabrication du papier
Parl:	*Parliament*	Parlement
Path:	*Pathology*	Pathologie
p.d.	*Past descriptive; imperfect tense*	Passé descriptif; imparfait (de l'indicatif)
Pej:	*Pejorative*	Sens péjoratif
Perf.	*Perfect*	Parfait
pers.	*Person; personal*	Personne; personnel
p.h.	*Past historic; past definite*	Passé historique; passé défini
Ph:	*Physics*	Physique
Pharm:	*Pharmacy*	Pharmacie
Ph.Geog:	*Physical geography*	Géographie physique
Phil:	*Philosophy*	Philosophie
Phot:	*Photography*	Photographie
Phot.Engr:	*Photo-engraving; process work*	Procédés photomécaniques; photogravure
phr.	*Phrase*	Locution
Physiol:	*Physiology*	Physiologie
Pisc:	*Pisciculture*	Pisciculture
pl.	*Plural*	Pluriel
Plumb:	*Plumbing*	Plomberie
P.N:	*Public notices*	Affichage; avis au public
Poet:	*Poetical*	Style poétique
Pol:	*Politics*	Politique
Pol.Ec:	*Political Economy*	Économie politique
poss.	*Possessive*	Possessif
Post:	*Postal Service*	Postes et télégraphes
p.p.	*Past participle*	Participe passé
pr.	*Present*	Présent
pred.	*Predicate; predicative*	Attribut; attributif
pref.	*Prefix*	Préfixe
Prehist:	*Prehistory*	Préhistoire
prep.	*Preposition*	Préposition
Prep.phr.	*Prepositional phrase*	Locution prépositive
Pr.n.	*Proper name*	Nom propre
pron.	*Pronoun*	Pronom
Pros:	*Prosody*	Prosodie; métrique
Prot:	*Protozoa*	Protozoaires
Prov:	*Proverb*	Proverbe
pr.p.	*Present participle*	Participe présent
Psy:	*Psychology*	Psychologie
Publ:	*Publishing*	Édition
Pyr:	*Pyrotechnics*	Pyrotechnie

qch.	*Something*	Quelque chose
qn	*Someone*	Quelqu'un
q.v.	*See this word*	Se reporter à ce mot
Rac:	*Racing*	Courses
Rad.-A:	*Radio-activity*	Radio-activité
Rail:	*Railways*	Chemins de fer
R.C.Ch:	*Roman Catholic Church*	Église catholique
rel.	*Relative*	Relatif
Rel:	*Religion(s)*	Religion(s)
Rel.H:	*Religious History*	Histoire des religion
Rept:	*Reptiles*	Reptiles
Rh:	*Rhetoric*	Rhétorique
	Rockets	Fusées
Rom.	*Roman*	Romain, romaine
Ropem:	*Ropemaking*	Corderie
Row:	*Rowing*	Aviron
R.t.m.	*Registered trade mark*	Marque déposée
S.	*South*	Sud
s., sb.	*Substantive, noun*	Substantif, nom
S.a., *S.a.*	*See also*	Voir
Sch:	*Schools and universities*	Université; écoles
Scot:	*Scottish*	Écossais
	Scouting	Scoutisme
Sculp:	*Sculpture*	Sculpture
Ser:	*Sericulture*	Sériciculture
sg.	*Singular*	Singulier
Sm.a:	*Small arms*	Armes portatives
s.o.	*Someone*	Quelqu'un
Soapm:	*Soapmaking*	Savonnerie
Sp:	*Sport*	Sport
Spong:	*Sponges*	Spongiaires
St.Exch:	*Stock Exchange*	Terme de Bourse
sth.	*Something*	Quelque chose
Stonew:	*Stoneworking*	Taille de la pierre
sub.	*Subjunctive*	Subjonctif
suff.	*Suffix*	Suffixe
Sug.-R:	*Sugar-Refining*	Raffinerie du sucre
sup.	*Superlative*	Superlatif
Surg:	*Surgery*	Chirurgie
Surv:	*Surveying*	Géodésie et levé de plans
Swim:	*Swimming*	Natation
Tail:	*Tailoring*	Vêtements d'hommes
Tan:	*Tanning*	Tannage des cuirs
Tchn:	*Technical*	Terme(s) technique(s); terme(s) de métier
Ten:	*Tennis*	Tennis
Tex:	*Textiles*	Industries textiles
Tg:	*Telegraphy*	Télégraphie
Th:	*Theatre*	Théâtre
Theol:	*Theology*	Théologie
thg	*Thing*	Chose; objet
Tls:	*Tools*	Outils
Toil:	*Toilet; make-up*	Toilette; maquillage
Town P:	*Town Planning*	Urbanisme
Tp:	*Telephony*	Téléphonie
tr.	*Transitive*	Transitif
Trans:	*Transport*	Transports
Trig:	*Trigonometry*	Trigonométrie
	Turf	Turf
T.V:	*Television*	Télévision
Typ:	*Typography*	Typographie
Typewr:	*Typewriting*	Dactylographie
U.S:	*United States*	États-Unis

usu.	*Usually*	D'ordinaire
v.	*Verb*	Verbe
v.		Vous
V:	*Vulgar; not in polite use*	Trivial; bas
Veh:	*Vehicles*	Véhicules
Ven:	*Venery*	Chasse
Vet:	*Veterinary science*	Art vétérinaire
v.i.	*Intransitive verb*	Verbe intransitif
v.ind.tr.	*Verb indirectly transitive*	Verbe transitif indirect
Vit:	*Viticulture*	Viticulture
Voc:	*Vocative*	Vocatif
v.pr.	*Pronominal verb*	Verbe pronominal
v.tr.	*Transitive verb*	Verbe transitif
W.	*West*	Ouest
Wine-m:	*Wine-making*	Vinification
Wr:	*Wrestling*	Lutte
W.Tel:	*Wireless Telephony and Telegraphy*	Téléphonie et télégraphie sans fil; T.S.F.
W.Tg:	*Wireless Telegraphy*	Télégraphie sans fil
W.Tp:	*Wireless Telephony*	Téléphonie sans fil
	X Rays	Rayons X
Y:	*Yachting*	Yachting
Z:	*Zoology*	Zoologie

HARRAP'S NEW SHORTER

FRENCH AND ENGLISH DICTIONARY

Completely revised edition

PART ONE

FRENCH-ENGLISH

PRONUNCIATION

The symbols used are those of the International Phonetic Association, and the pronunciation given is the one used most frequently by educated Frenchmen. It is sometimes different from that given in previous editions of the dictionary, as allowance has been made for the evolution of the pronunciation from one generation to another.

The following points call for particular attention:

(*a*) For words ending in *-assion* or *-ation* the pronunciation [-ɑsjɔ̃] has largely given way to [-asjɔ̃], and this tendency is also spreading to words ending in *-asion* [-ɑzjɔ̃] → [-azjɔ̃].

(*b*) Although the accent on the letter *e* (é, è, ê) frequently indicates the pronunciation [e, ɛ, ɛː], this is not automatically so, as the proximity of certain sounds may modify the pronunciation. This modification has been represented, where it is most marked, by the nearest phonetic symbol available, e.g. *pondération* [pɔ̃dɛrasjɔ̃], *opération* [ɔpɛrasjɔ̃]. Moreover, as unaccented vowels are always less closed or less open than those in a tonic position, [e] and [ɛ] are often reduced to an intermediate sound which is less closed than [e] and less open than [ɛ]. It has not, however, been considered desirable to show this intermediate sound.

(*c*) When the vowel [i] is followed immediately by another vowel (e.g. *ouvrier*, *prier*), there are two possible pronunciations, [uvrie, uvrije], [prie, prije], the second being due to the interpolation of a light intervocalic [j]. In general only the first pronunciation has been shown.

(*d*) The pronunciation [œ̃] to represent *un* has been used throughout, though it should be noted that the pronunciation [ɛ̃] which is widespread in the Paris region in words such as *lundi* or *Verdun* is tending to gain ground.

(*e*) No tonic accent is shown in the French–English part. The normal accentuation (where no particular emphasis is placed on the word in question) falls in an isolated word on the last syllable, or on the penultimate if the vowel of the last syllable is a mute *e*. It should moreover be borne in mind that the tonic accent is much less pronounced in French than in English.

The reader who wishes to study the question of French pronunciation in greater detail is referred to Pierre Fouché: *Traité de Prononciation française* (Klincksieck, Paris, 2nd ed., 1959) and to Léon Warnant: *Dictionnaire de la prononciation française* (J. Duculot, Gembloux, 2nd ed., 1964).

PRONONCIATION

Les signes employés pour figurer la prononciation sont ceux de l'Association phonétique internationale.

La prononciation figurée est, dans chaque cas, la prononciation la plus courante chez les Français instruits. Elle est parfois différente de celle notée dans nos précédentes éditions; la prononciation française, comme la prononciation anglaise, évolue au cours des générations; nous avons autant que possible tenu compte de cette évolution.

Il est quelques points sur lesquels nous nous permettons d'attirer l'attention:

(*a*) Pour les terminaisons *-assion*, *-ation* la prononciation [-ɑsjɔ̃] a dans beaucoup de cas cédé la place à la prononciation [-asjɔ̃]. Cette évolution tend à gagner la terminaison *-asion* [-ɑzjɔ̃] → [-azjɔ̃].

(*b*) Il ne faut pas oublier que si dans un *e* accentué (é, è, ê) l'accent, dans beaucoup de cas, indique la prononciation [e, ɛ, ɛ:], il n'en est pas toujours ainsi; le voisinage de certains sons peut modifier cette prononciation. Nous avons noté cette modification, lorsqu'elle est patente, par le signe le plus approchant, p.ex. *pondération* [pɔ̃dɛrasjɔ̃], *opération* [ɔpɛrasjɔ̃]. D'autre part, les voyelles en position atone étant toujours moins fermées ou moins ouvertes qu'en position tonique, [e] ou [ɛ] sont souvent réduits à un son intermédiaire. Nous avons jugé superflu de noter spécialement cet *e* intermédiaire.

(*c*) Lorsque deux voyelles dont la première est un [i] sont en contact (*ouvrier*, *prier*), deux prononciations s'entendent [uvrie, uvrije], [prie, prije] par suite de l'introduction d'un léger [j] intervocalique. Nous n'avons en général noté que la première prononciation.

(*d*) Nous avons maintenu partout la figuration [œ̃] pour la graphie *un*. Il est bon toutefois de noter que la prononciation, très commune dans la région parisienne, de [ɛ̃] pour [œ̃] dans les mots comme *lundi*, *Verdun*, tend à se répandre.

(*e*) Nous n'avons pas noté l'accent tonique dans la partie français-anglais. On sait que l'accent *normal* (qu'il faut distinguer de l'accent *d'insistance*) porte, dans le mot isolé, sur la dernière syllabe (ou l'avant-dernière si la dernière comporte un *e* muet). Il ne faut d'ailleurs pas oublier que l'accent tonique est moins prononcé en français qu'en anglais.

Nous renvoyons le lecteur désireux d'étudier plus avant la prononciation française actuelle au *Traité de prononciation française* de M. Pierre Fouché, professeur à la Sorbonne (Libr. C. Klincksieck, Paris, 2e éd. 1959) *et au Dictionnaire de la prononciation française de* M. Léon Warnant, professeur à l'université de Liège (Édit. J. Duculot, Gembloux, 2e éd 1964).

TABLE OF PHONETIC SYMBOLS

VOWELS

[i]	vite, cygne	[yː]	mur, ils eurent
[iː]	rire, lyre, Moïse	[ø]	feu, ceux, nœud
[e]	été, donner, j'ai	[øː]	meule, jeûne
[ɛ]	elle, très, peine, mais, Noël	[œ]	jeune, œuf, cueillir
[ɛː]	terre, père, paire	[œː]	fleur, sœur, œuvre
[a]	chat, là, femme, toit	[ə]	le, ce, entremets
[aː]	rare, tard, noir	[ɛ̃]	vin, plein, main, chien, examen, faim, thym
[ɑ]	pas, âgé, le bois	[ɛ̃ː]	prince, ceindre, plaindre
[ɑː]	sable, âge, tâche	[ɑ̃]	enfant, temps, paon
[ɔ]	donne, Paul, album	[ɑ̃ː]	danse, centre, ample
[ɔː]	fort, Laure	[ɔ̃]	mon, plomb
[o]	dos, impôt, chaud	[ɔ̃ː]	honte, nombre, comte
[oː]	fosse, fausse, rôle	[œ̃]	lundi, à jeun, parfum
[u]	tout, goût, août	[œ̃ː]	humble
[uː]	cour, Douvres		
[y]	cru, eu, ciguë		

CONSONANTS

[p]	pain, absolu	[l]	lait, aile, table
[b]	beau, bleu, abbé	[ʃ]	chose, chercher, schisme
[m]	mou, flamme, prisme	[ʒ]	Jean, gilet, manger
[f]	feu, bref, phrase	[k]	camp, képi, quatre, écho
[v]	voir, vivre, wagon	[g]	garde, guerre, second
[t]	table, net, théâtre	[ɲ]	campagne, gniaf
[d]	donner, sud	[r]	rare, marbre, rhume
[n]	né, canne, automne	[ks]	accident, extrême
[s]	sou, rébus, cire, scène, action, six	[gz]	exister
[z]	cousin, zéro, deuxième		

SEMI-CONSONANTS

[j]	yacht, piano, ration, voyage, travailler, cahier	[w]	ouate, ouest, noir, pingouin, tramway
		[ɥ]	muet, huit, lui

DIPHTHONGS

[iːj]	fille, famille	[aːj]	ferraille
[ɛːj]	soleil, veille, paye	[ɑːj]	il bâille, rail
[aj]	bail, travail, médaille	[œj]	fauteuil, œil, je cueille

SHORTER
FRENCH AND ENGLISH DICTIONARY

PART ONE
FRENCH—ENGLISH

A, a[1] [ɑ], *s.m.* (The letter) A, a. *F:* **Il ne sait ni A ni B,** he can't tell chalk from cheese. **Connaître un sujet depuis A jusqu'à Z,** to know a subject from A to Z, thoroughly, inside out. **Prouver par A plus B,** to prove mathematically. *Tp:* **A comme Anatole,** A for Andrew.

a[2] [a]. See AVOIR.

à [a], *prep.* (Contracts with the article **le** into **au,** with the articles **les** into **aux.**)

I. **1.** Denoting direction in space, towards an end. (*a*) **Courir à qn,** to run to s.o. **Aller à l'école, à l'église,** to go to school, to church. **Voyage à Paris,** journey to Paris. **Se rendre au Japon, aux Indes,** to travel to Japan, to India. **Jeter qch. à terre,** to throw sth. to the ground. **Tourner le dos à qn,** to turn one's back on s.o. (*b*) **Au voleur!** stop thief! **A l'assassin!** murder! (*c*) Denoting opposition. **On se battit homme à homme,** they fought man to man. *Ten:* **Quinze A,** fifteen all. **2.** Denoting direction in time. **Du matin au soir,** from morning to night. **Attendre à plus tard,** to wait until later. **A jeudi!** good-bye until Thursday! see you on Thursday! **3.** Denoting point in space. **A la gare,** at the station. **A l'école, à l'église, à Paris,** at school, at church, in Paris. **Être au jardin,** to be in the garden. **Assis à mon travail,** sitting at my work. **Avoir qch. à la main,** to have sth. in one's hand. **A deux milles d'ici,** two miles away. **4.** Denoting point in time. **A deux heures,** at two o'clock. **A certains jours,** on certain days. **A mon arrivée,** on my arrival. **Arriver à temps,** to arrive in time. **Au mois de juillet,** in the month of July. **A l'aube,** at dawn. **5.** Denoting mode of action. **A la main,** by hand. **A pied,** on foot. **A cheval,** on horseback. **Louer une maison à l'année,** to let a house by the year. **A quel prix le vendez-vous?** at what price are you selling it? **Vendre des marchandises à la douzaine,** to sell goods by the dozen. **Nous l'avons fait à deux, à trois,** there were two, three, of us at it. **Recevoir qn à bras ouverts,** to receive s.o. with open arms. **A la française, à l'anglaise,** (in the) French, English, fashion. **Nager à la chien,** to dog-paddle. **Manger à sa faim, boire à sa soif,** to eat, drink, one's fill. **On le voit à votre visage,** I can tell it by your face. **6.** Introducing the indirect object of a vb. **Donner qch. à qn,** to give sth. to s.o. **Parler à qn,** to speak to s.o. **Penser à qch.,** to think of sth. **7.** Forming adj. phrases. (*a*) (Purpose) **Tasse à thé,** tea-cup. (*b*) (Means of action) **Moulin à vent,** windmill. **Machine à vapeur,** steam-engine. (*c*) (Special feature) **Homme à barbe noire,** man with a black beard. **Gens à l'aspect étranger,** people of foreign appearance. **Chambre à deux lits,** double-bedded room. (*d*) (Possession) **Un livre à moi,** a book of mine. **J'ai de l'argent à moi,** I have money of my own. **Le livre est à Jean,** the book is John's. **Son idée à elle serait de . . .,** her idea would be to. . . . **8.** (*a*) Introducing a complement to an adj. **C'est très gentil à vous,** that's very nice, kind, of you. (*b*) Introducing a complement to **être.** **Ce n'est pas à moi de les avertir,** it is not my business to warn them. **C'est à vous, à Pierre, de décider,** it is for you, for Peter, to decide. **C'est à vous,** it is your turn. *W.Tel:* **A vous,** over to you.

II. **à** introducing vb in the infinitive. **1.** As logical subject of sentence. **Il me reste à vous remercier,** I still have to thank you. **2.** As obj. or compl. to a vb. **Il aime à se distraire,** he is fond of pleasure. **Il apprend à lire,** he is learning to read. **J'ai à faire,** I have work to do. **3.** In adj. relation to sb. or pron. **J'ai une lettre à écrire,** I have a letter to write. **Il est homme à se défendre,** he is the kind of man who will hit back. **Un spectacle à ravir,** a delightful sight. **Machine à coudre,** sewing-machine. **Vous n'êtes pas à plaindre,** you are not to be pitied. **4.** In adv. relation to adj. (*a*) **Je suis prêt à vous écouter,** I am ready to listen to you. **Habile à coudre,** clever at sewing. (*b*) With numerals. **Un Samaritain fut le troisième à passer,** a Samaritan was the third to pass by. **5.** Related to vb. (*a*) Denoting time, place, circumstance. **Il est à travailler,** he is at (his) work. **J'en suis venu à lui parler,** I have got to the point of speaking to him. (*b*) With restrictive force. **A les en croire pas une âme n'aurait survécu,** if they are to be believed not a soul has survived. **A vivre ainsi vous vous abîmez la santé,** such a life is impairing your health. **A partager les mêmes périls on apprend à se connaître,** by sharing the same dangers we learn to know each other. **6.** With intensive force. **Il gèle à pierre fendre,** it is freezing hard. **Elle est laide à faire peur,** she is frightfully ugly. **Un bruit à tout casser,** a noise fit to bring the house down.

abaissable [abɛsabl], *a.* Lowerable.

abaissant [abɛsɑ̃], *a.* Lowering (to one's self-respect, etc.).

abaisse [abɛːs], *s.f. Cu:* Paste rolled thin; undercrust.

abaisse-langue [abɛslɑ̃g], *s.m.inv. Surg:* Tongue-depressor.

abaissement [abɛsmɑ̃], *s.m.* **1. A. du bras, d'un store, des prix,** lowering of the arm, of a blind, of prices. **2.** Falling, abatement, subsidence, sinking. **A. de la température,** fall in temperature. **A. des prix,** dropping of prices. **A. des valeurs,** deterioration in values. **3.** Dip (of the ground). **4.** Abasement. **A. des grands,** humbling of the great.

abaisser [abɛse], *v.tr.* **1.** To lower; to let down (drawbridge). **A. les yeux sur la foule,** to look down on the crowd. **2.** To lower (shelf, one's voice); to reduce, lessen (prices, cost, pressure, etc.). **3.** To humble, bring low, abase. **Dieu abaisse les superbes,** God humbles the proud. **4.** *Ar:* **A. un chiffre,** to bring down a figure. **5.** *Geom:* **A. une perpendiculaire à une ligne,** to drop a perpendicular to a line.

s'abaisser. 1. To fall away, dip, slope downward, go down. **Le terrain s'est abaissé,** the ground has subsided. **Ses paupières s'abaissèrent,** her eyelids drooped. **2. S'a. devant Dieu,** to humble oneself before God. **3. S'a. à, jusqu'à, faire qch.,** to stoop so low as to do sth.; to stoop to doing sth.

abajoue [abaʒu], *s.f.* **1.** *Z:* (Monkey's) cheek-pouch. **2.** *pl. F:* Flabby cheeks.

abalourdir [abalurdir], *v.tr.* To make (s.o.) dull, stupid.

abandon [abɑ̃dɔ̃], *s.m.* **1.** (*a*) Surrender, renunciation (of goods, rights, etc.). **Faire l'a. de qch. à qn,** to make over, resign, surrender, sth. to s.o. (*b*) *Sp:* giving up, withdrawal (from race). **2.** Forsaking, desertion, abandonment, neglect (of children, duty). **3.** Forlornness, neglect. **Mourir dans un a. général, universel,** to die forsaken by all. **A l'a.,** neglected, in utter neglect. *Nau:* Adrift, derelict; (*of children, fields*) running wild. **4.** (*a*) Lack of restraint; unconstraint, abandon. **Parler avec un complet a.,** to speak freely. (*b*) **A. au péché,** indulgence in sin.

abandonné, -ée [abɑ̃dɔne], *a. & s.* **1.** Forsaken (person). **Les abandonnés,** waifs and strays. **Navire a. en mer,** derelict (ship). **2.** *O:* Profligate, shameless, abandoned (person, conduct).

abandonnement [abɑ̃dɔnmɑ̃], *s.m.* **1.** = ABANDON 1, 2, 4. **2.** *O:* Profligacy, shamelessness.

abandonner [abɑ̃dɔne], *v.tr.* **1.** To forsake, desert, abandon; to leave. *Nau:* **A. un homme,** to maroon a man. **A. le bâtiment,** to abandon ship. **Ses amis l'abandonnent,** his friends are forsaking him. **Mes forces m'abandonnent,** my strength is failing me. **Abandonné de tous,** forsaken by all. **Abandonné par les médecins,** given up by the doctors. **A. la partie,** to throw in one's hand. **2.** To surrender, renounce, give up. **A. ses prétentions,** to renounce, surrender, one's claims. **3.** To let go (a rope).

s'abandonner. 1. (*a*) To neglect oneself, to be careless of oneself. (*b*) To give way to despair, to grief. **2.** To be unconstrained; to let oneself go. **3. S'a. à qch.,** to give oneself up to sth.; to become addicted to (vice, etc.); to give way to (emotion). **4. S'a. à la Providence,** to commit oneself to Providence. **S'a. au sommeil,** to surrender oneself to sleep.

abaque [abak], *s.m.* (*a*) Abacus, counting frame. (*b*) Chart, graph, table, scale, diagram; nomograph, plotter. (*c*) *Arch:* Abacus.

abasourd|ir [abazurdiːr, -sur-], *v.tr.* To dumbfound, astound, bewilder, stun. **Nous restâmes abasourdis de la nouvelle,** we were flabbergasted by the news. *a.* **-issant.** *s.m.* **-issement.**

abat [aba], *s.m.* **1.** *A:* Slaughter. **2.** *A:* Downpour. **3.** *pl.* (*a*) *Cu:* Offal. (*b*) Giblets.

abâtardi [abɑtardi], *a.* Degenerate.

abâtardir [abɑtardiːr], *v.tr.* To cause to degenerate; to debase.

s'abâtardir, to degenerate, to deteriorate.

abâtardissement [abɑtardismɑ̃], *s.m.* Degeneracy, degeneration; retrogression.

abatée [abate], *s.f.* = ABATTÉE.

abatis [abati], *s.m.* = ABATTIS.

abat-jour [abaʒuːr], *s.m.inv.* (*a*) Lamp-shade. (*b*) Eye-shade. (*c*) Sun-blind, awning. (*d*) Slanting shutter. **Mettre la main en a.-j.,** to shade one's eyes with one's hand.

abattage [abataːʒ], *s.m.* **1.** (*a*) Knocking down, throwing down; pulling down (of buildings). *F:* **Recevoir un abattage,** to get hauled over the coals, to get a wigging. (*b*) Felling, cutting down, clearing (of trees, etc.). (*c*) *Min:* Extracting. (*d*) *Nau:* **A. en carène,** careening. **2.** Leverage. **3.** Slaughtering, killing (of oxen). **Grand a. de gibier,** heavy slaughter, heavy bag, of game.

abattant [abatɑ̃]. **1.** *a.* (*a*) Depressing. **Chaleur abattante,** heat that leaves one limp. (*b*) **Siège a.,** tilting seat (of car, etc.). **2.** *s.m.* Flap (of counter, table, envelope, etc.).

abattée [abate], *s.f.* (*a*) *Nau:* Falling off to leeward. (*b*) *Av:* Swoop.

abattement [abatmɑ̃], *s.m.* **1.** (*a*) (Physical) prostration. (*b*) Despondency, dejection, depression, low spirits. **2.** *Fin:* Abatement.

abatteur, -euse [abatœːr, -øːz], *s.* (*a*) Knocker-over (of things). *F:* **Grand a. de quilles,** great braggart. **A. de besogne,** hard worker, *F:* slogger. (*b*) Feller (of trees); cutter. (*c*) Slaughterer (of animals).

abattis [abati], *s.m.* **1.** (*a*) Felling, clearing (of trees). (*b*) Killing, slaughter (of game, etc.). **2. A. de maisons,** heap of fallen houses. **3.** *pl.* (*a*) *Cu:* Giblets. (*b*) *P:* Limbs; hands and feet. **Tu peux numéroter tes abattis!** you had better take stock of yourself, (i) before I thrash you, (ii) before you face the music. **4.** *Mil:* Abatis (of trees, branches).

abattoir [abatwaːr], *s.m.* Slaughter-house; abattoir.

abatt|re [abatr], *v.tr.* (Conj. like BATTRE) **1.** (*a*) To knock down, throw down, pull down; to overthrow. **A. une maison,** to pull down a house. *F:* **A. de la besogne,** to get through a lot of work. (*b*) To cover, do (miles, etc.). (*c*) To fell, cut down, clear (trees). (*d*) To strike off, lop off, cut off, *F:* chop off (head, limb). **2.** To slaughter, kill, destroy. **A un bœuf,** to slaughter an ox. **A. un cheval blessé,** to destroy an injured horse. **3.** To bring down. (*a*) **A. une perdrix,** to shoot a partridge. **A. un avion,** to bring down, shoot down, an aeroplane. (*b*) **A. son sabre sur la tête de qn,** to bring down one's sword on s.o.'s head. **A. violemment le couvercle,** to bang down the lid. **4.** To lower; to damp (courage, enthusiasm). **A. les tentes,** to strike tents. **A. l'orgueil de qn,** to lower, humble, break, s.o.'s pride. **5.** To lay (dust, wind). *Prov:* **Petite pluie abat grand vent,** small rain lays great dust. **6.** (Of wind) To blow down, beat down. **Arbre, blé, abattu par le vent,** tree blown down by the wind, corn flattened by the wind. *Nau:* **A. un navire en carène,** to careen a ship. **7.** To dishearten, unman, depress. **Ne vous laissez pas a.!** bear up! **8.** *Cards:* **A. ses cartes, son jeu,** to lay one's cards on the table, to lay down one's hand. **9.** *Nau:* To pay off. **A. à la côte,** to drift on-shore. **10.** *Tch:* (*a*) To blunt (an angle). (*b*) To clinch (a rivet).

s'abattre. 1. To fall, to crash down, to collapse. **Le mât s'abattit,** the mast came crashing down. **2. S'a. sur qch.,** to pounce upon sth.; to swoop down, sweep down, upon sth. **Le faucon s'abat sur sa proie,** the falcon pounces on its prey. **3.** (Of fever, heat, etc.) To abate, to subside. **Le vent s'abat,** the wind is falling. **4.** To become disheartened, depressed.

abattu [abaty], *a.* **1.** Dejected, down-hearted, dispirited, low-spirited. **A. par la chaleur,** limp with the heat. **Visage a.,** drawn face. **2.** S.a. BRIDE 1.

abat-vent [abavɑ̃], *s.m.inv.* **1.** Louvre-boards. **2.** (Chimney-)cowl. **3.** *Hort:* Wind-break.

abat-voix [abavwa], *s.m.inv.* Sounding-board (of pulpit).

abbatial, -aux [abasjal, -o]. **1.** *a.* Abbatial. **Dignité abbatiale,** abbacy. **Terres abbatiales,** abbey-lands. **2.** *s.f.* **Abbatiale,** abbey church.

abbaye [abe(j)i], *s.f.* Abbey, monastery.

abbé [abe], *s.m.* **1.** Abbot. **2.** General designation of and mode of address for a (Roman Catholic) priest. **J'en parlerai à monsieur l'a.,** I shall mention it to the priest. **(Monsieur) l'a. Constantin,** Father Constantin, Abbé Constantin. **3.** *Hist:* (As applied to one having no ecclesiastical duty) Abbé.

abbesse [abɛs], *s.f.* Abbess.

abc [abese], *s.m.inv.* **1.** ABC, alphabet. **2.** Spelling-book; primer. **3.** Rudiments, essentials (of a science).

abcéder [apsede], *v.i.* To turn into an abscess.

abcès [apsɛ], *s.m.* Abscess, gathering. **A. au doigt,** gathered finger. **A. à la gencive,** gumboil.

abdicataire [abdikatɛːr]. **1.** *a.* Abdicating. **2.** *s.* Abdicator.

abdication [abdikasjɔ̃], *s.f.* (*a*) Abdication. (*b*) Renunciation, surrender (of authority). **Faire a. de,** to renounce, surrender.

abdiquer [abdike]. **1.** *v.tr.* To abdicate (throne); to renounce, surrender (rights, etc.). **2.** *v.i.* To abdicate.

abdomen [abdɔmɛn], *s.m.* (*a*) Abdomen. (*b*) *F:* Paunch, corporation.

abdominal, -aux [abdɔminal, -o], *a.* Abdominal.

abducteur [abdyktœːr], *a. & s.m.* **1. (Muscle) a.,** abductor (muscle). **2.** *Tchn:* **Tube a.,** delivery tube, pipe.

abécédaire [abesedɛːr]. **1.** *a.* Alphabetical. **2.** *s.m.* Spelling-book; primer.

abeille [abɛːj], *s.f.* Bee. **A. domestique,** hive-bee, honey-bee. **A. neutre, a. ouvrière,** worker bee. **A. mâle,** drone. **A. mère,** queen-bee. **Nid d'abeilles,** bees' nest, honeycomb. **Serviette nid d'abeilles,** honeycomb towel. *Aut:* **Radiateur nid d'abeilles,** honeycomb radiator.

abeiller, -ère [abɛje, -ɛːr], *a.* Relating to bees.

aberrant [abɛr(r)ɑ̃], *a.* Aberrant.

aberration [abɛr(r)asjɔ̃], *s.f.* **1.** *Astr: Biol: Mth: Opt:* Aberration. **A. de sphéricité,** spherical aberration. **2.** Aberration (of mind, conduct).

abêtir [abɛtiːr, -be-]. **1.** *v.tr.* To make stupid; to dull. **2.** *v.i. & pr.* To grow stupid.

abêtissement [abetismɑ̃], *s.m.* **1.** Dullness. **2.** Making s.o. stupid.

abhorrer [abɔr(r)e], *v.tr.* To abhor, loathe, abominate.

abîme [abiːm], *s.m.* Abyss, chasm, depth(s); gulf. **Les profonds abîmes de l'océan,** the unfathomed deep. **Un a. de science,** a man of immense learning.

abîmer [abime], *v.tr.* **1.** *A:* To engulf. **2.** To spoil, damage, injure. **S'a. la santé,** to injure one's health. **Livre abîmé par la pluie,** book spoilt by the rain. *F:*

A. qn dans la presse, to run down, slate, s.o. in the papers.

s'abîmer. 1. (*a*) **S'a. dans les flots,** to be engulfed, swallowed up, by the sea. (*b*) **S'a. dans la douleur, dans ses pensées,** to be sunk in grief, in thought. **2.** To get spoiled; to spoil.

abject [abʒɛkt], *a.* Abject (poverty); mean, contemptible, despicable (person, conduct). *adv.* **-ement.**

abjection [abʒɛksjɔ̃], *s.f.* **1.** Abasement, abjection. **2.** Baseness, vileness.

abjuration [abʒyrasjɔ̃], *s.f.* Abjuration; renunciation (on oath); recantation.

abjurer [abʒyre], *v.tr.* To abjure, forswear; to renounce (on oath); to recant, retract.

ablatif, -ive [ablatif, -i:v], *a. & s.m. Gram:* Ablative (case). **A l'a.,** in the ablative. **A. absolu,** ablative absolute.

ablation [ablɑsjɔ̃], *s.f. Surg:* Ablation.

ablette [ablɛt], *s.f. Ich:* (Small river) bleak.

ablution [ablysjɔ̃], *s.f.* Ablution, washing. *F:* **Faire ses ablutions,** to perform one's ablutions.

abnégation [abnɛgasjɔ̃], *s.f.* Abnegation, self-sacrifice. **Faire a. de soi, de ses intérêts,** to sacrifice oneself, one's interests.

aboi [abwa], *s.m.* **1.** *A:* Bark, barking (of dog); bay, baying (of hound). **2. Aux abois,** (i) (of stag, enemy) at bay; (ii) hard pressed, hard set, with his back against the wall. **Réduire, mettre, qn aux abois,** to reduce s.o. to the last extremity; to press s.o. hard. **Ils sont aux abois,** they are in desperate straits.

aboiement [abwamɑ̃], *s.m.* Bark, barking (of dog); bay, baying (of hound). **Pousser un a.,** to (give a) bark.

abolir [abɔli:r], *v.tr.* To abolish, suppress; to cancel.

abolissement [abɔlismɑ̃], *s.m.* = ABOLITION.

abolition [abɔlisjɔ̃], *s.f.* **1.** Abolition, abolishment; suppression. **2.** Repeal, annulment.

abolitionnisme [abɔlisjɔnism], *s.m.* Abolitionism.

abolitionniste [abɔlisjɔnist], *a. & s.* Abolitionist.

abominable [abɔminabl], *a.* Abominable, foul, loathsome; heinous (crime). *F:* **Temps a.,** foul, beastly, weather. *adv.* **-ment.**

abomination [abɔminasjɔ̃], *s.f.* **1.** Abomination, abhorrence, detestation. **Avoir qch. en a.,** to abominate, loathe, sth. **2. Ce café est une a.,** this coffee is filthy stuff.

abominer [abɔmine], *v.tr.* To abominate, abhor, loathe.

abondamment [abɔ̃damɑ̃], *adv.* Abundantly, plentifully, copiously. **Peu a.,** scantily.

abondance [abɔ̃dɑ̃:s], *s.f.* **1.** Abundance, plenty. **Une a. de fruits,** an abundance of fruit. **Année d'a.,** year of plenty. *Prov:* **A. de bien(s) ne nuit pas,** store is no sore. S.a. CORNE 4. **2.** Wealth (of expression, details). **Parler avec a.,** to have a great flow of words. **Parler d'a.,** to speak off the cuff, extempore.

abondant [abɔ̃dɑ̃], *a.* Abundant, copious, plentiful; rich (style); luxuriant (foliage); hearty (meal); profuse (excuses, bleeding); prolific (author); rich (style, vocabulary). **A. en qch.,** abounding in sth.

abonder [abɔ̃de], *v.i.* **1.** To abound (en, in); to be plentiful. **Rivière qui abonde en poisson,** river well stocked with fish. **A. de biens,** to be blessed with riches. **2. A. dans le sens de qn,** to be entirely of s.o.'s opinion.

abonné, -ée [abɔne], *s.* **1.** Subscriber (to paper, etc.). **2.** Season-ticket holder. **3. Abonnés du gaz, de l'électricité,** consumers of gas, of electricity.

abonnement [abɔnmɑ̃], *s.m.* **1.** Subscription (to paper, etc.). **Prendre un a. au Figaro,** to subscribe to the 'Figaro.' **2. (Carte d')a.,** season-ticket (on railway, at theatre, etc.); contract (on railway). **Prendre un a.,** to take out a season-ticket. **3.** *Adm:* (Water (etc.) rate; (telephone) rental. **Payer par a.,** to pay by instalments.

abonner [abɔne], *v.tr.* To enrol, to take out a subscription for, s.o.

s'abonner. 1. S'a. à un journal, to subscribe, become a subscriber, to a paper. **Être abonné à un journal,** to take in a paper. **2.** *Rail: etc:* To take a season-ticket.

abonnir [abɔni:r], *v.i. & tr.* To improve.

abord [abɔ:r], *s.m.* **1.** Access, approach (to land). **Ile d'un a. difficile,** island difficult of access. **2.** *pl.* Approaches (**d'un endroit,** to a place); surroundings, purlieus, outskirts (**de,** of). **3.** (*a*) Manner in which a person approaches another. **Son a. fut respectueux,** he approached, greeted, me respectfully. (*b*) Manner in which a person receives those who approach him. **Avoir l'a. facile, difficile,** to be easy, difficult, to approach. **4.** *Adv.phr.* **D'a., tout d'a.,** (i) *A:* straightway, at once; (ii) at first, to begin with; (iii) first, in the first place, first and foremost. **Dès l'a.,** from the (very) first, from the outset. **A l'a., au premier a. de prime a.,** at first sight, to begin with.

abordable [abɔrdabl], *a.* **1.** Easy to land on; easy of approach, easy of access; approachable, accessible. *F:* **Vos prix ne sont pas abordables,** your prices are beyond my purse. **2.** Easily approached; accessible, affable, kindly. **Peu a.,** aloof, stand-offish; grumpy.

abordage [abɔrda:ʒ], *s.m. Nau:* **1.** Boarding (as an act of war); grappling. **Monter sauter, à l'a. (d'un navire),** to board a ship. **2.** Collision. **Il y a eu un a. causé par le brouillard,** two ships collided in the fog. **3.** Boarding (another boat); coming alongside.

abordée [abɔrde], *s.f.* **A l'a.,** on meeting.

aborder [abɔrde]. **1.** *v.i.* To land; to make land; to berth. **A. à un port,** to reach a port. **A. en Afrique,** to land in Africa. **A. à quai,** to berth. **2.** *v.tr.* (*a*) To accost, approach (s.o.). **Être abordé par un inconnu,** to be accosted by a stranger. (*b*) **A. une question, une difficulté,** to approach, tackle, a question, to meet, grapple with a difficulty. **A. de nouvelles études,** to take up, new studies. (*c*) To board, grapple (ship in a fight); to come alongside (a ship). (*d*) To collide with, run foul of, run down (ship).

abordeur [abɔrdœ:r], *a. & s.m.* Colliding (ship).

aborigène [abɔriʒɛn]. **1.** *a.* Aboriginal (**de,** in); native, indigenous (**de,** to). **2.** *s.m.* Aboriginal. *pl.* **Aborigènes,** natives, aborigines (of a country).

abornement [abɔrnəmɑ̃], *s.m.* Marking out; delimitation.

aborner [abɔrne], *v.tr.* To mark out, delimit.

abortif, -ive [abɔrtif, i:v]. **1.** *a.* Abortive. **2.** *a. & s.m.,* Abortifacient (drug). *Jur:* **Manœuvres abortives,** means to procure abortion.

Aboukir [abuki:r]. *Pr.n.m. Geog:* Abukir. *Hist:* **La bataille d'A.,** the battle of the Nile.

abouler [abule], *v.tr. P:* To bring; to hand over. **Aboule ça ici!** bring that here! hand it over!

s'abouler, *P:* to come along. **S'a. en retard,** to turn up late.

aboulie [abuli], *s.f. Med:* Abulia.

about [abu], *s.m. Tch:* Butt.

abouter [abute], *v.tr.* **1.** *Tch:* To join end to end. **2.** *Nau:* To bend together.

aboutir [abuti:r], *v.i.* **1. A. à, dans, en, qch.,** to end at, in, sth.; to lead to sth.; to converge on sth.; to result in sth. **Ce sentier aboutit au grand chemin,** this path leads into, ends at, the high road. **Une pyramide aboutit en pointe,** a pyramid ends in a point. **N'a. à rien,** to lead, come, to nothing; *F:* to end in smoke. **Pour a. aux fins que nous poursuivons,** to attain the end that we have in view. **2.** *Abs.* (*a*) (Of plan, etc.) To succeed; *F:* to come off. **Ne pas a.,** to fail; to fall through. **Homme qui a abouti,** man who has achieved success. **Faire a. qch.,** to bring sth. to a successful issue, *F:* to pull sth. off. (*b*) (Of abscess) To come to a head, to burst.

aboutissant [abutisɑ̃], *a.* Bordering, abutting (**à,** on).

aboutissement [abutismɑ̃], *s.m.* **1.** Issue, outcome (of endeavours, etc.). **2.** *Med:* Coming to a head; bursting (of abscess).

aboyer [abwaje], *v.i.* (**j'aboie, j'aboierai**) (Of dog) To bark; (of hound) to bay. **A. à, après, contre, qn,** to bark at s.o. **A. après qch.,** to clamour for sth. **A. à la lune,** (i) to bark at the moon; (ii) *F:* to make useless complaints.

aboyeur, -euse [abwajœ:r, -ø:z]. **1.** *a.* (Dog) given to barking; barking (dog). **2.** *s. F:* (*a*) Carper. (*b*) Dun. (*c*) Tout (in front of booth, etc.).

abracadabra [abrakadabra], *s.m.* Magic key-word; abracadabra.

abracadabrant [abrakadabrɑ̃], *a. F:* Stupendous, amazing. **Récit a.,** extraordinary yarn, *F:* cock-and-bull story.

abrasif, -ive [abrazif, -brɑ-, -i:v], *a. & s.m.* Abrasive.

abrasion [abrazjɔ̃, -brɑ-], *s.f.* Abrasion.

abrégé [abreʒe], *s.m.* Abridgment, précis, summary, epitome. **En a.,** in abbreviated form. **Faire un a. d'une correspondance,** to make a précis of a correspondence. **A. d'histoire de France,** short history of France. **Voici les faits en abrégé,** here are the facts in a few words.

abrégement [abrɛʒmɑ̃], *s.m.* **1.** (*a*) Abridging, epitomizing (of work). (*b*) Shortening (of syllable). **2.** Abridgment, epitome.

abréger [abreʒe], *v.tr.* **(j'abrège, n. abrégeons; j'abrégerai) 1.** To shorten, to cut short (life, work, etc.). **On l'appelle Toinon pour a.,** she is called Toinon for short. **Pour a. . . .,** to be brief . . ., to cut it short. . . . **2.** To abridge, cut down (article); to abbreviate (word).

s'abréger. 1. (Of days, etc.) To grow shorter; to shorten. **2.** (Of speaker, etc.) To cut one's story short.

abreuvage [abrœva:ʒ], *s.m.* **abreuvement** [abrœvmɑ̃], *s.m.* **1.** Watering (of animals). **2.** (*a*) Drenching (of meadow). (*b*) Priming (of pump). (*c*) Seasoning (of casks).

abreuver [abrœve], *v.tr.* **1.** To water (horses, cattle, etc.); to supply (animals) with drink. **2.** (*a*) To soak, drench, flood, irrigate (meadow, etc.). **L'Egypte est abreuvée par le Nil,** Egypt is watered by the Nile. (*b*) To prime (a pump). (*c*) To season (casks). **3. A. qn d'injures,** to heap insults on s.o.

s'abreuver, (of horse) to drink; (of pers.) to drink deep, to quench one's thirst. **S'a. de sang,** to slake, sate, one's thirst for blood.

abreuvoir [abrœvwa:r], *s.m.* (*a*) Watering-place (in river, etc.); horse-pond. **Mener les chevaux à l'a.,** to water the horses. (*b*) Drinking-trough.

abréviateur, -trice [abrevjatœ:r, -tris], *s.* Abridger.

abréviation [abrevjasjɔ̃], *s.f.* **1.** Shortening (of term of imprisonment, etc.). **2.** Abbreviation. **Par a.,** for short.

abri [abri], *s.m.* Shelter, cover. **A. public,** public shelter. **A. de sous-marins,** submarine pen, U-boat pen. **A. bétonné,** bunker. *Prehist:* **A. sous roche,** rock shelter. *Hort:* (Tent) cloche. **Prendre a.,** to take cover. **Famille sans a.,** homeless family. **A l'a.,** sheltered, under shelter, under cover. **Mettre qch. à l'a.,** to shelter, screen, sth. **Se mettre à l'a..** to take shelter. **A l'a. de qch.,** sheltered, screened, from sth. **A l'a. du besoin,** secure, safe, from want. **Se mettre à l'a. de la pluie,** to take shelter from the rain. **Offrir un a.,** to give cover. *Mil:* Dug-out, shelter. **A. contre le vent,** windscreen. *Nau:* **A l'a. de la côte,** under the lee of the shore.

abricot [abriko]. **1.** *s.m.* Apricot. **2.** *a.inv.* Apricot-coloured.

abricoté [abrikɔte]. **1.** *a.* Apricot-flavoured. **2.** *s.m.* Slice of crystallized apricot, *U.S:* candied apricot.

abricotier [abrikɔtje], *s.m.* Apricot-tree.

abri-garage [abrigara:ʒ], *s.m.* Carport.

abriter [abrite], *v.tr.* To shelter, screen, shield, shade, protect.

s'abriter, to take cover or shelter **(contre,** from); to shelter.

abrivent [abrivɑ̃], *s.m.* **1.** *Hort:* Wind-break. **2.** *Mil:* Look-out's shelter.

abrogatif, -ive [abrɔgatif, -i:v], *a.* Abrogative.

abrogation [abrɔgasjɔ̃], *s.f.* Abrogation, rescission, repeal (of law, etc.).

abrogatoire [abrɔgatwa:r], *a.* Annulling.

abroger [abrɔʒe], *v.tr.* **(j'abrogeai(s); n. abrogeons)** To abrogate, rescind, repeal (law, etc.).

abrupt [abrypt], *a.* **1.** Abrupt, sheer, steep (rock, descent). **2.** Abrupt, blunt; short of speech. **Répondre d'un ton a.,** to give an abrupt, short, answer. **3.** *s.m.* Precipice. *adv.* **-ement.**

abruti [abryti], *s.m.* **1.** *F:* Sot. **2.** *P:* Idiot, fool.

abrutir [abryti:r], *v.tr.* To brutalize, stupefy, besot. **Abruti par la boisson,** sodden with drink. **Je suis tout abruti de ce qui vient de se passer,** I am absolutely stupefied, dazed, by what has happened.

s'abrutir, to become sottish; to besot oneself; to moulder (in idleness).

abrutissant [abrytisɑ̃], *a.* Stupefying; deadly dull.

abrutissement [abrytismɑ̃], *s.m.* **1.** Degradation, debasement. **2.** Sottishness, brutishness.

abscisse [apsis], *s.f.* *Mth:* Abscissa. **Axe des abscisses,** x-axis.

abscission [apsisjɔ̃], *s.f.* *Surg:* Excision.

abscons [apskɔ̃(:s)], *a.* Obscure; abstruse.

absence [apsɑ̃:s], *s.f.* **1.** Absence. **Faire de fréquentes absences,** to be often away from home. **Remarquer l'a. de qn,** to miss s.o. **A. de l'école,** non-attendance at school, absence from school. **2. A. de goût, d'imagination,** lack of taste, want of imagination. **A. d'esprit,** absence of mind. **Il a des absences,** his mind is apt to wander. **Un moment d'a.,** a fit of abstraction.

absent [apsɑ̃]. **1.** *a.* (*a*) Absent, away **(de,** from). (*b*) Missing, wanting, absent. **Chez cet animal les dents sont absentes,** in this animal the teeth are wanting. (*c*) **Son esprit est a.,** his thoughts are far away. **2.** *s.* (*a*) (The) absent ones. **Les absents ont toujours tort,** the absent are always in the wrong. (*b*) Absentee. **Liste des absents,** absentees' list.

absentéisme [apsɑ̃teism], *s.m.* Absenteeism.

absenter (s') [sapsɑ̃te], *v.pr.* **1.** To absent oneself; to go from home. **2. S'a. de l'école,** to stay, stop, away from school.

absidal, -aux [apsidal, -o], *a.* Apsidal.

abside [apsid], *s.f.* *Ecc.Arch:* Apse.

absidiole [apsidjɔl], *s.f.* *Ecc.Arch:* Apsidiole; apsidal chapel.

absinthe [apsɛ̃:t], *s.f.* **1.** *Bot:* Wormwood. **2.** Absinth(e) (drink).

absolu [apsɔly]. **1.** *a.* Absolute. (*a*) **Zéro a.,** absolute zero. **Poser une règle absolue,** to lay down a hard and fast rule. **Refus a.,** flat refusal. **Majorité absolue,** clear, absolute, majority. **Confiance absolue,** complete confidence. (*b*) **Pouvoir a.,** absolute power. **Caractère a.,** autocratic nature. (*c*) Absolute, positive, peremptory (tone, voice). **2.** *s.m.* *Phil:* **L'A.,** the Absolute.

absolument [apsɔlymɑ̃], *adv.* (*a*) (To reign, to use a verb) absolutely. **A. parlant,** speaking generally. (*b*) Entirely (unnecessary); utterly (impossible). **J'ai a. oublié,** I clean forgot. **A. rien,** nothing whatever. (*c*) (To speak) peremptorily. **C'est a. défendu,** it is strictly forbidden. **Je le veux a.,** I insist upon it.

absolution [apsɔlysjɔ̃], *s.f.* **1.** *Theol:* Absolution. **2.** *Jur:* Discharge.

absolutisme [apsɔlytism], *s.m.* Absolutism.

absolv-ant, -ons, etc. See ABSOUDRE.

absorbant [apsɔrbɑ̃]. **1.** *a. & s.m.* Absorbent (substance). **2.** *a.* Absorbing, engrossing (book, task).

absorber [apsɔrbe], *v.tr.* **1.** (Of sponge, etc.) To absorb, to soak up (water, etc.); to occlude (a gas). **2.** To consume (s.o.'s means, a fortune); to drink, imbibe (beer, etc.); to take (medicine, etc.). **3.** To absorb, engross; to take up (time). **Son travail l'absorbe,** his work engrosses him.

s'absorber, to become absorbed, engrossed **(dans,** in); to give oneself up entirely (to). **Être absorbé dans ses pensées,** to be lost in thought.

absorption [apsɔrpsjɔ̃], *s.f.* Absorption.

absoudre [apsudr], *v.tr.* (*pr.p.* **absolvant;** *p.p.* **absous,** *f.* **absoute;** *pr.ind.* **j'absous, il absout, n. absolvons, ils absolvent;** *pr.sub.* **j'absolve;** *p.h. & p.sub.* are lacking; *fu.* **j'absoudrai)** (*a*) **A. qn de qch.,** (i) to forgive s.o. sth.; (ii) to acquit s.o. of, exonerate s.o. from, sth. (*b*) **A. qn de ses péchés,** to grant s.o. remission of his sins; to absolve s.o. from his sins.

abstème [apstɛ(:)m], *a. & s.* Abstemious (person).

abstenir (s') [sapstəni:r], *v.pr.* (Conj. like TENIR) To stand aside, aloof, esp. to abstain from voting. **S'a. de qch.,** to abstain, refrain, from sth.; to forego, eschew, sth. **S'a. de faire qch.,** to abstain, refrain, forbear, from doing sth. *Prov:* **Dans le doute abstiens-toi,** when in doubt, don't.

abstention [apstɑ̃sjɔ̃], *s.f.* Abstaining, abstention **(de,** from).

abstentionnisme [apstɑ̃sjɔnism], *s.m.* *Pol:* Abstention, the practice of abstaining.

abstentionniste [apstɑ̃sjɔnist], *s.m.* *Pol:* Abstentionist.

abstiendr-ai, -as, etc. **abstienne, abstien-s, -t.** See ABSTENIR (S').

abstinence [apstinɑ̃:s], *s.f.* Abstinence. **1.** Abstemiousness. **2.** Abstention (**de**, from).
abstinent, -ente [apstinɑ̃, ɑ̃:t]. **1.** *a.* Abstemious. **2.** *s.* Abstainer, teetotaller.
abstin-s, -t. See ABSTENIR (s').
abstracteur [apstraktœ:r], *s.m.* Person given to abstractions.
abstract|if, -ive [abstraktif, -i:v], *a.* Abstractive. *adv.* **-ivement.**
abstraction [apstraksjɔ̃], *s.f.* Abstraction. (*a*) **Faire a. de qch.**, to leave sth. out of account; to disregard sth. **A. faite du style**, style apart. (*b*) **Se perdre dans des abstractions**, to lose oneself in abstractions. (*c*) **Dans un moment d'a.**, in a moment of abstraction.
abstraire [apstrɛ:r], *v.tr.* (Conj. like TRAIRE) To abstract; to separate; to consider (sth.) apart (from sth.).
s'abstraire (dans, en, qch.), to become engrossed (in sth.); to withdraw oneself.
abstrait, *a.* **1.** Abstracted, absorbed. **2.** Abstract (idea, etc.); abstruse, deep (question).
abstraitement [apstrɛtmɑ̃], *adv.* **1.** In the abstract. **2.** Abstractedly; in an absent-minded manner.
abstrus [apstry], *a.* Abstruse, recondite.
abstray-ons, -ez. See ABSTRAIRE.
absurde [apsyrd]. **1.** *a.* Absurd, preposterous, nonsensical. **2.** *s.m.* **L'a.**, absurdity. **Réduire une théorie à l'a.**, to reduce a theory *ad absurdum.*
absurdement [apsyrdəmɑ̃], *adv.* Absurdly, preposterously.
absurdité [apsyrdite], *s.f.* **1.** Absurdity, preposterousness. **2. Dire des absurdités**, to talk nonsense.
abus [aby], *s.m.* **1.** (*a*) Abuse, misuse (**de**, of). **Employer un terme par a.**, to misuse a term. (*b*) Over-indulgence (**de**, in). **Faire a. de qch.**, to indulge too freely in sth.; to make too free a use of sth. (*c*) Violation (of rights). **A. de confiance**, breach of trust. **2.** Abuse; corrupt practice; evil custom or usage. **Réformer un a.**, to redress an abuse. **3.** Error, mistake. **C'est un a. (que) de croire que . . .**, it is a mistake to suppose that. . . .
abuser [abyze]. **1.** *v.i.* **A. de qch.** (*a*) To misuse sth. **Vous abusez de vos forces**, you are over-exerting yourself. **A. du tabac**, to smoke too much. (*b*) To take (an unfair) advantage of sth. **A. de l'amabilité de qn**, to impose upon s.o.'s kindness. **J'abuse de vos moments**, I am trespassing on your time. **A. d'une femme**, to seduce a woman. *Abs:* (i) **N'abusez point**, be moderate. (ii) **Je ne voudrais pas a., j'ai peur d'a.**, I don't want to cause you any inconvenience. **2.** *v.tr.* To deceive, delude. **A. qn par de fausses promesses**, to delude s.o. with false promises.
s'abuser, to delude oneself; to be mistaken.
abusif, -ive [abyzif, -i:v], *a.* **1.** Contrary to usage. **Emploi a. d'un mot**, wrong use, misuse, of a word. **2.** Excessive. **Faire un emploi a. de la force**, to make an excessive, unwarranted, display of force. **Une mère abusive**, a possessive, over-fond, mother.
abusivement [abyzivmɑ̃], *adv.* Improperly, wrongly.
abuter [abyte]. **1.** *v.i.* *Carp:* To abut, to butt. **2.** *v.tr.* (*a*) **A. un camion à un quai**, to back a van against a platform. (*b*) *Abs. Quoits, etc:* To throw for the honour.
abyssal, -aux [abis(s)al, -o], *a.* *Oc:* Abyssal (fauna, etc.). **La région abyssale**, the ocean deeps.
abysse [abis], *s.m.* Lowest depths (of ocean).
Abyssinie [abis(s)ini]. *Pr.n.f. Geog:* Abyssinia.
acabit [akabi], *s.m.* *F: Often Pej:* Nature, stamp (of person); (good or bad) quality (of fruit, etc.). **Ils sont du même a.**, they are all of a piece, of the same kidney; they are tarred with the same brush.
acacia [akasja], *s.m.* *Bot:* **1. A. vrai**, acacia. **2. A. vulgaire, faux a.**, locust-tree, false acacia.
académicien [akademisjɛ̃], *s.m.* Academician; esp. member of the *Académie française.*
académie [akademi], *s.f.* Academy. **1.** (*a*) University college or centre. (*b*) Educational district (of France). **2.** Society (of letters, science, or art). **L'A. française**, the French Academy (of letters). **3.** (*a*) Riding-school. (*b*) **A. de musique**, school of music. **A. de dessin**, school of art, art school. Hence **4.** Study from the nude.
académique [akademik], *a.* Academic(al). **Séance a.**, sitting, meeting, of an Academy. **Occuper un fauteuil a.**, to sit in the French Academy. *adv.* **-ment.**
académisme [akademism], *s.m.* *Art:* Academism.
académiste [akademist], *s.m.* Master or pupil at a school of riding, fencing, etc.
acajou [akaʒu], *s.m.* **1.** Mahogany. **2. Noix, pomme, d'a.**, cashew nut.
acanthe [akɑ̃:t], *s.f.* **1.** *Bot:* Acanthus, brank-ursine. **2.** *Arch:* Acanthus.
acare [aka:r], *s.m.* *Arach:* Acarus, itch-mite.
acariâtre [akarjɑ:tr], *a.* (Esp. of women) Bad-tempered, cantankerous, shrewish.
acariâtreté [akarjɑtrəte], *s.f.* Cantankerousness; shrewishness.
acarpe [akarp], *a.* *Bot:* Acarpous.
accablant [akɑblɑ̃], *a.* **1.** Overwhelming (misfortune, proof). **2.** Overpowering (heat, etc.).
accablement [akɑbləmɑ̃], *s.m.* Dejection, despondency, depression. *Med:* Prostration.
accablé [akɑble], *a.* **1.** Overwhelmed (with work); overcome, weighed down (with grief); tired out. **A. de fatigue**, worn out with fatigue. **2. A. par la chaleur**, prostrated by the heat.
accabler [akɑble], *v.tr.* **1.** To overpower, overwhelm, crush. **A. qn d'injures**, to heap abuse upon s.o. **2.** To overwhelm (in a favourable sense). **A. qn de caresses**, to load s.o. with caresses.
accalmie [akalmi], *s.f.* Lull (in the storm, in war, etc.).
accalminé [akalmine], *a.* *Nau:* Becalmed.
accaparant [akaparɑ̃], *a.* Engrossing, absorbing.
accaparement [akaparmɑ̃], *s.m.* Buying up, monopolizing.
accaparer [akapare], *v.tr.* To corner, hoard (wheat, etc.); to seize upon (sth.). *F:* **A. la conversation**, to monopolize the conversation. **A. les meilleures places**, to secure, *F:* bag, the best seats.
accapareur, -euse [akaparœ:r, -ø:z], *s.* (*a*) Buyer-up (of food, etc.); monopolist. (*b*) *Pej:* Grabber, shark. (*c*) *a.* Possessive (of person).
accastillage [akastija:ʒ], *s.m.* *N.Arch:* Superstructure.
accéder [aksede], *v.i.* (**j'accède, n. accédons; j'accéderai**) **1.** To have access (**à**, to). **On accède à la porte par un escalier**, access to the door is by a flight of steps. **2. A. à une requête**, to accede to, comply with, a request. **A. à une condition**, to agree, assent, to a condition. **3. A. au trône**, to accede to the throne.
accélérateur, -trice [akseleratœ:r, -tris]. **1.** *a.* Accelerative, accelerating. **2.** *s.m.* *Aut: Phot: etc:* Accelerator.
accélération [akselerasjɔ̃], *s.f.* (*a*) Acceleration. **A. de la pesanteur**, gravitational acceleration. *Aut:* **Pédale d'a.**, accelerator (pedal). (*b*) Hastening, speeding up (of work).
accéléré [akselere]. **1.** *a.* Accelerated (motion). **2.** *a.* Quick, fast. S.a. PAS[1] 1. **3.** *s.m.* *Cin:* Accelerated motion.
accélérer [akselere], *v.tr.* (**j'accélère, n. accélérons; j'accélérerai**) To accelerate, quicken (rate of motion); to speed up (traffic, etc.).
s'accélérer, to become faster; to accelerate.
accélérographe [akselerɔgraf], *s.m.* Accelerograph.
accéléromètre [akselerɔmɛtr], *s.m.* *Mec:* Accelerometer.
accent [aksɑ̃], *s.m.* Accent **1.** Stress. **A. tonique**, tonic accent. **Syllabe sans a.**, unaccented, unstressed, syllable. **2. A. grammatical**, grammatical accent. **A. aigu**, acute accent. **3.** Pronunciation. **Parler le français avec un a. anglais**, to speak French with an English accent. **4.** Tone of voice. **Son récit a l'a. de la vérité**, his account rings true. **5.** *pl.* (*a*) **Les accents du désespoir**, the accents of despair. (*b*) **Les accents de la Marseillaise**, the strains of the Marseillaise.
accentuation [aksɑ̃tɥasjɔ̃], *s.f.* **1.** Stressing (of syllables, etc.). **2.** Accentuation; placing of the grammatical accents.
accentuer [aksɑ̃tɥe], *v.tr.* **1.** To stress (syllable, etc.). **Syllabe non accentuée**, unstressed syllable. **2.** To mark (vowel) with a grammatical accent; to accentuate. **3.** To emphasize. **Traits fortement accentués**, pronounced, strongly marked, features. **A. le chômage**, to increase, add to, unemployment.

s'accentuer, to become accentuated, more pronounced, more marked.

acceptabilité [akseptabilite], *s.f.* Acceptableness, acceptability.

acceptable [akseptabl], *a.* **1.** Acceptable (**à,** to) **Offre a.,** reasonable offer. **Cadeau très a.,** very acceptable, welcome, gift. **2.** In fair condition; that will pass muster.

acceptablement [akseptabləmɑ̃], *adv.* Acceptably, in an acceptable manner.

acceptant, -ante [akseptɑ̃, -ɑ̃:t], *a. & s. Com:* Acceptant.

acceptation [akseptasjɔ̃], *s.f.* Acceptance.

accepter [aksepte], *v.tr.* To accept; to take up (a challenge); to take on (a bet); to honour, to accept (a bill). **Je vous accepte,** I'll take you (on), I'll engage you. **A. de faire qch.,** (i) to agree to do sth.; (ii) to accept an invitation to do sth. **A. que qch. se fasse,** to agree to sth. being done. *Pred.* **A. qn comme, pour, arbitre,** to accept s.o. as an arbitrator.

accepteur [akseptœ:r], *s.m. Com:* Acceptor, drawee (of bill).

acception [aksepsjɔ̃], *s.f.* Acceptation, meaning, sense (of word, etc.). **Dans toute l'a. du mot,** in the full acceptation of the word.

accès [aksɛ], *s.m.* **1.** Access, approach. **Les a. de la gare,** the station approaches. **Avoir a. à qch.,** to have access to sth. **Donner a. à qch.,** to give access, to lead, to sth. **Trouver a. auprès de qn,** to gain admission to s.o. *Nau:* **Carte d'a. à bord,** embarkation card. *P.N:* **"A. aux quais,"** 'to the trains.' **2.** Fit, attack, outburst. **A. de fièvre,** attack, bout, of fever. **A. de faiblesse,** fainting fit. **A. d'enthousiasme,** burst, fit, of enthusiasm. **A. de colère, de folie,** outburst of passion; fit of madness. **Travailler par a.,** to work by fits and starts.

accessibilité [aksɛsibilite], *s.f.* Accessibility.

accessible [aksɛsibl], *a.* **1.** Accessible. **Charges accessibles à tout le monde,** posts accessible, open, to all. **Endroit a.,** *F:* get-at-able place. **2.** (Of pers.) (*a*) Approachable. (*b*) **A. à la pitié,** open to pity. **A. à la flatterie,** susceptible to flattery.

accession [aksɛsjɔ̃], *s.f.* **1.** Accession (to power, etc.). **A. au trône,** accession to the throne. **2.** Union (of Brittany with France, etc.). **3.** Adherence, adhesion (to a contract, to a party).

accessit [aksɛsit], *s.m.* 'Proxime accessit'; honourable mention; certificate of merit.

accessoire [aksɛswa:r]. **1.** *a.* Accessory. **Jouer un rôle a.,** to play a subordinate part. **2.** *s.m.* Accessory, appurtenance. *pl. Th. etc:* Properties, *F:* props. **Magasin des accessoires,** property-room.

accessoirement [aksɛswarmɑ̃], *adv.* Accessorily.

accessoiriste [aksɛswarist], *s. Th. etc:* Props (man), property mistress.

accident [aksidɑ̃], *s.m.* **1.** Accident. (*a*) **Je l'ai retrouvé par accident,** I found it by accident, accidentally. (*b*) Mishap. **A. de chemin de fer,** railway accident. **Accidents du travail,** industrial injuries. **A. d'avion, d'aviation,** plane crash, air crash. **A. mortel,** fatality. **Être victime d'un a.,** to meet with an accident. **Nous sommes arrivés sans a.,** we arrived safely. **2.** *Mus:* Accidental. **3. A. de terrain,** fold, undulation, of the ground.

accidenté, -ée [aksidɑ̃te]. **1.** *a.* (*a*) Eventful (life). (*b*) Uneven, broken (ground). (*c*) *F:* **Une voiture accidentée,** a damaged car. **2.** *s.* Victim of an accident. **Les accidentés,** the injured, the casualties.

accident|el, -elle [aksidɑ̃tɛl], *a.* **1.** Accidental, undesigned. **2.** *Mus:* **Signes accidentels,** (i) accidentals, (ii) key-signature. *adv.* **-ellement.**

accidenter [aksidɑ̃te], *v.tr.* (*a*) To give variety to (the landscape, etc.); to vary (one's style, etc.). (*b*) *F:* To damage in an accident.

acclamateur [aklamatœ:r], *s.m.* Acclaimer, applauder.

acclamatif, -ive [aklamatif, -i:v], *a.* Acclamatory.

acclamation [aklamasjɔ̃], *s.f.* Acclamation, cheering. **Discours salué d'acclamations,** speech greeted with cheers.

acclamer [aklame, -klɑ-]. **1.** *v.tr.* (*a*) To acclaim, applaud, cheer; to greet (s.o.) with cheers. (*b*) *Pred.* **A. qn empereur,** to acclaim s.o. emperor, to hail s.o. as emperor. **2.** *v.ind.tr.* **A. à une proposition,** to greet a proposal with cheers.

acclimatation [aklimatasjɔ̃], *s.f.* Acclimatization. **Le Jardin d'A.,** *F:* the Zoo (in the Bois de Boulogne, near Paris).

acclimatement [aklimatmɑ̃, -mɑ-], *s.m.* State of being acclimatized, acclimat(iz)ation.

acclimater [aklimate], *v.tr.* To acclimatize (**à,** to); to introduce (an idea).

s'acclimater, to become, get, acclimatized.

accointance [akwɛ̃tɑ̃:s], *s.f.* Usu. *pl. Pej:* Intimacy; dealings, relations (avec, with).

accointer (s') [sakwɛ̃te], *v.pr. Pej:* **S'a. avec,** to take up with.

accolade [akɔlad], *s.f.* **1.** (*a*) Embrace. (*b*) *F:* Hug or kiss. **2.** Accolade. **Recevoir l'a.,** to be knighted. **3.** *Mus: Typ:* Brace, bracket. **4.** *Arch:* **Arc en a.,** four centered arch, ogee arch, accolade.

accolader [akɔlade], *v.tr.* **1.** (*a*) To embrace. (*b*) To confer the accolade upon. **2.** To bracket.

accolage [akɔla:ʒ], *s.m. Vit. etc:* Tying up (of vine, etc.).

accolé [akɔle], *a.* Coupled; bracketed.

accolement [akɔlmɑ̃], *s.m.* Joining, bracketing.

accoler [akɔle], *v.tr.* **1.** (*a*) To join side by side; to couple. *Typ:* To brace, bracket. **Église accolée aux murs de la ville,** church built on to the town walls. (*b*) To tie up (vine, etc.). **2.** *A:* To embrace, to hug.

s'accoler. 1. (*Of plants*) To intertwine, to cling. **2.** *F:* **S'a. avec une femme,** to take up with a woman.

accolure [akɔly:r], *s.f.* **1.** *Hort:* Band (of straw, etc.). **2.** *Bookb: pl.* Bands (of a book). **3.** Raft (of floated timber).

accommodage [akɔmɔda:ʒ], *s.m. Cu:* Dressing, preparing.

accommodant [akɔmɔdɑ̃], *a.* Good-natured, easy-going, easy to deal with, accommodating. **Peu a.,** not easy to deal with.

accommodation [akɔmɔdasjɔ̃], *s.f.* **1.** Adapting. **A. d'une salle aux usages d'un bureau,** adaptation, conversion, of a room to office use. **2.** *Physiol:* Accommodation (of the eye).

accommodement [akɔmɔdmɑ̃], *s.m.* Compromise, arrangement. **En venir à un a.,** to come to terms (**avec,** with). **Politique d'a.,** policy of compromise; give-and-take policy.

accommoder [akɔmɔde], *v.tr.* **1.** (*a*) To make (s.o.) comfortable (in an arm-chair, etc.). (*b*) To suit (s.o.). **Difficile à a.,** difficult to please. **2.** To cook, do up, season, dress (food). **A. une salade,** to dress a salad. **3. A. qch. à qch.,** to fit, adapt, sth. to sth.

s'accommoder. 1. To make oneself comfortable, to settle down (in arm-chair, etc.). **Il s'accommode partout, à toutes les circonstances,** he makes himself at home everywhere; he is very adaptable. **2. S'a. de qch.,** to make the best of sth.; to make shift, put up, with sth. **Je m'accommode de tout,** I am pleased with anything; anything suits me. **3. S'a. à qch.,** to adapt, accommodate, oneself to sth. **4. S'a. avec qn,** (i) to come to an agreement with s.o.; (ii) to compromise with s.o.; to compound (with creditor).

accompagnateur, -trice [akɔ̃paɲatœ:r, -tris], *s. Mus:* Accompanist.

accompagnement [akɔ̃paɲmɑ̃], *s.m.* **1.** (Action of) accompanying (s.o.). *Mil:* **Tir d'a.,** supporting fire. **2.** *Mus:* Accompaniment. **3.** *pl.* Trimmings (for a dish).

accompagner [akɔ̃paɲe], *v.tr.* **1.** To accompany. (*a*) To go, come, with (s.o.). **M'accompagnez-vous?** are you coming with me? **Faites-vous a.,** take someone with you. **A. qn un bout de chemin,** to go a bit of the way with s.o. (*b*) To escort, attend (on) (s.o. as a retinue, etc.). **Nos meilleurs vœux vous accompagnent,** our best wishes go with you. (*c*) **A. qn au piano,** to accompany s.o. on the piano. **Elle s'accompagne elle-même,** she plays her own accompaniments. **2. A. des remontrances de menaces,** to join threats to remonstrances.

accompli [akɔ̃pli], *a.* Accomplished (musician, linguist, etc.). **Scélérat a.,** out-and-out rascal.

accomplir [akɔ̃pli:r], *v.tr.* **1.** To accomplish, achieve (purpose, etc.); to carry out, perform, fulfil (order, promise, etc.). **Que la volonté du Seigneur s'accomplisse,** the Lord's will be done. **2.** To complete, finish (apprenticeship, etc.). **Il a quarante ans accomplis,**

he is turned forty. **Fait accompli,** accomplished fact, *fait accompli.*
accomplissement [akɔ̃plismɑ̃], *s.m.* **1.** Accomplishment, performance, carrying out, achievement (of work, duty); fulfilment (of wish). **2.** Completion.
accord [akɔːr], *s.m.* **1.** Agreement. (*a*) Settlement. **Un a. est intervenu,** an agreement has been reached. (*b*) Harmony. **Vivre en bon a.,** to live in concord. **D'a.,** in agreement, in accordance (**avec,** with). **Mettre d'a. deux points de vue,** to reconcile two points of view. **Se mettre d'a., tomber d'a., avec qn,** to come to an agreement with s.o. **Être d'a. avec qn,** to agree, be at one, with s.o. **D'a.!** agreed! quite so! **D'un commun a.,** by common consent. **En a. avec . . .,** in harmony, keeping, suit, with. . . . (*c*) *Gram:* Concordance, agreement (**avec,** with). **Les règles d'a.,** the concords. **2.** *Mus:* Chord. **A. parfait,** common chord. **3.** (*a*) *Mus:* Pitch, tune. **Être d'a.,** to be in tune. (*b*) *W.Tel:* **Effectuer l'a. d'un poste récepteur,** to tune a receiving-set, to tune in. **Condensateur d'a.,** tuning condenser.
accordage [akɔrdaːʒ], **accordement** [akɔrdəmɑ̃], *s.m. Mus: W.Tel:* Tuning.
accordéon [akɔrdeɔ̃], *s.m.* Accordion. **A. hexagonal,** concertina. **En a.,** (i) pleated (skirt); (ii) *F:* crumpled up (mudguard, etc.).
accordéoniste [akɔrdeɔnist], *s.* Accordionist.
accorder [akɔrde], *v.tr.* **1.** To reconcile, bring into accord (enemies, etc.). **2.** *Mus: W.Tel:* To tune (piano, receiving-set). **3.** To grant, concede; to bestow (gift); to award (damages). **A. à qn de faire qch.,** to grant s.o. leave to do sth. **A. que qch. se fasse,** to consent to sth. being done.
s'accorder. 1. (*a*) To agree, come to an agreement. **S'a. sur le prix,** to agree upon the price. **Tous s'accordent à croire que . . .,** all concur in the belief that. . . . (*b*) To get on (well, badly) (**avec qn,** with s.o.). **2.** (Of fact or thg) To accord, tally, correspond, harmonize, *F:* to square, to fit in (**avec,** with). **Cela ne s'accorde pas avec son caractère,** it is not in keeping with his character. **3.** *Gram:* To agree, to be in concord (with). **Faire a. le verbe avec le sujet,** to make the verb agree with the subject. **4.** (Of article of dress, etc.) To go with, harmonize with, match (sth.). **5.** (Of instruments) To tune (up).
accordeur [akɔrdœːr], *s.m.* Tuner (of musical instruments).
accordoir [akɔrdwaːr], *s.m.* (Piano) tuning-key, -hammer.
accore [akɔːr]. *Nau:* **1.** *a.* (Of coast) Sheer, abrupt, perpendicular, bluff. **2.** *s.f.* Edge (of reef). **3.** *s.f.* Prop, shore.
accorer [akɔre], *v.tr.* To shore up.
accort [akɔːr], *a.* (Rarely used in *m.*) Charming, vivacious (woman).
accostage [akɔstaːʒ], *s.m.* **1.** Accosting. **2.** *Nau:* Boarding (of ship); drawing alongside (of ship, quay).
accoster [akɔste], *v.tr.* **1.** To accost (s.o.); to go, come, up to (s.o.). **2. A. un bateau le long du quai,** to berth a boat alongside (the quay). **3.** *Nau:* To come on board (ship).
accoter [akɔte], *v.tr.* To lean (sth. against sth.); to shore up (a vessel, a wall, etc.).
s'accoter. S'a. à, contre, un mur, to lean against a wall. **Accoté contre . . .,** leaning against. . . .
accotoir [akɔtwaːr], *s.m.* **1.** Arm-rest. **2.** *Nau:* = ACCORE 3.
accouardir [akwardiːr, -kua-], *v.tr.* To make cowardly, to turn into a coward.
s'accouardir, to turn coward.
accouchée [akuʃe], *s.f. A. & Lit:* Mother (of new-born child).
accouchement [akuʃmɑ̃], *s.m.* Bringing forth (of child); confinement; labour, lying-in; accouchement.
accoucher [akuʃe]. **1.** *v.i.* (*a*) To be confined. **A. d'un garçon,** to give birth to a boy. *Abs.* **Elle accouchera dans un mois,** her baby's due in a month's time. (*b*) *F:* **il a accouché d'un mauvais roman,** the result of his labours was a bad novel. (*c*) *P:* **Mais accouche(z) donc!** Come on, out with it! **2.** *v.tr.* To deliver (mother of child).
accoucheur, -euse [akuʃœːr, -øːz], *s.* Obstetrician; *f.* midwife.
accoudement [akudmɑ̃], *s.m.* Leaning on one's elbows.
accouder(s') [sakude], *v.pr.* To lean on one's elbow(s).
accoudoir [akudwaːr], *s.m.* **1.** Arm-rest. **2.** *Arch:* Balustrade.
accouple [akupl], *s.f.* Leash.
accouplement [akupləmɑ̃], *s.m.* **1.** (*a*) Coupling, join(ing), link(ing); yoking (of oxen). **A. à débrayage,** disengaging gear, clutch coupling. *Organ:* **Pédale d'a.,** coupler (pedal). (*b*) *El:* Connecting. **2.** Pairing, mating.
accoupler [akuple], *v.tr.* (*a*) To couple, to join in pairs; to yoke (oxen). (*b*) *Husb:* To mate (animals). (*c*) To couple (up) (parts). (*d*) *El:* To connect, group (batteries, etc.).
s'accoupler. 1. To form pairs. **2.** (*a*) To mate. (*b*) To copulate.
accourcir [akursiːr], *v.tr. A:* **1.** To shorten (a dress). **2.** To abridge (a book, etc.).
accourir [akuriːr], *v.i.* (Conj. like COURIR. Aux. **avoir** or **être**) To hasten (up); to flock, rush, up. **Ils ont accouru, sont accourus, à mon secours,** they ran, came running, to my help.
accoutrement [akutrəmɑ̃], *s.m.* Usu. *Pej:* Dress, garb; *F:* rig-out, get-up.
accoutrer [akutre], *v.tr.* Usu. *Pej:* To rig (s.o.) out, get (s.o.) up (**de,** in). **Accoutré d'une vieille capote,** rigged out in an old military great-coat.
s'accoutrer, to dress, rig oneself out, get oneself up (**de,** in).
accoutumance [akutymɑ̃ːs], *s.f.* **1.** (*a*) Familiarization (**à,** with). (*b*) Inurement (**à,** to). (*c*) *Med:* **A. (à une drogue),** tolerance (to a drug). **2.** Habit.
accoutumé, -ée [akutyme]. **1.** *a.* (*a*) Accustomed, used (**à,** to); inured (to). **Je n'étais pas a. à ce qu'on me parlât ainsi,** I was not accustomed to being spoken to in this way. (*b*) Accustomed, customary, usual. *Lit:* **Avoir a. de faire qch.,** to be wont to do sth. *Adv.phr.* **A l'accoutumée,** usually. **Comme à l'accoutumée,** as usual, as is customary. **2.** *s.* **Les visiteurs étaient des accoutumés,** the visitors were customary callers.
accoutumer [akutyme], *v.tr.* **A. qn à qch.,** to accustom s.o. to sth.; to inure s.o. (to hunger, cold, etc.). **A. qn à faire qch.,** to accustom s.o. to do, to doing sth.
s'accoutumer. S'a. à qch., to become, get, accustomed to sth.; to become inured, to inure oneself, to sth. **Je ne pouvais pas m'a. à ce qu'on me grondât,** I could not get accustomed, get used, to being scolded.
accouvage [akuvaːʒ], *s.m. Husb:* Artificial incubation.
accréditation [akreditasjɔ̃], *s.f.* Accreditation, accrediting (of an ambassador).
accrédité, -ée [akredite]. **1.** *a.* Of good standing; accredited. **2.** *s.* Agent; holder of a letter of credit.
accréditer [akredite], *v.tr.* **1.** (*a*) **A. un ambassadeur auprès d'une cour,** to accredit an ambassador to, at, a court. (*b*) To cause (sth.) to be credited, believed. **2.** To credit, believe (sth.).
s'accréditer. 1. To ingratiate oneself. **2.** (Of news, etc.) To gain credence.
accréditeur [akreditœːr], *s.m. Com:* Surety.
accréditif [akreditif], *s.m.* Letter of credit.
accroc [akro], *s.m.* **1.** Tear, rent (in clothes, etc.). **2.** Hitch, difficulty.
accrochage [akrɔʃaːʒ], *s.m.* **1.** (*a*) Hooking; grazing (of vehicle, etc.). *Nau:* Running foul. *Box:* Clinch. (*b*) Hitching on (of carriage to train). (*c*) Hanging up (of picture, etc.). (*d*) *W.Tel:* **A. d'un poste,** picking up of a station. (*e*) *Sp:* Recovery (from a losing position). **2.** *F:* Altercation, squabble. **3.** *Mil:* Engagement. **Zone d'a.,** fighting area.
accroche-cœur [akrɔʃkœːr], *s.m.* Lovelock, kiss-curl. *pl. Des accroche-cœur(s).*
accroche-plat [akrɔʃpla], *s.m. inv.* Plate-hanger.
accrocher [akrɔʃe]. **1.** *v.tr.* (*a*) To hook; to catch (sth. by hooking); (of tune) to catch on. **A. un poisson,** to hook a fish. **A. sa robe à un clou,** to catch one's dress on a nail. **A. une voiture,** to run into, collide with, *F:* to bang into, a car. *F:* **A. qn dans la rue,** to buttonhole s.o. in the street. *Mil:* **Se laisser a.,** to be compelled to make a stand. (*b*) **A. une voiture au train,** to hitch, couple, a carriage on to the train. (*c*)

To grapple (ship). (*d*) **A. sa robe à un clou,** to hang (up) one's dress on a nail. *P:* **A. sa montre,** to pawn, *P:* to pop, one's watch. *F:* **A. une affaire,** to secure, clinch, a deal. (*e*) *W.Tel:* **A. un poste,** to pick up, tune in, a station. **2.** *v.i.* **Les négociations ont accroché,** there has been a hitch in the negotiations.
s'accrocher. 1. S'à. à qn, à qch., to fasten on to, cling to, *F:* grapple on to, s.o., sth. **2.** To get caught (**à,** on). **3.** (*a*) *Box:* To clinch. (*b*) *F:* To have an altercation, a set-to.

accrocheur, -euse [akrɔʃœːr, -øːz], *a.* (*a*) Tenacious. (*b*) Eye-catching. **Un titre a.,** an eye-catching title.

accroire [akrwaːr], *v.tr.* (Used only in) **Faire a. à qn que . . .,** to cause s.o. to believe, delude s.o. into believing, that. . . . **En faire a. à qn,** to impose up(on) s.o., to delude s.o. **S'en faire a.,** to think too much of oneself, *F:* to fancy oneself.

accroiss-e, etc. See ACCROÎTRE.

accroissement [akrwasmɑ̃, -wɑ-], *s.m.* **1.** (*a*) Growth, growing (of plant, etc.). (*b*) Increase, increasing. **2.** (Amount of) increase, growth. **Taux d'a.,** rate of increase. *Mth:* **A. d'une fonction,** increment of a function.

accroître [akrwaːtr, -wɑ-], *v.tr.* (*pr.p.* **accroissant;** *p.p.* **accru;** *pr.ind.* **j'accrois, il accroît, n. accroissons, ils accroissent;** *p.d.* **j'accroissais;** *p.h.* **j'accrus;** *fu.* **j'accroîtrai**) To increase, enlarge, add to, augment; to enhance (reputation).
s'accroître, to increase, grow.

accroupetonner (s') [sakruptɔne], *v.pr.* To crouch.

accroupir (s') [sakrupiːr], *v.pr.* To sit (down) (on one's hams, on one's heels); to squat (down), to crouch (down). **Accroupi,** squatting, crouching.

accroupissement [akrupismɑ̃], *s.m.* Squatting, crouching.

accru [akry], *s.m. Bot: Hort:* Sucker.

accrue [akry], *s.f.* Increase in extent of land, of a forest.

accu [aky], *s.m. El: F:* = ACCUMULATEUR 2.

accueil [akœːj], *s.m.* Reception, welcome, greeting. **Faire bon a. à qn,** to welcome s.o. **A. hostile, défavorable,** hostile reception. **Faire mauvais a. à qn,** to give s.o. an unfriendly reception. *Com:* **Faire (bon) a. à une traite,** to honour a bill. **Centre d'a.,** rest-centre.

accueillant [akœjɑ̃], *a.* Gracious, affable, hospitable, welcoming.

accueillir [akœjiːr], *v.tr.* (Conj. like CUEILLIR) To receive, greet. **Bien a. qn,** to welcome s.o. **Mal a. qn,** to give s.o. a bad reception.

acculer [akyle]. **1.** *v.tr.* To drive (s.o.) back (**contre,** against); to drive (s.o.) to the wall; to bring (animal) to bay, to a stand. **2.** *v.i. Nau:* (*a*) To pitch heavily astern. (*b*) To be down by the stern.
s'acculer à, contre, qch., to set one's back against sth.; to stand at bay.

accumulateur, -trice [akymylatœːr, -tris], *s.* **1.** Accumulator, hoarder (of money, etc.). **2.** *s.m. El: etc:* Accumulator; storage cell or battery.

accumulation [akymylasjɔ̃], *s.f.* **1.** Accumulating; storage (of energy). **2.** Accumulation, hoard.

accumuler [akymyle], *v.tr.* To accumulate, amass; to gather (together); to hoard; to heap up.

accusable [akyzabl], *a.* Accusable (**de,** of), chargeable (**de,** with).

accusateur, -trice [akyzatœːr, -tris]. **1.** *a.* Accusatory, incriminating. **2.** *s.* Accuser, indicter, impeacher, arraigner. *Hist:* **A. public,** public prosecutor.

accusatif, -ive [akyzatif, -iːv], *a. & s.m. Gram:* Accusative, objective (case). **Mot à l'a.,** word in the accusative.

accusation [akyzasjɔ̃], *s.f.* **1.** Accusation, charge. **Lancer, porter, une a. contre qn,** to raise, bring, an accusation against s.o. **2.** *Jur:* **Mettre qn en a.,** to arraign s.o.; to commit s.o. for trial. **Mise en a.,** arraignment, committal for trial. **3.** *Pol:* Impeachment, arraignment.

accusatoire [akyzatwaːr], *a. Jur:* Accusatory.

accusé, -ée [akyze]. **1.** *a.* Prominent, pronounced, bold (feature, etc.). **Rides très accusées,** strongly marked wrinkles. **2.** *s.* Accused (of crime); (in court) defendant, prisoner at the bar. **3.** *s.m.* **A. de réception d'une lettre,** acknowledgment (of receipt) of a letter.

accuser [akyze], *v.tr.* **1. A. qn de qch.,** to accuse s.o. of sth.; to charge, tax, s.o. with sth. **A. qn de faire qch.,** to accuse s.o. of, to charge, tax, s.o. with, doing sth. **2. A. qch.,** to own to, profess, sth. **Elle accuse trente ans,** (i) she owns up to being thirty; (ii) she looks (at least) thirty. *Fenc:* **A. un coup,** to acknowledge a hit. **3.** To define, show up, accentuate. **Esquisse qui accuse tous les muscles,** sketch that brings out every muscle. **Paroles qui accusent une grande ignorance,** words that betray great ignorance. **L'indicateur accuse une vitesse de . . .,** the speedometer shows a speed of. . . . **4. A. réception de qch.,** to acknowledge (receipt of) sth.

acéphale [asefal], *a.* Acephalous.

acerbe [asɛrb], *a.* **1.** Tart, sour. **2.** Sharp, harsh. **Réprimande a.,** sharp reproof. **Discussion a.,** acrid discussion.

acerbité [asɛrbite], *s.f.* Acerbity. **1.** Tartness, bitterness, sourness. **2.** Sharpness, harshness. **Répondre avec a.,** to give a sharp answer.

acéré [asere], *a.* (*a*) Sharp(-pointed). (*b*) Sharp(-edged), keen (blade, etc.). **Langue acérée,** sharp, stinging, tongue.

acère [asɛːr], *a. Ent:* Acerous.

acérer [asere], *v.tr.* (**j'acère; j'acérerai**) (i) To point, (ii) to give a keen edge to (sth.).

acétabule [asɛtabyl], *s.m. Anat. etc:* Acetabulum.

acétate [asɛtat], *s.m. Ch:* Acetate. **A. de cuivre,** copper acetate; verdigris.

acétifier [asetifje], *v.tr. Ch:* To acetify.

acétique [asetik], *a. Ch:* Acetic. **Acide a. concentré,** glacial acetic acid.

acétocellulose [asetɔsɛlyloːz], *s.f. Ch:* Cellulose acetate.

acétone [asetɔn], *s.f. Ch:* Acetone.

acétoselle [asetɔzɛl], *s.f. Bot:* Wood-sorrel.

acétylène [asetilɛ(ː)n], *s.m.* Acetylene. *Ch:* **Lampe, lanterne, à a.,** acetylene lamp. **Chalumeau à a.,** acetylene blow-pipe, blow-lamp.

achalandage [aʃalɑ̃daːʒ], *s.m. Com:* **1.** Working up of a connection. **2.** Custom, customers, connection.

achalandé [aʃalɑ̃de], *a.* **Magasin bien a.,** (i) shop with a large custom; (ii) *F:* well-stocked shop.

achalander [aʃalɑ̃de], *v.tr.* To provide (shop) with custom.

achanti, -ie [akɑ̃ti, -ʃɑ̃-]. **1.** *a. & s.* Ashanti. **2.** *s.m. Ling:* **L'a.,** Ashanti.

acharné [aʃarne], *a.* **1.** Eager in pursuit. **Meute acharnée à la poursuite,** pack in hot, eager, pursuit. **Hommes acharnés les uns contre les autres,** men fighting desperately against each other. **Il est a. à votre perte,** he is bent on ruining you. **2. Joueur a.,** inveterate, keen, gambler. **3. Lutte acharnée,** stubborn, keen, desperate, contest. **Travail a.,** strenuous work.

acharnement [aʃarnəmɑ̃], *s.m.* (*a*) Desperate eagerness. (*b*) Relentlessness. **A. au travail, pour le travail,** passion for work. **A. à sa vengeance,** tenaciousness, relentlessness, in revenge. **Mettre de l'a. à faire qch.,** (i) to work desperately hard at sth., (ii) to be relentless in doing sth. **Se battre avec a.,** to fight tooth and nail. **Travailler avec a.,** to work (desperately) hard.

acharner [aʃarne], *v.tr.* **A. la meute après une bête,** to set the pack on (the track of) a beast. **A. qn après, contre, sur, qn,** to set s.o. against s.o.
s'acharner. 1. S'a. après, contre, sur, qn, to be dead set against s.o.; *F:* to be always on s.o.'s tracks. **Le malheur s'acharne après lui,** misfortune dogs his footsteps. **2. S'a. à, sur, qch.,** to work unceasingly at sth.; to persist in sth.; to slave at sth. **Il s'acharne à vous nuire,** he is bent on harming you.

achat [aʃa], *s.m.* Purchase. **1.** Buying. **Faire l'a. de qch.,** to purchase sth. **Aller faire ses achats,** to go shopping. **Pouvoir d'a.,** purchasing power. **Prix d'a.,** purchase price. **2.** Thing bought. **Voilà tous mes achats,** these are all my purchases.

ache [aʃ], *s.f. Bot:* Wild celery.

acheminement [aʃminmɑ̃], *s.m.* **1.** Step, progress, (**à, vers,** towards). **2.** Forwarding (of goods, parcels).

acheminer [aʃmine], *v.tr.* **1.** To set s.o. on his way (**sur, vers,** to(wards)). **2.** To dispatch, to convey (goods, etc.) (**sur, vers, to**).

s'acheminer. S'a. sur, vers, un endroit, to be on one's way towards a place. **S'a. vers sa maison,** to proceed, to bend one's steps, to wend one's way, homeward.

acheter [aʃte], *v.tr.* **(j'achète, n. achetons; j'achèterai)** (*a*) **A. qch.,** to buy, purchase, sth. **J'ai acheté ce livre cinq francs,** I bought this book for five francs. **A. qch. (à) bon marché,** to buy sth. cheap. *F:* **A. chat en poche,** to buy a pig in a poke. (*b*) **A. qch. à qn,** to buy sth. from, of, s.o. (*c*) **A. qch. à, pour, qn,** to buy sth. for s.o. **Je vais lui a. un livre,** I am going to buy him a book. (*d*) *F:* To bribe (s.o.). (*e*) *F:* To hoax (s.o.), *F:* to have (s.o.) on.

acheteur, -euse [aʃtœːr, -øːz], *s.* Buyer, purchaser. *Jur:* Vendee.

achevé [aʃve]. **1.** *a.* (*a*) Accomplished (horseman, etc.); perfect (piece of work). (*b*) *F:* **Sot a.,** downright, absolute, fool. **Coquin a.,** thorough, out-and-out, scoundrel. **2.** *s.m.* Finish, perfection (of work of art, etc.).

achèvement [aʃɛvmɑ̃], *s.m.* Completion, finishing, conclusion (of work). **Travail en a.,** work in process of completion.

achever [aʃve], *v.tr.* **(j'achève, n. achevons; j'achèverai) 1.** To end, conclude, finish (off), complete (piece of work, etc.). **Avant d'a. ma lettre,** before bringing my letter to a close. *F:* **Achevez!** Out with it! **Cette perte acheva sa ruine,** this loss completed his ruin. **Avant que l'année soit achevée,** before the year is out. **A. de faire qch.,** to finish doing sth. **Achève de boire ton café,** drink up your coffee. **2.** To dispatch (animal, etc.); to put (animal) out of pain. *F:* **Cette grosse perte l'acheva,** this heavy loss did for him, finished him (off).

s'achever. 1. To draw to a close; to end. **Le jour s'acheva tristement,** the day closed sadly. **2.** (Of work) To reach completion.

achigan [aʃigɑ̃], *s.m. Ich: Fr.C:* (Black) bass.

Achille [aʃil]. *Pr.n.m.* Achilles. S.a. TENDON.

achillée [aʃil(l)e], *s.f. Bot:* Milfoil, yarrow.

achoppement [aʃɔpmɑ̃], *s.m.* (*a*) Knock, stumble. **Pierre d'a.,** stumbling-block. (*b*) Obstacle; difficulty.

achopper (s') [saʃɔpe], *v.pr.* To stumble (à, against); to come to grief.

achromatique [akrɔmatik], *a.* Achromatic.

achromatopsie [akrɔmatɔpsi], *s.f. Med:* Achromatopsia.

acide [asid]. **1.** *a.* Acid, sharp, tart, sour. **2.** *s.m.* Acid.

acidifère [asidifɛːr], *a.* Acidiferous.

acidifiant [asidifjɑ̃]. **1.** *a.* Acidifying. **2.** *s.m.* Acidifier.

acidification [asidifikasjɔ̃], *s.f.* Acidification.

acidifier (s') [sasidifje], *v.pr.* To become acid, to turn sour.

acidité [asidite], *s.f.* Acidity, sourness, tartness.

acidose [asidoːz], *s.f. Med:* Acidosis.

acidulé [asidyle], *a.* Acidulous. **Bonbons acidulés,** acid drops.

aciduler [asidyle], *v.tr.* **1.** To acidulate (drink, etc.). **2.** To make (stomach, etc.) acid.

s'aciduler, to become acid.

acier [asje], *s.m.* Steel. **Lame d'a., en a.,** steel blade. **A. trempé,** hardened steel. **A. inoxydable,** stainless steel. **A. au chrome, au nickel,** chrome steel, nickel steel. **Cœur d'a.,** heart of steel. **Regard d'a.,** steely glance.

aciérer [asjere], *v.tr.* **1.** *Metall:* (*a*) To steel (tool, etc.). (*b*) To case-harden. **2.** *Electro-Ch:* To steel(-face) (copper plate, etc.). **3.** *Farr:* To rough-shoe.

aciérie [asjeri], *s.f.* Steel-works.

aciériste [asjerist], *s.m.* Steel maker.

aclinique [aklinik], *a. Ph:* Aclinic.

acné [akne], *s.f.* Acne.

acolyte [akɔlit], *s.m.* **1.** *Ecc:* Acolyte. **2.** *F:* (*a*) Assistant, attendant, acolyte. (*b*) Confederate, accomplice.

acompte [akɔ̃ːt], *s.m.* Instalment, partial payment, payment on account. **Payer par acomptes,** to pay by instalments. **Recevoir un a.,** to receive something on account. **Un a. de cent francs,** a hundred francs on account (**sur,** of).

aconit [akɔnit], *s.m. Bot:* Aconite.

aconitine [akɔnitin], *s.f. Ch:* Aconitin(e).

Açores (les) [lɛzasoːr]. *Pr.n.f.pl. Geog:* The Azores.

à-côté [akote], *s.m.* **1.** Aside (remark). **2.** Usu. *pl.* (*a*) **A-côtés d'une question,** side-issues of a question. **Les à-côtés de l'histoire,** sidelights on, by-ways of, history. (*b*) *F:* Extras. **Il a quelques à-cotés,** he makes a little extra, on the side.

à-coup [aku], *s.m.* Jerk, jolt, jar, shock; sudden stoppage. **Il travaille par à-coups,** he works by fits and starts. *El:* Surge (of current). **Sans à-coups,** smoothly.

acousticien [akustisjɛ̃]. *s.m.* Acoustician.

acoustique [akustik]. **1.** *a.* Acoustical; acoustic (nerve, etc.). **Cornet a.,** ear-trumpet. **Tuyau a.,** speaking-tube. **Voûte a.,** whispering gallery. **2.** *s.f.* (*a*) Acoustics; (science of) sound. (*b*) **A. d'une salle,** acoustics of a hall.

acquéreur, -euse [akɛrœːr, -øːz], *s.* Acquirer, purchaser; *Jur:* vendee.

acquérir [akeriːr], *v.tr.* (*pr.p.* **acquérant;** *p.p.* **acquis;** *pr.ind.* **j'acquiers, il acquiert, n. acquérons, ils acquièrent;** *pr.sub.* **j'acquière, n. acquérions;** *p.d.* **j'acquérais;** *p.h.* **j'acquis;** *fu.* **j'acquerrai)** To acquire, obtain, get, win, gain, secure; to get into (a habit). **Il acquit une belle fortune,** he acquired a handsome fortune. **Son travail lui acquit une honnête aisance,** his work secured him a decent competency. **Ce trait lui acquit l'estime publique,** this action won him the regard of the public, brought him into public esteem. **Sa protection m'est acquise,** I can count on his protection. *Prov:* **Bien mal acquis ne profite jamais,** ill-gotten gains seldom prosper. *Abs.* (Of wine) to improve.

acquêt [akɛ], *s.m. Jur:* Acquest. *F:* Acquisition, windfall.

acquiescement [akjɛsmɑ̃], *s.m.* Acquiescence, assent, consent.

acquiescer [akjɛse, -kiɛ-], *v.ind.tr.* **(j'acquiesçai(s); n. acquiesçons) A. à qch.,** to acquiesce in sth.; to agree, assent, to sth.

acqui-s, -t, etc. See ACQUÉRIR.

acquis [aki]. **1.** *a.* (*a*) Acquired (knowledge, etc.). (*b*) **Fait a.,** established, accepted, fact. **Tenir pour a.,** to take for granted. **Droits a.,** vested interests. **Je vous suis tout a.,** I am entirely yours. **2.** *s.m.* Acquired knowledge, attainments, experience. **Il a de l'a.,** he has gone through the mill (of an artist, writer, etc.).

acquisitif, -ive [akizitif, -iːv], *a.* Acquisitive.

acquisition [akizisjɔ̃], *s.f.* Acquisition. **1.** Acquiring. **Faire l'a. de qch.,** to acquire, purchase, sth. **2.** (*a*) Thing bought or obtained; purchase. (*b*) **Acquisitions de l'esprit,** intellectual attainments.

acquit [aki], *s.m.* **1.** *Com:* Receipt, acquittance. **Donner a. de qch.,** to give a receipt for sth. **"Pour a.,"** 'received (with thanks)'; 'paid.' **2.** Discharge, release (from promise). **Faire qch. par manière d'a.,** to do sth. as a matter of form, for form's sake. S.a. CONSCIENCE 2.

acquit-à-caution [akiakosjɔ̃], *s.m. Cust:* Permit; excise-bond. *pl. Des acquits-à-caution.*

acquittable [akitabl], *a.* **1.** (Prisoner, etc.) worthy of acquittal. **2.** Payable (debt).

acquittement [akitmɑ̃], *s.m.* **1.** Discharge, payment (of debt, etc.). **2.** *Jur:* Acquittal. **Verdict d'a.,** verdict of not guilty.

acquitter [akite], *v.tr.* **1.** (*a*) **A. qn (d'une obligation, etc.),** to release s.o. (from an obligation, etc.). (*b*) **A. un accusé,** to acquit, discharge, an accused person. **2.** (*a*) **A. une obligation,** to fulfil an obligation. **A. une dette,** to discharge a debt. (*b*) **A. une facture,** to receipt a bill.

s'acquitter. 1. S'a. d'une obligation, d'un devoir, to fulfil, carry out, discharge, an obligation, a duty. **S'a. de son devoir,** to do one's duty. **Comment pourrai-je m'a. envers vous?** how can I repay you? **S'a. d'une dette,** to discharge a debt. **2. Se bien, mal, a.,** to acquit oneself well, badly.

âcre [ɑːkr], *a.* Acrid, bitter, tart, pungent (taste, remark, etc.).

âcrement [akrəmɑ̃], *adv.* Bitterly, tartly.

âcreté [akrəte], *s.f.* Acidity, bitterness, pungency.

acrimonie [akrimɔni], *s.f.* Acrimony, acrimoniousness; bitterness (of speech, quarrel).

acrimonieu|x, -euse [akrimɔnjø, -øːz], *a.* Acrimonious, bitter (quarrel, etc.). *s.m.* **-sement.**

acrobate [akrɔbat], *s.m. & f.* Acrobat, tumbler.
acrobatie [akrɔbasi], *s.f.* **1.** (*a*) Acrobatics. (*b*) Acrobatic feat. **2.** *Av:* **A. aérienne,** trick flying; aerobatics. **Faire de l'acrobatie,** to perform stunts.
acrobatique [akrɔbatik], *a.* Acrobatic.
acrocéphale [akrɔsefal], *a. & s. Anthr:* Acrocephalic, acrocephalous (person).
acropole [akrɔpɔl], *s.f.* Acropolis.
acrostiche [akrɔstiʃ], *a. & s.m.* Acrostic.
acrylique [akrilik], *a. Ch:* Acrilic.
acte [akt], *s.m.* **1.** (*a*) Action, act, deed. **A. de courage,** brave deed. **Faire a. de bonne volonté,** to give proof of good will **Faire a. de souverain,** to exercise the royal prerogative. **A. de guerre,** act of war. S.a. PRÉSENCE. (*b*) **A. de foi, de contrition,** act of faith, of contrition. **2.** *Jur:* (*a*) Deed, title; any instrument embodying a transaction in real estate. **A. de vente,** bill of sale. **A. notarié, a. sur papier timbré,** deed executed and authenticated by a notary. (*b*) **A. judiciaire,** writ. **A. d'accusation,** bill of indictment. (*c*) Record. **A. de naissance, de mariage, de décès,** birth, marriage, death certificate. **A. de dernière volonté,** last will and testament. **Prendre a. de qch.,** to record, note, take a note of, set down, sth. **Donner a. de qch.,** *F:* to grant, to admit sth. (*d*) *pl.* Records (of proceedings, etc.); transactions (of scientific body, etc.). *B:* **Les Actes des Apôtres,** the Acts of the Apostles. **3.** *Th:* Act.
acteur, -trice [aktœ:r, -tris], *s.* **1.** Actor, actress; player. **Se faire a.,** to go on the stage. **2. Le principal a. de cet événement,** the chief actor in this event.
actif, -ive [aktif, -i:v]. **1.** *a.* (*a*) Active (supporter, drug, *Gram:* verb, voice); potent (drug, etc.). **A. à défendre ses amis,** active in the defence of one's friends. *Pol.Ec:* **Population active,** gainfully employed, working population. **Armée active,** regular army. **Service a.,** active service. (*b*) Active, brisk, sprightly, agile, alert (person, etc.). **Faire un commerce a.,** to do a brisk trade. **2.** *s.m.* (*a*) *Com:* Assets; credit (account). *F:* **Mettre qch. à l'a. de qn,** to credit s.o. with sth. (*b*) *Gram:* **Verbe à l'a.,** verb in the active voice.
actinides [aktinid], *s.m.pl. Ch:* The actinium series.
actinie [aktini], *s.f. Coel:* Actinia, sea-anemone.
actinique [aktinik], *a. Ph:* Actinic.
actinisme [aktinism], *s.m. Ph:* Actinism.
actinium [aktinjɔm], *s.m. Ch:* Actinium.
actinomètre [aktinɔmɛtr], *s.m. Ph: Phot:* Actinometer, exposure-meter.
action [aksjɔ̃], *s.f.* **1.** (*a*) Action, act. **L'a. de marcher,** the action, act, of walking. **Homme d'a.,** man of action. (*b*) Action, deed, exploit. **A. d'éclat,** brilliant feat of arms. **2.** (*a*) (i) **A. sur qch.,** action, effect, on sth. (ii) **A. sur qn,** influence over s.o. **Événements en dehors de notre a.,** events beyond our control. **Sans a.,** ineffectual, ineffective. (*b*) **A. de l'eau, du feu, etc.,** agency, effect, of water, fire, etc. (*c*) Action, motion, working, functioning (of machine, etc.). **Suspendre l'a. d'une loi,** to suspend the operation of a law. **Hors d'a.,** out of action, out of gear. **3.** (*a*) Action, gesture (of orator, etc.). (*b*) *Th: Lit:* Action. **Scène qui retarde l'a.,** scene that delays the action. **4.** *Fin:* Share; share-certificate. **A. ordinaire,** ordinary share. **A. privilégiée,** preference share. **Compagnie par actions,** joint-stock company. *F:* **Ses actions montent, baissent,** his stock is going up, going down. **5.** *Jur:* Action, lawsuit, trial. **Intenter une a. à qn,** to bring an action against s.o.; to sue s.o. **6.** *Mil:* Action, fight, engagement.
actionnable [aksjɔnabl], *a. Jur:* Actionable.
actionnaire [aksjɔnɛ:r], *s.m. & f.* Shareholder.
actionnariat [aksjɔnarja], *s.m.* Shareholding. **A. ouvrier,** employee shareholding.
actionné [aksjɔne], *a.* Busy, brisk.
actionner [aksjɔne], *v.tr.* **1.** *Jur:* To sue (s.o.), to bring an action against (s.o.). **A. qn en dommages-intérêts,** to sue s.o. for damages. **2.** *Mec.E:* To set (sth.) in action, in motion; to operate, actuate, drive, work, run (sth.). **Machine actionnée par la vapeur,** steam-driven machine. **Actionné à la main,** hand-operated.
s'actionner, *F:* to bestir oneself.
activement [aktivmɑ̃], *adv.* Actively, briskly, busily.
activer [aktive], *v.tr.* To quicken, stir (up), push on, urge on. **A. le feu,** to stir up the fire, to make the fire burn up. **A. les gens,** to rouse, stir up, the people. **A. un travail,** to hasten, expedite, accelerate, a piece of work.
s'activer. (*a*) To keep oneself busy. (*b*) To hurry up, bestir oneself; to bustle (about).
activisme [aktivism], *s.m.* Activism.
activiste [aktivist]. **1.** *s.* Activist. **2.** *a.* Activistic.
activité [aktivite], *s.f.* Activity. **1.** Potency (of drug, etc.). **A. chimique d'un corps,** chemical activity of a body. **Maintenir l'a. de l'industrie,** to keep industry going. **2.** Quickness, briskness, dispatch. **Montrer de l'a. à faire qch.,** to show great activity in doing sth. **3. En a.,** in activity, in action, in operation, in progress, at work. **En pleine a.,** in full operation. **Marché sans a.,** dull market. **L'usine est en a.,** the factory is working. **Volcan en a.,** active volcano. **Être en a. (de service),** to be on active service or on the active list. **4.** *Sch: etc:* **Activités dirigées,** spare-time activities.
actrice. See ACTEUR.
actuaire [aktɥɛ:r, -tyɛ:r], *s.m. Ins:* Actuary.
actualiser [aktɥalize, -tyɑ-], *v.tr.* **1.** To turn (sth.) into a reality; to actualize. **2.** To bring up to date.
s'actualiser. To become a reality.
actualité [aktɥalite, -tya-], *s.f.* **1.** Actuality, reality. **2.** Question, event, of the (present) day, of the moment; topicality. **Cette question est toujours d'a.,** this question has always been with us. **Les actualités,** current events. *Cin:* **Actualités,** news reel, *T.V:* news.
actuariat [aktyarja], *s.m. Ins:* (*a*) Functions of an actuary. (*b*) Profession of actuary.
actuel, -elle [aktɥɛl, tyɛl], *a.* **1.** Of the present day; existing, current. **Le gouvernement a.,** the present government. **L'état a. du pays,** the conditions now prevailing in the country. **A l'heure actuelle,** at the present time. **2.** *Theol:* Actual.
actuellement [aktɥɛlmɑ̃, -tyɛl-], *adv.* (Just) now, at present, at the present time, at the moment.
acuité [akɥite], *s.f.* Acuteness, sharpness, keenness (of point, pain, etc.). **A. d'un son,** high pitch of a sound. **A. visuelle,** keenness of sight.
aculé [akyle], *a. Bot: Ent:* Aculeate.
acuponcture [akypɔ̃kty:r], *s.f. Surg:* Acupuncture.
acutangle [akytɑ̃:gl], *a. Geom:* Acute-angled.
adage [ada:ʒ], *s.m.* Adage, (common) saying; proverb. **Selon l'a.,** as the saying goes.
Adam [adɑ̃]. *Pr.n.m.* Adam. *F:* **Se mettre dans le costume d'A.,** to strip to the buff. S.a. ÈVE, POMME 1.
adamantin [adamɑ̃tɛ̃], *a.* Adamantine.
adaptateur [adaptatœ:r], *s.m.* **1.** *Phot: etc:* Adapter. **2.** *W.Tel:* Converter. **3.** Adapter (of book for theatre, cinema, etc.).
adaptation [adaptasjɔ̃], *s.f.* Adaptation, adjustment (à, to). **Faculté d'a.,** adaptability. *Cin:* Treatment. *W.Tel:* Matching.
adapter [adapte], *v.tr.* **A. qch. à qch.,** (i) to fit, adjust, sth. to sth.; (ii) to adapt sth. to sth., to make sth. suitable for sth. **A. un roman à la scène,** to adapt a novel for the stage. *W.Tel:* To match.
s'adapter. **1. S'a. à qch.,** to fit, suit, sth. **2. S'a. aux circonstances,** to adapt oneself to circumstances. **Il sait s'a. aux circonstances,** he is very adaptable.
addenda [adɛ̃da], *s.m.inv.* Addendum (à, to).
addition [ad(d)isjɔ̃], *s.f.* **1.** Addition, (i) adding (à, to); (ii) adding up, totting up. **Faire l'a. des chiffres,** to add up, sum up, tot up, the figures. **2.** (*a*) Accession, accretion. **Faire une a. à un bâtiment,** to add to a building. (*b*) *Ar:* Addition, cast, tot. (*c*) (In restaurant, etc.) Bill, *U.S:* check.
additionnel, -elle [ad(d)isjɔnɛl], *a.* Additional, extra.
additionner [ad(d)isjɔne], *v.tr.* **1.** To add up, tot up (sum). *Abs:* **J'additionne,** I'm toting up, I'm doing an addition. **2. Lait additionné d'eau,** watered milk, adulterated milk. **Eau additionnée d'alcool,** water with an admixture of alcohol.
additionneuse [ad(d)isjɔnø:z], *s.f.* Adding machine.
adducteur [addyktœ:r]. **1.** *a.m. Anat. etc:* Adducent. **2.** *s.m.* (*a*) *Anat:* Adductor. (*b*) *Civ.E:* Supply main.
adduction [addyksjɔ̃], *s.f.* **1.** Adduction. **2.** (*a*) *Tch:* Admission; intake. (*b*) **A. d'eau,** water supply.

adénite [adenit], *s.f. Med:* Adenitis.
adénoïde [adenɔid], *a. Med:* **Végétations adénoïdes,** adenoids.
adénome [adenoːm], *s.m. Med:* Adenoma; glandular tumour. **Adénomes naso-pharyngiens,** adenoids.
adent [adɑ̃], *s.m. Carp:* Dovetail.
adepte [adɛpt], *s.m. & f.* Adept, follower, adherent.
adéquat [adekwa], *a.* **1.** Adequate. **2.** Equivalent.
adhérence [aderɑ̃ːs], *s.f.* **1.** Adhesion. **2. A. des roues (à la route),** grip of the wheels (on the road).
adhérent, -ente [aderɑ̃, -ɑ̃ːt]. **1.** *a.* Adherent (**à,** to); adhesive. **Substance adhérente,** sticky substance. **2.** *s.* Member. **A. d'un parti,** adherent, supporter, of a party.
adhérer [adere], *v.i.* **(j'adhère, n. adhérons; j'adhérerai) 1.** To adhere, cleave, stick, cling (**aux doigts, etc.,** to the fingers, etc.). (*Of wheels*) **A. à la route,** to grip the road. **2.** To adhere, hold (to opinion, etc.). **3. A. à un parti,** to join (a party).
adhésif, -ive [adezif, -iːv]. **1.** *a.* Adhesive, sticky. **2.** *s.m.* Adhesive.
adhésivité [adesivite], *s.f.* Adhesiveness.
adhésion [adezjɔ̃], *s.f.* **1.** Adhesion, sticking. **Force d'a.,** adhesiveness. **2.** (*a*) Adhesion, adherence (**à,** to); membership (of a party). **Donner son a. à un projet,** to give, signify, one's adhesion to a plan. **A. à un parti,** joining of a party. (*b*) Agreement; approval.
adiabatique [adjabatik], *a. Ph:* Adiabatic.
ad hoc [adɔk]. *Lt.adv.phr:* Ad hoc, for the purpose, special.
adieu, *pl.* **-eux** [adjø]. **1.** *int.* Good-bye, farewell. **Dire a. à qn,** to bid s.o. goodbye. **2.** *s.m.* Farewell, parting, leave-taking. **Faire ses adieux à qn,** to take one's leave of s.o.; to say good-bye to s.o. **Baiser d'a.,** parting kiss. **Sans a.!** this is not good-bye!
adipeux, -euse [adipø, -øːz], *a.* Adipose, fatty (tissue, etc.).
adiposité [adipɔzite], *s.f.* Adiposity.
adjacence [adʒasɑ̃ːs], *s.f.* Adjacency.
adjacent [adʒasɑ̃], *a.* Adjacent, contiguous (**à,** to); adjoining; bordering (**à,** on). *Geom:* **Angles adjacents,** adjacent angles.
adjectif, -ive [adʒɛktif, -iːv]. **1.** *a.* Adjectival (phrase, etc.). **2.** *s.m.* Adjective. **A. attribut,** predicative adjective. **A. épithète,** attributive adjective.
adjoign-e, etc. See ADJOINDRE.
adjoindre [adʒwɛ̃ːdr], *v.tr.* (Conj. like JOINDRE) **1. A. qch. à qch.,** to unite, associate, sth. with sth. **2. A. qn à qn,** to give s.o. to s.o. as an assistant. **A. qn à un comité,** to add s.o. to a committee.
s'adjoindre à d'autres, to join (in) with others.
adjoin-s, -t. See ADJOINDRE.
adjoint, -ointe [adʒwɛ̃, -wɛ̃t]. **1.** *a.* Assistant (professor, etc.). **2.** *s.* Assistant. **A. au maire,** deputy mayor. **3.** *s.m.* **Adjoints du verbe,** adjuncts of the verb.
adjonction [adʒɔ̃ksjɔ̃], *s.f.* **1.** Adding, adjunction. **2.** Annex (of hospital, etc.).
adjudant [adʒydɑ̃], *s.m.* **1.** *Mil:* (*a*) Company sergeant-major. (*b*) **A.-major,** adjutant (of battalion). **2.** *Orn:* Adjutant-bird, -crane.
adjudicataire [adʒydikatɛːr]. **1.** *a.* **Partie a.,** (i) contracting party, (ii) purchasing party. **2.** *s.* (*a*) Successful tenderer for a contract. (*b*) Highest bidder; purchaser (at auction).
adjudicateur, -trice [adʒydikatœːr, -tris], *s.* Adjudicator, awarder (of contract, etc.).
adjudication [adʒydikasjɔ̃], *s.f.* (*a*) Adjudication, allocation, award; esp. allocation of contract. (*b*) Knocking-down (of sth. to s.o.). **Mettre qch. en a.,** (i) to invite tenders for sth., (ii) to put sth. up for sale by auction. **Par voie d'a.,** (i) by tender, (ii) by auction.
adjuger [adʒyʒe], *v.tr.* **(j'adjugeai(s); n. adjugeons) A. qch. à qn,** (i) to adjudge, award, allocate, sth. to s.o.; (ii) (at auctions) to knock down sth. to s.o. **Une fois! deux fois! adjugé!** going! going! gone! *F:* **S'a. qch.,** to appropriate, take possession of, sth. *F:* **S'a. une course, un prix,** to win a race, a prize.
adjuration [adʒyrasjɔ̃], *s.f.* **1.** Entreaty. **2.** Exorcism.
adjurer [adʒyre], *v.tr.* **A. qn de faire qch.,** to adjure, beseech, s.o. to do sth.
adjuvant [adʒyvɑ̃], *a. & s.m. Pharm:* Adjuvant.
admettre [admɛtr], *v.tr.* (Conj. like METTRE) **1.** To admit; to let (s.o.) in. **A. qn chez soi,** to admit, allow, s.o. into one's house. **Être admis à un examen,** to pass, get through, an examination. **2. A. qn à faire qch.,** to allow, permit, s.o. to do sth. **Être admis à passer un examen,** to be allowed to sit for an examination. **3.** (*a*) **A. qch.,** to admit, admit of, permit, allow, sth. **L'usage admis,** the accepted custom. **Si l'on admet la vérité de . . .,** granting the truth of. . . . **Cela n'admet aucun doute,** it admits of no doubt. (*b*) **A. que. Il admet que c'est vrai,** he allows it to be true. **J'admets que j'ai tort,** I acknowledge, admit, agree, that I am in the wrong. **Je n'admets pas que j'aie tort,** I do not admit that I am in the wrong. **Admettons que j'aie tort,** let us assume, let us grant, that I am wrong.
administrateur, -trice [administratœːr, -tris], *s.* **1.** (*a*) Administrator (of colony, charity, etc.), *f.* administratrix. (*b*) **A. foncier,** land-agent, estate-agent. **2.** Director (of company, bank, etc.). **3.** Trustee (of estate, etc.).
administrat|if, -ive [administratif, -iːv], *a.* Administrative. *adv.* **-ivement.**
administration [administrasjɔ̃], *s.f.* **1.** Administering, dispensing (of justice, sacrament, etc.). **2.** (*a*) Administration, direction, management (of business, etc.). **Conseil d'a.,** board of directors. **Mauvaise a.,** mismanagement, maladministration. (*b*) Governing (of country). **3.** (*a*) Governing body; board of directors. (*b*) Government service. **Entrer dans l'a.,** to enter the civil service. (*c*) The authorities, officials.
administré [administre], *s.m.* Person under s.o.'s administration or jurisdiction.
administrer [administre], *v.tr.* **1.** To administer, manage, conduct business, estate); to govern (country). **2.** To dispense (justice; to administer (sacraments). *F:* **A. qch. à qn,** to administer sth. to s.o. *F:* **A. une bonne raclée à qn,** to give s.o. a good hiding. **3.** *Jur:* **A. des preuves,** to produce proofs.
admirable [admirabl], *a.* Admirable, wonderful. **Quel temps a.!** what glorious weather! *adv.* **-ment.**
admirateur, -trice [admiratœːr, -tris]. **1.** *a.* Admiring. **2.** *s.* Admirer, *F:* fan.
admirat|if, -ive [admiratif, -iːv], *a.* Admiring (gesture, etc.). *adv.* **-ivement.**
admiration [admirasjɔ̃], *s.f.* Admiration. **Regarder qch. avec a.,** to look at sth. admiringly. **Avoir de l'a. pour qn,** to admire, be full of admiration for, s.o. **Être en a. devant,** to be lost in admiration of. **Être, devenir, faire, l'a. de qn,** to be admired by s.o.; to excite the admiration of s.o. **Être saisi d'a.,** to be struck with admiration.
admirer [admire], *v.tr.* To admire. **Admiré de tous,** admired by all.
admis, admise, etc. See ADMETTRE.
admissibilité [admisibilite], *s.f.* Admissibility. *Sch:* **Épreuves d'a. (à l'examen oral),** written examination.
admissible [admisibl], *a.* (*a*) Admissible, allowable (excuse, proof, conduct). (*b*) **A. à un emploi,** eligible for a job. *Sch:* **(Candidats) admissibles,** candidates who have qualified for the oral examination.
admission [admisjɔ̃], *s.f.* Admission (**à, dans,** to). **A. à un club,** admission to a club. **Cotisation d'a.,** entrance fee. *Tchn:* Intake. *Mch: I.C.E:* **Période d'a.,** induction stroke. **Soupape d'a.,** inlet valve.
admit. See ADMETTRE.
admittance [admitɑ̃ːs], *s.f. El:* Admittance.
admixtion [admikstjɔ̃], *s.f.* Admixture (à, with).
admonestation [admɔnɛstasjɔ̃], *s.f.* Admonition, admonishment, reprimand.
admonester [admɔnɛste], *v.tr.* To admonish, censure, reprimand.
admonition [admɔnisjɔ̃], *s.f.* Admonition; reprimand.
adolescence [adɔlɛssɑ̃ːs], *s.f.* Adolescence, youth.
adolescent, -ente [adɔlɛssɑ̃, -ɑ̃ːt]. **1.** *a.* Adolescent; *F:* teenage. **2.** *s.* Adolescent; *F:* teenager; youth, lad; *f.* girl (in her teens).
Adolphe [adɔlf]. *Pr.n.m.* Adolphus.
Adonis [adɔnis]. **1.** *Pr.n.m. Myth:* Adonis. **2.** *s.m.* Beau. **3.** *s.m. Bot:* Pheasant's-eye, adonis.
adoniser [adɔnize], *v.tr. O:* To dress, groom, (s.o.) elaborately.

s'adoniser, *O:* to adorn oneself; to spruce oneself up.

adonner (s') [sadɔne], *v.pr.* (*a*) **S'a. à qch.,** to give oneself up to sth. **S'a. à l'étude,** to devote oneself to study. **S'a. à une profession,** to take up a profession. **Ils se sont adonnés à la même profession,** they follow, practise, the same profession. **S'a. aux sports,** to go in for sport. (*b*) **S'a. à la boisson,** to take to drink; to become addicted to drink.

adoptant, -ante [adɔptɑ̃, -ɑ̃t], *s.* Adopter; adoptive parent.

adopté, -ée [adɔpte], *a. & s.* Adopted, adoptive (child).

adopter [adɔpte], *v.tr.* **1. A. un enfant,** to adopt a child. **2.** (*a*) **A. un nom,** to adopt, take, assume, a name. **A. une cause,** to take up, embrace, a cause. (*b*) **A. un projet de loi, une résolution,** to pass, carry, a bill, a resolution.

adoptif, -ive [adɔptif, -i:v], *a.* Adopted, adoptive (child, parent, country).

adoption [adɔpsjɔ̃], *s.f.* Adoption (of child, proposal, idea, fashion). *Parl:* Passage, carrying (of bill).

adorable [adɔrabl], *a.* Adorable; charming, delightful. *adv.* **-ment.**

adorateur, -trice [adɔratœ:r, -tris], *s.* (*a*) Adorer, worshipper. (*b*) *F:* Ardent admirer, fan.

adoration [adɔrasjɔ̃], *s.f.* Adoration. **1.** Worship (of a god). **2.** *F:* Profound admiration **(de,** for). **Aimer qn à l'a.,** to adore s.o. **Il est en a. devant elle,** he worships her.

adorer [adɔre], *v.tr.* **1.** To adore, worship (a god). **2.** *F:* To adore, idolize, to dote upon, to be passionately fond of (s.o., sth.). **J'adore monter à cheval,** I adore riding. **Il adorait qu'on le regardât,** he loved to be looked at.

adossé [adose], *a.* **1.** Back to back. **2. A. à qch.,** with one's back against sth.

adossement [adosmɑ̃], *s.m.* **1.** Position back to back. **2.** Leaning, backing **(à, contre,** against).

adosser [adose], *v.tr.* **1.** To place (two things) back to back. **2. A. qch. à, contre, qch.,** to place, lean, rest, sth. (with its back) against sth.; to back sth. against sth.

s'adosser à, contre, qch., to set, lean, one's back against sth. **S'a. au mur,** to lean (back) against the wall.

adouber [adube], *v.tr.* **1.** *A:* To dub (a knight). **2.** *Chess:* To adjust (a piece).

adoucir [adusi:r], *v.tr.* **1.** To soften (voice, water); to tone down (contrast, colour); to subdue (light, one's voice); to sweeten (drink). **2.** To alleviate, relieve, ease, assuage, mitigate, calm, allay (pain, sorrow, etc.). **3.** To pacify, mollify. **4.** To smooth (metal, wood, etc.); to smooth off (an angle); to (rough-) polish (glass). **5.** *Metall:* (*a*) To temper. (*b*) To soften (cast iron).

s'adoucir. 1. (Of voice) To grow softer; to soften. **2.** (Of weather) To grow milder. **3.** (Of pain) To grow less. **4.** (Of character) to mellow.

adoucissage [adusisa:ʒ], *s.m.* **1.** Smoothing. **2.** Softening.

adoucissant [adusisɑ̃], *a. & s.m.* **1.** *Med:* Emollient. **2.** *a.* Polishing (substance).

adoucissement [adusismɑ̃], *s.m.* **1.** Softening (of voice, temper, etc.). **2.** Alleviation (of pain, etc.). **3.** Smoothing (of surfaces, angles).

adoucisseur [adusisœ:r], *s.m.* Water softener.

adragante [adragɑ̃:t], *a.f.* **Gomme a.,** gum tragacanth.

adrénaline [adrenalin], *s.f. Med:* Adrenalin(e).

adresse [adrɛs], *s.f.* **1.** Address, direction, destination. **Écrire son a.,** to put down one's name and address. **Lettre à l'a. de qn,** letter addressed, directed, to s.o. *F:* **Une observation à votre a.,** a dig at you. **2.** (*a*) Skill, dexterity, adroitness. **Tour d'a.,** trick (of sleight-of-hand); feat (of skill). (*b*) Shrewdness, adroitness, tact. **Dénué d'a.,** tactless, bungling (person). (*c*) Craftiness, cunning.

adresser [adrɛse], *v.tr.* **1.** To address, direct (packet, letter, etc.); to offer up (a prayer). **Lettre mal adressée,** mis-directed letter. **2. On m'a adressé à vous,** I have been recommended to come to you. **3.** To aim, address (remarks, reproaches, etc.). **A. la parole à qn,** to speak to, to address, s.o.

s'adresser. 1. To apply **(à,** to). **"S'a. ici,"** 'apply, enquire, here.' **Adressez-vous au sergent de ville,** ask the policeman. **2. S'a. à qn,** to address s.o., to speak to s.o. **3. Vous vous adressez mal,** you have come to the wrong person. **S'a. à l'imagination de qn,** to appeal to s.o.'s imagination.

Adriatique [adriatik]. **1.** *a. Geog:* Adriatic. **2.** *Pr.n.f.* **L'A.,** the Adriatic.

Adrien [adri(j)ɛ̃]. *Pr.n.m.* **1.** Adrian. **2.** *Rom. Hist:* Hadrian.

adroit [adrwa], *a.* **1.** (*a*) Dexterous, deft, skilful, handy. **Être a. de ses mains,** to be clever with one's hands, with one's fingers. **Joueur de football a. des pieds,** footballer clever at footwork. **A. à faire qch.,** dexterous, skilful, handy, at doing sth. (*b*) **Phrase adroite,** neat way of putting it. **2.** Shrewd, adroit (answer, diplomat). *adv.* **-ement.**

adulateur, -trice [adylatœ:r, -tris]. **1.** *a.* Adulatory, flattering, fawning, sycophantic. **2.** *s.* Sycophant, toady; flatterer.

adulation [adylasjɔ̃], *s.f.* Adulation, flattery **(de,** of); sycophancy.

aduler [adyle], *v.tr.* To adulate; to fawn upon (s.o.).

adulte [adylt], *a. & s.* Adult, grown-up, full-grown. **Être arrivé à l'âge a.,** to be of adult age.

adultération [adylterasjɔ̃], *s.f.* Adulteration (of food); debasing (of coin); falsification (of documents, etc.).

adultère[1] [adyltɛ:r]. **1.** *a.* Adulterous. **2.** *s.* Adulterer, *f.* adulteress.

adultère[2], *s.m.* Adultery. **Commettre un a.,** to commit adultery.

adultérer [adyltere], *v.tr.* **(j'adultère, n. adultérons; j'adultérerai)** To adulterate (food, etc.); to falsify (document).

adultérin [adylterɛ̃], *a.* Adulterine.

aduste [adyst], *a.* Sunburnt; scorched.

adustion [adystjɔ̃], *s.f. Med:* Cauterization.

advenir [advəni:r], *v.* (Conj. like VENIR. Used only in the third pers.) To occur, happen; to come to pass; to befall, chance; to come (about). **1.** *v.i.* **Je ne sais ce qui en adviendra,** I don't know what will come of it. **Quand le cas adviendra,** when the case arises. *Jur:* **Le cas advenant que** + *sub.*, in the event of (something happening). **2.** *v.impers.* **Qu'est-il advenu de lui?** what has become of him? **Il m'advient quelquefois d'oublier,** I sometimes happen to forget. **Or, il advint que . . .,** now it came to pass that. . . . **Mais il est advenu que . . .,** but it turned out, it so fell out, that. . . . **Il n'en advint que de la peine,** nothing but trouble came of it. **Quoi qu'il advienne, advienne que pourra,** come what may.

adventice [advɑ̃tis], *a.* Adventitious; casual.

adverbe [advɛrb], *s.m.* Adverb.

adverbial, -aux [advɛrbjal, -o], *a.* Adverbial. **Locution adverbiale,** adverbial phrase.

adversaire [advɛrsɛ:r], *s.m.* Adversary, opponent.

adverse [advɛrs], *a.* (*a*) *Jur:* **La partie a.,** the opposing party, the other side. (*b*) Adverse, unfortunate, unfavourable. **Fortune a.,** adverse fortune; adversity; bad luck.

adversité [advɛrsite], *s.f.* **1.** Adversity; adverse circumstances. **Être dans l'adversité,** to be in straitened circumstances. **2.** Misfortune, trial, ill.

adviendra, advienne, advient, advint. See ADVENIR.

adynamie [adinami], *s.f. Med:* Adynamia.

aérage [aɛra:ʒ], *s.m.* **1.** Ventilation (of room, etc.); airing (of room, clothes, etc.). S.a. PUITS 2. **2.** Aeration (of water, etc.).

aérateur [aɛratœ:r], *s.m.* Ventilator.

aération [aɛrasjɔ̃], *s.f.* = AÉRAGE.

aérer [aere], *v.tr.* **(j'aère, n. aérons; j'aérerai) 1.** (*a*) To ventilate (mine); to air, to renew the air of (room). (*b*) To air (linen); to expose (water) to the air. **2.** To aerate (water, bread).

aérien, -ienne [aerjɛ̃, -jɛn], *a.* **1.** Aerial (phenomenon, plant, etc.); overhead (cable); elevated (railway). **Nos forces aériennes,** our air-force. **Raid a.,** air-raid. **Torpille aérienne,** aerial torpedo. **Ligne aérienne,** air-line. **Base aérienne,** air-base. **2.** (Light and) airy (footstep, texture). **3.** *Anat:* **Voies aériennes,** air-, wind-passages. **4.** *s.m. Radar:* Aerial.

aérifère [aerifɛ:r], *a.* Aeriferous, air-conducting.

aérium [aerjɔm], *s.m.* (Open air) sanatorium.

aérochimique [aerɔʃimik], *a.* **Guerre a.,** chemical warfare from the air.

aéro-club [aerɔklyb, -klœb], *s.m.* Flying-club.

aérodrome [aerɔdroːm], *s.m.* Aerodrome, airport, *U.S:* airdrome.

aérodynamique [aerɔdinamik]. **1.** *a.* Aerodynamic; *F:* streamlined. **2.** *s.f.* Aerodynamics.

aérogare [aerɔgaːr], *s.f.* Air(ways) terminal.

aérogramme [aerɔgram], *s.m.* *Fr.C:* Aerogram(me), air-letter.

aérolithe [aerɔlit], *s.m.* Aerolite, aerolith, meteorite.

aérologie [aerɔlɔʒi], *s.f.* Aerology.

aéromètre [aerɔmɛtr], *s.m.* Aerometer.

aérométrie [aerɔmetri], *s.f.* Aerometry.

aéromoteur [aerɔmɔtœːr], *s.m.* Wind-engine.

aéronaute [aerɔnoːt], *s.m.* Aeronaut, balloonist.

aéronautique [aerɔnotik]. **1.** *a.* Aeronautical; air (service, etc.). **2.** *s.f.* (*a*) Aeronautics; aerial navigation. (*b*) **L'A. navale** = The Fleet Air Arm.

aéronaval [aeronaval]. **1.** *a.* **La maîtrise aéro-navale des Alliés,** the air and sea supremacy of the Allies. **2.** *s.f.* **L'Aéronavale** = The Fleet Air Arm, Naval Aviation.

aéronef [aerɔnɛf], *s.m.* Aircraft.

aérophagie [aerɔfaʒi], *s.f.* *Med:* Aerophagia.

aéroport [aerɔpɔːr], *s.m.* Airport.

aéroportable [aerɔpɔrtabl], *a.* Transportable by air.

aéroporté [aerɔpɔrte], *a.* Airborne. **Troupes aéroportées,** airborne forces.

aéropostal, -aux [aerɔpɔstal, -o], *a.* Airmail.

aéroroute [aerɔrut], *s.f.* *Av:* Airway.

aérosol [aerɔsɔl], *s.m.* Aerosol.

aérosondage [aerɔsɔ̃daːʒ], *s.m.* Sounding of the atmosphere (by means of balloons).

aérostat [aerɔsta], *s.m.* Aerostat, lighter-than-air craft; balloon; airship.

aérostation [aerɔstasjɔ̃], *s.f.* Ballooning, aeronautics.

aérostatique [aerɔstatik]. **1.** *a.* Aerostatic(al). **2.** *s.f.* Aerostatics.

aérostier [aerɔstje], *s.m.* Aeronaut, balloonist.

aérotransporter [aerotrɑ̃spɔrte], *v.tr.* To carry by air; to fly (goods, passengers).

affabilité [afabilite], *s.f.* Graciousness, affability (**avec, envers,** to, towards).

affable [afɑːbl], *a.* Gracious, affable, kindly (**à, envers, avec,** to, towards, with). *adv.* **-ment.**

affabulation [afabylasjɔ̃], *s.f.* **1.** Moral (of a fable). **2.** Construction, plot (of a novel, a play).

affadir [afadiːr], *v.tr.* **1.** To render (food, etc.) insipid, tasteless. **2.** To render (sth.) dull, uninteresting. **A. une anecdote,** to take the point out of an anecdote.

s'affadir, to become insipid; to lose flavour.

affadissant [afadisɑ̃], *a.* Cloying, sickening.

affadissement [afadismɑ̃], *s.m.* **1.** Loss of flavour. **2.** Making dull, insipid; dulling (of taste, etc.).

affaiblir [afɛbliːr], *v.tr.* To weaken. (*a*) To enfeeble, debilitate. (*b*) To lessen, reduce; to lighten, weaken (a colour). **A. le courage de qn,** to damp s.o.'s courage. *Phot:* **A. un cliché,** to reduce (the contrasts of) a negative. (*c*) To reduce the thickness of (a plant).

s'affaiblir, to grow, become, weak(er), feeble(r); to lose one's strength; (*of sound*) to grow fainter. **Ses forces s'affaiblissaient,** his strength was flagging. **La tempête s'affaiblit,** the storm is abating.

affaiblissement [afɛblismɑ̃], *s.m.* **1.** (*a*) Weakening. (*b*) Lessening, reducing. **2.** Enfeeblement, weakness; *Med:* debility.

affaire [afɛːr], *s.f.* **1.** (*a*) Business, affair, concern. **Ce n'est pas votre a.,** it's no business of yours. **Ce métier n'est pas l'a. de tout le monde,** this trade is not everybody's job. **Faire son a. de qch.,** (i) to specialize in a matter, (ii) to take charge of a matter. **J'en fais mon a.,** leave it to me; I will deal with it. **Savoir, connaître, son a.,** to know what one is about, to know one's business. **Il est à son a.,** he is in his element. (*b*) Question, matter, affair. **A. d'intérêt,** money matter. **A. de cœur,** love-affair. **A. de goût,** matter of taste. **C'est une a. de rien,** it is a trifling matter. **Son usine est une grande a.,** his works is a very big concern. **Ça c'est une autre a.,** that's another question altogether; that alters the case. **Ce n'est que l'a. d'un instant,** it won't take a minute. (*c*) Thing (required). **J'ai votre a.,** I have the very thing you want. **Faire l'a. de qn,** to answer the purpose of s.o. **Cela ne fait pas l'a.,** it won't do. *F:* **Il a fait son a.,** he has made his pile, his fortune. *F:* **Faire son a. à qn,** to do for s.o.; to kill s.o. *F:* **Son a. est faite,** he is done for, it's all up with him, *P:* his number's up. (*d*) (i) (Serious, difficult) business, thing, matter. **Vilaine a.,** ugly business. **Ce n'est pas une a.,** it's no great matter. *F:* there's nothing to it. **C'est toute une a., ce n'est pas une petite a.,** it's quite an undertaking, quite a (big) business. **Ce sera l'a. de cent francs,** it will be a matter of a hundred francs. *Iron:* **La belle a.!** is that all? that's nothing! **En voici une a.!** here's a pretty kettle of fish! (ii) **Tirer qn d'a.,** to get s.o. out of a difficulty, out of a scrape, out of trouble; to set s.o. on his legs again. **Se tirer d'a. tant bien que mal,** to muddle through. S.a. HORS 2. **S'attirer une (mauvaise) a.,** to get into trouble, into a scrape, into hot water. **S'attirer des affaires,** to get into trouble. **Vous me faites des affaires pour douze malheureux francs!** (you are making) all this fuss for twelve miserable francs! **2.** (*a*) Affair, business, transaction, deal; (financial) venture. **Bonne a.,** good speculation. **Faire une bonne a.,** to do a good stroke of business. **C'est une a. d'or,** it will be a gold mine. **Ils font des affaires d'or,** they are simply coining money. **Faire une mauvaise a.,** to make a losing bargain. **Venir pour affaire(s),** to come on business. **C'est une a. faite!** done! that's settled! (*b*) **Avoir a. à, avec, qn,** to deal, have to deal, have to do, with s.o. **Avoir a. à forte partie,** to be up against a strong man. **C'est a. à vous, à lui, de . . .,** it is for you, for him, to . . .; *F:* it is up to you, to him, to. . . . **3.** *pl.* (*a*) Things, belongings. **Serrer ses affaires,** to put away one's things. (*b*) Business, trade. *Prov:* **Les affaires sont les affaires,** business is business. **Être dans les affaires,** to be in business. **Faire des affaires,** to do business. **Faire de mauvaises affaires,** to be doing badly. **Faire de bonnes affaires,** to be successful in business. **Comment vont les affaires?** how is business? **Mettre qn dans les affaires,** to set s.o. up in business. **Parler affaires,** to talk business; *F:* to talk shop. **Homme d'affaires,** (i) business man, (ii) agent, (iii) steward, (iv) lawyer. **Être à la tête des affaires,** to be at the head of affairs. (*c*) **Les affaires de l'État,** the affairs of State. *F:* **Ce n'est pas une a. d'État,** it is no great matter. **Le Ministère des Affaires étrangères** = the Foreign Office, *U.S:* the State Department. *Fr.C:* **Les Affaires Extérieures,** External Affairs. **4.** *Jur:* Case, lawsuit. **5.** (*a*) **A. d'honneur,** duel; affair of honour. (*b*) *Mil:* Engagement, action, fight. (*c*) Scandal.

affairé [afɛre], *a.* Busy. **Faire l'a.,** to pretend to be busy, to fuss around. **Porteurs affairés,** bustling porters. **Ils entrent et sortent d'un air a.,** they bustle in and out.

affairement [afɛrmɑ̃], *s.m.* **1.** Hurry, bustle. **2.** Ado, fuss.

affairer (s') [safɛre], *v.pr.* *F:* To lead a busy life, to bustle about; to fuss. **S'a. à tout remettre en place,** to busy oneself tidying things away.

affairisme [afɛrism], *s.m.* Preoccupation with business.

affairiste [afɛrist], *s.m.* *F:* Shark, speculator.

affaissement [afɛsmɑ̃], *s.m.* **1.** Subsidence, giving way; collapse (of floor, roof, tyre); sinking (in), settling (of foundation); sagging (of floor, beam). *Med:* Prostration. **2.** Depression, dejection, despondency.

affaisser [afɛse], *v.tr.* To press down, weigh down.

s'affaisser. (*a*) (Of thg) To subside, give way, cave in, collapse, sink in; (of material) to give, yield; (of beam, etc.) to sag; (of earth) to settle. (*b*) (Of pers.) To sink down, sink back (in chair); to collapse. (*c*) **Il s'affaisse de jour en jour,** he is gradually sinking.

affalement [afalmɑ̃], *s.m.* **1.** Discouragement, depression; exhaustion. **2.** **L'a. final,** the final crash, ruin.

affaler [afale], *v.tr.* *Nau:* **1.** (*a*) To haul down (rope). (*b*) To pay down (rope). **2.** To lower (object). **Affale!** lower away!

s'affaler. **1.** *Nau:* (*a*) **S'a. par un cordage,** to slide down a rope. (*b*) (Of ship) **S'a. à la côte,** to get embayed on a lee-shore. **2.** (*a*) To fall. **S'a. par**

terre tout de son long, to fall full length on the ground. (*b*) **S'a. dans un fauteuil,** to drop, sink, *F:* flop, into an arm-chair.
affamé [afame], *a.* Hungry, starving, ravenous (**de,** for); famished. **Regarder qch. d'un œil a.,** to look hungrily at sth. **Être a. de qch.,** to hunger, hanker, after sth.; to crave, yearn, long, for (pleasure, praise).
affamer [afame], *v.tr.* To starve (s.o.).
affectable [afɛktabl], *a. Jur:* Mortgageable.
affectation [afɛktasjɔ̃], *s.f.* **1.** Affectation. (*a*) Affectedness, conceit. **Sans a.,** unaffectedly. (*b*) Simulation, pretence. **Avec une a. de générosité,** with an affectation, a show, of generosity. **2.** (*a*) **A. de qch. à qch.,** assignment, attribution, of sth. to a purpose; appropriation for a purpose; allotment (of money) to a purpose. (*b*) **A. de qn à un poste,** assignment of s.o. to a duty. *Mil:* **Avoir une, être en, a. spéciale** = to be in a reserved occupation.
affecté [afɛkte]. **1.** *a.* Affected (person, manners); mincing (gait). **2.** *s.m. Mil:* **A. spécial** = man in a reserved occupation.
affecter [afɛkte], *v.tr.* **1.** (*a*) **A. qch. à un certain usage,** to assign sth. to, to appropriate, set apart, ear-mark, allocate, sth. for, a certain use. (*b*) *Mil:* To detail, tell off, post, draft (soldier, detachment, for a particular service). *Navy:* **Être affecté à un navire,** to be posted to a ship. **2.** To affect, feign, simulate. **A. la mort,** to feign death. **A. de faire qch.,** to pretend to do sth. **3.** To affect; to have a predilection for, a partiality for (sth.). **A. les grands mots,** to affect big words. **4.** To assume, take on (shape, colour, etc.). **5.** (*a*) To affect, move, touch (s.o.). **Vivement affecté de la nouvelle,** much moved by the news. (*b*) To affect, to have an effect upon (career, health). **Ce gaz affecte les poumons,** this gas affects the lungs. **La grève affecte plusieurs usines,** the strike hits several factories. *Mth:* **Quantité affectée d'un exposant,** quantity bearing an index.
s'affecter, to be distressed (**de,** by).
affectif, -ive [afɛktif, -iːv], *a.* Affective, emotional (use of a word, etc.).
affection [afɛksjɔ̃], *s.f.* Affection. **1.** Fondness, attachment, liking (**pour,** for). **Porter de l'a. à qn, avoir qn en a.,** to be fond of s.o. **Prendre qn en a.,** to become attached to s.o.; to conceive a liking for s.o. **Avec a.,** affectionately. **2.** Mental state. **Les affections de l'âme,** the affections of the mind. **3.** *Med:* Disease, complaint, ailment.
affectionné [afɛksjɔne], *a.* Affectionate, loving. (At end of letter) **Votre affectionné(e) . . .,** your affectionate. . . . *adv.* **-ment.**
affectionner [afɛksjɔne], *v.tr.* **1. A. qn,** to have an affection, a liking, a fondness, for s.o.; to love, like, be fond of, s.o. **Affectionné de tous,** loved by all. **2. S'a. qn,** to gain s.o.'s affection.
affectivité [afɛktivite], *s.f. Psy:* Affectivity.
affectueu|x, -euse [afɛktɥø, -øːz], *a.* Affectionate, loving, fond. *adv.* **-sement.**
afférent[1] [aferɑ̃], *a.* **1.** Assignable (**à,** to). **Traitement a. à un emploi,** salary attaching to a post. *Jur:* **Portion afférente à qn,** share falling (by right) to s.o.; portion accruing to s.o. **2. Renseignements afférents à une affaire,** information relating to a matter.
afférent[2], *a. Anat:* Afferent (vessel).
afferm|er [afɛrme], *v.tr.* **1.** (*a*) To lease (farm, etc.). (*b*) *A:* To farm out (taxes). **2.** (*a*) To rent; to take (land, etc.) on lease. (*b*) To contract for (sth.). *a.* **-able.** *s.m.* **-age.**
afferm|ir [afɛrmiːr], *v.tr.* **1.** To strengthen, steady, make firm (pillar, foundations, etc.). **2.** To strengthen, consolidate (power, belief, health, etc.). *s.m.* **-issement.**
s'affermir, to become stronger, firmer; to harden; to set.
affété [afete], *a.* Affected, simpering, namby-pamby (air, tone); mincing (step); pretty-pretty (style).
afféterie [afetri], *s.f.* **1.** Affectation, primness; affected manner. **2.** *pl.* (*a*) Vain adornments; gewgaws. (*b*) Simpering, mincing.
affichage [afiʃaːʒ], *s.m.* (*a*) Bill-sticking, -posting; placarding, posting-up (of bills). *Sp:* **Tableau d'a.,** telegraph board. (*b*) *F:* Show, display, flaunting (of opinions, etc.).
affiche [afiʃ], *s.f.* (*a*) **A. murale,** placard, poster, bill. **A. illustrée,** picture poster. **Poser une a.,** to stick a bill. **Panneau à affiches,** hoarding. **Annoncer une vente par voie d'affiches,** to bill, placard, a sale. **A. de théâtre,** play-bill. *Th:* **Mettre une pièce à l'a.,** to bill a play. **La pièce a tenu l'a. pendant six mois,** the play ran for six months. (*b*) Stamp, mark, sign (of fault, quality).
afficher [afiʃe], *v.tr.* **1.** To stick (up), placard, display (bill, notice, etc.). **A. une vente,** to advertise, post up, a sale. *Th:* **A. une pièce,** to bill a play. **"Défense d'a.,"** 'stick no bills.' **2.** To parade, to show (off) (sth.); to make a display, a show, of (sth.). **A. ses opinions,** to air, flaunt, one's opinions. **A. l'insouciance,** to show ostentatious carelessness.
s'afficher, to show off; to attract notice, to seek notoriety. **S'a. avec qn,** to be seen everywhere with s.o.
afficheur [afiʃœːr], *s.m.* Bill-sticker, bill-poster.
affichiste [afiʃist], *s.* Poster designer.
affidé, -ée [afide], *s. Pej:* (*a*) Confederate, confidant, follower. (*b*) Secret agent; spy. **A. de la police,** police spy.
affilé [afile], *a.* Sharp (knife, tongue).
affilée [afile], *s.f. F:* (Used only in the adv. phr) **D'a. Cinq heures d'a.,** five hours at a stretch, at a time, on end. **Pendant des heures d'a.,** for hours together.
affil|er [afile], *v.tr.* **1.** To sharpen, set, whet, to give an edge to, to put an edge on (blade, etc.). **2.** To (wire-)draw (gold, silver). *s.m.* **-age.**
affileur [afilœːr], *s.m.* Sharpener, grinder (of tools).
affiliation [afiljasjɔ̃], *s.f.* **1. A. d'une banque à une autre,** affiliation of one bank with another. **2.** Branch (of a firm, etc.).
affilié, -ée [afilje]. **1.** *a.* Affiliated. **2.** *s.* Affiliated member.
affilier [afilje], *v.tr.* To affiliate (**à,** to, with).
s'affilier à un parti, to affiliate oneself with, to, to become affiliated to, a party. **S'a. à un complot,** to join in a conspiracy.
affiloir [afilwaːr], *s.m. Tls:* (*a*) Oilstone, hone. (*b*) Knife sharpener, steel.
affiloire [afilwaːr], *s.f. Tls:* Oilstone.
affin|er [afine], *v.tr.* **1.** (*a*) To improve, refine, make better. **A. son goût en lisant,** to improve one's taste by reading. (*b*) To (re)fine (iron, gold). (*c*) To ripen, mature (cheese, etc.). **2.** (*a*) To sharpen (the intelligence). (*b*) To point (nails). **3.** To thin, fine down (board, etc.). **4.** *Tex:* To heckle (hemp). *s.m.* **-age.** *s.m.* **-ement.**
s'affiner. 1. To gain in refinement. **2.** (Of cheese, etc.) To ripen, mature.
affinerie [afinri], *s.f.* **1.** *Metall:* (*a*) Metal (re)finery. (*b*) Wire-drawing mill. **2.** *Metall:* Refining.
affineur [afinœːr], *s.m.* **1.** *Metall: etc:* Refiner. **2.** *Ind:* Finisher.
affinité [afinite], *s.f.* Affinity (**entre,** between). (*a*) Relationship by marriage. (*b*) Resemblance; similarity of character. **S'il trouve une âme qui ait des affinités avec la sienne,** if he finds a kindred spirit. (*c*) *Ch:* **A. pour un corps,** affinity for a body.
affirmat|if, -ive [afirmatif, -iːv]. **1.** *a.* (*a*) Affirmative, positive. **Réponse affirmative,** answer in the affirmative. **Signe a.,** nod. (*b*) Assertive, positive (person). **2.** *s.f.* **L'affirmative,** the affirmative. *adv.* **-ivement.**
affirmation [afirmasjɔ̃], *s.f.* Affirmation, asseveration, averment, assurance; assertion, statement. *Log:* Predication. *Jur:* **A. de créance,** proof of indebtedness. *Jur:* **A. sous serment,** affidavit.
affirmer [afirme], *v.tr.* **1.** (*a*) To affirm, assert, aver. **Je n'affirmerais pas que . . .,** I would not pledge my word that. . . . **Il affirme que vous avez tort,** he will have it that you are wrong. **A. qch. sous, sur, par, serment,** to state sth. on oath, on affidavit. (*b*) **Théorie affirmée par l'expérience,** theory supported by experience. **2. A. son autorité,** to make one's authority felt; to assert oneself.
s'affirmer. (*a*) To assert oneself; to assert one's authority. (*b*) **Sa maîtrise s'affirme dans . . .,** his mastery asserts itself in. . . . **Beaucoup de ses observations se sont affirmées justes,** many of his observations have proved correct.

affixe [afiks]. *Ling:* **1.** *a.* Affixed. **2.** *s.m.* Affix.
affleurement [aflœrmɑ̃], *s.m.* **1.** *Arch: Carp: etc:* Levelling, making flush. **2.** *Geol:* Outcrop.
affleurer [aflœre]. **1.** *v.tr.* (*a*) To bring (timbers, etc.) to the same level; to make flush. (*b*) **A. qch.**, to be level, even, flush, with sth. **2.** *v.i.* (*a*) To be even, level, flush. (*b*) *Geol:* (Of lode) To outcrop.
affliction [afliksjɔ̃], *s.f.* Affliction, tribulation, sorrow.
affligé [afliʒe], *a.* **1.** Afflicted; burdened, troubled (**de**, with). **Être a. d'une infirmité**, to be afflicted with, to suffer from, an infirmity. *s.* **Les affligés**, the afflicted. **2. Être a. d'une nouvelle**, to be grieved at a piece of news.
affligeant [afliʒɑ̃], *a.* Distressing, painful, sad (news, etc.).
affliger [afliʒe], *v.tr.* (**j'affligeai(s)** ; **n. affligeons**) **1.** To afflict (**de**, with). **2.** To pain, distress, grieve.
s'affliger, to grieve, to be grieved, to sorrow (**de**, at, about, over). **Ne vous affligez pas ainsi**, *F:* don't be so cut up about it. **Je m'afflige de les voir dans la misère**, I am distressed to see them in want.
afflou|er [aflue], *v.tr.* *Nau: O:* To refloat, float off (stranded vessel). *s.m.* **-age.**
affluence [aflyɑ̃:s], *s.f.* **1.** Flow, flowing, flood (of water, etc.). *F:* **Quelle a. de paroles!** what a flow of words! **2.** Affluence, abundance, plenty. **Vivre dans l'a.**, to live in affluence. **3.** Crowd, concourse (of people). **Heures d'a.**, busy hours (in shops, etc.); rush hours.
affluent [aflyɑ̃], *s.m.* Tributary, affluent (of river).
affluer [aflye], *v.i.* **1.** (Of water, etc.) To flow (**vers**, towards; **dans**, into). **2.** To abound; to be plentiful. **3. A. à, dans, un endroit**, to crowd, flock, throng, to a place.
afflux [afly], *s.m.* *Med: etc:* Afflux, rush (of blood).
affolé [afɔle], *a.* **1.** Crazy, distracted, demented, frantic, panic-stricken. **Épouvante affolée**, wild, crazed, terror. **2.** Spinning, crazy (compass needle). **3.** Racing (engine).
affolement [afɔlmɑ̃], *s.m.* **1.** Distraction, panic, *F:* flap. **Causer un a.**, to create a panic. **2.** *Meteor: Nau:* Perturbation, unsteadiness, spinning (of magnetic needle). **3.** (*a*) Racing (of engine, propeller, etc.). (*b*) Disconnecting (of pulley, etc.).
affoler [afɔle], *v.tr.* **1.** To madden, distract; to drive (s.o.) crazy; to throw (crowd) into a panic. **2.** To disturb, perturb (needle of compass). **3.** *Mch:* (*a*) To let (machine) race. (*b*) To disconnect (part of machine).
s'affoler. **1.** (*a*) To fall into a panic; to stampede. (*b*) *F:* To go off the deep end. **2. S'a. de qn**, to fall madly in love with s.o., to become infatuated with s.o. **3.** (*a*) (Of compass-needle) To spin. (*b*) (Of machine) To begin to race.
afforestation [afɔrɛstasjɔ̃], *s.f.* (Re-)afforestation.
affouillable [afujabl], *a.* Liable to erosion, to undermining.
affouillement [afujmɑ̃], *s.m.* Undermining.
affouiller [afuje], *v.tr.* (Of water) To undermine, erode, wash away, lay bare (bank, foundation, etc.).
affourager [afuraʒe], *v.tr.* (**j'affourageais** ; **n. affourageons**). To fodder (cattle).
affourcher [afurʃe], *v.tr.* **1.** To seat (s.o.) astride (sth.). **2.** *Nau:* To moor (vessel) with two anchors.
affranchi, -ie [afrɑ̃ʃi]. **1.** *a.* (*a*) Freed, emancipated (slave). (*b*) Free (**de**, of, from). (*c*) *P:* (i) Entirely unscrupulous. (ii) Who knows it all. **2.** *s.* Freedman, -woman.
affranch|ir [afrɑ̃ʃi:r], *v.tr.* **1.** To free; to set free; to emancipate, liberate (slave, etc.). **A. qn de qch.**, to free, release, deliver, s.o. from sth. **2.** To pay the postage of, on (sth.); to frank, prepay; to stamp (letter). **Colis affranchi**, pre-paid parcel. **Machine à a. (les lettres)**, franking machine, franker, *U.S:* postal meter. **3.** *Metalw:* To crop the ends of a bar. **4.** *Nau:* To suck (pump). **5.** *Husb:* To geld. *s.m.* **-issement.**
s'affranchir, to become free, independent; to throw off the yoke. **S'a. de qch.**, to free, rid, oneself of, to break free from, to shake off, sth.
affranchisseur [afrɑ̃ʃisœ:r], *s.m.* **1.** Emancipator, liberator. **2.** *Husb:* Gelder.
affre [afr], *s.f.* Usu. *pl.* Anguish, spasm. **Les affres de la mort**, (i) the pangs of death; (ii) the death-throes, -struggle.
affr|éter [afrete], *v.tr.* (**j'affrète** ; **j'affréterai**) *Nau:* (*a*) To freight (= hire out) (ship). (*b*) To charter (ship). *s.m.* **-ètement.**
affréteur [afretœ:r], *s.m.* *Nau:* (*a*) Freighter. (*b*) Charterer, shipper.
affreu|x, -euse [afrø, -ø:z], *a.* **1.** Frightful, hideous, ghastly. **A. à contempler**, hideous to behold. **2.** Frightful, horrible, dreadful, shocking (news, crime). *adv.* **-sement.**
affriander [afriɑ̃de], *v.tr.* **A. qn**, to entice, tempt, allure, s.o. (to eat, drink).
affricher [afriʃe], *v.tr.* To let (land) lie fallow.
s'affricher, (of land) to run to waste.
affriolant [afriɔlɑ̃], *a.* Tempting, appetizing; enticing.
affrioler [afriɔle], *v.tr.* To tempt, entice.
affront [afrɔ̃], *s.m.* **1.** Affront, indignity, insult, snub, slight. **Faire un a. à qn**, to slight s.o. **Avaler, dévorer, un a.**, to swallow, pocket, an affront. **2.** *A:* Disgrace, shame. **Faire a. à qn**, to disgrace s.o.
affrontable [afrɔ̃tabl], *a.* That may be faced.
affront|er [afrɔ̃te], *v.tr.* **1.** To face, confront, brave, tackle (s.o., sth.); to affront (danger). **A. une épreuve avec courage**, to meet an ordeal bravely. **A. les périls d'un voyage**, to face the dangers of a journey. **2.** To join face to face, edge to edge; to bring together (metal plates, etc.). *Surg:* To bring (ends of bone, etc.) into apposition. *s.m.* **-ement.**
affruiter [afrɥite]. **1.** *v.i. & pr.* To fruit. **2.** *v.tr.* To plant (ground) with fruit-trees.
affublement [afybləmɑ̃], *s.m.* *Pej:* Get-up, rig-out; ridiculous dress.
affubler [afyble], *v.tr.* *Pej:* **A. qn de qch.**, to dress s.o. up in sth.; to rig s.o. out in sth.
s'affubler, to dress, masquerade, to rig oneself out (**de**, in).
affusion [afyzjɔ̃], *s.f.* *Med:* Affusion.
affût [afy], *s.m.* **1.** Hiding-, lurking-place. **Chasser un animal à l'a.**, to stalk an animal. **Être, se mettre, à l'a. de qn**, to lie in wait, be on the watch, for s.o. **A l'a. de nouvelles**, on the look-out for news. **2.** (*a*) *Artil:* Gun-carriage. (*b*) Stand, frame, mounting (of telescope, etc.).
affûtage [afyta:ʒ], *s.m.* **1.** Sharpening (of tool). **2.** Mounting (of piece of artillery). **3.** Set of bench-tools.
affûter [afyte], *v.tr.* To grind, sharpen, whet (tool); to set (saw). *P:* **S'a. le sifflet**, to wet one's whistle.
affûteur [afytœ:r], *s.m.* **1.** *Ven:* Stalker. **2.** Sharpener, grinder.
affûteuse [afytø:z], *s.f.* Sharpening or grinding machine.
Afghanistan [afganistɑ̃]. *Pr.n.m.* *Geog:* Afghanistan.
afin [afɛ̃], *adv.* **1. A. de (faire qch.)**, to, in order to, so as to (do sth.). **2. A. que** + *sub.*, so that, in order that.
afistolement [afistɔlmɑ̃], *s.m.* = AFFUBLEMENT.
afistoler (s') [afistɔle], *v.* = (S')AFFUBLER.
africain, -aine [afrikɛ̃, -ɛn], *a. & s.* African.
africanisme [afrikanism], *s.m.* Africanism.
afrika(a)ns [afrikɑ̃], *s.m.* *Ling:* Afrikaans.
Afrique [afrik]. *Pr.n.f.* *Geog:* Africa. **L'A. du Sud**, South Africa. S.a. BATAILLON.
afro-asiatique [afroazjatik], *a.* Afro-Asian.
agaçant [agasɑ̃], *a.* **1.** Annoying, irritating, provoking, *F:* aggravating. **2.** Provocative, fetching, saucy (glance, smile).
agacement [agasmɑ̃], *s.m.* Irritation; setting (of teeth, nerves) on edge.
agacer [agase], *v.tr.* (**j'agaçai(s)** ; **n. agaçons**) **1.** To set (teeth, nerves) on edge; to jar, grate, upon (nerves, ears). **2. A. qn**, (i) to provoke, annoy, irritate, s.o.; to get on s.o.'s nerves; (ii) to excite, rouse, s.o.'s passions; to lead s.o. on.
s'agacer, to become irritated, annoyed.
agacerie [agasri], *s.f.* Provocation, rousing.
agaillardir [agajardi:r], *v.tr.* To cheer (s.o.) up.
agalactie [agalakti], **agalaxie** [agalaksi], *s.f.* *Med:* Agalactia.
agame [agam], *a.* *Biol: Bot:* Agamous, agamic.
agape [agap], *s.f.* (*a*) *Ecc.Hist:* Agape, love-feast. (*b*) *usu.pl. F:* Reunion of old friends, of old comrades.
agar-agar [agaraga:r], *s.m.* *Bot:* Agar-agar.
agaric [agarik], *s.m.* *Fung:* Agaric.

agate [agat], *s.f.* **1.** *Miner:* Agate. **A. mousseuse,** moss-agate, mocha-stone. **2.** Glass marble.
agave [agaːv], **agavé** [agave], *s.m. Bot:* Agave.
age [aːʒ], *s.m. Husb:* Beam (of plough).
âge [ɑːʒ], *s.m.* **1.** Age. (*a*) **Quel â. avez-vous?** how old are you? **Quand j'avais votre â.,** when I was your age. **Quel â. lui donnez-vous?** how old do you take him to be? **Dès son â. le plus tendre,** from his earliest years. **Ils sont du même â.,** they are (of) the same age, of an age. **Être d'â. à faire qch.,** to be of an age, old enough, to do sth. **Mourir avant l'â.,** to die before one's time. **Mourir à un â. avancé, à un bel â.,** to die at a good old age. **D'un certain â.,** middle-aged, *F:* getting on. **Être d'â. légal,** to be of age. (*b*) **Le bas â.,** infancy. **Enfant en bas â.,** infant. **Le jeune â.,** youth. **Entre deux âges,** middle-aged. **Être à l'â. de raison,** to have reached the age of discretion. **L'â. d'homme,** manhood. **Homme d'â. mûr,** man of middle age. S.a. INGRAT 3. (*c*) Old age. **Un homme d'â.,** an old, aged, man. **Prendre de l'â.,** to be getting on in years. **2.** Generation. **D'â. en â.,** from generation to generation. **3.** Period, epoch. *Prehist:* **L'â. de pierre,** the stone age. **L'â. néolithique, de la pierre polie,** the neolithic, new stone, age. **L'â. du bronze,** the bronze age. **L'â. du fer,** the iron age. *Hist:* **Le moyen â.,** the Middle Ages.
âgé [ɑʒe], *a.* Old, aged. **1. A. de dix ans,** aged ten, ten years old, ten years of age. **Je suis plus, moins, â. que vous,** I am older, younger, than you. **2.** Advanced in years. **Un peu, assez, â.,** elderly.
agence [aʒɑ̃ːs], *s.f.* (*a*) Agency. **A. d'affaires,** general business agency or office. **A. de renseignement(s),** information bureau. **A. de placement,** registry office; employment bureau. **A. de voyages,** travel agency. (*b*) Branch office.
agencement [aʒɑ̃smɑ̃], *s.m.* **1.** Arrangement, ordering, disposition (of a house); fitting up, fitting together (of parts of machine, etc.); lay-out (of radio set, etc.); construction (of a sentence). **2.** *pl.* Fixtures, fittings (of house, machine, etc.).
agencer [aʒɑ̃se], *v.tr.* (**j'agençai(s); n. agençons**) To arrange, dispose (house, etc.); to fit up, fit together, adjust (parts of machine, etc.). **Local bien agencé,** well-designed, well-equipped, premises. **Les figures, les couleurs, sont bien agencées,** the figures are well grouped, the colours harmonize well. **Phrases mal agencées,** ill-balanced, badly constructed, sentences.
agenda [aʒɛ̃da], *s.m.* Memorandum-book; engagement-book; diary. *pl. Des agendas.*
agénésie [aʒenezi], *s.f. Path:* Agenesis, sterility.
agenouillement [aʒnujmɑ̃], *s.m.* Kneeling.
agenouiller (s') [saʒnuje], *v.pr.* To kneel (down), to fall on one's knees.
agenouilloir [aʒnujwaːr], *s.m.* Hassock.
agent [aʒɑ̃], *s.m.* **1.** Agent, agency, medium, acting power. **A. chimique,** chemical agent. **A. de circulation, a. monétaire,** circulating medium. **2.** (Pers.) (*a*) Agent. **A. d'affaires,** general agent, man of business. **Seuls agents d'une maison,** sole agents, sole representatives, of a firm. **A. diplomatique,** diplomatic agent. **A. électoral,** canvasser, electioneering agent. (*b*) **A. (de police),** policeman, police-constable. (*c*) **A. de change,** (i) stock-broker; (ii) mercantile broker. (*d*) *Mil:* **A. de liaison,** liaison officer. (*e*) *Com:* **A. de liaison,** contact man.
agglomérant [aglɔmɛrɑ̃], *s.m. Civ.E:* Binding material (of road).
agglomérat [aglɔmɛra], *s.m. Geol: Min:* Agglomerate.
agglomération [aglɔmɛrasjɔ̃], *s.f.* Agglomeration. **1.** Massing together; caking; packing (of snow, etc.). **2.** Mass, cluster, aggregation. **3.** Built-up area. **Les grandes agglomérations urbaines,** the great urban centres, conglomerations.
aggloméré [aglɔmere], *s.m.* (*a*) Conglomerate. (*b*) Compressed fuel, (coal-dust) briquette.
agglomérer [aglɔmere], *v.tr.* (**j'agglomère; j'agglomérerai**) To agglomerate; to mass (people, etc.) together.
s'agglomérer, to agglomerate; to cohere, to bind; (of fuel, etc.) to cake.
agglutinant [aglytinɑ̃]. **1.** *a.* (*a*) Agglutinant. (*b*) *Ling:* Agglutinative. **2.** *s.m.* Bond (of conglomerates).
agglutination [aglytinasjɔ̃], *s.f.* **1.** Agglutination, binding; caking. **2.** Agglutinated mass.
agglutiner [aglytine], *v.tr.* To agglutinate; to bind.
s'agglutiner, to agglutinate; to bind; (of fuel, etc.) to cake.
aggravant [agravɑ̃], *a. Med: Jur: etc:* Aggravating (symptom, circumstance).
aggravation [agravasjɔ̃], *s.f.* **1.** Aggravation; worsening. **2.** Augmentation (of penalty); increase (of taxation).
aggraver [agrave], *v.tr.* **1.** To aggravate (disease, crime); to render (offence) more heinous; to worsen. **Maladie aggravée par l'anxiété,** illness heightened by anxiety. **2.** To increase, augment (penalty, difficulties).
s'aggraver, to worsen; to grow worse. **Son état s'est subitement aggravé,** he has taken a sudden turn for the worse.
agile [aʒil], *a.* Agile, nimble; active, lithe; light-footed. **Avoir la langue a.,** to have a glib, ready, tongue. **Esprit a.,** agile mind. **Elle est a. de ses doigts,** she is nimble-fingered. **A. à faire qch.,** nimble at, in, doing sth.
agilement [aʒilmɑ̃], *adv.* Nimbly, with agility.
agilité [aʒilite], *s.f.* Agility, nimbleness, litheness.
agio [aʒjo], *s.m. Fin:* Agio, speculation.
agiotage [aʒjɔtaːʒ], *s.m. Pej:* Agiotage; gambling (on Stock Exchange).
agioter [aʒjɔte], *v.i.* To speculate.
agioteur [aʒjɔtœːr], *s.m.* Speculator, gambler (on Stock Exchange).
agir [aʒiːr], *v.i.* To act. **1. A. en honnête homme,** to act the part of an honest man. **A. de soi-même,** to act on one's own initiative. **Faire a. qch.,** to set sth. going, working. **Bien, mal, a. envers qn,** to act, behave, well, ill, towards s.o. **A. loyalement,** to behave honourably. **Je n'aime pas sa façon d'a.,** I don't like his behaviour. **Est-ce ainsi que vous en agissez avec moi?** is that how you treat me? **2.** To act, operate, take effect. **Médecine qui agit vite,** medicine that acts, works, quickly. **A. sur un levier,** to bear on a lever. **A. sur qn,** to bring an influence to bear upon s.o. **3.** *Jur:* **A. contre qn,** to take action, proceedings, against s.o. **Faire a. la loi contre qn,** to set the law in motion against s.o.
s'agir (de), *v.impers.* (*a*) To concern; to be in question; to be the matter. **De quoi s'agit-il?** what is the question, the business, in hand? what is it all about? *F:* what's up? **Voici de quoi il s'agit, ce dont il s'agit,** the thing is this. **Il ne s'agit pas d'argent,** it is not a question of money. **Il s'agit de lui,** it is he who is concerned. **Il s'agit de votre vie, de votre avenir,** your life, your future, is at stake. **Il ne s'agit pas de cela,** that is not the question. (*b*) **S'a. de faire qch.,** to be a matter of doing sth. **Il ne s'agit que de les rendre heureux,** it is only a question of making them happy. **Il s'agit de savoir si . . .,** the question is whether. . . .
agissant [aʒisɑ̃], *a.* **1.** Active, busy, bustling. **2.** Efficacious (medicine, etc.).
agissements [aʒismɑ̃], *s.m.pl.* Usu. *Pej:* Doings, dealings, movements (of criminals, etc.).
agitateur, -trice [aʒitatœːr, -tris]. **1.** *s.* (Political) agitator. **2.** *s.m.* Stirrer, stirring-rod.
agitation [aʒitasjɔ̃], *s.f.* Agitation. **1.** (*a*) Shaking, stirring; waving (of flag); wagging, whisking (of horse's, dog's, tail). (*b*) Discussing, discussion (of question). (*c*) Agitating. **L'a. ouvrière,** labour unrest. **2.** (*a*) (State of) perturbation; excitement. (*b*) Restlessness. (*c*) Roughness (of sea).
agité [aʒite], *a.* **1.** Choppy, rough (sea). **2.** Agitated, restless (patient, night); troubled (soul, sleep, times). **3.** Excited.
agit|er [aʒite], *v.tr.* **1.** (*a*) To agitate; to wave (handkerchief, flag). **Le chien, le cheval, agite sa queue,** the dog wags, the horse whisks, its tail. (*b*) To shake (tree, bottle, etc.). (*c*) To stir (mixture). **2.** (*a*) To agitate, excite, perturb. (*b*) **A. le peuple, les masses,** to stir up the masses. **3.** To discuss, debate (question). *a.* **-ant.**
s'agiter. (*a*) To be agitated, in movement; to

fidget; to bustle (about). **S'a. dans l'eau,** to splash about, tumble (about), in the water. **S'a. dans son sommeil,** to toss in one's sleep. **Les émotions qui s'agitent dans son sein,** the emotions that struggle in his bosom. (*b*) To become agitated, excited; (of sea) to rise, to become rough.

agneau [aɲo], *s.m.* Lamb, lambkin. **Peau d'a.,** lambskin. **Doux comme un a.,** as gentle as a lamb.

agneler [aɲ(ə)le], *v.i.* **(elle agnèle; elle agnèlera).** To lamb.

agnelle [aɲɛl], *s.f.* Ewe-lamb.

agnosticisme [agnɔstisism], *s.m.* Agnosticism.

agnostique [agnɔstik], *a. & s.* Agnostic.

agonie [agɔni], *s.f.* Death agony, death-struggle; pangs of death. **Être à l'a.,** to be at one's last gasp.

agonir [agɔniːr], *v.tr.* **A. qn d'injures, de malédictions,** to hurl insults, curses, at s.o.

agonisant, -ante [agɔnizɑ̃, -ɑ̃ːt]. **1.** *a.* Dying; in the throes of death. **2.** *s.* Dying person.

agoniser [agɔnize], *v.i.* To be dying, at the point of death. (*Of empire, etc.*) To be tottering, on the verge of collapse; (*of business*) to be on its last legs.

agoraphobie [agɔrafɔbi], *s.f. Med:* Agoraphobia.

agouti [aguti], *s.m. Z:* Agouti, agouty.

agrafe [agraf], *s.f.* **1.** Hook, fastener; clasp (of medal, of album); buckle (of strap); clip, staple (for papers). *Surg: etc:* Agraffe. **A. de diamants,** diamond clasp. **Agrafes et portes (de couturière),** hooks and eyes. **2.** *Const: etc:* Clamp; cleat; hasp or catch (of window, etc.).

agraf|er [agrafe], *v.tr.* To fasten by means of a hook, clasp, or clip. **A. une robe, un rideau, des papiers,** to do up a dress, hook up a curtain, clip papers together. **A. qn,** to do up s.o.'s dress, *F:* to do s.o. up. *F:* **A. un voleur,** to nab a thief. *s.m.* **-age.**

s'agrafer à qn, à qch., to cling to, hang on to, s.o., sth.

agrafeuse [agraføːz], *s.f.* Stapler.

agraire [agrɛːr], *a.* Agrarian. **Mesures agraires,** land-measures.

agrandir [agrɑ̃diːr], *v.tr.* (*a*) To make (sth.) larger; to enlarge. (*b*) To make (sth.) appear larger, taller; to magnify. (*c*) To ennoble (the soul).

s'agrandir. 1. To grow larger; to become greater; to increase; to expand; to extend one's premises. **2.** To become richer, more powerful.

agrandissement [agrɑ̃dismɑ̃], *s.m.* **1.** (*a*) Enlarging, extending. (*b*) Enlargement, extension (of factory, etc.). *Phot:* Enlargement. **Cône d'a.,** daylight or fixed-focus enlarger. **Lanterne d'a.,** condenser enlarger. **2.** Increase in power; aggrandizement.

agrandisseur [agrɑ̃disœːr], *s.m. Phot:* Enlarger.

agraphie [agrafi], *s.f.* Agraphia.

agrarianisme [agrarjanism], *s.m. Pol:* Agrarianism.

agrarien, -ienne [agrarjɛ̃, -jɛn], *a. & s. Pol:* Agrarian.

agréable [agreabl], *a.* Agreeable, pleasant, pleasing, nice. **A. au goût,** pleasant to the taste. **Choses agréables à entendre,** things pleasant to hear. **Tâche peu a.,** disagreeable, invidious, task. **Si cela peut vous être a.,** if you care to; if you like. **Faire l'a.,** to make oneself pleasant **(auprès de,** to). **Pour vous être a.,** to oblige you. *s.m.* **Joindre l'a. à l'utile,** to combine business with pleasure. *s.m.* **-ment.**

agréé. 1. *a.* Approved. **2.** *a. Fr.C:* **Comptable a.,** chartered accountant. **3.** *s.m.* Solicitor, counsel, attorney (in commercial tribunals).

agréer [agree]. **1.** *v.tr.* To accept, recognize, approve (of), agree to (sth.). **A. un contrat,** to approve an agreement. **A. les excuses de qn,** to accept s.o.'s apologies. **A. un présent,** to be graciously pleased to accept a present. **Agréez mes salutations empressées,** (I am) yours sincerely. **2.** *v.ind.tr.* To suit, please. **Si cela lui agrée,** if that suits him, suits his convenience.

agrégat [agrega], *s.m.* Aggregate.

agrégatif, -ive [agregatif, -iːv]. **1.** *a.* Aggregative. **2.** *s. F:* Candidate for *agrégation.*

agrégation [agregasjɔ̃], *s.f.* **1.** (*a*) Aggregation, binding. **Matière d'a.,** binding material (of road, etc.). (*b*) Aggregate, agglomeration. **2. (Concours d')a.,** competitive examination conducted by the State for admission to posts on the teaching staff of the Lycées.

agrégé, -ée [agreʒe]. **1.** *a.* Aggregate (matter). **2.** *a. & s. Sch:* **(Professeur) a.,** schoolmaster, -mistress, who has passed the *agrégation* examination.

agrément [agremɑ̃], *s.m.* **1.** (*a*) Pleasure, amusement. **Voyage d'a.,** pleasure-trip. **Ouvrages de pur a.,** works intended merely to please. **Ouvrages d'a.,** fancy work. S.a. ART 1. (*b*) Agreeableness, attractiveness, pleasantness, charm. **2.** Usu. *pl.* (*a*) Amenities (of place); charms (of person). (*b*) Ornament(ation), embellishment. *Mus:* **Notes d'a.,** grace-notes. **3. A. donné à qch.,** assent, consent, to sth.; approval, approbation, acceptance, of (proposal).

agrémenter [agremɑ̃te], *v.tr.* To embellish, ornament, adorn **(de,** with). **Robe agrémentée de dentelles,** dress trimmed with lace.

agrès [agrɛ], *s.m.pl.* (*a*) Tackle, gear (of ship, etc.). (*b*) Rigging (of ship); apparatus (of gymnasium).

agresseur [agrɛsœːr], *s.m.* Aggressor.

agress|if, -ive [agrɛsif, -iːv], *a.* Aggressive, provocative (person, manner). *adv.* **-ivement.**

agression [agrɛsjɔ̃], *s.f.* Aggression; unprovoked assault.

agressivité [agrɛsivite], *s.f.* Aggressivity.

agreste [agrɛst], *a.* **1.** Rustic, uncultivated; rural (site). **2.** Uncouth, clownish, countrified (person, manners). *adv.* **-ment.**

agricole [agrikɔl], *a.* Agricultural (country, produce). **Comice a.,** agricultural show.

agriculteur [agrikyltœːr], *s.m.* Agriculturist, farmer.

agriculture [agrikyltyːr], *s.f.* Agriculture, husbandry, farming.

agriffer [agrife], *v.tr.* To seize hold of (sth.) with the claws; to clutch, grip.

s'agriffer, to clutch **(à,** at); to cling **(à,** to).

agrion [agri(j)ɔ̃], *s.m. Ent:* Agrion, dragon-fly.

agripper [agripe], *v.tr. F:* (*a*) To clutch, clutch at, grip, (sth.). (*b*) To seize, snatch, grab.

s'agripper. 1. S'a. à qch., to cling to, clutch at, sth. **2. Ils s'agrippèrent,** they came to grips.

agronome [agrɔnɔm], *s.m.* Agronomist.

agronomie [agrɔnɔmi], *s.f.* Agronomy.

agronomique [agrɔnɔmik], *a.* Agronomic(al).

agrumes [agryːm], *s.m.pl.* Citrus fruit.

aguerri [ageri], *a.* Seasoned, trained (army, etc.). **Peu, mal, a.,** raw (soldier, etc.).

aguerr|ir [ageriːr], *v.tr.* To harden (s.o.) to war; to accustom, inure, to (the hardships of) war; to train (troops). *s.m.* **-issement.**

s'aguerrir, to grow hardened; seasoned **(à, contre,** to).

aguets [agɛ], *s.m.pl.* (Used only in the adv. phr.) **Aux a.,** watchful **(de,** for). **Être, se tenir, aux a.,** to be on the watch, on the look-out. **Avoir l'oreille aux a.,** to keep one's ears open.

aguichant [agiʃɑ̃], *a. F:* Seductive, alluring, enticing.

aguicher [agiʃe], *v.tr. F:* **1.** To lead (s.o.) on, to carry on with (s.o.). **2.** To excite the curiosity of (s.o.).

ah [ɑ], *int.* Ah! oh! **Ah, que c'est beau!** isn't it fine! **Ah çà, dépêchez-vous donc!** now then, do hurry up!

ahan [a(h)ɑ̃], *s.m.* (*a*) Panting. (*b*) Great effort.

ahi [aj], *int.* = AÏE.

ahuri, -ie [ayri]. *F:* **1.** *a.* Bewildered. (*a*) Dumbfounded, flabbergasted. (*b*) Confused, dazed, stupefied. **2.** *s.* Idiot.

ahurir [ayriːr], *v.tr. F:* To bewilder. **1.** To dumbfound, flabbergast. **2.** To confuse, stupefy, daze.

ahurissant [ayrisɑ̃], *a. F:* Dumbfounding, breathtaking.

ahurissement [ayrismɑ̃], *s.m.* Bewilderment, confusion, stupefaction.

aï [ai], *s.m. Z:* Ai, three-toed sloth.

aiche [ɛʃ], *s.f. Fish:* Bait.

aide[1] [ɛ(ː)d], *s.f.* (*a*) Help, assistance, aid; rescue. **Venir en a. à qn, venir à l'a. de qn,** to help s.o.; to come to the assistance of s.o. **Dieu vous soit en a.!** God help you! **Recourir à l'a. d'un médecin,** to call in a doctor. **Appeler à l'a.,** to call for help. *Prep.phr.* **A l'aide de qch.,** with the help, assistance, of sth. (*b*) Relief, succour. **A. aux pauvres,** poor relief.

aide[2]. **1.** *s.m. & f.* Assistant, helper. **A. de camp,** aide-de-camp. **2.** (*Thing*) **A. auditif,** hearing-aid.

aide-chirurgien [ɛdʃiryrʒjɛ̃], *s.m.* Assistant-surgeon. *pl. Des aides-chirurgiens.*

aide-mémoire [ɛdmemwa:r], *s.m.inv.* (*a*) Pocket-book (of formulae, etc.); manual. (*b*) Memorandum. (*c*) *Dipl:* Aide-mémoire.

aide-ouïe [ɛdwi], *s.m.inv.* Hearing-aid.

aider [ɛde]. **1.** *v.tr.* **Aider qn,** to help, assist, aid, s.o. **Je me suis fait a.,** I got some help. **S'a. de qch.,** to make use of, avail oneself of, sth. *Prov:* **Aide-toi et le ciel t'aidera,** God helps those who help themselves. **A. qn à faire qch.,** to help s.o. to do sth. **A. qn à monter, à descendre, à entrer, à sortir, à surmonter,** to help s.o. up, down, in, out, over. **Dieu aidant . . .,** with God's help. . . . **Le temps aidant . . .,** with, by, the help of time. . . . **2.** *v.ind.tr.* **A. à qch.,** to help towards sth.; to contribute to(wards) sth. **A. au succès,** to further the success, contribute to the success.

aïe [aj], *int.* (Indicating twinge of pain) Ow! Ouch! Oh!

aïeul [ajœl], *s.m.* **1.** (*pl.* **Aïeuls.**) Grandfather, grandsire. **2.** (*pl.* **Aïeux** [ajø]). Ancestor, forefather; *pl.* forbears.

aïeule [ajœl], *s.f.* **1.** Grandmother. **2.** Ancestress.

aïeux. See AÏEUL 2.

aigle [ɛgl]. **1.** (*a*) *s.m. & f. Orn:* Eagle. **Grand a. des mers,** erne, sea-eagle. **Un regard, des yeux, d'a.,** keen, penetrating, glance. **Aux yeux d'a.,** eagle-eyed. (*b*) *s.m. Lit:* Genius, master mind. *F:* **Ce n'est pas un a.,** he is no genius, is not brilliant. **2.** *s.m.* (*a*) Lectern, reading-desk. (*b*) *Astr:* Aquila. **3.** *s.m. Ich:* **A. de mer,** eagle-ray. **4.** *s.m. or f. Mil:* Eagle, standard. **Les aigles romaines,** the Roman eagles. **L'a. noir de Prusse,** the black eagle of Prussia.

aiglefin [ɛgləfɛ̃], *s.m. Ich:* Haddock.

aiglon, -onne [ɛglɔ̃, -ɔn], *s.* Eaglet; young eagle.

aigre [ɛ:gr], *a.* (*a*) Sour, sharp, acid, tart. *s.m.* **Tourner à l'a.,** to turn sour. **Sentir l'a.,** to smell sour. (*b*) Sour(-tempered), crabbed, tart (person). (*c*) Shrill, harsh, sharp (sound, voice). (*d*) **Vents aigres,** bitter, raw, winds.

aigre-doux, -douce [ɛgrədu, -dus], *a.* Bitter-sweet (fruit, drink, sauce). *F:* **Ton a.-d.,** subacid tone.

aigrefin[1] [ɛgrəfɛ̃], *s.m. Ich:* = AIGLEFIN.

aigrefin[2], **-ine** [ɛgrəfɛ̃, -in], *s.* Sharper, swindler; adventurer, adventuress.

aigrelet, -ette [ɛgrəlɛ, -ɛt], *a.* Sourish, tart.

aigrement [ɛgrəmɑ̃], *adv.* Acrimoniously, querulously, bitterly, tartly.

aigremoine [ɛgrəmwan], *s.f. Bot:* Agrimony.

aigrette [ɛgrɛt], *s.f.* **1.** (*a*) Aigrette (of heron, of egret); crest (of peacock, etc.); tuft. (*b*) *Cost:* Aigrette, plume; tuft (of feathers, etc.); osprey, spray (as head ornament). (*c*) *Bot:* Egret, pappus. (*d*) *El:* Aigrette, brush (discharge). **2.** *Orn:* Egret; tufted heron.

aigreur [ɛgrœ:r], *s.f.* (*a*) Sourness, tartness, acidity. (*b*) Sourness (of temper or manner); acerbity, acrimony, bitterness, crabbedness. (*c*) *pl.* **Aigreurs,** acidity of the stomach; heartburn.

aigr|ir [ɛgri:r]. **1.** *v.tr.* (*a*) To make or turn (sth.) sour; to sour (food, milk, etc.). (*b*) To sour, embitter (person). **2.** *v.i.* To turn or grow sour; to sour; (of milk) to turn. *s.m.* **-issement.**

s'aigrir. **1.** To turn sour; to sour. **2.** (Of pers.) To become soured, embittered.

aigu, -uë [egy], *a.* **1.** Sharp, pointed sharp-pointed (instrument, etc.). *Geom:* **Angle a.,** acute angle. **2.** Acute, sharp (pain); intense (curiosity); keen, bitter (conflict, jealousy). **3.** Shrill, sharp, piercing, high-pitched (sound). **Voix aiguë,** shrill voice. **4.** *Gram:* **Accent a.,** acute accent.

aigue-marine [ɛgmarin], *s.f. & a.inv.* Aquamarine. *pl. Des aigues-marines.*

aiguière [egjɛ:r], *s.f.* Aiguière; (silver or crystal) ewer.

aiguillage [ɛgɥija:ʒ], *s.m. Rail:* **1.** Switching of points. **2.** *pl.* Points.

aiguille [egɥi:j], *s.f.* **1.** Needle. **A. à coudre,** sewing needle. **A. à repriser,** darning-needle. **A. à passer, à lacet,** bodkin. **A. à tricoter,** knitting-needle. **Tirer l'a.,** to sew. **Je ne suis pas une femme d'a.,** I am no needlewoman. **Travailler à l'a.,** to do needlework. **Les travaux à l'a.,** needlework, needle-craft. *F:* **Discuter sur des pointes d'a.,** to split hairs; to cavil. S.a. FIL 1. **2.** (Thing shaped like a needle) (*a*) **A. de glace,** icicle. **A. de pin,** pine-needle. (*b*) **A. de graveur,** etching-needle. *Gramophones:* **A. à graver,** record-cutter. **A. de phonographe,** gramophone-needle. **A. de fusil,** firing-pin. (*c*) *Rail:* Tongue-rail, point-rail, blade. **A. de raccordement,** points, *U.S:* switches. **Changer l'a.,** to throw over the points. **3. Needle,** point (of obelisk, peak). **A. d'un clocher d'église,** church spire. **4.** (*a*) (Swinging) needle (of compass, galvanometer). **A. aimantée,** magnetic needle. (*b*) Index, pointer (of balance, etc.); needle, pointer (of speedometer). (*c*) Hand (of watch, clock). **Petite a.,** hour-hand. **Grande a.** minute-hand. **A. trotteuse,** second-hand.

aiguillée [egɥije], *s.f.* Needleful (of thread, etc.).

aiguiller [egɥije], *v.tr. Rail:* To shunt, switch off, turn off (train). **A. la conversation sur une autre voie,** to switch on to another subject; to divert the conversation.

aiguillerie [ɛgɥijri], *s.f.* **1.** Needle-making. **2.** Needle-factory. **3.** Needle trade.

aiguillette [egɥijɛt], *s.f.* **1.** Aiguillette, aglet, (tagged) lace. *Mil: Navy: etc:* Shoulder-knot. *Nau:* Lanyard. **2.** *Cu:* **A. de canard,** slice of breast (of duck).

aiguilleur [egɥijœ:r], *s.m. Rail:* Pointsman.

aiguillier [ɛgɥijie], *s.m.* Needle-case.

aiguillon [egɥijɔ̃], *s.m.* **1.** (*a*) Goad. **Piquer un bœuf de, avec, l'a.,** to prick an ox with the goad; to goad (on) an ox. *F:* **L'a. du remords,** the pricks of remorse. (*b*) Spur, incentive, stimulus (of necessity, etc.). **2.** (*a*) *Bot:* Prickle, thorn. (*b*) *Ent:* Sting (of wasp, etc.).

aiguillonnement [ɛgɥijɔnmɑ̃], *s.m.* Goading, stimulating, exciting.

aiguillonner [egɥijɔne], *v.tr.* **1.** To goad, prod (oxen). **2.** To urge on, incite (to work, etc.); to goad on (by insults, etc.); to rouse (s.o.); to whet (appetite).

aiguillot [ɛgɥijo], *s.m.* **1.** *Nau:* Pintle. **2.** *Ich: Fr.C:* Spring dog fish.

aiguisage [ɛg(ɥ)izaʒ], *s.m.* Sharpening, whetting.

aiguisé [eg(ɥ)ize], *a.* Sharp (knife, appetite, teeth).

aiguisement [ɛg(ɥ)izmɑ̃], *s.m.* = AIGUISAGE.

aiguiser [eg(ɥ)ize], *v.tr.* **1.** (*a*) To whet (scythe), to sharpen, set an edge on, grind (knife, etc.); to set (saw, razor). S.a. PIERRE[1]. (*b*) To point; to sharpen (tool) to a point. **A. un crayon,** to sharpen a pencil. **A. une épigramme,** to point an epigram. **2.** To make keen; to excite, stimulate (wits, appetite); to whet (appetite).

s'aiguiser, (of wits, etc.) to become sharpened, keen.

ail [a:j], *s.m.* Garlic. **Gousse d'ail,** clove of garlic.

aile [ɛl], *s.f.* **1.** (*a*) Wing. **Coup d'a.,** stroke, flap, of the wings; waft of the wings. **Couper, rogner, les ailes à un oiseau,** *F:* **à qn,** to pinion a bird; *F:* to clip s.o.'s wings. **Battre de l'a.,** (i) (of wounded bird) to flutter; (ii) *F:* (of pers.) to be flustered, embarrassed; to be tired, exhausted. **Entreprise qui bat de l'a.,** concern in a bad way. **Ne (plus) battre que d'une a.,** (i) (of bird) to be wounded in one wing, (ii) *F:* (of pers.) to be on his last legs. **En avoir dans l'a.,** (i) (of bird) to be winged, (ii) *F:* (of pers.) to be hard hit. **Être sous l'a. de qn,** to be under s.o.'s wing. **Avoir des ailes,** to be walking on air. **Voler de ses propres ailes,** to depend on oneself; to stand on one's own feet. **Vouloir voler avant d'avoir ses ailes,** to want to run before one can walk. S.a. PLUME 1, TIRE-D'AILE (À). (*b*) Flipper (of penguin). (*c*) *F:* Arm, *P:* flipper (of person). **2.** Wing (of aeroplane, of building, of thumb-screw); wing, flank (of army); sail, whip (of windmill); arm (of semaphore); blade (of propeller, of ploughshare); brim (of hat); aisle (of church); helix (of ear); wing, ala (of nose); *Aut:* (i) wing, mudguard, (ii) fin. *Civ.E:* **Mur en a.,** wing-wall. S.a. DÉRIVE 1, ROUE.

ailé [ɛle], *a.* Winged; feathered.

aileron [ɛlrɔ̃], *s.m.* **1.** (*a*) Pinion (of bird). (*b*) Fin, flipper (of shark). (*c*) *pl. Ent:* Balancers, poisers (of diptera). **2.** (*a*) *Av:* Aileron, wing-tip. (*b*) *Aut:* Fin.

ailette [ɛlɛt], *s.f.* **1.** Small wing (of building, etc.). **2.** (*a*) Radiating plate, (cooling-)flange, rib, fin, gill (of radiator). (*b*) Lug, tenon (of machine part). **Vis à ailettes,** wing-screw, thumb-screw. (*c*) Vane (of torpedo, of fan, ventilator); blade (of turbine).

ailier [ɛlje], *s.m. Fb:* Wing (player); winger.
aillade [ajad], *s.f.* Garlic sauce.
ailler [aje], *v.tr.* To flavour with garlic.
ailleurs [ajœːr], *adv.* 1. Elsewhere, somewhere else. **Partout a.,** everywhere else, anywhere else. **Nulle part a.,** nowhere else. **J'avais l'esprit a.,** my thoughts were elsewhere. 2. *Adv. phrs.* (*a*) **D'a.,** (i) besides, furthermore, moreover; (ii) from another place, from another source; (iii) however. (*b*) **Par a.,** (i) by another way or route, (ii) in other respects, in another connection. (iii) **Savoir une nouvelle par a.,** to have received news from another source, (iv) incidentally.
ailloli [ajɔli], *s.m. Cu:* Mayonnaise made with pounded garlic.
aimable [ɛmabl], *a.* 1. Amiable, agreeable, pleasant; kind. **Faire l'a., avec qn,** to make oneself pleasant to s.o. **Être a. envers, pour, avec, qn,** to be nice to, with, s.o. **Vous êtes bien a., c'est très a. à vous,** it is very kind of you, very good of you. **Voulez-vous être assez a. pour . . .,** would you be so kind as to. . . . **Peu a.,** ungracious. 2. Lovable, attractive. *adv.* **-ment.**
aimant[1] [ɛmɑ̃], *a.* Loving, affectionate.
aimant[2], *s.m.* Magnet. **A. naturel, pierre d'a.,** magnetic iron ore; lodestone. **A. en fer à cheval,** horseshoe magnet.
aimantation [ɛmɑ̃tasjɔ̃], *s.f.* Magnetization, magnetizing.
aimanter [ɛmɑ̃te], *v.tr.* To magnetize. **Aiguille aimantée,** magnetic needle.
aimer [ɛme], *v.tr.* 1. (*a*) To like, care for, to be fond of (s.o., sth.). **A. qn d'amitié,** to be good friends with s.o. **Une personne comme vous les aimez,** a person after your own heart. **Aimé des dieux,** beloved by the gods. **Aimé de tous, par tout le monde,** loved by all; beloved of all. **On l'aime beaucoup.** he is held in great affection, he is much liked. **Se faire a. de qn,** to win s.o.'s affection. **A. faire qch., à faire qch.,** to like to do sth.; to like doing sth. **Il n'aime pas (à) sortir seul,** he doesn't like going out alone. **Il aime qu'on lui dise tout,** he likes to be told everything. **Qui m'aime me suive!** let those who love me follow me! S.a. CHÂTIER. (*b*) **A. autant. J'aime autant le cidre (que le vin),** I like cider just as well (as wine). **J'aime(rais) autant rester ici (que de . . .),** I would just as soon stay here (as . . .). **J'aime autant qu'il ne m'attende pas,** I would just as soon he didn't wait for me. (*c*) **A. mieux,** to prefer. **J'aime mieux le cidre (que le vin),** I prefer cider (to wine). **J'aime, j'aimerais, mieux rester ici,** I would rather, would sooner, stay here. **J'aime mieux qu'il vienne,** I would rather he came. *F:* **J'aime mieux pas,** I'd rather not. 2. **A. qn (d'amour),** to love s.o.; to be in love with s.o. **Ils s'aiment,** they are in love (with each other).
aine [ɛn], *s.f. Anat:* Groin.
aîné [ɛne], *a.* (*a*) Elder (of two); eldest (of more than two). *s.* **Nos aînés,** our elders. **Il est mon a. (de deux ans),** he is (two years) older than I (am). (*b*) Senior. **M. Dumont a.,** Mr Dumont senior.
aînesse [ɛnɛs], *s.f.* 1. Primogeniture. **Droit d'a.,** (i) Law of Primogeniture, (ii) birthright. 2. Seniority.
ainsi [ɛ̃si]. 1. *adv.* Thus; so; in this, in that, manner; like this, like that; in a like manner. **S'il en est a.,** if such is the case, if that is the case, if (it is) so. **Il n'en est pas a. de vous,** the case is different with you. **Et a. de suite,** and so on, and so forth. **Pour a. dire,** so to speak, as it were. **A. soit-il,** (i) so be it, (ii) *Ecc:* amen. 2. *conj.* So, thus. **A. vous ne venez pas?** so you are not coming? **De même que . . ., a. . . .,** (just) as . . ., so. . . . 3. *Conj.phr.* **A. que,** (just) as. **Faites a. qu'il vous plaira,** do just as you please. **Cette règle a. que la suivante me paraît, me paraissent, inutile(s),** this rule, as also the next one, seems to me to be unnecessary. (The concord is usu. in the *pl.*)
aïoli [ajɔli], *s.m.* = AILLOLI.
air [ɛːr], *s.m.* I. 1. (*a*) Air, atmosphere. **Voyage par la voie des airs,** journey by air. **École de l'A.** = R.A.F. College. **Cela manque d'a. ici,** it is a bit close, rather stuffy, here. **Prendre l'a.,** to enjoy the fresh air. **Sortir prendre l'a.,** to go for a breath of fresh air, for a breather. **Donner de l'a. à,** to ventilate, to air. **A. conditionné,** air-conditioned. **Se donner de l'a.,** (i) to give oneself room to move, (ii) *F:* to escape. *F:* **Vivre de l'air du temps,** to live on (next to) nothing, on air. S.a. BUREAU 2. **Au grand a., en plein a.,** in the fresh air; in the open air. **Vie au grand a.,** open-air life. **Jeux en plein a.,** outdoor games. **Concert en plein a.,** open air concert. **A. comprimé,** compressed air. **Amortisseur à a. comprimé,** pneumatic shock-absorber. *Aut:* **Poste d'a.,** air line. S.a. POCHE[1] 2, TROU 2. (*b*) **En l'a.,** in the air. **Nous écoutions, la fourchette en l'a.,** we listened with poised forks. **Être en l'a.,** (i) to be in a state of confusion, of disturbance; (ii) (of town) to be all agog with excitement; (iii) *Mil:* (of troops) to be unsupported, exposed in the air. **Mettre tout en l'a.,** to throw everything into confusion. *F:* **Flanquer, fiche(r) qn, qch., en l'a.,** to chuck sth., s.o., out. **Regarder en l'a.,** to look up (into the sky); to look upwards. **Contes en l'a.,** idle tales. cock-and-bull stories. **Paroles en l'a.,** idle talk. **Menaces en l'a.,** empty threats. *F:* **Il y a quelque chose dans l'a.,** there is something in the wind, something brewing. **L'idée était dans l'a.,** the idea was in the air. 2. Wind, draught. **Il fait de l'a.,** it is windy, breezy. **Un courant d'a.,** a draught. **Coup d'a. dans l'œil,** cold in the eye.

II. **air.** 1. (*a*) Appearance, look. **Avoir bon a., grand a,** (i) (of pers.) to look distinguished; (ii) (of dress, etc.) to look well, to be becoming. **Individu de mauvais a.,** unpleasant-looking customer. **A. de famille,** family likeness. **Avoir un faux a. de qn,** to bear a slight, remote, resemblance to, to have a look of, s.o. **A l'a. triste,** sad-looking. **Il a un drôle d'a.,** he looks odd, funny. *F:* **Cela lui donne l'a. d'un imbécile,** it makes him look a fool. **La ville prend un a. de fête,** the town looks as though it is on holiday. (*b*) **Avoir l'a.** (= SEMBLER, PARAÎTRE), to look, seem. (The predicative adj. may agree either with **air** or with the subject.) **Elle a l'a. fatigué(e),** she looks tired. **Il a un peu l'a. étranger,** he has a slightly foreign appearance. **Ils ont l'a. d'avoir peur,** it looks as if they were afraid. **Vous avez l'a. de vous amuser,** you seem to be enjoying yourself. **Cela en a tout l'a.,** it looks like it. *Impers.* **Il a l'a. de vouloir pleuvoir,** it looks like rain. S.a. TOUCHER I 2. 2. Manner, way. **Afficher de grands airs, se donner des airs,** to give oneself, to put on, airs. *A:* **Gens du bel a.,** fashionable people.

III. **air.** Tune, air, melody. **A. à boire,** drinking song. **Vieille chanson sur un a. nouveau,** old song to a new tune. *F:* **Je connais des paroles sur cet a.-là, a. connu,** I've heard that tale before.
airain [ɛrɛ̃], *s.m.* Bronze, brass. **Bâtir sur l'a.,** to build upon a rock. **Homme d'a.,** man of iron. **Avoir un cœur d'a.,** to have a heart of stone. **Voix d'a.,** brazen voice. **Avoir un front d'a.,** to be brazen-faced, shameless. *Lit:* **L'a. tonne,** the cannon thunders. **L'a. retentit,** the trumpet sounds. **L'a. sonne,** the bells ring.
aire [ɛːr], *s.f.* 1. Surface; flat space; floor. **A. d'une grange,** threshing-floor. *Av:* **A. d'embarquement,** enplaning ground; the tarmac. **A. de manœuvre,** apron. **A. d'atterrissage,** landing area. **A. de lavage,** wash-down, *U.S:* wash-rack. **A. d'entretien,** servicing area. **A. de stationnement** (parking) apron, tarmac. **A. d'une enclume,** flat, crown, of an anvil. **A. d'un marteau,** face of a hammer. **A. d'un pont,** roadway of a bridge. 2. Area (of field, triangle, building, etc.). 3. Eyrie (of eagle). 4. *Nau:* Rhumb. **Les aires de vent,** the points of the compass. *F:* **Prendre l'a. du vent,** to see which way the wind is blowing.
airelle [ɛrɛl], *s.f. Bot:* **A. myrtille,** bilberry, whortleberry; (in Scotland) blaeberry; (in W-country) whinberry, *U.S:* huckleberry. **A. coussinette,** cranberry.
aisance [ɛzɑ̃ːs], *s.f.* 1. Ease. (*a*) Freedom (of movement, etc.). **Faire qch. avec a.,** to do sth. with ease. **Donner de l'a. à qch.,** to ease sth. **A. des coudes,** elbow-room. (*b*) **Jouir de l'a., être dans l'a.,** to be well-off, in easy circumstances. 2. Easing. **Lieux d'aisance,** public convenience.
aise [ɛːz]. 1. *s.f.* (*a*) Ease, comfort. **Être à l'a., à son a.,** (i) to be comfortable, to have (elbow) room; (ii) to be well-off, in easy circumstances. **On tient à l'a. à six dans cette voiture,** this car holds six comfortably. **Ne pas être à son a., se sentir mal à l'a.,**

(i) to feel awkward, to feel uncomfortable; (ii) to feel ill. **Mettre qn à son a.**, to put, set, s.o. at his ease. **Il en prend à son a.**, (i) he takes it easy; (ii) he is a cool customer! **Vous en parlez à votre a.**, it's easy for you to talk, it's all right for you. **A votre a.!** just as you like! **Aimer ses aises**, to be fond of comfort; to like one's comforts. **Vivre à l'a., à son a.**, to live comfortably. (*b*) *A:* Pleasure, joy. **Tressaillir d'a.**, to thrill with pleasure. **Ne pas se sentir d'a.**, to be overjoyed. **2.** *a.* **Bien a., fort a.** [fɔrtɛːz], very glad, well pleased. **Je suis bien a. de vous voir**, I am very pleased, so pleased, so glad, to see you. **Je suis fort a. que vous soyez venu**, I am very glad you came.

aisé [ɛze], *a.* **1.** (*a*) Easy, free (position, manner); comfortable (clothes). (*b*) In easy circumstances, well-to-do (person). **2.** Easy, easily accomplished (task). **C'est plus a. à dire qu'à faire**, it is more easily said than done.

aisément [ɛzemɑ̃], *adv.* **1.** Comfortably. **2.** Readily, easily.

aisselle [ɛsɛl], *s.f.* Armpit. *Bot:* Axil.

ait. See AVOIR.

ajisme [aʒism], *s.m.* (*a*) The Youth Hostel movement. (*b*) (Youth) hostelling.

ajiste [aʒist], *s.m. & f.* (Youth) hosteller.

ajointer [aʒwɛ̃te], *v.tr.* To join up.

ajonc [aʒɔ̃], *s.m. Bot:* Furze, gorse, whin.

ajour [ajuːr], *s.m.* **1.** Opening, hole, orifice (which lets the light through). **Ménager un a. dans une cloison**, to allow an opening (for light) in a partition. **2.** (Ornamental) perforation, openwork (in wood-carving, metal-work, etc.). **3.** *Needlew:* Hemstitch.

ajouré [aʒure], *a.* (Of ornamental work) Perforated, pierced. *Woodw:* **Travail a.**, fretwork.

ajourer [aʒure], *v.tr.* To perforate. *Needlew:* to hemstitch.

ajourné [aʒurne], *a. & s.* **1.** *Mil:* Deferred (conscript). **2.** *Sch:* Referred (candidate).

ajournement [aʒurnmɑ̃], *s.m.* Postponement, adjournment; *Mil:* deferment.

ajourner [aʒurne], *v.tr.* (*a*) To postpone, put off, adjourn, defer (meeting, decision, journey). (*b*) *Sch:* To refer (candidate). To grant deferment to (s.o.).

s'ajourner, to adjourn. **La Chambre s'est ajournée à huitaine**, the House adjourned for a week.

ajout [aʒut], *s.m.* Addition, piece added on.

ajouté [aʒute], *s.m.* Addition, addendum (to manuscript, etc.).

ajouter [aʒute], *v.tr.* To add. **1. A. des chiffres**, to add up figures. **A. qch. à qch.**, to add sth. to sth. **A. l'action aux paroles**, to suit the action to the word. **2. "Venez aussi," ajouta-t-il**, 'you come too,' he added. **Nous devons a. que . . .**, it should also be stated that. . . . **3. A. foi à**, to give credit to, to believe.

ajustage [aʒystaːʒ], *s.m.* **1.** Fitting, trying on (of garment). **2.** *Mec.E:* (*a*) Fitting (of machine). **Atelier d'a.**, fitting shop. (*b*) Finishing, machining. **3.** Fit. **A. serré**, tight fit.

ajustement [aʒystəmɑ̃], *s.m.* (*a*) Adjusting, adjustment (of apparatus, etc.). (*b*) Arrangement, settlement (of quarrel, etc.).

ajuster [aʒyste], *v.tr.* To adjust. **1.** (*a*) To adjust, set (apparatus, tool, etc.). (*b*) To true (sth.) up. **A. une pièce à la lime**, to finish a piece with the file, to file a piece true. (*c*) To fit together, to set up (machine). (*d*) **A. son fusil**, to take aim with one's gun. **A. un coup**, to aim a shot. **A. qn (avec un fusil)**, to aim (a gun) at s.o. (*e*) **A. qch. à qch.**, to fit, adjust, adapt, suit, sth. to sth. **Cette clef s'ajuste à chacune des serrures**, this key fits each of the locks. **Tapis ajusté**, fitted carpet. **Corsage ajusté**, close-fitting blouse. **2.** To put (sth.) right, straight; to settle (sth.). *O:* **A. ses affaires**, to put one's affairs in order. **A. une querelle**, to settle a quarrel. **A. son chapeau**, to set one's hat straight. **S'a.**, to tidy oneself up.

ajusteur [aʒystœːr], *s.m. Tch:* Fitter.

ajutage [aʒytaːʒ], *s.m.* **ajutoir** [aʒytwaːr], *s.m.* (*a*) *Ch: Hyd.E:* Adjutage, ajutage. (*b*) *Mch: I.C.E: etc:* Nozzle; jet.

akène [akɛn], *s.m. Bot:* Achene, akene.

alacrité [alakrite], *s.f.* Alacrity, eagerness. **A. à faire qch.**, readiness to do sth.

alaire [alɛːr], *a. Av:* **Charge a.**, wing load(ing). **Surface a.**, wing area.

alaise [alɛːz], *s.f. Med:* Draw-sheet.

alambic [alɑ̃bik], *s.m. Ch: Ind:* Still.

alambiqué [alɑ̃bike], *a.* Fine-spun, super-subtle.

alambiquer [alɑ̃bike], *v.tr.* To refine (too much), to subtilize (style, thought, speech, etc.).

alangui [alɑ̃gi], *a.* Languid, languishing.

alanguir [alɑ̃giːr], *v.tr.* To make languid; to enfeeble.

s'alanguir, to grow languid; to languish, flag, droop.

alanguissement [alɑ̃gismɑ̃], *s.m.* Languor, weakness; drooping, decline.

alarmant [alarmɑ̃], *a.* Alarming; startling.

alarme [alarm], *s.f.* Alarm. **Donner, sonner, l'a.**, to give, sound, the alarm. **Cloche d'a.**, alarm bell, tocsin. *Rail:* **Tirer la sonnette d'a.**, to pull the communication-cord. **Porter l'a. dans un camp**, to carry the alarm into a camp. **Tenir qn en a.**, to keep s.o. in a constant state of anxiety.

alarmer [alarme], *v.tr.* **1.** To give the alarm to (s.o.). **2.** To frighten, startle, alarm (s.o.). **Alarmé de qch.**, alarmed at sth.

s'alarmer, to take alarm, to take fright (**de**, at).

alarmiste [alarmist], *a. & s.* Alarmist; scaremonger.

albanais, -aise [albanɛ, -ɛːz], *a. & s. Ethn:* Albanian.

Albanie [albani]. *Pr.n.f. Geog:* Albania.

albâtre [albɑːtr], *s.m.* Alabaster. **D'a.**, alabaster, snow-white.

albatros [albatrɔs, -oːs], *s.m. Orn:* Albatross.

alberge [albɛrʒ], *s.f.* Clingstone peach or apricot.

albigeois, -oise [albiʒwa, -waːz], *a. & s.* (Native) of Albi. *Hist:* **Les A.**, the Albigenses.

albinisme [albinism], *s.m. Med:* Albinism.

albinos [albinoːs, -ɔs], *s. & a. inv.* Albino. **Une (femme) albinos**, an albino woman.

Albion [albjɔ̃]. *Pr.n.f. A.Geog:* Albion, Britain. *Lit:* **La perfide A.**, perfidious Albion.

albite [albit], *s.f. Min:* Albite.

album [albɔm], *s.m.* **1.** Album; scrap-book; sketch-book. **A. à feuilles mobiles**, loose-leaf album. **2.** Trade catalogue.

albumen [albymɛn], *s.m. Biol:* Albumen.

albumine [albymin], *s.f. Ch: Biol:* Albumin.

albuminer [albymine], *v.tr. Phot:* To albumenize (paper).

albumineux, -euse [albyminø, -øːz], *a. Biol: Bot:* Albuminous, albuminose.

albuminurie [albyminyri], *s.f. Med:* Albuminuria.

alcalescence [alkalɛssɑ̃ːs], *s.f. Ch:* Alkalescence.

alcalescent [alkalɛssɑ̃], *a. Ch:* Alkalescent.

alcali [alkali], *s.m. Ch:* Alkali.

alcalin [alkalɛ̃], *a.* Alkaline.

alcaliniser [alkalinize], **alcaliser** [alkalize], *v.tr. Ch:* To alkalize.

alcalinité [alkalinite], *s.f.* Alkalinity.

alcaloïde [alkalɔid], *a. & s.m. Ch:* Alkaloid.

alcarazas [alkarazɑːs], *s.m.* Alcarraza; (porous) water-cooler.

alchimie [alʃimi], *s.f.* Alchemy.

alchimiste [alʃimist], *s.m.* Alchemist.

alcool [alkɔl], *s.m.* Alcohol, *F:* spirit(s). **Vins et alcools**, wines and spirits. **A. absolu**, pure alcohol. **A. dénaturé, a. à brûler**, methylated spirit; industrial alcohol. **Moteur à a.**, spirit fuel engine.

alcoolat [alkɔla], *s.m. Pharm:* Spirit (of aromatic herbs).

alcoolate [alkɔlat], *s.m. Ch:* Alcoholate.

alcoolique [alkɔlik]. **1.** *a.* (*a*) Alcoholic, spirituous. (*b*) *Med:* Alcoholic (patient). **2.** *s.* Alcoholic.

alcooliser [alkɔlize], *v.tr.* To alcoholize; to fortify (wine).

s'alcooliser, to drink heavily; *F:* to soak.

alcoolisme [alkɔlism], *s.m. Med:* Alcoholism.

alcoolomètre [alkɔlɔmɛtr], *s.m.*, **alcoomètre** [alkɔmɛtr], *s.m.* Alcohol(o)meter.

alcotest [alkɔtɛst], *s.m.* Breathalyser (test).

alcôve [alkoːv], *s.f.* Alcove, (bed-)recess. **Les secrets de l'a.**, intimacies of married life.

alcyon [alsjɔ̃], *s.m.* **1.** *Myth:* Halcyon. **2.** *Orn:* Kingfisher.

aléa [alea], *s.m.* Risk, hazard, chance. **L'affaire présente trop d'aléas,** the business is too hazardous.
aléatoire [aleatwa:r], *a.* Aleatory (contract, etc.); problematical, hazardous, risky.
Alemans [almɑ̃], *s.m.pl. Hist:* Alemanni.
alêne [alɛn], *s.f. Tls:* Awl. **A. plate,** bradawl.
alentour [alɑ̃tu:r]. **1.** *adv.* Around, round about. **Le pays d'a.,** the surrounding, neighbouring, country. *Prep.phr.* **A. de la maison,** round about the house. **2.** *s.m.pl.* **Alentours (d'une ville, etc.),** environs, neighbourhood, vicinity, surroundings (of a town, etc.).
alerte [alɛrt]. **1.** *int.* Up! to arms! **2.** *s.f.* Alarm, (air-raid) warning. **Fin d'a.,** 'all clear.' **Donner l'a. au camp,** to rouse the camp. **Tenir l'ennemi en a.,** to harass the enemy. **Fausse a.,** false alarm. **3.** *a.* (*a*) Alert, brisk, quick, agile. **A. à faire qch.,** quick to do sth. (*b*) Vigilant, watchful.
alerter [alɛrte], *v.tr.* To give the alarm to (troops); to warn, alert, send a warning to (police).
alésage [aleza:ʒ], *s.m.* **1.** *Metalw:* (*a*) Boring (out). (*b*) Broaching, reaming. **2.** Bore (of rifle barrel); internal diameter (of cylinder, bearing).
alèse [alɛ:z], *s.f.* = ALAISE.
aléser [aleze], *v.tr.* **(j'alèse; j'aléserai)** *Metalw:* (*a*) To bore (out). (*b*) To ream out, broach.
alésoir [alezwa:r], *s.m. Tls:* Borer.
alevin [alvɛ̃], *s.m. Pisc:* Fry.
Alexandre [alɛksɑ̃:dr]. *Pr.n.m.* Alexander.
alexandrin, -ine [alɛksɑ̃drɛ̃, -in], *a. & s.* Alexandrine; Alexandrian (school). *Pros:* **(Vers) a.,** alexandrine (line).
alezan, -ane [alzɑ̃, -an], *a. & s.* Chestnut (horse).
alfa [alfa], *s.m. Bot:* Alfa(-grass), esparto.
algarade [algarad], *s.f.* **1.** Storm of abuse. **Faire une a. à qn,** to give s.o. a good blowing-up, a good dressing-down; to bite, snap, s.o.'s head off. **2.** Escapade; prank.
algèbre [alʒɛbr], *s.f.* Algebra. **Résoudre un problème par l'a.,** to solve a problem algebraically. *F:* **C'est de l'a. pour moi,** it's all Greek to me.
algébrique [alʒebrik], *a.* Algebraic.
Alger [alʒe]. *Pr.n. Geog:* Algiers.
Algérie [alʒeri]. *Pr.n.f. Geog:* Algeria.
algérien, -ienne [alʒerjɛ̃, -jɛn], *a. & s.* Algerian; of Algeria.
algérois, -oise [alʒerwa, -wa:z], *a. & s.* (Inhabitant, native) of Algiers.
algie [alʒi], *s.f.* Ache, pain.
algue [alg[, *s.f. Bot:* Alga, seaweed.
alibi [alibi], *s.m. Jur:* Alibi. **Plaider un a.,** to set up, plead, an alibi.
aliénateur, -trice [aljenatœ:r, -tris], *s. Jur:* Alienator.
aliénation [aljenasjɔ̃], *s.f.* Alienation. **1.** *Jur:* Transfer (of property, etc.). **2.** Estrangement. **3. A. mentale,** derangement of mind; insanity.
aliéné, -ée [aljene], *a. & s.* Lunatic, mad(man); mentally deranged, insane (person). *O:* **Maison, asile, d'aliénés,** lunatic asylum.
aliéner [aljene], *v.tr.* **(j'aliène, n. aliénons; j'aliénerai) 1.** *Jur:* To alienate, part with (property, etc.). **A. sa liberté,** to give up one's freedom. **2.** To alienate, estrange (a friend, etc.). **Cet acte lui aliéna tous les cœurs,** this action alienated all hearts from him. **3.** *O:* To derange, unhinge (the mind).
aliéniste [aljenist], *s.m. & f.* Alienist; mental specialist.
alifère [alifɛ:r], *a. Ent:* Aliferous.
alignement [aliɲmɑ̃], *s.m.* **1.** (*a*) Alignment; laying out (of trees, etc.) in line. *Mil:* Dressing. **A droite a.!** right dress! **Rentrer dans l'a.,** to fall into line. (*b*) *Adm:* Making up, balancing (of accounts, etc.). **2.** Alignment, line (of wall, etc.); row (of trees, etc.). **Déborder, dépasser, l'a.,** to project beyond the building line.
aligner [aliɲe], *v.tr.* To align, draw up, line up; to put (thgs) in a line, in a row, to bring (houses, etc.) into alignment. **A. un terrain,** to line out, mark out, a plot of ground. *Mil:* **A. des soldats,** to dress a line of soldiers. *F:* **A. des chiffres,** to go into figures; to figure out the expense.
s'aligner, to fall into line. *Mil:* To dress.
aliment [alimɑ̃], *s.m.* **1.** Aliment, food. **2.** *Jur:* Alimony. **3.** *Ins:* Interest; risk value.
alimentaire [alimɑ̃tɛ:r], *a.* **1. Régime a.,** diet(ary). *Jur:* **Pension a.,** alimony. **2.** Alimentary, nourishing (plant, product). **Conserves alimentaires,** tinned, canned, foods. **Pâtes alimentaires,** pasta, noodles, spaghetti, etc. **Produits alimentaires,** food (products). **3.** *Physiol:* **Le canal, le tube, a.,** the alimentary canal. *Mch:* **Pompe a.,** feed-pump; donkey-pump.
alimentation [alimɑ̃tasjɔ̃], *s.f.* **1.** (*a*) Alimentation, feeding; provisionment, supply (of town, market, etc.). **Article d'a.,** food-product. **Rayon d'a.,** food department. (*b*) Nutrition, nourishment. **A. insuffisante, défectueuse,** insufficient nourishment; malnutrition. **2.** *Mch: etc:* Feed(ing) (of boiler, etc.).
alimenter [alimɑ̃te], *v.tr.* To feed, nourish (s.o.); to supply (market) with food. *Jur:* To provide (i) maintenance, (ii) alimony, for (one's wife). **Ruisseaux qui alimentent une rivière,** streams that feed a river. **A la haine, la sédition,** to keep hatred, sedition, alive. *El.E:* **A. une usine de courant,** to furnish, supply, a factory with current. **Centrale alimentée au pétrole,** oil-fired power station. *Fb:* **A. les avants,** to feed the forward line.
alinéa [alinea], *s.m. Typ:* **1.** First line of paragraph; indented line. **En a.,** indented. **2.** Paragraph.
alise [ali:z], *s.f. Bot:* Sorb-apple.
alisé [alize], *a.* = ALIZÉ.
alisier [alizje], *s.m. Bot:* Service-tree.
alité [alite], *a.* Confined to (one's) bed; *F:* laid up.
alitement [alitmɑ̃], *s.m.* (*a*) Confinement to bed. (*b*) State of being bed-ridden.
aliter [alite], *v.tr.* To keep (s.o.) in bed.
s'aliter, to take to one's bed.
alizé [alize], *a. & s.m.* **Les (vents) alizés,** the trade-winds.
allaise [alɛ:z], *s.f.* Sand-bank (in river).
allaitement [alɛtmɑ̃], *s.m.* Nursing, suckling. **A. naturel,** breast-feeding. **A. artificiel,** bottle-feeding.
allaiter [alɛte], *v.tr.* To suckle (child or young); to feed (child) at the breast.
allant [alɑ̃]. **1.** *a.* Active, busy, bustling; spirited (music). *s.m.* **Avoir de l'a.,** to have plenty of go, of buoyancy, of dash. **2.** *s.m.pl.* **Allants et venants,** passers-by.
all|écher [al(l)eʃe], *v.tr.* **(j'allèche, n. alléchons; j'allécherai)** To allure, attract, entice, tempt. *s.m.* **-èchement.**
allée [ale], *s.f.* **1.** (Action of) going. **Allées et venues,** coming and going; running about. **2.** (*a*) Walk (esp. lined with trees); lane, avenue (through wood, etc.). (*b*) Path (in garden). (*c*) Passage, entrance, alley. **A. (pour les voitures),** drive.
allégation [al(l)egasjɔ̃], *s.f.* Allegation.
allège [al(l)ɛ:ʒ], *s.f.* **1.** *Nau:* Lighter, hopper, barge. *Com:* **Frais d'a.,** lighterage. **2.** *Arch: Const:* (*a*) Breast-wall (of window). (*b*) Balustrade, rail (of window, etc.).
allégeance [al(l)eʒɑ̃:s], *s.f.* Allegiance.
allégement [al(l)ɛʒmɑ̃], *s.m.* Lightening (of vessel, etc.); reduction (of taxation); alleviation (of pain, grief).
alléger [al(l)eʒe], *v.tr.* **(j'allège, n. allégeons; j'allégeai(s); j'allégerai) 1.** (*a*) To lighten (ships, taxes). (*b*) To unburden; to ease the strain on (timbers, etc.). (*c*) To alleviate, relieve, mitigate (pain). **2. A. qn de qch.,** to relieve s.o. of (the weight of) sth. **3.** *Tch:* To reduce the volume of (sth.); to plane down.
s'alléger, to become, grow, lighter or easier.
allégorie [allegɔri], *s.f.* Allegory. **Par a.,** allegorically.
allégorique [allegɔrik], *a.* Allegorical. *adv.* **-ment.**
allégoriser [allegɔrize], *v.tr. & i.* To allegorize.
allègre [allɛ:gr], *a.* Lively, gay, jolly, merry, cheerful. **Marcher d'un pas a.,** to walk briskly.
allégrement [allɛgrəmɑ̃], *adv.* Briskly, nimbly; cheerfully, buoyantly.
allégresse [al(l)egrɛs], *s.f.* Gladness, joy, cheerfulness, liveliness, gaiety.
alléguer [al(l)ege], *v.tr.* **(j'allègue, n. alléguons; j'alléguerai) 1.** To allege, urge, plead. **A. l'ignorance,** to plead ignorance. **A. un prétexte,** to advance a pretext. **2.** To cite, quote (author).
alléluia [al(l)elyja, -lɥija], *s.m. & int. Ecc:* Hallelujah, alleluia(h).
Allemagne [almaɲ]. *Pr.n.f. Geog:* Germany.
allemand, -ande [almɑ̃, -ɑ̃:d]. **1.** *a. & s.* German. *F:* **Querelle d'A.,** quarrel about nothing. **2.** *s.m.* **L'a.,** (the) German (language).

aller [ale]. I. *v.i.* (*pr.p.* **allant**; *p.p.* **allé**; *pr. ind.* **je vais, tu vas, il va, n. allons, v. allez, ils vont**; *pr.sub.* **j'aille, n. allions, ils aillent**; *imp.* **va (vas-y), allons**; *p.d.* **j'allais**; *p.h.* **j'allai**; *fu.* **j'irai.** Aux. **être**) **1.** To go. (*a*) **A. à Paris,** to go to Paris. **A. vers,** to be on the way to. *Nau:* **A. au fond,** to sink. **A. et venir,** to come and go. **Je ne ferai qu'a. et revenir,** I shall come straight back. **Où allons-nous?** (i) where are we going? (ii) *F:* what are things coming to? **A. par bandes,** to go about in gangs. **A. contre la Providence,** to fly in the face of Providence. **Il va sur ses dix ans,** he is nearly ten (years old). **Il ira loin,** he will go far. **Le pauvre vieux n'ira pas loin,** the poor old chap won't last long. **A. jusqu'au bout,** to see it through. *F:* **Faire a. qn,** to order s.o. about. S.a. LAISSER 1. (*b*) **A. en course, à la chasse, à la pêche, à pied, à cheval, en voiture, au galop, au trot.** *See these words.* (*c*) (With adv. acc.) **A. bon train,** to go at a good round pace. (With cogn. acc.) **A. son chemin,** to go one's way. **A. son petit bonhomme de chemin,** to jog along. (*d*) **Allez, je vous écoute,** go on, I am listening. (*e*) **Sentier qui va à la gare,** path leading to the station. **2.** (*a*) To go, be going (well, badly). **Les affaires vont, ne vont pas,** business is brisk, slack. **Ça ira!** we'll manage it! **Cela n'irait pas du tout,** that would never do. **Il y a qch. qui ne va pas,** there's something wrong. **Je vous en offre cinq francs. Va pour cinq francs!** I'll give you five francs for it.—All right, five francs! **Cela va sans dire, cela va de soi,** that's understood, that is a matter of course. *F:* **Va pour de la bière,** right, (let's have) beer all round. (*b*) (Of machine, clock, etc.) To go, act, work, run. **La pendule va bien, mal,** the clock is right, wrong. **Faire a. un commerce,** to run a business. **Tout va comme sur des roulettes,** everything is going like clockwork. (*c*) **Comment allez-vous?** *F:* **comment cela va-t-il?** how are you? **Je vais bien,** *F:* **ça va,** I am well, I am all right. **3. A. à qn.** (*a*) (Of colours, clothes) To suit, become, s.o. (*b*) (Of climate, food) To agree with s.o. (*c*) (Of clothes, etc.) To fit s.o. **Cela vous va comme un gant,** (i) it fits you like a glove; (ii) *F:* it suits you to a T. (*d*) (Of proposal, etc.) To be to s.o.'s liking; to suit s.o. **Vos manières ne me vont pas,** I don't like your ways. **Ça me va,** agreed! done! *F:* **Ça va!** all right! O.K.! **4. Ustensile allant, qui va, au feu,** fire-proof utensil. (Of colours, etc.) **A. avec qch.,** to go well with sth.; to match sth. **5.** (*a*) **Aller** + *inf.* **A. voir qn,** to go and see s.o.; to call on s.o. **A. trouver qn,** to go to s.o. **A. se promener,** to go for a walk. **N'allez pas vous imaginer que . . .,** don't go and imagine that. . . . (*b*) Aux. use of **aller** (*pr. & p.d.* only). To be going, to be about (to do sth.). **Il va s'en occuper,** he is going to see about it. **Elle allait tout avouer,** she was about to confess everything. **S'il allait refuser,** should he refuse, if he should refuse, if he were to refuse. (*c*) **A.** + *pr.p. or ger.* (i) *A:* To be continually doing sth. **Il va épiant, écoutant,** he is always spying, listening. (ii) **Sa santé va (en) empirant,** his health is steadily growing worse. **A. en augmentant,** to increase. **6. Y a.** (*a*) **J'y vais! on y va!** coming! (*b*) **Est-ce comme ça que vous y allez?** is that how you set about it? **Y a. de tout son cœur,** to put one's back into it. **Y a. carrément,** to make no bones about it. **Il n'y va pas par quatre chemins,** he doesn't mince matters. **Allons-y!** well, here goes! **Vas-y! allez-y!** go it! go ahead! **Allez-y doucement!** easy (does it)! **Il faut y aller,** let's take the plunge. (*c*) *F:* **Y a. de qch.,** to lay, stake, sth. **Y a. de son reste,** to stake one's all. **Y a. de sa personne,** to take a hand in it oneself. **Il y est allé d'une bouteille,** he stood (us, them) a bottle. **7.** *v.impers.* **Il va de soi que . . .,** it stands to reason, it goes without saying, that. . . . **Il en va de même pour lui, pour moi,** it's the same with him, with me. **Il y allait de la vie,** it was a matter of life and death. **Il y va de ma vie,** my life is at stake. **8.** *int.* **Allons, dépêchez-vous!** come on, hurry up! **Allons donc!** (i) come along! get a move on! (ii) nonsense! **Allons bon!** there now! hang it! **Mais va donc!** get on with it! **J'ai bien souffert, va! allez!** I have been through a lot, believe me!

s'en aller. (*pr.ind.* **je m'en vais;** *imp.* **va-t'en, allons-nous-en, allez-vous-en, ne t'en va pas;** *perf.* **je m'en suis allé(e), nous nous en sommes allé(e)s,** *F:* **je me suis en allé(e)**) **1.** To go away, to depart. **Faire en a. tout le monde,** to send everyone away. **Les taches ne veulent pas s'en a.,** the stains won't come off. **Allez-vous-en!** go away! **Il faut que je m'en aille,** I must be going. **Ses forces s'en allaient,** his strength was going. **Le malade s'en va,** the patient is sinking. **2.** *F:* (= ALLER I 5) **Je m'en vais vous raconter ça,** I'll tell you all about it.

II. **aller,** *s.m.* **1.** Going; outward journey. **Cargaison d'a.,** outward cargo. **Voyage d'a. et retour,** journey there and back. **(Billet d')a. et retour,** return (ticket). *Sp:* **Match a.,** away match. **2. Pis a.,** last resort; makeshift; poor substitute. **Au pis a.,** at the worst, if the worst comes to the worst.

allergène [alɛrʒɛn], *s.m. Med:* Allergen.

allergie [alɛrʒi], *s.f. Med:* Allergy.

allergique [alɛrʒik], *a. Med:* Allergic. **Je suis a. au poisson,** I am allergic to fish.

alleu, -eux [alø], *s.m. Hist:* **(Franc) a.,** allodium; freehold (land).

alliacé [aljase], *a. Bot:* Alliaceous.

alliage [alja:ʒ], *s.m.* **1.** Alloying, blending. **2.** Alloy. **3.** *Mth:* Alligation.

alliance [aljɑ̃:s], *s.f.* **1.** Alliance. (*a*) Match, marriage, union. **Entrer par a. dans une famille,** to marry into a family. (*b*) Union, blending. (*c*) **Conclure une a. avec un pays,** to conclude an alliance with a country. *Hist:* **La Triple A.,** the Triple Alliance. S.a. ARCHE[1]. **2.** Wedding-ring.

allié, -ée [alje]. **1.** *a.* (*a*) Allied (nation, etc.). (*b*) Related (by marriage). **2.** *s.* (*a*) Ally. (*b*) Relation by marriage.

allier [alje], *v.tr.* **1.** To ally, unite. **A. une famille à, avec, une autre,** to unite one family with another by marriage. **2.** To alloy, mix (metals); to harmonize, blend, match (colours); to combine, unite (qualities, words, etc.) (**à,** with).

s'allier. 1. (*a*) To form an alliance, to become allies, to ally. (*b*) To form a connection by marriage. **S'a. à une famille,** to marry into a family. **2.** (Of fluids) To mix; (of metals) to alloy; (of colours) to harmonize, blend.

alligator [al(l)igatɔ:r], *s.m. Rept:* Alligator.

allitératif, -ive [allitɛratif, -i:v], *a.* Alliterative.

allitération [allitɛrasjɔ̃], *s.f.* Alliteration.

allitérer [allitere], *v.i.* (**j'allitère, n. allitérons; j'allitérerai**) To alliterate.

allô, allo [alo], *int. Tp:* Hullo! hallo!

allocataire [al(l)ɔkatɛ:r], *s. Adm:* Recipient of an allowance; allocatee.

allocation [allɔkasjɔ̃], *s.f.* **1.** Allocation, apportionment, assignment, granting (of sum of money, of land, supplies, etc.). **2.** Allowance, grant. **A. de chômage,** unemployment benefit, dole. **Les allocations familiales,** family allowances.

allocution [allɔkysjɔ̃], *s.f.* Short speech; allocution. **Prononcer une a.,** to deliver an address (**à,** to).

allonge [alɔ̃:ʒ], *s.f.* **1.** (*a*) Lengthening-piece; extension (-piece); extra leaf (of table). (*b*) *N.Arch:* Stanchion. (*c*) **A. de boucher,** meat-hook. **2. A. d'un document,** rider to a document; addendum. **3.** *Box:* Reach. **Être avantagé en a.,** to have the longer reach. **4.** *Equit:* Lunging rein.

allongé [alɔ̃ʒe], *a.* **1.** Long; elongated. *F:* **Avoir une figure allongée,** to pull a long face. **2.** Oblong; prolate (ellipsoid). **3.** *Sp:* **Coup a.,** follow-through.

allongement [alɔ̃ʒmɑ̃], *s.m.* **1.** (*a*) Lengthening (of dress, etc.). (*b*) Elongation (of metals, etc.). **2.** Protraction, extension (of time). **3.** *Av:* Aspect ratio (of wing).

allong|er [alɔ̃ʒe], *v.tr.* (**j'allongeai(s); n. allongeons**) **1.** (*a*) To lengthen; to let down (garment). **Cette robe vous allonge,** this dress makes you look taller. (*b*) To add a piece to (sth.). (*c*) To thin out (sauce). (*d*) *Artil:* **A. le tir,** to lengthen the range. **2.** (*a*) To stretch out (one's arm, etc.); to crane (one's neck). S.a. PAS[1] 1. (*b*) *F:* **A. un coup à qn,** to deal s.o. a blow; to strike out at s.o. **A. une gifle, une taloche, à qn,** to slap s.o. in the face. *P:* **A. l'argent,** to fork out the money. *F:* **S'a. un bon dîner,** to treat oneself to a good dinner. **3.** To protract, prolong (conversation, etc.). *a.* **-eable.**

s'allonger. **1.** (Of days, hours, etc.). To stretch out; to grow longer; to lengthen. *F:* **Son visage s'allongea,** he pulled a long face, his face fell. **2.** To stretch oneself out at full length, to lie down. *F:* **S'a. par terre,** to come a cropper.
allopathe [al(l)ɔpat]. *Med:* **1.** *a.* Allopathic (remedy). **2.** *s.* Allopathist, allopath.
allopathie [al(l)ɔpati], *s.f. Med:* Allopathy.
allotropie [al(l)ɔtrɔpi], *s.f. Ch:* Allotropy.
allouer [alwe], *v.tr.* (*a*) To grant, to allow. (*b*) To allocate, to apportion.
allumage [alymaːʒ], *s.m.* Lighting (of lamp, fire); switching on (of electric light); firing (of mine). *I.C.E:* Ignition. **A. par batterie, par dynamo,** coil ignition. **Raté d'a.,** misfire. **A. prématuré,** pre-ignition.
allumé [alyme], *a.* (*a*) Alight. **Haut-fourneau a.,** furnace in blast. *F:* **Visage a.,** face flushed with wine, etc. (*b*) *F:* (Sexually) excited.
allume-feu [alymfø], *s.m.inv.* (*a*) Fire-lighter. (*b*) Kindling (wood, etc.).
allume-gaz [alymgaːz], *s.m.inv.* Gas-lighter.
allumer [alyme], *v.tr.* **1.** To light (lamp, fire, pipe); to kindle, ignite, set fire to (sth.). *Abs.* To switch on the light(s); to light up. **2.** To inflame, excite (passion, person). **A. l'imagination,** to fire the imagination.
s'allumer. **1.** To kindle, to take fire, to catch alight. **2.** (Of pers.) To warm up to one's subject.
allumette [alymɛt], *s.f.* Match. **A. de sûreté,** safety match. **Frotter une a.,** to strike a match.
allumeur, -euse [alymœːr, -øːz], *s.* **1.** Lighter; igniter. *O:* **A. de réverbères,** lamplighter. **2.** *s.m.* (*a*) Lighter; igniting device. (*b*) *I.C.E:* Contact-maker. **3.** *s.f.* **Allumeuse,** flirt.
allumoir [alymwaːr], *s.m.* Lighter (for cigarettes, gas, etc.).
allure [alyːr], *s.f.* **1.** (*a*) Walk, gait, tread, carriage, bearing. **Reconnaître qn à son a.,** to know s.o. by his walk. **A. dégagée,** free, easy, carriage. **Avoir de l'a.,** (i) (of horse) to be a good stepper, (ii) (of pers.) to have a good presence. (*b*) Pace. **Marcher à une vive a.,** to walk at a brisk pace. (*c*) Speed. **A toute a.,** at full speed. **L'auto filait à toute a.,** the car was going at top speed. *F:* all out. (*d*) *Mch: etc:* Working (of engine, etc.). **A régulière,** smooth motion or running. **2.** *Nau:* (*a*) Sailing trim. **A l'a. du plus près,** close-hauled. (*b*) Rate (of sailing). **A l'a. de vingt nœuds,** at the rate of twenty knots. **3.** (*a*) Demeanour, behaviour. **A. posée,** sedate manner. (*b*) Aspect, look. **L'affaire prend une mauvaise a.,** the business looks bad. **Il a l'a. d'un fermier,** he looks like a farmer.
allusif, -ive [allyzif, -iːv], *a.* Allusive.
allusion [allyzjɔ̃], *s.f.* Allusion (**à,** to); hint, innuendo. **Faire a. à qn,** to refer to s.o. **Faire une a. voilée à,** to hint at. **A. peu voilée,** broad hint.
alluvial, -iaux [allyvjal, -jo], *a.* Alluvial.
alluvion [allyvjɔ̃], *s.f. Geol:* Alluvium.
almanach [almana], *s.m.* Almanac; calendar.
aloès [alɔɛs], *s.m. Bot:* Aloe. **Amer d'a.,** bitter aloes.
aloi [alwa], *s.m.* **1.** (*a*) *A:* (= TITRE 5) Degree of fineness (of coin). **Monnaie d'a.,** sterling money. (*b*) *F:* **Pièce de mauvais a.,** base coin; light coin. **2.** Standard, quality. **De bon a.,** genuine, sound. **Marchandises de bon a.,** goods of sterling quality.
alopécie [alɔpesi], *s.f. Med:* Alopecia.
alors [alɔːr], *adv.* **1.** Then; at that time; at the time. **Que faisiez-vous a.?** what were you doing then? **La vie d'a.,** life in those days. **La reine d'a.,** the then queen. **Jusqu'a.,** until then. **2.** (*a*) Then; well then; in that case. **A. vous viendrez?** well then, you are coming? **Et (puis) a.? A. quoi?** (i) and what then? (ii) so what? (*b*) Therefore, so. **Il n'était pas là, a. je suis revenu,** he wasn't there, so I came back again. **3.** *Conj.phr.* **A. que,** when. **A. même que,** (i) at the very time when; (ii) even when; (iii) even though, whereas. **A. même que je le pourrais,** even though I could. **4.** (= ENSUITE) Then, next.
alose [aloːz], *s.f. Ich:* Alose, shad.
alouette [alwɛt], *s.f. Orn:* Lark. **A. des champs,** skylark.
alourd|ir [alurdiːr], *v.tr.* **1.** To make (sth.) heavy. **2.** To make (s.o.) dull, stupid. **3.** To weigh down (s.o., sth.). *s.m.* **-issement.**
s'alourdir, to grow (i) heavy, (ii) dull, stupid.
alourdissant [alurdisɑ̃], *a.* Oppressive (heat, weather, etc.).
aloyau, -aux [alwajo], *s.m.* Sirloin (of beef).
alpaca [alpaka], **alpaga** [alpaga], *s.m.* Alpaca.
alpage [alpaːʒ], *s.m.* (*In the Alps*) Mountain pasture.
alpenstock [alpɛnstɔk], *s.m.* Alpenstock.
alpe [alp], *s.f.* **1.** Alp, mountain. **2.** *Geog:* **Les Alpes,** the Alps.
alpestre [alpɛstr], *a.* Alpine (scenery, climate).
alpha [alfa], *s.m.* Alpha. *Ph:* **Rayons a.,** alpha rays.
alphabet [alfabɛ], *s.m.* **1.** Alphabet. **2.** *Sch:* Spelling-book.
alphabétique [alfabetik], *a.* Alphabetical. **Par ordre a.,** in alphabetical order. *adv.* **-ment.**
alpin [alpɛ̃], *a.* Alpine.
alpinisme [alpinism], *s.m.* Mountaineering.
alpiniste [alpinist], *s.m. & f.* Alpinist; mountaineer.
Alsace [alzas]. *Pr.n.f. Geog:* Alsace.
alsacien, -ienne [alzasjɛ̃, -jɛn], *a. & s.* Alsatian.
altérabilité [alterabilite], *s.f.* Liability to deterioration.
altérable [alterabl], *a.* Liable to deterioration.
altérant [alterɑ̃], *a.* Thirst producing.
altération [alterasjɔ̃], *s.f.* **1.** Change (for the worse): impairing (of health, etc.); deterioration (of food, etc.). **A. de la voix,** faltering of the voice. **A. des roches,** weathering of rocks. **2.** (*a*) Debasing, debasement (of coinage); adulteration (of food); falsification (of document); misrepresentation (of facts). (*b*) *Mus:* Inflecting (of note). **3.** Great thirst.
altercation [alterkasjɔ̃], *s.f.* Altercation, dispute; *F:* squabble.
altéré [altere], *a.* **1.** Faded (colour, etc.); drawn, haggard (face). **2.** Thirsty. **A. de sang,** thirsty, *F:* out, for blood.
altérer [altere], *v.tr.* (**j'altère; j'altérerai**) **1.** To change (for the worse); to spoil, taint, corrupt; to impair (health). **Voix altérée par l'émotion,** voice trembling with emotion. **2.** To tamper with (sth.); to adulterate (food); to debase (coinage); to falsify (document). **A. les faits,** to give a garbled version of the facts. **3.** To make (s.o.) thirsty. *Abs.* To cause thirst.
s'altérer. **1.** To change (for the worse); to deteriorate, spoil; (*of colours*) to fade. **Sa voix s'altéra,** his voice faltered, broke. **2.** *A:* To grow thirsty.
alternance [alternɑ̃ːs], *s.f.* **1.** Alternation (of seasons, etc.). **2.** *Ling:* **A. de voyelles,** vowel gradation; ablaut.
alternant [alternɑ̃], *a.* Alternating. *Agr:* Rotating (crops).
alternat [alterna], *s.m. Agr:* Rotation (of crops).
alternateur [alternatœːr], *s.m. El.E:* Alternating-current generator; alternator.
alternatif, -ive [alternatif, -iːv], *a.* **1.** (*a*) Alternate (colours, etc.). (*b*) *El.E:* Alternating (current). (*c*) *Mec.E:* Reciprocating (engine, motion). **2.** Alternative (proposal, meaning). **3.** *s.f.* **Alternative,** alternative, option.
alternation [alternasjɔ̃], *s.f.* **1.** Alternation. **2.** *Mth:* = PERMUTATION.
alternativement [alternativmɑ̃], *adv.* Alternately, in turn.
alterne [altern], *a.* Alternate (leaves, angles, etc.).
alterné [alterne], *a.* Alternate; alternating, staggered.
alterner [alterne]. **1.** *v.i.* (*a*) To alternate. **Faire a. les larmes et les rires,** to make s.o. cry and laugh by turns. (*b*) To take turns. **Il alterne avec les autres pour veiller,** he takes turns with the others in sitting up. **Ils alternent pour veiller,** they take it in turns to sit up. **2.** *v.tr.* To alternate, rotate (crops).
altesse [altɛs], *s.f.* Highness. **Son A. impériale,** his, her, Imperial Highness.
alt|ier, -ière [altje, -jɛːr], *a.* Haughty, proud, arrogant. *adv.* **-ièrement.**
altimètre [altimɛtr], *s.m. Surv: Av:* Altimeter.
altiste [altist], *s.m. Mus:* Viola player.
altitude [altityd], *s.f.* Altitude, height. *Av:* **Prendre de l'a.,** to climb. **A 1.000 mètres d'a.** = 3,000 feet up.
alto [alto], *s.m. Mus:* **1.** Alto (voice). **2.** Viola. **3.** Tenor saxhorn or saxophone (in E flat).
altruisme [altryism], *s.m.* Altruism.
altruiste [altryist]. **1.** *a.* Altruistic. **2.** *s.* Altruist.

aluminate [alyminat], *s.m. Miner: Ch:* Aluminate.
alumine [alymin], *s.f. Miner:* Alumina.
aluminer [alymine], *v.tr.* To aluminate.
aluminium [alyminjɔm], *s.m.* Aluminium, *U.S:* aluminum.
aluminothermie [alyminɔtɛrmi], *s.f. Metall:* Aluminothermy.
alun [alœ̃], *s.m.* Alum. *Toil:* **Pierre d'a.,** shaving-block, styptic pencil.
aluner [alyne], *v.tr.* To alum.
alunifère [alynifɛːr], *a.* Aluminiferous.
alunir [alyniːr], *v.i.* To land on the moon.
alunissage [alynisaːʒ], *s.m.* Landing on the moon.
alunite [alynit], *s.f. Miner:* Alunite.
alvéolaire [alveɔlɛːr], *a.* Alveolar.
alvéole [alveɔl], *s.m. or f.* **1.** (*a*) Alveole; cell (of honeycomb, etc.). (*b*) Pigeon-hole (of desk). **2.** Socket (of tooth). **3.** Cavity, pit (in stone, etc.). **4.** *Artil:* Gun-pit.
alvéolé [alveɔle], *a.* **1.** Honeycombed, alveolate. **2.** Pitted.
alysson [alisɔ̃], *s.m. Bot:* Alyssum, madwort.
amabilité [amabilite], *s.f.* **1.** Amiableness, amiability; kindness. **Auriez-vous l'a. de . . .?** would you be so kind as to . . .? **2.** *pl.* **Faites toutes sortes d'amabilités de ma part à . . .,** give my very kindest regards to. . . .
amadou [amadu], *s.m.* Tinder; touchwood, *U.S:* punk.
amadouer [amadwe], *v.tr.* **1.** To coax, wheedle, persuade. **2.** To allure, draw (customers).
amaigrir [amɛgriːr], *v.tr.* **1.** To make thin; to emaciate. **2.** *Agr:* To impoverish (soil).
s'amaigrir, to grow thin, to lose flesh.
amaigrissant [amɛgrisɑ̃], *a.* Slimming (diet).
amaigrissement [amɛgrismɑ̃], *s.m.* **1.** Emaciation, wasting away. **2.** Thinning down, reducing.
amalgamation [amalgamasjɔ̃], *s.f.* **1.** Amalgamation. **2.** *Fin:* Merger.
amalgame [amalgam], *s.m.* **1.** Amalgam. **2.** Medley, mixture.
amalgamer [amalgame], *v.tr.* To amalgamate; to merge.
s'amalgamer, to amalgamate; to blend.
amande [amɑ̃ːd], *s.f.* Almond. **Yeux en a.,** almond eyes.
amandier [amɑ̃dje], *s.m.* Almond-tree.
amanite [amanit], *s.f. Fung:* Amanita.
amant, -ante [amɑ̃, -ɑ̃ːt], *s.* Lover, *f.* mistress. *F:* **A. de cœur,** fancy man.
amarante [amarɑ̃ːt]. **1.** *s.f. Bot:* Amarant(h). **2.** *a.inv.* Amaranth; purplish.
amarin|er [amarine], *v.tr. Nau:* **1.** To inure to the sea. **2.** To man (prize). *s.m.* **-age.**
s'amariner, to get used to the sea; to overcome sea-sickness; to find one's sea-legs.
amarrage [amaraːʒ], *s.m. Nau:* **1.** (*a*) Mooring. **Droits d'a.,** berthage. (*b*) Berth, moorings. **2.** Lashing, seizing. **Faire un a. sur une corde,** to lash, seize, a rope.
amarre [amaːr], *s.f.* (*a*) (Mooring) rope or line; painter, warp; *pl.* moorings. **Navire sur ses amarres,** ship at her moorings. **Larguer les amarres,** to cast off (the moorings). (*Of ship*) **Rompre ses amarres,** to break adrift. (*b*) Cable, hawser.
amarrer [amare], *v.tr.* (*a*) To make fast, to moor (boat, ship). **Navire amarré à quai,** boat berthed, lying, at the quay. (*b*) To belay (rope). (*c*) *Const:* To brace (wall, etc.).
s'amarrer, to make fast; to moor.
amas [amɑ], *s.m.* Heap, pile, accumulation; gathering, mass (of people). **A. de neige,** snow-drift. *Astr:* Cluster; constellation.
amass|er [amɑse], *v.tr.* **1.** To heap up, pile up. **2.** To hoard up, store up; to amass (a fortune). **Il a amassé du bien,** he has made his pile. **3.** To gather (troops) together. *s.m.* **-age.**
s'amasser, to pile up, accumulate.
amasseur, -euse [amasœːr, -øːz], *s.* **1.** Hoarder, miser. **2.** Collector.
amateur, *f. occ.* **-trice** [amatœːr, -tris], *s.* **1.** Lover (of sth.). **A. des beaux-arts,** lover, patron, of art. **A. de chiens,** dog-fancier. **A. de cinéma,** cinema enthusiast. **2.** Amateur. **Championnat des amateurs,** amateur championship. **Travailler en a.,** to work in dilettante fashion. **3.** Buyer. **Est-ce qu'il y a des amateurs?** Any takers?
amateurisme [amatœrism], *s.m. Art: Sp:* Amateurism.
amatir [amatiːr], *v.tr.* To mat, dull (a surface).
amaurose [amoroːz], *s.f. Med:* Amaurosis.
amazone [amazɔn], *s.f.* **1.** (*a*) *Myth: etc:* Amazon. (*b*) *Geog:* **L'A.,** the (River) Amazon. (*c*) Horsewoman. **Monter en a.,** to ride side-saddle. **2.** *Cost:* (Lady's) riding-habit.
ambages [ɑ̃baːʒ], *s.f.pl.* Circumlocution. **Parler sans a.,** to speak to the point, straight out.
ambassade [ɑ̃basad], *s.f.* **1.** Embassy. **2.** (*a*) Ambassador's staff. (*b*) (Quarters of the ambassador's staff) Embassy. **3.** Errand, mission.
ambassadeur [ɑ̃basadœːr], *s.m.* Ambassador. **L'a. d'Angleterre,** the British Ambassador. **2.** Messenger.
ambassadrice [ɑ̃basadris], *s.f.* **1.** Ambassadress. (*a*) Woman ambassador. (*b*) Ambassador's wife. **2.** Messenger (woman).
ambiance [ɑ̃bjɑ̃ːs], *s.f.* (*a*) Surroundings, environment. (*b*) Atmosphere, tone.
ambiant [ɑ̃bjɑ̃], *a.* Surrounding, encompassing, ambient (atmosphere, etc.).
ambidextre [ɑ̃bidɛkstr]. **1.** *a.* Ambidextrous. **2.** *s.* Ambidexter.
ambigu, -uë [ɑ̃bigy]. **1.** *a.* Ambiguous; cryptic, equivocal. **2.** *s.m. A:* Mixture, medley. *adv.* **-ment.**
ambiguïté [ɑ̃bigɥite], *s.f.* Ambiguity, ambiguousness.
ambitieusement [ɑ̃bisjøzmɑ̃], *adv.* (*a*) Ambitiously. (*b*) Pretentiously.
ambitieux, -euse [ɑ̃bisjø, -øːz]. **1.** *a.* (*a*) Ambitious. **Être a. de faire qch.,** to be ambitious to do sth. (*b*) Pretentious. **2.** *s.* Ambitious person.
ambition [ɑ̃bisjɔ̃], *s.f.* Ambition (**de,** of, for) **Mettre son a. à faire qch.,** to make it one's ambition to do sth. **L'a. de briller,** the ambition to shine. **Sans a.,** unambitious(ly).
ambitionner [ɑ̃bisjɔne], *v.tr.* To be ambitious of (sth.); to covet (sth.). **A. de faire qch.,** to aspire to do sth.
ambivalence [ɑ̃bivalɑ̃ːs], *s.f.* Ambivalence.
ambivalent [ɑ̃bivalɑ̃], *a.* Ambivalent.
amble [ɑ̃ːbl], *s.m. Equit:* Amble; pace. **Aller l'a.,** to amble. **Chevaucher à l'a.,** to amble along.
ambler [ɑ̃ble], *v.i.* To amble, to pace.
ambre [ɑ̃ːbr], *s.m.* **1. A. gris,** ambergris. **2. A. jaune,** yellow amber.
ambré [ɑ̃bre], *a.* **1.** Perfumed with amber(gris). **2.** Amber-coloured; warm (complexion, tint).
ambroisie [ɑ̃brwazi], *s.f. Gr.Myth:* Ambrosia. **Parfum d'a.,** ambrosial fragrance.
ambrosiaque [ɑ̃brɔzjak], *a.* Ambrosial.
ambulance [ɑ̃bylɑ̃ːs], *s.f.* Ambulance.
ambulancier, -ière [ɑ̃bylɑ̃sje, -jɛːr], *s.* (*a*) *Mil:* Hospital orderly; *f.* nurse. (*b*) Ambulance man, stretcher bearer.
ambulant [ɑ̃bylɑ̃]. **1.** *a.* Itinerant, perambulating, peripatetic. **Comédiens ambulants,** strolling players. **Marchand a.,** pedlar. **Cirque a.,** travelling circus. **2.** *s.m. Post:* Mobile sorter.
âme [ɑːm], *s.f.* **1.** Soul. (*a*) **Avoir charge d'âmes,** to have the cure of souls. **Rendre l'â.,** to give up the ghost. **Une bonne â.,** a good(-natured) soul. **Une grande â.,** a noble soul. (*b*) (Departed) soul, spirit. **Les âmes en peine,** the souls in purgatory. **Comme une â. en peine,** like a lost soul. S.a. DAMNÉ. (*c*) Heart, feeling, soul, spirit. **Vous n'avez donc pas d'â.,** have you no feelings? **Mettre de l'â. à faire qch.,** to do sth. with feeling. **Être l'â. d'une entreprise,** to be the moving spirit, the life and soul, of an undertaking. **Joueur dans l'â.,** inveterate gambler. **De toute son â.,** with all his soul. **En mon â. et conscience,** to the best of my knowledge and belief. **État d'â.,** mood. **A. sœur,** kindred spirit. **Avec â.,** with feeling. (*d*) **Population de dix mille âmes,** population of ten thousand souls. **Ne pas rencontrer â. qui vive,** not to meet a living soul. **2.** (*a*) Bore (of gun, pump). (*b*) Core (of statue, cable). (*c*) Web (of girder, beam). (*d*) Sound-post (of violin).
améliorateur, -trice [ameljɔratœːr, -tris], **améliorатif, -ive** [ameljɔratif, -iːv], *a.* Ameliorative.

amélioration [ameljɔrasjɔ̃], *s.f.* Amelioration, improvement, betterment; change for the better. **A. de santé,** improvement in health. **Apporter des améliorations à qch.,** to effect improvements in sth.

amélior|er [ameljɔre], *v.tr.* To ameliorate; to better, to improve. *a.* **-able.** *a.* **-ant.**

s'améliorer, to get better; to improve.

amen [amɛn, ɑ-], *int. & s.m.inv.* Amen. **Dire a. à tout,** to agree to everything.

aménagement [amɛnaʒmɑ̃], *s.m.* (*a*) Appointments (of house); fittings (of office, etc.). **Aménagements,** fixtures (of kitchen, etc.). (*b*) *Nav:* **Les aménagements d'équipage,** the mess decks. (*c*) *Town P:* Development.

aménager [amɛnaʒe], *v.tr.* (**j'aménageai(s)** ; **n. aménageons**) **1.** To divide up, parcel out, distribute. **2.** (*a*) To fit up, to arrange (house, shop, etc.); to fit out (new ship). (*b*) To harness (water-power).

amende [amɑ̃:d], *s.f.* **1.** Fine. **Frapper qn d'une a., infliger une a. à qn,** to impose a fine on s.o.; to fine s.o. **Être condamné à une a.,** to be fined. *Games:* **Être mis à l'a.,** to have to pay a forfeit. **2. Faire a. honorable,** (i) to make amends; (ii) to make due apology.

amend|er [amɑ̃de], *v.tr.* (*a*) To make better, to improve (health, soil, etc.). (*b*) *Parl:* To amend (bill). *a.* **-able.** *s.m.* **-ement.**

s'amender, to improve. (*a*) To mend one's ways; *F:* to turn over a new leaf. (*b*) (Of soil) To become more fertile.

amener [amne], *v.tr.* (**j'amène** ; **j'amènerai**) **1.** To bring; to lead; to bring, convey, lay on (water, gas). **Amenez votre ami avec vous,** bring your friend (along) with you. **A. qn à son opinion,** to bring s.o. round to one's opinion. **A. un sujet,** to lead up to a subject. **A. qn faire qch.,** to bring s.o. along to do sth. **Amenez-le dîner avec nous,** bring him round to dine with us. **A. qn à faire qch.,** to get, lead, bring, induce, s.o. to do sth. **2. A. une rupture,** to bring about, lead to, a rupture. **A. une mode,** to bring in a fashion. **3.** *Nau:* To strike (colours); to lower (sail). *Abs.* **Le vaisseau amena,** the ship struck her colours. **4.** *Games:* To throw (a number).

s'amener, *F:* to turn up; to blow in. **Allons, amène-toi!** now then, come along!

aménité [amenite], *s.f.* **1.** Amenity, charm (of manners); grace (of style). **2.** *pl.* (*Often iron.*) Compliments.

aménorrhée [amenɔre], *s.f. Med:* Amenorrhœa.

amenuiser [amənɥize], *v.tr.* To make thinner, to pare down.

s'amenuiser, to become thinner, smaller.

am|er[1], **-ère** [amɛ:r]. **1.** *a.* (*a*) Bitter (taste) (*b*) **Douleur amère,** bitter grief. **Ironie amère,** biting irony. **2.** *s.m.* Bitter(s). **Prendre un a.,** to have a bitter(s). *adv.* **-èrement.**

amer[2], *s.m. Nau:* Sea-mark, landmark.

américain, -aine [amerikɛ̃, -ɛn], *a. & s.* American, *F:* Yank(ee). *s.m. Ling:* **L'a.,** American English (as spoken in the U.S.A.).

américaniser [amerikanize], *v.tr.* To Americanize.

s'américaniser, to become Americanized.

américanisme [amerikanism], *s.m.* Americanism.

amérindien, -ienne [amerɛ̃djɛ̃, -jɛn], *a. & s.* Amerind (-ian), American Indian.

Amérique [amerik]. *Pr.n.f. Geog:* America. **L'A. du Nord,** North America.

amérir, amerrir [ameri:r], *v.i. Av:* To alight (on the sea).

amérissage, amerrissage [amerisa:ʒ], *s.m. Av:* **A. forcé,** ditching. **Faire un a. forcé,** to ditch.

amertume [amɛrtym], *s.f.* Bitterness (of quinine, of sorrow). **Ressentir beaucoup d'a. de qch.,** to feel, resent, sth. bitterly.

améthyste [ametist], *s.f.* Amethyst.

ameublement [amœbləmɑ̃], *s.m.* **1.** Furnishing (of house, etc.). **2.** (*a*) Set or suite of furniture. (*b*) Furniture. **Tissu d'a.,** furnishing fabric.

ameublir [amœbli:r], *v.tr.* To loosen, break up (soil).

ameutement [amøtmɑ̃], *s.m.* **1.** Gathering into a mob. **2.** Mob.

ameuter [amøte], *v.tr.* To assemble, collect (riotous crowd).

s'ameuter, to gather into a mob.

ami, -e [ami]. **1.** *s.* (*a*) Friend. **A. intime,** bosom friend. **A. d'enfance,** old playmate; childhood friend. **Nos amis et parents,** our kith and kin. **Sans amis,** friendless. *F:* **Être a. avec qn,** to be friendly with s.o. **Se faire un a.,** to make a friend. **Être a. de qch.,** to like, have a taste for, sth. **Mon a.,** (i) (between friends) my dear fellow, (ii) (from superior to inferior) my good man, (iii) (from wife to husband) my dear. **Mon amie,** my dear, my love. *Adv.phr.* **En ami(e),** in a friendly manner; as a friend. (*b*) *F:* Man- or boy-friend, *f.* woman- or girl-friend. *F:* **Bon a., bonne amie,** lover, sweetheart. (*c*) **Les amis de la nature,** nature-lovers. (*d*) *Geog:* **Les Iles des Amis,** Tonga, Friendly Islands. (*e*) *Rel:* **La Société des Amis,** Society of Friends, Quakers. **2.** *a.* (*a*) Friendly (**de,** to). (*b*) Kind, kindly; favourable (wind).

amiable [amjabl], *a. Jur:* Friendly, conciliatory, amicable. **A l'a.,** amicably. **Arrangement à l'a.,** amicable arrangement. **Vente à l'a.,** private sale.

amiablement [amjabləmɑ̃], *adv.* Amicably.

amiante [amjɑ̃:t], *s.m. Miner:* Asbestos. **Carton d'a.,** asbestos-board.

amiantose [amjɑ̃to:z], *s.f. Med:* Asbestosis.

amibe [amib], *s.f.* Amoeba.

amibien -ienne [amibjɛ̃, -jɛ:n], *a.* Amoebic.

amical, -aux [amikal, -o], *a.* Friendly. **(Association) amicale,** (professional) association.

amicalement [amikalmɑ̃], *adv.* In a friendly way; like a friend.

amict [ami], *s.m. Ecc.Cost:* Amice.

amidon [amidɔ̃], *s.m.* Starch. **Colle d'a.,** starch paste.

amidonn|er [amidɔne], *v.tr.* To starch. *s.m.* **-age.**

amincir [amɛ̃si:r], *v.tr.* To make thinner; to thin down (wood). **Taille amincie,** slender, slim, figure. **Costume qui amincit,** slimming costume.

amincissant [amɛ̃sisɑ̃], *a.* Slimming, *U.S:* slenderizing.

amincissement [amɛ̃sismɑ̃], *s.m.* Thinning down, reduction.

amiral, -aux [amiral,-o], *s.m.* **1.** Admiral. **2. (Navire) a.,** flagship. **3.** *Conch:* Admiral shell.

amiralat [amirala], *s.m.* Admiralship.

amiralissime [amiralisim], *s.m.* Commander-in chief (of the fleet).

amirauté [amirote], *s.f.* **1.** *A:* Admiralship. **2. L'A.,** the Admiralty.

amitié [amitje], *s.f.* **1.** Friendship, friendliness, affection. **Une étroite a.,** a close friendship. **Vivre en a., être sur un pied d'a. avec qn,** to be on friendly terms, on a friendly footing, with s.o. **Prendre qn en a.,** to take a liking for s.o.; to take to s.o. **Se lier d'a. avec qn, nouer a. avec qn,** to form, to strike up, a friendship with s.o.; to make friends with s.o. **Par a.,** out of friendliness. **2.** (*a*) Kindness, favour. **Faites-moi l'a. de le lui dire,** will you do me the favour to tell him so. (*b*) *pl.* **Faites mes amitiés à votre frère,** remember me kindly to your brother. **Avec les sincères amitiés de . . .,** with kind regards from. . . . **Amitiés à tout le monde,** love to all.

ammoniac [amɔnjak], *a.m. Ch:* **Gaz a.,** ammonia. **Sel a.,** sal ammoniac.

ammoniacal, -aux [amɔnjakal, -o], *a. Ch:* Ammoniacal.

ammoniacé [amɔnjase], *a. Pharm: etc:* Ammoniated.

ammoniaque [amɔnjak], *s.f. Ch:* Ammonia.

ammoniaqué [amɔnjake], *a.* Ammoniated (quinine, etc.).

ammonite [am(m)ɔnit], *s.f. Paleont:* Ammonite.

amnésie [amnezi], *s.f. Med:* Amnesia.

amnésique [amnezik], *a. & s.* Amnesic (patient).

amnistie [amnisti], *s.f.* Amnesty; general pardon.

amnistier [amnistje], *v.tr.* To amnesty, pardon.

amocher [amɔʃe], *v.tr. F:* To damage. *P:* To beat up.

amoindr|ir [amwɛ̃dri:r]. **1.** *v.tr.* To reduce, decrease, lessen, diminish, belittle. **A. un mal,** to mitigate an evil. **Il ne faut pas vous a.,** you must not belittle yourself. **2.** *v.i. & pr.* To diminish, to grow less. *s.m.* **-issement.**

amoll|ir [amɔli:r], *v.tr.* **1.** To soften (substance, s.o.'s heart). **2.** To weaken, enervate. *s.m.* **-issement.**

s'amollir. **1.** To soften, to become soft. **2.** To grow weak, effeminate; (of courage) to flag.

amonceler [amɔ̃sle], *v.tr.* (**j'amoncelle ; j'amoncellerai**) To pile up, heap up, bank up.

s'amonceler, to pile up; to gather (in a heap); to accumulate; (of clouds) to bank up; (of snow) to drift.

amoncellement [amɔ̃sɛlmɑ̃], *s.m.* **1.** Heaping (up), piling (up), banking up. **2.** Heap, pile. **A. de neige,** snow-drift.

amont [amɔ̃], *s.m.* **1.** Upper waters, head waters (of river, etc.). **En a.,** up-stream, up-river. **En a. de l'écluse, du pont,** above lock, above (the) bridge. **2.** *Tg.* Up-side.

amoral, -aux [amɔral, -o], *a.* Amoral.

amoralisme [amɔralism], *s.m. Phil:* Amoralism.

amoralité [amɔralite], *s.f.* Amorality.

amorce [amɔrs], *s.f.* **1.** Beginning. *Civ.E:* **A. d'un tunnel,** beginning (of the cutting) of a tunnel. **2.** (*a*) *Exp:* Primer, fuse, detonator. (*b*) *Sm.a:* (Percussion) cap; cap (for toy pistol, etc.). (*c*) *Hyd.E:* Priming (of pump). **3.** Bait. **Se laisser prendre à l'a.,** to swallow the bait.

amor|cer [amɔrse], *v.tr.* (**j'amorçai(s) ; n. amorçons**) **1.** (*a*) To begin, start, initiate (building, road, subject, etc.). **A. des négociations,** to initiate negotiations. (*b*) To prime, fetch (pump). *El.E:* To start, excite (dynamo); to cap (shell). **2.** (*a*) To bait (line, trap, etc.). (*b*) To allure, entice, decoy (animal, person). *s.m.* **-çage.**

s'amorcer, (of pump, etc.) to start.

amorceur, -euse [amɔrsœːr, -øːz], *s.* **1.** (*a*) Baiter. (*b*) Decoy. **2.** *s.m.* (*a*) *Hyd.E:* Priming-cock. (*b*) *I.C.E:* Engine primer.

amorçoir [amɔrswaːr], *s.m.* **1.** *Tls:* Auger. **2.** *Fish:* Ground-baiting appliance.

amorphe [amɔrf], *a.* Amorphous; spineless (person); flabby (style).

amorphie [amɔrfi], *s.f.,* **amorphisme** [amɔrfism], *s.m.* Amorphism, amorphia.

amorti [amɔrti], *a.* **1.** *Ph: W.Tel:* Damped (wave). **Ondes non amorties,** undamped, continuous, waves. **2. Navire a.,** neaped ship; ship aground. **3.** *s.f. Ten: etc:* **Amortie,** drop shot.

amortir [amɔrtiːr], *v.tr.* **1.** (*a*) To deaden, muffle (sound); to allay (pain); to subdue (light); to dull (pain); to damp (ardour); to cool (passion); to tone down, flatten (colour); to break (fall); to absorb, deaden (shock); to break the force of (blow). (*b*) *Ph:* To damp down, damp out (oscillations). **2.** To slack, slake (lime). **3.** *Nau:* **A. l'erre d'un bâtiment,** to deaden a ship's way. **4.** To redeem, pay off (debt); to allow for depreciation of (furniture, etc.).

s'amortir, to become deadened; (of passion) to cool. *Ph:* (Of oscillations) To die away, to damp down.

amortissable [amɔrtisabl], *a.* Redeemable.

amortissement [amɔrtismɑ̃], *s.m.* **1.** See AMORTIR 1. **2.** Redemption (of debt). **Fonds, caisse, d'a.,** sinking-fund. **3.** *Arch:* Amortizement.

amortisseur [amɔrtisœːr], *s.m.* **1.** Damping device; dead-beat device. **2.** *Av: Aut:* Shock-absorber.

amour [amuːr], *s.m.* (*Occ.f. in poetry, often f. in pl. in* 1, 2.) **1.** Love, affection, passion. **A. d'une mère,** a mother's love. **Les premières amours,** first love, *F:* calf love. **S'éprendre d'a. pour qn,** to fall in love with s.o. **L'a. que vous me portez,** the love you bear me. **Mal d'amour,** lovesickness. **Mariage d'a.,** love match. **Avec a.,** lovingly, with loving care. **Froides mains, chaudes amours,** cold hands, warm heart. **A. de, pour, qch.,** love of, liking for, sth. **Avoir l'a. de qch.,** to love, have a fondness for, sth. **Pour l'a. de qn,** for the sake of, for love of, s.o. **A. de soi,** self-love. *P:* **Faire l'a.,** to make love, to have sexual intercourse (**avec,** with). **2.** (Object of one's love) **Mon a.,** my love, my sweetheart. **Une de mes anciennes amours,** an old flame of mine. **Les voitures sont ses seul(e)s amours,** cars are his one passion. **3.** Cupid, Eros, the god of Love. **Quel a. d'enfant!** what a sweet, darling, child! **Quel a. de bijou!** what a lovely jewel! **Tu es un a.!** You('re an) angel!

amouracher (s') [samuraʃe], *v.pr.* To fall head over ears in love (**de,** with); to become enamoured (**de,** of), to become infatuated (**de,** with).

amourette [amurɛt], *s.f.* **1.** Love affair; passing fancy. **2.** *Cu:* (Spinal) marrow.

amoureu|x, -euse [amurø, -øːz]. **1.** *a.* (*a*) Loving (care, look). **Être, tomber, a. de qn,** to be, fall, in love with s.o. (*b*) Amorous, (look, gesture); amatory (letter). **2.** *s.* Lover, sweetheart. *adv.* **-sement.**

amour-propre [ɑmurprɔpr], *s.m.* (*a*) Self-respect; (legitimate) pride. **Blesser l'a.-p. de qn,** to hurt, wound, s.o.'s pride. **Stimuler l'a.-p. de qn,** to put s.o. on his mettle. (*b*) Self-esteem, vanity, conceit.

amov|ible [amɔvibl], *a.* **1.** (*a*) (Of office) Revocable at pleasure. (*b*) Removable (official). **2.** (Of parts of machine) Removable, detachable, interchangeable. *s.f.* **-ibilité.**

ampère [ɑ̃pɛːr], *s.m. El.Meas:* Ampere. **Intensité en ampères,** amperage.

ampère-heure [ɑ̃pɛrœːr], *s.m. El.Meas:* Ampere-hour. *pl. Des ampères-heures.*

ampèremètre [ɑ̃pɛrmɛtr], *s.m. El:* Ammeter.

amphibie [ɑ̃fibi]. **1.** *a.* Amphibious (plant, animal, vehicle). *Mil: Nav: Av:* **Opération a.,** combined operation. **2.** *s.m.* Amphibian.

amphibiens [ɑ̃fibjɛ̃], *s.m.pl. Z:* Amphibia.

amphibologie [ɑ̃fibɔlɔʒi], *s.f. Rh:* Amphibology, ambiguity.

amphigouri [ɑ̃figuri], *s.m. Lit:* Amphigouri; tissue of nonsense.

amphithéâtre [ɑ̃fiteɑːtr], *s.m.* Amphitheatre; *Sch:* lecture-room. **En a.,** in tiers.

amphore [ɑ̃fɔːr], *s.f.* **1.** *Archeol:* Amphora. **2.** Jar.

ample [ɑ̃ːpl], *a.* **1.** Ample; full (dress, skirt, etc.). **2.** Roomy, spacious (theatre, etc.). **3.** Full (account); ample (supply). *adv.* **-ment.**

ampleur [ɑ̃plœːr], *s.f.* **1.** Fullness (of garment, figure); copiousness (of meal); volume (of voice). **2.** Fullness (of account); breadth (of style).

ampliation [ɑ̃pliasjɔ̃], *s.f.* **1.** *Jur:* Certified copy. **2.** Expansion (of the chest).

amplifiant [ɑ̃plifjɑ̃], *a.* Magnifying (lens, etc.); amplifying (power).

amplificateur, -trice [ɑ̃plifikatœːr, -tris]. **1.** (*a*) *a.* Magnifying; given to exaggeration. (*b*) *s.* Magnifier (of trifles, etc.). **2.** *a.* Amplifying. *Phot:* **(Lentille) amplificatrice,** amplifier. **3.** *s.m.* (*a*) *Phot:* Enlarger. (*b*) (Sound) intensifier. (*c*) *W.Tel:* Amplifier. (*d*) Record-reproducer.

amplification [ɑ̃plifikasjɔ̃], *s.f.* **1.** Amplification (of a thought, etc.). **2.** (*a*) *Opt:* Magnification. (*b*) *Phot:* Enlarging. (*c*) *W.Tel:* **A. (en haute fréquence),** (high-frequency) amplification.

amplifier [ɑ̃plifje], *v.tr.* **1.** To amplify; to expand (thought, etc.); to exaggerate (danger). **2.** *Opt:* To magnify.

amplitude [ɑ̃plityd], *s.f.* Amplitude (of star, oscillation).

ampoule [ɑ̃pul], *s.f.* **1.** Ampulla, phial. *Hist:* **La sainte A.,** the (Holy) Ampulla. **2.** (*a*) Bulb (of thermometer, electric light). (*b*) Container (of vacuum-flask). (*c*) *Med:* Ampoule. **3.** Blister (on foot, photographic plate).

ampoulé [ɑ̃pule], *a.* **1.** Blistered. **2.** Inflated, turgid (style).

amputation [ɑ̃pytasjɔ̃], *s.f.* **1.** Amputation (of limb, etc.). **2.** Cut (in literary matter).

amputé, -ée [ɑ̃pyte], *a. & s.* (Person) who has lost a limb.

amputer [ɑ̃pyte], *v.tr.* **1.** *Surg:* To amputate, cut off (limb). **2.** To cut (newspaper article).

amu|ïr (s') [samɥiːr], *v.pr. Ling:* (*Of sound*) To become mute, to disappear. *s.m.* **-issement.**

amunitionn|er [amynisjɔne], *v.tr. Mil:* To provision; to supply (army, etc.) with stores. *s.m.* **-ement.**

amure [amyːr], *s.f. Nau:* Tack (of sail). **Être bâbord amures,** to be on the port tack. **Changer d'amures,** to go about; to change tack.

amurer [amyre], *v.tr. Nau:* To bring aboard the tack of (sail).

amusant [amyzɑ̃], *a.* Entertaining.

amuse-gueule [amyːzgœl], *s.m. F:* Cocktail snack. *pl. Des amuse-gueules.*

amusement [amyzmɑ̃], *s.m.* (*a*) (Action of) entertaining. (*b*) Amusement, recreation, pastime, diversion.

amuser [amyze], *v.tr.* (*a*) To amuse, entertain, divert. (*b*) To beguile, divert the attention of.
s'amuser, to amuse, enjoy, oneself. **Bien s'a.,** to have a good time. **S'a. (aux dépens) de qn,** to make fun of s.o. **Dire qch. pour s'a.,** to say sth. by way of a joke, for fun. **S'a. en chemin,** to loiter on the way. **S'a. à faire qch.,** to amuse oneself (by) doing sth.
amusette [amyzɛt], *s.f.* Toy, plaything; child's play. **Ce n'est pour lui qu'une a.,** it's child's play to him.
amuseur, -euse [amyzœːr, -øːz], *s.* Entertainer.
amygdale [amidal], *s.f.* Tonsil.
amygdalite [ami(g)dalit], *s.f. Med:* Tonsillitis.
an [ɑ̃], *s.m.* **1.** Year. **Tous les ans,** every year. **Avoir dix ans,** to be ten years old. **Un poulain de deux ans,** a two-year old (colt). **Ami de vingt ans,** friend of twenty years' standing. **Bon an, mal an,** taking one year with another. **En l'an (de grâce) 1200,** in the year (of grace) 1200. **Le jour de l'an,** New Year's day. S.a. MOQUER (SE). **2.** *pl. Lit:* **Les ans ont ralenti sa marche,** age has slackened his pace. **L'outrage des ans,** the ravages of time. **Chargé d'ans,** stricken in years.
anabaptiste [anabatist], *a. & s. Rel:* Anabaptist.
anacarde [anakard], *s.m. Bot:* Anacard, cashew-nut.
anachorète [anakɔrɛt], *s.m.* Anchorite, recluse.
anachronique [anakrɔnik], *a.* Anachronistic.
anachronisme [anakrɔnism], *s.m.* Anachronism.
anacoluthe [anakɔlyt], *s.f. Gram:* Anacoluthon.
anagramme [anagram], *s.f.* Anagram.
anal, -aux [anal, -o], *a. Anat:* Anal.
analgésique [analʒezik], *a. & s.m.* Analgesic, analgetic.
analogie [analɔʒi], *s.f.* Analogy.
analogique [analɔʒik], *a.* Analogical.
analogiquement [analɔʒikmɑ̃], *adv.* Analogically.
analogue [analɔg]. **1.** *a.* Analogous (**à,** to, with); similar (**à,** to). **2.** *s.m.* Analogue, parallel.
analphabète [analfabɛt], *a. & s.* Illiterate.
analyse [analiːz], *s.f.* Analysis. **1.** (*a*) **A. grammaticale,** parsing. **A. logique,** analysis. **Faire l'a. d'une phrase,** (i) to parse, (ii) to analyse, a sentence. (*b*) *Ch:* **A. quantitative,** quantitative analysis. (*c*) *Mth:* **A. infinitésimale,** the calculus. **2.** Abstract, résumé, précis.
analys|er [analize], *v.tr.* To analyse (facts, substance, etc.). **A. une phrase,** (i) to parse, (ii) to analyse, a sentence. *a.* **-able.**
analyste [analist], *s.* Analyst.
analytique [analitik]. **1.** *a.* Analytical. **2.** *s.f.* Analytics. *adv.* **-ment.**
ananas [anana(ːs)], *s.m.* Ananas, pineapple. **Serre à ananas,** pinery.
anapeste [anapɛst], *s.m. Pros:* Anapaest.
anarchie [anarʃi], *s.f.* Anarchy.
anarchique [anarʃik], *a.* Anarchic(al). *adv.* **-ment.**
anarchisme [anarʃism], *s.m. Pol:* Anarchism.
anarchiste [anarʃist], *a. & s. Pol:* Anarchist.
Anastasie [anastazi]. *Pr.n.f.* **1.** Anastasia. **2.** *F:* The censorship; 'Dora'.
anastigmate [anastigmat], **anastigmatique** [anastigmatik], *a. Opt: Phot:* Anastigmatic (lens).
anastomose [anastomoːz], *s.f. Bot: Anat: Surg:* Anastomosis.
anathématiser [anatematize], *v.tr.* To anathematize, curse (s.o., sth.).
anathème [anatɛm], *s.m.* Anathema; ban, curse. **Frapper qn d'a.,** to anathematize s.o.
anatife [anatif], *s.m. Crust:* Barnacle.
anatomie [anatɔmi], *s.f.* Anatomy. **Pièce d'a.,** anatomical figure. **Une belle a.,** a fine figure.
anatomique [anatɔmik], *a.* Anatomical. *adv.* **-ment.**
anatomiste [anatɔmist], *s.m.* Anatomist.
ancestral, -aux [ɑ̃sɛstral, -o], *a.* Ancestral.
ancêtre [ɑ̃sɛːtr], *s.m. & f.* Ancestor, ancestress; forefather, forbear. **La maison de ses ancêtres,** his ancestral home.
anche [ɑ̃ːʃ], *s.f. Mus:* Reed, tongue (of oboe, clarinet, etc.). **Jeu d'anches,** reed-stop (of organ).
anchois [ɑ̃ʃwa], *s.m.* Anchovy. **Beurre d'a.,** anchovy paste.
ancien, -ienne [ɑ̃sjɛ̃, -jɛn], *a.* **1.** Ancient, old. **Monument a.,** ancient monument. **Amitié ancienne,** friendship of long standing. **2.** Ancient, old(en), early, bygone, past. **Les auteurs anciens,** ancient authors. **L'A. Testament,** the Old Testament. *s.m.pl.* **Les anciens,** the ancients. **3.** Former, late, old; ex-. **A. élève,** old pupil, old boy (of a school). **Anciens combattants,** ex-service men. **4.** Senior (captain, officer, etc.). **Les élèves anciens, les anciens,** the senior boys. **Il est votre a.,** he is senior to you. **Pline l'A.,** Pliny the Elder. **5.** *s.m.* (*a*) *Ecc:* Elder. (*b*) *Scouting:* Patrol leader. (*c*) *F: Mil:* Veteran. (*d*) **Les anciens du village,** the older inhabitants of the village.
anciennement [ɑ̃sjɛnmɑ̃], *adv.* Formerly, in the old(en) days.
ancienneté [ɑ̃sjɛnte], *s.f.* **1.** Antiquity (of monument, etc.). **De toute a.,** from time immemorial. **2.** Seniority; length of service. **A. de grade,** seniority in rank. **A l'a.,** by seniority.
ancillaire [ɑ̃sillɛːr], *a.* Ancillary.
ancrage [ɑ̃kraːʒ], *s.m.* **1.** Anchoring. **2.** Anchorage.
ancre [ɑ̃ːkr], *s.f.* **1.** *Nau:* Anchor. **Grosse a. de bossoir,** bower (anchor). **A. de veille,** *A:* **a. de miséricorde,** sheet-anchor. **A. flottante, a. de cape,** drag, drogue, deep-sea anchor. **Mettre les ancres à poste,** to stow anchors. **Être à l'a.,** to lie, ride, at anchor. **Jeter, mouiller, l'a.,** to cast, drop, anchor; to anchor. **Lever l'a.,** to weigh anchor. *Aer:* **A. de ballon,** balloon anchor; grapnel. **2.** *Const: etc:* Anchor, tie-plate (of wall, etc.); brace, stay (of boiler). **3.** *Clockm:* Anchor, lever.
ancrer [ɑ̃kre], *v.tr.* **1.** *Nau: Aer:* To anchor (ship, balloon). **Idée ancrée dans la tête,** idea deep-rooted in the mind. **2.** *Const: etc:* To brace, tie, stay, anchor (chimney, etc.).
s'ancrer, to establish oneself, to get a firm footing.
ancrure [ɑ̃kryːr], *s.f.* **1.** *Const:* Tie, brace. **2.** *Tex:* Crease.
andain [ɑ̃dɛ̃], *s.m. Agr:* Swath, windrow.
andalou, -ouse [ɑ̃dalu, -uːz]. **1.** *a. & s.* Andalusian. **2.** *s.m.* Andalusian horse.
Andalousie [ɑ̃daluzi]. *Pr.n.f. Geog:* Andalusia.
Andes [ɑ̃ːd]. *Pr.n.f.pl.* **Les A.,** the Andes. **La Cordillère des A.,** the Andean Belt.
Andorre [ɑ̃dɔːr]. *Pr.n.* (Republic of) Andorra.
andouille [ɑ̃duːj], *s.f.* **1.** *Cu:* Chitterlings (made into sausages). **2.** *P:* Twerp, nit(wit).
andouiller [ɑ̃duje], *s.m. Ven:* Tine (of antler). **Maître a.,** brow antler (of stag).
andouillette [ɑ̃dujɛt], *s.f. Cu:* Small chitterling sausage.
André [ɑ̃dre]. *Pr.n.m.* Andrew.
Andrinople [ɑ̃drinɔpl]. **1.** *Pr.n.f. Geog:* Adrianople. **2.** *s.f. Tex:* Turkey-red cotton.
androgyne [ɑ̃drɔʒin]. *Biol:* **1.** *a.* Androgynous. **2.** *s.m.* Androgyne.
Andromaque [ɑ̃drɔmak]. *Pr.n.f.* Andromache.
âne [ɑːn], *s.m.* **1.** Ass; donkey. (*a*) **Faire une promenade à â.,** to go for a donkey ride. *F:* **Têtu comme un â.,** as stubborn as a mule, pig-headed. **Le coup de pied de l'â.,** the most unkindest cut of all. **Ressembler à l'â. de Buridan,** not to be able to make up one's mind. (*b*) **En dos d'â.,** ridged; razor-backed. **Colline en dos d'â.,** hog's-back (ridge). **Pont en dos d'â.,** hump-backed bridge. **2.** Fool, ass, dunce. **Bonnet d'â.,** dunce's cap. **Faire l'â. pour avoir du son,** to pretend ignorance in order to achieve one's end. **3.** *Ich:* **Tête d'â.,** bull-head, miller's thumb. **4.** *Tls:* Bench-vice.
anéantir [aneɑ̃tiːr], *v.tr.* (*a*) To reduce to nothing; to annihilate, destroy. **A. les espérances de qn,** to blast, dash, s.o.'s hopes. **Je suis anéanti,** I am exhausted, *F:* dead-beat. (*b*) To dumbfound. (*c*) **Anéanti par la douleur,** prostrate with grief.
s'anéantir. **1.** To come to nothing, to melt into thin air. **2.** To humble, debase, oneself.
anéantissement [aneɑ̃tismɑ̃], *s.m.* **1.** Annihilation, destruction. **2.** (State of) exhaustion, prostration. **3.** Self-abasement.
anecdote [anɛgdɔt, -kd-], *s.f.* Anecdote.
anecdotier [anɛgdɔtje, -kd-], *s.m.* Anecdotist; teller of anecdotes.
anecdotique [anɛgdɔtik, -kd-], *a.* Anecdotal.
anémiant [anemjɑ̃], *a. Med:* Weakening.
anémie [anemi], *s.f. Med:* Anaemia.
anémier [anemje], *v.tr.* To render (s.o.) anaemic.
s'anémier, to become anaemic.

anémique [anemik], *a.* Anaemic, bloodless.
anémomètre [anemɔmɛtr], *s.m. Meteor:* Anemometer; wind-gauge.
anémone [anemɔn], *s.f.* **1.** *Bot:* Anemone, wind-flower. **A. pulsatille,** pasque-flower. **2.** *Coel:* **A. de mer,** sea-anemone.
ânerie [ɑnri], *s.f. F:* **1.** Stupidity, ignorance. **2.** Foolish act or remark. **Faire des âneries,** to make an ass of oneself.
anéroïde [anerɔid], *a.* Aneroid (barometer).
ânesse [ɑnɛs], *s.f.* She-ass. **Lait d'â.,** ass's milk.
anesthésie [anɛstezi], *s.f. Med:* Anaesthesia.
anesthésier [anɛstezje], *v.tr.* To anaesthetize. **Se faire a. (chez le dentiste),** *F:* to have gas.
anesthésique [anɛstezik], *a. & s.m. Med:* Anaesthetic.
anesthésiste [anɛstezist], *s.m.* Anaesthetist.
anévrisme [anevrism], *s.m. Med:* Aneurism, aneurysm. **Rupture d'a.,** breaking of a blood-vessel.
anfractueux, -euse [ɑ̃fraktɥø, -øːz], *a.* (*a*) Circuitous, sinuous, winding. (*b*) Irregular (outline); craggy (mountain).
anfractuosité [ɑ̃fraktɥɔzite], *s.f.* **1.** Anfractuosity, sinuosity. *pl.* Windings (of road, stream). **2.** Cragginess, unevenness.
ange [ɑ̃ːʒ], *s.m.* **1.** Angel. **A. gardien,** guardian angel. **Être aux anges,** to walk on air. **Rire aux anges,** (i) to wear a beatific smile; (ii) to smile in one's sleep. *F:* **Un a. passe,** an angel passes. **Mon a.,** my sweet. **Saut de l'a.,** swallow-dive. *F:* **Faiseuse d'anges,** abortionist. **2.** *Ich:* **A. (de mer),** angel-fish.
angélique [ɑ̃ʒelik]. **1.** *a.* Angelic(al). **La salutation a.,** the Hail Mary. **2.** *s.f. Bot: Cu:* Angelica.
angéliquement [ɑ̃ʒelikmɑ̃], *adv.* Angelically, like an angel.
angélus [ɑ̃ʒelyːs], *s.m.* Angelus(-bell); ave-bell.
angevin, -ine [ɑ̃ʒvɛ̃, -in], *a. & s.* Angevin(e).
angine [ɑ̃ʒin], *s.f. Med:* **1.** Quinsy; tonsillitis. **2. A. de poitrine,** angina pectoris.
anglais, -aise [ɑ̃glɛ, -ɛːz]. **1.** *a.* English (language, etc.); British (army). *F:* **S'en aller, filer, à l'anglaise,** to take French leave; to slip away. **2.** *s.* Englishman, English-woman; Briton. **3.** *s.m.* English (language). **4.** *s.f.* Italian hand(writing). **5.** *s.f.pl. Hairdr:* **Anglaises,** ringlets.
anglaiser [ɑ̃glɛze], *v.tr.* **1.** To nick (horse's tail). **2.** To hog (horse's mane).
angle [ɑ̃ːgl], *s.m.* **1.** (*a*) Angle. **A. droit,** right angle. **A a. droit avec,** at right angles to. **A angles droits,** rectangular. **A. plat,** straight angle. (Of house) **Faire a. avec la rue,** to stand at an angle to the street. *Av:* **A. critique,** stalling angle. *Mec.E:* **Roue d'a.,** bevel-wheel, mitre-wheel. (*b*) *Tls:* **A. oblique,** bevel-rule; mitre square. **2.** Corner, angle (of wall, room, etc.). **Boutique d'a.,** corner-shop. **Arrondir les angles,** to round off the corners. **3.** Angle, point of view.
Angleterre [ɑ̃glətɛːr]. *Pr.n.f.* England.
anglican, -ane [ɑ̃glikɑ̃, -an], *a. & s. Rel:* Anglican. **L'Église anglicane,** the Church of England.
anglicanisme [ɑ̃glikanism], *s.m.* Anglicanism.
anglicisant [ɑ̃glisizɑ̃], *s.m.* Student of English.
angliciser [ɑ̃glisize], *v.tr.* To anglicize.
s'angliciser, to become English, anglicized.
anglicisme [ɑ̃glisism], *s.m.* Anglicism; English idiom.
angliciste [ɑ̃glisist], *s.* (i) Student of, (ii) authority on, English.
anglo-catholique [ɑ̃glokatɔlik], *a. & s.m. Ecc:* Anglo-Catholic.
anglomane [ɑ̃glɔman], *s.m. & f.* Anglomaniac.
anglomanie [ɑ̃glɔmani], *s.f.* Anglomania.
anglo-normand, -ande [ɑ̃glɔnɔrmɑ̃, -ɑ̃ːd], *a. & s.* Anglo-Norman. **Les îles Anglo-Normandes,** the Channel Islands.
anglophile [ɑ̃glɔfil], *a. & s.* Anglophil(e), pro-English.
anglophilie [ɑ̃glɔfili], *s.f.* Anglophilia.
anglophobe [ɑ̃glɔfɔb]. **1.** *a.* Anglophobic. **2.** *s.* Anglophobe.
anglophobie [ɑ̃glɔfɔbi], *s.f.* Anglophobia.
anglophone [ɑ̃glɔfɔn], *a.* English-speaking.
anglo-saxon, -onne [ɑ̃glɔsaksɔ̃, -ɔn]. **1.** *a. & s.* Anglo-Saxon. **2.** *a.* English-speaking.
angoissant [ɑ̃gwasɑ̃], *a.* Alarming, distressing (news); tense (moment).
angoisse [ɑ̃gwas], *s.f.* Anguish; distress; agony. **Les angoisses de la mort,** the pangs of death. **Angoisses de conscience,** qualms of conscience. **Poire d'a.,** (i) *Bot:* choke-pear; (ii) *A:* iron gag; choke-pear.
angoisser [ɑ̃gwase], *v.tr.* To cause (s.o.) anguish; to distress (s.o.). **Angoissé,** (i) anguished, (ii) anxious.
s'angoisser, to become filled with anguish.
angora [ɑ̃gɔra]. **1.** *a.inv.* Angora (wool). **Poil de chèvre a.,** mohair. **2.** *s.m.* (*a*) Angora rabbit. (*b*) Persian cat. (*c*) Angora goat.
anguille [ɑ̃giːj], *s.f.* **1.** *Ich:* (*a*) Eel. *F:* **Il y a a. sous roche,** there's something in the wind. **Soupçonner a. sous roche,** *F:* to smell a rat. (*b*) **A. de mer,** conger-eel. **2.** *pl.* **Anguilles.** *Nau:* Launching ways, slips.
anguillère [ɑ̃gijɛːr], *s.f.* Eel-pond.
angulaire [ɑ̃gylɛːr]. **1.** *a.* Angular. **Pierre a.,** corner-stone. **2.** *s.m. Phot:* **Grand a.,** wide-angle lens.
angularité [ɑ̃gylarite], *s.f.* Angularity.
anguleux, -euse [ɑ̃gylø, -øːz], *a.* Angular, bony (face, elbows); rugged (outline).
angusture [ɑ̃gystyːr], *s.f. Bot:* Angostura.
anhéler [anele], *v.i.* **(j'anhèle, n. anhélons; j'anhélerai).** To be short of breath.
anhydre [anidr], *a. Ch:* Anhydrous. **Chaux a.,** unsla(c)ked lime.
anhydride [anidrid], *s.m. Ch:* Anhydride. **A. carbonique,** carbon dioxide.
anicroche [anikrɔʃ], *s.f. F:* Difficulty, hitch, snag.
ânier, -ière [ɑnje, -jɛːr], *s.* Donkey-driver; donkey-boy, -girl.
aniline [anilin], *s.f. Ch: Dy:* Aniline.
animal[1], -aux [animal, -o], *s.m.* Animal. *F:* **Quel a.!** what a brute! what a beast!
animal[2], -aux, *a.* **1.** Animal (kingdom, matter, etc.). **2.** Sensual, brutal (instinct, etc.).
animalerie [animalri], *s.f.* Animal house.
animalier [animalje], *a. & s.m. Art:* Animalist.
animaliser [animalize], *v.tr.* To brutalize.
animalité [animalite], *s.f.* Animal nature.
animation [animasjɔ̃], *s.f.* **1.** Quickening; (i) coming to life, (ii) bringing to life. **2.** Animation, liveliness, vivacity, briskness. **L'a. des rues,** the bustle in the streets. **Ville pleine d'a.,** town full of life.
animé [anime], *a.* Animated, spirited, bright, lively; busy (street, life). **Teint a.,** heightened colour. **Tableau a.,** picture full of life. **Marché a.,** brisk, buoyant, market.
anim|er [anime], *v.tr.* **1.** To animate, quicken; to endow with life. **2.** To actuate. (*a*) To move, propel. (*b*) **Animé d'un sentiment de jalousie,** prompted, actuated, by feelings of jealousy. **3.** To quicken, enliven (conversation). **A. un cheval,** to urge on a horse. *A:* **A. qn à faire qch.,** to incite, encourage, s.o. to do sth. **A. qn contre qn,** to stir up s.o.'s anger against s.o. *a.* **-ant.** *a. & s.* **-ateur, -atrice.**
s'animer. 1. To come to life. **2.** To become animated, lively. **Sa figure s'anima,** his face brightened, lit up. **S'a. contre qn,** to become angry with s.o.
animisme [animism], *s.m.* Animism.
animiste [animist]. **1.** *s.m.* Animist. **2.** *a.* Animistic.
animosité [animɔzite], *s.f.* Animosity, animus, spite (**contre,** against). **Agir par a.,** to act out of spite. **Avoir de l'a. contre qn,** to nurse a grudge against s.o.
anion [anjɔ̃], *s.m. Ph:* Anion.
anis [ani], *s.m.* (*a*) *Bot:* Anise. (*b*) **(Graine d') a.,** aniseed.
aniser [anize], *v.tr. Cu:* To flavour with aniseed.
anisette [anizɛt], *s.f.* Anisette (liqueur).
ankylose [ɑ̃kiloːz], *s.f. Med:* Anchylosis.
ankyloser [ɑ̃kiloze], *v.tr. Med:* To anchylose; to stiffen.
s'ankyloser, to anchylose; to become ossified; to stiffen; (of pers.) to get stiff.
annales [annal], *s.f.pl.* Annals; (public) records.
annaliste [annalist], *s.m.* Annalist.
annamite [an(n)amit], *a. & s. Geog:* Annamese, Annamite. *Line:* Annamese.
anneau, -eaux [ano], *s.m.* **1.** Ring. **A. pastoral,** bishop's ring. **A. de rideau,** curtain-ring. **A. de mariage, nuptial,** wedding ring. **2.** (*a*) Link (of chain). (*b*) Ringlet, curl (of hair). (*c*) Coil (of serpent). **Enroulé en anneaux,** coiled up. (*d*) **A. brisé,** key ring, split ring. (*e*) *Mount:* Sling, loop (of rope). (*f*) *Astr:* **L'a. de Saturne,** Saturn's ring.

année [ane], *s.f.* Year. **A. civile,** calendar year. **A l'a.,** by the year. **Étudiant de première a.,** first-year student. **Souhaiter la bonne a. à qn,** to wish s.o. a happy New Year. **D'un bout de l'a. à l'autre,** from one end of the year to the other. **Chargé d'années,** stricken in years. **Dans sa vingtième a.,** in his twentieth year. **D'a. en a.,** from year to year.
année-lumière [anelymjɛ:r], *s.f.* Light-year. *pl. Des années-lumière.*
annelé [anle]. **1.** *a.* Ringed (column, worm). **2.** *s.m.* = ANNÉLIDE.
annélide [anelid], *s.m. Z:* Annelid. **Les annélides,** the annelida.
annexe [an(n)ɛks], *s.f.* **1.** (*a*) Annex(e), outbuilding. (*b*) *Ecc:* Chapel of ease. **2.** Dependency (of a State). **3.** (*a*) Rider (to bill); schedule (to act); supplement, appendix (to book). (*b*) Enclosure (with letter). **4.** *a.* **Établissement a.,** annex. **Lettre a.,** covering letter.
annexer [an(n)ɛkse], *v.tr.* **1.** To annex (territory). **2.** To append, attach (document, etc.). **Pièces annexées (à une lettre),** enclosures.
annexion [an(n)ɛksjɔ̃], *s.f.* Annexation.
Annibal [an(n)ibal]. *Pr.n.m. A.Hist:* Hannibal.
annihilable [an(n)iilabl], *a.* Annihilable. *Jur:* Annulable.
annihilation [an(n)iilasjɔ̃], *s.f.* Annihilation. *Jur:* Annulment.
annihiler [an(n)iile], *v.tr.* To annihilate, destroy. *Jur:* To annul.
anniversaire [anivɛrsɛ:r]. **1.** *a.* Anniversary (festival, ceremony). **2.** *s.m.* (*a*) Anniversary (of birth, victory, etc.). (*b*) **L'a. de qn,** s.o.'s birthday.
annonce [anɔ̃:s], *s.f.* **1.** (*a*) Announcement, notification, notice. **Faire l'a. de qch.,** to give out a notice. (*b*) *Cards:* Declaration; call. (*c*) Sign, indication. **2.** Advertisement. **Petites annonces,** classified advertisements. **Demander qch. par voie d'annonces,** to advertise for sth. **Annonces lumineuses,** illuminated signs.
annoncer [anɔ̃se], *v.tr.* (**j'annonçai(s); n. annonçons**) **1.** To announce, give notice of, give out (sth.). **A. une mauvaise nouvelle à qn,** to break, impart, bad news to s.o. **A. l'Évangile,** to preach the Gospel. *Cards:* **A. son jeu,** to declare. **2.** To advertise (sale, etc.). **3.** (*a*) To promise, foretell, augur, herald. **Tout semble a. le succès,** everything points to success. (*b*) To give proof of (sth.); to show, evince, bespeak, betoken (sth.). **Visage qui annonce l'énergie,** face that indicates energy. **4.** To announce (s.o.). **Se faire a. (chez qn),** to send in one's name to s.o.; to give in one's name (at reception, etc.).
s'annoncer. 1. To announce oneself. **2.** To augur (well, ill). **Le temps s'annonce beau,** the weather promises to be fine.
annonceur, -euse [anɔ̃sœ:r, -ø:z], *s.* **1.** Advertiser. **2.** *W.Tel:* Announcer.
annonciateur, -trice [anɔ̃sjatœ:r, -tris]. **1.** *s.* Announcer; harbinger, messenger (of tidings). **2.** *s.m. Tp: etc:* Indicator-board; annunciator. **3.** *a.* Premonitory. **Signes annonciateurs du printemps,** signs that are forerunners of spring.
annonciation [anɔ̃sjasjɔ̃], *s.f. Ecc:* The Annunciation. **Fête de l'A.,** Feast of the Annunciation; Lady day.
annoncier [anɔ̃sje], *s.m. Journ:* Publicity editor.
annotation [an(n)ɔtasjɔ̃], *s.f.* **1.** Annotating. **2.** Annotation, note.
annot|er [an(n)ɔte], *v.tr.* To annotate (text, etc.). *s.* **-ateur, -atrice.**
annuaire [an(n)ɥɛ:r], *s.m.* **1.** Annual, year-book. **2.** Almanac, calendar. **3.** (Yearly) list; (telephone) directory.
annu|el, -elle [an(n)ɥɛl], *a.* Annual, yearly. **Plante annuelle,** annual. *adv.* **-ellement.**
annuité [an(n)ɥite], *s.f.* **1.** Annual instalment (in repayment of debt). **2.** (Terminable) annuity.
annulable [an(n)ylabl], *a. Jur:* Rescindable, voidable, that can be annulled.
annulaire [an(n)ylɛ:r]. **1.** *a.* Annular, ring-shaped. **2.** *s.m.* The ring-finger; the third finger.
annulation [an(n)ylasjɔ̃], *s.f. Jur:* Annulment.
annulement [an(n)ylmɑ̃], *s.m. Nau:* Annulling. *Jur:* **Arrêt d'a.,** annulment of judgment.
annuler [an(n)yle], *v.tr.* To annul. (*a*) To render void; to repeal, quash, set aside, rescind (law, will, judgment). (*b*) To cancel (contract, etc.).
anobli, -e [anɔbli]. **1.** *a.* Ennobled, raised to the peerage. **2.** *s.* Newly-created peer, peeress.
anobl|ir [anɔbli:r], *v.tr.* To ennoble (s.o.), *i.e.* to raise (s.o.) to noble rank, (in Engl.) to the peerage. *s.m.* **-issement.**
anode [anɔd] *s.f. El:* Anode; positive pole.
anodin [anɔdɛ̃]. **1.** *a.* (*a*) Anodyne, soothing. (*b*) Mild (criticism); tame (poetry); harmless (talk). **2.** *s.m.* Palliative; anodyne; pain-killer.
anomal, -aux [anɔmal, -o], *a.* Anomalous.
anomalie [anɔmali], *s.f.* Anomaly.
ânon [ɑnɔ̃], *s.m.* **1.** Ass's foal, ass's colt. **2.** *F:* Dunce, ass.
ânonn|er [ɑnɔne], *v.* To stumble (through speech, recitation); to hum and haw; to mumble. *s.m.* **-ement.**
anonymat [anɔnima], *s.m.* Anonymity. **Garder l'a.,** to preserve one's anonymity; to remain anonymous.
anonyme [anɔnim]. **1.** *a.* (*a*) Anonymous (writer, letter). (*b*) *Com:* **Société a. (par actions),** limited (-liability) company. **2.** *s.m.* Anonymous writer. **3.** *s.m.* Anonymity. **Écrire sous l'a.,** to write anonymously. **Garder l'a.,** to retain one's anonymity. *adv.* **-ment.**
anophèle [anɔfɛl], *s.m. Ent:* Anopheles.
anorak [anɔrak], *s.m. Cost:* Anorak.
anordir [anɔrdi:r], *v.i.* (*Of wind*) To veer round to the north.
anorexie [anɔrɛksi], *s.f. Med:* Anorexia, loss of appetite.
anormal, -aux [anɔrmal, -o], *a.* Abnormal; irregular. **Quelque chose d'a.,** something out of the ordinary. *a. & s.* **(Enfant) anormal,** mental defective, mentally deficient child. *adv.* **-ement.**
anse [ɑ̃:s], *s.f.* **1.** Handle (of jug, cup, basket); ear (of bell, pitcher); bow (of watch, padlock). *F:* **Faire le pot à deux anses,** to stand with one's arms akimbo. (Of servant) **Faire danser l'a. du panier,** to make dishonest profits (in marketing, etc.), *F:* to get pickings. *Arch:* **Voûte en a. de panier,** elliptical arch. **2.** Loop, bight (of rope, etc.). **3.** *Ph.Geog:* Bight, bay, cove.
antagonique [ɑ̃tagɔnik], *a.* Antagonistic.
antagonisme [ɑ̃tagɔnism], *s.m.* Antagonism.
antagoniste [ɑ̃tagɔnist]. **1.** *a.* Antagonistic, opposed. **2.** *s.* Antagonist, opponent.
antan (d') [dɑ̃tɑ̃]. *A. & Lit:* Of yesteryear.
antarctique [ɑ̃tar(k)tik]. **1.** *a.* Antarctic. **2.** *Pr.n.m. Geog:* **L'Antarctique,** Antarctica the Antarctic.
ante[1] [ɑ̃:t], *s.f. Arch:* Anta.
ante[2], *s.f.* Handle (of paintbrush).
antécédent [ɑ̃tesedɑ̃]. **1.** *a.* Antecedent, previous, anterior (à, to). **2.** *s.m.* (*a*) *Gram: etc:* Antecedent. (*b*) *pl.* Previous history; past record; antecedents.
Antéchrist [ɑ̃tekrist], *s.m.* Antichrist.
antédiluvien, -ienne [ɑ̃tedilyvjɛ̃, -jɛn], *a.* Antediluvian.
antenne [ɑ̃tɛn], *s.f.* **1.** *Nau:* Lateen yard. **2.** *W.Tel:* Aerial (wire). **A. de réception,** receiving aerial. *T.V:* **A. de télévision,** television aerial. **A. (de) radar,** radar scanner. **3.** Antenna, feeler, horn (of insect, etc.).
anténuptial, -aux [ɑ̃tenypsjal, -o], *a.* Antenuptial.
antépénultième [ɑ̃tepenyltjɛm], *a.* Ante-penultimate; last but two.
antérieur, -eure [ɑ̃terjœ:r], *a.* **1.** (*a*) Anterior (**à,** to); former (period); earlier (date); previous (year) (**à,** to); prior (engagement) (**à,** to); antecedent (**à,** to). (*b*) *Gram:* **Futur a.,** future perfect. **Passé a.,** past anterior. **2.** Fore-(limb); front-(wall).
antérieurement [ɑ̃terjœrmɑ̃], *adv.* Previously.
antériorité [ɑ̃terjɔrite], *s.f.* Anteriority; priority.
anthère [ɑ̃tɛ:r], *s.f. Bot:* Anther.
anthologie [ɑ̃tɔlɔʒi] *s.f. Lit:* Anthology.
anthracite [ɑ̃trasit], *s.m.* Anthracite.
anthrax [ɑ̃traks], *s.m. Med:* (*a*) Carbuncle. (*b*) **A. malin,** anthrax.
anthropocentrique [ɑ̃trɔpɔsɑ̃trik], *a.* Anthropocentric.
anthropoïde [ɑ̃trɔpɔid]. **1.** *a.* Anthropoid. **2.** *s.m. Z:* Anthropoid ape.
anthropologie [ɑ̃trɔpɔlɔʒi], *s.f.* Anthropology.
anthropologiste [ɑ̃trɔpɔlɔʒist], *s.m.*, **anthropologue** [ɑ̃trɔpɔlɔg], *s.m.* Anthropologist.

anthropométrie [ɑ̃trɔpɔmetri], *s.f.* Anthropometry.
anthropométrique [ɑ̃trɔpɔmetrik], *a.* Anthropometric(al).
anthropomorphe [ɑ̃trɔpɔmɔrf]. **1.** *a.* Anthropomorphous. **2.** *s.m.* *Z:* Anthropoid (ape).
anthropomorphisme [ɑ̃trɔpɔmɔrfism], *s.m.* *Rel.H:* Anthropomorphism.
anthropophage [ɑ̃trɔpɔfa:ʒ]. **1.** *a.* Cannibalistic; man-eating. **2.** *s.* Cannibal.
anthropophagie [ɑ̃trɔpɔfaʒi], *s.f.* Cannibalism.
anthropopithèque [ɑ̃trɔpɔpitɛk], *s.m.* *Paleont:* Pithecanthropus.
anthyllide [ɑ̃tillid], *s.f.* *Bot:* Anthyllis.
antiadministratif, -ive [ɑ̃tiadministratif, -i:v], *a.* **1.** Contrary to regulations. **2.** Anti-red tape (agitation).
anti-aérien, -ienne [ɑ̃tiaerjɛ̃, -jɛn], *a.* Anti-aircraft (gun, etc.).
antialcoolique [ɑ̃tialkɔlik]. **1.** *a.* *(a)* Anti-alcohol (league, etc.). *(b)* Teetotal. **2.** *s.* *(a)* Anti-alcoholist. *(b)* Teetotaller.
antialcoolisme [ɑ̃tialkɔlism], *s.m.* Teetotalism.
anti-atomique [ɑ̃tiatɔmi:k], *a.* Antinuclear. **Abri a.,** fall-out shelter.
antibiotique [ɑ̃tibjɔtik], *a. & s.m.* Antibiotic.
antibrouillard [ɑ̃tibruja:r], *a. & s.m.* *Aut:* **(Phare) a.,** fog-lamp.
antibuée [ɑ̃tibɥe], *a. & s.m.* **(Dispositif) a.,** demister.
anticancéreux, -euse [ɑ̃tikɑ̃serø, -ø:z], *a.* **Centre, sérum, a.,** cancer-hospital, cancer-serum.
anticathode [ɑ̃tikatɔd], *s.f.* *X-Rays:* Anti-cathode; target.
antichambre [ɑ̃tiʃɑ̃:br], *s.f.* Ante-room; waiting-room; antechamber. **Faire a.,** to cool one's heels in the waiting-room; to dance attendance **(chez,** on). **Pilier d'a.,** hanger-on (of minister, etc.).
antichar [ɑ̃tiʃa:r]. *Mil:* **1.** *a.* Anti-tank. **2.** *s.m.* Anti-tank device, appliance.
antichoc [ɑ̃tiʃɔk], *a.inv.* Shock-proof.
anticipatif, -ive [ɑ̃tisipatif, -i:v], *a.* Anticipatory; anticipative. **Payement a.,** prepayment.
anticipation [ɑ̃tisipasjɔ̃], *s.f.* Anticipation. **Payer par a.,** to pay in advance. **Film, roman, d'a.,** film, novel, about the future. **Littérature d'a.,** science-fiction.
anticiper [ɑ̃tisipe]. **1.** *v.tr.* To anticipate (sth.); to forestall (s.o.'s action). **Anticipé,** advanced, early; premature. **2.** *v.i.* **A. sur les événements,** to anticipate events. **A. sur ses revenus,** to spend one's income in advance.
anticlérical, -aux [ɑ̃tiklerikal, -o], *a.* Anticlerical.
anticoagulant [ɑ̃tikɔɑgylɑ̃]. **1.** *a.* Anticoagulant. **2.** *s.m.* Anticoagulant.
anticolonialisme [ɑ̃tikɔlɔnjalism], *s.m.* Anticolonialism.
anticonceptionnel [ɑ̃tikɔ̃sɛpsjɔnɛl], *a.* Contraceptive.
anticorps [ɑ̃tikɔ:r], *s.m.* *Physiol:* Antibody.
anticyclone [ɑ̃tisiklo:n], *s.m.* Anticyclone.
antidater [ɑ̃tidate], *v.tr.* To antedate.
antidéperditeur, -trice [ɑ̃tidepɛrditœ:r, -tris], *a.* *Physiol:* Anti-waste (food, etc.).
antidérapant [ɑ̃tiderapɑ̃], *a.* *Aut: etc:* Non-skid (-ding), non-slipping (tyre, etc.).
antidétonant [ɑ̃tidetɔnɑ̃], *a. & s.m.* *I.C.E:* Anti-knock (petrol).
antidote [ɑ̃tidɔt], *s.m.* Antidote.
anti-éblouissant [ɑ̃tiebluisɑ̃], *a.* *Aut:* Anti-dazzling. **Lunettes anti-éblouissantes,** non-glare goggles.
antienne [ɑ̃tjɛn], *s.f.* *Ecc.Mus:* Antiphon. *F:* **Chanter toujours la même a.,** to be always harping on the same string.
antiesclavagiste [ɑ̃tiɛsklavaʒist], *s.m.* *Am.Hist:* Abolitionist.
anti-fading [ɑ̃tifadiŋ], *a.* *W.Tel:* **Dispositif a.,** automatic volume control.
antifriction [ɑ̃tifriksjɔ̃], *s.f.* *Mec.E:* Antifriction metal; white metal.
anti-g [ɑ̃tiʒe], *a.inv.* *Av:* **Vêtement a.-g.,** anti-G suit, G-suit.
antigel [ɑ̃tiʒɛl], *a. & s.m.inv.* Anti-freeze.
antigène [ɑ̃tiʒɛn], *s.m.* *Med:* Antigen.
antigivrage [ɑ̃tiʒivraʒ], *s.m.* Anti-icing.
antigivreur [ɑ̃tiʒivrœ:r], *s.m.* *Av:* Anti-icer.
antigrippal [ɑ̃tigripɑl], *a.* Anti-flu.
antihalo [ɑ̃tialo]. *Phot:* **1.** *a.inv.* **Plaques a.,** non-halation plates. **2.** *s.m.* Backing.
antihistaminique [ɑ̃tiistaminik], *s.m.* *Med:* Antihistamine.
antihygiénique [ɑ̃ntiiʒjenik], *a.* Insanitary.
antilibéral, -aux [ɑ̃tiliberal, -o]. *Pol:* Anti-liberal.
antillais, -aise [ɑ̃tijɛ, -ɛ:z], *a. & s.* West Indian.
Antilles [ɑ̃ti:j]. *Pr.n.f.pl.* *Geog:* **Les A.,** the West Indies, the Antilles. **La Mer des A.,** the Caribbean Sea.
antilogarithme [ɑ̃tilɔgaritm], *s.m.* *Mth:* Antilogarithm, *F:* antilog.
antilogie [ɑ̃tilɔʒi], *s.f.* *Log:* Antilogy.
antilope [ɑ̃tilɔp], *s.f.* *Z:* Antelope.
antimilitarisme [ɑ̃timilitarism], *s.m.* Antimilitarism.
antimiter [ɑ̃timite], *v.tr.* To moth-proof.
antimite(s) [ɑ̃timit], *(a)* *a.* Moth-proof. *(b)* *a.* Moth-destroying. *s.m.* Moth-killer.
antimoine [ɑ̃timwan], *s.m.* *Ch:* Antimony.
antimonarchisme [ɑ̃timɔnarʃism], *s.m.* Antimonarchism.
antinévralgique [ɑ̃tinevralʒik], *a.* *Pharm:* Antineuralgic.
antinomie [ɑ̃tinɔmi], *s.f.* Antinomy; paradox.
antinomique [ɑ̃tinɔmik], *a.* Antinomic; paradoxical.
Antioche [ɑ̃tjɔʃ]. *Pr.n.f.* *A.Geog:* Antioch.
antipape [ɑ̃tipap], *s.m.* *Rel.H:* Antipope.
antiparasite [ɑ̃tiparazit], *s.m.* *W.Tel:* *El:* Suppressor.
antiparlementaire [ɑ̃tiparlәmɑ̃tɛ:r], *a.* *(a)* Anti-parliamentary. *(b)* Unparliamentary (language, etc.).
antipathie [ɑ̃tipati], *s.f.* Antipathy; aversion.
antipathique [ɑ̃tipatik], *a.* Antipathetic. **Elle lui est a.,** he has an aversion to her.
antipatriotique [ɑ̃tipatriɔtik], *a.* Unpatriotic.
antipéristaltique [ɑ̃tiperistaltik], *a.* *Physiol:* Anti-peristaltic.
anti-personnel [ɑ̃tipɛrsɔnɛl], *a.inv.* **Bombe anti-personnel,** anti-personnel bomb.
antiphonaire [ɑ̃tifɔnɛ:r], *s.m.* *Ecc:* Antiphonary.
antiphrase [ɑ̃tifra:z], *s.f.* *Rh:* Antiphrasis.
antipode [ɑ̃tipɔd]. **1.** *a.* Antipodal. **2.** *s.m.pl.* **Les antipodes,** the Antipodes.
antipolitique [ɑ̃tipɔlitik], *a.* Ill-advised (measure, etc.).
antipopulaire [ɑ̃tipɔpylɛ:r], *a.* Antipopular, directed against the people.
antiprogressiste [ɑ̃tiprɔgrɛsist], *a. & s.* *Pol:* Anti-progressionist.
antiprotection(n)iste [ɑ̃tiprɔtɛksjɔnist]. **1.** *a.* Free-trade (policy, etc.). **2.** *s.* Free-trader.
antipyrétique [ɑ̃tipiretik], *a. & s.m.* *Med:* Antipyretic.
antipyrine [ɑ̃tipirin], *s.f.* *Pharm:* Antipyrin(e).
antiquaille [ɑ̃tikɑ:j], *s.f.* Worthless old stuff; lumber; old-fashioned furniture. *F:* Old fogey.
antiquaire [ɑ̃tikɛ:r], *s.m.* Antiquary, antiquarian; antique dealer.
antique [ɑ̃tik]. **1.** *a.* *(a)* Ancient; pertaining to the ancients. **Les villes antiques,** the ancient cities (of Greece and Italy). *(b)* Of olden time. *(c)* Antique (furniture, etc.). **2.** *s.f.* Antique (work of art).
antiquité [ɑ̃tikite], *s.f.* **1.** Antiquity, ancientness (of race etc.). **2.** Ancient times; antiquity. **3.** *pl.* Antiques. **Magasin d'antiquités,** antique shop.
antirabique [ɑ̃tirabik], *a.* *Med:* Anti-rabic.
antirachitique [ɑ̃tiraʃitik], *a.* *Med:* Anti-rachitic (vitamin, etc.).
antiradar [ɑ̃tiradar], *a.* *Mil:* *Navy:* *Av:* Anti-radar (defence measures, etc.).
antirationalisme [ɑ̃tirasjɔnalism], *s.m.* Anti-rationalism; doctrine opposed to rationalism.
anti-rationnel, -elle [ɑ̃tirasjɔnɛl], *a.* Anti-rational; (wch. is) opposed to reason.
antireligieux, -euse [ɑ̃tirәliʒjø, -ø:z], *a.* Antireligious.
antirépublicain, -aine [ɑ̃tirepyblikɛ̃, -ɛn], *a. & s.* Anti-republican.
antirévolutionnaire [ɑ̃tirevɔlysjɔnɛ:r], *a. & s.* Anti-revolutionary.
antirouille [ɑ̃tiru:j], *s.m.* Rust preventive.
antisalle [ɑ̃tisal], *s.f.* Ante-room.
antisémite [ɑ̃tisemit], *s.m. & f.* Anti-Semite.
antisémitique [ɑ̃tisemitik], *a.* Anti-Semitic.
antisémitisme [ɑ̃tisemitism], *s.m.* Anti-Semitism.
antisepsie [ɑ̃tisɛpsi], *s.f.* *Med:* Antisepsis.
antiseptique [ɑ̃tisɛptik], *a. & s.m.* *Med:* Antiseptic.
antiseptiser [ɑ̃tisɛptize], *v.tr.* *Med:* To antisepticize.

antisérum [ɑ̃tiserɔm], *s.m. Med:* Antiserum.
antisocial, -aux [ɑ̃tisɔsjal, -o], *a.* Antisocial.
antisocialiste [ɑ̃tisɔsjalist], *s.m. & f.* Antisocialist.
anti-sous-marin [ɑ̃tisumarɛ̃], *a.* Anti-submarine (weapon, etc.).
antisoviétique [ɑ̃tisɔvjetik], *a.* Anti-Soviet.
antisportif, -ive [ɑ̃tispɔrtif, -i:v], *a.* Unsportsmanlike.
antisyphilitique [ɑ̃tisifilitik], *Med:* **1.** *a.* Anti-syphilitic (treatment, etc.). **2.** *s.m.* Anti-syphilitic medicine.
antitank [ɑ̃titɑ̃:k], *Mil: a.* Anti-tank.
antitétanique [ɑ̃titetanik], *a. & s.m. Med:* Anti-tetanic (serum).
antithèse [ɑ̃titɛ:z], *s.f.* **1.** *Rh:* Antithesis. **2.** Direct contrary (**de**, to, of).
antithétique [ɑ̃titetik], *a.* Antithetic(al); in strong contrast.
antitoxine [ɑ̃titɔksin], *s.f. Med:* Antitoxin.
antitoxique [ɑ̃titɔksik], *a. & s.m. Med:* Antitoxic.
antituberculeux, -euse [ɑ̃titybɛrkylø, -ø:z], *a. Med:* Anti-tubercular. **Centre a.,** tuberculosis centre.
antivénéneux, -euse [ɑ̃tivenenø, -ø:z]. *Med:* **1.** *a.* Anti-toxic, antidotal. **2.** *s.m.* Antidote.
antivirus [ɑ̃tivirys], *s.m.* Antivirus.
antivol [ɑ̃tivɔl]. **1.** *a.inv.* Theft-proof. **2.** *s.m.* Anti-theft device.
Antoine [ɑ̃twan]. *Pr.n.m.* Ant(h)ony.
antonyme [ɑ̃tɔnim]. *Rh:* **1.** *a.* Antonymous. **2.** *s.m.* Antonym; counter-term.
antre [ɑ̃:tr], *s.m.* (*a*) Cave, cavern. (*b*) Den, lair, retreat (of animal, brigand).
anuité [anɥite], *a.* Benighted (traveller, etc.).
anuiter (s') [sanɥite], *v.pr.* To be overtaken by night (on a journey).
anurèse [anyrɛ:z], *s.f.* **anurie** [anyri], *s.f. Med:* Anuresis.
anus [any:s], *s.m. Anat: Bot:* Anus.
Anvers [ɑ̃vɛ:r, ɑ̃vɛrs]. *Pr.n.m. Geog:* Antwerp.
anxiété [ɑ̃ksjete], *s.f.* Anxiety, concern. **Avec a.,** anxiously.
anxieu|x, -euse [ɑ̃ksjø, -ø:z], *a.* Anxious, uneasy. **A. de l'avenir,** anxious about the future. *adv.* **-sement.**
aoriste [aɔrist], *s.m. Gr.Gram:* Aorist.
aorte [aɔrt], *s.f. Anat:* Aorta.
aortique [aɔrtik], *a. Anat:* Aortic, aortal.
aortite [aɔrtit], *s.f. Med: Path:* Inflammation of the aorta.
août [u], *s.m.* **1.** August. **Au mois d'a.,** in the month of August. **Le premier, le sept, a.,** (on) the first, the seventh, of August. **2.** *A:* **Faire l'a.,** to harvest; to get in the corn.
aoûtat [auta], *s.m. Ent:* Harvest-bug, -tick, harvester.
Apache [apaʃ], *s.m.* **1.** *Ethn:* Apache. **2.** *F:* **Un a.,** a hooligan, a rough (of Paris); *U.S:* a tough.
apais|er [apɛze], *v.tr.* **1. A. qn,** to appease, pacify, calm, soothe, s.o. **A. l'exaltation de qn,** to allay s.o.'s excitement. **Non apaisé,** unappeased. **2.** To allay, alleviate (pain); to allay (hunger); to quench, slake (thirst); to quell (storm, revolt). *a.* **-ant.** *s.m.* **-ement.**
s'apaiser, to become appeased; to calm down; to grow quiet; (of wind) to die down; (of storm) to abate, to subside.
apanage [apana:ʒ], *s.m.* **1.** *Hist:* Ap(p)anage. **2.** Attribute, prerogative (**de**, of).
apanager [apanaʒe], *v.tr.* (**j'apanageai(s); n. apanageons**) *Hist:* To endow (prince, etc.) with an ap(p)anage.
aparté [aparte], *s.m.* **1.** *Th:* Aside; stage-whisper. **En a.,** aside; in a stage-whisper. **2.** Private conversation.
apathie [apati], *s.f.* Apathy; listlessness. **Sortir de son a.,** to rouse oneself.
apathique [apatik], *a.* Apathetic; listless. *adv.* **-ment.**
apatri|de [apatrid], *s.m. & f. Jur:* Stateless person. *s.f.* **-die.**
apepsie [apɛpsi], *s.f. Med:* Indigestion, dyspepsia.
apeptique [apɛptik], *a.* Dyspeptic.
aperceptible [apɛrsɛptibl], *a. Psy:* Perceptible.
aperceptif, -ive [apɛrsɛptif, -i:v], *a. Psy:* Apperceptive.
aperception [apɛrsɛpsjɔ̃], *s.f. Psy:* Apperception.
apercev|oir [apɛrsəvwa:r], *v.tr. pr.p.* **apercevant;** *p.p.* **aperçu;** *pr.ind.* **j'aperçois, n. apercevons, ils aperçoivent;** *pr. sub.* **j'aperçoive, n. apercevions;** *p.d.* **j'apercevais;** *p.h.* **j'aperçus;** *fu.* **j'apercevrai)** To perceive, see; to set eyes upon, to catch sight of (s.o., sth.). **Je n'ai fait que l'a.,** I only caught a glimpse of him. **Cela ne s'aperçoit pas,** it is not noticeable. *a.* **-able.**
s'apercevoir de qch., to perceive, realize, notice, sth.; to become aware, conscious, of sth. **Ne pas s'a. de qch.,** to be, remain, unconscious of sth. **Sans s'en a.,** without being aware of it, without noticing it.
aperçu [apɛrsy], *s.m.* **1.** Glimpse. **A. sur la campagne,** glimpse of the country (through an opening). **2.** Outline, sketch, survey, summary. **Par a.,** on a rough estimate; at a rough guess.
apériodique [aperjɔdik], *a. Mec: El:* Aperiodic, dead-beat (galvanometer, etc.).
apéritif [aperitif], *s.m.* Aperitif, appetizer, drink (before meal).
apesanteur [apəzɑ̃tœ:r], *s.f.* Weightlessness.
à-peu-près [apøprɛ], *s.m.inv.* Approximation; imprecise statement, fact. **Ne vous contentez pas des à-peu-près,** don't accept (a) vague answer(s).
apeuré [apœre], *a.* Scared, frightened.
apex [apɛks], *s.m.* Apex.
aphasie [afazi], *s.f. Med:* Aphasia.
aphasique [afazik], *a. Med:* Aphasic, aphasiac.
aphélie [afeli]. *Astr:* **1.** *s.m.* Aphelion. **2.** *a.* In aphelion.
aphis [afis], *s.m. Ent:* Aphis; plant-louse; green-fly.
aphone [afɔn], *a. Med:* Voiceless.
aphonie [afɔni], *s.f. Med:* Loss of voice; aphonia.
aphorisme [afɔrism], *s.m.* Aphorism.
aphoristique [afɔristik], *a.* Aphoristic.
aphrodisiaque [afrɔdizjak], *a. & s.m. Pharm:* Aphrodisiac.
aphte [aft], *s.m. Med:* Aphtha.
aphteux, -euse [aftø, -ø:z], *a. Med:* Aphthous. *Vet:* **Fièvre aphteuse,** foot-and-mouth disease.
api [api], *s.m. Hort:* **(Pomme d')a.,** lady-apple.
à-pic [apik], *s.m.* Cliff, bluff, steep. *Pl. Des à-pics.*
apicole [apikɔl], *a.* Apiarian. **Exploitation a.,** bee-keeping.
apiculteur [apikyltœ:r], *s.m. Husb:* Bee-keeper; apiculturist, apiarist.
apiculture [apikylty:r], *s.f.* Bee-keeping.
apitoiement [apitwamɑ̃], *s.m.* Commiseration, pity, compassion.
apitoyant [apitwajɑ̃], *a.* Piteous, pitiful (plight, tale).
apitoyer [apitwaje], *v.tr.* (**j'apitoie, n. apitoyons; j'apitoierai**) To move (to pity); to incite to pity.
s'apitoyer sur le sort de qn, to commiserate with s.o.
aplanat [aplana], *s.m. Phot:* Aplanatic lens.
aplan|ir [aplani:r], *v.tr.* **1.** To flatten, smooth (surface); to plane (wood); to planish (metal); to smooth away (difficulties). **2.** To level (road, etc.). *s.m.* **-issement.** *s.m.* **-isseur.**
s'aplanir. 1. (Of road) To grow smoother; (of difficulties) to disappear. **2.** To become level.
aplat [apla], *s.m.* **1.** *Engr: Paint:* Flat tint. **2.** *Dressm:* Appliqué.
aplati [aplati], *a.* **1.** (*a*) Flattened, flat. (*b*) Deflated. **2.** Oblate (spheroid, etc.).
aplat|ir [aplati:r], *v.tr.* **1.** To flatten; to hammer down (rivet head). **A. qch. à coups de marteau,** to beat sth. flat. **2.** *F:* **A. qn,** (i) to lay s.o. out flat; to send s.o. sprawling; (ii) to flatten s.o. (by piece of news, by rebuff). *s.m.* **-issage.** *s.m.* **-issement.**
s'aplatir. 1. To become flat; (of balloon) to collapse; (of tyre) to go flat. **2. S'a. par terre,** (i) to lie down flat on the ground; (ii) *F:* to fall at full length; to come a cropper. **S'a. devant qn,** to grovel before s.o.
aplatisseur [aplatisœ:r], *s.m.* **1.** *Metall:* Flatter. **2.** *Husb:* Grain-crushing mill.
aplatissoir [aplatiswa:r], *s.m. Metall:* **1.** Flatting-hammer. **2.** Flatting-mill.
aplomb [aplɔ̃], *s.m.* **1.** Perpendicularity; uprightness; just poise; balance (of pers., thg). **S'assurer un solide a.,** to take a firm stand on one's feet. **D'a.,** upright; vertical(ly); plumb. **Bien d'a. sur ses pieds,** steady on

one's feet. *F:* **Je ne suis pas d'a. aujourd'hui,** I am out of sorts, I feel shaky, today. **Voilà qui vous remettra d'a.,** that will set you up. **Hors d'a.,** (i) out of plumb, (ii) *F:* wobbly. **2.** (Self-)assurance. **Il a de l'a.,** he's a cool hand. **Perdre son a.,** to lose one's self-possession. **Avoir l'a. de dire, de faire, qch.,** to have the cheek, the impudence, to say, do, sth.; to have the nerve to do sth.

apocalypse [apɔkalips], *s.f.* *B:* **L'A.,** the Book of Revelation; the Apocalypse.

apocalyptique [apɔkaliptik], *a.* Apocalyptic(al).

apocope [apɔkɔp], *s.f.* *Ling:* Apocope; elision.

apocopé [apɔkɔpe], *a.* *Ling:* Cut off, elided.

apocryphe [apɔkrif], *a.* (*a*) Apocryphal. (*b*) *F:* Of doubtful authenticity.

apodose [apɔdo:z], *s.f.* *Gram:* Apodosis; 'then'- clause.

apogée [apɔʒe], *s.m.* (*a*) *Astr:* Apogee. **Être à l'a. de sa gloire,** to be at the height, zenith, acme, of one's glory. (*b*) *Mth:* Peak (of curve).

apolit|isme [apɔlitism], *s.m.* Attitude of one who is outside politics. *a.* **-ique.**

Apollon [apɔllɔ̃]. *Pr.n.m.* *Myth:* Apollo.

apologétique [apɔlɔʒetik]. **1.** *a.* *Theol:* Apologetic(al), vindicatory. **2.** *s.f.* Apologetics.

apologie [apɔlɔʒi], *s.f.* Defence, vindication, (written) justification (**de,** of). **Faire l'a. de qn,** to vindicate, justify, defend, s.o. NOTE. Never = EXCUSE, *q.v.*

apologique [apɔlɔʒik], *a.* = APOLOGÉTIQUE I.

apologiste [apɔlɔʒist], *s.m.* Apologist.

apologue [apɔlɔg], *s.m.* *Lit:* Apologue, fable.

apophtegme [apɔftɛgm], *s.m.* Apophthegm.

apoplectique [apɔplɛktik], *a.* & *s.* *Med:* Apoplectic.

apoplexie [apɔplɛksi], *s.f.* *Med:* Apoplexy. **Attaque d'a.,** apoplectic seizure; *F:* stroke. **Tomber en a.,** to have a stroke (of apoplexy).

apostasie [apɔstazi], *s.f.* Apostasy.

apostasier [apɔstazje], *v.* (*pr.sub.* & *p.d.* **n. apostasiions, v. apostasiiez**) **1.** *v.i.* To become an apostate; to renounce one's party, one's principles. **2.** *v.tr.* To apostatize from (faith).

apostat, -ate [apɔsta, -at], *a.* & *s.* Apostate; *F:* turncoat.

aposter [apɔste], *v.tr.* To station, post, set (spy, agent, etc.).

apostolat [apɔstɔla], *s.m.* Apostolate, apostleship.

apostolique [apɔstɔlik], *a.* Apostolic. *adv.* **-ment.**

apostrophe[1] [apɔstrɔf], *s.f.* *Rh:* Apostrophe. **Adresser une a. à qn,** to apostrophize s.o.

apostrophe[2], *s.f.* *Gram:* Apostrophe.

apostropher [apɔstrɔfe], *v.tr.* To address (s.o.) abruptly.

apothéose [apɔteo:z], *s.f.* **1.** Apotheosis; deification. **2.** *Th:* Grand finale.

apothéoser [apɔteoze], *v.tr.* To apotheosize; to deify.

apothicaire [apɔtikɛ:r], *s.m.* *A:* Apothecary. *F:* **Mémoire, compte, d'a.,** exorbitant bill.

apôtre [apo:tr], *s.m.* Apostle. **Un bon a.,** a sanctimonious rogue.

Appalaches [apalaʃ]. *Pr.n.pl.* *Geog:* The Appalachians, Appalachian Mountains.

appalachien, -ienne [apalaʃjɛ̃, -jɛ:n], *a.* *Geog:* Appalachian.

apparaiss-ant, -e, etc. See APPARAÎTRE.

apparaître [aparɛ:tr], *v.i.* (Conj. like PARAÎTRE. Aux. usu. **être,** occ. **avoir**) **1.** To appear; to become visible; to come into sight. **A. à travers le brouillard,** to loom out of the fog. **Un spectre lui était apparu,** a ghost had appeared to him. **2.** To become evident. **La vérité lui apparut,** the truth became apparent to him.

apparat [apara], *s.m.* **1.** State, pomp, show, display. **Discours d'a.,** set speech. **2. A. critique,** critical apparatus, apparatus criticus.

apparaux [aparo], *s.m.pl.* *Nau:* Tackle, gear.

appareil [aparɛ:j], *s.m.* **1.** (*a*) Display, magnificence, pomp, array. **Mettre en jeu l'a. de la justice,** to put the (machinery of the) law in motion. (*b*) Garb, apparel. **Dans le plus simple a.,** in the nude. **2.** (*a*) Apparatus, outfit. *Ind:* (Whether *sg.* or *pl.*) Plant (*e.g.* for generating power). **A. de pêche,** fishing-tackle. **L'a. digestif,** the digestive system. **A. critique d'un texte,** critical apparatus of a text. (*b*) Device, appliance, apparatus; gear; mechanism. **Appareils à gaz,** gas-fittings, gas appliances. **A. de levage,** lifting appliance. (*c*) Machine, instrument. *Tp:* *F:* **Être à l'a.,** to be on the 'phone. **Qui est à l'a.?** Who's there? Who's speaking? *W.Tel:* **A. à lampes,** valve set. *Av:* **A. à coussin d'air,** hovercraft. *Phot:* **A. (photographique),** *F:* **a. photo,** camera. **A. à pied,** field-camera, stand camera. **3.** *Surg:* Dressing (on wound). **4.** *Const:* (*a*) Height (of stones). (*b*) Bond.

appareillage [aparɛja:ʒ], *s.m.* **1.** (*a*) Installation, fitting up (of wireless station, etc.). (*b*) *Nau:* Getting under way; weighing. (*c*) Fitting (of s.o.) with artificial limbs. **2.** (*a*) Outfit; fittings; equipment. **A. électrique d'une auto,** electrical equipment of a car. (*b*) *Ind:* Plant.

appareiller[1] [aparɛje], *v.tr.* **1.** To install, fit up (workshop, etc.). **2.** *Nau:* (*a*) **A. une voile,** to trim a sail. (*b*) *Abs.* To get under way; to weigh. **A. à la vapeur, à la voile,** to get under steam, under sail. **3.** *Constr:* (*a*) To draft (stones, for shaping). (*b*) To bond (stones, bricks).

appareill|er[2], *v.tr.* = APPARIER. *s.m.* **-age**[2]. *s.m.* **-ement.**

appareilleur [aparɛjœ:r], *s.m.* (*a*) Trimmer, fitter, dresser (of stone, etc.). (*b*) *Const:* (i) House carpenter. (ii) Foreman mason.

apparence [aparɑ̃:s], *s.f.* **1.** (*a*) Appearance; look. **Quelque a. de (la) vérité,** some semblance of truth. **Il y a toute a. qu'il dit vrai,** there is every indication of his speaking the truth. **Selon toute a.,** to all appearances. **Il se manifesta sous l'a. de . . .,** he appeared in the guise, in the shape, of. . .. (*b*) **(Fausse) a.,** false, fallacious, appearance. **S'introduire chez qn sous de fausses apparences,** to force one's way in under false pretences. **En a.,** in semblance; on the surface. **Plus difficile en a. qu'en réalité,** less difficult than it looks. **Il venait en a. pour vendre sa marchandise,** he came ostensibly to sell his wares. **2. Avoir de l'a.,** (i) (of pers.) to have a good presence; (ii) (of thg) to look well. **De belle a.,** of good appearance. **Sauver les apparences,** to keep up appearances, to save face.

appar|ent [aparɑ̃], *a.* **1.** (*a*) Visible, conspicuous, apparent. **Peu a.,** inconspicuous. (*b*) Obvious, evident. **2.** Apparent, not real. **Mouvement a. du soleil,** apparent movement of the sun. *adv.* **-emment.**

apparenté [aparɑ̃te], *a.* Related, akin (**à, avec,** to). **Bien a.,** well connected.

apparentement [aparɑ̃tmɑ̃], *s.m.* Political alliance.

apparenter [aparɑ̃te], *v.tr.* To ally, connect (by marriage). *s.m.* **-age.**

s'apparenter à la noblesse, to marry into the nobility.

appar|ier [apparje], *v.tr.* To match, pair (socks, horses, etc.); to pair off (opponents). *s.m.* **-iement.**

s'apparier, (of birds, etc.) to pair, mate.

appariteur [aparitœ:r], *s.m.* **1.** Apparitor, beadle, mace-bearer (of University court, of corporation). **2.** (Laboratory) attendant.

apparition [aparisjɔ̃], *s.f.* **1.** Appearance, advent; coming out; publication (of book). **Faire son a.,** to make one's appearance; *F:* to appear on the scene. **2.** Apparition, ghost.

appartement [apartəmɑ̃], *s.m.* (*a*) Flat, *U.S:* apartment; suite or set of rooms. **J'ai un a. en ville,** I have a flat in town. (*b*) **Appartements de réception,** public rooms (in house). (*c*) *Fr.C:* Room.

appartenance [apartənɑ̃:s], *s.f.* **1.** Action of belonging; adherence (to a party, etc.). **2.** *Phil:* Logical relationship between an individual, and the class to which he belongs. **3.** *s.f.* *pl.* **Les appartenances,** appurtenances (of castle, etc.).

appartenir [apartəni:r], *v.i.* (Conj. like TENIR) **1.** To belong (**à,** to). **Cette maison lui appartient en propre,** this house is his own, is his personal property. **2.** *v. impers.* **Il lui appartient de . . .,** it is part of his functions to . . .; it rests with him to . . .; it falls to him to. . . . **Il ne m'appartient pas de le critiquer,** it is not for me to criticize him.

s'appartenir. 1. To be one's own master. **Il y des jours où je ne m'appartiens pas,** there are days when my time is not my own. **2. Il ne s'appartenait plus,** he was beside himself, he had lost control of himself.

appas [apɑ̃], *s.m.pl.* **1.** *A: & Lit:* (Physical) charms (of woman). **2.** Lure, attraction (of wealth, etc.).
appât [apɑ], *s.m.* (*a*) Bait. **Mettre l'a. à la ligne,** to bait the line. **Mordre à l'a.,** to take the bait. (*b*) Lure (of success); attraction (of pleasure).
appâter [apɑte], *v.tr.* **1.** To lure (fish, etc.) with a bait. **2.** To feed (poultry) forcibly; to cram (geese). **3.** To bait (a hook).
appauvr|ir [apovriːr], *v.tr.* To impoverish. *s.m.* **-issement.**
s'appauvrir, to grow poor(er). **Pays appauvri d'hommes,** country impoverished in men.
appeau [apo], *s.m.* (*a*) Decoy-bird; stool-pigeon; lure. (*b*) Bird-call. *F:* **Se faire prendre à l'a.,** to be lured into the trap.
appel [apɛl], *s.m.* **1.** Appeal. (*a*) **Faire a. à qn,** to appeal to s.o.; to call upon s.o.'s help, services. **Faire a. à tout son courage,** to summon up all one's courage. **Le moteur part au premier a.,** the engine starts at the first touch of the switch. (*b*) *Jur:* Appeal at law. **Cour d'a.,** Court of Appeal. **Interjeter a.,** to lodge an appeal. **Juger en a. (d'une décision),** to hear an appeal (from a decision). **Jugement sans a.,** final judgment. **2.** Call; (vocal) summons. **On a sonné l'a. au dîner,** the dinner-bell has gone. **Cri d'a.,** call for help. **A. d'incendie,** fire-alarm. *Fin:* **Faire un a. de fonds,** to call up capital. *Mil:* **L'a. aux armes,** the call to arms. *Tp:* **L'a. du téléphone retentit,** the telephone bell rings. **Signal d'a.,** ringing tone. **A. avec préavis,** personal call. **3.** Roll-call, call-over. **Feuille d'a.,** roll, *Nau:* muster-roll. **Faire l'a.,** to call (over) the roll. *Mil:* **L'a. du soir,** tattoo. **Battre, sonner, l'a.,** to beat, sound, the (fall-in) call. **Répondre à l'a.,** to answer the roll-call; to answer (to) one's name.
appelable [aplabl], *a.* *Jur:* Appealable (action).
appelant, -ante [aplɑ̃, -ɑ̃ːt]. (*a*) *a.* Appealing (party, etc.). (*b*) *s.* **A. d'un jugement,** appellant against a judgment.
appeler [aple], *v.tr.* **(j'appelle, n. appelons; j'appellerai) 1.** (*a*) To call, call to (s.o.). **Il a appelé,** he called (out). **A. au secours,** to call for help. (*b*) **A. qn de la main, du geste,** to beckon (to) s.o. (*c*) *Tp:* **A. qn,** to ring s.o. up. **A. à l'automatique,** to dial. **A. un taxi,** to phone for a taxi. **A. l'ascenseur,** to ring for the lift. **2.** (*a*) To call in, send for, summon (s.o.). **Faire a. un médecin,** to call in a doctor. *Mil:* **A. une classe,** to call up a class. *s.m.* **Un appelé,** a serviceman. *pl.* **Les appelés,** servicemen. **A. qn en duel,** to call s.o. out. *Jur:* **A. qn en justice,** to summons s.o.; to sue s.o. (*b*) **Être appelé à qch.,** to be destined for sth. **Industrie appelée à un brillant avenir,** industry marked out for a brilliant future. **3.** To call (by name); to term, name. **Nous l'avons appelé Jean,** we have called him John. **4.** (*a*) To appeal to, call on, invoke (s.o., sth.). **A. la colère du ciel sur qn,** to call down the wrath of heaven upon s.o. **A. qn à faire qch.,** to call on, invite, s.o. to do sth. (*b*) To call for (sth.). **Ce problème appelle une solution immédiate,** the problem calls for an immediate solution. **5.** (*a*) To provoke, arouse. *Prov:* **Un malheur en appelle un autre,** misfortunes never come singly. (*b*) **Corps appelé par une force,** body pulled, attracted, by a force. **6.** *v.i.* (*a*) *Jur:* **A. d'un jugement,** to appeal against a sentence. (*b*) **En a. à qn,** to appeal to s.o. **J'en appelle à votre témoignage,** I call you to witness.
s'appeler, to be called, named, termed. **Comment vous appelez-vous?** what is your name? **Je m'appelle . . .,** my name is. . . . *F:* **Voilà ce qui s'appelle pleuvoir!** That's something like rain!
appellation [apɛllasjɔ̃], *s.f.* Appellation. (*a*) Name. term. **A. injurieuse,** abusive term. (*b*) Nomenclature; trade name. (*c*) *Vit:* **Des bourgognes d'a.,** vintage burgundies. **A. contrôlée,** guaranteed vintage.
appendice [ap(p)ɛ̃dis], *s.m.* **1.** Appendix (of book). **2.** Annex(e), appendage (of building). **3.** *Anat: Bot:* (i) Appendix, (ii) appendage. **A. caudal,** caudal appendage. **L'a. vermiforme,** the vermiform appendix,
appendicectomie [ap(p)ɛ̃disɛktɔmi], *s.f.* *Surg:* Appendicectomy.
appendicite [ap(p)ɛ̃disit], *s.f.* Appendicitis.
appendiculaire [ap(p)ɛ̃dikylɛːr], *a.* *Anat: Bot:* Appendicular.
appentis [apɑ̃ti], *s.m.* *Const:* (*a*) Penthouse. **Toit en a.,** lean-to roof. (*b*) Outhouse.
appesant|ir [apəzɑ̃tiːr], *v.tr.* **1.** To make (sth.) heavy; to weigh (sth.) down. **Yeux appesantis par le sommeil,** eyes heavy with sleep. **2.** To dull (the mind, etc.). *s.m.* **-issement.**
s'appesantir. 1. (Of burden, etc.) To become heavy. **2. S'a. (trop) sur un sujet,** to dwell (too long) on a subject.
appétence [ap(p)etɑ̃ːs], *s.f.* Appetency, craving (**pour, de,** for, of, sth.).
appétissant [apetisɑ̃], *a.* Tempting, appetizing.
appétit [apeti], *s.m.* **1.** Appetite. **Couper l'a. à qn,** to spoil, take away, s.o.'s appetite. **Manger de bon a., avec a.,** to eat heartily, with relish, with zest. **Bon a.!** I hope you will enjoy your dinner! **Avoir bon a.,** to have a hearty appetite. *Prov:* **L'a. vient en mangeant,** (i) when once you start eating you soon find your appetite, (ii) the more a man gets the more he wants. **2.** Desire, lust **(de,** for). **A. du gain,** lust for gold. **Mettre qn en a.,** (i) to whet s.o.'s appetite, (ii) to set s.o. agog.
applaud|ir [aplodiːr]. **1.** *v.tr.* (*a*) To applaud, clap (s.o., sth.). **Se faire a. à tout casser,** to bring the house down. (*b*) To applaud, approve, commend (s.o., sth.). **A. qn d'avoir fait qch.,** to commend s.o. for doing sth. **2.** *v.ind.tr.* **A. à qch.,** to approve sth. *s.m.* **-isseur.**
s'applaudir de qch., d'avoir fait qch., to congratulate oneself on sth., on having done sth.
applaudissement [aplodismɑ̃], *s.m.* *Usu. pl.* **1.** Applause; clapping. **Salve d'applaudissements,** round of applause. **Soulever les applaudissements,** to be greeted with applause. **2.** Approval, commendation, approbation.
applic|able [aplikabl], *a.* **1.** That can be applied. **L'or est a. sur certains métaux,** gold can be applied to certain metals. **2.** Applicable. **Loi a. à un cas,** law applicable to a case. **Mot a.,** appropriate, suitable, word. *s.f.* **-abilité.**
application [aplikasjɔ̃], *s.f.* Application. **1.** (*a*) **A. de qch. à, sur, qch.,** application, superposition, laying, of sth. (up)on sth. **A. d'un bandage à une blessure,** applying of a bandage to a wound. (*b*) **A. de peinture,** coat of paint. (*c*) *Needlew:* **Broderie a.,** appliqué work. **2. A. d'une loi à un cas,** application of a law to a case. *Mil: Navy:* **École d'a.,** school of instruction. **3.** Diligence, steadiness (in work); industriousness.
applique [aplik], *s.f.* **1.** Application (against wall, etc.). **Lampe d'a.,** bracket-lamp. **2.** Applied ornament. *Needlew:* Appliquéd ornament. **3.** (*a*) (Wall-) bracket (for lamps, etc.). (*b*) Sconce, bracket-lamp.
appliqué [aplike], *a.* **1.** Studious, diligent (person). **Écriture appliquée,** painstaking handwriting. **2. Sciences appliquées,** applied sciences.
appliquer [aplike], *v.tr.* To apply. **1. A. qch. sur, à, qch.,** to apply sth. on, to, sth.; to lay sth. on sth. **N'appliquez pas trop le crayon sur le papier,** do not press too hard on the pencil. *F:* **A. une gifle à qn,** to slap, smack, s.o.'s face. **Un coup bien appliqué,** a well planted blow. **2. A. l'algèbre à la géométrie,** to apply algebra to geometry. **S'a. un éloge,** to take praise to oneself. *Abs.* **A. la loi,** to bring, put, the law into operation; to carry out, enforce, administer, the law. **3. A. son esprit à ses études,** to bend, turn, one's mind to one's studies.
s'appliquer. 1. S'a. à qch., to apply oneself to sth.; to work hard at sth. **2.** (Of law, etc.) To apply **(à,** to). **A qui s'applique cette remarque?** to whom does this remark apply?
appog(g)iature [apɔʒjatyːr], *s.f.* *Mus:* Appoggiatura.
appoint [apwɛ̃], *s.m.* **1.** (*a*) *Com:* Balance; odd money. *P.N:* **Le public est tenu de faire l'a.,** no change given. (*b*) *Aut:* **Faire l'a.,** to top up (battery, engine, oil, etc.). **Eau d'a.,** topping-up water (for accumulator, etc.). **2.** Contribution. **Apporter son a. à qch.,** to contribute to sth.
appointements [apwɛ̃tmɑ̃], *s.m.pl.* Salary, emoluments. *Ecc:* Stipend. **Toucher ses a.,** to draw one's salary.
appointer[1] [apwɛ̃te], *v.tr.* **1.** *Jur: A:* To settle (case) amicably. **2.** To put (s.o.) on a salary basis.

appoint|er², *v.tr.* To point, sharpen (pencil, etc.). *s.m.* **-age.**
appontage [apɔ̃ta:ʒ], *s.m.* *Nav: Av:* Landing on flight-deck of aircraft carrier. **Officier d'a.,** landing officer.
appontement [apɔ̃tmɑ̃], *s.m.* **1.** Gang-plank. **2.** (Wooden) wharf; landing-stage.
apponter [apɔ̃te], *v.i.* *Av:* To land (on deck of aircraft carrier).
apport [apɔ:r], *s.m.* **1.** Contribution. *Fin:* **A. de capitaux,** contribution of capital. *Civ.E: Fort:* **Terres d'a.,** earthworks. **2.** (Thing brought) *Com:* Initial share (in undertaking). *Geol:* **Apports d'un cours d'eau,** alluvial deposits; silt.
apport|er [apɔrte], *v.tr.* To bring. **1. A. du charbon, des nouvelles,** to bring coal, news (**à**, to). *F:* **Apporte-toi ici!** come here! **2.** To bring, to bear, to use. **A. du soin, de la précaution, du zèle, à faire qch.,** to exercise care, to use precaution, to show zeal, in doing sth. **3.** To bring in, provide, supply. **A. des capitaux dans une affaire,** to bring capital into a business. *s.* **-eur, -euse.**
apposer [apoze], *v.tr.* To affix, place, put. **A. une affiche sur un mur,** to stick a bill on a wall. **A. sa signature, son sceau, à un acte,** to set one's hand, one's seal, to a deed. S.a. SCELLÉ 2.
appositif, -ive [apozitif, -i:v], *a. & s.m.* *Gram:* Appositive; (word) in apposition.
apposition [apozisjɔ̃], *s.f.* **1.** *Adm:* Affixing (of seal, etc.). **2.** *Gram:* Apposition.
appréciable [apresjabl], *a.* Appreciable.
appréciateur, -trice [apresjatœ:r, -tris]. **1.** *a.* Appreciative. **2.** *s.* Appreciator (**de**, of).
appréciatif, -ive [apresjatif, -i:v], *a.* Denoting the value. **Devis a.,** estimate. **Dresser l'état a. d'un mobilier,** to draw up the valuation of, to value, furniture.
appréciation [apresjasjɔ̃], *s.f.* **2.** Valuation, estimating, estimation, estimate, appraising, appraisement. **Faire l'a. des marchandises,** to value, appraise, goods. **2.** Appreciation (of work of art, etc.). **Une affaire d'a.,** a matter of opinion, of taste. **3.** Rise in value.
apprécier [apresje], *v.tr.* **1.** (*a*) To appraise, to estimate, the value of (sth.); to value (sth.). (*b*) To determine, estimate (temperature, distance, sound). **2.** To appreciate, (virtue, good thing). **Être apprécié,** to be appreciated, held in repute.
appréhender [apreɑ̃de], *v.tr.* **1. A. qn (au corps),** to seize, arrest, s.o. **2.** To dread, apprehend, fear (sth.). **J'appréhende de le revoir,** I dread (the idea of) seeing him again.
appréhensif, -ive [apreɑ̃sif, -i:v], *a.* Apprehensive (**de**, of); fearful, timid.
appréhens|ion [apreɑ̃sjɔ̃], *s.f.* **1.** Understanding. **2.** Dread (**de**, of). *a.* **-ible.**
apprendre [aprɑ̃:dr], *v.tr.* (Conj. like PRENDRE) **1.** (*a*) To learn (lesson, trade). **A. à faire qch.,** to learn (how) to do sth. (*b*) To learn, hear of, come to know of, *F:* get to know of (news, etc.). **J'ai appris que . . .,** I have heard that . . .; it has come to my knowledge that. . . . **2. A. qch. à qn.** (*a*) To teach s.o. sth. **A. à qn à faire qch.,** to teach, show, s.o. how to do sth. *F:* **Ça vous apprendra!** serve you right! (*b*) To inform, apprise, s.o. of sth.; to tell s.o. sth. *F:* **Vous ne m'apprenez rien!** You're telling me!
apprenti, -ie [aprɑ̃ti], *s.* (*a*) Apprentice. (*b*) (In legal and other professions) Articled clerk. (*c*) *F:* Novice, tyro.
apprentissage [aprɑ̃tisa:ʒ], *s.m.* (*a*) Apprenticeship. (*b*) (In liberal professions) Articles. **Mettre qn en a. chez qn,** to apprentice or article s.o. to s.o. **Faire son a. chez qn,** to serve one's apprenticeship with s.o. **Faire l'a. de la vie,** to learn by experience.
apprêt [aprɛ], *s.m.* **1.** *pl.* Preparations (for journey, etc.). **2.** Affectation, affectedness (of speech, etc.). **3.** *Cu:* Dressing, seasoning (of food). **4.** (*a*) (Process of) dressing, finishing (fabrics, etc.). (*b*) Finish, stiffening (of fabrics, etc.).
apprêté [aprɛte], *a.* Affected, stiff (style, manner).
apprêt|er [aprɛte], *v.tr.* **1.** To prepare; to make ready (luggage, meal, etc.). **Vous vous apprêtez bien des ennuis,** you are laying up trouble for yourself. **2.** To dress, finish, stiffen (fabrics, etc.). *s.m.* **-age.** *s.* **-eur, -euse.**
s'apprêter. **1.** To prepare oneself, get ready. **S'a. à la lutte,** to prepare for the struggle. **S'a. à faire qch.,** to prepare to do sth. **2.** (Of storm, trouble) To be brewing.
apprîmes, apprirent, appris, apprit. See APPRENDRE.
appris, -e [apri, -i:z]. **1.** *a.* **Bien a., mal a.,** well-, ill-bred. **2.** *s.* **Un mal a.,** a boor.
apprivoisé [aprivwaze], *a.* Tame.
apprivois|er [aprivwaze], *v.tr.* To tame (animal); to win over (s.o.). *a.* **-able.** *s.m.* **-ement.** *s.* **-eur, -euse.**
s'apprivoiser, to grow, become, tame; (of pers.) to become more sociable.
approbateur, -trice [aprɔbatœ:r, -tris]. **1.** *a.* Approving (gesture, etc.). **2.** *s.* Approver.
approbat|if, -ive [aprɔbatif, -i:v], *a.* Approving (gesture). *adv.* **-ivement.**
approbation [aprɔbasjɔ̃], *s.f.* Approval, approbation; (i) consent, (ii) commendation.
approchable [aprɔʃabl], *a.* Approachable, accessible (place, person).
approchant [aprɔʃɑ̃]. **1.** *a.* (*a*) Approximating, akin, similar (**de**, to). **Voilà ce qu'il a dit, ou qch. d'a.,** that is what he said, or sth. like it. **Offre approchante,** near offer. (*b*) **Calculs très approchants,** closely approximative calculations. **2.** *prep.* *A:* **Il y a a. un an,** (it is) well on to a year ago.
approche [aprɔʃ], *s.f.* **1.** Approach, drawing near. **L'a. de l'hiver,** the oncoming of winter. **A son a.,** as he came up. **A leur a., le groupe se dispersa,** when they drew near the group dispersed. **D'une a. difficile,** difficult of access. **Travaux d'a.,** approach works. *Ven:* **Chasse (au daim) à l'a.,** deer-stalking. S.a. LUNETTE 1. **2.** *pl.* (*a*) **Approches d'un camp, d'une ville,** approaches of a camp, of a town. (*b*) *Mth:* **Approches successives,** successive approximations; continual approach.
approché [aprɔʃe], *a.* Approximate (figure, etc.).
approcher [aprɔʃe]. **1.** *v.tr.* (*a*) **A. qch. de qch.,** to bring, draw, sth. near (to) sth. **Approchez votre chaise,** draw up, draw in, bring up, your chair. (*b*) To approach, come near (s.o., sth.); to come close to (s.o., sth.). **Ne m'approchez pas,** don't come near me. **2.** *v.i.* (*a*) To approach, draw near. **L'heure approche,** the hour draws near. (*b*) **A. de qn,** to approach s.o.; to come, draw, near to s.o. **Nous approchons de Paris,** we are getting near Paris. (*c*) **A. de qch.,** to resemble sth.; to approximate, be akin, to sth.
s'approcher, to come near; to approach. **S'a. de qch.,** to draw, come, near (to) sth. **S'a. de qn, de qch.,** to come up to s.o., sth.
approfondi [aprɔfɔ̃di], *a.* Elaborate, careful (study). **Enquête approfondie,** thorough, searching, enquiry. **Connaissance approfondie du français,** thorough command of French.
approfond|ir [aprɔfɔ̃di:r], *v.tr.* **1.** To deepen, excavate (river-bed, etc.). **2.** To go deeply, thoroughly, into (sth.); to study (sth.) thoroughly. *s.m.* **-issement.**
s'approfondir, to grow deeper; to deepen.
appropriation [aprɔpriasjɔ̃], *s.f.* **1.** Appropriation (of property, etc.). **A. de fonds,** embezzlement. **2. A. de qch. à qch.,** adaptation, suiting, of sth. to sth.
approprié [aprɔprie], *a.* Appropriate, adapted (**à**, to); proper, suitable (answer, etc.).
appropri|er [aprɔprie], *v.tr.* **1. S'a. qch.,** to appropriate sth. (to oneself). **2.** To make appropriate; to arrange (sth.) to fit (sth.). **A. son langage aux circonstances,** to adapt one's language to the circumstances. *a.* **-able.**
s'approprier à qch., to adapt oneself to sth.
approuvé [apruve], *s.m.* Mark or formula of approval (at foot of document); counter-signature.
approuver [apruve], *v.tr.* **1.** (*a*) **A. qch.,** to approve of, be pleased with, sth. **A. de la tête,** to nod approval. **A. que qn fasse qch.,** to approve of s.o.'s doing sth. (*b*) **A. qn d'avoir fait qch.,** to approve s.o. for doing sth. **2.** To consent to, agree to, sanction (expenditure, etc.). **A. un contrat,** to ratify a contract. **"Lu et approuvé,"** 'read and approved.'
approvisionné [aprɔvizjɔne], *a.* Stocked, supplied (**de**, **en**, with). **Bien a.,** well stocked.
approvisionnement [aprɔvizjɔnmɑ̃], *s.m.* **1.** Provisioning, supplying, victualling (of town, army); stocking

(of shop). *Nau:* **A. de charbon,** coaling. **2.** Supply, stock, store.

approvisionn|er [aprɔvizjɔne], *v.tr.* To supply (**de,** with); to furnish with supplies; to provide with stores; to provision. *s.* **-eur, -euse.**

s'approvisionner, to take in, lay in, a supply (**en, de,** of); to lay in stores. **S'a. chez qn,** to get one's supplies from (a dealer).

approximat|if, -ive [aprɔksimatif, -iːv], *a.* Approximate; rough (estimate). *adv.* **-ivement.**

approximation [aprɔksimasjɔ̃], *s.f.* Approximation. *Mth:* **Approximations successives,** continual approach. **Par a.,** approximately; at a rough guess.

appui [apɥi], *s.m.* **1.** (*a*) Prop, stay. **Mettre un a. à un mur,** to shore up a wall. (*b*) Rest. *Arch:* Balustrade. **A. de fenêtre,** (i) window-ledge; (ii) window-rail. **A. d'escalier,** banisters. **2.** Support. (*a*) **Mur d'a.,** supporting wall. **Barre d'a.,** hand-rail. *Nau:* **Lisse d'a.,** breast-rail. **A hauteur d'a.,** breast-high; elbow-high. (*b*) **A. moral,** moral support. **Être sans a.,** to be friendless, unprotected. **Accusation avec preuves à l'a.,** accusation supported by proofs. **Il est venu à l'a. de mon dire,** he supported my statement. S.a. POINT[1] 3. **3. A. de la voix sur une syllabe,** stress on a syllable.

appui(e)-bras [apɥibra], *s.m.* *Aut:* *Rail:* Arm-rest, -loop. *pl. Des appuis-bras, des appuie-bras.*

appui(e)-livres [apɥiliːvr], *s.m.* (i) Book-rest. (ii) Book-ends. *pl. Des appuis-livres, des appuie-livres.*

appui(e)-tête [apɥitɛːt], *s.m.* Head-rest. *pl. Des appuis-tête, des appuie-tête.*

appuyer [apɥije], *v.tr.* (**j'appuie, n. appuyons; j'appuierai**) **1.** To support. (*a*) To prop (up), shore (up) (joist, wall, etc.). (*b*) **A. une pétition,** to support a petition. **2.** (*a*) **A. qch. contre qch.,** to lean sth., rest sth., against sth. **A. la main sur la table,** to rest one's hand on the table. **A. son opinion sur qch.,** to base, rest, ground, one's opinion on sth. **Théorie appuyée sur des faits,** theory supported by facts. (*b*) **A. son doigt sur une plaie,** to press one's finger on a wound. *Mus:* **A. (sur) une note,** to dwell on, sustain, a note. (*c*) *P:* **S'a. un bon dîner,** to stand oneself a good dinner. **3.** *Abs.* **A. sur sa plume,** to press on one's pen. **A. sur le bouton,** (i) to press the button; (ii) to touch the bell. **A. sur une syllabe,** to lay stress on a syllable. **A. à droite,** to bear to the right. *Mil:* **Appuyez à droite, à gauche!** on the right, left, close!

s'appuyer. 1. S'a. sur, contre, à, qch., to lean, rest, on, against, sth. **S'a. sur qn,** (i) to lean on s.o., (ii) to rely, depend, on s.o. **2. S'a. d'une autorité,** to base oneself on an authority.

âpre [ɑːpr], *a.* **1.** Rough, harsh. **Voix â.,** rasping voice. **Goût â.,** tart taste. **2.** Bitter, biting, sharp (frost, rebuke); scathing (irony). **Temps â.,** raw weather. **3.** Keen (competition, etc.). **Homme â. au gain,** grasping man. *adv.* **-ment.**

après [aprɛ]. I. *prep.* **1.** (Order in time, space) (*a*) After. **Il est arrivé a. moi,** he arrived after me. **Jour a. jour,** day after day. **Il buvait verre a. verre,** he drank glass after glass. **A. tout. . .,** after all. . . . S.a. COUP 4. (*b*) **Je viens a. lui,** I come next to him. **2.** (Proximity, = A, CONTRE) **Épingler une carte a. le mur,** to pin a card to, against, on, the wall. **3. Courir a. qn,** to run after s.o. **Il est toujours a. moi,** he is always nagging at me; *F:* he is always on at me. **4.** *Prep.phr.* **D'a.,** according to; after; from. **D'a. ce qu'il a dit,** according to what he said. **Peint d'a. nature,** painted from nature. **Paysage d'a. Turner,** landscape after Turner. **D'a. ce que j'ai entendu dire . . .,** from what I heard. . . . **5. A.** + *inf. perf.* **A. avoir dîné, il sortit,** after dining he went out.

II. **après,** *adv.* **1.** (*a*) Afterwards, later. **Parlez d'abord, je parlerai a.,** you speak first, I shall speak afterwards. **Six semaines a. il mourut,** six weeks later he died. **Le jour (d')a.,** the next day; the day after. *F:* **Eh bien, et puis a.?** well, what about it? **Et a.?** what then? (*b*) *Conj.phr.* **A. que,** after, when. **A. que je fus parti,** after I had gone. **Il parlera a. que j'aurai fini,** he will speak when I have finished. **Il parla a. que j'eus fini, il a parlé a. que j'ai eu fini,** he spoke when I had finished. **2.** *F:* **Tout le monde leur court a.,** everybody runs after them.

après-demain [aprɛdmɛ̃], *adv.* The day after tomorrow.

après-dîner [aprɛdine], *s.m.* Evening (after dinner). **Discours d'a.-d.,** after-dinner speech. *pl. Des après-dîners.*

après-guerre [aprɛgɛːr], *s.m. or f.* After-war period; aftermath of war. *pl. Des après-guerres.*

après-midi [aprɛmidi], *s.m.inv.* Afternoon. **Cet a.-m.,** this afternoon. **Trois heures de l'a.-m.,** three p.m.

après-ski [aprɛski], *s.m.pl.* Snow-boots. **Tenue d'a.-ski,** après-ski outfit.

après-souper [aprɛsupe], *s.m.* Late evening; after supper. *pl. Des après-soupers.*

âpreté [ɑprəte], *s.f.* **1.** Roughness, harshness (of wine, voice, etc.). **2.** Asperity (of tone); sharpness, bitterness (of weather, reproach). **3. A. à faire qch.,** ruthlessness, keenness, in doing sth.

apriorisme [apriɔrism], *s.m.* Apriorism.

aprioriste [apriɔrist], *s.m. & f.* A priori reasoner; apriorist.

à-propos [aprɔpo], *s.m.* **1.** Aptness, suitability (of an expression, etc.). **Le don de l'à-p.,** the knack of saying, doing, the right thing. **Votre observation manque d'à-p.,** your remark is not to the point. **2.** Opportuneness. **Manque d'à-p.,** untimeliness.

apside [apsid], *s.f.* **1.** *Arch:* = ABSIDE. **2.** *Astr:* Apsis.

apte [apt], *a.* **1. A. à faire qch., à qch.,** fit, fitted, suited, qualified, to do sth., for sth. **Élève a.,** apt, gifted, pupil. **Peu a.,** poorly gifted. *Jur:* **A. à tester,** qualified to make a will. *Mil:* **A. au service,** fit for military service. **2.** Apt, suitable (example, etc.). **Peu a.,** unsuitable, irrelevant.

aptère [aptɛːr]. *Ent:* **1.** *a.* Apterous, wingless. **2.** *s.m.pl.* **Aptères,** aptera.

aptéryx [apteriks], *s.m.* *Orn:* Kiwi.

aptitude [aptityd], *s.f.* Aptitude, natural disposition, fitness (**à, pour,** for). **Il a des aptitudes,** he is naturally gifted. **A. à faire qch.,** capacity for doing sth.

apurement [apyrmɑ̃], *s.m.* **1.** Auditing, checking (of accounts, etc.). **2. Faire l'a. d'un compte,** to discharge a liability.

apurer [apyre], *v.tr.* **1.** To audit, check, pass (accounts, etc.). **2.** To discharge (liability).

aquafortiste [akwafɔrtist], *s.m. & f.* Etcher.

aquaplane [akwaplan], *s.m.* *Sp:* Surf-board; aquaplane.

aquarelle [akwarɛl], *s.f.* Aquarelle; water-colour. **Peindre à l'a.,** to paint in water-colours.

aquarelliste [akwarɛlist], *s.m. & f.* Painter in water-colours.

aquarium [akwarjɔm], *s.m.* Aquarium.

aquatique [akwatik], *a.* Aquatic (bird, sport).

aqueduc [ak(ə)dyk], *s.m.* (*a*) Aqueduct. (*b*) Culvert, conduit.

aqueux, -euse [akø, -øːz], *a.* Aqueous, watery.

aquilin [akilɛ̃], *a.* Aquiline (profile, etc.). **Nez a.,** Roman nose.

aquilon [akilɔ̃], *s.m.* *Lit:* North wind; cutting blast.

ara [ara], *s.m.* *Orn:* Macaw.

arabe [arab]. **1.** *a. & s.* (*a*) Arab (person, horse). (*b*) *a.* Arabian (customs, etc.). **2.** (*a*) *a.* Arabic (language, numerals). (*b*) *s.m.* Arabic.

arabesque [arabɛsk]. **1.** *a.* Arabesque, Arabian (ornament, architecture, etc.). **2.** *s.f.* Arabesque.

Arabie [arabi]. *Pr.n.f.* *Geog:* Arabia. **L'A. séoudite,** Saudi Arabia.

arabique [arabik], *a.* **Le golfe A.,** the Arabian gulf. **Gomme a.,** gum-arabic.

arabisant [arabizɑ̃], *s.m.* Arabic scholar; arabist.

arable [arabl], *a.* Arable, tillable (land).

arachide [araʃid], *s.f.* *Bot:* Pea-nut, earth-nut, ground-nut. *Com:* **Huile d'a.,** peanut oil. *Fr.C:* **Beurre d'a.,** peanut butter.

arachnides [araknid], *s.m.pl.* *Z:* Arachnida.

arack [arak], *s.m.* *Dist:* Arrack.

araignée [arɛɲe], *s.f.* **1.** (*a*) Spider. **Toile d'a.,** cobweb; spider's web. *F:* **Avoir une a. au plafond,** to have a bee in one's bonnet; to have a screw loose. S.a. FIL, PATTE 1. (*b*) **A. de mer,** spider-crab. **2.** (Spider-like object, instrument) (*a*) Grapnel, drag. (*b*) *Mec.E:* Oil-tracks (of bearings). (*c*) *Veh:* Buggy.

araméen -éenne [arameɛ̃, -ɛn], *a. & s.* **1.** *B.Hist:* Aramaean. **2.** *a.* *Ling:* Aramaic.

aratoire [aratwaːr], *a.* Agricultural.

arbalète [arbalɛt], *s.f.* Cross-bow.

arbalétrier [arbaletrie], *s.m.* **1.** *A:* Cross-bowman. **2.** *Const:* Principal rafter (of roof, etc.).
arbitrage [arbitra:ʒ], *s.m.* Arbitration. **L'a. de la guerre,** the arbitrament of war.
arbitraire [arbitrɛ:r], *a.* **1.** Arbitrary (choice, etc.); discretionary (punishment). *s.m.* **Laisser qch. à l'a. de qn,** to leave sth. to s.o.'s discretion. **2.** Arbitrary, despotic, overbearing; high-handed (government, action). **3.** *s.m.* Arbitrariness, high-handedness. *adv.* **-ment.**
arbitral, -aux [arbitral, -o], *a.* **Tribunal a.,** court of arbitration. *adv.* **-ement.**
arbitre[1] [arbi:tr], *s.m.* (*a*) *Jur:* Arbitrator, referee. (*b*) *Games:* Referee, umpire. **A. de lignes,** *Fb:* **a. de touche,** linesman; (in Rugby) touch-judge. (*c*) Arbiter (of s.o.'s lot, of fashion).
arbitre[2], *s.m. Phil:* **Libre a.,** free will.
arbitrer [arbitre], *v.tr.* **1.** *Jur:* To arbitrate. **2.** *Games:* To referee (at), umpire (at) (match).
arborer [arbɔre], *v.tr.* To raise, set up; to hoist (flag); to step (mast). **A. l'étendard de la révolte,** to raise the standard of revolt. **A. une cravate rouge,** to sport a red tie.
arborescence [arbɔrɛssɑ̃:s], *s.f. Bot:* Arborescence.
arboricole [arbɔrikɔl]. **1.** *a.* (*a*) *Z:* Tree-dwelling (animal). (*b*) *Bot:* (Lichen, etc.) growing upon trees. **2.** *s.m. Z:* Tree-dweller.
arboriculteur [arbɔrikyltœ:r], *s.m.* Arboriculturist; nurseryman.
arboriculture [arbɔrikylty:r], *s.f.* Arboriculture. **A. fruitière,** orcharding.
arbouse [arbu:z], *s.f. Bot:* Arbutus berry.
arbousier [arbuzje], *s.m. Bot:* Arbutus, cane-apple.
arbre [arbr], *s.m.* **1.** (*a*) Tree. **A. fruitier,** fruit-tree. **A. vert,** evergreen (tree). *Prov:* **L'a. ne tombe pas du premier coup,** Rome was not built in a day. **Au fruit on connaît l'a.,** the tree is known by its fruit. *Gym:* **Faire l'a. fourchu, droit,** to do a handstand. (*b*) **A. généalogique,** genealogical tree. (*c*) **A. de Noël,** Christmas-tree. **2.** *Mec.E:* Shaft, spindle, axle. *Clockm: etc:* Arbor. **A. fou,** loose shaft. **A. coudé, a. manivelle,** crank-shaft. **A. moteur,** driving shaft. **A. de renvoi,** counter-shaft, lay-shaft.
arbrisseau [arbriso], *s.m.* Shrubby tree.
arbuste [arbyst], *s.m.* Bush; arborescent shrub.
arc [ark], *s.m.* **1.** Bow. **Tirer de l'a.,** to shoot with a bow. **Tir à l'a.,** archery. **Avoir plus d'une corde à son a.,** to have more than one string to one's bow. **Bander, tendre, l'a.,** to bend, string, the bow. **2.** Arch. (*a*) *Arch:* **A. plein cintre, a. roman,** semi-circular arch. **A. en ogive,** ogival arch. **Poutre en a.,** arched girder. (*b*) **A. de triomphe,** triumphal arch. **3.** (*a*) *Geom:* Arc (of a circle). (*b*) *El:* **A. voltaïque,** electric arc. **Lampe à a.,** arc-lamp.
arcade [arkad], *s.f.* **1.** (*a*) Archway. (*b*) *pl.* **Arcades,** arcade. **2.** Arch (of saddle, etc.).
arcature [arkaty:r], *s.f. Arch:* Arcature; blind arch.
arc-boutant [arkbutɑ̃], *s.m.* **1.** Flying buttress. *Civ.E:* Abutment pier. **2.** Strut, stay, spur. **Arcs-boutants d'un parapluie,** stretchers of an umbrella. *pl. Des arcs-boutants.*
arc-bout|er [ar(k)bute], *v.tr.* To buttress, shore up (wall, etc.). *s.m.* **-ement.**
s'arc-bouter contre un mur, to set one's back against a wall (in order to resist a shock, etc.).
arc-doubleau [arkdublo], *s.m. Arch:* Transverse rib. *pl. Des arcs-doubleaux.*
arceau [arso], *s.m.* **1.** Arch (of vault). **2.** Ring bow (of padlock); (croquet) hoop.
arc-en-ciel [arkɑ̃sjɛl], *s.m.* Rainbow. *pl. Des arcs-en ciel* [arkɑ̃sjɛl].
archaïque [arkaik], *a.* Archaic.
archaïsant [arkaizɑ̃]. **1.** *a.* Archaistic. **2.** *s.* Archaist.
archaïsme [arkaism], *s.m.* Archaism.
archal [arʃal], *s.m.* Used only in. **Fil d'a.,** brass wire.
archange [arkɑ̃:ʒ], *s.m.* Archangel.
archangélique [arkɑ̃ʒelik], *a.* Archangelic(al).
arche[1] [arʃ], *s.f.* **L'a. de Noé,** Noah's Ark. **L'a. d'alliance,** the Ark of the Covenant.
arche[2], *s.f.* Arch (of bridge, etc.); (croquet) hoop.
archéo|logie [arkeɔlɔʒi], *s.f.* Archaeology. *a.* **-logique,** -logical. *s.m.* **-logue,** -logist.
archer [arʃe], *s.m.* Archer, bowman.
archet [arʃɛ], *s.m.* Bow. **A. de violon,** violin bow, *F:* fiddlestick. *Tls:* **A. de foret,** drill-bow. **Scie à a.,** bow-saw.
archétype [arketip]. **1.** *a.* Archetypal. **2.** *s.m.* Archetype, prototype.
archevêché [arʃəvɛʃe], *s.m.* **1.** Archbishopric, archdiocese; archsee. **2.** Archbishop's palace.
archevêque [arʃəvɛ:k], *s.m.* Archbishop.
archi- [arʃi], *pref.* (Intensive) **Archifou,** stark mad. **Architraître,** arch-traitor. **La salle était pleine et archipleine,** the house was packed and more than packed. **Archibondé,** packed tight, cramful. **Archicomble,** packed to the roof.
archidiaconat [arʃidjakɔna], *s.m. Ecc:* Archdeaconship.
archidiaconé [arʃidjakɔne], *s.m. Ecc:* Archdeaconry.
archidiacre [arʃidjakr], *s.m. Ecc:* Archdeacon.
archidiocèse [arʃidjɔsɛ:z], *s.m.* Archbishopric.
archiduc [arʃidyk], *s.m.* Archduke.
archiducal, -aux [arʃidykal, -o], *a.* Archducal.
archiduché [arʃidyʃe], *s.m.* Archduchy.
archiduchesse [arʃidyʃes], *s.f.* Archduchess.
archiépiscopal, -aux [arʃiepiskɔpal, -o], *a.* Archiepiscopal.
archiépiscopat [arʃiepiskɔpa], *s.m.* **1.** Archiepiscopacy. **2.** Archiepiscopate.
Archimède [arʃimɛd]. *Pr.n.m. Gr.Hist:* Archimedes. **Vis d'A.,** Archimedean screw.
archimillionnaire [arʃimiljɔnɛ:r], *a.* & *s.* Multimillionaire.
archipel [arʃipɛl], *s.m. Geog:* Archipelago.
archiprêtre [arʃiprɛ:tr], *s.m. Ecc:* Archpriest.
architecte [arʃitɛkt], *s.m.* Architect. **A. paysagiste,** landscape gardener. **A. urbaniste,** town-planner.
architectural, -aux [arʃitɛktyral, -o], *a.* Architectural.
architecture [arʃitɛkty:r], *s.f.* Architecture.
architrave [arʃitra:v], *s.f. Arch:* Architrave.
archives [arʃi:v], *s.f.pl.* Archives. **1.** Records. **2. Les Archives** = the Record Office.
archiviste [arʃivist], *s.m.* & *f.* **1.** (*a*) Archivist; keeper of public records. (*b*) Palaeographer. **2.** *Com: etc:* Filing clerk.
arçon [arsɔ̃], *s.m.* **1.** *Harn:* Saddle-bow. **A. de devant,** pommel. **A. de derrière,** cantle. **Vider les arçons,** to be unhorsed, thrown; to take a toss. **2.** *Tls:* **Foret à a.,** fiddle-drill, bow-drill.
arctique [arktik], *a. Geog:* Arctic.
ard|ent [ardɑ̃], *a.* **1.** Burning, hot, scorching; blazing (fire, etc.). **Charbons ardents,** live coals. **Fournaise ardente,** fiery furnace. **Rouge a.,** fiery red. **2.** Ardent, passionate, eager. **Cheval a.,** fiery, high-mettled, horse. **A. sportif,** keen sportsman. **A. à la poursuite,** eager in pursuit. *adv.* **-emment.**
ardeur [ardœ:r], *s.f.* **1.** Heat (of sun, fire). **2.** Eagerness, ardour. **Faire qch. avec a.,** to do sth. fervently, earnestly, with zeal. **A. à faire qch.,** eagerness to do sth.; keenness on doing sth.
ardoise [ardwa:z], *s.f.* Slate. **(Couleur) gris a.,** slate-grey (colour). **Couvrir un toit en a.,** to slate a roof. **A. à écrire,** writing slate. **Crayon d'a.,** slate-pencil. *F:* **Inscrire les consommations à l'a.,** to chalk up the drinks. *V:* **Aller prendre une a. à l'eau,** *F:* to see a man about a dog, to have a look at the plumbing, to shed a tear for Nelson.
ardoisé [ardwaze], *a.* Slate-colour(ed), bluish-grey.
ardoiser [ardwaze], *v.tr.* To slate (roof).
ardoiserie [ardwazri], *s.f.* Slate industry.
ardoiseux, -euse [ardwazø, -ø:z], *a.* Slaty.
ardoisier [ardwazje], *s.m.* **1.** Slate-quarry owner. **2.** Slate-quarry worker.
ardoisière [ardwazjɛ:r], *s.f.* Slate-quarry.
ardu [ardy], *a.* **1.** Steep, abrupt, difficult (path, etc.). **2.** Arduous, difficult, hard (task, etc.).
arduité [ardyite], *s.f.* Arduousness, difficulty.
are [a:r], *s.m. Meas:* (Land-measurement unit of) 100 square metres.
aréage [area:ʒ], *s.m.* Land-surveying.
arec [arɛk], *s.m.* Areca palm-tree. **Noix d'a.,** areca-nut, betel-nut.
aréna [arɛna], *s.f. Fr.C:* Arena, skating-rink.
arénacé [arɛnase], *a. Geol:* Arenaceous, sandy.
arène [arɛn], *s.f.* **1.** *Lit:* Sand. **2.** Arena. **A. (pour les courses de taureaux),** bull ring. *F:* **Descendre dans l'a.,** to enter the lists, the fray. *Arch:* **Les arènes d'Arles,** the amphitheatre of Arles.

aréole [areɔl], *s.f.* **1.** *Anat: etc:* Areola. **2.** Halo, nimbus, ring (round the moon).
aréomètre [areɔmɛtr], *s.m.* *Ph: etc:* Hydrometer, areometer.
aréquier [arekje], *s.m.* *Bot:* = AREC.
arête [arɛt], *s.f.* **1.** (*a*) (Fish-)bone. **Grande a.,** backbone (of fish). *Arch:* **A. de poisson,** herring-bone (pattern). (*b*) Rib (of sword-blade). **2.** Line; solid angle of intersection (of two surfaces); edge, arris (of beam, etc.); bead, chamfer, nosing (of moulding). **A. vive,** sharp edge. *Geog:* Arête, (serrated) ridge. **A. du nez,** bridge of the nose. **A. d'un comble,** hip of a roof. *Arch:* **A. de voûte,** groin, (groin-)rib, of an arch. *Aer:* **A. dorsale,** turtle-back.
argent [arʒɑ̃], *s.m.* **1.** Silver. **A. orfévré, vaisselle d'a.,** (silver-)plate. *Geog:* **Côte d'Argent,** the Gascony coast. **2.** Money, cash. **A. liquide,** ready money, cash (in hand). **Gagner de l'a.,** to make money. **Faire a. de tout,** to turn everything into cash. *F:* **Avoir un a. fou,** to have tons of money. **Être tout cousu d'a.,** to be rolling in wealth. **Jeter son a. par la fenêtre,** to squander one's money. **L'a. lui fond entre les mains,** he spends money like water. **En avoir pour son a.,** to have one's money's worth. **Avoir toujours de l'a. à la main,** to be always paying out. *Prov:* **Point d'a. point de Suisse,** nothing for nothing. S.a. COMPTANT 1. **3.** *Her:* Argent.
argentan [arʒɑ̃tɑ̃], *s.m.* *Com:* German silver, nickel silver, argentan.
argenté [arʒɑ̃te], *a.* **1.** Silver(ed), silvery. **2.** Silver-plated. **3.** *F:* **Se trouver bien a.,** to be very flush (of money).
argent|er [arʒɑ̃te], *v.tr.* To silver. *F:* **La lune argentait les flots,** the moon cast a silver shimmer on the waves. *s.f.* **-ure.**
argenterie [arʒɑ̃tri], *s.f.* (Silver-)plate.
argenteur [arʒɑ̃tœːr]. **1.** *a.m.* Silvering (salt). **2.** *s.m.* Silverer, silver-plater.
argentifère [arʒɑ̃tifɛːr], *a.* *Miner:* Silver-bearing.
argentin[1], **-ine** [arʒɑ̃tɛ̃, -in], *a.* Silvery (waves); silver-toned (voice); tinkling (bell).
argentin[2], **-ine,** *a. & s.* *Geog:* Argentine, of Argentina. **La République Argentine,** the Argentine Republic.
argile [arʒil], *s.f.* (*a*) Clay. (*b*) **A. cuite,** terra-cotta, earthenware.
argileux, -euse [arʒilø, -øːz], *a.* *Geol:* Argillaceous, clayey.
argilière [arʒiljɛːr], *s.f.* Clay-pit.
argilifère [arʒilifɛːr], *a.* Clay-bearing (soil, etc.).
argon [argɔ̃], *s.m.* *Ch:* Argon.
argonaute [argɔnoːt], *s.m.* **1.** *Myth:* Argonaut. **2.** *Moll:* Argonaut; paper nautilus.
argot [argo], *s.m.* Slang. **A. de voleurs,** thieves' cant.
argotique [argɔtik], *a.* Slangy (language).
argousin [arguzɛ̃], *s.m.* *A:* **1.** Warder (in prison). **2.** *P:* *Pej:* Policeman.
argu|er [argɥe], *v.* **(j'arguë** [ʒargy]; **n. arguïons** [nuzargyjɔ̃]) **1.** *v.tr.* To infer, assert, deduce. **A. qch. d'un fait,** to infer, deduce, sth. from a fact. **2.** *v.i.* To argue. **A. sur tout,** to argue about everything. **Il argua de ma jeunesse pour m'exclure,** he made my youthfulness a reason for excluding me. *s.m.* **-eur.**
argument [argymɑ̃], *s.m.* **1.** Argument. **Par manière d'a.,** for argument's sake. **2.** Outline, summary (of book, etc.); synopsis (of contents). **3.** *Mth: etc:* (*a*) Argument; variable. (*b*) Heading (of tables).
argument|er [argymɑ̃te]. **1.** *v.i.* (*a*) To argue **(contre,** against). (*b*) *F:* To argufy. **2.** *v.tr.* *A:* **A. qn,** to remonstrate, with s.o. *s.* **-ateur, -atrice.** *s.f.* **-ation.**
Argus [argyːs]. *Pr.n.m.* *Myth:* Argus. **Aux yeux d'A.,** Argus-eyed. *F:* **A. de la police,** police spy. **A. de la Presse,** press-cutting agency.
argutie [argysi], *s.f.* Quibble; cavil(ling).
argyrol [arʒirɔl], *s.m.* *Pharm:* Argyrol.
aria[1] [arja], *s.m.* *F:* Fuss, bother. **Ne faites pas tant d'arias,** don't make so many bones about it.
aria[2], *s.f.* *Mus:* Aria.
arid|e [arid], *a.* Arid, dry, barren (country, subject, etc.). *s.f.* **-ité.**
ariette [arjɛt], *s.f.* *Mus:* Arietta.
Arioste (l') [larjɔst]. *Pr.n.m.* Ariosto.
aristo [aristo], *s.m.* *A: P:* Toff, swell.
aristocrate [aristɔkrat], *s.m. & f.* Aristocrat.
aristocratie [aristɔkrasi], *s.f.* Aristocracy.
aristocratique [aristɔkratik], *a.* Aristocratic. *adv.* **-ment, -ally.**
aristoloche [aristɔlɔʃ], *s.f.* *Bot:* Aristolochia, birthwort.
Aristophane [aristɔfan]. *Pr.n.m.* *Gr.Lit:* Aristophanes.
Aristote [aristɔt]. *Pr.n.m.* *Gr.Phil:* Aristotle.
aristotélicien, -ienne [aristɔtelisjɛ̃, -jɛn], *a. & s.* Aristotelian.
arithméticien, -ienne [aritmetisjɛ̃, -jɛn], *s.* Arithmetician.
arithmétique [aritmetik]. **1.** *a.* Arithmetical. **2.** *s.f.* Arithmetic. *adv.* **-ment.**
arlequin [arləkɛ̃], *s.m.* **1.** *Th:* Harlequin. **Manteau d'a.,** proscenium arch. **2.** Made-up dish (from scraps).
arlequinade [arləkinad], *s.f.* (*a*) *Th:* Harlequinade. (*b*) (Piece of) buffoonery.
arlésien, -ienne [arlezjɛ̃, -jɛn], *a. & s.* *Geog:* Arlesian; of Arles.
armadille [armadiːj], *s.m. or f.* *Crust:* Armadillo wood-louse.
Armagnac [armaɲak]. **1.** *s.m.* *Geog:* Pre-revolutionary province of Armagnac. **2.** Armagnac brandy.
armateur [armatœːr], *s.m.* *Nau:* (*a*) Fitter-out (of ship, expedition). (*b*) (Ship-)owner.
armature [armatyːr], *s.f.* **1.** Framework, brace, armature (of window, etc.); reinforcement (of concrete work); truss (of girder, etc.). **A. d'une raquette,** frame of a (tennis) racquet. **2.** Armouring (of electric cable). **3.** *El:* (*a*) Armature (of magnet, magneto). (*b*) Plate (of condenser). **4.** *Mus:* Key-signature.
arme [arm], *s.f.* **1.** Arm, weapon. **Armes à feu,** fire-arms. **Armes portatives,** small arms. **Armes blanches,** side arms. **Faire des armes,** to fence, go in for fencing. **Salle d'armes,** (i) armoury, (ii) fencing-school. **Maître d'armes,** fencing-master. **Hommes sous les armes,** men under arms. **Appeler la réserve sous les armes,** to call up the reserve. **Prendre les armes,** to take up arms. **Mettre bas les armes,** to lay down arms. **Aux armes!** to arms! **Faire ses premières armes sous qn,** to go through one's first campaign under s.o. **Suspension d'armes,** cessation of hostilities. **Le métier des armes,** soldiering. *Mil:* **Place d'armes,** parade-ground. **Prise d'armes,** (special) parade under arms. **Passer qn. par les armes,** to (court-martial and) shoot s.o. *Mil:* **Portez armes!** shoulder arms! S.a. PORT[2] 1, RENDRE 4. **2.** Arm (as a branch of the army). **Douze mille hommes de toutes armes,** twelve thousand men of all arms. **3.** *pl.* *Her:* Arms. **Peint aux armes de la ville,** emblazoned with the arms of the town.
armée [arme], *s.f.* (*a*) Army. **A. permanente,** standing, regular, army. **A. de terre,** land forces. **A. de l'air,** Air Force. **A. navale,** naval forces. S.a. MÉTIER 1 (*b*) **L'Éternel des armées,** the Lord of Hosts. **L'A. du Salut,** the Salvation Army.
armement [arməmɑ̃], *s.m.* **1.** (*a*) Arming; war preparations. (*b*) *pl.* Armaments. **Course aux armements,** arms race. **2.** Fortifying, strengthening; bracing (of girder); sheathing (of cable). **3.** *Nau:* (*a*) (i) Commissioning, fitting out; (ii) equipment, gear, stores. **Mettre un navire en a.,** to put a ship in commission. **Port d'a.,** port of registry. (*b*) (i) Manning, (ii) crew (of boat, gun). **4.** (*a*) Loading (of gun); arming (of fuse). (*b*) Setting (of camera-shutter, etc.); cocking (of loaded fire-arm). **5.** Fittings, mounting gear.
Arménie [armeni]. *Pr.n.f.* *Geog:* Armenia.
arménien, -ienne [armenjɛ̃, -jɛn], *a. & s.* Armenian.
armer [arme]. I. *v.tr.* **1.** To arm **(de,** with). **Armé de pleins pouvoirs,** armed with full powers. **2.** (*a*) *A:* **A. qn chevalier,** to dub s.o. a knight. (*b*) To fortify, strengthen, brace. **Poutre armée,** trussed beam. **Béton armé,** reinforced concrete. **A. un câble,** to sheathe, armour, a cable. **3.** *Nau:* (*a*) To equip, fit out, commission (ship). (*b*) To man (boat, prize, winch). (*c*) **A. les avirons,** to ship the oars. **4.** (*a*) **A. un canon,** to load a gun. (*b*) To set (an apparatus, *e.g.* camera-shutter); to cock (fire-arm). **5.** *Mus:* **A. la clef,** to put the key-signature (to a piece of music).

II. armer, *v.i.* 1. *Mil:* To arm, prepare for war. 2. *Nau:* **Le navire arme à Brest,** the ship is being commissioned at Brest.

s'armer. 1. **S'a. d'un revolver, etc.,** to arm oneself with a revolver, etc. 2. **S'a. de patience,** to take patience. **S'a. de tout son courage,** to summon up all one's courage.

armistice [armistis], *s.m.* Armistice. **Anniversaire de l'A.,** Armistice Day.

armoire [armwa:r], *s.f.* 1. (*a*) Clothes-press. (*b*) Wardrobe. **A. à glace,** mirror-wardrobe. 2. Cupboard. **A. de cuisine,** kitchen cupboard.

armoiries [armwari], *s.f.pl.* *Her:* (Coat of) arms; armorial bearings.

armoise [armwa:z], *s.f.* *Bot:* Artemisia.

armorial, -aux [armɔrjal, -o]. 1. *a.* Armorial, pertaining to heraldry. 2. *s.m.* Armorial, book of heraldry.

armoricain, -aine [armɔrikɛ̃, -ɛn], *a. & s.* Armorican. *Lit:* **Le Cycle a.,** the Breton cycle.

armorier [armɔrje], *v.tr.* To (em)blazon; to adorn (sth.) with heraldic bearings.

Armorique [armɔrik]. *Pr.n.f.* *A.Geog:* Armorica.

armoriste [armɔrist], *s.m.* Armorist, emblazoner; heraldic designer or engraver.

armure [army:r], *s.f.* (*a*) Armour. **A. complète,** suit of armour. (*b*) **A. d'un navire de guerre,** armour (-plating) of a warship.

armurerie [armyr(ə)ri], *s.f.* 1. Manufacture of arms. 2. Arms factory. 3. (*a*) Gunsmith's shop. (*b*) (In barracks) Armoury.

armurier [armyrje], *s.m.* 1. Gunsmith. 2. *Mil:* *Navy:* Armourer.

arnica [arnika], *s.f.* *Bot:* *Pharm:* Arnica.

aromate [arɔmat], *s.m.* Aromatic; spice.

aromatique [arɔmatik], *a.* Aromatic. *adv.* **-ment.**

aromatisation [arɔmatizasjɔ̃], *s.f.* *Ch:* Aromatization.

aromatiser [arɔmatize], *v.tr.* To aromatize. *Cu:* To flavour.

arôme [aro:m], *s.m.* 1. Aroma. 2. *Cu:* Flavouring.

aronde [arɔ̃:d], *s.f.* 1. *Orn:* *A:* Swallow. 2. *Carp:* **Queue d'a.,** dovetail.

arpège [arpɛ:ʒ], *s.m.* Arpeggio; spread chord.

arpéger [arpeʒe], *v.tr.* (**j'arpège, n. arpégeons; j'arpégeai(s); j'arpégerai**) *Mus:* To play arpeggios.

arpent [arpɑ̃], *s.m.* (Old French measure, roughly =) Acre. *F:* **Il est fier de ses arpents,** he is proud of his broad acres.

arpent|er [arpɑ̃te], *v.tr.* 1. To survey, measure (land). 2. *F:* **A. le terrain,** to walk, stride along. *s.m.* **-age.**

arpenteur [arpɑ̃tœ:r], *s.m.* (Land-)surveyor. S.a. CHAÎNE 1. *F:* **Un grand a. de terrain,** a great walker.

arpète [arpɛt], *s.f.* *P:* Milliner's apprentice; errand-girl.

arqué [arke], *a.* Arched, curved; cambered (beam, etc.); high-bridged (nose).

arquebuse [arkəby:z], *s.f.* *A:* (H)arquebus.

arquer [arke]. 1. *v.tr.* To bend, arch, curve, (wood, iron, etc.); to camber (surface). **A. le dos,** to bend, hump, the back. 2. *v.i.* To bend; to sag; to buckle.

s'arquer, (of the legs, back, etc.) to bend; to become bent.

arrache-clou [araʃklu], *s.m.* *Tls:* Nail-drawer. *pl.* *Des arrache-clous.*

arrache-pied (d') [daraʃpje], *adv.phr.* Without interruption. **Travailler d'a.-p.,** to work steadily.

arrach|er [araʃe], *v.tr.* To tear (out, up, away); to pull (up, out, away); to draw (nail). **A. un arbre,** to root up, uproot, a tree. **A. qch. de qch.,** to pull sth. off, from, out of, sth. **A. qch. à qn, des mains de qn,** to snatch sth. from s.o., out of s.o.'s hands. **A. le papier d'un mur,** to strip a wall. **A. une dent à qn,** to pull (out), extract, draw, s.o.'s tooth. **Se faire a. une dent,** to have a tooth out. **S'a. les cheveux,** to tear one's hair. **A. qn à la mort,** to snatch, rescue, s.o. from the jaws of death. **S'a. de ses livres,** to tear oneself away from one's books. *Weight-lifting:* **A. un poids,** to snatch a weight. *F:* **Cela lui arrache le cœur de . . .,** it breaks his heart to. . . . *F:* **On se l'arrache,** he, she, is in great request. *s.m.* **-age.** *s.m.* **-ement.**

arrache-racine(s) [araʃrasin], *s.m. inv.* *Tls:* *Hort:* Spud.

arracheur, -euse [araʃœ:r, -ø:z], *s.* 1. Puller. *F:* **A. de dents,** tooth-drawer. **Il ment, il est menteur, comme un a. de dents,** he is an arrant liar. 2. *s.f.* *Agr:* **Arracheuse,** grubber, potato-lifter.

arraisonn|er [arɛzɔne], *v.tr.* *Nau:* **A. un navire,** (i) to hail, speak, a vessel (as to her destination, etc.); (ii) to stop and examine a ship. *s.m.* **-ement.**

arraisonneur [arɛzɔnœ:r], *a.* Hailing. **Le navire a.,** the hailing, boarding, ship.

arrangeant [arɑ̃ʒɑ̃], *a.* Accommodating, obliging.

arrangement [arɑ̃ʒmɑ̃], *s.m.* Arrangement. (*a*) **A. des mots dans une phrase,** (i) ordering, (ii) order, of the words in a sentence. **Mal prendre ses arrangements,** to make bad arrangements. (*b*) Agreement. **Prendre un a. avec qn,** to come to an arrangement, to terms, with s.o. **A. avec ses créanciers,** composition with one's creditors.

arrang|er [arɑ̃ʒe], *v.tr.* (**j'arrangeais; n. arrangeons**) To arrange. 1. To set in order. **A. une bibliothèque,** to arrange a library. **A. sa cravate,** to put one's tie straight. **S'a. les cheveux,** to tidy one's hair. **A. une chambre,** to tidy up a room. **Bien arrangé,** tidy. *F:* **A. un malade dans son fauteuil,** to make an invalid comfortable in his armchair. **A. (une robe, etc.),** to alter. *F:* **Je l'ai arrangé de la belle manière,** I gave him a good dressing-down. **Je l'arrangerai!** I'll fix him! 2. To contrive. **A. une fête,** to get up an entertainment. **Tout a. d'avance,** to plan everything ahead. 3. To settle (quarrel). **Cela s'arrangera,** things will turn out all right. **Cela n'a pas arrangé les choses,** that only made matters worse, it didn't help matters. 4. **Faire qch. pour a. qn,** to do sth. to accommodate s.o. 5. *P:* To infect with a disease. *a.* **-eable.**

s'arranger. 1. To manage, contrive. **Arrangez-vous comme vous pourrez,** manage as best you can. **S'a. de ce qu'on a,** to make shift with what one has. **Il s'arrange de tout,** he is easily pleased, very adaptable. **Qu'il s'arrange!** that's his look-out! 2. **S'a. avec qn,** to come to an agreement, to terms, with s.o. **S'a. avec ses créanciers,** to compound with one's creditors.

arrangeur, -euse [arɑ̃ʒœ:r, -ø:z], *s.* Arranger.

arrérages [arɛra:ʒ], *s.m.pl.* Arrears.

arrestation [arɛstasjɔ̃], *s.f.* Arrest. **Opérer une a.,** to effect an arrest. **Mettre qn en a.,** to take s.o. into custody. **En état d'a.,** under arrest.

arrêt [arɛ], *s.m.* 1. Stop, stoppage; stopping, arrest (of motion). **A. d'un train,** stopping of a train. **Point d'a.,** (i) stopping place, stop-point, (ii) *Mus:* pause (over a rest). **Cran d'a.,** safety-catch. **Sa langue marchait sans a.,** her tongue ran on without a stop. **Trajet sans a.,** non-stop journey. **Moment d'a.,** short stop; pause. **Dix minutes d'a.,** ten minutes' stop. *Phot:* **Bain d'a.,** stop-bath. *Mch:* **A. inopiné,** break-down. *Rail:* **Signal à l'a.,** signal at danger. **"A. fixe,"** 'all buses stop here.' **"A. facultatif,"** 'request stop'. 2. (*a*) Decree; general order. **Les arrêts de la Providence,** the decrees of Providence. (*b*) *Jur:* Judgment (delivered by a higher court). **Prononcer, rendre, un a.,** to pronounce judgment. **A. par défaut,** judgment by default. **A. de mort,** sentence of death. 3. Seizure, impounding, attachment. **Faire a. sur des marchandises,** to attach, seize, goods. **Mettre a. sur un navire,** to put an embargo on a ship. 4. Arrest. (*a*) **Mandat d'a.,** warrant (for arrest). **Lancer un mandat d'a. contre qn,** to issue a warrant for the arrest of s.o. **Maison d'a.,** gaol. (*b*) *pl.* **Mettre un officier aux arrêts,** to put an officer under arrest. **Garder les arrêts,** to be under arrest. *Mil:* **Arrêts à la chambre,** house arrest. 5. *A:* **Lance en a.,** lance in rest. 6. (*a*) *Rugby Fb:* (i) Tackle. (ii) **A. de volée,** fair catch. (*b*) **Coup d'a.,** *Box:* counter; *Fenc:* stop-thrust. 7. *Ven:* Set. **Chien d'a.,** setter, pointer.

arrêté [arɛte]. 1. *a.* (*a*) (Of ideas, etc.) Fixed, decided. **Homme aux opinions arrêtées,** dogmatic person. **Dessein a.,** settled design. (*b*) *Sp:* **Départ a.,** standing start. 2. *s.m.* Decision, order, decree. **Prendre un a.,** to pass a decree.

arrêter [arɛte]. I. *v.tr.* 1. To stop (s.o., sth.); to check (attack); to hinder, impede; to detain, delay. **A. un cheval,** to stop, pull up, a horse. **A. qn tout court,** to stop s.o. short. **Quel obstacle vous arrête?** what is stopping you? **Cela a tout arrêté,** that put a stop to everything. **A. qn de faire qch.**, to hinder, prevent, s.o. from doing sth. **A. un mouvement,** to arrest a motion. **A. la croissance,** to arrest growth. **La flotte était arrêtée par le mauvais temps,** the fleet was weather-bound. *Aut:* **A. le moteur,** to shut off, switch off, the engine. **2.** To fix, fasten (shutter, etc.). **A. ses yeux, ses soupçons, sur qn,** to fix one's eyes, one's suspicions, on s.o. **A. l'attention,** to arrest attention. **3.** To arrest, seize (malefactor, s.o.'s goods); to apprehend (malefactor). **Faire a. qn,** to give s.o. into custody, to have s.o. arrested. **4.** (*a*) To engage, hire, (room, seat, servant). (*b*) To decide (sth.). **A. un jour,** to fix, appoint, a day. **A. un programme,** to draw up, settle, a programme.

II. **arrêter,** *v.i.* To stop, halt. **Arrêtez un moment,** stop a moment. **Elle n'arrête jamais de parler,** she never stops talking.

s'arrêter. **1.** To stop; to come to a stop, to a standstill. **Être forcé de s'a.,** to be brought to a standstill. **S'a. court,** to stop short. **S'a. en route,** to break one's journey. **S'a. de faire qch.,** to stop, leave off, doing sth. **S'a. à contempler qch.,** to stop in contemplation before sth. **S'a. de fumer,** to give up smoking. **2.** (*a*) **S'a. à, sur, un sujet,** to lay stress on, dwell, on a subject. (*b*) **Son regard s'arrêta sur moi,** he eyed me intently.

arrêtoir [arɛtwa:r], *s.m.* *Mec.E: etc:* Stop (of bolt, spring, etc.); lug, catch; keeper (of chain); pawl.

arrhes [a:r], *s.f.pl.* (*a*) Earnest (money). (*b*) Deposit. **Verser des a.,** to pay a deposit.

arriération [arjɛrasjɔ̃], *s.f.* Backwardness (of child, etc.). *Psy:* **A. mentale,** mental retardment, feeble-mindedness.

arrière [arjɛ:r]. **1.** *adv.* **(En) a.** (*a*) Behind. **Rester en a.,** to remain, lag, behind. *Nau:* **Droit a.,** right abaft. **Avoir (le) vent (en) a.,** to have the wind astern. *Prep.phr.* **En a. de qch.,** behind sth. **En a. de son siècle,** behind the times. (*b*) In arrears. **Locataire en a. pour ses loyers,** tenant behindhand with his rent. (*c*) Backwards; backward (motion). **A.!** back! **Faire un pas en a.,** to step back a pace. *Nau:* **En a. à toute vitesse!** full speed astern! **Marche (en) a.,** (i) backing (of engine); (ii) *Nau:* motion astern. **Entrer dans le garage en marche a.,** to back into the garage. **Faire marche a.,** to back; *Nau:* to go astern; *Aut:* to reverse. **La casquette en a.,** with his cap tilted backwards. **A. Satan!,** Get thee behind me, Satan! *F:* **Faire machine a.,** to back-pedal. **2.** *a.inv.* Back. **Essieu a.,** rear axle. *Aut:* **Lanterne a.,** rear light. **3.** *s.m.* (*a*) Back, back part (of house, carriage, etc.). *Aut:* **Un modèle tout à l'a.,** a rear-engined model. (*b*) *Nau:* Stern (of ship). **Vers l'a.,** aft., abaft. **4.** *s.m.* *Fb:* Back.

arriéré [arjere], *a.* **1.** In arrears; behindhand; (payment) overdue. **2.** Backward (child); (person) behind the times; old-fashioned (notion). *Pol.Ec:* **Pays arriérés,** under-developed countries.

NOTE. In all the following compounds ARRIÈRE is inv., the noun takes the plural.

arrière-automne [arjɛrotɔn], *s.m.* Late autumn; back-end (of the year).

arrière-ban [arjɛrbɑ̃], *s.m.* *Hist:* Whole body of vassals (including the second levy); arrière-ban. *F:* **Une équipe d'a.-b.,** a scratch team. S.a. BAN 3.

arrière-bouche [arjɛrbuʃ], *s.f.* Back of the mouth; fauces.

arrière-boutique [arjɛrbutik], *s.f.* Back-shop.

arrière-chœur [arjɛrkœ:r], *s.m.* *Ecc: Arch:* Retro-choir.

arrière-corps [arjɛrkɔ:r], *s.m.* Retreating part (of building); back premises.

arrière-cour [arjɛrku:r], *s.f.* Back-yard.

arrière-cousin, -ine [arjɛrkuzɛ̃, -in], *s.* Distant cousin.

arrière-cuisine [arjɛrkɥizin], *s.f.* Scullery, back-kitchen.

arrière-défense [arjɛrdefɑ̃:s], *s.f.* *Fb:* (The) back-line defence; the backs.

arrière-fleur [arjɛrflœ:r], *s.f.* (*a*) Late flower. (*b*) Second flowering.

arrière-garde [arjɛrgard], *s.f.* **1.** *Mil:* Rear-guard. **2.** *Navy:* Rear-division (of squadron).

arrière-gorge [arjɛrgɔrʒ], *s.f.* Back of the throat.

arrière-goût [arjɛrgu], *s.m.* After-taste, faint taste.

arrière-grand-père, -grand-mère [arjɛrgrɑ̃pɛ:r, -grɑ̃mɛ:r], *s.* Great-grandfather, -grandmother.

arrière-grands-parents [arjɛrgrɑ̃parɑ̃], *s.m. pl.inv* Great-grandparents.

arrière-main [arjɛrmɛ̃], *s.m. or f.* **1.** (*a*) Back of the hand. (*b*) *Ten:* **Coup d'a.-m.,** back-hand stroke. **2.** (Hind)quarters (of horse).

arrière-neveu, -nièce [arjɛrnəvø, -njɛs], *s.* Grand-nephew, -niece. *Lit:* **Nos a.-neveux,** our children's children.

arrière-pays [arjɛrpei], *s.m.inv.* Hinterland.

arrière-pensée [arjɛrpɑ̃se], *s.f.* **1.** (*a*) Mental reservation. (*b*) Ulterior motive. **2. J'ai cette a.-p. que . . .,** I have a notion at the back of my mind that. . . .

arrière-petit-fils, -petite-fille [arjɛrpətifis, -pətitfi:j], *s.* Great-grandson, -granddaughter.

arrière-petits-enfants [arjɛrpətizɑ̃fɑ̃], *s.m.pl.* Great-grandchildren.

arrière-plan [arjɛrplɑ̃], *s.m.* Background. **A l'a.-p.,** in the background; *Th:* up-stage, at the back. **Artiste d'a.-p.,** artist not in the front rank.

arrière-port [arjɛrpɔ:r], *s.m.* Inner harbour.

arriérer [arjere], *v.tr.* **(j'arrière, n. arriérons; j'arriérerai)** To postpone, delay, defer (payment, etc.).

s'arriérer. **1.** To fall behind. **2.** To get into arrears.

arrière-rang [arjɛrrɑ̃], *s.m.* Rear rank.

arrière-saison [arjɛrsɛzɔ̃], *s.f.* Late season, end of autumn.

arrière-scène [arjɛrsɛn], *s.f.* *Th:* **1.** Back of the stage. **2.** Back curtain.

arrière-train [arjɛrtrɛ̃], *s.m.* **1.** (Hind)quarters (of animal). **2.** *Veh:* Waggon-body; hind-carriage.

arrim|er [arime], *v.tr.* (*a*) To stow (cargo). (*b*) To trim (ship). *s.m.* **-age.**

arrimeur [arimœ:r], *s.m.* *Nau:* (*a*) Stower, trimmer. (*b*) Stevedore.

arrivage [ariva:ʒ], *s.m.* Arrival (of fish, goods, etc.); new consignment (of goods).

arrivant [arivɑ̃], *s.m.* Person arriving; arrival. **Le dernier a.,** the last comer.

arrivé [arive], *s.m.* **Un nouvel a.,** a new-comer.

arrivée [arive], *s.f.* **1.** Arrival, coming, advent. **On attend son a. pour la semaine prochaine,** he is expected to arrive next week. **A mon a.,** on my arrival. **2.** *Mch:* Intake, admission. **3.** *Sp:* (Winning-)post. **Ligne d'a.,** finishing line.

arriver [arive], *v.i.* (Aux. **être**) **1.** (*a*) To arrive, come. **Il arriva en courant,** he came running up. **Il arrive de voyage,** he is just back from a journey. **Les voilà qui arrivent,** here they come. *F:* **Arrivez!** come on! **Il arrive donner sa leçon,** he has come to give his lesson. **La nuit arriva,** night came on. S.a. MARÉE 2, MARS 2 *Impers.* **Il arriva un soldat qui . . .,** there came a soldier who. . . . (*b*)**A. à un endroit,** to reach a place. **A. à bon port,** to arrive safely, duly. **A. à la vérité,** to arrive at, get at, the truth. **A. à l'âge de discrétion,** to come to, arrive at, reach, years of discretion. **A. à un grand âge,** to attain, reach, a great age. **A. jusqu'au ministre,** to manage to see, to obtain an interview, with, the minister. (*c*) **En a. J'en étais arrivé là lorsque . . .,** I had got thus far when. . . . **Il en était arrivé à demander l'aumône,** he was reduced to begging. **Il faudra bien en a. là,** it must come to that. **2.** To succeed. (*a*) **Avec du courage on arrive à tout,** with courage, one can achieve anything. **C'est un (homme) arrivé,** he's a made man. **Il n'arrivera jamais à rien,** he will never come to, achieve, anything. (*b*) **A. à faire qch.,** to manage to do sth.; to succeed in doing sth. **3.** To happen. **Cela arrive tous les jours,** it happens every day. **Cela ne nous arrivera jamais,** it can never happen here. *Prov:* **Un malheur n'arrive jamais seul,** misfortunes never come singly. *F:* **Il croit que c'est arrivé,** he takes it all for gospel truth. *Impers.* **Il lui est arrivé un accident, un malheur,** he has met with an accident; a disaster has befallen him. **Il m'arrive souvent d'oublier,** I often forget; I am apt to forget. **Il arrive que je gagne, il m'arrive de gagner,** I sometimes win. **Faire a. qch.,** to bring sth. to pass. **Faire a. un accident,** to cause an accident.

arrivisme [arivism], *s.m.* Unscrupulous ambition; art of getting on.

arriviste [arivist], *s.m. & f.* Man, woman, of unscrupulous ambition; thruster.

arroche [arɔʃ], *s.f. Bot:* Orach.

arrogance [arɔgɑ̃:s], *s.f.* Arrogance; overbearing manner.

arrog|ant [arɔgɑ̃], *a.* Arrogant, overbearing. *adv.* **-amment.**

arroger (s') [sarɔʒe], *v.tr.pr.* (**je m'arrogeai(s); n.n. arrogeons**) **S'a. un droit, un privilège,** to arrogate a right, a privilege, to oneself; to assume a right. *F:* **S'a. la meilleure chambre,** to take the best room as a matter of course.

arroi [arwa], *s.m. A:* Array. *F:* **Être en mauvais a.,** to be in a sad plight.

arrondi [arɔ̃di], *a.* Rounded, round (chin, tool, etc.). **Nombres arrondis,** round numbers.

arrondir [arɔ̃di:r], *v.tr.* **1.** (*a*) To round (sth.) (off); to make (sth.) round. **A. sa fortune,** to round off one's fortune. **Yeux arrondis, bouche arrondie, par l'étonnement,** eyes round, mouth agape, with astonishment. (*b*) **A. ses manières,** to cultivate an easy manner. **Phrase bien arrondie,** well-rounded sentence. **2.** *Nau:* **A. un cap,** to round, double, a cape.
s'arrondir, to become round; to fill out.

arrondissement [arɔ̃dismɑ̃], *s.m.* **1.** Rounding (off) (of sentence, territory, etc.). **2.** *Fr.Adm:* Each of the main subdivisions of a department; ward (in Paris).

arros|er [aroze], *v.tr.* (*a*) To water (streets, plants); to sprinkle, spray (lawn). **A. un rôti,** to baste a joint. **Yeux arrosés de larmes,** eyes bathed in tears. *F:* **A. ses galons,** to wet one's stripes; to pay one's footing. **A. un client,** to keep in with a customer (by giving him presents, drinks, etc.). (*b*) **A. une prairie,** to irrigate a meadow. (*c*) *F:* To water, dilute (wine, milk). *a.* **-able.** *s.m.* **-age.** *s.m.* **-ement.**

arroseur, -euse [arozœ:r, -ø:z], *s.* **1.** *s.m.* Person who waters (gardens, etc.). *Adm:* Water-cartman. **A. automatique rotatif,** sprinkler. **2.** *s.f.* **Arroseuse,** irrigating or watering machine, device; street-spraying cart. *Hort: etc:* **Arroseuse à jet tournant,** sprinkler.

arrosoir [arozwa:r], *s.m.* (*a*) Watering-pot, -can. (*b*) *P:* Sub-machine-gun.

arsenal, -aux [arsənal, -o], *s.m.* (*a*) Arsenal. (*b*) **A. maritime,** naval dockyard.

arsenic [arsənik], *s.m.* Arsenic.

arsenical, -aux [arsənikal, -o], *a. Ch:* Arsenical.

arsenicisme [arsənisism], *s.m.* Arsenical poisoning.

arsénieux, -ieuse [arsenjø, -jø:z], *a. Ch:* Arsenious. *Com:* **Acide a.,** (white) arsenic, flowers of arsenic.

art [a:r], *s.m.* **1.** Art. (*a*) **L'a. militaire, l'a. de la guerre,** the art of war. **Arts d'agrément,** accomplishments. **L'a. de faire qch.,** the art of doing sth. S.a. MÉNAGER[2], 1. RELIGIEUX 1. (*b*) **Beaux-arts,** fine arts. **Œuvre d'a.,** work of art. *F:* **Le septième a.,** the cinema. **2.** (*a*) Skill, dexterity; artistry. **A. à faire qch.,** art, skill, in doing sth. *Civ.E:* **Travaux, ouvrages, d'a.,** (generic term for) bridges, viaducts, tunnels, etc.; constructive works. **Terme d'a.,** technical term. S.a. MÉTIER 1. (*b*) Method. (*c*) Talent.

artère [artɛ:r], *s.f.* **1.** *Anat:* Artery. **On a l'âge de ses artères,** a man is as old as he feels. **2.** Channel of communication (in country); thoroughfare (in town).

artériel, -elle [arterjɛl], *a.* Arterial. **Tension artérielle,** blood-pressure.

artériosclérose [arterjɔsklero:z], *s.f. Med:* Arteriosclerosis.

artériotomie [arterjɔtɔmi], *s.f. Surg:* Arteriotomy.

artérite [arterit], *s.f. Med:* Arteritis, inflammation of the arteries.

artésien, -ienne [artezjɛ̃, -jɛn], *a. & s.* Artesian; of Artois. **Puits a.,** Artesian well.

arthralgie [artralʒi], *s.f. Med:* Arthralgia, pain in the joints.

arthralgique [artralʒik], *a. Med:* Arthralgic.

arthrite [artrit], *s.f. Med:* Arthritis.

arthritique [artritik], *a. & s. Med:* Arthritic (patient).

arthritisme [artritism], *s.m. Med:* Arthritism; arthritic diathesis.

arthropode [artrɔpɔd], *s.m.* Arthropod, *pl.* arthropoda.

arthrose [artro:z], *s.f. Med:* Arthrosis, chronic inflammation of the joints.

artichaut [artiʃo], *s.m.* Globe artichoke; leaf artichoke. *Cu:* **Fonds, cœurs, d'artichauts,** artichoke hearts.

article [artikl], *s.m.* **1.** (*a*) *Bot: Ent:* Joint, article. (*b*) (Critical point, moment) **Être à l'a. de la mort,** to be at the point of death. **2.** (*a*) Article, clause (of treaty, etc.). **A. de foi,** article of faith. (*b*) **Articles de dépense,** items of expenditure. (*c*) Article (in newspaper, etc.), S.a. FOND 2. **3.** *Com:* Article, commodity; *pl.* goods, wares. **A.(s) de Paris,** fancy goods. **Articles de ménage,** household requisites. **Faire l'a.,** to boost one's goods. **4.** *Gram:* **A. défini, indéfini,** definite, indefinite, article.

article-réclame [artikləreklam], *s.m. Com:* Special offer. *Pl. Des articles-réclame.*

articulaire [artikylɛ:r], *a.* Articular; of the joints. **Rhumatisme a.,** rheumatism in the joints.

articulation [artikylasjɔ̃], *s.f.* **1.** (*a*) *Anat:* Articulation, joint. *Bot:* Node. (*b*) Connection, joint, link, hinge. **Accouplement à a.,** jointed coupling. **A. à rotule,** ball-and-socket joint. **2.** Articulation, utterance; (manner of) speech.

articulé [artikyle]. **1.** *a.* (*a*) Articulate(d); jointed (limb, coupling, etc.); hinged. (*b*) Articulate (speech); distinct (utterance). **2.** *s.m.pl. Z:* **Articulés,** Articulata.

articuler [artikyle], *v.tr.* **1.** To articulate, hinge, link, joint; to connect by joints. **2.** To articulate; to utter or pronounce distinctly.
s'articuler. (Of bone) **S'a. avec un autre os,** to be jointed, to hinge, with another bone.

artifice [artifis], *s.m.* **1.** Artifice; artificial means; guile; (guileful) expedient, contrivance. **A. de guerre,** artifice of war; stratagem. **2. Feu d'a.,** fireworks. **Tirer un feu d'a.,** to let off fireworks.

artifici|el, -elle [artifisjɛl], *a.* Artificial. **1.** (*a*) **Lumière artificielle,** artificial light. (*b*) **Rire a.,** forced laugh. **Style a.,** artificial, unnatural, style. **2.** Imitation (pearl, etc.); false (teeth, etc.). *adv.* **-ellement.**

artificier [artifisje], *s.m.* **1.** Firework maker, pyrotechnist. **2.** *Mil: Navy: etc:* Artificer; armourer.

artificieu|x, -euse [artifisjø, -ø:z], *a.* Crafty, artful, cunning, guileful. *adv.* **-sement.**

artillerie [artijri], *s.f.* **1.** Artillery, ordnance. **A. de campagne,** field-artillery. **A. lourde,** heavy artillery. **Pièce d'a.,** piece of ordnance. **2.** Gunnery.

artilleur [artijœ:r], *s.m.* Artilleryman; gunner.

artimon [artimɔ̃], *s.m. Nau:* (**Mât d'**)**a.,** mizzen-mast. **Voile d'a.,** mizzen(-sail).

artiodactyle [artjɔdaktil], *Z:* **1.** *a.* Cloven-footed. **2.** *s.m. pl.* **Les artiodactyles,** the Artiodactyla.

artisan [artizɑ̃], *s.m.* **1.** Artisan, craftsman; working man. **2.** Maker, contriver. **Il a été l'a. de ses propres malheurs,** he owes his misfortunes to himself. **Il a été l'a. de sa fortune,** he is a self-made man.

artisanal, -aux [artizanal, -o], *a.* (*a*) Relating to crafts. (*b*) Skilled. (*c*) On a small scale.

artisanat [artizana], *s.m.* **1.** Craftsmen (as a class). **L'a. indigène,** native craftsmen. **2.** Cottage industry.

artison [artizɔ̃], *s.m. Ent:* **1.** Wood-worm, -moth. **2.** Clothes-moth.

artiste [artist]. **1.** *s.m. & f.* (*a*) Artist (including musician, etc.). (*b*) *Th: Mus:* Performer. (*c*) *Th:* Actor, actress; singer; dancer; entertainer; artiste. **2.** *a.* Artistic (temperament, style). *adv.* **-ment.**

artistique [artistik], *a.* Artistic (furniture, arrangement, etc.). *adv.* **-ment.**

arum [arɔm], *s.m. Bot:* Arum (lily).

aryanisme [arjanism], *s.m. Pol:* (Nazi doctrine of) Aryanism.

aryen, -yenne [arjɛ̃, -jɛn], *a. & s. Geog: Ling:* Aryan; Indo-European.

as[1] [ɑ:s], *s.m.* **1.** (*a*) *Dice: Cards:* Ace. **A. de pique,** ace of spades. **Veiller à l'a.,** to be on the look-out. *P:* **Être aux a.,** to have plenty of money. (*b*) *F:* **L'a.** (table) No. 1 (in restaurants, etc.). **2.** (*a*) *Av:* Ace. (*b*) *F:* First-rater. *Games:* Crack player, star. *Aut:* **A. du volant,** crack racing driver.

as[2] [a]. See AVOIR.

asbeste [azbest, as-], *s.m. Miner:* Asbestos.

asbestose [azbɛstoːz], *s.f. Med:* Asbestosis.
ascaride [askarid], *s.m.* **ascaris** [askaris], *s.m. Med:* Ascaris; *F:* threadworm.
ascendance [as(s)ɑ̃dɑ̃ːs], *s.f.* **1.** *Astr:* Ascent. **2.** Ancestry.
ascendant [as(s)ɑ̃dɑ̃]. **1.** *a.* Ascending, upward (motion, etc.). *Av:* **Vol a.,** climbing flight. *Mch:* **Course ascendante,** up-stroke (of piston). *Mth:* **Progression ascendante,** increasing series. **2.** *s.m.* (*a*) **Astre qui est à l'a.,** star in the ascendant. (*b*) Ascendancy, influence. **Prendre de l'a. sur qn,** to gain ascendancy over s.o. **Exercer un grand a. sur qn,** to have great influence upon s.o. (*c*) *pl.* **Ascendants,** ancestry (of family).
ascenseur [asɑ̃sœːr], *s.m.* Lift; *U.S:* elevator.
ascension [asɑ̃sjɔ̃], *s.f.* Ascent, ascension; rising (of sap, etc.). **Faire l'a. d'une montagne,** to climb a mountain. *Ecc:* **Fête de l'A.,** Ascension Day. *Geog:* **L'île de l'A.,** Ascension Island.
ascensionnel, -elle [asɑ̃sjɔnɛl], *a.* Ascensional; upward (motion). *Aer:* **Force ascensionnelle,** lifting power; lift. **Vitesse ascensionnelle,** rate of climb, climbing speed.
ascensionniste [asɑ̃sjɔnist], *s.m. & f.* **1.** (Mountain) climber; mountaineer. **2.** *Aer:* Balloonist.
ascète [assɛt], *s.m. & f.* Ascetic.
ascétique [assetik], *a. & s.* Ascetic(al).
ascétisme [assetism], *s.m.* Asceticism.
ascorbique [askɔrbik], *a.* **Acide a.,** Ascorbic acid, Vitamin C.
ascite [assit], *Med: Vet:* **1.** *a.* Dropsical. **2.** *s.f.* Abdominal dropsy.
ascitique [assitik], *a. Med: Vet:* Dropsical.
asdic [asdik], *s.m. Nau:* Asdic.
asepsie [asɛpsi], *s.f. Med:* Asepsis.
aseptique [asɛptik], *a. Med:* Aseptic.
aseptisation [asɛptizasjɔ̃], *s.f. Med:* Sterilization.
aseptiser [asɛptize], *v.tr. Med:* To asepticize.
asexué [asɛksɥe], *a.* **asexuel, -elle** [asɛksɥɛl], *a. Biol:* Asexual, sexless.
asiate [azjat], *s. Geog:* (Of persons) Asiatic, Asian.
asiatique [azjatik], *a. & s.* Asiatic, Asian. *F:* **Luxe a.,** oriental splendour. **Grippe a.,** Asian 'flu.
Asie [azi]. *Pr.n.f. Geog:* Asia.
asile [azil], *s.m.* Shelter, home, refuge, retreat. **Lieu d'a.,** (place of) refuge. **Sans a.,** homeless. *A:* **A. des pauvres** = workhouse. **A. de nuit,** night-shelter, *F:* doss-house. **A. d'aliénés,** mental hospital, *F:* lunatic asylum. **A. des marins,** sailors' home. **Donner a. à qn,** to harbour, shelter, s.o.
asparagus [asparagys], *s.m. Bot:* Asparagus-fern.
aspect [aspɛ], *s.m.* **1.** Sight, aspect. **Trembler à l'a. de qn,** to tremble at the sight of s.o. **Au premier a.,** at first sight, at a first glance. **2.** Aspect, appearance, look. **Être d'un a. repoussant,** to be repulsive-looking. **Considérer une affaire sous tous ses aspects,** to look at a thing in all its bearings, from all points of view.
asperge [aspɛrʒ], *s.f.* (*a*) Asparagus. **Botte d'asperges,** bundle of asparagus. S.a. POINTE 1. (*b*) *F:* Tall, gawky person; may-pole, *U.S:* string-bean.
asperger [aspɛrʒe], *v.tr.* **(j'aspergeai(s); n. aspergeons)** To sprinkle (linen, etc.) with water. **A. qn d'eau bénite,** to sprinkle s.o. with holy water.
aspergès [aspɛrʒɛs], *s.m. Ecc:* **1.** Aspergillum, holy-water sprinkler. **2.** Asperges.
aspérité [asperite], *s.f.* Asperity. **1.** Ruggedness, roughness (of surface, etc.). **2.** Harshness, sharpness (of character, voice).
aspersion [aspɛrsjɔ̃], *s.f.* Aspersion, sprinkling; spraying (of wound, etc.).
aspersoir [aspɛrswaːr], *s.m.* **1.** *Ecc:* Holy-water sprinkler. **2.** Rose (of a watering-can).
asphalte [asfalt], *s.m.* Asphalt. **A. minéral,** pitch, bitumen.
asphalt|er [asfalte], *v.tr.* To cover (road, etc.) with asphalt. *s.m.* **-age.**
asphaltier [asfaltje], *s.m. Nau:* Ship used for transporting asphalt.
asphodèle [asfɔdɛl], *s.m. Bot:* Asphodel.
asphyxiant [asfiksjɑ̃], *a.* Asphyxiating, suffocating. **Gaz a.,** asphyxiating gas.
asphyxie [asfiksi], *s.f.* Asphyxia, asphyxiation, suffocation. *Min: etc:* Gassing. *Pol.Ec:* **A. économique,** economic strangulation.
asphyxier [asfiksje], *v.tr.* To asphyxiate, suffocate. *Min: etc:* To gas.
s'asphyxier, to commit suicide by asphyxiation.
aspic¹ [aspik], *s.m. Rept:* Asp. *F:* **Langue d'a.,** venomous tongue.
aspic², *s.m. Cu:* Aspic(-jelly).
aspic³, *s.m. Bot:* Aspic, French lavender, spike lavender.
aspirail, -aux [aspiraːj, -o], *s.m.* Air-hole, -inlet; draught-, vent-hole; vent, flue.
aspirant, -ante [aspirɑ̃, -ɑ̃ːt]. **1.** *a.* Sucking. **Pompe aspirante,** suction pump. *I.C.E:* **Course aspirante,** induction stroke; admission stroke. **2.** *s.* (*a*) Aspirant (**à,** to); candidate (for degree, etc.). **Les aspirants à sa main,** the aspirants to, for, after, her hand. (*b*) *Navy:* Midshipman, Naval Cadet. *Mil:* = Officer Cadet. *Mil.Av:* Acting pilot-officer.
aspirateur, -trice [aspiratœːr, -tris]. **1.** *a.* Aspiratory; suction-(device). **2.** *s.m.* (Gas-, air-)exhauster; aspirator; *Dom.Ec:* vacuum-cleaner.
aspiration [aspirasjɔ̃], *s.f.* **1.** Aspiration, yearning (**à,** for, after). **Aspirations à la scène,** hankering after the stage. **2.** *Ling:* Aspiration; rough breathing. **3.** (*a*) Inspiration, inhaling (of air into the lungs). (*b*) Suction, sucking-up (of water into pump, etc.). (*c*) *I.C.E:* Admission, induction. **Clapet d'a.,** intake valve.
aspiratoire [aspiratwaːr], *a.* **1.** Aspiratory. **2.** (Of breathing) Inspiratory.
aspiré [aspire], *a. Ling:* Aspirate(d).
aspirée [aspire], *s.f. Ling:* Aspirate.
aspirer [aspire]. **1.** *v.ind.tr.* To aspire (**à,** to, after). **A. à faire qch.,** to aspire to do sth. **2.** *v.tr.* (*a*) To inspire, inhale, breathe (in) (air, scent, etc.). (*b*) To suck up, suck in, draw (up) (water, etc.). (*c*) *Ling:* To aspirate, breathe (a sound). **Ne pas a. les h (en anglais),** to drop one's h's.
aspirine [aspirin], *s.f. Pharm:* Aspirin.
assag|ir [asaʒiːr], *v.tr.* To make (s.o.) wiser; to sober (s.o.). *s.m.* **-issement.**
s'assagir, to become wiser; to sober down; to settle down.
assaillant [as(s)ajɑ̃], *s.m.* Assailant.
assaillir [as(s)ajiːr], *v.tr.* (*pr.p.* **assaillant;** *p.p.* **assailli;** *pr. ind.* **j'assaille, n. assaillons;** *p.d.* **j'assaillais;** *p.h.* **j'assaillis;** *fu.* **j'assaillirai)** To assail, assault, attack. **Être assailli de doutes,** to be beset, assailed, by doubts.
assain|ir [asɛniːr], *v.tr.* To make (sth.) healthier; to cleanse, purify (atmosphere, etc.); to improve the sanitation of (town). **A. les finances,** to reorganize the finances. *s.m.* **-issement.**
s'assainir, to improve, grow healthier, become sounder.
assaisonnement [asɛzɔnmɑ̃], *s.m.* **1.** (Action of) seasoning, flavouring (dish); dressing (of salad). **2.** Condiment, seasoning, relish.
assaisonner [asɛzɔne], *v.tr.* To season (**de,** with); to dress (salad). *Prov:* **La faim assaisonne tout,** hunger is the best sauce.
assassin, -ine [asasɛ̃, -in]. **1.** *s.* Assassin; murderer, *f.* murderess. **Crier à l'a.,** to cry murder. **2.** *a.* (*a*) Murderous (horde, etc.). (*b*) Provocative, killing, bewitching (smile, glance).
assassinat [asasina], *s.m.* Assassination, murder.
assassiner [asasine], *v.tr.* **1.** To assassinate, murder. **2.** (*a*) To murder (song, etc.); to smash up (car, etc.). (*b*) To worry, pester, bore, (s.o.) to death (**de,** with).
assaut [aso], *s.m.* **1.** Assault, attack, onslaught. **Livrer (un) a., donner l'a., à une position,** to storm a position. **Emporter d'a. une position,** to storm, carry, a position. **Troupes d'a.,** storm-troops, shock troops. **2.** Match, bout. **A. de lutte,** wrestling bout. **A. de boxe,** sparring match. **A. d'armes,** fencing bout, assault at arms. **Faire a. d'esprit avec qn,** to vie in wit with s.o.
ass|écher [aseʃe], *v.* **(j'assèche, n. asséchons; j'assécherai) 1.** *v.tr.* To dry, drain (marsh, etc.); to pump (mine, etc.) dry. **2.** *v.i. & pr.* (Of land, stream) To dry up. *s.m.* **-èchement.**
assemblage [asɑ̃blaːʒ], *s.m.* **1.** Assemblage, gathering, collection. **2.** Assembling, assembly (of parts of

machine, etc.). 3. *Carp: etc:* Joint, jointing, joining, coupling, connection. **A. à tenon et mortaise,** mortise-and-tenon joint.

assemblé [asɑ̃ble], *s.m. Danc:* Assemblé.

assemblée [asɑ̃ble], *s.f.* Assembly. 1. (*a*) Meeting. **Se réunir en a. publique,** to hold a public meeting. **A. de famille,** family gathering. **A. choisie,** select company. **L'a. des fidèles,** the congregation. (*b*) *Hist:* **L'A. législative,** the Legislative Assembly. *Pol:* **L'A. nationale,** National Assembly (= House of Commons). 2. *Mil: A:* **Battre, sonner, l'a.,** to beat, sound, the assembly.

assembl|er [asɑ̃ble], *v.tr.* 1. To assemble; to call (people) together; to convene (committee, etc.); to collect, gather. *Nau:* **A. l'équipage,** to muster the crew. 2. To assemble, fit together (machine, dress, etc.). *s.* **-eur, -euse.**

s'assembler, to assemble, meet, gather. *Prov:* **Qui se ressemble s'assemble,** birds of a feather flock together.

assener [asəne], **asséner** [asene], *v.tr.* **(j'assène, n. assenons, n. assénons ; j'assènerai, j'assénerai)** To deal, strike (blow). **Coup bien asséné,** telling blow.

assentiment [asɑ̃timɑ̃], *s.m.* Assent, consent, approbation. **Signe d'a.,** nod. **Il fit un signe d'a.,** he nodded assent.

asseoir [aswaːr], *v.tr.* (*pr.p.* **asseyant, assoyant ;** *p.p.* **assis ;** *pr.ind.* **j'assieds** [asje], **il assied, n. asseyons, ils asseyent,** or **j'assois, il assoit, n. assoyons, ils assoient ;** *pr.sub.* **j'asseye, n. asseyions,** or **j'assoie, n. assoyions ;** *p.d.* **j'asseyais** or **j'assoyais ;** *p.h.* **j'assis ;** *fu.* **j'assiérai, j'assoirai)** 1. To set, seat. **A. un prince sur le trône,** to set a prince on the throne. 2. To lay, establish (foundations, etc.). **A. une pierre,** to bed a stone. **A. un camp,** to pitch a camp. *Av:* **A. l'appareil,** to pancake (to the ground). **A. son opinion sur le fait que . . .,** to base, ground, found, one's opinion on the fact that. . . .

s'asseoir, to sit down. **Faire a. qn,** to ask, beg, s.o. to be seated. **Asseyez-vous, messieurs,** take your seats, gentlemen. **S'a. (sur son séant),** to sit up. *P:* **Va t'a.!** go to Jericho!

assermentation [asɛrmɑ̃tasjɔ̃], *s.f.* Swearing in; attestation.

assermenté [asɛrmɑ̃te], *a.* Sworn (in). **Fonctionnaire a.,** sworn official.

assermenter [asɛrmɑ̃te], *v.tr.* To swear (s.o.) in; to administer the oath to (s.o.).

assertif, -ive [asɛrtif, iːv], *a.* 1. *Log:* Assertive (proposition). 2. Assertive (person).

assertion [asɛrsjɔ̃], *s.f.* Assertion.

asservi [asɛrvi], *a.* 1. **Être a. à l'étiquette,** to be a slave to etiquette. 2. Servo-(appliance). **Moteur a.,** servo-motor.

asserv|ir [asɛrviːr], *v.tr.* (*a*) To enslave (nation, etc.); to reduce (nation) to slavery. (*b*) **A. qn à une tâche,** to tie s.o. down to a task. *a.* **-issable.** *s.m.* **-issement.** *s.* **-isseur, -isseuse.**

s'asservir à qch., to submit, become a slave, subject oneself, to sth.

asservissant [asɛrvisɑ̃], *a.* Enslaving. **Joug a.,** servile yoke.

assesseur [asɛsœːr], *s.m.* (*a*) *Jur:* **(Juge) a.,** assessor (to magistrate, etc.). (*b*) **Être secondé par ses assesseurs,** to be supported by one's assistants, advisors.

assey-ant, -e, -ons, etc. See ASSEOIR.

assez [ase], *adv.* 1. Enough, sufficient, sufficiently. (*a*) **Vous travaillez bien a.,** you work quite enough. **J'aurai a. de cent francs,** I shall have enough with a hundred francs. **Tu n'es pas a. grand, tu ne marches pas a. vite,** you are not big enough, you don't walk fast enough. (*b*) **A. de** + *sb.* **Avez-vous a. d'argent?** have you enough money? **Oui, j'en ai a.,** yes, I have sufficient. *F:* **J'en ai a.!** I have had enough of it, I am sick of it! (*c*) **C'est a.** + *inf.* **C'est a. parler,** I, you, have said enough. **C'est a. de lui faire savoir que vous êtes ici,** it is sufficient to let him know that you are here. (*d*) **A. pour** + *inf.*, **pour que** + *sub.* **Soyez a. bon pour me diriger,** be kind enough to direct me. **Être a. près pour voir,** to be near enough to see. **Il n'était pas a. grand pour qu'on le laissât seul,** he was not big enough to be left alone. 2. Rather, fairly, tolerably, passably. **Elle est a. jolie,** she is rather pretty, passably good-looking. **Je suis a. de votre avis,** I am rather inclined to agree with you. **Les deux villes sont a. semblables,** the two towns are very much alike. 3. (Intensive) **Est-il a. enfant!** isn't he a baby! how childish of him! **Est-il a. grossier!** isn't he rude!

assid|u [asidy], *a.* Assiduous. (*a*) Sedulous, industrious, hard-working, steady. **Efforts assidus,** untiring efforts. **Être a. à qch., à faire qch.,** to be diligent at sth., in doing sth.; to be persevering, assiduous, in (doing) sth. (*b*) Unremitting, unceasing (care, attention). (*c*) Regular, constant (visitor, etc.). **Être a. auprès de qn,** to be assiduous in one's attentions to s.o. *adv.* **-ûment.**

assiduité [asidɥite], *s.f.* Assiduousness, assiduity. 1. (*a*) Sedulousness, steadiness. **A. à l'étude,** close application to study. **A force d'a.,** by dint of perseverance. **A. au travail,** industriousness. (*b*) *Sch:* Regular attendance. **Prix d'a.,** attendance prize. 2. Constant attention(s), constant care.

assied, -s. See ASSEOIR.

assiégé, -ée [asjeʒe], *a. & s.* Besieged. **Les assiégés,** the besieged.

assiégeant [asjɛʒɑ̃]. 1. *a.* Besieging (army, etc.). 2. *s.m.* Besieger.

assiéger [asjeʒe], *v.tr.* **(assiégeant ; j'assiège, n. assiégeons ; j'assiégerai)** 1. (*a*) To besiege, beleaguer; to lay siege to (town). (*b*) **A. qn de demandes d'emploi,** to besiege s.o. with requests for employment. 2. To beset, crowd round (s.o., sth.). **Ils assiègent la porte,** they throng round the door. **Être assiégé par des souvenirs,** to be haunted by memories.

assiér-ai, -as, etc. See ASSEOIR.

assiette [asjɛt], *s.f.* 1. Action of giving a stable position to sth., of laying down sth.; laying down (of foundations); bedding (of stone); pitching (of camp). 2. Stable position. (*a*) Sitting position, seat; trim (of ship or airship). **Avoir une bonne a.,** (i) to have a good seat (on horseback), (ii) (of ship or airship) to be in good trim. *F:* **N'être pas dans son a.,** to be out of sorts; to feel seedy; not to be up to the mark. (*b*) Established position. **Avoir une certaine a. dans le monde,** to have, enjoy, a certain position in the world. **A. de pied,** foothold. (*c*) Position; situation, site (of building, etc.); disposition (of camp); lie (of land). *Golf:* **A. d'une balle,** lie of a ball. (*d*) Set (of stone, beam, etc.). (Of foundation, gun) **Prendre son a.,** to set, to settle; to bed down. 3. Support, basis. **A. de l'impôt,** basis of taxation. **A. d'une chaussée,** foundation, bottom, bed, of a road. 4. (*a*) Plate. **A. plate,** dinner plate. **A. creuse,** soup plate. (*b*) *Cu:* **A. anglaise,** plateful of cold meats (served in restaurants), *U.S:* cold cuts. (*c*) **L'a. au beurre,** cushy job, *U.S:* pork-barrel.

assiettée [asjɛte], *s.f.* Plate(ful).

assignat [asiɲa], *s.m. Hist:* Assignat, promissory note (as issued by the Fr. Revolutionary Government, 1790-96).

assignataire [asiɲatɛːr], *a.* **Banque a.,** warrant bank.

assignation [asiɲasjɔ̃], *s.f.* 1. *Fin:* Assignment, transfer (of shares, of funds) (**à,** to). 2. *Jur:* (*a*) Serving of a writ. (*b*) Writ of summons; subpoena. **Signifier une a. à qn,** to serve a writ on s.o. 3. *A:* Appointment, rendezvous. **A. amoureuse,** lovers' tryst.

assign|er [asiɲe], *v.tr.* 1. To assign. (*a*) To fix, appoint (hour, etc.). **A. une tâche à qn,** to assign, allot, a task to s.o. **A. une cause à un événement,** to assign a cause to an event. **A. des limites à . . .,** to set limits to. . . . (*b*) **A. une somme à un paiement,** to assign, *F:* earmark, a sum for a payment. 2. *Jur:* (*a*) To summon, subpoena, cite (witness, etc.). (*b*) (i) To issue a writ against (s.o.), (ii) to serve a writ on (s.o.). *a.* **-able.**

assîmes. See ASSEOIR.

assimilateur, -trice [as(s)imilatœːr, -tris]. *a. Physiol: etc:* Assimilative, assimilating, assimilatory.

assimilé [as(s)imile]. 1. *a. Mil: Navy:* **A. à . . .,** ranking with. . . . 2. *s.m.* **Les assimilés,** non-combattants who rank with combattants.

assimil|er [as(s)imile], *v.tr.* 1. To assimilate (food, knowledge). 2. (*a*) To liken, compare (**à,** to, with). (*b*) **A. à,** to class as, to put in the same category as. *a.* **-able (à,** to). *s.f.* **-ation.**

s'assimiler, to become assimilated, to become like; to be digested.

assis [asi], *a.* Seated. **Nous étions a. auprès du feu,** we were sitting, seated, round the fire. **Demeurer a.,** to remain seated; to keep one's seat. *Rail: Th: etc:* **Places assises,** seats. **Il n'y a plus de places assises,** 'standing room only.' **Fortune bien assise,** well-established fortune. S.a. MAGISTRATURE.

assise [asi:z], *s.f.* **1.** Seating; laying (of foundation). **2.** (*a*) Seating, foundation; bed(-plate) (of engine, etc.). **Les assises de la société,** the foundations of society. (*b*) Seat (on horseback). **3.** (*a*) *Const:* Course (of masonry); course, row (of bricks). (*b*) **La montagne s'élève en assises,** the mountain rises in tiers. **4.** *pl.* (*a*) *Jur:* **Les assises,** the assizes. **Cour d'assises,** Assize Court. **Avocat d'assises,** criminal lawyer. (*b*) **Assises d'un congrès,** sittings of a congress.

assistance [asistɑ̃:s], *s.f.* **1.** Presence, attendance (esp. of magistrate or priest). **2.** (*a*) Audience, company. *Ecc:* Congregation. (*b*) Spectators, onlookers. **3.** Assistance, help, aid. **Prêter a. à qn,** to assist s.o. **A. aux vieillards,** relief of old people. **L'A. publique,** National Assistance.

assistant, -ante [asistɑ̃, -ɑ̃:t], *s.* **1.** Usu. *pl.* (*a*) Bystander, onlooker, spectator. (*b*) Member of the audience. **2.** (*a*) Assistant (professor, priest). (*b*) Foreign assistant (in school). (*c*) S.a. SOCIAL.

assister [asiste]. **1.** *v.i.* **A. à qch.,** to attend sth.; to be present at sth. **A. à une partie de football,** to attend a football match. **A. à une rixe,** to witness a fight. **2.** *v.tr.* To help, assist (s.o.). **A. qn de ses conseils,** to help s.o. with advice. **Enfants assistés,** foundlings.

association [asɔsjasjɔ̃], *s.f.* **1.** (*a*) Association (of words, ideas). (*b*) *El:* Connecting, grouping, coupling (of cells). **2.** (*a*) Society, company; association, fellowship. **A. ouvrière,** trade-union. (*b*) *Com:* Partnership.

associationnisme [asɔsjasjɔnism], *s.m.* *Phil:* Associationism.

associationniste [asɔsjasjɔnist], *a.* & *s.* *Phil:* Associationist.

associé, -ée [asɔsje]. **1.** *a.* *Adm:* **Territoires associés,** associated territories. **2.** *s.* (*a*) *Com:* Partner. **A. principal,** senior partner. **Prendre qn comme a.,** to take s.o. into partnership. (*b*) Associate member (of learned body).

associer [asɔsje], *v.tr.* (*a*) To associate, unite, join. **A. qn à qch.,** to make s.o. a party to sth.; to associate s.o. with sth. **A. des idées,** to connect, associate, ideas. (*b*) *El:* To connect, join up (cells, etc.).

s'associer. **1. S'a. à qch.** (*a*) To share in, participate in, join in, sth. **S'a. à un crime,** to be a party to or a participator in a crime. (*b*) To join (a corporate body). **2. S'a. à, avec, qn.** (*a*) To enter into a combination with s.o. (*b*) To enter into partnership with s.o. (*c*) To associate with s.o.

assoiffé [aswafe], *a.* **Être a. de qch.,** to be thirsty, thirsting, athirst, eager, for sth. **A. de sang,** bloodthirsty. **A. de pouvoir,** ambitious, greedy, for power.

assoir-ai, -as; assoi-s, -t. See ASSEOIR.

assol|er [asɔle], *v.tr.* To rotate the crops on (a piece of land). *s.m.* **-ement.**

assombr|ir [asɔ̃bri:r], *v.tr.* (*a*) To darken, obscure. (*b*) To spread, cast, a gloom over (company, etc.). *s.m.* **-issement.**

s'assombrir. (*a*) To darken; to become dark; to cloud over. **Tout s'assombrit,** everything became dark. (*b*) To become gloomy, sad.

assommant [asɔmɑ̃], *a.* **1.** Overwhelming. **Coup a.,** knock-out blow. **2.** *F:* Boring, tedious, wearisome, tiresome. **Bavard a.,** deadly bore.

assommer [asɔme], *v.tr.* **1.** (*a*) **A. un bœuf,** to fell an ox. **A. qn,** to brain s.o. (*b*) To knock (s.o.) senseless. **2.** *F:* To bore; to tire (s.o.) to death. **A. qn de questions,** to pester s.o. with questions.

assommeur, -euse [asɔmœ:r, -ø:z]. **1.** *s.m.* (*a*) Slaughterer, slaughterman. (*b*) Ruffian (armed with club), tough. **2.** *s.m.* & *f.* *F:* **Quel a. que votre ami!** your friend is a terrible bore!

assommoir [asɔmwa:r], *s.m.* **1.** (*a*) Pole-axe. (*b*) Club, bludgeon. **Porter un coup d'a. à qn,** to deal s.o. a staggering blow. **2.** (*a*) Break-back trap. (*b*) *Ven:* Deadfall; fall-trap. **3.** *F:* Low pub.

assomption [asɔ̃psjɔ̃], *s.f.* **1.** *Log:* Assumption. **2.** *Ecc:* **(Fête de) l'A.,** (feast of) the Assumption (of the Blessed Virgin).

assonance [asɔnɑ̃:s], *s.f.* *Ling: Pros:* Assonance.

assonant [asɔnɑ̃], *a.* *Ling: Pros:* Assonant.

assorti [asɔrti], *a.* **1.** Matched, paired. **Bien, mal, a.,** well-, ill-matched. **2.** Assorted, mixed (sweets, etc.). **3. Bien a.,** well-stocked (shop).

assortiment [asɔrtimɑ̃], *s.m.* **1.** Matching. **A. parfait de couleurs,** perfect match(ing) of colours. **2.** (*a*) Assortment. **Ample a. d'échantillons,** wide range of patterns. (*b*) Set (of tools, etc.).

assortir [asɔrti:r], *v.tr.* (**j'assortis, n. assortissons**) (*a*) To assort, sort, match (colours, etc.). **A. son style à la matière,** to suit one's style to the matter. (*b*) To stock, furnish (shop, etc., with varied goods).

s'assortir. **1.** To match, to harmonize. **2.** *Com:* To lay in a varied stock.

assortissant [asɔrtisɑ̃], *a.* That suits, matches; that goes well (**à,** with).

assoupi [asupi], *a.* **1.** Dozing. **2.** Dormant (grief, volcano).

assoupir [asupi:r], *v.tr.* (*a*) To make (s.o.) drowsy; to send (s.o.) to sleep. (*b*) To allay, lull, quiet (pain).

s'assoupir. **1.** To drop off to sleep; to doze off. **2.** (Of pain, etc.) To wear away. **Le bruit s'assoupit,** the sound died away.

assoupissant [asupisɑ̃], *a.* Soporific.

assoupissement [asupismɑ̃], *s.m.* **1.** Allaying, lulling (of pain). **2.** Drowsiness; dozing, slumber.

assoupl|ir [asupli:r], *v.tr.* To make supple; to supple. **A. du cuir,** to supple, soften, leather. *s.m.* **-issement.**

s'assouplir, to become supple.

assourd|ir [asurdi:r], *v.tr.* **1.** To make (s.o.) deaf; to deafen. **2.** (*a*) To deaden, damp, muffle (sound); to muffle (drum, bell). *Ling:* To unvoice (consonant). (*b*) To soften, subdue, tone down (light, colour). *s.m.* **-issement.**

s'assourdir, (of sound) to grow fainter, to die away; (of consonant) to become unvoiced.

assourdissant [asurdisɑ̃], *a.* Deafening.

assouv|ir [asuvi:r], *v.tr.* To sate, appease, satisfy (hunger, passion). **A. sa soif,** to slake, quench, one's thirst. *s.m.* **-issement.**

s'assouvir, to satiate, gorge, glut, oneself; to become sated (**de,** with).

assoy-ant, -ons, etc. See ASSEOIR.

assujetti [asyʒeti], *a.* Subject (**à,** to). **Être fort a.,** to be tied down to, by, one's duties.

assujett|ir [asyʒeti:r], *v.tr.* **1.** (*a*) To subdue, subjugate (province, etc.); to bring (province, etc.) into subjection. **A. ses passions,** to govern, curb, one's passions. (*b*) **A. qn à faire qch.,** to compel, oblige, s.o. to do sth. **2.** To fix, fasten (**à,** to); to make (sth.) fast, secure. *s.m.* **-issement.**

s'assujettir, to subject oneself (**à,** to). **S'a. à un régime de . . .,** to follow a strict diet of. . . .

assujettissant [asyʒetisɑ̃], *a.* Tying (work).

assumer [asyme], *v.tr.* To assume; to take upon oneself (right, responsibility, etc.). **A. son service,** to take up one's duties.

assurance [asyrɑ̃:s], *s.f.* **1.** Assurance. (*a*) (Self-) confidence. **Parler avec a.,** to speak with confidence. (*b*) **Avez-vous la pleine a. de le revoir?** are you perfectly sure you will see him again? **2.** (*a*) Making sure or safe. *A:* **En lieu d'a.,** in a place of safety. *Mount:* **Point d'a.,** belay. (*b*) *Com:* Insurance, assurance. **Police d'a.,** insurance policy. **Prime d'a.,** insurance premium. **A. sur la vie,** life assurance. **A. contre l'incendie,** fire-insurance. **A. chômage,** unemployment insurance. **Assurances sociales,** national insurance. **A. contre les accidents du travail,** workmen's compensation insurance. **A. vieillesse,** old-age pension scheme. **A. automobile,** car insurance. **A. aux tiers,** third-party insurance. **A. tous risques,** comprehensive insurance. **Courtier d'a.,** insurance broker.

assuré, -ée [asyre]. **1.** *a.* Firm, sure (step, voice, etc.); assured, confident (air, person); certain (cure); secure, safe (retreat). **Voix mal assurée,** unsteady voice. **A. de l'avenir,** assured of the future. **A. du succès,** confident of success. **2.** *s.* (*a*) *Ins:* Policy-holder. (*b*) *Adm:* Insured person. **A. social,** member of the National Insurance Scheme.

assurément [asyremɑ̃], *adv.* **1.** *A:* **Marcher a.,** to tread firmly. **2.** Assuredly, surely, undoubtedly, certainly. **A. non!** certainly not!

assur|er [asyre], *v.tr.* **1.** (*a*) To make (sth.) firm, steady; to fix, secure, fasten. *Mount:* To belay. (*b*) **A. un résultat,** to ensure a result; to make a result sure. **A. le service,** to ensure good service. **A. qch. à qn,** to assure, ensure, sth. to so. **S'a. qch.,** to secure sth. **2. A. qch. à qn; a. qn de qch.,** to assure s.o. of sth.; to vouch for sth. to s.o. **A. qn de son affection,** to assure s.o. of one's affection. **Je leur assurai que la chose était vraie,** I assured them that it was true. **Je lui assurai l'avoir vu,** I assured him that I had seen it. **3.** *Com:* To insure. **Se faire a. sur la vie,** to have one's life insured. *a.* **-able.**

s'assurer. 1. S'a. sur ses pieds, sur ses jambes, to take a firm stand. **2. S'a. de qch.,** to make sure, certain, of sth. **Je vais m'en a.,** I will go and see. **S'a. que** + *ind.*, to make sure, ascertain, that. . . . **3. S'a. de qch.,** to lay hold of, to make sure of, to secure, sth. **4.** *Com:* To get insured, to take out an insurance (**contre**, against).

assureur [asyrœːr], *s.m.* *Com:* Insurer.

Assyrie [as(s)iri]. *Pr.n.f.* *A.Geog:* Assyria.

assyrien, -ienne [as(s)irjɛ̃, -jɛn], *a. & s.* Assyrian.

astatique [astatik], *a.* Astatic (needle). **Système a.,** astatic pair.

aster [astɛːr], *s.m.* *Bot:* Aster. **A. (œil-du-Christ),** Michaelmas Daisy.

astérisque [asterisk], *s.m.* *Typ:* Asterisk.

astéroïde [asterɔid], *s.m.* *Astr:* **1.** Asteroid. **2.** Planetoid, minor planet.

asthénie [asteni], *s.f.* *Med:* Asthenia; debility.

asthénique [astenik], *a.* *Med:* Asthenic.

asthmatique [asmatik], *a.* Asthmatic(al).

asthme [asm], *s.m.* Asthma.

asticot [astiko], *s.m.* Maggot. *Fish:* Gentle. *P:* **C'est un drôle d'a.!** he's a queer chap!

asticoter [astikɔte], *v.tr.* *P:* To tease, worry; *F:* to rag, plague.

astigmate [astigmat], *a.* *Med:* *Opt:* Astigmatic.

astigmatisme [astigmatism], *s.m.* Astigmatism.

astiqu|er [astike], *v.tr.* To polish, furbish (belt, brass, etc.). *s.m.* **-age.**

s'astiquer, *F:* to trim oneself up.

astragale [astragal], *s.m.* **1.** Ankle-bone. **2.** *Arch:* Astragal (of column). **3.** *Bot:* Astragalus; milk-vetch.

astrak(h)an [astrakɑ̃], *s.m.* Astrak(h)an (fur).

astral, -aux [astral, -o], *a.* Astral (body, etc.).

astre [astr], *s.m.* Heavenly body; star. *Poet:* **L'a. du jour,** the sun. *F:* **Louer qn jusqu'aux astres,** to praise s.o. to the skies.

astreignant [astrɛɲɑ̃], *a.* Exacting (work).

astreignez, etc. See ASTREINDRE.

astreindre [astrɛ̃ːdr], *v.tr.* (*pr.p.* **astreignant**; *p.p.* **astreint**; *pr.ind.* **j'astreins, il astreint, n. astreignons**; *p.d.* **j'astreignais**; *p.h.* **j'astreignis**; *fu.* **j'astreindrai**) To compel, oblige; to tie down (**à un devoir,** to a duty). **Être astreint à faire qch.,** to be compelled, under compulsion, to do sth.

s'astreindre à un régime sévère, to keep to a strict diet.

astreinte [astrɛ̃ːt], *s.f.* *Jur:* Daily fine for delay in performance of contract, in payment of debt, etc.

astringence [astrɛ̃ʒɑ̃ːs], *s.f.* Astringency.

astringent [astrɛ̃ʒɑ̃], *a. & s.m.* Astringent.

astroïde [astrɔid], *s.f.* *Mth:* Astroid.

astro|logie [astrɔlɔʒi], *s.f.* Astrology. *a.* **-logique,** -logical. *adv.* **-logiquement.** *s.m.* **-logue,** -loger.

astronaute [astrɔnoːt], *s.m.* Astronaut. *F:* Space traveller.

astronautique [astrɔnotik], *s.f.* Astronautics, space travel.

astronef [astrɔnɛf], *s.m.* Space-ship.

astro|nome [astrɔnɔm], *s.m.* Astronomer. *s.f.* **-nomie,** -nomy. *a.* **-nomique,** -nomical. *adv.* **-nomiquement.**

astrophysique [astrɔfizik], **1.** *a.* Astrophysical. **2.** *s.f.* Astrophysics.

astuce [astys], *s.f.* **1.** Astuteness, artfulness, wiliness, craftiness, guile. **2.** Wile. **3.** *F:* Witticism. **Je ne saisis pas l'a.,** I don't see the point (of a joke). **4.** *F:* Gadget.

astucieu|x, -euse [astysjø, -øːz], *a.* Astute, artful, wily, guileful, deep, crafty. *adv.* **-sement.**

asymétrie [asimetri], *s.f.* Asymmetry.

asymétrique [asimetrik], *a.* Asymmetrical, unsymmetrical.

asymptot|e [asɛ̃ptɔt]. *Mth:* **1.** *a.* Asymptotic(al) (line, etc.). **2.** *s.f.* Asymptote. *a.* **-ique.**

asynchrone [asɛ̃krɔn], *a.* *Ph:* Asynchronous.

asynchronisme [asɛ̃krɔnism], *s.m.* *Ph:* Asynchronism.

atavique [atavik], *a.* Atavistic. *Biol:* **Retour a.,** throw-back.

atavisme [atavism], *s.m.* Atavism.

ataxie [ataksi], *s.f.* *Med:* Ataxy, ataxia; tabes.

ataxique [ataksik], *a.* *Med:* Ataxic, tabetic.

atelier [atɔlje], *s.m.* **1.** (*a*) (Work)shop, workroom. **A. de réparations,** repair-shop. **A. d'assemblage,** assembly shop. **A. de constructions navales,** shipyard. **Chef d'a.,** shop-foreman; overseer. (*b*) Studio (of artist). *Phot:* **Appareil d'a.,** studio camera. **2.** Shop-staff, work-room staff.

atermoiement [atɛrmwamɑ̃], *s.m.* **1.** *Com:* *Jur:* Arrangement with creditors for extension of time for payment; letter of respite. **A. d'une lettre de change,** renewal of a bill. **2.** *pl.* *F:* Delays, excuses; shilly-shally(ing).

atermoyer [atɛrmwaje], *v.tr.* (**j'atermoie, n. atermoyons; j'atermoierai**). **1.** *Com:* (*a*) To put off (payment). (*b*) To grant a respite for (payment). **2.** To put things off, to procrastinate.

athée [ate]. **1.** *a.* Atheistic(al). **2.** *s.* Atheist.

athéisme [ateism], *s.m.* Atheism.

athéistique [ateistik], *a.* Atheistic(al) (philosophy).

athénée [atene], *s.m.* **1.** Athenaeum. **2.** (In Switzerland and Belgium) Public secondary school.

Athènes [atɛn]. *Pr.n.f.* *Geog:* Athens.

athénien, -ienne [atenjɛ̃, -jɛn], *a. & s.* (*a*) Athenian. (*b*) *F:* Member of the *École française d'Athènes.*

athermane [atɛrman], **athermique** [atɛrmik], *a.* *Ph:* Athermanous; impervious to radiant heat.

athéromateux, -euse [aterɔmatø, -øːz]. *Med:* **1.** *a.* Atheromatous (degeneration of the arteries). **2.** *s.* Sufferer from atheromatosis.

athérome [aterɔm], *s.m.* *Med:* Atheroma.

athlète [atlɛt], *s.m.* Athlete.

athlétique [atletik], *a.* Athletic. *adv.* **-ment.**

athlétisme [atletism], *s.m.* Athleticism; athletics, *U.S:* track and field.

Atlantide (l') [latlɑ̃tid]. *Myth:* *Pr.n.f.* Atlantis.

atlantique [atlɑ̃tik], *a.* **L'océan A.,** *s.m.* **l'A.,** the Atlantic (Ocean). **Le littoral a.,** the Atlantic coastline.

Atlas [atlɑːs]. **1.** *Pr.n.m.* *Myth:* *Geog:* Atlas. **2.** *s.m.* (*a*) *Anat:* The atlas, the first cervical vertebra. (*b*) Atlas, book of maps.

atmosphère [atmɔsfɛːr], *s.f.* **1.** Atmosphere. **2.** *Ph:* (= Pressure of 30 inches of mercury) Atmosphere.

atmosphérique [atmɔsferik], *a.* Atmospheric. **Pression a.,** air-pressure. *W.Tel:* **Perturbations atmosphériques,** atmospherics; statics.

atoca [atɔka], *s.m.* *Bot:* *Fr.C:* Cranberry.

atoll [atɔl], *s.m.* *Geol:* Atoll; coral island; lagoon-reef.

atome [atoːm], *s.m.* *Ph:* Atom. *F:* **Atomes de poussière,** specks of dust. **Pas un a. de vérité,** not a jot, not an atom, of truth.

atomicité [atɔmisite], *s.f.* *Ch:* Atomicity, atomic value; valency.

atomique [atɔmik], *a.* **1.** Atomic. *Atom. Ph:* **Bombe a.,** atom, atomic, bomb. **Guerre a.,** atomic warfare. **Énergie a.,** atomic energy, nuclear power. **Avion à propulseur a.,** nuclear aircraft. **Pile a.,** atomic pile. **2.** *F:* Microscopic, very small.

atomiser [atɔmize], *v.tr.* To atomize, to spray (liquid). *F:* To smash to smithereens, to pulverize.

atomiseur [atɔmizœːr], *s.m.* Atomizer, spray.

atomisme [atɔmism], *s.m.* **1.** *Phil:* Atomism. **2.** *Atom.Ph:* The atomic theory.

atomiste [atɔmist], *s.m.* *Phil:* *Atom. Ph:* Atomist; believer in atomism.

atomistique [atɔmistik]. *Atom. Ph:* **1.** *a.* Atomic(al). **Théorie a.,** atomic theory. **2.** *s.f.* = ATOMISME 2.

atonal, -aux [atɔnal, -o], *a.* *Mus:* Atonal (music, composition). *s.f.* **-ité.**

atone [atɔn], *a.* **1.** Dull, vacant (look, life). **2.** Unstressed, atonic (syllable).
atonie [atɔni], *s.f.* *Med:* Atony, low physical condition.
atonique [atɔnik], *a.* *Med:* Atonic; lacking tone.
atour [atu:r], *s.m.* Usu. *pl.* *A. & Hum:* Finery; attire. **Parée de tous ses atours,** in fine array; decked out in all her finery.
atout [atu], *s.m.* **1.** *Cards:* Trump. **Jouer a.,** to play a trump; to play trumps. **Avoir tous les atouts, en main, dans son jeu,** to hold all the winning cards. **2.** *F:* **Recevoir un a.,** to receive a blow; to get badly hit.
atrabilaire [atrabilɛ:r]. *a.* Atrabilious.
âtre [ɑ:tr], *s.m.* Fireplace, hearth(-stone).
atroce [atrɔs], *a.* (*a*) Atrocious, heinous. (*b*) **Douleur a. à voir,** grief terrible to witness. **Douleur a.,** agonizing pain. *adv.* **-ment.**
atrocité [atrɔsite], *s.f.* **1.** Atrociousness. **2.** Atrocious act; atrocity.
atrophie [atrɔfi], *s.f.* *Med:* Atrophy.
atrophier [atrɔfje], *v.tr.* To atrophy (limb, intelligence).
s'atrophier, to atrophy; to waste (away).
atropine [atrɔpin], *s.f.* *Ch:* Atropine.
attabler (s') [satable], *v.pr.* To sit down to table.
attachant [ataʃɑ̃], *a.* **1.** That holds the attention; interesting (book); arresting (spectacle). **2.** Engaging, winning (personality).
attache [ataʃ], *s.f.* **1.** Fastening; tying up. **Chien d'a.,** house-dog. *Nau:* **Port d'a.,** home-port. **2.** Tie, fastener, fastening, attachment, tether. (*a*) Head-rope (of horse); leash, chain (of dog). *F:* **Être toujours à l'a.,** to be tied to one's duties. **Rompre une a.,** to break a tie, a connection (with a friend, etc.). (*b*) Paper fastener, clip. **Attaches à fermoirs,** snap fasteners (of gloves). (*c*) *Anat:* Attachment (of muscle). **A. du pied,** ankle-joint. **Membres aux fines attaches,** delicately jointed limbs.
attaché [ataʃe]. **1.** *a.* (*a*) Fastened, tied-up; chained (dog). (*b*) **Être a. à qn,** to be attached, devoted, to s.o. (*c*) **Il est a. à mes pas,** he dogs my footsteps. **Mon bonheur est a. au vôtre,** my happiness is bound up with yours. **2.** *s.m.* *Dipl: etc:* Attaché. **A. militaire,** military attaché.
attache-lettre [ataʃlɛtr], *s.f.* Paper-clip. *pl.* *Des attache-lettres.*
attachement [ataʃmɑ̃], *s.m.* **A. pour qn,** attachment, affection, for s.o. **A. à l'étude,** fondness for study. **A. à ses devoirs,** assiduity in one's duties.
attacher [ataʃe]. **1.** *v.tr.* To attach. (*a*) To fasten, bind; to tie (up). **A. un cheval,** to tie up a horse. **A. un chien à une chaîne,** to chain up, tie up, a dog. **A. deux feuilles ensemble avec de la colle,** to gum, stick, two sheets of paper together. (*b*) **A. de l'importance à qch.,** to attach importance to sth. **Spectacle qui attache l'attention,** spectacle that rivets the attention. (*c*) To make (s.o.) attached (to s.o., sth.). **Tout ce qui nous attache à la vie,** all that makes us cling to life. **2.** *v.i.* *Cu:* **Les pommes de terre ont attaché,** the potatoes have caught.
s'attacher. 1. (*a*) To attach oneself, to cling, stick (à, to); to fasten (à, on). **La poix s'attache aux doigts,** pitch sticks to the fingers. *F:* **S'a. aux pas de qn,** to dog s.o.'s footsteps. (*b*) **S'a. à qn,** to become fond of, attached to, s.o. **2. S'a. à une tâche,** to apply oneself to a task. **S'a. à remplir son devoir,** to stick to one's duty.
attaquant [atakɑ̃], *s.m.* Assailant, attacker.
attaque [atak], *s.f.* **1.** (*a*) Attack, onslaught, onset, onrush; hold-up (of a car, a train). **A. de front,** direct, frontal, attack. *Mil:* **A. aérienne,** air-attack; air-raid. **Lancer, déclencher, une a.,** to launch, start, an attack. **Diriger de violentes attaques contre qn,** to attack s.o. violently. *F:* **D'a.,** vigorously. **Il y va d'a.,** he goes at it tooth and nail. **Être d'a.,** (i) to have plenty of pluck, to be game, (ii) *Mil:* (of troops) to be fit. (*b*) *Med:* **A. de goutte,** attack of gout. **A. de fièvre, de grippe,** bout of fever, of influenza. **A. d'épilepsie,** epileptic fit. **A. d'apoplexie,** (apoplectic) stroke. **A. de nerfs,** fit of hysterics. **2.** *Mec.E:* **A. directe,** direct drive (of motor). *Av:* **Bord d'a.,** leading edge (of wing, propeller).
attaqu|er [atake], *v.tr.* **1.** To attack, assail (enemy, stronghold, etc.); to set upon (s.o.); (of acid) to attack (metal). **A. l'honneur de qn, a. qn dans son honneur,** to impeach s.o.'s honour. **Le poumon droit est attaqué,** the right lung is affected. **2.** To begin, *F:* to tackle, to wire into (meal, piece of work, etc.). *Cards:* **A. trèfle,** to lead clubs. **3.** (Of piece of mechanism) To drive, operate (another piece). *a.* **-able.**
s'attaquer à qn, à qch., to attack, tackle, s.o., sth. **S'a. à plus fort que soi,** to meet more than one's match. **S'a. à une difficulté,** to grapple with a difficulty.
attardé [atarde], *a.* **1.** Belated (traveller, etc.); late; behindhand. **2.** Behind the times. **3.** *s.m.* **Les attardés,** the mentally retarded.
attarder [atarde], *v.tr.* To keep (s.o.) late, beyond his time.
s'attarder, to linger, dally, loiter; to stay late; to stay up late; to lag behind. **S'a. en route,** to tarry on the way. **S'a. à faire qch.,** to stay beyond one's time, to stay too late, doing sth.
atteign-ant, -ez, etc. See ATTEINDRE.
atteindre [atɛ̃:dr], *v.* (*pr.p.* **atteignant**; *p.p.* **atteint**; *pr.ind.* **j'atteins, il atteint, n. atteignons**; *p.d.* **j'atteignais**; *p.h.* **j'atteignis**; *fu.* **j'atteindrai**) **1.** *v.tr.* To reach; to overtake; to attain. (*a*) **A. la ville,** to reach, get to, the town. **A. qn,** to catch s.o. up; to overtake s.o. **A. son but,** to attain, achieve, one's end. (*b*) **A. une boîte sur un rayon,** to reach for, get at, a box on a shelf. **Sa taille atteint six pieds,** he is six foot tall. (*c*) **A. le but,** to hit the target. **Ne pas a. le but,** to fall short of the mark. **A. qn d'une pierre,** to hit s.o. with a stone. **Être atteint (d'un coup de feu) au bras,** to be wounded, shot, in the arm. **Être atteint d'une maladie,** to be attacked by a disease; to catch or to have caught a disease. **Le poumon est atteint,** the lung is affected. **Malade encore légèrement atteint,** early case. **Gravement atteint par une faillite,** heavily hit by a bankruptcy. **Atteint dans son honneur,** wounded in his honour. **2.** *v.ind.tr.* **A. à qch.,** to reach, attain (to), sth.
atteinte [atɛ̃:t], *s.f.* **1.** Reach. **Hors d'a.,** beyond reach, out of reach. **Sa réputation est hors d'a.,** his reputation is unassailable. **2.** Blow, hit, stroke, attack. **Légère a. au bras,** slight blow or wound on the arm. **A. au crédit de qn,** blow to s.o.'s credit. **Sa santé n'a jamais eu d'a.,** his health has never been impaired. **Porter a. à l'honneur de qn,** to cast a slur on s.o.'s honour. **Porter a. aux intérêts de qn,** to interfere with, to injure, s.o.'s interests.
attelage [atla:ʒ], *s.m.* **1.** (*a*) Harnessing. (*b*) Way of harnessing. **A. à quatre,** four-in-hand. **2.** Team; pair (of horses, of oxen); yoke (of oxen). **3.** *Civ.E: etc:* Attachment. *Rail:* Coupling. **Chaîne d'a.,** draw-chain, coupling-chain.
attel|er [atle], *v.tr.* (**j'attelle, n. attelons**; **j'attellerai**) **1.** To harness, put to (horses, etc.); to yoke (oxen). **A. un cheval à une charrette,** to harness a horse to a cart. *F:* **Toujours attelé à son travail,** always hard at it. **2. A. une voiture,** to put horses to a carriage. **3.** *Rail:* **A. des wagons,** to couple (up) waggons. *a.* **-able.** *s.m.* **-lement.**
s'atteler à une tâche, to settle down to a task.
attelle [atɛl], *s.f.* *Surg:* Splint.
attenant [atnɑ̃], *a.* Contiguous (à, to); abutting (à, on); adjoining.
attendre [atɑ̃:dr], *v.tr.* **1.** To wait for (s.o., sth.), to await (s.o., sth.). **Qu'attendez-vous?** what are you waiting for? **A. la mort,** to await death. **J'attendrai mon heure,** I shall (a)bide my time. **Le sort qui l'attend,** the fate that is in store for him. **Aller a. qn à la gare,** to go to meet s.o. at the station. **Faire a. qn,** to keep s.o. waiting. **Se faire a.,** to be late. **Attendez donc!** wait a bit! **Attendez!** just a moment. **Ne m'attendez pas pour vous mettre à table,** don't wait for me to start dinner. **Ne rien perdre pour a.,** to lose nothing by waiting. *F:* **Il ne perdra rien pour a.,** he's got it coming to him. **Attendez de voir le résultat,** wait until you see the result. *F:* **Attendez voir,** let me see. **A. d'avoir soixante ans,** to wait till one is sixty. **A. que qn fasse qch.,** to wait for s.o. to do sth. **J'attendrai (jusqu'à ce) qu'il soit prêt,** I shall wait till he is ready. **En attendant,** meanwhile, in the meantime. **En attendant l'arrivée du courrier,** pending arrival of the mail. *Conj.phr.* **En attendant**

que + *sub.*, till, until; pending the time when. . . . **2.** To expect. **On l'attend la semaine prochaine,** he is expected to arrive next week, we are expecting him next week. **J'attends de vous aide et protection,** I look to you for assistance and protection. **3.** *v.i.* **Un plat qui n'attend pas,** a dish that won't stand keeping.

s'attendre. 1. S'a. à qch., to expect sth. **Je m'y attendais,** I thought as much. **Je ne m'attends pas à ce qu'il me réponde,** I do not expect him to answer me. **2.** *A:* **Ne t'attends qu'à toi seul,** rely only on yourself.

attendri [atɑ̃dri], *a.* Fond, compassionate (look); full of pity.

attendrir [atɑ̃dri:r], *v.tr.* **1.** To make (meat) tender, to tenderize (meat); to soften (vegetables). **2.** To soften (s.o.'s heart); to move (s.o.) to pity; to touch. **Il ne se laissa pas a.,** he would not relent.

s'attendrir. 1. (Of meat, etc.) To become tender. **2.** To be moved (to pity). **S'a. au spectacle de qch.,** to be softened, touched, moved to tears, at the sight of sth.

attendrissant [atɑ̃drisɑ̃], *a.* Moving, touching, affecting.

attendrissement [atɑ̃drismɑ̃], *s.m.* (Feeling of) pity; emotion.

attendu [atɑ̃dy]. **1.** (*a*) *prep.* Considering (the circumstances); owing to (the events); in consideration of (his services). (*b*) *Conj.phr.* **A. que** + *ind.*, considering that . . ., seeing that . . ., *Jur:* whereas. . . . **2.** *s.m.* **Les attendus (d'un jugement),** the reasons adduced.

attentat [atɑ̃ta], *s.m.* (Criminal) attempt; outrage. **Commettre un a. contre la vie de qn,** to make an attempt on s.o.'s life.

attentatoire [atɑ̃tatwa:r], *a.* *Jur:* **Action a. à la liberté,** action that is a challenge to, an attempt upon, liberty.

attente [atɑ̃:t], *s.f.* **1.** (*a*) Wait(ing). **Être dans l'a. de qch.,** to be waiting for sth. **Salle d'a.,** waiting room. **Liste d'a.,** waiting list. (*b*) *Surg:* **Ligature d'a.,** temporary ligature. **2.** Expectation(s), anticipation. **Contre toute a.,** contrary to all expectations. **Répondre à l'a. de qn,** to come up to s.o.'s expectations. **Être dans l'a. de qch.,** to be awaiting sth. **"Dans l'a. de votre réponse,"** 'awaiting your reply.'

attenter [atɑ̃te], *v.ind.tr.* To make an attempt (à, on, against). **A. à ses jours,** to attempt suicide.

attent|if, -ive [atɑ̃tif, -i:v], *a.* **1.** Attentive (à, to); heedful (à, of); careful. **A ces mots il devint a.,** at these words he pricked up his ears. **Il est a. à m'épargner toute peine,** he is careful to spare me all trouble. **2. Examen a.,** careful examination. *adv.* **-ivement.**

attention [atɑ̃sjɔ̃], *s.f.* Attention, care. (*a*) **A. suivie,** close attention. **Écouter avec a.,** to listen attentively. **Son a. à ne nous laisser manquer de rien,** his care that we should want for nothing. **Appeler, porter, attirer, l'a. de qn sur un fait, signaler un fait à l'a. de qn,** to call, draw, s.o.'s attention to a fact; to point out a fact to s.o. *Com:* **A l'a. de M.——,** (for the) attention of Mr.——. (Of object or fact) **Arrêter, retenir, l'a.,** to arrest, hold, engage, the attention. **Attirer l'a.,** to catch the eye; to be conspicuous. **Faire a. à qch.,** to pay attention to sth. **Ne faites pas a. à eux,** never mind them. **Faites a.!** take care! be careful! **A.!** look out! **A. à la peinture!** Mind the paint! **A. aux trains!** Beware of the trains! **Faites a. (à ce) que personne ne sorte,** take care that no one leaves the house. (*b*) **Être plein d'attentions pour qn,** to be full of attentions towards s.o.

attentionné [atɑ̃sjɔne], *a.* Attentive. **Être a. pour qn,** to be considerate, full of attentions, towards s.o.

attentisme [atɑ̃tism], *s.m.* Wait-and-see policy.

attentiste [atɑ̃tist]. **1.** *s.m. & f.* One who follows or advocates a wait-and-see policy. **2.** *a.* **Une tactique a.,** a waiting policy.

atténuant [atenɥɑ̃], *a.* *Jur:* Mitigating, extenuating, palliating (circumstance).

atténué [atenɥe], *a.* **1.** Attenuated, diminished. **2.** *Med:* (Of disease) mild. **3.** *Bot:* Tapered.

atténu|er [atenɥe], *v.tr.* **1.** (*a*) To attenuate, lessen, diminish, reduce; to tone down (colour); to dim, subdue (light); to mitigate (punishment, sentence). **A. une chute,** to break a fall. (*b*) *Phot:* To reduce (negative, etc.). **2.** To extenuate, palliate (offence). *s.f.* **-ation.**

s'atténuer, to lessen; (of light) to grow dimmer, softer; (of sound) to diminish, to grow softer.

atterrage [atɛra:ʒ], *s.m.* *Nau:* **1.** (*a*) Approach (to land); shoaling. (*b*) Landing-place. **2.** Landfall.

atterrant [atɛrɑ̃], *a.* Overwhelming, crushing, staggering (piece of news, etc.).

atterré [atɛre], *a.* Utterly crushed (by news). **Ils se contemplèrent atterrés,** they looked at each other in consternation.

atterrement [atɛrmɑ̃], *s.m.* Stupefaction, consternation.

atterrer [atɛre], *v.tr.* To overwhelm, astound, stupefy; to strike with consternation.

atterrir [ateri:r]. **1.** *v.i.* (*a*) *Nau:* To sight land; to make a landfall. (*b*) (Of boat) To ground, to run ashore. (*c*) *Av:* To alight, to land. **A. brutalement,** to crash. **2.** *v.tr.* To choke up, silt up (canal).

atterrissage [aterisa:ʒ], *s.m.* **1.** *Nau:* (*a*) Making (the) land; landfall. (*b*) Grounding (of boat); running ashore. **2.** *Av:* Landing, alighting. **A. forcé,** forced landing. **A. sur le ventre,** wheels-up landing, belly landing. **A. brutal,** heavy landing. **Terrain d'a.,** landing-ground.

atterrissement [atɛrismɑ̃], *s.m.* **1.** Alluvium, alluvial deposit. **2.** *Tg:* Landing, landing-point (of marine cable).

atterrisseur [atɛrisœ:r]. *Av:* **1.** *a.* **Train a.,** landing gear. **2.** *s.m.* Under-carriage.

attestation [atɛstasjɔ̃], *s.f.* Attestation; (doctor's) certificate. **A. sous serment,** affidavit.

attester [atɛste], *v.tr.* **1. A. qch.,** to attest, certify, sth.; to bear testimony, bear witness, testify, to sth. **A. que qch. est vrai,** to certify that sth. is true. **2. A. qn (de qch.),** to call s.o. to witness (to sth.). **J'en atteste les cieux,** I call heaven to witness.

atticisme [attisism], *s.m.* *Lit:* Atticism.

attiéd|ir [atjedi:r], *v.tr.* To make tepid, luke-warm. *s.m.* **-issement.**

s'attiédir, to grow lukewarm. **Son intérêt s'est attiédi,** his interest has cooled off.

attifement [atifmɑ̃], *s.m.* *Usu. Pej.* **1.** Dressing up. **2.** Get-up, rig-out.

attifer [atife], *v.tr.* *Usu. Pej:* To dress (s.o.) up **(de, in). Qui t'a attifée ainsi?** who ever got you up like that?

s'attifer, to dress oneself up; to bedeck oneself. **Comme la voilà attifée!** what a scarecrow!

attique [attik]. **1.** *a.* Attic, Athenian. **2.** *s.m.* *Arch:* Attic (storey). **3.** *Pr.n.f.* **L'A.,** Attica.

attirail [atira:j], *s.m.* **1.** Apparatus, gear; outfit; set (of tools, etc.). **A. de pêche,** fishing-tackle. **2.** *F:* Pomp, show.

attirance [atirɑ̃:s], *s.f.* Attraction **(vers,** to); lure (of pleasure, etc.). **L'a. du gouffre,** the lure, fascination, spell, of the abyss; the temptation to jump from a height.

attirant [atirɑ̃], *a.* Attractive, drawing (force, etc.); alluring, engaging (manners).

attir|er [atire], *v.tr.* **1.** (*a*) (Of magnet, etc.) To attract, draw. (*b*) **A. qch. à, sur, qn,** to bring sth. on s.o. **Les malheurs que cela m'a attirés,** the misfortunes that it brought upon my head. **A. la colère de qn sur qn,** to bring down s.o.'s wrath on s.o. **S'a. un blâme,** to incur a reprimand. **2. A. qn dans un piège,** to lure s.o. into a trap. **A. qn par des promesses,** to entice s.o. with promises. *a.* **-able.**

attisée [atize], *s.f.* *Fr.C:* Good fire, good blaze.

attis|er [atize], *v.tr.* To stir (up), poke (up) (fire). *F:* **A. les haines,** to stir up hatred. **A. le feu d'une passion,** to fan the ardour of a passion. *s.m.* **-age, -ement.** *s.* **-eur, -euse.**

attisoir [atizwa:r], *s.m.* **attisonnoir** [atizɔnwa:r], *s.m.* (*a*) Poker. (*b*) Firerake (for furnaces), prick-bar.

attitré [atitre], *a.* Regular, appointed, recognized; ordinary (agent).

attitude [atityd], *s.f.* **1.** Attitude, posture. **Être toujours en a.,** to be always posing. **A. hostile,** hostile attitude **(envers,** towards). **2.** Behaviour.

attouchement [atuʃmɑ̃], *s.m.* Touching, contact. **Guérir les écrouelles par a.,** to touch for king's evil.

attract|if, -ive [atraktif, -i:v], *a.* Attractive, drawing (power, force of magnet); gravitational (force).

attraction [atraksjɔ̃], *s.f.* **1.** (*a*) Attraction (of magnet, etc.). *Ph:* **A. universelle,** gravitation. (*b*) Attraction, attractiveness (of resort, person, etc.). **2.** *pl.* **Attractions,** *Th:* varieties; music-hall show. S.a. PARC 2.
attractivité [atraktivite], *s.f. Ph:* Attractivity, attractive power.
attrait [atrɛ], *s.m.* (*a*) Attraction, lure; attractiveness, allurement. **L'a. de la mer,** the appeal of the sea. **Les attraits d'une carrière dans le commerce,** the inducements of a business career. **Dépourvu d'a.,** unattractive. (*b*) Inclination. **Se sentir de l'a. pour qn,** to feel a liking, a sympathy, for s.o.
attrapade [atrapad], *s.f. F:* Quarrel; set-to.
attrapage [atrapa:ʒ], *s.m. F:* **1.** Wigging, reprimand. **2.** = ATTRAPADE.
attrape [atrap], *s.f.* (*a*) Trap, snare (for birds, etc.). (*b*) *F:* Trick, hoax, catch. **Faire une a. à qn,** to play a trick on s.o.; to take s.o. in.
attrape-mouches [atrapmuʃ], *s.m.inv.* **1.** Fly-trap, fly-paper. **2.** *Bot:* Fly-catcher.
attrape-nigaud [atrapnigo], *s.m. F:* Booby-trap. *pl. Des attrape-nigauds.*
attraper [atrape], *v.tr.* To catch. **1.** (*a*) To trap, (en)snare (animal). (*b*) **A. qn,** to trick, cheat, s.o.; to take s.o. in. **Attrapé!** sold again! **2.** (*a*) To seize (ball, thief, idea). **Attrape!** take that! (*b*) **Une pierre l'a attrapé au front,** a stone hit him on the forehead. (*c*) **A. froid,** to catch a chill. **A. un rhume,** to catch cold. (*d*) **A. qn à faire qch.,** to catch s.o. doing sth. (*e*) *F:* **A. qn,** to scold s.o.; to give s.o. a good talking-to.
s'attraper. 1. S'a. à qch., to hit against, to be caught by, on, sth. **S'a. à la jambe,** (i) to knock, hit, one's leg, (ii) to get one's leg caught. **2. S'a. à qn,** to tackle, attack, s.o.; *F:* **s'a. avec qn,** to have a row with s.o.
attrapeur, -euse [atrapœ:r, -ø:z], *s.* **1.** (*a*) Deceiver, trickster. (*b*) Grabber, cadger, sponger. **2.** *s.m. Sp:* Catcher (at base-ball).
attrapoire [atrapwa:r], *s.f.* **1.** *Ven:* Trap, snare, pitfall. **2.** *F:* Trick, take-in, catch.
attrayant [atrɛjɑ̃], *a.* Attractive, engaging, alluring. **Peu a.,** unattractive.
attribu|er [atribɥe], *v.tr.* **1.** To assign, allot (à, to). **A. un rôle à qn,** to cast s.o. for a part. **2.** To attribute, ascribe (fact, book) (**à,** to); to impute (crime, mistake) (**à,** to); to put down, set down, ascribe (sth. to a cause). **3.** *v.pr.* **S'a. qch.,** to assume, claim, lay claim to, sth. *a.* **-able.**
attribut [atriby], *s.m.* **1.** Attribute. **2.** *Log: Gram:* Predicate; complement. **Adjectif a.,** predicative adjective.
attributaire [atribytɛ:r], *s.m. & f. Jur:* Assign. *Fin:* Allottee.
attributif, -ive [atribytif, -i:v], *a.* Predicative.
attribution [atribysjɔ̃], *s.f.* **1.** Assigning, attribution, attributing, ascription (à, to); allocation, allocating (of duties, etc.); awarding. **L'a. des bourses de voyage,** the awarding of travelling scholarships. **2.** *Usu. pl.* (*a*) Prerogative; powers. **Cela rentre dans ses attributions,** this lies within his competence, his province. (*b*) Sphere of duties; functions. **3.** *Gram:* **Complément d'a.,** predicative complement.
attristé [atriste], *a.* Sad (face); sorrowful (look).
attrist|er [atriste], *v.tr.* (*a*) To sadden, grieve. (*b*) To give a gloomy appearance to (sth.). *a.* **-ant.**
s'attrister, to grow sad.
attrition [atrisjɔ̃], *s.f.* Attrition; abrasion; wearing away.
attroupement [atrupmɑ̃], *s.m.* Unlawful assembly; *F:* mob.
attrouper [atrupe], *v.tr.* To gather (mob, etc.) together.
s'attrouper, to gather into a mob.
au [o] = à le. See À and LE.
aubade [obad], *s.f.* **1.** *Mus:* Aubade; morning concert. **2.** *Iron: F:* Catcalling.
aubaine [obɛn], *s.f.* Windfall, godsend. *Fr.C: F:* Bargain.
aube[1] [o:b], *s.f.* **1.** Dawn. **A l'a. (du jour),** at dawn; at break of day, at daybreak. **2.** *Ecc:* Alb.
aube[2], *s.f.* (*a*) Paddle, blade, float(-board) (of wheel). **Roue à aubes,** paddle-wheel. (*b*) Blade (of turbine); vane (of fan).
aubépine [obepin], *s.f. Bot:* Hawthorn, whitethorn, may-bush. **Fleurs d'a.,** may.
aubère [obɛ:r], *a. & s.m.* Red-roan (horse).
auberge [obɛrʒ], *s.f.* (*a*) Inn. (*b*) **Auberge de la jeunesse,** youth hostel.
aubergine [obɛrʒin]. **1.** *s.f. Bot: Hort:* Aubergine, egg-plant. **2.** *a.inv.* Aubergine purple (colour); bishop's purple.
aubergiste [obɛrʒist], *s.m. & f.* Innkeeper.
aubette [obɛt], *s.f.* (*In Belgium*) Newspaper kiosk.
aubier [obje], *s.m. Bot:* Sap-wood.
aucun, -une [okœ̃, -yn]. **1.** *pron.* (*a*) Anyone, any. **Il travaille plus qu'a.,** he works more than anyone. (*b*) (With implied negation) **De vos soi-disant amis, a. interviendra-t-il?** will any of your so-called friends intervene? (*c*) (With negation expressed or understood) (i) No one, nobody. *Prov:* **A. n'est prophète chez soi,** no man is a prophet in his own country. (ii) None, not any. **Je ne me fie à a. d'entre eux,** I don't trust any of them. (*d*) *pl. Lit:* Some people, some folk. **Aucuns, d'aucuns, prétendent qu'il est encore en vie,** some (people) maintain that he is still alive. **2.** *a.* (*a*) Any. **Un des plus beaux livres qui aient été écrits sur a. sujet,** one of the finest books that have been written on any subject. (*b*) (With negation expressed or understood) **Vendre qch. sans a. bénéfice,** to sell sth. without any profit. **Le fait n'a aucune importance,** the fact is of no importance. **3.** *a. pl. Lit: A:* **D'aucunes fois . . .,** sometimes. . . .
aucunement [okynmɑ̃], *adv.* **1.** (With implied negation) In any way, at all. **Le connaissez-vous a.?** do you know him at all? **2** (With negation expressed or understood) In no way, in no wise; not at all; by no means; not in the slightest; not in the least. **Je ne le connais a.,** I don't know him at all. **Sans a. vouloir critiquer . . .,** without in any way wishing to criticize. . . .
audace [odas], *s.f.* Audacity, audaciousness. **1.** Boldness, daring. **Son a. à attaquer,** his boldness in attacking, in attack. **N'ayez pas l'a. de le toucher!** don't you dare touch him! **2.** Impudence. **Vous avez l'a. de me dire cela!** you have the face to tell me that! **Son a. à mentir, dans le mensonge,** his brazen lying.
audacieu|x, -euse [odasjø, -ø:z], *a.* Audacious. **1.** Bold, daring. **Homme a. à faire qch.,** man bold to do sth. **2.** Impudent; brazen (lie, etc.). **Vêtement a.,** daring costume. *adv.* **-sement.**
au-deçà [odsa], *adv.* **au-dedans** [od(ə)dɑ̃], *adv.* **au-dehors** [odəɔ:r], *adv.* **au-delà** [odla], *adv.* See DEÇÀ, DEDANS, DEHORS, DELÀ.
au-dessous [odsu], *adv.* **1.** (*a*) Below (it); underneath. **Sur la table et a.-d.,** on the table and below it. **Les locataires a.-d.,** the tenants below. (*b*) **Les enfants âgés de sept ans et a.-d.,** children of seven years and under. **2.** *Prep.phr.* **A.-d. de.** (*a*) Below, under. **A.-d. du genou,** below the knee. **Les locataires a.-d. de nous,** the tenants below us. **Quinze degrés a.-d. de zéro,** fifteen degrees below zero. **Il est a.-d. de lui de se plaindre,** it is beneath him to complain. (*b*) **Épouser qn a.-d. de soi,** to marry beneath one. (*c*) **A.-d. de cinq ans,** under five (years of age). **Quantités a.-d. de 30 kilos,** quantities of less than 30 kilos. (*d*) **Son travail était a.-d. de mon attente,** his work fell short of my expectation.
au-dessus [odsy], *adv.* **1.** (*a*) Above (it). **Une cour avec un vitrage a.-d.,** a court with a glazed roof over it. (*b*) **Mille francs et a.-d.,** a thousand francs and upwards. **2.** *Prep.phr.* **A.-d. de.** (*a*) Above. **Il a son nom a.-d. de la porte,** his name is above the door, over the door. **Nous demeurons l'un a.-d. de l'autre,** we live one above the other. **Les avions volaient a.-d. de nos têtes,** the planes were flying overhead. **Il est a.-d. de cela,** he is above doing such a thing. (*b*) **A.-d. de cinq ans,** over five (years of age). (*c*) **A.-d. de tout éloge,** beyond all praise. **La tâche est a.-d. de leurs forces,** the task is too much for them.
au-devant [odvɑ̃], *adv.* (Used only in such phrases as) **Aller, courir, se jeter, a.-d. 1. Quand il y a du danger, je vais a.-d.,** when there is danger ahead, I go to meet it. **2.** *Prep.phr.* **A.-d. de.** (*a*) **Aller, courir, a.-d. de qn,** to go, run, to meet s.o. **Aller a.-d. des désirs de qn,** to anticipate s.o.'s wishes. (*b*) **Aller a.-d. d'un danger,**

to provide against a danger. (*c*) **Aller a.-d. d'une défaite,** to court failure.

aud|ible [odibl], *a.* Audible. *s.f.* **-ibilité.**

audience [odjɑ̃:s], *s.f.* (*a*) Hearing. (*b*) (Of king) **Tenir une a.,** to hold an audience. (*c*) *Jur:* Hearing (by the court); sitting, session, court. **Plaider en a. publique,** to plead in open court. **Lever l'a.,** to close the session, the sitting. (*d*) *Pol: Th: W.Tel: T.V: etc:* Public.

audiencier [odjɑ̃sje], *a. & s.m. Jur:* **(Huissier) a.,** court crier, usher.

audio-oral [odjoɔral], *a.* Audio-lingual.

audio-visuel, -elle [odjovizuel], *a.* Audio-visual.

audit [odi]. See LEDIT.

auditeur, -trice [oditœ:r, -tris], *s.* Hearer, listener. **Les auditeurs,** the audience. *W.Tel:* **Programme des auditeurs,** request programme.

auditif, -ive [oditif, -i:v], *a. Anat:* Auditory (nerve).

audition [odisjɔ̃], *s.f.* **1.** Hearing (of sounds); audition. **2.** (*a*) **A. musicale,** (private) musical recital. *W.Tel:* **Auditions musicales,** broadcast concerts. **Auditions du jour,** to-day's broadcasting. (*b*) Trial hearing (of singer, etc.). (*c*) *Jur:* **A. des témoins,** hearing of the witnesses.

auditionner [odisjɔne], *v.tr. F:* To audition. *v.i.* To have an audition.

auditoire [oditwa:r], *s.m.* **1.** Auditorium, auditory. **2.** Audience (assembly of listeners). *Ecc:* Congregation.

auditorium [oditɔrjɔm], *s.m.* (*a*) Auditorium. (*b*) (Broadcasting) studio.

auge [o:ʒ], *s.f.* (*a*) Feeding-trough. **A. d'écurie,** manger. (*b*) **A. à mortier,** mortar-trough.

augée [oʒe], *s.f.* Troughful, mangerful.

auget [oʒɛ], *s.m.* **1.** (Small) trough. **A. d'une cage,** seed-trough of a bird-cage. **2.** Bucket (of water-wheel). **Roue à augets,** bucket-wheel, overshot wheel.

Augias [oʒjɑ:s]. *Pr.n.m. Gr.Myth:* Auge(i)as. **Les écuries d'A.,** the Augean stables.

augmentation [ɔgmɑ̃tasjɔ̃], *s.f.* **1.** Increase, augmentation, enlargement. *Mth:* Increase (of function, etc.). **A. de gages,** increase, rise in wages. **A. de prix,** increase, advance in prices. **Être en a.,** to be on the increase. **2.** *Mus:* Augmentation. **3.** *Knitting:* **Faire une a.,** to make a stitch, to make one.

augment|er [ɔgmɑ̃te]. **1.** *v.tr.* To increase, augment. **A. sa maison,** to enlarge one's establishment. **A. ses terres,** to extend, add to, one's estate. **Édition augmentée,** enlarged edition. **A. le prix de qch.,** to raise, advance, put up, the price of sth. **A. qn,** to raise, increase, s.o.'s salary, wages, or rent. **2.** *v.i.* To increase. **Le crime augmente beaucoup,** crime is on the increase. **La rivière a augmenté,** the river has risen. **Tout a, est, augmenté de prix,** everything has risen in price. *a.* **-able.**

s'augmenter, to increase.

augure¹ [ɔgy:r, o-], *s.m. Rom.Ant:* Augur.

augure², *s.m.* Augury, omen. **Prendre les augures,** to take the auguries. **De bon a.,** auspicious. **De mauvais a.,** ominous. **Oiseau de mauvais a.,** bird of ill omen.

augurer [ɔgyre, o-], *v.tr.* To augur, forecast. **A. bien de qch.,** to augur well of sth. **Qu'en augurez-vous?** what do you think will come of it?

Auguste¹ [ɔgyst, o-]. **1.** *Pr.n.m.* Augustus. *Lit:* **Le Siècle d'A.,** the Augustan Age. **2.** *s.m.* **L'a.,** clown (at circus).

auguste², *a.* August, majestic. *adv.* **-ment.**

Augustin [ɔgystɛ̃]. **1.** *Pr.n.m.* Augustine. **2.** *a. & s.m. Ecc:* Augustinian (friar). **Les Augustins,** the Austin friars.

Augustine [ɔgystin]. **1.** *Pr.n.f.* Augusta. **2.** *a. & s.f. Ecc:* Augustinian (nun).

aujourd'hui [oʒurdɥi], *adv.* Today. **Cela ne se pratique plus a.,** this is not done nowadays. **D'a. en huit, en quinze,** today week, fortnight. **Il y a a. huit jours,** a week ago today.

aulnaie [onɛ], *s.f.* = AUNAIE.

aulne [o:n], *s.m.* = AUNE¹.

aumône [omo:n, -ɔn], *s.f.* Alms. **Faire l'a. à qn,** to give alms to s.o. **Donner qch. en a. à qn,** to give s.o. sth. out of charity. **Réduit à l'a.,** reduced to beggary. **Vivre d'a.,** to live on charity.

aumônerie [omonri], *s.f.* (*a*) Chaplaincy. (*b*) Chaplain's residence.

aumônier [omonje], *s.m.* **1.** Almoner. **2.** Chaplain. **A. militaire,** army chaplain; padre.

aunaie [onɛ], *s.f.* Plantation of alders.

aune¹ [o:n], *s.m. Bot:* Alder.

aune², *s.f. A:* Ell. *F:* **Figure longue d'une a.,** face as long as a fiddle. **Mesurer les autres à son a.,** to judge others by oneself.

auparavant [oparavɑ̃], *adv.* Before(hand), previously. **A. il faut s'assurer de . . .,** first we must make sure of. . . . **L'année d'a.,** the year before. **Un moment a.,** a moment before.

auprès [oprɛ], *adv.* **1.** (*a*) Close to. **Voilà l'église, la maison est tout a.,** there is the church, the house is close to it, hard by. (*b*) **Il n'y a rien à mettre a.,** there is nothing to be compared with it. **2.** *Prep.phr.* **A. de.** (*a*) Close to, (hard) by, close by, beside, near. **Tout a. de qch.,** close beside sth. **Ambassadeur a. du roi de Suède,** Ambassador to the King of Sweden, at the Court of Sweden. **Il vit a. de ses parents,** he lives with his parents. (*b*) **Agir a. de qn,** to use one's influence with s.o. **Être bien a. de qn,** to be in favour with s.o. **Il cherche à me nuire a. de vous,** he is trying to set you against me. (*c*) (With motion) **Admettre qn a. de qn,** to admit s.o. into s.o.'s presence. (*d*) Compared with, in comparison with. **Nous ne sommes rien a. de lui,** we are (as) nothing beside him.

auquel [okɛl]. See LEQUEL.

aur-a, -ai, -ons. See AVOIR.

aura [ɔra], *s.f. Med: Psy: etc:* Aura.

auréolaire [ɔreɔlɛ:r], *a.* Like a halo.

auréole [ɔreɔl], *s.f.* **1.** (*a*) Aureola, aureole, glory, halo (of saint). (*b*) Halo (of moon). **2.** *Phot:* Halated patch.

auréolé [ɔreɔle], *a.* Haloed (martyr, etc.).

auréoler [ɔreɔle], *v.tr.* To surround with a halo; to halo.

auréomycine [ɔreɔmisin], *s.f. Med:* Aureomycin.

auriculaire [ɔrikylɛ:r]. **1.** *a.* Auricular (confession, etc.). **Témoin a.,** ear-witness. **2.** *s.m.* The little finger.

auricule [ɔrikyl], *s.f.* **1.** *Anat: Bot:* Auricule (of heart, petal). **2.** *Bot:* Auricula. **3.** *Moll:* Auricula.

aurifère [ɔrifɛ:r], *a.* Auriferous, gold-bearing. **Champ a.,** gold-field.

aurifi|er [ɔrifje], *v.tr.* (*pr. sub. & p.d.* **n. aurifiions, v. aurifiiez)** *Dent:* To stop, fill, (teeth) with gold. *s.f.* **-cation.**

Aurigny [ɔriɲi]. *Pr.n.m. Geog:* Alderney.

aurique [ɔrik], *a. Nau:* Fore-and-aft (sail).

auriste [ɔrist], *s.m. Med:* Ear specialist.

aurochs [ɔrɔks], *s.m. Z:* Aurochs; wild ox.

aurore [ɔrɔ:r]. **1.** *s.f.* (*a*) Dawn, day-break; break of day. **Beauté à son a.,** budding beauty. (*b*) **A. boréale,** aurora borealis; northern lights. **2.** *Pr.n.f. Myth:* Aurora.

auscult|er [ɔskylte], *v.tr. Med:* To examine (s.o.) by auscultation; to sound (patient). *s.f.* **-ation.**

auspice [ɔspis], *s.m.* Usu. *pl.* (*a*) *Rom. Ant:* Auspice. **Prendre les auspices,** to take the auspices. (*b*) Omen, presage. **Mauvais a.,** ill omen. **L'année commence sous de riants auspices,** the year begins auspiciously. **Faire qch. sous les auspices de qn,** to do sth. under s.o.'s patronage, under the auspices of s.o.

aussi [osi]. **1.** *adv.* (*a*) As (in comparative sentences). **Pas a.,** not so, not as. **Il est a. grand que son frère,** he is as tall as his brother. **Il n'est pas a. grand que vous,** he is not as tall as you. **Vous ne le connaissez pas a. bien que moi,** you don't know him as well as I do. (*b*) So. **Après avoir attendu a. longtemps,** after waiting so long, for such a long time. (*c*) (i) Also, too. **Vous venez a.,** you are coming too. (ii) So. **Moi a.,** so can I, so do I, so shall I, so did I, etc. **J'ai froid.—Moi a.,** I am cold.—So am I. (*d*) *Conj.phr.* **A. bien que,** as well as; (both) . . . and. . . . **Aristote, a. bien que Platon, affirme(nt) que . . .,** Aristotle, as well as Plato, asserts that. . . . (The *pl.* concord is the more usual). **2.** *conj.* (*a*) Therefore, consequently, so. **La vie est chère ici, a. nous devons, a. devons-nous, économiser,** living is dear here, so (that), consequently, we have to economize. **C'est a. que,** the fact is that; but then. . . . (*b*) **A. bien,** moreover, for that matter, in any case, besides; and, as a matter of fact, though. **Venez comme vous êtes; a. bien**

personne ne fait de toilette, come as you are; for that matter, as a matter of fact, no one is dressing.

aussitôt [osito]. **1.** *adv.* (*a*) Immediately, directly, at once, forthwith. **A. dit, a. fait,** no sooner said than done. **A. après,** immediately after. (*b*) *Conj.phr.* **A. que** + *ind.*, as soon as. **Il se repentit de ses paroles a. qu'il les eut prononcées,** he repented (of) his words as soon as he had uttered them. **2.** *prep.* **A. son départ, je reviens,** as soon as he is gone I shall come back.

auster [ɔstɛr], *s.m.* The South Wind.

austère [ɔstɛːr], *a.* Austere (life); severe (style); stern (countenance). *adv.* **-ment.**

austérité [ɔsterite], *s.f.* Austerity. **1.** Austereness, strictness, sternness. **2. Pratiquer des austérités,** to practise austerities.

austral, -als, -aux [ɔstral, -o], *a.* Austral, southern (hemisphere, etc.).

Australasie [ɔstralazi]. *Pr.n.f. Geog:* Australasia.

australasien, -ienne [ɔstralazjɛ̃, -jɛn], *a. & s. Geog:* Australasian.

Australie [ɔstrali]. *Pr.n.f.* Australia. **L'A. Méridionale,** South Australia. **L'A. Occidentale,** Western Australia.

australien, -ienne [ɔstraljɛ̃, -jɛn], *a. & s.* Australian. *Geog:* **Grande Baie Australienne,** Great Australian Bight.

autan [otɑ̃], *s.m. Poet:* South wind. **Braver les autans,** to brave the elements.

autant [otɑ̃], *adv.* **1.** (*a*) As much, so much; as many, so many. **Je ne le savais pas a. respecté,** I did not know he was so much respected. **A. ça qu'autre chose,** I don't really care which, six of one and half a dozen of the other. **A. en emporte le vent,** it is all idle talk. **Il a cinq voitures, tout le monde n'en a pas a.,** he keeps five cars, not everybody has so many. **Je consens mais à charge d'a.,** I consent but on condition that I may do as much for you. **A. vous l'aimez, a. il vous hait,** he hates you as much as you love him. **Tout a.,** quite as much; quite as many. **Encore a., une fois a.,** twice as much; as much again; as many again. **Il se leva, j'en fis a.,** he got up and I did the same. (*b*) (i) **A. vaut. Le travail est fini ou a. vaut,** the work is as good as finished. **A. vaut rester ici,** we may as well stay here. **A. vaudrait dire que . . .,** one might as well say that. . . . (ii) (With ellipsis of **valoir**) **Ils ont a. dire accepté,** they have practically accepted. **A. dire mille francs,** we might as well say a thousand francs. **A. ne rien faire du tout,** we might as well do nothing at all. S.a. AIMER 1. **2. A. que.** (*a*) As much as, as many as. **Faites-en a. que vous pourrez,** do as much as you can. **Il est a. à craindre qu'elle,** he is as much to be feared as she is. **L'homme n'est responsable qu'a. qu'il est libre,** man is responsible only insomuch as he is free. **Venez tous, a. que vous soyez,** come all of you, however many you may be. (*b*) As far as, as near as. **A. que j'en puis juger,** as far as I can judge. **(Pour) a. que, d'a. que, je puisse m'en souvenir, a. qu'il m'en souvienne,** as far, as near, as I can remember; to the best of my recollection. S.a. SAVOIR 2. **Pour a. que nous désirions vous aider . . .,** much as we desire to help you. . . . **3. A. de,** as much, as many, so much, so many. (*a*) **Ils ont a. de terrain, a. d'amis, que vous,** they have as much ground, as many friends, as you. **Se battre avec a. d'audace que d'habileté,** to fight with no less daring than skill. **Ce sont a. de (voleurs, etc.),** they are nothing better than a pack of (thieves, etc.). (*b*) **Ce sera a. de moins à payer,** it will be so much the less to pay. **C'est a. de fait,** it is so much done. **C'est a. de gagné,** it is so much to the good. **4. D'a.** (*a*) *A:* **Nous mangeâmes comme quatre et bûmes d'a.,** we ate ravenously and were not behind with the drink. *Conj.phr.* **D'a. que . . ., d'a. plus que . . .,** more especially as. . . . **Vous devriez aller en Nouvelle-Zélande, d'a. (plus) que vous êtes riche,** you ought to go to New Zeland, (more) especially as you are well-to-do. (*b*) **D'a. plus, moins,** (all, so much) the more, the less. **Je l'en aime d'a. plus,** I like him (all) the better for it. **Ses défauts me le rendent d'a. plus cher,** I love him all the better for his faults. (*c*) **D'a. plus, moins, . . . que . . .,** (all) the more, the less, . . . as. . . . **J'en suis d'a. plus surpris que . . .,** I am all the more surprised as. . . . **Les aiguilles sont d'a. meilleures que leur pointe est plus fine,** the sharper the point the better the needle. **On attache d'a. plus de prix aux joies de la vie qu'elles sont moins nombreuses,** the fewer the joys of life the more we value them. **Je le conçois d'a. mieux que . . .,** I can understand it all the better because . . . **5. Pour a.,** for all that.

autarchie [otarʃi], *s.f.* Autarchy.

autarchique [otarʃik], *a.* Autarchic(al).

autarcie [otarsi], *s.f.* Autarky, national self-sufficiency.

autel [otɛl], *s.m.* Altar. **A. improvisé,** table altar. **Maître a.,** high altar.

auteur [otœːr], *s.m.* **1.** Author, perpetrator (of crime); promoter (of scheme). **A. d'un procédé,** originator of a process. **A. d'un accident,** party at fault in an accident. **Être l'a. de la ruine de qn,** to be the cause of s.o.'s downfall. **Les auteurs de nos jours,** our progenitors. **L'a. de ses jours,** his father. **2.** Author, writer (of book); composer (of song); painter (of picture). **Femme a.,** authoress. **Droit d'a.,** copyright. **Droits d'a.,** royalties. **Un droit d'a. de 10%,** a royalty of 10%.

authenticité [otɑ̃tisite], *s.f.* Authenticity, genuineness.

authentifier [otɑ̃tifje], *v.tr.* (*pr. sub. & p.d.* **n. authentifiions, v. authentifiiez**) = AUTHENTIQUER.

authentique [otɑ̃tik], *a.* Authentic, genuine. **C'est un fait a.,** it's a positive fact. *adv.* **-ment.**

authentiquer [otɑ̃tike], *v.tr.* To authenticate, certify, legalize (document, etc.).

auto- [otɔ], *pref.* **1.** Auto-. **Autocéphale,** autocephalous (bishop, etc.). **2.** Self-. **A.-équilibrant,** self-balancing. **3.** Motor-.

auto [ɔto, o-], *s.f. F: O:* (= AUTOMOBILE) (Motor)car. **A. de tourisme,** touring-car. **Je suis venu avec l'a., en a.,** I came in the car, by car. **Faire de l'a.,** to go in for motoring. **Aller en a. jusqu'à Paris,** to motor to Paris.

auto-allumage [otɔalymaːʒ], *s.m. I.C.E:* **1.** Self-ignition. **2.** Pre-ignition, *F:* pinking.

autobiographe [otɔbjɔgraf], *s.m.* Autobiographer.

autobiographie [otɔbjɔgrafi], *s.f.* Autobiography.

autobiographique [otɔbjɔgrafik], *a.* Autobiographic(al).

autobus [otɔbyːs], *s.m. Aut:* Bus.

autocar [otɔkaːr], *s.m.* (Motor)coach, (country) bus.

autochenille [otɔʃniːj], *s.f.* (*a*) Caterpillar-tractor. (*b*) Half-track vehicle.

autochromie [otɔkrɔmi], *s.f.* Colour photography.

autochtone [otɔktoːn, -tɔn]. **1.** *a.* Autochthonal, autochthonous (race, etc.). **2.** *s.* Autochthon.

autoclave [otɔklaːv], *s.m.* **1.** (*a*) *Ch: Ind:* Autoclave; digester. (*b*) Sterilizer. (*c*) *Cu:* Pressure cooker. **2.** Manhole lid.

autocopie [otɔkɔpi], *s.f.* **1.** Manifolding (of circulars, etc.); multi-copying (by any method). **2.** (Duplicated) copy.

autocopier [otɔkɔpje], *v.tr.* To duplicate (circulars, etc.).

autocopiste [otɔkɔpist], *s.m.* Manifolding-, duplicating-machine.

autocrate [otɔkrat]. **1.** *s.m.* Autocrat. **2.** *a.* Autocratic.

autocratie [otɔkrasi], *s.f.* Autocracy.

autocratique [otɔkratik], *a.* Autocratic. *adv.* **-ment,** -ally.

autocritique [otɔkritik], *s.f.* Self-criticism.

auto-cuiseur [otokɥizœːr], *s.m. Dom.Ec:* Pressure-cooker. *pl. Des auto-cuiseurs.*

autodafé [otɔdafe], *s.m. Hist:* Auto-da-fé.

autodébrayage [otodebrɛjaːʒ], *s.m. Aut:* Automatic clutch.

autodéfense [otɔdefɑ̃ːs], *s.f.* Self-defence.

autodestruction [otɔdɛstryksjɔ̃], *s.f.* Self-destruction.

autodétermination [otodetɛrminasjɔ̃], *s.f. Pol:* Self-determination.

autodidacte [otɔdidakt]. **1.** *a.* Self-taught. **2.** *s.* Autodidact.

autodrome [otɔdrɔm, -droːm], *s.m.* Motor-racing track.

auto-école [otoekɔl], *s.f.* School of motoring. *pl. Des auto-écoles.*

autogare [otogaːr], *s.f.* Coach station; bus station.

autogène [otɔʒɛn], *a.* Autogenous. See also SOUDURE 1.

autogire [otoʒiːr], *s.m. Av:* Autogiro.

autographe [otɔgraf]. **1.** *a.* Autograph(ic) (letter, etc.). **2.** *s.m.* Autograph.
autographier [otɔgrafje], *v.tr.* To autograph.
autographique [otɔgrafik], *a.* Autographic. *Lith:* Encre a., transfer-ink.
autogreffe [otogrɛf], *s.f.* *Surg:* Autograft.
auto-guidage [otogida:ʒ], *s.m.* **(Retour par) a.-g.,** homing. **Cellule d'a.-g.,** homing eye.
auto-guidé [otogide], *a.* Self-directional.
autogyre [otɔʒi:r], *s.m.* *Av:* = AUTOGIRE.
auto-inductance [otɔɛ̃dyktɑ̃:s], *s.f.* *El:* Self-inductance.
auto-induction [otɔɛ̃dyksjɔ̃], *s.f.* *El:* Self-induction.
autolubrifiant, -ante [otolybrifjɑ̃, -ɑ̃:t], *a.* *Mch:* Self-lubricating.
automate [otɔmat], *s.m.* Automaton.
automaticité [otɔmatisite], *s.f.* Automatic working.
automation [otɔmasjɔ̃], **automatisation** [otɔmatizasjɔ̃], *s.f.* Automation.
automatique [otɔmatik]. **1.** *a.* Automatic (action); self-acting (apparatus). S.a. DISTRIBUTEUR 2. **2.** *s.m.* Automatic telephone, dial telephone. **3.** *s.f.* Automation, automatics. *adv.* **-ment.**
automatiser [otɔmatize], *v.tr.* To automatize.
automatisme [otɔmatism], *s.m.* Automatism.
auto-mitrailleur [otomitrajœ:r], *s.m.* *Mil:* Member of a light armoured-car crew. *Pl: Des auto-mitrailleurs.*
auto-mitrailleuse [otomitrajø:z], *s.f.* *Mil:* Light armoured-car. *pl. Des auto-mitrailleuses.*
automnal, -aux [otɔmnal, -o], *a.* Autumnal.
automne [otɔn], *s.m. or f.* Autumn, *U.S:* fall. **En a.,** in autumn.
automobile [otɔmɔbil, ɔt-]. **1.** *a.* (*a*) Self-propelling. **Voiture a.,** motor vehicle. **Canot a.,** motor boat. (*b*) **Club a.,** automobile club. **Salon a.,** motor show. **2.** *s.f.* (Motor) car, *U.S:* automobile. **Termes techniques de l'a.,** technical motoring terms. S.a. AUTO.
automobilisme [otɔmɔbilism], *s.m.* Motoring.
automobiliste [otɔmɔbilist], *s.m. & f.* Motorist.
automoteur, -trice [otɔmɔtœ:r, -tris]. **1.** *a.* Self-propelling (vehicle). **2.** *s.f.* **Automotrice,** self-propelling railway coach; rail-car. **3.** *s.m.* *Nau:* **Automoteur,** self-propelled barge.
auto-neige [otonɛ:ʒ], *s.f.* *Fr.C:* Snowmobile.
autonome [otɔnɔm], *a.* Autonomous, self-governing. S.a. SCAPHANDRE 2, PLONGEUR 2.
autonomie [otɔnɔmi], *s.f.* Autonomy, self-government. *Tech:* Cruising radius, range.
autonomiste [otɔnɔmist], *s.m.* Autonomist.
autoplastie [otɔplasti], *s.f.* Plastic surgery.
auto-portrait [otopɔrtrɛ], *s.m.* Self-portrait. *pl. Des auto-portraits.*
autopropulsé [otoprɔpylse], *a.* Self-propelled.
autopropulseur [otɔprɔpylsœ:r], *a.* Self-propelling.
autopropulsion [otɔprɔpylsjɔ̃], *s.f.* Self-propulsion.
autopsie [otɔpsi], *s.f.* Autopsy; post-mortem examination.
autopsier [ɔtɔpsie], *v.tr.* To carry out a post-mortem.
autorail [otɔra:j], *s.m.* Rail-car.
autorégulateur, -trice [otɔregylatœ:r, -tris]. *Mec.E:* **1.** *a.* Self-regulating. **2.** *s.m.* Self-acting regulator.
auto-relieur [otorəljœ:r], *s.m.* Spring-back binder. *pl. Des auto-relieurs.*
autorisation [otɔrizasjɔ̃, ɔt-], *s.f.* **1.** Authorization, authority; permit. **Donner à qn une a. pour faire qch.,** to authorize s.o. to do sth. **A. spéciale,** special permit. **2.** Licence. **A. de colportage,** hawker's licence. **Avoir l'a. de vendre qch.,** to be licensed to sell sth.
autorisé [otɔrize], *a.* Authorized, authoritative; of approved authority.
autoris|er [otɔrize, ɔt-], *v.tr.* **1.** To invest (s.o.) with authority. **A. qn à faire qch.,** to authorize, empower, s.o. to do sth.; to give s.o. authority to do sth. **2.** To justify, sanction (an action). *a.* **-able.**
s'autoriser de qn, to act on the authority of s.o.
autoritaire [otɔritɛ:r, ɔt-]. **1.** *a.* Authoritative, dictatorial, overbearing, self-assertive, *F:* bossy. **2.** *s.m.* Authoritarian. *adv.* **-ment.**
autoritarisme [ɔtɔritarism], *s.m.* **1.** Authoritarianism. **2.** *F:* Bossiness.
autorité [otɔrite, ɔt-], *s.f.* **1.** (*a*) Authority. **Il veut tout emporter d'a.,** he wants his own way in everything. **Agir de pleine a.,** to act with full powers. **Territoire soumis à l'a. de . . .,** area within the jurisdiction of. . . . **Échapper à toute a.,** to break loose from all control. (*b*) **L'a. de l'âge, de l'expérience,** the authority of age, of experience. **Faire a. en matière de faïence,** to be an authority on china. **Sa parole a de l'a.,** his word carries weight. **2.** (*a*) **Les autorités (d'une ville),** the authorities (of a town). (*b*) **Alléguer des autorités,** to cite authorities.
autoroute [otorut], *s.f.* Motorway, autobahn, *U.S:* speedway, super-highway.
autoscooter [otoskutɛr], *s.m.* Light three-wheeled delivery van.
auto-stop [otɔstɔp], *s.m.* *F:* Hitch-hiking. **Faire de l'a.-s.,** to hitch-hike.
autostoppeur, -euse [otostɔpœ:r, -ø:z], *s.* Hitch-hiker. *pl. Des auto-stoppeurs, des auto-stoppeuses.*
autostrade [otɔstrad], *s.f.* = AUTOROUTE.
autosuggestion [otɔsygʒɛstjɔ̃], *s.f.* Autosuggestion.
autour[1] [otu:r], *adv.* **1.** Round (it, them); about (it, them). **Une vieille ville avec des murs tout a.,** an old town with walls all round (it). **Il demeure ici a.,** he lives hereabouts. *Prov:* **Il ne faut pas confondre a. avec alentour,** we must not mistake one thing for another. **2.** *Prep.phr.* **A. de,** round, about. **Assis a. de la table,** seated round the table. *F:* **Il a a. de cinquante ans,** he is (somewhere) about fifty. **Tourner a. de la question, a. du pot,** to beat about the bush.
autour[2], *s.m.* *Orn:* Goshawk.
autre [o:tr], *a. & pron.* **1.** (*a*) Other, further. **Les deux cents autres francs,** the other two hundred francs. **Tous les autres verbes que ceux en -er,** all verbs other than those in -er. **Un a. jour,** another day. **Les défauts des autres,** the failings of others. **D'autres vous diront que . . .,** others will tell you that. . . . **Tous les autres sont là,** all the others are there. **On vous préfère à tous autres,** they prefer you to all others. **Il y en a d'autres que lui,** there are others besides him. **Encore bien d'autres,** many more besides. **Les choux et autres légumes,** cabbages and (all) other vegetables. **Les choux et d'autres légumes,** cabbages and some other vegetables. **Sans a. perte de temps,** without further loss of time. **Parler de choses et d'autres,** to talk about one thing and another. **Je l'ai vu l'a. jour,** I saw him the other day. **C'est une raison comme une a.,** it's a good enough reason. **Je ne pourrai pas y aller ; entre autres raisons, je suis à court d'argent,** I can't go; for one thing, I'm short of funds. *F:* **Comme dit l'a.,** as the saying goes; as people say. (*b*) (Stressing the pers. pron.) **Ils n'en savent rien eux autres,** they know nothing about it. **Vous autres,** all of you, *F:* you lot. **Vous autres hommes (vous) êtes seuls coupables,** it is you men who are alone to blame. **Nous autres Anglais,** we English. (*c*) **Cela peut arriver d'un jour à l'a.,** it may happen any day. **Je l'attends d'un moment à l'a.,** I expect him any moment. **Je le vois de temps à a.,** I see him now and again, now and then. **Sa réputation grandit d'une année à l'a.,** his fame is increasing from year to year. (*d*) **L'un et l'a.,** both. **Les uns et les autres,** (i) one and another, (ii) both parties. **L'un et l'a. a été puni, ont été punis,** both were punished. (*e*) **L'un ou l'a.,** either. **Ni l'un ni l'a.,** neither. **Comme l'une ou l'a. me rendrait heureux!** how happy could I be with either! **Ni l'un ni l'a. ne sont venus,** neither of them came. (*f*) **L'un . . ., l'a. . . .,** one . . ., the other. . . . **L'un dit ceci, l'a. dit cela,** one says this and the other says that. **Les uns . . ., les autres . . .,** some . . ., others . . .; some . . ., some. . . . **Ils s'en allèrent les uns par-ci, les autres par-là,** they went off, some one way, some another. **Sans prendre parti pour les uns ni pour les autres,** without taking either side. (*g*) **L'un l'a.,** each other, one another. **Lui et sa femme s'admirent l'un l'a.,** he and his wife admire one another. **Elles se moquent les unes des autres,** they make fun of one another. (*h*) **L'un dans l'a., on se fait trente francs,** one thing with another, on an average, we earn thirty francs. **2.** (*a*) Other, different. *Prov:* **Autres temps autres mœurs,** other days other ways; manners change with the times. **Quand je le revis je le trouvai (tout) a.,** when I saw him again I

found him (quite) different, altered. **Une tout a. femme,** quite a different woman. **J'ai des idées autres,** my ideas are different. **Que pouvaient-ils faire d'autre que de l'inviter?** What could they do but invite him? **Être d'une autre opinion,** to think otherwise. *F:* **En voilà bien d'une a.!** here's another business, another kettle of fish! **J'en ai vu bien d'autres,** that's nothing; I've been through worse than that. **Il n'en fait jamais d'autres!** that's just like him! (*b*) (Someone, something) else. **Adressez-vous à quelqu'un d'a.,** ask someone else, somebody else. **Il n'est pas plus bête qu'un a.,** he's no more stupid than anyone else. **Nul a., personne (d')a., ne l'a vu,** no one else, nobody else, saw him. **(Dites cela) à d'autres!** nonsense! *F:* tell that to the marines! (*c*) *indef.pron.m.* **A. chose,** something else. **J'ai a. chose d'important à vous dire,** I have something else of importance to tell you. **C'est tout a. chose!** that's quite a different matter! S.a. PART[1] 3.

autrefois [otrəfwa], *adv.* Formerly; in the past. **Il y avait a. un roi,** once upon a time there was a king. **C'était l'usage a.,** it was the custom formerly, in times past, in olden days. **Livre a. si populaire,** book once, at one time, so popular. **Les hommes d'a.,** the men of old, of olden times, of long ago.

autrement [otrəmɑ̃], *adv.* Otherwise. **1.** (*a*) Differently. **Il agit a. qu'il ne parle,** he acts differently from the way he talks. **Il ne put faire a. que d'obéir,** he could not (choose) but obey, do otherwise than obey. (*b*) **C'est bien a. sérieux,** that is far more serious. *F:* **Il n'est pas a. riche,** he is not particularly rich. **2. Venez demain, a. il sera trop tard,** come to-morrow, otherwise, or else, it will be too late.

Autriche [otriʃ]. *Pr.n.f. Geog:* Austria.

autrichien, -ienne [otriʃjɛ̃, -jɛn], *a. & s.* Austrian.

autruche [otryʃ], *s.f. Orn:* Ostrich. **Plumes d'a.,** ostrich-feathers; ostrich-plume.

autruchon [otryʃɔ̃], *s.m.* Young ostrich.

autrui [otrɥi], *pron.indef.* Others; other people. **Convoiter le bien d'a.,** to covet another's property.

auvent [ovɑ̃], *s.m.* **1.** (*a*) Penthouse, open shed. (*b*) Porch roof. **2.** Hood (over hearth or part of laboratory). **3.** *A: Veh:* Dash; *Aut:* scuttle.

auvergnat, -ate [ovɛrɲa, -at], *a. & s.* (Native) of Auvergne; Auvergnat.

aux [o], = **à les.** See À and LE.

auxiliaire [ɔksiljɛːr, o-]. **1.** *a.* Auxiliary (verb, troops). **Bureau a.,** sub-office. **Services auxiliaires de l'Armée,** non-combatant services. **2.** *s.* Auxiliary. (*a*) Aid, assistant. *Adm:* Temporary civil servant. (*b*) *s.m.pl.* Subsidiary troops; auxiliaries. **Auxiliaires médicaux,** (general term for) nursing and midwifery services, masseurs, etc., etc. (*c*) *Nau: Av:* Auxiliary engines. *adv.* **-ment.**

auxquels, -elles. See LEQUEL.

avachi [avaʃi], *a.* **1.** (*a*) (Of boots, etc.) Out of shape (through much use). (*b*) Slack, sloppy (figure). **2. C'est un homme a.,** he will never do any more good.

avachir [avaʃiːr], *v.tr.* To soften (leather, etc.).
s'avach|ir. 1. To lose shape; (of leather, etc.) to perish. *F:* **Elle s'est avachie,** she has got to look very slack, very sloppy. **2. S'a. à ne rien faire,** to sink into sloth. *s.m.* **-issement.**

aval[1], -als [aval], *s.m. Fin:* Endorsement (on bill).

aval[2], *s.m.* **1.** Lower part (of stream). **Les villages d'a.,** the villages downstream. **En a.,** downstream. **En a. du pont,** below the bridge. **2.** *Tg:* Down-side.

avalanche [avalɑ̃ːʃ], *s.f.* Avalanche. **A. d'injures,** shower of insults. **Une a. de lettres,** a flood, shoals, of letters.

aval|er [avale], *v.tr.* **1.** To swallow (down); to drink up; to devour. **A. son repas,** to bolt one's meal. **A. son vin à grandes gorgées,** to gulp down one's wine. **C'est dur à a.,** that's a bitter pill; I can hardly stomach that. **A. une couleuvre, une insulte,** to pocket an affront. **A. une bourde,** to swallow a lie, to be taken in. **Celle-là est dure à a.,** that's a tall story. *P:* **A. sa langue,** (i) to keep silent, (ii) to be bored. **2.** To lower, let down. *P:* **A. son acte, extrait, de naissance,** to kick the bucket. S.a. BOTTE[2] 2. *s.m.* **-ement.**

avale-tout [avaltu], *s.m. inv. in pl.* **1.** *F:* Glutton. **2.** *F:* Credulous person.

avaleur, -euse [avalœːr, -øːz], *s.* Swallower. **A. de viande,** great meat-eater. **A. de sabre,** sword-swallower.

avaliser [avalize], *v.tr. Com:* To endorse, guarantee, back, bill.

avaliseur [avalizœːr] *s.m.* **avaliste** [avalist], *s.m. Com:* Endorser, guarantor, backer.

à-valoir [avalwaːr], *s.m.inv.* Advance (payment).

avance [avɑ̃ːs], *s.f.* **1.** Advance, lead. **Mouvement d'a. et de recul,** backward and forward movement. **Avoir de l'a. sur qn,** to be ahead, in advance, of s.o.; to have the start of s.o. **Garder son a. sur qn,** to maintain one's lead over s.o. **Prendre de l'a. sur un concurrent,** to draw away from a competitor. **Arriver avec cinq minutes d'a.,** to arrive five minutes before time. **(Prendre un train) avec cinq minutes d'a.,** (to catch a train) with five minutes in hand, to spare. *F:* **La belle a.!** much good that will do you! *El.E:* **A. d'une magnéto,** magneto-lead. *I.C.E:* **A. à l'allumage,** ignition advance. **Mettre de l'a. à l'allumage,** to advance the spark. **Levier d'a.,** ignition lever. **2.** *Mec.E:* Feed movement, travel (of tool). **3.** Projection. **Balcon qui forme a.,** balcony that juts out. **4.** (*a*) **A. de fonds,** advance, loan. **Faire une a. de mille francs à qn,** to advance s.o. a thousand francs. **Compte d'avances,** working capital fund. (*b*) *pl.* **Faire des avances à qn,** to make approaches, advances, to s.o.; to make up to s.o. **Faire la moitié des avances,** to meet s.o. half-way. **Faire les premières avances (pour une réconciliation),** to hold out the olive-branch. **5.** *Adv.phr.* (*a*) **Préparé d'a.,** prepared beforehand. **Payer qn d'a.,** to pay s.o. in advance. **Retenir ses places trois mois d'a.,** to book three months ahead. **Savourer un plaisir d'a.,** to anticipate a pleasure. (*b*) **Se réjouir par a.,** to rejoice beforehand. (*c*) **Payable à l'a.,** payable in advance. (*d*) **L'horloge est en a.,** the clock is fast. **Tout est en a. cette année,** everything is forward this year. **Nous sommes en a.,** we are early. **Il est en a. sur sa classe,** he is ahead of his class.

avancé [avɑ̃se], *a.* (*a*) **Position avancée,** advanced position. **Le plus a.,** foremost. *Rail:* **Signal a.,** distant signal. (*b*) **Opinions avancées,** advanced ideas. (*c*) **Élève a.,** forward pupil. **Peu a.,** backward. (*d*) **A une heure avancée de la nuit,** at a late hour of the night. (*e*) **A. en âge,** well on in years. **A un âge a.,** late in life. (*f*) *F:* **Vous voilà bien a.!** a lot of good that has done you!

avancée [avɑ̃se], *s.f.* **1.** (*a*) *Mil:* Advanced post. (*b*) *Min:* Head(ing) (of level driven into a seam). **2.** Advance (of sea, ice, etc.). **3.** Prominence, bulge, projection, protuberance.

avancement [avɑ̃smɑ̃], *s.m.* **1.** (*a*) Advancing, putting forward. **A. de l'outil à la pièce,** feeding of the tool to the work. (*b*) Putting forward (of dinner-hour, etc.); hastening (of event, etc.). (*c*) Furtherance (of plan). (*d*) Promotion, preferment. **A. à l'ancienneté,** promotion by seniority. **2.** Advance(ment), progress. **3.** Projection, jutting out (of wall, beyond alignment, etc.). **4.** Pitch (of screw).

avancer [avɑ̃se], *v.* **(j'avançai(s); n. avançons)** I. *v.tr* **1.** (*a*) To advance, put forward (one's hand, etc.). **A. des chaises,** to set chairs (for the company). *Chess:* **A. un pion,** to advance a pawn. (*b*) **A. une proposition,** to put forward a proposal. **2.** To make (sth.) earlier; to hasten (sth.) on. **A. l'heure du dîner,** to put dinner forward. **3. A. de l'argent à qn,** to advance money to s.o. **4.** To promote (science, s.o.'s interests, etc.). **A quoi cela vous avancera-t-il?** what good will that do you?

II. **avancer,** *v.i.* **1.** To advance. (*a*) To move forward; (of ship) to make headway. **A. à grands pas,** to take, make, rapid strides. **A. d'un pas,** to take one step forward. **Faire a. les troupes,** to move the troops forward. **A. en âge,** to be getting on in years. **Montre qui avance d'une minute par jour,** watch that gains a minute a day. (*b*) To progress; to get on; to make headway. **Le travail avance,** the work is going forward. *Prov:* **Plus on se hâte moins on avance,** more haste less speed. **A. en grade,** to advance in rank. **2.** (*a*) To be ahead of time. **L'horloge avance,** the clock is fast. **Vous avancez de dix minutes,** your watch is ten minutes fast. **A. sur son époque,** to be ahead of

one's age. (*b*) (Of roof, etc.) To jut out, to project.
s'avancer. **1.** To move forward, to advance. **S'a. vers qch.,** to make one's way, to head, towards sth. **Le bâtiment s'avançait,** the ship drew on. **2.** To progress. **La nuit s'avance,** the night is getting on. **Il s'est trop avancé pour reculer,** he has gone too far to withdraw. **3.** (Of promontory, etc.) To jut out.

avanie [avani], *s.f. F:* Insult, affront. **Faire une a. à qn,** to snub s.o.

avant [avɑ̃]. I. **1.** *prep.* Before. **Venez a. midi,** come before twelve o'clock. **Pas a. lundi,** not before, not until, Monday. **Avant J. C.,** B.C. **La maison est a. l'église,** the house comes before the church. **Les dames a. les messieurs,** ladies before gentlemen; ladies first. **(Surtout et) a. tout,** first of all; above all. **A. le temps,** too soon, prematurely. **2.** (*a*) *Prep.phr.* **A. de** + *inf.* **Je vous reverrai a. de partir,** I shall see you before I leave, before leaving. (*b*) *Conj.phr.* **A. que** + *sub.* **Je vous reverrai a. que vous (ne) partiez,** I shall see you again before you leave. (*c*) **Pas a. de, que,** not before, not until. **Ne partez pas a. d'en recevoir l'ordre, a. qu'on vous le dise,** don't go until you are told. **3.** *adv.* **Il était arrivé quelques mois a.,** he had arrived some months before. **N'allez pas jusqu'à l'église, sa maison est a.,** do not go as far as the church, his house comes before. **4.** *adv.* (*a*) Far, deep. **Pénétrer très a. dans les terres,** to penetrate far inland. **Entrer plus a. dans une question,** to go further, more deeply, into a question. (*b*) Far, late. **Bien a., très a., dans la nuit,** far into the night, very late at night. **5.** *Adv.phr.* **En a.,** in front; before; forward. **Envoyer qn en a.,** to send s.o. on in front. **Mouvement en a.,** motion forward; forward movement. **Le plus en a.,** the foremost. **Mettre en a. une raison,** to advance a reason. **Mettre en a. un candidat,** to put a candidate forward. *Nau:* **En a. à toute vitesse,** full steam ahead. *Prep.phr.* **En a. de,** in front of, ahead of (his class, times, etc.). **6.** (In adj. relation to sb.) (*a*) Fore, forward, front. **Essieu a.,** fore-axle. *Aut:* **A roue a. motrice,** with front-wheel drive. **La partie a. du navire,** the forepart of the ship. (*b*) **La nuit d'a.,** the night before; the previous night.
II. **avant,** *s.m.* **1.** (*a*) *Nau:* Bow, head (of a ship). **Présenter l'a. à la lame,** to be head to sea. **Le logement de l'équipage est à l'a.,** the crew's quarters are forward. **Par tribord a.,** on the starboard bow. **Aborder un navire par l'a.,** to collide with a ship head-on. **Aller de l'a., pousser de l'a.,** to go, forge, ahead. **Sur l'a. du travers,** forward of the beam. *Aut:* **Un modèle tout à l'a.,** a front-wheel drive model. (*b*) Front (of camera, carriage, etc.). **2.** *Fb:* Forward. **Avants très vites,** very speedy forwards.

avantage [avɑ̃ta:ʒ], *s.m.* **1.** Advantage. **Faire à qn tous les avantages possibles,** to give s.o. every advantage. **Plan qui offre les plus grands avantages,** most suitable plan. **Tirer a. de qch.,** to turn sth. to account. **S'habiller à son a.,** to dress to the best advantage. **Elle est à son a. le matin,** she looks her best in the morning. **Garder l'a.,** to retain the advantage. **Trouver de l'a. à faire qch.,** to find it an advantage to do sth. **J'ai l'a. de vous informer que . . .,** I am pleased to inform you that. . . . **Il a changé à son a.,** he has changed for the better. **Il y a a. à** + *inf.*, it is best to + *inf.* **Avoir l'a.,** to have the best of it. **Avoir l'a. du nombre,** to have the advantage in number. **2.** *Ten:* (Ad)vantage.

avantagé [avɑ̃taʒe], *a.* **Être fort a. par rapport aux autres,** to enjoy many advantages over others.

avantager [avɑ̃taʒe], *v.tr.* **(j'avantageai(s); n. avantageons)** (*a*) To favour (s.o.); to give (s.o.) an advantage. (*b*) **L'uniforme l'avantage,** he looks well in uniform.
s'avantager, to take an advantage, to push oneself, to improve one's position. **Il s'est avantagé aux dépens de ses camarades,** he pushed ahead at the expense of his friends.

avantageu|x, -euse [avɑ̃taʒø, -ø:z], *a.* **1.** (*a*) Advantageous, favourable. **Être a. à qn,** to turn out to s.o.'s advantage. **Cet article est très a.,** this article is very good value. **Prix a.,** reasonable price. (*b*) **Robe avantageuse,** becoming dress. **2. Prendre un air a.,** to preen oneself. **Prendre une attitude avantageuse,** to act in a superior manner. *s.m.* **Un a.,** a coxcomb. *adv.* **-sement.**

NOTE. In all the following compounds AVANT is inv., the noun or adj. takes the plural.

avant-bassin [avɑ̃basɛ̃], *s.m. Nau:* Outer basin or dock.

avant-bec [avɑ̃bɛk], *s.m. Civ.E:* Upstream cutwater, pier-head (of bridge).

avant-bras [avɑ̃bra], *s.m.* Forearm.

avant-centre [avɑ̃sɑ̃:tre], *s.m. Fb:* Centre-forward.

avant-corps [avɑ̃kɔ:r], *s.m.* Fore-part, projecting part (of building).

avant-cour [avɑ̃ku:r], *s.f.* Fore-court.

avant-coureur [avɑ̃kurœ:r]. **1.** *s.m.* Forerunner, harbinger, precursor. *Mil:* Scout. **2.** *a.m.* Precursory, premonitory (symptom).

avant-courrier, -ière [avɑ̃kurje, -jɛ:r], *s.* Forerunner, harbinger, herald.

avant-dernier, -ière [avɑ̃dɛrnje, -jɛ:r], *a. & s.* Last but one; penultimate.

avant-garde [avɑ̃gard], *s.f.* **1.** (*a*) *Mil:* Advanced guard. (*b*) **Hommes d'a.-g.,** men in the van (of reform, etc.); pioneers. **Un livre d'a.-g.,** an advanced book. **Une technique d'a.-g.,** a technique ahead of its time. **2.** *Navy:* Van (of fleet).

avant-goût [avɑ̃gu], *s.m.* Foretaste.

avant-guerre [avɑ̃gɛ:r], *s.m.* Pre-war period. **Prix d'a.-g.,** pre-war prices.

avant-hier [avɑ̃tjɛ:r], *adv.* The day before yesterday.

avant-main [avɑ̃mɛ̃], *s.m.* **1.** Flat of the hand. **2.** Forequarters, forehand (of horse). **3.** *Ten:* **Coup d'a.-m.,** forehand stroke.

avant-plan [avɑ̃plɑ̃], *s.m.* Foreground.

avant-pont [avɑ̃pɔ̃], *s.m. Nau:* Fore-deck.

avant-port [avɑ̃pɔ:r], *s.m.* Outer harbour.

avant-portail [avɑ̃pɔrta:j], *s.m. Arch:* Outer portal.

avant-poste [avɑ̃pɔst], *s.m. Mil:* Outpost.

avant-première [avɑ̃prəmjɛ:r], *s.f. Cin: etc:* Preview.

avant-projet [avɑ̃prɔʒɛ], *s.m.* Preliminary plan (of works, etc.); draft (of treaty).

avant-propos [avɑ̃prɔpo], *s.m.* **1.** Preface, foreword (to book). **2. Après quelques a.-p.,** after some preliminary remarks.

avant-scène [avɑ̃sɛn], *s.f. Th:* Apron, fore-stage. **Loge d'a.-s.,** stage-box.

avant-titre [avɑ̃ti:tr], *s.m.* Half-title (of book).

avant-toit [avɑ̃twa], *s.m.* Eaves (of roof).

avant-train [avɑ̃trɛ̃], *s.m.* **1.** (*a*) Front of carriage. (*b*) Wheels (of plough). (*c*) *Artil:* Limber. **Mettre, décrocher, l'a.-t.,** to limber up, to unlimber. **2.** = AVANT-MAIN 2.

avant-veille [avɑ̃vɛ:j], *s.f.* Two days before.

avare [ava:r]. **1.** *a.* (*a*) Miserly. (*b*) **Être a. de paroles,** to be sparing of one's words. **2.** *s.* Miser. *adv.* **-ment.**

avarice [avaris], *s.f.* Avarice.

avaricieu|x, -ieuse [avarisjø, -jø:z], *a.* Avaricious, stingy. *s.* **Un vieil a.,** an old miser. *adv.* **-sement.**

avarie [avari], *s.f.* **1.** Damage, injury (to ship, engine, etc.). **Subir une a.,** to be damaged, to break down. **2.** *M.Ins:* **Avaries-frais,** average.

avarié [avarje], *a.* **1.** Damaged, spoiled (goods, etc.). **2.** Wounded, injured (arm, etc.).

avari|er [avarje], *v.tr.* To damage, injure, spoil (goods, etc.). *a.* **-able.**
s'avarier, to deteriorate, go bad.

avatar [avata:r], *s.m.* (*a*) *Hindoo Rel:* Avatar. (*b*) Transformation. Esp. in *pl.* **Avatars,** (varied) experiences; ups and downs (of life). (*c*) Mishap, misadventure.

Ave [ave], *s.m. Ecc:* Ave. **L'Avé Maria,** *inv.* the Hail Mary.

avec [avɛk]. **1.** *prep.* (*a*) With. **Je vous ai vu a. lui,** I saw you with him, in his company. **A. du courage vous réussirez,** with courage you will succeed. *Com:* **Et a. cela, madame?** anything else, madam? (*b*) **Cabane construite a. quelques planches,** hut built out of a few boards. (*c*) **Cela viendra a. le temps,** that will come in time. (*d*) **Combattre a. courage,** to fight with courage. **Servir son maître a. dévouement, avec un sincère dévouement,** to serve one's master devotedly, with sincere devotion. (*e*) **A. tous ses défauts je l'aime cependant,** with, in spite of, all his faults I love him still. (*f*) **A. cela,** *F:* **a. ça. Je suis grande et a. ça mince,** I am tall, and slender as well. **A. ça qu'elle ne savait rien faire . . .,** as moreover, besides which, she was quite untrained. . . . *F:* **A. ça!** nonsense! **A. ça qu'on vous le permettrait!** as if they would let you! do you suppose they would let you? **A. ça qu'il n'a pas triché!** don't say he didn't cheat! (*g*) **D'a.,** from. **Séparer le bon d'a. le mauvais,** to separate the good from the bad. **2.** *adv. F:* With it, with them. **Je saisis une pierre et lui fendis la tête a.,** I seized a stone and cracked his head with it.

aven [avɛn], *s.m. Geol:* Swallow-hole; aven.

avenant [avnɑ̃], *a.* **1.** Comely, pleasing, prepossessing. **Mal a.,** unseemly, uncouth. **2. A l'a.,** in keeping, in conformity, correspondingly. **Et un chapeau à l'a.,** and a hat to match. **Mœurs à l'a. de leurs croyances,** morals of a piece with their beliefs. **3.** *s.m. Jur: Com:* (*a*) Codicil. (*b*) Additional clause (to insurance policy). (*c*) Rider (to verdict).

avènement [avɛnmɑ̃], *s.m.* (*a*) Advent (of Christ). (*b*) **A. au trône,** accession to the throne.

avenir [avni:r], *s.m.* Future. **Prédire l'a.,** to predict the future. **Avoir un bel a. devant soi,** to have a fine future, fine prospects, before one. **Jeune homme d'un grand a.,** youth of great promise. **C'est un homme d'a.,** he's a coming man. **Dans l'a.,** at some future date. **A l'a.,** in (the) future, hereafter, henceforth.

Avent [avɑ̃], *s.m. Ecc:* Advent.

aventure [avɑ̃ty:r], *s.f.* **1.** Adventure. **A. effrayante,** terrifying experience. **2.** Chance, luck, venture. **Tenter l'a.,** to try one's luck. **A l'a.,** at random; at a venture. **Errer à l'a.,** to wander about aimlessly. **Par a., d'a.,** by chance, perchance. **3. Dire, tirer, la bonne a. (à qn),** to tell fortunes; to tell (s.o.'s) fortune.

aventuré [avɑ̃tyre], *a.* Risky, chancy.

aventurer [avɑ̃tyre], *v.tr.* To venture, hazard, risk (one's fortune, life, etc.).

s'aventurer, to venture; to take risks.

aventureu|x, -euse [avɑ̃tyrø, -ø:z], *a.* Adventurous, venturesome; rash; reckless; overbold (hypothesis, etc.). **Projet a.,** hazardous, risky, plan. *adv.* **-sement.**

aventurier, -ière [avɑ̃tyrje, -jɛ:r], *s.* Adventurer; (i) soldier of fortune; (ii) sharper. **C'est un a.,** he lives by his wits. **C'est une aventurière,** she is an adventuress.

avenu [avny], *a.* Used in the phr. **Non a.,** not having occurred; cancelled. S.a. NUL 2.

avenue [avny], *s.f.* Avenue; (carriage) drive.

avéré [avere], *a.* Authenticated, established (fact, etc.). **Crime a.,** patent and established crime. **Ennemi a.,** avowed enemy.

avérer [avere], *v.tr.* **(j'avère, n. avérons; j'avérerai)** To establish; to prove; *Jur:* to aver (fact).

s'avérer. L'entreprise s'avère improductive, the undertaking is proving unproductive.

avers [avɛ:r], *s.m. Num:* Obverse (of coin).

averse [avɛrs], *s.f.* Sudden shower; downpour. **Essuyer une a.,** to be caught in a shower.

aversion [avɛrsjɔ̃], *s.f.* Aversion **(envers, pour,** to, for, from); dislike **(pour,** to, for, of). **Prendre qn en a.,** to take a dislike to s.o.

averti [avɛrti], *a.* Experienced, wide awake (observer, etc.); well-informed.

avertir [avɛrti:r], *v.tr.* **A. qn de qch.,** to warn, notify, advise, s.o. of sth.; to give s.o. notice of sth. **Se tenir pour averti,** to be on one's guard. *Prov:* **Un homme averti en vaut deux,** forewarned is forearmed.

avertissement [avɛrtismɑ̃], *s.m.* Warning; notice. **Renvoyer qn sans a. préalable,** to discharge s.o. at a moment's notice. **A. au lecteur,** prefatory note, foreword (to book).

avertisseur [avɛrtisœ:r], *s.m.* **1.** Warner. *Th:* Call-boy. **2.** Warning signal; call-bell; alarm. *Tp:* Annunciator. *Aut:* Horn; hooter. **A. d'incendie,** fire-alarm.

aveu, -eux [avø], *s.m.* **1.** *Hist:* Recognition between a vassal and his overlord. **Homme sans a.,** vagabond, vagrant. **2.** *A:* Consent, authorization. **Obtenir l'a. de qn pour faire qch.,** to obtain s.o.'s consent to do sth. **3.** Avowal, confession. **Faire des aveux complets,** to make a full confession. **De l'a. de tout le monde . . .,** by common consent. . . . **De leur propre a. . . .,** on their own confession. . . .

aveuglant [avœglɑ̃], *a.* Blinding; dazzling.

aveugle [avœgl], *a.* Blind, sightless. **1.** (*a*) **Devenir a.,** to go blind. **Il était a. d'un œil,** he was blind in one eye. (*b*) *s.* **Un a.,** a blind man. **Les aveugles,** the blind. **C'est un a. qui en conduit un autre,** it's a case of the blind leading the blind. **2.** *Arch:* **Fenêtre a., arcade a.,** blind window, arch. **3.** Blind, unreasoning (hatred); implicit (confidence, etc.). **Obéissance a.,** blind obedience. **Être a. sur les, aux, défauts de qn,** to be blind to s.o.'s faults. **Aller en a.,** *A:* **à l'a.,** to grope one's way.

aveuglement [avœgləmɑ̃], *s.m.* **1.** (*a*) Blinding. (*b*) *Nau:* Fothering (of leak). **2.** (Moral, mental) blindness; infatuation.

aveuglément [avœglemɑ̃], *adv.* Blindly.

aveugle-né, -née [avœgləne], *a. & s.* (Man, woman) blind from birth. *pl. Des aveugles-né(e)s.*

aveugler [avœgle], *v.tr.* **1.** (*a*) To blind (s.o.); to put (s.o.'s) eyes out. (*b*) To dazzle, blind. (*c*) **Aveuglé par la colère,** blind with rage. **2.** (*a*) *Nau:* **A. une voie d'eau,** to stop, fother, a leak. (*b*) **A. une fenêtre,** to wall up a window.

s'aveugler sur les défauts de qn, to blind oneself, to shut one's eyes, to s.o.'s faults.

aveuglette (à l') [alavœglɛt], *adv.phr.* Blindly. **Aller à l'a.,** to go blindly on. **Avancer à l'a. vers qch.,** to feel, grope, one's way to sth. *Av:* **Voler à l'a.,** to fly 'blind.'

aveul|ir [avœli:r], *v.tr.* To enervate; to render (s.o.) indifferent, blasé; to deaden (feelings, etc.). *a.* **-issant.** *s.m.* **-issement.**

s'aveulir, to sink into sloth (of mind); to become indifferent to everything.

aviaire [avjɛ:r], *a.* **Peste a.,** fowl pest.

aviateur, -trice [avjatœ:r, -tris], *s.* Aviator.

aviation [avjasjɔ̃], *s.f.* Aviation. **Enthousiaste de l'a.** airminded person. *Av: Nav:* **L'a. embarquée,** carrier-borne aircraft. **A. de bombardement,** bomber force. **A. de chasse,** fighter force. **Champ, terrain d'a.,** airfield.

avi|culture [avikylty:r], *s.f.* Poultry-farming. **Établissement d'a.,** poultry-farm. **Concours d'a.,** poultry-show. *s.m.* **-culteur.** *a.* **-cole.**

avide [avid], *a.* Greedy. **A. de qch.,** (i) greedy of sth.; avid of, for, sth.; (ii) eager for sth. **Espérances avides,** eager hopes. **A. de sang,** thirsting for blood. *adv.* **-ment.**

avidité [avidite], *s.f.* Avidity, greed(iness). **Avec a.,** greedily; eagerly.

avil|ir [avili:r], *v.tr.* **1.** To render vile; to degrade, debase. **2.** *Com:* To depreciate (currency, prices). *a.* **-issant.** *s.m.* **-issement.** *a. & s.* **-isseur, -isseuse.**

s'avilir. 1. To debase, lower, demean, oneself. **S'a. à faire qch.,** to demean oneself to the point of doing sth.; to stoop to do(ing) sth. **2.** To lose value; to depreciate.

aviné [avine], *a.* Intoxicated (with wine). **D'une voix avinée,** in a drunken voice.

aviner [avine], *v.tr.* To season (cask).

s'aviner, to get drunk, to soak oneself in drink.

avion [avjɔ̃], *s.m.* Aircraft; *F:* plane. **A. monoplace, biplace,** single-seater, two-seater (machine). **A. de chasse,** fighter. **A. de bombardement,** bomber. **A. de reconnaissance,** scouting plane. **A. torpilleur,** torpedo-plane, torpedo-carrying aircraft. **A. de transport,** transport aircraft. **A. de chasse et d'interception,** interceptor fighter. **A. transbordeur,** air-ferry. **A. de repérage d'artillerie,** gunner-spotter. **Pièce contre avions,** anti-aircraft gun. S.a. RAYON[1] 2, RÉACTION 2, STRATOSPHÉRIQUE. **Mal d'a.,** air sickness. **A. de ligne,** air-liner. **A. de transport, commercial,** commercial aircraft. **A. à décollage et atterrissage verticaux,** vertical take-off aircraft. **"Par a."** 'by airmail.' **J'ai fait une partie du trajet en a.,** I flew part of the way.

avion-cargo [avjɔ̃kargo], *s.m.* Air-freighter. *pl. Des avions-cargos.*

avion-école [avjɔ̃ekɔl], *s.m.* Training-aircraft, trainer.

avion-fusée [avjɔ̃fyze], *s.m.* Rocket plane. *pl. Des avions-fusées.*

avionneur [avjɔnœ:r], *s.m.* Aircraft manufacturer.

avion-taxi [avjɔ̃taksi], *s.m.* Charter plane. *pl. Des avions-taxis.*

aviron [avirɔ̃], *s.m.* **1.** Oar. *Fr.C:* Paddle (of canoe). **A. de couple,** scull. **A. de galère,** sweep. **Armer, border, les avirons,** to ship the oars. **Engager son a.,** to catch a crab. **Coup d'a.,** stroke. **2. L'a.,** rowing. **Cercle d'a.,** rowing-club. **Faire de l'a.,** to go in for rowing.

avironner [avirɔne], *v.i.* *Fr.C:* To paddle (canoe).

avis [avi], *s.m.* **1.** (*a*) Opinion, judgment, decision. **Exprimer, émettre, un a.,** to express a view, an opinion. **Il exprima l'a. que l'on marchât sur Rome,** he proposed that they should march on Rome. *A:* **Aller aux a.,** to put the question to the vote. *Prov:* **Deux a. valent mieux qu'un,** two heads are better than one. **A, selon, mon a. . . .,** in my opinion . . ., to my mind. . . . **De l'a. de tous,** in the opinion of all. **Être du même a. que qn,** to be of the same mind, of the same opinion, as s.o. **J'ai changé d'a.,** I have changed my mind. **Je suis d'a.,** *F:* **m'est a., qu'il viendra,** my impression is that he will come. **Je suis d'a. qu'il vienne,** in my opinion he ought to come. **Êtes-vous d'a. de rester ici?** are you for staying here? **N'être pas du même avis que qn,** to dissent from s.o.'s opinion. (*b*) Advice, counsel. **Un a. paternel,** a piece of fatherly advice. **Demander l'a. de qn,** to ask s.o.'s advice. **2.** Notice, intimation, warning, announcement. **A. au public,** notice to the public. **Donner a. de qch.,** to give notice of sth. **Donner a. que . . .,** to give notice that. . . . **A. par écrit,** notice in writing. **A. au lecteur,** foreword, prefatory note (to book). **Jusqu'à nouvel a.,** until further notice. **A moins d'a. contraire, sauf a. contraire,** unless I (you) hear to the contrary.

avisé [avize], *a.* Prudent, circumspect; far-seeing. **Il est trop a. pour . . .,** he knows better than to. . . . **Bien a.,** well-advised. **Mesures mal avisées,** ill-advised measures. S.a. MALAVISÉ.

aviser [avize]. **1.** *v.tr.* (*a*) To perceive, to catch a glimpse of (sth., s.o.); *F:* to spot (s.o.). (*b*) **A. qn de qch.,** to inform, warn, s.o. of sth. **2.** *v.i.* **A. à qch.,** to deal with (situation, etc.); to see about sth. **A. à un cas,** to take such steps as are required by a case. **Vous ferez bien d'y a.,** you had better look to it. **A. à faire qch.,** to see about doing sth. **A. à ce que qch. se fasse,** to see to it that sth. is done.

s'aviser de qch., to bethink oneself of sth. **S'a. de faire qch.,** to take it into one's head to do sth. **Ne vous en avisez pas!** you'd better not! **S'a. que . . .,** to notice.

aviso [avizo], *s.m.* *Navy:* Despatch-vessel, advice-boat; sloop; aviso. **A. escorteur,** frigate.

avitaminose [avitaminoːz], *s.f.* *Med:* Avitaminosis; vitamin deficiency.

aviv|er [avive], *v.tr.* **1.** To quicken; to revive, brighten (fire, colours, etc.); to touch up (colour, picture); to irritate (wound, sore). **2.** To put a keen edge on (tool, etc.). *s.m.* **-age.**

s'aviver. (*a*) (of anxiety, etc.) to become more acute. (*b*) To quicken, revive, *F:* to liven up.

avocat[1], **-ate** [avɔka, -at], *s.* **1.** *Jur:* Barrister(-at-law); counsel; *Fr. & Scot:* advocate. **Plaider par a.,** to be represented by counsel. **Être reçu a.,** to be called to the bar. **Entendre les avocats des deux parties,** to hear counsel on both sides. **2.** Advocate, intercessor. **A. du diable,** devil's advocate.

avocat[2], *s.m.* *Bot:* Avocado-pear.

avocatier [avɔkatje], *s.m.* *Bot:* Avocado (tree).

avoine [avwan], *s.f.* Oat(s). **Farine d'a.,** oatmeal. *Cu:* **Flocons d'a.,** (porridge) oats.

avoir [avwaːr]. **I.** *v.tr.* (*pr.p.* **ayant** ; *p.p.* **eu** ; *pr.ind.* **j'ai, tu as, il a, n. avons, v. avez, ils ont** ; *pr.sub.* **j'aie, tu aies, il ait, n. ayons, v. ayez, ils aient** ; *imp.* **aie, ayons, ayez** ; *p.d.* **j'avais** ; *p.h.* **j'eus, il eut, n. eûmes, v. eûtes, ils eurent** ; *p.sub.* **j'eusse** ; *fu.* **j'aurai. Avoir** is the auxiliary of all transitive and of many intransitive verbs.) **1.** (*a*) To have, possess. **A. beaucoup d'amis,** to have many friends. **A. une grande fortune,** to be the possessor of a large fortune. **Ce frêle petit homme qu'elle a pour mari,** that mousy little husband of hers. (*b*) **Elle avait une robe bleue,** she had on, was wearing, a blue dress. **Qu'est-ce que vous avez là?** what have you got there? **Enfants qui ont de leur mère,** children who take after their mother. (*c*) *Pred.* **A. les yeux bleus,** to have blue eyes. (*d*) **A. dix ans,** to be ten years old. **Mur qui a dix pieds de haut,** wall ten feet high. (*e*) For the phrases **Avoir affaire, faim, froid, pitié, raison, etc.,** see under these words. **2.** To get, obtain, to come into possession of (sth.). **Il a eu le prix,** he got the prize. **J'ai eu sa réponse ce matin,** I got his answer this morning. *Tp:* **J'ai eu du mal à vous a.,** I had trouble getting you (on the 'phone). *W.Tel:* **A. Paris,** to tune in, pick up, Paris. **3. A. qn.** *F:* To get the better of (s.o.); to pull a fast one on s.o. **On vous a eu!** you've been had! **4. Avoir** = FAIRE, etc. (chiefly in *p.h.*). **Elle eut une exclamation,** she uttered an exclamation. **Il eut un mouvement brusque,** he made a sudden gesture. **5.** To ail. **Qu'avez-vous? qu'est-ce que vous avez?** what is the matter with you? **Il a quelque chose,** there is something wrong with him. **6. En a.** (*a*) **Nous en avons pour deux heures,** it will take us two hours. **J'en ai assez,** I've had enough of it; I am tired, sick, of it. (*b*) **En a. à, contre, qn,** to have a grudge against s.o. **A qui, après qui, en avez-vous?** who are you getting at? **Quoi qu'il en ait,** whatever he may say. **7. A. qch. à faire,** to have sth. to do. **J'ai à travailler, j'ai un devoir à finir,** I have work to do, an exercise to finish. **Vous n'avez pas à vous inquiéter,** you have no need to feel anxious. **J'ai à me plaindre de . . .,** I have cause to complain of. . . . **Je n'ai plus qu'à me retirer,** it only remains for me to withdraw. **8.** *impers.* **Y a.** (*a*) **Combien y a-t-il de blessés?** how many wounded are there? **Il n'y en a qu'un,** there is only one. **Il y en a qui disent que . . .,** there are some, those, who say that. . . . *F:* **Il n'y a pas de quoi,** don't mention it. **Qu'est-ce qu'il y a à voir?** What is there to see? **Il n'y a eu qu'eux de tués,** they were the only ones killed. (*b*) **Il y a quelque chose,** there is something the matter. **Qu'est-ce qu'il y a?** what is the matter? *F:* what's up? (*c*) **Il y a deux ans,** two years ago. **Il y avait six mois que j'attendais,** I had been waiting for the last six months. **Il y a de cela trente ans,** that was thirty years ago. (*d*) **Combien y a-t-il d'ici à Londres?** how far is it (from here) to London? **9.** (Aux. use) **J'ai fini,** I have finished. **Attendez que nous ayons fini,** wait till we have finished. **Je l'ai déjà vu,** I have seen him before. **Je l'ai vu hier,** I saw him yesterday. **Je l'avais vu la veille,** I had seen him the day before. **J'eus, j'ai eu, bientôt fini de m'habiller,** I was not long dressing. **Quand il eut fini de parler, il vint à moi, quand il a eu fini de parler, il est venu à moi,** when he had finished speaking he came to me. **J'aurai bientôt fini,** I shall soon have finished.

II. avoir, *s.m.* Property. **Tout mon a.,** all I possess; my all. *Com:* **Doit et a.,** debit and credit.

avoisinant [avwazinɑ̃], *a.* Neighbouring; near by.

avoisiné [avwazine], *a.* **Être bien a.,** (i) to have good neighbours, (ii) to be in a good neighbourhood.

avoisiner [avwazine], *v.tr.* **A. qch.,** to be near sth., close, adjacent, to sth. **Des idées qui avoisinent la folie,** ideas bordering on madness.

avort|er [avɔrte], *v.i.* To miscarry. *Bot:* To develop imperfectly; to fail to ripen. **Faire a. un dessein,** to frustrate a plan. *s.m.* **-ement.** Miscarriage; abortion.

avorteur, -euse [avɔrtœːr, -øːz]. **1.** *a.* **Médecin a.,** abortionist. **2.** *s.f.* **Avorteuse,** abortionist.

avorton [avɔrtɔ̃], *s.m.* Puny, undersized, stunted, man or child, *F:* runt.

avoué[1] [avwe], *s.m.* *Jur:* = Solicitor, attorney-at-law.

avoué[2], *a.* **1.** (*a*) Acknowledged, admitted (fact). (*b*) Confessed (author of. . .). **2.** Ostensible (purpose, object).

avou|er [avwe], *v.tr.* **1.** To acknowledge (s.o., debt). *Pred.* **A. qn pour frère,** to acknowledge, own, s.o. as one's brother. **S'a. coupable,** to admit one's guilt. **S'a. vaincu,** to acknowledge oneself beaten. **2.** To confess, to own (a misdeed, etc.). **Avouez tout!** make a clean breast of it! **A. avoir fait qch.,** to own (up) to having done sth. *a.* **-able.**

avril [avril], *s.m.* April. **En a.,** in April. **Au mois d'a.,** in the month of April. **Le sept a.** (on) the seventh of April, (on) April (the) seventh. **Le premier a.,** (i) the first of April; (ii) April-fool day; All Fools' day. **Donner un poisson d'a. à qn,** to make an April-fool of s.o.

avunculaire [avɔ̃kylɛːr], *a.* Avuncular.

axe [aks], *s.m.* **1.** Axis (of plant, the earth, ellipse, etc.). **Grand a., petit a.**, major, minor, axis. **Conduire sur l'a. de la chaussée**, to drive on the crown of the road. **2.** Axle, spindle, pin. **A. d'une meule**, spindle, axle, arbor, of a grindstone. *Mec.E: Mch: etc:* **A. de chape**, yoke-pin. **3.** *Pol:* Axis.

axer [akse], *v.tr.* **1.** *Mch:* To centre. **Être axé sur**, to follow (a tendency, etc.), to centre on. **2.** *F:* To direct, guide.

axial, -aux [aksjal, -o], *a.* Axial (line, plane). *Mec:* **Effort de compression axiale**, collapsible load.

axiomatique [aksjɔmatik], *a.* Axiomatic(al).

axiome [aksjo:m], *s.m.* Axiom.

axiomètre [aksjɔmɛtr], *s.m.* *Nau:* Helm indicator, tell-tale.

axonge [aksɔ̃:ʒ], *s.f.* *Pharm:* Lard; hog's fat.

ayant [ɛjɑ̃]. **1.** See AVOIR. **2.** *s.m.* *Jur:* **Ayant cause**, assign, trustee, executor. *pl. Des ayants cause.* **A. droit**, rightful claimant or owner; interested party; beneficiary. *pl. Des ayants droit.*

ay-ez, -ons. See AVOIR.

azalée [azale], *s.f.* *Bot:* Azalea.

azimut [azimyt], *s.m.* Azimuth. *Nau: Surv:* **Prendre un a.**, to take a bearing. *Mil:* **Système de défense tous azimuts**, all-directional defence system.

azimutal, -aux [azimytal, -o]. **1.** *a.* Azimuth(al). **2.** *s.m.* Azimuth compass.

Azincourt [azɛ̃ku:r]. *Pr.n.m.* Agincourt.

azoïque [azɔik], *a.* *Ch: Ind:* **Colorants azoïques**, aniline dyes.

azotate [azɔtat], *s.m.* *Ch:* Nitrate.

azote [azɔt], *s.m.* *Ch:* Nitrogen.

azoté [azɔte], *a.* Nitrogenous. **Engrais azotés**, nitrogenous fertilizers, *F:* nitrates.

azoter [azɔte], *v.tr.* To add nitrogen (to sth.).

azoteux, -euse [azɔtø, -ø:z], *a.* *Ch:* Nitrous.

azotique [azɔtik], *a.* *Ch:* Nitric.

aztèque [aztɛk], *a. & s.* *Ethn:* Aztec.

azur [azy:r], *s.m.* Azure, blue. **Ciel d'a.**, azure sky. *Geog:* **La Côte d'A.**, the Riviera.

azurage [azyra:ʒ], *s.m.* *Dom.Ec: Ind:* Blu(e)ing (of linen, paper, etc.).

azuré [azyre], *a.* **1.** Blue, azure. **2.** Covered with close parallel lines.

azurer [azyre], *v.tr.* **1.** *Dom.Ec: Ind:* To blue. **2.** To tinge with blue.

azyme [azim]. **1.** *a.* Azymous, unleavened (bread) **2.** *s.m.* Azyme. *Jew.Rel:* **Fête des azymes**, feast of unleavened bread.

B, b [be], *s.m.* (The letter) B, b. *Tp:* **B comme Berthe,** B for Bertie.
baba[1] [baba], *s.m.* *Cu:* Baba.
baba[2], *a.inv.* *P:* Dumbfounded, flabbergasted. **En rester b.,** to be struck all of a heap.
Babel [babɛl], *Pr.n.f.* **1.** Babel. **2.** *F:* **C'est une vraie tour de B.,** it's a perfect Babel, it's pandemonium.
babeurre[1] [babœːr], *s.m.* Buttermilk.
babeurre[2], *s.m.* Dasher (of churn).
babil [babi(l)], *s.m.* **1.** Prattling; twittering (of birds); babbling (of a brook). **2.** Prattle (of children).
babillard, -arde [babijaːr, -ard]. **1.** *a.* (Given to) prating; talkative. **Cours d'eau b.,** babbling brook. **2.** *s.* Tattler, chatterbox. **3.** *s.m.* *Fr.C:* Notice board.
babill|er [babije], *v.i.* To prattle; to chatter; (of brook) to babble. *s.m.* **-age.** *s.m.* **-ement.**
babines [babin], *s.f.pl.* *Z:* Pendulous lips (of monkey, dog, cat); chops (of ruminants).
babiole [babjɔl], *s.f.* Curio, knick-knack, bauble.
bâbord [babɔːr], *s.m.* *Nau:* Port (side). **La barre toute à b.!** hard a-port! **La terre par b.!** land on the port side!
bâbordais [babɔrdɛ], *s.m.* *Nau:* Man of the port watch.
babouche [babuʃ], *s.f.* Turkish slipper; babouche.
babouin [babwɛ̃], *s.m.* Baboon.
babouines [babwin], *s.f.pl.* *F:* (= BABINES) Mouth, lips. **Vous vous en lécherez les b.,** you'll lick your chops, smack your lips, over it.
Babylone [babilɔn]. *Pr.n.f.* Babylon. **La captivité de B.,** the Babylonian Captivity.
Babylonie [babilɔni]. *Pr.n.f.* *A.Geog:* Babylonia.
babylonien, -ienne [babilɔnjɛ̃, -jɛn], *a.* & *s.* Babylonian.
babylonisme [babilɔnism], *s.m.* Cult of the huge (esp. in building).
bac[1] [bak], *s.m.* **1.** (*a*) **B. (à traille),** trail-bridge. (*b*) Ferry-boat (in general). **Passer qn dans un b.,** to ferry s.o. across. (*c*) Ferry. **Passer le b.,** to cross the ferry. (*d*) Pontoon. (*e*) *Jur:* **Droit de b.,** ferry (right). **2.** Tank, vat; container (of accumulator); pot (of electric cell); (miner's) truck or tub. **B. à ordures,** dustbin, *U.S:* garbage can.
bac[2] [bak], *s.m.* *F:* = BACCALAURÉAT.
baccalauréat [bakalɔrea], *s.m.* **1. B. ès lettres, ès sciences** = General Certificate of Education; *Scot:* School Leaving Certificate. **2. B. en droit,** degree granted when a student has passed his first two examinations for the *Licence en Droit.*
baccara(t)[1] [bakara], *s.m.* *Cards:* Baccara(t).
baccarat[2], *s.m.* *Glassm:* Crystal (made at Baccarat).
bacchanal [bakanal], *s.m.* No *pl.* *F:* Uproar, racket, row, rag.
bacchanale [bakanal], *s.f.* **1.** *Rom.Ant:* **Les Bacchanales,** the Bacchanalia. **2.** (*a*) Drinking song. (*b*) Orgy, drunken revel.
bacchante [bakɑ̃ːt], *s.f.* **1.** *Ant:* Bacchant(e). **2.** *pl.* *P:* Moustache.
bâche [bɑːʃ], *s.f.* **1.** Tank, cistern. **2.** (Coarse canvas) cover (for carts, hayricks). **B. goudronnée,** tarpaulin.
bachelier [baʃəlje], *s.m.* **1.** *A:* Bachelor; novice in arms. **2.** *Sch:* (*f.* **bachelière** [baʃəljɛːr]) (*a*) **B., bachelière, en droit,** student who has passed the first two examinations for the **Licence en Droit.** (*b*) **B., bachelière, ès lettres, ès sciences,** one who has taken the *baccalauréat* in arts or science. *F:* **B. complet,** one who has passed both parts of the *baccalauréat.*
bâcher [bɑʃe], *v.tr.* To sheet (sth.) over; to cover (sth.) with a tarpaulin.
bachique [baʃik], *a.* Bacchic. **Scène b.,** bacchanalian scene.
bachot[1] [baʃo], *s.m.* Wherry, punt.
bachot[2], *s.m.* *F:* = BACCALAURÉAT. **Boîte à b.,** cramming-shop.
bachot|er [baʃɔte]. *Sch:* *P:* **1.** *v.tr.* To cram (pupil) for the *baccalauréat.* **2.** *v.i.* To cram, grind. *s.m.* **-age,** *s.m.* **-eur**[1], **-euse.**
bachoteur[2] [baʃɔtœːr], *s.m.* *Nau:* Wherryman.
bacille [basil], *s.m.* *Biol:* Bacillus.
bâcle [bɑːkl], *s.f.* Bar (of door).
bâclé [bɑkle], *a.* **1.** Ice-bound (harbour, etc.). **2.** Slap-dash (work).
bâcl|er [bɑkle], *v.tr.* **1.** To bar, bolt (door, etc.). **2.** *Nau:* To block up, close (port, harbour). **3.** *F:* To scamp (work); to hurry over (one's toilet, etc.). *s.m.* **-age.**
bâcleur, -euse [bɑklœːr, -øːz], *s.* *F:* **1. B. de besogne,** man who scamps his work. **2. B. d'affaires, de besogne,** hustler.
bacon [bakõ, bɛkœn], *s.m.* Bacon.
bactéricide [bakterisid], *s.m.* *Biol:* Bactericide.
bactérie [bakteri], *s.f.* Bacterium. *pl.* Bacteria.
bactérien, -ienne [bakterjɛ̃, -jɛn], *a.* Bacterial.
bactériologie [bakterjɔlɔʒi], *s.f.* Bacteriology.
bactériologique [bakterjɔlɔʒik], *a.* Bacteriological. **Guerre b.,** germ warfare.
bactériologiste [bakterjɔlɔgist], **bactériologue** [bakterjɔlɔg], *s.m.* or *f.* *Biol:* Bacteriologist.
bactériophage [bakterjɔfaːʒ], *s.m.* *Biol:* Bacteriophage.
bacul [baky], *s.m.* Swingle-bar (of a cart, plough, etc.).
badaud, -aude [bado, -oːd], *s.* Saunterer, stroller; gaper (in the streets); *U.S:* *F:* rubber-neck.
badaud|er [badode], *v.i.* To go gaping about; to stroll about, *U.S:* *F:* to rubber-neck. *s.m.* **-age.**
badauderie [badodri], *s.f.* Sauntering, lounging.
Bade [bad]. *Pr.n.f.* *Geog:* Baden.
baderne [badɛrn], *s.f.* **1.** *Nau:* (*a*) Thrummed mat. (*b*) Boat-fender. **2.** *F:* **Vieille b.,** old fog(e)y; old fossil.
badiane [badjan], *s.f.* **badianier** [badianje], *s.m.* *Bot:* Chinese anise tree.
badigeon [badiʒɔ̃], *s.m.* **1.** (Colour-)wash, distemper, (for walls, etc.). **B. à la chaux,** whitewash. **2.** Whitewash brush.
badigeonn|er [badiʒɔne], *v.tr.* (*a*) **B. une surface,** to brush over a surface (de, with). **B. un mur en blanc, en couleur,** to whitewash, to colour-wash, distemper, a wall. (*b*) *Med:* To paint (**à l'iode,** with iodine). *s.m.* **-age.** *s.m.* **-eur.**
badin[1] [badɛ̃], *s.m.* *Av:* Air-speed indicator.
badin[2], **-ine**[1] [badɛ̃, -in]. **1.** *a.* Playful, sportive, waggish. **Style b.,** light, playful, style. **2.** *s.* Wag, joker, banterer.
badine[2] [badin], *s.f.* Cane, switch.
badin|er [badine]. **1.** *v.i.* (*a*) To jest, trifle. **B. de tout,** to make sport of everything. **On ne badine pas avec l'amour,** do not trifle with love. (*b*) **B. avec sa canne,** to play, toy, with one's stick. **2.** *v.tr.* *O:* To tease, banter (s.o.). *s.m.* **-age.**
badinerie [badinri], *s.f.* Banter.
bad-lands [badland], *s.f.pl.* *Geog:* Badlands.
bâdrage [badraʒ], *s.m.* *Fr.C:* *P:* Nuisance, annoyance.
badois, -oise [badwa, -waːz], *a.* & *s.* *Geog:* (Native) of Baden.
bâdrant, -ante [badrɑ̃, -ɑ̃t], *a.* *Fr.C:* *P:* Bothersome.
bâdrer [badre], *v.tr.* *Fr.C:* *P:* To annoy, to bother.
baffe [baf], *s.f.* *P:* Slap, blow, cuff.
Baffin [bafɛ̃]. *Pr.n.* *Geog:* **La terre de B.,** Baffin Island.
bafouer [bafwe], *v.tr.* To scoff, jeer, at (s.o.). **Amoureux bafoué,** flouted lover.
bafouill|er [bafuje], *v.tr.* & *i.* *F:* (*a*) To eat one's words; to splutter, stammer. **B. quelque chose,** to stammer out something. (*b*) (Of engine) To run badly; to miss, splutter. (*c*) *P:* To talk nonsense. *s.m.* **-age.** *s.* **-eur, -euse.**
bâfrée [bɑfre], *s.f.* *F:* Feed, tuck-in, blow-out.
bâfr|er [bɑfre]. *F:* **1.** *v.i.* To gormandize, guzzle. **2.** *v.tr.* To stuff, guzzle (food). *s.* **-eur, -euse.**
bagage [bagaːʒ], *s.m.* **1.** Baggage, impedimenta. **Plier b.,** (i) to pack up one's traps, *Mil:* one's kit; (ii) to decamp, make off. **Avec armes et b.,** with all one's belongings. **2.** *pl.* Luggage. **Bagages non accompagnés,** luggage in advance. **Bagages à main,** hand-luggage.

bagarre [baga:r], *s.f.* Scuffle (between crowd and police); affray, brawl; free fight.
bagarrer (se) [səbagare], *v.pr. F:* To scuffle, to brawl.
bagatelle [bagatɛl], *s.f.* Trifle. **Acheter qch. pour une b.**, to buy sth. for a mere song. **Traiter une affaire de b.**, to make light of a matter.
bagnard [baɲa:r], *s.m.* Convict.
bagne [baɲ], *s.m. A:* Convict prison. **B. flottant**, hulks. (*b*) *F:* Penal servitude. **Il a été condamné à cinq ans de b.**, he was sentenced to five years' penal servitude.
bagnole [baɲɔl], *s.f.* **1.** *Rail: F:* Horse-box; cattle-truck. **2.** *P:* Car.
bagou(t) [bagu], *s.m. F:* Glibness of tongue. **Avoir du b.**, to have the gift of the gab.
baguage [baga:ʒ], *s.m.* Ringing (of birds, trees).
bague [bag], *s.f.* **1.** (*a*) (Jewelled) ring. (*b*) **B. d'un cigare**, band round a cigar. (*c*) *Nau:* Grummet. (*d*) **Jeu de bagues**, tilting at the ring. **2.** *Mec.E:* **B. d'assemblage**, collar, sleeve; thimble-coupling or joint. **B. de roulement**, ball-race. **B. d'un excentrique**, strap of an eccentric. **3.** *Mch:* **B. (de garniture) de piston**, piston-ring, packing-ring.
bague-agrafe [bagagraf], *s.f.* (Fountain-pen) clip. *pl. Des bagues-agrafes.*
baguenaude [bagno:d], *s.f.* **1.** *Bot:* Bladder-senna pod. **2.** *A:* Trifle; puerile nonsense.
baguenaud|er [bagnode], *v.i. & pr. F:* To fool around; to loaf; to waste time on trifles. *s.m.* **-age.**
baguenaudier [bagnodje], *s.m.* **1.** *F:* Trifler, loafer. **2.** Ring-puzzle, tiring-irons. **3.** *Bot:* Bladder-senna.
baguer [bage], *v.tr.* **1.** To put a ring on sth. **2.** To ring a bird or a tree. **3.** *Dressm:* To baste, to tack.
baguette [bagɛt], *s.f.* **1.** (*a*) Rod, wand, stick. **B. de fée**, fairy's wand. **Baguettes de tambour**, drumsticks. *F:* **(Des cheveux) raides comme des baguettes de tambour**, (hair) straight as a yard of pump water. *Mil:* **B. de fusil**, cleaning-rod, *A:* ram-rod. *F:* **Faire marcher qn à la b.**, to rule s.o. with a rod of iron. **Passer par les baguettes**, to run the gauntlet. (*b*) Long thin loaf of French bread, bread stick. **2.** (*a*) *Join:* Moulding, bead, fillet. (*b*) Piping (on trousers). (*c*) Stitching (on gloves).
baguier [bagje], *s.m.* Ring-box.
bah [ba], *int.* **1.** Nonsense! fiddlesticks! pooh! rubbish! **2.** You don't say so!
Bahama [baama]. *Pr.n.f. Geog:* **L'archipel des B.**, the Bahamas.
bahut [bay], *s.m.* (*a*) *A:* Round-topped chest or travelling box. (*b*) Cupboard, cabinet. (*c*) *P:* School.
bai [bɛ], *a.* Bay (horse). **Bai châtain**, chestnut.
baie[1] [bɛ], *s.f. Geog:* Bay, bight.
baie[2], *s.f. Arch:* Bay, opening. **Fenêtre en b.**, bay-window.
baie[3], *s.f. Bot:* Berry.
baignade [bɛɲad], *s.f. F:* **1.** (*a*) Bathe. (*b*) Watering (of horses). **2.** Bathing-place.
baigner [bɛɲe]. **1.** *v.tr.* (*a*) To bathe, steep; to dip. **B. ses pieds dans le ruisseau**, to dip one's feet in the stream. **Yeux baignés de larmes**, eyes suffused with tears. (*b*) (Of sea) To wash (coast); (of river) to water (a district). (*c*) To bath, give a bath to (dog, baby). **2.** *v.i.* To soak, steep (in sth.). **Il baignait dans son sang**, he was weltering in his blood.
se baigner. **1.** To take a bath. **2.** (*a*) To bathe; to have a bathe. (*b*) **Faire b. des chevaux**, to take horses to water.
baigneur, -euse [bɛɲœ:r, -ø:z], *s.* **1.** Bather. **2.** (*a*) Bath attendant. (*b*) Bathing attendant.
baignoire [bɛɲwa:r], *s.f.* **1.** Bath; (bath-)tub. **2.** *Th:* Ground-floor box (behind the pit). **3.** *Nau:* Conning tower.
bail, *pl.* **baux** [ba:j, bo], *s.m.* Lease (to tenant). **Prendre une maison à b.**, to take a lease of a house; to lease a house. *F:* **Renouveler son b. de vie**, to take a new lease of life.
bâillant [bɑjɑ̃], *a.* Gaping (blouse, etc.); yawning (chasm); (door) ajar.
baille [bɑj], *s.f. Nau:* Tub, bucket, pail.
bâillement [bɑjmɑ̃], *s.m.* **1.** Yawn; yawning. **Étouffer un b.**, to stifle a yawn. **2.** Gaping (of seam, etc.).
bailler [bɑje], *v.tr. A:* (= DONNER) **B. un coup à qn**, to deal s.o. a blow. *F:* **Vous me la baillez belle! tell that to the marines!**
bâill|er [bɑ:je], *v.i.* **1.** To yawn. *F:* **B. à se décrocher la mâchoire**, to yawn, one's head off. **2.** (Of seam, etc.) To gape; (of door) to stand ajar. *s.* **-eur, -euse.**
bailleur, -eresse [bɑjœ:r, bɑjrɛs], *s.* **1.** (*a*) *A:* Giver. (*b*) *Jur:* Lessor. **2. B. de fonds**, (i) *Com:* sleeping partner, silent partner; (ii) moneylender.
bailli [baji], *s.m. A:* Bailiff, magistrate, judge.
bâillon [bɑjɔ̃], *s.m.* Gag. **Mettre un b. à qn**, to gag s.o.
bâillonn|er [bɑjɔne], *v.tr.* To gag. *F:* **B. la presse**, to muzzle the press. *s.m.* **-ement.**
bain [bɛ̃], *s.m.* **1.** Bath. (*a*) **Prendre un b.**, to take, have, a bath. **B. de pieds**, foot-bath. **B. de soleil**, sun-bath. **Salle de bains**, bath-room. (*b*) **Bains publics**, public baths. (*c*) *pl.* Watering-place; spa. (*d*) Bathing. **B. de minuit**, bathing in the nude by night, *U.S:* skin-dip. **Bains de mer**, (i) sea-bathing; (ii) seaside resort. **Costume de bain(s)**, bathing-costume. **2.** *Husb:* (Sheep-)dip. *Phot:* **B. révélateur**, developing bath. **B. fixateur**, fixing-bath. **3.** (*a*) *F:* **Envoyer qn au bain**, to send s.o. packing. (*b*) *F:* **Se mettre dans le b.**, (i) to get down to it; to get to the heart of things; (ii) to get into the swing of things, to get warmed up. *F:* **Être dans le b.**, (i) to have got one's hand in; (ii) to be implicated in.
bain-marie [bɛ̃mari], *s.m.* **1.** *Ch:* Water-bath. **2.** (*a*) *Cu:* Double saucepan. (*b*) Kitchen-range boiler. *pl. Des bains-marie.*
baïonnette [bajɔnɛt], *s.f.* Bayonet. **Mettre, remettre, la b.**, to fix, unfix, bayonets. **B. au canon!** fix bayonets! **Charge à la b.**, bayonet charge. **Joint en b.**, bayonet-joint.
baisemain [bɛzmɛ̃], *s.m.* Kissing of hands.
baiser [bɛze]. I. *v.tr.* (*a*) *Lit:* = EMBRASSER 1. **B. qn sur, à, la joue**, to kiss s.o. on the cheek. (*b*) **B. la mule du Pape**, to kiss the Pope's toe. **B. la croix**, to kiss the cross.
II. **baiser**, *s.m.* Kiss. **B. d'adieu**, parting kiss.
baissant [bɛsɑ̃], *a.* Declining, diminishing; setting (sun); failing (sight).
baisse [bɛs], *s.f.* **1.** Subsidence, going down (of water, etc.); ebb (of tide). **Température en b.**, falling temperature. **2.** Fall, drop, decline (in prices). **Spéculations à la b.**, bear speculations.
baisser [bɛse]. I. *v.* **1.** *v.tr.* To lower (curtain, price); to shut down (window, etc.); to let down, to open (carriage window). **B. une lampe**, to turn down a lamp. *Th: etc:* **B. les lumières**, to lower the lights. *Aut:* **B. les phares**, to dim (headlights). **B. la tête**, (i) to bend one's head, (ii) to hang one's head. **B. brusquement la tête**, to duck; to bob down. **Donner tête baissée dans un piège**, to fall headlong into a trap. **B. les yeux**, to cast down one's eyes; to look down. **B. la voix**, to lower one's voice. S.a. PAVILLON 3. **2.** *v.i.* (*a*) To be on the decline; (of tide) to ebb; (of flood) to abate; (of lamp, fire) to burn low. **La rivière baisse**, the river is going down. **Le baromètre baisse**, the glass is falling. **Le soleil baisse**, the sun is sinking. **Sa vue, sa mémoire, baisse**, his sight, memory, is failing, going. **Le malade baisse**, the patient is sinking. **B. dans l'estime de qn**, to sink in s.o.'s estimation. (*b*) (Of prices) To fall, to come down.
se baisser, to stoop; to bend down.
II. **baisser**, *s.m.* **B. du soleil**, sunset. *Th:* **B. du rideau**, fall of the curtain.
baissier [bɛsje], *s.m. St. Exch:* Bear.
bajoues [baʒu], *s.f.pl.* Cheeks, chaps, chops (of pig, etc.).
bakélite [bakelit], *s.f.* Bakelite.
bakchich [bakʃiʃ], *s.m.* Baksheesh.
bal [bal], *s.m.* **1.** Ball. **B. travesti, costumé**, fancy-dress ball. **B. paré**, evening-dress ball. **Robe de b.**, dance-dress, evening dress. **La reine du b.**, the belle of the ball. **2. B. public**, dance hall. *pl. Des bals.*
balade [balad], *s.f. F:* Stroll, saunter; excursion. Être en b., to be out walking; out for the day. **Faire une b.**, (i) to go for a ramble; (ii) to go on an excursion; to go for a run in the car, etc.
balader [balade]. *F:* **1.** *v.i. & pr.* To stroll, saunter. **Se b. en auto**, to go out for a drive. *P:* **Envoyer b. qn**, to send s.o. packing. **2.** *v.tr.* (*a*) To walk (s.o.) out, to take (dog) for a walk. (*b*) To trot (s.o.) round.

baladeur, -euse [baladœːr, -øːz], *s.* **1.** *F:* Wanderer, saunterer. **2.** *s.m. Mec.E:* Sliding collar. *Aut:* Selector rod. **Train b.,** sliding gear. **3.** *s.f.* **Baladeuse.** (*a*) Trailer (of tram, motor car, etc.). (*b*) Costermonger's barrow. (*c*) Inspection lamp.

baladin, -ine [baladɛ̃, -in], *s.* Mountebank; buffoon.

balafre [balafr], *s.f.* **1.** Slash, gash (esp. in face); sabre-cut. **2.** Scar.

balafrer [balafre], *v.tr.* **1.** To gash, slash (esp. the face). **2. Visage balafré,** scarred face.

balai [balɛ], *s.m.* **1.** Broom. **B. de crin,** hair broom. **B. en caoutchouc,** squeegee. **B. mécanique,** carpet-sweeper. *F:* **B. électrique,** vacuum cleaner. **Manche à b.,** (i) broomstick, (ii) *Av: P:* joy-stick. **Donner un coup de b. à une pièce,** to sweep out a room. **2.** *El.E:* Brush (of commutator). *Aut:* Blade (of windscreen-wiper). **3.** *Bot:* **B. de sorcière,** witches'-broom.

balalaïka [balalaika], *s.f. Mus:* Balalaika.

balance [balɑ̃ːs], *s.f.* **1.** (*a*) Balance; (pair of) scales. **B. romaine,** steelyard. **Mettre deux choses en b.,** to weigh two things one against the other. **Emporter, faire pencher, la b.,** to turn the scale. (*b*) Scale(-pan). **2.** *A:* Suspense, indecision. **Tenir qn en b.,** to keep s.o. in suspense. **3.** (*a*) **B. d'un compte,** balancing of an account. **B. des payements,** balance of payments. (*b*) **B. des forces,** balance of power. **B. politique,** (i) balance of parties. (ii) *Hist:* balance of power.

balancé [balɑ̃se], *a.* **1.** Well-balanced; well-poised. **2.** Swinging (blow). *s.m. Box:* **B. du droit,** swing in with the right.

balanc|er [balɑ̃se], *v.* (**je balançai(s); n. balançons**) **I.** *v.tr.* **1.** To balance. (*a*) **B. le mal par le bien,** to (counter) balance evil with good. **B. un compte,** to balance an account. (*b*) To poise (javelin, etc.). **2.** To swing, rock (s.o. in a hammock, etc.). **B. un enfant sur ses genoux,** to rock a child on one's knees. **3.** *F:* To throw s.o. out; to throw sth. away. *s.m.* **-ement.**

II. balancer, *v.i.* **1.** To swing; *F:* to dangle. **2.** *A:* To waver, hesitate.

se balancer. (*a*) To swing; to sway, rock; *F:* to dangle. (Of ship) **Se b. sur ses ancres,** to ride at anchor. (*b*) To see-saw.

balancier¹ [balɑ̃sje], *s.m. Com:* Scale-maker.

balancier², *s.m.* **1.** Balancing-pole (of tight-rope walker). **2.** (*a*) (i) Pendulum(-bob), (ii) balance-wheel (of watch). (*b*) Handle (of pump). (*c*) *Mch:* Beam (of beam-engine). (*d*) Fly-press, screw-press.

balançoire [balɑ̃swaːr], *s.f.* **1.** (*a*) See-saw. (*b*) (Child's) swing. (*c*) Swing-boat. **2.** *P:* **Envoyer qn à la b.,** to send s.o. to Jericho.

balane [balan], *s.m. Crust:* Acorn-shell, barnacle.

balayage [balɛjaːʒ], *s.m.* **1.** Sweeping. *Mil: Av:* Sweep. **2.** *T.V:* Sweep. **3.** *Radar:* **Fréquence de b.,** scan frequency.

balay|er [baleje], *v.tr.* (**je balaie, je balaye; je balaierai, je balayerai**) **1.** To sweep; to sweep out (room); to sweep up (dirt). **Le vent a balayé les nuages,** the wind has swept away the clouds. **B. la mer,** to scour the sea. **2.** *T.V:* To scan (image). **3.** *P:* To make a clean sweep, to fire (staff).

balayette [balɛjɛt], *s.f.* Small broom; brush; whisk.

balayeur, -euse [balɛjœːr, -øːz], *s.* **1.** Sweeper. **B. de rues,** (i) street sweeper; (ii) scavenger. **2.** *s.f.* **Balayeuse.** (*a*) Carpet sweeper. (*b*) Road or street sweeper.

balayures [balɛjyːr], *s.f.pl.* Sweepings.

balbuti|er [balbysje]. **1.** *v.i.* To stammer, mumble. **2.** *v.tr.* To stammer out (sth.). *s.m.* **-ement.**

balcon [balkɔ̃], *s.m.* **1.** Balcony. **2.** *Th:* Dress-circle. **3.** *N.Arch:* Pulpit (on the poop).

balconnet [balkɔnɛ], *s.m. R.t.m. Cost:* Strapless brassière.

baldaquin [baldakɛ̃], *s.m.* Baldachin, canopy (of throne, etc.); tester (of bed).

bale [bal], *s.f. Bot: etc:* = BALLE².

Bâle [bɑːl]. *Pr.n.f. Geog:* Basel, Basle.

baléare [baleaːr], *a. & s. Geog:* **1. Les (îles) Baléares** the Balearic Isles. **2.** Balearian.

baleine [balɛn], *s.f.* **1.** Whale. **Blanc de b.,** spermaceti. *Nau: F:* **Embarquer une b.,** to ship a green sea. **2.** Whalebone. **Baleines d'un parapluie,** ribs of an umbrella.

baleineau [balɛno], *s.m.* Whale-calf.

baleiner [balɛne], *v.tr.* To (whale)bone; to stiffen (garment).

baleinier, -ière [balɛnje, -jɛːr]. **1.** *a.* Whaling (industry). **2.** *s.m.* Whaler (whale-fisher or ship). **3.** *s.f.* **Baleinière,** whale-boat. **B. de sauvetage,** life-boat.

balénoptère [balɛnɔptɛːr], *s.m. Z:* Balaenoptera, rorqual. **B. à bec,** piked whale.

balèvre [balɛːvr], *s.f.* (*a*) *A:* Under-lip. (*b*) *Pej:* **Les balèvres,** the lips.

balise¹ [baliːz], *s.f.* (*a*) *Nau:* Beacon; sea-mark. **B. flottante,** buoy. (*b*) *Av:* Ground-light.

balise², *s.f. Bot:* Canna seed.

balis|er [balize], *v.tr.* (*a*) *Nau:* To beacon, buoy, mark out (channel). (*b*) To provide (airport or air-routes) with ground-lights. (*c*) *Aut:* To signal. (*d*) **Axe balisé,** aural radio-range course. **Piste balisée,** flare path. *s.m.* **-age.** *s.m.* **-ement.**

baliseur [balizœːr], *s.m.* **(Bateau) b.** = Trinity House Boat.

baliste [balist], *s.f. Rom.Ant:* Bal(l)ista.

balistique [balistik]. **1.** *a.* Ballistic. **2.** *s.f.* Ballistics; gunnery.

baliveau [balivo], *s.m.* **1.** *For:* Staddle. *Hort:* Sapling. **2.** Scaffold-pole.

baliverne [balivɛrn], *s.f. F:* (*a*) Idle story. (*b*) *pl.* Twaddle, nonsense.

baliverner [balivɛrne], *v.i. F:* To talk nonsense.

balkanique [balkanik], *a.* Balkan (state, etc.).

Balkans [balkɑ̃], *Pr.n.m.pl. Geog:* The Balkans.

ballade [balad], *s.f. Lit:* **1.** Ballade. **2.** Ballad (poem, not song).

ballant [balɑ̃]. **1.** *a.* Swinging, dangling (arms, etc.); slack (rope). **2.** *s.m. Golf:* **B. ascendant, b. descendant,** upward, downward, swing.

ballast [balast], *s.m.* **1.** *Civ.E:* Ballast, bottom (of road, railway track). **2.** Ballast-tank (of submarine).

ballaster [balaste], *v.tr. Civ.E: & Nau:* To ballast.

balle¹ [bal], *s.f.* **1.** Ball. **B. de golf, de tennis,** golf-ball, tennis-ball. **Avoir la b. belle,** (i) to be in a good position (for playing a ball), (ii) *F:* to have a good opportunity. **Renvoyer la b. à qn,** (i) to return the ball to s.o.; (ii) *F:* to pass the buck, to return the compliment. **Enfant de la b.,** (i) strolling player; (ii) person born into a profession. S.a. BOND 2. *Games:* **B. au camp,** rounders. **B. au mur,** fives. **2.** Bullet; shot. **B. de fusil,** rifle bullet. **B. morte,** spent bullet. **B. perdue,** stray bullet. **Tirer à b.,** to fire ball-cartridge. **3.** *Com:* (*a*) Bale (of cotton, etc.). **Mettre en b.,** to bale. (*b*) (Pedlar's) pack. **Porter la b.,** to peddle.

balle², *s.f.* Husk, chaff (of corn). *Bot:* Glume.

ballerine [balrin], *s.f.* **1.** *Th:* Ballerina; ballet-dancer; danseuse. **2.** *Bootm:* Ballerina (shoe).

ballet [balɛ], *s.m. Th:* Ballet. **Le corps de b.,** the corps de ballet.

ballon [balɔ̃], *s.m.* **1.** Balloon. **B. de protection,** barrage balloon. **B. de sondage,** pilot-balloon, sounding-balloon. **B. d'observation,** war-balloon. **Lancer un b. d'essai,** (i) to send up a pilot balloon; (ii) *F:* to put out a feeler. *Aut:* **Pneu b.,** balloon-tyre. **2.** (*a*) (Child's large) india-rubber ball. (*b*) Football. (*c*) *Fr.C:* **B. panier,** basket-ball. **3.** *Ch:* Balloon-flask. *Ind:* Carboy. (**Verre**) **b.,** barrel-shaped glass; brandy glass; balloon glass (for brandy). **4.** *Nau:* (*a*) Ball-signal. (*b*) **B. de défense,** fender. **5.** *Geog:* Rounded mountain top; ballon. **6.** *Com:* **B.-réclame,** advertising balloon. **7.** *Mil:* **B.-sonde,** sounding balloon.

ballonnant [balɔnɑ̃], *a.* Distended (stomach, etc.); bulgy (sleeve).

ballonn|er [balɔne], *v.i. & pr.*. To swell (out), to become distended; (of skirt, etc.) to balloon out. *s.m.* **-ement.**

ballonnet [balɔnɛ], *s.m.* **1.** *Aer:* (*a*) Small balloon. (*b*) **B. compensateur,** ballonet. **2.** *Av: A:* Wing-float (of hydroplane).

ballot [balo], *s.m.* **1.** Bundle, package, bale; (pedlar's) pack. **2.** *P:* Duffer, fat-head.

ballottage [balɔtaːʒ], *s.m.* **1.** Shaking, jolting. **2.** (*a*) Voting (by white or black balls). (*b*) (At parliamentary election) Second ballot.

ballott|er [balɔte]. **1.** *v.tr.* To toss (about), shake (about). **2.** *v.i.* (*a*) (Of door, etc.) To rattle, shake; to swing to and fro. (*b*) To toss (on the water). *s.m.* **-ement.**
balnéaire [balneɛ:r], *a.* Of, pertaining, to, baths. **Station b.,** watering-place; (i) seaside resort; (ii) spa.
balourd, -ourde [balu:r, -urd]. **1.** *a.* Awkward, lumpish. **2.** *s.* Awkward person; lumpish creature; yokel. **3.** *s.m. Mec:* Want of balance.
balourdise [balurdi:z], *s.f.* **1.** Awkwardness, lumpishness. **2.** Stupid blunder; bloomer.
balsamier [balzamje], *s.m. Bot:* = BAUMIER.
balsamine [balzamin], *s.f. Bot:* Balsamine, garden balsam; *F:* jumping-betty, touch-me-not.
balsamique [balzamik], *a.* Balsamic (syrup, etc.); balmy (air); aromatic (perfume).
balte [balt], *a. Geog:* Baltic (port, etc.).
Balthazar [baltaza:r]. **1.** *Pr.n.m.* Belshazzar. **Le Festin de B.,** Belshazzar's Feast. **2.** *s.m. P: O:* Square meal; blow-out; feast.
Baltique [baltik]. *Geog:* **1.** *a.* Baltic. **2.** *Pr.n.f.* **La B.,** the Baltic (Sea).
baluchon [balyʃɔ̃], *s.m. P:* Bundle (esp. of clothes). **Faire son b.,** to pack up.
balustrade [balystrad], *s.f.* **1.** Balustrade. **2.** (Hand-) rail; railing.
balustre [balystr], *s.m.* (*a*) Baluster. (*b*) *pl.* Banisters (of stairs).
balzan [balzɑ̃], *a.* **Cheval b.,** horse with white stockings.
balzane [balzan], *s.f.* White stocking (of horse).
bambin, -ine [bɑ̃bɛ̃, -in], *s. F:* Little child; urchin; tiny tot.
bamboche [bɑ̃bɔʃ], *s.f.* **1.** (*a*) Puppet. (*b*) *F:* Stunted, ill-formed, person. **2.** *F:* Spree, lark. **Faire (une) b.,** to go on the spree. **3.** *Bot:* Bamboo shoot.
bambocher [bɑ̃bɔʃe], *v.i. F:* To go on the spree.
bambocheur, -euse [bɑ̃bɔʃœ:r, -ø:z], *s. F:* Reveller, carouser.
bambou [bɑ̃bu], *s.m.* **1.** *Bot:* Bamboo(-cane). **2.** *F:* **Le coup de b.,** sunstroke. **Il a reçu le coup de b.,** he's cracked.
bamboula [bɑ̃bula]. **1.** *s.m.* (*a*) Bamboo drum. (*b*) *P:* Negro, blackamoor. **2.** *s.f.* (*a*) Bamboula, negro dance. (*b*) *F:* = BAMBOCHE 2.
ban [bɑ̃], *s.m.* **1.** (*a*) (Public) proclamation. (*b*) Roll of drum. (*c*) *F:* Round of (rhythmical) applause. **Accorder un b. à qn** = to give three cheers for s.o. (*d*) *pl.* Banns (of marriage). **Publier les bans,** to publish the banns. **2.** *Hist:* (Proclamation of) banishment; sentence of outlawry; ban. **Mettre qn au b.,** (i) to banish s.o.; (ii) *F:* to send s.o. to Coventry. **Rompre son b.,** to break one's ticket-of-leave. *F:* **Être en rupture de b.,** to be on the loose, on the spree. **Être au b. de la société,** to be beyond the pale. **3. Le b. et l'arrière-b.,** (i) *Hist:* the ban and the arrière-ban, (ii) *F:* all one's supporters.
banal, -aux [banal, -o], (*figurative sense*) **-als** [-al], *a.* **1.** *A:* Communal (mill, bakehouse). **2.** Commonplace, trite. **Événement peu b.,** unusual event. *P:* **Ça c'est pas b.!** that beats everything! that takes the cake! *adv.* **-ement.**
banalis|er [banalize], *v.tr.* **1.** To render (sth.) commonplace. **2.** *Rail:* To signal (track) for two-way working. *s.f.* **-ation.**
banalité [banalite], *s.f.* **1.** Banality, triteness. **2.** Commonplace remark.
banane [banan], *s.f.* **1.** Banana. **2.** *Aut: F:* Overrider (on car-bumper). **3.** *F:* Military decoration.
bananeraie, bananerie [bananrɛ, bananri], *s.f. Bot:* Banana-plantation.
bananier [bananje], *s.m.* **1.** Banana-tree. **2.** Banana boat.
banc [bɑ̃], *s.m.* **1.** Bench, seat, settle, form. **B. d'église,** pew. **B. de nage,** thwart (of boat). *Jur:* **B. des magistrats,** magistrates' bench. **B. des prévenus,** dock. **B. du jury,** jury-box. *Fr.C:* **Cour du B. de la Reine,** Queen's Bench. *Parl:* **Le B. des ministres,** the Treasury bench. **2.** Bed (of lathe); table (of drilling-machine). **B. d'essai,** testing stand; bench (for engines). **3. B. de sable, de vase,** sand-bank or -shoal; mud-bank. **B. de glace,** ice-floe, -field. **B. de roches,** reef. **B. de corail,** coral-shoal. **B. d'huîtres,** oyster-bed. *Fr.C:* **B. de neige,** snow-bank; heap of snow. **Le B. de Terre-Neuve,** the Banks (of Newfoundland). **4.** Shoal (of fish).
bancable [bɑ̃kabl], *a. Fin:* Bankable, negotiable.
bancaire [bɑ̃kɛ:r], *a. Fin:* Pertaining to banking. **Trafic b.,** banking business. **Chèque b.,** banker's draft.
bancal, *pl.* **-als** [bɑ̃kal], *a.* (*a*) Bandy-legged. **Jambes bancales,** bandy legs. (*b*) Wobbly, rickety (furniture, etc.).
banco [bɑ̃ko], *a. inv.* & *s.m.* **1.** *Fin: A:* Banco, bank value. **2.** *Cards:* **Faire b.,** to go banco (against the bank). *F:* **Un joli b.!** A fine scoop!
bancroche [bɑ̃krɔʃ], *a. F:* = BANCAL.
bandage [bɑ̃da:ʒ], *s.m.* **1.** (*a*) Bandaging, binding up (of wound). (*b*) Bandage. **2.** (Steel, rubber) tire, tyre. **3.** Tightening, winding (up) (of spring, etc.); stringing or bending (of bow).
bande[1] [bɑ̃:d], *s.f.* **1.** (*a*) Band, strip (of cloth, etc.); belt (of land); (trouser) stripe. **Mettre un journal sous b.,** to put a newspaper in a wrapper. **Envoyer qch. sous b.,** to send sth. by book-post. *Astr:* Belt. *Agr:* **Culture en bandes de niveau,** strip contour farming. *Opt:* **Bandes du spectre,** bands of the spectrum. *W.Tel:* **B. de fréquence,** frequency band. S.a. MOLLETIÈRE. (*b*) *Surg:* Dressing strip; (surgical) bandage. (*c*) **B. de frein,** brake strap. (*d*) *Cin:* Reel (of film); film. *Tg:* **B. du récepteur,** tape. *Cin:* **Bandes vierges,** (film-)stock. **Bandes ininflammables,** non-flam stock. **Tourner une b. d'essai,** to have a film-test. **B. sonore,** sound track. **B. magnétique, de Magnétophone,** recording tape. (*e*) (Steel) tire, tyre (of wheel). (*f*) *Bill:* Cushion. (*g*) **B. dessinée, illustrée,** strip cartoon, comic strip. (*h*) **Prendre par la b.,** to make an indirect approach. **2.** *Nau:* (*a*) Side (of ship). (*b*) Heel, list(ing). **Donner de la b.,** to take a list, heel (over).
bande[2], *s.f.* **1.** Band, party, troop. **B. de voleurs,** set, gang, of thieves. **B. d'imbéciles!** you pack of fools! **Faire b. à part,** to keep to one's own set. **B. noire,** gang of swindlers or of terrorists. **2.** Flight, flock (of birds); pack (of wolves); herd (of buffaloes); school, shoal (of porpoises).
bandé [bɑ̃de], *a.* Bandaged; taut; *Her:* bendy.
bande-annonce [bɑ̃danɔ̃:s], *s.f. Cin:* Trailer.
bandeau [bɑ̃do], *s.m.* **1.** Bandeau, head-band. (*b*) Diadem. **2.** Bandage (over the eyes). **Mettre un b., à qn,** to blindfold s.o.
bandelette [bɑ̃dlɛt], *s.f.* **1.** (*a*) Narrow band; strip; bandage. (*b*) *pl.* Wrappings (of mummy). **2.** *Cost:* Fillet (round the head).
bander[1] [bɑ̃de], *v.tr.* **1.** To bandage, bind (up) (wound); to put a bandage on (s.o.). **B. les yeux à qn,** to blindfold s.o. **2. B. une roue,** to put a tyre on a wheel. **3.** To tighten, wind up. **B. un arc,** (i) to bend, (ii) to string, a bow.
bander[2] **(se),** *v.pr. O:* To combine, to band together, form a league (**contre,** against).
banderille [bɑ̃dri:j], *s.f. Bull-fighting:* Banderilla.
banderillero [bɑ̃dri:jero], *s.m.* Bull-fighter (who plants the banderilla in the bull).
banderole [bɑ̃drɔl], *s.f.* Banderole, streamer.
bandit [bɑ̃di], *s.m.* (*a*) Bandit, brigand, highwayman. (*b*) *F:* Ruffian, villain.
banditisme [bɑ̃ditism], *s.m.* Banditry.
bandolier [bɑ̃dɔlje], *s.m.,* or **bandoulier** [bɑ̃dulje], *s.m. O:* (Pyrenean) smuggler.
bandoulière [bɑ̃duljɛ:r], *s.f.* **1.** Shoulder-strap; (carbine) shoulder-belt. **Porter, mettre, qch. en b.,** to carry, sling, sth. across one's back. **2.** Bandolier.
bang [bɑ̃:g], *s.m.* = DOUBLE BANG.
banian [banjɑ̃], *s.m. Bot:* Banyan-tree.
banjo [bɑ̃ʒo], *s.m. Mus:* Banjo.
banlieue [bɑ̃ljø], *s.f.* Suburbs; outskirts (of a town). *Rail:* **Ligne, gare, de b.,** suburban line, station.
banlieusard [bɑ̃ljøza:r], *s.m.* Suburban dweller.
banne [ban], *s.f.* **1.** Coal cart. **2.** Hamper, large basket. **3.** (*a*) Tarpaulin. (*b*) Awning (of shop).
banneau [bano], *s.m.* Fruit basket; hamper.
banner [bane], *v.tr.* To cover (with a tarpaulin); to put a tilt over (cart).
banneret [banɔrɛ], *s.m. Hist:* **Chevalier b.,** Knight-banneret.

banneton [bantɔ̃], *s.m.* Baker's bread basket.
bannette [banɛt], *s.f.* Small hamper, basket.
bannière [banjɛːr], *s.f.* Banner.
banni, -e [bani]. **1.** *a.* Banished, outlawed. **2.** *s.* Exile, outlaw.
bann|ir [baniːr], *v.tr.* To banish; to exile; to outlaw. *s.m.* **-issement.**
banquable [bɑ̃kabl], *a.* = BANCABLE.
banquais [bɑ̃kɛ]. **1.** *a.* Engaged in the Newfoundland fisheries. **2.** *s.m. Fish:* Banker (fisherman or boat).
banque [bɑ̃ːk], *s.f.* **1.** (*a*) Bank. (*b*) Banking. **La haute b.,** high finance. **Billet de b.,** bank-note. **Carnet, livret, de b.,** bank-book; pass-book. **B. d'affaires,** merchant bank. (*c*) *Med:* **B. du sang,** blood-bank. **2.** *Cards:* Bank. **Faire sauter la b.,** to break the bank.
banqueroute [bɑ̃krut], *s.f. Jur:* **B. simple,** bankruptcy. **B. frauduleuse,** fraudulent bankruptcy. **Faire b.,** to go bankrupt.
banqueroutier [bɑ̃krutje], *a. & s.* Fraudulent bankrupt.
banquet [bɑ̃kɛ], *s.m.* Banquet, feast. **Salle de b.,** banqueting-hall.
banquet|er [bɑ̃k(ə)te], *v.i.* (**je banquette; je banquetterai**) To banquet, feast. *s.* **-eur, -euse.**
banquette [bɑ̃kɛt], *s.f.* **1.** Bench, seat, form; wall-sofa (in restaurant, etc.). **B. de piano,** duet-stool. *Th:* **Jouer devant les banquettes,** to play to empty benches. **2.** *Civ.E: etc:* Banquette, bank (of earth, etc.); berm. *Golf:* Bunker.
banquette-lit [bɑ̃kɛtli], *s.f. Furn:* Studio couch. *pl. Des banquettes-lits.*
banquier[1], **-ière** [bɑ̃kje, -jɛːr]. **1.** *a.* Banking (house, etc.). **2.** *s.* Banker.
banquier[2], *s.m.* Newfoundland fishing boat; banker.
banquise [bɑ̃kiːz], *s.f.* Ice-floe, ice-pack, ice-bank. **La B.,** the Great Ice Barrier.
banquiste [bɑ̃kist], *s.m. O:* Charlatan, quack.
bantam [bɑ̃tam], *s.m.* Bantam.
bantou, -e [bɑ̃tu], *a. & s. Ethn:* Bantu.
baobab [baɔbab], *s.m. Bot:* Baobab-tree.
baptême [batɛːm], *s.m.* **1.** Baptism, christening. **Administrer le b. à qn,** to baptize s.o. **Nom de b.,** Christian name; baptismal name. **2.** *F:* **B. du sang,** baptism of blood. **B. de l'air,** first flight.
baptiser [batize], *v.tr.* To baptize (s.o.); to christen (s.o., ship, etc.); to bless (bell, etc.). **B. un enfant sous le nom de Georges,** to christen a child George. *F:* **B. son vin,** to water down one's wine.
baptismal, -aux [batismal, -o], *a.* Baptismal. S.a. FONTS.
Baptiste [batist]. **1.** *Pr.n.m.* Baptist. **2.** *s.m.* Clown, simpleton. **3.** *s.m. Ecc:* Baptist.
baptistère [batistɛːr], *s.m. Ecc:* Baptist(e)ry.
baquet [bakɛ], *s.m.* **1.** Tub, bucket. **2.** *Aut:* Bucket-seat.
baqueter [bakte]. **1.** *v.tr.* (**je baquette, n. baquetons, je baquetterai**). To bale out, scoop out (liquid).
bar[1] [baːr], *s.m. Ich:* Sea-perch, sea-dace. **Bar rayé,** striped bass.
bar[2], *s.m.* (Public) bar. **Bar-tabacs,** bar and tobacconist.
bar[3], *s.m. Meteor. Meas:* Bar.
barachois [baraʃwa], *s.m. Fr.C:* Sand-bar (at river-mouth); lagoon.
baragouin [baragwɛ̃], *s.m. F:* Gibberish, jabber.
baragouin|er [baragwine], *v.tr. & i. F:* To talk gibberish, to jabber. **B. l'anglais,** to talk broken English. *s.m.* **-age.** *s.* **-eur, -euse.**
baraque [barak], *s.f.* (*a*) Hut, shanty. *pl. Mil:* Huts, hutments. *P:* **Toute la b.,** the whole lot. (*b*) Booth (at fair, etc.).
baraquement [barakmɑ̃], *s.m.* **1.** Lodging (of troops) in huts; hutting. **2.** (*a*) Hut, shanty. (*b*) *pl.* Camp of huts; hutments.
baraquer [barake], *v.tr.* **1.** To lodge (troops, etc.) in huts; to hut. **2.** (Of camel) to kneel down.
baraterie [baratri], *s.f. Nau:* Barratry.
barat(t)in [baratɛ̃], *s.m. F:* (*a*) (Quack's) patter, puff. (*b*) Blah.
barat(t)iner [baratine], *v.tr. & i. F:* (*a*) To patter (like a quack). (*b*) To shoot a line, to spin a yarn.
barat(t)ineur [baratinœːr], *s.m. F:* Tout, Cheap Jack.
baratte [barat], *s.f.* Churn.
baratt|er [barate], *v.tr.* To churn (milk). *s.m.* **-age.**
barbacane [barbakan], *s.f.* **1.** *A.Fort:* (*a*) Barbican, outwork. (*b*) Loop(-hole). **2.** Draining channel (of bridge).
Barbade (la) [labarbad]. *Pr.n. Geog:* Barbados.
barbant [barbɑ̃], *a. P:* Tiresome, boring.
barbare [barbaːr]. **1.** *a.* (*a*) Barbaric; uncouth. (*b*) Barbarous, cruel, inhuman. **2.** *s.m.* Barbarian. *adv.* **-ment.**
barbaresque [barbarɛsk], *a. Ethn:* Barbaresque, Berber.
barbarie[1] [barbari], *s.f.* **1.** Barbarism. **2.** Barbarousness, barbarity, cruelty.
Barbarie[2]. *Pr.n.f. A.Geog:* Barbary.
barbariser [barbarize]. **1.** *v.tr.* To barbarize (people, one's style). **2.** *v.i.* To use barbarisms (in writing, speaking).
barbarisme [barbarism], *s.m. Gram:* Barbarism.
barbe[1] [barb], *s.f.* **1.** Beard. (*a*) **Homme portant b.,** bearded man. **Homme portant toute sa b.,** full-bearded man. *F:* **Rire dans sa b.,** to laugh in one's sleeve. **Faire qch. à la b. de qn, de tous,** to do sth. to s.o.'s face, in the face of all. **Faire la b. à qn,** to shave s.o. **Se faire la b.,** to shave. **"Pour la b. ou les cheveux?"** 'shave or hair-cut?' *P:* **Quelle b.!** what a nuisance! **Ce qu'il est b.!** he's an awful bore! **La b.!** shut up! (*b*) **Vieille b., b. grise,** greybeard. (*c*) Whiskers (of cat); barbel, wattle (of fish); beard, wattle (of bird); web, vane, feather (of quill); beard (of wheat). **2.** *Tchn:* (*a*) Burr (on casting, engraved plate). (*b*) *pl.* Deckle edge (of paper).
barbe[2], *s.m.* Barb; Barbary horse.
barbeau[1] [barbo], *s.m. Ich:* Barbel.
barbeau[2]. **1.** *s.m.* Bluebottle, cornflower. **2.** *a.inv.* **(Bleu) b.,** cornflower blue.
Barbe-bleue [barbəblø]. *Pr.n.m.* Bluebeard.
barbe-de-capucin [barbdəkapysɛ̃], *s.f. Bot: Cu:* Wild chicory. *pl. Des barbes-de-capucin.*
barbelé [barbəle], *a.* Barbed (arrow, hook). **Fil de fer b.,** *s.m.* **b.,** barbed wire. *Mil: s.m.pl.* **Les barbelés,** barbed wire entanglements.
barbelure [barbəlyːr], *s.f.* **1.** *Bot:* Beard, awn (of wheat). **2.** Barb (of arrow).
barber [barbe], *v.tr. P:* To bore, weary.
Barberousse [barbərus]. *Pr.n.m. Hist:* Barbarossa.
barbet [barbɛ], *s.m.* Barbet (spaniel).
barbette [barbɛt], *s.f.* **1.** *Ecc.Cost:* Barb (of nun's head-dress). **2.** *Fort:* Barbette. **Batterie (à) b.** barbette battery.
barbiche [barbiʃ], *s.f.* (*a*) Short beard. (*b*) Goatee.
barbier [barbje], *s.m.* Barber.
barbillon [barbijɔ̃], *s.m.* **1.** (*a*) Wattle (of cock, fish); barb, barbel (of fish); *pl.* barbels (of horse, cattle). (*b*) Barb (of fish-hook, arrow). **2.** *Ich:* = BARBEAU[1].
barbiturate [barbityrat], **barbiturique** [barbityrik], *s.m. Ch:* Barbiturate.
barbon [barbɔ̃], *s.m.* Greybeard, old fog(e)y.
barbot [barbo], *s.m.*, **barbot(t)e** [barbɔt], *s.f. Ich:* Eel-pout, burbot. **Petit b.,** loach.
barbot|er [barbɔte]. **1.** *v.i.* (*a*) To paddle, splash (about). (*b*) (Of gases) To bubble. (*c*) *F:* To become confused, muddled; to flounder. **2.** *v.tr. P:* To steal, to pinch. *s.m.* **-age.** *s.m.* **-ement.**
barboteur, -euse [barbɔtœːr, -øːz], *s.* **1.** (*a*) Paddler, *F:* mudlark. (*b*) *F:* Muddler, flounderer. **2.** *s.m.* (*a*) *Ind:* Bubbler, blower. *Ch:* **B. pour lavage,** wash-bottle. (*b*) *Ind:* Mixer, stirrer. **3.** *s.f.* **Barboteuse,** (child's) play-suit.
barbotière [barbɔtjɛːr], *s.f.* **1.** Duckpond. **2.** *Husb:* Mash-tub.
barbotin [barbɔtɛ̃], *s.m. Mech.E:* **1.** Sprocket-wheel. **2.** Chain-pulley.
barbouillage [barbujaːʒ], *s.m.* **1.** (*a*) Daubing, smearing; blurring (of print). (*b*) Scrawling, scribbling. **2.** (*a*) Bad picture; daub. (*b*) Blur (in print, etc.). (*c*) Scrawl, scribble.
barbouillé [barbuje], *a.* (*a*) **Être b.,** to have a dirty face. (*b*) **Avoir le cœur b.,** to feel sick, squeamish.
barbouill|er [barbuje], *v.tr.* **1.** (*a*) To daub; to smear (de, with). (*b*) To smear, dirty (one's face, etc.); to blot, soil (paper); to blur (printing, etc.). **2.** *F:* **B. une affaire,** to muddle, bungle, a piece of business. **Mets qui (vous) barbouille le cœur,** dish that turns one's stomach. *s.* **-eur, -euse.**

se barbouiller. **1.** To dirty one's face. **2. Le temps se barbouille,** we are going to have dirty weather.
barbouillis [barbuji], *s.m. F:* = BARBOUILLAGE 2.
barbu, -ue [barby]. **1.** *a.* Bearded. **2.** *s.f. Ich:* **Barbue,** brill.
barcarolle [barkarɔl], *s.f. Mus:* Barcarol(l)e.
Barcelone [barsəlɔn]. *Pr.n.f. Geog:* Barcelona.
bard [baːr], *s.m.* **1.** (Wheelless) hand-barrow, stone-barrow. **2.** (Wheeled) hand-trolley.
barda [barda], *s.m. Mil: P:* Pack, kit.
bardane [bardan], *s.f. Bot:* Burdock.
barde[1] [bard], *s.f.* **1.** *Arm:* Bard (protecting war-horse). **2.** Slice of bacon (used to cover fowl, etc.).
barde[2], *s.m.* Bard, poet.
bardeau [bardo], *s.m.* **1.** *Const:* Shingle(-board). **2.** = BARDOT.
bard|er[1] [barde], *v.tr.* **1.** To remove, carry, (stones, etc.) on a hand-barrow. **2.** *Abs. F:* To toil; (of storm or fight) to rage. **Aujourd'hui ça barde,** to-day we're hard at it. *P:* **Ça va b.!** look out for squalls! *s.m.* **-age.**
barder[2], *v.tr.* **1.** *A:* To bard; to arm (man or horse) with bards. **Chevalier bardé de fer,** knight cased in steel. **2.** To bard (fowl, with bacon).
bardot [bardo], *s.m.* (*a*) Hinny. (*b*) Pack-mule.
barège [barɛːʒ], *s.m. Tex:* Barège, light woollen cloth.
barème [barɛːm], *s.m.* **1.** Ready-reckoner. **2.** Scale (of marks, of salaries). **B. graphique,** graph. **3.** Printed table (of charges, fares).
baréter [barete], *v.i. Z:* (**il barète; il barétera**). (Of elephant) To trumpet.
barge [barʒ], *s.f.* **1.** (*a*) Barge, lighter. (*b*) State barge. **2.** (Square) haystack.
barguign|er [bargiɲe], *v.i. F:* To hum and haw; to shilly-shally; to beat about the bush. *s.m.* **-age.** *s.* **-eur, -euse.**
baricaut [bariko], *s.m.* Keg.
baril [bari], *s.m.* Barrel, cask, keg. *Nau:* **B. de galère,** breaker, water-cask (of boat). **Mettre qch. en b.,** to barrel sth.
barillage [barijaːʒ], *s.m.* **1.** Cooperage, coopering. **2.** Barrelling. **3.** *Nau:* Cargo in barrels.
barillet [barijɛ], *s.m.* **1.** Small barrel, keg. **2.** Middle ear. **3.** Drum (of pressure indicator); barrel (of pump); cylinder (of revolver).
barilleur [barijœːr], *s.m.*, **barillier** [barije], *s.m.* Cooper.
bariolage [barjɔlaːʒ], *s.m.* **1.** Variegation. **2.** Medley (of colours); gaudy colour scheme; splashes of colour; motley (of ideas).
bariolé [barjɔle], *a.* Gaudy, motley, variegated; of many colours; splashed with colour.
barioler [barjɔle], *v.tr.* To variegate; to paint (sth.) in many colours, in gaudy colours.
bariolure [barjɔlyːr], *s.f.* = BARIOLAGE.
barmaid [barmed], *s.f. F:* Barmaid.
barman [barman], *s.m. F:* Barman. *pl. Des barmen.*
barnabite [barnabit], *s.m. Ecc:* Barnabite.
barnache [barnaʃ], *s.f.*, **barnacle** [barnakl], *s.f. Orn:* Barnacle-goose. **B. à collier,** brent-goose.
baromètre [barɔmɛtr], *s.m.* Barometer; *F:* weather-glass. **B. enregistreur,** recording barometer; barograph. **Le b. est à la pluie, au beau,** the barometer points to rain, to set fair.
barométrique [barɔmetrik], *a.* Barometric(al).
baro(métro)graphe [barɔ(metrɔ)graf], *s.m.* Barograph; recording barometer.
baron [bɑrɔ̃, ba-], *s.m.* Baron. *F:* **Les (hauts) barons de la finance, de l'industrie,** the tycoons of finance; the captains of industry.
baronnage [bɑrɔnaːʒ, ba-], *s.m.* Baronage.
baronne [bɑrɔn, ba-], *s.f.* Baroness.
baronnet [bɑrɔnɛ, ba-], *s.m.* Baronet.
baronnial, -iaux [barɔnjal, bɑ-, -jo], *a.* Baronial.
baronnie [barɔni, bɑ-], *s.f. A:* **1.** Barony. **2.** Baronage.
baroque [barɔk]. **1.** *a.* Quaint, odd, baroque. **2.** *s.m.* **Le b.,** the baroque (style).
baroscope [barɔskɔp], *s.m. Ph:* Baroscope.
baroud [barud], *s.m. F:* Fight.
barque [bark], *s.f. Nau:* **1.** Boat. **B. de pêcheur,** fishing-boat, fishing-smack. **Patron de b.,** skipper. *F:* **Bien mener, bien conduire, sa b.,** to manage one's affairs well. **Conduire seul sa b.,** to paddle one's own canoe. **2. Trois-mâts b.,** barque, bark.
barquée [barke], *s.f.* Boat-load, boatful.
barquerolle [barkərɔl], *s.f.* **1.** (Mediterranean) small sculling boat. **2.** Pleasure boat.
barquette [barkɛt], *s.f.* **1.** Small craft; skiff. **2.** (S. of Fr.) Light puff-biscuit.
barrage [bɑraːʒ, ba-], *s.m.* **1.** (*a*) Barring, stopping (of road, etc.); blocking (of harbour); damming (of valley); closing (of street). (*b*) Crossing (of cheque). (*c*) *Sp:* Playing off (of tie). **Troisième après b.,** third after tying. **2.** (*a*) Barrier, obstruction; (harbour) boom. *Hyd.E:* Barrage, dam, weir. (*b*) *Mil:* Barrage. **Tir de b.,** barrage fire, curtain fire.
barragiste [bɑraʒist, ba-], *s.m. & f.* Weir-keeper.
barre [bɑːr, baːr], *s.f.* **1.** (*a*) Bar, rod (of metal, wood, etc.); (wooden) batten. **B. de chocolat,** bar, stick, of chocolate. *Gym:* **B. fixe,** horizontal bar. **Barres parallèles,** parallel bars. *Fb:* **B. du but,** cross-bar of the goal. **Fer en barres,** bar iron. **B. à T,** T iron. *Rail:* **B. d'attelage,** draw-bar. *Aut:* **B. de connexion,** cross-bar, tie-rod (of steering gear). (*b*) Bar, barrier. **B. d'appui,** hand-rail. **B. d'un tribunal,** bar of a court of justice. **Paraître à la b.,** to appear before the Court, at the bar. (*c*) (Harbour) boom. (*d*) Bar (of river or harbour). **B. d'eau,** (tidal) bore. **B. de plage,** surf. (*e*) *Mus:* Capo tasto (of guitar, etc.). **2.** *Nau:* (*a*) Bar, tiller (of boat); helm (of ship). **B. franche,** tiller. **B. à bras,** hand-wheel. (Of ship) **Sentir la b.,** to answer to the helm. **Homme de b.,** man at the wheel; helmsman. **Donner un brusque coup de b.,** to put the helm hard over. (*b*) **B. des pieds (d'un canot)** stretcher. **B. à tire-veilles,** yoke (of rudder). (*c*) **Barres de hune,** cross-trees. **3.** (*a*) Line, dash, stroke, bar. **B. d'un t,** cross(-bar, -stroke) of a t. (*b*) *Mus:* Bar(-line). **4.** Stripe. **Étoffe à barres,** striped cloth. **5.** *Games:* **Jeu de barres,** prisoners' base.
barré [bare, ba-], *a. Row:* Coxed. **Un deux b.,** a coxed pair.
barreau [bɑro], *s.m.* **1.** (*a*) Small bar; rail. **Être sous les barreaux,** to be behind prison bars. **Barreaux d'une échelle,** rungs of a ladder. **B. de chaise,** (cross-) bar, stretcher, of a chair. (*b*) Grate-bar, fire-bar. **2.** *Jur:* Bar. **Être reçu, admis, au b.,** to be called to the bar. **Entrée au b.,** call to the bar. **Rayer qn du b.,** to disbar s.o.
barrer [bɑre], *v.tr.* **1.** To strengthen (sth.) by means of a bar or bars. **2.** (*a*) To fasten (sth.) with a bar; to bar (door, etc.); *Fr.C:* to lock (window, door, etc.). **B. la porte à, contre, qn,** to bar the door against s.o.; to bar s.o. out. (*b*) To bar, obstruct (the way); to dam (stream); to block (up), close (road). **"Rue barrée,"** 'no thoroughfare.' *Golf:* **Trou barré,** stymie. **3.** To cross (a t, an A). *Mus:* **C barré,** barred C. **B. un chèque,** to cross a cheque. **4.** To cross out, strike out (word, etc.). **5.** *Nau:* To steer; *Row:* to cox.
barrette[1] [barɛt], *s.f.* Biretta; (cardinal's) cap; doctor's cap.
barrette[2] [bɑrɛt], *s.f.* (Small) bar. *El.E:* Connecting strip. *Cost:* Soft-collar pin. **B. de chaîne de montre,** watch-chain toggle. **B. pour les cheveux,** hair-slide. **B. de médaille,** bar of medal. *Cr:* **Faire tomber les barrettes,** to break the wicket.
barreur [bɑrœːr], *s.m.* **1.** *Nau:* Man at the wheel. **2.** *Row:* Coxswain, *F:* cox.
barricade [barikad], *s.f.* Barricade.
barricader [barikade], *v.tr.* To barricade.
barrière [barjɛːr, bɑ-], *s.f.* **1.** Barrier. *Rail:* **Barrières d'un passage à niveau,** level-crossing gates. *Geog:* **La Grande B.,** the Great Barrier Reef. **2.** Gate (of town, castle); toll-gate, turnpike. **3.** *Turf: Sp:* Starting-post.
barriquaut [bariko], *s.m.* = BARICAUT.
barrique [barik], *s.f.* **1.** Large barrel; cask, butt, hogshead; esp. wine-barrel of 225 litres. **2.** *Av:* Barrel roll.
barrissement, barrit [barismɑ̃, bari], *s.m.* Trumpeting (of elephant).
Barthélemy [bartɛlmi]. *Pr.n.m.* Bartholomew.
barye [bari], *s.m. Ph.Meas:* Barye.
barymétrie [barimetri], *s.f. Ph.Meas:* Estimation of weight from dimensions.
barysphère [barisfɛr], *s.f. Geol:* Barysphere.
baryte [barit], *s.f.* Baryta; barium oxide.

baryté [barite], *a.* **Papier b.**, baryta paper.

baryton [baritɔ̃], *a. & s.m. Mus:* Baritone, barytone (voice, saxhorn).

baryton(n)er [baritɔne], *v.i.* **1.** To sing, talk, in a baritone voice. **2.** To hum (tune).

baryum [barjɔm], *s.m. Ch: Miner:* Barium.

bas, basse [bɑ, bɑːs]. **I.** *a.* **1.** Low. **Maison basse de toit, à toit b.**, low-roofed house. **Voix basse**, low, deep, voice. **Parler à voix basse**, to speak under one's breath. **Conversation à voix basse**, whispered conversation. **Maintenir les prix b.**, to keep prices down. *Box:* **Coup b.**, blow below the belt; foul. **Enfant en b. âge**, child of tender years. **Avoir la vue basse**, to be short-sighted, near-sighted. **Mer basse**, low water. S.a. BOUT[1] 1, MAIN 1, OREILLE 1. **2.** Mean, base, low. **Homme de basse extraction**, man of lowly extraction. **Motif b.**, base, mean, contemptible, motive. **3.** Low(er). **Les basses classes**, (i) the lower classes (of society), (ii) *Sch:* the lower forms. **Terres basses**, lowlands. **En ce b. monde**, here below. **Au b. mot**, at the lowest estimate.

II. bas, *adv.* **1.** Low (down). **Quelques marches plus b.**, a few steps lower down. *Nau:* **Haler b. une voile**, to haul down a sail. **La malade est bien b.**, the patient is very low. S.a. ICI 1. **2. Mettre bas.** (*a*) To take off (one's hat, etc.). **Chapeau b.**, (i) hat in hand; (ii) I take my hat off to you. **"Chapeaux b.!"** 'hats off!' *Nau:* **Mettre pavillon b.**, to strike the colours. (*b*) To pull down (house, etc.). (*c*) To overthrow (s.o.), to bring (s.o.) low. (*d*) (Of animals) To bring forth, drop (young). (*e*) **Mettre b. les armes**, to lay down one's arms. (*f*) *Nau:* **Mettre b. les feux**, to draw the fires. **3. Parler tout b.**, to speak in a whisper, to whisper. **Rire tout b.**, to laugh to oneself.

III. bas, *s.m.* **1.** Lower part (of sth.). **B. d'une échelle, d'une page**, foot, bottom, of a ladder, of a page. *F:* **Les hauts et les b. de la vie**, life's ups and downs. **Entre haut et b.**, half aloud. *Fish:* **B. de ligne**, cast. *Typ:* **B. de casse**, (i) lower case, (ii) small letters. *Adv.phr:* **En b.**, (down) below. **Aller en b.**, to go downstairs. **La tête en b.**, head down, upside down. **Tomber la tête en b.**, to fall head foremost. S.a. HAUT III. 3. *Prep.phr.* **En b. de**, at the foot of. **En bas de l'escalier**, downstairs. *Adv.phr.* **A b.**, down. **Mettre à b. un empire**, to lay low, overhrow, an empire. **A b. les mains!** hands down! hands off! **A b. les aristos!** down with the aristocrats! S.a. PATTE 1. **Tomber à b. de son cheval**, to fall off one's horse. **2. B. de l'eau**, low water. **3.** Stocking. *F:* **Un b. de laine bien garni (d'écus)**, a well-lined stocking. **B. de soie extra-fins**, sheer silk stockings.

IV. basse, *s.f.* **1.** *Mus:* (*a*) Bass part. **B. fondamentale**, root, generator (of chord). **B. chiffrée**, figured bass. (*b*) Bass (voice, singer). (*c*) Bass (instrument); (i) 'cello; (ii) euphonium. **2.** *Nau:* Shoal, sand-bank, (sunken) reef.

basalte [bazalt], *s.m.* **1.** Basalt. **2.** *El:* Dark-glazed porcelain.

basaltique [bazaltik], *a.* Basaltic.

Basan [bazɑ̃], *Pr.n.m. B:* Bashan.

basane [bɑzan, ba-], *s.f.* **1.** Basan, sheep-skin. **2.** *pl.* False boots (of cavalryman's overalls).

basané [bɑzane], *a.* Sunburnt, tanned, swarthy.

basaner [bɑzane, ba-], *v.tr. F:* To tan; to make sunburnt.

se basaner, to tan, become sunburnt.

bas-bleu [bablø], *s.m.* Blue-stocking. *pl. Des bas-bleus.*

bas-breton, -onne [babrətɔ̃, -ɔn], *a. & s.* (Native) of Lower Brittany.

bas-côté [bakote], *s.m.* **1.** (Side-)aisle (of church). **2.** Shoulder, side (of a road).

basculant [baskylɑ̃], *a.* Rocking, tilting. **Wagon b.**, tip-waggon. **Pont b.**, drawbridge. **Siège b.**, tip-up seat.

bascule [baskyl], *s.f.* (*a*) Rocker; see-saw; bascule. **Mouvement de b.**, rocking motion. **Faire la b.**, (i) to see-saw; to rock; (ii) *F:* to over-balance, tip over, topple over. **Chaise, cheval, à b.**, rocking-chair, -horse. **Miroir à b.**, swing-glass. **(Balance à) b.**, weigh-bridge, weighing-machine. **B. romaine**, platform scales. **Wagon à b.**, tip-waggon. S.a. FONT[1] 1. (*b*) *Phot:* **B. arrière**, swing-back (of camera).

bascul|er [baskyle], *v.tr. & i.* **1.** (*a*) To rock, swing; to see-saw. **Levier basculé par une came**, lever rocked by a cam. (*b*) To tip (up). **(Faire) b. une charrette**, to tip a cart. **2.** To topple over. *s.m.* **-age.**

basculeur [baskylœːr], *s.m.* Swing part; rocker. *Mec.E:* Rocking-lever.

base [bɑːz], *s.f.* **1.** (*a*) Base (of triangle, etc.). *Surv:* Base(-line), ground-line. *Mil:* Base of operations. **B. d'aviation**, aviation base. **B. de lancement (de fusées)**, rocket-base; launching pad. (*b*) Base-plate (of machine). **2.** Lower part, foot, base (of mountain, etc.). *Hyd.El:* (Downstream) toe. **B. d'un édifice**, foundations of a building. **Jeter les bases**, to lay the foundations. **3.** Basis, foundation. *Ling:* **Vocabulaire de b.**, basic vocabulary. **L'anglais de b.**, basic English. **Traitement de b.**, basic salary. **Argument qui pèche par la b.**, fundamentally unsound argument. **Sans b.**, ungrounded (suspicions, etc.). (*Welding*) **Métal de b.**, parent metal. **Produits à b. d'amidon**, starch products. **4.** Radix, root, basis (of logarithm). **5.** *Ch:* Base (of salt).

base-ball [bɛzbɔl], *s.m. Sp:* Baseball. *s.m.* **-eur.**

Bas-empire (le) [ləbɑzɑ̃piːr], *s. Hist:* The Lower, Byzantine, Empire.

baser [bɑze], *v.tr.* To base, ground, found (opinion, etc.) (**sur**, on).

se baser sur qch., to found upon (a principle).

bas-fond [bafɔ̃], *s.m.* **1.** Low ground, hollow; swamp. *F:* **Les bas-fonds de la société**, the lowest strata of society. **2.** (*a*) (= HAUT-FOND) Shallow, shoal (in sea or river). (*b*) Deep hole, pool (in river).

basilic[1] [bazilik, bɑ-], *s.m. Bot:* Basil.

basilic[2], *s.m. Myth: Z:* Basilisk. **Regarder qn d'un œil de b.**, to cast a withering glance at s.o.

basilique [bazilik], *s.f.* **1.** *Arch:* Basilica. **2.** *a. Anat:* Basilic (vein).

basin [bazɛ̃], *s.m. Tex:* Dimity.

basique [bɑzik, ba-], *a. Ch: Metall:* Basic (salt, etc.). **Scorie b.**, basic slag.

basket(-ball) [basket(-bal)], *s.m. Games: F:* Basket-ball.

basketteur, -euse [baskɛtœːr, -øːz], *s.* Basket-ball player.

bas-mât [bɑmɑ], *s.m. Nau:* Lower mast. *pl. Des bas-mâts.*

basoche [bazɔʃ], *s.f.* (*a*) *Hist:* Body of clerks attached to the courts of justice. (*b*) *F: Usu. Pej:* Members of the legal profession.

basochien, -ienne [bazɔʃjɛ̃, -jɛn], *a. F:* Pertaining to the Bar.

basquais, -aise [baskɛ, -ɛːz], *a.* Basque.

basque[1] [bask], *a. & s. Ethn:* Basque. *F:* **Courir comme un B.**, to run like a hare. S.a. TAMBOUR 1.

basque[2], *s.f.* Skirt, tail (of coat).

bas-relief [bɑrəljɛf], *s.m.* Bas-relief, low-relief. *pl. Des bas-reliefs.*

basse. See BAS IV.

basse-cour [bɑskuːr], *s.f.* Farm-yard, poultry-yard. **Se charger de la b.-c.**, to take charge of the chickens. *pl. Des basses-cours.*

basse-étoffe [bɑsetɔf], *s.f. Metall:* Base metal (esp. alloy of lead and tin). *pl. Des basses-étoffes.*

basse-fosse [bɑsfoːs], *s.f.* Dungeon. **Cul de basse-fosse**, deepest dungeon. *pl. Des basses-fosses.*

bassement [bɑsmɑ̃], *adv.* Basely, meanly, contemptibly.

bassesse [bɑsɛs], *s.f.* **1.** Baseness, lowness (of birth, expression, action). **2.** Low, mean, contemptible, action.

basset[1], **-ette** [basɛ, -ɛt], *a.* Short, low. **Chien b.**, *s.m.* **basset**, basset hound. **B. allemand**, dachshund.

basset[2], *s.m. Mus:* **Cor de b.**, tenor clarinet in F, basset-horn.

basse-taille [bɑstɑːj], *s.f. Mus:* **1.** Basso-profondo. **2.** (*a*) *Sculp: A:* Bas-relief. (*b*) **(Émail de) b.-t.**, basse-taille enamelling. *pl. Des basses-tailles.*

basse-vergue [bɑsvɛrg], *s.f. Nau:* Lower yard. *pl. Des basses-vergues.*

basse-voile [bɑsvwal], *s.f. Nau:* Lower sail. *pl. Des basses-voiles.*

bassin [basɛ̃], *s.m.* **1.** Basin, bowl, pan. **Bassins de balance**, scale-pans. **B. à cracher**, spittoon. *P:* (Of pers.) **Quel b.! ce qu'il est b.!** what a bore! **2.** (*a*) Ornamental lake. (*b*) *Hyd.E:* Reservoir, tank. **3.**

Dock, basin. **B. à flot,** wet dock, flooding dock. **B. de radoub,** dry dock, graving dock. **Faire passer un navire au b.,** to dock a ship. **Entrer au b.,** to dock. **4.** (*a*) **B. d'un fleuve,** drainage basin of a river. (*b*) **B. houiller,** coal-basin, coal-measure. **5.** *Anat:* Pelvis.

bassinant [basinɑ̃], *a. P:* Boring, importunate.

bassine [basin], *s.f.* Pan. **B. à confitures,** preserving pan.

bassinée [basine], *s.f.* Panful.

bassin|er [basine], *v.tr.* **1.** To bathe (wound, etc.). **2. B. un lit,** to warm a bed (with a warming-pan). **3.** *P:* To bore, plague (s.o.). *s.m.* **-age.** *s.m.* **-ement.**

bassinet [basinɛ], *s.m.* **1.** (*a*) Small (metal) basin. *P:* **Cracher au b.,** to pay up, fork out. (*b*) *A:* Pan (of flintlock gun). **2.** *Arm:* Basinet, basnet. **3.** *Bot:* Buttercup. **4.** *Anat:* Renal pelvis.

bassinoire [basinwa:r], *s.f.* **1.** Warming-pan. *P:* **C'est une vraie b.,** he's an awful bore. **2.** *P:* Large watch, 'turnip.'

bassiste [basist], *s.m. Mus:* **1.** Euphonium player. **2.** 'Cellist.

basson [bɑsɔ̃], *s.m. Mus:* **1.** Bassoon. **2.** Bassoonist.

bassoniste [basɔnist], *s.m. Mus:* Bassoonist.

baste[1] [bast], *int.* **1.** (*a*) Enough of that! (*b*) *Nau:* Hold hard! avast! **2.** Pooh! nonsense!

baste[2], *s.f.* **1.** Basket. **2.** Ace of clubs (in ombre). **3.** Basto (quadrille).

bastide [bastid], *s.f.* **1.** *A:* Blockhouse. **2.** *Dial:* Country-house, shooting-box (in S. of Fr.).

bastille [basti:j], *s.f.* Small fortress. *Hist:* **La B.,** the Bastille (State prison in Paris; destroyed 1789).

bastingage [bastɛ̃ga:ʒ], *s.m. Nau:* **1.** *A:* Hammock netting. **2.** Bulwarks, topsides.

bastion [bastjɔ̃], *s.m. Fort:* Bastion.

bastionné [bastjɔne], *a.* Bastioned (front, etc.).

bastionner [bastjɔne], *v.tr.* To fortify with bastions.

bastonnade [bastɔnad], *s.f.* Bastinado.

bastringue [bastrɛ̃:g], *s.m. P:* **1.** Low dancing-hall. **2.** Noise, din, shindy. **3.** = BATACLAN.

bas-ventre [bɑvɑ̃tr], *s.m.* Lower part of the abdomen. *pl. Des bas-ventres.*

bat, -s [ba]. See BATTRE.

bât [bɑ], *s.m.* **1.** Pack-saddle. **Cheval de b.,** (i) pack-horse; (ii) *F:* drudge. *F:* **C'est là que le b. le blesse,** that's where the shoe pinches. **2.** Pack.

bataclan [bataklɑ̃], *s.m.* Belongings, traps, paraphernalia. **Vendez tout le b.!** sell the whole lot, the whole caboodle!

bataille [batɑ:j, -a:j], *s.f.* Battle. **Le fort de la b.,** the thick of the fight. **Champ de b.,** battlefield. **Donner, livrer, b. à qn,** to give battle to, join battle with, s.o. **B. rangée,** pitched battle. *A:* **Armée rangée en b.,** army drawn up in battle array.

batailler [batɑje, -aje], *v.i.* To fight, battle (**contre,** with, against).

batailleur, -euse [batajœ:r, -ø:z], *a.* Fighting, quarrelsome, pugnacious.

bataillon [batajɔ̃], *s.m. Mil:* Battalion. **Chef de b.,** major. **B. d'Afrique,** French punishment battalion (formerly stationed in Africa).

bataillonnaire [batajɔnɛ:r], *s.m. Mil:* Young criminal serving in a **bataillon d'Afrique.**

bâtard, -arde [bɑta:r, -ard], *a. & s.* **1.** Bastard. (*a*) Illegitimate. *Fr.Hist:* **Le B. d'Orléans,** the Bastard of Orleans. (*b*) (Not pure, mixed) **Chien b.,** mongrel, crossbred. **Une porte bâtarde,** a medium-sized door. (*c*) **Race bâtarde,** degenerate race. **2.** *Nau:* **Deux canots bâtards,** two boats alike.

bâtardeau [bɑtardo], *s.m.* **1.** *Fort:* Batardeau. **2.** *Hyd.E:* Coffer-dam, caisson.

bâtardise [bɑtardi:z], *s.f.* Bastardy.

Batave [bata:v]. *Hist:* **1.** *a.* Batavian. **2.** *s.m.pl.* **Les Bataves,** the Batavi.

bâté [bɑte], *a.* Loaded, saddled with a pack. *F:* **C'est un âne b.,** he's an ignorant lout.

bateau, -eaux [bato, -o], *s.m.* Boat; vessel. **Grands, petits, bateaux,** large, small, craft. **B. à voiles,** sailing-boat. **B. à vapeur,** steamboat, steamer. **B. automobile,** motor boat, motor launch. **B. plat,** flat-bottomed boat, (i) barge, (ii) punt. **B. non ponté,** open boat. **B. à rames,** rowing-boat. **B. de pêche,** fishing-boat, -smack. **B. de sauvetage,** life-boat. **Pont de bateaux,** pontoon bridge. **Faire une partie de b.,** to go boating. *Rail:* **Le train du b.,** the boat-train. **Aller en b.,** to go boating; to boat. *P:* **Être du dernier b.,** to be in the height of fashion; to be up to date. **Monter un b. à qn,** to hoax s.o.; to pull s.o.'s leg.

NOTE. In all the following compounds both nouns take the plural.

bateau-citerne [batositɛrn], *s.m.* Tank boat; tanker.

bateau-école [batoekɔl], *s.m.* School-ship, training-ship.

bateau-feu [batofø], *s.m.* Lightship.

bateau-hôpital [batoɔpital], *s.m.* Hospital-ship.

bateau-mouche [batomuʃ], *s.m.* Pleasure boat (in Paris).

bateau-phare [batofa:r], *s.m.* Lightship.

bateau-pilote [batopilɔt], *s.m.* Pilot boat.

bateau-pompe [batopɔ̃:p], *s.m.* Fire-float, fire-boat.

batelage[1] [batla:ʒ], *s.m.* Lighterage.

batelage[2], *s.m.* Mountebank's tricks; juggling.

batelée [batle], *s.f.* Boatload; barge-load.

bateler [batle], *v.tr.* **(je batelle ; je batellerai)** To carry, convey, (sth.) in boats.

bateleur, -euse [batlœ:r, -ø:z], *s.* Mountebank, juggler, tumbler.

batelier, -ière [batəlje, -jɛ:r], *s.* Boatman, boat-woman; waterman; ferryman, -woman.

batellerie [batɛlri], *s.f.* **1.** Inland water transport; lighterage. **2.** *Coll.* Small craft.

bâter [bɑte], *v.tr.* **B. un mulet,** to put a pack-saddle, a load, on a mule.

bath [bat], *a.inv. P:* First-class, super.

bathomètre [batɔmɛtr], *s.m.*, **bathymètre** [batimɛtr], *s.m.* Bathometer, bathymeter.

bathymétrie [batimetri], *s.f. Oc:* Bathymetry.

bathyscaphe [batiskaf], *s.m.* Bathyscaph.

bathysphère [batisfɛ:r], *s.f.* Bathysphere.

bâti[1] [bɑti], *s.m.* Frame(-work), structure, support, stand. **B. de fenêtre,** window-frame. **B. d'un moteur,** frame, body, of a motor.

bâti[2], *s.m. Dressm:* **1. B. (d'un vêtement,** garment) basted, tacked, for fitting. **2.** Basting-, tacking-thread.

batifol|er [batifɔle], *v.i. F:* To frolic; to fool about. *s.m.* **-age.** *s.* **-eur, -euse.**

bâtiment [bɑtimɑ̃], *s.m.* **1.** Building trade. **Entrepreneur de b.,** builder. S.a. PEINTRE 2. **2.** Building, edifice, structure. **Bâtiments de ferme,** farm buildings. **Usine en trois corps de b.,** factory (contained) in three main buildings. **3.** Ship, vessel. **B. de guerre,** warship. **B. de débarquement,** landing-craft. **B. marchand,** merchant ship; merchantman. **Petits bâtiments,** small craft.

bâtir[1] [bɑti:r], *v.tr.* To build, erect, construct. **B. une maison,** to build a house. **La maison se bâtit,** the house is building. **B. une fortune,** to build up a fortune. **Homme bien bâti,** well-built man. **Gaillard bien bâti,** strapping fellow. **Terrain à b.,** building-site. **Faire b.,** to build. **J'ai fait b. une maison,** I've built a house, I've had a house built.

bât|ir[2], *v.tr.* To baste, tack, (garment) together. **Coton à b.,** tacking thread. *s.m.* **-issage.**

bâtisse [bɑtis], *s.f.* **1.** Masonry; bricks and mortar. **2.** (*a*) *F:* Gimcrack building, ram-shackle house or shed. (*b*) **B. de bois,** frame building.

bâtisseur [bɑtissœ:r], *s.m.* Builder; building maniac.

batiste [batist], *s.f. Tex:* Batiste, cambric.

bâton [bɑtɔ̃], *s.m.* **1.** Stick, staff, rod. (*a*) **B. ferré,** iron-shod pole; alpenstock. **Jouer du b.,** to fence with quarterstaffs. **Martin b.,** (i) donkey driver (armed with thick stick), (ii) thick stick, cudgel. **B. d'une chaise,** stretcher, rung, of a chair. *F:* **Vie de b. de chaise,** life of pleasure; fast life. **B. de vieillesse,** support, prop, of old age. **B. d'agent de police,** truncheon. **Coup de b.,** blow, hit, with a stick. **Donner des coups de b. à qn,** to beat s.o. *F:* **Mettre des bâtons dans les roues,** to put a spoke in (s.o.'s) wheel; to interfere. (*b*) *Arch:* **Bâtons rompus,** zigzag moulding. *F:* **Travailler à bâtons rompus,** to work without method, by fits and starts. **Conversation à bâtons rompus,** desultory, rambling, conversation. (*c*) Staff, pole. **B. de pavillon,** flagstaff, flagpole. (*d*) (Wand of office) **B. pastoral,** pastoral staff, crozier. **B. de maréchal,** field-marshal's baton. **Il a son b. de maréchal,** he has got as far as he ever will get. **B. de magicien,**

conjuror's wand. **B. de chef d'orchestre,** conductor's baton. **2.** Stick, roll. **B. de cire à cacheter,** stick of sealing-wax. **3.** Stroke (of the pen, etc.). *Mus:* **B. de reprise,** repeat bar. **4.** *Bot:* **B. de Jacob,** yellow asphodel. **B. d'or,** wall-flower

bâtonnat [batɔna], *s.m.* Presidency of the French Bar.

bâtonner [bɑtɔne], *v.tr.* To beat, cudgel, cane.

bâtonnet [bɑtɔnɛ], *s.m.* (*a*) Square ruler. (*b*) *Games:* Tip-cat. (*c*) *Biol:* Rod-bacterium. (*d*) *Anat:* (i) Rod-like cell. (ii) *pl.* Rods (of retina).

bâtonnier [bɑtɔnje], *s.m.* **1.** Leader, president, of the French Bar. **2. B. en chaises,** chair-rung maker, chair-stick maker.

bâtonniste [bɑtɔnist], *s.m.* Quarterstaff fencer.

batraciens [batrasjɛ̃], *s.m.pl.* *Z:* Batrachia(ns).

battage [bata:ʒ], *s.m.* **1.** (*a*) Beating (of carpet, etc.); churning (of butter); threshing (of corn); ramming (of earth). (*b*) *Artil:* Field of fire (of gun). **2.** *F:* Log-rolling, self-advertisement, boosting, booming.

battant [batɑ̃]. I. *a.* **1.** (*a*) Beating. **Pluie battante,** driving, pelting rain; downpour. **Porte battante,** (i) banging door, (ii) swing-door, (iii) folding door. **Tambour b.,** with drums beating, with beat of drum. **Mener les choses tambour b.,** to hustle things on. **Mener b. l'ennemi,** to keep the enemy on the run. *F:* **Tout b. neuf,** brand-new. (*b*) Striking. **A onze heures b.,** on the stroke of eleven. **2.** (Of signal, flag) **Être b.,** to be flying.

II. **battant,** *s.m.* **1.** (*a*) Clapper, tongue (of bell). (*b*) Lift (of latch). (*c*) Fly (of flag); slab (of sail). **2.** (*a*) Leaf, flap (of table, counter); leaf (of door, shutter). **Porte à deux battants,** double door; folding doors. **Ouvrir les portes à deux battants,** to fling the gates wide open. (*b*) Door (of cupboard, etc.).

batte [bat], *s.f.* (*a*) Beater, mallet. **B. de blanchisseuse,** washerwoman's beetle. **B. à beurre,** dasher, plunger (of churn). (*b*) **La b. d'Arlequin,** Harlequin's bat or lath; slap-stick. (*c*) **B. (à cricket),** (cricket) bat.

battée [bate], *s.f.* **1.** *Const:* Jamb (of door, window). **2.** *Gold-min:* Wash-trough.

battement [batmɑ̃], *s.m.* **1.** (*a*) Beat(ing) (of drum); stamp(ing), tap(ping) (of feet); clapping (of hands); flutter(ing) (of wings, of eyelids); flapping (of sails); banging (of door). **B. de paupières,** blink(ing). (*b*) *Ph:* (i) Beating, pulsation (of oscillations). (ii) (Interference) beat. (*c*) *Mus:* *Pros:* Beat. (*d*) Beat(ing), throb(bing), pulsation. **Chaque b. de cœur,** every heart-beat. **Avoir des battements de cœur,** (i) to suffer from palpitations, (ii) *F:* to be all of a flutter. (*e*) Jarring (of machinery); backlash. (*f*) Swing(ing) (of pendulum). **2.** Interval (between two events, two duties, etc.). *Rail:* **B. de vingt minutes,** wait of twenty minutes between trains.

batte-queue [batkø], *s.f.* *Orn:* Wagtail. *pl.* *Des batte-queue(s).*

batterie [batri], *s.f.* **1.** *O:* Fight, scuffle, rough-and-tumble. **2.** (*a*) Beat (of drum); roll (on side-drum). (*b*) **La b.,** (i) (in orchestra) the percussion instruments; (ii) *Mil:* the (drum and bugle) band. **3.** *Artil:* Battery. **B. de campagne,** field-battery. **Pièces en b.,** guns in action. *F:* **Dresser ses batteries,** to lay one's plans. **Montrer, démasquer, ses batteries,** to show one's hand. **Démonter les batteries de qn,** to demolish s.o.'s arguments, to silence s.o.'s guns. **4.** (*a*) Set, collection. **B. de fours à coke,** battery, range, bank, of coke ovens. **B. de cuisine,** (set of) kitchen utensils. (*b*) **B. électrique,** electric battery. **B. de rechange,** refill (for torch, etc.). **5.** *Husb:* Battery (for raising chicken).

batteur, -euse [batœ:r, -ø:z], *s.* **1.** (*a*) **B. d'or,** gold-beater. **B. de pieux,** pile-driver. **B. en grange,** thresher. (*b*) *Ven:* Beater. (*c*) *F:* **Batteurs de pavé,** loafers, idlers. **B. de grève,** beachcomber. **2.** *s.f.* **Batteuse,** threshing-machine; thresher.

battoir [batwa:r], *s.m.* **1.** (*a*) Washerwoman's beetle. (*b*) *P:* Large hand. **2.** *Husb:* Swingle (of flail). **3.** (Wooden) bat (for ping-pong, etc.).

battre [batr], *v.* (*pr.p.* **battant;** *p.p.* **battu;** *pr.ind.* **je bats** [ba], **il bat, n. battons, ils battent;** *p.h.* **je battis;** *fu.* **je battrai**) To beat. **1.** *v.tr.* (*a*) To beat, thrash, flog (s.o.). **B. qn comme plâtre,** to beat s.o. to a jelly. **B. un tapis, un tambour,** to beat a carpet, a drum. **B. un pieu,** to drive a pile. **B. du blé,** to thresh corn. **B. le fer (avec un marteau),** to hammer iron. *Prov:* **Il faut b. le fer pendant qu'il est chaud,** we must strike while the iron is hot. S.a. FROID I. 2. **B. monnaie,** (i) to coin, mint, money, (ii) *F:* to raise the wind. **B. des œufs (en neige),** to beat (up) eggs. **B. le beurre,** to churn butter. *Artil:* **B. une position,** to batter a position. S.a. BRÈCHE. (*b*) To beat, defeat, *F:* lick (s.o.). **B. qn à plate(s) couture(s),** to beat s.o. hollow. (*c*) **B. la campagne,** (i) *Mil:* to scour the country; (ii) *F:* to be delirious, to wander (in one's mind). **B. son quart,** (of policeman, etc.) to be on the beat. S.a. PAVÉ 2, PAYS[1]. *Ven:* **B. un bois,** to beat a wood. (*d*) *Nau:* **B. un pavillon,** to fly a flag. (*e*) **B. les cartes,** to shuffle the cards. **2.** *v.tr. & i.* (*a*) **B. la mesure,** to beat time. **La montre bat,** the watch ticks. (*b*) **B. l'alarme,** to beat the alarm. **Le tambour bat,** the drum is beating. S.a. RETRAITE 1. **Le cœur lui battait,** his heart was going pit-a-pat. **Sentir b. une machine,** to feel a machine throbbing. (*c*) **La pluie bat contre les carreaux,** the rain beats, lashes, against the panes. **Sa robe de chambre lui battait sur les talons,** his dressing-gown flapped round his heels. **Porte qui bat,** banging door. **Voile qui bat,** sail that flaps in the wind. (*d*) **B. des mains,** to clap one's hands, to applaud. **B. du pied,** to stamp one's foot. **B. des paupières,** to blink. S.a. AILE 1, ENTRECHAT, ŒIL 1, PLEIN 2, SEMELLE 1.

se battre, to fight. **Se b. avec qn,** to fight (with) s.o. **Se b. contre qn,** to fight against s.o. **Se b. en duel,** to fight a duel. *P:* **Je m'en bats l'œil,** I don't give a hang.

battu [baty], *a.* **1. Avoir les yeux battus,** to have rings, circles, round one's eyes. **2.** *Metalw:* **Fer b.,** wrought iron. **Plancher en terre battue,** floor of beaten earth. **3. Chemin b.,** trodden path. *F:* **Suivre le chemin b.,** to follow the beaten track.

battue [baty], *s.f.* (*a*) *Ven:* Battue, beat. *Nau:* **B. en mer,** scouting cruise. (*b*) Round-up (by police).

batture [baty:r], *s.f.* **1.** Gold lacquer. **2. B. de roches,** reef. **3.** *Fr.C:* Sand-bank.

bau, -aux [bo], *s.m.* *N.Arch:* Beam. **Maître b.,** midship beam. **Navire à larges baux,** beamy ship.

baudet [bodɛ], *s.m.* **1.** (i) (He-)ass; donkey; (ii) stallion ass. **2.** *F:* (Jack)ass, dolt. **3.** *Carp:* Sawyer's trestle.

Baudouin [bodwɛ̃]. *Pr.n.m.* Baldwin.

baudrier [bodri(j)e], *s.m.* Cross-belt; shoulder-belt (for drum, etc.). *Astr:* **Le B. d'Orion,** Orion's belt.

baudruche [bodryʃ], *s.f.* Gold-beater's skin.

bauge [bo:ʒ], *s.f.* **1.** (*a*) Lair (of wild boar). (*b*) *F:* Pigsty. (*c*) Squirrel's nest. **2.** Clay and straw mortar.

baume [bo:m], *s.m.* Balm, balsam. **B. de Canada,** Canada balsam. *Pharm:* **B. de benjoin,** friar's balsam. *Iron:* **Sa réputation fleure comme b.,** he is in very good odour. *F:* **Verser du b. dans le cœur de qn,** to pour balm into a wounded heart.

baumier [bomje], *s.m.* Balsam(-tree).

baux[1, 2]. See BAIL, BAU.

bauxite [boksit], *s.f.* *Miner:* Bauxite.

bavard, -arde [bava:r, -ard]. **1.** *a.* (*a*) Talkative, loquacious, garrulous. *F:* **Il est b. comme une pie,** he would talk the hind leg off a donkey. (*b*) Tale-bearing, gossiping. **2.** *s.* (*a*) Chatterer, chatterbox. (*b*) Gossip-monger.

bavardage [bavarda:ʒ], *s.m.* Chatter(ing), chit-chat. **Bavardages de commères,** gossip, tittle-tattle.

bavarder [bavarde], *v.i.* **1.** To chatter. **2.** To gossip. **3.** To blab, to tell tales.

bavarois, -oise [bavarwa, -wa:z], *a. & s.* **1.** *Geog:* Bavarian. **2.** *s.f.* **Bavaroise.** *Cu:* Bavarian cream.

bave [ba:v], *s.f.* Slaver, dribble; slobber (of dog); slime (of snail); froth, foam (of horse, of mad dog); spittle (of toad).

baver [bave], *v.i.* (*a*) To slaver; to drivel, dribble (at the mouth), to slobber; (of blood) to ooze. *P:* **Il en bavait,** (i) he was furious, (ii) he was having a tough time. **Tu baves,** you are talking drivel. (*b*) (Of pen) To run.

bavette [bavɛt], *s.f.* **1.** Bib. *F:* **Tailler une b. avec une vieille connaissance,** to have a chat with an old friend. **2.** *Cy:* **B. garde-boue,** mud-flap. **3.** *Cu:* Top of the sirloin.

baveur, -euse[1] [bavœːr, -øːz]. **1.** *a.* Drivelling, slobbering. **2.** *s.* Dribbler, slobberer. **3.** *s.f. Ich:* **Baveuse,** blenny.

baveux, -euse[2] [bavø, -øːz], *a.* (*a*) Slobbery (mouth). (*b*) **Omelette baveuse,** moist, juicy, omelet. **Plaie baveuse,** weeping wound. (*c*) **Lettres baveuses,** blurred letters.

Bavière [bavjɛːr]. *Pr.n.f. Geog:* Bavaria.

bavocher [bavɔʃe]. **1.** *v.tr.* To blur, smear (picture, proof, etc.); to mackle. **2.** *v.i.* (Of type, etc.) to spread, to give a blurred impression; to mackle.

bavocheux, -euse [bavɔʃø, -øːz], *a.* Blurry, blurred, mackled.

bavochure [bavɔʃyːr], *s.f.* Blur, smear. *Typ:* Mackle.

bavoir [bavwaːr], *s.m.* Bib.

bavure [bavyːr], *s.f.* **1.** (*a*) Fin, beard (of casting). (*b*) Wire-edge, burr. **2. Bavures de plume,** pen smudges.

bayadère [bajadɛːr], *s.f.* (Indian) dancing-girl, nautch-girl.

bayer [baje], *v.i.* (**je baye, baie, n. bayons; je bayerai, baierai**) *A:* To stand gaping. Still used in **B. aux corneilles,** to gap at the moon.

bazar [bazaːr], *s.m.* **1.** (Oriental) bazaar. **2.** Bazaar, emporium; cheap store. *P:* **On avait invité le maire, le curé, et tout le b.,** they had invited the mayor, the priest, and the whole caboodle.

bazarder [bazarde], *v.tr. P:* To sell off (one's effects); to turn (sth.) into money.

bazooka [bazuka], *s.m. Artil:* Bazooka.

bê [bɛ], *onomat.* Baa.

béant [beɑ̃], *a.* Open, gaping (wound); yawning (chasm).

béarnais, -aise [bearnɛ, -ɛːz], *a. & s.* (Native) of Béarn. *Hist:* **Le B.,** Henry IV (of France).

béat, -ate [bea, -at], *a.* **1. Optimisme b.,** complacent, smug, optimism. **2.** Sanctimonious, smug (person). *adv.* **-ement.**

béatification [beatifikasjɔ̃], *s.f. Ecc:* Beatification.

béatifier [beatifje], *v.tr. Ecc:* To beatify.

béatifique [beatifik], *a.* Beatific (vision).

béatitude [beatityd], *s.f.* **1.** (*a*) Beatitude. (*b*) Bliss. **2.** Smugness, complacency.

beatnik [bitnik], *s.m. F:* Beatnik.

Béatrice [beatris]. *Pr.n.f.* Beatrix, Beatrice.

beau [bo], **bel,** *f.* **belle** [bɛl], *pl.* **beaux, belles.** (The form **bel** is used before *m.sg.* sbs beginning with a vowel or a 'mute' *h*, in a few phrases such as **bel et bon,** and in archaic names.) I. *a.* **1.** Beautiful, handsome, fair. **Un bel homme,** a handsome, good-looking, man. **Une belle femme,** (i) a beautiful woman, (ii) a fine-looking woman. **Le b. sexe,** the fair sex. *Hist:* **Philippe le Bel,** Philip the Fair. **De beaux arbres,** handsome, fine, trees. **2.** Fine. (*a*) **De beaux sentiments,** fine, noble, lofty, feelings. **Cela n'est pas b. à vous,** that was unworthy of you. (*b*) **B. danseur,** fine dancer. **Bel esprit,** pretty wit. **Un bel esprit,** a wit. **Un des beaux esprits de l'époque,** one of the wits of the day. *Prov:* **Les beaux esprits se rencontrent,** great minds think alike. **Le bel âge,** (the days of) youth. **Un bel âge,** a ripe old age. **Belle occasion,** fine opportunity. **Avoir b. jeu,** (i) to have good cards; (ii) to have fair play. **Avoir b. jeu à faire qch.,** to have every opportunity to do sth. **Un b. joueur,** a good loser; *F:* a sport. S.a. MORT[2] 1. **Voir les choses en b.,** to see things through rose-coloured spectacles. **Voir tout du b. côté,** to see the bright side of everything. (*c*) Smart, spruce. **Le b. monde,** society; the fashionable set. **Se faire b.,** to smarten oneself up. **Comme vous voilà b.!** you do look smart! (*d*) **B. temps,** fine weather, fair weather, good weather. (*e*) **Tout cela est bel et bon, mais . . .,** that is all well and good, but. . . . **Il en a fait de belles,** pretty things he's been up to! **En conter de belles sur qn,** to spread nice reports about s.o. **Vous en avez fait une belle!** *P:* you've been and gone and done it! **En voici d'une belle!** here's a fine state of affairs! S.a. DRAP 2. (*f*) (Intensifying) **J'ai eu une belle peur!** I had an awful fright! **Au b. milieu de la rue,** in the very middle, right in the middle, of the street. **Il y a b. jour qu'il est parti,** it's many a long day since he went away. S.a. DENT 1, TEMPS 1. (Ce sera) **bien b. s'il n'est pas condamné à mort,** (he will be) lucky if he isn't sentenced to death. **3.** *Adv.phrs.* **Bel et bien,** entirely, fairly, quite. **Il a été bel et bien attrapé,** he was fairly caught. **Tout b.!** steady! gently! **De plus belle,** more than ever, worse than ever. **Il recommença de plus belle,** he began again with renewed vigour. **4.** *V.phrs.* (*a*) **L'échapper belle,** to have a narrow escape, a close shave. **La manquer belle,** to miss a brilliant opportunity. (*b*) **Il ferait b. voir cela,** that would be a fine thing to see. (*c*) (Of weather) **Il fait b. (temps),** it is fine, fair (weather); the weather is fine. (*d*) **Avoir b. faire qch.,** (i) *A:* to be able to do sth. with impunity, (ii) to do sth. in vain (usu. followed by counterbalancing sentence). **Il avait b. crier,** it was no use his shouting. *Prov:* **A b. mentir qui vient de loin,** travellers from afar can lie with impunity. **J'avais b. chercher, je ne trouvais rien,** search as I might, I found nothing. **Il eut b. dire . . .,** in spite of his assertions. . . . **Vous avez b. parler,** *F:* you may talk till you're blue in the face.

II. **beau, belle,** *s.* **1.** (*a*) Fair one, beauty. **La Belle et la Bête,** Beauty and the Beast. **La Belle au bois dormant,** the Sleeping Beauty. (*b*) **Un vieux b.,** an old beau. **Faire le b.,** (i) to strut, swagger; (ii) (of dog) to sit up and beg. **2.** *s.m.* (*a*) **Le b.,** the beautiful. (*b*) **Le plus b. de l'affaire c'est que . . .,** the best of the thing is that. . . . (*c*) Fine (weather). **Le temps est au b. (fixe),** the weather is set fair. **3.** *s.f.* **Belle.** (*a*) **Jouer la belle,** to play (i) the deciding game or set (at tennis, etc.), (ii) the rubber game (at cards). (*b*) *Nau:* Waist (of ship). **En belle,** abeam.

beaucoup [boku]. **1.** *s.m.inv.* (*a*) Much, a great deal, *F:* a lot. **Il reste encore b. à faire,** much still remains to be done. **Il y est pour b.,** he has had a great deal to do with it. (*b*) (A great) many. *F:* a lot. **B. pensent que . . .,** many are of the opinion that. . . . **B. de,** much; (a great) many; a great deal of, *F:* lots of. **Avoir b. d'argent,** to have a great deal of money, *F:* lots of money, heaps of money. **B. de gens,** many people. **Avec b. de soin,** with much care. **B. d'entre nous, d'entre vous,** many of us, of you. **B. d'entre eux se firent tuer,** many of them fought to the death. (*c*) *Adv.phr.* **De b.,** much, by far, by a great deal. **C'est de b. le meilleur,** it is far and away the best. S.a. PRÈS 2. **2.** *adv.* Much. **Il vous aime b.,** he is very fond of you. **Elle parle b.,** she talks a great deal. **Elle parle b. trop,** she talks a great deal too much, far too much. **Il est b. plus âgé que sa femme,** he is much older than his wife.

beau-fils [bofis], *s.m.* **1.** Stepson. **2.** (= GENDRE) Son-in-law. *pl. Des beaux-fils.*

beau-frère [bofrɛːr], *s.m.* Brother-in-law. *pl. Des beaux-frères.*

beau-père [bopɛːr], *s.m.* **1.** Father-in-law. **2.** Stepfather. *pl. Des beaux-pères.*

beaupré [bopre], *s.m. Nau:* Bowsprit.

beauté [bote], *s.f.* **1.** Beauty, handsomeness, loveliness. **Conserver, perdre, sa b.,** to preserve, lose, one's beauty, one's good looks. **Être dans toute sa b.,** to be in the flower of one's beauty. **Vous êtes en b. ce soir,** you *are* looking well this evening! **Grain, tache, de b.,** beauty spot. *F:* **La b. du diable,** the bloom, freshness, of youth (in a woman not otherwise beautiful). **De toute b.,** extremely beautiful. **Institut de b.,** beauty parlour. **Crème de b.,** face, beauty, cream. **Soins de b.,** beauty treatment. **2.** Beauty; beautiful woman. **La b. du bal,** the belle of the ball.

beaux-arts [bozaːr], *s.m.pl.* Fine arts. **École des b.-a.,** art school.

beaux-parents [boparɑ̃], *s.m.pl.* Parents-in-law.

bébé [bebe], *s.m.* **1.** Baby. **Faire le b.,** to behave like a baby. **2.** *Com:* Baby-doll. **3.** *Attrib.* (Used sometimes for the young of animals) **B. gazelle,** baby gazelle.

bébé-éprouvette [bebeepruvɛt], *s.m. Med: F:* Test-tube baby. *pl. Des bébés-éprouvette.*

bébête [bebɛːt], *a. F:* Childish, silly. **Rire b.,** giggle.

bec [bɛk], *s.m.* **1.** Beak. (*a*) Bill (of bird). **Coup de bec,** peck. **Donner un coup de b. à qn,** (i) to peck s.o.; (ii) *F:* to have a dig, a slap, at s.o. **Il a b. et ongles,** he can look after himself. **Attaquer qn du b. et des ongles,** to go for s.o. tooth and nail. (*b*) Snout, beak (of certain fishes). **2.** *F:* Mouth or nose. **Ils se rencontrèrent b. à b.,** they met face to face. **Fin b.,** gourmet. *F:* **Tenir qn le b. dans l'eau,** to keep s.o. in suspense.

Laisser qn le b. dans l'eau, to leave s.o. in the lurch. *F:* Ferme ton b.! shut up! River, clouer, le b. à qn, to silence s.o.; *F:* to shut s.o. up. Avoir bon b., to have the gift of the gab, a glib tongue. Avoir le b. bien affilé, to have a sharp tongue. Se prendre de b. avec qn, to have a set-to, a passage at arms, with s.o. Prise de b., altercation, squabble. 3. (*a*) Nose (of tool); spout (of coffee-pot); peak (of bicycle saddle); mouth-piece (of clarinet); beak, horn, beak-iron (of anvil); catch, nose (of latch); cut-water (of bridge pier). (*b*) B. de plume, pen-nib. (*c*) B. Bunsen, Bunsen burner. B. de gaz, (i) gas burner, (ii) *F:* lamp-post. *F:* Tomber sur un b. (de gaz), to come a cropper.

bécane [bekan], *s.f.* *F:* Bicycle. Aller à bécane, to cycle.

bécarre [bekaːr], *s.m.* *Mus:* Natural (sign).

bécasse [bekas], *s.f.* *Orn:* Woodcock. B. de mer, oyster-catcher. *F:* C'est une petite b., she's a little goose.

bécasseau [bekaso], *s.m.* *Orn:* Sandpiper.

bécassine [bekasin], *s.f.* *Orn:* Snipe.

bec-croisé [bɛkkrawze], *s.m.* *Orn:* Crossbill. *pl. Des becs-croisés.*

bec-d'âne [bɛkdɑːn], *s.m.* = BÉDANE. *pl. Des becs-d'âne.*

bec-de-cane [bɛkdəkan], *s.m.* 1. Lever handle (of shop door). 2. *Tls:* Flat-nosed pliers. *pl. Des becs-de-cane.*

bec-de-cire [bɛkdəsiːr], *s.m.* *Orn:* Wax-bill. *pl. Des becs-de-cire.*

bec-de-corbin [bɛkdəkorbɛ̃], *s.m.* (Name of various bill-headed instruments, *e.g.*) claw (for drawing nails), (caulker's) rave-hook. *F:* Canne à b.-de-c., crutch-handled walking-stick. Nez en b.-de-c., hooked nose. *pl. Des becs-de-corbin.*

bec-de-lièvre [bɛkdəljɛːvr], *s.m.* Hare-lip. *pl. Des becs-de-lièvre.*

bec-en-ciseaux [bɛkɑ̃sizo], *s.m.* *Orn:* Scissor-bill. *pl. Des becs-en-ciseaux.*

bec-en-croix [bɛkɑ̃krwa], *s.m.* *Orn:* Common cross-bill. *pl. Des becs-en-croix.*

becfigue [bɛkfig], *s.m.* *Orn:* (Familiar name for) the garden-warbler, the blackcap, the waxwing, and the pipit.

bec-fin [bɛkfɛ̃], *s.m.* *Orn:* Warbler. *pl. Des becs-fins.*

béchamelle [beʃamɛl], *s.f.* *Cu:* (also Sauce à la Béchamel) Bechamel sauce, white cream sauce.

bêche [bɛʃ], *s.f.* (*a*) Spade. Labour à la b., digging. (*b*) *Artil:* B. de crosse, trail spade.

bêche-de-mer [bɛʃdəmɛːr], *s.f.* *F:* Sea-slug, trepang, sea-cucumber, bêche-de-mer. *pl. Des bêches-de-mer.*

bêch|er [bɛʃe], *v.tr.* 1. To dig. 2. *F:* To run (s.o.) down; to pull (s.o.) to pieces. *s.m.* -age.

bêcheur, -euse [bɛʃœːr, -øːz], *s.* 1. Digger (of the soil). 2. *F:* Detractor; carping critic.

bêchoir [bɛʃwaːr], *s.m.* *Agr:* Broad hoe.

bécot [beko], *s.m.* *F:* Little kiss; peck.

bécoter [bekɔte], *v.tr.* *F:* To give (s.o.) a little kiss, a peck.

becqué, -ée [bɛke], *a.* 1. *Her:* Beaked. 2. *Husb:* Œuf becqué, egg through the shell of which the beak of the chicken can be seen.

becquée [bɛke], *s.f.* 1. Beakful, billful. 2. L'oiseau donne la b. à ses petits, the bird feeds its young.

becquet|er [bɛkte], *v.tr.* (je becquète, n. becquetons; je becquèterai) 1. (Of birds) (*a*) To pick up (crumbs, etc.). (*b*) To peck at (sth.). (*c*) *F:* To eat. 2. (*a*) (Of bird) To caress (another) with the beak; to bill. (*b*) *F:* (Of pers.) To kiss. *s.m.* -age.

bedaine [bədɛn], *s.f.* *F:* Paunch, corporation.

bédane [bedan], *s.m.* Mortise chisel. *Metalw:* Cold chisel, cross-cut chisel.

bedeau [bədo], *s.m.* 1. *A:* Beadle. 2. *Ecc:* Verger.

bédégar [bedegaːr], *s.m.* *Hort:* Rose-gall.

bedon [bədɔ̃], *s.m.* *F:* Belly, corporation. Un gros b., a big fat man.

bedonner [bədɔne], *v.i.* *F:* To get stout; to acquire a corporation.

bédouin, -ine [bedwɛ̃, -in], *a. & s.* Bedouin.

bée [be], *a.f.* Gaping. (Used in) Bouche b., agape. Regarder qch. bouche b., to gape at sth.

beffroi [bɛfrwa], *s.m.* 1. Belfry. 2. Alarm-bell (hung in belfry).

bégaiement [begɛmɑ̃], *s.m.* 1. Stammering, stuttering. 2. Lispings (of baby).

bégay|er [begɛje], *v.* (je bégaye, bégaie, n. bégayons; je bégayerai, bégaierai) 1. *v.i.* To stutter, stammer. Homme qui bégaie, man with a stammer. 2. *v.tr.* B. sa leçon, to stammer out, falter through, one's lesson. *s.* -eur, -euse.

bégonia [begɔnja], *s.m.* *Bot:* Begonia.

bègue [bɛg]. 1. *a.* Stammering. Il est b., he stammers. 2. *s.* Stammerer.

bégu|eter [beg(ə)te], *v.i.* (elle béguète; elle béguètera) (of goat) To bleat. *s.m.* -ètement.

bégueule [begœl]. 1. *s.f.* Prude. 2. *a.* Prudish, prim; strait-laced.

bégueulerie [begœlri], *s.f.* Prudishness, prudery.

béguin [begɛ̃], *s.m.* Hood (of Beguine nun); (baby's) bonnet. *F:* Avoir un b. pour qn, to have an infatuation, a fancy, for s.o. C'est mon b., he, she, is my fancy.

béguinage [beginaːʒ], *s.m.* (Beguine) convent.

béguine [begin], *s.f.* 1. *Ecc:* Beguin(e) (nun). 2. *F:* Very devout woman.

bégum [begɔm], *s.f.* Begum.

behavio(u)risme [beavjurism], *s.m.* *Psy:* Behaviourism.

beige [bɛːʒ]. 1. *a.* Beige; natural, raw (wool). 2. *s.f.* Étoffe en b., cloth in natural colour.

beigne [bɛɲ], *s.f.* *P:* 1. Bruise, bump. 2. Blow, clout *P:* biff. 3. *s.m.* *Fr.C:* Doughnut.

beignet [bɛɲɛ], *s.m.* *Cu:* Fritter.

béjaune [beʒoːn], *s.m.* 1. (*a*) Yellow beak (of young bird). (*b*) Young bird, nestling. 2. (*a*) Ninny, greenhorn. (*b*) Novice; freshman (at university, etc.).

bel [bɛl]. See BEAU.

bélemnite [belɛmnit], *s.f.* *Paleont:* Belemnite.

bêl|er [bɛle], *v.i.* To bleat. *s.m.* -ement.

belette [bəlɛt], *s.f.* Weasel.

belge [bɛlʒ], *a. & s.* Belgian.

belgicisme [bɛlʒisism], *s.m.* Belgian turn of phrase.

belgique [bɛlʒik]. 1. *a.* *Hist:* Belgic (Gaul, etc.). 2. *Pr.n.f.* La B., Belgium.

bélier [belje], *s.m.* 1. *Z:* Ram. 2. (*a*) *Mil:* *A:* Battering ram. (*b*) *Civ.E:* B. à pilotage, pile-driver. B. mécanique, bull-dozer. (*c*) B. hydraulique, hydraulic ram. 3. *Astr:* Le B., the Ram, Aries.

bélière[1] [beljɛːr], *s.f.* Sheep-bell.

bélière[2], *s.f.* Ring (of watch); clapper-ring (of bell); shackle (of knife).

bélinogramme [belinɔgram], *s.m.* Telephotograph.

bélitre [belitr], *s.m.* *A:* (*a*) Beggar. (*b*) Cad, bounder.

belladone [bɛl(l)adɔn], *s.f.* *Bot:* Belladonna, deadly nightshade.

bellâtre [bɛlɑːtr]. 1. *a.* Foppish, dandified. 2. *s.m.* Fop.

belle [bɛl]. See BEAU.

belle-dame [bɛldam], *s.f.* 1. *Bot:* (*a*) Garden orach. (*b*) Deadly nightshade. 2. *Ent:* Painted lady.

belle-de-jour [bɛldəʒuːr], *s.f.* *Bot:* Convolvulus minor.

belle-de-nuit [bɛldənɥi], *s.f.* *Bot:* Marvel of Peru.

belle-d'onze-heures [bɛldɔ̃zœːr], *s.f.* *Bot:* Star of Bethlehem.

belle-famille [bɛlfamiːj], *s.f.* Wife's family, or husband's family; *F:* the 'in-laws.' *pl. Des belles-familles.*

belle-fille [bɛlfiːj], *s.f.* 1. Step-daughter. 2. Daughter-in-law. *pl. Des belles-filles.*

belle-maman [bɛlmamɑ̃], *s.f.* *F:* = BELLE-MÈRE.

bellement [bɛlmɑ̃], *adv.* Gently, softly.

belle-mère [bɛlmɛːr], *s.f.* 1. Step-mother. 2. Mother-in-law. *pl. Des belles-mères.*

belles-lettres [bɛllɛtr], *s.f.pl.* Humanities, belles-lettres.

belle-sœur [bɛlsœːr], *s.f.* Sister-in-law. *pl. Des belles-sœurs.*

bellicisme [bɛl(l)isism], *s.m.* War-mongering.

belliciste [bɛllisist], *s.m. & f.* War-monger.

belligérance [bɛl(l)iʒɛrɑ̃ːs], *s.f.* Belligerency.

belligérant [bɛl(l)iʒɛrɑ̃], *a. & s.m.* Belligerent.

belliqueux, -euse [bɛl(l)ikø, -øːz], *a.* Warlike, bellicose.

bellot, -otte [bɛlo, -ɔt], *a.* *F:* 1. Pretty. 2. Neat.

belluaire [bɛl(l)ɥɛːr], *s.m.* 1. *Rom.Ant:* Gladiator. 2. Wild beast tamer.

belote [bəlɔt], *s.f.* *Cards:* Popular card game, akin to pinocle. Faire une b., to play a game of *belote.*

bélouga [beluga], *s.m. Z:* Beluga; white whale.
belvédère [bɛlvedɛːr], *s.m.* **1.** Belvedere; view-point; observation tower. **2.** Summer-house.
Belzébuth [bɛlzebyt]. *Pr.n.m.* Beelzebub.
bémol [bemɔl], *s.m. Mus:* Flat. **Clarinette en si b.,** B-flat clarinet.
bémoliser [bemɔlize], *v.t. Mus:* To flatten, to mark note with a flat.
ben [bɛn], *s.m. Bot:* Ben. **Noix de b.,** ben-nut. **Huile de b.,** oil of ben.
bénarde [benard], *a.f. & s.f.* **(Serrure) bénarde,** pin-key lock, double-sided lock.
bénédicité [benedisite], *s.m.* Grace (before meat). **Dire le b.,** to say grace; to ask a blessing.
bénédictin, -ine [benediktɛ̃, -in], *a. & s.* **1.** Benedictine (monk, nun). **2.** *s.f.* **Bénédictine,** benedictine (liqueur).
bénédiction [benediksjɔ̃], *s.f.* Blessing, benediction; consecration (of colours). **Donner la b.,** to give, pronounce, the blessing. **Quelle b.,** what a blessing! what a godsend!
bénef [benɛf], *s.m. P:* **Petits bénefs,** perks.
bénéfice [benefis], *s.m.* **1.** Profit, gain. **Réaliser de gros bénéfices,** to make big profits. **Je suis en b.,** I am in pocket. **2.** Benefit. **Faire qch. au b. de qn,** to do sth. for s.o.'s benefit. **Sous le b. de cette observation . . .,** (i) having made this point . . .; (ii) with this reservation. . . . *Jur:* **B. du doute,** benefit of the doubt. **3.** *Ecc:* Living, benefice.
bénéficiaire [benefisjɛːr]. **1.** *a. Com:* **Solde b.,** profit balance. **Compte b.,** account showing a credit balance. **2.** *s.* (*a*) Recipient, payee (of cheque, money order). (*b*) *Ecc: Ins: Jur: Th: etc:* Beneficiary.
bénéficier[1] [benefisje], *v.i.* (*a*) To profit (de, by). **Faire b. qn d'une remise,** to allow s.o. a discount. (*b*) To make a profit (sur, on).
bénéficier[2], **-ière** [benefisje, -jɛːr], *Ecc: s.m.* Beneficiary; beneficed clergyman; incumbent.
bénéfique [benefik], *a. Astrol:* Benefic, beneficent (planet, etc.).
Bénélux [benelyks], *Pr.n.m.* Benelux.
benêt [bənɛ]. **1.** *a.* Stupid, simple-minded. **2.** *s.m.* Booby, simpleton, ninny.
bénévole [benevɔl], *a.* **1.** Benevolent; kindly (reader, etc.); indulgent. **2.** Gratuitous, unpaid (service). **Infirmière b.,** voluntary nurse. *adv.* **-ment.**
Bengale [bɛ̃gal]. *Pr.n.m.* Bengal. *Pyr:* **Feu de B.,** (i) Bengal light; (ii) light-signal; flare.
bengali [bɛ̃gali]. **1.** *s.* Bengali, Bengalese. **2.** *a.inv.* **La race b.,** the Bengalese race.
béni-oui-oui [beniwiwi], *s.m.inv. F:* Yes-man.
bén|in, -igne [benɛ̃, -iɲ], *a.* (*a*) Benign, kindly. **Astre b.,** benignant star. (*b*) Mild, gentle (remedy). **Hiver b.,** mild winter. **Forme bénigne de la rougeole,** mild form of measles. *adv.* **-ignement.** *s.f.* **-ignité.**
bénir [beniːr], *v.tr.* (*p.p.* **béni, bénit.** The latter used chiefly as an adj. but occ. with verbal force in 2) **1.** (*a*) To bless; to grant blessings to (s.o.). **(Que) Dieu vous bénisse!** God bless you! (*b*) To bless, ask God's blessing on (s.o.); to pronounce a blessing on (s.o.). **B. un mariage,** to solemnize a marriage. (*c*) To render thanks to (God). **Le ciel en soit béni!** heaven be thanked for it! **2.** To consecrate (bread, water). **Quand le prêtre a bénit le pain . . .,** when the priest has blessed the bread. . . .
bénisseur, -euse [benisœːr, -øːz], *a. & s. F:* (One) who is all fair words and empty promises.
bénit [beni], *a.* Consecrated, blessed. **Pain b.,** consecrated bread. *F:* **C'est pain b.,** it serves him right. **Eau bénite,** holy water. *F:* **Eau bénite de cour,** fair promises; empty words.
bénitier [benitje], *s.m.* Holy-water basin; stoop, stoup.
Benjamin [bɛ̃ʒamɛ̃]. **1.** *Pr.n.m.* Benjamin, *F:* Ben. **2.** *s.m.* Benjamin, youngest child.
benjoin [bɛ̃ʒwɛ̃], *s.m.* Gum benzoin. S.a. BAUME 1.
benne [bɛn], *s.f.* **1.** Flat hamper, basket. **2.** *Min: etc:* Skip, tub, hutch, bucket. **Camion à b. basculante,** tip-lorry; tipping waggon.
Benoist, Benoît [bənwa]. *Pr.n.m.* Benedict.
benoît [bənwa], *a.* (*a*) Blessed, kind, gentle. (*b*) Soft-spoken, mealy-mouthed. *adv.* **-ement.**
benoîte [bənwat], *s.f. Bot:* Herb-bennet.
benzène [bɛ̃zɛn], *s.m. Ch:* Benzene.
benzine [bɛ̃zin], *s.f.* Benzine.
benzoin [bɛ̃zwɛ̃], *s.m. Bot:* (Styrax) **b.,** benzoin laurel, *F:* benjamin-tree.
benzoïque [bɛ̃zɔik], *a. Ch:* Benzoic.
benzol [bɛ̃zɔl], *s.m. Ch:* Benzol.
béotien, -ienne [beɔsjɛ̃, -jɛn], *a. & s.* **1.** *A.Geog:* Bœotian. **2.** *F:* Ignorant, dull-witted.
béotisme [beɔtism], *s.m.* Dullness of mind, stupidity.
béquée [beke], *s.f.* = BECQUÉE.
béquet [bekɛ], *s.m.* **1.** *Typ:* (*a*) Paste-on (to proof). (*b*) Overlay (on press cylinder). **2.** *Bootm:* (*a*) Middle-sole. (*b*) Hobnail.
béqueter [bɛkte], *v.tr.* = BECQUETER.
béquille [bekiːj], *s.f.* **1.** Crutch. **2.** Sprag; crutch, stand (of motor cycle).
béquiller [bekije]. **1.** *v.i. F:* To walk on crutches. **2.** *v.tr.* (*a*) *Agr:* To spud (a plot). (*b*) *Nau:* To shore up, prop up (ship).
béquillon [bekijɔ̃], *s.m.* **1.** Crutch-handled walking-stick. **2.** *Agr:* Spud.
ber(s) [bɛːr], *s.m. N.Arch:* **1.** (Launching) cradle. **2.** Boiler seatings.
berbère [bɛrbɛːr], *a. & s. Ethn:* Berber, Kabyle.
bercail [bɛrkaːj], *s.m.* Not used in the *pl.* (*a*) *Husb:* (Sheep)fold. (*b*) The fold (of the Church). **Rentrer au b.,** to return to the fold.
berce [bɛrs], *s.f. Bot:* Cow-parsnip, hogweed.
berceau [bɛrso], *s.m.* **1.** Cradle; (swing-)cot. **B. alsacien,** basket cot on wheels. **Étouffer le mal au b.,** to strangle evil at its birth. **2.** (*a*) *Aut: etc:* Cradle, bed, support. **B. (du) moteur,** bearer plates of the engine. *Artil:* **Affût à b.,** cradle mounting. (*b*) **(Voûte en) b.,** barrel-vault. (*c*) *Hort:* Arbour, bower.
bercelonnette [bɛrsəlɔnɛt], *s.f.* Bassinet, (swing-)cot.
berc|er [bɛrse], *v.tr.* **(je berçai(s); n. berçons) 1.** To rock. **B. un bébé,** (i) to rock a baby (in a cradle), (ii) to dandle a baby (in one's arms). **2.** To lull; to send (s.o.) to sleep; to soften, soothe (grief). **B. qn de promesses,** to beguile s.o. with promises. *s.m.* **-ement.**
se bercer. **1.** To rock, swing, sway. **2. Se b. d'une illusion,** to cherish, indulge in, an illusion.
berceuse [bɛrsøːz], *s.f.* **1.** (*a*) Swing-cot. (*b*) Rocking-chair. **2.** Lullaby, cradle-song.
béret [berɛ], *s.m.* Beret. **B. écossais,** tam-o'-shanter.
bergamot(t)e [bɛrgamɔt], *s.f.* Bergamot (orange, lemon, pear).
berge [bɛrʒ], *s.f.* **1.** (Steep) bank (of river); banked edge (of railway track, of road). **2.** *P:* Year.
berger, -ère [bɛrʒe, -ɛːr], *s.* **1.** Shepherd, shepherdess; herdsman. **L'Étoile du B.,** the Evening Star. *F:* **L'heure du b.,** the auspicious hour (for lovers); the gloaming. **2.** *s.f.* **Bergère.** (*a*) Easy-chair. (*b*) *Orn:* Wagtail.
bergerette [bɛrʒərɛt], *s.f.* **1.** *Poet:* Young shepherdess, shepherd-maid. **2.** *Orn:* Wagtail.
bergerie [bɛrʒəri], *s.f.* **1.** Sheep-fold; pen. *F:* **Enfermer le loup dans la b.,** to set the fox to mind the geese. **2.** Pastoral (poem, painting).
bergeronnette [bɛrʒərɔnɛt], *s.f. Orn:* Wagtail.
bergsonisme [bɛrgsɔnism], *s.m. Phil:* Bergsonism.
béribéri [beriberi], *s.m. Med:* Beriberi.
berkélium [bɛrkeljɔm], *s.m. Ch:* Berkelium.
berline [bɛrlin], *s.f.* (*a*) *A:* Berlin(e) (coach). (*b*) *Aut:* Limousine. (*c*) *Min:* Truck, tram.
berlingot [bɛrlɛ̃go], *s.m.* **1.** Burnt-sugar sweet; caramel. **2.** *F:* Milk, etc., carton.
berlinois, -oise [bɛrlinwa, -waːz]. **1.** *a.* Of Berlin. **2.** *s.* Berliner.
berloque [bɛrlɔk], *s.f. P:* = BRELOQUE 2.
berlue [bɛrly], *s.f. Med:* False vision. *F:* **Avoir la b.,** to be blind to the facts; to see things wrong.
berme [bɛrm], *s.f.* **1.** *Fort:* Berm. **2.** *Civ.E:* Set-off, bench (with foot-path).
Bermudes [bɛrmyd]. *Pr.n.f.pl.* **Les (îles) B.,** the Bermudas; the Bermuda Islands.
bernache [bɛrnaʃ], *s.f.*, **bernacle** [bɛrnakl], *s.f.* **1.** *Crust:* Barnacle. **2.** *Orn:* Barnacle; bernacle goose. **B. cravant,** brent-goose.
bernardin, -ine [bɛrnardɛ̃, -in], *s.* Reformed Cistercian monk or nun, Bernardine.
bernard-l'ermite [bɛrnarlɛrmit], *s.m.inv.* Hermit-crab, soldier-crab.

berne[1] [bɛrn], *s.f. A:* **1.** Tossing blanket. **2.** Tossing in a blanket.
berne[2], *s.f.* (Used only in) **1.** *Nau:* **Pavillon en b.,** flag at half-mast. **Mettre en b.,** to half-mast the flag. **2.** *Mil:* **Drapeau en b.,** flag furled and craped.
Berne[3]. *Pr.n. Geog:* Bern(e).
bern|er [bɛrne], *v.tr.* **1.** To toss (s.o.) in a blanket. **2.** (*a*) To chaff, banter. (*b*) To hoax. *a.* **-able.** *s.m.* **-ement.** *s.* **-eur, -euse.**
bernicle [bɛrnikl], **bernique** [bɛrnik], *s.f. F: Moll:* Limpet.
bernique [bɛrnik], *int. F:* Not a bit of use! no go! nothing doing!
Berthe [bɛrt]. **1.** *Pr.n.f.* Bertha. *F:* **Du temps où B. filait** (with reference to Berthe de Bourgogne, Xth cent.), in the days of good Queen Bess, in the days of yore. **2.** *s.f. Cost:* Bertha (collar). **3.** (Dairyman's) milk-can.
berthon [bɛrtɔ̃], *s.m. Nau:* Berthon boat; collapsible dinghy.
béryl [beril], *s.m. Miner:* Beryl.
béryllium [beriljɔm], *s.m. Ch:* Beryllium, glucin(i)um.
besace [bəzas], *s.f. A:* Double sack, double bag (with opening in the centre, carried over the shoulder by beggars); scrip. *F:* **Porter la b.,** to beg; to be very poor.
besaiguë [bəzegy], *s.f.* Mortising axe; twibill.
besant [bəzɑ̃], *s.m. Num: Her:* Besant, bezant.
bésef [bezɛf], *adv. P:* = BÉZEF.
besicles [bəzikl], *s.f.pl.* **1.** *A:* Spectacles. **2.** Goggles.
bésigue [bezig], *s.m. Cards:* Bezique.
besogne [b(ə)zɔɲ], *s.f.* Work; task, job; piece of work. **Se mettre à la b.,** to set to work. **Mourir à la b.,** to die in harness. **Une rude b.,** a hard task or job; a stiff piece of work. **Aller vite en b.,** to despatch work quickly; to act quickly. **Abattre de la b.,** to get through a lot of work. **Vous n'avez pas b. faite,** you are not at the end of your difficulties.
besogner [b(ə)zɔɲe]. *v.i.* To work hard, to slave.
besogneux, -euse [bəzɔɲø, -øːz], *a. & s.* Needy, impecunious; *F:* hard up (person).
besoin [bəzwɛ̃], *s.m.* Want, need. **1.** Necessity, requirement. (*a*) **Pourvoir aux besoins de qn,** to provide for s.o.'s wants. **Je le ferais si le b. s'en faisait sentir,** I should do it if the necessity arose. **Pour le b. de la cause,** for the sake of the cause. *F:* **Faire ses (petits) besoins,** to relieve nature. **Au b., en cas de b.,** in case of need, of emergency; if necessary; when required; *F:* at a pinch. (*b*) **Avoir b. de qch.,** to need, require, want, sth. **J'ai grand b. de son aide,** I badly want his assistance. **Il n'a pas b. de venir lundi,** he need not come, there is no need for him to come, on Monday. **Je n'avais pas b. qu'on me le rappelât,** I did not need to be reminded of it. (*c*) *impers.* **Il n'est pas b.,** there is no need. **Est-il b.?** is there any necessity? **Il n'est pas b. de vous dire, que je vous dise, combien je vous suis reconnaissant,** I need hardly tell you how grateful I am. **Point n'est b. d'insister,** no need to insist. **Si b. est,** if need be. **2.** Poverty. **Être dans le b.,** to be in want, in straitened circumstances.
Bessarabie [bɛsarabi], *Pr.n.f. Geog:* Bessarabia.
bestiaire [bɛstjɛːr], *s.m.* **1.** *Rom.Ant:* Bestiary, beast-fighter. **2.** *Lit:* Bestiary, book of beasts.
bestial, -aux[1] [bɛstjal, -o], *a.* Bestial, beastly, brutish. *adv.* **-ement.**
bestialiser [bɛstjalize], *v.tr.* To bestialize, brutify.
se bestialiser, to become bestial, brutish.
bestialité [bɛstjalite], *s.f.* Bestiality.
bestiaux[2] [bɛstjo], *s.m.pl.* Cattle, beasts, livestock.
bestiole [bɛstjɔl], *s.f.* Small, tiny, beast.
best-seller [bɛstsɛlœːr], *s.m. F:* Best-seller.
bêta, *f.* **-asse** [bɛtɑ, -as], *s. F:* Stupid, blockhead, numskull, noodle. *a.* **Elle est jolie mais bêtasse,** she is pretty but rather simple.
bétail [betaːj], *s.m. Coll.* (No. *pl.*) Cattle; livestock, grazing stock. **Gros b.,** cattle. **Menu b.,** smaller livestock.
bêtatron [betatrɔ̃], *s.m. Atom.Ph:* Betatron.
bête [bɛːt], *s.f.* **1.** Beast, animal; dumb creature. (*a*) **B. à cornes,** horned beast. **B. à laine,** sheep. **B. brute,** brute beast. **B. de somme,** beast of burden. **B. de trait,** draught-animal. *F:* **C'est une fine b.,** he is a shrewd fellow. *F:* **Reprendre du poil de la b.,** to take a hair of the dog that bit one. S.a. NOIR 1. (*b*) (Insect or vermin) **Fruits mangés de (petites) bêtes,** fruit eaten out by insects. *F:* **Chercher la petite b.,** to be over-critical. **B. à bon Dieu,** lady-bird. **2.** *F:* (*a*) Fool, blockhead, simpleton. **Faire la b.,** (i) to affect stupidity, (ii) to act like a fool. (*b*) *a.* Stupid, foolish, unintelligent. **Que je suis b.!** how silly, stupid, of me! **Pas si b.!** I am not such a fool! not if I know it! **C'est b. comme chou,** (i) it's simplicity itself, (ii) it's idiotic. **Sourire b.,** idiotic smile. **Pourquoi as-tu fait ce b. de voyage?** why did you go on that stupid, senseless, journey? **Ses bêtes d'idées,** his silly ideas. *adv.* **-ment.**
bétel [betɛl], *s.m.* Betel. **Noix de b.,** betel-nut.
Béthanie [betani], *Pr.n.f. B.Hist:* Bethany.
Bethléem [bɛtleɛm], *Pr.n.f. B.Hist:* Bethlehem.
Bethsabée [bɛtsabe], *Pr.n.f. B.Hist:* Bathsheba.
bêtifier [betifje], *v.tr. F:* (*pr. sub. & p.d.* **n. bêtifiions, v. bêtifiiez**). **1.** To stupify, to dull; to make (s.o.) stupid. **2.** To play the fool.
bêtise [betiːz], *s.f.* **1.** Stupidity, silliness. **Être d'une b. extrême,** to be exceedingly stupid. **2.** Nonsense, absurdity. **Dire des bêtises,** to talk nonsense. **Quelle b.!** what nonsense! *P:* what rubbish! **Faire des bêtises,** to play the fool. **3.** Blunder; piece of stupidity. **Faire une grande b.,** to commit a great folly. **4.** Trifle. **Dépenser tout son argent en bêtises,** to fritter away one's money. **Cinq mille francs, une b.!** five thousand francs, a mere trifle!
bétoine [betwan], *s.f. Bot:* Betony.
béton [betɔ̃], *s.m.* **B. de ciment,** concrete, beton. **B. armé,** ferro-concrete; reinforced concrete.
bétonn|er [betɔne], *v.tr.* To concrete; to construct (building, etc.) with concrete. *s.m.* **-age.**
bétonneuse [betɔnøːz], *s.f.* **bétonnière** [betɔnjɛːr], *s.f.* Concrete-mixer.
bette[1] [bɛt], *s.f. Bot:* Beet. *Cu:* Swiss chard.
bette[2], *s.f. Nau:* Lighter, barge.
betterave [bɛtraːv], *s.f.* Beet(root). **B. à sucre,** sugar-beet. **B. fourragère,** mangel-wurzel.
betteraverie [bɛtravri], *s.f.* Sugar-beet factory.
betteravier, -ière [bɛtravje, -jɛːr]. **1.** *a.* **L'industrie betteravière,** the sugar-beet industry. **2.** *s.* (*a*) Worker in a sugar-beet factory. (*b*) Grower of beet.
beuglant [bøglɑ̃, bœ-], *s.m. P:* Low-class concert-hall.
beuglement [bøgləmɑ̃, bœ-], *s.m.* **1.** Lowing (of cattle); bellowing (of bull). *F:* (Of pers.) Bawling. **2.** Bellow.
beugler [bøgle, bœ-], *v.i.* (Of cattle) to low; (of a bull) to bellow. *F:* **B. une chanson,** to bawl out a song.
beurre [bœːr], *s.m.* Butter. *Cu:* **Au b.,** cooked in butter. **Au b. noir,** with browned butter sauce. *F:* **Avoir un œil au b. noir,** to have a black eye. **Médaillon de b.,** pat of butter. *F:* **Nous sommes entrés dedans comme dans du b.,** it, they, offered no resistance. *P:* **C'est un (vrai) b.,** (i) it is very easy to do; (ii) it's tip-top. *F:* **Il a fait son b.,** he has feathered his nest. *P:* **Ça fait mon b.,** that just suits my book. *F:* **Ça mettra du b. dans les épinards,** that will make our life more comfortable.
beurré [bœre], *s.m. Hort:* Butter-pear.
beurrée [bœre], *s.f.* Slice of bread and butter.
beurrer [bœre], *v.tr.* To butter.
beurrerie [bœrri], *s.f.* Butter-dairy, butter-factory.
beurrier, -ière [bœrje, -jɛːr]. **1.** *a.* **Région beurrière,** butter-producing district. **2.** *s.* Butter-dealer. **3.** *s.m.* Butter-dish.
beuverie [bœvri], *s.f.* Drinking bout.
bévatron [bevatrɔ̃], *s.m. Atom.Ph:* Bevatron.
bévue [bevy], *s.f.* Blunder, mistake, slip; *F:* bloomer. *Sch:* Howler. **Commettre une b.,** to make a blunder; to blunder.
bézef [bezɛf], *adv. P:* Much. **(Il n')y en a pas b.,** there's not much of it.
biais, -aise [bjɛ, -ɛːz]. **1.** *a.* Skew, oblique, sloping, slanting, bevelled. **2.** *s.m.* (*a*) Skew (of tool, of arch); slant (of wall); bias (of bowl). **En b.,** on the slant, slantwise; on the skew; aslant, askew. **Tailler une étoffe en b.,** to cut material on the cross. **Regarder qn de b.,** to look sideways at s.o.; to give s.o. a side-glance. (*b*) Indirect means; expedient. **Aborder de b. une question,** to approach a question indirectly. **Prendre une affaire du bon b., du mauvais b.,** to go the right, the wrong, way to work. **Chercher un b. pour**

faire qch., to try to find some shift or expedient to do sth. (*c*) *Dressm:* False tuck; band cut on the cross.
biais|er [bjɛze], *v.i.* **1.** To slant; to lean over. **2.** To use evasions; to shuffle. *s.m.* **-ement.**
biatomique [biatɔmik], *a. Ch: Ph:* Diatomic.
bibasique [bibɑzik, -ba-], *a. Ch:* Bibasic, dibasic.
bibelot [biblo], *s.m.* **1.** Curio, knick-knack, trinket. **2.** *pl.* Odds and ends.
bibelot|er [biblɔte], *v.i. F:* (*a*) To collect curios. (*b*) To do odd jobs. *s.m.* **-age.** *s.* **-eur, -euse.**
bibelotier [biblɔtje], *s.m. A:* Dealer in knick-knacks.
biberon¹, -onne [bibrɔ̃, -ɔn]. **1.** *a.* Tippling, wine-bibbing. **2.** *s.* Tippler, wine-bibber.
biberon², *s.m.* Feeding-bottle. *F:* **Service b.**, baby-sitting.
biberonner [bibrɔne], *v.i. P:* To tipple, soak, booze.
bibi [bibi], *s.m.* **1.** *F:* **Mon b.**, darling; my pet. **2.** *P:* **Ça c'est pour b.**, that's for myself. **3.** *P: O:* (Woman's) old hat, titfer.
bibite [bibit], *s.f. Fr.C: P:* Bug, insect.
Bible [bibl], *s.f.* **La B.**, the Bible.
bibliobus [bibliɔbys], *s.m.* Mobile library.
biblio|graphe [bibliɔgraf], *s.m.* Bibliographer. *s.f.* **-graphie,** -graphy. *a.* **-graphique,** -graphical.
bibliomane [bibliɔman], *s.m.* Bibliomaniac, book collector.
bibliomanie [bibliɔmani], *s.f.* Bibliomania, book collecting.
bibliophile [bibliɔfil], *s.m.* Bibliophile, book-lover. *s.f.* **-philie,** love of books.
bibliothécaire [bibliɔtekɛːr], *s.m. & f.* Librarian.
bibliothèque [bibliɔtɛk], *s.f.* **1.** (*a*) Library (building). (*b*) Library (room); reading-room. **2.** Bookcase, book-stand. **B. tournante,** revolving bookcase. **3.** Library; collection of books. **4. B. de gare,** railway bookstall.
biblique [biblik], *a.* Biblical.
bicamérisme [bikamerism], *s.m. Pol:* Bicameral, double-chamber, system.
bicarbonate [bikarbɔnat], *s.m. Ch:* Bicarbonate.
bicarboné [bikarbɔne], *a. Ch:* Bicarburetted (hydrogen).
bicarbure [bikarbyːr], *s.m. Ch:* Bicarbide, dicarbide.
bicarré [bikɑre], *a. Mth:* Biquadratic.
bicéphale [bisefal], *a.* Bicephalous, double-headed.
biceps [bisɛps], *a. & s.m. Anat:* Biceps (muscle). *F:* **Avoir du b.**, to be strong in the arm.
biche [biʃ], *s.f.* **1.** *Z:* Hind, doe. *a.inv.* **Ventre de b.**, reddish-white. **2.** *F:* **Ma b.**, darling, dear.
bicher [biʃe], *v.i. P:* (Used only in third pers.) **Ça biche?** How goes it? **Ça biche entre eux,** they hit it off very well.
bichette [biʃɛt], *s.f.* **1.** *Z:* Young hind; small hind. **2.** *F:* = BICHE 2.
bichlorure [biklɔryːr], *s.m. Ch:* Bichloride, dichloride.
bichon, -onne [biʃɔ̃, -ɔn], *s.* **1.** Maltese dog, lap-dog. **2.** *F:* Darling, ducky.
bichonner [biʃɔne], *v.tr.* **1.** To curl, frizz (hair). **2.** To make (s.o.) spruce, smart.
se bichonner, to spruce oneself up; to titivate.
bichromate [bikrɔmat], *s.m. Ch:* Bichromate.
bicolore [bikɔlɔːr], *a.* Of two colours. *Typwr:* **Ruban b.**, two-colour ribbon.
biconcave [bikɔ̃kaːv], *a.* Biconcave, double-concave.
biconvexe [bikɔ̃vɛks], *a.* Biconvex, double-convex.
bicoque [bikɔk], *s.f. F:* Poky little house; shanty.
bicorne [bikɔrn], *s.m.* (Two-pointed) cocked hat.
bicyclette [bisiklɛt], *s.f.* Bicycle, cycle. **B. de route,** roadster. **B. de course,** racer. **Aller à b.**, to ride a bicycle, to cycle.
bidenté [bidɑ̃te], *a. Anat:* Bi-dentate, double-toothed.
bidet [bidɛ], *s.m.* **1.** Nag; pony; small horse. **2.** *Hyg:* **B. de toilette,** bidet. **3.** Sawing-horse; trestle.
bidoche [bidɔʃ], *s.f. P:* Meat (esp. of inferior quality).
bidon [bidɔ̃], *s.m.* (*a*) Can, drum, (for oil, etc.). **B. à essence,** petrol-tin, -can. **B. de secours,** spare tin. *P:* **Se remplir le b.**, to fill one's belly. (*b*) *Mil:* Water-bottle.
bidonville [bidɔ̃vil], *s.m. F:* Shanty-town, suburbs of cities built out of old tin cans and boxes.
bief [bjɛf], *s.m.* **1.** (Canal) reach, level. **B. d'amont,** head-bay. **B. d'aval,** tail-bay. **2.** Mill-course, (mill-) race, (mill-)lade.

bielle [bjɛl], *s.f.* (*a*) (Tie-)rod; (in compression) push-rod; crank-arm. **B. de soupape,** valve push-rod. *Aut:* **B. d'accouplement (des roues avant),** track-link. **B. de commande de direction,** drag-link. (*b*) *Mch:* **B. motrice,** connecting-rod, driving-rod. **Tête de b.**, *Mch:* crank-head, *I.C.E:* big end. **Pied de b.**, *Mch:* crosshead, *I.C.E:* small end.
bien [bjɛ̃]. **I.** *adv.* **1.** Well. **Livre b. écrit,** well-written book. **Il danse b.**, he dances well, is a good dancer. **Il faut b. les soigner,** we must look after them well. **Vous avez b. fait,** you did right, acted rightly. **Vous auriez aussi b. fait de ne pas y aller,** you might just as well not have gone. **Ma montre va b.**, (i) my watch keeps good time; (ii) my watch is right. **Tout va b.**, all's well. **Aller, se porter, b.**, to be well, in good health. **Bien!** (i) good! (ii) that's enough! that will do! (iii) all right! **Très b.!** very good! well done! (in speech) hear, hear! *F:* **Vous arrivez joliment b.**, you've turned up at the right moment. **2.** (With adj. function) (*a*) Right, proper. **Pour b. faire,** by right, to have everything as it should be. **Comme c'est b. à vous d'être venu!** how nice of you to come! **Ce n'est pas b. de vous moquer de lui,** it's a shame to make fun of him. (*b*) Comfortable. **Êtes-vous b. dans ce fauteuil?** are you comfortable in that armchair? **Il est b. partout où il se trouve,** he is happy, feels at home, wherever he may be. **Vous ne savez pas quand vous êtes b.**, you don't know when you are well off. **On est très b. à cet hôtel,** they do you very well at this hotel. *F:* **Vous voilà b.!** now you're in a fine fix, in a fine pickle! (*c*) (Of health) **Je ne me sens pas b.**, I don't feel well. **Se trouver b. de qch.**, to derive benefit from sth. (*d*) **Être b. avec qn,** to be on good terms with s.o. **Être b. en cour,** to have friends at court. **Ils sont du dernier b.**, they are on very intimate terms, on a most friendly footing. (*e*) Of good appearance, position, quality, etc. **Elle est b. de (sa) figure,** she is good-looking. **Il est très b.**, he is very gentlemanly. **Elle est b. de sa personne,** (i) she looks well-bred; (ii) she is attractive. **Ce sont des gens b.**, they are people of good position. **Donnez-moi quelque chose de b.**, give me something good, of good quality. **3.** (Emphatic) (*a*) Indeed, really, quite. **Il y a b. deux ans que je ne l'ai vue,** it is at least two years since I saw her. **Je l'ai regardé b. en face,** I looked him full in the face. **Est-ce b. vous?** is it really you? **Qu'est-ce que ça peut b. être?** what ever can it be? **Voilà b. les femmes!** that's just like a woman! **Est-ce b. le train pour Paris?** is this the right train for Paris? **Je l'avais b. dit!** didn't I say so! **J'espère b. qu'il viendra,** I do hope he will come. **Voulez-vous b. vous taire!** (i) for shame (to speak like that)! (ii) *will* you hold your tongue! **B. entendu,** of course. **Je m'en doutais b.**, I thought as much. **Il est b. venu, mais j'étais occupé,** he did come, but I was busy. **Je ne veux pas que tu fasses cela.—Mais vous le faites b., vous!** I don't want you to do that.—Why, *you* do it, don't you? **J'ai oublié!—C'est b. de vous (d'avoir oublié)!** "I quite forgot!" "You would (forget)!" *F:* **C'est b. de lui!** Trust him to say that! **On voit b. que vous ne payez pas l'électricité,** it's easy to see that you don't pay for the electricity. **C'est b. à moi, ça?** You're sure that's mine? **Je veux b. le croire,** I can quite believe it. (*b*) (= TRÈS) Very. **B. malheureux,** very unhappy. **Vous venez b. tard,** you are very late in coming. **Des résultats b. autres,** very different results. (*Cf.* **b. d'autres** under (*c*).) (*c*) (= BEAUCOUP) Much, many, a great deal, a great many. (i) **J'ai b. souffert,** I suffered a great deal. **Les temps ont b. changé,** times have changed a lot. **J'ai b. envie de lui écrire,** I have a good mind to write to him. **Ce qui est b. pis,** which is much worse, far worse, a good deal worse. (ii) (With the partitive article) **J'ai eu b. du mal, b. de la peine, à la convaincre,** I had much difficulty in convincing her. **Je l'ai vu b. des fois,** I have seen him many times, many a time. **B. d'autres,** many others, *F:* lots of others. (*Cf.* **b. autres** under (*b*).) **4.** *Adv.phr.* (*a*) **Aussi b.**, in any case, after all, when all is said and done. **Aussi b. votre frère aurait-il pu vous avertir,** indeed your brother might have warned you. (*b*) **Bel et b.**, S.a. BEAU I. 3. (*c*) **Tant b. que mal,** somehow (or other); after a fashion. **Je m'en suis acquitté tant b. que mal,** I

muddled through. (*d*) **B. plus,** besides, furthermore, moreover. (*e*) *Iron:* **Un peu b.,** somewhat. **Elle est un peu b. mûre,** she's on the ripe side. **5.** *Conj.phr.* (*a*) **Aussi b. que** (= AINSI QUE), as well as, besides. (*b*) **B. que** + *sub.*, though, although. **Je le respecte, b. qu'il ne me soit pas sympathique,** I respect him though I don't like him. (*c*) **Si b. que** + *ind.*, so that, and so. **Il ne reparut plus, si b. qu'on le crut mort,** he failed to reappear, so that, and so, he was thought dead. (*d*) **Ou b.,** or else; otherwise. **6.** *int.* **Eh b.!** well! *F:* **Eh b., ça alors!** Well, I'm blowed!

II. **bien,** *s.m.* **1. Le b. public,** the public weal, the commonweal. **La science du b. et du mal,** the knowledge of good and evil. *O:* **Faire le b.,** to engage in good works. **Homme de b.,** good, upright, man. **C'est pour votre b.,** it is for your good. **Une personne qui vous veut du b.,** 'your well-wisher.' **Cela me fit beaucoup de b.,** it did me a lot of good. **Grand b. vous fasse!** much good may it do you! **Vouloir du b. à qn, vouloir le b. de qn,** to wish s.o. well. **Tout le monde dit du b. de lui,** everyone speaks well of him. **C'est peut-être un b. pour un mal,** it is perhaps a blessing in disguise. **2.** (*a*) Possession, property, asset, wealth, goods (and chattels). **Il a du b., de grands biens,** he is wealthy, well-to-do. *F:* **Avoir du b. au soleil,** to be a man of property. (*b*) *Jur:* **Biens meubles, biens mobiliers,** personal estate; personalty, chattels, movables. **Biens immeubles, biens immobiliers,** real estate. **Biens fonciers,** landed property. **Biens communs, de communauté,** joint estate of husband and wife, *U.S:* Community property. **Biens dotaux,** dowry. *Pol.Ec:* **Biens de consommation,** consumer goods. **3.** *Adv.phr.* (*a*) **En b. Prendre la chose en b.,** to take the matter in good part. **Changement en b.,** change for the better. **Vous lui ressemblez, mais en b.,** you are like him, but better looking. (*b*) **A bien. Mener une affaire à b.,** to bring a matter to a successful issue, to a satisfactory conclusion. (*c*) **Il a agi en tout b., tout honneur,** he acted with the best and most honourable intentions.

bien-aimé, -ée [bjɛ̃nɛme], *a. & s.* Beloved; well-beloved. *pl. Des bien-aimés.*

bien-être [bjɛ̃nɛːtr], *s.m.* No *pl.* (*a*) Well-being; comfort. **Sentiment de b.-ê.,** feeling of well-being. (*b*) Welfare.

bienfaisance [bjɛ̃fəzɑ̃ːs], *s.f.* Beneficence, charity. **Bureau de b.,** relief committee.

bienfaisant [bjɛ̃fəzɑ̃], *a.* **1.** Beneficent, charitable. **2.** Beneficial, salutary (remedy, etc.).

bienfait [bjɛ̃fɛ], *s.m.* **1.** Benefit, kindness, service, good turn. **2.** Gift, blessing, boon. **Un b. du ciel,** a godsend.

bienfaiteur, -trice [bjɛ̃fetœːr, -tris], *s.* Benefactor, benefactress. **Un b. des pauvres,** a friend of the poor. **Un b. public,** a public friend.

bien-fondé [bjɛ̃fɔ̃de], *s.m.* No *pl. Jur:* Cogency, justice, merits (of case, claim).

bien-fonds [bjɛ̃fɔ̃], *s.m.* Real estate; landed property. *pl. Des biens-fonds.*

bienheureux, -euse [bjɛ̃nœrø, -øːz], *a.* **1.** Blissful, happy. **2.** *Ecc:* Blessed.

biennal, -aux [bien(n)al, -o]. **1.** *a.* Biennial, two-yearly. **2.** *s.f.* **Biennale,** (Exhibition) biennale.

bienséance [bjɛ̃seɑ̃ːs], *s.f.* Propriety, decency, seemliness. **Observer les bienséances,** to observe the proprieties. **Manquer aux bienséances,** to fail in good breeding.

bienséant [bjɛ̃seɑ̃], *a.* Seemly, decorous, proper. **Il est b. aux jeunes gens de respecter la vieillesse,** it is seemly for young people to respect old age.

bientôt [bjɛ̃to], *adv.* (Very) soon; before long. *F:* **A b.!** good-bye, see you again soon! *P:* so long! **Il eut b. fait de dresser une échelle,** he was not long in putting up a ladder. **C'est b. dit!** it is easier said than done!

bienveillance [bjɛ̃vɛjɑ̃ːs], *s.f.* Benevolence; kindness **(envers, pour,** to); good-will. **Faire qch. par b.,** to do sth. out of kindness.

bienveillant [bjɛ̃vɛjɑ̃], *a.* Kind, kindly, benevolent **(envers, pour,** to).

bienvenir [bjɛ̃vniːr], *v.i.* (Used only in) **Se faire b. de qn,** to ingratiate oneself with s.o.

bienvenu, -e[1] [bjɛ̃vny], *a. & s.* Welcome. **Soyez le b., la bienvenue!** welcome! S.a. VENIR 1.

bienvenue[2], *s.f.* Welcome. **Souhaiter la b. à qn,** to welcome s.o.; to bid s.o. welcome.

bière[1] [bjɛːr], *s.f.* Beer. **B. blonde,** light ale, pale ale. **Petite b.,** small beer. *F:* **Ce n'est pas de la petite b.,** (i) he's a big pot, (ii) it's not to be sneezed at.

bière[2], *s.f.* Coffin. **Mettre un corps en b.,** to coffin a body.

biez [bjɛ], *s.m.* = BIEF.

biffe[1] [bif], *s.f.* **1.** Cancelling stamp. **2.** Cancelling mark (made by stamp).

biffe[2], *s.f. P:* Infantry.

biff|er [bife], *v.tr.* To cross out, strike out, put a stroke through, cancel (word, etc.). *s.m.* **-age.**

biffin [bifɛ̃], *s.m.* **1.** *O:* Ragman. **2.** *P:* Infantryman.

biffure [bifyːr], *s.f.* Erasure; cancelling stroke.

biflore [biflɔːr], *a. Bot:* Biflorate.

bifocal, -aux [bifɔkal, -o], *a.* Bifocal (lens, etc.).

bifolié [bifɔlje], *a. Bot:* Bifoliate.

biforme [bifɔrm], *a.* Biform.

bifteck [biftɛk], *s.m.* **1.** Beefsteak. **2. B. de veau, d'ours,** veal steak, bear steak.

bifurcation [bifyrkasjɔ̃], *s.f.* Bifurcation, fork, branching (of road, tree-trunk, etc.); road fork. *Rail:* **(Gare de) b.,** junction.

bifurquer [bifyrke], *v.tr. & i.* To fork, bifurcate, divide; to branch off. **La route bifurque à Noyon,** the road forks at Noyon.

se bifurquer, to fork, divide.

bigame [bigam]. **1.** *a.* Bigamous. **2.** *s.* Bigamist.

bigamie [bigami], *s.f.* Bigamy.

bigarade [bigarad], *s.f.* Bitter orange, Seville orange.

bigaradier [bigaradje], *s.m.* Seville orange-tree.

bigarreau [bigaro], *s.m.* White-heart cherry; bigaroon.

bigarrer [bigare], *v.tr.* To variegate, mottle. **Étoffe bigarrée de rouge,** material slashed with red. **Foule bigarrée,** motley crowd.

bigarrure [bigaryːr], *s.f.* (*a*) Medley; mixture (of colours). (*b*) Slash (of colour).

bigle[1] [bigl], *a.* Squint-eyed; *F:* cock-eyed.

bigle[2], *s.m. Ven:* Beagle.

bigorne [bigɔrn], *s.f.* **1.** (*a*) Two-beaked anvil. (*b*) Beak-iron; stake. **2.** Beak, horn (of anvil).

bigorneau [bigɔrno], *s.m. Moll:* Winkle.

bigot, -ote [bigo, -ɔt]. **1.** *a.* (Over-)devout, *F:* churchy. **2.** *s.* Zealous church-goer; religious bigot.

bigoterie [bigɔtri], *s.f.* Religious bigotry, *F:* churchiness.

bigoudi [bigudi], *s.m.* Hair-curler.

bigre [bigr], *int. P:* **B.! qu'il fait froid!** by Jove, it is cold!

bigrement [bigrəmɑ̃], *adv. P:* **Vous avez b. raison!** you are dead right! **Il fait b. froid,** it is awfully cold.

bigrille [bigriːj], *a. W.Tel:* **Lampe b.,** double-grid valve; four-electrode valve.

bigue [big], *s.f.* Hoisting-gin; sheers. *Nau:* Mast-crane; derrick.

bihebdomadaire [biɛbdɔmadɛːr], *a.* Appearing, happening, twice a week, twice-weekly; bi-weekly.

bijou, -oux [biʒu], *s.m.* Piece of jewellery; jewel, gem. *F:* **Mon b.!** my jewel! my pet!

bijouterie [biʒutri], *s.f.* **1.** Jeweller's trade or shop. **2.** Jewellery; jewels.

bijoutier, -ière [biʒutje, -jɛːr], *s.* Jeweller.

bijumeau, -eaux [biʒymo], *a. Anat:* **Muscles bijumeaux,** biceps muscles.

bikini [bikini], *s.m. Cost:* Bikini (bathing costume).

bilabiale [bilabjal], *a.f. & s.f. Ling:* Bilabial (consonant).

bilan [bilɑ̃], *s.m. Com:* **1.** Balance-sheet. **Dresser le b.,** to strike the balance. **2.** Schedule (of assets and liabilities). **Déposer son b.,** to file one's petition (in bankruptcy). **3.** Evaluation.

bilatéral, -aux [bilateral, -o], *a.* Bilateral, two-sided (paralysis, contract, etc.).

bilboquet [bilbɔkɛ], *s.m. Toys:* (*a*) Cup-and-ball. (*b*) Tumbler (weighted figure). (*c*) *Typ: F:* Piece of job-work.

bile [bil], *s.f.* (*a*) Bile, gall. (*b*) Bile; bad temper. **S'échauffer la b.,** to worry, fret, get angry. **Ne te fais pas de b.!** don't worry! **Épancher sa b. contre qn,** to rail at s.o. **Épanchement de b.,** (i) bilious attack; (ii) fit of bad temper.

biler (se) [səbile], *v.pr. P:* To get worked up. **Ne te bile pas!** (i) Easy does it! (ii) Don't worry!
bileux, -euse [bilø, -øz], *a. P:* Given to worrying, easily upset. **Il n'est pas b.,** he's a cool customer.
biliaire [biljɛ:r], *a.* Biliary (duct, etc.).
bilieux, -euse [biljø, -ø:z], *a.* **1.** Bilious. **2.** (*a*) Choleric, irascible, testy. (*b*) Morose.
bilinéaire [bilineɛ:r], *a. Mth:* Bilinear.
bilingue [bilɛ̃:g], *a.* Bilingual.
bilinguisme [bilɛ̃gɥism], *s.m.* Bilingualism.
billard [bija:r], *s.m.* **1.** (Game of) billiards. **2.** Billiard-table. *F:* Operating-table. **3.** (*a*) Billiard-room. (*b*) Billiard-saloon.
bille[1] [bi:j], *s.f.* (Small) ball. **1.** (*a*) Billiard-ball. (*b*) *P:* (i) Head, *P:* noodle, nut. (ii) Face, *P:* mug. **2.** Marble, taw, alley. **3.** *Mec.E:* **Roulement à, sur, billes; coussinet(s) à billes,** ball-bearing(s). *Com:* **Pointe-b.,** ball-point.
bille[2], *s.f.* **1.** Billet (of timber). **2.** Rolling pin.
billet [bijɛ], *s.m.* **1.** Note, short letter. **B. doux,** love-letter. **2.** Notice, invitation-card, circular. **B. de faire part,** notice announcing a family event (birth, marriage, death). **3.** Ticket. *Rail: etc:* **B. simple, b. d'aller,** single, *U.S:* one-way, ticket. **B. d'aller (et) retour,** return, *U.S:* round, ticket. **B. de quai,** platform ticket. **B. circulaire,** round trip ticket. **Prendre un b. direct pour Paris,** to book through to Paris. (In lottery) **Tirer un b. blanc,** to draw a blank. **B. d'entrée,** admission ticket or card. *Th: etc:* **B. de faveur,** complimentary ticket, free ticket. **4.** *Com:* (*a*) Promissory note, bill. **B. à vue,** bill payable at sight. **B. à présentation,** bill payable on demand. S.a. ORDRE 5. (*b*) **B. de banque,** bank-note. **5. B. de santé,** certificate, bill, of health. **6.** Permit, permission. *Sch:* **B. de sortie,** exeat. **7. B. de vote,** voting paper. **8.** *Mil:* **B. de logement,** billeting order.
billette [bijɛt], *s.f.* Billet (of firewood, of metal).
billevesée [bilvəze, bij-], *s.f.* Crack-brained notion; nonsense.
billion [biljɔ̃], *s.m.* Billion.
billon [bijɔ̃], *s.m.* **1.** (*a*) Balk (of squared timber). (*b*) *Agr:* Ridge of earth (formed by two plough furrows). **2. (Monnaie de) b.,** copper, or nickel coinage.
billot [bijo], *s.m.* (*a*) Block (of wood); chopping-log. **B. de boucher,** butcher's block. (*b*) Executioner's block.
bilobé [bilɔbe], *a. Arch: Biol: Bot:* Bilobate, bilobed.
bimane [biman]. **1.** *a.* Bimanous. **2.** *s.m.* A two-handed animal.
bimbelot [bɛ̃blo], *s.m. A:* **1.** Toy. **2.** Trumpery article; bauble.
bimbeloterie [bɛ̃blɔtri], *s.f.* **1.** Toy business or trade; cheap 'bazaar' trade. **2.** Toys, knick-knacks, odds and ends.
bimbelotier [bɛ̃blɔtje], *s.m.* Maker of, dealer in toys and fancy articles.
bimensu|el, -elle [bimɑ̃sɥɛl], *a.* Fortnightly, twice a month. *adv.* **-ellement.**
bimestriel, -elle [bimɛstriɛl], *a.* Bi-monthly, in alternate months.
bimétallique [bimɛtalik], *a.* Bimetallic.
bimétallisme [bimɛtalism], *s.m.* Bimetallism.
bimétalliste [bimɛtalist], *s.m. & a. Pol.Ec:* Bimetallist.
bimoteur [bimɔtœ:r], *a.m. Av:* **Appareil b.,** twin-engine aircraft.
binage [bina:ʒ], *s.m.* **1.** (*a*) *Agr:* Second dressing (of land, etc.). (*b*) Hoeing. **2.** *Ecc:* Celebration of two masses on the same day.
binaire [binɛ:r], *a.* Binary.
binard, binart [bina:r], *s.m.* (Low) dray, lorry (for carting stone).
bine [bin], *s.f. Agr: Hort:* Hoe.
biner [bine], *v.tr.* (*a*) *Agr:* To dig, harrow, dress, (ground) for a second time. (*b*) To hoe.
binette[1] [binɛt], *s.f.* Hoe.
binette[2], *s.f.* **1.** *A:* Full-bottomed wig. **2.** *P:* Face, mug.
bineur [binœ:r], *s.m.*, **bineuse** [binø:z], *s.f.* **1.** Hoer. **2.** *s.f.* **Bineuse,** hoeing machine, cultivator.
biniou [binju], *s.m.* Breton (bag-)pipes.
binocle [binɔkl], *s.m.* Eye-glasses, pince-nez.
binoculaire [binɔkylɛ:r], *a.* **1.** Binocular (vision, etc). **2.** Two-eyed.
binôme [bino:m], *a. & s.m.* Binomial. **Le b. de Newton,** the binomial theorem.
biochimie [biɔʃimi], *s.f.* Biochemistry.
biodynamique [biɔdinamik], *s.f.* Biodynamics.
biogenèse [biɔʒənɛ:z], *s.f. Biol:* Biogenesis.
bio|graphe [biɔgraf], *s.m.* Biographer; *s.f.* **-graphie,** -graphy. *a.* **-graphique,** -graphical.
bio|logie [biɔlɔʒi], *s.f.* Biology. *a.* **-logique,** -logical. *s.m.* **-logiste, -logue,** -logist.
biomécanique [biɔmɛkanik]. **1.** *a.* Biokinetic. **2.** *s.f.* Biokinetics.
biométrie [biɔmetri], *s.f.*, Biometry.
biophysique [biɔfizik], *s.f. Ph:* Biophysics.
biopsie [biɔpsi], *s.f. Surg:* Biopsy.
biosphère [biɔsfɛ:r], *s.f.* Biosphere.
biothérapie [biɔterɑpi], *s.f. Med:* Biotherapy.
biotique [biɔtik], *a. Biol:* Biotic.
bioxyde [biɔksid], *s.m. Ch:* Dioxide.
bipale [bipa:l], *a. Av:* Two-bladed.
biparti, bipartite [biparti, bipartit], *a.* Bipartite.
bipède [bipɛd]. **1.** *a.* Two-footed, two-legged. **2.** *s.m.* Biped.
biphasé [bifɑze], *a. El:* Two-phase (current).
bipied [bipje], *s.m. Mil:* **B. (de fusil mitrailleur),** bipod.
biplace [biplas], *a. & s.m. Aut: Av:* Two-seater.
biplan [biplɑ̃], *s.m. Av: O:* Biplane.
bipolaire [bipɔlɛ:r], *a. El: Ph:* Bipolar; two-pole. **Interrupteur b.,** double-throw switch.
bipoutre [biputr], *a. Av:* Twin-boom.
bique [bik], *s.f.* **1.** *F:* She-goat, nanny-goat. **2.** *P:* Old horse, nag.
biquet, -ette [bikɛ, -ɛt], *s. Z: F:* Kid.
biquotidien, -ienne [bikɔtidjɛ̃, -jɛn], *a.* Occurring or published twice a day.
birbe [birb], *s.m. P:* Old man. **Vieux b.,** old dotard.
biréacteur [bireaktœ:r], *s.m. Av:* Twin-jet plane.
biréfringence [birefrɛ̃ʒɑ̃:s], *s.f. Opt:* Double refraction.
biréfringent [birefrɛ̃ʒɑ̃], *a. Opt:* Doubly-refractive, birefringent, birefractive.
birman, -ane [birmɑ̃, -an], *a. & s.* Burmese.
Birmanie [birmani]. *Pr.n.f.* Burma.
biroue [biru], *a.* Two-wheeled.
biroute [birut], *s.f. Av:* Wind-sock.
bis[1], *f.* **bise**[1] [bi, bi:z], *a.* Greyish-brown; brownish-grey. **Toile bise,** unbleached linen. **Pain b.,** whole-meal bread.
bis[2] [bi:s]. *Lt.adv.* Twice. **1. No. 10 bis** = No. 10A (of street). **2.** (After a line of a song, etc.) Repeat. **3.** *Th:* Encore!
bisaïeul, -eule [bizajœl], *s.* Great-grandfather, great-grandmother. *pl. Des bisaïeul(e)s.*
bisannuel, -elle [bizanɥɛl], *a.* Biennial.
bisbille [bisbi:j], *s.f. F:* Petty quarrels; bickering. **Être en b. avec qn,** to be at loggerheads with s.o.
biscaïen, -ïenne [biskajɛ̃, -jɛn], *a. & s.* **1.** *Geog:* Biscayan. **2.** *s.m. A:* Bullet (of case-shot).
Biscaye [biska:j], *Pr.n. Geog:* Biscay.
biscornu [biskɔrny], *a. F:* **1.** Mis-shapen; irregular, ill-proportioned (building, etc.). **2.** Distorted (idea); crotchety (mind); inconsequent (argument).
biscotin [biskɔtɛ̃], *s.m.* **1.** Crisp biscuit. **2.** Ship's biscuit.
biscotte [biskɔt], *s.f.* Rusk.
biscuit [biskɥi], *s.m.* **1.** Biscuit, *U.S:* cookie. **B. à la cuiller,** sponge-finger. **B. de Savoie,** sponge-cake. **B. de mer,** ship's biscuit. **2.** *Cer:* Unglazed porcelain; biscuit-ware.
biscuiter [biskɥite], *v.tr. Cer:* To give porcelain its first firing.
biscuiterie [biskɥitri], *s.f.* (*a*) Biscuit factory. (*b*) Biscuit trade.
bise[2] [bi:z], *s.f.* (*a*) North wind. (*b*) *Lit:* (The) icy blast of winter.
bise[3], *s.f. P:* Kiss. **Fais b. à Maman!** Give Mummy a kiss!
biseau [bizo], *s.m.* Chamfered edge; chamfer, bevel **Taillé en b.,** bevel-edged; bevelled, chamfered.
biseaut|er [bizote], *v.tr.* **1.** To bevel, chamfer. **2.** To mark, nick, fake (cards). *s.m.* **-age.**
biseauteur, -euse [bizotœ:r, -øz]. **1.** *s. Glassm: etc:* (*Pers.*) Beveller. **2.** *s.f.* **Biseauteuse,** bevelling machine.

biseautoir [bizotwa:r], *s.m. Bookb:* Bevelling machine.
biser[1] [bize], *v.tr.* To re-dye (cloth).
biser[2], *v.i. Agr:* (of grain) To darken, deteriorate.
biser[3], *v.tr. P:* To kiss.
biset [bizɛ], *s.m. Orn: F:* Rock-pigeon.
bisexué [bisɛksɥe], **bisexuel, -elle** [bisɛksɥɛl], *a. Bot: Z:* Bisexual.
bismuth [bismyt], *s.m. Ch: Miner:* Bismuth.
bison [bizɔ̃], *s.m. Z:* Bison.
bisonne [bizɔn], *s.f. Bookb:* Grey cloth.
bisque[1] [bisk], *s.f.* **1.** *Sp:* Bisque, odds. **Donner une b. à qn,** to give s.o. odds. **2.** *P:* Vexation, ill-humour. **Prendre la b.,** to take umbrage.
bisque[2], *s.f. Cu:* Shell-fish soup; bisque.
bisquer [biske], *v.i. P:* To be vexed, in a pet; to sulk. **Faire b. qn,** to rile s.o.
bissac [bisak], *s.m.* Double wallet, sack, or bag.
bissecter [bisɛkte], *v.tr. Geom:* To bisect.
bissecteur, -trice [bisɛktœ:r, -tris]. *Geom:* **1.** *a.* Bisecting (line, etc.). **2.** *s.f.* **Bissectrice,** bisectrix.
bissection [bisɛksjɔ̃], *s.f. Geom:* Bisection.
bisséqué [biseke], *a.* Bisected.
bisser [bise], *v.tr.* To encore (song, etc.).
bissextile [bisɛkstil], *a.f.* **Année b.,** leap-year.
bissexué [bisɛksɥe], **bissexuel, -elle** [bisɛksɥɛl], *a. Bot:* Bisexual.
bistouri [bisturi], *s.m. Surg:* Bistoury, lancet.
bistourner [bisturne], *v.tr.* **1.** To wring, to wrench. **2.** *Husb:* To castrate (by twisting the cord). *s.m.* **-age.**
bistre [bistr]. **1.** *s.m.* Bistre. S.a. CERCLER 1. **2.** *a.* Blackish-brown; sepia; swarthy.
bistré [bistre], *a.* Browned, swarthy.
bistro(t) [bistro], *s.m. P:* **1.** Keeper of a public-house. **2.** Public-house, *P:* pub.
bisulfate [bisylfat], *s.m. Ch:* Bisulphate.
bisulfite [bisylfit], *s.m. Ch:* Bisulphite; acid sulphite.
bisulfure [bisylfy:r], *s.m. Ch:* Disulphide, bisulphide.
bitord [bitɔ:r], *s.m. Nau:* Spun-yarn.
bitte [bit], *s.f. Nau:* Bitt; bollard (on ship).
bitter[1] [bite], *v.tr. Nau:* To bitt (cable).
bitter[2] [bitɛ:r], *s.m.* Appetizer, bitters.
bitume [bitym], *s.m. Miner:* **1.** Bitumen, asphalt. **2.** (Mineral) pitch, tar.
bitum|er [bityme], *v.tr.* **1.** To cover (road, etc.) with bitumen; to asphalt. **2.** To tar. **Carton bitumé,** tarred felt. *s.m.* **-age.**
bitumier [bitymje], *s.m.* (*a*) Asphalt paviour. (*b*) *Nau:* Asphalt tanker.
bitumineux, -euse [bityminø, -ø:z], *a.* **1.** Bituminous, asphaltic. **2.** Tarry.
bivac [bivak], *s.m.* = BIVOUAC.
bivalent [bivalɑ̃], *a. Ch:* Bivalent, divalent.
bivalve [bivalv], *s.m. Moll:* Bivalve.
bivouac [bivwak], *s.m. Mil:* Bivouac. **Feu de b.,** watch-fire.
bivouaquer [bivwake], *v.i.* To bivouac.
bizarre [biza:r], *a.* Peculiar, odd, strange, queer, outlandish, bizarre, whimsical. **Le b. de l'affaire, c'est que . . .,** the strange part of the business is that. . . . *adv.* **-ment.**
bizarrerie [bizarri], *s.f.* **1.** Peculiarity, oddness. **2.** Whimsicalness; extravagance; oddity.
bizut(h) [bizy], *s.m. Sch: P:* Freshman, fresher.
bla-bla-bla [blablabla], *s.m. F:* Blah, padding (of a speech, etc.).
blackboul|er [blakbule], *v.tr.* To blackball, *F:* turn down (candidate). *s.m.* **-age.**
black-out [blakaut], *s.m.* Black-out. **Faire le b.-o.,** to black-out. *F:* **Faire le b.-o. sur un scandale,** to hush up a scandal.
blafard [blafa:r], *a.* Pallid, wan, pale (moon, light, etc.); lambent (light, flame).
blague [blag], *s.f.* **1. B. à tabac,** tobacco-pouch. **2.** *F:* (*a*) Tall story, humbug, bunkum. **Tout ça c'est de la b.,** that's all bosh. **Ne contez pas de blagues!** tell me another! **Sans b.?** really? **B. à part, dans le coin,** joking apart. (*b*) Joke. **Quelle b.!** what a joke! **Il m'a joué une sale b.,** he played me a dirty trick. (*c*) Scoffing, banter. **Il traite tout à la b.,** he is never serious about anything.
blaguer [blage]. *F:* **1.** *v.i.* To joke. **2.** *v.tr.* To chaff, banter (s.o.); to make fun of (s.o., sth.).
blagueur, -euse [blagœ:r, -ø:z]. *F:* **1.** *s.* (*a*) Humbug; teller of tall stories. (*b*) Wag, joker. (*c*) Scoffer, cynic. **2.** *a.* Bantering, ironical, scoffing, mocking, cynical.
blair [blɛ:r], *s.m. P:* Nose. **Je l'ai dans le b.,** I can't stand him at any price.
blaireau [blɛro], *s.m.* **1.** *Z:* Badger. **2.** (Badger-hair) shaving-brush. *Art:* (Badger-hair) brush; softener, blender.
blairer [blɛre]. **1.** *v.tr. P:* To sniff at (sth.). **Je ne peux pas le b.,** I can't stand him. **2.** *v.i. P:* To smell bad.
blâmable [blɑmabl], *a.* Blameworthy.
blâme [blɑ:m], *s.m.* **1.** Blame, disapprobation. **Rejeter, faire tomber, le b. de qch. sur qn,** to lay, cast, throw, all the blame for sth. on s.o. **Digne de b.,** blameworthy. **Vote de b.,** vote of censure. **2.** *Adm:* **S'attirer un b.,** to incur a reprimand.
blâmer [blɑme], *v.tr.* **1.** To blame (pers. or action); to find fault with (s.o.); to pass censure on (s.o.). **B. qn d'avoir fait qch.,** to blame s.o. for doing sth. **2.** *Adm:* To reprimand.
blanc, blanche [blɑ̃, blɑ̃:ʃ]. **I.** *a.* **1.** White. **B. comme (la) neige,** white as snow, snow-white. **Vieillard à cheveux blancs,** white-haired, *Lit:* hoary-headed, old man. *Parl:* **Livre b.,** white paper. *F:* **Dire tantôt b. tantôt noir,** to say first one thing and then another. **Drapeau b.,** flag of truce. **2.** Light-coloured; pale. *Dist:* clear. **La race blanche,** the white race. *s.* **Un b.,** a white man. *s.* **Petit b.,** poor white (in Africa, etc.). **Eau de lavande blanche,** clear lavender water. **Vin b.,** white wine. **Bière blanche,** pale ale. **B. de peur,** white with fear. **B. comme un linge,** as white as a sheet. **Se mettre dans une colère blanche,** to become livid with anger. **Verre b.,** colourless glass. **Monnaie blanche,** (small) silver change. *Cu:* **Sauce blanche,** white sauce. **3.** Clean, white, pure, stainless. **Linge b.,** clean, unsoiled, linen. *F:* **C'est bonnet b. et b. bonnet,** it is six of one and half a dozen of the other. **Montrer patte blanche,** to show one's credentials; to give the countersign. **Se faire b. de son épée,** to found right on might. **4.** Blank (paper, etc.). **Nuit blanche,** sleepless night. **Voix blanche,** toneless voice. **Vers blancs,** blank verse. **5.** (*a*) **Fer b.,** tin-plate, *F:* tin. **Boîte en fer b.,** *F:* tin box, tin can; tin; *U.S:* can. (*b*) *Mil:* **Armes blanches,** side-arms.
II. **blanc,** *s.m.* White. **1. B. mat,** dead white. **Robe d'un b. sale,** dingy white dress. **Passer du b. au noir,** to go from one extreme to the other. **Être habillé de b., être en b.,** to be dressed in white, to be in white. **2.** (White part) (*a*) **Le b. des yeux,** the white of the eyes. *F:* **Se manger le b. des yeux,** to have a terrific row. (*b*) **B. d'une cible,** bull's-eye of target. **Donner dans le b.,** to hit the bull's-eye. S.a. BUT[1] 4. (*c*) Blank. **Signer un document en b.,** to sign an uncompleted document. **Chèque en b.,** blank cheque. **3.** (*a*) **Saigner qn à b., jusqu'au b.,** to bleed s.o. white. **Il gèle (à) b.,** there is a white frost. *Metalw:* **Chauffer un métal à b.,** to bring a metal to a white heat. (*b*) **Cartouche à b.,** blank cartridge. S.a. TIRER I. 6. (Of machine) **Marche à b.,** running light, on no load. **4.** (White substance) (*a*) **B. de volaille,** breast of chicken. **B. d'œuf,** white of egg. **Un b. d'œuf,** the white of an egg. S.a. BALEINE 1. (*b*) **B. d'Espagne, de Meudon,** whiting. **B. de billard,** billiard chalk. **B. de chaux,** whitewash. **B. de zinc,** zinc white. **B. de céruse,** white lead. (*c*) **(Articles de) b.,** linen drapery. **Magasin de b.,** linen warehouse. **Vente de b.,** white sale.
III. **blanche,** *s.f.* **1.** *Bill:* White ball. **2.** *Mus:* Minim.
IV. **Blanche.** *Pr.n.f.* Blanche.
blanc-bec [blɑ̃bɛk], *s.m. F:* Callow youth; greenhorn. *pl. Des blancs-becs.*
blanchaille [blɑ̃ʃɑ:j], *s.f.* **1.** *Fish:* Small fry. **2.** *Cu:* Whitebait.
blanchâtre [blɑ̃ʃɑ:tr], *a.* Whitish, whity.
blancheur [blɑ̃ʃœ:r], *s.f.* **1.** Whiteness, paleness. **D'une b. de perle,** pearl-white. **Les premières blancheurs de l'aube,** the first light of dawn. **2.** Purity, spotlessness (of soul).
blanchiment [blɑ̃ʃimɑ̃], *s.m.* (*a*) Whitening, whitewashing. (*b*) *Tex:* Bleaching.
blanchir [blɑ̃ʃi:r]. **1.** *v.tr.* (*a*) To whiten; to make (sth.) white. **La colère blanchissait ses lèvres,** rage blanched his lips. (*b*) *Tex:* To bleach. **B. au pré,** to grass. (*c*)

To wash, launder. **Donner du linge à b.,** to send clothes to the wash. **Qui est-ce qui vous blanchit? Chez qui vous blanchissez-vous?** who does your washing? *F:* **Il est arrivé à se b.,** he managed to clear his character. (*d*) To whitewash, limewash (ceiling, wall). *B:* **Sépulcre blanchi,** whited sepulchre. (*e*) *Cu:* To scald (cabbage, meat); to blanch (almonds). **2.** *v.i.* (*a*) To whiten; to turn white. **Il commence à b.,** he is turning grey, going white. (*b*) (Of colours) To fade.

blanchissage [blɑ̃ʃisaːʒ], *s.m.* Washing, laundering. **B. de fin,** fine laundering. **Liste du b.,** laundry list.

blanchissement [blɑ̃ʃismɑ̃], *s.m.* Whitening.

blanchisserie [blɑ̃ʃisri], *s.f.* **1.** (*a*) Laundering. (*b*) Laundry; laundry-works. **B. automatique,** launderette. **2.** *Tex:* Bleachery; bleaching-house, -ground.

blanchisseur, -euse [blɑ̃ʃisœːr, -øːz], *s.* **1.** (*a*) Laundryman, *f.* laundress. **Blanchisseuse de fin,** fine laundress. (*b*) *s.f.* Washerwoman. (*c*) Launderer. **2.** *Tex:* Bleacher.

blanchoyer [blɑ̃ʃwaje], *v.i.* **(il blanchoie, il blanchoiera) 1.** (Of sky etc.) to begin to whiten, to grow bright. **2.** *Metall:* To grow white-hot.

blanc-seing [blɑ̃sɛ̃], *s.m.* (*a*) Signature to a blank document. (*b*) Paper signed in blank. *F:* **Donner b.-s. à qn,** to give s.o. a free hand, full power.

blandices [blɑ̃dis], *s.f.pl.* Blandishments; allurements.

blanquette [blɑ̃kɛt], *s.f.* **1.** *Cu:* Blanquette (stew of veal, with white sauce). **2.** Varieties of (*a*) white wine; (*b*) fig, pear, white grapes.

blasé [blɑze], *a.* '*Blasé,*' indifferent; surfeited (with pleasures).

blaser [blɑze], *v.tr.* To blunt, cloy (the palate, etc.); to surfeit (s.o.).

se blaser, to become blasé, indifferent. **On se blase de ces plaisirs,** these pleasures pall.

blason [blɑzɔ̃], *s.m.* *Her:* (*a*) Coat of arms, armorial bearings, blazon. *F:* **Ternir, salir, son b.,** to sully, besmirch, one's escutcheon. (*b*) Blazon(ry), heraldry.

blasonnement [blɑzɔnmɑ̃], *s.m.* *Her:* Blazoning, blazonry.

blasonner [blɑzɔne], *v.tr.* *Her:* To blazon an escutcheon.

blasphémateur, -trice [blasfematœːr, -tris]. **1.** *s.* Blasphemer. **2.** *a.* Blaspheming, blasphemous, profane.

blasphématoire [blasfematwaːr], *a.* Blasphemous.

blasphème [blasfɛːm], *s.m.* Blasphemy. **Proférer des blasphèmes,** to blaspheme.

blasphémer [blasfeme], *v.tr. & i.* **(je blasphème; je blasphémerai)** To blaspheme.

blastoderme [blastodɛrm], *s.m.* *Biol:* Blastoderm.

blatérer [blatere], *v.i.* (*Of camels*) To roar.

blatier [blatje], *s.m.* Cornchandler.

blatte [blat], *s.f.* *Ent:* Cockroach, black-beetle.

blé [ble], *s.m.* **1.** (*a*) Corn. **Grenier à b.,** granary. **Halle aux blés,** corn-exchange. *F:* **Manger son b. en herbe,** to live on one's capital; to spend one's money before one gets it. (*b*) Corn-field. *F:* **Être pris comme dans un b.,** to be caught like a rat in a trap. **Faire les blés,** to cut the corn. **2. B. froment,** wheat. **B. noir,** buck-wheat. **B. de Turquie, d'Inde,** maize; Indian corn.

bled [blɛd], *s.m.* (In N. Africa) Inland country. *F:* **Dans le b.,** up country. *F:* **Un sale b.,** a rotten place.

blédard [bledaːr], *s.m.* *F:* Colonist, settler (living far away from other white men).

blême [blɛːm], *a.* **1.** (*a*) Livid, ghastly. (*b*) Cadaverous (face). **2.** Pale, colourless; wan (light).

blêm|ir [blemiːr], *v.i.* **1.** To turn pale, livid; to blanch; to turn ghastly pale. **2.** (Of light, etc.) To grow dim, faint, wan. *s.m.* **-issement.**

blende [blɛ̃ːd], *s.f.* *Miner:* Sulphide of zinc. *F:* Black-jack, mock-lead.

blennorragie [blɛnɔraʒi], *s.f.* *Med:* Gonorrhoea.

blépharite [blefarit], *s.f.* *Med:* Blepharitis.

blèsement [blɛzmɑ̃], *s.m.* Lisping, lisp.

bléser [bleze], *v.i.* **(je blèse, n. blésons, je bléserai)** To lisp.

blésité [blezite], *s.f.* Lisping.

blessant [blɛsɑ̃], *a.* Offensive, cutting (remark).

blessé, -ée [blɛse, -es-], *s.* Wounded, injured, person. *Mil:* Casualty.

blesser [blɛse, -es-], *v.tr.* **1.** (*a*) To wound, injure, hurt. **B. qn d'un coup d'épée,** to wound s.o. with a sword (-thrust). **Blessé à mort,** mortally wounded; fatally injured. (*b*) (Of saddle) To gall (horse). **2.** To offend (s.o.); to wound the feelings of (s.o.). **B. les yeux, l'oreille,** to offend the eye; to grate upon the ear. **Être blessé de qch.,** to be offended at sth. **3.** To hurt (s.o.'s interests). **B. l'honneur de qn,** to wound s.o.'s honour. **B. les convenances,** to offend, sin against, propriety.

se blesser. 1. To injure, wound, oneself **(avec,** with). **2.** To take offence, **(de,** at). **Se b. d'un rien,** to take offence at trifles.

blessure [blɛsyːr, -es-], *s.f.* Wound, hurt, injury. **Faire une b. à qn,** to inflict a wound on s.o.; to wound s.o. **Sans b.,** unwounded, unhurt, scatheless. *Jur:* **Coups et blessures,** assault and battery.

blet, *f.* **blette**[1] [blɛ, blɛt], *a.* Over-ripe, sleepy, soft (fruit).

blète, blette[2] [blɛt], *s.f.* *Bot:* Spinach beet. *Cu:* Swiss chard.

blettir [blɛtiːr], *v.i.* (Of fruit) To become over-ripe, sleepy; to blet.

blettissement [blɛtismɑ̃], *s.m.* Over-ripeness, sleepiness (of fruit).

bleu, *pl.* **bleus** [blø]. **1.** *a.* Blue. **Enfant aux yeux bleus,** blue-eyed child. **Conte b.,** fairy tale. **Battre qn tout b.,** to beat s.o. black and blue. *F:* **Colère bleue,** towering rage. **Cela m'a donné une peur bleue,** it put me in a blue funk. **J'en suis resté b.,** I was flabbergasted. **Il en a vu de bleues,** he has had a rough time of it, has had some queer experiences. *Med:* **Enfant b.,** blue baby. S.a. CORDON 1. **2.** *s.m.* (*a*) Blue (colour). **B. clair,** light blue. **B. foncé, b. marine,** dark blue, navy blue. *Mil:* **B. horizon,** horizon-blue; *A:* (French) field-service colour. **B. de Prusse,** Prussian blue. **B. d'outremer,** ultramarine (blue). **Passer du linge au b.,** to blue linen. *F:* **Mon bras est couvert de bleus,** my arm is all black and blue. (*b*) **Le b. du ciel,** the blue; the air. *F:* **Tout cet argent a passé au b.,** all this money has vanished. **N'y voir que du b.,** (i) to be puzzled, all at sea; (ii) to allow oneself to be hoodwinked; to remain blissfully unconscious of sth. **3.** *s.* *F:* Tyro, greenhorn. *Mil:* Recruit, conscript. **4.** *s.m.* (*a*) *Tchn:* Blue print. (*b*) *F:* **Petit b.,** express letter (transmitted by pneumatic tube, in Paris). (*c*) *pl.* **Bleus,** dungarees, boiler-suit. **Un b. de chauffe,** boiler-suit. *Navy:* Number eight (uniform).

bleuâtre [bløɑːtr], *a.* Bluish.

bleuet [bløɛ, blyɛ], *s.m.* *Bot:* = BLUET.

bleu|ir [bløiːr]. **1.** *v.tr.* To blue; to make (sth.) blue. **2.** *v.i.* To become, turn, blue. *s.m.* **-issage.** *s.m.* **-issement.**

bleuté [bløte], *a.* Steely blue; bluish. *Phot:* **Objectif b.,** coated lens.

bleuter [bløte], *v.tr.* To blue (linen) slightly; to give a blue tinge to (glass, steel).

blindé [blɛ̃de], *a.* **1.** Timbered (shaft, trench). **2.** *Mil:* **Véhicules non blindés,** soft-skinned vehicles. **Abri b.,** bomb-proof shelter. **Division blindée,** armoured division. *Navy:* **Vaisseaux blindés,** armoured ships. *F:* **Être b. contre le danger,** to be proof against danger. **3.** *W.Tel:* **Lampe blindée,** screened valve. **4.** *s.f.* *Mil:* (*a*) *s.f.* **Blindée,** armoured car. (*b*) *s.m.* **Les blindés,** the armour.

blind|er [blɛ̃de], *v.tr.* **1.** To sheet, case, timber, line (trench, mine-shaft). **2.** *Mil:* *Navy:* To protect (building); to armour-plate (ship). **3.** *El.E:* To screen, shroud (parts). *s.m.* **-age.**

blizzard [blizaːr], *s.m.* Blizzard.

bloc [blɔk], *s.m.* **1.** Block, lump (of wood, metal, etc.). **B. de béton,** concrete block. **Acheter qch. en b.,** to buy sth. in the lump; to buy the whole stock of sth. **Coulé en b.,** cast in one piece. **Visser, serrer, qch. à b.,** to screw sth. tight, home. **Serrer les freins à b.,** to jam on the brakes hard. **Hisser un pavillon à b.,** to hoist a flag right up. *Adv.phr.* *F:* **Gonflé à b.,** (i) keyed up; (ii) sure of oneself. **2.** *Pol:* Coalition (of parties). **B. du centre,** central party. **Faire b.,** to unite **(contre,** against). **Le b. occidental,** the Western bloc. **3.** *P:* Prison, lock-up, quod. *Mil:* Guard-room, cells, clink. **Mettre qn au b.,** to put s.o. in quod. **4.** Pad (of writing-paper). **B. à dessin,**

drawing-block. **5.** Unit. *Cin:* **B. sonore,** sound unit. *Furn:* **B. cuisine,** kitchen unit; *Aut: Av:* **B. moteur,** engine block.

blocage [blɔkaːʒ], *s.m.* **1.** Clamping, blocking-up; locking (of part). **Vis de b.,** locking screw. **2.** Rubble(-work). **3.** (*a*) *El:* Blocking (of current). (*b*) *Mch:* Sticking, seizing, jamming (of valve, piston). **4.** *Pol.Ec:* Pegging. *Fin:* Freezing. **B. des prix et des salaires,** price and wage freeze.

blocaille [blɔkɑːj], *s.f.* Rubble(-stone), hardcore.

blockhaus [blɔkoːs], *s.m.* **1.** *Fort:* Blockhouse, sconce. **2.** *Navy:* Conning-tower.

bloc-notes [blɔknɔt], *s.m.* Memorandum-block, writing-pad. *pl. Des blocs-notes.*

bloc-système [blɔksistɛm], *s.m.* *Rail:* Block-system.

blocus [blɔkyːs], *s.m.* Blockade, investment. **Faire le b. d'un port,** to blockade a port. **Lever le b.,** to raise the blockade. **Forcer le b.,** to run the blockade.

blond, -onde [blɔ̃, -ɔ̃ːd]. **1.** *a.* (*a*) Fair, flaxen (hair); blond (person). **Bière blonde,** pale ale. (*b*) *Tex:* Beige. **2.** *s.* Fair(-haired) man, woman; blond(e). *s.f. Fr.C: F:* Girl-friend, sweetheart. **3.** *s.m.* Blond, flaxen (colour). **Cheveux (d'un) b. doré,** golden hair. **B. ardent,** auburn. **B. cendré,** light, silvery (hair); ash-blond(e).

blondasse [blɔ̃das], *a.* Flaxen-haired; insipidly fair.

blondeur [blɔ̃dœːr], *s.f.* Blondness, fairness; golden hue (of corn).

blondin[1], -ine [blɔ̃dɛ̃, -in]. **1.** *a. & s.* Fair-haired (person). **2.** *s.m.* *A:* Beau, fop.

blondin[2], *s.m.* Cableway.

blondinet, -ette [blɔ̃dinɛ, -ɛt], *a. & s.* (Person) with rather fair hair. **Une petite blondinette,** a fair-haired little girl.

blondir [blɔ̃diːr]. **1.** *v.i.* (Esp. of corn) To turn yellow. **2.** *v.tr.* To dye or bleach (hair) blond.

blondoyer [blɔ̃dwaje], *v.i.* **(il blondoie; il blondoiera)** To have a yellow reflection, to gleam yellow.

bloom [blum], *s.m.* *Metalw:* Bloom.

bloqu|er [blɔke], *v.tr.* **1.** (*a*) To block up, fill up, (wall) with rubble. (*b*) To point (wall). **2.** To lock, clamp (piece of machinery, etc.); to jam on (brake). **B. les roues,** to lock the wheels. **3.** *Typ:* **B. une lettre,** to turn a letter. **4.** (*a*) To block, obstruct (road, measure, etc.); to stop (cheque). **B. le chemin à qn,** to block s.o.'s way. (*b*) To blockade (a port). (*c*) *Pol.Ec:* **B. les salaires,** to freeze wages. **5.** To combine, to form a block. *Com: F:* **B. une commande,** to make one's orders en bloc, *a. & s.m.* **-eur.**

se bloquer, to jam; to get jammed.

blottir (se) [səblɔtiːr], *v.pr.* To cower, crouch, squat, hide. **Se b. dans son lit,** to curl up, snuggle down, in bed. **Blotti dans un coin,** huddled, huddling, in a corner. **Village blotti au fond de la vallée,** village tucked away in the valley.

blouse [bluːz], *s.f.* **1.** Loose, protecting, over-garment; overall, smock(-frock), blouse. **2.** (Woman's) sports jumper. **3.** Pocket (of a billiard table).

blouser [bluze], *v.tr.* **1.** *Bill: A:* To pocket (ball). **2.** *F:* To cheat, deceive; to take s.o. in.

se blouser, *v.pr.* *F:* to be mistaken, to make a blunder.

blouson [bluzɔ̃], *s.m.* (Lumber-) jacket. **B. de golf,** windcheater, golfing-jacket, *U.S:* wind-breaker. *F:* **B. noir** = teddy-boy.

blue jean [blu(d)ʒin], *s.m.* *Cost:* Jeans.

bluet [blyɛ], *s.m.* *Bot:* (*a*) Cornflower, bluebottle. (*b*) *Fr.C:* Blueberry.

bluette [blyɛt], *s.f.* (*a*) (Short-lived) spark. (*b*) Flash, sparkle (of precious stones, etc.). (*c*) Novelette.

bluff [blœf, blyf], *s.m.* *F:* Bluff. **Coup de b.,** piece of bluff.

bluffer [blœfe, bly-]. **1.** *v.tr.* *F:* To bluff (s.o.). **2.** *v.i.* *F:* To try it on. *s.m.* **-eur.**

blut|er [blyte], *v.tr.* *Mill: etc:* To bolt, sift. *s.m.* **-age.**

bluterie [blytri], *s.f.* *Mill: etc:* **1.** Bolting-mill, bolter. **2.** Bolting-reel.

blutoir [blytwaːr], *s.m.* **1.** Bolting-machine. **2.** Bolting-cloth.

boa [bɔa], *s.m.* **1.** *Rept:* Boa. **B. constricteur,** boa-constrictor. **2.** (Feather-)boa.

bob(-sleigh) [bɔb(slɛ)], *s.m.* *Sp:* Bobsleigh.

bobard [bɔbaːr], *s.m.* *P:* Tall story.

bobèche [bɔbɛʃ], *s.f.* **1.** (*a*) Socket, sconce (of candle-stick). (*b*) Candle-ring; drip-glass. **2.** *P:* Head, nut.

bobine [bɔbin], *s.f.* **1.** (*a*) *Tex: etc:* Bobbin, spool, reel. **B. de papier,** reel, roll, of paper. **B. de coton,** reel of cotton. *Typewr:* **Bobines du ruban,** ribbon spools. (*b*) Reel, drum (for rope, wire, etc.). *Phot: Cin:* Spool, roll of film. (*c*) *El:* (Induction or resistance) coil. **B. d'induction,** spark-coil. **B. à rupteur,** make-and-break coil. **B. de réaction, de réactance,** choking-coil, reaction coil. **2.** *P:* Face, mug.

bobin|er [bɔbine], *v.tr.* To wind, spool, reel (silk, etc., on bobbin). *s.m.* **-age.**

bobinette [bɔbinɛt], *s.f.* *A:* Wooden (door-)latch, bobbin(-latch).

bobineur, -euse [bɔbinœːr, -øːz], *s.* *El.E: Tex:* **1.** Winder (operative). **2.** *s.f.* **Bobineuse,** winding machine, winder.

bobinoir [bɔbinwaːr], *s.m.* (*a*) *Tex:* Winding-machine, roving-frame, bobbin-frame. (*b*) *El.E: Cin: etc:* Winding-bench.

bobo [bɔbo], *s.m.* *F:* (*a*) (In nursery speech) Hurt, sore. **Avoir du b.,** to have a bump, a bruise, etc. **Est-ce que ça fait b.?** does it hurt? (*b*) **Avoir un b. au doigt,** to have a sore on one's finger, a gathered finger.

bocage [bɔkaːʒ], *s.m.* (*a*) Small wood, copse. (*b*) *Geog:* Bocage (mixed woodland and pastureland).

bocager, -ère [bɔkaːʒe, -ɛːr], *a.* Woody, shady.

bocal, -aux [bɔkal, -o], *s.m.* (*a*) (Wide-mouthed, short-necked) bottle or jar (for drugs, sweets, etc.). (*b*) Goldfish bowl.

bocard [bɔkaːr], *s.m.* Ore-crusher; stamping-mill.

bocard|er [bɔkarde], *v.tr.* To crush, stamp (ore). *s.m.* **-age.**

Boche [bɔʃ], *s.m.* *P: O:* German.

bock [bɔk], *s.m.* (*a*) Beer-glass. (*b*) Glass of beer.

Boer [buːr, bɔɛːr], *s.m.* Boer.

bœuf, *pl.* **bœufs** [bœf, bø], *s.m.* **1.** Ox, bullock. **Jeune b.,** steer. **Troupeau de bœufs,** drove of oxen. **B. gras** [bøgrɑ], fatted ox; prize ox. *F:* **C'est un b. pour le travail,** he's a glutton for work. S.a. CHARRUE 1, ŒUF 1. *Z:* **B. musqué,** musk-ox. **2.** Beef. **B. à la mode,** stewed beef. **3.** *a.* *P:* Colossal, tremendous, great. **C'est b.,** it's astounding, fine.

bog(g)ie [bɔʒi], *s.m.* *Rail: etc:* Bogie(-truck), radial truck.

bogue [bɔg], *s.f.* *Bot:* Chestnut-bar, -husk.

Bohême[1] [bɔɛːm]. *Pr.n.f.* Bohemia.

bohème[2]. *a. & s.* Bohemian. **Mener une vie de b.,** to lead a Bohemian, an unconventional, a free and easy, life.

bohémien, -ienne [bɔemjɛ̃, -jɛn], *a. & s.* **1.** *Geog:* Bohemian. **2.** Gipsy.

boire [bwaːr]. **I.** *v.tr.* (*pr.p.* **buvant**; *p.p.* **bu, bue**; *pr.ind.* **je bois** [bwa], **il boit, n. buvons, ils boivent**; *pr.sub.* **je boive, n. buvions**; *p.d.* **je buvais**; *p.h.* **je bus, n. bûmes**; *fu.* **je boirai**) **1.** To drink. **B. qch. à petites gorgées, à petits coups,** to sip sth. **B. qch. d'un (seul) trait, d'un seul coup,** to drink sth. at one gulp, at a draught; to swig off (a glass). **B. à la bouteille,** to drink from the bottle. **B. un verre jusqu'à la dernière goutte,** to drain a glass. **B. un coup,** to have a drink. **B. un bon coup,** to have a long drink. **B. un affront,** to swallow, pocket, an insult. **Faire b. qn,** to give s.o. a drink. *F:* **Ce n'est pas la mer à b.,** it is not so very difficult. **Croyez ça et buvez de l'eau!** don't you believe it! S.a. BOUILLON[2], GOUTTE 3, SANTÉ, SOIF. **2.** (Of plants, etc.) To absorb, drink up, soak up, suck in (moisture); (of boots) to take in water. **3.** To drink (alcoholic beverages). **Il a trop bu,** he is the worse for drink. **B. sa fortune,** to drink away one's fortune. *Abs.* **Il boit,** he drinks, is a drunkard. **Payer à b. à qn,** to stand s.o. a drink; to treat s.o. **4.** To drink in (with one's eyes, ears). **B. qn des yeux,** to devour s.o. with one's eyes; to look at s.o. with rapture; to gloat over the sight of (victim, etc.).

II. boire, *s.m.* Drink, drinking. **Le b. et le manger,** food and drink.

bois[1] [bwa], *s.m.* **1.** Wood, forest. **Petit b.,** spinney, grove, thicket. *F:* Le B., the Bois de Boulogne (outskirts of Paris). **2.** Timber(-tree). **B. en état,** standing timber. *F:* **Abattre du b.,** to work hard. **3.** Wood, timber, lumber. *Fr.C:* **B. debout,** standing timber. **Faire du b.,** to cut timber. **B. de chauffage,** firewood.

Chantier de bois, timber-yard. **Jambe de b., en b.**, wooden leg. **Travail du b.**, wood-working. **B. blanc**, deal. *Fr.C:* **B. franc**, hardwood. *Fr.C:* **Maison en b. rond**, log house. **Gravure sur b.**, (i) engraving on wood, (ii) woodcut. S.a. FLÈCHE 1, GUEULE 1. **Je leur ferai voir de quel b. je me chauffe**, I'll show them what stuff I'm made of. **Être du b. dont on fait les héros**, to be the stuff of which heroes are made. **Il est du b. dont on fait les flûtes**, he is a man of pliable temper; you can twist him round your little finger. *Av:* **Casser du b.**, to crash-land. **Touchez du b.!** touch wood! S.a. VISAGE. **4.** *Engr:* Woodcut. **5.** *pl.* **B. de cerf**, horns, antlers, of a stag. **6. B. de lit**, bedstead. **Les b. de justice**, the scaffold (guillotine or gallows). **B. de fusil**, stock of a rifle. *Mus:* **Les b.**, the wood-wind instruments, *F:* the wood-wind.

bois². See BOIRE.

boisage [bwaza:ʒ], *s.m.* **1.** (*a*) Timbering; casing (of shaft, gallery, etc.) with timber. (*b*) (i) Scaffold(ing), framing. (ii) Frame, framework. (*c*) = BOISERIE 2. **2.** (*a*) Afforestation. (*b*) Young trees; saplings.

boisé [bwɑze], *a.* **1.** Wooded, well-timbered (country). **2.** Wainscoted, panelled.

boisement [bwɑzmɑ̃], *s.m.* Timbering; afforestation.

boiser [bwɑze], *v.tr.* **1.** (*a*) To panel, wainscot (room). (*b*) To timber, prop (mine). **2.** To afforest; to put (region) under timber.

boiserie [bwɑzri], *s.f.* **1.** Joiner's work. **2.** *Const:* Woodwork, wainscot(ing), panelling.

boisseau [bwaso], *s.m.* **1.** *A:* Bushel. **2.** (*a*) Drain-tile or chimney-flue tile. (*b*) Faucet-pipe. **B. de robinet**, cock-casing. (*c*) *Mch:* *I.C.E:* Throttle-chamber.

boisselage [bwasəla:ʒ], *s.m.* Corn-measuring.

boisselier [bwasəlje], *s.m.* (Dry) cooper.

boissellerie [bwasɛlri], *s.f.* Cooper's wares; hollow ware.

boisson [bwasɔ̃], *s.f.* Beverage, drink; *Fr.C:* spirits, hard liquor. **Boissons fermentées**, fermented liquors (malt liquors, wine, cider). **Adonné à la b.**, addicted to drink, to drunkenness. **Pris de b.**, the worse for drink; in liquor.

boîte [bwa(:)t], *s.f.* **1.** Box. **B. de, en, fer blanc**, tin box or can; canister, *F:* tin. **Conserves en b.**, tinned foods, *U.S:* canned foods. **B. à lait**, milk-can. **En b.**, boxed. **B. aux lettres**, letter-box; pillar-box; posting box. **B. postale 260**, Post Office box 260. **B. d'allumettes**, box of matches. **B. d'outils**, tool-chest, -box. **B. à musique**, musical box. *P:* **Ferme ta b.!** shut up! *F:* **Elle a l'air de sortir d'une b.**, she looks as if she had just stepped out of a bandbox. S.a. THÉ 1. *Anat:* **B. du crâne**, brain-pan. **2.** *Tchn:* **B. à billes**, ball-bearing case. *Mch:* **B. à fumée**, smoke-box. **B. à vapeur**, steam-chest. *Aut:* **B. de vitesses**, gear-box. *Clockm:* **B. à ressort**, spring-barrel, spring box. *El.E:* **B. à fusible**, fuse-box. *Organ:* **B. d'expression**, swell-box. **3.** *P:* (*a*) Uncomfortable, poky, little room. (*b*) One's office, shop, school, etc. **Sale b.**, rotten firm. (*c*) **B. de nuit**, all-night resort; night-club, joint. (*d*) *Mil:* Guard-room, cells, clink.

boit|er [bwate], *v.i.* To limp; to be or walk lame; to hobble. **B. d'un pied**, to be lame in one foot. **B. bas**, to limp badly. **Passer en boitant**, to hobble by. *Lit:* **Vers qui boitent**, halting verse. *s.m.* **-ement.**

boiterie [bwatri], *s.f.* Lameness (of animals).

boiteux, -euse [bwatø, -ø:z], *a.* (*a*) Lame, limping. **Jambe boiteuse**, lame, *F:* game, leg. **Vers b.**, halting verse. *s.* **Un b., une boiteuse**, a lame man, woman. (*b*) Rickety, gimcrack (furniture, etc.). **Paix boiteuse**, patched-up peace.

boîtier¹ [bwatje], *s.m.* Case. **B. de montre**, watch-case.

boîtier², *s.m.* **1.** (*a*) Box-, case-maker. (*b*) Watch-case maker. **2.** Postman who clears the pillar-boxes.

boitillement [bwatijmɑ̃], *s.m.* Slight limp, hobble.

boitiller [bwatije], *v.i.* To hobble.

boit-tout [bwatu], *s.m.inv.* **1.** *F:* Wineglass without a foot. **2.** *P:* Hard drinker.

boiv-e, -es. See BOIRE.

bol¹ [bɔl], *s.m.* (*a*) *Physiol:* **Bol alimentaire**, alimentary bolus. (*b*) *Pharm:* *Vet:* Bolus, pellet.

bol², *s.m.* (*a*) Bowl, basin. (*b*) Finger-bowl.

bolchevik [bɔlʃəvik], *s.m.* Bolshevik, Bolshevist.

bolchevisation [bɔlʃəvizasjɔ̃], *s.f.* Bolshevization.

bolcheviser [bɔlʃəvize], *v.tr.* To bolshevize.

bolchevisme [bɔlʃəvism], *s.m.* Bolshevism.

bolcheviste [bɔlʃəvist], *a.* & *s.* Bolshevist.

bolduc [bɔldyk], *s.m.* (*a*) (Thin) coloured ribbon (for tying up boxes). (*b*) Red tape.

bolée [bɔle], *s.f.* Bowl(ful), basin(ful) (of soup, etc.).

boléro [bɔlero], *s.m.* *Danc:* *Cost:* Bolero.

bolet [bɔlɛ], *s.m.* *Fung:* Boletus.

bolide [bɔlid], *s.m.* Fire-ball, meteor; *F:* racing-car. **Lancé comme un b. sur la route**, hurtling along the road.

bolivar [bɔliva:r], *s.m.* *Cost:* **1.** *A:* Tall, bell-shaped hat (as worn by Bolivar, c. 1820). **2.** Bolivar (currency).

Bolivie [bɔlivi], *Pr.n.f.* *Geog:* Bolivia.

bolivien, -ienne [bɔlivjɛ̃, -jɛn], *a.* & *s.* *Geog:* Bolivian.

bolomètre [bɔlɔmɛtr], *s.m.* *Ph:* Bolometer, thermic balance.

bombance [bɔ̃bɑ̃:s], *s.f.* *F:* Feast(ing); carousing. **Faire b.**, to feast; *F:* to have a good blow-out.

bombardement [bɔ̃bardəmɑ̃], *s.m.* Bombardment, shelling. **Avion de b.**, bomber. *Ph:* **B. électronique**, bombardment of the electrons. **B. aérien**, bombing (-raid), *F:* blitz.

bombarder [bɔ̃barde], *v.tr.* To bomb(ard), shell. **Maison bombardée**, shelled, bombed, house. *F:* **B. qn de pierres**, to pelt s.o. with stones. **B. qn de demandes d'argent**, to pester s.o. (with requests) for money.

bombardier [bɔ̃bardje], *s.m.* *Mil:* **1.** *A:* Bombardier. **2.** Bomber, trench-mortarman. **3.** *Av:* (*a*) (*Pers.*) Bomb-aimer. (*b*) Bomber. **B. en piqué**, dive-bomber. **4.** *Ent:* Bombardier beetle.

bombe [bɔ̃:b], *s.f.* **1.** *Mil:* Bomb. **B. aérienne, d'avion**, aerial bomb. **B. incendiaire**, incendiary bomb. **A l'épreuve des bombes**, bomb-proof (shelter, etc.). **B. à retardement**, delayed-action bomb, time-bomb. **B. de ravitaillement**, supply container (containing food or ammunition). **B. de très gros calibre**, *F:* tallboy, blockbuster. **B. dirigée, b. planante**, glider bomb. **B. volante**, flying bomb, *F:* doodlebug. **B. éclairante**, illuminating bomb. **B. lacrymogène**, tear-gas bomb. **B. à (l')hydrogène, b. H**, hydrogen bomb, H-bomb. **B. à uranium**, uranium bomb. *F:* **Entrer en b.**, to come bursting in. S.a. GARE¹. **2.** (*a*) **B. glacée**, ice-pudding. (*b*) *Nau:* **B. de signaux**, signal-, tide-ball. (*c*) *Geol:* **B. volcanique**, bomb. **3.** Huntsman's cap. **4.** *P:* Feast, spree. **Être en b., faire la b.**, to be on the spree, on the binge.

bombé [bɔ̃be], *a.* Convex, bulging. **Avoir le dos b.**, to be round-shouldered. *Cu:* **Une cuiller bombée (de sucre)**, a heaped spoonful (of sugar).

bomb|er [bɔ̃be]. **1.** *v.tr.* (*a*) To cause (sth.) to bulge, belly. **B. la poitrine**, to throw out one's chest. (*b*) To bend, arch, *F:* hump (one's back). (*c*) To camber (road). **2.** *v.i.* To bulge (out). *s.m.* **-ement.**
se bomber, to bulge.

bon, bonne [bɔ̃, bɔn]. **I.** *a.* **1.** Good, virtuous, upright, honest. *s.* **Les bons**, the righteous, the good. **2.** Good, nice, pleasing. **J'ai trouvé le rôti b.**, I enjoyed the roast. **La bonne société**, well-bred people. **Avoir b. air**, (i) to look well; (ii) to look distinguished. *F:* **Cela est b. à dire**, it's easier said than done. *s.* **Le b. de l'histoire**, the best part, the cream, of the story. **3.** (Of pers.) Clever, capable, good (at one's work, etc.). **B. matelot**, able seaman. **4.** Right, correct, proper, sound. **Si j'ai bonne mémoire . . .**, if my memory is correct. . . . **La bonne voie**, the right path. **Suis-je dans le b. train pour . . .?** am I in the right train for . . .? **En b. anglais**, in good English. *Ten:* **La balle tombe bonne**, the ball falls in the court, is right, is good. *Typ:* **B.**, stet. **5.** Good, kind(-hearted) (**pour, envers**, to). **Il se montre b. pour sa mère**, he is kind to his mother. **C'est un b. garçon**, he's a good sort, a decent fellow. **Vous êtes bien b. de m'inviter**, it is very kind of you to invite me. **Faire b. visage à qn**, to be gracious to s.o. **Une bonne âme**, a simple, artless soul. **Il a du b.**, there is some good in him. **Cela a du b.**, there is some good in it. **6.** Good, profitable, advantageous (investments, etc.). **C'est b. à savoir, à se rappeler**, it is worth knowing, worth remembering. **Acheter qch. à b. marché**, to buy sth. cheap. **A quoi b.?** what's the good of it? **A quoi b. se plaindre?** what is the use, the good, of complaining? **Puis-je vous être b. à quelque chose?** can I do anything for you, be of any service to you? 7. Good, fit, suitable. **B. à manger,** fit to eat. **Être b à qch.,** to be good for sth. *F:* **Un b. à rien** [bɔnarjɛ̃], a good-for-nothing, *P:* a rotter. *Mil:* **B. pour le service,** fit for duty. **Si b. vous semble,** if you think proper, if you deem it advisable. **Je ferai comme b. me semblera,** I shall do as I think fit, as I please. **Il est b. que vous sachiez . . .,** it is well that you should know. . . . S.a. TIRER 5. **Il n'est pas toujours b. de . . .,** it is not always good, advisable, to. . . . **Trouver b. de faire qch.,** to think fit, find it advisable, to do sth. **8.** Good, happy, favourable (omen). **Souhaiter la bonne année à qn,** to wish s.o. a happy New Year. *Nau:* **B. vent,** fair wind. **9.** Good, sound, safe, (security, etc.). **Il est b. pour 25.000 frs,** he is good for 25,000 frs. **En b. état,** sound; in working order. **Billet b. pour trois mois,** ticket valid for three months. *F:* **Son affaire est bonne!** he's in for it! **On est b. pour rentrer à pied,** we are in for walking home. **10.** *F:* **Prendre une bonne moitié de qch.,** to take a good half of sth. **J'ai attendu deux bonnes heures,** I waited a full two hours, for two solid hours. **Donner bonne mesure,** to give full measure. **Une bonne fois pour toutes,** once (and) for all. **11.** *adv.* **Tenir b.,** to stand fast, to hold one's own. **Sentir b.,** (of flower) to smell nice; (of food) to smell good. **Il fait b. ici,** it is pleasant, comfortable, snug, cosy, here. **12.** *Miscell.phrs.* **Pour de b., tout de b.,** *F:* **pour tout de b.,** (i) for good (and all); (ii) seriously speaking, in earnest, really. **Il pleut pour de b.,** it is raining in real earnest. **Est-ce pour de b.?** are you in earnest? *F:* **La garder bonne à qn,** to owe s.o. a grudge. **L'avoir courte et bonne,** to have a short life and a merry one. **En voilà une bonne!** that's a good one! that's a good joke! **C'est b.!** that will do! *F:* enough said! *F:* **(Prendre un train) avec cinq minutes de b.,** (to catch a train) with five minutes to spare, in hand. **13.** *int.* **B.!** good! agreed! **B., je viendrai,** all right, I'll come! **14.** *s. F:* **Mon b.,** my dear fellow, my dear chap. **Ma bonne,** my dear.

II. **bon,** *s.m.* **1.** Order, voucher, ticket. **B. de caisse,** cash voucher. *Adm:* **B. d'essence,** petrol coupon. *Com:* **B. d'achat,** gift voucher. **2.** *Fin:* (*a*) Bond, bill, draft. **B. au porteur,** bearer bond. **B. nominatif,** registered bond. **B. du Trésor,** Treasury bond, Exchequer-bill. (*b*) I O U; note of hand.

III. **bonne,** *s.f.* (*a*) Maid(servant), servant. **B. à tout faire,** maid-of-all-work, general maid. (*b*) **B. d'enfants,** nursery-maid, nanny. (*c*) Waitress.

bonace [bɔnas], *s.f.* Lull, calm (before a storm).

bonapartiste [bɔnapartist], *s. & a.* Bonapartist.

bonasse [bɔnas], *a. F:* Simple-minded, innocent, bland. *adv.* **-ment.**

bonbon [bɔ̃bɔ̃], *s.m.* Sweet, *U.S:* Candy.

bonbonne [bɔ̃bɔn], *s.f.* (*a*) *Ind:* Carboy. (*b*) Demijohn.

bonbonnerie [bɔ̃bɔnri], *s.f.* Sweetmeat (i) factory, (ii) trade.

bonbonnière [bɔ̃bɔnjɛːr], *s.f.* **1.** Sweetmeat box. **2.** Daintily furnished, neat little house or flat.

bond [bɔ̃], *s.m.* **1.** Bound, leap, jump, spring. **Faire un b.,** to leap, spring. **Franchir qch. d'un b.,** to clear sth. at one bound. *F:* **Les loyers ont fait un b.,** rents have soared. **2.** (Of ball, etc.) Bounce. **Second b.,** rebound. **Prendre, saisir, la balle au b.,** (i) to catch the ball on the bounce; (ii) *F:* to seize the opportunity. **Faire faux b.,** (of ball) to break. *F:* **Faire faux b. à qn,** to fail to turn up; to leave s.o. in the lurch, to let s.o. down.

bonde [bɔ̃ːd], *s.f.* **1.** (*a*) Bung (of cask). (*b*) Plug (of sink, bath). *F:* **Lâcher la b. à sa colère,** to let loose one's anger. **2.** Bung-hole, plug-hole.

bondé [bɔ̃de], *a.* Chock-full, crammed, packed (bus, etc.). **Rues bondées de monde,** streets thronged with people. **Salle bondée,** packed house.

bonder [bɔ̃de], *v.tr.* To fill (sth.) chock-full.

bondieusard, -arde [bɔ̃djøzaːr, -ard]. **1.** *a. P:* Churchy, sanctimonious. **2.** *s.* Sanctimonious person.

bondieuserie [bɔ̃djøzri], *s.f. P:* **1.** Churchiness. **Je déteste la b.,** I can't stick this holy stuff. **2.** *pl.* Devotional objects.

bond|ir [bɔ̃diːr], *v.i.* **1.** (*a*) To leap, bound; to spring up. **B. sur qch.,** to spring at, pounce on, sth. **B. à l'assaut,** to spring to the attack. **Il y a de quoi faire b.!** it makes one wild to hear it! (*b*) To gambol, skip, caper. **2.** (Of ball) To bounce. *a.* **-issant.** *s.m.* **-issement.**

bondon [bɔ̃dɔ̃], *s.m.* **1.** Bung, plug. **2.** (Bung-shaped) cheese (from Neufchâtel-en-Bray).

bondonner [bɔ̃dɔne], *v.tr.* To bung, to plug up (cask, etc.).

bonheur [bɔnœːr], *s.m.* **1.** Good fortune, good luck, success. **Avoir du b.,** to be lucky. **Être en b.,** to be in luck. **Dieu leur accorda le b. d'avoir des enfants,** God blessed them with children. **Porter b.,** to bring (good) luck (**à,** to). **Coup de b.,** stroke of luck. **Quel b.!** what a blessing! **Par b.,** luckily, fortunately, by good fortune, as luck would have it. **Jouer de b.,** to be lucky, in luck. **Au petit b.,** in a haphazard manner. **Lcrire avec b.,** to have a felicitous style of writing. **2.** Happiness, bliss. **Faire le b. de qn,** to be the source of s.o.'s happiness. **Si vous voulez faire mon b. . . .,** if you want to make me supremely happy. . . .

bonhomie [bɔnɔmi], *s.f.* Simple good-heartedness; good nature. **Avec b.,** good-naturedly.

bonhomme [bɔnɔm], *s.m.* **bonne femme,** *s.f.* (*a*) Simple, good-natured, man, woman. **Faux b.,** sly, shifty, customer. **Il fait le b.,** his simplicity is all put on. *F:* **Une petite bonne femme,** a little old woman. **Contes, remèdes, de bonne femme,** old wives' tales, remedies. **Il fait, va, son petit b. de chemin,** he is jogging quietly along, is successful in a small way. **Un vilain b.,** a nasty fellow. **Quelle sale bonne femme!** What an unpleasant woman! **Rideaux, vitrages, bonne femme,** draped curtains. S.a. NOËL 1. *a.* **Prendre un air b.,** to put on an air of simplicity, of good nature. (*b*) **Dessiner des bonshommes,** to draw funny figures. **B. en pain d'épice,** gingerbread man. S.a. NEIGE. *pl. Des bonshommes* [bɔ̃zɔm].

boni [bɔni], *s.m.* **1.** *Com:* Surplus, balance in hand. **2.** Bonus, profit.

boniface [bɔnifas], *a. & s. P:* Simple, artless, silly (person).

bonification [bɔnifikasjɔ̃], *s.f.* **1.** Improvement (of land, etc.). **2.** *Com:* Allowance, rebate, bonus.

bonifier [bɔnifje], *v.tr.* **1.** To improve, ameliorate (field, etc.). **2.** *Com:* (*a*) To make up, make good (shortage). (*b*) **B. qn d'une remise,** to allow s.o. a discount.

se bonifier, to improve; to become better.

boniment [bɔnimɑ̃], *s.m.* (Quack's, showman's) patter, puff. **Faire du b. à qn,** to butter s.o. up. *F:* **Tout ça, c'est du b.,** that's all hanky-panky, claptrap. S.a. GRAISSE.

bonimenter [bɔnimɑ̃te], *v.i. P:* To kid.

bonjour [bɔ̃ʒuːr], *s.m.* Good day, good morning, good afternoon. **Souhaiter le b., dire b., à qn,** to greet s.o., to pass the time of day with s.o. **Envoyer le b. à qn,** to send s.o. greetings, one's kind regards.

Bonne-Espérance [bɔnɛsperɑ̃ːs]. *Pr.n.* **Le Cap de B.-E.,** the Cape of Good Hope.

bonne femme, *s.f.* See BONHOMME.

bonne-maman [bɔnmamɑ̃, -mɑ̃mɑ̃], *s.f. F:* Grand (mam)ma, granny. *pl. Des bonnes-mamans.*

bonnement [bɔnmɑ̃], *adv. A:* (Still used in) **Tout b.,** simply, plainly. **Je lui ai dit tout b. que . . .,** I just told him that. . . .

bonnet [bɔnɛ], *s.m.* **1.** (*a*) (i) (Close-fitting and brimless) cap. (ii) (Woman's, child's) bonnet. (iii) **B. de nuit, de coton,** (man's) night-cap. **B. de nuit,** (woman's) slumber-cap. (iv) **B. de bain,** bathing cap; bath cap. (v) *Mil:* **B. à poil,** busby, bearskin. (*b*) **B. d'évêque,** (i) bishop's mitre, (ii) *Cu: F:* parson's nose. (*c*) Cup (of brassière). (*d*) *F:* **Les gros bonnets,** the big shots. (*e*) *F:* **Avoir la tête près du b.,** to be hot-headed, to fly off the handle easily. *F:* **Elle a jeté son b. par-dessus les moulins,** she has kicked over the traces. S.a. ANE 2, BLANC I 3. **2.** *Hort: F:* **B. de prêtre,** squash (-melon). **3.** *Physiol:* Second stomach (of ruminants). **4.** *Z:* **B. chinois,** bonneted macaque.

bonneterie [bɔntri], *s.f.* Hosiery; knitted goods.

bonnetier, -ière [bɔntje, -jɛːr], *s.* Hosier.

bonnette [bɔnɛt], *s.f.* **1.** (Baby's) cap, bonnet. **2.** *Fort:* Bonnette. **3.** *Nau:* Studding-sail. **4.** *Opt:* Eye-glass shade (of telescope, etc.). **5.** *Phot:* **B. d'approche, de mise au point,** supplementary lens. **B. à portrait,** portrait attachment.

bon-papa [bɔ̃papa], *s.m.* *F:* Grand(pa)pa, grandad. *pl. Des bons-papas.*
bon-prime [bɔ̃prim], *s.m.* *Com:* Free-gift coupon. *pl. Des bons-primes.*
bonsoir [bɔ̃swa:r], *s.m.* Good evening, good night. **Dire b., souhaiter le b., à qn**, to wish, bid, s.o. good night.
bonté [bɔ̃te], *s.f.* **1.** (*a*) Goodness, kindness; kindly feeling. **Avoir de la b. pour qn**, to be kind to s.o. **Sourire plein de b.**, kindly, benevolent, smile. **Ayez la b. de me faire savoir . . .**, (will you) be so kind as, be good enough, to let me know. . . . **B. du ciel!** good heavens! (*b*) *pl.* Kindnesses, kind actions. **2.** Goodness, excellence (of things).
bonze [bɔ̃:z], *s.m.* **1.** Bonze, Buddhist priest. **2.** *P:* **Vieux b.**, old dodderer.
bonzerie [bɔ̃zri], *s.f.* Bonze monastery.
boom [bum], *s.m.* **1.** *Com: Fin:* Boom. **2.** *F:* Young people's party.
boomerang [bumərɑ̃:g], *s.m.* Boomerang.
Booz [bɔɔ:z], *Pr.n.m.* *B.Hist:* Boaz.
boqueteau [bɔkto], *s.m.* Small wood; copse, spinney.
borate [bɔrat], *s.m.* *Ch:* Borate.
boraté [bɔrate], *a.* *Ch:* Borated.
borax [bɔraks], *s.m.* *Ch: Metall:* Borax.
borborygmes [bɔrbɔrigm], *s.m. pl.* *Med:* Rumblings (in the bowels).
bord [bɔ:r], *s.m.* **1.** *Nau:* (*a*) Board, side (of ship). **Jeter qch. par-dessus (le) b.**, to throw sth. overboard. **Moteur hors b.**, outboard motor. **Le b. du vent**, the weather-side. **Le b. sous le vent**, the lee-side. **Faux b.**, list. **Le long du b.**, alongside. **Être b. à quai**, to be alongside the quay. **Franc b.**, free-board. (*b*) Tack, leg. **Courir un b.**, to make a tack, a board. (*c*) **Les hommes du b.**, the ship's company. *F:* **Être du b. de qn**, to be in the same boat, the same party, as s.o. **Journal de b.**, ship's log. **A b. d'un vaisseau**, on board, aboard, a ship. **La vie à b.**, life afloat. **A mon b.**, on board my ship. *Av:* **B. d'attaque**, leading edge. **B. de parachute**, parachute skirt. **2.** Edge (of table, etc.); border, hem (of garment); brink, verge (of precipice, of the grave); rim, brim (of hat, vase, etc.); lip (of cup). **Être au b. du tombeau**, to be at death's door. **J'avais le mot au b. des lèvres**, I had the word on the tip of my tongue. **Au b. des larmes**, on the verge of tears. **Auberge sur le b. de la route**, wayside inn. **Chapeau à larges bords**, broad-brimmed hat. **Remplir les verres à pleins bords**, to fill the glasses brim-full. **3.** Shore, strand (of sea); bank (of river). **Aller au b. de la mer**, to go to the seaside. **Maison au b. de la mer**, seaside house.
bordage [bɔrda:ʒ], *s.m.* **1.** *Nau:* Planking, sheathing (of vessel). **B. à clin**, clinker-work. **B. franc**, carvel-work. **2.** (*a*) Border(ing). **B. de pierres**, stone kerb. (*b*) Edging, taping (of dress).
bordeaux [bɔrdo], *s.m.* Bordeaux (wine). **B. rouge**, claret.
bordée [bɔrde], *s.f.* *Nau:* **1.** Broadside (guns, fire). **Lâcher une b.**, to let fly a broadside. *F:* **Lâcher une b. de jurons**, to let fly a volley of oaths. **2.** Board, tack. **Tirer des bordées**, to tack; to beat up to windward. *F:* **Tirer, courir, une b.**, to overstay one's leave; to go on the spree. **Être en b.**, to be on the spree. **3.** Watch. **B. de tribord, de bâbord**, starboard watch, port watch. **4.** *Fr.C:* **B. (de neige)**, heavy snowfall.
bordel [bɔrdɛl], *s.m.* Brothel.
bordelais, -aise [bɔrdəlɛ, -ɛ:z]. **1.** *a. & s.* (Native) of Bordeaux. **2.** *s.f.* **Bordelaise.** (*a*) Bordeaux cask of 225 litres. (*b*) Bordeaux bottle of ¾ litre.
border [bɔrde], *v.tr.* **1.** (*a*) To border. **Un fossé borde le jardin**, a ditch runs along the garden. (*b*) **B. qch. de qch., avec qch.**, to edge, fringe, sth. with sth. (*c*) **B. un lit**, to tuck in the bed-clothes. **B. qn dans son lit**, to tuck s.o. in. **2.** *Nau:* To plank (ship). **B. un navire en fer**, to plate a ship. **3.** To ship (oars).
bordereau [bɔrdəro], *s.m.* Memorandum; (detailed) statement; docket (of goods, cash, etc.); consignment note; abstract, schedule; bordereau. **B. de(s) prix**, price-list. **B. de paye**, wages docket. *Bank:* **B. de crédit, de débit**, credit note, debit note.
bordigue [bɔrdig], *s.f.* *Fish: Pisc:* Crawl.
bordure [bɔrdy:r], *s.f.* **1.** (*a*) Border, rim; fringe, edging, edge (of shawl, etc.); curb or kerb (of pavement, etc.); skirt (of a wood). **Papier à b. noire**, black-edged note-paper. **Grille en b. de la rue**, railing running along the side of the street. (*b*) Binding (of hat, etc.); welt (of glove). **2.** Frame (of mirror, etc.).
bore [bɔ:r], *s.m.* *Ch:* Boron.
boréal, -aux [bɔreal, -o], *a.* Boreal, north(ern).
Borée [bɔre]. *Pr.n.m.* *Myth:* Boreas. *Poet:* The North Wind.
borgne [bɔrɲ], *a.* **1.** (*a*) One-eyed; blind in one eye. *F:* **Changer un cheval b. contre un aveugle**, to make a bad bargain. (*b*) **Rue b.**, blind alley. **2.** Suspicious, evil-looking (house, etc.); disreputable, shady (public house, etc.).
borique [bɔrik], *a.* Boric, *F:* boracic (acid).
boriqué [bɔrike], *a.* *Pharm:* Containing bor(ac)ic acid. **Pommade boriquée**, bor(ac)ic ointment. **Compresse en coton b.**, bor(ac)ic-lint compress.
bornage [bɔrna:ʒ], *s.m.* **1.** *Surv:* Demarcation, marking out (of land). **Pierre de b.**, boundary stone. **2.** *Nau:* Home-trade navigation.
borne [bɔrn], *s.f.* **1.** (*a*) Boundary-mark, -stone, -post. **B. routière, kilométrique** = milestone. (*b*) *pl.* Boundaries, limits, bounds (of kingdom, etc.). *F:* **(Dé)passer toutes les bornes, n'avoir pas de bornes**, to go beyond all bounds; to know no bounds. **Cela passe les bornes**, that is going too far, beyond a joke. **Sans bornes**, boundless, unbounded. **2.** (Stone) corner-post. *Nau:* **B. d'amarrage**, bollard (on wharf). *F:* **Orateur de b.**, stump orator. **3.** *El:* Terminal, binding-post, binding-screw; clamp.
borné [bɔrne], *a.* Limited, restricted. **Homme (d'un esprit) b.**, narrow-minded man. **Gens bornés dans leurs vues**, people of limited views.
borne-fontaine [bɔrnəfɔ̃tɛn], *s.f.* **1.** Street fountain, drinking-fountain. **2.** *Fr.C:* Fire-hydrant. *pl. Des bornes-fontaines.*
borner [bɔrne], *v.tr.* **1.** (*a*) To mark out the boundary of (field, etc.); to peg out, stake (claim). **B. une route**, to set up milestones along a road. (*b*) To form the boundary of (country, etc.). **2.** To limit, restrict (s.o.'s view, power, the meaning of a word, etc.); to set limits, bounds, to (ambition, desires).
se borner. **1.** To restrict oneself, to exercise self-restraint. **Je me borne au strict nécessaire**, I confine myself to strict necessaries. **Je me suis borné à (vous) faire remarquer que . . .**, I merely, simply, observed that. . . . **2.** (Of things) (à, to) To be confined; *F:* to stop. **Toute leur science se borne à cela**, all their knowledge is confined to this, *F:* stops there. (*b*) To amount, come down, *F:* to boil down. **Voici à quoi se borne son raisonnement**, this is what his argument amounts to, comes down to, *F:* boils down to.
bornoyer [bɔrnwaje], *v.tr.* (**je bornoie, n. bornoyons; je bornoierai**) **1.** To look at, along, (an edge or surface) with one eye closed (to judge of its straightness or levelness); to test (an edge). **2.** *Survey:* To stake off, mark off (line, etc.).
Borromées [bɔrɔme]. *Pr.n.f.pl.* *Geog:* **Les îles Borromées**, the Borromean Islands.
borure [bɔry:r], *s.m.* *Ch:* Boride.
Bosphore (le) [ləbɔsfɔ:r]. *Pr.n.m.* The Bosphorus.
bosquet [bɔskɛ], *s.m.* Grove, thicket.
bossage [bɔsa:ʒ], *s.m.* **1.** Embossing. **2.** (*a*) Boss. *I.C.E:* **Bossages du piston**, (gudgeon-pin) bosses, lugs, of the piston. (*b*) (Strengthening) swell (of gun-barrel, etc.). (*c*) *Const:* Bossage (of building-stone).
bosse [bɔs], *s.f.* **1.** Hump (of camel, etc.). *F:* **Rouler sa b.**, to knock about the world. *P:* **S'en donner une b.**, (i) to have a good tuck-in, (ii) to go on the spree. **2.** (*a*) Bump, bruise, swelling, lump. S.a. PLAIE. (*b*) Unevenness, bump. *F:* **Avoir la b. de l'invention**, to have the bump of invention. **3.** Dent, bruise (in tea-pot, etc.). **4.** Boss. **En b.**, in relief, in the round. *Art:* **Dessiner d'après la b.**, to draw from the round.
bosselage [bɔsla:ʒ], *s.m.* Embossing.
bosseler [bɔsle], *v.tr.* (**je bosselle, n. bosselons; je bossellerai**) **1.** To emboss (plate, etc.). **2.** To dent. **Théière toute bosselée**, battered tea-pot.
bossellement [bɔsɛlmɑ̃], *s.m.* Denting, bruising.
bosselure [bɔsly:r], *s.f.* Dent, bruise.
bosser [bɔse], *v.tr.* **1.** *Nau:* To stopper (cable, etc.). **2.** *v.i.* *P:* To work hard, to slave.

bossoir [bɔswaːr], *s.m.* *Nau:* **1.** (*a*) Cathead. (*b*) Bow (of ship). **Par le b. du bâbord,** on the port bow. **Homme de b.,** look-out man. **2.** Davit. **Les bras de b.,** the davit guys.

bossu, -ue [bɔsy]. **1.** *a.* Hunch-backed (person); humped (animal). **2.** *s.* Hunchback. S.a. RIRE I. 1.

bossuer [bɔsɥe], *v.tr.* = BOSSELER 2.

boston [bɔstɔ̃], *s.m.* **1.** *Cards:* Boston. **2.** *Danc:* Hesitation waltz.

bostonnais [bɔstɔnɛ], *s.m.* *Fr.C:* American.

bot [bo], *a.* **Pied b.,** (i) club-foot, (ii) club-footed person. **Main bote,** club-hand.

botanique [bɔtanik]. **1.** *a.* Botanical. **2.** *s.f.* Botany.

botaniser [bɔtanize], *v.i.* To botanize.

botaniste [bɔtanist], *s.m.* & *f.* Botanist.

botte[1] [bɔt], *s.f.* Bunch, bundle (of carrots, etc.); truss, bundle (of hay).

botte[2], *s.f.* **1.** High boot, Wellington (boot). **Bottes à l'écuyère,** riding-boots. **Bottes de mer,** sea-boots, jack-boots. **Bottes à revers, retroussées,** top-boots. *F:* **Elle nous a dit cela à propos de bottes,** she said this suddenly, without rhyme or reason. **Il était haut comme ma b.,** he was quite a little mite. *P:* **Ça fait ma b.,** that suits me to a T. S.a. FOIN[1]. **B. de vol,** flying boot. **Sous la b. de l'envahisseur,** under the heel of the invader. *Geog:* *F:* **La b. de l'Italie,** the boot of Italy. **Le talon de la b.,** the heel of Italy. **Le bout de la b.,** the toe of Italy. **L'éperon de la b.,** the spur of Italy. **2.** Slip (for dog). **Avaler la b. aux limiers,** to slip the hounds. **3.** *Mil:* Bucket (for carbine, colour).

botte[3], *s.f.* *Fenc:* Thrust, lunge, hit. **Porter, pousser, allonger, une b. à qn,** (i) to lunge, make a thrust, at s.o.; to thrust at s.o.; (ii) *F:* to play a nasty trick on s.o.; to deal s.o. a nasty blow (in debate, etc.); to have a tilt at s.o.

botteloir, -euse [bɔtlwaːr, -øz], *s.* *Agric:* Sheaf-binding machine, binder.

bottel|er [bɔtle], *v.tr.* **(je bottelle, n. bottelons; je bottellerai)** To bundle, tie up, truss (hay, etc.); to bunch (radishes, etc.). *s.m.* **-age.**

botter[1] [bɔte], *v.tr.* **1.** (*a*) To put boots, shoes, on (s.o.) **Le Chat botté,** Puss in Boots. (*b*) To supply (s.o.) with boots. **Être bien botté,** to be well shod. **2.** To kick. *Fb:* **B. le ballon,** to kick, *F:* boot, the ball. *F:* **B. qn,** to kick s.o.'s bottom, to boot s.o.

se botter, to put on one's boots.

botter[2] **(se),** *pr.* To ball, cake, get clogged (with mud, etc.). **Nos souliers se bottent dans la boue,** our boots get caked with mud.

botterie [bɔtri], *s.f.* **1.** (*a*) Boot-, shoemaker's workshop, boot-factory. (*b*) Bootshop. **2.** Boot trade.

bottier [bɔtje], *s.m.* Bootmaker, shoemaker.

bottillon, *s.m.* **1.** Infant's bootee. **2.** Ankle boot.

Bottin [bɔtɛ̃], *s.m.* Trade mark applied to the best-known French street and trade directory.

bottine [bɔtin], *s.f.* (Half-)boot; ankle-boot. **Bottines à boutons, à lacets, à élastiques,** button boots, lace boots, elastic-sided boots.

bouc [buk], *s.m.* He-goat; *F:* billy-goat. **(Barbe de) bouc,** goatee (beard). **B. émissaire,** scapegoat.

boucan[1] [bukɑ̃], *s.m.* *P:* Row, din, uproar, shindy. **Faire du b., faire un b. de tous les diables,** to make the devil of a row, to raise Cain.

boucan[2], *s.m.* (Caribs') smoked meat.

boucanage [bukanaːʒ], *s.m.* Smoking (of meat, fish, etc.).

boucane [bukan], *s.f.* *Fr.C:* Smoke.

boucané [bukane], *a.* Swarthy (complexion).

boucaner [bukane], *v.tr.* To smoke-dry, cure (meat, fish, etc.).

boucanier [bukanje], *s.m.* Buccaneer, pirate.

boucaut [buko], *s.m.* Cask (for dry goods).

bouchage [buʃaːʒ], *s.m.* **1.** (*a*) Stopping, corking, plugging, stoppering. (*b*) Sealing (of passage, etc.). (*c*) Damping down (furnace). **2.** Stopper, cork. *Metall:* Clay plug (of blast furnace).

bouche [buʃ], *s.f.* Mouth. **1. Faire la b. en cœur,** to screw up one's mouth, to simper. **Avoir la b. pleine,** to have one's mouth full. **Avoir bonne, mauvaise, b.,** to have a pleasant, a disagreeable, taste in one's mouth. **Garder qch. pour la bonne b.,** to keep something as a tit-bit. **Être porté sur la b.,** to make a god of one's belly. **Cela fait venir l'eau à la b.,** it makes one's mouth water. **Faire la petite b.,** (i) to pick at one's food, (ii) to be dainty, fastidious, namby-pamby. **Manger à pleine b.,** to eat greedily; to gobble one's food. **Provisions de b.,** victuals; food. **Dépense de b.,** housekeeping expenses. **C'est une fine b.,** he is a gourmet. **Elle n'osait pas ouvrir la b.,** she dared not open her mouth (to speak). **Je l'ai appris de sa propre b.,** I had it from his own lips. **Son nom est dans toutes les bouches,** his name is on every tongue. **Demeurer b. close,** to remain silent; to hold one's tongue. S.a. BÉE[2]. *Med:* **A prendre par la b.,** to be taken internally. **Administration par la b.,** oral administration (of a drug). **2.** Mouth (of horse, ass, cattle, elephant, fish. NOTE. Of a dog and carnivorous animals **gueule** is used.) **Cheval qui a la b. faite,** horse that has all its teeth. **Cheval qui n'a pas de b.,** hard-mouthed horse. **3.** Mouth, opening, aperture (of crater, well, etc.); muzzle (of gun); slot (of money-box, etc.); nozzle. **B. à feu,** gun, piece of artillery. **B. d'eau,** (i) hydrant, (ii) *Rail:* water-crane. **B. d'incendie,** hydrant, fire-plug. *Geog:* *pl.* **Les Bouches du Gange,** the mouths of the Ganges.

bouché [buʃe], *a.* **1.** Plugged up. *F:* **Avoir l'esprit b., être b.,** to be dull-witted, dense; to be a blockhead, a duffer. **Temps b.,** overcast weather. **2. Flacon b. à l'émeri,** stoppered flask. **3. Cidre b.,** bottled cider.

bouche-à-bouche [buʃabuʃ], *s.m.inv.* (Artificial respiration) kiss of life.

bouche-bouteilles [buʃbutɛːj], *s.m.* Bottle-corking machine.

bouchée [buʃe], *s.f.* **1.** Mouthful. **Mettre les bouchées doubles,** (i) to eat quickly, to gobble up one's food; (ii) to do a job in double-quick time. **2.** *Cu:* **B. aux huîtres,** oyster patty. **B. à la reine,** small vol-au-vent.

boucher[1] [buʃe], *v.tr.* (*a*) To stop, fill (up). **B. un trou,** to stop (up), to plug, block up, a hole. **Cela servira à b. un trou,** it will serve as a stop-gap. **B. un tonneau,** to bung a barrel. **B. une bouteille,** to cork a bottle. **B. une fenêtre,** to wall up, build in, a window. **Pluie qui bouche la vue,** rain that curtails vision, limits the view. **Se b. le nez,** to hold one's nose. **Se b. les oreilles,** to stop one's ears, to refuse to hear. (*b*) To choke (up) (pipe, etc.).

boucher[2], *s.m.* Butcher.

bouchère [buʃɛːr], *s.f.* Butcher's wife.

boucherie [buʃri], *s.f.* **1.** (*a*) Butcher's shop. (*b*) Butcher's trade. **2.** Butchery, slaughter. **Ce ne fut pas un combat, ce fut une b.,** it was not a fight, it was sheer butchery.

bouche-trou [buʃtru], *s.m.* Stop-gap, substitute; make-shift. *pl. Des bouche-trous.*

bouchon [buʃɔ̃], *s.m.* **1.** (*a*) Bush, sign (of tavern). (*b*) Tavern, public house. **2.** Wisp, handful (of straw). **3.** Stopper, plug, bung (of cask); cork (of bottle). **B. de liège,** cork. **Vin qui sent le b.,** corked wine. **Se noircir le visage au b.,** to cork one's face. **B. de verre,** glass stopper. **B. à l'émeri,** ground stopper. *I.C.E:* **B. de radiateur,** radiator-cap. **B. de vidange,** drain-plug. *El:* **B. de contact, de prise,** wall-plug. *P:* **Ramasser un b.,** to meet with failure; to come a cropper. **4.** *Fish:* Float, bob (of line). **5.** *El:* Wave-trap.

bouchonn|er [buʃɔne], *v.tr.* To rub down, wisp down (horse). *s.m.* **-age.** *s.m.* **-ement.**

bouchonnier [buʃɔnje], *s.m.* Cork-cutter; maker of, dealer in, corks.

boucle [bukl], *s.f.* **1.** Buckle, shackle. **B. de ceinture,** belt-buckle. **2.** (*a*) Loop, bow (of ribbon, string). **B. à nœud coulant,** running loop. (*b*) *Nau:* Bight, eye (of rope). (*c*) Loop, sweep (of river), bend (of river, road). (Of river) **Décrire de nombreuses boucles,** to meander. **3.** Ring. **B. de rideau,** curtain-ring. **Boucles d'oreilles,** ear-rings. **4.** Curl, ringlet, lock (of hair). **5.** *Sp:* Lap.

bouclé [bukle], *a.* Buckled, fastened. **Cheveux bouclés,** curly hair. *Tex:* **Velours b.,** uncut velvet; terry.

boucl|er [bukle]. **1.** *v.tr.* (*a*) To buckle (belt, etc.); to fasten (strap). *F:* **Se b. la ceinture,** to tighten one's belt; to go on short commons. *P:* **La b.,** to shut up. *F:* **B. une affaire,** to settle, clinch, a matter. *Book-k:* **B. les comptes,** to close the books. *F:* **Il n'y a plus qu'à b.,** we'll have to close down. S.a. BUDGET. (*b*) To loop, tie up, knot (ribbon, cord, etc.). *Av:* **B. la**

boucle, to loop the loop. (*c*) To lock up, imprison (s.o.); to put (s.o.) in irons. (*d*) **B. (les cheveux de) qn,** to curl s.o.'s hair. (*e*) *Sp:* To lap (competitor). (*f*) To ring (bull). **2.** *v.i.* (*a*) (Of metal) To buckle. (*b*) (Of hair) To curl, to be curly. *s.m.* **-ement.**

bouclerie [bukləri], *s.f.* Buckle-making, buckle-trade.

bouclette [buklɛt], *s.f.* **1.** Small buckle. **2.** Small ring. **3.** Small curl. **4.** *Tex:* Knop wool.

bouclier [bukli(j)e], *s.m.* **1.** Buckler, shield. **Faire un b. de son corps à qn,** to shield s.o. with one's own body. **2.** *Civ.E:* Shield.

Bouddha [buda]. *Pr.n.m.* Buddha.

bouddhisme [budism], *s.m.* Buddhism.

bouddhiste [budist], *a. & s.* Buddhist.

bouder [bude]. **1.** *v.i.* To sulk. **B. contre qn,** to be sulky, with s.o. **B. à la besogne,** to be afraid of work, to be work-shy. *Dominoes:* **"Je boude,"** 'pass!' 'go!' **Cheval qui boude sur son avoine,** horse off its feed. **2.** *v.tr.* **B. qn,** to be sulky, with s.o.

bouderie [budri], *s.f.* Sulkiness; sulks.

boudeur, -euse [budœːr, -øːz]. **1.** *a.* Sulky. **2.** *s.f.* Boudeuse, double back-to-back settee.

boudin [budɛ̃], *s.m.* **1.** (*a*) *Cu:* Black-pudding, *U.S:* blood sausage. *F:* (Of undertaking) **S'en aller en eau de b.,** to fail, to fizzle out. (*b*) *F:* **Boudins,** fat, podgy, fingers. **2.** (*a*) Corkscrew curl; roll, twist (of tobacco). S.a. RESSORT[1] 1. (*b*) *Arch:* Torus, ovolo. *Mec.E: etc:* Fillet, beading; flange (on wheel). **3.** *F:* **Faire du b.,** to sulk.

boudoir [budwaːr], *s.m.* Boudoir.

boue [bu], *s.f.* **1.** Mud, mire, ooze, slush; filth, dirt. **Tas de b.,** mud-heap. *F:* **Il me méprise comme la b. de ses souliers,** he treats me like dirt. **Tirer qn de la b.,** to raise s.o. from the gutter. S.a. TRAÎNER 1. **2.** (Building) mud, clay. **3.** Sediment, mud, deposit. *Oc:* Ooze. *Mch:* Sludge. **Boues minérales,** mineral muds; mud-baths. **Bain de boues,** mud-bath.

bouée [bwe, bue], *s.f.* *Nau:* Buoy. **1. B. sonore, à sifflet,** whistling-buoy. **B. à cloche,** bell-buoy. **B. d'amarrage, de corps-mort,** mooring buoy. **S'amarrer à, sur, une b.,** to make fast to a buoy. *F:* **Je suis au vent de ma b.,** I have weathered my difficulties. **2. B. de sauvetage,** life-buoy.

boueur [buœːr], *s.m.* Scavenger, dustman.

boueux, -euse [buø, -øːz]. **1.** *a.* (*a*) Muddy, miry. S.a. SOURCE. (*b*) Smudgy, thick (writing, print). **2.** *s.m. F:* = BOUEUR.

bouffant [bufɑ̃], *a.* Puffed (sleeve, etc.); baggy (trousers). **Cheveux bouffants,** (i) (man's) wavy hair, (ii) (woman's) loosely combed or padded hair.

bouffarde [bufard], *s.f.* *P:* (Tobacco-)pipe.

bouffe [buf], *a.* **Opéra b.,** opera bouffe, comic opera, musical comedy.

bouffée [bufe], *s.f.* (*a*) Puff (of smoke); whiff (of scent). **Lancer des bouffées de fumée,** to puff out smoke. **Tirer une b. de sa pipe,** to take a puff at one's pipe. **B. d'air,** gust; blast, puff, of air. (*b*) *Med:* **B. de chaleur,** sudden flush.

bouffer [bufe]. **1.** *v.i.* (Of dress, etc.) To puff (out), swell out; (with puff of wind) to balloon out; (of bread) to rise. **2.** *v.tr.* (*a*) **B. les joues,** to puff out one's cheeks. (*b*) *P:* To eat (sth.) greedily. **B. son dîner,** to bolt one's dinner. *F:* **Il a bouffé du lion aujourd'hui,** he is like a raging lion today. (*c*) *P:* To blue (money).

bouffette [bufɛt], *s.f.* (Ribbon) rosette.

bouffi [bufi], *a.* Puffy, puffed, swollen (eyes, cheeks); bloated (face); turgid (style). **Être b. d'orgueil,** to be puffed up with pride. *Com:* **Hareng b.,** bloater.

bouffir [bufiːr]. **1.** *v.tr.* To swell, blow out, bloat. **2.** *v.i.* To become swollen, puffed up, bloated.

bouffissure [bufisyːr], *s.f.* Swelling; puffiness.

bouffon [bufɔ̃]. **1.** *s.m.* Buffoon, clown, fool, jester. **2.** *a.* (*f.* **bouffonne** [bufɔn]) Farcical, (broadly) comical.

bouffonner [bufɔne], *v.i.* To play, act, the buffoon.

bouffonnerie [bufɔnri], *s.f.* Buffoonery; clownery; antics.

bougainvillée [bugɛ̃vile], *s.f.* **bougainvillier** [bugɛ̃vilje], *s.m.* *Bot:* Bougainvillea.

bouge [buːʒ], *s.m.* **1.** Bilge (of cask); bulge (of wall). **2.** Den, slum, hovel. **Sa cuisine est un b.,** her kitchen is a regular pigsty.

bougeoir [buʒwaːr], *s.m.* Bed-room candlestick; flat candlestick.

bougeotte [buʒɔt], *s.f.* *F:* **Avoir la b.,** to be fidgety; to have the fidgets.

bouger [buʒe], *v.* (**je bougeai(s); n. bougeons**) **1.** *v.i.* To budge, stir, move. **Rester sans b.,** to stand, remain, quite still. **2.** *v.tr.* *F:* **Il ne faut rien b.,** you must not move anything.

bougie [buʒi], *s.f.* **1.** Candle. **B. de cire,** wax-candle. **B. stéarique,** composite candle. **A la b., aux bougies,** by candlelight. **2.** *Ph.Meas:* Candle-power. **3.** *I.C.E:* **B. (d'allumage),** sparking-plug. **4.** *Surg:* Bougie.

bougon, -onne [bugɔ̃, -ɔn]. *F:* **1.** *s.* Grumbler, grouser. **2.** *a.* Grumpy.

bougonner [bugɔne], *v.i.* *F:* To grumble, grouse; to scold.

bougran [bugrɑ̃], *s.m.* *Tex:* Buckram.

bougre, bougresse [buːgr, bugrɛs], *s.* *V:* (Usu. **b. . . .**) **1.** Blackguard, *f.* jade. **Mauvais b.,** ugly customer. **B. de temps,** brute, pig of a day. **B. d'imbécile!** You damn idiot! **2. C'est un bon b.,** he's not a bad sort. **3.** *int.* **B. que ça fait mal!** That *does* hurt!

boui-boui [bwibwi], *s.m.* *P:* Low theatre or music-hall; low haunt. *pl. Des bouis-bouis.*

bouillabaisse [bujabɛs], *s.f.* *Cu:* Provençal fish-soup, *bouillabaisse.*

bouillant [bujɑ̃], *a.* **1.** Boiling. **Boire du thé b.,** to drink scalding hot tea. *F:* **B. de colère,** boiling with anger. **2.** Fiery, hot-headed, impetuous.

bouille [buj], *s.f.* **1.** Fishing pole. **2.** *V:* Face.

bouilleur [bujœːr], *s.m.* **1.** (Brandy) distiller. **B. de cru,** farmer who distils for his own consumption; home distiller. **2.** *Mch:* Water-space, water-room (of a ship's boiler).

bouilli [buji], *s.m.* *Cu:* Boiled beef (from which *bouillon* has been made).

bouillie [buji], *s.f.* Pap (for infants); gruel, porridge. *F:* **Être comme de la b.,** to have no backbone. **Les voyageurs ont été réduits en b.,** the passengers were crushed to pulp.

bouillir [bujiːr], *v.i.* (*pr.p.* **bouillant;** *p.p.* **bouilli;** *pr.ind.* **je bous** [bu], **il bout, ils bouillent;** *pr.sub.* **je bouille;** *p.d.* **je bouillais;** *p.h.* **je bouillis;** *fu.* **je bouillirai**) To boil. **L'eau bout,** the water is on the boil, is boiling. **Commencer à b.,** to come to the boil. **Cesser de b.,** to go off the boil. **Faire b. qch.,** to boil sth. **B. de colère,** to boil with anger. **Le sang lui bouillait,** his blood was up.

bouilloire [bujwaːr], *s.f.* Kettle.

bouillon [bujɔ̃], *s.m.* **1.** (*a*) Bubble (given off by boiling liquid). **Bouillir à gros bouillons,** to boil fast. **Cuire à petits bouillons,** to simmer. **Faire jeter un b. à qch.,** to bring sth. to the boil. **Le sang sortait à gros bouillons,** the blood was gushing out. (*b*) Bleb, air-bubble (in glass); blow-hole (in metal). (*c*) *Cost:* Puff, gauging. **Manches à bouillons,** puffed sleeves. **2.** (*a*) *Cu:* **B. gras,** clear (meat-)soup; beef-tea; meat-stock. **B. d'onze heures,** poisoned drink. *F:* **Avaler, boire, un b.,** to come to grief; to suffer a heavy loss. (*b*) *Biol:* **B. de culture,** gelatine meat-broth. **3.** Restaurant. **4.** *Com:* Returns, remainders, unsold copies (of book or daily papers).

bouillonné [bujɔne], *s.m.* *Dressm:* Shirring.

bouillonnement [bujɔnmɑ̃], *s.m.* Bubbling; boiling; seething. *F:* **B. de la jeunesse,** impetuousness of youth.

bouillonner [bujɔne]. **1.** *v.i.* To bubble, boil up, seethe, froth up. *F:* **B. de colère,** to boil, seethe, with anger. **2.** *v.tr.* *Dressm:* To gauge; to shirr.

bouillotte [bujɔt], *s.f.* **1.** (*a*) *Rail: etc:* Foot-warmer. (*b*) Hot-water bottle. **2.** = BOUILLOIRE.

bouillotter [bujɔte], *v.i.* To simmer.

boulaie [bulɛ], *s.f.* Birch plantation.

boulange [bulɑ̃ːʒ], *s.f.* Bread-making.

boulanger[1], -ère [bulɑ̃ʒe, -ɛːr]. **1.** *s.* Baker; *f.* baker's wife. **2.** *s.f.* *Danc:* **Boulangère,** Paul Jones.

boulanger[2], *v.tr.* (**je boulangeais; n. boulangeons**) (*a*) To work (the flour, in bread-making); to make (bread). (*b*) *Abs.* To bake.

boulangerie [bulɑ̃ʒri], *s.f.* **1.** Bread-making, baking. **2.** Bakery, bakehouse; baker's shop.

boulant [bulɑ̃], *a.* **1. Pigeon b.,** pouter. **2. Sables boulants,** quicksand.

boule[1] [bul], *s.f.* **1.** (*a*) Ball, sphere, globe. **B. de croquet, de hockey,** croquet ball, hockey ball. **Foudre en b.,** ball-lightning. **Être rond comme une b.,** to be short and fat, podgy. (Of hedgehog, etc.) **Se rouler, se mettre, en b.,** to curl (itself) up. *F:* **B. dans la gorge,** lump in one's throat. **Arbre en b.,** bushy-topped tree. *F:* **B. de feu, b. de fer,** cross my heart. S.a. GOMME 1, NEIGE. (*b*) *P:* Face, mug; head. **Perdre la b.,** to go off one's head; to go dotty. (*c*) *Mch:* **Boules du régulateur,** governor fly-balls. (*d*) **B. de scrutin,** ballot-ball, voting-ball. *F:* **La b. noire lui tombe toujours,** ill-luck follows him. **2.** (*a*) Hot-water bottle. (*b*) Bulb (of thermometer). (*c*) *Mil:* Ration loaf. **3.** (*a*) *Games:* **Jouer aux boules,** to play bowls. **Jeu de boules,** bowling alley. **Partie de boules,** game of bowls; bowling match. (*b*) *Gaming:* **La b.,** (i) the ball (thrown into the cup), (ii) (the game of) *boule.*

boule[2], *s.m.* = BOULLE.

bouleau [bulo], *s.m.* Birch(-tree).

boule-de-neige [buldənɛːʒ], *s.f.* *Bot:* Guelder-rose, snowball-tree. *pl. Des boules-de-neige.*

bouledogue [buldɔg], *s.m.* Bulldog.

bouler [bule]. **1.** (*a*) *v.i.* *F:* **Envoyer b. qn,** (i) to send s.o. rolling; (ii) to send s.o. to blazes. (*b*) *v.tr.* *F:* To make a failure of (sth.). *Th:* **B. son entrée,** to fluff one's entrance. **2.** *v.i.* (Of dough, etc.) To swell; (of pigeon) to pout.

boulet [bulɛ], *s.m.* **1.** (*a*) *A:* **B. de canon,** cannon-ball. (*b*) *Jur:* *A:* Chain-and-ball punishment. *F:* **Traîner le b.,** to be tied down to an uncongenial occupation. **2. B. de soupape,** ball of a valve. **Joint à b.,** ball-and-socket joint. **3.** Fetlock-joint (of horse).

boulette [bulɛt], *s.f.* **1.** Pellet (of paper, etc.). **2.** *Cu:* Force-meat ball; rissole. **3.** *F:* **Faire une b.,** to make a blunder; to drop a brick.

boulevard [bulvaːr], *s.m.* **1.** *A:* Bulwark, rampart. **2.** Boulevard.

boulevardier [bulvardje], *s.m.* *O:* (*In Paris*) Frequenter of the boulevards; man about town.

bouleversant [bulvɛrsɑ̃], *a.* Upsetting, staggering, bewildering.

bouleversement [bulvɛrsəmɑ̃], *s.m.* (*a*) Overthrow, overturning, upsetting. (*b*) Disorder, confusion, upheaval.

bouleversé [bulvɛrse], *a.* Disordered, upset. **Avoir l'esprit b.,** to be completely upset. **Figure bouleversée,** distressed face.

bouleverser [bulvɛrse], *v.tr.* (*a*) To upset, overturn, overthrow; to turn (sth.) topsy-turvy; to throw (sth.) into confusion. (*b*) To upset, discompose (s.o.). **La nouvelle l'a complètement bouleversé,** *F:* the news bowled him over.

boulier [bulje], *s.m.* (*a*) **Boulier compteur,** abacus. (*b*) Billiard scoring-board.

boulimie [bulimi], *s.f.* *Med:* Bulimia, morbid hunger.

bouline [bulin], *s.f.* *Nau:* Bowline. **Naviguer à la b.,** to sail close-hauled. **Nœud de b.,** bowline-knot.

boulingrin [bulɛ̃grɛ̃], *s.m.* **1.** *A:* Bowling-green. **2.** Lawn, grass-plot.

boulle [bul], *s.m.* *Furn:* Boulle, buhl. **Cabinet de b.,** buhl cabinet.

boulomane [bulɔman], *s.m.* Keen, regular player of game of bowls.

boulon [bulɔ̃], *s.m.* Bolt, pin. **B. à écrou,** screw-bolt. **B. à œil,** eye-bolt. **B. à oreilles,** wing-bolt. **B. mécanique,** machine bolt.

boulonnais, -aise [bulɔnɛ, -ɛːz]. **1.** *a. & s.* Native, inhabitant, of Boulogne. **2.** Heavy draught horse (of the Boulogne region).

boulonner [bulɔne], *v.tr.* **1.** To bolt (down). **2.** *P:* To swot.

boulonnerie [bulɔnri], *s.f.* **1.** Bolt-and-nut, (i) works, (ii) trade. **2.** *Coll:* Bolts and nuts.

boulot, -otte [bulo, -ɔt]. **1.** *a. & s.* *F:* Fat, dumpy, plump, chubby (person). **2.** *s.m.* *P:* (*a*) Work, toil. **Quel est son b.?** what is his job? (*b*) Food, grub.

boulotter [bulɔte]. *P:* **1.** *v.i.* To jog along, scrape along. **Comment ça va-t-il?—Ça boulotte,** how are you?—I'm getting along nicely; I'm going strong. **2.** *v.tr.* To eat.

boum[1] [bum], *int.* Bang! boom!

boum[2], *s.m.* *F:* Young people's party.

bouquet[1] [bukɛ], *s.m.* **1.** (*a*) Bunch of flowers, nosegay, posy, bouquet. (*b*) Cluster, clump (of trees, of electric lamps); plume, tuft (of feathers). **2.** Aroma (of wine, cigar); bouquet, nose (of wine). **3.** *Pyr:* Crowning-, finishing-piece (of display of fireworks). *F:* **Réserver qch. pour le b.,** to keep sth. for the last, for the grand finale. **Pour le b. . . .,** last, but not least. . . . **Ça, c'est le b.!** that caps all! That takes the biscuit! That's the last straw!

bouquet[2], *s.m.* *Med:* *Vet:* Scab (of sheep, etc.).

bouquet[3], *s.m.* **1.** *Z:* (*a*) Hare. (*b*) Buck-rabbit. **2.** *Crust:* Prawn.

bouquetier, -ière [buktje, -jɛːr]. **1.** *s.* Flower-seller, esp. *f.* flower-girl. **2.** *s.m.* Flower vase.

bouquetin [buktɛ̃], *s.m.* *Z:* Ibex, bouquetin.

bouquin[1] [bukɛ̃], *s.m.* (*a*) Old book; book of no value. (*b*) *F:* Book.

bouquin[2], *s.m.* (*a*) Old he-goat or old hare. (*b*) Buck-hare, -rabbit.

bouquin|er[1] [bukine], *v.i.* **1.** To hunt after, to collect, old books. **2.** (*a*) To read, consult, pore over, old books. (*b*) *F:* To read. *s.m.* **-age.**

bouquiner[2], *v.i.* To buck, to couple (of hares).

bouquineur [bukinœːr], *s.m.* Lover of old books; book-hunter.

bouquiniste [bukinist], *s.m.* Second-hand book-seller.

bourbe [burb], *s.f.* Mud (of pond, etc.); mire.

bourbeux, -euse [burbø, -øːz], *a.* Muddy, miry.

bourbier [burbje], *s.m.* Slough, mire, mud-pit. *F:* **Se tirer d'un b.,** to get out of a scrape, out of a mess.

bourbillon [burbijɔ̃], *s.m.* **1.** Clot, lump, of mud. **Bourbillons d'encre,** clots of ink. **2.** *Med:* *Vet:* Core (of boil, abscess, etc.).

bourdaine [burdɛn], *s.f.* *Bot:* Alder buckthorn, black alder.

bourdalou [burdalu], *s.m.* Hat-band.

bourde [burd], *s.f.* *F:* **1.** Fib, falsehood. **Débiter des bourdes,** to tell fibs. **2.** Blunder, bloomer. **Faire une b.,** to put one's foot in it, to drop a brick.

bourdon[1] [burdɔ̃], *s.m.* Bourdon; pilgrim's staff.

bourdon[2], *s.m.* **1.** *Mus:* (*a*) Drone (of bagpipes, etc.). (*b*) Drone bass. (*c*) Bourdon stop (of organ). **2.** Great bell. **3.** *Ent:* Humble-bee, *F:* bumble-bee.

bourdon[3], *s.m.* *Typ:* Omission; 'out.'

bourdonn|er [burdɔne]. **1.** *v.i.* (Of insects) To buzz, hum. **2.** *v.tr.* To hum (tune). *s.m.* **-ement.**

bourdonnet [burdɔnɛ], *s.m.* *Surg:* Pledget; (antiseptic) plug.

bourdonneur, -euse [burdɔnœːr, -øːz]. **1.** *a.* Humming (insect, etc.). **2.** *s.m.* *F:* Humming-bird.

bourg [buːr], *s.m.* **1.** Small market-town. **2.** *Eng.Hist:* Borough. **B. pourri,** rotten borough.

bourgade [burgad], *s.f.* Important village.

bourgeois, -oise [burʒwa, -waːz]. **I.** *s.* **1.** (*a*) *A:* Burgess, burgher, citizen. (*b*) Commoner. (*c*) Civilian, townsman. **En b.,** in plain clothes, *F:* in mufti, in civvies. **Agent de police en b.,** plain-clothes detective. **2.** Middle-class man, woman, *Pej:* Bourgeois. **Les petits b.,** the lower middle class; tradespeople, small shopkeepers. **3.** *F:* (In art circles) Philistine. **4.** *P:* (As used by workmen, etc.) Governor, boss, master, mistress.

II. bourgeois, -oise, *a.* **1.** Middle-class, *Pej:* bourgeois, (family, etc.). **2.** Homely, simple, plain (cooking, tastes, etc.). **Pension bourgeoise,** private boarding-house. **3.** Common, unrefined, vulgar, bourgeois. *s.m.* **C'est du dernier b.!** it's horribly middle class! *adv.* **-ement.**

bourgeoisie [burʒwazi], *s.f.* The middle class; the bourgeoisie. **La haute b.,** the upper middle class. **La petite b.,** the lower middle class.

bourgeon [burʒɔ̃], *s.m.* **1.** Bud. **2.** *F:* Pimple (on the nose, etc.).

bourgeonn|er [burʒɔne], *v.i.* **1.** *Bot:* To bud, shoot. **2.** *F:* (Of the nose, etc.) To become pimply, to break out into pimples. *s.m.* **-ement.**

bourgeron [burʒərɔ̃], *s.m.* (Workman's) blouse, overall. *Mil:* Fatigue-coat. *Nau:* Jumper.

bourgmestre [burgmɛstr], *s.m.* Burgomaster.

Bourgogne [burgɔɲ]. **1.** *Pr.n.f.* *Geog:* (Ancient province of) Burgundy. **2.** *s.m.* (Also **vin de B.**), Burgundy (wine).

bourgot [burgo], *s.m. Fr.C:* Moose-caller.
bourguignon, -onne [burgiɲɔ̃, -ɔn], *a. & s.* Burgundian.
bourlinguer [burlɛ̃ge], *v.i.* (*a*) *Nau:* (Of ship) To labour, toil, strain (in a seaway); to make heavy weather. (*b*) *F:* **B. de par le monde,** to knock about the world.
bourlingueur [burlɛ̃gœːr], *s.m.* **Un vieux b.,** an old salt.
bourrache [buraʃ], *s.f. Bot:* Borage.
bourrade [burad], *s.f.* Blow; thrust; rough word; thump (in the back); dig (in the ribs).
bourrage [buraːʒ], *s.m.* Stuffing, padding (of chair, etc.); tamping (of mines, etc.); *Sch:* Cramming. *F:* **B. de crâne,** optimistic news fed to the public; eye-wash, bluff.
bourrasque [burask], *s.f.* Squall; gust of wind.
bourratif [buratif], *a. P:* Stodgy, filling.
bourre [buːr], *s.f.* **1.** Flock (for stuffing or padding); waste (of cotton); linters. **B. de soie,** floss-silk. **2.** Plug, wad (of fire-arm).
bourreau [buro], *s.m.* **1.** Executioner; hangman. *F:* **B. que vous êtes!** inhuman wretch that you are! **Être le b. de qn,** to torment, torture, s.o. **2. C'est un b. de travail,** he's a glutton for work.
bourrée [bure], *s.f.* Faggot; bundle of fire-wood.
bourrèlement [burɛlmɑ̃], *s.m.* Anguish, (tormenting) pain; pangs (of remorse etc.).
bourreler [burle], *v.tr.* (**je bourrèle, n. bourrelons; je bourrèlerai**) To torment, rack (s.o. mentally). **Bourrelé de remords,** tortured by remorse; conscience-stricken.
bourrelet [burlɛ], *s.m.* **1.** (*a*) Pad, wad, cushion. **B. de porte,** draught-excluder. (*b*) (Horse-)collar. **2.** *Bot:* Excrescence (round tree-trunk). *F:* **Bourrelets de graisse,** rolls, folds, of fat (round the neck, etc.), spare tyre. **3.** (*a*) Rim, flange (of pipe, wheel); fillet. (*b*) Bead (of tyre).
bourrelier [burəlje], *s.m.* Harness-maker; saddler.
bourrellerie [burɛlri], *s.f.* **1.** Harness-maker's business, trade. **2.** Harness-maker's shop.
bourrer [bure], *v.tr.* **1.** To stuff, pad (cushion with hair, etc.); to cram, pack tight (cupboard with linen, etc.); to fill (pipe with tobacco). *F:* **B. un élève de latin,** to cram, stuff, a pupil with Latin. *F:* **B. le crâne à qn,** to stuff s.o. with false stories; *F:* to stuff s.o. up. **Poches bien bourrées,** well-filled pockets. **Aliment qui bourre,** stodgy food. *F:* **Bourré à craquer,** full to bursting. **2.** (*a*) *Mil: Min:* To ram (charge) home; to tamp (blast-hole). (*b*) *Mch:* To pack (piston, stuffing-box). **3.** *F:* **B. qn (de coups),** to pummel, trounce, s.o.; to give s.o. a pummelling, a drubbing, a trouncing.
se bourrer, *v.pr. F:* To stuff oneself (food, etc.).
bourreur [burœːr], *s.m.* **1.** Stuffer, padder. *F:* **Bourreur de crânes,** one who stuffs people up with false stories (of victory); dispenser of eye-wash.
bourriche [buriʃ], *s.f.* Basket, hamper, bass (for conveying oysters, game, etc.).
bourricot [buriko], *s.m.* Small donkey.
bourrique [burik], *s.f.* (*a*) She-ass; donkey. (*b*) *F:* Dunce, duffer, ignoramus. **Faire tourner qn en b.,** to drive s.o. crazy.
bourriquet [burikɛ], *s.m.* Ass's colt.
bourru [bury], *a.* Rough, rude, surly, churlish.
bourse [burs], *s.f.* **1.** (*a*) Purse, bag, pouch. **B. ronde, bien garnie,** well-lined purse, long purse. **La b. ou la vie!** your money or your life! **Tenir les cordons de la b.,** to hold the purse-strings; to look after the cash. **Sans b. délier,** without spending a penny. **Faire b. commune,** to share expenses, to pool resources. (*b*) *Z:* Pouch (of marsupial). **2.** *Sch:* **B. d'études,** exhibition, scholarship. **B. d'entretien,** maintenance grant. **3.** Stock exchange, money-market. **A la B.,** on 'Change. **Jouer à la B.,** to speculate. **B. du Travail,** Labour Exchange.
boursier, -ière [bursje, -jɛːr], *s.* **1.** Holder of a scholarship, bursary; exhibitioner. **2.** Speculator in stocks and shares.
boursouflage [bursuflaːʒ], *s.m.* (*a*) Swelling. (*b*) Bombast.
boursouflé [bursufle], *a.* Swollen; bloated. **Style b.,** inflated, turgid, flatulent, style.
boursouflement [bursufləmɑ̃], *s.m.* Swelling, puffing up (of flesh, etc.); blistering (of paint).
boursoufler [bursufle], *v.tr.* To puff up, swell (flesh); to bloat (the face); to blister (paint).
se boursoufler, to rise, swell; to increase in volume; (of paint) to blister.
boursouflure [bursuflyːr], *s.f.* **1.** Swelling, puffiness (of the face, etc.); turgidity, inflation, flatulence (of style). **2.** Blister (on paint).
bous. See BOUILLIR.
bousculade [buskylad], *s.f.* Scrimmage; scuffle, hustle. **Une b. vers la porte,** a rush for, a general scurry towards, the door.
bouscul|er [buskyle], *v.tr.* **1. B. des objets,** to knock things over, upset things, turn everything upside down. **2. B. qn,** to jostle, hustle, s.o. *s.m.* **-ement.**
bouse [buːz], *s.f.* **B. de vache,** cow-dung.
bousillage [buzijaːʒ], *s.m. F:* Bungled, scamped, botched, piece of work; bungle.
bousill|er [buzije], *v.tr. F:* **B. un ouvrage,** to bungle, botch, scamp, a piece of work. *Av: P:* **B. son appareil,** to crash one's plane. *s.m.* **-eur.**
boussole [busɔl], *s.f.* Compass. **B. de poche,** marching compass. **B. d'inclinaison,** dipping needle. *P:* **Perdre la b.,** (i) to be all at sea, (ii) to go dotty; to lose one's head.
boustifaille [bustifɑːj], *s.f. P:* **1.** Blow-out, tuck-in. **2.** Food, grub.
boustifailler [bustifɑje], *v.i. P:* To eat and swill.
bout[1] [bu], *s.m.* **1.** Extremity, end. **Au b. de la rue,** at the bottom of the street. **Le haut b. de la table,** the head of the table. **Le bas b. de la table,** the foot, bottom, of the table. **Joindre les deux bouts (de l'année),** to make both ends meet. **D'un b. à l'autre,** from end to end, from beginning to end. **D'un b. à l'autre du pays,** from one end of the country to the other. **D'un b. de l'année à l'autre,** year in year out. **Au b. d'une heure,** at the end of, after, an hour; when an hour had passed. **Être au b. de ses écus,** to be at the end of one's resources. **Être au b. de son rouleau,** to be at the end of one's tether. **Jusqu'au b.,** to the very end. **Écouter, entendre, qn jusqu'au b.,** to hear s.o. through, to hear s.o. out. **Aller jusqu'au b.,** (i) to go the whole way, (ii) to go on to the bitter end, to fight (it out) to a finish. **Lire la lettre jusqu'au b.,** to read the letter through. **Au b. du compte,** after all. *Adv.phr.* **De b. en b.,** from beginning to end, from end to end; *Nau:* from stem to stern. **Je connais Paris de b. en b.,** I know Paris through and through. **Être à b.,** to be exhausted, tired out. **Pousser qn à b.,** to aggravate s.o. to a degree, to drive s.o. to extremities. **Pousser à b. la patience de qn,** to exhaust s.o.'s patience, to try s.o.'s patience to breaking-point. **Assembler deux planches b. à b.,** to join two planks end to end, end on. *Prep.phr.* **À b. de patience,** at the end of one's patience. **Vieillard à b. de forces,** old man at the end of his tether. **Nous sommes à b. d'essence,** we have run out of petrol. **Venir à b. de la résistance de qn,** to break down s.o.'s resistance. **Venir à b. d'une épidémie,** to stamp out an epidemic. **Venir à b. de faire qch.,** to succeed in doing sth.; to contrive, manage, to do sth. **Rire du b. des dents,** to laugh in a forced manner. S.a. CHAMP[1] 1, 2. **2.** End, tip, end-piece. **B. du doigt, du nez, de la langue,** tip of one's finger, nose, tongue. S.a. DOIGT 1, LANGUE 1, LÈVRE 1. **B. de pipe,** mouthpiece of a pipe. **B. filtrant,** filter-tip (of a cigarette). **B. de l'archet (de violon),** point of the bow. **B. d'un fusil,** muzzle of a gun. **A b. portant,** point-blank, with open sights. *Bootm:* **B. de pied,** toe-cap (of a football boot). *El:* **B. mort,** dead-end (of coil). *Fb:* **Obtenir un but à b. portant,** to score from the goal-mouth. *F:* **Prendre qch. par le bon b.,** to tackle sth. the right way. *F:* **Tenir le bon b.,** (i) to have the best of it; (ii) to be on the right tack, to have the right end of the stick. **3.** Bit, fragment, (fag-)end. **Nous avons un b. de jardin,** we have a bit of garden. **B. de papier,** scrap of paper. **B. de chandelle,** candle-end. S.a. ÉCONOMIE 3. **B. de cigare,** stub of a cigar. *F:* **Un petit b. d'homme,** a short little man. **C'est un bon b. de chemin,** it is a good step to go. *Cin:* **B. d'essai,** test-strip.
bout[2]. See BOUILLIR.
boutade [butad], *s.f.* **1.** Whim, caprice. **Travailler par boutades,** to work by fits and starts. **2.** Sudden outburst (of ill-temper). **3.** Sally; flash of wit.

bout-dehors [budəɔːr], *s.m. Nau:* Boom. **B.-d. de foc,** jib-boom. *pl. Des bouts-dehors.*
boute-en-train [butɑ̃trɛ̃], *s.m.inv. F:* Exhilarating companion. **Le b.-en-t. d'une société,** the life and soul of a party. **C'est un b.-en-t.,** he is full of fun.
boutefeu, -eux [butfø], *s.m.* **1.** (*a*) *Artil: A:* Linstock. (*b*) *Min: etc:* Portfire, igniter. **2.** (*a*) *Min:* Shot-firer, blaster. (*b*) *F:* (Social) firebrand.
bouteille [butɛːj], *s.f.* Bottle. **Nous allons boire une b.,** we'll have a bottle (of wine) together. **B. d'eau,** bottle(ful) of water. **B. isolante, b. Thermos** [tɛrmɔs], vacuum, Thermos (*R.t.m.*), flask. **Mettre du vin en bouteilles,** to bottle wine. **S.a.** ENCRE. *El:* **B. de Leyde,** Leyden jar; electric jar. *Ind:* **B. à gaz,** gas cylinder. *Gym:* **Bouteilles en bois,** Indian clubs.
bouteillerie [butɛjri], *s.f.* (*a*) Bottle-works. (*b*) Bottle-trade, -making.
bouteillon [butɛjɔ̃], *s.m. Mil:* Dixie.
bouteroue [butru], *s.f.* Guard-stone, -post; fender (fixed at corners of buildings, etc.).
boutiquaillerie [butikajri], *s.f.* Petty shopkeepers.
boutique [butik], *s.f.* (*a*) Shop. **Tenir b., avoir b.,** to keep, run, a shop. **Fermer b.,** (i) to shut up shop; (ii) to give up one's shop. *F:* **Parler b.,** to talk shop. *F:* **J'en ai assez de cette sale b.!** I am sick of the whole beastly place, of the whole show! (*b*) **B. en plein vent,** market stall. (*c*) Boutique (expensive women's shop).
boutiquier, -ière [butikje, -jɛːr], *s.* Shopkeeper; tradesman, tradeswoman.
boutoir [butwaːr], *s.m.* Snout (of a boar). *F:* **Coup de b.,** (i) rough or aggressive remark; thrust (at s.o.); (ii) staggering blow.
bouton [butɔ̃], *s.m.* **1.** Bud. **B. de rose,** rose-bud. **En b.,** budding, in bud. **2.** Button. **B. à queue,** shank button. **B. de plastron de chemise,** stud. **B. de col,** collar-stud. **Boutons de manchettes jumelés,** sleeve-links. **B. à pression,** press-button, press-stud, snap-fastener. *F:* **Ne tenir qu'à un b.,** to hang by a thread. **3.** (*a*) Knob, handle (of door, lock, etc.); button (of foil); button, tail-pin (of violin, etc.). *W.Tel:* Knob (of dial). **B. moleté,** milled head. **Tourner le b.,** to switch (the radio, etc.) on or off. (*b*) **B. de sonnerie, de sonnette, d'appel,** push-button, bell-push, call button. **"Appuyez sur le b."** 'press the button.' **4.** Pimple, pustule (on face, etc.); pock (of smallpox); bleb. **Couvert de boutons,** pimpled, pimply. **5.** *Bot:* **B. d'argent,** (i) sneezewort, (ii) button mushroom. **B. d'or,** buttercup.
boutonner [butɔne]. **1.** *v.i.* (*a*) *Bot:* To bud. (*b*) (Of nose, etc.) To come out in pimples. **2.** *v.tr.* (*a*) To button (up) (coat, dress). **Robe qui se boutonne par derrière,** dress that buttons up at the back. (*b*) *Fenc:* To touch (opponent).
se boutonner, to fasten (up) one's buttons.
boutonnerie [butɔnri], *s.f.* **1.** Button manufacture, trade. **2.** Button factory.
boutonneux, -euse [butɔnø, -øːz], *a.* **1.** Pustulous, pimply. **2.** Uneven (paper, cloth).
boutonnier, -ière [butɔnje, -jɛːr], *s.* Button-maker.
boutonnière [butɔnjɛːr], *s.f.* **1.** (*a*) Button-hole. **Porter une fleur à la b.,** to wear a button-hole. (*b*) Stud-hole. **2.** *Surg:* Incision, button-hole. *F:* **Faire une b. à qn,** to pink s.o. (with a rapier). **3.** Rosette (of Legion of Honour, etc.).
bouton-poussoir [butɔ̃puswaːr], *s.m. W.Tel: etc:* Push-button. *pl. Des boutons-poussoirs.*
bouts-rimés [burime], *s.m.pl.* Set rhymes (for composing verses).
bouture [butyːr], *s.f. Hort:* **1.** Slip, cutting. **B. d'œillet,** piping. **2.** Stem sucker.
boutur|er [butyre]. **1.** *v.i.* (Of plants) To shoot suckers. **2.** *v.tr.* To propagate (plants) by cuttings; to pipe (carnations). *s.m.* **-age.**
bouveau, -eaux [buvo], *s.m.* **bouvelet** [buvlɛ], *s.m.* Steer, young bullock.
bouvet [buvɛ], *s.m. Tls:* Grooving-plane.
bouvier [buvje], *s.m.* (*a*) Cowherd; cowman, herdsman. (*b*) Drover, cattleman.
bouvillon [buvijɔ̃], *s.m.* Young bullock.
bouvreuil [buvrœːj], *s.m. Orn:* Bullfinch.
bovidés, bovinés [bɔvide, bɔvine], *s.m.pl. Z:* Bovidae, bovines.
bovin, -ine [bɔvɛ̃, -in], *a.* Bovine. **2.** *s.m. pl.* **Bovins,** bovines.
bow-window [bowindo], *s.m. Arch:* Bow-window.
box [bɔks], *s.m.* **1.** Horse-box, loose box (in stable). **2.** Cubicle (in dormitory). **3.** *Aut:* Lock-up garage. **4.** *Jur:* **Être dans le box des accusés,** to be in the dock. *pl. Des box, des boxes.*
box-calf [bɔkskalf], *s.m. Com:* Box-calf.
boxe [bɔks], *s.f.* Boxing.
boxer[1] [bɔkse], *v.i. & tr.* To box, spar. **B. qn,** to box, spar, with s.o.
boxer[2] [bɔksɛːr], *s.m.* (Dog) Boxer.
boxeur [bɔksœːr], *s.m.* Boxer; prize-fighter.
boy [bɔːj], *s.m.* **1.** Groom. **2.** (In Asia, Africa) Boy, native servant.
boyau, -aux [bwajo], *s.m.* **1.** *F:* Bowel, gut. **Corde à, de, b.,** (cat)gut. **2.** (*a*) Hose-pipe. (*b*) *Cy:* Tubular tyre. **3.** Narrow thoroughfare. *Mil:* Communication trench.
boycott|er [bɔjkɔte], *v.tr.* To boycott. *s.m.* **-age.**
boycotteur, -euse [bɔjkɔtœːr, -øːz], *s.* Boycotter.
brabançon, -onne [brabɑ̃sɔ̃, -ɔn], *a. & s.* Brabantine, Belgian. **La Brabançonne,** the Belgian national anthem.
Brabant [brabɑ̃]. **1.** *Pr.n.m. Geog:* Brabant. **2.** *s.m. Agr:* All-metal wheel plough, one-way plough.
bracelet [braslɛ], *s.m.* **1.** (*a*) Bracelet, bangle. **B. esclave,** slave-bangle. **B. en cuir pour montre,** wrist-watch strap. **B. de montre (en métal),** watchband. (*b*) Arm-garter. **2.** Metal band, ring.
bracelet-montre [braslɛmɔ̃ːtr], *s.m.* Wrist-watch. *pl. Des bracelets-montres.*
brachial, -iaux [brakjal, -jo], *a. Anat:* Brachial (artery, etc.).
brachiopode [brakjɔpɔd], *s.m. Moll:* Brachiopod.
brachycéphal|e [brakisefal], *a.* Brachycephalic; short-headed. *s.f.* **-ie.**
braconn|er [brakɔne], *v.tr. & i.* To poach. *F:* **B. dans la chasse de qn,** to poach on s.o.'s preserves. *s.m.* **-age.**
braconnier [brakɔnje], *s.m.* Poacher.
bractée [brakte], *s.f. Bot:* Bract.
brader [brade], *v.tr. F:* To sell off.
braderie [bradri], *s.f.* Annual sale of old stock, cast-off clothing, etc., on the pavement; (yearly) jumble-sale.
Bragance [bragɑ̃ːs]. *Pr.n.f. Geog:* Braganza.
braguette [bragɛt], *s.f.* **1.** (Front) slit, fly (of trousers). **Votre b. est déboutonnée,** *F:* you're showing your medals. **2.** *A.Cost:* Cod-piece.
brahmane [brɑman], *s.m.* Brahmin, Brahman.
brahmanique [brɑmanik, bra-], *a.* Brahminic(al), Brahmanic(al).
brahmanisme [brɑmanism, bra-], *s.m.* Brahminism, Brahmanism.
brai [brɛ], *s.m.* Pitch, tar.
braies [brɛ], *s.f.pl. A:* Breeches. **Se tirer d'une affaire les braies nettes,** to get off scot-free.
braillard, -arde [brɑjaːr, -ard]. **1.** *a. F:* Vociferous, bawling, noisy; squalling (child). **2.** *s.* Bawler, shouter; brawler. **Petit b.,** noisy brat.
Braille [braj], *s.m. Typ:* Braille.
braill|er [brɑje], *v.i. F:* To bawl, shout; (of child) to squall; to brawl. *v.tr.* **B. une chanson,** to bawl (out) a song. *s.m.* **-ement.**
braillerie [brɑjri], *s.f. F:* Shouting, vociferation, bawling; squalling.
brailleur, -euse [brɑjœːr, -øːz], *a. & s. F:* = BRAILLARD.
brai|re [brɛːr], *v.i.def.* (*pr.ind.* **il brait, ils braient;** *fu.* **il braira**) **1.** To bray. **2.** *F:* To cry. *s.m.* **-ment.**
braise [brɛːz], *s.f.* **1.** (Glowing) embers; live charcoal; cinders of wood. *F:* **Des yeux de braise,** glowing eyes. **Être sur la b., avoir les pieds sur la b.,** to be on tenter-hooks. **2.** Small cinders; breeze.
braiser [breze], *v.tr. Cu:* To braise.
braisière [brezjɛːr], *s.f. Cu:* Braising-pan.
bram|er [brame], *v.i.* (Of stag) To troat, bell. *s.m.* **-ement.**
bran [brɑ̃], *s.m.* **1.** (*a*) Bran. **B. de Judas,** freckles. (*b*) **B. de scie,** sawdust. **2.** *F:* (Excremental matter) muck; stools (of infant).
brancard [brɑ̃kaːr], *s.m.* **1.** *Veh:* Shaft (of carriage). **2.** Stretcher. **B. roulant,** wheeled stretcher. **B. à bretelles,** sling stretcher.
bran'carder [brɑ̃karde], *v.tr.* To transport (s.o.) on a stretcher.

brancardier [brɑ̃kardje], *s.m.* Stretcher-bearer.
branchage [brɑ̃ʃa:ʒ], *s.m.* (*a*) *Coll.* Branches, boughs (of trees). (*b*) **Cabane de branchages,** hut made of branches.
branche [brɑ̃:ʃ], *s.f.* **1.** (*a*) Branch, limb, bough (of tree). *P:* **Vieille b.,** old friend; old pal. **Avoir de la b.,** to look distinguished, aristocratic; to have an air about one. (*b*) **Notre b. de la famille,** our branch of the family. (*c*) **B. d'un fleuve,** branch of a river. (*d*) **Branches du bois d'un cerf,** tines of a stag's antlers. (*e*) **Les différentes branches des sciences,** the various branches of learning. **2.** Leg (of compasses, dividers); side (of spectacle frame); prong (of pitch-fork); blade (of propeller); shank (of key). **B. à coulisse,** telescopic leg (of tripod). **B. inférieure d'un siphon,** lower limb of a siphon.
branchement [brɑ̃ʃmɑ̃], *s.m.* **1.** Branching. **Tube de b.,** branch-pipe. *Rail:* **B. de voie,** junction, points. **2.** *El.E:* Lead, branch-circuit.
brancher [brɑ̃ʃe]. **1.** *v.i.* & *pr.* (Of bird) To perch (on a branch); to roost. **2.** *v.tr.* To branch. *El:* To plug in (connection). *Tp:* To put through. **On vous a mal branché,** you have been given the wrong connection. **B. une sonnerie sur le circuit de lumière,** to run a bell off the light circuit.
branchies [brɑ̃ʃi], *s.f.pl.* Branchiae, gills (of fish).
brandade [brɑ̃dad], *s.f.* *Cu:* Salt cod pounded with garlic, oil and cream.
brande [brɑ̃:d], *s.f.* **1.** Heather. **2.** Heath.
Brandebourg [brɑ̃dbu:r]. **1.** *Pr.n.m.* Brandenburg. **2.** *s.m.pl.* *Cost:* Brandenburgs; frogs and loops.
brand|ir [brɑ̃di:r], *v.tr.* To brandish, flourish (weapon, etc.). **B. un journal,** to hold up, wave about, a newspaper. *s.m.* **-issement.**
brandon [brɑ̃dɔ̃], *s.m.* (Fire-)brand; torch (of twisted straw). *F:* **Jeter des brandons de discorde,** to sow seeds of discord. **C'est un b. de discorde,** he is a firebrand.
branlant [brɑ̃lɑ̃], *a.* Shaky; loose (tooth, etc.); tottery; rickety, crazy (chair). S.a. ROCHER 1.
branle [brɑ̃:l], *s.m.* **1.** (*a*) Oscillation, swing (motion). (*b*) Impulse, impetus. **Donner le b. à qch.,** to give an impetus to sth. **Mettre qch. en b.,** to set sth. going, in action, in motion. **Mettre une cloche en b.,** to set a bell swinging or ringing. **2.** *Danc: Mus: A:* Branle, brawl. **Mener le b.,** (i) to lead the dance; to take the lead; (ii) *F:* to set the ball a-rolling.
branle-bas [brɑ̃lbɑ], *s.m.inv.* **1.** *Navy:* (Beat, pipe, to) quarters. **Faire le b.-b. de combat,** to clear (the decks) for action. **2.** *F:* Bustle, commotion. **Toute la ville était en b.-b.,** the whole town was in turmoil.
branl|er [brɑ̃le]. **1.** *v.tr.* To swing, shake (one's legs, etc.); to wag (one's head). **2.** *v.i.* To shake, move, rock; to be loose. **Dent qui branle,** loose tooth. *s.m.* **-ement.**
braquage [braka:ʒ], *s.m.* **1.** Aiming, levelling, pointing (of gun, telescope, etc.). **2.** Changing the direction, deflexion (of carriage wheels, etc.). *Aut:* **Angle de b.,** (steering) lock (of car). **Rayon de b.,** turning circle.
braque [brak], *s.m.* (*a*) Hound. (*b*) *P:* Hare-brained fellow, madcap. *a.* **Air b.,** daft appearance.
braquement [brakmɑ̃], *s.m.* = BRAQUAGE 1.
braquer [brake], *v.tr.* (*a*) **B. un fusil sur qn, qch.,** to aim, level, point, a gun at s.o., sth. **B. une lunette sur qch.,** to fix, direct, train, a telescope on sth.; to bring a telescope to bear on sth. (*b*) **B. les yeux sur qn,** to fix one's eye(s) on s.o.; to stare steadily at s.o. (*c*) **Auto qui braque à 30°,** car with a lock of 30°. (*d*) To antagonize.
se braquer. (*a*) To be stubbornly opposed (**contre,** (to). (*b*) *Equit:* (Of horse) To pull. **Cheval braqué,** pulling horse.
bras [bra, brɑ], *s.m.* Arm. **1.** (*a*) **Il a le(s) bras long(s),** he is long in the arm. *F:* **Avoir le b. long,** to have a wide influence. **Allonger le b. vers qch.,** to make a long arm for sth. **Offrir le b. à qn,** to offer s.o. one's arm. **Avoir qn à son b.,** to have s.o. on one's arm. **Les b. m'en tombent,** I am dumbfounded. **Cette nouvelle m'a cassé b. et jambes,** this piece of news bowled me over, stunned me. **Les b. lui sont tombés,** she was utterly discouraged. **Ouvrir, tendre, les b. à qn,** to receive s.o. with open arms. S.a. OUVERT. **Tendre les b. vers, à, qn,** to ask s.o.'s help. **Avoir qn sur les b.,** to have s.o. on one's hands. *F:* **Être le b. droit de qn,** to be s.o.'s right hand. **Voiture à b.,** hand-cart. **Tenir qch. à b. tendu(s),** to hold sth. at arm's length. **Prendre qn à plein b.,** to hug s.o. **Saisir qn à b.-le-corps,** to seize s.o. round the waist; to grapple with s.o. **B. dessus b. dessous,** arm in arm. **En b. de chemise,** in one's shirt-sleeves. S.a. RACCOURCI 1, SÉCULIER. (*b*) *pl.* Hands, workmen. **Manquer de b.,** to be short-handed. **2.** Leg (of sheers); arm (of lever, of anchor); jib (of crane); limb (of cross). **B. de pompe,** pump-handle. **B. d'un fauteuil,** arm of a chair. **B. de mer,** arm of the sea; sound. S.a. BOSSOIR 2.
bras|er [brɑze], *v.tr.* To braze, to hard-solder. *s.m.* **-age.**
brasero [brɑzero], *s.m.* Brazier, charcoal-pan.
brasier [brɑzje], *s.m.* **1.** = BRASERO. **2.** (*a*) Fire of live coals. (*b*) Source of intense heat. **L'auto n'était plus qu'un b.,** the car was reduced to a blazing mass. **Son cœur était un b.,** his heart was afire.
brasill|er [brɑzije]. **1.** (*a*) *v.tr.* To grill, broil (meat). (*b*) *v.i.* (Of meat). To sputter, sizzle (in the pan). **2.** *v.i.* (Of sea) To glitter, gleam. **-ement.**
brassard [brasa:r], *s.m.* Armlet, arm-badge. **B. de deuil,** mourning-band; arm-band.
brasse [brɑ:s], *s.f.* **1.** Span (of the arms). *Nau:* Fathom. **Être sur les brasses,** to touch bottom. **2.** *Swim:* Stroke. **Nager à la b.,** to swim breast stroke.
brassée [brase, brɑ-], *s.f.* Armful.
brassement [brasmɑ̃, brɑ-], *s.m.* **1.** Brewing. **2.** *F:* Mixing, mingling (of nations, etc.).
brass|er[1] [brase, brɑ-], *v.tr.* **1.** To brew, mash (beer, etc.). *F:* **B. une intrigue,** to brew, hatch, a plot. **2.** To mix, stir (up). *F:* **B. des affaires,** to handle a lot of business. **B. des écus,** to turn over a lot of money. *s.m.* **-age.**
brasser[2], *v.tr.* *Nau:* To brace (yard). **B. au vent,** to brace in, haul in.
brasserie [brasri], *s.f.* **1.** Brewery. **2.** Brewing. **3.** Beer-saloon (often also a restaurant).
brasseur, -euse [brasœ:r, -ø:z], *s.* **1.** Brewer. **2.** Mixer. *F:* **B. d'affaires,** (i) man who handles a lot of business, big-business man; (ii) shady financier.
brassiage [brasja:ʒ]. *s.m.* *Nau:* **1.** Fathoming, sounding. **2.** Depth in fathoms, soundings.
brassière [brasjɛ:r], *s.f.* **1.** (*a*) Child's sleeved vest. (*b*) **B. de sauvetage,** life-jacket. **2.** *pl.* (*a*) Leading-strings (for infants). (*c*) Shoulder-straps, slings (of knapsack).
brasure [brɑzy:r], *s.f.* **1.** (Brazed) seam, joint. **2.** (*a*) Hard-soldering, brazing. (*b*) Hard solder.
bravache [bravaʃ]. **1.** *s.m.* Braggadocio, blusterer, bully. **2.** *a.* Swaggering, blustering, raffish, bullying. **D'un air b.,** blusteringly, raffishly.
bravade [bravad], *s.f.* Bravado, bluster. **Faire qch. par b.,** to do sth. out of bravado.
brave [bra:v], *a.* **1.** Brave, bold, gallant. **Un (homme) b.,** a brave, courageous, man. **B. à trois poils,** hard, stout, fighter. **Se conduire en b.,** to acquit oneself bravely, gallantly. **2.** Good, honest, worthy. **C'est un b. homme,** *F:* **un b. type,** he's a decent sort, a worthy man. **Ma b. femme de nourrice,** my good old nurse. *s.m.* **Je vous félicite, mon b.,** I congratulate you, my good man. **3.** *F: A:* **Comme vous voilà b.!** you do look smart! *adv.* **-ment.**
braver [brave], *v.tr.* To brave. **1.** To face (sth.) bravely. **Toujours prêt à b. le danger,** always ready to face danger. **2.** To defy, dare (s.o.); to set (s.o.) at defiance.
bravo[1] [bravo]. **1.** *int.* Bravo! well done! hear, hear! **2.** *s.m.* Cheer. *pl. Des bravos.*
bravo[2], *s.m.* Bravo, hired assassin, cut-throat. *pl. Des bravi.*
bravoure [bravu:r], *s.f.* Bravery, gallantry. *Lit:* **Morceau de b.,** purple passage.
brebis [brəbi], *s.f.* **1.** Ewe. **2.** Sheep. **B. égarée,** lost sheep. **B. noire,** black sheep. S.a. GALEUX. *Prov:* **A b. tondue Dieu mesure le vent,** God tempers the wind to the shorn lamb. **Qui se fait b. le loup le mange,** mugs are always fleeced.
brèche [brɛʃ], *s.f.* Breach, opening, gap, break (in wall, hedge, etc.); hole (in ship's side); notch (in blade). **Battre en b. une forteresse,** to batter a fortress. *F:*

Battre qn en b., to disparage s.o.; to run s.o. down. *F:* **Faire une b. à la fortune de qn,** to make a hole, a dent, in s.o.'s fortune. **Faire une b. à un pâté,** to cut into a pie.

brèche-dent [brɛʃdɑ̃], *a. & s.* Gap-toothed (person). **Elle est b.-d.,** she has a gap in her teeth.

bréchet [breʃɛ], *s.m.* Breast-bone.

bredouille [brədu:j], *a.inv. F:* **Être b.,** to have failed completely (in sth.). **Rentrer, revenir, b.,** to come home (from a day's shooting) with an empty bag.

bredouill|er [brəduje], *v.i.* To jabber, mumble. *v.tr.* **B. une excuse,** to stammer out, mumble, an excuse. *s.m.* **-age.** *s.m.* **-ement.** *s.* **-eur, -euse.**

bref, *f.* **brève** [brɛf, brɛ:v]. **1.** *a.* Brief, short. **Soyez b.!** be brief! *F:* cut it short! **Raconter qch. en b.,** to relate sth. in a few words, briefly. **2.** *adv.* Briefly, in a word, in short. **B., il accepte,** to make a long story short, he accepts. **Parler b.,** to speak curtly. **3.** *s.m.* (Papal) brief. **4.** *s.f.* **Brève.** (*a*) Short syllable. (*b*) *Tg:* **Brèves et longues,** dots and dashes.

breloque [brəlɔk], *s.f.* **1.** Charm, trinket; esp. watch-charm. **2.** *Mil:* Dismiss. **Battre la b.,** (i) to sound the dismiss; (ii) to sound the 'all clear' (after air-raid, etc.); (iii) *F:* to wander, ramble (in one's mind).

brème [brɛm], *s.f. Ich:* Bream.

Brême [brɛm]. *Pr.n.m. Geog:* Bremen.

Brésil [brezil]. *Pr.n.m. Geog:* Brazil. **Bois de B.,** Brazil-wood (for dyeing).

brésilien, -ienne [breziljɛ̃, -jɛn], *a. & s.* Brazilian.

brésiller [brezije]. **1.** *v.tr.* To break (sth.) into small pieces; to crumble. **2.** *v.i. & pr.* To crumble.

Bretagne [brətaɲ]. *Pr.n.f. Geog:* **1.** Brittany. **Basse B.,** Lower, Western, Brittany. **2.** Britain (in GRANDE-BRETAGNE).

brétailleur [bretɑjœ:r], *s.m. F:* Swashbuckler, fire-eater.

bretelle [brətɛl], *s.f.* **1.** Strap, brace, sling, suspender. **B. de fusil,** rifle-sling. **2.** (*a*) Shoulder-strap (of lady's garment). (*b*) **(Paire de) bretelles,** (pair of) braces, *U.S:* Suspenders. **3.** *Rail:* Cross-over.

bretellerie [brətɛlri], *s.f.* Manufacture of, or factory for, braces, belts, etc.

breton, -onne [brətɔ̃, -ɔn], *a. & s.* Breton. **B. bretonnant,** Breton-speaking Breton.

bretonnant [brətɔnɑ̃], *a.* Of, pertaining to, Lower Brittany.

bretteler [brɛtle], *v.tr.* **(je brettelle, n. brettelons; je brettellerai)** To tool, tooth (stone, etc.); to hatch, chase (jewellery).

bretteur [brɛtœ:r], *s.m.* Swashbuckler, duelling bravo. **Vie de b.,** swashbuckling life.

bretzel [brɛtsel], *s.m. Cu:* Pretzel.

breuil [brœ:j], *s.m. Ven:* Copse, brake, spinney.

breuvage [brœva:ʒ], *s.m.* **1.** Beverage, drink. **2.** *Med:* Draught, potion.

brève. See BREF.

brevet [brəvɛ], *s.m.* **1.** (*a*) *A:* (Letters) patent; (royal) warrant. *Mil: A:* Commission. (*b*) **B. d'inventeur, b. d'invention,** (letters) patent. **Prendre un b.,** to take out a patent. **2.** Diploma, certificate. *Sch: A:* **B. élémentaire** = School Certificate. *Mil:* **B. d'État-major** = Staff College certificate. *Nau:* **B. de capitaine,** master's certificate. **Passer son b. de capitaine,** *F:* to get one's 'ticket.' *Scouting:* Badge.

brevetable [brəvtabl], *a.* Patentable.

breveté, -ée [brəvte]. **1.** (*a*) *s.* Patentee. (*b*) *a.* (i) **Fournisseur b. de sa Majesté,** (tradesman) by appointment to His, Her, Majesty. (ii) Patent. **2.** *a.* Certificated. **Officier b. (d'État-major)** = officer who has 'passed Staff College.'

breveter [brəvte], *v.tr.* **(je brevète) 1.** To grant a patent to (s.o.). **2.** To patent (invention). **Faire b. une invention,** to take out a patent for an invention.

bréviaire [brevjɛ:r], *s.m. Ecc:* Breviary.

brévité [brevite], *s.f.* Shortness (of vowel, etc.).

bribes [brib], *s.f.pl.* Scraps, fragments; odds and ends. **Ramasser des b. de connaissances,** to pick up scraps of knowledge. **B. de conversation,** snatches of conversation. **Apprendre qch. par b.,** to learn sth. piecemeal.

bric [brik], *s.m.* Used only in BRIC-À-BRAC *q.v.*, and in the *adv.phr.* **De b. et de broc** [brɔk], from one source and another, here a little and there a little. **De b. ou de broc,** some way or other.

bric-à-brac [brikabrak], *s.m. No pl.* Odds and ends; curios, bric-à-brac. **Marchand de b.-à-b.,** dealer in old furniture, in curios.

brick [brik], *s.m. Nau:* Brig.

bricolage [brikɔla:ʒ], *s.m. F:* Pottering about, doing odd jobs.

bricole [brikɔl], *s.f.* **1.** Strap. (*a*) Breast-strap, breast-harness. (*b*) Axle drag-rope (of gun). **2.** Rebound, ricochet. **Toucher le but par b.,** to make an indirect hit. *Bill:* **Jouer la b.,** to play off the cushion. **3.** Usu. *pl. F:* Odd jobs; trifles; odds and ends. **S'occuper à des bricoles,** to potter about the house.

bricoler [brikɔle]. *F:* (*a*) *v.tr.* **B. une affaire,** to arrange a piece of (often shady) business. **C'est une affaire bricolée,** it's a put-up job. (*b*) *v.i.* To do odd jobs. **B. à la maison,** to potter, tinker, about the house.

bricoleur [brikɔlœ:r], *s.m. F:* (*a*) Jack of all trades, handy-man. (*b*) Potterer.

bride [brid], *s.f.* **1.** (*a*) Bridle. **Mettre la b. à un cheval,** to bridle, put the bridle on, a horse. (*b*) Rein(s). **Mener un cheval par la b.,** to lead a horse. **Aller à b. abattue, à toute bride,** to ride at full speed; to ride full tilt, *F:* to ride hell for leather. **Accourir à b. abattue,** to gallop up. S.a. TOURNER 1. **Lâcher la b. à un cheval,** *F:* **à qn,** to give rein to a horse, *F:* to s.o.; to give a horse his head; to give s.o. more liberty. **Lâcher la b. à sa colère,** to give free rein, full vent, to one's anger. *F:* **Tenir qn en b.,** to keep a tight hand over s.o. **Tenir la b. haute à qn,** to be high-handed with s.o. **Fureur sans b.,** unbridled fury. **2.** (*a*) String (of bonnet, etc.). (*b*) Bar (of button-hole, in embroidery, etc.). **3.** *Mec.E: etc:* (*a*) Strap, tie. **B. de bielle,** connecting-rod strap. **B. de serrage,** clamp, cramp. (*b*) Flange. **Tuyau à brides,** flanged pipe.

bridé [bride], *a.* Tied up, constricted. **Avoir les yeux bridés,** to have slits of eyes. **Sourire b.,** constrained smile.

brid|er [bride]. *v.tr.* **1.** (*a*) To bridle (horse). (*b*) **B. ses passions,** to check, restrain, curb, one's passions. **2.** (*a*) To tie up, fasten (up). *Cu:* To truss (fowl). **Mon habit me bride trop,** my coat is too tight for me. *Needlew:* **B. une boutonnière,** to finish off a button-hole with a bar. (*b*) To lash, seize, frap (cable). (*c*) To flange (pipe). *s.m.* **-age.**

bridge [bridʒ], *s.m.* **1.** *Cards:* Bridge. **B. aux enchères,** auction bridge. **B. contrat,** contract bridge. **2.** *Dent:* Bridge.

bridger [bridʒe], *v.i.* **(je bridgeai(s); n. bridgeons)** To play bridge.

bridgeur, -euse [bridʒœ:r, -ø:z], *s.* Bridge-player.

bridon [bridɔ̃], *s.m.* Snaffle(-bridle), bridoon.

briefing [brifiŋg], *s.m. F: Av:* Briefing.

brièvement [briɛvmɑ̃], *adv.* Briefly, succinctly.

brièveté [briɛvte], *s.f.* **1.** Shortness, brevity (of time). **2.** Brevity, briefness, conciseness.

brigade [brigad], *s.f.* **1.** *Mil:* Brigade. **Être de b. avec qn,** to be brigaded with s.o. **2.** (*a*) Squad, body, detachment (of gendarmes, etc.). (*b*) Gang, party (of workmen). **Chef de b.,** foreman. (*c*) Shift.

brigadier [brigadje], *s.m.* **1.** (*a*) *Mil:* Corporal (of mounted arms). (*b*) **B. de police,** police sergeant. (*c*) Foreman (of working party). **2.** *Row:* Bow(-oar) (of boat-crew).

brigand [brigɑ̃], *s.m.* Brigand, robber; highwayman; ruffian.

brigandage [brigɑ̃da:ʒ], *s.m.* Brigandage, highway robbery.

brigander [brigɑ̃de], *v.i. F:* To rob, plunder.

brigantin [brigɑ̃tɛ̃], *s.m. Nau:* Brigantine.

brigue [brig], *s.f.* Intrigue; underhand work.

briguer [brige], *v.tr.* To solicit, to canvass for (sth.); to court (s.o.'s favour). **B. des voix,** to canvass (for votes).

brigueur, -euse [brigœ:r, -ø:z], *s.* Intriguer, schemer.

brillance [brijɑ̃:s], *s.f.* (*a*) *Opt:* Brilliancy (of image, of source of light). (*b*) *Mus:* Brightness of tone (of reproduction).

brill|ant [brijɑ̃]. **1.** *a.* Brilliant. (*a*) Sparkling, glittering, bright (light, gem, etc.); glossy; sparkling (conversation). *F:* **B. comme un sou neuf,** as bright as a button. (*b*) **B. orateur,** brilliant speaker. **Spectacle b.,** splendid sight. **Le plus b. de la classe,** the

brightest boy in the class. (*c*) **B. de santé,** radiant, beaming, with health. **2.** *s.m.* (*a*) Brilliancy, brilliance, brightness; glossiness. (*b*) Polish, shine (on boots, etc.). **3.** *s.m.* Brilliant (diamond). *adv.* **-amment.**
brillanté [brijɑ̃te]. *a.* Glossed, glossy. **Fil b.,** mercerized cotton.
brillanter [brijɑ̃te], *v.tr.* **1.** To impart brilliancy, glitter, to (sth.). *Tex:* To gloss (thread). *F:* **B. un discours,** to load a speech with florid ornament. **2.** To cut (a diamond).
brillantine [brijɑ̃tin], *s.f.* Brilliantine (cosmetic).
briller [brije], *v.i.* To shine, sparkle, glitter, glisten. **B. dans la conversation,** to shine in conversation. *F:* **B. par son absence,** to be conspicuous by one's absence. *Prov:* **Tout ce qui brille n'est pas or,** all that glitters is not gold.
brimade [brimad], *s.f.* Rough joke (played on freshmen, new boys); *pl.* ragging.
brimbale [brɛ̃bal], *s.f.* **1.** Rocker-arm; rocking-lever. **2.** Handle (of pump).
brimbaler [brɛ̃bale]. **1.** *v.i.* (*a*) To swing (to and fro) to dangle. (*b*) (Of wheel) To wobble. **2.** *v.tr.* *F:* To cart (sth.) about.
brimborion [brɛ̃bɔrjɔ̃], *s.m.* Trifle, bauble.
brimer [brime], *v.tr.* To rag (new boy).
brin [brɛ̃], *s.m.* **1.** (*a*) Shoot (of tree). *F:* **Un beau b. de fille,** a fine strapping lass; a fine slip of a girl. (*b*) Blade (of grass, corn); sprig, twig (of myrtle, etc.). **2.** *F:* Bit, fragment. **Aller prendre un b. d'air,** to go for a breather. **B. de consolation,** grain, crumb, of comfort. **B. de malice,** touch of malice. **Un brin de toilette,** (i) a lick and a promise; (ii) a quick wash and brush up. **3.** Strand (of rope). **Laine en trois brins,** three-ply wool.
brindille [brɛ̃di:j], *s.f.* Sprig, twig, small branch.
bringue [brɛ̃:g], *s.f.* **1.** *F:* **1.** Piece, bit. **En bringues,** in bits; in rags and tatters. **2.** Rawboned horse. **Grande b. de femme,** big gawk of a woman. **2.** *F:* **Faire la b.,** to go (be) on the spree.
bringuebale [brɛ̃gbal], *s.f.* = BRIMBALE.
bringuebaler [brɛ̃gbale], *v.i.* = BRIMBALER.
brio [bri(j)o], *s.m.* *Mus:* Vigour, go, dash; *brio.* *F:* **Parler avec b.,** to talk brilliantly.
brioche [briɔʃ], *s.f.* *Cu:* Brioche. *P:* **Faire une b.,** to drop a brick.
briquaillons [brikɑjɔ̃], *s.m. pl:* Brickbats.
brique [brik], *s.f.* **1.** (*a*) Brick, **B. vernissée,** glazed brick. **Terre à b.,** brick-clay. (*b*) **B. à paver,** flag, tile. **2.** (*a*) **B. anglaise,** Bath brick. (*b*) *Nau:* **B. à pont,** holystone. **3.** *F:* Million francs.
briquer [brike], *v.tr.* (*a*) *Nau:* To holystone. (*b*) *F:* To scrub.
briquet[1] [brikɛ], *s.m.* (*a*) Flint and steel; tinder-box. **Battre le b.,** to strike a light. (*b*) Gas-lighter; pipe-lighter, cigarette-lighter.
briquet[2], *s.m.* Beagle.
briquet|er [brikte], *v.tr.* **(je briquette; je briquetterai)** To brick; to pave or face with bricks. *s.m.* **-age.**
briqueterie [briktri, briketri], *s.f.* **1.** Brick-field, -works. **2.** Brick-kiln. **3.** Brickmaking.
briqueteur [briktœ:r], *s.m.* Bricklayer.
briquetier [briktje], *s.m.* Brickmaker.
briquette [brikɛt], *s.f.* Briquette; compressed block of patent fuel.
bris [bri], *s.m.* *Jur:* (*a*) Breaking (of seals, etc.). (*b*) **B. de prison,** gaol breaking. **B. de clôture,** breach of close.
brisable [brizabl], *a.* Breakable.
brisant [brizɑ̃]. **1.** *a.* Shattering, disruptive. **Obus b.,** high-explosive shell. **2.** *s.m.* (*a*) Reef, shoal. (*b*) Breaker. **Des brisants devant!** breakers ahead!
briscard [briska:r], *s.m.* = BRISQUARD.
brise [bri:z], *s.f.* Breeze. *Nau:* **Forte b.,** moderate gale; stiff breeze.
brisé [brize], *a.* **1.** Broken. *F:* **Être tout b.,** to be sore, aching, all over. **B. de fatigue,** tired out. **2.** Folding (door, shutter, bedstead, etc.). S.a. COMBLE[1] 2.
brise-bise [brizbi:z], *s.m.inv.* **1.** Draught-tube (for doors, etc.). **2.** Short window curtain; brise-bise.
brise-circuit [brizsirkɥi], *s.m.inv.* *El.E:* **1.** Circuit-breaker, make-and-break key. **2.** Cut-out.
brisées [brize], *s.f.pl.* *Ven:* (*a*) Broken boughs (to mark track of deer in wood). (*b*) Track (of deer). *F:* **Suivre les b. de qn,** to follow in s.o.'s footsteps. **Aller, courir, sur les b., de qn,** to rival s.o., to compete with s.o. **Revenir sur ses b.**, to retrace one's steps.
brise-glace [brizglas], *s.m.* **1.** (*a*) Ice-fender. (*b*) Ice-beam (of a ship). **2.** Ice-breaker (ship). *pl. Des brise-glace(s).*
brise-jet [brizʒɛ], *s.m. inv. in pl.* Anti-splash tap-nozzle.
brise-lames [brizlam], *s.m.inv.* **1.** Breakwater. **2.** Groyne (across beach).
brisement [brizmɑ̃], *s.m.* Breaking (of waves, of images, etc.); shattering. **B. de cœur,** heart-break, contrition.
bris|er [brize], *v.tr.* To break, smash, shatter. (*a*) **B. une porte,** to break open a door. **B. une glace en mille morceaux,** to shiver, shatter, a mirror. (*b*) To break up (clods of earth, etc.); to crush (ore, etc.). **Brisé par la douleur,** crushed by grief. (*c*) To break (treaty, s.o.'s will, etc.). **B. toute résistance,** to break down all resistance. **J'ai le cœur brisé,** my heart is broken. (*d*) To break off (conversation, etc.). *Abs.* **Brisons là,** enough said; let us say no more about it. (*e*) *Abs.* **B. avec qn,** to break with s.o. (*f*) *Ph:* To refract (ray). *s.* **-eur, -euse.**
se briser, to break. **Cela se brise comme du verre,** it is as brittle as glass.
brise-tout [briztu], *s.m. or f. inv.* Destructive child; bull in the china shop.
brise-vent [brizvɑ̃], *s.m.inv.* Wind-screen, wind-break.
brisquard [briska:r], *s.m.* *F:* Old soldier.
brisque [brisk], *s.f.* Long-service badge; war-service chevron.
bristol [bristɔl], *s.m.* (*a*) Bristol-board. (*b*) *F:* Visiting-card.
brisure [brizy:r], *s.f.* **1.** Break, crack. **2.** Break (of hinge). **Porte à brisures,** folding door. **3.** Fragment (of shell, etc.).
britannique [britanik], *a.* British. **Les Iles Britanniques,** the British Isles.
broc [bro], *s.m.* Pitcher; (large) jug.
brocantage [brɔkɑ̃ta:ʒ], *s.m.* Dealing in second-hand goods; bartering.
brocante [brɔkɑ̃:t], *s.f.* *F:* General dealing in second-hand goods.
brocant|er [brɔkɑ̃te]. **1.** *v.i.* To deal in second-hand goods, in curios; to buy and sell. **2.** *v.tr.* *F:* (*a*) **B. ses bijoux, ses effets,** to sell one's jewels, one's effects (to a second-hand dealer). (*b*) To barter. *s.m.* **-age.**
brocanteur, -euse [brɔkɑ̃tœ:r, -ø:z], *s.* Second-hand dealer.
brocard [brɔka:r], *s.m.* Gibe; lampoon. **Lancer des brocards contre qn,** to lampoon s.o. **Lancer des brocards à qn,** to gibe at s.o.
brocard|er [brɔkarde], *v.tr.* To gibe at (s.o.); to lampoon (s.o.); to fire squibs at (s.o.). *s.* **-eur, -euse.**
brocart [brɔka:r], *s.m.* *Tex:* Brocade.
brochant [brɔʃɑ̃], *a.* *Her:* Brochant. *F:* **Et b. sur le tout,** and to crown all, to cap it all.
broche [brɔʃ], *s.f.* **1.** *Cu:* (*a*) Spit. (*b*) Meat skewer. **2.** Peg, pin. **B. de tente,** tent-peg. **B. de charnière,** hinge-pin. **B. d'un tonneau,** spile, spigot, of a cask. *El:* **Fiche à deux broches,** two-pin plug. **3.** *Tex:* Spindle. **4.** *Cost:* Brooch.
broch|er [brɔʃe], *v.tr.* **1.** *Tex:* To brocade, figure (stuffs). **2.** *Bookb:* To stitch, sew (book). **Livre broché,** paper-bound book. *F:* **B. un travail,** to scamp a piece of work. *s.m.* **-age.** *s.* **-eur, -euse.**
brochet [brɔʃɛ], *s.m.* *Ich:* Pike.
brocheter [brɔʃte], *v.tr.* **(je brochette, n. brochetons; je brochetterai)** **1.** To skewer (fowl, etc.). **2.** To fix (meat) to the spit. **3.** To pin, peg out.
brochette [brɔʃɛt], *s.f.* **1.** *Cu:* Skewer. **Rognons à la b.,** broiled kidneys. **2.** Brochette (of decorations). **3** **Élever des oiseaux à la b.,** to feed birds by hand.
brochure [brɔʃy:r], *s.f.* Booklet, pamphlet, brochure.
brocoli [brɔkɔli], *s.m.* *Hort:* Broc(c)oli.
brodequin [brɔdkɛ̃], *s.m.* **1.** Laced boot; ankle-boot. **2.** The sock (in the drama of the ancients).
brod|er [brɔde], *v.tr.* To embroider. *F:* **B. une histoire,** to embroider, embellish, a story. *s.* **-eur, -euse.**
broderie [brɔdri], *s.f.* **1.** (*a*) Piece of embroidery. (*b*) Embroidery work. **B. ajourée, anglaise,** broderie Anglaise. **2.** *F:* Embellishment, embroidery (in narrative).

brodoir [brɔdwaːr], *s.m.* Bobbin, frame for lace-making.
broiement, broîment [brwamɑ̃], *s.m.* Grinding, crushing, pounding, pulverizing.
bromate [brɔmat], *s.m. Ch:* Bromate.
brome [broːm], *s.m. Ch:* Bromine.
bromhydrate [brɔmidrat], *s.m. Ch:* Hydrobromide.
bromhydrique [brɔmidrik], *a. Ch:* Hydrobromic acid.
bromique [brɔmik], *a. Ch:* Bromic (acid).
bromure [brɔmyːr], *s.m. Ch:* Bromide. *Phot:* **Papier au b.**, bromide paper or gas-light paper.
broncher [brɔ̃ʃe], *v.i.* **1.** (Of horse) (*a*) To stumble, to flounder. (*b*) To shy. **2.** *F:* (*a*) To falter, waver. **Sans b.**, without flinching. (*b*) To budge, move, stir.
bronches [brɔ̃ːʃ], *s.f.pl. Anat:* Bronchia.
bronchial, -aux [brɔ̃ʃjal, -o], **bronchique** [brɔ̃ʃik], *a.* Bronchial.
bronchiole [brɔ̃ʃiɔl], *s.f. Med:* Bronchiole.
bronchite [brɔ̃ʃit], *s.f. Med:* Bronchitis.
bronchitique [brɔ̃ʃitik], *a. Med:* Bronchitic.
broncho-pneumonie [brɔ̃kɔpnømɔni], *s.f. Med:* Broncho-pneumonia. *pl. Des broncho-pneumonies.*
bronchoscopie [brɔ̃kɔskɔpi], *s.f. Med:* Bronchoscopy.
brontosaure [brɔ̃tɔsoːr], *s.m. Paleont:* Brontosaurus.
bronze [brɔ̃ːz], *s.m.* **1.** Bronze. *F:* **Cœur de bronze**, heart of steel. **2. B. à canon**, gun-metal.
bronz|er [brɔ̃ze], *v.tr.* (*a*) To bronze (statue, etc.). (*b*) To brown, blue (gun-barrels, etc.). (*c*) To tan, sunburn. *s.m.* **-age.** *s.m.* **-eur.**
se bronzer, to tan; to bronze.
bronzerie [brɔ̃zri], *s.f.* **1.** Art of working in bronze. **2.** Bronzes (in general).
bronzier [brɔ̃zje], *s.m.* **1.** Bronze-founder. **2.** Maker of bronzes.
brook [bruk], *s.m. Rac:* Ditch obstacle, water-jump.
brosse [brɔs], *s.f.* **1.** Brush. (*a*) **B. à cheveux**, hair-brush. **B. à décrotter**, hard brush (for shoes). **B. à dents**, (i) tooth-brush; (ii) *Mil: F:* moustache. **Donner un coup de b. à qch., à qn**, to give sth. a brush; to give s.o. a brush-up, a brush-down. **Cheveux (taillés) en b.**, crew-cut. (*b*) Paint-brush. **Passer la b., sur qch.**, to paint sth. out. **B. à peinture**, paint-scrubber. **2.** *pl.* Brushwood (skirting forest, etc.).
brossée [brɔse], *s.f.* (*a*) Brushing. (*b*) *F:* Drubbing, thrashing.
bross|er [brɔse], *v.tr.* **1.** To brush; to scrub (floor). **B. qn**, (i) to brush s.o.'s clothes; (ii) *F:* to give s.o. a good thrashing. **2. B. les décors d'une pièce**, to paint the scenery for a play. *s.m.* **-age.**
brosserie [brɔsri], *s.f.* (*a*) Brush factory. (*b*) Brush trade. (*c*) Brush-ware.
brossier [brɔsje], *s.m.* Brush-maker, dealer in brushes.
brou [bru], *s.m.* **1.** Husk (of walnut). **2. B. de noix**, walnut stain.
broue [bru], *s.f. Fr.C: P:* Froth. **Faire de la b.**, to talk big; to show off.
brouet [bruɛ], *s.m.* (Thin) gruel; skilly.
brouette [bruɛt], *s.f.* Wheelbarrow.
brouettée [bruɛte], *s.f.* Barrowful.
brouett|er [bruɛte], *v.tr.* To carry, convey, (sth.) in a wheelbarrow. *s.m.* **-age.**
brouhaha [bruaa], *s.m. F:* Hubbub; hullabaloo; hum (of conversation).
brouillage [brujaːʒ], *s.m. W.Tel:* Jamming; interference.
brouillamini [brujamini], *s.m. F:* Confusion, disorder.
brouillard [brujaːr], *s.m.* **1.** Fog; mist, haze. **Il fait du b.**, it is foggy. *T.V:* **B. de fond**, background mush. **2.** *Com:* Day-book; waste-book. **3. (Papier) b.**, (i) blotting-paper; (ii) filter-paper.
brouillasse [brujas], *s.f.* Drizzle, Scotch mist.
brouillasser [brujase], *v.impers. F:* **Il brouillasse**, it is drizzling, it is foggy.
brouille [bruːj], *s.f.* Estrangement. **Être en b. avec qn**, to be at loggerheads with s.o.
brouillé [bruje], *a.* **1.** Jumbled, mixed, confused; blurred (photograph); murky (sky). **Œufs brouillés**, scrambled eggs. **2. Être b. avec qn**, to be on bad terms with s.o.; to have fallen out with s.o.
brouill|er [bruje], *v.tr.* **1.** To mix up, jumble; to throw (sth.) into confusion. **B. qn**, to confuse, embarrass, s.o. **B. des œufs**, to scramble eggs. **B. les cartes**, (i) to shuffle the cards; (ii) *F:* to spread confusion, sow discord. **B. ses papiers**, to mix up one's papers. **La pluie brouille les fenêtres**, the rain blurs the windows. *W.Tel:* **B. un message**, to jam a message. **2.** To set (people) at variance, at loggerheads. *s.m.* **-ement.**
se brouiller. 1. (*a*) To become mixed, confused. **Le temps se brouille**, the weather is breaking up. *F:* **Les cartes se brouillent**, things are going wrong. (*b*) **Yeux brouillés de larmes**, eyes dimmed with tears. **2.** To quarrel, to fall out (**avec**, with).
brouillerie [brujri], *s.f.* Misunderstanding, disagreement.
brouilleur [brujœːr]. *W.Tel:* (*a*) *a.* Jamming. (*b*) *s.m.* Jamming station.
brouillon, -onne [brujɔ̃, -ɔn]. **1.** (*a*) Unmethodical; muddle-headed. **2.** *s.m.* (*a*) (Rough) draft; rough copy. (*b*) = BROUILLARD 2.
brouillonner [brujɔne], *v.tr.* **1.** To botch (exercise, etc.). **2.** To draft, make a rough copy of (letter, etc.).
broussaille [brusɑːj], *s.f.* Usu. *pl.* Brushwood, underwood, scrub. **Cheveux en b.**, bushy, shaggy, unkempt, hair.
broussailleux, -euse [brusɑjø, -øːz], *a.* Bushy (country, hair); covered with bushes, scrub.
brousse [brus], *s.f.* (In Australia, etc.) (The) bush.
brout|er [brute]. **1.** *v.tr.* **B. l'herbe**, to browse on the grass; to graze. *s.m.* **-ement. 2.** *v.i.* (Of brake, tool) To chatter, jump. *s.m.* **-age.**
broutilles [brutiːj], *s.f.pl.* Sprigs, twigs. *F:* Trifles; things of no importance.
browning [brauniɲ], *s.m. Sm.a.:* Automatic pistol.
broy|er [brwaje], *v.tr.* (**je broie; je broierai**) To pound, pulverize. *Tex:* To brake, hackle (hemp). **B. des couleurs**, to grind colours. *F:* **B. du noir**, to be in the dumps, to have the blues. *s.m.* **-age.**
broyeur, -euse [brwajœːr, -øz]. **1.** *a.* Crushing, grinding (mill, etc.). **2.** *s. Tex:* Hemp-breaker, dresser. **3.** *s.m.* Crusher, grinder; crushing machine; (coal) pulverizer. **4.** *s.m. Dom.Ec:* **B. à ordures**, waste, *U.S:* garbage, disposal unit.
bru [bry], *s.f.* Daughter-in-law.
bruant [bryɑ̃], *s.m. Orn:* Yellow-hammer; yellow-bunting. **B. des neiges**, snow-bunting.
brucelles [brysɛl], *s.f.pl.* Tweezers.
bruche [bryʃ], *s.m. Ent:* Weevil; pea-beetle.
brugnon [bryɲɔ̃], *s.m. Hort:* Nectarine.
bruine [brɥin], *s.f.* Fine rain; drizzle. **Peinture à la b.**, spatter-work.
bruiner [brɥine], *v.impers.* To drizzle. *a.* **-eux, -euse.**
bruire [brɥiːr], *v.i.def.* (*pr.p.* **bruissant;** *pr.ind.* **il bruit, ils bruissent;** *p.d.* **il bruyait, il bruissait;** *fu.* **il bruira.** The *pr.p.* **bruyant** is now used only as an adj.) To rustle; to rumble; to hum; (of brook) to murmur; (of sea) to sound.
bruissement [brɥismɑ̃], *s.m.* Rumbling; humming (of machinery, etc.); murmuring (of brook); surging (of sea); buzzing (of bees). *W.Tel:* **Bruissements parasites**, strays. *Gramophones:* Surface noise.
bruit [brɥi], *s.m.* **1.** (*a*) Noise; din; clatter (of dishes); report (of a gun); clang (of garden gate). **Tomber avec un bruit sourd**, to fall with a thud. **Faire du b.**, to make a noise. S.a. MAL[2] 1. *F:* **Un b. de tous les diables**, the devil of a row; an awful din. (*b*) Noise, fuss. **Beaucoup de b. pour rien**, much ado about nothing. **Sans b.**, noiselessly, quietly. **2.** Rumour, report. **Le b. court que . . .**, it is rumoured that. . . . **Faire courir un b.**, to set a rumour afloat. **Il n'est b. que de cela**, it is the talk of the town.
bruitage [brɥitaːʒ], *s.m. Th:* Sound effects.
bruiter [brɥite], *v.i. Th:* To produce sound-effects.
bruiteur [brɥitœːr], *s.m. Th:* (*Pers.*) Noises off.
brûlant [brylɑ̃], *a.* Burning; on fire. **Larmes brûlantes**, scalding tears. **Soleil b.**, scorching, blazing, fiery, sun.
brûlé [bryle]. **1.** *a.* Burnt. *Cu:* **Crème brûlée**, caramel custard. **Vin b.**, mulled wine. *F:* **Cerveau b., tête brûlée**, dare-devil. **Homme b.**, man who has lost his reputation. **2.** *s.m.* **Odeur de b.**, smell of burning. *F:* **Sentir le b.**, (of opinions) to smack of heresy. **3.** *s.m. Fr.C:* Burnt-out wood, area, *U.S:* brûlé(e).
brûle-gueule [brylgœl], *s.m.inv.* Short clay pipe; cutty.
brûle-parfums [brylparfœ̃], *s.m.inv.* Perfume-pan, brazier.
brûle-pourpoint (à) [abrylpurpwɛ̃], *adv.phr.* Point-blank.

brûl|er [bryle]. I. *v.tr.* To burn. **1.** To burn (down) (house); to burn (up) (rubbish); to burn away (metal); to burn out (s.o.'s eyes, electric resistance). **Elle fut brûlée vive,** (i) she was burnt alive; (ii) she was burnt at the stake. **B. la cervelle à qn,** to blow s.o.'s brains out. **Sans b. une amorce,** without firing a shot. **2.** To scorch. (*a*) **Le lait est brûlé,** the milk has caught. **B. du café,** to roast coffee. **B. les cheveux,** to singe the hair. **L'argent lui brûle la poche,** money burns a hole in his pocket. *F:* **B. la route, le pavé,** to scorch, tear, along the road. (*b*) **Train qui brûle toutes les petites stations,** train that does not stop at any of the small stations. *Aut:* **B. un village,** to pass through a village without stopping. *Aut:* **B. les signaux,** to shoot the traffic lights. *Rac:* **B. un concurrent,** *F:* to leave a competitor standing. S.a. ÉTAPE, POLITESSE. (*c*) (Of frost) To bite, nip (buds). **La fumée me brûlait les yeux,** the smoke made my eyes smart. *s.m.* **-age.**

II. **brûl|er,** *v.i.* **1.** To burn; to be on fire, alight. **B. sans flamme,** to smoulder. *Games:* **Tu brûles,** you are getting hot. **2. B. d'indignation,** to burn with indignation. **B. de curiosité,** to be aflame with curiosity. **B. d'amour pour qn,** to be consumed with passion for s.o. **Il brûle de prendre la parole,** he is burning to speak. **Les mains lui brûlent,** (i) his hands are hot; (ii) *F:* he is itching to get on with the job. **3.** (Of meat) to burn; (of milk) to catch. *s.m.* **-ement.**

brûleur, -euse [brylœːr, -øːz], *s.* Burner. **1.** (*a*) **B. de maisons,** incendiary, fire-raiser. **B. de café,** coffee roaster. (*b*) Brandy distiller. **2.** *s.m.* Bunsen burner; gas-jet. **B. à couronne,** gas-ring.

brûloir [brylwaːr], *s.m.* **1.** Coffee-burner, -roaster. **2.** Singer (horse's tail, fleeces, etc.). **3.** Painter's blow-lamp.

brûlot [brylo], *s.m.* **1.** *Hist:* Fire-ship. *F:* **Brûlot d'un parti,** fire-brand of a party. **2.** *Av:* Flare. **3.** *Fr.C:* Kind of gnat or midge.

brûlure [brylyːr], *s.f.* **1.** Burn, scald. *F:* **B. d'estomac,** heartburn. **2.** (*a*) Frost-nip. (*b*) Blight; smut (on corn).

brumaire [brymɛːr], *s.m.* *Fr.Hist:* Second month of the Fr. Republican calendar (October-November).

brume [brym], *s.f.* **1.** Thick haze or mist (esp. at sea). **2. B. artificielle,** smoke-screen.

brumeux, -euse [brymø, -øːz], *a.* Foggy.

brun, brune [brœ̃, bryn]. **1.** *a.* Brown (cloth, hair, etc.); dark, dusky (complexion). **Un (homme) b., une (femme) brune,** a dark(-haired, -skinned) man, woman. **2.** *s.m.* Brown (colour). **B. foncé,** dark brown. **3.** *s.f.* **A la brune,** at dusk; in the gloaming.

brunante [brynɑ̃t], *s.f.* *Fr.C:* Dusk. **A la b.,** at dusk.

brunâtre [brynɑːtr], *a.* Brownish.

brunet, -ette [brynɛ, -ɛt]. **1.** *a.* Brownish. **2.** *s.f.* **Jolie brunette,** pretty brunette.

brun|ir [bryniːr]. **1.** *v.i.* & *pr.* To become dark, tanned. *s.m.* **-issement. 2.** *v.tr.* (*a*) To brown, darken, tan. (*b*) To burnish (gold, etc.). (*c*) To polish, planish (metal). *s.m.* **-issage.**

brunisseur, -euse [brynisœːr, -øːz], *s.* Burnisher.

brunissoir [bryniswaːr], *s.m.* *Tls:* Burnisher, polisher, polishing-tool.

brunissure [brynissyːr], *s.f.* **1.** Burnish, polish (of metals). **2.** (Potato)-blight, rot; brown rust (vines, etc.).

brusque [brysk], *a.* **1.** Abrupt, blunt, off-hand(ed), brusque (person, manner). **2.** Sudden. *Aut:* **Tournant b.,** 'sharp turn,' 'sharp bend.' *adv.* **-ment.**

brusquer [bryske], *v.tr.* **1. B. qn,** to be abrupt with s.o. **2. B. les choses,** to precipitate, rush, matters. **Il voulut b. la fortune,** *F:* he tried to get rich quickly. *Mil:* **Attaque brusquée,** rush attack; surprise attack.

brusquerie [brysk(ə)ri], *s.f.* Abruptness, bluntness, brusqueness.

brut [bryt], *a.* **1. Force brute,** brute force. **Bête brute,** brute beast. **2.** Raw, unmanufactured (material); unpolished (marble); undressed (timber); (statue, literary work) in the rough; unrefined (sugar); crude (acid, oil, etc.); rough, uncut (diamond). **Fonte brute,** pig-iron. **Produit b.,** primary product. **3.** *Com:* Gross (profit, value, weight). *Ph: etc:* **Résultat b.,** result uncorrected for temperature, pressure, etc. **4.** *s.f.* **Brute.** (*a*) Brute beast. (*b*) Ruffian.

brutal, -aux [brytal, -o], *a.* (*a*) Brutal, brutish, savage. (*b*) Coarse, rough. **Force butale,** brute force. **Coup b.,** savage blow. **Le fait b.,** the blunt fact. **Vérité brutale,** plain, unvarnished, truth. *Veh: etc:* **Frein b., embrayage b.,** fierce brake, fierce clutch. (*c*) Harsh (of colour). *adv.* **-ement.**

brutaliser [brytalize], *v.tr.* To ill-treat, maltreat; to bully.

brutalité [brytalite], *s.f.* **1.** (*a*) Brutality, brutishness. (*b*) Brutality, savagery, savage cruelty. **2.** Brutal act; piece of brutality.

Bruxelles [brysɛl]. *Pr.n.f.* Brussels.

bruy|ant [brɥijɑ̃], *a.* **1.** Noisy (street, company); resounding (success). **2.** Loud, clamorous (applause); boisterous, rollicking (laughter). *adv.* **-amment.**

bruyère [bryjɛːr, brɥijɛːr], *s.f.* **1.** (*a*) Heather, heath. (*b*) Heath(-land). **Terre de b.,** heath-mould. S.a. COQ 1. **2.** Briar. **Racine de b.,** briar root. **Pipe en b.,** briar pipe.

bryone [briɔn], *s.f.* *Bot:* Bryony.

bu. See BOIRE.

buanderie [bɥɑ̃dri], *s.f.* Wash-house.

buandier, -ière [bɥɑ̃dje, -jɛːr], *s.* Laundryman, -woman; washerwoman.

bubonique [bybɔnik], *a.* *Med:* Bubonic (tumour, plague).

bucarde [bykard], *s.f.* *Moll:* Cockle.

Bucarest [bykarest], *Pr.n.f.* *Geog:* Bucharest.

buccal, -aux [bykal, -o], *a.* *Med:* **Vaccin b.,** oral vaccine. **Par voie buccale,** orally.

bûche [by(ː)ʃ], *s.f.* (*a*) (Fire-)log; billet (of fire-wood). **B. de Noël,** yule-log. *F:* **Ramasser une b.,** to fall; to come a cropper. (*b*) *F:* Dolt, blockhead.

bûcher[1] [byʃe], *s.m.* **1.** Wood-shed. **2.** (*a*) Pile of faggots. **Monter, mourir, sur le b.,** to be burnt at the stake. (*b*) Funeral-pyre.

bûcher[2], *v.tr.* & *i.* *P:* To work hard; to swot. **B. son latin,** to swot up one's Latin. **B. un examen,** to grind for an examination.

se bûcher, *P:* to fight, to have a set-to.

bûcheron [byʃrɔ̃], *s.m.* (*a*) Woodcutter, woodman. (*b*) Lumberman, lumberer.

bûcheur, -euse (byʃœːr, -øːz], *s.* *F:* Plodder, hard worker, swot.

bucolique [bykɔlik]. **1.** *a.* Bucolic, pastoral. **2.** *s.f.pl.* **Les Bucoliques,** the Bucolics (of Virgil).

budget [bydʒɛ], *s.m.* Budget. **B. de la marine, de la guerre,** navy, army, estimates. *F:* **Arriver à boucler le b.,** to make both ends meet.

budgétaire [bydʒetɛːr], *a.* Budgetary; fiscal (year); financial (period).

budgétiser [bydʒetize], *v.tr.* To include (sth.) in the budget; to budget for (sth.).

buée [bɥe], *s.f.* Steam, vapour (on window-panes, etc.); blur (of breath on mirror).

buffet [byfɛ], *s.m.* **1.** (*a*) Sideboard. **B. de cuisine,** dresser. (*b*) **B. d'orgue,** organ-chest, -case. **2.** Buffet (at ball, etc.). *Rail:* Refreshment room.

buffetier, -ière [byftje, -jɛːr], *s.* Refreshment-room manager or manageress.

buffle [byfl], *s.m.* **1.** *Z:* Buffalo. **Cuir de b.,** buffalo hide; buff(-leather). **2.** Buff-stick; strop.

bufflesse [byflɛs], *s.f.* Cow buffalo.

buffleterie [byflətri, -lɛ-], *s.f.* *Mil:* Leather equipment.

bufflon, -onne [byflɔ̃, -ɔn], *s.* Young buffalo.

bugle[1] [bygl], *s.m.* *Mus:* Flugel horn.

bugle[2], *s.f.* *Bot:* Bugle.

building [bildiŋ], *s.m.* *Arch:* Large modern block (of flats, offices).

buis [bɥi], *s.m.* **1.** *Bot:* (*a*) Box(-tree). (*b*) **Faux buis,** butcher's-broom. **2.** (*a*) Box(-wood). (*b*) Sleeking tool.

buisson [bɥisɔ̃], *s.m.* **1.** Bush. **2.** Thicket, brake, spinney. *F:* **Trouver b. creux,** to draw a blank; to find the bird flown.

buissonner [bɥisɔne], *v.i.* **1.** To grow into a bush, to grow like bushes. **2.** *Ven:* (Of stag) to take to the bush.

buissonneux, -euse [bɥisɔnø, -øːz], *a.* Bushy.

buissonnier, -ière [bɥisɔnje, -jɛːr], *a.* That lives, lurks, in the bush. **Faire l'école buissonnière,** to play truant.

bulbe [bylb]. **1.** *s.m. or f. Bot:* Bulb, corm. **2.** *s.m. Anat:* Bulb. **B. pileux,** root of a hair.
bulbeux, -euse [bylbø, -øːz], *a.* Bulbous; bulbed (plant).
bulgare [bylgaːr], *a. & s.* Bulgarian.
Bulgarie [bylgari]. *Pr.n.f.* Bulgaria.
bulldozer [byldɔzɛːr], *s.m.* Bulldozer.
bulle [byl], *s.f.* **1.** (Papal) bull. **2.** (*a*) Bubble. **Faire, des bulles de savon,** to blow soap bubbles. (*b*) Blister bleb. **3. Papier b.,** *s.m.* **du b.,** Manila (paper); cap-paper.
bulletin [byltɛ̃], *s.m.* **1.** Bulletin; report. **B. météorologique,** weather report. **B. d'actualités,** news bulletin. *Sch:* **B. hebdomadaire,** weekly report. **2.** Ticket, receipt, certificate; (telegraph) form. **B. de vote,** voting paper. **B. de commande,** order form. **B. de consigne,** cloak-room ticket.
bulleux, -euse [byl(l)ø, -øːz], *a.* **1.** Bubbly. **2.** Vesicular (rock, fever).
bûmes. See BOIRE.
bungalow [bɛ̃galo], *s.m.* Bungalow; one-storied country cottage.
buraliste [byralist], *s.m. & f.* (*a*) Clerk (in post office, etc.). (*b*) Collector of taxes. (*c*) Tobacconist.
bure [byːr], *s.f. Tex:* Frieze; rough homespun.
bureau [byro], *s.m.* **1.** Writing-table, -desk; bureau. **B. américain, à rideau,** roll-top desk. **B. ministre, b. à deux corps de tiroirs,** pedestal desk. *Parl:* **Déposer un projet de loi sur le b.,** to lay a bill on the table. **2.** (*a*) Office. **B. personnel,** private office. **Ceci fera d'excellents bureaux,** this will be very good office space. **B. de poste,** post office. *Tp:* **B. central,** exchange. **B. de police,** police station. **B. de banque,** bank. *Th:* **B. de location,** box-office. *Th:* **Jouer à bureaux fermés,** to play to capacity. **B. de tabac,** tobacconist's shop. *F:* **Prendre l'air du b.,** to look in at the office. (*b*) Board, committee. **Constituer le b.** (**d'une société**), to elect, appoint, a committee, a board. *Mil:* **Le deuxième B.,** the Intelligence Department. *Adm:* **Les différents bureaux** (**d'une administration**), the different departments.
bureaucrate [byrokrat, -rɔ-], *s.m.* Bureaucrat.
bureaucratie [byrokrasi, -rɔ-], *s.f.* Bureaucracy; officialdom; *F:* red tape.
bureaucratique [byrokratik], *a.* Bureaucratic. **Style b.,** formal, official, style.
bureaucratiser [byrokratize], *v.tr.* To bring (charity, etc.) under official control. **Aujourd'hui tout est bureaucratisé,** to-day red tape reigns supreme.
burette [byrɛt], *s.f.* **1.** Cruet. **2.** Oil-can; oiler.
burgrave [byrgraːv], *s.m. Hist:* Burgrave.
burin [byrɛ̃], *s.m.* (*a*) Graver; etcher's needle. (*b*) *F:* Engraving, print.
burin|er [byrine], *v.tr.* (*a*) To engrave (copper-plate). (*b*) *Abs: P:* To work hard, to swot. *s.m.* **-age.** *s.m.* **-eur.**
burlesque [byrlɛsk], *a.* **1.** Burlesque. **2.** Comical, ludicrous. *adv.* **-ment.**
bus[1]. See BOIRE.
bus[2] [byːs], *s.m. F:* = AUTOBUS.
busard [byzaːr], *s.m. Orn:* Buzzard, harrier.
busc [bysk], *s.m.* (Corset-)busk, steel. *Dressm:* Whalebone.
buse[1] [byːz], *s.f.* **1.** *Orn:* Buzzard. **2.** *F:* Blockhead, dolt, fool.
buse[2], *s.f.* Channel, tube. **1.** Nose-piece, nozzle (of bellows, tuyere). **2.** *I.C.E:* Carburettor choke-tube.
busqué [byske], *a.* Aquiline, hooked (nose).
busquer [byske], *v.tr.* **1.** To busk (corset). **2.** *v.pr.* **Se busquer,** to curve (of nose).
buss-e, -ent, -ions. See BOIRE.
buste [byst], *s.m.* Bust. **Se faire peindre en b.,** to have half-length portrait painted.
bustier [bystje], *s.m.* Strapless brassiere.
but[1] [by(t)], *s.m.* **1.** Mark (to aim at); target, objective. **Un coup au b.,** a direct hit. **2.** (*a*) *Rac:* Goal, winning-post. *F:* **Aller droit au b.,** to go straight to the point. (*b*) *Fb:* Goal; goal-posts. **Marquer, réussir, un b.,** to kick, score, a goal. *Fb:* **Ligne de b.,** goal-line. **Entrée du b.,** goal-mouth. **3.** Object, end, aim, purpose, design. **Dans, avec, le b. de faire qch.,** with the object, intention, of doing sth. **Dans le b. de frauder,** with intent to defraud. **Dans ce b. . . .,** with this object . . ., to this end. . . . **Errer sans b.,** to wander about aimlessly. **4.** *Adv.phr.* (*a*) **B. à b.,** even; without any advantage to either party. (*b*) *Artil:* **Tirer de b. en blanc,** to fire direct, point-blank. *F:* **Faire une offre de b. en blanc,** to make an offer point-blank, on the spur of the moment.
but[2]. See BOIRE.
butane [bytan], *s.m. Ch:* Butane.
butanier [bytanje], *s.m. Nau:* Tanker.
buté [byte], *a.* Fixed, set. **Caractère b.,** obstinate nature.
butée [byte], *s.f.* **1.** Thrust (of ground, etc.). *Mch:* **Palier de b.,** thrust-block, -bearing. **2.** Abutment, buttress. **3.** *Mec.E:* Stop, check. **Vis de b.,** stop-screw.
buter [byte], *v.i.* (*a*) (Of thg) To butt, strike (**contre,** against). (*b*) (Of pers.) To knock (**contre,** against); to stumble (**contre,** over). (*c*) (Of beams, etc.) To abut, rest (**contre,** against).
se buter. (*a*) **Se b. contre qch.,** to prop oneself firmly against sth. (*b*) **Se b. à un obstacle,** to come up against an obstacle. (*c*) **Se b. à faire qch.,** to be obstinately set on doing sth.
buteur [bytœːr], *s.m. Sp:* Goal-scorer.
butin [bytɛ̃], *s.m.* Booty, spoils, plunder.
butin|er [bytine], *v.tr. & i.* **1.** *A:* To loot, plunder. **2.** (Of bees) **B. les fleurs,** to gather honey from the flowers. *s.m.* **-ement.**
butineur, -euse [bytinœːr, -øːz], *a.* Honey-gathering (insect).
butoir [bytwaːr], *s.m.* Stop, check; buffer. *Rail:* Buffer-stop.
butor [bytɔːr], *s.m.* **1.** *Orn:* Bittern. **2.** *F:* Churl, lout.
butte [byt], *s.f.* **1.** Knoll, hillock, mound. **2.** *Mil:* Butts (of range). *F:* **Être en b. à qch.,** to be exposed to (ridicule, etc.).
buttée [byte], *s.f.* = BUTÉE.
butter [byte], *v.tr.* To earth up (plants).
buvable [byvabl], *a.* Drinkable; fit to drink.
buv-ant, -ons, etc. See BOIRE.
buvard [byvaːr]. **1.** *a.* **Papier b.,** blotting-paper. **2.** *s.m.* Blotter; blotting-pad.
buverie [byvri], *s.f. F:* Carouse, drinking-bout.
buvetier [byvtje], *s.m.* Bar-keeper.
buvette [byvɛt], *s.f.* **1.** Refreshment bar (at station, etc.). **2.** Pump-room (at watering-place).
buveur, -euse [byvœːr, -øːz], *s.* **1.** Drinker. **2.** Toper, drunkard, wine-bibber.
byronien, -ienne [birɔnjɛ̃, -jɛn], *a. Lit:* Byronic (gloom, outlook); Byronian (verse).
Byzance [bizɑ̃ːs]. *Pr.n. A.Geog:* Byzantium.
byzantin, -ine [bizɑ̃tɛ̃, -in], *a. & s.* Byzantine.

C, c [se], *s.m.* (The letter) C, c. **Ressort en C,** C-spring. *Tp:* **C comme Célestin,** C for Charlie.
c'. See CE[1].
ça. See CELA.
çà [sa]. **1.** *adv.* Hither. **Çà et là,** hither and thither; here and there. **Jambe de çà, jambe de là,** astride, astraddle. **2.** *int.* **Ah çà!** now then!
cabale [kabal], *s.f.* Cabal. (*a*) Intrigue, plot. (*b*) Junto, clique, caucus.
cabal|er [kabale], *v.i.* To cabal, intrigue (**contre,** against). *s.* **-eur, -euse.**
cabaliste [kabalist], *s.* Cab(b)alist.
cabalistique [kabalistik], *a.* Cab(b)alistic.
caban [kabɑ̃], *s.m.* (*a*) (Sailor's) pea-jacket. (*b*) Pilot-coat. (*c*) (Officer's) hooded overcoat. (*d*) Oilskins.
cabane [kaban], *s.f.* **1.** (*a*) (i) Hut, shanty; (ii) (rabbit-) hutch. (*b*) Cabin (of barge). (*c*) *Fr.C:* **C. à sucre,** saphouse.
cabanon [kabanɔ̃], *s.m.* **1.** Small hut; small bungalow. **2.** (*a*) Dark cell (or prison). (*b*) (Lunatic's) padded cell.
cabaret [kabarɛ], *s.m.* **1.** (*a*) Public-house, tavern. (*b*) Inn, eating-house. (*c*) Night-club, cabaret. **2.** (*a*) Liqueur-stand. (*b*) Tea-, coffee-, chocolate service with its tray. (*c*) *Fr. C:* Tray.
cabaretier, -ière [kabartje, -jɛːr], *s.* (*a*) Publican, tavern-keeper. (*b*) Inn-keeper.
cabas [kabɑ], *s.m.* (*a*) Frail, basket. (*b*) (Plaited two-handled) (i) shopping basket, (ii) tool-basket.
cabestan [kabɛstɑ̃], *s.m.* Capstan, windlass, winch. **Grand c.,** main capstan. **Virez au c.!** heave!
cabillau(d) [kabijo], *s.m.* Codfish; fresh cod.
cabillot [kabijo], *s.m.* *Nau:* Toggle(-pin) or belaying-pin.
cabine [kabin], *s.f.* Cabin. (*a*) Beach-hut; bathing hut. **C. (téléphonique),** phone-box, (telephone) call box. *Rail:* **C. de signaux, d'aiguillage,** signal-box. *Aer:* **C. étanche,** pressure cabin. *Cin:* **C. de projection,** projection booth. (*b*) *Nau:* **La c.,** the saloon. **C. de luxe,** state-room. (*c*) Cab (of locomotive); cage, car (of lift); cab, house (of crane).
cabinet [kabinɛ], *s.m.* **1.** Closet; small room. **C. de toilette,** small room with wash-basin. **C. d'aisances,** *F:* **les cabinets,** water-closet. **C. de travail,** study. *Phot:* **C. noir,** dark-room. **2.** (*a*) Office, room; chambers (of judge, barrister); (doctor's) consulting room; (dentist's) surgery; business agency. (*b*) Practice (of professional man). **3.** Collection (of works of art, etc.). **C. d'estampes,** print-room (in museum). **4.** *Pol:* (*a*) Cabinet. (*b*) **C. d'un ministre,** minister's departmental staff. **Chef de c.** = principal private secretary.
câblage [kɑblaːʒ], *s.m.* (*a*) *Tex:* *El.E:* Twisting, cabling (of yarn, wires, etc.). (*b*) *El:* Connecting up, wiring.
câble [kɑːbl], *s.m.* (*a*) Cable, rope. **Filer le c.,** to pay out the cable. (*b*) *El.E:* (i) Cable; (ii) (in apparatus) wiring, lead. **Poser un c.,** to lay a cable. (*c*) *Telecom:* Cable.
câble-chaîne [kablәʃɛn], *s.m.* Chain cable. *pl.* ***Des câbles-chaînes.***
câbler [kɑble], *v.tr.* **1.** (*a*) To twist, lay (strands into cable). (*b*) *El:* To wire (up), connect up (apparatus). **2.** To cable (message).
câblier [kɑblie], *s.m.* Cable-ship.
câblogramme [kɑblәgram], *s.m.* Cablegram; cable.
caboche [kabɔʃ], *s.f.* **1.** *P:* Head, nut. **2. (Clou) c.,** heavy-headed nail; *Bootm:* hobnail.
cabochon [kabɔʃɔ̃], *s.m.* **1.** (*a*) *Lap:* Cabochon. (*b*) *Cy:* **C. rouge,** red reflector. **2.** *Furn:* (Fancy) brass-nail.
cabosse [kabɔs], *s.f.* **1.** *F:* Bruise, bump. **2.** *Bot:* *F:* Cacao-pod.
cabosser [kabɔse], *v.tr.* *F:* **1.** To bump, bruise. **2.** To dent (silverware); to bash in (hat).
cabotage [kabɔtaːʒ], *s.m.* *Nau:* Coasting; coastwise trade. **Grand c., petit c.,** off-shore, in-shore, coastal traffic.
caboteur [kabɔtœːr], **cabotier** [kabɔtje]. *Nau:* **1.** *s.m.* Coaster, (i) coast sailor, (ii) coasting vessel. **2.** *a.m.* Coasting, coastwise (trade).
cabotin, -ine [kabɔtɛ̃, -in], *s.* *F:* (*a*) (Third-rate) play-actor, -actress; *F:* ham. (*b*) Histrionic politician.
cabotinage [kabɔtinaːʒ], *s.m.* **1.** (Third-rate) acting. **2.** (*a*) Looseness of conduct; low bohemianism. (*b*) Quackery; histrionics (in politics, etc.).
cabotiner [kabɔtine], *v.i.* **1.** *A:* To lead the life of a strolling player; *F:* to busk. **2.** To lead a bohemian life. **3.** *F:* To play to the gallery.
caboulot [kabulo], *s.m.* *F:* Low pub, dive.
cabr|er [kɑbre]. **1.** *v.tr.* *Av:* To elevate; *F:* to hoick, nose up (plane). **2.** *v.pr.* (*a*) (Of horse) To rear. *F:* (Of pers.). **Se c. contre qch.,** to jib at sth. (*b*) *Av:* (Of plane) To rear, buck. *s.m.* **-ement.**
cabri [kabri], *s.m.* Kid.
cabriole [kabriɔl], *s.f.* (*a*) Leap, caper. **Faire des cabrioles,** (i) (of horse, etc.) to cavort, (ii) (of pers.) to cut capers, to caper about. (*b*) *Equit:* Capriole, goat's leap. (*c*) Tumble, somersault.
cabriolet [kabriɔlɛ], *s.m.* *Veh:* (*a*) Gig. (*b*) *Aut:* Cabriolet.
caca [kaka], *s.m.* **1.** *F:* (*Nursery*): Excrement, *P:* cack. **2. C. d'oie,** gosling green (colour).
cacahouète, cacahouette, cacahuète [kakawɛt], *s.f.* Peanut.
cacao [kakao], *s.m.* *Bot:* Cacao. *Com:* Cocoa.
cacaoté [kakaɔte], *a.* Cocoa-flavoured.
cacaoyer [kakaɔje], *s.m.* *Bot:* Cacao-tree.
cacatoès [kakatɔɛːs], *s.m.* *Orn:* Cockatoo.
cacatois [kakatwa], *s.m.* *Nau:* Royal (sail).
cachalot [kaʃalo], *s.m.* Cachalot; sperm whale.
cache [kaʃ]. **1.** *s.f.* Hiding-place; (i) cache (of explorer); (ii) *F:* hidie-hole. **2.** *s.m.* *Phot:* Mask (for printing).
cache-cache [kaʃkaʃ], *s.m.* Hide-and-seek.
cache-col, *s.m.* [kaʃkɔl]. (Man's) scarf. *pl.* ***Des cache-col(s).***
cachectique [kaʃɛktik], *a. & s.* *Med:* Cachectic (patient).
Cachemire [kaʃmiːr]. **1.** *Pr.n.m.* *Geog:* Cashmere, Kashmir. **2.** *s.m.* *Tex:* Cashmere.
cache-nez [kaʃne], *s.m.inv.* Muffler, scarf.
cache-pot [kaʃpo], *s.m.inv.* Flower-pot holder.
cache-poussière [kaʃpusjɛːr], *s.m.inv.* **1.** *Cost:* Dust-coat. **2.** Cover, hood.
cacher [kaʃe], *v.tr.* (*a*) To hide, secrete (sth.). (*b*) To conceal; to hide (one's face, etc.) from view; to mask, dissemble (one's feelings, etc.). **Douleur cachée,** secret grief. **C. qch. à qn,** to hide, conceal, keep back, sth. from s.o. **N'avoir rien de caché pour qn,** to have no secrets from s.o. **Il ne cache pas que . . .,** he makes no secret of the fact that. . . .
se cacher. 1. To hide, lie in hiding. *Av:* **Se c. dans le soleil,** to dodge into the sun. **2.** (*a*) **Se c. à qn, au monde,** (i) to hide from, (ii) to shun, avoid, s.o., the world. **Se c. de qn,** (i) to keep out of s.o.'s way, (ii) to conceal one's feelings from s.o. (*b*) **Je ne m'en cache pas,** I make no secret of it.
cacherie [kaʃri], *s.f.* Concealing. **Pas de cacheries!** no underhand work!
cache-sexe [kaʃsɛks], *s.m. inv.* (Very brief) slip.
cachet [kaʃɛ], *s.m.* **1.** (*a*) Seal, stamp (on document). *Hist:* **Lettre de c.,** order under the King's private seal. (*b*) Mark, stamp, impress. **C. de la poste,** post-mark. **C. d'un fabricant,** maker's trade-mark. **Le c. du génie,** the stamp, hall-mark, of genius. **Œuvre qui manque de c.,** work that lacks character. **2.** (*a*) Stamp, seal (implement). (*b*) Signet(-ring). **3.** (*a*) Ticket (issued in sets, *e.g.* at restaurants); voucher (for lessons). **Courir le c.,** to give private lessons (in the pupils' homes). (*b*) Fee (of artiste, counsel, consultant). **4.** *Pharm:* Cachet; wafer. **5.** Style, chic (of clothes). **Qui a du c.,** stylish.

cachet|er [kaʃte], *v.tr.* (**je cachette; je cachetterai**) To seal (up) (letter, bottle, etc.). **Cire à c.,** sealing wax. **Vin cacheté,** vintage wine. *s.m.* **-age.**
cachette [kaʃɛt], *s.f.* Hiding-place. **En c.,** secretly; on the sly; on the quiet. *Adv.phr.* **Vendre en c.,** to sell under the counter.
cachexie [kaʃɛksi], *s.f.* Cachexy, general debility; *Vet:* rot.
cachot [kaʃo], *s.m.* **1.** Dungeon; dark cell. **2.** *F:* Prison, gaol.
cachotterie [kaʃɔtri], *s.f.* Affectation of mystery. **Faire des cachotteries à qn,** to keep things back from s.o.
cachottier, -ière [kaʃɔtje, -jɛːr], *a. F:* Secretive, reticent, close.
cachou [kaʃu], *s.m.* (*a*) *Bot:* Catechu. (*b*) Cachou.
cacophonie [kakɔfɔni], *s.f.* Cacophony.
cactus [kaktyːs], *s.m. Bot:* Cactus.
cacuminal, -aux [kakyminal, -o], *a. Ling:* **L'r c.,** point r, dental r, cerebral r.
cadastre [kadastr], *s.m.* **1.** *Adm:* Cadastral survey; cadastre; plan (of commune); land registry. **2.** Survey.
cadavéreux, -euse [kadaverø, -øːz], *a.* Cadaverous.
cadavérique [kadaverik], *a.* Cadaveric. **Rigidité c.,** *rigor mortis.*
cadavre [kadɑːvr], *s.m.* (*a*) Corpse; dead body. *F:* **Avoir son petit c.,** to have a skeleton in the cupboard. (*b*) Carcase (of animal).
cadeau [kado], *s.m.* Present; gift. **Envoyer qch. à qn en c.,** to send s.o. sth. as a present. **Faire c. de qch. à qn,** to make s.o. a present of sth.; to present s.o. with sth. **J'aimerais mieux en faire c.,** I would rather give it away.
cadenas [kadna], *s.m.* **1.** Padlock. **2.** Clasp, snap (of bracelet, etc.).
cadenassé [kadnase], *a.* Close-tongued, tight-lipped.
cadenasser [kadnase], *v.tr.* To padlock (door, etc.); to fasten, clasp (bracelet).
cadence [kadɑ̃ːs], *s.f.* **1.** Cadence, rhythm (of verse, motion). **En c.,** rhythmically. *Row:* **Donner la c.,** to set the stroke. **A une c. de . . .,** at the rate of. . . . **2.** (*a*) *Mus:* Cadence. (*b*) Intonation (of voice).
cadencé [kadɑ̃se], *a.* Rhythmical; measured (step, stroke). **Prendre le pas c.,** (i) to fall into step; (ii) to break into quick time. **Pas c.!** Quick, march!
cadencer [kadɑ̃se], *v.tr.* (**je cadençai(s); n. cadençons**) **1.** To give rhythm to (sth.). **2.** *Mus:* To lead up to a cadence.
cadet, -ette [kadɛ, -ɛt], *s.* **1.** (*a*) (The) younger, junior. **Elle est ma cadette de deux ans,** she is my junior by two years. *Sp:* **Épreuve des cadets,** junior event. (*b*) Junior (in position, rank). (*c*) The youngest (of a family). *F:* **Le c. de mes soucis,** the least of my worries. **2.** *s.m.* (*a*) *Mil:* cadet Officer .(*b*) *Golf:* Caddie. **3.** *s.f.* **Cadette.** (*a*) *Bill:* Half-butt (cue). (*b*) Paving-stone, flagstone.
Cadix [kadiks]. *Pr.n.* Cadiz.
cadmium [kadmjɔm], *s.m. Ch:* Cadmium.
cadrage [kadraːʒ], *s.m. Cin:* Centring (of film image).
cadran [kadrɑ̃], *s.m.* **1.** Dial. **C. solaire,** sun-dial. **2.** (*a*) Face, dial(-plate) (of clock, barometer). *F:* **Faire le tour du c.,** to sleep the clock round. (*b*) *Nau:* **C. de transmission d'ordres,** engine-room telegraph.
cadrat [kadra], *s.m. Typ:* Quadrat, *F:* quad.
cadratin [kadratɛ̃], *s.m. Typ:* Em quadrat, em quad. **Demi-c.,** en quad.
cadre [kɑːdr], *s.m.* **1.** (*a*) Frame (of picture, door etc.); casing (of ship's screw, etc). **C. d'emballage,** packing-crate. **C. de déménagement,** container. *W.Tel:* **C. de réception,** frame aerial. (*b*) Border (of map, etc.); setting (of scene); surroundings (of person). (*c*) Compass, limits, bounds, framework. **Dans le c. des Nations Unies,** within the framework of the United Nations. **Sortir du c. de ses fonctions,** to go beyond one's duties. **2.** (*a*) Frame(work) (of bicycle, etc.). (*b*) *Lit:* Outline, plan, skeleton (of book, etc.). **3.** (*a*) *Mil: Navy:* Cadre of (i) officers and N.C.O.'s, (ii) all ranks (in skeleton unit). (*b*) *Usu. in pl.* (i) Trained personnel; (ii) managerial staff. (*c*) **C. de réserve,** reserve list. **Rayer qn des cadres,** to strike s.o. off the strength. **Rajeunir les cadres,** to reduce the age of retirement. **Hors c.,** (i) not on the strength; (ii) specially employed. **4.** *Nau:* (*a*) Cot. (*b*) Berth.
cadrer [kadre], *v.i.* **1.** To tally, agree, square, fit in (avec, with). **2.** *Cin:* To centre (the film image).
caduc, -uque [kadyk], *a.* **1.** (*a*) Decaying, crumbling (house, etc.). **L'âge c.,** declining age. (*b*) (Of pers.) Decrepit, broken down, frail. **2.** *Bot:* Deciduous. **3.** Null and void (legacy); lapsed (agreement); statute-barred (debt). **4.** *F:* **Mal c.,** falling sickness; epilepsy.
caecum [sekɔm], *s.m. Anat:* Caecum.
cafard, -arde [kafaːr, -ard]. **1.** *s.* (*a*) *a.* **Air c.,** sanctimonious air. (*b*) *s. Sch:* Sneak; tale-bearer. **2.** *s.m.* (*a*) Cockroach. (*b*) *F:* **Avoir le c.,** to be fed up, browned off. *F:* **Ça me donne le c.,** it makes me homesick.
cafard|er [kafarde], *v.i.* To sneak, to tell tales. *s.m.* **-age.**
cafardeux, -euse [kafardø, -øːz], *a. F:* Fed up, browned off. **Un temps c.,** depressing weather.
café [kafe], *s.m.* **1.** Coffee. (*a*) **Grain de c.,** coffee-bean. **C. torréfié,** roasted coffee. (*b*) **C. noir, c. nature,** black coffee. **C. au lait, c. crème,** white coffee. **Café complet,** coffee, hot milk, rolls and butter, continental breakfast. (*c*) *a.inv.* Coffee-coloured. **2.** (*a*) *A:* Coffee-house. (*b*) Bar. **Garçon de c.,** waiter.
caféier [kafeje], *s.m. Bot:* Coffee-shrub.
caféine [kafein], *s.f. Ch:* Caffein(e).
café-restaurant [kaferɛstɔrɑ̃], *s.m.* Bar and restaurant. *pl. Des cafés-restaurants.*
cafetier, -ière [kaftje, -jɛːr]. **1.** *s.* Owner of a café. **2.** *s.f.* Cafetière. (*a*) Coffee-pot. **C. automatique, c. russe,** percolator. (*b*) *P:* Head.
cafouill|er [kafuje], *v.i. F:* To get into a mess; to flounder; (of rowing crew) to be (all) at sixes and sevens; (of car engine) to miss. *s.m.* **-age.**
cafre [kaːfr], *a. & s. Ethn:* Kaf(f)ir.
cage [kaːʒ], *s.f.* **1.** (*a*) (Bird-)cage; (hen-)coop; cage (of lions, monkeys). (*b*) Cage (of mine-shaft). **2.** Cover, case (for protection); (engine) casing. **3.** Well(-hole) (of stairs); stairway; shaft (of lift). **4.** *Mec.E:* **C. à billes,** ball-race.
cageot [kaʒo], *s.m.* Hamper; crate.
cagibi [kaʒibi], *s.m. F:* **1.** Hut, shelter. **2.** Lumber-room.
cagneux, -euse [kaɲø, -øːz], *a. & s.* (*a*) Knock-kneed (person). (*b*) (Of the legs) Crooked.
cagnotte [kaɲɔt], *s.f. Games:* Pool, kitty, pot.
cagot, -ote [kago, -ɔt]. **1.** *s.* (Canting) hypocrite. **2.** *a.* Sanctimonious. *s.f.* **-erie.**
cagoule [kagul], *s.f.* (*a*) Cowl. (*b*) Penitent's hood.
cahier [kaje], *s.m.* (*a*) (Stitched) paper book; (pupil's) exercise book. **C. d'écriture,** copybook. (*b*) **C. de papier à lettres,** six sheets, quarter of a quire, of note paper.
cahin-caha [kaɛ̃kaa], *adv. F:* **Se porter c.-c.,** to be so-so. **Les affaires vont c.-c.,** business is slow, slack.
cahot [kao], *s.m.* Jolt; bump (of vehicle).
cahotant [kaɔtɑ̃], *a.* **1.** Jolting (carriage). **2.** Jolty, bumpy (road).
cahot|er [kaɔte], *v.tr. & i.* To jolt, shake, bump along (in cart, etc.). **Vie cahotée,** life full of ups and downs. *s.m.* **-age.** *s.m.* **-ement.**
cahoteux, -euse [kaɔtø, -øːz], *a.* Rough, jolty, bumpy (road).
cahute [kayt], *s.f.* **1.** Hut, shanty. **2.** Cabin (on river barge).
caïd [kaid], *s.m.* **1.** Kaid, (i) Arab chief (in Algeria); (ii) magistrate (in Turkey, etc.). **2.** *P:* Gang-leader.
caille [kɑːj], *s.f. Orn:* Quail.
caillé [kaje], *s.m.* Curdled milk; curds.
caillebotis [kɑjbɔti], *s.m.* **1.** *Nau:* Grating (over hatches). **2.** *Mil:* Duckboard(s).
caillebotte [kɑjbɔt], *s.f.* Curds.
caillebotter [kɑjbɔte], *v.tr.* To curdle, clot, coagulate. **se caillebotter,** to curdle.
caill|er [kaje], *v.tr., i., & pr.* To clot, curdle; (of blood) to congeal. *s.m.* **-ement, -age.**
caillette [kɑjɛt], *s.f.* **1.** Rennet. **2.** Fourth stomach (of ruminants).
caillot [kɑjo], *s.m.* Clot (of blood, etc.).
caillou, *pl.* **-oux** [kaju], *s.m.* **1.** (*a*) Pebble. (*b*) Boulder. **Cailloux roulés,** drift boulders. (*c*) *pl.* Cobble-stones. **2.** *P:* Head, nut.
caillout|er [kajute], *v.tr.* (*a*) To ballast, metal (road, track). (*b*) To pave (road) with pebbles. *s.m.* **-age.**

caillouteux, -euse [kajutø, -ø:z], *a.* Flinty, stony (road); pebbly, shingly (beach).
cailloutis [kajuti], *s.m.* 1. Broken stones; road metal. 2. Pebble-work surface.
caïman [kaimɑ̃], *s.m. Rept:* Cayman, caiman.
Caire (le) [ləkɛ:r]. *Pr.n.* Cairo.
caisse [kɛs], *s.f.* 1. (*a*) (Packing-)case. **C. à claire-voie,** crate. **Mettre des marchandises en c.,** to case goods. (*b*) Box, chest (of tea, tools); tub (for shrub); tank, cistern; case (of piano, clock). 2. Body (of vehicle). 3. *Com:* (*a*) Cash-box; till. **C. enregistreuse,** cash-register. **Les caisses de l'État,** the coffers of the State. (*b*) (i) Pay-desk. **Payez à la c.,** please pay at the desk. (ii) Counting-house. **Passer à la c.,** (i) to be paid; (ii) to be paid off. (*c*) (i) Cash (in hand; (ii) takings. **Faire la c.,** to balance (up) one's cash. (*d*) Fund. *Pol:* **C. noire,** bribery fund; graft. (*e*) Bank. **C. d'épargne (postale),** (post-office) savings-bank. 4. (*a*) *Mus:* Drum. **Grosse c.,** (i) bass drum, *F:* big drum; (ii) bass drummer. *F:* **Battre la grosse c.,** to advertise. (*b*) **C. du tympan,** drum of the ear.
caissier, -ière [kɛsje, -jɛ:r], *s.* (*a*) Cashier, cash clerk. (*b*) *Banks:* Cashier, teller.
caisson [kɛsɔ̃], *s.m.* Box. 1. *Mil:* **C. à munitions,** ammunition waggon. *F:* **Se faire sauter le c.,** to blow one's brains out. 2. *Nau:* Locker, bin. 3. **C. hydraulique,** caisson; coffer-dam.
cajol|er [kaʒɔle], *v.tr.* To cajole, coax, wheedle. *s.* **-eur, -euse.**
cajolerie [kaʒɔlri], *s.f.* Cajolery, coaxing, wheedling; *F:* blarney.
cake [kɛk], *s.m.* Fruit-cake.
Calabre (la) [lakalɑ:br]. *Pr.n.* Calabria.
calamine [kalamin], *s.f.* 1. *Miner:* Calamine. 2. *I.C.E:* Carbon (deposit).
calamité [kalamite], *s.f.* Calamity, disaster.
calamiteux, -euse [kalamitø, -ø:z], *a.* Calamitous, disastrous.
calandre [kalɑ̃:dr], *s.f.* 1. (*a*) *Tex: Paperm:* Calender, roller. (*b*) *Laund:* Mangle. 2. *Aut:* Radiator grille.
calandr|er [kalɑ̃dre], *v.tr.* (*a*) *Tex: Paperm: etc:* To calender, roll, press; to surface. (*b*) *Laund:* To mangle. *s.m.* **-age.** *s.* **-eur, -euse.**
calcaire [kalkɛ:r]. 1. *a.* Calcareous. **Sol c.,** chalky soil. **Eau c.,** hard water. 2. *s.m.* Limestone. *F:* Fur (in kettle, etc.).
calcédoine [kalsedwan], *s.f. Miner:* Chalcedony.
calcéolaire [kalseolɛ:r], *s.f. Bot:* Calceolaria.
calcification [kalsifikasjɔ̃], *s.f.* Calcification.
calcifier [kalsifje], *v.tr.* To calcify.
se calcifier, to calcify.
calcinateur [kalsinatœ:r], *s.m. Ind:* Calciner.
calcin|er [kalsine], *v.tr.* 1. (*a*) To char. *F:* **Rôti calciné,** joint burnt to a cinder. (*b*) **Être calciné,** to be burnt to death. 2. *Metall:* (i) To oxidize, (ii) to roast (ores). *s.f.* **-ation.**
calcium [kalsjɔm], *s.m. Ch:* Calcium.
calcul[1] [kalkyl], *s.m.* (*a*) Calculation, reckoning, computation. **Faux c.,** miscalculation. **Règle à calcul(s),** slide-rule. *F:* **Faire son c.,** to lay one's plans. **Agir par c.,** to act from selfish motives. **Tout c. fait,** taking everything into account. (*b*) Arithmetic. **Faible en c.,** bad at sums. S.a. TÊTE 2. (*c*) **C. infinitésimal,** (differential and integral) calculus.
calcul[2], *s.m. Med:* Calculus, stone.
calculateur, -trice [kalkylatœ:r, -tris]. 1. *s.* Reckoner, computer, calculator. 2. *a.* Long-headed (person, policy). 3. *s.m.* **C. mécanique,** calculating machine, computer.
calculé [kɑlkyle], *a.* Premeditated (malice); deliberate (insolence); calculated (insult).
calculer [kalkyle], *v.tr.* (*a*) To calculate, compute, reckon. **C. de tête,** to reckon in one's head. **Tout bien calculé,** taking everything into account. (*b*) To plan; to weigh (consequences); to measure (efforts). **Machine à c.,** computer. **C. son élan,** to judge one's spring.
cale[1] [kal], *s.f. Nau:* 1. (*a*) Hold (of ship). **Fond de c.,** bilge. **A fond de c.,** down in the hold. *F:* **Être à fond de c.,** to be down and out. (*b*) **C. à eau,** water-tank. 2. **C. de construction, de lancement,** slip(way); (ship-building) stocks. **Mettre un navire sur c.,** to lay down a ship. **C. sèche,** dry dock. **C. de radoub,** graving dock.
cale[2], *s.f.* 1. Wedge, chock, block. *Av: etc:* **Enlever les cales,** to withdraw the chocks. 2. Prop, strut. 3. Packing-piece.
calé [kale], *a.* 1. *Mch:* **Piston c.,** (i) jammed piston; (ii) piston at one of the dead points. *Mch:* **Hélice calée,** dead air-screw. 2. (*a*) **Être c. sur, en, qch.,** to be well up in a subject. (*b*) **Ça, c'est c.,** that's cunning, clever.
calebasse [kalbɑ:s], *s.f.* Calabash, gourd, water-bottle.
calèche [kalɛʃ], *s.f.* Light four-wheeled carriage (with folding hood); barouche.
caleçon [kalsɔ̃], *s.m.* (Under-)pants. *Sp:* Shorts. **C. de bain,** bathing-trunks.
calembour [kalɑ̃bu:r], *s.m.* Pun; play on words.
calembredaine [kalɑ̃brədɛn], *s.f. F:* Foolish utterance or action.
calendes [kalɑ̃:d], *s.f.pl. Rom.Ant:* Kalends. *F:* **Renvoyer qch. aux calendes grecques,** to put sth. off indefinitely.
calendrier [kalɑ̃dri(j)e], *s.m.* 1. Calendar, almanac. **C. à effeuiller,** tear-off calendar. **C. perpétuel,** perpetual calendar. 2. (*a*) Diary. **Bloc c.,** desk diary.
calepin [kalpɛ̃], *s.m.* Note-book.
cal|er[1] [kale], *v.tr.* 1. (*a*) To chock (up), wedge (up), steady (piece of furniture). (*b*) **C. un malade sur des coussins,** to prop up a patient on cushions. 2. (*a*) To wedge, key (crank to shaft, etc.); to jam (valve). (*b*) *Aut:* To stall (the engine). *v.i.* (Of engine) To stall. *F: v.i.* **J'ai calé,** I gave up. 3. To adjust; to time, tune (valve, engine). 4. *Games:* To shoot, knuckle (a marble). *s.m.* **-age.**
se caler, *F:* to settle comfortably (in armchair).
caler[2], *v.i. Nau:* **Navire qui cale vingt pieds,** ship that draws twenty feet of water.
calfat [kalfa], *s.m.* Caulker.
calfat|er [kalfate], *v.tr.* To caulk. *s.m.* **-age.**
calfeutr|er [kalføtre], *v.tr.* To block up, stop (up) (chinks); to weatherstrip (a window, etc.); to make (a room) draught-proof. *F:* **Se c. dans sa chambre,** to make oneself snug in one's room. *s.m.* **-age.**
calibre [kalibr], *s.m.* 1. (*a*) Calibre, bore (of fire-arm, etc.). (*b*) Size, diameter (of bullet, etc.). *F:* **Il n'est pas de ce c.-là,** he's not a man of that calibre. 2. (*a*) *Tls:* Gauge; measuring tool. **C. de précision,** calliper gauge. **C. d'épaisseur (à lames),** set of feelers. (*b*) Template, pattern, profile. (*c*) *Mch.Tls:* Jig, former.
calibr|er [kalibre], *v.tr.* 1. (*a*) To gauge. (*b*) To calibrate (thermometer, etc.). 2. *Phot:* To trim (print). 3. *Typ:* To cast off (copy). *s.m.* **-age.**
calice[1] [kalis], *s.m.* Chalice. *F:* **Boire, avaler, le c. (d'amertume),** to drain the cup (of bitterness, of woe).
calice[2], *s.m.* 1. *Bot:* Calyx, flower-cup. 2. *Anat:* Calix.
calicot [kaliko], *s.m.* 1. Calico, *U.S:* unbleached muslin. 2. *P:* Draper's assistant; counter-jumper.
califat [kalifa], *s.m.* Caliphate.
calife [kalif], *s.m.* Caliph.
Californie [kalifɔrni]. *Pr.n.f.* California.
californien, -ienne [kalifɔrnjɛ̃, -jɛn], *a. & s.* Californian.
californium [kalifɔrnjɔm], *s.m. Ch:* Californium.
califourchon (à) [akalifurʃɔ̃]. 1. *adv.phr.* Astride, astraddle. **Se mettre à c. sur qch.,** to bestride sth. 2. *s.m. Fr.C: F:* Bottom, backside.
câlin [kɑlɛ̃], *a.* Caressing, winning (child, ways, etc.). *s.* **Une petite câline,** a little wheedler.
câlin|er [kɑline], *v.tr.* To caress; to make much of (s.o.); to wheedle. **Se faire c.,** to be petted. *s.m.* **-age.**
se câliner. 1. To coddle oneself, be self-indulgent. 2. To cuddle; to fondle each other.
câlinerie [kɑlinri], *s.f.* 1. Caressing; wheedling. 2. Caress.
calleux, -euse [kalø, -ø:z], *a.* Horny, callous.
calligraphie [kalligrafi], *s.f.* Calligraphy, penmanship.
calligraphier [kalligrafje], *v.tr.* (*pr.sub. & p.d.* **n. calligraphiions, v. calligraphiiez**) To write (letter, etc.) beautifully and ornamentally; to calligraph.
callosité [kallozite], *s.f.* Callosity, callus.

calmant [kalmɑ̃]. **1.** *a.* Calming; soothing. **2.** *s.m. Med:* Sedative.
calmar [kalma:r], *s.m. Moll:* Calamary; squid.
calme[1] [kalm], *s.m.* Calm, calmness; stillness (of air, etc.); peace (of mind, etc.); coolness, composure. **Retrouver son c.,** to recover one's equanimity. *Nau:* **Pris par le c.,** becalmed. **C. plat,** dead calm. **Zones des calmes,** the doldrums.
calme[2], *a.* Calm; still, quiet (air, night); serene (sky, etc.); smooth, unruffled (sea); cool, composed (person, manner). *Com:* **Marché c.,** flat, quiet, dull, market. *adv.* **-ment.**
calmer [kalme], *v.tr.* **1.** To calm, quiet, still, allay (tempest, fears); to soothe (pain, conscience); to quench (thirst); to damp, cool (ardour); to assuage (desire); to pacify (child, mob); to abate (fever). **C. sa faim,** to appease one's hunger. **2.** *Metall:* **Acier calmé,** killed steel.
se calmer, to become calm; to calm down; (of storm) to abate.
calomel [kalɔmɛl], *s.m. Pharm:* Calomel.
calomniateur, -trice [kalɔmnjatœ:r, -tris]. **1.** *s.* Calumniator, slanderer. **2.** *a.* Slanderous, libellous.
calomnie [kalɔmni], *s.f.* Calumny, slander, libel. **Répandre des calomnies sur qn,** to cast aspersions upon s.o.
calomnier [kalɔmnje], *v.tr.* To slander, libel.
calomnieu|x, -euse [kalɔmnjø, -ø:z], *a.* Slanderous, libellous. *adv.* **-sement.**
caloricité [kalɔrisite], *s.f. Physiol:* Caloricity.
calorie [kalɔri], *s.f. Ph.Meas:* Calorie, calory. **Grande c.,** (great, large) calory. **Petite c.,** lesser calory, gramme-calory.
calorifère [kalɔrifɛ:r]. **1.** *a.* Heat-conveying. **2.** *s.m.* (*a*) (Central) heating installation. (*b*) Slow-combustion stove. (*c*) *Fr.C:* (Central heating) radiator.
calorifique [kalɔrifik], *a. Ph:* Calorific, heating, thermal.
calorifuge [kalɔrify:ʒ], **1.** *a.* (*a*) Non-conducting; (heat-)insulating. (*b*) Heat-proof (varnish). **2.** *s.m.* Heat-insulator.
calorifug|er [kalɔrifyʒe], *v.tr.* To insulate, lag (steam-pipe, etc.). *s.m.* **-eage.**
calorimètre [kalɔrimɛtr], *s.m. Ph:* Calorimeter.
calorimétrie [kalɔrimetri], *s.f. Ph:* Calorimetry.
calorique [kalɔrik]. **1.** *s.m. Ph:* Heat; caloric. **2.** *a. Physiol: etc:* **Rendement c.,** heating power. **Valeur c.,** heat value.
caloris|er [kalɔrize], *v.tr. Metalw:* To calorize, to plate with aluminium. *s.f.* **-ation.**
calot [kalo], *s.m. Mil:* Forage-cap, *U.S:* garrison-cap.
calotin [kalɔtɛ̃], *s.m. P:* **1.** Priest. **2.** Churchgoer.
calotte [kalɔt], *s.f.* **1.** (*a*) Skull-cap. (*b*) *Ecc:* Calotte, zuc(c)hetto. *P:* **La c.,** (i) the priests, the clergy, the cloth; (ii) *Pol:* the clerical party. (*c*) *Hatm:* Crown; tip. **2.** (*a*) **C. sphérique,** portion of a sphere. *Geol:* **C. glaciaire,** ice-cap. *Anat:* **C. du crâne,** brain-pan. **Joint à c. sphérique,** ball-and-socket joint. *F:* **La c. des cieux,** the vault, canopy, of heaven. (*b*) (Watch-) case, dome. **3.** *F:* Cuff; box on the ears.
calotter [kalɔte], *v.tr.* **1.** *F:* To cuff (s.o.). **2.** *Golf:* To top (the ball).
calque [kalk], *s.m.* (*a*) Tracing; traced design, *U.S:* counter-drawing; tracing-paper. **Toile à c.,** tracing-cloth. (*b*) *F:* Servile copy.
calqu|er [kalke], *v.tr.* **1.** To trace (**sur,** from); to make a tracing of (drawing). *Needlew:* To transfer (design). **Dessin calqué,** tracing. **Toile à c.,** tracing-cloth. **2.** To copy closely. *s.m.* **-age.**
calquoir [kalkwa:r], *s.m.* Tracing point; tracer.
calumet [kalymɛ], *s.m.* Calumet. (Red Indian's) pipe. **Fumer le c. de la paix avec qn,** to smoke the pipe of peace with s.o.
calvados [kalvadɔs], *s.m.* Apple-brandy.
calvaire [kalvɛ:r], *s.m.* **1.** **Le C.,** (Mount) Calvary. **2.** *R.C.Ch:* (*a*) Calvary. (*b*) Stations of the Cross. (*c*) Wayside cross. (*d*) **Sa vie fut un long c.,** his life was one long martyrdom.
calvinisme [kalvinism], *s.m.* Calvinism.
calviniste [kalvinist]. **1.** *a.* Calvinistic(al). **2.** *s.* Calvinist.
calvitie [kalvisi], *s.f.* Baldness.
calypso [kalipso], *s.m. Poet: Mus: Danc:* (*In West Indies*) Calypso.
camaïeu, *pl.* **-eux** [kamajø], *s.m.* **1.** Cameo. **2.** Monochrome painting. *Engr:* Tint-drawing.
camail [kama:j], *s.m.* **1.** *R.C.Ch:* Cape (worn over the surplice). **2.** Cape, cloak.
camarade [kamarad], *s.m. & f.* Comrade; fellow, mate, *F:* chum. **C. de pension,** school-fellow; school-friend (of girl). **C. de jeu,** playmate, play-fellow. *Mil:* **C. de chambrée,** room-mate. *F: Mil:* **Faire c.,** to put up one's hands, to surrender.
camaraderie [kamaradri], *s.f.* **1.** (*a*) Comradeship; good fellowship. (*b*) Cliquishness. **2.** Set, clique.
camard, -arde [kama:r, -ard], *a. F:* = CAMUS. **La camarde,** (grim) Death.
cambiste [kɑ̃bist]. **1.** *s.m.* Exchange-broker. **2.** *a.* **Place cambiste,** exchange centre.
Cambodge [kɑ̃bɔdʒ]. *Pr.n.m. Geog:* Cambodia.
cambouis [kɑ̃bwi], *s.m. Mec.E:* Dirty oil or grease.
cambré [kɑ̃bre], *a.* **1.** Cambered, arched. **Pied très c.,** highly arched foot; foot with a high instep. **Personne à la taille cambrée,** well set-up, shapely, person. **2.** Bent, warped, crooked. **Jambes cambrées,** bow-legs.
cambr|er [kɑ̃bre], *v.tr.* To bend. (*a*) To arch (one's foot, etc.). **C. la taille,** to throw out one's chest, to brace oneself up. (*b*) To camber, curve (wood, etc.). *s.m.* **-age.** *s.m.* **-ement.**
se cambrer, to brace oneself back; to throw out one's chest; to draw oneself up (to one's full height).
cambrien, -enne [kɑ̃briɛ̃, -ɛn], *a. & s. Geol:* Cambrian.
cambriolage [kɑ̃briɔla:ʒ], *s.m.* Housebreaking; *F:* burglary.
cambrioler [kɑ̃briɔle], *v.tr.* To break into, ransack (house); *F:* to burgle.
cambrioleur, -euse [kɑ̃briɔlœ:r, -ø:z], *s.* Housebreaker, burglar.
cambrique [kɑ̃brik]. **1.** *a.* Cambrian, Welsh. **2.** *s.m. Ling:* Welsh, Cymric.
cambrure [kɑ̃bry:r], *s.f.* Camber, curve (of wood, etc.); arch (of foot), instep.
cambuse [kɑ̃by:z], *s.f.* **1.** *Nau:* Steward's room, store-room. **2.** Canteen (in shipyard). **3.** *P:* (*a*) House, hovel, esp. poor lodging. (*b*) Glory-hole.
cambusier [kɑ̃byzje], *s.m. Nau:* **1.** Steward's mate, purser's mate. **2.** (*a*) Canteen-keeper (in ship-yard, etc.). (*b*) Store-keeper.
came [kam], *s.f. Mec.E:* Cam, lifter, wiper. **Arbre à cames,** cam-shaft.
camée [kame], *s.m.* Cameo.
caméléon [kameleɔ̃], *s.m.* **1.** (*a*) *Rept: Astr: Miner:* Chameleon. (*b*) *F:* (Of pers.) Turncoat. **2.** *Tex:* **C. de soie,** shot silk.
camélia [kamelja], *s.m. Bot:* Camellia.
camelot [kamlo], *s.m. F:* (*a*) Cheap Jack, street hawker. (*b*) *O:* Newsvendor.
camelote [kamlɔt], *s.f.* (*a*) *F:* Cheap goods; shoddy goods, trash, rubbish, junk. **Meubles de c.,** gimcrack furniture. **Maison de c.,** jerry-built house. (*b*) *P:* Goods. **Vendre sa c.,** to sell one's stuff.
camembert [kamɑ̃bɛ:r], *s.m.* Camembert (cheese)
caméra [kamera], *s.f. Cin:* Cine-camera. *T.V:* Camera.
cameraman [kameraman], *s.m. Cin:* Cameraman.
camérier [kamerje], *s.m.* Chamberlain (to Pope, to cardinal).
camérière [kamerjɛ:r], *s.f.* (*a*) Lady's maid. (*b*) Chambermaid.
caméristе [kamerist], *s.f.* = CAMÉRIÈRE.
Cameroun (République du) [repyblikdykam(ə)ru:n], *s.m. Geog:* Republic of the Cameroons.
camerounais, -aise [kam(e)runɛ, -ɛ:z], *a. & s.* Native, inhabitant, of the Cameroons.
camion [kamjɔ̃], **1.** *s.m.* Dray, waggon, lorry, *U.S:* truck. **C. automobile,** motor lorry, *U.S:* auto-truck, motor truck. **2.** (House-painter's) kettle.
camion-atelier [kamjɔ̃atəlje], *s.m.* Mobile workshop. *pl. Des camions-ateliers.*
camion-citerne [kamjɔ̃sitɛrn], *s.m.* Tanker (lorry), *U.S:* tank truck. *pl. Des camions-citernes.*
camion-grue [kamjɔ̃gry], *s.m. Aut:* Breakdown-van, -lorry. *pl. Des camions-grues.*
camionnage [kamjɔna:ʒ], *s.m.* Cartage, haulage, *U.S:* trucking.

camionner [kamjɔne], *v.tr.* To cart, carry, convey (goods).
camionnette [kamjɔnɛt], *s.f.* Delivery-van, light motor lorry, *U.S:* delivery-truck, light truck. **C. de police,** police (loud-speaker) van.
camionnette-boutique [kamjɔnɛtbutik], *s.f.* Travelling, mobile, shop. *pl. Des camionnettes-boutiques.*
camionneur [kamjɔnœːr], *s.m.* 1. (*a*) Carrier, carman. (*b*) Drayman. 2. Lorry-driver, *U.S:* truck-driver.
camion-plateforme [kamjɔ̃platfɔrm], *s.m.* Platform wagon, *U.S:* platform truck. *Pl. Des camions-plateformes.*
camisole [kamizɔl], *s.f.* 1. (Woman's) dressing-jacket. 2. **C. de force,** strait-waistcoat, -jacket. 3. *Fr.C:* Vest, *U.S:* undershirt.
camomille [kamɔmiːj], *s.f.* Camomile. **Tisane de c.,** camomile tea.
camoufl|er [kamufle], *v.tr.* To disguise; to fake. *Mil: Navy:* To camouflage. **C. les lumières,** to black out. *s.m.* **-age.**
camouflet [kamuflɛ], *s.m.* 1. Affront, insult, snub. 2. *Mil. Min:* Camouflet, stifler.
camp [kɑ̃], *s.m.* Camp. 1. *Mil:* **Établir-le c.,** to pitch camp. **Lever le c.,** to strike camp. **C. de vacances,** holiday camp. *Fr. C:* **C. d'été,** summer cottage. *F:* **Être en c. volant,** to be somewhere only temporarily. **Lit de c.,** camp-bed. *F:* **Fiche(r) le c.,** to decamp, to clear out. 2. (*a*) Party, faction. **Changer de c.,** to change sides. (*b*) *Games:* Side. **Tirer les camps,** to pick sides.
campagnard, -arde [kɑ̃paɲaːr, -ard]. 1. *a.* Country (gentleman, accent); rustic (simplicity). 2. *s.* Countryman, -woman; rustic.
campagne [kɑ̃paɲ], *s.f.* 1. (*a*) Plain; open country. **En rase c., en pleine c.,** in the open (country). S.a. BATTRE 1. (*b*) Country(-side). **A la c.,** in the country. **Vie de c.,** country life. **Partie de c.,** picnic. (*c*) Small estate, little place in the country. 2. *Mil:* (The) field. **Artillerie de c.,** field-artillery. **Tenir la c.,** to keep the field. **Entrer, se mettre, en c.,** (i) to take the field; (ii) *F:* to set to work. 3. (*a*) Campaign. **Faire une c.,** to go through a campaign. *F:* **Mener une c. contre qn,** to lead, conduct, a campaign against s.o. *Com:* **Faire une bonne c.,** to have a good season. (*b*) *Navy:* Cruise.
campagnol [kɑ̃paɲɔl], *s.m. Z:* (Field-)vole.
campanile [kɑ̃panil], *s.m. Arch.* Campanile; bell-tower.
campanule [kɑ̃panyl], *s.f. Bot:* Campanula.
Campêche [kɑ̃pɛʃ]. *Pr.n. Geog:* Campeachy. **Bois de C.,** logwood.
campement [kɑ̃pmɑ̃], *s.m.* 1. Camping. 2. (*a*) Camp. (*b*) Camping ground. 3. **Replier le c.,** to strike camp.
camper [kɑ̃pe]. 1. *v.i.* To (en)camp; to pitch camp. 2. *v.tr.* (*a*) To encamp (troops); to put (troops) under canvas. (*b*) *F:* To place, fix, put. **Il campa son chapeau sur sa tête,** he stuck, clapped, his hat on his head. **C. là qn,** to leave s.o. in the lurch. (*c*) *Th:* **C. un personnage,** to play a part effectively.
se camper. 1. To encamp; to pitch one's camp. 2. **Se c. solidement sur ses jambes,** to take a firm stand. *F:* **Se c. devant qn,** to plant oneself in front of s.o.
campeur, -euse [kɑ̃pœr, -øːz], *s.* Camper.
camphre [kɑ̃ːfr], *s.m.* Camphor. **Essence de c.,** camphor oil.
camphré [kɑ̃fre], *a.* Camphorated (oil, etc.).
camphrier [kɑ̃frie], *s.m. Bot:* Camphor-tree.
camping [kɑ̃piŋ], *s.m.* 1. Camping. 2. Camping-ground, camping site. 3. Holiday camp.
campus [kɑ̃pys], *s.m. Fr.C:* **C. (universitaire),** *U.S:* (university) campus.
camus [kamy], *a.* 1. Flat-, snub-nosed (person); pug-nosed (dog). 2. Flat, snub (nose).
can [kɑ̃], *s.m.* Edge (of board, etc.]. **Sur can, de can,** on edge, edgewise.
Canada [kanada]. *Pr.n.m.* Canada. **Au C.,** in Canada.
canadien, -ienne [kanadjɛ̃, -jɛn], 1. *a. & s.* Canadian. 2. *a. & s. Aut:* **(Carrosserie) canadienne,** shooting-brake, station-waggon (body). 3. *s.f.* **Canadienne,** (*a*) Sheepskin jacket, waistcoat; fur-collared lumberman's jacket, lumber-jacket. (*b*) Canadian canoe.
canaille [kanɑːj, -aːj]. 1. *s.f.* (*a*) *Coll:* Rabble, riff-raff. (*b*) Scoundrel, blackguard. 2. *a.* Low, rascally; vulgar, coarse.
canaillerie [kanɑjri], *s.f. F:* 1. Low(-down) trick; piece of blackguardism. 2. Blackguardism.
canal, -aux [kanal, -o], *s.m.* 1. (*a*) Channel (of river). (*b*) **Le c. de Mozambique,** the Mozambique Channel. (i) Culvert. (ii) (Mill-)race. 2. Canal. **C. maritime, de navigation,** ship-canal. **Le c. de Suez,** the Suez Canal. 3. (*a*) Pipe, tube, conduit. **C. d'aérage,** air passage; flue. **C. de fuite,** waste-pipe. (*b*) *Anat: Bot:* Duct, meatus. (*c*) **C. de graissage,** oil-groove. (*d*) *T.V:* Channel. 4. Channel, medium.
canalisation [kanalizasjɔ̃], *s.f.* 1. *Civ.E:* (*a*) Canalization (of river, etc.). (*b*) Draining (of plain). (*c*) Piping. 2. (*a*) Pipes, pipe-work, mains. (*b*) Pipe-line (for mineral oils, etc.).
canaliser [kanalize], *v.tr.* 1. To canalize (region, river, etc.). 2. To lay down pipes, mains; to pipe (oil, etc.). 3. *F:* **La police a canalisé les manifestants vers . . .,** the police shepherded the demonstration in the direction of. . . .
canapé [kanape], *s.m.* 1. Sofa, couch, settee, *U.S:* davenport. 2. *Cu:* (*a*) Slice of bread fried in butter. (*b*) (Cocktail) canapé.
canapé-lit [kanapeli], *s.m.* Bed-settee. *pl. Des canapés-lits.*
canard [kanaːr], *s.m.* 1. Duck; (of the male bird) drake. **C. sauvage,** wild duck. **C. siffleur,** widgeon. **Chasse aux canards,** duck-shooting. *F:* **Mon petit c.,** ducky. **Marcher comme un c.,** to waddle. 2. (*a*) *F:* False report, hoax, *canard.* (*b*) Newspaper (of low repute); *F:* rag. 3. *F:* Lump of sugar dipped in coffee, in brandy. 4. *Mus:* False note (on reed instrument, etc.). 5. *P:* Horse, nag.
canardeau [kanardo], *s.m.* Duckling.
canarder [kanarde]. 1. *v.i.* (Of ship) To pitch. 2. *v.tr.* **C. qn,** to fire at s.o. from behind cover; to snipe at s.o., to take pot-shots at s.o.
canardière [kanardjɛːr], *s.f.* 1. Duck-pond. 2. (*a*) Screen (for duck-shooting). (*b*) *Mil:* Loophole. 3. Duck-gun; punt-gun.
canari [kanari], *s.m. Orn:* Canary.
Canaries [kanari]. *Pr.n.f.pl.* **Les (îles) C.,** the Canary Islands, the Canaries.
canasta [kanasta], *s.f. Cards:* Canasta.
cancale [kɑ̃kal], *s.f.* Cancale oyster.
cancan [kɑ̃kɑ̃], *s.m. F:* 1. (*a*) (Piece of) ill-natured gossip. (*b*) *pl.* Tittle-tattle, gossip. **Faire des cancans,** to tattle, to gossip (**sur,** about). 2. Cancan (dance).
cancaner [kɑ̃kane], *v.i. F:* To tittle-tattle; to talk scandal.
cancanier, -ière [kɑ̃kanje, -jɛːr]. *F:* 1. *a.* Fond of tittle-tattle. 2. *s.* Gossip, scandal-monger.
cancer [kɑ̃sɛːr], *s.m.* 1. *Astr:* **Le C.,** the Crab; Cancer. 2. *Med:* Cancer; malignant growth. **C. des ramoneurs,** soot-cancer, soot-wart. **C. du sang,** leukaemia.
cancéreux, -euse [kɑ̃serø, -øːz]. 1. *a.* Cancerous. 2. *s.* Cancer patient.
cancériforme [kɑ̃serifɔrm], *a. Med:* Cancriform, cancroid.
cancérigène [kɑ̃seriʒɛːn], *a. Med:* Carcinogenic, cancer-producing.
cancérologue [kɑ̃serɔlɔg], *s.m.* Cancer specialist.
cancre [kɑ̃ːkr], *s.m.* 1. Crab. 2. *F:* Dunce, duffer.
cancroïde [kɑ̃krɔid], *s.m. Med:* Cancroid (ulcer).
candélabre [kɑ̃delɑːbr], *s.m.* (*a*) Candelabrum; branched candlestick. (*b*) Street lamp-post (with branched lamps).
candeur [kɑ̃dœːr], *s.f.* Ingenuousness, guilelessness, artlessness.
candi [kɑ̃di], *a.m.* Candied. **Fruits candis,** crystallized fruit. **Sucre c.,** sugar-candy.
candidat [kɑ̃dida], *s.m.* Candidate, applicant (**à une place,** for a place); examinee. **Se porter c. à la députation,** to stand for Parliament.
candidature [kɑ̃didatyːr], *s.f.* Candidature, *U.S:* candidacy. **Poser sa c. à un poste,** to offer oneself as a candidate for a post.
candide [kɑ̃did], *a.* Ingenuous, guileless, artless. *adv.* **-ment.**
cane [kan], *s.f.* Duck (as opposed to drake).

caner [kane]. *v.i. P:* To funk; to show the white feather.
caneton [kantɔ̃], *s.m.* Young (male) duck; duckling.
canette[1] [kanɛt], *s.f.* Young (female) duck; duckling.
canette[2], *s.f.* = CANNETTE 2, 3.
canevas [kanvɑ], *s.m.* **1.** *Tex:* Canvas. *F:* **Broder le c.**, to embroider the story. **2.** (*a*) *Art: Lit: Mus:* Groundwork, outline (of drawing, novel, etc.). (*b*) *Surv:* (i) Skeleton map. (ii) Skeleton triangulation.
caniche [kaniʃ], *s.m. & f.* Poodle (dog, bitch).
caniculaire [kanikylɛːr], *a.* **1.** Canicular. **Les jours caniculaires**, the dog-days. **2.** Sultry (heat, day).
canicule [kanikyl], *s.f.* The dog-days.
canif [kanif], *s.m.* Penknife.
canin [kanɛ̃]. **1.** *a.* Canine. **Exposition canine**, dog-show. **2.** *s.f.* **Canine**, canine (tooth).
caniveau [kanivo], *s.m.* **1.** (*a*) Gutter-stone. (*b*) Gutter. **2.** Trough, conduit (for cables). **3.** (*a*) Dip (in road). (*b*) Hump (of hump-backed bridge).
cannage [kanaːʒ], *s.m.* **1.** Cane-bottoming (of chairs). **2.** Cane bottom.
canne [kan], *s.f.* **1.** Cane, reed. **C. à sucre**, sugar-cane. **Sucre de c.**, cane-sugar. **2.** Walking-stick; cane. **Avaler sa c.**, to stand as straight as a ramrod. **C. plombée**, loaded stick. **(Escrime à) la c.**, singlestick (play). **Donner des coups de c. à qn**, to cane, to whack s.o. (with one's stick). **3. C. à pêche**, fishing-rod.
canneberge [kanbɛrʒ], *s.f. Bot:* Cranberry.
canneler [kanle], *v.tr.* (**je cannelle; je cannellerai**) (*a*) To flute, channel, groove. (*b*) To corrugate.
cannelier [kanəlje], *s.m. Bot:* Cinnamon-tree.
cannelle[1] [kanɛl], *s.f.* Cinnamon (bark); canella (bark).
cannelle[2], *s.f.* Spigot, faucet, tap.
cannelure [kanlyːr], *s.f.* **1.** (*a*) Groove, channel, slot. *Arch:* Fluting (of column). (*b*) Corrugation. **2.** *Geol:* Fault-fissure.
canner [kane], *v.tr.* To cane(-bottom) (chair).
cannetille [kantiːj], *s.f.* **1.** (Gold, silver) purl. **2.** Flat twisted braid (of gold or silver); bullion.
cannette [kanɛt], *s.f.* **1.** = CANNELLE[2]. **2. C. à bière** beer-bottle (with patent stopper). *Fr.C:* **C. de bière**, tin, can, of beer. **3.** (*a*) *Tex:* Cop, spool. (*b*) Spool (of sewing-machine).
canneur, -euse [kanœːr, -øːz], *s.* Chair-caner, cane-worker.
cannibale [kanibal], **1.** *s.m.* Cannibal. **2.** *a.* Cannibal (tribe, etc.); cannibalistic (propensities, etc.).
cannibalisme [kanibalism], *s.m.* Cannibalism.
canoë [kanoe, kanu], *s.m.* Canoe. **Faire du c.**, to canoe.
canoéisme [kanoeism], *s.m.* Canoeing.
canoéiste [kanoeist], *s.f. & m.* Canoeist.
canon[1] [kanɔ̃], *s.m.* **1.** *Mil: Navy:* (*a*) Gun, cannon. **C. rayé**, rifled gun. **C. de campagne**, field-gun. **C. court**, howitzer. **C. de tranchée**, trench-mortar. **Poudre à canon**, gunpowder. *Navy:* **C. de bord**, naval gun. **C. de chasse**, bow chaser. **C. de retraite**, stern chaser. (*b*) *Coll.* **Le gros c.**, the heavy guns. **2.** (*a*) Barrel ((i) of rifle, (ii) of watch). **Fusil à deux canons**, double-barrelled gun. (*b*) Barrel, pipe (of key, of lock). (*c*) Spout (of watering can). (*d*) Barrel (of pen). **3.** (*a*) *A:* Wine-measure of one-eighth of a litre. (*b*) *P:* **Boire un c.**, to drink a glass of wine. (*c*) *Pharm:* Measuring-glass. **4.** *Vet:* Cannon(-bone), shin, shank (of horse). **5.** *pl. Cost: A:* Can(n)ions, canons (worn below the knees). **6.** *T.V: X Rays:* **C. à électrons**, electron gun.
canon[2], *s.m.* **1.** *Ecc:* Canon, rule (of an order, of the Mass, etc.). *a.* **Droit c.**, canon law. **2.** *Mus:* Canon, round, catch.
cañon [kaɲɔ̃], *s.m. Geog:* Canyon.
canonial, -iaux [kanɔnjal, -jo], *a. Ecc:* **1.** Canonic(al) (hours, etc.). **2.** Pertaining to a canon.
canonique [kanɔnik], *a.* Canonical (book, etc.). **Age c.**, (i) canonical age (for priest's housekeeper); (ii) *F:* respectable age.
canonis|er [kanɔnize], *v.tr. Ecc:* To canonize. *s.f.* **-ation, -ation.**
canon-mitrailleuse [kanɔ̃mitrajøːz], *s.m. Mil:* Pom-pom. *pl. Des canons-mitrailleuses.*
canonnade [kanɔnad], *s.f.* Cannonade; gun-fire.
canonner [kanɔne], *v.tr.* To cannonade (enemy); to batter (fort).
canonnier [kanɔnje], *s.m.* Gunner.
canonnière [kanɔnjɛːr], *s.f.* **1.** *Navy:* Gunboat. **2.** Loop-hole (for gun). **3.** *Toys: O:* Pop-gun.
canot [kano], *s.m.* (Open) boat; cutter, dinghy. **Faire une partie de c.**, to go boating. *Nau:* **Grand c.**, long-boat; pinnace. *Navy:* **C. de l'amiral**, Admiral's barge. **Petit c.**, jolly-boat, gig. **C. automobile**, motor-boat. **C. à voile**, sailing-boat. **C. pneumatique**, inflatable dinghy. **C. de sauvetage**, lifeboat. *Sp:* **C. glisseur**, speed-boat.
canotage [kanɔtaːʒ], *s.m. Sp:* Boating, rowing, sailing; *Fr.C:* canoeing. **Faire du c.**, to go in for rowing.
canoter [kanɔte], *v.i.* To go in for boating, rowing, sailing; *Fr.C:* To canoe.
canoteur [kanɔtœːr], *s.m. Fr.C:* Canoeist; paddler.
canotier [kanɔtje], *s.m.* **1.** Rower; oarsman. **2.** Straw-hat; boater.
cantaloup [kɑ̃talu], *s.m. Hort:* Cantaloup (melon).
cantate [kɑ̃tat], *s.f. Mus:* Cantata.
cantatrice [kɑ̃tatris], *s.f.* (Professional) singer.
cantharide [kɑ̃tarid], *s.f. Ent:* Cantharis, Spanish fly.
cantilène [kɑ̃tilɛn], *s.f. Mus:* Cantilena.
cantine [kɑ̃tin], *s.f.* **1.** (*a*) *Mil: Sch:* Canteen. (*b*) Soup-kitchen. **2.** *Mil:* (*a*) (Officer's) uniform-case. (*b*) **C. médicale**, field medical chest.
cantinier, -ière [kɑ̃tinje, -jɛːr], *s.* Canteen-keeper.
cantique [kɑ̃tik], *s.m. Ecc:* (*a*) Canticle. **Le C. des cantiques**, the Song of Songs. (*b*) Hymn.
canton [kɑ̃tɔ̃], *s.m.* **1.** Canton, district; (in Switzerland) canton. *Fr.C:* **Les Cantons de l'Est**, the Eastern Townships. **2.** *Civ.E:* Section (of road, railway). *Rail:* Block (in block-system). **3.** *Her:* Canton.
cantonais, -aise [kɑ̃tonɛ, -ɛːz], *a. & s. Geog:* Cantonese.
cantonade [kɑ̃tɔnad], *s.f. Th:* (The) wings. **Parler à la c.**, to speak 'off.'
cantonal, -aux [kɑ̃tɔnal, -o], *a.* Cantonal; district (committee, etc.). **Route cantonale**, by-road.
cantonn|er [kɑ̃tɔne], **1.** *v.tr.* (*a*) To divide (district, etc.) into sections. (*b*) To confine (within circumscribed area); to isolate (sick animals, etc.); to entrench. *Mil:* To quarter, billet (troops). *F:* **Se c. en soi-même**, to withdraw within oneself, to keep oneself to oneself. **2.** *v.i.* (Of troops) To be billeted, quartered. *s.m.* **-ement.**
cantonnier [kɑ̃tɔnje], *s.m.* (*a*) Roadman, roadmender. (*b*) District road-surveyor. (*c*) *Rail:* Permanent-way man.
cantonnière [kɑ̃tɔnjɛːr], *s.f. Furn:* (Bed-)valance.
Cantorbéry [kɑ̃tɔrberi]. *Pr.n.m.* Canterbury.
canular(d) [kanylaːr], *s.m. Sch: F:* Tall story; practical joke, leg-pull; rag.
canule [kanyl], *s.f. Med:* Nozzle (of syringe); cannula. *P:* **Quelle c.!** what a bore!
canuler [kanyle], *v.tr.* (*a*) *P:* To bore (s.o.). (*b*) *Sch:* To play a practical joke on.
caoutchouc [kautʃu], *s.m.* **1.** (India-)rubber. **C. durci**, hard rubber. **C. synthétique**, synthetic rubber. **Solution de c.**, rubber solution. **C. mousse**, foam rubber; sponge rubber. *St.Exch:* **Caoutchoucs**, rubber-shares, rubbers. **2.** (*a*) Waterproof(-coat); mackintosh. (*b*) *pl.* Galoshes; rubber overshoes. **3.** Solid tyre. **4.** *Tex:* Elastic, shirr. **5.** Rubber-ring band.
caoutchout|er [kautʃute], *v.tr.* **1.** To treat (sth.) with rubber; to rubberize (silk, etc.). **2. Roue caoutchoutée**, rubber-tyred wheel. **Ruban caoutchouté**, shirr, elastic ribbon. *s.m.* **-age.**
cap [kap], *s.m.* **1.** *A:* Head. (Still used in) **De pied en c.** S.a. PIED 1. **2.** Cape, headland, foreland. *A:* **La colonie du C.**, Cape Colony. **Franchir un c.**, (i) to weather, (ii) to round, a cape. *F:* **Quand on a franchi le c. de la quarantaine**, when one has turned forty. **3.** *Nau: etc:* Head (of ship, airship). **Maintenir son c.**, to keep one's course. **Changement de c.**, change of course. **C. au vent**, head (on) to the wind. **Mettre le c. au large**, to stand out to sea. **Mettre le c. sur l'entrée d'une baie**, to head, steer, stand in, for the entrance of a bay. *Av:* **Conservateur de c.**, directional gyro.

capable [kapabl], *a.* (*a*) Capable. **Être c. de faire qch.**, to be capable of doing sth.; to be fit, able, to do sth.; to be equal to doing sth. **Cette maladie est c. de le tuer**, this illness is likely to kill him. **Homme très c.**, very able man. (*b*) *Mth:* **Segment c. d'un angle donné**, segment containing a given angle. (*c*) *Jur:* Entitled, qualified, competent (to do sth.).

capacité [kapasite], *s.f.* **1.** Capacity (of vase, accumulator, etc.). *Nau:* **C. de chargement**, tonnage (of ship). *El.E:* **C. électrostatique**, capacitance. **2.** (*a*) Capacity, ability, capability. **C. de marche**, mobility. **C. manœuvrière**, manœuvrability. **Homme de haute c.**, very able man. *F:* **Faire appel aux capacités**, to call for men of ability. (*b*) *Jur:* **Avoir c. pour faire qch.**, to be (legally) entitled, qualified, to do sth.

caparaçon [kaparasɔ̃], *s.m.* *Harn:* Caparison, trappings.

caparaçonner [kaparasɔne], *v.tr.* To caparison.

cape [kap], *s.f.* **1.** (Hooded) cape, cloak. **Roman de c. et d'épée**, cloak and dagger story. *F:* **Rire sous c.**, to laugh up one's sleeve. **2.** *Cost:* *O:* Bowler-hat, *U.S:* derby. *Nau:* **A. la c.**, hove to. **Mettre à la c., prendre la c.**, to heave to.

capel|er [kaple], *v.tr.* (**je capelle; je capellerai**) *Nau:* **1.** To rig (mast, spar, etc.). **2. C. une lame**, to take a green sea. **Le canot fut capelé par une lame**, the boat was swamped by a sea. *s.m.* **-age.**

capeline [kaplin], *s.f.* (*a*) *A:* Riding-hood. (*b*) Hooded cape; sun-bonnet.

Capharnaüm [kafarnaɔm]. **1.** *Pr.n.m.* Capernaum. **2.** *s.m.* *F:* Lumber-room; glory-hole.

capillaire [kapillɛ:r]. **1.** *a.* Capillary (tube, attraction). *s.m.* **Les capillaires**, the capillary blood-vessels. **2.** *s.m.* Maidenhair fern.

capillarité [kapillarite], *s.f.* *Ph:* Capillarity.

capilotade [kapilɔtad], *s.f.* *Cu:* Hash. *F:* **Mis en c.**, knocked to smithereens. **Mettre qn en c.**, to beat s.o. to a jelly, black and blue.

capitaine [kapitɛn], *s.m.* (*a*) Captain. *Nau:* **C. de port**, harbour-master. **C. marchand**, ship-master. **C. au long cours**, master-mariner. **Certificat de c.**, master's certificate. **C. de frégate**, commander. **C. de corvette**, lieutenant-commander. **C. de vaisseau**, captain. *Av:* **C. aviateur**, flight lieutenant. **Passer c.**, (i) *Mil:* to obtain one's captaincy; (ii) *Nau:* to obtain one's master's certificate. (*b*) Chief, head, leader. **Les grands capitaines d'industrie**, the captains of industry.

capital, -aux [kapital, -o]. **1.** *a.* (*a*) Capital (crime, punishment). **La peine capitale**, the death penalty. (*b*) Essential, fundamental, chief, principal. **Les sept péchés capitaux**, the seven deadly sins. **La ville capitale**, *s.f.* **la capitale**, the chief town; the capital. **Affaire d'importance capitale**, affair of cardinal importance. (*c*) *Typ:* **Lettre capitale**, *s.f.* **une capitale**, capital (letter). **2.** *s.m.* *Fin:* Capital, assets. **C. et intérêt**, principal and interest. **C. social**, registered capital. **Les capitaux abondent**, money is plentiful.

capitalis|er [kapitalize], *v.tr.* To capitalize (interest, etc.). *Abs.* To save; to put money by. *s.f.* **-ation.**

capitalisme [kapitalism], *s.m.* Capitalism.

capitaliste [kapitalist], (*a*) *s.m.* & *f.* Capitalist. (*b*) *a.* Capitalist(ic).

capitation [kapitasjɔ̃], *s.f.* *Adm:* Capitation, poll-tax, head-money.

capiteux, -euse [kapitø, -ø:z], *a.* (*a*) (Of wine) Heady. (*b*) Sensuous (charm, etc.).

Capitole (le) [ləkapitɔl], *s.* The Capitol (of ancient Rome, Toulouse, Washington).

capitonn|er [kapitɔne], *v.tr.* **1.** To upholster, pad (furniture). **2.** To quilt (petticoat, etc.). *s.m.* **-age.**

capitulation [kapitylasjɔ̃], *s.f.* Capitulation, surrender.

capituler [kapityle], *v.i.* *Mil:* To capitulate; to surrender (on stipulated terms). *F:* **C. avec sa conscience**, to compromise with one's conscience.

capoc [kapɔk], *s.m.* *Com:* Kapok.

capon, -onne [kapɔ̃, -ɔn]. **1.** *a.* *F:* Afraid, cowardly. **2.** *s.* *F:* Coward, funk.

caponner [kapɔne], *v.i.* To funk; to show the white feather.

caporal, -aux [kapɔral, -o], *s.m.* **1.** Corporal. *Av:* Leading aircraftman. **C. d'ordinaire**, mess corporal. *F:* **Le petit C.**, Napoleon. **2.** *F:* = SCAFERLATI.

caporal-chef [kapɔralʃɛf], *s.m.* *Mil:* Lance-sergeant. *Mil:* *Av:* Corporal. *pl. Des caporaux-chefs.*

caporaliser [kapɔralize], *v.tr.* *F:* To militarize, Prussianize.

caporalisme [kapɔralism], *s.m.* Militarism.

capot[1] [kapo], *s.m.* **1.** (*a*) Cover, hood, casing (of arc-lamp, etc.). *Aut:* Bonnet, *U.S:* hood. *Av:* Cowl(ing) (of engine). (*b*) *Nau:* Tarpaulin. **2.** *Nau:* Companion (hatch).

capot[2], *s.m.* *Cards:* (At piquet) Capot. **Faire c.**, to take all the tricks. *a.inv.* **Rester c.**, (i) not to take a single trick, (ii) *F:* to be nonplussed, to be properly taken in.

capote [kapɔt], *s.f.* **1.** *Mil:* Great-coat, overcoat. **2.** (Lady's, baby's) bonnet. **3.** *Veh:* Hood, *U.S:* top. **4.** Cowl, hood (of chimney).

capoter[1] [kapɔte], *v.tr.* To hood, put a hood on (vehicle).

capot|er[2], *v.i.* **1.** *Nau:* To capsize; to turn turtle. **2.** *Aut:* *Av:* To overturn. *s.m.* **-age.**

câpre [kɑ:pr], *s.f.* *Bot:* Caper. S.a. CAPUCINE 2.

caprice [kapris], *s.m.* Caprice, whim. **Faire qch. par c.**, to do sth. on a sudden impulse.

capricieu|x, -euse [kaprisjø, -ø:z], *a.* Capricious, whimsical; wayward; temperamental (woman). *adv.* **-sement.**

capricorne [kaprikɔrn], *s.m.* *Astr:* Capricorn. **Le Tropique du C.**, the Tropic of Capricorn.

caprin, -ine [kaprɛ̃, -in], *a.* *Z:* Caprine, goat-like.

capsulaire [kapsylɛ:r], *a.* *Bot:* *Anat:* Capsular.

capsule [kapsyl], *s.f.* **1.** *Bot:* *Pharm:* Capsule. **2.** *Ch:* **C. d'évaporation**, evaporating dish. **3.** *Sm.a:* *Min:* (Firing) cap; primer. **4.** (*a*) Crown-cork (of bottle). (*b*) Seal (of bottle).

capsul|er [kapsyle], *v.tr.* To capsule, seal, cap (bottle). *s.m.* **-age.**

capsuleur, -euse [kapsylœ:r, -ø:z], *s.* (Bottle) capper.

captage [kapta:ʒ], *s.m.* **1.** (*a*) *Hyd.E:* Collecting (of waters). *El.E:* Picking up (of current). (*b*) *Ind:* Recovery (of by-products). **2.** Water-catchment.

captateur, -trice [kaptatœ:r, -tris], *s.* *Jur:* Inveigler. *F:* **C. de successions**, legacy-hunter.

captation [kaptasjɔ̃], *s.f.* *Jur:* Inveigling.

captatoire [kaptatwa:r], *a.* Inveigling, insidious (means of obtaining sth.).

capter [kapte], *v.tr.* **1.** To obtain (sth.) by insidious means. **C. les suffrages de . . .**, *F:* to nobble the votes of. . . . (*b*) To captivate; to win (s.o.) over (by ingratiating means). **C. l'attention de qn**, to rivet s.o.'s attention. *Tg:* *Tp:* To tap (messages). **2.** (*a*) To collect, pick up (electric current); to catch, impound (waters). (*b*) *Ind:* To recover (by-product).

captieu|x, -euse [kapsjø, -ø:z], *a.* Fallacious, specious, captious (argument). *adv.* **-sement.**

captif, -ive [kaptif, -i:v], *a.* & *s.* Captive; prisoner.

captivant [kaptivɑ̃], *a.* Captivating; winsome.

captiver [kaptive], *v.tr.* To captivate, enthral, charm (s.o.).

captivité [kaptivite], *s.f.* Captivity. **Tenir qn en c.**, (i) to hold s.o. in captivity, (ii) to keep (child, etc.) under great restraint, in subjection.

capture [kapty:r], *s.f.* **1.** Capture, seizure (of ship); apprehension (of deserter, etc.). **2.** Capture, prize.

capturer [kaptyre], *v.tr.* **1.** To capture (ship, etc.); to catch (whale, etc.). **2.** To collect (steam).

capuchon [kapyʃɔ̃], *s.m.* **1.** (*a*) *Cost:* Hood. (*b*) *Ecc:* Cowl. (*c*) Cap (of a bird). (*d*) *Nat.Hist:* **A c.**, hooded (seal, etc.). **2.** Cap, cover (of lamp); cap (of fountain-pen); chimney-cowl. **C. de valve**, valve-cap (of tyre valve).

capucin [kapysɛ̃], *s.m.* **1.** Capuchin friar. **2.** *F:* Hare.

capucine [kapysin], *s.f.* **1.** Capuchin nun. **2.** *Bot:* Nasturtium. **Câpres capucines**, nasturtium seeds.

caque [kak], *s.f.* Keg; herring-barrel. *Prov:* **La c. sent toujours le hareng**, what's bred in the bone will come out in the flesh.

caquet [kakɛ], *s.m.* **1.** Cackle, cackling (of hens, etc.). (Noisy) chatter; idle gossip. **Elle lui a rabattu son, le, c.**, she shut him up, made him sing small, took him down a peg.

caquet|er [kakte], *v.i.* (**je caquète, je caquette; je caquèterai, je caquetterai**) **1.** (Of hen, etc.) To cackle. **2.** *F:* To chatter. *s.m.* **-age.** *s.* **-eur, -euse.**

car[1] [ka:r], *conj.* For, because. *s.m.inv.* Reason why. **Accumuler les mais, les si et les c.,** to beat about the bush.

car[2], *s.m.* 1. (Railway-, tram-)car. 2. (*a*) = AUTO-CAR. (*b*) **C. de police,** police-van. **C. de radio-reportage,** outside broadcasting van. **C. sonore,** talkie van.

carabe [karab], *s.m. Ent:* Ground-beetle.

carabin [karabɛ̃], *s.m. P:* (i) Medico; sawbones. (ii) Medical student. (iii) *Fr.C:* (Any) student (at university).

carabine [karabin], *s.f.* (Cavalry) carbine; rifle. **C. de salon,** gallery rifle.

carabiné [karabine], *a. Nau:* **Vent c.,** stiff gale. *F:* **Fièvre carabinée,** violent fever. *F:* **Rhume c.,** heavy cold.

caracole [karakɔl], *s.f. Equit:* Caracol(e); half-turn. *F:* **Faire des caracoles,** to cut capers.

caracoler [karakɔle], *v.i.* (*a*) *Equit:* To caracol(e). (*b*) *F:* To gambol, caper.

caractère [karaktɛ:r], *s.m.* 1. Character; graphic symbol. *Typ:* (Metal) type. **Écrire en petits caractères,** to write in a small hand. **Imprimer en gros caractères,** to print in large type. 2. (*a*) Characteristic, feature. **L'affaire a pris un c. grave,** the affair has taken a serious complexion. (*b*) Official capacity (of ambassador, etc.). **Avoir c. pour faire qch.,** to be entitled to do sth. *Biol:* **C. héréditaire, acquis,** hereditary, acquired, character. 3. (*a*) Nature, disposition. **Homme au c. emporté,** hot-tempered man. **Sortir de son c.,** to lose one's temper. **Avoir mauvais c.,** to be bad-tempered. **Avoir bon c.,** to be good-natured. (*b*) Personality, character. **Avoir du c.,** to have character, grit. **Montrer du c.,** to show spirit. **Manquer de c.,** to lack strength of character, of will.

caractériel [karakterjɛl], *a.* Of pertaining to character. *s.m.* Problem child, psycho-neurotic child.

caractériser [karakterize], *v.tr.* To characterize.

se caractériser. 1. To assume, take on, character; (of symptom, etc.) to become clearly marked. 2. To be distinguished (**par,** by).

caractéristique [karakteristik]. 1. *a.* Characteristic, distinctive; typical (**de,** of). 2. *s.f.* Characteristic (of logarithm, etc.); salient feature.

carafe [karaf], *s.f.* 1. (Glass) decanter; water-bottle, carafe. 2. *P:* **Rester en c.,** (i) to be left out of it, out in the cold, (ii) to be stuck (in a speech, etc.).

carafon [karafɔ̃], *s.m.* Small carafe.

caraïbe [karaib]. 1. *a.* Caribbean. 2. *s.m.* Carib.

carambolage [karɑ̃bɔla:ʒ], *s.m. Bill:* Cannon, *U.S:* carom.

caramboler [karɑ̃bɔle]. 1. *v.i. Bill:* To cannon. 2. *v.tr. F:* **Être carambolé par la foule,** to be buffeted by the crowd.

carambouill|er [karɑ̃buje], *v.tr. F:* To convert fraudulently. *s.m.* **-age, -eur.**

caramel [karamɛl], *s.m.* Caramel; burnt sugar. **C. au beurre,** butter scotch, toffee.

caraméliser [karamelize], *v.tr.* 1. To caramel(ize) (sugar). 2. To mix caramel with (sth.).

carapace [karapas], *s.f.* Carapace, shell (of lobster, etc.). S.a. TORTUE 1.

carat [kara], *s.m.* Carat. (*a*) **Or à dix-huit carats (de fin),** eighteen-carat gold. (*b*) Carat (weight).

Caravage (le) [karava:ʒ]. *Pr.n.* Caravaggio.

caravane [karavan], *s.f.* 1. (*a*) Caravan; desert convoy. (*b*) *F:* Conducted party (of tourists, etc.). 2. Caravan (vehicle).

caravanier [karavanje], *s.m.* Caravaneer.

caravaning [karavaniŋ], *s.m. F:* Caravan(n)ing.

caravansérail [karavɑ̃sera:j], *s.m.* Caravanserai.

caravelle [karavɛl], *s.f.* 1. *Nau: A:* Caravel. 2. *Av:* Caravelle air-liner.

carbonate [karbɔnat], *s.m. Ch:* Carbonate. **C. de soude,** carbonate of soda; washing soda.

carbone [karbɔn], *s.m.* Carbon. **Papier c.,** carbon paper.

carbonifère [karbɔnifɛ:r], *a.* Carboniferous,

carbonique [karbɔnik], *a. Ch:* Carbonic. **Acide c.,** carbonic acid, carbon dioxide. **Neige c.,** carbon dioxide snow, dry ice.

carbonis|er [karbɔnize], *v.tr.* (*a*) To carbonize (bones, etc.); to char (wood). (*b*) **Être carbonisé,** to be burnt to death (in house fire, accident). *s.f.* **-ation.**

carbonyle [karbɔnil], *s.m. Ch:* Carbonyl.

carborundum [karbɔrɔ̃dɔm], *s.m.* Carborundum.

carburant [karbyrɑ̃], *s.m.* Motor-fuel.

carburateur [karbyratœ:r], *s.m. I.C.E:* Carburettor.

carburation [karbyrasjɔ̃], *s.f.* 1. *Ch:* Carburetting. 2. *I.C.E:* Vaporization (of fuel). 3. *Metall:* Carburization.

carbure [karby:r], *s.m. Ch:* Carbide.

carburer [karbyre], *v.tr. Ch:* 1. To carburet. 2. *I.C.E:* To vaporize (fuel). 3. *Metall:* To carburize. 4. *F:* To go strong.

carcajou [karkaʒu], *s.m. Z:* Carcajou. *Fr.C:* Wolverine.

carcan [karkɑ̃], *s.m.* 1. (*a*) *A:* Carcan, iron collar. (*b*) *Cost: Jewelry:* Choker. 2. *P:* (*a*) (Of horse) Jade, screw. (*b*) Lean, gawky woman; shrewish woman.

carcasse [karkas], *s.f.* 1. Carcass, carcase; *F:* body (of living person). 2. Framework; frame (of umbrella); shell, skeleton (of house, ship, etc.); shape (of hat, etc.); carcase (of electric motor); casing (of pneumatic tyre).

carcinome [karsinɔm], *s.m. Med:* Carcinoma.

Cardan [kardɑ̃]. *Pr.n.m. Mec.E:* **Joint de C., à la C.,** *s.m.* **cardan,** Cardan shaft; universal joint.

carde [kard], *s.f.* 1. *Bot:* Chard. 2. *Tex:* Carding-brush, card, teasel-frame.

card|er [karde], *v.tr.* 1. To card (wool). 2. To teasel, raise (cloth); to comb out (mattress). *s.m.* **-age.** *s.* **-eur, -euse.**

cardialgie [kardjalʒi], *s.f. Med:* Cardialgia; *F:* heartburn.

cardiaque [kardjak]. 1. *a.* Cardiac (murmur, etc.). **Crise c.,** heart attack. 2. *s.* Person suffering from heart complaint, *F:* heart-case.

cardigan [kardigɑ̃], *s.m. Cost:* Cardigan.

cardinal, -aux [kardinal, -o]. 1. *a.* Cardinal (point, number, virtue). 2. *s.m. Ecc:* Cardinal. 3. *Orn:* Cardinal bird.

cardinalat [kardinala], *s.m.* Cardinalate, cardinalship.

cardiogramme [kardjɔgram], *s.m. Med:* Cardiogram.

cardiographe [kardjɔgraf], *s.m.* 1. Cardiographer. 2. *Med:* Cardiograph.

cardiologie [kardjɔlɔʒi], *s.f.* Cardiology.

cardiologue [kardjɔlɔg], *s.m.* Cardiologist.

cardite [kardit], *s.f. Med:* Carditis.

cardon [kardɔ̃], *s.m. Bot:* Cardoon.

carême [karɛm], *s.m.* 1. Lent. 2. (Lenten) fast(ing). **Faire c.,** to keep Lent; to fast. *F:* **Figure de c.,** dismal face. 3. (Course of) Lenten sermons. S.a. MARÉE 2, MARS 2.

carénage [karena:ʒ], *s.m.* 1. Careening (of ship). 2. *Av: Aut:* Stream-lining; fairing (of the lines).

carence [karɑ̃:s], *s.f.* 1. *Jur:* Insolvency. 2. Default(ing); shirking of one's obligations. 3. *Med:* Deficiency (**de,** in, of). **Maladies de c.,** deficiency diseases.

carène [karɛn], *s.f.* Hull (of ship, aircraft).

caréner [karene], *v.tr.* (**je carène; je carénerai**) 1. To careen (ship). 2. *Av: Aut:* To stream-line.

caressant [karɛsɑ̃], *a.* Caressing (child, etc.); tender, fond, affectionate (word, look, etc.).

caresse [karɛs], *s.f.* Caress. **Faire des caresses à un chien,** to pat, stroke, a dog.

caresser [karɛse], *v.tr.* 1. To caress, fondle, stroke; to pat, make much of (animal). **C. qn du regard,** to look fondly at s.o. 2. To cherish (hope, etc.).

caresseur, -euse [karɛsœ:r, -ø:z], *s.* Coaxer, wheedler.

cargaison [kargɛzɔ̃], *s.f.* (*a*) Cargo, freight. (*b*) *F:* Load (of passengers).

cargo [kargo], *s.m.* Cargo-boat; tramp (steamer). **C. mixte,** mixed cargo and passenger vessel.

cargue [karg], *s.f. Nau:* Brail (of sail).

carguer [karge], *v.tr. Nau:* To take in, clew (up) (sail).

cariatide [karjatid], *s.f. Arch:* Caryatid.

caricature [karikaty:r], *s.f.* Caricature; *F:* figure of fun, fright.

caricatur|er [karikatyre], *v.tr.* To caricature (s.o.), to take (s.o.) off. *a.* **-al, -aux.**

caricaturiste [karikatyrist], *s.m.* Caricaturist.

carie [kari], *s.f.* (*a*) Caries, decay (of bone). (*b*) Blight (of trees, etc.); stinking smut, bunt (of corn). (*c*) **C. sèche, humide,** dry, wet, rot (in timber).
carié [karie], *a.* Decayed. **Dent cariée,** bad tooth.
carier [karje], *v.tr.* To rot, decay.
se carier, to rot, decay.
carillon [karijɔ̃], *s.m.* (*a*) Chime(s), carillon. **Horloge à c.,** chiming clock. (*b*) Full peal of bells, bob. (*c*) (In orchestra) Tubular bells.
carillonn|er [karijɔne], *v.i.* **1.** (*a*) To chime the bells; to ring a peal. (*b*) (Of bells) To chime. (*c*) *F:* To jingle. **2.** *v.tr.* To chime (air); to announce (church festival) with a full peal. **Fête carillonnée,** high festival. *s.m.* **-ement.**
carillonneur [karijɔnœːr], *s.m.* (*a*) Carillonneur; carillon player. (*b*) *pl.* Bell-ringers.
carlin, -ine [karlɛ̃, -in], *a. & s.* Pug(-dog, -bitch).
carlingage [karlɛ̃gaːʒ], *s.m. N.Arch: Av:* Engine-bed, engine-bearers.
carlingue [karlɛ̃ːg], *s.f.* **1.** *Nau:* Ke(e)lson. **2.** *Av:* (*a*) Fuselage. (*b*) *F:* Cockpit; cabin.
carlovingien [karlɔvɛ̃ʒjɛ̃], *a. & s. A:* = CAROLINGIEN.
carme [karm], *a. & s.m.* **(Frère) c.,** Carmelite Friar, White Friar.
carmélite [karmelit], *s.f.* Carmelite (nun).
carmin [karmɛ̃], *s.m.* **1.** Carmine (colour). **2.** *Toil:* Rouge.
carminé [karmine], *a.* Carmine-coloured, *F:* ruby.
carminer [karmine], *v.tr.* To colour, dye, (sth.) carmine.
carnage [karnaːʒ], *s.m.* **1.** Carnage, slaughter. **2.** Raw meat (for feeding lions, etc.).
carnassier, -ière [karnasje, -jɛːr]. **1.** *a.* Carnivorous, flesh-eating (animal). **2.** *s.m.* Carnivore. **3.** *s.f.* **Carnassière,** game-bag.
carnation [karnasjɔ̃], *s.f. Art:* (*a*) Flesh-tint, carnation. (*b*) Rendering of flesh-tints.
carnaval, *pl.* **-als** [karnaval], *s.m.* **1.** Carnival. **2.** King Carnival. *F:* **C'est un vrai c.,** he's a regular figure of fun.
carnavalesque [karnavalɛsk], *a.* Suitable for a carnival; carnival-like.
carné [karne], *a.* **1.** Flesh-coloured. **2.** *Med:* **Diète carnée,** meat diet.
carneau [karno], *s.m.* (Boiler) flue.
carnet [karnɛ], *s.m.* Note-book. **C. de dépenses,** housekeeping book. **C. à souche(s),** counterfoil book, *U.S:* stub-book. *Aut: etc:* **C. de route,** log-book. *W.Tel:* **C. d'écoute,** log-book. **C. de timbres (-poste),** book of stamps. **C. de commandes,** order-book. **C. de banque,** pass-book. **C. de chèques,** cheque-book, *U.S:* check book.
carnier [karnje], *s.m.* Game-bag.
carnivore [karnivɔːr], *a.* Carnivorous.
carolingien, -ienne [karɔlɛ̃ʒjɛ̃, -jɛn], *a. & s. Fr.Hist:* Carolingian, Carlovingian.
Caron [karɔ̃]. *Pr.n.m. Myth:* Charon.
caroncules [karɔ̃kyl], *s.f.pl.* Wattles (of turkey).
carotide [karɔtid], *a. & s.f. Anat:* Carotid (artery).
carotte [karɔt, kɑ-], *s.f.* **1.** Carrot. *a.inv. F:* **Cheveux (rouge) c.,** carroty, ginger, hair. *F:* **Ses carottes sont cuites,** he has cooked his goose, he's done for. *F:* **Les carottes sont cuites,** it's as good as settled. **2.** (*a*) Plug (of tobacco); tobacconist's sign (in France). (*b*) *Min:* Core-sample. **3.** *P:* (*a*) Trick, sell. **Tirer une c. à qn,** (i) to play a trick on s.o.; (ii) to diddle s.o. out of his money. (*b*) *Ten:* Drop-shot.
carott|er [karɔte, kɑ-], *v.tr. P:* (*a*) **C. qch. à qn,** to do s.o. out of sth. (*b*) *Mil:* **C. le service,** to shirk duty. **C. une permission,** to wangle a leave. *s.m.* **-age.** *s.m.* **-ier, -ier.**
caroube [karub], *s.f. Bot:* Carob(-bean).
caroubier [karubje], *s.m. Bot:* Carob-tree.
Carpathes [karpat]. *Pr.n.m.pl.* **Les (monts) C.,** the Carpathian Mountains.
carpe[1] [karp], *s.m. Anat:* Carpus, wrist.
carpe[2], *s.f. Ich:* Carp. *F: Swim:* **Saut de c.,** jack-knife (dive). **Faire des sauts de c.,** to flop about, to somersault. *F:* **Faire des yeux de c. pâmée,** to show the whites of one's eyes. *F:* **Muet comme une c.,** as dumb as a fish.
carpette [karpɛt], *s.f.* Rug.
carpien, -ienne [karpjɛ̃, -jɛn], *a. Anat:* Carpal (bone, etc.).
carquois [karkwa], *s.m.* Quiver. *F:* **Il a vidé son c.,** he has shot all his bolts.
Carrare [karaːr]. **1.** *Pr.n. Geog:* Carrara. **2.** *s.m.* Carrara marble.
carre [kɑːr], *s.f.* Cross-section (of board, etc.).
carré, -ée [kɑre]. **1.** *a.* (*a*) Square. *Mth:* **Nombre c.,** square number. **Dix mètres carrés,** ten square metres. *F:* **Partie carrée,** foursome. **Tête carrée,** (i) level-headed man; (ii) stubborn man. S.a. RACINE 1. (*b*) *F:* Plain, straightforward, blunt (answer, person, etc.). **2.** *s.m.* (*a*) *Mth:* Square. **C. d'un nombre,** square of a number. (*b*) **C. de papier,** slip of paper. **C. de soie,** silk square. **C. d'un escalier,** landing of a staircase. **C. de choux,** cabbage-patch. **C. des officiers,** *Nau:* mess-room, *Navy:* ward-room. **3.** *s.f.* **Carrée.** (*a*) *P:* Room, esp. furnished apartment, *F:* digs. (*b*) *P: Mil:* Barrack-room.
carreau [kɑro], *s.m.* **1.** Small square. **Étoffe à carreaux,** check material. **2.** (*a*) (Flooring) tile; flag. **C. de pierre,** flagstone. **C. de revêtement,** wall-tile. (*b*) **C. (de vitre),** (i) window-pane, (ii) *P:* monocle. **3.** (*a*) Floor (of room). *F:* **Rester sur le c.,** (i) to be left dead on the field, (ii) to be left high and dry. (*b*) (In Paris) **Le c. des Halles,** the (floor of the) market. (*c*) *Min:* **C. de mine,** pit-head. **4.** *Cards:* Diamonds. *F:* **Se garder, se tenir, à c.,** to take every precaution. **5.** *A:* Bolt, quarrel (of cross-bow). **6.** *Lace-making:* Pillow. **7.** (Tailor's) goose.
carrefour [karfuːr], *s.m.* Cross-roads; (in town) square, circus. **Tête de c.,** T-junction.
carrelage [kɑrlaːʒ], *s.m.* **1.** Tiling. **2.** Tile-, flagstone-pavement or floor(ing).
carreler [kɑrle], *v.tr.* **(je carrelle; je carrellerai) 1.** To lay (floor) with tiles; to pave (yard). **2.** To draw squares on (sheet of paper). **Étoffe carrelée,** check material.
carrelet [kɑrlɛ], *s.m.* **1.** Square ruler. **2.** Large needle; *Bootm:* sewing-awl. **C. d'emballeur,** packing needle. **3.** *Fish:* Square dipping-net. **4.** *Ich:* Plaice.
carreleur [kɑrlœːr], *s.m.* Tile-layer, paviour.
carrément [kɑremɑ̃], *adv.* Square(ly). **Se tenir c. sur ses jambes,** to stand firmly, squarely, on one's legs. **Agir c.,** to act (i) on the square, (ii) without beating about the bush. **Il y est allé c.,** he made no bones about it. **Dire c. qch. à qn,** to tell s.o. sth. (i) straightforwardly, (ii) bluntly, flat, straight out. **Je lui ai dit c. ce que je pensais,** I told him in no uncertain terms what I thought.
carrer [kɑre], *v.tr.* To square (plank, number).
se carrer. **Se c. en marchant,** to strut, swagger, along. **Le maire se carrait dans son fauteuil,** the mayor was sitting in his chair looking very important.
carrier [kɑrje], *s.m.* **1.** Quarryman. **2.** Quarry-owner.
carrière[1] [kɑrjɛːr], *s.f.* **1.** *A:* Race-course, arena. *F:* **Être au bout de sa c.,** to be at the end of one's life. **La c. du succès,** the road to success. **2.** *Equit:* **Donner c. à un cheval,** to give free rein to a horse. **Donner libre c. à son imagination,** to give free play to one's fancy. **Donner c. à ses sentiments, à ses opinions, se donner c.,** to let oneself go. **3.** Career. **Soldat de c.,** regular (soldier). **Embrasser une c.,** to take up a career. *F:* **Il est de la C.,** he is in the Diplomatic Service.
carrière[2], *s.f.* Stone-pit, quarry.
carriole [karjɔl], *s.f. Veh:* Light cart. *Fr.C:* (Horse-drawn) sled, sleigh.
carrossable [kɑrɔsabl], *a.* **Route c.,** road suitable for motor vehicles.
carrosse [kɑrɔs], *s.m. A:* Coach. **C. d'apparat,** state-coach. *F:* **Rouler c.,** to live in great style.
carrosser [kɑrɔse], *v.tr. Aut:* To fit the body to (chassis).
carrosserie [kɑrɔsri], *s.f.* **1.** Coach-building, body-building. **2.** Body, coachwork, *U.S:* panel body (of car, etc.).
carrossier [kɑrɔsje], *s.m. Veh: Aut:* Coach-, body-builder.
carrousel [karuzɛl], *s.m.* **1.** *A:* (*a*) Tournament. (*b*) Tilt-yard. **2.** Merry-go-round; roundabout.
carrure [kɑryːr], *s.f.* Breadth (of pers., of coat) across the shoulders. **Homme d'une belle c.,** well-built man. **Gaillard de forte c.,** burly fellow.

cartable [kartabl], *s.m.* **1.** Writing-pad. **2.** (Cardboard) portfolio. **3.** School satchel.
carte [kart], *s.f.* **1.** *A:* Sheet of paper. **C. blanche,** (i) blank paper (bearing signature); (ii) *carte blanche,* full warrant to act for the best. *F:* **Donner, laisser, c. blanche à qn,** to give s.o. a free hand. **2.** Map. **C. d'état-major,** ordnance survey map. **C. routière,** road-map. **C. marine,** (sea-)chart. **C. du ciel,** astronomical map. **Dresser la c. d'une région,** to map a region. **Porter sur la c.,** to chart (an island, etc.). *A:* **Perdre la c.,** (i) to lose one's bearings; (ii) *F:* to get flustered. **3.** (Piece of) pasteboard or cardboard. **C. à jouer,** playing card. **Jouer aux cartes,** to play cards. **Faire les cartes,** to deal. **Jouer cartes sur table,** (i) to show one's hand; (ii) to act fairly and above-board. *F:* **Connaître, voir, le dessous des cartes,** to be in the know. **Brouiller les cartes,** to confuse the issue. **On ne sait jamais avec lui de quelle c. il retourne,** you never know where you are with him. S.a. TIRER 4. **C. de visite,** visiting-card, *U.S:* calling card. **C. d'identité,** identity card. **C. de lecteur,** reader's ticket. *War Adm:* **C. d'alimentation, c. de ravitaillement** = ration-book. **C. d'échantillons,** show-card. **C. d'entrée,** admission card. **C. postale,** postcard. **C. postale illustrée,** picture postcard. **C. de Noël,** Christmas card. **C. d'abonnement,** season-ticket. *Rail: etc:* **C. de circulation,** free pass, *U.S:* railroad pass. *Aut:* **C. grise,** = car licence. **C. rose** = driving licence. *Computers:* **C. perforée,** punch-card. **C. de restaurant,** bill of fare; menu. **C. du jour,** menu for the day. **C. des vins,** wine-list. **Manger, dîner, à la c.,** to eat, dine, à la carte.
cartel[1] [kartɛl], *s.m.* **1.** *Mil: Navy:* Agreement for exchange of prisoners. **2.** *(a)* Dial-case (of clock). *(b)* Hanging wall-clock. **3.** *Her:* **C. d'armoiries,** shield, escutcheon.
cartel[2], *s.m.* *Com:* Cartel, trust, combine, ring. *Pol:* Coalition.
carte-lettre [kartəlɛtr], *s.f.* Letter-card. *pl. Des cartes-lettres.*
carter [kartɛːr], *s.m.* **1.** *Cy:* Gear-case. **2.** Casing, housing (of crank, chain, etc.). *Aut:* Crank-case. *I.C.E:* **Fond de c.,** sump.
cartésianisme [kartezjanism], *s.m.* *Phil:* Cartesianism.
cartésien, -ienne [kartezjɛ̃, -jɛn], *a. & s.* *Phil: Mth:* Cartesian.
carthaginois, -oise [kartaʒinwa, -waːz], *a. & s.* *A. Geog:* Carthaginian.
cartilage [kartilaːʒ], *s.m.* Cartilage; *F:* gristle.
cartilagineux, -euse [kartilaʒinø, -øːz], *a.* Cartilaginous; *F:* gristly.
cartographe [kartɔgraf], *s.m.* Cartographer.
cartographie [kartɔgrafi], *s.f.* Cartography, mapping.
cartomancie [kartɔmɑ̃si], *s.f.* Cartomancy; fortune-telling (by cards).
cartomancien, -ienne [kartɔmɑ̃sjɛ̃, -jɛn], *s.* Fortune-teller (by cards).
carton [kartɔ̃], *s.m.* **1.** Cardboard; pasteboard. **C. épais,** millboard. **C. paille,** strawboard. **Maison de c.,** jerry-built house. **Poupée de c.,** papier mâché doll. **Nez en c.,** pasteboard nose. **2.** Cardboard box. carton. **C. à chapeaux,** hat-box. **C. à dessins,** portfolio. **3.** *Art:* Cartoon; small sketch. **4.** *(a)* *Phot: etc:* Mount. *(b)* Miniature target (at shooting-range). **Faire un bon c.,** to make a good score.
cartonnage [kartɔnaːʒ], *s.m.* **1.** *(a)* Making of pasteboard articles. *(b)* *Coll.* (Cardboard) boxes, cases. **2.** *Bookb:* (Binding in) paper boards; boarding, casing. **C. pleine toile,** (binding in) cloth boards. **C. souple,** limp boards.
cartonner [kartɔne], *v.tr.* To bind (book) in boards; to case (book).
cartonnerie [kartɔnri], *s.f.* **1.** Cardboard factory. **2.** Cardboard trade.
cartonnier, -ière [kartɔnje, -jɛːr], *s.* **1.** Cardboard-maker, -seller. **2.** *s.m.* (Cardboard) file; file-case.
carton-pâte [kartɔnpɑːt], *s.m. inv.* Papier mâché.
cartouche [kartuʃ]. **1.** *s.m.* Scroll (round title, etc.); cartouche. **2.** *s.f.* Cartridge. **Cent cartouches,** a hundred rounds (of ammunition). **C. à balle,** ball cartridge. **C. de chasse,** sporting cartridge. **C. d'ammoniaque,** ammonia canister. *(b)* *Phot:* Cartridge. *(c)* *Com:* Carton (of cigarettes). *(d)* *Com:* Refill.
cartoucherie [kartuʃri], *s.f.* Cartridge-factory.
cartouchière [kartuʃjɛːr], *s.f.* *(a)* Cartridge-belt. *(b)* Cartridge-pouch.
carvi [karvi], *s.m.* *Bot:* Caraway. **Graines de c.,** caraway seeds.
caryatide [karjatid], *s.f.* = CARIATIDE.
cas [kɑ], *s.m.* **1.** *(a)* Case, instance. **C. limite,** border-line case. **C. urgent,** emergency. **C. imprévu,** (i) emergency; (ii) act of God. *F:* **C'est bien le c. de le dire, . . .** and no mistake. **C'est le c. ou jamais de . . .,** now, if ever, is the time to. . . . *(b)* **C. juridique,** legal case, cause. **C. de divorce,** grounds for divorce. *(c)* **C. médical,** medical case. **2.** Case, matter, affair. **Cela change le c.,** that alters the case, the matter. **C. de conscience,** matter of conscience. **Se faire un c. de conscience de faire qch.,** to make a point of doing sth. **3. Faire c. de qn, de qch.,** to value s.o., sth. **Faire peu de c. de qch.,** to set little value on sth. **Faire grand c. de qn,** to have a high opinion of s.o. **Ne faire aucun c. de,** to take no account of. **4.** *Gram:* Case. **Au c. nominatif,** in the nominative case. **5. En ce c.,** in that case. **Dans, en, aucun c.,** in no case, under no circumstances, on no account. **En tout c., dans tous les c.,** in any case, at all events. **Le c. échéant,** should the occasion arise. **Selon le c.,** as the case may be. **En c. de nécessité,** in case of need. **Au c. où, dans le c. où, il viendrait,** if he comes. **Pour le c. où vous désireriez quelque chose,** in case you should want anything. **Au, en, c. qu'il n'y soit pas,** in case he should not be there.
casanier, -ière [kazanje, -jɛːr]. **1.** *a.* Home-loving; stay-at-home. **2.** *s.* Stay-at-home, home-bird.
casaque [kazak], *s.f.* **1.** *Mil: A:* (Musketeer's) surtout. *F:* **Tourner c.,** to turn one's coat; *F:* to rat. **2.** *(a)* Coat, jacket (of jockey, liveried servant). *(b)* (Woman's) blouse.
cascade [kaskad], *s.f.* Cascade, waterfall. **C. d'un glacier,** ice-fall. **Cascades de rires,** peals of laughter.
cascader [kaskade], *v.i.* **1.** To cascade. **2.** *F:* *(a)* To live a wild life; to go the pace. *(b)* *Th:* To gag.
cascadeur, -euse [kaskadœːr, -øːz], *F:* **1.** *a.* Loose, disorderly, fast. **2.** *s.* *(a)* Reveller. *(b)* *Cin: Th:* Stunt man.
case [kɑːz], *s.f.* **1.** Small dwelling; hut, cabin. **2.** *(a)* Compartment, division (of drawer, etc.); pigeon-hole; locker. **C. postale,** Post Office box. *(b)* Division, space to be filled (on printed form). *(c)* Square (of chess-board). *(d)* *A:* Division (of the brain). *F:* **Avoir une c. vide,** to have rooms to let.
caséeux, -euse [kɑzeø, -øːz], *a.* Caseous, cheesy.
caséine [kɑzein, ka-], *s.f.* *Ch:* Casein.
casemate [kazmat], *s.f.* *Fort:* Casemate.
caser [kɑze], *v.tr.* To put, stow, (sth.) away. **C. des papiers,** to file, pigeon-hole, papers. *F:* **C. qn,** to find a place, employment, for s.o. *F:* **Il est bien casé,** he has a good billet. **C. sa fille,** to find a husband for one's daughter.
se caser, to settle down; to find a home (**chez qn,** with s.o.). *F:* **Tous ses enfants se sont casés,** all his children are married.
caserne [kazɛrn], *s.f.* **1.** *(a)* Barracks. *F:* **Plaisanteries de c.,** barrack-room jokes. *(b)* **C. de pompiers,** fire station. **2.** *F:* Barrack, huge plain building.
cash [kaʃ], *adv.* *F:* **Payer c.,** to pay cash (down).
casier [kɑzje], *s.m.* **1.** *(a)* Set of pigeon-holes. *(b)* **C. judiciaire,** record of punishments (of convict, etc.). **Son c. judiciaire est vierge,** he has a clean record. **2.** *(a)* Bin, rack. **C. à bouteilles,** bottle-rack. **C. d'une malle,** tray of a trunk. *(b)* **C. à musique,** music-cabinet.
casino [kazino], *s.m.* Casino.
casoar [kazɔaːr], *s.m.* **1.** *Orn:* Cassowary. **2.** Plume (of shako worn by cadets of St. Cyr).
caspien, -ienne [kaspjɛ̃, -jɛn], *a.* **La mer Caspienne,** the Caspian (Sea).
casque [kask], *s.m.* **1.** *(a)* Helmet. **C. respiratoire,** smoke-helmet. **C. blindé,** crash-helmet. **C. colonial,** sun-helmet, topee. *F:* **Casques bleus,** United Nations troops. *P:* **Avoir le c.,** to have a head (after drinking). *(b)* *W.Tel:* **C. téléphonique,** head-phones. **2.** *Nat.Hist:* Galea, casque, hood.
casquette [kaskɛt], *s.f.* Cap.

cassant [kɑsɑ̃], *a.* 1. (*a*) Brittle (china, etc.). (*b*) Crisp (biscuit, etc.). (*c*) **Pantalon au pli c.,** *F:* trousers with a knife-edge crease. 2. Curt, abrupt (tone of voice). **Être c. avec qn,** to be short with s.o.

cassate [kasat], *s.f. Cu:* Cassata.

cassation [kɑsasjɔ̃], *s.f.* 1. *Jur:* Cassation, annulment, quashing, setting aside (of sentence, will). **Cour de c.,** Supreme Court of Appeal. 2. Reduction (of N.C.O.) to the ranks.

casse[1] [kɑːs], *s.f. Typ:* Case. **Bas, haut, de c.,** lower case, upper case.

casse[2], *s.f.* 1. *Bot:* Cassia. 2. *Pharm:* Senna.

casse[3], *s.f.* (*a*) Breakage, damage. *F:* **Il y aura de la c.,** there will be trouble. (*b*) *Coll.* Breakages.

casse-cou [kɑsku], *s.m.inv.* 1. Death trap. **Aller au c.-c.,** to ride at a break-neck pace. **Crier c.-c. à qn,** to warn s.o. of a danger. 2. Dare-devil; reckless fellow. 3. *Th:* Stunt man.

casse-croûte [kɑskrut], *s.m. inv.* 1. Snack. 2. Quick-lunch bar.

cassement [kɑsmɑ̃], *s.m.* Breaking (of pebbles, etc.). *F:* **C. de tête,** (i) worry, anxiety, (ii) splitting headache.

casse-noisette(s) [kɑsnwazɛt], *s.m.inv.* 1. (Pair of) nutcrackers. *F:* **Menton en c.-n.,** nutcracker chin. 2. *Orn:* Nuthatch.

casse-noix [kɑsnwɑ], *s.m.inv.* (Pair of) nut-crackers.

casse-pieds [kaspje], *s.m.inv. F:* Society bore, nuisance (of a man).

casse-pierre(s) [kɑspjɛːr], *s.m.inv.* 1. (*a*) Stone-breaker's hammer. (*b*) *Civ.E:* Stone-breaker, stone-crusher (machine). 2. *Bot:* (*a*) Saxifrage. (*b*) Samphire. (*c*) Pellitory.

casse-pipes [kɑspip], *s.m.inv.* (*a*) Shooting-gallery. (*b*) *P:* War.

cassé [kɑse], *a.* (*a*) Broken, worn out. (*b*) Wing (collar).

cass|er [kɑse], *v.tr.* 1. To break, snap; to crack (nuts, etc.); to fracture (limb); to crush (stones). **C. la tête à qn,** (i) to crack s.o.'s skull; (ii) *F:* to importune s.o. **Se c. la tête,** (i) to break one's head; (ii) *F:* to rack, cudgel, one's brains. **Se c. le cou,** (i) to break one's neck; (ii) *F:* to come a cropper. *F:* **C. la figure à qn,** to punch s.o.'s head. *P:* **Ça ne casse rien,** it's nothing to write home about. *F:* **Qu'est-ce qu'il y a encore de cassé?** what's the trouble now? *F:* **Vouloir tout c.,** to go all out. *Adv.phr. F:* **(Une attaque) à tout c.,** (an) all-out (attack). *P:* **C. les pieds (à qn),** to plague (s.o.). *F:* **C. les oreilles à qn,** to bother, importune, s.o. *P:* **C. sa pipe,** to die, to kick the bucket. *F:* **Se c. le nez,** (i) to find nobody at home; (ii) to come a cropper. *P:* **Il ne se casse rien,** he doesn't overwork himself. **Applaudir à tout c.,** to bring down the house (with applause). S.a. BRAS 1, CROÛTE 1, SUCRE. 2. To dismiss, cashier, break, degrade (s.o.). **C. un sous-officier (de son grade),** to reduce an N.C.O. (to the ranks). *Navy:* **Cassé de son grade,** dismissed his ship. 3. *Jur:* To annul, quash, set aside (verdict, will). *s.m.* **-age.** 4. *v.i.* = SE CASSER 1.

se casser. 1. To break, snap, give way, part. 2. (Of pers.) To break up.

casserole [kasrɔl], *s.f.* 1. (*a*) (Sauce)pan, stewpan. **Veau en c.,** braised veal. (*b*) *Cu:* Stew. 2. *P:* Police spy, *P:* nark.

casse-tête [kɑstɛːt], *s.m.inv.* 1. (*a*) (War-)club, tomahawk. (*b*) Loaded stick, life-preserver. (*c*) Truncheon. 2. Puzzling, brain-racking, task; headache. **C.-t. chinois,** Chinese puzzle. 3. Din, racket.

cassette [kasɛt], *s.f.* (*a*) Casket; case. (*b*) Money-box. *A:* **C. du roi,** King's privy purse.

casseur, -euse [kɑsœːr, -øːz]. 1. *s.* Breaker. **C. de pierres,** stone-breaker. *F:* **C. d'assiettes,** blusterer. 2. *a.* (*a*) **Domestique casseuse,** maid who smashes everything. (*b*) Aggressive (look, manner).

Cassin [kasɛ̃]. *Pr.n. Geog:* **Le Mont C.,** Monte Cassino.

cassine [kasin], *s.f.* 1. (*a*) Country-cottage. (*b*) Hovel, hut. 2. *Mil:* Blockhouse.

cassis[1] [kɑsi(s)], *s.m.* 1. Black-currant. 2. Black-currant bush. 3. Black-currant liqueur.

cassis[2] [kɑsi], *s.m.* Cross-drain, open gutter (across road).

cassolette [kasɔlɛt], *s.f.* Cassolette, perfume-pan.

cassonade [kasɔnad], *s.f.* Brown sugar, moist sugar.

cassot [kaso], *s.m. Fr.C:* Punnet; *U.S:* (cardboard) cornet.

cassoulet [kasulɛ], *s.m.* (*a*) Earthenware dish. (*b*) *Cu:* Stew of beans, mutton, pork, goose, etc. (made in Languedoc).

cassure [kɑsyːr], *s.f.* 1. (*a*) Break, fracture. (*b*) Fractured edge. (*c*) *Geol:* Fault. (*d*) Fold mark (in linen). 2. Broken fragment.

castagnettes [kastaɲɛt], *s.f.pl.* Castanets.

caste [kast], *s.f.* Caste. **Esprit de c.,** class consciousness. **Hors c.,** outcaste.

castillan, -ane [kastijɑ̃, -an], *a.* & *s.* Castilian.

Castille [kastiːj]. *Pr.n.f. Geog:* Castile.

castor [kastɔːr], *s.m.* 1. Beaver. 2. *Com:* (*a*) Beaver fur. (*b*) **C. du Chili,** *Z:* coypu, *Com:* nutria. (*c*) **C. du Canada,** musquash. 3. Person who builds his own house.

castrat [kastra], *s.m.* Eunuch. *Mus:* Castrato.

castration [kastrasjɔ̃], *s.f.* Castration; gelding (of horse, etc.).

castrer [kastre], *v.tr.* To castrate, geld.

casu|el, -elle [kɑzɥɛl]. 1. *a.* (*a*) Fortuitous, accidental, casual. *Jur:* **Condition casuelle,** contingent condition. (*b*) *Gram:* **Flexions casuelles,** case-endings. (*c*) Inherent in the case. 2. *s.m.* Perquisites, fees (in addition to fixed salary). *Ecc: F:* Surplice-fees. *adv.* **-ellement.**

casuiste [kɑzɥist], *s.m.* (*a*) Casuist. (*b*) Sophist.

casuistique [kɑzɥistik], *s.f.* (*a*) *Theol:* Casuistry. (*b*) Sophistry.

cataclysme [kataklism], *s.m.* Cataclysm, disaster.

catacombes [katakɔ̃ːb], *s.f.pl.* Catacombs.

catadioptre [katadiɔptr], *s.m. Opt:* Cat's-eye, reflector.

catafalque [katafalk], *s.m.* Catafalque.

cataire [katɛːr], *s.f. Bot:* Catmint.

catalan, -ane [katalɑ̃, -an], *a.* & *s.* Catalan, Catalonian.

catalepsie [katalɛpsi], *s.f.* Catalepsy.

cataleptique [katalɛptik], *a.* & *s. Med:* Cataleptic (patient, etc.).

Catalogne [katalɔɲ]. *Pr.n.f.* Catalonia.

catalogue [katalɔg], *s.m.* Catalogue, list. **C. raisonné,** descriptive catalogue. **Faire le c. de . . .,** to catalogue (objects).

catalogu|er [katalɔge], *v.tr.* 1. To catalogue; to list. 2. *F:* To size up (s.o.). *s.m.* **-ement.** *s.m.* **-eur.**

catalyse [kataliːz], *s.f. Ch:* Catalysis.

catalyseur [katalizœːr], *s.m. Ch:* Catalyst.

catalytique [katalitik], *a. Ch:* Catalytic.

cataphote [katafɔt], *s.m. R.t.m: Opt:* Cat's-eye, reflector.

cataplasme [kataplasm], *s.m. Med:* Poultice. **C. sinapisé,** mustard-plaster. **C. à mie de pain,** bread-poultice. **C. électrique,** electric pad.

catapultable [katapyltabl], *a.* **(Avion) c.,** catapult-launched (aircraft).

catapultage [katapyltaːʒ], *s.m. Av:* Catapult-launching, catapulting. **Crochet de c.,** catapulting hook.

catapulte [katapylt], *s.f.* Catapult.

catapulter [katapylte], *v.tr. Av:* To catapult.

cataracte [katarakt], *s.f.* 1. Cataract, falls. 2. *Med:* Cataract. *F:* **Enlever une c.,** to couch a cataract.

catarrhal, -aux [kataral, -o], *a. Med:* Catarrhal.

catarrhe [kataːr], *s.m. Med:* Catarrh.

catarrheux, -euse [katarø, -øːz], *a.* Catarrhous.

catastrophe [katastrɔf], *s.f.* Catastrophe. 1. *Dénouement* (of tragedy, etc.). 2. Disaster. **C. financière,** crash.

catastropher [katastrɔfe], *v.tr. F:* (*a*) To wreck. (*b*) To overwhelm, to dumbfound.

catastrophique [katastrɔfik], *a.* Catastrophic.

catch [katʃ], *s.m.* Catch-as-catch-can, all-in wrestling.

catcheur [katʃœːr], *s.m.* Catch-as-catch-can, all-in, wrestler.

catéchiser [kateʃize], *v.tr.* 1. (*a*) *Ecc:* To catechize. (*b*) *F:* To coach (s.o.) up (in what to say); to indoctrinate. 2. (*a*) To reason with (s.o.). (*b*) To lecture (s.o.).

catéchisme [kateʃism], *s.m.* Catechism. **Aller au c.,** to go to a catechism class.

catéchiste [kateʃist], *s.m.* & *f.* Catechist, catechizer.

catéchumène [katekymɛn], *s.m. Ecc:* Catechumen.

catégorie [kategɔri], *s.f.* Category. **De la même c.**, of the same stamp. **De dernière c.**, of poor quality.
catégorique [kategɔrik], *a.* (*a*) Categorical (proposition). (*b*) Categorical; explicit, clear (answer). **Refus c.**, flat refusal. *adv.* **-ment.**
caténaire [katenɛːr], *a.* **1.** Catenary (suspension of bridge, etc.). **2.** *Ch:* **Réactions caténaires,** chain of reactions. **3.** *s.f. Rail:* Overhead line (of electric railway).
catgut [katgyt], *s.m.* Catgut.
cathédrale [katedral], *s.f.* Cathedral.
Catherine [katrin]. *Pr.n.f.* Catherine, Katherine. *F:* **Coiffer sainte C.**, (of woman) to have reached one's twenty-fifth birthday without marrying.
cathéter [kateteːr], *s.m. Surg:* Catheter.
cathode [katɔd], *s.f. El:* Cathode.
cathodique [katɔdik], *a. El:* Cathodic. **Rayons cathodiques,** cathode rays. **Tube à rayons cathodiques,** cathode-ray tube. **Faisceau c.**, cathodic beam.
catholicisme [katɔlisism], *s.m.* (Roman) Catholicism.
catholicité [katɔlisite], *s.f.* **1.** Catholicity, orthodoxy. **2.** The (Roman) Catholic Church.
catholique [katɔlik]. **1.** *a.* Orthodox. *F:* **Ce n'est pas c.**, it looks, sounds, fishy. **2.** *a. & s.* (Roman) Catholic.
cati [kati], *s.m. Tex:* Gloss, lustre.
catilinaire [katilinɛːr], *s.f.* (*a*) Catiline oration (of Cicero). (*b*) Diatribe, outburst.
catimini (en) [ɑ̃katimini], *adv.phr. F:* Stealthily; on the sly. **Entrer, sortir, en c.**, to steal in, out.
catin [katɛ̃], *s.f. P:* Prostitute, whore.
cation [katjɔ̃], *s.m. El:* Cation.
cat|ir [katiːr], *v.tr. Tex:* To press, gloss (material). *s.m.* **-issage.** *s.* **-isseur, -euse.**
Caton [katɔ̃]. *Pr.n.m. Rom.Hist:* Cato.
catoptrique [katɔptrik]. *Ph:* **1.** *a.* Catoptrical, reflecting. **2.** *s.f.* Catoptrics.
Caucase (le) [ləkokɑːz]. *Pr.n.* The Caucasus.
caucasien, -ienne [kokɑzjɛ̃, -jɛn], *a. & s. Geog:* Caucasian.
cauchemar [koʃmaːr, ko-], *s.m.* Nightmare. **Avoir le c.**, to have (a) nightmare. *F:* **Il me donne le c.**, he is my bugbear, my pet aversion.
cauchemardesque [koʃmardɛsk], *a.* Nightmarish.
caudal, -aux [kodal, -o], *a. Z:* Caudal.
cauri(s) [kɔri], *s.m.* Cowrie.
causal [kozal], *a.* No *m.pl. Gram: Phil:* Causal, causative (proposition, etc.).
causalité [kozalite], *s.f. Phil:* Causality.
causant [kozɑ̃], *a. F:* **1.** Chatty, talkative (person). **2. Dîner très c.**, chatty dinner.
causatif, -ive [kozatif, -iːv], *a. Gram:* Causative (voice, etc.).
cause [koːz], *s.f.* **1.** Cause. **C. de défiance,** cause, grounds, for distrust. **C. première,** prime cause. **C. seconde,** secondary cause. **Être c. de qch.**, to be the cause of sth. **Pour quelle c.?** for what reason? on what grounds? **Il ne viendra pas et pour c.**, he will not come and for a very good reason. **Maison à céder pour c. de faillite,** house for sale in consequence of bankruptcy. **Absent pour c. de santé,** absent for reasons of health. *Prep.phr.* **A c. de,** on account of; owing to. **C'est à c. de moi qu'il a manqué le train,** it was through me that he lost his train. **2.** (*a*) *Jur:* Cause, suit, action. **Causes célèbres,** famous trials. **Avocat sans c.**, briefless barrister. **Être chargé d'une c.**, to hold a brief. **Entendre une c.**, to hear a case. *F:* **La c. est entendue,** there's nothing more to add. **Être en c.**, (i) to be a party to a suit; (ii) *F:* to be concerned in sth. **Mettre qn en c.**, to summon, sue s.o.; to implicate s.o. **Mettre en c. la probité de qn,** to question s.o.'s honesty. **Questions hors de c.**, irrelevant questions. **Mettre qn hors de c.**, to exonerate s.o. **En tout état de c.**, at all events, in any case. **Agir en connaissance de c.**, to act with full knowledge of the case. (*b*) **C'est pour une bonne c.**, it is for a good cause. **Souffrir pour une c.**, to suffer in a cause. **Faire c. commune avec qn,** to make common cause with s.o.; to side with s.o. S.a. FAIT² 2.
causer¹ [koze], *v.tr.* **1.** To cause. **C. un changement,** to bring about a change. **2.** *Com:* **C. un billet,** to state the consideration for a bill.
causer², *v.i.* (*a*) To converse, chat. **C. avec,** *F:* **à, qn,** to have a chat, a talk, with s.o. **C. de la pluie et du beau temps,** to talk about the weather, of one thing and the other; to indulge in small talk. **C. musique,** to talk music. (*b*) *F:* To blab; to give the show away. **Faire c. qn,** to pump s.o.
causerie [kozri], *s.f.* (*a*) Talk, chat. (*b*) Chatty lecture.
causette [kozɛt], *s.f. F:* Little chat.
causeur, -euse [kozœːr, -øːz]. **1.** *a.* Talkative, chatty. **2.** *s.* (*a*) Talker, conversationalist. (*b*) *F:* Tattler, blab(ber). **3.** *s.f.* **Causeuse,** small sofa or settee.
causticité [kostisite], *s.f.* (*a*) *Ch:* Causticity. (*b*) Caustic humour; biting, stinging, nature (of remark, etc.).
caustique [kostik]. **1.** *a.* (*a*) *Ch:* Caustic, burning. (*b*) Biting, caustic, cutting (remark, etc.). **2.** *s.m. Pharm:* Caustic. **3.** *s.f. Opt:* Caustic (curve). *adv.* **-ment.**
cauteleu|x, -euse [kotlø, -øːz], *a.* **1.** Cunning, wily, sly. **2.** Wary, cautious. *adv.* **-sement.**
cautère [kotɛːr], *s.m. Med:* Cautery. *F:* **C. sur une jambe de bois,** useless act or remedy.
cautéris|er [koterize], *v.tr.* To cauterize (wound, etc.). *s.f.* **-ation,** -ation.
caution [kosjɔ̃], *s.f.* **1.** Security, guarantee, bail(-bond). **Donner c. pour qn,** to go bail for s.o.; to be surety for s.o. **Admettre une c.**, to grant bail. **Mettre qn en liberté sous c.**, to admit s.o. to bail; to let s.o. out on bail. *Com:* **Verser une c.**, to pay a deposit. **Sujet à c.**, unreliable, unconfirmed (news, etc.). **2.** Surety, guaranty, bail(-bondsman). **Se rendre c. de qn, se porter c. pour qn,** (i) to go bail for s.o.; (ii) *Com:* to stand surety for s.o.
cautionnement [kosjɔnmɑ̃], *s.m. Com:* (*a*) Surety-bond, guarantee. (*b*) Caution-money, security. **C. judiciaire,** bail.
cautionner [kosjɔne], *v.tr.* To stand surety for (s.o.). *Jur:* To go bail for (s.o.).
cavalcade [kavalkad], *s.f.* **1.** Cavalcade. **2.** Pageant (-procession).
cavalcader [kavalkade], *v.i.* To cavalcade; to ride (in a cavalcade).
cavale [kaval], *s.f. Lit:* Mare.
cavaler(se) [səkavale], *v.pr. P:* To run away; to scoot.
cavalerie [kavalri], *s.f.* Cavalry. **C. légère,** light cavalry, light horse. **C. motorisée,** motorized cavalry.
caval|ier, -ière [kavalje, -jɛːr]. **1.** *s.* Rider; horseman, horsewoman. *B:* **Les Cavaliers de l'Apocalypse,** the Horsemen of the Apocalypse. **Habit de c.**, riding costume. *a.* **Piste cavalière,** (i) riding track; (ii) bridle-path. **Allée cavalière,** ride (in forest, etc.). **2.** *s.m.* (*a*) *Mil:* Trooper. (*b*) *Chess:* Knight. (*c*) Gentleman, gallant. *Hist:* **Cavaliers et Têtes rondes,** Cavaliers and Roundheads. (*d*) (Gentleman acting as) escort (to a lady). (*e*) Partner (to lady at ball); gentleman (in square dance). *s.f.* **Cavalière,** partner (at dance). **Faire c. seul,** (i) to perform the *cavalier seul* in a quadrille; (ii) *Turf:* to leave the field standing, to win at a canter; (iii) to act, to go it, alone. **3.** *s.m.* (*a*) Staple. (*b*) Rider (of balance). **4.** *a.* Cavalierish, off-hand; rakish, jaunty (air). **A la cavalière,** in a cavalierish, off-hand, manner. *adv.* **-ièrement.**
cave¹ [kaːv], *a.* **1.** Hollow, sunken (cheeks, eyes). **2.** *Anat:* **Veine c.**, vena cava.
cave², *s.f.* **1.** Cellar, vault. **C. à vins,** wine-cellar. **Avoir une bonne c.**, to keep a good cellar (of wine). **De la c. au grenier,** from cellar to garret. **2. C. à liqueurs,** liqueur cabinet. **3.** *Aut:* Foot-well.
cave³, *s.f. Cards:* Money put up by each player (at beginning of game); stake.
caveau [kavo], *s.m.* **1.** (*a*) Small (wine-)cellar; vault. (*b*) Cupboard (under the stairs). **2.** Burial vault.
caver¹ [kave], *v.tr. A:* To hollow (out), dig (out), excavate, undermine.
caver². *O: Cards:* **1.** *v.tr.* To put up (so many counters or so much money). **2.** *v.i.* To put up a stake. **C. au plus fort,** (i) to put up an amount equal to the highest on the table; (ii) to carry things to extremes. *F:* **C. sur la bêtise humaine,** to count upon, *F:* bank on, human foolishness.

caverne [kavɛrn], *s.f.* (*a*) Cave, cavern. (*b*) Den (of thieves). (*c*) *Med:* Cavity (in lungs, etc.).
caverneux, -euse [kavɛrnø, -øːz], *a.* **1.** (*a*) Cavernous, caverned (mountain, rock). (*b*) *Anat:* Spongy (tissue). **2.** Hollow, sepulchral (voice).
cavet [kavɛ], *s.m.* *Arch:* Cavetto, concave moulding.
caviar [kavjaːr], *s.m.* **1.** Caviar. **2.** Blocked-out passage (in newspaper for censorship in democratic countries).
caviarder [kavjarde], *v.tr.* To suppress, block out (passage in paper, etc.).
caviste [kavist], *s.m.* Cellarman.
cavité [kavite], *s.f.* Cavity, hollow; pit (in metal). *Anat:* **C. articulaire**, socket (of bone).
caye [kaːj], *s.f.* *Geog:* Key, (coral) reef.
Cayenne [kajɛn]. **1.** *Pr.n.f.* *Geog:* Cayenne (Island). **Poivre de C.**, *s.m.* **c.**, cayenne pepper.
ce¹ [s(ə)], *dem.pron.neut.* (**C'** before parts of **être** beginning with a vowel. Also **ç'a été, ç'aura été.**) It, that. **1.** (Used as neut. subject to **être, devoir être, pouvoir être**) (*a*) (With adj. or adv. complement) **C'est faux!** it is untrue! **Ce doit être faux,** it is probably untrue. **Le voilà, ce n'est pas trop tôt!** there he is and none too soon! **Est-ce** [ɛs] **assez?** is that enough? (*b*) (With sb. or pron. as complement) (With a 3rd pers. pl. complement the verb should be in the plural, but familiar usage allows the singular.) **C'est moi, c'est nous, ce sont eux,** *F:* **c'est eux, it is I,** we, they. **Est-ce vous, Jean?** Is that you, John? **Si ce n'est,** except, unless. (This phr. is invariable.) **Personne si ce n'est vos parents,** no one except your parents. **C'était un soldat de l'Empire,** he was a soldier of the Empire period. NOTE. Cp. **Il est soldat, il est vicomte** (where the sb. is adjectival). (*c*) **Ce . . . ici** = CECI. **Ce n'est pas ici une auberge!** this is not an inn! (*d*) **Ce . . . là** = CELA. **Ce n'est pas là mon parapluie,** that is not my umbrella. **Était-ce là le grand homme?** Was that the great man? (*e*) (Representing a subject which has been isolated in order that it may be stressed) **Paris, c'est bien loin! c'est bien loin, Paris!** Paris! that's a long way off! **Le temps c'est de l'argent,** time is money. (*f*) (Anticipating the subject) **C'est demain dimanche,** to-morrow is Sunday. (*g*) (i) *F:* (As temporary subject when an adj. is followed by a sb. clause or an inf. subject. Careful speech requires **il.**) **C'était inutile de sonner,** you need not have rung. (ii) (Normally in **c'est** + *adv.* or *adv.phr.*) **C'est assez qu'il veuille bien pardonner,** that he is willing to forgive is enough. **C'est à vous de vous en occuper,** it is for you to see to it. (*h*) **C'est . . . qui, c'est . . . que** (used to bring a word into prominence). **C'est un bon petit garçon que Jean,** what a fine little chap John is! **C'est moi qui lui ai écrit,** it was I who wrote to him. (*i*) (i) **C'est que,** introducing a statement. **C'est qu'il fait froid!** it is cold and no mistake! **C'est que . . .,** you see, . . . (ii) **Est-ce que** [ɛskə], introducing a question. **Est-ce que je peux entrer?** may I come in? S.a. QUI EST-CE QUI, QU'EST-CE QUI, etc. **2.** (Literary use, always [sə]) (*a*) (Used as subject to **devenir, laisser, sembler, venir**) **Ce semble,** it seems. **Vous devriez rougir, ce me semble,** it seems to me that you ought to blush. (*b*) (Used as object to **faire, dire,** etc.) **Pour ce faire . . .,** in order to do this. . . . **Ce faisant . . .,** doing which. . . . **Ce disant . . .,** saying which . . .; so saying. . . . **3.** (Used as neut. antecedent to a rel. pron.) (*a*) **Ce qui, ce que,** etc. = what. **Je sais ce qui est arrivé,** I know what has happened. **Ce qu'il y a de plus remarquable, c'est que . . .,** what is most remarkable is that. . . . **Voilà ce que c'est que mentir,** that's what comes of telling lies. **Ce que c'est que de nous!** what poor mortals we are! **Si vous saviez ce que c'est que de vivre seul!** if you knew what it means to live alone! **Voici ce à quoi** [səakwa] **j'avais pensé,** here is what I had thought of. (*b*) **Ce qui, ce que,** etc. = (a thing, fact, etc.) which. **Il est déjà parti, ce que je ne savais pas,** he has already gone, and I did not know, which I did not know. (*c*) **Tout ce qui, que,** everything, all (that). **Tout ce que j'ai d'argent,** all the money I have. **Faites tout ce que vous voudrez,** do whatever you like. (*d*) *F:* **Ce que . . .!** how . . .! **Ce qu'elle a changé!** how she has changed! **Ce que tu as grandi!** well, you *have* grown! **4.** (= CELA) **Registre à ce destiné,** book kept for the purpose. **Sur ce . . .,** thereupon. . . . **Depuis ce . . .,** since then. . . . S.a. NONOBSTANT. **5.** *Conj.phr.* **Tenez-vous beaucoup à ce qu'il vienne?** are you very anxious for him to come? **Il profita de ce que j'avais le dos tourné,** he took advantage of my having my back to him. **6.** *Prep.phr.* **Pour ce qui est de la qualité et du prix,** as regards quality and price. **Pour ce qui est de cela,** for the matter of that, for that matter.
ce² (**cet**), **cette, ces** [sə (sɛt), sɛt, se or sɛ], unstressed *dem. a.* (The form **cet** is used before a sb. or adj. beginning with a vowel or *h* 'mute') This, that, *pl.* these, those. **1. Un de ces jours,** one of these days. **Il fera de l'orage cette nuit,** there will be a storm tonight. **J'ai mal dormi cette nuit,** I slept badly last night. **Ce héros au sourire si doux,** that hero with the gentle smile. **Il y a de ces gens qui . . .,** there are those (people) who. . . . **Ce dernier,** the latter. **Rien de ce genre,** nothing of the kind. **2.** *pl.* (Deferential use) **Que prendront ces messieurs?** what will you take, gentlemen? **Ces dames sont au salon,** the ladies are in the drawing-room. **3. Ce . . . -ci,** this. **Ce . . . -là,** that. **Prenez cette tasse-ci,** take this cup. **4.** *F:* (*a*) **Eh bien, et cette jambe?** well, how's that leg of yours? **Cette question!** what an absurd question! (*b*) **Je lui ai écrit une de ces lettres!** I wrote him such a letter!
ceci [səsi], *dem. pron. neut.* This (thing, fact, etc.). **Écoutez bien c.,** now listen to this. NOTE. An adjective qualifying **ceci** is partitive. **Le cas offre c. de particulier, que . . .,** the case is peculiar in this, that. . . .
cécité [sesite], *s.f.* Blindness.
cédant, -ante [sedɑ̃, -ɑ̃ːt]. **1.** *a.* Granting, assigning (party). **2.** *s.* Grantor, assignor.
céder [sede], *v.* (**je cède; je céderai**) **1.** *v.tr.* (*a*) (i) To give up, part with, yield (**à,** to); to surrender (right). **C. sa place à qn,** to give up one's seat to s.o. **C. le pas à qn,** to give way to s.o. (ii) To transfer, make over, assign (**à,** to); to dispose of, sell (lease). **Maison à c.,** business for sale. **Je vous le céderai pour cent francs,** I will let you have it for a hundred francs. (*b*) **Le c. à qn en qch.,** to yield to s.o. in sth.; to be inferior to s.o. in sth. **Pour l'intelligence elle ne (le) cède à personne,** in intelligence she is second to none. **2.** *v.i.* To yield, give way (under pressure). (*a*) **Le câble céda sous l'effort,** the rope parted under the strain. **C. au sommeil,** to succumb to sleep. **C. aux circonstances,** to yield to circumstances. **Forcer qn à c.,** to bring s.o. to terms. (*b*) To give in, submit (**à,** to); *F:* to knuckle under. **Il a cédé à nos désirs,** he gave in to us.
cédille [sediːj], *s.f.* *Gram:* Cedilla.
cédrat [sedra], *s.m.* *Bot:* (*a*) = CÉDRATIER. (*b*) Citron.
cédratier [sedratje], *s.m.* *Bot:* Citron-tree.
cèdre [sɛːdr], *s.m.* Cedar(-tree, -wood).
cédulaire [sedylɛːr], *a.* Pertaining to income-tax schedules. **Impôts cédulaires,** scheduled taxes.
cédule [sedyl], *s.f.* Schedule (of taxes).
cégétiste [seʒetist], *s.m.* *Pol:* Member of the *C.G.T.* (*Confédération générale du travail.*)
ceign-ais, -ant, -e, -is, etc. See CEINDRE.
ceindre [sɛ̃ːdr], *v.tr.* (*p.p.* **ceignant**; *p.p.* **ceint**; *pr.ind.* **je ceins, il ceint, n. ceignons**; *p.d.* **je ceignais**; *p.h.* **je ceignis**; *fu.* **je ceindrai**) **1.** To gird. (*a*) **C. une épée,** to gird on, buckle on, a sword. **C. l'écharpe municipale,** to put on, assume, one's sash of office. (*b*) **C. qch. à qn,** to gird sth. on s.o. (*c*) **C. qn de qch.,** to gird, encircle, s.o. with sth. *F:* **Se c. les reins, c. ses reins,** to gird up one's loins. **2.** (Of a wreath) To encircle (s.o.'s head, etc.). **3.** To encompass, encircle (a town with walls).
ceinture [sɛ̃tyːr], *s.f.* **1.** (*a*) Girdle; (leather) belt; (silk) sash. **C. de sauvetage,** life-belt. *Fb:* **C. protectrice abdominale,** abdominal guard. *Av:* **C. de parachute,** parachute harness. *Aut:* **C. de sécurité,** safety belt. *Av:* **C. de fixation,** safety-belt. **C. cartouchière,** cartridge-belt. **Se serrer, se boucler, la c.,** *F:* **se mettre la c., faire c.,** to tighten one's belt. (*b*) Waist, middle (of the body). **C. pelvienne,** pelvic girdle. **Nu jusqu'à la c.,** naked to the waist. (*c*) *Wr:*

Waist-lock. **2.** Girdle, circle (of walls); belt (of hills). **C. de verdure, verte,** green belt. **3.** *Rail:* **Chemin de fer de petite, grande, c.,** inner-, outer-circle railway. **4.** *Arch:* Cincture (of column).

ceinturer [sɛ̃tyre], *v.tr.* **1.** To girdle, surround. **2.** *Rugby Fb:* **C. un joueur,** to collar, tackle, a player low.

ceinturon [sɛ̃tyrɔ̃], *s.m.* Waist-belt, sword-belt.

cela [səla, sla], *F:* **ça** [sa], *dem. pron. neut.* (*a*) That (thing, fact). **Qu'est-ce que c'est que c.,** *F:* **que ça?** what is that? **Il y a deux ans de c.,** that was two years ago. **C'est pour c. que je viens,** that is what I have come for, why I have come. **Sans c. je ne serais pas venu,** but for that I should not have come. NOTE. An adj. qualifying **cela** is always partitive. **S'il n'y a que c. de nouveau,** if that is all that is new. (*b*) That, it. (**Cela** is the pron. used as neut. subject to all verbs other than **être,** and may be used with **être** as more emphatic than **ce**) **C. ne vous regarde pas,** that, it, is no business of yours. NOTE. As subject to **être, cela** resolves itself into its elements when the pred. is completed by a noun or noun-clause. **C'est là ce que je voulais dire,** that is what I meant. (*c*) *F:* (Disparagingly of people and things) **C'est ça les hommes!** that's what men are! (*d*) *F:* **Ceci . . . cela. Il m'a dit ceci et ça,** he told me this, that and the other. **Comment allez-vous?—Comme (ci comme) ça,** how are you?—So so. (*e*) Idiomatic uses. **C'est ça,** that's it, that's right. **Ce n'est plus ça,** it's no longer what it was, no longer the same thing. **C'est c. même!** the very thing! **Il n'y a que ça,** there's nothing like it. **Par c. même . . ., pour c. même . . .,** for that very reason. . . . *Com:* **Et avec c., madame?** and what else, madam? **Je suis comme ça,** that's the sort of man I am. **Comme ça vous déménagez?** so you are moving, are you? *F:* **Allons, pas de ça!** come, none of that! **Où ça?** where? **Comment ça?** how? **Ça oui?** yes indeed! **Ça non!** no indeed! never! **Pour ça oui!** yes rather! most certainly! **Pour ça non!** certainly not! not on your life!

célébrant [selebrɑ̃], *s.m. Ecc:* Celebrant.

célébrateur [selebratœːr], *s.m.* Celebrator (**de,** of).

célèbre [selɛbr], *a.* Celebrated, famous (**par,** for).

célébr|er [selebre], *v.tr.* (**je célèbre; je célébrerai**) **1.** To celebrate; (i) to solemnize (rite); (ii) to observe, keep (feast). **C. des funérailles,** to hold a funeral. **2.** To extol (s.o.). **C. les louanges de qn,** to sing s.o.'s praises. *s.f.* **-ation.**

célébrité [selebrite], *s.f.* Celebrity.

celer [səle], *v.tr.* (**je cèle; je cèlerai**) *Lit:* To conceal, keep secret (**à,** from).

céleri [selri], *s.m.* Celery. **Pied de c.,** head of celery.

céleri-rave [selriraːv], *s.m. Hort:* Celeriac. *pl. Des céleris-raves.*

célérité [selerite], *s.f.* Celerity, speed.

céleste [selɛst], *a.* Celestial, heavenly. **La voûte c.,** the vault of heaven. **Bleu c.,** sky blue.

célibat [seliba], *s.m.* Celibacy.

célibataire [selibatɛːr], *a. & s.* Unmarried, single (man, woman). *s.m.* Bachelor. *s.f.* Spinster.

celle, celle-ci, celle-là. See CELUI.

cellérier, -ière [sɛlerje, -jɛːr], *s. Ecc:* Cellarer; *f.* cellaress.

cellier [sɛlje], *s.m.* Store-room (for wine, etc.).

Cellophane [sɛlɔfan], *s.f. Com: R.t.m:* Cellophane.

cellulaire [sɛlylɛːr], *a.* **1.** Cellular (tissue, girder, etc.). **2. Voiture c.,** police-van; *F:* Black Maria, *U.S:* paddy wagon.

cellule [sɛlyl], *s.f.* **1.** Cell (of prison, honeycomb, etc.). *Mil:* **Dix jours de c.,** ten days' confinement in the cells, *F:* ten days' cells. **2.** *Biol:* Cell. **3. C. d'avion,** airframe. **4. C. photo-électrique,** photo-electric cell; *T.V:* electric eye.

celluleux, -euse [sɛlylø, -øːz], *a. Nat.Hist:* Cell(at)ed.

cellulite [sɛlylit], *s.f. Med:* Cellulitis.

celluloïd(e) [sɛlylɔid], *s.m. Ind:* Celluloid.

cellulose [sɛlyloːz], *s.f. Ch: Com:* Cellulose.

celte [sɛlt]. **1.** *a. & s.m. Ling:* = CELTIQUE. **2.** *s.m. & f.* Celt.

celtique [sɛltik]. **1.** *a.* Celtic. **2.** *s.m.* Celtic (language).

celui, celle, *pl.* **ceux, celles** [səlɥi, sɛl, sø, sɛl], *dem. pron.* **1.** (Completed by an adj. clause) (*a*) The one; those. **Celui qui était parti le dernier arriva le premier,** the one who started last arrived first. (*b*) He, she, those. **C. qui mange peu dort bien,** he who eats little sleeps well. **2.** (Followed by **de**) **Mes livres et ceux de Jean,** my books and John's. **3.** (Completed by an adj. equivalent) **Les rails en acier et ceux en fer,** steel rails and iron ones. **4. Celui-ci, ceux-ci,** this (one), these; the latter. **Celui-là, ceux-là,** that (one), those; the former. **5. Celui-là** is used for **celui 1,** when the rel. pron. does not follow at once. **Celui-là est heureux qui . . .,** he is happy who. . . .

cément [semɑ̃], *s.m.* **1.** Cement (of tooth). **2.** *Metall:* Cement; cementation powder.

cément|er [semɑ̃te], *v.tr.* To case-harden, face-harden (steel); to cement (armour-plate). *s.f.* **-ation.**

cénacle [senaːkl], *s.m.* **1.** *Ant:* Cenacle; esp. *B:* 'upper chamber' (of the Lord's Supper). **2. C. littéraire,** literary group; coterie.

cendre [sɑ̃ːdr], *s.f.* Ash(es), cinders. **Fosse aux cendres,** ash-pit. **Mettre, réduire, une ville en cendres,** to reduce a town to ashes. **Mercredi des Cendres,** Ash-Wednesday. **Visage couleur de c.,** ashen face. *In pl.* **Cendres,** (mortal) remains, ashes.

cendré [sɑ̃dre], *a.* (Ash-)grey; ashy. S.a. BLOND 3, LUMIÈRE 1.

cendrée [sɑ̃dre], *s.f.* **1.** *Sp:* Cinders (for track). **Piste en c.,** (i) cinder-track; (ii) dirt-track. **Moto sur c.,** dirt-track racing. **2.** *Ven:* Dust-shot, small shot.

cendrer [sɑ̃dre], *v.tr.* **1.** To colour (wall, etc.) ash-grey. **2.** *Metall:* To ash (mould). **3.** To cinder (path, track).

cendreux, -euse [sɑ̃drø, -øːz], *a.* **1.** Ashy; ash-grey. **2.** Full of ashes; gritty. *Metall:* **Acier c.,** flawy, brittle, steel.

cendrier [sɑ̃drie], *s.m.* (*a*) Ash-bin; ash-pan (of stove); ash-pit, -hole (of furnace); ash-box (of locomotive). (*b*) Ash-tray.

Cendrillon [sɑ̃drijɔ̃]. **1.** *Pr.n.f.* Cinderella. **2.** *s.f. F:* (*a*) (Household) drudge. (*b*) Sit-by-the-fire, stay-at-home.

cène [sɛn], *s.f.* (*a*) **La (Sainte) C.,** the Last Supper. (*b*) (In Protestant Church) Holy Communion.

cenelle [sənɛl], *s.f. Bot:* Haw.

cenellier [sənɛlje], *s.m. Bot: Fr.C:* Hawthorn.

cénobite [senɔbit], *s.m.* C(o)enobite (monk).

cénobitique [senɔbitik], *a.* C(o)enobitic, monastic; austere (life).

cénobitisme [senɔbitism], *s.m. Ecc.Hist:* C(o)enobitism.

cénotaphe [senɔtaf], *s.m.* Cenotaph.

cens [sɑ̃ːs], *s.m.* **1.** *Rom.Ant:* Census. **2.** *Jur:* (*a*) *Feudal:* (Quit-)rent. (*b*) *Adm:* Quota (of taxes payable); rating.

censé [sɑ̃se], *a.* Supposed. **Je ne suis pas c. le savoir,** I am not supposed to know. **Nul n'est c. ignorer la loi,** ignorance of the law is no excuse.

censément [sɑ̃semɑ̃], *adv. F:* (i) Supposedly; (ii) practically. **Il est c. le maître,** (i) he is supposed to be the master; (ii) to all intents and purposes he is the master.

censeur [sɑ̃sœːr], *s.m.* **1.** *Rom.Ant:* Censor. **2.** Critic, *F:* fault-finder. *a.* **Esprit c.,** carping spirit. **3.** Censor (of plays, of the press). **4.** *Sch:* Vice-principal (of *lycée*).

censurable [sɑ̃syrabl], *a.* Censurable; open to censure.

censure [sɑ̃syːr], *s.f.* **1.** (*a*) *Rom.Ant:* Censorship. (*b*) Censorship (of the press, etc.). **2.** Censure, blame. **Encourir les censures de l'Église,** to incur the censure of the Church.

censurer [sɑ̃syre], *v.tr.* **1.** To censure, find fault with (s.o., sth.). **2.** To censor (film).

cent [sɑ̃]. **1.** (*a*) *num.a.* (Takes a plural **s** when multiplied by a preceding numeral but not followed by another numeral. Does not vary when used as an ordinal) (A, one) hundred. **Deux cents hommes,** two hundred men. **Deux cent cinquante hommes,** two hundred and fifty men. **La page deux cent,** page two hundred. **Cent un** [sɑ̃œ̃], one hundred and one. **Faire les c. pas devant la porte de qn,** to walk up and down in front of s.o.'s door. **Faire les c. (dix-neuf) coups, faire les quatre cents coups,** (i) to kick up no end of a racket, of a shindy; (ii) to paint the town red; (iii) to be up to all sorts of tricks. **Être aux c. coups,** to be in desperation. **Je vous le donne en c.,** I give you a hundred guesses. (*b*) *s.m.inv.* A hundred. **Sept pour c.,** seven per cent. *Ch:* **Solution à trente pour c.,** thirty per cent solution. **2.** *s.m.var.* (*a*) **Un cent d'œufs,** a hundred eggs. *F:* **Il a des mille et des cents,** he has a lot of money. **Le cent mètres,** the hundred-metre race, the hundred metres. (*b*) *U.S: etc. Num:* Cent.

centaine [sɑ̃tɛn], *s.f.* (Approximate) hundred. **Une c. de francs,** about a hundred francs; a hundred francs or so. **Quelques centaines de francs,** a few hundred francs. **Atteindre la c.,** to live to be a hundred. **Les gens moururent par centaines, par centaines de mille,** people died in hundreds, in hundreds of thousands.

centaure [sɑ̃tɔːr], *s.m. Myth:* Centaur.

centaurée [sɑ̃tɔre], *s.f. Bot:* Centaury.

centenaire [sɑ̃tnɛːr]. **1.** *a.* Of a hundred years' standing. **2.** *s.m. & f.* Centenarian. **3.** *s.m.* Centenary (anniversary).

centennal, -aux [sɑ̃tɛnnal, -o], *a.* Centennial.

centésimal, -aux [sɑ̃tezimal, -o], *a.* Centesimal (fraction, scale, etc.).

centième [sɑ̃tjɛm]. **1.** *num. a. & s.* Hundredth. **2.** *s.m.* Hundredth (part). **3.** *s.f. Th:* Hundredth performance.

centigrade [sɑ̃tigrad], *a.* Centigrade.

centigramme [sɑ̃tigram], *s.m.* Centigramme (= 0·154 grain).

centilitre [sɑ̃tilitr], *s.m.* Centilitre (= nearly 3 drachms).

centime [sɑ̃tim], *s.m.* Centime (= one 100th part of franc). *Adm:* **Centimes additionnels,** (special) rate.

centimètre [sɑ̃timɛtr], *s.m.* **1.** Centimetre (= 0·394 in.). **2.** *F:* Tape-measure.

centipède [sɑ̃tipɛd], *s.m.* Centipede.

central, -aux [sɑ̃tral, -o]. **1.** *a.* Central. (*a*) Middle (point, etc.). (*b*) Principal, head (office, etc.). **La (maison) centrale** = county gaol. **2.** (*a*) *s.m.* **C. téléphonique,** telephone exchange. (*b*) *s.f.* **Centrale (électrique),** power-station. **Centrale thermique, nucléaire,** thermal, nuclear, power-station. *adv.* **-ement.**

centralisateur, -trice [sɑ̃tralizatœːr, -tris]. **1.** *a.* Centralizing (force, etc.). **2.** *s.* Centralizer.

centralisation [sɑ̃tralizasjɔ̃], *s.f.* Centralization, centralizing.

centraliser [sɑ̃tralize], *v.tr.* To centralize.

centre [sɑ̃ːtr], *s.m.* **1.** Centre; central point (of circle, etc.); middle, midst (of the country, etc.). **C. de villégiature,** holiday resort. **C. commercial,** shopping centre. *Fr.Pol:* **Le C.,** the Centre (Party). *Fb: etc:* **Les centres,** the insides. **2.** *Mec:* **C. d'un levier,** fulcrum of a lever. **C. de gravité,** centre of gravity. *N.Arch:* **C. de carène,** centre of displacement, of buoyancy. *Meteor:* **C. de dépression,** storm centre. *Ph:* **C. d'attraction, de gravitation,** centre of attraction.

centr|er [sɑ̃tre], *v.tr.* To centre **(sur, on)**; to adjust (wheel, tool, lens, etc.). *Fb:* **C. le ballon,** to centre the ball. *s.m.* **-age.**

centreur [sɑ̃trœːr], *s.m.* **1.** *Tls:* Centering tool. **2.** *Gramophones:* Adaptor (for 45 r.p.m. records).

centrifuge [sɑ̃trifyːʒ], *a.* Centrifugal (force).

centrifuger [sɑ̃trifyʒe], *v.tr. Ind:* to centrifuge (liquid). *Husb:* To separate (cream).

centrifugeur [sɑ̃trifyʒœːr], *s.m.*, **centrifugeuse** [sɑ̃trifyʒøːz], *s.f.* Centrifugal machine. *Husb:* (Cream) separator.

centuple [sɑ̃typl], *a. & s.m.* Centuple; hundredfold.

centupler [sɑ̃typle], *v.tr. & i.* To centuple; to increase a hundredfold.

centurie [sɑ̃tyri], *s.f. Rom.Ant:* Centuria, century.

centurion [sɑ̃tyrjɔ̃], *s.m. Rom.Ant:* Centurion.

cep [sɛ(p)], *s.m.* **C. de vigne** [sɛdviɲ, sɛpdəviɲ], vine-stock, -plant.

cépage [sepaːʒ], *s.m.* Vine-plant.

cèpe [sɛp], *s.m. Fung:* Boletus, cep(e); *F:* penny bun.

cependant [s(ə)pɑ̃dɑ̃]. **1.** *adv.* Meanwhile; in the meantime. **2.** *conj.* Yet, still, nevertheless, for all that.

céphalique [sefalik], *a.* Cephalic.

céramique [seramik]. **1.** *a.* Ceramic (arts, etc.). **2.** *s.f.* Ceramics; (art of) pottery.

cérat [sera], *s.m. Pharm:* Cerate, ointment.

Cerbère [sɛrbɛːr]. *Pr.n.m. Myth:* Cerberus. *s.m. & f.* Ill-tempered hall-porter, (museum) attendant, etc.

cerceau, -eaux [sɛrso], *s.m.* **1.** Hoop. **C. de baril,** barrel hoop. **2.** (*a*) Half hoop, round-frame, bail (of cart-tilt). (*b*) *Surg:* Cradle (over bed).

cercle [sɛrkl], *s.m.* **1.** Circle. (*a*) **Faire c.,** to lie, stand, in a circle. **C. d'activités,** circle, sphere, of activities. **Tourner dans un c. vicieux,** to reason, argue, in a vicious circle. *Geog:* **C. polaire,** polar circle. **C. polaire arctique,** Arctic circle. *Navig:* **Grand c.,** great circle. (*b*) Circle, set (of friends, etc.). **C. littéraire,** literary circle. (*c*) Club. **C. militaire, des officiers,** officers' club. **2.** (Binding-)hoop, ring. **Vin en cercles,** wine in the wood. **C. d'une roue,** tyre of a wheel. **3.** (*a*) Dial, circle. *Artil:* **C. de pointage,** dial (of dial-sight). (*b*) **Quart de c.,** quadrant.

cercl|er [sɛrkle], *v.tr.* **1.** To encircle, to ring. **Yeux cerclés de bistre,** eyes with dark rings round them. **2.** To hoop (barrel); to tyre (wheel). **Cerclé de fer,** iron-bound. *s.m.* **-age.**

cercueil [sɛrkœːj], *s.m.* Coffin. **C. de plomb,** leaden shell.

céréale [sereal], *a.f.* **Plantes céréales,** *s.f.pl.* **céréales,** cereal plants; cereals. **Céréales en flocons,** cereals, breakfast foods. **Commerce des céréales,** corn trade.

cérébral, -aux [serebral, -o]. **1.** (*a*) Cerebral (artery; *Ling:* consonant, etc.). **Fatigue cérébrale,** brain-fag. **Fièvre cérébrale,** brain-fever. **2.** *s. F:* Brain-worker; thinker.

cérébro-spinal [serebrɔspinal], *a. Anat: Med:* Cerebro-spinal. *pl. Cérébro-spinaux.*

cérémonial, -aux [seremɔnjal, -o]. **1.** *a.* Ceremonial. **2.** *s.m.* No *pl.* Ceremonial. **C. de la cour,** court etiquette.

cérémonie [seremɔni], *s.f.* Ceremony. **Faire une visite de c.,** to pay a formal call **(à,** on). **Tenue de c.,** full dress. **Sans c.,** without ceremony, unceremoniously. **Sans plus de c.,** without any more ado. *F:* **Faire des cérémonies,** to stand on ceremony; to make a fuss. **Maître des cérémonies,** master of ceremonies.

cérémonieu|x, -euse [seremɔnjø, -øːz], *a.* Ceremonious, formal. *adv.* **-sement.**

Cérès [serɛːs]. *Pr.n.f. Myth:* Ceres.

cerf [sɛːr, occ. sɛrf, *pl.* always sɛːr], *s.m.* (*a*) Stag, hart. **C. commun,** red deer. (*b*) *Cu:* Venison.

cerfeuil [sɛrfœːj], *s.m. Bot:* Chervil.

cerf-volant [sɛrvɔlɑ̃], *s.m.* **1.** *Ent:* Stag-beetle. **2.** (Paper) kite. *pl. Des cerfs-volants.*

cérificateur [serifikatœːr], *s.m. Ap:* Wax extractor.

cerisaie [s(ə)rizɛ], *s.f.* Cherry-orchard.

cerise [s(ə)riːz]. **1.** *s.f.* Cherry. **2.** *s.m. & a.inv.* Cherry-red. *Tex:* Cerise.

cerisier [s(ə)rizje], *s.m.* Cherry-tree, -wood.

cérium [serjɔm], *s.m. Ch:* Cerium.

cerne [sɛrn], *s.m.* **1.** Ring, circle (round moon, eyes, bruise). **2.** Age-ring (of tree).

cerneau, -eaux [sɛrno], *s.m.* Green walnut.

cern|er [sɛrne], *v.tr.* **1.** To encircle, surround (army, etc.); to invest (town). **Avoir les yeux cernés,** to have rings under the eyes. **2.** To shell, husk (walnuts). **3.** *For:* (*a*) To dig round (tree). (*b*) To girdle, ring (tree). *s.m.* **-ement.**

céroplastique [serɔplastik], *s.f.* Wax-modelling.

certain, -aine [sɛrtɛ̃, -ɛn]. **1.** *a.* (*a*) Certain, sure, unquestionable. **Tenir qch. pour c.,** to look on sth. as a certainty. **Soyez c. que je dis la vérité,** you may depend upon it that what I say is true. *F:* **C'est sûr et c.,** it's absolutely certain. (*b*) **Il est c. de réussir,** he is sure he will succeed. **J'en suis c.,** I am sure, certain, of it. (*c*) Fixed, stated (date, price). **2.** *indef. a. & pron.* (*a*) Some, certain. **Certains, (de) certaines gens, affirment que . . .,** some (people) maintain that. . . . **Après un c. temps,** after a certain time. **Jusqu'à un c. point,** in some measure; up to a point. **D'un c. âge,** elderly. (*b*) (With shade of contempt) **Un c. M. Dupont,** a Mr Dupont. *adv.* **-ement.**

certes [sɛrt], *adv.* **(Oui) c.!** yes indeed! to be sure!

certificat [sɛrtifika], *s.m.* Certificate. **Montrer ses certificats,** to show one's testimonials. *Nau:* **C. de chargement,** certificate of receipt. *Fin:* **C. provisoire,** (provisional) scrip. *Cust:* **C. d'entrepôt,** warrant. *Breed:* **C. d'origine,** pedigree (of dog, etc.). *Sch: A:* **C. d'études primaires,** a certificate given after an examination at the end of the elementary cycle of studies. *F:* **Il a son c.,** he has a sound elementary

education. **C. de Licence, d'Études supérieures,** (i) each of the four examinations for the Licence; (ii) certificate so obtained. *Aer:* **C. de navigabilité,** certificate of airworthiness.
certificateur [sɛrtifikatœːr], *s.m.* Certifier, guarantor.
certificatif, -ive [sɛrtifikatif, -iːv], *a.* Certifying, certificatory (document, etc.).
certification [sɛrtifikasjɔ̃], *s.f.* Certification, authentication. **C. d'une signature,** witnessing of a signature.
certifier [sɛrtifje], *v.tr.* To certify, attest. **C. qch. à qn,** to assure s.o. of sth. **C. une signature,** to witness, authenticate, a signature. **C. une caution,** to guarantee a surety.
certitude [sɛrtityd], *s.f.* Certainty. **J'en ai la c.,** I am sure of it. **Dire qch. avec c.,** to speak with assurance. *Turf:* **Une c.,** a certainty. *F:* **C'est une c. absolue,** *F:* it's a dead cert.
cérumen [serymɛn], *s.m. Physiol:* Cerumen, ear-wax.
céruse [seryːz], *s.f.* (*a*) White lead. (*b*) *Th:* Ceruse (for making up).
cervaison [sɛrvɛzɔ̃], *s.f. Ven:* Stag(-hunting) season.
cerveau [sɛrvo], *s.m.* (*a*) Brain. *Anat:* **C. antérieur** = forebrain. **C. moyen** = midbrain. **C. postérieur** = hindbrain. **Rhume de c.,** cold in the head. **Être pris du c.,** to have a cold in the head. **Vous me rompez le c.,** you give me a headache, make me tired. **Vin qui monte au c.,** heady wine. (*b*) Mind, intellect, brains. **Homme à c. étroit, vide,** shallow-brained empty-headed, man. **C. creux,** dreamer, visionary. **C. brûlé,** hot-head. (*c*) Cannon (of a bell).
cervelas [sɛrvəlɑ], *s.m. Cu:* Saveloy.
cervelet [sɛrvəlɛ], *s.m. Anat:* Cerebellum.
cervelle [sɛrvɛl], *s.f.* **1.** *Anat:* Brain(s) (as matter). **Brûler, faire sauter, la c. à qn,** to blow s.o.'s brains out. *Cu:* **C. de veau,** calves' brains. **2.** *F:* Mind, brains. **Se creuser la c. pour . . .,** to rack, beat, one's brains to. . . . **Homme sans c.,** brainless individual. **Avoir une c. de lièvre,** to have a memory like a sieve. **3. C. de palmier,** palm-tree pith.
cervical, -aux [sɛrvikal, -o], *a. Anat:* Cervical.
cervin [sɛrvɛ̃]. **1.** *a. Z:* Cervine. **2.** *Pr.n.m.* **Le Mont Cervin,** the Matterhorn.
ces. See CE[2].
César [sezaːr]. *Pr.n.m.* Caesar. **Jules C.,** Julius Caesar.
césarienne [sezarjɛːn], *a.f. Med:* Caesarean (operation).
césium [sezjɔm], *s.m. Ch:* Caesium.
cessant [sɛsɑ̃], *a.* Ceasing. **Toute affaire cessante,** immediately.
cessation [sɛsasjɔ̃], *s.f.* Cessation, ceasing, discontinuance. **C. d'hostilités, de paiements,** suspension of hostilities, of payments.
cesse [sɛs], *s.f.* Cease, ceasing, respite, intermission. **Sans c.,** without cease; unceasingly. **Elle parle sans c.,** she never stops talking. **Il n'aura (pas) de c. qu'il n'ait réussi,** he will not rest till he has succeeded.
cesser [sese], *v.* To cease, leave off, stop. **1.** *v.i.* **Elle ne cesse (pas) de parler,** she never stops talking. **Faire c. qch.,** to put a stop to sth. **C. de faire qch.,** to cease (from) doing sth. **2.** *v.tr.* **C. le travail,** to cease, leave off, work. **C. les affaires,** to give up business. **C. toutes relations avec qn,** to break off all relations with s.o. **C. les paiements,** to stop, suspend, payment(s). *Mil:* **Cessez le feu!** cease fire!
cessib|le [sɛsibl], *a. Jur:* Transferable, assignable; (of pension, etc.) negotiable. *s.f.* **-ilité.**
cession [sɛsjɔ̃], *s.f.* **1.** *Jur:* Transfer, assignment. **Faire c. de qch. à qn,** to transfer, surrender, sth. to s.o. **2.** Delivery (of heat); supply (of power).
cessionnaire [sɛsjɔnɛːr], *s.m.* **1.** *Com:* (*a*) Transferee, assignee; holder (of bill). *Jur:* Cessionary. (*b*) Endorser (of cheque). **2.** *a. Jur:* Cessionary.
c'est-à-dire [sɛtadiːr], *conj.phr.* **1.** That is (to say); *i.e.*; in other words. **2.** *F:* **C'e.-à-d. que** + *ind.*, the fact is that . . .; indeed. . . .
césure [sezyːr], *s.f. Pros:* Caesura.
cet. See CE[2].
cétacé [setase], *a. & s.m.* Cetacean.
cette. See CE[2].
ceux. See CELUI.
cévenol, -ole [sevnɔl], *a. & s.* (Native) of the Cévennes region.
Ceylan [sɛlɑ̃]. *Pr.n.m.* Ceylon.
chablis[1] [ʃɑbli], *s.m.* Windfallen wood.
chablis[2], *s.m.* Chablis (wine, from Chablis in Burgundy).
chabot [ʃabo], *s.m. Ich:* **1. C. de rivière,** miller's thumb, bullhead. **2.** Chub.
chacal, *pl.* **-als** [ʃakal], *s.m.* Jackal.
chacun, -une [ʃakœ̃, -yn], *pron.* **1.** Each; every one; each one. **Chacune d'elles a refusé,** each (one), every one, of them has refused. **Trois francs c.,** three francs each. *A: F:* **C. avait sa chacune,** every Jack had his Jill. **Chacune de ses actions témoigne de . . .,** his every action bears witness to. . . . **Ils ont pris c. son, leur, chapeau,** each of them took his hat. **2.** Everybody, everyone. **C. pour soi,** everyone for himself. **C. son goût,** every man to his taste. **C. son tour,** each in turn.
chagrin[1] [ʃagrɛ̃], *s.m.* (*a*) Grief, sorrow, affliction, trouble. **Avoir du c.,** to be sorrowful, afflicted. **J'ai du c. de vous voir si changé,** I am grieved to see you so altered. **Faire du c. à qn,** to grieve s.o.; to distress s.o. **Usé par le c.,** care-worn. **Mourir de c.,** to die of a broken heart. (*b*) Vexation, annoyance. **Chagrins domestiques,** domestic worries.
chagrin[2], *s.m.* Shagreen; grain-leather.
chagrin[3], **-ine** [ʃagrɛ̃, -in], *a.* **1.** Sad, downcast; troubled (de, at); distressed (de, at). **2.** Peevish, fretful. *adv.* **-ement.**
chagrinant [ʃagrinɑ̃], *a.* (*a*) Distressing, melancholy, sad. (*b*) Provoking, vexing.
chagriner[1] [ʃagrine], *v.tr.* **1.** To grieve, distress, afflict. **Cela me chagrine lorsque je vois que . . .,** I feel aggrieved when I see that. . . . **2.** To vex, annoy, provoke.
se chagriner, to grieve; to fret.
chagriner[2], *v.tr.* To shagreen, grain (leather). **Papier chagriné,** pebbled, granulated, paper.
chah [ʃa], *s.m.* Shah.
chahut [ʃay], *s.m. F:* (*a*) Rag; rowdyism. **Faire du c.,** to kick up a shindy; to make an uproar. (*b*) Noise.
chahutage [ʃaytaːʒ], *s.m. F:* (*a*) Rowdyism. (*b*) Booing (at a play, etc.). *Sp:* Barracking.
chahuter [ʃayte]. **1.** *v.i. F:* (*a*) To kick up a shindy; to rag; to (sky)lark. (*b*) To boo. *Sp:* To barrack. (*c*) *Av: F:* **Vol chahuté,** bumpy flight. **2.** *v.tr.* (*a*) To knock (things) about, send (things) flying. (*b*) To rag (s.o.).
chahuteur, -euse [ʃaytœːr, -øːz], *s. F:* Disorderly person; rowdy.
chai [ʃɛ], *s.m.* Wine and spirits storehouse.
chaînage [ʃɛnaːʒ], *s.m.* **1.** *Surv:* Chaining, chain-measuring. **2.** *Const:* (*a*) Tying, clamping (of walls). (*b*) Tie-irons, (series of) clamps, ties.
chaîne [ʃɛn], *s.f.* **1.** (*a*) Chain (of iron, gold, etc.). *Nau:* Cable. *Nau:* **Tour de c.,** foul cable. **Casser sa c.,** to part one's cable. **Les chaînes,** the hawse. **C. de port,** harbour chain-boom. **C. de sûreté,** safety-chain. *Surv:* **C. d'arpenteur,** surveying chain. *Ind:* **C. de montage,** assembly conveyor, assembly line. **Travail à la c.,** work on an assembly line, chain-work. (*b*) Shackles, fetters, bonds. **Rompre sa c., ses chaînes,** to burst asunder one's fetters; to escape from bondage. **Mettre un chien à la c.,** to chain up a dog. **Être rivé à la c.,** (i) to be in hopeless bondage; (ii) to be tied to one's work. (*c*) Chain, succession, sequence. **C. de montagnes,** chain, range of mountains. **C. de chalands,** string of barges. **C. d'idées,** train of thought. **Former, faire, la c.,** (of persons) to form a chain (in order to pass buckets, etc.). *Mil:* **C. de tirailleurs,** line of skirmishers. (*d*) Chain-letter. (*e*) *Const:* Tie-iron. (*f*) *W.Tel: T.V: etc:* Network. **Transmettre en c.,** to transmit over a network. S.a. RÉACTION. **2.** *Const:* **C. de liaison,** stone pier (in brick-work); brick pier (in rubble-work); **3.** *Tex:* Warp. **4.** *Knitting:* **Faire une c. de mailles,** to cast on (a row of stitches).
chaîner [ʃɛne], *v.tr.* **1.** *Surv:* To chain, to measure (land) with a chain. **2.** *Const:* To chain, tie (walls, etc.).
chaînette [ʃɛnɛt], *s.f.* **1. Small chain.** *Cy: etc:* **C. anti-vol,** chain-lock. **2.** *Geom:* **(Arc en) c.,** catenary (curve). **3.** *Needlew:* **Point de c.,** chain-stitch.

chaînon [ʃɛnɔ̃], *s.m.* (*a*) Link (of chain). (*b*) *Ph.Geog:* Secondary chain (of mountains).

chair [ʃɛːr], *s.f.* Flesh. **1. Voir qn en c. et en os,** to see s.o. in the flesh. **Être (bien) en c.,** (i) (of chicken) to be nice and plump; (ii) (of pers.) to be in (good) condition, *F:* well covered, beefy. **2.** (*a*) Meat. **C. à pâté,** mince. **C. à saucisse,** sausage-meat. *F:* **Battre qn en c. à pâté, hacher qn menu comme c. à pâté,** (i) to make mincemeat of s.o.; (ii) to thrash s.o. within an inch of his life. **C. à canon,** cannon-fodder. **N'être ni c. ni poisson,** to be neither flesh, fowl, nor good red herring. (*b*) Pulp (of peach, melon, etc.). **3.** (*a*) Skin, outer surface of flesh. **Avoir la c. fraîche,** to have a rosy complexion. *F:* **C. de poule,** goose-flesh. *F:* **Cela vous donne la c. de poule,** it makes one's flesh creep. (*b*) *pl. Art:* Flesh-parts. *Paint:* Flesh tints. **4.** Body. *B:* **La résurrection de la c.,** the resurrection of the body. **Le Verbe s'est fait c.,** the Word was made flesh. **C. de sa c.,** his own flesh and blood. **La c. est faible,** the flesh is weak.

chaire [ʃɛːr], *s.f.* **1.** Chair, throne. **La c. de saint Pierre,** the Chair of St Peter, the Holy See. **C. d'un évêque,** bishop's throne. **2.** Pulpit. **Exprimer une opinion en pleine c.,** to express an opinion from the pulpit. **Monter en c.,** to ascend the pulpit. **3.** (*a*) Chair, desk, rostrum (of lecturer). (*b*) Professorship, mastership, chair.

chais [ʃɛ], *s.m.* = CHAI.

chaise [ʃɛːz], *s.f.* **1.** (*a*) Chair, seat. **C. de paille, c. cannée,** straw-, cane-bottomed chair. *F:* **Se trouver entre deux chaises,** to fall between two stools. **Le jeu, la polka, des chaises,** musical chairs. **C. haute (pour enfants),** high chair. (*b*) **C. roulante,** Bath-chair. **C. percée,** night-commode. (*c*) *Jur: U.S:* **C. électrique,** (electric) chair. **2.** *A:* **C. à porteurs,** sedan-chair. **C. de poste,** postchaise. **3.** Support, bracket. **C. de coussinet,** plummer-block. *Rail:* **C. de rail,** rail-chair. **4.** *Const:* Frame, timber-work. **5.** *Nau:* Rope sling. **Nœud de c.,** bowline (hitch).

chaise-longue [ʃɛzlɔ̃ːg], *s.f.* Lounge-chair; chaise-longue. **Il est obligé de faire de la c.-l.,** he has to lie down every day. *pl. Des chaises-longues.*

chaisier, -ière [ʃɛzje, -jɛːr], *s.* **1.** Chair-maker. **2.** Chair attendant (in parks, in church).

chaland [ʃalɑ̃], *s.m.* Lighter, barge. **Transport par chalands,** lighterage.

chalcédoine [kalsedwan], *s.f.* *Miner:* Chalcedony.

chaldaïque [kaldaik], *a. & s.* = CHALDÉEN.

Chaldée [kalde]. *Pr.n.f. A.Geog:* Chaldea.

chaldéen, -enne [kaldeɛ̃, -ɛn], *a. & s.* Chaldean.

châle [ʃɑːl], *s.m.* Shawl.

chalet [ʃalɛ, ʃa-], *s.m.* **1.** (*a*) (Swiss) chalet. (*b*) Country cottage. **2. C. de nécessité,** public convenience.

chaleur [ʃalœːr], *s.f.* **1.** (*a*) Heat, warmth. **Il fait une grande c.,** it is very hot. **Vague de c.,** heat-wave. **"Craint la c.",** 'to be kept in a cool place.' **Sensation de c.,** (i) glow (after cold bath); (ii) burning sensation. (*b*) *pl.* **Les chaleurs,** the hot weather. **Dans les grandes chaleurs,** during the hot season. (*c*) *Art:* **C. de coloris,** warmth of colour. (*d*) Ardour, zeal. **Dans la c. du combat,** in the heat of the battle. **Parler avec c.,** to speak warmly, zealously. **2.** Rut, heat (of animals. **En c.,** in, on, heat.

chaleureu|x, -euse [ʃalœrø, -øːz], *a.* Warm (friend, thanks); cordial (welcome); profuse (compliments); glowing (colours, words). *adv.* **-sement.**

chalicose [kalikoːz], *s.f.* *Med:* Silicosis.

châlit [ʃali], *s.m.* Bedstead.

chaloupe [ʃalup], *s.f.* Launch; long-boat. *Fr.C:* Rowing-boat, *U.S:* row-boat. **C. à vapeur,** steam-launch.

chaloupier [ʃalupje], *s.m.* *Nau:* Longboat man.

chalumeau, -eaux [ʃalymo], *s.m.* **1.** Straw (for drinking). **C. de roseau,** reed. **2.** *Mus:* Pipe. **3.** Blow-pipe; blow-lamp. *Ch: Ind:* **C. de découpage,** oxyacetylene cutting torch. **Découpage au c.,** oxyacetylene cutting-out. **4.** *Fr.C:* Spout (for collecting sap of maple tree.)

chalut [ʃaly], *s.m.* Drag-net; trawl.

chalut|er [ʃalyte], *v.i.* To trawl. *s.m.* **-age.**

chalutier [ʃalytje], *s.m.* Trawler or drifter (boat or fisherman).

Cham [kam]. *Pr.n.m. B.Hist:* Ham.

chamailler [ʃamaje], *v.tr.* *F:* To nag, (at), squabble with (s.o.).

se chamailler, to bicker, quarrel, squabble.

chamaillerie [ʃamajri], *s.f.* **1.** Bickering, quarrelling. **2.** Squabble, wrangle.

chaman [ʃamɑ̃], *s.m.* Shaman, medicine-man.

chamarrer [ʃamare], *v.tr.* To bedizen, bedeck (uniform with braid, etc.).

chamarrure [ʃamaryːr], *s.f.* Bedizenment.

chambard [ʃɑ̃baːr], *s.m.* *F:* Upset, upheaval; row.

chambard|er [ʃɑ̃barde]. *F:* **1.** *v.tr.* (*a*) To sack, rifle (room, etc.). (*b*) To upset, smash up (furniture, etc.). **C. les plans de qn,** to upset s.o.'s apple-cart. **2.** *v.i.* To racket. *s.m.* **-ement.**

chambellan [ʃɑ̃bɛlɑ̃], *s.m.* Chamberlain.

chambouler [ʃɑ̃bule], *v.tr.* *P:* **Tout c.,** to turn everything topsy-turvy. **Ça m'a chamboulé,** it gave me quite a turn.

chambranle [ʃɑ̃brɑ̃ːl], *s.m.* **1.** Frame, casing (of door); (standing) window-frame. **2.** Mantelpiece.

chambre [ʃɑ̃ːbr], *s.f.* **1.** Room, chamber. (*a*) **C. à coucher,** (i) bedroom; (ii) bedroom suite. **Faire c. à part,** to sleep in separate rooms (of married couple). **C. à un lit,** single room. **C. à grand lit, c. à deux (personnes),** double room. **C. à deux lits,** room with twin beds. **C. d'ami,** spare (bed)room, guest-room. **C. d'enfants,** nursery. **'Chambres garnies à louer,'** 'furnished rooms,' 'apartments to let.' **Faire une c.,** to clean out, tidy, a room. **Ouvrier (qui travaille) en c.,** workman who works at home, *F:* **Stratégistes en c.,** armchair strategists. **C. forte,** safety vault. S.a. FEMME 3, GENTILHOMME, ROBE 1. **Musique de c.,** chamber-music. (*b*) *Navy:* Cabin. (*c*) **C. des machines,** engine-room. **C. de chauffe,** boiler-house, *Nau:* stokehold. (*d*) **C. à gaz,** gas-chamber. **2.** *Adm: Jur:* Chamber, house; division of a court of justice. **C. de commerce,** chamber of commerce. **C. des députés,** Chamber of Deputies. **3.** *Tchn:* Chamber, cavity, space. **C. à air,** inner tube (of tyre). *Aut:* **(Pneu) sans c.,** tubeless (tyre). *Hyd. E:* **C. d'une écluse,** chamber of a lock. *Sm.a:* **C. d'un fusil,** chamber of a gun. *I.C.E:* **C. d'explosion,** combustion chamber. *Mch:* **C. à, de, vapeur,** steam-chamber, -chest. *Phot:* **C. noire,** (i) camera obscura; (ii) camera (body); (iii) dark-room. **C. claire,** camera lucida.

chambrée [ʃɑ̃bre], *s.f.* **1.** Roomful (of people sharing a room). **2.** Barrack-room.

chambrer [ʃɑ̃bre]. **1.** *v.i.* To share a room (**avec,** with). **2.** *v.tr.* (*a*) To confine, lock up, (s.o.) in a room. (*b*) To take the chill off (red wine).

se chambrer, (of gun) to become pitted, to wear.

chambrette [ʃɑ̃brɛt], *s.f.* *F:* Little room; attic.

chambrière [ʃɑ̃bri(j)ɛːr], *s.f.* **1.** *A:* Chambermaid. **2.** Long whip, lunging whip. **3.** (Cart-)prop.

chameau [ʃamo], *s.m.* **1.** (*a*) Camel. (*b*) *P:* (Of man) Scoundrel; dirty dog; stinker; (of woman) (old) cow. **2.** *Nau:* Camel (for raising ships). **3.** *Rail:* shunting engine, dolly.

chamelier [ʃaməlje], *s.m.* Camel-driver; cameleer.

chamelle [ʃamɛl], *s.f.* She-camel.

chamois [ʃamwa], *s.m.* *Z:* Chamois. **Peau de c.,** wash-leather, chamois leather, shammy (leather). *a.inv.* Buff-coloured.

champ[1] [ʃɑ̃], *s.m.* Field. **1.** (*a*) **C. de blé,** field of wheat. **Fleur des champs,** wild flower. **Courir les champs,** to wander about the country. **Prendre, couper, à travers champs,** to go, cut, across country. **Donner la clef des champs à qn,** to give s.o. his liberty. *F:* **Prendre la clef des champs,** to decamp, abscond. **En plein c.,** in the open (fields). **A tout bout de c.,** repeatedly; at every turn. (*b*) **C. de foire,** fairground. **C. d'aviation,** airfield. *Turf:* **C. de courses,** race-course. **Parier contre le c.,** to lay against the field. **C. de tir,** rifle-range. **C. de glace,** ice-field. **C. de mines,** mine-field. **C. de bataille,** battle-field. **Mort au c. d'honneur,** died on the field of honour. **C. de manœuvres,** parade ground. *Mil:* **Battre aux champs,** to beat the general salute. (*c*) *A:* **C. clos,** lists (for judicial combat). S.a. ÉLYSÉE. **2.** (*a*) Field of action; range, scope. **Prendre du c. (pour sauter),** to give oneself plenty of room (to jump). **Donnez-moi du c.,** give me elbow-room. **Laisser le c. libre à qn,** to leave s.o. a clear field. *F:* **Le c. est libre,** the coast is clear. **Ouvrir le c. aux conjectures,** to open a wide field for conjecture. (*b*) **C. d'une lunette,** field of a telescope. *Opt: Phot:* **C. corrigé,** flat field. (*c*) **C. magnétique,** magnetic field. (*d*) *Surg:* **C. opératoire,** operative field. (*e*) *Her:* Field (of coat of arms). *Art:* Field, ground (of picture).

champ², *s.m.* Edge, side. **Pierres (posées) de c., sur c.,** stones set on edge, edgewise.

Champagne [ʃɑ̃paɲ]. **1.** *Pr.n.f.* (Ancient province of) Champagne. *Geog:* **C. humide,** wet Champagne. **C. pouilleuse,** dry Champagne. **2.** *s.m.* (Also **vin de C.**) Champagne. **3.** *s.f.* **Fine c.,** liqueur brandy.

champagniser [ʃɑ̃paɲize], *v.tr.* To aerate, give sparkle to (wine).

champenois, -oise [ʃɑ̃pənwa, -wa:z], *a. & s.* (Native) of Champagne.

champêtre [ʃɑ̃pɛ:tr], *a.* Rustic, rural. **Vie c.,** country life. **Garde c.,** rural policeman.

champignon [ʃɑ̃piɲɔ̃], *s.m.* **1.** (*a*) Mushroom; fungus. **C. comestible,** (i) edible fungus; (ii) mushroom. **C. vénéneux,** poisonous fungus. **C. de couche,** cultivated mushroom. **Blanc de c.,** mushroom spawn. **Croître, pousser, comme un c.,** to spring up like a mushroom. **Ville c.,** mushroom town. **Nuage en forme de c.,** mushroom cloud (formed by atomic explosion). (*b*) *Med:* Fungoid growth. **2.** (*a*) **C. de modiste,** milliner's hat-stand. (*b*) *Rail:* Head (of rail). (*c*) Cowl (of chimney). (*d*) Collar (of axle). (*e*) *Aut: F:* Accelerator pedal. **Appuyer sur, écraser, le c.,** to step on the gas.

champignonner [ʃɑ̃piɲɔne], *v.i. F:* To mushroom.

champignonnière [ʃɑ̃piɲɔnjɛ:r], *s.f.* Mushroom bed.

champignonniste [ʃɑ̃piɲɔnist], *s.m.* Mushroom grower.

champion, -ionne [ʃɑ̃pjɔ̃, -jɔn], *s.* Champion.

championnat [ʃɑ̃pjɔna], *s.m.* Championship.

Chanaan [kanaɑ̃]. *Pr.n.m. B.Hist:* **La terre, le pays, de C.,** the land of Canaan.

chançard, -arde [ʃɑ̃sa:r, -ard], *a. & s. F:* Lucky (chap, woman).

chance [ʃɑ̃:s], *s.f.* **1.** Chance; likelihood. **Les chances sont contre lui,** the chances, *F:* odds, are against him. **Il a peu de chances de réussir, il y a peu de chances qu'il réussisse,** he has little chance of succeeding. **C. aléatoire, douteuse,** off chance. *Turf: Sp:* **Les chances sont à peu près égales,** there's not much in it. **Donner une bonne c. à . . .,** to give a good opening to. . . . **Il y a une c.,** it's just possible. **2.** Luck, fortune. **Souhaiter bonne c. à qn,** to wish s.o. good luck. **Bonne c.!** good luck! **Quelle c.!** what a bit of luck! what a blessing! **Pas de c.!** Hard luck! **Par c.,** luckily, by good fortune. **Vous avez de la c. de pouvoir faire ce qui vous plaît,** you are lucky to be able to do what you like. **Avoir de la c.,** to be in luck's way. **Porter c. à qn,** to bring s.o. luck. **Rompre la c.,** to break a run of (good or bad) luck.

chancelant [ʃɑ̃slɑ̃], *a.* Staggering, wavering, unsteady. **Pas chancelants,** staggering, tottering, unsteady, footsteps. **Santé chancelante,** (i) delicate health; (ii) delicate constitution. **Empire c.,** empire tottering on the verge of collapse.

chanceler [ʃɑ̃sle], *v.i.* (**je chancelle; je chancellerai**) To stagger, totter. **Avancer, reculer, entrer, sortir, en chancelant,** to stagger forward, back, in, out. **Trône qui chancelle,** tottering throne. **C. dans sa résolution,** to waver in one's resolution.

chancelier [ʃɑ̃səlje], *s.m.* Chancellor. (In Britain) **Grand C.,** Lord Chancellor. **C. de l'Échiquier,** Chancellor of the Exchequer.

chancelière [ʃɑ̃səljɛ:r], *s.f.* **1.** Chancellor's wife. **2.** Foot-muff.

chancellement [ʃɑ̃sɛlmɑ̃], *s.m.* Staggering, tottering.

chancellerie [ʃɑ̃sɛlri], *s.f.* **1.** Chancellery. **2. C. diplomatique,** chancery (of an embassy).

chanceux, -euse [ʃɑ̃sø, -ø:z], *a. F:* **1.** Hazardous, *F:* chancy. **C'est une affaire chanceuse,** that is a risky business. **2.** Lucky, fortunate.

chancir [ʃɑ̃si:r], *v.i. & pr.* To go mouldy.

chancre [ʃɑ̃:kr], *s.m.* **1.** *Bot: Med:* Canker. **2.** *Med:* (*a*) Ulcer. (*b*) **C. vénérien,** chancre.

chancreux, -euse [ʃɑ̃krø, -ø:z], *a.* **1.** (Of growth) (*a*) Cankerous. (*b*) (i) Ulcerous, (ii) chancrous. **2.** (Of organ) (*a*) Cankered. (*b*) (i) Ulcerated, (ii) infected with chancre.

chandail [ʃɑ̃da:j], *s.m. Cost:* Sweater.

Chandeleur (la) [laʃɑ̃dlœ:r], *s.* Candlemas.

chandelier, -ière [ʃɑ̃dəlje, -jɛ:r], *s.* **1.** Candlemaker; tallow chandler. **2.** *s.m.* Candlestick.

chandelle [ʃɑ̃dɛl], *s.f.* **1.** (*a*) (Tallow) candle. *F:* **Économies de bouts de c.,** cheeseparing economy. **Travailler à la c.,** to work by candlelight. *F:* **Brûler la c. par les deux bouts,** to burn the candle at both ends. **Le jeu n'en vaut pas la c.,** the game is not worth the candle. **Voir trente-six chandelles,** to see stars. (*b*) (Church) candle, taper. *F:* **Je vous dois une fière c.,** I owe you more than I can repay. **2.** (*a*) **C. de glace,** icicle. (*b*) *F:* Drop (at the end of the nose). **3.** *Pyr:* **C. romaine,** Roman candle. (Of aircraft) **Monter en c.,** to rocket. **Lancer une balle en c.,** to sky, lob, a ball. **4.** *Const: etc:* Stay, prop, shore, pillar, upright.

chanfrein¹ [ʃɑ̃frɛ̃], *s.m.* **1.** *Mil.Cost: A:* Chamfron. **2.** (*a*) Forehead (of horse, sheep). (*b*) Blaze (on forehead of horse).

chanfrein², *s.m.* Chamfered edge, chamfer, bevelled edge.

chanfreiner [ʃɑ̃frɛne], *v.tr.* To chamfer, bevel.

change [ʃɑ̃:ʒ], *s.m.* **1.** *Fin:* (*a*) *A:* Change. *F:* **Rendre le c. à qn,** to pay s.o. back in his own coin. (*b*) Exchange. **Contrôle des changes,** exchange control. **Lettre de c.,** bill of exchange. **Lettre de c. sur l'intérieur, sur l'étranger,** inland, foreign, bill. **Bureau de c.,** foreign exchange office. **Cours du c.,** rate of exchange. **Au c. du jour,** at the current rate of exchange. **Les pays à c. élevé,** countries with hard currencies. **Gagner au c.,** to gain on the exchange. **2.** *Ven:* **Donner le c. aux chiens,** to put the dogs on the wrong scent. *F:* **Donner le c. à qn,** to put s.o. on a false scent, to side-track s.o.

changeable [ʃɑ̃ʒabl], *a.* **1.** Changeable, alterable. **2.** Exchangeable.

changeant [ʃɑ̃ʒɑ̃], *a.* Changing. **Caractère c.,** changeable, fickle, disposition. **D'humeur changeante,** fitful. **Taffetas c.,** shot silk.

changement [ʃɑ̃ʒmɑ̃], *s.m.* Change; alteration. **Il vous faudrait un c. d'air, d'occupation,** you need a change. **C. de marée,** turn of the tide. **C. de vent,** shift of wind. **C. (de section, de classe),** transfer (at school). *P.N:* **"C. de propriétaire,"** 'under new ownership.' **C. en mal,** change for the worse. **Apporter un c. à une clause,** to make an alteration, a change, in a clause. *Mch: Aut:* **C. de vitesse,** gear change. *Rail:* **C. de voie,** points. *Th:* **C. à vue,** transformation scene.

changer [ʃɑ̃ʒe], *v.* (**je changeai(s); n. changeons**) **1.** *v.tr.* To change or exchange. **C. un billet de banque,** to change a bank-note. **C. des meubles contre des tableaux,** to exchange furniture for pictures. *Nau:* **C. une voile,** to shift a sail. **2.** *v.tr.* To change, alter. **C. sa manière de vivre,** to change one's way of living. *Th:* **C. le décor,** to shift the scenery. **C. une défaite en déroute,** to convert, turn, a defeat into a rout. *F:* **La campagne me changera,** the country will be a change for me. **3.** *v.i.* (*a*) To undergo a change. **Le temps va c.,** the weather is going to change. (*b*) **C. de main,** to change hands; to use the other hand. **C. de mains,** to change hands; to pass into s.o. else's possession. **C. d'habits,** *abs.* **changer,** to change one's clothes. **C. d'avis,** to change one's mind. **C. de maison,** to move to, into, a new house. *Rail:* **On change de train pour . . .,** change here for. . . . **C. de place,** to change one's seat. **C. de places,** to change places. *F:* **C. de ton,** (i) to change one's tune; (ii) to mend one's manners.

se changer. **1.** To change (**en,** into); to alter. **2.** To change one's clothes; *F:* to change.

changeur [ʃɑ̃ʒœ:r], *s.m.* **1.** Money-changer. **2.** *W.Tel:* **C. de fréquence,** frequency-changer. **3. C. de disques,** record(-)changer.

Changhaï [ʃɑ̃gai]. *Pr.n.Geog:* Shanghai.

chanoine [ʃanwan], *s.m. Ecc:* Canon.

chanson [ʃɑ̃sɔ̃], *s.f.* **1.** Song. **C. à boire,** drinking-song. **C. de bord,** sea-shanty. **C. à hisser,** hauling song. **C. à virer,** capstan song. **C. réaliste,** cabaret song, music-hall song. *F:* **C'est toujours la même c.!** it's the same old story! **Voilà bien une autre c.!** that's quite another story! **Chansons (que tout cela)!** fiddlesticks! nonsense! **2.** Song, lay; verse chronicle. S.a. GESTE.

chansonn|er [ʃɑ̃sɔne], *v.tr. & i.* To write satirical songs (about s.o.). *s.m.* **-eur.**

chansonnette [ʃɑ̃sɔnɛt], *s.f.* Comic song with patter, *F: Jur:* Good-natured interrogation.

chansonnier, -ière [ʃɑ̃sɔnje,-jɛːr], *s.* **1.** (*a*) Song-writer. (*b*) (French) variety singer. **2.** *s.m.* Song-book.

chant[1] [ʃɑ̃], *s.m.* **1.** Singing; song. **Leçon de c.,** singing lesson. **C'était le c. du cygne,** it was his swan song. **C. de victoire,** song of victory. **C. du grillon,** chirping of the cricket. **C. du coq,** crowing of the cock. **Au (premier) c. du coq,** at cock-crow. **2.** (*a*) Song. **C. de guerre,** war-song. **C. de Noël,** Christmas carol. (*b*) Melody, air. (*c*) *Ecc:* **C. grégorien,** Gregorian chant. **C. funèbre,** dirge. S.a. PLAIN-CHANT. **3.** (*a*) Song, lyric, poem. (*b*) Canto (of long poem).

chant[2], *s.m.* Edge, side. **Pierres posées de c., sur c.,** stones set on edge, edgewise.

chantage [ʃɑ̃taːʒ], *s.m.* Blackmail, extortion.

chantant [ʃɑ̃tɑ̃], *a.* (*a*) **Accent c.,** sing-song accent. (*b*) **Soirée chantante,** musical evening. (*c*) Melodious, tuneful.

chanteau [ʃɑ̃to], *s.m.* **1.** Hunk (of bread). **2.** Cutting (of cloth). *Tail:* Gore.

chantepleure [ʃɑ̃tplœːr], *s.f.* **1.** (*a*) Wine-funnel; colander. (*b*) Long-spouted watering-can, sprayer. (*c*) Tap (of cask). **2.** (*a*) Weep-hole (in wall). (*b*) Spout (of gutter).

chanter [ʃɑ̃te], *v.tr.* To sing. **1. C. qch. sur l'air de . . .,** to sing sth. to the tune of. . . . **C. victoire sur qn,** to crow over s.o. *Ecc:* **C. la messe,** to sing mass. **Pain à c.,** (unconsecrated) wafer. *F:* **C. toujours la même antienne,** to be always harping on the same string. **C'est comme si je chantais,** I am wasting my breath. **Faire c. qn,** to blackmail s.o.; to compel s.o. to do sth. **Faire c. qn sur un autre ton,** to make s.o. sing another tune. **Qu'est-ce que vous me chantez?** what fairy-tale is this you are telling me? **Si ça me chante,** if it suits me. *F:* **Est-ce que cela vous chante?** do you like the idea of it? **2.** (Of birds) To sing; (of cock) to crow; (of cricket) to chirp. **La porte chante,** the door creaks (on its hinges).

chanterelle[1] [ʃɑ̃trɛl], *s.f.* **1.** (*a*) Decoy-bird. (*b*) Bird-call. **2.** *Mus:* First string (of violin).

chanterelle[2], *s.f. Fung:* Cantharellus (mushroom), chanterelle.

chanteur, -euse [ʃɑ̃tœːr, -øːz], *s.* Singer, vocalist. **C. des rues,** street singer. **C. de charme,** crooner. **Maître c.,** (i) *Mus.Hist:* master-singer; (ii) *F:* blackmailer. *a.* **Oiseau c.,** song-bird.

chantier [ʃɑ̃tje], *s.m.* **1.** Gantry, stand (for barrels). **2.** (*a*) Yard; working site; depôt; timber depôt. **C. de bois,** timber yard. **Travailler sur le c.,** to work on the site. (*b*) *Fr.C:* Lumber camp, shanty. **Faire c.,** to lumber. (*c*) *Constr:* **C. (de construction),** (i) building site, works site; (ii) builder's yard. **C. interdit au public,** no admittance except on business. (*d*) **C. naval,** shipyard. **C. d'État,** naval dockyard. **Vaisseau sur le c.,** vessel on the slips. *F:* **Avoir une œuvre sur le c.,** to have a piece of work in hand, *F:* on the stocks. (*e*) *Min:* **Chantiers d'exploitation,** workings. (*f*) *Rail:* **C. de voies de garage et de triage,** shunting yard. (*g*) *P.N:* 'Road up,' 'road works' **Fin de c.,** end of road works. (*h*) *F:* **Quel c.!** what a shambles!

chantonn|er [ʃɑ̃tɔne], *v.tr. & i.* To hum; to sing softly. *s.m.* **-ement.**

chantourn|er [ʃɑ̃turne], *v.tr.* To cut, saw, (sth.) round a curved outline. **Scie à c.,** bow-saw, jig-saw, whip-saw. *s.m.* **-age.**

Chantoung [ʃɑ̃tuŋ]. **1.** *Pr.n.m. Geog:* Shantung. **2.** *s.m. Tex:* Shantung (silk).

chantre [ʃɑːtr], *s.m.* (*a*) *Ecc:* Cantor; chorister. **Grand c.,** precentor. (*b*) *Lit:* Poet.

chanvre [ʃɑːvr], *s.m.* Hemp. **C. de Manille,** Manila hemp. **Cordage en c.,** hempen rope. **Cheveux couleur de c.,** flaxen hair.

chanvrier, -ière [ʃɑ̃vri(j)e, -(j)ɛːr]. **1.** *a.* Hemp-(industry, etc.). **2.** *s.* Hemp-grower.

chaos [kao], *s.m.* Chaos, confusion.

chaotique [kaɔtik], *a.* Chaotic, confused.

chapard|er [ʃaparde], *v.tr. P:* To steal, scrounge. *s.m.* **-age.**

chapardeur, -euse [ʃapardœːr,-øːz]. *P:* **1.** *a.* Thieving, scrounging. **2.** *s.* Thief, scrounger.

chape [ʃap], *s.f.* **1.** *Ecc:* Cope. **2.** Covering. (*a*) **C. d'une enveloppe,** tread of a tyre. (*b*) Coping (of bridge). (*c*) *Mec.E:* Fork-joint, D-joint, yoke. **C. de cardan,** cardan fork. (*b*) Shell (of pulley).

chapeau [ʃapo], *s.m.* **1.** Hat. (*a*) **C. mou, c. souple,** soft felt hat, trilby, *U.S:* crush-hat, fedora. **Ruban de c.,** hat-band. **C. gibus,** opera-hat; *F:* crush-hat. **C. de paille,** straw hat. **C. de soleil,** sun-hat. **C. à cornes,** cocked hat. *Ecc:* **C. de cardinal, le c. rouge,** Cardinal's hat, the red hat. *F:* **Recevoir le c.,** to be made (a) cardinal. **C. d'ecclésiastique, c. romain,** shovel-hat. **Donner un coup de c. à qn, ôter son c. à qn,** to raise, lift, one's hat to s.o. **Tirer son c. à qn,** to take off one's hat to s.o. *int. F:* **C.!** Well done! I take my hat off to you! *P:* cor! **Chapeaux bas!** hats off! **C. bas,** hat in hand. **Parler à qn c. bas,** to talk to s.o. very respectfully. **Mettre son c. de travers,** (i) to cock one's hat; (ii) *F:* to assume a threatening attitude. **Faire passer le c. (pour recevoir les cotisations),** to pass the hat round. *P:* **Il travaille du c.,** he's bats. (*b*) *F:* Big chief, boss (of firm, etc.). (*c*) *Orn:* Cap (of bird). (*d*) *Bot:* Pileus, cap (of mushroom). (*e*) *Ch: Brew:* Head (on fermenting liquid). **2.** Cover. (*a*) *Cu:* Pie-crust; lid, top (of vol-au-vent, etc.). (*b*) Cap (of fountain-pen, etc.). (*c*) *Constr:* Hood, cowl (of chimney). **3.** *Typ:* (*a*) Heading, *U.S:* caption. (*b*) Introductory paragraph.

chapeauté [ʃapote], *a. F:* Capped, covered. **Monts chapeautés de neige,** snow-capped mountains.

chapelain [ʃaplɛ̃], *s.m. Ecc:* Chaplain (attached to private chapel).

chapelet [ʃaplɛ], *s.m.* **1.** (Lesser) rosary (of fifty-five beads); chaplet; (string of) beads. **C. bouddhique,** Buddhist rosary. **Égrener, dire, son c.,** to tell one's beads. **Défiler son c.,** to have one's say, to speak one's mind. **C. de bombes,** stick of bombs. **C. d'invectives,** string of abuse. **C. d'oignons,** string, rope, of onions. **C. d'outils,** string of tools. **Réservoirs en c.,** reservoirs arranged in series. **2. (Pompe à) c.,** chain-pump.

chapelier [ʃapəlje], *s.m.* Hatter.

chapelle [ʃapɛl], *s.f.* **1.** (*a*) Chapel (in private house, etc.); side-chapel (of church); chapel of ease (of parish). **C. de la Vierge,** Lady chapel. **C. ardente,** capella ardente; mortuary chapel. (*b*) Esp. *Ecc:* Choir and/or orchestra. **Maître de c.,** choir-master. (*c*) *Ecc:* Ornaments and plate (for the celebration of mass). (*d*) **Petite c.,** clique. **2.** (*a*) **C. de pompe,** pump-case. (*b*) *I.C.E:* **Soupapes en c.,** side-valves.

chapellerie [ʃapɛlri], *s.f.* Hat-trade, -shop.

chapelure [ʃaplyːr], *s.f.* Bread-crumbs (for frying).

chaperon [ʃaprɔ̃], *s.m.* **1.** Hood. **Le Petit C. rouge,** Little Red Riding Hood. (*b*) *Sch:* = (Graduate's) hood. **2.** Chaperon (for young woman). **3.** (*a*) Coping (of wall). (*b*) Protecting lid or cover.

chaperonner [ʃaprɔne], *v.tr.* **1.** To hood (falcon). **2.** To chaperon (young woman). **3.** *Const:* To cope (wall).

chapiteau [ʃapito], *s.m.* **1.** (*a*) Capital (of column). (*b*) Cornice (of wardrobe, etc.). **2.** Head (of still, rocket). **3.** (*Of a circus*) Big top.

chapitre [ʃapitr], *s.m.* **1.** *Ecc:* Chapter (of canons). **Salle du c.,** chapter-house. *F:* **Tenir c.,** to hold a meeting; to deliberate (**sur,** on). S.a. VOIX 2. **2.** (*a*) Chapter (of book). (*b*) Head(ing); item (of expenditure, etc.). *F:* **Nous traiterons demain ce c.,** we will deal with this subject, matter, to-morrow.

chapitrer [ʃapitre], *v.tr. F:* To read (s.o.) a lecture.

chapon [ʃapɔ̃], *s.m. Cu: etc:* Capon.

chaque [ʃak], *a.* Each, every. **C. chose à sa place,** each thing in its place.

char [ʃaːr], *s.m.* **1.** *A:* Chariot. **2.** Waggon (for heavy loads). **C. à bœufs,** ox-cart, bullock-cart. **C. à échelle,** hay cart. **C. funèbre,** hearse. **3.** *Fr.C:* (Motor) car. *Mil:* **C. de combat,** tank. **Les chars,** the armour.

charabia [ʃarabja], *s.m. F:* Jargon, gibberish.

charade [ʃarad], *s.f.* Charade.

charançon [ʃarɑ̃sɔ̃], *s.m. Ent:* Weevil.

charbon [ʃarbɔ̃], *s.m.* **1.** (*a*) **C. de bois,** charcoal. **C. ardent,** glowing embers, live coals. *F:* **Être sur des**

charbons ardents, to be on tenter-hooks. (*b*) *Ch:* Carbon. **C. de cornue,** gas-carbon. **Papier au c.,** carbon tissue. (*c*) Coal. **C. sans fumée,** smokeless coal. *Nau:* **Faire le c.,** to coal. **2.** (*a*) *Agr:* Smut (of cereal); blight. (*b*) *Med: Vet:* Anthrax. *Med:* Carbuncle.

charbonnage [ʃarbɔnaːʒ], *s.m.* **1.** Coal-mining. **2.** Usu. *pl.* Collieries, coal-field. **3.** Coal-depot. **4.** *Nau:* Bunkering.

charbonner [ʃarbɔne], *v.tr.* **1.** To reduce to carbon; to carbonize, char. *v.i.* **La lampe charbonne,** the lamp is smoking. **2.** (*a*) To blacken (sth.) with charcoal. **Se c. le visage,** to black one's face. (*b*) To make a charcoal sketch of (sth.). **3.** *Abs.* To coal ship; to bunker.

charbonnier, -ière [ʃarbɔnje, -jɛːr]. **1.** *a.* Coal-mining (industry, etc.), coal-(trade, etc.). **2.** *s.* (*a*) Charcoal-burner. *Prov:* **C. est maître chez soi,** a man's house is his castle. **La foi du c.,** simple faith. (*b*) Coal-merchant; coal-man. **3.** *s.m.* (*a*) Coal-hole, coal-cellar. (*b*) *Nau:* Collier. **4.** *s.f.* **Charbonnière.** (*a*) Coal-scuttle, -box. (*b*) Charcoal kiln. (*c*) *Orn:* Great tit. **Petite c.,** coal-tit.

charcuter [ʃarkyte], *v.tr.* To cut up (meat); to hack up (joint). *F:* **C. un malade,** to operate clumsily upon, to butcher, a patient.

charcuterie [ʃarkytri], *s.f.* **1.** Delicatessen, pork-butcher's (*a*) trade, (*b*) establishment, shop. **2.** Delicatessen.

charcutier, -ière [ʃarkytje, -jɛːr], *s.* **1.** Pork-butcher. **2.** (*a*) *P:* Surgeon, *P:* saw-bones. (*b*) Bungler.

chardon [ʃardɔ̃], *s.m.* **1.** Thistle. **2.** *pl.* Clustered spikes (on iron railing, etc.).

chardonneret [ʃardɔnrɛ], *s.m. Orn:* Goldfinch.

charge [ʃarʒ], *s.f.* **1.** Load, burden. **Bête de c.,** beast of burden. **Cheval, mulet, de c.,** pack-horse, -mule. **Être à c. à qn,** to be a burden to, a drag on, s.o. *Nau:* **Ligne de c.,** load-line. **Rompre c.,** to break bulk. *F:* **Il en a sa c.,** (i) he's had as much as he can carry, (ii) he's very fat. **2.** *Tchn:* (*a*) *Mec.E:* **C. admissible, de sécurité,** safe load. (*b*) *Hyd.E:* **C. d'eau,** head of water. (*c*) *El.E:* Charge. **Conducteur en c.,** live conductor. **3.** Charge (of furnace, projectile). **4.** (*a*) Charge, responsibility, trust. **Prendre en c. les recettes et dépenses,** to take over the receipts and expenditure. **Avoir c. d'âmes,** to have the cure of souls. **Avoir la c. de faire qch.,** to have the onus of doing sth. **Cela est à votre c.,** that is part of your duty. **Femme de c.,** housekeeper. (*b*) Office. **Haute c.,** high, important, office. **Charges publiques,** public offices. **5.** Charge, expense. **Les frais de transport sont à notre c.,** the cost of transport is chargeable to us. **Être à la c. de qn,** to be dependent on s.o. **Deux enfants à c.,** two dependent children. **Charges sociales,** social insurance contributions (paid by employer). **Charges de famille,** dependents. *F:* **Prendre le bénéfice avec les charges,** to take the rough with the smooth. *Prep.phr.* **A (la) c. de,** on condition of. **A c. de revanche,** on condition that I may do as much for you. **6.** Loading, charging. **Vaisseau en c.,** ship loading. **C. utile,** (i) *Aut: etc.* Carrying capacity; (ii) *Av:* commercial load. *Av:* **C. en vol,** flight load. **C. imposée à l'impact,** touchdown load. **7.** Exaggeration (of story). *Th:* Over-acting (of part). *Lit: Paint:* Caricature (of character, portrait). **8.** *Mil:* Charge. **C. à la baïonnette,** bayonet charge. **Revenir à la c.,** to return to the charge, *F:* to renew a request, an attempt. **9.** *Jur:* Charge indictment. **Témoin à c.,** witness for the prosecution.

chargé [ʃarʒe], *a.* **1.** Loaded, laden, charged. **Langue chargée,** coated, furred, tongue. **Jour c.,** full, busy, day. **Regard c. de reconnaissance,** look full of gratitude. **Temps c.,** heavy, overcast, weather. **Avoir un passé c.,** *F:* to have a (murky) past. **2.** **Lettre chargée,** registered letter. **3.** *s.* **C. d'affaires,** ambassador's deputy, chargé d'affaires. *Sch:* **Chargé(e) de cours,** = assistant lecturer (at university).

chargement [ʃarʒəmɑ̃], *s.m.* **1.** (*a*) Lading (of ship); loading-up (of wagon); loading (of gun); filling (of cartridge, shell); charging (of accumulator). (*b*) Registration (of letter). **2.** (*a*) Cargo, freight, load. (*b*) Registered letter or packet.

charger [ʃarʒe], *v.tr.* (**je chargeai(s); n. chargeons**) **1.** To load (de, with). (*a*) **C. le feu,** to feed, stoke, the fire. **C. sa mémoire de dates inutiles,** to burden one's memory with useless dates. **Mets qui chargent l'estomac,** dishes that lie heavy upon the stomach. **C. un compte de certains frais,** to charge certain expenses to an account. **L'air est chargé du parfum des fleurs,** the air is heavy with the scent of flowers. (*b*) **C. qch. sur son dos,** to take sth. on one's back. **C. une cargaison sur un vapeur,** to ship a cargo on a steamer. **Vaisseau qui charge pour Londres,** ship taking in freight for London. (*c*) To fill (pipe); to load (gun); to charge (accumulator). *El:* **Accumulateur chargé à fond, à refus,** fully charged battery. **C. une chaudière,** to fire a boiler. **2.** **Charger qn de qch., de faire qch.,** to entrust, charge s.o. with sth., with doing sth.; to instruct s.o. to do sth. **Être chargé de la correspondance,** to be in charge of the correspondence. **3.** To turn (portrait) into a caricature. *Th:* To overact, guy (a part). **4.** *Mil:* To charge (the enemy). **5.** *Jur:* To indict (s.o.). **C. qn d'un crime,** to charge s.o. with a crime.

se charger. **1.** **Le temps se charge,** the weather is becoming overcast. **2.** (*a*) **Se c. d'un fardeau,** to shoulder a burden. (*b*) **Se c. de qch.,** to undertake sth. **Je m'en chargerai,** I will attend to it.

chargeur [ʃarʒœːr], *s.m.* **1.** Loader. *Nau:* Shipper. **2.** Stoker, fireman. **3.** (*a*) *Sm.a:* (Cartridge-, loading-) clip. *Phot:* Cassette. (*b*) *El:* (Accumulator) charger.

chariot [ʃarjo], *s.m.* **1.** (*a*) (Four-wheeled) waggon. *Astr:* **Le grand C.,** Ursa Major, the Great Bear; Charles's Wain, *U.S:* the Big Dipper. **Le petit C.,** Ursa Minor, the Little Bear. (*b*) (Child's) go-cart. (*c*) Truck, trolley. *Rail:* **C. à bagages,** luggage trolley. **2.** (*a*) Carriage (of typewriter). (*b*) *Av:* **C. d'atterrissage,** under-carriage; landing gear.

charitable [ʃaritabl], *a.* Charitable (**envers,** to, towards). **Œuvres charitables,** charities. *adv.* **-ment.**

charité [ʃarite], *s.f.* **1.** Charity, love. **Faire qch. par c.,** to do sth. out of, for, charity. *Ecc:* **Filles de la C., sœurs de c.,** sisters of Charity. **2.** Act of charity; alms(-giving). **Maison de c.,** alms-house. **Faire la c. à qn,** to give alms to s.o.

charivari [ʃarivari], *s.m.* Tin-kettle music; discordant music. *F:* **Faire un c. de tous les diables,** to kick up no end of a din, of a racket.

charlatan, -ane [ʃarlatɑ̃, -an], *s.* Charlatan, quack. **Remède de c.,** quack remedy.

charlatanisme [ʃarlatanism], *s.m.* Charlatanism, quackery.

Charlot [ʃarlo]. *Pr.n.m. F:* Charley, Charlie. *Cin:* Charlie Chaplin.

Charlotte [ʃarlɔt]. **1.** *Pr.n.f.* Charlotte. **2.** *s.f. Cu:* (*a*) Apple-charlotte. (*b*) **C. russe,** charlotte russe.

charmant [ʃarmɑ̃], *a.* Charming, delightful.

charme[1] [ʃarm], *s.m.* **1.** Charm, spell. **Demeurer, être, sous le c.,** to be under the spell. **Rompre le c.,** to break the spell. **2.** Charm, attraction, seductiveness. **Faire du c.,** to make oneself pleasant, charming.

charme[2], *s.m. Bot:* Hornbeam, yoke-elm.

charm|er [ʃarme], *v.tr.* **1.** To charm, bewitch, fascinate. **2.** To charm, please, delight. **Être charmé de faire qch.,** to be delighted to do sth. **C. les loisirs de qn,** to beguile s.o.'s leisure. *s.* **-eur, -euse.**

charmille [ʃarmiːj], *s.f.* (*a*) Hedge(-row). (*b*) Bower, arbour.

charn|el, -elle [ʃarnɛl], *a.* Carnal, fleshly (desires); sensual (person). *adv.* **-ellement.**

charnier [ʃarnje], *s.m.* **1.** *Nau:* Drinking-tank. **2.** Charnel-house.

charnière [ʃarnjɛːr], *s.f.* **1.** Hinge; butt-hinge; stamp hinge. *F:* **Nom à c.,** double-barrelled name. *F:* **L'une des grandes charnières de l'histoire,** one of the great turning-points of history. **2.** *Mil:* Bridge, point of contact, etc.

charnu [ʃarny], *a.* Fleshy. **Bras c.,** plump arm. **Fruits charnus,** fleshy, pulpy, fruit.

charogne [ʃarɔɲ], *s.f.* **1.** Carrion; decaying carcass. **2.** *P:* Dirty swine.

Charon [karɔ̃]. *Pr.n.m. Myth:* Charon.

charpente [ʃarpɑ̃ːt], *s.f.* Frame(work), framing. **Bois de c.,** timber. **C. d'un roman,** framework of a novel. (Of pers.) **Avoir la c. solide,** to be solidly built.

charpenté [ʃarpɑ̃te], *a.* Built, framed. **Homme solidement c.,** solidly-built man.
charpent|er [ʃarpɑ̃te], *v.tr.* **1.** To cut (timber) into shape. **2.** To frame (up) (roof, etc.).
charpenterie [ʃarpɑ̃tri], *s.f.* **1.** Carpentry. **2.** (*a*) Carpenter's shop. (*b*) Timber-yard.
charpentier [ʃarpɑ̃tje], *s.m.* Carpenter. **Matelot c.,** ship's carpenter. **C. de bateaux,** shipwright.
charpie [ʃarpi], *s.f.* Lint. **Mettre de la toile en c.,** to shred linen. *F:* **Mettre qn en c.,** to make mincemeat of s.o.
charretée [ʃarte], *s.f.* Cart-load, cartful.
charretier, -ière [ʃartje, -jɛːr]. **1.** *s.m.* Carter, carrier. S.a. JURER 4. **2.** *a.* **Porte charretière,** carriage gate-(way). **Voie charretière,** cart track.
charrette [ʃarɛt], *s.f.* Cart. **C. anglaise,** dog-cart, trap. **C. à bras,** hand-cart; barrow.
charriable [ʃarjabl], *a.* Cartable, transportable.
charriage [ʃarjaːʒ], *s.m.* **1.** Cartage, haulage. **2.** *P:* Swindling.
charrier [ʃarje], *v.tr.* **1.** To cart, carry, transport. **2.** **Rivière qui charrie du sable,** river that carries, brings down, bears down, sand. *Abs.* **Le fleuve charrie,** the river is full of drift-ice. **3.** *P:* (*a*) To poke fun at (s.o.). (*b*) *v.i.* *P:* To exaggerate, to pile it on.
charroi [ʃarwa], *s.m.* (*a*) Cartage, carriage. (*b*) *pl.* *Mil:* Transport.
charron [ʃarɔ̃], *s.m.* Cartwright (and ploughwright); wheelwright. *s.m.* **-nage.** *s.f.* **-nerie.**
charroyer [ʃarwaje], *v.tr.* (**je charroie; je charroierai**) To transport (sth.) in a cart; to cart (sth.).
charroyeur [ʃarwajœːr], *s.m.* Carter, carrier.
charrue [ʃary], *s.f.* **1.** Plough. **Mener, pousser, la c.,** to drive the plough. *F:* **Mettre la c. devant les bœufs,** to put the cart before the horse. **2.** Snow-plough.
charte [ʃart], *s.f.* **1.** Charter. **Compagnie à c.,** chartered company. *Eng.Hist:* **La Grande C.,** Magna Carta. *Pol: Hist:* **La C. de l'Atlantique,** the Atlantic Charter. **2.** (Ancient) deed; title. **L'École des chartes,** the School of Palaeography and Librarianship (in Paris).
charte-partie [ʃartəparti], *s.f.* *Nau:* Charter-party. *pl. Des chartes-parties.*
chartreux, -euse [ʃartrø, -øːz]. **1.** *s.* Carthusian (monk, nun). **2.** *s.f.* **Chartreuse.** (*a*) Carthusian monastery. (*b*) Chartreuse (liqueur).
chartrier [ʃartri(j)e], *s.m.* **1.** Custodian of charters. **2.** (*a*) Collection of charters. (*b*) Charter-room.
Charybde [karibd]. *Pr.n.m.* *Gr.Myth:* Charybdis. *F:* **Tomber de C. en Scylla,** to fall out of the frying-pan into the fire.
chas [ʃɑ], *s.m.* Eye (of needle).
chasse [ʃas], *s.f.* **1.** (*a*) Hunting; game shooting. **La c.,** the hunt. **C. à courre,** stag-hunting. **C. au lapin,** rabbiting. **C. au lévrier,** coursing. **C. aux oiseaux,** fowling. **C. au gibier d'eau, à la sauvagine, au marais,** wild-fowling. **C. sous-marine,** underwater fishing. **C. au tir,** shooting. **Aller à la c.,** to go hunting or shooting. **La c. est ouverte, fermée,** the shooting season has begun, ended. **Fusil de c.,** (i) sporting gun; (ii) fowling-piece. **Faire bonne c.,** to have good sport, make a good bag. (*b*) **C. gardée,** (game) preserves. **Louer une c.,** to rent a shoot. **Droit de c.,** licence to kill game. S.a. PERMIS 2. (*c*) *Nau:* **Donner c. à un navire,** to give chase to a ship. (*d*) *Mil: Av:* Fighter forces. **2.** **C. d'eau,** (in W.C.) flush. *F:* **Tirer la c. (d'eau),** to pull the (lavatory) chain. **C. d'air,** rush of air; blast. **3.** *Mec.E:* Play (of wheels). *Typ:* Over-run (of page).
châsse [ʃɑːs], *s.f.* **1.** Reliquary, shrine. **2.** Mounting; frame (of spectacles). **3.** *pl.* *P:* Eyes.
chassé [ʃase], *s.m.* *Danc:* *Chassé,* gliding step.
chasse-clou(s) [ʃasklu], *s.m.inv.* *Tls:* (Nail-)set; punch.
chassé-croisé [ʃasekrwaze], *s.m.* (*a*) *A:* *Danc:* 'Set to partners,' *chassé-croisé.* (*b*) *F:* General post. *pl. Des chassés-croisés.*
chasse-marée [ʃasmare], *s.m.inv.* **1.** Fish-cart. **2.** Coasting lugger.
chasse-mouches [ʃasmuʃ], *s.m.inv.* Fly-killer; *F:* fly-swatter.
chasse-neige [ʃasnɛːʒ], *s.m.inv.* **1.** Snow-plough. **2.** *Skiing:* Stem. **Virage en c.-n.,** stem-turn.
chasse-pierre(s) [ʃaspjɛːr], *s.m.inv.* Guard-iron, *F:* cow-catcher, (of locomotive).
chasse-pointe(s) [ʃaspwɛ̃ːt], *s.m.inv.* = CHASSE-CLOU.
chasser [ʃase]. **1.** *v.tr.* (*a*) To chase, hunt. **C. le renard, la perdrix,** to go fox-hunting, partridge shooting. **C. à courre,** to ride to hounds; to hunt. **C. au fusil,** to shoot. *F:* **C. sur les terres de qn,** to poach on s.o.'s preserves. (*b*) To drive (s.o.) out, away; to turn (s.o.) out (of doors); to expel (s.o. from school, etc.); to dismiss (servant); to cast out (devils). **C. une mouche (d'un revers de main),** to brush away a fly. **Le vent chasse la pluie contre les vitres,** the wind drives the rain against the panes. **Nuages chassés par le vent,** wind-driven clouds. **C. un clou,** to drive a nail in or out. **2.** *v.i.* (*a*) To hunt; to shoot. **C. au lion,** to hunt lions. (*b*) To drive. **Nuages qui chassent du nord,** clouds that are driving from the north. **Navire qui chasse sur ses ancres,** ship that drags her anchors. (*c*) *Aut:* To skid. *Nau:* (Of anchor) To drag. (*d*) *Typ:* (i) (Of type) To drive out. (ii) (Of matter) To overrun.
chasseresse [ʃasrɛs], *s.f.* *Lit:* Huntress.
chasseur, -euse [ʃasœːr, -øːz], *s.* **1.** (*a*) Huntsman; hunter, huntress. (*b*) (Sportsman with) gun. **2.** *s.m.* (In hotel) messenger; porter; page-boy, *U.S:* bell-hop. **3.** *s.m.* (*a*) *Mil:* Rifleman. **Chasseurs à pied,** light infantry. **Chasseurs à cheval,** light cavalry. (*b*) *Av:* Fighter pilot. **4.** *s.m.* (*a*) *Mil: Av:* Fighter. **C. de pénétration,** intruder. *Mil:* **C. de chars,** tank destroyer. (*b*) *Navy:* **C. de sous-marins,** submarine chaser.
chasseur-bombardier [ʃasœːrbɔ̃bardje], *s.m.* Fighter-bomber. *pl. Des chasseurs-bombardiers.*
chasseur-fusée [ʃasœːrfyze], *s.m.* Rocket fighter. *pl. Des chasseurs-fusées.*
chassie [ʃasi], *s.f.* Rheum, gum, matter (in the eyes).
chassieux, -euse [ʃasjø, -øːz], *a.* Rheumy (eyes); rheumy-eyed, blear(y)-eyed (person).
châssis [ʃɑsi], *s.m.* (*a*) Frame. **C. de porte,** door-frame. **C. de fenêtre,** window-sash, -frame. **C. dormant,** sash-frame. **C. à guillotine,** sash-window. **C. vitré,** skylight(-roof). *Phot:* **C. négatif,** dark-slide. **C. positif,** printing-frame. (*b*) *Hort:* Forcing-frame. **Culture sous c.,** forcing. (*c*) *Aut:* Chassis. *Av:* Under-carriage. **C. d'atterrissage,** landing-gear. (*d*) *Typ:* Chase. (*e*) *Th:* Scenery flat.
chaste [ʃast], *a.* Chaste, pure. *adv.* **-ment.**
chasteté [ʃastəte], *s.f.* Chastity, purity.
chasuble [ʃazybl], *s.f.* *Ecc.Cost:* Chasuble.
chat, *f.* **chatte** [ʃa, ʃat], *s.* **1.** (*a*) Cat; *m.* tom-cat; *f.* queen. **C. de gouttière,** ordinary domestic cat, *F:* alley-cat. **C. tigré,** tabby cat. **C. siamois,** Siamese cat. **C. sauvage,** wild cat, *Fr.C:* raccoon. **Le C. botté,** Puss in Boots. *F:* **Mon petit c., ma petite chatte,** darling. *Pej: A:* **C. fourré,** judge. **Sabbat, musique, de c.,** caterwauling. **Il n'y avait pas un c. dans la rue,** there wasn't a soul in the street. **Appeler un c. un c.,** to call a spade a spade. **Acheter c. en poche,** to buy a pig in a poke. **Avoir un c. dans la gorge, dans le gosier,** to have a frog in one's throat. *Prov:* **Ne réveillez pas le c. qui dort,** let sleeping dogs lie. **A bon c. bon rat,** tit for tat. **C. échaudé craint l'eau froide,** once bitten twice shy. **Le c. parti les souris dansent,** when the cat's away the mice will play. **Arriver dès les chats,** to arrive (home) with the milk. S.a. FOUETTER 1. (*b*) *a.* Caressing, feline (manner, etc.). **2.** **C. à neuf queues,** cat(-o'-nine-tails). **3.** *Games:* **Jeu du c.,** tag; tig.
châtaigne [ʃɑtɛɲ], *s.f.* **1.** *Bot:* (*a*) (Sweet) chestnut. (*b*) **C. d'eau,** water-caltrops. **2.** Castor, chestnut (of horse). **3.** *P:* Blow, smack.
châtaigneraie [ʃɑtɛɲrɛ], *s.f.* Chestnut plantation.
châtaignier [ʃɑtɛɲje], *s.m.* Chestnut-tree, -wood.
châtain [ʃɑtɛ̃], *a.* (Usu. *inv. in fem.,* occ. **-aine**) (Chestnut-)brown (hair, horse). **Une femme châtain(e),** a brown-haired woman. **Cheveux c. clair,** light brown hair.
château, -eaux [ʃɑto], *s.m.* **1.** Castle. **C. fort,** fortified castle. **Bâtir des châteaux en Espagne,** to build castles in the air. **C. de cartes,** house of cards. **2.** (*a*) Country seat; mansion; manor; hall. (*b*) (Royal) palace. **Le c. de Versailles,** the palace of Versailles.

3. **C. d'eau,** water-tower; *Rail:* tank. **4.** *N.Arch:* Superstructure.

chateaubriand, châteaubriant [ʃatobriɑ̃], *s.m.* *Cu:* Double tenderloin; porterhouse steak.

châtelain [ʃɑtlɛ̃], *s.m.* Owner, tenant, of *château.*

châtelaine [ʃɑtlɛn], *s.f.* **1.** (*a*) (Woman) owner, tenant, of *château.* (*b*) Wife of *châtelain.* **2.** Chatelaine (for keys, etc.).

châtelet [ʃɑtlɛ], *s.m.* Small castle.

chat-huant [ʃaɥɑ̃], *s.m.* Tawny owl; brown owl. *pl. Des chats-huants.*

châtié [ʃɑtje], *a.* Polished (style, verse).

châti|er [ʃɑtje], *v.tr.* To punish, chastise; to correct, polish (style). **C. son corps,** to mortify the body. *Prov:* **Qui aime bien châtie bien,** spare the rod and spoil the child. *s.m.* **-eur.**

chatière [ʃatjɛːr], *s.f.* (*a*) Cat door. (*b*) Secret entrance. (*c*) Ventilation hole (in roof).

châtiment [ʃɑtimɑ̃], *s.m.* Punishment, chastisement.

chatoiement [ʃatwamɑ̃], *s.m.* (*a*) Shimmer; iridescence, sheen. (*b*) Glistening.

chaton[1], **-onne** [ʃatɔ̃, -ɔn]. **1.** *s.* Kitten. **2.** *s.m.* *Bot:* Catkin.

chaton[2], *s.m.* *Lap:* **1.** Bezel, setting (of stone). **2.** Stone (in its setting).

chatonner[1] [ʃatɔne], *v.i.* **1.** To kitten. **2.** (Of tree) To burst into catkins.

chatonner[2], *v.tr.* To set (stone).

chatouill|er [ʃatuje], *v.tr.* To tickle. **C. les côtes à qn,** (i) to poke s.o. in the ribs; (ii) *F:* to give s.o. a thrashing. **Vin qui chatouille le palais,** wine that tickles, pleases, the palate. **C. la curiosité,** to excite, arouse, curiosity. *s.m.* **-ement.**

chatouilleux, -euse [ʃatujø, -øːz], *a.* **1.** (Of pers.) (*a*) Ticklish. (*b*) Sensitive, touchy. **C. sur le point d'honneur,** touchy on a point of honour. **2.** Delicate, sore (point).

chatoyant [ʃatwajɑ̃], *a.* Iridescent, shimmering.

chatoyer [ʃatwaje], *v.i.* **(il chatoie; il chatoiera)** (*a*) To change colour, to shimmer. **Soie chatoyée,** shot silk. (*b*) To glisten, sparkle.

châtrer [ʃɑtre], *v.tr.* To castrate, geld; to neuter, *F:* doctor (a cat). *F:* **C. une pièce de théâtre,** to expurgate a play.

chatte. See CHAT.

chatterie [ʃatri], *s.f.* **1.** Usu. *pl.* Wheedling ways; coaxing. **2.** *pl.* Delicacies, dainties.

chatterton [ʃatɛrtɔ̃], *s.m.* *El.E:* Adhesive (insulating) tape.

chaud [ʃo]. **1.** *a.* (*a*) Warm or hot. **Avoir les pieds chauds,** (i) to have warm feet, (ii) *F:* to have a cushy job. *F:* **Avoir la tête chaude,** to be hot-headed. **Affaire chaude,** sharp tussle; brisk engagement. **Chaude dispute,** warm, animated, discussion. *F:* **Guerre chaude,** shooting war. **Pleurer à chaudes larmes,** to weep bitterly. **Nouvelle toute chaude,** piping-hot news. **Tons chauds,** warm tints. **Voix chaude,** sultry voice. *Ven:* **Voie chaude,** hot trail. *Prov:* **Il faut battre le fer pendant qu'il est c.,** strike while the iron is hot. **J'aime à manger c.,** I like to eat my food hot. *F:* **Coûter c.,** to cost a pretty penny. *F:* **Avoir eu chaud,** (i) to have been afraid, (ii) to have had a narrow escape. *V.phr.* **Il fait c.,** it is warm (weather, or in this room). (*b*) Warm, warming. **Couverture chaude,** warm blanket. **2.** *s.m.* (Warm state) **Il est au c. dans sa maison,** he is snug and warm at home. (On label) **Tenir au c.,** to be kept in a warm place. *Surg:* **Opération à c.,** emergency operation. **Cela ne me fait ni c. ni froid,** it is all the same, all one, to me. **Souffler le c. et le froid,** to blow hot and cold. *F:* **Un c. et froid,** a chill. **Marqué à c.,** branded. *V.phr.* **Avoir c.,** (of pers.) to be, feel, warm. **3.** *s.f.* **Chaude.** *Metall:* Heat. *adv.* **-ement.**

chaud-froid [ʃofrwa], *s.m.* *Cu:* Chaud-froid. **C.-f. de poulet,** cold jellied chicken. *pl. Des chauds-froids.*

chaudière [ʃodjɛːr], *s.f.* **1.** Copper (for washing, etc.). **2.** Boiler (for central heating, etc.). *Mch:* **C. à vapeur,** steam-boiler; steam generator. **3.** *Fr.C:* Bucket.

chaudron [ʃodrɔ̃], *s.m.* Ca(u)ldron.

chaudronnerie [ʃodrɔnri], *s.f.* **1.** Tinman's, coppersmith's, work or shop, braziery. **2. Grosse c.,** (i) boiler-making; (ii) boiler-works; (iii) sheet-metal work.

chaudronnier, -ière [ʃodrɔnje, -jɛːr], *s.* **1.** Brazier, tinman. **C. en, de, cuivre,** coppersmith; brass-worker. **C. ambulant,** tinker. **2.** (*a*) Boiler-smith. (*b*) Boiler-maker.

chauffage [ʃofaːʒ], *s.m.* **1.** (*a*) Warming, heating (of room, etc.). (*b*) Heating apparatus. *Aut:* Car heater. **C. central,** central heating. **C. au mazout,** oil-heating. (*c*) Firing, stoking (of boiler). (*d*) *P:* Cramming (of student for examination). **2.** Over-heating (of bearing, etc.).

chauffard [ʃofaːr], *s.m.* *F:* (*a*) Road-hog. (*b*) Hit-and-run driver.

chauffe [ʃoːf], *s.f.* **1.** (*a*) Heating. (*b*) Distilling. **2.** *Mch:* Firing, stoking. **Porte de c.,** fire-door; fire-hole. **Activer la c.,** to fire up. *Nau:* **Chef de c.,** leading stoker. **Chambre de c.,** stokehold. **3.** Overheating (of bearings, etc.).

chauffe-assiette(s) [ʃofasjɛt], *s.m.* Plate-warmer; hotplate. *pl. Des chauffe-assiettes.*

chauffe-bain [ʃofbɛ̃], *s.m.* Bath-heater; geyser. *pl. Des chauffe-bains.*

chauffe-eau [ʃofo], *s.m.inv.* Water-heater.

chauffe-linge [ʃoflɛ̃ːʒ], *s.m.inv.* (*a*) Airing cupboard. (*b*) Clothes horse.

chauffe-liquides [ʃoflikid], *s.m.inv.* (Electric) immersion heater.

chauffe-lit [ʃofli], *s.m.* Bed-warmer, warming-pan. *pl. Des chauffe-lit(s).*

chauffe-pieds [ʃofpje], *s.m.inv.* Foot-warmer.

chauffe-plat(s) [ʃofpla], *s.m.* Hot-plate. *pl. Des chauffe-plats.*

chauffer [ʃofe]. **1.** *v.tr.* (*a*) To warm, heat. **Se c. les mains,** to warm one's hands. **C. du linge,** to air linen. *Hort:* **C. une plante,** to force a plant. (*b*) **C. le fer à blanc, au rouge,** to bring iron to a white heat, to a red heat. **Chauffé à blanc, au rouge,** white-hot, red-hot. **C. une chaudière, une locomotive,** to stoke up, fire up, a boiler, an engine; to raise steam. *Sp:* **Se c. les muscles,** to limber up. *Abs.* (Of ship, etc.) **C. au charbon, au mazout,** to burn coal, oil. *F:* **Il faut c. l'affaire,** we must strike while the iron is hot. **C. qn en vue d'un examen,** to cram, stuff, s.o. for an examination. **C. un examen,** to swot for an examination. S.a. BOIS[1] 3. **2.** *v.tr.* *P:* (*a*) To steal. (*b*) *P:* **Se faire c.,** to get pinched. **3.** *v.i.* (*a*) To get, become, warm, hot. **C'est un bain qui chauffe,** a storm is brewing. *P:* **Ça va c.,** things are getting warm. (*b*) (Of bearing, etc.) To run hot; to overheat.

chaufferette [ʃofrɛt], *s.f.* Foot-warmer.

chauffeur, -euse [ʃofœːr, -øːz], *s.* **1.** (*a*) Stoker, fireman (of steam-engine). (*b*) *Sch:* *P:* Crammer. **2.** *Aut:* Driver; chauffeur, chauffeuse. **3.** *s.f.* **Chauffeuse,** low fireside chair.

chaufour [ʃofuːr], *s.m.* Lime-kiln.

chaul|er [ʃole], *v.tr.* To lime; to sprinkle (ground, etc.) with lime; to lime-wash (fruit-trees, etc.). *s.m.* **-age.**

chaume [ʃoːm], *s.m.* (*a*) Straw; haulm. (*b*) Thatch. **Toit de c.,** thatched roof. (*c*) (i) Stubble; (ii) stubble-field.

chaum|er [ʃome], *v.tr.* *Agr:* To clear (a field) of stubble. *s.m.* **-age.**

chaumière [ʃomjɛːr], *s.f.* Thatched cottage.

chausse [ʃoːs], *s.f.* **1.** *pl.* *A:* **Des chausses, une paire de chausses,** hose, breeches. **Tirer ses chausses,** to take to one's heels. **2.** Straining-bag (for wine, etc.).

chaussée [ʃose], *s.f.* **1.** (*a*) Sea-wall. (*b*) Causeway (across marsh, etc.). *Geog:* **La C. des Géants,** the Giant's Causeway. **2.** (*a*) Roadway, carriage-way, *U.S:* pavement. (*b*) Road; high road. S.a. PONT[1] 1. **3.** Reef, line of rocks.

chausse-pied [ʃospje], *s.m.* Shoe-horn. *pl. Des chausse-pieds.*

chausser [ʃose], *v.tr.* **1.** To put on (one's slippers, one's shoes). **Chaussé de pantoufles,** wearing slippers. **Chaussé de ses bottes et de ses éperons,** booted and spurred. **C. les étriers,** to put one's feet into the stirrups. **C. ses lunettes,** to put on one's spectacles. **2.** (*a*) To put shoes on (s.o.). **Se c.,** to put on one's shoes, boots. *F:* **Être chaussé d'une opinion,** to be fixed in an opinion. (*b*) To supply, fit, (s.o.) with footwear; to make footwear for (s.o.). **Le cordonnier qui me chausse,** the shoemaker who makes my shoes. **Se faire c. chez B.,** to buy, get, one's shoes at B.'s. **Être bien chaussé,** to be well shod. *F:* **Cela me chausse (bien),** that suits me (down to the ground). **Être difficile à c.,** to be hard to please. (*c*) **C. du 38,** to take 38 (in shoes) (French sizes). **3.** *Aut:* To tyre. **Voiture non chaussée,** car without tyres. **4.** *Hort:* **C. un arbre,** to earth up a tree.

chausse-trape [ʃostrap], *s.f.* **1.** (*a*) Trap (for wolves, etc.). (*b*) Ruse, trick, trap. **2.** *Mil:* *A:* Caltrop. **3.** *Bot:* Star-thistle. *pl. Des chausse-trapes.*

chaussette [ʃosɛt], *s.f.* Sock; *Com:* half-hose. *Fr.C:* Slipper.

chausseur [ʃosœːr], *s.m.* Footwear specialist.

chausson [ʃosɔ̃], *s.m.* **1.** (*a*) Slipper. (*b*) Ballet shoe. (*c*) **C. (tricoté) de bébé,** bootee. (*d*) **C. de nuit,** bed-sock. (*e*) *Fr.C:* Thick (woollen) sock. **2.** = SAVATE. **3.** *Cu:* **C. aux pommes,** apple turn-over.

chaussure [ʃosyːr], *s.f.* Footwear, foot-gear. **Fabricant de chaussures,** boot and shoe manufacturer. **Une paire de chaussures,** a pair of boots, of shoes. *F:* **Trouver c. à son pied,** to find exactly what one wants.

chauve [ʃoːv]. **1.** *a.* Bald. **A tête c.,** bald-headed. (*b*) Bare, denuded (mountain, etc.). **2.** *s.m.* Bald person, bald-head.

chauve-souris [ʃoːvsuri], *s.f.* *Z:* Bat. *pl. Des chauves-souris.*

chauvin, -ine [ʃovɛ̃, -in]. **1.** *s.* Chauvinist, jingo. **2.** *a.* Chauvinist(ic), jingoist(ic).

chauvinisme [ʃovinism], *s.m.* Chauvinism; jingoism.

chaux [ʃo], *s.f.* Lime. **C. vive,** quicklime. **C. éteinte,** slaked lime. **Pierre à c.,** limestone. **Eau de c.,** lime-water. **Lait, blanc, de c.,** lime-wash, whitewash. **Blanchir un mur à la c.,** to whitewash a wall. **Bâtir à c. et à sable, à c. et à ciment,** to build firmly, solidly. **Homme bâti à c. et à sable,** man with an iron constitution.

chavir|er [ʃavire]. **1.** *v.i.* (Of boat, etc.) To capsize, turn turtle, upset. *F:* **Ses yeux chavirèrent,** he showed the whites of his eyes, rolled his eyes back. **2.** *v.tr.* To turn (sth.) upside down; to upset, capsize (boat). *s.m.* **-ement.**

chébec [ʃebɛk], *s.m.* *Nau:* Xebec.

chéchia [ʃeʃja], *s.f.* (Military) cap (worn by troops serving in Africa); chechia.

chef [ʃɛf], *s.m.* **1.** (*a*) *A:* Head. **Venir à c. de son dessein,** to achieve one's end. **Il pense de son c.,** he thinks for himself. (*b*) *Her:* Chief (of shield). **2.** Head (of family, etc.); chief (of tribe, clan); leader (of political party); principal, head, chief (of business house); foreman (of jury); conductor (of orchestra); (scout-)master. **Chef de service,** head of department; departmental manager; officer in charge. **C. du personnel,** personnel, staff, manager. **C. de bureau,** head clerk. **C. de cabinet** = (minister's) principal private secretary. **C. de bande,** ringleader. **C. (de cuisine),** chef. *Ind:* **C. d'atelier,** (shop-)foreman. *Mil:* *Navy:* **C. de l'état-major,** chief of staff. **C. de corps,** commanding officer (of regiment). **C. de bataillon,** major. *Mil:* **C. d'escouade,** section commander. **C. de file,** leading man of a file; *Navy:* leading ship. **C. de musique,** bandmaster; director of music. S.a. PUPITRE 3. *Nau:* **C. de quart,** watch-keeper. *Navy:* **C. de pièce,** captain (of a gun). *Av:* **C. de bord,** captain. *Row:* **C. de nage,** stroke(-oar). *Sp:* **C. d'équipe,** captain. *Rail:* **C. de gare,** station master. **C. de train,** guard, *U.S:* conductor. **C. de piste,** ring master. **Commander une armée en c.,** to be commander-in-chief of an army. **Ingénieur en c.,** chief engineer. S.a. CHAUFFE 2. **3.** Authority, right. **Faire qch. de son (propre) c.,** to do sth. on one's own (authority). **Posséder qch. de son c.,** to possess sth. in one's own right. **4.** Head(ing). *Jur:* **C. d'accusation,** count of indictment. **Il importe au premier c. que . . .,** it is essential that. . . .

chef-d'œuvre [ʃedœːvr], *s.m.* Masterpiece. *pl. Des chefs-d'œuvre.*

chef-lieu [ʃɛfljø], *s.m.* Chief town (of department). *pl. Des chefs-lieux.*

cheftaine [ʃɛftɛn], *s.f.* (*a*) (Guide) captain. (*b*) Brown Owl. (*c*) Cubmaster.

cheik [ʃɛk], *s.m.* Sheik(h).

chelem [ʃlɛm], *s.m.* *Cards:* Slam. **Grand c., petit c.,** grand, little, slam.

chélidoine [kelidwan], *s.f.* *Bot:* Great celandine.

chemin [ʃmɛ̃], *s.m.* **1.** (*a*) Way, road. **C. détourné,** *F:* **c. des écoliers,** roundabout way, by-road. **Il y a dix minutes de c.,** it is ten minutes away. *F:* **Il fera son c.,** he will get on, will make his way, in the world. **Cette idée fait son c.,** this idea is gaining ground. **C. faisant,** on the way. **Faire un bout de c. avec qn,** to accompany s.o. a little way. **Tout le long du c.,** all the way. **Nous sommes dans le bon c.,** we are on the right road. **A moitié c.,** half-way. **Se mettre en c. pour, prendre le c. de, la France,** to set out, make, for France. **S'arrêter en c.,** to stop on the way. **Demeurer en c.,** to stop in mid-career. **Être dans, sur le c. de qn,** to be, stand, in s.o.'s way. **Le c. de la gare,** the way to the station. **Ne pas y aller par quatre chemins, par trente-six chemins,** to go straight to the point. S.a. CROIX 1. (*b*) *Nau:* **Faire du c.,** to make headway. **C. est,** easting. (*c*) Route, road, path, track. **C. piéton,** footpath. **Grand c.,** highway, high road. **C. de terre, de moisson,** accommodation road, cart track. **C. de traverse,** side-road. **C. creux,** sunken road; lane. **C. vicinal,** by-road, **C. de halage,** tow-path. **C. battu,** beaten track. *F:* **Être toujours par voies et par chemins,** to gad about. *Mec.E:* **C. de roulement pour billes,** ball-race. *Cin:* **C. du film, c. de défilement,** film-channel, film run, film-track. **2. C. de fer,** railway. **Aller, voyager, en, par, c. de fer,** to go, travel, by rail, by train. **3. C. de table,** (table) runner.

chemineau [ʃmino], *s.m.* Tramp, vagrant.

cheminée [ʃmine], *s.f.* **1.** (*a*) Fireplace. **Rassemblés autour de la c.,** gathered round the fire(side). **Pierre de la c.,** hearthstone. (*b*) **C. électrique,** electric fire. (*c*) **(Manteau de) c.,** chimney-piece, mantelpiece. **Sous (le manteau de) la c.,** secretly. **2.** (*a*) Chimney (flue or stack). (*b*) Funnel (of locomotive, steamer).

chemin|er [ʃmine], *v.i.* **1.** To tramp, walk. **C. sous la pluie,** to trudge, plod, tramp, on in the rain. **Il chemine bien,** he is getting on (in the world), is succeeding. **2.** *Mil:* To advance (towards position, esp. under cover). **3.** *Surv:* To traverse. *s.m.* **-ement.**

cheminot [ʃmino], *s.m.* Railway employee.

chemise [ʃmiːz], *s.f.* **1.** (*a*) (For men) Shirt. **C. molle, souple,** soft shirt. **C. empesée,** starched shirt. **En bras, en manches, de c.,** in one's shirt sleeves. *Arm:* **C. de mailles,** shirt of mail. S.a. TOILE 1. (*b*) **C. de nuit,** (man's) nightshirt; (woman's) night-dress, night-gown. (*c*) **C. américaine,** (woman's) vest. **2.** (*a*) Jacket (for MSS., etc.); folder. **C. de carton,** cardboard portfolio; envelope-file. (*b*) Dust-jacket (of book). (*c*) **Pommes de terre en c.,** potatoes cooked in their jackets. (*d*) Jacket(ing), casing, sheathing (of boiler, cylinder, etc.). **C. de vapeur,** steam-jacket. **C. d'eau,** water-jacket. (*e*) *I.C.E:* Sleeve (of sleeve-valve). **C. de cylindre,** cylinder jacket.

chemise-culotte [ʃmizkylɔt], *s.f.* Cami-knickers. *pl. Des chemises-culottes.*

chemiser [ʃmize], *v.tr.* **1.** To jacket, case (boiler, cylinder). **2.** To line (gun, cylinder).

chemiserie [ʃmizri], *s.f.* **1.** Shirt-making. **2.** Shirt factory or shop.

chemisette [ʃmizɛt], *s.f.* **1.** Short-sleeved shirt. **2.** (Woman's) blouse.

chemisier, -ière [ʃmizje, -jɛːr]. **1.** *s.* (*a*) Shirtmaker. (*b*) Haberdasher. **2.** *s.m.* Shirt, sports, blouse.

chênaie [ʃɛnɛ], *s.f.* Oak-grove, -plantation.

chenal, -aux [ʃ(ə)nal, -o], *s.m.* **1.** Channel, fairway (of river, harbour). **Au milieu du c.,** in mid-channel. **2.** Mill-race. **3.** *Fr.C:* **Poissons des chenaux,** smelts.

chenapan [ʃnapɑ̃], *s.m.* Rogue, scoundrel.

chêne [ʃɛn], *s.m.* Oak. **Chêne vert,** holm-oak.

chéneau [ʃeno], *s.m.* (Eaves-)gutter.

chêneau [ʃɛno], *s.m.* Oak sapling.

chêne-liège [ʃɛnljɛːʒ], *s.m.* Cork-oak. *pl. Des chênes-lièges.*

chenet [ʃ(ə)nɛ], *s.m.* Fire-dog; andiron.

chènevière [ʃɛnvjɛːr], *s.f.* Hemp-field.

chènevis [ʃɛnvi], *s.m.* Hempseed.

chenil [ʃ(ə)ni], *s.m.* Kennels (of hunt).
chenille [ʃ(ə)niːj], *s.f.* **1.** (*a*) Caterpillar. (*b*) Band of caterpillar tractor. **2.** *Tex:* Chenille.
chenillette [ʃ(ə)nijɛːt], *s.f.* *Mil:* = Bren gun carrier.
chénopode [kenɔpɔd], *s.m.* *Bot:* Goosefoot.
chenu [ʃ(ə)ny], *a.* (*a*) (Of hair, pers.) Bleached (with age); hoary. (*b*) Snow-capped (mountain).
cheptel [ʃətɛl, ʃɛptɛl], *s.m.* (Live)stock. **Bail à c.,** lease of livestock. **C. vif,** livestock leased. **C. mort,** farm implements and buildings leased.
chèque [ʃɛk], *s.m.* Cheque. **C. de £60,** cheque for £60. **C. barré,** crossed cheque. **C. ouvert,** open, uncrossed, cheque. **C. sans provision, sans contrepartie,** cheque without cover, dud cheque, N.S.F. (not sufficient funds) cheque, *F:* stumer, bouncer. **C. visé (pour provision),** certified cheque. **C. postal,** cheque drawn on French Post Office bank. **C. de voyage,** traveller's cheque. **Toucher un c.,** to cash a cheque. **Encaisser un c.,** to pay in a cheque.
chèque-fleurs [ʃɛkflœːr], *s.m.* Flower token. *pl. Des chèques-fleurs.*
chèque-repas [ʃɛkrəpa], *s.m.* Luncheon voucher. *pl. Des chèques-repas.*
cher, *f.* **chère**[1] [ʃɛːr], *a.* **1.** Dear, beloved. **Être c. à qn,** to be dear to s.o. **Il sait se rendre c. à tous,** he knows how to endear himself to all. *s.* **Mon c.,** my dear fellow. **Ma chère,** my dear. **3.** Dear, expensive, costly. **La vie chère,** high cost of living. **C'est trop c. pour moi,** I cannot afford it. *adv.* **Cela se vendit c.,** it fetched a high price. **Il fait c. vivre à Paris,** the cost of living is high in Paris. **Cela ne vaut pas c.,** it is not worth much. **Il me le payera c.,** I will make him pay dearly for it. **Je l'ai eu pour pas c.,** I got it cheap.
chercher [ʃɛrʃe], *v.tr.* **1.** To search for, look for (s.o., sth.); to seek. **Je l'ai cherché partout,** I have hunted for it everywhere. **C. un mot au dictionnaire,** to look up, turn up, a word in the dictionary. **C. un emploi,** to look for a job. **C. son chemin,** to try to find one's way. **C. son chemin dans l'obscurité,** to fumble about in the dark. **C. sa ruine,** to court one's own ruin. **C. aventure,** to seek adventures. *F:* **Je l'ai cherché,** I asked for it. S.a. BÊTE 1, MIDI 1. **2. Aller c. qn, qch.,** to (go and) fetch s.o., sth. **Allez c. le médecin,** go for a doctor. **Envoyer c. qn, qch.,** to send for s.o., sth. **Cela va c. dans les 10.000 frs.,** this fetches about 10,000 frs. **3. C. à faire qch.,** to endeavour, attempt, to do sth.
se chercher, to feel one's way.
chercheur, -euse [ʃɛrʃœːr, -øːz], *s.* **1.** Seeker, searcher; investigator; (scientific) research worker. **C. d'or,** gold digger. *a.* **Esprit c.,** enquiring mind. *Ball:* **Tête chercheuse,** homing head. **2.** *s.m.* Finder (of telescope).
chère[2] [ʃɛːr], *s.f.* Cheer, fare, living. **Faire maigre c.** to be on short commons. **Faire bonne c.,** to live well. **Aimer la bonne c.,** to be fond of good living, of good cheer.
chèrement [ʃɛrmɑ̃], *adv.* **1.** Dearly, lovingly. **2.** Dearly; at a high price. **Vendre c. sa vie,** to sell one's life dearly; to die hard.
chéri, -ie [ʃeri]. **1.** *a.* Cherished, dear. **2.** *s.* Darling. **Ma chérie,** dearest.
chérif [ʃerif], *s.m.* (Mohammedan) shereef, sherif.
chérir [ʃeriːr], *v.tr.* To cherish; to love (s.o.) dearly. S.a. PRUNELLE 2.
cherté [ʃɛrte], *s.f.* Dearness, expensiveness; high price.
chérubin [ʃerybɛ̃], *s.m.* Cherub. **Des chérubins,** cherubs, cherubim.
chester [ʃɛstɛːr], *s.m.* Cheshire cheese.
chét|if, -ive [ʃetif, -iːv], *a.* **1.** Weak, puny, sickly (person). **Arbuste c.,** puny, stunted, shrub. **2.** Poor, miserable, wretched, *adv.* **-ivement.**
cheval, -aux [ʃ(ə)val, ʃfal, -o], *s.m.* **1.** Horse. (*a*) **C. de race,** thoroughbred. **C. d'attelage,** carriage-horse. **C. de trait,** draught-horse. **C. de charrette, de roulage,** cart-horse, dray-horse. **C. de selle,** saddle-horse. **C. de chasse,** hunter. **C. de course,** race-horse. **C. de bât,** pack-horse. **C. de bataille,** charger. *F:* **C'est son c. de bataille,** he rides this subject to death. **Voiture à deux chevaux,** carriage and pair. **A c.,** on horseback. **Aller à c.,** to ride. **Monter à c.,** (i) to mount one's horse; (ii) to go in for riding. **Être à c. sur qch.,** to sit astride sth.; to straddle sth. *F:* **Être à c. sur l'étiquette,** to be a stickler for etiquette. **Être à c. sur l'algèbre,** to be well up in algebra. **Monter sur ses grands chevaux,** to ride the high horse. *F:* **C'est un c. à l'ouvrage,** he's a glutton for work. **Remède de c.,** drastic remedy. **Fièvre de c.,** raging fever. **Homme de c.,** lover of horses, born horseman. *F:* **C. de retour,** (i) old offender, old lag; (ii) (of woman) former beauty. (*b*) *Ich:* **C. marin,** sea-horse, hippocampus. **2. C. de bois,** wooden horse; *Gym:* vaulting horse. **C. à bascule,** rocking-horse. **Chevaux de bois,** roundabout, merry-go-round. **3.** *Mch:* **Petit c.,** donkey-engine, auxiliary engine. **4.** *Mec:* (= CHEVAL-VAPEUR, *q.v.*) Horse-power. **Automobile de onze chevaux,** *F:* **une onze chevaux,** fifteen horse-power car.
chevalement [ʃ(ə)valmɑ̃, ʃfal-], *s.m.* **1.** Shoring, props (of wall, etc.). **2.** Pit-head frame; gallows frame (of mine-shaft); winding-plant; derrick.
chevaler [ʃ(ə)vale, ʃfale], *v.tr.* *Const:* To shore up.
chevaleresque [ʃ(ə)valrɛsk, ʃfal-], *a.* Chivalrous, knightly. *adv.* **-ment.**
chevalerie [ʃ(ə)valri, ʃfal-], *s.f.* **1.** Knighthood. **2.** Chivalry.
chevalet [ʃ(ə)valɛ, ʃfalɛ], *s.m.* **1.** *Hist:* **C. de torture,** rack. **2.** Support, stand. (*a*) Trestle, frame, stand. **C. de scieur,** saw-bench, -horse. (*b*) **C. de peintre,** easel. (*c*) *Mec.E:* Pedestal (of bearing). (*d*) (i) Clothes-horse; (ii) towel-horse. (*e*) Bridge (of violin, etc.).
chevalier [ʃ(ə)valje, ʃfal-], *s.m.* **1.** (*a*) Knight. **C. errant,** knight-errant. **Créer qn c.,** to knight s.o. **Armer qn c.,** to dub s.o. knight. **C. d'industrie,** adventurer, sharper, crook. (*b*) Chevalier (of the Legion of Honour). (*c*) Rider. **Les Quatre chevaliers de l'Apocalypse,** the Four Horsemen of the Apocalypse. **2.** *Orn:* Sandpiper.
chevalière [ʃəvaljɛːr, ʃfal-], *s.f.* Signet-ring; seal-ring.
chevalin, -ine [ʃəvalɛ̃, ʃfalɛ̃, -in], *a.* Equine. **Boucherie chevaline,** horse-butcher's shop.
cheval-vapeur [ʃəvalvapœːr], *s.m.* *Mec:* (French) horse-power (= 32,549 foot-pounds per minute). *pl. Des chevaux-vapeur.*
chevauchant [ʃ(ə)voʃɑ̃], *a.* Overlapping.
chevauchée [ʃ(ə)voʃe], *s.f.* **1.** Ride. **2.** Cavalcade.
chevauch|er [ʃ(ə)voʃe]. **1.** *v.i.* (*a*) To ride (on horse). (*b*) **C. sur un mur,** to sit astride a wall. (*c*) To overlap. *Carp:* **Joint chevauché,** lapped joint. (*d*) (Of wires) To cross. (*e*) *Surg:* (Of fractured bones) To ride. *Geol:* To overthrust. (*f*) *Typ:* (Of type) To fall, drop, out of place. **2.** *v.tr.* (*a*) To ride (on), straddle, to be astride (donkey, etc.). (*b*) To span. *s.m.* **-age.** *s.m.* **-ement.** *s.m.* **-eur.**
chevau-léger [ʃ(ə)voleʒe], *s.m.* *Hist:* Light horseman. **Les chevau-légers,** the light horse, light cavalry.
chevêche [ʃəvɛːʃ], *s.f.* *Orn:* Sparrow-owl.
chevelu [ʃəvly], *a.* **1.** Long-haired. **2.** Hairy. **Cuir c.,** scalp.
chevelure [ʃəvlyːr], *s.f.* **1.** (Head of) hair. **2.** (*a*) Tail (of comet). (*b*) Coma (of seed).
chevesne [ʃ(ə)vɛːn], *s.m.* *Ich:* Chub.
chevet [ʃ(ə)vɛ], *s.m.* **1.** Bed-head. **Livre, lampe, table, de c.,** bedside book, lamp, table. **2.** *Arch:* Chevet (of church).
cheveu, -eux [ʃ(ə)vø], *s.m.* **1.** (A single) hair. **Être à un c. de la ruine,** to be within a hair's-breadth of disaster. **Fendre, couper, un c. en quatre,** to split hairs. **Comme un c. dans la soupe,** very inappropriate. **Voilà le c.!** that's the fly in the ointment! **2. Les cheveux,** the hair. (Of woman) **Être en cheveux,** to be bare-headed, *F:* **Elles se sont prises aux cheveux,** they had a regular tussle, a set-to. **S'arracher les cheveux,** to tear one's hair. **Argument tiré par les cheveux,** far-fetched argument. *P:* **Avoir mal aux cheveux,** to have a hang-over. **Se faire des cheveux (blancs),** to worry oneself grey. S.a. SE DRESSER, OCCASION 1.
chevillard [ʃ(ə)vijaːr], *s.m.* *Pej:* Wholesale butcher.
cheville [ʃ(ə)viːj], *s.f.* **1.** Peg, pin. **C. en bois,** peg, dowel(-pin). **C. en fer,** bolt. **C. ouvrière,** (i) king-bolt, -pin (of vehicle); (ii) *F:* mainspring (of enterprise, etc.). **Vente à la c.,** wholesale butchery trade. **2.** (*a*) Peg, plug (for filling up hole). (*b*) *Lit:* Expletive (word); padding (in line of verse). **3.** *Anat:*

Ankle. *F:* **Il ne vous vient, monte, pas à la c.,** he can't hold a candle to you.

chevill|er [ʃəvije], *v.tr.* **1.** To pin, bolt, peg, (sth.) together. *F:* **Avoir l'âme chevillée au, dans le, corps,** to be hard to kill. **2.** To peg, plug (up). *s.m.* **-age.**

cheviot(t)e [ʃəvjɔt], *s.f.* *Tex:* Cheviot (cloth). **C. écossaise,** tweed.

chèvre [ʃɛːvr], *s.f.* **1.** Goat, esp. she-goat, *F:* nanny-goat. **Barbe de c.,** goatee. *F:* **Ménager la c. et le chou,** to run with the hare and hunt with the hounds. **2.** (*a*) *Mec.E: Const: etc:* Gin, crab, derrick. **C. à haubans,** sheer-legs. (*b*) Saw-horse.

chevreau [ʃəvro], *s.m.* *Z:* Kid. **Gants de c.,** kid gloves.

chèvrefeuille [ʃɛvrəfœːj], *s.m.* Honeysuckle.

chevrette [ʃəvrɛt], *s.f.* **1.** (*a*) Kid; young (she-)goat. (*b*) Roe-deer. **2.** (*a*) Tripod, trivet. (*b*) Fire-dog, andiron. **3.** *Crust: F:* Shrimp or prawn.

chevreuil [ʃəvrœːj], *s.m.* *Z:* Roe-deer; (male) roe-buck. **Peau de c.,** buckskin. *Cu:* Venison. **Quartier de c.,** haunch of venison.

chevrier, -ière [ʃəvrie, -iɛːr], *s.* Goatherd; *f.* goat-girl.

chevron [ʃəvrɔ̃], *s.m.* **1.** Rafter (of roof). **2.** *Her:* Chevron. *Tex:* En c., in herring-bone pattern. **Engrenage à chevrons,** double helical gearing. **3.** *Mil:* Chevron, long-service stripe.

chevronné [ʃəvrɔne], *a.* *F:* Experienced, *Her:* Chevronny.

chevrotain [ʃəvrɔtɛ̃], *s.m.* *Z:* Musk-deer.

chevrotant [ʃəvrɔtɑ̃], *a.* Quavering, tremulous (voice).

chevrot|er [ʃəvrɔte], *v.i.* **1.** (Of goat) to kid. **2.** (*a*) (Of goat, old man, etc.). To bleat. (*b*) To sing, speak, in a quavering voice; to quaver. *s.m.* **-ement.**

chevrotine [ʃəvrɔtin], *s.f.* (*a*) (Pellet of) buck-shot. (*b*) *pl.* Buck-shot.

chez [ʃe], *prep.* **1.** (*a*) **C. qn,** at s.o.'s house, home. **Je vais c. moi,** I am going home. **C. mon grand-père,** at my grandfather's. **Les quelques maisons voisines de c. lui,** the few houses near his home. **Acheter qch. c. l'épicier,** to buy sth. at the grocer's. **Il demeure c. nous,** he lives with us. *F:* **Par c. moi,** in my part of the world. (On letters) **Chez . . .,** care of . . ., c/o. . . . **Faire comme c. soi,** to make oneself at home. **Porter la guerre c. l'ennemi,** to carry the war into the enemy's country. (*b*) **Son chez-soi,** one's home, one's house. **J'aime mon chez-moi,** I love my home. **Je pars pour c. ma sœur,** I am off to my sister's (house). **2.** With, among. **C'est une habitude c. moi,** it is a habit with me. **Il en est ainsi c. les Français,** it is so among Frenchmen. **C. les animaux,** in the animal kingdom. **C. Molière on trouve . . .,** in Molière one finds. . . . **Il y a c. le cheval un je ne sais quoi qui . . .,** there's something about a horse that. . . .

chic [ʃik]. **1.** *s.m.* (*a*) Skill, knack. **Il a le c. pour (faire) cela,** he has the knack of doing that. (*b*) Smartness, stylishness. **Il a du c.,** he has style. **Porter un œillet (dans sa boutonnière) par c.,** to wear a carnation (in one's buttonhole) for effect. **2.** *a. inv. in f., var. in pl.* (*a*) Smart, stylish. **Dîner c.,** fashionable dinner. **Les gens chics,** the smart set. (*b*) *F:* Fine, first-rate. **C'est un c. type,** he's a good sort. **Sois c.!** be a sport! **Ça c'est c. de ta part!** that's very sporting of you. **Elle a été très c. dans cette affaire,** she was a perfect angel over this business. **3.** *int.* *F:* **C. (alors)!** Fine!

chicane [ʃikan], *s.f.* **1.** (*a*) Chicanery, pettifoggery. (*b*) Quibbling, wrangling. **Chercher c. à qn,** to try to pick a quarrel with s.o. (*c*) (At bridge) Chicane. **2.** (*a*) Baffle(-plate); deflector. **Joints en c.,** staggered joints. (*b*) *Mil:* Zigzag trench.

chicaner [ʃikane]. **1.** *v.i.* To chicane, quibble. **C. sur les frais,** to haggle over the expenses. **2.** *v.tr.* **C. qn,** to wrangle with s.o. (**sur,** about).

se chicaner, to squabble (**avec,** with).

chicanerie [ʃikanri], *s.f.* Chicanery, quibbling.

chicaneur, -euse [ʃikanœːr, -øːz], **chicanier, -ière** [ʃikanje, -jɛːr]. **1.** *s.* (*a*) Person fond of lawsuits; barrator. (*b*) Quibbler, haggler, caviller. **2.** *a.* (*a*) Fond of lawsuits. (*b*) Quibbling, haggling, captious.

chiche[1] [ʃiʃ], *a.* **1.** (*a*) (Of thg) Scanty, poor. (*b*) (Of pers.) Stingy, niggardly. *F:* **Être c. de louanges,** to be chary, sparing, of praise. **2.** *F:* **C.!** Try it! I dare you! **C. (que le feras pas)!** I bet you don't! **C. (que je le fais)!** bet you I will! *adv.* **-ment.**

chiche[2], *s.m.* **(Pois) c.,** chick-pea.

chichi [ʃiʃi], *s.m.* *F:* **1.** Piece of false hair (in short curls). **2.** *pl.* Affected manners. **Gens à chichis,** over-polite people. **Faire des chichis,** (i) to put on airs; (ii) to make a fuss, a bother; (iii) to put difficulties in the way.

chichiteux, -euse [ʃiʃitø, -øːz], *s.* *F:* Fuss-pot.

chicorée [ʃikɔre], *s.f.* **1.** **C. sauvage,** chicory. **C. frisée,** endive. **2.** **(Poudre de) c.,** (ground) chicory.

chicot [ʃiko], *s.m.* Stump (of tree, of tooth); hunk (of bread).

chien, *f.* **chienne** [ʃjɛ̃, ʃjɛn], *s.* **1.** Dog; *f.* bitch. **C. de berger,** sheep-dog. **C. d'attache, de garde,** watch-dog. **C. courant,** hound. **C. d'arrêt,** pointer. **C. couchant,** setter. **C. de chasse,** sporting dog; gun-dog. *Ven:* **C. de meute,** hound. **Ils s'accordent comme c. et chat,** they live a cat-and-dog life. **Être comme un c. d'attache,** to have one's nose to the grindstone. **Avoir un mal de c. à faire qch.,** *F:* to have the hell of a job to do sth. **Mourir comme un c.,** to die, (i) forsaken, (ii) without the sacraments of the church. **Se regarder en chiens de faïence,** to stare rudely, to glare, at one another. **Avoir d'autres chiens à fouetter,** to have other fish to fry. **Garder à qn un c. de sa chienne,** to swear to have one's revenge on s.o. **Entre c. et loup,** in the twilight. **Il n'est pas bon à jeter aux chiens,** hanging is too good for him. *Swim:* **Faire le petit c.,** to dog-paddle. *F: Journ:* **Faire la chronique des chiens écrasés,** to be a hack reporter. *Prov:* **Qui veut noyer son c. l'accuse de la rage,** give a dog a bad name and hang him. **C. qui aboie ne mord pas,** barking dogs don't bite. *F:* **Vie de c.,** dog's life. **Quel temps de c.! quel c. de temps!** what awful, beastly, weather! *F:* **Coup de c.,** squall. S.a. QUILLE[1], ROMPRE 1. **2.** (*a*) *F:* **Avoir du c.,** (i) to have charm; (ii) to have pluck. (*b*) **Être coiffée à la c.,** to wear a fringe. (*c*) *a.* **Être c.,** to be mean, stingy. **3.** *Tchn:* (*a*) Hammer (of gun). *F:* **Se coucher en c. de fusil,** to curl up in one's bed. (*b*) *Mec.E:* **C. d'arrêt,** pawl, catch. **4.** *Ich:* **C. de mer,** dog-fish.

chiendent [ʃjɛ̃dɑ̃], *s.m.* **1.** *Bot:* Couch-grass. *P:* **Voilà le c.!** that's the difficulty, trouble! **2.** **Brosse en, de, c.,** grass brush, whisk brush; scrubbing-brush.

chien-loup [ʃjɛ̃lu], *s.m.* Alsatian (dog). *pl. Des chiens-loups.*

chiennerie [ʃjɛnri], *s.f.* *F:* **1.** (*a*) Beastliness, nastiness. (*b*) Meanness, sordidness. **2.** (*a*) Mean action. (*b*) Shameless act.

chiffe [ʃif], *s.f.* Rag. *F:* **Mou comme une c.,** as limp as a rag.

chiffon [ʃifɔ̃], *s.m.* **1.** (*a*) Rag. **Papier de c.,** rag-paper. (*b*) Piece of lace, of ribbon. *F:* **Causer chiffons,** to talk dress. **2.** Scrap. *Hist:* (1914) **Le c. de papier,** the scrap of paper. **3.** *Tex:* Chiffon.

chiffonn|er [ʃifɔne]. **1.** *v.tr.* (*a*) To rumple (dress, etc.); to crumple (piece of paper). **Minois chiffonné,** nice, pleasing, but irregular features. (*b*) To annoy, vex; to worry. **2.** *v.i.* (*a*) To do a bit of dressmaking. (*b*) To pick rags; to rake through dustbins. *s.m.* **-age.**

chiffonnier, -ière [ʃifɔnje, -jɛːr]. **1.** *s.* Ragman; rag-and-bone man; dustbin-raker. **2.** *s.m.* Small chest of drawers; chiffonier.

chiffre [ʃifr], *s.m.* **1.** (*a*) Figure, number, numeral. *Com:* **Marqué en chiffres connus,** marked in plain figures. (*b*) Amount, total. *Com:* **C. d'affaires,** turn-over. **2.** (*a*) Cipher, code. **Écriture en c.,** writing in cipher. **(Service du) c.,** coding or cipher department (in service ministry, etc.). **Officier du c.,** cipher officer. (*b*) Combination (for lock of safe). **3.** (*a*) Monogram. (*b*) *Typ:* Colophon.

chiffr|er [ʃifre]. **1.** *v.i.* To calculate, reckon. **2.** *v.tr.* (*a*) To number (pages of book); to page (account book). (*b*) To work out (amount, etc.). **A combien cela se chiffre-t-il?** how much does it work out at? **Leur nombre se chiffre par milliers,** they number thousands. **Détails chiffrés,** figures (of scheme, etc.). (*c*) To cipher; to write (despatch, etc.) in code; to code, encode, encipher (a message). **Mot chiffré,** code word. (*d*) To mark (linen, etc.). (*e*) *Mus:* To figure (the bass). *s.m.* **-age.**

chiffre-taxe [ʃifrətaks], *s.m.* Postage-due stamp or mark. *Pl. Des chiffres-taxes.*

chignon [ʃiɲɔ̃], *s.m.* Coil of hair; knot of hair; chignon, bun.
Chili [ʃili]. *Pr.n.m. Geog:* Chile.
chimère [ʃimɛːr], *s.f.* **1.** Chimera. **Le pays des chimères,** the land of fancy. **2.** *Ich:* Chimaera.
chimérique [ʃimerik], *a.* **1.** Visionary, fanciful (mind). **2.** Chimerical. *adv.* **-ment.**
chimie [ʃimi], *s.f.* Chemistry. **C. minérale,** inorganic chemistry. **C. organique,** organic chemistry. **C. industrielle,** chemical engineering.
chimiothérapie [ʃimiɔterapi], *s.f. Med:* Chemotherapy.
chimique [ʃimik], *a.* Chemical. **Un produit c.,** a chemical. **Guerre c.,** chemical warfare. *Ph:* **Rayons chimiques,** actinic rays. *adv.* **-ment.**
chimiste [ʃimist], *s.m.* Chemist; research chemist. (*Not* pharmaceutical chemist).
chimpanzé [ʃɛ̃pɑ̃ze], *s.m. Z:* Chimpanzee.
Chine [ʃin]. *Pr.n.f. Geog:* China. **Encre de C.,** Indian ink. **Papier de C.,** rice-paper.
chin|er[1] [ʃine], *v.tr. Tex:* To cloud, shadow, mottle (fabric). *s.m.* **-age**[1].
chin|er[2]. *F:* **1.** *v.i.* To work hard. **2.** *v.tr.* (*a*) To run (s.o.) down. (*b*) To make fun of (s.o.); to pull (s.o.'s) leg. (*c*) To get (sth.) by begging; to cadge. *s.m.* **-age**[2]. *s.* **-eur, -euse.**
chinois, -oise [ʃinwa, -waːz]. **1.** *a.* Chinese. **2.** *s.* (*a*) Chinaman, Chinese woman; Chinese. (*b*) *s.m. Ling:* Chinese (language). **3.** *s.m.* (*a*) Small green orange preserved in brandy. (*b*) *F:* Stray tea-leaf (that has got through the strainer), *F:* a stranger. (*c*) *Cu:* Conical strainer.
chinoiserie [ʃinwazri], *s.f.* **1.** Chinese curio. **2.** *F:* 'Monkey' trick. **Chinoiseries de bureau,** red tape.
chinook [ʃinuk], *s.m. Meteor:* Chinook (wind).
chiot [ʃjo], *s.m. F:* Pup(py).
chip|er [ʃipe], *v.tr. F:* To pinch, sneak, scrounge, swipe (sth.). *s.m.* **-age.** *s.* **-eur, -euse.**
chipie [ʃipi], *s.f. F:* (*a*) Ill-natured woman; prude; sour-face. **Vieille c.,** old cat. (*b*) *a.f.* Catty.
chipolata [ʃipɔlata], *s.f.* Chipolata, small sausage.
chipot|er [ʃipɔte]. **1.** *v.i.* (*a*) To waste time. (*b*) To haggle, quibble (over trifles). **2.** *v.tr.* To peck, nibble, at (food). *s.m.* **-age.** *a. & s.* **-eur, -euse, -ier, -ière.**
chips [ʃips], *s.m.pl. Cu:* Potato crisps. *a.* **Pommes c.,** potato crisps.
chique[1] [ʃik], *s.f.* (*a*) Quid (of tobacco). *P:* **Couper la c. à qn,** to cut s.o. short. *P:* **Ça ne vaut pas une c.,** it isn't worth anything. (*b*) *F:* Spineless person. (*c*) (In Belgium) Sweetmeat.
chique[2], *s.f. Ent:* Chigoe, jigger.
chiqué [ʃike], *s.m.* Sham, pretence. **Faiseur de c.,** swank. **C'est du c.,** it's all bluff, a put-up job, a fake. **Tout ça c'est du c.,** that's all eye-wash.
chiquement [ʃikmɑ̃], *adv. F:* **1.** Smartly, stylishly. **2.** Like a sport.
chiquenaude [ʃiknoːd], *s.f.* Fillip, flick (of the finger).
chiqu|er [ʃike], *v.tr.* To chew (tobacco). *s.m.* **-eur.**
chirographaire [kirɔgrafɛːr], *a. Jur:* Depending on a simple contract. **Créance c.,** unsecured debt. **Obligation c.,** simple contract.
chiromancie [kirɔmɑ̃si], *s.f.* Chiromancy, palmistry.
chiromancien, -ienne [kirɔmɑ̃sjɛ̃, -jɛn], *s.* Chiromancer, palmist.
chiroptères [kirɔptɛːr], *s.m.pl. Z:* Chiroptera, bats.
chirurgical, -aux [ʃiryrʒikal, -o], *a.* Surgical. **Subir une intervention chirurgicale,** to undergo an operation. *adv.* **-ement.**
chirurgie [ʃiryrʒi], *s.f.* Surgery.
chirurgien, -ienne [ʃiryrʒjɛ̃, -jɛn], *s.* Surgeon. **C. dentiste,** dental surgeon. **C. esthétique,** plastic surgeon.
chirurgique [ʃiryrʒik], *a.* Surgical.
chiure [ʃjyːr], *s.f.* Fly-speck, -mark.
chloral *pl.* **-als** [klɔral], *s.m. Ch:* Chloral. *Pharm:* **Hydrate de c.,** chloral (hydrate).
chlorate [klɔrat], *s.m. Ch:* Chlorate.
chlore [klɔːr], *s.m. Ch:* Chlorine.
chlorer [klɔre], *v.tr. Ind:* To chlorinate. **Eau chlorée,** chlorinated water.
chlorhydrate [klɔridrat], *s.m. Ch:* Hydrochlorate.
chlorhydrique [klɔridrik], *a. Ch:* Hydrochloric (acid).
chloroforme [klɔrɔfɔrm], *s.m.* Chloroform.
chloroformer [klɔrɔfɔrme], *v.tr.* To chloroform.
chloromycétine [klɔrɔmisetin], *s.f. Med:* Chloromycetine.
chlorophylle [klɔrɔfil], *s.f.* Chlorophyl(l).
chlorose [klɔroːz], *s.f. Med:* Chlorosis.
chlorure [klɔryːr], *s.m. Ch:* Chloride. **C. de chaux,** bleaching powder.
chlorurer [klɔryre], *v.tr.* To chlorinize, chlorinate, chloridize.
choc [ʃɔk], *s.m.* **1.** Shock, impact (of two bodies). **Tampon de c.,** buffer. **C. des verres,** clink of glasses. **C. des opinions,** clash, conflict, of opinions. *Mil:* **Troupes de c.,** shock troops. **Soutenir le c. de l'ennemi,** to bear the brunt of the enemy's attack. *N.Arch:* **Cloison de c.,** collision bulkhead. *Com: F:* **Prix choc,** drastic reductions. **2.** Knock(ing), hammering (of engine, etc.). **3.** Shock (to nervous system). *Med:* **C. opératoire,** post-operative shock.
chocolat [ʃɔkɔla]. **1.** *s.m.* Chocolate. **C. à cuire,** cooking chocolate. **C. fondant,** fondant chocolate. **C. à croquer,** (plain) eating chocolate. **2.** *a.inv.* Chocolate-coloured. *F:* **Être c.,** to be swindled.
chocolaté [ʃɔkɔlate], *a.* Containing, flavoured with, chocolate.
chocolaterie [ʃɔkɔlatri], *s.f.* Chocolate factory, trade.
chocolatier, -ière [ʃɔkɔlatje, -jɛːr]. **1.** *a.* Chocolate (industry). **2.** *s.* Chocolate-maker, -seller. *s.f.* **Chocolatière,** chocolate pot.
chœur [kœːr], *s.m.* **1.** (*a*) *Gr.Lit:* Chorus. (*b*) **Chanter en c.,** to sing in chorus. **Faire c. au refrain,** to join in the chorus. **Tous en c.!** all together! **2.** (*a*) Choir (of singers). **Enfant de c.,** (i) altar-boy, (ii) choir-boy. (*b*) *Arch:* Choir, chancel.
choir [ʃwaːr], *v.i.def. A:* (*p.p.* **chu**; *pr.ind.* **je chois, il choit**; *p.h.* **je chus**; *fu.* **je choirai, je cherrai.** The aux. is **être**) To fall. (Now used mainly in p.p. and infin., often iron.) **Se laisser choir (dans un fauteuil, etc.),** to drop, flop, sink (into an armchair, etc.).
choisi [ʃwazi], *a.* **1.** Selected. **Hommes choisis,** picked men. **Morceaux choisis,** selected passages, extracts. **2.** Select, choice. **Société choisie,** select company.
choisir [ʃwaziːr], *v.tr.* To choose, select, pick. **C. entre, parmi, plusieurs choses,** to choose from several things. **Nom bien choisi,** appropriate name.
choix [ʃwa], *s.m.* Choice, selection. **L'embarras du c.,** the difficulty of choosing. **Faites votre c.,** take your choice. **Je vous laisse le c.,** choose for yourself. **Nous n'avons pas d'autre c. que de . . .,** we have no option but to. . . . **Article de c.,** choice article. **De tout premier c.,** of the best quality; first-class. **Morceaux de viande de c.,** prime cuts. **Hommes de c.,** picked men. **Avancer au c.,** to be promoted by selection. *Com:* **"Au c."** 'all one price.'
choléra [kɔlera], *s.m. Med:* Cholera.
cholérine [kɔlerin], *s.f. Med:* Cholerine, summer cholera.
cholérique[1] [kɔlerik]. *Med:* **1.** *a.* Choleraic. **2.** *s.* Cholera patient.
cholérique[2], *a.* Bilious (disposition, constitution).
cholestérol [kɔlesterɔl], *s.m. Med:* Cholesterol.
chômage [ʃomaːʒ], *s.m.* **1.** Abstention from work (on feast-days, etc.). **2.** Unemployment. **C. saisonnier,** seasonal unemployment. **C. partiel,** short time working. *a.phr.* **En c.,** unemployed. **Allocation, indemnité, de c.,** unemployment benefit, *F:* dole. *F:* **S'inscrire au c.,** to go on the dole. **C. d'une usine,** shutting down of a works.
chômer [ʃome], *v.i.* **1.** To take a holiday (on feast-days, etc.). **Fête chômée,** public holiday. **2.** To be unemployed. **Les usines chôment,** the works are at a standstill. **Laisser c. son argent,** to let one's money lie idle. **Champ qui chôme,** field lying fallow.
chômeur, -euse [ʃomœːr, -øːz], *s.m.* Unemployed worker. **Les chômeurs,** the unemployed.
chope [ʃɔp], *s.f.* Beer mug, tankard; mugful.
choper[1] [ʃɔpe], *v.tr. P:* **1.** To steal, pinch. **2.** To arrest. **Se faire c.,** to get nabbed. **3.** To catch. **C. un rhume,** to catch a cold.
choper[2] [tʃɔpe], *v.tr. Ten:* To chop, to slice.
chopine [ʃɔpin], *s.f.* (*a*) Half-litre mug. *P:* Bottle (for wine, etc.). (*b*) *Fr.C:* Pint (fluid measure).
choquant [ʃɔkɑ̃], *a.* Shocking, offensive. **Un abus c.,** a gross, glaring, abuse.

choquer [ʃɔke], *v.tr.* **1.** To strike, knock, bump (sth. against sth.). **Nous choquâmes nos verres,** we clinked glasses. **2.** To shock. *(a)* To displease, offend. **Être choqué de qch.,** to be scandalized, shocked, at, by, sth. **Idée qui choque le bon sens,** idea that is contrary to common sense. *(b)* To distress.

se choquer. **1.** To collide (**contre,** with). **2.** To be shocked, scandalized; to take offence (**de,** at).

choral, *pl.* **-als** [kɔral]. **1.** *a.* Choral. **Société chorale,** choral society. **2.** *s.m.* Choral(e). **3.** *s.f.* **Chorale,** choral society; choir.

chorée [kɔre], *s.f. Med:* Chorea; *F:* Saint Vitus' dance.

chorégraphe [kɔregraf], *s.* Choreographer.

chorégraph|ie [kɔregrafi], *s.f.* Choreography. *a.* **-ique, -ic.**

choriste [kɔrist], *s.m.* Chorister (in church); chorus-singer (in opera, etc.).

chorus [kɔry:s], *s.m.* (Used in) **Faire c.,** to chorus s.o.'s words; to express approval, or repeat a request, in chorus.

chose [ʃo:z]. **1.** *s.f.* Thing. *(a)* **Dire le mot et la c.,** to call a spade a spade. **Dites bien des choses, de ma part à . . .,** remember me kindly to. . . . **La c. en question,** the case in point. **Cela n'est plus la même c.,** that alters the case. **Je vois la c.,** I see how matters stand; I understand. **C. curieuse, personne n'en savait rien,** curiously enough nobody knew anything about it. **Ce n'est pas c. aisée de . . .,** it is no easy matter to. . . . **Ne pas faire les choses à demi,** not to do things by halves. *Jur:* **C. jugée,** *res judicata.* **Choses de flot, de la mer,** flotsam and jetsam. S.a. AUTRE 1, 2, GRAND-CHOSE, LEÇON 2, PEU 1, PUBLIC 1, QUELQUE CHOSE, SUR[1] 1. *(b)* Property, goods. **Le serf était la c. du seigneur,** the serf was the chattel of the lord of the manor. **2.** *s.m. & f. F:* **Monsieur C., madame C.,** Mr, Mrs, What-do-you-call-him (-her). **Le petit C.,** little What's-his-name. **3.** *a.inv. F:* **Être tout c.,** to feel queer. **Vous avez l'air tout c.,** you look out of sorts.

chott [ʃɔt], *s.m. Geog:* Schott.

chou, *pl.* **-oux** [ʃu], *s.m.* **1.** Cabbage. **C. pommé,** garden cabbage. **C. frisé,** kale. **C. de Bruxelles,** Brussels sprouts. **C. de Milan,** Savoy cabbage. **C. marin,** sea-kale. *F:* **Planter ses choux,** to live retired in the country. **Faire ses choux gras,** to feather one's nest. **Faire c. blanc,** (at games) to fail to score, to make a duck; *F:* to draw a blank. **Mon petit c.,** my dear, darling. **C'est c. vert et vert c.,** it's as broad as it's long. *P:* **Être dans les choux,** to be in a fix, in a pickle. *Rac:* **Arriver dans les choux,** to be nowhere. **Rentrer dans le c. à qn,** to attack, go for s.o. *Journ:* **Feuille de c.,** *F:* rag. S.a. CHÈVRE. **2.** *Cost:* Cabbage-bow; rosette (of ribbon). **3.** *Cu:* **C. à la crème,** cream bun, chou.

chouan [ʃwɑ̃], *s.m. Fr.Hist:* Chouan; insurgent Breton royalist.

chouannerie [ʃwanri], *s.f. Fr.Hist:* *(a)* Militant body of Breton royalists formed in 1793. *(b)* **La C.,** the Chouan rising.

choucas [ʃuka], *s.m. Orn:* (Jack)daw.

chouchou, -te, *s.m. & f.* **chou-chou** [ʃuʃu], *s.m. F:* Pet, darling. *pl. Des chouchous, -outes, des choux-choux.*

chouchouter [ʃuʃute], *v.tr. F:* *(a)* To pet, caress, fondle. *(b)* To coddle (child). *(c) v.pr. P:* **Se c.,** to have a cushy time.

choucroute [ʃukrut], *s.f. Cu:* Sauerkraut.

chouette[1] [ʃwɛt], *s.f.* Owl. **C. effraie,** barn owl. **C. hulotte,** tawny owl. **C. des clochers,** screech owl. **C. des bois,** wood owl, brown owl.

chouette[2], *a. & int. P:* Fine, super. **C. alors,** good show! *adv.* **-ment.**

chou-fleur [ʃuflœ:r], *s.m.* Cauliflower. *Box:* **Oreille en c.,** cauliflower ear. *pl. Des choux-fleurs.*

chou-navet [ʃunavɛ], *s.m. Agr:* Swede. *pl. Des choux-navets.*

chou-rave [ʃura:v], *s.m.* Kohl-rabi. *pl. Des choux-raves.*

chow-chow [tʃoutʃou], *s.m. Z:* Chow. *pl. Des chow-chows.*

choyer [ʃwaje], *v.tr.* (**je choie; je choierai**) To pet, coddle (s.o.). **C. un espoir,** to cherish a hope.

chrême [krɛ:m], *s.m. Ecc:* Chrism, holy oil.

chrestomathie [krɛstɔmati], *s.f.* Chrestomathy, anthology.

chrét|ien, -ienne [kretjɛ̃, -jɛn], *a. & s.* Christian. *adv.* **-iennement.**

chrétienté [kretjɛ̃te], *s.f.* Christendom.

Christ [krist], *s.m.* **1. Le Christ** [ləkrist], Christ. **Jésus-Christ** [ʒezykri], Jesus Christ. **2.** *F:* **Un Christ** = UN CRUCIFIX.

christiania [kristjanja], *s.m. Skiing:* Christiania (turn).

christianiser [kristjanize], *v.tr.* To christianize.

christianisme [kristjanism], *s.m.* Christianity.

Christophe [kristɔf]. *Pr.n.m.* Christopher.

chromage [kroma:ʒ], *s.m.* Chromium plating.

chromate [krɔmat], *s.m. Ch:* Chromate.

chromatique [krɔmatik]. **1.** *a. Mus: Opt:* Chromatic. **2.** *s.f. Opt: Paint:* Chromatics. *adv.* **-ment.**

chrome [kro:m], *s.m.* **1.** *(a) Ch:* Chromium. *(b)* Chromium fitting. **2.** *Com:* Chrome. **Jaune de c.,** chrome-yellow.

chromé [krome], *a.* **1. Cuir c.,** chrome(-tanned) leather. **Veau c.,** box-calf. *Metall:* **Acier c.,** chrome steel. **2.** Chromium-plated.

chromer [krome], *v.tr. Ind:* To chrome.

chromique [krɔmik, kro-], *a.* Chromic (acid).

chromo [krɔmo], *s.m. F:* Chromo(lithograph); colour-print.

chromolithographie [krɔmɔlitɔgrafi], *s.f.* **1.** Chromolithography. **2.** Chromo(lithograph).

chromosome [kromozo:m], *s.m. Biol:* Chromosome.

chronique[1] [krɔnik], *a.* Chronic (disease, etc.). *adv.* **-ment, -ally.**

chronique[2], *s.f.* **1.** Chronicle. **2.** *Journ:* News, reports.

chroniqueur, -euse [krɔnikœ:r, -ø:z], *s.* **1.** Chronicler. **2.** Writer of news pars; reporter. **3.** *W.Tel:* Broadcaster.

chronologie [krɔnɔlɔʒi], *s.f.* Chronology.

chronologique [krɔnɔlɔʒik], *a.* Chronological. *adv.* **-ment.**

chronologiste [krɔnɔlɔʒist], *s.m.* Chronologist, chronologer.

chronomètre [krɔnɔmɛtr], *s.m.* Chronometer.

chronométr|er [krɔnɔmetre], *v.tr.* (**je chronomètre; je chronométrerai**) *Sp:* To keep the time; to time (race, etc.). *s.m.* **-age.**

chronométreur [krɔnɔmetrœ:r], *s.m. Sp: Ind:* Timekeeper.

chrysalide [krizalid], *s.f. Ent:* Chrysalis, pupa.

chrysanthème [krizɑ̃tɛ(:)m], *s.m. Bot:* Chrysanthemum.

chrysocale [krizɔkal], *s.m.* Pinchbeck.

chu. See CHOIR.

chuchot|er [ʃyʃɔte]. **1.** *v.i.* To whisper. **Parler en chuchotant,** to speak in a whisper. **2.** *v.tr.* **C. quelques mots à l'oreille de qn,** to whisper a few words in s.o.'s ear. *s.m.* **-ement,** *s.* **-eur, -euse.**

chuchoterie [ʃyʃɔtri], *s.f.* Whispering; whispered conversation.

chuint|er [ʃɥɛ̃te], *v.i.* **1.** (Of owl) To hoot. **2.** *(a) Ling:* To make a 'hushing' sound (in speaking). *(b)* (Of gas-burner) To hiss, sizzle. *s.m.* **-ement.**

chut [ʃyt, ʃt], *int.* Hush! ssh!

chute [ʃyt], *s.f.* **1.** *(a)* Fall. **Faire une c. (de cheval, de bicyclette),** to have a fall, a tumble, a spill; *F:* to come a cropper. **C. du jour,** nightfall. **C. d'eau,** waterfall. **Hauteur de c.,** (i) fall, head (of water); (ii) drop (of pile-ram). *Th:* **C. du rideau,** fall of the curtain. *Com:* **C. de prix,** fall, drop, in prices. *El:* **C. de potentiel,** voltage drop. *(b)* (Down)fall. **La c. de l'homme,** the Fall. *Th:* **C. d'une pièce,** failure of a play. **2. C. d'un toit,** pitch of a roof. **C. des reins,** small of the back. **C. de la voix,** cadence of the voice. **C. d'une robe,** fall, hang, of a dress. **3.** *Min: Ind:* Shoot.

chyle [ʃil], *s.m. Physiol:* Chyle.

chyme [ʃim], *s.m. Physiol:* Chyme.

Chypre [ʃipr]. *Pr.n.f.* **(L'île de) C.,** Cyprus.

chypriote [ʃipriɔt], *a. & s. Geog:* Cypriot.

ci[1] [si], *adv.* *(a) A:* Here. *(b)* **Par-ci, par-là,** here and there. **De-ci, de-là,** here and there; on all sides. S.a. CE[2] 3, CECI, CELUI 4, GÉSIR.

ci², *dem.pron.neut.inv.* *A:* This. (Still used in) **Faire ci et ça,** to do this, that, and the other. **Comme ci, comme ça,** so so.
ci-après [siaprɛ], *adv.* Hereafter; later, further on (in the book, etc.).
cible [sibl], *s.f.* (Round) target. **Servir de c. aux railleries de qn,** to be a butt for s.o.'s jests.
ciboire [sibwa:r], *s.m.* *Ecc:* Pyx, ciborium.
ciboule [sibul], *s.f.* *Bot:* *Cu:* Spring onion.
ciboulette [sibulɛt], *s.f.* *Bot:* *Cu:* Chives.
ciboulot [sibulo], *s.m.* *P:* Head, nut.
cicatrice [sikatris], *s.f.* Scar.
cicatris|er [sikatrize]. **1.** *v.tr.* (*a*) To heal (wound, etc.). (*b*) To scar, mark (face, etc.). **2.** *v.i.* & *pr.* (Of wound, etc.) To heal (up); to scar over. *s.f.* **-ation.**
cicéro [sisero], *s.m.* *Typ:* Pica, twelve-point type.
Cicéron [siserɔ̃]. *Pr.n.m.* *Lt.Lit:* Cicero.
cicérone [siseron], *s.m.* Guide, cicerone.
ci-contre [sikɔ̃:tr], *adv.* (*a*) Opposite; in the margin. *Book-k:* **Porté ci-c.,** as per contra. (*b*) Annexed (circular, etc.). (*c*) On the other side (of the sheet).
ci-dessous [sidsu], *adv.* Hereunder; under-mentioned, below.
ci-dessus [sidsy], *adv.* Above(-mentioned).
ci-devant [sidvɑ̃]. **1.** *adv.* Previously, formerly. **2.** *s.m.* & *f. inv.* (*a*) *Fr.Hist:* Ci-devant, aristocrat. (*b*) *F:* Old fogey, back number.
cidre [si(:)dr], *s.m.* Cider.
cidrerie [sidrəri], *s.f.* **1.** Cider-house. **2.** Cider-making.
ciel, *pl.* **cieux** [sjɛl, sjø], *s.m.* **1.** (*a*) Sky, firmament, heaven. **A c. ouvert,** in the open air; out of doors. **Mine à c. ouvert,** open-cast mine. **Couleur bleu de c.,** sky-blue. **Élever qn jusqu'au c.,** to laud s.o. to the skies. **Acrobaties en plein c.,** stunts in mid-air. **Être suspendu entre c. et terre,** to hang in mid-air. **Il est toujours entre (le) c. et (la) terre,** he is always in the clouds. (*b*) (*pl.* often **ciels**) Climate, sky. **Les ciels de l'Italie,** the skies of Italy. *Art:* **Les ciels de Turner,** Turner's skies. **2.** Heaven. **Notre Père qui êtes aux cieux,** our Father which art in Heaven. *F:* **Tomber du c.,** to come as a godsend. **(Juste) c.!** (good) heavens! heavens above! S.a. REMUER 1. **3.** (*pl.* **ciels**) (*a*) *Ecc:* Baldachin, canopy. (*b*) **C. de lit,** bed-tester. (*c*) *Mch:* *Min:* *etc:* Roof (of furnace, quarry, etc.).
cierge [sjɛrʒ], *s.m.* *Ecc:* Candle. **Brûler un c. à un saint,** to burn a candle to a saint. *F:* **Devoir à qn un beau c.,** to have reason to be grateful to s.o.
cieux. See CIEL.
cigale [sigal], *s.f.* *Ent:* Cicada.
cigare [siga:r], *s.m.* Cigar.
cigarette [sigarɛt], *s.f.* Cigarette.
ci-gisent, ci-gît. See GÉSIR.
cigogne [sigɔɲ], *s.f.* Stork.
ciguë [sigy], *s.f.* *Bot:* *Med:* Hemlock.
ci-inclus [siɛ̃kly], *a.* (Is *inv.* when it precedes the noun) **La copie ci-incluse,** the enclosed copy. **Ci-inclus copie de votre lettre,** herewith a copy of your letter.
ci-joint [siʒwɛ̃], *a.* (Is *inv.* when it precedes the noun) Herewith; hereto (annexed). **Les pièces ci-jointes,** the enclosed, attached, documents. **Vous trouverez ci-joint quittance,** please find receipt attached.
cil [sil], *s.m.* **1.** (Eye-)lash. **2.** *Nat.Hist:* Cilium, hair; filament.
ciliaire [siljɛ:r], *a.* Ciliary.
cilice [silis], *s.m.* Hair-shirt.
cill|er [sije], *v.tr.* To blink (the eyes, eyelids); to nic(ti)tate. *s.m.* **-ement.**
cimaise [simɛ:z], *s.f.* *Arch:* Cyma; ogee moulding; dado. *Art:* **Tableau pendu sur la c.,** picture hung on the line.
cime [sim], *s.f.* **1.** Summit (of hill, etc.); top (of tree, mast). **2.** *Bot:* Cyme.
ciment [simɑ̃], *s.m.* Cement. **C. armé,** reinforced concrete. S.a. CHAUX.
ciment|er [simɑ̃te], *v.tr.* To cement. *F:* **C. une alliance,** to cement, consolidate, an alliance. *s.m.* **-age.** *s.f.* **-ation.**
cimeterre [simtɛ:r], *s.m.* Scimitar.
cimetière [simtjɛ:r], *s.m.* Cemetery, graveyard.
cimier¹ [simje], *s.m.* Crest (of helmet).
cimier², *s.m.* Haunch (of venison); rump, buttock (of beef).
cinabre [sinɑ:br], *s.m.* (*a*) Cinnabar. (*b*) *Art:* Vermilion.
cinéaste [sineast], *s.m.* *Cin:* (*a*) Scenario-writer. (*b*) Film producer.
ciné-club [sineklyb], *s.m.* Film society, club. *pl. Des ciné-clubs.*
ciné-journal [sineʒurnal], *s.m. Not used in pl.* News-reel.
cinéma [sinemɑ], *s.m.* Cinema. **1.** Cinema, *F:* films, *U.S:* movies. **Faire du c.,** to be a film actor. **2.** Cinema (theatre).
cinémascope [sinɛmaskɔp], *s.m.* Cinemascope.
cinémathèque [sinɛmatɛk], *s.f.* Film-library.
cinématographe [sinɛmatɔgraf], *s.m.* Cinematograph.
cinématographie [sinɛmatɔgrafi], *s.f.* Cinematography.
cinématographier [sinɛmatɔgrafje], *v.tr.* To film.
cinématographique [sinɛmatɔgrafik], *a.* Cinematographic; film (production, etc.). *adv.* **-ment,** -ally.
cinémitrailleuse [sinemitrajø:z], *s.f.* Camera-gun.
cinéraire [sinerɛ:r]. **1.** *a.* Cinerary (urn, etc.). **2.** *s.m.* *Archeol:* Cinerarium. **3.** *s.f.* *Bot:* Cineraria.
cinérama [sinerama], *s.m.* *R.t.m:* Cinerama.
cinétique [sinetik]. *Mec:* **1.** *a.* Kinetic, motive (energy, etc.). **2.** *s.f.* Kinetics. *adv.* **-ment,** -ally.
cing(h)alais, -aise [sɛ̃galɛ, -ɛ:z], *a.* & *s.* *Ethn:* *Ling:* Cingalese.
cinglant [sɛ̃glɑ̃], *a.* **Lashing (rain, etc.);** cutting, biting (wind, etc.); bitter (cold); scathing.
cinglé [sɛgle], *a.* *P:* Cracked, daft. *P:* **Il est complètement c.,** he's nuts, crackers.
cingler¹ [sɛ̃gle], *v.i.* *Nau:* To sail (before the wind); to scud along.
cingler², *v.tr.* **1.** To lash, cut, (horse, etc.) with a whip. **La grêle lui cinglait le visage,** the hail stung his face. *Abs.* **Le vent, la pluie, cingle,** it is a cutting, biting, wind, a slashing rain. **Le froid cinglait,** it was bitterly cold. **2.** *Metall:* To shingle, forge (bloom).
cinq [sɛ̃(:)k], *num.a.inv.* & *s.m.inv.* (As *card.adj.* before a noun or adj. beginning with a consonant sound [sɛ̃]) Five. **C. (petits) garçons** [sɛ̃(pti)garsɔ̃], five (little) boys. **C. hommes** [sɛ̃kɔm], five men. **J'en ai c.** [sɛ̃:k], I have five. **Henri C.,** Henry the Fifth. **Le c. mars** [sɛ̃kmars], March the fifth. *F:* **Il était moins c.,** it was a near thing, a close shave.
cinquantaine [sɛ̃kɑ̃tɛn], *s.f.* (About) fifty, some fifty. fifty or so. **Une c. de personnes,** about fifty people, **Avoir passé la c.,** to be in the fifties.
cinquante [sɛ̃kɑ̃:t], *num.a.inv.* Fifty. **Billet de c. francs,** fifty-franc note. **Page c.,** page fifty. **Demeurer au numéro c.,** to live at number fifty.
cinquantenaire [sɛ̃kɑ̃tnɛ:r]. *s.m.* Fiftieth anniversary; jubilee.
cinquantième [sɛ̃kɑ̃tjɛm]. **1.** *num.a.* & *s.* Fiftieth. **2.** *s.m.* Fiftieth (part).
cinquième [sɛ̃kjɛm]. **1.** *num.a.* & *s.* Fifth. **Loger au c.,** to live on the fifth floor. **2.** *s.m.* Fifth (part). **3.** *s.f.* *Sch:* **(Classe de) c.,** (approx. =) second form (of grammar school). *adv.* **-ment.**
cintre [sɛ̃:tr], *s.m.* Concave surface. **1.** Curve, bend. **2.** (*a*) Arch (of tunnel). (*b*) Soffit (of arch). **Arc en plein c.,** semicircular arch. **3.** *Cy:* Bend (of handle-bar). **4.** Coat-hanger. **5.** *Th:* **Les cintres,** the flies (above the stage).
cintré [sɛ̃tre], *a.* (*a*) Arched (window, etc.). (*b*) Bent, curved (timber, etc.). (*c*) **Taille cintrée,** nipped-in waist. *Dressm:* **Robe mi-cintrée,** semi-fitting dress. (*d*) *F:* **Il est complètement c.,** he's nuts, crackers.
cipaye [sipa:j], *a.* & *s.m.* Sepoy. **La Révolte des cipayes,** the Indian Mutiny.
cirage [sira:ʒ], *s.m.* **1.** Waxing, polishing (of floors, etc.); polishing (of shoes). **2.** (*a*) (Wax) polish (for floors, leather). (*b*) Shoe polish. **3. Être dans le c.,** (i) *Av:* *F:* to be flying blind; (ii) *F:* to be completely at sea.
circoncire [sirkɔ̃si:r], *v.tr.* (*pr.p.* **circoncisant;** *p.p.* **circoncis;** *pr.ind.* **je circoncis, n. circoncisons;** *pr.sub.* **je circoncise;** *p.h.* **je circoncis;** *fu.* **je circoncirai)** To circumcise.
circoncision [sirkɔ̃sizjɔ̃], *s.f.* Circumcision.
circonférence [sirkɔ̃ferɑ̃:s], *s.f.* **1.** (*a*) Circumference. (*b*) Girth (of tree). **2.** Perimeter, boundaries (of town).

circonflexe [sirkɔ̃flɛks], *a.* Circumflex (accent).
circonlocution [sirkɔ̃lɔkysjɔ̃], *s.f.* Circumlocution. **Parler par c.,** *F:* to beat about the bush.
circonscription [sirkɔ̃skripsjɔ̃], *s.f.* 1. Circumscription, circumscribing. 2. Division, district. **C. électorale,** electoral district or ward; parliamentary division; constituency. **C. de remise gratuite,** free delivery area (for telegrams, etc.).
circonscrire [sirkɔ̃skriːr], *v.tr.* (Conj. like ÉCRIRE) To circumscribe. 1. To draw a line round (sth.). 2. To surround, encircle (par, with). 3. To limit, bound. **C. son sujet,** to define the scope of one's subject.
circonscrit [sirkɔ̃skri], *a.* 1. *Geom:* Circumscribed (à, to, about). 2. Limited, restricted (space, outlook).
circonspect [sirkɔ̃spɛ, -spɛk, -spɛkt], *a.* Circumspect, prudent, cautious, wary, guarded.
circonspection [sirkɔ̃spɛksjɔ̃], *s.f.* Circumspection, caution, wariness. **Avec c.,** cautiously. **Sans c.,** heedlessly, incautiously.
circonstance [sirkɔ̃stɑ̃ːs], *s.f.* 1. Circumstance, incident, event. **Dans cette c.,** (i) in this instance, (ii) in this emergency. **En pareille c.,** in such a case. **A la hauteur des circonstances,** equal to the occasion. **Eu égard aux circonstances,** all things considered. **Profiter de la c.,** to make the most of the opportunity. **L'homme de la c.,** the very man we want. **Vers de c.,** occasional verse. **Paroles de c.,** words suited to the occasion. 2. *Jur:* **Circonstances et dépendances,** appurtenances. **Circonstances aggravantes, atténuantes,** aggravating, extenuating, circumstances.
circonstancié [sirkɔ̃stɑ̃sje], *a.* Circumstantial, detailed (account).
circonstanciel, -ielle [sirkɔ̃stɑ̃sjɛl], *a.* (*a*) Circumstantial. **Des mesures rigoureusement circonstantielles,** measures strictly due to the emergency, to exceptional circumstances. (*b*) *Gram:* Adverbial (complement).
circonvenir [sirkɔ̃vniːr], *v.tr.* (Conj. like VENIR) To circumvent, thwart; to outwit (s.o.).
circonvolution [sirkɔ̃vɔlysjɔ̃], *s.f.* *Anat:* *Arch:* Convolution. *Arch:* Circumvolution (of volute, etc.).
circuit [sirkɥi], *s.m.* Circuit. 1. (*a*) Circumference, compass (of town, etc.). (*b*) *Sp:* Round, lap; circuit. (*c*) *Fr.C:* **Coup de c.,** home run (in baseball). (*d*) **C. touristique,** organized tour. 2. Deviation, circuitous route; detour. 3. *El:* Circuit. **Mettre l'accu hors c.,** to cut out the battery.
circulaire [sirkylɛːr]. 1. *a.* Circular. **Billet c.,** excursion ticket. **Scie c.,** circular saw. *Mec.E:* **Mouvement c.,** rotary motion. 2. *s.f.* Circular (letter); (administrative) memorandum. *adv.* **-ment.**
circulant [sirkylɑ̃], *a.* Circulating. *Fin:* **Billets circulants,** notes in circulation.
circulation [sirkylasjɔ̃], *s.f.* 1. circulation (of air, water, blood, etc.). **Mettre un livre en c.,** to put a book into circulation. **Mettre un bruit en c.,** to set a rumour afloat, afoot. 2. Traffic. **Arrêt de c.,** traffic block. *P.N:* **"C. interdite,"** 'no thoroughfare.' **C. en sens unique,** one-way traffic. **Accidents de la c.,** road accidents. *Rail:* **C. des trains,** running of trains. S.a. PERMIS 2. 3. *Fin:* Currency, circulation (of bank-notes, etc.). 4. *Pol.Ec:* **Libre c. des travailleurs,** free movement of workers.
circulatoire [sirkylatwaːr], *a.* *Anat:* Circulatory.
circuler [sirkyle], *v.i.* 1. (Of blood, air, etc.) To circulate, flow. *F:* **Faire c. la bouteille,** to pass the bottle round. 2. To circulate, move about. *P.N:* **Défense de c. sur l'herbe!** please keep off the grass! **"Circulez!"** 'keep moving!' 'pass along!' **Des bruits circulent,** rumours are afloat, are going round.
circumlunaire [sirkɔmlynɛːr], *a.* Circumlunar.
circumnavig|uer [sirkɔmnavige], *v.tr.* To circumnavigate. *s.f.* **-ation.** *s.m.* **-ateur.**
cire [siːr], *s.f.* 1. Wax. **C. d'abeilles,** beeswax. **C. à cacheter,** sealing-wax. **Les cires du musée Tussaud,** the waxworks of Madame Tussaud's. *F:* **Caractère de c.,** easily moulded character. 2. *Orn:* Cere (of beak).
ciré [sire]. 1. *a.* Waxed, polished. **Toile cirée,** oilcloth, American cloth. 2. *s.m.* *Nau:* (Suit of) oilskins.
cirer [sire], *v.tr.* To wax (thread, etc.); to polish (floors, etc.). **C. des chaussures,** to polish shoes. *F:* **C. les bottes à qn,** to lick s.o.'s boots.
cireur, -euse[1] [sirœːr, -øːz], *s.* 1. Polisher. 2. Shoe-black. 3. *s.f.* Cireuse, (electric) polisher.
cireux, -euse[2] [sirø, -øːz], *a.* Waxy, wax-like.
cirier, -ière [sirje, -jɛːr]. 1. *a.* Wax-producing; wax-(tree, bee). 2. *s.m.* (*a*) Wax-chandler, wax-taper maker. (*b*) *Bot:* Wax-myrtle.
ciron [sirɔ̃], *s.m.* (Cheese-, itch-)mite.
cirque [sirk], *s.m.* 1. Circus. 2. *Geog:* Cirque, cwm, corrie; amphitheatre (of mountains).
cirre [siːr], *s.m.* 1. *Bot:* Cirrus, tendril. 2. *Ich:* Barbel. 3. *Z:* Tentacle.
cirrhose [sirroːz], *s.f.* *Med:* Cirrhosis.
cirro-cumulus [sirrɔkymylyːs], *s.m. inv.* *Meteor:* Cirro-cumulus.
cirro-stratus [sirrɔstratys], *s.m. inv.* *Meteor:* Cirro-stratus.
cirrus [sirryːs], *s.m.* *Meteor:* Cirrus; *F:* mare's tail.
cisaille [sizɑːj], *s.f.* 1. Parings, cuttings (of metal). 2. (*a*) *Bookb:* Guillotine. (*b*) *sg. or pl.* Shears; nippers; wire-cutter. *Hort:* **C. à haies,** hedge-clipper. **C. à bordures,** edging-shears.
cisaillement [sizɑjmɑ̃], *s.m.* 1. (*a*) Cutting, shearing (of metal). (*b*) Clipping (of coins). (*c*) Nipping (of tyres). 2. *Mec:* Shearing (stress); shear.
cisailler [sizɑje], *v.tr.* (*a*) To shear (metal); to clip (coins). (*b*) **Chambre à air cisaillée,** nipped inner tube.
cisalpin [sizalpɛ̃], *a.* *A.Hist:* *A.Geog:* On the Roman side of the Alps; Cisalpine. *Hist:* **République cisalpine,** Cisalpine Republic (1797).
ciseau [sizo], *s.m.* 1. Chisel. **C. à froid,** cold chisel. 2. *pl.* (*a*) Scissors. **Coup de ciseaux,** snip of the scissors. *Journ:* *F:* **Travailler à coups de ciseaux,** to work with scissors and paste. *Skiing:* **Arrêt en ciseaux,** scissors stop. *Swim:* **Le coup de ciseaux,** the scissors. (*b*) Shears, clippers. (*c*) Lazy-tongs.
cisel|er [sizle], *v.tr.* (**je cisèle, je ciselle; je cisèlerai, je cisellerai**) To chase, engrave (gold, silver); to chisel, carve (wood); to tool, emboss (leather); to cut, shear (velvet). *s.m.* **-age.** *s.m.* **-eur.**
ciselure [sizlyːr], *s.f.* 1. Chisel(l)ing. 2. Chasing, embossing, tooling.
cistercien, -ienne [sistɛrsjɛ̃, -jɛn], *a. & s.* 1. (Native) of Cîteaux. 2. *Ecc:* Cistercian.
citadelle [sitadɛl], *s.f.* Citadel, stronghold.
citadin [sitadɛ̃], (*a*) *s.m.* Townsman, town-dweller. (*b*) *a.* (Belonging to a) town, city.
citateur, -trice [sitatœːr, -tris]. 1. *s.* Quoter, citer. 2. *s.m.* Book of quotations.
citation [sitasjɔ̃], *s.f.* 1. (*a*) Quoting, citing. (*b*) Quotation, citation. 2. *Jur:* (Writ of) summons. **C. des témoins,** subpoena of witnesses. **Notifier une c. à qn,** (i) to serve a summons on s.o., (ii) to subpoena s.o. 3. *Mil:* **C. à l'ordre du jour** = mention in dispatches.
cité [site], *s.f.* City. (*a*) (Large) town. **Droit de c.,** freedom of the city. **Gagner droit de c.,** to be accepted. (*b*) Housing estate. **C. universitaire,** students' halls of residence.
Cîteaux [sito]. *Pr.n.m.* *Geog:* Cîteaux. *Ecc:* **L'ordre de C.,** the Cistercian Order.
cité-jardin [siteʒardɛ̃], *s.f.* Garden-city. *pl. Des cités-jardins.*
citer [site], *v.tr.* 1. To quote, cite. **C. qn pour, en, exemple,** to quote s.o. as an example. **C. qn comme modèle,** to hold s.o. up as a model. 2. *Jur:* To summon (s.o. before the court); to subpoena (witness). 3. *Mil:* **C. qn (à l'ordre du jour)** = to mention s.o. in dispatches.
citerne [sitɛrn], *s.f.* Cistern, tank, reservoir. *Nau:* **C. flottante,** tanker. *Rail:* **Wagon c.,** tank car.
cithare [sitaːr], *s.f.* *Mus:* Zither.
citoyen, -enne [sitwajɛ̃, -ɛn], *s.* Citizen. **C. d'honneur** = Freeman of a city. **Droits de c.,** civic rights. *F:* **C'est un drôle de c.!** he's a queer customer!
citoyenneté [sitwajɛnte], *s.f.* Citizenship. **C. d'honneur d'une ville** = freedom of a city.
citrate [sitrat], *s.m.* *Ch:* Citrate. *Phot:* **Papier au c. (d'argent),** P.O.P. paper.
citrique [sitrik], *a.* *Ch:* Citric (acid).
citron [sitrɔ̃], *s.m.* 1. *Bot:* (Generic term including) lemon, lime, citron. **Bois de c.,** citrus-wood. 2. (*a*) Lemon. **C. pressé,** lemon juice (as drink). **Essence**

de c., lemon oil. Écorce de c., lemon peel. (*b*) *a.inv.* Lemon-yellow. (*c*) *P:* Head, nut.
citronnade [sitrɔnad], *s.f.* Still lemonade, lemon squash.
citronnier [sitrɔnje], *s.m. Bot:* Lemon-tree or citron-tree.
citrouille [sitru:j], *s.f.* **1.** *Bot:* Pumpkin, gourd. **2.** *P:* (*a*) Head, nut. (*b*) Ninny, fathead.
civet [sivɛ], *s.m. Cu:* Stew (of venison, etc.). **C. de lièvre,** jugged hare.
civette [sivɛt], *s.f.* **1.** Civet-cat. **2.** *Com:* Civet perfume.
civière [sivjɛ:r], *s.f.* **1.** Hand-barrow. **2.** Stretcher, litter. **3.** Bier (for coffin).
civil [sivil], *a.* Civil. **1.** (*a*) Civic (rights, etc.). **Guerre civile,** civil war. S.a. ÉTAT 2. (*b*) *Jur:* **Droit c.,** civil law. (*c*) Lay, secular (as opposed to ecclesiastical); civilian (as opposed to military). *s.m.* **Un c.,** (i) a layman; (ii) a civilian. **Dans le c.,** in civilian life. **En c.,** in plain clothes; *Mil: F:* in mufti, in civvies. **2.** Polite, courteous (**à, envers,** to, towards).
civilement [sivilmɑ̃], *adv.* **1.** *Jur:* (*a*) **Se marier c.,** to contract a civil marriage. **Être enterré c.,** to be buried without a religious ceremony. (*b*) **Poursuivre qn c.,** to bring a civil action against s.o. **C. responsable,** liable for damages. **2.** Politely, courteously.
civilisateur, -trice [sivilizatœ:r, -tris]. **1.** *a.* Civilizing. **2.** *s.* Civilizer.
civilisation [sivilizasjɔ̃], *s.f.* Civilization.
civiliser [sivilize], *v.tr.* To civilize.
se civiliser, to become civilized.
civilité [sivilite], *s.f.* **1.** Civility, courtesy. **2. Faire des civilités à qn,** to show s.o. courteous attention.
civique [sivik], *a.* Civic (duties); civil, *U.S:* citizen (rights). *Sch:* **Instruction c.,** civics. *Town P:* **Centre c.,** civic centre.
civisme [sivism], *s.m.* Good citizenship.
clabaudage [klaboda:ʒ], *s.m.,* **clabaudement** [klabodmɑ̃], *s.m.* **1.** *Ven:* Babbling, yelping, baying. **2.** *F:* Ill-natured talk, spiteful gossip, backbiting.
clabauder [klabode], *v.i.* **1.** *Ven:* (Of hound) To babble; to give tongue falsely. **2.** *F:* **C. sur qn,** to say ill-natured things of s.o.
clabaudeur, -euse [klabodœ:r, -ø:z], *s.* **1.** Yelping hound. **2.** *F:* Gossip; scandal-monger.
claie [klɛ], *s.f.* **1.** (*a*) Wattle, hurdle. **Traîner qn sur la c.,** (i) *A:* to drag s.o. to execution; (ii) *F:* to drag s.o. through the mire; to vilify s.o. (*b*) **C. à fruits,** (wicker) fruit-tray. **2.** Screen, riddle. **3.** Fence.
clair [klɛ:r]. **1.** *a.* Clear. (*a*) Unclouded, limpid. **Teint c.,** clear complexion. **Ciel c.,** cloudless sky. **Œuf c.,** unfertile egg. **Lait c.,** whey. (*b*) Obvious, manifest, plain (meaning). **Explication claire,** lucid explanation. **Voilà qui est c.!** that's clear (enough)! **Règle peu claire,** ambiguously worded rule. **C. comme le jour,** as clear as daylight. **Sa conduite n'est pas claire,** his behaviour is suspicious, *F:* fishy. **Le plus c. de ses économies,** the best part of his savings. (*c*) Bright, light (room, dress, etc.). *V.phr.* **Il fait c.,** (i) it is day(light); (ii) there is plenty of light. **Il ne fait pas c. ici,** you can't see here. (*d*) Light, pale (colour). **Bleu c.,** pale blue. (*e*) Thin (material, soup). **2.** *adv.* (*a*) Plainly, clearly. **Voir c. dans l'esprit de qn,** to read s.o.'s mind; *F:* to see through s.o. **Y voir c.,** (i) to be clear-sighted; (ii) to be able to see clearly. (*b*) **Avoine semée c.,** thinly sown oats. **3.** *s.m.* (*a*) Light. **C. de lune,** moonlight. **Au c. de (la) lune,** in the moonlight. **Les clairs d'une peinture,** the (high) lights in a painting. (*b*) Clearing (in wood, etc.); thin place (in stocking, etc.). (*c*) **Message en c.,** message in plain language, in clear (*i.e.* not in cipher). (*d*) **Tirer du vin au c.,** to decant wine. *F:* **Tirer une affaire au c.,** to clear a matter up. **Sabre au c.,** with drawn sword. *adv.* **-ement.**
clairet, -ette [klɛrɛ, -ɛt]. **1.** *a.* Pale, light-coloured. **(Vin) c.,** light red wine. **Voix clairette,** thin voice. **2.** *s.f.* **Clairette.** (*a*) Lamb's-lettuce. (*b*) Light sparkling wine (of Die, etc.).
claire-voie [klɛrvwa], *s.f.* **1.** Open-work, lattice(-work). **Porte à c.-v.,** gate. **Clôture à c.-v.,** fence, paling. **Cloison à c.-v.,** grating. **Caisse à c.-v.,** crate. **2.** (*a*) Skylight. *Nau:* Deck-light. (*b*) *Ecc.Arch:* Clerestory. **3.** *Agr:* **Semer à c.-v.,** to sow thinly. *pl. Des claires-voies.*
clairière [klɛrjɛ:r], *s.f.* **1.** Clearing, glade. **2.** *Tex:* Thin place.
clair-obscur [klɛrɔpsky:r], *s.m.* *Art:* Chiaroscuro. *pl. Des clairs-obscurs.*
clairon [klɛrɔ̃], *s.m.* (*a*) Bugle. (*b*) Bugler.
claironnant [klɛrɔnɑ̃], *a.* Loud, brassy (sound). **Voix claironnante,** loud and metallic voice.
clairsemé [klɛrsəme], *a.* Scattered, sparse (population, vegetation, etc.); thinly sown (corn); thin (hair).
clairvoyance [klɛrvwajɑ̃:s], *s.f.* **1.** Perspicacity, clear-sightedness, shrewdness, acumen. **2.** Second-sight, clairvoyance.
clairvoyant, -ante [klɛrvwajɑ̃, -ɑ̃:t]. **1.** *a.* Perspicacious, clear-sighted, shrewd. **2.** *a.* & *s.* Clairvoyant.
clamer [klame], *v.tr.* **C. son innocence,** to protest one's innocence.
clameur [klamœ:r], *s.f.* (*a*) Clamour, outcry. **C. publique,** hue and cry. (*b*) Howling, shrieking (of the wind, etc.).
clan [klɑ̃], *s.m.* **1.** Clan. **Le chef de c.,** the head of the clan. **2.** Set, clique.
clandestin [klɑ̃dɛstɛ̃], *a.* Clandestine, secret; illicit (betting, etc.); underground. **Armée clandestine,** underground forces. **Passager, voyageur, c.,** stowaway. *adv.* **-ement.**
clapet [klapɛ], *s.m.* **1.** (*a*) Valve. **C. à charnière,** clack-valve. **Boîte à c.,** (i) clack-box; (ii) valve chest. (*b*) *I.C.E:* Poppet valve, mushroom valve. **2.** *El.E:* Rectifier (of current).
clapier [klapje], *s.m.* **1.** Rabbit-burrow. **2.** Rabbit-hutch. **(Lapin de) c.,** tame rabbit.
clapir [klapi:r], *v.i.* (Of rabbit) To squeal.
se clapir, (of rabbit) to hide, squat, cower (in the burrow).
clapot|er [klapɔte], *v.i.* (Of sea) To be choppy. **Vagues qui clapotent contre le bateau,** waves that lap against the boat. *s.m.* **-age.** *s.m.* **-ement.**
clapoteux, -euse [klapɔtø, -ø:z], *a.* Choppy (sea).
clapotis [klapɔti], *s.m.* Lap(ping) (of waves).
clap(p)ement [klapmɑ̃], *s.m.* **1.** Smacking (of tongue). **2.** *Ling:* Click (of Kaffirs, etc.).
clap(p)er [klape], *v.i.* **1. C. de la langue,** to smack one's tongue. **2.** *Ling:* To click (with the tongue).
claquage [klaka:ʒ], *s.m.* *Sp:* Straining (of muscle). **C. sportif,** strained, athletic heart.
claque [klak]. **I.** *s.f.* **1.** Smack, slap. *F:* **Tête à claques,** unpleasing face. **2.** *Th:* Hired clappers.
II. claque, *s.m.* (*a*) Opera-hat; *F:* crush-hat. (*b*) Cocked hat. (*c*) *pl. Fr.C:* Galoshes.
claqué [klake], *a.* (*a*) (Of horse) Having a strained tendon. **Tendon c.,** snapped tendon. (*b*) Fagged out, dog-tired.
claquemurer [klakmyre], *v.tr.* To immure, mew up, coop up. **Se c.,** to shut oneself up (*e.g.* in order to study); to see nobody.
claqu|er [klake]. **1.** *v.i.* (*a*) To clap; (of door) to bang; (of clogs, etc.) to clatter; (of flag) to flap; (of piston) to slap. **C. des mains,** to clap, applaud. **Il claque des dents,** his teeth are chattering. (*b*) (i) *F:* To die. (ii) *P:* (Of business, engine, etc.) To go to pieces. (*c*) (Of electric lamp) To burn out. **2.** *v.tr.* & *i.* **(Faire) c.,** to slam, bang (the door); to smack (one's lips); to crack (a whip); to snap (one's fingers); to click (one's heels). **3.** *v.tr.* (*a*) To slap, smack (child, etc.). (*b*) *Th:* To clap (an actor). (*c*) To burst (tyre, etc.); to rupture, tear (ligament). *s.m.* **-ement.**
claquet [klakɛ], *s.m.* Clapper (of mill-hopper).
claquette [klakɛt], *s.f.* **1.** (*a*) *Ecc:* (Wooden) clapper. (*b*) *F:* Chatterbox; newsmonger. **2. Danse à claquettes,** tap-dance.
claqueur, -euse [klakœ:r, -ø:z], *s.* Hired clapper (in Fr. theatres).
clarification [klarifikasjɔ̃], *s.f.* **1.** Clarifying (of liquid). **2.** Clarification, enlightenment.
clarifier [klarifje], *v.tr.* To clarify (wine, etc.).
se clarifier, (of liquid) to become clear; to clear.
clarine [klarin], *s.f.* Cattle-bell.
clarinette [klarinɛt], *s.f.* (*a*) Clarinet. (*b*) Clarinettist.
Clarisse [klaris]. **1.** *Pr.n.f.* Clarissa. **2.** *s.f.* **(Sœur) c.,** nun of the order of St Clare. **Les (pauvres) clarisses,** The Poor Clares.
clarté [klarte], *s.f.* **1.** Clearness, clarity. (*a*) Limpidity (of water); transparency (of glass). (*b*) Lucidity,

perspicuity (of style). (*c*) **Avoir des clartés sur un sujet,** to have *some* knowledge of a subject. **2.** Light, brightness. **A la c. de la lune,** by the light of the moon; by moonlight. **Les premières clartés du soleil,** the first gleams of the sun.

classe [klɑːs], *s.f.* **1.** Class, division (of vegetable kingdom, etc.). **Les hautes classes,** the upper classes (of society). *F:* **Les classes populaires,** the masses. **Oranges de première c.,** best quality oranges. **Billet de première c.,** first-class ticket. *Nau:* **Voyager en dernière c.,** to travel steerage. **2.** *Sch:* (*a*) Class, form. **Les hautes classes,** the top forms; the upper school. **La petite c.,** the infants. **C. de français,** French class. (*b*) **Aller en c.,** to go to school. **Être en c.,** to be in school. **Faire ses classes,** to be at school. **Faire la c.,** to teach. **Livre de c.,** school-book. **(Salle de) c.,** class-room, schoolroom. **En sortant de c.,** on coming out of school. S.a. RENTRÉE 1. **3.** *Mil:* (*a*) Annual contingent (of recruits). (*b*) Age-group.

classe-lettres [klɑslɛtr], *s.m. inv.* Letter-file.

classement [klɑsmɑ̃], *s.m.* **1.** Classification, classing (of plants, etc.); rating (of seaman, engine, etc.). *Sch: etc:* **C. de sortie,** passing-out list. **Numéro de c.,** (of a book in library), press-mark. **Donner le c.,** to give the results (of a competition). **2.** (*a*) Sorting out. *Min:* Grading (of ore). (*b*) Filing (of documents).

classer [klɑse], *v.tr.* **1.** To class(ify); to rate (seaman, engine, etc.). **Ces faits se classent dans une autre catégorie,** these facts fall into another category. **C. comme monument historique,** to schedule as an ancient monument. *Sp: etc:* **Se c. troisième,** to be placed third. *Turf:* **Non classés,** also ran. **2.** (*a*) To sort out (articles). *Min:* To grade (ore). *Rail:* To marshal (trucks). (*b*) To file (documents). **C. une affaire,** to shelve, pigeon-hole, a matter.

classeur [klɑsœːr], *s.m.* **1.** (*a*) Rack (for letters, etc.). (*b*) *Com:* (Index-)file; filing-cabinet. **2.** (Pers.) Sorter (of letters, coal, etc.).

classicisme [klasisism], *s.m.* Classicism.

classification [klasifikasjɔ̃], *s.f.* **1.** Classification, classifying (of plant, etc.); rating (of engine, etc.). **2.** Sorting out.

classifier [klasifje], *v.tr.* **1.** To classify (plant); to rate (engine, etc.). **2.** To sort (out) (articles).

classique [klasik], *a.* **1.** *Sch:* Academical; for school use. **Livres classiques,** school-books. **2.** (*a*) Classic(al). **Études classiques,** classical studies or education. (*b*) Standard (work); stereotyped, conventional, recognized (manner, etc.); standing (custom, joke). *F:* **C'est un coup c.,** that's an old dodge. (*c*) *Swim:* **Plongeon c.,** straight dive. **3.** *s.m.* (*a*) **Les classiques grecs, français,** the Greek, French, classics. (*b*) **Les classiques et les romantiques,** the classicists and the romanticists. *adv.* **-ment.**

claudicant [klodikɑ̃], *a.* Limping, halting.

claudication [klodikasjɔ̃], *s.f.* Halt(ing), limp.

clause [kloːz], *s.f.* *Jur:* Clause. **C. additionnelle,** additional clause; rider.

claustral, -aux [klostral, -o], *a.* Claustral, monastic.

claustration [klostrasjɔ̃], *s.f.* **1.** Cloistering. **2.** Close confinement.

claustrophobie [klɔstrɔfɔbi], *s.f.* *Med:* Claustrophobia.

claveau [klavo], *s.m.* *Const:* *Arch:* Arch-stone; voussoir. **C. droit,** keystone.

clavecin [klavsɛ̃], *s.m.* *Mus:* Harpsichord.

clavelée [klavle], *s.f.* *Vet:* Sheep-pox.

clavetage [klavtaːʒ], *s.m.* *Mec.E:* **1.** Keying; wedging, cottering (of machine parts, etc.). **2.** Key(s), wedge(s), cotter(s).

claveter [klavte], *v.tr.* (**je clavette; je clavetterai**) *Mec.E:* To key, wedge, cotter.

clavette [klavɛt], *s.f.* Key(-bolt), cotter(-pin), pin.

clavicule [klavikyl], *s.f.* Clavicle; *F:* collar-bone.

clavier [klavje], *s.m.* **1.** Keyboard, finger-board (of piano, typewriter); manual (of organ). **2.** Range, compass (of clarinet, etc.).

claviste [klavist], *s.m.* *Typ:* Machine-compositor.

claxon [klaksɔ̃], *s.m.* *Aut:* Hooter.

claxonner [klaksɔne], *v.i.* *Aut:* To hoot.

clayère [klɛjɛːr], *s.f.* Oyster-park.

clayon [klɛjɔ̃], *s.m.* **1.** Wicker tray (for draining cheeses, etc.). **2.** Wattle enclosure.

clé [kle], *s.f.*, **clef** [kle], *s.f.* **1.** Key. (*a*) **C. de maison,** latch-key. **Fausse c.,** skeleton key. **Fermer une porte à c.,** to lock a door. **Donner un tour de c. à la porte,** to lock the door. **Tenir qch. sous c.,** to keep sth. under lock and key. **Mettre ses papiers sous c.,** to lock up one's papers. **La c. est sur la porte,** the key is in the lock. *F:* **Mettre la c. sous la porte,** to do a moonlight flit. S.a. CHAMP[1] 1. (*b*) **Position c.,** key-position. **Poste c.,** key-post. **Industrie c.,** key-industry. (*c*) Key (to a cipher, to a mystery); clue (to a puzzle). **Roman à c.,** novel introducing real characters under fictitious names. **2.** *Mus:* (*a*) Clef. **C. de sol,** treble clef. (*b*) Key-signature. **3. C. de voûte,** keystone, crown (of arch). **4.** *Nau:* Hitch. **5.** (*a*) *Plumb:* Handle (of tap); plug (of cock). (*b*) *Tls:* Key, wrench, spanner. **C. anglaise,** adjustable spanner, monkey-wrench. **C. à douilles, en tube,** box-spanner. (*c*) *Civ.E:* **C. (de tuyau de poêle),** damper. **6.** *El:* Switch-key. *Tg:* **C. Morse,** Morse key, Morse sender. **7.** *Wr:* Lock.

clématite [klematit], *s.f.* *Bot:* Clematis.

clémence [klemɑ̃ːs], *s.f.* **1.** Clemency, mercy, leniency (**pour, envers,** to, towards). **2.** Clemency, mildness (of the weather).

clément [klemɑ̃], *a.* **1.** Clement, merciful, lenient (**pour, envers,** to, towards). **2.** Mild (disease, etc.). **Ciel c.,** mild climate.

clémentine [klemɑ̃tin], *s.f.* *Hort:* Clementine.

clenche [klɑ̃ːʃ], *s.f.*, **clenchette** [klɑ̃ʃɛt], *s.f.* Latch (of door-lock).

Cléopâtre [kleɔpaːtr]. *Pr.n.f.* *A.Hist:* Cleopatra.

clepsydre [klɛpsidr], *s.f.* *Archeol:* Clepsydra, water-clock.

cleptomane [klɛptɔman], *s.m. & f.* Kleptomaniac.

cleptomanie [klɛptɔmani], *s.f.* Kleptomania.

clerc [klɛːr], *s.m.* **1.** *A:* (*a*) *Ecc:* Clerk, cleric, clergyman. (*b*) Learned man; scholar. **2.** Clerk (in lawyer's office). **Petit c.,** junior clerk. *F:* **Faire un pas de c.,** to make a blunder.

clergé [klɛrʒe], *s.m.* (The) clergy, priesthood.

clérical, -aux [klerikal, -o], *a.* *Ecc:* Clerical.

cléricalisme [klerikalism], *s.m.* Clericalism.

clic [klik], *s.m. & int.* Click.

clic-clac [klikklak], *s.m.* Cracking (of whip, etc.); clatter (of clogs, etc.).

cliché [kliʃe], *s.m.* **1.** *Typ:* Plate (of type); stereotype; block (of illustration). **C. trait,** line-block. **2.** *Phot:* Negative. **3.** *Lit:* Cliché, stock phrase; hackneyed expression; tag.

clich|er [kliʃe], *v.tr.* *Typ:* (i) To stereotype, (ii) to take electros of (book, etc.). *s.m.* **-age.**

clicheur [kliʃœːr], *s.m.* *Typ:* Stereotyper, electrotyper, block-maker.

client, -ente [kliɑ̃, -ɑ̃ːt], *s.* **1.** *Rom.Ant:* Client, dependent. **2.** (Lawyer's) client; (tradesman's) customer; (doctor's) patient; (taxi-driver's) fare; (hotel) visitor. **C. (d'un portraitiste),** sitter. *F:* **C'est un drôle de c.,** he's a queer customer.

clientèle [kliɑ̃tɛl], *s.f.* (*a*) Practice (of barrister or doctor). (*b*) *Com:* (i) Custom, (ii) customers, (iii) connection, (iv) goodwill. **Accorder sa c. à . . .,** to patronize. . . .

clignement [kliɲmɑ̃], *s.m.* Blink(ing), wink(ing); flicker of the eyelids. **Regarder qn avec un c. d'yeux, de paupières,** to blink at s.o. **Lancer un c. d'œil à qn,** to wink at s.o.

cligner [kliɲe], *v.tr. & i.* **1.** (*a*) **C. les yeux (pour mieux voir),** to screw up one's eyes. (*b*) **C. les yeux, les paupières,** to blink. **Il n'a pas cligné,** he didn't wince. **2.** (*a*) **C. de l'œil à qn,** to wink at s.o. (*b*) **C. des yeux,** to assent with a flicker of the eyelids.

clignotant [kliɲɔtɑ̃], **1.** *a.* Blinking (eyes); winking (lights); twinkling (star). *Nau: etc:* **Signal c.,** intermittent signal. **2.** *s.m.* *Aut:* Winker, winking-light direction indicator.

clignot|er [kliɲɔte], *v.i.* (*a*) **C. des yeux,** to blink. (*b*) (Of star) To twinkle. (*c*) (Of eyelid) To twitch. (*d*) (Of arc-lamp) To flicker. *s.m.* **-ement.**

climat [klima, -mɑ], *s.m.* **1.** Climate. **2.** Region, climate. **3.** *Lit:* Atmosphere.

climatérique[1] [klimaterik], *a.* *Med:* Climacteric.

climatérique[2], **climatique** [klimatik], *a.* Climatic (conditions, etc.). **Station climat(ér)ique,** health resort.
climatisation [klimatizasjɔ̃], *s.f.* Air-conditioning.
climatiser [klimatize], *v.tr.* To air-condition.
climatologie [klimatɔlɔʒi], *s.f.* Climatology.
clin[1] [klɛ̃], *s.m.* *Mec.E:* **Joint à c.,** lap-joint. S.a. COUTURE.
clin[2] **d'œil** [klɛ̃dœːj], *s.m.* Wink. Esp. **En un c. d'œil,** in the twinkling of an eye. **Faire un c. d'œil à qn,** to wink at s.o.
clinfoc [klɛ̃fɔk], *s.m.* *Nau:* Flying jib.
clinique [klinik]. **1.** *a.* Clinical (lecture, etc.). **2.** *s.f.* (*a*) Clinical lecture. (*b*) Nursing-home.
clinomètre [klinɔmɛtr], *s.m.* *Av:* *Surv:* Clinometer; gradient indicator.
clinquant [klɛ̃kɑ̃], *s.m.* **1.** Tinsel. **C. du style,** showiness of style. **2.** *Tchn:* Foil. *El.E:* **Balai de c.,** foil brush. **3.** *a.* Flashy.
clip [klip], *s.m.* (Jewel, fountain-pen) clip.
clipper [klipœːr], *s.m.* *Av:* *Nau:* Clipper.
clique [klik], *s.f.* **1.** Clique, gang, set. **2.** *Mil:* *F:* (Drum and bugle) band.
cliques [klik], *s.f.pl.* *A:* Wooden shoes, pattens. *F:* **Prendre ses cliques et ses claques,** to take oneself off quickly.
cliquet [klike], *s.m.* **2.** *Mec.E:* Catch, pawl. **2. C. (-fermoir),** catch (of bracelet, etc.). **3.** *Tls:* Ratchet (drill-)brace.
cliqueter [klikte], *v.i.* (**il cliquette; il cliquettera**) (Of chains, etc.) To rattle, clank; (of swords, etc.) to click; (of glasses) to clink, chink; (of keys) to jingle. *Aut:* (Of engine) to pink.
cliquetis [klikti], *s.m.* Rattling, rattle (of chain); clank(ing) (of fetters); click(ing), clash (of swords); clink(ing), chinking (of glasses); jingling, jingle (of keys). *Aut:* Pinking (of engine).
clisse [klis], *s.f.* **1.** (*a*) Wicker covering (of bottle). (*b*) Cheese-drainer. **2.** *Surg:* (= ÉCLISSE 4) Splint.
clisser [klise], *v.tr.* **1.** To wicker (bottles). **2.** To put (limb) in splints, to splint (limb).
clivage [klivaːʒ], *s.m.* **1.** Cleaving (of diamonds). **2.** Cleavage (of rocks).
cliver [klive], *v.tr.* To cleave, split (rocks, etc.).
cloaque [klɔak]. **1.** *s.f.* *Rom.Ant:* **La grande C.,** the *Cloaca Maxima.* **2.** *s.m.* (*a*) Cesspool. **C. de vices,** sink of iniquity. (*b*) *Anat:* *Z:* Cloaca.
clochard, -arde [klɔʃaːr, -ard], *s.* *F:* Tramp, *U.S:* hobo.
cloche [klɔʃ], *s.f.* **1.** Bell. *Ind:* **Heures hors c.,** overtime. **Fleurs en c.,** bell-shaped flowers. *F:* **Déménager à la c. de bois,** to do a moonlight flit. *Prov:* **Qui n'entend qu'une c. n'entend qu'un son,** one should hear both sides of a question. **Voilà un tout autre son de c.,** that's quite a different account, version. *Nau:* **C. flottante,** bell-buoy. **2.** (*a*) Bell (of gasometer). *Ch:* Bell-jar. *Hort:* Bell-glass, cloche. *Dom.Ec:* Dish-cover. **C. à fromage,** cheese-cover. **C. à plongeur,** diving-bell. (*b*) *Cost:* Cloche hat. **3.** *O:* Blister. **Avoir des cloches aux mains,** to have blistered hands. **4.** *P:* **Ça fait c.,** that looks idiotic.
cloche-pied (à) [aklɔʃpje], *adv.phr.* **Sauter à c.-p.,** to hop (on one foot).
clocher[1] [klɔʃe], *s.m.* Belfry, bell-tower; steeple. **Esprit de c.,** parochial spirit; parochialism. **Course au c.,** point-to-point race.
cloch|er[2], *v.i.* To limp, hobble. **Vers qui cloche,** halting line of verse. *F:* **Il y a quelque chose qui cloche,** there is something amiss. *s.m.* **-ement.**
clocheton [klɔʃtɔ̃], *s.m.* Pinnacle; bell-turret.
clochette [klɔʃɛt], *s.f.* **1.** Small bell; hand-bell. **2.** *Bot:* (Any) small bell-flower.
cloison [klwazɔ̃], *s.f.* **1.** Partition, division. **Mur de c.,** dividing wall. **2.** *Nat.Hist:* Septum. **3.** (*a*) *Aut:* Baffle-plate (of silencer). (*b*) *Nau:* Bulkhead. **C. étanche,** water-tight bulkhead.
cloisonné [klwazɔne], *a.* **1.** *Nat.Hist:* Septate(d). **2.** *Art:* Cloisonné (enamel).
cloisonn|er [klwazɔne], *v.tr.* To partition (off) (room, etc.). *s.m.* **-age.** *s.m.* **-ement.**
cloître [klwaːtr, -wɑː-], *s.m.* **1.** Cloister(s) (of monastery, etc.). **2.** Cloister, monastery, convent. **Vie de c.,** cloistered life.
cloîtrer [klwatre, -wɑ-], *v.tr.* To cloister (s.o.). **Nonne cloîtrée,** enclosed nun.
se cloîtrer. 1. To enter a convent or a monastery. **2.** To live the life of a recluse.
clopin-clopant [klɔpɛ̃klɔpɑ̃], *adv.* *F:* **Aller c.-c.,** to limp along, hobble about.
clopiner [klɔpine], *v.i.* To hobble, limp.
cloporte [klɔpɔrt], *s.m.* *Crust:* Wood-louse, *U.S:* sow-bug.
cloque [klɔk], *s.f.* **1.** (*a*) Lump, swelling (from insect bite, etc.). (*b*) Blister (on hand, paint). **2.** *Agr:* Rust (of corn). *Arb:* Blight.
cloqué [klɔke], *a.* Rusty (wheat); blighted (leaf).
cloqu|er [klɔke], *v.i.* & *pr.* (Of paint, skin, etc.) To blister. *s.m.* **-age.**
clore [klɔːr], *v.tr.def.* (= FERMER, which has taken its place in most uses) (*p.p.* **clos**; *pr.ind.* **je clos, il clôt, ils closent**; *fu.* **je clorai**) (*a*) To close (up), shut (up). (*b*) To enclose (park, etc.). (*c*) To end, finish (discussion); to conclude (bargain).
clos. 1. *a.* (*a*) Closed; shut up. **A la nuit close,** after dark. S.a. HUIS 2. (*b*) Concluded. **2.** *s.m.* Enclosure; close. **C. de vigne,** vineyard.
clôture [klotyːr], *s.f.* **1.** Enclosure, fence, fencing. **C. en planches,** hoarding. **C. de fer,** iron railing. **C. en fil métallique,** wire fence. **Mur de c.,** (party) fence wall, enclosing wall. *Jur:* **Bris de c.,** breach of close. **2.** (*a*) Closing, closure (of offices, theatre, etc.). *Ven:* **C. de la chasse,** close of season. (*b*) Conclusion, end (of sitting, etc.). **Demander la c. (d'une discussion),** to move the closure (of a debate). *St.Exch:* **Cours, prix, de, en, c.,** closing price. **3.** *Com:* Closing, winding up (of account).
clôturer [klotyre], *v.tr.* **1.** To enclose, shut in (field, etc.). **2.** (*a*) To close down (factory, etc.). (*b*) To end, terminate, conclude (session). *Parl:* **C. les débats,** to closure the debate. **3.** To wind up, close (accounts, etc.).
clou [klu], *s.m.* **1.** (*a*) Nail. **Souliers à gros clous,** hob-nailed boots. **Attacher qch. avec un c.,** to nail sth. up (or down). *F:* **Ne pas ficher un c.,** not to do a stroke (of work). **Ça ne vaut pas un c.,** that's not worth a hang, a scrap. **Mettre qch. au c.,** to pawn sth. S.a. CHASSER 1, RIVER. (*b*) *Furn:* **C. doré,** brass-headed nail, stud. (*c*) **C. cavalier,** staple. **C. à crochet,** hook. (*d*) Stud (of pedestrian crossing); **Traverser aux clous,** to cross at a pedestrian crossing. (*e*) *F:* Star turn, chief attraction (of entertainment). (*f*) *Mil:* *P:* Cells. **Au c.,** in clink. **2.** Boil, carbuncle. **3. C. de girofle,** clove. **4.** Old worn out motor car, etc.
clou|er [klue], *v.tr.* **1.** To nail (sth.) (up, down). **Tapis cloué,** fitted carpet. *F:* **C. le bec à qn,** to silence s.o.; to shut s.o. up. **2.** To pin (sth.) down; to rivet; to hold (sth.) fast. *Mil:* **C. au sol,** to pin down. **Rester cloué sur place,** to stand stock-still, rooted to the spot. **Être cloué à son lit,** to be tied to one's bed (by illness); to be bed-ridden. *Chess:* **C. une pièce,** to pin a piece. *s.m.* **-age.**
clouté [klute], *a.* Studded, bradded (shoes). **Passage c.,** pedestrian crossing.
clout|er [klute], *v.tr.* **1.** To stud. **2.** To fix (horse-shoe). *s.m.* **-age.**
cloutier, -ière [klutje, -jɛːr], *s.m.* (*a*) Nailer, nail-smith. (*b*) Nail-dealer.
clovisse [klɔvis], *s.f.* *Moll:* Clam.
clown [klun], *s.m.* Clown; buffoon.
clownesque [klunɛsk], *a.* Clownish.
club [klyb, klœb], *s.m.* **1.** (Political, sporting) club. **2.** (Golf-)club (implement).
coaccusé, -ée [koakyze], *s.* *Jur:* Co-defendant.
coacquéreur [koakerœːr], *s.m.* Joint purchaser.
coactif, -ive [koaktif, -iːv], Coercive, compulsory (power, etc.).
coadjuteur [koadʒytœːr], *s.m.* *Ecc:* Coadjutor (to bishop).
coadministrateur [koadministratœːr], *s.m.* (*a*) Co-director. (*b*) Co-trustee.
coagulation [koagylasjɔ̃], *s.f.* Coagulation, coagulating.
coaguler [koagyle], *v.tr.* To coagulate, congeal (albumen, etc.); to curdle (milk).
se coaguler, (of blood, etc.) to coagulate, congeal, clot; (of milk) to curdle.

coaliser (se) [səkoalize], *v.pr.* To form a coalition; to unite.
coalition [koalisjɔ̃], *s.f.* **1.** Coalition, union, league. **2.** (Hostile) combination; conspiracy.
coaltar [kɔltaːr], *s.m.* (Coal-, gas-)tar.
coass|er [koase], *v.i.* (Of frog) To croak. *s.m.* **-ement.**
coassocié, -ée [koasɔsje], *s.* Copartner; joint partner.
coauteur [kootœːr], *s.m.* **1.** Co-author. **2.** Accomplice (in crime).
cobalt [kɔbalt], *s.m.* Cobalt.
cobaye [kɔbaːj], *s.m.* *Z:* Guinea-pig. *F:* **Servir de c.,** to be a guinea-pig.
Coblence [kɔblɑ̃ːs]. *Pr.n.m. Geog:* Coblentz.
cobra [kɔbra], *s.m. Rept:* Cobra.
cocagne [kɔkaɲ], *s.f.* *A:* Feast, treat. **Mât de c.,** greasy pole. **Pays de c.,** land of milk and honey; land of plenty.
cocaïne [kɔkain], *s.f. Pharm:* Cocaine.
cocaïnomane [kɔkainɔman], *s.m. & f.* Cocaine addict.
cocarde [kɔkard], *s.f.* Cocade, rosette. *Av:* Roundel; fuselage marking; company crest (on aircraft).
cocardier, -ière [kɔkardje, -jɛːr], *a.* Fond of uniform, of all things military; chauvinistic, jingoistic.
cocasse [kɔkas], *a. F:* Droll, laughable.
cocasserie [kɔkasri], *s.f. F:* **1.** Comicality, oddity. **2.** *pl.* Antics (of clown, etc.).
coccinelle [kɔksinɛl], *s.f. Ent:* Coccinella; esp. lady-bird.
coccyx [kɔksis], *s.m. Anat:* Coccyx.
coche¹ [kɔʃ], *s.m.* *A:* Stage-coach. *F:* **Faire la mouche du c.,** to play the busybody. **Manquer le c.,** to miss the boat, to let the opportunity slip by.
coche², *s.f.* Notch, nick; score (on tally-stick); nock (of arrow).
cochenille [kɔʃniːj], *s.f.* Cochineal.
cochenillier [kɔʃnijje], *s.m.* Cochineal-fig; nopal.
cocher¹ [kɔʃe], *s.m.* Coachman, driver.
cocher², *v.tr.* To nick, notch; to mark off; to score (tally).
cochère [kɔʃɛːr], *a.f.* **Porte c.,** carriage gateway, main entrance.
cochet [kɔʃɛ], *s.m.* Cockerel.
cochon [kɔʃɔ̃]. **I.** *s.m.* **1.** (*a*) Pig, hog, porker. **C. de lait,** sucking-pig. **Troupeau de cochons,** herd of swine. **Gardeur de cochons,** swine-herd. **Étable à cochons,** pigsty, piggery. *F:* **Amis comme cochons,** as thick as thieves. (*b*) Occ. *Cu:* Pork. **Fromage de c.,** brawn. **2.** *Z:* **C. d'Inde,** guinea-pig.
II. cochon, -onne. *P:* **1.** *a.* Swinish, indecent, foul, beastly. **2.** *s.m.* Dirty pig; swine (of a man). **Jouer un tour de c. à qn,** to play s.o. a dirty trick.
cochonnerie [kɔʃɔnri], *s.f. F:* **1.** (*a*) Filthiness, beastliness. (*b*) **Dire des cochonneries,** to talk smut, to utter obscenities. **2.** Trashy, stuff; rubbish. **3.** Foul trick; *P:* lousy trick.
cochonnet [kɔʃɔnɛ], *s.m.* **1.** Piglet. **2.** *Games:* (*a*) *Bowls:* Jack. (*b*) Die with twelve faces; teetotum.
cockpit [kɔkpit], *s.m. Av: etc:* Cockpit.
cocktail [kɔktɛl], *s.m.* (*a*) Cocktail. (*b*) Cocktail-party. (*c*) *F:* Mixture.
coco¹ [kɔko], *s.m.* **1.** (*a*) **Noix de c.,** coconut. **Fibre de c.,** coir(-fibre). (*b*) *P:* Head, nut. (*c*) *P:* Stomach. **2.** *F:* Liquorice water.
coco², *s.m.* **1.** (Child's word) (*a*) Cock-a-doodle. (*b*) Egg. **2.** (*a*) *P:* Fellow, individual (in bad sense). **Drôle de c.,** queer stick. (*b*) *F:* **Mon c.,** my pet, my darling.
coco³, *s.f. F:* Cocaine.
cocon [kɔkɔ̃], *s.m.* Cocoon.
cocorico [kɔkɔriko], *onomat. & s.m.* Cock-a-doodle-doo!
cocotier [kɔkɔtje], *s.m.* Coconut palm.
cocotte [kɔkɔt], *s.f.* **1.** (Child's word) (*a*) Hen, chicken, (*b*) Bird made out of folded paper. **2.** *F:* (*a*) (*Woman*) Tart. (*b*) **Ma c.,** ducky; my little duck. (*c*) Horse, gee-gee. **3.** *Cu:* Stew-pan.
cocotte-minute [kɔkɔtminyt], *s.f.* *R.t.m:* Pressure cooker. *pl. cocottes-minute.*
cocu [kɔky], *s.m.* Cuckold.
cocufier [kɔkyfje], *v.tr.* To cuckold.
code [kɔd], *s.m.* Code. **1.** Statute-book. **C. (de justice) militaire,** (i) Army Act, (ii) articles of war. **C. de commerce,** commercial law. *F:* **Se tenir dans les marges du c.,** to keep just within the law. *Aut:* **C. de la route,** highway code. **Se mettre en c.,** to dip one's head-lights. **2. C. télégraphique,** telegraphic-code.
codéine [kɔdein], *s.f. Ch:* Codeine.
coder [kɔde], *v.tr.* To code (message).
codétenu, -ue [kodetny], *s.* Fellow-prisoner.
codicille [kɔdisil], *s.m.* Codicil.
codification [kɔdifikasjɔ̃], *s.f.* (*a*) Codification, classification (of laws). (*b*) Coding (of message).
codifier [kɔdifje], *v.tr.* **1.** To codify (laws). **2.** To code (message).
codirecteur, -trice [kodirɛktœːr, -tris], *s.* Co-director, -directress; joint-manager, -manageress.
coéducation [koedykasjɔ̃], *s.f.* Co-education.
coefficient [koefisjɑ̃], *s.m.* Coefficient. *Mec:* **C. d'écrasement, d'élasticité,** modulus of compression, of elasticity. **C. de sûreté, de sécurité,** safety factor.
cœlacanthe [selakɑ̃ːt], *s.m. Ich:* Coelacanth.
cœlentérés [selɑ̃tere], *s.m.pl. Z:* Coelenterata.
coéquation [koekwasjɔ̃], *s.f.* *Adm:* Proportional assessment.
coéquipier [koekipje], *s.m. Sp:* Team-mate.
coercible [koersibl], *a. Ph:* Coercible (gas, etc.).
coercitif, -ive [koersitif, -iːv], *a.* Coercive.
cœur [kœːr], *s.m.* Heart. **1.** (*a*) **Maladie de c.,** heart disease. *Surg:* **Greffe du c.,** heart transplant. **Opération à c. ouvert,** open-heart surgery. **Serrer qn sur, contre, son c.,** to clasp s.o. to one's breast, to one's bosom. **Tué d'une balle au c.,** killed by a bullet in the heart. *F:* **Joli c.,** (i) sissy, (ii) poodle-faker. **Joli comme un c.,** pretty as a picture. **En c.,** heart-shaped. *F:* **Faire la bouche en c.,** to smirk. (*b*) **Avoir mal au c.,** to feel sick. **Cela soulève le c.,** it is nauseating; it makes one's gorge rise. **Avoir le c. sur les lèvres,** to feel sick. **2.** Soul, feelings, mind. (*a*) **Avoir qch. sur le c.,** to have sth. on one's mind. **Avoir la rage au c.,** to be raging with (suppressed) anger. **En avoir le c. net,** to get to the bottom of it; to clear the matter up. **Au fond du c.,** in one's heart of hearts. **Parler à c. ouvert,** to speak freely, with open heart. **Remercier qn de tout c.,** to thank s.o. whole-heartedly. **Spectacle qui vous fend le c.,** heart-rending sight. **Il mourut le c. brisé,** he died of a broken heart. **Partir le c. léger,** to set off with a light heart. **Ruiner autrui de gaîté de c.,** to ruin others wantonly, with a light heart. **Avoir le c. gros,** to be sad at heart. **Avoir la mort dans le c.,** to be sick at heart. **La chose qui lui tient au c.,** (i) the thing he has set his heart on; (ii) the thing that hurts him most. **Avoir le c. sur la main,** to be generous. **Avoir trop de c.,** to be too tender-hearted. **Homme de c.,** great-hearted man. **N'avoir point de c.,** to have no feelings. **Manque de c.,** heartlessness. **Si le c. vous en dit,** if you feel like it. **Je serai de c. avec vous,** I shall be with you in spirit. **Je n'ai pas le c. à faire cela,** I am not in the mood to do that. **Je n'ai pas le c. à rire,** I am in no laughing mood. **Vous n'aurez pas le c. de faire cela,** you will not be so heartless as to do that. **Avoir qch. à c.,** to have sth. at heart. **Avoir à c. de faire qch.,** to be bent, set, on doing sth. **Prendre qch. à c.,** to lay, take, sth. to heart. **Prendre à c. de faire qch.,** to set one's heart on doing sth. (*b*) **Apprendre, savoir, qch. par c.,** to learn, know, sth. by heart. **3.** Courage, spirit, pluck. **Donner du c. à qn,** to put s.o. in good heart; to hearten s.o. *F:* **Avoir du c. au ventre,** to have plenty of guts. **Faire contre mauvaise fortune bon c.,** to make the best of a bad job; to put a brave face on things. **4.** (*a*) **Avoir le c. à l'ouvrage,** to have one's heart in one's work. **Faire qch. de bon c., de grand c.,** to do sth. willingly, gladly. **Faire qch. de mauvais c.,** to do sth. reluctantly, unwillingly. **Rire de bon c.,** to laugh heartily. **Travailler, y aller, de bon c.,** to work heartily, with a will. S.a. JOIE 1. (*b*) **Donner son c. à qn,** to lose one's heart to s.o. **Aimer qn de tout son c.,** to love s.o. with all one's heart. **A vous de tout c.,** yours affectionately. *Prov:* **Loin des yeux loin du c.,** out of sight, out of mind. S.a. AFFAIRE 1, AMI 1. (*c*) **Avoir un grand c.,** to be great-hearted. **C'est un bon c.,** he is kind-hearted. **Il a le c. bien placé,** his heart is in the right place. **5.** Middle, midst. **Au c. de la ville,** in the heart of the town. **C. d'un chou, d'un artichaut,** heart of a cabbage, of an artichoke. *F:*

Avoir un c. d'artichaut, to fall in love with every pretty girl one meets. Au c. de l'hiver, de l'été, in the depth of winter, in the height of summer. *Her:* C. de l'écu, heart; heart-point. 6. *Cards:* Hearts. Avez-vous du c.? have you any hearts?

coexistence [koegzistɑ̃s], *s.f.* Coexistence (avec, with). *Pol:* C. pacifique, peaceful coexistence.

coexister [koegziste], *v.i.* To coexist (avec, with).

coffrage [kɔfraːʒ], *s.m.* 1. *Min: etc:* Coffering, lining (of shaft, etc.). 2. *Const:* Framework, framing, shuttering (for concrete work).

coffre [kɔfr], *s.m.* 1. (*a*) Chest, bin. *Artil:* Ammunition-box. C. à outils, tool-chest, -box. C, de voyage, trunk. C. à linge, linen chest. C. à avoine, corn bin. (*b*) *Anat: F:* Chest. *F:* Avoir le c. solide, to be sound in wind and limb. (*c*) C. de sûreté, safe. *F:* Les coffres de l'État, the coffers of the State; the Treasury. (*d*) Boot (of car). 2. (*a*) Case (of lock, piano, etc.). (*b*) *Mch:* C. à vapeur, steam-chest, -chamber. 3. *Nau:* Mooring-buoy; moorings. Prendre son c., to pick up one's moorings. 4. *Nau:* Well-deck.

coffre-fort [kɔfrəfɔːr], *s.m.* Safe. *pl. Des coffres-forts.*

coffrer [kɔfre], *v.tr.* 1. *F:* To put (s.o.) into prison. 2. *Min:* To coffer, line (shaft).

coffret [kɔfrɛ], *s.m.* Small box; tool-box or -chest. C. à bijoux, jewel-case; casket. C. à documents, deed-box.

cogérant, -ante [koʒerɑ̃, -ɑ̃ːt], *s.* Joint manager, joint manageress.

co|gérer [koʒere], *v.tr.* To manage jointly. *s.f.* -gérance, -gestion.

cognac [kɔɲak], *s.m.* Cognac; brandy.

cognassier [kɔɲasje], *s.m.* Quince(-tree).

cogne [kɔɲ], *s.m. P:* Policeman, copper.

cognée [kɔɲe], *s.f.* Axe or hatchet. Mettre la c. à l'arbre, to set the axe (i) to the tree, (ii) to the root of an evil. S.a. MANCHE² 1.

cogn|er [kɔɲe]. 1. *v.tr.* (*a*) To drive in, hammer in (sth.). (*b*) To knock, beat, thump. C. qn en passant, to bump up against s.o. *Box:* Il cogne dur, he is a hard hitter. *F:* Ils se sont cognés, they had a stand-up fight. 2. *v.i.* (*a*) To knock, thump (sur, on); to bump (contre, against). (*b*) (Of engine, etc.) To knock. *s.m.* -ement.

cogneur [kɔɲœːr], *s.m. Box:* Hardhitter; bruiser.

cohabiter [koabite]. 1. *v.i.* To cohabit (avec, with); to live together. 2. *v.tr.* C. une même maison, to live in the same house.

cohérence [koerɑ̃ːs], *s.f.* Coherence.

cohérent [koerɑ̃], *a.* Coherent.

cohéritier, -ière [koeritje, -jɛːr], *s.* Co-heir, -heiress; joint heir(ess).

cohésion [koezjɔ̃], *s.f.* Cohesion, cohesiveness.

cohorte [koɔrt], *s.f. Rom.Ant:* Cohort.

cohue [koy], *s.f.* Crowd, mob, throng.

coi, *f.* **coite** [kwa, kwat], *a. A:* Quiet, peaceful. (Still used in) Se tenir c., to keep quiet; to lie low. Rester c., to be nonplussed.

coiffe [kwaf], *s.f.* 1. Head-dress, cap (esp. of peasant woman). *A.Cost:* Coif. 2. Lining (of hat). 3. Cover. (*a*) *Nau: etc:* C. blanche, white cap-cover. (*b*) *Artil:* Breech-cover. 4. Caul (of new-born child).

coiffé [kwafe], *a.* 1. Être c. d'un chapeau, to be wearing a hat. Il est né c., (i) he was born with a caul; (ii) *F:* he was born with a silver spoon in his mouth. 2. Être bien c., to have one's hair well dressed.

coiffer [kwafe], *v.tr.* 1. (*a*) To cover (the head); to cap (bottle, etc.). Ce chapeau vous coiffe bien, this hat suits you. Montagne coiffée de neige, snow-capped mountain. S.a. CATHERINE. (*b*) C. un chapeau, to put on a hat. Du combien coiffez-vous? what is your size (in hats)? 2. C. qn, to dress, do, s.o.'s hair. 3. *Sp: F:* To beat. *Rac: Sp:* C. d'une courte tête, to beat by a short head.

se coiffer. 1. To put one's hat on. Se c. d'une casquette, to put on or wear a cap. 2. To do one's hair. 3. *F:* Se c. de qn, to become infatuated with s.o.

coiffeur, -euse [kwafœːr, -øːz]. 1. *s.* Hairdresser; hair-stylist. 2. *s.f.* Coiffeuse, dressing-table.

coiffure [kwafyːr], *s.f.* 1. Head-dress, head-gear. 2. Hair-style. 3. Hairdressing. S.a. SALON.

coin [kwɛ̃], *s.m.* 1. (*a*) Corner (of street, room, etc.). Maison du c., qui fait le c., corner house. L'épicier du c., the grocer round the corner. Place de c., corner seat. Mettre un enfant au c., to put a child in the corner (in disgrace). Il a visité les quatre coins du monde, he has travelled all over the world. Regarder qn du c. de l'œil, to look at s.o. out of the corner of one's eye. Regard en c., side-glance. Reliure avec coins, binding with leather corners. (*b*) (Retired) spot, nook. Petit c. rustique, small country place. Coins et recoins, nooks and corners, nooks and crannies. (*c*) *Furn:* Corner cupboard. (*d*) C. d'évier, sink tidy. (*e*) C. du feu, ingle-nook. Au c. du feu, by the fireside. (*f*) Small piece; patch (of land, etc.). Le c. des légumes, (in a garden) the vegetable plot. C. de ciel bleu, patch of blue sky. 2. Wedge, key, quoin, chock. En c., wedge-shaped. C. à fendre, wood-splitting wedge. Tranchant du c., thin edge of the wedge. *Typ:* C. de serrage, quoin. 3. (*a*) Stamp, die (for striking medals, coins). (*b*) Hall-mark. Marqué au bon c., of the right stamp.

coin|cer [kwɛ̃se], *v.* (je coinçai(s); n. coinçons) 1. *v.tr.* To wedge (up), chock (up) (rails, etc.). *F:* C. qn, (i) to corner s.o.; (ii) to arrest, *F:* pinch, s.o.; to run s.o. in. *F:* Vous êtes coincé, you're stymied. *s.m.* -çage. 2. *v.i. & pr.* (Of machine parts, etc.) To jam, stick; to bind. *s.m.* -cement.

coïncidence [koɛ̃sidɑ̃ːs], *s.f.* Coincidence.

coïncident [koɛ̃sidɑ̃], *a.* Coincident, coinciding.

coïncider [koɛ̃side], *v.i.* To coincide (avec, with).

coin-coin [kwɛ̃kwɛ̃], *s.m. & int.* (Of ducks) Quacking; quack! quack!

coing [kwɛ̃], *s.m. Bot:* Quince.

coir [kwaːr], *s.m.* Coir; coco(a)-nut fibre.

coke [kɔk], *s.m.* Coke.

cokéfier [kɔkefje], *v.tr.* To coke.

cokerie [kɔkri], *s.f.* Coking-plant, coke ovens.

col [kɔl], *s.m.* 1. (*a*) *A:* Neck. Homme au c. court, short-necked man. *Dressm:* Tour de c., collar (of dress). (*b*) Neck (of bottle, etc.). *Anat:* Cervix. *Mec.E:* C. de cygne, d'oie, swan-neck, goose-neck. 2. *Cost:* Collar. Faux c., (i) detachable collar; (ii) *F:* head (of froth on glass of beer). C. raide, mou, stiff, soft, collar. C. de dentelle, lace collar. 3. *Geog:* Pass, col, saddle (of mountain).

colback [kɔlbak], *s.m. Mil:* Busby.

col-bleu [kɔlblø], *s.m. Navy: F:* (Pers.) Blue jacket. *pl. Des cols-bleus.*

colcotar [kɔlkɔtaːr], *s.m.* Colcothar; (jewellers') rouge.

cold-cream [kɔlkrɛm], *s.m. Pharm:* Cold-cream.

colégataire [kolegatɛːr], *s.m. & f. Jur:* Co-legatee; joint legatee.

coléoptère [kɔleɔptɛːr], *s.m.* Coleopter, beetle.

colère [kɔlɛːr]. 1. *s.f.* (*a*) Anger; *Lit:* wrath. *F:* Colère bleue, towering passion. Être en c., to be angry, in a temper. Mettre qn en c., to make s.o. angry. Se mettre, entrer, en c., to fly into a passion; to lose one's temper. *B:* Enfants de c., children of wrath. (*b*) Il avait des colères terribles, he was subject to terrible fits of anger. 2. *a.* Angry (voice); irascible (person).

coléreux, -euse [kɔlerø, -øːz], *a.* Quick-tempered, irascible (person).

colérique [kɔlerik], *a.* Choleric, fiery (disposition).

colibri [kɔlibri], *s.m.* Colibri; humming-bird.

colifichet [kɔlifiʃɛ], *s.m.* 1. (*a*) Trinket, bauble. (*b*) *pl.* Rubbish, trash. 2. Bird-cake.

colimaçon [kɔlimasɔ̃], *s.m.* Snail. (Escalier en) c., spiral staircase.

colin [kɔlɛ̃], *s.m. Ich:* (i) Coalfish, green pollack. (ii) *F:* Hake. (iii) *F:* Coalie.

colin-maillard [kɔlɛ̃majaːr], *s.m.* 1. Blindman's-buff. 2. Blind man (in blind-man's-buff).

colique [kɔlik]. 1. *a. Anat:* Colic (artery, etc.). 2. *s.f.* Colic; *F:* stomach-ache. Avoir la c., to have severe pains in the intestines.

colis [kɔli], *s.m.* 1. Parcel, packet, package. C. postal, postal packet. Par c. postal, by parcel post. 2. (Article of) luggage. Les gros c., heavy luggage. C. à la main, hand luggage.

Colisée (le) [ləkɔlize], *s. Rom.Ant:* The Colosseum, the Coliseum.

colistier [kolistje], *s.m. Pol: etc:* Fellow-candidate.
côlite [kolit], *s.f. Med:* Colitis.
collaborateur, -trice [kɔlabɔratœːr, -tris], *s.* (*a*) Collaborator; fellow-worker; associate. (*b*) Assistant. **Collaborateurs d'une revue,** contributors to a magazine. (*c*) *Pol:* Collaborationist.
collaboration [kɔlabɔrasjɔ̃], *s.f.* Collaboration (**avec,** with); joint authorship; contributing (**à,** to).
collaborer [kɔlabɔre], *v.i.* To collaborate (**avec,** with). **C. à un journal,** to contribute to a newspaper.
collage [kɔlaːʒ], *s.m.* 1. (*a*) Gluing, sticking (of wood, etc.); pasting (of paper, etc.). *Phot:* **C. à sec,** dry mounting. *Art:* Collage. (*b*) *F:* Cohabitation, living in sin. 2. *Paperm:* Sizing. 3. Clarifying (of wine).
collant [kɔlɑ̃]. 1. *a.* (*a*) Sticky; tacky. **Houille collante,** caking coal. (*b*) Tight-, close-fitting; skin-tight (garment). 2. *s.m. Th:* (Pair of) tights.
collapsus [kɔllapsyːs], *s.m. Med:* Collapse (of patient).
collatéral, -aux [kɔllateral, -o], *a.* Collateral. *Arch:* **Nef collatérale,** *s.m.* **collatéral,** (side) aisle. *Jur:* **(Parents) collatéraux,** collaterals, relatives. *adv.* **-ement.**
collation [kɔl(l)asjɔ̃], *s.f.* 1. Granting, conferment (of degree, etc.). *Ecc:* Advowson. 2. Collation (of documents). *Typ:* Checking (of proofs with copy). 3. Light meal; snack.
collationn|er [kɔl(l)asjɔne]. 1. *v.tr.* To collate, compare (two written documents). 2. *v.i.* To have a snack. *s.m.* **-ement.**
colle [kɔl], *s.f.* 1. (i) Paste; (ii) glue; (iii) size. **C. de pâte,** (flour) paste. **C. forte,** glue. **C. de poisson,** fish-glue; isinglass. **Papier sans c.,** unsized paper. 2. *F:* (*a*) Falsehood, lie. (*b*) *Sch:* (i) Poser; (ii) oral test; (iii) detention. **Poser une c.,** to ask a sticky question.
collecte [kɔllɛkt], *s.f.* 1. (*a*) *Ecc:* Collection (for the poor, etc.). (*b*) Collecting, gathering. 2. *Ecc:* Collect.
collecteur, -trice [kɔlɛktœːr, -tris]. 1. *s.* Collector. 2. *a. & s.m.* (*a*) *El.E:* **Collecteur, bague collectrice,** collector(-ring), commutator (of dynamo, etc.). *W.Tel:* **C. d'ondes,** aerial. (*b*) *Civ.E:* **Égout c., grand c.,** main sewer. (*c*) *I.C.E:* **C. d'échappement,** exhaust manifold.
collect|if, -ive [kɔlɛktif, -iːv]. 1. *a.* Collective, joint (action, report). **Ferme collective,** collective farm. *Med:* **Radiographie collective,** mass radiography. 2. *s.m. Adm:* Block of flats. *adv.* **-ivement.**
collection [kɔlɛksjɔ̃], *s.f.* 1. Collecting; gathering. 2. Collection; cabinet (of butterflies); file (of newspapers); line (of samples). **Présentation de collections,** fashion show, parade.
collectionn|er [kɔlɛksjɔne], *v.tr.* To collect (stamps, curios, etc.). *s.m.* **-ement.**
collectionneur, -euse [kɔlɛksjɔnœːr, -øːz], *s.* Collector (of curios, etc.).
collectivisme [kɔlɛktivism], *s.m.* Collectivism.
collectivité [kɔlɛktivite], *s.f.* Collectivity. 1. Community. 2. Common ownership.
collège [kɔlɛːʒ], *s.m.* 1. College. **Le Sacré C.,** the College of Cardinals. **C. électoral,** electoral body; constituency. 2. School. **C. d'enseignement général** = Comprehensive School. **C. libre,** independent, private, (secondary) school.
collégial, -iaux [kɔleʒjal, -jo]. 1. *a.* Collegial, collegiate. 2. *s.f.* **Collégiale,** collegiate church.
collégien, -ienne [kɔleʒjɛ̃, -jɛn], *s.* Schoolboy, -girl.
collègue [kɔllɛg], *s.m. & f.* Colleague; fellow-worker, -officer.
coller [kɔle]. 1. *v.tr.* (*a*) To paste, stick, glue (**à,** to, on). **Cheveux que le sang collait,** hair matted with blood. *F:* **C. son visage à la vitre,** to press, glue, one's face, to the window-pane. (*b*) (i) *F:* To put, give. **Collez ça dans un coin,** stick that in a corner. **C. (une privation de sortie à) un élève,** to keep a pupil in. **C. son poing sur la figure de qn,** to bash s.o. on the jaw. (ii) *F:* To stump, floor (s.o.). **C. un candidat,** to fail, plough, a candidate. (*c*) To size (paper). (*d*) To clarify, fine (wine). (*e*) *Typ:* To close up (letters). 2. *v.i.* To stick, adhere, cling (**à,** to). **Vêtement qui colle,** clinging, tight-fitting, garment. *Opt: Phot:* **Lentille non collée,** uncemented lens. **L'aiguille (du manomètre, etc.) reste collée,** the pointer sticks. *F:* **Ça ne colle pas,** it doesn't work; I can't get my figures right. *F:* **Ça ne colle pas tous les deux,** they don't hit it off. *P:* **Ça colle,** that's O.K.
se coller. 1. To stick, adhere closely. **Se c. contre un mur,** to stand close to a wall. **Elle se colla contre lui,** she clung close to him. 2. *P:* **Se c. avec qn,** to live with s.o. (as man and wife).
collerette [kɔlrɛt], *s.f.* 1. (*a*) Collarette, collar (of fine muslin). (*b*) Ruff. 2. Flange (of pipe, joint, etc.).
collet [kɔlɛ], *s.m.* 1. (*a*) Collar (of coat, dress). **Saisir qn par le c., au c.,** to collar s.o.; to seize s.o. by the scruff of the neck. *F:* **Un c. monté,** a stiff-necked, strait-laced, starched, person. *a.inv.* **Elle est très c. monté,** she is very prim (and proper), very formal. (*b*) Cape. 2. Neck (of tooth, chisel, violin, etc.); shoulder (of racquet, etc.). *Cu:* **C. de mouton,** neck, scrag, of mutton. 3. Flange, collar (of pipe, etc.); journal (of shaft). 4. Snare, springe, noose (for trapping small animals). **Prendre des lapins au c.,** to snare rabbits.
collet|er [kɔlte], *v.* (**je collette; je colletterai**) 1. *v.tr.* (*a*) To collar (s.o.). (*b*) To grapple, wrestle, scuffle, with (s.o.). **Se c.,** to come to grips. 2. *v.i.* To set snares. *s.m.* **-age.**
colleur [kɔlœːr], *s.m.* (*a*) Gluer, paster. **C. d'affiches,** bill-sticker. (*b*) Sizer (of paper, etc.).
collier [kɔlje], *s.m.* 1. Necklace, necklet. 2. (*a*) Collar (of order, etc.). (*b*) **C. de chien, de cheval,** dog-collar, horse-collar. **Cheval de c.,** draught-horse. **Être franc du c.,** (i) (of horse) to be a good puller; (ii) *F:* (of pers.) to be a hard worker. **Coup de c.,** sudden effort, tug (by horse); *El.E:* sudden overload. *F:* **Donner un coup de c.,** to put one's back into it. *F:* **Reprendre le c.,** to get back into harness. S.a. MISÈRE 1. 3. *Mec.E:* Collar, ring. *Tchn:* Clip. **C. de palier,** bearing collar. **C. de frein,** brake-band. 4. Collar, ring (on birds, etc.). **Pigeon à c.,** ringed pigeon.
colliger [kɔlliʒe], *v.tr.* (**je colligeai(s), n. colligeons**) To collect (and compare, reports, etc.).
collimateur [kɔllimatœːr], *s.m. Astr: Surv:* Collimator; collimating prism or lens.
colline [kɔlin], *s.f.* Hill. **Petite c.,** hillock.
collision [kɔl(l)izjɔ̃], *s.f.* Collision; clash (of interests). **Entrer en c. avec qch.,** to collide with sth.; to run into (ship, car, etc.). *Atom.Ph:* **C. de neutrons,** knock-on. **C. nucléaire,** nuclear collision.
collodion [kɔl(l)ɔdjɔ̃], *s.m. Ch: etc:* Collodion.
colloïde [kɔllɔid], *s.m. Ch: etc:* Colloid, gel.
colloque [kɔllɔk], *s.m.* Colloquy, conversation; conference.
collotypie [kɔllɔtipi], *s.f.* = PHOTOTYPIE.
collusion [kɔllyzjɔ̃], *s.f. Jur:* Collusion.
collusoire [kɔllyzwaːr], *a. Jur:* Collusive. *adv.* **-ment.**
collutoire [kɔllytwaːr], *s.m. Pharm:* Mouth-wash.
collyre [kɔlliːr], *s.m. Pharm:* Eye-lotion.
colmat|er [kɔlmate], *v.tr.* 1. *Agr:* To warp (land). 2. To fill in (pot-holes in road, etc.). *Mil:* To consolidate (position). 3. To clog (up) (filter); to choke (up) (pipe, etc.). *s.m.* **-age.**
se colmater, to clog up; to become choked.
colocataire [kolɔkatɛːr], *s.m. & f.* Joint tenant; co-tenant.
Colomb [kɔlɔ̃]. *Pr.n.m.* **Christophe C.,** Christopher Columbus.
colombage [kɔlɔ̃baːʒ], *s.m.* Half-timbering. **Maison en c.,** half-timbered house.
colombe [kɔlɔ̃ːb], *s.f. Orn:* Pigeon, dove.
Colombie [kɔlɔ̃bi]. *Pr.n.f. Geog:* 1. Colombia. 2. **La C. britannique,** British Columbia.
colombier [kɔlɔ̃bje], *s.m.* Dovecot(e); pigeon-house.
colombin, -ine [kɔlɔ̃bɛ̃, -in]. 1. *a.* (*a*) Dove-like. (*b*) Dove-coloured. 2. *s.m.* (*a*) *Orn:* Stock-dove. (*b*) *Min:* Lead ore. 3. *s.f.* **Colombine.** (*a*) *Agr:* Pigeon-dung (manure). (*b*) *Bot:* Columbine, aquilegia. (*c*) *Pr.n. Th:* Columbine.
colombophile [kɔlɔ̃bɔfil], *s.m. & f.* Pigeon-fancier, -breeder.
colon [kɔlɔ̃], *s.m.* 1. Husbandman; farmer. 2. (*a*) Colonist, settler. (*b*) *F:* Colonial.
côlon [kolɔ̃], *s.m. Anat:* Colon.
colonel [kɔlɔnɛl], *s.m. Mil:* Colonel. *Av:* Group captain.

colonial, -aux [kɔlɔnjal, -o]. *a. & s.m.* Colonial.
colonial|isme [kɔlɔnjalism], *s.m. Pol:* (*a*) Imperialism. (*b*) Colonialism. *a.* **-iste.**
colonie [kɔlɔni], *s.f.* Colony, settlement. **Aux colonies,** in the colonies. **C. pénitentiaire,** reformatory settlement or school (for youths). **C. de vacances,** children's holiday camp. **La c. anglaise à Paris,** the English colony in Paris.
colonisateur, -trice [kɔlɔnizatœ:r, -tris]. **1.** *a.* Colonizing (nation, etc.). **2.** *s.* Colonizer.
colonisation [kɔlɔnizasjɔ̃], *s.f.* Colonization, settling.
coloniser [kɔlɔnize], *v.tr.* To colonize, settle (region).
colonnade [kɔlɔnad], *s.f. Arch:* Colonnade.
colonne [kɔlɔn], *s.f.* **1.** Column, pillar. **C. de l'Église,** pillar, mainstay, of the Church. **Lit à colonnes,** four-poster bed. **C. d'un journal,** column of a newspaper. *Anat:* **C. vertébrale,** spinal column; spine, backbone. *Hyd.E:* **C. d'eau,** head, fall, of water. **2.** (*a*) *Mil: etc:* Column. **En c. de route,** in route column; in column of route. **C. de véhicules en marche,** line of moving vehicles. *Mil:* **En c. par quatre!** form fours! (*b*) *Navy:* **En c.,** line ahead. (*c*) *Pol:* **Cinquième c.,** fifth column.
colophane [kɔlɔfan], *s.f.* Rosin, colophony.
colophon [kɔlɔfɔ̃], *s.m. Typ:* Colophon.
colorage [kɔlɔra:ʒ], *s.m.* Coloration.
colorant [kɔlɔrɑ̃]. **1.** *a.* Colouring (matter, etc.). **2.** *s.m.* Colouring (matter); dye.
coloration [kɔlɔrasjɔ̃], *s.f.* **1.** Colouring. **2.** Colour. **C. du teint,** ruddiness. **Avoir de la c.,** to have a high colour.
coloré [kɔlɔre], *a.* Coloured. **Vin c.,** dark-red wine. **Teint c.,** ruddy, florid, complexion. **Récit c.,** highly coloured narrative.
colorer [kɔlɔre], *v.tr.* To colour, stain, tinge, tint. **C. qch. en vert,** to colour sth. green. **C. un récit,** to lend colour to a tale.
se colorer, (of fruit, etc.) to colour; to assume a colour, a tinge; (of complexion) to grow ruddy.
colori|er [kɔlɔrje], *v.tr.* To colour, lay colour on (map, drawing). **Colorié à la main,** hand-coloured. *s.m.* **-age.**
coloris [kɔlɔri], *s.m.* Colour(ing) (of painting, fruit, etc.). **C. du style,** brilliance, richness, of style. *Com:* **Carte de c.,** shade-card.
coloriste [kɔlɔrist], *s.m. & f.* **1.** *Art:* Colourist. **2.** *Ind:* Colourer, painter (of post-cards, toys).
colossal, -aux [kɔlɔsal, -o], *a.* Colossal, gigantic, huge. *adv.* **-ement.**
colosse [kɔlɔs], *s.m.* Colossus; *F:* giant. **Le C. de Rhodes,** the Colossus of Rhodes.
colport|er [kɔlpɔrte], *v.tr.* (*a*) To hawk, peddle (goods). (*b*) To retail, spread abroad (news). *s.m.* **-age.**
colporteur, -euse [kɔlpɔrtœ:r, -ø:z], *s.* (*a*) Door-to-door salesman. (*b*) **C. de nouvelles,** newsmonger.
coltinage [kɔltina:ʒ], *s.m.* Porterage, carrying (of heavy articles at docks, etc.).
coltiner [kɔltine], *v.tr.* To carry (loads) on one's back.
coltineur [kɔltinœ:r], *s.m.* Heavy porter. **C. de charbon,** coal-heaver.
colza [kɔlza], *s.m.* **1.** *Bot:* (Summer) rape; colza. **2.** Rapeseed, coleseed. **Huile de c.,** colza oil.
coma [kɔma], *s.m.* Coma (in all senses).
comateux, -euse [kɔmatø, -ø:z], (*a*) Comatose.
combat [kɔ̃ba], *s.m.* **1.** *a.* Combat, fight, contest. **Livrer c. à l'ennemi,** to give battle to the enemy. **Engager le c.,** to go into action. **Hors de c.,** (i) (of man) disabled; (ii) (of gun, ship) out of action. **C. naval,** naval engagement. (*b*) **C. singulier,** single combat. **C. à outrance,** fight to the finish. (*c*) **C. de taureaux, de coqs,** bull-fight, cock-fight. **2.** Conflict, struggle; contest (of wits, etc.).
combatif, -ive [kɔ̃batif, -i:v], *a.* Combative, pugnacious.
combativité [kɔ̃bativite], *s.f.* Combativeness, pugnacity.
combattant [kɔ̃batɑ̃], *s.m.* **1.** *Mil:* Fighting man; combatant. **Anciens combattants,** ex-service men. **2.** (*a*) *Husb:* Game-cock, -fowl. (*b*) *Orn:* Ruff.
combattre [kɔ̃batr], *v.* (Conj. like BATTRE) **1.** *v.tr.* To combat, to fight (against), to contend with, battle with (enemy, temptation, etc.). **2.** *v.i.* To fight, strive, struggle. **Je n'ai pas combattu,** I did not do any fighting.
combe [kɔ̃:b], *s.f.* Dale, dell, coomb, combe.
combien [kɔ̃bjɛ̃], *adv.* **1.** (Exclamative) (*a*) How (much)! **Vous savez c. je vous estime,** you know how much I esteem you. **Vous ne savez pas c. vous dites vrai,** you don't know how right you are. **C. peu vous me comprenez!** how little you understand me! **C. de peine cela m'a coûté!** what trouble it has cost me! (*b*) How many! **C. se sont ruinés!** how many have been ruined! **C. de gens!** what a lot of people! **2.** (Interrogative) (*a*) How much? **C. vous dois-je?** how much do I owe you? **C'est c.?** how much is it? **A c. sommes-nous de Paris?** how far are we from Paris? **C. vous a-t-il fallu pour venir?** how long did it take you to come? **Il y a je ne sais c. de temps,** so long ago. (*b*) How many? **C. de fois?** how many times? how often? *F:* **Le c. sommes-nous?** what day of the month is it? **Il y a un car tous les c.?** how often does the bus run?
combinaison [kɔ̃binɛzɔ̃], *s.f.* **1.** (*a*) Combination, arrangement, grouping (of letters, ideas, etc.). **C. financière,** combine. (*b*) *F:* Plan, contrivance, scheme. **Déranger les combinaisons de qn,** to upset s.o.'s plans. (*c*) *Ch:* Combination. **2.** (*a*) (Engineer's) overalls, dungarees. *Av:* Flying suit. (*b*) *Cost:* Slip.
combinard [kɔ̃bina:r], *s.m. P:* Grafter; racketeer.
combinat [kɔ̃bina], *s.m. Ind:* (In U.S.S.R.) Combine.
combinateur, -trice [kɔ̃binatœ:r, -tris]. (*a*) *s.* Combiner, contriver. (*b*) *a.* Combining, scheming.
combine [kɔ̃bin], *s.f. F:* Scheme, trick. *F:* fiddle. **On peut gagner beaucoup d'argent au moyen de la c.,** one can make a lot of money by fiddling. **Pour faire marcher ma radio il faut savoir la c.,** to get my radio to work you must know the trick.
combiné [kɔ̃bine]. **1.** *a.* Combined, joint (action, etc.). **2.** *s.m.* (*a*) *Ch:* Compound or combination. (*b*) *Tp:* Combined set; hand microphone. (*c*) **C. radio-phono,** radiogram. (*d*) *Skiing:* All-round test.
combiner [kɔ̃bine], *v.tr.* **1.** (*a*) To combine, unite (forces, etc.); to arrange, group (ideas, etc.). (*b*) *Ch:* To combine. **2.** To contrive, devise, concoct (plan).
se combiner, to combine, unite (**à, avec,** with).
comble[1] [kɔ̃:bl], *s.m.* **1.** Heaped measure, overmeasure. **Pour c. de malheur . . .,** as a crowning misfortune. . . . **Pour y mettre le c.,** to crown all. *F:* **Ça, c'est le c.!** that beats all! that's the limit! **2.** (*a*) Roof (timbers); roofing. **C. à deux pentes,** span-roof. **C. brisé,** curb-roof. **Faux c.,** deck (of Mansard roof). **Loger sous les combles,** to live in the attics, in the garret. **De fond en c.,** from top to bottom. *F:* **Ruiné de fond en c.,** utterly ruined. (*b*) Highest point; height (of happiness); acme, summit (of fame); depth (of despair). **Porter qch. à son c.,** to raise sth. to the highest pitch.
comble[2], *a.* (*a*) (Of measure, etc.) Heaped up; full to overflowing. (*b*) (Of hall, etc.) Packed. **La pièce fait salle c.,** the play is drawing full houses.
comblé [kɔ̃ble], *a.* (*a*) Full. (*b*) Happy, pleased. **Il est c.,** he is entirely happy.
combl|er [kɔ̃ble], *v.tr.* **1.** To fill (up), fill in (ditch, etc.); to make up, make good (a loss); to fill (a vacancy). **2.** To fill (measure, etc.) to overflowing. **Train comblé de matelots,** train crowded with sailors. **C. qn de bienfaits,** to heap kindness on s.o. **C. les vœux de qn,** to gratify s.o.'s wishes to the full. *s.m.* **-ement.**
se combler, (of valley) to fill up; (of lake, etc.) to silt up.
comburant [kɔ̃byrɑ̃]. **1.** *a.* Combustive. **2.** *s.m.* Supporter of combustion.
combustible [kɔ̃bystibl]. **1.** *a.* Combustible, inflammable. **2.** *s.m.* Fuel. *Rockets:* Propellant. *Nau: etc:* **Refaire sa provision de c., se réapprovisionner en c.,** to refuel.
combustion [kɔ̃bystjɔ̃], *s.f.* Combustion, burning. **Poêle à c. lente,** slow-combustion stove. **Mettre qch. en c.,** to set sth. on fire. **Moteur à c. interne,** internal combustion engine.
Côme [ko:m]. *Pr.n. Geog:* Como.
comédie [kɔmedi], *s.f.* **1.** (*a*) Comedy. **C. de mœurs,** comedy of manners. **C. de salon,** private theatricals. *F:* **C'était une vraie c.!** it was as good as a play. (*b*)

Faire, jouer, la c. (à qn), to act a part (before s.o.); to pretend. **Toute cette cordialité n'est qu'une c.,** all this cordiality is a sham, a make-believe. **Donner la c. aux gens,** to make a laughing-stock of oneself. **2.** *A:* (*a*) Play. (*b*) The drama.

comédien, -ienne [kɔmedjɛ̃, -jɛn]. (*a*) *s.* Comedian; actor, actress; player. **Comédiens ambulants,** strolling players. (*b*) *a.* **Manières comédiennes,** theatrical, affected, manners.

comestible [kɔmɛstibl]. **1.** *a.* Edible, eatable. **Denrées comestibles,** provisions, food. **2.** *s.m.* (*a*) Article of food. (*b*) *pl.* Provisions, victuals; edibles.

comète [kɔmɛt], *s.f.* Comet. *Vit:* **L'année de la C.,** the Comet year (1811). *F:* **C'est comme le vin de la c.,** that happens once in a blue moon.

comice [kɔmis], *s.m.* **1.** *pl.* (*a*) *Rom.Ant:* Comitia. (*b*) *Fr.Hist:* **Comices,** electoral meeting. **2. Comices agricoles** = agricultural show.

comique [kɔmik]. **1.** *Th:* *Lit:* (*a*) *a.* Comic (actor, author, part, etc.). **Le genre c.,** comedy. S.a. OPÉRA 1. (*b*) *s.m.* (i) Comedy. (ii) Comic actor or comedy-writer. (iii) Comedian, humorist. **2.** (*a*) *a.* Comical, funny. (*b*) *s.m.* **Le c. de l'histoire c'est que . . .,** the funny part, the joke, is that. . . . *adv.* **-ment.**

comité [kɔmite], *s.m.* Committee, board. **C. consultatif,** advisory board or commission. **C. d'entreprise,** joint production committee. *Th:* **C. de lecture,** selection committee. *Parl:* (Of the House) **Se constituer en c.,** to go into committee. **Se former en c. secret,** to go into secret session. *F:* **Être en petit c.,** to be a select party, an informal gathering.

commandant [kɔmɑ̃dɑ̃]. **1.** *a.* Commanding (officer, etc.). **2.** *s.m.* *Mil:* Major. *Navy:* Commander. *Mil.Av:* **C. de groupe,** Squadron-leader. **C. en chef,** commander-in-chief. *Mil.Av:* **C. en chef des forces aériennes** = Marshal of the Royal Air Force. **C. de bataillon, d'escadron,** batallion, squadron, commander. **Passer c.,** to obtain one's majority.

commande [kɔmɑ̃:d], *s.f.* **1.** *Com:* Order. **Faire, passer, une c. à qn,** to place an order with s.o. **Ouvrage écrit sur la c. de l'éditeur,** work commissioned by the publisher. **Fait sur c.,** made to order. **Payable à la c.,** cash with order. **Représentation de c.,** command performance. **Sourire de c.,** feigned, forced, smile. **2.** *Mec.E:* (*a*) Control, operation. **Organes de c.,** controls. **Levier de c.,** operating lever; *Av:* control column, *F:* joystick. (*b*) Lever. *Aut:* **C. du changement de vitesse,** gear lever. (*c*) Drive; driving(-gear). **Machine à c. électrique,** electrically driven machine.

commandé [kɔmɑ̃de], *a.* **1.** *Mec.E:* (*a*) Positive, constrained (movement). (*b*) Driven (shaft, etc.). **2.** *Mil:* **En service c.,** on special duty.

commandement [kɔmɑ̃dmɑ̃], *s.m.* **1.** Command, order. **Les dix Commandements,** the ten Commandments. **2.** (Position of) command, authority. **Avoir, prendre, le c. de qch.,** to be in, to assume, take, command of sth. **3.** *Mil:* **Le C. Supérieur (de l'Armée britannique),** the Supreme Command (of the British Army). **Le Haut C. (de l'Armée allemande),** the High Command (of the German Army).

commander [kɔmɑ̃de]. **1.** *v.tr.* (*a*) To command, order (sth.). **C. un dîner, un pardessus,** to order a dinner, an overcoat. **C. qch. à qn,** to give s.o. an order for sth., to order sth. from s.o. **C. à qn de faire qch.,** to command, order, s.o. to do sth. *Abs.* **Monsieur a-t-il commandé?** have you given your order, sir? **Il aime à c.,** he is fond of ordering people about. **Ces choses-là ne se commandent pas,** these things are beyond our control. **Apprendre à se c.,** to learn to control oneself. (*b*) To govern (province, etc.); to be in command of (army, fleet). (*c*) **C. le respect,** to command, compel, respect. (*d*) (Of fort, etc.) To command, dominate (town, valley). **La salle à manger commande le salon,** access to the drawing-room is through the dining-room. (*e*) *Mec.E:* (i) To control, operate (motion, valve, etc.). (ii) To drive (machine, shaft, etc.). **Commandé par moteur,** motor-driven. **2.** *v.ind.tr.* **C. à son impatience, à ses passions,** to control, curb, one's impatience, one's passions.

commandeur [kɔmɑ̃dœ:r], *s.m.* *Hist:* Commander (of order of knighthood, Legion of Honour).

commanditaire [kɔmɑ̃ditɛ:r], *a.* & *s.m.* *Com:* **(Associé) c.,** sleeping partner.

commandite [kɔmɑ̃dit], *s.f.* (*a*) **(Société en) c.,** limited partnership. (*b*) Capital invested by sleeping partner.

commandité [kɔmɑ̃dite], *a.* & *s.m.* *Com:* **(Associé) c.,** active partner.

commanditer [kɔmɑ̃dite], *v.tr.* To finance (enterprise, etc.).

commando [kɔmɑ̃do], *s.m.* *Mil:* Commando.

comme[1] [kɔm], *adv.* **1.** (*a*) As, like. **Je l'ai eu c. maître,** I had him for, as, a master. **Faites c. moi,** do like me; do as I do. **Tout c. un autre,** (just) like anyone else. **Sortir tous les jours, été c. hiver,** to go out every day, summer and winter alike. *F:* **J'ai c. une idée que . . .,** I have a sort of idea that. . . . *F:* **C. ci c. ça,** so so. **C. ça vous venez de Paris?** and so you come from Paris? S.a. CI[2], QUOI[1] 4. (*b*) **Doux c. un agneau,** (as) gentle as a lamb. **Blanc c. neige,** snow-white. (*c*) **Comme (si),** as if, though. **Il travaille c. s'il avait vingt ans,** he works as if he were twenty. **Il resta c. pétrifié,** he stood as if, as though, petrified. **Échapper c. par miracle,** to escape as (if) by a miracle. *F:* **C'est tout c.,** it amounts to the same thing. (*d*) **Les bois durs c. le chêne et le noyer,** hard woods such as oak and walnut. **2.** (Before verbs) As. **Faites c. il vous plaira,** do as you please. **Je descendis c. je pus,** I came down as best I could. **3.** As; in the way of. **Qu'est-ce que vous avez c. légumes?** what have you got in the way of vegetables? **4.** *Excl.* How. **Voyez c. elles courent!** see how they run! **C. il est maigre!** how thin he is! **C. vous avez grandi!** how you have grown! **5.** *F:* (= COMMENT) How. **Dieu sait c.!** the Lord knows how! **Voilà c. il est,** that's how he is; that's just like him.

comme[2], *conj.* **1.** As; seeing that. **C. vous êtes là . . .,** since you are here. . . . **2.** (Just) as. **C. il allait frapper on l'arrêta,** (just) as he was about to strike he was arrested.

commémoraison [kɔmmemɔrɛzɔ̃], *s.f.* *Ecc:* Commemoration, commemorative prayer.

commémoratif, -ive [kɔmmemɔratif, -i:v], *a.* Commemorative (de, of); memorial (service).

commémoration [kɔmmemɔrasjɔ̃], *s.f.* **En c. de . . .,** in commemoration of. . . . **La c. des morts,** All Souls' Day.

commémorer [kɔmmemɔre], *v.tr.* To commemorate.

commençant, -ante [kɔmɑ̃sɑ̃, -ɑ̃:t], *s.* Beginner.

commencement [kɔmɑ̃smɑ̃], *s.m.* Beginning. **Au c.,** at the out-set. **Du c. jusqu'à la fin,** from start to finish.

commencer [kɔmɑ̃se], *v.tr.* & *i.* **(je commençai(s); n. commençons)** (*a*) To begin, commence, start. **C. la leçon,** to begin the lesson. **C. un voyage,** to start on a journey. **C. qn dans qch.,** to start s.o. in sth. **Il a été bien commencé,** he has had a good grounding. *Abs.* **Pour c.,** to begin with; first of all. **C. à, de, faire qch.,** to begin to do sth.; to begin doing sth. **C. par faire qch.,** to begin by doing sth. (*b*) (Of weather, darkness, etc.) To set in.

commensal, -ale, -aux [kɔm(m)ɑ̃sal, -o], *s.* **1.** (*a*) Table-companion; fellow-boarder. (*b*) Habitual guest. **2.** *Biol:* Commensal.

commensurable [kɔmmɑ̃syrabl], *a.* *Mth:* Commensurable (avec, with, to).

comment [kɔmɑ̃], *adv.* **1.** *Interr.* How. **C. allez-vous?** how are you? **C. cela?** how so? **C. (dites-vous)?** what (did you say)? I beg your pardon? **C. faire?** what is to be done? **C. s'appelle-t-il?** what is his name? **C. est-il, ce garçon?** what sort of a young man is he? **Je ne sais c. cela se fit,** I don't know how it happened. S.a. IMPORTER[2] 2. **2.** *Excl.* What! why! **C.! vous n'êtes pas encore parti!** what, haven't you gone yet! **Mais c. donc!** why, of course! by all means! *P:* **Et c.!** and how! not half!

commentaire [kɔmɑ̃tɛ:r], *s.m.* **1.** Commentary **(sur, on).** **Faire le c. d'un texte,** to comment upon a text. **Texte avec c.,** annotated text. **2.** Comment. **Voilà qui se passe de c.,** comment is needless. **Cette action se passe de c.,** this action speaks for itself. **Faire des commentaires sur qn, qch.,** to make remarks about, pass remarks upon, s.o., sth.

commentateur, -trice [kɔmɑ̃tatœːr, -tris], *s.* Commentator, annotator.

commenter [kɔmɑ̃te], *v.tr. & i.* **1.** To comment (up)on, annotate (text, etc.). **2. C. (sur) qn, qch.,** to pass remarks upon s.o., sth.

commérage [kɔmeraːʒ], *s.m.* (*a*) (Ill-natured) gossip. (*b*) *pl.* Tittle-tattle.

commerçant, -ante [kɔmɛrsɑ̃, -ɑ̃ːt]. **1.** *a.* Commercial, mercantile, business (nation, quarter, etc.). **Rue commerçante,** shopping street. **Peu c.,** (i) unbusiness-like; (ii) (town, etc.) that does little trade. **2.** *s.* Merchant, tradesman. **Les commerçants,** the tradespeople. **Être c.,** to be in business.

commerce [kɔmɛrs], *s.m.* **1.** Commerce; trade, business (**de,** in). **C. en gros, en détail,** wholesale trade, retail trade. **C. des chevaux,** horse-dealing. **Exercer un c.,** to carry on a business, a trade. **Faire le c. du thé,** to deal in tea; to be in the tea trade. **Est-ce que cela se trouve dans le c.?** is this on sale generally? **Cela fait marcher le c.,** it's good for trade. **Le c.,** the commercial world. **Le petit c.,** small tradespeople. **Le c. intérieur, extérieur,** the home market, foreign market. **Maison de c.,** business house; firm. S.a. VOYAGEUR 2. **Marine de c.,** mercantile marine. **2.** Intercourse, dealings. **C. du monde,** human intercourse. **Être en c. avec qn,** to be in touch, in relationship, with s.o. **Être d'un c. agréable,** to be easy to get on with, pleasant to deal with. **Rompre tout c. avec qn,** to break off all dealings with s.o. **Le c. des livres élargit l'esprit,** reading broadens the mind.

commercer [kɔmɛrse], *v.i.* (**je commerçai(s); n. commerçons**) To trade, deal (**avec,** with); to have dealings (with s.o.).

commercial, -aux [kɔmɛrsjal, -o]. **1.** *a.* Commercial; trading, business (relations). **2.** *Aut:* **Commerciale,** *s.f.* Estate-car. *adv.* **-ement.**

commercialiser [kɔmɛrsjalize], *v.tr.* To commercialize (art, etc.).

commère [kɔmɛːr], *s.f.* **1.** Fellow-sponsor (at baptism). **2.** (*a*) Gossip, busybody. (*b*) Crony.

commérer [kɔmere], *v.i.* (**je commère; je commérerai**) To gossip.

commettant [kɔmɛtɑ̃], *s.m.* **1.** *Com: Jur:* Principal (to a deal). **2.** *pl. Pol:* Constituents.

commettre [kɔmɛtr], *v.tr.* (Conj. like METTRE) **1.** To lay, twist (rope). **2.** (*a*) **C. sa réputation,** to risk one's reputation. **Il eut soin de ne pas se c.,** he was careful not to commit himself. *Pej:* **Se c. avec qn,** to throw in one's lot with s.o. (*b*) *O:* **C. qch. à qn,** to commit, entrust, sth. to s.o. **3.** To commit, perpetrate (crime). **C. une erreur,** to make a mistake, a slip.

commis¹, -isse, etc. See COMMETTRE.

commis² [kɔmi], *s.m.* **1.** Clerk; book-keeper. **2.** (*a*) (Shop-)assistant. (*b*) **C. voyageur,** commercial traveller. **3. Les grands commis,** the higher civil servants.

commisération [kɔmmizerasjɔ̃], *s.f.* Commiseration, pity.

commissaire [kɔmisɛːr], *s.m.* **1.** Member of a commission; commissary, commissioner. **C. de police** = police superintendent. **Commissaires d'un bal, d'une réunion,** stewards of a ball, of a meeting. *Sch: Fr.C:* **C. d'école,** school commissioner. **C. d'un navire,** purser. *Rac:* **C. des courses,** race steward. **C. à l'arrivée,** judge. **C. de la piste,** clerk of the course. *Fin:* **C. aux comptes,** auditor. **2.** *U.S.S.R. Adm:* Commissar.

commissaire-priseur [kɔmisɛːrprizœːr], *s.m.* **1.** Appraiser, valuer. **2.** Auctioneer. *pl. Des commissaires-priseurs.*

commissariat [kɔmisarja], *s.m.* **1.** (*a*) Commissionership, commissaryship. **C. aux comptes,** auditorship. (*b*) *Nau:* Pursership. **2.** (*a*) Commissary or commissioner's office. *Nau:* Purser's office. (*b*) **C. de police,** central police station.

commission [kɔmisjɔ̃], *s.f.* Commission. **1. Péchés d'omission et de c.,** sins of omission and commission. **2.** *Jur: etc:* Charge, warrant. **Avoir la c. de faire qch.,** to be commissioned, empowered, to do sth. **Vente à c.,** sale on commission. **3.** (*a*) **C. de deux pour cent,** commission of two per cent. (*b*) Brokerage, factorage. **4.** Message, errand. **Faire des commissions,** to run errands. **5.** Committee, board. **C. d'enquête,** board of inquiry; court of inquiry. **C. du budget,** Budget Committee. *Sch:* **C. d'examen,** board of examiners. *Pol:* **(R)envoyer un projet de loi à une c.,** to commit a bill.

commissionnaire [kɔmisjɔnɛːr], *s.m.* **1.** (*a*) *Com:* Commission-agent. **C. en gros,** factor. (*b*) **C. de transport, c. expéditeur,** forwarding agent. **C. de roulage,** carrier. **2.** Messenger; commissionaire. **Petit c.,** errand-boy.

commissure [kɔmisyːr], *s.f.* *Anat: Bot: Arch:* Commissure; corner (of the lips); line of junction.

commod|e [kɔmɔd]. **1.** *a.* (*a*) Convenient, suitable (moment, etc.); handy (tool, etc.). (*b*) Convenient, commodious, comfortable (house, etc.). **C. à faire,** easy to do; easily done. (*c*) Accommodating (disposition, etc.); easy-going, good-natured (person). **C. à vivre,** easy to live with. **Être peu c.,** to be difficult to deal with. **2.** *s.f. Furn:* Chest of drawers. *adv.* **-ément.**

commodité [kɔmɔdite], *s.f.* Convenience; comfort. **Faire qch. à sa c.,** to do sth. at one's convenience.

Commonwealth [kɔmœnwelθ], *s.m.* Commonwealth. **Le C. britannique,** the British Commonwealth of Nations.

commotion [kɔm(m)ɔsjɔ̃], *s.f.* **1.** Commotion, disturbance, upheaval. **C. électrique,** electric shock. **2.** *Med:* (*a*) Shell-shock. (*b*) Concussion.

commotionné [kɔm(m)osjɔne], *a.* Suffering (i) from shell-shock, (ii) from concussion.

commuer [kɔmmɥe], *v.tr. Jur:* To commute (penalty, etc.) (**en,** to).

commun [kɔmœ̃]. **1.** *a.* (*a*) Common (**à,** to). **Choses communes,** common property. **Salle commune,** common room. **Maison commune,** town-hall; municipal buildings. **Avoir des intérêts communs,** to have interests in common. **Amis communs,** mutual friends. **N'avoir rien de c. avec qn,** to have nothing in common with s.o. **Faire bourse commune,** to share expenses; to pool resources. **Faire cause commune,** to make common cause (**avec,** with). **D'un c. accord,** with one accord. **D'une commune voix,** with one voice. *Mth:* **Facteur c.,** common factor. *Adv.phr.* **En c.,** in common. **Mettre son argent en c. pour . . .,** to club together to. . . . **Étude en c.,** joint study. **Agir en c.,** to co-operate. (*b*) Universal, general (custom, etc.). **Le sens c.,** common sense. **Le bien c.,** the public weal. *Gram:* **Nom c.,** common noun. (*c*) Usual, everyday (occurrence). **Expression peu commune,** out-of-the-way, unusual, expression. (*d*) Common(place); mediocre. (*e*) Vulgar. **2.** *s.m.* (*a*) Common run, generality (of persons, etc.). **Homme du c.,** man of common extraction. **Le c. des mortels,** the common herd. **Œuvre au-dessus, hors, du c.,** work above the average. (*b*) Common fund(s). (*c*) *pl.* **Les communs,** offices and outhouses; outbuildings. *adv.* **-ément.**

communal, -aux [kɔmynal, -o], *a.* **1.** Common (land, property). *s.m.pl.* **Les communaux,** the common (land). **2.** (*a*) Communal (council, etc.). **École communale,** *s.f.* **la communale,** = elementary school. (*b*) Parochial, parish (property, etc.).

communautaire [kɔmynotɛːr], *a.* Communal.

communauté [kɔmynote], *s.f.* **1.** (*a*) Community (of interests, ideas, etc.). **C. de vues,** likemindedness. (*b*) *Jur:* Joint estate (of husband and wife). **2.** (*a*) Corporation, society. (*b*) (Religious) community, order.

commune [kɔmyn], *s.f.* **1.** (*a*) *Fr.Hist:* Free town. **Les communes,** (i) the commoners, the commons; (ii) the militia. (*b*) (In Eng.) **La Chambre des Communes,** the House of Commons. **2.** *Fr.Adm:* (Smallest territorial division) Commune; approx. = parish.

communiant, -ante [kɔmynjɑ̃, -ɑ̃ːt], *s. Ecc:* Communicant. **Premier c., première communiante,** first communicant.

communicable [kɔmynikabl], *a.* **1.** Communicable (disease, etc.); transferable (right). **2.** Communicating (rooms).

communicant [kɔmynikɑ̃], *a.* Communicating (vessels, rooms).

communicateur, -trice [kɔmynikatœːr, -tris]. **1.** *a.* Connecting (wire, etc.). **2.** *s.m.* *Mec.E:* Organ of transmission. *Tg:* Communicator.

communicatif, -ive [kɔmynikatif, -iːv], *a.* 1. Communicative, talkative. **Personne peu communicative,** uncommunicative, *F:* stand-offish, person. 2. Catching, infectious (gaiety).

communication [kɔmynikasjɔ̃], *s.f.* Communication. 1. (*a*) **Donner, faire, c. de qch. à qn,** to communicate sth. to s.o.; to inform s.o. of sth. **Faire une c. (à une société savante),** to read a paper (to a learned society). **Livre envoyé en c.,** book sent on approval. (*In public library*) **C. de livres,** issue. (*b*) **En c. réciproque,** interconnected, interrelated. **Entrer, se mettre, en c. avec qn,** to get into communication, into touch, with s.o. **Portes de c.,** communicating doors. **Mettre en c.,** to connect up (boilers, etc.). *Tp:* **C. locale, urbaine,** local call. **C. à longue distance,** trunk-call. **Fausse c.,** wrong number. **Mettre deux abonnés en c.,** to connect two subscribers. **Vous avez la c.,** you are through. **C. payable à l'arrivée, avec P.C.V.,** reverse charge call. **Demander une c. avec P.C.V.,** to reverse the charge. *W.Tel:* **Nous vous mettons en c. avec Rome,** we take you over to Rome. (*c*) *Med:* **C. inter-auriculaire, inter-ventriculaire,** (abnormal congenital) interauricular, interventricular, communication, *F:* hole in the heart. 2. Message.

communier [kɔmynje], *v.i.* (*a*) *Ecc:* To communicate. (*b*) To be, live, in communion.

communion [kɔmynjɔ̃], *s.f.* 1. Communion. **Appartenir à la même c.,** to belong to the same persuasion or faith. 2. *Ecc:* The Sacrament, (Holy) Communion; the Lord's Supper.

communiqué [kɔmynike], *s.m.* Official statement (to the press); communique. *W.Tel:* News. **C. de presse,** press release.

communiquer [kɔmynike], *v.* To communicate. 1. *v.tr.* To impart, convey (information, heat, etc.); to transmit (a motion). **C. une maladie à un autre,** to infect s.o. with a disease. 2. *v.i.* **Porte qui communique au, avec le, jardin,** door that communicates with, leads into, the garden. **Canal qui fait c. deux rivières,** canal that connects two rivers.

se communiquer. 1. To be communicative. 2. (Of fire, etc.) To spread (à, to).

communisant, -ante [kɔmynizɑ̃, -ɑ̃ːt]. *F: Pol:* (*a*) *a.* Communistic. (*b*) *s.* Fellow-traveller.

communisme [kɔmynism], *s.m.* Communism.

communiste [kɔmynist], (*a*) *s.m. & f.* Communist. (*b*) *a.* Communist(ic).

communité [kɔmynite], *s.f.* Community (of possessions, etc.).

commutateur [kɔmytatœːr], *s.m.* *El:* 1. Commutator. **C.-collecteur,** collector (of dynamo). 2. (*a*) **C.-permutateur,** change-over switch. **C. à bascule,** tumbler-switch. **C. à couteau,** knife-switch. **C. à plots,** step-switch. (*b*) Electric-light switch.

commutation [kɔmytasjɔ̃], *s.f.* 1. Commutation (of penalty, etc.). 2. *El.E:* Change of connection; commutation.

commutatrice [kɔmytatris], *s.f.* *El.E:* Rotary converter; rotary transformer.

commuter [kɔmyte], *v.tr.* 1. = COMMUER. 2. *El.E:* To switch over, commutate (current).

compacité [kɔ̃pasite], *s.f.* Compactness, closeness (of mortar, etc.); density (of metal).

compact [kɔ̃pakt], *a.* Compact, close, dense (formation, etc.). **Métaux compacts,** dense metals.

compagne [kɔ̃paɲ], *s.f.* 1. (Female) companion. **C. de pension,** fellow school-girl. 2. Partner (in life); wife; (of animals) mate.

compagnie [kɔ̃paɲi], *s.f.* 1. Company. **Tenir c. à qn,** to keep, bear, s.o. company. **Fausser c. à qn,** to give s.o. the slip. **Dame de c.,** (i) companion; (ii) chaperon. **Leur c. me manque,** I miss their companionship. 2. Company; party. **Il y avait nombreuse c.,** there was a large party. **Fréquenter la bonne, la mauvaise, c.,** to keep good, bad, company. **Être de bonne, de mauvaise, c.,** to be well-, ill-bred. 3. (*a*) Company (of national importance). **C. de Navigation,** steamship company. (*b*) *Com:* **La maison Durand et C.** (usu. **et Cie**), the firm of Durand and Company (usu. and Co.) 4. (*a*) *Mil:* Company. (*b*) Party. **C. de débarquement,** landing-party. 5. Group (of people, animals). *Ven:* Herd (of roes); bevy (of quails); covey (of partridges).

compagnon [kɔ̃paɲɔ̃], *s.m.* 1. (*a*) Companion, comrade. **C. d'école,** schoolfellow. **C. de voyage,** travelling companion. *Pol:* **C. de route,** fellow-traveller. **C. de bord,** shipmate. **C. de table,** messmate. **C. d'armes, d'exil,** comrade in arms, in exile. **C. de jeu,** playfellow. **Vivre en compagnons,** to live together as equals. *F:* **Bon c.,** boon companion, jolly fellow. **Vilain c.,** ugly customer. (*b*) *Ind:* (Workman's) mate. 2. Journeyman, workman. 3. *Bot:* **C. blanc, rouge,** white, red, campion.

comparable [kɔ̃parabl], *a.* Comparable (à, with).

comparablement [kɔ̃parabləmɑ̃], *adv.* Comparably; in comparison (à, with).

comparaison [kɔ̃parɛzɔ̃], *s.f.* 1. Comparison. **Hors de toute c.,** beyond compare. *Prep.phr.* **En c. de qch., par c. à qch.,** in, by, comparison with sth.; compared with sth. 2. *Rh:* Simile.

comparaître [kɔ̃parɛːtr], *v.i.* (Conj. like PARAÎTRE) *Jur:* **C. (en justice),** to appear before a court of justice. **C. par avoué,** to be represented by counsel. **Être appelé à c.,** to be summoned to appear.

comparat|if, -ive [kɔ̃paratif, -iːv]. 1. *a.* Comparative. 2. *s.m.* **Adjectif au c.,** adjective in the comparative (degree). *adv.* **-ivement.**

comparé [kɔ̃pare], *a.* Comparative (anatomy, history).

comparer [kɔ̃pare], *v.tr.* To compare (**à, avec,** to, with).

comparse [kɔ̃pars], *s.m.* 1. *Th:* Supernumerary. **Rôle de c.,** walking-on part. 2. (*a*) (Conjuror's) confederate. (*b*) Ally, confederate (in trickery).

compartiment [kɔ̃partimɑ̃], *s.m.* Compartment (of railway-carriage, etc.); partition (of box, etc.); division; square (of chess-board, etc.). *Rail:* **C. (pour) fumeurs,** smoking compartment. **C. de première classe,** first-class compartment. *Nau:* **Les compartiments du double fond,** the double-bottom tanks.

compartiment|er [kɔ̃partimɑ̃te], *v.tr.* To partition, divide into compartments. *s.m.* **-age.**

comparution [kɔ̃parysjɔ̃], *s.f.* *Jur:* Appearance (before the court). **Non-c.,** non-appearance; default.

compas [kɔ̃pɑ], *s.m.* 1. (*a*) (Pair of) compasses. **C. à pointes sèches,** dividers. **C. à réduction,** proportional compasses. *F:* **Tout faire au c.,** to do everything by rule. **Allonger le, son, c.,** to step out. (*b*) *Mec.E: etc:* **C. à calibrer,** cal(l)ipers. 2. **C. de mer,** mariner's compass. **C. de route,** steering-compass. **Répéter le c.,** to box the compass. **C. gyroscopique,** gyroscopic compass. *Surv:* **C. azimutal, de relèvement,** azimuth compass. 3. Standard, scale (of measurement). *F:* **Avoir le c. dans l'œil,** to have an accurate eye.

compassé [kɔ̃pɑse], *a.* 1. Stiff, formal (manner, etc.). 2. Regular, set (life).

compassement [kɔ̃pɑsmɑ̃], *s.m.* 1. Measuring (with compasses). *Nau:* Pricking (of chart). 2. Formality, stiffness (of manner).

compasser [kɔ̃pɑse], *v.tr.* 1. To measure (distances on map, etc.) with compasses. *Nau:* To prick (chart). 2. To regulate, consider (one's actions, etc.); to weigh (one's words).

compassion [kɔ̃pasjɔ̃], *s.f.* Compassion, pity. **Avoir c. de qn,** to have, take, compassion on s.o. **Faire c.,** to arouse compassion. **Par c.,** out of compassion.

compat|ible [kɔ̃patibl], *a.* Compatible, consistent (avec, with). *s.f.* **-ibilité.**

compatir [kɔ̃pɑtiːr], *v.i.* 1. **C. au chagrin de qn,** to sympathize with, feel for, s.o. in his grief. 2. **C. aux défauts de qn,** to be indulgent towards, to bear with, s.o.'s faults.

compatissant [kɔ̃pɑtisɑ̃], *a.* 1. Compassionate (**pour,** to, towards); tender-hearted. 2. Indulgent.

compatriote [kɔ̃patriɔt], *s.m. & f.* Compatriot.

compensateur, -trice [kɔ̃pɑ̃satœːr, -tris]. 1. *a.* Compensating (spring, etc.). *El:* Equalizing (current); balancing (dynamo). 2. *s.m.* Compensator (of arc-lamp, etc.); (pressure) equalizer. *Av:* Trimming tab, trimmer.

compensation [kɔ̃pɑ̃sasjɔ̃], *s.f.* (*a*) Compensation (of loss, etc.); set-off. **En c. de mes pertes,** as an offset to my losses. **Cela fait c.,** that makes up for it. *Bank:* **Chambre de c.,** clearing-house. (*b*) Equalization, balancing (of forces, etc.). (*c*) *Nau:* Adjustment (of compass). (*d*) *Mec.E:* **C. de l'usure,** taking up of the wear. (*e*) *Sp:* Handicapping.

compenser [kɔ̃pɑ̃se], *v.tr.* (*a*) To compensate; to make up for (sth.). **C. une perte,** to make good a loss. (*b*) To compensate, balance, set off (debts). (*c*) *Mec.E:* To balance (engine). (*d*) *Nau:* To adjust (compass). (*e*) *Mec.E: etc:* **C. l'usure,** to take up the wear. (*f*) *Sp:* To handicap.
compère [kɔ̃pɛːr], *s.m.* **1.** Accomplice, confederate, *in pl.* associates (in a trick). *Th:* (*a*) Announcer (in a revue), compère. (*b*) Stooge (for clown, etc.). **2.** *F:* Comrade, crony. **Un bon c.,** a cheery type.
compère-loriot [kɔ̃pɛrlɔrjo], *s.m.* *F:* Sty (on the eyelid). *pl. Des compères-loriots.*
compétence [kɔ̃petɑ̃ːs], *s.f.* **1.** *Jur:* Competence, competency, jurisdiction, powers (of court of justice, etc.). **Rentrer dans la c. du tribunal,** to fall within the competence of the court. **Sortir de sa c.,** to exceed one's powers. **Cela ne rentre pas dans sa c., cela n'est pas de sa c.,** that does not come within his province, that is outside his scope. **2.** Competence, ability; proficiency, skill.
compét|ent [kɔ̃petɑ̃], *a. Jur: etc:* Competent (authority). **C. en matière de finance,** conversant with finance. **Il est d'un âge c. pour signer,** he is of a suitable, proper, age to sign. *Com:* **Transmettre au service c.,** to pass on to the department concerned. **En lieu c. on dit que . . .,** in well-informed quarters it is said that. . . . *adv.* **-emment.**
compétiteur, -trice [kɔ̃petitœːr, -tris]. **1.** *s.* Competitor, candidate (à, for). **2.** *a.* Competing, rival.
compétition [kɔ̃petisjɔ̃], *s.f.* Competition, rivalry. *Sp:* Race, contest.
compilateur, -trice [kɔ̃pilatœːr, -tris], *s.* Compiler.
compilation [kɔ̃pilasjɔ̃], *s.f.* **1.** Compiling. **2.** Compilation.
compiler [kɔ̃pile], *v.tr.* To compile.
complainte [kɔ̃plɛ̃ːt], *s.f.* *A:* Plaint, lament.
complaire [kɔ̃plɛːr], *v.ind.tr.* (Conj. like PLAIRE) **C. à qn,** to please, humour, s.o.
se complaire en, dans, qch., à faire qch., to take pleasure in sth., in doing sth.
compl-ais, -aît, -aisons. See COMPLAIRE.
complaisance [kɔ̃plɛzɑ̃ːs], *s.f.* **1.** Complaisance, obligingness. **Faire qch. par c.,** to do sth. out of kindness. **Faire qch. par c. pour qn,** to do sth. to oblige s.o. **Auriez-vous la c. de . . .,** would you be so good, so kind, as to. . . . *Com:* **Billet de c.,** accommodation bill. **2.** Complacency; (self-)satisfaction.
complais|ant, -ante [kɔ̃plɛzɑ̃, -ɑ̃ːt]. **1.** *a.* (*a*) Obliging, complaisant (person, character). **Prêter une oreille complaisante aux prières de qn,** to lend a ready ear to s.o.'s requests. (*b*) Complacent, self-satisfied (smile, etc.). **2.** *s.* Flatterer; time-server. *adv.* **-amment.**
complément [kɔ̃plemɑ̃], *s.m.* **1.** Complement; rest, remainder. *Gram:* Complement or object (of verb); extension (of subject or predicate). **2.** *Mil:* Full complement (of regiment, etc.).
complémentaire [kɔ̃plemɑ̃tɛːr], *a.* Complementary (angle, colour); fuller (information).
compl|et, -ète [kɔ̃plɛ, -ɛt]. **1.** *a.* (*a*) Complete, entire (outfit, works, etc.). **Rapport très c.,** very full report. **Programme c. et détaillé,** comprehensive programme. **Athlète c.,** all-round athlete. *F:* **Ça serait c.!** that would be the last straw! (*b*) Full (bus, *Th:* house, etc.). **C.!** full up! (*outside boarding house*) No vacancies! **2.** *s.m.* (*a*) Suit (of clothes). **C. veston,** lounge suit. **C. de bureau,** business suit. (*b*) *Adj.phr.* **Au c.,** complete, full. **Bataillon au grand c.,** battalion at full strength. *F:* **Nous étions présents au grand c.,** we turned out in full force. *adv.* **-ètement.**
complétement [kɔ̃pletmɑ̃], *s.m.* Completion.
compléter [kɔ̃plete], *v.tr.* (**je complète; je compléterai**) To complete; to make (sth.) complete; to finish off (a work); to make up (a sum of money). **C. un bataillon,** to bring a battalion up to strength.
complétif, -ive [kɔ̃pletif, -iːv], *a.* *Gram:* (*a*) Oblique (case). (*b*) Object (clause).
complexe [kɔ̃plɛks]. **1.** *a.* Complex (character, etc.); complicated (question); intricate (problem). *Gram:* **Sujet c.,** compound subject. *Mth:* **Nombre c.,** compound number. **2.** *s.m.* (*a*) **Le c. industriel de la vallée du Rhône,** the Rhône valley industrial complex. (*b*) *Psy:* Complex.
complexion [kɔ̃plɛksjɔ̃], *s.f.* Constitution, temperament. **Enfant de c. délicate,** child of (a) delicate constitution.
complexité [kɔ̃plɛksite], *s.f.* Complexity.
complication [kɔ̃plikasjɔ̃], *s.f.* **1.** Complication; thickening (of plot). **2.** Complexity, intricacy.
complice [kɔ̃plis], *a. & s.* Accessory (de, to); accomplice, abettor (de, of). **Être c. d'un crime,** to be party to a crime. **C. par assistance,** accessory after the fact. **C. par instigation,** accessory before the fact. **C. en adultère,** co-respondent.
complicité [kɔ̃plisite], *s.f.* Complicity. *Jur:* Aiding and abetting. **Agir de c. avec qn,** to act in collusion with s.o.
complies [kɔ̃pli], *s.f.pl.* *Ecc:* Compline.
compliment [kɔ̃plimɑ̃], *s.m.* **1.** Compliment. **Faire des compliments à qn,** to pay s.o. compliments. **2.** *pl.* Compliments, greetings. **"Mes compliments à . . .,"** 'remember me to . . .;' 'my kind regards to. . . .' **Faire des compliments de condoléance à qn,** to offer s.o. one's condolences. **3.** Congratulation. **Adresser des compliments à qn sur qch.,** to offer s.o. one's congratulations on sth.
complimenter [kɔ̃plimɑ̃te], *v.tr.* (*a*) To compliment (de, sur, on). (*b*) To congratulate (on).
complimenteur, -euse [kɔ̃plimɑ̃tœːr, -øːz], *a. & s.* Obsequious (person).
compliqué [kɔ̃plike], *a.* Complicated, elaborate, intricate (mechanism, etc.); involved (style, plot).
compliquer [kɔ̃plike], *v.tr.* To complicate.
se compliquer, to become complicated (de, with); (of plot) to thicken.
complot [kɔ̃plo], *s.m.* Plot, conspiracy. **Tramer un c.,** to weave a plot. **Chef de c.,** ringleader. **Mettre qn dans le c.,** to let s.o. into the secret.
comploter [kɔ̃plɔte], *v.tr.* To plot, to scheme. **C. de faire qch.,** to plot to do sth.
comploteur [kɔ̃plɔtœːr], *s.m.* Plotter, schemer.
complu, -s, -t, etc. See COMPLAIRE.
componction [kɔ̃pɔ̃ksjɔ̃], *s.f.* **1.** Compunction. **2. Avec c.,** solemnly.
comportement [kɔ̃pɔrtmɑ̃], *s.m.* Behaviour. *Psy:* **Psychologie du c.,** behaviourism.
comporter [kɔ̃pɔrte], *v.tr.* **1.** To allow (of), to admit of (sth.). **2.** To call for, require (sth.). **Les précautions que comporte la situation,** the care which the situation demands. **3.** To comprise (sth.). **Objectif qui comporte quatre éléments,** lens made up of four elements. **Méthode qui comporte de grandes difficultés,** method involving great difficulties. **Les inconvénients que cela comporterait,** the difficulties which this would involve, entail. **Les fatigues que comporte un voyage,** the fatigue incidental to a journey. **Les avantages que comporte la position,** the advantages attaching to the position.
se comporter, to behave. **Se c. mal,** to misbehave. **Façon de se c.,** behaviour.
composant, -ante [kɔ̃pozɑ̃, -ɑ̃ːt]. **1.** *a. & s.m.* Component, constituent (part). **2.** *s.f.* **Composante,** component (of voltage, force, velocity).
composacées [kɔ̃pozase], *s.f.pl.* *Bot:* Compositae.
composé [kɔ̃poze]. **1.** *a.* Compound (pendulum, word, interest). *Ch:* **Corps c.,** compound. *Mec: etc:* **Résistance composée,** combined strength. *Gram:* **Temps c.,** compound tense. (*b*) *Bot:* Composite (flower). *O:* *s.f.pl.* **Composées,** compositae. (*c*) Composed, demure (demeanour, etc.); set, impassive (countenance). **2.** *s.m.* Compound.
composer [kɔ̃poze]. **1.** *v.tr.* (*a*) To compose (symphony, etc.); to form (ministry, etc.); to make up, compound (remedy, etc.). *Abs. Sch:* To sit an examination, a test. (*b*) *Typ:* To set (type, matter). *Tp:* **C. le numéro,** to dial the number. (*c*) **Les personnes qui composent notre famille,** the members of our family. (*d*) To arrange, settle (one's life, etc.). **C. son visage,** to compose one's features. **Se c. une figure,** to assume an appropriate expression. **2.** *v.i.* To compound, come to terms (avec, with).
se composer (de), to be composed (of), to consist (of).
compositeur, -trice [kɔ̃pozitœːr, -tris], *s.* **1.** *Mus:* Composer. **2.** *Typ:* Compositor. **3.** *Jur:* **Amiable c.,** arbitrator.

composition [kɔ̃pɔzisjɔ̃], *s.f.* **1.** (*a*) Composing, composition (of sonata, etc.); compounding, making up (of remedy, etc.). (*b*) *Typ:* Setting, composing (of type); type-setting. **2.** (*a*) Composition, compound, mixture. (*b*) *Lit: Mus:* Composition. *Sch:* Essay; (weekly or termly) test; paper. **3.** Arrangement, compromise. **Entrer en c. avec qn,** to come to terms with s.o.; to compound with s.o. **Homme de bonne c.,** man easy to deal with.

compost [kɔ̃pɔst], *s.m. Hort:* Compost.

composter[1] [kɔ̃pɔste], *v.tr. Hort:* To compost (land).

compost|er[2], *v.tr.* To date, obliterate (ticket, etc.). *s.m.* **-age.**

compote [kɔ̃pɔt], *s.f.* Compote (of fruit); stewed fruit. **En c.,** stewed. *F:* **Mettre qn en c.,** to pound s.o. to a jelly.

compotier [kɔ̃pɔtje], *s.m.* Fruit-dish, -stand.

compréhensible [kɔ̃preɑ̃sibl], *a.* Comprehensible, understandable.

compréhensif, -ive [kɔ̃preɑ̃sif, -i:v], *a.* **1.** Comprehensive, inclusive (statement, etc.). **2.** Intelligent, understanding (mind).

compréhension [kɔ̃preɑ̃sjɔ̃], *s.f.* (*a*) Understanding, comprehension. (*b*) Understanding, sympathy.

comprendre [kɔ̃prɑ̃:dr], *v.tr.* (Conj. like PRENDRE) **1.** To comprise, include. **Six cents francs par mois tout compris,** six hundred francs a month inclusive. **Emballage non compris,** exclusive of packing. **Y compris . . .,** including. . . . **2.** To understand, comprehend. **Ai-je bien compris que . . .?** am I to understand that. . . .? **Que ce soit bien entendu et bien compris!** let this be a fair warning! **Compris!** understood! **Vous la comprenez mal,** you misunderstand her. **Comprenez-vous ce qu'il fait?** do you realize, are you aware of, what he is doing? **Je comprends que vous soyez fâché,** I can understand your being angry. *F:* **Je le comprends,** I don't blame him. **Je comprends bien!** I can well imagine it! **Je ne comprends rien à l'algèbre,** I don't know a thing about algebra. **Je n'y comprends rien,** I can't make it out. **C'est à n'y rien c.,** I can't understand it, it is beyond me. **Je lui ai fait c. que** + *ind.*, I gave him to understand that. . . . I made it clear to him that. . . . **Se faire c.,** to make oneself understood. **Cela se comprend,** of course; naturally.

compresse [kɔ̃prɛs], *s.f. Med:* Compress.

compresser [kɔ̃prɛse], *v.tr.* **1.** To compress. **2.** *F:* To pack.

compresseur [kɔ̃prɛsœ:r]. **1.** *s.m.* (*a*) Compressor (of gas, air, etc.). *I.C.E:* Supercharger. (*b*) *Surg:* Constrictor. **2.** *a.* Compressing, constricting. *Civ.E:* **Rouleau c.,** road roller, *F:* steam-roller.

compressible [kɔ̃prɛsibl], *a.* Compressible.

compressif, -ive [kɔ̃prɛsif, -i:v], *a.* **1.** Compressive (stress, etc.). **2.** Repressive (measures).

compression [kɔ̃prɛsjɔ̃], *s.f.* **1.** (*a*) Compression; squeezing. *I.C.E:* **Temps de (la) c.,** compression stroke. (*b*) Crushing. **2.** Repression, constraint. **3.** Reduction. **C. du personnel,** reduction of staff.

comprimable [kɔ̃primabl], *a.* Compressible.

comprimé [kɔ̃prime]. **1.** *a.* Compressed. **Air c.,** compressed air. **Outil à air c.,** pneumatic tool. **2.** *s.m. Pharm:* Tablet; lozenge.

comprimer [kɔ̃prime], *v.tr.* **1.** To compress (gas, artery, etc.); to squeeze in (the waist). **2.** *F:* To repress, restrain (tears, one's feelings).

compr-îmes, -is, -it, etc. See COMPRENDRE.

compromettre [kɔ̃prɔmɛtr], *v.* (Conj. like METTRE) **1.** *v.tr.* (*a*) To compromise (s.o.). **Être compromis dans un crime,** to be implicated in a crime. (*b*) To endanger, jeopardize (life, etc.). **2.** *v.i.* To accept arbitration; to compromise.

se compromettre, to compromise oneself; to commit oneself.

compromis[1] [kɔ̃prɔmi], *s.m. Jur:* Compromise. *Dipl:* **C. d'arbitrage,** compromise. **Mettre une affaire en c.,** to submit a matter for arbitration. *Com:* **Obtenir un c.,** to compound (with creditors).

comprom-is[2], **-it,** etc. See COMPROMETTRE.

compromission [kɔ̃prɔmisjɔ̃], *s.f.* **1.** Compromising (with one's conscience); surrender (of principle). **2.** Usu. *Pej:* Compromise.

comptabiliser [kɔ̃tabilize], *v.tr.* To account.

comptabilité [kɔ̃tabilite], *s.f.* **1.** Book-keeping, accountancy. **C. en partie simple, double,** single-, double-entry book-keeping. **Tenir la c. d'une maison,** to keep the books of a firm. **Chef de c.,** chief accountant. *Ind:* **C. du temps (du personnel),** time-keeping. **2.** Accountancy department. *Com:* Counting-house,

comptable [kɔ̃tabl]. **1.** (*a*) *a.* Book-keeping (work, etc.). **Pièces comptables,** original documents; vouchers. (*b*) *s.m.* Accountant, book-keeper. **Expert c.** = chartered accountant. **2.** *a.* (*a*) Accountable, responsible (de, for). (*b*) *Com:* **Machine c.,** accounting machine.

comptant [kɔ̃tɑ̃]. **1.** *a.* **Argent c.,** ready money. *F:* **Prendre tout pour argent c.,** to take everything for gospel truth. **2.** *adv.* **Payer c.,** to pay (in) cash. **3.** *s.m.* **Acheter, vendre, au c.,** to buy, sell, for cash.

compte [kɔ̃:t], *s.m.* Account. (*a*) Reckoning, calculation. **Faire le c. des dépenses,** to add up expenses. **Faire son c. de qch.,** to reckon, count, on sth. **Cela fait mon c.,** that is the very thing I wanted. **Y trouver son c.,** to get sth. out of it. **Être loin de c.,** to be out in one's calculations; to be wide of the mark. **Le c. y est, n'y est pas,** the account is correct, incorrect. *F:* **Il a son c.,** (i) he is done for; that has put paid to his account; (ii) *P:* he's tipsy, he has as much as he can carry. *F:* **Son c. est bon,** I'll settle his hash for him. **C. rond,** round sum. **Acheter qch. à bon c.,** to buy sth. cheap. **Au bout du c. qu'est-ce que cela fait?** after all, when all is said and done, what does it matter? **En fin de c. . . ., tout c. fait . . .,** all things considered . . ., **Il est donc bien coupable à votre c.?** do you think him so very much to blame? **A ce c. . . .,** in that case . . ., things being so . . ., at that rate. . . . **Tenir c. de qch.,** to take sth. into account, into consideration. **Ne tenir aucun c. de qch.,** to ignore sth. **Tenir le plus grand c. d'un fait,** to attach the greatest importance to a fact. (*b*) Count. *Box:* **Rester sur le plancher pour le c.,** to be counted out. *Missiles:* **C. à rebours,** count down. (*c*) **Tenir les comptes d'une maison,** to keep the accounts of a business. *F:* **Régler son c. à qn,** to settle s.o.'s hash. **Avoir un (petit) c. à régler avec qn,** to have a bone to pick with s.o. **Régler de vieux comptes,** to pay off old scores. **Avoir un c. chez qn,** to have an account with s.o. **C. en banque,** banking account. **C. courant postal, c. de chèques postaux,** account in (French) Post Office Bank. **Livre édité à c. d'auteur,** book published at author's expense. **Livre de comptes,** account book. **(Livre de) comptes faits,** ready reckoner. **La Cour des Comptes,** the Audit Office. **Donner son c. à qn,** to pay s.o. off (on dismissal). **Faire ses comptes,** to make up one's accounts. **Créances qui n'entrent pas en ligne de c.,** credits which are not taken into account. **Versement à c.,** payment on account. **Mettre un malheur sur le c. de qn,** to ascribe, attribute, a misfortune to s.o. **Dire, apprendre, qch. sur le c. de qn,** to say, learn, sth. about s.o. **Prendre qch. à son c.,** (i) to buy sth. on one's own account; (ii) to accept responsibility for sth. **Se mettre, s'établir, à son c.,** to set up in business on one's own account. **Pour mon c. . . .,** for my part. . . . **C. à demi,** joint account. (*d*) **Demander des comptes à qn,** to call s.o. to account. **Demander c. à qn de qch.,** to bring s.o. to book for sth. **Il ne doit de comptes à personne,** he is answerable to nobody. **Rendre c. de qch.,** to render an account of sth. **C. rendu,** (i) report; (ii) (book) review. **Faire le c. rendu d'un ouvrage,** to review a book. **C. rendu de lecture,** précis writing. **Se rendre c. de qch.,** to realize, understand, sth.

compte-gouttes [kɔ̃tgut], *s.m.inv.* (*a*) *Pharm: etc:* Dropper, pipette. (*b*) Drip-feed lubricator. *F:* **Mesurer qch. au c.-g.,** to dole sth. out in driblets.

compt|er [kɔ̃te]. **1.** *v.tr.* (*a*) To count (up), reckon (up), compute (numbers, etc.); to number. **C. jusqu'à dix,** to count up to ten. **Dix-neuf tous comptés,** nineteen all told. **Être compté au nombre des membres,** to be counted as a member. **Marcher à pas comptés,** to walk with measured tread. **Ses jours sont comptés,** his days are numbered. **Vingt ans bien comptés,** a good twenty years. **Les réussites ne se comptent plus,** the successes have been innumerable. **Donner sans**

c., to give without stint(ing). **Sans c. . . .,** not counting . . .; not to mention. . . . **Sans c. que . . .,** not to mention that . . .; besides the fact that. . . . **Mal c.,** to miscount. *Prep.phr.* **A c. de . . .,** (reckoning) from. . . . (*b*) **C. cent francs à qn,** to pay s.o. a hundred francs. (*c*) *Com:* To charge. **Nous ne comptons pas l'emballage,** we don't charge for packing. (*d*) To value. **C. sa vie pour rien,** to hold one's life of no account. (*e*) **C. faire qch.,** to expect to do sth.; to reckon on doing sth. **Je compte le voir demain,** I expect to see him to-morrow. **Je comptais qu'il serait à m'attendre,** I expected him to be waiting for me. **2.** *v.i.* (*a*) **C. sur qn,** to reckon, count, rely (up)on s.o. **Vous pouvez y c.,** you may depend upon it. (*b*) **C. avec qn, qch.,** to reckon with s.o., sth. (*c*) **Il compte parmi mes meilleurs amis,** he counts among my best friends. (*d*) To count; to be of consequence. **Ne c. pour rien,** to stand for nothing. *s.m.* **-age.**

compte-tours [kɔ̃ttuːr], *s.m.inv.* Revolution counter.

compteur, -euse [kɔ̃tœːr, -øz]. **1.** *s.* Counter; checker. **2.** *s.m.* (*a*) Meter. **C. à paiement préalable,** slot-meter. (*b*) **C. de tours,** revolution counter. *Aut:* **C. kilométrique,** mileage indicator, mileometer, *F:* clock. **C. de trajet,** trip-recorder. **C. de vitesse,** speedometer. *Atom. Ph:* **C. de Geiger,** Geiger counter. *Fr.C:* **C. de stationnement,** parking meter. (*c*) Turnstile.

comptoir [kɔ̃twaːr], *s.m.* **1.** *Com:* Counter. **C. de cabaret,** bar. **Garçon de c.,** bar-tender. *O:* **Demoiselle de c.,** (i) saleswoman; (ii) barmaid. **2.** (In the East) godown, warehouse. **3.** *Fin:* Bank. **C. d'escompte,** discount bank.

compuls|er [kɔ̃pylse], *v.tr.* To examine, check, go through (documents). *s.f.* **-ation.**

compulsion [kɔ̃pylsjɔ̃], *s.f.* Compulsion.

comput [kɔ̃pyt], *s.m.* *Ecc:* Computation (of calendar).

computation [kɔ̃pytasjɔ̃], *s.f.* Computation.

computer [kɔ̃pyte], *v.tr.* To compute.

comte [kɔ̃ːt], *s.m.* Count; (in Engl.) earl. **Monsieur le c.,** my lord, your lordship; his lordship.

comté [kɔ̃te], *s.m.* County. *Pol:* *Fr.C:* Electoral circumscription.

comtesse [kɔ̃tɛs], *s.f.* Countess. **Madame la c.,** my lady.

con [kɔ̃], *s.m.* *V:* Idiot, clot.

concass|er [kɔ̃kɑse], *v.tr.* To crush, break (ore); to grind (pepper, etc.); to pound. *s.m.* **-age.**

concasseur [kɔ̃kɑsœːr], *s.m.* Crusher; crushing-mill; crushing-roller.

concave [kɔ̃kaːv], *a.* Concave.

concavité [kɔ̃kavite], *s.f.* (*a*) Concavity; concave side (of lens). (*b*) *O:* Hollow, cavity.

concéder [kɔ̃sede], *v.tr.* **(je concède; je concéderai) 1.** To concede, grant, allow (privilege, etc.); to grant (land). **2. C. qu'on a tort,** to allow, admit, that one is wrong.

concentration [kɔ̃sɑ̃trasjɔ̃], *s.f.* Concentration. **1.** *Pol:* **Camp de c.,** concentration camp. **2.** Focusing.

concentrationnaire [kɔ̃sɑ̃trasjɔnɛːr]. **1.** *a.* (*a*) Pertaining to concentration camps. (*b*) Totalitarian. **2.** *s.m. or f.* Person in a concentration camp.

concentré [kɔ̃sɑ̃tre], **1.** *a.* Concentrated. *Ch:* At high concentration. **2.** *a.* **Homme c.,** reserved, close, man. **Air c.,** abstracted look. **3.** *s.m.* Extract, concentrate. **C. de viande,** meat extract. **C. de tomate,** tomato concentrate.

concentrer [kɔ̃sɑ̃tre], *v.tr.* To concentrate (syrup, troops, etc.); to focus (sun's rays, etc.); to centre.

se concentrer. 1. To concentrate, to centre (**sur, dans,** in, (up)on, round). **2. Se c. en soi-même,** to retire within oneself.

concentrique [kɔ̃sɑ̃trik], *a.* *Geom: etc:* Concentric. *adv.* **-ment, -ally.**

concept [kɔ̃sɛpt], *s.m.* Concept.

conceptible [kɔ̃sɛptibl], *a.* Conceivable.

conception [kɔ̃sɛpsjɔ̃], *s.f.* **1.** Conception, conceiving. **C. dirigée,** birth-control. **Avoir la c. lente,** to be slow of comprehension. **2.** Conception, idea. *F:* **C'est une c.,** that's one way of looking at it! **3.** Design.

concernant [kɔ̃sɛrnɑ̃], *prep.* Concerning, about, respecting, with regard to, regarding.

concerner [kɔ̃sɛrne], *v.tr.* (Used in third pers. only) To concern, affect. **Pour, en, ce qui concerne . . .,** concerning . . .; with regard to. . . . **Cela concerne vos intérêts,** it affects your interests. **Est-ce que cela vous concerne?** is it any concern of yours?

concert [kɔ̃sɛːr], *s.m.* Concert. **1.** Harmony, agreement. **Agir de c. avec qn,** (i) to act in concert with s.o.; to go hand in hand with s.o.; (ii) to conspire with s.o. **2.** Musical entertainment. **Salle de c.,** concert-hall. **Ce fut un c. d'éloges,** there was a chorus of praise.

concerté [kɔ̃sɛrte], *a.* **1.** Concerted, united (action). **2.** Studied, stiff, composed (manner, etc.).

concerter [kɔ̃sɛrte], *v.tr.* (*a*) To concert, arrange (plan); to plan (scheme). **Projet concerté d'avance,** preconcerted plan. (*b*) To compose, settle (one's countenance).

se concerter (avec qn), (i) to act in concert (with s.o.); (ii) *Pej:* to connive (with s.o.). **Ils se concertèrent sur le moyen d'agir,** they took counsel, consulted, together as to how to act.

concertiste [kɔ̃sɛrtist], *s.m.* & *f.* Concert performer.

concerto [kɔ̃sɛrto], *s.m.* *Mus:* Concerto.

concessif, -ive [kɔ̃sesif, -iːv], *a.* Concessive.

concession [kɔ̃sɛsjɔ̃], *s.f.* Concession. **1.** Yielding. **Faire des concessions,** to make concessions. **2.** Grant. **C. minière,** mining concession.

concessionnaire [kɔ̃sesjɔnɛːr]. **1.** *a.* Concessionary (company). **2.** *s.* Grantee (of land); licence-holder.

concevable [kɔ̃s(ə)vabl], *a.* Conceivable, imaginable.

concevoir [kɔ̃səvwaːr], *v.tr.* (*pr.p.* **concevant;** *p.p.* **conçu;** *pr.ind.* **je conçois, n. concevons, ils conçoivent;** *p.d.* **je concevais;** *p.h.* **je conçus;** *fu.* **je concevrai) 1.** To conceive (child). **2.** (*a*) To conceive, imagine (idea, etc.); to form (plan, etc.). **C. de l'amitié pour qn,** to take a liking to s.o. (*b*) To conceive, understand. **Je ne conçois rien à cela,** I don't understand it at all. **Cela se conçoit facilement,** that is easily understood. (*c*) **Ainsi conçu,** (letter, etc.) worded as follows.

conchoïdal, -aux [kɔ̃kɔidal, -o], *a.* Conchoid(al).

concierge [kɔ̃sjɛrʒ], *s.m.* & *f.* (House-)porter, portress; door-keeper; caretaker (of flats); lodge-keeper (of castle, etc.); keeper (of prison).

conciergerie [kɔ̃sjɛrʒəri], *s.f.* **1.** Caretaker's lodge. **2.** Duties, post, of caretaker. **3. La C.,** the Conciergerie (former prison in Paris).

concile [kɔ̃sil], *s.m.* *Ecc:* Council, synod.

conciliable [kɔ̃siljabl], *a.* Reconcilable.

conciliabule [kɔ̃siljabyl], *s.m.* **1.** *Ecc:* Conventicle. **2.** (*a*) Secret meeting. (*b*) *F:* Confabulation.

conciliant [kɔ̃siljɑ̃], *a.* Conciliating, conciliatory.

conciliateur, -trice [kɔ̃siljatœːr, -tris]. **1.** *a.* = CONCILIANT. **2.** *s.* Peacemaker; appeaser. *Ind:* Trouble-shooter.

conciliation [kɔ̃siljasjɔ̃], *s.f.* Conciliation.

conciliatoire [kɔ̃siljatwaːr], *a.* Conciliatory (measure, etc.).

concilier [kɔ̃silje], *v.tr.* **1.** To conciliate, reconcile (two parties, etc.). **C. un différend,** to adjust a difference. **C. des textes,** to reconcile texts. **2.** To win over, gain (hearts, esteem, etc.). **Se c. qn, la faveur de qn,** to gain s.o.'s good will.

se concilier, to agree **(avec,** with).

concis [kɔ̃si], *a.* Concise, terse.

concision [kɔ̃sizjɔ̃], *s.f.* Concision, conciseness, brevity, terseness. **Avec c.,** concisely, tersely.

concitoyen, -enne [kɔ̃sitwajɛ̃, -ɛn], *s.* **1.** Fellow-citizen. **2.** Fellow-countryman, -countrywoman.

conclave [kɔ̃klaːv], *s.m.* *Ecc:* Conclave.

conclaviste [kɔ̃klavist], *s.m.* *Ecc:* Conclavist.

concluant [kɔ̃klyɑ̃], *a.* Conclusive, decisive (experiment, etc.). **Peu c.,** inconclusive.

conclure [kɔ̃klyːr], *v.tr.* *pr.p.* **concluant;** *p.p.* **conclu;** *pr.ind.* **je conclus, n. concluons, ils concluent;** *p.d* **je concluais;** *p.h.* **je conclus;** *fu.* **je conclurai)** To conclude. **1.** (*a*) To end, finish; to bring (speech, etc.) to a conclusion. (*b*) **C. la paix,** to conclude peace. **C. un marché,** to drive, strike, clinch, a bargain. **2.** (*a*) To decide, infer. **Nous avons conclu que . . .,** we have come to the conclusion that. . . . (*b*) **C. à qch.,** to conclude in favour of sth. **C. à une opération immédiate,** to decide that an immediate operation is necessary. **Le jury a conclu au suicide,** the jury returned a verdict of suicide.

conclusif, -ive [kɔ̃klyzif, -iːv], *a.* Conclusive.

conclusion [kɔ̃klyzjɔ̃], *s.f.* Conclusion. **1.** Close, end (of speech, etc.). **2.** Concluding, settlement (of treaty, agreement). 3. (*a*) Inference. **Formuler une c.**, to make an inference. (*b*) *Jur:* Finding, decision. **Les conclusions du jury**, the finding(s) of the jury.

conçoi-s, -t, -ve, etc. See CONCEVOIR.

concombre [kɔ̃kɔ̃:br], *s.m.* Cucumber.

concomitant [kɔ̃kɔmitɑ̃], *a.* Concomitant, attendant (circumstance).

concordance [kɔ̃kɔrdɑ̃:s], *s.f.* **1.** Concordance, agreement (of evidence, etc.). **2.** *Gram:* Concord, agreement (of adjectives, etc.); sequence (of tenses). **3.** (Bible) concordance.

concordant [kɔ̃kɔrdɑ̃], *a.* Concordant.

concordat [kɔ̃kɔrda], *s.m.* **1.** *Ecc.Hist:* Concordat, agreement. **2.** (Bankrupt's) certificate.

concordataire [kɔ̃kɔrdatɛ:r], *a. & s.* Certificated (bankrupt).

concorde [kɔ̃kɔrd], *s.f.* Concord, harmony.

concorder [kɔ̃kɔrde], *v.i.* (Of dates, evidence) To agree, to tally (**avec**, with).

concourant [kɔ̃kurɑ̃], *a.* Concurrent, converging.

concourir [kɔ̃kuri:r], *v.i.* (Conj. like COURIR) **1.** (Of lines, etc.) To converge; (of events, etc.) to coincide. **2.** To combine, unite. **C. avec qn**, to co-operate with s.o. **Les témoignages concourent à prouver que . . .**, all the evidence goes to prove that. . . . **Ses ennemis concourent à le ruiner**, his enemies conspire to ruin him. **3. C. pour un prix**, to compete for a prize.

concours [kɔ̃ku:r], *s.m.* **1.** (*a*) Concourse, gathering (of people). **Grand c. de curieux**, great crowd of sightseers. (*b*) Concourse (of atoms, circumstances); concurrence, conjunction (of circumstances); coincidence (of events). **2.** Co-operation, assistance, help. **Prêter (son) c. à qn**, to give assistance to s.o. **Avec l'aimable c. de X**, assisted by X. *Th:* **Avec le c. de . . .**, with the following cast. **3.** (*a*) Competition; competitive examination. **Mettre un prix au c.**, to offer a prize for competition. *Sp:* Field events. **Hors c.**, (i) not for competition; (ii) hors concours. **C. d'admission**, entrance examination. (*b*) **C. agricole**, agricultural show; cattle-show. **C. hippique**, horse-show. *Aut:* **C. d'élégance**, concours d'élégance.

concret, -ète [kɔ̃krɛ, -ɛt], *a.* **1.** Concrete, solid. **2.** *Gram: Log:* Concrete (term, etc.). **Cas c.**, actual case, concrete example.

concréter [kɔ̃krete], *v.tr.* (**je concrète; je concréterai**) To solidify; to congeal (oil, blood).

concrétion [kɔ̃kresjɔ̃], *s.f.* **1.** (*a*) Coagulation. (*b*) Caking. **2.** Concrete mass, concretion. *Med:* **Concrétions calcaires**, chalk-stones.

concrétis|er [kɔ̃kretize], *v.tr.* To put (idea, question) in concrete form. *s.f.* **-ation.**

conçu, -s, -t, etc. See CONCEVOIR.

concubin, -ine [kɔ̃kybɛ̃, -in]. **1.** *a.* Concubinary. **2.** *s.f.* **Concubine**, (i) concubine; (ii) kept mistress.

concubinage [kɔ̃kybina:ʒ], *s.m.* Concubinage.

concupiscence [kɔ̃kypissɑ̃:s], *s.f.* Concupiscence; lusts of the flesh.

concurremment [kɔ̃kyramɑ̃], *adv.* **1.** Concurrently, jointly. **Agir c. avec qn**, to act jointly, in conjunction, with s.o. **2.** Competitively.

concurrence [kɔ̃kyrɑ̃:s], *s.f.* **1.** (*a*) Concurrence, coincidence (of events). (*b*) *Jur:* **Créanciers qui viennent en c.**, creditors with equality of rights. (*c*) **Jusqu'à c. de . . .**, to the amount of. . . . **2.** Competition, rivalry. *Com:* **Faire c. à qn**, to compete with s.o. **Articles sans c.**, unrivalled goods.

concurrencer [kɔ̃kyrɑ̃se], *v.tr.* To compete with (s.o., sth.) (in trade, in the open market).

concurrent, -ente [kɔ̃kyrɑ̃, -ɑ̃:t]. **1.** *a.* (*a*) (Of forces, actions, etc.). Co-operative. (*b*) Competitive, rival (industries, etc.). **2.** *s.* Competitor (for prize, etc.); candidate (for post, etc.).

concurrentiel, -elle [kɔ̃kyrɑ̃sjɛl], *a.* Rival; competitive.

concussion [kɔ̃kysjɔ̃], *s.f.* **1.** Misappropriation of public funds. **2.** Extortion (by public official); peculation.

condamnable [kɔ̃dɑnabl], *a.* Condemnable, blamable, blameworthy.

condamnation [kɔ̃dɑnasjɔ̃], *s.f.* Condemnation. **1.** (*a*) *Jur:* Conviction, judgment, sentence. **C. à vie**, life sentence. **C. à mort**, sentence of death. **Prononcer c.**, to pronounce, pass, sentence or judgment. **Passer c.**, to admit that one is in the wrong. **Purger une c.**, to serve one's sentence. (*b*) Putting (of door, window) out of use. **2.** Reproof, censure.

condamné, -ée [kɔ̃dɑne], *s.* Convict; condemned man, woman.

condamner [kɔ̃dɑne], *v.tr.* To condemn. **1.** (*a*) *Jur:* To convict, sentence, pass judgment on (criminal, etc.). **C. qn à mort**, to condemn, sentence, s.o. to death. **C. qn à trois mois de prison**, to pass sentence of three months' imprisonment on s.o. **C. qn à mille francs d'amende**, to fine s.o. a thousand francs. **Tentative condamnée à l'insuccès**, attempt doomed to failure. **Le médecin l'a condamné**, the doctor has given him up. (*b*) **C. une porte**, (i) to block up, fill in, a door; (ii) to forbid the use of a door; to nail or screw up a door. (*c*) **C. sa porte**, to be 'not at home' to visitors. **2.** To censure, reprove (s.o.'s conduct, a book, etc.).

condensateur [kɔ̃dɑ̃satœ:r], *s.m. El: Opt:* Condenser. *El:* Capacitor. **C. réglable, variable**, variable condenser.

condensation [kɔ̃dɑ̃sasjɔ̃], *s.f.* Condensation, condensing. **Machine (à vapeur) à c.**, condensing engine.

condensé [kɔ̃dɑ̃se]. **1.** *a.* Condensed. **Lait c.**, condensed milk. **2.** *s.m. Journ:* Digest.

condens|er [kɔ̃dɑ̃se], *v.tr.* To condense (gas, lecture, etc.) (**en**, into). *a.* **-able.**

se condenser, to condense.

condenseur [kɔ̃dɑ̃sœ:r], *s.m. Mch: Gasm:* Condenser.

condescendance [kɔ̃dɛsɑ̃dɑ̃:s], *s.f.* Condescension.

condescendre [kɔ̃dɛsɑ̃:dr], *v.i.* To condescend (**à faire qch.**, to do sth.).

condiment [kɔ̃dimɑ̃], *s.m.* Condiment, seasoning.

condisciple [kɔ̃disipl], *s.m.* Fellow-student, school-fellow.

condition [kɔ̃disjɔ̃], *s.f.* Condition. **1.** (*a*) State. **En c.**, in (good) condition. **Être en c. de faire qch.**, to be in a position, in a fit state, to do sth. (*b*) *pl.* Conditions, circumstances. **Être dans les conditions requises pour agir**, to be entitled to act. **Dans ces conditions . . .**, under these conditions . . .; this being so. . . . (*c*) Rank, station. *O:* **Gens de c.**, people of fashion, of quality. *O:* **Gens de simple c.**, persons in humble circumstances. **2.** Condition, stipulation; *pl.* terms. **Faites vos conditions vous-même**, name your own terms. **Conditions de faveur**, preferential terms. **Poser des conditions à qn**, to impose conditions on s.o. **Offre sans c.**, unconditional offer. **Se rendre sans c.**, to surrender unconditionally. **Signer un engagement sous c.**, to sign an agreement conditionally. **Marchandises à c.**, goods (i) on sale or return, (ii) on approval. **A cette c., à ces conditions, j'accepte**, on this understanding, on these terms, I accept. **A c. de** + *inf.*, providing, provided, that. . . . **A c. que . . .**, on condition that. . . . **3.** *A:* **Être en c. (chez qn)**, to be in service (with s.o.).

conditionné [kɔ̃disjɔne], *a.* **1.** (Of work, goods) In (good, bad) condition. **Mal c.**, ill-conditioned. **A air c.**, air-conditioned. **2.** *Log:* Conditioned (proposition).

conditionnel, -elle [kɔ̃disjɔnɛl]. **1.** *a.* Conditional. **2.** *s.m. Gram:* Conditional mood.

conditionnement [kɔ̃disjɔnmɑ̃], *s.m.* *Tex: etc:* Conditioning (of silk, air, etc.). *Com:* (i) Packaging; (ii) package.

conditionner [kɔ̃disjɔne], *v.tr.* **1.** To condition (wool, silk, air, etc.). **2.** To put (goods) into good condition; to season (wood). **3.** *Com:* To package.

conditionneur, -euse [kɔ̃disjɔnœ:r, -ø:z], *s.* (*a*) *s.m.* **C. d'air**, air conditioner. (*b*) *Com:* *s.m. & f.* Packager, packer.

condoléance [kɔ̃dɔleɑ̃:s], *s.f.* Condolence. **Veuillez agréer mes sincères condoléances**, accept my sincere sympathy.

condor [kɔ̃dɔ:r], *s.m.* *Orn:* Condor.

conductance [kɔ̃dyktɑ̃:s], *s.f. El:* Conductance.

conducteur, -trice [kɔ̃dyktœ:r, -tris]. **1.** *s.* (*a*) Leader, guide. **C. de bestiaux**, drover. (*b*) Driver (of cart, lorry). (*c*) **C. d'une machine**, machine-minder. (*d*) **C. des travaux**, clerk of the works, works foreman. **2.** *a.* (*a*) *Ph: El:* Conducting, transmitting. (*b*) *Mec.E:* Driving, **3.** *s.m.* (*a*) *El: Ph:* Conductor (of heat, electricity, etc.). **Mauvais c.**, non-conductor. (*b*) *El.E:* Lead (wire), main. **C. souple**, flex.

conductibilité [kɔ̃dyktibilite], *s.f. Ph:* Conductibility. *El:* **C. spécifique**, conductance.
conductible [kɔ̃dyktibl], *a. Ph:* Conductive.
conduction [kɔ̃dyksjɔ̃], *s.f. Ph:* Conduction.
conductivité [kɔ̃dyktivite], *s.f. Ph:* Conductivity. **C. spécifique**, conductance.
conduire [kɔ̃dɥi:r], *v.tr.* (*pr.p.* **conduisant**; *p.p.* **conduit**; *pr.ind.* **je conduis, n. conduisons, ils conduisent**; *p.d.* **je conduisais**; *p.h.* **je conduisis**; *fu.* **je conduirai**) **1.** (*a*) To conduct, escort; to lead; to guide. **C. à bien une affaire**, to conclude successfully a piece of business. **C. qn à la gare**, to take s.o. to the station. **Quel est le chemin qui conduit à la gare?** which is the way to the station? (*b*) **C. qn à faire qch.**, to lead, induce, s.o. to do sth. **2.** (*a*) To drive (horse, car, etc.). S.a. PERMIS. (*b*) To steer, manage (boat). S.a. BARQUE 1. **3.** To convey, conduct. **Corps qui conduit bien l'électricité**, good conductor of electricity. **4.** To conduct, manage, supervise. **C. une maison**, to run a house. **C. un orchestre**, to conduct an orchestra.
se conduire. To conduct oneself, to behave. **Se mal c.**, to misconduct oneself, to misbehave.
conduit [kɔ̃dɥi], *s.m.* Passage, conduit, pipe, duct. **C. principal**, main. **C. d'admission**, steam inlet (of cylinder). **C. à air**, air passage, air-duct, ventilation shaft. *Anat:* **C. auditif**, auditory duct.
conduite [kɔ̃dɥit], *s.f.* **1.** (*a*) Conducting, leading, escorting (of s.o.). **Faire un bout de c. à qn**, to set s.o. on his way. (*b*) Driving (of cart, car, etc.); navigation (of boat, balloon). (*c*) *Aut:* Drive. **C. à gauche**, left-hand drive. **C. intérieure**, saloon. (*d*) Treatment, conduct (of play, poem). **2.** Direction, management, control (of affairs, etc.); command (of fleet, etc.). **Être sous la c. de qn**, to be (i) under s.o.'s leadership, (ii) in s.o.'s care. **3.** Conduct, behaviour. **Avoir de la c.**, to be steady, well-behaved. **Avoir une mauvaise c.**, to lead a loose life. **Changer de c.**, to mend one's ways; to turn over a new leaf. **4.** Piping, tubing. **C. d'eau**, (i) water-main; (ii) channel. **C. de gaz**, gas pipe. **C. souple**, hose. **C. de fumée**, flue. **C. montante (d'une tuyauterie d'eau chaude de ménage)**, flow-pipe. **C. d'huile**, oil-duct.
cône [ko:n], *s.m.* **1.** Cone. **C. de pin**, pine cone. *Astr:* **C. d'ombre**, umbra (of planet, etc.). *Nau:* **C. de tempête**, storm cone. **2.** Taper; tapering end. **Tailler qch. en c.**, to taper sth. **Arbre en c.**, tapering spindle.
confection [kɔ̃fɛksjɔ̃], *s.f.* **1.** Making, construction (of machine, road, etc.); putting together (of parts of garment, etc.); manufacture (of goods); compounding (of drug); drawing up (of document). **Elle nous offrit des gâteaux de sa c.**, she offered us cakes of her own making. **2.** Ready-made suit or dress. **Maison de confections**, shop selling ready-made clothes.
confectionn|er [kɔ̃fɛksjɔne], *v.tr.* To make (up) (dress); to construct (machine, etc.); to manufacture (clothing). **Article confectionné**, ready-made article. *s.m.* **-ement.**
confédération [kɔ̃federasjɔ̃], *s.f.* (Con)federation, confederacy. *Fr.C: Hist:* **Les pères de la C.**, the Fathers of the Confederation.
confédéré [kɔ̃federe]. **1.** *a.* (*a*) Confederate (nations). (*b*) *Ind: Pol:* **Syndicat non c.**, non-affiliated union. **2.** *s.* **Les Confédérés**, the Confederates (of the American Civil War).
confédérer [kɔ̃federe], *v.tr.* (**je confédère**; **je confédérerai**) To confederate, unite (**avec**, with).
se confédérer, to confederate, unite.
conférence [kɔ̃ferɑ̃:s], *s.f.* **1** .Conference, discussion **C. contradictoire**, (public) debate. **Tenir c.**, to hold a conference. **C. de presse**, press conference. **2.** Lecture. **Faire une c.**, to give, deliver, a lecture. **Maître de conférences**, lecturer. **Salle de conférences**, lecture-room.
conférencier, -ière [kɔ̃ferɑ̃sje, -jɛ:r], *s.* Lecturer.
conférer [kɔ̃fere], *v.* (**je confère**; **je conférerai**) **1.** *v.tr.* (*a*) To compare, collate (texts). (*b*) To confer, award (privileges, etc.). **C. le grade de docteur à qn**, to confer a doctor's degree on s.o. **2.** *v.i.* To confer (avec, with). **Nous avons conféré de votre affaire**, we talked your business over.
confesse [kɔ̃fɛs], *s.f.* Confession (to a priest). (Usu. in) **Aller à c.**, to go to confession.
confesser [kɔ̃fɛse], *v.tr.* **1.** To confess,; to plead guilty to (sth.); to own (up) to (sth.). **2.** *Ecc:* (*a*) To confess (one's sins). (*b*) To confess (one's faith). **3.** (Of priest) To confess (penitent).
se confesser, to confess one's sins. **Se c. de qch.**, to confess to having done sth.
confesseur [kɔ̃fɛsœ:r], *s.m. Ecc:* **1.** (Father-)confessor. **2.** *Hist:* Confessor (of the faith).
confession [kɔ̃fɛsjɔ̃], *s.f.* **1.** Confession. **Faire la c. de qch.**, to confess, own up to, sth. **2.** *Ecc:* (*a*) **C. auriculaire, privée**, auricular confession (of sins). (*b*) **C. de foi**, confession of faith. (*c*) *Adm: Mil:* Religious persuasion.
confessionnal, -aux [kɔ̃fɛsjɔnal, -o], *s.m.* Confessional (-box).
confessionnel, -elle [kɔ̃fɛsjɔnɛl], *a.* Confessional; denominational (matters, disputes).
confetti [kɔ̃fɛtti], *s.m.pl.* Confetti.
confiance [kɔ̃fjɑ̃:s], *s.f.* **1.** Confidence, trust, reliance. **Avoir c. en qn**; **faire, donner, c. à qn**, to put trust in s.o.; to put one's faith in s.o., to trust s.o. **Il n'a pas c. dans les médecins**, he doesn't believe in doctors. **Acheter qch. de c.**, to buy sth. on trust. **Il me faut un homme de c.**, I want a man whom I can rely on. **Abus de c.**, breach of trust. **Digne de c.**, trustworthy, reliable. **Maison de c.**, reliable firm. **Commis de c.**, confidential clerk. **Avec c.**, (i) confidently; (ii) trustingly. **Affirmer qch. avec c.**, to assert sth. boldly. **De c.**, confidently. *Parl:* **Poser la question de c.**, to ask for a vote of confidence. **2.** Confidence, sense of security. **C. en soi**, self-confidence, self-assurance.
confiant [kɔ̃fjɑ̃], *a.* **1.** Confiding, trustful (**dans**, in). **2.** Confident, sanguine (disposition, etc.). **3.** Self-confident, assured (manner, etc.).
confidence [kɔ̃fidɑ̃:s], *s.f.* Confidence (imparted as a secret). **Faire une c. à qn**, to tell a secret to s.o. **Faire c. de qch. à qn**, to confide sth. to s.o. **Mettre qn dans la c.**, to let s.o. into the secret. **Dire qch. en c.**, to say sth. in confidence, as a secret.
confident, -ente [kɔ̃fidɑ̃, -ɑ̃:t], *s.* Confidant, *f.* confidante.
confidenti|el, -elle [kɔ̃fidɑ̃sjɛl], *a.* Confidential. **A titre c.**, confidentially, in confidence. *adv.* **-ellement.**
confier [kɔ̃fje], *v.tr.* **1.** To trust, entrust, commit. **C. qch. à qn, à la garde de qn**, to entrust s.o. with sth. **2.** To confide, impart, disclose. **C. qch. à qn**, to tell s.o. sth. in confidence.
se confier à qn, (i) to put one's trust in s.o.; (ii) to take s.o. into one's confidence.
configuration [kɔ̃figyrasjɔ̃], *s.f.* Configuration, outline; (external) shape; lie (of the land).
confiné [kɔ̃fine], *a.* (*a*) Confined (atmosphere, etc.). (*b*) **Être c. au logis**, to be confined to the house.
confinement [kɔ̃finmɑ̃], *s.m.* **1.** *Jur:* Solitary confinement. **2.** Congestion, over-crowding.
confiner [kɔ̃fine]. **1.** *v.i.* (Of country, etc.) **C. à un pays**, to border upon, be contiguous to, a country. **Courage qui confine à la hardiesse**, courage verging on foolhardiness. **2.** *v.tr.* To confine, imprison; to shut (s.o.) up.
confins [kɔ̃fɛ̃], *s.m.pl.* Confines, borders (of country). **Les c. de la science**, the confines of science.
confire [kɔ̃fi:r], *v.tr.* (*pr.p.* **confisant**; *p.p.* **confit**; *pr.ind.* **je confis, n. confisons, ils confisent**; *p.d.* **je confisais**; *p.h.* **je confis**; *fu.* **je confirai**) To preserve (fruit, etc.); to candy (peel, etc.). **C. au sel, au vinaigre**, to pickle.
confirmatif, -ive [kɔ̃firmatif, -i:v], *a.* Confirmative, corroborative.
confirmation [kɔ̃firmasjɔ̃], *s.f.* **1.** Confirmation, corroboration (of news, etc.). **En c. de ma lettre**, confirming my letter. **C. d'un traité**, ratification of a treaty. **2.** *Ecc:* (Sacrament of) confirmation. **Donner la c. à qn**, to confirm s.o. **Recevoir la c.**, to be confirmed.
confirmer [kɔ̃firme], *v.tr.* **1.** To confirm (news, etc.); to corroborate, bear out (s.o.'s evidence). **C. un traité**, to ratify a treaty. **2.** *Ecc:* To confirm (s.o.).
confis-ant, -ons, etc. See CONFIRE.
confiscation [kɔ̃fiskasjɔ̃], *s.f.* Confiscation; seizure (of property). **Perdre qch. par c.**, to forfeit sth.
confiserie [kɔ̃fizri], *s.f.* (*a*) Preserving (in sugar). (*b*) Confectioner's shop. (*c*) Confectionery, preserves.
confiseur, -euse [kɔ̃fizœ:r, -ø:z], *s.* Confectioner.

confisquer [kɔ̃fiske], *v.tr.* To confiscate, seize.

confit [kɔ̃fi]. 1. *a.* **Fruits confits,** crystallized fruit. *F:* **Être c. en dévotion,** to be steeped in piety. 2. *s.m.* (*a*) *Husb:* **C. de son,** bran-mash. (*b*) *Cu:* Conserve (of goose, etc.).

confiture [kɔ̃fity:r], *s.f.* Usu. *pl.* 1. Preserve(s), jam. **Tartine de confitures,** slice of bread and jam. **C. d'oranges,** orange marmalade. 2. (*a*) *F:* Soft soap. (*b*) *F:* **Avoir le bras en c.,** to have one's arm crushed to a pulp.

confiturerie [kɔ̃fityrri], *s.f.* 1. Manufacture of jam, of preserves. 2. Jam factory or warehouse.

conflagration [kɔ̃flagrasjɔ̃], *s.f.* Conflagration, blaze.

conflit [kɔ̃fli], *s.m.* Conflict, struggle; clash (of arms, interests). **Les conflits du travail,** trade disputes. **En c.,** conflicting (doctrines, etc.). **Être en c.,** (i) to be at strife; (ii) (of interests, etc.) to clash (**avec,** with).

confluent [kɔ̃flyɑ̃], *s.m.* Confluence, junction (of rivers, veins, etc.).

confluer [kɔ̃flye], *v.i.* To meet, join. **L'Oise et la Seine confluent,** the Oise flows into the Seine.

confondre [kɔ̃fɔ̃:dr], *v.tr.* To confound. 1. (*a*) To merge, mingle. (*b*) To mistake, confuse. **C. le coupable avec l'innocent,** to mistake the innocent for the guilty. 2. To discomfit, disconcert (one's enemies, etc.); to abash, nonplus; to put (s.o.) to confusion. **C. la calomnie,** to silence calumny. **C. les projets de qn,** to confound, baffle, s.o.'s plans.

se confondre. 1. (*a*) (Of colours, etc.) To blend (en, into). (*b*) (Of streams, etc.) To intermingle, interflow. (*c*) (Of interests, etc.) To be identical. 2. **Se c. en excuses,** to apologize profusely.

confondu [kɔ̃fɔ̃dy], *a.* 1. Disconcerted, abashed; overwhelmed. 2. Dumbfounded (**de,** at).

conformation [kɔ̃fɔrmasjɔ̃], *s.f.* Conformation, structure. **Mauvaise c.,** malconformation.

conforme [kɔ̃fɔrm], *a.* Conformable, according (**à,** to); consistent, consonant (**à,** with). **Copie c. à l'original,** copy corresponding to the original. *Book-k:* **Écriture c.,** corresponding entry. **Ses goûts sont conformes aux miens,** our tastes are identical. *Geom:* **Figures conformes,** congruent figures. *Jur:* **"Pour copie c."** 'certified true copy.' *Com:* **C. à l'échantillon,** up to sample.

conformé [kɔ̃fɔrme], *a.* **Bien c.,** well-formed (child). **Mal c.,** mis-shapen (limb, etc.).

conformément [kɔ̃fɔrmemɑ̃], *adv.* Conformably, according (à, to); in conformity, in accordance, in compliance (**à,** with). **C. à la loi,** according to (the) law. *Mil:* **C. au plan,** according to plan.

conformer [kɔ̃fɔrme], *v.tr.* (*a*) To form, shape. (*b*) **C. qch. à qch.,** to conform sth. to sth.

se conformer à qch., to conform to sth.; to comply with (an order). **Se c. au modèle,** to keep to the pattern.

conformisme [kɔ̃fɔrmism], *s.m.* Conformity; orthodoxy.

conformiste [kɔ̃fɔrmist], *s.* Conformist.

conformité [kɔ̃fɔrmite], *s.f.* Conformity, agreement. *Ecc:* Conformity. **Être en c. de goûts avec qn,** to have similar tastes to s.o.'s. **Agir en c. des ordres reçus,** to act conformably to orders received.

confort [kɔ̃fɔ:r], *s.m.* Comfort. **Tout c. moderne,** all modern conveniences.

confortable [kɔ̃fɔrtabl], *a.* Comfortable, snug, cosy. *adv.* **-ment.**

confraternité [kɔ̃fratɛrnite], *s.f.* 1. Confraternity, brotherhood. 2. Brotherliness.

confrère [kɔ̃frɛ:r], *s.m.* Colleague, confrère, fellow-member (of profession, society); brother(-writer, -teacher, etc.).

confrérie [kɔ̃freri], *s.f.* (Religious) brotherhood or sisterhood; confraternity.

confrontation [kɔ̃frɔ̃tasjɔ̃], *s.f.* 1. Confrontation (of accused person with witness). 2. Comparison, collation (of MSS., etc.).

confronter [kɔ̃frɔ̃te], *v.tr.* 1. To confront (prisoner) (**avec,** with). 2. To collate (MSS.).

confucianisme [kɔ̃fysjanism], *s.m.* *Rel.H:* Confucianism.

confus [kɔ̃fy], *a.* 1. Confused, mixed, jumbled (heap, etc.); indistinct (noise); dim, blurred (vision); obscure, ambiguous (style, etc.). **Mélange c.,** jumble (de, of). 2. Confused, abashed. **Je suis c. de vos bontés,** your kindness makes me ashamed, overwhelms me. **Je suis c. de vous déranger,** I am so sorry to disturb you. *adv.* **-ément.**

confusion [kɔ̃fyzjɔ̃], *s.f.* Confusion. 1. (*a*) Disorder, jumble. **Tous ses papiers sont en, dans la, c.,** all his papers are in confusion, in a muddle. **Mettre tout en c.,** to upset everything. *Med:* **C. mentale,** mental derangement. (*b*) Mistake, error; misunderstanding. **C. de dates,** confusion of dates. 2. Confusion, embarrassment, abashment. **Être rouge de c.,** to blush for shame. 3. *Jur:* **Avec c. des deux peines,** the two sentences to run concurrently.

congé [kɔ̃ʒe], *s.m.* 1. (*a*) Leave, permission (to depart). **Prendre c. de qn,** to take leave of s.o. (*b*) Leave (of absence). **En c.,** on leave. **C. de maladie,** sick leave. (*c*) **Être en c.,** to be on holiday, *U.S:* on vacation. *Ind:* **Congé(s) payé(s),** holidays with pay. *F:* **Un c. payé,** a holidaymaker. **Un après-midi de c.,** an afternoon off. 2. (*a*) (Notice of) discharge, dismissal. **Donner c. à qn,** to discharge s.o.; to give s.o. notice. **Demander son c.,** to ask to resign; to give notice. (*b*) **Donner c. à un locataire,** to give a tenant notice to quit. 3. *Mil:* (*a*) Period, term, of service. (*b*) Discharge (from service). **Prendre son c.,** (i) *Mil:* to take one's discharge; (ii) *Nau:* to be paid off. 4. Authorization, permit. **C. d'un bâtiment,** clearance of a vessel.

congédiable [kɔ̃ʒedjabl], *a.* (*a*) Liable to be discharged. (*b*) Due for discharge.

congédi|er [kɔ̃ʒedje], *v.tr.* 1. To dismiss (servant, etc.). 2. (*a*) To take leave of, dismiss (caller). (*b*) To discharge (men); to pay off (crew); to disband (troops). *s.m.* **-ement.**

congelable [kɔ̃ʒlabl], *a.* Congealable, freezable.

congélation [kɔ̃ʒelasjɔ̃], *s.f.* (*a*) Congelation, congealment; freezing (of water, etc.); solidification (of oil). **Point de c. de l'eau,** freezing point of water. **Chambre de c.,** freezing chamber. **Viande dans la c.,** meat in cold storage. (*b*) Frost-bite. (*c*) Coagulation.

congeler [kɔ̃ʒle], *v.tr.* (**il congèle; il congèlera**) 1. To congeal; to freeze (water, etc.). **Viande congelée,** chilled, frozen meat. 2. To coagulate.

se congeler, to congeal; to freeze (up).

congénère [kɔ̃ʒenɛ:r]. 1. *a.* Congeneric. *Anat:* Congenerous (muscle). *Ling:* **Mots congénères,** cognate words. 2. *s.m.* *Biol:* Congener. **Lui et ses congénères,** he and his like.

congénital, -aux [kɔ̃ʒenital, -o], *a.* Congenital.

congère [kɔ̃ʒɛ:r], *s.f.* Snow-drift.

congestif, -ive [kɔ̃ʒɛstif, -i:v], *a.* 1. *Bot:* Congested (organs, etc.). 2. *Med:* Congestive (disposition, etc.).

congestion [kɔ̃ʒɛstjɔ̃], *s.f.* *Med:* Congestion. **C. cérébrale,** apoplexy, *F:* stroke. **C. pulmonaire,** pneumonia.

congestionné [kɔ̃ʒɛstjɔne], *a.* Flushed, red (face).

congestionner [kɔ̃ʒɛstjɔne], *v.tr.* (*a*) *Med:* To congest. (*b*) **Les rues de la ville sont très congestionnées,** the streets of the town are very congested.

se congestionner, to become congested.

conglomérat [kɔ̃glɔmera], *s.m.* *Geol:* Conglomerate.

conglomérer [kɔ̃glɔmere], *v.tr.* (**je conglomère; je conglomérerai**) To conglomerate (particles of matter, etc.).

se conglomérer, to conglomerate.

congre [kɔ̃:gr], *s.m.* Conger-eel.

congrégation [kɔ̃gregasjɔ̃], *s.f.* *Ecc:* Congregation. 1. (Monastic) community. 2. Body of worshippers.

congrégationaliste [kɔ̃gregasjɔnɑlist]. 1. *a.* Congregational (church, etc.). 2. *s.m.* & *f.* Congregationalist.

congrès [kɔ̃grɛ], *s.m.* Congress.

congressiste [kɔ̃grɛsist], *s.m.* & *f.* Member of a congress. *s.m.* *U.S:* Congressman.

congru [kɔ̃gry], *a.* (*a*) Sufficient, adequate. **Portion congrue,** (i) *Ecc:* adequate emolument (of priest); (ii) *F:* (income providing a) bare living. *F:* **Réduire qn à la portion congrue,** to put s.o. on (short) allowance. (*b*) *Mth:* Congruent. **Triangles congrus,** congruent triangles.

congruence [kɔ̃gryɑ̃:s], *s.f.* *Mth:* Congruence.

conicité [kɔnisite], *s.f.* Conicity; taper (of bullet).

conifère [kɔnifɛ:r]. *Bot:* 1. *a.* Coniferous, cone-bearing. 2. *s.m.pl.* **Conifères,** conifers.

conique [kɔnik], *a.* **1.** Cone-shaped, conical. **2.** *Geom:* **Sections coniques,** conic sections. **3.** *Mec.E:* Coned, taper(ing) (shank, pin, etc.). **Engrenage c.,** bevel gearing.
conjectural, -aux [kɔ̃ʒɛktyral, -o], *a.* Conjectural. *adv.* **-ement.**
conjecture [kɔ̃ʒɛktyːr], *s.f.* Conjecture, surmise, guess.
conjecturer [kɔ̃ʒɛktyre], *v.tr.* To conjecture, surmise, guess.
conjoindre [kɔ̃ʒwɛ̃ːdr], *v.tr.* (Conj. like JOINDRE) To join in marriage.
conjoint [kɔ̃ʒwɛ̃], *a.* **1.** Conjoined, united, joint. **Compte courant c.,** joint current account. **Légataires conjoints,** co-legatees. **2.** *Jur:* Married. *s.m. Jur:* Spouse. **Les (deux) conjoints,** husband and wife.
conjointement [kɔ̃ʒwɛ̃tmɑ̃], *adv.* (Con)jointly. S.a. SOLIDAIREMENT.
conjoncteur [kɔ̃ʒɔ̃ktœːr], *s.m.* *El:* Circuit-closer; switch. **C.-disjoncteur,** make-and-break (key, etc.); cut-out.
conjonctif, -ive[1] [kɔ̃ʒɔ̃ktif, -iːv], *a.* **1.** Connective (tissue). **2.** Conjunctive (phrase, etc.). **Pronom c.,** relative pronoun.
conjonction [kɔ̃ʒɔ̃ksjɔ̃], *s.f.* **1.** Union, connection. *Astr:* **En c.,** in conjunction; conjoined. **2.** *Gram:* Conjunction.
conjonctive[2] [kɔ̃ʒɔ̃ktiːv], *s.f.* *Anat:* Conjunctiva (of the eye).
conjonctivite [kɔ̃ʒɔ̃ktivit], *s.f.* *Med:* Conjunctivitis.
conjoncture [kɔ̃ʒɔ̃ktyːr], *s.f.* Conjuncture, contingency. **Se trouver dans une malheureuse c.,** to find oneself in a predicament.
conjugaison [kɔ̃ʒygɛzɔ̃], *s.f.* **1.** *Gram:* *Biol:* Conjugation. **2.** Pairing (of guns, etc.).
conjugal, -aux [kɔ̃ʒygal, -o], *a.* Conjugal. **Le domicile c.,** the home. **Vie conjugale,** married life. **Les liens conjugaux,** the marriage ties. *adv.* **-ement.**
conjugué [kɔ̃ʒyge], *a.* Conjugate (leaves, foci); interconnected (controls, etc.). **Canons conjugués,** guns paired on turret. **Freinage c.,** coupled, interacting, brakes.
conjuguer [kɔ̃ʒyge], *v.tr.* **1.** *Gram:* To conjugate. **2.** To combine. **Ils conjuguèrent leurs efforts,** they joined forces. **3.** To pair (engines, guns).
conjuration [kɔ̃ʒyrasjɔ̃], *s.f.* **1.** Conspiracy, plot. **2.** Incantation, exorcism. **3.** *pl.* Entreaties.
conjuré [kɔ̃ʒyre], *s.m.* Conspirator.
conjurer [kɔ̃ʒyre], *v.tr. & i.* **1.** To plot. (*a*) **C. la ruine de qn,** to plot s.o.'s ruin. (*b*) **C. contre qn,** to conspire against s.o. **2.** (*a*) To conjure up, raise (spirits); to exorcise (demon). (*b*) To avert, ward off (danger), etc.). **3. C. qn de faire qch.,** to entreat, beseech, s.o. to do sth.
se conjurer, to conspire together.
connais. See CONNAÎTRE.
connaissable [kɔnɛsabl], *a.* **1.** *Phil:* Cognizable, knowable. **2.** Recognizable (à, by).
connaissance [kɔnɛsɑ̃ːs], *s.f.* **1.** (*a*) Acquaintance, knowledge. **Faire c. avec qch.,** to become acquainted with sth. **Prendre c. de qch.,** to make oneself acquainted with, to enquire into, sth. **Avoir c. de qch.,** to be aware of sth. **Donner c. de qch. à qn, porter qch. à la c. de qn,** to inform s.o. of sth. **Il n'a jamais, à ma c., été malade,** he has never had a day's illness, to my knowledge, as far as I know. **En c. de cause;** **en pleine c. des faits,** with full knowledge of the facts; on good grounds. **Être en âge de c.,** to have arrived at years of discretion. **Une personne de ma c.,** someone I know; an acquaintance. **Faire c. avec qn, faire la c. de qn,** to make s.o.'s acquaintance. **Lier c. avec qn,** to strike up an acquaintance with s.o. **Une figure de c.,** a familiar face. **En pays de c.,** among familiar faces; on familiar ground. (*b*) **C'est une de mes connaissances,** he is an acquaintance of mine. **2.** (*a*) Knowledge, understanding. **Avoir la c. de plusieurs langues,** to know several languages. (*b*) *Jur:* Cognizance. (*c*) *Phil:* Cognition. (*d*) *pl.* Learning. **Les connaissances de droit que chacun doit posséder,** the knowledge of the law that everyone ought to possess. **3.** Consciousness. **Perdre c.,** to lose consciousness, to faint. **Reprendre c.,** to regain consciousness; *F:* to come round. **Il a conservé sa c. jusqu'au bout,** he was conscious to the end, last. **Sans c.,** unconscious.
connaiss-e, -es, etc. See CONNAÎTRE.
connaissement [kɔnɛsmɑ̃], *s.m.* Bill of lading.
connaisseur, -euse [kɔnɛsœːr, -øːz]. **1.** *s.* Expert, connoisseur. **Être bon c. en qch.,** to be a good judge of, an authority on, sth. **2.** *a.* **Regarder qch. d'un œil c.,** to look at sth. with a critical eye.
connaître [kɔnɛːtr], *v.tr.* (*pr.p.* **connaissant;** *p.p.* **connu;** *pr.ind.* **je connais, il connaît, n. connaissons;** *p.d.* **je connaissais;** *p.h.* **je connus;** *fu.* **je connaîtrai**) To know. **1.** To be acquainted with (sth.). **Un endroit de moi seul connu,** a place known to me alone. **Il ne connaît pas le monde,** he is ignorant of the world. **Je lui connaissais du talent,** I knew he had talent. **Connaissez-vous la nouvelle?** Have you heard the news? **Faire c. qch.,** to make sth. known. **Si tu te tais, ni vu ni connu,** if you hold your tongue, no one will be any the wiser. *F:* **Il en connaît bien d'autres,** he has plenty more tricks up his sleeve. **2.** (*a*) To be acquainted with (s.o.). **C. qn de nom, de vue,** to know s.o. by name, by sight. **Gagner à être connu,** to improve on acquaintance. *Pred.* **Être connu pour menteur,** to be known as a liar. *F:* **C. qn comme le fond de sa poche,** to know s.o. through and through. **Ça me connaît,** you can't teach me anything about that. **Connu!** I've heard that one before! **Je ne connais que lui!** don't I know him! (*b*) To make the acquaintance of (s.o.), to come to know (s.o.). **Il avait connu sa femme à Paris,** he had met his wife in Paris. **Ils se sont connus en 1965,** they met, became acquainted, in 1965. **Se faire c.,** (i) to introduce oneself by name; (ii) to come into prominence. **Faire c. qn,** (i) to reveal s.o.'s identity; (ii) to bring s.o. into notice; (iii) to show s.o. up. **3.** *Jur:* **C. de qch.,** to take cognizance of sth. **4.** (*a*) To be versed in, to have a thorough knowledge of (sth.); to have a thorough command of (a language). **C. aussi bien l'anglais que le français,** to be equally at home in English and French. (*b*) To distinguish. **C. le bien d'avec le mal,** to know good from evil.
se connaître. **1. Se c. à, en, qch.,** to know all about, be a good judge of, sth. **Il s'y connaît,** he is an expert. **Je ne m'y connais plus,** I am all adrift, all at sea. **2.** **Il ne se connaît plus,** he has lost control of himself. **Il ne se connaît plus de joie,** he is beside himself with joy.
connecter [kɔnɛkte], *v.tr.* *El:* To connect.
connétable [kɔnetabl], *s.m.* *A:* High Constable.
connexe [kɔn(n)ɛks], *a.* *Jur:* *Bot:* *etc:* Connected, allied. **Assurances sociales et services connexes,** social insurance and allied services.
connexion [kɔn(n)ɛksjɔ̃], *s.f.* **1.** Connection (of parts, ideas). *Mec.E:* **C. directe,** positive drive. **2.** Connecting organ or part. *El.E:* Lead; (cell-to-cell) connector.
connexité [kɔn(n)ɛksite], *s.f.* Connexity, relatedness (of ideas, etc.). *Phil:* Relationship.
connivence [kɔnivɑ̃ːs], *s.f.* Connivance, complicity. **Agir de c. avec qn,** to act in collusion with s.o.
connu, -s, -t, etc. See CONNAÎTRE.
conque [kɔ̃ːk], *s.f.* **1.** Conch; marine shell. **2.** *Anat:* External ear.
conquérant [kɔ̃kerɑ̃], *a.* **1.** Conquering (nation, etc.). *s.* **Guillaume le C.,** William the Conqueror. **2. Air c.,** swagger.
conquérir [kɔ̃keriːr], *v.tr.* (*pr.p.* **conquérant;** *p.p.* **conquis;** *pr.ind.* **je conquiers, n. conquérons, ils conquièrent;** *p.d.* **je conquérais;** *p.h.* **je conquis;** *fu.* **je conquerrai**) (*a*) To conquer, subdue (country, people). (*b*) To gain over, win (over), make a conquest of (s.o.).
conquête [kɔ̃kɛːt], *s.f.* **1.** (Act of) conquest. (*a*) **Faire la c. d'un pays,** to conquer a country. (*b*) **Faire la c. de qn,** to make a conquest of s.o.; to win s.o.'s heart. **2.** Conquered territory; acquisition, possession.
conquiers, conquis, etc. See CONQUÉRIR.
consacré [kɔ̃sakre], *a.* **1.** Consecrated, sacred (vessel, etc.); hallowed (ground). **2.** Sanctioned, established, time-honoured (custom, etc.). **Expression consacrée,** stock phrase.
consacrer [kɔ̃sakre], *v.tr.* **1.** (*a*) To consecrate (altar, etc.). **C. un évêque, un prêtre,** to consecrate a bishop, ordain a priest. (*b*) To dedicate (one's life to God,

etc.); to devote (one's holidays to study, etc.); to assign (sum of money to a purpose, etc.). C. **toute son énergie à une tâche,** to devote (all) one's energies to a task. 2. To sanctify, hallow (memory, place). **Expression consacrée par l'usage,** expression sanctioned by use.

consanguin [kɔ̃sɑ̃gɛ̃], *a.* 1. *Jur:* **Frère c., sœur consanguine,** half-brother, half-sister, on the father's side. 2. Inbred (horse, etc.).

conscience [kɔ̃sjɑ̃:s], *s.f.* 1. Consciousness. **Avoir c. de qch.,** to be conscious, aware, of sth. **Agir avec la pleine c. des conséquences,** to act in full consciousness of the consequences. **C'est la première fois que j'en ai pris c.,** it's the first time that it has come to me. 2. (*a*) Conscience. **C. nette,** clear, good, conscience. **C. chargée,** guilty conscience. **C. large,** accommodating conscience. **Sans c.,** unscrupulous; unconscionable (rogue). **Manque de c.,** unscrupulousness. **(Se) faire (un cas de) c. de faire qch.,** to scruple to do sth. **Dans le for de ma c.,** in my heart of hearts. **Faire qch. en toute sûreté de c.,** to do sth. with a clear conscience. **Faire qch. par acquit de c., pour l'acquit de sa c.,** to do sth. for conscience' sake. **Je peux vous assurer, la main sur la c., que . . .,** I can assure you in all conscience that. . . . S.a. EXAMEN, OBJECTION. (*b*) Conscientiousness. **Avoir de la c.,** to be conscientious. **Faire qch. en c.,** to do sth. conscientiously. (*c*) **Liberté de c.,** liberty of conscience. 3. *Tls:* Breastplate (of drill, etc.).

consciencieu|x, -euse [kɔ̃sjɑ̃sjø, -ø:z], *a.* Conscientious. *adv.* **-sement.**

consci|ent [kɔ̃sjɑ̃], *a.* 1. Conscious (de, of); fully aware (of). *Phil:* Self-conscious. 2. **Être c.,** sentient being. *adv.* **-emment.**

conscription [kɔ̃skripsjɔ̃], *s.f.* Conscription.

conscrit [kɔ̃skri]. 1. *a. Rom.Ant:* **Les pères conscrits,** the conscript fathers. 2. *s.m. Mil:* Conscript.

consécration [kɔ̃sekrasjɔ̃], *s.f.* 1. Consecration (of church, bishop, etc.). 2. Dedication (of one's life, etc.) (à, to). 3. Ratification.

consécut|if, -ive [kɔ̃sekytif, -i:v], *a.* 1. Consecutive. **Pendant trois mois consécutifs,** for three months in succession. 2. **Infirmité consécutive à une blessure,** disablement due to, following upon, a wound. *adv.* **-ivement.**

conseil [kɔ̃sɛ:j], *s.m.* 1. (*a*) *A. & Lit:* Counsel, purpose, plan. **Ne savoir quel c. prendre,** not to know what decision to make. (*b*) Counsel; (piece of) advice. **Homme de bon c.,** man worth consulting. **Donner c. à qn,** to advise s.o. **Demander c. à qn, prendre c. de qn,** to consult s.o., seek s.o.'s advice. **Suivre le c. de qn,** to take s.o.'s advice. **Deux conseils valent mieux qu'un,** two heads are better than one. **Pouvez-vous me donner quelques conseils?** can you give me some hints? *Prov:* **La nuit porte c.,** sleep on it. 2. (*a*) *Jur:* Counsellor, counsel. **Consulter un c.,** to take counsel's opinion. **C. judiciaire,** guardian. (*b*) **Chimiste c.,** consulting chemist. **Ingénieur c.,** consulting engineer. 3. Council, committee, board. **Tenir c.,** to hold (a) council. **Le c. des ministres,** the Cabinet. **C. privé, d'État,** Privy Council, Council of State. **C. municipal** = (i) town council; (ii) parish council. **C. général** = County Council. *Com:* **C. d'administration,** board of directors. *Mil: Navy:* **C. de guerre,** (i) war-council, (ii) court-martial. **Passer en c. de guerre,** to be court-martialled. **C. d'enquête,** court of enquiry. **C. de sécurité (de l'O.N.U.),** (U.N.O.) Security Council. *Jur:* **C. de famille,** family council. S.a. FABRIQUE 3.

conseill|er[1] [kɔ̃sɛje], *v.tr.* To advise, counsel. **C. qch. à qn,** to recommend sth. to s.o. **C. à qn de faire qch.,** to advise s.o. to do sth. *s.* **-eur, -euse.**

conseiller[2], **-ère** [kɔ̃sɛje, -ɛ:r], *s.* 1. Counsellor, adviser. **C. fiscal** = chartered accountant. 2. **C. municipal,** town-councillor. **C. général** = county councillor. 3. **C. à la cour (d'appel, de cassation),** judge of appeal.

consentant [kɔ̃sɑ̃tɑ̃], *a. Jur:* Consenting (party, etc.). **Il y est c.,** he consents, agrees.

consentement [kɔ̃sɑ̃tmɑ̃], *s.m.* Consent, assent. **D'un commun c.,** by common assent. **Donner son c. à qch.,** to assent, consent, to sth.

consentir [kɔ̃sɑ̃ti:r], *v.* (Conj. like SENTIR) 1. *v.i.* To consent, agree. **C. à qch.,** to consent to sth. **C. à faire qch.,** to consent to do sth. **Je consens (à ce) qu'il vienne,** I consent, agree, to his coming. *Prov:* **Qui ne dit mot consent,** silence gives consent. 2. *v.tr.* **C. un prêt,** to grant a loan. **C. une remise à qn,** to allow s.o. a discount. *Jur:* **C. la vente des effets,** to authorize the sale of effects.

conséquence [kɔ̃sekɑ̃:s], *s.f.* (*a*) Consequence, outcome, sequel, result. **Il faut en subir les conséquences,** we, you, must take the consequences. **En c.,** in consequence, consequently, accordingly. **En c. de . . .,** (i) in consequence of . . ., (ii) in pursuance of. . . . (*b*) Inference. **Tirer une c. de qch.,** to draw an inference from sth. (*c*) Importance, consequence. **Personne sans c.,** person of no consequence. **Affaires de la dernière c.,** matters of the highest moment. **Tirer à c.,** to be of importance.

conséqu|ent [kɔ̃sekɑ̃]. 1. *a.* (*a*) Consistent, rational (mind, speech). (*b*) Following. **Septicémie conséquente d'une coupure,** septicaemia following (on) a cut. (*c*) *P:* Important (man, affair). 2. *s.m. Gram: Log: Mth:* Consequent. *Adv.phr.* **Par c.,** consequently, accordingly. *adv.* **-emment.**

conservateur, -trice [kɔ̃sɛrvatœ:r, -tris]. 1. *s.* (*a*) Guardian, keeper, warden. **C. de bibliothèque,** librarian. **C. d'un musée,** curator, keeper, of a museum. **C. des hypothèques,** registrar of mortgages. (*b*) *Pol:* Conservative. *a.* **Le parti c.,** the Conservative party. (*c*) *Ind:* Canner (of foodstuffs). 2. *a.* Preserving, preservative (process, etc.).

conservation [kɔ̃sɛrvasjɔ̃], *s.f.* 1. (*a*) Conserving, conservation; preserving, preservation (of fruit, meat). (*b*) Preservation, care (of buildings, health, etc.); keeping (of archives). **Instinct de la c.,** instinct of self-preservation. *Adm:* **C. des forêts,** (i) conservancy of forests; (ii) preservation of timber. (*c*) Retaining, keeping (of rights, situation, etc.). 2. (State of) preservation. **Meubles d'une belle c.,** well-preserved, well-kept, furniture.

conservatoire [kɔ̃sɛrvatwa:r]. 1. *a. Jur:* **Mesures conservatoires,** measures of conservation. 2. *s.m.* School, academy, conservatoire (of music, of dramatic art).

conserve [kɔ̃sɛrv], *s.f.* 1. Preserve; preserved food. **Conserves au vinaigre,** pickles. **Bœuf de c.,** canned beef, corned beef; *F:* bully beef. **Se nourrir de conserves,** to live on tinned, canned, foods. 2. *pl. O:* Dark or tinted spectacles. 3. *Nau:* Convoy, consort. **Naviguer de c.,** to sail in company, together (**avec,** with).

conservé [kɔ̃sɛrve], *a.* Preserved. **Tableaux bien conservés,** pictures in a good state of preservation. *F:* **Femme bien conservée,** well-preserved woman.

conserver [kɔ̃sɛrve], *v.tr.* 1. (*a*) To preserve (fruit, meat, etc.). **Aliments conservés,** tinned, canned, or bottled foods. (*b*) To preserve, take care of (building, etc.). **C. le gibier,** to preserve game. 2. To keep, retain, maintain (rights, etc.); to keep up (a custom). **C. son sang-froid,** to keep one's head. *Tp:* **C. la ligne,** to hold the line.

se conserver, (of goods) to keep. **Articles qui ne se conservent pas,** perishable articles.

conserverie [kɔ̃sɛrvəri], *s.f.* 1. Canning factory. 2. Cannery.

considérable [kɔ̃siderabl], *a.* Considerable. 1. Notable, eminent; well-to-do (person). 2. Large, extensive (property, population). **Peu c.,** inconsiderable. *adv.* **-ment.**

considérant [kɔ̃siderɑ̃], *s.m.* Usu. *pl. Jur:* Preamble (of a law); grounds (of a judgment).

considération [kɔ̃siderasjɔ̃], *s.f.* Consideration. 1. (*a*) Attention, thought. **Agir avec, sans, c.,** to act considerately, inconsiderately. **Prendre qch. en c.,** to take sth. into consideration, into account; to consider (offer). **En c. de,** in consideration of, on account of; for the sake of. (*b*) *pl.* **Considérations sur l'histoire,** reflexions on history. 2. Reason, motive. 3. Regard, esteem, respect. **Avoir une grande c. pour qn,** to have a great regard for s.o. **Jouir d'une grande c.,** to be highly respected. (Letter formula) **Agréez l'assurance de ma haute c.,** I am yours very truly. **Par c. pour qn,** out of consideration, out of regard, for s.o.

considéré [kɔ̃sidere], *a.* 1. Circumspect (behaviour). 2. Esteemed, respected (person). *adv.* **-ment.**

considérer [kɔ̃sidere], *v.tr.* (**je considère; je considérerai**) To consider. **1. Ce n'est pas à c.**, it is not to be thought of. **Il faut c. que . . .**, it must be borne in mind that. . . . **A tout c. . . ., tout bien considéré . . .**, taking all things into consideration . . ., all things considered. . . . *Jur:* **Considérant que . . .**, whereas. . . . **2.** To contemplate, gaze on. **3.** To regard, deem. **Vous êtes considéré comme responsable,** you are held to be liable. **On le considère beaucoup,** he is highly thought of.
consignataire [kɔ̃siɲatɛːr], *s.m. & f.* **1.** *Jur:* Depositary; trustee. **2.** *Com:* Consignee.
consignateur [kɔ̃siɲatœːr], *s.m.* Consignor; shipper.
consignation [kɔ̃siɲasjɔ̃], *s.f.* **1.** Consignation, deposit (of money). **Caisse des dépôts et consignations,** Deposit and Consignment Office. **2.** *Com:* Consignment (of goods). **Envoyer qch. à qn en c.,** to consign sth. to s.o. **Marchandises en c.,** goods on consignment.
consigne [kɔ̃siɲ], *s.f.* **1.** *Mil: Navy:* (*a*) Order(s), instructions (to sentry, etc.). **Manquer à la c.,** to disobey orders. **Être de c.,** to be on duty. **Forcer la c.,** (i) to force a sentry; (ii) *F:* to force one's way in. (*b*) Password, countersign. **2.** (*a*) *Mil:* Confinement (to barracks). **C. à la chambre,** close arrest. (*b*) **Marchandises en c. à la douane,** goods stopped, held up, at the customs. (*c*) *Sch:* Detention, keeping in. **3.** *Rail:* Cloak-room; left-luggage office.
consigner [kɔ̃siɲe], *v.tr.* **1.** (*a*) To deposit (money, etc.). (*b*) *Com:* To consign (goods) (**à,** to). **Emballage non consigné,** non-returnable packing. **2. C. qch. (par écrit),** to write down, enter, record (fact, answer). **3.** (*a*) To confine (soldier) to barracks; to keep in (pupil). (*b*) **Marchandises consignées par la douane,** goods stopped by the customs. (*c*) To refuse admittance to (s.o.). *Mil:* **La gare est consignée aux civils,** the station is closed to civilians. **C. un cabaret,** to put a public-house out of bounds. **4.** *Rail:* **C. ses bagages,** to put one's luggage in the cloak-room.
consistance [kɔ̃sistɑ̃ːs], *s.f.* (*a*) Consistence, consistency. **Étoffe sans c.,** flimsy material. (*b*) Stability, firmness (of mind). **2.** Credit. **Bruit sans c.,** unfounded rumour.
consistant [kɔ̃sistɑ̃], *a.* Firm, solid (substance). **Graisse consistante,** (i) set grease; (ii) stiff lubricant. **Bruit c.,** well-grounded rumour. **Plat c.,** substantial dish. **Homme c.,** man who knows his own mind.
consister [kɔ̃siste], *v.i.* **C. en, dans, qch.,** to consist, to be composed, of sth. **Le bonheur consiste à rendre heureux les autres,** happiness consists, lies, in making others happy.
consistoire [kɔ̃sistwaːr], *s.m. Ecc:* Consistory.
consolable [kɔ̃sɔlabl], *a.* Consolable.
consolateur, -trice [kɔ̃sɔlatœːr, -tris]. **1.** *s.* Consoler, comforter. **2.** *a.* Consoling, comforting.
consolation [kɔ̃sɔlasjɔ̃], *s.f.* Consolation, solace, comfort. **Apporter de la c. à qn,** to comfort, console, s.o.
console [kɔ̃sɔl], *s.f.* **1.** Console, corbel, bracket. **Grue à c.,** wall-crane. **2.** *Furn:* Console (-table), pier-table. **3.** *Mus:* Console (of organ).
consoler [kɔ̃sɔle], *v.tr.* To console, solace, comfort. **C. qn de qch.,** to console s.o. for sth.
se consoler (d'une perte), to get over (a loss).
consolidation [kɔ̃sɔlidasjɔ̃], *s.f.* **1.** Consolidation, strengthening. **Nervure de c.,** stiffening rib. **2.** Healing, uniting (of wound, fracture). **3.** Funding (of floating debt).
consolidé [kɔ̃sɔlide], *a.* **Dette consolidée,** funded debt. **Dette non consolidée,** floating debt. **Les fonds consolidés,** *s.* **les consolidés,** the funded debt; *F:* consols.
consolider [kɔ̃sɔlide], *v.tr.* **1.** To consolidate, strengthen; to brace (wall). *F:* To settle more firmly. **2.** To fund (debt).
se consolider. **1.** To grow firm. **2.** *Med:* To heal, unite.
consommable [kɔ̃sɔmabl], *a.* Consumable (as food).
consommateur, -trice [kɔ̃sɔmatœːr, -tris], *s.* (*a*) Consumer (of products). (*b*) Customer (in restaurant, café).
consommation [kɔ̃sɔmasjɔ̃], *s.f.* **1.** Consummation, accomplishment (of work, crime). **2.** Consumption (of wheat, petrol, etc.). *Mil: Nau:* Expenditure (of stores, equipment, etc.). *Aut:* **Concours de c.,** economy run. **3.** Drink (in café).
consommé [kɔ̃sɔme]. **1.** *a.* Consummate (skill, etc.). **2.** *s.m. Cu:* Stock, beef-tea; clear soup.
consommer [kɔ̃sɔme], *v.tr.* **1.** To consummate, accomplish. **2.** (*a*) To consume, use up (produce, etc.). (*b*) *Abs:* **On l'avait vu c. dans un bar,** he had been seen having a drink in a bar. (*c*) *Abs:* **Voiture qui consomme beaucoup,** car heavy on petrol.
se consommer, (of stock) to boil down.
consomption [kɔ̃sɔ̃psjɔ̃], *s.f.* **1.** (*a*) Consumption, consuming (of food). (*b*) Consuming, destruction (by fire). **2.** *Med:* Wasting, decline. *O:* **Atteint de c.,** in a decline, esp. in consumption.
consonance [kɔ̃sɔnɑ̃ːs], *s.f. Mus: Ling:* Consonance. **Noms aux consonances bizarres,** queer-sounding names.
consonant [kɔ̃sɔnɑ̃], *a. Ling:* Consonant. *Mus:* Concordant.
consonne [kɔ̃sɔn], *s.f. Ling:* Consonant.
consonner [kɔ̃sɔne], *v.i. Mus:* To be consonant, to harmonize.
consort, -orte [kɔ̃sɔːr, -ɔrt], *s.* **1.** *Eng.Hist:* Consort. **2.** *pl.* (*a*) *Jur:* Jointly interested parties. (*b*) Associates (in intrigue).
consortium [kɔ̃sɔrsjɔm], *s.m. Pol.Ec:* Consortium.
conspirateur, -trice [kɔ̃spiratœːr, -tris]. **1.** *s.* Conspirator, conspirer. **2.** *a.* Conspiring.
conspiration [kɔ̃spirasjɔ̃], *s.f.* Conspiracy, plot.
conspirer [kɔ̃spire], *v.i.* **1.** To conspire, plot (**contre,** against). *v.tr.* **C. la mort de qn,** to plot s.o.'s death. **2.** To conspire, tend (**à,** to).
conspuer [kɔ̃spɥe], *v.tr.* **1.** To decry, run down (s.o., sth.). **2.** (*a*) To boo, hoot (play, speaker). (*b*) *Sp:* To barrack.
constance [kɔ̃stɑ̃ːs], *s.f.* **1.** Constancy, steadfastness. **Avec c.,** steadfastly. **2.** Persistence, perseverance. **3.** Constancy, invariability (of temperature, etc.).
const|ant, -ante [kɔ̃stɑ̃, -ɑ̃ːt], *a.* **1.** (*a*) Constant, steadfast. (*b*) Firm, unshaken (perseverance, etc.). **2.** Established, patent (fact, etc.). **3.** (*a*) Constant, uniform (temperature, etc.). (*b*) *s.f.* **Constante.** *Mth: Ph:* Constant; coefficient. *adv.* **-amment.**
constat [kɔ̃sta], *s.m.* **1.** *Jur:* Certified, official statement or report (on an accident, etc.). **C. d'huissier,** affidavit made by a process-server. **2.** Established fact. **Les constats scientifiques,** the established facts of science.
constatation [kɔ̃statasjɔ̃], *s.f.* **1.** Verification, establishment (of fact). **C. d'identité,** proof of identity. **Faire la c. de qch.,** (i) to note, (ii) to acknowledge, sth. as a fact. **2.** Certified statement. **Constatations d'une enquête,** findings of an enquiry.
constater [kɔ̃state], *v.tr.* **1.** To establish, ascertain (fact). **C. une erreur,** to find out a mistake. **Vous pouvez c.!** you can see for yourself! **2.** To state, record (sth.); to certify (a death).
constellation [kɔ̃stɛllasjɔ̃], *s.f.* Constellation.
consteller [kɔ̃stɛlle], *v.tr.* To constellate. **Constellé d'étoiles,** star-spangled. **Constellé de pierreries,** studded with jewels.
consternation [kɔ̃stɛrnasjɔ̃], *s.f.* Consternation, dismay.
consterner [kɔ̃stɛrne], *v.tr.* To dismay; to alarm; to strike (s.o.) with consternation.
constipation [kɔ̃stipasjɔ̃], *s.f.* Constipation.
constipé [kɔ̃stipe], *a.* Constipated, costive; *F:* embarrassed, anxious.
constiper [kɔ̃stipe], *v.tr.* To constipate.
constituant, -ante [kɔ̃stitɥɑ̃, -ɑ̃ːt], *a.* Constituent. **1.** Component (part of a whole). *s.m.* Constituent part. **2.** *Hist:* **L'assemblée constituante,** the Constituent Assembly (of 1789). **3.** *Pol:* Elector. **Mes constituants,** my constituency.
constitué [kɔ̃stitɥe], *a.* **1.** Constituted, organized (authority, etc.). **2. Enfant bien c.,** fine healthy child.
constituer [kɔ̃stitɥe], *v.tr.* To constitute. **1.** (*a*) To form, make (up). (*b*) To set up, institute (committee, etc.). **Ils se constituèrent en commission,** they formed themselves into a committee. (*c*) To incorporate (an order, a society); to empanel (jury). **2.** (*a*) **C. qn son héritier,** to make s.o. one's heir. **C. qn prisonnier,** to take s.o. into custody. **Se c. prisonnier,** to give oneself up (to justice). **Se c. partie civile,** to institute

a civil action (in criminal case). (*b*) **C. une dot, une rente, à qn,** to settle a dowry, an annuity, on s.o. (*c*) **C. un avoué,** to brief a lawyer.

constitutif, -ive [kɔ̃stitytif, -iːv], *a.* **1.** *Jur:* Constitutive. (*a*) Conferring a right. **Titres constitutifs (d'une propriété),** title-deeds. (*b*) **Éléments constitutifs d'un délit,** factors that constitute an offence. **2.** Constituent (element, etc.).

constitution [kɔ̃stitysjɔ̃], *s.f.* **1.** Constituting, establishing. **Frais de c.,** preliminary expenses (in company promoting). **C. d'un comité,** institution of a committee. **C. de dot, de pension,** settling, settlement, of a dowry, of an annuity. *Jur:* **C. d'avoué,** briefing of lawyer. **2.** Constitution. (*a*) **Avoir une bonne c.,** to have a sound constitution. (*b*) *Pol:* **C. républicaine, monarchique,** republican, monarchic, constitution. **3.** Composition (of air, water, etc.).

constitutionnel, -elle [kɔ̃stitysjɔnɛl], *a.* Constitutional (disease, government, party).

constricteur [kɔ̃striktœːr], *s.m.* & *a.* **1.** *Physiol:* (Muscles) **constricteurs,** constrictors. **2.** (Boa) **c.,** boa-constrictor.

constriction [kɔ̃striksjɔ̃], *s.f.* *Biol:* Constriction (of muscle, chest, etc.).

constructeur [kɔ̃stryktœːr], *s.m.* Constructor; (erecting) engineer. **C. mécanicien,** (mechanical) engineer.

constructif, -ive [kɔ̃stryktif, -iːv], *a.* Constructive.

construction [kɔ̃stryksjɔ̃], *s.f.* Construction. **1.** Constructing, erection, building. **C. en fer,** ironwork. **C. de navires,** shipbuilding. **Bâtiment en c.,** ship under construction, on the stocks. **De c. anglaise,** English-built. **C. de routes,** road-making. **C. mécanique,** engineering. **Jeu de c.,** (i) box of bricks; (ii) construction set. **2.** Edifice, structure, building.

construire [kɔ̃strɥiːr], *v.tr.* (*pr.p.* **construisant**; *p.p.* **construit**; *pr.ind.* **je construis, il construit, n. construisons**; *p.d.* **je construisais**; *p.h.* **je construisis**; *fu.* **je construirai**) To construct. **1.** To build, erect; to make, lay out (road, etc.). **2.** To assemble, put together (machine, etc.). *Gram:* **C. une phrase,** (i) to construct, (ii) to construe, a sentence. *Mth:* **C. une figure,** to draw, construct, a figure. **C. une théorie,** to build up a theory.

consubstantiation [kɔ̃sypstɑ̃sjasjɔ̃], *s.f.* *Theol:* Consubstantiation, real presence.

consul [kɔ̃syl], *s.m.* Consul. **Le c. de France,** the French consul.

consulaire [kɔ̃sylɛːr], *a.* Consular.

consulat [kɔ̃syla], *s.m.* Consulate; (i) consulship, (ii) consular office. **Le C. de France,** the French Consulate.

consultant, -ante [kɔ̃syltɑ̃, -ɑ̃ːt]. **1.** *a.* Consulting. **Médecin c.,** consulting physician; consultant. **2.** *s.* (*a*) Person consulted. *Med:* Consultant. (*b*) Consulter.

consultatif, -ive [kɔ̃syltatif, -iːv], *a.* Consultative, advisory (committee, etc.); advisory (opinion). **Avoir (une) voix consultative,** to be present in an advisory capacity.

consultation [kɔ̃syltasjɔ̃], *s.f.* (*a*) Consultation, conference. (*b*) (Medical) advice; (legal) opinion. *Med:* **Cabinet de c.,** consulting-room; surgery. **Heures de c.,** consulting-hours. **"C. externe,"** 'out-patients' department.' *Jur:* **Cabinet de c.,** chambers.

consulter [kɔ̃sylte]. **1.** *v.tr.* To consult, to take the advice of, the opinion of (s.o.). **C. un médecin,** to take medical advice. **C. un avocat,** to take legal opinion, counsel's opinion. **C. un dictionnaire,** to consult a dictionary. **Ouvrage à c.,** work of reference. **2.** *v.i.* *Med: etc:* **C. avec un confrère,** to call in a colleague.

se consulter, to think a matter over.

consumer [kɔ̃syme], *v.tr.* To consume. **1.** To wear away; to destroy. **Consumé par le feu,** burnt up. **Consumé de rouille,** eaten away by rust. **Consumé par l'ambition,** eaten up with ambition. **2.** To use up (fortune, energy, etc.).

se consumer, to waste away, pine away, burn away.

contact [kɔ̃takt], *s.m.* **1.** Contact, touch. **Être, entrer, en c. avec qn, qch.,** to be in contact, come into contact, with s.o., sth. **Prendre c. avec qn,** to get into touch with s.o., to contact s.o. **Prise de c.,** preliminary conversation. **Mettre deux personnes en c.,** to bring two people into contact. **Garder, perdre, le c.,** to keep, to lose, touch. **2.** *El:* (*a*) Connection, contact. **C. de terre,** earth (connection). **Établir le c.,** to make contact; to switch on. **Rompre, couper, le c.,** to switch off. *Aut:* **Clef de c.,** ignition key. (*b*) Switch. **C. à cheville, à fiche,** plug(-contact). **3.** *Opt:* **Verre, lentille, de c.,** contact lens.

contacter [kɔ̃takte], *v.tr.* *F:* To contact (s.o.).

contacteur [kɔ̃taktœːr], *s.m.* *El.E:* Contactor; contact-maker.

contagier [kɔ̃taʒje], *v.tr.* *Med:* To infect (s.o.).

contagieux, -ieuse [kɔ̃taʒjø, -jøːz], *a.* **1.** Contagious, infectious, *F:* catching (disease, etc.). **2.** Noxious, pestiferous (air, etc.).

contagion [kɔ̃taʒjɔ̃], *s.f.* **1.** Contagion. **2.** Contagiousness (of laughter, etc.).

contagionner [kɔ̃taʒjɔne], *v.tr.* *Med:* To infect.

se contagionner, to become infected.

contagiosité [kɔ̃taʒjozite], *s.f.* *Med:* Contagiousness.

contamination [kɔ̃taminasjɔ̃], *s.f.* (*a*) Contamination, pollution. (*b*) *Med:* Infection.

contaminer [kɔ̃tamine], *v.tr.* (*a*) To contaminate, pollute (water, etc.). (*b*) *Med:* To infect.

conte [kɔ̃ːt], *s.m.* **1.** Story, tale. **C. de fées, c. de ma mère l'Oie,** fairy-tale, nursery tale. **Contes de bonne femme,** old wives' tales. **Contes rimés,** nursery rhymes. S.a. BLEU 1. **2.** (Tall) story, yarn. **C. fait à plaisir,** idle tale. **C. à dormir debout,** cock-and-bull story.

contemplateur, -trice [kɔ̃tɑ̃platœːr, -tris], *s.* Contemplator.

contemplat|if, -ive [kɔ̃tɑ̃platif, -iːv]. **1.** *a.* Contemplative. **2.** *s.* Meditator, dreamer. *adv.* **-ivement.**

contemplation [kɔ̃tɑ̃plasjɔ̃], *s.f.* Contemplation. **1.** **C. de qch.,** gazing upon sth. **2.** **Plongé dans la c.,** lost in contemplation, in meditation.

contempler [kɔ̃tɑ̃ple], *v.tr.* To contemplate. **1.** To behold, view (sth.); to gaze at, upon (sth.). **2.** To meditate, reflect, upon (sth.).

contemporain, -aine [kɔ̃tɑ̃pɔrɛ̃, -ɛn]. **1.** *a.* (*a*) Contemporary. (*b*) Contemporaneous (de, with); of the same date (as). **2.** *s.* Contemporary.

contempteur, -trice [kɔ̃tɑ̃ptœːr, -tris]. **1.** *s.* Despiser, scorner. **2.** *a.* Contemptuous, scornful (de, of).

contenance [kɔ̃tnɑ̃ːs], *s.f.* **1.** Capacity, content (of bottle, etc.). **C. d'un navire,** burden of a vessel. **C. d'un champ,** content, area, of a field. **2.** Countenance, bearing. **Se donner, se faire, une c.,** to keep oneself in countenance. **Faire bonne c.,** (i) to show a bold front, put a good face on it; (ii) to keep smiling. **Perdre c.,** to be put out of countenance. **Faire qch. par c.,** to do sth. to keep oneself in countenance.

contenant [kɔ̃tnɑ̃]. **1.** *a.* Containing. **2.** *s.m.* Container.

contendant, -ante [kɔ̃tɑ̃dɑ̃, -ɑ̃ːt]. **1.** *a.* Contending, competing, rival (parties, etc.). **2.** *s.* Contestant, competitor.

contenir [kɔ̃tniːr], *v.tr.* (Conj. like TENIR) **1.** To contain. **Lettre contenant chèque,** letter enclosing cheque. **2.** To restrain; to keep (crowd, feelings) in check; to control (passion). **C. ses sentiments,** to repress one's feelings.

se contenir, to contain oneself; to hold oneself in; to keep one's temper.

content [kɔ̃tɑ̃]. **1.** *a.* (*a*) Content. **Être c. de son sort,** to be content, satisfied, with one's lot. (*b*) Satisfied, pleased (de, with). **Il a l'air c. de lui,** he looks very pleased with himself. (*c*) Pleased. **Je suis très c. de vous voir,** I am very pleased to see you. (*d*) Glad. **Comme elle était contente!** how glad she was! **Je suis fort c. que vous soyez venu,** I am so glad (that) you came. **2.** *s.m.* **Manger tout son c.,** to eat one's fill. **S'amuser tout son c.,** to enjoy oneself to one's heart's content.

contentement [kɔ̃tɑ̃tmɑ̃], *s.m.* (*a*) Contentment. (*b*) Satisfaction (de, at, with).

contenter [kɔ̃tɑ̃te], *v.tr.* To content, satisfy (s.o.); to gratify (curiosity, whim, etc.).

se contenter de qch., de faire qch., to be content, satisfied, with sth., with doing sth.

contentieux, -euse [kɔ̃tɑ̃sjø, -øːz]. **1.** *a.* Contentious (matter). **2.** *s.m. Adm:* Contentious business; matters in dispute. **Service du c.,** disputed claims department; legal department (of bank, etc.). **Agent, chef, du c.,** (company's, etc.) solicitor.
contention[1] [kɔ̃tɑ̃sjɔ̃], *s.f.* **1.** Application, exertion (of faculties). **C. d'esprit,** intentness of mind. **2.** *A:* Contention, dispute.
contention[2], *s.f. Med:* Retention (of fracture, etc.) in place.
contenu [kɔ̃tny]. **1.** *a.* Restrained (passion, style, etc.); pent-up (anger); reserved (character). **2.** *s.m.* Contents (of parcel, etc.).
conter [kɔ̃te], *v.tr.* To tell, relate (story, etc.). **On conte que . . .,** people say that. . . . *F:* **Allez c. ça ailleurs!** go and tell that to the marines! **En c. (de belles, de fortes) à qn,** to take s.o. in, pull s.o.'s leg.
contestable [kɔ̃tɛstabl], *a.* Contestable, debatable, questionable. *adv.* **-ment.**
contestant, -ante [kɔ̃tɛstɑ̃, -ɑ̃ːt], *a. & s. Jur:* Contending (party).
contestation [kɔ̃tɛstasjɔ̃], *s.f.* Contestation, dispute. **Matières en c.,** matters at issue. **Sans c. possible,** beyond all question.
conteste [kɔ̃tɛst], *s.f.* **Sans c.,** indisputably, unquestionably, irrefutably, without question.
contester [kɔ̃tɛste]. **1.** *v.tr.* To contest, dispute (point, right). **C. à qn le droit de faire qch.,** to challenge s.o.'s right to do sth. **2.** *v.i.* To dispute, wrangle (avec, with).
conteur, -euse [kɔ̃tœːr, -øːz], *s.* **1.** Narrator, teller. **2.** Story-teller, romancer.
contexte [kɔ̃tɛkst], *s.m.* **1.** Context. **2.** *Jur:* Text (of deed, etc.).
contexture [kɔ̃tɛkstyːr], *s.f.* **1.** (Con)texture (of bones, etc.). **2.** Framework, structure (of story, poem). *Pol:* Composition.
contien-s, -t, -ne. See CONTENIR.
contigu, -uë [kɔ̃tigy], *a.* Contiguous, adjoining. **C. à, avec, qch.,** contiguous to, next to, sth. *Geom:* **Angles contigus,** adjacent angles.
contiguïté [kɔ̃tigɥite], *s.f.* Contiguity, adjacency.
continence [kɔ̃tinɑ̃ːs], *s.f.* Continence, continency.
continent[1] [kɔ̃tinɑ̃], *a.* **1.** Continent, chaste. **2.** *Med:* **Fièvre continente,** continued, unintermitting, fever.
continent[2], *s.m.* (*a*) Continent. **L'Ancien, le Nouveau C.,** the Old, New World. (*b*) Mainland; land mass.
continental, -aux [kɔ̃tinɑ̃tal, -o], *a.* (*a*) Continental. (*b*) Belonging to the mainland.
contingent [kɔ̃tɛ̃ʒɑ̃]. **1.** *a. Phil:* Contingent. **2.** *s.m.* (*a*) *Mil:* Contingent. *Mil:* **Le c. annuel d'une classe est de 250.000 hommes,** the annual intake, call-up, totals 250,000 men. (*b*) Quota (*e.g.* immigration quota); ration, allowance, allocation (of paper, etc.).
contingent|er [kɔ̃tɛ̃ʒɑ̃te], *v.tr.* **1.** To apportion, fix quotas for (imports, etc.). **2.** To distribute, allocate (films, etc.) according to a quota. *s.m.* **-ement.**
contin-s, -t. See CONTENIR.
contin|u [kɔ̃tiny], *a.* Continuous, unceasing; sustained (eloquence, etc.). *El:* **Courant c.,** continuous, direct, current. *adv.* **-ûment.**
continuateur, -trice [kɔ̃tinɥatœːr, -tris], *s.* (*a*) Continuer. (*b*) Continuator (of s.o. else's literary work).
continuation [kɔ̃tinɥasjɔ̃], *s.f.* Continuation; carrying on (of work); extension (of leave, etc.); long spell, run (of bad weather, etc.).
continu|el, -elle [kɔ̃tinɥɛl], *a.* Continual, unceasing. *adv.* **-ellement.**
continuer [kɔ̃tinɥe], *v.tr. & i.* To continue. (*a*) To carry on (studies, tradition). **C. sa route,** to proceed on one's way. **C. à, de, faire qch.,** to continue to do sth.; to go on, keep on, doing sth. **Il continua à marcher,** he walked on. **Continuez!** go on! *Mil:* carry on! (*b*) To extend (a line).
continuité [kɔ̃tinɥite], *s.f.* Continuity; ceaselessness. S.a. SOLUTION 1.
contondant [kɔ̃tɔ̃dɑ̃], *a.* Contusive, blunt (instrument, weapon).
contorsion [kɔ̃tɔrsjɔ̃], *s.f.* Contortion. **Faire des contorsions,** (i) to writhe, (ii) to pull a wry face.
contorsionniste [kɔ̃tɔrsjɔnist], *s.m. & f.* Contortionist.
contour [kɔ̃tuːr], *s.m.* **1.** Outline. **2.** *Surv:* Contour (-line). **3.** Circuit, circumference (of town, etc.). **4.** = CONTOURNEMENT 2.
contourné [kɔ̃turne], *a.* **1.** Shaped. **Mal c.,** mis-shapen. **2.** Twisted, distorted, crooked. **Style c.,** tortuous style.
contournement [kɔ̃turnəmɑ̃], *s.m.* **1.** Shaping, outlining (of figure, etc.). **2.** Passing round, skirting (of mountain, etc.). *Rail:* **Ligne de c.,** loop-line. *Aut:* **Route de c.,** by-pass (road).
contourner [kɔ̃turne], *v.tr.* **1.** To shape, to trace the outline of (design). **2.** To pass round, skirt (hill, wood, etc.). *F:* **C. la loi,** to get round the law. **3.** To twist, warp, distort.
contractant [kɔ̃traktɑ̃], *a.* Contracting (party).
contracter[1] [kɔ̃trakte], *v.tr.* **1.** (*a*) To contract (alliance, marriage). (*b*) To incur (debt). (*c*) **C. une assurance,** to take out an insurance policy. **2.** To contract, develop, acquire (habit); to catch (disease).
contracter[2], *v.tr.* To contract, draw together. **Traits contractés par la douleur,** features drawn with pain. **Les mâchoires contractées,** with jaws set.
se contracter, to contract; (of road, etc.) to narrow; (of material) to shrink.
contraction [kɔ̃traksjɔ̃], *s.f.* Contraction; shrinking, shrinkage; narrowing (of road, etc.).
contractuel, -elle [kɔ̃traktɥɛl]. **1.** *a. Jur:* Contractual (obligation, etc.). **Vitesse contractuelle,** designed speed (of ship, etc.). **Main-d'œuvre contractuelle,** contractual labour. *Jur:* **Droits contractuels,** rights granted by contract. **2.** *s.* Non-established civil servant, *e.g.* traffic warden.
contradicteur [kɔ̃tradiktœːr], *s.m.* Contradictor.
contradiction [kɔ̃tradiksjɔ̃], *s.f.* **1.** Contradiction. **Il n'y a pas de c. possible,** there is no gainsaying it. **Être en c. avec les faits,** to be at variance with the facts. **Esprit de c.,** contrariness. **2.** Inconsistency; discrepancy. **En c. avec qch.,** inconsistent with sth.
contradictoire [kɔ̃tradiktwaːr], *a.* (*a*) Contradictory (à, to); inconsistent (à, with); conflicting (accounts, etc.). (*b*) **Examen c.,** cross-examination. **Conférence c.,** debate. *adv.* **-ment.**
contraign-ant, -e, etc. See CONTRAINDRE.
contraindre [kɔ̃trɛ̃ːdr], *v.tr.* (*pr.p.* **contraignant;** *p.p.* **contraint;** *pr.ind.* **je contrains, n. contraignons;** *p.h.* **je contraignis;** *fu.* **je contraindrai**) To constrain. **1.** To restrain, put restraint on (s.o., one's feelings). **2.** To compel. **C. qn à faire qch.,** to constrain, force, s.o. to do sth. **Je fus contraint d'obéir,** I was obliged to obey. *Jur:* **C. qn en justice,** to sue s.o., to bring an action against s.o.
se contraindre, to restrain oneself, to control oneself.
contraint [kɔtrɛ̃], *a.* Constrained, cramped (posture, style); forced (smile); stiff, starched (manner).
contrainte [kɔ̃trɛ̃ːt], *s.f.* Constraint. **1.** Restraint. **Sans c.,** freely. **2.** Compulsion, coercion. **Faire qch. par c.,** to do sth. under constraint; under compulsion. *Jur:* **Exercer la c. par saisie de biens,** to distrain (on s.o.). **Porteur de c.,** writ-server, bailiff.
contraire [kɔ̃trɛːr], *a.* **1.** (*a*) Contrary (à, to); opposite (direction, etc.); opposed (interest, etc.). **A moins d'avis c.,** unless I hear to the contrary. **Jusqu'à avis c.,** until further notice. (*b*) *s.m.* **Avoir preuve du c.,** to have proof to the contrary. *Jur:* **Défense au c.,** counter-claim. **Au c.,** on the contrary. **Au c. de . . .,** contrary to. . . . **2.** (*a*) Adverse, opposed. **Le sort lui est c.,** fate is against him. **Vent c.,** adverse, contrary, wind. *s.m.* **Aller au c. de qn,** to run counter to s.o. (*b*) Injurious, bad. **Le vin lui est c.,** wine disagrees with him. *adv.* **-ment.**
contralto [kɔ̃tralto], *s.m. Mus:* Contralto. *pl. Des contralto(s), contralti.*
contrariant [kɔ̃trarjɑ̃], *a.* (*a*) Provoking, contradictory (person, spirit). (*b*) Vexatious (measure); trying (circumstance, etc.); annoying.
contrarié [kɔ̃trarje], *a.* **1.** Thwarted. **C. dans son amour,** crossed in love. **2.** Annoyed, vexed, upset (de, at).
contrarier [kɔ̃trarje], *v.tr.* **1.** To thwart, oppose, cross; to run counter to (s.o.). **2.** To vex, annoy; *F:* to put (s.o.) out. **3.** To put (colours, etc.) in contrast.

contrariété [kɔ̃trarjete], *s.f.* **1.** (*a*) Contrariety; clash(ing) (of interests, etc.). (*b*) **Esprit de c.**, contrariness. **2.** Vexation, annoyance. **Éprouver une vive c.**, to be very much annoyed.

contraste [kɔ̃trast], *s.m.* Contrast; set-off. **Mettre une chose en c. avec une autre**, to bring one thing into contrast with another. **Être en c., faire c., avec . . .**, to contrast with . . ., to stand out against. . . . **Comme c. à . . .**, in contrast with. . . .

contraster [kɔ̃traste], *v.* To contrast. **1.** *v.i.* **C. avec qch.**, to stand in contrast with sth.; to form a contrast to sth. **2.** *v.tr.* To put, set, (colours, etc.) in contrast.

contrat [kɔ̃tra], *s.m.* Contract, agreement, deed. **Rupture de c.**, breach of contract. **Passer un c. avec qn**, to enter into, conclude, an agreement with s.o. **C. de mariage**, marriage settlement. **C. d'assurance**, insurance policy. **C. de vente**, bill of sale. **C. collectif**, collective agreement. *Cards:* **Réaliser son c.**, to make one's contract.

contravention [kɔ̃travɑ̃sjɔ̃], *s.f.* Contravention, infringement, breach (**au règlement**, of regulations); minor offence. *F:* **Dresser une c. à qn**, to take s.o.'s name and address (with a view to prosecution).

contre [kɔ̃:tr]. **1.** *prep.* Against. (*a*) **Se battre c. qn**, to fight against, with s.o. **C. toute attente**, contrary to all expectation. *Sp:* **Eton c. Harrow**, Eton *versus*, v., Harrow. (*b*) **S'abriter c. la pluie**, to shelter from the rain. **S'assurer c. l'incendie**, to insure against fire. (*c*) (In exchange) for. **Échanger une chose c. une autre**, to exchange one thing for another. **Livraison c. remboursement**, cash on delivery. (*d*) To. **Parier à cinq c. un**, to bet five to one. (*e*) (Close) to, by. **Sa maison est tout c. la mienne**, his house adjoins mine. **2.** *adv.* Against. **Parler pour et c.**, to speak for and against. **La maison est tout c.**, the house is close by, hard by. **3.** *s.m.* (*a*) **Disputer le pour et le c.**, to discuss the pros and cons. **Par c.**, on the other hand. (*b*) *Box: Fenc:* Counter. (*c*) *Bill:* Kiss. (*d*) *Cards:* Double.

NOTE. In all the following compounds CONTRE is inv.; the noun takes the plural.

contre-accusation [kɔ̃trakyzasjɔ̃], *s.f.* Counter-charge.

contre-à-contre [kɔ̃trakɔ̃:tr], *adv. Nau:* Alongside.

contre-alizé [kɔ̃tralize], *s.m.* Anti-trade, counter-trade (wind).

contre-allumage [kɔ̃tralyma:ʒ], *s.m. I.C.E:* Back-fire.

contre-amiral, -aux [kɔ̃tramiral], *s.m.* Rear-admiral.

contre-appel [kɔ̃trapɛl], *s.m. Mil:* Check roll-call, second call.

contre-arbre [kɔ̃trarbr], *s.m. Mec.E:* Countershaft.

contre-assemblée [kɔ̃trasɑ̃ble], *s.f.* Opposition meeting.

contre-assurance [kɔ̃trasyrɑ̃:s], *s.f.* Reinsurance.

contre-attaque [kɔ̃tratak], *s.f.* Counter-attack.

contre-attaquer [kɔ̃tratake], *v.tr.* To counter-attack.

contre-avion(s) [kɔ̃travjɔ̃], *a.* **Canon c.-a.**, anti-aircraft gun.

contre-avis [kɔ̃travi], *s.m.* **1.** Counter-advice, contrary opinion. **2.** Notification to the contrary. **Sauf c.-a.**, unless I hear to the contrary.

contrebalancer [kɔ̃trəbalɑ̃se], *v.tr.* (**je contrebalançai(s); n. contrebalançons**) To counterbalance, counter-poise, offset.

contrebande [kɔ̃trəbɑ̃:d], *s.f.* **1.** Contraband, smuggling. **Articles de c.**, contraband goods. **Faire la c.**, to engage in smuggling. **Faire entrer des marchandises en c.**, to smuggle in goods. **2.** Contraband (goods).

contrebandier [kɔ̃trəbɑ̃dje], *s.m.* Smuggler.

contre-bas (en) [ɑ̃kɔ̃trəbɑ], *adv.phr.* **1.** (Lower) down; below. **Être en c.-b. de qch.**, to be below the level of sth. **2.** Downwards, down.

contrebasse [kɔ̃trəbɑ:s], *s.f. Mus:* **1.** (*a*) (Stringed) double-bass. (*b*) (Brass bands) Tuba, bombardon. **2.** (*a*) Double-bass (player). (*b*) Tuba player, etc.

contre-bassier [kɔ̃trəbɑsje], *s.m.*, **contre-bassiste** [kɔ̃trəbɑsist], *s.m. Mus:* (*a*) Double-bass (player). (*b*) Tuba player.

contrebasson [kɔ̃trəbɑsɔ̃], *s.m. Mus:* Double-bassoon (instrument or player); contra-bassoon.

contre-batterie [kɔ̃trəbatri], *s.f. Mil:* Counter-battery.

contre-biais [kɔ̃trəbjɛ], *s.m.* Diagonal cut against the twist (of cloth), against the grain (of wood). *Adv.phr.* **A c.-b.**, contrariwise, the wrong way.

contre-bord (à) [akɔ̃trəbɔ:r], *adv.phr. Nau:* **Courir à c.-b.**, to sail on opposite tacks.

contre-boutant [kɔ̃trəbutɑ̃], *s.m.* **1.** *Arch:* Buttress. **2.** *Civ.E:* Shore.

contre-bouter [kɔ̃trəbute], *v.tr.* To buttress; to shore up.

contrecarrer [kɔ̃trəkɑre], *v.tr.* To cross, thwart, oppose (s.o., plans).

contre-chant [kɔ̃trəʃɑ̃], *s.m. Mus:* Counter-melody.

contre-châssis [kɔ̃trəʃasi], *s.m.* **1.** Double sash (of window); double windows. **2.** *Metall:* Top-flask, -box (of mould).

contre-cœur [kɔ̃trəkœ:r]. **1.** *s.m.* (*a*) *Const:* Fire-back. (*b*) *Rail:* Guard-, wing-rail. **2.** *Adv.phr.* **A c.-c.**, unwillingly, reluctantly, grudgingly.

contre-coup [kɔ̃trəku], *s.m.* (*a*) Rebound (of bullet, etc.); recoil. (*b*) Jar (of blow, etc.). (*c*) Repercussion, backlash (of explosion). *Mec:* Backlash. *El:* Return shock. (*d*) After-effects, consequence (of action, disaster, etc.).

contre-courant [kɔ̃trəkurɑ̃], *s.m.* Counter-current, back-current. *El:* Counter-flow. **A c.-c.**, against the stream.

contredanse [kɔ̃trədɑ̃:s], *s.f.* **1.** Quadrille (dance, air). **2.** (In Eng.) Country dance. **3.** *Jur: F:* Ticket, fine.

contre-déclaration [kɔ̃trədeklarasjɔ̃], *s.f.* Counter-declaration.

contredire [kɔ̃trədi:r], *v.tr.* (*pr.ind.* **je contredis, v. contredisez**; other tenses like DIRE) To contradict. (*a*) To gainsay. (*b*) To be inconsistent with (sth.). **Propositions qui se contredisent**, propositions that are inconsistent.

se contredire, to contradict oneself.

contredit [kɔ̃trədi]. *Adv.phr.* **Sans c.**, assuredly, unquestionably.

contrée [kɔ̃tre], *s.f.* (Geographical) region; country (in an indeterminate sense).

contre-échange [kɔ̃treʃɑ̃:ʒ], *s.m.* (Mutual) exchange.

contre-écrou [kɔ̃trekru], *s.m.* Lock-nut.

contre-électromoteur, -trice [kɔ̃trelɛktrəmotœ:r, -tris], *a. El:* Impeding (effect, etc.). **Force contre-électromotrice**, back-electromotive force; impedance.

contre-enquête [kɔ̃trɑ̃kɛ:t], *s.f. Jur:* Counter-enquiry.

contre-épreuve [kɔ̃treprœ:v], *s.f.* **1.** *Engr:* (*a*) Counter-proof. (*b*) Second proof. **2.** Repetition test.

contre-espion [kɔ̃trɛspjɔ̃], *s.m.* Counter-spy.

contre-espionnage [kɔ̃trɛspjɔna:ʒ], *s.m.* Counter-espionage.

contre-essai [kɔ̃tresɛ], *s.m.* Control experiment; check test.

contre-examiner [kɔ̃trɛgzamine], *v.tr. Jur:* To cross-examine.

contre-expertise [kɔ̃trɛkspɛrti:z], *s.f.* Re-survey, counter-valuation.

contrefaçon [kɔ̃trəfasɔ̃], *s.f.* **1.** Counterfeiting; fraudulently copying or imitating (trade-mark, etc.); infringement (of patent, of copyright). **2.** Counterfeit, forgery, fraudulent imitation; pirated edition.

contrefacteur [kɔ̃trəfaktœ:r], *s.m.* (*a*) Counterfeiter, forger (of document). (*b*) Infringer (of patent, copyright); *F:* pirate.

contrefaction [kɔ̃trəfaksjɔ̃], *s.f.* Counterfeiting (of coins, etc.); forgery (of bank-notes, signature, etc.).

contrefaire [kɔ̃trəfɛ:r], *v.tr.* (Conj. like FAIRE) **1.** (*a*) To imitate, mimic (s.o.'s voice, etc.). (*b*) To feign. **C. le mort**, *F:* to sham dead. (*c*) To disguise (one's voice, etc.). **2.** To counterfeit (coin, etc.); to forge (signature, bank-note, etc.); to pirate (book). **C. un objet breveté**, to infringe a patent.

contrefait [kɔ̃trəfɛ], *a.* **1.** Feigned (zeal, etc.); disguised (writing, etc.). **2.** Counterfeit, forged, spurious (coin, etc.). **Édition contrefaite**, pirated edition. **3.** Deformed (person).

contre-feu [kɔ̃trəfø], *s.n.* (Any) fire lit as defensive measure; counter-fire.

contre-fiche [kɔ̃trəfiʃ], *s.f.* Brace, strut.

contre-ficher [kɔ̃trəfiʃe], *v.tr.* To strut, truss.

contre-fil [kɔ̃trəfil], *s.m.* Opposite direction, wrong way (of watercourse, stuff, etc.). **A c.-f. de l'eau,** upstream. **Travailler du bois à c.-f.,** to work wood against the grain.
contrefort [kɔ̃trəfɔːr], *s.m.* **1.** (Close) buttress; abutment. **2.** *Geog:* Counterfort, spur (of mountain); *pl.* foot-hills. **3.** Stiffening (of shoe).
contre-fugue [kɔ̃trəfyg], *s.f.* *Mus:* Counter-fugue.
contre-hacher [kɔ̃trəaʃe], *v.tr.* *Art:* *Engr:* To cross-hatch.
contre-hachure [kɔ̃trəaʃyːr], *s.f.* *Art:* *Engr:* Cross-hatch(ing).
contre-haut (en) [ɑ̃kɔ̃trəo]. **1.** *Adj. & adv.phr.* Higher up, on a higher level. **2.** *Prep.phr.* **En c.-h. de . . .,** on a higher level than. . .
contre-indication [kɔ̃trɛ̃dikasjɔ̃], *s.f.* *Med:* Contra-indication, counter-indication.
contre-indiquer [kɔ̃trɛ̃dike], *v.tr.* *Med:* To contra-indicate.
contre-interrogatoire [kɔ̃trɛ̃tɛrɔgatwaːr], *s.m.* *Jur:* Cross-examination.
contre-interroger [kɔ̃trɛ̃tɛrɔʒe], *v.tr.* *Jur:* To cross-examine.
contre-jour [kɔ̃trəʒuːr], *s.m.* **1.** (Unfavourable) light from behind. **Tableau pendu à c.-j.,** picture hung against the light. **Assis à c.-j.,** sitting with one's back to the light, in one's own light. **2.** *Art:* Back-lighting; Rembrandt effect.
contremaître, -tresse [kɔ̃trəmeːtr, -trɛs]. **1.** *s.* Foreman, forewoman; overseer. **2.** *s.m.* *A:* Boatswain's mate. *Navy:* Petty officer.
contremand|er [kɔ̃trəmɑ̃de], *v.tr.* To countermand, cancel, revoke (order, invitation); to call off (strike); to put off (one's guests). *s.m.* **-ement.**
contre-manifestant, -ante [kɔ̃trəmanifɛstɑ̃, -ɑ̃ːt], *s.* Counter-demonstrator.
contre-manifestation [kɔ̃trəmanifɛstasjɔ̃], *s.f.* Counter-demonstration.
contre-manœuvre [kɔ̃trəmanœːvr], *s.f.* Counter-manœuvre.
contremarche [kɔ̃trəmarʃ], *s.f.* **1.** *Mil:* Countermarch. **2.** *Const:* Riser (of stair).
contre-marée [kɔ̃trəmare], *s.f.* **1.** undertow (of tide); counter-tide. **2. A c.-m.,** against the tide.
contremarque [kɔ̃trəmark], *s.f.* **1.** Countermark (on gold plate, etc.). **2.** *Th:* **C. de sortie,** passed-out ticket or check.
contre-mesure [kɔ̃trəməzyːr], *s.f.* Countermeasure.
contre-miner [kɔ̃trəmine], *v.tr.* To countermine.
contre-offensive [kɔ̃trɔfɑ̃siːv], *s.f.* *Mil:* Counter-offensive.
contre-ordre [kɔ̃trɔrdr], *s.m.* Counter-order, countermand. **Sauf c.-o., à moins de c.-o.,** unless I hear to the contrary.
contre-partie [kɔ̃trəparti], *s.f* **1.** *(a)* Opposite view (in debate). **Soutenir la c.-p.,** to speak against the motion. *(b)* Other party (in transaction). **2.** *(a)* *Book-k:* Contra. **En c.-p.,** per contra. *(b)* Counterpart, duplicate (of document, etc.). **3.** *Sp:* Revenge, return match.
contre-pas [kɔ̃trəpɑ], *s.m.* *Mil:* **1.** Half-pace. **2. Marcher à c.-p.,** to be out of step (de, with).
contre-passer [kɔ̃trəpɑse], *v.tr.* **1.** *Com:* To return, to endorse back (bill to drawer). **2.** *Book-k:* To reverse, contra, transfer (item, entry).
contre-pédal|er [kɔ̃trəpedale], *v.i.* *Cy:* To back-pedal, *s.m.* **-age.**
contrepente [kɔ̃trəpɑ̃ːt], *s.f.* Reverse slope.
contrepèterie, contre-petterie [kɔ̃trəpetri], *s.f.* Spoonerism.
contre-pied [kɔ̃trəpje], *s.m.* No *pl.* **1.** *Ven:* Back-scent. **Prendre le c.-p.,** to take the opposite course or view (de, to). **Prendre une observation à c.-p.,** to misconstrue a remark. **A c.-p. de,** contrary to. **2.** *Sp:* **Jouer le c.-p.,** to catch one's opponent moving in the wrong direction. **Prendre la balle à c.-p.,** to take the ball on the wrong foot.
contre-placage [kɔ̃trəplakaːʒ], *s.m.* Plywood construction.
contre-plaqué [kɔ̃trəplake], *a.* Laminated; built up in layers. **(Bois) c.-p.,** plywood. **C.-p. à deux épaisseurs,** two-ply (wood).
contrepoids [kɔ̃trəpwɑ], *s.m.* *(a)* Counterweight, counterbalance; balance-weight (of clock); counterpoise. **Faire c. à qch.,** to (counter)balance sth. *(b)* Balancing-pole (of tight-rope walker).
contre-poil (à) [akɔ̃trəpwal], *adv.phr.* The wrong way (of the nap, of the hair). *F:* **Prendre qn à c.-p.,** to rub s.o. up the wrong way. **Prendre une affaire à c.-p.,** to start at the wrong end.
contrepoint [kɔ̃trəpwɛ̃], *s.m.* *Mus:* Counter-point.
contre-pointer [kɔ̃trəpwɛ̃te], *v.tr.* To quilt.
contrepoison [kɔ̃trəpwazɔ̃], *s.m.* Antidote.
contre-porte [kɔ̃trəpɔrt], *s.f.* Screen-door, inner door.
contre-préparation [kɔ̃trəpreparasjɔ̃], *s.f.* *Mil:* Counter-preparation.
contre-projet [kɔ̃trəprɔʒɛ], *s.m.* Counter-project.
contre-proposition [kɔ̃trəprɔpɔzisjɔ̃], *s.f.* Counter-proposition, counter-proposal.
contrer [kɔ̃tre]. **1.** *v.tr.* *Box:* To counter (blow). **2.** *v.i.* *Cards:* To double.
contre-réformation, -réforme [kɔ̃trərefɔrmasjɔ̃, -refɔrm], *s.f.* *Rel.H:* Counter-reformation.
contre-révolution [kɔ̃trərevolysjɔ̃], *s.f.* Counter-révolution.
contre-révolutionnaire [kɔ̃trərevolysjɔnɛːr], *a. & s.* Counter-revolutionary.
contre-saison (à) [akɔ̃trəsɛzɔ̃], *adv.phr.* Out of season.
contrescarpe [kɔ̃trɛskarp], *s.f.* Counterscarp.
contre-sceau [kɔ̃trəso], *s.m.* Counter-seal.
contre-sceller [kɔ̃trəsɛle], *v.tr.* To counter-seal.
contreseing [kɔ̃trəsɛ̃], *s.m.* Counter-signature. **Avoir le c. de qn,** to sign for s.o.
contre-sens [kɔ̃trəsɑ̃ːs], *s.m.* **1.** Misinterpretation; mistranslation (of passage, etc.). **Faire un c.-s.,** to misunderstand a passage. **Prendre le c.-s. des paroles de qn,** to misconstrue, put a wrong construction on, s.o.'s words. **2.** Wrong way (of material). **Prendre le c.-s. de la marée,** to go against the tide. **A c.-s.,** in the wrong sense, way, direction. **3. Autos qui défilent à c.-s.,** cars passing in opposite directions. **A c.-s. de,** in the contrary direction to.
contresigner [kɔ̃trəsiɲe], *v.tr.* To countersign.
contretemps [kɔ̃trətɑ̃], *s.m.* **1.** *(a)* Mishap, hitch, untoward event. **Quel c.!** how disappointing! *(b)* Delay, inconvenience. **2.** Note played, step danced (i) against the beat, (ii) out of time. **3.** *Adv.phr.* **A c.,** at the wrong time, moment.
contre-torpilleur [kɔ̃trətɔrpijœːr], *s.m.* *O:* *(a)* (Torpedo-boat) destroyer. *(b)* Light cruiser.
contre-valeur [kɔ̃trəvalœːr], *s.f.* *Fin:* Exchange value.
contrevenant, -ante [kɔ̃trəvnɑ̃, -ɑ̃ːt]. **1.** *a.* Contravening. **2.** *s.* Contravener, infringer (of regulations); offender, delinquent.
contrevenir [kɔ̃trəvniːr], *v.ind.tr.* (Conj. like VENIR. Aux. **avoir**) To contravene, infringe (**à un arrêté,** an order).
contrevent [kɔ̃trəvɑ̃], *s.m.* **1.** Outside shutter (of window). **2.** *Civ.E:* Wind-brace.
contre-vérité [kɔ̃trəverite], *s.f.* **1.** Untruth. **2.** Ironical statement (intended to convey the contrary).
contre-visite [kɔ̃trəviziːt], *s.f.* *Adm:* *Mil:* *etc:* Second inspection, check inspection.
contre-voie (à) [akɔ̃trəvwa], *adv.phr.* *Rail:* **1. Circuler à c.-v.,** to travel in the reverse of the usual direction. **2. Descendre à c.-v.,** to get out on the wrong side of the train.
contribuable [kɔ̃tribɥabl]. **1.** *a.* Taxpaying or rate-paying. **2.** *s.m. & f.* Taxpayer or ratepayer.
contribuant [kɔ̃tribɥɑ̃]. **1.** *a.* Contributing (cause, etc.). **2.** *s.m.* Contributor.
contribuer [kɔ̃tribɥe], *v.i.* **1.** To contribute funds (**à qch.,** to sth.). **2.** To contribute, conduce (à, to). **Il a beaucoup contribué à . . .,** he has played a great part in. . .
contributif, -ive [kɔ̃tribytif, -iːv], *a.* Contributive, contributory.
contribution [kɔ̃tribysjɔ̃], *s.f.* **1.** Tax or rate. **Contributions directes,** direct taxation. **Contributions foncières** = rates. **Lever, percevoir, une c.,** to collect a tax. **Bureau des contributions,** tax office. **2.** Contribution, share. **Mettre qch., qn, à c.,** to make use of sth., s.o.
contristant [kɔ̃tristɑ̃], *a.* Dismal, doleful, saddening (news, etc.).

contrister [kɔ̃triste], *v.tr.* To sadden, grieve.
contrit [kɔ̃tri], *a.* Contrite, penitent.
contrition [kɔ̃trisjɔ̃], *s.f.* Contrition, penitence.
contrôlable [kɔ̃trolabl], *a.* That may be checked, verified.
contrôle [kɔ̃tro:l], *s.m.* **1.** *Mil: etc:* (Muster-)roll; list. **C. nominatif,** nominal roll; list of names. **C. de service,** duty roster. **Porter qch. sur les contrôles,** to take sth. on charge. **Porter qn sur les contrôles,** to take s.o. on the strength. **2.** (*a*) Testing, assaying (of gold, silver). (*b*) Hall-marking. **Cachet de c.,** hall-mark. (*c*) Assay office. **3.** (*a*) Checking, verification (of information, etc.). (*b*) *Adm:* Inspection, supervision. *Com:* Auditing, checking (of accounts). *Fin:* **C. des changes,** exchange control. *Ind:* **C. de présence,** time-keeping. (*c*) *Sp:* (i) Check-point, (ii) control (point) (in rally). **4.** (*a*) **C. de soi-même,** self-control. (*b*) **C. des naissances,** birth-control.
contrôler [kɔ̃trole], *v.tr.* **1.** To hall-mark, stamp (gold, silver). **2.** To inspect, supervise (work, etc.); to check, audit (accounts); to check (tickets); to examine (passports); to verify (a fact). *W.Tel:* To monitor. **3.** To hold (s.o.) in check.
se contrôler, to control oneself, to keep control of oneself.
contrôleur, -euse [kɔ̃trolœ:r, -ø:z], *s.* **1.** (*a*) Comptroller (of Mint). (*b*) Controller (of government department); assessor, inspector (of taxes); auditor (of accounts). (*c*) Inspector, examiner, supervisor. *Rail:* Ticket-collector; inspector. *F:* **C. du gaz,** gas-man. *Ind:* Time-keeper. **2.** *s.m.* Checking apparatus; tell-tale. **C. d'atelier,** time-recorder.
controuvé [kɔ̃truve], *a.* False; of pure imagination.
controversable [kɔ̃trɔversabl], *a.* Controversial, controvertible (opinion, etc.).
controverse [kɔ̃trɔvɛrs], *s.f.* Controversy. **Hors de c.,** beyond dispute; indisputable.
controverser [kɔ̃trɔvɛrse], *v.tr.* **1.** To discuss, debate (question, etc.). **Question fort controversée,** much debated question. **2.** To controvert (opinion, etc.).
contumace[1] [kɔ̃tymas], *s.f. Jur:* (*a*) Contumacy; non-appearance (in court). **Condamné par c.,** sentenced in his absence. (*b*) Contempt of court.
contumace[2], *s.m. & f.* Contumacious person; defaulter; absconder.
contus [kɔ̃ty], *a.* Contused, bruised.
contusion [kɔ̃tyzjɔ̃], *s.f.* Contusion, bruise.
contusionner [kɔ̃tyzjɔne], *v.tr.* To contuse, bruise.
convaincant [kɔ̃vɛ̃kɑ̃], *a.* Convincing.
convaincre [kɔ̃vɛ̃:kr], *v.tr.* (Conj. like VAINCRE) **1.** To convince (**de,** of). **Se c. d'un fait,** to convince oneself of a fact. **2.** To convict (**de,** of); to prove (s.o.) guilty (**de,** of).
convalescence [kɔ̃valɛssɑ̃:s], *s.f.* Convalescence. **Entrer en c.,** to become convalescent. **Maison de c.,** (i) convalescent home; (ii) nursing home (for rest cure). *Mil: etc:* **Congé de c.,** sick leave.
convalescent, -ente [kɔ̃valɛssɑ̃, -ɑ̃:t], *a. & s.* Convalescent.
convenable [kɔ̃vnabl], *a.* **1.** Suitable (**à,** for, to); fit(ting), befitting, becoming, appropriate, proper. **Juger c. de faire qch.,** to think it proper, advisable, to think fit, to do sth. **2.** Decent; well-behaved (person); seemly, decorous (behaviour). **Peu c.,** unseemly, indecorous.
convenablement [kɔ̃vnabləmɑ̃], *adv.* **1.** Suitably, appropriately. **2.** Decorously, with propriety. **3.** Decently. **On peut manger très c. à la cantine,** one can eat quite well at the canteen. **Il a soutenu sa thèse très c.,** he has presented his thesis very satisfactorily.
convenance [kɔ̃vnɑ̃:s], *s.f.* **1.** Conformity, agreement (of tastes, etc.). **2.** Suitability, fitness. **Pour des raisons de c.,** on grounds of expediency. **Mariage de c.,** marriage of convenience. **Faire qch. à sa c.,** to do sth. (i) as it suits, pleases, one, (ii) at one's convenience. **3.** Propriety, decency, decorum. **Manque de c.,** breach of (good) manners. **Respecter les convenances,** to observe the conventions. **Braver les convenances,** to defy convention.
convenir [kɔ̃vni:r], *v.i.* (Conj. like VENIR) **1.** (Conj. with **avoir**) (*a*) To suit, fit. **C. à qn, qch.,** to suit, to be suitable to, s.o., sth. **Le livre convient aux débutants,** the book is suitable for beginners. **Sa figure me convient,** I like his face. **Si cela vous convient,** if that is agreeable to you. (*b*) *Impers.* **Il convient de . . .,** it is fitting, advisable to. . . . **Ce qu'il convient de faire,** (i) the right thing to do; (ii) the proper measures to take. **2.** (Conj. with **avoir,** and with **être** to denote a state of agreement) (*a*) To agree; to come to an agreement. **C. de qch.,** to agree on, about, sth. **Ils sont convenus de le faire venir,** they are agreed to send for him. *Impers.* **Il fut convenu que . . .,** it was agreed, arranged, that. . . . (*b*) **C. de qch.,** to acknowledge, admit, sth. **Il convient qu'il a eu tort,** he admits, owns, that he was wrong. **J'ai eu tort, j'en conviens,** I confess I was wrong.
convention [kɔ̃vɑ̃sjɔ̃], *s.f.* Convention. **1.** (*a*) Covenant, agreement. **C. internationale, postale,** international, postal, convention. **C. collective** = collective bargaining. (*b*) Usu. *pl. Jur:* Articles, clauses (of deed, etc.). **Sauf c. contraire,** unless there be any (unknown) clause to the contrary. **2. Les conventions sociales,** the social conventions. *Adj.phr.* **De c.,** conventional. **3.** *Parl:* (Extraordinary) assembly.
conventionn|el, -elle [kɔ̃vɑ̃sjɔnɛl], *a.* (*a*) Conventional (symbol, etc.). (*b*) **Obligations conventionnelles,** treaty obligations. *adv.* **-ellement.**
convenu [kɔ̃vny], *a.* **1.** Agreed; stipulated (price, etc.); appointed (time). **C'est c.!** that's settled! **2.** Conventional (language, etc.).
convergence [kɔ̃vɛrʒɑ̃:s], *s.f.* Convergence.
convergent [kɔ̃vɛrʒɑ̃], *a.* Convergent, converging. **Tir c.,** concentrated fire.
converger [kɔ̃vɛrʒe], *v.i.* (**convergeant; ils convergeaient**) To converge.
convers, -erse [kɔ̃vɛ:r, -ɛrs], *a.* **1.** *Ecc:* Lay (brother, sister). **2.** *Log:* **Proposition converse,** *s.f.* **converse,** converse (proposition).
conversation [kɔ̃vɛrsasjɔ̃], *s.f.* Conversation, talk. **Lier c., entrer en c., engager la c., avec qn,** to enter, into conversation with s.o. **Faire tous les frais de la c.,** to do all the talking. **Langage de la c.,** colloquial language. **Parler sur le ton de la c.,** to speak in a conversational tone. **Conversations téléphoniques,** telephone calls. **Avoir de la c.,** to be a good conversationalist.
converser [kɔ̃vɛrse], *v.i.* To converse, talk (**avec, with**).
conversible [kɔ̃vɛrsibl], *a.* = CONVERTIBLE.
conversion [kɔ̃vɛrsjɔ̃], *s.f.* **1.** Conversion (to a faith). **2.** Conversion, change (**en,** into). **C. de l'eau en vapeur,** conversion of water into steam. **3.** *Mil:* Wheel(ing); change of front, of direction.
converti, -e [kɔ̃vɛrti], *s.* Convert.
convertible [kɔ̃vɛrtibl], *a.* Convertible (**en,** into).
convertibilité [kɔ̃vɛrtibilite], *s.f.* Convertibility.
convertir [kɔ̃vɛrti:r], *v.tr.* To convert. **1. C. qn au christianisme,** to convert s.o. to Christianity. **C. qn à ses opinions,** to bring over, win over, s.o. to one's opinions. **2. C. qch. en qch.,** to convert, turn, sth. into sth.
se convertir. To become converted (to a faith, etc.). **Son amour s'est converti en haine,** his, her, love turned to hate.
convertissable [kɔ̃vɛrtisabl], *a.* **1.** Convertible. **2.** Transformable (**en,** into).
convertissement [kɔ̃vɛrtismɑ̃], *s.m. Fin:* Conversion (of securities into money).
convertisseur [kɔ̃vɛrtisœ:r], *s.m.* **1.** *Metall:* Converter. **2.** *El.E:* **C. rotatif,** rotary converter; transformer. **C. à vapeur de mercure,** mercury-vapour rectifier.
convexe [kɔ̃vɛks], *a.* Convex.
convexité [kɔ̃vɛksite], *s.f.* Convexity.
conviction [kɔ̃viksjɔ̃], *s.f.* **1.** Conviction; firm belief. **Avoir la c. que . . .,** to be convinced that. . . . **2.** *Jur:* **Pièce à, de, c.,** exhibit (in criminal case).
convié, -ée [kɔ̃vje], *s. O:* Guest.
convien-s, -t, etc. See CONVENIR.
convier [kɔ̃vje], *v.tr.* **1.** To invite (s.o. to a marriage, etc.). **2. C. qn à faire qch.,** to invite, urge, s.o. to do sth.
convin-s, -t, etc. See CONVENIR.
convive [kɔ̃vi:v], *s.m. & f.* (*a*) Guest (at table). (*b*) Table-companion. *Navy: etc:* Messmate.
convocation [kɔ̃vɔkasjɔ̃], *s.f.* Convocation, summons; convening (of assembly, etc.). **Recevoir une c.,** (i) to receive notice of a meeting; (ii) *Adm:* to receive a

letter fixing an appointment. (Of reservist) **Recevoir sa c.,** to be called up.
convoi [kɔ̃vwa], *s.m.* **1.** Convoy. (*a*) **C. administratif,** supply column. (*b*) *Nau:* (i) Escorting vessels. (ii) Ships under escort, in convoy. **Naviguer en c.,** to sail under convoy. **2. C. funèbre,** funeral procession, funeral cortège. **3.** Train, convoy. (*a*) **C. de prisonniers,** (i) gang of convicts; (ii) *Mil:* convoy of prisoners. (*b*) *Rail:* **C. de marchandises,** goods train. S.a. SECOURS.
convoitable [kɔ̃vwatabl], *a.* Covetable, desirable.
convoit|er [kɔ̃vwate], *v.tr.* To covet, desire; to lust after (sth.). *s.* **-eur, -euse.**
convoitise [kɔ̃vwati:z], *s.f.* (*a*) Covetousness. **Regarder qch. d'un œil de c.,** to cast covetous eyes on sth. (*b*) Covetous desire. **Allumer des convoitises,** to arouse cupidity.
convoler [kɔ̃vɔle], *v.i.* (Of widow) To marry again. *F:* **C. en justes noces,** to marry. **C. en troisièmes noces,** to marry for the third time.
convolution [kɔ̃vɔlysjɔ̃], *s.f.* Convolution.
convoquer [kɔ̃vɔke], *v.tr.* **1.** (*a*) To summon, call together, convoke (assembly); to convene (meeting). (*b*) *Mil:* To call up (reservists). **2.** *Adm:* To invite (s.o.) to an interview.
convoyer [kɔ̃vwaje], *v.tr.* **(je convoie; je convoierai)** To convoy (train, merchant fleet, etc.).
convoyeur [kɔ̃vwajœ:r], *s.m.* **1.** (*a*) *Mil:* Officer in charge of convoy. (*b*) *Navy:* (i) Convoying officer, (ii) convoy(-ship). (*c*) (i) Guard (of military train), (ii) mate (of lorry-driver). **2.** *Mec.E: Ind:* Conveyor, endless belt; elevator (for grain, etc.).
convulser [kɔ̃vylse], *v.tr.* To convulse.
convuls|if, -ive [kɔ̃vylsif, -i:v], *a.* Convulsive. *adv.* **-ivement.**
convulsion [kɔ̃vylsjɔ̃], *s.f.* Convulsion. **Donner des convulsions à qn,** to throw s.o. into convulsions. **C. politique,** political upheaval.
convulsionner [kɔ̃vylsjɔne], *v.tr.* To convulse.
coopérateur, -trice [kɔɔperatœ:r, -tris], *s.* Co-operator; fellow-worker.
coopérat|if, -ive [kɔɔperatif, -i:v]. **1.** *a.* Co-operative (society, etc.). **2.** *s.f.* **Coopérative,** co-operative (stores), *F:* co-op. *adv.* **-ivement.**
coopération [kɔɔperasjɔ̃], *s.f.* Co-operation.
coopérer [kɔɔpere], *v.i.* **(je coopère; je coopérerai)** To co-operate; to work together. **C. avec qn à un travail,** to co-operate with s.o. on a piece of work.
cooptation [kɔɔptasjɔ̃], *s.f.* Co-op(ta)tion.
coopter [kɔɔpte], *v.tr.* To co-opt.
coordination [kɔɔrdinasjɔ̃], *s.f.* Co-ordination.
coordonnant [kɔɔrdɔnɑ̃], *a.* *Gram:* Co-ordinating (conjunction, etc.).
coordonnateur, -trice [kɔɔrdɔnatœ:r, -tris], *a.* Co-ordinating.
coordonné, -ée [kɔɔrdɔne]. **1.** *a.* (*a*) Co-ordinated. (*b*) *Gram:* Co-ordinate (clause, etc.). **2.** *s.f.pl.* **Coordonnées,** (*a*) *Mth:* co-ordinates. *F:* **Donnez-moi vos c.,** give me your address and phone number. (*b*) *Com: Cost:* Coordinates.
coordonner [kɔɔdɔne], *v.tr.* To co-ordinate, arrange.
copain [kɔpɛ̃], *s.m.* *F:* Friend, pal.
copal [kɔpal], *s.m.* Copal (-resin).
copartager [kɔpartaʒe], *v.tr.* (Conj. like PARTAGER) *Jur:* **C. une succession,** to succeed jointly, to be coparcener(s) in a succession.
copeau [kɔpo], *s.m.* Shaving (of wood); chip, cutting (of wood, metal). **Copeaux de tour,** turnings.
Copenhague [kɔpɛnag]. *Pr.n.f.* Copenhagen.
cophte [kɔpt, kɔft], *a. & s.m.* = COPTE.
copie [kɔpi], *s.f.* **1.** (*a*) Copy, transcript. *Adm:* **"Pour c. conforme,"** 'certified true copy.' (*b*) *Journ: Typ:* Copy. **Manquer de c.,** to wait copy. *Typewr:* Carbon copy. (*c*) *Sch:* (i) Fair copy (of exercise). (ii) (Candidate's) paper. **2.** (*a*) Copy, reproduction (of picture, etc.). (*b*) *Phot:* Print.
copier [kɔpje], *v.tr.* **1.** To copy, transcribe (manuscript, etc.). **C. qch. au propre,** to make a fair copy of sth. **2.** To copy, reproduce (statue, picture). **C. qch. sur qch.,** to copy sth. from sth. *Sch:* **C. (un devoir sur un autre élève),** to crib (an exercise from another pupil). **3.** To copy, imitate (s.o.).
copieu|x, -euse [kɔpjø, -ø:z], *a.* Copious. **Repas c.,** copious, hearty, meal. *adv.* **-sement.**
copilote [kopilɔt], *s.m.* *Av:* Second pilot, co-pilot.
copine [kɔpin], *s.f.* *F:* (Girl) friend. *Cf.* COPAIN.
copiste [kɔpist], *s.m. & f.* Copier. **1.** Copyist, transcriber. **Faute de c.,** clerical error. **2.** Imitator.
copossesseur [kopɔsɛsœ:r], *s.m.* *Jur:* **1.** Joint owner. **2.** Co-tenant.
copra(h) [kɔpra], *s.m.* *Com:* Copra. **Huile de c.,** coconut oil.
copreneur, -euse [koprənœ:r, -ø:z], *s.* *Jur:* Co-lessee, -tenant.
copropriétaire [koprɔprietɛ:r], *s.m. & f.* Co-proprietor; joint owner.
copropriété [koprɔpriete], *s.f.* Co-property; joint ownership.
copte [kɔpt]. **1.** *s.m.* (*a*) *Ecc.Hist:* Copt. (*b*) *Ling:* Coptic. **2.** *a.* Coptic.
copulation [kɔpylasjɔ̃], *s.f.* **1.** *Physiol:* Copulation. **2.** *Ch:* Coupling.
copyright [kɔpirait], *s.m.* *F:* Copyright.
coq[1] [kɔk], *s.m.* **1.** (*a*) Cock, *U.S:* rooster. **Jeune c.,** cockerel. **Au (premier) chant du c.,** at cock-crow. **Combat de coqs,** cock-fight. **C. de combat,** game cock. *F:* **Rouge comme un c.,** red as a turkey-cock. **Fier comme un c.,** all cock-a-hoop. **Vivre comme un c. en pâte,** to live like a fighting-cock. **C. du village, de la paroisse,** cock of the walk. *Box:* **Poids c.,** bantam-weight. (*b*) Cock, male, of various birds. **C.-faisan,** cock-pheasant. **C. d'Inde** [kodɛ̃:d], turkey-cock. **C. de bruyère,** (great) grouse, wood grouse, capercailzie. **C. d'été,** hoopoe. **2.** Weathercock; vane.
coq[2], *s.m.* *Nau:* **(Maître-)c.,** (ship's) cook.
coq-à-l'âne [kɔkalɑ:n], *s.m. inv.* **1.** (*a*) Cock-and-bull story. (*b*) Desultory discourse. **Faire des c.-à-l'â.,** to skip from one subject to another. **2.** *Lit: A:* Skit, parody.
coque [kɔk], *s.f.* **1.** (*a*) Shell (of egg). **Un œuf à la c.,** a (soft-)boiled egg. (*b*) Shell, husk (of nut, fruit). (*c*) *Ent:* (= COCON) Cocoon. **Se renfermer dans sa c.,** to retire into one's shell. (*d*) *Moll:* Cockle. **2.** (*a*) Hull, bottom (of ship). **A double c.,** double-bottomed. (*b*) Hull (of flying-boat). (*c*) *Mch:* Body, shell (of boiler). **3.** (*a*) Loop, bow (of ribbon, etc.). (*b*) Kink (in rope).
coquelicot [kɔkliko], *s.m.* *Bot:* Red poppy.
coquelourde [kɔklurd], *s.f.* *Bot:* **1.** Pasque-flower. **2.** Rose campion.
coqueluche [kɔklyʃ], *s.f.* **1.** *A:* Hood, cowl. *F:* **Être la c. de la ville,** to be the darling of the town. **2.** Whooping-cough.
coquerico [kɔkriko], *s.m.* Cock-a-doodle-doo.
coqu|et, -ette [kɔkɛ, -ɛt]. **1.** *a.* (*a*) Coquettish (woman, smile). **Elle est coquette,** (i) she likes pretty clothes; (ii) she likes to look attractive. (*b*) Smart, stylish, dainty (garment, etc.); trim (garden). *F:* **Fortune assez coquette,** tidy fortune. **2.** *s.f.* **Coquette,** flirt, coquette. *adv.* **-ettement.**
coquetier, -ière [kɔktje, -jɛ:r]. **1.** *s.* Wholesale egg-merchant. **2.** *s.m.* (*a*) Egg-cup. (*b*) *F: Sp:* **Gagner le c.,** to win the big prize. **3.** *s.f.* **Coquetière,** egg-boiler.
coquetterie [kɔkɛtri], *s.f.* **1.** (*a*) Coquetry. **Faire des coquetteries à qn,** to flirt with s.o.; to lead s.o. on; *P:* to carry on with s.o. (*b*) Coyness, affectation. (*c*) Love of finery. (*d*) Fastidiousness (in dress). **2.** Smartness, stylishness, daintiness (of dress).
coquillage [kɔkija:ʒ], *s.m.* **1.** Shell-fish. **2.** (Empty) shell (of shell-fish).
coquille [kɔki:j], *s.f.* **1.** Shell (of snail, oyster, etc.). **Escalier en c.,** spiral staircase. **Rentrer dans sa c.,** to retire into one's shell. **2. C. Saint-Jacques,** (i) scallop; (ii) scallop-shell. *Cu:* **Huîtres en c.,** scalloped oysters. **3.** (*a*) Shell (of egg, nut, etc.). **Être à peine sorti de sa c.,** to be only just hatched. (Of boat) **C'est une vraie c. de noix,** it's a mere cockle-shell. (*b*) **C. de beurre,** flake, shell, of butter. **4.** (*a*) Casing, housing (of motor, etc.). *Hyd.E:* Case (of spiral pump). (*b*) *Typ:* (Copper) shell (of electrotype). **5.** *Typ:* Misprint, 'literal.'
coquin, -ine [kɔkɛ̃, -in]. **1.** *s.* Rogue, rascal, scamp, wretch. **Ce c. de Pierre,** that young rascal Peter. **Petite coquine!** you little wretch, devil! **2.** *a.* Mischievous.

cor [kɔ:r], *s.m.* **1.** *Ven:* Tine (of antler). **2.** (*a*) **C. de chasse,** hunting-horn. **Donner, sonner, du c.,** to sound, wind, the horn. *F:* **Chasser qn à c. et à cri,** to raise a hue and cry after s.o. *F:* **Réclamer qch. à c. et à cri,** to clamour for sth. (*b*) *Mus:* **C. d'harmonie,** French horn. **C. anglais,** tenor oboe; cor anglais. (*c*) *Mus:* Horn-player. **3.** Corn (on the foot).

corail, -aux [kɔra:j, -o], *s.m.* Coral. **Récif de c.,** coral-reef.

corailleur [kɔrajœ:r], *s.m.* **1.** (*a*) Coral fisher. (*b*) Worker in coral. **2.** Coral-fishing boat.

corallien, -ienne [kɔraljɛ̃, -jɛn], *a.* Coralline. **Récif c.,** coral reef.

corallin [kɔralɛ̃], *a.* Red as coral; coral-red.

Coran (le) [ləkɔrɑ̃], *s.* The Koran.

coraux. See CORAIL.

corbeau [kɔrbo], *s.m.* **1.** *Orn:* Crow. **Grand c.,** raven. **Noir comme un c.,** raven-black. **2.** (*a*) *Arch:* Corbel, bracket. (*b*) *Nau:* **Nid de c.,** crow's-nest. **3.** Person of ill-omen.

corbeille [kɔrbɛ:j], *s.f.* **1.** (Open) basket (without a bow-handle). **C. à pain,** bread-basket. **C. à papier,** waste-paper basket. **C. à linge,** laundry basket. *O:* **La c. de noces,** the wedding presents (given to bride by bridegroom). *Typewr:* **C. à caractères,** type-basket. **2.** (*a*) Bell, vase (of Corinthian capital). (*b*) (Round) flower-bed. **3.** *Th:* (i) Dress-circle, (ii) first three rows of stalls.

corbillard [kɔrbija:r], *s.m.* Hearse.

cordage [kɔrda:ʒ], *s.m.* **1.** Roping (of bales, etc.); stringing (of racquet). **2.** (*a*) Rope. **C. en chanvre,** hempen rope. **C. commis en câble,** cable-laid rope. (*b*) *pl.* Cordage, ropes; *Nau:* gear.

corde [kɔrd], *s.f.* **1.** (*a*) Rope, cord, line. **Tabac en c.,** twist tobacco. **C. à linge,** clothes-line. **Danseur de c.,** tight-rope dancer. **C. à sauter,** skipping-rope. **Sauter à la c.,** to skip. **C. de traction,** tug-of-war rope. *F:* **Être au bout de sa c.,** to be at the end of one's tether. *Nau:* **C. de remorque,** tow-rope. (*b*) String. **C. à boyau,** catgut. **C. à fouet,** whipcord. *Mus:* **C. de violon,** violin string. **Instrument à cordes,** stringed instrument. **C. à piano,** piano wire. **C'est une c. qu'il ne faut pas toucher,** it is a sore subject. S.a. ARC 1, SENSIBLE 1. (*c*) *Mus:* Note (of scale). **Sa voix est claire dans les cordes élevées,** his voice is clear in the high notes. (*d*) Halter, hangman's rope; gallows; *F:* **Se mettre la c. au cou,** (i) to put a halter round one's own neck, (ii) to get tied up, to marry. **Supplice de la c.,** death by hanging. **Friser la c.,** to miss the gallows by a hair's-breadth. **Il file sa c.,** he is heading straight for the gallows. **Avoir de la c. de pendu dans sa poche,** to have the luck of the damned. **Il ne vaut pas la c. pour le pendre,** he is not worth hanging. S.a. SAC[1] 1. (*e*) *Rac:* **La c.,** the cords, the rails. **Tenir la c.,** (i) to be on the inside; (ii) to have the advantage of s.o. *Aut:* *F:* **Prendre un virage à la c.,** to cut a corner close. (*f*) *Tex:* Thread. **Drap usé jusqu'à la c., qui montre la c.,** threadbare cloth. **2.** *Geom:* Chord. *Civ.E:* Span (of arch). **3.** *Anat:* (*a*) **Cordes vocales,** vocal chords. (*b*) *F:* **Ce n'est pas dans mes cordes,** it's not in my line, it's not my cup of tea. **C'est dans mes cordes,** it suits me. (*c*) Ligament. **C. du jarret,** hamstring.

cordé [kɔrde], *a.* Cordate; heart-shaped.

cordeau [kɔrdo], *s.m.* **1.** Tracing-line, chalk-line, string. **Tiré au c.,** perfectly straight. **2.** *Min:* Match, fuse. **3.** Rope, cord. *Artil:* **C. tire-feu,** firing lanyard.

cordée [kɔrde], *s.f.* **1.** *Com:* **C. de bois,** cord of wood. **2.** *Mount:* Line of roped mountain climbers, roped (climbing) party, rope. **Premier de c.,** leader, first on the rope.

cordelette [kɔrdəlɛt], *s.f.* (*a*) Small cord; string. *Aer:* **C. de déclanchement,** rip-cord. (*b*) Small plait (of hair).

cordelier, -ière [kɔrdəlje, -jɛ:r]. **1.** *s.* Franciscan friar or nun; grey friar or sister. **2.** *s.f.* **Cordelière.** (*a*) Girdle as worn by Franciscan friar; cord of dressing-gown, etc. (*b*) *Arch:* Cable moulding.

cordelle [kɔrdɛl], *s.f.* Tow-line, warp.

corder [kɔrde], *v.tr.* **1.** To twist (hemp, etc.) into rope. **2.** (*a*) To cord (bale, etc.). (*b*) To string (racquet).
 se corder, (of vegetables), to become stringy.

corderie [kɔrd(ə)ri], *s.f.* **1.** Ropery; rope-walk. **2.** Rope manufacture or trade.

cordial, -aux [kɔrdjal, -o], *a.* **1.** Stimulating (medicine). *s.m.* Cordial; stimulant; restorative. **2.** Cordial, hearty (welcome, etc.). *adv.* **-ement.**

cordialité [kɔrdjalite], *s.f.* Cordiality, heartiness. **Nous fûmes accueillis avec la plus grande c.,** the heartiest of welcomes awaited us.

cordier [kɔrdje], *s.m.* **1.** Rope-maker or -merchant. **2.** Tail-piece (of violin).

cordiforme [kɔrdifɔrm], *a.* Cordiform; heart-shaped.

cordillère [kɔrdijɛ:r], *s.f.* *Geog:* Cordillera.

cordite [kɔrdit], *s.f.* *Exp:* Cordite.

cordon [kɔrdɔ̃], *s.m.* **1.** (*a*) Strand, twist (of cable). **Corde à trois cordons,** three-stranded rope. (*b*) Cord, string. **C. de coton,** cotton tape. **C. de sonnette,** bell-rope, -pull. **C. (de la porte),** door-pull (controlled by the *concierge,* in French block of flats). **"C., s'il vous plaît!"** 'door, please!' **C. de soulier,** shoe-lace. S.a. BOURSE 1. (*c*) Ribbon, decoration (of an order, etc.). **C. bleu,** (i) blue ribbon; (ii) knight of the order of the Holy Ghost; (iii) first-rate cook. (*d*) *El:* **C. souple,** flex. (*e*) *Obst:* **C. ombilical,** umbilical cord. *Anat:* **C. médullaire,** spinal cord. **2.** (*a*) Row, line (of trees, etc.); cordon (of police, troops). **C. sanitaire,** sanitary cordon. (*b*) Rim, milled edge (of coin). **3.** *Geog:* **C. littoral (libre),** off-shore bar.

cordonner [kɔrdɔne], *v.tr.* **1.** To twist, twine, cord (silk, etc.). **2.** To mill, edge-roll (coins).

cordonnerie [kɔrdɔnri], *s.f.* **1.** Shoemaking. **2.** Shoemaker's or cobbler's shop.

cordonnet [kɔrdɔnɛ], *s.m.* Braid, cord, twist.

cordonnier [kɔrdɔnje], *s.m.* Shoemaker, bootmaker; cobbler, shoemender.

Cordoue [kɔrdu]. *Pr.n.f.* *Geog:* Cordoba, Cordova.

Corée (la) [lakɔre]. *Pr.n.* *Geog:* Korea.

Coréen, -enne [kɔreɛ̃, -ɛn], *a.* & *s.* *Geog:* Korean.

coreligionnaire [kor(ə)liʒjɔnɛ:r], *s.m.* & *f.* Co-religionist.

Corfou [kɔrfu]. *Pr.n.f.* *Geog:* Corfu.

coriace [kɔrjas], *a.* **1.** Tough, leathery (meat, etc.). **2.** Hard, grasping (person).

coriandre [kɔrjɑ̃:dr], *s.f.* *Bot:* Coriander.

corindon [kɔrɛ̃dɔ̃], *s.m.* *Miner:* Corundum.

Corinthe [kɔrɛ̃:t]. *Pr.n.f.* *Geog:* Corinth. **Raisins de C.,** currants.

corinthien, -ienne [kɔrɛ̃tjɛ̃, -jɛn], *a.* & *s.* Corinthian.

corme [kɔrm], *s.f.* *Hort:* Service-berry, -apple.

cormier [kɔrmje], *s.m.* Service-tree, -wood.

cormoran [kɔrmɔrɑ̃], *s.m.* *Orn:* Cormorant.

cornac [kɔrnak], *s.m.* Elephant-keeper; mahout.

cornage [kɔna:ʒ], *s.m.* **1.** Horns (of animal). **2.** *Vet: Med:* Wheezing.

cornaline [kɔrnalin], *s.f.* *Lap:* Cornelian.

cornard [kɔrna:r], *a.* & *s.m.* **1.** Horned (animal). **2.** *P:* Cuckold.

corne [kɔrn], *s.f.* **1.** (*a*) Horn. **Bêtes à longues cornes, à cornes courtes,** long-, short-horned beasts. **Montrer les cornes,** (i) (of ram) to show its horns; (ii) *F:* to show fight. **Coup de c.,** (i) thrust, (ii) butt. **Être attaqué, tué, à coups de c. par un taureau,** to be gored (to death) by a bull. **Peigne de c.,** horn comb. **C. à souliers,** show-horn. S.a. TAUREAU 1. (*b*) Horn, feeler (of snail); horn, antenna (of stag-beetle). *F:* **Rentrer les cornes,** to draw in one's horns. **2.** (*a*) *Nau:* **C. de brume,** fog-horn. (*b*) *Nau:* Peak (of gaff). **Le pavillon à la c.,** with the flag at the peak. **Cornes de la lune,** horns, cusps, of the moon. (*c*) **Chapeau à cornes,** cocked hat. **C. d'un livre,** turned down corner, dog's-ear, of a book. **3.** Horny matter. **Cornes cutanées,** callosities. **4. C. d'abondance,** cornucopia; horn of plenty.

corné [kɔrne], *a.* Corneous, horny.

cornée [kɔrne], *s.f.* *Anat:* Cornea. **C. opaque,** sclerotic, sclera. *Med:* **Greffe de la c.,** corneal grafting.

corneille [kɔrnɛ:j], *s.f.* *Orn:* Crow, rook. **C. noire,** carrion crow. **C. chauve,** rook. **C. (d'église, des clochers),** jackdaw. S.a. BAYER.

cornemuse [kɔrnəmy:z], *s.f.* *Mus:* Bagpipes. **Joueur de c.,** piper.

corn|er [kɔrne], *v.tr.* **1.** (*a*) To trumpet, proclaim (sth.). *F:* **C. qch. aux oreilles de qn,** (i) to shout, (ii) to din, sth. into s.o.'s ears. (*b*) *Abs.* To sound, wind, a horn.

Aut: To sound the horn; to hoot. *Mus:* (Of organ note) To cipher. *Vet:* (Of horse) To roar, wheeze. (*c*) **Les oreilles me cornent,** my ears are ringing. **On a parlé de vous, les oreilles ont dû vous c.,** we spoke of you, your ears must have been burning. **2.** To turn down the corner of (visiting-card, etc.). **Page cornée,** dog-eared page. *s.m.* **-ement.**

cornet [kɔrne], *s.m.* **1.** Small horn, trumpet. *Mus:* **C. à pistons,** cornet. **2.** (*a*) **C. acoustique,** ear-trumpet. **Mettre sa main en c.,** to cup one's hand behind one's ear. **C. de crème glacée, de glace,** ice-cream cornet, ice-cream cone. **C. de pâtisserie,** pastry horn. (*b*) Mouth-piece (of microphone). (*c*) **C. à dés,** dice-box. **C. de papier,** screw of paper.

cornette [kɔrnet], *s.f.* **1.** (*a*) (Woman's) mob-cap. (*b*) (Nun's winged) coif, cornet. **2.** *Nau:* Burgee. **3.** *s.m. A:* Cornet, ensign (of cavalry).

cornettiste [kɔrnɛtist], *s.m. Mus:* Cornetist, cornet player.

corniaud [kɔrnjo], *s.m.* **1.** Cross between a mastiff and a hound. **2.** *P:* Clot.

corniche [kɔrniʃ], *s.f.* **1.** *Arch:* Cornice. **2.** Ledge (of rock). **(Route en) c.,** coast road.

cornichon [kɔrniʃɔ̃], *s.m.* **1.** *Hort:* Gherkin. **2.** *P:* Clot.

cornier, -ière [kɔrnje, -jɛːr]. **1.** *a.* (At the) corner. **Tuile cornière,** corner-tile; valley tile. **2.** *s.f.* **Cornière.** (*a*) *Const:* Valley (joining roofs). (*b*) Angle-iron, -bar; corner-iron.

corniot [kɔrnjo], *s.m.* = CORNIAUD.

corniste [kɔrnist], *s.m. Mus:* Horn player.

cornouaillais [kɔrnwɑjɛ], *a.* Cornish.

Cornouailles [kɔrnwɑːj]. *Pr.n.f.* Cornwall.

cornouille [kɔrnuːj], *s.f. Bot:* Cornel-berry.

cornouiller [kɔrnuje], *s.m.* **1.** Cornel(-tree). **2.** *Com:* Dogwood.

cornu [kɔrny], *a.* Horned (beast).

cornue [kɔrny], *s.f.* **1.** (*a*) *Ch: Gasm:* Retort. **Charbon de c.,** gas-carbon. (*b*) *Metall:* Steel converter. **2.** *Bot:* Water-caltrop.

Corogne (la) [lakɔrɔɲ]. *Pr.n. Geog:* Corunna.

corollaire [kɔrɔllɛːr], *s.m. Log: Mth:* Corollary.

corolle [kɔrɔl], *s.f. Bot:* Corolla.

coronaire [kɔrɔnɛːr], *a. Anat:* Coronary.

corossol [kɔrɔsɔl], *s.m. Bot:* Custard-apple.

corporat|if, -ive [kɔrpɔratif, -iːv], *a.* Corporate, corporative. *adv.* **-ivement.**

corporation [kɔrpɔrasjɔ̃], *s.f.* Corporation; public body. *Com.Hist:* (Trade-)guild.

corporel, -elle [kɔrpɔrɛl], *a.* Corporeal (substance, being); corporal (punishment); bodily (infirmity, etc.); tangible (property). *adv.* **-lement.**

corps [kɔːr], *s.m.* **1.** Body. *F:* **Avoir un c. de fer,** to have an iron constitution. **Mortifier son c.,** to mortify the flesh. *Jur:* **Saisir qn au c.,** to arrest s.o. **Passer sur le c. de, à, qn,** to run over s.o. **Faire bon marché de son c.,** not to value one's life, one's skin. *F:* **Il faut voir ce qu'il a dans le c.,** we must see what he's got in him, what stuff he's made of. *F:* **Avoir le diable au c.,** to be full of devilment. **Prendre du c.,** to put on flesh. **Prendre c.,** to take, assume, shape. **Sans c.,** bodiless, disembodied. **Douleur du c.,** bodily pain. *Mil:* **Les gardes du c.,** the body-guards, the life-guards. *Jur:* **Séparation de c. et de biens,** judicial separation. **Saisir qn à bras-le-c.,** to seize s.o. round the waist; to grapple with s.o. **Lutter c. à c.,** to struggle hand to hand. **Un c. à c.,** a tussle; hand-to-hand fight(ing); *Box:* a clinch. *A:* **Répondre de qn c. pour c.,** to be personally responsible, answerable, for s.o. S.a. DÉFENDRE 1, PERDU 3, SAIN. **2.** Corpse, body. **La levée du c. aura lieu à onze heures,** the funeral will start from the house at eleven o'clock. **3.** (*a*) **C. simple,** simple body; element. **C. composé,** compound. *Astr:* **C. célestes,** heavenly bodies. (*b*) **Étoffe qui a du c.,** strong material. **Vin qui a du c.,** full-bodied wine. **C. de la voix,** range, volume, and quality of the voice. **Voix qui manque de c.,** thin voice. **4.** Main part (of sth.); frame (of bicycle); shell (of boiler, pulley-block, etc.); barrel (of pump). *Dressm:* Body, bodice (of dress). **Faire c. avec qch.,** to be an integral part of sth. *Typ:* **Force de c.,** size of type body. **Composé en c. douze,** set up in twelve point (body). *Nau:* **Perdu c. et biens,** lost with all hands. *Jur:* **C. du délit,** *corpus delicti.* **Caserne en trois c. de bâtiment,** barracks consisting of three main buildings. **5.** (*a*) (Organized body of men) **Le c. diplomatique,** the diplomatic corps. **Le c. enseignant, médical,** the teaching, medical, profession. *Mil:* **C. franc,** commando (unit). **Venir en c.,** to come in a body. *Mil:* **C. d'armée,** army corps. S.a. BALLET, ESPRIT 5, MÉTIER 1. (*b*) Corpus; collection of writings. **C. du droit civil,** corpus of civil law.

corps-de-garde [kɔːrdəgard], *s.m.inv. Mil:* Guard-house, guard-room.

corpulence [kɔrpylɑ̃ːs], *s.f.* Stoutness, corpulence.

corpulent [kɔrpylɑ̃], *a.* Stout, fat, corpulent.

corpusculaire [kɔrpyskylɛːr], *a.* Corpuscular.

corpuscule [kɔrpyskyl], *s.m.* Corpuscle.

correct [kɔr(r)ɛkt], *a.* Correct, proper (language, etc.); accurate (copy, etc.). **Très c. (en parlant de qn),** very 'just so.' *adv.* **-ement.**

correcteur, -trice [kɔr(r)ɛktœːr, -tris]. (*a*) *a.* Correcting. (*b*) *s.* Corrector. *Typ:* (Proof-)reader, press-corrector.

correctif, -ive [kɔr(r)ɛktif, -iːv], *a. & s.m.* Corrective.

correction [kɔr(r)ɛksjɔ̃], *s.f.* **1.** Correction, correcting (of exercise); reading (of proofs); emendation (of text). **Sauf c. . . .,** subject to correction . . .; under correction. . . . *Nau:* **C. des compas,** adjustment of the compasses. **2.** Reproof; punishment. **Administrer, infliger, une c., à qn,** (i) to rebuke, reprove, s.o.; (ii) to chastise s.o. **3.** Correctness (of dress, speech, etc.); propriety (of speech, conduct).

correctionnel, -elle [kɔr(r)ɛksjɔnɛl], *a. Jur:* **Délit c.,** minor offence. **Tribunal de police correctionnelle,** court of summary jurisdiction.

corrélat|if, -ive [kɔrrɛlatif, -iːv], *a. & s.m.* Correlative. *adv.* **-ivement.**

corrélation [kɔrrɛlasjɔ̃], *s.f.* Correlation.

correspondance [kɔrɛspɔ̃dɑ̃ːs], *s.f.* **1.** Correspondence, agreement (between things, etc.) **2.** (*a*) Communication (between places). (*b*) *Rail:* Connection (between trains); interchange service. (Of train or boat) **Faire c. avec . . .,** to connect with. . . . **Billet de c.,** transfer ticket. **3.** (*a*) Intercourse, dealings (**avec,** with). (*b*) Correspondence (by letter). **Être en c., entretenir une c., avec qn,** to correspond with s.o. **Ouvrir la c.,** to open the mail, the post. **École d'enseignement par c.,** correspondence school.

correspondant, -ante [kɔrɛspɔ̃dɑ̃, -ɑ̃ːt]. **1.** *a.* (*a*) Corresponding (**à,** to, with). (*b*) *Rail:* **Train c.,** connection. (*c*) Corresponding (member of learned society). **2.** *s.* (*a*) Correspondent. (*b*) *Sch:* Friend acting *in loco parentis.* (*c*) Pen-friend.

correspondre [kɔrɛspɔ̃ːdr], *v.i.* **1.** To tally, agree (**à,** with); to correspond (**à,** to, with). **La théorie ne correspond pas aux faits,** the theory does not square with the facts. **2. Deux pièces qui (se) correspondent,** two rooms which communicate with one another. **3. C. avec qn,** to correspond (by letter) with s.o.

corrida [kɔrida], *s.f.* **1.** Bull-fight. **2.** *P:* Free-for-all.

corridor [kɔridɔːr], *s.m.* Corridor, passage.

corrigé [kɔriʒe], *s.m. Sch:* **1.** Fair copy (of exercise, after correction). **2.** Key; *F:* crib.

corriger [kɔriʒe], *v.tr.* **(je corrigeai(s); n. corrigeons) 1.** To correct, mark (exercise, etc.); to read (proofs); to sub-edit (article); to rectify (mistake, etc.). **C. qn d'une mauvaise habitude,** to cure, break, s.o. of a bad habit. **2.** (*a*) To chastise (dog, child). (*b*) To set (s.o.) right.

se corriger d'une habitude, to break oneself of a habit.

corrigible [kɔriʒibl], *a.* Corrigible.

corroboratif, -ive [kɔrrɔbɔrɑtif, -iːv], *a.* Corroborative, confirmatory (evidence, etc.).

corroboration [kɔrrɔbɔrasjɔ̃], *s.f.* Corroboration, confirmation (of statement, etc.).

corroborer [kɔrrɔbɔre], *v.tr.* To corroborate, confirm (statement, etc.).

corrodant [kɔrrɔdɑ̃], *a. & s.m.* Corrodent, corrosive.

corroder [kɔrrɔde], *v.tr.* To corrode, eat away.

se corroder, to corrode, become corroded.

corrompre [kɔr(r)ɔ̃ːpr], *v.tr.* (*a*) To corrupt (morals, etc.); to deprave, spoil (taste, etc.). **C. les juges,** to corrupt, bribe, the judges. **Essayer de c. un témoin,** to tamper with a witness. (*b*) **C. la viande,** to taint meat.

se corrompre. (*a*) To become corrupt(ed). (*b*) (Of meat, etc.) To taint; to become tainted.
corrompu [kɔr(r)ɔ̃py], *a.* (*a*) Corrupt, depraved (person, morals); vitiated (taste). (*b*) Tainted, putrid (meat, etc.). (*c*) Corrupt (text).
corrosif, -ive [kɔrrozif, -iːv], *a. & s.m.* Corrosive.
corrosion [kɔrrozjɔ̃], *s.f.* Corrosion (of metal, etc.); fretting (of gears). *Geog:* Corrosion, chemical erosion.
corroy|er [kɔrwaje], *v.tr.* **(je corroie; je corroierai)** To curry (leather); to trim, rough-plane (wood); to puddle (clay); to weld (iron, steel) in the rolling-mill. **Acier corroyé,** welded steel, wrought steel. *s.m.* **-age.**
corroyeur [kɔrwajœːr], *s.m.* Currier.
corrupteur, -trice [kɔr(r)yptœːr, -tris]. **1.** *s.* Corrupter; suborner, briber (of witness, etc.). **2.** *a.* Corrupt(ing) (influence, etc.).
corruptible [kɔr(r)yptibl], *a.* Corruptible; (of pers.) bribable.
corruption [kɔr(r)ypsjɔ̃], *s.f.* **1.** Corruption; suborning, bribing (of witnesses). **2.** Tainting (of food, etc.); fouling (of air, etc.). **3.** Corruption, corruptness, depravity (of morals, tastes).
corsage [kɔrsaːʒ], *s.m.* **1.** *A:* Bust (of woman). **2.** (*a*) Bodice, body (of dress). (*b*) Blouse.
corsaire [kɔrsɛːr], *a. & s.m.* **1.** Corsair (ship); privateer. **2.** (*a*) Corsair, privateer(sman). (*b*) *Croquet:* (Balle) c., rover.
corse[1] [kɔrs], *a. & s.* Corsican.
Corse[2] **(la).** *Pr.n.* Corsica.
corsé [kɔrse], *a.* Full-bodied (wine, etc.); stout (cloth, etc.); strong, vigorous (attack). **Histoire corsée,** broad story.
corser [kɔrse], *v.tr.* To give body, volume, flavour, to (sth.). **C. du vin,** to give body to wine (by adding spirits). **C. l'action d'un drame,** to intensify the action of a drama.
se corser, (of weather, business) to take a turn for the worse. *F:* **L'affaire se corse,** (i) the plot thickens; (ii) things are getting serious.
corset [kɔrsɛ], *s.m.* **1.** Corset, *F:* pair of corsets. **2.** **C. de sauvetage,** life-jacket.
corsetier, -ière [kɔrsətje, -jɛːr], *s.* Corset-maker.
cortège [kɔrtɛːʒ], *s.m.* **1.** Train, retinue, suite (of sovereign, etc.). **2.** Procession. (*a*) **Aller en c.,** to walk in procession. **C. funèbre,** funeral procession. **C. nuptial,** bridal procession. (*b*) **C. historique,** pageant.
cortisone [kɔrtizɔn], *s.f. Med:* Cortisone.
corvée [kɔrve], *s.f.* **1.** *A:* Forced labour, statute labour. **2.** *Mil: etc:* (*a*) Fatigue (task, duty). **Être de c.,** to be on fatigue (duty). **Tenue de c.,** fatigue dress. (*b*) Fatigue party. **3.** *F:* Irksome task; piece of drudgery.
corvette [kɔrvɛt], *s.f. Navy:* Corvette.
coryphée [kɔrife], *s.m.* **1.** *Gr.Drama:* Coryphaeus. **2.** (*a*) *Th:* Leader of the ballet. (*b*) *O:* Leader (of a party).
coryza [kɔriza], *s.m. Med:* Coryza, cold in the head. **C. chronique,** chronic rhinitis.
cosaque [kɔzak], *s.m.* Cossack.
cosécante [kosekɑ̃ːt], *s.f. Mth:* Cosecant.
cosignataire [kosiɲatɛːr], *s.m.* Co-signatory.
cosinus [kosinyːs], *s.m. Mth:* Cosine, *F:* cos.
cosmétique [kɔsmetik], *a. & s.m.* Cosmetic. *Toil:* **C. pour cils et sourcils,** mascara.
cosmique [kɔsmik], *a.* Cosmic. *Ph:* **Rayons cosmiques,** cosmic rays. **Rayonnement c.,** cosmic radiation.
cosmogonie [kɔsmɔgɔni], *s.f.* Cosmogony.
cosmographie [kɔsmɔgrafi], *s.f.* Cosmography.
cosmologie [kɔsmɔlɔʒi], *s.f.* Cosmology.
cosmopolite [kɔsmɔpolit]. **1.** *a.* Cosmopolitan (life, etc.). **2.** *s.m. & f.* Cosmopolitan.
cosse [kɔs], *s.f.* **1.** Pod, husk, hull (of leguminous plants). **2.** (*a*) *Nau:* Thimble, eyelet (of rope). (*b*) *El:* Eye or spade terminal; (cable) lug. **3.** *P:* **Avoir la c.,** to feel lazy.
cosser [kɔse], *v.i.* (Of rams) To butt.
cossu [kɔsy], *a.* *F:* Wealthy, well-to-do; monied (person); rich (dress).
costaud, costeau [kɔsto], *a. & s.m.* *P:* Strapping, hefty (individual). *P:* **Ça c'est c.!** (i) (of problem) that's a poser! (ii) (of alcoholic drink) that's a stiff one! that knocks you back!
costume [kɔstym], *s.m.* Costume, dress; apparel. **En grand c.,** (i) in full dress, (ii) in full uniform. *Th:* **Répéter en c.,** to have a dress rehearsal. S.a. BAIN 1.
costumé [kɔstyme], *a.* **Bal c.,** fancy-dress ball.
costumer [kɔstyme], *v.tr.* To dress (s.o.) (up). **Se c. en Turc,** to dress up as a Turk.
costumier, -ière [kɔstymje, -jɛːr], *s.* **1.** Costumier; dealer in (fancy) costumes. **2.** *Th:* Wardrobe-keeper.
cosy(-corner) [kozi(kɔrnɛːr)], *s.m.* *Furn:* Corner divan-bed surrounded by right-angle bookshelves and cupboards. *pl. Des cosy-corners.*
cotation [kɔtasjɔ̃], *s.f.* *Fin:* Quotation, quoting.
cote [kɔt], *s.f.* **1.** (*a*) Quota, share, proportion (of expense, taxes, etc.). **C. mal taillée,** rough and ready compromise. (*b*) *Adm:* Assessment. **2.** (*a*) **Cotes d'une machine,** dimension figures of a machine. (*b*) *Surv:* **C. de niveau,** bench-mark. (*c*) *Surv:* Height from datum line. *Mil: Surv:* **La c. 304,** hill 304. **3.** (*a*) *Com: Jur:* (Classification) mark, letter, number (of document, etc.); (library) shelf-mark, press-mark. (*b*) *Nau:* Character, classification (of ship). **De première c. (au Lloyd),** A1 (at Lloyds). **4.** (*a*) *St.Exch: Com:* Quotation. **C. des prix,** (i) share-list; (ii) *Com:* list of prices, price-current. *F:* (Of pers.) **Avoir la c. auprès de qn,** to be in s.o.'s good books. (*b*) *Turf:* **C. d'un cheval,** odds on or against a horse. **Forte c., faible c.,** long, short, odds or price. (*c*) *Sch:* Marks awarded (for exercise, etc.).
côte [koːt], *s.f.* **1.** Rib. *F:* **Se tenir les côtes de rire,** to hold one's sides with laughter. **Avoir les côtes en long,** to be lazy. *Eng.Hist:* **Côtes de fer,** Ironsides. *Cu:* **C. de bœuf,** rib of beef. **C. première,** loin-chop. **C. d'aloyau,** wing-rib. **C. à c.,** side by side. **Étoffe à côtes,** ribbed, corded, material. **Tapis en caoutchouc à côtes,** grooved rubber mat. **2.** (*a*) Slope (of hill), gradient. **Vitesse en c.,** (hill-)climbing speed. *Sp:* **Course de c.,** hill climb. (*b*) Hill. **A mi-c.,** half-way up, down, the hill. **3.** Coast, shore. **Faire c.,** to run ashore, aground. **Jeter un navire à la c.,** to run a ship ashore; to strand a ship. *F:* **Être à la c.,** to be on the rocks, on one's beam-ends. S.a. AZUR.
côté [kote], *s.m.* **1.** Side. **Assis à mes côtés,** sitting by my side. **Passer de l'autre c. de la rue,** to cross the street. **Demeurer de l'autre c. de la rue,** to live across the street. **Appartement c. midi,** flat with southern aspect. *Ten:* **Le choix du service ou du c.,** the choice of service or end. **La tour penche d'un c.,** the tower inclines on one side, leans sideways. *Nau:* **Présenter le c. à qch.,** to be broadside on to sth. **Navire sur le c.,** ship on her beam-ends. S.a. VENT 1. **Le bon c., le mauvais c., d'une affaire,** the good side, bad side or aspect, of a matter. **Le vent vient du bon c.,** the wind is in the right quarter. **Prendre les choses par le bon c.,** to look on the bright side of things. **C'est son c. faible,** that is his weak spot. **Être du c. gauche,** to be illegitimate. **D'un c. à l'autre,** from side to side. **D'un c. . . ., de l'autre c. . . .,** on the one hand . . ., on the other hand. . . . **De mon c. . . .,** for my part. . . . **Prendre une plaisanterie du bon c.,** to take a joke in good part. **Elle écrit beaucoup de son c.,** she writes a great deal on her own account. **Nous venons de visiter la ville, chacun de notre c.,** we have been visiting the town, each on our own account. **De tous (les) côtés,** on all sides; far and wide. **Vous n'êtes jamais venu de notre côté?** you have never come our way? **Courir de c. et d'autre,** to run about in all directions. **De quel c. est l'hôtel?** whereabouts is the hotel? **Se diriger du c. de Paris,** to go in the direction of Paris. **Venez de ce c.,** come (i) this way, (ii) on this side. **De quel c.?** in which direction? **Il habite du c. de Hampstead,** he lives Hampstead way. **Se ranger d'un c.,** to take sides. **Les parents du c. du père,** the relations on the father's side. **Je sais que vous êtes de leur c.,** I know you are in sympathy with them. **C. vitesse, cette voiture est remarquable,** as regards, in the matter of, speed, this car is remarkable. **Par certains côtés,** in certain respect, in some ways. **2.** *Adv. phr.* (*a*) **De c.,** on one side; sideways. **Pas de c.,** side-step. **Regard de c.,** sidelong glance. **Mettre qch. de c.,**

to put sth. aside, on one side. **Mettre de l'argent de c.,** to put, set, money by. **Laisser de c. ses vêtements d'hiver,** to discard, cast (off), one's winter clothing. **Laisser qn de c.,** to neglect s.o. (*b*) **A c.,** to one side; near. **La maison est tout à c.,** the house is quite near. **Tirer à c.,** to miss the mark. **Répondre à c.,** to miss the point (in one's answer). *Com:* **Articles à c.,** side-lines. **A c. de,** by the side of; next to; beside. **Il se tenait à c. de moi,** he stood at my side; he stood beside me. **A c. l'un de l'autre,** side by side. **Il habite à c. de nous,** he lives next door to us. **C'est à c. de la question,** that is beside the question. **Il n'est rien à c. de vous,** he can't compare with you; *F:* he can't hold a candle to you.

coteau [kɔto], *s.m.* **1.** Slope, hillside. **2.** (Small) hill, hillock; occ. vineyard.

côtelé [kotle], *a.* *Tex:* Ribbed, corduroy (velvet); corded (material).

côtelette [kotlɛt, kɔ-], *s.f.* (Mutton, veal) cutlet; (mutton or pork) chop. *F:* *A:* **Favoris en c., côtelettes,** mutton-chop whiskers.

coter [kɔte], *v.tr.* **1.** To assess. **2.** *Mec.E:* *Surv:* *etc:* To dimension (drawing, etc.); to put down references on (maps, etc.). **Croquis coté,** dimensioned sketch. **Point coté,** reference point, land-mark; spot height (on map, etc.). **3.** (*a*) To classify, number (documents, etc.). (*b*) To class (ship). **4.** (*a*) *Com:* *St.Exch:* To quote (shares, etc.). (*b*) *Turf:* **Cheval très coté,** well-backed horse. *F:* **Personne très cotée,** person who stands high in the public estimation. **5.** *Sch:* To award marks for (exercise, etc.).

coterie [kɔtri], *s.f.* (Political, literary) set, coterie.

cothurne [kɔtyrn], *s.m.* *Ant:* Cothurnus, buskin. *Lit:* **Chausser le c.,** (i) to write tragedies; (ii) to act in tragedies.

côtier, -ière [kotje, -jɛːr]. **1.** *a.* (*a*) Coast(ing) (pilot, etc.); coastal (defence, etc.); coastwise (trade, etc.); inshore (fishery). **Navigation côtière,** coasting. **Fleuve c.,** short river (flowing into sea, not tributary). (*b*) **Chemin c.,** coast road. **2.** *s.m.* Coaster; coasting vessel.

cotignac [kɔtiɲak], *s.m.* Quince marmalade.

cotillon [kɔtijɔ̃], *s.m.* **1.** *A:* Petticoat. **2.** *Danc:* (*a*) Cotill(i)on. **Coiffure de c.,** paper cap. (*b*) Souvenir (given away at public dance).

cotisant, -ante [kɔtizɑ̃, -ɑ̃ːt], *s.* Paying member; subscriber (**de,** to).

cotisation [kɔtizasjɔ̃], *s.f.* **1.** Clubbing together (to raise money). **2.** Assessment (of taxpayer). **3.** Quota, share; contribution (to common fund); subscription (to club, etc.). **C. d'admission,** entrance fee.

cotiser [kɔtize], *v.tr.* *Adm:* *A:* **C. qn à tant,** to assess s.o. at so much. *Abs:* To contribute.

se cotiser, to subscribe, to club together (to raise money); to get up a subscription.

côtoiement [kotwamɑ̃], *s.m.* Coming into contact with.

coton [kɔtɔ̃], *s.m.* **1.** Cotton. **Fil de c.,** sewing cotton. **C. retors,** cotton thread. **C. à broder,** embroidery cotton. **C. à repriser,** darning cotton. *F:* **Filer un mauvais c.,** to be in a bad way (in health or business). *P:* Trouble, difficulty. **2.** (*a*) Cotton-wool. **Élever un enfant dans du c.,** to coddle a child. *Med:* **C. hydrophile,** absorbent cotton-wool. (*b*) Down (on plants). (*c*) Fluff (on cloth, etc.). (*d*) **C. de verre,** glass wool.

cotonnade [kɔtɔnad], *s.f.* (*a*) Cotton fabric. (*b*) *pl.* Cotton goods.

cotonner [kɔtɔne]. **1.** *v.tr.* To wad; to pad (with cotton-wool). **2.** *v.i.* & *pr.* (*a*) **Fruit qui se cotonne,** fruit that (i) becomes covered with down, (ii) becomes woolly, sleepy. (*b*) (Of material) To become fluffy.

cotonnerie [kɔtɔnri], *s.f.* **1.** Cotton-growing. **2.** (*a*) Cotton-plantation. (*b*) Cotton-mill.

cotonneux, -euse [kɔtɔnø, -øːz], *a.* Cottony; downy (leaf, etc.); fleecy (cloud); sleepy (pear). **Jambes cotonneuses,** shaky legs.

cotonnier, -ière [kɔtɔnje, -jɛːr]. **1.** *a.* Cotton (industry, etc.). **2.** *s.* Cotton worker. **3.** *s.m.* Cotton plant.

coton-poudre [kɔtɔ̃puːdr], *s.m.* Gun-cotton.

côtoyer [kotwaje], *v.tr.* (**je côtoie; je côtoierai**) **1.** To coast along, keep close to, hug (shore, etc.); to skirt (forest). **2.** To border on (river).

cotre [kɔtr], *s.m.* *Nau:* Cutter.

cottage [kɔtaːʒ], *s.m.* (Country) cottage.

cotte [kɔt], *s.f.* (*a*) *A:* *Mil:* *Cost:* **C. d'armes,** (i) tunic (worn over armour); (ii) coat of banded mail. **C. de mailles,** coat of mail. (*b*) Short skirt; petticoat. (*c*) (Workman's) overalls.

cotutelle [kotytɛl], *s.f.* *Jur:* Joint guardianship.

cotuteur, -trice [kotytœːr, -tris], *s.* *Jur:* Joint guardian.

cotylédon [kɔtiledɔ̃], *s.m.* *Bot:* Cotyledon.

cou [ku], *s.m.* Neck (of animal, bottle, etc.). **La peau du c.,** the scruff of the neck. **Couper le c. à qn,** to behead s.o. **Tendre le c.,** (i) to lay one's head on the block; (ii) to crane one's neck (in order to see). **Serrer le c. à qn,** (i) to strangle s.o.; (ii) *F:* to wring s.o.'s neck. **Se jeter, sauter, au c. de qn,** to fall on s.o.'s neck, to hug s.o. **Rentrer le c. entre, dans, les épaules,** to make oneself small. *F:* **Être dans les dettes jusqu'au c.,** to be up to the eyes in debt. **Prendre ses jambes à son c.,** to take to one's heels.

couagga [kwaga], *s.m.* *Z:* Quagga.

couard [kwaːr]. **1.** *a.* Cowardly, craven. **2.** *s.m.* Coward.

couardise [kwardiːz], *s.f.* Cowardice, cowardliness.

couchage [kuʃaːʒ], *s.m.* **1.** (*a*) Lying in bed. (*b*) (Matériel de) c., bedding; bed-clothes. **Sac de c.,** sleeping-bag. **2.** Layering (of plants). **3.** Coating (of paper).

couchant [kuʃɑ̃]. **1.** *a.* (*a*) Soleil c., setting sun. (*b*) *Ven:* **Chien c.,** setter. *F:* **Faire le chien c. auprès de qn,** to fawn on s.o. **2.** *s.m.* (*a*) Sunset. **Être à son c.,** (i) (of fame, etc.) to be on the decline, on the wane; (ii) (of pers.) to be nearing the end of one's life. (*b*) **Le c.,** the west.

couche [kuʃ], *s.f.* **1.** (*a*) *Lit:* Bed, couch. (*b*) Usu. *pl.* Child-bed, confinement; labour. **Femme en couches,** woman in labour. **Fausse c.,** miscarriage. **Elle est morte en couches,** she died in child-birth. **Ce sont trois enfants de la même c.,** they are triplets. (*c*) **C. de bébé,** baby's napkin, *U.S:* diaper. **2.** (*a*) Bed, layer, stratum (of rock, etc.). **C. de houille,** coal-bed, -seam. *Hort:* **C. de fumier,** hotbed. **Semer sur c.,** to sow in heat. S.a. CHAMPIGNON 1. *F:* **Couches sociales,** social strata; classes of society. (*b*) Coat, coating (of paint, etc.). **Première c., c. d'impression,** priming; ground coat. **C. de glace,** sheet of ice. *P:* **Il en a une c.!** did you ever see such a fool! **3.** *Mec.E:* **Arbre de c.,** main shaft.

couché [kuʃe], *a.* Lying, recumbent (position). **Être c.,** to be in bed; to have gone to bed.

coucher [kuʃe]. I. *v.* **1.** *v.tr.* (*a*) To put (child, etc.) to bed. (*b*) **Être couché et nourri chez qn,** to have board and lodging with s.o. **Je ne peux pas vous c.,** I can't put you up. (*c*) To lay (s.o., sth., down horizontally). **La pluie a couché les blés,** the rain has flattened the corn, wheat. **C. un fusil en joue,** to aim a gun. **C. qn en joue,** to take aim at s.o. *F:* **C. son homme par terre,** to lay one's man out. (*d*) To lay, spread (colour on surface); to coat (paper). (*e*) **C. qch. par écrit,** to set, put, sth. down in writing. **C. qn sur son testament,** to mention s.o. in one's will. **2.** *v.i.* **C. à l'hôtel, chez un voisin,** to sleep, have a bedroom, at the hotel, at a neighbour's. (To dog) **C.!** lie down!

se coucher. (*a*) To go to bed; to retire. **Il est l'heure d'aller se c.,** it is bedtime. **Je ne veux pas vous faire coucher tard,** I don't want to keep you up. *F:* **Va te c.!** be off! **Envoyer coucher les enfants,** to send the children to bed. *Prov:* **Comme on fait son lit on se couche,** as we make our bed so we must lie. (*b*) To lie down. **Se c. de tout son long,** to lie down at full length. (*c*) *Nau:* (Of ship) **Se c. sur le flanc,** to heel over. (*d*) (Of sun, stars) To set, go down. **Nous avons vu c. le soleil,** we saw the sun set. **Le soleil est couché,** the sun is down.

II. **coucher,** *s.m.* **1.** (*a*) **L'heure du c.,** bedtime. (*b*) Night's lodging. **Le c. et la nourriture,** board and lodging. (*c*) Bed(ding). **2.** Setting (of sun, star). **Au c. du soleil,** at sunset, at sundown.

couchette [kuʃɛt], *s.f.* **1.** (Child's) cot, crib. **2.** Berth, bunk (on ship); berth, couchette (on train). *Rail:* **Wagon à couchettes,** sleeper.

coucheur, -euse [kuʃœːr, -øːz], *s.* Bedfellow. Esp. *F:* **Mauvais c.,** quarrelsome, difficult, fellow.

couci-couça [kusikusa], *adv.* *F:* So so.

coucou [kuku], *s.m.* **1.** (*a*) *Orn:* Cuckoo. (*b*) *int.* **C.!** (i) cuckoo! (ii) peep-bo! (*c*) Cuckoo-clock. **2.** *Bot:* (*a*) Cowslip. (*b*) (Wild) daffodil.

coude [kud], *s.m.* **1.** Elbow. **C. à c.,** side by side. **Coup de c.,** (i) poke with the elbow; (ii) nudge. **Donner un coup de c. à qn,** to nudge, jog, s.o. **Jouer des coudes à travers la foule,** to elbow one's way through the crowd. **Se sentir les coudes,** (i) *Mil:* to touch elbows; (ii) *F:* to support one another. *F:* **Lever, hausser, le c.,** to tipple, to lift one's elbow. **2.** Bend, elbow (of road, river, etc.); knee (of pipe); crank (of shaft). **Arbre à deux coudes,** two-throw crank-shaft.

coudée [kude], *s.f.* **1.** *A:* Cubit. **2.** *pl.* **Avoir ses coudées franches,** (i) to have elbow-room; (ii) to have a free hand.

cou-de-pied [kudpje], *s.m.* Instep. *pl. Des cous-de-pied.*

couder [kude], *v.tr.* To bend (pipe, etc.); to crank (shaft, etc.).

coud|oyer [kudwaje], *v.tr.* (**je coudoie; je coudoierai**) (*a*) To elbow (s.o.). (*b*) To rub shoulders, rub elbows, with (s.o.). *s.m.* **-oiement.**

coudre [kudr], *v.tr.* (*pr.p.* **cousant;** *p.p.* **cousu;** *pr.ind.* **je couds, il coud, n. cousons, ils cousent;** *p.d.* **je cousais;** *p.h.* **je cousis;** *fu.* **je coudrai**) To sew, stitch. **C. un bouton à une robe,** to sew, stitch, a button on (to) a dress. **Machine à c.,** sewing-machine. **C. une plaie,** to sew up a wound.

coudrier [kudrie], *s.m.* Hazel(-tree).

couenne [kwan], *s.f.* **1.** (*a*) (Thick) skin (of pig, porpoise); pork-rind. **Quelle c.!** what a fathead! (*b*) Rind (of bacon); crackling (of roast pork). **2.** Mole (on face, body). **3.** (Diphtheric) membrane.

couenneux, -euse [kwanø, -ø:z], *a.* **Angine couenneuse,** diphtheria.

couette [kwɛt], *s.f.* **1.** Feather bed. **2.** *Mec.E:* Bearing. **3.** *pl. N.Arch:* **Couettes dormantes, de lancements** slipway, shipway.

couguar [kuga:r, -gwa-], *s.m.* *Z:* Cougar, puma.

couic [kwik], *s.m.* Chirp, cheep (of young bird); squeak (of mouse). *P:* **Faire c.,** to die.

couillon [kujɔ̃], *a. & s.m.* *P:* Stupid, silly; *s.m.* Fool.

couiner [kwine], *v.i.* (*a*) To squeak; to squeal. (*b*) To whimper. (*c*) *F: Tg:* To send Morse signals.

coulage [kula:ʒ], *s.m.* **1.** Pouring (of molten metal, glass, soap, etc.); casting. **2.** Leaking, leakage (of liquid); guttering (of candle). *Wine: Dist:* Ullage. **Maison où il y a beaucoup de c.,** house where there is much waste. **3.** Sinking, scuttling (of ship).

coulant [kulɑ̃]. **1.** *a.* Running, flowing (liquid). **Nœud c.,** slip-knot; running bowline; noose. **Style c.,** easy, flowing, style. **Homme c. en affaires,** accommodating, easy-going, man. **2.** *s.m.* (*a*) Sliding ring; scarf-ring. (*b*) Draw-tube, sliding tube (of microscope, etc.). (*c*) *Hort:* Runner (of plant).

coule [kul], *s.f.* *P:* (= COULAGE 2) Waste (in household), leakage. Hence *P:* **Mettre qn à la c.,** to teach s.o. the tricks of the trade.

coulé [kule]. **1.** *a.* (*a*) Cast (metal). **Pièce coulée,** casting. (*b*) *F:* **C'est un homme c.,** he's done for (socially). **2.** *s.m.* *Mus:* (i) Slide, coulé. (ii) Legato. (iii) Slur.

coulée [kule], *s.f.* **1.** Running, flow(ing) (of liquid). **C. de lave,** lava flow. **2.** Casting or tapping (of molten metal). **Trou de c.,** tap(ping)-hole, draw-hole. **Venu de c. avec . . .,** cast in one piece with. . . . **3.** (**Écriture**) **c.,** running hand.

couler [kule]. **1.** *v.tr.* (*a*) To run, pour (liquid). **C. du plomb dans un joint,** to run lead into a joint. **C. du lait (à travers un linge),** to strain milk (through a cloth). **C. une statue,** to cast a statue. (*b*) **C. (à fond) un navire,** to sink a ship; (i) to send a ship to the bottom; (ii) to scuttle a ship. **C. qn (à fond),** to ruin s.o. utterly. (*c*) **C. une pièce dans la main de, à, qn,** to slip a coin into s.o.'s hand. *Mus:* **C. un passage,** to slur a passage. (*d*) **C. une vie heureuse,** to lead, spend, a happy life. *P:* **Se la c. douce,** to take life easily. **2.** *v.i.* (*a*) (Of liquids) To flow, run. **Faire c. l'eau,** to turn the water on. **La sueur coule sur son front,** sweat trickles, runs, down his forehead. **Cette question a fait c. beaucoup d'encre,** much ink has been spilt over this question. **Sentiment qui coule de source,** feeling that comes from the bottom of one's heart. **Les années coulent,** the years slip by. (*b*) (Of barrel, etc.) To leak; (of candle) to gutter; (of nose) to run. (*c*) (Of ship) **C. au fond, c. bas,** to sink; to founder. **Le vaisseau coula à pic,** the ship sank like a stone. (*d*) (Of knot) To slip. **C. sur un fait,** to pass over, touch lightly on, a fact.

se couler. 1. To glide, slip. **Se c. dans un trou,** to creep into a hole. **Se c. entre les draps,** to slip into bed. **Se laisser c. le long d'une corde,** to slide down a rope. **2.** To ruin, *F:* do for, oneself (esp. through some scandal).

couleur [kulœ:r], *s.f.* Colour. **1.** (*a*) Tint, hue. **Couleurs primaires, génératrices,** primary colours. **Couleurs binaires, composites,** secondary colours. **Personne de c.,** coloured person. **Photographie en couleurs,** colour photography. **La c. d'un journal,** the (political) colour, tone, of a paper. **C. locale,** local colour. **Suivant la c. du temps,** according to the state of things. **Sous c. d'amitié,** under colour of friendship. *F:* **En avoir vu de toutes les coleurs,** to have had all sorts of experiences. **On m'en a dit de toutes les couleurs sur votre compte,** I've heard you maligned in every way. **Prendre c.,** to take, assume, colour; *Cu:* (of joint, etc.) to brown. *a.inv.* **C. de paille** (*etc.*), straw (etc.)-coloured. *F:* **Tout voir c. de rose,** to see everything through rose-coloured spectacles. (*b*) Complexion. **Perdre ses couleurs,** to become pale; to lose one's colour. **Être haut en c.,** to have a high colour, a ruddy complexion. (*c*) *pl. Nau:* Colours, flag. **Envoyer, hisser, les coleurs,** to hoist one's colours. **Amener, rentrer, les couleurs,** to haul down, strike the colours. (*d*) *pl. Turf:* Colours (of a stable). **2.** Colour, paint. **C. à l'huile,** oil-colour, oil-paint. **Boîte de couleurs,** box of paints; paint-box. **Mettre qch. en c.,** to colour, stain, sth. **3.** *Cards:* Suit. **Donner de la c., jouer dans la c.,** to follow suit. **Les trois couleurs,** the three plain suits.

couleuvre [kulœ:vr], *s.f.* Snake. **C. à collier,** grass snake. *F:* **Paresseux comme une c.,** bone-lazy, bone-idle. **Avaler une c.,** to pocket an affront or a reproof.

coulis[1] [kuli], *a.m.* **Vent c.,** draught (through crevice, etc.).

coulis[2], *s.m.* **1.** *Const:* Grout(ing); filling. **2.** *Cu:* (*a*) (Strong clear) broth. (*b*) (Tomato, etc.) sauce.

coulissant [kulisɑ̃], *a.* Sliding (spindle, bench, electrical contact, etc.).

coulisse [kulis], *s.f.* **1.** (*a*) Groove, slot. **Fenêtre, porte, à c.,** sliding window, door. *Tls:* **Pied à c.,** slide calipers. **Regard en c.,** sidelong glance. (*b*) Slide. **Trombone à c.,** slide-trombone. **2.** *Needlew:* Hem (through which to pass tape). **3.** (*a*) *Th:* (Scenery) flat. **Les coulisses,** the wings, the slips. **Argot de la c.,** stage slang. *F:* **Être dans la c.,** to be pulling the strings. (*b*) *St.Exch:* **La C.,** the outside market.

coulissé [kulise], *a.* Grooved, slotted.

coulisseau [kuliso], *s.m.* (*a*) Slide (of piece of machinery). (*b*) Block (sliding in guides). (*c*) Runner (of drawer, etc.).

coulisser [kulise]. *Mec.E: etc:* **1.** *v.i.* To slide. **2.** *v.tr.* (*a*) To provide (sth.) with slides. (*b*) *Needlew:* To run up (seam, etc.).

coulissier [kulisje], *s.m.* *St.Exch:* Outside broker.

couloir [kulwa:r], *s.m.* **1.** Corridor, passage(-way). *Rail:* **Wagon à c.,** corridor carriage. *Parl:* **Couloirs de la Chambre** = lobby of the House. *Hist:* **Le C. de Dantzig,** the Polish Corridor. *Av:* **C. aérien,** air corridor. **2.** Channel, gully (for water); mountain gorge.

couloire [kulwa:r], *s.f.* Strainer.

coup [ku], *s.m.* **1.** (*a*) Knock, blow; rap (on the door). **Un petit c. discret à la porte,** a tap at the door. **Se donner un c. contre qch.,** to knock against sth. **C. de coude,** (i) poke with the elbow; (ii) nudge. **C. de tête,** butt. (S.a. 4 (*a*).) **C. de bec,** peck. **C. de bâton,** blow, whack (with a stick). **C. sur les doigts,** rap over the knuckles. **C. de couteau, de poignard,** stab. **C. de sabre,** (i) slash, cut (with a sword); (ii) sword wound. **C. d'épée,** thrust, lunge. **C. de baïonnette,** bayonet-thrust. **Porter un c. à qn,** to aim, strike, a blow at s.o. **Il lui porta c. sur c.,** he dealt him blow after blow. *O:* **Porter c.,** to hit home. *F:* **En mettre un c.,** to put some vim into it. **Cela m'en a donné un c.!** it gave me such a shock! **Les coups de la fortune,** the buffets of fortune. **Tenir le c.,** (i) to withstand the blow, the shock; (ii) to hold out, *F:* to stick it. *F:* **Il n'est pas capable de tenir le c.,** he can't take it. *F:* **S'il nous arrive un c. dur . . .,** should the worst happen. . . . **En venir aux coups,** to come to blows. **Faire d'une pierre deux coups,** to kill two birds with one stone. *Jur:* **Coups et blessures,** assault and battery. *Prep.phr.* **A coups de,** with blows from (sth.). **Abattre un arbre à coups de cognée,** to fell a tree with an axe. **Faire une traduction à coups de dictionnaire,** to look up every word in the dictionary in translating a passage. S.a. BEC 1, CISEAU 2, ÉPÉE, FOUET 1, GRÂCE 3, JARNAC, MAIN 1, MARTEAU 1, ONGLE, PATTE 1, PIED 1, POING, TAMPON 5. (*b*) **C. de feu,** shot. S.a. FEU[1] II. **C. de fusil,** (i) (gun-, rifle-)shot; (ii) report (of a gun). **Fusil à un c., à deux coups,** single-, double-barrelled gun. **Il fut tué d'un c. de fusil,** he was shot (dead). **C. au but,** direct hit. **C. de grisou,** fire-damp explosion. S.a. DIANE[1], DOUBLE 1, FOUDRE[1] 1, FUSIL 3. MINE[1] 1, RETRAITE 2. (*c*) **C. de vent,** (i) puff, gust, of wind; (ii) squall. *F:* **Entrer dans la chambre en c. de vent,** to burst into the room. *F:* **C. de chien,** (i) squall; (ii) uprising, trouble. **Embarquer un c. de mer,** to ship a green sea. **C. de roulis,** roll. **C. de froid,** (i) cold snap; (ii) *Med:* chill, cold. **C. de sang,** apoplectic fit; *F:* stroke. *F:* **Il a failli crever d'un c. de sang,** he nearly burst a blood-vessel. S.a. LANGUE 1, SOLEIL 2. **2.** Stroke (normal action of sth.). (*a*) **C. d'aile,** stroke, flap, of the wing. **C. de dents,** bite. **C. de queue,** flick of the tail. *P:* **C. de gueule,** shout. **Boire qch. à petits coups,** to sip sth. **C. de baguette,** wave, touch, of the wand. **C. de crayon, de plume,** pencil-stroke; stroke of the pen. **Saluer qn d'un c. de chapeau,** to raise one's hat to s.o. **C. de cloche,** stroke of the bell. **Sur le c. de midi,** on the stroke of twelve. **C. de filet,** (i) cast, (ii) haul (of a net); draught (of fishes). S.a. BROSSE 1, MANQUER II. 1, ŒIL 2. (*b*) *Games:* (i) Stroke, hit, drive. *Ten:* **C. droit,** forearm stroke. (ii) *Golf:* Shot, stroke. **C. roulé,** putt. **Concours par coups,** stroke-play, medal-play. (iii) *Fb:* Kick. **C. d'envoi,** kick-off. (iv) *Bill:* Stroke, shot. **Faux c. de queue,** miscue. (v) *Cards:* **Finir le c.,** to finish the hand. (vi) *Chess: etc:* Move. S.a. DÉ[1] 1. (*c*) **C. de chance,** stroke of luck; piece of good fortune. **C. d'État,** coup d'état. **C. d'audace,** bold stroke. **C. d'éclat,** distinguished action. S.a. HASARD 1, THÉÂTRE 3, VEINE 2. (*d*) Clap, peal (of thunder); blast (of a whistle). **C. de sonnette,** ring, peal, of the bell. **C. de téléphone,** telephone call. **3.** Influence, power; instancy, threat. **Agir sous le c. de la peur,** to act out of fear. **Répondre sous le c. de la colère,** to answer in a fit of temper. **Tomber sous le c. de la loi,** (i) to come within the provisions of, (ii) to fall foul of, the law. **Être sous le c. d'une terrible accusation,** to lie under a terrible accusation. **4.** (*a*) Attempt; deed (often evil deed). **Essayer un c.,** to have a try. *F:* a go (at it). *P:* **Il a fait le c.!** He's gone and done it! **C. de tête,** impulsive act. **Faire qch. par c. de tête,** to act impulsively. **Il médite un mauvais c.,** he's up to mischief. *F:* **Un sale c.,** a dirty trick. **Être dans le c.,** (i) to be in on something; (ii) to be abreast of what is going on. S.a. MONTÉ 3, MONTER II. 4, VALOIR 2. (*b*) *F:* **Avoir le c. pour faire qch.,** to have the knack of doing sth. (*c*) **Tout d'un c., d'un seul c.,** at one go. **Faire qch. du premier c.,** to do sth. at the first attempt or shot. **Du c.,** (i) now at last; (ii) this time, in this emergency. **Du c. je comprends,** now at last I understand. **Il fut tué sur le c.,** he was killed outright, on the spot. **Pour le c.,** (i) for the moment; (ii) this time. **Après c.,** after the event. **Réflexion après c.,** afterthought. **Tout à c.,** suddenly; all of a sudden. **C. sur c.,** in rapid succession. **Encore un c. . . .,** once again. . . . **5.** *Fish:* (Baited) pitch. **Pêche au c.,** ground-bait fishing.

coupable [kupabl]. **1.** *a.* (*a*) Guilty (person). **C. de vol,** guilty of theft. **C. envers Dieu,** guilty of an offence against God. *Jur:* **S'avouer c.,** to plead guilty. (*b*) Culpable (act); sinful (pleasures); unpardonable (weakness). **2.** *s.* Culprit. *Jur:* Delinquent. *adv.* -ment.

coupant [kupɑ̃]. **1.** *a.* Cutting, sharp. **Outils coupants,** edge-tools. **2.** *s.m.* (Cutting) edge.

coup-de-poing [kudpwɛ̃], *s.m.* **1. C.-de-p. américain,** knuckle-duster. **2.** *Prehist:* Chellean pick, coup-de-poing. *pl. Des coups-de-poing.*

coupe[1] [kup], *s.f.* Cup. (*a*) **C. à champagne,** champagne glass. **C. à fruits,** fruit-stand, -bowl. **Boire la c. jusqu'à la lie,** to drink the cup to the dregs. **Faire boire à qn de sa propre c.,** to give s.o. a taste of his own medicine. *Prov:* **Il y a loin de la c. aux lèvres,** there's many a slip 'twixt the cup and the lip. (*b*) (Gold or silver) cup. *Turf:* Plate.

coupe[2], *s.f.* **1.** (*a*) Cutting (of hay, etc.); cutting out (of garment). **C. de cheveux,** hair-cut. **Mettre un bois en c. réglée,** to make periodical cuttings in a wood. *F:* **Mettre qn en c. réglée,** to batten on, exploit, s.o. **C. sombre,** (i) slight thinning (of forest area); (ii) *F:* drastic cut (in personnel, estimates). (*b*) Cut (of a coat). **C. d'un vers,** division in a line of verse. (*c*) Section. **C. transversale,** cross-section. **Figurer une machine en c.,** to show a machine in section. (*d*) Outline (of face, etc.). **2.** *Cards:* Cut, cutting. (*a*) **Être sous la c. de qn,** (i) to lead after one's opponent has cut; (ii) *F:* to be under s.o.'s thumb. (*b*) (Card tricks) **Faire sauter la c.,** to make the pass.

coupé [kupe]. **1.** *a.* (*a*) Cut up, broken up; broken (sleep); jerky (style). (*b*) **Vin c. d'eau,** wine and water. (*c*) *Ten:* **Coup c.,** drive with a cut. **2.** *s.m.* *Veh:* Brougham.

coupe-cigares [kupsiga:r], *s.m.inv.* Cigar-cutter.

coupe-circuit [kupsirkɥi], *s.m.inv.* *El.E:* Cut-out, circuit-breaker. **C.-c. à fusible,** fuse.

coupée [kupe], *s.f.* *Nau:* Gangway (opening or port); gang-port. **Échelle de c.,** accommodation ladder.

coupe-feu [kupfø], (*a*) *s.m.inv.* *For:* Avenue, cutting (to stop the spread of fire). (*b*) *a.inv.* **Porte c.-f.,** fire-proof bulkhead.

coupe-fil [kupfil], *s.m.inv.* *Tls:* Wire-cutters.

coupe-file [kupfil], *s.m.inv.* (Police) pass.

coupe-gorge [kupgɔrʒ], *s.m.inv.* Cut-throat place; thieves' alley; death-trap.

coupe-jarret [kupʒarɛ], *s.m.* (Hamstringer, hence) Cut-throat, ruffian. *pl. Des coupe-jarrets.*

coupe-légumes [kuplegym], *s.m.inv.* *Dom.Ec:* Vegetable cutter.

coupement [kupmɑ̃], *s.m.* **1.** Saw-cut. **2.** *Rail:* Diamond crossing.

coupe-ongles [kupɔ̃:gl], *s.m.inv.* Nail-clippers.

coupe-paille [kuppɑ:j], *s.m.inv.* Chaff-cutter.

coupe-pain [kuppɛ̃], *s.m.inv.* Bread-slicer.

coupe-papier [kuppapje], *s.m.inv.* Paper-knife.

coup|er [kupe], *v.tr.* To cut. **1.** (*a*) **C. en morceaux,** to cut up (meat). **Se c. le doigt, au doigt,** to cut one's finger. **C. un arbre,** to cut down a tree. *For:* **C. à blanc,** to clean-fell, to clear-fell. **C. la tête à qn,** to cut off s.o.'s head. *F:* **C. bras et jambes à qn,** to leave s.o. helpless. **La nouvelle me coupa les jambes,** the news struck me all of a heap. **C. dans le vif,** (i) to cut to the quick; (ii) *F:* to take extreme measures. S.a. RACINE 1. **C. les cheveux à qn,** to cut, clip, s.o.'s hair. **C. un vêtement,** to cut out a garment. *Hockey:* To give sticks. *Cards:* **C. les cartes,** to cut. *P:* **Je n'y coupe pas!** I'm in for it! (*b*) *Husb:* To geld (animal). **2.** (*a*) To cut, cross, intersect. *v.i.* **C. à travers champs,** to cut across country. **C. au plus court,** to take a short cut. (*b*) *Aut:* **C. la route à qn,** to cut in. **C. la route d'un navire,** to cut across the bows of a ship. *Polo: etc:* **C. un adversaire,** to cross an opponent. **3.** To cut off, interrupt, stop. (*a*) **C. le chemin à qn,** to cut s.o. off. **C. les vivres à l'ennemi,** to cut off the enemy's supplies. **C. la fièvre,** to stop, allay, fever. **C. la faim, l'appétit, à qn,** to take s.o.'s appetite away. **C. la parole à qn,** *F:* **c. qn,** to interrupt s.o.; to cut s.o. short. *Tp:* **C. la communication,** to ring off. **Ne coupez pas!** don't cut me off! hold the line! **C. la respiration à qn,** to take s.o.'s breath away. *P:* **Ça te la coupe!** that knocks you! (*b*) To turn off, cut off (the water); to shut off (the steam). *El:* **C. le courant,** to switch off the current. *I.C.E:* *F:* **C. les gaz,** to cut off the engine. (*c*) *Cards:* To trump (opponent's card). **4. C. du vin,** (i) to blend wine; (ii) to water down wine. **5.** *F:* **C. à qch.,** to avoid doing sth. *s.m.* -age.

se couper. **1.** (Of skin, etc.) To crack. **2.** (Of lines, roads, etc.) To intersect. **3.** *F:* To contradict oneself; to give oneself away. **4. Il se couperait en quatre pour vous,** he would do anything, go through fire and water, for you.

coupe-racines [kuprasin], *s.m.inv. Husb:* Root-slicer, -cutter.

couperet [kuprɛ], *s.m.* **1.** (Meat) chopper; cleaver. **2.** Blade, knife (of the guillotine).

couperose [kupro:z], *s.f.* **1. C. verte,** green vitriol. **C. bleue,** blue vitriol. **2.** *Med:* Acne rosacea.

couperosé [kuproze], *a.* Blotchy (complexion).

coupeur, -euse [kupœ:r, -ø:z], *s.* **1.** *(a) Tail:* Cutter. *(b)* **C. de bourses,** pickpocket. *F:* **C. d'oreilles,** braggart, bully. **2.** *s.f.* **Coupeuse.** Cutting machine.

coupe-verre [kupvɛ:r], *s.m.inv. Tls:* Glass-cutter.

couplage [kupla:ʒ], *s.m.,* **couplement** [kupləmɑ̃], *s.m.* Coupling, connecting (of wheels, etc.).

couple [kupl]. **1.** *s.m. (a)* Pair, couple; married couple. **C. de pigeons,** pair of pigeons (cock and hen). *(b) Mec:* **C. (moteur),** couple (of forces); torque. **C. de démarrage,** starting torque. *(c) N.Arch:* Frame, timber. **2.** *s.f. (a)* Two, couple. **C. de pigeons,** brace of pigeons. **C. de bœufs,** yoke of oxen. **Avirons à c.,** double-sculls. **Nager à, en, c.,** to double-scull. *(b)* Leash (for dogs).

coupler [kuple], *v.tr.* To couple. *El:* To join up, connect (cells).

couplet [kuple], *s.m.* *(a)* Verse (of song). *(b) Th:* Declamatory speech.

coupoir [kupwa:r], *s.m. Tls:* Cutter.

coupole [kupɔl], *s.f.* *(a) Arch:* Cupola, dome. **Être reçu sous la C.,** to be made a member of the *Académie Française*. *(b)* Revolving gun-turret (of ship, etc.).

coupon [kupɔ̃], *s.m.* **1.** Portion cut off; cutting. **Coupons d'étoffe,** remnants; oddments. **2.** *(a) Fin:* Coupon. **C. de dividende,** dividend-warrant. **"C. détaché,"** 'ex-dividend,' 'ex-coupon.' *(b) Rail: Th:* (Part of) ticket. **C. de retour,** return half (of ticket). *Th:* **C. de loge,** box ticket. **C. de fauteuil d'orchestre,** stall ticket.

coupon-réponse [kupɔ̃repɔ̃:s], *s.m. Post:* **C.-r. international,** international reply coupon. *pl. Coupons-réponse.*

coupure [kupy:r], *s.f.* **1.** *(a)* Cut, gash (on finger, etc.). *(b)* Cut(ting), drain (through marsh, etc.). **2.** *(a)* Piece cut out. **C. de journal,** newspaper cutting. *(b)* Cut, excision (in play, document). *(c)* **C. (de courant),** (power) cut. **3.** *(a)* Paper money (of small denominations). *(b) Fin:* Fractional share.

cour [ku:r], *s.f.* **1.** Court (of prince). *(a)* **A la c.,** at court. **Gens de c.,** courtiers. *F:* **Être bien, mal, en c.,** to be in favour, out of favour. *(b)* **Faire sa c. au roi,** to pay one's court to the king. **Faire la c. à une jeune fille,** to court a girl. **2. C. de justice,** court of justice. **Mettre qn hors de c.,** to dismiss s.o.'s case; to nonsuit s.o. **3.** Court, yard, courtyard. **C. de ferme,** farm-yard. **C. d'école, de récréation,** school playground. *Mil:* **C. de quartier,** barrack square.

courage [kura:ʒ], *s.m.* Courage, valour; *F:* pluck. **Perdre c.,** to lose courage, heart. **Prendre c.,** to take courage, heart. **Relever le c. de qn,** to put new heart into s.o. **Avoir bon c.,** to be of good heart. **Du c.!** courage! cheer up! bear up! **Rendre c. à qn,** to cheer s.o. up. **Une nation sans c.,** a spiritless nation. **Déployer tout son c.,** to put forth all one's courage. **Avoir assez de c. pour refuser,** to be man enough to refuse. **Se sentir le c. de faire qch.,** to feel up to doing sth.

courageu|x, -euse [kuraʒø, -ø:z], *a.* **1.** Courageous, brave, *F:* plucky. **2.** Zealous, spirited. **Être c. au travail,** to stand up to one's work; to be a plodder. *adv.* **-sement.**

couramment [kuramɑ̃], *adv.* **1.** Easily, readily. **Lire, parler, c.,** to read, speak, fluently. **2.** Generally, usually, currently. **C. employé,** in current use.

courant, -ante [kurɑ̃, -ɑ̃:t]. **1.** *a.* *(a)* Running. **Chien c.,** hound. **(Écriture) courante,** running, cursive, (hand)writing. *Typ:* **Titre c.,** running headline. *(b)* (Of measurements) Linear, running. **Prix par pied c.,** price per foot run. *(c)* Flowing. **Eau courante,** running water. *(d)* Current (account, etc.). *Fin:* **Dette courante,** floating debt. **Le mois c.,** the present, current, month. **Le cinq c.,** the fifth inst. **Fin c.,** at the end of this month. **Mot d'usage c.,** word in current, general, use. **Ce qu'en langage c. on appelle . . .,** what is commonly known as. . . . **Marchandises de vente courante,** goods that have a ready sale. **Monnaie courante,** legal currency. **Prix c.,** (i) current price, (ii) price-list. *Ind: Com:* **Marque courante,** standard make. **De taille courante,** of standard size. **2.** *s.m.* *(a)* Current, stream; running water. **Suivre le c.,** to drift along. **Écrire au c. de la plume,** to let one's pen run on. **C. de fond,** under-current (in lake, etc.). **C. sous-marin,** under-current (in sea); undertow. **C. d'air,** (i) draught, (ii) *Meteor:* air current. **C. électrique,** electric current. **Fil hors c., fil sans c.,** dead wire. *(b)* Course. **Dans le c. de l'année,** in the course of the year. **C. des affaires,** course of events. **C. du marché,** current market prices. **Être au c. de l'affaire,** to know all about the matter. **Il m'a mis au c.,** he told me all about it. **Quand vous serez au c.,** when you have got into the swing, into the way (of things). **Mettre qn au c. des faits,** to acquaint s.o. with the facts. **Tenir qn au c. (des événements),** to keep s.o. well informed on current events. **Mettre le grand-livre au c.,** to write up, post up, the ledger.

courbature [kurbaty:r], *s.f.* **1.** Stiffness, tiredness. **Avoir une c.,** to be aching all over, stiff all over. **2.** *Vet:* Founder.

courbaturer [kurbatyre], *v.tr.* **1.** To tire (s.o.) out; to knock (s.o.) up. **Courbaturé,** aching all over. **2.** To founder (horse).

courbe [kurb]. **1.** *a.* Curved. **2.** *s.f.* *(a)* Curve; sweep (of road, etc.). *(b)* Curve, graph. **C. de niveau,** contour-line.

courb|er [kurbe]. **1.** *v.tr.* To bend, curve. **C. en deux,** to bend double. **Courbé par l'âge,** bowed with age. **C. le front, la tête,** to bow one's head. S.a. ÉCHINE 1, JOUG 1. **2.** *v.i.* To bend; to sag. *s.m.* **-age, -ement.**
se courber, to bend, stoop. **Se c. devant qn,** to bow, *F:* kowtow, to s.o.

courbette [kurbɛt], *s.f. Equit:* Curvet. *F:* **Faire des courbettes à qn,** to bow and scrape, to kowtow, to s.o.

courbure [kurby:r], *s.f.* Curvature (of the earth); bend, curve (of piece of wood, etc.); camber (of road); sagging (of beam). **C. double,** S curve.

courette [kurɛt], *s.f.* Small (court)yard, small court.

coureur, -euse [kurœ:r, -ø:z], *s.* **1.** Runner; racer (on bicycle, etc.). *Sp:* **C. de fond,** long-distance runner; stayer. **C. de vitesse,** sprinter. *Aut:* Racing driver. **2.** *(a)* Wanderer, rover. *Mil: A:* Cavalry scout. **C. de routes,** tramp, vagabond. *(b)* Gadabout. **C. de femmes, de jupons,** womanizer. **C. de spectacles,** (inveterate) play-goer. **C. de cabarets,** *F:* pub-crawler. *(c)* **C. d'aventures,** seeker of adventures; adventurer. **C. de dots,** fortune-hunter. **3.** *s.f.* **Coureuse,** street-walker.

courge [kurʒ], *s.f. Bot:* Gourd. **C. citrouille,** pumpkin. **C. à la moelle,** vegetable marrow.

courgette [kurʒɛt], *s.f. Hort:* Marrow, courgette.

courir [kuri:r], *v.* (*pr.p.* **courant;** *p.p.* **couru;** *pr.ind.* **je cours, n. courons;** *p.h.* **je courus;** *fu.* **je courrai.** The aux. is **avoir**) **1.** *v.i.* To run. *(a)* **C. après qn,** to run after s.o. **C. aux armes,** to fly to arms. **J'ai couru le prévenir,** I ran to warn him. **J'y cours,** I'm going directly. *F:* **Acteur qui fait c. tout Paris,** actor who draws the whole of Paris. **Monter, descendre, la colline en courant,** to run up, down, the hill. **Arriver en courant,** to come running up. *F:* **Elle est toujours à c.,** she is always gadding about. *F:* **Tu peux toujours c.!** you've got another think coming! *P:* **C. (sur l'haricot à qn),** to get on s.o.'s nerves; to pester s.o. S.a. BASQUE[1], PRESSÉ 2. *(b) Sp: Turf:* To race; to run (in a race). **Faire c.,** to keep a racing stable. *Sp: Aut:* **C. pour une maison,** to race for a firm. *(c)* (Of ship) To sail. **C. au large,** to stand out to sea. **C. devant le vent,** to run, scud, before the wind. **C. de l'avant,** to forge ahead. *(d)* To be current. **Le bruit court que . . .,** there is a report abroad that. . . . **Faire c. un bruit,** to spread (abroad) a report. *Impers.* **Il court des bruits,** rumours are afloat. **La mode qui court,** the present, prevailing, fashion. **Par le temps qui court,** nowadays; as things are at present. **Les intérêts qui courent,** the accruing interest. **Le bail n'a plus qu'un an à c.,** the lease has only one year to run. *(e)* **Le sang court dans les artères,** the blood flows through the arteries. **2.** *v.tr.*

(*a*) To run after (sth.); to hunt, pursue, chase (animal). (*b*) **C. un risque,** to run a risk. **C. la chance de qch., de faire qch.,** to take one's chance(s), of sth., of doing sth. **3.** (With cogn. acc.) (*a*) **C. une course,** to run a race. **La coupe se courra demain,** the cup will be competed for tomorrow. *F:* **C'est couru,** it's a cert. (*b*) **C. le monde,** (i) to roam all over the world; (ii) to gad about. **C. les cafés,** to pub-crawl. (*c*) **C. le grand galop,** to go at full speed. S.a. POSTE[1] 1. (*d*) *Nau:* **C. un bord,** to make a tack.

courlis [kurli], *s.m. Orn:* Curlew. **Petit c.,** whimbrel.

couronne [kurɔn], *s.f.* **1.** (*a*) Wreath, crown (of flowers, laurel). **C. mortuaire,** (funeral) wreath. (*b*) Loaf of bread in the shape of a ring. **2.** (King's) crown; (ducal) coronet. **La triple c.,** the (pope's) tiara. **3.** (*a*) *Num:* Crown. **Une demi-c.,** half-a-crown. (*b*) *Paperm:* Crown (size). **4.** Ring. *Bot: Mus: etc:* Corona. *Astr:* **C. solaire,** solar corona. **C. d'une dent,** crown of a tooth. **5.** (*a*) Rim (of pulley, wheel). (*b*) Crown-wheel (of differential, etc.); sprocket-wheel (of capstan). **C. de galets,** roller-ring.

couronné [kurɔne], *a.* **1.** (*a*) Wreathed (with flowers, etc.). **Élève trois fois c.,** scholar who has won three prizes. **Roman c.,** prize novel. **C. de neige,** snow-capped. (*b*) Crowned (sovereign). **2. Cheval c.,** broken-kneed horse.

couronnement [kurɔnmɑ̃], *s.m.* **1.** (*a*) Crowning, coronation (of king). (*b*) Capping (of pier); crowning, coping (of wall). **2.** Scar (on horse's knee); broken knees.

couronner [kurɔne], *v.tr.* **1.** (*a*) To crown (with a wreath). **C. un élève,** to award a pupil a (wreath together with a) prize. *F:* **Pour c. tout . . .,** to cap, crown, it all. . . . (*b*) **C. qn roi,** to crown s.o. king. **2.** To cap (pier); to cope, crown (wall). *Mil:* **C. les hauteurs,** to occupy the high ground. **3. C. un cheval,** to let a horse down on its knees.

courr-ai, -ons, etc. See COURIR.

courre [ku:r], *v.tr. & i. A:* (= COURIR 2 (*a*)) (Still used in) **Chasse à c.,** hunt(ing). S.a. CHASSER 1. **Laisser c. les chiens,** (i) to lay on the pack; (ii) to slip the hounds.

courrier [kurje], *s.m.* **1.** Courier; messenger. **2.** (*a*) Mail, post. **C. par avion,** air-mail. **C. à deux vitesses,** two-tier postal service. **Par retour du c.,** by return of post. **Dépouiller son c.,** to open one's mail. **Faire son c.,** to do one's correspondence, one's mail. (*b*) Mail-boat. (*c*) *Mil: etc:* **Le c.,** correspondence section (of the secretariat). **3.** *Journ:* **C. des théâtres,** theatrical column. **C. du cœur,** women's advice column (in magazines).

courriériste [kurjerist], *s.m. Journ:* Par writer.

courroie [kurwa], *s.f.* **1.** Strap. **2.** *Mec.E:* Belt(ing). **C. de transmission, de commande,** driving-belt. *Aut:* **C. trapézoidale,** V-belt, fan-belt.

courroucé [kuruse], *a.* Angry (person, voice).

courroucer [kuruse], *v.tr.* (**je courrouçai(s); n. courrouçons**) *Lit:* To anger, incense (s.o.).

courroux [kuru], *s.m. Lit:* Anger, wrath, ire. **Être en c.,** to be angry, wroth.

cours [ku:r], *s.m.* **1.** (*a*) Course; flow (of river); path (of heavenly bodies). **C. d'eau,** river, watercourse, stream. **Poursuivre le c. de ses idées,** to pursue the train of one's thoughts. **Donner libre c. à son imagination,** to give free rein, free play, to one's imagination. **La maladie suit son c.,** the illness is running its course. **Affaires en c.,** outstanding business. **Travail en c.,** work in progress, on hand. **Année en c.,** current, present, year. **En c. de route,** on the way. **Au c. de l'hiver,** during the winter. (*b*) *Nau:* **Long c.,** foreign trade. **Capitaine au long c.,** master mariner. **Voyage de long c.,** ocean voyage. **2.** Circulation, currency (of money). **Avoir c.,** to be legal tender. **Donner c. à un bruit,** to set a rumour afloat. **3.** Quotation, price. **Quel est le c. du sucre?** what is sugar quoted at? **C. du marché,** market prices. **C. du change,** rate of exchange. **4.** (*a*) Course (of lectures, etc.). **C. de vacances,** holiday course. **Assister aux c. du soir, aux c. d'adultes,** to attend evening classes. **C. de dessin,** drawing lesson; drawing class. **Faire un c. d'histoire,** to lecture on history. **Il n'assiste jamais aux cours,** he never attends lectures. **Finir ses c.,** to finish one's studies. (*b*) Handbook, manual, text-book. **5.** Promenade, walk.

cour-s, -t. See COURIR.

course [kurs], *s.f.* **1.** Run, running. **Au pas de c.,** at a run; *Mil:* at the double. **Prendre sa c.,** to set off (running). **Rattraper qn à la c.,** to catch up with s.o. running. **Arrêté en pleine c.,** checked in full career. **2.** Race, racing. **C. de chevaux,** horse-race. (In *pl.*) *Athletics:* Track events. **Courses de bateaux,** (i) boat racing; (ii) boat races. **Les courses,** (i) horse-racing; (ii) the races. **C. plate,** flat race. **C. d'obstacles,** steeple-chase; hurdle-race; obstacle-race. **C. de fond,** long-distance race. **C. de vitesse,** sprint. S.a. HAIE 1, SAC 1. **Champ, terrain, de courses,** racecourse. **Auto de c.,** racing car. **3.** (*a*) Excursion, outing, trip. *Mount:* Climb. (*b*) Journey, run (esp. in hired conveyance). **Payer (le prix de) sa c.,** to pay one's fare. **Il y a une longue c. d'ici là,** it is a long way from here. *Aut: Com:* **C. d'essai (que l'on fait faire à un client),** trial run. (*c*) (Business) errand. **Faire une c., aller en c.,** to go out on business. **Être en c.,** to be out (on business). **Faire des courses,** (i) to go out shopping; (ii) to run errands, messages. **4.** *Nau:* Privateering. **Faire la c.,** to privateer. **5.** (*a*) Path, way, course (of person, planet, etc.); course, flight (of projectile). (*b*) *Mec.E:* Travel (of tool, etc.); stroke (of piston).

coursier [kursje], *s.m.* **1.** *Lit:* (War-)horse; charger. **2.** Bow-chaser (gun). **3.** *s.m.* (*& f.* **coursière** [kursjɛ:r]). Office messenger.

coursive [kursi:v], *s.f. N.Arch:* Alley-way; fore and aft gangway.

court[1] [ku:r]. **1.** *a.* Short. (*a*) **Avoir la vue courte,** to be short-sighted. **Avoir l'esprit c.,** to be of limited understanding. **Mer courte,** choppy sea. *s.m.* **Prendre le, au, plus c., couper au plus c.,** to take the nearest road; to take a short cut. **Le chemin le plus c. pour y arriver,** the quickest way there. **Tenir un chien, un cheval, de c.,** to hold a dog on a short leash, a horse on a short rein. **Se trouver à c.,** to find oneself short (of money, etc.). **A c. de main-d'œuvre,** short of hands; short-handed. (*b*) (In time) **C. intervalle,** short, brief, interval. *F:* **La faire courte et bonne,** to have a short life and a merry one. **De courte durée,** short-lived. *F:* **Prendre qn de c.,** to give s.o. short notice. **Pour (vous le) faire c. . . .,** to cut a long story short. . . . (*c*) *Cu:* **Sauce courte,** thick sauce. **2.** *adv.* Short. **Rester c. dans un discours,** to stop short in a speech. **Tourner c. à droite,** to turn sharp to the right. **Couper c. à qch.,** to cut sth. short. **Tout c.,** simply, merely. *adv.* **-ement.**

court[2] [kɔrt, ku:r], *s.m. Ten:* Court. **C. sur gazon,** grass court. **C. dur,** hard court.

courtage [kurta:ʒ], *s.m. Com:* Brokerage; (i) broking; (ii) commission.

courtaud, -aude [kurto, -o:d], *a. & s.* **1.** *A:* Dock-tailed, crop-eared (animal). **2.** Dumpy, squat (person).

court-bouillon [kurbujɔ̃], *s.m. Cu:* **1.** Liquor prepared from wine and spices in which to cook fish. **2.** Dish of fish served with its wine sauce. *pl. Des courts-bouillons.*

court-circuit [kursirkɥi], *s.m. El:* Short-circuit. **Mettre en c.-c.,** to short-circuit (a resistance, etc.). *pl. Des courts-circuits.*

court-circuiter [kursirkɥite], *v.tr. El:* To short-circuit.

courtepointe [kurtəpwɛ̃:t], *s.f.* Quilt, (quilted) counter-pane.

courtier [kurtje], *s.m. Com:* Broker. **C. de commerce, c. de, en, marchandises,** general broker, commercial broker. **C. en immeubles,** estate-agent. **C. de change,** bill-broker; jobber, dealer. **C. maritime,** ship-broker. **C. (en librairie),** travelling (book)salesman. **C. électoral,** electioneering agent.

courtine [kurtin], *s.f. Mil:* Curtain (between two bastions).

courtisan [kurtizɑ̃], *s.m.* Courtier. *a.* **Manières courtisanes,** flattering, obsequious, manners.

courtisane [kurtizan], *s.f.* Courtesan.

courtiser [kurtize], *v.tr.* (*a*) To court; to pay court to (s.o.); to fawn on, toady to (s.o.). (*b*) To court, woo; to make love to (s.o.).

courtois [kurtwa], *a.* Courteous (**envers,** to, towards); courtly; polite, urbane. **Armes courtoises,** blunted weapons; arms of courtesy. *adv.* **-ement.**

courtoisie [kurtwazi], *s.f.* **1.** Courtesy, courteousness (**envers**, to, towards); politeness, urbanity. **2.** (Act of) courtesy.
couru [kury], *a.* Sought after; popular (actor, etc.). **Réunion sportive très courue**, well-attended, well-patronized, sporting event. **2.** *Fin:* **Intérêt c.**, accrued interest.
couscous [kuskus], *s.m.* *Cu:* Couscous.
cousette [kuzɛt], *s.f.* **1.** *F:* Dressmaker's assistant. **2.** Needle-case.
couseuse [kuzøːz], *s.f.* **1.** Sewer, seamstress. *Bookb:* Stitcher. **2.** Stitching machine.
cous-ez, -ons, etc. See COUDRE.
cousin[1], **-ine** [kuzɛ̃, -in], *s.* Cousin. **C. germain**, first cousin. **Cousins au second degré, cousins issus de germains**, second cousins. *F:* **C. à la mode de Bretagne**, distant relation.
cousin[2], *s.m.* *Ent:* Gnat, midge; *F:* Daddy-long legs.
cousinage [kuzinaːʒ], *s.m.* *F:* **1.** Cousinship, cousinhood. **2. Tout le c.**, all the cousins; esp. all the poor relations.
coussin [kusɛ̃], *s.m.* Cushion.
coussinet [kusinɛ], *s.m.* **1.** Small cushion; pad. **2.** *Mec.E:* (*a*) Bearing. **C. anti-friction**, bearing-brasses; bush(ing). (*b*) Die. (*c*) *Rail:* (Rail-)chair.
cousu [kuzy], *a.* Sewn. **C. (à la) main**, hand-sewn, -stitched. *P:* **Ça c'est (du) c. main**, that's the stuff, that's a proper job. *F:* **Avoir la bouche cousue**, to keep one's mouth shut tight. **Visage c. de petite vérole**, face pitted with smallpox. *F:* **Être c. d'or**, to be rolling in wealth.
coût [ku], *s.m.* Cost. **C. de la vie**, cost of living. **Menus coûts**, petty expenses.
coûtant [kutɑ̃], *a.m.* **Au, à, prix c.**, at cost price.
couteau [kuto], *s.m.* **1.** Knife. (*a*) **C. fermant, pliant, de poche**, clasp-knife, pocket-knife, jack-knife. **C. de table**, table-knife. **C. à découper**, carving-knife, carver. **C. automatique**, flick knife. **Coup de c.**, stab. **Figure en lame de c.**, hatchet face. **Ils sont à couteaux tirés**, they are at daggers drawn. **Avoir le c. sur la gorge, être sous le c.**, to have the knife at one's throat, to be under an immediate threat. (*b*) *El.E:* Blade (of switch). **Interrupteur à c.**, knife-switch. (*c*) Knife-edge, fulcrum (of balance-beam). **2.** *Moll:* **(Manche de) c.**, razor-fish, -shell.
coutelas [kutlɑ], *s.m.* *Nau:* Cutlass. (*b*) *Dom.Ec:* Broad-bladed knife.
coutelier [kutəlje], *s.m.* Cutler.
coutellerie [kutɛlri], *s.f.* **1.** Cutlery (trade or wares). **2.** Cutlery shop.
coûter [kute], *v.i.* **1.** To cost. **C. cher, peu, to be** expensive, inexpensive. **Cela vous coûtera cher**, you shall pay dearly for this. **Coûte que coûte**, at all costs; whatever the cost. **L'argent ne lui coûte guère**, money means nothing to him. **Cela coûte les yeux de la tête**, it costs a mint of money. *Impers.* **Il lui en a coûté un bras, la vie**, it cost him an arm, his life. **Je voulus l'aider; il m'en coûta**, I tried to help him, to my cost. **2. Rien ne lui coûte**, (i) nothing is an effort to him; (ii) he spares no effort. **Cela me coûte à dire, il m'en coûte de le dire**, it pains me to have to say this. *F:* **Pour ce que ça vous coûte!** a fat lot of difference it makes to you!
coûteu|x, -euse [kutø, -øːz], *a.* Costly, expensive. **Peu c.**, inexpensive. *adv.* **-sement.**
coutil [kuti], *s.m.* *Tex:* Drill, twill; duck. **C. pour matelas**, ticking.
coutre [kutr], *s.m.* Coulter (of plough).
coutume [kutym], *s.f.* Custom, habit. **Selon ma c.**, as is my habit. **Avoir c. de faire qch.**, to be in the habit of doing sth. **Comme de c.**, as usual. **Plus tard que de c.**, later than usual.
coutum|ier, -ière [kutymje, -jɛːr], *a.* (*a*) *Pej:* In the habit of (doing sth.). **Il est c. du fait**, he is in the habit of doing it. (*b*) Customary. **Droit c.**, (i) customary law; (ii) unwritten law, common law. *adv.* **-ièrement.**
couture [kutyːr], *s.f.* **1.** Sewing, needlework. **Haute c.**, haute couture. **Maison de haute c.**, fashion house. *a.* **Une veste c.**, a fashionable jacket. **2.** (*a*) Seam (in dress, pipe, etc.). *Needlew:* **C. double**, French seam. **C. en baguette**, welted seam. **C. piquée**, outside-stitched seam. **Sans c.**, (i) seamless; (ii) *Metalw:* weldless. *F:* **Battre qn à plate(s) couture(s)**, to beat s.o. hollow. **Visage marqué d'une c.**, face marked with a scar. **Connaître la vie sous toutes ses coutures**, to know the seamy side of life. *F:* **Examiner qn, qch., sur, sous, toutes les coutures**, to examine s.o., sth., from every aspect. (*b*) *N.Arch:* **C. à clin**, lapped seam.
couturer [kutyre], *v.tr.* To scar, seam, score. **Visage couturé**, scarred face.
couturier, -ière [kutyrje, -jɛːr], *s.* (*a*) *s.m.* Couturier. (*b*) *s.f.* Dressmaker. (*c*) *s.f.* Seamstress; needle-woman.
couvage [kuvaːʒ], *s.m.* Incubation, hatching.
couvain [kuvɛ̃], *s.m.* **1.** Nest of insect eggs. **2.** Brood-comb (of bees).
couvaison [kuvɛzɔ̃], *s.f.* Brooding time (of bird).
couvée [kuve], *s.f.* **1.** Sitting, clutch (of eggs). **2.** Brood, hatch(ing) (of chicks).
couvent [kuvɑ̃], *s.m.* (*a*) Convent, nunnery. **Elle a été élevée au c.**, she was educated in a convent. **Entrer au c.**, to go into a convent. (*b*) Monastery.
couver [kuve]. **1.** *v.tr.* (*a*) (Of hen, etc.) To sit on (eggs); *abs.* to brood, sit. **Poule qui veut c.**, broody hen. (*b*) To incubate, to hatch (out) (eggs). (*c*) *F:* **C. le feu**, to brood over the fire. **C. un complot**, to hatch a plot. **C. une maladie**, to be sickening for an illness. **C. qn des yeux**, (i) to gaze intently at s.o.; (ii) to look fondly at s.o. **C. du regard sa victime**, to gloat over one's victim. **2.** *v.i.* (Of fire, passion) To smoulder. **Un orage couvait**, a storm was brewing. **Conspiration qui couvait depuis longtemps**, conspiracy that had been hatching for a long time.
couvercle [kuvɛrkl], *s.m.* Lid, cover; cap (of bottle, etc.). **C. vissé**, screw-cap.
couvert[1] [kuvɛːr], *a.* Covered. **1. Allée couverte**, shady walk. **Pays c.**, wooded country. **Parler à mots couverts**, to speak (i) cryptically, (ii) not too bluntly. **Ciel c., temps c.**, overcast sky, weather. **2.** Wearing one's hat. **Rester c.**, to remain covered; to keep one's hat on. **3.** Clad. **C. chaudement**, warmly dressed, well wrapped-up.
couvert[2], *s.m.* Cover(ing), shelter. **Le vivre et le c.**, board and lodging. **Être à c.**, (i) to be under cover; (ii) *Com:* to be covered (for a credit). **Se mettre à c.**, to take cover. **Mettre ses intérêts à c.**, to safeguard one's interests. *St.Exch:* **Vendre à c.**, to sell for delivery. **Sous le c. de la nuit**, under cover of night. **Sous le c. de l'amitié**, under the cover, cloak, pretence, of friendship. **2.** (*a*) Fork and spoon. (*b*) Cover, place (at table). **Mettre, dresser, le c.**, to lay, set, the table. **Oter le c.**, to clear the table. **Mettre trois couverts**, to set the table, to lay, for three. **La table est de vingt couverts**, the table is laid for twenty. **Vous trouverez toujours votre c. mis**, there will always be a meal for you at any time you (would) like to come. (*c*) (In restaurant) Cover-charge.
couverte [kuvɛrt], *s.f.* *Cer:* Glaze.
couverture [kuvɛrtyːr], *s.f.* **1.** Covering, cover. **C. de voyage**, travelling rug. **C. de lit**, bedspread. **C. piquée**, quilt. **C. en laine**, blanket. **C. chauffante**, electric blanket. **Faire la c.**, to turn down the bed. **Tirer la c. à soi**, (i) to take all the bed-clothes; (ii) *F:* to take the lion's share. **C. en papier**, paper wrapper (of book); jacket. *Mil:* **Troupes de c.**, covering troops. **Lettre de c.**, covering letter. **Sous c. d'amitié**, under the cover, the cloak, of friendship. **2.** Roofing. **3.** *Agr:* Topping; top-dressing. *Agr:* *For:* **C. du sol**, surface. **Incendie dans la c. du sol**, surface-fire. **4.** (*a*) *Com:* **Commande sans c.**, order without security, without cover. (*b*) *St.Exch:* Margin, cover.
couveuse [kuvøːz], *s.f.* *Husb:* **1.** Sitting hen; hatcher; brooder. **2. C. artificielle**, incubator (for eggs, for infants).
couvoir [kuvwaːr], *s.m.* (*a*) Incubator. (*b*) Hatchery.
couvre-chaussure [kuvrəʃosyːr], *s.m.* **1.** Galosh, over-shoe. **2.** Snow-boot. *pl. Des couvre-chaussures.*
couvre-chef [kuvrəʃɛf], *s.m.* *F. & Hum:* Hat, head-gear. *pl. Des couvre-chefs.*
couvre-feu [kuvrəfø], *s.m.inv.* **1.** Damper-lid (for char-coal fire). **2.** Curfew.
couvre-lit [kuvrəli], *s.m.* Coverlet, bedspread, counterpane. *pl. Des couvre-lits.*

couvre-livre [kuvrəliːvr], *s.m.* *Bookb:* (Dust-)jacket; wrapper. *pl. Des couvre-livres.*
couvre-nuque [kuvrənyk], *s.m.* **1.** Sun-curtain (of cap). **2.** Rear-peak (of helmet). *pl. Des couvre-nuques.*
couvre-pied(s) [kuvrəpje], *s.m.* (*a*) Coverlet. **C. piqué,** (eider-down) quilt. (*b*) Bedspread. *pl. Des couvre-pieds.*
couvre-plat [kuvrəpla], *s.m.* Dish-cover. *pl. Des couvre-plats.*
couvre-théière [kuvrətejɛːr], *s.m.* Tea-cosy. *pl. Des couvre-théières.*
couvreur [kuvrœːr], *s.m.* Roofer. **C. en tuiles,** tiler. **C. en ardoise,** slater. **C. en chaume,** thatcher.
couvrir [kuvriːr], *v.tr.* (*pr.p.* **couvrant;** *p.p.* **couvert;** *pr.ind.* **je couvre, n. couvrons;** *p.d.* **je couvrais;** *p.h.* **je couvris;** *fu.* **je couvrirai**) To cover, to overlay, to screen (de, with). **1. Être couvert de poussière,** to be covered with dust. **C. la retraite de l'armée,** to cover the army's retreat. **Mur couvert de lierre,** wall overgrown with ivy. **Le bruit de la cascade couvre les voix,** the noise of the waterfall drowns the voices. **C. ses desseins,** to conceal, keep secret, one's intentions. **C. le feu,** to cover up the fire. *Ind:* **C. les feux,** to bank (up) the fires. *Cards:* **C. une carte,** to cover a card. **Le prix de vente couvre à peine les frais,** the selling price barely covers the cost. **"Prière de nous c. par chèque,"** 'kindly remit by cheque.' **C. une enchère,** to make a higher bid. **2. C. une maison,** to roof a house. **Maison couverte en ardoise, en chaume,** slated, thatched, house.
se couvrir. 1. (*a*) To clothe oneself. (*b*) To put on one's hat. **2.** *Fenc:* To guard one's body. **3.** (Of weather) To become overcast. **4. Les arbres se couvrent de feuilles,** the trees are coming into leaf.
cover-girl [kœvərgərl], *s.f.* *F:* Cover-girl. *pl. Cover-girls.*
cowboy [kaubɔi], *s.m.* *F:* Cowboy.
coxal, -aux [kɔksal, -o], *a.* *Anat:* Coxal. **Os c.,** hipbone.
coxalgie [kɔksalʒi], *s.f.* Coxalgia; hip-disease.
coyote [kɔjɔt], *s.m.* *Z:* Coyote; prairie wolf.
coypou [kɔipu], *s.m.* *Z:* Coyp(o)u. **Fourrure de c.,** nutria.
crabe [krɑːb], *s.m.* **1.** Crab. **Marcher en c.,** to walk sideways, crabwise; *Av:* to drift. **2.** *Veh:* Weasel.
crac [krak], *int.* & *s.m.* **1.** Crack, snap. **C.! le voilà parti,** he was off before you could say Jack Robinson. **2.** Smash, crash (of bank, etc.).
crachat [kraʃa], *s.m.* **1.** (*a*) Spittle, spit; *Med:* sputum. (*b*) *F:* Gob. *F:* **Se noyer dans un c.,** to make a mountain out of a molehill. **2.** *F:* Star, Grand Cross (of an order).
craché [kraʃe], *a.* *F:* **C'est son père tout c.,** he's the dead spit of his father.
crach|er [kraʃe]. **1.** *v.i.* (*a*) To spit; to expectorate. *F:* **Il ne faut pas c. dessus,** it is not to be sneezed at. S.a. BASSIN 1. (*b*) (Of pen, etc.). To splutter. (*c*) *El.E:* (Of collector, etc.) To spark, spit, flash. **2.** *v.tr.* (i) To spit (out); (ii) to expectorate. **C. du sang, c. rouge,** to spit blood. **C. des injures,** to hurl abuse. *F:* **J'ai dû c. cinq francs,** I had to cough up five francs. *s.m.* **-ement.** *s.m.* **-eur.**
crachin [kraʃɛ̃], *s.m.* Fine drizzle.
crachiner [kraʃine], *v.i.* (Of weather) To drizzle, spit.
crachoir [kraʃwaːr], *s.m.* Spittoon. *F:* **Tenir le c.,** to monopolize the conversation.
crachoter [kraʃɔte], *v.i.* To keep on spitting; to sputter.
cracking [krakiŋ], *s.m.* (*a*) Cracking (of crude oil). (*b*) Cracking plant.
Cracovie [krakɔvi]. *Pr.n.f.* *Geog:* Cracow.
craie [krɛ], *s.f.* Chalk.
craign-ant, -e, -ons, etc. See CRAINDRE.
craindre [krɛ̃ːdr], *v.tr.* (*pr.p.* **craignant;** *p.p.* **craint;** *pr.ind.* **je crains, n. craignons;** *p.d.* **je craignais;** *p.h.* **je craignis;** *fu.* **je craindrai**) (*a*) To fear, dread; to stand in awe of, be afraid of (s.o., sth.). **C. Dieu,** to fear God. **Je crains de le laisser entrer,** I am afraid to let him in. **Je crains qu'il (ne) soit mort,** I fear he is dead. **Il est à c., il y a lieu de c., que . . . (ne) . . .,** it is to be feared that. . . . **Il n'y a pas à c. qu'il revienne,** there is no fear of his coming back. *Abs.* **C. pour qn,** to be anxious for s.o.'s safety. **C. pour sa vie,** to go about in terror of one's life. **Faire c. qch. à qn,** to put s.o. in fear of sth. (*b*) **Plante qui craint la gelée,** plant that cannot stand the frost. *Com:* **"Craint l'humidité, la chaleur,"** 'to be kept dry, cool.'
crainte [krɛ̃ːt], *s.f.* Fear, dread. **C. mystérieuse,** awe. **Dans la c. de, (de) c. de, tomber,** for fear of falling. **De c. que . . . (ne)** + *sub.*, lest. . . . **Parlez plus bas, de c. qu'on (ne) vous entende,** speak more quietly, for fear of being overheard. **Sans c.,** (i) fearless, (ii) fearlessly. **Avoir des craintes au sujet de qch.,** to entertain fears regarding sth.
craint|if, -ive [krɛ̃tif, -iːv], *a.* Timid, timorous. *adv.* **-ivement.**
crambe [krɑ̃ːb], *s.m.*, **crambé** [krɑ̃be], *s.m.* *Bot:* Sea-kale.
cramoisi [kramwazi], *a.* & *s.m.* Crimson.
crampe [krɑ̃ːp], *s.f.* *Med:* Cramp. **C. du tennis,** tennis elbow. *F:* **Avoir des crampes d'estomac,** to feel gnawing pains, an aching void.
crampon [krɑ̃pɔ̃], *s.m.* **1.** (*a*) Cramp(-iron); clamp, holdfast. (*b*) Hook-nail. **2.** (*a*) Climbing-iron. (*b*) Stud (for sole of boot); calk, cog (of horseshoe). *Mount:* **C. à glace,** crampon. **3.** *Bot:* Tendril. **4.** (Of pers.) Bore.
cramponnant [krɑ̃pɔnɑ̃], *a.* *F:* Importunate, pestering (person).
cramponner [krɑ̃pɔne], *v.tr.* **1.** To clamp, cramp, (stones, etc.) together. **2.** *F:* To buttonhole, pester; to stick like glue to (s.o.).
se cramponner à qch., à qn, to hold on to, hang on to, clutch, sth., s.o.
cran [krɑ̃], *s.m.* **1.** Notch. (*a*) Catch, tooth (of ratchet, etc.); cog (of wheel). *Sm.a:* **C. de sûreté,** safety-catch. **Au c. de sûreté,** at half-cock. *F:* **Être à c.,** to be ready to explode, to be very touchy. (*b*) Distance between holes (in strap, etc.). **Lâcher une courroie d'un c.,** to let a strap out a hole. *F:* **Il ne me lâche pas d'un c.,** he won't leave me for a moment. **Descendre d'un c.,** to come down a peg, a notch. (*c*) Nick. *Sm.a:* **C. de mire,** (notch of the) back-sight. **2.** *F:* **Avoir du c.,** to have plenty of pluck; to be game (for anything). **3.** *Mil:* *P:* **Quatre crans,** four days' C.B.
crâne [krɑːn]. **1.** *s.m.* Skull; brain-pan. **Défoncer le c. à qn,** to brain s.o. *Fb:* **Réussir un c.,** to get in a header. **2.** *a.* *F:* (*a*) Plucky (conduct, etc.). (*b*) Jaunty (air). *adv.* **-ment.**
crâner [krɑne], *v.i.* *F:* To swagger, swank; to put on a jaunty air.
crânerie [krɑnri], *s.f.* *F:* (*a*) Pluck. (*b*) Jauntiness, swagger, swank.
crâneur, -euse [krɑnœːr, -øːz], *s.* *F:* Braggart, swaggerer.
crânien, -ienne [kranjɛ̃, -jɛn], *a.* *Anat:* Cranial. **La boîte cranienne,** the brain-pan.
crapaud [krapo], *s.m.* **1.** Toad. (*a*) *F:* **Avaler un c.,** (i) to bring oneself to do a particularly unpleasant task; (ii) to pocket an insult. *P:* **C'est un vilain c.,** he's a toad of a man. (*b*) *P:* Brat, child. (*c*) *Orn:* **C. volant,** nightjar. (*d*) *Lap:* Blemish. **2.** *Pyr:* Jumping cracker. **3.** *a.* (*a*) Tub easy-chair. (*b*) Baby grand (piano).
crapaudine [krapodin], *s.f.* **1.** Toadstone. **2.** *Hyd.E:* (*a*) Grating, strainer (of inlet pipe). (*b*) Waste hole (of bath). **3.** *Mec.E:* *etc:* (Foot)step-bearing; thrust-bearing; socket (of rudder, door, hinge).
crapule [krapyl], *s.f.* **1.** *A:* Debauchery, dissoluteness, lewdness. **2.** *Coll:* Dissolute mob or people. **3.** Debauchee; low scoundrel.
crapulerie [krapylri], *s.f.* **1.** = CRAPULE 1, 2. **2.** Foul trick.
crapuleu|x, -euse [krapylø, -øːz], *a.* Debauched, dissolute; filthy (novel, etc.); foul (language). **Crime c.,** heinous crime. *adv.* **-sement.**
craque [krak], *s.f.* *F:* Lie; tall story.
craquelé [krakle]. **1.** *a.* Crackled. **2.** *s.m.* *Cer:* Crackle-ware, -glass, -china.
craqueler [krakle], *v.tr.* (**je craquelle; je craquellerai**) *Cer:* To crackle.
craquelin [kraklɛ̃], *s.m.* Cracknel (biscuit).
craquelot [kraklo], *s.m.* Bloater.
craquelure [kraklyːr], *s.f.* (i) Crack, (ii) small cracks (in paint, etc.).

craqu|er [krake], *v.i.* To crack; to make a cracking sound; (of dried leaves, etc.) to crackle; (of hard snow) to crunch (under the feet); (of shoes) to creak, to squeak. **Faire c. ses doigts**, to crack one's finger-joints. **Habit qui a craqué dans le dos**, coat that has split, slit, down the back. **Projet qui craque**, scheme that threatens to come to grief. *v.tr.* *F:* **C. une allumette**, to strike a match. **2.** *P:* To tell lies; to tell a tall story. *s.m.* **-ement.**

crash [kraʃ], *s.m.* *Av:* *F:* Crash-landing.

crasse [kras]. **1.** *a.f.* Gross, crass. Esp. **Ignorance c.**, crass ignorance. **2.** *s.f.* (*a*) (Body) dirt. *F:* **Né dans la c.**, born in squalor. (*b*) *Mch:* Fur, scale (in boiler). *Metall:* Dross, scum. *Fire-arms:* Fouling. (*c*) Avarice, stinginess. (*d*) *F:* **Faire une c. à qn**, to play s.o. a scurvy trick.

crasser [krase], *v.tr.* To foul, clog (gun-barrel).

se crasser, (of fire-arm) to become foul.

crasseux, -euse [krasø, -øːz], *a.* (*a*) Dirty, filthy (hands, linen, etc.); squalid (dwelling, etc.). (*b*) *F:* Mean, stingy.

crassier [krasje], *s.m.* Slag-heap.

cratère [kratɛːr], *s.m.* **1.** *Gr.Ant:* Crater, mixing bowl. **2.** (*a*) Crater (of volcano, of arc-lamp carbon). (*b*) Shell-hole; bomb crater.

cravache [kravaʃ], *s.f.* Riding-whip; hunting-crop.

cravacher [kravaʃe], *v.tr.* To flog (horse); to horsewhip (person).

cravate [kravat], *s.f.* (*a*) (i) (Neck-)tie; scarf; (ii) (woman's) fur tie. *P:* **C. de chanvre**, hangman's noose. (*b*) *Wr:* Hold round the neck; hold in chancery. (*c*) *Nau:* Sling. (*d*) *Orn:* Ruff, ruffle. **Pigeon à c.**, ruff.

crawl [kroːl], *s.m.* *Swim:* Crawl(-stroke). **C. sur le dos**, back-crawl. *v.i.* **-er.**

crayeux, -euse [krɛjø, -øːz], *a.* Chalky.

crayon [krɛjɔ̃], *s.m.* **1.** (*a*) Pencil. **C. à mine de plomb**, lead pencil. **Écrit au c.**, written in pencil. **C. de couleur**, coloured pencil. **C. à copier, à encre (indélébile), violet**, indelible pencil. **C. à bille**, ball-point pencil, pen. **C. pastel**, crayon. **Dessin au c.**, pencil drawing. S.a. GRAS 3. (*b*) Pencil-drawing; -sketch. **2.** Stick. *Med:* Pencil (of caustic, etc.). *Toil:* **C. à lèvres**, lipstick. **C. pour les sourcils**, eyebrow pencil. *El:* **C. de zinc**, zinc rod. **C. d'une lampe à arc**, carbon of an arc-lamp.

crayon-lèvres [krɛjɔ̃lɛːvr], *s.m.* Lipstick. *pl.* *Des crayons-lèvres.*

crayonnage [krɛjɔnaːʒ], *s.m.* **1.** Pencilling. **2.** Pencil-sketch.

crayonner [krɛjɔne], *v.tr.* **1.** To make a pencil-sketch of (sth.). **2.** To pencil; to write, jot, (sth.) down (on paper); to make pencil marks on (sth.).

créance [kreɑ̃ːs], *s.f.* **1.** Belief, credence, credit. **Trouver c.**, to be believed. **Donner, accorder, c. à qn, à qch.**, to believe, give credence to, s.o., sth. **2.** Trust. **Lettre(s) de c.**, (i) credentials (of diplomatic agent); (ii) letter of credit (to bank). **3.** Debt. *Jur:* Claim. **Mauvaises créances, créances véreuses**, bad debts. **Créances gelées**, frozen credits.

créancier, -ière [kreɑ̃sje, -jɛːr], *s.* Creditor.

créateur, -trice [kreatœːr, -tris]. **1.** *a.* Creative (power, genius). **2.** *s.* Creator. (*a*) **Le C.**, the Creator; God. (*b*) Maker; inventor.

création [kreasjɔ̃], *s.f.* **1.** (*a*) Creation, creating. **La c. du monde**, the creation of the world. **Esprit de c.**, creativeness. (*b*) Founding, establishment (of institution, etc.); creation (of peer); setting up (of a court, etc.). **2.** (*a*) **Les merveilles de la c.**, the wonders of creation, of the universe. (*b*) **Sa robe était une c. de chez Vénus et Cie**, her dress was a creation by Venus & Co.

créature [kreatyːr], *s.f.* Creature. **1.** Created being. **2.** *F:* **C'est une bonne c.**, he's a good sort. *Pej:* (Of woman) **L'insolente c.!** the impudent creature! **3.** **C. d'un ministre**, creature, tool, of a minister.

crécelle [kresɛl], *s.f.* **1.** (Hand-)rattle. **Voix de c.**, rasping voice. **2.** *F:* Regular chatterbox.

crécerelle [kresrɛl], *s.f.* *Orn:* Kestrel.

crèche [krɛʃ], *s.f.* **1.** (*a*) Manger, crib. (*b*) (Christ child's) crib (as shown at Christmas time). **2.** (*a*) (Child's) crib. (*b*) (Public) day-nursery; crèche.

crédence [kredɑ̃ːs], *s.f.* **1.** Sideboard, buffet. **2.** *Ecc:* Credence(-table).

crédibilité [kredibilite], *s.f.* Credibility.

crédit[1] [kredi], *s.m.* Credit, repute, influence; prestige (of country, etc.). *O:* **Mettre une opinion en c.**, to get an opinion credited. **Nouvelle qui prend c.**, news that is gaining credence.

crédit[2], *s.m.* *Com:* **1.** Credit. **Avoir du c. en banque**, to have credit at the bank. **C. en blanc, à découvert**, blank, open, credit. **Vendre, acheter, qch. à c.**, to sell, buy, sth. on credit. **Faire c. à qn**, to give s.o. credit. **Ouvrir un c. chez qn**, to open a credit account with s.o. **Ouvrir un c. à qn**, to open a credit account in s.o.'s favour. **Établissement, société, de c.**, hire-purchase company. *Adm:* **C. municipal**, (municipal) pawn-office. S.a. FONCIER 1, LETTRE 3. **2.** Credit(or) side (of balance sheet). **3.** **Voter des crédits**, to vote supplies. **Crédits supplémentaires**, supplementary estimates.

créditer [kredite], *v.tr.* (*a*) **C. qn du montant d'une somme**, to credit s.o. with a sum of money. (*b*) **C. qn de**, to give s.o. credit for.

créditeur, -trice [kreditœːr, -tris]. **1.** *s.* Creditor. **2.** *a.* **Compte c.**, credit account. **Solde c.**, credit balance.

credo [kredo], *s.m.inv.* Creed.

crédule [kredyl], *a.* Credulous. *adv.* **-ment.**

crédulité [kredylite], *s.f.* Credulity, credulousness. **Avec c.**, credulously.

créer [kree], *v.tr.* To create. *Sch:* **C. une chaire**, to found a chair. **C. une armée**, to form an army. **C. qch. de toutes pièces**, to create sth. out of nothing. **Se c. une clientèle**, to build up a connection. **Agence récemment créée**, recently established agency. *Th:* **C. un rôle**, to create a part. *Pred.* **C. qn chevalier, comte**, to create s.o. a knight, a count.

crémaillère [kremajɛːr], *s.f.* **1.** Pot-hanger, -hook. *F:* **Pendre la c.**, to have a house-warming. **2.** *Mec.E: etc:* Toothed rack. **C. et pignon**, rack and pinion. **Fauteuil à c.**, arm-chair with adjustable back. **Chemin de fer à c.**, rack-railway.

crémation [kremasjɔ̃], *s.f.* Cremation.

crématoire [krematwaːr], *a.* & *s.m.* **(Four) c.**, crematorium.

crématorium [krematɔrjɔm], *s.m.* Crematorium. *Pl.* *Des crématoria.*

crème [krɛm], *s.f.* Cream. **1.** (*a*) **C. fouettée**, whipped cream. **Fromage à la c.**, cream-cheese. **C. (de gruyère, etc.)**, processed cheese. *F:* (Of person) Top-notcher. *F:* **C'est la c. des hommes**, he is the best of men. *a.inv.* **Rubans c.**, cream(-coloured) ribbons. (*b*) *Cu:* Custard, cream. **C. au caramel**, crème caramel, caramel custard. **C. glacée**, *Fr.C:* **c. à la glace**, ice-cream. **2.** **C. pour chaussures**, shoe-polish, -cream. *Toil:* **C. à raser**, shaving-cream. **C. de beauté**, face cream. *Ch:* **C. de tartre**, cream of tartar.

crémer[1] [kreme], *v.tr.* **(je crème; je crémerai)** To cremate.

crémer[2], *v.i.* (Of milk, etc.) To cream.

crémerie [krɛmri], *s.f.* **1.** Creamery, dairy; milk-shop. **2.** Small restaurant.

crémeux, -euse [kremø, -øːz], *a.* Creamy.

crémier, -ière [kremje, -jɛːr], *s.* **1.** (*a*) Dairyman, dairy-woman. (*b*) Keeper of a small restaurant. **2.** *s.f.* **Crémière**, cream-jug.

Crémone [kremɔn]. **1.** *Pr.n.f.* *Geog:* Cremona. **2.** *s.f.* Casement bolt.

créneau [kreno], *s.m.* *Fort:* (*a*) Crenel(le); *pl.* battlements. **Écrou à créneaux**, castle-nut. (*b*) Loop-hole; look-out slit.

crénelé [krɛnle], *a.* **1.** *Fort:* (*a*) Crenel(l)ated, battlemented (wall, etc.). **Écrou c.**, castle-nut. (*b*) Loop-holed. **2.** *Bot:* Crenate(d), crenelled (leaf). **3.** Toothed, notched.

crénel|er [krɛnle], *v.tr.* **(je crénelle; je crénellerai) 1.** *Fort:* (*a*) To crenel(l)ate, embattle (wall). (*b*) To cut loop-holes in (wall). **2.** To notch, tooth (wheel, etc.). *Num:* To mill (coin). *s.m.* **-age.**

crénelure [krɛnlyːr], *s.f.* Crenellation.

créole [kreɔl], *a.* & *s.* *Ethn:* Creole.

créosote [kreɔzɔt], *s.f.* Creosote.

créosoter [kreɔzɔte], *v.tr.* To creosote.

crêpage [krɛpaːʒ], *s.m.* Crimping, crisping (of hair, crape). *P:* **C. de chignons**, fight, set-to (between women).

crêpe [krɛ:p]. **1.** *s.f.* Pancake. **Virer une c.,** to toss a pancake. **2.** *s.m.* (*a*) Crape. **C. de Chine,** crêpe de Chine. **C. Ninon,** ninon. **C. satin,** satin crêpe. **Chaussettes c. mousse,** crêpe nylon socks. **C. anglais,** black mourning crape. **Porter un c.,** to wear a mourning band. (*b*) **C. de caoutchouc,** crêpe-rubber. (*c*) *Paperm:* **Papier c.,** crêpe paper, crinkled paper.
crêpelé [krɛple], **crêpelu** [krɛply], *a.* (Of hair) Frizzy.
crêpelure [krɛply:r], *s.f.* Frizziness, fuzziness.
crêper [krɛpe], *v.tr.* To frizz, crimp (the hair); to crisp, crimp (tissue). *P:* (Of women) **Se c. le chignon,** to tear each other's hair; to have a set to.
crêperie [krɛpri], *s.f.* Pancake bar.
crépi [krepi], *a.* & *s.m.* *Const:* Rough-cast, pebble-dash(ed).
crépine [krepin], *s.f.* **1.** Fringe (on upholstered furniture). **2.** *Cu:* Caul. **3.** Strainer, rose (of pump, etc.).
crép|ir [krepi:r], *v.tr.* **1.** To grain, pebble (leather). **2.** To rough-cast (wall). *s.m.* **-issage.** *s.f.* **-issure.**
crépit|er [krepite], *v.i.* (Of fire) To crackle; (of rain) to patter; (of candle, etc.) to sputter. *s.f.* **-ation.** *s.m.* **-ement.**
crépu [krepy], *a.* **1.** Crisp, frizzy, fuzzy (hair). **2.** Crinkled (leaf, etc.).
crépusculaire [krepyskylɛ:r], *a.* (Pertaining to the) twilight; crepuscular. **Lumière c.,** twilight, half-light.
crépuscule [krepyskyl], *s.m.* Twilight; dusk.
cresson [krɛsɔ̃], *s.m.* *Bot:* Cress. **C. de fontaine,** water-cress. *F:* **Il n'a plus de c. sur la fontaine,** he has lost his hair, *F:* his thatch.
cressonnière [krɛsɔnjɛ:r], *s.f.* Water-cress bed or pond.
crétacé [kretase], *a.* *Geol:* Cretaceous.
Crète [krɛ:t]. *Pr.n.f.* *Geog:* Crete.
crête [krɛ:t], *s.f.* **1.** Comb, crest (of bird). **C. de coq,** cockscomb. *F:* **Lever la c.,** (i) to hold one's head high; (ii) to bristle up. **Rabaisser la c. à qn,** to take s.o. down a peg or two. **Baisser la c.,** to look crest-fallen. **2.** (*a*) Crest (of wave, helmet). (*b*) Crest, ridge, comb (of roof, mountain); crest (of parapet). (*c*) *Civ.E:* Crest, coping, crown (of a dam). (*d*) *El.E:* **Puissance de c.,** peak power.
crête-de-coq [krɛtdəkɔk], *s.f.* *Bot:* Cockscomb. *Pl.* *Des crêtes-de-coq.*
crételle [kretɛl], *s.f.* *Bot:* Dog's-tail (grass).
crétin [kretɛ̃]. **1.** *s.m.* (*a*) Cretin, (deformed) idiot. (*b*) *F:* Hopeless ass, dead loss. *Sch:* Dunce. **2.** *a.* *F:* (With occ. *f.* **crétine**) Idiotic.
crétinisme [kretinism], *s.m.* Cretinism.
crétois, -oise [kretwa, -wa:z], *a.* & *s.* Cretan.
cretonne [krətɔn], *s.f.* *Tex:* Cretonne.
creus|er [krøze], *v.tr.* **1.** To hollow (out); to groove; to plough (a furrow). **Front creusé de rides,** brow furrowed with wrinkles. *F:* **Travail qui creuse (l'estomac),** work that whets the appetite. **C. une question,** to go thoroughly, deeply, into a question. **Se c. le cerveau, l'esprit, la tête,** to rack one's brains. **J'ai beau me c. la tête . . .,** however much I puzzle over it. . . . **2.** To excavate. (*a*) To dig (out) (trench, etc.); to cut (canal); to sink, bore (a well). **C. un chemin sous terre,** to burrow one's way underground. (*b*) To deepen. *s.m.* **-age.** *s.m.* **-ement.**
se creuser, to grow hollow. **La mer se creuse,** the sea is rising.
creuset [krøzɛ], *s.m.* **1.** Crucible, melting-pot. **Passer par le c. de l'adversité,** to go through the test of adversity; to be proved by adversity. **2.** *Metall:* Crucible, well, hearth (of blast furnace).
creux, -euse [krø, -ø:z]. **1.** *a.* Hollow. **Chemin c.,** hollow, sunk(en), road. **Yeux c.,** sunken, deep-set, eyes. **Joues creuses,** gaunt, hollow, cheeks. **Voix creuse,** deep voice. **Toux creuse,** hollow cough. **Avoir l'estomac c.,** to be hungry. **Avoir la tête creuse,** to be empty-headed. *P:* **Avoir le nez c.,** to be shrewd. *adv.* **Sonner c.,** to sound hollow. **Tousser c.,** to give a hollow cough. **Songer c.,** to dream futile, empty, dreams. *Aut:* **Roue à base creuse,** wheel with well-base. *Rail: etc:* **Heures creuses,** slack, off-peak, hours. *Fin:* Sagging. **Marché c.,** sagging market. **2.** *s.m.* (*a*) Hollow (of the hand); hole (in the ground); pit (of the stomach); trough (of wave); belly (of sail). **C. de l'aisselle,** armpit. **C. d'une vis,** groove of a screw. (*b*) *F:* **Avoir un bon c.,** to have a fine deep bass voice. (*c*) Mould (for plastic cast, etc.). S.a. REIN 2.
crevaison [krəvɛzɔ̃], *s.f.* **1.** (*a*) Puncture (in tyre), *U.S:* flat. (*b*) Bursting (of boiler, of tyre, etc.). **2.** *P:* Death.
crevant [krəvɑ̃], *a.* *P:* **1.** Funny, killing (story). **2.** Killing, exhausting (work).
crevasse [krəvas], *s.f.* Crack (in skin, etc.); split, rift (in clouds); chink, crevice (in wall); flaw (in metal); crevasse (in glacier). **Avoir des crevasses aux mains,** to have chapped hands.
crevasser [krəvase], *v.tr.* To crack; to chap (the hands).
se crevasser, to crack; (of the hands) to get chapped.
crevé [krəve], *s.m.* (*a*) *A.Cost:* Slash. **Manches à crevés,** slashed sleeves. (*b*) *F:* *A:* **Petit c.,** fop, dandy.
crève [krɛ:v], *s.f.* *P:* Death. Esp. in **Attraper la c.,** to catch one's death.
crève-cœur [krɛvkœ:r], *s.m.inv.* Heart-breaking affair; keen disappointment.
crever [krəve], *v.* (**je crève; je crèverai**) **1.** *v.i.* (*a*) To burst, split. *F:* **C. de jalousie,** to be bursting with jealousy. **C. de rire,** to split (one's sides) with laughter. (*b*) (Of animals, *P:* of people) To die. *F:* **C. de faim,** to be famished, starving. **C. d'ennui,** to be bored to death. **2.** *v.tr.* (*a*) To burst (balloon, bag, dam, etc.); to puncture (tyre). *F:* **Il les creva de bonne chère,** he stuffed, crammed, them with good things to eat. **C. le cœur à qn,** to break s.o.'s heart. **C. un œil à qn,** to put out s.o.'s eye. *F:* **Ça vous crève les yeux,** it's staring you in the face. (*b*) **C. un cheval,** to ride or work a horse to death.
crevette [krəvɛt], *s.f.* **C. grise,** shrimp. **C. rose,** prawn. **Pêche à la c.,** shrimping.
cri [kri], *s.m.* (*a*) Cry (of persons and animals); chirp (of cricket, bird); squeak (of rat). **Cri perçant,** shriek (of person); squeal (of animal). (*b*) Shout, call. **C. de guerre,** war-cry; slogan. **Pousser des cris,** to shout out. **Pousser les hauts cris,** to make loud protest. **Appeler qn à grands cris,** to call loudly for s.o. S.a. RÉCLAMER 2. *F:* **Le dernier c.,** the latest fashion, style. **Des chaussettes dernier c.,** the latest thing, the last word, in socks.
criaill|er [kriɑje], *v.i.* **1.** To cry out, bawl, shout. **2.** To whine, complain, *F:* grouse. **C. contre qn,** to scold s.o.; to nag at s.o. *s.m.* **-ement.** *s.* **-eur, -euse.**
criaillerie [kriɑjri], *s.f.* Usu. *pl.* **1.** Crying, shouting. **2.** Whining, complaining, railing. **3.** Nagging, scolding.
criant [kriɑ̃], *a.* Flagrant. **Injustice criante,** rank, flagrant, gross, injustice.
criard, -arde [kria:r, -ard]. **1.** *a.* (*a*) Crying, squalling, peevish. (*b*) **Voix criarde,** shrill, high-pitched, voice. **Dettes criardes,** pressing debts. **Couleur criarde,** loud, gaudy, colour. **Bijoux d'un luxe c.,** flashy jewels. **Sa toilette est un peu criarde,** she is rather overdressed. **2.** *s.* Bawler, squaller. **Une criarde,** a scold, a shrew.
crible [kribl], *s.m.* Sieve, riddle. *Min:* *Civ.E:* Screen. **C. à gravier,** gravel screen. **Passer qch. au c.,** to sift, screen, sth.
criblé [krible], *a.* Riddled. **Visage c. de petite vérole,** face pitted with smallpox. **C. de dettes,** head over ears in debt.
cribl|er [krible], *v.tr.* **1.** To sift, riddle; to screen (gravel, coal). **2.** **C. qn, qch., de balles,** to riddle s.o. sth., with bullets, with shot. **C. qn de ridicule,** to cover s.o. with ridicule. *s.m.* **-age.** *s.m.* **-eur.**
criblure [kribly:r], *s.f.* Siftings; screenings.
cric[1] [krik], *s.m.* (Lifting) jack.
cric[2], *int.* Crack! snap!
cricket [kriket], *s.m.* *Sp:* Cricket.
cricri, cri-cri [krikri], *s.m.* **1.** Chirping (of cricket). **2.** *Ent:* *F:* Cricket.
criée [krie], *s.f.* Auction. **Vente à la c.,** sale by auction.
crier [krie]. **1.** *v.i.* (*a*) To cry; to call out, to shout; (of pig, etc.) to squeal. **C. de douleur,** to cry out, scream, shriek, with pain. **Enfant qui crie,** squalling child. **C. après qn,** to carp at s.o. **C. contre qn,** to cry out, to rail, against s.o. **C. au secours,** to shout for help. S.a. FAMINE, MISÈRE 2. (*b*) (Of mouse) To

squeak; (of cricket) to chirp. (*c*) (Of door, axle, etc.) To creak. **2.** *v.tr.* (*a*) To cry, hawk (wares). *F:* **C. qch. sur les toits,** to cry sth. from the house-tops. (*b*) **C. un ordre,** to shout an order. **C. à qn de faire qch.,** to shout to s.o. to do sth.

crieur, -euse [kriœːr, -øːz], *s.* **1.** Crier, bawler, shouter. **C. de journaux,** newspaper seller. *Th:* Call-boy. **2.** *A:* **C. public,** town-crier. **C. de nuit,** night-watchman.

crime [krim], *s.m.* Crime; *Jur:* felony. **C. capital,** capital offence. **C. d'État,** treason. **C. d'incendie,** arson.

Crimée [krime]. *Pr.n.f. Geog:* Crimea.

criminaliste [kriminalist], *s.m.* **1.** Criminal jurist. **2.** Criminologist.

criminalité [kriminalite], *s.f.* Criminal nature (of an act). **C. juvénile,** juvenile delinquency.

criminel, -elle [kriminɛl], *a.* **1.** (*a*) Guilty. (*b*) *s.* Criminal, felon. **2.** Criminal (law, attempt). *s.* **Poursuivre qn au c.,** to take criminal proceedings against s.o.

criminellement [kriminɛlmɑ̃], *adv.* **1.** Criminally (inclined, etc.). **2. Poursuivre qn c.,** to take criminal proceedings against s.o.

criminologie [kriminɔlɔʒi], *s.f.* Criminology.

criminologiste [kriminɔlɔʒist], *s.m.* Criminologist.

crin [krɛ̃], *s.m.* (*a*) Horsehair. **Les crins,** the mane and tail. **Cheval à tous crins,** horse with flowing mane and tail. *F:* **Révolutionnaire à tous crins, à tout c.,** out and out revolutionary. *F:* **Être comme un c.,** to be as cross as two sticks. (*b*) **C. végétal,** vegetable horsehair.

crincrin [krɛ̃krɛ̃], *s.m. F:* Violin, fiddle (of sorts).

crinière [krinjɛːr], *s.f.* Mane (of horse, lion). *F:* Mop (of hair).

crinoline [krinɔlin], *s.f. A: Cost:* Crinoline.

crique [krik], *s.f.* Creek, cove.

criquet[1] [krikɛ], *s.m. Ent:* **1.** Locust. **2.** *F:* Cricket.

criquet[2], *s.m. F:* **1.** Small pony. **2.** Little shrimp (of a man or child).

crise [kriːz], *s.f.* **1.** Crisis. **C. générale des affaires,** general slump (in business). **La c. du papier,** the paper shortage. **La c. du logement,** the housing shortage. **2.** Attack (of gout, etc.). **C. nerveuse, c. de nerfs,** attack of nerves; fit of hysterics. **Avoir une c. de larmes,** to have a fit of crying.

crispant [krispɑ̃], *a. F:* Irritating, aggravating.

crispation [krispasjɔ̃], *s.f.* (*a*) Crispation, shrivelling up (of leather, etc.); puckering (of the face, etc.). (*b*) Nervous twitching, clenching (of the hands); wince (of pain). *F:* **Donner des crispations à qn,** to get on s.o.'s nerves.

crispé [krispe], *a.* On edge.

crisper [krispe], *v.tr.* To contract, clench. **Visage crispé par la souffrance,** face contorted, *F:* screwed up, with pain. **Cela me crispe,** it gets on my nerves; it makes me wince.

se crisper, to contract; to become wrinkled; to cockle; to pucker up.

crissement [krismɑ̃], *s.m.* Grating, grinding (of teeth, of chalk on blackboard, etc.); squeak (of brakes, etc.).

crisser [krise], *v.tr. & i.* To grate; to give a grinding, rasping, sound; (of brakes) to squeak. **C. des dents,** to grind one's teeth.

cristal, -aux [kristal, -o], *s.m.* **1.** Crystal. **C. de roche,** rock-crystal. **2.** Crystal(-glass). **C. taillé,** cut glass. **C. armé,** wire-glass.

cristallerie [kristalri], *s.f.* **1.** Crystal(-glass) making, glass cutting. **2.** (Crystal-) glass-works.

cristallier [kristalje], *s.m.* Glass cutter and engraver.

cristallin [kristalɛ̃]. **1.** *a.* (*a*) Crystalline (rock). (*b*) Clear as crystal. **2.** *s.m.* Crystalline lens (of eye).

cristallisable [kristalizabl], *a.* Crystallizable.

cristallisation [kristalizasjɔ̃], *s.f.* Crystallization, crystallizing.

cristallisé [kristalize], *a.* (*a*) Crystallized. **Sucre c.,** granulated sugar. (*b*) Frosted (enamel, gelatine).

cristalliser [kristalize], *v.tr. & i.* To crystallize.

cristallographie [kristalɔgrɑfi], *s.f.* Crystallography.

critérium [kriterjɔm], *s.m.*, **critère** [kritɛːr], *s.m.* Criterion; test.

critiquable [kritikabl], *a.* Open to criticism.

critique[1] [kritik]. **1.** *a.* Critical. (*a*) Decisive, crucial. **Dans cette situation c. . . .,** in this emergency. . . . (*b*) **Examen c. d'un ouvrage,** critical examination of a work. **2.** *s.m.* Critic. *F:* **C. en chambre,** armchair critic. **C. théâtral, dramatique,** dramatic critic.

critique[2], *s.f.* Criticism. **1. C. des textes,** textual criticism. **2.** Review. **Faire la c. d'une pièce,** to write a criticism of, to review, a play. **3.** Censure. **Les critiques du public,** the censure of the public.

critiqu|er [kritike], *v.tr.* (*a*) To criticize; to write a criticism of (sth.). (*b*) To censure; to find fault with (s.o., sth.). *s.m.* **-eur.**

croass|er [krɔase], *v.i.* (Of crow, rook) To caw; (of raven, *F:* of person) to croak. *s.m.* **-ement.**

croate [krɔat]. **1.** *a.* Croatian. **2.** *s.* Croat.

croc [kro], *s.m.* **1.** (*a*) Hook. **C. à émerillon,** swivel hook. **C. de marinier,** boat-hook. *F:* **Pendre, mettre, son épée au c.,** to hang up one's sword. (*b*) Pawl, catch. **2.** Canine tooth; fang (of wolf); tusk (of walrus, etc.).

croc-en-jambe [krɔkɑ̃ʒɑ̃ːb], *s.m.* Trip (to bring down opponent). **Faire, donner, un c.-en-j. à qn,** to trip s.o. up. *pl. Des crocs-en-jambe* [krɔkɑ̃ʒɑ̃ːb].

croche [krɔʃ], *s.f. Mus:* Quaver. **Double c.,** semiquaver. **Triple c.,** demisemiquaver.

croche-pied [krɔʃpie], *s.m.* Trip (to bring down an opponent); **Faire, donner, un c.-p. à qn,** to trip s.o. up. *pl. Des croche-pieds.*

crocher [krɔʃe], *v.tr.* **1.** (*a*) To hook; to seize (sth.) with a hook. **L'ancre croche,** the anchor grips, bites. (*b*) *Nau:* To sling (hammock). **2.** To twist (sth.) into a hook.

crochet [krɔʃɛ], *s.m.* Hook. **1.** (*a*) **Clou à c.,** hook-nail. **C. à vis,** screw-hook. (*b*) Crochet-hook. **Dentelle au c.,** crochet-work. **Faire du c.,** to crochet. **Faire qch. au c.,** to crochet sth. **2. C. de serrurier,** picklock, skeleton key. **C. d'arrêt,** pawl, catch. *F:* **Vivre aux crochets de qn,** to live on, sponge on, s.o. **3.** (*a*) Poison fang (of serpent). (*b*) *pl.* Talons (of eagle). **4.** *pl. Typ:* Square brackets. **5. Faire un c.,** (i) (of pers.) to swerve; (ii) (of road) to take a sudden turn; (iii) to make a detour. **6.** *Box:* **C. du gauche,** left hook. **7.** *Mus:* Hook (of quaver).

crochet|er [krɔʃte], *v.tr.* (**je crochète; je crochèterai**) **1.** To pick (lock). **2.** To crochet. **3.** *Typ:* To hook in (word). *s.m.* **-age.**

crocheteur[1] [krɔʃtœːr], *s.m.* Picklock, thief.

crocheteur[2], *s.m.* Porter, carrier.

crochu [krɔʃy], *a.* **1.** Hooked (wire, nose, etc.). *F:* **Avoir les doigts crochus, les mains crochues,** (i) to be light-fingered; (ii) to be rapacious. **2.** Crooked (stick, idea).

crocodile [krɔkɔdil], *s.m.* **1.** Crocodile. **Larmes de c.,** crocodile tears. **2.** *Rail:* Automatic stop.

crocus [krɔkyːs], *s.m. Bot:* Crocus.

croire [krwaːr], *v.* (*pr.p.* **croyant;** *p.p.* **cru;** *pr.ind.* **je crois, n. croyons;** *p.d.* **je croyais;** *p.h.* **je crus;** *fu.* **je croirai**) **1.** *v.tr.* (*a*) **C. qch.,** to believe sth. **Ne pas c. qch.,** to disbelieve sth. **Vous ne sauriez c. combien je suis content,** you can't think how glad I am. **J'aime à c. que** + *ind.*, I hope, trust, that. . . . **Il est à c. que** + *ind.*, it is probable that. . . . **Tout porte à c. que . . .,** there are many indications that. . . . **Je ne crois pas que cela suffise,** I don't think that will be enough. *F:* **Je crois bien que . . .,** I do believe that. . . . **Je crois bien qu'il est sorti,** I fancy he is out. **Je (le) crois bien!** I should think so! **Je crois que oui, que non,** I believe so; I believe not, I don't think so. **N'en croyez rien!** don't believe it! **A ce que je crois . . .,** to the best of my belief. . . . **Se c. perdu,** to give oneself up for lost. **Je vous croyais Anglais,** I thought you were English. **J'ai cru bien faire,** I thought I was doing right. **Je crois savoir que . . .,** I have reason to believe that. . . . **Il crut entendre des pas,** he thought, fancied, he heard footsteps. **Il se croit de l'esprit,** he thinks himself a wit. **Il se croit tout permis,** he thinks he may do anything. **Je lui croyais du talent,** I thought he had talent. *F:* **Quel temps, crois-tu!** what beastly weather! (*b*) **C. qn,** to believe s.o., take s.o.'s word. **Me croira qui voudra, mais . . .,** believe me or not, but. . . . *F:* **Je te crois!** you bet! rather! **En c. qn,** (i) to take s.o.'s word for it; (ii) to take s.o.'s advice. **Croyez-m'en,** take my word for it. **S'il faut l'en c., à l'en c., ce n'est pas difficile,** according to him it is not difficult. **Je ne pouvais en c. mes yeux,** I couldn't believe my eyes. **Il s'en croit un peu,** he fancies himself a bit. **2.** *v.i.* (*a*) **C. à qch.,** to believe in (the existence or the truth of) sth. **C. aux fées,** to believe in fairies. **Le médecin crut à une fièvre scarlatine,** the doctor thought it was scarlet fever. **C'est à ne pas y c.,** it is beyond all belief. **C. au témoignage des sens,** to believe, trust, the evidence of one's senses. (*b*) **C. en qn,** to believe in, have faith in, s.o. **C. en Dieu,** to believe in God.

croîs. See CROÎTRE.

croisade [krwazad], *s.f. Hist:* Crusade. **Partir en c.,** to go on a crusade.

croisé [krwaze]. **1.** *a.* (*a*) Crossed. **Feu c.,** cross-fire. **Mots croisés,** crossword. *Pros:* **Rimes croisées,** alternate rhymes. *Husb:* **Race croisée,** cross-breed. (*b*) Double-breasted (coat, etc.). (*c*) *Tex:* Twilled (material). **2.** *s.m.* (*a*) Crusader. (*b*) *Tex:* Twill.

croisée [krwaze], *s.f.* **1.** Crossing. **C. des chemins,** cross-roads. **2.** Casement-window. **3.** Transept crossing (of church). **4.** Cross-hairs (of telescope).

croisement [krwazmɑ̃], *s.m.* **1.** Crossing, meeting (of traffic). **2.** Crossing, intersection (of lines, roads, etc.). **C. dangereux,** dangerous cross-roads. **3.** (*a*) Crossing, interbreeding (of animals). (*b*) Cross-breed; cross (**entre . . . et . . .,** between . . . and . . .).

croiser [krwaze]. **1.** *v.tr.* (*a*) To cross. **C. le fer avec qn,** to cross swords with s.o. **C. les jambes,** to cross one's legs. **Rester les bras croisés,** (i) to stand with arms folded; (ii) to remain idle. **C. qn dans l'escalier,** to meet, pass, s.o. on the stairs. **Leurs regards se croisèrent,** their eyes met. **Il me croise dans tout ce que je fais,** he crosses me, thwarts me, in everything I do. (*b*) To cross, interbreed (animals, plants). **2.** *v.i.* (Of garment) To lap, fold over, **3.** *v.i.* *Nau:* To cruise.

se croiser. 1. (*a*) To (inter)cross; to intersect. (*b*) **Se c. avec qn,** to meet and pass s.o. **Ma lettre s'est croisée avec la vôtre,** my letter has crossed yours in the post. **2.** *Hist:* To take part in a crusade.

croiseur [krwazœːr], *s.m. Navy:* Cruiser. **C. de bataille,** battle-cruiser.

croisière [krwazjɛːr], *s.f. Navy: etc:* (*a*) Cruising. **Navire en c.,** ship cruising. **Vitesse de c.,** cruising speed; *Av:* flying speed under load. (*b*) Cruise (by sea, air); expedition. (*c*) Cruising fleet; ships taking part in a blockade.

croisillon [krwazijɔ̃], *s.m.* **1.** Cross-piece; brace; window bar. **Croisillons d'entrejambe,** (cross-)bars (of chair, etc.). **2.** *Ecc.Arch:* Arm of the transept.

croissance [krwasɑ̃ːs], *s.f.* Growth. **Prendre toute sa c.,** to attain one's full growth. **Arrêté dans sa c.,** stunted.

croissant[1] [krwasɑ̃], *a.* Growing (plant, etc.); increasing (anxiety, etc.); rising (prices).

croissant[2], *s.m.* **1.** (*a*) **La lune est à son c.,** the moon is waxing. (*b*) Crescent (of moon). (*c*) *Geom:* Lune. **2.** *Cu:* Croissant; crescent(-roll). **3.** *Tls:* Bill-hook.

croiss-e, -es, etc. See CROÎTRE.

croit. See CROIRE. **croît.** See CROÎTRE.

croître [krwaːtr, -wɑ-], *v.i.* (*pr.p.* **croissant**; *p.p.* **crû**; *pr.ind.* **je croîs, il croît, n. croissons, ils croissent**; *p.h.* **je crûs**; *fu.* **je croîtrai**; *p.sub.* **je crûsse**) To grow, increase (in size). (*a*) **C. de, en, volume,** to increase in volume. **La rivière a crû,** the river has risen. **Les jours croissent,** the days are lengthening. **C. en sagesse,** to grow in wisdom. **Aller croissant,** to go on increasing. **C. dans l'estime de qn,** to rise in s.o.'s esteem. *Prov:* **Mauvaise herbe croît toujours,** ill weeds grow apace. (*b*) (Of the moon) To wax.

croix [krwa], *s.f.* Cross. **1. La Sainte C.,** the (Holy) Rood. **La mise en c.,** the crucifixion. **Le chemin de la C.,** the stations of the Cross. **Faire le signe de la c.,** to cross oneself. *F:* **Recevoir qn avec la c. et la bannière,** to receive s.o. with full honours. **La C. rouge,** the Red Cross. *Hist:* **Prendre la c.,** to take the cross (for a crusade). *Mil:* **La C. de guerre,** the Military Cross. **En forme de c.,** cross-shaped. **Mettre des bâtons en c.,** to lay sticks crosswise. *Opt:* **Fils en c.,** cross-threads, -wires. *F:* **Il faut faire une c. à la cheminée,** we must mark that in red letters. *F:* **C. de bois c. de fer,** cross my heart. **C. de Saint-André,** St Andrew's cross. **C. de Malte,** Maltese cross. **C. gammée,** swastika. **2.** *Typ:* Dagger, obelisk. **3.** *Astr:* **La C. du Sud,** the Southern Cross.

cromlech [krɔmlɛk], *s.m. Archeol:* Cromlech.

croquade [krɔkad], *s.f. Art:* Sketch (in pencil or colour).

croquant[1] [krɔkɑ̃]. **1.** *a.* Crisp (biscuit, etc.). **2.** *s.m. Cu:* Crackling.

croquant[2], *s.m. F:* (*a*) *A:* Clod-hopper, chaw-bacon. (*b*) Man of no account.

croque-mitaine [krɔkmitɛn], *s.m. F:* Bogey(-man). *pl. Des croque-mitaines.*

croque-mort [krɔkmɔːr], *s.m.* (Undertaker's) mute. *pl. Des croque-morts.*

croqu|er [krɔke]. **1.** *v.i.* To scrunch (between the teeth). **2.** *v.tr.* (*a*) To crunch, munch. **Chocolat à c.,** slab chocolate. (*b*) To sketch. S.a. MARMOT 2. *s.m.* **-ement.**

croquet[1] [krɔkɛ], *s.m. Cu:* Hard biscuit covered with almonds; parkin; snap.

croquet[2], *s.m. Games:* Croquet.

croquette [krɔkɛt], *s.f. Cu:* Rissole, croquette.

croquignole [krɔkiɲɔl], *s.f.* **1.** Flick, fillip. **2.** Fancy biscuit.

croquis [krɔki], *s.m.* Sketch. **C. à la plume,** rough pen-drawing.

crosne [kroːn], *s.m. Hort:* Japanese, Chinese, artichoke.

cross(-country) [krɔs(kuntre)], *s.m. Sp:* Cross-country race; paper-chase.

crosse [krɔs], *s.f.* **1.** (Bishop's) crook; crosier, crozier. **2.** *Sp:* (Hockey-)stick; (golf-)club; (lacrosse) crosse. *Hockey:* **Couper, donner, des crosses,** to give sticks. **3.** (*a*) Crook. **Courbé en c.,** crooked. (*b*) *Mch:* **C. du piston,** cross-head of the piston. (*c*) Butt (of rifle); grip (of pistol). (*d*) *Artil:* **C. d'affût,** trail (of gun). (*e*) Scroll (of violin, etc.).

crotale [krɔtal], *s.m.* Rattlesnake.

crotte [krɔt], *s.f.* **1.** (*a*) Dung, dropping (of horse, sheep, etc.). (*b*) **Une c. de chocolat,** a chocolate. **2.** Mud, slush, dirt.

crotté [krɔte], *a.* Dirty; mud-bespattered.

crotter [krɔte], *v.tr.* To dirty, soil.

se crotter, to get dirty, get covered with mud.

crottin [krɔtɛ̃], *s.m.* (Horse-)dung; (sheep-)droppings.

croulant [krulɑ̃]. **1.** *a.* (Of house, etc.) Tottering, tumble-down. **Empire c.,** ramshackle empire. **2.** *P: s.m.* Back-number. **Les croulants,** the (grand)-parents.

croulement [krulmɑ̃], *s.m.* Collapse, falling in, tumbling down (of building, etc.).

crouler [krule], *v.i.* (Of building, etc.) (*a*) To be on the point of collapse; to totter. (*b*) To collapse, crumble, tumble down, fall in. *Th: F:* **Faire c. la salle,** to bring down the house.

croup [krup], *s.m. Med:* Croup.

croupe [krup], *s.f.* **1.** Croup, crupper, rump (of horse). *Equit:* **Monter en c.,** to ride pillion. **Prendre qn en c.,** to take s.o. up behind, on the crupper. **2.** (*a*) Ridge, brow (of hill). (*b*) *Arch:* Hip. **Toit en c.,** hipped roof.

croupetons (à) [akruptɔ̃], *adv.phr. A:* Squatting, crouching; *F:* on one's hunkers. **Se tenir à c.,** to squat (on one's hunkers).

croupi [krupi], *a.* Stagnant, foul.

croupier [krupje], *s.m.* **1.** Croupier (at casino). **2.** *St.Exch:* (Broker's) backer.

croupière [krupjɛːr], *s.f. Harn:* Crupper. **Tailler des croupières à qn,** to make difficulties for s.o.

croupion [krupjɔ̃], *s.m.* (*a*) Rump (of bird). (*b*) *F:* Parson's nose (of cooked fowl).

croupir [krupiːr], *v.i.* **1.** (Of pers.) To lie, wallow (in filth, etc.). **2.** (Of water) To stagnate, grow foul.

croupissant [krupisɑ̃], *a.* Stagnating.

croustillant [krustijɑ̃], *a.* **1.** Crisp, crusty (biscuit, pie). **2.** *F:* Spicy (story).

croustiller [krustije], *v.i.* (Of food) To crunch (under the teeth).

croustilleux, -euse [krustijø, -øːz], *a. F:* Spicy (story, song).

croûte [krut], *s.f.* **1.** Crust (of bread, of pie); rind (of cheese). *F:* **Casser une c., la c.,** to have a snack; to eat. *F:* **Gagner sa c.,** to earn one's daily bread, bread

and butter. **2.** Scab, crust (on wound, etc.). **3.** *F:* (*a*) Daub; badly painted picture. (*b*) **C'est une c.,** he's an old fossil.
croûton [krutɔ̃], *s.m.* **1.** (*a*) Piece of crust. (*b*) Crusty end, heel (of loaf). **2.** *Cu:* (*a*) Sippet. (*b*) Crouton. **3.** *P:* **Vieux c.,** old stick-in-the-mud, old fossil.
croyable [krwajabl], *a.* **1.** (Of pers.) Trustworthy. **2.** (Of thg) Believable, credible.
croyance [krwajɑ̃:s], *s.f.* Belief (**à,** in). **C. aux esprits, en Dieu,** belief in spirits, in God.
croy-ant[1], **-ons, -ez,** etc. See CROIRE.
croyant[2], **-ante** [krwajɑ̃, -ɑ̃:t]. **1.** *a.* Believing. **2.** *s.* Believer. **Les croyants,** the faithful.
cru[1] [kry], *a.* **1.** (*a*) Raw (meat, silk, material, etc.); crude (ore, art, drama, colour, etc.). *Cer:* **Pièce crue,** unfired piece. **Lumière crue,** garish light, glare. **Dans le jour c.,** in broad daylight. **Parler en termes crus,** to speak (i) in rough, coarse, language, (ii) in plain terms. (*b*) **Mets c. à l'estomac,** indigestible dish. **Eau crue,** hard water. **2.** *Adv.phr.* **A c.,** next to the skin. **Monter (un cheval) à c.,** to ride (a horse) bare back(ed).
cru[2], *s.m.* Locality in which vines are grown. **Vin d'un bon c.,** wine of a good vintage. **Vin du c.,** local wine. **Sentir le c.,** to smack of the soil. S.a. BOUILLEUR 1. *F:* **Une histoire de son c.,** a story of his own invention.
cru[3], **cru-s, -t,** etc. See CROIRE.
crû, crû-s, -t, etc. See CROITRE.
cruauté [kryote], *s.f.* **1.** Cruelty (**envers,** to). **2.** Act of cruelty.
cruche [kryʃ], *s.f.* **1.** Pitcher, jug. **2.** *P:* Ass, fool, blockhead.
cruchon [kryʃɔ̃], *s.m.* **1.** Small jug; pot (of beer). **2.** (Stoneware) hot-water bottle.
crucial, -iaux [krysjal], *a.* **1.** Crucial, cross-shaped. **2.** Le point c., the crucial point.
crucifères [krysifɛ:r], *s.f.pl.* *Bot:* Crucifers, cruciferae.
crucifi|er [krysifje], *v.tr.* To crucify. *s.m.* **-ement.**
crucifix [krysifi], *s.m.* Crucifix.
crucifixion [krysifiksjɔ̃], *s.f.* Crucifixion.
cruciforme [krysifɔrm], *a.* Cruciform; cross-shaped.
crudité [krydite], *s.f.* **1.** (*a*) Crudity (of foods); hardness (of water). (*b*) **Manger des crudités,** (i) to eat indigestible things, (ii) to eat raw vegetables and fruit. *Cu:* **Crudités niçoises,** salad consisting of raw sweet peppers, tomatoes, onions, olives, etc. **2.** Crudity, crudeness (of colouring, etc.). **3.** Coarseness (of expression).
crue [kry], *s.f.* Rising, swelling (of river); flood. **Rivière en c.,** river in spate.
cru|el, -elle [kryɛl], *a.* Cruel (**envers,** to). *adv.* **-ellement.**
crûment [krymɑ̃], *adv.* Crudely, roughly.
cruss-e, -es, etc. See CROIRE.
crûss-e, -es, etc. See CROÎTRE.
crustacés [krystase], *s.m.pl.* Crustacea; shell-fish.
crypte [kript], *s.f.* *Arch:* *Anat:* *Bot:* Crypt.
cryptogame [kriptɔgam]. *Bot:* **1.** *a.* Cryptogamous, cryptogamic. **2.** *s.f.* Cryptogam.
cryptogramme [kriptɔgram], *s.m.* Cryptogram; cipher (-message).
cubage [kyba:ʒ], *s.m.* Cubic content; volume (of reservoir, etc.); air-space (of room).
cubain, -aine [kybɛ̃, -ɛn], *a.* & *s.* *Geog:* Cuban.
cube [kyb]. **1.** *s.m.* (*a*) *Geom:* *Mth:* Cube. (*b*) *pl.* *Toys:* Building blocks. **2.** *a.* **Mètre c.,** cubic metre.
cuber [kybe]. **1.** *v.tr.* (*a*) *Mth:* To cube (number, etc.). (*b*) To find the cubical content of (sth.). **2.** *v.i.* **Réservoir qui cube vingt litres,** reservoir that has a cubical content of twenty litres.
cubique [kybik], *a.* (*a*) Cubic(al). (*b*) *Mth:* **Racine c.,** cube root.
cubisme [kybism], *s.m.* *Art:* Cubism.
cubiste [kybist], *s.m.* & *f.* *Art:* Cubist.
cubitus [kybity:s], *s.m.* *Anat:* Cubitus, ulna.
cueillage [kœja:ʒ], *s.m.*, **cueillaison** [kœjɛzɔ̃], *s.f.* (*a*) Picking, gathering (of fruit, etc.). (*b*) Gathering time.
cueiller-ai, -as, etc. See CUEILLIR.
cueillette [kœjɛt], *s.f.* **1.** Gathering, picking (of fruit, flowers). **2.** *Nau:* **Navigation à la c.,** tramping.
cueilleur, -euse [kœjœ:r, -ø:z], *s.* Picker, gatherer (of fruit, etc.).
cueillir [kœji:r], *v.tr.* (*pr.p.* **cueillant;** *p.p.* **cueilli;** *pr.ind.* je **cueille, n. cueillons;** *p.d.* je **cueillais;** *p.h.* je **cueillis;** *fu.* **je cueillerai)** To gather, pick, pluck (flowers, fruit). **C. un baiser,** to snatch a kiss. **C. des lauriers,** to win laurels. *P:* **C. qn au passage,** (i) to nab s.o. as he goes by; (ii) to buttonhole s.o. **Se faire c.,** to get nabbed, caught. *Rugby:* **C. le ballon,** to gather the ball. *F:* **Où as-tu cueilli ça?** where did you fish that out from, dig that up?
cueilloir [kœjwa:r], *s.m.* **1.** Fruit-picker (implement). **2.** Fruit-basket.
cuiller, cuillère [kɥijɛ:r], *s.f.* **1.** Spoon. (*a*) **C. à bouche,** table-spoon. **C. à café,** coffee-spoon. **C. à pot,** ladle. **Œuf à la c.,** boiled egg. *F:* **Ne pas y aller avec le dos de la c.,** (i) not to mince one's words; (ii) to be ruthless. *Ten:* *F:* **Servir à la c.,** to serve underhand. (*b*) *Tls:* **Mèche à c.,** spoon-bit. **2.** *Civ.E:* Scoop, bucket (of dredger).
cuillerée [kɥijre], *s.f.* Spoonful.
cuilleron [kɥijrɔ̃], *s.m.* **1.** Bowl (of spoon). **2.** *Ent:* Alula, winglet (of dipter).
cuir [kɥi:r], *s.m.* **1.** (*a*) *A:* Skin. (Still in) **Blessure entre c. et chair,** wound to the quick, oblique flesh wound. *Anat:* **C. chevelu,** scalp. (*b*) Hide (of elephant, etc.). **2.** (*a*) Leather. **C. vert, cru,** raw hide. **C. de molleterie,** shoe-leather. **C. jaune,** tan leather. **C. verni,** patent leather. **C. de Russie,** Russia leather, calf. **Chaussures en c.,** leather shoes. (*b*) *F:* Leather jacket. **3.** *F:* Incorrect liaison, as: **J'étais avec lui** [ʒetɛtavɛk lɥi], **il a fait une erreur** [il a fez yn ɛrœ:r], **s'en va en guerre** [sɑ̃vatɑ̃gɛ:r]. **Faire un c.,** to make an incorrect liaison.
cuirasse [kɥiras], *s.f.* **1.** Cuirass, breast-plate. **Le défaut de la c.,** the joints of the harness. **Trouver le défaut dans la c. de qn,** to find s.o.'s weak, vulnerable, spot. **2.** Armour (of warship).
cuirassé [kɥirase]. **1.** *a.* (*a*) Armour-plated; armoured. (*b*) Enclosed, covered (dynamo, etc.). (*c*) **Être c. contre les supplications,** to be proof, to be steeled, hardened, against entreaties. **2.** *s.m.* Armoured ship; esp. battleship. *O:* **C. de poche,** pocket battleship.
cuirassement [kɥirasmɑ̃], *s.m.* **1.** Armouring (of ship). **2.** Armour(-plating).
cuirasser [kɥirase], *v.tr.* (*a*) To armour(-plate) (ship, etc.). (*b*) To enclose, protect (machine).
se cuirasser, to put on one's cuirass. **Se c. contre qch.,** to steel oneself, one's heart, against sth.
cuirassier [kɥirasje], *s.m.* *Mil:* Cuirassier.
cuire [kɥi:r], *v.* (*pr.p.* **cuisant;** *p.p.* **cuit;** *pr.ind.* **je cuis, il cuit, n. cuisons;** *p.d.* **je cuisais;** *p.h.* **je cuisis;** *fu.* **je cuirai) 1.** *v.tr.* (*a*) To cook. **C. à l'eau,** to boil. **C. au four,** to bake or roast. **Cuit à point,** done to a turn. **Trop cuit,** overdone. **Pas assez cuit,** underdone. *F:* **Un dur à c.,** a hardened old sinner. (*b*) To burn, fire, bake, kiln (bricks, pottery, etc.). **2.** *v.i.* (*a*) (Of food) To cook. **C. à petit feu,** to cook slowly; (in pan) to simmer. **Faire c. un bifteck,** to cook a steak. *F:* **C. dans son jus,** (i) to be terribly hot; (ii) to stew in one's own juice. *F:* **On cuit dans cette salle,** it is boiling hot in this room. (*b*) To burn, smart. **Les yeux me cuisent,** my eyes are smarting. **Les joues me cuisent,** my cheeks tingle. **Il vous en cuira,** you shall smart for it; you'll be sorry.
cuisant [kɥizɑ̃], *a.* Smarting, burning (pain, etc.); biting, stinging (cold). **Déception cuisante,** bitter disappointment.
cuiseur [kɥizœ:r], *s.m.* **1.** (Brick-, lime-)burner; fireman. **2.** Cauldron, large stew-pan. **C. à pression,** pressure cooker.
cuisine [kɥizin], *s.f.* **1.** Kitchen. *Nau:* (Cook's) galley. **Fille de c.,** kitchen-maid. **Articles, batterie, de c.,** cooking utensils. *Mil:* **C. roulante,** field-kitchen. **2.** (*a*) (Art of) cooking, cuisine; cookery. **Livre de c.,** cookery book. **Faire la c.,** to do the cooking. (*b*) *F:* **Les petites cuisines du métier,** the little tricks of the trade. *F:* **La sale c. des politiciens,** the dirty scheming of politicians. (*c*) *Journ:* *F:* Sub-editing. **3.** (Cooked) food.
cuisiner [kɥizine], *v.tr.* To cook (meat, etc.). *F:* **C. des comptes,** to cook accounts. **C. un prévenu,** to interrogate, *F:* pump, grill, a man in custody.

cuisinier, -ière [kɥizinje, -jɛ:r], *s.* **1.** Cook. **2.** *s.m.* Cookery book. **3.** *s.f.* **Cuisinière.** (*a*) Dutch oven. (*b*) Cooking-stove. **Cuisinière à gaz,** gas-cooker.

cuissard [kɥisa:r], *s.m.* **1.** *Mil.Cost:* Cuisse, thigh-piece (of armour). **2.** *pl.* (Cyclist's) overall leggings. **3.** *a.* **Bottes cuissardes,** (i) thigh-boots, jack-boots; (ii) waders.

cuisse [kɥis], *s.f.* Thigh. *Cu:* **C. de poulet,** chicken leg, *F:* drumstick.

cuisson [kɥisɔ̃], *s.f.* **1.** (*a*) Cooking, baking. **Le bifteck est en c.,** the steak is on (the grill). (*b*) Burning, firing (of bricks, etc.). **2.** Burning (sensation); smarting (pain).

cuistot [kɥisto], *s.m.* *F:* *Mil:* Cook. **Chef c.,** sergeant-master-cook.

cuistre [kɥistr], *s.m.* **1.** *A:* Ill-bred pedant. **2.** *F:* Cad; ill-mannered cur.

cuit [kɥi], *a.* (*a*) Cooked or baked. *F:* **Il a son pain c.,** he's all right for the rest of his life. (*b*) *P:* Drunk, tight. (*c*) *P:* **Je suis c.,** it's all up with me, I'm done for. *F:* **C'est du tout c.,** it's all settled, it's a cinch.

cuite [kɥit], *s.f.* **1.** Baking, firing, burning (of bricks, etc.). **2.** Batch (of things baked at one time). **3.** *P:* **Prendre une c.,** to get drunk.

cuivre [kɥi:vr], *s.m.* **1. C. rouge,** copper. **Doublé en c.,** copper-bottomed. **C. jaune,** brass. *Mus:* **Les cuivres,** the brass (wind-instruments). **2.** (*a*) *Engr:* Copper-plate. (*b*) Electrotyped plate, block.

cuivré [kɥivre], *a.* **1.** Copper-coloured. **Teint c.,** bronzed complexion. **Ciel c.,** lurid sky. **2. Voix cuivrée,** metallic, resounding, voice. *Mus:* **Sons cuivrés,** brassy tones; blare.

cuivr|er [kɥivre], *v.tr.* **1.** To copper; to coat, sheathe, (sth.) with copper. **2. C. le teint,** to bronze the complexion. **3.** *v.i.* (Of trumpet, etc.) To blare. *s.m.* **-age.**

cul [ky], *s.m.* **1.** (*a*) *V:* Backside, bottom, behind (of person). *P:* *O:* **C. goudronné,** sailor, tar. **Enlever le c. à qn,** to kick s.o.'s backside. *P:* **Tirer au c.,** to swing the lead. (*b*) Haunches, rump (of animal). **Tirer un oiseau au c. levé,** to shoot a bird on the rise. **2.** (*a*) Bottom (of bag, bottle, etc.); base, punt (of bottle); tail (of pulley-block, cart). **Mettre un tonneau à c.,** to tip up, up-end, a barrel. (*b*) Stern (of ship). **Trop sur c.,** too much by the stern.

culasse [kylas], *s.f.* **1.** Breech (of gun, rifle). **C. mobile,** bolt (of rifle). **Fusil se chargeant par la c.,** breech-loading gun. *Artil:* **Bloc de c.,** breech-block. **2.** *I.C.E:* (Detachable) cylinder-head; combustion head.

cul-blanc [kyblɑ̃], *s.m.* *Orn:* Wheatear, stone-chat. *pl. Des culs-blancs.*

culbute [kylbyt], *s.f.* (*a*) Somersault. **Faire la c.,** to turn a somersault. (*b*) Tumble; heavy fall. **Faire une violente c.,** to come a heavy cropper. (*c*) *F:* **Faire la c.,** (of ministry) to fall; (in business) to fail.

culbut|er [kylbyte]. **1.** *v.i.* (*a*) To turn a somersault. (*b*) **C. du haut de l'escalier,** to fall downstairs (head over heels). **2.** *v.tr.* (*a*) To overthrow, knock over, upset (s.o., sth.). (*b*) To tip, tilt, (cart, etc.); to dump, shoot (ore, etc.). (*c*) To trip (lever, etc.). *s.m.* **-age.**

culbuteur [kylbytœ:r], *s.m.* **1.** *Toys:* Tumbler. **2.** *El:* **Interrupteur à c.,** tumbler-switch. **3.** *I.C.E:* (Valve) rocker. **Moteur à culbuteurs,** overhead-valve engine. **4.** (*a*) Tripper device. (*b*) Tipping apparatus (for trucks, etc.).

cul-de-jatte [kydʒat], *s.m.* Legless cripple. *pl. Des culs-de-jatte.*

cul-de-lampe [kydlɑ̃:p], *s.m.* **1.** *Arch:* (*a*) Pendant, cul-de-lampe. (*b*) Bracket, corbel. **2.** *Typ:* Tail-piece, cul-de-lampe. *pl. Des culs-de-lampe.*

cul-de-sac [kydsak], *s.m.* Blind alley, cul-de-sac. *Rail:* Blind siding. *pl. Des culs-de-sac.*

culée [kyle], *s.f.* **1.** *Civ.E:* Abutment(-pier) of bridge. **2.** *Nau:* Stern-way.

culer [kyle], *v.i.* **1.** (*a*) To go backwards. (*b*) *Nau:* To make stern-way; to drop astern. **Nagez à c.!** back water! **2.** (Of wind) To veer astern.

culinaire [kylinɛ:r], *a.* Culinary.

culminant [kylminɑ̃], *a.* (*a*) *Astr:* Culminant. (*b*) **Point c.,** highest point; zenith (of power, etc.); height, climax (of glory).

culot [kylo], *s.m.* **1.** Bottom (of lamp); base (of cartridge, shell). **C. d'une bouteille,** punt, kick, of a bottle. *El:* **C. d'une lampe,** base, cap, of a lamp. *I.C.E:* **C. de bougie,** body of sparking-plug. *P:* **Avoir du c.,** to have penty of cheek, of self-assurance. **2.** Dottle (in tobacco-pipe). **3.** (*a*) Last chick hatched. (*b*) *F:* Baby of the family.

culotte [kylɔt], *s.f.* **1.** *Cu:* Rump, buttock (of beef). **2.** (*a*) **Une c., des culottes, une paire de culottes,** shorts, breeches. **C. courte,** (i) knee-breeches; (ii) shorts. **C. de cheval,** riding breeches. **C. de peau,** (i) buckskin riding-breeches; (ii) *F:* old officer risen from the ranks. *F:* **C'est la femme qui porte la c.,** it is the wife who wears the breeches, trousers. (*b*) (Woman's) knickers. **3.** *P:* **Prendre une c.,** (i) to lose heavily (at cards); (ii) to get drunk.

culotter [kylɔte], *v.tr.* **1.** To put breeches, trousers, on (s.o.). **2.** To colour, season, break in (a pipe). *s.m.* **-age.**

se culotter. **1.** *F:* (Of painting) To mellow; (of pipe) to colour, season. **2.** *P:* To get drunk, tight. **3.** To put on one's breeches, trousers.

culpabilité [kylpabilite], *s.f.* Culpability, guiltiness, guilt. *Jur:* **Nier sa c.,** to plead not guilty.

culte [kylt], *s.m.* **1.** Worship. **Le c. des héros,** hero-worship. **Avoir un c. pour qn,** to worship s.o. **2.** Form of worship; cult, creed. **Liberté du c.,** freedom of worship.

cultivable [kyltivabl], *a.* Arable (land).

cultivateur [kyltivatœ:r], *s.m.* **1.** Farmer. **C. de roses,** rose-grower. *a.* **Les peuples cultivateurs,** farming communities. **2.** Cultivator; light plough.

cultivé [kyltive], *a.* **1.** Cultivated (land). **2.** Cultured (mind).

cultiver [kyltive], *v.tr.* **1.** To cultivate, farm, till (the soil). **2.** To cultivate (plants, one's mind, etc.). **C. des céréales,** to raise, grow, cereals.

cultuel, -elle [kyltɥɛl], *a.* Of, pertaining to, worship.

cultural, -aux [kyltyral, -o], *a.* Cultural, relating to agriculture.

culture [kylty:r], *s.f.* **1.** (*a*) Cultivation, tillage, tilling (of the soil). **La grande, petite, c.,** farming on a large, small, scale. **C. à sec,** dry farming. (*b*) *pl.* (i) Fields, land, under cultivation. (ii) **Cultures associées,** companion crops. **2.** Cultivation, culture (of plants, of the mind); breeding (of bees, etc.). **C. physique,** physical training. **3.** *Bac:* Culture. S.a. BOUILLON 2. **4. Homme de forte c.,** highly cultured man.

culturel, -elle [kyltyrɛl], *a.* Cultural, relating to culture, of the intellect.

cumul [kymyl], *s.m.* **C. de fonctions,** plurality of offices; pluralism.

cumulatif, -ive [kymylatif, -i:v], *a.* Cumulative.

cumuler [kymyle], *v.tr.* **C. des fonctions,** to hold a plurality of offices.

cumulus [kymyly:s], *s.m.inv.* *Meteor:* Cumulus.

cunéiforme [kyneifɔrm], *a.* Wedge-shaped, arrow-headed; cuneiform (writing).

cupide [kypid], *a.* Covetous, greedy, grasping. *adv.* **-ment.**

cupidité [kypidite], *s.f.* Cupidity, covetousness, greed.

Cupidon [kypidɔ̃]. *Pr.n.m.* Cupid.

cuprifère [kyprifɛ:r], *a.* Copper-bearing.

cuprique [kyprik], *a.* Cupric (acid).

cupronickel [kyprɔnikɛl], *s.m.* Cupro-nickel.

cupule [kypyl], *s.f.* Cupule; cup (of acorn).

curable [kyrabl], *a.* Curable (disease, etc.).

curage [kyra:ʒ], *s.m.* **1.** (*a*) Picking (of the teeth). (*b*) Clearing, cleaning out (of drain, harbour, etc.); flushing (of drain). **2.** *pl.* Refuse, dirt (from drains, etc.).

curateur, -trice [kyratœ:r, -tris], *s.* *Jur:* Trustee, administrator (of vacant succession, etc.); guardian (of emancipated minor).

curatif, -ive [kyratif, -i:v], *a. & s.m.* Curative.

cure [ky:r], *s.f.* **1.** Care. **Personne n'en a c.,** nobody cares. **2.** *Ecc:* (*a*) **Bénéfice avec c.,** benefice with cure (of souls). (*b*) Residence of the *curé* (= vicarage or rectory). *R.C.Ch:* Presbytery. **3.** *Med:* (Course of) treatment; cure. **Faire une c. de lait,** to take a milk cure.

curé [kyre], *s.m.* Parish priest.

cure-dents [kyrdɑ̃], *s.m.inv.* Tooth-pick.

curée [kyre], *s.f.* (i) *Ven:* Quarry; (ii) the rush for the spoils. **Être âpre à la c.**, to be eager for gain, for honours.
cure-pipe [kyrpip], *s.m.* Pipe-cleaner. *pl. Des cure-pipes.*
curer [kyre], *v.tr.* (*a*) To pick (one's teeth, etc.); to clean (one's nails). (*b*) To clear, clean out (drain, etc.); to dredge (river, etc.).
curie [kyri], *s.m. Rad.-A:* Curie.
curieusement [kyrjøzmɑ̃], *adv.* **1.** (*a*) Interestedly, inquiringly. (*b*) Curiously, inquisitively. **2.** Curiously; (i) delicately (worked, etc.); (ii) quaintly, oddly.
curieux, -euse [kyrjø, -ø:z], *a.* **1.** (*a*) *A. & Lit:* Careful (de, of); meticulous. (*b*) Inquiring (mind); interested (de, in). **2.** Curious. (*a*) Interested. **Je serai c. de voir cela,** I shall be interested to see it. *s.* **Un c.,** (i) an interested person; (ii) a sight-seer. **Il était venu en c.,** he came as an observer. (*b*) Inquisitive (de, about). **Caractère c.,** prying disposition. (*c*) Odd, peculiar. **Chose curieuse à voir,** quaint, curious, sight. *s.* **Le c. de l'affaire est que . . .,** the odd thing about it is that. . . .
curiosité [kyrjozite], *s.f.* Curiosity. **1.** (*a*) Interestedness. **C. d'esprit,** inquisitiveness of mind. (*b*) Inquisitiveness. **Par c.,** out of curiosity. (*c*) Oddness, peculiarity. **2.** (*a*) Curio. **Magasin de curiosités,** curiosity shop. (*b*) **Les curiosités de Paris,** the sights of Paris.
curiste [kyrist], *s.m. & f.* Patient taking the cure (at a spa).
curseur [kyrsœ:r], *s.m.* Cursor, slide(r), runner, traveller (of mathematical instrument). *El:* Slide contact; jockey (of rheostat).
cursif, -ive [kyrsif, -i:v]. **1.** *a.* (*a*) Cursive, running (handwriting). (*b*) Cursory. **2.** *s.f.* **Cursive,** cursive, running; hand.
curviligne [kyrviliɲ], *a.* Curvilinear, rounded.
curvimètre [kyrvimɛtr], *s.m.* Curvometer; map-measurer.
cuscute [kyskyt], *s.f. Bot:* Dodder.
cuspide [kyspid], *s.f. Bot:* Cusp.
cuspidé [kyspide], *a. Bot:* Cuspidate.
custode[1] [kystɔd], *s.f.* (*a*) Altar curtain. (*b*) Pyx-cloth. (*c*) Custodial (for the host, for relics). (*d*) *Veh:* Padded side (of car); arm-rest.
cutané [kytane], *a.* Cutaneous. **Maladies cutanées,** skin diseases.
cuticule [kytikyl], *s.f.* Cuticle, epidermis.
cuti-réaction [kutireaksjɔ̃], *s.f. Med:* Skin-test (for tuberculosis, etc.). *Pl. Des cuti-réactions.*
cuvage [kyva:ʒ], *s.m.*, **cuvaison** [kyvɛzɔ̃], *s.f.* **1.** Fermenting (of wine, beer) in vats. **2.** Vat room.
cuve [ky:v], *s.f.* (*a*) Vat, tun. (*b*) Tank (*e.g.* for electroplating); cistern. *I.C.E:* Float-chamber (of carburettor). **C. à lessive,** copper. *Phot:* **C. à développement,** developing-tank.
cuvée [kyve], *s.f.* Vatful, tunful. **Vin de première c.,** wine of the first growth. **Mettre des vins en c.,** to blend wines. *F:* **Encore un conte de la même c.,** another story of the same kind.
cuvel|er [kyvle], *v.tr.* **(je cuvelle; je cuvellerai)** To line, timber, tub (mine-shaft, etc.). *s.m.* **-age.**
cuver [kyve]. **1.** *v.i.* (Of wine) To ferment, work. **2.** *v.tr.* To work, ferment (wine). *F:* **C. son vin,** to sleep off one's drink.
cuvette [kyvɛt], *s.f.* **1.** Wash-basin, -bowl. **2.** Dish; pan (of w.c.); cistern (of barometer); bulb (of thermometer); cap (of watch). *Nau:* Bowl (of compass). *Phot:* (Developing) dish. **3.** *Geol:* Basin.
cuvier [kyvje], *s.m.* Wash-tub.
cyanamide [sjanamid], *s.f. Ch:* Cyanamide.
cyanhydrique [sjanidrik], *a. Ch:* Hydrocyanic; *F:* prussic (acid).
cyanogène [sjanɔʒɛn], *s.m. Ch:* Cyanogen.
cyanose [sjano:z], *s.f. Med:* Cyanosis.
cyanure [sjany:r], *s.m. Ch:* Cyanide.
cybernétique [sibɛrnetik], *s.f.* Cybernetics.
cyclable [siklabl], *a.* **Piste c.,** cycle-track.
cyclamen [siklamɛn], *s.m. Bot:* Cyclamen.
cycle [sikl], *s.m.* **1.** Cycle (of events, poems, etc.). **2.** (Bi-, tri-)cycle. **Fabricant de cycles,** cycle-manufacturer.
cyclique [siklik], *a.* Cyclic(al).
cyclisme [siklism], *s.m. Sp:* Cycling.
cycliste [siklist]. **1.** *s.m. & f.* Cyclist. **2.** *a.* Cycling.
cycloïdal, -aux [siklɔidal, -o], *a. Mth:* Cycloidal (curve, etc.).
cycloïde [siklɔid], *s.f. Mth:* Cycloid.
cyclo|moteur [siklomɔtœ:r], *s.m.* Auto-cycle, moped. *s.m. & f.* **-motoriste.**
cyclone [siklon], *s.m. Meteor:* Cyclone.
cyclonique [siklɔnik], *a. Meteor:* Cyclonic.
cyclope [siklɔp], *s.m.* Cyclops.
cyclopéen, -enne [siklɔpeɛ̃, -ɛn], *a.* Cyclopean, gigantic.
cyclotron [siklotrɔ̃], *s.m. Atom.Ph:* Cyclotron.
cygne [siɲ], *s.m.* Swan. **Jeune c.,** cygnet. **C. mâle,** cob. S.a. CHANT 1.
cylindrage [silɛ̃dra:ʒ], *s.m.* Rolling (of roads, gardens, steel, etc.). *Tex:* Calendering, mangling (of cloth). *P.N:* **"Cylindrage,"** 'road-roller at work.' *Metall:* **C. à froid,** cold-rolling.
cylindre [silɛ̃:dr], *s.m. Geom: etc:* Cylinder. *I.C.E:* **Moteur à quatre cylindres,** four-cylinder engine. *Typ:* **C. d'impression,** printing drum. **C. compresseur,** steam-roller, road roller.
cylindrée [silɛ̃dre], *s.f. I.C.E:* Cubic capacity (of engine).
cylindrer [silɛ̃dre], *v.tr.* **1.** To roll (road, lawn, etc.). **2.** To calender, mangle (cloth).
cylindrique [silɛ̃drik], *a.* Cylindrical.
cymbale [sɛ̃bal], *s.f. Mus:* Cymbal.
cymbalier [sɛ̃balje], *s.m.* Cymbal-player.
cyme [sim], *s.f. Bot:* Cyme.
cynégétique [sineʒetik]. **1.** *a.* Cynegetic. **2.** *s.f.* Cynegetics, hunting.
cynique [sinik]. **1.** *a.* (*a*) *A.Phil:* Cynic(al). (*b*) Shameless (morals); brazen (insolence); unblushing (indecency); bare-faced (lie). **2.** *s.m.* (*a*) *A.Phil:* Cynic. (*b*) Shameless, brazen, person. *adv.* **-ment.**
cynisme [sinism], *s.m.* **1.** *A.Phil:* Cynicism. **2.** Shamelessness, effrontery.
cynocéphale [sinosɛfal]. **1.** *a.* Cynocephalous, dog-headed. **2.** *s.m. Z:* Cynocephalus; dog-faced baboon.
cynodrome [sinɔdro:m], *s.m.* Greyhound racing-track.
cyprès [sipre], *s.m. Bot:* Cypress(-tree).
cyprin [siprɛ̃], *s.m. Ich:* (Fish of) carp (family). **C. doré,** goldfish.
cypriote [sipriɔt], *a. & s. Geog:* Cyprian, Cypriot; of Cyprus.
cyrillien, -ienne [siriljɛ̃, -ɛn], **cyrillique** [sirillik], *a.* Cyrillic (alphabet, etc.).
cystique [sistik], *a.* Cystic (duct, calculus, etc.).
cystite [sistit], *s.f. Med:* Cystitis.
cytise [siti:z], *s.m. Bot:* **1.** Cytisus. **2.** Laburnum.
cytoblaste [sitɔblast], *s.m. Biol:* Cytoblast.
czar [tsa:r, kza:r], *s.m.*, **czarine** [tsarin, kzarin], *s.f.* = TSAR, TSARINE.

D, d [de], *s.m.* (The letter) D, d. *Tp:* **D comme Désiré,** D for David. *P:* **Le système D (= débrouille-toi),** resourcefulness, wangling.
da [da], *adv. F:* **Oui-da!** yes indeed!
d'abord [dabɔ:r], *adv.phr.* S.a. ABORD 4.
dac, d'ac [dak], *int. F:* O.K.
Dacron [dakrɔ̃], *s.m. R.t.m: Tex:* Dacron.
dactyle [daktil], *s.m. Pros:* Dactyl.
dactylo [daktilo], *s.m. & f.* (*a*) *F:* Typist. (*b*) *s.f. F:* Typing. **Il est bon à la d.,** he is good at typing. (*c*) *s.m. Fr.C:* Typewriter (*machine*).
dactylo-facturière [daktilofaktyrjɛ:r], *s.f.* Typist invoice-clerk. *pl. Des dactylos-facturières.*
dactylographe [daktilɔgraf], *s.m. & f.* Typist. *Fr.C:* Typewriter (*machine*).
dactylographie [daktilɔgrafi], *s.f.* Typewriting, typing.
dactylographier [daktilɔgrafje], *v.tr.* To type.
dactylographique [daktilɔgrafik], *a.* Typewriting (material, etc.).
dactylologie [daktilɔlɔʒi], *s.f.* Dactylology.
dactyloscopie [daktilɔskɔpi], *s.f.* Finger-print identification.
dactyloscopique [daktilɔskɔpik], *a.* **Examen d.,** examination of fingerprints.
dada [dada], *s.m. F:* **1.** (In nursery language) Gee-gee. **Aller à d.,** to ride a-cock-horse. **2.** *A:* Hobby-horse. *F:* Fad, pet subject. **Enfourcher son d.,** to get on one's hobby-horse.
dadais [dadɛ], *s.m. F:* Booby, goof.
dadaïsme [dadaism], *s.m. Art:* Dadaism.
dadaïste [dadaist], *s.m. & f. Art:* Dadaist.
dague [dag], *s.f.* **1.** Dagger; *Navy:* dirk. **2.** Spike (of two-year-old deer).
daguerréotype [dagereɔtip], *s.m.* Daguerreotype.
daguet [dagɛ], *s.m. Ven:* Brocket, pricket.
dahlia [dalja], *s.m. Bot:* Dahlia.
daigner [dɛɲe], *v.tr.* To deign, condescend. **Daignez accepter ces quelques fleurs,** please accept these few flowers. **Elle n'a même pas daigné me voir,** she wouldn't even see me.
daim [dɛ̃], *s.m.* (Fallow-)deer; buck. **(Peau de) d.,** (i) buckskin, doeskin; (ii) suede. **Gants en d.,** suede gloves. (iii) *F:* Booby, mug.
daine [dɛn, *Ven:* din], *s.f.* Doe (of fallow-deer).
dais [dɛ], *s.m.* **1.** Canopy. **Recouvert d'un d.,** canopied. **2.** *A:* Dais, platform.
Dalila [dalila]. *Pr.n.f. B.Hist:* Delilah.
dallage [dala:ʒ], *s.m.* **1.** Paving (with flags, etc.). **2.** Pavement, flagging; flagstones, flags; tiled floor.
dalle [dal], *s.f.* (*a*) *Const:* Flag(stone); flooring-tile; paving stone. (*b*) Slab (of marble, etc.). **D. funéraire,** ledger, flatstone.
daller [dale], *v.tr.* To pave (with flagstones, etc.); to flag (pavement, etc.); to tile (floor).
dalleur [dalœ:r], *s.m.* Flag-layer, pavio(u)r.
dalmatique [dalmatik], *s.f. Ecc.Cost:* Dalmatic.
dalot [dalo], *s.m. Nau:* Scupper(-hole).
daltonien, -ienne [daltɔnjɛ̃, -jɛn], *a. & s.* Colour-blind (person).
daltonisme [daltɔnism], *s.m.* Colour-blindness.
dam [dɑ̃], *s.m.* **1.** *A:* Injury, prejudice. **2.** *Theol:* **Peine du d.,** eternal damnation.
Damas [damɑ(:s)]. **1.** *Pr.n.m. Geog:* Damascus. **2.** *s.m.* [damɑ] (*a*) *Tex:* Damask (linen, silk, etc.). (*b*) Damson (plum).
damasquin|er [damaskine], *v.tr.* To inlay, damascene, damaskeen (blade, etc.). *s.m.* **-age.**
damassé [damɑse]. **1.** *a.* (*a*) **Linge d.,** linen damask. (*b*) **Acier d.,** Damascus steel. **2.** *s.m. Tex:* Damask linen; diaper.
damasser [damɑse], *v.tr.* To damask.
dame¹ [dam], *s.f.* **1.** (*a*) (Noble) lady. **Les dames de France,** the royal princesses of France. *F:* **Elle fait la (grande) d.,** she puts on airs, she's all lah-di-dah. (*b*) Lady. **Que prendront ces dames?** (i) what will the ladies take? (ii) what will you take, ladies? (*c*) *A:* Dame. **D. Nature,** Dame Nature. (*d*) (Married) lady. *F:* **Votre d.,** your good lady, *P:* your missus. *Jur:* **La d. Simon,** Mrs Simon. (*e*) **D. d'honneur,** lady-in-waiting; maid of honour. **D. de compagnie,** (lady's companion. **Dames de charité,** district visitors. (*f*) (Gentleman's) partner (at dance). S.a. NOTRE-DAME. **2.** *Games:* (*a*) **Jeu de dames,** (game of) draughts, *U.S:* checkers. (*b*) King (at draughts); queen (at cards and chess); piece (at backgammon). **D. troisième,** guarded queen (at cards). **Aller à d.,** (i) *Draughts:* to make a king; (ii) *Chess:* to queen. **3.** **Dames de nage,** rowlocks. **4.** (Paving) beetle; (earth) rammer. **5.** *Bot:* **D. d'onze heures,** star of Bethlehem.
dame², *int.* **D. oui!** well, yes! why, yes! rather! **Ça vous étonne? D. oui!** does it astonish you? It does indeed! **Vous y allez? D.!** you are going? What else can I do?
dame³, *s.f. Civ.E:* Dam (across section of canal under construction). *Metall:* Dam-stone (of furnace).
dame-jeanne [damʒan], *s.f.* Demijohn, *pl. Des dames-jeannes.*
dam|er [dame], *v.tr.* **1.** (At draughts) To crown (a piece). *F:* **D. le pion à qn,** to go one better than s.o.; to outwit or outdo s.o. **2.** To ram, tamp (earth). *s.m.* **-age.**
damier [damje], *s.m.* Draught-board (in Fr. with 100 squares); *U.S:* checker-board. **Étoffe à d.,** check, chequered, material.
damnable [danabl], *a.* **1.** *Theol:* Deserving of damnation. **2.** *F:* Detestable, heinous; rotten, frightful.
damnation [dɑnasjɔ̃], *s.f.* Damnation.
damné, -ée [dɑne], *a. & s.* Damned. *F:* **Souffrir comme un d.,** to go through hell. **Être l'âme damnée de qn,** to be a mere tool in the hands of s.o.
damner [dɑne], *v.tr.* To damn.
se damner, to incur damnation. *F:* **Faire d. qn,** to torment s.o.; to drive s.o. crazy.
Damoclès [dɑmɔklɛ:s]. *Pr.n.m.* **L'épée de D.,** the sword of Damocles.
damoiseau [damwazo], *s.m. A:* **1.** Squire, page. **2.** *F:* Fop.
damoiselle [dɑmwazɛl], *s.f. A:* Damozel, damsel.
Danaïdes [danaid], *s.f.pl. Myth:* The Danaides.
dancing [dɑ̃siŋ], *s.m.* Dance-hall, *F:* palais (de danse); *U.S:* public ballroom.
dandin [dɑ̃dɛ̃], *s.m. A:* Simpleton.
dandin|er [dɑ̃dine], *v.tr.* To dandle (baby).
se dandiner, to have a rolling gait; to waddle. *s.m.* **-ement.**
dandy [dɑ̃di], *s.m.* Dandy. *pl. Des dandys.*
Danemark [danmark]. *Pr.n.m.* Denmark.
danger [dɑ̃ʒe], *s.m.* Danger, peril, jeopardy. **D. pou la sécurité nationale,** danger to national security. **A l'abri du d.,** out of harm's way. **Courir un d.,** to be in danger. **Courir d. de . . .,** to run the risk of. . . . **Quel d. y a-t-il à l'avertir?** what danger, what harm, is there in warning him? **Sans d.,** safe(ly); securely. **Mettre en d. la vie de qn,** to endanger, jeopardize, s.o.'s life. **En d. de mort,** in danger, peril, of death. **Être en d. de tomber,** to be in danger of falling. *Med:* **Hors de d.,** off the danger-list. *F:* **Pas de d.!** Don't be afraid. **Il n'y a pas de d. qu'il vienne,** there is no fear of his coming.
dangereu|x, -euse [dɑ̃ʒrø, -ø:z], *a.* Dangerous (**pour,** to). *Mil:* **Zone dangereuse,** danger zone. *adv.* **-sement.**
danois, -oise [danwa, -wa:z]. **1.** *a.* Danish. **(Chien) d.,** Great Dane. **2.** *s.* Dane. **3.** *s.m. Ling:* Danish.
dans [dɑ̃], *prep.* **1.** (Of place) (*a*) In. **Qu'est ce que vous avez d. la main?** what have you (hidden) in your hand? (Cp. **Un bâton à la main,** stick in hand.) **D. la France moderne,** in modern France. (Cp. **En France,** in France). **Habiter d. Paris même,** to live in(side) Paris. (Cp. **Il est à Paris,** he is in Paris.) **D. Racine,** in Racine. (*b*) Within. **D. un rayon de dix kilomètres,** within a radius of ten kilometres. (*c*) Into. **Mettre qch. d. une boîte,** to put sth. into a box. **Tomber d. l'oubli,** to sink into oblivion. (*d*) (With

motion from a point within sth.) Out of. **Prendre qch. d. qch.,** to take sth. out of sth. **Boire d. un verre,** to drink out of a glass. **Copier qch. d. un livre,** to copy sth. out of, from, a book. **Découper un article d. le journal,** to cut an article out of the paper. (*e*) **Il passerait d. le feu pour elle,** he would go through fire for her sake. **Il a voyagé d. le monde,** he has travelled about the world. **2.** (Of time) (*a*) In, within, during. **D. le temps,** long ago, formerly. **Payer d. les dix jours,** to pay within ten days. **Je serai prêt à partir d. cinq minutes,** I shall be ready to start in five minutes. (Cp. **On peut aller à Londres en cinq heures, it takes** five hours to get to London.) *F:* **Il a d. les quarante ans,** he is about forty. **Ça va faire d. les trois mois que . . .,** it is about three months since. . . . **Une somme d. les dix livres,** about ten pounds. (*b*) **Essayer de voir d. l'avenir,** to try to see into the future. **3.** (*a*) **Être d. le commerce,** to be in trade. (*b*) **Être d. la nécessité de . . .,** to be under the necessity of. . . . **D. ce but,** with this object. **D. cette occasion,** on that occasion.

dansant [dɑ̃sɑ̃], *a.* **1.** Dancing. **Pas d.,** springy step. **Démarche dansante,** springy walk. **2. Thé d.,** tea dance, thé dansant. **Donner une soirée dansante,** to give a dance.

danse [dɑ̃:s], *s.f.* (*a*) Dance, dancing. **D. du ventre,** belly-dance. **Aimer la d.,** to be fond of dancing. *Med:* **D. de Saint-Guy,** St Vitus's dance. *F:* **Entrer en d.,** (i) to join the dance; (ii) *F:* to join in. *F:* **Ouvrir la d.,** to start the ball rolling. (*b*) Dance tune.

danser [dɑ̃se]. To dance. **1.** *v.tr.* **D. une valse,** to dance a waltz. **Le twist se danse ainsi,** this is the way to dance the twist, the twist is danced like this. **2.** *v.i.* **Faire d. qn,** (i) to dance with s.o.; (ii) *F:* to lead s.o. a dance. **Faire d. un bébé sur son genou,** to dance, dandle, a baby on one's knee. **Faire d. les écus,** to make the money fly. **Ne savoir sur quel pied d.,** to be all at sea. (Of horse) To prance. *Nau:* To pitch and toss.

danseur, -euse [dɑ̃sœ:r, -ø:z], *s.* **1.** (*a*) Dancer, esp. ballet-dancer. (*b*) **D. de corde,** tight-rope dancer. *Cy:* **Pédaler en danseuse,** to stand up on the pedals. **2.** Partner (at dance).

Dantzig [dɑ̃tsik, -dz-]. *Pr.n. Geog:* Danzig.

Danube [danyb]. *Pr.n.m. Geog:* The Danube. **Paysan du D.,** Country bumpkin, *u.s:* rube.

danubien, -ienne [danybjɛ̃, -jɛn], *a.* Danubian.

dard [da:r], *s.m.* **1.** (*a*) *A:* Dart, javelin. *F:* **Filer comme un d.,** to be off like a shot. (*b*) *Fish:* (Eel-) spear. **2.** (*a*) Sting (of insect); forked tongue (of serpent). (*b*) Tongue (of flame). (*c*) Piercing ray (of sun). (*d*) Stabbing pain.

darder [darde], *v.tr.* **1.** To hurl, shoot forth, dart (pointed object). *F:* **Il darda sur moi un regard chargé de haine,** he shot, flashed, a glance of hatred at me. **2.** (*a*) To spear (eel). (*b*) **D. qn de sarcasmes,** to hurl sarcasm at s.o.

dardillon [dardijɔ̃], *s.m.* **1.** Small dart. **2.** Barb (of fish-hook).

dare-dare [darda:r], *adv.* In hot haste, helter-skelter, post-haste.

darne [darn], *s.f. Cu:* Slice, slab, steak (of salmon, cod).

darse [dars], *s.f.* Harbour, wet dock (at Toulon and Marseilles).

dartre [dartr], *s.f. Med:* Scurfy affection; scurf, dartre. *F:* **Maison plaquée de dartres,** house showing patches of decay.

dartreux, -euse [dartrø, -ø:z], *a.* Scabby, dartrous.

datation [datasjɔ̃], *s.f.* Dating.

date [dat], *s.f.* Date. **Sans d.,** undated (letter, etc.). **Erreur de d.,** mistake in the date. **Faire une erreur de d.,** to misdate an event, a document. **Prendre d. pour qch.,** to fix a date for sth. (Of event) **Faire d.,** to mark an epoch. **Être le premier en d.,** to come first. **De fraîche d.,** of recent date. **De vieille, de longue, d.,** of long standing. **Je le connais de longue d.,** I have known him for a long time. **Les derniers en d. des rois d'avant la Conquête,** the latter kings of the pre-Conquest period. **À cette d.,** by then, by that time. *Com:* **En d. du 15 courant,** under date of the 15th inst. **A trente jours de d.,** thirty days after date. *Fin:* **Emprunt à longue, à courte, d.,** long-dated, short-dated, loan.

dater [date]. **1.** *v.tr.* To date (letter, etc.). **Non daté,** undated. **Mal daté,** misdated. **2.** *v.i.* To date (de, from). **A d. de ce jour,** from today. **A d. du 15,** on and after the 15th. **De quand date votre dernier repas?** When did you last eat? *Abs.* **Événement qui date,** (in history, etc.), epoch-making event. **Costume qui date,** out-of-date costume.

dateur [datœ:r], *s.m.* Date-marker (for stamps).

datif [datif], *a. & s.m. Gram:* Dative (case). **Au d.,** in the dative.

datte [dat], *s.f. Bot:* Date. *P:* **Des dattes!** nothing doing!

dattier [datje], *s.m. Bot:* Date-palm, -tree.

daube [do:b], *s.f. Cu:* Stew. **Bœuf en d.,** stewed, braised, beef.

dauber [dobe]. **1.** *v.tr. Cu:* To stew, braise (beef). **2.** *v.i.* **D. sur qn,** to pull s.o. to pieces (behind his back).

daubière [dobjɛ:r], *s.f. Cu:* Braising casserole or pan.

dauphin [dofɛ̃], *s.m.* **1.** Dolphin or grampus. **2.** *Hist:* Dauphin (eldest son of French king). **3.** *Arch:* Gargoyle.

dauphine [dofin], *s.f. Fr.Hist:* Dauphiness, wife of the Dauphin.

daurade [dorad], *s.f. Ich:* Chrysophrys.

davantage [davɑ̃ta:ʒ], *adv.* More. **Il m'en faut d.,** I need still more. **Je n'en dis pas d.,** I shall say no more. **Je ne l'interrogeai pas d.,** I did not question him any further. **Vous êtes riche, mais il l'est d.,** you are rich, but he is more so. **Nous ne resterons pas d.,** we will not stay any longer, **Se reculer d.,** to draw further back. **Se baisser d.,** to stoop lower. **Tous les jours d.,** more and more every day. **Les élèves de dix ans et d.,** the pupils of ten and over.

davier [davje], *s.m.* **1.** *Tls:* (*a*) *Dent:* Forceps. (*b*) *Carp:* Cramp. (*c*) *Coop:* Dog. **2.** *Nau:* Davit.

D.D.T. [dedete], *s.m.* (*Abreviation de dichlorodiphényltrichloréthane*). D.D.T.

de [də]. (Before vowels and h 'mute' **d'.** **De** + *def. art.* le, les, are contracted into **du, des.**) **I.** *prep.* **1.** (*a*) From. **Il vient de Paris,** he comes from Paris. **L'idée est de vous,** the idea is yours, comes from you. **Je l'ai oublié? C'est bien de moi,** did I forget it? It's just like me. **Du matin au soir,** from morning till night. **De vous à moi . . .,** between ourselves. . . . **De vingt à trente personnes,** between twenty and thirty people. **De jour en jour,** from day to day. (*b*) (Time vaguely indicated) **Il partit de nuit,** he left by night. **Du temps de nos pères,** in the days of our fathers. (*c*) (Agent, means, instrument) **Accompagné de ses amis,** accompanied by his friends. **La statue est de Rodin,** the statue is by Rodin. **J'ai fait cela de ma propre main,** I did it with my own hand. **Vivre de fruits,** to live on fruit. **Vivre de sa plume,** to live by one's pen. (*d*) (Manner) **Il me regarda d'un air amusé,** he looked at me with an amused air. **Répondre d'une voix douce,** to answer in a gentle voice. (*e*) (Cause, origin) **Sauter de joie,** to leap for joy. **Je tombe de fatigue,** I am ready to drop with fatigue. **Faire qch. de soi-même,** to do sth. of one's own accord. (*f*) (Measure) **Je suis âgé de seize ans,** I am sixteen years old. **Ma montre retarde de dix minutes,** my watch is ten minutes slow. **Il est plus grand que moi de la tête,** he is taller than I by a head. **La terrasse a vingt mètres de long, est longue de vingt mètres,** the terrace is twenty metres long. **Un chèque de £10,** a cheque for £10. (*g*) (Introducing complement of adj.) **Digne d'éloges,** worthy of praise. **Altéré de sang,** thirsting for blood. **2.** (*a*) **Le livre de Pierre,** Peter's book. **Le toit de la maison,** the roof of the house. **Le meilleur élève de la classe,** the best pupil in the class. **Les rues de Paris,** the Paris streets. **La chambre du second,** the room on the second floor. **Un hôtel de la rive gauche,** a hotel on the left bank. **Nos conversations de Rome,** our conversations in Rome. **Scène de rivière hollandaise,** scene on a Dutch river. (*b*) (Material) **Un pont de fer,** an iron bridge. **Robe de soie,** silk dress. (*c*) (Distinguishing mark) **Le chien de berger,** the sheep-dog. (Cp. **Le chien du berger,** the shepherd's dog.) **Le journal d'hier,** yesterday's paper. **La route de Paris,** the Paris road. **Cette réponse est d'un rustre,** such an answer is the mark of the boor. **Le professeur de français,** the French master. (*d*) (Partitive) **Un verre de vin,** a glass of wine. **Une livre de café,** a pound of coffee. **Quelque chose de bon,** something good. **Je n'ai pas de sœurs,** I have no, not any, sisters. 3. (Forming compound prepositions) **Près de la maison,** near the house. **Autour du jardin,** round the garden. **A partir de ce jour-là,** from that day onward. 4. (Connecting verb and object) **Nous approchons de Paris,** we are getting near Paris. **Manquer de courage,** to lack courage. **Convenir d'une erreur,** to admit an error.

II. **de,** serving as a link word. **1.** Introducing an inf. (*a*) **Il est honteux de mentir,** it is shameful to lie. **Le mieux était de rire,** it was best to laugh. **Je crains d'être en retard,** I am afraid of being late. **J'aime mieux attendre que de me faire mouiller,** I would rather wait than get wet. **Ils sont indignes de vivre,** they are unfit to live. (*b*) (The so-called 'historical infinitive') **Ainsi dit le renard, et flatteurs d'applaudir,** thus spoke the fox, and his flatterers applauded. **2.** (Introducing an apposition or a predicative complement) **La ville de Paris,** the town of Paris. **Il fut traité de lâche,** he was called a coward. **Un drôle de garçon,** a funny chap. **Il y eut trois hommes de tués,** three men were killed. **C'est un grand pas de fait,** that is a great step forward. *F:* **Si j'étais de vous,** if I were you.

III. **de,** partitive article, not prepositional. (Used also as *pl.* of **un, une**) **N'avez-vous pas des amis?** have you not got friends? **Sans faire de fautes,** without making any mistakes. **Il ne peut parler sans faire des fautes,** he cannot speak without making mistakes. **Je ne veux pas qu'on lui mette de collier,** I wont have a collar put on him. **De braves gens se trouvaient là,** some worthy people were there. **Je bois de l'eau,** I drink water. **Donnez-nous de vos nouvelles,** let us hear from you. **Avez-vous du pain?** have you any bread? **Donnez-moi de ce vin,** give me some of that wine. **Vous êtes des lâches,** you are cowards. **Je m'adresserai à des amis,** I shall apply to some friends. **Donnez-moi de bon vin,** *F:* **du bon vin,** give me (some) good wine. **Manger de tous les plats,** to partake of every dish. (Intensive) **Mettre des heures à faire qch.,** to spend hours over sth.

dé[1] [de], *s.m.* **1.** (*a*) *Gaming:* Die. **Jeter les dés,** to throw, cast, the dice. **Dés pipés, chargés,** loaded dice. **Coup de d.,** cast of the die. *F:* **Le d. en est jeté,** the die is cast. (*b*) Domino. (*c*) *Golf:* Tee. **2.** *Arch:* Dado, die (of pedestal, baluster). **3.** *Mec.E:* Bearing (-bush), brass.

dé[2], *s.m.* **D. (à coudre),** thimble.

déambulatoire [deɑ̃bylatwaːr], *s.m. Arch:* Ambulatory.

déambuler [deɑ̃byle], *v.i. F:* To stroll about, to walk up and down; to saunter.

débâcle [debɑːkl], *s.f.* **1.** Break(ing) up (of drift-ice). **2.** (*a*) Downfall, collapse (of commercial house, of a government). **D. de la santé,** break-down in health. (*b*) *Mil: etc:* Débâcle, rout.

débâcler [debɑkle]. **1.** *v.i.* (Of ice) To break up. **2.** *v.tr.* To clear (harbour) (of ice).

débagouler [debagule], *v.tr. P:* To vomit. *F:* **D. un torrent d'injures,** to pour forth a torrent of abuse.

déballage [debalaːʒ], *s.m.* **1.** Unpacking. **2. (Vente au) d.,** (i) spread of hawker's wares; (ii) clearance sale (in temporary premises). **3.** *F:* Show-down.

déballer [debale], *v.tr.* To unpack (goods, cases). *F:* to give vent to, to display (bad temper, etc.).

déballeur [debalœːr], *s.m.* Hawker.

débandade [debɑ̃dad], *s.f.* Rout (of army, etc.); stampede (of horses, etc.). **A la d.,** in confusion; helter-skelter. **Marcher à la d.,** to straggle along.

débander[1] [debɑ̃de], *v.tr.* **1.** To relax (sth. under tension); to unbend (bow); to unbrace (drum); to let down (spring). *F:* **Se d. l'esprit,** to relax one's mind. **2.** To remove a bandage from, to unbandage, to unbind (wound).

débander[2], *v.tr.* To disband (troops, crew).

se débander. (*a*) To disband; (of crowd, etc.) to disperse. (*b*) To break into a rout.

débaptiser [debatize], *v.tr.* To change the name (of person, street, etc.).

débarbouiller [debarbuje], *v.tr.* To wash (s.o.'s) face. *s.m.* **-age.**

se débarbouiller. 1. To wash one's face. **2.** *F:* **Qu'il se débarbouille,** let him shift for himself. **3.** (Of weather) To clear up.

débarbouillette [debarbujɛːt], *s.f. Fr.C:* Face cloth, face flannel.

débarcadère [debarkadɛːr], *s.m. Nau:* Landing-stage, wharf.

débard|er [debarde], *v.tr.* **1.** *Nau:* To unload, discharge (timber, etc.). **2.** To convey (lumber, quarried stone) to the rail-head. *s.m.* **-age.**

débardeur [debardœːr], *s.m.* Docker, stevedore.

débarquement [debarkəmɑ̃], *s.m.* **1.** Unloading, discharge (of cargo); landing, disembarkation; *F:* arrival (of passengers). **Carton de d.,** (passenger's) landing ticket. *Navy:* **Troupes de d.,** landing party. **Péniche de d.,** landing-barge. **2.** *Rail:* Arrival (of passengers); *Mil:* detraining. **Quai de d.,** arrival platform. **3.** *Nau:* Paying off, discharge (of crew).

débarquer [debarke]. **1.** *v.tr.* (*a*) To unship, unload, discharge (cargo); to disembark, land (passengers); to drop (pilot); (of bus) to set down (passengers). (*b*) To pay off, discharge (crew). *F:* **D. qn,** to dismiss s.o.; to give s.o. the sack. **2.** *v.i.* To land, disembark (from boat); to alight (from train); *Mil:* to detrain. *F:* **C'est une nouvelle débarquée à Paris,** she is fresh from the country. *s.m.* **Au débarqué,** on arrival, on landing.

débarras [debarɑ], *s.m.* Riddance. **Bon d.!** good riddance! **Chambre de d.,** *F:* **d.,** lumber-room.

débarrass|er [debarase], *v.tr.* To disencumber; to clear (table, etc.). **D. qn de qch.,** to relieve s.o. of sth. **D. qn de qn,** to rid s.o. of s.o. **D. le plancher,** (i) to clear the floor; (ii) *F:* to clear out. *s.m.* **-ement.**

se débarrasser de qch., to get rid of sth.; to extricate, disentangle, oneself from sth.

débarrer [debare], *v.tr.* To unbar (door, etc.).

débat [deba], *s.m.* **1.** (Oral) discussion; debate. *Parl:* **Les débats,** the proceedings. **Grand d.,** *F:* full-dress debate. **2.** Dispute. **Trancher un d.,** to settle a dispute. **Être en d. sur une question,** to be at issue on a question.

débâter [debɑte], *v.tr.* To take the pack-saddle off (horse, mule).

débattable [debatabl], *a.* Debatable.

débattement [debatmɑ̃], *s.m. Aut:* Wheel-clearance.

débattre [debatr], *v.tr.* (Conj. like BATTRE) To debate, discuss. **Prix à d.,** price by arrangement. **Je n'ai pas débattu le prix,** I did not haggle about the price.

se débattre, to struggle. **Se d. dans l'eau,** to flounder, splash (about) in the water. **Se d. avec un problème,** to come to grips, struggle, with a problem.

débauche [deboːʃ], *s.f.* Debauch(ery), dissolute living. *Jur:* **Incitation de mineurs à la d.,** incitement of minors to vice.

débauché, -ée [deboʃe]. **1.** *a.* Debauched, profligate. **2.** *s.* Debauchee; *s.m.* libertine, rake; *s.f.* wanton. **3.** *s.f. Ind:* **Débauchée,** knock-off time.

débauch|er [deboʃe], *v.tr.* **1.** To entice (s.o.) away, to lead (s.o.) astray. **D. un ouvrier,** to entice a workman away (from his work), to induce him to strike. **D. la jeunesse,** to corrupt the young. **2.** *Ind:* To discharge, lay off (hands); to reduce (one's staff). **3.** *v.i. F:* (Of workman) To knock off. *s.m.* **-age.**

se débaucher, to go astray, to go to the dogs.

débaucheur [deboʃœːr], *s.m.* (*a*) Corrupter, seducer. (*b*) (Strike) picket.

débet [debɛ], *s.m. Fin:* Balance due.

débile [debil]. **1.** *a.* Weakly (child); weak (stomach); sickly (plant), **Avoir une volonté d.,** to be weak-willed. **2.** *s.* **Un d. (mental), une d. (mentale),** a mental defective.

débilitant [debilitɑ̃], *a.* Debilitating, weakening. **Remède d.,** *s.m.* **d.,** debilitant.

débilité [debilite], *s.f.* Debility, weakness. **D. mentale,** mental deficiency.

débiliter [debilite], *v.tr.* To debilitate, weaken.

débinage [debinaːʒ], *s.m. F:* Running down.

débine [debin], *s.f. F:* Poverty; straitened circumstances. **Être dans la d.,** to be down on one's luck.

débiner [debine], *v.tr. F:* To disparage; to speak slightingly of (s.o.); to run (s.o.) down.

se débiner, *P:* to scoot, hop it, scram.

débit[1] [debi], *s.m.* **1.** (*a*) (Retail) sale. **Marchandises de bon d.,** marketable, saleable, goods. (*b*) (Retail) shop. Esp. **D. de tabac,** tobacconist's (shop). **D. de boissons,** public house. **2.** Cutting up (of logs, meat, etc.). **3.** *Ind:* Output; discharge, delivery (of pump, etc.); flow (of river, etc.); strength, intensity (of electric current). **4.** Delivery, utterance (of orator). **Avoir le d. facile,** *F:* to have the gift of the gab, a glib tongue.

débit[2], *s.m. Com:* Debit. **Porter une somme au d. de qn,** to debit s.o. with a sum.

débitant, -ante [debitɑ̃, -ɑ̃:t], *s.* Retail dealer; retailer. **D. de tabac,** tobacconist.

débiter[1] [debite], *v.tr.* **1.** To retail; to sell (goods) retail. **2.** To cut up, convert (timber); to cut up (meat). **3.** To discharge, yield (so many litres an hour, etc.). **Courant débité par une dynamo,** current delivered by a dynamo. **4.** (*a*) *Th:* To pronounce, recite (one's part). (*b*) *F:* Usu. *Pej:* **D. une longue harangue,** to deliver, to spout, a long speech. **D. des mensonges,** to utter lies. **D. des histoires,** to spin yarns.

débiter[2], *v.tr. Com:* To debit. **D. une somme à qn; d. qn d'une somme,** to debit s.o. with an amount.

débiteur[1], **-euse** [debitœ:r, -ø:z], *s.* **1.** Usu. *Pej:* Utterer (of lies, etc.). **D. de calomnies,** scandal-monger. **2.** *s.m. Ind:* Feeding device. **3.** *s.f.* **Débiteuse,** saleswoman.

débiteur[2], **-trice** [debitœ:r, -tris]. **1.** *s.* Debtor. **2.** *a.* **Compte d.,** debit account. **3.** *s.f. Tchn:* **Débitrice,** feeding device. *Cin:* **Bobine débitrice,** top sprocket wheel.

débitmètre [debimɛtr], *s.m.* Flow-meter.

déblai [deblɛ], *s.m. Civ.E: Rail: etc:* **1.** Excavation, cut(ting). **Route en d.,** sunk road. **2.** Spoil earth.

déblatérer [deblatere], *v.* (**je déblatère; je déblatérerai**) **1.** *v.tr.* **D. des sottises,** (i) to talk nonsense; (ii) to fling abuse (**contre,** at). **2.** *v.i.* **D. contre qn,** to rail against s.o.; to run s.o. down.

débl|ayer [deblɛje], *v.tr.* (**je déblaye, je déblaie**) **1.** To clear away, remove (spoil earth, etc.). **D. la neige,** to shovel away the snow. **2. D. un terrain,** to clear a piece of ground. *F:* **D. le terrain,** to clear the ground, the way (for negotiations, etc.). *s.m.* **-aiement.**

déblocage [deblɔka:ʒ], *s.m.* Freeing, releasing; *Fin:* unfreezing (of funds).

débloquer [deblɔke], *v.tr.* **1.** To raise the blockade of (town, port). **2.** To unclamp (instrument). **3.** To free, to release; *Fin:* to unfreeze.

débobiner [debɔbine], *v.tr. El:* To unwind (coil).

déboire [debwa:r], *s.m.* **1.** (Disagreeable) after-taste (of wine, etc.). **2.** *F:* Disappointment. **Essuyer bien des déboires,** to suffer many rebuffs.

déboisement [debwazmɑ̃], *s.m.* Deforestation.

déboiser [debwɑze], *v.tr.* To deforest, untimber, clear (land).

déboîtement [debwatmɑ̃], *s.m.* Dislocation (of limb, etc.).

déboîter [debwate], *v.tr.* **1.** To disconnect, uncouple (pipe, etc.). **2.** To dislocate (joint). **Se d. l'épaule,** to put one's shoulder out. **Se d. le genou,** to twist one's knee. **3.** To remove (watch, etc.) from its case. *Bookb:* To uncase (book). **4.** *v.i.* (*a*) *Mil:* To break out of column. (*b*) *Aut:* To filter.

se déboîter, (of shoulder, etc.) to come out of joint.

débonder [debɔ̃de]. **1.** *v.tr.* To unbung (cask); to open the sluice gates of (reservoir). *F:* **D. son cœur, se d.,** to pour out one's heart. **2.** *v.i. & pr.* (Of liquid) To burst forth, gush out, escape.

débonnaire [debɔnɛ:r], *a.* Good-natured, easy-going. *adv.* **-ment.**

débonnaireté [debɔnɛrte], *s.f.* Good-nature; easy temper.

débordant [debɔrdɑ̃], *a.* **1.** Overflowing, brimming over (**de,** with). **D. de santé,** bursting with health. **2.** Projecting, protruding; overlapping.

débordé [debɔrde], *a.* **1.** Overflowing (river, etc.). **2. Être d. de travail, de requêtes,** to be overwhelmed, *F:* snowed under, with work, with requests. *Com:* **Nous sommes débordés,** we are very rushed. **3.** Licentious, dissipated.

débordement [debɔrdəmɑ̃], *s.m.* **1.** (*a*) Overflowing (of river, etc.). *F:* **D. d'injures,** outburst of abuse. (*b*) Usu. *pl.* Excesses, dissipation; dissolute living. **2.** Outflanking (of enemy).

déborder [debɔrde]. **1.** *v.tr. & i.* To overflow, brim over, run over. **Verre plein à d.,** glass full to overflowing, brim-full. **Mon cœur déborde,** my heart is overflowing. **Elle déborde de vie,** she is bubbling over with vitality. **La dernière goutte qui fit d. le vase,** the last straw. **2.** *v.tr.* (*a*) To project, jut out, stick out, protrude, extend, beyond (sth.); to overlap (sth.). **Dents qui débordent les lèvres,** protruding teeth. (*b*) *Mil:* To outflank (the enemy). (*c*) **D. les avirons,** to unship the oars. **D. les couvertures d'un lit,** to untuck a bed. *Nau:* **D. une embarcation d'un vaisseau,** *Abs.* **d.,** to shove off, sheer off. (*d*) To remove the edging from (sth.). **D. une tôle,** to trim the edges of an iron plate.

débotter [debɔte]. **1.** *v.tr.* To take off (s.o.'s) boots. **2.** *v.i. & pr.* To take off one's boots. *s.m. F:* **Au débotté, au d.,** immediately upon arrival.

débouchage [debuʃa:ʒ], *s.m.* **1.** Uncorking, unstoppering. **2.** *Mil:* Setting (of rocket, time-fuse).

débouché [debuʃe], *s.m.* **1.** (*a*) Outlet, opening, issue (of passage, etc.); exit (from building, etc.). (*b*) Inlet (into pond). **2.** Opening; chance of success. **Créer de nouveaux débouchés,** to open up new channels, new avenues, for trade.

débouch|er[1] [debuʃe], *v.tr.* **1.** To clear (choked pipe, etc.). **2.** To uncork, unstopper, open (bottle). *F:* **D. l'intelligence d'un enfant,** to awaken, arouse, a child's intelligence. **3.** *Mil:* To set (time-fuse, rocket). **D. à zéro,** to fire over open sights. *s.m.* **-ement.**

déboucher[2], *v.i.* To emerge, debouch, issue (forth). **Escalier débouchant sur le trottoir,** stairway opening on the pavement.

débouchoir [debuʃwa:r], *s.m.* **1.** (Bottle) opener. **2.** *Mil:* Fuse-borer.

déboucler [debukle], *v.tr.* **1.** To unbuckle (belt, etc.). **2.** To take the curl out of, to uncurl (hair).

se déboucler, (of hair) to uncurl.

débouler [debule], *v.i.* **1.** To fall head over heels. **D. l'escalier,** to roll downstairs. **2.** (Of game) To start, bolt (from cover). *s.m.* **Tirer un lapin au déboulé, au d.,** to shoot a rabbit as it bolts from cover.

déboulonn|er [debulɔne], *v.tr.* **1.** To unrivet. **2.** To unbolt. **3.** *F:* To debunk (s.o.). *s.m.* **-age.** *s.m.* **-ement.**

débourb|er [deburbe], *v.tr.* **1.** To cleanse, to clear (of mud); to clean out (a cistern). *Winem:* **D. le vin,** to let the wine settle. **2.** To haul (car, etc.) out of the mud. *F: A:* **D. qn,** to get s.o. out of a mess. *s.m.* **-age.**

débourr|er [debure], *v.tr.* **1.** To unhair (skins); to strip, clean (carding machine). **2.** To remove the wad from (fire-arm), the stuffing from (armchair, etc.), the tobacco from (pipe); to untamp (blast-hole). *s.m.* **-age.**

débours [debu:r], *s.m.* Usu. *pl.* Disbursement; out-of-pocket expenses. **Faire des d.,** to lay out money.

débours|er [deburse], *v.tr.* To disburse, spend, lay out (money). **Sans rien d.,** without spending a penny. **Je suis toujours à d.,** I am always dipping my hand into my pocket. *s.m.* **-ement.**

debout [dəbu], *adv.* **1.** (*a*) (Of thg) Upright, on end; (of pers.) standing. **Mettre, dresser, qch. d.,** (i) to stand sth. on end; (ii) to straighten, stand, sth. up. **"Tenir d.,"** 'to be kept upright'; 'this end up.' **Se tenir d.,** to stand; (of dog) to stand on its hind legs. **Argument qui ne tient pas d.,** argument that won't hold water. **Se (re)mettre d.,** to stand up. **Voilà de quoi vous remettre d.,** this will do you good, *F:* buck you up. **Rester d.,** to remain standing. **D. les gardes!** up guards! **"Places d. seulement,"** 'standing room only.' *F:* **Pièce, conte, à dormir d.,** play that bores one stiff; silly story. *Sp:* **Record encore d.,** unbeaten record. (*b*) (Of pers.) **Être d.,** to be up. **Allons, d.!** come on, get up! (*c*) *Cust:* **Passer d.,** to have a permit for transire. **2.** *Nau:* **D. à la mer, à la lame, au vent,** head on to the sea, to the wind. **Vent d.,** head wind.

débouté [debute], **déboutement** [debutmɑ̃], *s.m. Jur:* Nonsuit.

débouter [debute], *v.tr. Jur:* **1.** To dismiss (suit). **2. D. qn (de sa demande),** to nonsuit s.o.
déboutonner [debutɔne], *v.tr.* To unbutton. **Rire à ventre déboutonné,** to laugh unrestrainedly.
se déboutonner, (*a*) To unbutton oneself. (*b*) *F:* To get sth. off one's chest.
débraillé [debrɑje], *a.* **1.** Untidy, all unbuttoned (person). **Voix débraillée,** slovenly voice. **Tenue débraillée,** untidy, hardly decent, appearance. **Mœurs débraillées,** loose morals; bohemian habits. **2.** *s.m.* Untidiness, slovenliness.
débrayage [debrɛja:ʒ], *s.m.* **1.** Disconnecting, declutching, throwing out of gear. **2.** *Aut:* Clutch pedal. **3.** *F:* Going on strike.
débrayer [debrɛje], *v.tr.* **(je débraye, je débraie) 1.** *Mec.E:* To disconnect, disengage (part); to throw (part) out of gear. **2.** *Aut:* To declutch. **3.** *F:* (*a*) To go on strike. (*b*) To knock off.
débridé [debride], *a.* Unbridled (appetite, tongue).
débrid|er [debride], *v.tr.* **1.** To unbridle (horse, etc.), (hence) to halt. *F:* **Travailler dix heures sans d.,** to work ten hours at a stretch. **2.** *Surg:* To incise, slit up (adhesions, etc.). *F:* **D. les yeux à qn,** to open s.o.'s eyes. **3.** To unsling (load). **4.** *Cu:* To untruss (fowl). *s.m.* **-ement.**
débris [debri], *s.m.pl.* Remains, debris, fragments. *Ind:* **D. de métal,** scrap.
débrocher [debrɔʃe], *v.tr.* **1.** To unstitch (book). **2.** *Cu:* To unspit.
débrouillard, -arde [debruja:r, -ard]. **1.** *a. F:* (*a*) Resourceful; cute. (*b*) Clear-headed. **2.** *s. F:* Resourceful person.
débrouill|er [debruje], *v.tr.* To unravel, disentangle (thread, etc.); to sort out (papers, etc.). **D. une affaire,** to clear up, straighten out, an affair. **D. une signature,** to make out, to decipher, a signature. *s.m.* **-ement.**
se débrouiller. 1. (Of the sky, complexion, etc.) To clear (up). **2.** To extricate oneself (from difficulties); to manage. **Qu'il se débrouille!** let him shift for himself! *F:* **Débrouillez-vous!** that's your look-out!
débroussailler [debrusaje], *v.tr.* **1.** To clear (ground) of undergrowth. **2. D. (une question),** to clarify (a matter).
débucher[1] [debyʃe], *v.i. Ven:* (Of big game) To break cover. **Faire d.,** *v.tr.* **d., un cerf,** to unharbour, start, a stag.
débucher[2], *s.m.*, **débuché,** *s.m.* (i) Breaking cover; (ii) (on the horn) 'gone away.' *F:* **Au débuché . . .,** at the start . . .
débusqu|er [debyske]. **1.** *v.tr.* (*a*) *Mil:* To drive (enemy) out of ambush. (*b*) *F:* To oust (s.o.) (from a situation). (*c*) *Ven:* = DÉBUCHER[1]. **2.** *v.i. Mil: etc:* To come out (of ambush); to come out of hiding. *s.m.* **-ement.**
début [deby], *s.m.* **1.** *Games:* First turn, first play. *Dice:* First throw, first cast. **2.** First appearance (of actor, etc.). **Faire son d.,** to make one's first appearance, one's debut. (Of girl) **Faire son d. (dans le monde),** to come out. **Société à ses débuts,** association in its infancy. **3.** Beginning, start, outset. **Dès le d.,** from the outset (de, of). **Au d. des hostilités,** at the outbreak of hostilities. **Appointements de d.,** starting salary. **Discours de d.,** maiden speech.
débutant, -ante [debytɑ̃, -ɑ̃:t], *s.* **1.** Beginner, tyro; actor, etc., making his first appearance. **2.** *s.f.* **Débutante,** girl who has just come out; débutante.
débuter [debyte], *v.i.* **1.** *Games:* To play first. *Dice:* To throw first. **2.** To make one's first appearance (on the stage, etc.). **D. dans le monde,** to start one's career. **Faire d. une jeune fille dans le monde,** to bring out a girl. **3.** To begin, start, commence. **Vous travaillerez ici pour d.,** you will work here for a start.
deçà [dəsa], *adv.* On this side. **D. et delà,** here and there, on this side and that, on all sides. **Jambe d., jambe delà,** astride. **En d. de qch.,** (on) this side of sth. **Rester en d. de la vérité,** to be well within the truth.
décachet|er [dekaʃte], *v.tr.* (Conj. like CACHETER) To unseal, break open (letter, etc.). *s.m.* **-age.**
décade [dekad], *s.f.* Decade. **1.** (*a*) Period of ten days. (*b*) Period of ten years. **2.** Series of ten.
décadence [dekadɑ̃:s], *s.f.* Decadence, decline, decay. **Être en d.,** to be decadent, on the down-grade.
décadent [dekadɑ̃]. **1.** *a.* Decadent; in decay. **2.** *s.m. Lit: Art:* Decadent.
décaèdre [dekaedr]. *Geom:* **1.** *a.* Decahedral. **2.** *s.m.* Decahedron.
décaféin|er [dekafeine], *v.tr.* To decaffeinate, to decaffeinize. **Café décaféiné,** decaffeinated, decaffeinized, coffee. *s.f.* **-isation.**
décagone [dekagɔn], *s.m. Geom:* Decagon.
décagramme [dekagram], *s.m. Meas:* Decagram(me) (= ⅓ oz.).
décaissage [dekɛsa:ʒ], *s.m.* **1.** Unpacking (of goods, etc.). **2.** *Hort:* Planting out (of plant, shrub).
décaissement [dekɛsmɑ̃], *s.m.* **1.** = DÉCAISSAGE. **2.** *Com:* Paying out (of cash).
décaisser [dekɛse], *v.tr.* **1.** To unpack, uncase (goods etc.). **2.** *Hort:* To plant out (plant, shrub). **3.** *Com:* To pay out (cash).
décalaminage [dekalamina:ʒ], *s.m. I.C.E:* Decarbonizing, *F:* decoking, (of engine).
décalaminant [dekalaminɑ̃], *a. I.C.E:* **Carburant additionnel d.,** carbon-preventative, anti-carbon, fuel.
décalamin|er [dekalamine], *v.tr. I.C.E:* To decarbonize, *F:* to decoke (engine). *s.m.* **-age.**
décalcomanie [dekalkɔmani], *s.f. Cer: etc:* Transfer (process or picture).
décal|er [dekale], *v.tr.* **1.** (*a*) To unwedge, unkey. (*b*) To unscotch (wheel). **2.** To set off (part of machine, etc.); to stagger (rivets). **3.** To shift the zero of (instrument). *El.E:* To displace, shift (the brushes, etc.). **Magnéto décalée,** magneto out of adjustment. **D. l'heure,** to alter the time (to summer-time). *Ph:* **Ondes décalées,** waves out of phase. *s.m.* **-age.**
décalitre [dekalitr], *s.m. Meas:* Decalitre.
décalogue [dekalɔg], *s.m. Ecc:* (The) Decalogue.
décalque [dekalk], *s.m.* **1.** (*a*) Transferring. (*b*) Tracing off. **Papier à d.,** (i) transfer-paper, (ii) carbon paper or tracing-paper. **2.** (*a*) Transfer. (*b*) Tracing.
décalqu|er [dekalke], *v.tr.* **1.** To transfer (design, coloured picture). **2.** To trace off (drawing). *s.m.* **-age.**
décamètre [dekametr], *s.m. Meas:* Decametre.
décamper [dekɑ̃pe], *v.i. F:* To decamp, make off, clear out, scoot, beat it.
décanat [dekana], *s.m.* Deanship.
décaniller [dekanije], *v.i. P:* **1.** = DÉCAMPER. **2.** To get out of bed, show a leg.
décantation [dekɑ̃tasjɔ̃], *s.f.* Decantation, decanting.
décanter [dekɑ̃te], *v.tr.* To decant, pour off.
décapant [dekapɑ̃], *s.m.* Scouring solution. **D. pour vernis,** varnish remover.
décapeler [dekaple], *v.tr.* **(je décapelle, n. décapelons; je décapellerai).** *Nau:* **1.** To unrig (yard). **2.** To cast off a cable.
décap|er [dekape], *v.tr.* To scour, clean (metal, etc.); to pickle, dip (metal objects). *s.m.* **-age.** *s.m.* **-ement.** *s.m.* **-eur.**
décapitation [dekapitasjɔ̃], *s.f.* Decapitation, beheading.
décapiter [dekapite], *v.tr.* To decapitate, behead; to cut s.o.'s head off.
décapode [dekapɔd], *s.m. Crust:* Decapod. **Les décapodes,** the decapoda.
décapotable [dekapɔtabl], *a. Aut:* Convertible. **Non-d.,** saloon, *U.S:* hard top.
décapsul(at)eur [dekapsyl(at)œ:r], *s.m.* Crown-cork, bottle, opener.
décapsulation [dekapsylasjɔ̃], *s.f. Surg:* Decapsulation.
décapsuler [dekapsyle], *v.tr.* To open (a bottle); to take off a crown-cork.
décarburant [decarbyrɑ̃]. **1.** *a.* Decarbonizing. **2.** *s.m.* Decarbonizer.
décarburer [dekarbyre], *v.tr. Metall:* To decarbonize, decarburize (steel, iron).
décarcasser (se) [sədekarkase], *v.pr. F:* To wear oneself out.
décasyllabe [dekasillab], **décasyllabique** [dekasillabik], *a.* Decasyllabic.
décathlon [dekatlɔ̃], *s.m. Sp:* Decathlon.
décati [dekati], *a.* Enfeebled, broken down; *F:* the worse for wear. *F:* **Un vieux d.,** a back number.

décatir [dekatiːr], *v.tr. Tex:* To sponge, steam; to take the gloss, the finish, off (cloth).
se décatir, *F:* to lose one's freshness, one's beauty; to age.
Decauville [dəkovil], *s.m.* Also **Chemin de fer D.** (named after the inventor), narrow-gauge railway.
décaver [dekave], *v.tr.* (*a*) *Cards: etc:* **D. qn,** to win the whole of s.o.'s stakes. (*b*) *F:* To ruin (s.o.), clean (s.o.) out.
décédé, -ée [desede], *a. & s.* Deceased, defunct, departed.
décéder [desede], *v.i.* (Conj. like CÉDER. Aux. **être**) (Used only in official language) To die, decease.
déceler [desle], *v.tr.* (**je décèle; je décèlerai**) **1.** To disclose (fraud); to divulge, betray (secret). **2.** *El.E: etc:* **D. les fuites,** to test for faults.
décembre [desɑ̃ːbr], *s.m.* December. **En d.,** in December. **Au mois de d.,** in the month of December.
décemment [desamɑ̃], *adv.* Decently, with decency.
décence [desɑ̃ːs], *s.f.* (*a*) Decency. (*b*) Propriety, decency, decorum.
décennal, -aux [desɛnnal, -o], *a.* Decennial.
décennie [deseni], *s.f.* Decade.
décent [desɑ̃], *a.* (*a*) Decent; modest (attire, etc.). (*b*) Proper, seemly (behaviour, etc.). **Peu d.,** indecent, unseemly.
décentralisateur, -trice [desɑ̃tralizatœːr, -tris]. **1.** *a.* Decentralizing. **2.** *s.* Advocate of decentralization.
décentralisation [desɑ̃tralizasjɔ̃], *s.f.* Decentralization.
décentraliser [desɑ̃tralize], *v.tr.* To decentralize (administration).
décentration [desɑ̃trasjɔ̃], *s.f.*, **décentrement** [desɑ̃trəmɑ̃], *s.m.* **1.** *Opt: Mec.E: etc:* Decentring. *Phot:* **Appareil à décentrement,** camera with sliding front. **2.** *Mec.E: etc:* Eccentricity. *Bowls:* Bias.
décentré [desɑ̃tre], *a.* Out of centre, out of true; eccentric.
décentrer [desɑ̃tre], *v.tr. Opt: Mec.E: etc:* To put (lenses, axes, etc.) out of centre; to decentre. *Bowls:* To bias.
déception [desɛpsjɔ̃], *s.f.* **1.** *A:* Deception, deceit. **2.** Disappointment. **D. sentimentale,** unhappy love-affair.
décern|er [desɛrne], *v.tr.* **1.** *Jur:* **D. un mandat d'arrêt contre qn,** to issue a writ for the arrest of s.o. **2.** To award, bestow (a prize, etc.). **D. un honneur à qn,** to confer an honour on s.o. S.a. PALME 2. *s.m.* **-ement.**
décès [desɛ], *s.m.* (Used only in official language) Decease; (natural) death; *Jur:* demise. **Acte de d.,** death certificate.
décevable [des(ə)vabl], *a.* Easily deceived.
décevant [des(ə)vɑ̃], *a.* **1.** Deceptive; delusive (appearance, etc.). **2.** Disappointing (result, etc.).
décevoir [desəvwaːr], *v.tr.* (Conj. like RECEVOIR) **1.** To deceive, delude. **2.** To disappoint.
déchaînement [deʃɛnmɑ̃], *s.m.* **1.** Letting loose, unchaining (of dog, etc.); unfettering (of prisoner). **2.** (*a*) Breaking loose. **Un d. de l'opinion,** a great wave of public opinion. (*b*) Outburst (of passion).
déchaîner [deʃɛne], *v.tr.* **1.** To unchain, to let loose (dog, etc.); to loose the chains of, to unfetter (prisoner). *F:* **Les diables sont déchaînés,** hell has broken loose. **2. D. toutes les passions,** to loose every passion.
se déchaîner, to break out. **La tempête se déchaîna,** the storm broke.
déchanter [deʃɑ̃te], *v.i. F:* **(En) d.,** to lower one's tone, to sing small, to come down a peg or two.
déchap|er (se) [sədeʃape], *v.pr.* To peel (of tyre). *s.m.* **-age.**
décharge [deʃarʒ], *s.f.* **1.** (*a*) Unloading (of cart, etc.); unlading, discharging (of ship, cargo). (*b*) Discharge, volley (of gunfire, etc.). (*c*) *El:* Discharge. **D. disruptive,** spark discharge. (*d*) Output (of accumulator). **2.** (*a*) Relief, relieving, easing. **Voûte de d.,** relieving vault (of bridge). (*b*) Rebate (on tax). *Com:* **D. de 50 pour cent,** composition of 10 shillings in the £. (*c*) *Jur:* **Témoin à d.,** witness for the defence. (*d*) *Jur:* Release, acquittal (of accused person). (*e*) *Bank:* Letter in indemnity. **3.** (*a*) Discharge, outlet. **Tuyau de d.,** exhaust-pipe; waste-pipe. (*b*) *Dy:* Fading, rubbing off (of colour). **4. (Lieu de) d., d. publique,** dumping ground, dump. *P.N:* **"D. interdite,"** 'tipping prohibited.'
déchargement [deʃarʒəmɑ̃], *s.m.* Unloading (of cart, fire-arm); unlading (of ship); discharging, unshipment (of cargo).
déchargeoir [deʃarʒwaːr], *s.m.* **1.** (*a*) Outfall (of culvert, etc.). (*b*) Sluice (of mill-race). **2.** *Mch:* Waste-pipe, exhaust-pipe. **3.** *Tex:* Cloth-beam (of loom).
décharger [deʃarʒe], *v.tr.* (**je déchargeai(s); n. déchargeons**) **1.** (*a*) To unload (cart, etc.); to unlade, discharge (ship); to unship, discharge (cargo); to tip, to dump (gravel). (*b*) To unload (fire-arm). (*c*) **D. sa conscience,** to ease one's mind **(de,** of). **D. son cœur,** to unburden one's heart. (*d*) **D. son fusil sur, contre, qn,** to discharge, let off, fire (off), one's gun at s.o. **D. sa colère sur qn,** to vent one's anger on s.o. (*e*) To discharge (accumulator). **2.** (*a*) To relieve, lighten, ease (horse, ship, etc.) of part of its load; to take the strain off (beam). (*b*) *Com:* To receipt. (*c*) **D. qn d'une accusation,** to acquit s.o. of a charge. **D. qn d'une dette,** to remit a debt. **Failli déchargé, non déchargé,** discharged, undischarged, bankrupt. **3.** (*a*) To discharge, empty (reservoir). (*b*) *Dy:* **Étoffe qui décharge (sa couleur),** material the colour of which rubs off or fades. *Typ:* **Encre qui décharge,** ink that sets off.
se décharger. 1. (*a*) (Of gun) To go off. (*b*) (Of storage battery) To run down; to discharge. (*c*) (Of anger) To vent itself **(sur,** on). **2. Se d. de qn, de qch.,** to get rid of s.o., of sth. **Se d. d'un fardeau,** to put down, lay down, a burden. **Se d. sur qn du soin de qch.,** to shift the responsibility of sth. on to s.o. **3. Le fleuve se décharge dans la mer,** the river flows, empties itself, into the sea.
déchargeur [deʃarʒœːr], *s.m.* **1.** Stevedore, docker; (market) porter. **D. de charbon,** coal-heaver. **2.** *El.E:* (Spark, lightning) arrester.
décharné [deʃarne], *a.* **1.** Fleshless (bones, etc.). **2.** Emaciated, scraggy, bony (limbs, etc.); lank (body); gaunt (face); bare (tree); bald (style).
décharn|er [deʃarne], *v.tr.* **1.** To strip the flesh off (bone). **2.** To emaciate (s.o.). *s.m.* **-ement.**
déchaum|er [deʃome], *v.tr. Agr:* To plough in the stubble. *s.m.* **-age.**
déchaussé [deʃose], *a.* Bare-foot(ed).
déchauss|er [deʃose], *v.tr.* **1.** To take off (s.o.'s) shoes. **2.** To lay bare the roots of (tree); to bare, expose (tooth, foundations). *s.m.* **-ement.**
se déchausser. 1. To take off one's shoes. **2. Ses dents se déchaussent,** his teeth are getting loose, his gums are shrinking.
dèche [dɛʃ], *s.f. P:* Poverty, distress. **Être dans la d.,** to be hard up, stony-broke.
déchéance [deʃeɑ̃ːs], *s.f.* **1.** Fall (from grace); downfall. **En d.,** declining. **2.** *Jur: Fin:* **D. de titres,** forfeiture of shares. **Action en d. de brevet,** action for forfeiture of patent. **D. d'un pouvoir,** loss of a right. *Ins:* **D. d'une police,** expiration of a policy.
déchet [deʃɛ], *s.m.* **1.** Loss, decrease, diminution (of weight, value); loss, falling off (of reputation, authority). **2.** *Usu. pl.* Waste, refuse. **Déchets radioactifs,** radioactive waste. **D. de métal,** scrap (metal). **Déchets de viande,** scraps.
déchiffonner [deʃifɔne], *v.tr.* To smooth out, iron out, creases (in material, etc.).
déchiffrable [deʃifrabl], *a.* Decipherable (inscription); legible (writing).
déchiffr|er [deʃifre], *v.tr.* To decipher, make out (inscription, etc.); to decode (message); to read, interpret (signals); to read or play (music) at sight. *s.m.* **-ement.**
déchiffreur, -euse [deʃifrœːr, -øːz], *s.* Decipherer (of inscription); decoder (of message); player or reader (of music) at sight. **D. de radar,** radar scanner.
déchiqueté [deʃikte], *a.* Jagged (edge); indented (coastline). **Papier à bords déchiquetés,** deckle-edge paper.
déchiquet|er [deʃikte], *v.tr.* **je déchiquette; je déchiquetterai) 1.** To cut, slash, tear (stuff, flesh, etc.) into strips, into shreds. To pink out leather). *s.m.* **-age.**

déchiqueture [deʃikty:r], *s.f.* Slash, long tear (in cloth, etc.).
déchirant [deʃirɑ̃], *a.* Heart-rending, harrowing.
déchirement [deʃirmɑ̃], *s.m.* Tearing, rending (of material, etc.). **D. d'un muscle,** tearing of a muscle. **D. de cœur,** heart-break.
déchirer [deʃire], *v.tr.* To tear, rend (garment, etc.); to tear up (paper, etc.); to tear open (envelope). **D. qch. en morceaux,** to tear sth. to pieces, to bits. **Sons qui déchirent l'oreille,** ear-splitting sounds. **Cris qui déchiraient le cœur,** heart-rending cries. **Déchiré par le remords,** tortured by remorse. **D. qn à belles dents,** to tear s.o. to pieces.
se déchirer, (of material, etc.) to tear.
déchirure [deʃiry:r], *s.f.* (*a*) Tear, rent, slit, rip. (*b*) Lacerated wound, laceration.
déchloruré [deklɔryre], *a.* *Med:* Salt-free (diet).
déchoir [deʃwa:r], *v.i.* (*pr.p.* **déchéant** (rare); *p.p,* **déchu**; *pr.ind.* **je déchois, n. déchoyons, ils déchoient**; *p.h.* **je déchus**; *fu.* **je décherrai.** Aux. usu. **être** occ. **avoir**) To fall (from high estate, from honour, etc.). **Ce quartier a déchu,** the neighbourhood has gone down. **Sa popularité déchoit,** his popularity is declining. **La maison déchoit de son prestige,** the firm is going down in public estimation. **Ce serait d.,** it would mean loss of prestige; it would mean losing one's standing.
déchristianiser [dekristjanize], *v.tr.* To dechristianize; to turn (s.o.) from Christianity.
se déchristianiser, to turn from Christianity.
déchu [deʃy], *a.* Fallen. **Ange d.,** fallen angel. *Jur:* **Être d. de ses droits,** to have forfeited one's rights. *Ins:* Police déchue, expired policy.
de-ci, de-là [dəsidəla], *adv.phr.* Here and there.
décibel [desibɛl], *s.m.* *Ph:* Decibel.
décidé [deside], *a.* **1.** Settled (matter, etc.). **2.** Resolute confident (person, manner); determined (character) **D'un ton d.,** decisively, resolutely. **3. Être d. à faire qch.,** to be determined, resolved, to do sth.,; to be bent on doing sth. **4. Avoir une supériorité décidée sur qn,** to have a decided superiority over s.o.
décidément [desidemɑ̃], *adv.* **1.** Resolutely, firmly. **2.** Decidedly, positively, definitely. *F:* **D. je n'ai pas de chance,** I *am* unlucky and no mistake.
décider [deside], *v.tr.* **1.** (*a*) To decide, settle (question, dispute). **Voilà qui décide tout!** that settles it! (*b*) **L'Assemblée décida la guerre, la paix,** the Assembly decided on war, on peace. **2. D. qn à faire qch.,** to persuade, induce, s.o. to do sth. **3.** *Abs.* (*a*) **Il faut que je décide,** I must decide, make up my mind. **D. en faveur de qn,** to decide, *Jur:* to give a ruling, in favour of s.o.; to find for (the plaintiff). (*b*) **D. de qch.,** to decide, determine, sth. **Événement qui décida de sa carrière,** event that determined, decided, his career. **4. D. de** + *inf.*, to decide (after deliberation) to (do sth.). **D. que** + *ind.*, to decide, settle, that . . . *Impers.* **Il fut décidé qu'on attendrait sa réponse,** it was decided to await his reply.
se décider. 1. To make up one's mind; to come to a decision. **2. Se d. à qch., à faire qch.,** to make up one's mind (somewhat reluctantly) to do sth. **Je ne puis pas me d. à le faire,** I cannot bring myself to do it. **Allons, décidez-vous,** come on, make up your mind. **3. Se d. pour qn, pour qch.,** to decide in favour of s.o., of sth.
décigramme [desigram], *s.m.* Decigram(me).
décilitre [desilitr], *s.m.* Decilitre.
décimal, -aux [desimal, -o], *a.* Decimal.
décimale [desimal], *s.f.* Decimal (fraction).
décimalisation [desimalizasjɔ̃], *s.f.* Decimalization.
décimation [desimasjɔ̃], *s.f.* Decimation.
décime [desim], *s.m.* (*a*) One-tenth of a franc. (*b*) Ten-centime piece.
décimer [desime], *v.tr.* To decimate.
décimètre [desimɛtr], *s.m.* *Meas:* Decimetre.
décimo [desimo], *adv.* Tenthly.
décintr|er [desɛ̃tre], *v.tr.* To strike, remove, the centering of (arch). *s.m.* **-age.** *s.m.* **-ement.**
décis|if, -ive [desizif, -i:v], *a.* **1.** Decisive (battle, etc.); conclusive (evidence). **Au moment d.,** at the critical, crucial, moment. **2.** Positive, peremptory (tone). *adv.* **-ivement.**
décision [desizjɔ̃], *s.f.* Decision. **1.** (*a*) **Prendre, arriver à, une d.,** to take, come to, reach, a decision; to make up one's mind (**quant à, au sujet de,** about, as to). **Forcer une d.,** to bring matters to a head. (*b*) *Jur:* Ruling, award. (*c*) *pl.* *Mil:* Regimental orders. **2.** Resolution, determination.
déclamateur [deklamatœ:r], *s.m.* (*a*) Soap-box orator; *P:* tub-thumper. (*b*) Bombastic writer.
déclamation [deklamasjɔ̃], *s.f.* **1.** (Art of) declamation; oratory. **Il a une mauvaise d.,** his delivery is bad. **2.** (*a*) Declamation, harangue. (*b*) Ranting.
déclamatoire [deklamatwa:r], *a.* Declamatory, high-flown (style); ranting (speech).
déclamer [deklame], *v.tr.* **1.** To declaim (speech). **2.** To rant. **D. contre qn,** to inveigh against s.o.
déclarable [deklarabl], *a.* *Cust:* Liable for duty.
déclarant, -ante [deklarɑ̃, -ɑ̃:t], *s.* *Jur:* *Adm:* Informant; avowant.
déclaration [deklarasjɔ̃], *s.f.* Declaration. (*a*) Proclamation, announcement. **D. de guerre,** declaration of war. (*b*) Notification (of birth, death, etc.). (*c*) **Émettre une d.,** to make a statement. **D. sous serment,** affidavit. (*d*) **D. d'amour,** declaration of love. **Faire sa d.,** to declare oneself. (*e*) *Cust:* **D. en douane,** customs declaration.
déclaré [deklare], *a.* Declared, avowed, professed (enemy, intention, etc.).
déclarer [deklare], *v.tr.* **1.** (*a*) To declare, make known (one's intentions, wishes, one's love, etc.). (*b*) *Cards:* **D. trèfle,** to declare, call, clubs. **2.** To declare, proclaim, announce, make public. (*a*) *Pred.* **D. qn roi,** to declare s.o. king. **Déclaré coupable,** found guilty. **Déclaré coupable de vol,** convicted of theft. (*b*) To notify (birth, death). (*c*) **D. la guerre à qn,** to declare war on s.o. (*d*) *Cust:* **Avez-vous quelque chose à d.?** have you anything to declare?
se déclarer. 1. (*a*) **Se d. pour, contre, qch.,** to declare for, against, sth. (*b*) To declare, avow, one's love. **2. Se d. l'auteur du méfait,** to own up to the deed. **3.** (Of fire, disease) To break out.
déclassé, -ée [deklɑse], *a.* & *s.* **1.** (One) who has come down in the world, lost his social position. **2.** Obsolete (ship, etc.).
déclass|er [deklɑse], *v.tr.* **1.** To transfer (passengers) from one class to another. **2.** To bring (s.o.) down in the world. **3.** *Mil:* *Navy:* To abandon, dismantle (fortress); to declare (weapon) obsolete. **4.** *Navy:* To disrate (seaman). *s.m.* **-ement.**
déclenchement [deklɑ̃ʃmɑ̃], *s.m.* **1.** *Mec.E:* (*a*) Releasing, disengaging (of part). (*b*) Trigger action. *Phot:* (Shutter-)release. **2.** Starting; setting (of sth.) in motion.
déclencher [deklɑ̃ʃe], *v.tr.* **1.** To unlatch (door). **2.** *Mec.E:* To release, disconnect, disengage (part). **3.** *F:* To start (apparatus), to set (apparatus) in motion; to trigger off. *Mil:* **D. une attaque,** to launch an attack.
déclencheur [deklɑ̃ʃœ:r], *s.m.* *Phot:* Shutter-release.
déclic [deklik], *s.m.* **1.** Pawl, catch; trigger. **Chronomètre à d.,** stop-watch. **2.** Click.
déclin [deklɛ̃], *s.m.* Decline, close (of day); wane, waning (of moon); fall (of the year); falling-off (of talent). **Le soleil est à, sur, son d.,** the sun is sinking, setting. **Au d. de sa vie,** in his declining years.
déclinable [deklinabl], *a.* *Gram:* Declinable.
déclinaison [deklinɛzɔ̃], *s.f.* **1.** (*a*) *Astr:* Declination (of star). (*b*) **D. magnétique,** magnetic variation. **2.** *Gram:* Declension.
décliner [dekline]. **I.** *v.i.* **1.** (Of compass) To deviate (from the true line). **2.** To wane; (of star) to decline. **Fièvre qui va en déclinant,** fever that is diminishing, abating.
II. décliner, *v.tr.* **1.** To decline, refuse (offer, etc.); to decline (responsibility). **D. une juridiction,** to refuse to acknowledge a jurisdiction. **2.** (*a*) *Gram:* To decline (noun, etc.). (*b*) **D. son nom,** to state, give, one's name.
décliquer [deklike], *v.tr.* To release (pawl). *Civ.E:* **D. le mouton,** to release, trip, the monkey (of pile-driver).
déclive [dekli:v]. **1.** *a.* Declivitous, sloping, inclined. **2.** *s.f.* Slope.
déclivité [deklivite], *s.f.* Declivity, slope, incline, gradient. **Angle de d.,** slope, angle, of gradient.

déclouer [deklue], *v.tr.* (*a*) To unnail, undo (packing-case, etc.). (*b*) **D. un tableau,** to take down a picture (from its nail).

décocher [dekɔʃe], *v.tr.* To shoot, let fly (bolt from cross-bow). *F:* **D. un coup à qn,** to hit out at s.o. **D. un juron,** to let fly an oath. **D. une œillade à qn,** to flash a glance at s.o.

décoiff|er [dekwafe], *v.tr.* **1.** To remove (s.o.'s) hat; to uncap (fuse). **2.** (*a*) To take (s.o.'s) hair down. (*b*) To disarrange, tousle, (s.o.'s) hair. *s.m.* **-ement.**

se décoiffer. 1. To remove one's hat. **2.** (*a*) To let one's hair down. (*b*) To disarrange one's hair.

décoinc|er [dekwɛ̃se], *v.tr.* (**n. décoinçons; je décoinçai(s)**) To loosen (jammed part); to unwedge (mast, etc.). *s.m.* **-ement.**

déçoi-s, -t, -ve. See DÉCEVOIR.

décolérer [dekɔlere], *v.i.* (**je décolère; je décolérerai**) *F:* To calm down. (Used esp. in the neg.) **Il ne décolérait pas,** he was in a constant state of anger; he was still fuming.

décollage [dekɔlaːʒ], *s.m.* **1.** Unsticking, ungluing. **2.** *Av:* Taking off; take-off.

décollation [dekɔlasjɔ̃], *s.m.* Decollation, decapitation, beheading.

décollé [dekɔle], *a.* (Of ears) Projecting, *F:* sticking out.

décollement [dekɔlmɑ̃], *s.m.* **1.** Unsticking, ungluing. **2.** Coming unstuck, unglued; unsticking, loosening. *Phot:* Frilling (of plate). *Med:* **D. de la rétine,** detachment of the retina.

décoller[1], [dekɔle], *v.tr.* *A:* To decapitate, behead.

décoller[2]. **1.** *v.tr.* (*a*) To unstick, unglue. (*b*) To loosen, disengage, release (part). **2.** *v.i.* (*a*) (Of aircraft) To rise from the ground; to take off. (*b*) *F:* **Deux heures sans d.,** two hours at a stretch.

se décoller, to come unstuck, undone; to work loose.

décolleté [dekɔlte]. **1.** *a.* **Femme décolletée,** woman in low-necked dress, in evening dress. **Robe décolletée,** low-necked dress. **Robe décolletée dans le dos,** dress cut low at the back. **2.** *s.m.* Neck-opening, neck-line (of dress). *Dressm:* **D. bateau,** boat neck(-line). **D. carré,** square neck. **D. en pointe,** V neck. **En grand d.,** in a low-cut dress, in full evening dress.

décollet|er [dekɔlte], *v.tr.* (**je décollète, je décollette,** are theoretical forms; the pronunciation is always [dekɔlt]) **1.** To cut out the neck of (dress). **2.** *Tchn:* To cut (screw). **Tour à d.,** screw-cutting lathe. *s.m.* **-age.**

se décolleter, to wear a low-necked dress.

décolonisation [dekɔlɔnizasjɔ̃], *s.f.* Decolonization.

décolorant [dekɔlɔrɑ̃]. **1.** *s.m.* Bleaching agent. **2.** *a.* Bleaching.

décoloration [dekɔlɔrasjɔ̃], *s.f.* (*a*) Discolouration, fading. (*b*) Bleaching. (*c*) Colourlessness (of complexion, style).

décolorer [dekɔlɔre], *v.tr.* To discolour; to fade; to take the colour out of (sth.); to bleach (hair).

se décolorer, to lose colour, to fade, to bleach; (of pers.) to lose one's colour, to grow pale.

décombres [dekɔ̃ːbr], *s.m.pl.* Rubbish, debris (of building); ruins.

décommand|er [dekɔmɑ̃de], *v.tr.* To countermand (order); to cancel (meeting, dinner). **D. une grève,** to call off a strike. *s.m.* **-ement.**

décomposé [dekɔ̃poze], *a.* **1.** *Bot:* (i) Decomposed; (ii) decomposite (leaves, etc.). **2.** (*a*) *Mch:* *I.C.E:* **Huile décomposée,** spent oil. (*b*) **Visage d.,** drawn face; face distorted by grief or terror.

décomposer [dekɔ̃poze], *v.tr.* **1.** *Ph:* *Ch:* *etc:* To decompose. **D. (la lumière),** to split (light). **D. une fraction,** to split up a fraction. **2.** To decompose, rot, decay (organic matter). **3.** To convulse, distort (features).

se décomposer. 1. To decompose, rot, decay. **2.** (Of face, features) To become convulsed (with terror, etc.).

décomposition [dekɔ̃pɔzisjɔ̃], *s.f.* **1.** *Ph:* *Ch:* *etc:* Decomposition. **2.** Decomposition, decay, rotting. **3.** Distortion (of features).

décompresseur [dekɔ̃prɛsœːr], *s.m.* *I.C.E:* (*a*) Compression tap. (*b*) Exhaust(-valve) lifter.

décompression [dekɔ̃prɛsjɔ̃], *s.f.* *Mch:* *etc:* Decompression. **Robinet de d.,** (i) *I.C.E:* compression tap. (ii) *Mch:* pet cock.

décomprimer [dekɔ̃prime], *v.tr.* To decompress.

décompte [dekɔ̃ːt], *s.m.* (*a*) Deduction (from sum to be paid). *F:* **Trouver du d.,** to be disappointed (**à,** in). (*b*) Balance.

décompter [dekɔ̃te], *v.tr.* To deduct (sum from account).

déconcertant [dekɔ̃sɛrtɑ̃], *a.* Disconcerting.

déconcerté [dekɔ̃sɛrte], *a.* Abashed; taken aback.

déconcerter [dekɔ̃sɛrte], *v.tr.* **1.** To upset, confound, frustrate (s.o.'s plans). **2.** To disconcert (s.o.); to put (s.o.) out (of countenance).

se déconcerter, to lose one's assurance; to lose countenance. **Sans se d.,** unabashed.

déconfire [dekɔ̃fiːr], *v.tr.* To disconcert, to discomfit.

déconfit [dekɔ̃fi], *a.* Crest-fallen, discomfited.

déconfiture [dekɔ̃fityːr], *s.f.* **1.** *A:* Defeat, rout (of army). **2.** Collapse, failure, downfall, ruin; bankruptcy (of non-trader). **Tomber en d.,** to fail to meet one's liabilities.

décongélation [dekɔ̃ʒelasjɔ̃], *s.f.* Thawing (of meat, etc.).

décongeler [dekɔ̃ʒle], *v.tr.* (**je décongèle; je décongèlerai**) To thaw, de-frost, de-freeze, (chilled meat, etc.).

décongestionner [dekɔ̃ʒɛstjɔne], *v.tr.* To relieve congestion in (the lungs, etc.); to clear.

déconnecter [dekɔnɛkte], *v.tr.* *El.E:* To disconnect (lead, etc.).

déconseiller [dekɔ̃sɛje], *v.tr.* **D. qch. à qn,** to advise s.o. against sth. **D. qn de faire qch.,** to advise s.o. against doing sth. **Un livre à d. pour les jeunes gens,** a book not to be recommended for young people.

déconsidération [dekɔ̃siderasjɔ̃], *s.f.* Disrepute, discredit. **Tomber en d.,** to fall into disrepute.

déconsidérer [dekɔ̃sidere], *v.tr.* (**je déconsidère; je déconsidérerai**) To bring (s.o., sth.) into disrepute.

se déconsidérer, to fall into discredit; to belittle oneself.

décontenancé [dekɔ̃tnɑ̃se], *a.* Abashed; put out.

décontenancement [dekɔ̃tnɑ̃smɑ̃], *s.m.* Putting (of s.o.) out of countenance; mortification, abashment.

décontenancer [dekɔ̃tnɑ̃se], *v.tr.* (**je décontenançai(s); n. décontenançons**) To put (s.o.) out of countenance, to embarrass (s.o.). **Être tout décontenancé,** to look blank.

se décontenancer, to lose countenance.

décontracté [dekɔ̃trakte], *a.* Relaxed.

décontracter [dekɔ̃trakte], *v.tr.* To relax (sth.).

se décontracter, to relax.

décontraction [dekɔ̃traksjɔ̃], *s.f.* Relaxation.

déconvenue [dekɔ̃vny], *s.f.* Disappointment, mortification; mortifying set-back.

décor [dekɔːr], *s.m.* **1.** Decoration (of house, etc.). **Peintre en d.,** house-painter. **2.** *Th:* Setting, décor, arrangement (of stage); set; *pl.* scenery. **Peintre de décors,** scene-painter. **Pièce à décors,** spectacular play. **3.** *F:* *Aut:* **Rentrer dans le d.,** to run into a tree or a wall (by accident).

décorateur [dekɔratœːr], *s.m.* (*a*) (House-) decorator. (*b*) Stage-designer or scene-painter.

décorat|if, -ive [dekɔratif, -iːv], *a.* Decorative, ornamental. *adv.* **-ivement.**

décoration [dekɔrasjɔ̃], *s.f.* Decoration. **1.** Ornamentation, embellishment (of house, etc.). **2.** Medal; ribbon, star (of an order). **Remise de décorations,** investiture.

décorer [dekɔre], *v.tr.* **1.** To decorate, ornament; *F:* to do up (house, etc.). **2.** To decorate (s.o.).

décorner [dekɔrne], *v.tr.* To dehorn; to poll (cattle, etc.). *F:* **Il fait un vent à d. les bœufs,** there's a howling gale.

décorti|quer [dekɔrtike], *v.tr.* To decorticate; to bark (timber); to husk (rice); to hull (barley); to shell (nuts). *s.m.* **-cage.**

décorum [dekɔrɔm], *s.m.* Decorum, seemliness, propriety; the proprieties.

découcher [dekuʃe]. **1.** *v.i.* To sleep away from home, out of barracks; to sleep out.

découdre [dekudr], *v.tr.* (Conj. like COUDRE) (*a*) To unpick, unstitch (garment); to rip up (seam). (*b*) (Of horned animal) To rip open, to gore (dog, etc.). *F:* **En d.,** to cross swords; to fight.

se découdre, to come unsewn, unstitched.

découler [dekule], *v.i.* **1.** To trickle, drip, flow; to run (down). **2.** To issue, spring, be derived, proceed, follow (from).

découpage [dekupa:ʒ], *s.m.* **1.** Cutting up (of paper, cake, etc.); carving (of fowl, etc.). **2.** (*a*) Cutting out (of patterns, etc.); punching, stamping, cutting (of sheet-metal); punching, pinking (of leather, etc.). **Matrices pour d.,** cutting dies. (*b*) *Typ:* (i) Cutting of the overlays; (ii) overlay.

découpé [dekupe], *a.* (*a*) Cut out. **Bois d.,** fretwork. (*b*) Jagged (edge, etc.).

découper [dekupe], *v.tr.* **1.** To cut up (paper, cake, etc.); to carve (fowl, etc.). **Couteau à d.,** carving-knife. **2.** To cut out (design); to stamp (out), to punch, cut (metals); to punch, pink (leather). **D. un article dans un journal,** to cut an article out of a newspaper. **Scie à d.,** fret-saw; jig-saw.

se découper, to stand out, show up, project (**sur,** against).

découpeur, -euse [dekupœ:r, -ø:z], *s.* **1.** (*a*) Carver (at table). (*b*) **D. en cuir,** (i) leather cutter, (ii) pinker. (*c*) *Cin:* Continuity man, girl. **2.** *s.f.* **Découpeuse.** *Tex: etc:* Shearing-, cutting-, pinking-machine.

découplé [dekuple], *a.* Usu. **Bien d.,** well built; strapping (young man).

découpler [dekuple], *v.tr.* **1.** To slip, uncouple (hounds). **2.** To uncouple (horses, trucks).

découpoir [dekupwa:r], *s.m.* **1.** *Metalw: etc:* Cutter; (i) shear, (ii) stamp. **D. à figures,** pinking-iron.

découpure [dekupy:r], *s.f.* **1.** (*a*) Cutting out. (*b*) Punching, stamping (out). (*c*) Pinking. (*d*) Fretwork. **2.** (*a*) Piece cut out (by punch, etc.); stamping. (*b*) (Newspaper) cutting. **3.** Indentation (in coastline, etc.).

découragé [dekuraʒe], *a.* Discouraged, despondent, cast down, downcast.

décourageant [dekuraʒɑ̃], *a.* Discouraging, dispiriting, disheartening, depressing. **Personne décourageante,** *F:* wet blanket.

découragement [dekuraʒmɑ̃], *s.m.* Discouragement. **Tomber dans le d.,** to become disheartened, despondent.

décourager [dekuraʒe], *v.tr.* (**je décourageai(s); n. décourageons**) **1.** To discourage, dishearten. **D. qn de qch., de faire qch.,** to discourage, deter, s.o. from sth., from doing sth. **2. D. un projet,** to discourage, discountenance, a scheme.

se décourager, to become discouraged, disheartened; to lose heart. **Ne vous découragez pas!** don't lose heart! keep your spirits up!

découronner [dekurɔne], *v.tr.* **1.** (*a*) To uncrown, depose (king, etc.). (*b*) *F:* To debunk (hero, etc.). **2.** To pollard (tree).

décours [deku:r], *s.m.* **1.** Waning (of the moon). **Lune à son d.,** moon on the wane. **2.** Abatement (of fever).

décous-ant, -is, -ons, etc. See DÉCOUDRE.

décousu [dekusy], *a.* (*a*) (Of seam, etc.) Unsewn, unstitched. (*b*) Disconnected, disjointed, incoherent (words, ideas, etc.); rambling, desultory (remarks); unmethodical (work); scrappy (conversation).

décousure [dekuzy:r], *s.f.* **1.** Seam-rent. **2.** Gash, rip (caused by horns or tusks).

découvert [dekuvɛ:r]. **1.** *a.* (*a*) Uncovered. **La tête découverte,** bare-headed. **A visage d.,** openly, frankly. (*b*) Open (country, etc.). (*c*) Exposed, unprotected (town, etc.). *Ten:* **Région découverte,** part of the court left uncovered (by player). **Manège d.,** open-air riding school. (*d*) **Compte d.,** overdrawn account. **2.** *s.m. Bank: etc:* Uncovered balance; overdraft. **3. A d.,** uncovered, unprotected, open. **Agir, parler, à d.,** to act, speak, openly. **Mettre qch. à d.,** to expose sth. to view. **Crédit à d.,** unsecured credit. *St.Exch:* **Vendre à d.,** *F:* to bear the market.

découverte [dekuvɛrt], *s.f.* **1.** Discovery (of land, etc.). **Aller à la d.,** to explore, prospect; *Mil:* to scout, reconnoitre. **2.** Discovery, exposure, detection (of plot, etc.).

découvreur [dekuvrœ:r], *s.m.* Discoverer.

découvrir [dekuvri:r], *v.tr.* (Conj. like COUVRIR) **1.** (*a*) To uncover. **D. un pot,** to take the lid off a pot. **D. une maison,** to take the roof off a house. (*b*) To expose, lay bare; to unveil (statue); to disclose (secret). **Se d. la tête,** to bare one's head. **D. ses dents,** to show one's teeth. **D. son cœur,** to lay bare one's heart. *Chess:* **D. une pièce,** to uncover a piece. **2.** To perceive, discern. *Nau:* To sight (land). **3.** (*a*) To discover, find out (plot, etc.); to detect (error, criminal); to bring (crime, etc.) to light. **Le projecteur découvrit l'avion,** the searchlight picked out the plane. **Craindre d'être découvert,** to fear detection. (*b*) To discover, to be the first to find (sth.). **4.** *v.i.* (Of reef) To uncover (at low tide).

se découvrir. 1. (*a*) To bare one's head; to take off one's hat. (*b*) To take off some of one's clothing. **2.** *Fenc:* To expose oneself. **3.** (Of sky) To clear. **4.** To become perceptible; to come into sight. **5.** To come to light. **La vérité se découvre toujours,** truth will out.

décrass|er [dekrase], *v.tr.* To clean, cleanse, scour; to remove the fouling from (gun-barrel). **D. une chaudière,** to scale, fur, a boiler, *s.m.* **-age.** *s.m.* **-ement.**

se décrasser. (*a*) To clean oneself up. (*b*) *F:* To rise in the world.

décrassoir [dekraswa:r], *s.m.* Tooth-comb.

décrépi [dekrepi], *a.* Unplastered; peeling; dilapidated.

décrépit [dekrepi], *a.* Decrepit, senile; broken-down (horse); tumble-down, dilapidated (house).

décrépitude [dekrepityd], *s.f.* Decrepitude.

décret [dekrɛ], *s.m.* Decree; fiat, order. *Adm:* **D. ministériel** = Ordinance.

décréter [dekrete], *v.tr.* (**je décrète; je décréterai**) To decree; to enact (law).

décret-loi [dekrɛlwa], *s.m.* = Order in Council. *pl. Des decrets-lois.*

décrier [dekrie], *v.tr.* To disparage, decry, discredit (s.o., sth.); to run (s.o., sth.) down.

décrire [dekri:r], *v.tr.* (Conj. like ÉCRIRE) **1.** To describe (a sight, etc.). **2.** *Geom: etc:* To describe (curve, circle).

décroch|er [dekrɔʃe]. **1.** *v.tr.* To unhook, take down (coat from peg, etc.); to unsling (hammock); to take off, lift (telephone receiver); to uncouple, disconnect (railway carriages, etc.); to undo (clasp, etc.). **Se d. la mâchoire,** to dislocate one's jaw. **Phrase à d. la mâchoire,** tongue-twister. S.a. BÂILLER 1. *F:* **D. les palmes, la croix,** to receive a decoration. **D. le grand succès,** to make a big hit. *F:* **Il eut tôt fait de d. ses galons de caporal,** he wasn't long in getting his corporal's stripes. S.a. TIMBALE 2. **2.** *v.i. Av:* To break formation. *Mil:* (Of units) To lose touch. *s.m.* **-age.** *s.m.* **-ement.**

se décrocher. *Ph:* To fall out of step, out of tune (with oscillatory system).

décrois|er [dekrwaze], *v.tr.* To uncross (one's legs, etc.). *s.m.* **-ement.**

décroissance [dekrwasɑ̃:s], *s.f.* Decrease; diminution (of population); decline (of strength); wane (of the moon); abatement (of fever). **Nos importations sont en d.,** our imports are decreasing.

décroiss-ons, -ez, etc. See DÉCROÎTRE.

décroît [dekrwa], *s.m.* Last quarter (of the moon). **Sur son d.,** in its last quarter.

décroître [dekrwa:tr,-wɑ-], *v.i.* (*pr.p.* **décroissant;** *p.p.* **décru;** *pr.ind.* **il décroît, ils décroissent;** *p.h.* **il décrut;** *fu.* **il décroîtra**) To decrease, decline, diminish. **Les jours commencent à d.,** the days are beginning to draw in. **La lune décroît,** the moon is on the wane. **Aller (en) décroissant,** to decrease; to grow gradually less.

décrott|er [dekrɔte], *v.tr.* To clean (boots, etc.); to scrape (one's boots). *F:* **D. qn,** to polish up (the manners of) s.o. *s.m.* **-age.**

décrottoir [dekrɔtwa:r], *s.m.* Shoe-scraper; door-scraper. **Tapis d.,** wire mat.

décru, -s, -t, etc. See DÉCROÎTRE.

décrue [dekry], *s.f.* Fall, subsidence (of river, etc.); retreat (of glacier).

décrypt|er [dekripte], *v.tr.* To decipher (cryptogram). *s.m.* **-ement.**

déçu, -s, -t, etc. See DÉCEVOIR.

déculotter [dekylɔte], *v.tr.* To take the trousers off (s.o.), *F:* to debag (s.o.).

se déculotter, (i) to take off, (ii) to let down, one's trousers.

décuple [dekypl], *a. & s.m.* Decuple; *a.* tenfold.
décupl|er [dekyple], *v.tr. & i.* To decuple; to increase, multiply, tenfold. *s.m.* **-ement.**
décuver [dekyve], *v.tr.* To tun, rack off (wine).
dédaigner [dedɛɲe], *v.tr.* To scorn, disdain; *F:* to turn up one's nose at (offer, etc.). **Cette offre n'est pas à d.**, this offer is not to be disdained, *F:* is not to be sneezed at. **Il dédaigna de répondre,** he did not deign to answer.
dédaigneu|x, -euse [dedɛɲø, -ø:z], *a.* Disdainful, contemptuous, scornful (de, of). *adv.* **-sement.**
dédain [dedɛ̃], *s.m.* Disdain, scorn (**de**, of); disregard (**de qch.,** of sth., **pour qn,** for s.o.). **Avec d.,** disdainfully, scornfully. **Témoigner du d. à qn,** to show contempt for s.o.; to ignore s.o. **Avoir le d. de qch.,** to have a contempt for sth. **Prendre qn en d.,** to begin to look down on s.o.
Dédale [dedal]. **1.** *Pr.n.m. Gr.Myth:* Daedalus. **2.** *s.m.* Labyrinth, maze (of streets, etc.).
dedans [dədɑ̃]. **1.** *adv.* Inside; within; in (it, them, etc.). *F:* **Mettre qn d.,** to take s.o. in. **Donner d.,** to fall into the trap. **De d.,** from within. **En d.,** (on the) inside; within. **Il n'était pas si calme en d.,** he was not so calm inwardly. **En d. de,** within. **Par d. la maison,** inside the house. **2.** *s.m.* Inside, interior (of house, box, etc.). **Agir du d.,** to act from within (a party, etc.). **Au d.,** (on the) inside; within. **Au d. et au dehors,** (i) inside and out; (ii) at home and abroad. **Au d. de,** inside, within.
dédicace [dedikas], *s.f.* **1.** *Ecc:* Dedication, consecration. **2.** Dedication (of book, etc.).
dédicacer [dedikase], *v.tr.* (**je dédicaçai(s); n. dédicaçons**) To dedicate (book, etc.); to autograph (a book); to write a dedication in (book, etc.).
dédicatoire [dedikatwa:r], *a.* Dedicatory.
dédier [dedje], *v.tr.* **1.** *Ecc:* To dedicate, consecrate. **2.** To dedicate, inscribe (book).
dédire (se) [sədedi:r], *v.pr.* (Conj. like DIRE, except *pr.ind.* **v.v. dédisez**) **1. Se d. d'une affirmation,** to take back what one has said; to retract a statement. **2. Se d. d'une promesse,** to go back on one's word.
dédit [dedi], *s.m.* **1.** Retraction, withdrawal. **2.** Breaking (of promise). **3.** Forfeit, penalty (for breaking contract, etc.).
dédommagement [dedɔmaʒmɑ̃], *s.m.* **1.** Indemnification, indemnifying (**de qn,** of s.o.). **2.** Indemnity, compensation, damages. **Recevoir une somme en d. de qch.,** to receive a sum as, in, compensation for sth.
dédommager [dedɔmaʒe], *v.tr.* (**je dédommageai(s); n. dédommageons**) To indemnify, compensate (s.o.); to make amends to (s.o.) **D. qn de qch.,** to indemnify, compensate, s.o. for sth. **D. qn d'une perte,** to make good a loss. **Se faire d. par qn,** to receive compensation from s.o.
se dédommager, to recoup oneself (**de,** for).
dédoré [dedɔre], *a.* Tarnished; with the gilt rubbed off.
dédorer [dedɔre], *v.tr.* To remove the gilt from (sth.).
dédouanage [dedwana:ʒ], *s.m.* **dédouanement** [dedwanmɑ̃], *s.m. Cust:* Clearance (of goods).
dédouaner [dedwane], *v.tr. Cust:* To clear (goods); to take (goods) out of bond. **D. ses bagages,** to clear one's luggage through the Customs.
dédoublage [dedublɑ:ʒ], *s.m.* **1.** Dilution (of alcohol). **2.** Unlining (of coat); unsheathing (of ship).
dédoublement [dedubləmɑ̃], *s.m.* **1.** Undoubling (of folded cloth, etc.). **2.** (*a*) Dividing, splitting, into two. **D. de la personnalité,** split personality. (*b*) *Ch:* Double decomposition. (*c*) Running (of train) in two portions.
dédoubler [deduble], *v.tr.* **1.** To undouble (folded cloth, etc.). **D. les rangs,** to form single file. **2.** (*a*) To divide, cut, split, (sth.) into two. (*b*) To run (train) in two portions. **3.** To remove the lining of, to unline (garment).
se dédoubler. 1. To unfold. **2.** To divide, split (into two parts).
déductif, -ive [dedyktif, -i:v], *a. Phil:* Deductive (reasoning).
déduction [dedyksjɔ̃], *s.f.* **1.** Deduction, inference. **2.** *Com: etc:* Deduction, allowance, abatement. **Faire d. des sommes payées d'avance,** to deduct, to allow for, sums paid in advance. **Sous d. de 10%,** less 10%. **"Sans d."** 'terms net cash.'
déduire [dedɥi:r], *v.tr.* (Conj. like CONDUIRE) **1.** To deduce, infer (result). **2.** To deduct. **D. 5% to take** off, allow, 5%.
déesse [deɛs], *s.f.* Goddess.
défaillance [defajɑ̃:s], *s.f.* **1.** *A:* Extinction, decay (of family, race). **2.** (*a*) (Moral, physical) lapse. **La d. de ses forces,** the failing of his strength. **Politique sans d.,** unflinching policy. **Moment de d.,** weak moment. **D. de mémoire,** lapse of memory. *Med:* **D. cardiaque,** heart-failure. **Coupable de d.,** guilty of failure to perform a duty. (*b*) Fainting fit. **Tomber en d., avoir une d.,** to faint.
défaillant, -ante [defajɑ̃, -ɑ̃:t], *a.* **1.** (*a*) *A:* (Of race, family) Dying out. (*b*) Failing (strength, etc.); waning (light); sinking (heart). (*c*) (Of pers.) **D. de fatigue,** dropping with fatigue. (*d*) (Of pers.) Faint. **2.** (*a*) *a.* Defaulting. (*b*) *s.* Defaulter, absconder.
défaillir [defaji:r], *v.i.* (*pr.p.* **défaillant;** *p.p.* **défailli;** *pr.ind.* **il défaille, n. défaillons, ils défaillent;** *p.d.* **je défaillais;** *p.h.* **je défaillis;** *fu.* occ. **je défaillerai**) (*a*) To become feeble, to lose strength. **Sa mémoire commence à d.,** his memory is beginning to fail. (*b*) **D. à son devoir,** to fail in one's duty. **Sans d.,** without flinching. (*c*) To faint. (*d*) **A cette nouvelle son cœur défaillit,** his heart sank at the news.
défaire [defɛ:r], *v.tr.* (Conj. like FAIRE) **1.** To demolish, destroy; to distort (features); to pull (sth.) to pieces; to cancel, annul (treaty); to break off (alliance, marriage). **D. des chiffons,** to pick rags. **2.** (*a*) To undo; to untie (parcel, knot); to unwrap (parcel); to unpack (trunk); to unpick (seam); to unfasten, loosen (one's dress, etc.); to strip (bed). **D. ses cheveux,** to let one's hair down, (*b*) **D. qn de qn, de qch.,** to rid s.o. of s.o., of sth. **3.** To defeat, overthrow (army, etc.); to get the better of (s.o.). **4. Faire et d. les rois,** to make and unmake kings.
se défaire. 1. (Of clothes, knot) To come undone; (of hair) to come down; (of things joined together) to come apart. **2.** (*a*) *F:* **Se d. de qn,** to make away with s.o.; to kill, bump off, s.o. (*b*) **Se d. de qn, de qch.,** to get rid of s.o., of sth.; to rid oneself of s.o., of sth. **Je ne veux pas m'en d.,** I don't want to part with it. **Se d. d'une mauvaise habitude,** to get out of, break oneself of, a bad habit.
défais-ant, -ons. See DÉFAIRE.
défait [defɛ], *a.* (*a*) Drawn, discomposed (features, face). (*b*) Dishevelled; disarranged (attire, hair). (*c*) Defeated, overthrown (army, etc.).
défaite [defɛt], *s.f.* Defeat. **Essuyer une d.,** to suffer (a) defeat.
défaitisme [defɛtism], *s.m.* Defeatism.
défaitiste [defɛtist], *a. & s.* Defeatist.
défalcation [defalkasjɔ̃], *s.f.* (*a*) Deduction, deducting; writing-off (of bad debt). (*b*) Sum, weight, deducted.
défalquer [defalke], *v.tr.* To deduct (sum from total). **D. une mauvaise créance,** to write off a bad debt.
défass-e, -es, etc. See DÉFAIRE.
défausser[1] (se) [sədefose], *v.pr. Cards:* To throw out one's useless cards. **Se d. à trèfle,** to discard one's clubs.
défausser[2], *v.tr.* To true, straighten (rod, blade, etc.).
défaut [defo], *s.m.* **1.** (*a*) Default, absence, (total) lack, want (of sth.). **D. de paiement,** failure to pay; nonpayment. **Faire d.,** (i) to be absent, wanting; (ii) to fail, give out. **Le temps me fait d.,** I cannot spare the time. **Les provisions font d.,** there is a scarcity of provisions. **La mémoire lui fait d.,** (his) memory fails him. *Bank:* **"D. de provision,"** 'no funds.' **A, au, d. de qch.,** in default of, for lack of, failing, sth. (*b*) Break in continuity. **Les défauts de l'armure,** the joints in the harness; *F:* the vulnerable points. S.a. CUIRASSE 1. (*c*) *Jur:* Default. **Faire d.,** to fail to appear, to default. **Jugement par d.,** judgment by default. **2.** (*a*) Fault, shortcoming. **D. de caractère,** failing. **C'est là son moindre d.,** that is the last thing one can reproach him with. (*b*) Defect, flaw. **Il y a un d. de fonctionnement,** there is something wrong with the works. **Sans d.,** faultless, flawless, without blemish. (*c*) *Ven:* **Mettre les chiens en d.,** to throw the hounds off the scent. *F:* **Mettre qn en d.,** to put s.o. on the wrong track; to baffle s.o. **Prendre qn en d.,** to catch s.o. out.
défaveur [defavœ:r], *s.f.* Disfavour, discredit. **Tomber en d.,** to fall into disfavour (**auprès de,** with).

défavorable [defavɔrabl], *a.* Unfavourable (à, to). **Les conditions (nous) sont défavorables,** conditions are against us. *adv.* **-ment.**

défavoriser [defavɔrize], *v.tr.* To be unfair to (s.o.). **Loi qui défavorise injustement qn,** law that bears unjustly upon s.o. **défavorisé,** *a.* Underprivileged.

défécation [defekasjɔ̃], *s.f.* **1.** *Pharm: Sug.R: etc:* Defecation, clarification. **2.** *Physiol:* Defecation.

défectible [defɛktibl], *a.* **1.** *A:* Imperfect, incomplete. **2.** Liable to be found wanting, fallible.

défectif, -ive [defɛktif, -iːv], *a.* Defective (verb, etc.).

défection [defɛksjɔ̃], *s.f.* Defection from, desertion of, a cause. **Faire d.,** to desert; *F:* to rat.

défectueu|x, -euse [defɛktɥø, -øːz], *a.* Defective, faulty, unsound. *adv.* **-sement.**

défectuosité [defɛktɥozite], *s.f.* **1.** Defectiveness. **2.** Defect, flaw.

défendable [defɑ̃dabl], *a.* Defensible.

défendeur, -eresse [defɑ̃dœːr, -ərɛs], *s. Jur:* Defendant.

défendre [defɑ̃ːdr], *v.tr.* **1.** (*a*) To defend (cause, prisoner, etc.); to maintain, uphold (opinion, right); to stand up for (one's friends) (**contre,** against). **Il sait d. son opinion,** he can hold his own. **Tuer qn à son corps défendant,** to kill s.o. in self-defence. **Faire qch. à son corps défendant,** to do sth. reluctantly, under protest, under coercion. (*b*) To protect, shield, guard (**contre,** against, from). **2.** To forbid, prohibit. **Fruit défendu,** forbidden fruit. **D. qch. à qn,** to forbid s.o. sth. **D. à qn de faire qch.,** to forbid s.o. to do sth. **"Il est défendu de fumer,"** 'smoking prohibited.' **Il m'est défendu de fumer,** I am forbidden to smoke. **Il défendit qu'on passât par là,** he forbade anyone to pass that way. S.a. PORTE 2.

se défendre. 1. (*a*) To defend oneself. *F:* **On se défend,** we are holding our own, getting along. (*b*) **Se d. d'avoir fait qch.,** to deny having done sth. **Je ne m'en défends pas,** I don't deny it. **Elle ne se défend pas d'avoir trente ans,** she owns (up) to (being) thirty. **2. Se d. de, contre, qch.,** to protect, shield, oneself from, against, sth. **3. Se d. de faire qch.,** to refrain from doing sth. (Esp. in neg.) **On ne peut se d. de l'aimer,** one can't help liking him. **Il ne put se d. de sourire,** he could not refrain from smiling. **4.** (The pron. is the indirect object) **Se d. tout plaisir,** to deny oneself all pleasure.

défense [defɑ̃ːs], *s.f.* **1.** Defence. **Combattre pour la d. de son pays,** to fight in defence of one's country. **Prendre la d. de qn,** to undertake s.o.'s defence; to champion s.o.'s cause. **D. passive,** Civil Defence, Air Raid Precautions (A.R.P.). **Poste de d. passive,** warden's post. **D. contre avions, la D.C.A.,** anti-aircraft defence. **Sans d.,** unprotected, defenceless. *Jur:* **Cas de légitime d.,** case of self-defence. **2.** (*a*) **D. côtière,** coastal defence. **Les défenses d'une ville,** the defensive works of a town. (*b*) Tusk (of elephant). **3.** Prohibition, interdiction. **"D. d'entrer, de fumer,"** 'no admittance,' 'no smoking'. **Faire d. à qn de faire qch.,** to forbid s.o. to do sth.

défenseur [defɑ̃sœːr], *s.m.* **1.** (*a*) Protector, defender (of child, town, etc.). (*b*) Supporter, upholder (of a cause). **2.** *Jur:* Counsel for the defence.

défens|if, -ive [defɑ̃sif, -iːv]. **1.** *a.* Defensive. **2.** *s.f.* **Se tenir sur la défensive,** to stand on the defensive. *adv.* **-ivement.**

déféquer [defeke], (**je défèque, n. déféquons; je déféquerai**) **1.** *v.tr. Pharm: Sug.R: etc:* To clarify, clear, purify (sth.) **2.** *v.i.* To defecate.

défer-ai, -as, etc. See DÉFAIRE.

déférence [deferɑ̃ːs], *s.f.* Deference, respect, regard (**pour,** for). **Par d. pour . . .,** in, out of, deference to. . . .

déférent, -ente [deferɑ̃, -ɑ̃ːt]. **1.** *a.* Deferential (manner, etc.). **2.** *a. & s.m. Physiol:* Deferent. **3.** *s.m. Num:* Mint-mark.

déférer [defere], *v.* (**je défère; je déférerai**) I. *v.tr.* **1.** *Jur:* (*a*) To submit, refer (case to a court). (*b*) **D. qn à la justice,** to hand over, give up, s.o. to justice. (*c*) **D. le serment à qn,** to administer, tender, the oath, to s.o.; to swear (witness); to swear in (jury). **2.** To confer, bestow (honour) (à, on).

II. **déférer,** *v.i.* **D. à qn,** to defer to s.o. **D. aux ordres de qn,** to comply with s.o.'s orders. **D. à une demande,** to accede to a request.

déferlant [defɛrlɑ̃], *a. Nau:* (Of wave) Breaking. **Vague déferlante,** beach-comber; breaker.

déferl|er [defɛrle]. **1.** *v.tr. Nau:* To unfurl, shake out (sail, flag); to break (flag, signal); to set (sail). **2.** *v.i.* (Of waves) To break (into foam); to comb. *s.m.* **-ement.**

déferr|er [defɛre], *v.tr.* **1.** To remove the iron from (sth.). **2.** To unshoe (horse). *s.m.* **-age.**

défet [defɛ], *s.m. Bookb:* Waste sheet. *Usu. found in pl.* **Défets,** imperfections, oddments, waste sheets.

défeuillaison [defœjɛzɔ̃], *s.f.* Defoliation, fall of the leaf.

défeuiller [defœje], *v.tr.* To strip the leaves off (tree); to defoliate (shrub).

se défeuiller, (of tree) to shed its leaves.

défi [defi], *s.m.* (*a*) Challenge. **Lancer, adresser, jeter, un d. à qn,** to challenge s.o.; to send s.o. a challenge. **Relever un d.,** to take up a challenge. (*b*) Defiance. **Mettre qn au d. de faire qch.,** to defy, dare, s.o. to do sth. **D'un air de d.,** defiantly. **En d. de,** in defiance of.

défiance [defjɑ̃ːs], *s.f.* **1.** Mistrust, distrust, suspicion. **Faire qch. sans d.,** to do sth. unsuspectingly. **Motion de d.,** motion of no confidence. **2. D. de soi-même,** diffidence; lack of self-confidence.

défiant [defjɑ̃], *a.* Mistrustful, distrustful, cautious, wary.

déficeler [defisle], *v.tr.* (Conj. like FICELER) To untie, undo (parcel, etc.).

se déficeler, to come untied, undone.

déficience [defisjɑ̃ːs], *s.f.* (*a*) Deficiency. **D. mentale,** mental deficiency. (*b*) Malnutrition.

déficient [defisjɑ̃]. **1.** *a.* Deficient. **L'enfance déficiente,** mentally deficient children. **2.** *s.* **Déficient, -e,** mental defective.

déficit [defisit], *s.m.* Deficit; shortage. **Être en d.,** to show a deficit. **Combler le d.,** to make up the deficit.

déficitaire [defisitɛːr], *a.* (Account) showing a debit balance; (budget, etc.) showing a deficit.

défier [defje], *v.tr.* (*a*) To challenge. **D. qn au combat, aux échecs,** to challenge s.o. to fight, to a game of chess. (*b*) To defy, set at defiance. **Le spectacle défie toute description,** the sight baffles all description. **D. qn de faire qch.,** to defy s.o. to do sth. (*c*) To brave, to face (danger, death).

se défier de qn, de qch., to mistrust, distrust, s.o., sth. **Se d. de soi-même,** to be diffident.

défiguration [defigyrasjɔ̃], *s.f.,* **défigurement** [defigyrmɑ̃], *s.m.* Disfigurement, disfiguration. **D. d'une statue,** defacement of a statue.

défigurer [defigyre], *v.tr.* To disfigure (s.o., sth.); to deface (statue); to distort (the truth).

se défigurer, to become disfigured, deformed.

défilé [defile], *s.m.* **1.** Defile, gorge; (mountain) pass. **2.** Procession; *Mil:* march past. *Av:* **D. (aérien, d'aviation, d'avions),** fly-past. **D. de mannequins,** mannequin parade. **D. ininterrompu d'autos,** endless procession of cars.

défil|er[1] [defile], *v.tr.* **1.** To unstring, unthread (beads, necklace). **2.** *Mil:* To defilade (fortress); to put (company, etc.) under cover. *s.m.* **-ement.**

se défiler. 1. (Of beads, etc.) To come unstrung. **2.** (*a*) *Mil:* **Se d. du feu de l'adversaire,** to take cover from the enemy's fire. (*b*) *P:* To make off, to clear out.

défiler[2], *v.i. Mil: etc:* (*a*) To defile; to file off. **D. en colonne par deux,** to file off in twos. (*b*) To march past. (*c*) To walk in procession.

défini [defini], *a.* (*a*) Definite; clearly defined. (*b*) *Gram:* Definite (article, etc.). **Passé d.,** past definite, preterite, past historic.

définir [definiːr], *v.tr.* To define.

se définir, to become clear, distinct.

définissable [definisabl], *a.* Definable.

définitif, -ive [definitif, -iːv], *a.* Definitive; final (resolution, judgment); permanent (installation). **Nommé à titre d.,** permanently appointed. *Adv.phr.* **En définitive,** finally.

définition [definisjɔ̃], *s.f.* **1.** Definition. **Par d.,** by that very fact; automatically. **2.** Clue (of cross-word puzzle).

définitivement [definitivmɑ̃], *adv.* Definitely; finally (gone) for good.

défi-s, -t, etc. See DÉFAIRE.
déflagrant [deflagrɑ̃], *a.* Deflagrating.
déflagrateur [deflagratœːr], *s.m.* Deflagrator. *El:* Spark-gap.
déflagration [deflagrasjɔ̃], *s.f.* Deflagration, combustion.
déflagrer [deflagre], *v.i.* To deflagrate.
déflation [deflasjɔ̃], *s.f.* Deflation (of balloon, of the currency).
défléchir [defleʃiːr], *v.tr. & i.* To deflect.
déflecteur [deflɛktœːr], *s.m.* *Mch: etc:* Deflector. *Aut:* Ventilator.
défleuraison [deflœrɛzɔ̃], *s.f.* Falling of the blossom.
défleurir [deflœriːr], *v.i. & pr.* (Of tree, etc.) To lose its blooms or blossom.
défloraison [deflɔrɛzɔ̃], *s.f.* = DÉFLEURAISON.
défloration [deflɔrasjɔ̃], *s.f.* Defloration.
déflorer [deflɔre], *v.tr.* **1.** To strip (plant) of its blooms. **2.** (*a*) To seduce (girl), (*b*) To take the freshness off, to spoil (piece of news, etc.). **3.** To deflower.
défoliant [defɔljɑ̃], *s.m.* Defoliant.
défoncé [defɔ̃se], *a.* **1.** Stove in; battered. **2. Chemin d.,** broken, bumpy, road.
défon|cer [defɔ̃se], *v.tr.* **(je défonçai(s); n. défonçons) 1.** To stave in (cask, boat); to smash in (box, etc.); *F:* to knock the bottom out of (argument). **2.** To break up, cut up (road). *s.m.* **-çage.** *s.m.* **-cement.**
se défoncer, (of roof, etc.) to break in, collapse; (of ship, road, etc.) to break up.
défonceuse [defɔ̃søːz], *s.f.* *Agr:* Heavy plough, trenching plough.
déforestation [defɔrɛstasjɔ̃], *s.f.* Deforestation.
déformation [defɔrmasjɔ̃], *s.f.* **1.** (*a*) Deformation. **D. professionnelle,** professional idiosyncracy, vocational bias. (*b*) *Phot:* Distortion (of image). **2.** Buckling, warping. **D. permanente,** permanent set.
déform|er [defɔrme], *v.tr.* **1.** To deform; to put (hat) out of shape. *Phot:* **Image déformée,** distorted image. **2.** To warp, buckle; to give a set to (plate, etc.). *a.* **-able.**
se déformer. 1. To get out of shape. **2.** To warp, buckle; to take a set.
défourn|er [defurne], *v.tr.* To draw (pottery) from the kiln, (bread) from the oven. *s.m.* **-age.** *s.m.* **-ement.**
défraîchi [defrɛʃi], *pl.* (Shop-)soiled (goods); faded (flowers).
défraîchir [defrɛʃiːr], *v.tr.* To take away the newness, freshness, of (sth.).
se défraîchir, to lose one's, its, freshness.
défrayer [defrɛje], *v.tr.* **(je défraie, je défraye; je défraierai, je défrayerai) 1. D. qn,** to defray, pay, s.o.'s expenses. **Être défrayé de tout,** to have all expenses paid. **2. D. la conversation,** (i) to be the life of the conversation; (ii) to provide a topic of conversation. **D. la chronique,** to be in the news.
défriche [defriʃ], *s.f.*, **défriché** [defriʃe], *s.m.* *Agr:* Clearing, cleared patch (in forest, etc.).
défrich|er [defriʃe], *v.tr.* To clear, grub, reclaim (land for cultivation); to bring (land) into cultivation; to break (new ground). *F:* **D. un sujet,** to do pioneer work in a subject. *a.* **-able.** *s.m.* **-age.** *s.m.* **-ement.**
défricheur, -euse [defriʃœːr, -øːz], *s.* *Agr:* (*a*) Settler, squatter. (*b*) *F:* **D. d'un sujet,** pioneer in a subject.
défriper [defripe], *v.tr.* To smooth out (crumpled garment, etc.).
défris|er [defrize], *v.tr.* To uncurl; to put (hair) out of curl. **Je suis toute défrisée,** my hair is quite out of curl. *F:* **Ça vous défrise?** are you put out? *s.m.* **-ement.**
se défriser, (of hair) to come out of curl.
défroisser [defrwase], *v.tr.* To smooth out.
défroncer [defrɔ̃se], *v.tr.* (Conj. like FRONCER) To undo the gathers in (skirt). **Il défronça les sourcils,** he ceased to frown, his brow cleared.
défroque [defrɔk], *s.f.* **1.** Effects (of dead monk). **2.** Usu. *pl.* Cast-off clothing.
défroqué [defrɔke], *a. & s.m.* Unfrocked (priest); ex-priest, ex-monk.
défroquer [defrɔke], *v.tr.* To unfrock, ungown (priest, monk).
se défroquer, to leave the priesthood, to renounce one's order.
défruiter [defrɥite], *v.tr.* **1.** To strip (fruit-tree). **2.** To remove taste (from olive oil).
défunt, -unte [defœ̃, -œ̃t], *a. & s.* Defunct, deceased. **Le roi d.,** the late King.
dégagé [degaʒe], *a.* (*a*) Free, untrammelled (movements, etc.). **Allure dégagée,** swinging stride. (*b*) Pert, perky, free and easy (tone, manner). (*c*) **Vue dégagée,** open view.
dégagement [degaʒmɑ̃], *s.m.* **1.** Redemption (of pledge, mortgage); taking out of pawn. **2.** (*a*) Disengagement, release (of brake, etc.). *Mil:* Extrication (of troops); relieving, relief (of town). *Mec.E:* Backing off (a tool). (*b*) Loosening, slackening (of bolt, etc.). (*c*) Relieving of congestion; clearing (of road, of the lungs, etc.). **Escalier de d.,** (i) private staircase; (ii) emergency stairs. (*d*) **Dégagements d'un théâtre,** exits of a theatre. (*e*) *Fb:* Clearing kick. (*f*) *Pol: Mil:* Disengagement. **3.** (*a*) Escape, release (of steam, gas, etc.). **Tuyau de d.,** waste-pipe. (*b*) Emission, liberation (of heat). **4.** (*a*) Clearance (of car, above ground). (*b*) *Furn:* Toe-room.
dégager [degaʒe], *v.tr.* **(je dégageai(s); n. dégageons) 1.** To redeem (pledge, mortgage); to take (sth.) out of pawn. **D. sa parole,** (i) to make good one's promise; (ii) to take back one's word. **2.** (*a*) To disengage. **D. le frein,** to release the brake. **D. une troupe,** to extricate a body of troops (from critical position). **D. une ville,** to relieve a town. **D. qn de dessous les débris,** to pull s.o. clear of the wreckage. *Nav:* **D. les pièces pour le combat,** to clear (away) for action. **D. qn d'une promesse,** to release, absolve, s.o. from a pledge. **D. des titres,** to release (pledged) securities. **D. son esprit de préjugés,** to clear one's mind of prejudices. **D. la vérité de l'erreur,** to separate, sift out, truth from error. (*b*) To relieve the congestion in, to clear (road, deck). *Abs:* *F:* **Dégagez, s'il vous plaît,** gangway (, please); *Rail:* mind your backs (, please). *Arch:* **D. les vues,** to open vistas. (*c*) **D. des conclusions d'un récit,** to draw conclusions from an account. **D. le sens intime d'un passage,** to bring out the inner meaning of a passage. **D. son style,** to give ease, freedom, to one's style. (*d*) To free (a part); to loosen, slacken (bolt). *Mec.E:* To back off (a tool). *I.C.E:* **Outil pour d. les soupapes,** valve-freeing tool. *Fenc:* To disengage (the blade). *Box:* To break away. *Fb:* To kick over the touch-line; to clear. **3.** To emit, give off (vapour, smell); to exhale (odour, etc.); to emit, give out (heat).
se dégager. 1. To free oneself, to get free **(de,** from); to get clear (de, of); to break loose, break away **(de,** from); to disengage oneself **(de,** from); to extricate oneself (de, from). **Se d. d'une promesse,** to back out of a promise. **Le ciel se dégage,** the sky is clearing. **Sa toux se dégage,** his, her, cough is easier. **2.** (Of gas, odour, etc.) To be given off **(de,** by); to escape, emanate **(de,** from); to arise, to come off. **3.** To emerge, come out. **La silhouette du navire se dégagea du brouillard,** the ship loomed up out of the fog. **Enfin la vérité se dégage,** at last the truth is coming out. **Cette nécessité se dégage de l'étude des faits,** this need becomes apparent after a study of the facts.
dégaine [degɛːn], *s.f.* *F:* Gait; usu. awkward gait.
dégainer [degɛne], *v.tr.* To unsheathe, draw (sword). *Abs.* To draw.
déganter (se) [sədegɑ̃te], *v.pr.* To take off one's gloves.
dégarni [degarni], *a.* Empty; depleted; stripped **(de,** of). **Armoire dégarnie,** bare cupboard. **Arbre d.,** tree bare of leaves. **D. d'argent,** short of money.
dégarn|ir [degarniːr], *v.tr.* To dismantle (room, etc.); to untrim (dress); to strip (bed, etc.); to withdraw the garrison from (fort); to unrig (ship, capstan). *s.m.* **-issement.**
se dégarnir. 1. (Of tree) To lose its leaves; (of head) to get bald. **2.** (Of hall, etc.) To empty. **3.** To run oneself short of ready money.
dégât [degɑ], *s.m.* Usu. *pl.* Damage. **Les gelées ont fait des dégâts dans les vignobles,** the frosts have wrought havoc in, made havoc of, the vineyards.
dégauch|ir [degoʃiːr], *v.tr.* To rough-plane, to try up, shoot (board, etc.); to straighten, to true up (piece of machinery, etc.). *s.m.* **-issage.** *s.m.* **-issement.**
dégauchisseuse [degoʃisøːz], *s.f.* Planing machine (for surfacing).

dégel [deʒɛl], *s.m.* Thaw. **Le temps est, se met, au d.**, the thaw is setting in; the frost has broken.

dégelée [deʒle], *s.f. F:* Shower of blows.

dégel|er [deʒle], *v.tr. & i.*, *v.impers.* (**il dégèle; il dégèlera**) To thaw. *v.tr. Fin:* **D. les crédits**, to unfreeze credits. *s.m.* **-ement.**

dégénération [deʒenerasjɔ̃], *s.f.* Degeneration, degeneracy.

dégénéré [deʒenere], *a. & s.* Degenerate.

dégénérer [deʒenere], *v.i.* (**je dégénère; je dégénérerai**) To degenerate (de, from; en, into). **Il croirait d. en acceptant**, he would think he was lowering himself if he accepted.

dégénérescence [deʒenerɛssɑ̃:s], *s.f. Med:* Degeneration.

dégénérescent [deʒenerɛssɑ̃], *a. Med:* Degenerating, degenerative.

dégingandé, -ée [deʒɛ̃gɑ̃de], *a. & s. F:* Awkward, ungainly, loosely built (person).

dégivrage [deʒivra:ʒ], *s.m. Av:* De-icing. *Dom.Ec:* Defrosting.

dégivrer [deʒivre], *v.tr. Av:* To de-ice. *Dom.Ec:* To defrost.

dégivreur [deʒivrœ:r], *s.m. Aut: Av:* De-icer, de-icing device; *Dom.Ec:* defroster.

déglacer [deglase], *v.tr.* (Conj. like GLACER) To thaw, to melt the ice on (pond, etc.); to defrost (refrigerator). *Cu:* To make a sauce by adding liquid to residue left after cooking (roasting meat, etc.).

dégoiser [degwaze], *v.tr. F:* To spout (abuse, a speech).

dégommer [degɔme], *v.tr.* **1.** To ungum, unstick (sth.). **2.** *F:* (*a*) To dismiss (s.o. from office). (*b*) To push out, oust (s.o.). (*c*) To beat, *F:* to lick (s.o.) (at a game). *s.m.* **-age.**

dégonflé [degɔ̃fle], (*a*) *a.* Flat or soft (tyre). (*b*) *s.m. P:* Funk.

dégonfl|er [degɔ̃fle], *v.tr.* **1.** To deflate, let the air out of (balloon, etc.). **Elle dégonfla son cœur**, (i) she had her say out; (ii) she had her cry out. **2.** To reduce, bring down (swelling). **3.** *P:* To debunk (hero). *s.m.* **-ement.**

se dégonfler. (*a*) (Of tyre, balloon, etc.) To collapse, to go flat. (*b*) (Of swelling) To subside. (*c*) *F:* To sing small.

dégorg|er [degɔrʒe], *v.* (**je dégorgeai(s); n. dégorgeons**) **1.** *v.tr.* (*a*) To disgorge. *F:* **Faire d. qn**, to make s.o. disgorge (ill-gotten gains). (*b*) To free, clear, unstop (passage, pipe). (*c*) To purify, scour (wool, leather). **2.** *v.i. & pr.* (Of sewer, pond) To flow out, to discharge (**dans**, into). **3.** *v.i.* (Of gutter, stream) To overflow. *s.m.* **-ement.**

dégot(t)er [degɔte], *v.tr.* **1.** *F:* (*a*) To oust, supplant, (s.o.). (*b*) To surpass, beat, lick (s.o.). **2.** *P:* To get, find, unearth (curio, etc.).

dégouliner [deguline], *v.i. F:* (Of water) To trickle, drip, run.

dégourdi [degurdi]. **1.** *a.* (Of pers.) Alive, wide-awake, sharp, cute. **Il n'est pas d. pour deux sous**, *F:* he's an old stick-in-the-mud. *s.* **C'est une dégourdie**, she's a cute, lively, one. **2.** (Of water) Tepid.

dégourd|ir [degurdi:r], *v.tr.* (*a*) To remove stiffness, numbness, from (the limbs); to revive (by warmth, movement). **D. les mains à qn**, to chafe s.o.'s hands. *F:* **D. une recrue**, to lick a recruit into shape. **D. qn**, to sharpen s.o.'s wits. **Paris l'a dégourdi**, Paris has smartened, brightened, him up. (*b*) (**Faire**) **d. de l'eau**, to take the chill off water. *s.m.* **-issement.**

se dégourdir. 1. To restore the circulation; to lose one's numb, stiff, feeling; to stretch one's limbs. **2.** (Of water) To grow warm. **3.** To grow smarter, more alert.

dégoût [degu], *s.m.* Disgust, distaste, loathing, dislike. **Prendre qch. en d.**, to take a dislike to sth. **Avoir du d. pour qch.**, to feel a dislike for sth., an aversion from sth.

dégoûtant [degutɑ̃], *a.* Disgusting, loathsome, nauseating, nasty (sight, smell, etc.).

dégoûté [degute], *a.* **1.** Disgusted (de, with); sick (of); *F:* fed up. **D. de la viande**, off meat. **2.** Fastidious, squeamish. *F:* **Vous n'êtes pas d.!** you don't want much!

dégoûter [degute], *v.tr.* To disgust. **D. qn de qch.**, to disgust s.o. with sth.; to give s.o. a distaste for sth.

se dégoûter de qn, de qch., to take a dislike to s.o. sth. **Je suis dégoûté de la vie**, I am sick, tired, weary, of life.

dégoutt|er [degute], *v.i.* **1.** To drip, trickle, to fall drop by drop (de, from). **2.** To be dripping (de, with). *s.m.* **-ement.**

dégradant [degradɑ̃], *a.* Degrading, lowering.

dégradateur [degradatœ:r], *s.m. Phot:* Vignetting mask; vignetter.

dégradation[1] [degradasjɔ̃], *s.f.* **1.** Degradation (from rank, etc.). **D. civique**, loss of civil rights. **2.** (Moral) degradation. **Tomber dans la d.**, to sink into the mire. **3.** (*a*) Defacement; weathering (of rock). (*b*) Usu. *pl.* Damage; dilapidation; wear and tear (of house, etc.).

dégradation[2], *s.f.* Shading off, graduation (of colours, light). *Phot:* Vignetting.

dégradé [degrade], *s.m.* (Gradual) range of colours.

dégrader[1] [degrade], *v.tr.* **1.** To degrade (s.o.) (from rank, etc.). **2.** To degrade, besot. **3.** To deface, damage, dilapidate.

se dégrader. 1. To lower oneself; to lose caste. **2.** To sink into vice. **3.** To fall into disrepair.

dégrader[2], *v.tr.* To shade off, to graduate (colours, light). *Phot:* To vignette. **Écran de ciel dégradé**, gradual sky-filter.

dégrafer [degrafe], *v.tr.* To unhook, unfasten, undo (dress, etc.); to unclasp (bracelet).

se dégrafer. 1. (Of garment) To come undone. **2.** (Of pers.) To undo one's dress.

dégraiss|er [degrese], *v.tr.* **1.** (*a*) To take, skim, the fat off (soup, etc.). (*b*) **Se d. les cheveux**, to shampoo one's hair. **2.** To clean (clothes, file); to scour (wool). *s.m.* **-age.** *s.m.* **-ement.**

dégraisseur, -euse [degrɛsœ:r, -ø:z], *s.* **1.** Dry-cleaner (of clothes, etc.); scourer (of wool). **2.** *s.m.* (*a*) *Ind:* Grease remover. (*b*) *Mch:* **D. de vapeur**, oil separator. **3.** *s.f.* **Dégraisseuse.** (*a*) *Tex:* Scouring machine. (*b*) (*b*) *Leath:* Grease extractor.

degré [dəgre], *s.m.* **1.** (*a*) Step (of stair, ladder); degree (of musical scale). (*b*) Degree (of circle, heat). **2.** Degree (of relationship, comparison). **Cousins au troisième d.**, cousins thrice removed. **D. de parenté ou d'alliance**, degree of consanguinity or affinity. **Tuberculeux au dernier d.**, in the last stage of tuberculosis. **Passer par tous les degrés**, to pass through all the stages. **Un tel d. d'insolence**, such a pitch of insolence. **Par degrés**, by degrees, gradually. *Sch:* **Enseignement du second d.**, secondary education. **Équation du second, du troisième, d.**, quadratic, cubic, equation.

dégré|er [degree], *v.tr. Nau:* To unrig (mast, etc.); to dismantle, take down (crane); to unsling (hammock). *s.m.* **-age.** *s.m.* **-ement.**

dégressif, -ive [degresif, -i:v], *a.* Decreasing, graded (tax, tariff, etc.).

dégr|ever [degrəve], *v.tr.* (**je dégrève; je dégrèverai**) **1.** To reduce, diminish (tax). **2.** To relieve (s.o.) of a tax; to derate (industry); to reduce the rates on (building). **3.** To disencumber (estate); to clear off the mortgage on (an estate). *s.m.* **-èvement.**

dégringolade [degrɛ̃gɔlad], *s.f. F:* **1.** Tumble (downstairs, down hill). **2.** Downfall (of financier); collapse (of prices, etc.).

dégringoler [degrɛ̃gɔle], *v.tr. & i. F:* **1.** To tumble down, to come clattering down. **2.** To shoot down (bird, etc.); to bring (the Government) toppling down.

dégris|er [degrize], *v.tr.* (*a*) To sober (s.o.). (*b*) *F:* To disillusionize (s.o.); to bring (s.o.) to his senses. *s.m.* **-ement.**

se dégriser. (*a*) To sober down. (*b*) *F:* To come to one's senses.

dégrossi [degrosi], *a. F:* Licked into shape. **Recrues mal dégrossies**, raw recruits.

dégross|ir [degrosi:r], *v.tr.* To give a preliminary dressing to (sth.); to rough down (timber); to rough-hew (stone); to rough out (plan). *F:* **D. qn**, to polish s.o. up; to lick s.o. into shape. *s.m.* **-issage.** *s.m.* **-issement.**

déguenillé [degnije], *a.* Ragged, tattered, in rags, in tatters. *s.* **Un petit d.**, a little ragamuffin.

déguerp|ir [degɛrpi:r], *v.i.* (*a*) (Of tenant) To move out. **Faire d. un locataire,** to evict a tenant. (*b*) To clear out, decamp. **D. au plus vite,** *F:* to skedaddle. *s.m.* **-issement.**
déguisement [degizmɑ̃], *s.m.* **1.** (*a*) Disguise, get-up, make-up. (*b*) Fancy dress. **2.** Dissimulation. **Sans d.,** plainly, openly.
déguiser [degize], *v.tr.* **1.** To disguise. **D. un enfant en clown,** to get a child up as a clown. **2.** To disguise, conceal (truth, etc.). **Parler sans rien d.,** to speak plainly, openly.
se déguiser. (*a*) To disguise oneself; to make up. (*b*) To put on fancy dress.
dégustateur, -trice [degystatœ:r, -tris], *s.* Taster (of wines, teas, etc.).
dégustation [degystasjɔ̃], *s.f. Com:* Tasting (of wines, tea, etc.).
déguster [degyste], *v.tr.* **1.** To taste, sample (tea, wines). *F:* **D. sa liqueur,** to sip one's liqueur. **2.** To eat, drink with relish. **3.** *P:* **D. des coups,** to get a good hiding. **Qu'est-ce qu'on a dégusté!** Didn't we catch it!
déhaler [deale], *v.tr. Nau:* To warp out, haul out, shift (a ship).
déhâler [deale], *v.tr. & pr.* To clear, whiten (the complexion).
déhanché [deɑ̃ʃe], *a.* (*a*) Hip-shot (pers., animal). (*b*) *F:* **Démarche déhanchée,** (i) provocative hip-swaying, (ii) ungainly walk.
déhancher [deɑ̃ʃe], *v.tr.* To dislocate (person's, horse's) hip.
se déhanch|er, *F:* to sway one's hips (in walking). *s.m.* **-ement.**
déharnach|er [dearnaʃe], *v.tr.* To unharness (horse). *s.m.* **-ement.**
déhiscence [deissɑ̃:s], *s.f. Bot:* Dehiscence.
dehors [dəɔ:r]. **1.** *adv.* (*a*) Out, outside. **Coucher, dîner, d.,** to sleep, dine (i) out of doors, in the open, (ii) away from home. **Mettre qn d.,** (i) to put, turn, s.o. out (of doors); (ii) *F:* to give s.o. the sack. **"Ne pas se pencher d.!"** 'do not lean out of the window!' *Nau:* **Toutes voiles d.,** with every sail set. (*b*) *Box:* **Compter qn d.,** to count s.o. out. (*c*) **De d.,** from outside, from without. **En d.,** (on the) outside; outwards. **En d. de la maison,** outside the house. **En d. de mes pouvoirs,** not within my competence. **En d. du sujet,** beside the question. **Cela s'est fait en d. de moi,** it was done (i) without my knowledge, (ii) without my participation. **2.** *s.m.* (*a*) Outside, exterior (of house, etc.). **Affaires du d.,** foreign affairs. **Agir du d.,** to act from without (a party, etc.). **Mettre une embarcation au d.,** to get out a boat. **Au d. de ce pays,** outside, beyond, this country. (*b*) Usu. in *pl.* (Outward) appearance. **Maison aux d. imposants,** house with an imposing exterior. **Sous les d. de la religion,** under the cloak of religion. **3.** *prep.* **Dedans et d. le royaume,** within and without the realm.
déifier [deifje], *v.tr.* To deify; to make a god of (s.o., sth.).
déité [deite], *s.f.* Deity.
déjà [deʒa], *adv.* **1.** Already. **2.** Before, previously. **Je vous ai d. vu,** I have seen you before. **3.** Yet. *F:* **Vous avez d. trop d'amis,** you have too many friends as it is. **Ça n'est d. pas si mal,** indeed it is not at all bad (for a start). **Qu'est-ce que vous faites d.?** What did you say your trade was? **Faut-il que vous partiez d.?** Need you go yet?
déjantage [deʒɑ̃ta:ʒ], *s.m. Aut:* Taking off (of tyre).
déjanter [deʒɑ̃te], *v.tr. Aut:* To take (the tyre) off the rim.
déjeter [deʒte, deʃte], *v.tr.* **(il déjette; il déjettera)** To make lopsided; to warp (wood); to buckle (metal). **Elle a la taille déjetée,** she has one shoulder higher than the other.
se déjeter, to grow lopsided; (of wood) to warp; (of metal) to buckle.
déjettement [deʒɛtmɑ̃], *s.m.* Lopsidedness; warping; buckling; curvature (of the spine).
déjeuner [deʒœne]. I. *v.i.* (*a*) To breakfast (de, off). (*b*) To lunch; to have, take, lunch.
II. **déjeuner,** *s.m.* **1.** Luncheon, lunch. **(Petit) d.,** breakfast. **2.** Large breakfast cup and saucer.
déjouer [deʒwe], *v.tr.* To thwart (plan); to baffle, foil (the police); to frustrate (plot).
déjucher [deʒyʃe], *v.i.* (Of fowls) To come off the roost. *F:* **Faire d. qn,** to make s.o. come down from his perch.
déjuger (se) [sədeʒyʒe], *v.pr.* (Conj. like JUGER) **1.** To reverse one's judgment, decision, etc. **2.** To stultify oneself.
delà [d(ə)la]. Beyond. **1.** *prep.* **D. les monts,** beyond the mountains. **Par d. les mers,** beyond the seas. **De d.** les mers, from beyond the seas. **2.** *adv.* **Deçà et d.,** S.a. DEÇÀ. **Au d.,** beyond. **En d.,** further away. *s.m.* L'au-d., the next world, the hereafter. *prep.phr.* **Au d. de,** beyond. **N'allez pas au d. de dix francs,** don't go above ten francs. **Il est allé au d. de ses promesses,** he was better than his word.
délabré [delabre], *a.* Out of repair; broken-down (furniture); tumble-down (house); impaired (health). **Chapeau d.,** battered hat.
délabrement [delɑbrəmɑ̃], *s.m.* Ruinous condition; disrepair, decay.
délabrer [delɑbre], *v.tr.* To dilapidate; to wreck, ruin (house, fortune, health, digestion).
se délabrer, (of house, etc.) to fall into decay; (of health) to become impaired.
délacer [delase], *v.tr.* **(je délaçai(s); n. délaçons)** To unlace; to undo (shoes, etc.).
se délacer, to come unlaced, undone.
délai [delɛ], *s.m.* **1.** Delay. **Sans d.,** without delay; forthwith. **2.** Respite, time allowed (for completion of a work, etc.). **À court d.,** at short notice. **Dans** le **d. prescrit, dans les délais voulus,** within the required time. **Dans le plus bref d.,** as soon as possible. *Mil:* **D. de route,** travelling time. *Com:* **D. de payement, de congé,** term of payment, of notice. **Livrable dans un d. de trois jours,** can be delivered at three days' notice.
délai-congé [delɛkɔ̃ʒe], *s.m. Jur: Com:* Term of notice. *pl. Des délais-congés.*
délaissé [delɛse], *a.* Forsaken. **Femme délaissée,** neglected wife. **Orphelin d.,** friendless orphan.
délaissement [delɛsmɑ̃], *s.m.* **1.** (*a*) Desertion, abandonment neglect (of wife, children, etc.). (*b*) Loneliness. **Être dans un grand d.,** to be completely friendless. **2.** Relinquishment, renunciation (of right); abandonment (of ship to insurer).
délaisser [delɛse], *v.tr.* **1.** To forsake, desert, abandon (s.o.). **2.** *Jur:* To relinquish, forgo (right, succession); to abandon (ship to insurer).
délassant [delasɑ̃], *a.* Refreshing (bath, rest, etc.). **Lectures délassantes,** light reading.
délassement [delɑsmɑ̃], *s.m.* Rest, relaxation.
délasser [delɑse], *v.tr.* To rest, refresh (s.o.).
se délasser, to take some rest, some relaxation.
délateur, -trice [delatœ:r, -tris], *s.* Informer, spy.
délation [delasjɔ̃], *s.f.* Delation.
délavé [delave], *a.* Washed out (colour, complexion); wishy-washy (food).
délav|er [delave], *v.tr.* To make faint in colour; to dilute, to weaken. *s.m.* **-age.**
délayé [delɛje], *a.* (*a*) Thin, watery. **Sol d.,** sodden ground. (*b*) Wordy (style).
délay|er [delɛje], *v.tr.* **(je délaie, délaye; je délaierai, délayerai)** (*a*) To add water to (powdered material, etc.); to thin (paint, etc.) **(dans,** with); to water (liquid). **D. de la farine dans du lait,** to mix flour with milk. (*b*) *F:* **D. un discours,** to spin out, pad, a speech. *s.m.* **-age.**
Delco [dɛlko], *s.m. Aut: R.t.m:* Distributor (made by the Denton Engineering Laboratory Company).
déléatur [deleaty:r], *s.m.inv. Typ:* Delete (mark); dele.
délectable [delɛktabl], *a.* Delectable; delicious, delightful, pleasant. *adv.* **-ment.**
délecter [delɛkte], *v.tr.* To delight.
se délecter à qch., à faire qch., to take delight in sth., in doing sth.
délégataire [delegatɛ:r], *s. Jur:* Delegatee.
délégateur, -trice [delegatœ:r, -tris], *s. Jur:* Delegator.
délégation [delegasjɔ̃], *s.f.* **1.** (*a*) Delegation (of authority). **Agir par d.,** to act on the authority of s.o. (*b*) Delegation, deputing (of representatives). (*c*) Assignment (of debt, pay, etc.). **2.** *Coll:* Delegation; body of delegates.

délégatoire [delegatwa:r], *a.* Delegatory (power, authority).
délégué, -ée [delege], *a. & s.* (*a*) Delegate (at meeting, etc.). (*b*) Deputy (professor, etc.). (*c*) *Ind:* **D. d'usine, du personnel, d'atelier,** shop steward.
déléguer [delege], *v.tr.* (**je délègue; je déléguerai**) **1. D. qn pour faire qch.,** to delegate, depute, s.o. to do sth. **2.** To delegate, hand over (powers). **D. une créance,** to assign a debt.
délestage [delɛsta:ʒ], *s.m.* (*a*) *Nau:* Unballasting. (*b*) *El:* Load-shedding.
délester [delɛste], *v.tr.* (*a*) To unballast (ship). (*b*) *F:* **D. qn d'un fardeau,** to relieve s.o. of a burden. **Se d. le cœur,** to unload one's heart; to unbosom oneself. (*c*) *El:* To shed the load.
délétère [deletɛ:r], *a.* Deleterious; noxious (gas); offensive (smell); pernicious (doctrine).
délibérant [deliberɑ̃], *a.* Deliberative (assembly).
délibératif, -ive [deliberatif, -i:v], *a.* Deliberative (function). **Avoir voix délibérative,** to be entitled to speak and vote.
délibération [deliberasjɔ̃], *s.f.* **1.** Deliberation, debate, discussion. **Question en d.,** question under consideration. **2.** Reflection, cogitation. **Après mûre d.,** after due deliberation. **3.** Resolution, decision, vote (of an assembly).
délibéré [delibere], **1.** *a.* Deliberate. (*a*) Determined, resolute (tone). (*b*) Intentional. **Agir de propos d.,** to act deliberately. **2.** *s.m. Jur:* Consultation, private sitting (of judges). *adv.* **-ment.**
délibérer [delibere], *v.* (**je délibère; je délibérerai**) **1.** *v.i.* (*a*) To deliberate; to take counsel. **D. (avec qn) de, sur, qch.,** to deliberate (with s.o.) on sth. (*b*) To reflect, ponder. **D. (avec soi-même) de, sur, qch.,** to turn sth. over in one's mind. **2.** *v.tr.* (*a*) To deliberate over (a question); to turn (a question) over in one's mind. (*b*) To debate, discuss (a matter). **C'est une affaire délibérée,** the matter is settled, decided.
délicat [delika], *a.* Delicate. **1.** Dainty (dish, etc.). **2.** Fine, refined, discerning (taste, person); tactful (behaviour). **3.** Sensitive, tender (skin, flower, etc.); delicate, frail, weak (health). **4.** Difficult, critical, *F:* ticklish (situation, problem); tricky (job). **5.** Scrupulous, nice, particular, tender (conscience). **D. sur le point d'honneur,** touchy on points of honour. **Peu d. en affaires,** not over-scrupulous in one's dealings.
délicatesse [delikatɛs], *s.f.* Delicacy. **1.** Fineness, softness (of texture, colouring). **2.** Refinement (of taste); delicacy (of ear); scrupulousness (of conduct); fastidiousness (of taste); tactfulness (of behaviour). **Avec d.,** tactfully. **Fausse d.,** false modesty. **3.** Fragility, frailness, weakness; delicate state (of health). **4.** Difficulty, awkwardness (of situation).
délice [delis], *s.m.* Delight; extreme pleasure.
délices, *s.f.pl.* Delight(s), pleasure(s). **Faire les d. de qn,** to be the delight of s.o. **Faire ses d. de qch.,** to delight in sth.
délicieu|x, -euse [delisjø, -ø:z], *a.* Delicious (food); delightful, charming (scenery, etc.). *adv.* **-sement.**
délictueux, -euse [deliktɥø, -ø:z], *a. Jur:* **1.** Punishable. **Acte d.,** misdemeanour, offence. **2.** Felonious (design); malicious (intent).
délié [delje]. **1.** *a.* Slender, fine. **Taille déliée,** slim, supple, figure. **Un esprit d.,** (i) a sharp, subtle, mind; (ii) a nimble wit. **Avoir la langue déliée,** to have a glib tongue. **2.** *s.m. Typ: etc:* Thin stroke.
délier [delje], *v.tr.* **1.** To untie, undo, unbind; to loose (fetters, prisoner). **D. les mains à qn,** to untie, unbind, s.o.'s hands. **Le vin délie la langue,** wine loosens the tongue. S.a. BOURSE 1. **2. D. qn d'un serment,** to release s.o. from an oath.
se délier, to come undone, unbound; to come loose. **Sa langue se déliait,** (i) his tongue was beginning to wag; (ii) he was beginning to find his tongue.
délimitation [delimitasjɔ̃], *s.f.* Delimitation. **Poteau de d.,** boundary post.
délimiter [delimite], *v.tr.* To delimit, demarcate (territory); to define (powers).
délinquance [delɛ̃kɑ:s], *s.f.* Delinquency. **D. juvénile,** juvenile delinquency.
délinquant, -ante [delɛ̃kɑ̃, -ɑ̃:t], *s. Jur:* Offender, delinquent. **Un d. primaire,** a first offender.
déliquescence [delik(ɥ)ɛssɑ̃:s], *s.f.* Deliquescence.
déliquescent [delik(ɥ)ɛssɑ̃], *a.* Deliquescent.
délirant [delirɑ̃], *a.* Delirious, raving, light-headed. **Joie délirante,** frenzied joy.
délire [deli:r], *s.m.* Delirium. **Avoir le d., être en d.,** to be delirious; to wander (in one's mind).
délirer [delire], *v.i.* To be delirious, light-headed; to wander (in one's mind); to rave.
délit [deli], *s.m. Jur:* Misdemeanour, offence. S.a. FLAGRANT.
délivrance [delivrɑ̃:s], *s.f.* **1.** Deliverance, rescue, release. **2.** Delivery, handing over (of property, certificate); issue (of tickets). **3.** *Obst:* (*a*) Delivery of the afterbirth. (*b*) Child-birth, confinement.
délivre [deli:vr], *s.m. Obst:* Afterbirth.
délivrer [delivre], *v.tr.* **1.** To deliver; to rescue (captive, etc.); to release (prisoner). **D. qn de ses liens,** to loose s.o. from his bonds. **2.** To deliver, hand over (goods, etc.); to deliver, issue (certificate, ticket). **3.** *Obst:* **D. une femme,** to deliver a woman (i) of the afterbirth; (ii) of a child.
se délivrer de qn, de qch., to rid oneself, to get rid, of s.o., of sth.
délog|er [delɔʒe], *v.* (Conj. like LOGER) **1.** *v.i.* To go off, get away. **D. sans tambour ni trompette,** to steal away. **2.** *v.tr.* To oust; to drive (s.o.) out; to eject (tenant); to dislodge (the enemy). *s.m.* **-ement.**
déloyal, -aux [delwajal, -o], *a.* Disloyal, unfaithful, false (friend, etc.); dishonest, unfair (practice). *Sp:* **Jeu d.,** foul play. **Coup d.,** foul. *adv.* **-ement.**
déloyauté [delwajote], *s.f.* **1.** Disloyalty, perfidy, treachery. **2. Commettre une d.,** (i) to play s.o. false; (ii) to act unfairly.
Delphes [dɛlf]. *Pr.n.f.pl. A.Geog:* Delphi.
delphien, -ienne [dɛlfjɛ̃, -jɛn], *a.* Delphic (oracle).
delta [dɛlta], *s.m. Gr.Alph: Geog:* Delta. *Av:* **Aile en d.,** delta wing.
deltoïde [dɛltɔid], *a. & s.m.* Deltoid (muscle).
déluge [dely:ʒ], *s.m.* (*a*) Deluge, flood; torrent (of abuse). **Après moi le d.!** when I am gone I don't mind what happens! **Cela remonte au d.,** it's as old as the hills. (*b*) Downpour (of rain).
déluré [delyre], *a.* Sharp, knowing, smart, cute.
délurer [delyre], *v.tr.* To sharpen (s.o.'s) wits.
se délurer, to lose one's shyness.
délustrer [delystre], *v.tr.* (*a*) *Tex:* To remove the sheen, lustre (from cloth); to sponge, steam (cloth). (*b*) *F:* To take the "shine" off (sth.).
se délustrer, (of cloth) to lose its gloss; to grow shabby. **Sa gloire s'est délustrée,** his glory has faded.
démagnétisation [demaɲetizasjɔ̃], *s.f.* **1.** *Ph:* Demagnetization. **2.** Demesmerization. **3.** Degaussing.
démagnétiser [demaɲetize], *v.tr.* **1.** *Ph:* To demagnetize. **2.** To demesmerize (s.o.). **3.** To degauss.
démagogie [demagɔʒi], *s.f.* Demagogy.
démagogique [demagɔʒik], *a.* Demagogic.
démagogue [demagɔg], *s.m.* Demagogue.
démailler [demaje], *v.tr.* **1.** To unshackle (chain). **2.** To undo (meshes of a net, knitting, etc.).
se démailler, (of stocking) to ladder.
démailloter [demajɔte], *v.tr.* To unswaddle (infant).
demain [dəmɛ̃], *adv. & s.m.* Tomorrow. **D. (au) soir,** tomorrow evening. **De d. en huit,** tomorrow week. **A d.!** see you tomorrow. **Le journal de d.,** tomorrow's paper. **La mode de d.,** coming fashions. **Ce n'est pas pour d.,** you won't see that in a hurry.
démanché [demɑ̃ʃe], *a.* (*a*) (Of tool, etc.). (i) Loose in the handle; (ii) without a handle. (*b*) *F:* Rickety (furniture, etc.); loose-jointed, ungainly (pers.).
démanch|er [demɑ̃ʃe]. **1.** *v.tr.* (*a*) To remove the handle of, to unhaft (tool, etc.). (*b*) **Se d. le bras, la mâchoire,** to put one's arm, one's jaw, out (of joint). **2.** *v.i. Mus:* To shift (in playing the violin). *s.m.* **-ement.**
se démancher. 1. (Of tool, etc.) to lose its handle. **2.** *F:* To fall to pieces, to collapse. **3.** To put one's arm out (of joint). *F:* **Se d. pour obtenir qch.,** to move heaven and earth to obtain sth.
demande [d(ə)mɑ̃:d], *s.f.* **1.** (*a*) Request, petition, application (de, for). **Faire la d. de qch.,** to ask for sth. **D. en mariage,** offer, proposal, of marriage. **Faire qch. sur la d. de qn,** to act at s.o.'s request. *Adm:* **D. de remboursement de voyage,** fares claim. *F:* **Il faut faire une d.,** you must fill in a form. (*b*) *Com:* Demand. **L'offre et la d.,** supply and demand.

(*c*) **D. en divorce,** petition for divorce. **2.** Question, enquiry. **Demandes et réponses,** questions and answers.
demander [d(ə)mɑ̃de], *v.tr.* **1.** To ask (for). **D. qch. à grands cris,** to call out for sth. **D. permission,** to ask permission. **D. pardon,** to beg pardon. **D. la paix,** to beg, sue, for peace. **D. des dommages-intérêts,** to claim damages. **On vous demande,** somebody wants to see you. **Combien demandez-vous pour . . .?** how much do you charge for . . .? **D. qch. à qn,** to ask s.o. for sth. **On nous demanda nos passeports,** we were asked for our passports. **Il demande qu'on lui rende justice,** he asks that justice may be done him. **D. à faire qch.,** to ask (permission) to do sth. **Je demande à être entendu,** I ask to be heard. **D. à manger,** to ask for something to eat. **D. à qn de faire qch.,** to ask s.o. to do sth. **Puis-je vous d. de me passer le journal,** will you please pass me the paper. *F:* **D. un poste,** to apply for a job. **2.** To desire, want, need, require. **On demande maçon,** bricklayer wanted. **Article très demandé,** article in great demand. **La situation demande à être maniée avec tact,** the situation needs, wants, calls for, tactful handling. S.a. MIEUX 1. **3.** To demand. **D. un discours à qn,** to call on s.o. for a speech. **Faire ce que demande sa position,** to do what one's position requires of one. **En d. trop à qn,** to be too exacting with s.o. **4.** To ask, enquire. **D. quelle heure il est,** to ask the time. **D. son chemin à un agent,** to enquire one's way of a policeman. **D. à qn son avis,** to ask s.o.'s opinion. **Cela ne se demande pas,** it's obvious. **Demandez-moi pourquoi,** *F:* ask me another.
se demander, to ask oneself, to wonder. **C'est ce que je me demande,** that's what I should like to know. **On peut se d. si . . .,** it may be asked whether . . . **Je me demande bien pourquoi, ce que, où,** I (really) can't think why, what, where.
demandeur, -euse [d(ə)mɑ̃dœ:r, -ø:z], *s.* **1.** Petitioner, constant applicant for favours. **2.** *Jur:* (*f.* **demanderesse**) Plaintiff. **3.** *Pol. Ec:* Demander. *Cards:* Declarer. **4.** *Tp:* **D. (de la communication),** caller.
démangeaison [demɑ̃ʒɛzɔ̃], *s.f.* Itching. *F:* **Une d. de faire qch.,** a longing, an itching, to do sth.
démanger [demɑ̃ʒe], *v.i.* **(il démangea(it).** Always with dative of person) To itch. **L'épaule me démange,** my shoulder is itching.
démant|eler [demɑ̃tle], *v.tr.* **(je démantèle; je démantèlerai)** To dismantle (fortress, ship); to disable (ship) (by gunfire). *s.m.* **-èlement.**
démantibuler [demɑ̃tibyle], *v.tr.* To dislocate (the jaw); to put (the jaw) out of joint. *F:* **D. une machine** to take or smash a machine to pieces.
se démantibuler, *F:* to come to pieces, to break up.
démaquillage [demakija:ʒ], *s.m.* *Toil:* **Crème de d.,** cleansing cream; make-up remover.
démaquillant [demakijɑ̃], *s.m.* *Toil:* Cleansing cream, make-up remover.
démaquiller [demakije], *v.tr.* To remove make-up.
se démaquiller, to remove one's make-up.
démarcatif, -ive [demarkatif, -i:v], *a.* Demarcating (line, etc.).
démarcation [demarkasjɔ̃], *s.f.* Demarcation. **Ligne de d.,** dividing line, demarcation line.
démarchage [demarʃa:ʒ], *s.m.* *Com:* Canvassing.
démarche [demarʃ], *s.f.* **1.** Gait, step, walk. **D. majestueuse,** majestic bearing. **Il avait une d. digne,** he moved with dignity. **2.** Step. **Faire une d. auprès de qn,** to approach s.o. **Faire les premières démarches,** to take the first steps. **Faire les démarches nécessaires,** to take the necessary steps. *Dipl:* **D. collective,** joint representations.
démarcheur, -euse [demarʃœ:r, -ø:z], *s.* (*a*) *Com:* Canvasser. (*b*) *F:* Tout.
démarquage [demarka:ʒ], *s.m.* **1.** Removal of the mark (from linen, etc.). **2.** Plagiarism.
démarque [demark], *s.f.* *Com:* Marking down (of goods at sales).
démarqué [demarke], *a.* *Fb:* *Hockey:* Unmarked.
démarqu|er [demarke], *v.tr.* **1.** (*a*) To remove the identification marks from (linen, plate, etc.). (*b*) *Com:* To mark down (goods). **2.** To plagiarize (a book), to dish up its contents in another form. *s.m.* **-eur.**
se démarquer, *Sp:* to escape the vigilance of one's opponent, to be unmarked.
démarrage [demara:ʒ], *s.m.* **1.** Unmooring (of boat). **2.** (*a*) Start, starting (of train, car, etc.). **D. doux,** smooth get-away. **Bouton de d.,** self-starter. (*b*) *Sp:* (Sudden) spurt.
démarrer [demare]. **1.** *v.tr.* (*a*) To unmoor, cast off (ship). (*b*) To start (car, etc.). **2.** *v.i.* (*a*) (Of boat) To cast off. (*b*) (Of train, motor car, etc.) To start, move off, get away; (of driver) to drive away, to drive off. **Faire d.,** to start (car, etc.). (*c*) *Sp:* To put on a spurt.
démarreur [demarœ:r], *s.m.* *Aut:* Self-starter, starter motor.
démasquer [demaske], *v.tr.* To unmask; to expose, to show up (impostor). *F:* **D. ses batteries,** to show one's hand.
se démasquer, (i) to take off one's mask; (ii) *F:* to drop the mask.
démât|er [demɑte], *v.tr.* To dismast (ship). *F:* **D. qn,** to disconcert s.o.; to take s.o. aback. *s.m.* **-age.** *s.m.* **-ement.**
démêlé [demele], *s.m.* Usu. *pl.* Contention; (unpleasant) dealings.
démêl|er [demele], *v.tr.* (*a*) To disentangle, unravel (string, silk, etc.); to comb out (hair); to tease (out) (wool). *F:* **D. un malentendu,** to clear up a misunderstanding. *F:* **Avoir quelque chose à d. avec qn,** to have a bone to pick with s.o. (*b*) *F:* **D. qn dans l'ombre,** to discern, make out, s.o. in the gloom. **Je ne peux pas d. ses raisons,** I can't make out, fathom, his reasons. **D. qch. de, d'avec, qch.,** to distinguish sth. from sth. *s.m.* **-age.**
se démêler. (*a*) To extricate oneself (from difficulty). (*b*) *F:* **La vérité se démêle,** the truth is coming out.
démêloir [demelwa:r], *s.m.* *Toil:* (Dressing) comb.
démêlures [demely:r], *s.f.pl.* Combings.
démembrement [demɑ̃brəmɑ̃], *s.m.* Dismembering (of body); dismemberment, disruption (of empire, etc.); breaking up (of ship).
démembrer [demɑ̃bre], *v.tr.* To dismember; to cut up (chicken); to divide up (kingdom).
se démembrer, (of ship, empire) to break up.
déménagement [demenaʒmɑ̃], *s.m.* Removal; moving (house). **Voiture de d.,** furniture van, removal van.
déménager [demenaʒe], *v.tr. & i.* **(je déménageai(s); n. déménageons) D. (ses meubles),** to move house, to move. *P:* **D. à la cloche de bois,** to do a moonlight flit. *F:* **Il, sa tête, déménage,** he has taken leave of his senses. *F:* **Allez! déménagez!** Scram! Shift! Get a move on!
déménageur [demenaʒœ:r], *s.m.* Furniture remover.
démence [demɑ̃:s], *s.f.* Insanity, madness. *Jur:* Lunacy. *Med:* Dementia. **Être en d.,** to be insane, demented, of unsound mind.
démener (se) [sədemne], *v.pr.* (Conj. like MENER) **1.** To fling about, throw oneself about; to struggle. **2.** *F:* To bestir oneself.
dément, -ente [demɑ̃, -ɑ̃:t], *a. & s.* Crazy, mad (person). *Jur:* Lunatic.
démenti [demɑ̃ti], *s.m.* **1.** (Flat) denial, contradiction. **Donner un d. formel à qn,** to give the lie direct to s.o. **2.** Failure (of efforts); disappointment (of expectations).
démentiel, -elle [demɑ̃sjɛl], *a.* **Accès d.,** fit of madness.
démentir [demɑ̃ti:r], *v.tr.* (Conj. like MENTIR) **1.** To give the lie to, to contradict (s.o., sth.); to deny (fact). **2.** To belie. **Il a démenti nos espérances,** he has not come up to our expectations; he has disappointed us.
se démentir, to contradict oneself; to go back on one's word. **Politesse qui ne se dément jamais,** unfailing courtesy.
démerder [demerde], *v.tr.* *V:* To extricate (s.o.); to free s.o. **(de,** from).
se démerder, *V:* to extricate oneself **(de,** from); to get out of a mess.
démériter [demerite], *v.i.* **1.** To act in a blameworthy manner. **2.** To break faith with s.o.
déméritoire [demeritwa:r], *a.* Blameworthy.
démesuré [demzyre], *a.* Beyond measure, huge, unmeasured; inordinate (pride); immoderate (thirst); unbounded (ambition). *adv.* **-ment.**

démettre[1] [demɛtr], *v.tr.* (Conj. like METTRE) To dislocate (joint). **Se d. l'épaule,** to put one's shoulder out (of joint).
démettre[2] **(se),** *v.pr.* **Se d. de ses fonctions,** to resign (office); to resign one's post; to demit office; to retire,
démeubl|er [demœble], *v.tr.* To remove the furniture from (house, etc.); to strip (house, etc.) of its appurtenances. *s.m.* **-ement.**
demeurant [dəmœrɑ̃], *s.m.* (*a*) *A:* Remainder. (*b*) *Adv.phr.* **Au d.,** after all, all the same, howbeit.
demeure [dəmœ:r], *s.f.* **1.** (*a*) *A:* Tarrying, delay. (Still so used in) **Sans plus longue d.,** without further delay. **Il y a péril en la d.,** there is danger in delay. (*b*) **Mettre qn en d. de faire qch.,** to call upon s.o. to do sth. **Mise en d. (de faire qch.),** formal notice, summons (to do sth.). (*c*) Stay, sojourn. **A d.,** fixed; permanent(ly). **Meuble à d.,** fixture. **Institutrice à d.,** resident governess. **Canalisation électrique à d.,** permanent wiring. **2.** (Place of) residence, dwelling place; abode. **Dernière d.,** last resting-place.
demeurer [dəmœre], *v.i.* **1.** (Aux. **être**) To remain; to stay, stop (in a place). **Je demeure convaincu que . . .,** I remain convinced that. . . . **L'affaire n'en demeurera pas là,** the matter will not rest there. **Demeurons-en là,** let us leave it at that. **Ne pouvoir d. en place,** to be unable to keep still. **D. sur place, y d.,** to be killed on the spot. **D. court dans son discours,** to stop short, break down, in one's speech. **D. en reste avec qn,** to remain under an obligation to s.o. **La victoire nous demeure,** the victory rests with us. **2.** (Aux. **avoir**) To live, reside; *Lit:* to have one's abode, to dwell. **D. à la campagne,** to live in the country.
demi [dəmi]. **1.** *a.* (*a*) Half. **Deux heures et demie,** (i) two and a half hours, two hours and a half; (ii) half-past two. **Un d.-congé,** a half-holiday. **Une d.-heure,** half an hour. (*b*) Semi-. **D.-cercle,** semicircle. (*c*) Demi-. **D.-dieu,** demigod. (*d*) **D.-cuit,** half-cooked. **2.** *s.m.* (*a*) **Deux plus un d.,** two plus one half. (*b*) *Fb:* **Les demis,** the half-backs. *Rugby:* **D. de mêlée,** scrum half. **Les demis aile,** the wing halves. (*c*) **A d.,** (i) Half. **A d. mort,** half-dead. **Faire les choses à d.,** to do things by halves. S.a. COMPTE (*c*). (ii) Semi-. **A d. transparent,** semi-transparent. **3.** *s.f.* **Demie,** half-hour. **Il est la demie,** it is half-past.
demiard [dəmja:r], *s.m. Fr.C: Fluid meas:* Half-pint.
NOTE. In all the following compounds DEMI is inv.; the second component takes the plural.
demi-arrière [dəmiarjɛ:r], *s.m. Fb:* Half-back.
demi-arbre [dəmiarbr], *s.m. Aut:* Half-shaft.
demi-bas [dəmiba], *s.m. Cost:* sock; *pl. Com:* half-hose.
demi-bosse [dəmibɔs], *s.f.* Half-relief, mezzo-rilievo.
demi-botte [dəmibɔt], *s.f.* Half-boot; Wellington boot.
demi-boucle [dəmibukl], *s.f. Av:* (*Aerobatics*) **D.-b. inversée,** bunt.
demi-bouteille [dəmibutɛ:j], *s.f.* Half-bottle.
demi-cercle [dəmisɛrkl], *s.m.* Semicircle, half-circle. **En d.-c.,** semicircular.
demi-circulaire [dəmisirkylɛ:r], *a.* Semicircular.
demi-clef [dəmikle], *s.f. Nau:* Half-hitch.
demi-congé [dəmikɔ̃ʒe], *s.m.* Half-holiday.
demi-coupe [dəmikup], *s.f. Draw:* Half-section.
demi-deuil [dəmidœ:j], *s.m.* Half-mourning.
demi-dieu [dəmidjø], *s.m.* Demigod.
demi-douzaine [dəmiduzɛn], *s.f.* Half-dozen.
démieller [demjɛle], *v.tr.* **1.** To remove the honey from (honeycomb). **2.** *P:* Euphemism for DÉMERDER.
demi-fin [dəmifɛ̃], *a. & s.m.* Twelve-carat (gold). **Bracelet (en) d.-f.,** twelve-carat bracelet.
demi-finale [dəmifinal], *s.f. Sp:* Semi-final.
demi-fond [dəmifɔ̃], *s.m.inv. Sp:* **(Course de) d.-f.,** middle-distance race.
demi-frère [dəmifrɛ:r], *s.m.* Half-brother; step-brother.
demi-gros [dəmigro], *s.m.* **Commerce de d.-g.,** whole-sale dealing in small quantities.
demi-heure [dəmiœ:r], *s.f.* **Une d.-h.,** half an hour. **Deux demi-heures,** two half-hours. **De d.-h. en d.-h., toutes les d.-heures,** every half-hour.
demi-jour [dəmiʒu:r], *s.m.* **1.** *Art:* Half-light. **2.** (*a*) Half-light (of dawn); morning twilight. (*b*) Occ. Gloaming, dusk.
demi-journée [dəmiʒurne], *s.f.* Half a day. **Faire des d.-journées,** to work half-days, to work half the day.
démilitaris|er [demilitarize], *v.tr.* To demilitarize. *s.f.* **-ation.**
demi-litre [dəmilitr], *s.m.* Half-litre.
demi-longueur [dəmilɔ̃gœ:r], *s.f. Sp:* Half a length; a half-length.
demi-lune [dəmilyn], *s.f.* **1.** Half-moon. **2.** *Fort:* Demi-lune.
demi-mal [dəmimal], *s.m. F:* Small harm. **Il n'y a que d.-m.,** it might have been worse.
demi-mesure [dəmimzy:r], *s.f.* Half-measure. **Avec lui il n'y a jamais de d.-m.,** there is no half-way with him.
demi-mondain, -aine [dəmi-mɔ̃dɛ̃, -ɛn]. **1.** *a.* Belonging to the demi-monde. **2.** *s.f.* **Demi-mondaine,** demi-mondaine.
demi-monde [dəmimɔ̃:d], *s.m.* Demi-monde; out-skirts of society.
demi-mort [dəmimɔ:r], *a.* Half-dead.
demi-mot (à) [ad(ə)mimo], *adv.phr.* **Entendre (qn) à d.-m.,** to (know how to) take a hint.
déminage [demina:ʒ], *s.m.* Mine clearance.
déminer [demine], *v.tr.* To clear (a field) of mines.
démineur [deminœ:r], *s.m.* **Équipe de démineurs,** mine-clearance squad.
demi-obscurité [dəmiəpskyrite], *s.f.* = DEMI-JOUR 2.
demi-pause [dəmipo:z], *s.f. Mus:* Minim rest.
demi-pension [dəmipɑ̃sjɔ̃], *s.f.* Half-board.
demi-pensionnaire [dəmipɑ̃sjɔnɛ:r], *s.m. & f.* Person taking partial board. *Sch:* Day-boarder.
demi-place [dəmiplas], *s.f.* Half-fare (when travelling); half-price (at theatre, etc.).
demi-quart [dəmika:r], *s.m.* **1.** *Nau:* Half-point (of the compass) **2.** One-eighth (part of sth.). **3. Un d.-q. de vin,** half a mug of wine.
demi-queue [dəmikø], *s.m.inv.* Half-grand piano.
demi-reliure [dəmirəljy:r], *s.f. Bookb:* Quarter-binding. **D.-r. à petits coins,** half-binding.
démis [demi]. See DÉMETTRE.
demi-saison [dəmisɛzɔ̃], *s.f.* Between-season. **Étoffes de d.-s.,** spring, autumn, suitings.
demi-sang [dəmisɑ̃], *s.m.inv.* Half-bred horse; half bred.
demi-sec [dəmisɛk], *a. & s.* Medium dry (wine).
demi-sel [dəmisɛl], *s.m.* Slightly salted cream-cheese,
demi-sommeil [dəmisɔmɛ:j], *s.m.* Drowsiness, somnolence.
demi-sœur [dəmisœ:r], *s.f.* Half-sister; step-sister.
demi-solde [dəmisɔld]. **1.** *s.f. Mil:* Half-pay. **En d.-s.,** on half-pay. **2.** *s.m. inv.* Half-pay officer.
demi-soupir [dəmisupi:r], *s.m. Mus:* Quaver rest.
démission [demisjɔ̃], *s.f.* Resignation. **Donner sa d.,** to tender, send in, one's resignation; to resign.
démissionnaire [demisjɔnɛ:r], *a. & s.* Resigner; resigning (officer, etc.); out-going (ministry).
démissionner [demisjɔne], *v.i.* = **Donner sa démission,** *q.v.* under DÉMISSION.
demi-tarif [dəmitarif], *s.m.* Half-fare; half price.
demi-tasse [dəmita:s], *s.f.* **1.** Small (coffee-)cup. **2.** Half a cup; a 'small coffee'; *U.S:* demi-tasse.
demi-teinte [dəmitɛ̃:t], *s.f.* Half-tone; half-tint.
demi-ton [dəmitɔ̃], *s.m. Mus:* Semitone.
demi-tonneau [dəmitɔno], *s.m. Av:* Half-roll.
demi-tour [dəmitu:r], *s.m.* Half-turn; *Mil:* about turn. **Faire d.-t.,** (i) to turn back; (ii) to turn (right-) about. *Mil:* **D.-t. à droite!** (right-)about turn! **Faire faire d.-t. à son cheval,** to turn one's horse.
demi-vérité [dəmiverite], *s.f.* Half-truth.
demi-voix (à) [ad(ə)mivwa], *adv.phr.* **1.** In an undertone; under one's breath. **2.** *Mus:* Mezza voce.
demi-volée [dəmivɔle], *s.f. Ten:* Half-volley.
démobilisation [demɔbilizasjɔ̃], *s.f.* Demobilization, demobilizing (of troops).
démobilisé [demɔbilize], *s.m.* Recently demobilized man.
démobiliser [demɔbilize], *v.tr.* To demobilize (troops).
démocrate [demɔkrat], *s.m. & f.* Democrat.
démocratie [demɔkrasi], *s.f.* Democracy.
démocratique [demɔkratik], *a.* Democratic. *adv.* **-ment,** -ally.

démocratisation [demɔkratizasjɔ̃], *s.f.* Democratization.
démocratiser [demɔkratize], *v.tr.* To democratize.
se démocratiser, to tend towards democracy.
démodé [demɔde], *a.* Old-fashioned; out of fashion; obsolete, out of date.
démoder (se) [sədemɔde], *v.pr.* (Of clothes, etc.) To go out of fashion.
démographe [demɔgraf], *s.m.* Demographer.
démographie [demɔgrafi], *s.f.* Demography.
démographique [demɔgrafik], *a.* Demographic. *Pol. Ec: Adm:* **Statistiques démographiques,** vital statistics.
demoiselle [dəmwazɛl], *s.f.* **1.** (*a*) Spinster; single woman, unmarried woman. **Son nom de d.,** her maiden name. (*b*) **D. d'honneur,** (i) maid of honour; (ii) bridesmaid. **D. de compagnie,** lady's-companion. **2.** Young lady. **3.** *F:* (*a*) *Orn:* Long-tailed tit. (*b*) *Ent:* Dragon-fly. **4.** Paving beetle.
démolir [demɔliːr], *v.tr.* **1.** To demolish, pull down (house, etc.); to break up (ship); **2.** To ruin (a reputation); to criticize (destructively); *F:* to overthrow (government); *F:* to ruin (health).
se démolir, to break up; to go to pieces.
démoliss|eur, -euse [demɔlisœːr, -øːz], *s.* **1.** Demolisher, overthrower (of argument, government). **2.** *Tchn:* (*a*) Housebreaker, demolition contractor. (*b*) Ship-breaker.
démolition [demɔlisjɔ̃], *s.f.* Demolition; pulling down (of structure). **Chantier de d.,** (i) housebreaker's yard; (ii) ship-breaker's yard.
démon [demɔ̃], *s.m.* **1.** *Myth:* Daemon; (good, evil) genius. **2.** Demon, devil, fiend. **Cet enfant est un petit d.,** that child is a little imp. **Le d. de la jalousie,** the demon of jealousy. *F:* **D. de midi,** middle age love.
démonétisation [demɔnetizasjɔ̃], *s.f.* **1.** Calling in, withdrawing, (coinage, etc.) from circulation. **2.** *F:* Discrediting (of politician, etc.).
démonétiser [demɔnetize], *v.tr.* To call in, withdraw, (coinage, etc.) from circulation. *F:* To discredit (s.o.).
démoniaque [demɔnjak]. **1.** *a.* Demoniac(al); possessed of the devil. **2.** *s.* Demoniac.
démonstrateur [demɔ̃stratœːr], *s.m.* Demonstrator.
démonstrat|if, -ive [demɔ̃stratif, -iːv], *a.* **1.** (Logically) conclusive. **2.** *Gram:* Demonstrative. **3.** Demonstrative, expansive (person). **Peu d.,** undemonstrative, staid. *adv.* **-ivement.**
démonstration [demɔ̃strasjɔ̃], *s.f.* Demonstration. **1.** (*a*) Proof (of theorem, etc.). (*b*) *Box:* **Assaut de d.,** sparring match. (*c*) *Ind: Com:* **Appareil de d.,** demonstration model. **2.** (*a*) *Mil:* Show of force. (*b*) Esp. *pl.* **Faire de grandes démonstrations d'amitié à qn,** to make great demonstrations of friendship to s.o.
démontable [demɔ̃tabl], *a.* (Of machine, etc.) That takes to pieces; portable (building); collapsible (boat).
démonté [demɔ̃te], *a.* **1.** Dismounted (cavalry). **2.** Stormy, raging (sea). **3.** (Of pers.) Abashed, flustered. **4.** (Of mechanism, etc.) Taken to pieces, dismantled.
démonte-pneu [demɔ̃tpnø], *s.m.* Tyre-lever. *pl. Des démonte-pneus.*
démont|er [demɔ̃te], *v.tr.* **1.** To unhorse, unseat (rider). *F:* **La nouvelle m'a démonté,** I was greatly upset by the news. **Se laisser d.,** to get upset. **Il ne se laisse pas d.,** he isn't easily flummoxed, abashed. **2.** To take down, take to pieces, dismantle; to dismount (gun); to unhinge, unhang (door); to remove (tyre); to unset, unmount (diamond). *s.m.* **-age.**
se démonter. (*a*) (Of mechanism) To come apart. (*b*) *F:* **Il ne se démonte pas pour si peu,** he is not so easily put out.
démontrable [demɔ̃trabl], *a.* Demonstrable.
démontrer [demɔ̃tre], *v.tr.* **1.** To demonstrate. **Cela se démontre facilement,** that's easily proved. **2.** To give clear indication of (sth.).
démoralisateur, -trice [demɔralizatœːr, -tris]. **1.** *s.* Corrupter, demoralizer. **2.** *a.* Demoralizing.
démoralisation [demɔralizasjɔ̃], *s.f.* Demoralization.
démoraliser [demɔralize], *v.tr.* To demoralize. **1.** To corrupt, deprave. **2.** To dishearten.
se démoraliser, to become demoralized.
démordre [demɔrdr], *v.i.* (*a*) To let go one's hold (with the teeth). (*b*) *F:* (Usu. with negative) **Ne pas d. de ses opinions,** to stand by, to stick to, one's opinions, **Il ne veut pas en d.,** he won't give up his point; he sticks to it.
démoul|er [demule], *v.tr.* (*a*) To withdraw (pattern) from the mould. (*b*) *Cu:* To turn out (a jelly, a cake). *s.m.* **-age.**
démultiplicateur [demyltiplikatœːr], *a. & s.m.* (Engrenage) **d.,** reducing-gear. *W.Tel:* Vernier. **Bouton d.,** slow-motion knob.
démultiplication [demyltiplikasjɔ̃], *s.f.* *Mec.E:* **1.** Gearing down. **2.** Reduction ratio (of gears).
démultiplier [demyltiplie], *v.tr.* *Mec.E:* To reduce the gear ratio; to gear down.
démuni [demyni], *a.* **1.** Unprovided (**de,** with). **2.** *Com:* **Être d. de qch.,** to be out of sth., sold out of sth.
démunir (se) [sədemyniːr], *v.pr.* **Se d. de qch.,** (i) to allow oneself to run short of sth.; (ii) to part with sth.
démuseler [demyzle], *v.tr.* (**je démuselle; je démusellerai**) To unmuzzle (dog).
dénantir (se) [sədenɑ̃tiːr], *v.pr.* To part with one's securities. *F:* **Se d. de tout ce qu'on possède,** to give up all that one possesses.
dénatalité [denatalite], *s.f.* Fall in the birth-rate.
dénationalisation [denasjɔnalizasjɔ̃], *s.f.* Denationalization.
dénationaliser [denasjɔnalize], *v.tr.* To denationalize.
dénaturalisation [denatyralizasjɔ̃], *s.f.* Denaturalization; denationalization.
dénaturaliser [denatyralize], *v.tr.* To denaturalize; denationalize (person).
dénaturant [denatyrɑ̃], *Ch:* **1.** *a.* Denaturing. **2.** *s.m.* Denaturing agent.
dénaturation [denatyrasjɔ̃], *s.f.* Denaturation, changing the nature (of sth.). **D. de l'alcool,** denaturing of alcohol.
dénaturé [denatyre], *a.* **1.** Denatured. **2.** Unnatural; hard-hearted (father); perverted (taste).
dénaturer [denatyre], *v.tr.* **1.** (*a*) To denature (alcohol, etc.). (*b*) To misrepresent, pervert, distort (words, actions). **D. les faits,** to garble the facts. **2.** To render unnatural; to pervert (the soul).
dénazification [denazifikasjɔ̃], *s.f.* Denazification.
dénazifier [denazifje], *v.tr.* To denazify.
dénégateur, -trice [denɛgatœːr, -tris], *s.* Denier.
dénégation [denɛgasjɔ̃], *s.f.* Denial.
dengue [dɑ̃ːg], *s.f.* *Med:* Dengue(-fever).
déni [deni], *s.m.* *Jur:* Denial, refusal (of sth. which is due).
déniaisé [denjɛze], *a.* Smartened up; who has been taught a thing or two.
déniais|er [denjɛze], *v.tr.* To educate (s.o.) in the ways of the world. *s.m.* **-ement.**
dénich|er [deniʃe]. **1.** *v.tr.* (*a*) To take (bird, eggs) out of the nest. (*b*) To find, discover, (bird or eggs) in a nest. *F:* **Nous avons déniché un bon chauffeur,** we have discovered, unearthed, a good chauffeur. (*c*) To dislodge (bird); to rout out (animal). **2.** *v.i.* (Of birds) To forsake the nest. *F:* **D. sans tambour ni trompette,** to move off quietly, on the quiet. *s.m.* **-ement.**
dénicheur, -euse [deniʃœːr, -øːz], *s.m.* **1.** Bird('s)-nester. **2.** *F:* Searcher, ferreter out. **D. de curiosités,** curio-hunter.
dénicotiniser [denikɔtinize], *v.tr.* To extract (a proportion of) nicotine from tobacco.
denier [dənje], *s.m.* **1.** (*a*) *Rom.Ant:* Denarius. (*b*) *A:* (Fr.) Denier, (Eng.) penny. **Le d. de la veuve,** the widow's mite. **D. à Dieu,** gratuity to house-porter (when taking a new flat). **Le d. de saint Pierre,** Peter's pence. **Payer jusqu'au dernier d.,** to pay to the last farthing. **2.** *A:* (Rate of) interest. (Still used in) **Prêter à un d. honnête,** to lend at fair interest. **3.** Money, funds. **Deniers personnels,** one's own money. **Acheter qch. à (beaux) deniers comptants,** to buy sth. for hard cash. *R.C.Ch:* **D. du Culte,** church offering (given privately to parish priest). **4.** *Hosiery:* Denier. **Un bas 30 deniers,** a 30-denier stocking.

dénier [denje], *v.tr.* **1.** To deny (crime, etc.); to disclaim (responsibility). **2. D. la justice à qn,** to refuse, deny, s.o. justice.
dénigr|er [denigre], *v.tr.* To disparage; to run down (s.o., sth.). *s.m.* **-ement.**
dénigreur, -euse [denigrœːr, -øːz], *s.* Disparager; detractor; denigrator.
dénivelé [denivle], *a.* Uneven, unlevel (roadway).
déniveler [denivle], *v.tr.* (Conj. like NIVELER) **1.** To make (surface, etc.) uneven; to put out of level. **2.** *Surv:* To determine differences in level; to contour (survey).
se déniveler, (of supports, piers, etc.) to subside, to sink, to settle.
dénivellation [denivɛlasjɔ̃], *s.f.,* **dénivellement** [denivɛlmɑ̃], *s.m.* **1.** Difference in level (of supports of girder, etc.). **D. d'une route,** (i) unevenness, (ii) gradients, ups and downs, of a roadway. **2.** Subsidence, sinking; settling (of piers, etc.). **3.** *Surv:* Contouring.
dénombrement [denɔ̃brəmɑ̃], *s.m.* Enumeration, counting; census (of population). *Med:* **D. des hématies,** blood count.
dénombr|er [denɔ̃bre], *v.tr.* To count, enumerate; to take a census of (population). *a.* **-able.**
dénominateur [denɔminatœːr], *s.m.* Denominator.
dénomination [denɔminasjɔ̃], *s.f.* Denomination, name, appellation.
dénommer [denɔme], *v.tr.* To denominate, name. *F:* **Un dénommé Charles,** a man named Charles.
dénoncer [denɔ̃se], *v.tr.* **(je dénonçai(s); n. dénonçons) 1.** (*a*) To declare, proclaim (war). (*b*) **D. un traité,** to denounce a treaty. (*c*) **Son visage dénonce la grossièreté de sa vie,** his face betrays, proclaims, the coarseness of his life. **2.** (*a*) To denounce (s.o.); to inform against (s.o.). **Se d.,** to give oneself up. (*b*) To expose (vice); to make known (misdeeds).
dénonciateur, -trice [denɔ̃sjatœːr, -tris]. **1.** *s.* Informer, denouncer. **2.** *a.* Tell-tale (look, etc.).
dénonciation [denɔ̃sjasjɔ̃], *s.f.* **1.** Notice of termination (of treaty, etc.). **2.** Denunciation; information **(de qn,** against s.o.).
dénoter [denɔte], *v.tr.* To denote, betoken, show (energy, contempt, etc.).
dénouement [denumɑ̃], *s.m.* **1.** Untying, undoing (of knot, etc.). **2.** Issue, upshot, result, outcome (of event); solution (of difficulty); ending (of plot, story).
dénouer [denwe], *v.tr.* **1.** To unknot; to untie, undo, loose (knot, etc.). **D. ses cheveux,** to undo, let down, one's hair. **D. une intrigue,** to clear up, unravel, untangle, a plot. **2.** To make (limbs, etc.) more supple; to loosen (the tongue).
se dénouer. 1. To come undone. **2.** (Of story) To end, to wind up. **3. Sa langue se dénouait,** he was finding his tongue.
dénoyauter [denwajote], *v.tr.* To stone (fruit, olives, etc.).
dénoyauteur [denwajotœːr], *s.m.* Fruit-stoning gadget.
denrée [dɑ̃re], *s.f.* Commodity; foodstuff. Usu. *pl.* Produce. **Denrées alimentaires,** food products; foodstuffs.
dense [dɑ̃ːs], *a.* **1.** *Ph:* Dense. **2.** Dense, crowded; close (formation of troops); thick (atmosphere); (literary work) full of matter.
densité [dɑ̃site], *s.f.* **1.** *Ph:* Density. **Flacon à d.,** specific-gravity flask. **2.** Denseness, density (of population, etc.).
dent [dɑ̃], *s.f.* **1.** (*a*) Tooth. **Grosses dents, dents du fond,** back teeth; molars. **D. de sagesse,** wisdom tooth. **Dents de lait,** milk-teeth, first teeth. **Sans dents,** toothless. **Faire, percer, ses dents,** to cut one's teeth; to be teething. **Mal de dents,** toothache. **Avoir mal aux dents,** to have toothache. **Se faire arracher une d.,** to have a tooth out. **Coup de dent(s),** bite. (Of dog) **Donner un coup de d. à qn,** to snap at s.o. **N'avoir rien à se mettre sous la d.,** to have nothing to eat. **Manger à belles dents,** to eat away steadily, hungrily. **Jouer des dents,** to ply one's teeth. **Rire à belles dents,** to laugh heartily. **Manger du bout des dents,** to pick at one's food. **Rire du bout des dents,** to force a laugh. **Avoir les dents longues,** (i) to be very hungry; (ii) to be grasping. **Montrer les dents,** to show one's teeth, to show fight. **Avoir, conserver, garder, une d. contre qn,** to have a grudge against s.o. **Son qui agace les dents,** sound that sets one's teeth on edge. **Il n'a pas desserré les dents de la soirée,** he didn't open his mouth the whole evening. **Parler entre ses dents,** to mumble. **Être sur les dents,** to be done up, worn out. **Mettre son personnel sur les dents,** to work one's staff to death. S.a. MORS 2, SERRER 3. (*b*) **D. d'éléphant,** elephant's tusk. **2.** Tooth (of comb, saw); cog (of wheel); prong (of fork). **En dents de scie,** serrated. **Roue à dents,** cogged wheel.
dentaire [dɑ̃tɛːr], *a.* (*a*) Dental, dentary (pulp, etc.). (*b*) **L'art d.,** dentistry. **Pièce d.,** denture, *F:* plate.
dental, -aux [dɑ̃tal, -o]. **1.** *a.* Dental. **2.** *s.f.* *Ling:* **Dentale,** dental consonant.
dent-de-loup [dɑ̃dlu], *s.f.* **1.** Pin, bolt (of carriage). **2.** Gullet-tooth (of saw). **3.** *Aut:* Ratchet-tooth, skew dog, catch (engaging the starting handle). *pl. Des dents-de-loup.*
denté [dɑ̃te], *a.* Cogged, toothed (wheel); dentate (leaf). **Roue dentée,** cog-wheel.
dentelé [dɑ̃tle], *a.* Jagged, notched, indented; serrated (leaf); scalloped (design).
denteler [dɑ̃tle], *v.tr.* **(je dentelle; je dentellerai)** (*a*) To notch, jag. (*b*) To pink (out) (leather).
dentelle [dɑ̃tɛl], *s.f.* (*a*) Lace. **D. à l'aiguille,** point-lace. **D. aux fuseaux,** pillow-lace. (*b*) Wrought iron-work (of balustrade, etc.).
dentellerie [dɑ̃tɛlri], *s.f.* (*a*) Lace manufacture. (*b*) Lace factory.
dentellier, -ière [dɑ̃tɛlje, -jɛːr]. **1.** *a.* Lace (industry, etc.). **2.** *s.* Lace-maker, -worker.
dentelure [dɑ̃tlyːr], *s.f.* Denticulation, indentation; serration (of leaf); perforation (at edge of postage-stamp). **Dentelures d'une côte,** jagged outline of a coast.
dentier [dɑ̃tje], *s.m.* Set of false teeth; denture, *F:* plate.
dentifrice [dɑ̃tifris]. **1.** *s.m.* Tooth-paste, -powder; mouth-wash. **2.** *a.* **Pâte d.,** tooth-paste.
dentiste [dɑ̃tist], *s.* Dentist. **Chirurgien d.,** dental surgeon.
dentition [dɑ̃tisjɔ̃], *s.f.* Dentition. **1.** (*a*) Cutting of the teeth; teething. (*b*) **D. définitive,** permanent teeth. **2.** Arrangement of the teeth.
denture [dɑ̃tyːr], *s.f.* **1.** Set of (natural) teeth. **2.** Serrated edge. **3.** *Mec.E:* Teeth, cogs, gearing.
dénucléarisation [denyklearizasjɔ̃], *s.f.* *Atom.Ph:* Creation of a nuclear-free zone.
dénucléariser [denyklearize], *v.tr.* To free (zone) from nuclear weapons.
dénudation [denydasjɔ̃], *s.f.* Denudation; laying bare; stripping.
dénudé [denyde], *a.* Bare, denuded (country); stripped (tree); bald (head); *El:* bare (wire).
dénuder [denyde], *v.tr.* To denude, to lay bare. **D. un arbre (de son écorce),** to strip a tree of its bark. **Dénudé de tous ses biens,** stripped of all his worldly goods.
se dénuder. 1. To grow bare. **2.** To strip (naked).
dénué [denɥe], *a.* (*a*) **D. d'argent,** without money; out of cash. (*b*) **Projet d. de sens,** plan devoid of sense. **D. de raison,** senseless. **D. d'intelligence,** unintelligent.
dénuement [denymɑ̃], *s.m.* Destitution, penury, need. **Être dans le d.,** to be destitute, to be in want. **D. d'idées,** dearth of ideas.
dénuer [denɥe], *v.tr.* To divest, strip (de, of).
se dénuer de ses biens, to part with all one's possessions; to leave oneself penniless.
dénutrition [denytrisjɔ̃], *s.f.* *Med:* Denutrition, wasting.
dépaillé [depaje], *a.* Seatless (chair).
dépaill|er [depaje], *v.tr.* To strip (chair) of its rush seat. *s.m.* **-age.**
dépannage [depanaːʒ], *s.m.* Emergency repairs; breakdown service. **Équipe de d.,** break-down gang.
dépanner [depane], *v.tr.* To repair and set going. *F:* To tide (s.o.) over, to help (s.o.) out, to get (s.o.) out of a hole.
dépanneur [depanœːr], *s.m.* *Aut:* Break-down mechanic. *Mec.E:* Troubleshooter.

dépanneuse [depanø:z], *s.f.* Break-down lorry, *U.S:* tow truck, wrecker.

dépaquet|er [depakte], *v.tr.* (Conj. like PAQUETER To unpack (goods, etc.). *s.m.* **-age.**

dépareillé [deparɛje], *a.* Odd, unmatched. *Com:* **Articles dépareillés,** oddments; job lot.

dépareiller [deparɛje], *v.tr.* To spoil, break (set, collection).

déparer [depare], *v.tr.* **1.** To strip (sth.) of ornaments. **2.** To mar; to spoil the beauty of (s.o., sth.).

déparier [deparje], *v.tr.* To remove one of a pair of, to spoil a pair of (objects). **Gant déparié,** odd glove.

déparler [deparle], *v.i. F:* **1.** To talk nonsense; to become incoherent, inarticulate (in drink). **2.** (in neg.) **Il ne déparle pas,** he never stops talking.

déparquer [deparke], *v.tr.* **1.** To unfold (sheep); to unpen (cattle). **2.** *Ost:* To collect oysters (from the beds).

départ [depa:r], *s.m.* **1.** Division, separation, sorting (out). **Faire le d., entre qch. et qch.,** to sort out sth. from sth.; to discriminate between sth. and sth. **2.** Departure, starting; sailing (of ship); start (of race, etc.). **Être sur son d.,** to be on the point of starting, of leaving. **Point de d.,** starting point. **Au d. de,** starting from. **Excursions au d. de Chamonix,** trips from Chamonix. **Produit de d.,** original material (of an experiment). *Com:* **Prix de d.,** upset price (at auction). **Au d.,** at the outset. **Prix d. usine,** price ex works. *Golf:* **Tertre de d.,** teeing ground. *Sp:* **D. lancé,** flying start. **D. arrêté,** standing start. *Rac:* **Faux d.,** false start. **Manquer le d.,** to be left at the post. **3.** (*a*) *Rail:* Departure platform. (*b*) *Sp:* Starting-post. (*c*) Foot (of flight of stairs).

départager [departaʒe], *v.tr.* (Conj. like PARTAGER) To decide between (opinions, etc.). **D. les voix,** to give the casting vote.

département [departəmɑ̃], *s.m.* *Adm:* Department. (*a*) Ministry, *U.S:* Department. *F:* **Cela n'est pas de mon d.,** this is not within my province, that's not my line. (*b*) *Adm:* Subdivision (of France) administered by a prefect; department.

départemental, -aux [departəmɑ̃tal, -o], *a.* Departmental. S.a. ROUTE 1.

départir [departi:r], *v.tr.* (Conj. like PARTIR, occ. like FINIR) (*a*) To divide (property amongst heirs, etc.). (*b*) To dispense, deal out (favours, etc.).

se départir. 1. Se d. de qch., to part with, give up, sth. **2. Se d. de son devoir,** to swerve, deviate, from one's duty.

dépassé [depɑse], *a.* Out-of-date (state of knowledge, science, book, etc.).

dépassement [depɑsmɑ̃], *s.m.* **1.** Overstepping (one's credit, etc.). **2.** *Aut:* Overtaking and passing (another vehicle). See also FEU[1] I, 4.

dépasser [depɑse], *v.tr.* **1.** (*a*) To pass beyond, go beyond (s.o., sth.); to run past (signal, etc.). **D. le but,** to overshoot the mark. **D. les bornes,** to overstep the bounds. **Il a dépassé la trentaine,** he has turned thirty. (*b*) **D. qn (à la course),** to overtake, outrun, outstrip, s.o.; to draw ahead of s.o. **2. D. qch. en hauteur,** to (over-)top sth. **D. qn de la tête,** to stand a head taller than s.o. **Maison qui dépasse l'alignement,** house that projects beyond the others. **Votre jupon dépasse,** your petticoat is showing (below your skirt). **Il les dépasse tous en mérite,** he transcends them all in merit. **Cela dépasse mon entendement,** *F:* **cela me dépasse,** it is beyond me. **Il y a un clou qui dépasse du mur,** there's a nail sticking out of the wall. **Son mouchoir dépasse de sa poche,** his handkerchief is sticking out of his pocket. **3.** To exceed. **D. son congé,** to overstay one's leave. **D. ses instructions,** to go beyond one's instructions. **D. la limite de vitesse,** to exceed the speed-limit.

dépav|er [depave], *v.tr.* To unpave. *s.m.* **-age.**

dépaysé [depe(j)ize], *a.* Out of one's element. **Il a l'air d.,** he seems lost, at a loss. **Se sentir d.,** to feel strange, like a fish out of water.

dépays|er [depe(j)ize], *v.tr.* **1.** To remove (s.o.) from his usual surroundings, from his element. **2.** To embarrass, bewilder (s.o.). *s.m.* **-ement.**

se dépayser, to exile oneself; to go abroad; to move to another part of the country.

dép|ecer [depəse], *v.tr.* (je dépèce; je dépècerai) To cut up (carcass, etc.); to flense (whale); to dismember, to carve (fowl). *s.m.* **-eçage.** *s.m.* **-ècement.**

dépeceur, -euse [depəsœ:r, -ø:z], *s.* Cutter-up (of carcass, etc.); flenser (of whales). **D. de gants,** glove-cutter. **D. de vaisseaux,** ship-breaker.

dépêche [depɛ(:)ʃ], *s.f.* (*a*) (Official) despatch. (*b*) **D. (télégraphique),** telegram, *F:* wire.

dépêcher [depɛʃe], *v.tr.* **1.** To dispatch; to do (sth.) speedily. **2.** To dispatch, put to death. **3. D. un courrier,** to dispatch a messenger.

se dépêcher, to hurry, to hasten, to make haste; to be quick. **Dépêchez-vous!** look sharp! hurry up! **Se d. de faire qch.,** to hasten to do sth.

dépeigner [depɛɲe], *v.tr.* To ruffle (s.o.'s) hair, to make s.o.'s hair untidy. **Personne dépeignée,** person with tousled hair; unkempt person.

dépeindre [depɛ̃:dr], *v.tr.* (Conj. like PEINDRE) To depict, picture, describe (s.o., sth.).

dépelotonner [deplɔtɔne], *v.tr.* To unwind (ball of wool etc.).

se dépelotonner. (*a*) (Of ball of wool, etc.) to come unwound. (*b*) *F:* (Of cat, etc.) To uncurl.

dépenaillé [depnɑje], *a.* Ragged, tattered, torn; in rags, in tatters.

dépendance [depɑ̃dɑ̃:s], *s.f.* **1.** Dependence, depending. **2.** (*a*) Dependency (of a country). (*b*) *pl.* Outbuildings. **3.** Dependence, subjection, subordination. **Être sous la d. de qn,** to be under s.o.'s domination.

dépendant [depɑ̃dɑ̃]. *a.* **1.** (*a*) Dependent. **Fonctions dépendantes l'une de l'autre,** interdependent functions. **2.** Dependent, subordinate. **Être d. de qn,** to be dependent to, subordinate to s.o., *F:* to be under s.o.'s thumb.

dépendre[1] [depɑ̃:dr], *v.tr.* To take down (hanging object).

dépendre[2], *v.i.* To depend (de, on). **1. Il dépend de vous de** + *inf.*, it lies, rests, with you to . . . **Cela dépend,** that depends; we shall see. *F:* **Ça dépend s'il est marié,** it depends whether he's married. **2.** (*a*) (Of land, etc.) To be a dependency (de, of); to appertain to, belong to (the Crown, State). (*b*) (Of ship) To hail (from a port). **3.** To be subordinate, subject (de, to). **Ne d. que de soi,** to be one's own master; to stand on one's own legs.

dépens [depɑ̃], *s.m.pl.* *Jur:* Costs. *Com:* Cost, expenses. **Être condamné aux d.,** to be ordered to pay costs. **Aux d. de,** at the expense of (s.o., sth.). **S'amuser aux d. de ses études,** to amuse oneself to the detriment of one's studies. **Il apprit à ses d. que . . .,** he learnt to his cost that. . .

dépense [depɑ̃:s], *s.f.* **1.** Expenditure, expense, outlay (of money). **Faire des dépenses,** to incur expenses. **Faire trop de d.,** to spend too much money. **Se mettre en d.,** (i) to incur expense; (ii) *F:* to put oneself to a great deal of trouble. **On ne regardait pas à la d.,** there was no stinting; they spared no expense. **Faire de folles dépenses,** to spend money extravagantly. **Recettes et dépenses,** receipts and expenditure(s). **2. D. de vapeur, d'essence,** steam, petrol, consumption. **D. à vide,** wasted energy. **3.** Store-room, buttery, pantry; dispensary (of hospital).

dépenser [depɑ̃se], *v.tr.* **1.** To spend (money). **D. sans compter,** to spend lavishly. **2.** To spend, consume (time, energy, etc.).

se dépenser. Se d. en vains efforts, to spend oneself, waste one's energy, in useless efforts. **Se d. pour qn,** to spare no trouble on s.o.'s behalf.

dépensier, -ière [depɑ̃sje, -jɛ:r]. **1.** *s.* Dispenser (of hospital); storekeeper. **2.** (*a*) *a.* Extravagant, thriftless. (*b*) *s.* Spendthrift.

déperdition [depɛrdisjɔ̃], *s.f.* Waste, wastage, destruction (of tissue, etc.); loss, leakage (of heat, energy); dwindling (of capital).

dépér|ir [deperi:r], *v.i.* To waste away, pine, dwindle; (of health) to decline; (of trees, flowers) to wither, decay; (of race) to die out. *s.m.* **-issement.**

dépersonnaliser [depɛrsɔnalize], *v.tr.* *Med:* *Psy:* To depersonalize (s.o.).

dépêtrer [depɛtre], *v.tr.* To extricate, free (s.o., animal), (from entanglement).

se dépêtrer, to extricate oneself (de, from).

dépeupl|er [depœple], *v.tr.* To depopulate (country, etc.); to unstock (pond); to thin, clear (forest). *s.m.* **-ement.**
se dépeupler, to become depopulated.

déphasage [defɑza:ʒ], *s.m. El.E:* Phase displacement; difference in phase. **D. en avant,** (phase) lead. **D. en arrière,** lag.

déphasé [defɑze], *a. El.E:* (Of current) Out of phase. **D. en arrière,** lagging (current). **D. en avant,** leading (current).

dépiauter [depjote], *v.tr. F:* To skin, flay (rabbit, etc.). **D. un auteur, une pièce,** to pull an author, a play, to pieces.

dép|iécer [depjese], *v.tr.* (**je dépièce, n. dépiéçons; je dépiéçai(s); je dépiécerai**) To pull, cut, (chicken, etc.) to pieces; to dismember. *s.m.* **-iècement.**

dépilation [depilasjɔ̃], *s.f.* Depilation, removal of hair.

dépilatoire [depilatwa:r], *a. & s.m.* Depilatory. **Pâte d.,** superfluous hair remover.

dépiler [depile], *v.tr.* (*a*) To remove the hair from (face, etc.). (*b*) *Leath:* To scrape, grain (skin).

dépiqu|er¹ [depike], *v.tr.* **1.** *Husb:* To tread out (corn). **2.** *Hort:* To transplant. *s.m.* **-age.**

dépiquer², *v.tr.* (*a*) To unquilt. (*b*) To unstitch.

dépistage [depista:ʒ], *s.m.* Tracking down.

dépister¹ [depiste], *v.tr.* To track down (game); to run (game, *F:* s.o.) to earth. **D. (le gibier),** to smell out (game). **D. une maladie,** to detect a disease.

dépister², *v.tr.* To put (hounds, *F:* s.o.) off the scent; to baffle, outwit (police). *Fb:* **D. un joueur,** to dodge a player.

dépit [depi], *s.m.* Spite, spleen, resentment, chagrin. **Par d.,** out of spite. **Pleurer de d.,** to cry with vexation. **En d. de . . .,** in spite of, in defiance of. . . . **En d. de ce que** + *ind.*, in spite of the fact that. . . .

dépiter [depite], *v.tr.* To vex. **Je l'ai dit pour la d.,** I said it to spite her.
se dépiter, to take offence, to be annoyed. **Il se dépitait de ne rien découvrir,** he was vexed that he could not find out anything. **Amant dépité,** disappointed lover.

déplacé [deplase], *a.* **1.** Out of its place; displaced (heart, etc.). **2.** Out of place, misplaced, ill-timed; uncalled-for (remark). **3.** *Pol:* **Personnes déplacées,** displaced persons.

déplacement [deplasmɑ̃], *s.m.* **1.** (*a*) Displacement, shifting; removing (of wreck, etc.); transfer (of official). *Parl:* **D. de quatre voix,** turn-over of four votes. (*b*) Altering of the time (of a train, etc.). **2.** Travelling; moving; journey. **Frais de d.,** travelling or removal expenses. *Nau:* **Déplacements,** movements of ships. **3.** *N.Arch:* **D. d'un navire,** displacement of a ship. **D. à vide, d. lège,** light displacement. **D. en charge,** displacement fully loaded; load displacement.

déplacer [deplase], *v.tr.* (**je déplaçai(s); n. déplaçons**) **1.** (*a*) To displace, shift (an object); to change the place of (s.o., sth.). **D. un fonctionnaire,** to transfer, move, a civil servant. **D. la question,** to shift one's ground. (*b*) To alter the time of (train, etc.). **2.** To oust, take the place of (s.o.). **3.** *Nau:* **Ce navire déplace dix mille tonneaux,** this ship has a displacement of ten thousand tons.
se déplacer. (*a*) To change one's place, one's residence. (*b*) To move about, to travel. (*c*) To get out of place.

déplaire [deplɛ:r], *v.ind.tr.* (Conj. like PLAIRE) (*a*) To displease. **D. à qn,** (i) to displease, offend, s.o.; (ii) to fail to please s.o.; to be displeasing to s.o. **Odeur qui déplaît,** disagreeable smell. **Ils se déplaisent,** they dislike each other. **Cela ne me déplairait pas,** I shouldn't mind that. (*b*) *Impers.* **Il me déplairait de vous contredire,** I should not like to contradict you. **N'en déplaise à la compagnie,** with all due deference to those present. **N'en déplaise à votre Altesse!** may it please your Highness! **Ne vous en déplaise,** if you have no objection; with your permission.
se déplaire, to be displeased, dissatisfied. **Se d. à Paris,** to dislike (living in) Paris.

déplaisamment [deplɛzamɑ̃], *adv.* Unpleasantly.

déplaisant [deplɛzɑ̃], *a.* Unpleasing, unpleasant, disagreeable.

déplaisir [deplɛzi:r], *s.m.* Displeasure, annoyance, vexation, chagrin.

déplant|er [deplɑ̃te], *v.tr.* **1.** To take up (plant). **2.** To transplant. *s.m.* **-age.** *s.f.* **-ation.**

déplantoir [deplɑ̃twa:r], *s.m.* Garden trowel; hand-fork.

déplâtr|er [deplɑtre], *v.tr.* **1.** *Constr:* To remove plaster from (wall, etc.). **2.** *Surg:* To take (limb) out of plaster. *s.m.* **-age.**

dépliant [depliɑ̃], *s.m.* Folding album, map, etc. *Com:* Folder.

déplier [deplie], *v.tr.* To unfold, open out, spread out (newspaper, etc.).
se déplier, to unfold; to open out.

dépliss|er [deplise], *v.tr.* To unpleat, to take pleats out of (material, skirt, etc.). *s.m.* **-age.**
se déplisser, to come unpleated, out of pleat.

déploiement, [deplwamɑ̃], *s.m.* **1.** (*a*) Spreading out, unfolding (of wings, etc.); unfurling (of flag). (*b*) Deployment (of troops or ships). **2.** Display, show (of goods, courage).

déplomb|er [deplɔ̃be], *v.tr.* **1.** To remove the custom-house seals from (package). **2.** To unstop (tooth). *s.m.* **-age.**

déplorable [deplɔrabl], *a.* (*a*) Deplorable, lamentable. (*b*) Pitiable (sight). *adv.* **-ment.**

déplorer [deplɔre], *v.tr.* To deplore, lament (sth.). **D. la mort de qn,** to grieve over, to mourn, s.o.'s death. **D. son destin,** to bewail one's lot. **D. d'avoir ou de n'avoir pas fait qch.,** to regret having or not having done sth.

déployer [deplwaje], *v.tr.* (**je déploie; je déploierai**) **1.** To unfold, open out, spread out (wings, etc.); to unfurl (flag); to spread (sails). **Rire à gorge déployée,** to roar with laughter. *Mil:* To deploy (troops). **2.** To display, show (goods).
se déployer. 1. (*a*) (Of sail, flag) To unfurl. (*b*) (Of breaker) To spread. **2.** *Mil:* *Navy:* To deploy.

déplu, -s, -t, etc. See DÉPLAIRE.

déplumé [deplyme], *a.* Featherless; *F:* bald; shabby.

déplumer [deplyme], *v.tr.* To pluck (chicken).
se déplumer. 1. (Of bird) To moult. **2.** *F:* (Of pers.) To become bald.

dépoitraillé [depwatraje], *a. Pej:* With clothing disarranged and open at the neck.

dépolarisation [depɔlarizasjɔ̃], *s.f. Ph:* Depolarization.

dépolariser [depɔlarize], *v.tr.* To depolarize.

dépoli [depɔli]. **1.** *a.* Ground, frosted (glass). **2.** *s.m.* *Phot:* Focusing screen.

dépol|ir [depɔli:r], *v.tr.* **1.** To dull (surface). **2.** To grind, frost (glass). *s.m.* **-issage.** *s.m.* **-issement.**
se dépolir, to become dull.

dépolitisation [depɔlitizasjɔ̃], *s.f.* Bringing sth. outside the sphere of politics.

dépolitiser [depɔlitize], *v.tr.* To bring sth. outside, to remove sth. from, the sphere of politics.

déponent [depɔnɑ̃], *a. Gram:* Deponent (verb).

dépopulation [depɔpylasjɔ̃], *s.f.* Depopulation.

déportation [depɔrtasjɔ̃], *s.f.* **1.** (*a*) Deportation (of alien, etc.). (*b*) Internment (in concentration camp). **2.** Transportation (of convict).

déporté [depɔrte], *a. & s.* **1.** (*a*) Deported (person). (*b*) Internee (in concentration camp). **2.** Transported (convict).

déportements [depɔrtəmɑ̃], *s.m.pl.* Misbehaviour, misconduct, excesses.

déporter¹ [depɔrte], *v.tr.* **1.** (*a*) To deport (alien). (*b*) To send (prisoner) to concentration camp. **2.** Transport (convict).

déporter². **1.** *v.tr.* (*a*) To carry (sth.) out of its course. (*b*) *Mec.E:* *etc:* To offset (part). **2.** *v.i.* *Av:* To drift.

déposant, -ante [depozɑ̃, -ɑ̃:t], *s.* Depositor (of money). **2.** *Jur:* Deponent, witness.

déposé [depoze], *a.* **1.** *Fin:* Deposited (sum of money). **2.** Deposed (monarch). **3.** *Jur:* Lodged (complaint). **4.** *Com:* **Marque déposée,** registered trade-mark.

déposer [depoze], *v.tr.* **1.** (*a*) To deposit; to lay, set, (sth.) down. **Mon auto vous déposera à l'hôtel,** my car will set you down, *F:* will drop you, at the hotel. **D. les armes,** to lay down one's arms; to surrender. **D. le masque,** to lay aside, put off, the mask. (*b*)

(Of liquid) To deposit (sediment); to settle. 2. (*a*) **D. son argent, des documents, à la banque,** to lodge, deposit, one's money, documents, at the bank. (*b*) *Com:* To register (trademark). (*c*) *Jur:* **D. une plainte contre qn,** to prefer a charge, lodge a complaint, against s.o. *Com:* **D. son bilan,** to file one's petition (in bankruptcy). (*d*) **D. un projet de loi (sur le bureau de la Chambre),** to table, bring in, a bill. (*e*) *Abs. Jur:* **D. (en justice),** to give evidence (**contre,** against), to depose. 3. To depose (monarch, etc.).

se déposer, (of matter) to settle; to form a deposit.

dépositaire [depɔzitɛːr], *s.m. & f.* 1. Depositary, trustee. **D. de valeurs,** holder of securities on trust. 2. (*a*) Sole agent (for s.o.'s products). (*b*) **D. de journaux,** newsagent.

déposition [depɔzisjɔ̃], *s.f.* 1. *Jur:* Deposition; statement (made by witness). 2. Deposing, deposition (of king, etc.).

dépositoire [depɔzitwaːr], *s.m.* Mortuary.

déposséder [depɔsede], *v.tr.* **(je dépossède; je déposséderai)** To dispossess (**de,** of); to oust (**de,** from); to deprive (**de,** of).

dépossession [depɔsɛsjɔ̃], *s.f.* (*a*) Dispossession. (*b*) *Jur:* Eviction.

dépôt [depo], *s.m.* 1. (*a*) Depositing; handing in (of telegram). **Récépissé de d.,** safe-custody receipt. **Société de d.,** joint-stock bank. **D. légal d'un livre,** copyrighting of a book (by depositing duty copies). (*b*) Deposit. **D. sacré,** sacred trust. **D. en banque,** bank deposit. **Compte de dépôts,** deposit account. (*c*) **Avoir qch. en d.,** to hold sth. in trust, on trust. **Marchandises en d.,** (i) *Cust:* goods in bond; (ii) *Com:* goods on sale or return. 2. Depository, repository, store, depot. *Jur:* **Écroué au d.,** committed to the cells. *Com:* **D. de marchandises,** warehouse; *Rail:* goods depot. **D. de bois,** timber yard. **D. de charbon,** coal yard. *Nau:* coaling-station. *Rail:* **D. des machines,** engine shed. *Aut:* **D. d'essence,** petrol station. *Mil:* **Le service des dépôts,** ordnance. 3. (*a*) Deposition, settling (of precipitate, mud, etc.). (*b*) Deposit, sediment; silt (of harbour, etc.). **D. d'une chaudière,** scale of a boiler.

dépot|er [depɔte], *v.tr.* 1. To decant (liquid). 2. To unpot (plants); to plant out, bed out (seedlings). 3. To dump (night-soil). *s.m.* **-age.** *s.m.* **-ement.**

dépotoir [depɔtwaːr], *s.m.* Refuse dump.

dépoudrer [depudre], *v.tr.* To remove powder from (face, etc.).

se dépoudrer, to clean the powder off (one's face, etc.).

dépouille [depuːj], *s.f.* 1. Skin, hide (taken from animal). **Le serpent jette sa d.,** the serpent casts its slough. **D. mortelle,** mortal remains. 2. (*a*) Usu. *pl.* Spoils, booty (of war). (*b*) Effects (of deceased person). 3. Relief, clearance (of machine-tool).

dépouillé [depuje], *a.* Reduced to essentials, spare (style).

dépouill|er [depuje], *v.tr.* 1. (*a*) To skin (eel, etc.). **L'hiver dépouille les champs,** winter strips the fields. (*b*) To cast off, lay aside. **D. ses vêtements,** to throw off one's clothes; to strip. 2. To deprive, strip, despoil. **D. qn de ses droits,** to deprive, rob, s.o. of his rights. **D. un pays,** to despoil a country. *El.E:* **D. un câble,** to strip a cable. 3. To analyse (inventory). **D. un compte,** to make an abstract of an account. **D. le scrutin,** to count the votes. **D. son courrier,** to open, go through, one's mail. 4. To back off, give clearance to (drill, etc.). *s.m.* **-ement.**

se dépouiller. 1. (Of insect, reptile) To cast (off) its skin, its slough; (of tree) to shed its leaves; (of wine) to lose colour. 2. **Se d. de qch.,** to divest, rid, oneself of sth.; to cast sth. aside. **Se d. de ses vêtements,** to strip off one's clothes.

dépourvoir [depurvwaːr], *v.tr.* (Used only in the *inf.*, *p.p.* **dépourvu,** and compound tenses) To deprive (s.o.) (**de,** of).

dépourvu [depurvy], *a.* Destitute, bereft, short, devoid (**de,** of); -less. **Pays d. d'arbres, de pluie,** treeless, rainless, country. **Être d. d'argent,** to be without money. **Être pris au d.,** to be caught off one's guard; to be caught napping, unawares.

dépoussiérage [depusjɛraːʒ], *s.m.* Freeing from dust. Industrial vacuum-cleaning (of materials or atmosphere).

dépoussiérer [depusjɛre], *v.tr.* *Ind:* To vacuum-clean (atmosphere or materials).

dépoussiéreur [depusjerœːr], *s.m.* *Ind:* Industrial vacuum-cleaner.

dépravant [depravɑ̃], *a.* Depraving.

dépravateur, -trice [depravatœːr, -tris]. 1. *s.* Depraver, corrupter. 2. *a.* **Exemple d.,** vicious example.

dépravation [depravasjɔ̃], *s.f.* 1. Depravation (of taste, etc.). 2. (Moral) depravity.

dépravé [deprave]. 1. *a.* Depraved. 2. *s.* Depraved, vicious, person.

dépraver [deprave], *v.tr.* To deprave.

se dépraver, to become depraved.

dépréciateur, -trice [depresjatœːr, -tris]. 1. *s.* (*a*) Depreciator (of currency, etc.). (*b*) Disparager. 2. *a.* (*a*) Depreciatory. (*b*) Disparaging.

dépréciation [depresjasjɔ̃], *s.f.* 1. Depreciation. (*a*) Fall in value. (*b*) Wear and tear. 2. (*a*) Underrating, undervaluing. (*b*) Disparagement.

déprécier [depresje], *v.tr.* 1. To depreciate (coinage, etc.). 2. (*a*) To underrate, undervalue. (*b*) To disparage, belittle (s.o.).

se déprécier. 1. To depreciate. 2. To make oneself cheap.

déprédateur, -trice [depredatœːr, -tris]. 1. *s.* (*a*) Depredator. (*b*) Peculator. 2. *a.* Depredatory.

déprédation [depredasjɔ̃], *s.f.* 1. Depredation. 2. Peculation; misappropriation.

déprendre [deprɑ̃ːdr], *v.tr.* (Conj. like PRENDRE) To separate, part (objects stuck together); to dissolve, melt (jelly, etc.).

se déprendre. 1. To detach oneself, to get free. 2. (Of jelly, etc.). To melt.

dépression [deprɛsjɔ̃], *s.f.* 1. Hollow, dip (in floor, ground); *Oc:* trough. 2. (*a*) Fall (in value); lowering of (barometric) pressure. *Pol.Ec:* **D. économique,** economic depression, slump. (*b*) *Meteor:* Depression, storm. S.a. CENTRE 2. 3. (Moral) depression; dejection.

dépressionnaire [deprɛsjɔnɛːr], *a.* *Meteor:* **Zone d.,** depression, trough of low pressure.

déprimé [deprime], *a.* Depressed. (*a*) Low, flat. **Front d.,** low forehead. (*b*) **Pouls d.,** feeble pulse. **Marché d.,** depressed market. **Malade d.,** patient in a low state. (*c*) Down-hearted; low-spirited; *F:* down in the mouth.

déprimer [deprime], *v.tr.* To depress.

se déprimer, to get depressed, miserable.

depuis [dəpɥi], *prep.* 1. (*a*) (Of time) Since, for. **D. quand êtes-vous ici?** how long have you been here? **Je suis ici d. trois jours,** I have been here for three days. **Je suis là d. le déjeuner,** I've been here ever since lunch. **D. combien?** how long since? since when? **D. ce temps-là,** since then, since that time. **D. son enfance,** from childhood. **D. quand répond-on comme cela à sa mère?** Since when do children answer their mothers back like that? (*b*) *adv.* Since (then); afterwards, later. (*c*) **D. que** + *ind.*, since. . . . 2. (Of time, place) From. **D. le matin jusqu'au soir,** from morning till night. 3. *W.Tel:* Broadcast from. . . .

dépuratif, -ive [depyratif, -iːv], *a. & s.m.* *Med:* Depurative; blood-cleansing.

dépuration [depyrasjɔ̃], *s.f.* Cleansing (of blood); purification (of metal, etc.); clearing (of liquid).

dépurer [depyre], *v.tr.* To depurate, cleanse, clear (the blood); to purify (metal, etc.).

députation [depytasjɔ̃], *s.f.* 1. (*a*) Deputing, delegating (of s.o.). (*b*) Deputation, delegation. 2. Membership (of Parliament). **Se présenter à la d.,** to stand for Parliament. **Candidat à la d.,** parliamentary candidate.

député [depyte], *s.m.* Deputy, delegate. *Hist:* **La Chambre des Députés,** the Chamber of Deputies.

députer [depyte], *v.tr.* To depute (s.o.); to appoint (s.o.) as deputy (**à, vers,** to).

der [dɛːr], *s.f.* *F:* **(Short for dernière) La d. des d.,** the war to end all wars.

déraciné [derasine], *a.* 1. Uprooted, torn from the ground. 2. *F:* (Of pers.) **Se sentir d.,** to feel like a fish out of water.

déracin|er [derasine], *v.tr.* **1.** To uproot, grub up; to tear (tree, etc.) up by the roots. **2.** To eradicate (fault, abuse). *a.* **-able.** *s.m.* **-ement.**

se déraciner, to be torn up by the roots; to uproot oneself; to leave (a place, a job); to change one's way of life.

déraidir [deredi:r], *v.tr.* **1.** To unstiffen. **2.** *F:* To unstarch (one's manners, smile, etc.).

se déraidir. 1. (Of limb, etc.) To lose its stiffness. **2.** *F:* (Of pers.) To unbend, to thaw.

déraill|er [deraje], *v.i.* (*a*) (Of train, tram) To jump the metals; to become derailed. **Faire d. un train,** to derail a train. (*b*) (Of gramophone needle) To jump the groove. (*c*) **Voix, instrument, qui déraille,** voice, instrument, which is going off pitch. *s.m.* **-ement.**

dérailleur [derajœ:r], *s.m.* **1.** *Rail:* Shifting track. **2.** *Cy:* Gear-change.

déraison [derezɔ̃], *s.f.* Unreasonableness; foolishness; unreason.

déraisonnable [derezɔnabl], *a.* Unreasonable, irrational; preposterous; unwise, senseless, foolish. *adv.* **-ment.**

déraisonn|er [derezɔne], *v.i.* To talk nonsense; (in illness) to rave. *s.m.* **-ement.**

dérangé [derɑ̃ʒe], *a.* (Of machine) out of order; (of mind) deranged, unbalanced; (of stomach) upset; (of bowels) loose.

dérangement [derɑ̃ʒmɑ̃], *s.m.* Derangement. (*a*) Disarrangement (of furniture, etc.). (*b*) Disturbance, trouble. (*c*) Disturbed or unsettled state; upset. **D. de cerveau,** mental derangement. **D. atmosphérique,** atmospheric disturbance. **D.** (**de corps**), diarrhoea. (*d*) *El.E: etc:* Fault. *Tp:* **La ligne est en d.,** the line is out of order.

déranger [derɑ̃ʒe], *v.tr.* (**je dérangeai(s); n. dérangeons**) To derange. (*a*) To disarrange (papers). (*b*) To disturb, trouble. **Pardon si je vous dérange,** excuse my disturbing you. **Si cela ne vous dérange pas,** if it's no trouble to you. (*c*) To put (sth.) out of order; to upset (plans). **D. la raison de qn,** to unsettle s.o.'s reason; to derange s.o.'s mind.

se déranger. 1. To move, stir. **Ne vous dérangez pas,** please don't move, don't trouble. **Se d. pour obliger qn,** to go out of one's way to oblige s.o. **2.** To deviate from the path of virtue; *F:* to run wild. **3.** (Of machine) To get out of order; (of mind) to become deranged.

dérap|er [derape], *v.tr. & i.* **1.** *Nau:* (*a*) To trip, weigh, the anchor. (*b*) (Of anchor) To drag; (of ship) to drag its anchor. **2.** *Aut: etc:* To skid, to side-slip. *s.m.* **-age.**

dérater [derate], *v.tr.* To spleen (dog, etc.). *F:* **Courir comme un dératé,** to run like a hare.

dérationner [derasjɔne], *v.tr.* To deration.

dératisation [deratizasjɔ̃], *s.f.* Extermination of rats. **Semaine de d.,** rat week.

dératiser [deratize], *v.tr.* To clear (place) of rats.

derechef [dərəʃɛf], *adv.* A second time; yet again; once more.

déréglé [deregle], *a.* **1.** (Of clock, etc.) Out of order. **2.** Disordered (mind); irregular (pulse). **3.** Lawless, wild (life); immoderate (desires).

dérèglement [deregləmɑ̃], *s.m.* **1.** Disordered state (of house, imagination, etc.); irregularity (of pulse); (mental) derangement. **2.** Dissoluteness, profligacy.

dérégler [deregle], *v.tr.* (**je dérègle; je déréglerai**) **1.** To put (clock, etc.) out of order. **2.** To upset, disarrange, disorder (habits, etc.); to unsettle (trade, the stomach).

se dérégler. 1. (Of clock, etc.) To get out of order. **2.** (Of pers.) To get into evil ways.

déréquisitionner [derekizisjɔne], *v.tr.* To derequisition.

dérider [deride], *v.tr.* To smoothe, to unwrinkle; *F:* to cheer (s.o.) up.

se dérider, to brighten up, to cease to frown.

dérision [derizjɔ̃], *s.f.* Derision, mockery. **Tourner qn en d.,** to hold s.o. up to ridicule. **Dire qch. par d.,** to say sth. derisively, in mockery. **Rires de d.,** derisive laughter.

dérisoire [derizwa:r], *a.* Ridiculous, laughable (offer, etc.); absurdly low (price). *adv.* **-ment.**

dérivatif, -ive [derivatif, -i:v], *a. & s.m.* Derivative; derived (word); counter-irritant (agent). **Trouver un d. dans le travail,** to find relief in work.

dérivation¹ [derivasjɔ̃], *s.f.* **1.** (*a*) Diversion, tapping (of watercourse). **Fossé de d.,** drain. **Canal de d.,** head-race, penstock. (*b*) *El.E:* Shunt(ing), branching, tapping (of current). **Monter un condensateur en d.,** to shunt a condenser. **Piles en d.,** cells in parallel. (*c*) *Rail:* Loop(-line). **2.** *Ling:* Derivation (of word).

dérivation², *s.f. Nau: etc:* Drift.

dérive [deri:v], *s.f.* (*a*) *Nau:* Leeway, drift. **Aller en d.,** to drift. **A la d.,** adrift. (**Quille de**) **d.,** drop-keel; centre-board. (**Aile de**) **d.,** lee-board. (*b*) *Av:* Drift.

dérivé [derive], *a. & s.* **1.** *Ling: etc:* Derived, secondary (meaning, etc.). **Un d.,** a derivative. **Produit d.,** by-product. **2.** *Mth:* Derived (function). *s.f.* **Dérivées continues,** derivatives. **3.** *El:* Shunt(ed) (current, etc.). **4.** *Mus:* **Accord d.,** inversion of a chord.

dériver¹ [derive]. **1.** *v.tr.* (*a*) To divert, tap (stream). *El.E:* To shunt, branch (current). (*b*) *Ling: Mth:* To derive (**de,** from). **2.** *v.i.* (*a*) (Of stream) To be diverted (**de,** from). (*b*) To spring, arise, be derived (from a source).

dériver², *v.tr.* To unrivet.

dériver³, *v.i. Nau:* To drift. **D. à vau-l'eau,** to drift down stream.

dériveter [derivte], *v.tr.* (**je dérivette; je dérivetterai**) To unrivet.

dérivomètre [derivɔmɛtr], *s.m. Av:* Drift indicator.

derm(at)ite [dɛrm(at)it], *s.f. Med:* Dermatitis.

dermatologie [dɛrmatɔlɔʒi], *s.f.* Dermatology.

dermatologique [dɛrmatɔlɔʒik], *a.* Dermatological.

dermatologiste [dɛrmatɔlɔʒist], *s.m.* Dermatologist.

dermatose [dɛrmato:z], *s.f. Med:* Dermatitis.

derme [dɛrm], *s.m. Anat:* Derm; cutis.

dernier, -ière [dɛrnje, -jɛ:r], *a. & s.* **1.** Last, latest. (*a*) **Au d. moment,** at the last moment. **Faire un d. effort,** to make a final effort. **Mettre la dernière main à qch.,** to give the finishing, the final, touches to sth. **J'ai payé jusqu'au d. sou,** I paid to the last farthing. **Jusqu'à mon d. jour, jusqu'à ma dernière heure,** to my dying day. **Il veut toujours avoir le d. mot,** *F:* **avoir le d.,** he must always have the last word. **Il arriva le d.,** he arrived last, was the last to arrive. **Dans ces derniers temps,** latterly; in recent years. **Informations de la dernière heure,** latest news. **La dernière mode,** the latest fashion, the latest thing. S.a. BATEAU, CRI. *St.Exch:* **D. cours,** closing price. (*b*) (Last of series) **Le mois d.,** last month. **Les six derniers,** the last six. **Le d. rang,** the rear rank. **La dernière moitié de juin,** the latter half of June. **En d. ressort,** in the last resort. *Com:* **Le d. enchérisseur,** the highest bidder. **Le d. élève de la classe,** the last, bottom, boy in the form. **D. délai pour l'inscription,** last date for registering. (*c*) **Ce d. répondit . . .,** the latter answered. . . . **2.** (*a*) Utmost, highest. **De la dernière importance,** of the utmost, greatest, importance. **Au d. degré,** to the utmost, highest, degree. **Entrer dans les derniers détails,** to enter into the minutest details. **Le d. supplice,** the extreme penalty. **Dans la dernière misère,** in dire want. **Je suis du d. bien avec lui,** I am on the very best terms with him. (*b*) Lowest, worst. **Le d. prix,** the lowest price. **Le d. de mes soucis,** the least of my worries. **Le d. des hommes,** the vilest, meanest, of men. **Le d. des derniers,** the lowest of the low.

dernièrement [dɛrnjɛrmɑ̃], *adv.* Lately, latterly, of late, not long ago.

dernier-né [dɛrnjene], *s.m.* Last-born child. *pl. Les derniers-nés.*

dérobade [derɔbad], *s.f.* **1.** Escape, evasion, avoidance (of s.o., sth.). **2.** Shy, swerve, jib (of a horse).

dérobé [derɔbe], *a.* **Culture, récolte, dérobée,** catch-crop, snatch-crop. **2.** Hidden, concealed, secret (staircase, door, etc.). **A la dérobée,** stealthily, secretly, on the sly. **Regarder qn à la d.,** to steal a glance at s.o. **Sortir à la d.,** to steal out.

dérober [derɔbe], *v.tr.* **1.** (*a*) To steal, to make away with (sth.). **On m'a dérobé mon argent,** I have been robbed of my money. **D. un baiser,** to steal a kiss. (*b*) **D. qn au danger,** to rescue, save, s.o. from danger.

2. To hide, conceal. **D. une batterie aux coups,** to cover, screen, a battery from fire. **Mur qui dérobe la vue,** wall that hides, intercepts, the view.

se dérober. 1. (*a*) To escape, steal away, slip away (**à,** from). **Se d. à l'étreinte de qn,** to get out of s.o.'s clutches. **Se d. aux regards,** to escape observation. **Se d. aux coups,** to dodge the blows. **Se d. à un devoir,** to evade, shirk, a duty. (*b*) (Of horse) To swerve, shy (at a jump); to jib; to refuse. **2.** To give way. **Le sol se déroba sous nos pas,** the ground gave way under our feet.

dérogation [derɔgasjɔ̃], *s.f.* Derogation, impairment (**à une loi,** of a law). **Faire d. à l'usage,** to make a departure from custom. **Par, en, d. à cette règle,** this rule notwithstanding.

dérogatoire [derɔgatwa:r], *a. Jur:* Derogatory (clause).

dérogeant [derɔʒɑ̃], *a.* Derogatory.

déroger [derɔʒe], *v.i.* (**je dérogeai(s); n. dérogeons**) (*a*) **D. à l'usage, à la loi,** to depart from custom, from the law. **D. à une condition,** not to conform to a condition. (*b*) To derogate (**à,** from). **D. à son rang,** to lose caste. **D. jusqu'à faire une chose pareille,** to stoop to such a thing. **Sans d.,** without derogation (**à,** from).

déroidir [derwadi:r, -red-], *v.tr.* = DÉRAIDIR.

dérouill|er [deruje], *v.tr.* To take, rub, the rust off (sth.). *F:* **Se d. les jambes,** to stretch one's legs. **Se d. la mémoire,** to polish up, refresh, one's memory. **D. son français,** to brush up one's French. *s.m.* **-age.** *s.m.* **-ement.**

déroul|er [derule], *v.tr.* To unroll (map, etc.); to unwind, unreel, uncoil (cable); to uncoil, let down (one's hair). *F:* **D. ses plans à qn,** to unfold one's plans to s.o. *s.m.* **-ement.**

se dérouler. 1. (Of map, etc.) To come unrolled; (of cable, etc.) to come unwound. **2.** To unfold, to develop. **Le paysage se déroule devant nous,** the landscape unfolds (itself), stretches out, before us. **Les événements qui se déroulent à Paris,** the events that are taking place in Paris. **La manifestation s'est déroulée sans désordre,** the demonstration passed off without disorder.

déroutant [derutɑ̃], *a.* Confusing, baffling, misleading.

déroute [derut], *s.f.* (*a*) Rout. **Être en (pleine) d.,** to be in (full) flight. **L'armée fut mise en d.,** the army was put to flight, was routed. (*b*) *F:* Ruin, downfall (of a family, etc.).

déroutement [derutmɑ̃], *s.m. Com: etc:* Diversion, deviation of traffic from normal route.

dérouter [derute], *v.tr.* **1.** (*a*) To throw, lead, (s.o., sth.) out of the right way. **D. les soupçons,** to throw (s.o.) off the scent. **Ces interruptions me déroutent,** these interruptions put me off. (*b*) *Nau: Av: Rail: etc:* To divert (traffic). **2.** To confuse, baffle, nonplus.

se dérouter. 1. To go astray. **2.** To become confused. **Je suis tout dérouté,** I'm all at sea.

derrick [derik], *s.m. Oil Ind:* Derrick.

derrière [dɛrjɛ:r]. **1.** *prep.* (*a*) Behind, at the back of (s.o., sth.). **Caché d. le rideau,** hidden behind the curtain. **Laisser qn d. soi,** to leave s.o. behind. (*b*) *Nau:* (i) Abaft; (ii) astern of (the ship). **2.** *adv.* (*a*) Behind, at the back, in the rear. **Attaquer qn par d.,** to attack s.o. from behind, from the rear. **Wagons de d.,** rear carriages, coaches. **Porte de d.,** back-door. **Pattes de d.,** hind legs. S.a. DEVANT[1] 2. (*b*) *Nau:* (i) Aft; (ii) astern. **3.** *s.m.* (*a*) Back, rear (of building, etc.). *Mil:* **Les derrières d'une armée,** the rear of an army. (*b*) *F:* Behind, backside, bottom. **Chien assis sur son d.,** dog sitting on its haunches.

derviche [dɛrviʃ], *s.m.*, **dervis** [dɛrvi], *s.m.* Dervish.

des [de, dɛ] = **de les.** See DE, LE[1], and UN.

dès [dɛ], *prep.* Since, from; as early as. **D. ce moment elle l'aima,** she loved him from that moment. **D. sa jeunesse . . .,** from childhood . . . **D. l'abord,** from the outset; from the (very) first. **D. maintenant, d. à présent,** already; henceforth. **D. 1840,** as far back as 1840. **D. le matin,** first thing in the morning. **D. mon retour,** immediately on my return. **Je commencerai d. aujourd'hui,** I will begin this very day. *Conj.phr.* D. que + *ind.* **D. qu'il sera arrivé,** as soon as he arrives. *Adv.phr.* D. lors, (i) from that time onwards; ever since (then); (ii) consequently. *Conj.phr.* D. lors que + *ind.*, since, seeing that. . . .

désabonner [dezabɔne], *v.tr.* **D. qn à un journal,** to strike s.o.'s name off a newspaper's list of subscribers.

se désabonner, to give up subscribing, to withdraw one's subscription (**à,** to).

désabusé [dezabyze], *a. & s.* Disillusioned, disappointed, embittered. **C'est un d.,** he's a disappointed man.

désabusement [dezabyzmɑ̃], *s.m.* **1.** Disabusing, undeceiving. **2.** Disillusionment.

désabuser [dezabyze], *v.tr.* To disabuse, disillusion, undeceive (**de,** with regard to).

se désabuser (de qch.), to lose one's illusions (about sth.); to have one's eyes opened.

désaccord [dezakɔ:r], *s.m.* **1.** (*a*) Disagreement, dissension. **Se trouver en d. avec qn sur qch.,** to be at variance, at issue, with s.o. about sth. **Sujet de d.,** bone of contention. (*b*) Clash (of interests, etc.). **Le d. entre la théorie et les faits,** the discordance between the theory and the facts. **2.** (*a*) *Mus:* Discord. **En d.,** out of tune. (*b*) *W.Tel:* Detuning.

désaccordé [dezakɔrde], *a.* Out of tune.

désaccorder [dezakɔrde], *v.tr.* **1.** To set (persons) at variance. **2.** *Mus:* To put (instrument) out of tune.

se désaccorder, (of instrument) to get out of tune.

désaccoupl|er [dezakuple], *v.tr.* **1.** To unpair (doves, etc.). **2.** = DÉCOUPLER I. *s.m.* **-ement.**

désaccoutumance [dezakutymɑ̃:s], *s.f.* **D. de qch.,** loss of the habit of, of familiarity with, sth.

désaccoutumer [dezakutyme], *v.tr.* To disaccustom. **D. qn de faire qch.,** to break s.o. of, to get s.o. out of, the habit of doing sth.

se désaccoutumer de qch., de faire qch. 1. To become unused to sth., to doing sth. **2.** To get out of the habit of doing sth.

désaffectation [dezafɛktasjɔ̃], *s.f.* Putting (of public building, etc.) to another purpose; deconsecration, secularization (of church).

désaffecter [dezafɛkte], *v.tr.* To put (public building, etc.) to another purpose. **Église désaffectée,** deconsecrated, secularized, church.

désaffection [dezafɛksjɔ̃], *s.f.* Disaffection (**envers,** to).

désaffectionner [dezafɛksjɔne], *v.tr.* **1.** To alienate (s.o.'s) affections. **2.** To disaffect (followers, etc.).

désaffubler [dezafyble], *v.tr.* To unmuffle, unwrap (s.o.).

désagencement [dezaʒɑ̃smɑ̃], *s.m.* Disorganization, disarrangement (of sth.); throwing (of machine) out of gear, out of order.

désagencer [dezaʒɑ̃se], *v.tr.* (**je désagençai(s); n. désagençons**) To disorganize, disarrange (sth.); to throw (machine) out of gear, out of order.

désagréable [dezagreabl], *a.* Disagreeable, unpleasant (**à,** to); surly, grumpy (nature); offensive, nasty (smell). **D. au goût,** distasteful, unpalatable. *adv.* **-ment.**

désagrégation [dezagregasjɔ̃], *s.f.* Disaggregation, disintegration; breaking up (of family).

désagréger [dezagreʒe], *v.tr.* (**je désagrège, n. désagrégeons; je désagrégeai(s); je désagrégerai**) To disaggregate, disintegrate.

se désagréger, to break up.

désagrément [dezagremɑ̃], *s.m.* Source of annoyance; nuisance; unpleasant occurrence. **Attirer à qn des désagréments,** to get s.o. into trouble.

désaimantation [dezɛmɑ̃tasjɔ̃], *s.f.* Demagnetization, demagnetizing.

désaimanter [dezɛmɑ̃te], *v.tr.* To demagnetize.

désajust|er [dezaʒyste], *v.tr.* (*a*) To disarrange. (*b*) To throw (mechanism) out of adjustment. *s.m.* **-ement.**

se désajuster, to become disarranged; to work loose; to fall out of adjustment.

désaligné [dezaliɲe], *a.* Out of alignment; out of line.

désaltérant [dezalterɑ̃]. **1.** *a.* Thirst-quenching. **2.** *s.m.* Thirst-quencher.

désaltérer [dezaltere], *v.tr.* (**je désaltère; je désaltérerai**) To slake, quench, (s.o.'s) thirst.

se désaltérer, to slake, quench, one's thirst; to have some refreshment.

désamor|cer [dezamɔrse], *v.tr.* (**je désamorçai(s); n. désamorçons**) To unprime (shell, siphon, etc.); to defuse (bomb). *s.m.* **-çage.**

se désamorcer. **1.** (Of pump, etc.) To fail. **2.** (Of dynamo) To run down.
désappareiller [dezapareje], *v.tr.* To unrig, take down (crane, etc.).
désappointement [dezapwɛ̃tmɑ̃], *s.m.* Disappointment.
désappointer [dezapwɛ̃te], *v.tr.* To disappoint.
désapprendre [dezaprɑ̃:dr], *v.tr.* (Conj. like APPRENDRE) To forget (what one has learnt); to unlearn.
désapprobateur, -trice [dezaprɔbatœ:r, -tris]. **1.** *s.* Disapprover, censurer (**de**, of). **2.** *a.* Disapproving, censorious.
désapprobation [dezaprɔbasjɔ̃], *s.f.* Disapproval, disapprobation (**de**, of).
désappropriation [dezaprɔpriasjɔ̃], *s.f. Jur:* Renunciation of property.
désapproprier [dezaprɔprie], *v.tr.* (*p.d. and pr. sub.* **n. désappropriions, v. désappropriiez**) *Jur:* To disappropriate.
désapprouver [dezapruve], *v.tr.* To disapprove of, object to (s.o., sth.). **Il désapprouve que je vienne,** he objects to my coming.
désarçonnant [dezarsɔnɑ̃], *a. F:* Dumbfounding, staggering (news, etc.).
désarçonn|er [dezarsɔne], *v.tr.* **1.** (Of horse) To unseat (rider). **2.** *F:* To dumbfound, stagger (s.o.). *s.m.* **-ement.**
désargenté [dezarʒɑ̃te], *a.* **1.** That has lost its silver. **2.** *F:* Short of cash, out of cash.
désargent|er [dezarʒɑ̃te], *v.tr.* **1.** To desilver (plated object). **2.** *F:* To drain (s.o.) of his cash. *s.m.* **-age.** *s.f.* **-ation.**
désarmé [dezarme], *a.* **1.** (*a*) Disarmed. (*b*) (Ship) out of commission. **2.** (*a*) Unarmed, defenceless. (*b*) Unloaded (gun).
désarmement [dezarməmɑ̃], *s.m.* **1.** Disarming (of s.o.). **2.** Disarmament. **3.** *Nau:* Laying up, paying off (of ship).
désarmer [dezarme]. **1.** *v.tr.* (*a*) To disarm (soldier, criticism, etc.). (*b*) *Mil:* (i) To unload (gun); (ii) to uncock (rifle); (iii) to remove guns from (fort). (*c*) *Nau:* To lay up, pay off (ship); to put (ship) out of commission. (*d*) To unship (oars). **2.** *v.i.* (*a*) To disarm; to disband one's naval or military forces. (*b*) (Of ship) to be laid up, put out of commission.
désarrim|er [dezarime], *v.tr. Nau:* **1.** To unstow (cargo). **2.** To put (ship) out of trim. *s.m.* **-age.**
se désarrimer, (of cargo) to shift.
désarroi [dezarwa], *s.m.* Disarray, disorder, confusion.
désarticul|er [dezartikyle], *v.tr.* (*a*) *Surg:* To disarticulate, disjoint. (*b*) To dislocate. *s.f.* **-ation.**
désassembl|er [dezasɑ̃ble], *v.tr.* To take (sth.) to pieces, apart; to disengage, disconnect (joints, etc.). *s.m.* **-age.** *s.m.* **-ement.**
désassocier [dezasɔsje], *v.tr.* To disassociate, dissociate (**de**, from).
se désassocier de qn, to sever one's connection with s.o.
désassorti [dezasɔrti], *a.* Made up of odd pieces, unmatched; odd.
désassort|ir [dezasɔrti:r], *v.tr.* (Conj. like ASSORTIR) (*a*) To spoil, break up (collection). **Service de table désassorti,** dinner service made up of odd pieces. (*b*) *Com:* **Je suis désassorti de cet article,** I am out of this article. *s.m.* **-iment.**
désastre [dezastr], *s.m.* Disaster, calamity.
désastreu|x, -euse [dezastrø, -ø:z], *a.* Disastrous, calamitous. *adv.* **-sement.**
désatomisation [dezatomizasjɔ̃], *s.f.* De-atomization.
désatomiser [dezatomize], *v.tr.* To de-atomize.
désavantage [dezavɑ̃ta:ʒ], *s.m.* Disadvantage, drawback. **Avoir le d.,** (i) to be handicapped; (ii) to get the worst of it.
désavantager [dezavɑ̃taʒe], *v.tr.* (**je désavantageai(s)**; **n. désavantageons**) To affect (s.o.) unfavourably. **Être désavantagé par suite de qch.,** to be handicapped by sth.
désavantageu|x, -euse [dezavɑ̃taʒø, -ø:z], *a.* Disadvantageous, unfavourable. *adv.* **-sement.**
désaveu [dezavø], *s.m.* Disavowal, denial; disowning (of s.o.); disclaimer.
désaveugler [dezavœgle], *v.tr.* To disabuse.
désavouer [dezavwe], *v.tr.* To disavow, repudiate, deny (promise); to disclaim (authorship); to disown (offspring); to retract (opinion).
se désavouer, to go back on one's word; to retract.
désaxé [dezakse], *a.* **1.** (*a*) Eccentric (cam, etc.). (*b*) **Roue désaxée,** (i) splayed, dished, wheel; (ii) wheel out of true. (*c*) *I.C.E:* Offset (cylinders). **2.** *F:* Unbalanced (mind).
déscell|er [desele], *v.tr.* **1.** To unseal, to break the seal of (document, etc.); to force (safe). **2.** To loosen (iron post from stonework, etc.). *s.m.* **-ement.**
descendance [desɑ̃dɑ̃:s, de-], *s.f.* **1.** Descent, lineage. **2.** *Coll.* Descendants.
descendant, -ante [desɑ̃dɑ̃, de-, -ɑ̃:t]. **1.** *a.* Descending (scale, curve, etc.); downward (motion); down-(stroke of piston). *Mil:* **Garde descendante,** old guard (about to be relieved). *Rail:* **Train d.,** (i) up train (towards main town), (ii) down train (away from main town). **2.** *s.* Descendant.
descendre [desɑ̃:dr, de-]. **I.** *v.i.* (Aux. **être,** occ. **avoir**) **1.** (*a*) To descend; to come down, go down. **D. d'un arbre,** to come down from a tree. **D. en glissant,** to slide down, to slither down. **La marée descend,** the tide is falling, going out. **Le baromètre descend,** the glass is falling. *Jur:* **D. sur les lieux,** to visit the scene (of a crime, etc.). **La police est descendue, a descendu, dans le dancing,** the police raided the night-club. *Av:* **D. en vol plané,** to glide to the ground. **D. à plat,** to pancake (to the ground). S.a. GARDE[2] 4. (*b*) To come, go, downstairs. **Je descends dîner,** I am going down to dinner. **Il n'est pas encore descendu,** he is not down yet. **Faites-le d.,** (i) send him down, (ii) call him down. (*c*) To lower oneself, condescend. **D. jusqu'au mensonge,** to stoop to lying. **2.** (*a*) To alight (from car, train). **D. de cheval,** to dismount. **C'est ici que je descends,** this is where I get off (from bus, etc.). **"Tout le monde descend!"** 'all change!' **D. à terre,** to go ashore. (*b*) **D. à un hôtel,** to put up at an hotel. **3.** To extend downwards. **Le chemin descend jusqu'à la vallée,** the road stretches down to the valley. **4.** To be descended (from). **Sa famille descend des croisés,** his family goes back to the crusaders.
II. descendre, *v.tr.* (Aux. **avoir**) **1. D. les marches, la colline, la rue,** to go down the steps the hill, the street. **D. la rivière,** to row, swim, float, etc., down the river. **2.** (*a*) To take, bring, (sth.) down. **D. les bagages,** to carry down, bring down, the luggage. (*b*) To lower, let down (man by rope, etc.). (*c*) To shoot down, bring down (partridge, man). (*d*) To set down (passenger).
descente [desɑ̃:t, de-], *s.f.* Descent. **1.** (*a*) Coming down, going down (from a height). *Skiing:* Run. **D. de cheval,** dismounting. **Mouvement de d.,** descending motion; down-stroke (of piston, etc.). S.a. GARDE[2] 4. (*b*) Raid. **Faire une d. dans un pays,** to make an incursion into a country. *Jur:* **D. sur les lieux,** visit to the scene (of a crime, etc.). **D. de police,** police raid. *Fb:* **Une d. des avants,** a dash by the forwards. **2.** Letting down, lowering. *Art:* **La D. de croix,** the Descent from the Cross. **3.** (*a*) Place where sth. descends. **D. dangereuse,** dangerous hill. **Sentier en forte d.,** steep path. (*b*) **D. de bain,** bath-mat. **D. de lit,** (bed-side) rug. (*c*) *W.Tel:* **D. d'antenne,** down-lead.
descriptible [deskriptibl], *a.* Describable.
descriptif, -ive [deskriptif, -i:v], *a.* Descriptive.
description [deskripsjɔ̃], *s.f.* Description. **Conforme à la d.,** as represented.
desdits. See LEDIT.
déséchou|er [dezeʃwe], *v.tr. Nau:* To refloat (ship). *s.m.* **-age.** *s.m.* **-ement.**
désemball|er [dezɑ̃bale], *v.tr.* To unpack.
désembarqu|er [dezɑ̃barke], *v.tr.* To put ashore, to disembark (person); to unship (goods). *s.m.* **-ement.**
désembourber [dezɑ̃burbe], *v.tr.* To extricate (vehicle, etc.) from the mud.
désembourgeoiser [dezɑ̃burʒwaze], *v.tr.* To rid (s.o.) of narrow (surburban) ideas.
désemparé [dezɑ̃pare], *a.* (Ship) in distress, crippled; (aircraft) out of control. *F:* **Être tout d.,** to be all at sea.

désemparer [dezɑ̃pare]. **1.** *v.tr.* (*a*) *Nau:* To disable (ship). (*b*) To undo (coupling, etc.). **2.** *v.i.* **Sans d.,** without intermission.
désemplir [dezɑ̃pli:r]. **1.** *v.tr.* To half-empty. **2.** *v.i.* & *pr.* **Son magasin ne (se) désemplit pas,** his shop is always full (of customers).
désenchaîner [dezɑ̃ʃɛne], *v.tr.* To unfetter, unchain.
désenchantement [dezɑ̃ʃɑ̃tmɑ̃], *s.m.* (*a*) Disenchantment. (*b*) Disillusion.
désenchanter [dezɑ̃ʃɑ̃te], *v.tr.* (*a*) To disenchant. (*b*) To disillusion.
désenchanteur, -eresse [dezɑ̃ʃɑ̃tœ:r, -ərɛs], *a.* Disillusioning.
désencombr|er [dezɑ̃kɔ̃bre], *v.tr.* To disencumber; to clear, free (passage). *s.m.* **-ement.**
désencroûter [dezɑ̃krute], *v.tr.* **1.** To scale (boiler, etc.). **2.** *F:* **D. qn,** to broaden s.o.'s outlook.
se désencroûter, *F:* to get out of the rut.
désenfiler [dezɑ̃file], *v.tr.* To unthread (needle); to unstring (beads, etc.).
désenflammer [dezɑ̃flame], *v.tr.* *Med:* To reduce an inflammation.
désenfl|er [dezɑ̃fle]. **1.** *v.tr.* (*a*) To reduce the swelling of (ankle, etc.). (*b*) To deflate (balloon, etc.). **2.** *v.i.* & *pr.* To become less swollen; (of swollen part, of tyre) to go down. *s.m.* **-ement.**
désengager [dezɑ̃gaʒe], *v.tr.* (**je désengageai(s); n. désengageons**) **1.** (*a*) To free (s.o.) from an obligation. (*b*) **D. sa parole,** to obtain release from a promise. **2.** To take (sth.) out of pawn. **3.** To disengage (pulley).
désengorg|er [dezɑ̃gɔrʒe], *v.tr.* (**je désengorgeai(s); n. désengorgeons**) To unchoke, clear (pipe, etc.). *s.m.* **-ement.**
désengouer (se) [sədezɑ̃gwe], *v.pr.* *F:* To get over one's infatuation (**de,** for).
désengren|er [dezɑ̃grəne], *v.tr.* (Conj. like ENGRENER) To disengage (toothed wheels); to throw (machine) out of gear. *s.m.* **-age.**
désenivrer [dezɑ̃nivre], *v.tr.* To sober (s.o.) (up).
se désenivrer, to sober up.
désennuyer [dezɑ̃nɥije], *v.tr.* (**je désennuie; je désennuierai**) To amuse (s.o. who is bored).
se désennuyer, to find entertainment, diversion (**à faire qch.,** in doing sth.).
désenrayer [dezɑ̃rɛje], *v.tr.* **1.** To release (brake, mechanism). **2.** To unscotch (wheel).
désensevel|ir [dezɑ̃səvli:r], *v.tr.* **1.** To exhume (corpse, antiquities). **2.** To unshroud (corpse). *s.m.* **-issement.**
désensibilisateur, -trice [desɑ̃sibilizatœ:r, -tris]. *Phot:* **1.** (*a*) Desensitizing. **2.** *s.m.* Desensitizer.
désensibiliser [desɑ̃sibilize], *v.tr.* *Phot:* To desensitize.
désensorcel|er [dezɑ̃sɔrsəle], *v.tr.* (**je désensorcelle; je désensorcellerai**) **1.** To disenchant (sth.); to free (sth.) from a magic spell. **2.** *F:* To turn (s.o.'s) luck (at cards, etc.). *s.m.* **-lement.**
désentortiller [dezɑ̃tɔrtije], *v.tr.* To untwist (thread etc.); to disentangle, unravel (wool, intricate business).
désentraver [dezɑ̃trave], *v.tr.* **1.** To unhobble, unshackle (horse, etc.). **2.** To clear (affair) of difficulties.
désenvenimer [dezɑ̃v(ə)nime], *v.tr.* To extract venom from, to cleanse (wound, etc.).
déséquilibre [dezekilibr], *s.m.* Want, lack, of balance. *Psy:* **D. émotif,** emotional maladjustment.
déséquilibré [dezekilibre], *a.* **1.** Out of balance. **2.** Unbalanced (person, mind).
déséquilibrer [dezekilibre], *v.tr.* To unbalance; to throw (sth.) out of balance.
désert [dezɛr]. **1.** *a.* Deserted, uninhabited (place, etc.); lonely (spot). **Ile déserte,** desert island. **2.** *s.m.* Desert, wilderness. **Prêcher dans le d.,** to preach in the wilderness.
désert|er [dezɛrte], *v.tr.* To desert. **D. son poste,** to abandon, quit, one's post. *Abs.* **Soldat qui déserte,** deserter. **D. à l'ennemi,** to go over to the enemy. *s.m.* **-eur.**
désertion [dezɛrsjɔ̃], *s.f.* Desertion. **D. des campagnes,** rural depopulation.
désertique [dezɛrtik], *a.* *Geog:* Of, pertaining to, the desert. **Région d.,** desert region.
désespérance [dezɛsperɑ̃:s], *s.f.* *Lit:* Loss of hope; despair; despondency.
désespérant [dezɛsperɑ̃], *a.* Heart-breaking; that drives one to despair.
désespéré [dezɛspere]. **1.** *a.* Desperate. (*a*) Hopeless; to be despaired of. (*b*) Despairing. **Lutte désespérée,** desperate struggle, life-and-death struggle. (*c*) Driven to despair. *F:* **Être d. de qch., d'apprendre qch.,** to be dreadfully sorry about sth. **2.** *s.* Desperate person. *F:* **Travailler en d.,** to work like mad.
désespérément [dezɛsperemɑ̃], *adv.* **1.** Despairingly, hopelessly. **2.** Desperately (in love, etc.).
désespérer [dezɛspere], *v.* (**je désespère; je désespérerai**) **1.** *v.i.* To despair; to lose hope. **D. de qn,** to despair of s.o. **D. de faire qch.,** to despair of doing sth. **2.** *v.tr.* To drive (s.o.) to despair.
se désespérer, to be in despair.
désespoir [dezɛspwa:r], *s.m.* **1.** Despair. **Être au d., dans le d.,** to be in despair. **Coup de d.,** act of despair. **2.** Desperation. **Réduire qn au d.,** to drive s.o. to desperation, to despair. **En d. de cause,** in desperation; as a last resort.
déshabiliter [dezabilite], *v.tr.* *Jur:* To disqualify.
déshabillage [dezabija:ʒ], *s.m.* (*a*) *F:* Slating (of a play). (*b*) *Mus. Hall:* Strip-tease.
déshabillé [dezabije], *s.m.* **1.** *Cost:* House-coat. **2.** **Être en d.,** to be (i) in dishabille, (ii) in undress.
déshabiller [dezabije], *v.tr.* To undress (s.o.).
se déshabiller. 1. To undress; to take off one's clothes; *F:* to strip. **2.** To change into everyday garments.
déshabituer [dezabitɥe], *v.tr.* **D. qn de qch.,** to disaccustom s.o. to sth.; to break s.o. of (the habit of) doing sth.
se déshabituer. 1. To grow unused (**de,** to). **2.** To break oneself of the habit (**de,** of).
désherbant [dezɛrbɑ̃], *s.m.* *Hort:* Weed-killer.
désherber [dezɛrbe], *v.tr.* **1.** *Agr:* To clean (field, etc.). **2.** *Hort:* To weed.
déshérence [dezerɑ̃:s], *s.f.* *Jur:* Default of heirs. **Tomber en d.,** to escheat.
déshérité [dezerite]. **1.** *a.* Plain. **Nos sœurs déshéritées,** our plain sisters. **2.** *s.m.* **Les déshérités,** the outcasts of fortune, the underprivileged.
déshérit|er [dezerite], *v.tr.* To disinherit (s.o.); to will one's property away from (s.o.). *s.m.* **-ement.**
déshonnête [dezɔnɛ:t], *a.* Improper, unseemly. *adv.* **-ment.**
déshonnêteté [dezɔnɛtəte], *s.f.* Impropriety, immodesty.
déshonneur [dezɔnœ:r], *s.m.* Dishonour, disgrace. **Faire d. à qn,** to disgrace s.o. **Tenir à d. de . . .,** to consider it dishonourable to. . . .
déshonorable [dezɔnɔrabl], *a.* Dishonourable, disgraceful, shameful. *adv.* **-ment.**
déshonorant [dezɔnɔrɑ̃], *a.* Dishonouring, discreditable.
déshonorer [dezɔnɔre], *v.tr.* (*a*) To dishonour, disgrace. (*b*) To disfigure, spoil (picture, tree).
se déshonorer, to disgrace oneself.
déshydratation [dezidratasjɔ̃], *s.f.* *Ch:* Dehydration; desiccation.
déshydrater [dezidrate], *v.tr.* To dehydrate; to desiccate. **Noix de coco déshydratée,** desiccated coconut.
desideratum [dezideratɔm], *s.m.* Desideratum. *pl.* *Des desiderata.*
désignatif, -ive [deziɲatif, -i:v], *a.* Designative.
désigné [deziɲe], *a.* Appointed (time, place); specified (condition); assigned. *Com:* Described (goods).
désignation [deziɲasjɔ̃], *s.f.* Designation. **1.** (*a*) Indication, pointing out (of s.o., sth.). (*b*) Description (of goods, etc.). **2. D. de qn pour un poste,** appointment, nomination, of s.o., to a post.
désigner [deziɲe], *v.tr.* **1.** To designate, show, indicate. **D. qch. à l'attention de qn,** to call s.o.'s attention to sth. **D. qch. du doigt,** to point sth. out. **2.** (*a*) To appoint, set, fix (day, meeting-place). **D. un fondé de pouvoir,** to nominate an agent. (*b*) **D. qn à, pour, un poste,** to appoint, nominate, s.o. to a post. *Mil:* **D. qn pour un service,** to detail, tell off, s.o. for a duty.
désillusion [dezillyzjɔ̃], *s.f.* Disillusion.
désillusionn|er [dezillyzjɔne], *v.tr.* To disillusion. *a.* **-ant.** *s.m.* **-ement.**
désincarner (se) [sədezɛ̃karne], *v.pr.* *Psychics:* To become disembodied.

désincorpor|er [dezɛ̃kɔrpɔre], *v.tr.* To disincorporate (company, etc.). *s.f.* **-ation.**
désincrustant [dezɛ̃krystɑ̃], *s.m.* Disincrustant; anti-scale (boiler) composition.
désincrustation [dezɛ̃krystasjɔ̃], *s.f.* Scaling (of boiler).
désincruster [dezɛ̃kryste], *v.tr.* To scale (boiler).
désinculper [dezɛ̃kylpe], *v.tr.* To withdraw a charge against (s.o.); to clear (s.o.).
désinence [dezinɑ̃:s], *s.f. Gram:* Termination (of word); flexional ending.
désinfectant]dezɛ̃fɛktɑ̃], *a. & s.m.* Disinfectant.
désinfecter [dezɛ̃fɛkte], *v.tr.* To disinfect.
désinfection [dezɛ̃fɛksjɔ̃], *s.f.* Disinfection.
désintégration [dezɛ̃tegrasjɔ̃], *s.f.* Disintegration, breaking up; weathering (of rocks). *Atom.Ph:* (Nuclear) disintegration.
désintégrer [dezɛ̃tegre], *v.tr.* **(je désintègre; je désintégrerai)** To disintegrate; to split (atom).
désintéressé [dezɛ̃terɛse], *a.* **1.** Not involved, not implicated. **2.** (*a*) Disinterested, unprejudiced, unbiased (advice, etc.). (*b*) Unselfish (motive).
désintéressement [dezɛ̃terɛsmɑ̃], *s.m.* **1.** Disinterestedness; (i) impartiality; (ii) unselfishness. **2.** Buying out (of partner); paying off (of creditor).
désintéresser [dezɛ̃terɛse], *v.tr.* To buy out (partner); to pay off (creditor).
se désintéresser de qch., to take (i) no further interest, (ii) no part, in sth.; *F:* to let things slide.
désintoxi|quer [dezɛ̃tɔksike], *v.tr. Med:* To detoxicate. *s.f.* **-cation.**
désinviter [dezɛ̃vite], *v.tr.* To cancel an invitation to (s.o.).
désinvolte [dezɛ̃vɔlt], *a.* (*a*) Easy, free (gait). (*b*) Airy, detached, unembarrassed, unselfconscious (manner). (*c*) *F:* Cheeky (answer).
désinvolture [dezɛ̃vɔlty:r], *s.f.* (*a*) Unconstraint, unselfconciousness; ease (of movement). (*b*) Free and easy manner; off-hand, airy, manner. (*c*) Lack of deference (towards one's elders, etc.). **Avec d.,** in an off-hand manner; airily; *F:* cheekily.
désir [dezi:r], *s.m.* Desire (de, for); wish. **D. de plaire,** wish to please. **Ardent d. de réussir,** eagerness to succeed. **Sur, selon, le d. de son père,** at, by, his father's wish. **Cela s'est fait à l'encontre de mon d.,** it was done against my wishes.
désirable [dezirabl], *a.* Desirable. **Peu d.,** undesirable.
désirer [dezire], *v.tr.* To desire, want; to wish for (sth.); to be desirous of (sth.). **D. ardemment qch.,** to yearn, long, for sth. **Je désire le voir,** I want, wish, to see him. **Je désire qu'il vienne,** I want him to come. **Il est à d. que . . .,** it is to be desired that. . . . **Cela laisse à d.,** it leaves sth. to be desired, it's not quite up to the mark. **Cela ne laisse rien à d.,** it is all that one could wish for; it is quite satisfactory. *Com:* **Madame désire?** what can I show you, madam?
désireux, -euse [dezirø, -ø:z], *a.* Desirous (de, of). **D. de plaire,** anxious to please.
désistement [dezistəmɑ̃], *s.m.* Desistance **(de,** from). (*a*) Waiver (of claim); withdrawal (of suit). (*b*) Withdrawal of one's candidature.
désister (se) [sədeziste], *v.pr.* (*a*) **Se d. d'une poursuite,** to desist from, to withdraw, an action. **Se d. d'une demande,** to waive a claim. (*b*) *Abs.* **Se d.,** to withdraw (one's candidature); to stand down.
désobéir [dezɔbei:r], *v.ind.tr.* **D. à qn,** to disobey s.o. **D. à une règle,** to break a rule. (May be used in the passive) **Je ne veux pas être désobéi,** I won't be disobeyed.
désobéissance [dezɔbeisɑ̃s], *s.f.* Disobedience **(à un ordre,** of an order, **à qn,** to s.o.).
désobéissant [dezɔbeisɑ̃], *a.* Disobedient **(à,** to).
désobligeance [dezɔbliʒɑ̃s], *s.f.* (*a*) Disobligingness. (*b*) Disagreeableness, unkindness **(envers qn,** to s.o.).
désobligeant, -ante [dezɔbliʒɑ̃, -ɑ̃:t], *a.* (*a*) Disobliging. (*b*) Disagreeable, unkind, ungracious, offensive, (person, manner). **Comparaison désobligeante,** invidious comparison.
désoblig|er [dezɔbliʒe], *v.tr.* **(je désobligeai(s); n. désobligeons) 1.** To disoblige (s.o.); to be disobliging to (s.o.). **2.** To offend. *adv.* **-eamment.**
désobstruer [dezɔpstrye], *v.tr.* To clear, free, (sth.) of obstructions; to clear (pipe, etc.).
désobusage [dezɔbyza:ʒ], *s.m.* Bomb, shell, clearance. **Équipe de d.,** bomb disposal squad.
désobuser [dezɔbyze], *v.tr.* To clear (ground) of bombs, shells.
désodorisant [dezɔdɔrizɑ̃], *a. & s.m.* Deodorant.
désodoris|er [dezɔdɔrize], *v.tr.* To deodorize; to sweeten the air. *s.f.* **-ation.**
désœuvré [dezœvre], *a.* (Of pers.) Unoccupied, idle; *F:* at a loose end.
désœuvrement [dezœvrəmɑ̃], *s.m.* Idleness, leisure. **Par d.,** for want of something to do.
désolant [dezɔlɑ̃], *a.* Distressing, sad, disheartening (news, etc.).
désolation [dezɔlasjɔ̃], *s.f.* Desolation. **1.** (*a*) Devastation, laying waste. (*b*) Desolateness (of region, etc.). **2.** Grief, sorrow.
désolé [dezɔle], *a.* **1.** (*a*) Desolate, dreary (region). (*b*) Devastated (country). **2.** Very sorry; grieved. **Nous sommes désolés d'apprendre . . .,** we regret very much to hear. . . . **Je suis d. de vous déranger,** I hate to trouble you. **Air d.,** woe-begone look.
désoler [dezɔle], *v.tr.* To desolate. **1.** To devastate, ravage (country). **2.** To distress, grieve.
se désoler, to grieve.
désolidariser [desɔlidarize], *v.tr.* To break away from (party etc.). **D. un parti,** to break the solidarity of a party.
se désolidariser, to break (one's ties) **(de, d'avec)** with.
désopilant [dezɔpilɑ̃], *F:* Screamingly funny.
désopiler (se) [sədezɔpile], *v.pr. F:* To shake, roar, with laughter.
désordonné [dezɔrdɔne], *a.* **1.** Disordered (ranks, etc.); ill-regulated (life). **Maison désordonnée,** (i) untidy house; (ii) ill-managed house. **2.** Disorderly, dissolute (person, life).
désordonner [dezɔrdɔne], *v.tr.* To throw (sth.) into disorder, into confusion.
désordre [dezɔrdr], *s.m.* **1.** (*a*) Disorder, confusion. **Tout est en d.,** everything is in disorder. **Cheveux en d.,** tangled, untidy, hair. **Mettre le d. dans les rangs,** to throw the ranks into disorder, into confusion. (*b*) *Med:* **D. nerveux,** nervous disorder. **2.** Disorderliness, licentiousness. **3.** *pl.* Disturbances, riots.
désorganisateur, -trice [dezɔrganizatœ:r, -tris]. **1.** *a.* Disorganizing. **2.** *s.* Disorganizer; upsetter of plans, etc.
désorganisation [dezɔrganizasjɔ̃], *s.f.* Disorganization.
désorganiser [dezɔrganize], *v.tr.* To disorganize; to upset (plans).
se désorganiser, to become disorganized, to fall into confusion, *F:* to go to pieces.
désorientation [dezɔrjɑ̃tasjɔ̃], *s.f.* **1.** Confusion as to one's bearings. **2.** Confusion, bewilderment.
désorienté [dezɔrjɑ̃te], *a.* Puzzled, bewildered; at a loss. **Je suis tout d.,** I am all at sea. **Le monde est d.,** the times are out of joint.
désorienter [dezɔrjɑ̃te], *v.tr.* **1.** To make (s.o.) lose his bearings. **2.** To disconcert, bewilder.
se désorienter. 1. To lose one's bearings. **2.** To become confused.
désormais [dezɔrmɛ], *adv.* Henceforth; from now on(wards); in future.
désossé [dezose]. **1.** *a.* (*a*) Boned (meat, etc.). (*b*) *F:* (i) Flabby (person). (ii) Supple (person). **2.** *s.m.* *P:* Acrobat.
désoss|er [dezose], *v.tr.* To bone (meat, fish). *s.m.* **-ement.**
se désosser, to become (i) flabby, (ii) supple.
désoxyder [dezɔkside], *v.tr. Ch:* To deoxidize, deoxygenate.
despote [dɛspɔt], *s.m.* Despot.
despotique [dɛspɔtik], *a.* Despotic (power). *adv.* **-ment,** -ally.
despotisme [dɛspɔtism], *s.m.* Despotism.
desquamer (se) [sədɛskwame], *v.pr. Med:* To desquamate; to scale off, to peel.
desquels, desquelles [dekɛl], See LEQUEL.
dessais|ir [desezi:r], *v.tr. Jur:* **D. qn de qch.,** to disseize, dispossess, s.o. of sth. *s.m.* **-issement.**
se dessaisir de qch., to relinquish sth.; to part with, give up, sth. **Le tribunal s'est dessaisi de l'affaire,** the court decided not to proceed with the case.

dessalage [desalaːʒ], *s.m.* **dessalaison** [desalɛzɔ̃], *s.f.* **dessalement** [desalmɑ̃], *s.m.* De-salting, soaking (of fish, meat).
dessalé [desale], *a.* **1.** Freed of salt. **2.** *F:* Wide-awake, sharp (person).
dessaler [desale], *v.tr.* To remove the salt from (meat, fish); to put (meat, fish) in soak.
se dessaler, *F:* to learn a thing or two.
dessangler [desɑ̃gle], *v.tr.* To ungirth (horse).
dessaouler [desule] = DESSOULER.
desséché [deseʃe], *a.* **1.** Dry (pond, bed of torrent). **2.** Withered.
dess|écher [deseʃe], *v.tr.* **(je dessèche; je dessécherai)** **1.** To dry up (ground). **2.** To season (wood); to desiccate, dry, (food-stuffs). **3.** *(a)* (Of wind, heat) To wither (plant); to dry (the skin); to parch (the mouth). *(b)* (Of illness, etc.) To waste, emaciate, (the body); to wither (limb). *s.m.* **-èchement.**
se dessécher. **1.** To dry up. **2.** To wither; to waste away.
dessein [desɛ̃], *s.m.* **1.** Design, plan, scheme, project. **Marcher sans d.,** to walk about aimlessly. **2.** Intention, purpose. **Avoir le d. de faire qch.,** to have the intention of, to purpose, doing sth. **Dans ce d. . . .,** with this intention. . . . **Sans d.,** unintentionally. **Avec d.,** designedly. **A d.,** on purpose, intentionally, advisedly.
desseller [desele], *v.tr.* To unsaddle.
dessemeler [desəmle], *v.tr.* **(je dessemelle, n. dessemelons; je dessemellerai)** To remove the soles (from shoes).
desserre [desɛːr], *s.f.* *P:* Forking out. **Être dur à la desserre,** to be stingy.
desserr|er [desere], *v.tr.* To loosen (screw); to ease, slacken (belt); to unclamp; to unscrew (nut); to unclench (fist, teeth); to release (brake). **D. son étreinte,** to relax one's hold. *F:* **Je n'ai pas desserré les dents, les lèvres,** I did not open my lips. *s.m.* **-age.**
se desserrer. **1.** To work loose. **2.** (Of grip, etc.) To relax.
dessert[1] [desɛːr], *s.m.* Dessert.
dessert[2]. See DESSERVIR.
desserte [desɛrt], *s.f.* *(a)* Sideboard. *(b)* **Table d. roulante,** dinner-waggon.
desservant [desɛrvɑ̃], *s.m.* *Ecc:* Priest in charge.
desservir[1] [desɛrviːr], *v.tr.* (Conj. like SERVIR) **1.** *Ecc:* To minister to (chapel of ease, etc.). **2.** (Of railway, etc.) To serve (district).
desservir[2], *v.tr.* (Conj. like SERVIR) **1.** To clear (the table). *Abs.* To clear away. **2.** To be a bad friend to (s.o.); to do (s.o.) a disservice, an ill turn. **Cela desservirait mes intérêts,** it would be detrimental to my interests.
dessiller [desije], *v.tr.* & *pr.* **D. les yeux à, de, qn,** to open s.o.'s eyes (to facts); to undeceive s.o. **Ses yeux se dessillèrent,** his eyes were opened.
dessiccation [desikasjɔ̃], *s.f.* *Ind:* Desiccation, drying; seasoning (of wood).
dessin [desɛ̃], *s.m.* **1.** *(a)* (Art of) drawing, sketching. **D. à main levée,** free-hand drawing. *(b)* Drawing, sketch. **D. à la plume,** pen-and-ink sketch. *Cin:* **D. animé,** animated cartoon, **2.** Design, pattern. **3.** *Tchn:* **(L'art du) d.,** draughtsmanship.
dessinateur, -trice [desinatœːr, -tris], *s.* **1.** *(a)* Sketcher, drawer. *(b)* Black-and-white artist. **2.** Designer (of wall-papers, etc.); dress-designer. **3.** Draughtsman, -woman.
dessiner [desine], *v.tr.* **1.** To draw, sketch. **D. qch. d'après nature,** to draw sth. from nature. **D. à l'encre, à la craie,** to draw in ink, in chalk. **2.** To design (wall-paper, etc.); to lay out (garden). **3.** To show, delineate, outline (sth.). **Vêtement qui dessine bien la taille,** garment that shows off the figure. **Visage bien dessiné,** finely chiselled face.
se dessiner, to stand out, take form; to be outlined. **Une forme se dessina dans l'obscurité,** a form loomed up in the darkness. **Nos projets se dessinent,** our plans are taking shape.
dessouder [desude], *v.tr.* **1.** To unsolder (sth.). **2.** To reopen (brazed or welded seam). **3.** *v.pr.* To become unsoldered.
dessoûler [desule]. **1.** *v.tr.* To sober (s.o.) (up). **2.** *v.i.* & *pr.* To become sober; to sober up. **Il ne dessoule pas,** he is never sober.
dessous [dəsu]. **1.** *adv.* Under(neath), below, beneath. **Marcher bras dessus bras d.,** to walk arm-in-arm. **Vêtements de d.,** underwear. **En d.,** underneath; down(wards). **Regarder qn en d.,** to look at s.o. furtively, stealthily. **Agir en d.,** to act in an underhand way. S.a. SENS 4. **2.** *s.m.* *(a)* Lower part, underpart, bottom. **D. de plat,** table-mat. **D. de bouteille,** (i) bottle-mat; (ii) coaster. *F:* **Avoir le d.,** to get the worst of it; to be defeated. **Verser un d. de table,** to pay, privately, a sum over and above the declared price in a property transaction. **Être tombé dans le troisième, trente-sixième d.,** (i) to be completely discredited; (ii) to be down and out. *Cost:* **D. de robe,** (under-)slip. **D. de bras,** dress shield. *(b)* **Les d. de la politique,** the shady side of politics. S.a. CARTE 2. **3.** *prep.* **Blessure d. le sein,** wound under the breast. **Ses boucles ressortaient de d. son chapeau,** her curls peeped out from under her hat. S.a. AU-DESSOUS, CI-DESSOUS, LÀ-DESSOUS, PAR-DESSOUS.
dessus [dəsy]. **1.** *adv.* Above, over; (up)on (it, them). **On a répandu de l'encre d.,** someone has spilt ink over it. **La terre et tout ce qu'il y a d.,** the earth and all that is thereon. **Mettre la main d.,** to lay hands on it, on them. **Vêtement de d.,** outer garment; top garment. *Nau:* **Avoir le vent d.,** to be aback. **En d.,** on top; above. *I.C.E:* **Soupapes en d.,** overhead valves. S.a. SENS 4. **2.** *s.m.* *(a)* Top, upper part (of table, etc.). **D. de plateau,** tray-cloth. **D. d'assiette,** doily. **D. de lit,** coverlet, bedspread. **D. de cheminée,** mantelpiece. *Th:* **Les d.,** the flies; the rigging-loft. *F:* **Le d. du panier,** the pick of the basket. *(b)* **Avoir le d.,** to have the upper hand. **Prendre le d.,** to rally (from illness). *Nau:* **Avoir le d. du vent,** to have the weather-gauge. **3. De d.,** from, off. **Tomber de d. sa chaise,** to fall off one's chair. S.a. AU-DESSUS, LI-DESSUS, LÀ-DESSUS, PAR-DESSUS.
destin [dɛstɛ̃], *s.m.* Fate, destiny.
destinataire [dɛstinatɛːr], *s.m.* & *f.* Addressee (of letter); consignee (of goods); payee (of money order).
destination [dɛstinasjɔ̃], *s.f.* **1.** Destination. **Ce paquet est à votre d.,** this parcel is addressed to you. **Articles à d. de la province et de l'étranger,** goods for consignment to the provinces and abroad. **Trains à d. de Paris,** trains for, (running) to, Paris. **Navire à d. de Bordeaux,** ship bound for Bordeaux. **Lignes aériennes à d. ou en provenance de l'Amérique,** airlines to and from America. **2.** Intended purpose (of building, sum of money, etc.).
destinée [destine], *s.f.* **1.** *(a)* Destiny. **Unir sa d. à celle de qn,** (i) to throw in one's lot with s.o.; (ii) to marry s.o. *(b)* *pl.* Destinies, fortunes. **2.** = DESTIN.
destiner [destine], *v.tr.* **1.** To destine. **Destiné à mourir sur l'échafaud,** destined, fated, doomed, to die on the scaffold. **2.** *(a)* **D. qch. à qn,** to intend, mean, sth. for s.o. **La balle vous était destinée,** the bullet was aimed at you. *(b)* **Il avait destiné son fils au barreau,** he had intended his son for the bar. *(c)* **D. une somme d'argent à un achat,** to assign a sum of money to a purchase.
se destiner à qch., to intend to take up sth. (as a profession).
destitué [dɛstitɥe], *a.* Deprived (de, of); lacking (de, in); without; devoid (de, of).
destitu|er [dɛstitɥe], *v.tr.* To dismiss, discharge (s.o.); to remove (official) from office. *a.* **-able.**
destitution [dɛstitysjɔ̃], *s.f.* Dismissal (of official, etc.).
destrier [dɛstri(j)e], *s.m.* *A:* Charger, war-horse.
destroyer [dɛstrwajœr, -ɛːr], *s.m.* *Nav:* Destroyer.
destructeur, -trice [dɛstryktœːr, -tris]. **1.** *a.* Destroying (agent); destructive (child, war). **2.** *s.* Destroyer, destructor.
destructibilité [dɛstryktibilite], *s.f.* Destructibility.
destructible [dɛstryktibl], *a.* Destructible.
destructif, -ive [dɛstryktif, -iːv], *a.* Destructive.
destruction [dɛstryksjɔ̃], *s.f.* Destruction, destroying; scrapping (of ship).
destructivité [dɛstryktivite], *s.f.* Destructiveness.
désuet, -ète [desɥɛ, -ɛt], *a.* Obsolete (word); antiquated, out-of-date (theory).

désuétude [desɥetyd], *s.f.* Disuse, desuetude. **Tomber en d.,** to fall into disuse; (of right, etc.) to lapse; (of law) to fall into abeyance. **Mot tombé en d.,** obsolete word.

désuni [dezyni], *a.* (Of people) Disunited, at variance; (of parts, etc.) disjoined, disconnected.

désunion [dezynjɔ̃], *s.f.* Disunion (of people, etc.); disconnection (of parts, etc.).

désunir [dezyni:r], *v.tr.* To disunite, divide (people); to disjoin, disconnect (parts, etc.).

se désunir. 1. To become disunited, estranged. **2.** (Of parts) To come apart; to work loose.

détachant [detaʃɑ̃]. **1.** *a.* Stain-removing. **2.** *s.m.* Stain-remover.

détaché [detaʃe], *a.* **1.** (*a*) Loose, detached (part); **pièces détachées,** spare parts; untethered (horse, etc.). (*b*) Isolated (farm, etc.). **2.** Detached, unconcerned (manner, etc.). **3.** *Mus:* Staccato (note).

détachement [detaʃmɑ̃], *s.m.* **1.** Detaching, cutting off (of sth.). **2.** Indifference (**de,** to); lack of interest (**de,** in); detachment (**de,** from). **D. de ce monde,** other-worldliness, unworldliness. **3.** *Mil:* Detachment, draft (of troops). **D. de corvée,** fatigue party.

détach|er[1] [detaʃe], *v.tr.* To detach. (*a*) To (un)loose; to unfasten, untie, unbind, unlash; to uncouple (truck); to untether (horse); to unhook (curtain). **D. ses cheveux,** to undo, loose one's hair. *F:* **Je ne peux pas en d. mes yeux,** I cannot take my eyes off it. (*b*) To separate, (**de,** from); to cut off, pull off, break off, bite off, saw off, chisel off. **D. un chèque du carnet,** to tear out a cheque from the book. **D. qn de ses amis,** to detach, alienate, s.o. from his friends. (*c*) **D. une compagnie d'un bataillon,** to detach a company from a battalion. **D. un officier auprès de qn,** to second an officer to s.o. (*d*) *F:* **D. un coup à qn,** to hit out at s.o. (Of horse) **D. une ruade,** to fling out. *a.* **-able.**

se détacher. 1. (*a*) (Of knot, etc.) To come undone, unfastened, loose. (*b*) (Of animal) To break loose; (of parts) to come apart, become detached; to flake away, off. **Un bouton s'est détaché,** a button has come off. **Se d. de sa famille,** to separate, break away, from one's family. **Se d. des rangs,** to step forward from the ranks. **3. Se d. sur le fond,** to stand out against the background.

détach|er[2], *v.tr.* To remove stains, spots, from (clothing, etc.). *s.m.* **-age.**

détacheur [detaʃœ:r], *s.m.* Stain remover.

détail [deta:j], *s.m.* **1.** (*a*) Dividing up, cutting up (of cloth, meat). (*b*) *Com:* Retail. **Vendre au d.,** to sell (goods) retail. **Marchand au d.,** retailer. **2.** Detail; small point. **Donner tous les détails,** to go into all the details. **Le d. d'un compte,** the items of an account. **3.** *Adm: Mil:* (*a*) Internal economy. **Service de d.,** executive duties. (*b*) Special duty.

détaillant, -ante [detajɑ̃, -ɑ̃:t], *s.* Retailer.

détaillé [detaje], *a.* **1.** Detailed, circumstantial (narrative, etc.). **2.** *Com:* **État d. de compte,** detailed statement of account.

détailler [detaje], *v.tr.* **1.** (*a*) To divide up, cut up (piece of stuff, side of beef, etc.). (*b*) To retail (goods). **2.** To detail, enumerate; to relate in detail; to itemize (account). **D. qn,** to scrutinize, to look s.o. up and down.

détaler [detale], *v.i.* To decamp, to take oneself off, to scamper away.

détartrant [detartrɑ̃], *s.m.* Scaling substance.

détartr|er [detartre], *v.tr.* **1.** To scale, fur (boiler). **2.** *Dent:* To remove tartar from the teeth. *s.m.* **-age.**

détartreur [detartrœ:r], *s.m.* **1.** *Mch:* Scaling device. *a.* **Outil d.,** scaling tool. **2.** *Ind:* Water-purification appliance or material. **3.** *Dent:* Tooth scaler.

détaxation [detaksasjɔ̃], *s.f.* **détaxe** [detaks], *s.f.* Reduction, remission of duty, tax.

détaxer [detakse], *v.tr.* To take the duty, the tax, off (sth.). **D. (la viande),** to decontrol the price (of meat).

détecter [detɛkte], *v.tr.* *W.Tel: etc:* To detect.

détecteur [detɛktœ:r]. **1.** *s.m.* *El: W.Tel: etc:* Detector. *El.E:* **D. de fuites,** fault-finder. **D. de mines,** mine detector. **2.** *a.* (With *f.* **détectrice**) *W.Tel:* **Lampe détectrice,** detecting valve.

détection [detɛksjɔ̃], *s.f.* *W.Tel: etc:* Detection.

détective [detɛkti:v], *s.m.* (*a*) (English) detective. (*b*) Private enquiry agent.

déteign-ais, -ant, -is, etc. See DÉTEINDRE.

déteindre [detɛ̃:dr], *v.* (Conj. like TEINDRE) **1.** *v.tr.* To take the colour out of (sth.). **2.** *v.i. & pr.* (*a*) To fade, to lose colour. *Dy:* (Of colour) To bleed. (*b*) (Of colour) **Se d. au lavage,** to run in the wash.

détel|er [detle], *v.tr.* **(je dételle ; je détellerai) 1.** (*a*) To unharness. (*b*) To unhitch, take out (horse(s)); to unyoke (oxen). **2.** *Rail:* To uncouple (trucks, etc.). *s.m.* **-age.**

détendeur [detɑ̃dœ:r], *s.m.* Pressure-reducer.

détendre [detɑ̃:dr], *v.tr.* **1.** To slacken, relax, loosen (sth. that is taut); to unbend (bow). **D. l'esprit,** (i) to relax, give relaxation to, the mind; (ii) to calm the mind. **2.** To unhang, take down (curtains). **D. une tente,** to strike a tent. **3.** *Mch:* **D. la vapeur,** to expand, cut off, the steam.

se détendre. 1. To become slack; to slacken, relax. **Son visage se détendit dans un sourire,** his face relaxed into a smile. **Le temps se détend,** the weather is becoming milder. **La situation se détend,** the situation is easing. **2.** (Of steam) To expand.

détendu [detɑ̃dy], *a.* (*a*) Slack. (*b*) Relaxed.

détenir [detni:r], *v.tr.* (Conj. like TENIR) **1.** To hold, to be in possession of (sth.). **D. le record,** to hold the record. **2.** (*a*) To detain (s.o.); to keep (s.o.) prisoner. (*b*) To withhold, keep back (property, etc.).

détente [detɑ̃:t], *s.f.* **1.** (*a*) Relaxation, loosening, slackening (of sth. that is taut); relaxing (of muscles). (*b*) Easing (of political situation). **D. du temps,** mild spell (of weather). (*c*) *Sm.a:* Pull-off (of trigger). **Arme dure à la d.,** fire-arm hard on the trigger. **À d. brusque,** with snap action. *F:* **Personne dure à la d.,** close-fisted, stingy, person. **2.** (*a*) Expansion (of steam, of gases). **Machine à d.,** expansion steam-engine. **D. triple,** triple expansion. (*b*) *I.C.E:* Explosion stroke, power stroke. **3.** Trigger (of gun).

détenteur, -trice [detɑ̃tœ:r, -tris], *s.* **1.** (*a*) Holder (of securities, challenge cup, record). **D. de titres,** stock-holder. (*b*) Owner (of copyright, etc.). **2.** Withholder (of property, etc.).

détention [detɑ̃sjɔ̃], *s.f.* **1.** Holding (of securities). **2.** Detention, imprisonment, confinement (of s.o.). **Maison de d.,** remand home. **3.** Withholding (of property, etc.).

détenu, -e [detny], *s.* Prisoner.

détergent [detɛrʒɑ̃]. **1.** *a. & s.m.* *Med:* Detergent, cleansing (agent). **2.** *s.m.* *Dom. Ec:* Detergent, household washing powder.

déterger [detɛrʒe], *v.tr.* To deterge, clean.

détérioration [deterjɔrasjɔ̃], *s.f.* **1.** Deterioration. **2.** *pl. Jur:* (i) Dilapidations; damage (to property); (ii) wear and tear.

détériorer [deterjɔre], *v.tr.* To make (sth.) worse; to spoil, damage.

se détériorer, to deteriorate; to spoil; to perish.

déterminant [detɛrminɑ̃]. **1.** *a.* Determinant, determinative. **2.** *s.m.* *Mth:* Determinant.

déterminatif, -ive [detɛrminatif, -i:v], *a. & s.m.* Determinative (word, etc.).

détermination [detɛrminasjɔ̃], *s.f.* **1.** Determination (of species, date, area, etc.); typing (of bacteria). **D. du groupe sanguin,** blood typing. **2.** Determination, fixity of purpose. **3.** Resolve. **Prendre une d.,** to make up one's mind.

déterminé [detɛrmine], *a.* **1.** Determined, definite, well-defined; specific, particular (aim). **Dans un sens d.,** in a given direction. **2.** (*a*) Determined, resolute. (*b*) **Être d. à faire qch.,** to be resolved, determined, to do sth.

déterminer [detɛrmine], *v.tr.* **1.** To determine (species, noun, etc.); to fix, settle (meeting-place). **2.** To cause; to give rise to (sth.); to bring (sth.) about. **3.** (*a*) **D. de faire qch.,** to resolve, decide, to do sth. (*b*) **D. qn à faire qch.,** to induce, move, s.o. to do sth.

se déterminer, to determine, to make up one's mind (**à faire qch.,** to do sth.).

déterré [detere], *a. & s.* Disinterred (corpse). *F:* **Il a une mine de d.,** he looks as if he'd risen from the grave; he looks ghastly.

déterrer [detɛre], *v.tr.* To dig up, unearth (buried treasure, etc.); to bring (sth.) to light; to exhume, disinter (corpse).

détersif, -ive [detɛrsif, -i:v], *a.* & *s.m.* (*a*) Cleaning (product). (*b*) Cleansing (product).

détestable [detɛstabl], *a.* Detestable, hateful; execrable (work, weather). *adv.* **-ment.**

détestation [detɛstasjɔ̃], *s.f.* Detestation.

détester [detɛste], *v.tr.* To detest, hate. **Je déteste être dérangé,** I hate to be disturbed. **Se faire d. de tous, par tout le monde,** to get oneself disliked by everyone.

détirer [detire], *v.tr.* To stretch (linen, etc.).

détonant [detɔnɑ̃]. **1.** *a.* Detonating, explosive. **Explosif d.,** high explosive. **2.** *s.m.* Explosive.

détonateur [detɔnatœ:r], *s.m. Exp:* Detonator. *Rail:* Fog-signal.

détonation [detɔnasjɔ̃], *s.f. Exp:* (*a*) Detonation. (*b*) Report (of fire-arm).

détoner [detɔne], *v.i. Exp:* To detonate, explode. **Faire d.,** to detonate (dynamite, etc.).

détonner [detɔne], *v.i.* (*a*) To be, play, sing, out of tune. (*b*) (Of colours) To jar, clash.

détordre [detɔrdr], *v.tr.* To untwist (yarn, etc.); to unlay (rope).

se détordre, to come untwisted.

détortiller [detɔrtije], *v.tr.* (*a*) To untwist. (*b*) To disentangle. (*c*) To unwrap (mummy).

se détortiller, to come untwisted.

détour [detu:r], *s.m.* **1.** Turning, deviation, detour, (from direct way); roundabout way, circuitous way. **Faire un long d.,** to go a long way round. **Sans détour(s),** plainly, frankly. **Répondre sans détours,** to give a plain, straightforward, answer. **2.** Turn, curve, bend (in road, river). **Connaître Paris dans ses tours et ses détours,** to know Paris inside out.

détourné [deturne], *a.* **1.** Indirect, circuitous, roundabout (road). **Chemin d.,** by-road. **Par des voies détournées,** indirectly. **2.** Unfrequented, secluded (locality, etc.).

détournement [deturnəmɑ̃], *s.m.* **1.** Diversion (of watercourse, etc.). **2.** (*a*) Misappropriation (of funds); embezzlement. (*b*) *Jur:* Abduction.

détourner [deturne], *v.tr.* **1.** (*a*) To divert (watercourse, etc.); to turn (weapon) aside. **D. l'attention de qn,** to divert s.o.'s attention. **D. qn de son devoir,** to seduce, entice, s.o. from his duty. **D. qn de la bonne voie,** to lead s.o. astray. **D. la conversation,** to turn, change, the conversation. **D. les soupçons,** to avert suspicion. (*b*) To turn away, avert (one's eyes, etc.). S.a. REGARD 1. **2.** To misappropriate, embezzle (funds).

se détourner, to turn away, turn aside (de, from).

détoxication [detɔksikasjɔ̃], *s.f.* Detoxication.

détoxiquer [detɔksike], *v.tr.* To detoxicate.

détracteur, -trice [detraktœ:r, -tris], *s.* Detractor, disparager.

détraqué [detrake], *a.* (Of machinery, digestion, etc.) Out of order; (of pers.) deranged; (of health) wrecked.

détraquement [detrakmɑ̃], *s.m.* (*a*) Putting (of mechanism, etc.) out of order. (*b*) Breakdown (of mechanism, health, etc.).

détraquer [detrake], *v.tr.* To put (apparatus) out of order; to throw (mechanism) out of gear. **Son intervention a tout détraqué,** his intervention has upset everything. **Se d. l'estomac, les nerfs,** to wreck one's digestion, one's nerves.

se détraquer, (of mechanism, digestion) to get out of order; (of health) to break down.

détrempe [detrɑ̃:p], *s.f.* (*a*) *Art:* Distemper (-painting). (*b*) *Paint:* Distemper.

détremper[1] [detrɑ̃pe], *v.tr.* Tomoisten, soak (sth.). **D. la chaux,** to slake lime. **Champ détrempé,** sodden field.

détremper[2], *v.tr.* To anneal, soften (steel).

se détremper, (of steel) to lose its temper.

détresse [detrɛs], *s.f.* Distress. **1.** Grief, anguish. **2.** (*a*) (Financial) straits, difficulties. (*b*) Esp. *Nau:* Danger. **Navire en d.,** ship in distress, in difficulties. **Signal de d.,** distress signal; *F:* S O S.

détresser [detrɛse], *v.tr.* To unbraid, unplait.

détriment [detrimɑ̃], *s.m.* Detriment, loss. **Au d. de qn,** to the detriment, prejudice, of s.o. **Je l'ai appris à mon d.,** I found it out to my cost.

détritus [detrity:s], *s.m.* (*a*) Detritus (of rock, etc.). (*b*) Rubbish. (*c*) Refuse.

détroit [detrwa], *s.m. Geog:* **1.** Strait, straits, sound. **2.** *Anat:* **Détroits du bassin,** straits of the pelvis.

détromper [detrɔ̃pe], *v.tr.* To undeceive.

détrôn|er [detrone], *v.tr.* **1.** To dethrone. **2.** *F:* To supersede (method, etc.). *s.m.* **-ement.**

détrousser [detruse], *v.tr.* **1.** To untuck, let down (one's sleeves, etc.). **2.** To rob (s.o.) on the highway; to rifle (s.o.'s) pockets.

détrousseur, -euse [detrusœ:r, -ø:z], *s.* Highwayman, footpad.

détruire [detrɥi:r], *v.tr.* (*pr.p.* **détruisant;** *p.p.* **détruit;** *pr.ind.* **je détruis, n. détruisons;** *p.d.* **je détruisais;** *p.h.* **je détruisis;** *fu.* **je détruirai**)**1.** (*a*) To demolish, pull down (building, etc.); to overthrow (empire, etc.). (*b*) To break up (old ship, etc.). (*c*) *Mil: Av:* **Trois appareils ont été détruits,** *F:* three machines were written off. **2.** To destroy, ruin.

se détruire. 1. To fall into decay, to rot. **2.** To do away with oneself. **3. Critiques qui se détruisent mutuellement,** criticisms that cancel out.

dette [dɛt], *s.f.* Debt. **Faire des dettes,** to run into debt. **Avoir des dettes,** to be in debt. **Être perdu, criblé, accablé de dettes; avoir des dettes par-dessus la tête,** to be head over ears in debt. *Book-k:* **Dettes actives,** book-debts ranking as assets. **Dettes passives,** liabilities. *Fin:* **La D. publique,** the National Debt. **D. sacrée envers la patrie,** sacred duty towards one's country. *F:* **Payer sa d. à la nature,** to pay one's debt to nature, to die. S.a. HONNEUR 1, JEU 4.

deuil [dœ:j], *s.m.* **1.** (*a*) Mourning, sorrow (for the loss of s.o.). *F:* **Faire son d. de qch.,** to give sth. up as lost. (*b*) Bereavement. **2.** (*a*) Mourning (clothes, etc.). **Grand d.,** deep mourning. **Demi-d.,** half-mourning. **Se mettre en d.,** to go into mourning. **Être en d. de qn,** to be in mourning for s.o. **Quitter le d.,** to go out of mourning. *F:* **Il avait toujours les ongles en d.,** his nails were in constant mourning. (*b*) Funeral procession. **Conduire le d.,** to be chief mourner.

deutérium [døterjɔm], *s.m. Ch:* Heavy hydrogen, deuterium.

Deutéronome [døterɔnɔm], *s.m. B:* Deuteronomy.

deux [dø; before a vowel sound in the same word group, døz], *num.a.inv.* & *s.m.* Two. **D. enfants** [døzɑ̃fɑ̃], two children. **Charles D.,** Charles the Second. **Il est arrivé d. ou troisième,** he arrived second or third. **Chapitre d.,** chapter two. *F:* **C'est clair comme d. et d. font quatre,** it's as plain as a pikestaff. **D. fois,** twice. **Tous (les) d.,** both. **Des d. côtés du fleuve,** on either side of the river. **Tous les d. jours, de d. jours l'un,** every other day; on alternate days. *F:* **C'est entre les d.,** it is betwixt and between. **Casser qch. en d.,** to break sth. in two. **Diviser, couper, une ligne en d.,** to bisect a line. **Marcher d. par d.,** to walk in pairs. **Marcher par d.,** to march two abreast. **Entrer d. par d.,** to come in two by two. **Entre d. âges,** middle-aged. **Nous d., vous d., eux d.,** (i) the two of us, you, them; (ii) us two, you two, *F:* them two; (iii) we two, you two, they two. **A nous d. maintenant!** now we two will have it out! *Ten:* **A d.,** deuce. **A d. de jeu,** five (games) all. **Il fera ça en moins de d.,** he will do it in two ticks. **C'est à d. pas d'ici,** it is close at hand. S.a. EAU 2, MOT 1, SOU.

deuxième [døzjɛm], *num. a.* & *s.* Second. **Appartement au d. (étage),** flat on the second floor, *U.S:* apartment on the third floor. *Mth:* **Équation du d. degré,** quadratic equation. *adv.* **-ment.**

deux-mâts [dømɑ], *s.m.inv.* Two-masted vessel.

deux-pièces [døpjɛs], *s.m.inv. Cost:* (*a*) (Lady's) two-piece suit. (*b*) Two-piece swimsuit.

deux-points [døpwɛ̃], *s.m. Typ:* Colon.

deux-ponts [døpɔ̃], *s.m.inv. Nau: Av:* Double-decker (ship or aircraft).

deux-roues [døru], *s.m.inv.* Two-wheeled vehicle.

deux-temps [døtɑ̃], *s.m.inv.* **1.** *Mus:* Two-four time. **2.** *F:* **Un d.-t.,** a scooter, light motor-cycle. **3.** *F:* **Un litre de d.-t.,** a litre of two-stroke mixture.

dévaler [devale]. **1.** *v.i.* To descend, go down; (of stream) to rush down. **2.** *v.tr.* **D. la colline, l'escalier,** to hurry down the hill, the stairs. **D. la rue à toute vitesse,** to race down the street.

dévaliser [devalize], *v.tr.* To rob (s.o. of his money, etc.). **D. une maison,** to rifle, *F:* burgle, a house.
dévalorisation [devalɔrizasjɔ̃], *s.f.* **1.** Devaluation (of currency). **2.** *Com:* Fall in value.
dévaloriser [devalɔrize], *v.tr.* To devaluate (currency).
dévaluateur, -trice [devalɥatœːr, -tris]. (*a*) *a. Pol.Ec:* **Menées dévaluatrices,** devaluation manœuvres. (*b*) *s. Pol.Ec:* Advocate of devaluation.
dévaluation [devalɥasjɔ̃], *s.f. Pol.Ec:* Devaluation (of currency).
dévaluer [devalɥe], *v.tr.* To devaluate (currency).
devanc|er [d(ə)vɑ̃se], *v.tr.* **(je devançai(s); n. devançons) 1.** To precede; to go or come before (s.o., sth.). **2.** To leave (the others) behind; to outdistance, overtake, outstrip. **Je vous ai devancé,** (i) I got here before you; (ii) I anticipated, forestalled, you. **D. son époque,** to be ahead of one's times. **3.** To forestall. **D. les désirs de qn,** to anticipate s.o.'s desires. *s.m.* **-ement.**
devancier, -ière [d(ə)vɑ̃sje, -jɛːr], *s.* (*a*) Precursor. (*b*) Predecessor.
devant[1] [d(ə)vɑ̃]. **1.** *prep.* Before, in front of (s.o., sth.). **Marchez tout droit d. vous,** go straight ahead. **Être courageux d. le danger,** to be courageous in the face of danger. **Égaux d. la loi,** equal in the eyes of the law. **Navire d. Calais,** ship off Calais. **D. cet état de choses . . .,** in view of this state of affairs. . . . **2.** *adv.* Before, in front. **Aller d.,** to go in front; to lead the way. **Porter qch. sens d. derrière,** to wear sth. back to front. **Un navire d.!** ship ahead! *Nau:* **Être pris d.,** to be taken aback. **Saisir qch. par d.,** to seize sth. in front. *F:* **Il revint plus effaré que d.,** he came back more scared than before. S.a. GROS-JEAN. **3.** *s.m.* Front (part), fore-part; breast (of coat). **D. de chemise,** shirt front. **D. de cheminée,** fire-screen. **Chambre sur le d.,** front-room. **Dents de d.,** front teeth. **Prendre les devants,** to go on ahead. **Gagner les devants,** to take the lead. S.a. AU-DEVANT, CI-DEVANT.
devant[2]. See DEVOIR.
devanture [d(ə)vɑ̃tyːr], *s.f.* (*a*) Front(age) (of building). (*b*) **D. de magasin,** shop-front, shop-window.
dévaser [devaze], *v.tr.* To dredge (harbour, etc.).
dévastateur, -trice [devastatœːr, -tris]. **1.** *s.* Devastator, ravager. **2.** *a.* Ravaging.
dévastation [devastasjɔ̃], *s.f.* Devastation, destruction, havoc.
dévaster [devaste], *v.tr.* To lay waste, to ravage. **Villages dévastés,** wrecked villages.
déveine [devɛn], *s.f. F:* (Run of) ill-luck. **Avoir la d., être en d., dans la d.,** to be out of luck, down on one's luck.
développement [devlɔpmɑ̃], *s.m.* **1.** (*a*) Spreading out (of wings, of folded paper). (*b*) *Alg:* Expansion (of contracted expression). *Geom:* Evolution (of curve). **2.** (*a*) Spread (of branches); length (of road, etc.). (*b*) **Bicyclette avec un d. de 5 m. 25,** bicycle geared to 66 inches. **3.** Development, growth (of the body); development (of flower, faculties, *Phot:* of image).
développ|er [devlɔpe], *v.tr.* **1.** (*a*) To spread out, open out (wings, etc.); to stretch out (arm); to unroll (map); to unwrap, undo (parcel). (*b*) *Alg:* To expand (contracted expression). *Geom:* **D. un cube,** to develop a cube. (*c*) **Bicyclette qui développe . . .,** bicycle that is geared to. . . . **2.** To develop (muscles, faculties, *Phot:* a negative). **D. ses dons naturels par l'étude,** to improve one's natural gifts by study. **D. un projet,** to work out a plan.
se développer. 1. To spread out, open out. **2.** (Of organs, the intelligence, etc.) To develop.
devenir [dəvniːr], *v.pred.* (Conj. like VENIR. Aux. être) (*a*) To become. **Il devint général,** he became a general. **Qu'est-il devenu?** what has become of him? (*b*) To grow into. (*c*) **D. grand,** (i) to grow tall; (ii) to grow up. **D. vieux,** to grow, get, old. **D. blanc de rage,** to go, turn, white with rage. **Il devint agriculteur,** he turned farmer. **C'est à d. fou!** it is enough to drive one mad!
dévergondé, -ée [devɛrgɔ̃de]. **1.** *a.* Licentious, profligate, shameless. **2.** *s.* Profligate.
dévergondage [devɛrgɔ̃daːʒ], *s.m.* (*a*) Licentiousness. (*b*) Profligacy.
dévergonder (se) [sədevɛrgɔ̃de], *v.pr.* To fall into dissolute ways.
dévernir [devɛrniːr], *v.tr.* To take the varnish, the polish, off (sth.).
déverrouiller [devɛruje], *v.tr.* To unbolt.
devers [dəvɛːr], *prep.* (*a*) *A:* Towards. (*b*) *Prep. phr. Jur:* **Par-d.** (i) **Retenir ses papiers par-d. soi,** to keep papers in one's possession. (ii) **Par-d. les juges,** in the presence of the judges.
dévers [devɛːr]. **1.** *a. A:* Warped (timber, etc.); out of true. **2.** *s.m.* (*a*) Inclination, slope, tilt; banking (of road at a bend). (*b*) Warp, twist (in timber).
déversé [devɛrse], *a.* **1.** Sloping. **2.** Lopsided. **3.** Warped.
déversement[1] [devɛrs(ə)mɑ̃], *s.m.* = DÉVERS 2.
déversement[2], *s.m.* Discharge, overflow (of liquid); tipping (of cart). **Lieu de d.,** dump. *Town P:* **D. de population,** overspill of population.
déverser[1] [devɛrse]. **1.** *v.tr.* (*a*) To slope, slant (wall); to bank (road). (*b*) To warp (timber). **2.** *v.i.* & *pr.* (*a*) To lean; to get out of plumb. (*b*) To warp.
déverser[2], *v.tr.* **1.** To divert (channel). **2.** To pour, discharge (water); to tip, dump (material).
se déverser, to flow, pour (**dans,** into).
déversoir [devɛrswaːr], *s.m. Hyd.E:* Overflow; waste-weir; outfall.
dévêtir [devetiːr], *v.tr.* (Conj. like VÊTIR) (*a*) To undress, strip (s.o.); to unrobe (s.o.). (*b*) To take off (garment).
se dévêtir. 1. (*a*) To undress, strip; to unrobe. (*b*) To leave off some of one's clothing. **2. Se d. de son bien,** to divest oneself of, to renounce, one's property.
déviation [devjasjɔ̃], *s.f.* Deviation (de, from); variation (of compass); curvature (of the spine); diversion (of road); by-pass. *El:* **Champ de d.,** deflecting field.
déviationnisme [devjasjɔnism], *s.m. Pol:* Deviationism.
déviationniste [devjasjɔnist], *a.* & *s.m. or f. Pol:* Deviationist.
dévid|er [devide], *v.tr.* (*a*) To unwind. (*b*) To reel off (thread, etc.). *F:* **Il me dévida toute l'histoire,** he reeled off the whole story to me. *s.m.* **-age.** *s.* **-eur, -euse.**
dévidoir [devidwaːr], *s.m.* (*a*) *Tex:* Reeling machine. (*b*) Hose-reel; *El.E:* drum (for cable). **D. (de machine à coudre),** shuttle-winder.
dévié [devje], *a.* **Route déviée,** diversion. *Ph:* **Rayon d.,** refracted ray.
dévier [devje]. **1.** *v.i.* To deviate, swerve, diverge (de, from); *Sp:* to break (of ball). **Faire d. une balle,** to deflect a bullet. **2.** *v.tr.* To turn (blow, etc.) aside; to deflect (ray, etc.); *Surg:* to abduct (organ).
se dévier, (of the spine, etc.) to become, grow, crooked; (of timber) to warp.
devin, devineresse [dəvɛ̃, dəvinrɛs], *s.m.* Soothsayer, *f.* fortune-teller. *F:* **Je ne suis pas d.,** I'm not a wizard.
deviner [d(ə)vine], *v.tr.* To guess (riddle, etc.); to predict (the future). *F:* **Cela se devine,** that's obvious.
devinette [d(ə)vinɛt], *s.f.* Riddle, conundrum.
devis [dəvi], *s.m.* Estimate (of work to be done); specification; bill of quantities.
dévisager [devizaʒe], *v.tr.* **(je dévisageai(s); n. dévisageons)** To stare at (s.o.).
devise [dəviːz], *s.f.* **1.** (*a*) *Her:* Device. (*b*) Motto. (*c*) *F:* Slogan. (*d*) *Nau:* Name (of ship). **2.** *Fin:* Currency. *Esp.* **Devises étrangères,** foreign currency **D. forte,** hard currency.
deviser [dəvize], *v.i.* To chat, gossip.
déviss|er [devise]. **1.** *v.tr.* To unscrew (bolt, nut); to screw out (breech-block). **2.** *v.i. F: Mount:* To fall. *s.m.* **-age.** *s.m.* **-ement.**
se dévisser, to come unscrewed.
dévitaliser [devitalize], *v.tr. Dent:* **D. une dent,** *F:* to kill the nerve of a tooth.
dévoiement [devwamɑ̃], *s.m.* **1.** Canting, tilting, **2.** Diverting (of flue). **3.** Diarrhoea.
dévoil|er [devwale], *v.tr.* **1.** To unveil. **2.** To reveal, disclose (secret); to unmask (conspiracy). *s.m.* **-ement.**
se dévoiler, to come to light, to be revealed.

devoir [dəvwa:r]. I. *v.tr.* (*pr.p.* **devant**; *p.p.* **dû**, *f.* **due**; *pr.ind.* **je dois, n. devons, ils doivent**; *p.d.* **je devais**; *p.h.* **je dus**; *fu.* **je devrai**) **1.** (Duty) Should, ought. (*a*) (General precept) **Tu dois honorer tes parents,** you should honour your parents. **Fais ce que dois, advienne que pourra,** do your duty come what may. (*b*) (Command) **Vous devez, devrez, vous trouver à votre poste à trois heures,** you must be at your post at three o'clock. (*c*) **Je ne savais pas ce que je devais faire,** I did not know what (I ought) to do. **Vous devriez lire Dickens,** you ought to read Dickens. **Il aurait dû m'avertir,** he should have warned me. **Il crut d. se retirer,** (i) he thought it his duty to retire, (ii) he deemed it advisable to retire. **2.** (Compulsion) Must, have to. **Tous les hommes doivent mourir,** all men must die. **Enfin j'ai dû, je dus, céder,** at last I had to yield. **3.** (Futurity) Am to. (*a*) **Je dois partir demain,** I am to start to-morrow. **Je devais venir, mais . . .,** I was to have come, but. . . . **Dût-il m'en coûter la vie,** were I to die for it. (*b*) **Il ne devait plus les revoir,** he was (destined) never to see them again. **Cela devait être,** it was meant to be. **4.** (Opinion expressed) Must. **Vous devez avoir faim,** you must be hungry. **Il dut, a dû, avait dû, me prendre pour un autre,** he must have taken me for someone else. **Il doit y avoir beaucoup de gens qui . . .,** there must be many people who. . . . **Il ne doit pas avoir plus de 40 ans,** he can't be more than 40. **5.** (*a*) **D. qch. à qn,** to owe s.o. sth. (*a*) **Tout l'argent qui m'est dû,** all the money owing to me. **Il doit de tous les côtés,** he owes money all round. (*b*) **Est-ce à vous que je dois cela?** am I indebted to you for that? **Je dois à mes amis de leur éviter ce chagrin,** I owe it to my friends to spare them this sorrow. **La peine due à ces forfaits,** the penalties which these crimes deserve.

se devoir. 1. To have to devote oneself to s.o., sth. **Je me dois à ma famille,** I must devote myself to my family. **2.** To be compulsory; to be proper. **Comme il se doit,** as is proper.

II. **devoir,** *s.m.* **1.** (*a*) Duty. **Manquer à son d.,** to fail in one's duty. S.a. INFRACTION 2, MANQUEMENT. **Rentrer dans le d.,** (of mutineers, etc.) to return to duty. **Faire, remplir, son d. envers qn,** to do one's duty by s.o. **Se faire un d. de faire qch.,** to make a point of doing sth. **Se mettre en d. de faire qch.,** to prepare to do sth. **Il est de mon d. de . . .,** it is my duty to. . . . (*b*) *Sch:* Exercise, task. **Un d. de latin,** a Latin exercise. **Je n'ai pas encore fait mes devoirs,** I haven't done my home work, prep., yet. **2.** *pl.* **Rendre ses devoirs à qn,** to pay one's respects to s.o. **Rendre à qn les derniers devoirs,** to pay the last honours to s.o.

dévolt|er [devɔlte], *v.tr. El.E:* To step down (current). *s.m.* **-age.**

dévolteur [devɔltœ:r], *s.m. El.E:* Step-down transformer.

dévolu [devɔly]. **1.** *a. Jur:* Devolved; devolving (**à,** to, upon). **Être d. à qn de faire qch.,** to fall to s.o.'s. lot to do sth. **2.** *s.m. F:* **Jeter son d. sur qch.,** (i) to have designs on sth.; (ii) to lay claim to sth.; (iii) to choose sth.

dévolution [devɔlysjɔ̃], *s.f. Jur:* (*a*) Devolution, transmission (of property). (*b*) *Ecc:* Lapsing (of benefice).

dévonien, -ienne [devɔnjɛ̃, -jɛn], *a. Geol:* Devonian.

dévorant [devɔrɑ̃], *a.* Ravenous (wolf, etc.); consuming (fire, thirst); devouring (passion); wasting (disease).

dévorateur, -trice [devɔratœ:r, -tris]. **1.** *s.* Devourer. **2.** *a.* Devouring, consuming.

dévorer [devɔre], *v.tr.* To devour. **D. qn des yeux,** to devour s.o. with one's eyes; to gaze intently on s.o. **Les flammes ont dévoré le bâtiment,** the flames consumed the building. **La soif me dévore,** I am consumed with thirst. **D. la route,** to tear along; to eat up the miles.

dévoreur, -euse [devɔrœ:r, -ø:z], *s. F:* Devourer. **Grand d. de livres,** *F:* a glutton for books.

dévot, -ote [devo, -ɔt]. **1.** *a.* Devout, religious. **Être d. à un saint,** to be a votary of a saint. *F:* **Être d. à la bouteille,** to be addicted to the bottle. **2.** *s.* Devout person; *Pej:* bigot. **Faux d.,** hypocrite. *adv.* **-ement.**

dévotion [devosjɔ̃], *s.f.* Devotion; esp. devoutness, piety. **Tomber, se jeter, dans la d.,** to take to religion. **Faire ses dévotions,** to make one's devotions.

dévoué [devwe], *a.* Devoted, staunch, loyal (friend, etc.). (Letter formula) **Votre tout d.,** yours faithfully; (more intimately) yours sincerely. *Com:* **Toujours entièrement d. à vos ordres,** always at your service.

dévouement [devumɑ̃], *s.m.* **1.** Self-sacrifice; devotion to duty. **2.** Devotion, devotedness. **Servir qn avec d.,** to serve s.o. devotedly. **Croyez, monsieur, à mon entier d.,** I am yours faithfully.

dévouer [devwe], *v.tr.* **1.** To dedicate, consecrate (s.o., sth.) (**à,** to). **2.** To devote, sacrifice (one's energy to a cause, etc.).

se dévouer. 1. To devote oneself, dedicate oneself. **Se d. au secours des pauvres,** to devote oneself to the poor. **2. Se d. pour qn,** to sacrifice oneself for s.o.

dévoyé [devwaje], *a.* Astray. **Esprit d.,** warped mind. *s.* **Un d.,** a bad lot; black sheep.

dévoyer [devwaje], *v.tr.* (**je dévoie; je dévoierai**) **1.** To mislead; to lead (s.o.) astray. **2.** To give (s.o.) diarrhoea.

se dévoyer, to go astray; to stray (from the path of duty).

devr-a, -ai, -as, etc. See DEVOIR.

déwatté [dewate], *a. El:* Wattless (current).

dextérité [dɛksterite], *s.f.* Dexterity, skill (**à,** in).

dextrine [dɛkstrin], *s.f. Ch: Ind:* Dextrin.

dextrose [dɛkstro:z], *s.f.* in *Ch:* usu. *s.m.* Dextrose, glucose.

diabète [djabɛt], *s.m. Med:* Diabetes.

diabétique [djabetik], *a. & s.* Diabetic (subject).

diable [djɑ:bl], *s.m.* **1.** Devil. *F:* **Faire le d.,** to be noisy, to romp. **Faire le d. à quatre,** to kick up a shindy. **Tirer le d. par la queue,** to be hard up. **Du d. si je le sais!** hanged if I know! **Allez au d.!** go to blazes! **Que le d. l'emporte!** the devil take him! confound him! **Il demeure au d.,** he lives miles away. **Aller au d. vauvert, au d. vert, au d. au vert,** to go a long way; to disappear. **C'est le d. pour lui faire entendre raison,** it is damned hard to make him see reason. **Ce n'est pas le d.,** (i) it is not so very difficult; (ii) it is nothing to worry about. **Où d. est-il allé?** where the devil has he gone? **Bruit de tous les diables,** devil of a din. **À la d.,** anyhow. **En d.,** extremely. **Méchant en d.,** very wicked. *Int:* **D.!** Heavens! **Pauvre d.!** poor beggar! **Un grand d.,** a big, strapping, fellow. **C'est un bon d.,** he is not a bad fellow. **Ce d. de paraplui,** that wretched umbrella. **Quelle d. de langue que l'anglais!** English is a hell of a language! *a.* **Il est très d.,** he is full of fun, of mischief. **Il n'est pas aussi d. qu'il est noir,** he is not so black as he is painted. S.a. AVOCAT[1] 2, BEAUTÉ 1, CORPS 1. **2.** (*a*) (Two-wheeled) trolley; (railway porter's) barrow, truck. (*b*) *Toys:* **D. (à ressort),** Jack-in-the-box. (*c*) *Ich:* Angler-fish.

diablement [djɑbləmɑ̃], *adv. F:* Devilish, awfully (funny, difficult, etc.).

diablerie [djɑbləri], *s.f.* **1.** *A:* Devilry, sorcery. **2.** *F:* Mischievousness, fun.

diablesse [djɑblɛs], *s.f. F:* **1.** She-devil. **2. Une grande d. de paysanne,** a great strapping peasant-woman. **3.** Tomboy.

diablotin [djɑblɔtɛ̃], *s.m.* **1.** Little devil; imp. **2.** (Christmas) cracker. **3.** *Toys:* **D. (à ressort),** Jack-in-the-box.

diabolique [djabɔlik], *a.* Diabolical, fiendish. **Possession d.,** demoniacal possession. *adv.* **-ment.**

diacre [djakr], *s.m. Ecc:* Deacon.

diacritique [diakritik, dja-], *a.* **1.** *Ling:* Diacritic(al) (sign). **Signe d.,** diacritic. **2.** *Med:* Characteristic (symptom).

diadème [djadɛm], *s.m.* Diadem.

diagnose [djagno:z], *s.f. Med:* (Art of) diagnosis, diagnostics.

diagnostic [djagnɔstik], *s.m. Med:* Diagnosis.

diagnostique [djagnɔstik], *a. Med:* Diagnostic.

diagnostiquer [djagnɔstike], *v.tr. Med:* To diagnose.

diagonal, -aux [djagɔnal, -o]. **1.** *a.* Diagonal. **2.** *s.f.* **Diagonale,** diagonal (line). **En diagonale,** diagonally. *adv.* **-ement.**

diagramme [djagram], *s.m.* Diagram.

diagraphe [djagraf], *s.m.* Diagraph.

dialectal, -aux [djalɛktal, -o], *a.* Dialectal.

dialecte [djalɛkt], *s.m.* Dialect.

dialogue [djalɔg], *s.m.* Dialogue.
dialoguer [djalɔge], *v.i.* To hold a dialogue; to converse.
dialoguiste [djalɔgist], *s.m. & f. Cin:* Screen-writer.
diamant [djamɑ̃], *s.m.* Diamond. **D. de première eau,** diamond of the first water. **D. brut,** rough diamond. *Tls:* **D. de vitrier,** glazier's diamond.
diamantaire [djamɑ̃tɛːr]. **1.** *a.* Diamond-like, sparkling. **2.** *s.m.* (*a*) Diamond-cutter. (*b*) Diamond merchant.
diamanter [djamɑ̃te], *v.tr.* **1.** To set with diamonds. **2.** To make (sth.) sparkle like a diamond.
diamantifère [djamɑ̃tifɛːr], *a. Geol:* Diamond-bearing (gravel, etc.).
diamétral, -aux [djametral, -o], *a.* Diametrical. *adv.* **-ement.**
diamètre [djamɛtr], *s.m.* Diameter. **La roue a 60 cm. de d.,** the wheel is 60 cm in diameter.
diane[1] [djan], *s.f. Mil:* Reveille. **Battre, sonner, la d.,** to sound the reveille. *Navy:* **Coup de canon de d.,** morning-gun.
Diane[2]. *Pr.n.f.* Diana.
diantre [djɑ̃ːtr], *int. A. & Lit:* (Softened form of DIABLE) **Que d. désirez-vous?** what the deuce do you want?
diapason [djapazɔ̃], *s.m. Mus:* **1.** Diapason, pitch. **2.** Tuning-fork. **D. de bouche,** pitch-pipe. **3.** Compass, range (of the voice).
diaphane [djafan], *a.* (*a*) Diaphanous; translucent. (*b*) Transparent.
diaphragme [djafragm], *s.m.* **1.** *Physiol:* Diaphragm, midriff. **2.** *Tchn:* (*a*) Diaphragm, dividing plate. *Phot:* Diaphragm stop (of lens). **D. iris,** iris-diaphragm. (*b*) Sound box (of gramophone).
diapositif [diapɔzitif], *s.m.*, **diapositive** [diapɔzitiːv], *s.f. Phot:* Transparent positive; diapositive, transparency; slide.
diaprer [djapre], *v.tr.* To variegate, mottle, speckle.
diaprure [djapryːr], *s.f.* Variegated appearance or pattern.
diarrhée [djare], *s.f. Med:* Diarrhoea.
diarrhéique [djareik]. **1.** *a. Med:* Diarrhoeal. **2.** *s.* Diarrhoeic subject.
diastase [djastɑːz], *s.f.* **1.** *Surg:* Diastasis. **2.** *Ch: Physiol:* Enzyme.
diathermie [diatɛrmi], *s.f. Med:* Diathermy; radiant heat treatment.
diathèse [diatɛːz], *s.f. Med:* Diathesis, disposition, tendency, predisposition (to disease).
diatomée [diatɔme], *s.f. Algae:* Diatom. *pl.* **Diatomées** Diatoma.
diatomique [diatɔmik], *a. Ch:* Diatomic.
diatonique [djatɔnik], *a. Mus:* Diatonic (scale). *adv.* **-ment.**
diatribe [djatrib], *s.f.* Diatribe.
dichotomie [dikɔtɔmi], *s.f.* Dichotomy.
dichromatique [dikrɔmatik], *a.* Dichromatic.
dico [diko], *s.m. Sch: F:* Dictionary.
dicotylédone [dikɔtiledɔn]. *Bot:* **1.** *a.* Dicotyledonous. **2.** *s.f.* Dicotyledon.
Dictaphone [diktafɔn], *s.m. R.t.m:* Dictaphone.
dictateur [diktatœːr], *s.m.* Dictator.
dictatorial, -aux [diktatɔrjal, -o], *a.* Dictatorial. *adv.* **-ement.**
dictature [diktatyːr], *s.f.* Dictatorship.
dictée [dikte], *s.f.* Dictation. **Écrire qch. sous la d. de qn,** to write sth. at, from, s.o.'s dictation.
dicter [dikte], *v.tr.* To dictate.
diction [diksjɔ̃], *s.f.* Diction; delivery. **Professeur de d.,** teacher of elocution.
dictionnaire [diksjɔnɛːr], *s.m.* Dictionary, lexicon. **D. de géographie,** gazetteer. **D. chiffré,** code book.
dicton [diktɔ̃], *s.m.* Common saying; by-word; old tag; maxim.
didactique [didaktik]. **1.** *a.* Didactic. **2.** *s.f.* Didactics. *adv.* **-ment,** -ally.
dièdre [djɛːdr]. *Geom:* **1.** *a.* Dihedral (angle). **2.** *s.m.* Dihedron.
diélectrique [dielɛktrik], *a. & s.m. El:* Dielectric; non-conducting, insulating (medium).
dieppois, -oise [djɛpwa, -waːz], *a. & s. Geog:* (Native) of Dieppe.
diérèse [dierɛːz], *s.f.* **1.** *Ling:* Diaeresis; division of one syllable into two. **2.** *Surg:* Diaeresis.
dièse [djɛːz], *s.m. Mus:* Sharp. **Fa d.,** F sharp.
diesel [dizɛl, djezɛl], *s.m. I.C.E:* Diesel engine.
diéser [djeze], *v.tr.* (**je dièse; je diéserai**) *Mus:* To sharp, sharpen (note).
diète[1] [djɛt], *s.f.* Diet. **D. absolue,** starvation diet. **Être à la d.,** to be (i) on a low, short, diet, (ii) on starvation diet.
diète[2] *s.f. Hist: Pol:* Diet.
diététicien, -ienne [djetetisjɛ̃, -jɛn], *s.* Dietetician, nutritionist.
diététique [djetetik]. *Med:* **1.** *a.* Dietetic. **2.** *s.f.* Dietetics.
dieu, -ieux [djø], *s.m.* God. **1. Grands dieux!** heavens! **Se faire un d. de qn,** to make a (little) god of s.o. **2.** (*a*) **La voix de D.,** the voice of God. **Un homme tout en D.,** a very devout man. **S'il plaît à D.,** God willing; D.V. **D. merci!** (on solemn occasions) thank God! (*b*) *F:* **Le bon D.,** God. S.a. BÊTE 1. (*c*) *F:* **D. merci!** thank heaven! **Pour l'amour de D.,** for goodness' sake. **D. sait si j'ai travaillé,** heaven knows I have worked hard enough! **C'est la maison du bon D.,** it is a very hospitable house. **3.** *int. F:* **Mon D.! grand D.!** dear me! heavens! **Mon D., mon D.!** dear, dear! heavens above! **Mon D. oui!** why, yes! **Mon D. non!** well, no! **Mon D., je n'en sais rien!** indeed, I don't know!
diffa [difa], *s.f.* Reception and dinner offered by N. African Arab hosts to distinguished visitors.
diffamant [diffamɑ̃], *a.* Slanderous, libellous.
diffamateur, -trice [diffamatœːr, -tris], *s.* Slanderer, libeller.
diffamation [diffamasjɔ̃], *s.f.* Defamation, slander, libel.
diffamatoire [diffamatwaːr], *a.* Defamatory, slanderous, libellous.
diffamer [diffame], *v.tr.* To slander, libel.
différé [difere], *a.* Deferred (payment, call, annuity, etc.). *El.E:* **Coupe-circuit à action différée,** time-lag cut-out. *Phot:* **Obturateur à action différée,** delayed-action shutter. *W.Tel:* **Émission en d.,** (pre)recorded broadcast.
différence [diferɑ̃ːs], *s.f.* Difference. **La d. de A à B, entre A et B, de A et de B.,** the difference between A and B. **Quelle d. avec . . .!** what a difference from . . .! **Faire la d. d'une chose avec une autre, entre une chose et une autre,** to distinguish, discriminate, between two things. **D. d'âge,** disparity in years. **A la d. de . . .,** unlike . . ., contrary to. . . . **A la d. que . . .,** with this difference that . . ., except that. . . .
différenciation [diferɑ̃sjasjɔ̃], *s.f.* Differentiation.
différencier [diferɑ̃sje], *v.tr.* To differentiate (**de,** from). (*a*) To distinguish (**entre . . . et . . .,** between . . . and . . .). (*b*) *Mth:* To obtain the differential (coefficient) of (equation, etc.). **Expression non différenciée,** undifferentiated expression.
se différencier (**de,** from), to be noteworthy because of one's differences (from others); to be different from; to become changed.
différend [diferɑ̃], *s.m.* Difference, dispute, disagreement (entre, between). **Partager le d.,** to split the difference. **Vider un d.,** to settle a difference.
différ|ent [diferɑ̃], *a.* Different. (*a*) Unlike. (*b*) Not the same. (*c*) Various. **A différentes reprises,** at various times; off and on. *adv.* **-emment.**
différentiel, -elle [diferɑ̃sjɛl]. **1.** *a.* Differential (calculus, gear, etc.); discriminating (duty, tariff). **2.** *s.m. Aut: etc:* Differential. **3.** *s.f.* **Différentielle.** *Mth:* Differential.
différer [difere], *v.* (**je diffère; je différerai**) **1.** *v.tr.* To defer, postpone (judgment); to put off, hold over (payment). **D. de faire qch.,** to defer, put off, doing sth. **2.** *v.i.* To differ. **Ils diffèrent entre eux par la taille,** they differ from one another in height. **Ils diffèrent de race et d'idiome,** they are different in race and speech. **D. d'opinion,** to differ in opinion.
difficile [difisil], *a.* **1.** Difficult. **Raisonnement d. à suivre,** argument that is difficult, hard, to follow. **Circonstances difficiles,** trying circumstances. **Les temps sont difficiles,** times are hard. **Il m'est d. d'accepter,** I can't very well accept. **2.** *F:* Difficult to get on with; hard to please; choosy. **Enfant d.,** problem child, difficult child. **Il est d. à vivre,** he is difficult to get on with. **Il est d. sur la nourriture,** he is

particular, faddy, about his food. *s.* **Faire le d.,** to be hard to please. **Ne faites pas le d.,** don't be squeamish about it.
difficilement [difisilmɑ̃], *adv.* With difficulty.
difficulté [difikylte], *s.f.* Difficulty. **Cela ne présente aucune d.,** there is no difficulty about it. **Faire, élever, des difficultés,** to create obstacles, raise objections, make difficulties. **Faire des difficultés pour accepter,** to make difficulties about accepting. **Avoir de la d. à faire qch.,** to have difficulty in doing sth. **Susciter des difficultés à qn,** to put difficulties in s.o.'s way. **Avoir une légère d. avec qn,** to have a slight tiff with s.o. **Il est en d.,** he is in trouble.
diffluent [diflyɑ̃], *a.* Diffluent, semi-liquid (tumour, etc.).
difforme [difɔrm], *a.* Deformed, misshapen.
difformité [difɔrmite], *s.f.* Deformity.
diffracter [difrakte], *v.tr. Opt:* To diffract.
diffraction [difraksjɔ̃], *s.f. Opt:* Diffraction.
diffringent [difrɛ̃ʒɑ̃], *a. Opt:* Diffracting, diffractive.
diffus [dify], *a.* Diffused (light). **Éclairs d.,** sheet-lightning. **Style d.,** diffuse, prolix, style.
diffusément [difyzemɑ̃], *adv.* Diffusely, wordily, verbosely; in a long-winded fashion.
diffuser [difyze], *v.tr.* **1.** To diffuse (light, heat, etc.). **Lumière diffusée,** (i) indirect lighting, (ii) flood-lighting. **2.** *W.Tel:* To broadcast (news, a speech, etc.).
diffuseur [difyzœ:r], *s.m.* **1.** *I.C.E:* Mixing cone, spray-cone. **2.** *W.Tel:* Loud-speaker. **3.** *Phot:* **Écran d.,** diffusion screen.
diffusion [difyzjɔ̃], *s.f.* **1.** Diffusion (of light, heat, etc.). **2.** (*a*) Broadcasting (of news, etc.). (*b*) Spreading (of disease, etc.). **3.** Verbosity, wordiness, diffuseness.
digérer [diʒere], *v.tr.* (**je digère; je digérerai**) **1.** To digest, assimilate (what one reads or learns). **2.** (*a*) To digest (food). **Je ne digère pas le porc,** pork does not agree with me. **Aliments qui se digèrent difficilement,** food that is difficult to digest. (*b*) *F:* To brook, stomach, put up with (insult, etc.). **Vérités dures à d.,** unpalatable truths.
digest(e) [daiʒɛst, diʒɛst], *s.m. Journ: F:* Digest.
digestibilité [diʒɛstibilite], *s.f.* Digestibility.
digestible [diʒɛstibl], *a.* Digestible.
digestif, -ive [diʒɛstif, -i:v]. **1.** *a.* Digestive. **Le tube d.,** the alimentary canal. **2.** *s.m.* (*a*) *Med:* Aid to digestion. (*b*) Liqueur, brandy, etc.
digestion [diʒɛstjɔ̃], *s.f.* Digestion. *F:* **Un affront de dure d.,** an insult difficult to swallow, to stomach. **Faire une promenade de d.,** to walk one's lunch off. *F:* **Lettre de d.,** bread-and-butter letter.
digital, -aux [diʒital, -o]. **1.** *a.* Digital (nerve, etc.). **Empreinte digitale,** finger-print. **2.** *s.f.* **Digitale.** *Bot:* Digitalis. **D. pourprée,** foxglove.
digitaline [diʒitalin], *s.f. Ch: Pharm:* Digitalis, digitalin.
digitiforme [diʒitifɔrm], *a.* Finger-like.
digne [diɲ], *a.* **1.** Deserving, worthy (**de,** of). **D. d'éloges,** praiseworthy. **D. d'une mère,** motherly. **Peu d. d'une mère,** unmotherly. **D. de ce nom,** worthy of the name. **D. de remarque,** noteworthy. **D. de pitié,** pitiable. **Livre d. d'être lu,** book worth reading. *F:* **C'est bien d. de lui,** that's just like him. **2.** Dignified. *adv.* **-ment.**
dignitaire [diɲitɛ:r], *s.m.* Dignitary.
dignité [diɲite], *s.f.* **1.** Dignity. **Air, ton, de d.,** dignified air, tone. **La d. d'un sujet,** the seriousness, importance, of a subject. **2.** High position; dignity. **D. de chancelier,** dignity of chancellor. **S'élever aux dignités,** to rise to high rank.
digramme [digram], *s.m.* Digraph.
digraphie [digrafi], *s.f. Com:* Double-entry book-keeping.
digresser [digrɛse], *v.i.* To digress, to wander from the subject.
digressif, -ive [digrɛsif, -i:v], *a.* Digressive.
digression [digrɛsjɔ̃], *s.f.* Digression. **Faire une d.; se perdre, se lancer, dans une d.,** to digress; to wander from the point.
digue [dig], *s.f.* (*a*) Dike, dam; embankment (of waterway, etc.). (*b*) Breakwater or pier (of stone); sea-wall; jetty; esplanade (of a sea-side town). (*c*) Barrier. **Opposer une d. aux eaux, à la colère,** to stem the waters, anger. (*d*) *Ph.Geog:* Spit.
dilacération [dilaserasjɔ̃], *s.f.* Dilaceration, action of tearing (sth.) to pieces.
dilacérer [dilasere], *v.tr.* To tear (sth.) to pieces.
dilapidateur, -trice [dilapidatœ:r, -tris]. **1.** *a.* (*a*) Spendthrift. (*b*) Peculating. **2.** *s.* (*a*) Spendthrift, squanderer. (*b*) Peculator.
dilapidation [dilapidasjɔ̃], *s.f.* **1.** Wasting, squandering (of fortune, etc.). **2.** Peculation.
dilapider [dilapide], *v.tr.* **1.** To waste, squander (fortune). **2.** To misappropriate (funds).
dilatabilité [dilatabilite], *s.f. Ph:* Dilatability, expansibility.
dilatable [dilatabl], *a.* Dilatable, expansible.
dilatant [dilatɑ̃]. **1.** *a.* Dilating (force, etc.). **2.** *s.m.* *Surg:* Dilator.
dilatateur, -trice [dilatatœ:r, -tris], *s.m. Surg: Anat:* Dilator.
dilatation [dilatasjɔ̃], *s.f.* (*a*) Dila(ta)tion, expansion. **D. des gaz,** expansion of gases. *Const:* **Joint à d. libre,** expansion joint. (*b*) Distension (of stomach).
dilater [dilate], *v.tr.* (*a*) To dilate, expand. (*b*) To distend (the stomach).
se dilater. (*a*) To dilate, swell, expand. (*b*) To become distended.
dilatoire [dilatwa:r], *a. Jur: etc:* Dilatory.
dilemme [dilɛm], *s.m. Log:* Dilemma. **Les termes d'un d.,** the horns of a dilemma.
dilettante [dilɛttɑ̃:t], *s.m.* Dilettante, amateur.
dilettantisme [dilɛttɑ̃tism], *s.m.* Dilettantism.
diligence [diliʒɑ̃:s], *s.f.* **1.** (*a*) Diligence, industry, application. (*b*) Haste, dispatch. **En toute d.,** with all possible dispatch. **Faire d.,** to hurry, to make haste. **2.** (Stage-)coach.
dilig|ent [diliʒɑ̃], *a.* (*a*) Diligent, industrious; busy (bee); assiduous (care). (*b*) Speedy, prompt. *adv.* **-emment.**
diluer [dilɥe], *v.tr.* To dilute (**de,** with); to water down (drink, etc.). *Fin:* **D. le capital,** to water the stock.
dilution [dilysjɔ̃], *s.f.* Dilution; watering down.
diluvial, -aux [dilyvjal, -o], **diluvien, -ienne** [dilyvjɛ̃, -jɛn], *a.* **1.** Diluvian (fossils); diluvial (deposit). **2.** *F:* Torrential (rain).
dimanche [dimɑ̃:ʃ], *s.m.* Sunday. **D. des Rameaux,** Palm Sunday. **Observer le d.,** to keep the sabbath. **Venez me voir d.,** come and see me on Sunday. **Il vient le d.,** he comes on Sundays. **Habits du d.,** Sunday best.
dîme [di:m], *s.f. A:* Tithe.
dimension [dimɑ̃sjɔ̃], *s.f.* Dimension, size. **Géométrie à deux, à trois, dimensions,** two-, three-dimensional geometry. **Prendre les dimensions de qch.,** to take the measurements of sth. *Mec.E:* **Mettre à dimension(s),** to size (a hole, etc.).
diminué [diminɥe], *a.* **1.** *Mus:* Diminished (interval). **2.** *Knitting etc:* **Rang d.,** row (or round) with decreases. **Bas d.,** fully-fashioned stocking. **3.** **Colonne diminuée,** tapering column. **4.** **C'est un homme d.,** he's failing, he's not what he used to be. *s.m.* **Un d.,** a man whose powers are failing. **Un d. physique,** a physically-handicapped person.
diminuer [diminɥe]. **1.** *v.tr.* To lessen; to diminish, reduce; to shorten. **Cela vous diminuerait aux yeux du public,** it would lower you in the eyes of the public. **D. le son,** to reduce the volume of sound. **2.** *v.i.* To diminish, lessen, grow less; (of fever) to abate; (of attendance, profits) to fall off; (of prices) to fall; (of cold) to relax. **D. de vitesse,** to slow down. **Les jours diminuent,** the days are drawing in. *Nau:* **D. de toile,** to shorten sail. (Of water) **D. de profondeur, de fond,** to shoal.
se diminuer, to lower oneself.
diminutif, -ive [diminytif, -i:v], *a. & s.m.* Diminutive.
diminution [diminysjɔ̃], *s.f.* Diminution, lessening; reduction, decrease, lowering (of price, etc.); abatement (of fever, etc.); curtailing, cutting down (of expenses); slackening (of speed). **Faire une d. à une robe,** (i) to shorten, (ii) to take in, a dress.
dinanderie [dinɑ̃dri], *s.f.* Brass kitchen utensils; brass-ware.
dinandier [dinɑ̃dje], *s.m.* Brazier; brass-ware dealer; brass-founder.
dinassaut [dinaso], *s.f. Mil:* (= Division Navale d'Assaut) Naval assault force.

dinde [dɛ̃:d], *s.f.* **1.** Turkey-hen. *Cu:* Turkey. **2.** *F:* Dull or stupid woman.
dindon [dɛ̃dɔ̃], *s.m.* **1.** Turkey-cock. **2.** *F:* **Être le d. de la farce,** to be fooled, duped; to have to pay the piper.
dindonneau [dɛ̃dɔno], *s.m.* Young turkey.
dindonner [dɛ̃dɔne], *v.tr.* *F:* To dupe (s.o.); to take (s.o.) in.
dindonnier, -ière [dɛ̃dɔnje, -jɛ:r], *s.* Turkey-keeper.
dîner [dine]. I. *v.i.* To dine; to have dinner. **D. en ville,** to dine out. *Prov:* **Qui dort dîne,** (i) he who sleeps forgets his hunger; (ii) no work no dinner. **D. sur l'herbe,** to picnic.
II. **dîner,** *s.m.* Dinner; dinner-party; *Fr.C:* lunch. **Faire son d. de,** *F:* **avec, qch.,** to dine off, (up)on, sth. **D. sur l'herbe,** picnic. *Fr.C:* **Salle à d.,** dining-room.
dînette [dinɛt], *s.f.* **1.** (*a*) Dolls' dinner-party. (*b*) Snack-meal. **2. D. sur l'herbe,** picnic.
dîneur, -euse [dinœ:r, -ø:z], *s.* Diner.
dingo [dɛ̃go], *s.m.* *Z:* Dingo (of Australia).
dingo(t) [dɛ̃go], *a.inv.* **dingue** [dɛ̃:g], *a.* *P:* Cracked, daft, off his nut.
dinguer [dɛ̃ge], *v.i.* *P:* Used only in **Envoyer d. qch.,** to chuck sth. up, to fling sth. away. **Envoyer d. qn,** to send s.o. to the devil.
dinosauriens [dinɔsɔrjɛ̃], **dinosaures** [dinɔsɔr], *s.m.pl.* *Paleont:* Dinosaurs.
diocésain [djɔsezɛ̃], *a.* & *s.m.* *Ecc:* Diocesan.
diocèse [djɔsɛ:z], *s.m.* *Ecc:* Diocese.
diode [diɔd], *a.* *W.Tel:* Diode. **D. en montage croisé,** cross-connected diode.
dionée [djɔne], *s.f.* *Bot:* Venus's fly-trap.
dioptrie [diɔptri], *s.f.* *Opt:* (Unit of refractive power) Diopter.
dioptrique [diɔptrik]. **1.** *a.* Dioptric, refractive. **2.** *s.f.* (Study of) refraction.
diorama [djɔrama], *s.m.* Diorama.
diphasé [difɑze], *a.* *El.E:* Two-phase (system).
diphtérie [difteri], *s.f.* *Med:* Diphtheria.
diphtongue [diftɔ̃:g], *s.f.* *Ling:* Diphthong.
diplégie [dipleʒi], *s.f.* *Med:* Diplegia, bilateral paralysis.
diplex [diplɛks], *a.inv.* & *s.m.* *Tg:* Diplex (transmission etc.).
diplodocus [diplɔdɔky:s], *s.m.* *Paleont:* Diplodocus.
diplomate [diplɔmat], *s.m.* **1.** Diplomat(ist). **2.** *Cu:* Kind of ice-cream gâteau.
diplomatie [diplɔmasi], *s.f.* **1.** Diplomacy. *F:* **User de d.,** to use tact, discretion. **2. Entrer dans la d.,** to enter the diplomatic service.
diplomatique [diplɔmatik], *a.* Diplomatic (service, *F:* answer). *adv.* **-ment,** -ally.
diplôme [diplo:m], *s.m.* Diploma. **(Cérémonie de la) remise des diplômes aux étudiants** = graduation ceremony. *Sch:* **D. d'études supérieures** = (approx.) M.A., M.Sc. **Il a ses diplômes,** he has his degree, he is a graduate.
diplômé, -ée [diplome], *s.* Graduate.
diplômer [diplome], *v.tr.* To grant a diploma to (s.o.). **Institutrice diplômée,** certificated teacher.
dipsomane [dipsɔman], *a.* & *s.* Dipsomaniac.
dipsomanie [dipsɔmani], *s.f.* Dipsomania.
diptyque [diptik], *s.m.* Diptych.
dire [di:r]. I. *v.tr.* (*pr.p.* **disant;** *p.p.* **dit;** *pr.ind.* **je dis, n. disons, vous dites, ils disent;** *p.h.* **je dis;** *fu.* **je dirai**) **1.** To say, tell. (*a*) **D. qch. à qn,** to tell s.o. sth.; to say sth. to s.o. **Vous ne m'en avez jamais rien dit,** you never mentioned it. **Envoyer d. à qn que . . .,** to send word to s.o. that. . . . **Ce disant . . .,** with these words. . . . **D. du mal de qn,** to speak ill of s.o. (At auction sale) **Qui dit mieux?** Any advance? **Qu'en dira-t-on?** what will people say? *F:* what will Mrs Grundy say? S.a. QU'EN-DIRA-T-ON. *F:* **On se l'est dit,** they passed it around. **Il n'y a rien à d. à sa conduite,** no fault can be found with his behaviour. **D. un secret,** to tell a secret. **D. ce qu'on pense,** to speak one's mind. **Quand je vous le disais! je vous l'avais bien dit!** didn't I tell you so? **D. bonjour, adieu, à qn,** to bid s.o. good day, goodbye. **Comme dit l'autre; comme on dit,** as the saying goes. **Comment est-ce que cela se dit en français?** what is the French for that? **Cela ne se dit pas,** that is not said. **Qu'est-ce qui me dit que vous payerez?** how do I know whether you will pay? *F:* **A qui le dites-vous?** don't I know it? You're telling me! *F:* **Que tu dis!** that's what *you* say! **Dites toujours!** go on! say it! **D. que oui,** to say yes. **Je vous dis que non,** I tell you, no. **Je ne sais comment d.,** I don't know how to put it. **Je me disais que tout était fini,** I thought all was over. **Que dites-vous de ce tableau?** what do you think of this picture? **A vrai d. . . .,** to tell the truth. . . . **Pour ne pas d. . .,** not to say. . . . **Pour tout d. . . .,** in a word. . . . **C'est tout d.,** I need say no more. **Tout est dit,** that is an end to the matter. **Tout n'est pas dit,** we haven't heard the last of it. **C'est beaucoup d.,** that's going rather far. **Ce n'est pas peu d.,** that's saying a lot. **Pour ainsi d.,** so to speak. **Comme qui dirait . . .,** as you might say. . . . **A ce qu'il dit,** according to him. **Vous l'avez dit,** quite so; exactly; *F:* you've said it! **Ainsi dit, ainsi fait,** no sooner said than done. **Cela va sans d.,** that goes without saying. **Tenez-vous cela pour dit,** don't let me have to tell you that again. **Alors c'est dit,** well then, that's settled, decided. **On dit que . . .,** the story goes that. . . . **On dirait que . . .,** one would think that. . . . **On dirait qu'il va pleuvoir,** it looks like rain. **On dirait qu'il pleut,** it looks as if it's raining. **On dirait du Mozart,** it sounds like Mozart. **On dirait du gin,** it tastes like gin. **On aurait dit que . . .,** it seemed as though. . . . **Il n'y a pas à d.,** there is no denying it. **Dites donc, en voilà assez!** look here, I say, that's enough! **Et d. qu'il n'a que vingt ans!** and to think that he is only twenty! S.a. ENVOYER, PARLER 1. (*b*) *Pred.* **On le dit mort,** he is reported (to be) dead. (*c*) **Faire d. qch. à qn,** to send word of sth. to s.o. **Il ne se le fit pas d. deux fois,** he didn't wait to be told twice. (*d*) **Faire d. qch. à qn,** to make s.o. say or tell sth. (*e*) **Faire d. qch. par qn,** to send word of sth. through s.o. **2.** (*a*) **D. à qn de faire qch.,** to tell, order, s.o. to do sth. **Faites ce qu'on vous dit,** do as you are told. (*b*) **D. que** + *sub.* **Dites qu'on le fasse entrer,** ask them to show him in. **Il avait dit qu'on le réveillât à six heures,** he had given orders to be awakened at six o'clock. **3. D. des vers,** to recite poetry. **D. son chapelet,** to tell one's beads. **4.** (*a*) To express, betoken. **Horloge qui dit l'heure,** clock that tells the time. **Qu'est-ce que dit le temps?** What's the weather like? **Cela en dit long sur son courage,** it speaks volumes for his courage. **Ce nom ne me dit rien,** the name conveys, means, nothing to me. **Cela ne me disait rien de bon,** I didn't like the look of it. (*b*) **Cette musique ne me dit rien,** I don't care for this music. **Son offre ne me dit rien,** I don't fancy his offer. **5.** (*a*) **Vouloir d.,** to mean. **Que voulez-vous d. par là?** what do you mean by that? (*b*) **Qu'est-ce à d.?** what does this mean? **Est-ce à d. que . . .?** do you mean to imply that . . .? **Ce n'est pas à d. que** + *sub.*, it does not follow that. . . .
II. **dire,** *s.m.* Statement, assertion. **Je reviens à mon d.,** I reaffirm what I said before. **Selon d. d'expert,** according to expert opinion. **Selon son d. . . .,** according to him . . .; by his own account. . . . **Aux dires de . . .,** according to the statement of. . .
direct [dirɛkt], *a.* Direct, straight. **Démenti d.,** flat denial. **Descendre de qn en ligne directe,** to be a direct descendant of s.o. *Gram:* **Complément d.,** direct object. *Rail:* **Train d.,** through train. **Impôts directs,** direct taxation. *W.Tel:* *T.V:* **Émission en d.,** live broadcast. **Antenne montée en d.,** direct-coupled aerial. *Box:* **Un d. du gauche,** straight left.
directement [dirɛktəmɑ̃], *adv.* (*a*) Directly, straight. **Se diriger d. au nord,** to go due north. (*b*) Direct. **Expédier des marchandises d. à qn,** to dispatch goods direct to s.o.
directeur, -trice [dirɛktœ:r, -tris]. **1.** *s.* Director, directress; manager, manageress; head (of industrial concern, etc.); headmaster, headmistress (of school); principal (of school); governor, warden (of prison); editor (of paper); leader (of undertaking). **D. général,** general manager. **D. gérant,** managing director. **D. général des Postes et Télécommunications,** Postmaster General. **2.** *a.* Directing, managing, controlling (force, etc.); guiding (principle). **Roue directrice,** *Cy:* front wheel.

directif, -ive [direktif, -i:v]. **1.** *a.* Directing, guiding (rule, etc.). **2.** *s.f.pl.* **Directives,** directives, rules of conduct; broad lines (laid down); main lines, general lines (of a policy).
direction [dirɛksjɔ̃], *s.f.* **1.** (*a*) Guidance, direction; conduct (of undertaking;) management, control (of business house, etc.); directorate (of firm, etc.); editorship (of newspaper); headmastership (of school); leadership (of a party). (*b*) Board of directors. **2.** Direction, driving, guiding (of engine, etc.). *Aut: Nau:* Steering. **3.** Direction, course. *Nau:* Bearing. **Quelle d. ont-ils prise?** which way did they go? **Train d. de Bordeaux,** train for Bordeaux. **Imprimer une d. à l'opinion,** to shape the course of opinion. *P.N:* **"D. de la gare,"** "To the station." **4.** *pl.* Directions, instructions.
directionnel, -elle [dirɛksjɔnɛl], *a.* Directional (aerial, etc.).
Directoire (le) [lədirɛktwa:r], *s.m. Fr.Hist:* The Directory (1795-9).
directorat [dirɛktɔra], *s.m.* (*a*) Directorate; directorship. (*b*) Managership.
directorial, -aux [dirɛktɔrjal, -o]. **1.** *Fr.Hist:* Directorial (government, etc.). **2.** *Com:* Directorial; managerial.
dirigé [diriʒe], *a.* Controlled. *Sch:* **Jeux dirigés,** organized games. *Pol.Ec:* **Économie dirigée,** planned economy.
dirigeable [diriʒabl]. **1.** *a.* Dirigible. *W.Tel:* **Antenne d.,** directional aerial. **2.** *s.m. A: Aer:* Dirigible (balloon); airship.
dirigeant [diriʒɑ̃]. **1.** *a.* Directing, guiding (power, principle, etc.). **Classes dirigeantes,** ruling classes. **2.** *s.m. pl.* **Les dirigeants,** the rulers, the leaders.
diriger [diriʒe], *v.tr.* **(je dirigeai(s); n. dirigeons) 1.** To direct, control, manage; *F:* to run (business, etc.); to conduct (orchestra); to edit (newspaper); to superintend, conduct (proceedings). **Mal d. une entreprise,** to misdirect, mismanage, an undertaking. **2.** (*a*) To direct, guide, lead; to drive (horse); to steer, navigate (ship). **Efforts mal dirigés,** misguided, misdirected, efforts, (*b*) **D. ses pas vers . . .,** to bend, direct, one's steps towards. . . . **D. des accusations contre qn,** to level, aim, accusations at s.o. (*c*) To aim (rifle) **(sur,** at); to train (gun) **(sur,** on); to level, point (telescope) **(sur,** at); to bring (telescope) to bear **(sur,** on). *W.Tel:* **Onde dirigée,** directional wave. **Émission aux ondes dirigées,** beam transmission.
se diriger. 1. (*a*) **Se d. vers un endroit,** to make one's way towards a place. **Le vaisseau se dirigea vers le port,** the vessel steered, headed, for the harbour. (*b*) **Se d. vers qn,** to go up to s.o. **2.** (Of river, etc.) **Se d. du nord au sud,** to flow southwards.
dirigisme [diriʒism], *s.m.* (*a*) *Pol.Ec:* Planning. **D. économique,** planned economy, planning. (*b*) Controlled finance.
dis, -ais, -ant, -e, -ons, etc. See DIRE.
discal, -aux [diskal, -o], *a. Med:* **Hernie discale,** slipped disc.
discernable [disɛrnabl], *a.* Discernible, visible.
discernement [disɛrnəmɑ̃], *s.m.* **1.** Perception, distinguishing; discrimination. **2.** Discernment, judgment; (age of) understanding. *Jur:* **L'enfant a agi sans d.,** the child acted without cognizance.
discerner [disɛrne], *v.tr.* To discern, distinguish (sth.). **D. qch. de qch.,** to discriminate between sth. and sth. **D. le bien du mal,** to tell right from wrong.
disciple [disipl], *s.m.* Disciple, follower.
disciplinaire [disiplinɛ:r]. **1.** *a.* Disciplinary (punishment, etc.). **2.** *s.m.* Disciplinarian. *adv.* **-ment.**
discipline [disiplin], *s.f.* **1.** Scourge (for self-flagellation). **2.** Discipline. **Garder la d.,** to maintain discipline, order. **Il ne sait pas maintenir la d.,** he cannot keep discipline; he is no disciplinarian. (Fr. army) **Compagnies de d.,** disciplinary companies.
discipliné [disipline], *a.* Disciplined; amenable to discipline; well-schooled.
disciplin|er [disipline], *v.tr.* To discipline (school); to bring (troops, etc.) under control, under discipline. *a.* **-able.**
discobole [diskɔbɔl], *s.m.* Discus thrower.
discoïde [diskɔid], **discoïdal, -aux** [diskɔidal, -o], *a.* Discoid(al); disk-shaped.
discontinu [diskɔ̃tiny], *a.* Discontinuous.
discontinuation [diskɔ̃tinɥasjɔ̃], *s.f.* Discontinuance.
discontinuer [diskɔ̃tinɥe], *v.tr. & i.* To discontinue.
discontinuité [diskɔ̃tinɥite], *s.f.* Discontinuity.
disconvenance [diskɔ̃vnɑ̃:s], *s.f.* **1.** Unsuitableness. **2.** Disparity, dissimilarity; incongruity.
disconvenir [diskɔ̃vni:r], *v.i.* (Conj. like VENIR. Aux. **avoir) 1. D. à qn, à qch.,** to be unsuited to, unsuitable for, s.o., sth. **2. D. de qch.,** not to agree with (a statement). **On ne peut pas en d.,** there is no gainsaying it. **Je n'en disconviens pas,** I don't deny it.
discordance [diskɔrdɑ̃:s], *s.f.* Discordance, dissonance (of sounds); clashing (of colours); difference (of opinions); disagreement (of evidence, etc.).
discordant [diskɔrdɑ̃], *a.* Discordant, inharmonious (sound); grating, jarring (noise); clashing (colours); conflicting (opinions, etc.).
discorde [diskɔrd], *s.f.* Discord, dissension, strife. **Semer la d.,** to make trouble.
discorder [diskɔrde], *v.i.* **1.** *Mus:* To be out of tune. **2.** (Of pers.) Not to be in agreement; (of colours) to clash.
discothèque [diskɔtɛk], *s.f.* Record library.
discoureur, -euse [diskurœ:r, -ø:z], *s.* (Great) talker; speechifier.
discourir [diskuri:r], *v.i.* (Conj. like COURIR) To discourse; to air one's opinions (sur, on); *F:* to speechify.
discours [disku:r], *s.m.* **1.** Talk. *pl.* **D. en l'air,** idle talk. **2.** Discourse. dissertation. **3.** Speech, oration, address. **Prononcer, faire, un d.,** to make, deliver, a speech. **4.** Diction, language. *Gram:* **Parties du d.,** parts of speech. **D. indirect,** reported speech.
discourtois [diskurtwa], *a.* Discourteous. *adv.* **-ement.**
discourtoisie [diskurtwazi], *s.f.* Discourtesy, incivility.
discrédit [diskredi], *s.m.* Discredit; disrepute.
discréditer [diskredite], *v.tr.* To disparage, run down (s.o., s.o.'s work); to throw discredit on (statement); to bring discredit on (s.o.'s authority, on a firm, etc.).
se discréditer, to fall into discredit **(auprès de qn,** with s.o.).
discr|et, -ète [diskrɛ, -ɛt], *a.* **1.** (*a*) Discreet, cautious. **Sous pli d.,** under plain cover. **D. comme la tombe,** silent as the tomb. (*b*) Quiet, unobtrusive; sober, quiet (dress); modest (request, etc.). **2.** *Mth:* Discrete, discontinuous (quantity). *adv.* **-ètement.**
discrétion [diskresjɔ̃], *s.f.* Discretion. **1.** Prudence, circumspection. **Age de d.,** age, years, of discretion. **2. Être à la d. de qn,** to be (i) at s.o.'s disposal, (ii) at s.o.'s mercy. **A d.,** at discretion. **Se rendre à d.,** to surrender unconditionally.
discrétionnaire [diskresjɔnɛ:r], *a.* Discretionary (powers, etc.). *adv.* **-ment.**
discriminant [diskriminɑ̃], *a. & s.m. Mth:* Discriminant.
discrimination [diskriminasjɔ̃], *s.f.* Discrimination, differentiation.
discriminer [diskrimine], *v.tr.* To discriminate.
disculpation [diskylpasjɔ̃], *s.f.* Exculpation, exoneration.
disculper [diskylpe], *v.tr.* To exculpate, exonerate **(de,** from).
se disculper, to exculpate oneself **(de,** from); to clear oneself **(de,** of).
discursif, -ive [diskyrsif, -i:v], *a.* Discursive.
discussion [diskysjɔ̃], *s.f.* Discussion, debate. **La question en discussion,** the question under discussion, at issue. **Sans d. possible,** indisputably. **Entrer en d. avec qn,** to enter into an argument with s.o. **Un sujet de d.,** a subject for discussion. *Jur:* **Bénéfice de d.,** benefit of discussion.
discutable [diskytabl], *a.* Debatable, arguable.
discuter [diskyte], *v.tr.* (*a*) To discuss, debate. **Discutons la chose,** let us talk the matter over; let us talk it over. *F:* **D. le coup,** to discuss things in general, to have a natter. *Abs.* **D. avec qn sur qch.,** to argue with s.o. about sth. S.a. AIGUILLE 1. (*b*) To question, dispute. **D. un droit,** to call a right into question.
discuteur, -euse [diskytœ:r, -ø:z], *s.* Arguer.

disert [dizɛːr], *a.* Eloquent, fluent (orator). *adv.* **-ement.**
disette [dizɛt], *s.f.* Scarcity, dearth. **D. d'eau,** drought. **La guerre amène la d.,** war brings famine in its train.
diseur, -euse [dizœːr, -øːz], *s.* (*a*) Monologuist; *f.* diseuse. **D. de chansonnettes,** entertainer; humorist. (*b*) **Diseuse de bonne aventure,** fortune-teller. (*c*) **Beau d.,** fine talker.
disgrâce [dizgrɑːs], *s.f.* Disfavour, disgrace.
disgracié [dizgrasje], *a.* Out of favour. *s.* **Les disgraciés de la fortune,** the unlucky, the unfortunate.
disgracier [dizgrasje], *v.tr.* To dismiss (s.o.) from favour.
disgracieu|x, -euse [dizgrasjø, -øːz], *a.* **1.** Uncouth, awkward, ungraceful, unsightly. **2.** Ungracious (answer). *adv.* **-sement.**
disjoindre [dizʒwɛ̃dr, dis-], *v.tr.* (Conj. like JOINDRE) To disjoin, sever, disjoint.
se disjoindre, to come apart.
disjoint [dizʒwɛ̃], *a.* Disjoined, disjointed (parts, etc.). *Mus:* Disjunct (motion).
disjoncteur [dizʒɔ̃ktœːr], *s.m.* *El.E:* Circuit-breaker, cut-out, switch. **Bouton d.,** disconnecting key.
disjonctif, -ive [dizʒɔ̃ktif, -iːv], *a.* Disjunctive.
disjonction [dizʒɔ̃ksjɔ̃], *s.f.* Disjunction, separation (of parts of whole). *Jur:* Severence (of causes, etc.).
dislocation [dislɔkasjɔ̃], *s.f.* **1.** Dislocation; taking down (of machine, etc.); dismemberment (of empire). **2.** *Geol:* Fault.
disloqué [dislɔke]. **1.** *a.* (Of limb) dislocated; (of machine) out of order; broken up; dislodged. **2.** *s.m.* Contortionist.
disloquer [dislɔke], *v.tr.* To dislocate; to put (limb) out of joint; to put (machine) out of order; to dismember (state).
se disloquer, to break up.
dispache [dispaʃ], *s.f.* *M.Ins:* Average adjustment.
dispacheur [dispaʃœːr], *s.m.* Average stater, average adjuster.
disparaître [disparɛːtr], *v.i.* (Conj. like PARAÎTRE. Aux, **avoir** or **être**) To disappear. **1.** To vanish. **D. aux yeux de qn,** to vanish before s.o.'s eyes. **La côte disparut de l'horizon,** the coast faded from the horizon. **Ces vieux amis ont, sont, disparu(s),** these old friends have passed away. **Faire d. qn, qch.,** (i) to make away with s.o., sth.; to remove (stain, etc.); to smooth out (crease); (ii) to put s.o., sth., out of sight. **Cette mode disparaît,** this fashion is going out. **2. La muraille disparaît sous le lierre,** the wall is hidden under the ivy.
disparate [disparat]. **1.** *a.* (*a*) Dissimilar. (*b*) Ill-matched, ill-assorted; jarring. **Couleurs disparates,** clashing colours. **2.** *s.f.* (*a*) Disparity. (*b*) Incongruity.
disparité [disparite], *s.f.* Disparity (of age, etc.).
disparition [disparisjɔ̃], *s.f.* **1.** Disappearing, vanishing. **2.** Disappearance.
disparu [dispary], *a.* **1.** *Mil:* Missing. **2.** Extinct (race, etc.).
dispatcher [dispatʃɛːr], *s.m.* *Rail:* (Train) dispatcher.
dispatching [dispatʃiŋ], *s.m.* *Rail:* Central traffic control.
dispendieu|x, -euse [dispɑ̃djø, -øːz], *a.* Expensive, costly. *adv.* **-sement.**
dispensaire [dispɑ̃sɛːr], *s.m.* (Public) dispensary; out-patients' department; welfare centre.
dispensateur, -trice [dispɑ̃satœːr, -tris], *s.* Dispenser, distributor (of charity, justice, etc.).
dispensation [dispɑ̃sasjɔ̃], *s.f.* Dispensation; distribution (of favours, etc.).
dispense [dispɑ̃ːs], *s.f.* **1.** (*a*) Exemption (from military service); waiving (of age limit). (*b*) *Ecc:* Dispensation. **2.** Certificate of exemption. **D. de bans,** marriage licence.
dispenser [dispɑ̃se], *v.tr.* **1. D. qn de qch., de faire qch.,** to dispense, exempt, excuse, s.o. from sth., from doing sth. **D. qn d'une tâche,** to excuse s.o. from, to let s.o. off, a task. **D. qn du service militaire,** to exempt s.o. from military service. **2.** To dispense, mete out, distribute (charity, etc.); to administer (the sacraments).
se dispenser de qch., de faire qch., to excuse oneself from sth.; to get out of doing sth.

dispersal [dispɛrsal], *s.m.* *Av:* Dispersal area.
dispers|er [dispɛrse], *v.tr.* **1.** To disperse, scatter; to spread (far and wide). **D. une armée,** to rout an army. **2.** *Opt:* (i) To disperse, split up (light); (ii) to scatter (light). *s.m.* **-ement.**
se disperser, to disperse, scatter.
dispersion [dispɛrsjɔ̃], *s.f.* **1.** Dispersion, dispersal; rout (of army); spread, scattering (of shot). **2.** Scattering (of light). *El:* Leakage.
disponibilité [disponibilite], *s.f.* **1.** Availability (of seats, capital, etc.). **Avoir la d. de qch.,** to have the disposal of sth. *Mil:* **Être en d.,** to be unattached, on half-pay. **Mettre qn en d.,** to release s.o. **Mise en d.,** release. **2.** *pl.* (*a*) Available time or means. (*b*) Available funds; liquid assets.
disponible [disponibl], *a.* Available; at (s.o.'s) disposal. **Actif d.,** *s.m.* **le d.,** available assets; liquid assets.
dispos [dispo], *a.m.* (*a*) Fit, well, in good form. S.a. FRAIS[1] 1. (*b*) **Esprit d.,** fresh, alert, mind.
disposé [dispoze], *a.* Disposed. **Être bien, mal, d.,** to be in a good, bad, humour. **Être bien d. pour, envers qn,** to be well disposed towards s.o. **Être, se sentir, d. à faire qch.,** to feel disposed, in the mood, to do sth. **Je suis tout d. à pardonner,** I am fully prepared to forgive.
disposer [dispoze]. *v.tr.* (*a*) To dispose, set out, arrange; to lay out (garden). **L'homme propose et Dieu dispose,** man proposes but God disposes. (*b*) **D. qn à qch., à faire qch.,** to dispose, incline, s.o. to sth., to do sth. **2.** *v.ind.tr.* (*a*) **D. de qch.,** to dispose of sth.; to have sth. at one's disposal. **Droit des peuples de d. d'eux-mêmes,** right of peoples to self-determination. **Disposez de moi,** I am at your service. **Les moyens dont je dispose,** the means at my disposal. **Vous pouvez d. de mon dictionnaire,** you may use my dictionary. (At the end of an interview) **Vous pouvez d.,** you may go. (*b*) **D. de ses biens en faveur de qn,** to make over one's property to s.o. **3.** (Of law, act) To provide, enjoin (**que,** that).
se disposer à faire qch., to make ready to do sth. **Se d. au sommeil, à dormir,** to compose oneself to sleep.
dispositif [dispozitif], *s.m.* Apparatus, device, contrivance, appliance. **D. de commande,** driving-gear, controlling-gear. **D. de sûreté,** safety device; locking device.
disposition [dispozisjɔ̃], *s.f.* Disposition. **1.** Arrangement, ordering (of house, etc.); laying out, lay-out (of garden, etc.). **D. du terrain,** lie of the land. **2.** (*a*) State (of mind, body); frame of mind. **Être en bonne d. pour faire qch.,** to be disposed, inclined, in the humour, to do sth. (*b*) Predisposition; tendency (to malady, etc.). **Avoir une d. à s'enrhumer,** to be liable to catch cold. (*c*) *pl.* Natural aptitude; aptness (for sth.). **Dispositions naturelles pour la musique,** natural bent for music. **Avoir des dispositions pour la peinture,** to have an aptitude for painting; *F:* to be cut out for an artist. **Enfant qui a des dispositions,** naturally gifted child. **3.** *pl.* (*a*) Arrangements. **Prendre des dispositions pour faire qch.,** to prepare, arrange, for doing sth. **Prendre toutes dispositions utiles,** to take all useful steps. (*b*) Provisions, dispositions (of will, law, treaty); clauses (of law). **4.** Disposal. **Avoir la libre d. de son bien,** to be free to dispose of one's property. **Libre d. de soi-même,** self-determination. **Fonds à ma d.,** funds at my disposal. **Mettre qch. à la d. de qn,** to place sth. at s.o.'s disposal.
disproportion [disprɔpɔrsjɔ̃], *s.f.* Disproportion, want of proportion.
disproportionné [disprɔpɔrsjɔne], *a.* Disproportionate (**à,** to); out of proportion (**à,** with).
disproportionnel, -elle [disprɔpɔrsjɔnɛl], *a.* Disproportional, unequal (quantities).
disputable [dispytabl], *a.* Disputable, debatable.
disputailler [dispytɑje], *v.i.* *F:* To wrangle, bicker (**sur,** about).
dispute [dispyt], *s.f.* **1.** *A:* Debate, dispute. **Sujet en d.,** subject under discussion. **2.** Altercation, quarrel. **Chercher d. à qn,** to pick a quarrel with s.o.
disputer [dispyte], *v.tr. & i.* **1.** *A:* **D. qch., de qch., sur qch.,** to dispute, argue, about sth.; to discuss sth. **2.**

D. qch., de qch., to dispute, contest, sth. **D. le terrain,** to dispute every inch of ground. **D. qch. à qn,** to contend with s.o. for sth. **Deux chiens qui se disputent un os,** two dogs fighting over a bone. **D. un match,** to play a match. **D. une course sur 1600 mètres,** to run a race over a mile. **3.** *v.i.* To quarrel, wrangle.

se disputer, to quarrel, wrangle, argue (**pour,** over, about).

disputeur, -euse [dispytœːr, -øːz]. **1.** *a.* Contentious, quarrelsome. **2.** *s.* Wrangler, arguer.

disquaire [diskeːr], *s.m.* (Gramophone) record dealer.

disqualification [diskalifikasjɔ̃], *s.f.* *Sp:* Disqualification.

disqualifier [diskalifje], *v.tr.* *Sp:* To disqualify.

se disqualifier, to be disqualified; to become discredited; to become unworthy.

disque [disk], *s.m.* **1.** *Gr.Ant:* *Sp:* Discus. **2.** (*a*) Disk, disc (of moon, etc.). (*b*) **D. d'embrayage,** clutch-plate. **D. d'excentrique,** eccentric-sheave. S.a. FREIN 2. (*c*) *Gramophones:* Gramophone record, disc. **D. microsillon, longue durée,** microgroove, long-playing, record. *F:* L.P. *F:* **Changer de d.,** (i) to change one's tune; (ii) to change the subject. **D. souple,** acetate. (*d*) *Rail:* (Disk-)signal. **D. à distance,** distance signal. **Siffler au d.,** to whistle for the road. (*e*) **D. intervertébral,** (intervertebral) disc.

disquisition [diskizisjɔ̃], *s.f.* Disquisition.

disrupteur [disryptœːr], *s.m.* *El.E:* (Spark-)interrupter; break.

disruptif, -ive [disryptif, -iːv], *a.* Disruptive (force, electric discharge, etc.).

dissatisf|aire [disatisfeːr], *v.tr.* (*conj. like* FAIRE). to dissatisfy. *s.f.* **-action.**

dissection [diseksjɔ̃], *s.f.* Dissection.

dissemblable [dis(s)ɑ̃blabl], *a.* Dissimilar (**à, de,** to); different (from); unlike. *adv.* **-ment.**

dissemblance [dis(s)ɑ̃blɑ̃ːs], *s.f.* Dissimilarity (**entre,** between); unlikeness.

dissemblant [dis(s)ɑ̃blɑ̃], *a.* Dissimilar, different (from), unlike.

dissémination [dis(s)eminasjɔ̃], *s.f.* Scattering (of seeds); spreading (of germs, ideas, etc.); dissemination.

disséminer [dis(s)emine], *v.tr.* To scatter (seeds, etc.); to spread, disseminate (germs, ideas, etc.).

se disséminer, to spread.

dissension [dis(s)ɑ̃sjɔ̃], *s.f.* Dissension, discord.

dissentiment [dis(s)ɑ̃timɑ̃], *s.m.* Disagreement, dissent.

disséquer [dis(s)eke], *v.tr.* (**je dissèque; je disséquerai**) To dissect.

dissertateur [disɛrtatœːr], *s.m.* Dissertator. *F:* **Grand d.,** great talker, great speechifier.

dissertation [disɛrtasjɔ̃], *s.f.* (*a*) Dissertation (**sur,** (up)on). (*b*) *Sch:* **D. française,** French essay.

disserter [disɛrte], *v.i.* **D. sur un sujet,** to dissert, *F:* to hold forth, (up)on a subject.

dissidence [dis(s)idɑ̃ːs], *s.f.* Dissidence, schism; dissent.

dissident [dis(s)idɑ̃], **1.** *a.* Dissident, dissentient; disaffected (tribe, etc.). **2.** *s.* (*a*) Dissentient. (*b*) *Ecc:* Dissenter, nonconformist.

dissimilaire [dis(s)imilɛːr], *a.* Dissimilar, unlike.

dissimilarité [dis(s)imilarite], *s.f.* Dissimilarity.

dissimulateur, -trice [dis(s)imylatœːr, -tris], *s.* Dissimulator, dissembler.

dissimulation [dis(s)imylasjɔ̃], *s.f.* **1.** Dissimulation; deceit. **User de d.,** to dissemble. **2.** Concealment (of the truth).

dissimulé [dis(s)imyle], *a.* **1.** Dissimulating, secretive. **2.** Latent (electricity).

dissimuler [dis(s)imyle], *v.tr.* To dissemble. dissimulate, conceal (feelings); to conceal (trench); to cover up (fault). *Abs.* To dissemble. **D. qch. à qn,** to hide sth., keep sth. back, from s.o. **Il n'y a pas à se d. que . . .,** there's is no blinking the fact that. . . .

se dissimuler, to hide, to be hidden.

dissipateur, -trice [disipatœːr, -tris]. **1.** *s.* Spendthrift, squanderer. **2.** *a.* Wasteful (administration).

dissipation [disipasjɔ̃], *s.f.* **1.** (*a*) Dissipation, dispersion (of clouds etc.). (*b*) Dissipation, wasting (of time, etc.); squandering (of fortune). **2.** (*a*) Dissipation, dissolute living. (*b*) Frivolous conduct (in school, etc.); fooling; inattention.

dissipé [disipe], *a.* (*a*) Dissipated; gay (life). (*b*) *Sch:* Inattentive.

dissiper [disipe], *v.tr.* **1.** (*a*) To dissipate, disperse, scatter, dispel (clouds, etc.); to clear up (misunderstanding); to dispel (fears). (*b*) To dissipate, waste (fortune, time); to squander (money). **2.** To divert s.o.'s attention.

se dissiper. **1.** (Of suspicions, etc.) To vanish, disappear; (of fog) to lift, clear; (of storm) to blow over. **2.** (*a*) To fall into dissipated ways. (*b*) To be frivolous, inattentive (in school, etc.).

dissociable [dis(s)ɔsjabl], *a.* *Ch:* Dissociable.

dissociation [dis(s)ɔsjasjɔ̃], *s.f.* *Ch:* Dissociation.

dissocier [dis(s)ɔsje], *v.tr.* **1.** *Ch:* To dissociate. **2.** To disunite.

dissolu [dis(s)ɔly], *a.* Dissolute, loose, profligate.

dissolubilité [dis(s)ɔlybilite], *s.f.* *Ch:* *etc:* Dissolubility; solubility.

dissoluble [dis(s)ɔlybl], *s.* **1.** *Ch:* = SOLUBLE. **2.** *Jur:* Dissolvable, dissoluble (contract, etc.).

dissolutif, -ive [dis(s)ɔlytif, -iːv], *a.* (Dis)solvent.

dissolution [dis(s)ɔlysjɔ̃], *s.f.* **1.** Disintegration, dissolution (of body, etc.). **2.** (*a*) Dissolving (of substance in liquid). (*b*) Solution. **D. de caoutchouc,** rubber solution (for tyres). **3.** Dissolution (of parliament, marriage); breaking up (of meeting). **4.** Dissoluteness, profligacy.

dissolv-ant[1], **-ez, -ons,** etc. See DISSOUDRE.

dissolvant[2] [dis(s)ɔlvɑ̃], *a.* & *s.m.* (Dis)solvent. **D. (pour ongles),** (nail-varnish) remover.

dissonance [dissɔnɑ̃ːs], *s.f.* **1.** Dissonance. **2.** *Mus:* Discord.

dissonant [dissɔnɑ̃], *a.* Dissonant, discordant.

dissoudre [dis(s)udr], *v.tr.* (*pr.p.* **dissolvant;** *p.p.* **dissous,** *f.* **dissoute;** *pr.ind.* **je dissous, il dissout, n. dissolvons;** *p.d.* **je dissolvais;** *p.h.* & *p.sub.* are lacking; *fu.* **je dissoudrai**) To dissolve. **1.** To melt (substance) in a liquid. **2.** (*a*) To disintegrate, decompose; to disperse (tumour). (*b*) To dissolve (parliament, partnership, etc.).

se dissoudre, to dissolve. **1. Se d. dans l'eau,** to dissolve, melt, in water. **Faire d. une substance,** to dissolve, melt, a substance. **2.** (Of assembly) To break up.

dissuader [dis(s)ɥade], *v.tr.* **D. qn de qch., de faire qch.,** to dissuade s.o. from sth., from doing sth. **D. qn de partir,** to persuade s.o. not to go.

dissuasif, -ive [disɥazif, -iːv]. *a.* Dissuasive.

dissuasion [dis(s)ɥazjɔ̃], *s.f.* Dissuasion (**de,** from). *Mil:* *Pol:* **Arme de d.,** deterrent.

dissyllabe [disil(l)ab]. **1.** *a.* Di(s)syllabic (word). **2.** *s.m.* Di(s)syllable.

dissyllabique [disil(l)abik], *a.* Di(s)syllabic.

dissymétrie [dissimetri], *s.f.* Asymmetry, dissymmetry.

dissymétrique [dissimetrik], *a.* Asymmetric(al), dissymmetrical, unsymmetrical.

distance [distɑ̃ːs], *s.f.* Distance. **On ne voyait rien à cette d.,** one could see nothing from that distance. **Suivre qn à d.,** to follow s.o. at a distance. **La ville est à deux lieues de d.,** the town is five miles away. **A quelle d. sommes-nous de la ville?** how far are we from the town? **A courte d.,** within easy reach (**de,** of). **De d. en d.,** at intervals. **Tenir qn à d.,** to keep s.o. at a distance. *Mec.E:* **Commande à d.,** remote control. S.a. OBSERVER. *Opt:* **D. focale,** focal length. *Mil:* *Gym:* **Prendre ses distances,** to dress. *Artil:* *etc:* **A petite d., à faible d.,** at short range. *Nau:* **D. parcourue,** day's run.

distanc|er [distɑ̃se], *v.tr.* (**je distançai(s); n. distançons**) *Rac:* *etc:* **1.** To outdistance, outrun, outstrip. *Nau:* To outsail. **Se laisser d.,** to drop away; to fall behind. **2.** To disqualify (winner). *s.m.* **-ement.**

distant [distɑ̃], *a.* **1.** Distant. **2.** *F:* Stand-offish, aloof.

distendre [distɑ̃ːdr], *v.tr.* **1.** To distend (stomach, etc.); to over-inflate (balloon). **2.** To overstretch, strain (muscle).

se distendre, to become distended, to swell out, to become over-stretched.

distension [distɑ̃sjɔ̃], *s.f.* **1.** Distension (of stomach). **2.** Overstretching, straining (of muscle).

distillateur [distilatœːr], *s.m.* Distiller.

distillation [distilasjɔ̃], *s.f.* Distillation, distilling. **D. fractionnée,** fractional distillation.

distill|er [distile], *v.tr.* (*a*) To distil, exude, secrete (drops of moisture, etc.). (*b*) *Ind:* To distil (spirits); to condense (water). *a.* **-able.**

distillerie [distilri], *s.f.* **1.** Distillery. **2.** Distilling (trade).

distinct, -incte [distɛ̃(:kt), -ɛ̃:kt], *a.* **1.** Distinct, separate (**de**, from). **2.** Distinct, clear (outline, voice). *adv.* **-ement.**

distinct|if, -ive [distɛ̃ktif, -i:v], *a.* Distinctive, characteristic, distinguishing (sign, feature, etc.). **Trait d.,** characteristic, peculiarity. *adv.* **-ivement.**

distinction [distɛ̃ksjɔ̃], *s.f.* Distinction. **1. Faire une d. entre deux choses,** to make a distinction, to discriminate, distinguish, between two things. **Sans d.,** indiscriminately. **2.** (*a*) Distinction, honour. (*b*) Decoration (*e.g.* medal, star). **3.** Distinction, eminence. **Avoir de la d. dans les manières,** to have a distinguished bearing, a polished manner.

distinguable [distɛ̃gabl], *a.* Distinguishable.

distingué [distɛ̃ge], *a.* Distinguished. **1.** Eminent, noted (writer, etc.). **2.** (*a*) Refined, polished (taste, bearing, etc.). **Avoir un air d.,** to look distinguished. (*b*) Smart (costume, etc.). **3.** (Letter formula) **Croyez à ma considération distinguée,** believe me yours very truly. **4.** *s.m. F:* Large glass of beer (1 litre).

distinguer [distɛ̃ge], *v.tr.* To distinguish. **1.** To mark, characterize. **2.** To honour; to single (s.o.) out for distinction. **3. D. entre deux choses,** to distinguish between two things. **D. qch. de qch., d'avec qch.,** to distinguish, tell, sth. from sth. **4.** To discern, perceive, make out. **Il faisait trop noir pour bien d.,** it was too dark to see clearly.

se distinguer. 1. To distinguish oneself. **2. Se d. des autres,** to be distinguishable, marked off, from others (**par**, by). **3.** To be noticeable, conspicuous; to stand out.

distinguo [distɛ̃go], *s.m. F:* Distinction. **Faire le d.,** to make a subtle distinction.

distique [distik], *s.m. Pros:* **1.** Distich (in Gr. or Lt. verse). **2.** Couplet (in Fr. verse).

distordre [distɔrdr], *v.tr.* **1.** To distort. **2.** To twist (one's ankle, etc.).

distortion [distɔrsjɔ̃], *s.f.* Distortion (of limb, of optical image, of radio reproduction).

distraction [distraksjɔ̃], *s.f.* **1.** (*a*) Division, severance (of part from a whole, etc.). (*b*) Appropriation. (*c*) Misappropriation (of funds, supplies). **2.** Absent-mindedness, inadvertence, abstraction. **Par d.,** inadvertently, absent-mindedly. **3.** Diversion, amusement.

distraire [distrɛ:r], *v.tr.* (Conj. like TRAIRE) **1.** (*a*) To divert, separate (part from whole). (*b*) To abstract, misappropriate (funds, etc.). **2.** To distract, divert (s.o.'s attention, etc.). **D. qn de son chagrin,** to take s.o.'s mind off his, her, sorrow. **D. qn de ses travaux,** to take s.o. off his work. **3.** To divert, entertain, amuse.

se distraire, to seek, take, relaxation; to amuse oneself. **Le besoin de se d.,** the need for relaxation.

distrait [distrɛ], *a.* (*a*) Absent-minded. (*b*) Inattentive, listless. **D'une oreille distraite,** abstractedly, inattentively. *adv.* **-ement.**

distray-ais, -ez, -ons, etc. See DISTRAIRE.

distrayant [distrɛjɑ̃], *a.* Diverting, entertaining.

distribu|er [distribɥe], *v.tr.* To distribute, give out (alms, etc.); to issue, serve out, portion out (provisions, etc.); (of postman) to deliver (letters). **D. les cartes,** to deal out the cards. *Th:* **D. les rôles,** to cast the parts (in a play). *a.* **-able.**

distributaire [distribytɛ:r], *s.m. & f.* Recipient (in distribution).

distributeur, -trice [distribytœ:r, -tris]. **1.** *s.* Distributor, dispenser (of alms, etc.). **2.** *s.m.* **D. automatique,** automatic vending machine. **D. d'essence,** petrol pump. **D. automatique de timbres-poste,** stamp-machine. **D. de lames de rasoir,** razor-blade dispenser. **D. de musique de disques à jeton,** juke-box. *I.C.E:* **D. (de courant),** distributor. **Pièce mobile du d.,** distributor arm, rotor. *Mch:* **D. de vapeur,** steam-valve.

distribut|if, -ive [distribytif, -i:v], *a.* **1.** *Log: Gram:* Distributive (term, pronoun, etc.). **2. Justice distributive,** distributive justice. *adv.* **-ivement.**

distribution [distribysjɔ̃], *s.f.* Distribution; allotment (of duties, cabins, etc.); issue (of rations); delivery (of letters). *Com:* Handling. *Sch:* **D. de prix,** prize-giving; speech-day. *Th:* **D. des rôles d'une pièce,** (i) casting, (ii) cast, of a play. *Th: Cin: W.Tel:* **Distribution (par ordre d'entrée en scène, en ondes),** characters (in order of appearance, of speaking). **D. d'eau (de la ville),** water supply. *El.E:* **Tableau de d.,** switchboard.

district [distrik(t)], *s.m.* District, region.

dit[1] [di]. **1.** *a.* (*a*) Settled, fixed. **Prendre qch. pour d.,** to take sth. for granted. **A l'heure dite,** at the appointed time. (*b*) (So-)called. **La zone dite tempérée,** the so-called temperate zone. **2.** *s.m.* Maxim, saying.

dit[2], **dites, dîtes.** See DIRE.

dito [dito], *adv.* Ditto, do.

diurne [djyrn], *a.* Diurnal (motion, etc.).

diva [diva], *s.f.* Diva, prima donna.

divagateur, -trice [divagatœ:r, -tris]. **1.** *a.* Wandering (imagination); rambling (speech, etc.). **2.** *s.* Rambler, wanderer.

divagation [divagasjɔ̃], *s.f.* Divagation, wandering; digression (in a speech, etc.).

divaguer [divage], *v.i.* **1.** To divagate, wander. **2.** *F:* (*a*) To digress; to wander away from the point. (*b*) To ramble (in delirium, etc.).

divan [divɑ̃], *s.m.* Divan; couch.

dive [di:v], *a.f. A:* Divine. *F:* **La d. bouteille,** the bottle.

divergence [divɛrʒɑ̃:s], *s.f.* Divergence; spread (of bullets, etc.); differences (of opinion).

divergent [divɛrʒɑ̃], *a.* Divergent.

diverger [divɛrʒe], *v.i.* (**il divergea(it); n. divergeons**) To diverge (**de**, from).

divers [divɛ:r], *a.* **1.** *A:* Changing, varying (nature, etc.). **2.** *pl.* (*a*) Diverse, different, varied. **(Frais) d.,** sundry expenses. **Remarques diverses,** miscellaneous remarks. *Journ:* **Faits d.,** news items. (*b*) *Indef. adj.* (Always preceding the sb.) Various, sundry. **En diverses occasions,** on various, divers, occasions. *adv.* **-ement.**

diversicolore [divɛrsikɔlɔ:r], *a. Bot: etc:* Variegated.

diversifi|er [divɛrsifje], *v.tr.* To diversify, vary (conversation, pursuits, etc.); to variegate (colours). *a.* **-able.**

se diversifier, (of matter, interests, etc.) to change. (*a*) To vary. (*b*) To become different.

diversion [divɛrsjɔ̃], *s.f.* **1.** *Mil:* Diversion. **2.** Diversion, change. **Faire d.,** to create a diversion.

diversité [divɛrsite], *s.f.* Diversity.

divertir [divɛrti:r], *v.tr.* To divert, entertain, amuse.

se divertir, to amuse oneself.

divertissant [divɛrtisɑ̃], *a.* Diverting, amusing, entertaining.

divertissement [divɛrtismɑ̃], *s.m.* **1.** Misappropriation (of funds). **2.** Diversion; entertainment, amusement, recreation, relaxation.

dividende [dividɑ̃:d], *s.m. Mth: Fin:* Dividend. **D. provisoire,** interim dividend.

divin [divɛ̃], *a.* Divine; holy (word, etc.); sacred (blood, etc.). **Le D. Enfant** [divinɑ̃fɑ̃], the Holy Child. **Poésie divine,** exquisite, sublime, divine, poetry. *adv.* **-ement.**

divinateur, -trice [divinatœ:r, -tris]. **1.** *s.* Diviner, soothsayer. **2.** *a.* Foreseeing.

divination [divinasjɔ̃], *s.f.* Divination, sooth-saying.

divinatoire [divinatwa:r], *a.* Divinatory. **Baguette d.,** divining-rod, dowsing-rod.

divinisation [divinizasjɔ̃], *s.f.* Act of deification.

diviniser [divinize], *v.tr.* To deify.

divinité [divinite], *s.f.* Divinity. **1.** Godhead (of Christ). **2.** Deity; god, goddess.

diviser [divize], *v.tr.* To divide. *Mth:* **D. un nombre par un autre,** to divide one number by another. **Montagnes qui divisent la France d'avec l'Espagne,** mountains that divide, separate, France from Spain. **Maison divisée contre elle-même,** house divided against itself. **Une politique de d. pour régner,** a policy of divide and rule.

se diviser, to divide, to break up (**en**, into).

diviseur [divizœ:r], *s.m.* **1.** *Mth:* Divisor. **Plus grand commun d.,** highest common factor, H.C.F. **D. premier,** prime factor. **2.** Divider. *El:* **D. de courant,** current-divider.

divisibilité [divizibilite], *s.f.* Divisibility.
divisible [divizibl], *a.* Divisible.
division [divizjɔ̃], *s.f.* Division. **1.** Partition (**en,** into); dividing. *Mth:* Division. **D. à un chiffre,** simple division. **D. du travail,** division of labour. **D. par arrondissements,** division into wards. **2.** Part, portion, section (of whole); (administrative) department, branch. *Mil:* Division. **3.** Discord, dissension, disagreement. **4.** (*a*) *Typ:* Hyphen. (*b*) *Mus:* Double bar.
divisionnaire [divizjɔnɛ:r], *a.* **1.** *Mil: etc:* Divisional. *s.m. F:* Short for **Général de Division,** Major General. **2.** *a. Com:* **Monnaie d.,** small coinage.
divorce [divɔrs], *s.m.* Divorce. **Intenter une action en d. contre qn,** to take divorce proceedings against s.o. **Demander le d.,** to sue for a divorce.
divorcé, -ée [divɔrse]. **1.** *a.* Divorced. **2.** *s.* Divorced man or woman.
divorcer [divɔrse], *v.i.* (**je divorçai(s); n. divorçons**) **D. (d')avec qn, se d. de qn,** to divorce s.o.
divulgation [divylgasjɔ̃], *s.f.* Divulgation, divulgement, disclosure (**de,** of).
divulguer [divylge], *v.tr.* To divulge, reveal, disclose.
se divulguer, (of news, secret, etc.) to leak out; to become known.
dix, *num.a.inv. & s.m.* Ten. **1.** (At the end of the word-group [dis]; before sb. or adj. beginning with a vowel sound [diz]; before sb. or adj. beginning with a consonant [di]) **Il est d. heures** [dizœ:r], it is ten o'clock. **J'en ai d.** [dis], I have ten. **Le d. mai** [lədiʒmɛ], the tenth of May. **2.** (Always [dis]) (*a*) **D. et demi,** ten and a half. (*b*) **Charles D.,** Charles the Tenth.
dix-huit [dizɥi(t)]. **1.** Eighteen. **2. Le dix-huit mai,** the eighteenth of May.
dix-huitième [dizɥitjɛm]. Eighteenth.
dixième [dizjɛm]. *num. a. & s.* Tenth.
dix-neuf [diznœ(f)]. **1.** Nineteen. **2. Le dix-neuf mai,** the nineteenth of May.
dix-neuvième [diznœvjɛm]. Nineteenth.
dix-sept [dissɛ(t)]. **1.** Seventeen. **2. Le dix-sept mai,** the seventeenth of May.
dix-septième [dissɛtjɛm]. Seventeenth.
dizain [dizɛ̃], *s.m. Pros:* Ten-line stanza.
dizaine [dizɛn], *s.f.* (About) ten; half a score. **Une d. de personnes,** ten or a dozen people. **Compter par dizaines,** to count in tens.
djebel [dʒɛbɛl], *s.m. Geog:* Jebel (in N. Africa).
djellaba [dʒɛlaba], *s.f. Cost:* Jellaba.
Djibouti [dʒibuti], *Pr.n.m. Geog:* Jibuti, Djibuti.
djinn [dʒin], *s.m.* Jinn(ee). **Les djinns,** the jinn, *F:* the jinns.
do [do], *s.m. Mus:* (The note) C.
docile [dɔsil], *a.* (*a*) Docile, teachable (pupil, etc.). (*b*) Submissive, manageable, amenable (child); tractable (animal, etc.); flexible (engine). *adv.* **-ment.**
docilité [dɔsilite], *s.f.* Docility.
dock [dɔk], *s.m.* **1.** *Nau:* (*a*) Dock. **Mettre un navire au d.,** to dock a ship. (*b*) Dock(s), dockyard. **Droits de d.,** dock-dues. **2.** *Com:* (Dock-)warehouse.
docker [dɔkɛ:r], *s.m.* Docker.
docte [dɔkt], *a.* Learned. *adv.* **-ment.**
docteur [dɔktœ:r], *s.m.* Doctor. **1. D. ès lettres** = D.Litt. **2. D. (en médecine),** doctor (of medicine); physician. **Entrez, d.,** come in, Doctor. **Le d. Petit,** Dr Petit.
doctoral, -aux [dɔktɔral, -o], *a.* Doctoral; pompous, heavy (manner); grandiloquent (tone). *adv.* **-ement.**
doctorat [dɔktɔra], *s.m. Sch:* Degree of Doctor; doctorate. **D. d'Université = Ph.D. D. d'État,** the highest grade of Doctorate in France, i.e. = D.Sc., D.Litt., etc.
doctoresse [dɔktɔrɛs], *s.f.* **1.** Woman doctor. **2.** *F:* Blue-stocking.
doctrinaire [dɔktrinɛ:r]. **1.** *a.* (*a*) Doctrinary. (*b*) Pedantic, formal, stiff. **2.** *s.m.* Doctrinarian. *adv.* **-ment.**
doctrinal, -aux [dɔktrinal, -o], *a.* Doctrinal. *adv.* **-ement.**
doctrinarisme [dɔktrinarism], *s.m.* Doctrinarianism.
doctrine [dɔktrin], *s.f.* Doctrine, tenet.
document [dɔkymɑ̃], *s.m.* Document.
documentaire [dɔkymɑ̃tɛ:r]. **1.** *a.* Documentary proof, etc.). **Film d.,** *s.m.* **documentaire,** documentary film.
documentaliste [dɔkymɑ̃talist], *s.m. or f. Adm:* Filing clerk; keeper of records.
documentariste [dɔkymɑ̃tarist], *s.m. Cin:* Producer of documentary films.
documentation [dɔkymɑ̃tasjɔ̃], *s.f.* **1.** Documentation. **2.** *Coll.* Documents. *Com:* Literature.
documenté [dɔkymɑ̃te], *a.* **Ouvrage bien d.,** work based on sound documentary evidence. **Personne bien documentée,** well-informed person.
documenter [dɔkymɑ̃te], *v.tr.* To document (question). **D. qn sur une question,** to post s.o. up on a question.
se documenter, to gather documentary evidence; to collect material (for a book).
dodécaèdre [dodɛkaɛdr], *s.m.* Dodecahedron.
dodécagone [dɔdɛkago:n, -gɔn], *s.m.* Dodecagon.
dodécaphonisme [dɔdekafɔnism], *s.m. Mus:* Twelve-tone system.
dodelin|er [dɔdline]. **1.** *v.i.* (Of old pers.) **D. de la tête,** to wag one's head; to nod. **2.** *v.tr.* To dandle (child). *s.m.* **-ement.**
dodo [dɔdo], *s.m.* (In nursery language) (*a*) Sleep, bye-bye. **Faire d.,** to go to sleep; to sleep. (*b*) **Aller au d.,** to go to bed, to go to bye-bye.
dodu [dɔdy], *a.* Plump.
doge [dɔ:ʒ], *s.m. Hist:* Doge.
dogmatique [dɔgmatik], *a.* Dogmatic. *adv.* **-ment,** -ally.
dogmatis|er [dɔgmatize], *v.i.* To dogmatize. *s.m.* **-eur.**
dogmatisme [dɔgmatism], *s.m.* Dogmatism.
dogmatiste [dɔgmatist], *s.m.* Dogmatist.
dogme [dɔgm], *s.m.* Dogma, tenet.
dogue [dɔg], *s.m.* Large watch-dog. **D. anglais,** mastiff.
doguin [dɔgɛ̃], *s.m.* **1.** Bull-mastiff's pup. **2.** Pug-dog.
doigt [dwa], *s.m.* **1.** Finger; *Anat: Z:* digit. (*a*) **Troisième d., grand d.,** second finger, middle finger. *F:* **Mon petit d. me l'a dit,** a little bird told me so. **Porter une bague au d.,** to wear a ring on one's finger. **Promener ses doigts sur qch.,** to finger, feel, sth. **Donner sur les doigts à qn,** to rap s.o. over the knuckles. **Savoir qch. sur le bout du d.,** to have sth. at one's finger tips. **Anglais jusqu'au bout des doigts,** every inch an Englishman. **Il lui fit signe du d.,** he beckoned to him. **Montrer qch. du d.,** to point at sth. **Fourrer le d. partout,** to interfere with everything. *P:* **Se fourrer le d. dans l'œil,** to be entirely mistaken. **Se mordre les doigts,** to bite one's nails with impatience. **S'en mordre les doigts,** to repent (of) it, to rue it. (*b*) Finger's breadth. **Être à deux doigts de la mort,** to be within an ace of death. **D. de chocolat,** stick of chocolate. (*c*) **D. de pied,** toe. **2.** Iron finger; pawl. **D. d'entraînement,** catch-pin (of lathe).
doigté [dwate], *s.m.* **1.** *Mus:* Fingering (of piece of music). **2.** *F:* Adroitness; tact; judgment. **Manquer de d.,** to be tactless. **3. Commande au d.,** finger-touch control.
doigter [dwate], *v.tr.* To mark (music) with the proper fingering.
doigtier [dwatje], *s.m.* Finger-stall.
doi-s, -t, -ve. See DEVOIR.
doit [dwa], *s.m. Com:* Debit, liability. **D. et avoir,** debit and credit.
dol [dɔl], *s.m. Jur:* Fraud; wilful misrepresentation.
doléances [dɔleɑ̃:s], *s.f.pl.* Complaints; whining. **Conter ses d.,** to tell one's tale of woe; to air one's grievances.
dol|ent [dɔlɑ̃], *a.* **1.** Whining, doleful, plaintive, complaining (voice, person, etc.). **2.** Painful, swollen (arm, etc.). *adv.* **-emment.**
dolichocéphale [dɔlikɔsɛfal]. *Ethn:* **1.** *a.* Dolichocephalic, long-headed. **2.** *s.* Dolichocephal.
dollar [dɔla:r], *s.m. Fin: Num:* Dollar.
dolman [dɔlmɑ̃], *s.m.* (Short-skirted) jacket (of hussars, etc.).
dolmen [dɔlmɛn], *s.m. Prehist:* Dolmen.
doloire [dɔlwa:r], *s.f.* (Carpenter's) broad axe, chip-axe; (cooper's) adze.
dolomitique [dɔlomitik], *a. Geol:* Dolomitic.
dolosif, -ive [dɔlɔzif, -i:v], *a. Jur:* Fraudulent.
domaine [dɔmɛn], *s.m.* **1.** Domain; (real) estate, property. *Jur:* Demesne. **D. public, de l'État,**

public property. **Le d. forestier,** the national forests. **Ouvrage tombé dans le d. public,** work out of copyright. 2. Field, scope (of a science). **Ce n'est pas de mon d.,** that is not within my province, not within my sphere.

domanial, -aux [dɔmanjal, -o], *a.* (*a*) Domanial (property, rights, etc.). (*b*) (Of estates, etc.). National, belonging to the State.

dôme [do:m], *s.m.* **1.** (*a*) *Arch:* Dome, cupola. (*b*) *F:* Vault, canopy (of heaven, etc.). **2.** (*a*) *Mch:* **D. de prise de vapeur,** steam-dome. (*b*) **D. du palais,** roof of the mouth.

domestication [dɔmɛstikasjɔ̃], *s.f.* Domestication.

domesticité [dɔmɛstisite], *s.f.* **1.** (*a*) Menial condition; (state of) dependence. (*b*) Domesticated state; domesticity (of animal). **2.** *Coll.* Staff of servants.

domestique [dɔmɛstik]. **1.** *a.* (*a*) Domestic (animal, life). **Économie d.,** domestic economy; housekeeping. (*b*) Domestic, menial (service). **2.** *s.m. & f.* (Domestic) servant.

domestiquer [dɔmɛstike], *v.tr.* To domesticate (animal).
se domestiquer, to become domesticated.

domicile [dɔmisil], *s.m.* Residence; (place of) abode; dwelling(-place). *Jur:* Domicile. **Sans d. fixe,** with no fixed abode. *Jur:* **Élire d. dans un endroit,** to elect domicile at a place. S.a. RÉINTÉGRER 2. **A d.,** at one's private house. **Franco à d.,** carriage paid. **Institutrice à d.,** visiting governess. *Com:* **De d. à d.,** from door to door.

domiciliaire [dɔmisiljɛ:r], *a.* Domiciliary (visit, etc.).

domiciliation [dɔmisiljasjɔ̃], *s.f.* *Com:* Domiciliation (of bill of exchange).

domicilié [dɔmisilje], *a.* Resident, domiciled (à, at).

domicilier [dɔmisilje], *v.tr.* *Com:* To domicile (bill at banker's, etc.).
se domicilier, to take up one's residence (à, at).

dominance [dɔminɑ̃:s], *s.f.* **1.** Dominance, dominion, sway. **2.** Predominance, preponderance (of colour, opinion, etc.).

dominant, -ante [dɔminɑ̃, -ɑ̃:t], *a.* **1.** Dominating, dominant, ruling (power, etc.). **2.** Predominating, prevailing (colour, opinion); outstanding (feature). **3.** *s.f.* **Dominante.** *Mus:* Dominant.

dominateur, -trice [dɔminatœ:r, -tris], *a.* Domineering, overbearing (person, tone).

domination [dɔminasjɔ̃], *s.f.* Domination, rule, sway.

dominer [dɔmine]. **1.** *v.i.* To rule, hold sway. **D. sur qn,** (i) to have dominion over s.o.; (ii) to domineer over s.o. **Couleur qui domine,** predominating colour. **2.** *v.tr.* To dominate. (*a*) To rule, sway; to master, control, overcome (one's scruples). **Sa voix dominait toutes les autres,** his voice rose above, was heard above, all others. *Sp:* **D. la partie,** to have the best of the game. (*b*) To tower above (sth.); to overlook. **Le château domine la vallée,** the castle looks down upon the valley.
se dominer, to control one's feelings; to keep down one's anger, impatience, etc.

dominicain, -aine [dɔminikɛ̃, -ɛn], *a. & s.* **1.** *Ecc:* Dominican. **2.** *Geog:* **La République Dominicaine,** the Dominican Republic; Santo Domingo.

dominical, -aux [dɔminikal, -o], *a.* Dominical (letter, etc.). **L'oraison dominicale,** the Lord's prayer. **Repos d.,** Sunday rest.

dominion [dɔminjɔ̃], *s.m.* Dominion.

domino [dɔmino], *s.m.* *Cost:* *Games:* Domino. **Jouer aux dominos,** to play (at) dominoes.

dommage [dɔma:ʒ], *s.m.* **1.** (*a*) Damage, injury. **Causer du d. à qn,** to do s.o. harm. (*b*) *F:* **Quel d.!** what a pity! what a shame! **C'est d. qu'elle ne soit pas venue,** it is a pity that she did not come. **2.** *pl.* (*a*) Damage (to property, etc.). **Réparer les dommages,** to repair, make good, the damage. **Dommages de guerre,** war damage (compensation). (*b*) *Jur:* **Dommages-intérêts,** damages.

dommageable [dɔmaʒabl], *a.* **1.** Damageable (goods, etc.). **2.** *Jur:* Prejudicial. **Acte d.,** tort.

domptable [dɔ̃tabl], *a.* Tamable.

dompt|er [dɔ̃te], *v.tr.* To tame (animal); to break in (horse); to subdue, master (one's instincts). *s.m.* **-age.**

dompteur, -euse [dɔ̃tœ:r, -ø:z], *s.* Tamer (of wild beasts); horse-breaker.

don [dɔ̃], *s.m.* **1.** Giving (à, to); bestowal (à, on). **2.** (*a*) Gift, present. **Faire d. à qn de qch.,** to make a present of sth., to s.o. (*b*) Gift; natural quality; talent. **D. de séduction,** gift of fascination. **Avoir le d. de faire qch.,** to have a talent, a genius, for doing sth.

donataire [dɔnatɛ:r], *s.m. & f.* *Jur:* Donee.

donateur, -trice [dɔnatœ:r, -tris], *s.* Giver. *Jur:* Donor, *f.* donatrix.

donation [dɔnasjɔ̃], *s.f.* Donation, gift.

donc [dɔ̃:k]. **1.** *conj.* Therefore, hence, consequently, so. **Je pense, donc, je suis,** I think, therefore I exist. **2.** *adv.* [dɔ̃, but in oratory often dɔ̃:k] (*a*) (Emphatic) **Que voulez-vous d.?** what ever do you want? **Mais taisez-vous d.!** do hold your tongue! **Allons d.!** (i) nonsense! not a bit of it! (ii) come on! look sharp! **Pensez d.!** just think! (*b*) (After digression) **D.** [dɔ̃:k], **pour en revenir à notre sujet,** well, to come back to our subject.

dondon [dɔ̃dɔ̃], *s.f.* *F:* **Grosse d.,** big lump of a girl, of a woman.

donjon [dɔ̃ʒɔ̃], *s.m.* **1.** Keep (of castle). **2.** *Navy:* Gun-turret, armoured turret (on cruisers and battleships).

donnant [dɔnɑ̃], *a.* Generous, open-handed. **Peu d.,** close-fisted. *Adv.phr.* **D. d.,** (i) give and take, tit for tat; (ii) cash down.

donne [dɔn], *s.f.* *Cards:* Deal. **Faire la d.,** to deal.

donnée [dɔne], *s.f.* **1.** Datum (of problem, etc.); fundamental idea (of novel, etc.). **2.** *pl.* Data.

donner [dɔne], *v.tr.* To give. **1. D. un bal,** to give a ball. **D. aux pauvres,** to give to the poor. *Prov:* **Qui donne tôt donne deux fois,** he gives twice who gives quickly. **D. un coup de brosse à son chapeau,** to give one's hat a brush. **D. le bonjour à qn,** to bid, wish, s.o. good day. **D. des conseils,** to give advice. **D. à boire à qn,** to give s.o. something to drink. **Je lui ai donné à entendre que . . .,** I gave him to understand that. . . . **Je vous en donne dix francs,** I will give you ten francs for it. **Je vous le donne en vingt,** I give you twenty guesses. *F:* **C'est donné,** it's dirt cheap; it's a gift. **Cela se donne,** it can be had for the asking. **S'en d. (à cœur joie),** to enjoy oneself (to the full); to have a good time. **Se d. au plaisir,** to give oneself up to pleasure. **D. à qn sa fille en mariage,** to give one's daughter to s.o. in marriage. **D. la main à qn,** to shake hands with s.o. **Elle lui donna sa main,** she gave him her hand (in marriage). **D. les cartes,** to deal (the cards). **Mal d.,** to misdeal. *Tp:* **D. à qn la communication avec qn,** to get, put, s.o. through to s.o. *Med:* **D. du sang,** to donate blood. **Il n'est pas donné à tout le monde d'être un Milton,** not everybody can be a Milton. **D. de la vitesse,** to get up speed (of engine, train). **Il me fut donné de,** it fell to my lot to. **2.** (*a*) To provide, furnish; (of crops) to yield. **Arbre qui donne des fruits,** tree that bears fruit. **D. des preuves à qn,** to furnish s.o. with proofs. **Cela donne à penser,** this gives, provides, food for thought. **Cela donne l'idée que . . .,** it conveys the idea that. . . . **D. un bon exemple,** to set a good example. **D. la leçon pour demain,** to set the lesson for tomorrow. **D. une pièce de théâtre,** to produce, perform, a play. **A un point donné,** at a given, certain, point. **Étant donné qu'il est mineur,** as he is not of age. *Abs.* **Si les blés donnent cette année,** if there is a good crop of wheat this year. *F:* **Ça n'a pas donné ce que j'espérais,** it didn't turn out, work out, as I anticipated. (*b*) **D. faim, soif, sommeil, chaud, à qn,** to make s.o. hungry, thirsty, sleepy, hot. **D. la fièvre à qn,** to throw s.o. into a fever. **3.** To ascribe, attribute (sth. to s.o.). **Elle se donne trente ans,** she professes to be thirty. **Je lui donne vingt ans,** I put him down as twenty. **Se d. pour un honnête homme,** to claim to be, to put oneself forward as, an honest man. **D. tort, d. raison, à qn,** to disagree, agree, with s.o. **4.** (*a*) **Fenêtre qui donne sur la cour,** window that looks out on the yard. **Des pièces qui donnent sur le vestibule,** rooms which open on to the hall. **Cette porte donne (accès) sur le jardin,** this door leads out into the garden. **Le soleil donne sur la porte,** the sun shines on, beats down upon, the door. (*b*) **D. de la tête contre qch.,** to knock, strike, bump, run, one's head against sth. **D. dans le piège,** to fall into the trap. *F:* **D. dedans,** to walk right into the trap. **D. dans le luxe,**

to have a taste for expensive things. **Il me donne sur les nerfs,** he gets on my nerves. *F:* **D. dans l'œil de, à, qn,** to strike s.o.'s fancy. **La cavalerie n'a pas donné,** the cavalry did not engage. *I.C.E:* **Moteur qui donne mal,** engine running or firing badly. (*c*) **Le toit donne,** the roof is giving way.

donneur, -euse [dɔnœːr, -øːz], *s.* (*a*) Giver. *Med:* **D. de sang,** blood donor. **D. de conseils,** *F:* wise guy. (*b*) *Cards:* Dealer. (*c*) *St.Exch:* **D. d'ordres,** client (of a broker).

don-quichottisme [dɔ̃kiʃɔtism], *s.m.* Quixotism, quixotry.

dont [dɔ̃], *rel.pron.* (= **de qui, duquel, desquels, etc.**) (*a*) From, by, with, whom or which. **Les aïeux d. je suis descendu,** the ancestors from whom I am descended. **La femme d. il est amoureux,** the woman he is in love with. (*b*) (Of, about, concerning) whom, which. **Le livre d. j'ai besoin,** the book (that) I want. **Voici ce d. il s'agit,** this is what it is all about. (*c*) Whose, of whom, of which. **La dame d. je connais le fils,** the lady whose son I know. **La dame d. le fils vous connaît,** the lady whose son knows you.

donzelle [dɔ̃zɛl], *s.f. F:* Hussy, fast girl.

doper [dɔpe], *v.tr.* **1.** *Turf:* To dope (horse). **2.** To give a stimulant (before a special effort).

doping [dɔpiŋ], *s.m. Turf:* **1.** Doping (of a horse). **2.** Dope.

dorade [dɔrad], *s.f. Ich:* Dorado; dolphin; sea-bream.

doré [dɔre], *a.* **1.** Gilded, gilt. *Bookb:* **D. sur tranches,** gilt-edged. **2.** *Cu:* (*a*) Glazed (cake). (*b*) Browned (meat, etc.). **3.** *s.m. Ich:* (*a*) *F:* **(Jean) Doré,** (John) Dory. (*b*) *Fr.C:* Wall-eyed pike, yellow pike.

dorénavant [dɔrenavɑ̃], *adv.* Henceforth.

dor|er [dɔre], *v.tr.* **1.** To gild. *F:* **D. la pilule,** to gild the pill. **2.** *Bookb:* **D. à froid,** to stamp (cover) in blind. **3.** *Cu:* (*a*) To glaze (cake). (*b*) To brown (meat, etc.). *s.m.* **-age.**
se dorer, to turn a golden colour.

doreur, -euse [dɔrœːr, -øːz], *s.* Gilder.

dorique [dɔrik], *a. Arch:* Doric (order).

dorloter [dɔrlɔte], *v.tr.* To fondle, coddle; to pamper.
se dorloter, to coddle oneself.

dormant [dɔrmɑ̃]. **1.** *a.* (*a*) Sleeping. (*b*) Dormant (account); (capital) lying idle; stagnant (water). (*c*) Fixed, immovable (post, fan-light). *Nau:* **Manœuvres dormantes,** standing rigging. **2.** *s.m.* Frame, casing (of door, window).

dormeur, -euse [dɔrmœːr, -øːz], *s.* **1.** (*a*) Sleeper. (*b*) *F:* Sleepy-head, sluggard. **2.** *s.f.* **Dormeuse.** (*a*) Chaise-longue. (*b*) Stud ear-ring. **3.** *s.m. Crust:* **Dormeur,** edible crab.

dormir [dɔrmiːr], *v.i.* (*pr.p.* **dormant**; *p.p.* **dormi**; *pr.ind.* **je dors, n. dormons**; *p.d.* **je dormais**; *p.h.* **je dormis**) **1.** To sleep; to be asleep. **D. profondément,** to be fast asleep. **D. du sommeil du juste,** to sleep the sleep of the just. **Il n'en dort pas,** he can't sleep for thinking of it. **D. trop longtemps,** to oversleep. S.a. DÎNER I. *F:* **D. à poings fermés, comme un sabot,** to sleep soundly, like a top, like a log. **Ne d. que d'un œil,** to sleep with one eye open. **Vous pouvez d. sur les deux oreilles,** you need have no cause for uneasiness. *F:* **Il dort sur ses deux oreilles,** he sits on his behind. **Il dormait debout,** he couldn't keep his eyes open. **Une histoire à d. debout,** (i) a boring, tedious, tale; (ii) a tall yarn. **2.** To be dormant. **Laisser d. une affaire,** to let an affair lie dormant; *F:* to sit on a business deal. **Eau qui dort,** stagnant water. *Prov:* **Il n'y a pire eau que l'eau qui dort,** still waters run deep.

dormitif [dɔrmitif], *s.m.* Sleeping-draught.

dorsal, -aux [dɔrsal, -o], *a.* Dorsal. **Nageoire dorsale,** dorsal fin (of fish). S.a. ÉPINE 3.

dortoir [dɔrtwaːr], *s.m.* Dormitory. **Ville d.,** dormitory town. *Nau:* Sleeping cabin.

dorure [dɔryːr], *s.f.* **1.** (*a*) Gilding. (*b*) *Bookb:* **D. à froid,** blind tooling. (*c*) *Cu:* (i) Glazing (with yolk of egg). (ii) Browning. **2.** Gilt.

doryphore [dɔrifɔːr], *s.m.* (*a*) *Ent:* Colorado beetle. (*b*) *F:* German soldier (1939-1945 war), Jerry.

dos [do], *s.m.* Back. **1. Avoir le d. rond,** to be round-shouldered. **Voir qn de d.,** to have a back view of s.o. **Tourner le d. à qn,** to turn one's back on s.o.; to stand, sit, with one's back to s.o. **Il va nous tomber sur le d.,** he will be bursting in upon us. **Faire le gros d.,** (of cat) to arch up, set up, its back; (of pers.) (i) to put on important airs; (ii) to bristle up. **Voyager à d. de cheval,** to travel on horseback. **Se mettre tout le monde à d.,** to set everybody against oneself. *F:* **Avoir qn sur le d.,** to be saddled with s.o. **Il a bon d.,** (i) he doesn't mind responsibilities, (ii) he is always saddled with the blame. *P:* **J'en ai plein le d.,** I am fed up with it. S.a. ÂNE 1. **2.** Back (of chair, blade, page, etc.); bridge (of nose). **Scie à d.,** backed saw. **"Voir au d.,"** 'turn over.' S.a. CUILLER.

dose [doːz], *s.f.* **1.** *Ch: etc:* Proportion, amount (of constituent). **2.** Dose (of medicine).

dos|er [doze], *v.tr. Ch: etc:* To proportion, titrate (constituent). *a.* **-able.** *s.m.* **-age.**

dossard [dosaːr], *s.m. Sp:* Number (fastened on the back of competitor).

dossier [dosje], *s.m.* **1.** Back (of seat). **D. de malade,** bed-rest. **2.** (*a*) Documents, file (relating to an affair). (*b*) Record, dossier (of official, prisoner, etc.). **Avoir un d. lourdement chargé,** to have a very bad record. (*c*) *Fin:* Holding, investment.

dot [dɔt], *s.f.* Dowry, dower; marriage portion. *F:* **Coureur de dots,** fortune-hunter.

dotal, -aux [dɔtal, -o], *a.* Dotal (property, etc.). **Apport d.,** dowry.

dotation [dɔtasjɔ̃], *s.f.* Endowment (of hospital, etc.); foundation.

doter [dɔte], *v.tr.* (*a*) To dower (bride). (*b*) To endow (hospital, etc.). (*c*) **D. une usine de matériel neuf,** to equip a works with new plant.

douaire [dwɛːr], *s.m.* **1.** (Widow's) dower. **2.** Jointure; marriage settlement in favour of wife.

douairière [dwɛrjɛːr], *a. & s.f.* Dowager.

douane [dwan], *s.f. Adm:* Customs. **Visite de la d.,** customs examination. *Aut:* **Carnet de passage en d.,** International Customs Pass, carnet. **Passer des marchandises en d.,** to clear goods. **Marchandises en d.,** bonded goods. **(Bureau de) d.,** custom-house **Franc de d.,** duty paid.

douanier, -ière [dwanje, -jɛːr]. **1.** *a.* **Tarif d.,** customs tariff. **Union douanière,** customs union. **Barrières douanières,** tariff-walls. **Sentier d.,** coastguard path. **2.** *s.m.* Customs officer. *Nau:* Tide-waiter.

double [dubl]. **1.** *a.* Double, twofold. **Mot, expression, à d. entente,** word, phrase, with a double meaning. **Mot à d. sens,** ambiguous word. **Faire coup d.,** to kill two birds at one shot. **Fermer une porte à d. tour,** to double-lock a door. **Pompe à d. effet,** double-acting pump. **Comptabilité en partie d.,** double entry book-keeping. **Quittance d.,** receipt in duplicate. *I.C.E:* **D. allumage,** dual ignition. *F:* **Un d. coquin,** an arrant rogue. **Maisons doubles,** semi-detached houses. *Cin:* **Programme d.,** double-feature programme. **2.** *adv.* **Voir d.,** to see double. **3.** *s.m.* (*a*) Double. **J'ai le d. de votre âge,** I am twice your age. **Plus lent du d.,** twice as slow. **Plier qch. en d.,** to fold sth. in half. **Bontés rendues au d.,** kindnesses returned twofold. *Ten:* **D. messieurs, d. dames,** men's, ladies', double. (*b*) Duplicate, counterpart. *Typwr:* Carbon copy. **Facture en d.,** invoice in duplicate. *adv.* **-ment**[1].

doublé [duble], *s.m.* Gold-, silver-cased jewellery; rolled gold. **D. d'argent,** silver-plated ware. **Montre en or d.,** gold-filled watch.

doubleau, -eaux [dublo], *s.m. Arch:* (*a*) Transverse rib. (*b*) Ceiling beam.

double bang [dubləbɑ̃ːg], *s.m. Av:* Double bang.

double-crème [dubləkrɛm], *s.f. Cu:* Cream cheese.

doubl|er [duble]. **1.** *v.tr.* (*a*) To double (the size, etc.). (*b*) To fold (sheet of paper) in half, in two; to double (sheet of paper). *Nau:* **D. un cap,** to double, 'make,' weather, a cape. *Sch:* **D. une classe,** to repeat a class, *F:* to stay down. *Th:* **D. un rôle,** to understudy a part. **D. le pas,** to quicken one's pace. *Aut: P.N:* **Défense de d.,** no overtaking, overtaking prohibited, *U.S.:* no passing. *Aut:* **D. en troisième position,** to overtake three abreast. (*c*) To line (coat, etc.). **Caisse doublée de zinc,** zinc-lined case. **Fourchettes doublées d'argent,** silver-plated forks. **Haine qui se double de mépris,** hatred to which contempt is added. (*d*) *Cin:* To dub (a film). **2.** *v.i.* (Of population, etc.) To double, to increase twofold. *s.m.* **-age.** *s.m.* **-ement**².

doublet [dublɛ], *s.m. Ling: Phot:* Doublet.

doublure [dublyːr], *s.f.* **1.** Lining (of garment, etc.); sheathing (of hull, etc.). **2.** *Th:* Understudy.

douce. See DOUX.

douce-amère [dusamɛːr], *s.f. Bot:* Woody nightshade, bitter-sweet. *pl. Des douces-amères.*

douceâtre [dusɑːtr], *a.* Sweetish.

doucement [dusmɑ̃], *adv.* Gently, softly; (to run, work) smoothly. **Allez-y d.!** gently does it! easy does it! *F:* **Allez-y d. sur, avec, pour, l'électricité,** go easy on the electricity. *P:* **Ça m'a fait d. rigoler,** I had a good laugh over it. *Prov:* **Qui va d. va loin,** slow and steady wins the race.

doucereu|x, -euse [dusrø, -øːz], *a.* **1.** Sweetish, sickly; mawkish (taste, etc.). **2.** Mealy-mouthed, smooth-tongued (person). *adv.* **-sement.**

doucet, -ette [dusɛ, -ɛt]. **1.** *a.* & *s.* Meek, mild, demure (person). **2.** *s.f.* **Doucette,** corn salad; lamb's-lettuce.

douceur [dusœːr], *s.f.* **1.** (*a*) Sweetness (of honey, perfume, etc.). (*b*) *pl.* Sweets; sweet things. **2.** Softness (of sound, material, etc.); smoothness (of trot, etc.); meekness (of disposition). **3.** (*a*) Pleasantness. (*b*) Pleasant thing. **Les douceurs de la vie,** the comforts of life. **4.** Gentleness (of character, etc.); sweetness (of smile); mellowness (of colour, wine); mildness (of climate). **En d.,** cautiously, carefully. **Allez-y en d.!** gently does it! **Il veut collectiviser l'agriculture par la d.,** he wants to collectivize agriculture by persuasion.

douche [duʃ], *s.f.* **1.** Shower(-bath). *F:* **Administrer une d. à qn.,** to douse s.o., to reprimand s.o. **Jeter une d. froide sur l'enthousiasme de qn,** to throw cold water on s.o.'s enthusiasm. **D. écossaise,** (i) hot and cold shower-bath; (ii) *F:* succession of good and bad news. **2.** *Med:* Douche.

doucher [duʃe], *v.tr.* **1.** To give (s.o.) a shower(-bath). *F:* To cool off. **Son manque de succès a douché son enthousiasme,** his lack of success has cooled off his enthusiasm. **2.** *Med:* To douche.

se doucher, to take a shower.

doucheur, -euse [duʃœːr, -øːz], *s.* (Shower-)bath attendant.

doué [dwe], *a.* Gifted. **Il est d. pour les mathématiques,** he has a natural gift for mathematics.

douer [dwe], *v.tr.* To endow (s.o.) (de, with).

douille [duːj], *s.f.* Tubular casing. (*a*) Socket (of tool, bayonet). *El.E:* Contact-socket, holder (of electric-light bulb). (*b*) Case (of cartridge). (*c*) *Mec.E:* Sleeve, boss (of wheel, etc.). **Accouplement à d.,** sleeve-coupling. (*d*) *Cu:* Piping nozzle. S.a. POCHE 2.

douillet, -ette [dujɛ, -ɛt]. **1.** *a.* Soft, downy (cushion, etc.). (*b*) (Of pers.) Soft; timorous of pain. **Un d.,** a molly-coddle. **2.** *s.f.* **Douillette.** *Cost:* (i) Quilted overcoat (of priest); (ii) house-coat.

douillettement [dujɛtmɑ̃], *adv.* Softly, delicately; cosily. **Élever un enfant d.,** to coddle a child.

douleur [dulœːr], *s.f.* Suffering. **1.** Pain, ache. **Se sentir des douleurs par tout le corps,** to ache all over. **Sans d.,** painless (operation, etc.). **2.** Sorrow, grief, woe.

douloureu|x, -euse [dulurø, -øːz], *a.* Painful. **1.** Aching; sore, tender. S.a. TIC. **2.** Sad, distressing, grievous (loss, etc.); pained, sorrowful (look). **3.** *s.f. F:* **La douloureuse,** the (hotel) bill, the reckoning. *adv.* **-sement.**

doute [dut], *s.m.* Doubt, uncertainty, misgiving. **Être en d., dans le d.,** to be in doubt. **Avoir des doutes sur qch.,** to have misgivings, suspicions, about sth. **Mettre, révoquer, qch. en d.,** to call sth. in question; to question sth. **Mettre en d. la parole de qn,** to challenge s.o.'s word. **C'est hors de d., il n'y a pas de d.,** it is beyond doubt, beyond (all) question. **Il est hors de d. que** + *ind.*, it is beyond doubt that. . . . **Nul d. qu'il (ne) soit mort,** there is no doubt that he is dead. **Sans d.,** (i) *A:* doubtless(ly), without doubt; (ii) no doubt, I dare say, probably. *F:* **Sans d. qu'il oubliera,** I dare say he will forget. **Sans aucun d.,** without (any) doubt. S.a. ABSTENIR (s').

douter [dute], *v.i.* To doubt. **D. du zèle de qn,** to doubt, to question, to have doubts about, s.o.'s zeal. **D. de qn,** to mistrust s.o. **Il était à n'en point d. courageux,** his courage was beyond all question. **Je ne doute pas de le voir bientôt,** I have no doubt I shall see him before long. **Je doute qu'il soit assez fort,** I doubt whether he is strong enough. **Je ne doute pas qu'il (ne) vous vienne en aide,** I do not doubt that he will help you. *F:* **Il ne doute de rien,** he is full of self-confidence.

se douter de qch., to suspect, surmise, conjecture, sth. **Il se doute de quelque chose,** he suspects something. **Il ne se doute de rien,** he suspects nothing. **Je ne me doutais pas qu'il fût là,** I had no suspicion, no idea, that he was there.

douteur, -euse [dutœːr, -øːz]. **1.** *s.* Doubter. **2.** *a.* Doubting. **Siècle d.,** age of doubt.

douteu|x, -euse [dutø, -øːz], *a.* **1.** Doubtful, uncertain, questionable. **Créance douteuse,** doubtful debt. **Clarté douteuse,** dubious, uncertain, light. **Il est d. que** + *sub.*, it is doubtful whether. . . . **Il n'est pas d. que . . . (ne)** + *sub.*, more usu. que + *ind.*, there is no doubt (but) that. . . . **2. Je suis d. sur ce que je dois faire,** I am in doubt what to do. *adv.* **-sement.**

douve [duːv], *s.f.* **1.** Trench, ditch; moat (of castle). **2.** *Coop:* Stave. **3.** *Bot:* **Grande d.,** spearwort. **4.** *Vet:* Fluke(-worm).

Douvres [duːvr]. *Pr.n.f. Geog:* Dover.

doux, *f.* **douce** [du, dus], *a.* (*a*) Sweet; smooth, soft (to the touch). **Eau douce,** (i) fresh water, (ii) soft water. S.a. MARIN 2. (*b*) Pleasant, agreeable. **J'ai eu la vie douce,** my life has been a pleasant one. **Tenir de d. propos,** to say sweet nothings. S.a. ŒIL 2. (*c*) Gentle (movement); soft, subdued (light, colour); mellow (light); mild (climate); quiet (horse). **Voiture douce,** smooth-running car. **Temps d.,** mild weather. **Lime douce,** smooth file. **Tabac d.,** mild tobacco. (*d*) Gentle (remonstrance); meek (nature); mild (rule). **Prix d.,** moderate price. *F:* **D. comme un agneau,** meek as a lamb. (*e*) *adv. F:* **Filer d.,** to obey; to sing small. **Tout d.!** gently!

douzaine [duzɛn], *s.f.* Dozen. **Trois douzaines d'œufs,** three dozen eggs. **Une d. de personnes,** about a dozen people. **A la d.,** by the dozen. **Il ne s'en trouve pas à la d.,** they are not to be picked up every day.

douze [duːz], *num.a.inv.* & *s.m.inv.* Twelve. **Le d. mai,** the twelfth of May. **Louis D.,** Louis the Twelfth. *Rail: etc:* **D. heures,** twelve o'clock (noon).

douzième [duzjɛm], **1.** *num. a.* & *s.* Twelfth. *adv.* **-ment.**

doxologie [dɔksɔlɔʒi], *s.f.* Doxology.

doyen, -enne [dwajɛ̃, -ɛn], *s.* **1.** (*a*) *Ecc: Sch:* Dean. (*b*) Doyen (of diplomatic corps). **2. Être le d., la doyenne, de qn,** to be s.o.'s senior.

doyennat [dwajɛna], *s.m.* Deanship (of a Faculty).

doyenné [dwajɛne], *s.m.* **1.** Deanery. (*a*) Office or dignity of Dean. (*b*) Dean's residence. **2.** *Hort:* **D. du comice,** comice (pear).

doyenneté [dwajɛnte], *s.f.* Seniority.

drachme [drakm], *s.f.* **1.** *Num:* Drachma. **2.** *Meas:* Dram; drachm.

draconien, -ienne [drakɔnjɛ̃, -jɛn], *a.* Draconian; harsh, unduly severe (regulations).

drag [drag], *s.m.* **1.** *Veh:* Drag. **2.** Drag-hunt.

dragage [dragaːʒ], *s.m.* **1.** Dredging. **2.** Mine-sweeping; dragging (of river for body, etc.).

dragée [draʒe], *s.f.* (*a*) Sugar(ed) almond. *F:* **Tenir la d. haute à qn,** to make s.o. dance to one's tune. (*b*) *Pharm:* Sugar-coated pill. *F:* **Avaler la d.,** to swallow the pill.

dragéifier [draʒeifje], *v.tr. Pharm:* **D. une pilule,** to coat a pill. **Comprimé dragéifié,** sugar-coated tablet.

drageon [draʒɔ̃], *s.m. Arb: Hort:* Sucker.

dragon [dragɔ̃], *s.m.* **1.** Dragon. **2.** *Mil:* Dragoon.

drague [drag], *s.f.* (*a*) Dredger. **D. à godets,** bucket dredger. (*b*) Drag, grappling-hook. (*c*) *Fish:* Dredge, drag-net.

draguer [drage], *v.tr.* **1.** To dredge (river, harbour). **2.** (*a*) To drag (pond, etc.); to sweep (channel). (*b*) To dredge for (oysters, etc.).

dragueur [dragœːr]. **1.** *s.m.* Dredger-man. **2.** *a.* & *s.m.* (*a*) **(Bateau) d.,** dredger. (*b*) **D. de mines,** mine-sweeper.

drain [drɛ̃], *s.m.* **1.** Drain(-pipe). **2.** *Surg:* Drainage-tube.

drain|er [drɛne], *v.tr.* To drain (soil, abscess); to tap (capital, talent, etc.). *s.m.* **-age.** *s.m.* **-eur.**

dramatique [dramatik], *a.* Dramatic. **L'art d.,** the drama. **Chanteur d.,** operatic singer. **Auteur d.,** playwright. *adv.* **-ment,** -ally.

dramatiser [dramatize], *v.tr.* **1.** To dramatize (event, emotion). **2.** To reproduce (story, etc.) in dramatic form.

dramaturge [dramatyrʒ], *s.m.* Dramatist, playwright.

dramaturgie [dramatyrʒi], *s.f.* The Art of the Theatre.

drame [dram], *s.m.* **1.** (*a*) Drama (as a literary genre). (*b*) Play. **D. lyrique,** opera. **2.** *F:* Sensational affair; drama.

drap [dra], *s.m.* **1.** Cloth. **D. fin,** broadcloth. **D. mortuaire,** pall. **D. d'or,** gold brocade. *Hist:* **Le Camp du d. d'or,** the Field of the Cloth of Gold. **2. D. de lit,** (bed-)sheet. **D. d'hôpital,** waterproof sheeting. *F:* **Être dans de beaux, mauvais, draps,** (i) to be in a fine mess, in a sorry plight; (ii) to be in a bad way.

drapé [drape]. **1.** *a.* Draped (material); disposed in folds. **2.** *s.m. Dressm: Coll:* The *ensemble* of pleats and folds (of a dress, etc.); the hang of a garment.

drapeau [drapo], *s.m.* Flag; (regimental) colour. **D. parlementaire,** flag of truce. **Arborer un d.,** to hoist a flag. **Être sous les drapeaux,** to serve with the colours. **D. blanc,** white flag. *Mil:* **Présentation du d.** = trooping the colour.

drap|er [drape], *v.tr.* **1.** To drape, cover, hang, (doorway, etc.) with black (as a sign of mourning). **2.** To drape (article of furniture, etc.). *s.m.* **-age.** *s.m.* **-ement.**

se draper. 1. (Of curtains, etc.) To drape. **2.** To wrap oneself up, drape oneself (**dans, de,** in).

draperie [drapri], *s.f.* Drapery.

drapier, -ière [drapje, -jɛːr], *s.* **1.** (*a*) Draper, clothier. (*b*) Cloth manufacturer. **2.** *s.f.* **Drapière,** blanket pin.

drastique [drastik], *a.* & *s.m.* Drastic (remedy, purgative).

drave [draːv], *s.f. Fr.C:* Floating, drive (of logs).

draver [drave], *v.tr. Fr.C:* To float, drive (logs).

draveur [dravœːr], *s.m. Fr.C:* Driver, raftsman, rafter, wood floater.

drèche [drɛʃ], *s.f. Brew: Dist:* Draff.

drelin [drəlɛ̃], *onomat.* & *s.m.* Ting-a-ling; tinkle.

dress|er [drɛse], *v.tr.* **1.** To erect, set up, raise (mast, monument, etc.); to set (trap); to set, lay (table); to pitch (tent). **D. la tête,** (i) to hold up one's head; (ii) to look up. **D. les oreilles,** to prick up one's ears. **2.** To prepare, draw up (plan, contract); to make out (cheque, invoice); to draw up (list). **3.** To adjust, arrange (sth.); to trim, true up (piece of wood); to square (block of stone). **4.** To train (animal, person); to break in (horse); **(Cheval) non dressé,** unbroken (horse). To drill (recruit). *s.m.* **-age.** *s.m.* **-ement.**

se dresser. (*a*) To stand up, rise. **Se d. contre qch.,** to rise up (in protest) against sth. **Se d. sur la pointe des pieds,** to rise on tiptoe. **C'était à faire d. les cheveux (sur la tête),** it was enough to make one's hair stand on end. **Au centre se dresse une statue,** in the centre stands a statue. (*b*) To sit up, straighten up (in one's chair); to become all attention. (*c*) (Of horse) To rear.

dresseur, -euse [drɛsœːr, -øːz], *s.* **1.** Erector; adjuster. **2.** Trainer (of animals). **D. de chevaux,** horse-breaker.

dressoir [drɛswaːr], *s.m.* Sideboard, dresser.

dribble [dribl], *s.m. Fb:* Dribble.

dribbler [drible], *v.tr. Fb:* To dribble.

dribbleur [driblœːr], *s.m. Fb:* Dribbler.

dribbling [driblip], *s.m. Fb:* Dribbling.

drill [driːj], *s.m. Z:* West African baboon.

drille[1] [driːj], *s.m. F:* **Un joyeux d.,** a merry fellow; a gay dog. **Pauvre d.!** poor devil!

drille[2], *s.f. Tls:* Hand-drill.

driller [drije], *v.tr.* To drill, to bore.

drisse [dris], *s.f. Nau:* Halyard.

drive [draːiv, driːv], *s.m. Ten: Horse-Rac: etc:* Drive.

driver [drive], *v.i. Horse-rac:* To drive (in a trotting race).

driver [drivœːr], *s.m. Rac:* (*in trotting races*) Driver.

drogman [drɔgmɑ̃], *s.m.* Dragoman.

drogue [drɔg], *s.f.* **1.** (*a*) Drug, nostrum. (*b*) Chemical (as a commercial article). **2.** *F:* Worthless stuff; trash. **3.** Narcotic.

droguer [drɔge]. **1.** *v.tr.* To dose (person); to dope, nobble (race-horse, etc.). **2.** *v.i. F:* To be kept waiting. **Faire d. qn,** to keep s.o. waiting.

se droguer, to take drugs; to be a drug-addict.

droguerie [drɔgri], *s.f.* (*a*) = Hardware store. (*b*) Trade in paint, cleaning materials, etc.

droguet [drɔge], *s.m. Tex:* Drugget.

droguiste [drɔgist], *s.m.* = Hardware storekeeper.

droit[1] [drwa], *a.* **1.** Straight, upright; plumb (wall, etc.). **Se tenir d.,** to stand upright. **Col d.,** stand-up collar. **Angle d.,** right angle. *Geom.Draw:* **Section droite,** cross-section. **2.** (*a*) Direct, straight (road, etc.). *Nau:* **D. la barre!** helm amidships! (*b*) **Ligne droite,** *s.f.* **droite,** straight line. **En ligne droite,** in a straight line. **S'avancer en ligne droite vers . . .,** to make a bee-line for. . . . (*c*) *adv.* **Marcher d.,** to walk straight. **Allez tout d.,** keep straight on. *Nau:* **D. devant, d. debout,** right ahead. **3.** Straightforward, upright (person, conduct). **4.** (*a*) Right (hand, side, etc.). **Être le bras d. de qn,** to be s.o.'s right-hand man. (*b*) *s.f.* **Droite,** right hand; right(-hand) side. *Pol:* Right, Conservative. **Tenir la droite,** to keep to the right. *Nau:* **A droite (la barre)!** starboard! *Av:* **Hélice à pas à droite,** right-hand air-screw. *adv.* **-ement.**

droit[2], *s.m.* **1.** Right. **Droits civils,** civil rights. **D. de passage,** right of way. **D. de cité,** freedom of a city. **D. d'aînesse,** birthright. **D. d'auteur,** copyright. **"Tous droits réservés,"** 'all rights reserved.' **Faire valoir son d.,** to vindicate one's rights. **Droits acquis,** vested interests. **Avoir d. à qch.,** to have a right to sth. **Donner d. à qn,** to give a decision in favour of s.o. **Avoir le d., être en d., de faire qch.,** to be entitled to do sth. **S'adresser à qui de d.,** to apply to the proper quarter. **Être dans son d.,** to be within one's rights. **A bon d.,** with good reason, legitimately. **Faire d. à une demande,** to accede to a request; to allow a claim. **De d. et de fait,** de facto and de jure. **2.** Charge, fee, due. **Droits d'auteur,** royalties. **Droits de port,** harbour dues. *Cust:* **D. de douane,** duty. **Marchandises assujetties aux droits, exemptes de droits,** dutiable goods, duty-free goods. **D. d'inscription,** registration fee. **3.** Law. **D. écrit,** statute law. **D. coutumier,** common law. **Par voies de d.,** by legal process. **Responsable en d.,** legally responsible. **D. des obligations** = law of contract. Faire son d., to study, read, law. **Étudiant en d.,** law student.

droitier, -ière [drwatje, -jɛːr], *a.* & *s.* **1.** Right-handed (person). **2.** *Pol:* Member of the Right.

droiture [drwatyːr], *s.f.* Uprightness, straightforwardness, rectitude.

drolatique [drɔlatik], *a.* (*a*) Comic, humorous. (*b*) Spicy, ribald (tale, song).

drôle[1] [droːl], *s.m.* Rascal, knave, scamp.

drôle[2], *a.* Funny, droll, odd. **Un d. de garçon,** a funny chap; *F:* **a queer fish. Une d. de fille,** a funny girl. **Quelle d. d'idée!** what a funny idea! *F:* **La "drôle de guerre,"** the 'phoney war' (1939-40).

drôlement [drolmɑ̃], *adv. F:* Funnily, queerly, *P:* excessively. **Il a d. décollé,** he hasn't half changed.

drôlerie [drolri], *s.f.* **1.** Drollery, (i) oddness; (ii) jesting. **2.** Quip, jest.

drôlesse [drolɛs], *s.f.* Jade, strumpet, hussy.

drôlet, -ette [drolɛ, -ɛt], *a. F:* Quaint, odd, funny (child, etc.).

dromadaire [drɔmadɛːr], *s.m. Z:* Dromedary.

drop [drɔp], *s.m.* **drop-goal** [drɔpgoːl], *s.m. Rugby:* Dropped goal.

droppage [drɔpaːz], *s.m. Av:* Parachuting; drop. **Zone de d.,** dropping zone.

dropping [drɔpip], *s.m. Av:* Parachuting; drop.

drosère [drɔzɛːr], *s.f. Bot:* Sundew. **D. à feuilles rondes,** moor-grass.

dru [dry]. **1.** *a.* Thick, strong, close-set (corn, etc.); dense, thick-set (undergrowth). **Pluie fine et drue,** fine, close rain. **2.** *adv.* **Tomber d.,** to fall thick and fast. **Pousser d.,** to grow thickly. **Frapper d.,** to shower blows (on s.o.).

druide, *f.* **druidesse** [drɥid, drɥidɛs], *s.* Druid, druidess.
druidique [drɥidik], *a.* Druidic(al).
druidisme [drɥidism], *s.m.* Druidism.
du [dy] = DE LE. See DE and LE[1].
dû, due [dy]. **1.** *a.* Due. (*a*) Owing. **En port d.,** carriage forward. (*b*) Proper. **En temps d.,** in due course. **Contrat rédigé en bonne et due forme,** contract drawn up in due form, formal contract. **2.** *s.m.* Due. **A chacun son d.,** give the devil his due.
dubitat|if, -ive [dybitatif, -i:v], *a.* Dubitative. *adv.* **-ivement.**
duc [dyk], *s.m.* **1.** Duke. **2.** Horned owl.
ducal, -aux [dykal, -o], *a.* Ducal.
duché [dyʃe], *s.m.* Duchy, dukedom.
duchesse [dyʃɛs], *s.f.* Duchess. *Tex:* **(Satin) d.,** duchesse satin. **(Guipure) d.,** duchess lace.
ductile [dyktil], *a.* Ductile; *F:* tractable, pliable (nature).
ductilité [dyktilite], *s.f.* Ductility; *F:* pliableness, docility.
duègne [dɥɛɲ], *s.f.* (*a*) Duenna. (*b*) *F:* Chaperon.
duel[1] [dɥɛl], *s.m.* Duel, encounter. **Provoquer, appeler, qn en d.,** to call s.o. out.
duel[2], *s.m.* *Gram:* Dual (number).
duelliste [dɥɛlist], *s.m.* Duellist.
duettiste [dɥɛtist], *s.m. & f.* *Mus:* Duettist.
duffel-coat, duffle-coat [dyf(ɛ)lkot] *s.m.* *Cost:* Duffle-coat.
dulcifier [dylsifje], *v.tr.* To sweeten, dulcify.
dulcinée [dylsine], *s.f.* Dulcinea, inamorata, lady-love.
dûment [dymɑ̃], *adv.* Duly; in due form.
dûmes. See DEVOIR.
dumping [dœmpiŋ], *s.m.* *Com:* Dumping.
dune [dyn], *s.f.* Dune, sand-hill; down.
dunette [dynɛt], *s.f.* *Nau:* Poop(-deck).
Dunkerque [dœ̃kɛrk]. *Pr.n.f.* *Geog:* Dunkirk.
duo [dyo], *s.m.* *Mus:* Duet.
duodécimal, -aux [dyɔdesimal, -o], *a.* Duodecimal.
duodécimo [dyɔdesimo], *adv.* Twelfthly, in the twelfth place.
duodénal, -aux [dyɔdenal, -o], *a.* Duodenal.
duodénite [dyɔdenit], *s.f.* *Med:* Duodenitis; inflammation of the duodenum.
duodénum [dyɔdenɔm], *s.m.* Duodenum. **Ulcère au d.,** duodenal ulcer.
dupe [dyp], *s.f.* Dupe, *F:* sucker.
duper [dype], *v.tr.* To dupe, to gull, to fool (s.o.).
duperie [dypri], *s.f.* **1.** Dupery, deception. **2.** Take-in.
dupeur, -euse [dypœ:r, -ø:z], *s.* (*a*) Trickster, swindler. (*b*) Hoaxer.
duplex [dyplɛks], *a.inv.* (*a*) Duplex (telegraphy, etc.). (*b*) Diplex (radiotransmission). (*c*) *Const:* Maison(n)ette.
duplexer [dyplɛkse], *v.tr.* *Tg:* *W.Tel:* To duplex, to use duplex technique.
duplicata [dyplikata], *s.m.inv. in pl.* Duplicate (copy). **Reçu en d.,** receipt in duplicate, duplicate receipt.
duplicateur [dyplikatœ:r], *s.m.* Duplicator.
duplicatif, -ive [dyplikatif, -i:v], *a.* Duplicative.
duplication [dyplikasjɔ̃], *s.f.* Duplication.
duplicité [dyplisite], *s.f.* Duplicity, double-dealing, deceit.
dupliquer [dyplike], *v.tr.* = DUPLEXER.
duquel. See LEQUEL.
dur [dy:r], *a.* **1.** Hard; tough (meat, wood). **Œufs durs,** hard-boiled eggs. **Être d. à cuire,** (i) (of food) to take a lot of cooking; (ii) *F:* (of pers.) to be a tough nut. **Eau dure,** hard water. *s.f.* **Coucher sur la dure,** to sleep on bare boards or on the bare ground. *Const:* **En d.,** in concrete, in stone. **2.** Hard, difficult. **C'est d. à croire,** it is difficult to believe. **Avoir la vie dure,** (i) to be hard to kill; (ii) to have a hard time of it. *adv.* **Travailler d.,** to work hard. **3.** (*a*) **D. à la fatigue,** hardened, inured, to fatigue. (*b*) **Avoir l'oreille dure, être d. d'oreille,** to be hard of hearing. **Avoir la tête dure,** to be dull-witted. **Avoir le sommeil d.,** to be a heavy sleeper. (*c*) Stiff. **Commande dure,** stiff control-lever. **4.** Hard, harsh (treatment, voice). **Traits durs,** hard features. **Avoir le cœur d.,** to be hard-hearted. **Hiver d.,** hard, severe, winter. **5.** *s.m.* *P:* Tough guy.
durabilité [dyrabilite], *s.f.* Durability.
durable [dyrabl], *a.* Durable, lasting. *adv.* **-ment.**
Duralumin [dyralymɛ̃], *s.m.* *Metall:* *R.t.m:* Duraluminium.
durant [dyrɑ̃], *prep.* (May follow a sb. sounded as one syllable) During. **Il travailla d. toute sa vie, sa vie d.,** he worked during his whole life, he worked his whole life long. **Parler des heures d.,** to talk for hours on end.
durc|ir [dyrsi:r]. **1.** *v.tr.* To harden; to make (sth.) hard. **2.** *v.i. & pr.* To harden; to grow hard or tough. *s.m.* **-issement.**
durée [dyre], *s.f.* **1.** Lasting quality; wear; life (of electric bulb). **Essai de d.,** endurance test. **2.** Duration; continuance (of reign, war, etc.). **Bonheur de courte d.,** short-lived happiness. **Quelle est la d. de votre congé?** how long is your leave? *Gramophones:* **Disque à d. prolongée,** extended play record, *F:* E.P.
durement [dyrmɑ̃], *adv.* **1.** Hard; hardly (earned). **Vivre d.,** to live a hard life. **2.** Harshly, severely, unkindly.
durent. See DEVOIR, DURER.
durer [dyre], *v.i.* **1.** To last, endure. **Étoffe qui durera,** material which will wear well. **Voilà trois ans que cela dure,** it has been going on for three years. **2.** (Of pers.) To hold out. **Il ne peut pas d. en place,** he simply can't keep still. **Ça va d. longtemps, cette plaisanterie?** Haven't we had about enough of this?
dureté [dyrte], *s.f.* **1.** Hardness; toughness (of meat). **2.** (*a*) Difficulty (of task, etc.). (*b*) **D. d'oreille,** hardness of hearing. **3.** Harshness, callousness. **D. de cœur,** hardness of heart. **D. du froid,** severity of the cold. **Parler avec d.,** to speak harshly. **La d. des temps,** the austerity, hardship, of the times.
durillon [dyrijɔ̃], *s.m.* Callosity (on hand, etc.); corn (on sole of foot).
durite [dyrit], *s.f.* *Aut:* *Av:* *etc:* Flexible connection piping.
du-s, -t, etc.; **dusse, -s,** etc. See DEVOIR.
duvet [dyvɛ], *s.m.* **1.** (*a*) Down (on chin, young bird, peach, etc.). **D. de l'eider, du cygne,** eider-down, swan's down. (*b*) Under-fur (of animal). (*c*) (i) Down mattress, feather-bed. (ii) Quilt. **2.** *Tex:* Nap, fluff (of cloth).
duveté [dyvte], *a.* Downy.
duveteux, -euse [dyvtø, -ø:z], *a.* Downy, fluffy.
duvetine [dyvtin], *s.f.* *Tex:* *R.t.m:* Duvetyn.
dyke [dik], *s.m.* *Geol:* Dyke. **D. de phonolite,** phonolitic dyke.
dynamique [dinamik]. **1.** *a.* Dynamic(al). *Av:* **Pression d.,** ram pressure. **2.** *s.f.* Dynamics. **3.** *F:* **C'est un type d.,** he's a keen type, a go-ahead chap. *U.S:* a hustler.
dynamiser (se) [sɔdinamize], *v.pr.* (Of force, feeling, etc.) To concentrate, to become dynamic.
dynamisme [dinamism], *s.m.* (*a*) Dynamism. (*b*) *F:* Vitality.
dynamiste [dinamist], *s.m.* Dynamist.
dynamite [dinamit], *s.f.* Dynamite.
dynamit|er [dinamite], *v.tr.* To dynamite; to blow up (building, etc.). *s.m.* **-age.** *s.m.* **-eur.**
dynamiterie [dinamitri], *s.f.* Dynamite factory.
dynamo [dinamo], *s.f.* *El.E:* Dynamo.
dynamographe [dinamɔgraf], *s.m.* Dynamograph, recording dynamometer.
dynamomètre [dinamɔmɛtr], *s.m.* *Mec:* Dynamometer.
dynamométrie [dinamɔmetri], *s.f.* Dynamometry.
dynamométrique [dinamɔmetrik], *a.* Dynamometric(al). **Clef d.,** torque wrench.
dynaste [dinast], *s.m.* (*a*) Dynast. (*b*) *Ent:* Dynastes.
dynastie [dinasti], *s.f.* Dynasty.
dynastique [dinastik], *a.* Dynastic.
dyne [din], *s.f.* *Ph.Meas:* Dyne.
dysenterie [disɑ̃tri], *s.f.* *Med:* Dysentery.
dysentérique [disɑ̃terik], *a.* *Med:* Dysenteric.
dysménorrhée [dismenɔre], *s.f.* *Med:* Dysmenorrhœa.
dyspepsie [dispɛpsi], *s.f.* Dyspepsia.
dyspepsique [dispɛpsik], **dyspeptique** [dispɛptik], *a. & s.* *Med:* Dyspeptic.
dyssymétrie [dis(s)imetri], *s.f.* Asymmetry.

E, e [e, ə], *s.m.* (The letter) E, e. *Tp:* **E. comme Eugène,** E for Edward.

É, é [e], *s.m. Typ:* **É comme Émile,** E for Edward.

eau [o], *s.f.* Water. **1. E. fraîche,** cold water. **E. douce,** (i) fresh water, (ii) soft water. **Laver le plancher à grande e.,** to swill the floor. **Passer à l'e.,** to rinse. **E. de vaisselle, eaux grasses,** dish-water. **Eaux usées,** sullage. **E. rougie,** wine and water. *F:* **Mettre de l'e. dans son vin,** to draw in one's horns, to come down a peg or two. **Sans e.,** undiluted; neat, raw (spirits). **Ville d'eau(x),** watering-place; spa. **Prendre les eaux,** to take, drink, the waters. **Aller aux eaux,** to go to a watering-place. (Of locomotive, ship) **Faire de l'e.,** to take in water. **Caisse à e.,** tank. **Arrivée d'e.,** water supply. **2.** (*a*) **Cours d'e.,** waterway, stream. **Jet d'e.,** fountain. **Pièce d'e.,** (ornamental) lake or pond. **Au borde de l'e.,** at the water's edge. **Nager entre deux eaux,** (i) to swim under water; (ii) *F:* to trim; to run with the hare and hunt with the hounds. **Tomber à l'e., dans l'e.,** (i) to fall into the water; (ii) (of plan, etc.) to fall through. **Revenir sur l'e.,** to be afloat again. (*b*) **E. de pluie,** rain-water. **Il tombe de l'e.,** it is raining. **Le temps est à l'e.,** it is rainy, wet, weather. (*c*) **Mortes eaux,** neap tides. **Vives eaux,** spring-tides. **Hautes, basses, eaux,** high, low, water. (Of ship) **Faire e.,** to leak, to spring a leak. **Souliers qui prennent l'e.,** leaky shoes. **Être dans les eaux d'un bâtiment,** to be in the wake of a ship. **Les eaux (d'un port),** confines. **Mettre un navire à l'e.,** to launch a ship; (*d*) **Service des eaux,** water supply. **Château d'e.,** water-tower. **Conduite d'e.,** water-main. **"E. de la ville,"** 'main(s) water.' **Faire mettre l'e. courante,** to have the water laid on. **E. courante dans les chambres,** running water in the rooms. **3.** (*a*) **E. d'un fruit,** juice of a fruit. **Diamant de la première e.,** diamond of the first water. *F:* **Cela lui fait venir l'e. à la bouche,** it makes his mouth water. **Être tout en e.,** to be dripping with perspiration, to be in a sweat. (*b*) **E. de Cologne,** eau-de-cologne. **E. de toilette,** lotion, toilet water. **E. oxygénée,** hydrogen peroxide. **E. régale,** aqua regia. *Atom.Ph:* **E. lourde,** heavy water.

eau-de-vie [odvi], *s.f.* Spirits; brandy. *pl. Des eaux-de-vie.*

eau-forte [ofɔrt], *s.f.* **1.** *Ch:* Aqua fortis; nitric acid. **2.** *Engr:* Etching. *pl. Des eaux-fortes.*

eaux-vannes [ovan], *s.f.pl.* Sewage liquids.

ébahir [ebaiːr], *v.tr.* To astound, flabbergast.

s'ébahir, to gape, to stare; to stand amazed, dumbfounded (de, at).

ébahissement [ebaismɑ̃], *s.m.* Amazement, astonishment, wonder.

ébarber [ebarbe], *v.tr.* To trim; to remove the rough edges from (sth.); to fettle (casting); to clip (hedge, etc.).

ébarbeuse [ebarbøːz], *s.f.* Trimming-machine.

ébarboir [ebarbwaːr], *s.m.* Burr-cutter, chipping chisel.

ébarbure [ebarbyːr], *s.f.* Burr, paring (of metal, etc.); *pl.* trimmings.

ébats [eba], *s.m.pl.* Gambols, revels, frolic. **Prendre ses é.,** = S'ÉBATTRE.

ébattre (s') [sebatr], *v.pr.* (Conj. like BATTRE) To gambol, frolic, play, sport; to frisk about.

ébaub|ir (s') [sebobiːr], *v.pr. F:* = S'ÉBAHIR. *s.m.* **-issement.**

ébauche [eboːʃ], *s.f.* Rough sketch (of picture); skeleton, outline (of novel, etc.). **É. d'un sourire,** suspicion, ghost, of a smile.

ébauch|er [eboːʃe], *v.tr.* To rough (sth.) out; to sketch out, outline (picture, plan); to rough-hew (statue, etc.); to rough-forge. **É. un sourire,** to give a faint smile. *s.m.* **-age.** *s.m.* **-eur.**

ébauchoir [eboʃwaːr], *s.m. Tls:* (Sculptor's) boaster; roughing-chisel; paring-chisel.

ébène [ebɛn], *s.f.* Ebony; ebony curio.

ébénier [ebenje], *s.m.* Ebony tree. **Faux é.,** laburnum.

ébéniste [ebenist], *s.m.* Cabinet-maker.

ébénisterie [ebenist(ə)ri], *s.f.* Cabinet-making; cabinet work.

éberlué [ebɛrlye], *a.* Flabbergasted.

éberluer [ebɛrlye], *v.tr.* To flabbergast.

éblouir [ebluiːr], *v.tr.* To dazzle.

éblouissement [ebluismɑ̃], *s.m.* **1.** Dazzling, dazzle (ment), dazzling sight. **2.** Dizziness, vertigo, fit of dizziness.

ébonite [ebɔnit], *s.f.* Ebonite, vulcanite.

éborgn|er [eborɲe], *v.tr.* **É. qn,** to blind s.o. in one eye; to put s.o.'s eye out. *Agric:* To disbud, to nip the buds off. *s.m.* **-ement.**

ébou|er [ebue] *v.tr.* To scavenge (streets). *s.m.* **-age.** *s.m.* **-eur.**

ébouillanter [ebujɑ̃te], *v.tr.* To scald, to dip in boiling water.

éboulement [ebulmɑ̃], *s.m.* **1.** Falling in, caving in, collapsing. **2.** Fall of stone, land-slide, landslip.

ébouler'(s) [sebule], *v.pr.* To fall in, crumble, cave in; to slip. **Faire é.,** to cause to fall down, bring down, loosen.

éboulis [ebuli], *s.m.* **1.** Mass of fallen earth, of debris. **2.** (Mountain) scree.

ébourgeonn|er [eburʒɔne], *v.tr.* To disbud. *s.m.* **-age, -ement.**

ébouriffant [eburifɑ̃], *a. F:* Amazing, astounding, breath-taking (success, etc.).

ébouriffer [eburife], *v.tr.* **1.** To dishevel, ruffle, tousle (s.o.'s hair). **2.** To amaze (s.o.); to take (s.o.'s) breath away; to take (s.o.) aback.

ébranch|er [ebrɑ̃ʃe], *v.tr.* To lop off the branches from (tree); to strip (tree) of its branches. *s.m.* **-age; -ement.**

ébranchoir [ebrɑ̃ʃwaːr], *s.m.* (Long-hafted) billhook.

ébranlement [ebrɑ̃lmɑ̃], *s.m.* **1.** Shaking; shock. **2.** Perturbation, agitation, commotion. **É. de la raison,** unhinging of the mind.

ebranler [ebrɑ̃le], *v.tr.* (*a*) To shake, to loosen, to unsettle. **É. une cloche,** to set a bell ringing. **É. l'air,** to disturb the air. (*b*) To shake, to disturb, to stagger. **Se laisser é.,** to let oneself be moved, impressed.

s'ébranler. **1.** To shake, totter. **2.** (Of troops, etc.) To get under way, to move off; (of train) to start.

ébrasement [ebrɑzmɑ̃], *s.m.*, **ébrasure** *s.f.* [ebrɑzyr], Splay.

ébraser [ebrɑze], *v.tr.* To splay.

Èbre (l') [lɛbr]. *Pr.n.m.* The (river) Ebro.

ébrécher [ebreʃe], *v.tr.* (**j'ébrèche; j'ébrécherai**) (*a*) To notch; to make a notch in (sth.); to chip (a plate); to break (a tooth). **Couteau ébréché,** jagged knife. (*b*) *F:* To damage, impair (reputation); to make a hole in (fortune).

ébréchure [ebreʃyr], *s.f.* Notch, gap.

ébriété [ebriete], *s.f.* Ebriety; drunken state.

ébrouer (s') [sebrue], *v.pr.* **1.** (Of horse) to snort. **2.** To splash about, to shake oneself. (Of bird) **S'é. dans la poussière,** to take a dust bath.

ébruit|er [ebrɥite], *v.tr.* To make known; to noise abroad. *s.m.* **-ement.**

s'ébruiter, (of news, etc.) to become known, to spread.

ébullition [ebylisjɔ̃], *s.f.* (*a*) Ebulution, boiling. **Entrer en é.,** to begin to boil. (*b*) *F:* Ferment; turmoil. **Être en é.,** to be in a whirl, in a turmoil.

écaille [ekaj], *s.f.* **1.** (*a*) Scale (of fish, etc.). (*b*) Flake; chip (of marble); splinter (of wood). *F:* **Les écailles lui sont tombées des yeux,** the scales fell from his eyes. **2.** Shell (of oyster, etc.). **É. de tortue,** tortoise-shell.

écaill|er[1] [ekɑje], *v.tr.* (*a*) To scale (fish); to open (oyster). (*b*) To flake (off) (paint). *s.m.* **-age, -ement.**

s'écailler, to scale off, peel off; to flake (off).

écailler[2], **-ère**[1], *s.* Oyster-seller or -sheller.

écaillère[2] [ekɑjɛːr], *s.f.* Oyster-knife.

écailleux, -euse [ekɑjø, -øːz], *a.* Scaly; splintery (wood); flaky (paint).
écale [ekal], *s.f.* Shell, pod (of peas); hull, husk (of walnut); shuck (of chestnut).
écaler [ekale], *v.tr.* To shell (peas); to hull, husk (walnuts); to shuck (chestnuts).
écarlate [ekarlat], *s.f. & a.* Scarlet.
écarquiller [ekarkije], *v.tr.* To open (the eyes) wide; *A:* to straddle, spread out (the legs). **Regarder qch. en écarquillant les yeux,** to stare, to gaze open-eyed, to goggle, at sth.
écart[1] [ekaːr], *s.m.* **1.** (*a*) Motion or distance apart; divergence. **Réduire l'é. entre . . .,** to reduce the gap between . . . **L'é. existant entre les taux d'intérêt des deux pays,** the margin between the rates of interest ruling in the two countries. **É. de cent francs entre deux comptes,** difference of a hundred francs between two accounts. **É. entre deux lectures (d'un appareil scientifique),** variation between two readings. (*b*) Separation, spreading out; straddling (of the legs). **Faire le grand é.,** to do the splits. (Of horse, etc.) **Se donner un é.,** to strain its shoulder. **2.** Deviation. (*a*) Deflection (of compass needle). (*b*) *Artil: etc.* Error (in range). (*c*) Swerve; step(ping) aside. **Faire un é.,** to step aside; (of horse) to shy. **É. de l'imagination,** flight, freak, of fancy. **Écarts de conduite,** delinquencies; slips of behaviour. **Écarts de jeunesse,** errors of youth. **Écarts de régime,** overeating, *Hum:* dietary indiscretions. **3.** Remote spot. **La commune et ses écarts,** the parish and its dependencies. **4. A l'é.,** aside, on one side. **Se tenir à l'é.,** to keep out of the way; to stand aside. **Tenir qn à l'é.,** to keep s.o. in the background. **A l'é. de,** apart, aloof, from . . .
écart[2], *s.m. Cards:* **1.** Discarding. **2.** Discard.
écarté[1] [ekarte], *a.* **1.** Isolated, lonely, remote (house, spot). **Chemin é.,** by-lane, by-path. **Rue écartée,** back-street. **2.** (Far) apart. **Se tenir les jambes écartées,** to stand with one's legs apart.
écarté[2], *s.m. Cards:* (Game of) écarté.
écart|eler [ekartəle], *v.tr.* **(j'écartèle)** To quarter, (i) criminal, (ii) shield. *s.m.* **-èlement.**
écartement [ekartəmɑ̃], *s.m.* **1.** (*a*) Separation; spacing. (*b*) Setting aside (of objects). **2.** Space, gap, clearance (between bars, etc.); gauge (of railway track). *Veh:* **É. des essieux,** wheel-base. **É. des roues,** track width.
écarter[1] [ekarte], *v.tr.* **1.** To separate, part (the fingers, branches, etc.); to draw aside (curtains); to open (one's arms); to spread (one's legs); to square (one's elbows). **2.** To move, thrust, brush, (s.o., sth.) aside; to keep off, eliminate. **É. qch. d'une poussée,** to push, *F:* shove, sth. aside. **É. un coup,** to ward off, avert, turn aside, a blow. **É. une objection,** to brush aside, rule out, dismiss, an objection. **É. une réclamation,** to turn down a claim. **3.** To divert (suspicion, etc.). **É. qn de la bonne voie,** to lead s.o. astray.
s'écarter. **1.** To move aside. **S'é. pour laisser passer qn,** to step aside, stand aside, to allow s.o. to pass; to make way for s.o. **2.** To move apart, diverge; (of shot) to spread. **3.** To deviate, stray **(de,** from). **S'é. du chemin battu,** to go off the beaten track. **Maison écartée du chemin,** house standing back from the road. **S'é. du sujet,** to deviate, wander, from the subject.
écarter[2], *v.tr. Cards:* To discard.
ecchymose [ɛkimoːz], *s.f.* Ecchymosis.
Ecclésiaste (l') [lɛklezjɑst], *s.m. B:* (The book of) Ecclesiastes.
ecclésiastique [ɛklezjastik]. **1.** *a.* Ecclesiastical; clerical (hat, garb). **L'état é.,** priesthood. **2.** *s.m.* (*a*) Ecclesiastic, clergyman. (*b*) *B.Lit:* **L'Ecclésiastique,** Ecclesiasticus.
écervelé, -ée [esɛrvəle]. **1.** *a.* Thoughtless, harebrained, scatter-brained (person). **2.** *s.* Harum-scarum, madcap, scatter-brain.
échafaud [eʃafo], *s.m.* **1.** Scaffolding, staging; stand. **2.** Scaffold. **Monter sur, à, l'é.,** to go to, to mount, the scaffold.
échafaudage [eʃafodaːʒ], *s.m.* **1.** Scaffolding. **2.** Pile. **3.** Building up (of fortune); drawing up (of plans); structure (of argument).
échafauder [eʃafode]. **1.** *v.i.* To erect a scaffolding. **2.** *v.tr.* To pile up (objects); to build up, construct (system).
échalas [eʃalɑ], *s.m.* **1.** (*a*) Vine-prop. (*b*) Hop-pole. **2.** *F:* Long, thin, person; spindleshanks.
échalass|er [eʃalase], *v.tr.* To prop, to stake. *s.m.* **-age.**
échalier [eʃalje], **échalis** [eʃali], *s.m.* **1.** (Wooden) fence. **2.** Stile.
échalote [eʃalɔt], *s.f. Bot:* Shallot, scallion.
échancrer [eʃɑ̃kre], *v.tr.* To make a circular or V-shaped cut in, to open, to ease (neck of dress, etc.); to notch, gap (plank, etc.). **Littoral échancré,** indented coast-line. **Robe trop échancrée,** dress cut too low.
échancrure [eʃɑ̃kryːr], *s.f.* Cut-out part, opening (in garment); notch, nick (in wood, etc.); indentation (in coast-line, etc.).
échange [eʃɑ̃ːʒ], *s.m.* Exchange. *Com:* Exchange, barter. **Libre é.,** free trade. **Faire un é. de qch. pour, contre, qch.,** to exchange, barter, sth. for sth. **Recevoir qch. en é. de qch.,** to receive sth. in exchange, in return, for sth. **Il y eut un é. de coups,** some blows passed (between them).
échangeable [eʃɑ̃ʒabl], *a.* Exchangeable.
échanger [eʃɑ̃ʒe], *v.tr.* **(j'échangeai(s); n. échangeons)** To exchange. **É. qch. pour, contre, qch.,** to exchange, barter sth. for sth. **Nous échangeons des timbres,** we exchange, *F:* swap, postage stamps. **É. ses impressions,** to compare notes. **É. des propos,** to bandy words.
échangiste [eʃɑ̃ʒist], *s.m.* **1.** *Fin:* Exchanger. **2.** Free-trader.
échanson [eʃɑ̃sɔ̃], *s.m. Hist:* Cup-bearer.
échantillon [eʃɑ̃tijɔ̃], *s.m.* Sample (of wine, etc.), sample, pattern (of cloth, etc.); specimen (of one's work, etc.). **Carnet d'échantillons,** pattern book. **Prendre des échantillons de . . .,** to sample. . . . **Conforme, pareil, à l'é.,** up to sample. **É. choisi,** picked sample. **É. type,** representative sample. **É. représentatif,** true, fair sample. *Post:* **"É. sans valeur,"** 'sample post,' 'samples of no value.'
échantillonn|er [eʃɑ̃tijɔne], *v.tr.* **1.** *Com:* To prepare patterns, samples, of (sth.). **2.** (*a*) To verify, check, (articles) by the samples. (*b*) To sample (wine, etc.). *s.m.* **-age.**
échappatoire [eʃapatwaːr]. **1.** *s.f.* Subterfuge, way out; loop-hole (of escape from obligation, etc.). **Chercher des échappatoires,** to hedge, to try to find excuses. **2.** *a.* **Clause é.,** escape clause.
échappé [eʃape], *a.* **Cheval é.,** runaway horse. *s.* **É. de prison,** jail-bird. **É. de Charenton,** crack-brained fellow, loony.
échappée [eʃape], *s.f.* **1.** Escape (of cattle into field, etc.). **A l'é.,** stealthily. (*b*) *Sp:* Sudden spurt; break-away. **2.** Space, interval. **É. (de vue),** vista **(sur, over)**; glimpse (of). **É. de soleil,** burst of sunshine. **É. de beau temps,** short spell of fine weather. *F:* **Faire qch. par échappées,** to do sth. by fits and starts. **3.** Turning space. **4.** Head-room, headway (in passage, stairs, etc.).
échappement [eʃapmɑ̃], *s.m.* **1.** Escape, leakage (of gas, water). **2.** *Mch:* (i) Exhaust, release (of steam); (ii) exhaust stroke. **(Tuyau d')é.,** (i) waste-steam pipe; (ii) *I.C.E:* exhaust-(pipe). **Pot d'é.,** exhaust box, silencer, **É. libre,** cut-out. **3.** *Clockm:* Escapement **4.** = ÉCHAPPÉE 4.
échapper [eʃape], *v.i.* **(Aux. être or avoir)** To escape. (*a*) **La plume m'est échappée des mains,** the pen slipped from my fingers. (*b*) **É. à qn, à qch.,** to escape s.o., sth. **É. à la potence,** *F:* to cheat the gallows. **Il n'y a pas moyen d'y é.,** there is no escaping it, no escape from it. **Ce fait a, est, échappé à mon attention,** this fact had escaped my attention; I had overlooked this fact. **Il n'a échappé à personne que . . .,** it will not have escaped the notice of anyone that. . . . **Ce propos m'a échappé,** I failed to hear, I lost, this remark. **Il est vrai que ce propos m'est échappé,** it is true that I let slip this remark. **Son nom m'échappe,** his name has slipped my memory. **La situation leur échappe,** they are losing control of the situation. **É. à toute définition,** to baffle definition. **Vous l'avez échappé belle,** you have had a narrow escape. (*c*) **Laisser é. qn,** to let s.o. escape; to set

s.o. free. **Laisser é. l'air d'un ballon,** to let out the air from a balloon. **Laisser é. un soupir,** to give vent to a sigh. **Laisser é. une larme,** to let fall a tear. **Laisser é. l'occasion,** to miss the opportunity. **Laisser é. une faute,** to overlook a mistake. **Il ne laisse rien é.,** he lets nothing get past him. (*d*) *Impers.* **Il lui échappa de la tutoyer,** he forgot himself and called her 'tu.'

s'échapper, to escape; to break free, loose; to run away, to fly away. **1. S'é. de prison,** to escape from prison; to break prison. **Faire é. qn,** to help s.o. to escape. **2.** To break out, to burst out. **Le gaz s'échappe,** the gas is leaking. **Sa douleur s'échappe en reproches,** his grief finds vent in reproaches.

écharde [eʃard], *s.f.* Prickle, splinter (that has lodged under the skin or nail).

échardonn|er [eʃardɔne], *v.tr.* **1.** *Agr:* To clear of thistles. **2.** *Tex:* To pick, to clean, (wool, fur). *s.m.* **-age.**

échardonnet, *s.m.*, **échardonnette,** *s.f.*, **échardonnoir,** *s.m.* [eʃardɔnɛ, -ɛt, -waːr], *Agr:* Thistle-hook, weed-hook.

écharner [eʃarne], *v.tr.* *Leath:* To flesh, to scrape (hides).

écharnoir [eʃarnwaːr], *s.m.* *Leath:* Fleshing knife, fleshing tool.

écharpe [eʃarp], *s.f.* (*a*) Shoulder sash or (municipal) sash worn round the waist. (*b*) (Lady's) scarf. **É. de fourrure,** fur stole. (*c*) *Surg:* Arm-sling. **Porter le bras en é.,** to carry one's arm in a sling. (*d*) **Prendre en é.,** to run obliquely into . . . **Les deux trains se sont pris en é.,** the trains collided at the points.

écharper [eʃarpe], *v.tr.* (*a*) To slash, gash, hack. (*b*) To hack (up) (fowl, etc.); to cut up (troops, etc.) **Vous allez vous faire é.!** they will tear you to pieces!

échasse [eʃɑːs], *s.f.* **1.** Stilt. **Être monté sur des échasses,** (i) to be on stilts; (ii) *F:* to be pompous; to ride the high horse. **2.** Scaffolding pole. **3.** *Orn:* Stilt-plover.

échassier [eʃɑsje], *s.m.* *Orn:* Wader.

échaudé [eʃode]. **1.** *a.* (*a*) Scalded. **Chat é. craint l'eau froide,** once bitten, twice shy. (*b*) Shrivelled by the sun (corn). **2.** *s.m.* Canary-bread, bird-cake.

échaud|er [eʃode], *v.tr.* To scald. *F:* **Se faire é. (dans une affaire),** to burn one's fingers (over sth.), to get fleeced. *s.m.* **-age.**

échaudoir [eʃodwaːr], *s.m.* **1.** (In slaughter house) scalding-room. **2.** *Tex:* Scouring-room.

échauffant [eʃofɑ̃], *a.* **1.** Heating; binding (food). **2.** *F:* Exciting (discussion, etc.).

échauffé [eʃofe], *a.* (*a*) Overheated, hot. (*b*) Fermented, heated. (*c*) Excited, heated. **Les esprits étaient échauffés,** feeling was running high.

échauffement [eʃofmɑ̃], *s.m.* **1.** Heating (of bearings, of corn, hay); overheating (of engine). **2.** *Med:* (i) Overheating (of the body); (ii) constipation; (iii) chafing. **3.** Over-excitement.

échauffer [eʃofe], *v.tr.* (*a*) To overheat (room, blood, etc.); to heat, to cause fermentation in (corn, hay). *Abs:* **Aliments qui échauffent,** constipating food. **É. la bile de qn,** to anger, provoke, s.o. (*b*) To warm. (*c*) To chafe. (*d*) To rouse, to inflame.

s'échauffer. 1. (*a*) To become, get, overheated. **Ne vous échauffez pas,** (i) don't overheat yourself; (ii) *F:* don't get excited. **La dispute s'échauffait,** feeling began to run high. (*b*) To chafe. (*c*) To warm (up). **2.** (Of engine) To run hot.

échauffourée [eʃofure], *s.f.* Scuffle; clash (between mobs). *Mil:* Affray, skirmish.

échauguette [eʃogɛt], *s.f.* *Arch:* Look-out turret, bartizan.

échéance [eʃeɑ̃ːs], *s.f.* **1.** Date (of payment); maturity (of bill); pay-day. **Venir à é.,** to fall due. **Payable à l'é.,** payable at maturity. **Billet à longue é., à courte é.,** long-dated, short-dated, bill. **A trois mois d'é.,** at three months' date. **A brève é.,** shortly. **Une politique à longue é.,** a long-term policy. **2.** Expiration, expiry (of tenancy).

échéancier [eʃeɑ̃sje], *s.m.* Bill-book.

échéant [eʃeɑ̃]. **1.** *a.* Falling due, payable. **2.** S.a. ÉCHOIR 1.

échec [eʃɛk], *s.m.* **1.** (*a*) Check (at chess). **Échec et mat,** checkmate. **Tenir l'ennemi en é.,** to hold the enemy in check, at bay. (*b*) Check, failure, defeat, miscarriage, setback. **Essuyer, subir, un é.,** to meet with a check, with a repulse, to suffer a defeat. **Faire é. à (qch.),** to put a check on, to check (activities, etc.). **Être voué à l'é.,** to be bound to fail. **2.** *pl.* (*a*) Chess. **Partie d'échecs,** game of chess. **Joueur d'échecs,** chess player. (*b*) Chessmen.

échelle [eʃɛl], *s.f.* **1.** (*a*) Ladder. **É. à incendie, é. de sauvetage, é. de pompiers,** fire-escape, extension ladder. **É. double,** double ladder. **É. de corde,** rope-ladder. **Faire la courte é. à qn,** to give s.o. (i) a leg up, (ii) a helping hand. *F:* **Après lui il faut tirer l'é.,** (i) we can never better that; (ii) *Pej:* *P:* he's the limit. **Monter à l'é.,** *F:* to swallow it. *Nau:* **É. de coupée,** accommodation ladder. **É. de dunette,** quarter ladder. (*b*) *A:* **Les Échelles du Levant,** the commercial ports of the Levant. (*c*) Scale, range (of colours, prices). **É. de marée,** tide-gauge. **L'é. sociale,** the social scale, the social ladder. **Être au bout de l'é.,** to be at the top of the ladder. **É. mobile des salaires,** sliding scale of wages. (*d*) Ladder, run (in stocking). **2.** Scale (of plan, map, etc.). **Carte à grande é.,** large-scale map. **Faire les choses sur une grande é.,** to do things on a large scale.

échelon [eʃlɔ̃], *s.m.* **1.** Rung (of ladder). **Monter par échelons,** to rise by degrees. **2.** *Mil:* Echelon (formation). **3.** *Adv.phr:* **En é.,** (*a*) *Mil:* in echelon; (*b*) *Mec.E:* stepped (gearing, etc.); (*c*) *Av:* **Vol en é.,** stepped-up formation. **4.** Grade, stage. **A l'é. ministériel,** at ministerial level.

échelonn|er [eʃlɔne], *v.tr.* **1.** To echelon; to dispose, draw up, in echelon (troops). **2.** (*a*) To space out (objects). (*b*) To spread out (payments); to stagger (holidays, etc.). (*c*) *Mec.E:* To step (gears). (*d*) *El.E:* To stagger (brushes). *s.m.* **-ement.**

échenill|er [eʃnije], *v.tr.* (*a*) To clear (fruit-trees, etc.) of caterpillars. (*b*) *F:* (i) To clean up; (ii) to polish (style, etc.); (iii) to remove undesirable elements (from society, etc.). *s.m.* **-age.**

échenilloir [eʃnijwaːr], *s.m.* Branch-lopper, tree-pruner.

écherra [eʃɛra], **échet** [eʃɛ]. See ÉCHOIR.

écheveau [eʃvo], *s.m.* Hank, skein (of yarn, etc.).

échevelé [eʃəvle], *a.* (*a*) Dishevelled (hair, person). (*b*) Wild, disorderly (dance, etc.).

échevin [eʃvɛ̃], *s.m.* **1.** *A:* Municipal magistrate, alderman. **2.** (In Belgium) Deputy-mayor.

échidné [ekidne], *s.m.* *Z:* Echidna.

échine [eʃin], *s.f.* Spine, backbone; (of animals) chine. *F:* **Crotté jusqu'à l'é.,** all over mud. **Courber l'é. devant qn,** to fawn on, toady to, kowtow, to s.o. **Avoir l'é. souple,** to be obsequious.

échiner [eʃine], *v.tr.* (*a*) To break (s.o.'s) back. (*b*) *F:* To tire out (s.o.).

s'échiner, *F:* to knock oneself up. **S'é. à un travail,** to slave, slog, at a piece of work.

échinoderme [ekinɔdɛrm], *s.m.* *Z:* Echinoderm.

échiquier [eʃikje], *s.m.* **1.** Chess-board. **En é.,** chequerwise; chequered. **2.** (In Engl.) **Chancelier de l'Échiquier,** Chancellor of the Exchequer.

écho [eko], *s.m.* **1.** Echo. **Faire é.,** to echo (back). **Se faire l'é. des opinions de qn,** to echo, repeat, s.o.'s opinions. **2.** *Journ:* **Échos,** news items, social gossip.

écho-sondeur [ekosɔ̃dœːr], *s.m.* *Nau:* Sonic depth-finder, echo-sounder. *pl. Des écho-sondeurs.*

échoir [eʃwaːr], *v.i.* (*pr.p.* **échéant;** *p.p.* **échu;** *pr.ind.* **il échoit,** *A:* **il échet; ils échoient,** *A:* **ils échéent;** *p.d.* **il échoyait, il échéait;** *p.h.* **il échut;** *fu.* **il échoira, il écherra.** *Aux:* usu. **être**) **1. É. en partage à qn,** to fall to s.o.'s share. **Le cas échéant,** should the occasion arise; in case of need. **2.** (*a*) (Of bill) To fall due, to mature. **Billets échus,** bills (over)due. **Intérêts échus,** outstanding interest. **Intérêts à échoir,** accruing interest. (*b*) (Of tenancy) To expire.

échoppe[1] [eʃɔp], *s.f.* (*a*) Booth; street stall. (*b*) (Cobbler's) small workshop.

échoppe[2], *s.f.* *Tls:* Graver, burin.

échopp|er [eʃɔpe], *v.tr.* *Engr:* *etc:* To grave, gouge, scoop; to rout (out). *Wood engr:* To cut away. *s.m.* **-age.**

échotier [ekɔtje], *s.m.* *Journ:* Paragraphist, gossip writer.

échouage [eʃwaːʒ], *s.m.* *Nau:* **1.** (*a*) Stranding, running aground. (*b*) Beaching (of vessel). **2.** Beaching strand; graving-beach.
échouement [eʃumɑ̃], *s.m.* **1.** *Nau:* = ÉCHOUAGE 1 (*a*). **2.** Failure; miscarriage (of plan).
échouer [eʃwe]. **1.** *v.i.* (*a*) *Nau:* To run aground, to be stranded, to ground; *F:* to end up. **Échoué à sec,** high and dry. (*b*) To strand, be stranded. **La bande a échoué en prison,** the gang landed up, ended up, in jail. (*c*) To fail, miscarry, prove abortive. **Son plan a échoué,** his plan broke down. **L'affaire échoua,** the business fell through. **É. à un examen,** to fail an examination; *F:* to be ploughed, plucked; *F:* to flunk an exam. **Faire é. un projet,** to wreck a plan. **2.** *v.tr.* To beach; to run (ship) aground.
s'échouer, to run aground.
échu. See ÉCHOIR.
écim|er [esime], *v.tr.* To top, pollard (tree). *s.m.* **-age.**
éclaboussement [eklabusmɑ̃], *s.m.* Splashing, (be) spattering. *Mec.E:* **Graissage par é.,** splash-lubrication.
éclabousser [eklabuse], *v.tr.* (*a*) To splash, (be)spatter (with mud, etc.). (*b*) **É. le monde de son luxe,** to flaunt, to parade, one's wealth.
éclaboussure [eklabusyːr], *s.f.* (*a*) Splash, spatter (of mud, ink, etc.). (*b*) Smirch, blot, blemish (on reputation).
éclair [eklɛr], *s.m.* **1.** Flash of lightning; *pl.* lightning. **Il fait des éclairs,** it is lightening. **É. en nappe,** sheet lightning. **É. arborescent, en zigzag,** forked lightning. **Éclairs de chaleur,** heat lightning, summer lightning. **Rapide comme l'é.,** quick as lightning. **Passer comme un é.,** to flash past. *F:* **Visite é.,** lightning visit. **La pensée traversa mon esprit comme un é.,** the thought flashed through my mind. **2.** Flash (of a gun). **Bijoux qui lancent des éclairs,** flashing, glittering, jewels. **É. de génie,** flash of genius. **3.** *Cu:* Éclair.
éclairage [eklɛraːʒ], *s.m.* **1.** (*a*) Lighting; illumination. **É. par projecteurs,** flood-lighting. *Adm:* **É. public réduit,** half-night lights. **É. public intense,** all-night lights. *Aut:* **É. intérieur automatique,** courtesy light. **Inculpé d'avoir circulé avec absence totale d'é.,** charged with driving without lights. **Heure d'é.,** lighting-up time (for vehicles). (*b*) Light. **Mauvais é.,** bad light. **2.** *Mil:* *Navy:* Scouting.
éclairagiste [eklɛraʒist], *s.m.* Lighting technician.
éclairant [eklɛrɑ̃], *a.* Lighting; illuminating (power).
éclaircie [eklɛrsi], *s.f.* **1.** Break, opening, rift (in clouds, etc.); fair period. **2.** Clearing (in forest).
éclaircir [eklɛrsir], *v.tr.* **1.** To clear (up). **S'é. la voix,** to clear one's throat. **2.** (*a*) To lighten; to make (sth.) clear. **É. le teint,** to clear the complexion. (*b*) To solve, explain, clear up (mystery). (*c*) **É. qn sur qch.,** to enlighten s.o. on sth. **3.** To thin (forest, sauce); to thin out (seedlings, etc.). **4.** To clarify (liquid).
s'éclaircir. 1. (*a*) (Of the weather) to clear (up). **Sa figure s'éclaircit,** his face brightened up. (*b*) **La situation s'éclaircit,** things are getting, becoming, clearer. **2.** (Of hair, plants, etc.) To get thin, to thin (out).
éclaircissage [eklɛrsisaːʒ], *s.m.* Thinning (out) (of trees, seedlings, etc.).
éclaircissement [eklɛrsismɑ̃], *s.m.* (*a*) Enlightenment; elucidation; explanation. (*b*) Clearing up (of mystery).
éclaire [eklɛr], *s.f.* *Bot:* Celandine.
éclairé [eklere], *a.* (*a*) Lit, illuminated. **É. par la lune,** moonlit. (*b*) Enlightened; well-informed.
éclairement [eklɛrmɑ̃], *s.m.* Lighting, illumination.
éclairer [eklere]. **1.** *v.tr.* (*a*) To light, illuminate. **Venez nous é.,** come and light the way. (*b*) *Abs:* (Of lamp, etc.) To give a good light. **Cette lampe n'éclaire pas,** this lamp gives a poor light. (*c*) *Mil:* **É. le terrain, la marche,** to reconnoitre (the ground); to scout. (*d*) To throw a light on. . . . (*e*) To enlighten, inform, instruct. **2.** *v.impers.* **Il éclaire,** it is lightening.
s'éclairer. 1. To light up, brighten up. **2.** To clear up, become clear. **3. S'é. à l'électricité,** to have electric light. **S'é. sur une cour,** to be lit from a courtyard.
éclaireur [eklɛrœːr], *s.m.* **1.** (*a*) *Mil:* Scout. *Navy:* look-out ship; *Av:* reconnaissance aircraft; *Aer:* *F:* blimp. (*b*) Non-Catholic boy scout. **Chef é.,** scout-master. *s.f.* **Éclaireuse,** (non-Catholic) girl guide. **2.** *Aut:* **É. de tablier,** dash-board light.
éclat [ekla], *s.m.* **1.** Splinter, chip, fragment (of wood, stone, etc.). **É. d'obus,** shell-splinter. **Éclats de verre,** (i) broken glass; (ii) flying glass. **Voler en éclats,** to fly into pieces; to be shattered, shivered. **2.** Clap, burst (of thunder, laughter, etc.). **Des éclats de voix,** (i) voices raised in anger; (ii) snatches of loud conversation. **Partir d'un grand é. de rire,** to burst out laughing. **Rire aux éclats,** to laugh heartily, to roar with laughter. **Faire (de l')é.,** to create a stir, a scandal. **Sans é.,** quietly; without any scandal. **3.** (*a*) Flash (of light). *Nau:* **Feu à éclats,** flashing light. (*b*) Glare, brightness (of the sun, etc.); glitter, lustre (of diamond, etc.); brilliancy, vividness (of colours); brilliancy, dash (of musical execution). *Astr:* **Variation d'é.,** light-change. **Action d'é.,** brilliant feat of arms. **Être dans tout l'é., de sa beauté,** to be in the full bloom of one's beauty. **Aimer l'é.,** to be fond of show, of display. **Faux é.,** false glamour; tawdriness. **Prêter de l'é. à. . .,** to lend glamour to. . . .
éclatant [eklatɑ̃], *a.* **1.** Bursting. *F:* **Être é. de santé,** to be bursting with health. **2.** Loud, ringing (sound, etc.). **3.** Glaring; dazzling, brilliant (light); bright, vivid (colour); sparkling, glittering, flashing (jewels, etc.); brilliant, illustrious, signal (deed, success, victory).
éclatement [eklatmɑ̃], *s.m.* Bursting; flying, shivering (of glass); rupture (of a vein).
éclater [eklate]. **1.** *v.tr.* *Hort:* To divide (for propagation). **2.** *v.i.* (*a*) (Of boiler, shell) to burst, explode; (of mine) to blow up; (of tyre) to burst, blow out; (of glass) to fly (into pieces); (of mast) to split, splinter; (of trumpet) to blare (out, forth). **Faire é. qch.,** to burst, explode, shatter, split, sth. **La guerre, l'incendie, éclata,** war, fire, broke out. **La salle éclata en applaudissements,** the house burst into applause. **Laisser é. sa colère,** to give vent to one's anger. **É. de rire,** to burst out laughing. (*b*) (Of jewels, etc.) To sparkle, glitter, flash. (*c*) To be manifest, to show.
éclateur [eklatœːr], *s.m.* *El:* *W.Tel:* Spark-gap; discharger. **É. tournant,** rotary discharger.
éclectique [eklɛktik], *a.* Eclectic.
éclectisme [eklɛktism], *s.m.* Eclecticism.
éclimètre [eklimɛtr], *s.m.* Clinometer.
éclipse [eklips], *s.f.* Eclipse. **Cible à éclipse,** disappearing target. *Nau:* **Feu à éclipses,** intermittent light.
éclipser [eklipse], *v.tr.* (*a*) To eclipse, to surpass, outshine, overshadow, put into the shade. (*b*) To obscure (light).
s'éclipser, to become eclipsed; to disappear, vanish; *F:* to slip away, to sneak off, to take French leave. *Nau:* To occult (of light).
éclisse [eklis], *s.f.* **1.** (Wooden) wedge. **2.** Split-wood. **3.** Cheese-tray. **4.** *Surg:* Splint. **5.** *Rail:* Fish-plate. **6.** *Mus:* Rib, side (of violin, etc.).
éclisser [eklise], *v.tr.* **1.** *Surg:* To splint, to put (limb) in splints. **2.** *Rail:* To join by fish-plates.
éclopé [eklɔpe]. **1.** *a.* Footsore; lame, crippled. **2.** *s.m.* Cripple, lame person. *Mil:* Temporarily disabled soldier.
écloper [eklɔpe], *v.tr.* (*a*) To lame. (*b*) *F:* to hurt (s.o.) badly, to cripple (s.o.).
éclore [eklɔːr], *v.i.* (*def. p.p.* **éclos**; *pr.ind.* **il éclôt, ils éclosent**; *p.d.* **il éclosait**; no *p.h.*: *fu.* **il éclora.** Aux. usu. **être,** occ. **avoir**). **1.** (Of eggs, chicks) To hatch (out); to be hatched. **Faire é.,** to hatch. **2.** (Of flowers) To open, to blossom (out); to bloom; (of buds) to burst; to be born. **Des roses fraîches écloses,** fresh-blown roses. **Le jour est près d'é.,** dawn is at hand. **Faire é. un projet,** to realize a project.
éclosion [eklozjɔ̃], *s.f.* **1.** Hatching. **2.** Opening; blossoming; birth (of passion, etc.).
éclusage [eklyzaːʒ], *s.m.* Lockage.
écluse [eklyːz], *s.f.* **1.** (*a*) Lock; sluice-gate; flood-gate, lock-gate. **É. de moulin,** mill-dam. Tide-gate (of dock). **2.** *Geog:* **L'É.,** Sluys.

écluser [eklyze], *v.tr.* To lock. **1.** To furnish (canal) with locks. **2.** To pass (barge) through a lock.
éclusier, -ière [eklyzje, -jɛːr], *s.* Lock-keeper.
écœurant [ekœrɑ̃], *a.* Disgusting, loathsome, nauseous; *F:* sickening.
écœurement [ekœrmɑ̃], *s.m.* **1.** Disgust. **2.** Dejection.
écœurer [ekœre], *v.tr.* **1.** To disgust, sicken, nauseate. **2.** To dishearten.
écoinçon, écoinson [ekwɛ̃sɔ̃], *s.m.* *Const:* Corner-piece; corner-stone.
école [ekɔl], *s.f.* **1.** (*a*) School. **É. primaire,** primary school. **É. maternelle,** nursery school, kindergarten. **É. libre,** independent school. **É. mixte,** co-educational school. **Maison d'é.,** school-house. **Maître d'é.,** schoolmaster. **Faire l'é.,** to teach. **Aller à l'é.,** to go to school. **Être à bonne é.,** to be in good hands, well trained. (*b*) **L'É. polytechnique** = the Military Academy (of Artillery and Engineering). **É. militaire,** military academy. **É. supérieure de Guerre** = Staff College. (In Paris) **Le quartier des Écoles,** the Latin quarter. S.a. NORMAL 1. (*c*) *Mil: Navy:* School, drill, training. **É. du soldat,** recruit drill, individual training. **É. de tir,** musketry instruction. **Écoles à feu,** target practice. **É. des tambours,** drum practice. *Av:* **Appareil d'é.,** training aircraft. (*d*) **É. d'équitation,** riding-school. **Haute é.,** haute école. **2.** School (of thought). **Les disputes de l'É.,** scholastic arguments. **Faire é.,** (i) to found, be leader of, a school; (ii) *F:* to set a fashion.
écolier, -ière [ekɔlje, -jɛːr], *s.* (*a*) Schoolboy, -girl; scholar. **Bévue d'é.,** (i) schoolboy howler; (ii) foolish mistake. *F:* **Le chemin des écoliers,** the longest way round. (*b*) Novice, beginner, tyro. (*c*) *a.* **Papier é.,** foolscap.
écologie [ekɔlɔʒi], *s.f.* Ecology.
éconduire [ekɔ̃dɥiːr], *v.tr.* (Conj. like CONDUIRE). To reject, to get rid of (s.o.) (politely); to show (an importunate person) to the door. **Se faire é.,** to meet with a (polite) refusal, (of lover) to be rejected.
économat [ekɔnɔma], *s.m.* (*a*) Stewardship; treasurership; bursarship. (*b*) Steward's, treasurer's, bursar's, office.
économe [ekɔnɔm]. **1.** *s.m. & f.* Treasurer, bursar (of college, etc.); steward, housekeeper. **2.** *a.* Economical, thrifty (person). **É. de paroles,** sparing of words.
économie [ekɔnɔmi], *s.f.* **1.** (*a*) Economy, management. **É. politique,** political economy, economics. S.a. DOMESTIQUE 1. (*b*) Harmonious arrangement, set-up (of body, system). **2.** Economy, saving, thrift. **Faire une é. de temps,** to save time. **3.** *pl.* Savings. **Faire des économies,** to save money; to save (up). **Faire des économies de . . .,** to economize on. . . . **Économies de bouts de chandelle,** cheese-paring (economy).
économique [ekɔnɔmik], *a.* **1.** economic (doctrine). **Sciences économiques,** economics. **2.** Economical, inexpensive. **Poêle é.,** fuel-saving stove. *adv.* **-ment,** -ally.
économiser [ekɔnɔmize], *v.tr.* To economize, save (up) (money, time); to put by; to husband (resources, strength). **É. ses paroles,** to be sparing of one's words.
économiseur, -euse [ekɔnɔmizœːr, -øːz], *s.* **1.** Economizer, saver. **2.** *s.m.* *Mch: etc:* Economizing device.
économiste [ekɔnɔmist], *s.m.* Economist.
écope [ekɔp], *s.f.* Ladle. *Nau:* Scoop, bailer.
écoper [ekɔpe]. **1.** *v.tr.* To scoop, bail out. **2.** *v.i.* *P:* To be hit, wounded; *P:* to cop it.
écoperche [ekɔpɛrʃ], *s.f.* *Const:* **1.** Upright pole (of scaffolding). **2.** Derrick.
écorce [ekɔrs] *s.f.* (*a*) Bark (of tree); rind, peel (of orange, etc.). **L'é. terrestre,** the earth's crust. (*b*) Shell, external appearance.
écor|cer [ekɔrse], *v.tr.* **(j'écorçai(s); n. écorçons)** To bark (tree); to skin, to peel (orange, etc.); to husk (rice). *s.m.* **-çage.**
écorché [ekɔrʃe]. **1.** *a.* (*a*) Flayed, skinned (animal). (*b*) Abraded, galled (skin). **2.** *s.m.* *Art:* Anatomical model, écorché.
écorch|er [ekɔrʃe], *v.tr.* **1.** To flay (large animal); to skin (rabbit, eel). *F:* **É. une langue,** to murder a language. **É. un mot,** to mispronounce a word. **Marchand qui écorche ses clients,** shopkeeper who fleeces his customers. **É. l'anguille par la queue,** to set to work the wrong way; to begin at the wrong end. **2.** (*a*) To graze, rub off (the skin). (*b*) To scrape, scratch (furniture); to rasp (throat, ear, nerves), grate on (ear). *s.m.* **-age, -ement;** *s.m.* **-eur;** *s.f.* **-ure.**
s'écorcher, to get scratched. **S'é. le doigt,** to scratch one's finger.
écorner [ekɔrne], *v.tr.* **1.** To remove, to break, the horns of, to poll (animal). *F:* **Vent à é. les bœufs,** howling gale. **2.** To break, chip, the corner(s) off (sth.). **É. un livre,** (i) to dog('s)-ear a book; (ii) break the corner of a (bound) book. **3.** To curtail. *F:* **É. son capital,** to make a hole in one's capital.
écornifl|er [ekɔrnifle], *v.tr.* *F:* To cadge, scrounge (meal, etc.); to sponge, *U.S:* to bum. *s.* **-eur, -euse.**
écossais, -aise [ekɔse, -ɛːz]. **1.** *a.* Scotch, Scottish, Scots. **2.** *s.* Scot; Scotchman, -woman; Scotsman, -woman. **3.** *s.m.* Scotch; Scots (dialect). **4.** *a. & s.m.* *Tex:* Check; tartan.
Écosse [ekɔs]. *Pr.n.f.* *Geog:* Scotland. S.a. FIL 1.
écosser [ekɔse], *v.tr.* To shell, hull (peas, etc.).
écot[1] [eko], *s.m.* **1.** Share, quota. **Payer chacun son é.,** to pay share and share alike. **2.** Score, bill, reckoning (of meal).
écot[2], *s.m.* (*a*) Lopped tree or branch. (*b*) Faggot-wood, loppings.
écoulé [ekule], *a.* *Com:* Of last month; ultimo, *F:* ult.
écoulement [ekulmɑ̃], *s.m.* **1.** (*a*) (Out)flow, discharge (of liquid). **Fossé d'é.,** drain. **Trou d'é.,** plug-hole (of sink). *Med:* Discharge, running. (*b*) Waste-pipe (of bath, etc.). (*c*) Dispersal (of crowd). **2.** *Com:* Sale, disposal, turnover (of goods). **Marchandises d'é. facile,** goods that have a ready sale, quick-sellers.
écouler [ekule], *v.tr.* To sell (off), dispose of, get rid of (goods, etc.). **É. de faux billets,** to put forged notes into circulation.
s'écouler, (*a*) (Of liquid, etc.) To flow out, run out. **Son argent s'écoule,** his money is melting away. **Faire écouler l'eau,** to run off, drain off, the water. **Faire écouler la foule,** to get the crowd (i) to empty the building, (ii) to move on. (*b*) (Of time) To pass, elapse, slip away.
écourter [ekurte], *v.tr.* (*a*) To shorten (dress, etc.); to curtail, to cut short (speech, etc.). (*b*) To dock (dog's tail, dog); to crop (dog's ears, dog). S.a. QUEUE 1.
écoute[1] [ekut], *s.f.* **1.** Listening-place. *Mil:* Listening-post. **Se tenir aux écoutes,** (i) to eavesdrop; (ii) to keep one's ears open. **2.** *W.Tel:* Receiving, reception, listening-in. **Station, centre, d'é.,** monitoring station. **Être à l'é., se mettre à l'é., prendre l'é.,** to listen in. **"Ne quittez pas l'é.",** 'Hold on a minute!' 'Don't switch off!' **Heure de grande é.,** peak listening hour.
écoute[2], *s.f.* *Nau:* Sheet (of sail). **Nœud d'é.,** sheet bend. **Point d'é.,** clew.
écouter [ekute], *v.tr.* **1.** (*a*) To listen to (s.o., sth.). **É. jusqu'au bout,** to hear (s.o.) out. **Savoir é.,** to be a good listener. **É. chanter les oiseaux,** to listen to the birds singing. **N'é. que d'une oreille,** to be only half listening. **É. de toutes ses oreilles,** to be all ears. **É. à la porte, aux portes,** to eavesdrop. **Il s'écoute parler,** he likes to hear himself talk. **Écoutez!** Look here! I say! *P:* **Je t'écoute!** Sez you! (*b*) *W.Tel:* To listen in. **2.** To pay attention to, to obey (s.o.). **Si on m'écoutait,** if they listened to me. **Se faire é.,** to gain a hearing. **Ne les écoutez pas,** never mind them! *F:* **S'écouter trop,** to coddle oneself.
écouteur, -euse [ekutœːr, -øːz], *s.* **1.** (*a*) Listener. **É. aux portes,** eavesdropper. (*b*) *W.Tel:* Listener-in. **2.** *s.m.* (Telephone) receiver. *W.Tel:* Ear-phone.
écoutille [ekutij], *s.f.* *Nau:* Hatchway.
écouvillon [ekuvijɔ̃], *s.m.* (*a*) (Baker's) oven-mop; flue-brush; bottle-brush. (*b*) (Gun)sponge; (rifle) cleaning-brush. (*c*) *Med:* Swab.
écouvillonn|er [ekuvijɔne], *v.tr.* To brush out (rifle, tube, etc.); to sponge out (gun). *Med:* to swab. *s.m.* **-age.**
écrabouill|er [ekrabuje], *v.tr.* *F:* To crush; to squash; to reduce (sth.) to pulp. *s.m.* **-age, -ement.**

écran [ekrɑ̃], *s.m.* Screen; fire-screen. *Cin:* **É. de projection,** (film-)screen. **É. de sûreté,** cut-off (of a projector). **É. panoramique,** panoramic screen. *F:* **Le petit é.,** television. **Porter, mettre, un roman à l'é.,** to film a novel, to put a novel on the screen. *Phot:* (Light) filter. *X Rays:* **É. fluorescent,** fluorescent screen.

écrasant [ekrɑzɑ̃], *a.* Crushing (weight, defeat); overwhelming (proof).

écrasement [ekrɑzmɑ̃], *s.m.* Crushing; squashing (of fruit, etc.); defeat (of army); collapse (of building, etc.); crash (of aeroplane).

écraser [ekrɑze], *v.tr.* (*a*) To crush, bruise; to flatten out (tin, can, etc.); to squash (fruit, blackbeetle); to grind (corn); to swat (fly). *P:* **Écrase!** Shut up! **Se faire é.,** to get run over. *P:* **En é.,** to be sound asleep. *Ten:* **É. la balle,** to kill, smash, the ball. (*b*) To oppress. **É. un peuple d'impôts,** to overburden a nation with taxes. **Écrasé de travail,** overwhelmed with work. (*c*) To dwarf (building, etc.).

s'écraser. **1.** To collapse, crumble up. (Of person or aircraft) **S'é. sur le sol,** to crash (to earth). **2. On s'écrasait aux portes,** there was a dreadful crush at the doors.

écraseur [ekrɑzœːr], *s.m.* (*a*) Crusher. (*b*) *Aut: F:* Road-hog.

écrém|er [ekreme], *v.tr.* **(j'écrème; j'écrémerai)** (*a*) To cream; to skim, to separate (milk). **Lait écrémé,** skimmed milk. **Lait non écrémé,** full-cream, whole, milk. (*b*) *F:* To take the best part of (sth.). *s.m.* **-age.**

écrémeuse [ekremøːz], *s.f.* (Cream) separator.

écrémoir, *s.m.* **écrémoire,** *s.f.* [ekremwaːr]. Skimmer.

écrêter [ekrɛːte], *v.tr.* (*a*) To remove the comb of (cock). (*b*) To lower, cut down, the crest of (hill). (*c*) To knock off the tops of (flowers, corn, etc.).

écrevisse [ekrəvis], *s.f.* **1.** (Fresh-water) crayfish. *F:* **Rouge comme une é.,** as red as a lobster. **2.** *Metalw:* Lever-grip tongs.

écrier(s') [sekrie], *v.pr.* (*a*) To cry (out), to shout (out). (*b*) To exclaim.

écrin [ekrɛ̃], *s.m.* (Jewel-)case.

écrire [ekriːr], *v.tr.* (*pr.p.* **écrivant;** *p.p.* **écrit;** *pr.ind.* **j'écris, n. écrivons, ils écrivent;** *p.h.* **j'écrivis;** *fu.* **j'écrirai)** To write. (*a*) **Il écrit bien,** (i) he is a good writer (of fiction, etc.); (ii) he writes a good hand. **Il écrit comme un chat,** his writing is illegible. **É. une lettre à la machine,** to type a letter. **É. un mot à qn,** to drop s.o. a line. **É. un mot à la hâte,** to scribble a note. **Je lui ai écrit de venir,** I have written to ask him to come. (*b*) To write (sth.) down. **É. l'adresse de qn,** to jot down s.o.'s address. **Ce mot s'écrit avec un g.,** this word is spelt with a g. **C'était écrit,** it was bound to happen. **Il est écrit que je ne peux pas y aller,** I am fated not to get there. (*c*) To write, compose (book, song, etc.).

écrit [ekri]. **1.** *a.* Written (word, law, etc.). **2.** *s.m.* (*a*) Writing. **Coucher qch. par é.,** to set down sth. in writing. **Convention par é.,** written agreement. (*b*) Written document; written work. **Il tira un é. de sa poche,** he took from his pocket a paper with something written on it. **Les écrits de Bossuet,** the works of Bossuet. (*c*) *Sch:* Written examination. **Corriger l'é.,** to correct papers.

écriteau [ekrito], *s.m.* Placard, bill, notice.

écritoire [ekritwaːr], *s.f.* **1.** *A:* Writing-desk, escritoire. **2.** Inkstand.

écriture [ekrityːr], *s.f.* **1.** (Hand-)writing. **Avoir une belle é.,** to write a good hand. **É. à la machine,** typewriting, typing. **2.** *pl.* (*a*) (Legal, commercial) papers, documents, records. **Tenir les écritures,** to keep the accounts. **Commis aux écritures,** book-keeper, accounting clerk. (*b*) *Book-k:* Entry, item. **Écritures en partie double,** double entry. **3. L'Écriture sainte, les saintes Écritures,** (Holy) Scripture(s).

écrivailler [ekrivaːje], *v.i.* *F:* To be a hack (writer); to scribble.

écrivailleur, -euse, *s.,* **écrivaillon,** *s.m.* [ekrivɑːjœːr, -øːz, -ɔ̃]. Hack-writer, scribbler.

écrivain [ekrivɛ̃], *s.m.* **1.** *A:* Scrivener, scribe; (public) letter-writer. **2.** Author, writer. **É. à gages,** hack-writer. **É. besogneux,** writer of pot-boilers.

écrivasser [ekrivase], *v.i.* To scribble.

écrivassier, -ière [ekrivasje, -jɛːr], *s.* Scribbler.

écrou[1] [ekru], *s.m.* Committal to gaol. **Levée d'é.,** release; discharge (from prison). **Registre d'é.,** prison register, calendar.

écrou[2], *s.m.* *Mch: etc:* (Screw-)nut. **É. à six pans,** hexagonal nut. **É. à ailettes, à oreilles,** thumb-nut, wing nut, butterfly nut. **É. à créneaux, à entailles,** castellated nut, castle-nut.

écrouelles [ekruɛl], *s.f.pl.* Scrofula, king's evil.

écrouer [ekrue], *v.tr.* To commit, consign, (s.o.) to prison, to gaol. **Écroué au dépôt,** *F:* run in.

écrou|ir [ekruiːr], *v.tr.* *Metalw:* (*a*) To hammer-harden, to cold-hammer. (*b*) To cold-draw. *s.m.* **-issage.**

écroulé [ekrule], *a.* Ruined. **Mur à moitié é.,** tumble-down wall.

écroulement [ekrulmɑ̃], *s.m.* Collapse, tumbling down, falling in; fall (of earth); ruin, downfall (of hopes). **É. de la santé,** break-down in health.

écrouler(s') [sekrule], *v.pr.* (Of roof, etc.) To collapse, fall in, give way, tumble down. **Nos plans s'écroulèrent,** our plans fell through. *F:* **S'é. sur une chaise,** to drop, flop, on to a chair.

écroûter [ekruːte], *v.tr.* (*a*) To remove the crust from (bread, etc.). (*b*) *Agr:* To scarify (land).

écru [ekry], *a.* (Of material) Unbleached, écru, natural-coloured. **Soie écrue,** raw silk. **Toile écrue,** holland.

ectoplasme [ɛktɔplasm], *s.m.* Ectoplasm.

écu [eky], *s.m.* **1.** (*a*) *Arms:* Shield. (*b*) *Her:* Escutcheon; coat of arms. **2.** *Num: A:* Crown (= three francs). *F:* **Avoir des écus,** to have plenty of money, pots of money. *Bot: F:* **Herbe aux écus,** moneywort, creeping Jenny. **3.** *Ent:* Scutum.

écubier [ekybje], *s.m.* *Nau:* Hawse-hole.

écueil [ekœːj], *s.m.* Reef, shelf; snag. (Of ship) **Donner sur les écueils,** to strike the rocks. **La vie est pleine d'écueils,** life is full of dangers.

écuelle [ekɥɛl], *s.f.* **1.** (*a*) Bowl, porringer. (*b*) Bowlful (of soup, etc.). **2.** *Bot:* **É. d'eau,** marsh pennywort.

écuellée [ekɥɛle], *s.f.* Bowlful.

éculer [ekyle], *v.tr.* **É. ses souliers,** to wear one's shoes down at heel. **Misérable aux souliers éculés,** down-at-heel wretch.

écumant [ekymɑ̃], *a.* Foaming, frothing, (sea, beer, etc.); in a foam, a lather (horse).

écume [ekym], *s.f.* **1.** (*a*) Froth (on liquid); foam (on waves, etc.). **Il avait l'é. à la bouche,** he was frothing at the mouth. (*b*) Scum (on soup, jam, etc.). *F:* **É. de la société,** scum, dregs, of society. **2. É. de mer,** meerschaum.

écum|er [ekyme]. **1.** *v.tr.* To skim (soup, molten metal, etc.). **É. la mer, les mers,** to scour, rove, the seas. **2.** *v.i.* (Of wine, beer, the sea) To foam, froth. *F:* **É. de rage,** to foam (at the mouth) with rage. *s.m.* **-age.**

écumeur [ekymœːr], *s.m.* **É. de mer,** sea-rover; pirate. *F:* **É. de marmites,** parasite, hanger-on, sponger.

écumeux, -euse [ekymø, -øːz], *a.* Foamy, frothy, scummy.

écumoire [ekymwaːr], *s.f.* Skimmer.

écur|er [ekyre], *v.tr.* To clean, scour (pots, pans); to clean out (a well). *s.m.* **-age,** *s.m.* **-eur.**

écureuil [ekyrœj], *s.m.* Squirrel.

écurie [ekyri], *s.f.* (*a*) Stable. **Mettre les chevaux à l'é.,** to stable the horses. **É. de courses,** racing stable; racing stud. *F:* **Sentir l'é.,** to be eager to get back home. (*b*) *F:* Pigsty (untidy room).

écusson [ekysɔ̃], *s.m.* **1.** *Her:* Escutcheon, shield, coat of arms. **É. funéraire, mortuaire,** hatchment. *Mil:* Badge, tab. **2.** Keyhole scutcheon, key plate. **3.** *Hort:* (Shield-)bud (for grafting). S.a. GREFFE 2. **4.** *Ent:* Scutellum.

écussonn|er [ekysɔne], *v.tr.* *Hort:* To bud. *s.m.* **-age.**

écussonnoir [ekysɔnwaːr], *s.m.* Budding-knife.

écuyer, -ère [ekɥije, -ɛːr], *s.* **1.** *s.m.* *A:* (*a*) Squire; armour-bearer, shield-bearer. (*b*) Equerry. **Grand É.,** Master of the Horse. **2.** *s.m.* & *f.* Rider; horseman, horsewoman. **Être bon écuyer, bonne écuyère,** to be a good rider. **É. de cirque,** circus rider, equestrian, *f.* equestrienne. *A:* **É. tranchant,** esquire trenchant, carver. **Bottes à l'écuyère,** riding-boots. (Of lady)

Monter à l'écuyère, to ride astride. **3.** *s.m. Constr:* Hand-rail (on the wall side of staircase).

eczéma [ɛgzema], *s.m. Med:* Eczema.

eczémateux, -euse [ɛgzematø, -øːz], *a. Med:* Eczematous. *s.* Eczematous patient.

Éden(l') [ledɛn], *s.m. B:* (The Garden of) Eden.

édénien, -enne [edenjɛ̃, -ɛn], **édénique** [edenik], *a.* Paradisiac, like the Garden of Eden.

édenté [edɑ̃te], *a.* **1.** Toothless, gap-toothed. **2.** *Z:* Edentate (mammal).

édenter [edɑ̃te], *v.tr.* To break the teeth of (comb, saw); to take out (s.o.'s) teeth.

édicter [edikte]. To enact, decree (penalties, etc.).

édicule [edikyl], *s.m.* (*a*) Kiosk, shelter. (*b*) *F:* Public convenience.

édifiant [edifjɑ̃], *a.* Edifying (example, etc.).

édification [edifikasjɔ̃], *s.f.* **1.** Erection, building; setting up (of monument, etc.). **2.** (*a*) (Moral) edification. (*b*) Enlightenment. **Pour votre é., sachez que . . .,** to be fully informed, you should know that. . . .

édifice [edifis], *s.m.* Building, edifice, pile. **Tout l'é. social,** the whole fabric, structure, of society.

édifier [edifje], *v.tr.* **1.** To erect, set up, build (up). **2.** (*a*) To edify. (*b*) To enlighten, instruct (s.o.). **Je suis édifié là-dessus,** I am satisfied on that head.

édile [edil], *s.m.* (*a*) *Rom.Ant:* Aedile. (*b*) *F:* Often *Hum:* Municipal official; town-councillor.

Édimbourg [edɛ̃buːr]. *Pr.n.m. Geog:* Edinburgh.

édit [edi], *s.m.* Edict.

éditer [edite], *v.tr.* **1.** To edit (text, etc.). **2.** To publish (book, etc.); to run (magazine). **Il s'est fait é. chez nous,** we published his books.

éditeur, -trice [editœːr, -tris], *s.* **1.** Editor, editress (of text). **2.** Publisher.

édition [edisjɔ̃], *s.f.* Edition, issue, impression (of work). **É. originale, é. princeps,** first edition. **2.** Publishing; publishing trade. **Maison d'é.,** publishing house.

éditorial, -aux [editɔrjal, -o]. *Journ:* **1.** *a.* Editorial. **2.** *s.m.* Leading article, leader.

éditorialiste [editɔrjalist], *s.m.* & *f.* (*a*) *Journ:* Leader-writer. (*b*) *W.Tel:* Programme editor.

Édouard [edwaːr]. *Pr.n.m.* Edward.

édredon [edrədɔ̃], *s.m.* Eider-down. **É. piqué, américain,** eider-down quilt.

éducabilité [edykabilite], *s.f.* Educability.

éducable [edykabl], *a.* Educable, trainable.

éducateur, -trice [edykatœːr, -tris]. **1.** *a.* Educational. **2.** *s.* Educator, instructor.

éducatif, -ive [edykatif, -iːv], *a.* Educative, educational.

éducation [edykasjɔ̃], *s.f.* **1.** (*a*) Education, bringing up. **Faire l'é. de qn,** to educate s.o. **É. professionnelle,** vocational training. **É. physique,** physical training. **L'é. nouvelle,** progressive education. (*b*) Training (of animals). (*c*) Upbringing, breeding. **Personne sans é.,** ill-bred person. **Il manque d'é.,** he has no manners.

édulcorant [edylkɔrɑ̃]. **1.** *a.* Sweetening. **2.** *s.m.* Sweetener.

édulcorer [edylkɔre], *v.tr.* **1.** To sweeten (medicine, etc.). **2.** To extenuate, mitigate.

éduquer [edyke], *v.tr.* **1.** To bring up, educate (child). **Mal éduqué,** ill-bred. **2.** To train (animal, faculties).

effaçage [ɛfasaːʒ], *s.m.* Rubbing out, erasing.

efface [efas], *s.f. Fr.C:* Eraser, rubber.

effacé [ɛfase], *a.* Receding (chin); unobtrusive, retired, retiring (person, manners).

effacement [ɛfasmɑ̃], *s.m.* **1.** Striking out, obliteration; wearing away (of carvings, etc.). **2. E. du corps,** sideways position of body (in fencing). **3.** Retirement, unobtrusiveness; self-effacement.

effacer [ɛfase], *v.tr.* **(j'effaçai(s); n. effaçons) 1.** To efface, obliterate, delete, erase. **E. un mot avec une gomme,** to rub out a word. **E. une tache,** to wash out, wipe out, a stain. **E. des rides, des imperfections,** to smooth out wrinkles, imperfections. **Sculptures effacées par le temps,** carvings obliterated, worn away, by time and weather. **E. qch. de sa mémoire,** to blot sth. out of one's memory. **2.** To put (s.o. else) in the shade. **3. E. le corps,** to stand sideways. **E. les épaules,** to throw back one's shoulders.

s'effacer. 1. To become obliterated; to wear away. **Cela s'effacera à l'eau,** it will wash off. **Impression, souvenir, qui s'efface vite,** impression, memory, that soon fades, dies out, grows dim. **2.** To stand, to draw, aside; to take a back-seat. **3.** *Fenc:* To stand sideways, to show less front.

effaceur, -euse [efasœːr, -øːz], *s.* (*a*) Obliterator. (*b*) *Sch:* Board-rubber.

effarant [ɛfarɑ̃], *a.* Bewildering, amazing.

effarement [efarmɑ̃], *s.m.* Bewilderment, confusion.

effarer [ɛfare], *v.tr.* To scare, bewilder, confuse.

s'effarer, to be frightened, scared (de, at, by); to take fright (de, at).

effarouch|er [ɛfaruʃe], *v.tr.* To startle, scare away, frighten away; to shock. *s.m.* **-ement.**

s'effaroucher, to be startled (de, at, by); to take fright (de, at); to be shocked (de, at); to blush.

effectif, -ive [ɛfɛktif, -iːv]. **1.** *a.* (*a*) Effective, efficacious (treatment). **Rendre un traité e.,** to implement a treaty. (*b*) Effective, actual. **Valeur effective,** real value. **2.** *s.m.* (*a*) *Mil:* Effectives; total strength (of army, etc.). *Nau:* Complement. **Effectifs en temps de paix,** peace-time establishment. **Crise d'effectifs,** shortage of manpower. *Sch:* Size (of class).

effectivement [efɛktivmɑ̃], *adv.* **1.** Effectively. **2.** Actually, in reality; in actual fact. **3.** (As an answer) That is so; yes, indeed.

effectuer [efɛktɥe], *v.tr.* To effect, make, accomplish, carry out, execute (scheme, operation). *Mth:* **E. un calcul,** to make a calculation.

efféminant [efeminɑ̃], *a.* Weakening, enervating.

effémination [efeminasjɔ̃], *s.f.*, **efféminement** [efeminmɑ̃], *s.m.* Effeminacy.

efféminé [efemine], *a.* Effeminate, unmanly, *F:* sissy.

efféminer [efemine], *v.tr.* To effeminate.

s'efféminer, to become effeminate.

effervescence [efɛrvɛssɑ̃ːs], *s.f.* **1.** Effervescence. **Faire e.,** to effervesce. **2. Être en e.,** to be seething with excitement.

effervescent [efɛrvɛssɑ̃], *a.* **1.** Effervescent (drink, etc.). **2.** Excitable, exuberant (disposition, crowd, etc.).

effet [efɛ], *s.m.* **1.** Effect, result. **Avoir de l'e. sur le résultat,** to affect the result. **Produire l'e. voulu,** to have the desired effect. **A cet e.,** for this purpose; to this end. **A l'e. de,** for the purpose of, with a view to. **Faire de l'e.,** to be effective. **Sans e.,** ineffective, ineffectual; of no avail. (Of law, etc.) **Prendre e.,** to become operative. S.a. NUL 2. **2.** (*a*) *Cr: Ten:* Screw, break, twist. **Donner de l'e. à la balle,** to put a spin on the ball. *Bill:* **E. de côté,** side(-screw). (*b*) *Mch:* **A simple e., à double e.,** single-acting, double-acting. **E. utile,** efficiency. (*c*) *Adv.phr.* **En e.,** as a matter of fact; indeed. **Vous oubliez vos paquets! En e.!** You are forgetting your parcels! So I am! **Oui, je m'en souviens, en e.,** yes, I do remember. **3.** (*a*) Impression. **Voilà l'e. que cela m'a produit,** that is how it impressed me. *F:* **Ça m'a fait un e. de la voir si pâle,** it gave me quite a turn to see her so pale. **Cela fait un drôle d'e.,** that gives one a strange feeling. *F:* **Si c'est ça l'e. que ça te fait!** If that's the way you feel about it! **Faire de l'e.,** to make a show, attract attention. **Cela fait bon e.,** it looks, sounds, well. **Elle me fait l'e. d'un moineau,** she puts me in mind of a sparrow. **Faire des effets de jambe,** to strut about. **Manquer son e.,** to fail to attract attention; (of joke, etc.) to misfire, to fall flat. **Couper ses effets à qn,** to steal s.o.'s thunder. **Phrases à e.,** words meant for effect; claptrap. (*b*) *Art:* **E. de lune,** moonlight effect or study. **4. E. de commerce,** negotiable instrument; *F:* bill. **Effets à payer,** bills payable. **E. à vue,** sight draft. **Effets au porteur,** bearer securities. **Effets publics,** public bonds. **5.** *pl.* Possessions, belongings, effects; clothes, things. **Effets mobiliers,** personal effects; goods and chattels.

effeuillaison [efœjɛzɔ̃], *s.f.* Fall of the leaves.

effeuillement [efœjmɑ̃], *s.m.* **1.** = EFFEUILLAISON. **2.** Bareness (of woods, etc.).

effeuill|er [efœje], *v.tr.* To thin out the leaves of (fruit-tree); to pluck off the petals of (flower). *s.m.* **-age.**

s'effeuiller, (of tree) to shed its leaves; (of flower) to shed its petals.

efficace [efikas]. **1.** *a.* Efficacious, effectual, effective. **Prêter à qn un appui e.**, to give s.o. effective support. *El:* **Watt e.**, true watt. **2.** *s.f. Theol:* Efficacy (of grace, etc.). *adv.* **-ment.**
efficacité [efikasite], *s.f.* Efficacy, effectiveness (of remedy); efficiency (of work).
efficience [efisjɑ̃s], *s.f.* Efficiency.
efficient [efisjɑ̃], *a.* Efficient. *Phil:* **Cause efficiente**, efficient cause.
effigie [efiʒi], *s.f.* Effigy. **Monnaie frappée à l'e. de . . .**, coinage bearing the effigy, the head, of. . . . **Brûler qn en e.**, to burn s.o. in effigy.
effilage [efila:ʒ], *s.m.* Fraying, ravelling out (of material).
effilé [efile], *a.* **1.** *Tex:* Frayed, fringed (material). *s.m.* Fringed trimming. **2.** Slender, slim, slight (figure); tapering (fingers). *Aut:* Streamlined.
effilement [efilmɑ̃], *s.m.* Tapering; stream-lining.
effiler [efile], *v.tr.* **1.** *Tex:* To fray, unravel, ravel out. **2.** To taper. **3.** To string (beans). **4.** *Ven:* **E. les chiens**, to tire, wear out the hounds.
s'effiler. **1.** To fray out. **2.** To taper.
effiloche [efilɔʃ], *s.f.* Floss silk; fringe (of threads left loose).
effiloch|er [efilɔʃe], *v.tr.* (*a*) To ravel out, tease out. (*b*) To fray. (*c*) *Paperm:* To cut, break, tear. (*d*) *Tex:* To break, tear, devil (wool, cotton waste). **Laine effilochée**, *s.m.* **effiloché**, shoddy. *s.m.* **-age.**
effilocheur, -euse [efilɔʃœ:r, -øz], *s. Tex:* Breaker (of waste material); (shoddy) tearer (person or machine), deviller; devil (machine).
effilochure [efilɔʃy:r], *s.f.* Ravelled or frayed material.
effilure [efily:r], *s.f.* = EFFILOCHURE.
efflanqué [eflɑ̃ke], *a.* Lean(-flanked), lanky, gaunt.
effleurement [eflœrmɑ̃], *s.m.* **1.** (*a*) (Light, gentle) touch. (*b*) Skimming (of the water). **2.** Graze.
effleurer [eflœre], *v.tr.* To touch or stroke lightly; to skim (the surface of the water); to graze, brush (solid surface). **Quelques soupçons l'avaient effleuré**, some misgivings had crossed his mind. **E. un sujet**, to touch (lightly) on a topic.
efflorescence [efflɔrɛs(s)ɑ̃:s], *s.f.* **1.** Efflorescence; **2.** *Med:* Rash, eruption (of measles, etc.).
effluent [eflyɑ̃], *a.* Effluent, outgoing. *s.m.* Effluent, sewage.
effluve [efly:v], *s.m.* **1.** Effluvium, emanation. **2.** *El:* Brush discharge.
effondré [efɔ̃dre], *a.* **1.** (*a*) Ploughed up. (*b*) Boggy. **2. É. dans la douleur**, prostrate with grief.
effondrement [efɔ̃drəmɑ̃], *s.m.* **1.** Breaking down, caving in; subsidence; collapse; falling in (of roof); slump (in prices); prostration. **2.** *Geol: etc:* Sink-hole.
effondrer [efɔ̃dre], *v.tr.* To break (sth.) in, down; to stave in (barrel); *Agr:* to subsoil.
s'effondrer, to fall in, cave in, break down; to collapse, give way; (of credit, prices) to slump. *F:* **S'e. dans un fauteuil**, to sink, subside, *F:* flop, into an armchair.
efforcer (s') [sefɔrse], *v.pr.* (**je m'efforçai(s); n.n. efforçons**). **S'e. de faire qch.**, to strive, endeavour, do one's best, to do sth.
effort [efɔ:r], *s.m.* **1.** Effort, exertion, endeavour. **Faire un e. sur soi-même**, to try to control oneself. **Faire tous ses efforts pour . . .**, to do one's utmost to. . . . **Consacrer tous ses efforts à une tâche**, to devote all one's energies to a task. **Sans e.**, easily. **Après bien des efforts**, after much exertion, hard work. **E. financier**, financial outlay. **Loi du moindre e.**, line of least resistance. **2.** (*a*) *Mec.E: etc:* Strain, stress; force (of wind). **E. de tension**, tensile stress, pull. **E. de torsion**, torque. **E. de traction**, pull. (*b*) *Med: Vet:* Strain, (w)rick, *F:* rupture. **Se donner, attraper, un e.**, to (w)rick one's back.
effraction [efraksjɔ̃], *s.f.* Housebreaking. **Vol de nuit avec e.**, burglary.
effraie [efrɛ], *s.f.* Barn owl, screech owl.
effranger [efrɑ̃ʒe], *v.tr.* To fray at the edges.
s'effranger, to fray (out), to become frayed at the edges.
effrayant [efrɛjɑ̃], *a.* **1.** Frightful, terrifying, dreadful, appalling. **2.** *F:* Tremendous, awful.
effrayer [efrɛje], *v.tr.* (**j'effraie, j'effraye; j'effraierai, j'effrayerai**) To frighten, scare, startle (s.o.).
s'effrayer, to be or get frightened; to take fright, alarm. **S'e. de qch.**, to be frightened of, at, sth.
effréné [efrene], *a.* Unbridled, unrestrained (passion, etc.); frantic (efforts). *adv.* **-ment.**
effritement [efritmɑ̃], *s.m.* Crumbling (into dust), disintegration; weathering (of rock).
effriter [efrite], *v.tr.* To cause (sth.) to crumble; to disintegrate.
s'effriter, to crumble (to dust); (of rock) to weather.
effroi [efrwa], *s.m.* Fright, terror, dread. **E. religieux**, awe.
effronté [efrɔ̃te], *a.* Shameless, bold; impudent, *F:* cheeky (child); bare-faced, brazen-faced (lie, liar); rakish (swagger). *adv.* **-ment.**
effronterie [efrɔ̃tri], *s.f.* Effrontery, insolence, impudence, *F:* cheek(iness). **Payer d'e.**, to brazen it out.
effroyable [efrwajabl], *a.* Frightful, fearful, dreadful, appalling; hideous (face); *F:* awful, tremendous (expense, etc.). *adv.* **-ment.**
effusion [ɛffyzjɔ̃, efy-], *s.f.* **1.** Effusion, outpouring, overflowing. **E. de sang**, (i) hæmorrhage, (ii) bloodshed. **2.** Effusiveness. **Avec e.**, effusively, gushingly.
égailler(s') [segaje], *v.pr.* (Of birds, etc.) To disperse, scatter.
égal, -aux [egal, -o], *a.* **1.** (*a*) Equal (**à**, to). **A poids é.**, weight for weight. **De force égale**, evenly matched. **Toutes choses égales (d'ailleurs)**, other things being equal. **Combattre à armes égales**, to fight on equal terms. *s.* Equal. **Traiter qn d'é. à é.**, to treat s.o. as an equal. **Sans é.**, matchless. *Prep.phr.* **A l'é. de**, as much as; equally with. (*b*) Level, even, regular (road, etc.); steady (pace); equable (character). **2.** (All) the same. **Cela m'est (bien) égal**, it is all the same, all one, to me. **Si cela vous est é.**, if you don't mind. *F:* **C'est é., il nous doit des excuses**, all the same, he ought to apologize.
égalable [egalabl], *a.* That can be equalled (**à**, to, with).
également [egalmɑ̃], *adv.* **1.** Equally, alike. **2.** Also, likewise. **J'en veux é.**, I also want some; I want some as well.
égaler [egale], *v.tr.* **1.** To consider as equal (**à**, to). **2.** To equal, be equal to, to match (s.o., sth.). **Deux et deux égalent quatre**, two and two make four. **Rien ne peut é. cette élégance**, nothing can compare with, come up, to this elegance.
égalis|er [egalize]. **1.** *v.tr.* (*a*) To equalize, adjust (pressure, etc.); to screen (coal); to size (small shot, etc.). **É. une expression à zéro**, to equate an expression to zero. (*b*) To level; to make (ground) even. **2.** *v.i.* To equalize, to tie. *s.f.* **-ation.**
s'égaliser, to become (i) equalized, (ii) level, even.
égaliseur [egalizœ:r], *s.m.* Equalizer, regulator.
égalitaire [egalitɛ:r]. *Pol:* **1.** *a.* Levelling (spirit, policy). **2.** *s.m.* Equalitarian, egalitarian; leveller.
égalité [egalite], *s.f.* **1.** Equality. **Être sur un pied d'é. avec qn**, to be on an equal footing, on equal terms, with s.o. *Games:* **A é.**, equal in points; *F:* neck and neck; *Golf:* all square; *Ten:* deuce. **Course à é.**, dead heat; tie. *Turf:* **Parier à é. sur un cheval**, to lay evens on a horse. **A é. de. . . .**, where there is equality of. . . . **2.** Evenness, regularity (of surface, of breathing, etc.). **É. d'âme**, equanimity.
égard [ega:r], *s.m.* Consideration, respect. (*a*) **Avoir é. à qch.**, to allow for sth.; to pay regard to sth. **Eu é. à . . .**, in consideration of . . .; having regard to. . . . **A tous (les) égards**, in all respects. **N'ayez aucune crainte à cet é.**, have no fear in this connection, on that score, about that. **A l'é. de**, with regard to; with respect to. **Être injuste à l'é. de qn**, to be unjust to(wards) s.o. (*b*) **Témoigner des égards pour qn**, to show regard for s.o. **Devoir des égards à qn**, to owe s.o. respect. **Faire qch. par é. pour qn**, to do sth. (i) out of respect for s.o., (ii) for s.o.'s sake. **Sans é. pour . . .**, regardless of . . ., in spite of. . . . **Être plein d'égards pour qn**, to be full of attentions to s.o. **Manquer d'égards envers qn**, to slight s.o.
égaré [egare], *a.* **1.** Stray, lost (sheep, etc.). **Balles égarées**, stray bullets. **Village é.**, out-of-the-way village. **2.** Distraught, distracted, wild (face, eyes, etc.).

égarement [egarmɑ̃], *s.m.* **1.** (*a*) Miscarriage (of letter, etc.). (*b*) Mislaying (of object). (*c*) Bewilderment. **É. d'esprit**, mental aberration. **2.** Deviation (from virtue, etc.); wildness (of conduct). **Dans un moment d'é.**, in a wild moment. **3.** Frenzy (of grief, etc.).
égarer [egare], *v.tr.* **1.** (*a*) To lead (s.o.) astray; to mislead, misguide (s.o.). (*b*) To mislay (sth.). **2.** To bewilder, derange (s.o.).
s'égarer. **1.** To lose one's way. **Colis qui s'est égaré**, parcel that has miscarried, gone astray. **2.** **Son esprit s'égare**, his mind is becoming unhinged.
égayant [egejɑ̃], *a.* Cheerful, cheery, lively (conversation, etc.).
égayement [egɛjmɑ̃], *s.m.* Enlivenment. **Au grand é. de la compagnie**, to the great amusement of the company.
égayer [egeje], *v.tr.* **(j'égaie, j'égaye ; j'égaierai, j'égayerai) 1.** To cheer up (patient); to amuse (the company); to enliven (the conversation); to brighten (up) (room). **2.** *Hort:* To prune, lop (tree).
s'égayer. (*a*) To make merry (together) (de, about). (*b*) To amuse oneself.
Égée [eʒe]. **1.** *Pr.n.m. Gr.Myth:* Ægeus. **2.** *a. Geog:* **La mer É.**, the Ægean Sea.
égide [eʒid], *s.f.* (*a*) *Gr.Myth:* Aegis, shield. (*b*) Protection, defence. **Sous l'é. de . . .**, under the care of . . ., under the aegis of. . ., under the sponsorship of. . .
églantier [eglɑ̃tje], *s.m. Bot:* Wild rose, dog-rose (bush). **É. odorant**, sweet briar.
églantine [eglɑ̃tin], *s.f. Bot:* Wild rose, dog-rose (flower). **É. odorante**, sweet briar; eglantine.
église [egli:z], *s.f.* Church. **L'É. anglicane**, the Church of England. **L'É. et l'État**, Church and State. *F:* **Petite é.**, small coterie. **Aller à l'é.**, to go to church.
églogue [eglɔg], *s.f. Lit:* Eclogue.
égocentrique [egosɑ̃trik], *a.* Self-centred, egocentric.
égoïne [egɔin], *s.f.* Handsaw.
égoïsme [egɔism], *s.m.* Selfishness; egoism.
égoïste [egɔist]. **1.** *s.m. & f.* Selfish person; egoist. **2.** *a.* Selfish; egoistic(al), self-centred. *adv.* **-ment.**
égorgement [egɔrʒəmɑ̃], *s.m.* **1.** Sticking, cutting the throat (of pig, etc.). **2.** Massacre, slaughter.
égorg|er [egɔrʒe], *v.tr.* **(j'égorgeai(s) ; n. égorgeons) 1.** To cut the throat of, *F:* to stick (pig, sheep); to slit (s.o.'s) throat. **2.** To butcher, massacre, slaughter (persons). **3.** To fleece (customers). *s.m.* **-eur.**
égosiller (s') [segozije], *v.pr.* To bawl; to shout (oneself hoarse); (of birds) to sing, warble, away.
égotisme [egɔtism], *s.m.* Egotism.
égotiste [egɔtist]. **1.** *s.m. & f.* Egotist. **2.** *a.* Egotistic(al).
égout [egu], *s.m.* **1.** (*a*) Draining, drainage (of liquid). (*b*) Drip. **2.** (*a*) (i) Sewer, (ii) drain. **Eaux d'é.**, sewage. **É. collecteur**, main sewer. **Jeter à l'é.**, (i) to flush away; (ii) to pour down the sink. (*d*) Eaves (of roof).
égoutier [egutje], *s.m.* Sewerman.
égouttement [egutmɑ̃], *s.m.* Drip(ping) (of water, etc.).
égoutt|er [egute], *v.tr. & i.* To drain, to strain (off) (cheese, etc.). **Mettre la vaisselle à é.**, to put the dishes to drain (in rack). **Faire é. l'eau**, to drain off the water. *s.m.* **-age.**
s'égoutter, to drain, drip.
égouttoir [egutwa:r], *s.m.* Drainer; draining board; plate-rack.
égoutture [eguty:r], *s.f.* Drops, drippings.
égrapp|er [egrape], *v.tr.* To remove the stalks from (grapes). *s.m.* **-age.**
égratigner [egratiɲe], *v.tr.* To scratch.
égratignure [egratiɲy:r], *s.f.* **1.** Scratch. **2.** *F:* Gibe; dig (at s.o.).
égrènement [egrɛnmɑ̃], *s.m.* **1.** **É. d'un chapelet, telling** of beads. **2.** **É. de lumières**, dotted line of lights.
égren|er [egrəne], *v.tr.* **(j'égrène ; j'égrènerai)** (*a*) To shell (peas); to pick off (grapes from the bunch). (*b*) **É. son chapelet**, to tell one's beads. **Les marronniers égrènent leurs feuilles**, the chestnut-trees shed their leaves one by one. *s.m.* **-age.**
s'égrener, (of corn, grapes, etc.) to fall, drop, from the ear, from the bunch; to seed; to drop away. **Des lumières s'égrènent le long du quai, a dotted line of lights runs along the quay.**

égreneuse [egrənø:z], *s.f.* Corn sheller; cotton gin.
égrillard [egrija:r], *a.* (*a*) Lewd, ribald. (*b*) Naughty, spicy (story, etc.).
égris|er [egrize], *v.tr.* To grind (marble, glass, diamonds, etc.). *s.m.* **-age.**
égrotant [egrɔtɑ̃], *a.* Sickly.
égrugeoir [egryʒwa:r], *s.m.* **1.** *Dom.Ec: etc:* Mortar; salt-mill; pepper-mill; mealer. **2.** *Tex:* Ripple.
égruger [egryʒe], *v.tr.* **1.** To pound; to meal (gunpowder). **2.** *Tex:* To ripple.
Égypte [eʒipt]. *Pr.n.f. Geog:* Egypt.
égyptien, -ienne [eʒipsjɛ̃, -jɛn], *a. & s.* Egyptian. *s.f. Typ:* **Égyptienne**, Clarendon.
égyptologie [eʒiptɔlɔʒi], *s.f.* Egyptology.
égyptologue [eʒiptɔlɔg], *s.* Egyptologist.
eh [e], *int.* Hey! **Eh bien!** well! now then! **Eh! là-bas**, hullo there!
éhonté [eɔ̃te], *a.* Shameless, unblushing.
eider [edɛ:r], *s.m. Orn:* Eider(-duck).
éjaculation [eʒakylasjɔ̃], *s.f.* Ejaculation.
éjaculer [eʒakyle], *v.tr.* To ejaculate.
éjarrer [eʒare], *v.tr.* To pluck (furs).
éjectable [eʒɛktabl], *a.* *Av:* **Siège é.**, ejector seat.
éjecter [eʒɛkte], *v.tr.* To eject.
éjecteur [eʒɛktœ:r], *s.m.* *Mch:* *Sm.a:* Ejector.
éjection [eʒɛksjɔ̃], *s.f.* Ejection.
élaboration [elabɔrasjɔ̃], *s.f.* Elaboration.
élaborer [elabɔre], *v.tr.* To elaborate, to work out, to prepare, to build up.
élag|uer [elage], *v.tr.* *Arb:* To prune (tree); to lop (off, away) (branches). *F:* To curtail, cut down (play, book). **É. des détails**, to cut out details. *s.m.* **-age.**
élagueur [elagœ:r], *s.m.* Pruner.
élan[1] [elɑ̃], *s.m.* **1.** (*a*) Spring, bound, dash. **D'un seul é.**, at one bound. **Prendre son é.**, to take off (for a spring). **Saut sans é., avec é.**, standing jump, running jump. **Perdre son é.**, to lose momentum. (*b*) **L'é. merveilleux de nos troupes**, the wonderful élan, dash, of our troops. (*c*) Impetus. **L'é. vital**, the vital impulse. **2.** Burst, outburst (of feeling, etc.).
élan[2], *s.m.* *Z:* Elk, moose.
élancé [elɑ̃se], *a.* Tall and slim; slender. **Aux formes élancées**, (of ship, car) stream-lined.
élancement [elɑ̃smɑ̃], *s.m.* **1.** Transport (of feeling). **2.** Shooting pain; twinge.
élancer [elɑ̃se], *v.i.* **(j'élançai(s) ; n. élançons)** (Of part of the body) To throb, shoot (with pain).
s'élancer. **1.** **S'é. en avant**, to spring, bound, dash, shoot, forward. **S'é. sur son cheval**, to spring, leap, on to one's horse. **S'é. sur qn**, to rush at s.o.; to make a spring at s.o. **S'é. vers le ciel**, to soar (up) skywards. **2.** (Of child, plant) To shoot up.
élarg|ir [elarʒi:r], *v.tr.* **1.** (*a*) To widen (road); to let out (dress); to stretch (shoes). **Acteur qui a élargi son jeu**, actor who has broadened his style. (*b*) To enlarge, extend (one's estate, ideas); to expand (tube); to enlarge (hole). **2.** To set (prisoner) free, at large; to release (prisoner). *s.m.* **-issement.**
s'élargir. (*a*) To widen out, broaden out. (*b*) (Of shoes, etc.) To stretch. (*c*) (Of estate, circle of friends) To grow, extend. (*d*) (Of morals, etc.) To become less stringent.
élasticité [elastisite], *s.f.* Elasticity, resilience.
élastique [elastik]. **1.** *a.* Elastic, resilient. **D'un pas é.**, with a springy, buoyant, step. **2.** *s.m.* (*a*) (India-) rubber. (*b*) *Dressm: etc:* Elastic. (*c*) Elastic band; rubber band.
Elbe [ɛlb]. **1.** *Pr.n.f.* **(L'île d')E.**, (the island of) Elba. **2.** *Pr.n.m.* (The river) Elbe.
électeur, -trice [elɛktœ:r, -tris], *s.* **1.** *German Hist:* Elector, *f.* electress. **2.** Elector; voter. **Mes électeurs**, my constituents.
électif, -ive [elɛktif, -i:v], *a.* Elective.
élection [elɛksjɔ̃], *s.f.* **1.** *Pol:* Election, polling. **Élections législatives**, parliamentary election. **É. partielle**, by-election. **2.** Election, choice, preference. **Mon pays d'é.**, my favourite country. *Jur:* **Faire é. de domicile**, to elect domicile. *Theol:* **Vase d'é.**, chosen vessel.
électoral, -aux [elɛktɔral, -o], *a.* Electoral. **Comité é.**, election committee. **Corps é.**, electorate. **Consulter le corps é.**, to go to the country. **Faire une tournée**

électorale, to canvass, to electioneer. **Agent é.,** electioneering agent. **Manœuvres électorales,** vote-catching manœuvres.
électorat [elɛktɔra], *s.m.* **1.** *Hist:* Electorate. **2.** Franchise.
électrice. See ÉLECTEUR.
électricien [elɛktrisjɛ̃], *s.m.* Electrician. **Ingénieur é.,** electrical engineer.
électricité [elɛktrisite], *s.f.* Electricity. **Éclairé à l'é.,** lit by electricity. *F:* **Allumer, donner, l'é.,** to switch on the light. **Éteindre, couper, l'é.,** to switch off the light.
électrification [elɛktrifikasjɔ̃], *s.f.* Electrification (of railway, etc.).
électrifier [elɛktrifje], *v.tr.* To electrify.
électrique [elɛktrik], *a.* **1.** Electric (current, lighting, etc.). **2.** Electrical (unit, industry).
électrisable [elɛktrizabl], *a.* Electrifiable.
électrisation [elɛktrizasjɔ̃], *s.f.* Electrification.
électriser [elɛktrize], *v.tr.* To electrify (substance, audience, etc.); to thrill (audience).
électro-aimant [elɛktrɔɛmɑ̃], *s.m.* (Electro-)magnet. *pl. Des électro-aimants.*
électrocardiogr|amme [elɛktrɔkardjɔgram], *s.m.* Electro-cardiogram. *s.m.* **-aphe.** *s.f.* **-aphie.**
électrochoc [elɛktrɔʃɔk], *s.m. Med:* **Traitement par électrochocs,** electric shock treatment.
électrocuter [elɛktrɔkyte], *v.tr.* To electrocute.
électrocution [elɛktrɔkysjɔ̃], *s.f.* Electrocution.
électrode [elɛktrɔd], *s.f.* Electrode.
électrodynamique [elɛktrɔdinamik], *s.f.* Electro-dynamics.
électrogène [elɛktrɔʒɛn], *a. El.E:* Generating (plant, etc.). **Groupe é.,** generating set.
électrolyse [elɛktrɔliːz], *s.f.* Electrolysis.
électrolyte [elɛktrɔlit], *s.m.* Electrolyte; battery solution.
électroménager [elɛktrɔmenaʒe], *a.* **Appareils électroménagers,** electric domestic appliances.
électromoteur, -trice [elɛktrɔmɔtœːr, -tris]. **1.** *a.* Electromotive. **2.** *s.m.* Electromotor.
électron [elɛktrɔ̃], *s.m. Ph:* Electron.
électronicien, -ienne [elɛktrɔnisjɛ̃, -jɛn], *s.* Electronics specialist.
électronique [elɛktrɔnik], *a.* Electronic. **Lampe, valve, é.,** thermionic valve. *s.f.* Electronics.
électrophone [elɛktrɔfɔn], *s.m.* Record(-)player.
électroscope [elɛktrɔskɔp], *s.m.* Electroscope.
électrotechnique [elɛktrɔtɛknik], *s.f.* (*a*) Electrotechnology. (*b*) Electrical engineering.
électrothérapie [elɛktrɔterapi], *s.f. Med:* Electrotherapy; electro-therapeutics.
électrothermique [elɛktrɔtɛrmik], *a.* Thermoelectric(al).
électrotrain [elɛktrɔtrɛ̃], *s.m. Rail:* Electric multiple unit.
électrotype [elɛktrɔtip], *s.m. Typ:* Electrotype.
électrotyper [elɛktrɔtipe], *v.tr.* To electrotype.
électuaire [elɛktɥɛːr], *s.m. Pharm:* Electuary.
élégance [elegɑ̃ːs], *s.f.* Elegance; stylishness.
élég|ant [elegɑ̃]. **1.** *a.* Elegant, well-dressed, *F:* dressy, stylish; tasteful (drawing-room, etc.). **2.** *s.* Man of fashion, dandy. **Une élégante,** a woman of fashion. **Elle veut faire l'élégante,** *F:* she puts it on. *adv.* **-amment.**
élégiaque [eleʒjak], *a.* Elegiac. **Poète é.,** elegist.
élégie [eleʒi], *s.f.* Elegy.
élément [elemɑ̃], *s.m.* **1.** Element, *F:* **Être dans son é.,** to be in one's element, on one's own ground. **2.** (*a*) Component unit or member (of sectional structure, etc.); ingredient (of medicine, etc.). **Des éléments de réponse,** material for an answer. **Mobilier par éléments,** unit furniture. *Mil:* **Éléments de reconnaissance,** scouting parties. (*b*) *El:* Cell (of battery). **3.** *pl.* (*a*) Rudiments, first principles (of science, etc.). **Éléments de mathématiques,** general mathematics. (*b*) Data.
élémentaire [elemɑ̃tɛːr], *a.* **1.** Elementary (knowledge, algebra, etc.). **2.** Rudimentary.
éléphant [elefɑ̃], *s.m.* Elephant. **É. mâle, femelle,** bull, cow, elephant.
éléphanteau [elefɑ̃to], *s.m.* Young elephant.
éléphantesque [elefɑ̃tɛsk], *a. F:* Elephantine, gigantic.
éléphantiasis [elefɑ̃tjazis], *s.m. Med:* Elephantiasis.
élevage [elvaːʒ], *s.m.* **1.** Breeding, raising, rearing (of stock); stock-farming, animal husbandry. **Faire l'é. de . . .,** to breed. **É. des moutons,** sheep-farming. **É. des animaux à fourrure,** fur-farming. **Poulet d'é.,** battery-reared chicken. **2.** (Stock-)farm; ranch; (in Australia) sheep-station.
élévateur, -trice [elevatœːr, -tris]. **1.** *a. & s.m.* Elevator (muscle). **2.** *s.m.* Elevator, lift, hoist. **É. de tension,** step-up transformer.
élévation [elevasjɔ̃], *s.f.* **1.** (*a*) Elevation, lifting, raising. **É. de l'eau,** pumping (up) of water. **É. des prix,** putting up of prices. (*b*) Erection, setting up (of statue, etc.). **2.** Rise (in temperature, etc.). **3.** (*a*) Loftiness, height, altitude. **É. de style,** grandeur, nobility of style. (*b*) Altitude (of star, etc.). **4.** *Arch: Geom:* Elevation; vertical section. **5.** High ground, height, eminence. **6.** Elevation, preferment. **7.** *Ecc:* Elevation (of the Host).
élévatoire [elevatwaːr], *a.* Elevatory, lifting, hoisting (apparatus, etc.). **Usine é.,** waterworks.
élève [elɛːv]. **1.** *s.m. & f.* Pupil (in school); student (at college); apprentice (to architect, etc.); trainee. **É. maître,** *f.* **é. maîtresse,** pupil-teacher. *Mil:* **É. officier,** cadet. **2.** (*a*) Young rearing animal. (*b*) Seedling.
élevé [elve], *a.* **1.** High (mountain, price); nobly, lofty, exalted (style, mind). **L'officier le plus é. en grade,** the senior officer. **Occuper un rang é.,** to rank high. **Plafond peu é.,** low ceiling. **2. Bien é.,** well brought up; well-bred. **Mal é.,** ill-mannered; ill-bred.
élever [elve], *v.tr.* **(j'élève; j'élèverai) 1.** To elevate, raise. **É. un mur de deux mètres,** to raise a wall by two metres. **É. la voix,** to raise, lift up, one's voice. **É. les prix,** to put up prices. **É. qn aux nues,** to laud s.o. to the skies. **2.** (*a*) To erect, set up (temple, statue); to throw up (earthwork). (*b*) **É. des doutes, des protestations,** to raise doubts, a protest. **3.** To bring up, rear (child); to raise (stock); to breed (horses, rabbits); to keep (bees).
s'élever. 1. (*a*) To rise (up). **Le compte s'élève à mille francs,** the bill comes to a thousand francs. **S'il s'élève des difficultés . . .,** if difficulties arise. . . . (*b*) (Of building) To stand. **2.** (*a*) To raise oneself. **S'é. à force de travail,** to work one's way up. (*b*) **S'é. contre une accusation,** to protest against an accusation.
éleveur, -euse [elvœːr, -øːz]. **1.** *s.* Stock-breeder. **É. de chiens,** dog-fancier. **2.** *s.f.* **Éleveuse, incubator** (for chickens).
elfe [ɛlf], *s.m.* Elf.
élider [elide], *v.tr.* To elide (vowel).
Élie [eli], *Pr.n.m.* Elijah; Elias.
éligibilité [eliʒibilite], *s.f.* Eligibility.
éligible [eliʒibl], *a.* Eligible.
élimer [elime], *v.tr.* To wear the nap off (clothes).
s'élimer, (of clothes) to wear threadbare.
éliminateur, -trice [eliminatœːr, -tris]. **1.** *a.* Eliminating, eliminative. **2.** *s.m.* Eliminator.
élimination [eliminasjɔ̃], *s.f.* Elimination.
éliminatoire [eliminatwaːr], *a.* Eliminatory (examination, etc.). *Sp:* **Épreuves éliminatoires,** preliminary heats.
éliminer [elimine], *v.tr.* To eliminate, get rid of, exclude, rule out (s.o., sth.). **É. les incapables,** to weed out the inefficient. *Mth: etc:* (Of quantities) **S'éliminer,** to cancel out. *Phot:* **É. l'hyposulfite,** to eliminate, *F:* kill, the hypo.
élingue [elɛ̃ːg], *s.f. Nau: etc:* Sling(s).
élire [eliːr], *v.tr.* (Conj. like LIRE) **1.** To elect, choose (s.o.). **É. qn président,** (i) to elect s.o. president; (ii) to vote s.o. into the chair. **É. un député, etc.,** to return a member of parliament, etc. **2. É. domicile (dans un endroit),** to take up one's residence, *Jur:* to elect domicile (in a place).
Élisée [elize], *Pr.n.m. B:* Elisha.
élision [elizjɔ̃], *s.f. Ling:* Elision.
élite [elit], *s.f.* Elite; flower, pick (of the army, etc.). **L'é. ouvrière,** the cream of the working class. **Personnel d'é.,** picked personnel. **Régiment d'é.,** crack regiment.
elle, elles [ɛl], *pers.pron.f.* **1.** (Unstressed, clinging to the verb or its adjuncts) (Of pers.) She, they; (of thg) it,

they (Untranslated) **La porte est-elle fermée?** Is the door shut? **2.** (Stressed) (*a*) (Subject) She, it, they. **C'est elle, ce sont elles,** it is she, it is they. **Je fais comme elle,** I do as she does. **Elle-même l'a vu,** she saw it herself. (*b*) (Object) Her, it, them. **Chez elle,** with her, at her house. **Elle ne pense qu'à elle,** she thinks only of herself. **Elle a une maison à elle,** she has a house of her own. *F:* **Une amie à elle,** a friend of hers. **C'est à elle de jouer,** it is her turn to play. **C'est à elle de faire** (at cards), it is her deal. **Chacune d'elles travaille pour elle-même,** each of them works for herself. **Il aimait sa patrie et mourut pour elle,** he loved his country and died for it.

ellébore [ɛl(l)ebɔːr], *s.m. Bot:* Hellebore.

ellipse [ɛlips], *s.f.* **1.** *Gram:* Ellipsis. **2.** *Geom:* Ellipse.

elliptique [ɛliptik], *a. Gram: Geom:* Elliptic(al). *adv.* **-ment,** -ally.

élocution [elɔkysjɔ̃], *s.f.* Elocution.

éloge [elɔːʒ], *s.m.* **1.** Eulogy, panegyric. **2.** (Deserved) praise. **É. funèbre,** funeral oration. **Faire l'é. de qn,** to praise s.o.; to speak highly of s.o. **Digne d'éloges,** praiseworthy, commendable. **On peut le dire à son é.,** we may say so to his credit.

élogieux, -euse [elɔʒjø, -øːz], *a.* Eulogistic, laudatory. **Parler en termes é. de qn,** to speak in high terms of s.o.

éloigné [elwaɲe], *a.* Far (away); distant; remote (place, time). **La ville est éloignée de cinq kilomètres,** the town is five kilometres away. **Le plus é.,** farthest, furthermost. **Parent é.,** distant relation. **Avenir peu é.,** near future. **Se tenir é. de qch.,** to hold (oneself) aloof from sth. **Rien n'est plus é. de ma pensée,** nothing is further from my thoughts.

éloignement [elwaɲmɑ̃], *s.m.* **1.** Removal, removing, putting away (of s.o., sth.). **2.** (*a*) Absence. (*b*) Distance, remoteness (in place, time). **Vivre dans l'éloignement du monde,** to live apart, aloof, from the world. **Voir qch. en é.,** to have a distant view, prospect, of sth. (*c*) Aversion. **Avoir de l'é. pour qn, pour qch.,** to have an antipathy to s.o., an aversion to sth. (*d*) Estrangement.

éloigner [elwaɲe], *v.tr.* (*a*) To remove (s.o., sth.) to a distance, further off; to get (s.o., sth.) out of the way; to send away. **Les verres concaves éloignent (les objets),** concave glasses make objects look further away. **É. qch. de qch.,** to move sth. away from sth. **Éloignés d'un mille,** a mile apart. **É. toute crainte,** to banish all fears. **É. une pensée,** to dismiss, put away, a thought. **É. les soupçons,** to avert suspicion. (*b*) To postpone, put off (departure); to defer (payment). (*c*) **É. qn de qn,** to alienate, estrange, s.o. from s.o.

s'éloigner. **1.** To move off, retire, withdraw, to go away, stray; (of noise) to grow fainter. *Nau:* To stand away, bear off (de, from). **S'é. en toute hâte,** to hurry away. **S'é. de son devoir,** to deviate from one's duty. **2.** To assume a distant position. (*a*) **Voudriez-vous vous é. un peu?** would you please stand further away, further back? (*b*) **Votre opinion ne s'éloigne pas beaucoup de la mienne,** your opinion does not differ much from mine.

élongation [elɔ̃gasjɔ̃], *s.f.* Elongation.

élonger [elɔ̃ʒe], *v.tr. Nau:* **1.** To stretch, splice (cable); to lay out (anchor). **2.** To pass alongside (ship); to skirt (coast).

éloquence [elɔkɑ̃ːs], *s.f.* (*a*) Eloquence. (*b*) **É. de la chaire,** pulpit oratory.

éloqu|ent [elɔkɑ̃], *a.* Eloquent. *adv.* **-emment.**

élu, -e [ely]. **1.** *a.* Chosen; successful (candidate). **2.** *s.* (*a*) *Ecc:* **Les élus,** the elect. (*b*) **Nouvel é.,** newly elected member.

élucidation [elysidasjɔ̃], *s.f.* Elucidation.

élucider [elyside], *v.tr.* To elucidate, clear up (mystery, etc.).

éludable [elydabl], *a.* Eludible, evadable.

éluder [elyde], *v.tr.* To elude, evade, dodge (law, difficulty).

Élysée [elize]. **1.** *Pr.n.m.* (*a*) *Myth:* **L'É.,** Elysium. (*b*) **(Le palais de) l'É.,** the official residence of the President of the French Republic. **2.** *a.* **Les Champs Élysées,** (i) *Myth:* the Elysian Fields; (ii) the Champs Élysées (avenue in Paris).

élytre [elitr], *s.m. Ent:* Elytron, wing-sheath.

émaciation [emasjasjɔ̃], *s.f.* Emaciation.

émacié [emasje], *a.* Emaciated; wasted (figure).

émail, *pl.* **émaux** [emaːj, emo], *s.m.* **1.** (*a*) Enamel. **Émaux de niellure,** niello enamels. (*b*) *Her:* Tincture. (*c*) Enamel (of the teeth). **2.** (*a*) Enamelling material; enamel. (*b*) *Cer:* Glaze.

émaill|er [emaje], *v.tr.* **1.** *Art: etc:* To enamel. **2.** *Cer:* To glaze (porcelain). **3.** (Of flowers, etc.) To dot, fleck (the fields). **Style émaillé de métaphores,** style studded with metaphors. *s.m.* **-age.**

émailleur [emajœːr], *s.m.* Enameller.

émaillure [emajyːr], *s.f.* **1.** Enamel work. **2.** Spot, speckle (of colour, in nature, etc.).

émanation [emanasjɔ̃], *s.f.* Emanation.

émancipateur, -trice [emɑ̃sipatœːr, -tris]. **1.** *a.* Emancipatory. **2.** *s.* Emancipator.

émancipation [emɑ̃sipasjɔ̃], *s.f.* Emancipation.

émancipé [emɑ̃sipe], *a.* Emancipated. (*a*) Holding advanced opinions. (*b*) (Of young pers.) Free in his (her) manners; forward, fast.

émanciper [emɑ̃sipe], *v.tr.* To emancipate.

s'émanciper. **1.** To free oneself from control. **Esprit émancipé de toute influence,** mind freed from all influence. **2.** *F:* (Of young pers.) To get out of hand.

émaner [emane], *v.i.* To emanate, to issue, proceed (de, from). **Ordres émanant de qn,** orders emanating from, sent out by, s.o. **Pétition émanant de . . .,** petition from. . . .

émargement [emarʒəmɑ̃], *s.m.* **1.** *Bookb:* Trimming. **2.** Initialling (of account, etc.) in the margin. **Feuille d'é.,** pay-sheet.

émarger [emarʒe], *v.tr.* **(j'émargeai(s); n. émargeons)** **1.** *Bookb:* To trim the margins of (sheets). **2.** To receipt, initial (an account) (in the margin). Hence *Abs.* To draw one's salary. **É. aux fonds secrets,** to be subsidized out of the secret funds.

émasculer [emaskyle], *v.tr.* To emasculate. (*a*) To castrate, geld. (*b*) To enervate, render effeminate.

émaux. See ÉMAIL.

embâcle [ɑ̃bɑːkl], *s.m.* Obstruction, blockage; esp. ice jam (in waterway).

emballage [ɑ̃balaːʒ], *s.m.* **1.** (*a*) Packing, wrapping (of parcels, etc.). **Papier d'e.,** packing paper, brown paper. **Toile d'e.,** pack-cloth. (*b*) Packing-cases; wrappings. **Emballages vides,** (returned) empties. **2.** *Rac:* Burst of speed; spurt.

emballement [ɑ̃balmɑ̃], *s.m.* **1.** (Of machine, engine) Racing. **2.** *F:* Burst of enthusiasm, of energy, etc. *Com:* Boom. **Prompt aux emballements,** easily carried away.

emballer [ɑ̃bale], *v.tr.* **1.** To pack (goods, etc.); to wrap up, do up (article in paper, etc.). **2.** (*a*) *Abs. Rac:* To spurt. (*b*) *I.C.E:* **E. le moteur (à vide),** to race the engine (without a load). **3.** To fire (s.o.) with enthusiasm; to excite (s.o.). *F:* **Il ne m'emballe pas,** I am not terribly impressed by him. **4.** *F:* To blow up, tick off (s.o.).

s'emballer, (*a*) (Of horse) To bolt, run away. **Cheval emballé,** runaway horse. (*b*) (Of engine) To race. (*c*) *F:* To be carried away (by excitement, anger, enthusiasm). **Ne vous emballez pas!** keep cool! **Être emballé pour, sur, qn,** to be gone on s.o.; to be keen on s.o.

emballeur [ɑ̃balœːr], *s.m.* Packer.

embarbouiller [ɑ̃barbuje], *v.tr.* **1.** To besmear, dirty (face, hands). **2.** *F:* To muddle, to put out (s.o.).

s'embarbouiller, *F:* to get muddled.

embarcadère [ɑ̃barkadɛːr], *s.m. Nau:* Landing-stage; wharf, quay; loading dock.

embarcation [ɑ̃barkasjɔ̃], *s.f.* Boat; esp. ship's boat. **E. à vapeur,** steam-launch.

embardée [ɑ̃barde], *s.f.* (*a*) *Nau:* Yaw, lurch. *F:* **E. hors du sujet,** digression from the subject. (*b*) *Aut:* Skid, swerve. **Faire une e.,** (i) (of boat) to yaw; (ii) (of car) to swerve or skid; (iii) *F:* (of pers.) to lurch across the road.

embard|er [ɑ̃barde], *v.i.* (*a*) (Of ship) To yaw, lurch. (*b*) (Of car) To skid, swerve. *s.m.* **-age.**

embargo [ɑ̃bargo], *s.m. Nau: etc:* Embargo. **Mettre l'e. sur . . .,** to lay an embargo on, to embargo. **Lever l'e.,** to take off, raise the embargo.

embarquement [ɑ̃barkəmɑ̃], *s.m.* **1.** Embarkation, embarking (of passengers); shipment, shipping (of goods); hoisting in (of boats). **2.** Entrainment (of troops). **3.** *Av:* Enplaning.

embarquer [ɑ̃barke]. **1.** *v.tr.* (*a*) To embark (passengers); to ship (goods); to take (goods) aboard; to hoist in (boat). *F:* **E. de l'eau,** to ship a sea. (*b*) To entrain (troops). (*c*) *Av:* To enplane (passengers). **Aviation embarquée,** carrier-borne aircraft. (*d*) **E. qn dans une mauvaise affaire,** to draw s.o. into a tricky business. (*e*) *F:* To arrest, to pick up. **2.** *v.i.* & *pr.* To embark. **Embarquez!** all aboard! **S'e. dans un train,** to entrain; to get into a train. **S'e. en avion,** to enplane. *F:* **S'e. dans une dissertation,** to embark upon, launch out into, a dissertation.

embarras [ɑ̃barɑ], *s.m.* **1.** Obstruction, obstacle, encumbrance; impediment (of speech). **E. de voitures,** traffic jam. **E. de richesses,** superfluity of good things. *Med:* **E. gastrique,** bilious attack. **2.** (*a*) Difficulty, trouble. **Se trouver dans l'e.,** to be in difficulties, esp. financial. **Tirer qn d'e.,** to help s.o. out of a difficulty, out of a scrape. **Je vous donne beaucoup d'e.,** I am putting you to a lot of trouble. (*b*) *F:* **Faire des e.,** to be fussy; to make a fuss. **Sans plus d'e.,** without any more ado. **3.** Embarrassment. (*a*) Perplexity, hesitation. **N'avoir que l'e., du choix,** to have only too much to choose from. (*b*) Confusion, abashment.

embarrassant [ɑ̃barasɑ̃], *a.* **1.** Cumbrous, cumbersome (parcel, etc.). **2.** (*a*) Perplexing, puzzling (question). (*b*) Embarrassing, awkward.

embarrassé [ɑ̃barase], *a.* **1.** Encumbered, obstructed (path, etc.); involved (style); congested (traffic); upset (stomach). **2.** Embarrassed. (*a*) Perplexed, nonplussed, puzzled. **Avoir les mains embarrassées,** to have one's hands full. **Être e. de ses mains,** not to know what to do with one's hands. **Être e. pour trouver un mot,** to be at a loss for a word. (*b*) Bashful, sheepish, diffident.

embarrasser [ɑ̃barase], *v.tr.* To embarrass. **1.** To (en)cumber, hamper; to block, obstruct (passage); to be in the way. **E. la circulation,** to hold up the traffic. **E. qn de qch.,** to (en)cumber s.o. with sth. **2.** (*a*) To trouble, inconvenience. (*b*) To perplex, nonplus, puzzle (s.o.). (*c*) To confuse (s.o.); to put (s.o.) out (of countenance).

s'embarrasser. 1. S'e. de qch., to burden, hamper, oneself with sth. **2.** To trouble oneself (about sth.). **S'e. d'un rien,** to make a mountain out of a mole-hill. **Il ne s'embarrasse de rien,** nothing ever troubles him.

embase [ɑ̃bɑːz], *s.f.* Base; shoulder (of chisel, knife, etc.); flange, collar (of shaft, etc.); bedplate, base-plate (of machine). **Écrou à e.,** collar nut.

embauchage [ɑ̃boʃaːʒ], *s.m.* **1.** Engaging, taking on (of workman). **2.** Crimping (of soldiers, sailors, etc.).

embauche [ɑ̃boːʃ], *s.f.* **1.** = EMBAUCHAGE. **2. Chercher de l'e.,** to look for a job. **Pas d'e.,** No hands wanted!

embaucher [ɑ̃boʃe], *v.tr.* **1.** To engage, take on, sign on (workmen); to hire (farm-hands). **2.** (*a*) To crimp (soldiers, sailors). (*b*) To entice (soldiers) over to the enemy.

embaucheur, -euse [ɑ̃boʃœːr, -øːz], *s.* **1.** Labour contractor. **2.** Crimp.

embauchoir [ɑ̃boʃwaːr], *s.m.* Shoe-tree.

embaum|er [ɑ̃bome], *v.tr.* **1.** To embalm (corpse). **2.** To embalm, perfume, scent. **Air embaumé,** balmy air. *Abs.* **Ces fleurs embaument,** these flowers have a delightful scent. (With cogn. acc.) **Sa chambre embaumait la violette,** her room was fragrant of violets. *s.m.* **-ement.** *s.m.* **-eur.**

embecquer [ɑ̃bɛke], *v.tr.* **1.** To feed (bird). **2.** To cram (fowl).

embéguiner [ɑ̃begine], *v.tr.* To muffle up the head of (s.o.). **S'e. de qn,** to become infatuated with s.o.

embellie [ɑ̃bɛli], *s.f. Nau:* Clearing (in the weather); lull (in wind, etc.); smooth (in sea).

embellir [ɑ̃bɛliːr]. **1.** *v.tr.* To embellish; to beautify. **2.** *v.i.* To improve in looks. *Iron:* **Cela ne fait que croître et e.,** it is getting worse and worse.

embellissement [ɑ̃bɛlismɑ̃], *s.m.* **1.** Embellishing, beautifying. **2.** Improvement (in looks). **3.** Embellishing touch; ornament.

emberlificot|er [ɑ̃bɛrlifikɔte], *v.tr. F:* **1.** To entangle s.o.). **2.** To cajole, wheedle; to get round (s.o.). *s.* **-eur, -euse.**

embêtant [ɑ̃bɛtɑ̃], *a. F:* ENNUYANT, ENNUYEUX.

embêtement [ɑ̃bɛtmɑ̃], *s.m. F:* = ENNUI 1.

embêter [ɑ̃bete], *v.tr. F:* = ENNUYER.

emblée (d') [dɑ̃ble], *adv.phr.* Directly; right away; straight off.

emblématique [ɑ̃blematik], *a.* Emblematic(al).

emblème [ɑ̃blɛːm], *s.m.* **1.** (*a*) Emblem, device. (*b*) Badge, crest. **2.** Symbol, sign.

embobeliner [ɑ̃bɔbline], *v.tr. F:* To coax, wheedle, get round (s.o.).

embobiner [ɑ̃bɔbine], *v.tr.* **1.** To wind (thread) on. bobbin. **2.** *F:* To coax, wheedle, get round (s.o.) **Ne vous laissez pas e.,** don't let yourself be hoodwinked.

emboire (s') [sɑ̃bwaːr], *v.pr.* (Of paint) To soak in; to become flat, dull.

emboîtage [ɑ̃bwataːʒ], *s.m.* **1.** (*a*) Packing in boxes. (*b*) Box, casing. **2.** *Bookb:* (*a*) French binding. (*b*) Cover, case (of book). **3.** *Th: F:* Hooting, hissing.

emboîtement [ɑ̃bwatmɑ̃], *s.m.* **1.** (*a*) Encasing; nesting (of boxes). (*b*) Fitting, jointing (of pipes, etc.). **2.** Fitment; joint; housing; socket.

emboîter [ɑ̃bwate], *v.tr.* **1.** (*a*) To encase; to nest (boxes). (*b*) *Bookb:* To case (book). **2.** (*a*) To pack (sardines, etc.) in tins, boxes. *P:* **E. qn,** to run s.o. in. (*b*) To fit (things) together; to joint, interlock, dovetail. (*c*) **E. le pas,** to fall into step (**à,** with); *F:* to follow suit, join in. **3.** *Th:* To hoot, hiss.

emboîture [ɑ̃bwatyːr], *s.f.* **1.** Fit, interlock (of two things). **2.** Socket.

embolie [ɑ̃bɔli], *s.f. Med:* (*a*) Embolism. (*b*) Clot of blood (in artery, etc.).

embonpoint [ɑ̃bɔ̃pwɛ̃], *s.m.* Stoutness, plumpness, embonpoint. **Prendre de l'e.,** to increase one's girth, to get fat.

embouché [ɑ̃buʃe], *a. F:* **Mal e.,** foul-mouthed; coarse (of speech).

emboucher [ɑ̃buʃe], *v.tr.* To put (wind instrument) to one's mouth; to blow (trumpet, etc.).

embouchure [ɑ̃buʃyːr], *s.f.* **1.** Mouthpiece (of wind instrument, etc.). **2.** (*a*) Opening, mouth (of sack, etc.). (*b*) Mouth (of river).

embouquer [ɑ̃buke], *v.tr.* & *i. Nau:* **E. la passe, dans la passe,** to enter the channel.

embourb|er [ɑ̃burbe], *v.tr.* To mire, bog (vehicle). *s.m.* **-ement.**

s'embourber, (*a*) to stick in the mud, in the mire; to get bogged. (*b*) To flounder, get entangled.

embourgeoisement [ɑ̃burʒwazmɑ̃], *s.m.* Attainment of middle-class respectability.

s'embourgeoiser [sɑ̃burʒwaze], *v.pr.* To become bourgeois.

embout [ɑ̃bu], *s.m.* Ferrule, tip (of umbrella, stick); chape (of scabbard).

embouteillage [ɑ̃butɛjaːʒ], *s.m.* **1.** Bottling. **2.** Bottling up (of harbour). **3.** *F:* Congestion (of traffic); bottle-neck; traffic jam.

embouteiller [ɑ̃butɛje], *v.tr.* **1.** To bottle. **2.** To bottle up, block up (harbour mouth, fleet). **Circulation embouteillée,** congested traffic.

embout|ir [ɑ̃butiːr], *v.tr.* (*a*) To stamp, press (metal). (*b*) To emboss. (*c*) To crash into. *s.m.* **-issage.**

s'emboutir. (Of car, etc.) to collide. **S'e. contre un mur,** to crash, cannon, into a wall. **Les deux voitures se sont embouties,** there was a head-on collision.

embranchement [ɑ̃brɑ̃ʃmɑ̃], *s.m.* **1.** Branching (off). **2.** Branch. (*a*) Road junction; fork (of road). (*b*) Branch-road. *Rail:* Branch-line or siding. (*c*) Pipe junction. (*d*) Spur (of mountain-range). **3.** *Nat.Hist:* Sub-kingdom, phylum, branch.

embrancher [ɑ̃brɑ̃ʃe], *v.tr.* To join up (roads, pipes).

s'embrancher, (of road) (i) to form a junction, (ii) to branch off (**sur,** from).

embraquer [ɑ̃brake], *v.tr.* To haul (rope) taut.

embrasé [ɑ̃braze], *a.* Blazing (ship, etc.); glowing (coal, etc.); fiery (sky).

embrasement [ɑ̃brɑzmɑ̃], *s.m.* **1.** Burning, conflagration (of town, ship, etc.). **2.** Illumination (of public building, etc.).

embraser [ɑ̃brɑze], *v.tr.* **1.** To set fire to (sth.); to set (sth.) ablaze. **2.** To illuminate (public building).
s'embraser, to catch fire, to blaze up.
embrassade [ɑ̃brasad], *s.f.* Embrace, kissing.
embrasse [ɑ̃bras], *s.f.* **1.** Curtain-loop. **2.** Arm-rest (of carriage, etc.).
embrassement [ɑ̃brasmɑ̃], *s.m.* Embrace.
embrasser [ɑ̃brase], *v.tr.* To embrace. **1.** *(a)* To put one's arms round (s.o., sth.); to hug (s.o.). **L'équateur embrasse la terre,** the equator encircles the earth. *Equit:* **Bien e. son cheval,** to have a firm grip of one's horse. S.a. ÉTREINDRE. *(b)* To kiss. (Letter formula) **"Je vous embrasse de tout mon cœur,"** 'with much love.' *(c)* To adopt, take up (career, etc.); to espouse (cause); to embrace (doctrine). **2.** To contain, include, take in. **L'explication n'embrasse pas tous les faits,** the explanation does not cover all the facts.
embrasure [ɑ̃brazy:r], *s.f.* *(a)* Embrasure; window-recess. *(b) Nau:* Gun-port.
embrayage [ɑ̃brɛja:ʒ], *s.m.* **1.** Connecting, coupling; engaging (of the clutch); throwing into gear (of engine parts). **2.** Connecting gear; coupling, clutch. **E. à disque,** disc-clutch.
embrayer [ɑ̃brɛje], *v.tr.* **(j'embraie, j'embraye; j'embraierai, j'embrayerai)** *Mec.E:* To connect, couple, engage; to throw (parts) into gear. *Abs. Aut:* To let in the clutch.
embrigad|er [ɑ̃brigade], *v.tr.* **1.** To brigade (troops). **2.** To enrol (body of men). *s.m.* **-ement.**
embroch|er [ɑ̃brɔʃe], *v.tr.* *(a) Cu:* To spit (piece of meat). *(b) F:* To run (s.o.) through (with a bayonet). *s.m.* **-ement.**
embrouillamini [ɑ̃brujamini], *s.m.* Muddle, jumble, clutter.
embrouillé [ɑ̃bruje], *a.* Tangled (skein, etc.); complicated, involved (style, business).
embrouillement [ɑ̃brujmɑ̃], *s.m.* **1.** Entanglement (of thread, etc.). **2.** Confusion (of ideas, etc.); jumbled state; intricacy (of question).
embrouiller [ɑ̃bruje], *v.tr.* **1.** To ravel, tangle (thread, etc.). **2.** To confuse, tangle up, muddle (business); to mix up (papers); to confuse (s.o.).
s'embrouiller. **1.** To get tangled, into a tangle. **2.** *(a)* (Of pers.) To get muddled, confused; to lose count. *(b)* **L'affaire s'embrouille,** the affair is getting intricate.
embroussaillé [ɑ̃brusaje], *a.* Covered with bushes. *F:* **Cheveux embroussaillés,** tousled hair.
embrumé [ɑ̃bryme], *a.* Misty (weather); hazy (horizon); clouded (countenance).
embrumer [ɑ̃bryme], *v.tr.* To cover (landscape, etc.) with mist, haze.
s'embrumer, to become misty, hazy. **Son visage s'embruma,** his face clouded (over).
embrun [ɑ̃brœ̃], *s.m.* Spray, spindrift.
embrunir [ɑ̃bryni:r], *v.tr.* To make brown, darken.
embryologie [ɑ̃briɔlɔʒi], *s.f.* Embryology.
embryon [ɑ̃briɔ̃], *s.m.* *Biol:* Embryo. **Œuvre encore en e.,** work still in embryo.
embryonnaire [ɑ̃briɔnɛ:r], *a.* *Biol:* *(a)* Embryonic (period, etc.); (plan) still in embryo. *(b)* Embryonary (state).
embûche [ɑ̃by(:)ʃ], *s.f.* **1.** *A:* Ambush. **2.** *F:* **Dresser, tendre, des embûches à qn,** to lay a trap for s.o.; to waylay s.o.
embuer [ɑ̃bɥe], *v.tr.* (Of steam, damp) To dim, cloud (glass, etc.). **Des yeux embués de larmes,** eyes dim with tears.
embuscade [ɑ̃byskad], *s.f.* Ambush, ambuscade. **Dresser, tendre, une e. à qn,** to lay an ambush for s.o. **Attirer qn dans une e.,** to ambush, waylay, s.o. **Se tenir en e.,** to lie in ambush.
embusqué [ɑ̃byske], *s.m.* **1.** Man (i) in ambush, (ii) under cover. **2.** *F:* Shirker (from active service).
embusquer [ɑ̃byske], *v.tr.* To place (troops, etc.) in ambush, under cover.
s'embusquer. *(a)* To lie in ambush. *(b)* To take cover. *(c) F:* (In war) To shirk active service.
éméché [emeʃe], *a.* *F:* Slightly the worse for drink; a bit screwed; lit up.
émeraude [ɛmro:d]. **1.** *s.f.* Emerald. **2.** *a.inv.* Emerald green.
émergence [emɛrʒɑ̃:s], *s.f.* Emergence; emersion.
émerger [emɛrʒe], *v.i.* **(j'émergeai(s); n. émergeons) 1.** To emerge. **2.** To come into view.
émeri [ɛmri], *s.m.* Emery; emery-powder. **Toile (d')é.,** emery-cloth. **Meule d'é.,** emery wheel. **Flacon bouché à l'é.,** stoppered bottle. **Bouchon à l'é.,** ground stopper. *F:* **Bouché à l'é.,** utterly stupid.
émerillon [ɛmrijɔ̃], *s.m.* **1.** *Orn:* Merlin. **2.** Swivel (-hook).
émerillonné [ɛmrijɔne], *a.* Bright (eye); brisk.
émérite [emerit], *a.* **1.** *A:* Retired, superannuated (official, etc.). **Professeur é.,** emeritus professor. **2.** Practised, experienced, eminent (player, etc.).
émerveillé [emɛrvɛje], *a.* Amazed, wonder-struck.
émerveillement [emɛrvɛjmɑ̃], *s.m.* Amazement, wonder.
émerveiller [emɛrvɛje], *v.tr.* To amaze; to fill (s.o.) with wonder, with admiration.
s'émerveiller, to marvel, be amazed **(de,** at).
émétique [emetik], *s.m.* Emetic.
émetteur, -trice [emɛtœ:r, -tris]. **1.** *s.m.* *(a)* Issuer (of bank-notes, etc.). *(b) W.Tel:* Transmitter. **2.** *a.* Issuing (bank, etc.). *W.Tel:* **Poste é., station émettrice,** (i) transmitting station; (ii) broadcasting station.
émetteur-récepteur [emɛtœ:r-resɛptœ:r], *s.m.* *W.Tel:* Transmitter-receiver, transceiver; *F:* walkie-talkie. *pl. Des émetteurs-récepteurs.*
émettre [emɛtr], *v.tr.* (Conj. like METTRE) **1.** *(a)* To emit, send out (sound, heat, etc.); to utter (sound); to give off (fumes, etc.). *(b)* **É. une opinion,** to express an opinion. *(c) W.Tel:* (i) To send out, transmit; (ii) to broadcast. **2.** To issue (bank-notes, loan, tickets).
émeu [emø], *s.m.* *Orn:* Emu. *pl. Des émeus.*
émeu-s, -t, etc. See ÉMOUVOIR.
émeute [emø:t], *s.f.* Riot. **Chef d'é.,** ringleader.
émeutier [emøtje], *s.m.* Rioter.
émiettement [emjɛtmɑ̃], *s.m.* Crumbling.
émietter [emjɛte], *v.tr.* To crumb (bread); to crumble. **É. sa fortune,** to fritter away one's fortune.
s'émietter, to crumble (away).
émigrant, -ante [emigrɑ̃, -ɑ̃:t]. **1.** *a.* Emigrating (population); migratory (bird). **2.** *s.* Emigrant.
émigration [emigrasjɔ̃], *s.f.* **1.** Migration (of birds). **2.** Emigration.
émigré, -ée [emigre], *s.* (Political) exile, refugee, émigré.
émigrer [emigre], *v.i.* **1.** (Of birds) To migrate. **2.** (Of pers.) To emigrate.
émincer [emɛ̃se], *v.tr.* To slice up (meat).
éminemment [eminamɑ̃], *adv.* Eminently; to, in, a high degree.
éminence [eminɑ̃:s], *s.f.* Eminence. **1.** *(a)* Rising ground; rise; *(b)* **É. osseuse,** bony protuberance. *(c)* (Moral, intellectual) superiority, prominence. **2.** *Ecc:* **Son É. le Cardinal,** his Eminence the Cardinal.
éminent [eminɑ̃], *a.* Eminent; high; distinguished.
éminentissime [eminɑ̃tisim], *a.* Most eminent (cardinal, etc.).
émir [emi:r], *s.m.* Emir.
émi -s, -t, etc. See ÉMETTRE.
émissaire [emisɛ:r], *s.m.* Emissary. *Civ.E:* Outlet; overflow pipe or channel. *a.* **Bouc é.,** scapegoat.
émission [emisjɔ̃], *s.f.* **1.** *(a)* Emission (of sound, light, etc.); utterance (of sound). **D'une seule é. de voix,** in one breath. *(b) W.Tel:* (i) Sending out, transmission; (ii) broadcasting; (iii) broadcast. **Antenne d'é.,** transmitting aerial. **Station, poste, d'é.,** transmitting station; broadcasting station. **Notre é. est terminée,** we are closing down. **2.** Issue, issuing (of bank-notes, tickets, loan). **Institut d'é.,** bank of issue.
emmagasinage [ɑ̃magazina:ʒ], *s.m.* **emmagasinement** [ɑ̃magazinmɑ̃], *s.m.* **1.** Storage, warehousing (of goods). **2.** Storing up, accumulation (of electrical energy).
emmagasiner [ɑ̃magazine], *v.tr.* **1.** To store, warehouse (goods). **2.** To store up, to accumulate (energy, etc.).
emmaillot|er [ɑ̃majɔte], *v.tr.* To swaddle (infant); to swathe, to bind (up) (limb, etc.). *s.m.* **-ement.**
emmanch|er [ɑ̃mɑ̃ʃe], *v.tr.* **1.** To fix a handle to, to haft, to helve (tool, etc.). **2.** To joint (pipes, etc.); to fit (pipes, etc.) together. *F:* **E. une affaire,** to start, set about, an affair. **Affaire mal emmanchée,** business muddled at the start. *s.m.* **-ement.**

emmanchure [ɑ̃mɑ̃ʃy:r], *s.f.* Arm-hole.
emmêlement [ɑ̃mɛlmɑ̃], *s.m.* **1.** (*a*) Tangling. (*b*) Mixing up, muddling (of facts). **2.** (*a*) Tangle. (*b*) Mix-up; muddle.
emmêler [ɑ̃mɛle], *v.tr.* (*a*) To tangle. (*b*) To mix up (facts); to muddle (story).
s'emmêler, to get into a tangle, a muddle.
emménag|er [ɑ̃menaʒe], *v.* (**j'emménageai(s)**; **n. emménageons**) **1.** *v.tr.* (*a*) To move (s.o.) into a new house; to install (s.o., the furniture, etc.). (*b*) *Nau:* To fit up the accommodation in (a ship). **2.** *v.i.* To move in. *s.m.* **-ement.**
emmener [ɑ̃mne], *v.tr.* (**j'emmène**; **j'emmènerai**) To lead, take, (s.o.) away, out. **Emmené en prison,** taken off to gaol. **E. les chevaux,** to lead away the horses. **Je vous emmène avec moi,** I am taking you with me. **E. dîner (qn),** to take (s.o.) out to dinner. **Emmenez-le!** Take him away!
emmitoufler [ɑ̃mitufle], *v.tr.* To muffle (s.o.) up (**dans, de,** in).
émoi [emwa], *s.m.* Emotion, agitation. **Être (tout) en é.,** to be all of a flutter. **Toute la ville était en é.,** the whole town was agog with excitement, was in a commotion. **Mettre en é.,** to excite; to flutter.
émollient [emɔljɑ̃], *a. & s.m.* Emollient; counter-irritant.
émoluments [emɔlymɑ̃], *s.m.pl.* Emoluments, remuneration, salary.
émond|er [emɔ̃de], *v.tr.* **1.** To prune, trim. **2.** To clean (grain, etc.); to blanch (almonds). *s.m.* **-age.** *s.m.* **-eur.**
émondoir [emɔ̃dwa:r], *s.m.* Pruning hook.
émotif, -ive [emɔtif, -i:v], *a.* (*a*) Emotional (person). (*b*) Emotive (associations, etc.).
émotion [emosjɔ̃], *s.f.* Emotion; thrill; excitement. **Parler avec é.,** to speak feelingly.
émotionnable [emosjɔnabl], *a.* (Of pers.) Emotional; excitable.
émotionnant [emosjɔnɑ̃], *a.* Moving, exciting, thrilling.
émotionner [emosjɔne], *v.tr.* *F:* To thrill, move, touch (s.o.).
s'émotionner, to get excited.
émoucher [emuʃe], *v.tr.* To drive away the flies from . . .
s'émoucher, (of cow, horse) To whisk away the flies.
émouchet [emuʃɛ], *s.m.* *Orn:* Kestrel.
émoudre [emudr], *v.tr.* (Conj. like MOUDRE) *A:* To grind, sharpen, whet (tool, etc.).
émoulu [emuly], *a.* *A:* Sharpened, newly ground (tool). *F:* **Frais é. du collège,** fresh from school.
émoussé [emuse], *a.* Blunt.
émouss|er[1] [emuse], *v.tr.* (*a*) To blunt; to take the edge off (tool). (*b*) To dull, deaden, blunt (the senses, etc.); to take the edge off (appetite). *s.m.* **-ement.**
s'émousser. (*a*) (Of tool, etc.) To lose its edge. (*b*) (Of senses, passions) To become blunted, dull, less keen.
émousser[2], *v.tr.* To remove the moss from . . . (tree, lawn). *s.m.* **-age.**
émoustillant [emustijɑ̃], *a.* *F:* Exhilarating; rousing.
émoustiller [emustije], *v.tr.* *F:* (*a*) To exhilarate, rouse; *F:* to ginger up. (*b*) To kindle the senses of (s.o.).
émouvant [emuvɑ̃], *a.* Moving. (*a*) Touching. (*b*) Stirring, thrilling.
émouvoir [emuvwa:r], *v.tr.* (*p.p.* **ému**; otherwise conj. like MOUVOIR) To move. (*a*) To stir up, rouse (mob, passion, etc.). (*b*) To affect, touch. **É. qn jusqu'aux larmes,** to move s.o. to tears. **Facile à é.,** emotional; easily moved.
s'émouvoir. 1. To get excited, roused. **2.** To be touched, affected, moved; troubled. **Sans s'é.,** calmly.
empaill|er [ɑ̃pɑje], *v.tr.* **1.** To pack (goods, etc.) in straw; to cover up (plants) with a straw litter. **2.** To bottom (chair seat) with straw. **3.** To stuff (animal). *s.m.* **-age.**
empailleur, -euse [ɑ̃pɑjœ:r, -ø:z], *s.* **1.** Chair-bottomer. **2.** Taxidermist.
empaler [ɑ̃pale], *v.tr.* To impale.
empan [ɑ̃pɑ̃], *s.m.* *Meas:* Span.
empanacher [ɑ̃panaʃe], *v.tr.* To plume; to adorn with plumes. *F:* **Style empanaché,** pompous, flowery, style.
s'empanacher. *F:* To put on all one's finery.
empanner [ɑ̃pane], *v.tr.* *Nau:* To bring to, to heave to.
empaquet|er [ɑ̃pakte], *v.tr.* (**j'empaquette**; **j'empaquetterai**) To pack (sth.) up; to make (sth.) into a parcel. **E. qch. dans du papier,** to wrap up, do up, sth. in paper. *s.m.* **-age.**
emparer (s') [sɑ̃pare], *v.pr.* **S'e. de qch.,** to lay hold of, take hold of, lay hands on, seize (upon), secure, take possession of, sth. **Une grande frayeur s'empara d'elle,** she was seized with a great fear. *F:* **S'e. de la conversation,** to engross, monopolize, the conversation.
empâté [ɑ̃pɑte], *a.* Clogged, choked. **Lettres empâtées,** over-inked letters. **Langue empâtée,** 'woolly' tongue. **Voix empâtée,** thick voice. **Visage e.,** fleshy, bloated, face.
empâtement [ɑ̃pɑtmɑ̃], *s.m.* **1.** Pasting (of accumulator plate, etc.). *Typ:* Over-inking. **2. E. de la voix,** thickness, huskiness, of the voice. **E. des chairs,** (i) putting on of flesh; (ii) fleshiness. **3.** Fattening, cramming (of fowls). **4.** *Art:* Impasto.
empâter [ɑ̃pɑte], *v.tr.* **1.** To paste (accumulator plate, etc.). *Typ:* To over-ink. **2. E. une lime,** to clog a file. **S'e. les mains,** to make one's hands sticky. **3.** To fatten up, cram (fowls). **4.** *Art:* To impaste.
s'empâter, *F:* to put on flesh.
empattement[1] [ɑ̃patmɑ̃], *s.m.* **1.** Foundation; footing (of wall). **2.** Wheel-base (of car). **3.** *Typ:* Serif (of letter).
empatter[1] [ɑ̃pate], *v.tr.* To give footing to (a wall, a crane).
empatt|er[2], *v.tr.* (*a*) To foot, tenon, joint (timbers). (*b*) To join, lay in (strands for splice). *s.m.* **-ement**[2].
empaumer [ɑ̃pome], *v.tr.* (*a*) To catch (ball) in the palm of the hand; to strike (ball) with the palm of the hand. *F:* **E. la balle,** to seize the opportunity. (*b*) *F:* **E. une affaire,** to get a thorough grip of an affair. (*c*) *P:* **Se faire e.,** to be taken in.
empêché [ɑ̃peʃe], *a.* **1.** Puzzled; at a loss. **2. Être e. de sa personne,** to be awkward. **3.** Unavoidably absent.
empêchement [ɑ̃pɛʃmɑ̃], *s.m.* (*a*) Obstacle, hindrance, impediment. **Mettre e. à qch.,** to put an obstacle in the way of sth., to oppose sth. **Je n'y vois pas d'e.,** I have no objection to it. **Sans e.,** without let or hindrance. (*b*) **E. de la langue,** impediment of speech.
empêcher [ɑ̃peʃe, -pɛ-], *v.tr.* **1.** To prevent, hinder, impede. **E. un mariage,** to prevent, put a stop to, a marriage. **Je ne peux pas l'e.,** I cannot prevent it. **E. qn de faire qch.,** to prevent, keep, s.o. from doing sth. **Je ne peux pas l'en e.,** I cannot prevent him. **L'un n'empêche pas l'autre,** the one does not rule out the other. **Cela n'empêche pas qu'elle soit honnête,** that doesn't prevent her from being virtuous. *Impers.* **(Il) n'empêche que cela nous a coûté cher,** all the same, nevertheless, it has cost us dear. **2.** (Of garment, etc.). **E. qn,** to hamper s.o.'s movements; to be in s.o.'s way.
s'empêcher. (Always in the negative) To refrain (**de,** from). **Je ne pus (pas) m'e. de rire,** I couldn't help laughing.
empêcheur, -euse [ɑ̃peʃœ:r, -ø:z], *s.* *F:* Hinderer. **E. de danser en rond,** spoil-sport.
empeigne [ɑ̃pɛɲ], *s.f.* Vamp, upper (of shoe) *P:* **Gueule d'e.,** ugly mug.
empennage [ɑ̃pɛna:ʒ], *s.m.* (*a*) Fletching, feathers (of arrow); vanes (of bomb); fin (of dirigible). (*b*) Empennage, tail (unit) (of aircraft).
empenné [ɑ̃pɛne], *a.* Feathered (arrow); finned, vaned (bomb).
empenner [ɑ̃pɛne], *v.tr.* (*a*) To feather, fletch (an arrow). (*b*) To fit the empennage on to (aircraft).
empereur [ɑ̃prœ:r], *s.m.* Emperor.
empesé [ɑ̃pəze], *a.* (*a*) Starched, **Chemise empesée,** dress shirt, *F:* boiled shirt. (*b*) *F:* Stiff, starchy, formal (style, etc.). *s. F:* **un e.,** a square.
empeser [ɑ̃pəze], *v.tr.* (**j'empèse**; **j'empèserai**) To starch (linen, etc.). *F:* **E. son style,** to write in a stiff, starchy, style.
empesté [ɑ̃pɛste], *a.* Foul.

empester [ɑ̃pɛste], *v.tr.* **1.** (*a*) To make (place) stink. **Air empesté par le tabac,** air reeking of tobacco. (*b*) **Il nous empestait de son haleine,** his breath was dreadful. (*c*) To corrupt. **2.** *Abs:* To stink. **E. l'alcool,** to reek of alcohol.

empêtrement [ɑ̃pɛtrəmɑ̃], *s.m.* Entanglement.

empêtrer [ɑ̃pɛtre], *v.tr.* **1.** To hobble (animal). **2.** To entangle; to trammel. **S'e. les pieds dans les broussailles,** to catch one's feet in the undergrowth. *F:* **E. qn dans une querelle,** to involve s.o. in a quarrel.

s'empêtrer, to become entangled, embarrassed. **S'e. de colis,** to hamper oneself with luggage. **Empêtré dans le varech,** floundering among the seaweed.

emphase [ɑ̃fa:z], *s.f.* Bombast, turgidity, grandiloquence; rotundity (of style). **Écrire avec e.,** to write in a high-flown style.

emphatique [ɑ̃fatik], *a.* Bombastic, grandiloquent, turgid. *Gram:* Emphatic. *adv.* **-ment.**

empiècement [ɑ̃pjɛsmɑ̃], *s.m.* Yoke (of dress).

empierrement [ɑ̃pjɛrmɑ̃], *s.m.* **1.** (*a*) Metalling (of road). *Rail:* Ballasting. (*b*) Paving. **2.** Macadam: (road) metal. *Rail:* Ballast.

empierrer [ɑ̃pjɛre], *v.tr.* (*a*) To metal, macadamize (road). *Rail:* To ballast (track). (*b*) To pave.

empiétement [ɑ̃pjetmɑ̃], *s.m.* Encroachment, trespass (**sur,** on); infringement (**sur,** of).

empiéter [ɑ̃pjete], *v.* (**j'empiète; j'empiéterai**) **1.** *v.i.* **E. sur le terrain, l'autorité, les loisirs, de qn,** to encroach (up)on s.o.'s land, authority, leisure. **E. sur les droits de qn,** to infringe s.o.'s rights. **2.** *v.tr.* **E. un arpent sur le champ d'un voisin,** to filch an acre from a neighbour's field.

empiffrer [ɑ̃pifre], *v.tr.* *F:* To cram, stuff (s.o. with food).

s'empiffrer, to gorge (**de,** on).

empil|er [ɑ̃pile], *v.tr.* **1.** To stack, to pile (up) (wood, coal, etc.). **2.** *P:* To cheat, rob (s.o.). *s.m.* **-age.** *s.m.* **-ement.** *s.* **-eur, -euse.**

s'empiler, to crowd, pack (**dans,** into).

empire [ɑ̃pi:r], *s.m.* **1.** (*a*) Sovereign authority; dominion; sway. **Sous l'e. d'un tyran,** under the rule of a tyrant. (*b*) Influence, control; sway. **Il a perdu son e. sur l'opinion,** he has lost his hold on, his sway over, opinion. **E. sur soi-même,** self-command, self-control. **Agir sous l'e. de la colère,** to be actuated by anger. **2.** Empire. **Le Saint E. romain,** the Holy Roman Empire.

empirer [ɑ̃pire], *v.* To worsen. **1.** *v.tr.* To make (sth.) worse; to aggravate (an ill). **2.** *v.i.* To become, grow, worse.

empirique [ɑ̃pirik], *a.* Empiric(al); rule-of-thumb (method). *adv.* **-ement,** -ally.

empirisme [ɑ̃pirism], *s.m.* Empiricism.

emplacement [ɑ̃plasmɑ̃], *s.m.* **1.** (*a*) Site (of, for, building, etc.). (*b*) Location (of works, etc.). (*c*) Place, spot. **2.** *Mil:* Emplacement (of gun); gun-pit. *Nau:* **E. de chargement,** loading berth.

emplanture [ɑ̃plɑ̃ty:r], *s.f.* (*a*) Step (of mast). (*b*) Socket (of aircraft wing).

emplâtre [ɑ̃plɑ:tr], *s.m.* **1.** *Pharm:* Plaster. *F:* **C'est mettre un e. sur une jambe de bois,** it's no earthly use. **2.** Gaiter (for repair of tyre). **3.** *F:* Helpless creature. **C'est un e.,** he has no backbone.

emplette [ɑ̃plɛt], *s.f.* Purchase. **Aller faire ses emplettes,** to go shopping. **Faire e. d'un chapeau,** to buy a hat.

emplir [ɑ̃pli:r], *v.tr.* To fill (up).

s'emplir, to fill up.

emploi [ɑ̃plwa], *s.m.* **1.** Use, employment (of sth.); appropriation (of supplies). **Mode d'e.,** directions for use. **Mauvais e.,** wrong use. **E. du temps,** time-table (of work). **Faire e. de la force,** to resort to force. **Mot qui fait double e.,** word that is a useless repetition. **2.** Employment, occupation, post. **Être sans e.,** to be out of work, out of employment, *F:* out of a job. **E. public,** public office. *Pol.Ec:* **Plein e.,** full employment. **E. à temps complet,** full-time employment. **E. à temps incomplet,** part-time employment. *Journ:* **"Demandes d'e.,"** 'situations wanted.' **"Offres d'e."** 'situations vacant.' *Th:* **E. d'un acteur,** special line of an actor. **Tenir l'e. de père noble,** to play heavy fathers.

employé, -ée [ɑ̃plwaje], *s.* Employee. **E. de magasin** (male) shop-assistant. **Employée de magasin,** (female) shop-assistant. **E. à la vente,** salesman. **E. de banque,** bank clerk.

employ|er [ɑ̃plwaje], *v.tr.* (**j'emploie; j'emploierai**) **1.** To employ, use (sth.). **E. son argent à l'achat de livres,** to use, lay out, one's money in buying books. **Bien e. son temps,** to make good use of one's time. **Mal e. son temps,** to mis-use, misemploy, one's time. **Vêtement qui emploie trois mètres d'étoffe,** garment that requires, takes, three metres of material. **2.** To employ (workmen, etc.). **E. qn comme secrétaire,** to employ s.o. as secretary. **Être employé par qn,** to be in s.o.'s employ, employed by s.o. *a.* **-able.**

s'employer, to occupy oneself. **Il s'emploie à jardiner,** he spends his time gardening. **S'e. pour qn,** to exert oneself on s.o.'s behalf; to use one's interest in s.o.'s favour.

employeur, -euse [ɑ̃plwajœ:r, -ø:z], *s.* Employer (of labour).

emplumer [ɑ̃plyme], *v.tr.* To feather (sth.).

empocher [ɑ̃pɔʃe], *v.tr.* *F:* To pocket (money, an insult). **E. un coup,** to be hit; to receive a blow.

empoignade [ɑ̃pwaɲad], *s.f.* Set-to.

empoignant [ɑ̃pwaɲɑ̃], *a.* Thrilling, stirring.

empoigner [ɑ̃pwaɲe], *v.tr.* **1.** (*a*) To grasp, seize, grab; to lay hold of (s.o., sth.). *F:* **E. l'occasion,** to seize the opportunity. (*b*) *F:* **Ils se sont empoignés,** they had a set-to. **2.** To catch, arrest (criminal, etc.). **3.** To thrill, grip (reader, spectator).

empois [ɑ̃pwɑ], *s.m.* (*a*) Starch(-paste). (*b*) *Tex:* Dressing.

empoisonnant [ɑ̃pwazɔnɑ̃], *a.* *F:* (*a*) Poisonous; putrid (smell); rotten. (*b*) Annoying, irritating, vexing.

empoisonn|er [ɑ̃pwazɔne], *v.tr.* **1.** To poison (s.o.). **2.** (*a*) To poison (food, etc.); to infect (the air). (*b*) *Abs. F:* To stink. (With cogn. acc.) **Ça empoisonne le tabac ici,** this room is reeking of tobacco. **3.** To embitter (s.o.'s life); to corrupt (youth). **4.** *F:* To bore (s.o.) stiff; to pester (s.o.). *s.m.* **-ement.**

s'empoisonner. 1. To take poison. **2.** *F:* To be bored.

empoisonneur, -euse [ɑ̃pwazɔnœ:r, -ø:z], *s.* Poisoner.

empoissonner [ɑ̃pwasɔne], *v.tr.* To stock (pond, etc.) with fish.

emporté [ɑ̃pɔrte], *a.* **1.** Quick-tempered, hot-headed. **Caractère e.,** passionate nature. **2.** Runaway (horse).

emportement [ɑ̃pɔrtəmɑ̃], *s.m.* Transport (of anger). **Dans l'e. de la discussion,** in the heat of debate. **Répondre avec e.,** to make a heated reply.

emporte-pièce [ɑ̃pɔrtəpjɛs], *s.m.inv.* *Tls:* Punch. **Découper qch. à l'e.-p. (dans la tôle),** to stamp sth. out (of sheet-iron). **Mots à l'e.-p.,** biting, cutting, words; words that tell.

emporter [ɑ̃pɔrte], *v.tr.* **1.** To carry away, take away, bear away. **Vin à e.,** wine for off-consumption. *F:* **(Que) le diable l'emporte!** the devil take him! **Le diable m'emporte si . . .,** I'll be hanged if. . . . **2.** (*a*) To carry, tear, sweep, away. **Il fut emporté par le choléra,** he was carried off by cholera. **Le vent emporta son chapeau,** the wind blew off his hat. S.a. AUTANT 1. *F:* **Cette moutarde vous emporte la bouche,** this mustard takes the roof off your mouth. (*b*) **E. un fort,** to carry, take, a fort (by assault). (*c*) **Outil qui emporte les pièces,** tool that stamps out, punches out, the parts. *F:* **E. la pièce,** to be very trenchant. (*d*) **E. la balance,** to turn the scale. **3.** To carry (s.o., sth.) along. **Se laisser e. à la colère,** to give way to anger. **Ce point essentiel emporte tout le reste,** everything hangs on this essential point. **4. L'e. sur qn,** to prevail over, get the better of s.o. **L'e. dans une discussion,** to have the best of an argument. **L'e. en nombre sur . . .,** to outnumber. . . .

s'emporter. 1. To lose one's temper; to fly into a passion. **S'e. contre qn,** to flare up at s.o. **2.** (Of horse) To bolt.

empoté, -ée [ɑ̃pɔte], *a.* & *s.* *F:* Awkward, clumsy (person).

empot|er [ɑ̃pɔte], *v.tr.* To pot (plants, jam). *s.m.* **-age.**

empourpré [ɑ̃purpre], *a.* Crimson.

empourprer [ɑ̃purpre], *v.tr.* To tinge (sth.) with crimson; to give a purple tinge to (sth.).

s'empourprer. **1.** (Of pers.) To flush (up). **2.** (Of sky, etc.) To turn crimson.

empoussiéré [ɑ̃pusjere], *a.* Covered with dust; dusty.

empreindre [ɑ̃prɛ̃:dr], *v.tr.* (*pr.p.* **empreignant**; *p.p.* **empreint**; *pr.ind.* **j'empreins, n. empreignons, ils empreignent**; *p.h.* **j'empreignis**; *fu.* **j'empreindrai**) To impress, imprint, stamp. **Visage empreint de mélancolie,** face stamped with sadness. **Visage empreint de terreur,** face full of terror.

empreinte [ɑ̃prɛ̃:t], *s.f.* (*a*) Impress(ion), (im)print, stamp. **E. en plâtre,** plaster cast. **E. des roues,** trace, track, of the wheels. **E. du pied, de pas,** footprint. **E. digitale,** finger-print. **Prendre l'e. de qch.,** to take an impression of sth. (*b*) *Typ:* Mould (from standing type).

empressé, -ée [ɑ̃prɛse]. **1.** *a.* Eager, zealous, fervent. *Corr:* **"Agréez mes salutations empressées,"** 'I am yours faithfully.' **2.** *s.* Busybody. **Faire l'e. auprès de qn,** to fuss, buzz, around s.o.; to show marked attention(s) to s.o.

empressement [ɑ̃prɛsmɑ̃], *s.m.* (*a*) Eagerness, readiness, alacrity (**à faire qch.,** to do sth.). **Faire qch. avec e.,** to do sth. readily, with alacrity. **Peu d'e. à faire qch.,** reluctance to do sth. (*b*) Bustling zeal; forwardness.

empresser (s') [sɑ̃prɛse], *v.pr.* **1.** To hurry, hasten (**de faire qch.,** to do sth.). **2. S'e. à faire qch.,** to show eagerness, zeal, in doing sth. **S'e. auprès de qn.** (i) to dance attendance on s.o.; (ii) to pay marked attention(s) to s.o.

emprise [ɑ̃pri:z], *s.f.* **1.** Expropriation or acquisition (of land for public purposes). **2.** Ascendancy (over person or mind); hold (**sur,** on). **3. Phénomène qui échappe à l'e. humaine,** phenomenon that eludes the human grasp.

emprisonnement [ɑ̃prizɔnmɑ̃], *s.m.* Imprisonment. **E. cellulaire,** solitary confinement.

emprisonner [ɑ̃prizɔne], *v.tr.* (*a*) To imprison; to put (s.o.) in prison. (*b*) To box up, to confine.

emprunt [ɑ̃prœ̃], *s.m.* Borrowing or loan. **Faire un e. à qn,** to borrow (money) from s.o. **Offrir qch. à qn à titre d'e.,** to offer sth. to s.o. as a loan, on loan. **Nom d'e.,** feigned, assumed, name. **E. d'État,** government loan. **Contracter un e.,** to raise a loan. *Fin:* **Procéder à un nouvel e.,** to make a new issue of capital.

emprunté [ɑ̃prœ̃te], *a.* **1.** (*a*) Assumed, false (name, etc.); sham (learning), artificial (beauty, lustre). (*b*) Derived (meaning); borrowed (idea, etc.). **2.** Self-conscious, stiff, awkward (manner).

emprunter [ɑ̃prœ̃te], *v.tr.* To borrow (**à,** from). **Mot emprunté au latin,** word taken from Latin. **E. un nom,** to assume a name. **Le cortège emprunta la rue de Rivoli,** the procession went up the Rue de Rivoli.

emprunteur, -euse [ɑ̃prœ̃tœ:r, -ø:z], *s.* Borrower.

empuantir [ɑ̃pɥɑ̃ti:r], *v.tr.* To infect, to make stink.

empyrée [ɑ̃pire], *a. & s.m.* Empyrean.

ému [emy], *a.* Affected (by emotion); moved. **Voix émue,** voice touched with emotion. **Parler d'une voix émue,** to speak in tones of emotion, feelingly. **Se sentir un peu é.,** to feel a bit nervous.

émulation [emylasjɔ̃], *s.f.* Emulation, rivalry, competition.

émule [emyl], *s.m. & f.* Emulator, rival, competitor.

émulseur [emylsœ:r], *s.m.* Emulsifier.

émulsion [emylsjɔ̃], *s.f.* Emulsion.

émulsionner [emylsjɔne], *v.tr.* To emulsify.

en¹ [ɑ̃], *prep.* **1.** (Place) (*a*) In, (in)to. **Être, aller, en ville,** to be in town, to go (in)to town. **En province,** in the country. **En mer,** at sea. **Venir en taxi, en avion,** to come by taxi, by air. **En tête, en queue,** at the head, in the rear. (With *f.* names of countries) **Être, aller, en France, en Amérique,** to be in, to go to France, America. S.a. under ARRIÈRE 1, AVANT I. 5, BAS III. 1, etc. (*b*) (With pron.) **Il y a quelque chose en lui que j'admire,** there is something I admire about him. **Un homme en qui, en lequel, j'ai confiance,** a man whom I trust. (*c*) (With def. art., poss. adj. etc.) **En l'honneur de qn,** in honour of s.o. **En votre honneur,** in your honour. **Regarder en l'air,** to look up at the sky. **2.** (Time) In. **En été, en hiver, en automne,** in summer, autumn, winter. **Né en 1945,** born in 1945. **D'aujourd'hui en huit,** today week. **On peut aller à Londres en cinq heures,** one can get to London in five hours. **Livraison en quinze jours,** delivery within a fortnight. **En l'an 1800,** in the year 1800. **En ce temps-là,** in those days. **3.** (*a*) (State) **Être en deuil,** to be in mourning. **Être en guerre,** to be at war. **En réparation,** under repair. **En congé,** on leave. **En faction,** on guard. **En nourrice,** out at nurse. **Une femme en cheveux,** a woman without a hat. **Une femme en tablier,** a woman in an apron, with an apron on. (*b*) (Material) **Montre en or,** gold watch. **C'est en or,** it is made of gold. (*c*) (Manner) **Escalier en spirale,** spiral staircase. **Faire cent à l'heure en palier,** to do 100 kilom. an hour on the level. **Docteur en médecine,** doctor of medicine. (*d*) (Change, division) Into. **Il fut changé en serpent,** he was changed into a serpent. **Traduire une lettre en français,** to translate a letter into French. **Briser qch. en morceaux,** to break sth. into bits. **Casser qch. en deux,** to break sth. in two. (*e*) **De mal en pis,** from bad to worse. **De fleur en fleur,** from flower to flower. **4.** (Introducing a pred. complement) **Envoyer qch. en cadeau,** to send sth. as a present. **Il m'a traité en gentilhomme,** he treated me (i) like the gentleman he is, (ii) as a gentleman should be treated. **Agir en honnête homme,** to act like an honest man. **Prendre la chose en philosophe,** to take the thing philosophically. **5.** (With gerund) **Il répondit en riant,** he answered laughingly, with a laugh. **Travailler en chantant,** to sing at one's work. **On apprend en vieillissant,** we learn as we grow older. **En arrivant à Paris . . .,** on arriving in Paris. . . . **En attendant,** while waiting; in the meantime. **En faisant cela vous l'offenserez,** by doing this you will offend him. **Tout en filant elle nous racontait des histoires,** while she span she told us stories. **Elle sortit en dansant,** she danced out, out of the room. **Elle s'endormit en pleurant,** she cried herself to sleep.

en², *unstressed adv. and pron.* I. *adv.* **1.** From there; thence. **Vous avez été à Londres?—Oui, j'en arrive,** you have been to London?—Yes, I've just come from there. **2.** On that account. **Si vous étiez riche, en seriez-vous plus heureux?** if you were rich, would you be any the happier?

II. **en,** *pron.inv.* **1.** (*a*) (Standing for a sb. governed by **de**) **Vous avez appris la nouvelle?—Oui, nous en parlions,** you have heard the news?—Yes, we were speaking of it, about it. **J'aime mieux n'en pas parler, ne pas en parler,** I would rather not speak about it. **S'en trouver mieux,** to feel better for it. **Les rues en sont pleines,** the streets are full of it, of them. **Il l'aime et il en est aimé,** he loves her and is loved by her. (*b*) (With expressions of quantity) **Combien avez-vous de chevaux?—J'en ai un, trois, plusieurs,** how many horses have you got?—I have one, three, several. **Combien en voulez-vous?** How many do you want? (*c*) (Replacing the possessive, when the possessor is inanimate) **Nous avons visité l'église et en avons admiré les vitraux,** we visited the church and admired its stained glass. (*d*) (Standing for a clause) **Vous remplacer, il n'en est pas capable,** he is not fit to take your place. **2.** (Standing for a partitive sb.) Some, any. **J'en ai,** I have some. **Je n'en ai pas,** I have none. **En avez-vous?** have you any? **3.** (Indeterminate uses) **Je n'en ai pas encore fini avec lui,** I have not done with him yet. **Si le cœur vous en dit,** if you feel so inclined, if you feel like it. **On s'en est donné,** we had a great time. **4.** (After imperative) **Prenez-en,** take some. **Prenez-en dix,** take ten.

enamouré [ɑ̃namure], *a.* Enamoured (**de,** of); in love (**de,** with).

enamourer (s') [sɑ̃namure], *v.pr.* To fall in love (**de,** with).

en-avant [ɑ̃navɑ̃], *s.m.inv.* *Fb:* Forward pass.

encabaner (s') [sɑ̃kabane], *v.i.* *Fr.C:* *F:* To hole up, dig in.

encablure [ɑ̃kably:r], *s.f.* *Nau:* Cable('s-length) (= one tenth of a nautical mile).

encadrement [ɑ̃kɑdrəmɑ̃], *s.m.* **1.** (*a*) Framing. (*b*) *Mil:* Officering (of unit). **2.** Framework; frame (of picture); setting (of story). **E. de porte, de fenêtre,** door-, window-frame. **Dans l'e. de la porte,** in the doorway.

encadrer [ɑ̃kɑdre], *v.tr.* **1.** To frame (picture, etc.). **E. un journal de noir,** to put a black border round a paper. **Jardin encadré de haies,** garden enclosed by hedges. **2.** *Mil:* (*a*) To officer (battalion). (*b*) To straddle, to bracket (target). (*c*) **Le prévenu est encadré par deux gendarmes,** the accused (man) is flanked by two policemen.
encadreur [ɑ̃kɑdrœːr], *s.m.* Picture-framer.
encager [ɑ̃kaʒe], *v.tr.* To encage, to cage up.
encaissage [ɑ̃kɛsaːʒ], *s.m.* *Hort:* Planting in tubs; tubbing. **2.** Boxing (of goods).
encaisse [ɑ̃kɛs], *s.f.* Cash (in hand). **E. de 1000 francs,** cash balance of 1000 francs. **E. or et argent d'un pays,** gold and silver holding of a country. *Bank:* **"Pas d'e."** 'no funds.'
encaissé [ɑ̃kese[, *a.* Boxed in; deeply embanked (river); sunken (road). **Tournant e.,** blind corner.
encaissement [ɑ̃kɛsmɑ̃], *s.m.* **1.** (*a*) Incasing, encasing; packing into cases; boxing (of goods); planting in tubs; tubbing. (*b*) *Com:* Encashment, collection (of bills). **2.** (*a*) Embanking (of river). (*b*) Embankment.
encaisser [ɑ̃kɛse], *v.tr.* **1.** (*a*) To pack (goods) into cases; to box, case (goods); to plant (trees) in tubs; to tub. (*b*) To encash, collect (bill). *F:* (Of boxer) **Apprendre à e. les coups,** to learn to take a blow; to learn to stand punishment. **Il a encaissé,** he was severely punished. **E. une observation,** to take a remark in good part. *F:* **Je ne peux pas l'e.,** I can't stand him (at any price). **2.** To embank (river).
encaisseur [ɑ̃kɛsœːr], *s.m.* *Com:* (*a*) Collector (of bill, etc.); payee; (bank) cashier. (*b*) Bank messenger. (*c*) Collector (of gas company).
encan [ɑ̃kɑ̃], *s.m.* (Public) auction. **Mettre qch. à l'e.,** to put sth. up for auction.
encanailler (s') [sɑ̃kanɑje], *v.pr.* To frequent low company; to get into low habits.
encapuchonner [ɑ̃kapyʃɔne], *v.tr.* To put a hood, a cowl, on (s.o.); to hood, cover (machine).
s'encapuchonner, to put on a hood; to wrap up one's head.
encaqu|er [ɑ̃kake], *v.tr.* To barrel (herrings, etc.). *s.m.* **-ement.**
encart [ɑ̃kaːr], *s.m.* (*a*) *Bookb:* Inset (*b*) *Typ:* Box.
encartage [ɑ̃kartaːʒ], *s.m.* *Bookb:* **1.** Insetting. **2.** Inset; inlay.
encarter [ɑ̃karte], *v.tr.* **1.** *Bookb:* To inset. **2.** To card-index.
en-cas [ɑ̃kɑ], *s.m.inv.* **1.** Article kept for emergencies; emergency supply. **Avoir une somme en réserve comme en-cas,** to have a sum put by to fall back upon. **2.** Snack (for emergencies).
encaserner [ɑ̃kazɛrne], *v.tr.* *Mil:* To quarter (in barracks).
encastré [ɑ̃kastre], *a.* Imbedded; built-in; countersunk (rivet).
encastrement [ɑ̃kastrəmɑ̃], *s.m.* **1.** Embedding, fixing, housing (of sth.) (in recess). **2.** (*a*) Recess; housing. (*b*) Frame, casing.
encastrer [ɑ̃kastre], *v.tr.* To embed, to set in, to fit in, to nouse (beam, etc.); to recess (rivet-head, etc.).
s'encastrer, to fit together, to fit in (to), to tail in (to).
encaustique [ɑ̃kostik, -kɔ-]. **1.** *a. & s.f.* *Art:* Encaustic (painting). **2.** *s.f.* (Bees-)wax polish.
encaustiqu|er [ɑ̃kostike, -kɔ-], *v.tr.* To beeswax (floor, etc.); to polish (table). *s.m.* **-age.**
encav|er [ɑ̃kave], *v.tr* To cellar, to store in cellar. *s.m.* **-ement.**
enceindre [ɑ̃sɛ̃ːdr], *v.tr.* (Conj. like CEINDRE) To gird, surround, encompass.
enceinte[1] [ɑ̃sɛːt], *s.f.* **1.** (*a*) Surrounding wall; fence. (*b*) **Parc qui a deux lieues d'e.,** park five miles in circumference. **2.** Enclosure. **Dans cette e.,** within these walls. *Box:* *Turf:* Ring.
enceinte[2] *a.f.* With child; pregnant, expectant. **Elle est e. de cinq mois,** *F:* she is five months gone.
encellul|er [ɑ̃sɛlyle], *v.tr.* To put (prisoner) in the cells. *s.m.* **-ement.**
encens [ɑ̃sɑ̃], *s.m.* Incense. **E. mâle,** frankincense.
encens|er [ɑ̃sɑ̃se], *v.tr.* (*a*) *Ecc:* To cense (altar, etc.). (*b*) To burn incense to, before (idols). (*c*) To flatter. (*d*) (Of horse) To toss the head up and down. *s.m.* **-ement.**

encenseur [ɑ̃sɑ̃sœːr], *s.m.* (*a*) *Ecc:* Thurifer, censer-bearer. (*b*) *F:* Flatterer, sycophant.
encensoir [ɑ̃sɑ̃swaːr], *s.m.* Censer. *F:* **Coup d'e.,** (piece of) fulsome flattery.
encéphale [ɑ̃sefal], *s.m.* Encephalon.
encéphalique [ɑ̃sefalik], *a.* Encephalic.
encéphalite [ɑ̃sefalit], *s.f.* *Med:* Encephalitis.
encéphalo|graphie [ɑ̃sefalɔgrafi], *s.f.* (Electro)encephalography. *s.m.* **-gramme.**
encercl|er [ɑ̃sɛrkle], *v.tr.* To encircle; to shut in. *s.m.* **-ement.**
enchaînement [ɑ̃ʃɛːnmɑ̃], *s.m.* **1.** Chaining (up) (of dog, etc.). **2.** Chain, series, concatenation (of events, etc.); (logical) sequence. **3.** *Cin:* (Lap-)dissolve.
enchaîner [ɑ̃ʃɛːne], *v.tr.* **1.** To chain up (dog, etc.). **E. un prisonnier,** to put a prisoner in chains, in irons. *F:* **E. les passions,** to curb the passions. **2.** To link (up), connect (machinery, ideas, etc.). **On voit comme les choses s'enchaînent,** one sees how things hang together. **3.** *Th:* To gag. *Cin:* To fade in.
enchanté [ɑ̃ʃɑ̃te], *a.* **1.** (*a*) Enchanted, under a spell, bewitched. **"La Flûte enchantée,"** 'the Magic Flute.' (*b*) *F:* Charming, delightful (spot). **2. Être e. de qch.,** to be delighted, charmed, at, with, sth.
enchantement [ɑ̃ʃɑ̃tmɑ̃], *s.m.* **1.** Enchantment, magic; (magic) spell. **2.** Charm; glamour. **3.** Delight. **Être dans l'e.,** to be delighted.
enchanter [ɑ̃ʃɑ̃te], *v.tr.* **1.** To enchant, bewitch (s.o., sth.); to lay (s.o.) under a spell. **2.** To charm, delight, enrapture (s.o.).
enchanteur, -eresse [ɑ̃ʃɑ̃tœːr, -rɛːs]. **1.** *s.* Enchanter, enchantress; *F:* charmer. **2.** *a.* Bewitching; entrancing (beauty); charming.
enchâss|er [ɑ̃ʃɑse], *v.tr.* **1.** To enshrine (relic, etc.). **2** To set, mount (jewel). **3.** To insert, to introduce. *s.m.* **-ement.**
enchatonner [ɑ̃ʃatɔne], *v.tr.* To set, mount (stone in a bezel).
enchausser [ɑ̃ʃose], *v.tr.* To straw, to earth up (foot of tree, vegetables).
enchemis|er [ɑ̃ʃmize], *v.tr.* To put a dust-cover on (book). *s.m.* **-age.**
enchère [ɑ̃ʃɛːr], *s.f.* Bid(ding). **Vente à l'e., aux enchères,** sale by auction. **Mettre e.,** to make a bid (sur, for). **Mettre qch. aux enchères,** to put sth. up to, for, auction. **Folle e.,** irresponsible bid that cannot be made good. *F:* **Payer la folle e.,** to pay for one's folly, for one's rashness. S.a. BRIDGE.
enchérir [ɑ̃ʃeriːr]. **1.** *v.tr.* To put up the price of (goods, etc.). *F:* **Sans rien e.,** without exaggeration. **2.** *v.i.* (*a*) To go up in price; to grow dearer. (*b*) To make a higher bid. **E. sur qn,** (i) to outbid s.o.; (ii) *F:* to go one better than s.o.
enchérissement [ɑ̃ʃerismɑ̃], *s.m.* Rise, increase (in price, in the cost of living).
enchérisseur, -euse [ɑ̃ʃerisœːr, -øːz], *s.* **1.** Bidder. **Dernier e.,** highest bidder. **2.** *F:* **E. sur . . .,** improver upon (offer, etc.).
enchevêtré [ɑ̃ʃvɛtre], *a.* Tangled (skein, etc.); confused, involved (style).
enchevêtrement [ɑ̃ʃvɛtrəmɑ̃], *s.m.* **1.** Tangling up. **2.** Tangle (of string, traffic, etc.).
enchevêtrer [ɑ̃ʃvɛtre], *v.tr.* **1.** To halter (horse). **2.** To mix up, confuse, tangle up.
s'enchevêtrer, to get mixed up, confused, entangled; (of horse) to get tangled up.
enchifrènement [ɑ̃ʃifrɛnmɑ̃], *s.m.* Cold in the head.
enchifrener [ɑ̃ʃifrəne], *v.tr.* (**j'enchifrène; j'enchifrènerai**) To give (s.o.) a cold in the head. **Être enchifrené,** to have a cold in the head; to snuffle.
enclancher [ɑ̃klɑ̃ʃe], *v.tr.* = ENCLENCHER.
enclave [ɑ̃klaːv], *s.f.* Enclave; gore (of land).
enclav|er [ɑ̃klave], *v.tr.* **1.** To wedge in, dovetail (timbers). **2.** To enclave (land). *s.m.* **-ement.**
enclenche [ɑ̃klɑ̃ʃ], *s.f.* *Mec.E:* Gab.
enclenchement [ɑ̃klɑ̃ʃmɑ̃], *s.m.* *Mec.E:* Throwing into gear; interlocking (of parts). **Appareil d'e.,** interlocking gear, engaging gear.
enclencher [ɑ̃klɑ̃ʃe], *v.tr.* *Mec.E:* To lock, engage; to throw (parts) into gear.
s'enclencher, to engage; to come into gear (**avec,** with).

enclin [ɑ̃klɛ̃], *a.* Inclined, disposed (à qch., à faire qch., to sth., to do sth.). **Nature encline au mal,** nature prone to evil.

encliquetage [ɑ̃klikta:ʒ], *s.m.* (Pawl-and-) ratchet mechanism. **Doigt d'e.,** pawl.

encliqueter [ɑ̃klikte], *v.tr.* To ratch, to cog.

enclitique [ɑ̃klitik], *a. & s.m. or f. Gram:* Enclitic.

enclore [ɑ̃klɔ:r], *v.tr.* (Conj. like CLORE) To enclose; to fence in, wall in.

enclos [ɑ̃klo], *s.m.* **1.** Enclosure; paddock. **2.** Ring-fence; (enclosing)wall.

enclouage [ɑ̃klua:ʒ], *s.m.* Spiking (of gun).

enclouer [ɑ̃klue], *v.tr.* **1.** To prick (horse) (in shoeing). **2.** To spike (gun).

s'enclouer. 1. (Of horse) To prick itself. **2.** *F:* To get into a fix.

enclume [ɑ̃klym], *s.f.* Anvil. *F:* **Être entre l'e. et le marteau,** to be between the devil and the deep blue sea.

encoche [ɑ̃kɔʃ], *s.f.* (*a*) Notch, nick (in tally-stick, etc.). (*b*) Slot. (*c*) *Bookb:* **Avec encoches,** with thumb-index.

encocher [ɑ̃kɔʃe], *v.tr.* (*a*) To notch, nick (stick, etc.). (*b*) To slot.

encoffrer [ɑ̃kɔfre], *v.tr.* To lock up; to hoard.

encoignure [ɑ̃kɔɲy:r], *s.f.* **1.** Corner, angle (of room, street). **2.** Corner-cupboard.

encoll|er [ɑ̃kɔle], *v.tr.* (*a*) To glue (wood, etc.). (*b*) To gum, paste (paper, etc.). **E. une carte,** to mount a map. (*c*) To size. *s.m.* **-age.**

encolure [ɑ̃kɔly:r], *s.f.* **1.** (*a*) Neck and withers (of horse). *Turf:* **Gagner par une e.,** to win by a neck. (*b*) *F:* **Homme de forte e.,** thick-set, stocky, man. **2.** (*a*) Neck-opening (of dress). (*b*) Size in collars. **3.** Crown (of anchor).

encombrant [ɑ̃kɔ̃brɑ̃], *a.* Cumbrous, cumbersome; clumsy (furniture, etc.); bulky (luggage); (man) always in the way.

encombre [ɑ̃kɔ̃:br], *s.m.* (Used in the phr.) **Sans e.,** without let or hindrance, without mishap.

encombrement [ɑ̃kɔ̃brəmɑ̃], *s.m.* **1.** (*a*) Litter (of articles); congestion (of traffic, etc.); glut (of goods); block (of vehicles), traffic jam. (*b*) Over-crowding. (*c*) *Med:* Obstruction. **2.** (*a*) Cumber-someness, bulkiness (of article). *Nau:* **Tonneau d'e.,** measured ton. (*b*) Floor or ground space required; room occupied (by engine, etc.). **E. hors tout,** over-all dimensions.

encombrer [ɑ̃kɔ̃bre], *v.tr.* To encumber; to congest (the streets). **Table encombrée de papiers,** table encumbered, littered, with papers. **E. le marché,** to glut, to overstock, the market. **"N'encombrez pas le passavant,"** 'stand clear of the gangway.'

s'encombrer, to hamper, burden, saddle, oneself (**de,** with).

encontre (à l') [alɑ̃kɔ̃:tr], *adv.phr.* In opposition; to the contrary. **Je n'ai rien à dire à l'e.,** I have nothing to say against it. **A l'e. de,** against; in opposition to. **Aller à l'e. du danger,** to go out to meet danger. **Aller à l'e. de la loi,** to run counter to the law. **A l'e. des idées reçues,** contrary to received ideas.

encorbellement [ɑ̃kɔrbɛlmɑ̃], *s.m. Arch:* Corbelling (out) (of wall); overhang (of upper storey). **Poutre en e.,** overhung girder, cantilever girder. **Fenêtre en e.,** oriel window.

encorder [ɑ̃kɔrde], *v.tr. Mount:* To rope (climbers) together.

encore [ɑ̃kɔ:r], *adv.* **1.** (*a*) Still. **Il est e. ici,** he is still here. **Hier e. je lisais un de ses livres,** only yesterday, as recently as yesterday, I was reading a book of his. (*b*) Yet. **Je ne suis e. qu'étudiant,** I am only a student yet, so far. **Pas e.,** not yet. **Un homme que je n'avais e. jamais vu,** a man I had never seen before. (*c*) More, again. **E. un mot,** (just) one word more. **En voulez-vous e.?** will you have some more? **E. une tasse de café,** another, one more, cup of coffee. **Quoi e.?** what else? **Pendant trois mois e.,** for three months longer. **Réduire e. le prix,** to reduce the price still further. **E. une fois,** once more. **E. autant,** as much again. **2.** Moreover, furthermore. **Non seulement . . ., mais e. . . .,** not only . . ., but also. . . . **3.** (Restrictive) (*a*) **E. si on pouvait lui parler,** if even, if only, one could speak to him. (*b*) (With inversion) **Je n'ai qu'un ciseau, e. est-il émoussé,** I have only one chisel and even that is a blunt one. **E. vous aurait-il fallu me prévenir,** for all that you should have let me know. (*c*) **Il vous en donnera dix francs et e.!** he will give you ten francs for it, if that! (*d*) *Conj.phr.* **E. (bien) que** + *sub.*, (al)though; even though. **E. qu'il ne me soit rien,** although he is nothing to me. **Temps agréable e. qu'un peu froid,** pleasant weather if rather cold. **4. Il s'est montré très discret.—Mais e.!** he was very reticent.—But what *did* he say?

encorné [ɑ̃kɔrne], *a.* Horned.

encorner [ɑ̃kɔrne], *v.tr.* (*a*) To furnish with horn(s). (*b*) To gore, to toss. (*c*) To cuckold.

encornet [ɑ̃kɔrnɛ], *s.m.* Calamary, squid.

encourageant [ɑ̃kuraʒɑ̃], *a.* Encouraging, cheering; cheerful (news).

encouragement [ɑ̃kuraʒmɑ̃], *s.m.* Encouragement. **E. à la vertu,** incentive to virtue. **Recevoir peu d'e. à faire qch.,** to receive little encouragement, little inducement, to do sth.

encourager [ɑ̃kuraʒe], *v.tr.* (**j'encourageai(s); n. encourageons**) **1.** To encourage, hearten (s.o.). **E. qn à faire qch.,** to encourage s.o. to do sth., **2.** To encourage, foster (the arts); to promote, to countenance. **E. une croyance,** to foster a belief. **Industrie encouragée,** State-aided industry.

encourir [ɑ̃kuri:r], *v.tr.* (Conj. like COURIR) To incur (reproaches, expense, etc.); to bring, draw, upon oneself (punishment, etc.). **E. un risque,** to take a chance.

encrass|er [ɑ̃krase], *v.tr.* To dirty, soil, grease (one's clothes, etc.); to foul (gun); to oil up; to soot up (sparking-plug); to clog, choke (machine, etc.) *s.m.* **-ement.**

s'encrasser, to get dirty, greasy; to get foul; to foul; to soot up, oil up.

encre [ɑ̃:kr], *s.f.* Ink. **E. de Chine,** Indian ink. **E. d'impression,** printing ink. **E. sympathique,** invisible ink. **Écrit à l'e.,** written in ink. *F:* **C'est la bouteille à l'e.,** there's no making head or tail of it.

encr|er [ɑ̃kre], *v.tr. Typ:* To ink. *s.m.* **-age.**

encreur [ɑ̃krœ:r], *a.* **Ruban e.,** inking ribbon.

encrier [ɑ̃krie], *s.m.* Inkpot; inkstand; ink-well.

encroûtant [ɑ̃krutɑ̃], *a.* (*a*) Encrusting. (*b*) *F:* Soul-killing (occupation, etc.).

encroûté [ɑ̃krute], *a.* Crusted. *F:* **Vieux bonhomme e.,** *s.* **vieil e.,** old fossil, old stick-in-the-mud.

encroûtement [ɑ̃krutmɑ̃], *s.m.* **1.** (*a*) Encrusting, crusting over. (*b*) *F:* Sinking into a rut. **2.** Crust. **E. calcique,** chalky deposit.

encroûter [ɑ̃krute], *v.tr.* To encrust; to cake (with mud, etc.). **E. un mur,** to rough-cast a wall.

s'encroûter. 1. To become encrusted, caked (**de,** with). **2.** *F:* To sink into a rut; to become fossilized.

encyclique [ɑ̃siklik], *s.f. Ecc:* Encyclical (letter).

encyclopédie [ɑ̃siklɔpedi], *s.f.* Encyclop(a)edia.

encyclopédique [ɑ̃siklɔpedik], *a.* Encyclop(a)edic.

encyclopédiste [ɑ̃siklɔpedist], *s.m.* Encyclop(a)edist.

endémie [ɑ̃demi], *s.f.* Endemic disease; endemic.

endémique [ɑ̃demik], *a.* Endemic.

endent|er [ɑ̃dɑ̃te], *v.tr.* **1.** (*a*) To tooth, cog (wheel, etc.). (*b*) To mesh (wheels). **2.** To join (timbers) by a scarf joint. *s.m.* **-ement.**

endetter [ɑ̃dɛte], *v.tr.* To get (s.o.) into debt.

s'endetter, to get, run, into debt. **Endetté,** in debt.

endeuiller [ɑ̃dœ:je], *v.tr.* To plunge into mourning. **Maison endeuillée,** house of mourning.

endêver [ɑ̃dɛve], *v.i. P:* To be furious, angry. **Faire e. qn,** *F:* to drive (s.o.) wild, mad.

endiablé [ɑ̃djable], *a.* (*a*) Reckless, devil-may-care (courage, etc.). (*b*) Wild, frenzied (music, etc.).

endiabler [ɑ̃djɑble], *v.i.* **Faire e. qn,** to torment, rag, s.o.

endiamanté [ɑ̃djamɑ̃te], *a.* Studded, covered, with diamonds.

endiguement [ɑ̃digmɑ̃], *s.m.* **1.** (*a*) Damming (up). (*b*) Embanking (of river, etc.). **2.** (*a*) Dam. (*b*) Sea-wall. (*c*) Embankment, dyke, dike.

endiguer [ɑ̃dige], *v.tr.* **1.** To dam up, to stem (river, etc.). **2.** To (em)bank (river, etc.); to dike (land). **3.** To impound (water).

endimanché [ɑ̃dimɑ̃ʃe], *a.* In Sunday attire, best.

endimanch|er [ɑ̃dimɑ̃ʃe], *v.tr.* To dress (s.o.) in (his, her) Sunday best. *s.m.* **-ement.**
s'endimancher, to put on one's Sunday best.
endive [ɑ̃di:v], *s.f. Bot:* **1.** Endive. **2.** Witloof, broad-leaved chicory.
endocarde [ɑ̃dɔkard], *s.m.* Endocardium.
endocardite [ɑ̃dɔkardit], *s.f. Med:* Endocarditis.
endocrine [ɑ̃dɔkrin], *a.f. Anat:* Endocrine, ductless (gland).
endoctriner [ɑ̃dɔktrine], *v.tr.* To indoctrinate. (*a*) To instruct; (*b*) to win over; (*c*) *F:* to brainwash.
endogamie [ɑ̃dɔgami], *s.f. Anthr:* Endogamy; in-breeding.
endolori [ɑ̃dɔlɔri], *a.* Painful, sore; tender.
endolorir [ɑ̃dɔlɔri:r], *v.tr.* To make (limb) ache.
s'endolorir, to become painful.
endolorissement [ɑ̃dɔlɔrismɑ̃], *s.m.* Ache, pain (in limb, etc.); tenderness.
endommag|er [ɑ̃dɔmaʒe], *v.tr.* **(j'endommageai(s); n. endommageons)** To damage, injure; to do damage to (sth.). *s.m.* **-ement.**
endormant [ɑ̃dɔrmɑ̃], *a.* **1.** Soporific. **2.** *F:* Boring, wearisome.
endormeur, -euse [ɑ̃dɔrmœ:r, -ø:z], *s. F:* (*a*) Cajoler, humbug. (*b*) Bore.
endormi, -ie [ɑ̃dɔrmi], *a.* **1.** (*a*) Asleep, sleeping. *s.* Sleeper. **Faire l'e.,** to pretend to be asleep. (*b*) Sleepy, drowsy. *s. F:* Sleepy-head. (*c*) Dormant (passion). **2.** (Of limb, etc.) Numb; 'gone to sleep.'
endormir [ɑ̃dɔrmi:r], *v.tr.* (Conj. like DORMIR) **1.** (*a*) To put, send, lull, (s.o.) to sleep. (*b*) *F:* To bore (s.o.). (*c*) *Med:* To anaesthetize. **2.** To benumb (limb, etc.); to lull, deaden (pain). **3.** *F:* To cajole, humbug, hoodwink (s.o.). **E. les soupçons,** to allay suspicion.
s'endormir, to fall asleep; to go to sleep; to drop off to sleep.
endos [ɑ̃do], *s.m.* Endorsement (on cheque).
endosmose [ɑ̃dɔsmo:z], *s.f. Ph:* Endosmosis.
endossataire [ɑ̃dɔsatɛ:r], *s.m. Com:* Endorsee.
endoss|er [ɑ̃dose], *v.tr.* **1.** To don, put on (clothes). **E. une responsabilité,** to assume, shoulder, a responsibility. **2.** *Com:* To endorse (cheque, etc.); to back (bill). **3.** *Bookb:* To back (book). *s.m.* **-ement.**
endosseur [ɑ̃dosœ:r], *s.m. Com:* Endorser.
endossure [ɑ̃dosy:r], *s.f. Bookb:* Backing, rounding.
endroit [ɑ̃drwa], *s.m.* **1.** Place, spot; passage (in book). **Par endroits,** here and there; in places. **Rire au bon e.,** to laugh in the right place. S.a. SENSIBLE 1. **2.** Side, aspect. **Prendre qn par son e. faible,** *F:* to get on the soft side of s.o. **A l'e. de qn, de qch.,** regarding, with regard to, s.o., sth. **3.** Right side (of material). **A l'e.,** right side out. **Étoffe à deux endroits,** reversible material.
enduire [ɑ̃dɥi:r], *v.tr.* (*pr.p.* **enduisant**; *p.p.* **enduit**; *pr.ind.* **j'enduis, n. enduisons**; *p.h.* **j'enduisis**; *fu.* **j'enduirai)** To smear, coat, plaster. **E. des pierres de goudron,** to coat stones with tar. **E. de peinture,** to paint over. **E. un mur de ciment,** to render a wall with cement.
enduit [ɑ̃dɥi], *s.m.* **1.** (*a*) Coat, coating (of tar, paint, etc.). (*b*) Plastering; coat of plaster. **2.** (Water) proofing (of cloth, etc.). **3.** *Cer:* Glaze. **4.** *Phot:* **E. antihalo,** backing.
endurable [ɑ̃dyrabl], *a.* Endurable.
endurance [ɑ̃dyrɑ̃:s], *s.f.* Endurance. **1.** Long-suffering. **2.** Resistance to wear and tear, staying-power. *Aut: etc:* **Épreuve d'e.,** reliability trial.
endurant [ɑ̃dyrɑ̃], *a.* Patient; long-suffering. **Peu e.,** quick-tempered.
endurci [ɑ̃dyrsi], *a.* **1.** Hardened; *Tchn:* indurated. **2.** Hard, callous (heart); hardened (sinner); confirmed (bachelor); inveterate (hatred).
endurcir [ɑ̃dyrsi:r], *v.tr.* **1.** To harden, indurate. **2.** To inure (à, to). **Endurci à la fatigue,** inured, hardened, to fatigue.
s'endurcir. 1. To harden, indurate; to become hard; *F:* to become callous. **2.** To become hardened, fit, tough.
endurcissement [ɑ̃dyrsismɑ̃], *s.m.* **1.** (*a*) Hardening, induration. (*b*) Inuring (to fatigue); toughening up. **2.** (*a*) Hardness (of heart). (*b*) Obduracy.
endurer [ɑ̃dyre], *v.tr.* To endure, bear (hardship, etc.). **E. des railleries,** to put up with chaff.
énergétique [enɛrʒetik], *a.* **1.** Energizing (medicine, food). **2. Dépense é.,** expenditure of energy. *s.f.* Energetics.
énergie [enɛrʒi], *s.f.* Energy. **1.** (*a*) Force, vigour. **Apporter, appliquer, toute son é. à une tâche,** to devote, direct, all one's energies to a task. **Avec é.,** energetically. **Sans é.,** listless(ly). (*b*) Efficacy (of remedy). **2.** (*a*) **É. cinétique,** kinetic energy. **É. potentielle,** potential energy. **É. atomique,** atomic energy, nuclear power. (*b*) *Ind:* (Fuel and) power. **É. consommée,** power consumption.
énergique [enɛrʒik], *a.* (*a*) (Of pers.) Energetic. (*b*) Strong, drastic (measures); forcible (language); emphatic (gesture). **Remède é.,** (i) powerful medicine; (ii) *F:* drastic remedy; kill-or-cure remedy. *adv.* **-ment.**
énergumène [enɛrgymɛn], *s.m. & f.* **1.** Energumen. *F:* **Crier comme un é.,** to scream like one possessed. **2.** *F:* Ranter, tub-thumper.
énervant [enɛrvɑ̃], *a.* **1.** Enervating (climate, etc.). **2.** *F:* Most annoying, aggravating, nerve-racking.
énervation [enɛrvasjɔ̃], *s.f.* Enervation. (*a*) Denervation; pithing (of ox, etc.). (*b*) Unnerving, nervous prostration.
énervement [enɛrvəmɑ̃], *s.m.* State of jangled nerves; nervous irritation; state of nerves.
énerver [enɛrve], *v.tr.* **1.** (*a*) To enervate, weaken (body, will). (*b*) To denervate; to hamstring. **2. É. qn,** to get on s.o.'s nerves; to set s.o.'s nerves on edge.
s'énerver. 1. To become flabby; to lose one's stamina. **2.** To become irritable, fidgety, nervy; to get excited.
enfaîteau [ɑ̃fɛ:to], *s.m.* Ridge-tile.
enfaîter [ɑ̃fɛ:te], *v.tr.* To finish off (roof) with ridge-tiles, sheet-lead, etc. *s.m.* **-ement.**
enfance [ɑ̃fɑ̃:s], *s.f.* **1.** (*a*) Childhood. **Première e.,** infancy. **Industrie encore dans son e.,** industry still in its infancy. (*b*) Boyhood; girlhood. **2. Tomber en e.,** to sink into one's second childhood, into one's dotage. **3.** *Coll:* Children.
enfant [ɑ̃fɑ̃], *s.m. & f.* Child; boy or girl; *F:* youngster. **E. en bas âge, e. du premier âge,** infant. **E. trouvé,** foundling. **E. de chœur,** altar-boy. **E. difficile,** problem child; difficult child. *F:* **Ce n'est qu'un jeu d'e.,** it is mere child's play. **Se conduire en e., faire l'e.,** to behave childishly. *a.* **Ne soyez pas si e.,** don't be so childish. S.a. CHAMBRE 1, TERRIBLE, VOITURE 2. *F:* **Allons-y, mes enfants!** come on, lads! *a.* **Bon e.,** good-natured. **Sourire e.,** childlike smile. **Mourir sans enfants,** to die childless, *Jur:* without issue. *F:* **Un e. de Paris,** a native of Paris.
enfantement [ɑ̃fɑ̃tmɑ̃], *s.m.* **1.** Childbirth. **2.** Giving birth (to literary work, etc.).
enfanter [ɑ̃fɑ̃te], *v.tr.* To bear, to give birth to (child). **La discorde enfante le crime,** discord begets crime.
enfantillage [ɑ̃fɑ̃tija:ʒ], *s.m.* Childishness; childish act or saying.
enfantin [ɑ̃fɑ̃tɛ̃], *a.* Infantile. **Classe enfantine,** infant class. **2.** Childish (voice, etc.). **Littérature enfantine,** juvenile literature.
enfariner [ɑ̃farine], *v.tr.* To flour (sth.); to cover (st.h) with flour.
enfer [ɑ̃fɛ:r], *s.m.* Hell. **Les enfers,** the underworld; Hades. *Lit:* **L'E. de Dante,** Dante's Inferno. *Hist:* **L'e. de Verdun,** the inferno of Verdun. **Aller un train d'e.,** (i) to ride hell for leather; (ii) (of car, etc.) to scorch along. **2. Un feu d'e.,** a blazing fire. **Un bruit d'e.,** a hell of a noise. S.a. JEU 4.
enfermer [ɑ̃fɛrme], *v.tr.* **1.** To shut (s.o., sth.) up. **E. ses papiers,** to lock up one's papers. **Tenir qn enfermé,** to keep s.o. in confinement. *F:* **Il est bon à e.,** he ought to be shut up. (Of room) **Sentir l'enfermé,** to smell stuffy. **2.** To shut (sth.) in; to enclose, surround.
s'enfermer, to lock oneself in; to shut oneself up. **Enfermé dans ses pensées,** wrapped in his, her, own thoughts. **Vivre trop enfermé,** to live too much indoors.
enferrer [ɑ̃fɛre], *v.tr.* To run (s.o.) through.
s'enferrer. 1. (*a*) To spit oneself (on opponent's sword). (*b*) (Of fish) To swallow the hook. **2.** To give oneself away; to be hoist with one's own petard.

enfieller [ɑ̃fjɛle], *v.tr.* To embitter, sour (s.o.'s life, etc.).

enfiévrer [ɑ̃fjevre], *v.tr.* **(j'enfièvre; j'enfiévrerai) 1.** To give (s.o.) fever; to make (s.o.) feverish. **2.** To fire, animate (s.o.).

s'enfiévrer. 1. To grow feverish. **2.** To get excited.

enfilade [ɑ̃filad], *s.f.* **1.** Succession, series (of doors, etc.); suite (of rooms); row (of houses); string (of insults). **2.** *Mil:* Enfilade. **Tir d'e.,** raking, enfilading, fire. **Prendre en e.** = ENFILER 4.

enfil|er [ɑ̃file], *v.tr.* **1.** To thread (needle); to file (papers on spike file); to string (beads). **E. qn,** to run s.o. through. **2.** To take, go along (a street). *F:* **E. la venelle,** to cut and run. **3. E. ses vêtements,** to slip on one's clothes. **E. son pantalon, ses bas,** to pull on, draw on, one's trousers, one's stockings. **4.** *Mil:* To enfilade, rake (trench, etc.). **5.** *F:* To down (a drink). **S'e. un bon dîner,** to tuck into a good dinner. **On s'est enfilé tout le chemin à pied,** we had to foot it. *s.m.* **-age, -ement.**

enfin [ɑ̃fɛ̃]. **1.** *adv.* (*a*) Finally, lastly. **E. et surtout,** last but not least. (*b*) In fact, in a word, in short. (*c*) At last, at length. **E. vous voilà! vous voilà e.!** here you are at last! **2.** *int.* (*a*) At last! (*b*) **Mais e., s'il acceptait!** but still, if he did accept! (*c*) **E.! ce qui est fait est fait,** well, well! what is done is done.

enflammé [ɑ̃flɑme], *a.* **1.** Burning, blazing; fiery (sunset). **2.** Blazing, glowing (cheeks). **3.** Fiery (speech).

enflamm|er [ɑ̃flɑme], *v.tr.* To inflame. **1.** To ignite; to set (sth.) on fire, ablaze. **2.** To inflame (wound). **3.** To excite, stir up (s.o.); to enflame (mob). *s.m.* **-ement.**

s'enflammer. 1. To catch fire; to ignite. **2.** (Of wound, etc.) To become inflamed. **3.** *F:* (Of pers.) To fire up, flare up.

enflé [ɑ̃fle], *a.* Swollen. **Style e.,** turgid, high-flown, style. E. **d'orgueil,** puffed up with pride. *s.m. P:* **Espèce d'e.!** you idiot!

enfléchure [ɑ̃fleʃy:r], *s.f. Nau:* Ratline.

enfl|er [ɑ̃fle]. **1.** *v.tr.* (*a*) To swell; to cause (sth.) to swell. **E. les joues,** to puff out, blow out, one's cheeks. **E. le nombre, la dépense,** to swell the number, the expenditure. (*b*) **E. son style,** to inflate one's style. **2.** *v.i. & pr.* To swell. **Son bras (s')enfle,** his arm is swelling. **La rivière (s')enfle,** the river is rising. *s.m.* **-ement.**

enflure [ɑ̃fly:r], *s.f.* Swelling (of cheek, limb, etc.); inflation, bombast (of style).

enfoncé [ɑ̃fɔ̃se], *a.* **1.** Smashed (in), broken (in); stove in (cask). **2.** (*a*) Sunken, deep (cavity). **Yeux enfoncés,** deep-set, sunken, eyes. **E. dans l'étude,** deep in study. (*b*) Low-lying (ground). (*c*) *P:* Bowled over.

enfoncement [ɑ̃fɔ̃smɑ̃], *s.m.* **1.** Driving (in) (of nail, etc.); breaking open (of door). **2.** Hollow, depression (in the ground). *Arch:* Alcove, recess. *Nau:* Bay, bight.

enfoncer [ɑ̃fɔ̃se], *v.* **(j'enfonçai(s); n. enfonçons) 1.** *v.tr.* (*a*) To drive (in) (pile, nail). **E. la main dans sa poche,** to thrust one's hand into one's pocket. **E. son chapeau sur sa tête,** to cram one's hat on one's head. **S'e. une épine dans le pied,** to run a thorn into one's foot. (*b*) To break open, beat in, burst in (door, etc.); to stave in (cask). **E. un carreau,** to break a window-pane. **E. tous les obstacles,** to break through all obstacles. (*c*) *F:* To get the better of (s.o.); to best (s.o.). **2.** *v.i.* To sink (into mud, sea). **Le navire enfonçait,** the ship was settling.

s'enfoncer, to penetrate, plunge, go deep (into sth.). **Le navire s'enfonça sous les eaux,** the ship sank to the bottom. **Le plancher s'enfonçait,** the floor was subsiding, was giving way. **La balle s'enfonça dans le mur,** the bullet embedded itself in the wall. **S'e. dans une rue,** *F:* to dive into a street.

enfonçure [ɑ̃fɔ̃sy:r], *s.f.* Cavity; depression, hollow (in ground); recess (in cavern, etc.); bottom (of cask).

enforcir [ɑ̃fɔrsi:r]. **1.** *v.tr.* To reinforce, strengthen (a construction, etc.). **2.** *v.i. & pr.* (Of pers.) To gain strength, grow stronger; (of wine) to acquire body. *F:* **Comme votre petit a enforci!** how your child has grown!

enfou|ir [ɑ̃fwi:r], *v.tr.* To hide (sth.) in the ground; to bury (dead animal, money); to plough in; to rake in (manure). *s.m.* **-issement.**

enfouisseur [ɑ̃fwisœ:r], *s.m.* Burier.

enfourcher [ɑ̃furʃe], *v.tr.* **1.** To thrust a (pitch-)fork into (sth.). **2.** (*a*) To bestride, get astride, mount (horse, bicycle). (*b*) *F:* To ride (hobby) to death.

enfourchure [ɑ̃furʃy:r], *s.f.* Fork, crotch (of tree); fork (of legs).

enfourn|er [ɑ̃furne], *v.tr.* To put (bread) in the oven, (pottery) in the kiln. *s.m.* **-age, -ement.** *s.f.* **-ée.**

enfreindre [ɑ̃frɛ̃:dr], *v.tr.* (*pr.p.* **enfreignant,** *p.p.* **enfreint;** *pr.ind.* **j'enfreins, n. enfreignons, ils enfreignent;** *p.h.* **j'enfreignis;** *fu.* **j'enfreindrai)** To infringe, transgress, break (the law).

enfuir (s') [sɑ̃fɥi:r], *v.pr.* (Conj. like FUIR) **1.** (*a*) To flee, fly (**de,** from); to run away; to escape. **Les côtes s'enfuient,** the coast recedes. (*b*) (Of embezzler, etc.) To abscond. (*c*) (With lover) To elope. **2.** (Of liquid) To leak out, run out.

enfumé [ɑ̃fyme], *a.* **1.** Smoky (room, etc.). **2.** Smoke-blackened (walls, etc.).

enfum|er [ɑ̃fyme], *v.tr.* **1.** To fill with smoke. **2.** To blacken (sth.) with smoke. **3.** To smoke out (bees, etc.). *s.m.* **-age.**

enfutailler [ɑ̃fytaje], **enfûter** [ɑ̃fyte], *v.tr.* To barrel, to cask.

engagé [ɑ̃gaʒe]. **1.** *a.* (Of ship) Gunwale under; on her beam-ends. **2.** Committed. **3.** *s.m. Mil:* **E. (volontaire),** volunteer.

engageant [ɑ̃gaʒɑ̃], *a.* Engaging, prepossessing, winning (manners, etc.); inviting (meal, etc.).

engagement [ɑ̃gaʒmɑ̃], *s.m.* **1.** (*a*) Pawning, pledging. (*b*) Receipt (for object pledged). **2.** (*a*) Engagement, promise; commitment. **Tenir, remplir, ses engagements; faire honneur, faire face, à ses engagements;** to keep, observe, carry out, one's engagements; to meet, fulfil one's obligations, one's liabilities. **Contracter, prendre, un e.,** to enter into a contract, into an engagement. **Sans e.,** without obligation. (*b*) Engagement, appointment (of employee). *Mil:* Voluntary enlistment. **Se trouver sans e.,** to be out of a job. (*c*) *Sp:* (i) Entering, (ii) entry (for event); (iii) fixture; (iv) (Of artist) booking. **3.** *Mil: Navy:* Engagement, action.

engager [ɑ̃gaʒe], *v.tr.* **(j'engageai(s); n. engageons) 1.** To pledge, pawn (jewellery, etc.). **E. sa parole,** to pledge one's word. **Cette lettre ne vous engage pas,** this letter does not bind you, does not commit you. S.a. HONNEUR 1, RESPONSABILITÉ. **2.** To engage (servant, etc.); to take on (hands); to sign on (ship's company). **3.** (*a*) To catch, foul, entangle (rope, etc.); to jam (part of machine, etc.). **E. une ancre,** to foul an anchor. **E. un aviron,** to catch a crab. **E. qn dans une querelle,** to involve s.o. in a quarrel. (*b*) To engage (machinery); to put (machinery) into gear. **E. la clef dans la serrure,** to fit, insert, the key in the lock. **4.** To begin, start, to set (sth.) going; to open (conversation, fight, etc.). **E. le combat,** to join battle. **E. des négociations,** to enter into, start, open, negotiations. *Mil:* **E. des troupes,** to bring troops into action; to engage troops. **5. E. qn à faire qch.,** to invite, urge, advise, s.o. to do sth. **6.** *v.i.* (*a*) (Of machinery) To come into gear. (*b*) (Of ship) To roll gunwale under.

s'engager. 1. S'e. à faire qch., to undertake, bind oneself, pledge one's word, to do sth. **S'e. par traité à faire qch.,** to contract to do sth. **Sans s'e. à rien,** without pinning himself down to anything. **Je suis trop engagé pour reculer,** I have gone too far to draw back. **2.** (*a*) To take service (**chez qn,** with s.o.). (*b*) To enlist; to volunteer. (*c*) **S'e. pour une course,** to enter for a race. **3.** (*a*) (Of rope, propeller) To foul; to become fouled; (of machine) to jam; (of aeroplane) to get out of control. (*b*) **Un tube s'engage dans l'ouverture,** a pipe fits into the opening, **L'armée s'engagea dans le défilé,** the army entered the pass. **La voiture s'engagea dans la rue de Rivoli,** the car turned into the rue de Rivoli. (*c*) (Of battle) To begin.

engainer [ɑ̃gɛne], *v.tr.* To sheathe (dagger, etc.).

engazonn|er [ɑ̃gɑzɔne], *v.tr.* **1.** To turf (over). **2.** To sow with grass-seed. *s.m.* **-ement.**

engeance [ɑ̃ʒɑ̃:s], *s.f.* **1.** *A:* Breed (of poultry, etc.). **2.** *F:* **E. de scélérats,** brood of scoundrels. **Sale e.!** dirty lot!
engelure [ɑ̃ʒly:r], *s.f.* Chilblain.
engendrement [ɑ̃ʒɑ̃drəmɑ̃], *s.m.* **1.** Begetting (of children). **2.** Production; generation (of heat); breeding (of disease).
engendrer [ɑ̃ʒɑ̃dre], *v.tr.* **1.** To beget (child). **2.** To engender (strife, etc.); to generate, develop (heat, etc.); to breed (disease). *Prov:* **La familiarité engendre le mépris,** familiarity breeds contempt.
engin [ɑ̃ʒɛ̃], *s.m.* **1.** Engine, machine; device, contrivance. **Engins de pêche,** fishing tackle. **2.** Missile. **E. téléguidé,** guided missile. **E. à tête chercheuse,** homing missile. **E. intercontinental,** intercontinental ballistic missile. **E. radio-guide,** intelligent missile. **E. à moteur interne,** hot missile.
englober [ɑ̃glɔbe], *v.tr.* To include, embody.
englout|ir [ɑ̃gluti:r], *v.tr.* **1.** To swallow; to gulp (sth.) down. **2.** To engulf; to swallow up (ship, fortune). *s.m.* **-issement.**
s'engloutir, (of ship) to be engulfed; to sink.
englu|er [ɑ̃glye], *v.tr.* (*a*) To lime (twigs or bird). *F:* **Se laisser e.,** to get oneself caught up in the works. (*b*) **Coque engluée de boue,** hull slimed all over with mud. *s.m.* **-age, -ement.**
engoncé [ɑ̃gɔ̃se], *a.* **1.** Bundled up in one's clothes. **Avoir l'air e.,** to look awkward and stiff. **2. Taille engoncée,** hunched-up shoulders.
engorgement [ɑ̃gɔrʒəmɑ̃], *s.m.* **1.** Choking, stopping (up), blocking, clogging. **2.** Obstruction, stoppage. *Med:* Engorgement, congestion. **3.** *Pol.Ec:* Glutting (of the markets).
engorger [ɑ̃gɔrʒe], *v.tr.* **(j'engorgeai(s); n. engorgeons)** To choke (up), stop (up); to block, clog.
s'engorger, to become choked (up), blocked (up), clogged; (of pump) to foul. *Med:* To become engorged, congested.
engouement [ɑ̃gumɑ̃], *s.m.* Infatuation.
engouer [ɑ̃gwe, ɑ̃gue], *v.tr.* To obstruct, choke up (the breathing passages, etc.).
s'engouer. 1. *Med:* (Of hernia) To become obstructed. **2. S'e. de qn,** to become infatuated with, *F:* to go crazy over s.o.
engouffr|er [ɑ̃gufre], *v.tr.* To engulf; to swallow up (fortune). *s.m.* **-ement.**
s'engouffrer, to be engulfed, swallowed up, lost to sight. **Le vent s'engouffre par la porte,** the wind sweeps in, rushes in.
engoulevent [ɑ̃gulvɑ̃], *s.m.* *Orn:* Nightjar.
engourdi [ɑ̃gurdi], *a.* **1.** Numb(ed). **J'ai le pied e.,** my foot has gone to sleep. **2.** Dull, sluggish (mind). **3.** *Nau:* Stiff (rope).
engourdir [ɑ̃gurdi:r], *v.tr.* To (be)numb.
s'engourdir. 1. (Of limb, etc.) To grow numb; *F:* (of foot) to go to sleep. **2.** (Of the mind) To become dull, sluggish.
engourdissement [ɑ̃gurdismɑ̃], *s.m.* **1.** Numbness. **2.** Dullness, sluggishness (of mind).
engrais [ɑ̃grɛ], *s.m.* **1.** *Husb:* Fattening food. **2.** *Agr:* Manure. **E. chimique,** chemical fertilizer.
engraiss|er [ɑ̃grese]. **1.** *v.tr.* (*a*) To fatten (animals); to cram (fowls); to make (s.o.) fat. (*b*) To manure, fertilize (land). **2.** *v.i.* To grow stout; to put on flesh. *s.m.* **-ement.**
s'engraisser, to fatten oneself up; to batten, to thrive (**de,** on).
engrang|er [ɑ̃grɑ̃ʒe], *v.tr.* **(j'engrangeai(s); n. engrangeons)** To garner, get in (the corn). *s.m.* **-ement.**
engrav|er [ɑ̃grave]. **1.** *v.tr.* *Nau:* To strand (ship). **2.** *v.i. & pr.* (*a*) (Of boat) To ground; to settle into the sand. (*b*) (Of harbour) To silt up. *s.m.* **-ement.**
engrenage [ɑ̃grəna:ʒ], *s.m.* **1.** Gearing; engaging, throwing into gear; meshing. **2.** (Toothed) gearing; gear; gear-wheels. **Système, jeu, d'engrenages,** train, set, of gear-wheels. **Turbine à engrenage(s),** geared turbine. **E. de circonstances,** mesh, complication, of circumstances.
engrener [ɑ̃grəne], *v.* **(j'engrène; j'engrènerai)** *v.tr* **1.** To feed (corn into threshing-machine). **2.** To connect, engage, mesh (toothed wheels). *F:* **E. une affaire,** to set a thing going. **3.** *v.i. & pr.* **Roues qui (s')engrènent,** wheels that engage into one another.
engrenure [ɑ̃grəny:r], *s.f.* **1.** *Mec.E:* (*a*) Engaging, meshing (of toothed wheels). (*b*) Gear ratio. **2.** *Anat:* Serrated suture.
engrosser [ɑ̃grose], *v.tr.* To make pregnant, to get (girl) into trouble.
engrumeler (s') [sɑ̃grymle], *v.pr.* To clot.
engueulade [ɑ̃gœlad], *s.f.* *P:* Telling-off, slanging.
engueuler [ɑ̃gœle], *v.tr.* *P:* To abuse, slang (s.o.); to give (s.o.) a blowing up.
enguignonné [ɑ̃giɲɔne], *a.* *F:* Out of luck.
enguirlander [ɑ̃girlɑ̃de], *v.tr.* **1.** To garland. **2.** *P:* = ENGUEULER.
enhardir [ɑ̃ardi:r], *v.tr.* To embolden. **E. qn à faire qch.,** to encourage s.o. to do sth.
s'enhardir, to pluck up courage. **S'e. à faire qch.,** to venture, make bold, to do sth.
enharmonie [ɑ̃narmɔni], *s.f.* *Mus:* Enharmonic change.
enharnacher [ɑ̃arnaʃe], *v.tr.* **1.** To harness. **2.** To deck out.
énigmatique [enigmatik], *a.* Enigmatic(al).
énigme [enigm], *s.f.* Enigma, riddle. **Proposer une é. (à qn),** to ask (s.o.) a riddle. **Trouver le mot de l'é.,** to find the answer, the clue, to the riddle; to solve the riddle.
enivrant [ɑ̃nivrɑ̃], *a.* Intoxicating, heady.
enivrement [ɑ̃nivrəmɑ̃], *s.m.* **1.** Intoxication, inebriation. **2.** *F:* Ecstasy (of joy).
enivrer [ɑ̃nivre], *v.tr.* To intoxicate. **1.** To inebriate; to make (s.o.) drunk. **2.** *F:* To elate.
s'enivrer, to become intoxicated, inebriated (**de,** with); to get drunk.
enjambée [ɑ̃ʒɑ̃be], *s.f.* Stride. **Marcher à grandes enjambées,** to stride along.
enjambement [ɑ̃ʒɑ̃bmɑ̃], *s.m.* **1.** *Pros:* Enjambment; run-on line. **2.** *Civ.E:* Fly-over, *U.S:* overpass.
enjamber [ɑ̃ʒɑ̃be]. **1.** *v.tr.* (*a*) To bestride (horse). (*b*) To step over, stride over (obstacle). **Trois ponts enjambent le fleuve,** three bridges span the river. **2.** *v.i.* (*a*) To step out; to walk with long strides. (*b*) **E. sur qch.,** (i) to project over sth.; (ii) to encroach on sth.
enjeu, -eux [ɑ̃ʒø], *s.m.* *Gaming:* Stake. **Retirer son e.,** (i) to withdraw one's stake; (ii) *F:* to back out (of an undertaking).
enjoindre [ɑ̃ʒwɛ̃:dr], *v.tr.* (Conj. like JOINDRE) To enjoin (silence, etc.). **E. (strictement) à qn de faire qch.,** to enjoin, to call upon, to charge, s.o. to do sth. **Il lui est enjoint de . . .,** he is directed to. . . .
enjôlement [ɑ̃ʒolmɑ̃], *s.m.* Cajoling, wheedling. **2.** Cajolery, blandishment.
enjôler [ɑ̃ʒole], *v.tr.* To coax, wheedle; to humbug, blarney (s.o.); to talk (s.o.) over.
enjôleur, -euse [ɑ̃ʒolœ:r, -ø:z]. **1.** *s.* Coaxer, cajoler, wheedler. **2.** *a.* Coaxing, cajoling, wheedling.
enjolivement [ɑ̃ʒɔlivmɑ̃], *s.m.* **1.** Beautifying, embellishing. **2.** Embellishment; ornamental piece; scroll.
enjoliver [ɑ̃ʒɔlive], *v.tr.* To beautify, embellish. **E. un récit.** to embroider a tale.
enjoliveur, -euse [ɑ̃ʒɔlivœ:r, -ø:z], *s.* **1.** Beautifier, embellisher. **2.** *s.m.* *Aut:* (*a*) Wheel-disk. (*b*) Hub cap.
enjolivure [ɑ̃ʒɔlivy:r], *s.f.* Small embellishment.
enjoué [ɑ̃ʒwe], *a.* Playful, sprightly.
enjouement [ɑ̃ʒumɑ̃], *s.m.* Sprightliness; playfulness.
enkyster (s') [sɑ̃kiste], *v.pr.* (Of tumour) To become encysted.
enlac|er [ɑ̃lase], *v.tr.* **(j'enlaçai(s); n. enlaçons) 1.** To intertwine, interlace. **2.** (*a*) To entwine, enlace. (*b*) To clasp (s.o.) in one's arms; to hug (s.o.). *s.m.* **-ement.**
s'enlacer. (Of plants, etc.) (*a*) To intertwine. (*b*) **S'e. autour de qch.,** to twine round sth.
enlaid|ir [ɑ̃ledi:r]. **1.** *v.tr.* To make (s.o.) ugly; to disfigure (s.o.). **2.** *v.i.* To grow ugly, plain. *s.m.* **-issement.**
enlevable [ɑ̃lvabl], *a.* Removable; detachable.
enlevage [ɑ̃lva:ʒ], *s.m.* *Row:* Spurt.
enlevant [ɑ̃lvɑ̃], *a.* Rousing, (speech, tune).
enlèvement [ɑ̃lɛvmɑ̃], *s.m.* **1.** Removal, removing; carrying away. **2.** Kidnapping, carrying off. **L'e. des Sabines,** the rape of the Sabines. **E. d'enfant,** kidnapping. **Mariage par e.,** runaway match. **3.** *Mil:* Storming, carrying (of position). **4.** Sending up (of balloon).

enlever [ɑ̃lve], *v.tr.* (**j'enlève; j'enlèverai**) **1.** (*a*) To remove; to carry away, take away; to carry off; to take up (carpet), to take down (curtains). **E. l'écorce, la peau,** to peel off, strip off, the bark; to peel off, tear off, the skin. **E. le couvert,** to clear away; to clear the table. **E. une tache,** to remove, take out, a stain. **Enlevé par la mer,** carried away, washed away, by the sea. (*b*) **E. qch. à qn,** to deprive s.o. of sth.; to take sth. from s.o. **Un obus lui enleva une jambe,** a shell took off one of his legs. **2.** To carry off, steal (s.o., sth.); to kidnap (s.o.); to abduct (girl). **Se faire e. par qn,** to elope with s.o. **3.** *Mil:* To carry, storm (position). **4.** To raise; to bear upwards. **E. le couvercle,** to lift the lid. **E. un ballon,** to send up a balloon. **E. son cheval,** (i) to lift one's horse (to a hurdle, etc.); (ii) to set one's horse at full speed. **La foule fut enlevée par ces paroles,** the crowd was carried away by these words. **E. un morceau (de musique),** to play a piece of music brilliantly, with brio.

s'enlever. 1. To come off. **La peau s'enlève,** the skin is peeling (off). **Cela s'enlèvera par l'usure,** it will wear off. **2.** (Of balloon) To rise. **3.** *Com:* (Of goods) To sell quickly, to be snapped up.

enliasser [ɑ̃ljase], *v.tr.* To tie (papers, etc.) into bundles; to file (papers).

enlis|er [ɑ̃lize], *v.tr.* (Of quicksand, bog) To suck in, engulf. *s.m.* **-ement.**

s'enliser, to sink, be sucked down (into quicksand); (of car, etc.) to get bogged.

enluminer [ɑ̃lymine], *v.tr.* **1.** (*a*) To illuminate (MS.). (*b*) To colour (print, map). **2.** *F:* **Visage enluminé par la boisson,** face flushed with drink.

enluminure [ɑ̃lyminy:r], *s.f.* **1.** (*a*) Illuminating (of MS.); colouring (of prints). (*b*) *F:* High colour. **2.** Illuminated design; illumination.

enneigé [ɑ̃neʒe], *a.* Snow-clad, -covered.

enneigement [ɑ̃nɛʒmɑ̃], *s.m.* Snowfall; the state of being snow-covered. **Bulletin d'e.,** snow report.

ennemi, -ie [ɛnmi]. **1.** *s.* Enemy; *Lit:* foe. **Passer à l'e.,** to go over to the enemy. **2.** *a.* Hostile (**de,** to).

ennobl|ir [ɑ̃nɔbli:r], *v.tr.* To ennoble (action); to elevate (mind). *s.m.* **-issement.**

ennui [ɑ̃nɥi], *s.m.* **1.** Worry, anxiety; *F:* bother. **Avoir des ennuis,** to be worried. **Petits ennuis,** petty annoyances. **Attirer, créer, susciter, des ennuis à qn,** to make trouble for s.o. **Aller au-devant des ennuis,** to ask for trouble; to meet trouble half-way. **Quel e.!** what a nuisance! **2.** Boredom, wearisomeness, tedium, tediousness, ennui. **Ils me font mourir d'e.,** they bore me to death.

ennuyant [ɑ̃nɥijɑ̃], *a.* Annoying, vexing.

ennuyer [ɑ̃nɥije], *v.tr.* (**j'ennuie; j'ennuierai**) **1.** (*a*) To annoy, worry, vex. **Cela vous ennuierait-il d'attendre?** would you mind waiting? (*b*) To importune; *F:* to bother (s.o.). **2.** To bore, weary (s.o.). *F:* **Il m'ennuie à mourir,** I get dreadfully tired of him; *F:* he bores me stiff.

s'ennuyer, to be bored; to feel dull; to weary; to suffer from ennui. **Je m'ennuie à ne rien faire,** I'm bored with doing nothing. **S'e. de qn,** to miss s.o.

ennuyeu|x, -euse [ɑ̃nɥijø, -ø:z], *a.* **1.** (*a*) Boring, tedious, tiresome, dull. **Mortellement e.,** deadly dull. (*b*) Importunate. **2.** = ENNUYANT. *adv.* **-sement.**

énoncé [enɔ̃se], *s.m.* Statement (of facts, etc.). **É. d'un problème,** terms of a problem. **É. d'un acte,** text, wording, of an act.

énoncer [enɔ̃se], *v.tr.* (**j'énonçai(s); n. énonçons**) **1.** To state, to set forth (opinion, fact, etc.). **É. une vérité,** to state a truth. **2.** To articulate (word, syllable).

s'énoncer, to express oneself (clearly, etc.).

énonciation [enɔ̃sjasjɔ̃], *s.f.* **1.** Stating, expressing (of fact). **2.** Enunciation; articulation.

enorgueillir [ɑ̃nɔrgœji:r], *v.tr.* To make proud.

s'enorgueillir, to become proud, elated. **S'e. de qch., d'avoir fait qch.,** to pride oneself on sth., on having done sth.

énorme [enɔrm], *a.* Enormous, huge. **Crime é.,** shocking, outrageous, crime. **Perte é.,** grievous loss. **Mensonge é.,** outrageous lie. *F:* **Ça m'a fait un bien é.,** it did me a tremendous amount of good.

énormément [enɔrmemɑ̃], *adv.* **1.** Enormously, hugely; *F:* tremendously. **Je le regrette é.,** I'm awfully sorry. **2.** A great deal (**de,** of); a great many. **Il y a é. de gens qui . . .,** there are any amount of people who. . . .

énormité [enɔrmite], *s.f.* **1.** (*a*) Enormity; outrageousness (of demand, etc.); heinousness (of crime). (*b*) Enormousness, vastness, hugeness. **2.** *F:* **Commettre une é.,** to make a gross blunder. **Dire des énormités,** to say the most awful things.

enquérir(s') [sɑ̃keri:r], *v.pr.* (Conj. like ACQUÉRIR) To inquire, make inquiries (**de,** after). **S'e. du prix,** to ask the price.

enquête [ɑ̃kɛ:t], *s.f.* Inquiry, investigation, survey. **E. par sondage,** sample survey. **Faire, procéder à, une e. sur qch.,** to hold an inquiry, to inquire, into sth.

enquêter [ɑ̃kete], *v.i.* To hold an inquiry; to make investigations. **E. sur une affaire,** to inquire into an affair.

enquêteur [ɑ̃kɛ:tœ:r], *s.m.* Investigator; interviewer.

enquêtrice [ɑ̃kɛtris], *s.f.* *Journ:* Woman interviewer.

enquiquiner [ɑ̃kikine], *v.tr.* To aggravate, bore s.o. *F:* **Vous êtes enquiquinant,** you're a pain in the neck.

enqui-s, -t, etc. See ENQUÉRIR (s').

enraciné [ɑ̃rasine], *a.* Deep-rooted; deep-seated.

enracin|er [ɑ̃rasine], *v.tr.* (*a*) To dig in (tree, foundations). (*b*) To establish, implant (principles, etc.). *s.m.* **-ement.**

s'enraciner. (*a*) To take root. (*b*) (Of habit) To become established, deeply rooted.

enragé, -ée [ɑ̃raʒe]. **1.** *a.* (*a*) Mad (dog). (Of dog) **Devenir e.,** to go mad. S.a. VACHE 1. (*b*) *F:* Rabid, out-and-out (radical, etc.); enthusiastic, keen (angler); inveterate (gambler). **2.** *s.* **Un e. de bridge,** a bridge enthusiast, *F:* bridge fiend.

enrageant [ɑ̃raʒɑ̃], *a.* Maddening; *F:* aggravating.

enrager [ɑ̃raʒe], *v.* (**j'enrageai(s); n. enrageons**) **1.** *v.tr.* (*a*) To enrage, madden (s.o.). (*b*) To excite (s.o.); to drive (s.o.) wild (with desire, etc.). **2.** *v.i.* To (fret and) fume. **E. de faire qch.,** to be itching to do sth. **J'enrage rien que d'y penser,** it makes me wild only to think of it. **Faire enrager qn,** to tease s.o.

enray|er[1] [ɑ̃rɛje], *v.tr.* **1.** (*a*) To lock, skid (wheel); to put (i) the brake, (ii) the drag, on (wheel). *Mil:* To check, slow up (attack). **E. une maladie,** to arrest, check a disease; to bring a disease under control. (*b*) To jam, stop (machinery). **2.** To furnish (wheel) with spokes. *s.m.* **-age.** *s.m.* **-ement.**

s'enrayer, (of machine-gun) to jam.

enrayer[2], *v.tr.* **E. un champ,** to plough the first furrow of a field.

enrégimenter [ɑ̃reʒimɑ̃te], *v.tr.* **1.** To form (troops) into regiments. **2.** To enrol (body of helpers, etc.). **3.** To discipline (people).

enregistrement [ɑ̃r(ə)ʒistrəmɑ̃], *s.m.* **1.** (*a*) Registration, registry, recording; booking, entering (up) (of an order). **Bureau d'e.,** registry office. **E. d'une société,** incorporation of a company. (*b*) *Gramphones: Cin:* Recording (of music, etc.) **2.** *Adm:* Registry (office); register office.

enregistrer [ɑ̃r(ə)ʒistre], *v.tr.* **1.** To register, record. **E. une naissance,** to register a birth. **Société enregistrée,** incorporated company. *Rail:* **E. des bagages pour Paris,** to register luggage for Paris. **2.** To record (for gramophone reproduction). **Musique enregistrée,** recorded music (disc or tape). **E. sur bande,** to tape, to record on a tape. **3.** *Fb:* To score (a goal).

enregistreur, -euse [ɑ̃r(ə)ʒistrœ:r, -ø:z]. **1.** *a.* (Self-) recording, registering (apparatus, device). S.a. CAISSE 3. **2.** *s.m.* (*a*) Registrar. (*b*) Recorder. **E. magnétique sur ruban, sur bande,** tape recording machine, tape-recorder.

enrhumer [ɑ̃ryme], *v.tr.* To give s.o. a cold.

s'enrhumer, to catch (a) cold; to take cold. **Être enrhumé du cerveau,** to have a cold in the head.

enrichi, -ie [ɑ̃riʃi], *a.* & *s.* New-rich, parvenu.

enrichir [ɑ̃riʃi:r], *v.tr.* To enrich; to make (s.o.) wealthy.

s'enrichir. 1. To grow rich; to make money. **2.** To grow richer (**en, de,** in).

enrichissement [ɑ̃riʃismɑ̃], *s.m.* Enrichment.

enrob|er [ɑ̃rɔbe], *v.tr.* To coat, cover, (sth.) with, wrap (sth.) in, a protecting envelope. **E. des pierres de goudron,** to coat stones with tar. *s.m.* **-age.**

enrochement [ɑ̃rɔʃmɑ̃], *s.m.* *Civ.E:* *Hyd.E:* **1.** Enrockment, riprap, stone bedding (of dam, etc.). **2.** Rough stone breakwater.
enrocher [ɑ̃rɔʃe], *v.tr.* *Civ.E:* *Hyd.E:* To riprap, stone-pack (foundations, etc.); to make an enrockment for (dam, etc.).
enrôlé [ɑ̃role], *s.m.* Person on the rolls.
enrôlement [ɑ̃rolmɑ̃], *s.m.* (*a*) Enrolment. (*b*) *Mil:* Enlistment. **E. d'office, e. forcé,** impressment.
enrôler [ɑ̃role], *v.tr.* (*a*) To enrol, recruit (labour). (*b*) *Mil:* To enlist. **E. de force,** to impress.
s'enrôler. (*a*) To enrol oneself. (*b*) To enlist.
enroué [ɑ̃rwe], *a.* Hoarse, husky (person, voice).
enrouement [ɑ̃rumɑ̃], *s.m.* Hoarseness, huskiness.
enrouer [ɑ̃rwe], *v.tr.* To make hoarse, husky.
s'enrouer, to get hoarse.
enroul|er [ɑ̃rule], *v.tr.* (*a*) To roll up (map, etc.); to wind (cable, etc.). (*b*) To wrap up (**dans,** in). *s.m.* **-ement.**
s'enrouler, to wind, coil (**autour de,** round).
enroutiné [ɑ̃rutine], *a.* Bound by routine, by red-tape.
enrubanner [ɑ̃rybane], *v.tr.* To decorate, trim, with ribbon(s); to beribbon.
ensabl|er [ɑ̃sable], *v.tr.* **1.** To strand; to run (ship) aground. **2.** (Of flood, etc.) To cover (land) with sand. **E. un port,** to silt up a harbour. *s.m.* **-ement.**
s'ensabler. 1. (Of ship) To settle in the sand. **2.** To silt up; (of pipes) to get choked up.
ensachage [ɑ̃saʃa:ʒ], *s.m.* Putting (of corn, ore, etc.) into sacks; bagging, sacking.
ensacher [ɑ̃saʃe], *v.tr.* To put (corn, etc.) into sacks.
ensanglanter [ɑ̃sɑ̃glɑ̃te], *v.tr.* To cover, stain, with blood. **Mains ensanglantées,** blood-stained, bloody, hands.
enseignable [ɑ̃sɛɲabl], *a.* Teachable.
enseignant [ɑ̃sɛɲɑ̃], *a.* Teaching. **Le corps e.,** the teaching profession.
enseigne [ɑ̃sɛɲ]. **1.** *s.f.* (*a*) Sign, index, token, mark (of quality, etc.). **A bonne(s) enseigne(s),** (i) deservedly; (ii) on good authority. **A telle(s) enseigne(s) que . . .,** the proof being that . . .; so much so that. . . . (*b*) Sign(-board); shop sign. **E. lumineuse,** electric sign. *F:* **Nous sommes tous logés à la même e.,** we are all in the same boat. *Prov:* **A bon vin point d'e.,** good wine needs no bush. (*c*) *Mil:* Ensign, colour(s). **2.** *s.m.* (*a*) *Mil:* *A:* Standard-bearer, ensign. (*b*) *Navy:* Sub-lieutenant, *U.S:* ensign.
enseignement [ɑ̃sɛɲmɑ̃], *s.m.* **1.** (*a*) Teaching. **Entrer dans l'e.,** to go in for teaching. **Il est dans l'e.,** he is a schoolmaster. (*b*) **Tirer un e. de qch.,** to draw a lesson from sth. **2.** Education, instruction. **E. privé,** private tuition. **E. par correspondance,** postal tuition. **E. supérieur,** university education.
enseigner [ɑ̃sɛɲe], *v.tr.* **1.** To show; to point out. **2.** (*a*) **E. les enfants,** to teach, give lessons to, children. (*b*) **E. la grammaire à qn,** to teach s.o. grammar. **E. à qn à faire qch.,** to teach s.o. to do sth. **E. l'anglais,** to teach English.
ensellure [ɑ̃sɛlyr], *s.f.* Curve of the back.
ensemble [ɑ̃sɑ̃:bl]. **1.** *adv.* Together. **Ils se marièrent e.,** they married each other. **Être bien e.,** to be good friends. **Être mal e.,** to have fallen out. **Choses qui vont e.,** things that belong, go, together. **Le tout e.,** (i) the general effect; (ii) the whole lot. **Agir d'e.,** to act in concert, as a body. **2.** *s.m.* (*a*) Whole, entirety. **Vue d'e.,** comprehensive view; general view. **Enquête d'e.,** general enquiry. **Étude d'e.,** comprehensive study. **Dans l'e. . . .,** on the whole . . .; in the aggregate. (*b*) Cohesion, unity. **Mouvement d'e.,** combined movement. **E. d'un morceau de musique,** (i) general unity, (ii) general effect, of a piece of music. **Musique d'e.,** concert music. **Avec e.,** all together; harmoniously; as one. **E. de couleurs,** harmonious group of colours. (*c*) Set (of tools, etc.). *Furn:* Suite. *Cost:* Ensemble.
ensemenc|er [ɑ̃smɑ̃se], *v.tr.* **(j'ensemençai(s); n. ensemençons)** To sow (field). *s.m.* **-ement.**
enserr|er [ɑ̃sɛre], *v.tr.* (*a*) To enclose, encompass (sth.), to hem in (army, etc.). (*b*) (Of brake-band, etc.) To grip round (drum). (*c*) To squeeze, crush. *s.m.* **-ement.**
ensevelir [ɑ̃səvli:r], *v.tr.* **1.** To bury, entomb (corpse). **2.** To shroud (corpse).
ensevelissement [ɑ̃səvlismɑ̃], *s.m.* **1.** Burial, entombment. **2.** Shrouding (of corpse).
ensilage [ɑ̃sila:ʒ], *s.m.* *Husb:* Ensilage (of crops).
ensiler [ɑ̃sile], *v.tr.* *Husb:* To ensile, silo (crops).
ensoleillé [ɑ̃sɔlɛje], *a.* Sunny (countryside, smile).
ensoleiller [ɑ̃sɔlɛje], *v.tr.* (*a*) To sun, to give sunlight to . . . (*b*) To light up, to brighten.
s'ensoleiller, to light up (with the sun); to break into sunshine, to brighten. **Son visage s'ensoleilla,** his, her, face lit up.
ensommeillé [ɑ̃sɔmɛje], *a.* Sleepy, drowsy.
ensorcelant [ɑ̃sɔrsəlɑ̃], *a.* (Be)witching.
ensorcelé [ɑ̃sɔrsəle], *a.* Bewitched; under a spell.
ensorceler [ɑ̃sɔrsəle], *v.tr.* **(j'ensorcelle; j'ensorcellerai)** (*a*) To bewitch; to cast, put, a spell (up)on (s.o., sth.). (*b*) To captivate (s.o.); to turn (s.o.'s) head.
ensorceleur, -euse [ɑ̃sɔrsəlœ:r, -ø:z]. **1.** *s.* (*a*) Sorcerer, sorceress. (*b*) *F:* Charmer. **2.** *a.* = ENSORCELANT.
ensorcellement [ɑ̃sɔrsɛlmɑ̃], *s.m.* **1.** Sorcery, witchcraft. **2.** Bewitchment.
ensouple [ɑ̃supl], *s.f.* Beam, roller (of loom).
ensuite [ɑ̃sɥit], *adv.* After(wards), then. **Et e. il m'a dit . . .,** and then he said to me. . . . **Et e.?** what then? *F:* **E. de quoi . . .,** after which. . . . **E. de cela . . .,** after that. . . . **Les sapeurs marchaient en tête, e. venait la musique,** the sappers led the van; next came the band.
ensuivre (s') [sɑ̃sɥi:vr], *v.pr.* (Conj. like SUIVRE. Used only in the third pers.) To follow, ensue, result. *Impers.* **Il s'ensuit que nous sommes ruinés,** it follows that we are ruined. *F:* **Et tout ce qui s'ensuit,** and what not, and what have you.
entablement [ɑ̃tabləmɑ̃], *s.m.* **1.** Entablature (of building). **2.** *Const:* Coping (of wall, etc.).
entacher [ɑ̃taʃe], *v.tr.* **1.** To sully, besmirch; to cast a slur on (s.o.'s honour, etc.). **Religion entachée de superstition,** religion tainted with superstition. **2.** *Jur:* To vitiate (contract, etc.).
entaille [ɑ̃tɑ:j], *s.f.* (*a*) Notch, jag, nick, cut (in wood, etc.); groove, slot; tommy-hole (in circular nut). **A entailles,** slotted. **Assemblage à entailles,** notched joint. (*b*) Gash, cut, slash.
entaill|er [ɑ̃taje], *v.tr.* (*a*) To notch, nick (piece of wood, etc.); to groove, slot. (*b*) To gash, cut, slash. *s.m.* **-age.**
entame [ɑ̃tam], *s.f.* **1.** First cut, outside slice (of loaf, etc.). **2.** *Cards:* Opening (of a suit).
entamer [ɑ̃tame], *v.tr.* **1.** To cut into (loaf, etc.); to broach (cask); to open (bottle); to penetrate (defence, armour-plate). **E. la peau,** to break the skin. **E. son capital,** to break into one's capital. **2.** To begin, start (conversation, etc.). **E. des relations avec qn,** to enter into relations with s.o. **E. un sujet,** to broach a subject. *Cards:* **E. trèfle,** to open clubs.
entartr|er [ɑ̃tartre], *v.tr.* (Of water) To incrust, fur, scale (boiler, etc.). *s.m.* **-age.**
s'entartrer, to fur; to become furred.
entassement [ɑ̃tasmɑ̃], *s.m.* Accumulation. **1.** (*a*) Piling (up), heaping (up); stacking (of cases, etc.). (*b*) Crowding (up), overcrowding; congestion. **2.** Pile (of goods, etc.).
entasser [ɑ̃tase], *v.tr.* (*a*) To accumulate; to pile (up), heap (up) (stones, etc.); to stack (up) (cases); to amass (money). (*b*) To pack, crowd, cram, (passengers, cattle, etc.) together.
s'entasser. 1. (Of thgs) To accumulate; to pile up. **2.** To crowd, huddle, together.
ente [ɑ̃:t], *s.f.* **1.** *Hort:* (*a*) Scion; grafted shoot. (*b*) Stock. **2.** Handle (of brush).
entendement [ɑ̃tɑ̃dmɑ̃], *s.m.* Understanding. **Homme d'e.,** man of sense, of good judgment.
entendeur [ɑ̃tɑ̃dœ:r], *s.m.* (Used in the phr.) **A bon e. salut!** (i) a word to the wise (is enough); (ii) if the cap fits, wear it.
entendre [ɑ̃tɑ̃:dr], *v.tr.* **1.** To intend, mean. **E. faire qch.,** to intend, mean, to do sth. **Il n'y entend pas malice,** (i) he means no harm; (ii) he takes what you say at its face value. **Faites comme vous l'entendrez,** do as you think best. **J'entends que vous veniez,** I expect you to come; you must come. **Je n'entends pas qu'on le vende,** I won't have it sold. **2.** (*a*) To hear. **J'entendis un cri,** I heard a cry. **On l'entend à**

peine, it is scarcely audible. **Je l'entendis rire,** I heard him laugh. **On l'entendit rire,** he was heard to laugh. **E. parler de qn, de qch.,** to hear of s.o., of sth. **C'est la première fois que j'en entends parler,** this is the first I have heard of it. **Il ne veut pas en e. parler,** he won't hear of it. **E. dire que** + *ind.*, to hear it said that. . . . **E. dire qch. à qn,** (i) to hear sth. said or told to s.o.; (ii) to hear s.o. say sth. *Abs:* **Il entend mal, dur,** he doesn't hear well; he is hard of hearing. **On ne s'entend pas ici,** one can't hear oneself speak here. (*b*) To listen to (s.o., sth.). **Veuillez m'e.,** give me a hearing. **L'affaire sera entendue demain,** the case comes up for hearing to-morrow. **A vous e. . . .,** judging from what you say . . .; according to you. . . . **E. raison,** to listen to reason. **Faire e. raison à qn,** to bring s.o. to reason. **3.** (*a*) **E. une langue,** to understand a language. **Donner à e. à qn que . . ., faire e. à qn que . . .,** (i) to lead s.o. to believe, (ii) to give s.o. to understand, that. . . . **Laisser e. qch.,** to throw out hints about sth.; to insinuate, imply sth. **Il n'entend pas la plaisanterie,** he can't take a joke. **Je m'entends,** I do know what I mean, this is what I mean. **Cela s'entend,** that is understood. **C'est entendu,** agreed; all right. **Bien entendu!** of course! certainly! (*b*) To know all about (sth.); to be skilled in (sth.). **Je n'y entends rien,** I don't know the first thing about it.

s'entendre. **1.** To understand one another; to agree. **Nous ne sommes pas faits pour nous e.,** we are not suited to each other. **S'e. directement avec qn,** to come to a direct understanding with s.o. **S'e. pour commettre un crime,** to conspire to commit a crime. **Ils s'entendent comme larrons en foire,** they are as thick as thieves. **2.** To be skilled (**à,** in). **S'e. en musique,** to understand, know about, music. **S'e. à faire qch.,** to know, understand, how to do sth.

entendu [ɑ̃tɑ̃dy], *a.* **1.** (*a*) Business-like, sensible (person). **Être e. aux affaires,** to be well versed in business matters. **Petite fille très entendue,** very capable little girl. (*b*) Knowing, shrewd (smile, look, etc.). **Faire l'e.,** to pretend to know all about it; to pose as an expert. **2. Maison bien entendue,** well-arranged house. **Zèle mal e.,** mistaken zeal.

enténébré [ɑ̃tenebre], *a.* Dark, gloomy.

enténébrer [ɑ̃tenebre], *v.tr.* (**il enténèbre; il enténébrera**) To envelop, plunge, (scene, etc.) in darkness, in gloom.

s'enténébrer, to grow dark, gloomy.

entente [ɑ̃tɑ̃:t], *s.f.* **1.** (*a*) Understanding (**de,** of); skill (de, in). **Avoir l'e. des affaires,** to have a good head for business. (*b*) **Mot à double e.,** word with a double meaning, *double entendre.* **2.** Agreement, understanding (**entre,** between). **Bonne e.,** good feeling. **E. cordiale,** *entente cordiale,* friendly understanding. **E. industrielle,** combine.

enter [ɑ̃te], *v.tr.* **1.** To graft (tree, etc.). **2.** *Carp:* To scarf (timbers); to assemble (timbers) by mortises. **Canne entée,** jointed cane.

entérin|er [ɑ̃terine], *v.tr.* *Jur:* To ratify, confirm. *s.m.* **-ement.**

entérique [ɑ̃terik], *a.* *Med:* Enteric.

entérite [ɑ̃terit], *s.f.* *Med:* Enteritis.

enterré [ɑ̃tere], *a.* Sunken, deep (trench, road).

enterrement [ɑ̃tɛrmɑ̃], *s.m.* (*a*) Burial, interment. (*b*) Funeral.

enterrer [ɑ̃tɛre], *v.tr.* **1.** To put (sth.) in the earth; to plant (bulbs). **2.** To bury, inter (corpse). **3.** To shelve, to bury and forget (a matter).

s'enterrer. **1.** *Mil:* To dig oneself in. **2. Il s'est enterré à la campagne,** he has buried himself in the country.

en-tête [ɑ̃tɛ:t], *s.m.* **1.** Heading (of letter, document). **Papier à en-t.,** headed note-paper. **2.** Headline (of page). *pl. Des en-têtes.*

entêté [ɑ̃tɛte], *a.* Obstinate, headstrong, *F:* pig-headed.

entêtement [ɑ̃tɛtmɑ̃], *s.m.* Obstinacy, stubbornness. *F:* pig-headedness. **E. à faire qch.,** persistency in doing sth.

entêter [ɑ̃tɛte], *v.tr.* (Of odour, etc.) To give (s.o.) a headache; to make (s.o.) giddy; to intoxicate. *F:* **Ces louanges l'entêtaient,** this praise went to his head.

s'entêter, to be obstinate, stubborn, *F:* pig-headed. **S'e. dans une opinion, à faire qch.,** to persist in an opinion, in doing sth.

enthousiasme [ɑ̃tuzjasm], *s.m.* Enthusiasm, rapture.

enthousiasmer [ɑ̃tuzjasme], *v.tr.* To fire (s.o.) with enthusiasm.

s'enthousiasmer, to become enthusiastic. **S'e. pour qn, de qch.,** to be enthusiastic, go into raptures, over s.o., sth.

enthousiaste [ɑ̃tuzjast]. **1.** *s.m. & f.* Enthusiast. **2.** *a.* Enthusiastic.

entiché [ɑ̃tiʃe], *a.* Infatuated (**de qn,** with s.o.); keen on, *F:* nuts (about) (sport, etc.). **E. d'une opinion,** wedded to an opinion.

entichement [ɑ̃tiʃmɑ̃], *s.m.* Infatuation.

enticher (s') [sɑ̃tiʃe], *v.pr.* **S'e. de qn,** to become infatuated with, to take a fancy to, s.o.

entier, -ière [ɑ̃tje, -jɛ:r], *a.* **1.** Entire, whole. **La France entière,** the whole of France. **Pendant des heures entières,** for hours on end. **Conserver sa réputation entière,** to keep one's reputation intact. **Lait e.,** full-cream milk. *Mth:* **Nombre e.,** integer; whole number. **Payer place entière,** to pay full fare. **2.** Complete, full (authority, etc.). **L'entière direction de qch.,** the entire, sole management of sth. **3.** *F:* **Homme e.,** (i) bluff, plain-spoken, man; (ii) headstrong, self-willed, man. **4.** *s.m.* Entirety. **Raconter une histoire dans son e.,** to relate a story in its entirety. *Adv.phr.* **En e.,** entirely, in full. **Nom en e.,** name in full.

entièrement [ɑ̃tjɛrmɑ̃], *adv.* Entirely, wholly, quite, fully, completely.

entité [ɑ̃tite], *s.f.* *Phil:* Entity.

entoil|er [ɑ̃twale], *v.tr.* **1.** To mount (map, etc.) on linen or canvas. **Carte entoilée,** map mounted on cloth. **2.** *Av: etc:* To cover (fuselage) with canvas, with fabric. *s.m.* **-age.**

entomologie [ɑ̃tɔmɔlɔʒi], *s.f.* Entomology.

entomologique [ɑ̃tɔmɔlɔʒik], *a.* Entomological.

entomologiste [ɑ̃tɔmɔlɔʒist], *s.* Entomologist.

entonner[1] [ɑ̃tɔne], *v.tr.* To barrel (wine, etc.). *F:* **S'e. du vin dans le gosier,** to swig wine.

entonner[2], *v.tr.* *Mus:* **1.** To intone (psalm, etc.). **E. les louanges de qn,** to sing s.o.'s praises. **2.** To begin to sing (a song); to strike up (a song).

entonnoir [ɑ̃tɔnwa:r], *s.m.* **1.** Funnel. **2.** (*a*) Shell-hole, crater. (*b*) Hollow (among hills).

entorse [ɑ̃tɔrs], *s.f.* Sprain, wrench, twist (esp. of the ankle). **Se donner une e.,** to sprain, twist, wrench, one's ankle. *F:* **Donner une e. à la vérité, au règlement,** to twist the truth, to stretch the rule.

entortillé [ɑ̃tɔrtije], *a.* Involved (style).

entortill|er [ɑ̃tɔrtije], *v.tr.* (*a*) **E. qch. dans qch., autour de qch.,** to wind, twist, twine, sth. in sth., round sth. (*b*) *F:* To wheedle; to get round (s.o.). *s.m.* **-age, -ement.**

s'entortiller, to twist, twine, coil (**autour de,** round). **S'e. dans qch.,** to get entangled in sth.

entour [ɑ̃tu:r], *s.m.* (Used in) **A l'e.,** around, round about. **Les villages à l'e.,** the surrounding villages. **A l'e. de,** round (the town, etc.).

entourage [ɑ̃tura:ʒ], *s.m.* **1.** Surroundings (of place); setting, framework (of sth.). **2.** Set, circle (of friends, etc.); environment, entourage.

entourer [ɑ̃ture], *v.tr.* To surround, encompass (**de,** with); to fence in (field, etc.); to encircle (army). **Une affaire entourée de mystère,** an affair wrapped in mystery. **Entouré de dangers,** beset with dangers.

entournure [ɑ̃turny:r], *s.f.* Arm-hole. *F:* **Être gêné dans les entournures,** to feel awkward, ill at ease.

entracte [ɑ̃trakt], *s.m.* *Th:* **1.** Interval, *U.S:* intermission. **2.** Entr'acte, interlude.

entraide [ɑ̃trɛ(:)d], *s.f.* No *pl.* Mutual aid.

entraider (s') [sɑ̃trɛde], *v.pr.* To help one another.

entrailles [ɑ̃trɑ:j], *s.f.pl.* **1.** Entrails, bowels. **Les e. de la terre,** the bowels of the earth. **2.** Bowels of mercy; heart, compassion. **Secoué jusqu'au fond de ses e.,** stirred to the depths of his soul. **Être sans e.,** to be ruthless, unfeeling.

entr'aimer (s') [sɑ̃trɛme], *v.pr.* To love one another.

entrain [ɑ̃trɛ̃], *s.m.* Liveliness, briskness; spirit; *F:* go. **Être plein d'e.,** to be full of life, of go. **Musique pleine d'e.,** lively music. **Y mettre de l'e.,** to go briskly at it. **Manger avec e.,** to eat heartily. **Travailler avec e.,** to work with spirit. **Jouer avec e.,** to play with zest. **Attaque menée avec e.,** attack carried out with dash, smartly carried out. **Faire qch. sans e.,** to do sth. in a half-hearted manner.

entraînant [ɑ̃trɛnɑ̃], *a.* Inspiriting, stirring, catchy (tune, etc.).

entraînement [ɑ̃trɛnmɑ̃], *s.m.* **1.** (*a*) Dragging (or being dragged) along; carrying away. (*b*) (i) Feed (of machine-tool). (ii) Drive (of machine). **E. par courroie,** belt transmission. (*c*) Enthusiasm. **2.** Leading (or being led) astray, surrender (to temptation), allurement. **Préserver qn des mauvais entraînements,** to keep s.o. from being led astray. **E. d'une mélodie,** lure, witchery, of a tune. **3.** *Sp:* Training; coaching (of team). **Partie d'e.,** practice match.

entraîner [ɑ̃trɛne], *v.tr.* **1.** (*a*) To drag, draw, carry, along; to carry away; to wash away or down; to sweep along or away (gravel, etc.). **Entraîné par le courant,** borne along, swept along, by the current. **Il a été entraîné dans le désastre,** he was involved in the disaster. (*b*) To drive (part of machine, etc.). **2.** To seduce, inveigle (s.o.). **E. qn à faire qch.,** to lead s.o. to do sth. **Être entraîné dans un piège,** to be lured into a trap. **Se laisser e.,** to allow oneself to be led into temptation, led astray, carried away. **Se laisser e. trop loin,** to let oneself go too far, to give too free a rein to one's feelings. **3.** To produce (sth.) as a consequence; to entail, involve. **Cela entraînera un retard,** it will involve lead to, delay. **Les malheurs qu'entraîne la guerre,** the evils brought about by war. **4.** *Sp:* To train (race-horse, athlete); to coach (team). **Entraîné à fond,** in thorough training.

entraîneur [ɑ̃trɛnœːr], *s.m.* Trainer (of horses etc.); coach (of team).

entrant, -ante [ɑ̃trɑ̃, -ɑ̃ːt]. **1.** *a.* Incoming, ingoing; newly-appointed (official). **2** *s.* Incomer, ingoer; (at cards) player cutting in. **Entrants et sortants,** comers and goers.

entr'apercevoir [ɑ̃trapɛrsəvwaːr], *v.tr.* (Conj. like APERCEVOIR) To catch a fleeting, a momentary, glimpse of (sth.).

entravant [ɑ̃travɑ̃], *a.* Hampering, impeding.

entrave [ɑ̃traːv], *s.f.* **1.** (*a*) Shackle, fetter. (*b*) Hobble. **2. E. à qch.,** hindrance, impediment, to sth. **Agir sans entraves,** to act without hindrance.

entravé [ɑ̃trave], *a.* Impeded, hampered. *Ling:* **Voyelle entravée,** checked vowel.

entraver [ɑ̃trave], *v.tr.* **1.** To shackle, fetter; to hobble (a horse). **2.** To hinder, hamper, clog, impede. **E. la circulation,** to hold up the traffic.

entre [ɑ̃ːtr]. **I.** *prep.* **1.** Between. **Femme e. deux âges,** middle-aged woman. **E. les deux,** betwixt and between; neither one thing nor the other. **Être e. la vie et la mort,** to be betwixt life and death. **2.** (*a*) Among(st). **Nous sommes e. amis,** we are among friends. **Elle était belle e. toutes,** she was beautiful beyond all others. **Ce problème est délicat e. tous,** there is no more delicate question. **Ce jour e. tous,** this day of all days. **E. autres choses il a dit que . . .,** among other things he said that. . . . **Moi entre autres . . .,** I, for one. . . . (*b*) **Tomber e. les mains de l'ennemi,** to fall into the enemy's hands. (*c*) **D'e.,** (from) among. (Used instead of de with pers. pron.) **L'un d'e. eux,** one of their number. **Beaucoup, peu, plusieurs, d'e. nous,** many, few, several, of us. **3.** In relation to (one another). **Ils s'accordent e. eux,** they agree among themselves. **Ils se marient e. eux,** they intermarry. **Soit dit e. nous,** (be it said) between ourselves.

II. **entre-** used as *pref.* **1.** (Reciprocity) **S'entre-tuer,** to kill one another. **2.** (*a*) (Crossing) **Entrecouper,** to intersect. (*b*) (Connecting) **S'entre-communiquer,** to inter-communicate. (*c*) (Between) **S'entremettre,** to interpose. **3.** (Half, partially) **Entrebâiller,** to half-open.

entrebâillement [ɑ̃trəbɑjmɑ̃], *s.m.* Narrow opening; chink (of door, etc.); slit, gap (between curtains).

entrebâiller [ɑ̃trəbɑje], *v.tr.* To set (door) ajar; to half-open.

entrechat [ɑ̃trəʃa], *s.m. Danc:* (*a*) *Entrechat.* (*b*) *pl. F:* Cross-capers. **Battre des e.,** to cut capers.

entre-choquer (s') [sɑ̃trəʃɔke], *v.pr.* (*a*) To collide, clash. (*b*) (Of bottles, etc.) To knock against one another; (of glasses) to chink.

entrecôte [ɑ̃trəkoːt], *s.f.* Steak cut from the ribs (of beef); rib of beef. **E. minute,** thin grilled steak.

entrecoupé [ɑ̃trəkupe], *a.* Interrupted, broken (sleep, etc.). **Voix entrecoupée (de sanglots),** broken voice.

entrecouper [ɑ̃trəkupe], *v.tr.* **1.** To intersect. **2.** To interrupt, to intersperse.

s'entrecouper, to intersect.

entre(-)croisement [ɑ̃trəkrwazmɑ̃], *s.m.* Intersection; interlacing.

entre(-)croiser [ɑ̃trəkrwaze], *v.tr.* To intersect, cross (lines); to interlace (threads).

s'entre(-)croiser, to intersect, interlace; to criss-cross.

entre-deux [ɑ̃trədø], *s.m.inv.* **1.** Space between; interspace, interval. **2.** (*a*) Partition. (*b*) *Dressm:* Insertion.

entre-deux-guerres [ɑ̃trədøgɛːr], *s.m.* or *f.* The inter-war period (1918-1939).

entrée [ɑ̃tre], *s.f.* **1.** (*a*) Entry, entering. **L'e. des États-Unis dans la politique mondiale,** the entry of the United States into world politics. **E. en scène d'un acteur,** actor's entrance (on the stage). **Faire son e.,** to make one's entrance. **E. en matière,** beginning, opening (of speech, etc.) *Sch:* **E. en vacances,** breaking-up. **Examen d'e.,** entrance examination. *Av: Nau:* **Arête d'e.,** leading edge (of propeller). *W.Tel:* **(Fil d')e. de poste,** lead-in. (*b*) *pl.* Arrivals (of ships). **2.** Admission, admittance (to club, etc.). **Avoir son e., ses entrées, dans un lieu,** to have one's entrée to a place. **Avoir ses entrées libres dans une maison,** to be free of a house. **"E. interdite,"** 'no admittance.' *Com: P.N:* **"E. libre"** = "No obligation to buy"; walk-round store. *Cust:* **Droit d'e.,** import duty. **3.** (*a*) Way in; entrance *Nau:* **E. d'un port,** mouth (of harbour). **L'e. ouest de la Manche,** the chops of the Channel. (*b*) **A l'e. de l'hiver,** at the beginning of winter. (*c*) *Mch:* Admission, inlet (of cylinder, etc.). *I.C.E:* **E. d'air,** air intake. **4.** *Cu:* Entrée.

entrefaite [ɑ̃trəfɛt], *s.f.* **Sur l'e., sur ces entrefaites,** (i) meanwhile; while this was going on; (ii) at this moment.

entrefer [ɑ̃trəfɛːr], *s.m.* Air-gap (of dynamo, etc.).

entrefilet [ɑ̃trəfilɛ], *s.m.* Paragraph (in newspaper); *F:* par.

entregent [ɑ̃trəʒɑ̃], *s.m.* Tact (in handling people); worldly wisdom; *F:* gumption.

entrejambe [ɑ̃trəʒɑ̃b], *s.m. Tail:* **(Longueur d')e.,** length (of trousers) from fork to heel.

entrelacement [ɑ̃trəlasmɑ̃], *s.m.* Interlacing; interweaving (of threads, etc.); intertwining; network (of branches). *T.V:* Interlacing, interlaced scanning.

entrelacer [ɑ̃trəlase], *v.tr.* (Conj. like LACER) To interlace (ribbons, twigs); to interweave (threads, etc.); to intertwine (branches). *Typ:* To ligature (letters).

s'entrelacer, to intertwine.

entrelacs [ɑ̃trəlɑ], *s.m.* Interlacing, intertwining; knotwork, strapwork (in embroidery).

entrelardé [ɑ̃ntrəlarde], *a.* (Of bacon, etc.) Streaky.

entrelarder [ɑ̃trəlarde], *v.tr.* (*a*) To lard (meat). (*b*) To interlard (speech with quotations).

entremêlement [ɑ̃trəmɛlmɑ̃], *s.m.* **1.** (Inter-)mingling. **2.** (Inter)mixture, jumble, medley.

entremêler [ɑ̃trəmɛle], *v.tr.* **E. qch. de, parmi, qch.,** to (inter)mix, (inter)mingle, sth. with sth. **E. des couleurs,** to blend colours. **Ordres entremêlés de jurons,** orders interspersed with oaths.

s'entremêler. 1. To (inter)mix, (inter-)mingle. **2. S'e. dans une affaire,** to interfere.

entremets [ɑ̃trəmɛ], *s.m. Cu:* (*a*) Side-dish. (*b*) **E. sucré,** sweet (as dinner course).

entremetteur, -euse [ɑ̃trəmɛtœːr, -øːz], *s.* Intermediary; go-between; procurer, procuress.

entremettre (s') [sɑ̃trəmɛtr], *v.pr.* (Conj. like METTRE) To interpose, intervene; to act as a go-between.

entremise [ɑ̃trəmiːz], *s.f.* (*a*) Intervention. (*b*) Mediation. **Agir par l'e. de qn,** to act through s.o.

entre-nuire (s'), *v.pr.* (Conj. like NUIRE) To injure, be harmful to, one another.

entrepénétrer (s') [sɑ̃trəpenetre], *v.pr.* To interpenetrate.

entrepont [ɑ̃trəpɔ̃], *s.m. Nau:* Between-decks. **Passager d'e.,** steerage passenger.

entrepos|er [ɑ̃trəpoze], *v.tr.* To warehouse, store. *Cust:* To bond (goods). *s.m.* **-age.**

entreposeur [ɑ̃trəpozœːr], *s.m.* Warehouseman.

entrepositaire [ɑ̃trəpɔzitɛːr], *s.m.* **1.** *Cust:* Bonder. **2.** Warehouseman.

entrepôt [ɑ̃trəpo], *s.m.* **1.** Warehouse, store. **E. maritime,** wharf. **E. de la douane,** bonded warehouse. **Marchandises en e.,** bonded goods. **2.** (Ammunition) depot.

entreprenant [ɑ̃trəprənɑ̃], *a.* Enterprising, *F:* go-ahead.

entreprendre [ɑ̃trəprɑ̃ːdr], *v.tr.* (Conj. like PRENDRE) **1.** To undertake; to take (sth.) in hand. **E. une étude,** to enter upon a study. **E. de faire qch.,** to undertake to do sth. **E. qn,** to start a discussion with s.o., to tackle s.o. **2.** To contract for (piece of work).

entrepreneur, -euse [ɑ̃trəprənœːr, -øːz], *s.* Contractor. **E. en bâtiments,** building contractor, master-builder. **E. de déménagements,** furniture remover. **E. de transports,** forwarding agent. **E. de chargement et de déchargement,** stevedore. **E. de pompes funèbres,** undertaker.

entreprise [ɑ̃trəpriːz], *s.f.* **1.** Undertaking; venture; firm. **C'est une grosse e.,** it is a big firm. **E. commerciale,** business concern. **E. de transports, de roulage,** carrying company. **Esprit d'e.,** enterprise. **2. Travail à l'e.,** work by, on, contract. **Mettre qch. à l'e.,** to put sth. out to contract. **Recours à l'e.,** contracting. **3. E. contre la liberté,** attempt upon liberty.

entre-quereller (s') [sɑ̃trəkərɛle], *v.pr.* To quarrel (with one another); to bicker.

entrer [ɑ̃tre], *v.i.* (Aux. **être**) **1.** *(a)* To enter; to go in, to come in; to step in. **E. dans une salle,** to enter a room, to come into a room. **E. par la fenêtre,** to get in through the window. **Entrez!** come in! **"Défense d'e.," "on n'entre pas,"** 'no admittance.' **Faire e. qn,** (i) to show s.o. in; (ii) to call s.o. in. **Laisser e. qn,** to let s.o. in; to admit s.o. **E. en passant,** *F:* to drop in, look in (on s.o.). **Empêcher qn d'e.,** to keep s.o. out. **Pièce qui entre dans une autre,** piece that fits into another. **Faire e. qch. dans qch.,** to insert sth. in sth. *Th:* **Hamlet entre,** enter Hamlet. **E. en courant,** to run in. **E. précipitamment,** to dash in. **E. furtivement,** to steal in. **Parvenir à e.,** to (manage to) get in. *(b)* **E. dans l'armée, dans une carrière,** to join the army, to take up a career. **E. au chemin de fer,** to get a job with the railway. **E. en fonction,** to enter upon one's duties. *Mil:* **E. en campagne,** to take the field. **E. en ménage,** to set up house(keeping). **E. au collège,** to go to school (for the first time). **E. en vacances,** to break up (for holidays). *(c)* **E. en colère,** to become angry. **E. en ébullition,** to begin to boil; to come to the boil. **2.** To enter into, take part in (sth.). **Vous n'entrez pour rien dans l'affaire,** you are in no way concerned with the business. **E. dans une catégorie,** to fall under a category. **Dans tout ceci l'imagination entre pour beaucoup,** in all this imagination plays a large part. **Pilules où il entre de l'arsenic,** pills that contain arsenic. **3.** *v.tr.* (Aux. **avoir**) To bring, let, put, (sth.) in. **E. des marchandises en fraude,** to smuggle in goods.

entre-rail [ɑ̃trəraːj], *s.m. Rail:* Gauge (of track). *pl. Des entre-rails.*

entre-regarder (s') [sɑ̃trərəgarde], *v.pr.* To look at one another.

entresol [ɑ̃trəsɔl], *s.m.* Entresol; mezzanine (floor).

entre-temps, entretemps [ɑ̃trətɑ̃]. **1.** *s.m. inv.* Interval. **Dans l'e.-t.,** meanwhile; in the meantime. **2.** *adv.* Meanwhile; in the meantime; between-whiles.

entretenir [ɑ̃trətniːr], *v.tr.* (Conj. like TENIR) **1.** To maintain; to keep (sth.) up. **E. une correspondance avec qn,** to keep up a correspondence with s.o. **E. une agitation,** to foster an agitation. **S'e. la main,** to keep one's hand in. **E. le feu,** to keep the fire burning. **Route mal entretenue,** road in bad repair. **E. son français,** to keep up one's French. **2.** *(a)* To maintain, support, keep (family). **E. qn de, en, vêtements,** to keep s.o. in clothes. **Il ne gagne pas de quoi s'e.,** he does not earn enough to keep himself. *(b)* **E. des soupçons,** to entertain, harbour, suspicions. **3. E. qn (de qch.),** to converse with, talk to, s.o. (about sth.).
s'entretenir. 1. To talk, converse (**avec,** with; **de,** about). **2.** *Sp:* To keep fit.

entretenu [ɑ̃trətəny], *a.* *(a)* Well-kept, well-maintained. *(b)* **Femme entretenue,** kept woman. *(c) W.Tel:* **Oscillations entretenues,** sustained oscillations. *(d) Ph:* **Ondes entretenues,** undamped, continuous waves.

entretien [ɑ̃trətjɛ̃], *s.m.* **1.** Upkeep, maintenance (of roads, etc.); keeping in repair, in good order. **E. (d'une auto, d'un poste de radio, par les fournisseurs),** servicing (of a car, etc.). **Les accus exigent un e. journalier,** the batteries require daily attention. **Produit d'e. (pour cuirs, etc.),** dressing. **Produits d'e.,** (household) cleaning materials. **2.** Support, maintenance (of family). **Ce qu'il gagne ne suffit pas à son e.,** he does not earn his keep. **3.** *(a)* Conversation; interview. *(b) A:* Subject, topic (of conversation). **Faire l'e. du public,** to be the talk of the town.

entretoise [ɑ̃trətwaːz], *s.f. Const: etc:* Brace, cross-bar, cross-piece, distance-piece.

entretois|er [ɑ̃trətwaze], *v.tr.* To (cross-)brace; to stay, strut, tie. *s.m.* **-ement.**

entreverr-ai, -as, etc. See ENTREVOIR.

entrevi-s, -t, etc. See ENTREVOIR.

entre-voie [ɑ̃trəvwa], *s.f. Rail:* Space between tracks. *pl. Des entre-voies.*

entrevoir [ɑ̃trəvwaːr], *v.tr.* (Conj. like VOIR) To catch sight, catch a glimpse, of (s.o., sth.); to foresee. *F:* **Il entrevoyait la vérité,** he had an inkling of the truth. **Laisser e. qch. à qn,** to drop a hint, give an indication, of sth. to s.o.

entrevue [ɑ̃trəvy], *s.f.* Interview.

entrouvert [ɑ̃truvɛːr], *a.* **1.** Half-open (window, flower); (door) ajar. **Les lèvres entrouvertes,** with parted lips. **2.** Gaping, yawning (chasm).

entrouvrir [ɑ̃truvriːr], *v.tr.* (Conj. like OUVRIR) To half-open; to set (door) ajar.
s'entrouvrir. 1. To half-open. **2.** (Of chasm, etc.) To gape, yawn.

enturbanné [ɑ̃tyrbane], *a.* Turbaned.

enture [ɑ̃tyːr], *s.f.* **1.** Incision, cut (for grafting). **2.** Scarf-joint. **E. à goujon,** pin-joint.

énucléation [enykleasjɔ̃], *s.f. Surg:* Enucleation.

énucléer [enyklee], *v.tr. Surg:* To enucleate (tumour, tonsils).

énumérateur, -trice [enymɛratœːr, -tris], *s.* Enumerator.

énumération [enymɛrasjɔ̃], *s.f.* Enumeration; telling (of votes).

énumérer [enymere], *v.tr.* (**j'énumère; j'énumérerai**) To enumerate; to count up.

envah|ir [ɑ̃vaiːr], *v.tr.* **1.** To invade, to overrun (country, etc.); (of plants) to overgrow. **Envahi par l'eau,** flooded. **Quand la crainte nous envahit,** when fear overcomes us. **2.** To encroach upon (neighbour's land). *s.m.* **-issement.**

envahisseur [ɑ̃vaisœːr], *s.m.* Invader.

envas|er [ɑ̃vɑze], *v.tr.* To silt; to choke (up) (canal, etc.) with mud. *s.m.* **-ement.**
s'envaser. 1. (Of harbour, etc.) To silt up. **2.** (Of ship) To settle down in the mud.

enveloppe [ɑ̃vlɔp], *s.f.* **1.** *(a)* Envelope, cover(-ing) (of letter); wrapper, wrapping (of parcel). **E. à fenêtre,** window envelope. **E. vitrifiée,** envelope with transparent window. *(b)* **E. de voyage,** hold-all. **2.** Exterior; external appearance. **3.** Sheathing, casing; lagging (of boiler); outer cover, casing (of tyre). *El:* **E. d'induit,** armature casing. *Ph:* **E. de l'atome,** shell.

enveloppement [ɑ̃vlɔpmɑ̃], *s.m.* **1.** Envelopment, wrapping (up). *(a) Mil:* **Manœuvre d'e.,** enveloping movement. *(b) Med:* **E. froid,** cold pack, pack sheet. **2.** *Biol:* *(a)* Embryonic condition. *(b)* Sheath (of seed, etc.).

envelopp|er [ɑ̃vlɔpe], *v.tr.* **1.** To envelop. *(a)* To wrap (s.o., sth.) up. **Enveloppé de bandages,** swathed in bandages. **Crime enveloppé de mystère,** crime shrouded, hidden, in mystery. **Enveloppé de brume,** shrouded in mist. *(b)* To cover, case (tube, etc.); to jacket, lag (boiler). *(c)* To surround, encircle, hem in (enemy, etc.). **La nuit nous enveloppa,** darkness closed in upon us. **2. E. qn dans un désastre,** to involve s.o. in a disaster.

envenimement [ɑ̃vnimmɑ̃], *s.m.* **1.** Envenoming; poisoning (of wound). **2.** Irritation; aggravation (of quarrel).
envenimer [ɑ̃vnime], *v.tr.* **1.** To envenom, poison (wound, etc.). **2.** To irritate, aggravate, to make worse (wound, quarrel).
s'envenimer, (of wound) to fester, suppurate; to go septic. **La discussion s'envenime,** the discussion grows acrimonious.
envergure [ɑ̃vɛrgyːr], *s.f.* Spread, breadth, span (of bird's wings, of aeroplane). **De grande e.,** far-reaching, wide-spreading. **Une offensive d'e.,** a large-scale offensive.
enverr-ai, -as, etc. See ENVOYER.
envers[1] [ɑ̃vɛːr], *s.m.* Wrong side, reverse, back (of material, etc.). **Étoffe sans e. ni endroit,** reversible material. *F:* **L'e. de la vie,** the seamy side of life. **L'e. de la médaille,** the reverse of the medal. **A l'e.,** (i) inside out; (ii) wrong way up. **Le monde à l'e.,** the world upside down. **Tout est à l'e.,** things are all wrong. **J'ai la tête à l'e.,** my brain is in a whirl.
envers[2], *prep.* Towards. **Agir loyalement e. qn,** to deal honestly, fairly, with s.o. **Soutenir une opinion e. et contre tous,** to maintain an opinion against all comers.
envi [ɑ̃vi], *s.m.* (Used in the *adv.phr.*) **A l'e.,** emulously, vying with one another. **A l'e. de,** in emulation of.
enviable [ɑ̃vjabl], *a.* Enviable.
envie [ɑ̃vi], *s.f.* **1.** Desire, longing. **Avoir e. de qch.,** to want, to have a fancy for, sth. **Avoir e. de faire qch.,** to wish, have a mind, to do sth. **Avoir e. de dormir,** to feel drowsy. **J'avais e. de pleurer,** I felt like crying. **Jeter sur qch. des regards d'e.,** to cast longing looks on sth.; to look enviously at sth. **Avec e.,** longingly. **2.** Envy. **Dévoré d'e.,** eaten up with envy. **Faire e. à qn,** to make s.o. envious. **Ce livre me fait e.,** I long to have this book. **Porter e. à qn,** to envy s.o. **3.** (*a*) Agnail; *F:* hangnail, (*b*) Birthmark.
envier [ɑ̃vje], *v.tr.* To envy. **1.** To covet; *F:* to hanker after (sth.). **2.** To be envious of (s.o.). **E. qch. à qn,** (i) to envy s.o. sth.; (ii) to begrudge s.o. sth.
envieu|x, -euse [ɑ̃vjø, -øːz], *a.* Envious (**de,** of). **Faire des e.,** to excite envy. *adv.* **-sement.**
environ [ɑ̃virɔ̃]. **1.** *adv.* About. **Il a e. quarante ans,** he is about forty. **2.** *s.m.pl.* **Environs,** surroundings, outskirts, neighbourhood, environs (of a place). **Habiter aux, dans les, environs de Paris,** to live in the vicinity of Paris. **Aux environs de Noël,** round about Christmas.
environnement [ɑ̃virɔnmɑ̃], *s.m.* Surroundings; environment.
environner [ɑ̃virɔne], *v.tr* To surround.
envisager [ɑ̃vizaʒe], *v.tr.* (**j'envisageai(s); n. envisageons**) To face, envisage. (*a*) To look (s.o.) in the face. (*b*) To consider, contemplate (possibility, etc.). **E. l'avenir,** to look to the future. **On n'avait pas envisagé ce fait,** this event had not been anticipated. **Cas non envisagé,** unforeseen case. **Je n'envisage pas la chose ainsi,** I do not view the matter in that light.
envoi [ɑ̃vwa], *s.m.* **1.** Sending, dispatch, forwarding, consignment. **E. par mer,** shipment. **Faire un e.,** to send off a parcel. *Com:* **Lettre d'e.,** letter of advice. **E. de fonds,** remittance (of funds). *Fb:* **Coup d'e.,** (i) kick-off; (ii) place-kick. **2.** Consignment, parcel. **3.** *Poetry:* Envoy.
envol [ɑ̃vɔl], *s.m.* **1.** (*a*) (Of birds) Taking flight, taking wing. (*b*) (Of aircraft) Taking-off. **Piste d'e.,** runway, tarmac. **Pont d'e.,** flight deck. **2.** (*a*) Flight. (*b*) Take-off.
envolée [ɑ̃vɔle], *s.f.* (*a*) Flight. *Av:* Take-off. (*b*) **E. d'éloquence,** flight of oratory.
envol|er (s') [sɑ̃vɔle], *v.pr.* (*a*) (Of bird) To fly away, to fly off; to take flight; to take wing. (*b*) (Of aircraft) To take off. (*c*) (Of hat, etc.) To blow off. *F:* **Le temps s'envole,** time is flying. *s.m.* **-ement.**
envoûtement [ɑ̃vutmɑ̃], *s.m.* (*a*) Sympathetic magic; hoodoo. (*b*) *F:* Charm, appeal.
envoûter [ɑ̃vute], *v.tr.* To practise sympathetic magic on (s.o.) (by means of a wax effigy); to hoodoo; *F:* to cast a spell on (s.o.).
envoûteur [ɑ̃vutœːr], *s.m.* Worker of spells.
envoyé [ɑ̃vwaje], *s.m.* Messenger, representative; *esp.* (Government) envoy; *Journ:* correspondent.
envoy|er [ɑ̃vwaje], *v.tr.* (**j'envoie;** *fu.* **j'enverrai**) To send. **E. une dépêche,** to dispatch a telegram. *F:* **Envoyez-moi un mot,** drop me a line. **E. sa démission,** to send in one's resignation. **E. un baiser à qn,** to blow s.o. a kiss. **E. un soufflet à qn,** to give s.o. a box on the ears. *Nau:* To hoist (colours), to send up (yard). **Envoyez!** 'bout ship! **E. chercher qn,** to send for s.o. **E. dire que . . .,** to send word that. . . . *F:* **Je ne le lui ai pas envoyé dire,** I told him straight. *F:* **E. promener qn,** to send s.o. packing, about his business. S.a. PAÎTRE 2. *P:* **Ça c'est envoyé!** that's got him! *a.* **-able.**
envoyeur, -euse [ɑ̃vwajœːr, -øːz], *s.* Sender; remitter (of money).
enzyme [ɑ̃zim], *s.f. Ch:* Enzyme.
éolien, -ienne [eɔljɛ̃, -jɛn], *a.* & *s.* **1.** *Gr.Hist:* Aeolian. **Harpe éolienne,** Aeolian harp. **2.** *s.f.* **Éolienne,** windmill (for pumping); air-motor.
éon [eɔ̃], *s.m.* Aeon, eon.
épagneul, -eule [epaɲœl], *s.* Spaniel.
épais, -aisse [epɛ, -ɛːs], *a.* Thick. **Mur é. de deux pieds,** wall two foot thick. **Feuillage é.,** dense foliage. **Avoir la taille épaisse,** to be thick-set. **Avoir l'esprit é.,** to be dense, dull-witted. **Avoir la langue épaisse,** to be thick of speech. *adv.* **Semer é.,** to sow thick.
épaisseur [epɛsœːr], *s.f.* **1.** Thickness (of wall, etc.); depth (of layer). **Le mur a deux pieds d'é.,** the wall is two foot thick. **Courroie en trois épaisseurs,** three-ply belt. *Mec.E:* **Calibre d'é.,** (set of) feelers. **Le peu d'é. de . . .,** the thinness of . . . **2.** Density, thickness (of foliage, fog, etc.). **É. d'intelligence,** dullness of mind.
épaiss|ir [epɛsiːr]. **1.** *v.tr.* To thicken; (of smoke, etc.) to make (the air) dense. **2.** *v.i.* & *pr.* To thicken, become thick; (of pers.) to grow stout; (of mind) to grow dense, dull; (of darkness) to deepen. *s.m.* **-issement.**
épanchement [epɑ̃ʃmɑ̃], *s.m.* **1.** (*a*) Pouring out, discharge, overflow (of liquid); effusion (of blood). *Med:* **É. de synovie,** synovial extravasation. S.a. BILE. (*b*) Outpouring, effusion (of feeling). **2.** *pl.* *F:* Effusiveness.
épancher [epɑ̃ʃe], *v.tr.* To pour out (liquid); to shed (blood). **É. son cœur,** to pour out one's heart; to unbosom oneself. S.a. BILE.
s'épancher. (*a*) (Of liquid) To pour out, overflow. (*b*) To unbosom oneself.
épandage [epɑ̃daːʒ], *s.m.* Spreading, scattering (of manure, sewage). **Champs d'é.,** sewage farm.
épandeur [epɑ̃dœːr], *s.m. Agr:* Muck-spreader.
épandre [epɑ̃ːdr], *v.tr.* To spread, scatter (manure, etc.); to shed (light).
s'épandre, (of water, fire) to spread.
épanoui [epanwi], *a.* In full bloom; full-blown. **Visage épanoui,** beaming face.
épanou|ir [epanwiːr], *v.tr.* To cause (flower, etc.) to open out. *F:* **Un large sourire lui épanouit le visage,** his face broadened into a grin.
s'épanouir. **1.** (Of flower) To open out, bloom, blow. **2.** (Of face) To beam; to light up, to brighten up; (of beauty) to blossom out. *s.m.* **-issement.**
épargnant [eparɲɑ̃]. **1.** *a.* Saving, thrifty; parsimonious. **2.** *s.m.* **Les petits épargnants,** small investors.
épargne [eparɲ], *s.f.* **1.** Saving, economy, thrift. **Caisse d'é.,** savings-bank. *Pol.Ec:* **Dépôts d'é.,** savings. **Bon d'é.** = National savings certificate. **2. Vivre de ses épargnes,** to live on one's savings.
épargner [eparɲe], *v.tr.* **1.** To save (up), economize, put by (money, etc.). **É. le beurre,** to be sparing with the butter. **É. ses forces,** to husband one's strength. **2.** To save, spare (energy, time). **É. à qn la peine de faire qch.,** to save s.o. the trouble of doing sth. **3.** To spare, have mercy on (prisoner, etc.).
éparpill|er [eparpije], *v.tr.* To disperse, scatter; to spread (sth.) about. *s.m.* **-ement.**
s'éparpiller, to scatter, to disperse.
épars [epaːr], *a.* Scattered, sparse. **Cheveux é.,** dishevelled hair.
éparvin [eparvɛ̃], *s.m. Vet:* Spavin.

épat|ant [epatɑ̃], *a. F:* Wonderful; stunning; fine, capital, splendid. **C'est un type é.**, he's a great chap; she's a stunner. **Un dîner é.**, a first-class, slap-up, dinner. *adv.* **-amment.**
épate [epat], *s.f. F:* Swank, swagger. **Faire de l'é.**, to show off, swank, cut a dash.
épaté [epate], *a.* **1.** *F:* Amazed, flabbergasted. **2.** Flat (nose).
épatement [epatmɑ̃], *s.m. F:* Stupefaction, astonishment.
épater [epate], *v.tr. F:* To astound, flabbergast, amaze; to bowl (s.o.) over. **Pour é. le bourgeois**, to startle the old fogeys.
s'épater, to get rattled. **Il ne s'épate de rien**, nothing surprises him.
épateur [epatœːr], *s.m. F:* Swanker, bouncer.
épaulard [epolaːr], *s.m. Z:* Grampus, orc, killer whale.
épaule [epoːl], *s.f.* Shoulder. **Large d'épaules**, broad-shouldered. **Hausser les épaules**, to shrug one's shoulders. **É. de mouton**, (i) *Cu:* shoulder of mutton; (ii) *Nau:* leg-of-mutton sail. **Coup d'é.**, (i) shove; (ii) effort; (iii) leg-up. **Charger un fardeau sur son é.**, to shoulder a burden. **L'arme sur l'é.**, with rifle at the slope.
épaulement [epolmɑ̃], *s.m.* **1.** *Const:* Revetment (wall). *Fort:* Breastwork. **2.** Shoulder(ing) (of tenon); bolster (of penknife).
épauler [epole], *v.tr.* (*a*) To bring (gun) to the shoulder. *Abs.* To level one's gun, to take aim. (*b*) *Carp:* To shoulder (beam). (*c*) *F:* To give s.o. a leg-up; to back s.o. up.
épaulette [epolɛt], *s.f. Cost:* (*a*) Shoulder-strap. (*b*) *Mil:* Epaulet(te). **Obtenir l'é.**, to obtain a commission.
épaulière [epoljɛːr], *s.f. Arm:* Shoulder-plate.
épave [epaːv], *s.f.* (*a*) Unclaimed object. (*b*) Waif, stray. (*c*) *Nau:* Wreck; derelict. **Épaves d'un naufrage**, wreckage. **Épaves flottantes**, flotsam. **Épaves rejetées**, jetsam. **É. humaine**, human wreck.
épée [epe], *s.f.* Straight sword; rapier. **Faire de l'é.**, to go in for fencing. **Se battre à l'é.**, to fight with swords. **Mettre l'é. à la main**, to draw one's sword. **Passer une garnison au fil de l'é.**, to put a garrison to the sword. **Poursuivre qn l'é. dans les reins**, to be in hot pursuit of s.o.; to press hard upon s.o. **Coup d'é.**, sword-thrust. **Coup d'é. dans l'eau**, wasted effort; beating the air.
épeler [eple], *v.tr.* (**j'épelle; j'épellerai**) **1.** To spell (word). **2.** To spell out (messages, etc.).
épellation [epɛlasjɔ̃], *s.f.* Spelling.
épépin|er [epepine], *v.tr.* To take out the seeds or pips of (melon, etc.); to stone (raisins). *s.m.* **-age.**
éperdu [epɛrdy], *a.* Distracted, bewildered. **Résistance éperdue**, desperate resistance. **É. de joie**, wild with delight.
éperdument [epɛrdymɑ̃], *adv.* Distractedly, madly. **Aimer qn é.**, to love s.o. to distraction. *F:* **Je m'en fiche é.**, I couldn't care less, I don't give a damn.
éperlan [epɛrlɑ̃], *s.m. Ich:* Smelt, sparling. **Faux é.**, atherine.
éperon [eprɔ̃], *s.m.* **1.** *Equit:* Spur. **Donner de l'é. à son cheval, piquer de l'é.**, to spur one's horse. **2.** Spur (of mountain range, cock's leg); ram (of warship); cutwater; fender (of bridge).
éperonner [eprɔne], *v.tr.* (*a*) To spur, put spurs to, to rowel (horse); to spur, urge, (s.o.) on. (*b*) To ram (enemy ship).
épervier [epɛrvje], *s.m.* **1.** *Orn:* Sparrow-hawk. **2.** *Fish:* Sweep-net.
épeurer [epœre], *v.tr.* To frighten, to scare.
éphèdre [efɛːdr], *s.f. Bot:* Ephedra, shrubby horsetail.
éphémère [efemɛːr]. **1.** *a.* Ephemeral; shortlived, transitory, fleeting (happiness, etc.). **2.** *s.m. Ent:* Day-fly; may-fly.
éphéméride [efemerid], *s.f.* **1.** *Astr:* Ephemeris. *F:* **Calendrier é.**, tear-off calendar, block-calendar. **2.** *pl.* Ephemerides; astronomical tables; nautical almanac.
épi [epi], *s.m.* **1.** Ear (of grain); spike (of flower). **Blés en é.**, corn in the ear. (Of corn) **Monter en é.**, to ear. *F:* **É. de cheveux**, tuft of hair; cow-lick. **2.** Cluster (of diamonds). **3.** (*a*) *Const:* **Appareil en é.**, herring-bone work. (*b*) *Surg:* Spica (bandage). (*c*) Parting (of horse's mane). **4.** (*a*) *Hyd.E:* Wharf, jetty; groyne. (*b*) *Rail:* Spur tracks.
épiaire [epjɛːr], *s.m. Bot:* Stachys, hedge nettle.
épice [epis], *s.f.* Spice. **Pain d'é.**, gingerbread.
épicé [epise], *a.* Highly spiced; hot (seasoning). *F:* Conte é., spicy tale.
épicéa [episea], *s.m. Bot:* Picea, spruce.
épicentre [episɑ̃ːtr], *s.m.* Epicentre (of **earthquake**); epicentrum.
épicer [epise], *v.tr.* (**j'épiçai(s); n. épiçons**) To spice (cake, etc.).
épicerie [episri], *s.f.* **1.** Spices. **2.** (*a*) Groceries. **Être dans l'é.**, to be in the grocery business. (*b*) Grocer's shop.
épicier, -ière [episje, -jɛːr], *s.* (*a*) Grocer. (*b*) *F:* Philistine.
épicrâne [epikrɑːn], *s.m.* Epicranium, scalp.
épicurien, -ienne [epikyrjɛ̃, -jɛn]. **1.** *a. & s. Gr.Phil:* Epicurean. **2.** *s.* Epicure, sybarite.
épicurisme [epikyrism], *s.m.* **1.** *Gr.Phil:* Epicureanism. **2.** Epicurism.
épicycloïde [episiklɔid], *s.f. Geom:* Epicycloid.
épidémie [epidemi], *s.f.* Epidemic; outbreak (of disease).
épidémique [epidemik], *a.* Epidemic(al).
épiderme [epidɛrm], *s.m.* Epiderm(is). *F:* **Avoir l'é. sensible, délicat**, to be thin-skinned.
épidermique [epidɛrmik], *a.* Epidermal, epidermic (tissue). S.a. GREFFE[1] 2.
épié [epje], *a.* Spicate (flower, etc.).
épier[1] [epje], *v.tr.* **1.** To watch (s.o.); to spy upon (s.o.). **É. un secret**, to be on the watch for a secret. **2.** To be on the look-out for (opportunity, etc.).
épier[2], *v.i.* (Of grain) To ear, to head.
épierrer [epjɛre], *v.tr.* To clear (field, etc.) of stones.
épieu [epjø], *s.m.* Boar-spear.
épigastre [epigastr], *s.m. Anat:* Epigastrium.
épiglotte [epiglɔt], *s.f.* Epiglottis.
épigrammatique [epigramatik], *a.* Epigrammatic.
épigramme [epigram], *s.f.* Epigram.
épigraphe [epigraf], *s.f.* Epigraph, motto.
épigraphie [epigrafi], *s.f.* Epigraphy.
épilage [epilaːʒ], *s.m.* **épilation** [epilasjɔ̃], *s.f.* Depilation; removal of superfluous hairs; plucking (of eyebrows).
épilatoire [epilatwaːr], *a. & s.m.* Depilatory.
épilepsie [epilɛpsi], *s.f.* Epilepsy.
épileptique [epilɛptik], *a. & s.* Epileptic.
épiler [epile], *v.tr.* To depilate; to remove (s.o.'s superfluous hairs; to pluck (eyebrows).
épileur, -euse [epilœːr, -øːz], *s.* Depilator.
épilogue [epilɔg], *s.m.* Epilogue.
épiloguer [epilɔge]. **1.** *A: v.tr.* To find fault with (s.o.'s actions, etc.). **2.** *v.i.* **É. sur qch.**, to carp at, cavil at, about, sth.
épilogueur, -euse [epilɔgœːr, -øːz], *s.* Caviller, fault-finder.
épiloir [epilwaːr], *s.m.* Tweezers.
épinaie [epinɛ], *s.f.* Brake, thicket.
épinard [epinaːr], *s.m.* (*a*) *Bot:* Spinach. (*b*) *pl. Cu:* **Épinards au naturel, en branches**, boiled spinach. *Mil:* **Épaulettes à graines d'épinards**, bullion-fringe epaulets. S.a. BEURRE.
épine [epin], *s.f.* **1.** Thorn-bush. **É. blanche**, hawthorn. **É. noire**, blackthorn, sloe(-bush). *F:* **Fagot d'épines**, crusty, cross-grained, fellow. **2.** Thorn, prickle. *F:* **Être sur des épines**, to be on thorns. **Une é. au pied**, a thorn in one's flesh. **Tirer à qn une é. du pied**, (i) to get s.o. out of a mess; (ii) to relieve s.o.'s mind. **3.** **É. dorsale**, spine, backbone.
épinette [epinɛt], *s.f.* **1.** *Bot:* Spruce. **2.** *Mus: A:* Spinet, virginal. **3.** *Husb:* Fattening coop.
épineux, -euse [epinø, -øːz], *a.* Thorny, prickly, spiky. *F:* **Affaire épineuse**, thorny, ticklish, matter. **Être dans une situation épineuse**, to be on a bed of thorns.
épine-vinette [epinvinɛt], *s.f. Bot:* Barberry.
épingle [epɛ̃ːgl], *s.f.* Pin. **É. de cravate**, tie-pin. **É. de sûreté, de nourrice**, safety-pin. **É. à cheveux**, hair-pin. **Virage en é. à cheveux**, hair-pin (bend). **É. à linge**, clothes-peg. **Tête d'é.**, pin-head. *F:* **Tiré à quatre épingles**, dapper; spick and span. **Tirer son é. du jeu**, to get out of a venture without loss. **Coups d'é.**,

pin pricks, petty annoyances. **Chercher une é. dans une botte de foin,** to look for a needle in a haystack.
épingl|er [epɛ̃gle], *v.tr.* To pin; to fasten (sth.) with a pin. **É. une carte au mur, contre, après, le mur,** to pin a map to, on, against, the wall. *Ent:* **Planche à é.,** setting board. **É. ses cheveux,** to pin up one's hair. *s.m.* **-age.**
épinglier [epɛ̃gli(j)e], *s.m.* Pin-tray.
épinière [epinjɛːr], *a.f.* **Moelle é.,** spinal cord.
épinoche [epinɔʃ], *s.f. Ich:* Stickleback.
Épiphanie [epifani], *s.f.* Epiphany; Twelfth Night.
épique [epik], *a.* Epic. **Poème é.,** epic.
épiscopal, -aux [episkɔpal, -o], *a.* Episcopal.
épiscopat [episkɔpa], *s.m. Ecc:* Episcopate.
épisode [epizɔd], *s.m.* Episode. **Film à épisodes,** serial film.
épisodique [epizɔdik], *a.* Episodic(al).
épisser [epise], *v.tr.* To splice (rope, wire cable).
épissoir [episwaːr], *s.m.,* **épissoire** [episwaːr], *s.f. Nau:* Marline-spike.
épissure [episyːr], *s.f.* Splice (in rope).
épistolaire [epistɔlɛːr], *a.* Epistolary.
épistolier, -ière [epistɔlje, -jɛːr], *s.* Letter-writer.
épistyle [epistil], *s.m. Arch:* Epistyle, architrave.
épitaphe [epitaf], *s.f.* Epitaph.
épithète [epitɛt], *s.f.* Epithet. *Gram:* Attributive adjective.
épitoge [epitɔːʒ], *s.f.* (*a*) *Rom.Ant:* Cloak (worn over the toga). (*b*) *Sch:* = Graduate's hood.
épitomé [epitɔme], *s.m.* Epitome, abridgment.
épître [epiːtr], *s.f.* Epistle. *Ecc:* **Côté de l'é.,** south side, epistle-side (of altar).
éploré [eplɔre], *a.* Tearful, weeping.
épluch|er [eplyʃe], *v.tr.* **1.** (*a*) To clean, pick (salad, wool, etc.). (*b*) To peel, pare (potatoes, etc.). **2.** (*a*) To examine, criticize, (work) closely, in detail. **É. une question,** to sift a question. (*b*) To review (work) hypercritically. **É. une réputation,** to canvass a reputation. *s.m.* **-age.**
épluchette [eplyʃɛːt], *s.f. Fr.C:* **É. de blé d'Inde,** corn-husking party.
éplucheur, -euse [eplyʃœːr, -øːz], *s.* **1.** (*a*) Cleaner. **É. de laine,** wool-picker. S.a. POUBELLE. (*b*) **É. de pommes de terre,** potato peeler (person or thing). **2.** *F:* Hypercritical person, fault-finder, hair-splitter.
épluchoir [eplyʃwaːr], *s.m.* Paring-knife; potato-peeler.
épluchures [eplyʃyːr], *s.f.pl.* Peelings, parings (of potatoes, etc.); refuse.
épointé [epwɛ̃te], *a.* **1.** Blunt(-pointed) (pencil, etc.). **2.** (Of horse) Hip-shot.
épointer [epwɛ̃te], *v.tr.* To break or blunt the point of (needle, etc.); to trim (hair). *s.m.* **-age.**
s'épointer, (of pencil, etc.) to lose its point.
éponge [epɔ̃ːʒ], *s.f.* **1.** Sponge. **Effacer une tache à l'é., d'un coup d'é.,** to sponge out a stain. *F:* **Passons l'é. là-dessus,** let us say no more about it. *Box:* **Jeter l'é.,** to throw up the sponge. *Tex:* **Tissu é.,** sponge-cloth, (Turkish) towelling. **Serviette é.,** Turkish towel, rough towel. **2. É. métallique,** metallic sponge, (pot-)scourer. **É. de fer,** spongy iron. S.a. PLATINE².
épong|er [epɔ̃ʒe], *v.tr.* (**j'épongeai(s); n. épongeons**) **1.** To sponge up, mop up (liquid). **2.** To sponge, mop (surface); to sponge down (horse). **S'é. le front avec un mouchoir,** to mop one's brow with a handkerchief. *s.m.* **-eage.**
épontille [epɔ̃tiːj], *s.f. Nau:* **1.** Pillar, stanchion. **2.** Shore, prop.
épontill|er [epɔ̃tije], *v.tr. Nau:* To prop, shore (up). *s.m.* **-age.**
épopée [epɔpe], *s.f.* Epic (poem).
époque [epɔk], *s.f.* **1.** Epoch, era, age. **L'é. glaciaire,** the ice age. **Faire é.,** to mark an epoch. **Meubles d'é.,** (genuine) antique furniture. **2.** Time, period, date. **A l'é. de sa naissance,** at the time of his birth. **Il y a un an à pareille é.,** this time last year. **Dans une é. prospère,** in prosperous times.
épouill|er [epuje], *v.tr.* To cleanse (s.o., sth.) of vermin; to delouse. *s.m.* **-age.**
époumoner [epumɔne], *v.tr.* To try the lungs of, to puff (s.o.).
s'époumoner, to shout oneself out of breath. **S'é. à crier,** to shout oneself hoarse.
épousailles [epuzɑːj], *s.f.pl. A. & Dial:* Nuptials, wedding.
épouse. See ÉPOUX.
épousé, -ée [epuze], *s.* Bridegroom, *f.* bride.
épouser [epuze], *v.tr.* **1.** To marry, wed. **2.** To espouse, take up, adopt (cause, doctrine, etc.). **3. É. la forme de qch.,** to follow the exact shape of sth.; to fit sth. exactly.
épouseur [epuzœːr], *s.m.* Suitor, wooer. **Ici, peu d'épouseurs,** here there are few (i) marrying men, (ii) eligible men.
épousset|er [epuste], *v.tr.* (**j'époussette; j'époussetterai;** or *F:* **j'époussete** [epust]; **j'époussetterai**) To dust (furniture, etc.); to beat (the dust from) (clothes, etc.); to rub down (horse). *F:* **É. qn,** to dust s.o.'s jacket for him. *s.m.* **-age.**
époussette [epusɛt], *s.f.* Feather-duster; whisk.
époustouflant [epustuflɑ̃], *a. F:* Amazing, astounding.
épouvantable [epuvɑ̃tabl], *a.* Dreadful, frightful; appalling. *adv.* **-ment.**
épouvantail [epuvɑ̃taːj], *s.m.* **1.** Scarecrow. **2.** *F:* (*a*) Bugbear, bogy. (*b*) **Quel é.!** Isn't she a fright!
épouvante [epuvɑ̃ːt], *s.f.* Terror, fright. **Saisi d'é.,** terror-stricken. **Il était fou d'é.,** he was scared out of his wits. **Film d'é.,** horror film.
épouvant|er [epuvɑ̃te], *v.tr.* To terrify; to frighten (s.o.) out of his wits. *s.m.* **-ement.**
s'épouvanter, to take fright; to become terror-stricken, panic-stricken.
époux, -ouse [epu, -uːz], *s.* Husband, *f.* wife; *Jur:* spouse. **Les deux époux,** the married couple. **Les é. Dupont,** Mr. and Mrs. Dupont.
éprendre (s') [seprɑ̃ːdr], *v.pr.* (Conj. like PRENDRE) To become enamoured (**de,** of), infatuated (with). **S'é. de qn,** to fall in love with s.o.; to lose one's heart to s.o. **S'é. de qch.,** to take a fancy to sth.
épreuve [eprœːv], *s.f.* **1.** (*a*) Proof, test, trial. **Subir une é.,** to undergo a test. **Soutenir, supporter, l'é.,** to pass, stand, the test. **Faire l'é. de qch., mettre qch. à l'é.,** to try, test, sth.; to put sth. to the test. **Amitié à toute é.,** sure, staunch, friendship. **A l'é. de qch.,** proof against sth. **A l'é. du feu,** fire-proof. S.a. BOMBE 1. **Mécanisme à toute é.,** fool-proof mechanism. (*b*) *Sch:* (Examination) test, paper. (*c*) *Sp:* Event (at athletic meeting). **É. éliminatoire,** preliminary heat. **É. nulle,** dead heat. **Épreuves sur terrain,** field events. **Épreuves sur piste,** track events. (*d*) *A:* **L'é. du feu,** ordeal by fire. **2.** Trial, affliction, ordeal, hardship. **3.** (*a*) *Typ: Engr:* Proof. **É. en première,** (i) foul proof; (ii) galley-proof. **É. de révision, deuxième é.,** revise. **É. en bon à tirer,** press-proof, press-revise. *Eng:* **É. avant la lettre,** proof before letters; proof engraving. (*b*) *Phot:* Print.
épris [epri], *a.* **É. de qn, de qch.,** in love with s.o., with sth.; enamoured of s.o., of sth; infatuated (**de,** with).
éprouvé [epruve], *a.* **1.** Experienced. **Remède é.,** well-tried remedy. **2.** Sorely tried, aggrieved; impaired (health). **Troupes très éprouvées,** troops which have suffered severely. **Région éprouvée,** stricken area.
éprouver [epruve], *v.tr.* **1.** To test, try (s.o., sth.); to put (s.o., sth.) to the test. **2.** To feel, experience (sensation, pain, etc.). **É. une perte,** to sustain, suffer, a loss. **É. des difficultés,** to meet with difficulties.
éprouvette [epruvɛt], *s.f.* **1.** (*a*) Test-tube. (*b*) *Metall: etc:* Assay spoon. **2.** *Metall:* Test-piece, -bar.
épuisable [epɥizabl], *a.* Exhaustible.
épuisant [epɥizɑ̃], *a.* Exhausting.
épuisé [epɥize], *a.* Exhausted. **1.** Worked-out (mine); (edition) out of print; spent (acid, energy). *El:* **Pile épuisée,** dead cell. **2.** Tired out, worn out.
épuisement [epɥizmɑ̃], *s.m.* **1.** Exhausting, using up (of provisions, etc.); emptying, draining (of cistern); pumping out (of a mine). **2.** Exhaustion; impoverishment.
épuiser [epɥize], *v.tr.* To exhaust. **1.** To use up, consume (provisions, etc.); to drain, empty (well, etc.); to sell out. **É. une mine,** (i) to work out, exhaust, (ii) to drain, pump out, a mine. **É. un sujet,** to exhaust a subject. **2.** To wear, tire, (s.o.) out.
s'épuiser, to become exhausted. **1.** (Of spring, etc.) To dry up, run dry; (of stock, etc.) (i) to run out, give out, (ii) to run low. **2.** To wear oneself out (with work). *F:* **Mais je m'épuise à vous le dire,** I've told you till I'm blue in the face.

épuisette [epɥizɛt], *s.f.* **1.** *Nau:* Scoop, bailer. **2.** *Fish:* Landing-net.
épurateur [epyratœːr], *s.m.* Purifying apparatus, purifier (of liquids, etc.). **É. d'eau,** water-softening plant. *Ind: I.C.E:* **É. d'air,** air-filter, air scrubber.
épuratif, -ive [epyratif, -iːv], *a.* Purifying.
épuration [epyrasjɔ̃], *s.f.* Purification, purifying; purging (of morals); filtering, scrubbing (of gas); expurgation (of a text).
épure [epyːr], *s.f.* **1.** Working drawing. **2.** Finished design (of engine, etc.).
épurer [epyre], *v.tr.* To purify, filter (gas, water, etc.); to scrub, clean (gas); to refine; to expurgate (the works of an author;) to weed out, purge (a service, etc.). *Nau:* **É. l'eau,** to sweeten the water.
épurge [epyrʒ], *s.f. Bot:* Spurge.
équanimité [ekwanimite], *s.f.* Equanimity.
équarrir [ekariːr], *v.tr.* **1.** To square (timber, etc.). **2.** To broach, ream (hole). **3.** To quarter the carcass of (horse, mule, etc.).
équarrissage [ekarisaːʒ], *s.m.* **équarrissement** [ekarismɑ̃], *s.m.* **1.** Squaring (of timber, stone). **Bois d'é.,** scantling(s). **2.** Quartering, cutting up (of animal carcasses). **Chantier d'é.,** knacker's yard.
équarrisseur [ekarisœːr], *s.m.* **1.** Squarer (of wood, etc.). **2.** Knacker.
équarrissoir [ekariswaːr], *s.m.* **1.** *Tls:* Broach, reamer. **2.** (*a*) Knacker's knife. (*b*) Knacker's yard.
équateur [ekwatœːr]. **1.** *s.m.* Equator. **Sous l'é.,** at the equator. **2.** *Pr.n.m. Geog:* Ecuador.
équation [ekwasjɔ̃], *s.f. Mth: Ch: Astr: Psy:* Equation. *Mth:* **É. du premier, du deuxième, degré,** simple equation, quadratic equation.
équatorial, -aux [ekwatɔrjal, -o], *a.* Equatorial.
équerrage [ekɛraːʒ], *s.m. Carp:* **1.** (*a*) Squaring. (*b*) Bevelling (of timber). **2.** Square or bevel angle.
équerre [ekɛːr], *s.f.* **1.** *Tls:* Square. **É. à dessin,** set square. **Fausse é.,** bevel-square. **É. à onglet,** mitre square. *Surv:* **É. d'arpenteur,** optical square, cross-staff. **2.** *Const:* **(Angle d')é.,** right angle. **En é., d'é.,** at right angles. **Hors d'é.,** out of square, out of perpendicular. **Mettre d'é.,** to square, to true. **Couper qch. à fausse é.,** to cut sth. askew, on the bevel. **3.** Angle-iron; corner-plate; iron knee.
équerrer [ekɛre], *v.tr. Carp:* (*a*) To square. (*b*) To bevel (timber, etc.).
équestre [ekɛstr, -kɥ-], *a.* Equestrian (statue, order, etc.).
équidés [ekɥide], *s.m.pl. Z:* Equidae.
équidistant [ekɥidistɑ̃], *a. Geom:* Equidistant.
équilatéral, -aux [ekɥilateral, -o], *a. Geom:* Equilateral.
équilibration [ekilibrasjɔ̃], *s.f.* **1.** Equilibration, counterbalancing, counterpoising. **2.** Balancing (of budget).
équilibre [ekilibr], *s.m.* Equilibrium, balance, (equi) poise; stability (of aeroplane). **Mettre qch. en é.,** to balance sth. **Se tenir en é.,** to keep one's balance. **Perdre l'é.,** to lose one's balance. **Faire perdre l'é. à qn,** to throw s.o. off his balance. **Rétablir l'é. budgétaire,** to balance the budget. *Pol:* **É. européen,** balance of power in Europe.
équilibré [ekilibre], *a.* In equilibrium; balanced. **Mal é.,** ill-balanced; unbalanced (mind). **A l'esprit bien é.,** level-headed.
équilibr|er [ekilibre], *v.tr.* To balance, (counter)poise, equilibrate. *Nau: Av:* to trim. **É. le budget,** to balance the budget. *s.m.* **-age.**
s'équilibrer, (of weights, etc.) to balance.
équilibreur, -euse [ekilibrœːr, -øːz]. **1.** *a.* Balancing (action, etc.). **2.** *s.m. Av:* Stabilizer.
équilibriste [ekilibrist], *s.m. & f.* Equilibrist; tight-rope walker.
équin [ekɛ̃], *a.* Equine. **Pied é.,** club-foot.
équinoxe [ekinɔks], *s.m.* Equinox. **Vent d'é.,** equinoctial gale.
équinoxial, -aux [ekinɔksjal, -o], *a.* Equinoctial.
équipage [ekipaːʒ], *s.m.* **1.** *Nau:* Crew; ship's company. **Maître d'é.,** boatswain. *Aut:* **L'é. d'un camion,** the crew of a lorry. *Av:* Aircrew. **2.** *Mil:* Train, equipment. **Train des équipages,** baggage train, waggon-train; = Army Service Corps. **3.** Equipage. (*a*) Retinue, suite, train. *F:* **Arriver en grand é.,** to arrive in state. (*b*) Carriage and horses; turn-out. **4.** *Ven:* Pack of hounds; hunt. **Maître d'é.,** master of the hounds. **5.** Apparel, attire; *F:* get-up, rig-out. **6.** (General sense of 'requisites') **É. d'engrenage(s),** gear-train (of lathe, etc.). **É. d'outils,** outfit, set, of tools.
équipe [ekip], *s.f.* **1.** Train of barges. **2.** Gang (of workmen). *Mil:* Working party. **Travailler par équipes,** to work in shifts. **Travail par équipes,** shiftwork. **Travail d'é.,** team-work. **Chef d'é.,** foreman; ganger, charge-hand, chargeman. **É. volante,** (police) flying squad. **É. de secours,** rescue squad, party. **3.** *Sp:* (*a*) Team; side. (*b*) Crew (of rowing-boat).
équipée [ekipe], *s.f. F:* Escapade, lark.
équipement [ekipmɑ̃], *s.m. Nau: Mil:* Equipment. **1.** (*a*) Fitting out. (*b*) Rigging up, fitting up (of sheers, etc.). (*c*) **É. électrique,** electrical fittings. **Industrie de l'é. électrique,** electrical engineering industry. **2.** Gear; appurtenances; outfit (of ship, soldier). **Petit é.,** kit.
équiper [ekipe], *v.tr.* To equip (s.o., sth.); to fit (s.o.) out. **É. un navire,** (i) to equip, fit out, (ii) to man, a vessel. **Comme vous voilà équipé!** what a sight you look, what a get-up! **Drôlement équipé,** in a sorry mess.
équipier [ekipje], *s.m.* **1.** One of a gang (of workmen). **2.** *Sp:* Member of a team.
équitable [ekitabl], *a.* (*a*) Equitable, fair, just. (*b*) Fair-minded. *adv.* **-ment.**
équitation [ekitasjɔ̃], *s.f.* Equitation, horsemanship; riding. **École d'é.,** riding-school.
équité [ekite], *s.f.* Equity, equitableness, fairness.
équivalence [ekivalɑ̃ːs], *s.f.* Equivalence (**à,** to).
équivalent [ekivalɑ̃], *a. & s.m.* Equivalent (**à,** to).
équivaloir [ekivalwaːr], *v.i.* (Conj. like VALOIR) To be equivalent, equal in value (**à,** to). *F:* **Cela équivaut à l'appeler lâche,** that is tantamount to calling him a coward.
équivaut. See ÉQUIVALOIR.
équivoque [ekivɔk]. **1.** *a.* (*a*) Equivocal, ambiguous. (*b*) Questionable, doubtful, dubious (conduct, etc.). **2.** *s.f.* (*a*) Ambiguity (of expression). **Sans é.,** unequivocal(ly). **User d'é.,** to quibble. (*b*) Ambiguous expression. (*c*) Misunderstanding.
équivoquer [ekivɔke], *v.i.* To equivocate; to quibble.
érable [ɛrabl], *s.m. Bot:* Maple(-tree, -wood). *Fr.C:* **Sucre d'é.,** maple sugar.
érablière [erabljɛːr], *s.f. Fr.C:* Maple grove.
éradication [eradikasjɔ̃], *s.f.* Eradication.
érafl|er [erɑfle], *v.tr.* (*a*) To scratch, graze. **S'é. les tibias,** to bark one's shins. (*b*) To score (inside of gun, etc.). *s.m.* **-ement.**
s'érafler, to rub one's skin.
éraflure [erɑflyːr], *s.f.* Slight scratch; graze; abrasion.
éraillé [eraje], *a.* **1.** Frayed (collar, etc.); scratched (surface); fretted (rope). **2.** Bloodshot or red-rimmed (eyes). **3.** Raucous, harsh (voice).
éraillement [erɑjmɑ̃], *s.m.* **1.** (*a*) Unravelling, fraying (of material). (*b*) Grazing, chafing. **2.** *Med:* **É. de la paupière,** ectropion. **3.** Raucousness, hoarseness (of the voice).
érailler [erɑje], *v.tr.* **1.** To unravel, fray out (material). **2.** To graze, chafe (the skin, etc.). **3.** To roughen (the voice).
s'érailler. 1. To come unravelled; to fray. **2.** (Of skin, voice) To grow rough.
éraillure [erɑjyːr], *s.f.* **1.** Frayed part (of garment, etc.). **2.** = ÉRAFLURE.
ère [ɛːr], *s.f.* Era; epoch. **En l'an 1550 de notre è.,** in 1550 A.D.
érectile [erɛktil], *a.* Erectile.
érection [erɛksjɔ̃], *s.f.* Erection; setting up (of statue, etc.).
éreintage [erɛ̃taːʒ], *s.m. F:* = ÉREINTEMENT 2.
éreintant [erɛ̃tɑ̃], *a. F:* Back-breaking, killing, fagging (work, etc.).
éreinté [erɛ̃te], *a. F:* Dead-beat, dog-tired, all in.
éreintement [erɛ̃tmɑ̃], *s.m. F:* **1.** Exhaustion. **2.** (Of literary criticism) Slating, cutting up; savage attack.
éreinter [erɛ̃te], *v.tr.* **1.** To break the back of (horse, etc.). **2.** *F:* To exhaust; to tire (s.o.) out. **3.** *F:* (*a*) To smash up, ruin (car, etc.). (*b*) To criticize (author,

etc.) unmercifully; to slate, slash (literary work, etc.); to pull (performance) to pieces.

s'éreinter *F:* (*a*) To exhaust oneself; to tire oneself out. (*b*) To drudge, toil (**à**, at).

éreinteur [erɛ̃tœːr], *s.m.* *F:* Slashing critic.

érésipèle [erezipɛl], *s.m.* *F:* = ÉRYSIPÈLE.

erg[1] [ɛrg], *s.m.* *Ph.Meas:* Erg.

erg[2] [ɛrg], *s.m.* *Geog:* Erg.

ergot [ɛrgo], *s.m.* **1.** (*a*) Spur (of cock, etc.). *F:* **Monter, se dresser, sur ses ergots,** to get on one's high horse; to bristle up. (*b*) Dew-claw (of dog, etc.). **2.** (*a*) Stub (on fruit-tree, etc.). (*b*) *Agr:* *Pharm:* Ergot. **3.** *Mec.E:* *etc:* Catch, pin, stop. **E. d'arrêt,** stop-pin.

ergot|er [ɛrgɔte], *v.i.* *F:* To quibble, cavil (**sur,** about); to split hairs. *s.m.* **-age.**

ergoteur, -euse [ɛrgɔtœːr, -øːz]. **1.** *a.* Cavilling, quibbling, argumentative. **2.** *s.* Caviller, quibbler.

Érié [erje]. *Pr.n.m.* *Geog:* **Le Lac É.,** Lake Erie.

ériger [eriʒe], *v.tr.* (**j'érigeai(s); n. érigeons**) **1.** To erect, set up, raise (statue, etc.). **2.** To establish, set up (office, tribunal). **3.** To elevate, exalt. **É. une règle en principe,** to give a rule the force of a general principle.

s'ériger en critique, to set up as a critic; to pose as a critic.

érigéron [eriʒerɔ̃], *s.m.* *Bot:* Erigeron, flea-bane.

erminette [ɛrminɛt], *s.f.* *Tls:* Adze.

ermitage [ɛrmitaːʒ], *s.m.* Hermitage.

ermite [ɛrmit], *s.m.* Hermit, eremite. **Vivre en e.,** to live the life of a recluse.

éroder [erɔde], *v.tr.* To erode, abrade; to eat away (metal, coast, etc.).

érosif, -ive [erɔzif, -iːv], *a.* Erosive.

érosion [erɔzjɔ̃], *s.f.* Erosion; wearing away.

érotique [erɔtik], *a.* Erotic; amatory (poem).

érotisme [erɔtism], *s.m.* Erotism, eroticism.

erpétologie [ɛrpetɔlɔʒi], *s.f.* Herpetology.

errant [ɛrɑ̃], *a.* Rambling, roaming, roving, wandering. **Le Juif e.,** the Wandering Jew. **Chien e.,** stray dog. S.a. CHEVALIER 1.

erratique [ɛr(r)atik], *a.* Erratic (block, pulse).

erratum [ɛr(r)atɔm], *s.m.* *Typ:* Erratum; misprint. *pl. Des errata.*

erre [ɛːr], *s.f.* **1.** *Nau:* (Head)way (of ship). **Prendre de l'e.,** to gather (head)way. **Avoir de l'e.,** to have headway, to have way on. **Courir sur son e.,** to forge ahead. **Casser l'e.,** to check the way. **2.** *Ven:* Track, spoor (of stag, etc.). **Aller sur les erres de qn,** to follow in s.o.'s footsteps.

errements [ɛrmɑ], *s.m.pl.* **1.** Procedure, ways. **2.** Wanderings. **3.** *Pej:* **Revenir à ses anciens e.,** to fall back into the old bad ways.

errer [ɛre], *v.i.* **1.** To roam, wander (about). **E. par les rues,** to wander about the streets. **Barques errant sur les flots,** boats drifting on the waves. **Laisser e. ses pensées,** to let one's thoughts run on. **2.** To err; to be mistaken.

erreur [ɛrœːr], *s.f.* Error. **1.** Mistake, blunder, slip. **E. de date,** mistake in the date. **E. de jugement,** error of, in, judgment. **E. de calcul,** miscalculation. **E. de transcription,** clerical error. **E. typographique,** misprint. **E. judiciaire,** miscarriage of justice. **Commettre une e.,** to make a mistake, a slip. *F:* **Faire erreur,** to be mistaken. **C'est un malin, et pas d'e.,** he's a smart one, and no mistake! **Par e.,** by mistake. **Sauf e.,** if I am not mistaken. *Com:* **Sauf e. ou omission,** errors and omissions excepted. **2.** False belief, mistaken opinion; delusion; fallacy. **Être dans l'e.,** to labour under a misapprehension; to be mistaken. **Induire qn en e.,** to mislead s.o. **Tirer qn d'e.,** to undeceive s.o. **3. Les erreurs de la jeunesse,** the errors of youth.

erroné [ɛrɔne], *a.* Erroneous, wrong, mistaken. *adv.* **-ment.**

éructation [eryktasjɔ̃], *s.f.* Eructation, belch.

éructer [erykte], *v.i.* To eruct, to belch.

érudit [erydi]. **1.** *a.* Erudite, scholarly, learned. **2.** *s.m.* Scholar.

érudition [erydisjɔ̃], *s.f.* Erudition, learning, scholarship.

éruption [erypsjɔ̃], *s.f.* **1.** Eruption. **Entrer en é.,** to erupt. **2.** *Med:* Eruption, rash.

érysipèle [erizipɛl], *s.m.* *Med:* Erysipelas.

es [ɛ]. See ÊTRE.

ès [ɛs], contracted article = **en les. Docteur ès lettres** = D.Litt.

esbrouf(f)ant [ɛzbrufɑ̃], *a.* *F:* Amazing; unheard of; loud (dress).

esbrouf(f)e [ɛzbruf], *s.f.* *F:* Showing off; bounce. **Faire de l'e.,** (i) to show off, to bounce, to put on side; (ii) to hector. **Vol à l'e.,** pocket-picking by hustling one's victim; hustling.

esbrouf(f)er [ɛzbrufe], *v.tr.* *F:* To impress (s.o.) by one's bounce; to shock (s.o.).

esbrouf(f)eur, -euse [ɛzbrufœːr, -øːz]. *F:* **1.** *a.* (*a*) Bumptious. (*b*) Hectoring. **2.** *s.* (*a*) Bouncer, hustler. (*b*) Snatch-and-grab thief.

escabeau [ɛskabo], *s.m.* **1.** (Wooden) stool. **2.** Step-ladder.

escadre [ɛskɑːdr], *s.f.* *Navy:* Squadron. *Av:* Wing. **Chef d'e.,** *Navy:* Commodore; Squadron Commander; *Av:* Wing Commander.

escadrille [ɛskadriːj], *s.f.* **1.** *Navy:* Flotilla. **2.** *Av:* Flight.

escadron [ɛskadrɔ̃], *s.m.* *Mil:* Troop (of cavalry). **Chef d'e.,** major. *Av:* Squadron, group.

escalade [ɛskalad], *s.f.* **1.** (*a*) Scaling, climbing (of wall, cliff). (*b*) Climb. *Mil:* Escalade. (*c*) *Mil:* *Pol:* Escalation. **2.** *Jur:* Cat burglary.

escalader [ɛskalade], *v.tr.* To scale, climb (wall, etc.). *Mil:* To escalade (fortress, etc.).

escale [ɛskal], *s.f.* *Nau:* *Av:* **1.** Port or place of call. **2.** Call. **Faire e. à Bordeaux,** to put in, call, at Bordeaux. *Av:* Intermediate landing. **Vol sans e.,** non-stop flight.

escaler [ɛskale], *v.i.* *Nau:* *Av:* To put into port; to touch, call, land (**à,** at).

escalier [ɛskalje], *s.m.* Staircase; (flight of) stairs. **Rencontrer qn dans l'e.,** to meet s.o. on the stair(s). **E. de service, de dégagement,** backstairs. **E. de secours,** fire escape. **E. tournant, en vis,** spiral stair(s). **E. roulant,** moving staircase; escalator. *F:* **Esprit de l'e.,** after-wit.

escalope [ɛskalɔp], *s.f.* Collop, escalope (of veal).

escamotable [ɛskamɔtabl], *a.* Concealable, disappearing. *Av:* Retractable (under-carriage).

escamotage [ɛskamɔtaːʒ], *s.m.* **1.** Legerdemain, conjuring, sleight of hand. **E. d'une carte,** conjuring away of a card. *F:* **E. d'une difficulté,** avoiding a difficulty. *Cin:* **Phase d'e.,** cut-off period. *Phot:* **E. d'une plaque,** changing of a plate (in a changing-box). **2.** *F:* Sneaking, filching.

escamoter [ɛskamɔte], *v.tr.* **1.** (Of conjuror, etc.) To conjure (sth.) away; to make (sth.) vanish; to whisk (sth.) away; to cause (card, etc.) to disappear. *Av:* To retract (under-carriage). **E. la vraie question,** to dodge the question. **2.** *F:* To sneak, filch. **On m'a escamoté ma montre,** *F:* my watch has been pinched.

escamoteur [ɛskamɔtœːr], *s.m.* **1.** Conjuror. **2.** Sneak thief.

escampette [ɛskɑ̃pɛt], *s.f.* *F:* (Used in) **Prendre la poudre d'e.,** to bolt, skedaddle.

escapade [ɛskapad], *s.f.* Escapade; prank.

escarbille [ɛskarbiːj], *s.f.* (*a*) (Half-burnt) cinder. (*b*) *pl.* Clinkers, ashes.

escarbot [ɛskarbo], *s.m.* *Ent:* **1.** Hister. **E. doré,** rose-chafer. **2.** *F:* (*a*) Cockchafer. (*b*) Dung-beetle.

escarboucle [ɛskarbukl], *s.f.* *Lap:* Carbuncle.

escarcelle [ɛskarsɛl], *s.f.* *A:* Wallet.

escargot [ɛskargo], *s.m.* Snail. **E. comestible,** edible snail.

escargotière [ɛskargɔtjɛːr], *s.f.* **1.** Snailery. **2.** Pan for cooking snails.

escarmouche [ɛskarmuʃ], *s.f.* Skirmish.

escarmoucher [ɛskarmuʃe], *v.i.* To skirmish.

escarmoucheur [ɛskarmuʃœːr], *s.m.* Skirmisher.

escarpe[1] [ɛskarp], *s.f.* *Fort:* Escarp, scarp.

escarpe[2], *s.m.* *F:* Cut-throat.

escarpé [ɛskarpe], *a.* Steep, precipitous, abrupt (slope); bluff, sheer (cliff).

escarpement [ɛskarpəmɑ̃], *s.m.* **1.** Steepness. **2.** (*a*) *Fort:* *Geog:* *etc:* Escarpment; scarp. (*b*) Abrupt descent.

escarpin [ɛskarpɛ̃], *s.m.* (Dancing-)shoe; pump.

escarpolette [ɛskarpɔlɛt], *s.f.* (Child's) swing.

escarre [ɛska:r], *s.f. Med:* **1.** Scab, slough. **2.** Bedsore.

Escaut (l') [lɛsko]. *Pr.n.m.* The (river) Scheldt.

escient [ɛsjɑ̃], *s.m.* Knowledge, cognizance. (Used in) **A bon e.,** deliberately; *Jur:* scienter. **A mon, ton, son, e.,** to my, your, his (certain) knowledge. **Il ne faut prophétiser qu'à bon e.,** don't prophesy unless you know.

esclaffer (s') [sɛsklafe], *v.pr. F:* To burst out laughing; to roar, shake, with laughter; to guffaw.

esclandre [ɛsklɑ̃:dr], *s.m.* Scandal. **Faire de l'e.,** to make a scene.

esclavage [ɛsklava:ʒ], *s.m.* Slavery; *Lit:* bondage. **Réduire qn en e.,** to enslave s.o.; to reduce s.o. to slavery.

esclavagiste [ɛsklavaʒist], *s.m. U.S.Hist:* Partisan of negro slavery.

esclave [ɛskla:v], *s.m. & f.* Slave; *A:* bondman, bondwoman. **Marchand d'esclaves,** slave-trader. **Elle est l'e. de sa famille,** she is the family drudge. **Être (l')e. de la mode, du devoir,** to be a slave, the slave of, fashion, duty. **Il est e. de sa parole,** his word is his bond.

escogriffe [ɛskɔgrif], *s.m.* **Un grand e., a great lout of a fellow.**

escompte [ɛskɔ̃:t], *s.m.* **1.** *Com:* Discount, rebate. **E. au comptant,** discount for cash. **A e.,** at a discount. **2.** *Fin:* **E. officiel, le taux d'e.,** Bank rate of discount; the Bank rate. **Faire l'e.,** to discount bills.

escompt|er [ɛskɔ̃te], *v.tr.* **1.** *Com:* To discount (bill). **2.** *F:* **E. les variations du marché,** to anticipate, allow for, the variations in prices. **E. un succès,** to reckon upon, anticipate, success; *F:* to bank on success. *a.* **-able.** *s.m.* **-eur.**

escopette [ɛskɔpɛt], *s.f. A:* Blunderbuss.

escorte [ɛskɔrt], *s.f. Mil: etc:* Escort. *Navy:* Convoy. **Sous l'e. de . . .,** under the escort of . . .; *Navy:* convoyed by. . . . **Navire d'e.,** convoy ship.

escorter [ɛskɔrte], *v.tr.* To escort. *Navy:* To convoy, escort.

escorteur [ɛskɔrtœ:r], *s.m. Navy:* Escort vessel.

escouade [ɛskwad], *s.f.* **1.** Squad, gang (of workmen). **2.** *Mil:* Squad.

escrime [ɛskrim], *s.f.* Fencing, swordsmanship. **Faire de l'e.,** (i) to fence; (ii) to go in for fencing. **E. à la baïonnette,** bayonet drill. **Maître d'e.,** fencing-master.

escrimer(s') [sɛskrime], *v.pr. F:* To spar, fight; to struggle. **S'e. des pieds et des mains,** to fight tooth and nail. **S'e. à faire qch.,** to try hard to do sth., to peg away at sth.

escrimeur [ɛskrimœ:r], *s.m.* Fencer, swordsman.

escroc [ɛskro], *s.m.* Swindler, sharper; crook.

escroquer [ɛskrɔke], *v.tr.* **1. E. qch. à qn,** to cheat, rob, s.o. of sth.; to trick out of sth. **2. E. qn,** to swindle, defraud, s.o.

escroquerie [ɛskrɔkri], *s.f.* **1.** (Obtaining of sth. by) false pretences; swindling. **2.** Swindle, fraud.

Ésope [ezɔp]. *Pr.n.m. Gr.Lit:* Aesop.

espace [ɛspas]. **I.** *s.m.* Space. **1.** *(a)* Distance, interval (between two objects). *(b)* Interval (of time). **Dans l'e. d'un an,** within the space, course, of a year. **2.** Void, infinity. **Regarder dans l'e.,** to stare into space, into vacancy. S.a. GÉOMÉTRIE.

II. espace, *s.f. Typ:* Space. **E. fine,** hairspace. **E. forte,** thick space.

espacé [ɛspase], *a.* Far between, far apart; at wide intervals.

espac|er [ɛspase], *v.tr.* **(j'espaçai(s); n. espaçons) 1.** To space. *Typ:* **E. les lignes,** to lead, space, white out, the lines. **2.** (Of time) **Il faut e. nos rencontres,** we must meet less often. *s.m.* **-ement.**

s'espacer. 1. Les maisons s'espaçaient, the houses became fewer and farther between. **2. Ses visites s'espacent,** his visits are becoming less frequent.

espadon [ɛspadɔ̃], *s.m.* Sword-fish.

espadrille [ɛspadri:j], *s.f.* *(a)* Alpargata, espadrille, rope-soled sandal. *(b)* Bathing sandal.

Espagne [ɛspaɲ]. *Pr.n.f.* Spain.

espagnol, -ole [ɛspaɲɔl]. **1.** *a.* Spanish. **2.** *s.* Spaniard. **3.** *s.m. Ling:* Spanish.

espagnolette [ɛspaɲɔlɛt], *s.f.* Espagnolette, fastener (of French window).

espalier [ɛspalje], *s.m.* Espalier (i) tree, (ii) wall.

espèce [ɛspɛs], *s.f.* **1.** *(a)* Kind, sort. **Gens de toute e.,** people of all kinds. *F:* **E. de . . .,** takes the gender and number of the following noun. **Cet e. d'idiot, cette e. d'idiote,** that silly fool. **Ces espèces d'idiots,** these silly fools. **Ces espèces de gens,** these sort of people. *P:* **E. d'idiot!** you idiot! *(b) Jur: etc:* Case in question. **Dans chaque cas d'e.,** in each specific case. *(c) pl. Fin:* **Espèces (monnayées),** specie, cash, coin. **Payer en espèces,** to pay in specie, in cash. **2.** *Nat.Hist:* Species (of plants, animals). **L'e. humaine,** mankind. **3.** *Theol:* (Eucharistic) species. **Communion sous les deux espèces,** communion in both kinds.

espérable [ɛsperabl], *a.* That may be hoped for.

espérance [ɛsperɑ̃:s], *s.f.* Hope. **Plein d'e.,** hopeful, sanguine. **Fonder son e. sur qn,** to base one's hopes on s.o. **Être dans l'e. de qch.,** to be in hopes of sth. **Garçon de grande e.,** hopeful, promising, lad. **Donner de belles espérances,** to show great promise. **Avoir des espérances,** to have expectations (of a fortune). **E. de vie,** expectation of life.

espérantiste [ɛsperɑ̃tist]. *Ling: s.m. & f.* Esperantist.

espéranto [ɛsperɑ̃to], *s.m. Ling:* Esperanto.

espérer [ɛspere], *v.tr.* **(j'espère; j'espérerai) 1.** To hope. **E. qch.,** to hope for sth. **J'espère vous revoir,** I hope to see you again. **J'espère que tout ira bien,** I hope, trust, (that) all will go well. **Espérez-vous que je le fasse, que je le ferai?** do you hope I may, shall, do it? **J'espérais bien que,** I was hoping that. **E. contre toute espérance, espérer quand même,** to hope against hope. **La réponse espérée,** the expected answer. *F:* **J'espère que vous êtes belle aujourd'hui!** You do look fine today! **Un jour viendra, je l'espère, où . . .,** a day will come, I hope, when. . . . **E. en qn, en qch.,** to hope, trust, in s.o., in sth. **2.** *Dial. & A:* **E. qn,** to expect s.o.

espiègle [ɛspjɛgl], *a. & s.* Mischievous, roguish (child, etc.). **Regard e.,** arch look. **Petit(e) e.,** little mischief.

espièglerie [ɛspjɛgləri], *s.f.* **1.** Mischievousness, roguishness. **2.** Prank; roguish trick.

espion, -onne [ɛspjɔ̃, -ɔn], *s.* **1.** Spy. **2.** *s.m.* *(a)* Concealed microphone (in room, etc.); detectophone. *(b)* Window-mirror, busybody.

espionnage [ɛspjɔna:ʒ], *s.m.* Espionage, spying. **E. et contre-espionnage** = the Secret Service.

espionner [ɛspjɔne], *v.tr.* To spy (up)on (s.o.). *Abs.* To spy.

esplanade [ɛsplanad], *s.f.* Esplanade; promenade, parade.

espoir [ɛspwa:r], *s.m.* Hope. **Avoir l'e. de faire qch.,** to hope to do sth. **Avoir bon e.,** to be full of hope. **Mettre (tout) son e. en qch., en qn,** to set one's hopes on sth., on s.o., **Mettre son e. en Dieu,** to trust in God. **Nourrir l'e. de faire qch.,** to live in hopes of doing sth.

esprit [ɛspri], *s.m.* **1.** *Phil: Theol:* Spirit. *(a)* **Le Saint-E.,** the Holy Ghost, the Holy Spirit. **Rendre l'e.,** to give up the ghost. **L'E. malin,** the Evil One. *(b)* Ghost, phantom. **Il revient des esprits dans cette maison,** this house is haunted. *(c)* (Of Puck, Ariel, etc.) Sprite. **2.** *(a)* Vital spirit. **Esprits animaux,** animal spirits. **Reprendre ses esprits,** to regain consciousness; to come to. *(b) Ch: etc:* (Volatile) spirit. **E. de vin,** spirit(s) of wine. *Com:* **E. de sel,** spirit(s) of salt; hydrochloric acid. **3.** *Gr.Gram:* **E. rude,** rough breathing. **E. doux,** smooth breathing **4.** *(a)* Mind. **Avoir l'e. tranquille,** to be easy in one's mind. **Avoir l'e. de travers,** to have an awkward temper. **Où aviez-vous l'e.?** What were you thinking of? Were you out of your wits? **Elle avait l'e. ailleurs,** her thoughts were elsewhere. *Prov:* **Les grands esprits se rencontrent,** great minds think alike. Perdre l'e., to go out of one's mind. **Présence d'e.,** presence of mind. **Conserver toute sa présence d'e.,** to keep all one's wits about one. **Il m'est venu à l'e. que . . .,** it occurred to me, struck me, that. . . . **Avoir l'e. des affaires,** to have a genius, a turn, for business. **E. dédoublé, schizophrène,** split mind. **D'e. lent,** slow-witted. D'e. vif, quick-witted. **Homme à l'e. calme,** cool-headed man. **Un e. fort,** a free-thinker. **Avoir le bon e. de se taire,** to have the sense to be silent. *(b)* Wit. **Il fait de l'e.,** he is trying to be funny. **Trait d'e.,** flash of wit. **Mots d'e., traits d'e.,** witticisms. S.a. BEAU I. 2, ESCALIER. **5.** Spirit, feeling. **Avoir bon e.,** to be well-meaning. **Les esprits sont très montés,** feeling is running very high. **E. d'équipe,** team spirit. **E. de corps,** corporate feeling, esprit de corps. **Personnes de bon e.,** well-disposed people. **Entrer dans l'e. de qch.,** to enter into the spirit of sth. **6. Un e. dangereux,** a dangerous man. **Un grand e.,** a noble-minded man.

esquif [ɛskif], *s.m.* Small boat, skiff; wherry.

esquille [ɛskiːj], *s.f. Surg:* Splinter (of bone).

esquilleux, -euse [ɛskijø, -øːz], *a. Surg:* Comminuted (fracture); splintered (bone).

Esquimau, -aude, -aux [ɛskimo, -oːd]. **1.** *s. & a.* Eskimo; *U.S:* Husky. **2.** *s.m. F:* Choc-ice. **3.** *s.m. Cost:* Child's woolly suit.

esquintant [ɛskɛ̃tɑ̃], *a. F:* Exhausting, killing (work, etc.).

esquinter [ɛskɛ̃te], *v.tr. F:* **1.** To exhaust; to tire (s.o.) out. **2.** To smash (sth.); to do (s.o.) in; to spoil, damage. **Je ne veux pas e. la voiture,** I don't want to ruin the car. **E. sa santé,** to ruin one's health.

esquisse [ɛskis], *s.f.* Sketch; draft; outline (of portrait, landscape, novel, etc.). **E. d'un bâtiment,** rough plan of a building. **E. au crayon, à la plume,** pencil-sketch, pen-and-ink sketch.

esquisser [ɛskise], *v.tr.* To sketch, outline (portrait, plan, etc.). **E. un sourire,** to give a slight smile.

esquive [ɛskiːv], *s.f. Box: Fb: etc:* Dodging. **E. de la tête,** duck(ing).

esquiver [ɛskive], *v.tr.* To avoid, dodge, evade (blow, s.o., etc.). *Abs. Box:* **E. de la tête,** to duck.

s'esquiver, to slip away, off; to steal off; to make oneself scarce.

essai [esɛ], *s.m.* **1.** *(a)* Trial, test(ing). **E. d'usine,** shop-trial; bench-test. **E. de vitesse,** speed-trial. **En e.,** undergoing trials. **Faire l'e. de qch.,** to try sth., to give sth. a trial. **Mettre qn, qch., à l'e.,** to put s.o. sth., to the test. **Prendre qch. à l'e.,** to take sth. on trial, on approval. *Av:* **Pilote d'e.,** test pilot. S.a. BALLON 1. *(b) Metall:* Assay(ing) (of ore). **2.** *(a)* Attempt(ing), try. **Coup d'e.,** first attempt; *F:* trial shot. *(b) Lit:* Essay. *(c) Rugby Fb:* Try. **Transformer un e. (en but),** to convert a try. **3.** *Com:* Sample.

essaim [esɛ̃], *s.m.* Swarm (of bees, etc.). (Of hive) **Jeter un e.,** to throw off a swarm.

essaim|er [eseme], *v.i.* **1.** (Of bees) To swarm. **2.** To emigrate. *s.m.* **-age.**

essarter [esarte], *v.tr. Husb:* To grub up (trees, roots); to clear (ground).

essayage [esɛjaːʒ], *s.m.* **1.** Testing, trying. **2.** (Of clothes) Trying-on, fitting.

essayer [esɛje], *v.tr.* **(j'essaie, j'essaye; j'essaierai, j'essayerai) 1.** *(a)* To test, try (machine, etc.); to taste (wines). *(b)* To try on (garment, etc.). *(c) Metall:* To assay (ore). *(d)* **E. de qch.,** to try, (wine, dish, etc.). **2. E. de faire qch.,** to try, attempt, endeavour, to do sth. **Essayez de l'attraper,** try and catch him.

s'essayer à, dans, qch., à faire qch., to try one's hand at sth., at doing sth.

essayeur, -euse [esɛjœːr, -øːz], *s.* **1.** *Ind:* Assayer (of metals). **2.** *Tail:* Fitter; trier-on.

esse [ɛs], *s.f.* **1.** (The letter) s. **2.** *Tchn:* *(a)* S-shaped hook. *(b) Veh:* Linchpin. **3.** Sound-hole, S-hole (of violin).

essence [esɑ̃ːs], *s.f.* **1.** *Phil: Theol:* Essential being; essence. **2.** *(a)* (Essential) oil; attar (of roses). **E. de térébenthine,** oil of turpentine. S.a. VERNIS 1. *(b)* Motor spirit, petrol, *U.S:* gasoline. **Poste d'e.,** filling-station. *(c)* (Concentrated) essence, extract. **3.** *(a)* Nature, spirit, natural quality. **L'e. de l'affaire,** the essence, gist, of the matter. *(b) For:* Species, variety (of tree).

essenti|el, -elle [esɑ̃sjel]. **1.** *a.* Essential (truth, character, oil, etc.). **2.** *s.m.* **L'e.,** the great thing, the main point. *adv.* **-ellement.**

esseulé [esœle], *a.* Solitary, lonely (person).

esseulement [esœlmɑ̃], *s.m.* Isolation, solitude.

essieu, -eux [esjø, ɛ-], *s.m.* Axle(-tree) (of wheel); pin (of pulley-block). **E. fixe,** dead axle. **E. tournant,** live axle. S.a. ÉCARTEMENT 2.

essor [ɛsɔːr], *s.m.* Flight, soaring. **Donner l'e. à un oiseau,** to release a bird. **Donner libre e. à son génie,** to give full scope to one's genius. **Prendre son e.,** (i) (of bird) to take wing, to soar; (ii) to spring into life. **E. d'une industrie,** rise of an industry. **Prendre un grand e.,** to make great strides.

essor|er [esɔre], *v.tr.* To dry (clothes, etc.); to wring (linen) dry. *Phot:* To wipe, blot off (negative). *s.m.* **-age.**

essoreuse [esɔrøːz], *s.f.* **1.** Drying-machine, centrifugal dryer; *Dom.Ec:* spin-dryer. **2. E. à rouleaux,** wringing-machine, wringer; mangle.

essouch|er [esuʃe], *v.tr.* To stub up, grub up, the stumps of trees from (land). *s.m.* **-ement.**

essoufflé [esufle], *a.* Out of breath, short of breath; *F:* puffed. **Voix essoufflée,** breathless voice.

essoufflement [esufləmɑ̃], *s.m.* Breathlessness, panting; *F:* puffing.

essouffler [esufle], *v.tr.* To blow, wind (horse, man).

s'essouffler, to get out of breath; to get winded, blown, puffed.

essuie-glace [esɥiglas], *s.m. Aut:* Windscreen wiper; *U.S:* windshield wiper. *pl. Des essuie-glaces.*

essuie-main(s) [esɥimɛ̃], *s.m.inv.* Towel.

essuie-pieds [esɥipje], *s.m.inv.* Door-mat.

essuie-verres [esɥivɛːr], *s.m.inv.* Tea-towel, tea-cloth, glass-cloth.

essuy|er [esɥije], *v.tr.* **(j'essuie; j'essuierai) 1.** To wipe (dish, etc.); to wipe (sth.) clean; to dry; to wipe up, mop up (water, etc.). *s.m.* **-age. 2.** To suffer, endure, be subjected to (defeat, insults, etc.). **E. le feu (de l'ennemi),** to come under fire. **E. un coup de feu,** to be shot at. **E. un coup de vent,** to encounter, to weather, a gale. **E. un refus,** to meet with a refusal. **E. une perte,** to suffer a loss.

est[1] [ɛst]. **1.** *s.m.* No *pl.* East. **Un vent (d')e.,** an easterly wind. **Le vent d'e.,** the east wind. **Vers l'e.,** eastward. **Borné à l'e. par . . .,** bounded on the east by. . . . **2.** *a.inv.* **Les régions e. de la France,** the eastern parts of France.

est[2] [ɛ]. See ÊTRE.

estacade [ɛstakad], *s.f.* **1.** Line of stakes or piles. *(a) Fort:* Stockade. *(b) Nau:* (i) Breakwater. (ii) Pier (on piles). **2. E. (flottante),** (harbour) boom.

estafette [ɛstafɛt], *s.f.* Estafette, courier. *Mil:* Mounted orderly; dispatch-rider.

estafilade [ɛstafilad], *s.f.* *(a)* Gash in the face (from razor, sword). *(b)* Slash (in clothing).

estaminet [ɛstaminɛ], *s.m.* (Small) public house

estampe [ɛstɑ̃ːp], *s.f.* **1.** = ÉTAMPE. **2.** Print, engraving. **E. sur bois,** woodcut.

estamp|er [ɛstɑ̃pe], *v.tr.* **1.** To stamp, emboss; to impress (pattern on clay, etc.). **2.** = ÉTAMPER. *Metalw:* **Pièce estampée,** punched piece. **3.** *P:* To swindle (s.o.). *s.m.* **-age.**

estampeur, -euse [ɛstɑ̃pœːr, -øːz], *s.* **1.** Stamper, embosser. **2.** *P:* Swindler.

estampille [ɛstɑ̃piːj], *s.f.* (Official) stamp. *Com:* Trade-mark.

estampill|er [ɛstɑ̃pije], *v.tr.* To stamp (weights, document, etc.); to mark (goods). *s.m.* **-age.**

estarie [ɛstari], *s.f. Nau:* **(Jours d')e.,** lay-days.

esthète [ɛstɛt], *s.m. & f.* Aesthete.

esthéticien, -ienne [ɛstetisjɛ̃, -jen], *s.* **1.** Æsthetician. **2.** *s.f.* **Esthéticienne,** beauty specialist, *U.S:* beautician.

esthétique [ɛstetik]. **1.** *a.* Aesthetic. **2.** *s.f.* Aesthetics. *adv.* **-ment,** -ally.

estimable [ɛstimabl], *a.* **1.** Estimable. **2.** Fairly good (work, etc.).

estimateur, -trice [ɛstimatœːr, -tris], *s.* **1.** Estimator. *Com:* Appraiser, valuer. **2.** Appreciator, esteemer (of merit, etc.).

estimatif, -ive [ɛstimatif, -iːv], *a.* Estimated (cost, etc.). **Devis e.,** estimate.

estimation [ɛstimasjɔ̃], *s.f.* *(a)* Estimation (of the value of sth.); valuing, appraising (of goods, etc.). *(b)* Estimate, valuation.

estime [ɛstim], *s.f.* **1.** Guesswork. *Nau:* Reckoning. *Adv.phr.* **A. l'e.,** by guesswork; *Nau:* by dead reckoning. **2.** *(a)* Estimation, opinion. *(b)* Esteem, regard. **Témoigner de l'e. pour qn,** to show regard for s.o. **Tenir qn en grande, en médiocre, e.,** to think highly, little, of s.o.

estimer [ɛstime], *v.tr.* **1.** (*a*) To estimate; to value, appraise (goods); to assess (damage). (*b*) To calculate (distance, etc.). *Nau:* To reckon. **Latitude estimée,** latitude by dead reckoning. **2.** (*a*) To consider, deem; to be of (the) opinion (that). **J'estime qu'il est de mon devoir de . . .,** I consider it my duty to. . . . **S'e. heureux,** to think, deem, oneself lucky; to account oneself lucky. (*b*) To esteem (s.o.); to have a high opinion of (s.o., sth.); to value (sth.).

estival, -aux [ɛstival, -o], *a.* (A)estival, summer (flower, illness, etc.).

estivant, -ante [ɛstivɑ̃, -ɑ̃:t], *s.* Summer resident; holiday-maker.

estiv|er [ɛstive]. **1.** *v.tr.* To move (cattle, etc.) to summer pastures. **2.** *v.i.* To spend the summer (at a resort). *s.m.* **-age.**

estoc [ɛstɔk], *s.m.* **1.** Stock, trunk (of tree). *A:* **Être de bon e.,** to be of good stock, of good lineage. **2.** *A:* Rapier. *Fenc:* **Coup d'e.,** thrust. **Frapper d'e. et de taille,** (i) to cut and thrust; (ii) *F:* to lay about one with might and main.

estocade [ɛstɔkad], *s.f.* (*a*) Stab-wound. (*b*) *Fenc:* Thrust.

estomac [ɛstɔma], *s.m.* Stomach. **Creux de l'e.,** pit of the stomach. **Le mal d'e.,** the stomach-ache. *F:* **Avoir l'e. dans les talons,** to be faint with hunger. **Avoir de l'e.,** (i) to have plenty of pluck; (ii) to have plenty of cheek; (iii) to be financially solid.

estomaquer [ɛstɔmake], *v.tr.* *F:* To take (s.o.'s) breath away; to stagger, astound, flabbergast (s.o.).

estompe [ɛstɔ̃:p], *s.f.* *Art:* Stump. **Dessin à l'e.,** stump drawing.

estompé [ɛstɔ̃pe], *a.* Soft, blurred (outline).

estomper [ɛstɔ̃pe], *v.tr.* *Art:* To stump; to soften off, shade off, (drawing) with a stump; to blur, to dim; to tone down.

estourbir [ɛsturbi:r], *v.tr.* *P:* To kill (s.o.); to do (s.o.) in.

estrade [ɛstrad], *s.f.* Dais; platform, stage.

estragon [ɛstragɔ̃], *s.m.* *Bot:* *Cu:* Tarragon.

estrapade [ɛstrapad], *s.f.* **1.** *A:* (*a*) Strappado (punishment). (*b*) *Nau:* Dipping from the yard-arm. **2.** *Equit:* Buck-jump. **3.** *Gym:* Skinning the cat. **Faire l'e.,** to skin the cat.

estrope [ɛstrɔp], *s.f.* *Nau:* Strop, grommet (of pulley-block, toggle-pin).

estropié, -ée [ɛstrɔpje]. **1.** *a.* Crippled, disabled, maimed. **Être e. du bras,** to have a game arm. **2.** *s.* **Les estropiés,** the maimed.

estuaire [ɛstɥɛ:r], *s.m.* Estuary.

estudiantin, -ine [ɛstydjɑ̃tɛ̃, -in], *a.* Of students. **La vie estudiantine,** student life.

esturgeon [ɛstyrʒɔ̃], *s.m.* *Ich:* Sturgeon.

et [e], *conj.* And. **Et son frère et sa sœur,** both his brother and his sister. **J'aime le café; et vous?** I like coffee; do you? *F:* **Et les dix francs que je vous ai prêtés?** and (what about) the ten francs I lent you? NOTE. There is no 'liaison' with *et.* **J'ai écrit et écrit** [ʒeekrieekri].

étable [etabl], *s.f.* Cow-shed, -house; cattle-shed; *Scot:* byre. **É. à pourceaux,** pigsty.

établer [etable], *v.tr.* To stall (cattle, etc.).

établi [etabli], *s.m.* (Work-)bench.

établir [etabli:r], *v.tr.* **1.** (*a*) To establish (business, etc.); to set up (statue, agency); to put up (building, etc.); to construct (dam, railway); to settle, fix (one's place of abode); to install, fix up (machinery, etc.); to set (a sail). **É. un camp,** to pitch a camp. **É. un record,** to set up a record. **Route solidement établie,** well-laid road. (*b*) To establish, prove (fact). **2.** To work out (plan, proposition, etc.); to draw up (plan). **Considérer qch. comme chose établie,** to take sth. for granted. *Com:* **É. un devis,** to make out an estimate. **É. un compte, un bilan, un budget,** to draw up, make up, an account, a balance-sheet; to draw up a budget. **É. une balance,** to strike a balance. **Établi d'après des statistiques,** compiled from statistics. **3.** To institute, create (tax, tribunal, etc.); to prescribe, lay down (rule); to found (colony, factory). **4.** To set (s.o.) up in business; to settle (in marriage).

s'établir. **1.** To establish oneself, to take up one's abode (in a place). **2. S'é. épicier,** to set up as a grocer. **3.** (Of custom, etc.) To become established.

établissement [etablismɑ̃], *s.m.* Establishment. **1.** (*a*) Setting up, putting up, installing (of machinery, etc.); establishing, building up (of reputation, etc.); settling, settlement (of children). **Frais de premier é.,** initial expenses. (*b*) Establishment, proving (of innocence, guilt). **2.** Working out (of design, etc.); proving, establishing (of facts, etc.); drawing up, making up (of accounts, etc.). **3.** Instituting, creating, forming (of government, etc.); laying down (of rules); founding (of colony, industry). **4.** (*a*) Institution. **É. de charité,** charitable institution. **É. colonial,** colonial settlement. (*b*) Trading centre (in colony, etc.); factory. **Les établissements Smith,** Smith & Co. (*c*) Premises.

étage [eta:ʒ], *s.m.* **1.** Stor(e)y, floor (of building); level (of mine). **A deux étages,** two-storied; *U.S:* three-storied. **2.** (*a*) Tier, range, step. **Menton à deux étages,** double chin. (*b*) *F:* Degree, rank. **Cabaret de bas é.,** low, third-rate, public house. (*c*) *Geol:* Stage, layer, formation. (*d*) *Mch:* *etc:* Stage. **Compression par étages,** compression by stages. *W.Tel:* **É. amplificateur,** amplifying stage.

étag|er [etaʒe], *v.tr.* **(j'étageai(s); n. étageons) 1.** (*a*) To range (seats, etc.) in tiers. **Jardin étagé,** terraced garden. **Poulie étagée,** cone-pulley. (*b*) To stagger (rivets, etc.). **2.** To perform (operation) by stages. *s.m.* **-ement.**

s'étager, to rise in tiers.

étagère [etaʒɛ:r], *s.f.* (*a*) What-not. (*b*) Rack; (set of) shelves. (*c*) Shelf.

étai[1] [etɛ], *s.m.* *Nau:* Stay. **Voile d'é.,** staysail.

étai[2] *s.m.* *Const:* Stay, prop, shore, strut. **É. de mine,** pit-prop.

étain [etɛ̃], *s.m.* **1.** Tin. **Papier d'é.,** tinfoil. **2.** Pewter. **Vaisselle d'é.,** pewter (plate).

étal, -aux, occ. **-als** [etal, -o], *s.m.* Butcher's stall; meat stall; stand (in market).

étalage [etala:ʒ], *s.m.* *Com:* (*a*) Display, show (of goods, etc.). **É. de bouquiniste,** second-hand bookstall. (*b*) Window-dressing. **Faire l'é.,** (i) to set out one's wares; (ii) to dress the window(s). **Mettre qch. à l'é.,** to put sth. in the window. (*c*) *F:* Show-off. **Faire é. de ses bijoux, de son savoir,** to show off, to display, parade, one's jewels, one's knowledge. **Faire é. de ses opinions,** to air one's opinions.

étalager [etalaʒe], *v.tr.* **(j'étalageai(s); n. étalageons)** To expose, display, (goods) for sale.

étalagiste [etalaʒist], *s.m.* & *f.* *Com:* (*a*) Stall-keeper, -holder. (*b*) Window-dresser.

étale [etal]. *Nau:* **1.** *a.* Slack (tide); steady (breeze). **2.** *s.m.* **É. du flot,** slack water.

étal|er [etale], *v.tr.* **1.** *Nau:* To stem (the current); to weather out, ride out (gale). **É. une voie d'eau,** to keep the water under. **2.** (*a*) *Com:* To display (goods); to set out (one's wares); to expose (goods) for sale. (*b*) To spread out, lay out (linen to dry, etc.). **Arbre à cime étalée,** large-crowned tree. (*c*) *Cards:* To lay down (one's cards). (*d*) *F:* To flaunt, show off (one's wealth, etc.). (*e*) To stagger (holidays, payments). *s.m.* **-ement.**

s'étaler, to spread, to stretch oneself out; to sprawl (in an arm-chair, etc.). **S'é. par terre,** (i) to lie down at full length; (ii) *F:* to come a cropper.

étalinguer [etalɛ̃ge], *v.tr.* *Nau:* To bend (cable) to the anchor; to clinch, shackle (cable).

étalingure [etalɛ̃gy:r], *s.f.* *Nau:* Clinch (of cable to anchor).

étalon[1] [etalɔ̃], *s.m.* Stallion; stud-horse.

étalon[2], *s.m.* Standard (of weights, measures, etc.). *Fin:* **L'é. or,** the gold standard. *Nau:* **Compas é.,** standard compass.

étalonn|er [etalɔne], *v.tr.* **1.** To standardize (weights, etc.); to calibrate (tube, etc.); to test, gauge, adjust (instrument). *W.Tel:* **É. les stations,** to log the stations. **2.** To stamp, mark (standardized weights, etc.). *s.m.* **-age.**

étambot [etɑ̃bo], *s.m.* *Nau:* Stern-post.

étam|er [etame], *v.tr.* **1.** To tin (copper, etc.); to tin (-plate) (iron). **2.** (*a*) To galvanize, zinc (metals). (*b*) To (quick)silver (mirror). *s.m.* **-age.**

étameur [etamœ:r], *s.m.* **1.** (*a*) Tinner, tinsmith. (*b*) **É. ambulant,** tinker. **2.** Silverer (of mirrors).

étamine[1] [etamin], *s.f.* **1.** (*a*) Butter-muslin, cheese-cloth; bolting-cloth. (*b*) **É. à pavillon,** bunting. **2.** Sieve, strainer. **Passer qch. à, par, l'é.,** (i) to sift, strain, sth.; (ii) *F:* to sift (evidence, etc.).

étamine[2], *s.f. Bot:* Stamen.

étampe [etɑ̃:p], *s.f.* **1.** Stamp, die. **2.** *Tls:* (*a*) Punch. (*b*) Swage.

étamp|er [etɑ̃pe], *v.tr.* **1.** To stamp (sheet metal, etc.); to punch (horseshoe, etc.). **2.** (*a*) To swage. (*b*) To drop-forge. **Pièce étampée,** drop-forging. *s.m.* **-age.** *s.m.* **-eur.**

étamure [etamy:r], *s.f.* **1.** Coating of tin. **2.** Tinning-metal.

étanche [etɑ̃:ʃ], *a.* **1.** Tight, impervious. **É. à l'eau, à l'air,** water-, air-tight. **Cloisons étanches,** watertight bulkheads. **2.** *El.E:* Insulated.

étanchéité [etɑ̃ʃeite], *s.f.* Imperviousness. **É. à l'eau, à l'air,** water-, air-tightness.

étanch|er [etɑ̃ʃe], *v.tr.* **1.** (*a*) To check the flow of (liquid); to sta(u)nch (blood). **É. une voie d'eau,** to stop a leak. (*b*) To quench, slake (one's thirst). (*c*) To clear (ship, land) of water; to dry up (land). **2.** To make (vessel) watertight, air-tight. *s.m.* **-ement.**

étançon [etɑ̃sɔ̃], *s.m.* (*a*) *N.Arch:* Pillar, stanchion. (*b*) Prop, stay, shore.

étançonn|er [etɑ̃sɔne], *v.tr.* To stay, to prop (up), to shore (up) (wall, deck, etc.); to underpin (building). *s.m.* **-ement.**

étang [etɑ̃], *s.m.* Pond, pool, mere.

étape [etap], *s.f.* (*a*) Stage (of journey). (i) Halting-place. **Faire é.,** to stop. (ii) Distance between two halting-places. **A la dernière é.,** on the last lap. (*b*) **Faire, fournir, une é.,** to do a day's march, run, flight. *Aut: Sp:* **Parc d'é.,** concentration point (of cars in a road race). **A, par, petites étapes,** by easy stages. **Brûler les étapes,** to press on.

état [eta], *s.m.* **1.** State, condition. **É. de choses,** state of things; circumstances. **Dans l'é. actuel des choses,** in the present state of things. **Laisser les choses en l'é.,** to leave things as they stand. **Vêtements à l'é. de guenilles,** clothes reduced to rags. **En (bon) é.,** in good condition, in good order; (house) in good repair; (of boxer, etc.) in good shape, in good trim. **En mauvais é., hors d'é.,** out of repair, out of order, in bad condition; (house) in bad repair. **En piteux é.,** in a sorry plight. **Hors d'é. de rendre aucun service,** totally unfit for use. **Mettre ses affaires en é.,** to put one's affairs in order. **Remettre qch. en é.,** to put sth. to rights; to overhaul, to recondition (engine, etc.). **En é. d'ivresse,** in a state of intoxication. **É. d'esprit,** state, frame, of mind. **É. de guerre,** (i) state of war; (ii) war footing. **Être en é. de faire qch.,** to be (i) fit, in a fit state, (ii) able, in a position, to do sth. **Mettre qn en é. de faire qch.,** to enable s.o. to do sth. **Hors d'é. de faire qch.,** unable, not in a position, to do sth. **N'être plus en é. de travailler,** to be past one's work. *F:* **Être dans tous ses états,** to be in a great state, to be upset. **2.** (*a*) Statement, report, list, return. **É. néant,** nil return. **É. des dépenses, é. de compte,** statement of expenses, statement of account. *Jur:* **É. de frais,** bill of costs, **É. mensuel,** monthly return. *Com: Ind:* **É. périodique,** periodical report, progress report. **É. des lieux,** inventory of fixtures (as between landlord and tenant). **É. nominatif,** list of names; (nominal) roll. *Mil: Adm:* **É. de services,** record of service. **Rayer qn des états,** to strike s.o. off the rolls. (*b*) **Faire é. de qch.,** (i) to take sth. into account; to note (a fact); (ii) to depend, count, on sth. **En tout é. de cause . . .,** whatever the circumstances . . .; in any case. . . . **Faire grand é. de qn,** to think highly of s.o. (*c*) *Adm:* **É. civil,** (i) civil status; (ii) registry office. **Actes de l'é. civil,** certificates of births, marriages, deaths. **Officier de l'é. civil,** mayor, etc., acting as registrar. **3.** Profession, trade. **Il est militaire, épicier, de son é.,** he is a soldier by profession, a grocer by trade. **4.** *Pol:* (*a*) Estate (of the realm). **Le tiers é.,** the third estate, the commonalty. *Hist:* **Les États généraux,** the States General. (*b*) State; (form of) government; body politic. **É. monarchique,** monarchic form of government. **Coup d'É.,** coup d'état. **Homme d'É.,** statesman. **Prisonnier d'É.,** prisoner of State. (*c*) Nation, state. **Servir l'É.,** to serve the nation, the State.

étatique [etatik], *a.* Under State control.

étatisation [etatizasjɔ̃], *s.f.* Establishment of state control.

étatisé [etatize], *a.* State-controlled.

étatiser [etatize], *v.tr.* *Pol:* To establish State control over.

étatisme [etatism], *s.m.* State management or control; State socialism; etatism, statism.

état-major [etamaʒɔ:r], *s.m.* **1.** *Mil: Navy: Av:* (*a*) (General) staff. **Officier d'é.-m.,** staff officer. **Carte d'é-m.,** ordnance (survey) map. S.a. BREVET 2, CHEF 2. (*b*) Headquarters. **2.** Management (of firm). *pl. Des états-majors.*

États-Unis (les) [lezetazyni]. *Pr.n.m.pl.* The United States (of America).

étau, -aux [eto], *s.m.* *Tls:* Vice, *U.S:* vise. **É. à main,** hand-vice. **É. d'établi,** bench-vice. *F:* **L'é. des restrictions,** the stranglehold of restrictions.

éta|yer [etɛje], *v.tr.* **(j'étaie, j'étaye; j'étaierai, j'étayerai)** (*a*) To stay, prop (up), shore (up), support. (*b*) To support, back up (statement, etc.). *s.m.* **-iement, -yement.** *s.m.* **-yage.**

s'étayer contre un choc, to steady oneself against a shock. **S'é. sur qn,** to lean upon s.o.

été[1] [ete], *s.m.* Summer. **En é.,** in summer. **Se mettre en é.,** to put on summer clothing. **Heure d'é.,** summer-time. *F:* **É. de la Saint-Martin,** St Martin's summer, Indian summer.

été[2]. See ÊTRE.

éteign-ant, -is, -ons, etc. See ÉTEINDRE.

éteignoir [etɛɲwa:r], *s.m.* (Candle) extinguisher. *F:* (*Pers.*) Wet blanket.

éteindre [etɛ̃:dr], *v.tr.* (Conj. like TEINDRE) **1.** To extinguish, put out (fire, light); to turn off (the gas); to switch off (electric light). **É. les feux d'un fourneau,** to draw the fires of a furnace. **Laisser é. le feu,** to let the fire go out. *Abs.* **Éteignez,** turn out, switch off, the light. **2.** To extinguish (race, family); to pay off (a debt); to abolish (a right). **É. la soif,** to slake, quench, thirst. **3.** (*a*) To slake, slack, kill (lime). (*b*) *Metalw:* To quench (red-hot iron, etc.). **4.** To fade, soften (colour); to smother, deaden (sound); to appease, allay (passion); to dim (light, flashing eyes, etc.).

s'éteindre. 1. (*a*) (Of fire, light) To go out, to die out. (*b*) (Of colour, etc.) To fade, grow dim; (of sound) to die down, to die away; to subside; (of passion) to die down. **Le jour s'éteint,** daylight is fading. **2.** (*a*) (Of race, family) To become extinct, to die out. (*b*) **Vieillard qui s'éteint,** old man who is nearing his end. **Il s'éteignit entre mes bras,** he passed away in my arms.

éteint [etɛ̃], *a.* (*a*) Extinguished. **Le feu est é.,** the fire is out. (*b*) Extinct (race, volcano). (*c*) Dull; dim, faint (colour, sound). **Yeux éteints,** dull, *Lit:* lack-lustre, eyes. **Voix éteinte,** faint, toneless, far-away, voice.

étendage [etɑ̃da:ʒ], *s.m.* **1.** (*a*) Hanging out (of washing); spreading (of butter). (*b*) Stretching. **2.** (*a*) Clothes-lines. (*b*) Drying yard.

étendard [etɑ̃da:r], *s.m.* (*a*) *Mil:* Standard (of mounted arms); colour(s). (*b*) *F:* Flag, standard. **Lever l'é. de la révolte,** to raise the flag of rebellion.

étendoir [etɑ̃dwa:r], *s.m.* (*a*) Clothes-line. (*b*) Drying-yard, -room.

étendre [etɑ̃:dr], *v.tr.* **1.** To spread, stretch. **É. du beurre sur du pain,** to spread butter on bread. **É. la lessive,** to hang out the washing. **É. le bras,** to stretch out one's arm. (Of bird) **É. ses ailes,** to spread its wings. **É. qn par terre d'un coup de poing,** to knock s.o. down; *F:* to lay s.o. out. **2.** (*a*) To stretch (sth.) out (to more than original size). **É. l'or,** (i) to beat out gold; (ii) to wire-draw gold. *Cu:* **É. la pâte,** to roll out the dough. **É. ses connaissances,** to extend, enlarge, improve, one's knowledge. **É. sa propriété,** to enlarge one's estates. (*b*) To dilute (wine, milk, etc.) (**de,** with).

s'étendre. 1. (*a*) To stretch oneself out; to lie down at full length. (*b*) **S'é. sur un sujet,** to dwell, enlarge, expatiate (up)on a subject. **2.** (*a*) To extend, stretch. **La ligne s'étend depuis . . . jusqu'à . . .,** the line stretches, runs, from . . . to. . . . (*b*) To spread. **Empêcher l'incendie de s'é.,** to prevent the fire from spreading. (Of dye) **S'é. au lavage,** to run in the wash.

étendu, -ue [etɑ̃dy]. **1.** *a.* (*a*) Extensive (knowledge); far-reaching (influence); wide (plain). (*b*) Outspread (wings); outstretched (hands). **2.** *s.f.* **Étendue,** extent, size, area; scale (of calamity, etc.); stretch (of water, etc.); reach (of the mind). **Vaste é. de mer,** vast stretch, expanse, of sea. **É. d'une voix,** compass, range, of a voice.

étern|el, -elle [etɛrnɛl], *a.* (*a*) Eternal. *s.m.* **L'É.,** God, the Lord. S.a. ARMÉE. (*b*) Everlasting, endless. *F:*. **Soucis éternels,** never-ending worries. S.a. NEIGE. *adv.* **-ellement.**

éterniser [etɛrnize], *v.tr.* (*a*) To eternize, perpetuate. **É. la mémoire de qn,** to immortalize s.o.'s memory. **Si nous pouvions é. cette heure,** if only we could make this hour last for ever. (*b*) *F:* To drag on (discussion) (interminably).

s'éterniser, to last for ever; to drag on; to go on and on. *F:* **S'é. chez qn,** to outstay, overstay, wear out, one's welcome.

éternité [etɛrnite], *s.f.* Eternity. **De toute é.,** from time immemorial. **Il y a une é. que je ne vous ai vu,** it is ages since I saw you.

éternuement [etɛrnymɑ̃], *s.m.* **1.** Sneezing. **2.** Sneeze.

éternuer [etɛrnɥe], *v.i.* To sneeze.

étêt|er [etete], *v.tr.* (*a*) To remove the head from (fish, nail, etc.). (*b*) To pollard (tree). *s.m.* **-age,** *s.m.* **-ement.**

éteule [etœːl], *s.f.* *Agr:* Stubble.

éthane [etan], *s.m.* *Ch:* Ethane.

éther [etɛːr], *s.m.* *Ph:* *Ch:* *Med:* Ether.

éthéré [etere], *a.* **1.** Ethereal, airy (regions). **2.** *Ch:* Ethereal (salt).

Éthiopie [etjɔpi]. *Pr.n.f.* Ethiopia; Abyssinia.

éthiopien, -ienne [etjɔpjɛ̃, -jɛn], *a.* & *s.* Ethiopian; Abyssinian.

éthique [etik]. **1.** *a.* (*a*) Ethical (problems, etc.). (*b*) **Datif é.,** ethic dative. **2.** *s.f.* Ethics.

ethnique [ɛtnik], *a.* **1.** *Rel.H:* Ethnic(al), gentile. **2.** Ethnological, ethnical.

ethnographe [ɛtnɔgraf], *s.m.* & *f.* Ethnographer.

ethnographie [ɛtnɔgrafi], *s.f.* Ethnography.

ethnologie [ɛtnɔlɔʒi], *s.f.* Ethnology.

ethnologue [ɛtnɔlɔg], *s.m.* & *f.* Ethnologist.

éthylamine [etilamin], *s.f.* *Ch:* Ethylamine.

éthyle [etil], *s.m.* *Ch:* Ethyl.

éthylène [etilɛn], *s.m.* *Ch:* Ethylene.

éthylique [etilik], *a.* Ethyl(ic). **Alcool é.,** ethyl alcohol, ordinary alcohol.

éthylisme [etilism], *s.m.* (Chronic) alcoholism.

étiage [etjaːʒ], *s.m.* Lowest water-level, low water (of river). **Échelle d'é.,** water-gauge.

Étienne [etjɛn]. *Pr.n.m.* Stephen.

étinceler [etɛ̃sle], *v.i.* (**il étincelle; il étincellera**) **1.** To throw out sparks. **2.** (Of diamond, etc.) To sparkle, glitter, gleam, flash.

étincelle [etɛ̃sɛl], *s.f.* Spark. **Lancer des étincelles,** to throw out sparks; to sparkle, flash. *F:* **Faire des étincelles,** (i) to be sparkling with wit; (ii) to be very successful. *El.E:* **É. disruptive,** spark discharge. *I.C.E:* **Allumage par é.,** spark ignition.

étincellement [etɛ̃sɛlmɑ̃], *s.m.* Sparkling, glittering, scintillation (of gem); twinkling (of stars).

étiolement [etjɔlmɑ̃], *s.m.* (*a*) *Bot:* *Med:* Chlorosis, etiolation. (*b*) Drooping, wilting (of flowers); atrophy (of the mind).

étioler [etjɔle], *v.tr.* **1.** To etiolate, blanch (celery, etc.). **2.** To make (s.o.) weakly, pale.

s'étioler. (*a*) To etiolate, blanch. (*b*) (Of flowers, etc.) To droop, wilt, starve.

étique [etik], *a.* **1.** *A:* Consumptive. **2.** Emaciated; all skin and bone; *F:* skinny.

étiquet|er [etikte], *v.tr.* (**j'étiquète; j'étiquèterai**) To label (luggage); to ticket (goods). *s.m.* **-age.** *s.* **-eur, -euse.**

étiquette [etikɛt], *s.f.* **1.** Label, docket, ticket. **É. à œillets,** tie-on label; tag. **É. gommée,** stick-on label. **É. de vitrine,** show-card. **2.** Etiquette, formality, ceremony. **Il est contraire à l'é. de . . .,** it is bad form to. . .

étirable [etirabl], *a.* (Of metal) Ductile, drawable; (of tissue) elastic.

étir|er [etire], *v.tr.* To stretch; to draw out (sth.). **É. le fil,** to draw wire. **Banc à é.,** draw-bench. *s.m.* **-age.** *s.* **-eur, -euse.**

s'étirer, to stretch oneself, one's limbs.

étoffe [etɔf], *s.f.* **1.** Material (used in manufacture of sth.). *F:* **Avoir de l'é.,** to have plenty of grit. **Il a de l'é.,** there is something in him, there is good stuff in him. **Il y a en lui l'é. d'un écrivain,** he has the makings of a writer. **2.** *Tex:* Stuff, material, fabric. **Riches étoffes de soie,** heavy silk fabrics.

étoffé [etɔfe], *a.* Ample, full (garment); stuffed (cushion); upholstered (armchair); rich, full (voice). **Homme bien é.,** (i) stout, thick-set, man; (ii) well-to-do man. **Cheval é.,** stout, stocky, horse.

étoffer [etɔfe], *v.tr.* **1.** (*a*) To use ample material in making (sth.). **É. un discours, etc.,** to fill out a speech, etc. (*b*) To stuff (cushion, etc.); to upholster (armchair, etc.). **2.** To stiffen (gum, etc.); to beat up (cream, etc.).

s'étoffer, (of horse, *F:* of pers.) to fill out.

étoile [etwal], *s.f.* Star. **1.** **É. filante,** shooting star. **L'é. polaire,** the pole star. **A la clarté des étoiles,** in the starlight. *F:* **Coucher, dormir, à la belle é.,** to sleep in the open. **Né sous une bonne, une mauvaise, é.,** born under a lucky, an unlucky star. S.a. PALIR 1. **2.** (*a*) Decoration. **É. de la Légion d'honneur,** cross of the Legion of Honour. (*b*) *Typ:* Asterisk, star. (*c*) = ROND-POINT. (*d*) **É. de mer,** star-fish. **3.** **É. de cinéma,** film-star. **Avoir un rôle d'é.,** to star.

étoilé [etwale], *a.* **1.** Starry, starlit (sky). **La Bannière étoilée,** the Star-spangled Banner (of the U.S.A.). **2.** Star-shaped.

étoiler [etwale], *v.tr.* **1.** To stud, bespangle, (sth.) with stars. **2.** To make a star-shaped crack in, to star (glass, etc.).

s'étoiler. **1.** (Of the sky) To light up (with stars). **2.** (Of window-pane, etc.) To star.

étole [etɔl], *s.f.* *Ecc:* *Cost:* Stole.

étonn|ant [etɔnɑ̃], *a.* Astonishing, surprising. **Rien d'é. à cela,** that is no wonder. **Ce n'est guère é.,** small wonder. **Ce n'est pas é. qu'il soit malade,** no wonder, little wonder, it is not to be wondered at, that he is ill. *F:* **Vous êtes é.,** you are the limit! *adv.* **-amment.**

étonnement [etɔnmɑ̃], *s.m.* Astonishment, surprise, wonder, amazement. **Jeter qn dans l'é.,** to astonish, dumbfound, s.o. **Faire l'é. de tout le monde,** to be the talk of the town.

étonner [etɔne], *v.tr.* **1.** (*a*) *A:* To stun. (*b*) To shake, loosen (structure); to crack, fissure (arch, etc.). **2.** To astonish, amaze, surprise. **Cela m'étonne que** + *sub.*, I am astonished that. . . . **Cela ne m'étonnerait pas,** I shouldn't wonder (at it). **Ce qui m'étonne, c'est que . . .,** what surprises me is that. . . .

s'étonner. **1.** To become loose; to crack, fissure. **2.** To be astonished, surprised, to wonder (de, at). **Je m'étonne de vous voir,** I am surprised to see you. **Je m'étonne que** + *sub.*, I wonder that. . . .

étouffant [etufɑ̃], *a.* Stifling, suffocating, stuffy (atmosphere); sultry (weather); sweltering (heat).

étouffée [etufe], *s.f.* *Cu:* **Cuire qch. à l'é.,** to braise (meat).

étouffement [etufmɑ̃], *s.m.* **1.** Suffocation, stifling (of s.o.); smothering (of fire). **2.** Choking sensation; fit of breathlessness.

étouffer [etufe]. **1.** *v.tr.* (*a*) To suffocate, choke, smother (s.o.). **On s'étouffait pour entrer,** people crushed in. (*b*) To stifle (cry, passion, industry); to smother (fire); to stamp out (epidemic); to quell, suppress (revolt); to damp, to muffle (sound); to drown (voice); *El:* To quench (spark). **É. une affaire,** to hush up a matter. **É. un sanglot,** to choke down a sob. **2.** *v.i.* & *pr.* (*a*) To suffocate, choke. **É. de rage,** to choke with rage. (*b*) **On étouffe ici,** it is stifling here.

étouffoir [etufwaːr], *s.m.* **1.** Charcoal extinguisher. **2.** Damper (of piano). **3.** Stuffy room. **4.** *Com:* Air-tight container.

étoupe [etup], *s.f.* **1.** (*a*) **É. blanche,** tow. (*b*) **É. noire,** oakum. (*c*) **É. de coton,** cotton waste. **2.** Packing, stuffing (of piston-rod).

étouper [etupe], *v.tr.* **1.** To stop up (crevice, etc.) with tow or oakum; to caulk (boat). **2.** *Mec.E:* To stuff, pack (gland, etc.).

étoupille [etupi:j], *s.f.* **1.** *Artil:* (*a*) *A:* Quick-match. (*b*) Firing-tube. **2.** *Min:* Fuse.

étourderie [eturdəri], *s.f.* **1.** Thoughtlessness, inadvertence. **Par é.,** inadvertently, in an unthinking moment. **2.** Thoughtless action; oversight, blunder; careless mistake.

étourdi, -ie [eturdi], *a.* **1.** (*a*) Giddy, dizzy. (*b*) Thoughtless, scatterbrained; foolish (answer). **2.** *s.* Scatterbrain, harum-scarum. **3.** *Adv.phr.* **A l'étourdie,** thoughtlessly, heedlessly. *adv.* **-ment.**

étourdir [eturdi:r], *v.tr.* **1.** To stun, daze; to make (s.o.) dizzy. *F:* **Cet enfant nous étourdit,** that child is making an awful din. **2.** To (be)numb, deaden (pain); to allay, assuage (grief).

s'étourdir, to try to forget.

étourdissant [eturdisɑ̃], *a.* **1.** Deafening, ear-splitting. **2.** Staggering, astounding (news).

étourdissement [eturdismɑ̃], *s.m.* **1.** Giddiness, dizziness. **Avoir un é.,** to feel giddy. **Cela me donne des étourdissements,** it makes my head swim. **2.** Numbing, deadening (of pain); dazing (of the mind).

étourneau [eturno], *s.m.* (*a*) *Orn:* Starling. (*b*) *F:* = ÉTOURDI 2.

étrange [etrɑ̃:ʒ], *a.* Strange, peculiar, odd, queer, weird. **Chose é.,** strange to say. **Le plus é., c'est que . . .,** strangest of all . . . *adv.* **-ment.**

étranger, -ère [etrɑ̃ʒe, -ɛ:r]. **1.** (*a*) *a.* Foreign. **Ministre des affaires étrangères,** Minister of Foreign Affairs. (*b*) *s.* Foreigner, alien. (*c*) *s.m.* Foreign parts. **Vivre à l'é.,** to live abroad. **2.** (*a*) *a.* Strange, unknown. **Sa voix m'est étrangère,** his voice is unknown to me. (*b*) *s.* Stranger. **3.** *a.* Extraneous, foreign; not belonging (to sth.); irrelevant (à, to). **Cela est é. à la question,** that is beside the point. **Être é. au complot,** to have no part in the plot.

étrangeté [etrɑ̃ʒte], *s.f.* Strangeness, quaintness, oddness (of conduct, style, etc.).

étranglé [etrɑ̃gle], *a.* Constricted, narrow (passage); choked, choking (voice); strangulated (hernia).

étranglement [etrɑ̃gləmɑ̃], *s.m.* **1.** (*a*) Strangling, strangulation. (*b*) Constriction, narrowing; jamming (of cable). *Mch:* Throttling. **2.** Narrows (of river); bottle-neck (of thoroughfare).

étrangler [etrɑ̃gle], *v.tr.* **1.** (*a*) To strangle, throttle (s.o.). (*b*) *v.i.* **É. de colère,** to choke with rage. **2.** To constrict, compress. *Mch:* To throttle (steam). **3.** *F:* **É. un complot au berceau,** to nip a plot in the bud.

étrangleur, -euse [etrɑ̃glœ:r, -ø:z], *s.* **1.** Strangler, garrotter; thug. **2.** *I.C.E:* Strangler, choke.

étrave [etra:v], *s.f.* *Nau:* Stem, stempost (of ship).

être [ɛ:tr]. I. *v.i. & pred.* (*pr.p.* **étant**; *p.p.* **été**; *pr.ind.* **je suis, tu es, il est, n. sommes, v. êtes, ils sont**; *pr. sub.* **je sois, il soit, n. soyons, ils soient**; *imp.* **sois, soyons, soyez**; *p.d.* **j'étais**; *p.h.* **je fus, n. fûmes, ils furent**; *p. sub.* **je fusse**; *fu.* **je serai**) **1.** To be, to exist. **On ne peut pas ê. et avoir été,** you can't have your cake and eat it. **Cesser d'être,** to cease to be. **Elle n'est plus,** she is no more. **Cela étant,** that being the case. **Cela n'est pas!** that is not so! **Eh bien, soit!** well, so be it! **Ainsi soit-il,** so be it; *Ecc:* amen. **Le meilleur homme qui soit,** the best man in the world. **2.** (As copula) (*a*) **Il est le chef de gare,** he is the stationmaster. **Il est chef de gare,** he is a stationmaster. **Soit *a* la base d'un triangle,** let *a* be the base of a triangle. **Nous étions deux, trois,** there were two, three, of us. **Comment êtes-vous avec vos chefs?** how do you stand with your chiefs? **Nous sommes le dix,** to-day is the tenth. **Quand il fut pour sortir,** just as he was about to leave. **Être à l'agonie,** to be dying. **Vous n'êtes pas à ce que je dis,** you are not paying attention to what I say. **Il est tout à son travail,** he is entirely engrossed in his work. **Il est d'un bon caractère,** he is good-tempered. **Il est de Londres,** he is from London. **Voulez-vous être des nôtres?** will you join our party, be one of us? **Il est de mes amis,** he is a friend of mine. (*b*) **Il est à travailler,** he is at work. **Il fut trois ans à l'écrire,** he took three years to write it. (*c*) (i) (With **ce** as neuter subject). **Est-ce vrai?** Can it be true? Is it true? **Serait-ce vrai?** Can it be true? Could it (possibly) be true? **Ne fût-ce que, ne serait-ce que,** if only S.a. CE[1] 1. (ii) (With ellipsis of **ce**) **Je le ferais (si ce) n'était que . . .,** I should do it were it not that . . ., only that . . . but that. . . . **N'était mon rhumatisme . . .,** were it not for my rheumatism, but for my rheumatism . . . (*d*) (Impers. uses) (i) **Il est midi,** it is twelve o'clock. **Il est vrai que . . .,** it is true that. . . . **Il est de mon devoir de** + *inf.*, it is my duty to + *inf.* **Comme si de rien n'était,** as if nothing had happened. *Abs.* **Trois chemises à trente francs, soit 90 fr.,** three shirts at thirty francs, that's 90 fr. S.a. SOIT, TANT 1. **Soit dit sans offense,** be it said without offence. (ii) **Il est un Dieu,** there is a God. **Il était une fois une fée,** once upon a time there was a fairy. **Un héros, s'il en fut jamais,** a hero, if ever there was one. (iii) **Puisqu'il en est ainsi,** since that is how things are. **J'aurais préféré qu'il en fût autrement,** I could have wished it otherwise. (*e*) (With indeterminate **en**) (i) **Où en sommes-nous?** how far have we got? **Nous en sommes à la page 10,** we are at, have reached, page 10. **Il ne sait pas où il en est,** he does not know where he stands. **L'affaire en est là,** so the matter rests. **J'en suis encore à me demander si,** I am still wondering if. **En êtes-vous encore là?** Do you still believe that? **Vous n'en êtes pas encore là!** You have not come to that yet! **Il en est à mendier son pain,** he has come down to begging. (ii) **J'en suis pour mon argent,** I've spent my money to no purpose. **J'en suis pour mille francs,** I am the poorer by a thousand francs. (iii) **J'en suis pour ce que j'ai dit,** I stick to what I said. **Il en est pour son idée,** he is set on his idea. (iv) **J'en suis!** I'm game! I'm on! **Je n'en suis pas,** count me out! **Je n'en suis plus,** I cry off. **En êtes-vous?** (α) Do you belong to it? (β) Will you join us? (v) **C'en est trop!** this is past bearing, beyond words! **C'en est assez!** enough! (vi) (Impers.) **Il en est de l'homme comme de la Nature,** it is with man as with Nature. **Il n'en est rien!** nothing of the kind! (vii) **Il en est qui disent que . . .,** there are some, those, who say that. . . . (*f*) (With indeterminate *y*). **Ça y est!** It's done! **Je n'y suis pas,** I don't follow, I don't get you, I'm all at sea. *F:* **Il n'y est plus,** he's not all there. **J'y suis pour un tiers,** I'm in for a third share. S.a. Y. **3.** (*a*) **Être à qn,** to belong to s.o. **A qui sont ces livres?** whose books are these? **Je suis à vous dans un moment,** I shall be at your service in a moment. (*b*) **C'est à vous de jouer,** it is your turn to play. **C'est à nous de mener l'affaire à bien,** it rests with us to see the business through. **C'est à vous de parler,** it is for you to speak. **C'est que . . .,** the fact is (that) . . . **4.** (Aux. use) (*a*) (With intr. vbs. denoting change of place or state, etc.) **Il est arrivé,** he has arrived. **Il est arrivé hier,** he arrived yesterday. (*b*) (With pronominal verbs) **Nous nous sommes trompés,** we (have) made a mistake. **Elle s'est fait mal,** she (has) hurt herself. **5.** (As aux. of the passive voice) **Il fut puni par son père,** he was punished by his father. **Il est aimé de tout le monde,** he is loved by everyone. **J'entends ê. obéi,** I mean to be obeyed. **6.** *F:* (*a*) = ALLER (in compound tenses and in *p.h.*) **J'avais été à Paris,** I had been to Paris. **J'ai été voir Jones,** I've been, I went, to see Jones. **On a été jusqu'à prétendre que . . .,** people have gone so far as to claim that. . . . (*b*) = S'EN ALLER (in *p.h.* only) **Il s'en fut ouvrir la porte,** he went off to open the door.

II. **être,** *s.m.* **1.** Being, existence. **2.** Being, nature. **L'être véritable des choses,** the true nature of things. **3.** Being, individual. **L'Ê. suprême,** the Supreme Being. **Un ê. humain,** a human being. **Pauvres petits êtres!** poor little creatures! poor little things! **Quel ê.!** What a fellow! **Un frisson parcourut tout son ê.,** a shiver ran through his whole frame.

étréc|ir [etresi:r], *v.tr.* To narrow (street, etc.). **É. une robe,** (i) to take in, (ii) to shrink, a dress. *s.m.* **-issement.**

s'étrécir. **1.** To become narrower; to narrow; to contract. **2.** (Of material) To shrink.

étreindre [etrɛ̃:dr], *v.tr.* (*pr.p.* **étreignant**; *p.p.* **étreint**; *pr.ind.* **j'étreins, il étreint, n. étreignons**; *p.h.* **j'étreignis**; *fu.* **j'étreindrai**) To embrace, hug; to clasp. **É. qch.. dans la main,** to grasp, grip, sth. **É. la main de qn,** to wring s.o.'s hand. **L'émotion qui m'étreint,** the

emotion that wrings my heart. *Prov:* **Qui trop embrasse mal étreint,** grasp all, lose all.
étreinte [etrɛ̃:t], *s.f.* **1.** (*a*) Embrace, hug. (*b*) Grasp, grip. (*c*) *Wr:* Lock. **2. Sous l'é. de la misère,** under the pressure of want.
étrenne [etrɛn], *s.f.* **1.** Usu. *pl.* New-Year's gift. **2.** *A:* First sale of the day (in shop). **Avoir l'é. de qch.,** to have the first use of sth.
étrenner [etrɛne], *v.tr.* **1.** *A:* To be the first to buy from (shopkeeper). **2.** To christen (object); to wear (dress) for the first time. **3.** *v.i. P:* **Tu vas é.,** you're going to catch it!
êtres [ɛ:tr], *s.m.pl.* Arrangement of a house. **Connaître les ê.,** to know one's way about a house.
étrésillon [etrezijɔ̃], *s.m.* Prop, strut, brace.
étrésillonn|er [etrezijɔne], *v.tr.* To prop; to shore (across); to strut, brace (wall, trench). *s.m.* **-ement.**
étrier [etrie], *s.m.* **1.** (*a*) Stirrup. **Vider, perdre, les étriers,** (i) to lose one's stirrups; (ii) to be unhorsed; (iii) to be disconcerted. **Avoir le pied à l'é.,** (i) to be ready to ride off; (ii) to be off to a good start. **A franc é.,** at full gallop. **Le coup de l'é.,** the stirrup-cup. (*b*) *pl.* Climbing-irons. (*c*) *Surg:* **É. de soutien,** stirrup, leg-rest. **É. de réduction, de traction,** caliper. **2.** *Anat:* Stirrup-bone (of ear). **3.** *Tchn:* Stirrup-piece; clip, yoke. *Tp:* **É. du récepteur,** receiver rest.
étrille [etri:j], *s.f.* **1.** Curry-comb. **2.** *Crust:* Swimming crab.
étriller [etrije], *v.tr.* **1.** To curry(-comb) (horse). **2.** (i) *P:* To thrash, trounce, drub (s.o.); *F:* to tan (s.o.'s) hide. (ii) To fleece (s.o.).
étrip|er [etripe], *v.tr.* To gut (fish); to draw (chicken); to disembowel (horse). *s.m.* **-age.**
étriqué [etrike], *a.* Skimpy, tight (coat, etc.). **Position étriquée,** cramped position.
étrivière [etrivjɛ:r], *s.f.* Stirrup-leather.
étroit [etrwa], *a.* **1.** Narrow (space, ribbon, etc.); confined (space). **La voie étroite,** the strait way, the narrow way. **Esprit é.,** narrow mind. **2.** Tight, close (knot, bond, etc.); tight(-fitting) (coat, etc.). **Dans le sens le plus é. du mot,** in the strictest sense of the word. **3.** *Adv.phr.* **Être à l'é.,** (i) to be cramped for room; (ii) to be in straightened circumstances. *adv.* **-ement.**
étroitesse [etrwatɛs], *s.f.* **1.** Narrowness. **É. d'esprit,** narrow-mindedness. **2.** Tightness, closeness (of bond, etc.).
étrusque [etrysk], *a. & s.* Etruscan.
étude [etyd], *s.f.* **1.** (*a*) Study. **L'é. des langues,** the study of languages. **Faire ses études à . . .,** to be educated at. . . . **Il a fait ses études à Oxford,** he was at Oxford. *U.S:* **Il a fait ses études à Harvard,** he graduated at Harvard. **Programme d'études,** curriculum. *Sch:* Prep. room. **L'é. du soir,** evening preparation; *F:* evening prep. **Fait en é.,** done in prep. S.a. MAÎTRE 1. **Pièce à l'é.,** play in, under, rehearsal. **Faire son é. de qch., mettre son é. à qch.,** to make sth. one's study. **Cela sent l'é.,** it is painstaking work. (*b*) Research, investigation. *Civ.E:* Survey. **Bureau d'études,** research department. **Faire les études d'un chemin de fer,** to survey a railway. **Mettre une question à l'é.,** to go into, to examine, a question. (*c*) *Ind:* **L'atelier, le service, d'études (d'une usine, etc.),** the designing department. **Moteur, voiture, d'é.,** test engine, car. **Comité d'é.,** committee of inquiry. **2.** *Mus:* **É. pour le violon,** violin study. *Art:* **É. de tête,** study of a head. **É. de bétail,** cattle piece. **3.** Office (of solicitor, etc.). (*b*) (Lawyer's) practice.
étudiant, -ante [etydjɑ̃, -ɑ̃:t], *s.* Student; undergraduate. **É. en médecine,** medical student. **É. de première année,** freshman.
étudié [etydje], *a.* Studied (calm); elaborate, deliberate (effect); set (speech). **Manières étudiées,** artificial, affected, manners. **Étudié en vue de . . .,** designed for. *Com:* **Prix très étudiés,** keenest prices.
étudier [etydje], *v.tr.* (*a*) To study. *Sch:* To prepare (lessons); to read (law, medicine). **É. (son piano),** to practise (on the piano). (*b*) To investigate, go into, look into (question); to make a study of (a case).
s'étudier à faire qch., to endeavour to do sth.; to make a point of doing sth. **Il s'étudiait à m'éviter,** he studiously avoided me.
étui [etɥi], *s.m.* Case, box, cover. **É. de cartouche,** cartridge-case. **É. à lunettes,** spectacle-case. **É. à cigares,** cigar-case. **É. (de capsules pharmaceutiques),** carrier. **É. à brosse à dents,** tooth-brush holder. **É. à revolver,** holster.
étuve [ety:v], *s.f.* **1.** Sweating-room (of baths). **É. humide,** vapour-bath. **2.** *Ch: Ind:* (*a*) Drying-room. (*b*) Drying cupboard. **É. à linge,** hot (linen) press. *F:* **Quelle é.!** What an oven!
étuv|er [etyve], *v.tr.* **1.** *Ind: etc:* To dry; to heat; to stove, bake (contaminated clothing). **2.** To stew; to steam (potatoes). *s.m.* **-age.**
étymologie [etimɔlɔʒi], *s.f.* Etymology.
étymologique [etimɔlɔʒik], *a.* Etymological.
étymologiste [etimɔlɔʒist], *s.m. & f.* Etymologist.
eu, -e [y]. See AVOIR.
eucalyptus [økalipty:s], *s.m.* Eucalyptus; gum-tree. **Essence d'e.,** eucalyptus oil.
eucharistie (l') [løkaristi], *s.f. Ecc:* The eucharist; the Lord's Supper.
eucharistique [økaristik], *a.* Eucharistic(al).
Euclide [øklid]. *Pr.n.m.* Euclid.
euclidien, -ienne [øklidjɛ̃, -jɛn], *a.* Euclidian.
eugénique [øʒenik], *s.f.* **eugénisme** [øʒenism], *s.m.* Eugenics.
euh [ø], *int.* (Expressing surprise, incredulity). Hm!
eûmes [ym]. See AVOIR.
eunuque [ønyk], *s.m.* Eunuch.
euphémique [øfemik], *a.* Euphemistic.
euphémisme [øfemism], *s.m.* Euphemism.
euphonie [øfɔni], *s.f.* Euphony.
euphonique [øfɔnik], *a.* Euphonic, euphonious.
euphorbe [øfɔrb], *s.f. Bot:* Euphorbia, spurge.
euphorie [øfɔri], *s.f.* Euphoria, well-being.
Eurasie [ørazi], *Pr.n.f. Geog:* Eurasia.
Euratom [øratom]. *Pr.n.f.* Euratom.
eurent [y:r]. See AVOIR.
Europe [ørɔp]. *Pr.n.f.* **1.** *Gr.Myth:* Europa. **2.** *Geog:* Europe.
européen, -enne [ørɔpeɛ̃, -ɛn], *a. & s.* European.
Eurovision [ørɔvizjɔ̃]. *Pr.n.f.* Eurovision.
eurythmie [øritmi], *s.f.* Eurhythmy. **E. d'un passage,** happy rhythm, swing, of a passage.
eurythmique [øritmik], *a.* Eurhythmic.
euss-e, -es, etc. [ys]. See AVOIR.
Eustache [østaʃ]. **1.** *Pr.n.m.* Eustace. S.a. TROMPE 3. **2.** *s.m. F: O:* Clasp-knife.
eut [y], **eûtes** [yt]. See AVOIR.
euthanasie [øtanazi], *s.f.* Euthanasia.
eux [ø]. See LUI².
évacuation [evakɥasjɔ̃], *s.f.* **1.** Evacuation, voiding (of matter from the body, etc.); draining off (of water); eduction (of steam). *I.C.E:* Exhaust-stroke. **2.** (*a*) Removal, clearing out. *Mil:* Evacuation, withdrawal (of troops, wounded men). **Hôpital d'é.,** clearing hospital. **Centre d'é.,** casualty clearing station. (*b*) Vacating (of apartment, etc.); evacuation (of fortress). **3.** *Med:* Evacuated matter; evacuation.
évacué, -ée [evakye], *s.* Evacuee.
évacuer [evakɥe], *v.tr.* **1.** To evacuate, void (matter from the body, etc.); to drain (off) (water). **É. l'eau d'une chaudière,** to empty, blow out, a boiler. **2.** To evacuate, withdraw (troops, wounded, etc.). **3.** To vacate (apartment, etc.); to evacuate (fortress). **Faire é. une salle,** to clear a hall, to have a hall cleared. *Nau:* **É. le bâtiment,** to abandon ship.
évadé, -ée [evade], *a. & s.* Escaped (prisoner). *s.* Escapee.
évader (s') [sevade], *v.pr.* To escape (by stealth); to run away. **S'é. de prison,** to escape from prison; to break gaol.
évaluateur [evalɥatœ:r], *s.m.* Valuer, appraiser.
évaluation [evalɥasjɔ̃], *s.f.* Valuation, appraisement (of property, etc.); assessment (of damages); estimate (of weight, etc.). *Typ:* Cast(ing) off (of MS.).
évalu|er [evalɥe], *v.tr.* To value, appraise (property, etc.); to assess (damages); to estimate, reckon (weight, number). *a.* **-able.**
évangélique [evɑ̃ʒelik], *a.* **1.** *Ecc:* Evangelic; according to the Gospel. **2.** Evangelical, protestant (Church, etc.).
évangélisateur [evɑ̃ʒelizatœ:r], *s.m.* Evangelist.
évangéliser [evɑ̃ʒelize], *v.tr.* To evangelize.

évangéliste [evɑ̃ʒelist], *s.m.* Evangelist.
évangile [evɑ̃ʒil], *s.m.* Gospel. *F:* **Prendre qch. pour parole d'É.,** to take sth. for gospel (truth). **Côté de l'É.,** north side, gospel-side (of altar).
évanouir (s') [sevanwi:r], *v.pr.* **1.** To vanish, disappear; to die away; *W.Tel:* to fade. **2.** To faint. **Tomber évanoui,** to fall down in a faint. **On le trouva évanoui,** he was found unconscious, in a dead faint.
évanouissement [evanwismɑ̃], *s.m.* **1.** Vanishing, disappearing (of ghost, hopes, etc.); dying away (of sound). *W.Tel:* Fading. **2.** Faint(ing fit).
évaporateur [evaporatœ:r], *s.m. Ch: Ind:* Evaporator.
évaporation [evaporasjɔ̃], *s.f.* Evaporation.
évaporé, -ée [evapore], *a. F:* Feather-brained, flighty, irresponsible. *s.f.* **C'est une petite évaporée,** she's a bit flighty.
évaporer [evapɔre], *v.tr.* To evaporate (liquids). **É. sa bile,** to vent one's spleen.
s'évaporer. 1. To evaporate. **Faire é. un liquide,** to evaporate, dry off, a liquid. **2.** To vanish into thin air. **3.** *F:* To grow frivolous.
évasé [evaze], *a.* Bell-mouthed, wide-mouthed (pipe, etc.); flared (skirt, etc.); splayed (opening).
évasement [evɑzmɑ̃], *s.m.* **1.** Widening out, splaying. **2.** Bell-mouth (of vessel, pipe); flare (of skirt); splay.
évas|if, -ive [evazif, -i:v], *a.* Evasive. *adv.* **-ivement.**
évasion [evazjɔ̃], *s.f.* **1.** Escape (from prison, etc.). **É. de capitaux,** exodus of capital. **2.** Quibble, evasion. **3.** Escapism. **Littérature d'é.,** escapist literature.
évasure [evɑzy:r], *s.f.* Bell-mouthed or funnel-shaped opening; splay.
Ève [ɛ:v]. *Pr.n.f.* Eva. *B.Lit:* Eve. *F:* **Je ne le connais ni d'Ève ni d'Adam,** I don't know him from Adam.
évêché [evɛʃe], *s.m.* **1.** *(a)* Bishopric, diocese, see. *(b)* Cathedral city. **2.** Bishop's palace.
éveil [evɛ:j], *s.m.* **1.** *(a)* Awakening. *(b)* Wide-awake state; state of alertness. **Être en é.,** to be wide-awake; to be on the alert. **Tenir qn en é.,** to keep s.o. on the alert. **2.** Warning **(contre,** against). **Donner l'é.,** to raise the alarm. **Donner l'é. à qn,** to warn s.o.; to put s.o. on his guard.
éveillé [eveje], *a.* **1.** Awake. **Tenir qn é.,** to keep s.o. awake. **2.** Wide-awake, alert. **Cerveau é.,** active brain.
éveiller [eveje], *v.tr.* To awake(n); to wake (s.o.) up. **É. l'envie,** to arouse envy.
s'éveiller, to awake(n), to wake (up). **Il s'éveilla en sursaut,** he woke with a start.
événement [evɛnmɑ̃], *s.m.* Event. **1.** *(a) A:* Issue, outcome. (Still so used in) **Dans l'é., en l'é.,** as things turned out. *(b) Th:* Climax. **2.** Occurrence, incident. **Fertile en événements,** eventful. **Faire é.,** to cause quite a stir. **En cas d'é.,** in case of emergency. **A tout é.,** in order to provide against emergencies. **La suite des événements,** further developments.
évent [evɑ̃], *s.m.* **1.** *A:* Fresh air. **2.** Mustiness (of food); flatness (of beverage). **Sentir l'é.,** to smell stale, musty. **3.** *(a) Z:* Blow-hole, spout (of whale). *(b) Tchn:* Vent(-hole). *Artil:* flash-hole (of fuse). S.a. TUYAU 1.
éventail [evɑ̃ta:j], *s.m.* **1.** Fan. **En é.,** fan-shaped, fanwise. **Fenêtre en é.,** fan-light. S.a. VOÛTE. **2.** *Pol.Ec: etc:* Range. **L'é. des salaires,** the salary range.
éventaire [evɑ̃tɛ:r], *s.m.* *(a)* (Hawker's) flat basket or tray. *(b)* (Street) stall.
éventé [evɑ̃te], *a.* *(a)* Stale, musty (food, etc.); flat (beer, etc.). *(b) F:* Hare-brained, harum-scarum.
évent|er [evɑ̃te], *v.tr.* **1.** *(a)* To air; to expose (grain, etc.) to the air. *(b) Mil:* **É. une mine,** to lay bare a mine. *F:* **É. la mèche,** (i) to divulge the secret, to let the cat out of the bag; (ii) (by confusion with 3 *(b)*) to discover the secret. **2.** To fan. **3.** *(a)* (Of hounds) To scent, get the scent of (game). *(b) F:* To get wind of (sth.). *s.m.* **-age.** *s.m.* **-ement.**
s'éventer, (of food, etc.) to spoil (from exposure to the air); (of beverage) to go flat, stale.
éventration [evɑ̃trasjɔ̃], *s.f. Med: Surg:* Eventration.
éventrer [evɑ̃tre], *v.tr.* To disembowel, eviscerate (animal); to gut (fish); to rip open, tear open (parcel, envelope); to break open, smash open (cask, box, etc.).
éventualité [evɑ̃tɥalite], *s.f.* Possibility, contingency, eventuality.
éventuel, -elle [evɑ̃tɥɛl]. **1.** *a.* *(a)* Possible, contingent. **A titre é.,** as a possible event. **Sortie éventuelle,** emergency-exit. *(b)* Eventual (profits, etc.). **2.** *s.m.* Eventuality, contingency.
éventuellement [evɑ̃tɥɛlmɑ̃], *adv.* Possibly, contingently; should the occasion arise.
évêque [evɛ:k], *s.m.* Bishop.
évertuer (s') [sevɛrtɥe], *v.pr.* To do one's utmost; to exert oneself. **S'é. à, pour, faire qch.,** to do one's utmost to achieve sth.
éviction [eviksjɔ̃], *s.f.* Eviction.
évidé [evide], *a.* **1.** Hollow; hollow-ground (razor); gaunt (face). **2.** Grooved. **3.** Cut away.
évidement [evidmɑ̃], *s.m.* **1.** *(a)* Hollowing-out, scooping-out. *(b)* Grooving, channelling. **2.** *(a)* Hollow, cavity. *(b)* Groove, slot.
évidemment [evidamɑ̃], *adv.* **1.** Evidently, obviously. **2.** Certainly; of course.
évidence [evidɑ̃:s], *s.f.* *(a)* Obviousness, manifestness, clearness (of fact). **Se rendre à l'é.,** to bow to the facts. **Nier l'é.,** to fly in the face of facts. **Comment nier l'é. même?** how can we deny obvious, patent, facts? **Il est de toute é. que . . .,** it is obvious that. . . . *(b)* Conspicuousness. **Être en é.,** to be in a conspicuous, prominent, position. **Mettre des marchandises en é.,** to display, show off, goods.
évident [evidɑ̃], *a.* Evident, obvious, plain. **C'est é.,** that stands to reason. **Il est é. que . . .,** it stands to reason that. . . .
évid|er [evide], *v.tr.* **1.** To hollow out, scoop out. **2.** To groove, channel (needle, etc.). **3.** To cut away, slope out (neck of dress). **4.** To pink (leather). *s.m.* **-age.**
s'évider, to form a cavity.
évier [evje], *s.m.* Kitchen sink.
évinc|er [evɛ̃se], *v.tr.* **(j'évinçai(s); n. évinçons) 1.** *Jur:* To evict, eject. *F:* turn out (tenant). **2.** To oust, supplant (s.o.). *s.m.* **-ement.**
éviscérer [evisere], *v.tr.* **(j'éviscère; j'éviscérerai)** To eviscerate, disembowel.
évitable [evitabl], *a.* Avoidable.
évitage [evita:ʒ], *s.m.* **évitée** [evite], *s.f. Nau:* **1.** Swinging (of ship). **2.** Room to swing; searoom; width of channel.
évitement [evitmɑ̃], *s.m.* **1.** Shunning (of s.o., sth.). **2.** *(a) Rail:* Shunting (of train). **Gare d'é.,** siding. *(b)* **Route d'é.,** by-pass. **3.** Passing-place; loop.
éviter [evite]. **1.** *v.tr.* *(a)* To avoid, shun; to give (s.o.) a wide berth; to keep out of (s.o.'s) way; to keep clear of (s.o.). **É. un danger,** to avoid a danger. **É. un coup,** to dodge a blow. **É. de la tête,** to duck. **É. de faire qch.,** to avoid doing sth. **Évitez qu'on ne vous voie,** avoid being seen. *(b) F:* = ÉPARGNER 2. **É. une peine à qn,** to spare s.o. trouble. **2.** *v.i. Nau:* **É. sur l'ancre,** to swing at anchor.
évocable [evɔkabl], *a.* Evocable (spirit, memory, etc.). *Jur:* **Cause é.,** case that may be transferred to a higher court.
évocateur, -trice [evɔkatœ:r, -tris], *a.* Evocative **(de,** of).
évocation [evɔkasjɔ̃], *s.f.* *(a)* Evocation; calling forth, conjuring up, raising (of spirits, etc.). *(b)* Conjuring up, calling up (of the past).
évocatoire [evɔkatwa:r], *a.* Evocatory.
évolué [evɔlɥe], *a.* Developed, advanced. **Race moins évoluée,** backward race.
évoluer [evɔlɥe], *v.i.* **1.** *(a)* (Of ship, troops, etc.) To perform evolutions; to manœuvre. *(b)* (i) To move around. (ii) To move (in society). **2.** (Of wheel, etc.) To revolve, go round. **3.** To evolve, develop. *Biol: etc:* To advance.
évolution [evɔlysjɔ̃], *s.f.* **1.** *Mil: Nau:* Evolution, manœuvre. **Évolutions tactiques,** tactical exercises. **2.** *(a) Biol:* Evolution; development. *(b)* **É. ultérieure (d'une question),** subsequent development (of a question).
évolutionniste [evɔlysjɔnist]. *Biol: etc:* **1.** *a.* Evolutionistic. **2.** *s. m. & f.* Evolutionist.
évoquer [evɔke], *v.tr.* *(a)* To evoke, call forth, conjure up, raise (spirit). *(b)* To call to mind, conjure up (memory).

exacerb|er [ɛgzasɛrbe], *v.tr.* To exacerbate. *s.f.* **-ation.**
exact [ɛgzakt], *a.* Exact. (*a*) Accurate, correct (calculation, etc.). **Les sciences exactes,** the exact sciences. **L'heure exacte,** the right, correct, time. **E. à un millimètre près,** correct to a millimetre. **C'est e.,** it is quite true. (*b*) Strict, rigorous (diet, etc.); close (copy). (*c*) Punctual. **Être e. au bureau,** to be punctual at the office. **E. à payer son loyer,** punctual in paying his rent. *adv.* **-ement.**
exacteur [ɛgzaktœːr], *s.m.* **1.** Exactor (of what is due). **2.** (*a*) Extorter (de, of). (*b*) Extortioner.
exaction [ɛgzaksjɔ̃], *s.f.* **1.** Exaction (of tax, etc.). **2.** Extortion.
exactitude [ɛgzaktityd], *s.f.* (*a*) Exactness, exactitude, correctness, accuracy. **D'une e. rigoureuse,** accurate to a hair's breadth. (*b*) Punctuality. **Avec e.,** (i) accurately, (ii) punctually.
ex æquo [egzek(w)o], *Lt.adj.phr.* Of equal merit. **Premier prix ex æquo,** first prize divided. **Être troisième ex æquo,** to tie for third place.
exagérateur, -trice [ɛgzaʒeratœːr, -tris], *s.* Exaggerator.
exagération [ɛgzaʒerasjɔ̃], *s.f.* Exaggeration; overstatement.
exagér|é, -ée [ɛgzaʒere], *a.* **1.** Exaggerated. **Confiance exagérée,** over-confidence. **Prix exagérés,** unduly high prices. **2.** (Of person) Given to exaggeration. *adv.* **-ément.**
exagérer [ɛgzaʒere], *v.tr.* **(j'exagère; j'exagérerai)** To exaggerate, magnify (danger); to overstate (truth); to over-estimate, overrate (qualities). **N'exagérez pas!** *F:* Don't pile it on!
exaltant [ɛgzaltɑ̃], *a.* Exciting, stirring, elating.
exaltation [ɛgzaltasjɔ̃], *s.f.* **1.** (*a*) Exaltation (of the Cross). (*b*) Exalting, glorifying, extolling (of virtue, etc.). **2.** (*a*) Exaltation; elation; rapturous emotion; excitement. (*b*) *Med:* Overexcitement.
exalté, -ée [ɛgzalte]. **1.** *a.* (*a*) Impassioned (speech, etc.). (*b*) Hot-headed; quixotic (person). (*c*) Uplifted (state of mind). **2.** *s.* Excitable person; hothead, fanatic; fire-eater.
exalter [ɛgzalte], *v.tr.* **1.** To exalt, magnify, extol. **2.** To excite, inflame (courage, imagination). **3.** To exalt, dignify, ennoble.
s'exalter, to grow enthusiastic; to enthuse.
examen [ɛgzamɛ̃], *s.m.* Examination. (*a*) Investigation; overhauling (of machine). **Après un e. attentif de l'horizon,** after a careful scrutiny of the horizon. **E. d'ensemble,** survey. **E. de la vue,** sight-testing. **Question à l'e.,** matter under examination, under consideration. **E. de conscience,** self-examination. *Theol: etc:* **Libre e.,** liberty of thought, free enquiry. (*b*) *Sch:* **Passer un e.,** to sit an examination. **Être reçu, refusé, à un e.,** to pass, fail an examination. **E. de passage,** end of year examination. **E. d'entrée en 6ème** = eleven plus examination. **E. pour permis de conduire,** driving-test. **Jury d'e.,** examining body; the examiners.
examinateur, -trice [ɛgzaminatœːr, -tris], *s.* (*a*) *Ind:* Inspector. (*b*) *Sch:* Examiner.
examiner [ɛgzamine], *v.tr.* To examine. (*a*) To investigate, inspect, scrutinize. **E. une machine,** to overhaul a machine. **E. attentivement l'horizon,** to scan, survey, the horizon. **E. les comptes,** to go through the accounts. (*b*) *Sch:* **E. qn en algèbre,** to examine s.o. in algebra.
s'examiner, to examine one's conscience.
exanthème [ɛgzɑ̃tɛm], *s.m.* *Med:* Exanthema, rash.
exaspération [ɛgzasperasjɔ̃], *s.f.* **1.** Aggravation (of pain, etc.). **2.** Exasperation, irritation.
exaspérer [ɛgzaspere], *v.tr.* **(j'exaspère; j'exaspérerai) 1.** To aggravate, exacerbate (pain). **2.** To exasperate, irritate; to provoke (s.o.) beyond measure.
s'exaspérer, (of pers.) to lose all patience.
exau|cer [ɛgzose], *v.tr.* **(j'exauçai(s); n. exauçons)** (Of the Deity) **1. E. qn,** to grant, give ear to, answer, the prayer of s.o. **2.** To fulfil (wish, desire). *s.m.* **-ement.**
excavateur [ɛkskavatœːr], *s.m.* **excavatrice** [ɛkskavatris], *s.f.* *Civ.E:* Digging machine; excavator.
excavation [ɛkskavasjɔ̃], *s.f.* **1.** Excavation, digging (out) (of channel, etc.). **2.** Excavation, hollow, pit.
excaver [ɛkskave], *v.tr.* To excavate, to dig out.
excédant [eksedɑ̃], *a.* **1.** Surplus (sum, etc.); excess(ive) (luggage, etc.). **2.** Tiresome (visitor); overpowering (smell).
excédent [eksedɑ̃], *s.m.* Excess, surplus. **Somme en e.,** sum in excess. **E. de poids,** overweight. **E. de bagages,** excess luggage.
excéder [eksede], *v.tr.* **(j'excède; j'excéderai) 1.** To exceed, go beyond (a certain limit). **E. ses pouvoirs,** to exceed one's powers. **2.** (*a*) To tire (s.o.) out; to wear (s.o.) out; to overwork (horse). **Excédé de fatigue,** worn out; fagged out. (*b*) To overtax (s.o.'s) patience. **J'étais excédé,** I was exasperated,
excellence [ɛksɛlɑ̃ːs], *s.f.* **1.** Excellence, pre-eminence. **Par e.,** (i) pre-eminently; (ii) supremely, above all. **2. Votre E.,** your Excellency.
excell|ent [ɛksɛlɑ̃], *a.* Excellent; *F:* first-rate. **En excellente santé,** in the best of health. **Une excellente idée,** a capital idea. **Un e. homme,** a very kind man. **E. en latin,** well-up in Latin. *adv.* **-emment.**
exceller [ɛksɛle], *v.i.* To excel (**à faire qch.,** in doing sth.).
excentré [ɛksɑ̃tre], *a.* Eccentric (shaft, etc.).
excentr|er [ɛksɑ̃tre], *v.tr.* *Mec.E:* To throw off centre; to offset. *s.m.* **-ement.**
excentricité [ɛksɑ̃trisite], *s.f.* **1.** (*a*) Eccentricity (of orbit, etc.). *Mec.E:* Throw (of eccentric). (*b*) Remoteness (of suburb, etc.). **2.** Eccentricity, oddity (of manner).
excentrique [ɛksɑ̃trik]. **1.** *a.* (*a*) Eccentric (orbit, etc.). (*b*) Remote, outlying (suburb, etc.). (*c*) Eccentric, odd, whimsical (person). **2.** *s.* Odd, queer, eccentric, fellow, etc. **3.** *s.m.* *Mec.E:* (*a*) Eccentric (gear). (*b*) Cam. *adv.* **-ment.**
excepté [eksɛpte], *prep.* Except(ing), but, save, **Personne e. lui,** none but he, save him. *Conj.phr.* **E. que** + *ind.*, except that. . . ., but that. . . .
excepter [eksɛpte], *v.tr.* To except, exclude (s.o., sth.) (de, from). **Personne, elle exceptée, n'a rien entendu,** no one but she heard anything.
exception [eksɛpsjɔ̃], *s.f.* **1.** Exception. **Faire une e. à une règle,** to make an exception to a rule. **Faire e. à une règle,** to be an exception to a rule. **Tous sans e. refusèrent,** they one and all declined. **Sauf e.,** with certain exceptions. **A quelques exceptions près,** with a few exceptions. **A titre d'e.,** by way of an exception. **A l'e. de . . ., e. faite de . . .,** except . . . save . . ., with the exception of. . . . **2.** (*a*) *Jur:* Exception; incidental plea (of defence). (*b*) **Question résolue sans soulever la moindre e.,** question solved without anyone taking exception to the decision, without any protest being raised. **Mesures d'e.,** emergency legislation.
exceptionn|el, -elle [eksɛpsjɔnɛl], *a.* Exceptional; out of the ordinary. *adv.* **-ellement.**
excès [ɛksɛ], *s.m.* (*a*) Excess. **E. des dépenses sur les recettes,** excess of expenditure over revenue. **E. d'huile,** too much oil. **Pécher par e. de zèle,** to be over-zealous. *Phot:* **E. de pose,** over-exposure. **(Jusqu')à l'e.,** to excess. **Scrupuleux à l'e.,** scrupulous to a fault; over-scrupulous. **Consciencieux à l'e.,** hyper-conscientious. (*b*) *pl.* **Commettre des e.,** to commit excesses; to be intemperate. **E. de table,** over-indulgence at meals. **Se porter à des e.,** to commit violence. (*c*) *Jur:* **E. de pouvoir,** action *ultra vires.* **Révoqué pour e. de pouvoir,** dismissed for exceeding his powers.
excess|if, -ive [eksɛsif, -iːv], *a.* Excessive, extreme; undue (optimism, etc.); exorbitant (price); immoderate (eating); inordinate (pride); exaggerated. *adv.* **-ivement.**
exciper [eksipe], *v.i.* **E. de sa bonne foi,** to allege, plead, one's good faith.
exciser [eksize], *v.tr.* *Surg:* To excise, cut out.
excision [eksizjɔ̃], *s.f.* Excision, cutting out.
excitabilité [eksitabilite], *s.f.* Excitability.
excitable [eksitabl], *a.* Excitable.
excitant [eksitɑ̃]. **1.** *a.* Exciting, stimulating. **2.** *s.m.* *Med:* Excitant, stimulant.
excitateur, -trice [eksitatœːr, -tris]. **1.** *a.* Exciting (cause, etc.); provocative (de, of). **2.** *s.* Exciter, instigator (de, of).
excitation [eksitasjɔ̃], *s.f.* **1.** Excitation (of the senses, etc.). **E. à la révolte,** instigation, incitement, to

rebellion. 2. (State of) excitement (of a nerve, etc.). 3. *El:* Excitation.

exciter [ɛksite], *v.tr.* To excite. (*a*) To arouse, stir up (envy, etc.). **E. la pitié de qn,** to move s.o. to pity. (*b*) To animate, inflame. **E. qn à la révolte, à se révolter,** to incite s.o. to revolt. **E. qn contre qn,** to set s.o. against s.o. (*c*) To stimulate (thirst, etc.).
s'exciter, to get excited, worked up.

exclamatif, -ive [ɛksklamatif, -i:v], *a.* Exclamative, exclamatory.

exclamation [ɛksklamasjɔ̃], *s.f.* Exclamation. *Gram:* **Point d'e.,** exclamation mark.

exclamer (s') [sɛksklame], *v.pr.* (*a*) To exclaim. (*b*) To protest loudly.

exclure [ɛkskly:r], *v.tr.* (*pr.p.* **excluant;** *p.p.* **exclu;** *pr.ind.* **j'exclus, n. excluons;** *p.d.* **j'excluais;** *p.h.* **j'exclus;** *fu.* **j'exclurai)** (*a*) To exclude, shut out, leave out; to preclude. (*b*) **Deux qualités qui s'excluent,** two qualities that are incompatible, that are mutually exclusive. **Il n'est pas exclu que . . .,** it is not out of the question that . . ., there is nothing to prevent. . . .

exclus|if, -ive [ɛksklyzif, -i:v], *a.* Exclusive, sole (right, etc.). *Com:* **Article e.,** exclusive article; speciality. *adv.* **-ivement.**

exclusion [ɛksklyzjɔ̃], *s.f.* Exclusion, excluding, debarring (de, from). **A l'e. de . . .,** excluding . . ., exclusive of . . ., to the exclusion of. . . .

exclusivité [ɛksklyzivite], *s.f.* 1. Exclusiveness. 2. Sole rights. **Film en e.,** exclusive film.

excommunication [ɛkskɔmynikasjɔ̃], *s.f.* Excommunication.

excommunier [ɛkskɔmynje], *v.tr.* To excommunicate.

excoriation [ɛkskɔrjasjɔ̃], *s.f.* Excoriation.

excorier [ɛkskɔrje], *v.tr.* To excoriate; to peel off (the skin).
s'excorier, (of the skin) to peel (off).

excrément [ɛkskremɑ̃], *s.m. Physiol:* Excrement. **E. de la terre,** scum of the earth.

excréter [ɛkskrete], *v.tr.* **(j'excrète; j'excréterai)** *Physiol:* To excrete.

excréteur, -trice [ɛkskretœ:r, -tris], *a.* *Physiol:* Excretive; excretory (duct, etc.).

excrétion [ɛkskresjɔ̃], *s.f. Physiol:* Excretion.

excroissance [ɛkskrwasɑ̃:s], *s.f.* Excrescence, (out-)growth.

excursion [ɛkskyrsjɔ̃], *s.f.* 1. Excursion; (i) tour, trip; (ii) jaunt, outing; (iii) ramble. **E. à pied,** walking tour; *F:* hike. **Faire une e. en Belgique,** to go on a trip to Belgium; to go on a tour through Belgium. **E. accompagnée,** conducted tour. *Rail:* **Billet d'e.,** excursion ticket. 2. *Mil:* Raid; inroad **(dans, on).** 3. *F:* Digression, excursion (in speech, etc.).

excursionniste [ɛkskyrsjɔnist], *s.m. & f.* Excursionist, tourist, tripper.

excusabilité [ɛkskyzabilite], *s.f.* Excusableness.

excusable [ɛkskyzabl], *a.* Excusable, pardonable. *adv.* **-ment.**

excuse [ɛksky:z], *s.f.* 1. Excuse. **Prendre qch. pour e.,** to make sth. the excuse for. **Donner pour e. que . . .,** to excuse oneself on the ground that. . . . 2. *pl.* Apology. **Faire, présenter, ses excuses à qn,** to make one's apologies, to apologize, to s.o.

excuser [ɛkskyze], *v.tr.* 1. To make excuses, to apologize, for (s.o.). 2. To excuse, pardon (s.o.). **E. qn de faire qch.,** to excuse s.o. (i) for doing sth., (ii) from doing sth.
s'excuser, to excuse oneself; to apologize. **S'e. auprès de qn,** (i) to make one's apologies to s.o.; (ii) to send excuses for not coming. **S'e. de faire qch.,** (i) to apologize for doing sth.; (ii) to excuse oneself from doing sth. **S'e. sur sa jeunesse,** to plead the inexperience of youth. **S'e. sur, de, sa tenue,** to apologize for one's attire. **Se faire e.,** to decline; *F:* to cry off. *Prov:* **Qui s'excuse s'accuse,** excuses always proceed from a guilty conscience.

exeat [egzeat], *s.m. Ecc: Sch:* Exeat.

exécrable [egzekrabl], *a.* Execrable; abominable; extremely bad (taste, verse, etc.); loathsome (crime). *adv.* **-ment.**

exécration [egzekrasjɔ̃], *s.f.* Execration, detestation. **Avoir qn en e.,** to hold s.o. in execration; to loathe s.o.

exécrer [egzekre], *v.tr.* **(j'exècre; j'exécrerai)** To execrate, loathe, detest.

exécutable [egzekytabl], *a.* Practicable, feasible.

exécutant, -ante [egzekytɑ̃, -ɑ̃:t], *s. Mus:* Performer (in band, etc.); executant.

exécuter [egzekyte], *v.tr.* 1. To execute; to follow out, carry out (plan); to perform, fulfil (promise); to perform, play (piece of music). 2. (*a*) To execute; to put (criminal, etc.) to death. (*b*) *Jur:* To distrain upon (debtor). (*c*) *St.Exch:* To hammer (defaulter). (*d*) (Of critic) to dispose of . . .
s'exécuter. 1. To submit, comply. 2. To oblige (at the piano, etc.). 3. To pay up.

exécuteur, -trice [egzekytœ:r, -tris], *s.* (*a*) Executor, performer (of undertaking). (*b*) *Jur:* **Exécuteur, -trice, testamentaire,** executor, -trix. (*c*) **E. des hautes œuvres,** hangman.

exécutif, -ive [egzekytif, -i:v], *a.* Executive. **Le pouvoir e.,** *s.* **l'e.,** the Executive.

exécution [egzekysjɔ̃], *s.f.* 1. Execution, performance, carrying out (of plan, orders); fulfilment (of promise); enforcement (of the law). **E. d'un opéra,** production, performance, of an opera. **Mettre une idée à e.,** to carry an idea into effect, into execution. **Travaux en voie d'e.,** work in progress. 2. (*a*) **E. capitale,** carrying out of the death sentence; execution. **Ordre d'e.,** death-warrant. *Mil:* **Peloton d'e.,** firing squad. *F:* **E. d'un écrivain par un critique,** slashing of an author by a critic. (*b*) *Jur:* Distraint, distress. (*c*) *St.Exch:* Hammering (of defaulter). (*d*) *Sp:* Suspension (of player).

exécutoire [egzekytwa:r]. *Jur:* 1. *a.* (*a*) (Of decree, contract, etc.) Enforceable; to be put in force. (*b*) Executory (formula, etc.). 2. *s.m.* Writ of execution. **E. de dépens,** order to pay costs.

exemplaire[1] [ɛgzɑ̃plɛ:r], *a.* Exemplary. *adv.* **-ment.**

exemplaire[2], *s.m.* 1. Exemplar, pattern. 2. (*a*) Sample, specimen (of work). (*b*) Copy (of book, engraving, etc.). **En double e.,** in duplicate.

exemple [ɛgzɑ̃:pl], *s.m.* Example. 1. **Donner l'e.,** to set an, the, example. **Suivre l'e. de qn, prendre e. sur qn,** to follow s.o.'s example. **Prêcher d'e.,** to practise what one preaches. **Joindre l'e. au précepte,** to suit the action to the word. **Être un e. de vertu,** to be a model of virtue. *Prep.phr.* **A l'e. de (qn),** following the example of (s.o.); after the example of (s.o.). 2. Lesson, warning, caution. **Faire un e. de qn,** to make an example of s.o. **Servir d'e. à qn,** to be a lesson, a warning, to s.o. 3. Instance, precedent. **Sans e.,** unexampled; without parallel. **Par e. . . .,** for instance . . ., for example. . . . *int.* **Par e.!** (i) the idea! upon my word! (ii) (Intensive) **Cela vous serait utile, mais c'est cher, par e.!** it would be useful to you but it's very expensive. **Ah non, par e.!** no indeed!

exempt, -empte [ɛgzɑ̃, -ɑ̃:t]. 1. *a.* Exempt, free **(de,** from). **E. de soucis,** care-free. *Com:* **E. de droits,** duty-free. 2. *s. Sp:* Player who has a bye.

exempter [ɛgzɑ̃te], *v.tr.* **E. qn (de qch.),** to exempt, free, excuse, s.o. (from sth.). **E. qn de faire qch.,** to exempt s.o. from doing sth.
s'exempter de faire qch., to abstain from, get out of, doing sth.

exemption [ɛgzɑ̃psjɔ̃], *s.f.* Exemption (de, from); immunity (from service, tax, etc.); freedom (from anxiety, etc.). *Cust:* **Liste d'exemption(s),** free list.

exerçant [egzɛrsɑ̃], *a.* Practising (doctor, etc.).

exercé [egzɛrse], *a.* Experienced, practised **(à,** in). **Oreille exercée à saisir tous les sons,** ear attuned to every sound.

exercer [egzɛrse], *v.tr.* **(j'exerçai(s); n. exerçons)** To exercise. 1. (*a*) **E. son oreille,** to train one's ear. **E. qn à faire qch.,** to train s.o. to do sth. (*b*) *Mil:* To drill, train (soldiers). 2. (*a*) To exert, make use of (force, etc.). **E. son influence sur qn,** to exert, exercise, one's influence on s.o. **E. une pression sur qch.,** to exert a pressure on sth. **E. ses droits,** to exercise one's rights. (*b*) (Of medicine, etc.) **E. une action sur . . .,** to have an action upon . . ., to act upon. . . . 3. To practise, follow, pursue, carry on (profession, business); to ply (a trade). *Abs:* **Médecin qui n'exerce plus,** doctor no longer in practice.

s'exercer. 1. S'e. à qch., à faire qch., to practise sth., doing sth. **2. La pression qui s'exerce sur . . .,** the pressure exerted on. . . .
exercice [egzɛrsis], *s.m.* Exercise **1.** (*a*) **Prendre de l'e.,** to take exercise. (*b*) *Mil: etc:* Drill(ing), training. **Être à l'e.,** to be on parade. **Faire l'e.,** to drill. (*c*) **Exercices scolaires,** school exercises. **2.** (*a*) (Putting into) practice; use (of power, etc.); carrying out (of mandate). **Entrer en e.,** to enter upon one's duties. **Dans l'e. de ses fonctions,** in the exercise, discharge, of one's duties. **Avocat en e.,** practising barrister. (*b*) **L'e. du culte,** public worship. **3.** (*a*) Financial year; year's trading. (*b*) Balance-sheet.
exergue [egzɛrg], *s.m. Num:* Exergue. **Portant en e. . . .,** bearing inscribed below. . . .
exfoliation [ɛksfɔljasjɔ̃], *s.f.* Exfoliation.
exfolier [ɛksfɔlje], *v.tr.* To exfoliate, scale (bone).
s'exfolier, to exfoliate, scale off.
exhalaison [ɛgzalɛzɔ̃], *s.f.* Exhalation, effluvium, *pl.* fumes.
exhalation [ɛgzalasjɔ̃], *s.f.* Exhalation, exhaling.
exhaler [ɛgzale], *v.tr.* To exhale, emit, give out (smell, vapour, etc.); to breathe (a sigh); to vent (one's wrath).
s'exhaler, (of gas, smell, vapour, etc.) to exhale, to pass off into the air.
exhaussement [ɛgzosmɑ̃], *s.m.* **1.** Raising, increasing the height (of house, etc.). **2. E. du terrain,** rise in the ground; mound.
exhausser [ɛgzose], *v.tr.* To raise, to increase the height of (house, etc.).
s'exhausser, (of ground, etc.) to rise.
exhaustion [ɛgzostjɔ̃], *s.f.* Exhaust(ion) (of liquid, gas).
exhéréder [egzerede], *v.tr.* **(j'exhérède; j'exhéréderai)** To exheredate, disinherit.
exhiber [egzibe], *v.tr.* **1.** To present, show, produce (ticket, passport). **2.** (*a*) To exhibit, show (animals, etc.). (*b*) *Pej:* To show off, display (knowledge, diamonds).
s'exhiber. *Pej:* To make an exhibition of oneself.
exhibition [egzibisjɔ̃], *s.f.* **1.** Producing, showing (of passport, etc.). **2.** Show (of cattle, etc.); exhibition (of pictures).
exhortation [ɛgzɔrtasjɔ̃], *s.f.* Exhortation (**à**, to); admonishment.
exhorter [ɛgzɔrte], *v.tr.* To exhort, urge (**à faire qch.,** to do sth.).
exhumation [egzymasjɔ̃], *s.f.* (*a*) Exhumation, disinterment. (*b*) *F:* Unearthing.
exhumer [egzyme], *v.tr.* (*a*) To exhume, disinter (body). (*b*) *F:* To unearth, bring to light, dig out (old documents, etc.).
exigeant [egziʒɑ̃], *a.* Exacting; hard to please; over-particular.
exigence [egziʒɑ̃:s], *s.f.* **1.** Exactingness. **2.** (*a*) Unreasonable or arbitrary demand. **Céder, se soumettre, aux exigences de qn,** to humour s.o. (*b*) Exigence, exigency, demand(s), requirement(s). **Selon l'e. du cas,** as may be required. **Satisfaire les exigences,** to meet requirements.
exiger [egziʒe], *v.tr.* **(j'exigeai(s); n. exigeons) 1.** To exact, demand, require (**de,** from); to insist upon (sth.). **Trop e. des forces de qn,** to overtax s.o.'s strength. **2.** To require, necessitate, call for (care, etc.). **Prendre les mesures qu'exige la situation,** to take the requisite measures.
exigible [egziʒibl], *a.* Exigible (**de,** from); claimable; (payment) due.
exigu, -uë [egzigy], *a.* Exiguous, tiny (dwelling); scanty (resources); slender (income).
exiguïté [egzigɥite], *s.f.* Exiguity (of dwelling, etc.); scantiness (of resources); slenderness (of income); diminutiveness (of stature).
exil [egzil], *s.m.* Exile, banishment. **Envoyer qn en e.,** to send s.o. into exile.
exilé, -ée [egzile], *s.* Exile.
exiler [egzile], *v.tr.* To exile, banish.
s'exiler, to exile oneself, to seclude oneself. **S'e. du monde,** to withdraw from the world.
existant [egzistɑ̃], *a.* (*a*) Existing, living, existent. (*b*) Extant (species). (*c*) (Supplies, etc.) on hand.
existence [egzistɑ̃:s], *s.f.* (*a*) Existence; (state of) being. (*b*) Life. **Moyens d'e..** means of subsistence.
existentialisme [egzistɑ̃sjalism], *s.m. Phil:* Existentialism.
exister [egziste], *v.i.* (*a*) To exist, be; to have one's being; to live. (*b*) To be extant.
ex-libris [ɛkslibri:s], *s.m.* Book-plate, ex-libris.
exode [ɛgzɔd], *s.m. B.Hist: etc:* Exodus. **E. rural,** rural depopulation.
exonération [ɛgzɔnerasjɔ̃], *s.f.* Exoneration; exemption (from military service).
exonérer [ɛgzɔnere], *v.tr.* **(j'exonère; j'exonérerai)** (*a*) To exonerate (**de,** from); to free (from duty, etc.); to exempt (from military service). (*b*) To take the duty off (goods).
exorbitant [ɛgzɔrbitɑ̃], *a.* Exorbitant; outrageous.
exorbité [ɛgzɔrbite], *a.* **Ils regardent, les yeux exorbités,** they look on, with their eyes starting out of their heads.
exorcisation [ɛgzɔrsizasjɔ̃], *s.f.* Exorcizing.
exorcis|er [ɛgzɔrsize], *v.tr.* To exorcize (demon, or one possessed); to cast out (devil); to lay (ghost). *s.m.* **-eur.**
exorcisme [ɛgzɔrsism], *s.m.* **1.** Exorcizing. **2.** Exorcism.
exorciste [ɛgzɔrsist], *s. m. & f.* Exorcist, exorcizer.
exorde [ɛgzɔrd], *s.m. Rh:* Exordium.
exosmose [ɛgzɔsmo:z], *s.f. Ph:* Exosmosis.
exostose [ɛgzɔsto:z], *s.f. Med: Bot:* Exostosis.
exotique [ɛgzɔtik], *a.* (*a*) Exotic. (*b*) *F:* Foreign.
expansibilité [ɛkspɑ̃sibilite], *s.f.* **1.** *Ph:* Expansibility (of gas, etc.). **2.** *F:* Expansiveness (of disposition).
expansible [ɛkspɑ̃sibl], *a. Ph:* Expansible.
expansif, -ive [ɛkspɑ̃sif, -i:v], *a.* **1.** Expansive (force, etc.). **2.** (Of pers.) Expansive, exuberant. **Devenir e.,** to expand.
expansion [ɛkspɑ̃sjɔ̃], *s.f.* **1.** Expansion; spread (of ideas, etc.). **Machine à triple e.,** triple-expansion engine. **L'univers en e.,** the expanding universe. **E. économique,** economic growth. **2.** Expansiveness, unreserve. **Avec e.,** effusively.
expansionniste [ɛkspɑ̃sjɔnist], *a. & s.* Expansionist.
expatriation [ɛkspatriasjɔ̃], *s.f.* Expatriation.
expatrié, -ée [ɛkspatrie], *s.* Exile.
expatrier [ɛkspatrie], *v.tr.* To expatriate.
s'expatrier, to leave one's own country.
expectant [ɛkspɛktɑ̃], *a.* Expectant (attitude, medicine, etc.); 'wait-and-see' (policy).
expectatif, -ive[1] [ɛkspɛktatif, -i:v], *a.* Expectative.
expectative[2], *s.f.* Expectation, expectancy (of inheritance, etc.). **Avoir qch. en e.,** to expect sth.; to have hopes of sth. **Nous sommes dans l'e.,** we are living in hopes. **Triste e.,** gloomy prospect.
expectorant [ɛkspɛktɔrɑ̃], *a. & s.m. Med:* Expectorant.
expectoration [ɛkspɛktɔrasjɔ̃], *s.f.* **1.** Expectoration. **2.** Sputum.
expectorer [ɛkspɛktɔre], *v.tr.* To expectorate.
expédient [ɛkspedjɑ̃]. **1.** *a.* Expedient. **Il est e. de . . .,** it is expedient to. . . . **2.** *s.m.* Expedient, device, shift; makeshift. **Vivre d'expédients,** to live by one's wits.
expédier [ɛkspedje], *v.tr.* To dispatch. **1.** (*a*) To get rid of, dispose of (s.o.); to get (s.o.) out of the way. *F:* **Expédiez-le moi!** Send him along! (*b*) *F:* (i) to ruin (s.o.), (ii) to kill (s.o.), do (s.o.) in. **2.** (*a*) To expedite, hasten on (task, business). **E. son déjeuner,** to hurry through one's lunch. (*b*) *Cust:* **E. des marchandises en douane,** to clear goods. **3.** *Jur:* To draw up (contract, deed). **4.** To forward, send off (letter), to ship (goods). **E. par la poste,** to post, to mail.
expéditeur, -trice [ɛkspeditœ:r, -tris], *s.* **1.** Sender (of letter, etc.). (On letter, parcel) **"Expéditeur, -trice . . ."** 'from . . .' **2.** (*a*) Shipper, consigner. (*b*) Forwarding agent.
expéditif, -ive [ɛkspeditif, -i:v], *a.* (*a*) Expeditious. (*b*) Hasty.
expédition [ɛkspedisjɔ̃], *s.f.* **1.** (*a*) Expedition, dispatch (of business, etc.). (*b*) *Cust:* **E. en douane,** clearance. **2.** (i) Copying, (ii) copy (of deed, etc.). **En double e.,** in duplicate. **3.** (*a*) Dispatch(ing), forwarding (of parcels, etc.). **E. par mer,** shipping, shipment. **Bulletin d'e.,** way-bill. (*b*) Consignment. **4.** Expedition (= march or voyage). **E. au pôle sud,** expedition to the South Pole.

expéditionnaire [ɛkspedisjɔnɛːr]. **1.** *s.m.* (*a*) Sender. (*b*) Forwarding agent. **2.** *a. & s.m.* **(Commis) e.,** copying clerk. **3.** *a. Mil:* Expeditionary (force).
expérience [ɛksperjɑ̃ːs], *s.f.* **1.** Experience. **Avoir l'e. de qch.,** to have experience of, in, sth. **Il a l'e. du monde,** he is a man of the world. **Faire l'e. de qch.,** to experience sth. **Connaître qch. par e.,** to know sth. from experience. **Sans e.,** inexperienced (de, in). **2.** Experiment, test. **Faire, procéder à, une e.,** to carry out an experiment.
expérimental, -aux [ɛksperimɑ̃tal, -o], *a.* Experimental. **Les sciences expérimentales,** the applied sciences. *adv.* **-ement.**
expérimentateur, -trice [ɛksperimɑ̃tatœːr, -tris], *s.* Experimenter.
expérimentation [ɛksperimɑ̃tasjɔ̃], *s.f.* Experimentation, experimenting.
expérimenté [ɛksperimɑ̃te], *a.* (*a*) Experienced; skilled. (*b*) Experimented, studied, investigated.
expérimenter [ɛksperimɑ̃te], *v.tr.* To test, try (remedy, model). *Abs.* To make an experiment.
expert [ɛkspɛːr]. **1.** *a.* Expert, skilled (**en, dans,** in); able. **2.** *s.m.* Expert; connoisseur. *Com:* Valuer, appraiser. **A dire d'experts,** according to expert advice. *adv.* **-ement.**
expert-comptable [ɛkspɛrkɔ̃tabl], *s.m.* = Chartered accountant. *pl. Des experts-comptables.*
expertise [ɛkspɛrtiːz], *s.f.* **1.** *Com:* Expert appraisement; valuation. *Nau:* **E. d'avarie,** damage survey. **Faire l'e. des dégâts,** to appraise the damage. **2.** Expert's report.
expertiser [ɛkspɛrtize], *v.tr. Com:* To appraise, value. *Nau:* To survey (ship for damage).
expiable [ɛkspjabl], *a.* Expiable.
expiation [ɛkspjasjɔ̃], *s.f.* Expiation. *Theol:* Atonement.
expiatoire [ɛkspjatwaːr], *a.* Expiatory. *Theol:* **Sacrifice e.,** offering of atonement.
expier [ɛkspje], *v.tr.* To expiate, atone for, pay the penalty of (sin, etc.).
expiration [ɛkspirasjɔ̃], *s.f.* Expiration. **1.** Breathing out (of air). **2.** Expiry, termination, end (of lease, etc.).
expiré [ɛkspire], *a.* At an end. **Mon congé est e.,** my leave is up.
expirer [ɛkspire], *v.* To expire. **1.** *v.tr.* To breathe out (air). **2.** *v.i.* (*a*) To die. (*b*) To come to an end; (of lease) to run out. **Ce passeport expire le . . .,** the validity of this passport expires on. . . .
explétif, -ive [ɛkspletif, -iːv], *a. & s.m.* Expletive.
explicable [ɛksplikabl], *a.* Explicable, explainable.
explicatif, -ive [ɛksplikatif, -iːv], *a.* Explanatory. **Notice explicative,** (i) *Com:* directions (for use), (ii) *Lit:* prefatory note.
explication [ɛksplikasjɔ̃], *s.f.* Explanation. **Demander une e. à qn,** to call s.o. to account. **Avoir une e. avec qn,** *F:* to have it out with s.o. *Sch:* **E. de texte,** (literary) appreciation (of text).
explicite [ɛksplisit], *a.* Explicit, clear, plain. *adv.* **-ment.**
expliciter [ɛksplisite], *v.tr.* To make clear.
s'expliciter, to be explicit.
expliquer [ɛksplike], *v.tr.* (*a*) To explain, expound, elucidate. (*b*) To explain, account for (action, etc.). **Je ne m'explique pas pourquoi . . .,** I can't understand why. . . .
s'expliquer, to explain oneself, one's conduct. **S'e. avec qn,** *F:* to have it out with s.o. **Je m'explique,** this is what I mean.
exploit [ɛksplwa], *s.m.* **1.** Exploit; feat (of arms, etc.); achievement; (heroic) deed. **2.** *Jur:* Writ, process, summons. **Signifier un e. à qn,** to serve a writ on s.o.
exploitable [ɛksplwatabl], *a.* **1.** Workable (quarry); paying (ore, etc.). **2.** Exploitable (person).
exploitant [ɛksplwatɑ̃]. **1.** *a.* (*a*) *Ind:* Operating (staff, etc.). (*b*) *Jur:* **Huissier e.,** process-server. **2.** *s.m.* (*a*) Owner or operator (of mine, etc.); cultivator (of land). (*b*) *Cin:* Exhibitor.
exploitation [ɛksplwatasjɔ̃], *s.f.* **1.** Exploitation, exploiting. (*a*) Working (of mine, etc.); getting, winning (of coal); cultivation (of land). **Société d'e.,** development company. **Frais d'e.,** working expenses. (*b*) Taking (unfair) advantage (of s.o., s.o.'s ignorance); sweating (of labour). **2.** (*a*) Workings; mine. (*b*) Farm estate, farm.
exploit|er [ɛksplwate], *v.tr.* To exploit. **1.** To work (mine, patent, etc.); to operate (railway, etc.); to get, win (coal); to cultivate (land). **E. un succès,** to make capital out of a success. **2.** To take (unfair) advantage of (s.o.); to trade upon (s.o.'s ignorance). *s.* **-eur, -euse.**
explorateur, -trice [ɛksplɔratœːr, -tris]. **1.** *s.* Explorer. **2.** *a.* Exploring, exploratory. *Cin: T.V:* Scanning (cell, etc.).
exploratif, -ive [ɛksplɔratif, -iːv], *a.* Explorative, exploratory.
exploration [ɛksplɔrasjɔ̃], *s.f.* **1.** Exploration. **Voyage d'e.,** voyage of discovery. **2.** *T.V:* Scanning.
explorer [ɛksplɔre], *v.tr.* (*a*) To explore (country, etc.); to probe (wound). (*b*) **E. les poches de qn,** to go through s.o.'s pockets. (*c*) *Cin: T.V:* To scan (sound-track, image).
exploser [ɛksploze], *v.i.* (Of boiler) To explode, to blow up; (of shell) to explode. *I.C.E:* (Of mixture) To fire, burn. **Faire e.,** to explode, to touch off. *F: Abs:* (*Of pers*) To explode, blow up. **E. en injures,** to burst out into abuse. (Of temper) To burst out, explode.
explosible [ɛksplozibl], *a.* Explosive.
explosif, -ive [ɛksplozif, -iːv]. **1.** *a.* Explosive, detonating. *El:* **Distance explosive,** sparking distance; spark-gap. **2.** *s.m.* Explosive. **E. à grande puissance,** high explosive.
explosion [ɛksplozjɔ̃], *s.f.* Explosion, bursting. **Faire e.,** to explode, blow up; (of boiler) to burst. **Moteur à e.,** internal combustion engine. *F:* **E. de fureur, de rires,** outburst of fury, burst of laughter.
exponentiel, -elle [ɛkspɔnɑ̃sjɛl]. *Mth:* **1.** *a.* Exponential. **2.** *s.f.* **Exponentielle,** exponential.
exportateur, -trice [ɛkspɔrtatœːr, -tris]. **1.** *s.* Exporter. **2.** *a.* Exporting.
exportation [ɛkspɔrtasjɔ̃], *s.f.* Export(ation) (of goods). **Les exportations,** (i) the export trade; (ii) exports.
export|er [ɛkspɔrte], *v.tr.* To export. *a.* **-able.**
exposant, -ante [ɛkspozɑ̃, -ɑ̃ːt]. **1.** *a.* (*a*) *Jur:* Petitioning. (*b*) Exhibiting. **2.** *s.* (*a*) *Jur:* Petitioner. (*b*) Exhibitor (of work of art, etc.). **3.** *s.m. Mth:* Exponent; (power) index.
exposé [ɛkspoze]. **1.** *a.* (*a*) **Objet e.,** exhibit. In an exposed position; in danger, in peril. (*b*) Liable, apt (**à,** to). (*c*) Open (**à,** to). **E. à tous les vents,** open to every wind. **2.** *s.m.* Statement, account (of facts, etc.). **Faire un e.,** to read a paper. **Faire un e. complet de la situation,** to give a full account of the position, situation.
exposer [ɛkspoze], *v.tr.* **1.** (*a*) To exhibit, show, display (goods, works of art). **On a exposé trois de ses tableaux,** three pictures by him have been hung. (*b*) To set forth, set out, expound, unfold (plans, etc.). **Je leur ai exposé ma situation,** I explained to them how I was placed. **2.** (*a*) To expose; to lay (s.o., sth.) open (to sth.). **Après avoir été exposé au soleil . . .,** after exposure to the sun. . . . *Phot:* **E. le papier à la lumière,** to expose the paper (to the light). **Maison exposée au nord,** house with a north aspect, facing north. **E. sa vie,** to imperil one's life. **S'e. à des critiques,** to lay oneself open to criticism. **Il s'expose à des poursuites,** he renders himself liable to proceedings. (*b*) **Le corps fut exposé pendant deux jours,** the body lay in state for two days. (*c*) To expose, to abandon (infant). **3.** (*a*) To expose, lay bare (roots, etc.). (*b*) To expose (hypocrite).
exposition [ɛkspozisjɔ̃], *s.f.* **1.** (*a*) Exhibition, show (of goods, flowers, etc.); lying in state (of body). **E. internationale,** international exhibition. **Salle d'e.,** show-room. (*b*) Exposure (to danger, to cold). (*c*) Exposition, statement, setting forth (of facts, reasons, etc.). **2.** Aspect, exposure (of house).
expr|ès¹, -esse [ɛksprɛ, -ɛːs]. **1.** *a.* Express, distinct, explicit (order, warning, etc.). **"Défense expresse de fumer,"** 'smoking strictly prohibited.' **2.** [ɛksprɛːs], *a. & s.m.* Express (messenger). **Lettre à remettre par e.,** express letter. *adv.* **-essément.**
exprès² [ɛksprɛ], *adv.* Designedly, on purpose, intentionally. **Je ne l'ai pas fait e.,** I didn't do it on purpose, I didn't mean it. **C'est comme un fait e.!** you

would think that everything was conspiring to annoy me!

express [ɛksprɛːs]. **1.** *a.* & *s.m.* Express (train). **2.** *a.* *F:* **Café e.,** espresso coffee.

express|if, -ive [ɛksprɛsif, -iːv], *a.* Expressive (face, smile). *Mus:* **Clavier e.,** swell-organ. *adv.* **-ivement.**

expression [ɛksprɛsjɔ̃], *s.f.* Expression. **1.** Squeezing, pressing (of juice, etc.). **2.** Utterance, voicing (of opinion, etc.); show, manifestation (of feelings). **Au delà de toute e.,** inexpressible. **Sans e.,** expressionless; unexpressive. S.a. BOÎTE 2. **3.** Term, phrase. **Selon l'e. de . . .,** in the words of. . . . **Expressions vives,** strong language. S.a. FAMILIER 2.

expressionnisme [ɛksprɛsjɔnism], *s.m.* Expressionism.

expressionniste [ɛksprɛsjɔnist], *s.* Expressionist.

expresso [ɛksprɛso]. **1.** *a.* & *s.m.* (**Café**) **e.,** espresso coffee. **2.** *s.m.* Espresso (machine).

exprimable [ɛksprimabl], *a.* Expressible.

exprimer [ɛksprime], *v.tr.* To express. **1. E. le jus d'un citron,** to squeeze (out), press, the juice from a lemon. **2.** (*a*) To voice, give utterance to (thoughts, etc.). **E. l'espoir que . . .,** to express, to convey, to put into words, the hope that. . . . (*b*) (Of looks, gestures, etc.) To show, betoken (pain, etc.). **Attitude qui exprime le dédain,** disdainful attitude.

s'exprimer, to express oneself. **Si l'on peut s'e. ainsi,** if one may put it in this way, if one may say so.

expropriation [ɛksprɔpriasjɔ̃], *s.f.* *Jur:* Purchase under compulsion; expropriation.

exproprier [ɛksprɔprie], *v.tr.* To expropriate ((i) proprietor, (ii) property).

expulser [ɛkspylse], *v.tr.* To expel; to eject (s.o.); to turn (s.o.) out; to evict (tenant); to deport (alien); to blow out (air).

expulsion [ɛkspylsjɔ̃], *s.f.* Expulsion; deportation (of alien); eviction (of tenant).

expurgation [ɛkspyrgasjɔ̃], *s.f.* Expurgation; bowdlerizing (of book).

expurger [ɛkspyrʒe], *v.tr.* (**j'expurgeai(s); n. expurgeons**) To expurgate; to bowdlerize.

exquis [ɛkski], *a.* Exquisite, delicious. *adv.* **-ément.**

exsangue [ɛksɑ̃ːg], *a.* (*a*) Anaemic, bloodless. (*b*) *F:* Cadaverous.

exsuder [ɛksyde], *v.tr.* & *i.* To exude.

extase [ɛkstɑːz], *s.f.* Ecstasy. **1.** *Psy:* *Med:* Trance. **2.** Rapture. **Tomber en e.,** to be entranced.

extasier (s') [sɛkstɑzje], *v.pr.* To be in, go into, ecstasies (**devant,** before; **sur,** over).

extatique [ɛkstatik], *a.* **1.** *Psy:* *Med:* Ecstatic. **2.** Rapturous, enraptured.

extenseur [ɛkstɑ̃sœːr]. **1.** *a.* & *s.m.* *Anat:* Extensor (muscle). **2.** *s.m.* (*a*) *Gym:* Chest expander, exerciser. (*b*) Trouser-stretcher.

extensibilité [ɛkstɑ̃sibilite], *s.f.* Extensibility.

extensible [ɛkstɑ̃sibl], *a.* Extensible; stretchable; extending (table, etc.); expanding (bracelet, etc.).

extensif, -ive [ɛkstɑ̃sif, -iːv], *a.* **1.** Tensile (force, etc.). **2.** Extensive.

extension [ɛkstɑ̃sjɔ̃], *s.f.* **1.** Extension. (*a*) Stretching. *Mec:* **Travail à l'e.,** tensile stress. (*b*) Straining (of muscle). (*c*) Spreading, enlargement; spread (of disease). **Donner de l'e. à qch.,** to extend, enlarge, sth. **Prendre de l'e.,** to spread, grow. **2.** Extent. *Gram:* Extended meaning (of word). **Par e.,** in a wider sense.

exténuation [ɛkstenɥasjɔ̃], *s.f.* **1.** Extenuation, softening (of terms, etc.). **2.** (*a*) Emaciation (of body). (*b*) Exhaustion (of body or mind).

exténuer [ɛkstenɥe], *v.tr.* To exhaust. **Être exténué (de fatigue),** to be tired out, worn out.

s'exténuer, to work oneself to death. *F:* to fag oneself out.

extérieur [ɛksterjœːr]. **1.** *a.* (*a*) Exterior, outer, external. **Le monde e.,** the outside world. **Jardin e. à ma propriété,** garden that lies outside my grounds. (*b*) Foreign (trade, policy). **2.** *s.m.* (*a*) Exterior, outside (of building, etc.). **A l'e.,** (i) (on the) outside, out of doors; (ii) abroad. **A l'e. de la gare,** outside the station. (*b*) Foreign countries. **De l'e.,** from abroad. (*c*) (Outward) appearance, looks. **Juger par l'e.,** to judge by external appearances.

extérieurement [ɛksterjœrmɑ̃], *adv.* **1.** Externally, on the outside, outwardly. **2.** On the surface; in appearance.

extérioriser [ɛksterjɔrize], *v.tr.* *Phil:* *Psychics:* To exteriorize, to externalize.

s'extérioriser, *F:* to reveal oneself outwardly.

exterminateur, -trice [ɛkstɛrminatœːr, -tris]. **1.** *s.* Exterminator, destroyer. **2.** *a.* Exterminating, destroying (angel, etc.).

extermination [ɛkstɛrminasjɔ̃], *s.f.* Extermination; *F:* wiping out (of race, etc.).

exterminer [ɛkstɛrmine], *v.tr.* To exterminate, destroy; *F:* to wipe out (army, etc.).

externat [ɛkstɛrna], *s.m.* **1.** Day-school. **2.** Non-resident medical studentship (at hospital).

externe [ɛkstɛrn]. **1.** *a.* (*a*) External, outside, outer. **Angle e.,** exterior angle. *Pharm:* **Pour l'usage e.,** for external use. (*b*) **Élève e.,** day-pupil. **Malade e.,** out-patient (at hospital). **2.** *s.* (*a*) Day-pupil. (*b*) Non-resident medical student (at hospital).

extincteur, -trice [ɛkstɛ̃ktœːr, -tris]. **1.** *a.* Extinguishing (material, etc.). **2.** *s.m.* Fire-extinguisher.

extinction [ɛkstɛ̃ksjɔ̃], *s.f.* Extinction. **1.** (*a*) Extinguishing, putting out (of fire, etc.). *Mil:* **L'e. des feux,** lights out. *Tchn:* **E. du fer rouge,** quenching of red-hot iron. **E. de la chaux,** slaking, slacking, of lime. (*b*) Abolition, suppression; paying off, wiping out (of debt); termination (of contract). **2.** (*a*) Dying out (of race, species). (*b*) Loss (of voice, of sight). **Attraper une e. de voix,** to lose one's voice.

extirpateur [ɛkstirpatœːr], *s.m.* (*a*) Extirpator, remover (of corns). (*b*) Uprooter (of tree, evil). (*c*) *Agr:* Weeding-machine; weeder, grubber.

extirpation [ɛkstirpasjɔ̃], *s.f.* Extirpation; uprooting; eradication; removal (of corns).

extirper [ɛkstirpe], *v.tr.* To extirpate, eradicate, root out; to remove (corn).

extorquer [ɛkstɔrke], *v.tr.* To extort; to wring (money, promise) (**à qn,** from s.o.).

extorsion [ɛkstɔrsjɔ̃], *s.f.* Extortion.

extra [ɛkstra]. **1.** *s.m.* Usu. *inv.* (*a*) Extra. **Payer les extra(s),** to pay for the extras. **Faire un peu d'e.,** to do things a little better than usual. (*b*) Temporary job; temporary hand. **2.** *a.inv.* *F:* First-class, first rate; extra-special (wine, etc.); outstanding, *F:* slap-up (entertainment). **3.** *adv.* (*a*) Extra-(fine, strong, etc.). (*b*) Extra (= additional) (current, etc.). (*c*) Extra-(territorial).

extracteur [ɛkstraktœːr], *s.m.* **1.** Drawer, extractor (of (teeth, etc.). **2.** *Tls:* Extractor.

extraction [ɛkstraksjɔ̃], *s.f.* Extraction. **1.** Extracting. (*a*) Drawing (of teeth, etc.); getting, winning (of coal); quarrying (of stone). (*b*) Drawing up. *Min:* **Machine d'e.,** winding-gear. (*c*) *Mth:* Extraction (of root). **2.** Descent, lineage, origin. **De basse e.,** of humble birth. **De haute e.,** of noble birth.

extrader [ɛkstrade], *v.tr.* *Jur:* To extradite.

extradition [ɛkstradisjɔ̃], *s.f.* *Jur:* Extradition.

extrados [ɛkstrado], *s.m.* *Arch:* Extrados.

extra-fin [ɛkstrafɛ̃], *a.* Superfine.

extra-fort [ɛkstrafɔːr]. **1.** *a.* Extra-strong. **2.** *s.m.* *Dressm:* Bias-binding.

extraire [ɛkstrɛːr], *v.tr.* (Conj. like TRAIRE) To extract, draw out, take out, pull out; to draw, pull (tooth); to get, win (coal, ore); to quarry (stone). *Mth:* **E. une racine,** to extract a root. **S'e. d'une position difficile,** to get out of an awkward position.

extrait [ɛkstrɛ], *s.m.* **1.** Extract. **E. de viande,** meat extract, essence. **2.** Extract, excerpt (from book); abstract (of deed, account). **E. de naissance,** birth-certificate. **E. de compte,** statement of account.

extrajudiciaire [ɛkstraʒydisjɛːr], *a.* *Jur:* Extrajudicial. *adv.* **-ment.**

extraordinaire [ɛkstr(a)ɔrdinɛːr], *a.* Extraordinary. (*a*) Special (meeting, messenger, etc.). **Impôt e.,** emergency tax. (*b*) Unusual, unwonted; out of the common; wonderful; above the ordinary. **Par e.,** (i) for a wonder; (ii) for once in a while. *adv.* **-ment.**

extrapoler [ɛkstrapɔle], *v.tr.* To extrapolate.

extra-scolaire [ɛkstraskɔlɛːr], *a.* Out-of-school. **Activités extra-scolaires,** out-of-school activities.

extra-sensoriel [ɛkstrasɑ̃sɔrjɛl], *a.* Extra-sensory (perception, etc.).

extraterritorialité [ɛkstratɛritɔrjalite], *s.f.* Extra-territoriality.

extravagance [ɛkstravagɑ̃:s], *s.f.* Extravagance; absurdity, folly (of action, etc.); exorbitance (of price); immoderateness (of desires) **Se livrer à des extravagances,** to do foolish things. **Il a dit un tas d'extravagances,** he talked a lot of wild nonsense.

extravag|ant [ɛkstravagɑ̃]. **1.** *a.* Extravagant; absurd, foolish (action, etc.); exorbitant (demand); immoderate (desire). **Histoire extravagante,** extravaganza. **2.** *s.m.* Eccentric, crank. *adv.* **-amment.**

extravaguer [ɛkstravɑge], *v.i.* To rave, to talk nonsense.

extravaser (s') [sɛkstravɑze], *v.pr.* (Of blood, sap, etc.) To extravasate.

extraversion [ɛkstravɛrsjɔ̃], *s.f.* *Psy:* Extraversion, extroversion.

extraverti [ɛkstravɛrti], *a. & s.* *Psy:* Extrovert.

extray-ant, -ons, etc. See EXTRAIRE.

extrême [ɛkstrɛ:m]. **1.** *a.* Extreme. (*a*) Farthest, utmost (point, etc.). **L'e. lointain,** the extreme distance. (*b*) Intense, excessive (cold, etc.). (*c*) Drastic, severe (measure). **2.** *s.m.* Extreme limit. **Scrupuleux à l'e.,** scrupulous in the extreme, to a degree. **Pousser les choses à l'e.,** to carry matters to extremes. **Les extrêmes se touchent,** extremes meet, too far East is West. *adv.* **-ment.**

extrême-onction [ɛkstrɛmɔ̃ksjɔ̃], *s.f.* *Ecc:* Extreme unction.

Extrême-Orient (l') [lɛkstrɛmɔrjɑ̃], *s.m.* The Far East.

extrémiser [ɛkstremize], *v.tr.* *Ecc:* To administer extreme unction (to s.o.).

extrémiste [ɛkstremist], *a. & s.m. & f.* Extremist.

extrémité [ɛkstremite], *s.f.* **1.** (*a*) Extremity, end (of rope, etc.); tip (of finger, etc.); point (of needle, etc.). **Les extrémités de la terre,** the uttermost ends of the earth. (*b*) Extremity, extreme, last degree (of misery, etc.). **Pousser qch. à l'e.,** to carry sth. to extremes. **L'e. d'un besoin,** the urgency of a need. **Dans cette e. . . .,** in this exigency. . . . **Être à l'e., à toute e.,** to be at death's door, in the last extremity. **2.** *pl.* **Pousser qn à des extrémités,** to drive s.o. to extremities.

extrinsèque [ɛkstrɛ̃sɛk], *a.* Extrinsic.

extroverti, -ie [ɛkstrɔvɛrti], *s.* *Psy:* Extrovert.

extrusion [ɛkstryzjɔ̃], *s.f.* Extrusion.

exubérance [egzybɛrɑ̃:s], *s.f.* Exuberance, superabundance.

exubérant [egzybɛrɑ̃], *a.* Exuberant, super-abundant. **E. de santé,** bursting with health.

exultation [egzyltasjɔ̃], *s.f.* Exultation.

exulter [egzylte], *v.i.* To exult, rejoice.

exutoire [egzytwa:r], *s.m.* **1.** *Med:* Exutory. **2.** Outlet.

ex-voto [ɛksvɔto], *s.m.inv.* Ex-voto; votive offering.

Ézéchias [ezekjɑ:s]. *Pr.n.m.* *B.Hist:* Hezekiah.

Ézéchiel [ezekjɛl]. *Pr.n.m.* *B.Hist:* Ezekiel.

F, f [ɛf], *s.f.* (The letter) F, f. *Tp:* **F comme François,** F for Frederick.

fa [fɑ], *s.m.inv. Mus:* (The note) F. **Clef de fa,** bass clef, F-clef.

fable [fɑːbl], *s.f.* (*a*) Fable. (*b*) Story, tale. **Être la f. de toute la ville,** to be the laughing-stock of the town. **Célèbre dans la f.,** famous in story.

fabl|au, -aux [fɑblio], *s.m. A:* Short tale in verse; fabliau.

fablier [fɑblie], *s.m.* Book of fables.

fabricant, -ante [fabrikɑ̃, -ɑ̃ːt], *s.* (*a*) Maker, manufacturer (**de,** of). (*b*) Mill-owner.

fabricateur, -trice [fabrikatœːr, -tris], *s. Pej:* Fabricator (of lies, etc.); coiner; forger (of a document).

fabrication [fabrikasjɔ̃], *s.f.* **1.** Manufacture, making. **N'employer que la meilleure f.,** to employ only the best workmanship. **2.** Forging (of document); coining (of counterfeit money). **C'est de la pure f.,** it's pure fabrication.

fabrique [fabrik], *s.f.* **1.** Making, manufacture. **Prix de f.,** manufacturer's price. **Marque de f.,** trademark. **Secret de f.,** trade secret. **2.** Factory, works; (cloth-, paper-, oil-)mill. **Valeur en f.,** cost price. **3.** *Ecc:* Fabric (of church). **Conseil de f.,** church council; vestry.

fabriquer [fabrike], *v.tr.* **1.** (*a*) *Ind:* To manufacture. (*b*) *F:* To make (sth.). **Qu'est-ce que vous fabriquez là?** (i) what's that you're making? (ii) what are you up to? **2.** *Pej:* To fabricate; to invent (story); to forge (document).

fabuleu|x, -euse [fabylø, -øːz], *a.* **1.** Fabulous. **2.** *F:* Fabulous, incredible; prodigious. *adv.* **-sement.**

fabuliste [fabylist], *s.m.* Fabulist.

façade [fasad], *s.f.* Façade, front(age). **Local en f. sur deux rues,** premises with frontages on two streets. *F:* **Patriotisme de f.,** sham patriotism. **Ce n'est qu'une f.,** it's all window-dressing.

face [fas], *s.f.* Face. **1.** (*a*) **Jeter la vérité à la f. de qn,** to cast the truth in s.o.'s face. *F:* **Sauver la f.,** to save (one's) face. **Perdre la f.,** to lose face. (*b*) **La f. des eaux, de la terre,** the face of the waters of the earth. **2.** (*a*) Face (of sth.). **F. avant,** front. **F. arrière,** back. *F:* **Considérer qch. sous toutes ses faces,** to consider sth. from all sides. (*b*) Obverse (of medal); head side (of coin), flat (of sword blade); side (of gramophone record); **à double f.,** double-sided (record); reversible (tissue). S.a. PILE[3]. **3.** (*a*) **Faire f. à qn, à qch.,** to face s.o., sth. **Faire f. à ses échéances,** to meet one's liabilities. **Faire f. à des difficultés,** to cope with difficulties. (*b*) **Portrait de f.,** full-face portrait. **Vue de f.,** front-view. **Se présenter de f.,** to face (the observer, etc.). **La maison (d')en f.,** the house opposite. **Regarder qn (bien) en f.,** to look s.o. full, straight, in the face. **F. à f.,** face to face (**avec,** with). **4.** *Prep.phr.* **F. à,** facing. **En f. de,** opposite; over against. **En f. l'un de l'autre, l'un en f. de l'autre,** opposite each other; facing each other.

face-à-main [fasamɛ̃], *s.m.* Lorgnette. *pl. Des faces-à-main.*

facétie [fasesi], *s.f.* Joke, jest. **Dire des facéties,** to crack jokes. **Faire des facéties à qn,** to play pranks on s.o.

facétieu|x, -euse [fasesjø, -øːz], *a.* Facetious, waggish. *adv.* **-sement.**

facette [fasɛt], *s.f.* Facet. **(Taillé) à facettes,** (cut) in facets, faceted.

facetter [fasɛte], *v.tr.* To facet (diamonds, etc.).

fâché [fɑʃe], *a.* **1.** Sorry. **Être f. de qch., pour qn,** to be sorry about sth., for s.o. **2.** Angry. **Être f. contre qn,** to be annoyed, vexed, with s.o. **3. Être f. avec qn,** to have fallen out with s.o.

fâcher [fɑʃe], *v.tr.* **1.** To grieve. **2.** To anger; to make (s.o.) angry. **Soit dit sans vous f.,** if I may say so without offence, with all due deference.

se fâcher. 1. To get angry; to lose one's temper; to be offended, take offence. **Ne pas se f.,** to keep one's temper. *F:* **Se f. tout rouge,** to flare up, blaze up. **2. Se f. avec qn,** to fall out with s.o.

fâcherie [fɑʃri], *s.f. F:* Quarrel, tiff.

fâcheu|x, -euse [fɑʃø, -øːz]. **1.** *a.* Troublesome, tiresome, trying, annoying, distressing (news, event). **Position fâcheuse,** awkward, trying, position. **Il est f. que** + *sub.*, it is unfortunate, a pity, that. . . . **2.** *s.m.* **Le f. de l'affaire,** the worst of the matter. *adv.* **-sement.**

facial, -aux [fasjal, -o], *a. Anat: etc:* Facial. **Névralgie faciale,** face-ache.

facies [fasjɛːs], *s.m.* **1.** *Bot: Med: Z:* Facies, aspect, appearance (of plant, features, etc.). **2.** *F:* Cast of features.

facile [fasil], *a.* **1.** Easy. (*a*) **F. à faire,** easy to do, easily done. **C'est f. à dire,** it is more easily said than done. (*b*) (i) **Homme f. à vivre,** man easy to get on with. (ii) Pliable, weak; frail (virtue, etc.). **2.** Facile, ready, quick. **Avoir le style, la parole, f.,** to have a fluent style, tongue. **Je n'ai pas la parole f.,** I am not a ready speaker. *adv.* **-ment.**

facilité [fasilite], *s.f.* **1.** (*a*) Easiness (of task, etc.); ease (with which a thing is done). **Avec f.,** easily, with ease. (*b*) **Avoir la f. de faire qch.,** to enjoy facilities for doing sth. *Com:* **Facilités de paiement,** facilities for payment; easy terms. **2.** Aptitude, talent, facility. **F. à faire qch.,** gift, aptitude, for doing sth. **F. de parole,** readiness of speech; fluency. **3.** Pliancy; complaisance.

faciliter [fasilite], *v.tr.* To facilitate; to make (sth.) easier, easy; to promote (progress).

façon [fasɔ̃], *s.f.* **1.** (*a*) (i) Making, fashioning; (ii) make; workmanship. **F. d'un habit,** cut of a coat. **Tailleur à f.,** jobbing, bespoke, tailor. **"On prend, travaille, à f.,"** 'customers' own materials made up.' **Plat de sa f.,** dish of her own making. *Agr:* **Donner une f. à la terre,** to give the soil a dressing. *Nau:* **Façons d'un navire,** sweep, run of a ship. (*b*) **Ciseau f. américaine,** American style chisel. **Cuir f. porc,** imitation pigskin. (*c*) *Ind:* **Matière et f.,** material and labour. **2.** (*a*) Manner, mode, way (of acting, speaking, etc.). **Vivre à la f. des sauvages,** to live like savages. **Avoir une f. à soi de faire qch.,** to have a way of one's own of doing sth. **Je le ferai à ma f.,** I shall do it (in) my own way. **F. de parler,** manner of speaking. **Je lui dis, f. de rire, que . . .,** I said to him, by way of a joke, that. . . . **Parler d'une f. absurde,** to talk in an absurd manner. **Ils agissent tous de la même f.,** they all act alike. **De quelque f. qu'il s'y prenne . . .,** whatever way he sets about it. . . . **De la bonne f.,** properly; in good style. **De la belle f.,** severely. **Arranger qn de (la) belle, de bonne, f.,** to give s.o. a good dressing down. (*b*) **Sans f.,** without ceremony. **Homme sans f.,** rough-and-ready man. **Il entra sans façon(s),** he entered unceremoniously. **Traiter qn sans façon(s),** to treat s.o. in an off-hand manner. **Sans plus de façons,** without any more ado. **N'avoir ni mine ni f.,** to have neither looks nor manners. **Faire des façons,** to stand on ceremony; to make a fuss. (*c*) **De cette f.,** thus. **Ne me parlez pas de cette f.,** don't speak to me like that. **De f. ou d'autre, d'une f. ou d'une autre,** (in) one way or another, some way or other. **De toute f. j'irai,** anyhow, in any case, I shall go. **En aucune f.!** not at all! by no means! **En quelque f.,** in a way, in a sense. **3.** *Conj.phr.* (*a*) **De f. à,** so as to. **Parlez de f. à vous faire comprendre,** speak so that one may understand. (*b*) **De (telle) f. que.** (i) + *ind.* **Il pleuvait de telle f. que je fus obligé de rentrer,** it was raining so hard that I had to go home. **Il pleuvait, de f. que je fus obligé de rentrer,** it was raining, (and) so I had to go home. (ii) + *sub.* **Parlez de f. qu'on vous comprenne,** speak so as to be understood.

faconde [fakɔ̃ːd], *s.f.* Fluency of speech; ready flow of language; *F:* the gift of the gab.

façonné [fasɔne]. **1.** *a* Figured (material). **2.** *s.m.* Figured material.

façonn|er [fasɔne], *v.tr.* To work, shape (wood, metal, etc.); to fashion (clay, etc.); to mould, form (character). **F. une robe,** to make (up) a dress. **F. la terre,** to dress, work, the soil. **Se f. à la discipline,** to accustom oneself to discipline. *s.m.* **-age.** *s.m.* **-ement.**

façonnier, -ère [fasɔnje, -ɛːr], *a. & s.* **1. Ouvrier f.,** jobbing tailor; home-worker. **2.** Fussy, over-ceremonious.

fac(-)similé [faksimile], *s.m.* Facsimile; exact copy. *pl. Des fac(-)similés.*

factage [faktaːʒ], *s.m.* (*a*) Carriage (and delivery); transport (of goods). (*b*) Porterage. (*c*) Delivery (of letters).

facteur, -trice [faktœːr, -tris], *s.* **1.** (Musical) instrument maker. **F. d'orgues,** organ-builder. **2.** (*a*) Carrier; transport agent. (*b*) Carman (delivering parcels). (*c*) Postman. **3.** *Com:* Agent, middleman, factor. **4.** *s.m. Mth: etc:* Factor. **Le f. humain,** the personal, human, factor. *Mec.E:* **F. de sûreté, de sécurité** safety factor; coefficient of safety.

factice [faktis], *a.* Factitious; artificial, imitation (gems, etc.); forced, meretricious (style); dummy (box of chocolates, etc.). *s.m. Com:* Dummy. *adv.* **-ment.**

factieux, -euse [faksjø, -øːz]. **1.** *a.* Factious. **2.** *s.* Agitator.

faction [faksjɔ̃], *s.f.* **1.** Sentry-duty, guard. **Faire faction, être de f., être en f.,** to be on sentry-duty. **Mettre (qn) en f.,** to post (a sentry). **Relever (qn) de f.,** to relieve (a sentry). **Mettre les grévistes en f.,** to place strikers on picket-duty. **2.** Faction; factious party.

factionnaire [faksjɔnɛːr], *s.m.* (*a*) Sentry, sentinel. (*b*) Man on picket-duty, picket.

factitif, -ive [faktitif, -iːv], *a. Gram:* Causative, factitive (verb, etc.).

factorerie [faktɔr(ə)ri], *s.f. Com:* Trading post; factory (in colony, etc.).

factorielle [faktɔrjɛl], *s.f. Mth:* Factorial.

factoriser [faktɔrize], *v.tr. Mth:* To factorize.

factotum [faktɔtɔm], *s.m.* Factotum; man-of-all-work, handy man.

facture[1] [faktyːr], *s.f.* **1.** (*a*) Treatment (of work of art). *Mus: F:* **Morceau de f.,** show piece. (*b*) *Com:* Get-up, make, workmanship. **2.** Manufacturing (of musical instruments).

facture[2], *s.f. Com:* Invoice; bill (of sale). **Faire, dresser, établir, une f.,** to make out an invoice. **F. simulée,** pro forma invoice. **Selon, suivant, f.,** as per invoice.

facturer [faktyre], *v.tr.* To invoice.

facturier [faktyrje], *s.m.* **1.** Invoice clerk. **2.** Sales-book.

facultat|if, -ive [fakyltatif, -iːv], *a.* Optional, facultative. **Un arrêt f.,** request stop. *adv.* **-ivement.**

faculté [fakylte], *s.f.* **1.** (*a*) Option, right, faculty. **Avoir (la) f. de faire qch.,** to have (i) the option of doing sth., (ii) power to do sth. (*b*) Faculty, ability, power. **Jouir de toutes ses facultés,** to be in possession of all one's faculties. **Les facultés de l'esprit,** intellectual faculties. **Homme doué de grandes facultés,** man of great abilities; man of parts. **L'aimant a la f. d'attirer le fer,** the magnet has the property of attracting iron. (*c*) *pl.* Resources, means. **2.** Faculty (of law, medicine, etc.). *F:* **La F.,** the (medical) Faculty, the Doctors. **Les différentes facultés (d'une université),** the different schools, faculties.

fada [fada]. (*a*) *s.m. F:* Fool, simpleton. (*b*) *a.* Foolish.

fadaise [fadɛːz], *s.f.* (*a*) Piece of nonsense; silly remark. (*b*) *pl.* Twaddle, nonsense. **Débiter des fadaises,** to talk twaddle.

fadasse [fadas], *a.* Insipid; *F:* sloppy (novel, etc.).

fade [fad], *a.* Insipid, dull, flavourless, tasteless (dish, etc.); pointless (joke). **Avoir le cœur f.,** to feel squeamish. *adv.* **-ment.**

fadeur [fadœːr], *s.f.* (*a*) Insipidity; sickliness (of taste, smell, etc.). (*b*) *pl.* **Dire des fadeurs à qn,** to pay insipid compliments to s.o. (*c*) Pointlessness, tameness (of joke).

fading [fediŋ], *s.m. W.Tel.* Fading, fade-out.

fagot [fago], *s.m.* **1.** Faggot; bundle of firewood. *Fort:* **F. de sape,** fascine. **Il y a fagots et fagots,** all men, things, are not alike. **Sentir le f.,** to savour of heresy. **Bouteille de vin de derrière les fagots,** bottle of wine from the hidden store. **2.** *A:* Bundle (of clothes, etc.). *F:* **S'habiller comme un f.,** to be dowdy.

fagotage [fagɔtaːʒ], *s.m.* **1.** (*a*) Faggoting. (*b*) *F:* Botching (of work). **2.** (*a*) Faggot-wood. (*b*) *F:* Botched piece of work. **3.** *F:* Ridiculous get-up.

fagoter [fagɔte], *v.tr.* **1.** To faggot (firewood). **2.** To botch (work). **3.** *P:* To dress (s.o.) without taste. **Mal fagotée,** dowdy.

fagotin [fagɔtɛ̃], *s.m.* **1.** Bundle of firewood. **2.** (*a*) Organ-grinder's monkey, (*b*) Clown, buffoon.

faiblard [fɛblaːr], *a. F:* Weak(ish); feeblish.

faible [fɛbl]. **1.** *a.* (*a*) Feeble, weak. **F. d'esprit,** weak-, feeble-minded, mentally deficient. (*b*) **Brise f.,** light breeze. **Voix f.,** (i) weak voice; (ii) faint voice. **F. son,** faint sound. **Café f.,** weak, thin, coffee. **F. espérance,** faint hope. **Prix f.,** (i) low price; (ii) discount price. **Minerai à f. teneur (d'or, etc.),** low-grade ore. **Faibles ressources,** small resources, scanty means. *Mus:* **Temps f.,** unaccented beat. *Nau:* **F. tirant,** shallow draught. *Phot:* **Cliché f.,** thin negative. **2.** (*a*) *s.m.* Weakness, failing, foible. **Le f. de qn,** the weak side in s.o. **Avoir un f. pour qch.,** to have a weakness, a partiality, a liking, a soft spot, for sth.; to be partial to sth. (*b*) *s.m. & f.* **Protéger les faibles,** to protect the weak. **Les économiquement faibles,** the under-privileged. *adv.* **-ment.**

faiblesse [fɛblɛs], *s.f.* **1.** (*a*) Feebleness, weakness, debility. (*b*) Fainting fit. **Tomber en f.,** to fall down in a faint; to swoon, faint. (*c*) **La f. humaine,** human weakness, frailty. (*d*) Smallness (of sum, number). **2. F. chez qn,** failing in s.o. **Je l'aime avec toutes ses faiblesses,** I love him in spite of all his failings.

faiblir [fɛbliːr], *v.i.* To weaken; to grow weak(er); *I.C.E:* (of engine) to lose power. **Ma vue faiblit,** my sight is failing. **Le vent faiblit,** the wind is abating.

faïence [fajɑ̃ːs], *s.f.* Crockery; earthenware, stoneware. **F. fine,** china. **Se regarder en chiens de f.,** to stare at each other.

faïencerie [fajɑ̃sri], *s.f.* **1.** Crockery, earthenware. **2.** (*a*) China-shop. (*b*) Pottery.

faïencier [fajɑ̃sje], *s.m.* Crockery-, earthenware-maker or dealer.

faille[1] [faːj], *s.f.* Coarse-grained silk material; faille.

faille[2], *s.f. Geol: Min:* Fault, break (in lode).

faille[3]. See FALLOIR.

failli [faji], *s.m.* (Adjudicated) bankrupt.

faillibilité [fajibilite], *s.f.* Fallibility.

faillible [fajibl], *a.* Fallible.

faillir [fajiːr], *v.i.* (*pr.p.* **faillant,** *p.p.* **failli**; *p.h.* **je faillis**; (*rarely used in other tenses*); **1.** To fail. (*a*) **F. à une promesse,** to fail to keep a promise. **Le cœur me faut,** my heart fails me. **Sans f.,** without fail. (*b*) *Com: A:* = **Faire faillite. 2. Faillir** + *inf.* (only in past hist. and compound tenses) **J'ai failli manquer le train,** I all but missed the train; I nearly missed the train. **Il faillit être écrasé,** he narrowly missed being run over. **J'ai bien failli me noyer,** I was only just saved from drowning.

faillite [fajit], *s.f. Com:* Failure, bankruptcy, insolvency. **Être en état de f.,** to be bankrupt, insolvent. **Tomber en f., faire f.,** to go bankrupt, to fail. **Déclarer, mettre, qn en f.,** to adjudicate, adjudge, s.o. bankrupt. S.a. JUGEMENT 1.

faim [fɛ̃], *s.f.* Hunger. **Avoir f., sentir la f.,** to be, feel hungry. **Rester sur sa f.,** to remain hungry. *F:* **Avoir une f. de loup,** to be ravenously hungry, as hungry as a hunter, *U.S:* as hungry as a bear. **Manger à sa f.,** to eat one's fill. **Mourir de f.,** (i) to die of starvation; (ii) *F:* to be starving, to be famished. *F:* **Avoir f. de gloire,** to hunger, thirst, for glory.

faîne [fɛːn], *s.f.* **1.** Beech-nut. **2.** *pl.* Beech-mast.

fainéant, -ante [fɛneɑ̃, -ɑ̃ːt]. **1.** *a.* Idle, lazy, slothful. **2.** *s.* Idler, sluggard, lazy-bones.

fainéanter [fɛneɑ̃te], *v.i.* To idle; to loaf.

fainéantise [fɛneɑ̃tiːz], *s.f.* Idleness, laziness, sloth.

faire [fɛːr], *v.tr.* (*pr.p.* **faisant** [fəzɑ̃]; *p.p.* **fait** [fɛ]; *pr. ind.* **je fais, il fait, n. faisons** [fəzɔ̃], **v. faites** [fɛt], **ils font**; *pr. sub.* **je fasse**; *imp.* **fais, faisons, faites**; *p.h.* **je fis**; *fu.* **je ferai)** I. To make. **1. Dieu a fait l'homme**

à son image, God made, created, man in his own image. Les vieilles gens sont ainsi faits, old people are like that. Comment est-il fait? (i) what does he look like? (ii) what sort of man is he? Il n'est pas fait pour être soldat, he is not cut out for a soldier. 2. (*a*) Statue faite en, de, marbre, statue cut, made, out of marble. F. un chèque, to write a cheque. Vêtements tout faits, ready-made clothes. *F:* Comme vous voilà fait! what a sight you are! (*b*) F. la guerre, to wage war. F. un miracle, to work a miracle. Le mariage ne se fera pas, the marriage will not take place. S.a. AFFAIRE 2. (*c*) *F:* F. de l'œil à qn, to wink at s.o. *F:* Je lui ai fait du pied pendant la représentation de Carmen, I played footsie, footy-footy, with her during Carmen. *F:* F. du genou sous la table, to play kneesies under the table. 3. (*a*) F. sa fortune, to make one's fortune. Se f. des amis, to make friends. (*b*) Faire des provisions, to lay in provisions. (Of locomotive, ship). F. de l'eau, du charbon, to take in water, coal. (*c*) *P:* On vous a fait, you've been had. *P:* On m'a fait ma montre, my watch has been pinched. *P:* Tu es fait, mon vieux! you have had it, chum!

II. faire, to do. 1. (*a*) Il n'a rien fait, he did nothing. Qu'est-ce qu'il y a à f.? what is there to do? Il n'y a rien à f., there is no help for it. Que f.? what is to be done? Je ne sais que f., I don't know what to do. Il est venu voir ce qui se faisait, he came to see what was happening. Il n'a rien à f. ici., he has no business here. Est-ce que je peux ouvrir la fenêtre?—Faites donc! may I open the window?—Do! By all means! Faites vite! look sharp! Avoir fort à f., to have a great deal to do. Vous allez avoir de quoi f., you have your work cut out. Ne faites pas à autrui ce que vous ne voudriez pas qu'on vous fît, do as you would be done by. Pour ce que j'en fais, for all the use, the good, it is to me. F. de l'hypertension, to have high blood pressure. Homme à tout f., handy-man. Bonne à tout f., maid-of-all-work; general servant. Ces choses-là ne se font pas, those things are not done. Grand bien vous fasse! much good may it do you! C'est bien fait! it serves you right! (*b*) (To say) "Vous partez demain!" fit-il, 'you leave tomorrow!' he said. Il fit un petit "oh" de surprise, he gave a little 'oh' of surprise. 2. (To perform, practise) (*a*) F. son devoir, to do one's duty. F. sa ronde, to go one's rounds. F. son apprentissage, to serve one's apprenticeship. *Com:* Quel article faites-vous? what is your line? Nous ne faisons que la fleur coupée, le gros, we are only cut-flower, wholesale, dealers. Voilà qui est fait, that's done, settled. Toute réflexion faite . . ., all things considered. . . . (*b*) F. du sport, de l'auto, to go in for sport, for motoring. J'ai fait de l'anglais à l'école, I did English at school. Il fait sa médecine, he is studying medicine. Il fait son droit, he is reading law. 3. F. quelques pas dans le sentier, to go, take, a few steps along the path. F. une promenade, to go for a walk. *F:* F. les châteaux de la Loire, to 'do' (visit) the châteaux of the Loire. F. soixante milles à l'heure, to do sixty miles an hour. 4. Combien cela fait-il? how much does that come to? Ce poulet fait trois kilos, this chicken weighs three kilos. Deux fois deux font quatre, twice two is four. Ça fait trois jours qu'il est parti, it's three days since he left. 5. To be, constitute. F. l'admiration de tous, to be the admiration of all. Cela fera mon affaire, that will suit me. Ce qui ferait dix habitants au mille carré, which would give ten inhabitants to the square mile. S.a. AFFAIRE 1. *Prov:* L'habit ne fait pas le moine, it is not the cowl that makes the friar. 6. To matter. Qu'est-ce que ça fait? what does it matter? who cares? Qu'est-ce que cela vous fait? what is that to you? Si cela ne vous fait rien, if you don't mind. Rien ne lui fait, nothing affects him. Cela ne fait rien, that makes no difference; never mind. 7. (Faire replacing a head verb in the second term of a comparison) Charles XII voulait braver les saisons comme il faisait ses ennemis, Charles XII wanted to defy the seasons as he did his enemies. Pourquoi agir comme vous le faites? why do you act as you do?

III. faire. 1. To form. Ce professeur fait de bons élèves, this master produces, turns out, good pupils. Démarche faite pour m'étonner, step calculated to astonish me. 2. To arrange. F. la chambre, to clean, *F:* to do, the room. F. sa malle, to pack one's trunk. F. ses ongles, to (polish and) trim one's nails. F. les cartes, (i) to shuffle, (ii) to deal, the cards. A qui de f.? whose deal is it? 3. F. qn qch., faire qch. de qn, to make s.o. sth. Dieu a fait tous les hommes égaux, God made all men equal. Qu'allez-vous f. de votre fils? what are you going to make of your son? F. d'un théâtre un cinéma, to turn a theatre into a cinema. N'avoir que f. de qch., to have no occasion, no need, no use, for sth. *F:* Cela fait riche, it gives an appearance of wealth, it looks posh. Vases qui font bien sur la cheminée, vases that look well on the mantelpiece, that make a fine, lovely, effect on the mantelpiece. Il ne fait pas quarante ans, he doesn't look forty. On le faisait mort, he was alleged, given out, to be dead. Il se fait plus pauvre qu'il ne l'est, he makes himself out to be poorer than he is. 4. Il fait Hamlet, he acts Hamlet. F. le malade, to sham illness. Il fait le mort, he is shamming dead. F. l'imbécile, to play the fool.

IV. faire. 1. En faire. (*a*) Il n'en fait qu'à sa tête, he follows his own inclination. N'en faites rien, do no such thing. (*b*) C'en est fait, the worst has happened. C'(en) est fait de lui, it's all up with him; he is done for. 2. Y faire. Rien n'y fit, nothing availed; it was all of no use. Qu'y f.? how can it be helped? Que voulez-vous que j'y fasse? how can I help it? 3. *F:* La faire. On ne me la fait pas! nothing doing! I am not to be had! La f. à la vertu, to come over virtuous. S.a. BON I. 12.

V. faire, *impers.* 1. Quel temps fait-il? what is the weather like? Il fait beau (temps), it is fine (weather). Il fait du soleil, the sun is shining. Par le froid qu'il fait, in this cold weather. 2. Il fait mauvais voyager par ces routes, it is hard travelling on these roads. 3. *P:* Il fait soif, faim, après un travail pareil, one feels, gets, thirsty, hungry, after work like that.

VI. faire. (Syntactical constructions). 1. Il ne fait que lire toute la journée, he does nothing but read all day. Je n'ai fait que le toucher, I only touched it. 2. Je ne fais que d'arriver, I have only just arrived. 3. Vous n'aviez que faire de parler, you had no business to speak. 4. (*a*) F. que + *ind.* C'est ce qui fait que je suis venu si vite, that is why I came so quickly. Les événements qui font que les choses sont ce qu'elles sont, the events that make things what they are. (*b*) F. que + *sub.* Fasse le ciel qu'il vienne à temps! heaven grant that he (may) come in time! Faites qu'il se trouve là demain, arrange, see to it, that he is there to-morrow.

VII. faire + *inf.* = causative verb. 1. (The noun or pron. object is the subject of the inf.) (*a*) Le soleil fait fondre la neige, the sun causes the snow to melt, melts the snow. Je le fis chanter, I made him sing. On le fit chanter, he was made to sing. Il nous a fait venir, he sent for us. Faites-le entrer, show him in. Je l'ai fait monter, descendre, entrer, pour prendre une tasse de thé, I had him up, down, in, for a cup of tea. Il veut me faire croire que . . ., he is trying to persuade me that. . . . he would have me believe that . . . Ne me faites pas attendre, don't keep me waiting. (*b*) F. + *v.pr.* (i) (Reflexive pron. omitted) F. asseoir qn, to make s.o. sit down. F. coucher un enfant, to put a child to bed. (ii) (Reflexive pron. retained) C'est moi qui les ai fait se connaître, it was I who introduced them to each other. Je le fis s'arrêter, I made him stop. 2. (The noun or pron. is the object of the inf.) (*a*) F. bâtir une maison, to have, to get, a house built. F. f. deux exemplaires, to have two copies made. Je le fis arrêter, I had him arrested. (*b*) Se f. + *inf.* Se f. photographier, to have, *F:* get, oneself photographed; to have one's photograph taken. Il s'est fait punir, he's got himself punished. Un bruit se fit entendre, a noise was heard. Ne vous faites pas tant prier, don't take so much asking. Il ne se le fit pas dire deux fois, he did not require to be told twice. 3. F. f. qch. à qn, to cause, get, s.o. to do sth.; to get, have, sth. done by s.o. Il fit lâcher prise à son adversaire, he made his opponent let go. Faites-lui lire cette lettre, get him to read, make him, read this letter. Je lui ai fait observer que . . ., I called his attention to the fact that. . . . **Faites-lui comprendre que . . .**, give him to understand that. . . .

VIII. **faire,** *s.m.* **1.** Doing, making (of sth.). **Il y a loin du f. au dire,** saying is one thing, doing another. **2.** *Art: Lit:* Technique; handling. **Tableau d'un f. libre et élégant,** picture of free and elegant execution.

se faire. 1. (*a*) To develop, mature. **Ce fromage se fera,** this cheese will ripen. **Son style se fait,** his style is forming. **Paris ne s'est pas fait en un jour,** Rome was not built in a day. (*b*) To become. **Se f. vieux,** to become, grow, get, old. **Se f. soldat,** to become a soldier. **Se f. catholique,** to turn Roman Catholic. **La nuit se fait,** night is falling. (*c*) To adapt oneself. **Se f. à qch.,** to get used, accustomed, to sth. **Se f. à la fatigue,** to become inured to fatigue. *Mec.E:* **Permettre aux engrenages de se f.,** to run in the gears. (*d*) **La mer, le vent, se fait,** the sea, the wind, is getting up. **2.** *Impers.* (*a*) **Il se fait tard,** it is growing late. (*b*) **Il se fit un long silence,** a long silence followed, ensued. **Comment se fait-il que vous soyez en retard?** What makes you late?

faire-part [fɛrpa:r], *s.m.inv.* (= **lettre de faire part,** *q.v.* under PART[1] 2) **F.-p. de naissance, décès,** announcement of birth, death. **F.-p. de mariage,** invitation card to a wedding. (*Of a funeral*) **Le présent avis tiendra lieu de f.-p.,** friends will accept this, the only intimation.

faire-valoir [fɛ:rvalwa:r], *s.m.inv.* Development.

fais [fɛ]. See FAIRE.

faisable [fəzabl], *a.* Practicable, feasible.

fais-ais, -ant, etc. See FAIRE.

faisan [fəzɑ̃], *s.m.* (Coq) f., (cock-)pheasant.

faisandé [fəzɑ̃de], *a.* (*a*) High gamy (meat). (*b*) *F:* Spicy (story).

faisander [fəzɑ̃de], *v.tr. Cu:* To hang (meat).

se faisander, to get high.

faisanderie [fəzɑ̃dri], *s.f.* Pheasantry, pheasant preserve.

faisandier [fəzɑ̃dje], *s.m.* Pheasant breeder.

faisane [fəzan], *s.f.* Hen-pheasant.

faisceau [fɛso], *s.m.* Bundle (of sticks, etc.). *Anat:* Fasciculus, bundle (of fibres). *Rom.Ant:* **F. de verges,** fasces (of lictor). **F. d'ampoules électriques,** cluster of electric bulbs. *El:* **F. aimanté,** compound magnet. **F. hertzien,** wireless beam. *T.V:* **F. cathodique explorateur,** scanning electron beam. **F. électronique,** electron beam. *Mil:* **F. d'armes,** pile of arms. **Former les faisceaux,** to pile arms. *Opt:* **F. lumineux, de lumière,** pencil of rays. **F. parallèle,** parallel beam. *Rail:* **F. de voies,** group of sidings.

faiseur, -euse [fəzœ:r, -ø:z], *s.* **1.** Maker, doer. **F. de miracles,** miracle worker. **F. de projets,** schemer. **F. de tours,** mountebank. **F. d'embarras,** *F:* fuss-pot. **Chapeau du bon f.,** hat from a good house. **F. de mariages,** match-maker. **2.** *F:* Bluffer, humbug.

fait[1] [fɛ, *occ.* fɛt], *a.* Fully developed. **Homme f.,** (i) (full-)grown man; (ii) man of ripe experience. **Fromage f.,** ripe cheese. **Temps f.,** settled weather.

fait[2], *s.m.* **1.** Act, deed, feat, achievement. **Faits et dits,** sayings and doings. **F. d'armes,** feat of arms. **Cela est du f. d'un tel,** this is so-and-so's doing. **Prendre qn sur le f.,** to catch s.o. in the act, red-handed. **Se porter à des voies de f.,** to resort to force, to violence. **De son f.,** of its, one's, own accord. **Ce n'est pas de son f.,** it's not like him, her. **Parler n'était pas son f.,** speaking was not his strong point. **Dire son f. à qn,** *F:* to talk straight to s.o. **Elle lui a dit son f.,** she told him what she thought of him. S.a. GESTE[2] 2. **2.** (*a*) Fact. **Fait accompli,** accomplished fact. **Possession de f.,** actual possession. **Prendre f. et cause pour qn,** to stand up for s.o. **Roi de nom plutôt que de f.,** king in name rather than in fact. **Il est de f. que** + *ind.*, it is a fact that. . . . **Aller droit au f.,** to go straight to the point. **En venir au f., arriver au f.,** to come to the point. **Être au f. de la question,** to know how things stand. **Mettre qn au f.,** to give s.o. full information; to make s.o. acquainted with the facts. **Mettre, poser, qch. en f.,** to lay sth. down as a fact. *Adv.phr.* (i) **Au f., que venez-vous faire ici?** after all, what have you come here for? (ii) **En f., par le f., dans le f., de f.,** as a matter of fact, in point of fact, in actual fact. **De f. cela est un refus,** that is in effect a refusal. (iii) **De ce f.,** thereby; on that account. **Du f. que . . .,** owing to the fact that. . . . **Du, par le, seul f. de que, . . .** by the mere fact of, that. . . . merely, simply, only, by . . . *Prep.phr.* **En f. de,** as regards. **Qu'est-ce que vous avez en f. de rôti?** what have you in the way of a joint? (*b*) Occurrence, happening. **Ces faits sont assez rares,** these occurrences are few; this seldom occurs.

faîtage [fɛta:ʒ], *s.m. Const:* **1.** Roof-tree. **2.** Ridge tiling or sheathing. **3.** Roof timbers.

fait-divers [fɛdivɛ:r], *s.m. Journ:* News item. **Faits-divers,** news in brief.

faîte [fɛ:t], *s.m.* **1.** (*a*) *Const:* Ridge (of roof). (*b*) *Geog:* **Ligne de f.,** watershed, crest line. **2.** Top, summit (of house, tree). **Le f. de la gloire,** the pinnacle of glory.

faites. See FAIRE.

faîtière [fɛtjɛ:r], *s.f.* Ridge-tile.

faitout, fait-tout [fɛtu], *s.m. Cu:* Stew-pan. *pl. Des fait-tout, des faitouts.*

faix [fɛ], *s.m.* Burden, load. *F:* **Le f. des années,** the weight of years.

fakir [faki:r], *s.m.* Fakir.

falaise [falɛ:z], *s.f.* Cliff.

falbalas [falbalɑ], *s.m.pl.* Furbelows, flounces.

fallacieu|x, -euse [falasjø, -ø:z], *a.* Fallacious, deceptive, misleading. *adv.* **-sement.**

falle [fal], *s.f. Fr.C:* Crop (of bird); chest (of animal).

falloir [falwa:r], *v. impers. def.* (No *pr.p.; p.p.* **fallu**; *pr.ind.* **il faut**; *pr.sub.* **il faille**; *p.d.* **il fallait**; *p.h.* **il fallut**; *fu.* **il faudra**) **1.** To be wanting, lacking, necessary, requisite. **Il lui faut un nouveau pardessus,** he needs a new overcoat. **Avez-vous tout ce qu'il (vous) faut?** have you got all you require? **Faut-il de tout cela?** is all that necessary? **Il m'a fallu trois jours pour le faire,** it took me three days to do it. **Il faudrait des volumes pour raconter . . .,** it would take volumes to relate. . . . **C'est plus qu'il n'en faut,** that's more than enough. **Voilà l'homme qu'il faut,** he's the very man (for the job). **Il faudrait être peintre pour . . .,** one would have to be an artist to . . . **S'en f.,** to be lacking, wanting. **Il s'en faut de beaucoup,** it falls far short of it. **Il s'en faut de trois pieds qu'il m'ait donné la mesure,** he has given me three feet short measure. **Je ne suis pas satisfait, il s'en faut de beaucoup, tant s'en faut,** I am not satisfied, far from it, not by any means, not by a long way. **Il s'en faut de beaucoup que l'autobus (ne) soit plein,** the bus is far from being full. **Tant s'en faut, bien s'en faut, qu'il soit artiste,** he is far from being an artist. **Peu s'en faut,** very nearly. **Peu s'en fallut qu'il ne pleurât,** he almost cried; he all but cried. **Cinq livres ou peu s'en faut,** the best part of £5. **Il s'en est fallu de peu qu'il ne mourût,** it was touch and go whether he died. **Comme il faut,** proper(ly). **Se conduire comme il faut,** to behave in a proper, gentlemanly, manner. **Un jeune homme très comme il faut,** a very gentlemanly young man. **Elle est très comme il faut,** (i) she is very ladylike; (ii) she is very prim and proper. **2.** (*a*) **F.** + *inf.*, **f. que** + *sub.*, to be necessary. **Il faut partir,** I, we, you, etc., must start. **Il nous faut le voir, il faut que nous le voyions,** we must see him. **Il a fallu qu'il se soit égaré,** he must have lost his way. **Il faut nous dépêcher,** we must hurry. **Il faut les féliciter tous les deux,** they are both to be congratulated. *F:* **Flanque-lui une taloche.—Faut-il vraiment?** Smack his head—Am I to really? shall I really? **Il ne faudrait pas que je les rencontre,** it would never do for me to meet them, to bump into them. **Il ne faut pas que cela continue ainsi,** it must not go on, continue, like that. **Il ne faut pas y aller,** (i) you must not go there, (ii) you are not supposed to go there. **Il ne fallait pas y aller,** you, he, she, they, should not have gone there. **Il faut toujours qu'il parle quand on ne lui demande rien,** he *will* (always) talk out of turn. **Il m'a fallu y renoncer,** I had to give it up. **Il fallait voir ça!** you ought to have seen it! **Il fallait le dire!** why didn't you say so! **Il n'aurait pas fallu attendre,** you ought not to have waited. **Il a fallu qu'elle apprenne cet accident!** she had to hear of that accident! *F:* **Faut-il qu'il soit bête!** well, he *is* a fool! *F:* **C'est ce qu'il faudra voir!** we must see about that! **Faut-il le faire ou non?** am I to do it or not? **La police a arrêté l'homme qu'il ne**

fallait pas, the police have arrested the wrong man. (*b*) (With *le* = noun-clause) **Il viendra s'il le faut,** he will come if need be, if necessary, if required.

falot[1] [falo], *s.m.* (Hand) lantern.

falot[2], **-ote** [falo, -ɔt], *a.* **1.** (*a*) *O:* Quaint, droll, odd (person, idea). (*b*) Insignificant, *F:* dim. **2.** Wan (light); colourless (style).

falsifiable [falsifjabl], *a.* Falsifiable, forgeable (documents, etc.).

falsificateur, -trice [falsifikatœ:r, -tris], *s.* Falsifier; forger (of documents).

falsification [falsifikasjɔ̃], *s.f.* Falsification; forging, forgery (of documents, etc.); adulteration (of food).

falsifier [falsifje], *v.tr.* To falsify, tamper with (text, etc.); *F:* to fake (document); to adulterate (milk). **Monnaie falsifiée,** spurious coins.

famé [fame], *a.* **Bien, mal, f.,** of good, evil, repute.

famélique [famelik]. **1.** *a.* Famished-looking; half-starved. **2.** *s.* Starveling.

fameusement [famøzmɑ̃], *adv.* *F:* Famously, wonderfully. **On s'est f. amusé,** we had a wonderful time.

fameux, -euse [famø, -ø:z], *a.* **1.** Famous. **F. dans l'histoire,** renowned in history. **Rocher f. par cent naufrages,** rock notorious for wrecks. **2.** *F:* Excellent, first-rate. **Fameuse idée,** capital idea. **Vous êtes un f. menteur!** You're a heck of a liar! **Un f. dîner,** a first-rate, slap-up, dinner. **Ce n'est pas f.,** it isn't up to much.

familial, -aux [familjal, -o]. **1.** *a.* Family (life, ties, etc.). **Salle familiale,** living-room. *Com:* **En pot f.,** in family-size jar. *Adm:* **Placement f. des enfants,** placing of children in foster-homes. **2.** *Aut:* *s.f.* **Familiale,** seven-seater saloon; estate-car, station-waggon.

familiariser [familjarize], *v.tr.* To familiarize (**à, avec,** with). **F. qn à, avec, qch.,** to make s.o. used to, accustomed to, familiar with, sth.

se familiariser. 1. To familiarize oneself, make oneself familiar (**avec,** with). **Se f. avec le français,** to get to know the French language. **2.** To grow familiar; to make over-free.

familiarité [familjarite], *s.f.* Familiarity, intimacy, intimate terms. (*a*) **Être admis dans la f. des grands,** to be intimate with the great; *F:* to hob-nob with the great. (*b*) **Prendre trop de familiarités avec qn,** to be too familiar, to take liberties, with s.o.

famili|er, -ère [familje, -ɛ:r], *a.* **1.** Domestic; of the family. **Dieux familiers,** household gods. **2.** Familiar. (*a*) **Être f. avec qn,** to be on familiar terms, to be intimate, with s.o. **Expression familière,** colloquialism. *s.* **Un des familiers de la maison,** a regular frequenter of the house, a friend of the family. **Animal f.,** pet. (*b*) **Visage qui lui est f.,** face which is familiar, well-known, to him. **Cette question lui est familière,** he is familiar with, at home in, this subject. **Le mensonge lui est f.,** he is an habitual liar. *adv.* **-èrement.**

famille [fami:j], *s.f.* Family; household; relations. **A-t-il de la f.?** has he any family? **Charges de f.,** dependents. **Chef de f.,** head of the family, household. **Soutien de f.,** bread-winner. **Fils de f.,** youth of good social position. **Rentrer dans sa f.,** to go home (after absence). **En f.,** as a family party. **Dîner en famille,** to dine at home (informally). **Cela tient, vient, de f.,** it runs in the family. **Esprit de f.,** clannishness. *Jur:* **Prévenir la f.,** to inform the next of kin. **F. de mots, de plantes,** family of words, plants.

famine [famin], *s.f.* Famine, starvation. **Crier f.,** to complain of hard times. **Crier f. sur un tas de blé,** to cry hunger in the midst of plenty. **Salaire de f.,** starvation wages.

fanal, -aux [fanal, -o], *s.m.* (*a*) Lantern, light. **F. de tête,** head-light (of locomotive). (*b*) Beacon-light. (*c*) *Nau:* Navigation light.

fanatique [fanatik]. **1.** *a.* Fanatic(al), bigoted. **2.** *s.* Fanatic. *adv.* **-ment,** -ally.

fanatisme [fanatism], *s.m.* Fanaticism, zealotry.

fanchon [fɑ̃ʃɔ̃], *s.f.* Kerchief; head scarf.

fandango [fɑ̃dɑ̃go], *s.m.* *Danc:* Fandango.

fane [fan], *s.f.* **1.** (*a*) Leaves for litter; litter; haulm (of potatoes, etc.). (*b*) **Fanes de navets,** turnip-tops. **2.** Grass drying for hay. **3.** *Bot:* Involucre (of butter-cup, etc.).

faner [fane], *v.tr.* **1.** To ted, toss (hay). **2.** To make (flowers, etc.) fade. *F:* **Beauté fanée,** faded beauty.

se faner, (of flowers, etc.) to droop, wither, wilt, fade; (of colours, etc.) to fade.

faneur, -euse [fanœ:r, -ø:z], *s.* **1.** Tedder; haymaker. **2.** *s.f.* **Faneuse,** tedding machine.

fanfare [fɑ̃fa:r], *s.f.* **1.** (*a*) Flourish (of trumpets or bugles). (*b*) Fanfare (on hunting horns). **2.** (*a*) Brass band. (*b*) *Mil:* **Chef de f.,** bandmaster.

fanfaron, -onne [fɑ̃farɔ̃, -ɔn]. **1.** *a.* Boasting. **2.** *s.* Braggart, boaster, swaggerer.

fanfaronnade [fɑ̃farɔnad], *s.f.* Piece of brag, of boasting, of bounce.

fanfaronner [fɑ̃farɔne], *v.i.* To boast, brag.

fanfreluche [fɑ̃frəlyʃ], *s.f.* **1.** Trifle, bauble. **2.** *pl.* Fallals; frills and furbelows.

fange [fɑ̃:ʒ], *s.f.* Mud, mire, filth. **Vivre dans la f.,** to live in vice, in degradation. *F:* **Il est sorti de la f.,** he rose from the gutter.

fangeux, -euse [fɑ̃ʒø, -ø:z], *a.* **1.** Miry, muddy. **2.** Filthy (mind, etc.).

fanion [fanjɔ̃], *s.m.* *Mil:* (*a*) (Distinguishing) flag. (*b*) Lance-pennon.

fanon [fanɔ̃], *s.m.* **1.** *Ecc:* (i) Maniple, fanon. (ii) Pendant, vitta (of mitre). **2.** *Z:* (*a*) Dewlap (of ox). (*b*) Wattle (of bird). (*c*) Fetlock (of horse). **3.** Whale-bone, baleen.

fantasia [fɑ̃tazia], *s.m.* *Equit:* Fantasia.

fantaisie [fɑ̃tɛzi], *s.f.* **1.** (*a*) Imagination, fancy. **De f.,** imaginary. (*b*) *Mus:* (i) Fantasia. (ii) **F. sur "Faust,"** selection from 'Faust.' **2.** (*a*) Fancy, whim. **Chacun s'amusait à sa f.,** everyone amused himself as he pleased. **Faire qch. par f.,** to do sth. out of sheer caprice. **Articles, prix, de f.,** fancy goods, prices. **Bijoux de f.,** costume jewellery. (*b*) Freakish notion; freak, vagary.

fantaisiste [fɑ̃tɛzist], *a.* & *s.* Whimsical, freakish (person).

fantasmagorie [fɑ̃tasmagɔri], *s.f.* (*a*) Phantasmagoria, (*b*) Weird spectacle.

fantasmagorique [fɑ̃tasmagɔrik], *a.* (*a*) Phantasmagoric(al). (*b*) Weird, fantastic.

fantasme [fɑ̃tasm], *s.m.* Phantasm, hallucination.

fantasque [fɑ̃task], *a.* Odd, whimsical (person, idea); temperamental (person).

fantassin [fɑ̃tasɛ̃], *s.m.* Foot-soldier, infantryman.

fantastique [fɑ̃tastik], *a.* **1.** Fantastic, fanciful; weird, eerie (light). **2.** *F:* **Luxe f.,** incredible luxury. **3.** *s.m.* The uncanny. *adv.* **-ment.**

fantoche [fɑ̃tɔʃ], *s.m.* Marionette, puppet. **Ses personnages sont de purs fantoches,** his characters are mere puppets. **Gouvernement f.,** puppet government.

fantomatique [fɑ̃tomatik], *a.* Spectral, ghostly.

fantôme [fɑ̃to:m], *s.m.* Phantom, ghost, spectre, apparition, spirit. **Le Vaisseau F.,** the Flying Dutchman. *Pol:* **Gouvernement f.,** shadow government.

faon [fɑ̃], *s.m.* Fawn; roe calf. **F. femelle,** hind calf.

faonner [fane], *v.i.* (of deer) To fawn.

faquin [fakɛ̃], *s.m.* Scoundrel.

farad [farad], *s.m.* *Magn. Meas:* Farad.

faradique [faradik], *a.* *El:* Faradic (current, etc.).

faradmètre [faradmɛtr], *s.m.* *El:* Faradmeter, faradimeter, faradometer.

farandole [farɑ̃dɔl], *s.f.* **1.** Farandole. **2.** *F:* Merry-go-round.

faraud [faro]. **1.** *a.* *F:* Vain, affected (country bumpkin). **2.** *s.m.* *F:* Youth dressed to kill. **Faire le f.,** to put on side.

farce [fars], *s.f.* **1.** *Cu:* Stuffing, force-meat. **2.** (*a*) *Th:* Farce. (*b*) Practical joke; prank. **Faire des farces à qn,** to play tricks on s.o. *Com:* **Farces et attrapes,** tricks and jokes. (*c*) **Faire des farces,** to run wild. **Il a fait ses farces,** he has sown his wild oats. (*d*) *F:* **Dire des farces à qn,** to joke with s.o. **3.** *a.* *P:* Funny, comical.

farceur, -euse [farsœ:r, -ø:z], *s.* **1.** Practical joker. **2.** Wag, joker, humorist; humbug. **C'est un f. qui vous aura dit cela,** somebody's been pulling your leg. **3.** *a.* Facetious, given to practical joking.

farcir [farsi:r], *v.tr.* *Cu:* To stuff (poultry, etc., with force-meat).

fard [fa:r], *s.m.* Paint, rouge, make-up (for the face). *F:* **Sans f.,** without pretence, without disguise, plainly. **Parler sans f.,** to speak candidly. *P:* **Piquer un f.,** to blush.

ardage [farda:ʒ], *s.m.* (*a*) Making up, rougeing. (*b*) *F:* Camouflage (of goods); overfacing (a basket of apples, etc.).

fardeau [fardo], *s.m.* Burden, load. **Le f. des ans,** the weight of years. **C'est un f. qu'il traînera jusqu'à sa mort,** it will be a millstone round his neck all his life.

farder[1] [farde], *v.tr.* To rouge; to make (s.o.) up. **F. la vérité,** to camouflage, disguise, the truth.
se farder, to make up, to rouge.

farder[2], *v.i.* (*a*) To weigh heavy (**sur,** upon). (*b*) (Of wall, etc.) To settle (down); to sink.

fardier [fardje], *s.m.* Trolley, dray, truck, lorry (for carrying building-stones, etc.).

farfadet [farfadɛ], *s.m.* (Hob)goblin; sprite, elf.

farfouill|er [farfuje], *v.tr. & i.* To rummage (in, among); to grope (among). **F. (dans) un tiroir,** to rummage (about) in a drawer. *s.m.* **-ement.** *s.* **-eur, -euse.**

faribole [faribɔl], *s.f.* Idle tale; stuff and nonsense. *F: pl.* **Fariboles,** moonshine.

farinacé [farinase], *a.* Farinaceous, flour-like.

farine [farin], *s.f.* Flour or meal. **Fleur de f.,** pure wheaten flour. **Folle f.,** mill-dust. **F. de maïs,** cornflour. **F. d'avoine,** oatmeal. **F. de riz,** ground rice. **F. lactée,** malted milk. *F:* **Ce sont gens de (la) même f.,** they are birds of a feather.

fariné [farine], *a.* Floury; covered with flour.

farineux, -euse [farinø, -ø:z], *a.* **1.** Farinaceous; floury, mealy (potato). **2.** Covered with flour.

farlouse [farlu:z], *s.f. Orn:* Meadow titlark.

farniente [farnjẽte], *s.m.* No *pl.* (Pleasant, luxurious) idleness, dolce farniente.

faro [faro], *s.m.* Brussels beer.

farouch(e)[1] [faruʃ], *s.m. Agr:* Crimson clover.

farouche[2], *a.* **1.** Fierce, wild, savage. **Tyran f.,** grim, cruel, tyrant. **2.** (*a*) Shy, timid, coy. (*b*) Unsociable.

fart [fa:r], *s.m.* Wax (for skis).

fartage [farta:ʒ], *s.m.* Waxing.

farter [farte], *v.tr.* To wax (skis).

fascicule [fasikyl], *s.m.* **1.** *Bot: Z:* Fascic(u)le, bunch, cluster (of hairs). **2.** Instalment, part, section (of publication). **Vente par fascicules,** instalment selling. **3.** *Mil:* **F. de mobilisation,** reservist's call-up instructions.

fascinant [fas(s)inɑ̃], **fascinateur, -trice** [fas(s)inatœ:r, -tris], *a.* Fascinating.

fascination [fas(s)inasjɔ̃], *s.f.* Fascination, charm, witchery.

fascine [fasin], *s.f.* Fascine, faggot (of brushwood).

fasciner[1] [fassine], *v.tr.* (*a*) To fascinate. (*b*) *F:* To entrance, bewitch.

fascin|er[2], *v.tr.* To fascine (river, bank, earthworks); *U.S:* to corduroy (road). *s.m.* **-age.**

fascisme [fas(s)ism], *s.m. Pol:* Fascism.

fasciste [fas(s)ist], *s.m. & f. Pol:* Fascist.

fass-e, -ions, etc. See FAIRE.

faste[1] [fast], *s.m.* Ostentation, display. **Mariage sans f.,** quiet wedding.

faste[2], *adj.* **1.** *Rom.Ant:* Lawful (day). **2.** Auspicious, lucky. **Jour(s) faste(s),** lucky day(s).

fastes [fast], *s.m.pl.* (*a*) *Rom.Ant:* Fasti. (*b*) *F:* Annals, archives, records (of great deeds).

fastidieu|x, -euse [fastidjø, -ø:z], *a.* **1.** Dull, tedious, wearisome, irksome. **Besognes fastidieuses,** drudgery. **Orateur f.,** prosy speaker. **2.** (Food) that palls; fulsome (compliments). *adv.* **-sement.**

fastueu|x, -euse [fastɥø, -ø:z], *a.* Ostentatious; showy; sumptuous. *adv.* **-sement.**

fat [fat]. **1.** *a.m.* Conceited, foppish. **2.** *s.m.* Conceited ass; fop.

fatal, -als [fatal], *a.* **1.** Fatal (**à,** to). **Heure fatale,** fatal hour; hour of death. **Coup f.,** fatal, mortal, blow. **Femme fatale,** *femme fatale.* **2.** Fated, inevitable. **Aboutissement f. d'une action,** inevitable result of an action. **C'est f.,** it is bound to happen. **3.** *Com:* **Terme f.,** last day of grace. *adv.* **-ement.**

fatalisme [fatalism], *s.m.* Fatalism.

fataliste [fatalist]. **1.** *s.* Fatalist. **2.** *a.* Fatalistic

fatalité [fatalite], *s.f.* **1.** Fate, fatality. **C'est comme une f.!** it was bound to happen! **2.** Mischance, calamity. **3.** Death (casualty).

fatidique [fatidik], *a.* Fatidical (number, etc.); fateful (word).

fatigant [fatigɑ̃], *a.* **1.** Tiring, fatiguing. **2.** Tiresome, tedious.

fatigue [fatig], *s.f.* **1.** (*a*) Fatigue, tiredness, weariness. **Tomber de f.,** to be dropping with fatigue. **Brisé, mort, de f.,** dog-tired; dead-beat. **Les fatigues de la guerre,** the hardships of war. (*b*) **Souliers de f.,** strong walking shoes. **Habits de f.,** working clothes. **Cheval de f.,** cart-horse. (*c*) *Mec.E:* (Metal) fatigue. **Pièces de f.,** parts subject to strains. **2.** Wear and tear (of machines, clothes, etc.).

fatigué [fatige], *adj.* **1.** (*a*) Tired, jaded, weary. **F. par le voyage,** travel-worn. **Il a le cœur f.,** he has strained his heart. **2.** Worn, shabby (clothes, etc.).

fatiguer [fatige]. **1.** *v.tr.* (*a*) To fatigue, tire; to make (s.o.) weary. **Se f. les yeux (à faire qch.),** to strain one's eyes (doing sth.). *F:* **Il me fatigue!** he bores me! (*b*) To overwork (animal, etc.); to overdrive (machine, etc.); to strain (ship). **F. un livre,** to give a book hard usage. (*c*) **F. la salade,** to mix the salad. **2.** *v.i.* (Of ship, engine) To labour. **Poutre qui fatigue,** beam that bears a heavy strain.
se fatiguer, to tire; to get tired. **Se f. de qch.,** to tire, get tired, of sth. **Se f. à faire qch.,** to tire oneself out doing sth.

fatras [fatrɑ], *s.m.* (*a*) Jumble, medley, hotch-potch (of ideas, papers, etc.). (*b*) Lumber, rubbish. **F. de connaissances,** farrago of useless knowledge.

fatuité [fatɥite], *s.f.* Self-conceit, self-satisfaction, self-complacency.

fauber(t) [fobɛ:r], *s.m. Nau:* (Deck-)swab, mop.

faubourg [fobu:r], *s.m.* Suburb, outlying part (of town). **Parler avec l'accent des faubourgs,** to speak with a common accent.

faubourien, -ienne [foburjɛ̃, -jɛn]. **1.** *a.* Suburban. **Accent f.,** common accent. **2.** *s.* Suburbanite; common person.

fauchage [foʃa:ʒ], *s.m.* **1.** Mowing, reaping. **2.** (*a*) Mowing down (troops) (*b*) Sweeping of ground (with machine gun).

fauchaison [foʃɛzɔ̃], *s.f.* Mowing-time.

fauchard [foʃa:r], *s.m. Hort:* Double-edged slasher; slash-hook.

fauché [foʃe], *a. F:* Broke. **F. comme les blés,** stony broke; *U.S:* flat broke.

fauch|er [foʃe], *v.tr.* **1.** To mow, cut, reap (field, corn). *Rugby Fb:* **F. son homme,** to bring down one's man. *P:* **Ils ont fauché mon tabac,** they've pinched my tobacco. **2.** (*a*) To mow down (troops). (*b*) To sweep (the ground) (with machine gun fire).

faucheur, -euse [foʃœ:r, -ø:z], *s.* **1.** Mower, reaper. **2.** *s.m. Arach:* Harvester, harvest-spider, daddy-long-legs. **3.** *s.f.* **Faucheuse,** (mechanical) reaper; mowing-machine.

faucheux [foʃø], *s.m.* = FAUCHEUR 2.

faucille [fosi:j], *s.f.* Sickle; reaping-hook.

faucon [fokɔ̃], *s.m. Orn:* Falcon, hawk. **F. mâle,** tercel, tiercel. **F. pèlerin,** peregrine falcon. **Chasser au f.,** to hawk.

fauconneau [fokɔno], *s.m.* **1.** Young falcon. **2.** *A.Arms:* Falconet (gun).

fauconnerie [fokɔnri], *s.f. Ven:* **1.** Hawk house, falcon house. **2.** Falconry; hawking.

fauconnier [fokɔnje], *s.m.* Falconer. **Monter à cheval en f.,** to mount a horse on the offside.

faudr-a, -ai, -as, etc. See FAILLIR and FALLOIR.

faufil, faufilé [fofil, fofile], *s.m.* Tacking thread, basting thread.

faufil|er [fofile], *v.tr.* To tack, baste (seam, etc.); to tack on, baste on (braid, etc.). *s.m.* **-age.**
se faufiler, to thread one's way. **Se f. dans la faveur de qn,** to insinuate oneself into s.o.'s favour. **Se f. dans un endroit, hors d'un endroit,** (i) to edge into, out of, a place; (ii) to sneak in, out. **Se f. adroitement parmi les voitures,** to nip in and out of the traffic. **Se f. le long du mur,** to creep along the wall.

faufilure [fofily:r], *s.f.* Tacked seam.

faune[1] [fo:n], *s.m. Myth:* Faun.

faune², *s.f.* Fauna, animal life (of region, etc.).
faussaire [fosɛ:r], *s.m. & f.* Forger (of documents, etc.); perverter (of the truth, etc.).
fausse. See FAUX¹.
faussement [fosmɑ̃], *adv.* Falsely, erroneously, untruly.
fausser [fose], *v.tr.* (*a*) To make false; to falsify (the truth, etc.). **F. les faits,** to alter the facts. **F. les idées de qn,** to warp s.o.'s ideas. **Esprit faussé,** warped mind. **F. parole à qn,** to break one's word to s.o. S.a. COMPAGNIE 1. (*b*) To force (a lock); to bend, buckle, warp. **Essieu faussé,** sprung axle. (*c*) To put (instrument) out of tune.
se fausser. (*a*) (Of appliance, etc.) To get out of order. (*b*) To bend, buckle. (*c*) (Of voice) (i) To get out of tune; (ii) to crack.
fausset¹ [fosɛ], *s.m. Mus:* Falsetto.
fausset² [fosɛ], *s.m.* Spigot, vent-plug, faucet. **Trou de f.,** vent-hole.
fausseté [foste], *s.f.* **1.** Falseness, falsity. **2.** Falsehood, untruth. **3.** Duplicity.
faut. See FAILLIR and FALLOIR.
faute [fo:t], *s.f.* **1.** Lack, need, want. **Faire f.,** to be lacking. **Vous lui faites f.,** he misses you. **Ne se faire f. de rien,** to deny oneself nothing. **Sans f.,** without fail. **F. de,** for want of, for lack of, *Jur:* in default of. **F. d'argent,** for want of money. **F. de quoi . . .,** failing which. . . . **F. de mieux,** for want of something better. **F. d'essayer,** for want of trying. **2.** (*a*) Fault, mistake. **Être en f.,** to be in fault. **Trouver, prendre, qn en f.,** to catch s.o. in the act. **Il n'y a pas de f. de ma part, ce n'est pas (de) ma f.,** it is not my fault. **A qui la f.?** whose fault is it? **La f. en est à moi,** the blame lies with me. **F. d'orthographe,** spelling mistake. **F. de jugement,** error of judgment. **F. d'impression,** misprint. (*b*) Transgression, delinquency, offence. **F. grave,** serious offence. **F. légère,** peccadillo. (*c*) *Fb: etc:* Foul. (*d*) *Ten:* Fault. **F. de pied,** foot-fault.
fauter [fote], *v.i. F:* (*a*) To fall into sin. (*b*) **F. par un endroit,** to be defective in sth.
fauteuil [fotœ:j], *s.m.* **1.** Arm-chair, easy-chair. **F. à bascule,** rocking-chair. **F. pliant,** folding-chair. **F. roulant,** (i) bath-chair; (ii) self-propelling chair. *Th:* **F. d'orchestre,** orchestra stall. **F. de (premier) balcon,** dress-circle seat. **F. club,** club chair. *Jur: U.S:* **F. électrique,** electric chair. *F:* **Arriver dans un f.,** to win in a canter, to win hands down. **2.** Chair (at meeting). **Occuper le f.,** to be in the chair. S.a. ACADÉMIQUE, PRÉSIDENTIEL.
fauteuil-lit [fotœ:jli], *s.m.* Chair-bed. *pl. Des fauteuils-lits.*
fauteur, -trice [fotœ:r, -tris], *s.* Abettor, supporter (de, of); instigator (of rising). **F. de troubles,** agitator, sedition monger. **F. de guerre,** warmonger.
faut|if, -ive [fotif, -i:v], *a.* **1.** Faulty, incorrect. **Calcul f.,** miscalculation. **2.** Sinning, offending, in fault. *adv.* **-ivement.**
fauve [fo:v]. **1.** *a.* (*a*) Fawn-coloured, fulvous; tawny (hair, etc.); (of deer) fallow. (*b*) **Odeur f.,** musky smell. **2.** *s.m.* (*a*) Fawn (colour). (*b*) **Le f., les (bêtes) fauves,** deer. (*c*) **Les (grands) fauves,** big game. *Art:* **Les Fauves,** the Fauves, Fauvists. *s.m.* **-isme.**
fauvette [fovet], *s.f. Orn:* Warbler.
faux¹, fausse [fo, fo:s]. **I.** *a.* False. **1.** Untrue. **Nouvelle fausse,** false report. **F. témoin,** false witness. **Témoignage f., f. témoignage,** perjury. **2.** Not genuine. (*a*) **Il y a un f. air de famille entre eux,** there is a sort of family likeness between them. **Fausse monnaie,** spurious, counterfeit, base, coin(age). **Fausse clef,** skeleton key. **Fausse adresse,** wrong, false, address. **Fausse cartouche,** dummy cartridge. **Bijouterie fausse,** imitation jewellery. **Fausse fenêtre,** blind window. **Acte f.,** forged deed. **F. bilan,** fraudulent balance-sheet. *Anat:* **Fausses côtes,** floating ribs. *Typ:* **F. titre,** half-title, bastard title. *adv.* **Rire qui sonne f.,** laugh that has a false ring. (*b*) (Usu. after noun) Treacherous. *F:* **F. bonhomme,** shifty, sly, customer. **3.** Wrong, mistaken. **Fausse date,** wrong date. **Être dans un f. jour,** to be in the wrong light. **Présenter la conduite de qn sous un f. jour,** to place s.o.'s conduct in a false light. **Balance fausse,** inaccurate balance. **F. poids,** unjust weight. **Poser le pied à f. (en descendant, etc.),** to miss one's footing. **Faire un f. pas,** (i) to take a false step; (ii) to blunder, to make a faux pas. **Faire fausse route,** to take the wrong road; *F:* to be on the wrong track or tack. *Bill:* **Faire fausse queue,** to miscue. *Cr:* **Fausse balle,** no ball. *Turf: etc:* **F. départ,** false start. *Ling:* **F. sens,** wrong shade of meaning (in translation). *Mus:* **Fausse note,** wrong note. *adv.* **Chanter faux,** to sing out of tune. *Adv.phr.* **A f.,** wrongly. **Interpréter qch. à f.,** to put a false interpretation on sth. **Frapper à f.,** to miss one's mark. **Argument qui porte à f.,** argument that (i) rests on erroneous premises, (ii) is irrelevant, beside the point. **Théories reconnues pour fausses,** exploded theories. (Of wheel) **Tourner à f.,** to run untrue, out of true. S.a. BOND 2, PORTE-À-FAUX, SEMBLANT.
II. faux, *s.m.* **1.** (*a*) **Le f.,** the false, the untrue. **Plaider le f. pour savoir le vrai,** to angle for the truth with a lie. *Jur:* **S'inscrire en f. contre qch.,** to dispute the validity of sth.; to deny sth. (*b*) **Bijouterie en f.,** imitation jewellery. **2.** *Jur:* Forgery. **Inscription de f.,** plea of forgery.
faux², *s.f.* **1.** Scythe. **2.** *Anat:* Falx.
faux-bourdon [foburdɔ̃], *s.m.* **1.** *Mus:* Faux-bourdon. **2.** *Ent:* Drone. *pl. Des faux-bourdons.*
faux-filet [fofilɛ], *s.m.* *Cu:* Sirloin. *pl. Des faux-filets.*
faux-fuyant [fofɥijɑ̃], *s.m.* Subterfuge, shift, quirk, evasion. *pl. Des faux-fuyants.*
faux-monnayeur [fomɔnɛjœ:r], *s.m.* Coiner, counterfeiter. *pl. Des faux-monnayeurs.*
faux-pont [fopɔ̃], *s.m. Nau:* Orlop deck. *pl. Des faux-ponts.*
faveur [favœ:r], *s.f.* Favour. **1.** (*a*) **Gagner la f. de qn,** to obtain s.o.'s favour, s.o.'s interest. **Être en f. auprès de qn,** to be in favour with s.o. **Rentrer en f.,** to be restored to favour. **Trouver f. auprès de qn,** to find favour with s.o. *Com:* **Prix de f.,** preferential price. **Jours de f.,** days of grace. **Billet de f.,** complimentary ticket; free ticket. **A la f. de . . .,** by the help of . . ., by means of. . . . **A la f. de la nuit,** under cover of (the) night. **En f. de . . .,** in favour of, on behalf of. **Quête en f. de . . .,** collection in aid of. . . . (*b*) **Faire une f. à qn,** to do s.o. a favour, a kindness. **2. F. de soie,** silk favour, silk ribbon.
favorable [favɔrabl], *a.* **1.** Favourable (à, to). **Se rendre les dieux favorables,** to propitiate the gods. **2.** Favourable, propitious (circumstances, wind); auspicious (occasion). **Peu f.,** unfavourable, unpropitious (à, to). *adv.* **-ment.**
favori, -ite [favɔri, -it]. **1.** *a. & s.* Favourite. **2.** *s.m.pl.* (Side-)whiskers.
favoriser [favɔrize], *v.tr.* To favour, to be partial to (s.o., sth.). **Être favorisé par, de, qn,** to be favoured by s.o. **F. la croissance,** to promote growth. **F. les arts,** to patronize, encourage, promote, the arts. **F. un dessein,** to further an object.
favoritisme [favɔritism], *s.m.* Favouritism.
fayot [fajo], *s.m. P:* Haricot bean, kidney-bean.
féal, -aux [feal, -o], *a. A:* Faithful, trusty. **A nos féaux sujets,** to our trusty lieges.
fébrifuge [febrify:ʒ], *a. & s.m. Med:* Febrifuge.
fébrile [febril], *a.* (*a*) *Med:* Febrile (pulse, etc.). (*b*) *F:* Feverish (preparations).
fécal, -aux [fekal, -o], *a. Ch: Physiol:* Faecal.
fèces [fɛs], *s.f.pl.* **1.** *Ch:* Faeces, sediment, precipitate. **2.** *Physiol:* Faeces. *Med:* Stool.
fécond [fekɔ̃], *a.* Prolific, fruitful, fertile, fecund; productive (en, of). **Esprit f. en inventions,** mind fertile, rich, in inventions.
fécondateur, -trice [fekɔ̃datœ:r, -tris], (*a*) *a.* Fertilizing. (*b*) *s.* Fertilizer, fertilizing agent.
fécondation [fekɔ̃dasjɔ̃], *s.f. Biol:* Fecundation, fertilization, impregnation. **F. artificielle,** artificial insemination.
féconder [fekɔ̃de], *v.tr.* To fecundate.
fécondité [fekɔ̃dite], *s.f.* Fecundity. **1.** Fruitfulness. **2.** Fertility (of land, etc.).
fécule [fekyl], *s.f.* F(a)ecula, starch.
féculent [fekylɑ̃]. **1.** *a.* Starchy. **2.** *s.m.* Starchy food.
fédéral, -aux [federal, -o], *a. & s.m.* Federal.
fédéraliser [federalize], *v.tr.* To federalize.
fédéralisme [federalism], *s.m.* Federalism.

fédéraliste [federalist], *a. & s.* Federalist.
fédératif, -ive [federatif, -i:v], *a.* Federative (constitution, etc.).
fédération [federasjɔ̃], *s.f.* Federation. **F. de syndicats (ouvriers),** amalgamated unions.
fédéré [federe], *a. & s.m.* Federate.
fédérer [federe], *v.tr.* **(je fédère; je fédérerai)** To federate, federalize.
se fédérer, to federate.
fée [fe], *s.f.* Fairy. **Conte de fées,** fairy-tale. **Pays des fées,** fairyland. **Aux doigts de f.,** nimble-fingered. *F:* **Vieille f.,** old hag.
feeder [fidœ:r], *s.m.* (Gas) pipeline.
féerie [feri], *s.f.* **1.** Enchantment, fairyhood. **2.** Fairyland. **3.** *Th:* Fairy play.
féerique [ferik], *a.* **1.** Fairy, magic (castle, etc.). **2.** Fairy-like, enchanting (sight, etc.). *adv.* **-ment.**
feignant[1] [fɛɲɑ̃], *s.m. P:* = FAINÉANT.
feign-ant[2], **-ais, -is,** etc. See FEINDRE.
feindre [fɛ̃:dr], *v.* (*pr.p.* **feignant**; *p.p.* **feint**; *pr.ind.* **je feins, il feint, n. feignons**; *p.h.* **je feignis**; *fu.* **je feindrai) 1.** *v.tr.* To feign, simulate, sham (death, illness, etc.). **F. de faire qch.,** to pretend to do sth. **F. la maladie,** to malinger. **2.** *v.i.* (Of horse) To limp slightly.
feint [fɛ̃], *a.* (*a*) Feigned, assumed, sham. (*b*) **Porte feinte,** blind door.
feinte [fɛ̃t], *s.f.* **1.** (*a*) Feint, sham, pretence. **Sans f.,** frankly, openly. (*b*) *Box: Fenc:* Feint. *Rugby Fb:* **Faire une f. de passe,** to give, sell, the dummy. **2.** Slight limp.
feinter [fɛ̃te]. **1.** *v.i. Box:* **F. du gauche,** to feint with the left. **2.** *v.tr. F:* To deceive.
feld-maréchal [fɛldmareʃal], *s.m.* Field-marshal. *pl. Des feld-maréchaux.*
feldspath [fɛlspat], *s.m. Miner:* Fel(d)spar.
fêlé [fele], *a.* Cracked. (Of bell, etc.) **Sonner le f.,** to sound cracked. *F:* **Inventeur à l'esprit f.,** crack-brained inventor. **Il a le cerveau f., le timbre f.,** he is a bit cracked.
fêler [fele], *v.tr.* To crack (glass, china, etc.).
se fêler, (of glass, etc.) to crack.
félicitation [felisitasjɔ̃], *s.f.* Congratulation, felicitation. **Adresser des félicitations à qn,** to congratulate s.o.
félicité [felisite], *s.f.* Felicity, bliss(fulness).
féliciter [felisite], *v.tr.* **F. qn de qch., d'avoir fait qch.,** to congratulate, compliment, s.o. on sth., on having done sth; *Iron:* to wish s.o. joy of sth.
se féliciter de qch., to be pleased with sth.; to express satisfaction at sth. *F:* to pat oneself on the back. **Je n'ai eu qu'à me f. de mes conseillers,** I have been singularly fortunate in my advisers.
félidés [felide], *s.m.pl. Z:* Felidae; the cat tribe.
félin, -ine [felɛ̃, -in], *a.* Feline. (*a*) *Z:* Cat (family, etc.). *s.* **Les grands félins,** the great felines, the great cats. (*b*) *F:* Catlike.
félir [feli:r], *v.i.* To spit (of a cat).
fellag(h)a [fɛllaga], *s.m.* Fellagha.
fellah [fɛllɑ], *s.m.* Egyptian peasant, fellah. **Les fellahs,** the fellaheen.
félon, -onne [felɔ̃, -ɔn]. **1.** *a. A:* Disloyal, false, felon. **2.** *s.m. A:* Felon, caitiff, traitor.
felouque [fəluk], *s.f. Nau:* Felucca.
fêlure [fely:r], *s.f.* Crack (in china, etc.); split (in wood). *Surg:* Infraction. **F. du crâne,** fracture of the skull. *F:* **Il a une f.,** he's a bit cracked.
femelle [fəmɛl], *s.f. & a.* (*a*) Female (animal); she-(animal); cow-(elephant, etc.); hen-(bird). (*b*) *s.f. P:* Woman, female.
fémin|in [feminɛ̃]. **1.** *a.* Feminine (gender, etc.). **Le sexe f.,** the female sex. **Voix féminine,** (i) woman's voice; (ii) womanish voice. **2.** *s.m. Gram:* Feminine gender. **Ce mot est du f.,** this word is feminine. *v.tr.* **-iser.** *s.m.* **-isme.** *a. & s.* **-iste.** *s.f.* **-ité,** femininity.
femme [fam], *s.f.* **1.** Woman. **Elle est très f.,** she is very feminine. **F. auteur,** woman author, authoress. **F. médecin,** woman doctor. *pl.* **Les femmes,** womankind, *F:* womenfolk. **2.** Wife. **Chercher f.,** to seek a wife. **Prendre f.,** to take a wife. **Avoir f.,** to have a wife; to be married. **3. F. de chambre,** (i) chambermaid; (ii) housemaid; (iii) lady's maid; *Nau:* stewardess. **F. de charge,** housekeeper. **F. d'intérieur,** housewife. **F. de journée,** charwoman, daily help, *F:* 'daily.' **4.** *F:* **Bonne f.** See BONHOMME, CONTE 1, REMÈDE. **5.** *Cards: P:* Queen.
femme-agent [famaʒɑ̃], *s.f.* Policewoman. *pl. Des femmes-agents.*
femmelette [famlɛt], *s.f. F:* (*a*) Little woman. (*b*) (Of man) Weakling.
femme-soldat [famsɔlda], *s.f.* Servicewoman. *pl. Des femmes-soldats.*
fémoral, -aux [femɔral, -o], *a. Anat:* Femoral.
fémur [femy:r], *s.m. Anat:* Femur, thigh-bone.
fenaison [fənezɔ̃], *s.f.* **1.** Haymaking; hay-harvest. **2.** Haymaking-time.
fendant [fɑ̃dɑ̃]. **1.** *s.m. A:* (*a*) (Sword-)cut. (*b*) Brawler, braggart, bully. **Faire le f.,** to play the bully. **2.** *a.* Bullying, hectoring.
fendeur, -euse [fɑ̃dœ:r, -ø:z], *s.* (*a*) Splitter, slitter (of slates, etc.); cleaver (of diamonds). (*b*) *F:* Wood-cutter.
fendill|er [fɑ̃dije], *v.tr.* To fissure; to crack (wood, etc.); to crackle (glaze). *s.m.* **-ement.**
se fendiller, (of wood, paint) to crack; (of china) to crackle.
fendoir [fɑ̃dwa:r], *s.m. Tls:* Chopper, cleaver.
fend|re [fɑ̃:dr], *v.tr.* To cleave (lengthwise); to split, slit (wood, material, etc.); to fissure. **F. l'air,** (of sound) to rend the air. **F. les eaux,** cleave, plough (through) the waters. **F. la foule,** to force, elbow, one's way through the crowd. **Il gèle à pierre f.,** it is freezing hard. **C'était à f. l'âme,** it was heart-breaking, heart-rending. **Bruit à f. la tête, à vous f. les oreilles,** ear-splitting noise. S.a. OREILLE 1. *s.m.* **-age.** *s.f.* **-erie.**
se fendre. 1. To split, crack. **2.** *Fenc:* To lunge. **3.** *P:* **Se f. (de vingt francs),** to fork out, stump up (twenty francs).
fendu [fɑ̃dy], *a.* Slit, split (ring, etc.); cloven (hoof).
fenêtre [f(ə)nɛ:tr], *s.f.* **1.** Window. **F. anglaise, à coulisse, à guillotine,** sash-window. **F. croisée, à battants,** casement-window. **F. en saillie,** bay-window. **Regarder par la f.,** to look out of the window. *F:* **Il faut passer par là ou par la f.,** it is absolutely inevitable; there is nothing else for it. **Mettre la tête, le nez, à la f.,** to thrust one's head out of the window. S.a. JETER. **2.** Blank, space (in document). **3.** Window (in envelope).
fenil [fəni(l)], *s.m.* Hayloft.
fenouil [fənu:j], *s.m. Bot:* Fennel.
fente [fɑ̃:t], *s.f.* **1.** (*a*) Crack, crevice, split, slit, fissure, chink. (*b*) Slot, cut (in head of screw, etc.). *Av:* **Aile à fentes,** slotted wing. **F. de poche,** pocket-hole. **2.** *Fenc:* Lunge.
féodal, -aux [feɔdal, -o], *a.* Feudal.
féodal|iser [feɔdalize], *v.tr.* To feudalize. *s.m.* **-isme.**
féodalité [feɔdalite], *s.f.* The feudal system.
fer [fɛ:r], *s.m.* Iron. **1. F. coulé, de fonte,** cast iron. **F. de masse,** scrap-iron. **F. en saumon, en gueuse,** pig-iron. **F. forgé, soudé, battu,** wrought iron. **F. œuvré,** hand-wrought iron. **F. en tôle, en feuilles,** sheet-iron. **F. plat, f. feuillard,** hoop-iron. **Fil de f.,** wire. *F:* **Discipline de f.,** iron discipline. **Le peuple croit dur comme f. à l'existence de . . .,** the people have a cast-iron belief in the existence of. . . . S.a. ÂGE 3, BATTRE 1. **2.** (*a*) **F. de lance,** spear-head. **F. de flèche,** arrow-head, **F. de hache,** axe-head. **F. d'un lacet,** tag of a lace. **F. de rabot,** plane-iron. (*b*) Shoe, band, cap (of pile), ferrule (of stick, etc.). (*c*) Sword. **Croiser le f. avec qn,** to cross swords with s.o. *F:* **Battre le f.,** to fence. **Porter le feu et le f. dans un pays,** to put a country to fire and sword. (*d*) *Bookb:* Tool; brass. **3.** *Tls: etc:* **F. à souder,** soldering-iron, soldering-bit. **F. à marquer,** branding-iron. **Marquer qn au f. rouge,** to brand s.o. **F. à friser,** curling-tongs. **F. à repasser,** flat-iron, laundry iron. **F. électrique,** electric iron. **Donner un coup de f. à qch.,** to iron (up), press, sth. **Coup de f. tailleur,** pressing (of suit of clothes). *Golf:* **Grand f.,** driving-iron. **F. moyen,** mid-iron. **4.** *pl.* (*a*) Irons, chains, fetters. **Être aux fers,** to be in irons. (*b*) *Obst:* Forceps. **5. F. à, de, cheval,** horseshoe. **Mettre un f. à un cheval,** to shoe a horse. (Of horse) **Perdre un f.,** to cast a shoe. *F:* **Tomber les quatre fers en l'air,** to go sprawling. S.a. LOCHER.

fer|ai, -as, etc. See FAIRE.
fer-blanc [fɛrblɑ̃], *s.m.* See BLANC I. 5.
ferblanterie [fɛrblɑ̃tri], *s.f.* **1.** (*a*) Tin-plate. (*b*) *Ind:* Ironmonger's shop. **2.** Tin(-plate) ware.
ferblantier [fɛrblɑ̃tje], *s.m.* Tinman, tinsmith.
férié [ferje], *a.* **Jour f.,** (general) holiday; *Adm:* = Bank holiday.
férir [feriːr], *v.tr.* (Used only in inf. and in *p.p.* **féru**) To strike. **Sans coup f.,** without striking a blow; without firing a shot. **Être féru de qn, d'amour pour qn,** to be madly in love with s.o., to be enamoured of s.o. **Être féru d'une idée,** to be set on an idea.
se férir. (Used in inf. and compound tenses) **Se f. de qn,** to fall (madly) in love with s.o. **Elle s'était férue de théâtre,** she had become stage-struck.
ferl|er [fɛrle], *v.tr.* To furl (sail). *s.m.* **-age.**
fermage [fɛrmaːʒ], *s.m.* **1.** (Tenant) farming. **2.** Rent (of farm).
fermail [fɛrmaːj], *s.m.* (Ornamental) clasp.
ferme[1] [fɛrm]. **1.** *a.* (*a*) Firm, steady. **Poutre f.,** firm, rigid, beam. **Viande f.,** tough meat. **Terre f.,** (i) firm land; (ii) mainland. **Être f. dans ses desseins,** to be firm, steadfast, in one's intentions. *Mil:* **De pied f.,** at the halt. *F:* **Attendre qn de pied f.,** to wait resolutely for s.o. (*b*) **Vente f., offre f.,** firm, definite, sale, offer. **2.** *adv.* Firmly. **Tenir f.,** to stand fast. **Frapper f.,** to hit hard. **J'y travaille f.,** I am hard at it. **Croire fort et f. aux esprits,** to be a firm believer in spirits. **Manger f.,** to eat steadily through the courses. *Com:* **Vendre f.,** to make a firm sale.
ferme[2], *s.f.* **1.** (*a*) Farming lease. **Prendre une terre à f.,** to take a lease of, to rent, a piece of land. (*b*) Farm; farm-house. **Petite f.,** small-holding, croft. **F. laitière,** dairy farm. **Valet de f.,** farm-hand. **2.** (*a*) Truss (of roof, bridge, etc.). (*b*) Trussed girder. **3.** *Th:* Rigid flat; set piece.
fermé [fɛrme], *a.* **1.** Closed (door, window). **Rade fermée,** landlocked roadstead. **Avoir la main fermée,** to be close-fisted. *F:* **Être f. à qch.,** to have a taste for, no appreciation of sth. **2. Visage f.,** inscrutable countenance. **3. Monde très f.,** very exclusive society.
fermement [fɛrməmɑ̃], *adv.* Firmly, steadily, steadfastly.
ferment [fɛrmɑ̃], *s.m.* Ferment.
fermentation [fɛrmɑ̃tasjɔ̃], *s.f.* **1.** Fermentation. **2. F. populaire,** unrest among the people. **Esprits en f.,** minds in a ferment.
fermenter [fɛrmɑ̃te], *v.i.* (Of wine, etc.) To ferment, *F:* to work; (of dough, etc.) to rise.
fermer [fɛrme]. **1.** *v.tr.* (*a*) To close, shut, shut down; to put an end to (discussion, etc.). *Knitting:* **F. cinq mailles,** to cast off five stitches. **F. violemment la porte,** to slam, bang, the door. **F. sa porte à qn,** to close one's door against s.o. **F. la porte à clef, au verrou,** to lock, to bolt, the door. **F. les rideaux,** to draw the curtains. **F. le store** ,to pull down the blind. **F. boutique,** to shut up shop. **On ferme!** closing time! **F. un trou,** to stop, block up, a hole. **F. un robinet,** to turn off a tap. **F. le gaz,** (i) to turn out the gas; (ii) to turn off the gas (at the meter). **F. l'électricité, la lumière,** to switch off the light. S.a. ŒIL 1. *El:* **F. un circuit,** to close a circuit; to switch on (current). *F:* **F. la T.S.F.,** to turn off the wireless. *P:* **Ferme-la! La ferme!** shut your trap! (*b*) **F. la marche,** to bring up the rear. **2.** *v.i.* (Of door, etc.) To close, shut.
se fermer, to close, shut. **A cette demande son visage se ferma,** at this request his face froze. (*b*) *Med:* To heal, close up.
fermeté [fɛrməte], *s.f.* Firmness; steadfastness, steadiness (of purpose). **Agir avec f.,** to act firmly.
fermeture [fɛrmətyːr], *s.f.* **1.** Closing, shutting. **F. des ateliers,** (i) knock-off (from work); (ii) closing down of the workshops; (iii) lock-out. **Heure de f.,** closing-time (of shop); knock-off time (of works). **F. de la pêche,** close of the fishing season. *Com:* **F. d'un compte,** closing of an account. *Mch:* **F. de l'admission,** cut-off (of steam). **2.** Closing apparatus. *R.t.m:* **F. éclair,** zip fastener. **F. à rouleau,** revolving shutter. *Sm.a:* **F. de culasse,** rifle-bolt.
fermier, -ière [fɛrmje, -jɛːr], *s.* **1.** (*a*) Tenant (of farm). (*b*) Farmer; crofter; *f.* farmer's wife, woman farmer. **2.** *Fr.Hist:* Tax-farmer. **F. général,** farmer-general. **3. F. d'entreprise,** contractor.
fermoir[1] [fɛrmwaːr], *s.m.* Clasp, hasp, snap, catch, fastener (of book, lady's bag, etc.). **Bouton f. à pression,** snap fastener.
fermoir[2], *s.m.* *Tls:* Firmer (chisel).
féroce [ferɔs], *a.* Ferocious, savage, wild, fierce. **Bêtes féroces,** wild beasts. **Une faim f., un appétit f.,** a ravenous appetite. *adv.* **-ment.**
férocité [ferɔsite], *s.f.* Ferocity, ferociousness.
Féroé [ferɔe]. *Pr.n.* *Geog:* **Les îles F.,** the Faroe Islands.
ferraille [fɛrɑːj], *s.f.* Old iron, scrap-iron. **Tas de f.,** scrap-heap. **Marchand de f.,** scrap merchant. **Bruit de f.,** clanking noise.
ferraillement [fɛrɑjmɑ̃], *s.m.* **1.** Hammer-and-tongs fighting. **2.** Rattle, clattering (of car).
ferrailler [fɛrɑje], *v.i.* **1.** *F:* To slash about with swords. **2.** *F:* To fence clumsily. **3.** *F:* To squabble, wrangle. **4.** (Of car) To clatter.
ferrailleur[1] [fɛrɑjœːr], *s.m.* *F:* **1.** Sword rattler, bully, swashbuckler. **2.** Poor fencer. **3.** *F:* Wrangler.
ferrailleur[2], **-euse,** *s.* Dealer in old iron, scrap merchant.
ferrant [fɛrɑ̃], *a.* **Maréchal f.,** shoeing smith; farrier.
ferrate [fɛrrat], *s.m.* *Ch:* Ferrate.
ferré [fɛre], *a.* **1.** (*a*) Fitted, mounted, with iron; iron-shod. **Souliers ferrés,** hobnailed shoes. **Voie ferrée,** (i) permanent way (of railway); (ii) railway (line). **Cheval f. à glace,** rough-shod horse. *F:* **Être f. (à glace) sur un sujet,** to know all about a subject. **Être f. en mathématiques,** to be well up in mathematics. (*b*) **Route ferrée,** metalled, macadamized, road. **2.** *Med:* **Eau ferrée,** chalybeate water.
ferr|er [fɛre], *v.tr.* **1.** To fit, mount, (sth.) with iron; to put a ferrule on (stick); to tag (lace); to tyre, shoe (wheel). **F. un cheval,** to shoe a horse. **2.** To metal (road). **3.** *Fish:* To strike (fish). *s.m.* **-age.**
ferret [fɛrɛ], *s.m.* Tag, tab, a(i)glet (of bootlace, of aiguillette).
ferreur [fɛrœːr], *s.m.* Farrier. **F. de porte,** lock-fitter.
ferreux, -euse [fɛrø, -øːz], *a.* *Ch:* *Miner:* Ferrous (metal). **Non f.,** non-ferrous.
ferrière [fɛrjɛːr], *s.f.* Tool-bag (of farrier, locksmith, etc.).
ferrique [fɛrrik], *a.* *Ch:* Ferric (salt, etc.).
ferro-chrome [fɛrrɔkroːm], *s.m.* *Metall:* Ferro-chrome, -chromium; chrome iron.
ferrocyanure [fɛrrɔsjanyːr], *s.m.* *Ch:* Ferrocyanide.
ferronnerie [fɛrɔnri], *s.f.* **1.** Iron works. **2.** Ironmongery. **3. F. au marteau,** wrought-iron work.
ferronnier [fɛrɔnje], *s.m.* **1.** Ironworker, blacksmith. **2.** Ironmonger.
ferrotypie [fɛrrɔtipi], *s.f.* *Phot:* Ferrotype.
ferroviaire [fɛrrɔvjɛːr], *a.* Pertaining to a railway, *U.S:* railroad. **Trafic f.,** railway traffic. **Les grandes lignes ferroviaires,** the main railway lines.
ferrugineux, -euse [fɛrryʒinø, -øːz], *a.* Ferruginous. **Source ferrugineuse,** chalybeate spring.
ferrure [fɛryːr], *s.f.* **1.** Piece of ironwork; ferrule (of walking-stick, etc.). **Ferrures de porte,** door fittings. **Ferrures en cuivre,** brass fittings. **2.** Shoeing (of horse, etc.).
ferry(-boat) [fɛri(bot)], *s.m.* Train ferry. *pl.* *Des ferry-boats.*
fertile [fɛrtil], *a.* Fertile, fruitful (**en,** in); rich (land). **Semaine f. en événements,** eventful week. **F. en émotions,** exciting. *adv.* **-ment.**
fertilisant [fɛrtilizɑ̃]. **1.** *a.* Fertilizing. **2.** *s.m.* Fertilizer.
fertilisation [fɛrtilizasjɔ̃], *s.f.* Fertilization, fertilizing.
fertilis|er [fɛrtilize], *v.tr.* To fertilize; to manure; to make (sth.) fertile, fruitful. *a.* **-able.**
fertilité [fɛrtilite], *s.f.* Fertility; fruitfulness.
féru. See FÉRIR.
férule [feryl], *s.f.* **1.** *Bot:* Ferula; giant fennel. **2.** (*a*) *Sch:* Cane; *A:* ferule. **Donner de la f. à qn,** to cane s.o. (*b*) Stroke, cut; severity, discipline. *F:* **Être sous la f. de qn,** to be ruled with a rod of iron by s.o.
fervent, -ente [fɛrvɑ̃, -ɑ̃ːt]. **1.** *a.* Fervent, ardent, earnest. **2.** *s.* Enthusiast; devotee (**de,** of).
ferveur [fɛrvœːr], *s.f.* Fervour (**à faire qch.,** in doing sth.); ardour, earnestness.
fesse [fɛs], *s.f.* **1.** Buttock. **Donner sur les fesses à qn,** to give s.o. a spanking. **2.** *pl.* *Nau:* Buttocks, tuck (of ship).

fessée [fɛse], *s.f.* Spanking.
fesse-mathieu [fɛsmatjø], *s.m.* Skinflint, screw. *pl. Des fesse-mathieux.*
fesser [fɛse], *v.tr.* *F:* To spank (s.o.); to whack (s.o.). **Se faire f.,** to expose oneself to humiliations.
festin [fɛstɛ̃], *s.m.* Feast, banquet. **Salle de f.,** banqueting-hall. **Faire (un) f.,** to feast, banquet. *F:* **Faire un f. à tout casser,** to have an enormous spread.
festiner [fɛstine]. **1.** *v.i.* To feast. **2.** *v.tr.* To feast (s.o.).
festival, -als [fɛstival], *s.m.* Music festival.
feston [fɛstɔ̃], *s.m.* **1.** Festoon. **2.** *Needlew:* Scallop. **Point de f.,** button-hole stitch.
festonner [fɛstɔne], *v.tr.* **1.** To festoon. **2.** To scallop (hem, etc.).
festoyer [fɛstwaje], *v.* (**je festoie; je festoierai**) **1.** *v.tr.* To regale, feast (s.o.). **2.** *v.i.* To feast, carouse; *F:* to booze.
fêtard, -arde [fɛtaːr, -ard], *s.* *F:* Reveller, roisterer; man or woman of pleasure; boozer.
fête [fɛːt], *s.f.* **1.** Feast, festival. **Jour de f.,** feast-day, holiday. **Faire f.,** (i) to hold high festival; (ii) to keep holiday. **F. légale,** public holiday (= bank-holiday). **F. de qn,** s.o.'s name-day. **Souhaiter la f., une bonne f., à qn,** to wish s.o. many happy returns. **Ce n'est pas tous les jours f.,** we'll make this an occasion. **La f. des Morts,** All Souls' Day. **F. mobile,** movable feast. **2.** Fête, entertainment. **F. d'aviation, f. aéronautique,** air-display, show, pageant. **Donner une (petite) f.,** to give a party. **3.** Festivity; rejoicings. **Le village était en f.,** the village was holiday-making. **Faire la f.,** to carouse; to have one's fling. **Faire f. à qn,** to receive s.o. with open arms; to welcome s.o. **Être de la f.,** to be one of the (festive) party. **Il ne s'était jamais vu à pareille f.,** he had never had such a good time. **Troubler la f.,** to spoil the party. **Air de f.,** festal air, festive air. **Se faire (une) f. de (faire) qch.,** to look forward to (doing) sth.
fête-Dieu [fɛtdjø], *s.f.* *Ecc:* Corpus Christi. *pl. Des fêtes-Dieu.*
fêter [fɛte], *v.tr.* **1.** *(a)* To keep (day, etc.) as a holiday, as a festival. **F. la naissance de qn,** to celebrate s.o.'s birthday. *(b)* **F. un saint,** to keep a saint's day. **2. F. qn,** (i) to fête s.o.; (ii) to entertain s.o. **Dîner pour f. le nouveau membre,** dinner to welcome the new member.
fétiche [fetiʃ], *s.m.* Fetish. *Aut:* Mascot.
fétide [fetid], *a.* Fetid, stinking.
fétidité [fetidite], *s.f.* Fetidness.
fétu [fety], *s.m.* Straw. *F:* **Je m'en soucie comme d'un f.,** I don't care a straw, a rap, about it.
fétuque [fetyk], *s.f.* *Bot:* Fescue.
feu¹, feux [fø], *s.m.* Fire. **I. 1.** *(a)* **Craindre qch. comme le f.,** to stand in dread of sth. **Faire f. des quatre pieds,** (i) (of horse) to make the sparks fly; (ii) *F:* to make a great effort. **Il fait f. de tout bois,** nothing comes amiss to him. **Mettre (le) f. à qch.,** to set fire to sth. **Ustensiles qui vont au feu,** fireproof utensils. **F. de cheminée,** chimney on fire. **F. dans la cheminée, f. nu,** open fire. **Mettre l'Europe en f.,** to set Europe ablaze. **Visage en f.,** flushed face. **Le f. du génie,** the spark, inspiration, of genius. S.a. SACRÉ 1. **Prendre f.,** (i) to catch fire, (ii) to fly into a passion. **Faire la part du f.,** (i) to clear the ground (to prevent fire spreading); (ii) *Com:* to cut one's losses. **Jeter f. et flamme contre qn,** to rage and fume at s.o. **Voulez-vous bien me donner du f.?** will you kindly give me a light? **Jouer avec le f.,** to play with fire. *F:* **Avoir le f. au derrière,** to be always in a hurry, *F:* to have ants in one's pants. S.a. FOLLET. *Adj. phr. inv.* **Chien noir et f.,** black and tan dog. *(b)* Heat, ardour. **Plein de f.,** full of drive. **Dans le premier feu de sa colère,** in the heat of his resentment. **2.** *(a)* **Faire du f.,** to light a fire. **Garniture de f.,** set of fire-irons. **F. de joie,** bonfire; beacon. **F. d'artifice,** fireworks. **Leur amitié ne fera pas long f.,** their friendship will not last long. S.a. COIN 1, PAILLE 1. *(b)* *Mch:* **Mettre une chaudière en f.,** to fire up a boiler. **Pousser les feux,** to make all steam. **Mettre bas les feux,** to draw the fires. *Mch: Nau:* **Mettre les feux,** to light up. *(c)* **Condamner qn au f.,** to condemn s.o. to (be burnt at) the stake. **J'en mettrais la main au f.,** I would swear to it. **Épreuve du f.,** ordeal by fire. **Brûler qn à petit f.,** to torture s.o. (on the grill). **Faire mourir qn à petit f.,** (i) to kill s.o. by inches; (ii) to keep s.o. on tenter-hooks. *(d)* *Cu:* **Cuire qch. à un f. doux, vif,** to cook sth. in a slow, brisk, oven. **A grand f., à petit f.,** on a fierce, a slow, fire. **Fourneau à gaz à quatre feux,** four-burner gas-stove. *(e)* **Hameau de cinquante feux,** hamlet of fifty homes. **N'avoir ni f. ni lieu,** to have neither hearth nor home. **3. Armes à f.,** fire-arms. *Mil:* **F. à volonté,** independent fire. **F. en rafales,** firing in bursts. **Il n'a jamais vu le f.,** he has never smelt gunpowder, never heard a gun fired. **Bouche à f.,** piece of ordnance. **Faire f.,** to fire. **Faire f. sur qn,** to shoot at s.o. (Of pistol, fuse) **Faire long f.,** to hang fire. *F:* **Projet qui fait long f.,** plan that is hanging fire. **Tué au f.,** killed in action. *Mil:* **F. roulant,** drumfire. *F:* **Un f. roulant de questions,** a running fire of questions. S.a. NOURRI 2. **4.** *(a)* Light (of lighthouse, etc.). **F. tournant,** revolving light. **F. à éclats,** flashing light. **F. d'avant d'une locomotive,** head-light of a locomotive. *Av:* **F. de balisage,** boundary light, marker. **Feux de bord,** navigation lights. **Feux de route,** signal lights. *Veh:* **Feux de côté,** side-lamps. *Aut:* **Feux de position,** side lights. **Feux de stationnement,** parking lights. **Feux de route,** head-lights. **Feux de croisement,** dipped head-lights. **F. rouge, arrière** rear, tail, light. **F. de dépassement,** (on lorries) green passing light. *Nau:* **Feux de route,** navigation lights. **Feux d'un navire,** ship's lights. **Ses feux n'étaient pas allumés,** she was showing no lights. **Tous feux éteints,** without lights. *Adm:* **Feux de circulation,** traffic lights. *F:* **F. rouge,** traffic lights. **Au premier f. rouge, il tourna à droite,** at the first traffic lights he turned right. *F:* **F. vert,** green light, traffic lights. *F:* **Donner le f. vert à qn,** to give s.o. the green light, the go-ahead. **F. clignotant,** winking warning light (at cross-roads). *(b)* **Feux d'un diamant,** dispersion (of a diamond). *(c)* **N'y voir que du f.,** (i) to be dazzled; (ii) *F:* to be completely hoodwinked.
II. coup de feu. **1.** *(a)* Browning (of joint). *(b)* Burning (of bread, joint, etc.). *(c)* *F:* Rush hour. *Com: etc:* **Être dans son coup de f.,** to be at one's busiest. **2.** (Gun-, pistol-)shot. **Recevoir un coup de feu,** to receive a gunshot wound. **3.** Fire-damp explosion.
feu², *a.* Late (= deceased). **1.** (Between article and sb., and variable) **Le f. roi, la feue reine,** the late king, the late queen. **2.** (Preceding the article or poss. adj., and inv.) **Feu la reine,** the late queen.
feuillage [fœjaːʒ], *s.m.* Foliage.
feuille [fœːj], *s.f.* **1.** Leaf (of plant). **Les arbres mettent, prennent, leurs feuilles, se couvrent de feuilles,** the trees are coming into leaf. **F. morte,** dead leaf. *Av:* **Descente en f. morte,** falling-leaf roll. **F. de chou,** (i) cabbage-leaf; (ii) *F:* insignificant journal; rag. **2.** Veneer. **F. d'étain,** tinfoil. **F. de métal,** sheet of metal. **Fer en feuilles,** sheet-iron. **F. d'or,** gold-leaf, -foil. **F. d'un contrevent,** leaf of a shutter. **F. anglaise,** sheet-rubber. **3. F. de papier,** sheet of paper. **F. volante, mobile,** loose sheet, fly-sheet. **F. de route,** (i) way-bill (of carrier); (ii) *Mil:* marching orders; route; travel-warrant. **F. quotidienne,** daily (news)-paper. *Adm:* **F. d'impôt,** (i) tax-return sheet; (ii) notice of assessment. *Med:* **F. de température,** temperature chart. **F. de paye,** pay-roll. *Publ:* **Bonnes feuilles (de publicité),** advance-proofs, -sheets.
feuillé [fœje], *a.* Leafy; in full leaf.
feuillée [fœje], *s.f.* **1.** *(a)* Foliage (in painting, etc.). *(b)* Arbour. **2.** *Mil:* **Les feuillées,** the latrines (in camp).
feuillet [fœjɛ], *s.m.* **1.** *(a)* Leaf (of book). *(b)* *Adm:* Form (for a return); return sheet. **2.** Thin sheet, plate (of wood, etc.); lamina; leaf (of veneer).
feuilleté [fœjte], *a.* Foliated, laminated. *Cu:* **Pâte feuilletée,** puff paste. *s.m.* *Cu:* Flaky pastry, puff pastry.
feuillet|er [fœjte], *v.tr.* (**je feuillette; je feuilletterai**) **1.** To divide (wood, etc.) into sheets, leaves. *Cu:* To roll and fold (pastry). **2.** To turn over the pages of (book); to finger (papers). **F. un livre,** to flip through

a book. **Livre bien feuilleté,** well-thumbed book. *s.m.* **-age.**

se feuilleter, (of mineral, etc.) to split up, to flake, to cleave.

feuilleton [fœjtɔ̃], *s.m.* Feuilleton. (*a*) Literary or scientific article. (*b*) Serial story (in newspaper).

feuillette[1] [fœjɛt], *s.f.* Small leaf; leaflet.

feuillette[2], *s.f.* (Approx. =) Quarter-cask.

feuillu [fœjy]. **1.** *a.* Leafy. **Forêt d'arbres feuillus,** hardwood forest. **2.** *s.m.* Foliage.

feuillure [fœjy:r], *s.f. Carp:* Groove, rabbet.

feutre [fø:tr], *s.m.* **1.** Felt. **2.** Felt hat. **3.** Stuffing, padding (of saddle, etc.).

feutr|er [føtre], *v.tr.* **1.** To felt (hair, etc.). **2.** To felt; to cover (boiler, etc.) with felt; to pad. *F:* **A pas feutrés,** with noiseless tread; with velvet tread. *s.m.* **-age** or **-ement.** *a.* **-able.**

feutrine [føtri:n], *s.f.* Imitation felt.

fève [fɛ:v], *s.f.* (*a*) Bean. **F. (des marais),** broad bean. *Fr.C:* **F. de Lima,** Lima bean. **Petite f. (jaune),** wax bean. **F. verte,** string bean. (*b*) **F. de cacao,** cocoa-nib.

février [fevrie], *s.m.* February. **Au mois de f.,** in (the month of) February.

fez [fɛ:z], *s.m.* Fez (as worn in the Near East).

fi [fi], *int.* Fie! for shame! **Faire fi de qch.,** to despise sth.; to turn up one's nose at sth.

fiabilité [fjabilite], *s.f.* Reliability.

fiacre [fjakr], *s.m.* Hackney-carriage; cab.

fiançailles [fjɑ̃sɑ:j], *s.f.pl.* (*a*) Engagement. (*b*) Engagement party.

fiancé, -ée [fjɑ̃se], *s.* Fiancé, fiancée.

fiancer (se) [səfjɑ̃se], *v.pr.* To become engaged (**à, avec,** to).

fiasco [fjasko], *s.m.inv.* Fiasco, *F:* flop; wash-out. **Leurs projets ont fait f.,** their plans have come to grief.

fibran(n)e [fibran], *s.f. Tex:* Staple fibre.

fibre [fibr], *s.f.* Fibre; filament. *Tex:* Staple. **F. du bois,** fibre, grain of the wood. *F:* **Avoir la f. sensible,** to be susceptible, impressionable.

fibreux, -euse [fibrø, -ø:z], *a.* Fibrous, stringy.

fibrille [fibril], *s.f.* Fibril(la).

fibrine [fibrin], *s.f. Ch: Physiol:* Fibrin.

fibro-ciment [fibrosimɑ̃], *s.m. R.t.m.* Asbestos cement.

fibroïde [fibrɔid], *a.* & *s.m. Med:* Fibroid.

fibrome [fibro:m], *s.m. Med:* Fibroma; fibrous tumour, *F:* fibroid.

ficaire [fikɛ:r], *s.f. Bot:* Lesser celandine; pilewort; figwort.

ficel|er [fisle], *v.tr.* (**je ficelle; je ficellerai**) **1.** To tie up, do up. *s.m.* **-age.** **2.** = FAGOTER. 3.

ficelle [fisɛl], *s.f.* (i) String, twine; (ii) pack-thread. **F. à fouet,** whipcord. *F:* **C'est lui qui tient les ficelles,** he pulls the strings. **Connaître les ficelles,** to know the ropes. **Montrer la f.,** (of underhand work, etc.) to show up. *a.* (*a*) Putty-coloured. (*b*) **Avocat f.,** tricky, wily, knowing, lawyer.

fichant [fiʃɑ̃], *a.* **1.** *Mil:* Plunging (fire). **2.** *P:* Annoying.

fiche [fiʃ], *s.f.* **1.** Peg, pin (of iron, wood); stake. *El:* Plug, key. **F. de téléphone,** phone-plug. *Surv:* Pin, arrow. **2.** (*a*) Slip (of paper); memorandum slip; voucher. *Ind:* **F. de contrôle,** checking form, docket. **F. scolaire,** school record card. *Adm:* **F. de voyageur,** passport control card. *Adm:* **F. policière,** (hotel) registration form. *Bank:* **F. de versement,** paying-in, *U.S:* deposit, slip. (*b*) Card, ticket (of membership, etc.). (*c*) Index card. **Boîte à fiches,** filing box. **Mettre (des informations, etc.) sur fiches,** to card index. **Mise sur fiches,** card-indexing. **Jeu de fiches,** card-index. (*d*) Tie-on label. **3.** *Cards: etc:* Counter, marker; fish. *F:* **F. de consolation,** crumb, scrap, of comfort; booby-prize.

ficher [fiʃe], *v.tr.* **1.** To drive in (stake, nail, etc.). **F. une épingle dans qch.,** to stick a pin into sth. *F:* **F. les yeux sur qch.,** to fix, fasten, one's eyes on sth. **2.** *P:* (*p.p.* **fichu**; the inf. is usu. **fiche**) (*a*) (= METTRE) **Fiche(r) qn à la porte,** to throw s.o. out. **F. qn dedans,** to cheat s.o.; to take s.o. in. **On m'a fichu dedans,** I've been done! (*b*) (= DONNER, ENVOYER) **F. une gifle à qn,** to give, fetch, s.o. a clout, a box on the ear. **Fichez-moi la paix!** shut up! (*c*) (= FAIRE) **Il n'a rien fichu de la journée,** he hasn't done a stroke of work all day. (*d*) **Fichez(-moi) le camp!** out you go! hop it! **Va te faire f.!** go to blazes!

se fiche(r). *P:* **1.** (*a*) **Se f. par terre,** to fall. (*b*) **Se f. dedans,** to make a mistake. **2.** (*a*) **Se fiche(r) de qn, de qch.,** to make fun of s.o., of sth. **Vous vous fichez de moi,** what do you take me for? (*b*) **Je m'en fiche (pas mal)!** I don't care a rap! **Ce que je m'en fiche!** as if I cared!

fichier [fiʃje], *s.m.* Card-index; card-index cabinet.

fichtre [fiʃtr], *int. P:* **1.** (Admirative) My word! **2.** Hang it! **F. non!** No fear!

fichu[1] [fiʃy], *a. P:* **1.** Beastly, rotten (weather, etc.). **Quel f. pays!** What a god-forsaken country! **2. Il est f.,** he is done for; it is all up with him. **Mon chapeau est f.,** my hat has had it. **3. Bien f.,** good-looking, well built. **Mal f.,** poorly built, nothing to look at. **Être f. comme quatre sous,** to be dressed like a guy. **4. N'être pas f. de faire qch.,** not to be able, fit, to do sth. *F:* **Être mal f.,** to be out of sorts, off colour.

fichu[2], *s.m.* Small shawl; fichu, neckerchief.

fict|if, -ive [fiktif, -i:v], *a.* Fictitious, imaginary, supposed. *adv.* **-ivement.**

fiction [fiksjɔ̃], *s.f.* Fiction, invention, fabrication.

fidéicommis [fideikɔmi], *s.m. Jur:* Trust.

fidéicommissaire [fideikɔmisɛ:r], *s.m. Jur:* Beneficiary (of a trust).

fidèle [fidɛl], *a.* Faithful, loyal, staunch. **Être f. à ses opinions,** to hold fast to one's opinions. **Copie f.,** exact copy. **Peu f.,** unreliable. **Lecteur f.,** regular reader. *s.* Faithful friend, supporter. *Ecc:* **Les fidèles,** (i) the faithful; (ii) the congregation. *adv.* **-ment.**

fidélité [fidelite], *s.f.* Fidelity, faithfulness. **Serment de f.,** oath of allegiance. *W.Tel:* **Haute f.,** high fidelity. **A haute f.,** high-fidelity.

fiduciaire [fidysjɛ:r]. **1.** *a.* Fiduciary (loan, etc.). **Circulation f., monnaie f.,** fiduciary currency; paper money. **2.** *s.m.* Fiduciary, trustee.

fiducie [fidysi], *s.f. Jur:* Trust.

fief [fjɛf], *s.m. Jur: A:* Fief, feoff, fee. **Franc f.,** freehold.

fieffé [fjefe], *a.* **1.** *Jur: A:* (*a*) (Of pers.) Enfeoffed. (*b*) (Of land) Given in fief. **2.** *F: Pej:* Arrant (liar); egregious (fool); rank (impostor).

fiel [fjɛl], *s.m.* (*a*) Gall (of animal). **F. de bœuf,** ox gall. (*b*) *F:* **Épancher son f.,** to vent one's spleen (**sur,** on). **N'avoir point de f.,** to be without malice.

fielleux, -euse [fjɛlø, -ø:z], *a.* (*a*) Gall-like, bitter. (*b*) *F:* Rancorous, bitter (remark, etc.).

fiente [fjɑ̃:t], *s.f.* Dung; droppings (of cattle, birds).

fi|er[1], **-ère** [fjɛ:r], *a.* **1.** (Legitimately) proud. **Être trop f. pour mendier,** to be too proud to beg. **Être f. de qch.,** to be proud of, to glory in, sth. **Il est f. d'avoir réussi,** he is proud of having succeeded. **2.** Proud, haughty, stuck-up. *F:* **F. comme Artaban,** as proud as Lucifer. **Faire le f.,** to swank. **Je n'étais pas f.,** I felt rather small. **3.** *F:* Rare, fine, famous. **Tu m'as fait une fière peur,** a fine, rare, fright you gave me. *adv.* **-èrement.**

fier[2] [fje], *v.tr. A:* = CONFIER.

se fier, to trust. **Se f. à qn,** occ. **en qn,** to rely on s.o.; to trust s.o. **Se f. à qn du soin de qch.,** to trust s.o. with a task. **Fiez-vous à moi,** leave it to me. **Je me fie à lui pour . . .,** I depend on him to. . . . **Se f. à ses yeux,** to trust, believe, one's eyes. **Ne vous y fiez pas,** (i) beware! (ii) don't reckon on it.

fierté [fjɛrte], *s.f.* **1.** Pride, self-respect. **2.** Pride, haughtiness.

fièvre [fjɛ:vr], *s.f.* **1.** Fever. *F:* **F. de cheval,** raging fever. **Avoir la f.,** (i) to have a fever; (ii) to be feverish, *F:* to have a temperature. *Med:* **F. de croissance,** *F:* growing pains. **F. de trois jours,** sand-fly fever. **F. récurrente, à rechutes,** trench-fever. **F. fluviale du Japon,** scrub typhus. *Bot:* **Arbre à f.,** fever-tree. **2.** Excitement, restlessness. **Dans la f. de la mêlée,** in the heat of the battle. S.a. DONNER 2.

fiévreu|x, -euse [fjevrø, -ø:z]. **1.** *a.* (*a*) Causing fever. **Marécage f.,** fever swamp. (*b*) Feverish (person, pulse, haste); fevered (brow); liable to fever. **2.** *s.* Fever patient. *adv.* **-sement.**

fifre [fifr], *s.m.* (*a*) Fife. (*b*) Fife-(player).
figement [fiʒmɑ̃], *s.m.* Coagulation, congealing (of oil, blood); clotting (of blood, cream).
figer [fiʒe], *v.tr.* (**figeant; il figeait**) To coagulate, congeal. *F:* **Cris qui vous figent le sang,** blood-curdling cries.
se figer, (of oil, blood) to coagulate, congeal; (of blood) to clot; (of the features) to set; (of manners) to be starchy. **Sourire figé,** set smile.
fignol|er [fiɲɔle]. *F:* **1.** *v.i.* To finick, to fiddle-faddle. **2.** *v.tr.* To fiddle, finick, niggle, over (job). *s.m.* **-age.**
se fignoler, to titivate oneself.
fignoleur, -euse [fiɲɔlœːr, -øːz]. *F:* **1.** *a.* Finicking, finical. **2.** *s.* Fiddle-faddler; niggler.
figue [fig], *s.f.* **1.** Fig. *F:* **Moitié f., moitié raisin,** half one thing and half another. **Un petit sourire mi-f., mi-raisin,** a wry, forced, smile. **Ton mi-f., mi-raisin,** tone (of voice), half in jest half in earnest. **C'est mi-f. mi-raisin,** it's like the curate's egg. **Ce n'est ni f. ni raisin,** it's neither one thing nor the other. **2. F. banane,** plantain. **F. de Barbarie,** prickly pear.
figuier [figje], *s.m.* **1.** Fig-tree. **2. F. de Barbarie,** prickly pear.
figurant, -ante [figyrɑ̃, -ɑ̃ːt], *s. Th:* (*a*) Walker-on; supernumerary, *F:* super. *Th: Cin:* Crowd artist, extra. **Les figurants,** the crowd. *Th: F:* **Rôle de f.,** thinking part. (*b*) *s.f.* **Figurante,** ballet-dancer; figurante.
figurat|if, -ive [figyratif, -iːv], *a.* Figurative, emblematic. *adv.* **-ivement.**
figuration [figyrasjɔ̃], *s.f.* **1.** Figuration, representation. **2.** *Coll. Th:* Supers, extras.
figure [figyːr], *s.f.* **1.** Figure, form, shape. *Mus:* Figured passage. **Prendre f.,** to take shape. **Portrait de demi-figure,** half-length portrait. **Figures de cire,** waxworks. **Figures géométriques,** geometrical figures, diagrams. **F. de mots,** figure of speech. **F. de proue,** figure-head (of ship). **2.** (*a*) Face, countenance. **Faire bonne f. à qn,** to give a warm welcome to s.o. **Jeter qch. à la f. de qn,** to throw sth. in s.o.'s face. **Faire longue f.,** to pull a long face. *Th:* **Faire sa f.,** to make up. *Cards:* **Les figures,** the court-cards. S.a. CONNAISSANCE 1. (*b*) Appearance. **Faire f. de,** to play the part of. **Faire f. avec peu de fortune,** to cut a figure on small means.
figuré [figyre], *a.* (*a*) Decorated with figures. (*b*) Figurative (meaning). *Adv.phr.* **Au f.,** in the figurative sense; figuratively. (*c*) **Étoffe figurée,** figured material.
figurément [figyremɑ̃], *adv.* Figuratively.
figurer [figyre]. **1.** *v.tr.* To represent. **F. un personnage sur la scène,** to act, take the part of, a character. **2.** *v.i.* To appear, figure. *Th:* **F. sur la scène,** to walk on. *Mil:* **F. sur les contrôles,** to be on the strength.
se figurer qch., to imagine sth.; to fancy sth. **Figurez-vous la situation,** picture the situation (to yourself). **Je me figure bien que cela puisse arriver,** I can imagine it happening. **Figurez-vous que . . .,** Would you believe that . . .? **Se figure-t-il que . . .?** Does he believe for a moment that . . .? **Je l'aime, figure-toi,** believe it or not, I'm in love with him (her).
figurine [figyrin], *s.f.* Figurine, statuette.
fil [fil], *s.m.* **1.** (*a*) Thread. **F. à coudre,** sewing thread, *F:* cotton. **F. d'Écosse,** lisle thread. **Laine trois fils,** three-ply wool. **Bas de f.,** lisle stockings. **Gants de f.,** cotton gloves. **F. de lin,** linen thread. **Pur f.,** all linen. **F. d'emballage,** pack-thread. *F:* **Sa vie ne tenait qu'à un f.,** his life hung by a thread, by a hair. **Finesses cousues de f. blanc,** obvious tricks. **De f. en aiguille elle m'a raconté toute l'affaire,** little by little, bit by bit, she told me the whole business. **Brouiller les fils,** to muddle things up. **Perdre le f. de ses idées,** to lose the thread of one's ideas. **F. d'araignée,** (i) spider's thread; (ii) *Opt:* cross-hair. **Fils de la Vierge,** gossamer. *Const:* **F. à plomb,** plumb-bob, -line. *F:* **Avoir un f. à la patte,** (i) not to be a free agent, to be tied down; (ii) to be encumbered (with a mistress). *Fish:* **Donner du f. au poisson,** to give the fish some line. S.a. RETORDRE 2. (*b*) **F. métallique,** wire. **F. de fer,** iron wire; *F:* wire. S.a. ARCHAL. *Tp:* **Être au bout du f.,** to be on the phone, to be speaking. *Tp:* **Donner un coup de f. à qn,** to give s.o. a ring. **Télégraphie sans f.,** wireless telegraphy, radio. S.a. TÉLÉPHONIE. *F:* **Il n'a pas inventé le f. à couper le beurre,** he will never set the Thames on fire. *F:* **C'est lui qui tient les fils,** it is he who pulls the strings. *El.E:* **Les fils de ligne,** the mains. **F. souple,** flex. **F. torsadé,** twin wire. Grain (of wood, meat); warp. **Contre le f., à contre-f.,** against, across, the grain. **De droit f.,** with the grain (wood); on the straight (cloth). **A f. fin, à gros f.,** fine-, coarse-grained. **3. F. de l'eau,** current. **Au f. de l'eau,** with the stream. **Contre le f.,** against the stream. **Au f. des jours et des ans,** day after day, year after year. **4.** (Cutting) edge. **Donner le f. à un rasoir,** to put an edge on a razor. **Passer des prisonniers au f. de l'épée,** to put prisoners to the (edge of the) sword.
filament [filamɑ̃], *s.m.* Filament; fibre (of plant, etc.); thread (of silk, etc.).
filamenteux, -euse [filamɑ̃tø, -øːz], *a.* Filamentous, fibrous; *F:* stringy (meat, etc.).
filandreux, -euse [filɑ̃drø, -øːz], *a.* (*a*) Stringy (meat, etc.). *F:* **Explication filandreuse,** long-drawn, involved, explanation. (*b*) (Of wood, marble) Streaked.
filant [filɑ̃], *a.* **1.** Ropy (liquid). **2. Étoile filante,** shooting star.
filasse [filas], *s.f.* **1.** Tow. *F:* **Cheveux de f.,** tow-like hair. **2.** Oakum.
filateur [filatœːr], *s.m.* **1.** Spinner; owner of a spinning-mill. **2.** (Private detective's) spy; shadower; informer.
filature [filatyːr], *s.f.* **1.** Spinning. **2.** Spinning-mill, -factory. **F. de coton,** cotton-mill. **3.** Shadowing (by detective).
file [fil], *s.f.* File (of soldiers, etc.). **F. creuse,** blank file. **Chef de f.,** (i) front-rank man, file-leader; (ii) leader (of a party, etc.); (iii) (parliamentary) whip. **Aller à la f.,** to go in file, one behind another. **Sortir, entrer, traverser, etc., à la f.,** to file out, in, across, etc. **Fumeur de cigarettes à la f.,** chain-smoker. **En f. indienne,** in Indian file; *Nau: etc:* in single file. **Deux heures à la f.,** two hours on end. **Prendre la f.,** to join one's car on to the end of the line; to line up, to queue up. **F. d'attente,** queue. *Navy:* **En ligne de f.,** (single) line ahead. *Mil:* **Par f. à droite!** right wheel!
filé [file], *s.m.* Thread. **F. de coton,** yarn. **F. d'or,** gold thread.
fil|er [file]. I. *v.tr.* **1.** To spin (flax, glass, etc.). *F:* **F. doux,** to sing small. S.a. BERTHE 1, COTON 1. **2.** (*a*) *Nau:* To pay out (cable). **Filez de la chaîne!** ease off the cable! **F. le corps mort,** to cast off from the buoy. *F:* **F. son nœud,** to slip one's painter; (i) to make off; (ii) to die. (*b*) **F. une barrique,** to lower a cask (into a cellar). (*c*) To prolong, draw out (sound, story); to pour out (oil) in a trickle. **3.** (Of detective) To shadow (s.o.). **F. une victime (en parlant d'un assassin),** to trail a victim. **4.** *Cards:* **F. sa carte,** (i) to palm, (ii) to palm off, a card, *s.m.* **-age.**
II. **filer,** *v.i.* **1.** (*a*) To flow smoothly; (of oil) to run. (*b*) **La lampe file,** the lamp is smoking. *F:* **J'ai une maille qui file,** I've got a ladder in my stocking. **2.** To slip by. **Le temps file,** time flies. **Laisser f. un câble,** to pay out a cable. **Les autos filaient sur la route,** cars speeding along the road. *Nau:* **F. à grande vitesse, à vingt nœuds,** to proceed at a high speed, at twenty knots. **Combien filons-nous?—Douze nœuds.** How fast are we steaming?—Twelve knots. *F:* **F. (en vitesse),** to cut and run. *F:* **Il a filé,** he made a bolt for it, he made tracks. **Allez, filez!** take yourself off! scram! buzz off! **F. à l'anglaise,** to take French leave.
filet[1] [file], *s.m.* **1.** Small, fine thread; filament; fibre. (*a*) **Un f. de voix,** a thin voice. **F. de lumière,** thin streak of light. **F. d'eau,** thin trickle of water. **Ajoutez-y un f. de citron,** add a dash of lemon. (*b*) **F. d'une vis,** thread of screw. (*c*) *Anat:* Frenum; string (of the tongue). *F:* **Avoir le f.,** to be tongue-tied. (*d*) Fillet (of column). (*e*) *Typ:* (Brass) rule. **2.** *Cu:* **F. de poisson,** fillet of fish. **F. de bœuf,** fillet, undercut, of beef. S.a. FAUX-FILET. **3.** *Harn:* (*a*) Snaffle-bridle. (*b*) Snaffle(-bit).

filet², *s.m.* Net(ting); snare, ambush; (in a circus) safety-net. **F. de pêche,** fishing-net. **F. à papillons,** butterfly net. **Faire du f.,** to net. **Être pris au f.,** to be caught in the net. **F. (à provisions),** string-bag. **F. pour cheveux,** hair-net. *Rail:* **F. à bagages,** luggage rack. *Ten:* **Jeu au f.,** net play. S.a. COUP 2.

filet|er [filte], *v.tr.* (je filète; je filèterai) **1.** To (wire-)draw (metal). **2.** To cut a thread on (bolt, etc.); to thread (bolt, etc.). *s.m.* **-age.**

fileur, -euse [filœ:r, -ø:z], *s. Tex:* (*a*) Spinner. (*b*) (Silk-)thrower, throwster.

filial, -aux [filjal, -o]. **1.** *a.* Filial. **Peu f.,** unfilial; undaughterly. **2.** *s.f.* **Filiale.** (*a*) *Com:* Sub-company, subsidiary company. (*b*) Provincial branch (of association). *adv.* **-ement.**

filiation [filjasjɔ̃], *s.f.* **1.** (*a*) Consanguinity in direct line. **En f. directe,** in direct line. (*b*) Descendants. **2.** Dependence, relationship. **F. des idées,** filiation of ideas.

filière [filjɛ:r], *s.f.* **1.** (*a*) (Stock and) die. (*b*) **F. à étirer,** draw(ing)-plate. **Travailler un métal à la f.,** to draw a metal. *F:* **Il a suivi, passé par, la f.,** he has worked his way up (to a good position). **La f. administrative,** the usual official channels. (*c*) *Com:* Transfer note. **2.** Ridge-rope (of tent). *Nau:* Man-rope, guard-rail. **F. d'envergure,** jack-stay. **3.** Spinneret (of spider, etc.).

filiforme [filifɔrm], *a.* Filiform, thread-like.

filigrane [filigran], *s.m.* **1.** Filigree (work). **2.** Watermark (of bank-notes, etc.). **F. ombré,** embossment.

filin [filɛ̃], *s.m.* Rope. **Vieux f.,** junk.

fille [fi:j], *s.f.* **1.** Daughter. **2.** (*a*) Girl. **Petite f.,** little girl; child. **Jeune f.,** girl, young woman. **Nom de jeune f.,** maiden name. **Grande f.,** full-grown girl. **École de filles,** girls' school. **Vieille f.,** old maid, spinster. **Rester f.,** to remain single, unmarried. **Habitudes de vieille f.,** old-maidish habits. (*b*) **F. d'honneur,** maid of honour (attached to queen). (*c*) **F. publique, de joie,** *F:* **fille,** prostitute. **3.** *Ecc:* **Les filles de Port-Royal,** the sisters, nuns, of Port-Royal. **4. F. de service,** maid-servant; housemaid. **F. de cuisine,** kitchen-maid. **F. de salle,** waitress.

fille-mère [fi:jmɛ:r], *s.f.* Unmarried mother. *pl. Des filles-mères.*

fillette [fijɛt], *s.f.* **1.** Little girl. **2.** *P:* Half-bottle (of wine).

filleul, -eule [fijœl], *s.* God-child.

film [film], *s.m.* Film. *Cin:* Film, *F: U.S:* movie. **Tourner un f.,** (i) to make, shoot, record, a film; (ii) to act a film part. **F. muet,** silent film. **F. d'actualité(s),** news film, news reel. **F. annoce,** trailer. **Film(s) vierge(s),** (film-)stock. **F. comique,** comic film, comedy film. **F. en couleurs,** colour film. **F. fixe (d'enseignement),** film-strip.

filmer [filme], *v.tr. Cin:* To film (scene).

filmothèque [filmɔtɛk], *s.f.* Film library.

filoche [filɔʃ], *s.f. Tex:* Netting, esp. silk netting.

filon [filɔ̃], *s.m. Min:* Vein, seam, lode (of metal, etc.); reef (of gold). *P:* **C'est le f.,** that's a cushy job. **Il tient le f., il a déniché le bon f.,** he has struck it rich; he has struck oil.

filou [filu], *s.m.* (*a*) Pickpocket, thief. *F:* Rogue, swindler. (*b*) Cheat, sharper (at cards).

filoutage [filuta:ʒ], *s.m.* Swindling, cheating.

filouter [filute], *v.tr.* **1. F. qch. à qn,** to rob s.o. of sth. **2. F. qn,** to swindle, cheat, s.o.

filouterie [filutri], *s.f.* **1.** = FILOUTAGE. **2.** Swindle, fraud.

fils [fis], *s.m.* **1.** Son. **Ses deux f.,** her two boys. *F:* **F. à papa,** young man with an influential father. **C'est bien le f. de son père,** he's a chip of the old block. **Être le f. de ses œuvres,** to be a self-made man. **M. Duval f.,** Mr Duval junior. **Le fils Duval,** young Duval. S.a. PÈRE 1. **2.** *F:* Boy, lad, fellow. **C'est un bon f.,** he's a decent chap.

filtrant [filtrɑ̃], *a.* **1.** Filterable (virus). **2. Bout f.,** filter-tip (of cigarette).

filtration [filtrasjɔ̃], *s.f.* Filtration, percolation.

filtre [filtr], *s.m.* **1.** Filter, strainer, percolator. **Papier-f.,** filter-paper. *Cu:* **F. à café,** percolator. **(Café) f.,** coffee made in individual filter. *a.* **Bout f.,** filter-tip (of cigarette). **2.** *W.Tel:* By-pass, filter.

filtr|er [filtre]. **1.** *v.tr.* (*a*) To filter, strain. (*b*) *W.Tel:* **F. un poste émetteur,** to by-pass a station. (*c*) *F:* To screen (visitors). **2.** *v.i. & pr.* To filter, percolate, seep. **Laisser f. une nouvelle,** to let a piece of news leak out. *s.m.* **-age.**

fin¹ [fɛ̃], *s.f.* **1.** End, close, termination, conclusion; expiration (of bail, contract, etc.). **Vis sans f.,** endless screw. **F. prématurée,** untimely death, end. **Mettre f. à qch.,** to put an end, a stop, to sth.; to bring sth. to an end. **Toute cette générosité aura pour f. que vous n'aurez plus un sou à vous,** all this generosity will end in your having no money of your own. **Prendre f., avoir une f.,** to come to an end. **Mener une tâche à bonne f.,** to deal successfully with a task. **L'année tire, touche, à, est sur, sa f.,** the year is drawing to an end, to a close. **Jusqu'à la f. des temps, des siècles,** till the end of time; until the crack of doom. **C'est le commencement de la f.,** this is the beginning of the end. **Il est venu vers la f. de l'après-midi,** he came late in the afternoon. **F. de semaine,** week-end. **Le vocabulaire est à la f. du livre,** the vocabulary is at the back of the book. **A la f. il répondit,** at last he answered. *F:* **Tu es stupide à la f.!** you really are very stupid! **A la f. du compte, en f. de compte,** in the end; to cut a long story short, to sum up. *Com:* **F. de mois,** monthly statement. **Payable f. courant, f. prochain,** payable at the end of the current month, of next month. *Adj.phr.* **F. de siècle,** (i) (as applied to art, etc., of the end of the 19th century) ultra-modern; (ii) (*nowadays*) decadent, fin de siècle. **2.** End, aim, purpose, object. (*a*) **La f. justifie les moyens,** the end justifies the means. **En venir, arriver, à ses fins,** to attain one's end. **A cette f. il faut . . .,** to this end one must. . . . **A quelle f.?** for what purpose? to what end? **A deux fins,** serving a double purpose. **Aux fins de faire qch.,** with a view to doing sth. *Prov:* **Qui veut la f. veut les moyens,** where there's a will there's a way; if you want the end you must not stick at the means. **A toutes fins utiles,** (i) for whatever purpose it may serve, (ii) to whom it may concern. (*b*) *Jur:* **Renvoyer qn des fins de sa plainte,** to nonsuit s.o. **F. de non-recevoir,** demurrer, plea in bar, estoppel; refusal. **Rendre une f. de non-recevoir,** to dismiss a case.

fin², **fine** [fɛ̃, fin], *a.* **1.** *A:* Farthermost. *F:* **Dans le f. fond du hangar,** at the very back of the shed. **Au f. fond de la Sibérie, de la campagne,** in farthest Siberia, in the depths of the country. S.a. MOT 1. **2.** (*a*) Fine, first-class, expert. **Vins fins,** choice wines. **Or f.,** pure, fine, gold. **Linge f.,** fine linen. **Un f. tireur,** a crack shot. S.a. HERBE 1. (*b*) Subtle, shrewd, astute, discriminating; polite, refined. **Esprit f.,** pretty, fine, delicate, wit. **Fine ironie,** subtle irony. **Avoir l'oreille fine,** to be quick of hearing. **F. comme l'ambre,** sharp as a needle. **Bien f. qui le prendra,** it would take a smart man to catch him. **Plus f. que lui n'est pas bête,** he's no fool. (*c*) Fine, small, slender (rain, grains, waist, etc.). **Traits fins,** delicate features. **Attaches fines,** neat ankles, wrists. **Écriture fine,** small handwriting. *Adv.* **Café moulu fin,** finely ground coffee. **Des crayons taillés fin,** sharp-pointed pencils. **3.** *s.m.* (*a*) Fine linen. (*b*) Clever, sharp, person. **Jouer au plus f.,** to have a battle of wits. (*c*) Crucial point, gist. **Savoir le fort et le f. d'une affaire,** to know the ins and outs of sth. *s.f. F:* **Une fine** = FINE CHAMPAGNE, *q.v.* under CHAMPAGNE 3. **Fine à l'eau,** brandy and (soda-)water. *adv.* **-ement.**

final, -als [final], *a.* Final. **1.** (*a*) Last (letter, etc.). (*b*) Ultimate (success, etc.). **2.** (*a*) *Phil:* **Cause finale,** final cause. (*b*) *Gram:* **Proposition finale,** final clause. *adv.* **-ement.**

final(e) [final], *s.m. Mus:* Finale (of sonata, etc.).

finale, *s.f.* **1.** End syllable (of word). **2.** *Mus:* Keynote, tonic. **3.** *Sp:* Final. **Demi-finale,** semi-final. **F. de coupe,** cup final.

finaliste [finalist], *s.m. & f. Sp:* Finalist.

finalité [finalite], *s.f.* Finality.

finance [finɑ̃:s], *s.f.* **1.** *A:* Ready money. *F:* **Faire qch. moyennant f.,** to do sth. for a consideration. **2.** Finance. **La haute f.,** (i) high finance; (ii) the financiers, the bankers. **3.** *pl.* Finances, resources.

Ministre des Finances, minister of Finance, = Chancellor of the Exchequer. **Le Ministère des Finances** = the Treasury.

financ|er [finɑ̃se], *v.tr.* **(je finançai(s) ; n. finançons) 1.** *v.i.* To pay out (ready) money; *F:* to shell out, stump up. **2.** *v.tr.* To finance, back (undertaking). *s.m.* **-ement.**

financier, -ière [finɑ̃sje, -jɛːr]. **1.** *a.* Financial. **Le marché f.,** (i) the money-market; (ii) the stock-market. **2.** *s.m.* Financier.

finasser [finase], *v.i.* *F:* To finesse. **F. avec qn.,** to play hanky-panky with s.o.

finasserie [finasri], *s.f.* **1.** Cunning, foxiness, trickery. **2.** *(a)* Piece of cunning. *(b) pl.* Wiles.

finasseur, -euse [finasœːr, -øːz], **finassier, -ière** [finasje, -jɛːr]. **1.** *a.* Artful, wily. **2.** *s.* Petty trickster; artful rogue.

finaud, -aude [fino, -oːd]. **1.** *a.* Wily, cunning. **2.** *s.* Sly fox; artful miss or old lady.

finesse [finɛs], *s.f.* Fineness. **1.** Good quality (of material, etc.); delicacy (of execution). **2.** *(a)* Subtlety, shrewdness. **F. d'ouïe,** quickness of hearing. **F. de goût,** delicacy, nicety, of taste. **F. d'esprit,** shrewdness of mind. *pl.* Tricks (of trade, style), niceties (of language). *(b)* Cunning, guile. *(c)* Piece of cunning, trick. **3.** Fineness (of dust, etc.); slenderness (of waist); sharpness (of optical image, wireless tuning); sharpness (of point), keenness (of cutting edge).

fini [fini], *a.* **1.** Finished, ended, over, concluded. **L'orage est f.,** the storm is over. **C'est f. ; tout est f.,** it's all over, all done with. *F:* **Il est f., c'est un homme f.,** he's done for. **C'est f. de rire,** we've done with laughter! **2.** *(a)* Accomplished, finished. **Acteur f.,** consummate actor. **Idiot f.,** perfect idiot. *(b) s.m.* Finish. **Articles d'un beau f.,** highly finished goods. **3.** Finite (space, tense, etc.).

finir [finiːr]. **1.** *v.tr.* To finish, end, complete, put the finishing touch to. **Il a fini son temps (de service militaire, d'apprentissage, etc.),** his time is up. **Son temps est fini,** his term (of imprisonment, etc.) is up, over. **2.** *v.i.* To end, come to an end, finish; to die. **Voir f. qch.,** to see sth. out, through. **Il finira mal,** he will come to a bad end. **Tout est bien qui finit bien,** all's well that ends well. **En f. avec qn, qch.,** to be, have, done with s.o., sth. **Cela n'en finit pas,** there is no end to it. **Pour en f.,** to cut the matter short. **Histoires à n'en plus f.,** (i) never-ending stories; (ii) no end of stories; (iii) endless trouble, never-ending difficulties. **F. de faire qch.,** to finish, leave off, doing sth. **Finissez de pleurer,** stop crying. **F. en pointe,** to end, terminate, in a point. **F. par faire qch.,** to end in, by, doing sth.

finish [finiʃ], *s.m.* *Sp:* **1.** Finish. *Box: A:* **Match au f.,** fight to the finish. **2.** Final burst.

finissant [finisɑ̃], *a.* Ending, finishing; declining. **Le jour f.,** dusk, twilight, gloaming. **Une sociéte finissante,** a declining society.

finisseur, -euse [finisœːr, -øːz]. *s.* **1.** *Ind:* Finisher. **2.** *Sp:* Finisher. **C'est un bon f.,** he is a fast finisher.

finlandais, -aise [fɛ̃lɑ̃dɛ, -ɛːz]. **1.** *a.* Finnish. **2.** *s.* Finlander.

Finlande [fɛ̃lɑ̃ːd]. *Pr.n.f. Geog:* Finland.

finnois, -oise [finwa, -waːz]. **1.** *a.* Finnish. **2.** *(a) s.* Finn. *(b) s.m. Ling:* Finnish.

fiole [fjɔl], *s.f.* *(a)* Phial, flask. *(b) P:* Head, mug. **Se payer la f. de qn,** to make a fool of s.o.

fion [fjɔ̃], *s.m.* *P:* Finish (of an article). **Donner le coup de f. à qch.,** to give the finishing touch(es) to sth.

Fionie [fjɔni]. *Pr.n. Geog:* Fünen, Fyn.

fiord [fjɔːr], *s.m.* *Geog:* Fiord, fjord.

fioritures [fjɔrityːr], *s.f.pl.* Flourishes (to handwriting, etc.). *Mus:* Grace-notes. *F:* Embellishments (of style).

firmament [firmamɑ̃], *s.m.* Firmament, sky.

firme [firm], *s.f.* **1.** (Business) firm. **2.** Style of firm. *Publ:* Imprint.

fi-s, -t. See FAIRE.

fisc (le) [ləfisk], *s.m.* *(a)* The Treasury, the Exchequer. *(b)* The Inland Revenue. *F:* **Les gens du f.,** the income-tax people.

fisc|al, -aux [fiskal, -o], *a.* Fiscal. **Dans un but f.,** for purposes of revenue. **L'administration fiscale,** the taxation authorities. **Charges fiscales, prélèvement f.,** taxation. **Timbre f.,** (inland) revenue stamp. *Aut:* **Puissance fiscale,** Treasury rating (of car). S.a. FRAUDE 1. *adv.* **-ement.**

fiscaliser [fiskalize], *v.tr.* To tax.

fiscalité [fiskalite], *s.f.* Fiscal system; fiscal policy.

fiss-e, -es, etc. See FAIRE.

fissile [fissil], *a.* *(a)* Fissile; cleavable. *(b)* Fissionable.

fission [fisjɔ̃], *s.f.* Fission. **F. de l'atome,** nuclear fission, (the) splitting of the atom.

fissure [fis(s)yːr], *s.f.* Fissure, cleft (in rock, etc.).

fissurer [fis(s)yre], *v.tr.* To fissure, split.

se fissurer, to fissure, crack.

fiston [fistɔ̃], *s.m.* *P:* Son, youngster.

fistule [fistyl], *s.f.* *Med:* Fistula.

fixage [fiksaːʒ], *s.m.* **1.** Fixing; fastening. *Phot:* **Bain de f.,** fixing bath. **2.** Deciding.

fixatif [fiksatif], *s.m.* Fixative (for drawings).

fixation [fiksɑsjɔ̃], *s.f.* **1.** *(a)* Fixing (of date, shelf, etc.). **Vis de f.,** fixing screw. **Attache de f.,** hold-down clip. **F. des impôts,** assessment of taxes. *(b)* Fixation (of nitrogen). **2.** *(a) Techn:* **Collerette de f.,** attachment flange. *(b)* (Ski) binding.

fixe [fiks], *a.* **1.** Fixed, firm. **Idée f.,** fixed idea, obsession. **Regard f.,** intent gaze. *Mil:* **Fixe!** eyes front! **2.** Fixed, regular, settled, invariable. **A prix f.,** at fixed prices. **Traitement f.,** *s.m.* **fixe,** fixed salary. **A jour f.,** on stated days. **Beau (temps) f.,** set fair. *P.N:* **Arrêt f.,** all buses stop here. *adv.* **-ment.**

fixé [fikse], *a.* **1. Se réunir à des époques fixées,** to meet at fixed, stated, times. **2. Être f. sur qch.,** to entertain no further doubts about sth.

fixe-chaussettes [fiks(ə)ʃosɛt], *s.m.inv.* Sock-suspender(s).

fixer [fikse], *v.tr.* **1.** *(a)* To fix; to make (sth.) firm, rigid, fast, to fasten; to stabilize. **Les vis qui fixent la serrure,** the screws that hold the lock. **F. qch. dans sa mémoire,** to fix sth. in one's memory. **F. l'attention de qn,** to engage, attract, hold, arrest, s.o.'s attention. **F. les yeux sur qch.,** to fix one's eyes on sth.; to gaze, stare, at sth. **F. qn,** to stare at s.o. *(b) Ch: Phot:* To fix. **2.** To fix, determine; to assess (damages, taxes). **Le jour reste à f.,** the day remains to be fixed, decided upon. **F. l'heure et le lieu,** to appoint the time and the place. **La réunion est fixée au lundi 15,** the meeting is fixed for Monday the 15th.

se fixer. 1. *(a)* **Se f. dans un pays,** to settle in a country. *(b)* **Se f. à une opinion,** to stick, be wedded, to an opinion. **2.** (Of spawn, etc.) **Se f. sur qch.,** to set on sth.

fixité [fiksite], *s.f.* Fixity; steadiness (of look); fixedness (of opinions).

flac [flak], *s.m. & int.* Slap; crack (of whip); plop (into water). **Faire f.,** to plop.

flaccidité [flaksidite], *s.f.* Flaccidity, flabbiness.

flache [flaʃ], *s.f.* **1.** *(a)* Wane, flaw (of plank). *(b)* Crack, fissure (in rock). **2.** *(a)* (Pot-)hole (in road). *(b)* **F. (d'eau),** puddle.

flacon [flakɔ̃], *s.m.* Bottle; (stoppered) flask. **F. à odeur,** scent-bottle. **F. à liqueur,** liqueur-decanter.

fla-fla [flafla], *s.m.* *F:* Ostentation, show. **Faire du f.,** to show off, to make a show, a display.

flagellation [flaʒɛllasjɔ̃], *s.f.* Flagellation, scourging; flogging.

flageller [flaʒɛlle], *v.tr.* *(a)* To scourge, flog. *(b)* To stigmatize, castigate harshly (in words).

flageoler [flaʒɔle], *v.i.* (Of legs) To shake, tremble, give way.

flageolet[1] [flaʒɔlɛ], *s.m.* *Mus:* Flageolet.

flageolet[2], *s.m.* *Cu:* Flageolet; (small) kidney-bean.

flagorner [flagɔrne], *v.tr.* To flatter; to fawn upon (s.o.); to toady to (s.o.).

flagornerie [flagɔrnəri], *s.f.* Flattery, toadyism.

flagorneur, -euse [flagɔrnœːr, -øːz], *s.* Flatterer, toady, lick-spittle.

flagrant [flagrɑ̃], *a.* *(a)* Flagrant, glaring (injustice). **Pris en f. délit,** caught in the act, red-handed. *(b) F:* Obvious, clear.

flair [flɛːr], *s.m.* *(a)* (Of dogs) Scent, (sense of) smell; nose. *(b) F:* (Of pers.) Flair. **Avoir du f.,** to have a gift for nosing things out; to be far-sighted. **Avoir du f. pour qch.,** to have a flair for sth.

flairer [flɛre], *v.tr.* (*a*) (Of dog) To scent, smell (out) nose out (game). *F:* **F. le danger,** to smell danger. (*b*) To smell, sniff (flower).
flamand, -ande [flamɑ̃, -ɑ̃:d]. **1.** *a.* Flemish. **2.** *s.* Fleming. **3.** *s.m. Ling:* Flemish.
flamant [flamɑ̃], *s.m. Orn:* Flamingo.
flambage [flɑ̃ba:ʒ], *s.m.* **1.** (*a*) Singeing. (*b*) Charring. **2.** = FLAMBEMENT 1.
flambant [flɑ̃bɑ̃], *a.* Blazing, flaming. *adv. F:* **Habit (tout) f. neuf, robe (toute) f. neuve,** brand-new coat, dress.
flambard, -arde [flɑ̃ba:r, -ard], *a. P:* Smartly dressed (person). *s.* **Faire le f.,** to swank.
flambeau [flɑ̃bo], *s.m.* **1.** (*a*) Torch. **A la lueur des flambeaux, aux flambeaux,** by torch-light. S.a. RETRAITE 2. (*b*) Candle, taper. **2.** Candlestick; candelabra.
flambée [flɑ̃be], *s.f.* (*a*) Blaze; blazing fire. (*b*) Rocketing (of prices).
flambement [flɑ̃bmɑ̃], *s.m.* **1.** Buckling, collapse (of metal plate, etc.). **2.** Blaze (of fire).
flamber [flɑ̃be]. **1.** *v.i.* (*a*) To flame, blaze (up); to burn (of passion). *F:* **Faire f. la maison,** to set the house ablaze. (*b*) (Of metal bar, etc.) To buckle, yield. **2.** *v.tr.* To singe (fowl, cloth); to char (end of stake, etc.). *Surg:* **F. une aiguille,** to sterilize a needle (in flame). *F:* **C'est de l'argent flambé,** it is so much money lost. **Il est flambé,** he is done for; his goose is cooked.
flamboyant [flɑ̃bwajɑ̃], *a.* **1.** Flaming, blazing (fire); flaring (light); blazing (eyes). *Arch:* (*in France*) **Gothique f.,** late Gothic. **2.** (*a*) Flamboyant (speech); gaudy, dazzling (get-up). (*b*) *Journ:* **Des titres flamboyants,** banner headlines.
flamb|oyer [flɑ̃bwaje], *v.i.* **(il flamboie)** (Of fire) To blaze, flame, flare. *F:* **Ses yeux flamboyaient de colère,** his eyes blazed, glowed, flashed, with anger. *s.m.* **-oiement.**
flamenco [flamɛ̃ko], *s.f. Span. Danc:* Flamenco.
flamingant, -ante [flamɛ̃gɑ̃, -ɑ̃:t]. **1.** *a.* Flemish-speaking (town, person). **2.** *s.* Flemish speaker.
flamme [flɑ:m], *s.f.* **1.** (*a*) Flame. **Tout en flammes,** on fire; ablaze. **Par le fer et la f.,** with fire and sword. S.a. FEU¹ 1. **Retour de f.,** (i) back-flash (from gun); (ii) spitting back, popping back (in the carburettor). *Tex: etc:* **Passer le drap à la f.,** to singe the cloth. (*b*) *Poet: A:* Passion, love. **Avouer sa f.,** to declare one's passion. (*c*) Fire, dash, enthusiasm. **2.** *Mil: Nau:* Pennant, pendant, pennon, streamer. *Navy:* **F. de guerre,** action pendant.
flammèche [flamɛʃ], *s.f.* Spark, flake (of fire).
flan [flɑ̃], *s.m.* **1.** *Cu:* Baked custard. *P:* **Du f.!** nothing doing! **2.** *Num: etc:* Blank. *Mec.E:* **F. de fraise,** milling-cutter blank. **3.** *Typ:* Mould (from standing type); (newspaper) flong. **4.** *P:* **A la f.,** (i) happy-go-lucky; (ii) in a happy-go-lucky fashion. **Travail fait à la f.,** botched work, work done anyhow.
flanc [flɑ̃], *s.m.* Flank, side. **Route à f. de coteau,** road following the hill-side. **Se coucher sur le f.,** (i) to lie down on one's side; (ii) (of ship) to heel over. *F:* **Être sur le f.,** (i) to be laid up (in bed); (ii) to be quite done up, done in. **Se battre les flancs,** (i) (of tiger) to lash its tail; (ii) *F:* to waste energy and achieve nothing, to make desperate efforts, to cudgel one's brains. (Of horse, etc.) **Battre du f.,** to heave, pant. *Mil:* **Par le f. droit!** by the right! **Attaquer de f.,** to attack on the flank. **Prêter le f. à la critique,** to lay oneself open to criticism. **Le navire se présentait de f.,** the ship was broadside on (to us). *P:* **Tirer au f.,** to malinger, to swing the lead. **Tireur au f.,** malingerer.
flancher [flɑ̃ʃe], *v.i. P:* **1.** (*a*) To flinch; to give in. (*b*) To jib, to rat. **2.** (*a*) (Of motor car, etc.) To break down. (*b*) **J'ai flanché en histoire,** I came a cropper, I came down, I was ploughed, *U.S:* flunked, in history.
flanchet [flɑ̃ʃɛ], *s.m. Cu:* Flank (of beef).
Flandre [flɑ̃:dr], *Pr.n.f. Geog:* Flanders.
flandrin [flɑ̃drɛ̃], *s.m. F:* **Un grand f.,** a tall, lanky, fellow; a great lout of a lad.
flanelle [flanɛl], *s.f.* Flannel. **F. de coton,** flannelette.
flâner [flɑne], *v.i.* To loaf about; to stroll. **Perdre son temps à f.,** to idle away one's time.
flânerie [flɑnri], *s.f.* Dawdling, idling, strolling.
flâneur, -euse [flɑnœ:r, -ø:z], *s.* **1.** (*a*) Idler, dawdler; stroller. (*b*) Loafer. **2.** *s.f.* **Flâneuse,** lounge-chair.
flanquer¹ [flɑ̃ke], *v.tr.* To flank.
flanquer², *v.tr. F:* To throw, pitch, chuck. **F. un coup de pied à qn,** to land s.o. a kick. **F. qn à la porte,** (i) to throw, *F:* boot, chuck, s.o. out; (ii) to fire, sack, s.o. **Se f. par terre,** to fall; to come a cropper.
flaque [flak], *s.f.* **1.** Puddle, pool. **2. F. de neige,** patch of snow.
flash [flaʃ], *s.m.inv. F:* **1.** *Phot:* Flashlight. *a.* **Des lampes f.,** flash-lights. **2.** *Th: Cin:* Short turn. **3.** *Journ:* News flash. *pl. occ. Flashes.*
flasque¹ [flask], *a.* Flaccid (flesh); flabby (hand, style). **Se sentir f.,** to feel limp.
flasque², *s.m.* **1.** Cheek (of gun-carriage); cheek, web (of crank). **2.** *pl. Nau:* Whelps (of capstan). **3.** *Aut:* Wheel-disk.
flasque³, *s.f.* Flask.
flatter [flate], *v.tr.* **1.** To stroke, caress. **F. un cheval,** to make much of, to pat, a horse. **2.** To delight, please, charm. **Spectacle qui flatte les yeux,** sight that is pleasant to the eye. **F. les caprices de qn,** to humour s.o.'s fancies. **F. bassement un goût,** to pander to a taste. **3.** To delude. **F. qn de l'espoir de qch.,** to delude s.o. with the hope of sth. **4.** To flatter. **Être flatté de qch.,** to feel flattered by sth. **F. le portrait de qn,** to draw a flattering portrait of s.o.
se flatter, to flatter oneself, delude oneself. **Elle se flattait de réussir,** she flattered herself, felt sure, that she would succeed. **Se f. de générosité, d'avoir fait qch.,** to take credit to oneself, *F:* to pat oneself on the back, for one's generosity, for doing sth.
flatterie [flatri], *s.f.* Flattery, blandishment.
flatteu|r, -euse [flatœ:r, -ø:z]. **1.** *a.* (*a*) Pleasing, pleasant (taste, etc.); fond (hope). (*b*) Flattering (remark, etc.). **2.** *s.* Flatterer; sycophant. *adv.* **-sement.**
flatueux, -euse [flatɥø, -ø:z], *a.* Flatulent; *F:* windy (food).
flatulence [flatylɑ̃:s], *s.f. Med:* Flatulence, *F:* Wind.
flatulent [flatylɑ̃], *a. Med:* Flatulent.
fléau, -aux [fleo], *s.m.* **1.** *Husb:* Flail. **2.** (*a*) Scourge; plague, pest, bane. **Attila, le f. de Dieu,** Attila, the scourge of God. (*b*) Boring, wearisome, person. **3.** (*a*) Beam, arm (of balance). (*b*) Bar (of door).
fléchage [fleʃa:ʒ], *s.m.* Arrowing (direction).
flèche¹ [flɛʃ], *s.f.* **1.** (*a*) Arrow; shaft (of satire, etc.). **Fer de f.,** arrow-head. **Faire f. de tout bois,** to use every means to attain an end. *F:* **Partir comme une f.,** to go off like a shot, like greased lightning. *Av:* **Ailes en f.,** swept-back wings. (*b*) Direction-sign, arrow. *Aut:* **F. de direction,** trafficator. (*c*) Pointer (of balance). **2.** (*a*) Spire (of church); leading shoot (of tree). (*b*) Jib, boom (of crane). (*c*) *Nau:* (i) **F. d'un mât,** pole of a mast. **Mât de f.,** top-mast. (ii) Topsail (of cutter). (*d*) Beam (of plough); pole (of carriage); trail (of gun). (*e*) **Des prix qui montent en f.,** rocketing prices. **Montée en f. des prix et salaires,** wage-price spiral. **3.** (*a*) *Geom:* Sagitta; versed sine. *Arch: etc:* Rise (of arch); rise of camber (of road). *Av:* Camber (of wing). *F:* **Être en f.,** to be in an awkward position. (*b*) Sag, dip (of cable, etc.). **Faire f.,** to sag, dip.
flèche², *s.f.* Flitch (of bacon).
fléché [fleʃe], *a. Fr.C:* **Ceinture fléchée,** sash with arrow design.
flécher [fleʃe], *v.tr.* To arrow (road, direction).
fléchette [fleʃɛt], *s.f. Games:* Dart.
fléch|ir [fleʃi:r]. **1.** *v.tr.* (*a*) To bend. **F. le genou (devant qn),** to bend, bow, the knee (to s.o.). (*b*) To flex (the arm). (*c*) To move (s.o.) to pity, to mercy. **Se laisser f.,** to relent, be touched. **2.** *v.i.* (*a*) To give way, bend; to sag. **Ses jambes fléchissaient,** his legs were giving way. (*b*) (Of sound, current, etc.) To grow weaker. **Son attention fléchit,** his attention flags. **Son talent fléchit,** his talent is falling off. *s.m.* **-issement.**
flegmatique [flɛgmatik], *a.* Phlegmatic. **1.** Lymphatic (person, etc.). **2.** *F:* Calm, imperturbable, stolid. *adv.* **-ment.**
flegme [flɛgm], *s.m.* Phlegm; coolness, stolidness.
flémard, flemmard, -arde [flɛma:r, -ard]. *P:* **1.** *a.* Idle, lazy. **2.** *s.* Idler, slacker, lazy-bones.

flémarder, flemmarder [flɛmarde], *v.i.* *P:* To laze, slack.

flème, flemme [flɛm], *s.f.* *P:* Laziness, slackness. **Il a la f.,** he has a fit of laziness. **Battre sa f.,** to idle away one's time. **J'ai la f. de le faire,** I can't be bothered to do it.

Flessingue [flɛsɛ̃:g]. *Pr.n. Geog:* Flushing.

flet [flɛ], *s.m.* *Ich:* Flounder.

flétan [fletɑ̃], *s.m.* *Ich:* Halibut.

flétrir¹ [fletri:r], *v.tr.* To fade; to wither up (flowers); to blight (hopes).
se flétrir, to fade; (of flowers) to wither, wilt; (of skin, etc.) to shrivel (up).

flétrir², *v.tr.* **1.** To brand (convict, etc.); to stigmatize (crime, etc.). **2.** To sully, stain. **F. la réputation de qn,** to cast a slur on s.o.'s character.

flétrissure¹ [fletrisy:r], *s.f.* Fading; withering.

flétrissure², *s.f.* **1.** Brand (on a criminal). **2.** (Moral, etc.) blemish, blot, stigma.

flettner [flɛtnɛ:r], *s.m.* *Av:* Trimming tab.

fleur [flœ:r], *s.f.* **1.** Flower. (*a*) Blossom, bloom. **Arbre en fleur(s),** tree in blossom. **Fleurs des champs,** wild flowers. **Tissu à fleurs,** flowered material. S.a. LIS. (*b*) *F:* **Être dans, à, la f. de l'âge,** to be in the prime, heyday, of life. **Dans la première f. de la jeunesse,** in the flower, bloom, blush, of youth. **La fine f. de la race,** the flower of the race. (*c*) Bloom (on peach, grapes). (*d*) **F. d'antimoine, de soufre,** flowers of antimony, of sulphur. **Fleurs (du soufre sur le caoutchouc, etc.),** bloom. *Fung:* **F. du tan,** flowers of tan. **Fleurs de vin,** flowers of wine. S.a. FARINE. **2.** (= SURFACE) **A f. de,** on the surface of, on a level with. **A f. d'eau,** at water-level. **Voler à f. d'eau,** to skim the water. *Ten:* **Balle à f. de corde,** ball that just grazes, skims, the net. **Émotions à f. de peau,** skin-deep emotions. **Avoir les nerfs à f. de peau,** to be on edge. **Yeux à f. de tête,** prominent eyes; *F:* goggle eyes. **3.** *Tan:* Hair-side (of skin).

fleurage [flœra:ʒ], *s.m.* Floral pattern (on cloth, etc.).

fleurer [flœre], *v.i.* To smell; to be fragrant. **F. la violette,** to smell of violets.

fleuret [flœrɛ], *s.m.* **1.** (*a*) (Fencing) foil. (*b*) *Min:* Borer. **2.** Floss-silk; ferret.

fleureter [flœrte], *v.i.* **(je fleurette, n. fleuretons; je fleuretterai)** To say sweet nothings; to flirt.

fleurette [flœrɛt], *s.f.* Floweret. **Conter f. à qn,** to say sweet nothings to s.o.; to flirt with s.o.

fleuri [flœri], *a.* **1.** (*a*) In bloom; in flower, in blossom. (*b*) **Avoir la boutonnière fleurie,** (i) to have a flower in one's buttonhole. (ii) *F:* to sport a decoration. **2.** Flowery (path, etc.); flowery, florid (style). **Teint f.,** florid complexion.

fleurir [flœri:r]. **1.** *v.i.* (*a*) (Of plants) To flower, bloom, blossom. (*b*) (*pr.p.* **florissant**; *p.d.* **il florissait**) To flourish, prosper, **2.** *v.tr.* To decorate (table) with flowers; to deck (s.o.) out with flowers. **F. sa boutonnière,** to put a flower in one's buttonhole.

fleuriste [flœrist], *s.m.* & *f.* **1.** Florist. **2.** Artificial flower maker.

fleuron [flœrɔ̃], *s.m.* **1.** *Bot:* Floret (of compositae, etc.). **2.** Flower-shaped ornament; rosette; fleuron. *Arch:* Finial. *F:* **C'est encore un f. à sa couronne,** that's another feather in his cap; another masterpiece for his collection.

fleuve [flœ:v], *s.m.* (Large) river. **F. côtier,** short coastal river. **Un f. de sang,** a river of blood. **Le f. de la vie,** the course, current, of life.

flexibilité [flɛksibilite], *s.f.* Flexibility; pliability (of disposition); litheness (of body).

flexible [flɛksibl]. **1.** *a.* Flexible, pliable; pliant (disposition). **2.** *s.m.* *El:* Flexible lead; *F:* flex. *Mec.E:* Bowden wire; *Tchn:* Hose-pipe.

flexion [flɛksjɔ̃], *s.f.* **1.** (*a*) Flexion, bending, sagging. **Effort de f.,** bending stress. *Gym:* **F. du corps,** trunk exercise. (*b*) *Mec:* Buckling, collapse (of rod, etc.). **2.** *Ling:* Inflexion (of word). **F. casuelle,** case-ending.

flibuste [flibyst], *s.f.* Buccaneering, freebooting.

flibuster [flibyste]. **1.** *v.i.* To freeboot, buccaneer. **2.** *v.tr.* *P:* To pinch, steal (sth.).

flibusterie [flibystri], *s.f.* = FLIBUSTE.

flibustier [flibystje], *s.m.* **1.** (*a*) Pirate, freebooter. buccaneer, filibuster. (*b*) Privateer. **2.** *F:* Cheat, rogue.

flic [flik], *s.m.* *P:* (*a*) Policeman, bobby. (*b*) Detective.

flic flac [flikflak], *s.m.* **1.** Crack (of whip); slap. **2.** Heel-and-toe dance; clog-dance.

flingot [flɛ̃go], *s.m.* *P:* Rifle.

flirt [flœrt], *s.m.* *F:* **1.** Flirtation, flirting. **2.** Philanderer. **Un de mes anciens flirts,** an old flame of mine.

flirtage [flœrta:ʒ], *s.m.* **1.** Flirting. **2.** Flirtation.

flirter [flœrte], *v.i.* To flirt.

floc [flɔk]. **1.** *int.* Plop! flop! **2.** *s.m.* Thud; splash.

floche [flɔʃ], *a.* Flossy. **Soie f.,** floss-silk.

flocon [flɔkɔ̃], *s.m.* (*a*) Flake. (*b*) **F. de laine,** tuft, flock, of wool.

floconneux, -euse [flɔkɔnø, -ø:z], *a.* **1.** Fleecy, fluffy. **2.** *Ch:* Flocculent (precipitate). **3.** *Paperm:* Cloudy.

flop(p)ée [flɔpe], *s.f.* *P:* Large quantity, lots; crowd.

floral, -aux [flɔral, -o], *a.* Floral. **Feuille florale,** floral leaf.

floralie(s) [flɔrali], *s.f. pl.* Floral festival; flower show.

flore [flɔ:r], *s.f.* *Bot:* Flora.

floréal [flɔreal], *s.m.* *Fr.Hist:* Eighth month of the Fr. Republican calendar (April-May).

florès [flɔrɛ:s]. (Used in) *F:* **Faire f.,** to prosper, be a success; to shine (in society); to be in vogue.

florifère [flɔrifɛ:r], *a.* Floriferous, flower-bearing. **Plante très f.,** prolific flowerer.

florilège [flɔrilɛ:ʒ], *s.m.* Florilegium, anthology.

florin [flɔrɛ̃], *s.m.* Florin.

floriss-ait, -ant, etc. See FLEURIR.

florissant [flɔrisɑ̃], *a.* Flourishing, prosperous.

flot [flo], *s.m.* **1.** (*a*) Wave. (*b*) Cascade (of ribbons). (*c*) **(Marée de) f.,** flood-tide. **Demi-f.,** half-tide. **Bassin à f.,** wet dock. (*d*) Flood (of tears, words, etc.); crowd (of people). **Un f. de sang lui monta au visage,** a flush rose to his cheeks. **Arrêter le f. de(s) voitures,** to hold up the stream of traffic. **A flots,** in torrents, in crowds. **Entrer à flots,** to stream in. **Couler à flots,** to gush forth. **2.** Floating. **A f.,** afloat. **Mettre à f.,** to float, launch (ship; *F:* company). **Remettre un navire à f.,** to refloat, float off, a ship. *F:* **Remettre qn à f.,** to restore s.o.'s fortunes. **Choses de f. et de mer,** flotsam and jetsam.

flottable [flɔtabl], *a.* **1.** (Of river) Navigable, floatable. **2.** (Of wood, etc.) Buoyant.

flottage [flɔta:ʒ], *s.m.* **1.** Floating, running, (of timber) down a river. **Bois de f.,** raft wood. **Train de f.,** timber raft. **2.** Flo(a)tation (of ore).

flottaison [flɔtɛzɔ̃], *s.f.* Floating. *Nau:* **(Ligne de) f.,** water-line, -mark. **F. en charge,** load-line. **F. lège,** light water-mark.

flottant [flɔtɑ̃], *a.* (*a*) Floating (island, debt, etc.). **Robe flottante,** flowing robe. (*b*) Irresolute, undecided (mind). **Avoir une volonté flottante,** to be infirm of purpose.

flotte¹ [flɔt], *s.f.* **1.** (*a*) Fleet. **F. de ligne, de combat,** battle-fleet. (*b*) *F:* **Son fils est dans la f.,** his son is in the navy. **2.** *P:* Water, rain. **Il tombe de la f.,** it's raining.

flotte², *s.f.* Float (of net, cable); (mooring-)buoy.

flottement [flɔtmɑ̃], *s.m.* Undulation; swaying (of line of troops); flapping (of flag); wobble. *F:* **Les flottements du cœur humain,** the wavering, irresolution, of the human heart.

flotter [flɔte]. **1.** *v.i.* (*a*) To float. (*b*) To wave, float, stream (in the wind); to hang loose. **Il flotte dans ses vêtements,** his clothes hang loosely around him. (*c*) To waver, hesitate. **F. entre l'espérance et la crainte,** to fluctuate between hope and fear. (*d*) *P:* To rain. **2.** *v.tr.* **F. du bois,** to float timber (down a stream). **Bois flotté,** (i) drift-wood; (ii) raft-wood.

flotteur [flɔtœ:r], *s.m.* **1.** Raftsman. **2.** (*a*) Float (of fishing-line, sea-plane, carburettor, etc.). (*b*) Ball (of ball-tap, etc.). **Robinet à f.,** ball-cock.

flottille [flɔti:j], *s.f.* *Navy:* Flotilla.

flou [flu]. **1.** *a.* Woolly, blurred (outline, sound, ideas); hazy (horizon); soft, fluffy (hair); loose-fitting (dress). *Opt:* Unsharp, fuzzy (image). **2.** *s.m.* (*a*) Softness, woolliness, fuzziness (of outline). (*b*) Dressmaking (as opposed to tailoring).

flouer [flue], *v.tr.* *P:* To swindle, do, have (s.o.).

fluctuation [flyktɥasjɔ̃], *s.f.* Fluctuation.

fluctuer [flyktɥe], *v.i.* To fluctuate.

fluet, -ette [flyɛ, -ɛt], *a.* Thin, slender.

fluide [flyid], *a.* & *s.m.* Fluid.

fluidité [flyidite], *s.f.* Fluidity.
fluor [flyɔːr], *s.m.* *Ch:* Fluorine. *Miner:* **Spath f.,** fluor-spar, fluorite.
fluorescence [flyɔrɛs(s)ɑ̃ːs], *s.f.* Fluorescence. **Éclairage par f.,** fluorescent, strip, lighting.
fluorescent [flyɔrɛs(s)ɑ̃], *a.* Fluorescent. **Éclairage f.,** fluorescent, strip, lighting.
fluorhydrique [flyɔridrik], *a.* *Ch:* Hydrofluoric.
flûte [flyːt], *s.f.* **1.** (*a*) Flute. **Grande f.,** concert flute. **Petite f.,** piccolo. *F:* **Ajustez, accordez, vos flûtes,** settle your differences. *Prov:* **Ce qui vient de la f. s'en va par le tambour,** easy come easy go. S.a. BOIS[1] 3. (*b*) Flutist, flautist. **2.** (*a*) Long thin loaf (of French bread). (*b*) Tall champagne glass. (*c*) *F:* (Thin) legs. **Jouer des flûtes, se tirer des flûtes,** to run; to show a clean pair of heels. **3.** *int.P:* = ZUT.
flûté [flyte], *a.* **Voix flûtée,** (i) soft, flute-like, voice; (ii) piping voice.
flûter [flyte]. **1.** *v.i.* (*a*) To play the flute. (*b*) *P:* To tipple. **2.** *v.tr.* **F. un litre,** to swig off a litre (of wine, etc.).
flûtiste [flytist], *s.m.* Flutist, flautist.
fluvial, -aux [flyvjal, -o], *a.* Fluvial; river (police). **Voie fluviale,** waterway.
fluvio-glaciaire [flyvjoglasjɛːr], *a.* *Geol:* Fluvio-glacial. **Cailloutis f.-g.,** fluvio-glacial gravel.
flux [fly], *s.m.* **1.** Flow. (*a*) **Un f. de sang lui monta au visage,** a flush, blush, rose to his cheeks. (*b*) **Le f. et le reflux,** the ebb and flow. **2.** *Med:* Flux. **F. de ventre,** diarrhoea. **F. de sang,** dysentery. **3.** *Ch: El: Metall:* Flux.
fluxion [flyksjɔ̃], *s.f.* *Med:* Fluxion, inflammation. **F. à la joue,** gumboil. *F:* **F. de poitrine,** pneumonia.
foc [fɔk], *s.m.* *Nau:* Jib. **Grand f.,** main, outer, jib. **Petit f.,** inner jib. **Bâton de f.,** jib-boom.
focal, -aux [fɔkal, -o], *a.* *Geom: Opt:* Focal.
foène [fwɛn], *s.f.* *Fish:* Fish-gig; pronged harpoon.
fœtal, -aux [fetal, -o], *a.* *Biol:* Foetal.
fœtus [fetyːs], *s.m.* *Biol:* Foetus.
foi [fwa], *s.f.* Faith. **1.** (*a*) **Acheteur de bonne f.,** bona fide purchaser. **Il est de bonne f.,** he is quite sincere. **Mauvaise f.,** (i) dishonesty, insincerity; (ii) unfairness. **Engager sa f.,** to plight one's troth. **Manquer de f. à qn,** to break faith with s.o. **Manque de f.,** breach of faith. **Ma f., oui!** indeed yes! **F. d'honnête homme,** on the word of a gentleman. **Sur la f. de sa lettre,** on the strength of his letter. **Ma f., on n'y peut rien,** well, it cannot be helped. (*b*) *Hist:* Fealty. S.a. PRESTATION 2. **2.** Belief, trust, confidence. **Avoir f. en qn,** to have faith in s.o. **Ajouter f., attacher f., à une nouvelle,** to credit, to believe (in), a piece of news. **Témoin digne de f.,** reliable witness. **Texte qui fait f.,** authentic text. *Jur:* **En f. de quoi,** in witness whereof. **3.** (Religious) faith, belief; opinion, conviction. **Profession de f.,** (i) profession of faith; (ii) *Pol: F:* candidate's statement of policy. *F:* **Il n'a ni f. ni loi,** he respects neither law nor religion.
foie [fwa], *s.m.* Liver. **Huile de f. de morue,** cod-liver oil. *P:* **Avoir les foies,** to be in a funk.
foin[1] [fwɛ̃], *s.m.* Hay. **Faire les foins,** to make hay. **Tas de f.,** haycock. **Fièvre,** *F:* **rhume, des foins,** hay-fever. *F:* **Faire ses foins,** to make money. **Mettre du f. dans ses bottes,** to feather one's nest. *P:* **Faire du f.,** to make a din.
foin[2], *int.* *A:* **F. de . . .,** a fig for . . .. **Faire f. des convenances,** to throw convention to the winds.
foire [fwaːr], *s.f.* Fair. **Le champ de f.,** the fair-ground. *F:* Noisy, disorderly place.
foirer [fware], *v.i.* **1.** *P:* (i) To have diarrhoea. (ii) To be in a funk. (iii) To funk it. **2.** *F:* (*a*) **Vis qui foire,** screw that won't bite. *v.tr.* **F. un écrou,** to strip a nut. (*b*) *Artil:* **Fusée qui foire,** fuse that hangs fire.
fois [fwa], *s.f.* Time, occasion. **Une f.,** once. **Il y avait une f. . . .,** once upon a time there was. . . . **Deux f.,** twice. **Trois f. par semaine,** three times a week. **Neuf f. sur dix,** nine times out of ten. **Encore une f.,** once more, once again. **Y regarder à deux f. pour faire qch.,** to think twice before doing sth. **Une (bonne) f. pour toutes,** once (and) for all. **Cette f.,** this time. **De f. à autre,** from time to time. **Combien de f.?** how many times? how often? **Faire beaucoup en une f.,** to do a great deal at once. **Toutes les f. que . . .,** as often as, every time that. . . . **A la f.,** at one and the same time.
foison [fwazɔ̃], *s.f.* Abundance, plenty. **A f.,** plentifully; in abundance.
foisonnant [fwazɔnɑ̃], *a.* **1.** Abundant, plentiful. **2.** Festering (and swollen).
foisonn|er [fwazɔne], *v.i.* **1.** (*a*) To abound, (de, in, with). (*b*) To multiply, swarm (of animals, etc.). **2.** (*a*) (Of lime, etc.) To swell, to expand. (*b*) To rot, fester (and swell). **3.** (Of metals, etc.) To buckle. *s.m.* **-ement.**
fol [fɔl], *a.* See FOU.
folâtre [fɔlɑːtr], *a.* Playful, frisky, frolicsome. *adv.* **-ment.**
folâtrer [fɔlɑtre], *v.i.* To sport, romp, frolic, gambol; to frisk (about); to play the fool.
folâtrerie [fɔlɑtrəri], *s.f.* **1.** Playfulness, friskiness. **2.** Frolic, romp.
folichon, -onne [fɔliʃɔ̃, -ɔn], *a.* Playful, larky, frolicsome, full of fun.
folichonner [fɔliʃɔne], *v.i.* To play about; to lark (about); *F:* to play the giddy goat.
folichonnerie [fɔliʃɔnri], *s.f.* **1.** Playing, frisking; larking-about. **2.** Lark, frolic.
folie [fɔli], *s.f.* **1.** Madness. **Accès de f.,** fit of madness. **La f. des grandeurs,** megalomania. **Être pris de f.,** to go mad. **Avoir un grain de f.,** to be a little touched. **Aimer qn à la f.,** to be madly in love with s.o. **Avoir la f. de qch.,** to be mad on, about, sth. **2.** Folly; piece of folly, act of folly. **Il a eu la f. de . . .,** he was so foolish as to. . . . **Dire des folies,** to talk wildly, extravagantly. **Faire des folies,** (i) to act irrationally; (ii) to have one's fling; (iii) to be extravagant.
folio [fɔljo], *s.m.* *Typ: etc:* Folio.
foliot|er [fɔljɔte], *v.tr.* (i) To folio, (ii) to paginate (book). *s.m.* **-age.**
folklor|e [fɔlklɔːr], *s.m.* Folklore. *a.* **-ique.**
folle. See FOU.
follement [fɔlmɑ̃], *adv.* Madly. **1.** Foolishly, rashly, desperately. **2.** Extravagantly.
follet, -ette [fɔlɛ, -ɛt], *a.* **1.** Merry, lively. **Esprit f.,** elfish spirit; sprite. **Feu f.,** will-o'-the-wisp. **2. Poil f.,** down. **Cheveux follets,** stray lock(s) of hair.
folliculaire [fɔl(l)ikylɛːr], *s.m.* *F:* Hack-writer.
fomentation [fɔmɑ̃tasjɔ̃], *s.f.* Fomentation.
fomenter [fɔmɑ̃te], *v.tr.* To foment (wound, sedition); to stir up (strife).
foncé [fɔ̃se], *a.* Dark (colour). **Des rubans bleu foncé,** dark-blue ribbons.
fon|cer [fɔ̃se], *v.* (**je fonçai(s); n. fonçons**) **1.** *v.tr.* (*a*) To bottom (cask). (*b*) To drive (in) (pile, etc.); to sink, bore (well, mine-shaft). (*c*) To deepen, darken, the colour of (sth.). **2.** *v.i.* (*a*) **F. sur qn,** to rush, charge, swoop (down), upon s.o.; (of bull, footballer) to charge s.o.; *F:* to speed along. (*b*) (Of whale) To sound. *s.m.* **-çage.**
se foncer, to grow darker, deeper (in colour).
foncier, -ière [fɔ̃sje, -jɛːr], *a.* **1.** Of the land. **Propriété foncière,** landed property; real estate. **Le propriétaire f.,** the ground-landlord. **Rente foncière,** ground-rent. **Impôt f.,** *s.m.* **foncier,** land-tax. **Crédit F.,** land bank. **2.** Deep-seated, fundamental. **Bon sens f.,** innate common sense.
foncièrement [fɔ̃sjɛrmɑ̃], *adv.* Fundamentally, at bottom, thoroughly.
fonction [fɔ̃ksjɔ̃], *s.f.* **1.** Function, duty, office. (*a*) **Fonctions publiques,** public offices. **Entrer en fonctions,** to take up one's duties. **De par ses fonctions,** ex officio. **Faire f. de . . .,** to serve, act, as. . . . **Adjectif qui fait f. d'adverbe,** adjective that functions as an adverb. (*b*) **Fonctions de l'estomac, du cœur,** functions of the stomach, of the heart. **2.** *Mth:* Function. **F. inverse,** inverse function. **Exprimer une quantité en f. d'une autre,** to express one quantity in terms of another.
fonctionnaire [fɔ̃ksjɔnɛːr], *s.m.* Official; esp. civil servant. **Haut, moyen, petit f.,** higher, senior, minor, official, civil servant.
fonctionnal|iste [fɔ̃ksjɔnalist], *a.* Functionalist. **L'architecture f.,** functionalist architecture. *s.m.* **-isme.**
fonctionnaris|er [fɔ̃ksjɔnarize], *v.tr.* **1.** To treat (employees) as civil servants. **2.** To organize on the lines of the civil service. *s.f.* **-ation.**

fonctionnarisme [fɔ̃ksjɔnarism], *s.m.* Officialdom, bureaucracy; *F:* red tape.
fonctionnement [fɔ̃ksjɔnmɑ̃], *s.m.* Functioning, working (of the organs, etc.). **Machine en bon état de f.,** machine in good running order. **S'assurer du bon f. d'un mécanisme,** to see, to make sure, that a mechanism works freely, properly. *Mch:* **Pression de f.,** working pressure.
fonctionner [fɔ̃ksjɔne], *v.i.* **1.** (Of committee, etc.) To function. **2.** To act, work. **Les trains ne fonctionnent plus,** the trains are no longer running. **Les freins n'ont pas fonctionné,** the brakes failed. **Faire f. une machine,** to run, operate, a machine. **F. sur courant continu,** to operate on direct current.
fond [fɔ̃], *s.m.* **1.** (*a*) Bottom (of well, etc.); essence (of question, character, etc.). **Abîme sans fond,** bottomless chasm. **Le f. de la gorge,** the back of the throat. **F. d'une culotte, d'une chaise,** seat of a pair of breeches, of a chair. **F. de café,** coffee grounds. **Boîte à double f.,** box with a false bottom. *Mch:* **F. de cylindre, de chaudière,** cylinder-head, boiler-head. **Au f. du cœur,** at the bottom of one's heart. **Aller au f. d'une affaire,** to get to the bottom, to go to the root, of a matter. **Au fin f. de . . .,** at the very bottom of. . . . **Bateau à f. plat,** flat-bottomed boat. **F. de cale,** bilge. (*b*) Bottom, bed (of the sea). **F. de sable,** sandy bottom. (Of anchor) **Prendre f.,** to bite, grip. **Grands fonds,** ocean deeps. **Hauts, petits, fonds,** shallows. **Courant de f.,** undertow. **Trouver le f., prendre le f.,** to take soundings. **Trouver le f. en sondant,** to strike ground, bottom. (Of swimmer) **Perdre f.,** to get out of one's depth. **Le grand, petit, f.,** the deep, shallow, end (of swimming bath). *Adv. phr.* **A f.,** thoroughly. **Visser une pièce à f.,** to screw a piece home. **Connaître un sujet à f.,** to have a thorough knowledge of a subject; to be an adept in a subject. **Se lancer à f. dans une description de . . .,** to plunge headlong into a description of. . . . *Sp:* **Partir à f.,** to start all out. S.a. COULER 1, TRAIN 2. **2.** Foundation. **Rebâtir une maison de f. en comble,** to rebuild a house from top to bottom. *F:* **Être ruiné de f. en comble,** to be utterly ruined. *Needlew:* **Broderie sur f. de soie,** embroidery on a silk foundation, on a silk ground. *Th: Toil:* **F. de teint,** make-up foundation. **Faire f. sur qn, qch.,** to rely, depend, on s.o., sth.; to build upon (promise). **Je n'aime ni la forme ni le f. de sa lettre,** I like neither the form nor the substance of his letter. **Accusation sans f.,** baseless, unfounded charge. *Jur:* **Défense sans f.,** peremptory defence. **Cheval qui a du f.,** horse with staying power. **Course de f.,** long-distance race. **Question de f.,** fundamental question. *Journ:* **Article de f.,** leading article; leader. *Mus:* **Jeu de f.,** pipe-stop (of organ); foundation-stop. **Bruit de f.,** (i) scratching (of gramophone needle); (ii) *W.Tel: Cin:* background noise. **Au f., dans le f.,** fundamentally; at bottom. **3.** Back, furthermost part, far end. *F:* **Fonds de boutique,** oddments; old stock. **F. d'un tableau,** background of a picture. *Ten:* **Lignes de f.,** base-lines. **Jeu de f.,** base-line play. *Th:* **Le f.,** the back of the stage; back-drop.
fondamental, -aux [fɔ̃damɑ̃tal, -o], *a.* Fundamental; basic (principle). **Pierre fondamentale,** foundation stone. **Couleurs fondamentales,** primary colours. **La recherche fondamentale,** basic research. *adv.* **-ement.**
fondant [fɔ̃dɑ̃]. **1.** *a.* Melting. **2.** *s.m.* (*a*) *Metall:* Flux. (*b*) Fondant, bon-bon. (*c*) *Ind:* **F. d'un émail,** base of an enamel.
fondateur, -trice [fɔ̃datœːr, -tris], *s.* Founder. *Fin:* Promoter (of company). **Parts de f.,** founder's shares.
fondation [fɔ̃dasjɔ̃], *s.f.* **1.** (*a*) Founding (of empire, etc.). (*b*) (Fund for) endowment; foundation. (*c*) (Endowed) establishment, institution. **2. Fondations d'une maison,** foundations of a house.
fondé [fɔ̃de]. **1.** *a.* (*a*) Founded, grounded, reasonable, justified. **Nous ne sommes pas fondés à leur refuser ce droit,** we are not entitled to refuse, justified in refusing, them this right. (*b*) Funded (debt). **2.** *s.m.* **F. de pouvoir,** (i) *Jur:* agent (holding power of attorney); proxy; (ii) *Com:* manager, managing director; (iii) signing clerk. S.a. BIEN-FONDÉ.
fondement [fɔ̃dmɑ̃], *s.m.* **1.** (*a*) *Const:* Substructure; foundation; base. **Jeter les fondements d'un édifice,** to lay the foundations of a building. (*b*) **Ses théories sont dénuées de tout f.,** his theories have absolutely no foundation. **Soupçons sans f.,** groundless suspicions; unfounded suspicions. **2.** *Anat:* Fundament; *F:* buttocks, bottom.
fonder [fɔ̃de], *v.tr.* To found, lay the foundations of (building, business); to start, set up (business, newspaper); to float (company). **F. ses espérances sur qch.,** to ground, base, one's hopes on sth.
se fonder sur qch., to place one's reliance on sth.; to build upon (promise, etc.). **Sur quoi se fonde-t-il pour nier que . . .?** what are his grounds for denying that . . .?
fonderie [fɔ̃dri], *s.f.* **1.** (*a*) Smelting. (*b*) Founding, casting (of metals). **2.** (*a*) Smelting works. (*b*) Foundry.
fondeur [fɔ̃dœːr], *s.m.* (*a*) Smelter. (*b*) (Metal-) founder, caster.
fondre [fɔ̃ːdr]. **1.** *v.tr.* (*a*) To smelt (ore). (*b*) To melt (snow, wax, etc.); to melt down (metal, etc.). (*c*) To cast, found (bell, gun). (*d*) To dissolve, melt (salt, sugar, etc.). (*e*) To blend (colours); *Cin:* to dissolve. (*f*) *Com:* To amalgamate (companies). **2.** *v.i.* (*a*) To melt. *El:* **Le fusible fond,** the fuse blows (out). *F:* **L'argent lui fond entre les mains,** money melts in his hands. **F. à vue d'œil,** to get thinner every day. *Sp: F:* **Se faire f.,** to train down. (*b*) (Of salt, etc.) To melt, dissolve. **F. en larmes,** to dissolve in(to) tears. **3.** *v.i.* To pounce, swoop down (upon the prey, etc.).
fondrière [fɔ̃drieːr], *s.f.* (*a*) Hollow (in ground). (*b*) Bog, quagmire. (*c*) Muddy hole (in road). (*d*) *Fr.C:* **F. de mousse,** muskeg.
fonds [fɔ̃], *s.m.* **1.** (*a*) **F. de terre,** estate, (piece of) land. (*b*) (*In museum*) Bequest. **2.** (*a*) **F. de commerce,** business, goodwill. (*b*) Stock(-in-trade); fund (of knowledge, etc.). **Chaque nation a son f. de chansons populaires,** each nation has its heritage of folk-songs. **3.** (*a*) Funds. **Fournir les f. d'une entreprise,** to supply the capital for an undertaking. **Mise de f.,** paid-in capital. **Rentrer dans ses f.,** to get one's outlay, one's money, back. **Appel de f.,** call upon shareholders. (*b*) Fund (for special purpose). **F. de roulement,** working capital, trading capital. (*c*) Means, resources; *F:* cash, ready money. **Placer son argent à f. perdu,** to purchase a life annuity. *F:* **Prêt à f. perdu,** loan without security. **Être en f.,** to be in funds. (*d*) *pl. Fin:* Stocks, securities. **F. d'État, f. publics,** Government stock(s).
fondu [fɔ̃dy], *s.m.* **1.** Mellowness (of colour). **2.** *Cin:* Dissolve. **Ouverture en f.,** fade-in. **Fermeture en f.,** fade-out.
fondue [fɔ̃dy], *s.f.* *Cu:* Fondue, melted cheese dish.
font. See FAIRE.
fontaine [fɔ̃tɛn], *s.f.* **1.** (*a*) Spring; pool (of running water). (*b*) Spring, source, well. **2.** Fountain. **3.** Cistern.
fontainier [fɔ̃tenje], *s.m.* **1.** Fountain-maker. **2.** *Adm:* Turncock. **3.** Well-borer, -sinker.
fonte[1] [fɔ̃ːt], *s.f.* **1.** (*a*) Melting; thawing (of snow). (*b*) Smelting (of ore). **F. d'affinage,** converter pig. **F. malléable,** malleable pig-iron. (*c*) Casting, founding. **Pièces de f.,** castings. **Cylindres venus de f. ensembel,** cylinders cast in one piece. **2.** Cast iron. **F. d'acier,** cast steel. **3.** *Typ:* Fount.
fonte[2], *s.f.* **1.** (Saddle) holster (for pistol). **2.** *Aut:* Leather pocket.
fonts [fɔ̃], *s.m.pl.* *Ecc:* Font. **Tenir un enfant sur les f. (baptismaux),** to stand godfather or godmother to a child.
football [futbɔl], *s.m.* (Association) football, *F:* soccer.
footballeur [futbɔlœːr], *s.m.* Footballer.
footing [futɛ̃ːg, -tiŋ], *s.m.* *O:* Walking (training or exercise).
for [fɔːr], *s.m.* **1.** *A:* Tribunal. **2. Le f. intérieur,** the conscience. **Dans, en, son f. intérieur,** in one's heart of hearts.
forage [fɔraːʒ], *s.m.* **1.** Drilling, boring; sinking (of well). **2.** Bore-hole, drill-hole.

forain, -aine [fɔrɛ̃, -ɛn]. **1.** *a.* (From) outside; foreign. S.a. MOUILLAGE 3, RADE. **2.** *a.* & *s.* Itinerant. **Spectacle f.,** travelling show (at a fair). **(Marchand) f.,** (i) packman, pedlar; (ii) stall-keeper (at a fair, etc.). **Fête foraine,** fun fair.

forban [fɔrbɑ̃], *s.m.* Corsair, pirate, buccaneer.

forçage [fɔrsaːʒ], *s.m.* **1.** Forcing (of plant, etc.). **2.** Excess in weight (of coin).

forçat [fɔrsa], *s.m.* Convict. *F:* **Mener une vie de f.,** to drudge and slave.

force [fɔrs], *s.f.* **1.** Strength, force, might, vigour. (*a*) **F. d'âme,** strength (in adversity), fortitude. **Mourir dans la f. de l'âge,** to die in the prime of life. **Être à bout de forces,** to be exhausted. **Elle n'avait plus la f. de répondre,** she had no strength left to answer. **Travailler de toutes ses forces,** to work with all one's might, with might and main. *Const:* **Jambes de f.,** *s.f.pl.* forces, force-pieces, struts. *Mec:* **F. de résistance à la tension,** tensile strength. (*b*) **Il est d'une belle f. au tennis,** he is a crack tennis-player. **Ils sont de f. (égale),** they are equally matched. **Boxeur de première f.,** first-rate boxer. **Il est de f. à vous renverser,** he is strong enough to overthrow you. **Vous sentez-vous de f. à faire vingt milles à pied?** Are you game for a twenty-mile walk? **Tour de f.,** feat (of strength or skill); tour de force. (*c*) Force, violence, compulsion. **F. majeure,** circumstances outside one's control. **Faire qch. de vive f.,** to do sth. by sheer, main, force. **Entrer, pénétrer, de f., par f., dans une maison,** to force one's way into a house. **Faire entrer qch. de f. dans qch.,** to force sth. into sth. **Faire f. sur (un câble, etc.),** to bring a strain on (a cable, etc.). *Nau:* **Faire f. de voiles,** to crowd on (all) sail. **F. lui fut d'obéir,** he had no alternative but to obey. *Prov:* **La f. prime le droit,** might is right. **De gré ou de f.,** willy-nilly. **De toute f. il nous faut . . .,** we absolutely must. . . . **A toute f.,** in spite of all opposition; at all costs. **Vouloir à toute f. faire qch.,** to be determined to do sth. S.a. CAMISOLE 2, MAISON 1. **2.** Force, power. (*a*) **F. motrice,** motive power. *El: F:* **La f.,** power. **F. ascensionnelle,** lifting power (of aircraft). **F. d'inertie,** vis inertiae. **F. vive,** kinetic energy. **F. d'un argument,** force, cogency, of an argument. **Dans toute la f. du mot,** in every sense of the word. **Par la f. des choses . . .,** owing to the force of circumstances. . . . (*b*) **F. d'un régiment,** strength of a regiment. (*c*) **La f. publique,** police force. **La f. armée,** (i) armed force; (ii) the military. **F. d'intervention, tactique,** task force. **Les forces armées,** the armed forces, services. *F:* **Nous étions présents en force(s),** we had turned out in (full) force. **3.** *a.inv.* **F. gens,** many, plenty of, people. **Boire f. bière,** to drink a copious amount of beer. **4. A f. de.** (i) By dint of, by means of. **A f. de travailler,** by dint of hard work. **A f. de volonté,** by sheer force of will. **A f. de répéter,** through constant repetition. (ii) **A f. de bras,** by sheer strength (of arm).

forcé [fɔrse], *a.* Forced. **1.** Compulsory (loan), forced (sale, march). *Av:* **Atterrissage f.,** forced landing. S.a. TRAVAIL[2] 1. **2.** Strained. **Exemple f.,** far-fetched example. **Sourire f.,** forced, wry, smile.

forcement [fɔrsəmɑ̃], *s.m.* Forcing open, breaking open.

forcément [fɔrsemɑ̃], *adv.* Perforce. **1.** Under compulsion. **2.** Necessarily, inevitably.

forcené, -ée [fɔrsəne]. **1.** *a.* Frantic, mad, frenzied. **2.** *s.* Madman, madwoman.

forcer [fɔrse], *v.tr.* **(je forçai(s); n. forçons)** To force. **1.** To compel. **F. la main à qn,** to force s.o.'s hand. **F. le respect de qn,** to compel, command, respect from s.o. **F. qn à faire qch.,** to force, compel, s.o. to do sth. **Être forcé de faire qch.,** to be forced to do sth. **Il était forcé que,** it was inevitable that. **2.** (*a*) **F. qn, qch.,** to do violence to s.o., sth. **F. la consigne,** to force one's way in. **F. un poste,** to take a post by storm, by force. **F. une serrure,** to force a lock. **F. la caisse,** to break into the till. **F. sa prison,** to break jail. S.a. BLOCUS. (*b*) To strain (mast); to bend, buckle (plate). **Se f. l'épaule,** to wrench one's shoulder. **Se f. le cœur,** to strain one's heart. *F:* **F. la note,** to overdo it. **F. un cheval,** to overwork, override, a horse. **F. le pas,** to force the pace. **F. des fleurs,** to force flowers. **F. un cerf,** to bring a stag to bay. (*c*) To increase (dose). **3.** *v.i.* (*a*) **F. de voiles,** to crowd on sail. **F. de vitesse,** to increase speed. (*b*) *Cards:* **F. sur l'annonce de qn,** to over-call, over-bid, s.o. (at bridge). (*c*) *F:* To stick, jam (of door).

se forcer. 1. To overstrain oneself. **2.** To do violence to one's feelings.

forcerie [fɔrsəri], *s.f. Hort:* Forcing house.

forcing [fɔrsiŋ], *s.m. Sp:* Sustained pressure.

forcir [fɔrsiːr], *v.i. F:* **1.** To get fat. **2.** (*a*) (Of child) To grow (strong). (*b*) **Le vent forcit,** the wind grows stronger.

forer [fɔre], *v.tr.* To drill, bore; to sink (a well).

forestier, -ière [fɔrɛstje, -jɛːr], *a.* Pertaining to a forest. **Exploitation forestière,** lumbering. **(Garde) f.,** forest-ranger.

foret [fɔrɛ], *s.m. Tls:* (*a*) Drill. **F. à hélice, f. hélicoïdal,** twist-drill. (*b*) Gimlet. **F. de charpentier,** auger. (*c*) (Brace-)bit.

forêt [fɔrɛ], *s.f.* Forest. **Connaissance de la f.,** woodcraft. *Adm:* **Le Service des Eaux et Forêts** = the Forestry Commission. (Government Department in charge of rivers, canals, lakes and forests). **F. de cheveux,** shock of hair.

foreur [fɔrœːr], *s.m.* Borer, driller.

foreuse [fɔrøːz], *s.f.* Drill(ing-machine).

forfaire [fɔrfɛːr], *v.ind.tr.* (Conj. like FAIRE. Used only in *inf.*, compound tenses, and occ. *pr.ind.sg.*) To be false to, fail in. **F. à l'honneur,** to forfeit one's honour. **F. à sa parole,** to break one's word.

forfait[1] [fɔrfɛ], *s.m.* Heinous crime.

forfait[2], *s.m.* Contract. **Travail à f.,** (i) work by contract; (ii) (of workman) job work. **Prix à f.,** price as per contract. **Acheter qch. à f.,** to buy sth. outright.

forfait[3], *s.m. Turf: etc:* Fine, forfeit (paid for scratching a horse from a race). **Déclarer f. (pour un cheval),** to scratch (a horse), to withdraw from a competition.

forfaitaire [fɔrfɛtɛːr], *a.* Contractual. **Marché f.** (transaction by) contract; outright purchase. **Prix f.,** contract price; price of a job lot. *Const: etc:* **Convention f.,** contract (for work). **Payement f.,** lump sum.

forfaiture [fɔrfɛtyːr], *s.f.* **1.** Abuse (of authority); maladministration. **2. F. au devoir, à l'honneur,** breach of duty, of honour.

forfanterie [fɔrfɑ̃tri], *s.f.* Impudent boast(ing).

forficule [fɔrfikyl], *s.f. Ent:* Earwig.

forge [fɔrʒ], *s.f.* **1.** (*a*) Forge; smith's hearth. **Pièce de f.,** forging. (*b*) **F. (maréchale),** smithy. **Mener un cheval à la f.,** to take a horse to the blacksmith's. **2.** Usu. *pl.* Ironworks. **Maître de forges,** ironmaster.

forge|r [fɔrʒe], *v.* **(je forgeai(s); n. forgeons)** To forge. **1.** *v.tr.* (*a*) **Fer forgé,** wrought iron. *Prov:* **En forgeant on devient forgeron,** practice makes perfect. (*b*) To forge (document); to make up, invent (story, excuse); to coin (words). **2.** *v.i.* (Of horses) To forge, over-reach. *a.* **-able.** *s.m.* **-age, -ement.**

forgeron [fɔrʒərɔ̃], *s.m.* (Black)smith.

forgeur, -euse [fɔrʒœːr, -øːz], *s.* **1.** Inventor, fabricator (of news, lies). **2.** *s.m.* = FORGERON.

formaldéhyde [fɔrmaldeid], *s.m. Ch:* Formaldehyde, formalin(e).

formaliser [fɔrmalize], *v.tr.* To give offence to (s.o.); to offend.

se formaliser, to take offence **(de,** at).

formalisme [fɔrmalism], *s.m.* Formalism.

formaliste [fɔrmalist]. **1.** *a.* Formal, stiff, precise (mind, etc.). **2.** *s.* Formalist, precisian.

formalité [fɔrmalite], *s.f.* **1.** Formality. **C'est une pure f.,** it is a mere matter of form. *F:* **Sans autre f.,** without further ado. **2.** *F:* Ceremoniousness. Esp. **Sans formalité(s),** without ceremony.

format [fɔrma], *s.m.* (*a*) Format (of book). **F. standard,** standard gauge. **F. de poche,** pocket size. (*b*) *Phot:* Size (of plates). **Appareil de petit f.,** miniature camera. (*c*) *T.V:* **F. d'images,** aspect ratio of pictures.

formation [fɔrmasjɔ̃], *s.f.* Formation. **1.** Forming; moulding (of character); education. **Une nation en voie de f.,** a nation in the making. **2.** Make-up (of train, etc.).

forme [fɔrm], *s.f.* **1.** Form, shape; lines (of ship). **Formes athlétiques,** athletic build. **En f. de cloche,**

bell-shaped. **Sous la f. d'une nymphe,** in the form, shape, of a nymph. **Statistiques sous f. de tableau,** statistics in tabular form. **Sans f.,** shapeless, formless. **Prendre f.,** to take shape, materialize. **2.** Form; method of procedure. (*a*) **Quittance en bonne (et due) f., dans les formes,** receipt in order in proper form. **Renvoyer qn sans autre f. de procès,** to dismiss s.o. without ceremony. **Avertir qn dans les formes,** to give s.o. formal, due, warning. **Faire qch. dans les formes,** to do sth. with due decorum. **Pour la f.,** as a matter of form, for form's sake. **De pure f.,** purely formal. *Jur:* **Les formes établies,** the established procedure. (*b*) *pl.* Manners. **Y mettre des formes,** to be polite, use tact. (*c*) *Sp:* **Être en f.,** to be in form. **Être en petite f.,** to be in poor form. **Plus en f. que jamais,** in better form than ever. **Équipe bien en f.,** team at the top of its form. **Retour en f.,** return to form. **3.** *Ind:* Former. *Bootm:* Last; *pl.* shoe-trees. *Hatm:* (i) Block; (ii) body; (iii) (of woman's hat) shape, hood; crown (of hat). *Paperm:* Mould, form. **Chapeau haut de f.,** top hat. **Papier à f.,** hand-made paper. **4.** Bed (of sand, etc., under paving stones). **5.** *Nau:* Dock. **6.** *Typ:* Form(e). **Serrer une f.,** to lock up a form. **7.** (Choir) stall.

formé [fɔrme], *a.* Formed, full-grown; (of fruit) set.

formel, -elle [fɔrmɛl], *a.* Formal, strict, categorical (rule, order); explicit (declaration); flat (denial); absolute (veto).

formellement [fɔrmɛlmɑ̃], *adv.* Formally. **Il est f. interdit de . . .,** it is absolutely, strictly, expressly, forbidden to. . . .

former [fɔrme], *v.tr.* To form. **1.** To make, create; to draw up (plan); to formulate (objections). **2.** To shape, fashion. (*a*) **F. son style sur celui de . . .,** to model one's style on that of. . . . (*b*) To school (child, horse); to train (servant); to mould (a child's character). **Cette université a formé des hommes remarquables,** this university has turned out some remarkable men.

se former, to form; to take form. **Nos plans se forment,** our plans are taking shape. **Le fruit se forme,** the fruit is setting. **Se f. aux affaires,** to acquire a business training.

formidable [fɔrmidabl], *a.* (*a*) Fearsome, formidable. (*b*) *F:* Tremendous. **Elle est f.,** (i) she's a caution; (ii) she's a smasher. **C'est f.!** well, I never! *adv.* **-ment.**

formol [fɔrmɔl], *s.m.* *Ch:* Formol.

formulaire [fɔrmylɛːr], *s.m.* **1.** (*a*) Formulary. (*b*) Pharmacopoeia. **2.** = FORMULE 2.

formule [fɔrmyl], *s.f.* **1.** (*a*) *Mth: Ch: etc:* Formula. *Pharm:* Recipe. (*b*) (Set) form of words; (turn of) phrase; formula. **2.** *Adm: etc:* (Printed) form. *Post:* Telegraph form. **F. de chèque,** cheque form; blank cheque.

formuler [fɔrmyle], *v.tr.* (*a*) To formulate (doctrine); to draw up (document). (*b*) To define (thought); to give expression to (wish); to put (proposal) into words. **F. une plainte,** to lodge, bring forward, a complaint. **F. une règle,** to lay down a rule.

fors [fɔːr], *prep.* *A:* Except, save. **Tout est perdu f. l'honneur,** all is lost save honour.

forsythia [fɔrsitja], *s.f.* *Bot:* Forsythia, golden bell.

fort [fɔːr]. I. *a.* **1.** (*a*) Strong. **F. comme un Turc,** as strong as a horse. **Je suis plus f. des bras que vous,** I am stronger in the arms than you. **Trouver plus f. que soi,** to meet one's match. **Pas très f.,** not very able. **C'est une tête forte, une forte tête,** (i) he has a good head on his shoulders, is a clear-headed, capable, person; (ii) he is ruthlessly strong-minded. **Esprit f.,** free-thinker. **Être f. en mathématiques, à tous les jeux,** to be good at mathematics, at games. **Semelle forte,** stout sole. **Terre forte,** heavy soil. **Tabac f.,** strong tobacco. **Avoir une forte odeur,** to have a strong smell. **Liqueurs fortes,** strong drink. **Forte fièvre,** high fever. **Forte mer,** heavy sea. **D'une voix forte,** in a loud voice. **C'est plus f. que moi!** I can't help it! **C'est trop f!** it's too bad! **Ce qu'il y a de plus f., c'est que . . .,** (i) the most outrageous, (ii) the best, part of it is that. . . . (*b*) **Ville, place, forte,** fortified town; fortress. (*c*) **Se faire f. de faire qch.,** to engage, undertake, to do sth. **Elles se font f. de le retrouver,** they undertake to find him again. *Jur:* **Se porter f. pour qn,** to stand bail for, answer for, s.o. **2.** Large. **Femme forte,** stout woman. **Forte barbe,** heavy beard. **Il y avait une forte rosée,** there was a heavy dew. **Forte somme,** large sum of money. **Fortes ressources,** ample means. **Forte différence,** great difference. **Forte baisse de prix,** big drop in price. **Forte pente,** steep gradient, **Armée forte de cinq mille hommes,** army five thousand strong. *Com:* **Prix f.,** full price, catalogue price. *adv.* **-ement.**

II. **fort,** *adv.* **1.** Strongly. **Frapper f.,** to strike hard. *F:* **Y aller f.,** (i) to go hard at it; (ii) to exaggerate. **Crier de plus en plus f.,** to shout louder and louder. **2.** Very, extremely. **Il a été f. mécontent,** he was highly displeased. **J'ai f. à faire,** I have a great deal to do.

III. **fort,** *s.m.* **1.** Strong part. **Le f. et le faible de l'affaire,** the strong and weak points of the matter. **Le f. de l'hiver,** the depth of winter. **Au (plus) f. du combat,** in the thick of the fight. **Le plus f. est fait,** the most difficult part is done. **La politesse n'est pas son f.,** politeness is not his strong point, his forte. **2.** (*a*) Strong man. **Les forts de la Halle,** the market porters. (*b*) *Prov:* **La raison du plus f. est toujours la meilleure,** might is right. **3.** Fort, stronghold.

forte [fɔrte], *adv. & s.m. inv.* *Mus:* Forte.

forteresse [fɔrtərɛs], *s.f.* Fortress, stronghold.

fortifiable [fɔrtifjabl], *a.* Fortifiable.

fortifiant [fɔrtifjɑ̃]. **1.** *a.* Fortifying, strengthening, invigorating. **2.** *s.m.* Tonic, fortifier.

fortification [fɔrtifikasjɔ̃], *s.f.* Fortification. **1.** Fortifying (of town, etc.). **2.** Defence work(s). Usu. *pl.* **Les fortifications,** the fortifications (of a town).

fortifier [fɔrtifje], *v.tr.* To strengthen; to fortify (town); to invigorate (the body); to confirm (suspicions).

se fortifier, to become stronger.

fortin [fɔrtɛ̃], *s.m.* Small fort.

fortuit [fɔrtɥi], *a.* Fortuitous; (by) chance. **Rencontre fortuite,** chance, casual, meeting. **Cas f.,** (i) accidental case, accident; (ii) *Jur:* fortuitous event, act of God. *adv.* **-ement.**

fortuité [fɔrtɥite], *s.f.* Fortuitousness.

fortune [fɔrtyn], *s.f.* **1.** Fortune, chance, luck. **Coup de f.,** stroke of luck. **Tenter (la) f.,** to try one's luck. **Compagnons de f.,** chance companions. **Officier de f.,** officer risen from the ranks. **Venez dîner à la f. du pot,** come and take pot-luck. **Dispositif de f.,** makeshift. **Installation de f.,** temporary apparatus, installation. **Réparations de f.,** makeshift repairs. *Nau:* **Mât, gouvernail, de f.,** jury-mast, jury-rudder. *M.Ins:* **F. de mer,** sea-risks. **2.** Piece of (good, bad) luck, fortune. *F:* **En quête de bonnes fortunes,** on the prowl. **Mauvaise f.,** misfortune. **Avoir la bonne, mauvaise, f. de rencontrer . . .,** to have the good, bad, luck to meet. . . . **3.** Fortune, riches. **Faire f.,** to make one's fortune. **Avoir de la f.,** to be well off.

fortuné [fɔrtyne], *a.* **1.** Fortunate, happy, successful. **2.** Rich, well-off, well-to-do.

forum [fɔrɔm], *s.m.* **1.** *Rom.Ant:* Forum. **2.** Politics. **Les luttes du f.,** political struggles.

forure [fɔryːr], *s.f.* Bore(-hole); esp. pipe (of a key).

fosse [foːs], *s.f.* **1.** Pit, hole. *Aut:* Inspection pit. **F. aux lions,** lions' den. *Hyg:* **F. d'aisance,** cesspool. **F. septique,** septic tank. *Geol:* **F. d'effondrement,** trough fault. **2.** Grave. **F. commune,** pauper's grave; potter's field. *F:* **Avoir un pied dans la f., être au bord de la f.,** to have one foot in the grave. **3.** *Anat:* Fossa. **Fosses nasales,** nasal fossae.

fossé [fose], *s.m.* **1.** (*a*) Ditch, trench, drain. **Creuser des fossés,** to trench, to ditch. (*b*) *Fort:* Moat. *F:* **Sauter le f.,** to take the plunge. **2.** *Geol:* Rift-valley.

fossette [fosɛt, fɔ-], *s.f.* (*a*) Pit, chuck-hole (in game of marbles). **Jouer à la f.,** to play at chucks, at pits. (*b*) Dimple. **Joues à fossettes,** dimpled cheeks.

fossile [fɔsil], *a. & s.m.* Fossil.

fossiliser (se) [səfɔsilize], *v.pr.* To fossilize; to become fossilized. *F:* **Un bonhomme fossilisé,** an old fossil.

fossoyage [foswajaːʒ, fɔ-], *s.m.* **1.** Trenching, ditching. **2.** Grave-digging.

fossoy|er [foswaje, fɔ-], *v.tr.* **(je fossoie; je fossoierai)** To trench, drain, ditch (field, etc.).

fossoyeur [foswajœːr], *s.m.* Grave-digger.

fou [fu], **fol, folle** [fɔl]. (The form 'fol,' used in the *m.* before a vowel within the word-group, is confined to sense 1 (*b*).) **1.** *a.* (*a*) Mad, insane. **F. à lier,** raving mad, crazy. **Rendre f.,** to drive mad. **Il était f. de douleur,** he was mad, frantic, with pain. **F. de joie,** beside oneself with joy. **Être f. de qn,** to be madly in love with s.o. *F:* **Il est f. de peinture,** he's mad about painting. S.a. RIRE II, TERREUR. (*b*) Foolish, extravagant, silly. **Les vierges folles,** the foolish virgins. **Un fol espoir,** a foolish, mad, hope. (*c*) Excessive (in size, number); prodigious, enormous. **Succès f.,** tremendous success. **Mal de tête f.,** splitting headache. **Il gagne un argent f.,** he makes no end of money. **A une allure folle,** at a break-neck speed. **Il y avait un monde f.,** the place was crowded. *F:* **C'est f. ce qu'on s'amuse!** Aren't we having fun! **C'est f. ce qu'elle peut être dynamique,** it's extraordinary how dynamic she is. (*d*) Wafted here and there; not under control; rank (weeds); loose (pulley), idle (wheel). **Des mèches folles sortaient de son bonnet,** wisps of hair peeped from under her cap. *Nau:* **Vent f.,** unsteady wind. **Aiguille (de compas) folle,** crazy (compass-)needle. **2.** *s.* (Never fol) (*a*) Madman, madwoman; lunatic. **F. furieux,** raving lunatic; maniac. *F:* **Maison de fous,** madhouse. (*b*) Fool. **Faire le f.,** to play the fool. **F. de cour,** court fool; jester. **Plus on est de fous plus on rit,** the more the merrier. *F:* **La folle du logis,** the imagination. **3.** *s.m.* (*a*) *Chess:* Bishop. (*b*) *Orn:* Gannet; solan goose.

fouailler [fwɑje], *v.tr.* To flog, lash (with a whip).

foucade [fukad], *s.f.* Passing whim, fancy. **Travailler par foucades,** to work by fits and starts.

foudre¹ [fudr], *s.* **1.** (*a*) *f.* Thunderbolt, lightning. **La f. est tombée à . . .,** the lightning struck at. . . . **Coup de f.,** (i) flash of lightning; (ii) thunderbolt; (iii) *F:* unexpected event or disaster, bolt from the blue; love at first sight. **Ç'a été le coup de f. de part et d'autre,** they are head over heels in love. (*b*) *m.* **Les foudres de Jupiter,** Jupiter's thunderbolts. **2.** *m.* *A:* **Un f. de guerre,** a great captain. **F. d'éloquence,** powerful orator.

foudre², *s.m.* Tun, hogshead, large cask.

foudroyant [fudrwajɑ̃], *a.* (*a*) Striking (down), terrifying, crushing; overwhelming, crushing (news); withering (look). (*b*) *F:* Of lightning speed. *Aut:* **Reprise foudroyante,** lightning pick-up; terrific acceleration.

foudr|oyer [fudrwaje], *v.* **(je foudroie; je foudroierai)** **1.** *v.tr.* To strike down (by lightning); to crush (opponents). **Arbre foudroyé,** blasted tree. **L'apoplexie l'a foudroyé,** he was struck down by apoplexy. **Elle le foudroya d'un regard,** she cast him a withering look. **2.** *v.i.* To thunder; *F:* to fulminate. *s.m.* **-oiement.**

fouet [fwɛ], *s.m.* **1.** Birch(-rod). **2.** (*a*) Whipcord. (*b*) Whip, lash. **Donner le f. à qn,** to whip, flog, s.o. **Coup de f.,** (i) cut, lash (of whip); (ii) fillip, stimulus (to the system); (iii) whipping, whip, lashing, surging (of cable). **Collision de plein f.,** head-on collision. **Faire claquer son f.,** (i) to crack one's whip; (ii) *F:* to blow one's own trumpet. *Artil:* **Tir de plein f.,** direct fire.

fouettée [fwete], *s.f.* Whipping, spanking.

fouettement [fwɛtmɑ̃], *s.m.* Lashing; esp. flapping (of sail); surging (of cable); whipping (of rod, etc.).

fouett|er [fwete], *v.tr.* (*a*) To birch, spank (child). (*b*) To whip, flog, lash (horse, person); to beat, whisk (eggs); to whip (cream). **Il n'y a pas là de quoi f. un chat,** there is nothing to make such a fuss about. **Avoir d'autres chiens, d'autres chats, à f.,** to have other fish to fry. **Brise qui fouette le sang,** breeze that makes the blood tingle. **Être fouetté par le désir,** to be stimulated, spurred on, by desire. **La pluie fouette (contre) les vitres,** the rain lashes against the panes. (*c*) *Abs.* (Of moving part) To lash, whip; (of cable) to surge; (of sail) to flap. *s.m.* **-age.**

fou-fou [fufu], *a. inv. F:* Foolish, idiotic.

fougade [fugad], *s.f.* = FOUCADE.

fouger [fuʒe], *v.i.* (Of swine, boar, etc.) To root.

fougeraie [fuʒrɛ], *s.f.* Fern-patch, -brake.

fougère [fuʒɛːr], *s.f. Bot:* Fern. **F. à l'aigle, arborescente,** bracken.

fougue [fug], *s.f.* Fire, ardour, dash, spirit. **Cheval plein de f.,** high-mettled, mettlesome, fiery, horse.

fougueu|x, -euse [fugø, -øːz], *a.* Fiery, ardent, spirited; impetuous. *adv.* **-sement.**

fouille [fuːj], *s.f.* **1.** Excavation. **Faire des fouilles dans un endroit,** to excavate a site. **2. F. d'un suspect,** search(ing) of a suspect.

fouillé [fuje], *a.* Showing great detail; elaborate.

fouiller [fuje]. **1.** *v.tr.* (*a*) To dig, excavate. **Machine à f.,** excavating machine. (*b*) To search. **F. un tiroir,** to ransack a drawer. **F. un problème,** to go thoroughly into a problem. **F. un bois,** to scour a wood, **2.** *v.i.* **F. dans une armoire,** to search, rummage, in a cupboard. **F. dans sa poche pour un mouchoir,** to grope in one's pocket for a handkerchief. **F. pour trouver qch.,** to rummage, forage, for sth.

se fouiller, to go through one's pockets. *P:* **Tu peux te f.!** nothing doing!

fouilleur, -euse [fujœːr, -øːz], *s.* **1.** (*a*) Excavator. (*b*) Rummager, searcher. **2.** *s.f.* **Fouilleuse.** (*a*) Subsoil plough. (*b*) Excavator.

fouillis [fuji], *s.m.* Jumble, muddle (of papers).

fouinard [fwinaːr], *a. P:* (*a*) Inquisitive, ferrety. *s.* Nosy Parker. (*b*) Sly, sneaking.

fouine¹ [fwin], *s.f.* **1.** *Agr:* Long pitchfork. **2.** = FOÈNE.

fouine², *s.f. Z:* Stone-marten. *F:* **A figure de f.,** weasel-faced.

fouiner [fwine], *v.i. F:* To ferret, nose about; to poke one's nose into.

fouineur, -euse [fwinœːr, -øːz], *s. & a. F:* = FOUINARD

fou|ir [fwiːr], *v.tr.* To dig (underground). **Animaux qui fouissent le sol,** animals that burrow in the soil. *s.m.* **-issement.**

fouisseur, -euse [fwisœːr, -øːz], *a. & s.* Burrowing (animal); burrower.

foulant [fulɑ̃], *a.* Pressing, crushing. **Pompe foulante,** force-pump.

foulard [fulaːr], *s.m.* **1.** *Tex:* Foulard, silk. **2.** Silk scarf; silk handkerchief.

foule [ful], *s.f.* **1.** Pressing, crushing; treading (of grapes). **2.** Crowd; throng (of people). **Entrer en f.,** to crowd in. **Faire f. autour de qn,** to crowd round s.o. **Magasin qui fait f.,** shop that draws crowds.

foulée [fule], *s.f.* **1.** Tread (of stair). **2.** (*a*) Print, tread (of horse's hoof). (*b*) Usu. *pl.* Stride. **Parcourir les guérets à longues foulées,** to stride over the fields. (*c*) *pl. Ven:* Foil, spoor (of game). **3.** Compression (of bellows).

foul|er [fule], *v.tr.* **1.** To press. (*a*) To crush, crumple, rumple (dress); to trample (down), tread down (grass); to tread, crush (grapes). **F. qch. aux pieds,** to tread, trample, sth. under foot. (*b*) *Tex:* To full (cloth). **2.** To sprain, strain, wrench. **Se f. le poignet,** to sprain one's wrist. *F:* **Ne pas se f. la rate,** *P:* **ne pas se la f.,** to take it easy. *s.m.* **-age.** *s.m.* **-ement.**

se fouler. *F:* (*a*) To put oneself out; to take pains. (*b*) To hurry. **Ne pas se f.,** to take it easy.

fouleur, -euse [fulœːr, -øːz], *s.* **1.** *Tex:* Fuller. **2.** Wine-presser.

foulon [fulɔ̃], *s.m. Tex:* Fuller. **Chardon à f.,** fuller's teasel. **Terre à f.,** fuller's earth.

foulque [fulk], *s.f. Orn:* Coot.

foulure [fulyːr], *s.f.* (*a*) Sprain, wrench. **F. au genou,** sprained knee. (*b*) *Equit:* Saddle-gall (of horse).

four [fuːr], *s.m.* **1.** (*a*) (Kitchen or baker's) oven. **F. à gaz,** gas-oven, gas-cooker. **Plat allant au f.,** fireproof dish. *Sch: P:* **F. à bachot,** crammer. (*b*) **Petits fours,** fancy biscuits, petits fours. **2.** Kiln, furnace. **F. à chaux,** lime-kiln. **F. à recuire,** annealing furnace. **F. à sécher le houblon,** oast-house. **3.** *F:* Esp. *Th:* Failure. **La pièce fit, fut un, f.,** the play fell flat, was a failure, a flop. S.a. NOIR 1.

fourbe [furb]. **1.** *a.* Cheating, rascally, double-dealing. **2.** *s.* Cheat, knave, rascal.

fourberie [furbəri], *s.f.* **1.** Imposture, deceit, cheating, double-dealing. **2.** Swindle; piece of roguery.

fourbi [furbi], *s.m. P:* (Soldier's) kit or equipment; thingummy, gadget. **Tout le f.,** every blessed thing; lock, stock, and barrel.

fourb|ir [furbiːr], *v.tr.* To furbish, rub up, polish up. *s.m.* **-issage.**

fourbu [furby], *a.* (Of horse) Foundered, broken-down. *F:* (Of pers.) Tired out, dead-beat.

fourche [furʃ], *s.f.* Fork. **1. F. à foin,** hay-fork, pitch-fork. **Remuer le sol à la f.,** to fork the ground. **2.** (*a*) **Arbre, chemin, qui fait la f.,** tree, road, that branches, forks. **La f. de deux routes,** the forking of a road. (*b*) **A f.,** forked, Y-shaped. S.a. PATIBULAIRE 1.

fourchée [furʃe], *s.f.* Pitchforkful (of hay, etc.).

fourch|er [furʃe]. **1.** *v.i.* (Of trees, roads, etc.) To fork, divide, branch. *F:* **La langue lui a fourché,** he made a slip of the tongue. **2.** *v.tr.* **F. le sol,** to fork, dig, the ground. *s.m.* **-ement.**

fourchet [furʃɛ], *s.m.* **1.** *Agr:* Two-pronged fork. **2.** Fork (of bough). **3.** *Vet:* Foot-rot.

fourchetée [furʃəte], *s.f.* (Table-)forkful.

fourchette [furʃɛt], *s.f.* **1.** (Table) fork, dinner fork. **Repas à la f.,** knife-and-fork meal. *F:* **C'est une bonne f.,** he is a good trencherman. **2.** (*a*) *Artil:* Bracket, fork (in ranging). (*b*) *Cards:* Tenace. **3.** (*a*) Wish-bone (of fowl). (*b*) Frog (of horse's hoof). **4.** *Mec.E:* Belt-guide, -shifter. **F. de débrayage,** clutch throw-out fork.

fourchon [furʃɔ̃], *s.m.* **1.** Fork (of bough). **2.** Prong (of pitchfork).

fourchu [furʃy], *a.* Forked, Y-shaped, bifurcated, cleft. **Pied f.,** cloven hoof.

fourchure [furʃyːr], *s.f.* Fork (of road, etc.).

fourgon[1] [furgɔ̃], *s.m.* Poker, (fire-)rake.

fourgon[2], *s.m.* Van, wag(g)on. *Mil: O:* General service vehicle. **F. (automobile),** (i) delivery van, (ii) hearse. **F. de déménagement,** furniture, removal, van. *Rail:* **F. à bagages,** luggage van, guard's van. **F. à marchandises,** covered goods waggon. **F. à bestiaux,** cattle-truck. **F. bancaire,** bullion van, *U.S:* armored car.

fourgonner [furgɔne]. **1.** *v.i.* To poke, rake, the fire. *F:* **F. dans un tiroir,** to poke about in a drawer. **2.** *v.tr.* To poke, prick (the fire).

fourgonnette [furgɔnɛt], *s.f.* *Aut:* Light van.

fourmi [furmi], *s.f.* *Ent:* (*a*) Ant. (*b*) **F. blanche,** termite, white ant. *F:* **Avoir des fourmis dans les jambes,** to have a tingling, pins and needles, in one's legs.

fourmilier [furmilje], *s.m.* **1.** *Z:* Ant-eater. **2.** *Orn:* Ant-thrush, ant-catcher.

fourmilière [furmiljɛːr], *s.f.* Ant-hill, ants' nest.

fourmillement [furmijmɑ̃], *s.m.* **1.** Swarming (of ants, people, etc.). **2.** Pricking or tingling sensation; pins and needles.

fourmiller [furmije], *v.i.* **1.** To swarm; to teem. **2. Le pied me fourmille,** I have pins and needles in my foot.

fournaise [furnɛːz], *s.f.* *Lit:* (Fiery) furnace. *F:* Oven.

fourneau [furno], *s.m.* **1.** (*a*) Furnace (of boiler, etc.); bowl (of pipe). (*b*) **F. de cuisine,** kitchener, (kitchen-)range. **F. à gaz,** gas-stove, -cooker. (*c*) **Haut f.,** blast-furnace. **2.** *Min:* **F. de mine,** mine chamber, blast-hole.

fournée [furne], *s.f.* Batch (of loaves, etc.).

fourni [furni], *a.* **1.** Thick (hair, etc.); bushy (beard). **2.** *Sp:* **Champ f.,** big field of starters.

fournil [furni], *s.m.* Bakehouse.

fourniment [furnimɑ̃], *s.m.* (Soldier's) equipment.

fournir [furniːr], *v.tr.* **1.** *A:* To complete, to fill. *F:* **F. sa carrière, une longue carrière,** to have a long career; to live to a great age. **2.** To supply, furnish, provide, produce. **F. qch. à qn, f. qn de qch.,** to supply s.o. with sth. **Magasin bien fourni,** well-stocked shop. *Cards:* **F. du trèfle,** to follow the club lead. **3.** *v.ind.tr.* **F. aux dépenses,** to defray the expenses. **F. aux besoins de qn,** to supply s.o.'s wants.

se fournir. **1.** (Of beard, etc.) To grow thick. **2.** (*a*) **Se f. de qch.,** to provide oneself with sth. (*b*) **Il se fournit chez nous,** he is a customer of ours.

fournissement [furnismɑ̃], *s.m.* *Fin:* Contribution, holding, in shares.

fournisseur, -euse [furnisœːr, -øːz], *s.* (*a*) Supplier, purveyor, caterer. **F. de navires, de la marine,** ship-chandler. (*b*) **Les fournisseurs,** the tradesmen (with whom we deal).

fourniture [furnityːr], *s.f.* **1.** Supplying, providing. **2.** *pl.* Supplies, requisites. **Fournitures de navires,** ships' chandlery. **Fournitures de bureau,** office requisites; stationery.

fourrage [furaːʒ], *s.m.* **1.** *Husb: etc:* Forage, fodder. **2.** *Mil:* Foraging. **Aller au f.,** to forage.

fourrager[1] [furaʒe], *v.* (**n. fourrageons ; je fourrageai(s)**) **1.** *v.i.* (*a*) To forage. *F:* **F. dans des papiers,** to search, rummage, among papers. (*b*) To foray. **2.** *v.tr.* (*a*) To pillage, ravage (country). (*b*) To rumple (sth.).

fourrager[2]**,-ère** [furaʒe, -ɛːr]. **1.** (*a*) Pertaining to forage. *Mil:* *s.f.* **Fourragère,** (i) forage rope; (ii) aiglet or lanyard (worn by certain units round the left shoulder); shoulder-braid. (*b*) **Plante fourragère,** fodder plant. **2.** *s.f.* **Fourragère.** (*a*) Haycart. (*b*) *Mil:* General service waggon.

fourrageur [furaʒœːr], *s.m.* **1.** Forager. **Cavaliers dispersés en fourrageurs,** cavalry in extended order; in open order. **2.** Pillager, marauder.

fourré [fure]. **1.** *a.* (*a*) (Fur-)lined (gloves, etc.). (*b*) **Chocolats fourrés à la crème,** chocolate creams. (*b*) *Hist:* **Paix fourrée,** hollow peace. **Médaille fourrée,** plated medal (palmed off as solid gold). *Fenc:* **Coup f.,** exchanged hit, double-hit. *F:* **Porter un coup f., à qn,** to deal s.o. a back-handed blow. (*c*) *F:* **Être toujours f. chez qn,** to be constantly at s.o.'s house. **2.** *s.m.* (*a*) Thicket; brake. (*b*) Jungle.

fourreau [furo], *s.m.* (*a*) Sheath, cover, case; scabbard (of sword). *Cost:* Sheath (dress). **Tirer l'épée du f.,** to unsheathe, bare, one's sword. **Remettre l'épée au f.,** to sheathe one's sword. (*b*) *Mec.E:* Sleeve. **Joint à f.,** expansion joint.

fourrer [fure], *v.tr.* **1.** (*a*) To cover or line with fur. (*b*) To plate (metal). *Nau:* To serve, keckle (cable). **2.** *F:* To stuff, cram. **F. ses mains dans ses poches,** to stuff, bury, one's hands in one's pockets. **Je les avais fourrés dans le coin,** I had stuck them in the corner. **Où est-il allé se f.?** where ever has he hidden himself? **F. son nez partout,** to poke one's nose into everything. *P:* **S'en f. jusque-là,** to gorge. *F:* **F. qn dedans,** (i) to let s.o. down badly; to take s.o. in; (ii) to run s.o. in. S.a. DOIGT 1.

fourre-tout [furtu], *s.m. inv.* **1.** Lumber-room. **2.** Hold-all (for travelling).

fourreur [furœːr], *s.m.* Furrier.

fourrier [furje], *s.m.* *Mil:* (i) Quarter-Master (W.O. I or W.O. II). (ii) Quarter-Master Sergeant.

fourrière [furjɛːr], *s.f.* Pound (for animals). **Mettre un chien en f.,** to impound a dog.

fourrure [furyːr], *s.f.* **1.** (*a*) Fur, skin. **F. plate,** short-haired fur. **F. de peau de mouton,** sheepskin (coat, rug, etc.). (*b*) Hair, coat (of heavy-coated animal). **2.** Filling or lining material; packing (of joint). *Mec.E:* **F. d'antifriction,** antifriction lining or bushing. *Aut:* **F. de frein,** brake lining.

fourv|oyer [furvwaje], *v.tr.* (**je fourvoie; je fourvoierai**) To mislead; to lead (s.o.) astray. **Être fourvoyé,** to be on the wrong track. *s.m.* **-oiement.**

se fourvoyer, to lose one's way; to go astray.

foutre [futr], *v.tr.* **1.** *P:* **Il ne fout rien,** he does damn all. **2.** *V:* to f . . k.

Fowler [fulɛːr], *Pr.n.* *Pharm:* **Liqueur de F.,** arsenical solution, Fowler's liquor.

fox [fɔks], *s.m.* *F:* **1.** Fox-terrier. **2.** *Danc:* Fox-trot.

foyer [fwaje], *s.m.* **1.** Fire(-place), hearth, grate; fire-box (of steam-engine). **F. de chaudière,** boiler furnace. **2.** (*a*) **F. de chaleur,** source of heat. *Geol:* **F. réel** (*centre d'un séisme*), centrum. *F:* **Un f. d'érudition,** a centre of learning. (*b*) *Med:* Focus, seat (of disorder). *F:* **F. d'intrigue,** hotbed of intrigue. **3.** (*a*) Hearth, home. **Le f. familial,** the home. **Rentrer dans ses foyers,** to come (back) home. **F. du soldat,** Other Ranks' Club. (*b*) *Th:* **F. du public,** foyer; crush-room. **F. des artistes,** green-room. **4.** Focus (of lens, curve, etc.). *Opt:* **Verres à double f.,** bifocal lenses, bifocals.

frac [frak], *s.m.* Morning coat; tail coat, *F:* tails.

fracas [frakɑ], *s.m.* Din; (sound of a) crash; clash (of arms). *F:* **Faire du f.,** to kick up a dust, a row, a shindy.

fracasser [frakase], *v.tr.* To smash (sth.) to pieces; to shatter.

fraction [fraksjɔ̃], *s.f.* **1.** *A:* Breaking. **2.** Fraction; fractional part. *Mth:* **F. ordinaire,** vulgar fraction.

F. périodique, recurring decimal. **Petites parties d'une f.,** partial fractions, part fractions. **3.** (Political) group.

fractionnaire [fraksjɔnɛ:r], *a.* Fractional. **Nombre f.,** improper fraction.

fractionnel, -elle [fraksjɔnɛl], *a.* Fractionary.

fractionn|er [fraksjɔne], *v.tr.* **1.** To divide into (fractional) parts; to split (up) (shares, etc.). **2.** *Ch: Ind:* (*a*) To fractionate (distillation). (*b*) To crack (mineral oils). *s.m.* **-ement.**

se fractionner, to split up; to divide into groups.

fracture [frakty:r], *s.f.* **1.** Breaking open, forcing (of lock, door). **2.** Fracture (of bone, etc.). **Réduire une f.,** to set a fracture.

fracturer [fraktyre], *v.tr.* **1.** To force (lock); to break open (door). **2.** To fracture (bone).

se fracturer, to fracture, break.

fragile [fraʒil], *a.* **1.** Fragile; flimsy; brittle. **2.** Frail (virtue, health); weak, unstable.

fragilement [fraʒilmɑ̃], *adv.* Fragilely, weakly.

fragilité [fraʒilite], *s.f.* **1.** Fragility; brittleness. **2.** Frailty (of virtue, health); weakness, instability.

fragment [fragmɑ̃], *s.m.* Fragment; chip (of stone, etc.); snatch, scrap (of song).

fragmentaire [fragmɑ̃tɛ:r], *a.* Fragmentary.

fragmentation [fragmɑ̃tasjɔ̃], *s.f.* Fragmentation; breaking up (of an empire, etc.).

fragmenter [fragmɑ̃te], *v.tr.* To divide (sth.) into fragments.

frai [frɛ], *s.m.* **1.** Abrasion, wear (of coins). **2.** (*a*) (i) Spawning (of fishes), (ii) spawning season. (*b*) Spawn. (*c*) *Pisc:* Fry.

fraîche. See FRAIS[1].

fraîchement [frɛʃmɑ̃], *adv.* **1.** Coolly. **2.** Freshly, recently.

fraîcheur [frɛʃœ:r], *s.f.* **1.** Coolness, chilliness. **Dans la f. du soir,** in the cool of the evening. **2.** Freshness, bloom (of flowers, complexion). **F. d'esprit,** freshness of approach.

fraîchir [frɛʃi:r], *v.i.* *Meteor:* **1.** To grow colder. *Impers.* **Il fraîchit,** it is getting cooler. **2. Le vent fraîchit,** the wind is freshening.

frais[1], fraîche [frɛ, frɛʃ]. **1.** *a.* Fresh. (*a*) Cool (wind, etc.). **Il fait frais,** it is cool. *P:* **Me voila f.!** I'm in a pretty fix! (*b*) *Nau:* **Vent f.,** fresh gale. **Vent grand f.,** stormy gale. (*c*) New, recent, **De fraîche date,** of recent date. **Œufs f.,** new-laid eggs. **Pain f.,** new, fresh, bread. **Eau fraîche,** freshly drawn, cold, water. **"Peinture fraîche,"** 'wet paint.' (With adv. force). **Roses toutes fraîches cueillies,** freshly gathered roses. (*d*) **Teint, visage, f.,** fresh complexion. **F. et dispos,** hale and hearty. **F. et dispos pour le travail,** fresh and fit for work. **2.** (*a*) *s.m.* **Prendre le f.,** to take the air, to enjoy the cool of the evening. **A mettre au f.,** to be kept in a cool place. **De f.,** freshly. **Peint de f.,** freshly painted. (*b*) *s.f.* **La fraîche,** the cool of the day. **A la fraîche,** in the cool of the evening.

frais[2], *s.m.pl.* Expenses, cost. **Faux f.,** incidental expenses. **Menus f.,** petty expenses. **F. d'un procès,** costs of a law-suit. **Être condamné aux f.,** to be ordered to pay costs. **Faire les f. de qch.,** to bear the cost of sth. **Faire, couvrir, ses f.,** (i) to cover one's expenses, to get one's money back, (ii) (of enterprise) to pay its way. **Rentrer dans ses f.,** to get one's money back. **Repartir sur nouveaux f.,** to make a fresh start. **Faire les f. de la conversation,** (i) to contribute a large share of the talk; (ii) to be the subject of the conversation. **Faire qch. à ses f.,** to do sth. at one's own expense. **A grands f., à peu de f.,** at great, at little, cost. **Se mettre en f.,** to go to expense; to put oneself out. **Faire des f.,** to lay oneself out to please. **J'en suis pour mes f.,** I've had all my trouble for nothing. **F. de représentation,** expense account; entertainment allowance. *Com:* **F. généraux,** trade expenses, overheads. **Exempt de f., sans f.,** (i) free of charge; (ii) (on bill) no expenses. **F. scolaires,** school fees. S.a. DÉPLACEMENT 2.

fraise[1] [frɛ:z], *s.f.* (*a*) Strawberry. (*b*) *F:* Naevus; strawberry mark.

fraise[2], *s.f.* **1.** *Cu:* Crow (of calf or lamb). **2.** (*a*) *A.Cost:* Ruff. (*b*) Wattle (of turkey). **3.** *Fort:* Fraise. **4.** *Ven:* Rose (of stag's horn). **5.** *Tls:* (*a*) Milling cutter. (*b*) Countersink. (*c*) *Dent:* Drill.

frais|er [frɛze], *v.tr.* **1.** To frill, to goffer. **2.** *Mec.E:* (*a*) To mill. (*b*) To countersink (hole). (*c*) *Dent:* To drill. *s.m.* **-age.**

fraiseuse [frɛzø:z], *s.f.* *Mec.E:* Milling machine.

fraisier [frɛzje], *s.m.* **1.** Strawberry-plant. **2.** Strawberry grower.

fraisil [frɛzi], *s.m.* Coal cinders; breeze.

fraisure [frɛzy:r], *s.f.* Countersunk hole.

framboise [frɑ̃bwa:z], *s.f.* Raspberry.

framboisé [frɑ̃bwaze], *a.* Raspberry-flavoured.

framboisier [frɑ̃bwazje], *s.m.* Raspberry cane.

franc[1] [frɑ̃], *s.m.* Franc. **Nouveau f.,** (**N.F.**), new franc.

franc[2], franche [frɑ̃, frɑ̃:ʃ], *a.* **1.** Free. **F. arbitre** [frɑ̃karbi:tr], free will. **F. de tout droit,** duty-free. **F. de port,** post-free; carriage paid. *Fb:* **Coup f.,** free kick. *Mil:* **Corps f.,** commando. S.a. COUDÉE 2. **2.** (*a*) Frank; open; outspoken. **Dire la franche vérité,** to speak the candid truth. **Situation franche,** clear, unequivocal, position. **Avoir son f. parler,** to speak one's mind. **Net et f.,** open and above-board. **Y aller de f. jeu,** to be quite straightforward about it. **Jouer jeu f., f. jeu (avec, contre, qn),** (i) to play a straightforward game; (ii) to play the game, to play fair (with s.o.). *adv.* **Pour parler f. . . .,** frankly speaking . . ., candidly speaking. . . . (*b*) Real, true, downright, pure. **Cassure franche,** clean break. **Une franche canaille,** a downright scoundrel. (*c*) **Huit jours francs,** eight clear days. (*d*) *Cards:* **Cinq levées franches,** five quick tricks, five tricks straight off.

franc[3], franque [frɑ̃, frɑ̃:k]. *Hist:* (*a*) *a.* Frankish. (*b*) *s.* Frank.

français, -aise [frɑ̃sɛ, -ɛ:z]. **1.** *a.* French. **2.** *s.* Frenchman, Frenchwoman. **Les Français,** the French. **3.** *s.m.* **Le f.,** (the) French (language).

France [frɑ̃:s]. *Pr.n.f.* *Geog:* France. **La F. est bornée par . . .,** France is bounded by. . . . **En F.,** in France. **Les vins de F.,** French wines. *Hist:* **La F. libre,** Free France.

franche. See FRANC[2].

franchement [frɑ̃ʃmɑ̃], *adv.* **1.** Frankly, candidly, openly; readily. **2.** *F:* Really, quite. **C'était f. stupide,** it was sheer stupidity. **J'en suis f. dégoûté,** I am heartily sick of it.

franch|ir [frɑ̃ʃi:r], *v.tr.* (*a*) To clear (obstacle); to jump (over) (ditch); to shoot (rapids); to run past (danger-signal); to exceed (limits); to get over (difficulty). (*b*) To pass through; to cross. **F. le Rubicon,** to cross, pass, the Rubicon. **F. le seuil,** to step over, cross, the threshold. **F. le mur du son,** to break (through) the sound barrier. **Il a franchi la quarantaine,** he has turned forty. *a.* **-issable.** *s.m.* **-issement.**

franchise [frɑ̃ʃi:z], *s.f.* **1.** (*a*) Freedom (of a city). (*b*) *Hist:* (i) Right of sanctuary. (ii) Sanctuary, asylum. (*c*) (Diplomatic) immunity. **2.** Exemption. **Importer qch. en f.,** to import sth. duty-free. **Bagages en f.,** free (allowance of) luggage. *Post:* **En f.** = O.H.M.S. **3.** Frankness, openness, candour, plain speaking. **Parler avec f.,** to speak frankly. **Avouer en toute f. que . . .,** to confess quite frankly that. . . .

francis|er [frɑ̃size], *v.tr.* To gallicize. *s.f.* **-ation.**

franc-maçon [frɑ̃masɔ̃], *s.m.* Freemason. *pl. Des francs-maçons.*

franc-maçonnerie [frɑ̃masɔnri], *s.f.* Freemasonry.

franco [frɑ̃ko], *adv.* Free, carriage-free. **Livré f.,** delivery free (of charge), post(age) paid. **F. valeur,** free of payment. **F. à bord,** free on board; F.O.B. **F. quai,** free alongside ship; F.A.S.

Franco-Américain, -aine [frɑ̃koamerikɛ̃, -ɛn], *s.* *Fr.C:* Franco-American. (French-speaking person who emigrated from Canada to New England).

François [frɑ̃swa]. *Pr.n.m.* Francis, Frank.

Françoise [frɑ̃swa:z]. *Pr.n.f.* Frances.

francophile [frɑ̃kɔfil], *a. & s.* Francophile.

francophobe [frɑ̃kɔfɔb], *a. & s.* Francophobe.

francophone [frɑ̃kɔfɔn], *a.* French-speaking.

franc-parler [frɑ̃parle], *s.m.* Frankness, candour; bluntless of speech; plain speaking. **Avoir son f.-p.,** to be outspoken.

franc-tireur [frɑ̃tirœ:r], *s.m.* (*a*) *Fr.Hist:* Franc-tireur. (*b*) *Mil:* Sniper. (*c*) Free-lance journalist. *pl. Des francs-tireurs.*

frange [frɑ̃:ʒ], *s.f.* Fringe.
franger [frɑ̃ʒe], *v.tr.* (**je frangeai(s); n. frangeons**) To fringe.
frangin, -ine [frɑ̃ʒɛ̃, -in], *s. P:* Brother, sister.
franquette [frɑ̃kɛt], *s.f.* (Used in) **A la bonne f.**, simply; without ceremony. **Homme à la bonne f.**, easy-going sort of chap.
franquiste [frɑ̃kist], *Pol:* **1.** *a.* Pro-Franco. **2.** *s.m. & f.* Supporter of Franco.
frappant [frapɑ̃], *a.* Striking (likeness, etc.).
frappe [frap], *s.f.* **1.** (*a*) Striking, minting (of coins). (*b*) *Typewr:* Striking (of the keys); touch. **Erreur, faute, de f.**, typing error. **2.** Impression, stamp (on coin, etc.). **3.** *Mil:* **Force de f.**, striking force.
frapp|er [frape], *v.tr.* **1.** (*a*) To strike, hit. **F. la table du poing,** to bang one's fist upon the table. **Se f. les cuisses,** to slap one's thighs. **F. un coup,** to strike a blow. **F. des marchandises d'un droit,** to impose, levy, a duty on goods. **Son qui me frappa l'oreille,** sound that fell upon my ear. **Être frappé d'une maladie,** to be stricken with a disease. **Être frappé de mutisme,** to be struck dumb. **F. la porte,** to slam the door. **F. à la porte,** to knock at the door. **On frappe,** there's a knock. **Entrer sans f.,** to walk straight in. **F. du pied,** to stamp (one's foot). **F. des, dans les, dans ses, mains,** to clap (one's hands). S.a. JUSTE 3. (*b*) To strike (medal, coin); to mint (coins); to stamp, emboss (wallpaper, etc.). (*c*) To punch (out), cut out (paper pattern). (*d*) To type (letter). **2.** *Nau:* To bend, frap. **F. une drisse,** to bend a halyard. **3.** To ice (champagne). *U.S:* **Whisky frappé,** whisky on the rocks. *s.m.* **-age.**
se frapper, *F:* to become demoralized, alarmed, *F:* panicky. **Ne vous frappez pas,** don't get excited, don't flap.
frappeur, -euse [frapœ:r, -ø:z], *s.* (*a*) Hitter, striker. *Metalw:* Hammerman. *Psychics:* **Esprit f.,** rapping spirit. (*b*) Stamper; embosser. (*c*) Cutter-out, puncher (of patterns, etc.).
frasque [frask], *s.f.* Prank, escapade.
fratern|el, -elle [fratɛrnɛl], *a.* Fraternal, brotherly. *adv.* **-ellement.**
fraternisation [fratɛrnizasjɔ̃], *s.f.* Fraternizing.
fraterniser [fratɛrnize], *v.i.* To fraternize.
fraternité [fratɛrnite], *s.f.* Fraternity, brotherhood.
fratricide[1] [fratrisid]. **1.** *s.m. & f.* Fratricide. **2.** *a.* Fratricidal.
fratricide[2], *s.m.* Fratricide (as a crime).
fraude [fro:d], *s.f.* **1.** Fraud, deception. **F. fiscale,** tax-evasion. **En f.,** fraudulently. **Entrer, passer, qch. en f.,** to smuggle sth. through the customs. **2.** Fraudulence, deceit. **Par f.,** under false pretences.
frauder [frode]. **1.** *v.tr.* (*a*) To defraud, cheat, swindle (s.o.). (*b*) **Lait fraudé,** adulterated milk. **2.** *v.i.* To cheat.
fraudeur, -euse [frodœ:r, -ø:z], *s.* **1.** Defrauder, cheat. **2.** Smuggler.
frauduleu|x, -euse [frodylø, -ø:z], *a.* Fraudulent. **Édition frauduleuse,** pirated edition. *adv.* **-sement.**
fraxinelle [fraksinɛl], *s.f. Bot:* False dittany.
frayer [frɛje], *v.* (**je fraye, je fraie; je frayerai, je fraierai**) **1.** *v.tr.* (*a*) To scrape, rub, graze. **F. des pièces d'or,** (i) (through use) to wear away gold coins; (ii) (fraudulently) to sweat gold coins. *Vet:* **F. un cheval,** to gall a horse. (*b*) **F. un chemin,** to open up, trace out, clear, a path. **Le chemin frayé,** the beaten track. **Se f. (un) passage,** (i) to clear a way (for oneself); (ii) to force, break, one's way in. **Se f. péniblement un chemin dans la neige,** to plough (one's way) through the snow. **F. la voie à qn,** to clear the way for s.o. **2.** *v.i.* (*a*) (Of fishes) To spawn. (*b*) **F. avec qn,** to consort with, associate with, frequent, s.o. **Je ne fraye pas avec eux,** I don't mix with them. (*c*) (Of coins) To wear thin.
frayeur [frɛjœ:r], *s.f.* Fright; fear, dread (**de,** of).
fredaine [frədɛn], *s.f.* Prank, escapade. **Faire des fredaines,** to sow one's wild oats.
fredonn|er [frədɔne], *v.tr.* To hum (tune, song). *s.m.* **-ement.**
frégate [fregat], *s.f.* **1.** Frigate. **Capitaine de f.,** commander. **2.** *Orn:* Frigate-bird.
frein [frɛ̃], *s.m.* **1.** (*a*) Bit; (in wider sense) bridle. **Ronger son f.,** (of horse) to champ the bit; *F:* (of pers.) to fret, chafe, under restraint. *F:* **Mettre un f. aux désirs de qn,** to curb, bridle, s.o.'s desires. **Curiosité sans f.,** unbridled, uncurbed, curiosity. (*b*) *Anat:* Fraenum. **F. de la langue,** string(s) of the tongue. **2.** Brake. **F. sur jante,** rim-brake. **F. à ruban, à collier, à bande,** band-brake. **F. à sabots,** shoebrake. **F. à levier, à main,** hand-brake. **F. à pédale, au pied,** foot-brake. **F. à air (comprimé),** air brake. **F. à disque,** disk brake. **F. à tambour,** drum brake. **Freins sur quatre roues,** four-wheel brakes. **Serrer, mettre, le f.,** to apply the brake, to brake. *F:* **Donner un coup de f. à qn,** to pull s.o. up short.
freinage [frɛna:ʒ], *s.m.* **1.** Braking. **2.** Brake-system; brakes (collectively). S.a. CONJUGUÉ.
freiner [frɛne]. *v.tr.* **1.** (*a*) **F. une roue,** to brake, apply the brake(s) to, a wheel. (*b*) *Abs.* To put on the brakes. **2. F. la production,** to check, restrain, production.
freinte [frɛ̃t], *s.f. Com:* Wastage, waste. **F. de route,** loss in transit.
frelatage [frəlata:ʒ], *s.m.* **frelatement** [frəlatmɑ̃], *s.m.*, **frelaterie** [frəlatri], *s.f.* Adulteration.
frelater [frəlate], *v.tr.* To adulterate (food).
frêle [frɛ:l], *a.* Frail, weak (health, person); fragile (stem, etc.).
frelon [frəlɔ̃], *s.m. Ent:* Hornet. *F:* (*Pers.*) Drone.
freluche [frəlyʃ], *s.f.* Tuft (of tassel, etc.).
freluquet [frəlykɛ], *s.m. F:* Whipper-snapper.
frém|ir [fremi:r], *v.i.* **1.** To vibrate, quiver; (of leaves) to rustle; (of wind) to sigh; (of water) to simmer. **2.** To tremble, shake, quake, shudder. **Faire f. qn,** to give s.o. the shivers. **F. de crainte,** to shake, quiver, with fear.
frémissement [fremismɑ̃], *s.m.* **1.** Quivering, rustling; simmering; sighing, soughing. **2.** (*a*) Shuddering, quaking. (*b*) Shudder, tremor.
frênaie [frɛnɛ], *s.f.* Ash plantation.
frêne [frɛ:n], *s.m.* Ash(-tree or timber).
frénésie [frenezi], *s.f.* Frenzy, madness. **Applaudir avec f.,** to applaud frantically.
frénétique [frenetik], *a.* Frantic, frenzied.
frénétiquement [frenetikmɑ̃], *adv.* Frantically.
fréquence [frekɑ̃:s], *s.f.* Frequency. **Courant à haute, basse, f.,** high-, low-frequency current. *W.Tel:* **Modulation de f.,** frequency modulation. **F. téléphonique,** audiofrequency. **F. du pouls,** quickness of the pulse; pulse-rate.
fréqu|ent [frekɑ̃], *a.* **1.** Frequent. **2. Pouls f.,** quick, rapid, pulse. *adv.* **-emment.**
fréquentation [frekɑ̃tasjɔ̃], *s.f.* Frequentation, frequenting. **Mauvaises fréquentations,** evil associates, evil company. **F. d'une route,** (amount of) traffic on a road.
fréquenter [frekɑ̃te]. **1.** *v.tr.* (*a*) To frequent; to visit (place) frequently; to attend (school). **F. les sacrements,** to take communion regularly. (*b*) **F. qn,** to associate with, consort with, s.o. **Quels gens fréquente-t-il?** what company does he keep? **2.** *v.i.* **F. chez qn,** to be on visiting terms with s.o.; to be a frequent caller.
frère [frɛ:r], *s.m.* **1.** (*a*) Brother. S.a. CONSANGUIN 1, UTERIN. **Frères d'armes,** brothers-in-arms. **F. de lait,** foster-brother. *Ecc:* **Mes très chers frères,** dearly beloved brethren. *F:* **F. trois-points,** freemason. (*b*) *P:* Chap; true friend. **Faux f.,** traitor. **2.** *Ecc:* Friar. **F. lai,** lay brother.
frérot [frero], *s.m. F:* Little brother.
fresque [frɛsk], *s.f. Art:* Fresco.
fresquiste [frɛskist], *a. & s.m.* **(Peintre) f.,** fresco painter.
fressure [frɛsy:r], *s.f.* Pluck (of calf, sheep, etc.); fry (of lamb, pig).
fret [frɛ], *s.m.* Freight. **1.** Freightage. **2.** Chartering. **Prendre une navire à f.,** to charter a ship. **3.** Load, cargo. **Faux f.,** dead freight.
fr|éter [frete], *v.tr.* (**je frète; je fréterai**) **1.** To freight (out) (ship). **2.** (= AFFRÉTER) To charter (ship). *F: Aut:* To hire. **3.** To equip (ship). *s.m.* **-ètement.**
fréteur [fretœ:r], *s.m.* Ship-owner.
frétillant [fretijɑ̃], *a.* **1.** (Of fish) Wriggling; (of dog's tail) wagging. **2.** Full of life; lively.

frétill|er [fretije], *v.i.* (Of fish, etc.) To wriggle. **Le chien frétille de la queue,** the dog wags its tail. **F. d'impatience,** to fidget, quiver, with impatience. *s.m.* **-ement.**

frétillon [fretijɔ̃], *s.m. F:* Fidget.

fretin [frətɛ̃], *s.m.* **1.** *Fish:* Fry. **Menu f.,** small fry. **2.** *F:* Objects of no value; rubbish.

frette[1] [frɛt], *s.f.* (Binding) hoop, collar, ferrule; band (of axle, etc.). **F. de moyeu,** nave-ring.

frette[2], *s.f. Arch: Her:* Fret.

frett|er [frɛte], *v.tr.* To bind (sth.) with a ring, with a ferrule; to band, hoop (sth.). *s.m.* **-age.**

freudien, -ienne [frødjɛ̃, -jɛn], *a. Psy:* Freudian.

freudisme [frødism], *s.m. Psy:* Freud(ian)ism.

freux [frø], *s.m.* Rook. **Colonie de f.,** rookery.

friabilité [friabilite], *s.f.* Friability, friableness.

friable [friabl], *a.* Friable, crumbly.

friand, -ande [friɑ̃, -ɑ̃:d], *a.* (*a*) Fond of delicacies. **Être f. de sucreries,** to have a sweet tooth. (*b*) **Morceau f.,** dainty morsel. (*c*) *s.m.* = Sausage roll.

friandise [friɑ̃di:z], *s.f.* **1.** Love of good food; epicurism. **2.** Dainty, delicacy, tit-bit.

fric [frik], *s.m. P:* Dough, lolly.

fricandeau [frikɑ̃do], *s.m.* Fricandeau.

fricassé [frikase]. **1.** *a. Cu:* Fricasseed. **2.** *s.f.* **Fricassée.** (*a*) *Cu:* Fricassee. (*b*) *F:* Jumble, medley.

fricasser [frikase], *v.tr. Cu:* To fricassee. *F:* **F. tout son bien,** to squander, run through, all one's property.

fricasseur, -euse [frikasœ:r, -ø:z], *s.* Indifferent cook.

fric-frac [frikfrak], *s.m. P:* Burglary.

friche [friʃ], *s.f.* Waste, fallow land. (Of land) **Rester, être, en f.,** to lie fallow. **Esprit resté en f.,** undeveloped mind.

frichti [friʃti], *s.m. P:* (*a*) Food, grub (in general). (*b*) = FRICOT.

fricot [friko], *s.m. F:* Made-up dish; stew.

fricot|er [frikɔte], *v.tr. & i. F:* **1.** To stew; to cook. **Elle fricote bien,** she is a good cook. **2.** (*a*) To act on the sly. **Je me demande ce qu'il fricote,** I wonder what mischief he's up to. **F. des comptes,** to cook accounts. (*b*) To make a bit on the side. **3.** *Mil: P:* (*a*) To malinger. (*b*) To maraud. *s.m.* **-age.** *s.* **-eur, -euse.**

friction [friksjɔ̃], *s.f.* **1.** (*a*) *Med:* Rubbing, chafing (of the limbs, etc.); *Sp:* rub-down. (*b*) Dry shampoo; scalp massage. **2.** *Mec:* Friction. **Embrayage à f.,** friction-clutch.

frictionner [friksjɔne], *v.tr.* To rub, massage (**avec,** with); to give (s.o.) a rub-down. **F. la tête de qn,** to give s.o. a dry shampoo.

Fridolin [fridɔlɛ̃], *s.m. O: P:* German, Jerry.

Frigidaire [friʒidɛ:r], *Pr.n.m. R.t.m.* Refrigerator, Frigidaire.

frigo [frigo], *s.m.* **1.** *P:* Chilled meat; frozen meat. **2.** *F:* Fridge, frig, refrigerator.

frigorification [frigɔrifikasjɔ̃], *s.f.* Refrigerating, chilling (of meat).

frigorifié [frigɔrifie], *a.* Frozen. **Viande frigorifiée,** chilled meat.

frigorifier [frigɔrifje], *v.tr.* To refrigerate.

frigorifique [frigɔrifik]. **1.** *a.* Refrigerating, chilling; frigorific. **Appareil f.,** refrigerator. **Wagon f.,** refrigerator van. **Entrepôt f.,** *s.m.* **frigorifique,** cold store. **2.** *s.m. F:* Chilled or frozen meat.

frileusement [friløzmɑ̃], *adv.* Cosily, snugly; huddled up.

frileux, -euse [frilø, -ø:z]. **1.** *a.* Sensitive to the cold; chilly (person). **2.** *s.f.* **Frileuse,** head shawl.

frimaire [frimɛ:r], *s.m. Hist:* Third month of the Fr. Republican calendar (Nov.-Dec.).

frimas [frimɑ], *s.m.* (Hoar-)frost; rime. *Poet:* **Les f.** winter(-time).

frime [frim], *s.f. F:* Sham, pretence, make-believe; *P:* bunkum, eye-wash.

frimousse [frimus], *s.f. F:* (Nice, roguish) little face.

fringale [frɛ̃gal], *s.f. F:* Pang of hunger; keen appetite.

fringant [frɛ̃gɑ̃], *a.* Brisk, spirited, lively, frisky (horse); *F:* smart, dashing (person). **Faire le f.,** to cut a dash.

fringuer [frɛ̃ge]. **1.** *v.i.* To prance; to frisk. **2.** *v.tr. P:* To dress s.o.

fringues [frɛ̃:g], *s.f.pl. P:* Clothes.

friper [fripe], *v.tr.* To crumple, crush (dress.).

se friper, (of garment) to get crushed, shabby. **Visage fripé,** worn face; tired face.

friperie [fripri], *s.f.* **1.** (*a*) Second-hand goods (esp. clothes). (*b*) *F:* Rubbish, frippery. **2.** Second-hand clothes-shop.

fripier, -ière [fripje, -jɛ:r], *s.* Wardrobe dealer; old-clothes man, woman.

fripon, -onne [fripɔ̃, -ɔn]. **1.** *s.* Rogue, rascal, knave. **Petite friponne!** you wicked little thing! you little rascal! **2.** *a.* Roguish, knavish.

friponnerie [fripɔnri], *s.f.* **1.** Roguery, knavery. **2.** Piece of roguery; knavish trick.

fripouille [fripu:j], *s.f. P:* Rascal, rotter, bad lot; cad.

frire [fri:r], *v.tr. & i. def.* (Has only *p.p.* **frit**; *pr.ind.* **je fris, tu fris, il frit,** no *pl.*; *fu.* **je frirai.** For the *v.tr.* the parts wanting are supplied by **faire f.**) To fry. **Je fais f., des pommes de terre,** I am frying potatoes.

frise[1] [fri:z], *s.f.* **1.** *Arch:* Frieze. **2.** *Th:* **Les frises,** the borders, sky pieces.

frise[2], *s.f. Tex:* Frieze, dreadnought (cloth).

Frise[3]. *Pr.n.f. Geog:* Friesland. *Mil:* **Chevaux de frise,** (i) *A:* chevaux de frise; (ii) (any form of) portable wire entanglement.

frisé [frize], *a.* Curly (hair). **Laitue frisée,** curly lettuce. **Velours f.,** uncut velvet.

friselis [friz(ə)li], *s.m.* Rustling (of leaves).

fris|er [frize]. **1.** (*a*) *v.tr.* To curl, wave. **F. les cheveux de qn, f. qn,** to curl s.o.'s hair. **Fer à f.,** curling-tongs. (*b*) *v.i.* (Of hair, etc.) To curl. **2.** *v.tr.* To touch, skim, graze. **F. la prison,** to scrape clear of prison. S.a. CORDE 1. **Il frisait la soixantaine,** he was bordering on sixty. *s.m.* **-age.**

frisette [frizɛt], *s.f.* Ringlet; small curl.

frisoir [frizwa:r], *s.m.* **1.** Hair-curler, curling-pin. **2.** Curling-tongs.

frison[1] [frizɔ̃], *s.m.* **1.** Wave, curl (of hair). **2.** (*a*) Floss silk. (*b*) *pl. F:* Shavings.

frison[2], -onne [frizɔ̃, -ɔn], *a. & s. Geog:* Frisian. **Vache frisonne,** Friesian cow.

frisotter [frizɔte]. **1.** *v.tr.* To crimp, frizz, (s.o.'s hair). **2.** *v.i.* To curl; to be frizzy.

frisquet, -ette [friskɛ, -ɛt], *a. F:* Chill(y). **Il fait f.,** it is a bit chilly.

frisson [frisɔ̃], *s.m.* (*a*) Shiver (from cold). **Avoir le f.,** to have the shivers. (*b*) Shudder, thrill. **J'en ai le f.,** it makes me shudder, it gives me the shudders. (*c*) Thrill (of pleasure).

frissonnement [frisɔnmɑ̃], *s.m.* **1.** Shivering; shuddering. **2.** Slight shiver, shudder.

frissonn|er [frisɔne], *v.i.* (*a*) To shiver, shudder. (*b*) **F. de joie,** to be thrilled with delight. (*c*) To quiver (with impatience).

frisure [frizy:r], *s.f.* Curling; curliness.

frit [fri], *a.* **1.** Fried. **Pommes de terre frites,** *s.f.* **frites,** French fried potatoes; chips. **2.** *P:* **Il est f.,** he's done for.

friture [frity:r], *s.f.* **1.** (*a*) Frying (of foods). **Panier à f.,** frying basket. (*b*) *Tp: W.Tel:* **(Bruits de) f.,** crackling (noise), sizzling (noises); sizzle. **2.** Fry; esp. fried fish. **3.** Fat (for frying).

Fritz [frits], *s.m. Hist:* German soldier, *F:* (1914) Fritz, (1939) Jerry.

frivole [frivɔl], *a.* Frivolous, shallow. **Jeune fille f.,** flighty girl. *adv.* **-ment.**

frivolité [frivɔlite], *s.f.* **1.** (*a*) Frivolity; shallowness (of mind). (*b*) Trifle. **2.** *Needlew:* Tatting. *Com:* **Magasin de frivolités,** boutique.

froc [frɔk], *s.m.* (Monk's) (i) cowl, (ii) frock, gown. **Prendre le f.,** to become a monk. **Jeter le f. aux orties,** (i) (of monk) to unfrock oneself, to throw one's frock away; (ii) *F:* to change one's profession.

froid [frwa]. **I.** *a.* **1.** Cold. **A f.,** in the cold state. *F:* **Faire de l'enthousiasme à f.,** to sham enthusiasm. **Il fait f.,** it is cold. **Avoir froid,** to be, feel, cold. **J'ai f. aux mains,** my hands are cold. *F:* **Il n'a pas f. aux yeux,** (i) he has plenty of pluck; (ii) he has plenty of cheek. **Prendre f.,** to catch a chill. **2.** Cold, unresponsive (person); chilly (manner). **Sourire f.,** frigid smile. **Style f.,** frigid, lifeless, style. **Se montrer f., être f., avec, pour, qn,** to be cold towards s.o. **Battre**

f. à qn, to cold-shoulder s.o. **Ne sentir ni f. ni chaud pour qn,** to be, feel, quite indifferent about s.o. S.a. GUERRE 1. *adv.* **-ement.**

II. **froid,** *s.m.* **1.** Cold. **Conservation par le f.,** cold storage. **L'industrie du f.,** refrigeration. **Il fait un f. de loup,** it is bitterly cold. *F:* **Souffler le chaud et le f.,** to blow hot and cold. S.a. CHAUD 2. **Mort de f.,** frozen to death. **Coup de f.,** (i) *Med:* chill; (ii) *Meteor:* cold snap. **2.** Coldness. **Il y a du f. entre eux, ils sont en f.,** there is a coolness between them. **Vivre en f. avec qn,** not to get on with s.o.

froideur [frwadœːr], *s.f.* **1.** Coldness (of temperature). **2.** (*a*) Coldness, chilliness, frigidity (of manner). (*b*) Irresponsiveness. **Contempler le spectacle avec f.,** to look on coldly, calmly. (*c*) Frigidity (of style).

froidure [frwadyːr], *s.f.* **1.** Coldness; cold weather. **2.** *Med:* Frost-bite.

froissant [frwasɑ̃], *a.* Hurtful to the feelings.

froissement [frwasmɑ̃], *s.m.* **1.** (Slight) bruising; rumpling, crumpling (of paper, etc.); rustle (of silk); jostling (in crowd). **F. d'intérêts,** slight conflict, clash, of interests. **2.** Giving or taking offence. **Éviter tous froissements,** to avoid wounding any susceptibilities.

froisser [frwase], *v.tr.* **1.** To bruise slightly (muscle, etc.); to rumple, crumple (up) (paper, etc.). **F. qn en passant,** to brush, past s.o. **Être froissé dans la foule,** to be jostled in the crowd. **2. F. qn,** to give offence to s.o.; to hurt, ruffle, wound, s.o.'s feelings.

se froisser, to take offence, to take umbrage (**de,** at).

frôl|er [frole], *v.tr.* To touch lightly (with a glancing motion); to brush, rub. **Il a frôlé la mort,** he very nearly died. *s.m.* **-ement.**

fromage [frɔmaːʒ], *s.m.* **1.** (*a*) Cheese. **F. blanc, gras,** cream cheese. **F. fondu, industriel,** processed cheese. **Rôtie au f.,** toasted cheese. S.a. POIRE 1. (*b*) *F:* Sinecure. **Gentil petit f.,** nice soft job. **2. F. de cochon, f. d'Italie,** pork brawn. **F. de tête,** potted head.

fromager, -ère [frɔmaʒe, -ɛːr]. **1.** *a.* Pertaining to cheese-making. **L'industrie fromagère,** the cheese industry. **2.** *s.* Cheesemonger, cheese-maker. **3.** *s.m.* Cheese-drainer.

fromagerie [frɔmaʒri], *s.f.* Cheesemongery, cheese-dairy. **Acheté dans une f.,** bought at a cheesemonger's.

froment [frɔmɑ̃], *s.m.* Wheat. **Pain de f.,** wheaten bread (of first quality).

fronce [frɔ̃ːs], *s.f.* (*a*) (Accidental) pucker; crease. (*b*) *Needlew:* Gather, fold-in.

froncement [frɔ̃smɑ̃], *s.m.* Wrinkling, puckering. **F. de(s) sourcils,** frown; scowl.

froncer [frɔ̃se], *v.tr.* (**je fronçai(s)**; **n. fronçons**) (*a*) To wrinkle, pucker; to purse (lips). **F. les sourcils,** to knit one's brows, frown. (*b*) *Needlew:* To gather.

frondaison [frɔ̃dɛzɔ̃], *s.f.* **1.** Foliation, leafing. **2.** Foliage.

fronde[1] [frɔ̃ːd], *s.f.* *Bot:* Frond.

fronde[2], *s.f.* **1.** (*a*) Sling. (*b*) (Toy) catapult. **2.** *Hist:* **La F.,** (i) the insurrection, (ii) the party, of the Fronde.

fronder [frɔ̃de]. **1.** *v.tr.* To sling (stone, etc.). **2.** *v.i.* **F. contre qn,** *v.tr.* **f. qn,** to criticize s.o. irreverently; to banter s.o.

frondeur, -euse [frɔ̃dœːr, -øːz]. **1.** *s.* (*a*) Slinger. (*b*) *F:* Banterer; critic of the authorities. **2.** *a.* Bantering, irreverent.

front [frɔ̃], *s.m.* **1.** Forehead, brow. **Donner du f. contre qch.,** to butt, run, into sth. **Montrer un f. serein,** to show an unruffled countenance. **Et vous avez le f. de me dire cela!** you have the face, the impudence, to tell me that! **2.** Face, front (of building, etc.); brow (of hill). *Mil:* **Le f.,** the front, front line. **F. de bataille,** battle front. **F. de mer,** (i) seafront; (ii) water-front. *Pol:* **F. commun,** United, Common, Front. *Hist:* **F. populaire,** Popular Front. **Faire f. à qch.,** to face sth. *Ph:* **F. d'onde,** wave surface. **3. De f.** (i) Abreast. **Mener plusieurs choses de f.,** to have several things on hand at once. *Navy:* **En ligne de f.,** line abreast. (ii) **Vue de f.,** front view. **Attaque de f.,** frontal attack.

frontal, -aux [frɔ̃tal, -o], *a.* Frontal, front. **Os f.,** *s.m.* **frontal,** frontal bone. **Lampe frontale,** cap-lamp.

frontalier, -ère [frɔ̃talje, -ɛːr]. **1.** *a.* **Régions frontalières,** frontier regions. **2.** *s.* Frontiersman, borderer.

frontière [frɔ̃tjɛːr]. **1.** *s.f.* Frontier(-line); border (-line). **2.** *a.* **Ville frontière,** frontier town.

frontispice [frɔ̃tispis], *s.m.* **1.** Frontispiece. **2.** Title-page.

fronton [frɔ̃tɔ̃], *s.m.* *Arch:* (*a*) Fronton, pediment. (*b*) *F:* Ornamental front; façade.

frottée [frɔte], *s.f.* *P:* Hiding, thrashing, drubbing.

frottement [frɔtmɑ̃], *s.m.* (Intransitive action of) rubbing. **1.** Chafing. *Phot:* **Marques de f.,** stress marks. **2.** *Mec.E:* (*a*) Friction. **F. de glissement,** sliding friction. **User qch. par le f.,** to abrade sth. (*b*) Fit (of parts). **F. doux,** easy fit. **3. F. d'intérêts,** clash of interests.

frott|er [frɔte]. **1.** *v.tr.* To rub. **Se f. les mains,** to rub one's hands. **F. le parquet avec un chiffon,** to rub up, polish, the floor with a rag. **F. une allumette,** to strike a match. **2.** *v.i.* **La roue frotte contre le frein,** the wheel rubs, grinds, against the brake. **3.** *v.tr.* *Art:* To scumble (sky, background). *F:* **Être frotté de latin,** to have a smattering of Latin. *s.m.* **-age.**

se frotter. 1. Se f. contre qch., to rub against sth. **2. Se f. à qn,** to associate with s.o. **Se f. aux artistes,** to rub shoulders with artists. **3. Se f. à qn, à qch.,** to come up against, meddle with, s.o., sth. **Qui s'y frotte s'y pique,** gather thistles, expect prickles. **Ne vous y frottez pas!** Mind out!

frotteur, -euse [frɔtœːr, -øːz], *s.* **1.** Floor polisher. **2.** *s.m.* *El.E: etc:* Sliding contact.

frottis [frɔti], *s.m.* **1.** (*a*) *Art:* Scumble. (*b*) *Med: etc:* Smear (for microscopic examination). **2. Prendre un f. d'une inscription,** to take a rubbing of an inscription.

frottoir [frɔtwaːr], *s.m.* **1.** (*a*) Rubber, polisher; scrubbing brush. (*b*) Friction-strip (of match-box). **2.** *El.E:* Brush (of dynamo).

frou-frou, froufrou [frufru], *s.m.* Rustle, rustling, swish (of silk dress, etc.). *pl. Des frou-frous, froufrous.*

froussard, -arde [frusaːr, -ard], *a. & s.* *P:* Funky, cowardly (person); coward.

frousse [frus], *s.f.* *P:* Funk, fear. **Avoir la f.,** to be in a funk, to have the wind up, the jitters.

fructiculture [fryktikyltyːr], *s.f.* Fruit-growing.

fructidor [fryktidɔːr], *s.m.* *Hist:* Twelfth month of the Fr. Republican calendar (Aug.-Sept.).

fructification [fryktifikasjɔ̃], *s.f.* **1.** Fructification. **2.** Fruition (of idea, etc.).

fructifère [fryktifɛːr], *a.* Fruit-bearing.

fructifier [fryktifje], *v.i.* To fructify; to bear fruit; *Fin:* to bear interest.

fructueu|x, -euse [fryktɥø, -øːz], *a.* Fruitful, advantageous, profitable. *adv.* **-sement.**

frugal, -aux [frygal, -o], *a.* Frugal (person, meal). *adv.* **-ement.**

frugalité [frygalite], *s.f.* Frugality.

fruit[1] [frɥi], *s.m.* Fruit. **Arbre à f.,** fruit-tree. **Porter f.,** to bear fruit. *Sch: F:* **Un f. sec,** a failure. *P:* **Les fruits secs,** the duds. *Cu:* **Fruits de mer,** = sea-food. **Les fruits de la paix,** the fruits, advantages, of peace. **Étudier avec f.,** to study to good purpose. **Sans f.,** fruitlessly.

fruit[2], *s.m.* *Civ.E:* Batter (of wall, abutment). **Avoir du f.,** to batter.

fruiterie [frɥitri], *s.f.* **1.** Store-room for fruit. **2.** Fruiterer's, greengrocer's shop.

fruitier, -ière [frɥitje, -jɛːr]. **1.** *a.* **Arbre f.,** fruit-tree. **2.** *s.* Fruiterer, greengrocer. **3.** *s.m.* Fruit store-room. **4.** *s.f.* **Fruitière,** co-operative cheese dairy.

frusques [frysk], *s.f.pl.* *P:* Clothes. **Apportez vos f. de football,** bring along your football things.

fruste [fryst], *a.* Worn, defaced (coin, medal); rough, unpolished (style); simple-minded (population); rough (manners).

frustration [frystrasjɔ̃], *s.f.* **1.** Frustration. **2.** Cheating, defrauding (of creditors).

frustrer [frystre], *v.tr.* **1.** To frustrate, disappoint. **F. qn dans son espoir, f. l'espoir de qn,** to frustrate, baffle, s.o.'s hopes. **2. F. qn de qch.,** to defraud s.o. of sth.

fucus [fykyːs], *s.m.* *Algae:* Fucus; *F:* sea-wrack.

fuel (-oil) [fiulwal, fɥɛl-], *s.m.* Fuel-oil.

fugace [fygas], *a.* Fugacious, fleeting.

fugacité [fygasite], *s.f.* Fugacity, transience.

fugit|if, -ive [fyʒitif, -i:v], *a. & s.* **1.** Fugitive; runaway. **2.** Désir f., transitory, passing, desire. **Passion fugitive,** fleeting, ephemeral, passion. **Mémoire fugitive,** short memory. *adv.* **-ivement.**

fugue [fyg], *s.f.* **1.** *Mus:* Fugue. **2.** *F:* Flight, escapade. **Faire une f.,** to break out; to go on the loose.

fuir [fɥi:r], *v.* (*pr.p.* **fuyant**; *p.p.* **fui**; *pr.ind.* **je fuis, ils fuient**; *p.d.* **je fuyais**; *p.h.* **je fuis**; *fu.* **je fuirai**) **1.** *v.i.* (*a*) To flee, fly, run away. **Faire f.,** to put to flight. **Le temps fuit,** time flies, time is flying. *Nau:* **F. devant le vent,** to scud, run, before the wind. (*b*) (Of horizon, etc.) To recede. (*c*) (Of tap, cask, etc.) To leak. **2.** *v.tr.* To shun, avoid. **Tout le monde le fuit,** he is shunned by everybody.

fuite [fɥit], *s.f.* **1.** (*a*) Flight, running away. **Prendre la f.,** to take to flight; *F:* to take to one's heels. **Mettre l'ennemi en f.,** to put the enemy to flight. **Écrasé par une voiture qui a pris la f.,** run over by a hit-and-run car. *F:* **F. des cerveaux,** brain-drain. (*b*) *Art:* **Point de f.,** vanishing point. **2.** Leak; escape (of steam); leakage (of secrets). **3.** Shunning, avoidance.

fulgurant [fylgyrɑ̃], *a.* Fulgurating, flashing.

fulguration [fylgyrasjɔ̃], *s.f.* Fulguration.

fuligineux, -euse [fyliʒinø, -ø:z], *a.* Fuliginous, smoky, sooty; murky (sky, etc.).

fulmicoton [fylmikɔtɔ̃], *s.m.* *Exp:* Gun-cotton.

fulminant [fylminɑ̃], *a.* Fulminating, fulminant.

fulminate [fylminat], *s.m.* *Ch:* Fulminate.

fulminer [fylmine]. **1.** *v.tr.* To fulminate (Papal bull). **2.** *v.i.* **F. contre un abus,** to fulminate, inveigh, thunder forth, against an abuse. **3.** *v.i.* To fulminate, detonate.

fumant [fymɑ̃], *a.* (*a*) Smoking. *F:* **F. de colère,** fuming with anger. (*b*) Steaming (soup).

fumé, *a.* **1.** *Cu:* Smoked, smoke-cured. **2. Verres fumés,** sun-glasses.

fume-cigare [fymsiga:r], *s.m.* Cigar-holder. *pl. Des fume-cigare(s).*

fume-cigarette [fymsigarɛt], *s.m.* Cigarette-holder. *pl. Des fume-cigarette(s).*

fumée [fyme], *s.f.* (*a*) Smoke. **Charbon sans f.,** smokeless coal. **Noir de f.,** lamp-black. **Partir, s'en aller en f.,** to end in smoke; to dissolve into thin air; to peter out. *Prov:* **Il n'y a pas de f. sans feu,** there is no smoke without fire. S.a. BOÎTE 2, RIDEAU 1. (*b*) Steam (of soup, etc.); fumes (of charcoal). **Les fumées du vin'** the fumes of wine. (*c*) *a. inv.* **Gris f.,** smoke-grey, smoke-colour.

fumer¹ [fyme]. **1.** *v.i.* (*a*) To smoke. (*b*) (Of soup, etc.) To steam; (of horse) to steam, smoke. *F:* **F. de colère,** to fume, to rage. **2.** *v.tr.* (*a*) To smoke-cure (fish). (*b*) **F. du tabac, une pipe,** to smoke tobacco, a pipe. **Défense de f.,** no smoking.

fumer², *v.tr.* *Agr:* To dung, manure (land, etc.).

fumerie [fymri], *s.f.* **1.** Smoking (of tobacco). **2. F. d'opium,** opium den.

fûmes [fym]. See ÊTRE.

fumet [fymɛ], *s.m.* **1.** (Pleasant) smell (of cooking); bouquet (of wine). **2.** *Ven:* Scent.

fumeterre [fymtɛ:r], *s.f.* *Bot:* Fumitory.

fumeur, -euse¹ [fymœ:r, -ø:z], *s.* **1.** (*a*) Smoker (of tobacco). (*b*) **F. de poisson,** fish-smoker, fish-curer. **2.** *Rail:* *F:* Smoking compartment, *F:* smoker.

fumeux, -euse² [fymø, -ø:z], *a.* **1.** Smoky, smoking. **Idées fumeuses,** hazy ideas. **2.** Heady (wine).

fumier [fymje], *s.m.* **1.** Stable-litter, manure, dung. **2.** Dunghill, manure heap. **3.** *F:* Trash.

fumigation [fymigasjɔ̃], *s.f.* Fumigation.

fumigène [fymiʒɛn]. **1.** *a.* Smoke-producing; smoke (-shell). **Bombe f.,** smoke-bomb. **2.** *s.m.* Smoke-producer.

fumiger [fymiʒe], *v.tr.* (**je fumigeai(s)**; **n. fumigeons**) To fumigate.

fumiste [fymist], *s.m.* **1.** Stove-setter. **2.** *P:* (*a*) Wag, practical joker. (*b*) Humbug.

fumisterie [fymistri], *s.f.* **1.** Stove-setting. **2.** *P:* Practical joke; hoax.

fumivore [fymivɔ:r], *a.* Smoke-consuming.

fumoir [fymwa:r], *s.m.* **1.** Smoking-room (of hotel, etc.). **2.** Smoke(-curing) house.

funambule [fynɑ̃byl], *s.m. & f.* Funambulist; tight-rope walker.

funambulesque [fynɑ̃bylɛsk], *a.* Fantastic, grotesque (story, etc.).

funèbre [fynɛbr], *a.* **1.** Funeral (ceremony, etc.). **Marche f.,** dead-march. **2.** Funereal, dismal, gloomy. *adv.* **-ment.**

funérailles [fynera:j], *s.f.pl.* (Elaborate) funeral (*e.g.* of statesman); obsequies.

funéraire [fynerɛ:r], *a.* Funeral, funerary. **Pierre f.,** tombstone. **Drap f.,** pall.

funeste [fynɛst], *a.* Deadly, fatal (**à**, to); baleful; bad (**à**, for). **Influence f.,** baneful influence. *adv.* **-ment.**

funiculaire [fynikylɛ:r]. **1.** *a.* Funicular. **2.** *s.m.* Funicular railway, cable-railway. **3.** *s.f.* *Mth:* Catenary curve.

fur [fy:r], *s.m.* *A:* Rate. *Adv.phr.* **Au f. et à mesure,** (in proportion) as; progressively. **On inspecte les articles et on les emballe au f. et à mesure,** the articles are inspected and packed as the inspection proceeds, as soon as they are ready. **Payer qn au f. et à mesure de l'ouvrage,** to pay s.o. as the work proceeds.

furent [fy:r]. See ÊTRE.

furet [fyrɛ], *s.m.* (*a*) *Z:* Ferret. **Jeu du f.,** hunt-the-slipper. (*b*) *F:* Inquisitive person, Nosy Parker, Paul Pry.

furet|er [fyrte], *v.i.* (**je furette**; **je furetterai**) (*a*) To ferret, go ferreting. (*b*) *F:* **F. dans les armoires,** to ferret, pry about, nose about, rummage, in the cupboards. *s.m.* **-age.**

fureteur, -euse [fyrtœ:r, -ø:z], *s.* **1.** Ferreter. **2.** *F:* Nosy Parker, Paul Pry. **3.** *a.* Prying.

fureur [fyrœ:r], *s.f.* **1.** Fury, rage, wrath. **Être en f.,** to be in a rage. **2.** Fury, passion. **Aimer qn avec f., à la f.,** to be passionately fond of s.o. **Avoir la f. de bâtir,** to have a craze for building, to be building mad. **Chanson qui fait f.,** song that is all the rage, hit.

furibond [fyribɔ̃], *a.* Furious; full of fury.

furie [fyri], *s.f.* **1.** *Myth:* **Les Furies,** the Furies. *F:* **C'est une f.,** she's a termagant, a fury. **2.** (*a*) Fury, rage. **En f.,** enraged, infuriated. **Entrer, se mettre, en f.,** to become furious. (*b*) *F:* **Applaudir avec f.,** to applaud frantically.

furieusement [fyrjøzmɑ̃], *adv.* **1.** Furiously, passionately. **2.** *F:* Tremendously. **Il est f. bavard,** he's a tremendous talker.

furieux, -euse [fyrjø, -ø:z], *a.* **1.** Furious, raging; in a passion. **Être f. contre qn,** *F:* **après qn,** to be furious, in a rage, *F:* wild, with s.o. **Rendre qn f.,** to infuriate s.o. *s.* **Un f., une furieuse,** a madman, madwoman. S.a. FOU 2. **2.** *F:* **C'est un f. mangeur,** he's a tremendous eater.

furolle [fyrɔl], *s.f.* Jack-o'-lantern, will-o'-the-wisp.

furoncle [fyrɔ̃:kl], *s.m.* *Med:* Furuncle; boil.

furt|if, -ive [fyrtif, -i:v], *a.* Furtive, stealthy. *adv.* **-ivement.**

fus [fy]. See ÊTRE.

fusain [fyzɛ̃], *s.m.* **1.** *Bot:* Spindle-tree. **2.** (*a*) Drawing charcoal. (*b*) Charcoal sketch.

fusant [fyzɑ̃], *a.* *Exp:* Fusing. **Obus f.,** time-shell.

fuseau [fyzo], *s.m.* **1.** *Tex:* Spindle. **F. de quenouille,** distaff. *F:* **Jambes de, en, f.,** spindle-shanks. **2.** (*a*) *Geom:* Spherical lune. (*b*) **F. horaire,** time-belt, -zone; hour-zone. **L'heure du f.,** zone time. (*c*) *Aer:* Gore (of balloon). **3.** Taper. **Effilé en forme de f.,** tapered. *pl. Cost:* (i) Ski(ing) trousers; (ii) *F:* drain-pipe trousers.

fusée [fyze], *s.f.* **1.** Spindle (of shaft, axle); barrel (of capstan). *Aut:* Stub axle. **2.** (*a*) Rocket. **F. éclairante,** flare. **F. de signaux,** signal rocket. **F. à pétard,** maroon. **F. porte-amarre,** rocket apparatus. **Pistolet à f.,** Verey-light pistol. **Avion (à) f.,** rocket-propelled aircraft. **F. mère,** first-stage rocket. **F. engin,** missile. S.a. INTERCONTINENTAL. (*b*) Fuse. **F. fusante, à temps,** time-fuse. **F. percutante,** percussion-fuse. **3. De longues fusées de rires,** long ripples of laughter.

fuselage [fyzla:ʒ], *s.m.* *Av:* Fuselage.

fuselé [fyzle], *a.* Spindle-shaped. *Aut:* Streamlined. *Av:* Fusiform. **Doigts fuselés,** tapering, slender, fingers.

fuseler [fyzle], *v.tr.* (**je fuselle**; **je fusellerai**) To shape like a spindle, to taper.

fuser [fyze], *v.i.* **1.** (*a*) (Of colour) To spread, run. (*b*) (Of song, etc.) To break out, burst out. **2.** (*a*) To fuse, melt. (*b*) (Of lime) To slake. **3.** (Of fuse, etc.) To burn slowly.

fusibilité [fyzibilite], *s.f.* Fusibility.
fusible [fyzibl]. **1.** *a.* Fusible, easily melted. **2.** *s.m. El.E:* Fuse; fuse-wire. **F. de sûreté,** safety-fuse, cut-out.
fusiforme [fyzifɔrm], *a.* Spindle-shaped, slender.
fusil [fyzi], *s.m.* **1.** Steel (of tinder-box). **Pierre à f.,** flint. **2.** (*a*) (Sharpening) steel. (*b*) Whetstone. **3.** Gun. (*a*) **F. de chasse,** sporting-gun, shot-gun. **F. à aiguille,** needle-gun. **F. à bascule,** hinged breech-loader. **F. à deux coups,** double-barrelled gun. (*b*) **F. rayé,** rifled musket; rifle. **F. à répétition,** magazine-rifle. **A une portée de f. d'ici,** within a gunshot from here. *F:* **Changer son f. d'épaule,** to change one's opinions. (*c*) **Coup de fusil,** (i) gunshot, musket-shot; rifle-shot; (ii) report (of a gun); (iii) *P:* fleecing (in restaurant, etc.). **Essuyer le coup de f.,** to be stung, fleeced. (*d*) (*Pers.*) *F:* **C'est un de nos meilleurs fusils,** he is one of our best shots.
fusilier [fyzilje], *s.m.* Fusilier. **F. marin,** marine.
fusillade [fyzijad], *s.f.* **1.** Fusillade, rifle-fire. **2.** (Military) execution, shooting.
fusiller [fyzije], *v.tr.* (*a*) To shoot (down) (men). (*b*) To execute (by shooting); to shoot (spy).
fusion [fyzjɔ̃], *s.f.* **1.** (*a*) Fusion, melting (by heat). **Point de f.,** melting-point. **Fer en f.,** molten iron. **Entrer en f.,** to begin to melt. (*b*) Smelting. (*c*) *Atom. Ph:* Fusion. **2.** Dissolving, melting. **3.** Coalescing (of ideas, etc.). **4.** *Com:* Merger, amalgamation.
fusionner [fyzjɔne], *v.tr., i., & pr. Com: etc:* To amalgamate, unite, merge. *s.m.* **-ement.**
fuss-e, -ions, etc. See ÊTRE.
fustig|er [fystiʒe], *v.tr.* (je fustigeai(s); n. **fustigeons**) To thrash, beat. *s.f.* **-ation.**
fut, fût[1] [fy]. See ÊTRE.
fût[2], *s.m.* **1.** Stock (of rifle, plane, anvil); handle (of saw, etc.); brace (for bit). **2.** (*a*) Shaft (of column, chimney); stem (of candelabra); shank (of rivet). (*b*) Bole (of tree). **Arbre à f. plein,** non-tapering tree. **Arbre à f. décroissant,** tapering tree. **3.** Cask, barrel. **Tirer la bière du f.,** to draw beer from the wood. **F. d'un tambour,** barrel, body, of a drum.
futaie [fytɛ], *s.f.* Wood, forest. **Arbre de haute f.,** full-grown tree; timber-tree.
futaille [fyta:j], *s.f.* Cask, tun.
futaine [fytɛn], *s.f. Tex:* Fustian.
futé [fyte], *a.* Sharp, smart, astute. **F. comme un renard,** cunning as a fox. **Une petite futée,** a little minx.
fûtes [fyt]. See ÊTRE.
futile [fytil], *a.* Futile, trifling; frivolous (person); idle (pretext). *adv.* **-ment.**
futilité [fytilite], *s.f.* Futility. **S'occuper à des futilités,** to busy oneself with trifles. **Dire des futilités,** *F:* to talk piffle.
futur [fyty:r]. **1.** *a.* (*a*) Future; (life) to come, (*b*) *s. F:* **Mon f., ma future,** my intended (husband, wife). **2.** *s.m. Gram:* Future (tense). **Verbe au f.,** verb in the future.
futuriste [fytyrist], *Art:* **1.** *s.m. & f:* Futurist. **2.** *a.* Futuristic.
fuy-ais, -ons, etc. See FUIR.
fuyant [fɥijɑ̃], *a.* **1.** Fleeing, flying (animal, etc.); fleeting (moment). **2.** Receding (forehead, line). *Aut:* **Ligne fuyante,** stream-line. **3. Yeux fuyants,** shifty eyes.
fuyard, -arde [fɥija:r, -ard], *s.* (Panic-stricken) fugitive; runaway.

G, g [ʒe], *s.m.* The letter G, g. *Tp:* **G comme Gaston,** G. for George.
gabardine [gabardin], *s.f.* **1.** *Tex:* Gabardine. **2.** *Cost:* (Gabardine) raincoat.
gabare [gabaːr], *s.f.* **1.** Sailing-barge; lighter. **2.** Drag-net.
gabarier¹ [gabarje], *s.m. Nau:* **1.** Skipper (of barge). **2.** Lighterman, bargee.
gabarier², *v.tr.* **1.** *N.Arch:* To shape, mould. **2.** *Metalw:* To gauge (metal plate).
gabarit [gabari], *s.m.* **1.** (*a*) Model (of ship); mould. (*b*) *Mec.E:* Templet, former. **G. de mécanicien,** engineer's jig. **Tour à g.,** copying lathe. (*c*) *F:* = ACABIT. **2.** Gauge. *Rail:* **G. (de pose) de voie,** track (-laying) gauge. **G. de chargement,** loading gauge.
gabbro [gabro], *s.m. Geol: Art:* Gabbro.
gabelle [gabɛl], *s.f. A:* Salt-tax.
gabelou [gablu], *s.m. P:* Custom-house officer.
gabier [gabje], *s.m. Nau:* Topman. **G. breveté,** able (-bodied) seaman.
gable, gâble [gɑːbl], *s.m. Arch:* Gable.
gâche [gɑːʃ], *s.f.* **1.** *Locksm:* (*a*) (Box-)staple; (latch-) catch. (*b*) Striking-box or -plate. **2.** Notch (for pawl). **3.** Wall-hook; clip.
gâch|er [gɑʃe], *v.tr.* **1.** To mix (mortar); to slack (lime). **G. serré,** (i) to temper (clay) hard; (ii) *P:* to go hard at it. **2.** (*a*) To spoil (sheet of paper, etc.); to bungle (job). (*b*) To waste; to squander. **G. sa vie,** to make a mess of one's life. *s.m.* **-age.**
gâchette [gɑʃɛt], *s.f.* **1.** (*a*) Tumbler, sear (of gun-lock). (*b*) *F:* Trigger. **2.** Spring-catch (of lock). **3.** Pawl.
gâcheur, -euse [gɑʃœːr, -øːz], *s.m.* **1.** Mason's labourer. **2.** Bungler, botcher.
gâchis [gɑʃi], *s.m.* **1.** Wet mortar. **2.** (*a*) Mud or slush. (*b*) *F:* **Quel g.!** what a mess!
gadelle [gadɛl], *s.f. Bot: Fr.C:* Red currant.
gadoue [gadu], *s.f.* (*a*) (Town) refuse. (*b*) *F:* Dirt, slush.
gaélique [gaelik], *a.* Gaelic. *s.m. Ling:* **Le g.,** Gaelic.
gaffe [gaf], *s.f.* **1.** (*a*) Boat-hook. (*b*) *Fish:* Gaff. *P:* **Avaler sa g.,** to die. *P:* **Faire g.,** to take care. **Fais g.!** look out! *U.S:* Watch it! **2.** *F:* Blunder, gaffe. **Faire une g.,** to put one's foot in it; to make a blunder; to drop a brick.
gaffer [gafe]. **1.** *v.tr.* To hook (floating object); to gaff (salmon). **2.** *v.i. F:* = **Faire une gaffe.**
gaffeur, -euse [gafœːr, -øːz], *s. F:* Blunderer.
gag [gag], *s.m. Th: F:* Gag.
gaga [gaga]. *P:* **1.** *s.m.* Dodderer, driveller. **2.** *a.inv.* Doddering; in senile decay, gaga.
gage [gaːʒ], *s.m.* **1.** Pledge, pawn, security. **Mettre qch. en g.,** to pawn, pledge, sth. **Prêteur sur gages,** pawnbroker. **2.** Token, sign. **G. d'amour,** love-token. **3.** Forfeit. **4.** *pl.* Wages, pay. **Tueur à gages,** hired assassin. **Être aux gages de qn,** to be in the pay of s.o. **Casser qn aux gages,** to discharge s.o. *Cin: etc:* **Auteur à gages fixes,** staff writer.
gager [gaʒe], *v.tr.* (**je gageai(s); n. gageons**) **1.** To wager, bet (**avec, contre,** with, against). **Gage que si!** I'll bet it is! (To bet at races, etc., is PARIER.) **2.** *A:* (*a*) To pay wages to (s.o.). (*b*) To hire (servant).
gageure [gaʒyːr], *s.f.* Wager, bet. *F:* **C'est une g.,** the odds are dead against it.
gagiste [gaʒist], *s.m.* **1.** *Th:* Supernumerary actor; *F:* super. **2.** *Jur:* Pledger, pawner.
gagnable [gɑɲabl], *a.* **1.** Obtainable, procurable. **2.** Reclaimable (land).
gagnant, -ante [gɑɲɑ̃, -ɑ̃ːt]. **1.** *a.* Winning (ticket, etc.). **2.** *s.* Winner.
gagne-pain [gɑɲpɛ̃], *s.m.inv.* **1.** (Means of) living; livelihood. **2.** Bread-winner; support (of the family).
gagne-petit [gɑɲpəti], *s.m.inv.* **1.** (Itinerant) knife-grinder. **2.** Person earning a pittance.
gagn|er [gɑɲe], *v.tr. & i.* **1.** (*a*) To earn. **G. gros,** to make big money. **G. sa vie,** to earn, make, one's living. **Il l'a bien gagné,** (i) he's well and truly earned it; (ii) *F:* it serves him right. (*b*) To gain; to be the gainer (**à,** by). **C'est autant de gagné,** it is so much gained, so much to the good. **G. au change,** to be a gainer by the exchange. **G. à faire qch.,** to profit by doing sth. **J'y gagnerai,** I shall gain by it. **Chercher à g. du temps,** to play for time. **2.** (*a*) To win, gain (a victory). (*b*) **G. la partie, la course,** to win the game, the race. **Donner gagné à qn,** to throw in one's hand. S.a. MAIN 1. (*c*) **G. qn à une cause,** to win over, bring over, s.o. to a cause. **G. tous les cœurs,** to win (over) all hearts. **G. sur qn qu'il fasse qch.,** to prevail on s.o. to do sth. (*d*) To get, catch (a disease, etc.). **Maladie qui se gagne,** infectious disease. **3.** To reach, arrive at. **G. son domicile,** to reach home. **G. les montagnes,** to escape to the mountains. **G. le port,** to fetch into port. S.a. LARGE 2. **4.** To gain (up)on, overtake. **Se laisser g.,** to let oneself be caught up. **G. un navire** to gain (up)on, overhaul, a ship. S.a. DEVANT¹ 3, VITESSE. **La nuit nous gagna,** darkness overtook us. **La mer gagne du terrain,** the sea is encroaching on the land. **Nous fûmes gagnés par cette vague d'enthousiasme,** we were caught up in this wave of enthusiasm. **Gagné par le sommeil,** overcome by sleep. *Nau:* **G. (dans) le vent, g. au vent,** to fetch to windward. **G. de l'avant,** to forge ahead. **5.** *Med:* To spread. **L'enflure a gagné la gorge,** the swelling has spread to the throat. *s.* **-eur, -euse.**
gai [ge, gɛ], *a.* Gay. (*a*) Merry, lively (person, song). **G. comme un pinson,** blithe as a lark. **G. et dispos,** in high spirits. **Avoir le vin g.,** to be merry in one's cups. (*b*) Bright, cheerful, (colour, etc.). *adv.* **-ement.**
gaïac [gajak], *s.m. Bot:* Guaiacum. **Bois de g.,** lignum vitae.
gaieté, gaîté [gete, gɛ-], *s.f.* Gaiety, mirth, cheerfulness. **Faire qch. de g. de cœur,** to do sth. of one's own free will.
gaillard, -arde [gajaːr, -ard]. **1.** (*a*) (*a*) Strong, well, vigorous. **Frais et g.,** hale and hearty. (*b*) Merry, lively, cheery. (*c*) Free, ribald. (*d*) Fresh (wind); bracing (weather). **2.** *s.m.* (*a*) (Merry) fellow; (jolly) chap. (*b*) Sharp fellow, sly fellow. **3.** *s.m. Nau:* **G. d'avant,** forecastle, fo'c'sle. **G. d'arrière,** quarter-deck. **Pont de g.,** forecastle deck. **4.** *s.f.* **Gaillarde.** (*a*) (i) Bold, (ii) strapping, young woman. (*b*) *Danc:* Galliard. (*c*) *Bot:* **Gaillarde, gaillardie,** gaillardia. *adv.* **-ement.**
gaillardise [gajardiːz], *s.f.* **1.** Gaiety, jollity. **2.** **Conter des gaillardises,** to tell risqué stories; to crack broad jokes.
gaillet [gajɛ], *s.m. Bot:* Cheese-rennet; yellow bedstraw.
gailletin [gajtɛ̃], *s.m.* Nuts (of coal).
gaillette [gajɛt], *s.f.* Cobbles (of coal).
gain [gɛ̃], *s.m.* **1.** (*a*) Gain, profit. (*b*) Earnings. **2.** (*a*) Winning (of contest, etc.). **Donner g. de cause à qn,** to decide in favour of s.o. **Avoir g. de cause,** to win one's case. (*b*) Winnings. **Être en g.,** to be in pocket.
gaine [gɛːn], *s.f.* **1.** Sheath, cover, case, casing. **Câble sous g.,** sheathed cable. *Cost:* Girdle, roll-on. **2.** **G. à matériel (pour parachutages),** container. **3.** *Arch:* Terminal.
gain|er [gɛne], *v.tr.* To sheath. **Gainé cuir,** cased, covered, in leather. *s.m.* **-age.**
gainerie [gɛnri], *s.f.* Sheath-, scabbard-, case-making; casing-trade, -shop.
gala [gala], *s.m.* Festivity, fête, gala. **Habit de g.,** full dress. **Dîner en grand g.,** to dine in state.
galactique [galaktik], *a. Astr:* Galactic.
galalithe [galalit], *s.f.* Galalith.
galamment [galamɑ̃], *adv.* Gallantly; like a gentleman. (*a*) Politely, courteously. (*b*) Bravely, honourably.
galant [galɑ̃]. **1.** *a.* (*a*) *A:* Gay, elegant. (*b*) Attentive to women; gallant [gaˈlant]. (*c*) **Femme galante,** loose woman. **Fête galante,** gay party or entertainment. **Intrigue galante,** love-affair. (*d*) **G. homme,** man of honour; gentleman. **2.** *s.m.* Lover, gallant; ladies' man.

galanterie [galɑ̃tri], *s.f.* **1.** Politeness (esp. to ladies). **2.** Usu. *pl.* (*a*) Love-affair, intrigue. (*b*) Pretty speech.
galantine [galɑ̃tin], *s.f. Cu:* Galantine.
galapiat [galapja], *s.m. P:* Loafer, young rough, tough, *U.S:* hoodlum.
galaxie [galaksi], *s.f. Astr:* Galaxy; the Milky Way.
galbe [galb], *s.m.* Curve (of furniture, etc.); curves, contour (of the human figure); sweep, outline, lines (of car). **Avoir du g.,** to be well-proportioned; to have a good figure.
gale [gal], *s.f.* **1.** *Med:* (The) itch; scabies. **2.** *Vet:* Scab, mange. **3.** *Bot:* Scurf.
galée [gale], *s.f. Typ:* Composing galley.
galéjade [galeʒad], *s.f.* Tall story. **Débiter des galéjades à qn,** to pull s.o.'s leg.
galéjer [galeʒe], *v.i.* To tell tall stories.
galène [galɛn], *s.f. Miner:* Galena; lead glance.
galénisme [galenism], *s.m. Hist. of Med:* Galenism.
galère [galɛːr], *s.f.* (*a*) Galley (rowed by slaves). *F:* **Vogue la g.!** let's chance it! **Qu'allait-il faire dans cette g.?** *F:* What took him there? (*b*) *A:* Convict-ship. *pl.* Hulks.
galerie [galri], *s.f.* **1.** (*a*) Gallery or long room. **G. de portraits,** portrait gallery. (*b*) *A:* Gallery (round tennis-court). *F:* **Faire g.,** to be a looker-on. **Jouer pour la g.,** to play to the gallery. (*c*) Arcade; covered walk. **2.** *Th:* Balcony, gallery. **Seconde g.,** upper circle. **Troisième g.,** gallery; *F:* the gods. **3.** *Min:* Gallery, drift. *Mil:* **G. d'écoute,** listening-gallery. **G. (de la taupe),** run (of the mole). **4.** Cornice, moulding. **5.** (*a*) *Aut:* Roof rack. (*b*) Shelf-rail. **6.** *Fr.C:* Porch.
galérien [galerjɛ̃], *s.m. A:* (*a*) Galley-slave. (*b*) Convict.
galerne [galɛrn], *s.f. Nau:* **Vent de g.,** wind from the West-North-West.
galet [galɛ], *s.m.* **1.** (*a*) Pebble. **Gros g.,** boulder. (*b*) *pl.* Shingle. **2.** *Mec.E:* (*a*) Roller. **Couronne de galets,** roller ring. (*b*) Small pulley. **G. de renvoi,** idle pulley. **3.** *Fish:* Float (of net).
galetas [galtɑ], *s.m.* (*a*) Garret, attic. (*b*) Hovel.
galette [galɛt], *s.f.* **1.** (*a*) Girdle-cake. **G. des Rois,** Twelfth-night cake. **G. aux pommes,** apple-tart. (*b*) *Nau:* Ship's biscuit. **2.** *P:* Money, brass.
galeux, -euse [galø, -øːz], *a.* (Child, etc.) with the itch; mangy (dog). *F:* **Brebis galeuse,** black sheep (of the family). **Verre g.,** spotty glass.
Galilée[1] [galile]. *Pr.n.f. B.Geog:* Galilee.
Galilée[2]. *Pr.n.m. Hist:* Galileo.
galiléen, -éenne [galileɛ̃, -eɛn], *a. & s. B.Hist:* Galilean.
galimafrée [galimafre], *s.f.* Hotchpotch, *U.S:* hodge-podge.
galimatias [galimatjɑ], *s.m.* Farrago; jumble of words; grandiloquent nonsense.
galion [galjɔ̃], *s.m. Nau: A:* Galleon.
galipette [galipɛt], *s.f. F:* Somersault. **Faire des galipettes,** to be up to one's tricks.
galipot [galipo], *s.m.* Galipot; white resin.
galle [gal], *s.f. Bot:* Gall(-nut).
Galles [gal]. *Pr.n.f. Geog:* **Le pays de G.,** Wales. **Le Prince de G.,** the Prince of Wales. **La Nouvelle-G. du Sud,** New South Wales.
gallican, -ane [galikɑ̃, -an], *a. & s. Ecc:* Gallican.
gallicanisme [galikanism], *s.m. Ecc:* Gallicanism.
gallicisme [galisism], *s.m.* French turn or phrase; Gallicism.
gallinacé [gal(l)inase]. *Orn:* **1.** *a.* Gallinaceous. **2.** *s.m.pl.* **Gallinacés,** gallinaceae.
gallique [gallik], *a. Ch:* Gallic (acid).
gallois, -oise [galwa, -waːz]. **1.** *a.* Welsh. **2.** *s.* Welshman, -woman. **Les G.,** the Welsh.
gallomane [gallɔman], *a. & s.* Gallomaniac.
gallon [galɔ̃], *s.m.* Gallon.
gallophobe [gallɔfɔb], *a. & s.* Gallophobe; anti-French.
gallophobie [gallɔfɔbi], *s.f.* Gallophobia.
gallo-romain [gallɔrɔmɛ̃], *a.* Gallo-Roman.
Gallup [galœːp], *Pr.n.m.* Gallup poll.
galoche [galɔʃ], *s.f.* (*a*) Clog (with wooden sole and leather upper. *Cf.* SABOT). *P:* **Vieille g.,** old fogey. S.a. MENTON. (*b*) Overshoe.
galon [galɔ̃], *s.m.* **1.** Braid, galloon. **G. de finition,** upholstery binding. **2.** *pl. Mil:* (N.C.O.'s) stripes; (officer's) bands, gold braid. **Priver qn de ses galons,** to reduce s.o. to the ranks. *F:* **Prendre du g.,** to be promoted.
galonner [galɔne], *v.tr.* To trim, ornament, with braid or lace; to braid.
galop [galo], *s.m.* **1.** Gallop. **Prendre le g.,** to break into a gallop. **Aller au g.,** to gallop. **Au grand galop,** (at) full gallop. **Au petit g.,** at a canter. **Partir au g.,** to gallop away. *F:* **Faire qch. au g.,** to gallop, rattle, through sth. **Faire déjeuner qn au g.,** to rush s.o. through lunch. **2.** *Danc:* Galop. **3. Mouvement de g.,** hunting (of locomotive).
galopade [galɔpad], *s.f.* Galloping, gallop; canter. *F:* **Son imagination prend la g.,** his imagination runs away with him. **Expédier son repas à la g.,** to bolt one's meal.
galopant [galɔpɑ̃], *a.* **Phtisie galopante,** galloping consumption.
galoper [galɔpe]. **1.** *v.i.* To gallop. **2.** *v.tr.* **G. un cheval,** to gallop a horse.
galopin, -ine [galɔpɛ̃, -in], *s.* (*a*) Errand-boy, -girl. (*b*) Urchin; young scamp.
galopiner [galɔpine], *v.i.* To run wild in the streets.
galuchat [galyʃa], *s.m.* Shark-skin, shagreen.
galurin [galyrɛ̃], *s.m. P:* Hat, tile.
galvanique [galvanik], *a.* Galvanic. **Dorure g.,** electro-gilding.
galvanisation [galvanizasjɔ̃], *s.f.* Galvanization, galvanizing.
galvaniser [galvanize], *v.tr.* **1.** To galvanize (corpse, etc.). *F:* To give new life to (undertaking). **2.** *Metall:* To galvanize; (i) to (electro-)plate; (ii) to zinc.
galvanisme [galvanism], *s.m.* Galvanism.
galvano [galvano], *s.m. Typ: F:* Electrotype (plate).
galvanomètre [galvanɔmɛtr], *s.m. El:* Galvanometer.
galvanoplastie [galvanɔplasti], *s.f.* Galvanoplasty; electroplating.
galvanoscope [galvanɔskɔp], *s.m.* Galvanoscope. *Tg:* (Lines-man's) detector.
galvanotype [galvanɔtip], *s.m.* Electrotype.
galvauder [galvode], *v.tr. F:* **1.** To botch (work). **2.** To besmirch (s.o.'s name, honour).
se galvauder. *F:* **1.** To sully one's name, one's honour. **2.** To go to the bad.
galvaudeur, -euse [galvodœːr, -øːz], **galvaudeux, -euse** [galvodø, -øːz], *s.* **1.** Tramp; vagabond. **2.** Loose liver.
gambade [gɑ̃bad], *s.f.* Leap, gambol. **Faire des gambades,** to gambol; to cut capers.
gambader [gɑ̃bade], *v.i.* To leap, caper; to frisk (about); to gambol.
gambette [gɑ̃bɛt], *s.m. Orn:* Red-shank.
Gambie [gɑ̃bi], *Pr.n.f. Geog:* Gambia.
gambiller [gɑ̃bije], *v.i. F:* To skip about, to dance; to shake a leg; to fidget.
gambit [gɑ̃bi], *s.m. Chess:* Gambit.
gamelle [gamɛl], *s.f.* Pannikin, bowl, tin-can. *Mil: Navy:* Mess-tin, -kettle.
gamète [gamɛt], *s.m. Biol:* Gamete.
gamin, -ine [gamɛ̃, -in]. **1.** *s.* (*a*) Street-boy, -girl; street-arab; urchin. (*b*) *F:* Boy, youngster; *f.* little girl. (*c*) *s.f.* Tomboy. **2.** *a. A:* **Mœurs gamines,** manners of the street.
gaminer [gamine], *v.i.* **1.** To play about in the streets. **2.** To play pranks.
gaminerie [gaminri], *s.f.* Child's prank, trick.
gamma [gamma], *s.m.* **1.** *Gr.Alph:* gamma. **2.** *Atom.Ph:* **Rayons g.,** gamma rays.
gamme [gam], *s.f.* **1.** *Mus:* Scale, gamut. *F:* **Changer de g.,** to alter one's tone, to change one's tune. **2.** Range, series, scale (of colours, etc.).
gammée [game], *a.f.* **Croix g.,** swastika.
ganache [ganaʃ], *s.f.* **1.** (Lower) jaw, jowl (of horse, *P:* of person). **Cheval chargé de g.,** heavy-headed horse. **2.** *F:* (*a*) Blockhead; stick-in-the-mud. (*b*) Old dotard, old fogey.
Gand [gɑ̃]. *Pr.n.m. Geog:* Ghent.
gandin [gɑ̃dɛ̃], *s.m. F: A:* Dandy, masher.
gang [gɑ̃ːg], *s.m. F:* (*a*) Gang. (*b*) Racket. **Le g. de l'alcool,** the rum racket.
ganga [gɑ̃ga], *s.m. Orn:* Pin-tailed grouse.
Gange (le), [ləgɑ̃ːʒ], *Pr.n. Geog:* The Ganges.

ganglion [gɑ̃gliɔ̃], *s.m.* Ganglion.
ganglionnaire [gɑ̃glionɛːr], *a.* *Anat:* Ganglionary, ganglionic.
gangrène [gɑ̃grɛn], *s.f.* **1.** *Med:* Gangrene, mortification. **G. gazeuse,** gas gangrene. **G. des os,** necrosis. **2.** *Bot:* Canker. *F:* **La paresse est la g. de l'âme,** idleness is the canker of the soul.
gangrener [gɑ̃grəne], *v.tr.* **(il gangrène; il gangrènera)** **1.** *Med:* To gangrene. **2.** To canker, corrupt.
se gangrener. 1. To mortify, gangrene. **2.** To become cankered.
gangreneux, -euse [gɑ̃grənø, -øːz], *a.* **1.** Gangrenous, gangrened. **2.** Cankerous, cankered.
gangster [gɑ̃gstɛːr], *s.m.* *F:* Gangster; hooligan.
gangstérisme [gɑ̃gsterism], *s.m.* *F:* Gangsterism; hooliganism.
gangue [gɑ̃ːg], *s.f.* Gang(ue), matrix (of precious stone, etc.).
ganse [gɑ̃ːs], *s.f.* **1.** Braid, (plaited) cord, gimp, piping. **2.** Rope handle; loop.
ganser [gɑ̃se], *v.tr.* **G. un chapeau, un siège,** to trim a hat, edge a chair, with cord. **G. une couture,** to pipe a seam.
gant [gɑ̃], *s.m.* **1.** Glove. *Arm:* Gauntlet. (*a*) **Mettre ses gants,** to put on, one's gloves. **Cela vous va comme un g.,** it fits you like a glove. **Jeter le g. à qn,** to throw down the gauntlet to s.o. **Relever le g.,** to take up the gauntlet. (*b*) **Gants bourrés,** boxing-gloves. (*c*) **G. de crin,** flesh-glove, friction glove. **G. de toilette** = face flannel. **2.** *pl.* *A:* Glove-money. **Se donner les gants d'une affaire,** to take credit to oneself for sth.
gantelé [gɑ̃tle], *a.* Gauntleted. *F:* **La main gantelée,** the mailed fist.
gantelet [gɑ̃tlɛ], *s.m.* *Arm:* Gauntlet.
ganter [gɑ̃te], *v.tr.* To glove. **G. du sept,** to take seven in gloves. *F:* **Ça me gante,** that suits me down to the ground, to a T.
se ganter, to put, pull, draw, slip, on one's gloves.
ganterie [gɑ̃tri], *s.f.* **1.** Glove-making or -trade. **2.** Glove-factory, -shop, or -counter. **3.** Glove-wear.
gantier, -ière [gɑ̃tje, -jɛːr], *s.* Glover.
garage [garaːʒ], *s.m.* **1.** (*a*) Docking (of boats). (*b*) Dock, basin (of canal). **2.** *Rail:* Shunting, side-tracking. **Voie de g.,** siding. **3.** (*a*) Storage (of bicycles, etc.). (*b*) Parking. **4.** (*a*) **G. pour autos,** garage. **G. pour canots,** boat-house. **G. de tramway,** tram-depot. (*b*) Car-park. (*c*) *Civ.E:* Lay-by.
garagiste [garaʒist], *s.m.* *Aut:* (*a*) Garage proprietor or manager. (*b*) Garage mechanic.
garance [garɑ̃ːs], *s.f.* **1.** *Bot:* Madder(-wort). **2.** (*a*) Madder (dye). (*b*) *a.inv.* Madder(-red).
garant[1]**, -ante** [garɑ̃, -ɑ̃ːt], *s.* (*a*) Guarantor, surety, bail. **Se rendre, se porter, g. de qn,** (i) to answer for s.o.; (ii) to go bail for s.o. **Prendre qn à g. de qch.,** to call on s.o. to vouch for sth. **Être g. de ses faits,** to be answerable for one's actions. (*b*) Authority, guarantee.
garant[2], *s.m.* **1.** *Nau:* (Tackle-)fall. **2.** *Bootm:* Eyelet.
garantie [garɑ̃ti], *s.f.* **1.** (*a*) Guarantee **(contre,** against). **Prendre des garanties contre les abus,** to insure against abuses. (*b*) Guarantee, pledge (of execution of contract); guaranty (of payment). **Verser une somme en g.,** to leave a deposit. **Donner une g. pour qn,** to stand security for s.o. (*c*) *Com:* Warranty, guarantee (of quality, etc.). **Sans g.,** without guarantee. **2.** *Fin:* Underwriting. **Syndicat de g.,** underwriters.
garantir [garɑ̃tiːr], *v.tr.* **1.** (*a*) To warrant, guarantee. **Créance garantie,** secured debt. **G. un fait,** to vouch for a fact. *F:* **Je vous garantis qu'il viendra,** he'll come, I warrant you. (*b*) *Fin:* To underwrite (issue of shares, etc.). **2.** To shelter, protect **(de,** from; **contre,** against). **3. G. une maison contre l'incendie,** to insure a house against fire.
garbure [garbyːr], *s.f.* Cabbage and bacon soup.
garce [gars], *s.f.* *P:* (as term of abuse) Bitch. **Quelle g. de vie!** what a beastly life!
garcette [garset], *s.f.* *Nau:* **1.** Gasket, becket. **G. de ris,** reef-point. **2.** Rope-end, rope's end, cat-o'-nine-tails.
garçon [garsɔ̃], *s.m.* **1.** (*a*) Boy, lad. *F:* **C'est un g. manqué,** she's a tomboy. (*b*) *F:* Son. **2.** Young man. **G. d'honneur,** best man; groomsman. *F:* **Brave g., bon g.,** decent chap. **Il est beau g.,** he is a good-looking fellow. **3.** Bachelor. **Il est encore g.,** he is still single. **4.** Servant, employee. **G. (de café),** waiter. **G. de bureau,** office-messenger. **G. d'écurie,** groom. **G. de cabine,** steward. *Sch:* Assistant caretaker; cleaner; messenger, **G. de salle,** auctioneer's messenger; caretaker (in school, hospital, etc.).
garçonne [garsɔn], *s.f.* Bachelor girl; mannish girl.
garçonnet [garsɔnɛ], *s.m.* Little boy.
garçonnier, -ière [garsɔnje, -jɛːr]. **1.** *a.* **Habitudes garçonnières,** (i) bachelor habits; (ii) (woman's) mannish habits or ways. **2.** *s.f.* **Garçonnière,** bachelor's establishment.
garde[1] [gard], *s.m. & f.* **1.** (*a*) Keeper. **G. des Sceaux,** Minister of Justice (in France). (*b*) Watchman. **G. champêtre,** rural policeman. **G. forestier,** ranger, forest warden. *Mil:* **G. (républicain) mobile,** mobile guard; member of security police. (*c*) = GARDE-BARRIÈRE, GARDE-CHASSE, GARDE-PÊCHE 1, etc. **La maison du g.,** the lodge (occupied by gamekeeper, forester, etc.). (*d*) *f.* = GARDE-MALADE. **2.** *Mil:* Guardsman. **Gardes du corps,** life-guards.
garde[2], *s.f.* **1.** (*a*) Guardianship, care, custody, (of (person); care (of thing). **Chien de g.,** watch-dog. **Commettre qch. à la g. de qn,** to entrust s.o. with the care of sth. **A la g. de Dieu,** in God's keeping. **Être sous bonne g.,** to be in safe custody. **Avoir qch. en g.,** to have charge of sth. **Prendre qn en sa g.,** to take charge of s.o. (*b*) Nursing. (*c*) Guarding, protection (of frontier, machinery, etc.). (*d*) Keeping. **Vin de g.,** good keeping wine. **De bonne g.,** worth keeping. **2.** (*a*) Watch(ing). **Faire la g.,** to keep watch. **Faire bonne g.,** to keep a sharp lookout. (*b*) Care, guard. **Mettre qn en g. contre qch.,** to put s.o. on his guard against sth. *Fenc:* **Se mettre en g.,** to take one's guard. **En g.!** on guard! **Être, se tenir, sur ses gardes,** to be, stand, on one's guard. **G. à toi!** look out! beware! *Mil:* **"G. à vous!"** 'attention!' "shun!' *A. & Lit:* **N'avoir g. de faire qch.,** to be far from doing sth. **Je n'eus g. de le désabuser,** I took good care not to undeceive him. **3. Prendre g.** (*a*) **Prendre g. à qn, à qch.,** to beware of s.o., of sth. **Prenez g.!** take care! (*b*) **Prendre g. à qch.,** to attend to, be careful of, to notice, sth. **Un fait auquel on n'a pas pris g.,** a fact that has been left out of consideration. **Faire qch. sans y prendre** g., to do sth. without meaning to, inadvertently. (*c*) **Prendre g. à, de, faire qch.,** to be careful to do sth.; to take (good) care to do sth. (*d*) **Prendre g. de faire qch.,** to be careful not to do sth. **Prenez g. de tomber,** mind you don't fall. (*e*) **Prendre g. que . . . (ne)** + *sub.*, to be careful lest (sth. should happen). **Prenez g. qu'il (ne) vous voie,** take care he doesn't see you. **4.** Guard. (*a*) **Soldat de g. à la porte,** soldier on guard at the door. **Être de g.,** to be on guard, on duty. **Descendre de g.,** to come off guard, off duty. **Descente de g.,** coming off guard. **Monter la g.,** to mount guard; to go on guard. (*b*) **G. montante,** new guard, relieving guard. (*c*) **La g.,** the Guards. **La g. à cheval,** the Horse-guards. **La g. à pied,** the Foot-guards. **5.** *Cards:* Covering card; guard. **J'ai la g. au roi,** my king is guarded. **6.** (*a*) (Hilt-)guard (of sword or foil). *F:* **S'enferrer jusqu'à la g.,** to give oneself completely away. (*b*) Ward (of lock). **7. (Feuille de) g.** (*a*) Fly-leaf (of unbound book). (*b*) End-paper (of bound book).
garde-à-vous [gardavu], *s.m.* No *pl.* *Mil:* (Position of) attention. **Être, se tenir, au g.-à-v.,** to stand to attention. S.a. GARDE[2] 2.
garde-barrière [gard(ə)barjɛːr], *s.m. & f.* Gate-keeper (at level-crossing). *pl. Des gardes-barrière(s).*
garde-bébé [gard(ə)bebe], *s.m. & f.* Baby-sitter, sitter-in. *pl. Des garde-bébés.*
garde-bois [gard(ə)bwa], *s.m.* Forester, ranger. *pl. Des gardes-bois.*
garde-boue [gard(ə)bu], *s.m.inv.* Mudguard.
garde-but [gard(ə)by], *s.m.* *Fb:* Goal-keeper. *pl. Des garde-buts.*
garde-cendre(s) [gard(ə)sɑ̃ːdr], *s.m.inv.* **1.** Ashpan. **2.** Fender.
garde-chasse [gard(ə)ʃas], *s.m.* Gamekeeper. *pl. Des gardes-chasse(s).*

garde-corps [gard(ə)kɔːr], *s.m.inv.* **1.** Parapet, balustrade. **2.** Railing, guard-rail (of bridge, etc.).

garde-côte [gard(ə)koːt], *s.m.* **1.** Coast-guard(sman). *pl. Des gardes-côte(s).* **2.** *Inv.* (*a*) Coast-guard vessel. (*b*) Coast-defence ship

garde-feu [gard(ə)fø], *s.m.* **1.** Fireman (in theatre, etc.). *pl. Des gardes-feu.* **2.** *inv.* (*a*) Fender. (*b*) Fire-guard; fire-screen. (*c*) *For:* **Tranchée g.-f.,** fire-line, -trace.

garde-fou [gard(ə)fu], *s.m.* = GARDE-CORPS. *pl. Des garde-fous.*

garde-frein(s) [gardəfrɛ̃], *s.m. Rail:* Brakesman. *pl. Des gardes-frein(s).*

garde-frontière [gard(ə)frɔ̃tjɛːr], *s.f.* Frontier guard. *pl. Des gardes-frontière.*

garde-magasin [gardmagazɛ̃], *s.m.* Warehouseman, storekeeper. *pl. Des gardes-magasin.*

garde-main [gardəmɛ̃], *s.m.* Hand-shield. *pl. Des garde-main(s).*

garde-malade [gardmalad]. **1.** *s.m.* Male nurse. **2.** *s.f.* (Sick-) nurse. *pl. Des gardes-malades.*

garde-manche [gardəmɑ̃ːʃ], *s.m.* Cuff-protector. *pl. Des garde-manches.*

garde-manger [gard(ə)mɑ̃ʒe], *s.m.inv.* **1.** Larder, pantry. **2.** Meat-safe.

garde-meuble [gard(ə)mœbl], *s.m.* (*a*) Furniture-repository, -warehouse. (*b*) Lumber-room. *pl. Des garde-meubles.*

garde-nappe [gardənap], *s.m.* **1.** Table-mat. **2.** Doily. **3.** (Table-)runner. *pl. Des garde-nappe(s).*

gardénia [gardenja], *s.f. Bot:* Gardenia.

garden-party [gardɛnparti], *s.m. & f.* Garden-party. *pl. Des garden-parties.*

garde-pêche [gardəpɛʃ], *s.m.* **1.** Water-bailiff; river-keeper, -watcher. *pl. Des gardes-pêche.* **2.** *inv.* Fishery protection vessel.

garde-place(s) [gardəplas], *s.m.inv. Rail:* **1.** (Office for) reservation of seats. **2.** Ticket holder for reserved seat(s).

garde-port [gardəpɔːr], *s.m.* Wharf-master (on river). *pl. Des gardes-port(s).*

garder [garde], *v.tr.* To keep. **1.** To guard, protect; to keep watch over (s.o., sth.). **Que les anges te gardent!** angels guard thee! **G. la boutique,** to mind the shop. **G. un troupeau,** to tend a flock. **G. qn à vue,** to keep a close watch on s.o. **2.** (*a*) To retain. **G. un vêtement,** (i) to keep a garment; (ii) to keep on a garment. (*b*) To preserve. *F:* **G. une poire pour la soif,** to put by something for a rainy day. **G. rancune à qn,** to bear a grudge against s.o. S.a. BON I. 12. **Viande qui ne se garde pas bien,** meat that does not keep well. **3.** To remain in (a place). **G. la chambre,** to keep to one's room. **G. le lit,** to be laid up, confined to bed. **4.** To observe, respect. **G. un secret, sa parole,** to keep a secret, one's word.

se garder. **1.** To protect oneself. **Garde-toi!** look out for yourself! *Cards:* **Se g. en trèfle,** to keep a guard in clubs. S.a. CARREAU 4. **2.** (*a*) **Se g. de qn, de qch.,** to beware of s.o., sth. (*b*) **Se g. de faire qch.,** to take care not to do sth.

garderie [gard(ə)ri], *s.f.* **1.** Day-nursery; crèche. **2.** Boarding home for pets. **3.** Beat of keeper or ranger.

garde-rivière [gardrivjɛːr], *s.m.* River-policeman. *pl. Des gardes-rivière.*

garde-robe [gardərɔb], *s.f.* **1.** (*a*) Wardrobe. (*b*) Clothes. **2.** (*a*) Night-commode. (*b*) *Med:* Stool(s), motion. *pl. Des garde-robes.*

garde-temps [gardətɑ̃], *s.m. inv. in pl. Ind:* Timing apparatus; chronometer.

gardeur, -euse [gardœːr, -øːz], *s.* Keeper (of animals); herdsman. **G. de cochons,** swine-herd. **Gardeuse d'oies,** goose-girl.

garde-voie [gardəvwa], *s.m. Rail:* Track-watchman. *pl. Des gardes-voie.*

garde-vue [gardəvy], *s.m.inv.* **1.** Eye-shade. **2.** Lamp-shade.

gardian [gardjɑ̃], *s.m.* Cowherd (in Camargue).

gardien, -ienne [gardjɛ̃, -jɛn], *s.* Guardian, keeper, watchman; caretaker (of public building, etc.); warder (of prison). **G. d'autos,** car-park attendant. **G. de quai,** wharf-keeper. **G. de la paix,** policeman (in a town). *Fb:* **G. de but,** goal-keeper. *a.* **Ange g.,** guardian angel.

gardiennage [gardjɛnaːʒ], *s.m.* **1.** Guarding (bridges, railways, etc.). **2.** Conservancy (of harbours, etc.). **3.** Caretaking.

gardon [gardɔ̃], *s.m. Ich:* Roach.

gare[1] [gaːr], *int.* Look out! mind yourself! *F:* **G. la bombe!** look out for squalls! **G. à lui si . . .,** woe betide him if. . . . **Sans crier g.,** without warning.

gare[2], *s.f.* **1.** Siding (of canal). *Rail:* **G. d'évitement,** siding. S.a. TRIAGE. **2.** (Railway) station. **G. maritime,** harbour-station. **G. de bifurcation,** junction. **G. de, aux, marchandises,** goods-yard, *U.S:* freight depot. *Com:* **"En g,"** 'to be (left till) called for.' **Chef de g.,** station-master. **Le train est en g.,** the train is in.

garenne [garɛn], *s.f.* **1.** (Rabbit-)warren. **Lapin de g.,** *F:* **un g.,** wild rabbit. **2.** (Fishing) preserve.

garer [gare], *v.tr.* **1.** To dock (vessel). **2.** To shunt (train) on to a siding. **3.** (*a*) To garage (car). (*b*) To park (car).

se garer. **1.** To get out of the way (de, of). **Garez-vous!** (i) stand aside! (ii) take cover! **2.** (Of car, etc.) To pull to one side. **3.** (Of train) To shunt on to a siding.

gargantua [gargɑ̃tɥa], *s.m. F:* Glutton, guzzler.

gargantuesque [gargɑ̃tɥɛsk], *a.* Gargantuan.

gargariser [gargarize], *v.tr.* To gargle (throat).

se gargariser, to gargle.

gargarisme [gargarism], *s.m.* Gargle.

gargote [gargɔt], *s.f.* Low-class eating house.

gargotier, -ière [gargɔtje, -jɛːr], *s.* **1.** Keeper of a low-class eating house. **2.** *F:* Bad cook.

gargouille [garguːj], *s.f.* (*a*) (Water-)spout (of roof-gutter). (*b*) *Arch:* Gargoyle.

gargouill|er [garguje], *v.i.* **1.** (*a*) (Of water) To gurgle, bubble. (*b*) *F:* (i) **(Sol) qui gargouille sous les pas,** squishy (ground) underfoot; (ii) (of shoes in the wet or mud) to squelch. **2.** (Of the bowels) To rumble. *s.m.* **-ement.**

gargouillis [garguji], *s.m.* Bubbling, gurgling (of water).

gargoulette [gargulɛt], *s.f. Cer:* Water-cooler.

gargousse [gargus], *s.f. Artil:* (i) Cartridge (of big gun); (ii) cartridge-bag.

garigue [garig], *s.f.* = GARRIGUE.

garnement [garnəmɑ̃], *s.m. F:* **Mauvais g.,** scamp, rogue.

garni [garni] I. *a.* **1.** Furnished, trimmed, stocked. (*a*) **Bourse bien garnie,** well-lined purse. (*b*) **Choucroute garnie,** sauerkraut with sausages. **Plat de viande garni,** meat with vegetables. **2.** Furnished. **Chambres garnies,** furnished apartments.

II. **garni,** *s.m.* Usu. *Pej:* Furnished room(s). **Loger en g.,** to live in lodgings.

garnir [garniːr], *v.tr.* **1.** To strengthen, protect. **G. une place de guerre,** to garrison a stronghold. **2.** To furnish, provide (de, with). **G. une boutique,** to stock a shop. **G. qch. à l'intérieur,** to line sth. **Coffret garni de . . .,** case fitted (out) with. . . . **Salle garnie de monde,** (i) room full of company; (ii) large audience. **3.** To trim (dress, hat, etc.). **4.** *Tchn:* To stuff (chair); to lag (boiler); to pack (piston); to line (brake). *Phot:* **G. un châssis,** to load, fill, a slide.

garnison [garnizɔ̃], *s.f.* Garrison. **Ville de g.,** garrison town. **Être en g. dans une ville,** to be garrisoned, stationed, in a town. **Changer de g.,** to change station.

garnissage [garnisaːʒ], *s.m.* (*a*) Garnishing, furnishing; trimming, facing (of coat). (*b*) Packing, stuffing; lagging (of boiler).

garnisseur, -euse [garnisœːr, -øːz], *s.* Garnisher, trimmer (of hats, dresses, etc.); fitter (of cases); filler (of lamps).

garniture [garnityːr], *s.f.* **1.** Fittings. **G. de lit,** bedding. **G. intérieure d'une auto,** upholstery of a car. **2.** (*a*) Trimming, decoration (of dress, hat). (*b*) Trimming(s). **3.** (Complete) set (of buttons, furs, etc.). **G. de toilette,** toilet-set. **G. de feu, de foyer,** set of fire-irons. **4.** Garnish(ing), trimmings (of dish). **5.** (*a*) *Mch:* Packing (of stuffing-box); (packing-)ring (of piston). **Boîte à g.,** stuffing-box. (*b*) *Mch:* Lagging (of boiler). (*c*) **G. de frein,** brake-lining.

garrigue [garig], *s.f.* *Geog:* (*In Mediterranean countries*) (*a*) Low, sparse vegetation. (*b*) Stony, sun-drenched hills.

garrot[1] [garo], *s.m.* **1.** *Surg:* Tourniquet. **2.** Racking-stick. **3. Supplice du g.,** gar(r)otting, gar(r)otte.
garrot[2], *s.m.* Withers (of horse).
garrottage [garɔtaːʒ], *s.m.* Gar(r)otting.
garrotte [garɔt], *s.f.* = GARROT[1] 3.
garrott|er [garɔte], *v.tr.* **1.** To rack down (goods on a truck, etc.). **2.** To pinion (prisoner, etc.). **3.** To gar(r)otte, strangle.
gars, [gɑ], *s.m.* *F:* Young fellow; lad. **Un petit g.,** a small urchin. **Allons-y, les gars!** come on, boys!
Gascogne [gaskɔɲ]. *Pr.n.f.* *Geog:* Gascony. **Le Golfe de G.,** the Bay of Biscay.
gascon, -onne [gaskɔ̃, -ɔn]. **1.** *a. & s.* *Ethn:* Gascon. **Faire le g.,** to boast, brag. **2.** *s.m.* The Gascon dialect.
gasconnade [gaskɔnad], *s.f.* Gasconade. **1.** Bragging. **2.** Piece of brag; tall story.
gasconner [gaskɔne], *v.i.* **1.** To speak with a Gascon accent. **2.** *F:* To boast, brag.
gas-oil [gɑzwal, gɑzɔil], *s.m.* Diesel oil.
gaspill|er [gaspije], *v.tr.* To waste, squander (money); to waste, spoil (paper, cloth). **G. sa vie,** to make a hash of one's life. *s.m.* **-age.** *s.* **-eur, -euse.**
gastéropode [gasterɔpɔd]. *Moll:* **1.** *a.* Gasteropodous. **2.** *s.m.* Gasteropod.
gastralgie [gastralʒi], *s.f.* *Med:* Stomach pains.
gastralgique [gastralʒik], *a.* *F:* Dyspeptic.
gastrectomie [gastrɛktɔmi], *s.f.* *Surg:* Gastrectomy.
gastrique [gastrik], *a.* Gastric.
gastrite [gastrit], *s.f.* *Med:* Gastritis.
gastro-entérique [gastroɑ̃terik], *a.* Gastro-enteric.
gastro-entérite [gastroɑ̃terit], *s.f.* *Med:* Gastro-enteritis.
gastro-intestinal, -aux [gastroɛ̃tɛstinal, -o], *a.* Gastro-intestinal.
gastronome [gastrɔnɔm], *s.m.* **1.** Gastronome. **2.** Writer on gastronomy.
gastronomie [gastrɔnɔmi], *s.f.* Gastronomy.
gastronomique [gastrɔnɔmik], *a.* Gastronomical.
gâté [gɑte], *a.* Spoilt. (*a*) **Viande gâtée,** tainted meat. **Dents gâtées,** decayed teeth. (*b*) **Enfant g.,** (i) spoilt, pampered, child; (ii) pet, favourite.
gâteau, -eaux [gɑto], *s.m.* **1.** Cake; (open) tart. **G. de riz,** rice shape. **G. des Rois,** Twelfth-night cake. *F:* **Papa g.,** fond parent. **Marraine g.,** fairy godmother. **2.** Lump, cake (of any material). **G. de bouse,** cow-pat(ch). **G. de miel,** honeycomb.
gâte-papier [gɑtpapje], *s.m.inv.* *F:* Scribbler.
gât|er [gɑte], *v.tr.* To spoil. **1. La grêle gâte le blé,** hail damages the corn. **Les mouches gâtent la viande,** the flies taint the meat. **Cela ne gâte rien,** that won't do any harm. **Il a tout gâté,** he has spoiled everything. **G. le plaisir de qn,** to mar s.o.'s pleasure. **2.** To pamper (child, etc.). *s.* **-eur, -euse.**
se gâter, to spoil, deteriorate. **Le temps se gâte,** the weather is breaking up. **Les affaires se gâtent,** things are going wrong.
gâterie [gɑtri], *s.f.* **1.** Over-indulgence (to faults of others). **2.** *pl.* Treats, goodies (for children).
gâte-tout [gattu], *s.m.inv.* *F:* Muddler, spoil-sport.
gâteux, -euse [gɑtø, -øːz]. **1.** *s.* Old dotard. **2.** *a.* In senile decay.
gâtine [gatin], *s.f.* **1.** Tract of marshland. **2.** (Forest) clearing.
gâtisme [gɑtism], *s.m.* Senile decay.
gauche [goːʃ], *a.* **1.** Warped, crooked; out of true; skew (surface, etc.). **2.** Awkward, clumsy. **3.** Left. (*a*) **Main g.,** left hand. (*b*) *s.f.* **Assis à ma g.,** seated on my left. **Mon voisin de g.,** my left-hand neighbour. (*c*) *s.m.* (= **poing g.** *Box:* **Feinter du g.,** to feint with the left. (*d*) *s.m.pl.* *Pol:* **Les Gauches,** the Left. **(Politique) de g.,** left-wing (politics). **4.** *Adv.phr.* **A g.,** on the left, to the left, on the left-hand side. **Tournez à g.,** turn to the left. **La première rue à g.,** the first street on the left. *F:* **Emprunter à droite et à g.,** to borrow right and left, on every hand. *Mil:* *P:* **Passer l'arme à g.,** to go west; to peg out. *Mec.E:* **Vis à pas à g.,** left-handed screw.
gauchement [goʃmɑ̃], *adv,* Awkwardly, clumsily.
gaucher, -ère [goʃe, -ɛːr], *a. & s.* Left-handed (person).
gaucherie [goʃri], *s.f.* **1.** Left-handedness. **2.** Awkwardness, clumsiness, gaucherie. **Commettre des gaucheries,** to make blunders.
gauchi [goʃi], *a.* Out of true.
gauch|ir [goʃiːr]. **1.** *v.i.* *A:* To flinch; to give way; to dodge (blow). **2.** *v.i. & pr.* (Of wood, etc.) To warp; to shrink out of true; (of iron) to buckle. **3.** *v.tr.* *Av:* **G. l'aileron,** to warp the aileron; to bank. *s.m.* **-issement.**
gauchisant [goʃizɑ̃], *a. & s.* *Pol:* Leftist.
gauchiste [goʃist], *s.* *Pol:* Member of the Left.
gaucho [goʃo], *s.m.* (S. American) gaucho, cowboy.
gaudriole [godriɔl], *s.f.* *F:* Broad joke or joking. **Dire des gaudrioles,** to crack broad jokes.
gaufrage [gofraːʒ], *s.m.* **1.** Embossing (of leather, etc.); goffering, fluting (of linen); corrugating; crinkling. **2.** Embossed work; corrugation(s); goffers, fluting; chequered pattern.
gaufre [goːfr], *s.f.* **1.** Honeycomb. **2.** *Cu:* Waffle. **Moule à gaufres,** waffle-iron.
gaufr|er [gofre], *v.tr.* **1.** (*a*) To figure, emboss (leather, velvet). (*b*) To goffer, flute, crimp (linen). **Fer à g.,** goffering-iron. (*c*) To corrugate; to crinkle (paper). **2.** *Tex:* To diaper (cloth). *s.* **-eur, -euse.**
gaufrette [gofrɛt], *s.f.* *Cu:* Wafer biscuit.
gaufrier [gofrie], *s.m.* *Cu:* Waffle-iron.
gaufrure [gofryːr], *s.f.* **1.** Stamped design (on leather, etc.). **2.** Goffering (on linen).
gaule[1] [goːl], *s.f.* **1.** (Long thin) pole, stick. **G. de pavillon,** (small) flagstaff. **2.** (One-piece) fishing-rod. **3.** (Riding-)switch.
Gaule[2]. *Pr.n.f.* *A.Geog:* Gaul.
gaul|er [gole] *v.tr.* To beat (fruit-tree, walnut-tree). *s.m.* **-age.**
gaulis [goli], *s.m.* Plantation (of young trees), coppice
gaullisme [golism], *s.m.* *Hist:* *Pol:* Gaullism.
gaulliste [golist], *a. & s.* *Pol:* Gaullist, follower of President de Gaulle.
gaulois, -oise [golwa, -waːz]. **1.** *a.* Gallic; of Gaul. *F:* **Esprit g.,** (broad) Gallic humour. **2.** *s.* (*a*) **Les G.,** the Gauls. (*b*) **Le g.,** (the) Gallic (tongue). **3.** *s.f.* *R.t.m:* **Gauloise,** a popular brand of cigarettes.
gauloiserie [golwazri], *s.f.* Broad joke.
gausser (se) [səgose], *v.pr.* **Se g. de qn,** to poke fun at s.o., to sneer at s.o.
gausserie [gosri], *s.f.* *F:* Mockery, banter, chaff.
gausseur, -euse [gosœːr, -øːz]. **1.** *s.* Mocker, banterer. **2.** *a.* Mocking, bantering.
Gautier [gotje]. *Pr.n.m.* Walter.
gavage [gavaːʒ], *s.m.* **1.** Cramming (of poultry). *Med:* Forcible feeding. **2.** *F:* Gorging, stuffing (of food).
gave [gaːv], *s.m.* Mountain-torrent (in the Pyrenees).
gav|er [gave], *v.tr.* To cram (poultry). *Med:* To feed (s.o.) forcibly. *F:* **Se g. de nourriture,** to gorge; to stuff oneself with food.
gaveur, -euse [gavœːr, -øːz], *s.* *Husb:* (Goose or chicken) crammer. *s.f.* **Gaveuse,** cramming-apparatus.
gavotte [gavɔt], *s.f.* *Danc:* *Mus:* Gavotte.
gavroche [gavrɔʃ], *s.m.* Street-arab (of Paris); ragamuffin. (From the character in V. Hugo's *Les Misérables.*)
gaz [gɑːz], *s.m.* **1.** Gas. **Usine à g.,** gas-works. **Cuisinière à g.,** gas-stove. **Réchaud à g.,** gas-ring. **Moteur à g.,** gas-engine. *Aut:* **Ouvrir, mettre, les g.,** to open out the throttle; *U.S:* *F:* to tread, step, on the gas. **A pleins g.,** with the throttle full open; flat out. **G. asphyxiant, toxique, de combat,** asphyxiating gas; *F:* poison gas. **2.** *F:* **Avoir des g.,** to suffer from flatulence, *F:* from wind.
gaze [gɑːz], *s.f.* Gauze. **G. métallique,** wire gauze. *F:* **Raconter les choses sans g.,** to tell the story without any reticence.
gazéification [gazeifikasjɔ̃], *s.f.* **1.** *Ch:* Gasification. **2.** Aeration (of mineral waters).
gazéifier [gazeifje], *v.tr.* **1.** *Ch:* To gasify, volatilize. **2.** To aerate (mineral waters, wine).
gazéiforme [gazeifɔrm], *a.* Gasiform.
gazelle [gazɛl], *s.f.* *Z:* Gazelle.
gazer[1] [gɑze], *v.tr.* To cover with gauze.
gazer[2]. **1.** *v.tr.* To gas (troops). **2.** *v.i.* *P:* (*a*) *Aut:* **Ça gaze!** we're doing fine! **Ça gaze?** How's things? (*b*) **Ça va g.!** we're in for trouble! look out for squalls!
gazetier [gazətje], *s.m.* *A:* **1.** Gazette-writer, journalist. **2.** *F:* Newsmonger.
gazette [gazɛt], *s.f.* Gazette; news-sheet.

gazeux, -euse [gazø, -ø:z], *a.* **1.** Gaseous. **2.** Aerated (water, etc.); fizzy (drink).
gazier [gazje], *s.m.* (*a*) Employee at gas-works; *F:* gasman. (*b*) Gas-fitter.
gazoduc [gazɔdyk], *s.m.* Gas pipe-line.
gazogène [gazɔʒɛn]. **1.** *a.* (*a*) Gas-producing. (*b*) Aerating. **2.** *s.m.* (*a*) Gas-generator. (*b*) Gasogene, seltzogene.
gaz-oil [gazwal, gazoil], *s.m.* Diesel oil.
gazomètre [gazɔmɛtr], *s.m.* Gasometer, gasholder.
gazon [gazɔ̃], *s.m.* **1.** (*a*) (Fine, short) grass; turf, sward. (*b*) Lawn, green. **2.** Turf, sod. **3.** *Bot:* **G. d'Olympe,** thrift.
gazonn|er [gazɔne], *v.tr.* To cover with sods or turf; to turf. **Talus gazonné,** turfed slope. *s.m.* **-age.** *s.m.* **-ement.**
gazonneux, -euse [gazɔnø, -ø:z], *a.* Turfy.
gazouill|er [gazuje], *v.i.* (Of bird) To twitter, warble; (of water) to babble, purl; *F:* (of child) to prattle. *s.m.* **-ement.** *s.m.* **-is.**
geai [ʒe], *s.m.* *Orn:* Jay.
géant, -ante [ʒeɑ̃, -ɑ̃:t]. **1.** *s.* Giant, giantess. *Gym:* **Pas de géant,** giant's stride. **Avancer à pas de g.,** to advance with giant strides; to make astonishing progress. **2.** *a.* Gigantic.
gecko [ʒɛko], *s.m.* *Rept:* Gecko. **G. des murailles,** wall gecko.
géhenne [ʒeɛn], *s.f.* Gehenna, Hell.
geign-ais, -ant, -is, etc. See GEINDRE.
geignard, -arde [ʒɛɲa:r, -ard]. **1.** *a.* Fretful; (given to) whining; peevish. **2.** *s.* Whiner.
geignement [ʒɛɲmɑ̃], *s.m.* **1.** Whining, whimpering. **2.** Whine, whimper.
geigneur, -euse [ʒɛɲœ:r, -ø:z], *s.* (Habitual) whiner; *F:* grizzler.
gei|ndre [ʒɛ̃:dr], *v.i.* (*pr.p.* **geignant**; *p.p.* **geint**; *pr.ind.* **je geins, il geint, n. geignons**; *p.h.* **je geignis**; *fu.* **je geindrai**) To whine, whimper; *F:* to grizzle.
geisha [gɛʃa], *s.f.* Geisha.
gel [ʒɛl], *s.m.* **1.** Frost, freezing. **2.** *Ch:* Gel.
gélatine [ʒelatin], *s.f.* Gelatin(e).
gélatineux, -euse [ʒelatinø, -ø:z], *a.* Gelatinous.
gélatino-bromure [ʒelatinɔbrɔmy:r], *s.m.* *Phot:* Gelatino-bromide. **Papier au g.-b.,** bromide paper.
gélatino-chlorure [ʒelatinɔklɔry:r], *s.m.* *Phot:* Gelatino-chloride. **Papier au g.-c.,** gas-light paper.
gelé [ʒəle], *a.* **1.** Frozen. **2.** (*a*) Frost-bitten (nose, toe). (*b*) Frost-nipped. **3.** *Fin:* **Dettes gelées,** frozen debts.
gelée [ʒəle], *s.f.* **1.** Frost. **Forte g.,** hard frost. **Temps à la gelée,** frosty weather. **2.** Jelly. *Cu:* **G. de pommes,** apple jelly. *Toil:* **G. pour les ongles,** nail paste.
geler [ʒ(ə)le], *v.* (**je gèle; je gèlerai**) **1.** *v.tr.* To convert into ice; to freeze. **2.** *v.i.* (*a*) To become frozen; to freeze. **On gèle dans cette salle,** this room is like an ice-house. (*b*) *Impers.* **Il gèle dur, à pierre fendre,** it is freezing hard. **Il a gelé blanc,** there was a white frost.
  se geler, to freeze, solidify.
gélif, -ive [ʒelif, -i:v], *a.* **1.** Frost-cleft, frost-riven (tree, stone). **2. Huile gélive,** oil that freezes easily.
  se gélifier, [səʒelifje], *v.pr.* To gel.
gélignite [ʒelignit], *s.f.* *Exp:* Gelignite.
gelinotte [ʒ(ə)linɔt], *s.f.* **1.** Hazel-grouse, hazel-hen. **2.** Fattened pullet.
gelure [ʒəly:r], *s.f.* *Med:* Frost-bite.
Gémeaux (les) [leʒemo], *s.m.pl.* *Astr:* Gemini; the Twins.
gémellaire [ʒemɛlɛ:r], *a.* **Grossesse g.,** twin pregnancy.
géminé [ʒemine], *a.* Geminate, twin (leaves, etc.). *Sch:* **Classes géminées,** forms taught together. **Écoles géminées,** mixed schools.
gémir [ʒemi:r], *v.i.* To groan, moan, wail. **G. sur son sort,** to bemoan one's fate.
gémissant [ʒemisɑ̃], *a.* Moaning, wailing; creaking (axle).
gémissement [ʒemismɑ̃], *s.m.* Groan(ing), moan(ing); wail(ing). **Pousser un profond g.,** to give, utter, a deep groan.
gémisseur, -euse [ʒemisœ:r, ø:z], *s.* Moaner, groaner; wailer.
gemmage [ʒɛmma:ʒ], *s.m.* Tapping (of trees for resin).
gemme [ʒɛm]. **1.** (*a*) *s.f.* Gem; precious stone. (*b*) *a.* **Pierre g.,** gem stone. **Sel g.,** rock-salt. **2.** *s.f.* Pine resin.
gemmer [ʒɛmme]. *v.tr.* To tap (tree for resin).
gemmeur [ʒɛmmœ:r], *s.m.* Tapper (of pine trees).
gémonies (les) [leʒemɔni], *s.f.pl.* *Rom.Ant:* The Gemonies.
gênant [ʒɛnɑ̃], *a.* **1.** Cumbersome; in the way. **2.** Embarrassing, awkward (situation, silence).
gencive [ʒɑ̃si:v], *s.f.* *Anat:* Gum. S.a. ABCÈS.
gendarme [ʒɑ̃darm], *s.m.* **1.** Gendarme; soldier of the police militia; approx. = constable. *F:* **C'est un vrai g.,** she's a martinet. **2.** *F:* Spark (from crackling fire). **3.** *P:* Red herring. **4.** Flaw (in jewel). **5.** *Mount:* Gendarme.
gendarmer (se) [səʒɑ̃darme], *v.pr.* (**contre, qn, qch.**), to be up in arms (against s.o., a proposal); to flare up.
gendarmerie [ʒɑ̃darməri], *s.f.* **1.** The force of gendarmes; approx. = the constabulary. **La G. royale du Canada,** Royal Canadian Mounted Police. **2.** Barracks, headquarters (of the gendarmes).
gendre [ʒɑ̃:dr], *s.m.* Son-in-law.
gêne [ʒɛ(:)n], *s.f.* **1.** *A:* Torture. *F:* **Se mettre l'esprit à la g.,** to rack one's brains. **2.** Discomfort, constraint, embarrassment. **Sans g.,** unconstrained, unconventional, free and easy. **Il est sans g.!** he's a cool customer! he makes himself at home! **3.** Want; financial embarrassment or pressure. **Être dans la g.,** to be in straitened, reduced, embarrassed, circumstances; to be hard up.
gène [ʒɛn], *s.m.* *Biol:* Gene.
gêné [ʒene], *a.* **1.** Embarrassed; ill at ease; uneasy. **Il n'est pas g. = il est sans gêne,** *q.v.* under GÊNE 2. **Silence g.,** awkward silence. **2.** In straitened circumstances; *F:* hard up.
généalogie [ʒenealɔʒi], *s.f.* Genealogy; pedigree, descent; pedigree (of cattle, horses, etc.).
généalogique [ʒenealɔʒik], *a.* Genealogical. **Arbre g.,** family-tree; pedigree.
généalogiste [ʒenealɔʒist], *s.m.* Genealogist.
gêner [ʒene], *v.tr.* **1.** To constrict, cramp. **Mes souliers me gênent,** my shoes pinch. **On est gêné ici,** we are too crowded here. **2.** To hinder, obstruct, impede; to be in (s.o.'s) way. **G. la vue,** to obstruct, block, the view. **Cette valise vous gêne-t-elle?** is this bag in your way? **3.** To inconvenience, embarrass. **La fumée (de tabac) vous gêne-t-elle?** do you mind my smoking? **Cela me gênerait de le rencontrer,** it would be embarrassing for me to meet him.
  se gêner, 1. To put oneself under some restraint. **Je ne me suis pas gêné, pour le lui dire,** I made no bones about telling him. **Il ne se gêne pas avec nous,** he does not stand on ceremony with us; he makes himself at home. *F:* **Faut pas se g.,** no need to ask. *Iron:* **Il ne se gêne pas!** He's not backward in coming forward! **2.** To put oneself to inconvenience.
général, -ale, -aux [ʒeneral, -o]. **1.** *a.* General (rule, appearance, etc.). **En règle générale,** as a general rule. **D'une façon générale,** generally speaking, broadly speaking. S.a. QUARTIER 3. **En g.,** in general, generally; generally speaking; for the most part. **2.** *s.m.* (i) *Mil:* General. **G. de brigade,** brigadier. **G. de division,** major-general. **G. de corps d'armée,** lieutenant-general. **G. d'armée,** general. (ii) *Av:* **G. de brigade aérienne,** air commodore. **G. de division aérienne,** air vice-marshal. **G. de corps d'armée aérien,** air marshal. **G. d'armée aérienne,** air chief marshal. **3.** *s.f.* **Générale.** (*a*) The general's wife. (*b*) Alarm call. **Battre la générale,** to call to arms. (*c*) *Th:* **(Répétition) générale,** dress-rehearsal. *adv.* **-ement.**
généralisateur, -trice [ʒeneralizatœ:r, -tris]. **1.** *a.* Generalizing. **2.** *s.* Generalizer.
généralisation [ʒeneralizasjɔ̃], *s.f.* **2.** Generalizing. **2.** Generalization.
généraliser [ʒeneralize], *v.tr.* To generalize.
  se généraliser, to become general; (of habit, etc.) to spread.
généralissime [ʒeneralisim], *s.m.* Generalissimo, commander-in-chief.
généralité [ʒeneralite], *s.f.* Generality. **Dans la g. des cas,** in most cases. **S'en tenir à des généralités,** to confine oneself to generalities.

générateur, -trice [ʒeneratœːr, -tris]. **1.** *a.* Generating (machine, function); generative (force, organ); productive (de, of). *El.E:* **Station, usine, génératrice,** generating station; power station. **2.** *s. El.E:* **Générateur, génératrice, de courant,** current-generator; dynamo. **3.** *s.f.* **Génératrice.** *Math:* Generating line, generant.

génératif, -ive [ʒeneratif, -iːv], *a.* Generative.

génération [ʒenerasjɔ̃], *s.f.* **1.** (Act of) generation; generating. **2. La g. actuelle,** the present generation, the present age. **La g. qui monte,** the rising generation. **De g. en g.,** from generation to generation.

générer [ʒenere], *v.tr.* (je génère; je générerai) **1.** To generate, engender. **2.** To generate, produce (electricity, etc.).

généreu|x, -euse [ʒenerø, -øːz], *a.* **1.** Noble, generous (soul). **Cœur g.,** warm heart. **Vin g.,** generous wine. **2.** Liberal, generous, open-handed. **Il est trop g.,** he is too free with his money. *adv.* **-sement.**

générique [ʒenerik], (*a*) *a.* Generic (term, etc.). (*b*) *s.m. Cin:* Credit titles, *F:* credits. *adv.* **-ment,** -ally.

générosité [ʒenerɔzite], *s.f.* Generosity; munificence, liberality.

Gênes [ʒɛːn]. *Pr.n.f. Geog:* Genoa.

genèse [ʒənɛːz], *s.f.* Genesis, origin, birth. *B:* **La G.,** (the Book of) Genesis.

genet [ʒ(ə)nɛ], *s.m.* Jennet.

genêt [ʒ(ə)nɛ], *s.m. Bot:* Genista; esp. broom.

généticien, -ienne [ʒenetisjɛ̃, -jɛn], *s.* Geneticist.

génétique [ʒenetik], *s.f.* Genetics.

généticiste [ʒenetist], *s.m. & f.* Geneticist.

gêneur, -euse [ʒenœːr, -øːz], *s.* Spoil-sport; intruder.

Genève [ʒ(ə)nɛːv]. *Pr.n.f. Geog:* Geneva.

genevois, -oise [ʒənvwa, ʒnɛv-, -waːz], *a. & s.* Genevese, Genevan.

genévrier [ʒ(ə)nevrie], *s.m. Bot:* Juniper(-tree).

génial, -aux [ʒenjal, -o], *a.* Inspired; full of genius. **Œuvre géniale,** work of genius. **Idée géniale,** brilliant idea. *adv.* **-ement.**

génie [ʒeni], *s.m.* **1.** (*a*) (Guardian) spirit; (presiding) genius. **Son mauvais g.,** his evil genius. (*b*) Genie. **Les génies des contes arabes,** the genii, the jinn, of the Arabian Nights. **2. Homme de g.,** man of genius. **Suivre son g.,** to follow the bent of one's genius. **3.** (Pers.) Genius. **4.** *Tchn:* (*a*) **G. civil,** engineering. **G. atomique,** atomic engineering. (*b*) *Mil:* **Le corps du g., le g.,** the engineer corps; the sappers.

genièvre [ʒənjɛːvr], *s.m.* **1.** *Bot:* Juniper-berry or -tree. **2.** Gin.

génisse [ʒenis], *s.f.* Heifer.

génital, -aux [ʒenital, -o], *a.* Genital.

géniteur [ʒenitœːr], *s.m.* Sire, begetter.

génitif [ʒenitif], *s.m. Gram:* Genitive (case). **Au g.,** in the genitive.

génocide [ʒenɔsid], *s.m.* Genocide.

génois, -oise [ʒenwa, -waːz], *a. & s.* Genoese.

genou, -oux [ʒənu], *s.m.* **1.** Knee. **Enfoncé jusqu'aux genoux dans la boue,** knee-deep in mud. **Se mettre à genoux, fléchir le(s) genou(x),** to kneel down; to bend the knee. **Tomber à genoux,** to fall on one's knees; to fall to one's knees. **Un g. à, en, terre,** on one knee. **A genou(x)!** down on your knee(s)! kneel down! **Tenir un enfant sur ses genoux,** to hold a child on one's knees, on one's lap. **Ronds de genoux,** 'knees' (in one's trousers). **Tenir son g. dans ses mains,** *F:* to nurse one's knee. **2.** *Mec.E:* **(Joint à) g.,** (i) elbow joint; (ii) ball-and-socket joint; (iii) toggle-joint.

genouillère [ʒ(ə)nujɛːr], *s.f.* **1.** (*a*) Knee-piece, knee-cap (of armour). (*b*) (Workman's) knee-pad, knee-guard. **2.** *Mec.E:* **Articulation à g.,** knuckle-joint, ball-and-socket joint.

genre [ʒɑ̃ːr], *s.m.* **1.** Genus, family, kind. **Le g. humain,** the human race; mankind. **2.** Kind, manner, sort, way. **Quel g. de vie mène-t-il?** what kind of a life does he lead? **C'est plus dans son g.,** that's more in his line. **C'est un artiste dans son g.,** he is an artist in his way. **Vin blanc g. sauternes,** white wine of the Sauterne type. **Étui g. maroquin,** case in imitation morocco. **Dans le g. de . . .,** (much) like . . . **Un peu dans le g. de . . .,** rather like. . . . **Tout à fait dans le g. de . . .,** very much like. . . . **3.** (Artistic, literary) style, manner. **Le g. comique,** comedy, **Peinture de g.,** genre painting. **Tableau de g.,** subject picture. **Modèle pour tableaux de g.,** character model. **4.** Manners, fashion, taste. **C'est bon, mauvais, g.,** it is good, bad, form. **Elle a du g.,** there is a style about her. **Se donner du g.,** to put on airs. **5.** *Gram:* Gender.

gens[1] [ʒɑ̃], *s.m.pl.* (Was originally feminine, being the plural of GENT, *q.v.*, and most attributive adjectives preceding **gens** still take the feminine form, the word-group being nevertheless felt as masculine. **Ces bonnes g. sont venus me trouver. Heureux les petites g. éloignés des grandeurs! Quels sont ces g.? Quels** or **quelles sont ces bonnes g.? Tout** varies according as the attributive adjective has a distinctive feminine ending or not; **Toutes ces bonnes g.,** but **tous ces pauvres g. Jeunes g.,** and the compounds of group 2 (*b*) below, never have a feminine adjective. **De bons petits jeunes g. Les malheureux g. de lettres.**) **1.** People, folk(s), men and women. **Beaucoup de g., bien des g., l'ont vu,** many people have seen it. **Qui sont ces g.-là?** who are these people? **Il y a des g. qui . . .,** there are those who. . . . **2.** (*a*) **Jeunes g.,** (i) young people, young folk; (ii) young men. (*b*) **G. du monde,** society people. **G. de bien,** honest folk. **G. d'église,** (i) clergy(men), priests; (ii) church(y) people. **G. de lettres,** men of letters. **G. de robe,** lawyers. **Les g. du pays,** *F:* the locals. (*c*) **Petites g.,** people of small account, of small means. (*d*) Servants, domestics; retinue; attendants, retainers. **Les g. du Cardinal,** (i) the Cardinal's train; (ii) the Cardinal's people. **G. de maison,** servants. **3.** Nations, peoples. *Esp.* Le **droit des g.,** the law of nations.

gens[2] [ʒɛ̃ːs], *s.f. Rom.Ant:* Gens, family.

gent [ʒɑ̃], *s.f. A:* (Still used humorously after the manner of La Fontaine) Tribe, race, brood. **La g. moutonnière,** the woolly race, the sheep. **La g. ailée,** the feathered tribe.

gentiane [ʒɑ̃sjan], *s.f.* **1.** *Bot:* Gentian. **2.** Gentian-bitters.

gentil[1], **-ille** [ʒɑ̃ti, -iːj], *a.* (*a*) Pretty, pleasing, nice. **Un gentil enfant** (no 'liaison' [ʒɑ̃tiɑ̃fɑ̃]), a pretty child; a nice child. **C'est g. à vous de m'écrire,** it is very kind, very nice, of you to write to me. (*b*) **Sois gentil(le),** (i) be a good boy, a good girl. (ii) (*To older people*) Be an angel.

gentil[2], *s.m. Hist:* Gentile.

gentilhomme [ʒɑ̃tijɔm], *s.m.* Man of gentle birth; gentleman (in this restricted sense). **G. de la Chambre du Roi,** gentleman of the Privy Chamber. *pl. Des gentilshommes* [zɑ̃tizɔm].

gentilhommière [ʒɑ̃tijɔmjɛːr], *s.f.* (Small) country-seat, manor house (of squire).

gentilité [ʒɑ̃tilite], *s.f. Coll:* Heathendom; the Gentiles.

gentillesse [ʒɑ̃tijɛs], *s.f.* **1.** (*a*) Prettiness, graciousness, engaging manner. (*b*) **Auriez-vous la g. de . . .,** would you be so very kind as to. . . . **2.** *pl.* **Dire des gentillesses à une dame,** to say nice things, sweet nothings, to a lady.

gentillet, -ette [ʒɑ̃tijɛ, -ɛt], *a.* Rather nice; prettyish; engaging (child).

gentiment [ʒɑ̃timɑ̃], *adv.* Nicely; prettily.

gentleman [dʒɛntləman, ʒɑ̃tləman], *s.m.* Gentleman. **G. de naissance,** a born gentleman.

génuflexion [ʒenyflɛksjɔ̃], *s.f. Ecc:* Genuflexion. **Faire une g.,** to genuflect.

géocentrique [ʒeɔsɑ̃trik], *a. Astr:* Geocentric.

géodésie [ʒeɔdezi], *s.f.* Geodesy, surveying.

geodésien [ʒeɔdezjɛ̃], *s.m. Surv:* Geodesist, surveyor.

géodésique [ʒeɔdezik], *a.* Geodetic(al), geodesic. *Surv:* **Point g.,** triangulation point.

géographe [ʒeɔgraf], *s.m.* Geographer.

géographie [ʒeɔgrafi], *s.f.* Geography.

géographique [ʒeɔgrafik], *a.* Geographic(al). **Carte g.,** map. *adv.* **-ment,** -ally.

geôle [ʒoːl], *s.f. A:* Gaol, jail; prison.

geôlier [ʒolje], *s.m.* Gaoler, jailer; (prison) warder.

géologie [ʒeɔlɔʒi], *s.f.* Geology.

géologique [ʒeɔlɔʒik], *a.* Geological. *adv.* **-ment.**

géologue [ʒeɔlɔg], *s.m.* Geologist.

géométral, -aux [ʒeɔmɛtral, -o]. **1.** *a.* Flat (projection, elevation). **2.** *s.m.* Flat projection.

géomètre [ʒeɔmɛtr]. **1.** *s.m.* Geometer, geometrician. **2.** *s.f. Ent:* Geometer moth.
géométrie [ʒeɔmetri], *s.f.* Geometry. **G. dans l'espace,** solid geometry. **G. analytique,** analytical, co-ordinate geometry.
géométrique [ʒeɔmetrik], *a.* Geometric(al). *adv.* **-ment,** -ally.
géomorphologie [ʒeɔmɔrfɔlɔʒi], *s.f.* Geomorphology.
géophone [ʒeɔfɔn], *s.m.* Geophone, sound-detector.
géophysique [ʒeɔfizik], *s.f.* Geophysics.
géopolitique [ʒeɔpɔlitik], *s.f.* Geopolitics.
géorama [ʒeɔrama], *s.m.* Georama.
Georges [ʒɔrʒ]. *Pr.n.m.* George. *s.m. Av: F:* George, automatic pilot.
Géorgiques (Les) [leʒeɔrʒik], *s.f.pl. Lt.Lit:* The Georgics (of Virgil).
géostatique [ʒeɔstatik]. **1.** *a.* Geostatic. **2.** *s.f.* Geostatics.
géothermie [ʒeɔtɛrmi], *s.f.* Geothermics.
gérance [ʒerɑ̃:s], *s.f.* **1.** (*a*) Management (of business, newspaper). (*b*) Managership. **2.** Board of directors.
géranium [ʒeranjɔm], *s.m.* **1.** *Bot:* Geranium, crane's-bill. **2.** *Hort:* Pelargonium, *F:* geranium.
gérant, -ante [ʒerɑ̃, -ɑ̃:t], *s.* Manager; director; *f.* manageress, directress; managing director (of company). **Rédacteur g.,** managing editor.
gerbe [ʒɛrb], *s.f.* **1.** Sheaf (of corn). **G. d'étincelles,** shower of sparks. **G. d'eau,** (fan-shaped) spray of water; column of water (raised by shell, etc.). **G. de fleurs,** sheaf of flowers (at funeral). **2.** *Mil:* Cone of fire.
gerbée [ʒɛrbe], *s.f.* Fodder straw (with a little corn left in it).
gerb|er [ʒɛrbe], *v.tr.* **1.** To bind, sheave (corn, etc.). **2.** To stack, pile (bottles, etc.). *s.m.* **-age.**
gerbeur, -euse [ʒɛrbœ:r, -ø:z], *s.* **1.** (*Pers.*) Stacker (of sheaves). **2.** Stacking machine.
gerbier [ʒɛrbje], *s.m.* Stack (of corn).
gerboise [ʒɛrbwa:z], *s.f. Z:* Jerboa.
gerce [ʒɛrs], *s.f.* **1.** (*a*) Crack, fissure (in wood). (*b*) Crack, chap (in the skin). **2.** Clothes-moth.
gerc|er [ʒɛrse], *v.tr.* (**il gerçait; il gerça**) To crack (wood, etc.); to chap (the hands). *s.m.* **-ement.**
se gercer, (of skin) to crack, chap.
gerçure [ʒɛrsy:r], *s.f.* Crack, cleft, fissure; flaw (in wood); chap (in skin).
gérer [ʒere], *v.tr.* (**je gère; je gérerai**) To manage, run (newspaper, hotel). **Mal g. ses finances,** to mismanage one's finances.
gerfaut [ʒɛrfo], *s.m. Orn:* Gerfalcon.
gériatrie [ʒeriatri], *s.f. Med:* Geriatrics.
germain[1], **-aine** [ʒɛrmɛ̃, -ɛn]. *Hist:* **1.** *a.* Germanic. **2.** *s.* German.
germain[2], **-aine,** *a.* **Frère g.,** own brother, full brother, brother-german. **Cousin g.,** first cousin.
germandrée [ʒɛrmɑ̃dre], *s.f. Bot:* Germander.
Germanie [ʒɛrmani]. *Pr.n.f. Hist:* Germania.
germanique [ʒɛrmanik], *a. Hist:* (*a*) Germanic. (*b*) **L'empire g.,** the German Empire.
germanisant, -ante [ʒɛrmanizɑ̃, -ɑ̃:t]. **1.** *a.* Germanizing (influence, etc.). **2.** *s.m.* Student of German.
germanisation [ʒɛrmanizasjɔ̃], *s.f.* Germanization.
germaniser [ʒɛrmanize], *v.tr.* To Germanize.
germanisme [ʒɛrmanism], *s.m. Ling:* Germanism; esp. German phrase or idiom.
germaniste [ʒɛrmanist], *s.m. Ling:* German scholar.
germanophile [ʒɛrmanɔfil], *s.m. & f.* Germanophile.
germanophilie [ʒɛrmanɔfili], *s.f.* Germanomania.
germanophobe [ʒɛrmanɔfɔb], **1.** *a.* Germanophobic. **2.** *s.* Germanophobe.
germanophobie [ʒɛrmanɔfɔbi], *s.f.* Germanophobia.
germe [ʒɛrm], *s.m. Biol:* Germ. (Of potatoes) **Pousser des germes,** to sprout. **Étouffer une rébellion dans le g.,** to crush a rebellion in the bud.
germer [ʒɛrme], *v.i.* To germinate; to shoot, spring (up); (of potatoes) to sprout.
germicide [ʒɛrmisid]. **1.** *s.m.* Germicide. **2.** *a.* Germ-destroying.
germinal [ʒɛrminal], *s.m. Hist:* Seventh month of the Fr. Republican calendar (March-April).
germination [ʒɛrminasjɔ̃], *s.f.* Germination.
gérondif [ʒerɔ̃dif], *s.m. Gram:* **1.** Gerund. **2.** Gerundive. **Au g.,** in the gerund(ive).
gérontologie [ʒɛrɔ̃ntɔlɔʒi], *s.f.* Gerontology.
gésier [ʒezje], *s.m.* Gizzard.
gésir [ʒezi:r], *v.i. def.* (*pr.p.* **gisant;** *pr.ind.* **il gît, n. gisons, v. gisez, ils gisent;** *p.d.* **je gisais,** etc.) (Of pers.) To lie (helpless or dead); (of thg) to lie. (On gravestone) **Ci-gît, ci-gisent . . .,** here lies, here lie. . . . **C'est là que gît le lièvre,** that's the point; there's the rub.
gesse [ʒɛs], *s.f. Bot:* Vetch; everlasting pea. **G. odorante,** sweet pea.
Gestapo [gestɑpo], *s.f. Pol.Hist:* Gestapo (from German *Geheime Staatspolizei*).
gestation [ʒɛstasjɔ̃], *s.f.* Gestation, pregnancy.
geste[1] [ʒɛst], *s.m.* **1.** Gesture, motion, movement. **D'un g. de la main,** with a wave, a motion, of the hand. **Faire un g.,** to make a gesture. **Joindre le g. à la parole,** to suit the action to the word. *Mil:* **Commandements au g.,** control signals. **2. Beau g.,** handsome gesture, gesture of sympathy (on the part of a state, etc.).
geste[2], *s.f.* **1. (Chanson de) g.,** mediaeval verse-chronicle (of heroic exploits). **2. Faits et gestes,** doings, exploits.
gesticulateur, -trice [ʒɛstikylatœ:r, -tris], *s.* Gesticulator.
gesticulation [ʒɛstikylasjɔ̃], *s.f.* Gesticulating, gesticulation.
gesticuler [ʒɛstikyle], *v.i.* To gesticulate.
gestion [ʒɛstjɔ̃], *s.f.* (*a*) Management (of works, etc.); administration; care (of public money). **Mauvaise g.,** maladministration. (*b*) Administratorship.
gestionnaire [ʒɛstjɔnɛ:r]. **1.** *a.* **Administration g.,** administration by agent or factor. **2.** *s.* Manager, administrator; *f.* manageress, administratrix.
geyser [ʒezɛ:r], *s.m. Geol:* Geyser.
Ghana [gana], *Pr.n.m. Geog:* Ghana.
ghanéen, -éenne [ganeɛ̃, -eɛn], *a. & s. Geog:* Ghanaian.
ghetto [gɛt(t)o], *s.m.* Ghetto.
gibbon [ʒib(b)ɔ̃], *s.m. Z:* Gibbon (ape).
gibbosité [ʒib(b)ozite], *s.f.* Gibbosity; hump.
gibecière [ʒipsjɛ:r], *s.f.* **1.** Game-bag, -pouch. **2.** Wallet; (school) satchel.
Gibelin [ʒiblɛ̃], *s.m. Hist:* Ghibelline.
gibelotte [ʒiblɔt], *s.f.* Fricassee of rabbit or hare.
giberne [ʒibɛrn], *s.f.* **1.** *A:* Cartridge-pouch. **2.** (Bandsman's) wallet.
gibet [ʒibɛ], *s.m. A:* Gibbet, gallows.
gibier [ʒibje], *s.m.* Game (= wild animals). **Gros g.,** big game. **Menu g.,** small game. **G. d'eau,** wild-fowl. *F:* **G. de potence,** gallows bird.
giboulée [ʒibule], *s.f.* **1.** Sudden shower (usu. with snow or hail). **2.** *P:* Shower of blows, drubbing.
giboyeux, -euse [ʒibwajø, -ø:z], *a.* Well stocked with game.
gibus [ʒiby:s], *s.m.* Crush-hat, opera-hat.
giclage [ʒikla:ʒ], *s.m. I.C.E:* Spraying (of petrol).
giclée [ʒikle], *s.f.* Spirt, squirt (of water, blood).
giclement [ʒikləmɑ̃], *s.m.* Splashing up, squelching (of mud); squirting, spirting (of blood).
gicler [ʒikle], *v.i.* **1.** To squirt out; (of blood, etc.) to spirt (out). **2.** To splash up; to squelch.
gicleur [ʒiklœ:r], *s.m. I.C.E:* (Spray) nozzle; atomizer, jet. **G. de ralenti,** pilot jet.
gifle [ʒifl], *s.f.* Slap, smack, in the face; box on the ear. **Appliquer,** *F:* **flanquer, une g. à qn,** to slap s.o.'s face.
gifler [ʒifle], *v.tr.* To slap, smack (s.o.'s) face; to box (s.o.'s) ears.
gigantesque [ʒigɑ̃tɛsk], *a.* Gigantic; huge. *adv.* **-ment,** -ally.
gigantisme [ʒigɑ̃tism], *s.m. Med:* Gigantism, giantism.
Gigogne [ʒigɔɲ], *s.f.* **La mère G.** = the Old Woman who lived in a shoe. *attrib.* **Table g.,** nest of tables. **Vaisseau g.,** mother ship.
gigolo [ʒigɔlo], *s.m. P:* (*a*) Fancy man. (*b*) Lounge-lizard; gigolo.
gigot [ʒigo], *s.m.* Leg of mutton.
gigoter [ʒigɔte], *v.i. F:* **1.** To kick, fling about. (*To a child*) **Ne gigote pas!** Don't wriggle! Don't fidget! **2.** To jig it; to shake a leg.
gigue[1] [ʒig], *s.f. Danc:* Jig.
gigue[2], *s.f.* (*a*) Haunch (of venison). (*b*) *pl. F:* Legs, stumps. (*c*) *F:* **Une grande g.,** a lanky young woman

gilet [ʒilɛ], *s.m.* Waistcoat, *U.S:* vest. **G. de dessous, de coton, de flanelle,** cotton, flannel, undervest, vest. **G. de corps,** singlet. **G. de sauvetage,** life(-saving) jacket. **G. d'armes,** fencing jacket.
giletier, -ière [ʒiltje, -jɛ:r], *s.* **1.** Waistcoat-maker, waistcoat-hand. **2.** *s.f.* **Giletière,** watch-chain, watch-guard.
Gilles [ʒil]. *Pr.n.m.* Giles.
gin [dʒin, ʒin], *s.m.* Gin.
gindre [ʒɛ̃:dr], *s.m.* Journeyman baker.
gingembre [ʒɛ̃ʒɑ̃:br], *s.m.* Ginger.
gingival, -aux [ʒɛ̃ʒival, -o], *a.* Gingival; of the gums.
gingivite [ʒɛ̃ʒivit], *s.f. Med:* Gingivitis. **G. expulsive,** pyorrhœa.
girafe [ʒiraf], *s.f.* **1.** *Z:* Giraffe. **2.** *Cin:* Boom (of microphone).
girafeau [ʒirafo], *s.m.* Baby giraffe.
girande [ʒirɑ̃:d], *s.f.* Girandole (of water-jets or of rockets).
girandole [ʒirɑ̃dɔl], *s.f.* **1.** Girandole, chandelier. **2.** Epergne, centre-piece (for table). **3.** Cluster (of blooms); girandole (of jewels).
girasol [ʒirasɔl], *s.m.* **1.** Sunflower. **2.** Fire-opal.
giration [ʒirasjɔ̃], *s.f.* Gyration. *Nau:* **Cercle de g.,** turning circle (of ship). **Carrefour à g.,** roundabout.
giratoire [ʒiratwa:r], *a.* Gyratory. **Sens, carrefour, g.,** roundabout.
giravion [ʒiravjɔ̃], *s.m. Av:* Gyroplane.
giries [ʒiri], *s.f.pl. P:* Querulous complaints; (hypocritical) whining.
girl [gœrl], *s.f.* Chorus girl.
girofle [ʒirɔfl], *s.m. Bot:* Clove. **Un clou de girofle,** a clove. **Huile de g.,** oil of cloves.
giroflée [ʒirɔfle], *s.f. Bot:* **G. des jardins, grande g.,** stock(-gillyflower). **G. jaune, des murailles,** wallflower. *P:* **G. à cinq feuilles,** slap in the face.
girol(l)e [ʒirɔl], *s.f. Bot:* Chanterelle (mushroom).
giron [ʒirɔ̃], *s.m.* **1.** Lap. **Tenir un enfant dans son g.,** to hold a child in one's lap. **Le g. de l'Église,** the bosom of the Church. **2.** *Arch:* Tread (of step).
girondin, -ine [ʒirɔ̃dɛ̃, -in], *a. & s. Hist:* Girondist.
girouette [ʒirwɛt], *s.f.* (*a*) Weathercock; vane. *F:* **Graisser la g. (avant de souffler dessus),** to pave the way. (*b*) *F:* (Of pers.) Weathercock.
gisais, gisent, etc. See GÉSIR.
gisant [ʒizɑ̃]. **1.** *a.* (Of pers.) Lying (helpless or dead) *For:* **Bois g.,** felled timber. *Mill:* **Meule gisante,** nether millstone. **2.** *s.m.* Recumbent figure (on tomb).
gisement [ʒizmɑ̃], *s.m.* **1.** (*a*) *Geol:* Layer, bed, stratum. **G. pétrolifère,** oil-field. (*b*) *Min:* Lode, vein. **Gisements houillers,** coal-measures. **2.** *Nau:* Bearing (from the ship); lie (of the coast).
gît. See GÉSIR.
gitan, -e [ʒitɑ̃, -an], *s.m. & f.* (Spanish) gipsy.
gîte[1] [ʒit], *s.m.* **1.** (*a*) Resting-place. **N'avoir pas de g.,** to have nowhere to lay one's head. (*b*) Lair (of deer); form (of hare). S.a. LIÈVRE. **2.** Stratum, bed, deposit (of ore). **3.** Leg of beef, gravy-beef. **G. à la noix,** silverside.
gîte[2], *s.f.* (Of ship) **Avoir, prendre, de la g.,** to have, take, a list.
gîter [ʒite]. **1.** *v.i.* (*a*) To lodge, lie. (*b*) (Of animal) To couch; (of bird) to perch. (*c*) (Of ship) (i) To run aground; (ii) to list, heel. **2.** *v.tr.* To house, shelter (s.o.).
givrage [ʒivra:ʒ], *s.m. Av:* Icing up.
givre [ʒi:vr], *s.m.* Hoar-frost, rime.
givrer [ʒivre], *v.tr.* (*a*) To cover (sth.) with hoar-frost, with rime. *Av:* To ice up. (*b*) To frost (cake).
givreux, -euse [ʒivrø, -ø:z], *a.* Frosted (of precious stones).
glabre [glɑ:br], *a. Nat.Hist:* Glabrous, smooth. **Visage g.,** clean-shaven face.
glaçant [glasɑ̃], *a.* Freezing (cold); icy (coldness, wind); chilling (manner, reception).
glace [glas], *s.f.* **1.** Ice. **Glaces de fond,** ground ice, anchor ice. **G. flottante,** drift ice, ice-floe. **Montagne de g.,** iceberg. **Champ de g.,** ice-field. **Retenu, pris, par les glaces,** ice-bound. **Rompre la g.,** to break the ice. **2.** (*a*) (Plate-)glass. *Phot:* **G. dépolie,** focussing screen. (*b*) (Looking-)glass, mirror. **G. à main,** hand-mirror. (*c*) *Rail: Veh:* Window; light. **Baisser les glaces,** to lower, open, the windows. **3.** *Cu:* (*a*) Glaze, (meat-)jelly. (*b*) (Sugar)-icing. (*c*) Ice(-cream). **G. à la vanille,** vanilla ice. **4.** *Lap:* Flaw.
glacé [glase], *a.* **1.** (*a*) Frozen (river, etc.). (*b*) Chilled, icy, cold. **J'ai les pieds glacés,** my feet are as cold as ice. **G. jusqu'aux os,** chilled to the bone. **Politesse glacée,** frigid, icy, politeness. (*c*) Iced (coffee, etc.). **2.** (*a*) Glazed, glossy. **Gants glacés,** glacé-kid gloves. **Soie glacée,** watered silk. *Phot:* **Épreuve glacée,** glossy print. (*b*) *Cu:* **Cerises glacées,** glacé cherries.
gla|cer [glase], *v.tr.* (**je glaçai(s)**; **n. glaçons**) **1.** (*a*) To freeze. **Cela me glace le sang,** it makes my blood run cold. (*b*) To ice, (water, champagne). (*c*) To ice, frost (cake). **2.** To glaze (thread, pastry, etc.); to surface (paper). *Phot:* **G. une épreuve,** to glaze, gloss, a print. **3.** *Dressm:* To tack in (lining). *s.m.* **-çage.**
se glacer, to freeze. **Sens glacés d'effroi,** senses numbed with terror.
glacerie [glasri], *s.f.* **1.** Glass-works. **2.** Ice-cream trade. **3.** Ice-factory.
glaceur [glasœ:r], *s.m. Tchn:* **1.** Glazer (of stuff, paper). **2.** (*a*) Glazing-, rolling-machine. (*b*) Glazer, glazing pad.
glaceux, -euse [glasø, -ø:z], *a.* Flawed (of gems).
glaciaire [glasjɛ:r], *a. Geol:* Glacial (erosion); glacier (mud). **La période g.,** the ice-age.
glacial, -als [glasjal]. **1.** *a.* Icy (temperature); frosty (air). **La zone glaciale,** the Frigid Zone. **Politesse glaciale,** icy, frigid, politeness. **2.** *s.f. Bot:* **Glaciale,** ice-plant.
glacialement [glasjalmɑ̃], *adv.* Icily, frigidly.
glaciation [glasjasjɔ̃], *s.f.* Glaciation.
glacier[1] [glasje], *s.m. Geol:* Glacier.
glacier[2], *s.m.* **1.** Ice-cream man. **2.** Maker of mirrors.
glacière [glasjɛ:r], *s.f.* **1.** Ice-house. **2.** Ice-box, -safe, -chest. **3.** Mass of ice. **G. naturelle,** ice cave.
glacis [glasi], *s.m.* **1.** Slope, bank (in garden). *Fort:* Glacis. **2.** *Art:* Scumble, glaze. **3.** *Dressm:* Tacking.
glaçon [glasɔ̃], *s.m.* (*a*) Block of ice; floe. *pl.* Drift-ice. (*b*) Icicle. (*c*) *F:* **C'est un g.,** he's a cold fish.
glaçure [glasy:r], *s.f. Cer:* Glaze, glazing.
gladiateur [gladjatœ:r], *s.m.* Gladiator.
glaïeul [glajœl], *s.m. Bot:* Gladiolus, sword-lily. **G. des marais,** sword-flag.
glaire [glɛ:r], *s.f.* **1.** (*a*) White of egg; glair. (*b*) Mucus, phlegm. **2.** Flaw (in diamond).
glaireux, -euse [glɛrø, -ø:z], *a.* (*a*) Glaireous, glairy. (*b*) (Throat) full of phlegm.
glaise [glɛ:z], *s.f.* Clay, loam. **Terre g.,** (i) clay; (ii) potter's clay.
glaiser [glɛze], *v.tr.* **1.** To clay; to dress (soil) with clay. **2.** To line (sth.) with clay; to loam. *Hyd.E:* To puddle, pug (reservoir).
glaiseux, -euse [glɛzø, -ø:z], *a.* Clayey, loamy.
glaisière [glɛzjɛ:r], *s.f.* Clay-pit.
glaive [glɛ:v], *s.m. Lit:* Sword, blade.
gland [glɑ̃], *s.m.* **1.** (*a*) Acorn. (*b*) *pl.* Mast. **2.** Tassel. **Orné de glands,** tasselled. **3.** *Mch:* **G. de presse-étoupe,** stuffing-gland.
glande [glɑ̃:d], *s.f.* Gland. *F:* **Avoir des glandes au cou,** to have swollen glands.
glandée [glɑ̃de], *s.f.* Acorn-crop; mast, pannage.
glandiforme [glɑ̃difɔrm], *a.* Glandiform. **1.** Acorn-shaped. **2.** Gland-like.
glandulaire [glɑ̃dylɛ:r], *a.* Glandular.
glandule [glɑ̃dyl], *s.f. Anat:* Glandule, small gland.
glanduleux, -euse [glɑ̃dylø, -ø:z], *a.* Glandulous.
glane [glan], *s.f.* **1.** Gleaning. **2.** String (of onions); cluster (of pears).
glan|er [glane], *v.tr.* To glean. *s.m.* **-age.** *s.* **-eur, -euse.**
glanure [glany:r], *s.f.* Gleaning(s).
glapir [glapi:r], *v.i.* To yelp, yap; (of fox) to bark.
glapissant [glapisɑ̃], *a.* Yapping (dog). **Voix glapissante,** shrill voice.
glapissement [glapismɑ̃], *s.m.* Yapping, yelping (of puppies); barking (of fox).
glas [glɑ], *s.m.* (*a*) Knell. **Sonner le g.,** to toll the passing-bell. **Sonner le g. de . . .,** to ring the knell of. . . . (*b*) Salvo of guns (at military or State funeral).

glatir [glatir], *v.i.* To scream (of eagles and birds of prey).
glaucome [glokɔm], *s.m. Med:* Glaucoma.
glauque [glo:k], *a.* Glaucous; sea-green.
glèbe [glɛb], *s.f.* **1.** Clod (of earth); sod. **2.** *Lit:* Soil. land (under cultivation); glebe.
glène [glɛn], *s.f. Anat:* Glene, socket.
glissade [glisad], *s.f.* **1.** Slip. *Av:* **G. sur l'aile,** side-slip. **Glissade sur la queue,** tail-dive. **2.** (*a*) Sliding. **Faire une g.,** to slide. (*b*) *Mus:* (i) Portamento; (ii) rapid scale passage. **3.** Slide (on snow or ice).
glissage [glisa:ʒ], *s.m. For:* Sliding down (of cut timber in mountains).
glissant [glisɑ̃], *a.* **1.** Slippery. **Il fait g.,** it is slippery walking. **2.** Sliding. **Porte glissante,** sliding door. *El:* **Contact g.,** slider.
glissé [glise], *s.m. Danc:* Glissade, glide.
glissement [glismɑ̃], *s.m.* **1.** (*a*) Sliding, slipping; slip. (*b*) Gliding; glide. **2.** Landslip, land-slide.
glisser [glise]. **I.** *v.i.* **1.** (*a*) To slip. (*b*) (Of wheel) To skid. *Av:* **G. sur l'aile,** to sideslip. **2.** To slide (on ice, etc.). **Se laisser g. le long d'une corde,** to slide down a rope. **3.** To glide (over the water, etc.). **4.** (*a*) **L'épée lui glissa sur les côtes,** the sword glanced off his ribs. (*b*) **Glissons là-dessus!** we will not dwell upon that; let that pass.
II. glisser, *v.tr.* **G. qch. dans la poche de qn,** to slip sth. into s.o.'s pocket. **G. un mot à l'oreille de qn,** to whisper, drop, a word in s.o.'s ear.
se glisser, to glide, creep, steal (**dans,** into).
glisseur, -euse [glisœ:r, -ø:z], *s.* Slider.
glissière [glisjɛ:r], *s.f.* **1.** Groove, slide. **Porte à glissières,** sliding door. **2.** *Mch:* Slide-bar. *Artil:* Recoil-slide. *Veh: etc:* **Glissières de la glace,** window-guides. **3.** Shoot (for coal, etc.).
glissoir [gliswa:r], *s.m.* **1.** *Mch:* Slide; sliding block. **2.** *For:* Timber-slide.
glissoire [gliswa:r], *s.f.* Slide (on ice or snow).
global, -aux [glɔbal, -o], *a.* Total, aggregate, global, inclusive (sum); lump (payment).
globalement [glɔbalmɑ̃], *adv.* In the aggregate.
globe [glɔb], *s.m.* **1.** (*a*) Globe, sphere. **Faire le tour du g.,** to go round the globe, round the earth. **Le g. du soleil,** the orb of the sun. (*b*) Orb (of regalia). **2. G. de lampe,** lamp-globe. **G. électrique,** electric-light globe. **3. G. de l'œil,** eyeball; globe of the eye. **4.** *Meteor:* **G. de feu,** fire-ball.
globulaire [glɔbylɛ:r], *a.* (*a*) Globular. (*b*) **Numération g.,** blood count.
globule [glɔbyl], *s.m.* Globule.
globuleux, -euse [glɔbylø, -ø:z], *a.* Globular; globulous.
gloire [glwa:r], *s.f.* **1.** Glory. **G. à Dieu!** glory be to God! *F:* **Travailler pour la g.,** to work for nothing. **Parti pour la g.,** slightly fuddled. **2.** Boast, pride; vainglory. **Se faire g. de qch.,** to glory in sth. **Mettre sa g. à, en, qch.,** to boast of, glory in, sth. **3.** Glory, halo, nimbus.
glomérule [glɔmeryl], *s.m.* Glomerule, tuft.
gloria [glɔrja], *s.m. F:* Coffee served with spirits.
gloriette [glɔrjɛt], *s.f.* Summer-house, arbour.
glorieu|x, -euse [glɔrjø, -ø:z], *a.* **1.** Glorious. **Les glorieux,** the saints in glory. **2.** Vainglorious, proud. **G. de qch.,** vain of, conceited about, sth. **3.** *s.m.* Boaster, braggart. **Faire le g.,** to brag, to swagger. *adv.* **-sement.**
glorificateur, -trice [glɔrifikatœ:r, -tris], *s.* Glorifier, panegyrist.
glorification [glɔrifikasjɔ̃], *s.f.* Glorification.
glorifier [glɔrifje], *v.tr.* To praise, glorify; to crown with glory.
se glorifier, to boast. **Se g. de qch., de faire qch.,** to glory in sth., in doing sth.; to boast of sth., of doing sth.
gloriole [glɔrjɔl], *s.f.* Notoriety, vainglory. **Pour la g.,** for the sake of kudos; *F:* for swank. **Faire de la g.,** to talk big.
glose [glo:z], *s.f.* **1.** Gloss, commentary; (marginal) note. **2.** Comment, criticism. **La vérité sans g.,** the truth and nothing but the truth.
gloser [gloze]. **1.** *v.tr.* To gloss, expound (text). **2.** *v.i.* **G. de, sur, qch.,** to find fault with sth.; to carp at sth.
glossaire [glɔsɛ:r], *s.m.* Glossary, dictionary.
glossateur [glɔsatœ:r], *s.m.* Writer of glosses; commentator.
glotte [glɔt], *s.f. Anat:* Glottis. *Ling:* **Coup de g.,** glottal stop.
glottique [glɔttik], *a.* Glottal, glottic.
glouglou [gluglu], *s.m.* **1.** Glug-glug, gurgle, bubbling. **Faire g.,** to gurgle, to bubble. **2.** Gobble-gobble (of turkey); coo (of pigeon).
glouglouter [gluglute], *v.i.* **1.** (Of liquid) To gurgle, bubble. **2.** (Of turkey) To gobble.
glouss|er [gluse], *v.i.* (Of hen) To cluck; (of turkey) to gobble; (of pers.) to chuckle, to gurgle; *F:* to chortle. *s.m.* **-ement.**
glouteron [glutrɔ̃], *s.m. Bot:* **1.** Burdock, burr. **2.** Bedstraw.
glouton, -onne [glutɔ̃, -ɔn]. **1.** *a.* Greedy, gluttonous. **2.** *s.* (*a*) Glutton, gormandizer. (*b*) *s.m. Z:* Glutton, wolverine.
gloutonnement [glutɔnmɑ̃], *adv.* Gluttonously, greedily; *F:* like a pig.
gloutonnerie [glutɔnri], *s.f.* Gluttony.
gloxinie [glɔksini], *s.f. Bot:* Gloxinia.
glu [gly], *s.f.* (*a*) Bird-lime. *F:* **Être pris à la g.,** to be inveigled, caught in the trap. **Il a de la g. aux mains,** money sticks to his fingers. (*b*) **G. marine,** marine glue.
gluant [glyɑ̃], *a.* Sticky, gummy, gluey.
gluau, -aux [glyo], *s.m.* Lime-twig, snare.
glucide [glysid], *s.m.* Glucid(e).
glucose [glyko:z], *s.m. occ. s.f.* Glucose, grape-sugar.
gluer [glye], *v.tr.* To lime (twigs). *F:* **Cela vous glue les mains,** it makes one's fingers sticky.
glume [glym], *s.f.* (*a*) *Bot:* Glume. (*b*) Chaff.
gluten [glytɛn], *s.m.* Gluten.
glutineux, -euse [glytinø, -ø:z], *a.* Glutinous.
glycémie [glisemi], *s.f.* Glycemia. **G. expérimentale,** sugar tolerance test.
glycérine [gliserin], *s.f.* Glycerin(e).
glycériner [gliserine], *v.tr.* To rub (sth.) over, treat (sth.), with glycerin(e).
glycine [glisin], *s.f.* **1.** *Bot:* Wistaria. **2.** *Phot:* Glycin(e).
glyphe [glif], *s.m. Arch:* Glyph, groove, channel.
glyptique [gliptik], *s.f. Engr:* Glyptics; art of engraving (esp. on precious stones).
gnan-gnan ɲɑ̃ɲɑ̃]. **1.** *a.inv. F:* Languid, spineless. **2.** *s.* Spineless person.
gneiss [gnɛs], *s.m. Geol:* Gneiss.
gniole [ɲo:l], **gnole** [ɲɔl], **gnôle** [ɲo:l], *s.f. Mil: P:* Rum, brandy.
gnocchi [ɲɔki], *s.m. Cu:* Gnocchi.
gnome [gno:m], *s.m.* Gnome.
gnomique [gnɔmik], *a.* Gnomic.
gnomon [gnɔmɔ̃], *s.m.* **1.** Gnomon. **2.** Sun-dial.
gnon [ɲɔ̃], *s.m. P:* Blow, biff, punch.
gnose [gno:z], *s.f.* **1.** *Theol:* Gnosis. **2.** *Rel.Hist:* Gnosticism.
gnosticisme [gnɔstisism], *s.m.* Gnosticism.
gnostique [gnɔstik], *a. & s.* Gnostic.
gnou [gnu], *s.m. Z:* Gnu, wildebeest.
go [go]. Used in the *adv.phr. F:* **Tout de go. 1.** Easily; without a hitch. **Avaler qch. tout de go,** to swallow sth. at a gulp. **2.** Without ceremony; all of a sudden.
goal [go:l], *s.m. F: Fb:* **1.** Goal. **2.** Goalkeeper.
goal-keeper [go:lkipɛ:r], *s.m. F:* Goal-keeper.
gob(b)e [gɔb], *s.f.* Ball, bolus. (*a*) Poison-ball (for destroying animals). (*b*) Food-ball (for fattening poultry).
gobelet [gɔblɛ], *s.m.* Goblet, cup. **Verre g.,** tumbler. **Joueur de gobelets,** thimble-rigger. **Tour de g.,** conjuring trick.
gobeleterie [gɔbletri], *s.f.* Hollow-glass trade or ware.
gobeletier [gɔbəltje], *s.m.* Manufacturer of, dealer in, glass-ware.
gobelin [gɔblɛ̃], *s.m.* Goblin, hobgoblin, imp.
gobe-mouches [gɔbmuʃ], *s.m.inv.* **1.** *Orn:* Fly-catcher. **2.** *Bot:* Fly-trap. **3.** *F:* Dope, simpleton.
gober [gɔbe], *v.tr.* (*a*) To swallow, gulp down (oyster, etc.). **G. l'appât, le morceau, la mouche,** to swallow the bait. *F:* **G. des mouches,** to stand gaping. **Il gobe tout ce qu'on lui dit,** he takes it all in. (*b*) *F:* To have a strong liking for (s.o.); to think no end of (s.o.).

se gober, *F:* to be self-conceited; *F:* to think a lot of oneself; to fancy oneself.
goberger (se) [sǝgɔbɛrʒe], *v.pr.* (je me **gobergeai(s)**; **n.n. gobergeons**) To feast, guzzle.
gobeter [gɔbte], *v.tr.* (je **gobette**; je **gobetterai**) *Const:* **1.** To rough-cast. **2.** To render (with plaster). **3.** To stop (cracks); to point (wall, etc.).
gobetis [gɔbti], *s.m.* *Const:* **1.** Rough-cast. **2.** Rendering, roughing-in coat (of plaster).
gobeur, -euse [gɔbœːr, -øːz], *s.* *F:* Simpleton, dope. *a.* **Il est très g.,** he is easily taken in.
gobie [gɔbi], *s.m.* *Ich:* Goby.
gobille [gɔbiːj], *s.f.* **1.** *Games:* Marble. **2.** *Exp:* Triturating-ball.
godaille [gɔdɑːj], *s.f.* *P:* Feast, revel, guzzle.
godailler [gɔdɑje], *v.i.* *P:* (*a*) To go pub-crawling. (*b*) To gormandize, feast.
godailleur [gɔdɑjœːr], *s.m.* *P:* **1.** Pub-crawler. **2.** Great guzzler.
godasses [gɔdas], *s.f.pl.* *Mil:* *P:* Boots.
Godefroi [gɔdfrwa]. *Pr.n.m.* Godfrey.
godelureau [gɔdlyro], *s.m.* *F:* Countrified young gallant; Tony Lumpkin.
god|er [gɔde], *v.i.* (Of cloth) To pucker, to ruck (up); (of paper) to cockle. (Of trousers) **G. aux genoux,** to bag at the knees. *s.m.* **-age.**
godet [gɔdɛ], *s.m.* **1.** (*a*) (Wooden) bowl, (drinking-)cup, mug. (*b*) **G. à couleur,** saucer for mixing water colours; pan (of moist colour). **G. à huile,** waste-oil cup (of lamp, machine); drip receiver. (*c*) Socket (for foot of machine, etc.). *Mil:* Bucket (for butt of lance, etc.). (*d*) (Noria) scoop; bucket (of dredger, excavator, water-wheel). **Roue à godets,** overshot wheel. (*e*) *Bot:* Cup (of acorn). **2.** (*a*) Pucker, ruck (in cloth). (*b*) *Dressm:* Flare, gore. **A godets,** flared, fluted, gored.
godiche [gɔdiʃ], **godichon, -onne** [gɔdiʃɔ̃, -ɔn]. *F:* **1.** *a.* Awkward, lumpish, simple. **2.** *s.* (*a*) Simpleton. (*b*) Lout, bumpkin.
godille [gɔdiːj], *s.f.* **1.** Stern-oar; scull. **Aller à la g.,** to (single-)scull. **2.** *pl.* Pair of sculls.
godill|er [gɔdije], *v.i.* To (single-)scull, to single. *s.m.* **-eur.**
godillot [gɔdijo], *s.m.* *F:* Hobnailed boot; shapeless old shoe.
godron [gɔdrɔ̃], *s.m.* **1.** *Arch:* Gadroon, godroon. **2.** (*a*) Pleat, goffer; *pl.* **fluting** (of coif, etc.). (*b*) Goffering-iron.
godronner [gɔdrɔne], *v.tr.* **1.** To goffer, flute (coif, etc.). **2.** To mill (head of screw, etc.).
goéland [gɔelɑ̃], *s.m.* *Orn:* (Sea-)gull.
goélette [gɔelɛt], *s.f.* Schooner. **G. franche,** fore-and-aft schooner. **G. carrée,** topsail schooner.
goémon [gɔemɔ̃], *s.m.* Seaweed.
gogo¹ (à) [agogo], *adv.phr.* *F:* In abundance, galore.
gogo², *s.m.* *P:* Juggins, gull, dupe.
goguenard, -arde [gɔgnaːr, -ard]. **1.** *a.* Mocking, bantering. **D'un ton g.,** banteringly, jeeringly. **2.** *s.* Mocker, chaffer.
goguenarder [gɔgnarde], *v.i.* To banter, chaff.
goguenardise [gɔgnardiːz], *s.f.* Bantering, chaffing. **Dire des goguenardises,** to crack broad jokes (at s.o.'s expense).
goinfre [gwɛ̃ːfr], *s.m.* *F:* Guzzler.
goinfrer [gwɛ̃fre], *v.i.* *F:* To guzzle, gorge.
goinfrerie [gwɛ̃frǝri], *s.f.* Gluttony, guzzling.
goitre [gwaːtr], *s.m.* Goitre.
goitreux, -euse [gwatrø, -øːz], *a.* Goitrous.
golf [gɔlf], *s.m.* Golf. **Terrain de g.,** *F:* **un g.,** golf-links.
golfe [gɔlf], *s.m.* Gulf, bay. **Le G. de Gascogne,** the Bay of Biscay.
Goménol [gɔmenɔl], *s.m.* *Pharm:* *R.t.m:* Soothing oil or petroleum jelly.
gomina [gɔmina], *s.f.* *F:* Solid brilliantine, hair-dressing.
gominé [gɔmine], *a.* Plastered down (of hair).
gommage [gɔmaːʒ], *s.m.* **1.** Gumming. **2.** *Mch:* *I.C.E:* Sticking, gumming (of valves, pistons).
gomme [gɔm], *s.f.* **1.** (*a*) Gum. **G. arabique,** gum-arabic. **G. laque,** shellac. (*b*) **Boule de g.,** jujube, gum. **2. G. élastique, à crayon, à effacer,** (india-) rubber; eraser.
gomme-gutte [gɔmgyt], *s.f.* Gamboge. *pl.* *Des gommes-guttes.*
gommelaquer [gɔmlake], *v.tr.* To shellac.
gommer [gɔme], *v.tr.* **1.** To gum. S.a. TAFFETAS. **2.** To erase, rub out. **3.** *v.i.* To stick, jam. **Piston gommé,** gummed piston.
gomme-résine [gɔmrezin], *s.f.* Gum resin. *pl.* *Des gommes-résines.*
gommeux, -euse [gɔmø, -øːz]. **1.** *a.* Gummy, sticky. **2.** *s.m.* *F:* **Petit g.,** fop.
gommier [gɔmje], *s.m.* *Bot:* Gum-tree.
gommifère [gɔmmifɛːr], *a.* Gummiferous, gum-bearing.
gonade [gɔnad], *s.f.* *Biol:* Gonad.
gond [gɔ̃], *s.m.* Hinge-pin (of door). **Mettre une porte sur ses gonds,** to hang a door. *F:* **Sortir (hors) de ses gonds,** to lose one's temper; *F:* to fly off the handle.
gondolant [gɔ̃dɔlɑ̃], *a.* *P:* Excruciatingly funny.
gondole [gɔ̃dɔl], *s.f.* (*a*) Gondola. (*b*) Nacelle, gondola (of dirigible). (*c*) *Med:* Eyebath.
gondol|er [gɔ̃dɔle], *v.i.* (Of wood) To warp; (of paper) to cockle; (of sheet iron) to buckle. *s.m.* **-age.** *s.m.* **-ement.**
se gondoler. **1.** = GONDOLER. **2.** *P:* To shake with laughter.
gondolier [gɔ̃dɔlje], *s.m.* Gondolier.
gonfalon [gɔ̃falɔ̃], *s.m.* *A:* Gonfalon, banner, streamer.
gonflage [gɔ̃flaːʒ], *s.m.* *Aut:* *etc:* Inflation. **Tableau de gonflages,** table of tyre pressures.
gonflement [gɔ̃flǝmɑ̃], *s.m.* Inflating, inflation (of tyres, balloon); distension (of stomach).
gonflé [gɔ̃fle], *a.* **1.** (*Of sail*) full. **2. Yeux gonflés,** puffy eyes. **3.** *F:* Stuck up, self-important, full of oneself. **4.** *Aut:* **Moteur g.,** hotted-up, souped-up engine.
gonfler [gɔ̃fle]. **1.** *v.tr.* (*a*) To inflate, distend; to blow up, pump up (tyre); to puff out, blow out, bulge (one's cheeks); to puff (rice). (*b*) To swell. **Torrent gonflé par les pluies,** torrent swollen by the rains. **2.** *v.i.* *& pr.* To become inflated; (of stomach) to become distended.
gonfleur [gɔ̃flœːr], *s.m.* *Aut:* Inflator; air-pump.
gong [gɔ̃], *s.m.* Gong.
gonio [gɔnjo], *s.m.* *Nau:* *Av:* *F:* = RADIO-GONIOMÈTRE.
goniomètre [gɔnjɔmɛtr], *s.m.* Goniometer; angle gauge. *Artil:* Dial-sight.
goniométrie [gɔnjɔmetri], *s.f.* Goniometry, science of angle-measurement
goniométrique [gɔnjɔmetrik], *a.* Goniometrical.
gonocoque [gɔnɔkɔk], *s.m.* *Bac:* *Med:* Gonococcus.
gonorrhée [gɔnɔre], *s.f.* *Med:* Gonorrhoea; *P:* clap.
gonze [gɔ̃ːz], *s.m.* *P:* Man, bloke.
gonzesse [gɔ̃zɛs], *s.f.* *P:* (*a*) Woman. (*b*) Kept woman.
gordien [gɔrdjɛ̃], *a.* Gordian (knot).
goret [gɔrɛ], *s.m.* **1.** Little pig; porker; piglet. **2.** *F:* (*a*) Dirty little urchin. (*b*) Dirty pig of a man. **3.** *Nau:* Scrub-broom; hog.
gorge [gɔrʒ], *s.f.* **1.** (*a*) Throat, neck. **Couper la g. à qn,** to cut s.o.'s throat. *F:* **Je le tiens à la g.,** I have a stranglehold on him. S.a. COUTEAU 1. (*b*) Bosom, bust (of woman). **G. d'un pigeon,** pigeon's breast. **2.** Throat, gullet. **Avoir mal à la g.,** to have a sore throat. **Avoir la g. serrée,** to have a lump in one's throat. **Crier à pleine g.,** to shout at the top of one's voice. **Avaler qch. à pleine g.,** to gulp sth. down. **Rire à g. déployée,** to laugh heartily. **3.** *Ven:* Gorge **Rendre g.,** (i) to bring up food, to vomit; (ii) *F:* to disgorge, make restitution. **G. chaude,** tit-bit from prey given to hawk. *F:* **Faire des gorges chaudes de qch.,** to gloat over sth. **4.** Gorge, pass, defile. **5.** Groove. *Arch:* **Moulure à g.,** grooved moulding.
gorge-de-pigeon [gɔrʒdǝpiʒɔ̃], *a.inv.* Dove-coloured shot (silk, etc.).
gorgée [gɔrʒe], *s.f.* Mouthful, draught (of wine, etc.). gulp. **Petite g.,** sip.
gorger [gɔrʒe], *v.tr.* (je **gorgeai(s)**; **n. gorgeons**) To stuff, gorge. *Husb:* To cram (fowls).
gorgerette [gɔrʒǝrɛt], *s.f.* **1.** *A:* Front, gorget (for lady's dress). **2.** *Orn:* Blackcap.
Gorgone [gɔrgɔn], *s.f.* *Myth:* Gorgon.
Gorgonzola [gɔrgɔ̃zɔla]. **1.** *Pr.n.* *Geog:* Gorgonzola. **2.** *s.m.* Gorgonzola cheese.

gorille [gɔriːj], *s.m.* (*a*) *Z:* Gorilla. (*b*) *F:* Bodyguard.
gosier [gozje], *s.m.* Throat; (i) gullet, (ii) windpipe. **Rire à plein g.,** to laugh heartily.
gosse [gɔs], *s.m. & f. F:* Youngster, kid, nipper.
gosser [gɔse], *v.tr. Fr.C:* To whittle.
gothique [gɔtik]. **1.** *a.* Gothic. **2.** *s.m. Arch: Ling:* Gothic. **3.** *s.f. Typ:* Black letter.
gouache [gwaʃ], *s.f. Art:* Body-colour, gouache. **Peindre à la g.,** to paint in gouache.
gouailler [gwɑje], *v.tr.* To banter, chaff (s.o.).
gouaillerie [gwɑjri], *s.f.* Banter, chaff.
gouailleur, -euse [gwajœːr, -øːz]. **1.** *a.* Waggish (humour); bantering (tone). **2.** *s.* Banterer.
gouape [gwap], *s.f. F:* Blackguard, bad lot.
gouaper [gwape], *v.i. F:* To loaf; to live a disreputable life.
goudron [gudrɔ̃], *s.m.* Tar. **G. de gaz, de houille,** coal-tar. **G. de bois,** wood-tar. **G. à calfater,** (navy) pitch. *Med:* **Eau de g.,** tar-water.
goudronn|er [gudrɔne], *v.tr.* **1.** To tar. *Nau:* To pay. **Toile goudronnée,** tarpaulin. **Papier goudronné,** tar-lined paper. **2. Huile goudronnée,** gummed oil. *s.m.* **-age.**
goudronnerie [gudrɔnri], *s.f.* **1.** Tar-works. **2.** Tar-shed.
goudronneur [gudrɔnœːr], *s.m.* (Pers.) Tar-sprayer, -spreader.
goudronneuse[1] [gudrɔnøːz], *s.f.* Tar-spraying machine.
goudronneux, -euse[2] [gudrɔnø, -øːz], *a.* (*a*) Tarry. (*b*) Gummy (oil).
gouet [gwɛ], *s.m.* **1.** Bill-hook. **2.** *Bot:* Wild arum; lords and ladies.
gouffre [gufr], *s.m.* (*a*) Gulf, pit, abyss. **G. béant,** yawning chasm. (*b*) Whirlpool, vortex.
gouge [guːʒ], *s.f. Tls:* Gouge; hollow chisel.
gouger [guʒe], *v.tr.* (**je gougeai(s); n. gougeons**) To gouge; to scoop out.
goujat [guʒa], *s.m.* **1. G. de maçon,** hodman. **2.** Boor, churl, lout.
goujaterie [guʒatri], *s.f.* **1.** Loutishness. **2.** Caddish action.
goujon[1] [guʒɔ̃], *s.m. Ich:* Gudgeon. *F:* **Avaler le g.,** to swallow the bait.
goujon[2], *s.m.* **1.** (*a*) Gudgeon, joggle (in stonework). (*b*) Projecting stud; *Carp:* tenon. **2.** (*a*) *Carp:* Coak. **G. perdu,** dowel. (*b*) **G. de jonction,** assembling pin. **G. de charnière,** pin, pintle, of a hinge.
goujonner [guʒɔne], *v.tr. Carp:* (*a*) To dowel. (*b*) To joggle. (*c*) To pin, to bolt.
goule [gul], *s.f.* Ghoul.
goulée [gule], *s.f. F:* Big mouthful; gulp.
goulet [gulɛ], *s.m.* Narrow part, neck (of object); gully (in mountains). *Nau:* Gut, bottle-neck, narrows (of harbour). **Le G. de Brest,** the Brest Channel.
goulot [gulo], *s.m.* **1.** Neck (of bottle). **Boire au g.,** to drink straight from the bottle. **2.** *P:* Gullet, mouth.
goulotte [gulɔt], *s.f.* Spout (for water, of coal hopper, etc.); shoot.
goul|u, -ue [guly]. **1.** *a.* Greedy, gluttonous. **2.** *s.* Glutton, *adv.* **-ûment.**
goum [gum], *s.m.* **1.** Tribe, family (among the Arabs). **2.** *Mil:* Arab (Algerian) contingent.
goumier [gumje], *s.m. Mil:* Arab scout.
goupil [gupi], *s.m. A:* Fox.
goupille [gupiːj], *s.f.* (Linch)pin; gudgeon. **G. fendue,** split pin; cotter. **G. d'arrêt,** stop-bolt.
goupiller [gupije], *v.tr. Tchn:* To pin, key.
goupillon [gupijɔ̃], *s.m.* **1.** *Ecc:* Aspergillum, sprinkler (for holy water). **2.** Brush (for gum, lamp, bottle).
goupillonner [gupijɔne], *v.tr.* To clean (sth.) with a bottle-brush.
gourbi [gurbi], *s.m.* (Arab) hut; shack.
gourd [guːr], *a.* Numb(ed), benumbed; stiff, swollen (with cold).
gourde [gurd], *s.f.* **1.** (*a*) *Bot:* Gourd. (*b*) *P:* Fool, fat-head. **2.** Calabash, water-bottle; flask (of brandy, etc.).
gourdin [gurdɛ̃], *s.m.* Club, cudgel, bludgeon.
gourer (se) [səgure], *v.pr. P:* To be mistaken.
goureur, -euse [gurœːr, -øz], *s. P:* **1.** Maker or seller of adulterated drugs. **2.** Cheat.
gourgane [gurgan], *s.f. F:* Horse-bean. *pl. Nau:* Dried beans.

gourmade [gurmad], *s.f. O:* Slap, cuff.
gourmand, -ande [gurmɑ̃, -ɑ̃ːd]. **1.** *a.* (*a*) Greedy. **Herbes gourmandes,** parasitical weeds. (*b*) Fond of sweet things. **2.** *s.* (*a*) Gourmand, glutton. (*b*) Epicure. **3.** *s.m. Hort:* Sucker.
gourmander [gurmɑ̃de]. **1.** *v.i. A:* To guzzle. **2.** *v.tr.* (*a*) To rebuke, chide. (*b*) To treat roughly; to saw (horse's mouth).
gourmandise [gurmɑ̃diːz], *s.f.* **1.** Greediness, gluttony. **2.** *pl.* Sweetmeats, dainties.
gourme [gurm], *s.f.* **1.** *Med:* (*a*) Impetigo. (*b*) Teething rash. **2.** *Vet:* Strangles. **Jeter sa g.,** (i) (of horse) to run at the nose; (ii) *F:* (of pers.) to sow one's wild oats; (iii) *F:* (of pers.) to let off steam, to get over one's temper.
gourmé [gurme], *a.* Stiff, starched, stuck-up.
gourmet [gurmɛ], *s.m.* Gourmet, epicure.
gourmette [gurmɛt], *s.f.* **1.** *Harn:* Curb(-chain). *F:* **Lâcher la g. à qn,** to give s.o. a free hand. **2.** (*a*) Curb watch-chain. (*b*) Curb-bracelet.
gournable [gurnabl], *s.f. N.Arch:* Treenail.
gourou [guru], *s.m. Hindu Rel:* Guru.
goussaut [guso], *a. & s.m.* Thick-set, stocky (horse, *F:* person).
gousse [gus], *s.f.* Pod, shell, husk (of peas, etc.). **G. d'ail,** clove of garlic.
gousset [gusɛ], *s.m.* **1.** Arm-pit. **2.** *Cost:* (*a*) Gusset. (*b*) Fob (pocket) or waistcoat pocket. (*c*) **Avoir le g. bien garni,** to have one's pockets well-lined. **3.** (Shoulder-) bracket, stay-plate.
goût [gu], *s.m.* **1.** (Sense of) taste. **Avoir le g. fin,** to have a fine palate. **2.** Flavour, taste; bouquet (of wine). **G. de terroir,** native tang. **Sans g.,** tasteless(ly). **Plat de haut g.,** highly seasoned dish. *F:* **Contes de haut g.,** spicy stories. **3.** (Pleasure, preference). **On ajoute du sucre et du citron selon son g.,** you add sugar and lemon to taste. **Le g. du jour,** the reigning fashion. **Avoir du g. pour, le g. de, qch.,** to have a taste for sth. **Prendre g. à qch.,** to develop a taste for sth. **Chacun (à) son g.,** *Prov:* **il ne faut pas disputer des goûts,** everyone to his taste; there is no accounting for tastes. **Faire qch. par g.,** to do sth. from inclination. **Affaire de g.,** matter of taste. **4.** (Discernment, right judgment) **Toilette d'un g. parfait,** dress in perfect taste. **Les gens de g.,** people of taste. **C'est de mauvais g.,** it is bad form, in bad taste. **5.** Style, manner. **Peint dans le g. de Watteau,** painted in the Watteau manner. **Quelque chose dans ce g.-là,** something of that sort, in that style.
goûter [gute]. **I.** *v.tr.* **1.** To taste (food). **2.** To enjoy, appreciate, relish. **G. la musique,** to enjoy music. **3. G. à qch.,** to taste sth. (critically); to take a little of sth. **4.** *Abs:* (*a*) To take a snack (between meals). (*b*) To picnic.
II. goûter, goûté, *s.m.* (Afternoon) snack = (afternoon) tea. **G. d'enfants,** children's party.
goutte [gut], *s.f.* **1.** Drop (of liquid). **G. à g.,** drop by drop. (Of liquid) **Tomber g. à g.,** to drip. *F:* **C'est une g. d'eau dans la mer,** it is a drop in the ocean. **2.** Spot, splash (of colour); speck; fleck. **3.** *F:* (*a*) Small quantity; sip, sup. **Prendre une g. de bouillon,** to take just a mouthful of soup. (*b*) Nip, drop (of brandy, etc.). **Il aime la g.,** he likes a drop of spirits. **Boire la g.,** to tipple. **Boire, prendre, une g.,** to have a nip. *F:* **Il a bu une g.,** (i) he was nearly drowned; (ii) he had a heavy loss; (iii) (of actor) he was hissed, *F:* got the bird. **4.** *Adv.phr. F:* **Ne . . . g.,** not at all (thus used today only with **comprendre, entendre, voir**). **Je n'y vois g.,** (i) I can't see at all here; (ii) I can't make anything of it. **On n'y voyait g.,** it was pitch-dark. **5.** *Med:* Gout.
goutte-de-suif [gutdəsɥif], *s.f. El.E:* Stud, contact-point (of switch-board). *pl. Des gouttes-de-suif.*
gouttelette [gutlɛt], *s.f.* Droplet, globule.
goutter [gute], *v.i.* To drip.
goutteux, -euse [gutø, -øːz], *a.* Gouty.
gouttière [gutjɛːr], *s.f.* **1.** *Const:* (*a*) (Roof-)gutter, (rain-water) guttering. (*b*) *pl.* Eaves (of roof). **2.** Spout, rain-pipe. **3.** Groove (of bone, sword). **4.** *Surg:* Cradle; (cradle-like) splint. **5.** Fore-edge (of book).
gouvernable [guvɛrnabl], *a.* Governable, manageable. **Peu g.,** unmanageable.

gouvernail [guvɛrna:j], *s.m.* (*a*) *Nau:* Rudder, helm. **Monter, démonter, le g.**, to ship, unship, the rudder. **Roue du g.**, (steering-)wheel. **Tenir le g.**, to be at the wheel, at the helm; to steer. (*b*) *Av:* **G. vertical, de direction**, vertical rudder. **G. d'altitude, de profondeur**, horizontal rudder; elevator.
gouvernant [guvɛrnɑ̃], *a.* Governing, ruling; (party) in power. *s.* **Les gouvernants et les gouvernés**, the governors and the governed.
gouvernante [guvɛrnɑ̃:t], *s.f.* **1.** Housekeeper (of bachelor, priest). **2.** *A:* Governess.
gouverne [guvɛrn], *s.f.* **1.** Guidance, direction. **Pour votre g.**, for your guidance. **2.** *pl. Av:* Controls.
gouvernement [guvɛrnəmɑ̃], *s.m.* **1.** (*a*) Government, management. **G. monarchique**, monarchical government. (*b*) Governorship. (*c*) Steering, handling (of boat). **2.** (The) Government, (the) Cabinet.
gouvernemental, -aux [guvɛrnəmɑ̃tal, -o], *a.* Governmental.
gouvern|er [guvɛrne], *v.tr.* **1.** *Nau:* To steer, handle (ship). **Gouvernez droit!** steady! **2.** To govern, rule, control, direct. **Dieu gouverne l'univers**, God is the ruler of the universe. **Mouvement gouverné par un pendule**, movement regulated, controlled, by a pendulum. **3.** (*a*) To manage, administer. (*b*) To govern (country). **4.** *Gram:* **Verbe qui gouverne l'accusatif**, verb that governs, takes, the accusative. **5.** *v.i. Nau:* **Navire qui ne gouverne plus**, ship that no longer answers to the helm.
gouverneur [guvɛrnœ:r], *s.m.* Governor (of province, bank, etc.); commanding officer (of fortified position). **G. général**, governor-general. *Fr.C:* **Lieutenant-g.**, lieutenant governor.
goyave [gɔja:v], *s.f. Bot:* Guava (fruit).
Graal (le) [ləgra:l], *s.m. Medieval Lit:* The Holy Grail.
grabat [graba], *s.m.* Mean bed, litter (of straw, etc.); pallet. *F:* **Mourir sur un g.**, to die in abject poverty.
grabataire [grabatɛ:r], *a. & s.* Bed-ridden (person).
grabuge [graby:ʒ], *s.m. F:* Squabbling, row. **Il y aura du g.**, there'll be ructions.
grâce [grɑ:s], *s.f.* **1.** Grace, gracefulness, charm. (*a*) **Avoir bonne g. à faire qch.**, to do sth. in a becoming manner. **Danser avec g.**, to dance gracefully. *F:* **Faire des grâces**, to strike attitudes. (*b*) **De bonne g.**, willingly, readily. **De mauvaise g.**, unwillingly, ungraciously. (*c*) *Myth:* **Les trois Grâces**, the three Graces. **2.** Favour, **Trouver g., devant qn, auprès de qn**, to find favour in s.o.'s eyes. **Se mettre dans, obtenir, les bonnes grâces de qn**, to get into favour with s.o.; to get into s.o.'s good graces. **Rentrer en g.**, to reingratiate oneself (**auprès de**, with). **De g.!** for pity's sake! for goodness' sake! **3.** (*a*) (Act of) grace. **Faire une g. à qn**, to do s.o. a favour, a kindness. **Demander une g. à qn**, to ask a favour of s.o. **Coup de g.**, finishing stroke; quietus. *Com:* **Jours, terme, de g.**, days of grace. (*b*) *Theol:* **En état de g.**, in a state of grace. **L'an de g. 1802**, the year of grace 1802. *F:* **A la g. de Dieu**, we must trust in God. **4.** (*a*) *Jur:* Free pardon. **Lettre(s) de g.**, reprieve. **Faire g. à qn**, to grant s.o. a free pardon. *F:* **Je vous fais g. cette fois-ci**, I will let you off this time. S.a. RECOURS. (*b*) **Demander g., crier g.**, to cry for mercy. **Faire g. de qch. à qn**, to spare s.o. sth.; *F:* to let s.o. off sth. **Je vous fais g. du reste**, you needn't do, say, any more. **5.** Thanks. (*a*) *pl.* **Action de grâces**, thanksgiving. (After meal) Grace, thanks. **Dire les grâces**, to give, return, offer, thanks. (*b*) *Prep.phr.* **G. à**, thanks to, owing to. **G. à vos soins**, thanks to your care.
graci|er [grasje], *v.tr.* To pardon, reprieve. *a.* **-able.**
gracieusement [grasjøzmɑ̃], *adv.* **1.** Gracefully. **2.** Graciously, kindly. **3.** Gratuitously.
gracieuseté [grasjøzte], *s.f.* **1.** Graciousness, affability. **2. Faire une g. à qn**, to do s.o. a kindness, a favour.
gracieux, -euse [grasjø, -ø:z], *a.* **1.** Graceful, pleasing (figure, style). **2.** (*a*) Gracious (manner, etc.). (*b*) **A titre g.**, as a favour; gratis, free of charge. **Exemplaire envoyé à titre g.**, complimentary copy. **3. Notre g. souverain**, our gracious Sovereign.
gracile [grasil], *a.* Slender; gracile, slim.
gracilité [grasilite], *s.f.* Slenderness, slimness.
Gracques (les) [legrak]. *Pr.n.m.pl. Rom.Hist:* The Gracchi.

gradation [gradasjɔ̃], *s.f.* Gradation; gradual process. **Avec une g. lente**, by slow degrees. **Par g.**, gradually.
grade [grad], *s.m.* **1.** Rank, dignity, degree, grade. **Détenir un g.**, to hold a rank. **2.** (University) degree. **Prendre ses grades**, to take one's degree. **3.** (*a*) *Mil:* Rank. **G. honoraire**, brevet rank. **Monter en g.**, to be promoted. (*b*) *Navy:* Rating.
gradé [grade], *s.m.* **1.** *Mil:* Non-commissioned officer, N.C.O. **Tous les gradés**, all ranks (commissioned and non-commissioned). **2.** *Navy:* Rated man.
gradient [gradjɑ̃], *s.m. Meteor: etc:* (Barometric) gradient.
gradin [gradɛ̃], *s.m.* **1.** Step, tier; stepped row of seats. *F:* **Quand j'étais sur les gradins**, when I was at school. **2. Poulie à gradins**, cone-pulley, step-pulley. *El.E:* **Disposer les balais en gradins**, to stagger the brushes (of a dynamo).
graduation [gradɥasjɔ̃], *s.f. Ph:* **1.** Graduating (of scale). **2.** Graduation. **3.** Scale.
gradué, -ée [gradɥe], *a.* (*a*) Graduated. **Verre g.**, measuring glass. (*b*) Graded, progressive (lessons, etc.).
graduel, -elle [gradɥɛl]. **1.** *a.* Gradual, progressive. **2.** *s.m. Ecc:* Gradual.
graduellement [gradɥɛlmɑ̃], *adv.* Gradually; by degrees.
graduer [gradɥe], *v.tr.* **1.** To graduate (thermometer, etc.). **2.** To grade (studies, etc.).
graillement [grɑjmɑ̃], *s.m.* **1.** Huskiness (owing to phlegm). **2.** Hawk (of phlegm). **3.** Hoarse sound.
grailler [grɑje], *v.i.* **1.** To speak huskily. **2.** To hawk up phlegm.
graillon[1] [grɑjɔ̃], *s.m. F:* Clot of phlegm.
graillon[2], *s.m.* **Sentir le g.**, to smell of burnt fat; to taste greasy.
graillonn|er[1] [grɑjɔne], *v.i. F:* To hawk up phlegm; to hawk. *s.m.* **-ement.**
graillonner[2], *v.i. Cu:* To take on a taste of burnt fat, to catch.
grain[1] [grɛ̃], *s.m.* **1.** (*a*) Grain. **G. de blé**, grain of wheat. **G. d'orge**, barleycorn. (*b*) Corn. **La récolte des grains**, the (corn-)harvest. *Husb:* Hard food (for poultry). **Poulet de g.**, plump (corn-fed) pullet. **2.** Berry, bean (of coffee). **G. de poivre**, peppercorn. **G. de raisin**, grape. *F:* **G. de beauté**, beauty spot; mole. **3.** Particle, atom; grain (of salt, of sand); speck, particle (of dust). **G. de plomb, pellet.** *Metall:* **Cassure à grains**, granular fracture. **Pas un g. de bon sens**, not a grain, not an atom, of common sense. *F:* **Il a un g.**, he is not quite right in the head. **Avoir son g.**, to be slightly tipsy, fuddled. **4.** *Meas: A:* Grain (= 0.053 gramme). **5.** (*a*) Bead. (*b*) **G. d'orge**, bead-sight (of fire-arms). (*c*) *El:* **Grains platinés**, platinum points. **6.** Grain, texture (of substance). **Contre le g.**, against the grain. **Ruban gros g.**, petersham.
grain[2], *s.m. Nau:* Squall; gust of wind. **Temps à grains**, squally weather. **G. noir**, black squall. S.a. PARER[2] 1, 2, VEILLER 1.
grain-d'orge [grɛ̃dɔrʒ], *s.m.* **1.** *Tls:* Diamond-point chisel. **2.** *F:* Sty(e) (on the eye). *pl. Des grains-d'orge.*
graine [grɛn], *s.f.* **1.** Seed (of plants). **G. de lin**, linseed. **Monter en g.**, to run to seed; *F:* (of girl) to be getting on in years. *F:* **C'est une mauvaise g.**, he's a bad lot. **2.** *F:* **Graines de vers à soie**, silkworm eggs; graine.
grainer [grɛne], *v.tr.* **1.** To granulate, corn (metal, etc.). **2.** To grain (paper, leather).
graineterie [grɛntri], *s.f.* Seed-trade or -shop.
grainetier, -ière [grɛntje, -jɛ:r], *s.* Seedsman, -woman; corn-chandler.
grainier, -ière [grɛnje, -jɛ:r], *s.* **1.** Seedsman, (-woman); corn-chandler. **2.** *Bot:* Collection of seeds.
graissage [grɛsa:ʒ], *s.m.* (*a*) Greasing, oiling, lubrication. **G. par barbotage**, splash lubrication. **G. sous pression, g. forcé**, forced-feed lubrication. **Huile de g.**, lubricating oil. (*b*) *F:* **G. de patte**, palm-greasing (bribery).
graisse [grɛ:s], *s.f.* **1.** Grease, fat. **G. de rognon**, suet. **G. de rôti**, dripping. **G. de porc**, lard. **G. de baleine**, blubber. *F:* **Prendre de la g.**, to put on fat. **Boniments à la g. d'oie**, blarney, bluff. **G. pour essieux**, axle-grease. **2.** (Of wine) **Tourner à la g.**, to get ropy.

graisser [grɛse], *v.tr.* **1.** To grease, oil, lubricate. *F:* **G. ses bottes,** to prepare (i) for a long journey, (ii) for the other world. **G. la patte à qn,** to oil, grease, s.o.'s palm. **2.** To soil with grease; to grease (one's clothes).

graisseur, -euse [grɛsœːr, -øːz], *s.* **1.** (Pers.) Greaser, oiler. **2.** *s.m.* Lubricator, grease-cup. *Aut:* **G. à graisse,** grease-gun.

graisseux, -euse [grɛsø, -øːz], *a.* **1.** (*a*) Greasy, oily, unctuous. (*b*) Fatty, adipose (tissue). **2.** Ropy (wine).

graminacées [graminase], *s.f.pl.* Graminaceae.

graminé [gramine]. *Bot:* **1.** *a.* Graminaceous. **2.** *O: s.f.pl.* **Graminées,** graminaceae.

grammaire [grammɛːr], *s.f.* Grammar.

grammairien, -ienne [grammɛrjɛ̃, -jɛn], *s.* Grammarian.

grammatical, -aux [grammatikal, -o], *a.* Grammatical. S.a. ANALYSE 1. *adv.* **-ement.**

gramme [gram], *s.m. Meas:* Gram(me).

grand, grande [grɑ̃, grɑ̃ːd]. *a.* **1.** (*a*) Tall (in stature); large, big (in size). **Homme g.,** tall man. **Un g. homme blond,** a tall, fair man. **Grands bras,** long arms. **Grands pieds,** big feet. **Grande distance,** great distance. S.a. AIR I. 1, MER. (*b*) Chief, main. **Grande marée,** spring tide. **G. chemin,** main road, highway, high road. **La grande rue,** the High Street, the Main Street. *Nau:* **Le g. mât,** the mainmast. **La grande messe,** high mass. **G. ressort,** mainspring. (*c*) **Quand tu seras g.,** when you are grown up, when you are old enough. **Les grandes personnes,** the grown-ups. *Sch:* **Les grandes classes,** the upper forms. (*d*) *adv.* **Voir, faire, g.,** to see, do, things in a big way, on a large scale. **Porte(s) grande(s) ouverte(s),** wide-open door(s). *Adv.phr.* **En g.,** (i) on a large scale; (ii) full size. **Se faire peindre en g.,** to have one's portrait painted life-size. **2.** (Of number, quantity) Large, many. **Pas g. monde,** not many people. **Le g. public,** the general public. **En grande partie,** largely, to a great extent, in a great measure. **3.** (Of worth, rank, fame) **Les grands hommes,** great men. **De grande naissance,** of noble birth. **Le g. monde,** (high) society. **Grand vins,** high-class wines. **Alexandre le Grand,** Alexander the Great. **Se donner de grands airs,** to give oneself airs of importance. **Une grande dame,** a great lady, a grand lady. **Le G. Hôtel,** the Grand Hotel. *s.m.* **Donner dans le g.,** to be fond of display. **4. Grandes pensées,** great, noble, thoughts. **La grande manière,** the grand manner. **5. Grande différence,** wide, great, difference. **Avec g. plaisir, de g. cœur,** with great pleasure, very willingly. **G. froid,** severe cold. **Il fait g. jour,** it is broad daylight. **Il est g. temps de partir,** it is high time we were off. **Grandes pluies,** heavy rains. **Les grands blessés,** the seriously wounded. **Grande jeunesse,** extreme youth. *Tex:* **Couleur g. teint,** fast dye. **6.** *s.* (*a*) *m.* Grandee. (*b*) **Grands et petits,** old and young. (*c*) **Les grands de la terre,** the great ones of the earth.

grand-chose [grɑ̃ʃoːz], *indef. pron. m.* (Nearly always coupled with **pas** or **sans**) Much. **Cela ne fait pas g.** it is of no great importance; it doesn't matter much.

grand-croix [grɑ̃krwa]. **1.** *s.f.inv.* Grand Cross (of the Legion of Honour). **2.** *s.m.* **G.-c.,** Knight Grand Cross. *pl. Des grands-croix.*

grand-duc [grɑ̃dyk], *s.m.* **1.** Grand duke. **2.** *Orn:* Eagle-owl, great horned owl. *pl. Des grands-ducs.*

grand-ducal [grɑ̃dykal], *a.* Grand-ducal.

grand-duché [grɑ̃dyʃe], *s.m.* Grand duchy. *pl. Des grands-duchés.*

Grande-Bretagne [grɑ̃dbrətaɲ]. *Pr.n.f.* Great Britain.

grande-duchesse [grɑ̃ddyʃes], *s.f.* Grand duchess. *pl. Des grandes-duchesses.*

grandement [grɑ̃dmɑ̃], *adv.* **1.** Grandly, nobly. **Faire les choses g.,** to do things on a noble scale. **2.** Greatly, largely. **Avoir g. raison,** to be altogether right. **Avoir g. le temps,** to have ample time. **Il est g. temps,** it is high time.

grandeur [grɑ̃dœːr], *s.f.* **1.** (*a*) Size; height (of tree). **Étoile de troisième g.,** star of the third magnitude. **De g. naturelle,** full-size(d). (*b*) Extent (of voyage); scale (of undertaking). **2.** Greatness. (*a*) Importance; magnitude (of offence); grandeur (of conception). (*b*) Majesty, splendour, grandeur. *F:* **Regarder qn du haut de sa g.,** to look down on s.o. (*c*) Nobility (of character, etc.). **3. Sa G.,** his Highness.

grand-garde [grɑ̃gard], *s.f. Mil:* Outpost picket. *pl. Des grand-gardes.*

grandiloquence [grɑ̃dilɔkɑ̃ːs], *s.f.* Grandiloquence.

grandiloquent [grɑ̃dilɔkɑ̃], *a.* Grandiloquent, bombastic.

grandiose [grɑ̃djoːz], *a.* Grand, imposing.

grandir [grɑ̃diːr]. **1.** *v.i.* (*a*) (i) To grow tall; (ii) to grow up. **Il est grandi,** he has grown, he is taller. **En grandissant,** as one grows up. (*b*) **G. en sagesse,** to grow in wisdom. **2.** *v.tr.* (*a*) To make (sth.) greater; to increase. **Souvenirs qui grandissent la France,** memories that exalt France. (*b*) To magnify.

grandissement [grɑ̃dismɑ̃], *s.m.* (*a*) Growth, increase. (*b*) *Opt:* Magnification.

grand(-)livre [grɑ̃liːvr], *s.m.* Ledger. *pl. Des grands-livres.*

grand-maman [grɑ̃mamɑ̃], *s.f. F:* Grand-mamma, granny. *pl. Des grand-mamans.*

grand-mère [grɑ̃mɛːr], *s.f.* Grandmother. *pl. Des grand-mères.*

grand-messe [grɑ̃mɛs], *s.f. Ecc:* High mass. *pl. Des grand-messes.*

grand-oncle [grɑ̃tɔ̃ːkl], *s.m.* Great-uncle. *pl. Des grands-oncles.*

grand-papa [grɑ̃papa], *s.m. F:* Grandpapa. *pl. Des grands-papas.*

grand-peine(à) [agrɑ̃pɛn], *adv.phr.* See PEINE 4.

grand-père [grapɛːr], *s.m.* Grandfather. *pl. Des grands-pères.*

grand-prêtre [grɑ̃prɛtr], *s.m.* High priest. *pl. Des grands-prêtres.*

grand-route [grɑ̃rut], *s.f.* Highway, high road. *pl. Des grand-routes.*

grand-rue [grɑ̃ry], *s.f.* High street, main street. *pl. Des grand-rues.*

grands-parents [grɑ̃parɑ̃], *s.m.pl.* Grandparents.

grand-tante [grɑ̃tɑ̃ːt], *s.f.* Great-aunt. *pl. Des grand-tantes.*

grange [grɑ̃ːʒ], *s.f.* Barn. **Mettre le blé en g.,** to garner the corn.

granit [grani(t)], *s.m.* Granite. *F:* **Cœur de granit,** heart of stone.

graniteux, -euse [granitø, -øːz], **granitique** [granitik], *a.* Granitic; granite (formation).

granito [granito], *s.m. Const:* Terrazzo.

granulaire [granylɛːr], *a.* Granular.

granulation [granylasjɔ̃], *s.f.* Granulation.

granule [granyl], *s.m.* Granule.

granuler [granyle], *v.tr.* **1.** To granulate. **2.** *Engr:* To stipple.

granuleux, -euse [granylø, -øːz], *a.* Granular, granulous.

graphique [grafik]. **1.** *a.* Graphic (sign, method). **2.** *s.m.* Diagram, graph. *adv.* **-ment,** -ally.

graphite [grafit], *s.m.* Graphite, black-lead, plumbago.

graphologie [grafɔlɔʒi], *s.f.* Graphology.

graphologique [grafɔlɔʒik], *a.* Graphological.

graphologue [grafɔlɔg], *s.m.* Graphologist.

graphomètre [grafɔmɛtr], *s.m. Survey:* Graphometer.

grappe [grap], *s.f.* **1.** Cluster, bunch (of grapes). **G. d'oignons,** string of onions. **G. de (deux ou trois) cerises,** cherry-bob. *F:* **Mordre à la g.,** to jump at the offer. **2.** *Bot:* Raceme. **3.** *Anat:* **Glandes en grappes,** acinous glands.

grappill|er [grapije], *v.tr. & i.* **1.** To glean (in vineyard). **2.** *F:* (*a*) To make petty profits. (*b*) To pilfer, cadge. *s.m.* **-age.** *s.* **-eur, -euse.**

grappillon [grapijɔ̃], *s.m.* Small bunch, cluster (of grapes, etc.).

grappin [grapɛ̃], *s.m.* **1.** (*a*) *Nau:* Grapnel, hook. (*b*) Grab-dredger; grab. *F:* **Mettre le g. sur qch.,** to lay hands on, get hold of, sth. **2.** *pl.* Climbing-irons.

gras, grasse [grɑ, grɑːs], *a.* **1.** (*a*) Fat (meat); fatty (tissue). (*b*) Rich (food). **Régime g.,** meat diet. **Potage g., potage au g.,** meat soup. *Ecc:* **Jour g.,** meat day. **Faire g.,** to eat meat (on a fast-day). S.a. CHOU 1, MARDI. (*c*) *s.m.* Fat (of meat). *Cu:* **Matières grasses,** fats. **2.** (*a*) Fat, stout (person). *F:* **En serez-vous plus g.?** will you be any the richer for it? (*b*) Fatted (animal); plump (pullet). **Tuer le veau g.,** to kill the fatted calf.

3. Greasy, oily (rag, hair). **Crayon g.**, stick of grease-paint. **Blanc g.**, white grease-paint. *s.* **Entretenir le mécanisme au g.**, to keep the machinery well greased. **Eaux grasses**, swill, swillings. **4.** Thick. (*a*) **Boue grasse**, thick, slimy, mud. **Toux grasse**, loose, phlegmy, cough. **Conte g.**, broad story. *adv.* **Rire g.**, to give a deep-throated laugh. **Temps g.**, thick, foggy, weather. (*b*) **Poutre grasse**, thick beam. **Plante grasse**, succulent (plant). *Typ:* **Caractères g.**, heavy. bold-faced, type. *s.m.* **Le g. de la jambe**, the calf of the leg. *F:* **Il n'y en a pas g.**, there is not much of it. S.a. MATINÉE 1. **5. Contours g.**, softened woolly, outlines. **Pierre grasse**, soft stone.
gras-double [gradubl], *s.m. Cu:* Tripe.
grassement [grasmã], *adv.* **1. Vivre g.**, to live in plenty, on the fat of the land. **2. Récompenser qn g.**, to reward s.o. handsomely, liberally.
grasset, -ette [grasɛ, -ɛt]. **1.** *a. F:* Plump; chubby. **2.** *s.m.* Stifle(-joint) (of horse).
grassey|er [grasɛje], *v.i.* To speak with a strongly marked r. *s.m.* **-ement.**
grassouillet, -ette [grasujɛ, -ɛt], *a. F:* Plump; chubby; (of a woman) buxom.
grateron [gratrɔ̃], *s.m.* Goose-grass, cleavers.
graticule [gratikyl], *s.m.* Framework of squares (for enlargement of maps, etc.).
graticuler [gratikyle], *v.tr.* To divide (drawing, etc.) into squares.
gratification [gratifikasjɔ̃], *s.f.* (*a*) Gratuity, tip. (*b*) Bonus, bounty.
gratifier [gratifje], *v.tr.* **G. qn de qch.**, (i) to confer, bestow, sth. upon s.o.; (ii) to attribute, ascribe, sth. to s.o.
gratin [gratɛ̃], *s.m.* (*a*) Burnt portion adhering to the pan. (*b*) **Au g.**, (cooked) with breadcrumbs and grated cheese. (*c*) *F:* **Le g.**, the upper crust (of society); the pick of the basket.
gratiné [gratine], *a. Cu:* Bread-crumbed. **Sole gratinée**, sole fried with egg and bread-crumbs. *s.f.* **Gratinée**, onion soup *au gratin*.
gratiner [gratine]. *Cu:* **1.** *v.i.* To stick to the side of the pan. **2.** *v.tr.* To cook (sth.) *au gratin*, to gratinate.
gratis [gratis]. *adv.* Gratis; free of charge. **Entrée g.**, admission free.
gratitude [gratityd], *s.f.* Gratitude, gratefulness.
grattage [grata:ʒ], *s.m.* **1.** *Tex:* Teaseling, napping, raising. **2.** (*a*) Scraping (off). (*b*) Erasure (of writing); scratching out.
gratte [grat], *s.f.* **1.** *F:* Pickings, perquisites, rake-off, fringe benefits, graft. **Faire de la g.**, to get pickings. **2.** *Fr.C.* (Snow)-plough.
gratte-ciel [gratsjɛl], *s.m.inv.* Sky-scraper.
gratte-dos [grat(ə)do], *s.m.inv.* Back-scratcher.
gratte-huile [gratɥil], *a.inv.* *I.C.E:* **Bague g.-h.**, scraper-ring (of piston).
grattement [grat(ə)mã], *s.m.* Scratching.
gratte-papier [gratpapje], *s.m.inv.* *F:* (Literary) hack; pen-pusher.
gratte-pieds [gratpje], *s.m.inv.* (Door-, shoe-)scraper.
gratt|er [grate], *v.tr.* **1.** (*a*) To scrape, scratch. **Il est toujours à se g.**, he is always scratching himself. *P:* **Tu peux te g.**, you can whistle for it! **Plume qui gratte**, scratchy pen. *P:* **En g. pour qn**, to be keen on s.o. (*b*) *Tex:* **Laine grattée**, brushed wool. **2.** To erase (a word). **3.** *F:* **G. un concurrent**, to overtake, pass, a competitor. **4.** *F:* To make a little on the side. *s.* **-eur, -euse.**
grattoir [gratwa:r], *s.m.* Scraper. **G. de bureau**, erasing knife, scraper-eraser.
gratuit [gratɥi], *a.* Gratuitous. (*a*) Free. **École gratuite**, free school. **A titre g.**, gratis, free of charge. (*b*) **Insulte gratuite**, gratuitous, wanton, unprovoked, insult. *adv.* **-ement**, free of charge.
gratuité [gratɥite], *s.f.* Gratuitousness.
gravats [grava], *s.m.pl.* = GRAVOIS.
grave [gra:v], *a.* **1.** *A:* Heavy. *Ph:* **Corps g.**, heavy body. **2.** (*a*) Grave (face); solemn (tone); sober (countenance). (*b*) Important, weighty (business); severe (wound). **Subir une g. opération**, to undergo a serious operation. **3.** *Mus:* **Note g.**, low(-pitched), deep, note. **4.** *Gram:* **Accent g.**, grave accent. *adv.* **-ment.**
gravé [grave], *a.* (*a*) **Pierre gravée**, engraved stone. **Image gravée**, graven image. (*b*) Pitted (of metals). (*c*) Pock-marked (of pers.).
gravel|er [gravle], *v.tr.* **(je gravelle; je gravellerai)** To gravel, cover with gravel. *s.m.* **-age.**
graveleux, -euse [gravlø, -ø:z], *a.* **1.** Gravelly (soil); gritty (pencil, pear). **2.** Smutty (story). **3.** *Med:* Suffering from gravel.
gravelle [gravɛl], *s.f. Med:* Gravel.
gravelure [gravly:r], *s.f. F:* Smutty saying or story. *pl.* Indecencies.
graver [grave], *v.tr.* **1.** To cut, engrave, carve (material or design). **G. à l'eau-forte**, to etch. *F:* **Cela reste gravé dans ma mémoire**, it remains graven on my memory. **2.** *Gramophones:* To record.
graveur [gravœ:r]. **1.** *s.m.* Engraver; carver (on stone, etc.). **G. à l'eau-forte**, etcher. **2.** *a.* **Bain graveur**, etching-bath.
gravide [gravid], *a.* Pregnant.
gravier [gravje], *s.m.* **1.** Gravel, grit. **2.** Usu. *pl. Med:* Gravel.
gravière [gravjɛ:r], *s.f.* Gravel-pit.
gravillon [gravijɔ̃], *s.m.* Fine gravel. *P.N:* **"Gravillons,"** 'loose chippings.'
gravillonner [gravijɔne], *v.tr.* To (fine) gravel (path, etc.).
gravir [gravi:r], *v.tr.* To climb; to ascend (mountain); to mount (ladder). **G. un échelon social**, to climb a rung of the social ladder.
gravitation [gravitasjɔ̃], *s.f. Ph:* Gravitation.
gravité [gravite], *s.f.* **1.** *Ph:* Gravity. **Centre de g.**, centre of gravity. **2.** (*a*) Gravity, seriousness. (*b*) Severity (of illness); seriousness (of operation). **3.** *Mus:* Low pitch, deepness (of note).
graviter [gravite], *v.i.* **1.** To gravitate (vers, towards). **2.** To revolve (**autour de**, round).
gravois [gravwa], *s.m.pl.* **1.** Screenings (of plaster). **2.** (Plaster) rubbish.
gravure [gravy:r], *s.f.* **1.** Engraving. (*a*) **G. en creux**, (i) intaglio-engraving; (ii) die-sinking. **G. sur bois de fil**, wood-cutting. **G. sur bois de bout**, wood-engraving. (*b*) **G. en taille-douce**, copper-plate engraving. **G. à l'eau-forte, g. en creux**, etching. **G. en simili**, half-tone work. **2.** Print, picture, engraving, etching. **G. en taille-douce, g. sur cuivre**, copper-plate. **G. sur bois**, woodcut, wood-engraving. **G. en couleurs**, colour-print. **Livre plein de gravures**, book full of illustrations. **G. avant la lettre**, proof before letters. **3.** *Gramophones:* Recording.
gré [gre], *s.m.* **1.** Liking, taste. **A mon g., selon mon g.**, (i) to my liking, to my taste; (ii) in my opinion. **Au g. de mes désirs**, (i) just as I could wish; (ii) to my heart's content. **2.** Will, pleasure. **De mon propre g., de mon plein g.**, of my own free will, of my own accord. **Bon g. mal g.**, whether we like it or not; willy-nilly. **Au g. des flots**, at the mercy of the waves. **De g. à g.**, by (mutual) agreement. S.a. FORCE 1. **3. Savoir (bon) g. à qn de qch., de faire qch.**, to be grateful to s.o. for sth., for doing sth. **Savoir mauvais g. à qn de qch.**, to be annoyed with s.o. about sth.
grèbe [grɛb], *s.m. Orn:* Grebe.
grebiche [grəbiʃ], *s.f.* **grebige** [grəbiʒ], *s.f.* **1.** File number (of MS etc.). **2.** Loose-leaf binder. **3.** Printer's imprint.
grec, grecque [grɛk]. **1.** *a.* Greek; occ. Grecian. **Les orateurs grecs**, the Greek orators. **Coiffure à la grecque**, Grecian hair style. **2.** *s.* Greek. **3.** *s.m.* **Le g.**, (the) Greek (language). **4.** *s.f. Art:* **Grecque**, Greek key-pattern, Greek border.
Grèce [grɛs]. *Pr.n.f. Geog:* Greece.
gréciser [gresize]. **1.** *v.tr.* To Hellenize. **G. une phrase**, to give a Greek turn to a phrase. **2.** *v.i.* To use Greek phrases.
gréco-latin, -ine [grekɔ-latɛ̃, -in], *a. Ling:* Gr(a)eco-Latin. *pl. Gréco-latin(e)s.*
gréco-romain, -aine [grekɔrɔmɛ̃, -ɛn], *a.* Gr(a)eco-Roman.
grecque. See GREC.
gredin, -ine [grədɛ̃, -in], *s.* Rogue, scoundrel; *f.* jade.
gredinerie [grədinri], *s.f.* **1.** Roguery. **2.** Rascally trick.
gréement [gremã], *s.m. Nau:* **1.** Rigging. **2.** Rig (of ship). **3.** Gear (of boat, etc.).

gré|er [gree], *v.tr.* *Nau:* (*a*) To rig (mast, vessel, etc.). **Gréé en carré,** square-rigged. (*b*) To sling (hammock). *s.m.* **-age.** *s.m.* **-eur.**

greffe[1] [grɛf], *s.f.* **1.** *Arb:* *Hort:* Graft, slip. *Surg:* Graft (of skin, tissue). **2.** Grafting. **G. par œil détaché,** budding. **G. en écusson,** shield grafting, shield budding. *Surg:* **G. épidermique,** skin grafting. **G. du cœur,** heart transplant.

greffe[2], *s.m.* **1.** *Jur:* Office of the clerk of the court. **2.** *Fin:* Registry (of joint-stock company).

greff|er [grɛfe], *v.tr.* *Arb:* *Hort:* *Surg:* To graft. *s.m.* **-age.** *s.m.* **-eur.**

greffier [grɛfje], *s.m.* **1.** *Jur:* Clerk (of the court). **2.** *Adm:* *Fin:* Registrar.

greffoir [grɛfwa:r], *s.m.* Grafting knife.

grégaire [gregɛ:r], *a.* Gregarious.

grégarisme [grɛgarism], *s.m.* Gregariousness.

grège [grɛ:ʒ], *a.* Raw (silk).

grégeois [greʒwa], *a.m.* *A:* (= GREC) **Feu g.,** Greek fire.

Grégoire [gregwa:r]. *Pr.n.m.* Gregory.

grégorien, -ienne [gregɔrjɛ̃, -jɛn], *a.* Gregorian (chant, etc.).

grègues [grɛg], *s.f. pl.* *A:* Trunk hose; breeches. *F:* **Tirer ses g.,** to make oneself scarce, to cut and run.

grêle[1] [grɛ:l], *a.* Slender, thin (leg, etc.); thin, high-pitched (voice). *Anat:* **Intestin g.,** small intestine.

grêle[2], *s.f.* (*a*) Hail. **Orage accompagné de g.,** hail-storm. (*b*) *F:* **G. de coups, de balles,** shower of blows, hail of bullets.

grêlé [grɛle], *a.* Pock-marked, (pock-)pitted.

grêler [grɛle]. **1.** *v.impers.* **Il grêle,** it's hailing. **2.** *v.tr.* To damage (crops) by hail. **3.** *v.tr.* To pock-mark.

grelin [grəlɛ̃], *s.m.* *Nau:* Cablet, hawser, warp.

grêlon [grelɔ̃], *s.m.* Hail-stone.

grelot [grəlo], *s.m.* (Small globular) bell; sleigh-bell. *F:* **Attacher le g.,** to bell the cat. **Faire sonner son g.,** to put one's word in.

grelotter [grəlɔte], *v.i.* **1.** To tremble, shake, shiver (with cold, fear). **Il grelottait de froid,** he was shaking with cold. **2.** To jingle.

grenade[1] [grənad], *s.f.* **1.** *Bot:* Pomegranate (fruit). **2.** (*a*) Grenade, bomb. **G. à main,** hand-grenade. (*b*) **G. extinctrice,** fire-grenade. (*c*) **G. sous-marine,** depth-charge.

Grenade[2]. *Pr.n.f.* *Geog:* **1.** Granada (in Spain). **2.** **La G.,** Granada (W. Indies).

grenadier[1] [grənadje], *s.m.* Pomegranate(-tree).

grenadier[2], *s.m.* *Mil:* (*a*) Grenadier. (*b*) Bomber (1914-18). (*c*) Tall, masculine woman; amazon.

grenadière [grənadjɛ:r], *s.f.* **1.** Lower band (of rifle). **2.** **A la g.,** slung (of rifle).

grenadine [grənadin], *s.f.* **1.** *Tex:* Grenadine. **2.** Grenadine (syrup).

grenaille [grəna:j], *s.f.* **1.** Refuse grain; tailings. **2.** Granular metal. **G. de plomb,** lead shot. **En g.,** granulated.

grenaill|er [grənaje], *v.tr.* To granulate; to shot (metal). *s.m.* **-ement.**

grenaison [grənɛzɔ̃], *s.f.* Seeding, corning (of cereals, etc.).

grenat [grəna]. **1.** *s.m.* Garnet. **2.** *a.inv.* Garnet-red.

grené [grəne], *s.m.* Stipple.

greneler [grənle], *v.tr.* (je grenelle) To grain (paper, leather).

grener [grəne], *v.* (**je grène; je grènerai**) **1.** *v.i.* (Of cereals) To seed; to corn. **2.** *v.tr.* (*a*) To corn, granulate (gunpowder). (*b*) *Engr:* To stipple.

grèneterie [grɛntri], *s.f.* (*a*) Corn-chandlery. (*b*) Seed-trade.

grènetier, -ière [grɛntje, -jɛ:r], *s.* (*a*) Corn-chandler. (*b*) Seedsman, -woman.

grènetis [grɛnti], *s.m.* Milled edge (of coin).

grenier [grənje], *s.m.* **1.** Granary, storehouse. *Hist:* **Greniers d'abondance,** public granaries. **G. à foin, à grain,** hayloft, corn-loft. **2.** Attic, garret. **3.** *Nau:* Dunnage.

grenouille [grənu:j], *s.f.* **1.** Frog. *F:* **G. de bénitier,** bigoted churchwoman. *F:* **Jeter une pierre dans la mare aux grenouilles,** (i) to cause a sensation, (ii) to drop a brick. **2.** *P:* Mess-funds, club-money; funds (of a society). **Manger, faire sauter, la g.,** to make off with the cash.

grenouillère [grənujɛ:r], *s.f.* (*a*) Marsh, swamp; froggery. (*b*) *F:* Paddling-pool.

grenu [grəny], *a.* **1.** (Of corn) Grainy, full of grain. **2.** (*a*) Granular (fracture, etc.). (*b*) Grained (leather, etc.). **3.** *s.m.* Granularity.

grenure [grəny:r], *s.f.* **1.** *Art:* Stippling, stipple. **2.** *Leath:* Graining.

grès [grɛ], *s.m.* **1.** Sandstone. **G. dur,** grit. **G. à bâtir,** freestone. **G. rouge,** red sandstone. **G. bigarré,** Bunter sandstone, New Red Sandstone. **2.** **Poterie de g., g. cérame,** stoneware. **Cruche de g.,** stone jug. **G. salé,** salt-glazed earthenware.

gréserie [grezri], *s.f.* **1.** (*a*) = GRÉSIÈRE. (*b*) Sandstone. **2.** Stoneware-factory, pottery.

gréseux, -euse [grezø, -ø:z], *a.* **1.** Gritty, sandy. **2.** **Roches gréseuses,** sandstone rocks.

grésière [grezjɛ:r], *s.f.* Sandstone quarry.

grésil [grezi, -zil], *s.m.* **1.** Frozen pellets of snow. **2.** Pounded glass.

grésill|er[1] [grezije], *v.impers.* (Of frozen snow) To patter. *s.m.* **-ement**[1].

grésill|er[2], *v.i.* (*a*) (Of fire) To crackle; (of flame) to sputter; (of frying-pan, of gas) to sizzle. (*b*) (Of crickets) To chirp. *s.m.* **-ement**[2].

grève [grɛ:v], *s.f.* **1.** (*a*) Strand, (sea-)shore; (sandy) beach. (*b*) (Sandy) bank, strand (of river). **La G.,** the Strand; open space on banks of Seine where dissatisfied workmen assembled, whence. **2.** Strike (of workmen). **Se mettre en g.,** to go on strike. **Faire g.,** to strike, to be on strike. **G. perlée,** go-slow strike. **Faire la g. de la faim,** to go on hunger-strike. **G. surprise,** lightning strike. **G. d'avertissement, symbolique,** token strike. **G. de zèle,** working to rule, **G. tournante,** staggered strike. **G. de solidarité,** sympathy strike. **G. sur le tas,** sit-down strike. **G. sauvage,** wildcat strike.

grever [grəve], *v.tr.* (**je grève; je grèverai**) **1.** To burden, encumber (estate). **Grevé d'un impôt,** saddled with a tax. **2.** (*a*) To entail (estate). (*b*) To mortgage (property). **3.** *Adm:* To lay a rate on (a building).

gréviste [grevist], *s.m.* & *f.* Striker. **G. de la faim,** hunger-striker.

gribouillage [gribuja:ʒ], *s.m.* Scrawl, scribble.

Gribouille [gribu:j]. *Pr.n.m.* Simpleton, ninny.

gribouill|er [gribuje], *v.tr.* *F:* = GRIFFONNER. *s.* **-eur, -euse.**

grief [griɛf], *s.m.* Grievance; ground for complaint. **Faire g. à qn de qch.,** to harbour resentment against s.o. on account of sth.

grièvement [griɛvmɑ̃], *adv.* Severely, grievously, gravely (wounded); deeply (offended).

griffade [grifad], *s.f.* Scratch, stroke (of the claw).

griffe [grif], *s.f.* **1.** (*a*) Claw (of tiger, etc.); talon (of hawk). **Coup de g.,** scratch. **Tomber sous les griffes de qn,** to fall into s.o.'s clutches. **Faire ses griffes,** to sharpen its claws (of a cat). (*b*) Claw, clip, clamp. **G. d'embrayage,** coupling-dog, -claw. **Griffes de prise directe,** direct-drive dogs. **Marteau à g.,** claw-hammer. **G. à papiers,** paper-clip. **Griffes de monteur,** climbing-irons. (*c*) *Bot:* Tendril (of vine). **2.** (*a*) Stamped signature. (*b*) (Signature) stamp.

griffer [grife], *v.tr.* To scratch, claw.

griffon [grifɔ̃], *s.m.* **1.** Griffin, gryphon. **2.** Griffon (terrier). **3.** *Orn:* Griffon-vulture.

griffonnage [grifɔna:ʒ], *s.m.* **1.** Scribbling. **2.** Scrawl, scribble, rough sketch.

griffonnement [grifɔnmɑ̃], *s.m.* *Art:* Sketch.

griffonn|er [grifɔne], *v.tr.* To scrawl, scribble (off) (letter, etc.). *s.* **-eur, -euse.**

griffu [grify], *a.* (Animal) having claws.

griffure [grify:r], *s.f.* Scratch (from a cat, etc.).

grigner [griɲe], *v.i.* (Of felt) To pucker, crinkle up.

grignot|er [griɲɔte], *v.tr.* To nibble, nibble at (sth.); to pick at, toy with (food). *s.m.* **-age.** *s.m.* **-ement.** *s.* **-eur, -euse.**

grigou [grigu], *s.m.* *F:* Miser; old screw; skinflint. *pl. Des grigous.*

gril [gri, gril], *s.m.* **1.** *Cu:* Grid(iron), grill. **Être sur le g.,** (i) to be on the grill; (ii) *F:* to be on tenterhooks, on the rack. **2.** *Hyd.E:* Grating (protecting sluice-gate). *Rail:* Gridiron (track). *Nau:* **G. de carénage,** gridiron. *Th:* **Le g.,** the upper flies.

grillade [grijad], *s.f.* Grill, grilled meat; esp. grilled steak. **G. de pain,** piece of toast.
grillage[1] [grija:ʒ], *s.m.* **1.** Grilling, broiling (of meat); toasting (of bread). **2.** Calcining; roasting (of ores). **3.** *El:* Burning out (of bulb).
grillage[2], *s.m.* (*a*) (Metal) grating; lattice-work. **G. en fil de fer,** wire-netting. (*b*) Grid, frame (of accumulator plate).
grillager [grijaʒe], *v.tr.* **(je grillageai(s); n. grillageons) 1.** To lattice. **2.** To surround with wire-netting.
grille [gri:j], *s.f.* **1.** (*a*) (Iron) bars; grill(e) (of convent parlour). (*b*) Iron gate, entrance gate (to grounds, etc.). (*c*) Railings. (*d*) Grating (of sink, etc.). (*e*) Fire-grate. **2.** *Aut:* Gate(-quadrant). **Secteur à g.,** visible gate. **3.** *El:* Grid (i) of accumulator, (ii) of thermionic valve). **4.** (Cipher-)stencil.
grille-pain [grijpɛ̃], *s.m.inv.* Toaster.
griller[1] [grije], *v.tr.* **1.** To grill, broil (meat); to toast (bread, etc.); to roast (coffee); to calcine (ore). **2.** (*a*) To burn, scorch. *F:* **G. une cigarette,** to smoke a cigarette. *P:* **Il est g.,** he has been found out, shown up. (*b*) (Of sun or frost) To scorch (vegetation). (*c*) *F:* **G. un concurrent,** to race past a competitor; to leave a competitor standing. **3.** *v.i.* (*a*) *Cu:* (Of meat) To grill; (of bread) to toast. (*b*) *F:* **La lampe a grillé,** the bulb has burnt out. (*c*) *F:* **G. d'envie de faire qch.,** to be burning, itching, to do sth.
griller[2], *v.tr.* (*a*) To rail in, rail off (garden, etc.). (*b*) To grate, bar (window, etc.).
grilloir [grijwa:r], *s.m.* *Cu:* Griller.
grillon [grijɔ̃], *s.m.* *Ent:* Cricket.
grill-room [grilrum], *s.m.* Grill-room, restaurant.
grimace [grimas], *s.f.* (*a*) Grimace, grin, wry face. **Faire la g.,** to make, pull, a face. (*b*) *F:* **Faire des grimaces,** to put on airs; to mince.
grimacer [grimase], *v.i.* **(je grimaçai(s); n. grimaçons)** (*a*) To grimace; to grin; to make faces. **G. un sourire,** to force a smile; to give a wry smile. (*b*) *F:* To simper.
grimaceries [grimasri], *s.f.pl.* (*a*) Grimaces, grimacing. (*b*) Affectation.
grimacier, -ière [grimasje, -jɛ:r]. **1.** *a.* (*a*) Grimacing, grinning. (*b*) Affected. **2.** *s.* Affected person.
grimage [grima:ʒ], *s.m.* *Th:* Make-up.
grimaud [grimo], *s.m.* Scribbler, hack(-writer).
grime [grim], *s.m.* *Th:* Dotard, old fogey. **Jouer les grimes,** to play old men.
grimer [grime], *v.tr.* *Th:* To make up (an actor).
  se grimer, to make up (one's face).
grimoire [grimwa:r], *s.m.* **1.** *A:* Wizard's book of spells; black book. **2.** Scrawl; unintelligible scribble.
grimpant [grɛ̃pɑ̃]. **1.** *a.* Climbing (animal); climbing, trailing, creeping (plant). **Rose grimpante,** climbing rose. **Plante grimpante,** creeper. **2.** *s.m.* *P:* Trousers, pants.
grimpée [grɛ̃pe], *s.f.* (Stiff) climb.
grimper [grɛ̃pe], *v.i.* **1.** To climb (up), clamber (up). **Il a, est, grimpé sur la muraille,** he climbed (up) the wall. **G. à un mât,** to swarm up a pole. **G. au pouvoir,** to climb to power. *v.tr.* **G. une montagne,** to climb a mountain. **2.** (Of plants, liquids) To creep; (of plants) to climb.
grimpette [grɛ̃pɛt], *s.f.* **1.** Steep climb. **2.** Climbing iron.
grimpeur, -euse [grɛ̃pœ:r, -ø:z]. **1.** *a.* Climbing, scansorial (bird). **2.** *s.m.* Climber.
grinc|er [grɛ̃se], *v.i.* **(je grinçai(s); n. grinçons)** To grate; to grind; to creak. **G. des dents,** to grind, gnash, one's teeth. **Plume qui grince sur le papier,** scratchy pen. *s.m.* **-ement.**
grincher [grɛ̃ʃe]. **1.** *v.i.* *F:* (*a*) (Of bread) to blister. (*b*) To protest, growl, snarl. **2.** *v.tr.* *P:* To steal, scrounge.
grincheux, -euse [grɛ̃ʃø, -ø:z]. **1.** *a.* Grumpy, crabbed, cross-grained. **2.** *s.* Grumbler, grouser.
gringalet [grɛ̃galɛ], *s.m.* (*a*) Shrimp (of a man, of a boy); puny little fellow. (*b*) Whipper-snapper.
griot [grio], *s.m.* *Mill:* Seconds.
griotte [griɔt], *s.f.* Morello (cherry).
griottier [griɔtje], *s.m.* Morello cherry-tree.
grippage [gripa:ʒ], *s.m.* *Mch:* Seizing, binding, jamming (of bearing, piston, valve, etc.).
grippal, -e [gripal], *a.* (*Pl. uncertain*) *Med:* Influenzal. **Catarrhe grippale,** influenza cold.
grippe [grip], *s.f.* **1.** Dislike, aversion. **Prendre qn en g.,** to take a dislike to s.o. **2.** *Med:* Influenza, *F:* 'flu. **G. gastro-intestinale,** gastric influenza.
grippé [gripe], *a.* **1.** Suffering from influenza. **Être g.,** to have influenza. **2.** *Med:* Pinched, drawn (face).
grippement [gripmɑ̃], *s.m.* **1.** *Mch:* = GRIPPAGE. **2.** *Med:* **G. de la face,** pinched features.
grippeminaud [gripmino], *s.m.* *F:* **1.** Pussy-cat, Grimalkin. **2.** Sleek, smooth-faced man; plausible individual.
gripper [gripe]. **1.** *v.tr.* *A:* To seize, pounce upon, snatch. **2.** *v.i.* & *pr.* (Of bearings) (i) To run hot; (ii) to seize (up); to bind, jam.
grippe-sou [gripsu], *s.m.* *F:* Old miser; skinflint. *pl.* *Des grippe-sou(s).*
gris [gri], *a.* **1.** Grey. (*a*) **Une jupe gris bleu,** a blue-grey skirt. **Cheval g. pommelé,** dapple-grey horse. (*b*) Grey-haired, grey-headed. **Barbe grise,** grey, grizzly, beard. (*c*) **Vin g.,** rosé wine (of Anjou). (*d*) **Temps g.,** cloudy, dull, grey, weather. **Faire grise mine,** to look anything but pleased. **Faire grise mine à qn,** to give s.o. a poor welcome, the cold shoulder. **En faire voir de grises à qn,** to give s.o. a rough time; to lead s.o. a dance. **2.** *F:* (Slightly) tipsy, fuddled. **3.** *s.m.* (*a*) Grey (colour). (*b*) *F:* = TABAC GRIS = shag.
grisaille [grizɑ:j], *s.f.* *Art:* (*a*) Grisaille. (*b*) *Engr:* Tint drawing. *F:* **Les grisailles du soir,** the greyness of the evening.
grisailler [grizaje]. **1.** *v.tr.* (*a*) To paint (sth.) grey. (*b*) To paint (sth.) in grisaille. **2.** *v.i.* (Of hair) To turn, become, grey.
grisâtre [grizɑ:tr], *a.* Greyish.
grisbi [grizbi], *s.m.* *P:* Dough (money).
grisé [grize], *s.m.* *Engr:* (Grey) tint, wash. **G. en hachures,** hachured. **2. Cliché du g.,** tint-block.
griser [grize], *v.tr.* **1.** To paint, tint, with grey. **2.** *F:* To make (s.o.) tipsy. **Grisé par le succès,** intoxicated by success.
  se griser, *F:* To get tipsy, fuddled.
griserie [grizri], *s.f.* **1.** Tipsiness. **2.** Intoxication, exhilaration, excitement, rapture.
grisette [grizɛt], *s.f.* *A:* Smart young (grey-clad) milliner, etc.
grison, -onne [grizɔ̃, -ɔn], *a.* & *s.* *Geog:* (Native) of the Canton of Grisons.
grisonn|er [grizɔne], *v.i.* (Of pers., of hair) To grow grey, to go grey. *a.* **-ant.** *s.m.* **-ement.**
grisotte [grizɔt], *s.f.* Clock (on stockings).
grisou [grizu], *s.m.* *Min:* Fire-damp. **Coup de g.,** fire-damp explosion.
grive [gri:v], *s.f.* *Orn:* Thrush. *Prov:* **Faute de grives on mange des merles,** beggars can't be choosers; half a loaf is better than no bread.
grivelé [grivle], *a.* Speckled (plumage).
grivois [grivwa], *a.* Licentious, loose, broad (story, song, joke).
grivoiserie [grivwazri], *s.f.* Broad joke.
grizzli, grizzly [grizli], *s.m.* *Z:* Grizzly (bear).
Groenland [grɔɛnlɑ̃(:d)]. *Pr.n.m.* *Geog:* Greenland. **Au G.,** in Greenland.
groenlandais, -aise [grɔɛnlɑ̃dɛ, -ɛ:z]. **1.** *a.* Of Greenland. **2.** *s.* Greenlander.
grog [grɔg], *s.m.* Toddy.
grognard, -arde [grɔɲa:r, -ard]. *F:* **1.** *a.* Grumbling; given to grousing. **2.** *s.* (*a*) Grumbler, grouser. (*b*) *Hist:* Soldier of Napoleon's Old Guard; veteran.
grognement [grɔɲmɑ̃], *s.m.* **1.** (*a*) (i) Grunting; (ii) grunt. (*b*) (i) Growling; (ii) growl. **2.** *F:* (*a*) Grumbling, grousing. (*b*) Snarling; snarl.
grogn|er [grɔɲe], *v.i.* **1.** (*a*) To grunt. (*b*) To growl. **2.** To grumble; to grouse. *s.* **-eur, -euse.**
grognerie [grɔɲri], *s.f.* Grumbling, growling; grousing.
grognon [grɔɲɔ̃]. **1.** *a. inv. in f.* Grumbling, peevish. **Une petite fille g.,** a little cross-patch. **2.** *s.m.* & *f.* Grumbler; cross-patch.
grognonner [grɔɲɔne], *v.i.* *F:* (*a*) To grouse, to grumble. (*b*) To show peevishness.
groin [grwɛ̃], *s.m.* Snout (of pig, etc.).
grommel|er [grɔmle], *v.i.* **(je grommelle; je grommellerai)** To grumble, mutter. **G. un juron,** to mutter an oath. *s.m.* **-lement.**

grondement [grɔ̃dmɑ̃], *s.m.* **1.** Growl(ing), snarl(ing). **2.** Rumble, rumbling (of thunder); roaring (of the storm); booming (of the waves, of guns).
gronder [grɔ̃de]. **1.** *v.i.* (*a*) To growl, snarl. (*b*) (Of thunder, etc.). To rumble, mutter; (of storm, etc.) to boom. (*c*) **G. contre qn,** to grumble at s.o.; to find fault with s.o. **2.** *v.tr.* To scold, chide, rate. **G. qn d'avoir fait qch.,** to scold s.o. for doing sth.
gronderie [grɔ̃dri], *s.f.* Scolding; rating.
grondeur, -euse [grɔ̃dœːr, -øːz]. **1.** *a.* Grumbling, scolding. **2.** *s.* Grumbler; *f.* scold, shrew.
grondin [grɔ̃dɛ̃], *s.m. Ich:* Red gurnet.
groom [grum], *s.m.* **1.** (= PALEFRENIER) Groom. **2.** Page(-boy), 'buttons.'
gros, grosse [gro, groːs]. **1.** *a.* (*a*) Big, bulky, stout. **Monsieur g. et gras,** portly gentleman. **Grosse corde,** thick, stout, rope. **G. bout,** thick end (of stick, etc.). **G. caractères,** large characters (in writing). **G. murs,** main walls (of building). **G. moteur,** high-powered, heavy, motor. **Grosse pièce de forge,** heavy forging. **G. doigt du pied,** big toe. **Grosse toile,** coarse linen. **G. sel,** coarse salt. **Affaire de g. bon sens,** matter of plain common sense. **G. rire,** (i) loud laugh; (ii) coarse laugh. **Grosse voix,** gruff voice; big voice. **G. mot,** coarse expression, foul word, swear word. **Grosse cavalerie,** heavy cavalry. **Grosse somme,** large sum. **Jouer g. (jeu),** to play for high stakes. **Avoir la grosse faim,** to be very hungry. **G. rhume,** heavy, violent, cold. **Grosse faute,** gross, serious, mistake. **Faire la grosse besogne,** to do the rough work. **Grosse mer,** heavy sea, high sea. **G. temps,** heavy, foul, bad, weather. **G. bourgeois,** solid, substantial, citizen. **G. propriétaire,** big landowner. *F:* **Les g. bonnets,** *P:* **les grosses légumes,** top brass. S.a. CŒUR 2, ŒIL 2. (*b*) **Femme grosse,** pregnant woman. **Action grosse de conséquences,** action big with consequences. (*c*) *adv.* **Gagner g.,** to earn a great deal; *F:* to make big money. **2.** *s.m.* (*a*) Bulk, chief part, biggest or thickest part. **G. de l'avant-bras,** swell of the forearm. **Le g. de la cargaison,** the bulk of the cargo. **Le plus g. est fait,** the hardest part of the job is done. **G. de l'été, de l'hiver,** height of summer, depth of winter. (*b*) **En g.** (i) Roughly, broadly, approximately, on the whole, in the main. **Évaluation en g.,** rough estimate. (ii) **Écrire en g.,** to write in large characters. (iii) **Acheter en g.,** to buy in bulk. (*c*) *Com:* Wholesale (trade). **Marchand en g.,** wholesale dealer, wholesaler. **Maison de g.,** wholesale firm. **3.** *s.f.* **Grosse.** (*a*) Round-hand (writing). **Écrire en grosse,** to engross. (*b*) *Com:* Gross; twelve dozen. **Six grosses de plumes,** six gross of pens. (*c*) *Jur:* Engrossed document, engrossment.
gros-bec [grobɛk], *s.m. Orn:* Grosbeak, hawfinch. *pl. Des gros-becs.*
groseille [grozɛːj], *s.f.* **1. G. à grappes,** (red-, white-) currant. **2. G. à maquereau,** gooseberry.
groseillier [grozɛje], *s.m.* **1.** Currant-bush. **2. G. à maquereau,** gooseberry-bush.
gros-grain [grogrɛ̃], *s.m. Tex:* Grogram, grosgrain. *pl. Des gros-grains.*
Gros-Jean [groʒɑ̃], *s.m. F:* Lout; Hodge. **Le voilà G.-J. comme devant!** the beggar is back to his hedge again! **C'est G.-J. qui en remontre à son curé,** it's like teaching your grandmother to suck eggs.
grosse. See GROS.
grossement [grosmɑ̃], *adv.* **1.** Roughly speaking, as a whole. **2.** *F:* **Blaguer un peu g.,** to be a trifle broad in one's humour.
grossesse [grosɛs], *s.f.* Pregnancy.
grosseur [grosœːr], *s.f.* **1.** Size, bulk, volume; thickness (of lips, etc.). **2.** *Med:* Swelling, tumour, growth.
grossi|er, -ère [grosje, -ɛːr], *a.* (*a*) Coarse, rough (food, cloth). (*b*) **Stupidité grossière,** rank stupidity. **Ignorance grossière,** gross, crass, ignorance. **Faute grossière,** glaring blunder. (*c*) Rude, unmannerly (**envers,** to); vulgar, coarse, gross. **G. personnage,** unmannerly fellow. **Il a été on ne peut plus g.,** he was most rude. *adv.* **-èrement.**
grossièreté [grosjɛrte], *s.f.* **1.** (*a*) Coarseness, roughness (of object). (*b*) Rudeness, vulgarity, coarseness (of manner, etc.). (*c*) Grossness, glaring nature (of mistake). **2. Dire des grossièretés à qn,** to be rude, offensive, to s.o.
grossir [grosiːr]. **1.** *v.tr.* To enlarge, increase, magnify. **Torrent grossi par les pluies,** torrent swollen by the rain. **Objet grossi trois fois,** object magnified three times. **G. sa voix,** to put a threatening tone into one's voice. **2.** (*a*) *v.i.* To increase, swell; to grow bigger, larger. (*b*) *v.i. & pr.* **La foule (se) grossissait,** the crowd was increasing.
grossissant [grosisɑ̃], *a.* **1.** Growing, swelling. **2.** Magnifying, enlarging (lens, etc.). **Verre g.,** magnifying glass.
grossissement [grosismɑ̃], *s.m.* **1.** Increase in size; swelling. **2.** (*a*) Magnifying, enlargement (through lens, etc.). (*b*) Magnification, amplification, magnifying power (of lens, etc.). **Jumelles à fort g.,** high-power field-glasses.
grossiste [grosist], *s.m.* Wholesaler.
grosso-modo [grɔsɔmɔdo], *adv.* Roughly (speaking).
grossoyer [grɔswaje], *v.tr.* (**je grossoie, n. grossoyons; je grossoierai**) To engross (document).
grotesque [grɔtɛsk], *a.* (*a*) *Art:* Grotesque. (*b*) *F:* Ludicrous, absurd. *adv.* **-ment.**
grotte [grɔt], *s.f.* Grotto.
grouill|er [gruje], *v.i.* To crawl, swarm, be alive (**de,** with). **Leurs habits grouillaient (de vermine),** their clothes were alive with vermin. **Le peuple grouille dans les rues,** the streets are swarming, teeming, with people. *a.* **-ant.** *s.m.* **-ement.**
se grouiller, *P:* to hurry up, to look alive.
group [grup], *s.m. Bank:* Sealed bag of cash, of specie (for transmission to or from branch-office).
groupage [grupaːʒ], *s.m. Com:* Collecting, bulking (of parcels).
groupe [grup], *s.m.* (*a*) Group (of people, things); clump (of trees, etc.); cluster (of stars, etc.); party (of people); *Sch:* **G. scolaire,** school block. (*b*) Set. *El.E:* **G. électrogène,** generator set. (*c*) Unit. *Mil:* **G. de combat,** section, cell. *Av:* **G. de bombardement,** bomber unit. (*d*) *Nat.Hist:* Division.
groupement [grupmɑ̃], *s.m.* **1.** (*a*) Grouping. (*b*) *El:* Connecting up; coupling. **2.** Group.
grouper [grupe], *v.tr.* **1.** To group; to arrange (in groups). **G. des efforts,** to concentrate efforts. **2.** *El:* To connect up, group, couple (cells, etc.).
se grouper, to form a group; to gather; to bunch (together).
gruau [gryo], *s.m.* **1.** (*a*) (Finest) wheat flour. **Pain de g.,** fine wheaten bread. (*b*) **G. d'avoine,** (i) groats; (ii) oatmeal. **2.** *Cu:* Gruel.
grue [gry], *s.f.* **1.** *Orn:* Crane. *F:* **Faire le pied de g.,** to kick, cool, one's heels; to be kept waiting. **Cou de g.,** long scraggy neck. **2.** *F:* **Grande g.,** great gawk of a woman; tart, prostitute. **3.** (Hoisting) crane. **G. à vapeur,** steam-crane. **G. à pivot,** revolving crane. *Rail:* **G. alimentaire,** water-pillar, water-crane.
gruger [gryʒe], *v.tr.* (**je grugeai(s); n. grugeons**) **1.** To crunch (piece of sugar, etc.); to crumble (glass). **2.** *F:* To eat (up), swallow. **G. qn sans merci,** to eat s.o. out of house and home.
grugeur, -euse [gryʒœːr, -øz], *s. F:* **1.** Shark, plunderer. **2.** Parasite, sponger.
grume [grym], *s.f.* **1.** Bark (left on felled tree). **Bois en g.,** rough timber. **2.** Log.
grumeau [grymo], *s.m.* (Finely divided) curd (of milk, soap, etc.).
grumeler (se) [səgrymle], *v.pr.* (**il se grumelle; il se grumellera**) To clot, curdle.
grumeleux, -euse [grymlø, -øːz], *a.* **1.** Curdled, clotted. **2.** Gritty (pear).
grumelure [grymlyːr], *s.f. Metall:* Cavity (in casting)
gruyère [gryjɛːr], *s.m.* Gruyere (cheese).
guano [gwano], *s.m.* Guano.
gué [ge], *s.m.* Ford. **Passer une rivière à g.,** to ford a river; to wade through a river.
guéable [geabl], *a.* Fordable. **Non g.,** unfordable.
guède [gɛd], *s.f. Bot:* Woad, pastel.
guéer [gee], *v.tr.* **1.** To ford (stream). **2.** To water (horse).
guelfe [gɛlf], *s.m. Hist:* Guelph.
guelte [gɛlt], *s.f. Com:* Commission, percentage (on sales).
guenille [gəniːj], *s.f.* Tattered garment, old rag. **En guenilles,** in rags (and tatters).
guenilleux, -euse [gənijø, -øːz], *a.* Ragged.

guenillon [gənijɔ̃], *s. F:* *s.m.* Piece of rag.
guenon [gənɔ̃], *s.f.* **1.** *Z:* (*a*) Long-tailed monkey. (*b*) She-monkey (in general). **2.** *F:* Ugly woman; fright.
guépard [gepa:r], *s.m.* *Z:* Cheetah.
guêpe [gɛ:p], *s.f.* *Ent:* Wasp. *F:* **Taille de g.,** wasp-waist.
guêpier [gepje], *s.m.* **1.** Wasps' nest. *F:* **Donner, tomber, dans un g.,** to bring a hornets' nest about one's ears. **2.** *Orn:* Bee-eater.
guêpière [gepjɛ:r], *s.f.* *Cost:* Wasp-waisted corset.
guère [gɛ:r], *adv.* (Always with neg. expressed or understood) Not much, not many, only little, but little. **Je ne l'aime g.,** I don't care much for him. **Il ne tardera g. à venir,** he will not be long in coming. **Ne plus g.,** (i) hardly any more; (ii) not much longer. **Il n'y a g. plus de six ans,** it is barely more than six years ago. **Il ne s'en faut de g.,** it is not far short. **Sans g. avoir d'amis, il était respecté,** although he had but few friends, he was respected.
guéret [gerɛ], *s.m.* *Agr:* (*a*) Ploughed land. (*b*) Fallow land. (*c*) *pl. Lit:* **Les guérets,** the fields.
guéridon [geridɔ̃], *s.m.* Pedestal table.
guérilla [gerija, -illa], *s.f.* Band or troop of guerrillas. **Guerre de guérillas,** guerrilla warfare.
guérillero [gerijero, -illero], *s.m.* Guerrilla (irregular soldier).
guérir [geri:r]. **1.** *v.tr.* (*a*) To cure, heal (s.o.); to restore (s.o.) to health. **G. qn d'une habitude,** to cure, break, s.o. of a habit. (*b*) **G. un rhume,** to cure a cold. *F:* **Cela ne guérit rien,** that's no cure; that doesn't help much. **2.** *v.i.* (*a*) To be cured; to recover. **G. de la fièvre,** to get over, recover from, fever. **Il n'en guérira pas,** he won't get over it. (*b*) (Of wound) To heal.
guérison [gerizɔ̃], *s.f.* **1.** Recovery. **En voie de g.,** on the way to recovery. **2.** (*a*) Cure (of disease). (*b*) Healing (of wound).
guérissable [gerisabl], *a.* (*a*) Curable. (*b*) That can be healed.
guérisseur, -euse [gerisœ:r, -ø:z]. **1.** *s.* (*a*) Healer. (*b*) Quack(-doctor). (*c*) Faith-healer. **2.** *a.* Healing.
guérite [gerit], *s.f.* **1.** *Mil:* Sentry-box. **2.** Cabin, shelter (for watchman, etc.); look-out turret. *Rail:* **G. à signaux,** signal-box. **3.** Hooded (wicker) chair.
Guernesey [gɛrnəzɛ]. *Pr.n.m. Geog:* Guernsey.
guerre [gɛ:r], *s.f.* War, warfare, **1. Grande g.,** war on a large scale. **Petite g.,** (i) minor operations; (ii) sham fighting. **G. sur mer,** naval warfare. **G. de course,** commerce destroying. **Se mettre en g.,** to go to war. **Être en g. avec, contre, . . .,** to be at war with. . . . **En pleine g.,** in the midst of war. **Faire la g. à, contre, un pays,** to wage war, make war, on, against, a country. *F:* **C'est de bonne g.,** it is quite fair. **S'en aller en g.,** to go to the wars. **A la g. comme à la g.,** (i) one must take the rough with the smooth; (ii) we, you, have got to rough it. **Le Ministère de la G.,** the War Office. *F:* **La drôle de g.,** the phoney war (1939-40). **G. totale,** total war(fare). **G. éclair,** blitzkrieg. **G. froide,** cold war. **G. chaude,** shooting war. **G. de positions,** static warfare. **G. des nerfs,** war of nerves. **En temps de g.,** in war-time. **Usine de g.,** munition factory. S.a. CONSEIL 3, CRI, MARINE[2] 3, NAVIRE, PARTISAN 2, USURE[2]. **2.** Strife, contention, quarrel, feud. **Faire la g. à qn sur, au sujet de, qch.,** to fight s.o. over sth. **G. à outrance, à mort,** war to the knife. **G. de plume,** paper warfare. S.a. NOM 1. *Adv.phr.* **De g. lasse j'y consentis,** for the sake of peace and quiet I gave in.
guerrier, -ière [gɛrje, -jɛ:r]. **1.** *a.* Warlike, martial. **Danse guerrière,** war-dance. **2.** *s.m.* Warrior. **3.** *s.f.* **Guerrière,** amazon.
guerroyant [gɛrwajɑ̃], *a.* Bellicose.
guerroyer [gɛrwaje], *v.i.* **(je guerroie; je guerroierai)** To war, to wage war, **(contre,** against).
guerroyeur, -euse [gɛrwajœ:r, -ø:z]. **1.** *s.m.* Fighter, knight-errant. **2.** *a.* Fighting (spirit).
guet [gɛ], *s.m.* **1.** Watch(ing); look-out. **Être au g.,** to be on the watch. **Avoir l'œil au g.,** to keep a sharp look-out. **Faire le g.,** (i) to be on the watch; (ii) to go the rounds. **Chien de bon g.,** good watch-dog. **2.** *A:* Le g., the (constables of the) watch. **Mot du g.,** password, watchword.
guet-apens [gɛtapɑ̃], *s.m.inv.* **1.** Ambush, ambuscade, snare, trap. **Dresser un g.-a. à qn,** to waylay s.o. **2.** *Jur:* Lying in wait. **De g.-a.,** with premeditation.
guêtre [gɛ:tr], *s.f.* **1.** Gaiter. **Demi-guêtres,** spats. **2.** *Aut:* Sleeve, gaiter, patch (for punctured tyre).
guetter [gɛte], *v.tr.* (*a*) To lie in wait for, to be on the look-out for, to watch for (s.o.). (*b*) **G. l'occasion,** to watch one's opportunity.
guetteur [gɛtœ:r], *s.m.* **1.** *A:* Watchman, watcher, **2.** Look-out (man) (in trenches, etc.).
gueulard, -arde [gœla:r, -ard]. **1.** *s.* *P:* (*a*) Bawler, (*b*) Glutton. **2.** *s.m.* (*a*) *P: Nau:* Speaking-trumpet. *W.Tel:* Extra-loud loud-speaker. (*b*) Mouth (of sewer); mouth, throat (of blast-furnace).
gueule [gœl], *s.f.* **1.** (*a*) Mouth (of carnivorous animals, of dog). (*b*) *P:* **Tais ta g.! ta g.!** shut up! **Quelle vilaine g.!** what an ugly mug! **Faire sa g.,** to sulk. **Casser la g. à qn,** to bash s.o.'s face. *F:* **Il est fort en g.,** he has too much to say for himself. *P:* **Avoir de la g.,** to have an air. *F:* **Avoir la g. de bois,** to have a hang-over. (*c*) **Les Gueules Cassées,** organization for helping disfigured ex-Servicemen. (*d*) *F:* = BOUCHE 1. **Dépenser beaucoup pour la g.,** to spend a great deal on food. **2.** Mouth (of sack, tunnel); muzzle (of gun). (Of mill) **Marcher à g. bée,** to work with all sluice-gates open.
gueule-de-lion [gœldəljɔ̃], *s.f.* *Bot:* Antirrhinum, snapdragon. *pl. Des gueules-de-lion.*
gueule-de-loup [gœldəlu], *s.f.* **1.** = GUEULE-DE-LION. **2.** (Chimney-)cowl. *pl. Des gueules-de-loup.*
gueuler [gœle]. *P:* **1.** *v.i.* To bawl, shout. **2.** *v.tr.* To bawl out (song, etc.). *s.m.* **-ement.**
gueules [gœl], *s.m.* *Her:* Gules.
gueuleton [gœltɔ̃], *s.m.* *P:* (*a*) Big feed, blow-out, tuck-in. (*b*) Banquet.
gueuletonner [gœltɔne], *v.i.* *P:* To feast.
gueusaille [gøzɑ:j], *s.f.* *F:* Riff-raff, rabble.
gueuse[1] [gø:z], *s.f.* *Metall:* **G. de fonte, pig. Fer en g.,** pig-iron; *Nau:* kentledge.
gueuse[2]. See GUEUX.
gueuser [gøze], *v.i.* *F:* To beg.
gueuserie [gøzri], *s.f.* **1.** Begging, mendicity. **2.** Wretched affair; 'poor show.'
gueux, -euse[2] [gø, -ø:z]. **1.** *s.* (*a*) Beggar; tramp. (*b*) *F:* **Mon g. de neveu,** my scamp of a nephew. **2.** *a.* Poor, beggarly, poverty-stricken. *F:* **G. comme un rat d'église,** as poor as a church mouse.
gui[1] [gi], *s.m.* *Bot:* Mistletoe.
gui[2], *s.m.* *Nau:* **1.** Boom. **2.** Guy-(rope).
Gui[3]. *Pr.n.m.* Guy.
guibolle [gibɔl], *s.f.* *P:* Leg. **Jouer des guibolles,** to stir one's stumps.
guibre [gi:br], *s.f.* *N.Arch:* Cutwater.
guiche [giʃ], *s.f.* Side-curl; love-lock, kiss-curl.
guichet [giʃɛ], *s.m.* **1.** (*a*) Wicket(-gate) (of prison, etc.). (*b*) Spy-hole, grille, grating (in door). **2.** Turnstile; entrance gate. *Rail:* (Platform) barrier. **3.** (*a*) Pay-desk (of bank, etc.). (*b*) *Rail:* (Booking-office) window. *Th:* Box-office (window). *Post:* Position. **G. fermé,** position closed. **4.** *Cr:* Wicket. **Gardien de g., garde-guichet,** wicket-keeper.
guichetier [giʃtje], *s.m.* **1.** *A:* Turnkey (of prison). **2.** Counter clerk (in bank, etc.).
guidage [gida:ʒ], *s.m.* *Mech.E:* **1.** (*a*) Guiding (of moving part). (*b*) Centring (on boring lathe). **2.** Guides, guide-rails, -bars (of pile-driver monkey, etc.).
guide[1] [gid], *s.m.* **1.** (*a*) Guide (for journey, etc.); conductor. **G. alpestre,** Alpine guide. (*b*) *Mil.Hist:* Soldier of the Guides (under the Empire). (*c*) *s.f.* Girl guide. **G. aînée,** ranger. (*In Fr.*) **Guides de France,** Catholic girl guides. **2.** Guide(-book). **3.** *Tchn:* **G. de courroie,** belt-guide.
guide[2], *s.f.* Rein. *F:* **Mener la vie à grandes guides,** to live in lavish style.
guide-âne [gidɑ:n], *s.m.* **1.** Book of standing instructions (in office, etc.). **2.** Black lines (supplied with writing-block, etc.). *pl. Des guide-âne(s).*
guider [gide], *v.tr.* To guide, direct, lead (s.o.); to drive (car, horse); to steer (boat).
guide-rope [gidrɔp], *s.m.* *Aer:* Trail-rope; drag. *pl. Des guide-ropes.*

guidon [gidɔ̃], *s.m.* **1.** *Cy:* Handle-bar. **2.** *Mil:* Foresight, bead (of gun, rifle). **3.** *Nau:* (*a*) Pennant. (*b*) Burgee. **4.** *Mil:* Guidon.
guignard, -arde [giɲaːr, -ard], *s.* **1.** *F:* Unlucky person; 'Jonah.' **2.** *s.m. Orn:* Dotterel.
guigne[1] [giɲ], *s.f.* Heart-cherry.
guigne[2], *s.f. F:* Bad luck, ill-luck. **Porter la g. à qn,** to bring s.o. bad luck.
guigner [giɲe], *v.tr. F:* **1.** To cast an (envious) eye upon (sth.). (At cards) **Il guigne votre jeu,** he is looking over your hand. **2.** To ogle (s.o.).
guignier [giɲje], *s.m.* Heart-cherry tree.
guignol [giɲɔl], *s.m.* (*a*) Punch. (*b*) Punch and Judy show.
guignolet [giɲɔlɛ], *s.m.* Cherry-brandy.
guignon [giɲɔ̃], *s.m. F:* Bad luck, ill-luck. **Je suis en g.,** I am out of luck.
Guillaume [gijoːm]. **1.** *Pr.n.m.* William. **2.** *s.m. Tls:* Rabbet(ing)-plane.
guilledou [gijdu], *s.m.* (Used in) *F:* **Courir le g.,** to frequent night haunts.
guillemets [gijmɛ], *s.m.pl. Typ:* Inverted commas, quotation marks, *F:* quotes. **Ouvrir, fermer, les g.,** to open, close, the inverted commas. **Mot entre g.,** words quoted, in inverted commas.
guillemeter [gijmәte], *v.tr.* (**je guillemette, n. guillemetons; je guillemetterai**). *Typ: etc:* To put (word, passage) in inverted commas.
guillemot [gijmo], *s.m. Orn:* Guillemot.
guiller [gije], *v.i.* (Of beer) to work, ferment.
guilleret, -ette [gijrɛ, -ɛt], *a.* Lively, gay, brisk.
guillochage [gijɔʃaːʒ], *s.m.* **1.** *Metalw:* (Rose-)engine turning; chequering. **2.** = GUILLOCHIS.
guillocher [gijɔʃe], *v.tr.* To engine-turn; to chequer.
guillochis [gijɔʃi], *s.m.* Guilloche (pattern), chequered pattern (on gold, silver, etc.).
guillotine [gijɔtin], *s.f.* **1.** Guillotine. **2. Fenêtre à g.,** sash-window. **Obturateur à g.,** drop shutter (of camera).
guillotin|er [gijɔtine], *v.tr.* To guillotine. *s.m.* **-ement.**
guimauve [gimøːv], *s.f. Bot:* Marsh-mallow.
guimbarde [gɛ̃bard], *s.f.* **1.** Jew's-harp. **2.** *P:* Ramshackle vehicle; old rattletrap. **3.** *Tls:* Router-plane.
guimpe [gɛ̃ːp], *s.f. Cost:* **1.** (Nun's) wimple. **2.** Chemisette.
guindé [gɛ̃de], *a.* Stiff, *F:* starchy (person); stilted (language), stiff (style).
guindeau [gɛ̃do], *s.m. Nau:* Windlass.
guind|er [gɛ̃de], *v.tr.* To hoist, raise (with a windlass). *F:* **G. son style,** to write in an affected style. *s.m.* **-age.**
se guinder, to affect a lofty manner.
Guinée [gine]. **1.** *Pr.n.f. Geog:* Guinea. **La Nouvelle-G.,** New Guinea. **2.** *s.f. Num:* Guinea.
guinéen, -enne [gineɛ̃, -ɛn], *a. & s. Geog.* Guinean.
guingan [gɛ̃gɑ̃], *s.m. Tex:* Gingham.
guingois [gɛ̃gwa], *s.m.* Skew. **De g.,** awry, askew, *F:* lopsided.
guinguette [gɛ̃gɛt], *s.f.* Suburban place of refreshment (with music and dancing); pleasure gardens.
guipage [gipaːʒ], *s.m.* (Action of, material for) winding, taping, wrapping, lapping, covering.
guiper [gipe], *v.tr.* To wind (about); to tape, wrap, lap. **Fil guipé coton,** cotton-lapped wire.
guipure [gipyːr], *s.f.* **1.** Point-lace, pillow-lace. **2.** *El.E:* Wrapping, lapping (of cable, etc.).
guirlande [girlɑ̃ːd], *s.f.* Garland, festoon, wreath. (Of rope) **Faire g.,** to sag.
guirlander [girlɑ̃de], *v.tr.* To garland, festoon.
guise [giːz], *s.f.* Manner, way, fashion. **Faire, agir, à sa g.,** to do as one pleases; to go one's own way. **A votre g.!** please yourself! **En g. de,** (i) by way of; (ii) instead of.
guitare [gitaːr], *s.f. Mus:* Guitar. *F:* **C'est toujours la même g.,** it's the same old story.
guitariste [gitarist], *s.m. & f.* Guitar-player.
guitoune [gitun], *s.f.* **1.** *Mil:* Dug-out, fox-hole, funk-hole. **2.** Tent.
gustatif, -ive [gystatif, -iːv], *a.* Gustative; gustatory (nerve, etc.).
gustation [gystasjɔ̃], *s.f.* Gustation, tasting.
gutta-percha [gytapɛrka], *s.f.* Gutta-percha.
guttural, -aux [gytyral, -o]. **1.** *a.* Guttural; throaty (voice). **2.** *s.f. Ling:* **Gutturale,** guttural. *adv.* **-ement.**
Guy [gi]. *Pr.n.m.* Guy. S.a. DANSE.
Guyane (la) [lagɥijan]. *Pr.n.f. Geog:* Guiana.
guyannais, -aise [gɥijanɛ, -ɛːz], *a. & s. Geog:* Guianese.
Guyenne (la) [lag(ɥ)ijɛn]. *Pr.n.f. A.Geog:* Guienne.
gymkhana [ʒimkana], *s.m.* Gymkhana.
gymnase [ʒimnaːz], *s.m.* Gymnasium.
gymnaste [ʒimnast], *s.m.* Gymnast.
gymnastique [ʒimnastik]. **1.** *a.* Gymnastic. S.a. PAS[1] 1. **2.** *s.f.* (*a*) Gymnastics. **G. respiratoire,** breathing exercises. **G. du matin,** morning exercises, *F:* daily dozen. (*b*) *Sch: F:* Gymnasium.
gymnosophie [ʒimnɔsɔfi], *s.f.* Gymnosophy, yoga.
gymnosophiste [ʒimnɔsɔfist], *s.m. & f.* Gymnosophist, yogi.
gymnote [ʒimnɔt], *s.m. Ich:* Gymnotus; *F:* electric eel.
gynécée [ʒinese], *s.m. Cl.Ant: Bot:* Gynaeceum.
gynécocratie [ʒinekɔkrasi], *s.f.* Gynaecocracy
gynécologie [ʒinekɔlɔʒi], *s.f.* Gynaecology.
gynécologique [ʒinekɔlɔʒik], *a.* Gynaecological.
gynécologiste [ʒinekɔlɔʒist], *s.* **gynécologue** [ʒinekɔlɔg], *s.* Gynaecologist.
gypaète [ʒipaɛt], *s.m. Orn:* Gypaetus; esp. lammergeier.
gypse [ʒips], *s.m.* **1.** *Miner:* Gypsum, plasterstone. **2.** *Com:* Plaster of Paris.
gyration [ʒirasjɔ̃], *s.f.* = GIRATION.
gyratoire [ʒiratwaːr], *a.* = GIRATOIRE.
gyrin [ʒirɛ̃], *s.m. Ent:* Whirligig-beetle.
gyrocompas [ʒirɔkɔ̃pɑ], *s.m. Nau:* Gyro-compass.
gyromancie [ʒirɔmɑ̃si], *s.f.* Gyromancy.
gyroscope [ʒirɔskɔp], *s.m.* Gyroscope. *Av:* **G. directionnel,** directional gyroscope.
gyroscopique [ʒirɔskɔpik], *a.* Gyroscopic.
gyrostabilisateur [ʒirɔstabilizatœːr], *s.m. Av:* Gyro-stabilizer.
gyrostat [ʒirɔsta], *s.m.* Gyrostat.

Words beginning with an 'aspirate' h are shown by an asterisk.

H, h [aʃ], *s.m. & f.* (The letter) H, h. **h muet(te)**, 'mute' h. *Tp:* **H comme Henri**, H. for Harry. *Mil:* **L'heure H**, zero hour. *Ch:* *Mil:* **La bombe H**, Hydrogen bomb, H-bomb.
***ha** [ɑ], *int.* **1.** = AH. **2.** (As laughter) **Ha, ha!** ha ha!
***habanera** [abanera], *s.f. Danc:* Habanera.
habile [abil], *a.* (*a*) Clever, skilful, able, capable (workman, etc.); cunning, smart, artful, crafty (rogue, etc.). **Mains habiles**, skilled hands. **Façonner qch. d'une main h.**, to fashion sth. skilfully, with a cunning hand. **H. à faire qch.**, clever at doing sth. (*b*) *Jur:* **H. à succéder**, able, competent, to inherit. *adv.* **-ment.**
habileté [abilte], *s.f.* (*a*) Ability, skill, skilfulness. (*b*) Cleverness, smartness.
habilitation [abilitasjɔ̃], *s.f. Jur:* **H. de qn à faire qch.**, enabling of s.o. to do sth.
habilité [abilite], *s.f. Jur:* Ability, title. **Avoir h. à hériter**, to be entitled to succeed.
habiliter [abilite], *v.tr. Jur:* **H. qn à faire qch.**, to enable, entitle, s.o. to do sth.
habillé [abije], *a.* **1.** Dressed. **H. en femme**, dressed up, got up, as a woman. **H. chaudement**, warmly clad. **H. de, en, bleu**, dressed in blue. **2.** (Of clothes) Smart, *Pej:* dressy.
habillement [abijmɑ̃], *s.m.* **1.** Clothing, dressing. **Effets d'h.**, wearing apparel; clothing. **2.** Clothes, dress.
habill|er [abije], *v.tr.* **1.** To prepare. (*a*) *Cu:* To draw and truss (poultry); to clean (fish); to trim (meat). (*b*) *Arb:* To prune, trim (tree). (*c*) To put (watch, etc.) together; to assemble (parts). **2.** (*a*) To dress. *F:* **H. qn de (la) belle façon**, to give s.o. a good dressing-down. (*b*) To clothe; to provide (s.o.) with clothes. *s.m.* **-age.**
s'habiller, to dress; to put one's things on; (of priest, etc.) to robe.
habilleur, -euse [abijœ:r, -ø:z], *s. Th:* Dresser.
habit [abi], *s.m.* **1.** Dress, costume; *pl.* clothes. **Mettre ses habits**, to put on one's clothes. **Marchand d'habits**, old-clothes man. **2.** (*a*) Coat. **H. de cheval**, riding-habit. *F:* **H. vert**, member of the *Académie française*. (*b*) **H. de soirée**, evening dress, *F:* tails. **Être en h.**, to be in evening-dress. **3.** (Monk's, nun's) habit; (monk's) frock. **Prendre l'h.**, (i) to become a monk; (ii) to take the veil.
habitabilité [abitabilite], *s.f.* Habitability; fitness for habitation.
habitable [abitabl], *a.* Habitable; fit for habitation.
habitacle [abitakl], *s.m.* **1.** *B.Lit:* Habitation. **2.** *Nau:* Binnacle. **3.** *Av:* Cockpit.
habitant, -ante [abitɑ̃, -ɑ̃:t], *s.* (*a*) Inhabitant; resident, dweller. **Ville de 10.000 habitants**, town of 10,000 inhabitants. (*b*) Occupier (of house). (*c*) Inmate (of house).
habitat [abita], *s.m.* Habitat (of animal, plant).
habitation [abitasjɔ̃], *s.f.* **1.** Habitation; dwelling, inhabiting. **Le problème de l'h.**, the housing problem. **2.** Dwelling(-place), residence, abode. **H. à loyer modéré** = council house; council flat. **N'avoir point d'h.**, to have no fixed abode. **Avoir son h. à . . .**, to reside at. . . .
habiter [abite]. **1.** *v.tr.* (*a*) To inhabit, to dwell in, live in (a place). **Pays peu habité**, sparsely inhabited country. (*b*) To occupy (house). **2.** *v.i.* To live, reside, dwell; to have one's home (à, at). **H. à la campagne**, to live in the country.
habitude [abityd], *s.f.* (*a*) Habit, custom, practice, use. **Faire qch. par pure h.**, to do sth. from mere habit. **Prendre, contracter, l'h. de faire qch.**, to grow, get, into the habit of doing sth. **Se faire une h. de . . .**, to make it one's practice to. . . . **Être dans l'h., avoir l'h., avoir pour h., de faire qch.**, to be in the habit of doing sth. **Se défaire d'une h.**, to get out of a habit. **Faire perdre une h. à qn**, to break s.o. of a habit. **D'h.**, usually, ordinarily. **Comme d'h.**, as usual. **Ses vêtements d'h.**, his usual clothes. **Ce n'est pas une h. chez moi**, I don't make a habit of it. **Ce n'est pas dans mes habitudes**, it is not what I am accustomed to. **Vous ne vous exercez pas autant que vous en aviez l'h.**, you don't practise as much as you used to. **H. (du corps)** habit (of body). (*b*) Knack. **Je n'en ai plus l'h.**, I'm out of practice.
habitué, -ée [abitɥe], *s.* Frequenter; regular attendant; regular customer; *habitué*.
habitu|el, -elle [abitɥɛl], *a.* Usual, customary, regular; habitual (à, to). *adv.* **-ellement.**
habituer [abitɥe], *v.tr.* To accustom, habituate, make familiar. **H. qn à faire qch.**, to get s.o. into the habit of doing sth. **H. qn à la fatigue**, to inure s.o. to fatigue.
s'habituer, to get used, to get, grow, accustomed (à, to).
***hâbler** [ɑble], *v.i.* To boast, brag; *F:* to talk big.
***hâblerie** [ɑbləri], *s.f.* **1.** Bragging, boasting. **2.** Piece of brag.
***hâbleur** [ɑblœ:r], *s.m.* Boaster, braggart.
***hache** [aʃ], *s.f.* Ax(e). **H. à main**, hatchet. **Fait, taillé, à coups de h.**, rough-hewn, hacked out. *Arms.* **H. d'armes**, battle-axe. **H. de guerre**, tomahawk. *F:* **Enterrer la h. de guerre**, to bury the hatchet. **Porter la h. dans les dépenses publiques**, to axe public expenditure.
***haché** [aʃe], *a.* **1.** Staccato, jerky (style). **2. Mer hachée**, cross sea; choppy sea. **3.** *s.m. Cu:* Minced meat.
***hache-légumes** [aʃlegym], *s.m.inv. Cu:* Vegetable-cutter, -mincer.
***hache-paille** [aʃpa:j,- pɑ:j], *s.m.inv. Husb:* Chaff-cutter.
***hach|er** [ɑʃe], *v.tr.* **1.** (*a*) To chop (up); to hash (meat, etc.). **H. menu**, to mince. *F:* **H. qn menu comme chair à pâté**, to make mincemeat of s.o. (*b*) To hack (up), mangle. **2.** To (cross-)hatch, to hachure (drawing). *s.m.* **-age.**
***hachette** [aʃɛt], *s.f.* Hatchet.
***hache-viande** [aʃvjɑ̃:d], *s.m.inv.* Mincer.
***hachis** [aʃi], *s.m. Cu:* Minced meat; mince. **En h.**, hashed; minced.
***hachisch** [aʃiʃ], *s.m.* Has(c)hish; bhang.
***hachoir** [aʃwa:r], *s.m.* (*a*) Chopping-knife, chopper. (*b*) Chopping-board.
***hachure** [aʃy:r], *s.f. Engr: Mapm:* Hatching, hachure. **Carte en hachures**, hachured map.
***hachurer** [aʃyre], *v.tr.* To hatch, hachure.
***haddock** [adɔk], *s.m. Cu:* Smoked haddock.
***hagard** [aga:r], *a.* **1. Faucon h.**, haggard. **2.** Haggard, wild(-looking) (appearance, etc.); drawn (face).
hagiographe [aʒjɔgraf], *s.m.* Hagiographer.
hagiographie [aʒjɔgrafi], *s.f.* Hagiography.
hagiographique [aʒjɔgrafik], *a.* Hagiographic(al).
***haie** [ɛ], *s.f.* (*a*) Hedge(-row). **H. vive**, quickset hedge. (*b*) Hurdle. *Sp:* **Course de haies**, (short-distance) hurdle-race; *F:* the hurdles. (*c*) Line, row (of trees, police, troops). **Faire, former, la h.**, to line the streets.
***haillon** [ajɔ̃], *s.m.* Rag (of clothing). **Être en haillons**, to be in rags.
***haillonneux, -euse** [ajɔnø, -ø:z], *a.* Ragged, tattered.
***haine** [ɛ:n], *s.f.* Hatred (de, contre, of); detestation; hate. **Avoir la h. de qch., avoir qch. en h.**, to hate, detest, sth. **Prendre qch. en h.**, to conceive a strong aversion for sth. **En h. de qch.**, out of hatred of sth.
***haineusement** [ɛnøzmɑ̃], *adv.* In a tone, with a look, of bitter hatred.
***haineux, -euse** [ɛnø, -ø:z], *a.* Full of hatred.
***haïr** [ai:r], *v.tr.* (**je hais** [ɛ], **tu hais, il hait, n. haïssons**, etc.; *imp.* **hais**; otherwise regular) To hate, detest. **H. qn comme la peste**, to hate s.o. like poison, like the plague. **Être haï de, par, qn**, to be hated by s.o.
***haire** [ɛ:r], *s.f.* **1.** Hair-shirt. **2.** Hair-cloth.
***hais.** See HAÏR.

***haïssable** [aisabl], *a.* Hateful, detestable.
***halage** [ɑlaːʒ], *s.m.* (*a*) Warping, hauling (of ship). (*b*) Towing. **Chemin, corde, de h.,** tow(ing)-path, -line.
***halbran** [albrɑ̃], *s.m. Orn:* Young wild duck.
halcyon [alsjɔ̃], *s.m. Orn:* Halcyon, kingfisher.
***halde** [ald], *s.f. Min:* **1.** Dump(-heap). **2.** Mouth (of mine).
***hale** [ɑːl], *s.m.* Tow-line, -rope (of canal barge, etc.).
***hâle** [ɑːl], *s.m.* **1.** (*a*) Tanning, browning (of skin by weather); sunburn. (*b*) Tan; sunburnt complexion. **2.** Hot, dry, wind.
***hâlé** [ɑle], *a.* Sunburnt, tanned, weather-beaten.
haleine [alɛn], *s.f.* Breath. **Retenir son h.,** to hold one's breath. **Tout d'une h.,** all in one breath. **Avoir de l'h.,** to have plenty of wind, of staying power. **Avoir l'h. courte,** to be short-winded. **(Re)prendre h.,** (i) to take breath; (ii) to recover one's breath, to get one's second wind. **Perdre h.,** to get out of breath. **Hors d'h.,** out of breath; breathless. **Avoir mauvaise h., l'h. forte,** to have bad breath. **Travail de longue h.,** long and exacting labour. **Politique de longue h.,** long-term policy. **En h.,** in good condition, in good form. **Tenir qn en h.,** to hold s.o. breathless; to keep s.o. in suspense.
***hal|er** [ɑle], *v.tr.* **1.** (*a*) To warp (ship). (*b*) To tow (barge, etc.). (*c*) **H. une embarcation au sec,** to haul up a boat (on the beach). **2.** *Nau:* To pull, haul in, heave (rope, etc.). *v.i.* **H. sur une manœuvre,** to haul, pull, on a rope; to heave at a rope. **3.** *Nau:* **H. le vent, se h. dans le vent,** to haul upon the wind.
***hâler** [ɑle], *v.tr.* (Of sun) To burn brown, tan (s.o.); to burn up (vegetation).
  se hâler, to get sunburnt.
***haletant** [altɑ̃], *a.* Panting, breathless, out of breath; gasping (for breath).
***hal|eter** [alte], *v.i.* **(je halète; je halèterai)** To pant; to gasp (for breath). *s.m.* **-ètement.**
***haleur, -euse** [alœːr, -øːz], *s.* **1.** Hauler, tower (of boats, etc.). **2.** *s.m.* Steam winch.
***halftrack** [alftrak], *s.m.* Half-track vehicle.
***hall** [al, ɔl], *s.m.* **1.** (Palatial) entrance hall; (hotel) lounge. **2.** *Ind:* Bay, shop, room. **H. de montage,** assembly shop.
***hallage** [alaːʒ], *s.m. Com:* Market dues.
hallali [alali], *s.m. Ven:* Mort. **Assister à l'h.,** to be in at the death, at the finish.
***halle** [al], *s.f.* (Covered) market. *F:* **Langage des halles** = billingsgate. S.a. BLÉ.
***hallebarde** [albard], *s.f. Arms:* Halberd, halbert; bill. *F:* **Il pleut, tombe, des hallebardes,** it is raining cats and dogs.
***hallebardier** [albardje], *s.m.* Halberdier.
***hallier**[1] [alje], *s.m.* Thicket, copse, brake.
***hallier**[2], *s.m.* **1.** Market watchman. **2.** Stall-holder (in the market).
hallucinant [al(l)ysinɑ̃], *a.* Hallucinating; haunting. **Pensée hallucinante,** haunting thought.
hallucination [al(l)ysinasjɔ̃], *s.f.* Hallucination, delusion.
hallucinatoire [al(l)ysinatwaːr], *a.* Hallucinatory.
halluciné, -ée [al(l)ysine], *a. & s.* Hallucinated, *F:* moonstruck (person).
halluciner [al(l)ysine], *v.tr.* To hallucinate.
***halo** [alo], *s.m.* **1.** *Meteor:* Halo. **2.** (*a*) *Opt:* Blurring. (*b*) *Phot:* Halation.
halogène [alɔʒɛn], *s.m. Ch:* Halogen.
haloïde [alɔid], *a. & s.m. Ch:* Haloid.
***halte** [alt], *s.f.* **1.** Stop, halt. **Faire une h.,** to make a halt; to halt. **Faire h.,** (i) *Mil:* to halt; (ii) *Rail:* (of train) to stop, to call (at station). **H. là!** halt! **2.** (*a*) Stopping-place, resting-place. (*b*) *Rail:* Halt; wayside station.
haltère [altɛːr], *s.m.* Dumb-bell; bar-bell.
haltérophile [alterɔfil], *s.m.* Weight-lifter.
haltérophilie [alterɔfili], *s.f.* Weight lifting.
***hamac** [amak], *s.m.* Hammock. **Crocher, décrocher, un h.,** to sling, unsling, a hammock.
hamadryade [amadriad], *s.f.* **1.** *Gr.Myth:* Hamadryad, dryad, wood-nymph. **2.** *Rept:* King-cobra.
***Hambourg** [ɑ̃buːr]. *Pr.n.m. Geog:* Hamburg.
***hambourgeois, -oise** [ɑ̃burʒwa, -waːz]. *Geog:* **1.** *a.* Of Hamburg. **2.** *s.* Inhabitant, native of Hamburg.
***hameau** [amo], *s.m.* Hamlet.
hameçon [amsɔ̃], *s.m.* (Fish-)hook. **H. sans œillet,** blind hook. **Prendre l'h.,** (of fish) to take the hook; *F:* (of pers.) to swallow the bait. **Mordre à l'h.,** to nibble at the bait.
hameçonné [amsɔne], *a.* **1.** (Of fish) Caught on the hook, hooked. **2.** (Of line, etc.) Fitted with hooks.
hameçonner [amsɔne], *v.tr.* **1.** To hook (fish). **2.** To put hooks on (line).
***hammam** [amam], *s.m.* Turkish baths.
hammerless [amerlɛs], *s.m.* Hammerless sporting gun; shot-gun.
***hampe**[1] [ɑ̃ːp], *s.f.* **1.** Staff, pole (of flag, etc.); stave, shaft (of spear, etc.); shank (of fish-hook). **2.** *Bot:* Scape, stem. **H. (florale)** spike.
***hampe**[2], *s.f. Cu:* **1.** Thin flank (of beef). **2.** Breast (of venison). **3.** Breast-bacon of pork, rolled and spiced.
***hamster** [amstɛːr], *s.m. Z:* Hamster.
***han** [ɑ̃], *int.* Huh! (Sound of breath accompanying violent effort). **Pousser un h. à chaque coup,** to give a grunt at every stroke.
***hanap** [anap], *s.m. A:* Goblet, tankard, hanap.
***hanche** [ɑ̃ːʃ], *s.f.* **1.** Hip. **Les (deux) poings sur les hanches,** with arms akimbo. **Tour de hanches,** (i) measurement round the hips; (ii) *Wr:* cross-buttock. **2.** Haunch (of horse); *pl.* hind-quarters. **3.** *Nau:* Quarter (of ship). **Par la h.,** on the quarter.
***hanché** [ɑ̃ʃe], *a.* (At drill) **Dans la position hanchée,** (standing) at ease.
***hancher** [ɑ̃ʃe], *v.i.* To sway the hips in walking; to limp from the hip.
***handicap** [ɑ̃dikap], *s.m. Sp:* Handicap.
***handicap|er** [ɑ̃dikape], *v.tr.* To handicap. *s.m.* **-age.** *s.m.* **-eur.**
***hangar** [ɑ̃gaːr], *s.m.* **1.** (Open) shed; lean-to. **H. à bateaux,** boat-house. **2.** *Av:* Hangar.
***hanneton** [antɔ̃], *s.m. Ent:* Cockchafer, may-bug. *F:* **Avoir un h. dans le plafond = avoir une araignée dans le plafond,** *q.v.* under ARAIGNÉE.
***hanse** [ɑ̃ːs], *s.f. Hist:* Hanse. **La H.,** the Hanseatic League, the Hanse towns.
***hanséatique** [ɑ̃seatik], *a. Hist:* Hanseatic.
***hant|er** [ɑ̃te], *v.tr.* To frequent, haunt. **Maison hantée (par les revenants),** haunted house. **Être hanté par une idée,** to be obsessed, possessed, by an idea. *s.m.* **-ement.** *s.* **-eur, -euse.**
***hantise** [ɑ̃tiːz], *s.f.* Haunting memory; obsession.
***happe** [ap], *s.f.* **1.** (*a*) Cramp; (joiner's) dogs. (*b*) *Metall:* Crucible tongs. (*c*) Cramp-iron. **2.** Staple. **Anneau à h.,** ring and staple.
***happ|er** [ape]. **1.** *v.tr.* (Of birds, etc.). To snap up, snatch, seize, catch (insects, etc.). *F:* **Être happé par un gendarme,** to be nabbed by a policeman. **2.** *v.i.* (Of clay, etc.) To stick, adhere, cleave, cling. *s.m.* **-ement.**
***happeur** [apœːr], *s.m.* (Spring) paper-clip.
***haquenée** [akne], *s.f.* (*a*) *A:* Palfrey. (*b*) Hack; ambling mare. **Aller à la h.,** to amble along. *F:* **Une grande h.,** a tall gawky woman.
***hara-kiri** [arakiri], *s.m.* Hara-kiri.
***harangue** [arɑ̃ːg], *s.f.* Harangue; speech. *F:* **Faire une h. à qn,** to give s.o. a good talking to.
***haranguer** [arɑ̃ge], *v.tr.* (*a*) To harangue. (*b*) *F:* To lecture (s.o.).
***harangueur** [arɑ̃gœːr], *s.m.* (*a*) Orator, speaker. (*b*) *F:* Speechifier, tub-thumper.
***haras** [arɑ], *s.m.* **1.** Stud-farm; horse-breeding establishment. **2.** Stud.
***harasse** [aras], *s.f.* Crate (for glass, etc.).
***harass|er** [arase], *v.tr.* (*a*) To tire (out), exhaust; to override (horse). (*b*) To harass, worry. *s.m.* **-ement.**
***harcelant** [arsəlɑ̃], *a.* Harassing, harrying, tormenting, worrying.
***harc|eler** [arsəle], *v.tr.* **(je harcèle; je harcèlerai)** To harass, worry, torment; to harry (the enemy); to bait (an animal). *Av:* *F:* To buzz (an aircraft). **H. qn de questions,** to pester, plague, s.o. with questions. **Harcelé par ses créanciers,** dunned, harried, by one's creditors. *s.m.* **-elage, -èlement,** *s.* **-eleur, -eleuse.**
***harde**[1] [ard], *s.f.* (*a*) *Ven:* Herd, bevy (of deer). (*b*) Flock (of birds).
***harde**[2], *s.f. Ven:* Leash (for hounds).

***harder** [arde], *v.tr. Ven:* To leash, couple (hounds).
***hardes** [ard], *s.f.pl.* (Worn) clothes; wearing apparel. **Marchand(e) de h.,** wardrobe dealer.
***hardi** [ardi], *a.* Bold, audacious, (*a*) Daring, fearless. **Écriture hardie,** bold hand(-writing). **H. à agir,** bold to act. (*b*) Rash, venturesome (undertaking). (*c*) Impudent, forward, brazen. (*d*) *int.* Courage! go it! *adv.* **-ment.**
***hardiesse** [ardjɛs], *s.f.* **1.** Boldness, hardihood. (*a*) Daring, pluck. **Prendre la h. de faire qch.,** to make so bold as to do sth. (*b*) Impudence, forwardness, effrontery. **Il a eu la h. de m'écrire,** he had the audacity, *F:* the cheek, to write to me. **2.** Bold, daring, act.
***harem** [arɛm], *s.m.* Harem.
***hareng** [arɑ̃], *s.m.* Herring. **H. bouffi,** bloater. **H. (salé et) fumé,** kipper. **H. saur,** red herring. *F:* **La Mare aux harengs,** the Herring-pond. **Serrés comme des harengs,** packed like sardines.
***harengaison** [arɑ̃gɛzɔ̃], *s.f.* (*a*) Herring-season. (*b*) (Season's) catch of herrings.
***harengère** [arɑ̃ʒɛːr], *s.f.* Fish-woman, -wife.
***harenguet** [arɑ̃gɛ], *s.m. Ich:* Sprat.
***harenguier** [arɑ̃gje], *s.m.* **1.** Herring-boat. **2.** Herring-fisher.
***hargne** [arɲ], *s.f.* Ill temper, surly disposition, peevishness.
***hargneux, -euse** [arɲø, -øːz], *a.* Snarling (dog); peevish, cross, cross-grained, cantankerous (person); nagging (woman); ill-tempered, vicious (horse).
***haricot** [ariko], *s.m.* **1.** *Cu:* **H. de mouton,** Irish stew, haricot mutton. **2. H. blanc,** haricot bean, kidney bean. **Haricots verts,** French beans. **Haricots d'Espagne,** scarlet runners. **3.** *P:* **La fin des haricots,** the bloody limit.
***haridelle** [aridɛl], *s.f. F:* (*a*) Old horse; screw. (*b*) Tall, gaunt woman.
harle [arl], *s.m. Orn:* Merganser.
harmonica [armɔnika], *s.m.* **1.** Harmonica; musical glasses. **2. H. (à bouche),** mouth-organ.
harmonie [armɔni], *s.f.* **1.** (*a*) Harmony, consonance; accord, agreement. **En h. avec . . .,** in keeping with . . .; of a piece with. . . . **Vivre en h.,** to live harmoniously. (*b*) Harmoniousness. **2.** *Mus:* (*a*) Harmony. **Table d'h.,** sounding-board (of piano, etc.). (*b*) Brass and reed band.
harmonieu|x, -euse [armɔnjø, -øːz], *a.* (*a*) Harmonious, melodious, tuneful (sound). (*b*) Harmonious (agreement, etc.). **Peu h.,** inharmonious, discordant. *adv.* **-sement.**
harmonique [armɔnik]. **1.** *a.* Harmonic. **2.** *s.m. Mus:* Harmonic. **Harmoniques supérieurs,** overtones. *adv.* **-ment.**
harmonisation [armɔnizasjɔ̃], *s.f.* Harmonization, harmonizing.
harmoniser [armɔnize], *v.tr.* **1.** To harmonize, attune (ideas); to match (colours). **2.** *Mus:* (*a*) To harmonize (melody, etc.). (*b*) To voice (pipe or stop of an organ).
  s'harmoniser, to be in keeping, to harmonize, agree (**avec,** with). (Of colours) **S'h. avec qch.,** to tone in with sth.
harmoniste [armɔnist], *s.m. & f. Mus:* **1.** Harmonist. **2.** Voicer (of organ).
harmonium [armɔnjɔm], *s.m.* Harmonium.
***harnachement** [arnaʃmɑ̃], *s.m.* **1.** Harnessing. **2.** (*a*) Harness, trappings. (*b*) Saddlery.
***harnacher** [arnaʃe], *v.tr.* (*a*) To harness. (*b*) **H. qn (d'une manière ridicule),** to dress s.o. up like a guy.
***harnais** [arnɛ], *s.m.* **1.** (*a*) Harness. **Cheval de h.,** draught-horse. (*b*) Saddlery. **2.** *A:* Harness; armour. *F:* **Blanchi sous le h.,** grown grey in the service. **Reprendre le h.,** to go back to work again. **3.** Train (of gear-wheels); gearing.
***haro** [aro], *int. & s.m.* **(Clameur de) h.,** outcry; hue and cry. **Crier h.,** to raise a hue and cry (**sur, against**).
harpagon [arpagɔ̃], *s.m. F:* Skinflint, miser.
***harpe** [arp], *s.f. Mus:* Harp. **Jouer, pincer, de la h.,** to play the harp.
***harpie** [arpi], *s.f.* **1.** (*a*) *Myth:* Harpy. (*b*) *F:* Harpy, shrew, hell-cat. **2.** Crested eagle, harpy eagle.
***harpin** [arpɛ̃], *s.m.* Boat-hook.
***harpiste** [arpist], *s.m. & f.* (*a*) Harpist (in orchestra). (*b*) Harper.
***harpon** [arpɔ̃], *s.m.* **1.** Harpoon. **Pêche, chasse (sous-marine) au h.,** (underwater) spear fishing. **2.** Wallstaple; tie.
***harponn|er** [arpɔne], *v.tr.* (*a*) To harpoon. (*b*) To anchor (aerial, etc.). *s.m.* **-age.** *s.m.* **-ement.** *s.m.* **-eur.**
***hart** [aːr], *s.f.* **1.** (*a*) Withe (for hurdling). (*b*) Band, binder (for bundling faggots). **2.** *A:* Rope, noose (for hanging). **Sous peine de la h.,** under penalty of the gallows.
***hasard** [azaːr], *s.m.* **1.** (*a*) Chance, luck, accident. **Coup de h.,** (i) stroke of luck; (ii) fluke. **Par un coup de h.,** by a mere chance. **Jeu de h.,** game of chance. **Ne rien laisser au h.,** to leave nothing to chance. **Le h. fit que** + *ind.* or *sub.*, chance so ordained that. . . . **Au h.,** at a guess, haphazardly, at random. **Par h.,** by accident, by chance. **Si par h. vous le voyez,** if you (should) happen to see him. **Sauriez-vous son adresse par h.?** do you by any chance know his address? (*b*) Risk, danger, hazard. **Courir le h.,** to run the hazard, the risk. **Au h. d'un refus, de tout perdre,** at the risk of refusal, of losing everything. **A tout h.,** (i) at all hazards; (ii) on the off chance; (iii) to make (assurance) doubly sure. **2.** (*a*) *Golf:* Hazard. (*b*) *Ten:* (Of ball) **Faire h.,** to break.
***hasardé** [azarde], *a.* Hazardous, risky, rash, foolhardy (action); indiscreet (words). **Chanson hasardée,** risqué song.
***hasarder** [azarde], *v.tr.* To risk, venture, hazard (one's life, etc.). **H. une opinion,** to venture an opinion.
  se hasarder, to take risks; to run risks. **Se h. à faire qch.,** to venture to do sth.
***hasard|eux, -euse** [azardø, -øːz], *a.* **1.** Hazardous, perilous, risky. **2.** Daring, foolhardy. *adv.* **-eusement.**
***haschisch** [aʃiʃ], *s.m.* = HACHISCH.
***hase** [ɑːz, aːz], *s.f.* (*a*) Doe-hare. (*b*) Doe-rabbit.
hast [ast], *s.m. A:* Shaft. **Arme d'h.,** shafted weapon; pike, spear.
***hasté** [aste], *a. Bot:* Hastate (leaf, etc.).
***hâte** [ɑːt], *s.f.* Haste, hurry, precipitation. **Faire h.,** to hurry, make haste. **Avoir h. de faire qch.,** (i) to be in a hurry, in haste, to do sth.; (ii) to be eager, to long, to do sth. **A la h.,** in a hurry, in haste, hastily, hurriedly. **Déjeuner à la h.,** to make a hurried breakfast. **Avec h., en h.,** hastily; in haste. **En toute h.,** with all possible speed; post-haste.
***hâter** [ɑte], *v.tr.* To hasten; to hurry (sth.) on; to accelerate (proceedings); to expedite (work). **H. le pas,** to quicken one's pace.
  se hâter, to hasten, hurry. **Se h. de faire qch.,** to make haste to do sth.; to lose no time in doing sth. *Prov:* **Hâtez-vous lentement,** more haste less speed.
***hâtier** [ɑtje], *s.m. Cu:* Spit-rack.
***hât|if, -ive** [ɑtif, -iːv], *a.* (*a*) Forward, early (spring, fruit); premature (decision); precocious (fruit). (*b*) Hasty, hurried, ill-considered (measure, etc.). *adv.* **-ivement.**
***hauban** [obɑ̃], *s.m. Nau:* (*a*) Shroud. **H. bâtard,** swifter. (*b*) Guy, stay. **Haubans de cheminée,** funnel-stays.
***hauban(n)|er** [obane], *v.tr.* To guy, stay, anchor, brace (post, etc.). *s.m.* **-age.**
***haubert** [obɛːr], *s.m. Cost:* Hauberk; shirt or coat of mail.
***hausse** [oːs], *s.f.* **1.** Rise, rising. **Baromètre à la h., en h.,** rising barometer. **Marchandises en h.,** goods on the rise. **Jouer à la h.,** to speculate on a rising market; to bull the market. **Spéculateur à la h.,** bull. **Les blés ont subi une h. considérable,** wheat has gone up considerably (in price). **2.** (*a*) Prop, block, stand. (*b*) *Typ:* (i) Underlay; (ii) overlay. **3.** *Mil:* (*a*) (Back-) sight (of rifle). (*b*) *Artil:* Tangent-scale; sighting-gear. (*c*) Elevation, range. **4.** *Mus:* **H. d'un archet,** nut of a bow.
***haussement** [osmɑ̃], *s.m.* Raising; lifting. **H. d'épaules,** shrug(ging) of the shoulders; shrug.
***hausser** [ose]. **1.** *v.tr.* To raise; lift; to heighten (wall); to put up (prices). **H. la voix,** to raise one's voice. **H. les épaules,** to shrug one's shoulders. **2.** *v.i.* (*a*) To rise; (of prices) to go up. (*b*) *Nau:* (Of ship, land, etc.) To heave in sight.

se hausser. **1.** To raise oneself. **Se h. pour voir,** to crane one's neck. **2. Le temps se hausse,** the clouds are lifting, the weather is clearing.

***haussier** [osje], *s.m. St.Exch: F:* Bull.

***haut** [o]. I. *a.* **1.** High. (*a*) Tall; lofty; towering (cliff). **Homme h. de taille, de haute taille,** tall man. **Mur h. de six pieds,** wall six foot high. **Hautes terres,** highlands. **Hautes eaux,** high water. **Haute mer,** open sea, high seas. **A mer haute,** at high water, at high tide. (*b*) Exalted, important, great. **Le Très-H.,** the Most High (God). **De h. rang,** of high rank. **De hauts faits,** valiant deeds. **La haute finance,** high finance. **Haute cuisine,** high-class cooking. (*c*) Raised. **Marcher la tête haute,** to carry one's head high. **Voix haute,** (i) loud voice; (ii) high voice. **Lire à haute voix,** to read aloud. (*d*) **Haute trahison,** high treason. **Être h. en couleur,** to have a high colour, a florid complexion. **Les hauts temps,** remote antiquity. *Mch:* **Haute pression,** high, heavy, pressure. **2.** Upper, higher. **Les hauts étages,** the upper storeys. **Le plus h. étage,** the top floor. **Les hautes classes,** (i) the upper classes (of society), (ii) the higher, upper, forms (of school). *P:* **La haute,** smart set, upper ten. **Les hautes mathématiques,** higher mathematics. **Le h. Rhin,** the Upper Rhine. **La Haute Écosse,** the Highlands. S.a. MAIN 1.

II. **haut,** *adv.* **1.** High (up), above, up. **H. les mains!** hands up! S.a. MAIN 1. **Parler h.,** to speak loudly. **Parlez plus h.!** speak up! **Parler, penser, tout h.,** to talk, think, aloud. **Un homme h. placé,** a man in a high position. **Viser h.,** to aim high. *Nau:* Up. **L'ancre est h.,** the anchor is up. **2.** Back. **Remonter plus h. (dans le temps),** to go further back. **Comme il est dit plus h.,** as aforesaid.

III. **haut,** *s.m.* **1.** Height. **Le mur a six pieds de h.,** the wall is six foot high. **Traiter qn de (son) h.,** to patronize s.o. **Tomber de son h.,** (i) to fall flat on the ground; (ii) to fall from one's high estate. **Penser tomber de son h.,** to be very much taken aback; to be dumbfounded. **2.** Top; upper part. *F:* **Être au h. de l'échelle,** to be at the top of the ladder, of the tree. S.a. PAVÉ 2. **H. de la table,** head of the table. **Crier du h. de sa tête,** to cry out at the top of one's voice. **Les hauts et les bas,** the ups and downs (of life, etc.). **H. de l'eau,** high water; top of the flood. **Les hauts (d'un navire),** the topsides, upper works. *Typ:* **H. de casse,** upper case; *F:* caps. **L'étage du h.,** the top floor. **Il se jeta du h. de la falaise, de l'arbre,** he flung himself from the cliff, down from the tree. **Gloire à Dieu au plus h. des cieux,** Glory to God in the Highest. *Ten:* **Servir par le h.,** to serve overarm. **Regarder qn du h. de sa grandeur,** to look down on s.o. **3. De h. en bas,** (i) downwards; (ii) from top to bottom. **Regarder qn de h. en bas,** to look at s.o. contemptuously; to look down on s.o. **Du h. en bas,** from top to bottom. **En h.,** (i) above, *Nau:* aloft; (ii) upstairs. *Nau:* **En h. tout le monde!** all hands on deck! **Je l'aperçus en h. de l'échelle,** I caught sight of him at the top of the ladder. *Adv.phr.* **Pays d'en h.,** upland.

***hautain** [otɛ̃], *a.* Haughty. *adv.* **-ement.**

***hautbois** [obwɑ], *s.m. Mus:* Oboe.

***hautboïste** [oboist], *s.m. & f.* Oboe-player.

***haut-de-chausse(s)** [odʃoːs], *s.m. Cost: A:* Breeches, trunk-hose. *pl. Des hauts-de-chausse(s).*

***haut-de-forme** [odfɔrm], *s.m.* Top hat. *pl. Des hauts-de-forme.*

***haute-contre** [otkɔ̃ːtr], *s.f.* Counter-tenor, alto (voice). *pl. Des hautes-contre.*

***hautement** [otmɑ̃], *adv.* **1.** Highly (esteemed, etc.). **2.** (*a*) Loudly. (*b*) Openly, boldly. **3.** Loftily, nobly.

***hauteur** [otœːr], *s.f.* **1.** (*a*) Height, elevation; altitude (of star, triangle). *Av:* **Prendre de la h.,** to climb. **Le peu de h. du plafond,** the lowness of the ceiling. *F:* **Tomber de sa h.,** to be dumbfounded. **A la h. de qch.,** abreast of, level with, sth. **A la h. de l'œil,** at eye level. **Être à la h. d'une tâche,** to be equal to a task. **Se montrer à la h. de la situation,** to prove equal to the occasion. *F:* **Être à la h.,** to be up to the mark. *Nau:* **A la h. du cap Horn,** off Cape Horn. *Dressm:* **H. du dos** = length of back. (*b*) Depth (of bridge arch). **H. sous clef,** rise (of arch). **H. libre, de passage,** head-room. (*c*) *Mus:* Pitch (of note). (*d*) Loftiness (of ideas, etc.). **2.** Haughtiness, arrogance. **3.** High place; eminence, rising ground; hill-top.

***haut-fond** [ofɔ̃], *s.m.* Shoal, shallow (in sea or river). *pl. Des hauts-fonds.*

***haut(-)fourneau** [ofurno], *s.m.* S.a. FOURNEAU 1. *pl. Des hauts(-)fourneaux.*

***haut-le-cœur** [olkœːr], *s.m.inv.* Heave (of stomach). **Avoir des h.-le-c.,** to retch, to feel sick.

***haut-le-corps** [olkɔːr], *s.m.inv.* Sudden start, jump.

***haut-le-pied** [olpje], *a.inv.* **1.** *Mil:* (Of horse, etc.) Spare; in reserve. **2.** *Rail:* (Of engine) Running light; (of train) running empty.

***haut-mal** [omal], *s.m.* No *pl.* S.a. MAL[2] 2.

***haut-parleur** [oparlœːr], *s.m.* Loud-speaker; amplifier (in stations, at public meetings). *W.Tel:* **H.-p. de cabine, de contrôle,** projection-room monitor. *pl. Des haut-parleurs.*

***haut-relief** [orəljɛf], *s.m. Art:* High relief, altorelievo. *pl. Des hauts-reliefs.*

***hauturier, -ière** [otyrje, -jɛːr], *a.* Of the high seas. **Navigation hauturière,** ocean navigation. **Pilote h.,** deep-sea pilot, 'proper pilot.'

***havanais, -aise** [avanɛ, -ɛːz], *a. & s. Geog:* Havanese.

***Havane** [avan]. **1.** *Pr.n.f. Geog:* **La H.,** Havana. **2.** (*a*) *s.m.* Havana (cigar). (*b*) *a.inv.* **Cuir h.,** brown leather.

***hâve** [ɑːv], *a.* Haggard, emaciated, gaunt (face); sunken (cheeks).

***havir** [aviːr], *v.tr.* To scorch, burn (meat).

***havre** [ɑːvr]. **1.** *s.m.* Harbour, haven, port. **2.** *Pr.n.m.* **Le H.,** Le Havre.

***havresac** [ɑvrəsak], *s.m.* (*a*) *Mil: A:* Knapsack, pack. (*b*) (Workman's) tool-bag.

Hawaï [awai], *s.m. Geog:* Hawaii.

hawaïen, -ienne [avajɛ̃, -wa-, -jɛn], *a. & s. Geog:* Hawaiian.

***Haye (la)** [laɛ]. *Pr.n.f.* The Hague.

hayon [ajɔ̃], *s.m.* **1.** Back door of a commercial vehicle. **2.** Market stall.

***hé** [e], *int.* **1.** (To call attention) Hullo! hi, there! I say! **2.** (Surprise) Hey! what! **3. Hé! hé!** well, well! **4. Hé bien . . .,** well. . . .

***heaume** [oːm], *s.m. Arm:* Helm(et).

hebdomadaire [ɛbdɔmadɛːr]. **1.** *a.* Weekly. **2.** *s.m.* Weekly (paper).

hebdomadairement [ɛbdɔmadɛrmɑ̃], *adv.* Weekly; once a week.

hébergement [ebɛrʒəmɑ̃], *s.m.* Lodging. (*a*) Sheltering, entertaining. (*b*) Shelter, entertainment. (*c*) Overnight charge, charge for a night, at Youth Hostels.

héberg|er [ebɛrʒe], *v.tr.* **(j'hébergeai(s); n. hébergeons)** To harbour; to lodge; shelter (and feed). *s.* **-eur, -euse.**

hébété [ebete], *a.* Dazed, vacant, bewildered (expression). *s.* **Il agit comme un h.,** he acts as if he were in a daze.

hébétement [ebɛtmɑ̃], *s.m.* Stupefaction.

hébéter [ebete], *v.tr.* **(j'hébète; j'hébéterai)** To dull, stupefy (the senses, etc.); to daze.

hébétude [ebetyd], *s.f.* **1.** *Med:* Hebetude. **2.** Dazed, stunned, condition.

hébraïque [ebraik], *a.* Hebraic, Hebrew.

hébraïsant [ebraizɑ̃], *s.m.* Hebraist, Hebrew scholar.

hébraïser [ebraize], *v.i.* **1.** To study Hebrew. **2.** To use Hebraisms.

hébraïsme [ebraism], *s.m.* Hebraism.

hébraïste [ebraist], *s.m.* Hebraist, Hebrew scholar.

hébreu, -eux [ebrø]. **1.** *a.m.* (HÉBRAÏQUE is used for the *f.*) Hebrew. **2.** *s.m. Ling:* **L'h.,** Hebrew.

hécatombe [ekatɔ̃ːb], *s.f.* (*a*) Hecatomb. (*b*) Great slaughter.

hectare [ɛktaːr], *s.m.* Hectare (= 2·47 acres).

hectique [ɛktik], *a. Med:* Hectic.

hecto- [ɛkto]. **1.** *pref.* Hecto-. **2.** *s.m. F:* **Hecto** [ɛkto]. Abbreviation for HECTOGRAMME, HECTOLITRE.

hectogramme [ɛktɔgram], *s.m.* Hectogramme.

hectolitre [ɛktɔlitr], *s.m.* Hectolitre (= 2·75 bushels).

hectomètre [ɛktɔmɛtr], *s.m.* Hectometre.

hectowatt [ɛktɔwat], *s.m. El:* Hectowatt.

hédonisme [edɔnism], *s.m. Eth:* Hedonism.

hégélien, -ienne [egeljɛ̃, -ʒ-, -jɛn], *a. & s. Phil:* Hegelian.

hégémonie [eʒemɔni], *s.f.* Hegemony.
hégire [eʒiːr], *s.f.* *Moham.Rel:* Hegira.
***hein** [ɛ̃], *int.* (*a*) (Expressing surprise) Eh? what? (*b*) = N'EST-CE PAS.
hélas [elɑːs], *int.* Alas!
Hélène [elɛn]. *Pr.n.f.* Helen, Helena, Ellen.
***héler** [ele], *v.tr.* (**je hèle; je hélerai**) To hail, call (s.o., a taxi); to hail (a ship).
hélianthe [eljɑ̃ːt], *s.m.* Helianthus, sunflower.
héliaque [eljak], *a.* *Astr:* Heliac(al).
hélice [elis], *s.f.* **1.** *Geom:* Helix; spiral line. **Escalier en h.**, spiral staircase. **2.** (*a*) *Mec.E:* Archimedean screw; conveyance worm. (*b*) *Nau:* (Screw-) propeller, screw. **Vapeur à deux hélices**, twin-screw steamer. *Av:* **H. (tractive)**, air-screw. **H. propulsive**, propeller. **3.** *Moll:* Helix.
hélicoïdal, -aux [elikɔidal, -o], *a.* Helicoid(al), helical. *Tls:* **Mèche hélicoïdale**, twist drill.
hélicoïde [elikɔid], *a.* & *s.m.* *Geom:* Helicoid.
hélicon [elikɔ̃], *s.m.* *Mus:* Helicon.
hélicoptère [elikɔptɛːr], *s.m.* *Av:* Helicopter. **H. à éjection d'air comprimé en bout de pales**, pressure-jet helicopter.
héligare [eligaːr], *s.f.* Helicopter station.
héliocentrique [eljɔsɑ̃trik], *a.* *Astr:* Heliocentric.
héliographe [eljɔgraf], *s.m.* Heliograph.
héliographie [eljɔgrafi], *s.f.* Heliography.
héliograveur [eljɔgravœːr], *s.m.* Photogravure worker.
héliogravure [eljɔgravyːr], *s.f.* Photogravure.
héliothérapie [eljɔterapi], *s.f.* *Med:* Heliotherapy; sun-ray treatment.
héliotrope [eljɔtrɔp], *s.m.* (*a*) *Bot:* Heliotrope; turnsole. (*b*) *a.inv.* Heliotrope(-coloured).
héliport [elipɔːr], *s.m.* Heliport, air-stop.
héliporté [elipɔrte], *a.* Transported by helicopter.
hélium [eljɔm], *s.m.* *Ch:* Helium.
hélix [eliks], *s.m.* *Anat:* Helix (of the ear).
hellébore [ɛllebɔːr], *s.m.* *Bot:* = ELLÉBORE.
hellène [ɛllɛn]. **1.** *a.* Hellenic. **2.** *s.* Hellene.
hellénique [ɛllenik], *a.* *Hist:* Hellenic.
helléniser [ɛllenize], *v.tr.* & *i.* To Hellenize.
hellénisme [ɛllenism], *s.m.* Hellenism.
helléniste [ɛllenist], *s.m.* & *f.* Hellenist.
helvète [ɛlvɛt]. **1.** *a.* & *s.* *Ethn:* Helvetian. **2.** *s.m.pl.* *Hist:* **Les Helvètes**, the Helvetii.
Helvétie [ɛlvesi]. *Pr.n.f.* *A.* & *Poet:* Helvetia.
helvétique [ɛlvetik], *a.* Helvetic, Swiss. **Le gouvernement h.**, the Swiss government.
***hem** [ɛm], *int.* (A)hem! hm!
hématie [emati], *s.f.* Red blood corpuscle.
hématite [ematit], *s.f.* *Miner:* Haematite.
hématologie [ematɔlɔʒi], *s.f.* *Med:* Hematology.
hématologue [ematɔlɔg], *s.m.* Hematologist.
hémérothèque [emerɔtɛk], *s.f.* Newspaper library.
hémicycle [emisikl], *s.m.* *Arch:* Hemicycle.
hémione [emjɔn], *s.m.* *Z:* Hemione, dziggetai.
hémiplégie [emipleʒi], *s.f.* *Med:* Hemiplegia.
hémiplégique [emipleʒik], *a.* *Med:* Hemiplegic.
hémiptère [emiptɛːr]. *Ent:* **1.** *a.* Hemipterous, hemipteral. **2.** *s.m.* Hemipter.
hémisphère [emisfɛːr], *s.m.* Hemisphere.
hémisphérique [emisferik], *a.* Hemispheric(al).
hémistiche [emistiʃ], *s.m.* *Pros:* Hemistich.
hémoculture [emɔkyltyːr], *s.f.* Blood culture.
hémoglobine [emɔglɔbin], *s.f.* Haemoglobin.
hémophile [emɔfil], *a.* Haemophilic.
hémophilie [emɔfili], *s.f.* *Med:* Haemorrhagic diathesis; haemophilia.
hémophilique [emɔfilik], *s.m.* & *f.* *Med:* Haemophile; *F:* bleeder.
hémoptysie [emɔptizi], *s.f.* *Med:* Haemoptysis, spitting of blood (from lungs).
hémorragie [emɔraʒi], *s.f.* *Med:* Haemorrhage; bleeding.
hémorragique [emɔraʒik], *a.* *Med:* Haemorrhagic.
hémorroïdal, -aux [emɔrɔidal, -o], *a.* *Med:* Haemorrhoidal.
hémorroïdes [emɔrɔid], *s.f.pl.* *Med:* Haemorrhoids, piles.
hémostatique [emɔstatik], *s.m.* *Med:* Haemostat.
hendécagone [ɛ̃dekagɔn], *s.m.* Hendecagon.
hendécasyllabe [ɛ̃dekasillab]. *Pros:* **1.** *a.* Hendecasyllabic. **2.** *s.m.* Hendecasyllable.
***henné** [ɛnne], *s.m.* *Bot:* *Toil:* Henna.
hennin [ɛnɛ̃], *s.m.* *Cost.A:* Hennin.
***hennir** [ɛniːr], *v.i.* To whinny, to neigh.
***hennissement** [ɛnismɑ̃], *s.m.* (*a*) Whinnying, neighing. (*b*) Whinny, neigh.
Henri [ɑ̃ri]. *Pr.n.m.* Henry.
Henriette [ɑ̃rjɛt]. *Pr.n.f.* Henrietta.
henry [ɑ̃ri], *s.m.* *El:* Henry (unit of self-induction). *pl. Des henrys.*
***hep!** [ɛp], *int.* Hey! Hey there!
hépatique [epatik]. **1.** *a.* Hepatic. **2.** *s.f.* *Bot:* Hepatica; *F:* liverwort.
hépatisme [epatism], *s.m.* *Med:* Hepatism; liver ailments (in general).
hépatite [epatit], *s.f.* **1.** *Med:* Hepatitis. **2.** *Miner:* Hepatite, heavy-spar.
heptacorde [ɛptakɔrd]. *Mus:* **1.** *a.* Seven-stringed. **2.** Heptachord (instrument or scale).
heptagonal, -aux [ɛptagɔnal, -o], *a.* Heptagonal.
heptagone [ɛptagɔn]. *Geom:* **1.** *a.* Heptagonal. **2.** *s.m.* Heptagon.
heptamètre [ɛptamɛtr], *s.m.* *Pros:* Heptameter.
heptarchie [ɛptarʃi], *s.f.* *Hist:* Heptarchy.
Heptateuque (l') [lɛptatøk], *s.m.* *B:* The Heptateuch.
héraldique [eraldik]. **1.** *a.* Heraldic; armorial. **2.** *s.f.* Heraldry.
héraldiste [eraldist], *s.m.* Heraldist.
***héraut** [ero], *s.m.* (*a*) Herald. (*b*) Harbinger (of spring, etc.).
herbacé [ɛrbase], *a.* *Bot:* Herbaceous.
herbage [ɛrbaːʒ], *s.m.* **1.** Grass-land; pasture. **2.** Grass, herbage.
herbag|er[1] [ɛrbaʒe], *v.tr.* (**j'herbageai(s); n. herbageons**) To put (animals) out to grass. *s.m.* **-ement.**
herbager[2], *s.m.* Grazier.
herbe [ɛrb], *s.f.* **1.** Herb, plant, weed. *Cu:* **Fines herbes**, culinary herbs. **Herbes marines**, seaweed. **Mauvaise h.**, weed. S.a. CROÎTRE. *F:* **Sur quelle h. avez-vous marché?** what's the matter with you? **2.** Grass. **Brin d'h.**, blade of grass. **Faire de l'h.**, to cut grass (for cattle). **Mettre un cheval à l'h.**, to turn a horse out to grass. *F:* **Couper l'h. sous le pied à qn**, to cut the ground from under s.o.'s feet. **Dîner sur l'h.**, to picnic. *Golf:* **Être dans l'h. longue**, to be in the rough. **3. En h.**, (i) green, unripe (corn, etc.); (ii) *F:* budding (poet, etc.). **Diplomate en h.**, diplomatist in embryo. S.a. BLÉ. **4.** *Bot:* (Familiar appellations) **H. aux chats**, catmint, *U.S:* catnip. **H. au cœur, aux poumons**, lungwort. **H. aux écus**, money-wort. **H. à éternuer**, sneeze-wort. **H. à loup**, wolf's-bane, monk's-hood. **H. aux puces**, flea-bane. *Fr.C:* **H. à la puce**, poison ivy.
herbette [ɛrbɛt], *s.f.* Lawn-grass.
herbeux, -euse [ɛrbø, øːz], *a.* Grassy.
herbicide [ɛrbisid], *s.m.* Weed-killer.
herbier [ɛrbje], *s.m.* **1.** (*a*) Herbal. (*b*) Herbarium; *hortus siccus.* **2.** Loft or shed for cut grass.
herbivore [ɛrbivɔːr]. *Z:* **1.** *a.* Herbivorous, grass-eating. **2.** *s.m.* Herbivore.
herborisateur, -trice [ɛrbɔrizatœːr, -tris], *s.* Herborizer, plant-gatherer, botanizer.
herboris|er [ɛrbɔrize], *v.i.* To herborize; to botanize. *s.f.* **-ation.**
herboriste [ɛrbɔrist], *s.m.* & *f.* Herbalist.
herboristerie [ɛrbɔristri], *s.f.* Herbalist's shop.
herbu [ɛrby], *a.* Grassy; grass-grown.
***herche** [ɛrʃ], *s.f.* *Min:* Waggon; skip, tub.
***herch|er** [ɛrʃe], *v.i.* *Min:* To haul coal, ore. *s.m.* **-age.**
***hercheur** [ɛrʃœːr], *s.m.* *Min:* Haulage-man.
Herculanum [ɛrkylanɔm]. *Pr.n.m.* *A.Geog:* Herculaneum.
Hercule [ɛrkyl]. *Pr.n.m.* Hercules. *F:* **Travail d'Hercule**, Herculean task. **Un h.**, (professional) strong man.
herculéen, -enne [ɛrkyleɛ̃, -ɛn], *a.* Herculean.
***hère** [ɛːr], *s.m.* *F:* **Un pauvre h.**, a poor luckless blighter (lacking in character, devoid of means). **Pauvre h.!** poor devil!
héréditaire [ereditɛːr], *a.* Hereditary; (disease) that runs in the family. *adv.* **-ment.**
hérédité [eredite], *s.f.* **1.** *Jur:* *Biol:* Hereditary principle; heredity. **2.** Right of inheritance.

hérésie [erezi], *s.f.* Heresy.
hérétique [eretik]. **1.** *a.* Heretical. **2.** *s.* Heretic.
***hérissé** [erise], *a.* **1.** Bristling (de, with). **2.** (*a*) Spiky (hair); bristly (moustache). *Bot:* Prickly (stem, fruit). (*b*) Shaggy, rough (hair, etc.).
***hériss|er** [erise], *v.tr.* (*a*) To bristle (up). (Of bird) **H. ses plumes,** to ruffle up, put up, its feathers. (*b*) To make (sth.) bristle; to cover, surround, with spikes. *s.m.* **-ement.**
se hérisser, to bristle (up); (of hair) to stand on end; *F:* (of pers.) to get one's back up.
***hérisson** [erisɔ̃], *s.m.* **1.** (*a*) *Z:* Hedgehog. (*b*) **H. de mer,** (i) sea-urchin; (ii) porcupine-fish. (*c*) *F:* Cross-grained person. **2.** (*a*) Row of spikes (on wall, etc.). (*b*) Bottle-drainer. **3.** *Mec.E:* Sprocket-wheel; pin-wheel. **4.** (*a*) (Sweep's) flue-brush. (*b*) Bottle-brush. **5.** *Civ.E:* Subgrade, foundation (of road).
héritage [eritaːʒ], *s.m.* Inheritance, heritage. **Part d'h.** portion. **Faire un h.,** to come into money, into a legacy. **H. de honte,** legacy of shame.
hériter [erite], *v.* To inherit. **1.** *v.i.* (*a*) **H. d'une fortune,** to inherit, succeed to, come into, a fortune. (*b*) *F:* To get. **Il a hérité de dix jours de prison,** he got ten days' imprisonment. **2.** *v.tr.* **H. qch. de qn,** to inherit sth. from s.o.
héritier, -ière [eritje, -jɛːr], *s.* Heir, *f.* heiress. **H. de qch., de qn,** heir to sth., to s.o. **H. présomptif,** (i) next-of-kin; (ii) heir apparent. **H. légitime,** heir-at-law, rightful heir.
hermaphrodisme [ɛrmafrɔdism], *s.m.* *Biol:* Hermaphrod(it)ism.
Hermaphrodite [ɛrmafrɔdit]. **1.** *Pr.n.m.* *Gr.Myth:* Hermaphroditus. **2.** *s.m.* Hermaphrodite. **3.** *a.* Hermaphrodite, hermaphroditic.
hermétique [ɛrmetik], *a.* **1.** Hermetic (philosophy). **2.** Tight(-closed), hermetically sealed. **Joint h.,** (air-, water-)tight joint. *adv.* **-ment,** -ally.
hermétisme [ɛrmetism], *s.m.* **1.** Hermetism, hermetics. **2.** Abstruseness, obscurity (of text, etc.).
hermine [ɛrmin], *s.f.* **1.** *Z:* Stoat, ermine. **2.** *Com:* Ermine (fur).
herminette [ɛrminɛt], *s.f.* *Tls:* Adze.
hermite [ɛrmit], *s.m.* = ERMITE.
***herniaire** [ɛrnjɛːr]. **1.** *a.* Hernial (tumour, etc.). **Bandage h.,** truss. **2.** *s.f.* *Bot:* Rupture-wort.
***hernie** [ɛrni], *s.f.* **1.** Hernia, rupture. **2.** *Aut:* *Cy:* Bulge, swelling (in tyre). **3.** *Hort:* Club-root (of cabbage, turnip).
***hernieux, -euse** [ɛrnjø, -øːz], *a.* Suffering from hernia; ruptured.
Hérode [erɔd]. *Pr.n.m.* Herod.
héroï-comique [erɔikɔmik], *a.* Heroi-comic, mock-heroic.
héroïne[1] [erɔin], *s.f.* Heroine.
héroïne[2], *s.f.* *Ch:* Heroin.
héroïque [erɔik], *a.* Heroic(al). *adv.* **-ment,** -ally.
héroïsme [erɔism], *s.m.* Heroism.
***héron** [erɔ̃], *s.m.* *Orn:* Heron.
***héronneau** [erɔno], *s.m.* Young heron.
***héros** [ero], *s.m.* Hero.
herpès [ɛrpɛs], *s.m.* *Med:* Herpes, tetter.
herpétique [ɛrpetik], *a.* *Med:* Herpetic.
herpétologie [ɛrpetɔlɔʒi], *s.f.* = ERPÉTOLOGIE.
***herse** [ɛrs], *s.f.* **1.** *Agr:* Harrow. **2.** *A.Fort:* Portcullis, herse. **3.** (*a*) *Ecc:* (Taper-)hearse. (*b*) *pl.* *Th:* Stage lights; battens.
***hers|er** [ɛrse], *v.tr.* *Agr:* To harrow. *s.m.* **-age.** *s.m.* **-eur.**
hertz [ɛrts], *s.m.* *El.E:* Hertz, cycle.
hertzien, -ienne [ɛrtsjɛ̃, -jɛn], *a.* *El:* Hertzian. *W.Tel:* Faisceau h., radio link.
hésitation [ezitasjɔ̃], *s.f.* Hesitation, hesitancy, wavering. **Parler avec h.,** to speak hesitatingly. **Sans h.,** unhesitatingly.
hésit|er [ezite], *v.i.* **1.** To hesitate, waver. **H. sur ce qu'on fera,** to hesitate as to what one will do. **H. à, pour, faire qch.,** to hesitate, be reluctant, to do sth.; to hold back. **Il n'hésite devant rien,** nothing daunts him. **2.** To falter. *a.* **-ant.**
hétéroclite [eterɔklit], *a.* **1.** *Gram:* Heteroclite, irregular (noun, etc.). **2.** Unusual, strange, odd, queer.
hétérodoxe [eterɔdɔks], *a.* Heterodox.
hétérodoxie [eterɔdɔksi], *s.f.* Heterodoxy.
hétérodyne [eterɔdin], *a.* & *s.m.* *W.Tel:* Heterodyne (receiver).
hétérogène [eterɔʒɛn], *a.* (*a*) Heterogeneous, dissimilar. (*b*) *F:* Incongruous (collection, etc.); mixed (society).
hétérogénéité [eterɔʒeneite], *s.f.* Heterogeneousness, heterogeneity.
hétéroplastie [eterɔplasti], *s.f.* *Surg:* Heteroplasty.
***hêtraie** [ɛtrɛ], *s.f.* Beech-grove, -plantation.
***hêtre** [ɛːtr], *s.m.* Beech (tree or timber). **H. rouge, pourpre,** copper beech.
***heu** [ø], *int.* (*a*) Ah! (*b*) (Doubt) H'm! (*c*) (Contempt) Ugh! hmph! (*d*) (In speech) . . . er. . . .
heur [œːr], *s.m.* *A. & Lit:* Luck, chance; usu. good luck. **Il n'est qu'h. et malheur,** we must take the rough with the smooth. *Iron:* **Je n'ai pas l'h. de la connaître,** I have not the pleasure of her acquaintance.
heure [œːr], *s.f.* Hour. **1.** (*a*) **A toutes heures du jour,** at all hours of the day. **D'h. en h.,** hour by hour; hourly. **Cinq kilomètres à l'h.,** five kilometres an hour. **Travail à l'h.,** time-work. **Être payé à l'h.,** to be paid by the hour. **Homme à l'h.,** casual labourer. **La semaine de quarante heures,** the forty-hour week. *Journ:* **La dernière h.,** (i) the latest news; (ii) stop-press news. *Ind:* **Heures supplémentaires,** overtime. **Tous les frais de travail hors d'heures seront payés par . . .,** all overtime to be paid by . . ., **Faire des heures,** to put time in. (*b*) (Time of day) **L'h. de Greenwich,** Greenwich mean time. **H. astronomique,** sidereal time. **H. légale,** civil time. **H. d'été,** summer time. **Quelle h. est-il?** what is the time? **Cinq heures moins dix,** ten minutes to five. **Dix heures cinquante,** ten fifty. **Où serai-je demain à cette h.-ci?** where shall I be this time to-morrow? **Jouer au bridge jusqu'à pas d'h.,** to play bridge till all hours. **Mettre sa montre à l'h.,** to set one's watch (right). *Ecc:* **Livre d'heures,** Book of Hours. (*c*) (Appointed hour) **L'h. du dîner,** dinner-time. *Aut:* **H. d'éclairage,** lighting-up time. *Fr.C:* **H. avancée,** summer time, *U.S:* daylight saving time. **A l'h. dite,** at the appointed time. **Être à l'h.,** to be punctual. **Arriver à l'h.,** to arrive on time. **Arriver à l'h. exacte,** to arrive prompt to the minute. **Être, arriver, avoir fini avant l'h.,** to be ahead of time. **A ses heures, il était charmant,** when he liked, when in the mood, when he felt like it, he could be charming. **Il est l'h.,** (i) the hour has come; (ii) the hour is striking; (iii) time is up. (*d*) (Present time) **Pour l'h.,** for the present, for the time being. **La question de l'h.,** the question of the hour. **A l'h. qu'il est,** (i) by this time; (ii) nowadays, just now. (*e*) Time. **Il y eut une h. où . . .,** there was a time when. . . . *Sch:* **H. de cours,** period. **2.** *Adv.phrs.* **De bonne h.,** (i) early, in good time; (ii) at an early period. **Il est de trop bonne h. pour rentrer,** it is too early to go home. **De meilleure h.,** earlier. **Faire qch. sur l'h.,** to do sth. at once, right away. **Je vais le faire dès cette h.,** I will do it at once. **Tout à l'h.,** (i) just now, a few minutes ago; (ii) presently, in a few minutes, *F:* directly. **A tout à l'h.!** so long! see you later! **3.** *int.* *F:* **A la bonne h.!** Fine! That's better! That's the spirit! Good! Good for you!
heureusement [œrøzmɑ̃], *adv.* Happily. (*a*) Successfully. (*b*) Luckily, fortunately. **H. que j'étais là,** it is a good thing that I was there. (*c*) **Commencer h.,** to begin auspiciously. (*d*) **Des pensées h. exprimées,** felicitously expressed thoughts.
heureux, -euse [œrø, -øːz], *a.* **1.** Happy. **Une heureuse ignorance,** blissful ignorance. **Je suis très h. de vous faire savoir que . . .,** I am very happy, pleased, to inform you that. . . . **Nous serions h. que vous acceptiez,** we should be glad if you would accept. **H. comme un poisson dans l'eau,** as happy as a sand-boy. **2.** (*a*) Successful. **Voyage h.,** prosperous voyage. **L'issue heureuse des négociations,** the happy issue of the negotiations. (*b*) Lucky, favoured. **H. au jeu, en amour,** lucky at cards, in love. *B:* **H. sont les pauvres en esprit,** blessed are the poor in spirit. **3.** (*a*) Favourable, lucky, fortunate. **Il est fort h. que vous soyez libre,** it is a very good thing that you are free. **Par un h. accident . . .,** by a fortunate accident. . . . (*b*) **Début h.,** auspicious beginning. **4.** Felicitous, happy, apt (phrase, etc.).

***heurt** [œ:r], *s.m.* Shock, blow, knock, bump. **Tout s'est fait sans h.**, everything went smoothly.
***heurté** [œrte], *a.* **1.** *Phot:* Contrasty, hard (negative). **2.** *Lit:* Abrupt or halting (style). **3. Mer heurtée**, choppy sea.
***heurtement** [œrt(ə)mɑ̃], *s.m.* Clashing, clash.
***heurter** [œrte], *v.tr.* & *i.* **1.** (*a*) To knock (against), run against, run into (s.o., sth.). **H. de la tête contre une muraille**, to run one's head against a wall. **H. du pied contre une pierre**, to stub one's toe, to stumble against a stone. (*b*) **H. à la porte**, to knock at the door. **2.** To shock, offend (s.o.'s feelings, etc.). **H. toutes les idées reçues**, to go against, run counter to, all conventions.
se heurter. 1. Se h. à, contre, avec, qn, to run (slap) into s.o. **Se h. à une difficulté**, to come up against a difficulty. **2.** To collide.
***heurtoir** [œrtwa:r], *s.m.* **1.** Door-knocker. **2.** (*a*) Door-stop. (*b*) *Mec.E:* (i) Catch, stop. (ii) Driver, tappet. (*c*) *Rail:* Bumping post (of siding). **3.** Sill (of lock-gate).
hévéa [evea], *s.m.* Hevea; Para rubber-plant.
hexacorde [ɛgzakɔrd], *s.m.* *Mus:* Hexachord.
hexaèdre [ɛgzaɛdr]. **1.** *a.* Hexahedral. **2.** *s.m.* Hexahedron.
hexagonal, -aux [ɛgzagɔnal, -o], *a.* Hexagonal.
hexagone [ɛgzagɔn]. **1.** *a.* Hexagonal. **2.** *s.m.* Hexagon.
hexamètre [ɛgzamɛtr]. *Pros:* **1.** *a.* Hexametric(al). **2.** *s.m.* Hexameter.
hiatus [iaty:s], *s.m.* **1.** Gap, break, hiatus (in narrative, etc.). **2.** *Pros:* *Anat:* Hiatus.
hibernal, -aux [ibɛrnal, -o], *a.* Hibernal (germination, etc.); wintry (temperature).
hibernant [ibɛrnɑ̃], *a.* Hibernating (animal).
hibernation [ibɛrnasjɔ̃], *s.f.* Hibernation.
hiberner [ibɛrne], *v.i.* To hibernate.
***hibou, -oux** [ibu], *s.m.* *Orn:* Owl. **Jeune h.**, owlet. *F:* **Faire le h.**, to mope.
***hic** [ik], *s.m.* *F:* (Used in the phr.) **Voilà le hic!** That's the snag!
hickory [ikɔri], *s.m.* *Bot:* Hickory.
hidalgo [idalgo], *s.m.* Hidalgo.
***hideur** [idœ:r], *s.f.* (*a*) Hideousness. (*b*) Hideous sight.
***hideu|x, -euse** [idø, -ø:z], *a.* Hideous. **H. à voir**, hideous to behold. *adv.* **-sement.**
***hie** [i], *s.f.* **1.** (Paviour's) beetle, (earth-)rammer. **2.** Pile-driver.
hiémal, -aux [iemal, je-, -o], *a.* Hiemal; winter (solstice, etc.).
hier [iɛ:r]. **1.** *adv.* Yesterday. **H. (au) matin**, yesterday morning. **H. (au) soir**, last night. **Je ne suis arrivé que d'h.**, I only arrived yesterday. *F:* **Je ne suis pas né d'h.**, I wasn't born yesterday. **2.** *s.m.* **Vous aviez tout h. pour vous décider**, you had all yesterday to make up your mind.
***hiérarchie** [jɛrarʃi], *s.f.* Hierarchy.
***hiérarchique** [jɛrarʃik], *a.* Hierarchical. **Par voie h.**, through the official channels.
***hiérarchiquement** [jɛrarʃikmɑ̃], *adv.* Hierarchically; through the usual channels.
***hiérarchiser** [jɛrarʃize], *v.tr.* (*a*) To form, manage (state, etc.) on the hierarchical system. (*b*) To grade (personnel).
hiéroglyphe [jerɔglif], *s.m.* (*a*) Hieroglyph. (*b*) *pl.* Hieroglyphics.
hiéroglyphique [jerɔglifik], *a.* Hieroglyphic(al).
hi-fi [ifi], *a.* *W.Tel: etc:* *F:* Hi-fi, high-fidelity.
***hi-han** [iɑ̃], *onomat.* (Donkey's) Hee-haw.
hi hi [ii], *onomat.* (Sound of tittering) He, he!
hilarant [ilarɑ̃], *a.* Mirth-provoking. *Ch:* **Gaz h.**, laughing gas.
hilare [ila:r], *a.* Hilarious, mirthful.
hilarité [ilarite], *s.f.* Hilarity, mirth, laughter.
***hile** [il], *s.m.* (*a*) *Anat:* *Bot:* Hilum. (*b*) *Anat:* Transverse fissure, porta (of the liver).
hiloire [ilwa:r], *s.f.* *N.Arch:* **1.** Binding-strake (of deck). *Row:* Weatherboard. **2. H. de panneau**, hatch-coaming.
***hindi** [ɛ̃di, indi], *s.m.* *Ling:* Hindi.
hindou, -oue [ɛ̃du], *a.* & *s.* *Ethn:* Hindu.
hindouisme [ɛ̃duism], *s.m.* *Rel:* Hinduism.
Hindoustan [ɛ̃dustɑ̃], *Pr.n.m.* *Geog:* Hindustan, India.
hindoustani [ɛ̃dustani], *s.m.* *O:* Hindustani; Hindi; Urdu.
hinterland [ɛ̃tɛrlɑ̃d], *s.m.* Hinterland.
hippique [ippik], *a.* Relating to horses; equine. **Concours h.**, (i) horse-show; (ii) race-meeting.
hippisme [ippism], *s.m.* Horse-racing.
hippocampe [ippɔkɑ̃:p], *s.m.* *Ich:* Hippocampus, sea-horse.
hippocratique [ippɔkratik], *a.* Hippocratic.
hippodrome [ip(p)ɔdrɔm, -dro:m], *s.m.* **1.** Hippodrome, circus. **2.** Race-course.
hippologie [ippɔlɔʒi], *s.f.* Care and management of horses.
hippomobile [ippɔmɔbil], *a.* Horse-drawn.
hippophagie [ippɔfaʒi], *s.f.* Hippophagy.
hippophagique [ippɔfaʒik], *a.* **Boucherie h.**, horse-butcher's.
hippopotame [ip(p)ɔpɔtam], *s.m.* *Z:* Hippopotamus.
hippotechnie [ippɔtɛkni], *s.f.* Technique of horse breeding and training; horsemanship.
hircin [irsɛ̃], *a.* Hircine, goatish.
hirondelle [irɔ̃dɛl], *s.f.* **1.** *Orn:* Swallow. **H. domestique**, common swallow. **H. de fenêtre**, house-martin. **H. de rivage**, sand-martin. *Prov:* **Une h. ne fait pas le printemps**, one swallow does not make a summer. **2.** Small river steamboat (for passengers). **3.** *F:* = Speed-cop.
hirsute [irsyt], *a.* **1.** Hirsute, hairy, shaggy. **2.** *F:* Rough, boorish.
hispanique [ispanik], *a.* Hispanic, Spanish.
hispanisant [ispanizɑ̃], *s.m.* Student of Spanish.
hispano-américain, -aine [ispanoamerikɛ̃, -ɛn], *a.* & *s.* *Geog:* Hispano-American.
hispano-moresque [ispanɔmorɛsk], *a.* Hispano-Moorish; Hispano-Moresque.
hispide [ispid], *a.* Hispid; hairy, rough.
***hiss|er** [ise], *v.tr.* To hoist (up), pull up; to trice (up) (sail); to hoist in (boat); to run up (signal). S.a. BLOC 1. *s.m.* **-age.**
se hisser. Se h. jusqu'à la fenêtre, to pull, hoist, oneself up to the window. **Se h. le long du mur**, to climb up the wall. **Se h. sur la pointe des pieds**, to raise oneself, stand, on tiptoe.
histoire [istwa:r], *s.f.* **1.** (*a*) History. **Tableau, peintre, d'h.**, historical painting, painter. **Livre d'h.**, history-book. **Les à-côtés de l'h., la petite h.**, side-lights on history. (*b*) **H. naturelle**, natural history. **2.** Story, tale, narrative. **H. de marin**, sailor's yarn. **Livre d'histoires**, story-book. *F:* **C'est toujours la même h.**, it's the old, old story. **Le plus beau de l'h., c'est que . . .**, the best of the story, of the business, is that. . . . *F:* **Il est sorti, h. de prendre un peu l'air**, he went out merely, just, to get a breath of fresh air. S.a. RIRE 2. *F:* **En voilà une h.!** what a lot of fuss! what a song and dance.! **C'est toute une h.**, (i) it's a long story; (ii) it's no end of a job. *Iron:* **La belle h.!** what about it? is that all? **H. de fous**, shaggy dog story. **3.** *F:* Fib, story. **Tout ça c'est des histoires**, that's all bunkum; it's all my eye (and Betty Martin). **4.** *F:* **Faire des histoires, un tas d'histoires**, to make a fuss, a to-do. **Pas d'histoires**, no fuss! **Faire des histoires à qn**, to put difficulties in s.o.'s way; to make trouble (for s.o.). **Il faut éviter d'avoir des histoires**, you, we, must keep out of trouble.
histologie [istɔlɔʒi], *s.f.* Histology.
histologique [istɔlɔʒik], *a.* Histological.
historié [istɔrje], *a.* Historiated (initials); illuminated (Bible, etc.).
historien, -ienne [istɔrjɛ̃, -jɛn], *s.* Historian.
historier [istɔrje], *v.tr.* To illustrate, embellish, illuminate (Bible, etc.).
historiette [istɔrjɛt], *s.f.* Anecdote; short story.
historiographe [istɔrjɔgraf], *s.m.* Historiographer, chronicler.
historiographie [istɔrjɔgrafi], *s.f.* Historiography.
historique [istɔrik]. **1.** *a.* Historic(al). **Être classé comme monument h.**, to be scheduled as an ancient monument, as a place of historic interest. *F:* **C'est h.**, it actually happened. *Gram:* **Présent h.**, historic present. **2.** *s.m.* Historical account; recital of the facts. *adv.* **-ment, -ally.**
histrion [istriɔ̃], *s.m.* (*a*) Histrion, play-actor. (*b*) *F:* (Political, etc.) mountebank.

histrionique [istriɔnik], *a.* Histrionic; stagy.
hitlérien [itlerjɛ̃], *a. Hist:* Hitlerite. **Gouvernement h.,** Hitler government.
hitlérisme [itlerism], *s.m. Hist:* Hitlerism.
hittite [itit], *a. & s. Hist:* Hittite.
hiver [ivɛːr], *s.m.* Winter. **En h.,** in winter. **Temps d'h.,** wintry weather. *Lit:* **Il compte soixante hivers,** he has seen sixty winters. *F:* **Le bonhomme H.,** Jack Frost.
hivernage [ivɛrnaːʒ], *s.m.* **1.** (*a*) Wintering (of cattle, etc.). (*b*) Laying up (of ships) for the winter. **2.** Winter season. **3.** Winter quarters, *Nau:* Winter harbour. **4.** Winter fodder.
hivernal, -aux [ivɛrnal, -o], *a.* Winter (cold, etc.); wintry (weather).
hivernant [ivɛrnɑ̃], *a.* Wintering. *s.m.pl.* Winter visitors, tourists.
hiverner [ivɛrne], *v.i.* (*a*) To winter; (of ship) to lie up (for the winter). (*b*) (Of animal) To hibernate.
***ho** [o], *int.* **1.** (Call) Hi! **2.** (Surprise) Oh!
***hobereau** [ɔbro], *s.m.* **1.** *Orn:* Hobby. **2.** *F:* Squire.
***hoche** [ɔʃ], *s.f.* Notch, nick (on tally, etc.).
***hochepot** [ɔʃpo], *s.m. Cu:* Hotch-potch.
***hochequeue** [ɔʃkø], *s.m. Orn:* Wagtail.
***hoch|er** [ɔʃe], *v.tr. & i.* **H. (de) la tête,** (i) to shake one's head; (ii) to nod; (iii) (of pers. or horse) to toss the head. *s.m.* **-ement.**
***hochet** [ɔʃɛ], *s.m.* (*a*) (Child's) rattle or coral. (*b*) Bauble, toy.
***hockey** [ɔkɛ], *s.m. Sp:* (*a*) Hockey. *Fr.C:* (Ice-) hockey. **H. sur glace,** ice-hockey. **Partie de h.,** (ice-) hockey game, match. (*b*) *Fr.C:* (Ice-)hockey stick.
***hockeyeur** [ɔkɛjœːr], *s.m.* (Ice-)hockey player.
hoir [waːr], *s.m. Jur:* Heir.
hoirie [wari], *s.f. Jur:* Inheritance, succession.
***holà** [ɔla], *int.* **1.** Hallo! **2.** Stop! enough! Whoa (back)! **Mettre le h.,** to interfere (in a fight). **Mettre le h. au désordre,** to put a stop to disorder.
***holding** [ɔldiŋ], *s.m. Fin:* Holding company; holding.
***hold-up** [ɔldœp], *s.m. F:* Hold-up; *U.S: P:* stick-up.
***hollandais, -aise** [ɔlɑ̃dɛ, -ɛːz]. **1.** *a.* Dutch. **2.** *s.* Dutchman, -woman. **3.** *s.m. Ling:* **Le h.,** Dutch.
***Hollande** [ɔlɑ̃ːd]. **1.** *Pr.n.f. Geog:* Holland. **2.** *s.m.* (Also **fromage de H.**) Dutch cheese. **3.** *s.f.* Holland (cambric).
holocauste [ɔlɔkost], *s.m.* Holocaust; (i) burnt-offering, (ii) sacrifice.
holoèdre [ɔlɔɛdr]. *Cryst:* **1.** *a.* Holohedral. **2.** *s.m.* Holohedron.
holographe [ɔlɔgraf], *a.* = OLOGRAPHE.
holothurie [ɔlɔtyri], *s.f. Echin:* Holothurian, sea-slug, sea-cucumber.
***homard** [ɔmaːr], *s.m.* Lobster. **H. épineux,** crayfish.
hombre [ɔ̃ːbr], *s.m. Cards:* (Game of) ombre.
***home** [oːm], *s.m.* **1.** Home. **2. H. d'enfants,** children's home.
homélie [ɔmeli], *s.f.* Homily.
homéopathe [ɔmeɔpat]. *Med:* **1.** *a.* Homoeopathic. **2.** *s.m.* Homoeopath.
homéopathie [ɔmeɔpati], *s.f.* Homoeopathy.
homéopathique [ɔmeɔpatik], *a.* Homoeopathic.
Homère [ɔmɛːr]. *Pr.n.m. Gr.Lit:* Homer.
homérique [ɔmerik], *a.* Homeric.
homicide[1] [ɔmisid]. **1.** *s.m. & f.* Homicide. **2.** *a.* Homicidal; *Poet:* murderous (weapon).
homicide[2], *s.m. Jur:* Homicide (as a crime). **H. volontaire,** murder. **H. excusable,** justifiable homicide. **H. par imprudence, h. involontaire,** manslaughter (through negligence). **H. sans préméditation,** (i) culpable homicide, (ii) manslaughter.
hommage [ɔmaːʒ], *s.m.* **1.** Homage. **Faire, rendre, h. à qn,** (i) to do, render, homage, to pay obeisance, to s.o.; (ii) to pay a tribute to s.o. **2.** *pl.* Respects, compliments. **Présenter ses hommages à une dame,** (i) to pay one's respects, (ii) to send one's compliments, to a lady. **3.** Tribute, token (of respect, esteem). **H. de l'éditeur, exemplaire en h.,** complimentary copy, presentation copy.
hommasse [ɔmas], *a. F:* (Of woman) Masculine, mannish.
homme [ɔm], *s.m.* Man. (*a*) Mankind. **Tous les hommes,** all men, all mankind. **De mémoire d'h.,** within living memory. **Les droits de l'h.,** the rights of man. (*b*) (Opposed to woman or boy) **Soyez un h.!** be a man! **H. fait,** grown man. **Jeune h.,** see JEUNE. **Se battre h. à h.,** to fight man to man. *F:* **Mon h.,** my husband. **H. à femmes,** lady-killer. (*c*) (Individual, *pl.* **hommes** or **gens,** *q.v.*) **Il n'est pas mon h.,** he is not the man for me. **Trouver son h.,** to meet one's match. **H. à tout,** man of all work. **H. d'État,** statesman. **H. de mer,** seafaring man. **H. de journée, de peine,** (day-)labourer. S.a. AFFAIRE 3, BIEN II. 1, BRAVE 2, MONDE 1, PAILLE 1. (*d*) *Z:* **H. des bois,** orang-outang. **L'abominable h. des neiges,** the abominable snowman.
Homme-Dieu (l') [lɔmdjø], *s.m. Theol:* God-made-man; God-man.
homme-grenouille [ɔmgrənuj], *s.m. Nau:* Frogman. *pl. Des hommes-grenouilles.*
homme-orchestre [ɔmɔrkɛstr], *s.m. Mus:* One-man band. *pl. Des hommes-orchestres.*
homme-sandwich [ɔmsɑ̃dvitʃ], *s.m.* Sandwich-man. *pl. Des hommes-sandwichs.*
homme-serpent [ɔmsɛrpɑ̃], *s.m.* Contortionist. *pl. Des hommes-serpents.*
homocentrique [ɔmɔsɑ̃trik], *a.* Homocentric.
homogène [ɔmɔʒɛn], *a.* Homogeneous.
homogénéisation [ɔmɔʒeneizasjɔ̃], *s.f.* Homogenization.
homogénéis|er [ɔmɔʒeneize], *v.tr.* To homogenize. *s.m.* **-eur.**
homogénéité [ɔmɔʒeneite], *s.f.* Homogeneousness, homogeneity.
homographe [ɔmɔgraf], *s.m.* Homograph.
homologation [ɔmɔlɔgasjɔ̃], *s.f. Jur:* Confirmation, *Scot:* homologation (of deed, etc.); probate (of will).
homologie [ɔmɔlɔʒi], *s.f.* Homology.
homologue [ɔmɔlɔg]. *Biol: Geom: etc:* **1.** *a.* Homologous. **2.** *s.m.* Homologue. *F:* Opposite number.
homologué [ɔmɔlɔge], *a.* Officially confirmed. **Prix homologués,** authorized charges. **Record h.,** officially recognized record.
homologuer [ɔmɔlɔge], *v.tr. Jur:* **1.** To confirm, endorse (deed, etc.); to ratify (decision); to grant probate of (will). **2.** To prove (will).
homoncule [ɔmɔ̃kyl], *s.m.* = HOMUNCULE.
homonyme [ɔmɔnim]. **1.** *a.* Homonymous. **2.** *s.m.* (*a*) Homonym. (*b*) *F:* Namesake.
homosexualité [ɔmɔsɛksyalite], *s.f.* Homosexuality.
homosexuel, -elle [ɔmɔsɛksyɛl], *a.* Homosexual.
homothétie [ɔmɔteti], *s.f. Geom:* Similarity (in construction and position). **Centre d'h.,** centre of similarity.
homuncule [ɔmɔ̃kyl], *s.m.* **1.** *A:* Homunculus. **2.** *F:* Manikin, dwarf.
***hongre** [ɔ̃ːgr]. **1.** *a.m.* Gelded, castrated (horse). **2.** *s.m.* Gelding.
***hongrer** [ɔ̃gre], *v.tr. Vet:* To geld, castrate. *s.m.* **-eur.**
***Hongrie** [ɔ̃gri]. *Pr.n.f. Geog:* Hungary.
***hongrois, -oise** [ɔ̃grwa, -waːz], *a. & s. Geog:* Hungarian.
honnête [ɔnɛːt], *a.* **1.** Honest, honourable, upright. **Homme h., h. homme,** honest man, man of honour. **Peu h.,** dishonourable. **2.** Courteous, well-bred; civil, polite (**envers,** to). *A:* **H. homme,** gentleman. **3.** Decent, seemly, becoming (behaviour, etc.). **Attitude peu h.,** unseemly, unbecoming, attitude. **4.** Reasonable, moderate, fair (price, etc.). **Moyens honnêtes,** fair means. *adv.* **-ment.**
honnêteté [ɔnɛtte], *s.f.* **1.** Honesty, uprightness, integrity. **2.** Courtesy, civility, politeness. **3.** Decency, propriety, decorum. **4.** Fairness; fair dealing.
honneur [ɔnœːr], *s.m.* Honour. **1. Homme d'h.,** man of honour, honourable man. **Être engagé d'h. à faire qch.,** to be bound in honour, in honour bound, to do sth. **Soutenir l'h. du corps,** to show esprit de corps. **(Ma) parole d'h.!** on my word of honour! **Se faire h. de qch., de faire qch.,** to be proud of sth., proud to do sth. **Se piquer d'h.,** to make it a point of honour. **Tenir à h. de faire qch.,** (i) to consider it an honour to be allowed to do sth.; (ii) to consider

oneself in honour bound to do sth. **Faire qch. en tout h.,** to do sth. in all good faith. **Affaire d'h.,** affair of honour; duel. **Faire une réparation d'h. à qn,** to make a full apology to s.o. **Dette d'h.,** debt of honour. S.a. CHAMP[1] 1, LÉGION. **Assis à la place d'h.,** occupying the seat of honour. *Sch:* **La table d'h.** = the high table (at a university). **Cour d'h. (d'un lycée),** main quadrangle. **Escalier d'h.,** grand staircase. S.a. DEMOISELLE 1, GARÇON 2, VIN. **2.** (*a*) **Réception en l'h. de qn,** reception in honour of s.o. **Faire h. à qn,** to do honour to s.o. *F.* **Faire h. au dîner,** to do justice to the dinner, **J'ai l'h. de vous faire savoir que . . .,** I beg to inform you that. . . . *F:* **En quel h. vous voit-on ici?** What brings you here? *Games:* **A vous l'h.,** your honour. **Jouer pour l'h.,** to play for love. **Le cricket est à l'h. en Angleterre,** cricket holds a place of honour in England. *Golf:* **Avoir l'h.,** to have the honour. (*b*) **Faire h. à son pays,** to be an honour, a credit, to one's country. **On doit dire à leur h. que . . .,** it must be said to their credit that. . . . **Il en est sorti à son h.,** he came out of it with credit, with flying colours. **Son refus est tout à son h.,** it speaks well for him, it is greatly to his credit, that he did not accept. **3.** *pl.* (*a*) Regalia (at coronation, etc.). (*b*) (Marks of esteem) **Rendre les derniers honneurs, les honneurs suprêmes, à qn,** to pay the last tribute to s.o. **Faire à qn les honneurs de la maison,** to do the honours of the house to s.o. *Mil:* **Rendre les honneurs à qn,** to present arms, pay compliments, to s.o. **4. Faire h. à sa signature,** to honour one's signature. *Com:* **Faire h. à une traite,** to honour, meet, a bill. **Acceptation par h.,** acceptance (of a bill) for honour. **5.** (*a*) *Cards:* **Les honneurs,** honours. **Quatre d'honneurs,** four by honours. **Honneurs partagés,** honours even. (*b*) **Partie d'h., deciding** game or match.

***honnir** [ɔniːr], *v.tr.* *A:* To disgrace, to dishonour. **Hon(n)i soit qui mal y pense,** evil be to him who evil thinks. **Honni de tous,** spurned by all.

honorabilité [ɔnɔrabilite], *s.f.* (*a*) Honourable character. (*b*) Respectability. (*c*) Standing (of a firm).

honorable [ɔnɔrabl], *a.* (*a*) Honourable. **Vieillesse h.,** respected old age. *Vit:* **Année h.,** vintage year. S.a. AMENDE 2. (*b*) Respectable, reputable (family, profession); creditable (performance). *adv.* **-ment.**

honoraire [ɔnɔrɛːr]. **1.** *a.* Honorary (duty, member, etc.). **2.** *s.m.pl.* Occ. *sg.* Fee(s) (of professional man); honorarium; (lawyer's) retainer; (author's) royalty.

honorariat [ɔnɔrarja], *s.m.* Honorary membership.

honorer [ɔnɔre], *v.tr.* **1.** (*a*) To honour (s.o.); to respect (s.o.'s good qualities, etc.). (*b*) To do honour to (s.o.). **H. une cérémonie de sa présence,** to grace a ceremony with one's presence. (*c*) *Com:* To honour, meet (bill). *Com: Jur:* **Refuser d'h. (un contrat),** to repudiate (a contract). **2.** To be an honour to, do credit to (s.o.); to reflect honour on (s.o.).

s'honorer. (*a*) To gain distinction. (*b*) To consider oneself honoured (de, by).

honorifique [ɔnɔrifik], *a.* **1.** Honorary (title, rank, etc.). **2.** Honorific.

***honte** [ɔ̃ːt], *s.f.* **1.** (*a*) (Sense of) shame. **Avoir perdu toute h., tout sentiment de h.;** *A:* **avoir toute h. bue,** to be lost, dead, to all sense of shame. **H. à vous!** shame (on you)! **Sans h.,** shameless. **Avoir h.,** to be ashamed. **Avoir h. de faire qch.; avoir, éprouver, de la h. à faire qch.,** to be, feel, ashamed to do sth. **Faire h. à qn,** to make s.o. ashamed; to put s.o. to shame. (*b*) **Fausse h., mauvaise h.,** self-consciousness, bashfulness. **2.** (Cause of) shame, disgrace, dishonour. **Couvrir qn de h.,** to cover s.o. with shame, with disgrace; to bring disgrace on s.o. **Faire, être, la h. de qn,** to be a disgrace to s.o.

***honteu|x, -euse** [ɔ̃tø, -øːz], *a.* **1.** Ashamed. **Être h. d'avoir fait qch.,** to be ashamed of having done sth. **2.** Bashful, shamefaced, sheepish. *Prov:* **Jamais h. n'eut belle amie,** = none but the brave deserve the fair. **3.** Shameful, disgraceful (conduct). *adv.* **-sement.**

***hoodoo** [udu], *s.m.* *Anthr:* Hoodoo, voodoo.

***hop** [ɔp], *int.* **Allez hop!** out you go! *P:* hop it!

hôpital, -aux [ɔpital, -o], *s.m.* (*a*) Hospital, infirmary. (*b*) *Navy:* **Vaisseau h.,** hospital ship.

***hoquet** [ɔkɛ], *s.m.* **1.** Hiccough, hiccup. **Avoir le h.,** to have the hiccups. **2.** Gasp (of surprise, terror, etc.). **Être au dernier h.,** to be at one's last gasp.

***hoqueter** [ɔkte], *v.i.* **(je hoquette, n. hoquetons; je hoquetterai)** To hiccup; to have the hiccups.

horaire [ɔrɛːr]. **1.** *a.* Horary. **Signal h.,** time-signal. *Astr:* **Cercle h.,** horary circle, hour circle. S.a. FUSEAU 2. *Ind:* **Puissance h.,** output per hour. **2.** *s.m.* Time-table; schedule. *Rac:* **Arriver au contrôle selon l'h.,** to arrive at a check-point on schedule (in long-distance road-race).

***horde** [ɔrd], *s.f.* Horde.

***horion** [ɔrjɔ̃], *s.m.* Blow, punch, knock.

horizon [ɔrizɔ̃], *s.m.* Horizon, sky-line. **A l'h., au-dessus de l'h.,** on the horizon, on the sky-line. *Art:* **Ligne d'h.,** vanishing line.

horizontal, -aux [ɔrizɔ̃tal, -o]. **1.** *a.* Horizontal; level. **2.** *s.f.* **Horizontale,** horizontal line. *adv.* **-ement.**

horizontalité [ɔrizɔ̃talite], *s.f.* Horizontality.

horloge [ɔrlɔːʒ], *s.f.* **1.** Clock (esp. town or church clock). **H. comtoise, de parquet,** grandfather('s) clock. **H. marine, de bord,** ship's chronometer. **Il est deux heures à l'h.,** it is two by the clock. **J'ai attendu une bonne heure d'h.,** I waited for a full hour by the clock. **2.** *Ent:* **H. de la mort,** death-watch (beetle).

horloger [ɔrlɔʒe], *s.m.* Clock and watch-maker.

horlogerie [ɔrlɔʒri], *s.f.* **1.** Clock and watch-making. **Mouvement d'h.,** clockwork. **2.** Clock-maker's shop.

***hormis** [ɔrmi], *prep.* (No liaison; **hormis elle** [ɔrmiɛl]) Except, but, save. **Personne h. vous,** no one but you; no one besides yourself. *Conj.phr.* **H. que** + *ind.*, except that, save that; apart from the fact that.

hormonal [ɔrmɔnal], *a.* *Physiol:* *Med:* Hormonal, hormonic.

hormone [ɔrmɔn], *s.f.* *Physiol:* Hormone.

hormonothérapie [ɔrmɔnoterapi], *s.f.* *Med:* Hormonotherapy, hormone treatment.

***hornblende** [ɔrnblɛ̃ːd], *s.f.* *Miner:* Hornblende.

horoscope [ɔrɔskɔp], *s.m.* Horoscope.

horreur [ɔrrœːr], *s.f.* Horror. **1. A ma grande h.,** to my unspeakable horror. **Frappé d'h.,** horror-stricken. **2.** Repugnance, disgust, abhorrence. **Faire h. à qn,** to horrify s.o.; to be repulsive to s.o. **Avoir qch. en h., avoir h. de qch.,** to have a horror of sth.; to hate, detest, abhor, abominate, sth. **Être en h. à qn,** to be held in abhorrence by s.o. **3.** Awfulness. **Silence plein d'h.,** awful silence. **4.** (*a*) (Cause, object, of) horror. **Quelle h. d'enfant!** what a horrid child! **Oh, la vilaine h.!** the horrid thing! (*b*) **Commettre des horreurs,** to commit atrocities. **Dire des horreurs de qn,** to say horrid things about s.o.

horrible [ɔrribl], *a.* Horrible, horrifying, awful, appalling; *F:* horrid. *adv.* **-ment.**

horrifiant [ɔrrifjɑ̃], *a.* Horrifying, shocking, appalling.

horrifier [ɔrrifje], *v.tr.* *F:* To horrify. **Être horrifié de qch.,** to be horrified at sth.

horrifique [ɔrrifik], *a.* *F:* Horrific, hair-raising.

horripilant [ɔrripilɑ̃], *a.* **1.** Hair-raising (adventure). **2.** *F:* Exasperating, maddening.

horripilation [ɔrripilasjɔ̃], *s.f.* **1.** *Med:* Horripilation, goose-flesh. **2.** *F:* Exasperation.

horripiler [ɔrripile], *v.tr.* **1.** To give (s.o.) goose-flesh; *F:* to make (s.o.'s) flesh creep. **2.** *F:* To exasperate.

***hors** [ɔːr], *prep.* (Liaison with *r:* **hors elle** [ɔrɛl]) **1.** (*a*) Out of, outside. **Longueur h. tout,** over-all length. **Fourneau h. feu,** furnace out of blast. S.a. CONCOURS 3, COURANT 2, JEU 2, LIGNE 1, LOI 1, SERVICE 1. (*b*) Except. **Tous h. un seul,** all but one. *Conj.phr.* **H. que** + *ind.*, except that, save that. **2.** *Prep.phr.* **H. de,** out of, outside (of). (*a*) **H. de la ville,** outside the town. **Dîner h. de chez soi,** to dine out. **H. d'ici!** get out! **H. d'haleine,** out of breath. **H. de combat,** (i) (of gun, ship, etc.) out of action; (ii) (of man) disabled. *Fb:* **H. des touches,** out of touch. **Être h. d'affaire,** to have got through one's difficulties; (of sick person) to be out of danger. **Être h. de soi,** to be beside oneself (with rage, etc.). S.a. CAUSE 2, COUR 2, PORTÉE 3, PRIX 1, VOIX 1. (*b*) **H. de le battre,** unless they had beaten him; short of beating him. **3.** *Adj.phr.* **H. d'œuvre,** (i) out of the alignment; projecting; (ii) (of precious stone) unmounted, unset. S.a. HORS-D'ŒUVRE.

***hors-bord** [ɔrbɔːr], *s.m.inv. F:* Speedboat. **Moteur h.-b.,** outboard motor.
***hors-caste** [ɔrkast], *s.m. & f.inv.* Outcaste, untouchable.
***hors-concours** [ɔrkɔ̃kuːr], *a. adv. & s.m.inv.* Outstanding; above competition; not competing; hors-concours. **Mettre (qn, qch.) h.-c.,** to disqualify (because of superiority).
***hors-d'œuvre** [ɔrdœːvr], *s.m.inv.* **1.** *Arch:* Annexe; outwork. **2.** *Cu:* Hors-d'œuvre.
***hors-jeu** [ɔrʒø], *a. & s.m.inv. Sp:* **1.** Off-side. **2.** Out of play.
***hors-la-loi** [ɔrlalwa], *s.m.inv.* Outlaw.
***hors-ligne** [ɔrliɲ], *a.inv.* Outstanding.
hors-programme [ɔrprɔgram], *(a) a.inv. Sch:* Outside the syllabus. *(b) s.m.inv. Cin:* Supplementary film.
***hors-texte** [ɔrtɛkst], *s.m.inv. Bookb:* (Inset) plate.
hortensia [ɔrtɑ̃sja], *s.m. Bot:* Hydrangea.
horticole [ɔrtikɔl], *a.* Horticultural; flower-(show, etc.).
horticulteur [ɔrtikyltœːr], *s.m.* Horticulturist.
horticultural, -aux [ɔrtikyltyral, -o], *a.* Horticultural.
horticulture [ɔrtikyltyːr], *s.f.* Horticulture, gardening.
hosanna [ɔzan(n)a]. **1.** *int.* Hosanna! **2.** *s.m.* (Cry of) hosanna; song of praise.
hospice [ɔspis], *s.m.* **1.** Hospice (on the Saint-Bernard, etc.). **2.** *(a)* Old people's home. *(b)* Children's home. **3.** *F:* (= HÔPITAL 1.) Hospital.
hospitalier[1], **-ière** [ɔspitalje, -jɛːr], *a.* Hospitable.
hospitalier[2], **-ière,** *a.* Pertaining to hospices or hospitals. **Religieux h.,** *s.m.* **hospitalier,** hospitaller.
hospitalièrement [ɔspitaljɛrmɑ̃], *adv.* Hospitably.
hospitalisation [ɔspitalizasjɔ̃], *s.f.* *(a)* Ordering, admission, to a home or hospital. *(b)* Hospital care or treatment.
hospitalisé, -ée [ɔspitalize], *s.* **1.** Inmate (of home, etc.). **2.** In-patient (in hospital).
hospitaliser [ɔspitalize], *v.tr.* To send, admit (s.o.) (i) to a home, to a charitable institution, (ii) to a hospital; to hospitalize (s.o.).
hospitalité [ɔspitalite], *s.f.* Hospitality.
hostellerie [ɔstɛlri], *s.f.* Fashionable country inn.
hostie [ɔsti], *s.f.* **1.** *Jew.Ant:* Victim, offering (for sacrifice). **2.** (Eucharistic) host.
hostile [ɔstil], *a.* Hostile; unfriendly (action). **Être h. à, envers, qn,** to be hostile, opposed, adverse, to s.o. *adv.* **-ment.**
hostilité [ɔstilite], *s.f.* **1.** Hostility **(contre,** to); enmity, ill-will. **Acte d'h.,** act of war. **2.** *pl.* Hostilities.
hôte, hôtesse [oːt, otɛs], *s.* **1.** Host, *f.* hostess; entertainer (of guests); landlord, landlady (of inn, etc.). **Compter sans son h.,** to reckon without one's host. **Dîner à la table d'h.,** to dine at the table d'hôte. *Av:* **Hôtesse de l'air,** air-hostess. **2.** *(a)* Guest, visitor. *(b)* Dweller; denizen. **Hôtes d'un hospice,** inmates of an old people's home.
hôtel [otɛl, ɔt-], *s.m.* **1.** Mansion, town-house. S.a. MAÎTRE 1. **2.** Public building. **H. de ville,** town-hall. **L'H. des Monnaies** = the Mint. **H. des Postes** = General Post Office. **L'H. des Invalides,** the Military Pensioners' Hospital. **L'H. des Ventes,** the general auction rooms (in Paris). **H. de la Police,** police headquarters. **3.** *(a)* Hotel, hostelry. *(b)* **H. meublé, garni,** residential hotel (providing lodging but not board); *Pej:* apartments, lodgings, *U.S:* rooming house.
hôtel-Dieu [otɛldjø], *s.m.* Hospital. *pl. Des hôtels-Dieu.*
hôtelier, -ière [otəlje, -jɛːr], *(a) a.* **L'industrie hôtelière,** the hotel trade. *(b) s.* Hotel-keeper. *(c)* Hôtelier (of large hotel).
hôtellerie [otɛlri], *s.f.* **1.** Hostelry, inn. **2.** Guest quarters (of a convent). **3. L'h.,** the hotel trade.
hôtesse, *s.f.* see HÔTE.
***hotte** [ɔt], *s.f.* **1.** Basket (carried on the back); dosser, pannier; (mason's) hod. **2.** Hood (of forge, laboratory, over fireplace).
***hottée** [ɔte], *s.f.* *(a)* Basket ul. *(b)* Hodful.
***hottentot, -ote** [ɔtɑ̃to, -ɔt], *a. & s.* Hottentot.
***hotter** [ɔte], *v.tr.* To carry (grapes, etc.) in a *hotte.*
***hou** [u], *int.* **1.** Boo!
2. Hou! la vilaine! shame on you! you naughty girl!
***houache** [waʃ], *s.f.* Wake, wash (of ship).
***houblon** [ublɔ̃], *s.m. Bot: Brew:* Hop(s). **Perche à h.,** hop-pole.
***houblonner** [ublɔne], *v.tr.* To hop (beer).
***houblonnier, -ière** [ublɔnje, -jɛːr]. **1.** *a.* Hop (-growing) (district, etc.). **2.** *s.m.* Hop-grower. **3.** *s.f.* **Houblonnière,** hop-field.
***houe** [u], *s.f. Tls:* Hoe.
hou|er [ue], *v.tr.* To hoe, *s.m.* **-age.**
houille [uːj], *s.f.* **1.** (Pit-)coal. **Mine de h.,** coal-mine, -pit; colliery. **2. H. blanche,** hydro-electric power.
***houiller, -ère** [uje, -ɛːr]. **1.** *a.* *(a)* Carboniferous, coal-bearing. **Dépôt, bassin, h.,** coal-bed, -basin. *(b)* **Production houillère,** output of coal. **2.** *s.f.* **Houillère,** coal-pit, -mine; colliery.
***houilleur** [ujœːr], *s.m.* Collier, (coal-)miner.
***houilleux, -euse** [ujø, -øːz], *a.* Carboniferous, coal-bearing.
***houle** [ul], *s.f.* Swell, surge (of sea). **Grosse h.,** heavy swell. **H. de fond,** ground-swell.
***houlette** [ulɛt], *s.f.* **1.** *(a)* (Shepherd's) crook. *(b) A:* (Bishop's) crozier. **2.** Trowel.
***houleux, -euse** [ulø, -øːz], *a.* Swelling, surging (sea). *F:* **Réunion houleuse,** stormy meeting.
***houp** [up], *int.* **Allons h.!** now then, heave! **Saute, h.!** jump, (h)up! **H.-là!** Upsi-daisy!
***houppe** [up], *s.f.* **1.** *(a)* Bunch, tuft (of feathers, wool); pompon. **H. à poudrer,** powder-puff. *(b)* Tassel, bob. **2.** *(a)* Tuft, crest (of hair); topknot. *(b)* (Bird's) tuft, crest (of feathers). *(c)* Crest (of tree). **3.** *Cryst: Opt:* Brush; absorption figure.
***houppé** [upe]. *a.* Tufted, crested.
***houppelande** [uplɑ̃ːd], *s.f.* *(a) A:* Great-coat; (coachman's) box-coat. *(b)* Cosy outdoor over-garment (esp. as worn by priest); surcoat.
***houpper** [upe], *v.tr.* To tuft; to comb (wool).
houppette [upɛt], *s.f.* **1.** Small tuft (of wool, feathers). **2.** Powder-puff.
***hourdage** [urdaːʒ], *s.m. Const:* **1.** *(a)* Rough-casting. *(b)* Nogging, pugging. **2.** Rough masonry or plaster-work; rubble-work.
***hourder** [urde], *v.tr. Const:* *(a)* To rough-cast. *(b)* To nog, pug.
***hourdis** [urdi], *s.m.* = HOURDAGE 2.
***houri** [uri], *s.f. Moham.Rel:* Houri.
***hourra** [urɑ], *int. & s.m.* Hurrah!
***hourvari** [urvari], *s.m.* **1.** Huntsman's call to hounds to cast back. **2.** *F:* Uproar, tumult.
***houspiller** [uspije], *v.tr.* **1.** To hustle (s.o.); to knock (s.o.) about; to jostle; to handle (s.o.) roughly; to bully (s.o.). **2.** To abuse, rate (s.o.).
***houssaie** [usɛ], *s.f.* Holly-plantation, -grove.
***housse** [us], *s.f.* **1.** *(a)* Covering; (furniture) cover; (protecting) bag; loose cover. *Aut:* Car cover. *(b)* Dust-sheet. **2.** *Harn:* Housing, horse-cloth.
***housser** [use], *v.tr.* To dust (furniture).
***houssine** [usin], *s.f.* *(a)* Switch (for beating furniture). *(b)* (Riding-)switch.
***houssiner** [usine], *v.tr.* To beat (clothes, etc.). **H. son cheval,** to touch up one's horse.
***houssoir** [uswaːr], *s.m.* Feather-brush; whisk.
***houx** [u], *s.m. Bot:* Holly.
***hoyau, -aux** [ojo], *s.m.* **1.** Mattock, grubbing-hoe. **2.** *Min:* Pickaxe.
***huard** [yaːr], *s.m. Orn:* **1.** Black-throated diver. **2.** Osprey.
***hublot** [yblo], *s.m. Nau:* Scuttle, side-light, port-hole; air-port. **Verre de h.,** bull's-eye.
***huche** [yʃ], *s.f.* **1.** Kneading-trough. **2.** Bin. **La h. au pain,** the bread-bin. **3.** Hopper (of flour-mill).
***hucher (se)** [səyʃe], *v.pr. F:* = SE JUCHER.
***hue** [y], *int.* (To horse) Gee (up)! *F:* **L'un tire à h. et l'autre à dia.,** they are not pulling together.
***huée** [ye], *s.f.* **1.** *Ven:* Hallooing. **2.** *(a)* Boo, hoot. *(b) pl.* Booing, hooting; jeering, jeers. **Quitter la scène au milieu des huées,** to be booed off the stage.
***huer** [ye]. **1.** *v.i.* *(a)* To shout, halloo, whoop. *(b)* (Of owl) To hoot. **2.** *v.tr.* To hoot, boo (actor, etc.). *Sp:* To barrack (player).
***huguenot, -ote** [ygno, -ɔt], *a. & s.* **1.** *Hist:* Huguenot. **2. (Marmite) huguenote,** pipkin.
***Hugues** [yg]. *Pr.n.m.* Hugh.
***huhau** [yo], *int:* Gee up.
hui [ɥi], *adv. A:* To-day. *Jur:* **Ce jour d'hui,** this day. S.a. AUJOURD'HUI.

huile [ɥil], *s.f.* Oil. **1. H. comestible,** edible oil, salad-oil. **H. de lin,** linseed oil. **H. cuite,** boiled oil. **Peinture à l'h.,** oil-painting. **Couleurs à l'h.,** oil colours. **H. de machine,** engine oil. **H. de baleine,** train-oil, sperm oil. S.a. MORUE. **H. de graissage,** lubricating oil. **H. d'éclairage, lampante,** lamp oil. *F:* **Ouvrage qui sent l'h.,** painstaking work. **Il n'y a plus d'h. dans la lampe,** his life is flickering out. **Tache d'h.,** oil stain. *F:* **Mauvais exemple qui fait tache d'h.,** bad example that spreads. *F:* **H. de bras, de coude,** elbow-grease. *P:* **Les huiles,** the big shots, the high-ups. **2. H. minérale,** mineral oil. **Moteur à h. lourde,** heavy-oil engine. **3. H. essentielle,** essential oil. **H. de pomme de terre,** fusel oil, potato-spirit. S.a. VITRIOL.

huilé [ɥile], *a.* Oiled. **Manteau en toile huilée,** oiled raincoat, oilskins; *U.S:* oiled slicker.

huil|er [ɥile], *v.tr.* To oil; to lubricate, grease. *s.m.* **-age.**

huilerie [ɥilri], *s.f.* **1.** Oil-works; oil-mill. **2.** Oil-store.

huileux, -euse [ɥilø, -ø:z], *a.* Oily, greasy.

huilier [ɥilje], *s.m.* **1.** (*a*) Oil-can. (*b*) Oil and vinegar cruet. **2.** Oilman.

huis [ɥi], *s.m. A:* Door. (Still used in) **Entretien à h. clos,** conversation behind closed doors. *Jur:* **Entendre une cause à h. clos,** to hear a case in camera. (The h is 'aspirate' in **Ordonner le h. clos,** (i) to clear the court; (ii) to order a case to be heard in camera.

huisserie [ɥisri], *s.f.* Door-frame, -casing.

huissier [ɥisje], *s.m.* **1.** (Gentleman) usher. **2.** *Jur:* (*a*) Process-server; = sheriff's officer, bailiff. (*b*) **H. audiencier,** court usher.

***huit** [ɥit], *num.a.inv. & s.m.inv.* (As card. adj. before a noun or adj. beginning with a consonant sound [ɥi]) Eight. **Huit (petits) garçons** [ɥi(pti)garsɔ̃], eight (little) boys. **Huit** [ɥit] **hommes,** eight men. **Le huit mai** [ɥimɛ], the eighth of May. **H. jours,** a week. **D'aujourd'hui en h.,** to-day week, this day week. **Donner ses h. jours à qn,** (of master or servant) to give s.o. a week's notice.

huitain [ɥitɛ̃], *s.m. Pros:* Octave, octet.

***huitaine** [ɥitɛn], *s.f.* **1.** (About) eight. **2.** Week. **Dans une h. de jours,** in a week or so. **Dans la h.,** in the course of the week.

***huitante** [ɥitɑ̃:t], *num.a.inv.* (*Swiss, Belgian, usage*) Eighty.

***huitantième** [ɥitɑ̃tjɛm], *num.a.* (*Swiss, Belgian, usage*) Eightieth.

***huit-de-chiffre**(s) [ɥidʃifr], *s.m.* **1.** Figure of eight. **2.** Figure-of-eight bandage. **3.** *Tls:* Figure-of-eight calipers, hour glass calipers, double calipers. *pl. Des huits-de-chiffres.*

***huitième** [ɥitjɛm]. **1.** *num. a. & s.* Eighth. **2.** *s.m.* Eighth (part). *adv.* **-ment.**

huître [ɥi:tr], *s.f.* **1.** Oyster. **H. perlière, à perle,** pearl oyster. **2.** *P:* Fool, mug.

***huit-reflets** [ɥirəflɛ], *s.m.inv. F:* Top-hat.

huîtrier, -ère [ɥitrie, -ɛ:r]. **1.** *a.* Of, pertaining to, oysters. **2.** *s.f.* **Huîtrière,** oyster-bed. **3.** *s.m. Orn:* Oyster-catcher.

***hulotte** [ylɔt], *s.f. Orn:* Common wood-owl.

***hululement** [ylylmɑ̃], *s.m.* Ululation (of owls); tu-whit, to-whoo; hoot(ing).

***hululer** [ylyle], *v.i.* = ULULER.

***hum** [hm, əm], *int.* Hem! hm!

humain [ymɛ̃], *a.* **1.** Human. **Le genre h.,** mankind. **Sciences humaines,** social sciences. *Organ:* **Voix humaine,** vox humana (stop). **2.** Humane. *adv.* **-ement.**

humanisation [ymanizasjɔ̃], *s.f.* Humanization, humanizing.

humaniser [ymanize], *v.tr.* To humanize. **1.** To make human. **2.** To make (s.o.) more humane.

s'humaniser. (*a*) To become more humane. (*b*) *F:* To become more sociable, human; to thaw.

humanisme [ymanism], *s.m. Lit: Phil:* Humanism.

humaniste [ymanist], *s.m.* Humanist; classical scholar.

humanitaire [ymanitɛ:r], *a. & s.* Humanitarian. **Œuvre h.,** humane task.

humanitarisme [ymanitarism], *s.m.* Humanitarianism.

humanité [ymanite], *s.f.* **1.** Humanity. (*a*) Human nature. (*b*) Mankind. (*c*) Kindness, humaneness. **2.** *pl.* Humanities. *Sch:* **Les classes d'humanités,** the classical side (of school).

humble [œ̃:bl], *a.* Humble, lowly; meek. **H. de cœur,** humble-hearted. *adv.* **-ment.**

humect|er [ymɛkte], *v.tr.* To damp, moisten. *F:* **S'h. le gosier,** to wet one's whistle. *s.m.* **-age.** *s.f.* **-ation.**

s'humecter, to become moist, damp.

***humer** [yme], *v.tr.* To suck in, up. **H. l'air frais,** to breathe in the fresh air. **H. une prise,** to take a pinch of snuff.

huméral, -aux [ymeral, -o], *a. Anat:* Humeral.

humérus [ymery:s], *s.m. Anat:* Humerus.

humeur [ymœ:r], *s.f.* **1.** (*a*) *A.Med:* Humour. (*b*) *pl. Med: F:* Tissue-fluids, body-fluids. *F:* **Humeurs froides,** scrofula. (*c*) *Anat:* **H. acqueuse, h. vitrée,** aqueous humour, vitreous humour (of the eye). **2.** (*a*) Humour, mood. **Être de bonne h.,** to be in a good mood. **Mauvaise h.,** bad temper. **De méchante h.,** in a temper; cross. **Être d'une h. noire,** (i) to feel depressed, to have a fit of the blues; (ii) to be in a temper. **Être d'h. à refuser net,** to be in the mood to refuse point-blank. **Être en h. de faire qch.,** to be in the mood, vein, to do sth. (*b*) Temper. **Avoir l'h. vive,** to be quick-tempered. **Homme d'h. égale,** even-tempered man. **Mouvement d'h.,** outburst of temper. **Montrer de l'h.,** to show (ill-)temper. **Avec h.,** testily, pettishly.

humide [ymid], *a.* Damp, moist, humid; watery, wet. **Draps humides,** damp sheets. **Temps h. et chaud,** muggy weather. **Temps h. et froid,** raw weather.

humidement [ymidmɑ̃], *adv.* Damply, moistly, humidly.

humidificateur [ymidifikatœ:r], *s.m.* Humidor (in a spinning mill. *Dom.Ec:* Humidifier.

humidification [ymidifikasjɔ̃], *s.f.* Damping, moistening.

humidifier [ymidifje], *v.tr.* To damp, moisten, humidify.

humidité [ymidite], *s.f.* Humidity, damp(ness), moisture, moistness, wet(ness). **"Craint l'h.,"** 'to be kept dry.' **Taches d'h.,** mildew. **Taché d'h.,** mildewed. **Chargé d'h.,** heavy with moisture.

humiliant [ymiljɑ̃], *a.* Humiliating, mortifying.

humiliation [ymiljasjɔ̃], *s.f.* Humiliation, mortification; affront.

humilier [ymilje], *v.tr.* To humiliate, humble.

s'humilier jusqu'à faire qch., to stoop to doing sth.

humilité [ymilite], *s.f.* Humility, humbleness.

humoriste [ymɔrist]. **1.** *a.* Humorous (writer, etc.). **2.** *s.* Humorist.

humoristique [ymɔristik], *a.* Humorous.

humour [ymu:r], *s.m.* Humour.

humus [ymy:s], *s.m. Hort:* Humus, leaf-mould.

***hune** [yn], *s.f. Nau:* Top. **H. de vigie,** crow's-nest. **Grand-hune,** main-top. **Mât de h.,** topmast. **Ohé de la h.!** aloft there! *Navy:* **H. de direction de tir,** fire-control top.

***hunier** [ynje], *s.m. Nau:* Topsail.

***huppe**[1] [yp], *s.f. Orn:* Hoopoe.

***huppe**[2], *s.f.* Tuft, crest (of bird).

***huppé** [ype], *a.* **1.** *Orn:* Tufted, crested. **2.** *F:* Smart, well-dressed; in high society.

***hure** [y:r], *s.f.* **1.** (*a*) Head (of boar, pig); jowl (of salmon). (*b*) *P:* Head, mug. **2.** *Cu:* Potted head; brawn; *U.S:* headcheese. **3.** (Long-handled) brush.

***hurlement** [yrləmɑ̃], *s.m.* Howl(ing) (esp. of wolf or dog); yell(ing), roar(ing). (Of dog, etc.) **Pousser un h.,** to give a howl.

***hurler** [yrle]. **1.** *v.i.* (Of dog, wolf) To howl; (of wind, storm) to roar; (of pers.) to howl, roar, yell. *F:* **H. avec les loups,** to cry with the pack. **2.** *v.tr.* To bawl out (song, etc.).

***hurleur, -euse** [yrlœ:r, -ø:z]. **1.** *a.* Howling, yelling. **2.** *s.* Howler, yeller. **3.** *s.m.* (*a*) Howler (monkey). (*b*) *W.Tel: F:* Extra-loud loud-speaker.

hurluberlu [yrlybɛrly], *a. & s.* Harum-scarum; scatter-brain(ed).

***huron, -onne** [yrɔ̃, -ɔn]. **1.** *a. & s. Ethn:* Huron. **2.** *Pr.n. Geog:* **Le Lac H.,** Lake Huron.

***Huronie** [yrɔni]. *Pr.n.f. Geog:* Huron country.

***hussard** [ysa:r], *s.m. Mil:* Hussar. **Bonnet de h.,** busby.

***hussarde** [ysard], *s.f.* **1.** Hussarde (dance). **2. A la h.** (*a*) *Adv.phr.* Cavalierly, brusquely. (*b*) *Adj.phr.* **Pantalon à la h.,** full trousers. **Culotte à la h.,** riding-breeches. **Bottes à la h.,** riding-boots.

***hussite** [ysit], *s.m. Rel.H:* Hussite.

***hutte** [yt], *s.f.* Hut, shed, shanty.

***hutter (se)** [səyte], *v.pr.* To build a hut and live in it; to hut.

hyalin [ialɛ̃], *a.* Hyaline, glassy. **Quartz h.**, rock-crystal.

hyaloïde [ialɔid], *a. Anat: etc:* Hyaloid.

hybridation [ibridasjɔ̃], *s.f. Biol:* Hybridization; cross-breeding.

hybride [ibrid], *a. & s.m. Biol: Ling:* Hybrid.

hybrider [ibride], *v.tr.* To hybridize, to cross.

hybridité [ibridite], *s.f. Biol: Ling:* Hybrid character.

hydarthrose [idartroːz], *s.f. Med:* Hydrarthrosis. **H. du genou,** *F:* water on the knee.

hydratation [idratasjɔ̃], *s.f. Ch:* Hydration.

hydrate [idrat], *s,m. Ch:* Hydrate, hydroxide. **H. de potasse,** caustic potash. **H. de carbone,** carbohydrate.

hydraté [idrate], *a. Ch:* Hydrated, hydrous.

hydrater [idrate], *v.tr. Ch:* To hydrate.
s'hydrater, to hydrate, to become hydrated.

hydraulique [idrolik]. **1.** *a.* Hydraulic. **Roue h.,** water-wheel. **Usine h.,** waterworks. **Énergie h.,** hydro-electric power. **2.** *s.f.* (*a*) Hydraulics. (*b*) Hydraulic engineering.

hydrauliquement [idrolikmɑ̃], *adv.* Hydraulically.

hydrauliste [idrolist], *s.m.* Hydraulic engineer.

hydraviation [idravjasjɔ̃], *s.f.* Marine aviation.

hydravion [idravjɔ̃], *s.m.* Sea-plane, hydroplane.

hydre [iːdr], *s.f.* Hydra.

hydrique [idrik]. **1.** *a.* Hydrous. **2.** *a.suff. Ch:* (*a*) Hydro-. **Chlorhydrique,** hydrochloric (acid). (*b*) -hydric. **Sulfhydrique,** sulphydric (acid, etc.).

hydroaérien, -ienne [idroaerjɛ̃, -ɛn], *a.* **Station hydroaérienne,** sea-plane base.

hydrocarbure [idrɔkarbyːr], *s.m.* Hydrocarbon.

hydrocéphale [idrɔsefal]. *Med: a. & s.* Hydrocephalic, hydrocephalous (subject).

hydrocéphalie [idrɔsefali], *s.f. Med:* Hydrocephalus; *F:* water on the brain.

hydrochlorate [idrɔklɔrat], *s.m. Ch:* Hydrochlorate.

hydrochlorique [idrɔklɔrik], *a. Ch:* Hydrochloric.

hydrodynamique [idrɔdinamik]. **1.** *a.* Hydrodynamic(al). **2.** *s.f.* Hydrodynamics.

hydroélectrique [idrɔelɛktrik], *a.* Hydro-electric.

hydrofoil [idrɔfɔːj], *s.m. Nau:* Hydrofoil boat.

hydrofuge [idrɔfyːʒ], *a.* Waterproof, damp-proof; (of coat, etc.) rainproof. *Const:* **Couche h.,** damp-course.

hydrofuger [idrɔfyʒe], *v.tr.* (**j'hydrofugeai(s)**; **n. hydrofugeons**) To waterproof (garment, etc.).

hydrogène [idrɔʒɛn], *s.m. Ch:* Hydrogen. **H. lourd,** heavy hydrogen.

hydrogéné [idrɔʒene], *a.* Containing, or combined with, hydrogen; hydrogenated.

hydrogéner [idrɔʒene], *v.tr.* To hydrogenate, hydrogenize.

hydroglisseur [idrɔglisœːr], *s.m.* Hydroglider; hydroplane (motor boat); speed-boat.

hydrographe [idrɔgraf], *a. & s.m.* **(Ingénieur) h.,** hydrographer. **Navire h.,** survey vessel.

hydrographie [idrɔgrafi], *s.f.* Hydrography.

hydrographique [idrɔgrafik], *a.* Hydrographic(al). *Navy:* **Le service h.,** the survey department.

hydrologie [idrɔlɔʒi], *s.f.* Hydrology.

hydrolyse [idrɔliːz], *s.f. Ch:* Hydrolysis.

hydromel [idrɔmɛl], *s.m.* Hydromel; mead.

hydromètre [idrɔmɛtr], *s.m.* **1.** (= ARÉOMÈTRE) Hydrometer. **2.** *Oc: etc:* Depth-gauge. **3.** *s.f. Ent:* Water-spider.

hydrométrie [idrɔmetri], *s.f. Ph:* Hydrometry.

hydrométrique [idrɔmetrik]. *a.* Hydrometric(al).

hydropathe [idrɔpat]. **1.** *a.* Hydropathic. **2.** *s.m. Med:* Hydropath, hydropathist. **3.** *s. F: Iron:* Person who dislikes drinking water.

hydropathie [idrɔpati], *s.f. Med:* Hydropathy.

hydrophile [idrɔfil], *a.* Absorbent (cotton-wool).

hydrophobe [idrɔfɔb]. *Med:* **1.** *a.* Hydrophobic. **2.** *s.* Hydrophobic subject.

hydrophobie [idrɔfɔbi], *s.f. Med:* Hydrophobia, rabies.

hydropique [idrɔpik]. *Med:* **1.** *a.* Dropsical. **2.** *s.* Dropsical subject.

hydropisie [idrɔpizi], *s.f. Med:* Dropsy.

hydroplane [idrɔplan], *s.m. Av:* Hydroplane, seaplane.

hydroplaner [idrɔplane], *v.i. Av:* To taxi along (on water); to hydroplane.

hydroquinone [idrɔkinɔn], *s.f. Ch: Phot:* Hydroquinone, quinol.

hydroscope [idrɔskɔp], *s.m.* Water-diviner; dowser.

hydroscopie [idrɔskɔpi], *s.f.* Water-divining; dowsing.

hydrosol [idrɔsɔl], *s.m. Ch:* Hydrosol.

hydrosoluble [idrɔsɔlybl], *a.* Water-soluble.

hydrosphère [idrɔsfɛːr], *s.f.* Hydrosphere.

hydrostat [idrɔsta], *s.m. Hyd.E:* Hydrostat.

hydrostatique [idrɔstatik]. **1.** *a.* Hydrostatic(al). **2.** *s.f.* Hydrostatics.

hydrosulfate [idrɔsylfat], *s.m. Ch:* Hydrosulphide.

hydrosulfite [idrɔsylfit], *s.m. Ch:* Hydrosulphite.

hydrosulfurique [idrosylfyrik], *a. Ch:* = SULFHYDRIQUE.

hydrothérapie [idrɔterapi], *s.f.* Hydrotherapeutics; water cure.

hydrothérapique [idrɔterapik], *a.* Hydrotherapeutic.

hydrothermique [idrɔtɛrmik], *a.* Hydrothermal.

hydrure [idryːr], *s.m. Ch:* Hydride.

hyène [jɛn], *s.f. Z:* Hyena.

hygiène [iʒjɛn], *s.f.* Hygiene. **H. publique,** public health. **Conférence d'h.,** health conference. **Mauvaise h. alimentaire,** malnutrition.

hygiénique [iʒjenik], *a.* Hygienic; healthy; sanitary. **Peu h.,** unhealthy (work); unsanitary (building). **Papier h.,** toilet paper. **Serviette h.,** sanitary towel. *adv.* **-ment,** -ally.

hygiéniste [iʒjenist], *s.m.* Hygienist; public health specialist.

hygroma [igrɔma], *s.m. Med:* Hygroma. **H. du genou,** *F:* housemaid's knee.

hygromètre [igrɔmɛtr], *s.m. Ph:* Hygrometer.

hygrométrie [igrɔmetri], *s.f. Ph:* Hygrometry.

hygrométrique [igrɔmetrik], *a. Ph:* Hygrometric(al).

hygroscope [igrɔskɔp], *s.m. Ph:* Hygroscope.

hygroscopique [igrɔskɔpik], *a.* (*a*) Hygroscopic(al). (*b*) Slightly deliquescent (salt).

hymen [imɛn], *s.m.* (*a*) *Poet:* Marriage. (*b*) *Anat:* Hymen.

hyménée [imene], *s.m. Poet:* Marriage.

hyménoptère [imenɔptɛːr]. *Ent:* **1.** *a.* Hymenopterous. **2.** *s.m.pl.* **Hyménoptères,** hymenoptera.

hymnaire [imnɛːr], *s.m.* Hymn-book, hymnal.

hymne [im(n)]. **1.** *s.m.* Song (of praise); patriotic song. **H. national,** national anthem. **2.** *s.f. Ecc:* Hymn.

hyoïde [iɔid], *a. & s.m. Anat:* Hyoid (bone).

hyoscine [iɔsin], *s.f. Ch:* Hyoscine.

hyperacide [iperasid], *a. Ch:* Hyperacid.

hyperbate [ipɛrbat], *s.f. Rh:* Hyperbaton, inversion.

hyperbole [ipɛrbɔl], *s.f.* **1.** *Rh:* Hyperbole, exaggeration. **2.** *Geom:* Hyperbola.

hyperbolique [ipɛrbɔlik], *a.* Hyperbolic(al). *adv.* **-ment,** -ally.

hyperboloïde [ipɛrbɔlɔid], *s.m. Geom:* Hyperboloid.

hyperboréen, -enne [ipɛrbɔreɛ̃, -ɛn], *a.* Hyperborean, arctic.

hypercritique [ipɛrkritik]. **1.** *a.* Hypercritical, over-critical. **2.** *s.m.* Hypercritic, severe critic.

hyperémier (s') [sipɛremje], *v.pr. Med:* To become congested.

hyperesthésie [ipɛrɛstezi], *s.f.* Hyperaesthesia.

hyperfocal, -aux [ipɛrfɔkal, -o], *a. Phot:* Hyperfocal (distance).

hyperfréquence [ipɛrfrekɑ̃s], *s.f. Electronics:* Microwave.

hypergol [ipɛrgɔl], *s.m. Rockets:* Hypergol.

hypermétrope [ipɛrmetrɔp], *a. Med:* Hypermetropic, long-sighted.

hypermétropie [ipɛrmetrɔpi], *s.f. Med:* Hypermetropia, long-sightedness.

hypersensibilité [ipɛrsɑ̃sibilite], *s.f.* Over-sensitiveness super-sensitiveness, hypersensitiveness.

hypersensible [ipɛrsɑ̃sibl], *a.* Supersensitive, hypersensitive, over-sensitive.

hypertendu, -e [ipɛrtɑ̃dy], *s.* Hypertensive patient. *a.* Suffering from high blood pressure.

hypertension [ipɛrtɑ̃sjɔ̃], *s.f.*, **hypertonie** [ipɛrtɔni], *s.f. Med:* Hypertension; high blood pressure.

hypertrophie [ipɛrtrɔfi], *s.f. Med:* Hypertrophy. **H. des amygdales,** enlarged tonsils.

hypertrophier (s') [sipɛrtrɔfje], *v.pr.* *Med:* To hypertrophy. **Amygdales hypertrophiées,** enlarged tonsils.
hypertrophique [ipɛrtrɔfik], *a.* *Med:* Hypertrophic.
hypnologie [ipnɔlɔʒi], *s.f.* *Med:* Hypnology.
hypnose [ipnoːz], *s.f.* Hypnosis; trance.
hypnotique [ipnɔtik], *a.* Hypnotic.
hypnotiser [ipnɔtize], *v.tr.* To hypnotize.
hypnotiseur, -euse [ipnɔtizœːr, -øːz], *s.* Hypnotizer.
hypnotisme [ipnɔtism], *s.m.* Hypnotism.
hypnotiste [ipnɔtist], *s.m.* & *f.* Hypnotist.
hypocondre [ipɔkɔ̃ːdr]. **1.** *s.m.* Hypochondrium. **2.** *a.* & *s.* = HYPOCONDRIAQUE.
hypocondriaque [ipɔkɔ̃driak]. **1.** *a.* Hypochondriac(al); *F:* melancholy, depressed. **2.** *s.* Hypochondriac.
hypocondrie [ipɔkɔ̃dri], *s.f.* Hypochondria.
hypocras [ipɔkraːs], *s.m.* Hippocras, mulled wine.
hypocrisie [ipɔkrizi], *s.f.* Hypocrisy; cant.
hypocrite [ipɔkrit]. **1.** *a.* Hypocritical. **2.** *s.m.* & *f.* Hypocrite. *adv.* **-ment.**
hypodermique [ipɔdɛrmik], *a.* Hypodermic.
hypogastre [ipɔgastr], *s.m.* *Anat:* Hypogastrium.
hypogastrique [ipɔgastrik], *a.* *Anat:* Hypogastric. **Ceinture h.,** abdominal belt.
hypogée [ipɔʒe], *s.m.* *Archeol:* Hypogeum.
hypophosphate [ipɔfɔsfat], *s.m.* *Ch:* Hypophosphate.
hypophosphite [ipɔfɔsfit], *s.m.* *Ch:* Hypophosphite.
hypostase [ipɔstaːz], *s.f.* *Phil:* *Theol:* Hypostasis.
hypostatique [ipɔstatik], *a.* *Phil:* *Theol:* Hypostatic
hypostyle [ipɔstil], *a.* *Arch:* Hypostyle, pillared.
hyposulfite [ipɔsylfit], *s.m.* *Ch:* Hyposulphite, thiosulphate. **H. de soude,** sodium thiosulphate, hyposulphite of soda; *Phot:* *F:* hypo.
hypotendu, -e [ipotɑ̃dy], *s.* Hypotensive patient. *a.* Suffering from low blood pressure.
hypotension [ipɔtɑ̃sjɔ̃], *s.f.* *Med:* Hypotension, low blood pressure.
hypoténuse [ipɔtenyːz], *s.f.* Hypotenuse.
hypothécable [ipɔtekabl], *a.* Mortgageable.
hypothécaire [ipɔtekɛːr]. **1.** *a.* Pertaining to mortgage. **Prêt h.,** loan on mortgage. **Contrat h.,** mortgage deed. **Créancier h.,** mortgagee. **Débiteur h.,** mortgagor. **2.** *s.m.* & *f.* Mortgagee.
hypothécairement [ipɔtekɛrmɑ̃], *adv.* By, with regard to, mortgage.
hypothèque [ipɔtɛk], *s.f.* Mortgage. **Franc, libre, d'hypothèques,** unencumbered, unmortgaged. **Prendre, lever, une h.,** to raise a mortgage. **Prêt sur h.,** mortgage loan. **Purger une h.,** to pay off, redeem, a mortgage.
hypothéquer [ipɔteke], *v.tr.* **(j'hypothèque; j'hypothéquerai) 1.** To mortgage (estate, etc.). **2.** To secure (debt) by mortgage.
hypothèse [ipɔtɛːz], *s.f.* Hypothesis, assumption. **En toute h.,** in every case.
hypothétique [ipɔtetik], *a.* Hypothetical. *adv.* **-ment.**
hypothyroïdie [ipɔtirɔidi], *s.f.* *Med:* Hypothyroidism; thyroid deficiency.
hypsographie [ipsɔgrafi], *s.f.* *Geog:* Hypsography.
hypsomètre [ipsɔmɛtr], *s.m.* *Surv:* Hypsometer; thermobarometer.
hypsométrie [ipsɔmetri], *s.f.* Hypsometry, altimetry.
hypsométrique [ipsɔmetrik], *a.* Hypsometric(al). **Courbe h.,** contour-line. **Carte h.,** contour-map.
hysope [izɔp]. *s.f.* *Bot:* Hyssop.
hystérectomie [isterɛktɔmi], *s.f.* *Surg:* Hysterectomy.
hystérèse [isterɛːz], *s.f.* Hysteresis; magnetic lag.
hystérie [isteri], *s.f.* *Med:* Hysteria.
hystérique [isterik], *a.* *Med:* Hysteric(al).
hystérotomie [isterɔtɔmi], *s.f.* *Surg:* Hysterotomy. **H. abdominale,** Caesarean operation.

I, i [i], *s.m.* **1.** (The letter) I, i. **Mettre les points sur les i (à qn)**, to speak plainly, unambiguously (to s.o.). *Tp:* **I comme Irma**, I for Isaac. **2. I grec**, (the letter) Y, y.
iambe [jɑ̃:b], *s.m.* *Pros:* **1.** *(a)* Iamb, iambus. *(b)* Iambic. **2.** *pl.* Satirical poem.
iambique [jɑ̃bik], *a.* *Pros:* Iambic (line, verse).
ibère [ibɛ:r], *a. & s.* *Ethn:* Iberian.
Ibérie [iberi]. *Pr.n.f.* *A.Geog:* Iberia.
ibérien, -enne [iberjɛ̃, -ɛn], *a. & s.* Iberian.
ibérique [iberik], *a.* *Geog:* Iberian. **La péninsule I.**, the Spanish, Iberian, Peninsula.
ibex [ibɛks], *s.m.* *Z:* Ibex.
ibis [ibis], *s.m.* *Orn:* Ibis.
icaque [ikak], *s.f.* *Bot:* **1. (Prune d')i.**, coco-plum. **2.** Coco-plum (tree).
icaquier [ikakje], *s.m.* *Bot:* Coco-plum tree.
iceberg [isbɛrg], *s.m.* Iceberg.
ichneumon [iknømɔ̃], *s.m.* **1.** *Z:* Ichneumon, Pharaoh's rat. **2.** *Ent:* Ichneumon (fly).
ichtyocolle [iktjɔkɔl], *s.f.* Fish-glue, isinglass.
ichtyol [iktjɔl], *s.m.* *Pharm:* Ichthyol.
ichtyolog|ie [iktiɔlɔʒi], *s.f.* Ichthyology. *a.* **-ique.** *s.m.* **-iste.**
ichtyophage [iktjɔfa:ʒ]. **1.** *a.* Ichthyophagous, fish-eating. **2.** *s.* Ichthyophagist.
ichtyophagie [iktjɔfaʒi], *s.f.* Ichthyophagy.
ichtyosaure [iktjɔsɔ:r], *s.m.* *Paleont:* Ichthyosaurus.
ici [isi], *adv.* **1.** Here. **I. et là**, here and there. **Je ne suis pas d'i.**, I am a stranger (in these parts). **I.-bas**, here below, on earth. **Hors d'i.!** *F:* Get out! **Il y a vingt milles d'i. (à) Londres**, it is twenty miles (from here) to London. **Il demeure par i., près d'i.**, he lives hereabouts. **Passez par i.**, step this way. **C'est i.**, this is the place. **L'autobus vient jusqu'i.**, the bus comes as far as this. *Tp:* **I. Dupont**, Dupont speaking. **2.** Now. **Jusqu'i.**, up to now; hitherto. **D'i.**, from to-day; henceforth. **D'i (à) lundi**, between now and Monday; by Monday. **D'i. là**, between now and then; by that time. **D'i. peu**, before long.
icône [ikon, -o:n], *s.f.* *Ecc:* Icon, ikon.
iconoclasme [ikɔnɔklasm], *s.m.* Iconoclasm.
iconoclaste [ikɔnɔklast]. **1.** *a.* Iconoclastic. **2.** *s.m.* Iconoclast.
iconogène [ikɔnɔʒɛn], *s.m.* *Phot:* Developer.
iconographe [ikɔnɔgraf], *s.m. & f.* Iconographer.
iconograph|ie [ikɔnɔgrafi], *s.f.* Iconography. *a.* **-ique.**
iconomètre [ikɔnɔmɛtr], *s.m.* *Phot:* Iconometer, view-meter.
iconométrie [ikɔnɔmetri], *s.f.* *Phot:* Iconometry.
iconoscope [ikɔnɔskɔp], *s.m.* **1.** *Phot:* Viewfinder. **2.** *T.V:* Iconoscope.
ictère [iktɛ:r], *s.m.* *Med:* Icterus, jaundice.
ictérique [ikterik]. *Med:* **1.** *a.* *(a)* Icteric(al) (disorder). *(b)* Jaundiced (pers., eyes). **2.** *s.* Sufferer from jaundice.
ictus [ikty:s], *s.m.* Ictus. **1.** *Pros: etc:* Stress. **2.** *Med:* (Apoplectic) stroke; (epileptic) fit.
idéal [ideal]. **1.** *a.* (*pl.* **idéaux** [ideo]) Ideal. **Le beau i.**, the ideal of beauty. **2.** *s.m.* (*pl.* **idéals, idéaux**) Ideal. *adv.* **-ement.**
idéalisation [idealizasjɔ̃], *s.f.* Idealization, idealizing.
idéal-iser [idealize], *v.tr.* To idealize. *s.m.* **-isme.** *s.f.* **-ité.**
idéaliste [idealist]. **1.** *a.* Idealistic. **2.** *s.m. & f.* Idealist.
idée [ide], *s.f.* **1.** Idea. *(a)* Notion. **Je n'en ai pas la moindre i.**, I haven't the least idea; *F:* I haven't a clue. **On n'a pas i. de cela**, you can't imagine it. **Quelle i.!** the idea! **Une bonne i.!** a good idea! **J'ai (l')i. que . . .**, I have an idea, I rather fancy, that. . . . **L'i. me vint tout à coup que . . .**, it flashed through my mind that. . . . **Donner des idées à qn**, to put ideas into s.o.'s head. **Femme à idées**, woman of, with, ideas. **Essayez de vous faire une i. de notre situation**, try to imagine our position. **Voir qch. en i.**, to see sth. in the mind's eye. **Se faire des idées**, to imagine things. **I. fixe**, obsession. *(b)* View, opinion. **Avoir des idées arrêtées sur qch.**, to have set ideas, very decided views, on sth. **Agir selon son i., faire à son i.**, to act according to one's own ideas. **En faire à son i.**, to do just what one likes. **Changer d'i.**, to change, alter, one's mind. *(c)* Whim, fancy. **Comme l'i. m'en prend**, just as the fancy takes me. **Avoir des idées noires**, to have (a fit of) the blues. **Il faut la laisser se marier à son i.**, we must let her marry according to her fancy. **2.** Mind. **J'ai dans l'i. que . . .**, I have a notion that. . . . **Il me vient à l'i. que . . .**, it occurs to me that. . . . **Je ne peux pas lui ôter cela de l'i.**, I can't get that out of his head. **Cela m'est sorti de l'i.**, it has gone clean out of my mind. **Il me revient à l'i. que . . .**, now I remember that. . . . **3.** *F:* Very small quantity, a little. **Une i. de vanille**, just a suspicion of vanilla.
idem [idɛm], *adv.* Idem, id.; ditto.
identification [idɑ̃tifikasjɔ̃], *s.f.* Identification. *Av:* **Feu d'i.**, identification light. *Bac:* **I. des types (de bactéries ou de virus)**, typing.
identifier [idɑ̃tifje], *v.tr.* To identify. **1.** To consider as identical. **2.** To establish the identity of (s.o., sth.).
s'identifier à une cause, to identify oneself, to become identified, with a cause.
identique [idɑ̃tik], *a.* Identical (à, with); the very same. *adv.* **-ment.**
identité [idɑ̃tite], *s.f.* Identity. *Mil:* **Plaque d'i.**, identification disk. *Adm:* **Carte d'i.**, identity card. **Pièces d'i.**, identification papers. **Établir son i.**, to prove one's identity.
idéogramme [ideɔgram], *s.m.* Ideogram, ideograph, picture symbol.
idéograph|ie [ideɔgrafi], *s.f.* Ideography, picture writing. *a.* **-ique.**
idéologie [ideɔlɔʒi], *s.f.* Ideology.
idéologique [ideɔlɔʒik], *a.* Ideologic(al).
idéologue [ideɔlɔg], *s.m.* Ideologist, ideologue.
ides [id], *s.f.pl.* *Rom.Ant:* Ides.
idiomatique [idjɔmatik], *a.* Idiomatic(al).
idiome [idjo:m], *s.m.* *(a)* Idiom, dialect. *(b)* Language.
idiopath|ie [idjɔpati], *s.f.* *Med:* Idiopathy. *a.* **-ique.**
idiosyncrasie [idjɔsɛ̃krazi], *s.f.* Idiosyncrasy.
idiot, -ote [idjo, -ɔt]. **1.** *a.* *(a)* *Med:* Idiot (child, etc.). *(b)* *F:* Idiotic, absurd; senseless (joke, etc.). **2.** *s.* *(a)* *Med:* Idiot, imbecile. *(b)* *F:* Idiot, fool; silly ass, *U.S:* dope.
idiotement [idjɔtmɑ̃], *adv.* *F:* Idiotically.
idiotie [idjɔsi], *s.f.* **1.** *Med:* *(a)* Idiocy, imbecility. *(b)* Mental deficiency. **2.** *F:* *(a)* Rank stupidity. *(b)* Piece of rank stupidity.
idiotisme [idjɔtism], *s.m.* Idiom; idiomatic expression or phrase.
idoine [idwan], *a.* Fit, competent. **un personnel i.**, a competent, qualified, staff. *Jur:* **Apte et i. à tester**, fit and competent to make a will.
idolâtre [idɔlɑ:tr]. **1.** *a.* Idolatrous. **2.** *s.* Idolater, *f.* idolatress.
idolâtrer [idɔlɑtre], *v.tr.* To be passionately fond of (s.o., sth.); to idolize (s.o.).
idolâtr|ie [idɔlɑtri], *s.f.* Idolatry. *a.* **-ique, -ous.**
idole [idɔl], *s.f.* Idol, image. **Faire une i. de qn**, to idolize s.o. **Faire son i. de l'argent**, to make a god of money.
idyll|e [idil], *s.f.* Idyll; romance. *a.* **-ique.**
if [if], *s.m.* **1.** *Bot:* Yew(-tree). **2.** *(a)* Triangular frame (for illumination lights, etc.). *Ecc:* Taper-hearse. *(b)* Draining rack (for bottles).
igame [igam], *s.m.* See I.G.A.M.E.
igloo [iglu], *s.m.* Igloo.
Ignace [iɲas]. *Pr.n.m.* Ignatius.
igname [iɲam, ign-], *s.f.* Yam; Indian potato.
ignare [iɲa:r]. **1.** *a.* Ignorant. **2.** *s.* Ignoramus.
igné [igne], *a.* *Geol:* Igneous (rock, etc.).
ignifère [ignifɛ:r], *a.* Igniferous; fire-bearing.
ignifuge [ignify:ʒ]. **1.** *a.* *(a)* Non-inflammable, fire-resisting, fire-proof. *(b)* **Grenade i.**, fire-extinguisher. *(c)* *U.S:* (In)flammable. **2.** *s.m.* Fire-proof material.

ignifug|er [ignifyʒe], *v.tr.* **(j'ignifugeai(s); n. ignifugeons)** To fire-proof. *s.f.* **-ation.**
ignition [ignisjɔ̃], *s.f.* (State of) ignition.
ignitron [ignitrɔ̃], *s.m. El:* Ignitron.
ignoble [iɲɔbl], *a.* (*a*) Ignoble; base (person); vile, disgraceful, unspeakable (conduct, etc.). (*b*) Wretched, filthy (dwelling, etc.). *adv.* **-ment.**
ignominie [iɲɔmini], *s.f.* Ignominy, shame, disgrace.
ignominieu|x, -euse [iɲɔminjø, -øːz], *a.* Ignominious, shameful, disgraceful. *adv.* **-sement.**
ignorance [iɲɔrɑ̃ːs], *s.f.* **1.** Ignorance. **Par i.,** through, out of, ignorance. **Laisser qn dans l'i. de qch.,** to keep s.o. in ignorance of sth, *F:* in the dark about sth. **Les siècles d'i.,** the dark ages. **Peuple plongé dans l'i.,** benighted people. *Jur:* **Prétendre cause d'i.,** to plead ignorance. **2.** *pl.* Errors, mistakes, blunders.
ignor|ant, -ante [iɲɔrɑ̃, -ɑ̃ːt]. **1.** *a.* (*a*) Ignorant, illiterate, uninstructed. (*b*) **I. de, en, qch.,** ignorant of (a fact); unacquainted with (Latin, etc.). **2.** *s.* Ignoramus, dunce. *adv.* **-amment.**
ignorantisme [iɲɔrɑ̃tism], *s.m.* Ignorantism, obscurantism.
ignorantiste [iɲɔrɑ̃tist], *a. & s.* Ignorantist, obscurantist.
ignoré [iɲɔre], *a.* Unknown (document, etc.).
ignorer [iɲɔre], *v.tr.* Not to know; to be ignorant of (sth.); to be unaware of (sth.). **Il ignore tout de . . .,** he knows nothing whatever about. . . . **Ignoré de, par, ses contemporains,** (i) unknown to, (ii) ignored by, his contemporaries. **Ne pas i. qch.,** to be (quite, fully) aware of sth. **Nul n'est censé i. la loi,** ignorance of the law is no excuse. **Je n'ignore pas que** + *ind.*, occ. + *sub.*, I am not unaware that. . . . **Personne n'ignore que . . .,** there is nobody who does not know that. . . . **Un fusil qu'il ignorait être chargé,** a gun which he did not know to be loaded.
iguane [igwan], *s.m. Rept:* Iguana.
il, ils [il]. **1.** *pers. pron. nom. m.* **(Of pers.)** He, they; (of thg) it, they; (of ship) she, they. **2.** *inv.* It, there. (*a*) **Il est, il doit être, six heures,** it is, it must be, six o'clock. **Il est honteux de mentir,** it is shameful to lie. **Il est vrai que j'étais là,** it is true that I was there. **Il arriva deux bataillons d'infanterie,** there arrived two battalions of infantry. **Il était une fois une fée,** once upon a time there was a fairy. (*b*) (With impers. vbs) **Il pleut,** it is raining. **Il faut partir,** we must start. **Il y a quelqu'un à la porte,** there is someone at the door.
île [il, iːl], *s.f.* Island, isle. **Habiter dans une île,** to live on an island. **I. rattachée,** tied island. **Les îles Anglo-Normandes,** the Channel Islands. *A:* **L'Ile de France,** Mauritius.
iléon [ileɔ̃], *s.m. Anat:* Ileum.
iles [il], *s.m.pl. Anat:* Ilia, flanks.
ilex [ilɛks], *s.m.* Ilex. **1.** Holly. **2.** Holm-oak.
Iliade (l') [liljad], *s.f. Gr.Lit:* The Iliad.
iliaque [iljak], *a. Anat:* Iliac. **Os i.,** hip-bone. **Muscle i.,** iliacus.
illégal, -aux [illɛgal, -o], *a.* Illegal, unlawful. *adv.* **-ement.**
illégalité [illɛgalite], *s.f.* Illegality.
illégitime [illeʒitim], *a.* Illegitimate (child, etc.); unlawful (marriage, etc.). *adv.* **-ment.**
illégitimité [illeʒitimite], *s.f.* Illegitimacy (of child); unlawfulness (of marriage, etc.).
illettré [illetre], *a.* Illiterate, uneducated.
illicite [illisit], *a.* Illicit, unlawful. *Sp:* **Coup i.,** foul. *adv.* **-ment.**
illico [iliko], *adv. F:* At once; then and there.
illimitable [illimitabl], *a.* Illimitable, boundless.
illimité [illimite], *a.* Unlimited, boundless, unbounded. **Congé i.,** indefinite leave.
illisibilité [illizibilite], *s.f.* Illegibility.
illisible [illizibl], *a.* Illegible, unreadable. *adv.* **-ment.**
illogique [illɔʒik], *a.* Illogical; inconsequent; inconsistent. *adv.* **-ment.**
illogisme [illɔʒism], *s.m.* Illogicality, illogicalness; inconsequence; inconsistency.
illuminant [illyminɑ̃]. **1.** *a.* Illuminating. **2.** *s.m.* Illuminant.
illuminateur [illyminatœːr], *s.m.* **1.** Illuminator (of building, etc.). **2.** Illuminer (of the soul or mind); enlightener.
illumination [illyminasjɔ̃], *s.f.* Illumination. **1.** (*a*) Lighting. **I. par projecteurs,** flood-lighting. (*b*) *pl.* Lights, illuminations. **2.** (Inward) light; enlightenment.
illuminé, -ée [illymine], *s.* Visionary, fanatic, *F:* crank. *Rel.Hist: s.m. pl.* **Les Illuminés,** Illuminati.
illuminer [illymine], *v.tr.* **1.** (*a*) To illuminate (in token of festivity). (*b*) To light up. **2.** To enlighten.
s'illuminer, (of person) to light up. **Son front s'illumina de joie,** his face lit up with joy.
illusion [illyzjɔ̃], *s.f.* **1.** Illusion. **I. d'optique,** optical illusion. **Se nourrir d'illusions,** to cherish illusions, to dream empty dreams. **Se faire i. à soi-même,** to deceive oneself. **Se bercer d'illusions, de douces illusions,** to live in a fool's paradise. **2.** Delusion. **Se faire i.,** to labour under a delusion. **Une douce i.,** a fond delusion.
illusionner [illyzjɔne], *v.tr.* To delude (s.o.).
s'illusionner, to labour under a delusion; to delude oneself; to deceive oneself.
illusionnisme [illyzjɔnism], *s.m.* (Practice of) illusion. **Puissance d'i.,** power of illusion.
illusionniste [illyzjɔnist], *s.m. & f.* Illusionist; conjurer.
illusoire [illyzwaːr], *a.* Illusory; illusive. *adv.* **-ment.**
illustrateur [illystratœːr], *s.m.* Illustrator (of books, etc.).
illustration [illystrasjɔ̃], *s.f.* **1.** (Act of) rendering illustrious. **2.** *Art:* Illustration. (*a*) Illustrating. (*b*) Picture. **I. en couleur,** coloured illustration.
illustre [illystr], *a.* Illustrious, famous, renowned.
illustré [illystre]. **1.** *a.* Illustrated. **Abondamment i.,** profusely illustrated. **2.** *s.m.* Pictorial paper, magazine.
illustrer [illystre], *v.tr.* **1.** To render illustrious. **2.** To illustrate (book, etc.).
s'illustrer, to become famous **(par,** for, through); to win fame, renown.
illustrissime [illystrisim], *a.* Most illustrious.
illutation [illytasjɔ̃], *s.f.* **1.** *Const:* Coating with mud; luting. **2.** Mud-bath; mud-cure.
illuter [illyte], *v.tr.* To bathe (patient) in mud.
îlot [ilo], *s.m.* **1.** Islet, small island; holm. **2.** Small block (of houses). *Adm:* **Chef d'î.,** air-raid warden.
image [imaːʒ], *s.f.* Image. **1.** (*a*) Reflection (in water, etc.). (*b*) *Opt:* **I. réelle,** real image. **I. virtuelle,** virtual image. (*c*) *Cin:* Frame. *T.V:* **Émission à 25 images par seconde,** emission at 25 frames per second. **2.** (*a*) **L'i. vivante de son père,** the living image of his father. **A l'i. de qn,** in the likeness of s.o. (*b*) Picture, figure. **Livre d'images,** picture-book. **Écriture en images,** pictorial writing. **3.** Mental picture, idea, impression. **Expression qui fait i.,** vivid expression, effective phrase. **4.** Simile, metaphor.
imagé [imaʒe], *a.* Vivid, picturesque (style, etc.); full of imagery.
imager [imaʒe], *v.tr.* **(j'imageai(s); n. imageons)** To colour (style, speech).
imagerie [imaʒri], *s.f.* **1.** Imagery. **2.** Picture-sheet or colour-print (i) trade, (ii) printing works.
imagier, -ière [imaʒje, -jɛːr], *s.* **1.** (*a*) Drawer of pictures (for the trade). (*b*) Picture-seller. **2.** *A:* Image-maker, -carver (esp. for Church decoration).
imaginable [imaʒinabl], *a.* Imaginable.
imaginaire [imaʒinɛːr], *a.* Imaginary; fancied; make-believe. *Mth:* Imaginary (root). **Malade i.,** hypochondriac.
imaginatif, -ive [imaʒinatif, -iːv], *a.* Imaginative.
imagination [imaʒinasjɔ̃], *s.f.* Imagination. (*a*) **Voir qch. en i.,** to see sth. in one's mind's eye, in imagination. (*b*) Fancy, invention. **De pure i.,** baseless, unfounded, devoid of foundation.
imaginer [imaʒine], *v.tr.* To imagine. **1.** To conceive, invent, devise. **I. une méthode,** to devise, think out, a method. **I. un dispositif,** to contrive a device. **Bien imaginé,** well thought out. **2.** To fancy, picture. **Imaginez(-vous) un peu le plaisir que cela m'a fait,** just imagine the pleasure it gave me. **Comme on peut (se) l'i. . . .,** as may well be imagined. . . . **Tout ce qu'on peut i. de plus beau,** the finest thing imaginable. **Vous plaisantez, j'imagine,** you're joking, I suppose.
s'imaginer, to delude oneself with the thought or fancy (that . . .); to think, fancy, suppose (that . . .). **Elle s'imagine que tout le monde l'admire,** she thinks,

fancies, that everyone admires her. **Il s'imagine tout savoir,** he fancies he knows everything. **Elle s'est imaginé que . . .,** she got an idea (into her head) that. . . .
imago [imago], *s.f. Ent:* Imago.
iman [imɑ̃], **imam** [imam], *s.m. Moham.Rel:* Ima(u)m.
imbattable [ɛ̃batabl], *a.* Invincible; unbeatable.
imbattu [ɛ̃baty], *a.* Unbeaten (champion); unbroken (record).
imbécile [ɛ̃besil]. *a.* (*a*) 1. Imbecile, half-witted. (*b*) *F:* Silly, idiotic. 2. *s.* (*a*) Imbecile. (*b*) *F:* Idiot, fool; fat-head. **Mécanisme à l'épreuve des imbéciles,** fool-proof mechanism. **Faire l'i.,** to act the fool.
imbécilement [ɛ̃besilmɑ̃], *adv. F:* Idiotically.
imbécillité [ɛ̃besilite], *s.f.* 1. (*a*) Imbecility; feebleness of mind. (*b*) *F:* Silliness, stupidity. 2. *F:* Stupid act or speech. **Dire des imbécillités,** to talk nonsense.
imberbe [ɛ̃bɛrb], *a.* Beardless; callow (youth).
imbiber [ɛ̃bibe], *v.tr.* 1. **I. qch. de qch.,** to soak, steep, sth. in sth.; to imbue, impregnate, sth. with sth. **Imbibé d'eau,** wet. **Linge imbibé d'huile,** oil-soaked rag. *F:* **Être imbibé de préjugés,** to be steeped in, imbued with, prejudice. 2. (Of liquid) To permeate, drench, soak (sth.). 3. To soak up, absorb, imbibe (sth.).
s'imbiber. 1. To become saturated (**de,** with); to absorb. 2. (Of liquids) To become absorbed; to sink in.
imbibition [ɛ̃bibisjɔ̃], *s.f.* 1. Soaking. 2. Absorption.
imbrication [ɛ̃brikasjɔ̃], *s.f.* Imbrication; overlap(ping) (of tiles, scales, etc.).
imbriqué [ɛ̃brike], *a.* Imbricate(d), overlapping.
imbriquer [ɛ̃brike], *v.tr.* To imbricate, to overlap.
s'imbriquer. *F:* (*a*) To overlap. (*b*) To fit in.
imbrisable [ɛ̃brizabl], *a.* Unbreakable.
imbroglio [ɛ̃brɔljo], *s.m.* Imbroglio.
imbrûlable [ɛ̃brylabl], *a.* Unburnable, fire-proof.
imbu [ɛ̃by], *a.* Imbued, soaked. **Papier i. d'huile,** (i) oily paper; (ii) oiled paper. **I. de préjugés,** steeped in prejudice.
imbuvable [ɛ̃byvabl], *a.* Undrinkable.
imitable [imitabl], *a.* 1. Imitable. 2. Deserving of imitation.
imitateur, -trice [imitatœːr, -tris]. 1. *s.* Imitator. 2. *a.* Imitative, imitating, apish.
imitatif, -ive [imitatif, -iːv], *a.* Imitative.
imitation [imitasjɔ̃], *s.f.* Imitation. 1. (*a*) Imitating, copying. **A l'i. de qch.,** in imitation, on the model, of sth. (*b*) Mimicking, mimicry. (*c*) Forging (of signature, etc.); counterfeiting (of money). 2. (*a*) Copy. **Bijoux en i.,** imitation jewellery. (*b*) Forgery, counterfeit.
imiter [imite], *v.tr.* To imitate. (*a*) To copy; to model (**de,** upon). (*b*) To mimic; *F:* to take (s.o.) off. (*c*) To forge (signature); to counterfeit.
immaculé [immakyle], *a.* Immaculate; stainless; undefiled.
immanence [immanɑ̃ːs], *s.f.* Immanence.
immanent [immanɑ̃], *a.* Immanent.
immangeable [immɑ̃ʒabl, ɛ̃mɑ̃ʒabl], *a.* Uneatable.
immanquable [ɛ̃mɑ̃kabl], *a.* Certain, inevitable.
immanquablement [ɛ̃mɑ̃kabləmɑ̃], *adv.* Inevitably, without fail, for certain.
immatérial|iser [immaterjalize], *v.tr.* To immaterialize. *s.m.* **-isme.** *s.* **-iste.** *s.f.* **-ité.**
immatéri|el, -elle [immaterjɛl], *a.* 1. Immaterial, unsubstantial. 2. Intangible (assets, etc.). *adv.* **-ellement.**
immatriculation [immatrikylasjɔ̃], *s.f.* 1. Registering, registration (of deed, of car, etc.). 2. Enrolment, enrolling.
immatricule [immatrikyl], *s.f.* 1. = IMMATRICULATION. 2. Registration-number, -certificate.
immatriculer [immatrikyle], *v.tr.* To enter (s.o., sth.). on a register; to register (document, car, etc.); to enrol (s.o.). **Une voiture immatriculée SPF 342,** a car with the number (plate), the registration number, SPF 342.
immaturité [immatyrite], *s.f.* Immaturity.
immédiat [immedja(t)], *a.* Immediate. 1. (*a*) Direct (cause, successor). *Ch:* **Analyse immédiate,** proximate analysis. (*b*) Close at hand; near. (*c*) Urgent (question, etc.). 2. Without delay. **(Mécanisme) à action immédiate,** quick-action, quick-acting mechanism. 3. *s.m.* Immediate future. *adv.* **-ement.**
immémorial, -aux [immemɔrjal, -o], *a.* Immemorial. **De temps i.,** time out of mind; from, since, time immemorial. *adv.* **-ement.**
immen|se [immɑ̃ːs], *a.* 1. Immeasurable, boundless. 2. Immense, vast, huge, *adv.* **-sément.**
immensité [immɑ̃site], *s.f.* 1. Immensity, infinity. 2. Vastness, boundlessness.
immensurable [immɑ̃syrabl], *a.* Immensurable, unmeasurable.
immerger [immɛrʒe], *v.tr.* **(j'immergeai(s); n. immergeons)** 1. (*a*) To immerse, plunge, dip. *Tg:* **I. un câble,** to lay a cable. (*b*) To drop (a body) overboard (in funeral at sea), to commit (a body) to the deep. 2. *Astr:* To occult.
s'immerger. 1. (Of ship) To settle. 2. *Astr:* To be occulted.
immérité [immerite], *a.* Unmerited, undeserved.
immersif, -ive [immɛrsif, -iːv], *a.* By (means of) immersion. **Baptême i.,** baptism by immersion.
immersion [immɛrsjɔ̃], *s.f.* 1. Immersion, dipping. *Tg:* Laying (of cable). *Astr:* Occultation. 2. Submergence, submersion (of submarine). 3. *Nau:* Committal to the deep.
immesurable [ɛ̃məzyrabl], *a.* Immeasurable.
immeuble [immœbl]. *Jur:* 1. *a.* Real, fixed. **Biens immeubles,** real estate. 2. *s.m.* (*a*) Real estate, landed property. (*b*) House, block of flats. (*c*) Business premises.
immigrant, -ante [immigrɑ̃, -ɑ̃ːt], *a. & s.* Immigrant.
immigration [immigrasjɔ̃], *s.f.* Immigration. **Agent du service de l'i.,** immigration officer.
immigré, -ée [immigre], *s.* Immigrant, settler.
immigrer [immigre], *v.i.* To immigrate.
imminence [imminɑ̃ːs], *s.f.* Imminence.
imminent [imminɑ̃], *a.* Imminent, impending.
immiscer [immise], *v.tr.* **(j'immisçai(s); n. immisçons)** To mix up, involve (s.o.) (**dans,** in).
s'immiscer dans une affaire, to interfere in, with, an affair.
immixtion [immikstjɔ̃], *s.f.* **I. dans une affaire,** unwarrantable interference in, with, a business.
immobile [immɔbil], *a.* 1. Motionless, still, unmoved. **Visage i.,** set face. 2. Immovable; firm, steadfast.
immobilier, -ière [immɔbilje, -jɛːr], *a. Jur:* Real. **Biens immobiliers,** real estate, landed estate, realty. **Vente immobilière,** sale of property. **Société immobilière,** building society **Agence immobilière,** estate-agency. **Agent i.,** estate-agent. S.a. SAISIE.
immobilisation [immɔbilizasjɔ̃], *s.f.* 1. Immobilization, immobilizing. 2. *Jur:* Conversion into real estate. 3. (*a*) Locking up, tying up, tie-up (of capital). (*b*) *pl.* **Immobilisations,** fixed assets, capital assets.
immobiliser [immɔbilize], *v.tr.* 1. To immobilize. (*a*) To bring to a standstill. (*b*) To fix (sth.) in position. 2. *Jur:* To convert (personalty) into realty. 3. To lock up, tie up (capital).
s'immobiliser, to come to a stop; *Mec:* (of moving body) to come to rest.
immobilisme [immɔbilism], *s.m.* Opposition to progress; ultra-conservatism.
immobilité [immɔbilite], *s.f.* Immobility, motionlessness; fixity.
immodération [immɔderasjɔ̃], *s.f.* Immoderation, immoderateness.
immodéré [immɔdere], *a.* Immoderate, excessive, inordinate. *adv.* **-ment.**
immodeste [immɔdɛst], *a.* Immodest, shameless. *adv.* **-ment.**
immodestie [immɔdɛsti], *s.f.* Immodesty.
immolateur, -trice [immɔlatœːr, -tris], *s.* Immolator, sacrificer.
immolation [immɔlasjɔ̃], *s.f.* Immolation, sacrifice.
immoler [immɔle], *v.tr.* To immolate, sacrifice.
immonde [immɔ̃ːd], *a.* 1. *Rel.H:* Unclean. 2. (Unspeakably) foul; filthy; vile.
immondices [immɔ̃dis], *s.f.pl.* Dirt, refuse, street sweepings.
immoral, -aux [immɔral, -o], *a.* Immoral. *adv.* **-ement.**
immoralité [immɔralite], *s.f.* 1. Immorality. 2. Immoral act.
immortaliser [immɔrtalize], *v.tr.* To immortalize.
s'immortaliser, to win (for oneself) everlasting fame.

immortalité [immɔrtalite], *s.f.* Immortality.
immort|el, -elle [immɔrtɛl]. **1.** *a.* Immortal (life, etc.); everlasting, undying (fame, etc.). **2.** *s.m.pl.* **Les immortels,** the immortals, esp. *F:* the members of the *Académie française.* **3.** *s.f. Bot:* **Immortelle,** everlasting (flower); immortelle. *adv.* **-ellement.**
immotivé [immɔtive], *a.* Groundless.
immuabilité [immɥabilite], *s.f.* = IMMUTABILITÉ.
immuable [immɥabl], *a.* Immutable, unalterable; fixed, unchanging. *adv.* **-ment.**
immunisant [immynizɑ̃], *s.m. Med: Vet:* Protective serum.
immunis|er [immynize], *v.tr. Med:* To immunize (against); to render (s.o.) immune (**contre,** from). *s.f.* **-ation.**
immunité [immynite], *s.f.* Immunity.
immutabilité [immytabilite], *s.f.* Immutability.
impact [ɛ̃pakt], *s.m.* Impact, shock.
impaction [ɛ̃paksjɔ̃], *s.f. Surg:* Impaction.
impair [ɛ̃pɛːr]. **1.** *a.* (*a*) Odd, uneven (number). **Jouer à pair ou i.,** to play at odd or even. *Rail:* **Voie impaire,** down line. (*b*) *Anat:* Single, azygous (bone). **2.** *s.m. F:* Blunder, bloomer. **Commettre un i.,** to drop a brick; to put one's foot in it.
impalpabilité [ɛ̃palpabilite], *s.f.* Impalpability.
impalpable [ɛ̃palpabl], *a.* Impalpable, intangible.
imparable [ɛ̃parabl], *a.* Unstoppable. *Fb:* **Shoot i.,** unstoppable shot.
impardonnable [ɛ̃pardɔnabl], *a.* Unpardonable.
imparfait [ɛ̃parfɛ], *a.* **1.** Unfinished, uncompleted. **2.** Imperfect, defective. **3.** *a. & s.m. Gram:* Imperfect (tense).
imparfaitement [ɛ̃parfɛtmɑ̃], *adv.* Imperfectly.
imparité [ɛ̃parite], *s.f.* **1.** Inequality, disparity. **2.** *Mth:* Oddness (of number).
impartageable [ɛ̃partaʒabl], *a.* **1.** Indivisible. **2.** That cannot be shared.
impartial, -aux [ɛ̃parsjal, -o], *a.* Impartial, unbiassed, fair-minded, unprejudiced; even-handed (justice). *adv.* **-ement.**
impartialité [ɛ̃parsjalite], *s.f.* Impartiality.
impartir [ɛ̃partiːr], *v.tr.* (**j'impartis, n. impartissons**) *Jur:* To grant (right, favour) (**à,** to).
impassable [ɛ̃pɑsabl], *a.* Impassable; unfordable (river).
impasse [ɛ̃pɑːs], *s.f.* **1.** Blind alley, dead-end, *cul-de-sac.* *P.N:* No through road. **2.** Position from which there is no escape; dead lock. **Se trouver dans une i.,** to find oneself in a dilemma, *F:* in a fix. **Aboutir à une i.,** to come to a deadlock. **3.** *Cards:* **Faire une i.,** to finesse.
impassibilité [ɛ̃pasibilite], *s.f.* Impassibility, impassiveness.
impassible [ɛ̃pasibl], *a.* Impassive. **1.** Unmoved; unconcerned. **2.** (*a*) Unimpressionable. (*b*) Callous. *adv.* **-ment.**
impatience [ɛ̃pasjɑ̃ːs], *s.f.* **1.** *Lit:* Intolerance (**de,** of). **I. du joug,** chafing under the yoke. **2.** (*a*) Impatience. **Avec i.,** impatiently. (*b*) Eagerness. **Avoir une grande i. de faire qch.,** to be all impatience, most eager, to do sth. **3.** *pl.* Fits of impatience.
impati|ent [ɛ̃pasjɑ̃], *a.* (*a*) *Lit:* Intolerant (**de,** of). (*b*) Impatient. **D'un air i.,** impatiently. (*c*) **Être i. de faire qch.,** to be eager, anxious, all agog, to do sth. *adv.* **-emment.**
impatienter [ɛ̃pasjɑ̃te], *v.tr.* To annoy (s.o.); to provoke (s.o.).
s'impatienter, to lose patience; to grow impatient (**contre qn,** with s.o.).
impatroniser (s') [sɛ̃patrɔnize], *v.pr.* To make one's authority or influence felt; *F:* to get one's foot in.
impayable [ɛ̃pɛjabl], *a.* **1.** Inestimable, invaluable, priceless. **2.** *F:* Highly amusing, killingly funny; priceless (joke).
impayé [ɛ̃pɛje], *a.* Unpaid (debt, etc.); dishonoured (bill).
impeccabilité [ɛ̃pɛkabilite], *s.f.* Impeccability. (*a*) Sinlessness. (*b*) Faultlessness (of attire, etc.).
impeccable [ɛ̃pɛkabl], *a.* Impeccable, (*a*) Infallible. (*b*) Faultless (style, taste); flawless (technique). *adv.* **-ment.**
impécuni|eux, -euse [ɛ̃pekynjø, -øːz], *a.* Impecunious. *s.f.* **-osité.**
impédance [ɛ̃pedɑ̃ːs], *s.f. El:* Impedance.
impédimenta [ɛ̃pedimɛ̃ta], *s.m.pl.* Impedimenta.
impénétrabilité [ɛ̃penɛtrabilite], *s.f.* **1.** Impenetrability; imperviousness. **2.** Inscrutableness, inscrutability.
impénétrable [ɛ̃penɛtrabl], *a.* **1.** Impenetrable (forest, etc.). **I. à l'eau,** impervious to water. **2.** Inscrutable (face); unfathomable (mystery); close (secret). *adv.* **-ment.**
impénitence [ɛ̃penitɑ̃ːs], *s.f.* Impenitence, unrepentance; obduracy.
impénitent [ɛ̃penitɑ̃], *a.* Impenitent, unrepentant.
impensable [ɛ̃pɑ̃sabl], *a.* Unthinkable.
imper [ɛ̃pɛːr], *s.m.* (= IMPERMÉABLE 2) *F:* Mac.
impérat|if, -ive [ɛ̃peratif, -iːv]. **1.** *a.* Imperious, imperative, peremptory. **2.** *Gram:* *a. & s.m.* Imperative (mood). *adv.* **-ivement.**
impératrice [ɛ̃peratris], *s.f.* Empress.
impercept|ible [ɛ̃pɛrsɛptibl], *a.* Imperceptible, unperceivable, intangible, undiscernible. *s.f.* **-ibilité.** *adv.* **-iblement.**
imperdable [ɛ̃pɛrdabl], *a.* That cannot be lost.
imperfectibilité [ɛ̃pɛrfɛktibilite], *s.f.* Imperfectibility.
imperfectible [ɛ̃pɛrfɛktibl], *a.* Imperfectible.
imperfection [ɛ̃pɛrfɛksjɔ̃], *s.f.* Imperfection. **1.** Incompletion, incompleteness. **2.** (*a*) Defectiveness. (*b*) Defect, fault, flaw, blemish.
impérial, -aux [ɛ̃perjal, -o]. **1.** *a.* Imperial. **2.** *s.f.* **Impériale.** (*a*) Top(-deck) (of tram, bus, etc.); (railed in) top (of taxi, etc.). **Autobus à impériale,** double-decker bus. (*b*) Imperial; tuft (on lower lip) (as worn by Napoleon III). *adv.* **-ement.**
impérialisme [ɛ̃perjalism], *s.m.* Imperialism.
impérialiste [ɛ̃perjalist]. **1.** *a.* Imperialistic. **2.** *s.* Imperialist.
impérieu|x, -euse [ɛ̃perjø, -øːz], *a.* **1.** Imperious, haughty, lordly, domineering. **2.** Imperative, pressing (necessity, etc.). *adv.* **-sement.**
impérissable [ɛ̃perisabl], *a.* Imperishable. *adv.* **-ment.**
impéritie [ɛ̃perisi], *s.f.* Incapacity, incompetence.
imperméabilisation [ɛ̃pɛrmeabilizasjɔ̃], *s.f.* (Water) proofing.
imperméabiliser [ɛ̃pɛrmeabilize], *v.tr.* To (water)proof (cloth).
imperméabilité [ɛ̃pɛrmeabilite], *s.f.* Impermeability; imperviousness (**à,** to).
imperméable [ɛ̃pɛrmeabl]. **1.** *a.* Impervious (**à,** to); impermeable; water-repellent. **I. à l'eau,** waterproof, watertight. **I. au gaz,** gas-tight. **I. à la poussière,** dust-proof. **2.** *s.m. Cost:* Waterproof, mackintosh; rain-coat.
impermutable [ɛ̃pɛrmytabl], *a. Fin:* Unexchangeable, inconvertible (of securities, etc.).
impersonnalité [ɛ̃pɛrsɔnalite], *s.f.* Impersonality.
impersonnel, -elle [ɛ̃pɛrsɔnɛl], *a.* Impersonal. *adv.* **-lement.**
impertinence [ɛ̃pɛrtinɑ̃ːs], *s.f.* Impertinence. **1.** *Jur:* Irrelevance. **2.** Pertness, rudeness. **Dire des impertinences à qn,** to be impertinent to s.o.
impertin|ent, -ente [ɛ̃pɛrtinɑ̃, -ɑ̃ːt], *a.* Impertinent. **1.** *Jur:* Irrelevant. **2.** Pert, rude. *s.* Impertinent fellow, *f.* saucy girl. *adv.* **-emment.**
imperturbabilité [ɛ̃pɛrtyrbabilite], *s.f.* Imperturbability.
imperturbable [ɛ̃pɛrtyrbabl], *a.* Imperturbable, unruffled. *adv.* **-ment.**
impétigo [ɛ̃petigo], *s.m. Med:* Impetigo.
impétrant, -ante [ɛ̃pɛtrɑ̃, -ɑ̃ːt], *s.* **1.** Grantee (of title, diploma, etc.). **2.** *F:* (By misuse of the word) Candidate.
impétueu|x, -euse [ɛ̃petɥø, -øːz], *a.* Impetuous; hot-headed, impulsive. *adv.* **-sement.**
impétuosité [ɛ̃petɥozite], *s.f.* Impetuosity; impulsiveness.
impie [ɛ̃pi], *a.* Impious, ungodly; blasphemous.
impiété [ɛ̃pjete], *s.f.* **1.** (*a*) Impiety, godlessness; ungodliness. (*b*) Impiousness (of wish). **2.** (*a*) Blasphemy. (*b*) Impious deed.
impitoyable [ɛ̃pitwajabl], *a.* (*a*) Pitiless (**à, envers,** towards); ruthless, merciless, unmerciful. (*b*) Relentless, unrelenting. *adv.* **-ment.**
implacabilité [ɛ̃plakabilite], *s.f.* Implacability.
implacable [ɛ̃plakabl], *a.* Implacable, relentless, unrelenting (**à, pour, à l'égard de,** towards). *adv.* **-ment.**

implant|er [ɛ̃plɑ̃te], *v.tr.* (*a*) To plant; to implant, ingraft (idea, etc.). (*b*) *Surg:* To graft, ingraft. *s.f.* **-ation.**

s'implanter, to take root. *F:* **S'i. chez qn,** to plant, foist, oneself on s.o.

implication [ɛ̃plikasjɔ̃], *s.f.* **1.** *Jur:* Implication (**dans,** in). **2.** Involvement, entanglement.

implicite [ɛ̃plisit], *a.* Implicit. (*a*) Implied (intention, etc.). (*b*) Absolute (faith, confidence).

implicitement [ɛ̃plisitmɑ̃], *adv.* Implicitly. (*a*) By implication. (*b*) Unquestioningly.

impliquer [ɛ̃plike], *v.tr.* **1.** To implicate, involve. **Véhicule impliqué (dans un accident),** vehicle involved. **2.** *Log:* **I. contradiction,** to imply a contradiction.

implorable [ɛ̃plɔrabl], *a.* Open to entreaty.

implorant [ɛ̃plɔrɑ̃], *a.* Imploring. **D'un ton i.,** imploringly.

implorateur, -trice [ɛ̃plɔratœːr, -tris], *s.* Implorer, beseecher.

imploration [ɛ̃plɔrasjɔ̃], *s.f.* Imploring, imploration, entreaty.

implorer [ɛ̃plɔre], *v.tr.* To implore, beseech, entreat.

imployable [ɛ̃plwajabl], *a.* Unbending, inflexible.

impolarisable [ɛ̃pɔlarizabl], *a.* *El:* Impolarizable (battery).

impoli [ɛ̃pɔli], *a.* Impolite, unmannerly, uncivil, rude (**envers, avec,** to). *adv.* **-ment.**

impolitesse [ɛ̃pɔlitɛs], *s.f.* **1.** Impoliteness. (*a*) Discourtesy, incivility. (*b*) Rudeness, unmannerliness, ill-breeding. **2.** Act of discourtesy or rudeness; breach of (good) manners.

impolitique [ɛ̃pɔlitik], *a.* Impolitic, ill-advised. *adv.* **-ment.**

impondérabilité [ɛ̃pɔ̃derabilite], *s.f.* Imponderability.

impondérable [ɛ̃pɔ̃derabl], *a.* Imponderable.

impondéré [ɛ̃pɔ̃dere], *a.* **1.** Ill-considered (action). **2.** (Nature) lacking stability.

impopulaire [ɛ̃pɔpylɛːr], *a.* Unpopular.

impopularité [ɛ̃pɔpylarite], *s.f.* Unpopularity.

importable [ɛ̃pɔrtabl], *a.* Importable (goods).

importance [ɛ̃pɔrtɑːs], *s.f.* Importance. (*a*) Consequence, moment. **De peu d'i.,** of little importance, of no great significance. **Sans i.,** unimportant; trifling (matter). **Cela n'a pas la moindre i.,** it doesn't matter a bit, in the least. **Événement de la première i., de toute i.,** all-important event. **Avoir de l'i.,** to be important, of importance. **Mettre, attacher, prêter, de l'i. à qch.,** to attach importance to sth. *Rail:* **I. du retard,** number of minutes (train is) late. **I. d'une blessure,** gravity of a wound. **I. du dommage,** extent of the damage. *Adv.phr.* **Tancer qn d'i.,** to give s.o. a good talking-to. *F:* **Rosser qn d'i.,** to thrash s.o. soundly. (*b*) Social importance, position, standing. **Faire l'homme d'i.,** to set oneself up as a man of consequence.

important, -ante [ɛ̃pɔrtɑ̃, -ɑːt]. **1.** *a.* (*a*) Important; large, considerable (sum). **La recette a atteint un chiffre i.,** the takings ran to a very respectable figure. **Personnage i.,** person of importance, of consequence. **Il est i. qu'on le sache,** it is important that it should be known. **Peu i.,** unimportant, immaterial. (*b*) Consequential, self-important; *F:* bumptious. **2.** *s.* Busybody. **Faire l'i.,** to give oneself airs. **3.** *s.m.* **L'i.,** the important thing, the main point.

importateur, -trice [ɛ̃pɔrtatœːr, -tris]. **1.** *s.* Importer. **2.** *a.* Importing (firm, etc.).

importation [ɛ̃pɔrtasjɔ̃], *s.f.* Importation. **1.** Importing. **2.** (Thing imported) Import. S.a. LICENCE 1.

importer[1] [ɛ̃pɔrte], *v.tr.* To import (goods).

importer[2], *v.i.* (Only used in the third pers., participles, and inf.) To be of importance, of consequence; to matter, to signify. **1. Les choses qui importent,** the things that matter. **Que m'importe la vie!** what is life to me! **2.** *Impers.* **Il importe que** + *sub.*, it is essential that. . . . **Il importe à tout le monde de le faire,** it behoves everyone to do so. **Il importe peu que . . ., peu importe que . . .,** it matters little whether. . . . **Peu m'importe,** I don't mind; it is all one to me. **N'importe,** no matter, never mind. **Qu'importe qu'il vienne ou non?** what does it matter whether he comes or not? **Que m'importe?** what do I care? **Faire qch. n'importe comment, où, quand,** to do something no matter how, where, when; to do sth. anyhow, anywhere, any time. **N'importe quelle autre personne,** anybody else. **Venez n'importe quel jour,** come any day. **N'importe qui,** anyone (at all); no matter who. **N'importe quoi,** anything; no matter what.

importun, -une [ɛ̃pɔrtœ̃, -yn]. **1.** *a.* Importunate; obtrusive, tiresome (person); harassing (thought), etc.); unseasonable (request); unwelcome (visitor). **Je crains de vous être i.,** I am afraid I am disturbing you. **2.** *s.* Intruder; nuisance (of a man, woman). *adv.* **-ément.**

importuner [ɛ̃pɔrtyne], *v.tr.* To importune. (*a*) To bother, pester (s.o.); to obtrude oneself on (s.o.). **Être importuné par ses créanciers,** to be dunned by one's creditors. (*b*) To annoy, trouble, inconvenience (s.o.).

importunité [ɛ̃pɔrtynite], *s.f.* Importunity; obtrusiveness; dunning (by creditors).

imposable [ɛ̃pozabl], *a.* (*a*) Taxable (person, income). (*b*) Rateable, assessable (property).

imposant [ɛ̃pozɑ̃], *a.* Imposing (figure, ceremony); commanding, stately, dignified.

imposé, -ée [ɛ̃poze]. **1.** *s.* (*a*) Tax-payer. (*b*) Ratepayer. **2.** *a.* *Com:* **Prix i.,** fixed price.

imposer [ɛ̃poze]. I. *v.tr.* **1.** (*a*) *Ecc:* To lay on (hands). (*b*) *Typ:* To impose (sheet). **2.** To give, assign (name). **3.** To impose, prescribe; to set (task). **I. des conditions,** to dictate terms. **I. une règle,** to lay down, enforce, a rule. **Sujet imposé aux concurrents,** set subject. **I. (le) silence à qn,** to enjoin silence on s.o. **I. sa manière de voir,** to carry one's point. **I. du respect à qn,** to inspire s.o. with respect. **I. le respect,** to command respect. **S'i. un labeur,** to undertake a task. **S'i. de faire qch.,** to make it a duty to do sth. **4.** *Adm:* (*a*) **I. des droits sur qch.,** to impose, put, a tax on sth.; to tax sth. (*b*) **I. qn,** (i) to tax s.o.; (ii) to rate s.o. **I. qch.,** to make sth. taxable. **I. un immeuble,** to levy a rate on, to assess, a building. **Être lourdement imposé,** to be (heavily) taxed.

II. **imposer,** *v.i.* **1. (En) i.,** to inspire respect, awe. **2. (En) i. à qn,** to impose on s.o.; to deceive s.o., *F:* to take s.o. in.

s'imposer. 1. To assert oneself; to compel recognition. **S'i. à l'attention,** to command attention. **La conviction s'imposa à mon esprit que . . .,** the conviction forced itself upon me that. . . . **2. S'i. à qn, chez qn,** to foist, thrust, force, oneself upon s.o. **3.** To be indispensable. **La discrétion s'impose,** discretion is imperative. **Une visite au Louvre s'impose,** you, we, simply must visit the Louvre.

imposition [ɛ̃pozisjɔ̃], *s.f.* **1.** (*a*) *Ecc:* Imposition, laying on (of hands). (*b*) *Typ:* Imposing, imposition. **2.** Giving, assigning (of name). **3.** Imposing, laying down (of conditions); setting, prescribing (of task). **4.** (*a*) Imposition, putting on (of tax); taxation. (*b*) Assessment (of property). **5.** (*a*) Tax, duty. (*b*) Rates.

impossibilité [ɛ̃pɔsibilite], *s.f.* Impossibility. **Il y a i. à cela,** it is impossible that it should be so. **Être dans l'i. matérielle de faire qch.,** (i) to find it impossible to do sth.; (ii) to be unavoidably prevented from doing sth. **Il est de toute i. qu'il vienne à le savoir,** it is impossible that he should come to know of it.

impossible [ɛ̃pɔsibl], *a.* Impossible. **1. Cela m'est i.,** I cannot. **Il m'est i. de le faire,** I cannot do it. **Il m'est i. de ne pas croire que . . .,** I cannot but believe that. . . . **C'est i. à faire,** it cannot be done. **Il a fait l'i. pour nous secourir,** he did his utmost to help us. **Il est i. qu'il revienne en temps voulu,** he cannot possibly be back in time. *Prov:* **A l'i. nul n'est tenu,** no one is expected to perform impossibilities. **Si par i. il est encore vivant,** if, by any remote chance, he is still alive. **2.** *F:* Extravagant, absurd. **Un chapeau i.,** a ridiculous hat. *F:* **Il a fallu nous lever à une heure i.,** we had to get up at an unearthly hour.

imposte [ɛ̃pɔst], *s.f.* (*a*) Impost (of bearing arch); springer. (*b*) Transom-window; fanlight.

imposteur [ɛ̃pɔstœːr], *s.m.* Imposter, *F:* humbug.

imposture [ɛ̃pɔstyːr], *s.f.* Imposture. **1.** Deception, trickery. **2.** Swindle, piece of trickery.

impôt [ɛ̃po], *s.m.* **1.** Tax, duty. **I. foncier,** land tax. **I. cédulaire sur le revenu,** income tax. **I. du timbre,** stamp duty. **Mettre un i. sur qch., frapper qch. d'un**

i., to tax sth.; to levy a tax on sth. **2.** Taxes, taxation. **Payer £80 d'i.**, to pay £80 in taxes. **3. I. retenu à la base, à la source,** pay as you earn (tax), 'P.A.Y.E.'

impotence [ɛ̃pɔtɑ̃:s], *s.f.* Helplessness, lameness, infirmity.

impotent, -ente [ɛ̃pɔtɑ̃, -ɑ̃:t]. **1.** *a.* Helpless, crippled. **Être i. de la jambe gauche,** to be lame in, to have lost the use of, the left leg. **2.** *s.* Cripple; helpless invalid.

impraticabilité [ɛ̃pratikabilite], *s.f.* Impracticability, unpracticalness.

impraticable [ɛ̃pratikabl], *a.* **1.** Impracticable, unfeasible, unworkable; unpractical. **2.** Impassable. **Chemin i. aux automobiles,** road unfit for motor traffic.

imprécation [ɛ̃prekasjɔ̃], *s.f.* Imprecation, curse. **Lancer des imprécations contre qn,** to call down curses upon s.o.

imprécatoire [ɛ̃prekatwa:r], *a.* Imprecatory.

imprécis [ɛ̃presi], *a.* Lacking in precision. **1.** Vague, imprecise, indefinite; inexplicit. **2.** Inaccurate (fire).

imprécision [ɛ̃presizjɔ̃], *s.f.* Imprecision. **1.** Looseness (of terminology); vagueness (of statement). **2.** Inaccuracy (of fire).

imprégnation [ɛ̃preɲasjɔ̃], *s.f.* Impregnation; permeation.

imprégné [ɛ̃preɲe], *a.* Impregnated. **I. de faux principes,** imbued with false principles.

imprégner [ɛ̃preɲe], *v.tr.* **(j'imprègne; j'imprégnerai)** To impregnate **(de,** with); to permeate.

s'imprégner, to become saturated **(de,** with). **S'i. d'eau,** to soak up, soak in, water.

imprenable [ɛ̃prənabl], *a.* Impregnable. (*House property*) **Vue i.,** unspoilable view.

imprésario [ɛ̃prezarjo], *s.m.* **1.** Impresario. **2.** Business manager (for film-star, etc.).

imprescriptible [ɛ̃preskriptibl], *a. Jur:* Imprescriptible, indefeasible (right, etc.).

impression [ɛ̃presjɔ̃], *s.f.* **1.** Impressing. (*a*) *Tex: Typ:* Printing. **Livre à l'i.,** book in the press. **Faute d'i.,** misprint. (*b*) Stamping (of coins). (*c*) *Paint:* Priming. (*d*) *Phot:* **Double i.,** double exposure. **2.** (*a*) Impression (of a seal upon wax). **I. de pas sur le sol,** imprint of footsteps, footprints, on the ground. (*b*) *Publ:* **Troisième i. d'un livre,** third impression, third printing, of a book. (*c*) *Engr: etc:* Print. **I. en couleurs,** colour-print. (*d*) Impress (on coin). (*e*) *Tex:* **A impressions,** figured. **3.** (Mental) impression. **Faire i.,** to make an impression; to create a sensation. **J'ai l'i. de l'avoir déjà vu,** I've an idea that I've seen him before.

impressionnabilité [ɛ̃presjɔnabilite], *s.f.* **1.** Impressionability, impressibility. **2.** *Ch: Phot:* Sensitivity.

impressionnable [ɛ̃presjɔnabl], *a.* **1.** Impressionable; excitable. **2.** *Ch: Phot:* Sensitive (plate, etc.). **Papier i.,** sensitized paper.

impressionnant [ɛ̃presjɔnɑ̃], *a.* Impressive; moving (sight, voice); sensational (news). **Effet i.,** spectacular effect.

impressionner [ɛ̃presjɔne], *v.tr.* **1.** To impress, affect, move; to make an impression upon (s.o.). *F:* To upset, frighten. **2.** To act on (the retina); to produce an image on (sensitized paper, etc.).

s'impressionner, to be strongly affected (by piece of news, etc.). **Ne vous impressionnez pas,** don't get excited; *F:* don't get panicky, het up.

impressionnisme [ɛ̃presjɔnism], *s.m. Art:* Impressionism.

impressionniste [ɛ̃presjɔnist]. *Art:* **1.** *a.* Impressionistic. **2.** *s.* Impressionist.

imprévisible [ɛ̃previzibl], *a* Unforeseeable.

imprévision [ɛ̃previzjɔ̃], *s.f.* Lack of foresight.

imprévoyance [ɛ̃prevwajɑ̃:s], *s.f.* (*a*) Lack of foresight. (*b*) Improvidence.

imprévoyant [ɛ̃prevwajɑ̃], *a.* (*a*) Lacking in foresight. (*b*) Improvident.

imprévu [ɛ̃prevy]. **1.** *a.* Unforeseen, unlooked for, unexpected. S.a. CAS 1. **2.** *s.m.* (*a*) Unexpected character (of event). (*b*) Unforeseen events. **Sauf i., à moins d'i.,** barring accidents; unless something unforeseen happens. **En cas d'i.,** in case of an emergency. **Imprévus,** unforeseen expenses or contingencies.

imprimable [ɛ̃primabl], *a.* Printable.

imprimatur [ɛ̃primaty:r], *s.m.inv.* Imprimatur (granted by bishop, university, etc.).

imprimé [ɛ̃prime], *s.m.* **1.** Printed paper or book. **Remplir un i.,** to fill up a form. **"Imprimés,"** 'printed matter.' **2.** *Tex:* Print.

imprimer [ɛ̃prime], *v.tr.* **1.** To communicate (direction, etc.) **(à,** to). **I. le mouvement à un corps,** to impart, transmit, motion to a body. **I. le respect,** to inspire respect. **2.** (*a*) To (im)print, impress, stamp (sth. on sth.). (*b*) To (im)print (material). **Indienne imprimée,** printed calico; print. **3.** *Typ:* To print. **Presse à i.,** printing-press. **4.** *Paint:* To prime, ground (canvas).

imprimerie [ɛ̃primri], *s.f.* **1.** (Art of) printing. **2.** Printing-office, -works, -house; press.

imprimeur [ɛ̃primœ:r], *s.m.* **1.** (*a*) (Master-)printer. **I.-libraire,** printer and publisher. (*b*) (Working) printer. **2. I. d'indiennes,** calico printer.

imprimeuse [ɛ̃primø:z], *s.f.* Hand-press.

improbabilité [ɛ̃prɔbabilite], *s.f.* Improbability, unlikelihood.

improbable [ɛ̃prɔbabl], *a.* Improbable, unlikely. *adv.* **-ment.**

improbateur, -trice [ɛ̃prɔbatœ:r, -tris]. **1.** *a.* Disapproving. **2.** *s.* Disapprover, censurer.

improbatif, -ive [ɛ̃prɔbatif, -i:v], *a.* Disapproving; (sign) of disapproval.

improbation [ɛ̃prɔbasjɔ̃], *s.f.* (Strong) disapproval.

improbité [ɛ̃prɔbite], *s.f.* Dishonesty.

improduct|if, -ive [ɛ̃prɔdyktif, -i:v], *a.* Unproductive (land); non-productive (assets). *adv.* **-ivement.**

improductivité [ɛ̃prɔdyktivite], *s.f.* Unproductiveness.

impromptu [ɛ̃prɔ̃(p)ty]. **1.** *adv.* Without preparation; impromptu. **2.** *a.inv.* Unpremeditated (departure, etc.); impromptu (meal, etc.); extempore (speech). *Adv.phr.* **A l'i.,** on the spur of the moment. **3.** *s.m. Lit: Mus:* Impromptu. *pl.* (*Des*) *impromptus.*

imprononçable [ɛ̃prɔnɔ̃sabl], *a.* Unpronounceable.

impropice [ɛ̃prɔpis], *a.* Unpropitious, unfavourable, inauspicious.

impropre [ɛ̃prɔpr], *a.* (*a*) Incorrect, wrong (term). (*b*) **I. à qch., à faire qch.,** unfit, unsuitable, for sth.; unfit to do sth. *adv.* **-ment.**

impropriété [ɛ̃prɔpriete], *s.f.* Impropriety; incorrectness (of word).

improuvable [ɛ̃pruvabl], *a.* Unprovable.

improvisateur, -trice [ɛ̃prɔvizatœ:r, -tris], *s. Mus:* Improviser.

improvisation [ɛ̃prɔvizasjɔ̃], *s.f.* Improvisation. **1.** Improvising; extempore playing. **2.** Extemporization (on organ, etc.); extempore speech.

improvisé [ɛ̃prɔvise], *a.* Extemporaneous (speech, etc.); impromptu (dance); *F:* Scratch (team).

improviser [ɛ̃prɔvize], *v.tr.* **1.** To improvise. **I. un discours,** to make an extempore speech. **2.** *Abs.* (*a*) To speak extempore. (*b*) *Mus:* **I. à l'orgue,** to improvise on the organ.

improviste (à l') [alɛ̃prɔvist], *adv.phr.* Unexpectedly; without a moment's warning. **Prendre qn à l'i.,** to take s.o. unawares.

imprudence [ɛ̃prydɑ̃:s], *s.f.* Imprudence; rashness. **Commettre des imprudences,** to act rashly, imprudently.

imprud|ent [ɛ̃prydɑ̃], *a.* Imprudent, foolhardy, rash; unwise; venturesome; unwary, incautious. *adv.* **-emment.**

impubère [ɛ̃pybɛ:r], *a. Jur:* Under the age of puberty.

impuberté [ɛ̃pybɛrte], *s.f.* Impuberty.

impubliable [ɛ̃pybliabl], *a.* Unpublishable.

impudence [ɛ̃pydɑ̃:s], *s.f.* **1.** Impudence. (*a*) Effrontery. (*b*) Shamelessness, immodesty. **2.** Piece of impudence.

impud|ent [ɛ̃pydɑ̃], *a.* **1.** Shamelessly immodest. **2.** Impudent, insolent. *adv.* **-emment.**

impudeur [ɛ̃pydœ:r], *s.f.* Shamelessness. **1.** Immodesty. **2.** Effrontery.

impudicité [ɛ̃pydisite], *s.f.* Unchastity, impudicity, lewdness.

impudique [ɛ̃pydik], *a.* Unchaste, immodest, lewd. *adv.* **-ment.**

impuissance [ɛ̃pɥisɑ̃:s], *s.f.* **1.** Impotence, powerlessness, helplessness. **I. à faire qch.,** powerlessness to do sth. **Je suis dans l'i. de le sauver,** it is beyond my power to save him. **2.** *Med:* Impotence.

impuissant [ɛ̃pɥisɑ̃], *a.* **1.** (*a*) Impotent, powerless, helpless. **I. à faire qch.,** powerless to do sth. (*b*) Unavailing, ineffective (effort, etc.). **2.** *Med:* Impotent.
impulsif, -ive [ɛ̃pylsif, -iːv], *a.* Impulsive.
impulsion [ɛ̃pylsjɔ̃], *s.f.* **1.** (*a*) *Mec:* Impulse. **Force d'i.,** impulsive force. *El.E:* **I. de courant,** current impulse. **Radar à impulsions,** pulse radar. (*b*) *F:* Impulse, impetus. **Donner de l'i. au commerce,** to give a stimulus, an impulse, to trade. **Les affaires ont reçu une nouvelle i.,** business has received fresh impetus. **2.** Impulse. **Sous l'i. du moment,** under the impulse of the moment, on the spur of the moment.
impunément [ɛ̃pynemɑ̃], *adv.* With impunity.
impuni [ɛ̃pyni], *a.* Unpunished. (Of crime) **Rester i.,** to go unpunished.
impunité [ɛ̃pynite], *s.f.* Impunity.
impur [ɛ̃pyːr], *a.* (*a*) Impure; foul, tainted; mixed. (*b*) (Morally) impure; lewd. *adv.* **-ement.**
impureté [ɛ̃pyrte], *s.f.* **1.** (*a*) Impurity, foulness (of water, etc.). (*b*) (Moral) impurity; lewdness. **2.** *pl.* Impurities (in water, etc.).
imputabilité [ɛ̃pytabilite], *s.f.* Imputability.
imputable [ɛ̃pytabl], *a.* **1.** Imputable, ascribable, attributable (à, to). **2. Frais imputables sur un compte,** expenses chargeable to an account.
imputation [ɛ̃pytasjɔ̃], *s.f.* **1.** Imputation, charge. **Imputations calomnieuses,** slanderous charges. **2.** *Com:* **I. d'une somme sur une quantité,** deduction of a sum from a quota.
imputer [ɛ̃pyte], *v.tr.* To impute, ascribe, attribute. **Imputez-le à mon ignorance,** put it down to my ignorance. **I. à qn d'avoir fait qch.,** to charge s.o. with having done sth., with doing sth. **2.** *Com:* **I. qch. sur qch.,** (i) to deduct sth. from sth.; (ii) to charge sth. to sth. **I. des frais à, sur, un compte,** to charge expenses to an account.
imputrescible [ɛ̃pytrɛssibl], *a.* Imputrescible, incorruptible; rot-proof.
inabordable [inabɔrdabl], *a.* (*a*) Unapproachable, inaccessible (coast, person, etc.). (*b*) Prohibitive (price).
inabrité [inabrite], *a.* Unsheltered, unprotected.
inabrogé [inabrɔʒe], *a.* Unabrogated, unrepealed.
inabrogeable [inabrɔʒabl], *a.* Unrepealable.
inabstinent [inapstinɑ̃], *a.* Intemperate.
inaccentué [inaksɑ̃tɥe], *a.* **1.** Unaccented (vowel). **2.** Unstressed (syllable, etc.).
inacceptable [inaksɛptabl], *a.* Unacceptable; objectionable.
inacceptation [inaksɛptasjɔ̃], *s.f.* Non-acceptance.
inaccepté [inaksɛpte]. *a.* Unaccepted, declined.
inaccessibilité [inaksɛsibilite], *s.f.* Inaccessibility, unapproachableness.
inaccessible [inaksɛsibl], *a.* **1.** Inaccessible; unapproachable; *F:* un-get-at-able. **Dans une région i.,** *F:* at the back of beyond. **2. I. à la pitié,** inaccessible to pity, incapable of pity. **I. à la flatterie,** proof against flattery.
inacclimaté [inaklimate], *a.* Unacclimatized.
inaccompli [inakɔ̃pli], *a.* Unaccomplished.
inaccomplissement [inakɔ̃plismɑ̃], *s.m.* Non-fulfilment, non-accomplishment.
inaccordable [inakɔrdabl], *a.* **1.** (*a*) Irreconcilable (facts). (*b*) Untunable (instrument). **2.** Ungrantable, inadmissible (request, etc.).
inaccostable [inakɔstabl], *a.* (Esp. of pers.) Unapproachable, difficult of access.
inaccoutumé [inakutyme], *a.* Unaccustomed. **1.** Unused (à, to). **2.** Unusual, unwonted.
inachevé [inaʃve], *a.* Unfinished, uncompleted.
inachèvement [inaʃɛvmɑ̃], *s.m.* Incompletion.
inact|if, -ive [inaktif, -iːv], *a.* Inactive; idle; *Ch:* inert (body). *Com:* **Marché i.,** dull market. *adv.* **-ivement.**
inactinique [inaktinik], *a.* *Ph:* Inactinic.
inaction [inaksjɔ̃], *s.f.* Inaction, idleness.
inactivité [inaktivite], *s.f.* **1.** Inactivity. *Ch:* Inertness. *Com:* Dullness (of market). **Période d'i.,** dead period. **2.** (Of civil servant, etc.) **Être en i.,** to be unemployed.
inadaptation [inadaptasjɔ̃], *s.f.* Maladjustment.
inadapté [inadapte], *a.* & *s.* Maladjusted. **Il est i.,** he is a (social) misfit. **Les inadaptés,** the social misfits.
inadéquat [inadekwa], *a.* Inadequate.
inadmissibilité [inadmisibilite], *s.f.* **1.** Inadmissibility (of proof, request). **2.** *Sch:* Failure to qualify at the written examination.
inadmissible [inadmisibl], *a.* **1.** Inadmissible (request, etc.). **C'est i.!** who ever heard of such a thing! **2. Candidat i.,** candidate who has not qualified at the written examination.
inadmission [inadmisjɔ̃], *s.f.* Non-admission.
inadvertance [inadvɛrtɑ̃ːs], *s.f.* **1.** Inadvertence, inadvertency. **Par i.,** inadvertently; by an oversight; through carelessness. **2.** (*a*) Oversight, mistake. (*b*) Lapse of attention.
inaliénabilité [inaljenabilite], *s.f.* *Jur:* Inalienability; indefeasibility (of right).
inaliénable [inaljenabl], *a.* *Jur:* Inalienable, untransferable, unassignable (property, right); indefeasible (right). **Rendre un legs i.,** to tie up a succession. *adv.* **-ment.**
inaliéné [inaljene], *a.* *Jur:* Unalienated.
inalliable [inaljabl], *a.* **1.** Incompatible (ideas, etc.). **2.** *Metall:* That cannot be alloyed, non-alloyable.
inaltérabilité [inaltɛrabilite], *s.f.* **1.** Resistance to deterioration; permanence. **2.** (*a*) Unalterableness (of planetary motion, etc.). (*b*) Unfailingness (of good humour, etc.).
inaltérable [inaltɛrabl], *a.* **1.** That does not deteriorate. **I. à l'air,** unaffected by air. **2.** (*a*) Unalterable (course of the stars, etc.). (*b*) Unfailing, unvarying (good humour).
inaltéré [inaltere], *a.* Unspoiled, unimpaired; (of stone, etc.) unweathered.
inamical, -aux [inamikal, -o], *a.* Unfriendly.
inamovibilité [inamɔvibilite], *s.f.* *Adm:* Fixity of tenure; irremovability (of judge, etc.).
inamovible [inamɔvibl], *a.* Irremovable. **1.** (*a*) Holding appointment for life. (*b*) (Post) held for life. **2.** Fixed; built in. **(Pièce) i.,** non-detachable (part).
inanimé [inanime], *a.* **1.** Inanimate, lifeless. **Marché i.,** dull market. **2.** Senseless, unconscious.
inanité [inanite], *s.f.* **1.** Inanity, futility. **2.** Inane remark.
inanition [inanisjɔ̃], *s.f.* Inanition, starvation. *F:* **Tomber d'i.,** to be starving.
inapaisable [inapɛzabl], *a.* Inappeasable (hunger, etc.); unquenchable (thirst); (grief) that nothing can assuage, that nothing can soothe.
inapaisé [inapɛze], *a.* Unappeased (hunger, etc.); unslaked, unquenched (thirst); unassuaged (grief, etc.).
inaperçu [inapɛrsy], *a.* (*a*) Unseen, unperceived, unobserved. (*b*) Unnoticed, unremarked. **Passer i.,** to escape notice; to pass unnoticed.
inapparent [inaparɑ̃], *a.* Unapparent; inconspicuous.
inapplicabilité [inaplikabilite], *s.f.* Inapplicability.
inapplicable [inaplikabl], *a.* Inapplicable.
inapplication [inaplikasjɔ̃], *s.f.* Want of assiduity, of application.
inappliqué [inaplike], *a.* **1.** Wanting in application; careless. **2.** Unapplied (method, etc.); (law) in abeyance.
inappréciable [inapresjabl], *a.* **1.** Inappreciable. **I. à l'œil,** not discernible by, not perceptible to, the eye. **2.** Inestimable, invaluable, priceless. *adv.* **-ment.**
inapprécié [inapresje], *a.* Unappreciated.
inapprenable [inaprənabl], *a.* Unlearnable.
inapprêté [inaprɛte], *a.* Unprepared, uncooked (food); undressed (cloth); unrehearsed (speech).
inapprivoisable [inaprivwazabl], *a.* Untamable.
inapprivoisé [inaprivwaze], *a.* Untamed; wild (bird, etc.); shy.
inapte [inapt], *a.* Inapt, unapt; unfit (à, for); unsuited (à, to). **Les inaptes,** the unemployable.
inaptitude [inaptityd], *s.f.* Inaptitude; unfitness (à, for).
inarticulable [inartikylabl], *a.* Unpronounceable.
inarticulé [inartikyle], *a.* (*a*) Inarticulate (sound, etc.). (*b*) Not jointed. *Z:* Inarticulate(d).
inassermenté [inasɛrmɑ̃te], *a.* Unsworn. *Hist:* Non-juring (priest).
inassimilable [inasimilabl], *a.* Inassimilable.
inassisté [inasiste], *a.* Not in receipt of public assistance.

inassorti [inasɔrti], *a.* Ill-assorted, ill-matched.
inassouvi [inasuvi], *a.* Unappeased, unsated (hunger, desire); unquenched (thirst).
inassouvissable [inasuvisabl], *a.* Insatiable.
inassouvissement [inasuvismɑ̃], *s.m.* **1.** Non-satisfaction (of desire, etc.). **2.** *pl. Psy:* unsatisfied instincts.
inattaquable [inatakabl], *a.* Unassailable (position); unimpugnable, unquestionable (right). **I. par les acides, aux acides,** acid-proof, acid-resisting; incorrodible.
inattendu [inatɑ̃dy], *a.* Unexpected, unlooked for, unforeseen.
inattentif, -ive [inatɑ̃tif, -iːv], *a.* Inattentive (**à**, to); unobservant, careless, heedless (**à**, of).
inattention [inatɑ̃sjɔ̃], *s.f.* (*a*) Inattention (**à**, to); carelessness; negligence, unobservance (**à**, of). (*b*) **Faute d'i.,** careless mistake; slip.
inattesté [inatɛste], *a.* Unattested.
inaudible [inodibl], *a.* Inaudible.
inaugural, -aux [inogyral, -o], *a.* Inaugural. **Voyage i.,** maiden voyage, trip.
inaugurateur, -trice [inogyratœːr, -tris], *s.* Inaugurator.
inauguration [inogyrasjɔ̃], *s.f.* Inauguration; opening (of fête, etc.); unveiling (of statue). **Discours d'i.,** inaugural address.
inaugurer [inogyre], *v.tr.* To inaugurate (building, etc.); to unveil (statue); to open (fête, etc.); to usher in (epoch).
inauthentique [inotɑ̃tik], *a.* Unauthentic.
inaverti [inavɛrti], *a.* (*a*) Unwarned. (*b*) Uninformed, inexperienced.
inavouable [inavwabl], *a.* Unavowable; shameful; *F:* low-down (attempt at fraud, etc.).
inavoué [inavwe], *a.* Unacknowledged; unconfessed, unavowed.
Inca [ɛ̃ka], *s.m. Hist:* Inca.
incalculable [ɛ̃kalkylabl], *a.* Incalculable; beyond computation. **Nombre i. de . . .,** countless number of. . . . *adv.* **-ment.**
incandescence [ɛ̃kɑ̃dɛssɑ̃ːs], *s.f.* Incandescence; white heat. **Bec de gaz à i.,** incandescent gas-burner. *El:* **Lampe à i.,** glow-lamp.
incandescent [ɛ̃kɑ̃dɛssɑ̃], *a.* Incandescent; glowing; white hot.
incantation [ɛ̃kɑ̃tasjɔ̃], *s.f.* Incantation.
incantatoire [ɛkɑ̃tatwaːr], *a.* Magical, spell-binding; spell-like.
incapable [ɛ̃kapabl], *a.* **1.** Incapable, unfit; inefficient (person). **2. I. de faire qch.,** (i) incapable of doing sth.; (ii) unfit to do sth.; (iii) unable to do sth.
incapacité [ɛ̃kapasite], *s.f.* **1.** Incapacity, incapability, unfitness, inefficiency (of person). **2. I. de faire qch.,** incapability of doing sth. *Adm:* **I. permanente,** permanent disablement. **I. de travail,** industrial disablement.
incarcération [ɛ̃karsɛrasjɔ̃], *s.f.* Incarceration.
incarcérer [ɛ̃karsere], *v.tr.* (**j'incarcère; j'incarcérerai**) (*a*) To incarcerate, imprison. (*b*) To impound (animal).
incarnadin [ɛ̃karnadɛ̃], *a.* Incarnadine, rosy, pink.
incarnat [ɛ̃karna]. **1.** *a.* Rosy, pink; flesh-coloured. **2.** *s.m.* Rosy tint (of dawn); rosiness (of complexion).
incarnation [ɛ̃karnasjɔ̃], *s.f.* **1.** (*a*) Incarnation (of Christ). (*b*) *F:* Embodiment (of vice, etc.). **2.** Ingrowing (of the nails).
incarné [ɛ̃karne], *a.* **1.** Incarnate. **La vertu incarnée,** the embodiment of virtue. **2. Ongle i.,** ingrowing nail.
incarner [ɛ̃karne], *v.tr.* To incarnate, embody. *F:* To play the part of (convincingly).
s'incarner. 1. To become incarnate. **2.** (Of nail) To grow in.
incartade [ɛ̃kartad], *s.f.* **1.** (Verbal) attack, outburst; violent tirade (**contre,** against). **2.** Freak, prank. *Equit:* Sudden swerve (of horse).
incassable [ɛ̃kɑsabl], *a.* Unbreakable.
incendiaire [ɛ̃sɑ̃djɛːr]. **1.** *a.* Incendiary (bomb); inflammatory (speech). **2.** *s.* (Of pers.) (*a*) Incendiary. (*b*) Fire-brand.
incendie [ɛ̃sɑ̃di], *s.m.* (Outbreak of) fire; conflagration; burning (of town, etc.). **Poste d'i.,** fire-station. **Échelle à i.,** fire-escape. **Pompe à i.,** fire-engine. **I. volontaire, par malveillance,** arson. **Provoquer un i.,** (i) to cause, start, a fire; (ii) to commit arson.
incendié, -ée [ɛ̃sɑ̃dje]. **1.** *a.* (Of house) Burning; burnt down. **2.** *s.* Sufferer from a fire.
incendier [ɛ̃sɑ̃dje], *v.tr.* To set (house etc.) on fire; to set fire to (sth.); to set ablaze.
incertain [ɛ̃sɛrtɛ̃], *a.* (*a*) Uncertain, doubtful; dubious (result). **Temps i.,** unsettled weather. (Of pers.) **I. de qch.,** (i) uncertain of, as regards, sth.; (ii) undecided about sth. (*b*) Unreliable; undependable.
incertitude [ɛ̃sɛrtityd], *s.f.* (*a*) Uncertainty, incertitude, doubt; dubiousness (of result, etc.). (*b*) Indecision, perplexity (of mind).
incessamment [ɛ̃sɛsamɑ̃], *adv.* **1.** Unceasingly, incessantly. **2.** Immediately, without delay, at once, forthwith.
incessant [ɛ̃sɛsɑ̃], *a.* Unceasing, ceaseless.
incessible [ɛ̃sɛsibl], *a.* (*a*) Inalienable (right). (*b*) Not negotiable; untransferable.
inceste [ɛ̃sɛst], *s.m.* Incest.
incestueu|x, -euse [ɛ̃sɛstɥø, -øːz], *a.* Incestuous. *adv.* **-sement.**
inchangé [ɛ̃ʃɑ̃ʒe], *a.* Unchanged (price, etc.).
inchangeable [ɛ̃ʃɑ̃ʒabl], *a.* Unchangeable.
inchauffable [ɛ̃ʃofabl], *a.* Unheatable.
inchavirable [ɛ̃ʃavirabl], *a.* Uncapsizable.
inchoatif, -ive [ɛ̃kɔatif, -iːv], *a. & s.m. Gram:* Inceptive, inchoative (verb, etc.).
incicatrisable [ɛ̃sikatrizabl], *a.* That will not heal (up); ever open (wound to the feelings, etc.).
incidemment [ɛ̃sidamɑ̃], *adv.* Incidentally.
incidence [ɛ̃sidɑ̃ːs], *s.f.* **1.** Incidence. *Opt:* **Angle d'i.** angle of incidence. **2.** *F:* Influence; repercussion.
incident, -ente [ɛ̃sidɑ̃, -ɑ̃ːt]. **1.** *a.* (*a*) Incidental (question, etc.). *Gram:* Parenthetical (clause). (*b*) *Opt:* Incident (ray). **2.** *s.m.* Incident. (*a*) Occurrence, happening. (*b*) Difficulty, hitch. **3.** *s.f.* **Incidente,** parenthetical clause.
incidentel, -elle [ɛ̃sidɑ̃tɛl], *a.* Incidental (circumstances, etc.).
incidenter [ɛ̃sidɑ̃te], *v.i. Jur:* To raise a point (or points) of law.
incinérateur [ɛ̃sinɛratœːr], *s.m.* Incinerator.
incinération [ɛ̃sinɛrasjɔ̃], *s.f.* (*a*) Incineration. (*b*) Cremation.
incinérer [ɛ̃sinere], *v.tr.* (**j'incinère; j'incinérerai**) (*a*) To incinerate; to burn to ashes. (*b*) To cremate.
incirconcis [ɛ̃sirkɔ̃si], *a.* Uncircumcised.
incise [ɛ̃siːz], *s.f. Gram:* Interpolated clause, incidental clause.
inciser [ɛ̃size], *v.tr.* To incise, cut; to lance (tumour). **I. un pin,** to tap a pine-tree (for resin).
incis|if, -ive [ɛ̃sizif, -iːv], *a.* **1.** Incisive, sharp, cutting (remark). **2. Dent incisive,** *s.f.* **incisive,** incisor (tooth). *adv.* **-ivement.**
incision [ɛ̃sizjɔ̃], *s.f.* Incision. **1.** Cutting; lancing (of tumour). **2.** Cut.
incitateur, -trice [ɛ̃sitatœːr, -tris]. **1.** *a.* Inciting. **2.** *s.* Inciter (**à**, to); urger on.
incitation [ɛ̃sitasjɔ̃], *s.f.* Incitement (**à**, to).
inciter [ɛ̃site], *v.tr.* To incite; to urge (on). **I. qn à faire qch.,** to incite, prompt, s.o. to do sth.
incivil [ɛ̃sivil], *a.* Uncivil, rude, discourteous. *adv.* **-ement.**
incivilisable [ɛ̃sivilizabl], *a.* Uncivilizable.
incivilisé [ɛ̃sivilize], *a.* Uncivilized.
incivilité [ɛ̃sivilite], *s.f.* **1.** Incivility, rudeness, discourtesy. **2.** Piece of incivility.
incivique [ɛ̃sivik], *a.* Wanting in civic virtues. **Conduite i.,** conduct unworthy of a good citizen.
inclassable [ɛ̃klasabl], *a.* Unclass(ifi)able, nondescript.
inclémence [ɛ̃klɛmɑ̃ːs], *s.f.* Inclemency.
inclément [ɛ̃klɛmɑ̃], *a.* Inclement; severe (climate).
inclinable [ɛ̃klinabl], *a.* Tilting, inclinable.
inclinaison [ɛ̃klinɛzɔ̃], *s.f.* **1.** (*a*) Tilting, canting. (*b*) Incline, gradient, slope (of hill, etc.); inclination (of line, star); pitch, slant (of roof, etc.); tilt (of camera, hat); heel, list (of ship); rake (of mast); dip (of magnetic needle). **Comble à forte, faible, i.,** high-pitched, low-pitched, roof. **Aiguille d'i.,** dipping needle. **2.** (= INCLINATION) Nod (of the head).
inclinant [ɛ̃klinɑ̃], *a.* **1.** Inclining, sloping. **2.** Inclinable (**à**, to). **I. à la dévotion,** inclining to piety. **I. à faire qch.,** prone to do sth.

inclination [ɛ̃klinasjɔ̃], *s.f.* Inclination. **1.** Bending, bow(ing) (of body); nod (of head). **2.** (*a*) Bent, propensity. **Avoir de l'i., se sentir d'i., à faire qch.,** to be, feel, inclined to do sth. (*b*) Attachment, love. **Mariage d'i.,** love-match. **Faire un mariage d'i.,** to marry for love.

incliné [ɛ̃kline] *a.* **1.** Inclined. (*a*) **La tête inclinée,** with bowed head. (*b*) Sloping, tilted. **2. I. à, vers, qch., à faire qch.,** inclined, disposed, to sth., to do sth.

incliner [ɛ̃kline]. **1.** *v.tr.* To incline. (*a*) To slant, slope, cant. (*b*) To tip up; to tilt. (*c*) To bend, bow (the head, etc.). (*d*) **I. qn à faire qch.,** to predispose, influence, s.o. in favour of doing sth. **2.** *v.i.* (*a*) To lean, slope; (of ship) to list. (*b*) **I. à la pitié,** to incline, be disposed, to pity. **I. à faire qch.,** to be, feel, inclined to do sth.

s'incliner. 1. To slant, slope; (of ship) to heel (over). *Av:* To bank. **2.** (*a*) **S'i. sur qn,** to bend over s.o. (*b*) **S'i. devant qn,** to bow before s.o. **S'i. devant les arguments de qn,** to bow, yield, to s.o.'s arguments. **J'ai dû m'i.,** I had to give in.

inclinomètre [ɛ̃klinɔmɛtr], *s.m.* Inclinometer.

inclure [ɛ̃klyːr], *v.tr.* (Conj. like CONCLURE except *p.p.* **inclus,** but little used except in *p.p.*) To enclose (document in letter, etc.).

inclus [ɛ̃kly], *a.* (*a*) Enclosed (in letter, etc.). *s.f.* **L'incluse,** the enclosed (note). S.a. CI-INCLUS. (*b*) **Jusqu'à la page 5 incluse,** up to and including page 5.

inclus|if, -ive [ɛ̃klyzif, -iːv], *a.* Inclusive. *adv.* **-ivement.**

inclusion [ɛ̃klyzjɔ̃], *s.f.* (*a*) Enclosing (of document in letter). (*b*) Inclusion (of consequence in theory).

incoagulable [ɛ̃kɔagylabl], *a.* Incoagulable.

incoercible [ɛ̃kɔɛrsibl], *a. Ph: etc:* Incoercible.

incognito [ɛ̃kɔɲito, -gn-]. **1.** *adv.* Incognito. **2.** *s.m.* **Garder l'i.,** to preserve one's incognito.

incohérence [ɛ̃kɔerɑ̃ːs], *s.f.* Incoherence, incoherency (of particles, thought, speech); disjointedness (of speech, etc.).

incohérent [ɛ̃kɔerɑ̃], *a.* Incoherent; inconsistent.

incolore [ɛ̃kɔlɔːr], *a.* Colourless.

incomber [ɛ̃kɔ̃be], *v.i.* (Used only in third pers.) **I. à qn,** to devolve upon, be incumbent on, behove, s.o. **Les devoirs qui lui incombent,** the duties which fall on him. *Impers.* **Il nous incombe à tous de . . .,** it behoves us all to. . . , we must all. . . .

incombustibilité [ɛ̃kɔ̃bystibilite], *s.f.* Incombustibility.

incombustible [ɛ̃kɔ̃bystibl], *a.* Incombustible, uninflammable, fire-proof.

incomestible [ɛ̃kɔmɛstibl], *a.* Inedible.

incommensurabilité [ɛ̃kɔm(m)ɑ̃syrabilite], *s.f.* Incommensurability.

incommensurable [ɛ̃kɔm(m)ɑ̃syrabl], *a.* **1.** *Mth:* Incommensurable (**avec,** with); incommensurate. **Racine i.,** irrational root. **2.** *F:* Immeasurable, huge, *adv.* **-ment.**

incommodant [ɛ̃kɔmɔdɑ̃], *a.* Unpleasant, disagreeable, annoying.

incommod|e [ɛ̃kɔmɔd], *a.* Inconvenient; incommodious (room); uncomfortable (chair, position); unhandy, clumsy, awkward (tool). *adv.* **-ément.**

incommodé [ɛ̃kɔmɔde]. **1.** *a.* Ill at ease. **Être i. par la chaleur,** to feel the heat. **2.** *Med:* Not well, off-colour. **3.** *F:* Annoyed, upset, disturbed.

incommoder [ɛ̃kɔmɔde], *v.tr.* **1.** To inconvenience, incommode, hinder (s.o.). **La fumée ne vous incommode pas?** you don't mind my smoking? **2.** (Of food, etc.) To make (s.o.) unwell; to disagree with (s.o.); to upset (s.o.).

incommodité [ɛ̃kɔmɔdite], *s.f.* (*a*) Inconvenience; incommodiousness. (*b*) Discomfort; awkwardness (of situation).

incommunicabilité [ɛ̃kɔmynikabilite], *s.f.* Incommunicableness.

incommunicable [ɛ̃kɔmynikabl], *a.* Incommunicable.

incommutabilité [ɛ̃kɔmytabilite], *s.f. Jur:* Indefeasibility (of right, property).

incommutable [ɛ̃kɔmytabl], *a. Jur:* **1.** Non-transferable. **2.** (Owner) who cannot be dispossessed.

incomparable [ɛ̃kɔ̃parabl], *a.* Incomparable, unrivalled, matchless. *adv.* **-ment.**

incompatibilité [ɛ̃kɔ̃patibilite], *s.f.* Incompatibility (of duties, etc.). **I. d'humeur,** incompatibility of temper.

incompatible [ɛ̃kɔ̃patibl], *a.* Incompatible, inconsistent, at variance (**avec,** with). *adv.* **-ment.**

incompétence [ɛ̃kɔ̃petɑ̃ːs], *s.f.* Incompetence, incompetency (of person, tribunal). **I. à faire qch.,** lack of authority to do sth.

incompétent [ɛ̃kɔ̃petɑ̃], *a.* Incompetent. (*a*) Inefficient. (*b*) *Jur:* Not qualified, unqualified (to try case). **I. à faire qch.,** incompetent to do sth.

incompl|et, -ète [ɛ̃kɔ̃plɛ, -ɛt], *a.* Incomplete. *Mil:* Under strength. *adv.* **-ètement.**

incompréhensibilité [ɛ̃kɔ̃preɑ̃sibilite], *s.f.* Incomprehensibility.

incompréhensible [ɛ̃kɔ̃preɑ̃sibl], *a.* Incomprehensible. **C'est i.,** I can't make it out. *adv.* **-ment.**

incompréhensif, -ive [ɛ̃kɔ̃preɑ̃sif, -iːv], *a.* Uncomprehending; obtuse (mind, etc.).

incompréhension [ɛ̃kɔ̃preɑ̃sjɔ̃], *s.f.* Lack of understanding; obtuseness.

incompressibilité [ɛ̃kɔ̃prɛsibilite], *s.f.* Incompressibility.

incompressible [ɛ̃kɔ̃prɛsibl], *a.* Incompressible.

incompris [ɛ̃kɔ̃pri], *a.* Misunderstood; unappreciated.

inconcevable [ɛ̃kɔ̃s(ə)vabl], *a.* Inconceivable, unthinkable, unimaginable. *adv.* **-ment.**

inconciliable [ɛ̃kɔ̃siljabl], *a.* Irreconcilable, incompatible (**avec,** with). *adv.* **-ment.**

inconditionné [ɛ̃kɔ̃disjɔne], *a.* Unconditioned.

inconditionn|el, -elle [ɛ̃kɔ̃disjɔnɛl], *a.* Unconditional (consent); absolute (liability). *adv.* **-ellement.**

inconduite [ɛ̃kɔ̃dɥit], *s.f.* Loose living; laxity of conduct. *Jur:* Misconduct.

inconfort [ɛ̃kɔ̃fɔr], *s.m.* Discomfort.

inconfortable [ɛ̃kɔ̃fɔrtabl], *a.* Uncomfortable.

incongelable [ɛ̃kɔ̃ʒ(ə)labl], *a.* Uncongealable; non-freezing.

incongru [ɛ̃kɔ̃gry], *a.* **1.** Incongruous, foolish (remark, etc.). **2.** Improper, unseemly (question).

incongruité [ɛ̃kɔ̃gryite], *s.f.* **1.** (*a*) Incongruity, incongruousness, absurdity. (*b*) Impropriety, unseemliness. **2.** Foolish, tactless, or improper remark or action.

incongrûment [ɛ̃kɔ̃grymɑ̃], *adv.* (*a*) Incongruously. (*b*) Improperly.

inconnaissable [ɛ̃kɔnɛsabl], *a. & s.m.* Unknowable.

inconnu, -ue [ɛ̃kɔny]. **1.** *a.* Unknown (**de, à,** to). **I. de tout le monde,** unknown to all. **2.** *s.* (*a*) Unknown person; (i) stranger, (ii) (mere) nobody. (*b*) *s.m.* **L'i.,** the unknown. **Faire un saut dans l'i.,** to make a leap in the dark. **3.** *s.f. Mth:* **Inconnue,** unknown (quantity).

inconscience [ɛ̃kɔ̃sjɑ̃ːs], *s.f.* Unconsciousness (**de,** of); inconscience.

inconsci|ent [ɛ̃kɔ̃sjɑ̃], *a.* Unconscious (act); (person) (i) oblivious to everything, (ii) unconscious of the nature of his actions. *adv.* **-emment.**

inconséquence [ɛ̃kɔ̃sekɑ̃ːs], *s.f.* (*a*) Inconsistency, inconsequence. **Un tissu d'inconséquences,** a tissue of absurdities. (*b*) Inconsequentiality.

inconséqu|ent [ɛ̃kɔ̃sekɑ̃], *a.* (*a*) Inconsistent, inconsequent (reasoning, etc.). (*b*) Irresponsible, inconsequential (behaviour, person); rambling (speech). *adv.* **-emment.**

inconsidération [ɛ̃kɔ̃siderasjɔ̃], *s.f.* **1.** Thoughtlessness, inconsiderateness. **2. Tomber dans l'i.,** to fall into disrepute.

inconsidéré [ɛ̃kɔ̃sidere], *a.* **1.** Thoughtless, inconsiderate (person). **2.** Unconsidered, ill-considered, rash (act). *adv.* **-ment.**

inconsistance [ɛ̃kɔ̃sistɑ̃ːs], *s.f.* **1.** Unsubstantiality; looseness (of ground, etc.). **2.** Inconsistency.

inconsistant [ɛ̃kɔ̃sistɑ̃], *a.* **1.** Unsubstantial; soft (mud); loose (ground). **2.** Inconsistent (conduct, person).

inconsolable [ɛ̃kɔ̃sɔlabl], *a.* Inconsolable, unconsolable; disconsolate (person). *adv.* **-ment.**

inconstance [ɛ̃kɔ̃stɑ̃ːs], *s.f.* **1.** Inconstancy, fickleness, flightiness. **2.** Changeableness (of weather).

inconstant [ɛ̃kɔ̃stɑ̃], *a.* **1.** Inconstant, fickle. **Joueur i.,** erratic player. **2.** Changeable (weather).

inconstitutionnel, -elle [ɛ̃kɔ̃stitysjɔnɛl], *a.* Unconstitutional. *adv.* **-lement.**

incontestabilité [ɛ̃kɔ̃tɛstabilite], *s.f.* **1.** Incontestability, undeniableness. **2.** Incontestable fact.

incontestable [ɛ̃kɔ̃tɛstabl], *a.* Incontestable, undeniable; beyond all question. *adv.* **-ment.**
incontesté [ɛ̃kɔ̃tɛste], *a.* Uncontested, undisputed.
incontinence [ɛ̃kɔ̃tinɑ̃:s], *s.f.* Incontinence.
incontinent[1] [ɛ̃kɔ̃tinɑ̃], *a.* Incontinent.
incontinent[2], *adv.* At once, forthwith, straightway.
incontrôlable [ɛ̃kɔ̃trolabl], *a.* Difficult to verify, to check.
incontrôlé [ɛ̃kɔ̃trole], *a.* (*a*) Unchecked, unverified. (*b*) Uncontrollable.
inconvaincu [ɛ̃kɔ̃vɛ̃ky], *a.* Unconvinced.
inconvenance [ɛ̃kɔ̃vnɑ̃:s], *s.f.* **1.** (*a*) Unsuitableness. (*b*) Impropriety, indecorousness (of conduct); indecency. **2.** Improper act or utterance; indecency.
inconvenant [ɛ̃kɔ̃vnɑ̃], *a.* Improper, indecorous, unseemly; indecent.
inconvénient [ɛ̃kɔ̃venjɑ̃], *s.m.* Disadvantage, drawback. **Pouvez-vous sans i. me prêter . . .?** can you conveniently lend me. . . .? **Je n'y vois pas d'i.,** I see no objection to it.
inconversible [ɛ̃kɔ̃vɛrsibl], *a.* *Log:* Inconvertible (proposition).
inconvertible [ɛ̃kɔ̃vɛrtibl], *a.* **1.** Inconvertible. **2.** *Log:* = INCONVERSIBLE.
inconvertissable [ɛ̃kɔ̃vɛrtisabl], *a.* Beyond hope of conversion; *F:* past praying for.
incoordination [ɛ̃koordinasjɔ̃], *s.f.* Incoordination. (*a*) Lack of co-ordination. (*b*) *Med:* Ataxia.
incorporation [ɛ̃kɔrpɔrasjɔ̃], *s.f.* Incorporation.
incorporel, -elle [ɛ̃kɔrpɔrɛl]. *a.* Incorporeal. *Jur:* **Biens incorporels,** intangible property
incorporer [ɛ̃kɔrpɔre], *v.tr.* (*a*) To incorporate. **I. un champ à un domaine,** to incorporate a field in an estate. (*b*) *Mil:* To draft (troops into . . .).
incorrect [ɛ̃kɔr(r)ɛkt], *a.* Incorrect. **1.** (*a*) Inaccurate, wrong. (*b*) Untrue. **2.** Contrary to etiquette, to the prevailing fashion.
incorrectement [ɛ̃kɔr(r)ɛktəmɑ̃], *adv.* Incorrectly. **Écrire un mot i.,** to mis-spell a word. **Citer un auteur i.,** to misquote an author.
incorrection [ɛ̃kɔr(r)ɛksjɔ̃], *s.f.* **1.** (*a*) Incorrectness, inaccuracy, error. (*b*) Incorrectness (of attire, etc.). **2.** Incorrect act.
incorrigibilité [ɛ̃kɔr(r)iʒibilite], *s.f.* Incorrigibility.
incorrigible [ɛ̃kɔr(r)iʒibl], *a.* Incorrigible (child, etc.); irreclaimable, *F:* hopeless (drunkard, etc.); past praying for. *adv.* **-ment.**
incorruptibilité [ɛ̃kɔr(r)yptibilite], *s.f.* Incorruptibility.
incorruptible [ɛ̃kɔr(r)yptibl], *a.* Incorruptible. *adv.* **-ment.**
incrédibilité [ɛ̃kredibilite], *s.f.* Incredibility.
incrédule [ɛ̃kredyl]. **1.** *a.* (*a*) Incredulous (**à l'égard de,** of). (*b*) *Theol:* Unbelieving. **2.** *sm. & f.* Unbeliever, infidel.
incrédulité [ɛ̃kredylite], *s.f.* **1.** Incredulity. **Avec i.,** incredulously. **2.** *Theol:* Unbelief.
increvable [ɛ̃krəvabl], *a.* Unpuncturable, puncture-proof (tyre); *P:* (of person) indefatigable.
incriminable [ɛ̃kriminabl], *a.* **1.** (Person) liable to prosecution. **2.** Indictable (offence).
incrimination [ɛ̃kriminasjɔ̃], *s.f.* **1.** Incriminating. **2.** Accusation, charge; indictment.
incriminé, -ée [ɛ̃krimine], *a. & s.* Accused.
incriminer [ɛ̃krimine], *v.tr.* *Jur:* **1.** To (in)criminate, accuse, indict (s.o.). **2. I. la conduite de qn,** to make accusations about s.o.'s conduct.
incritiquable [ɛ̃kritikabl], *a.* Beyond criticism.
incrochetable [ɛ̃krɔʃtabl], *a.* Unpickable (lock); burglar-proof (safe).
incroyable [ɛ̃krwajabl]. **1.** *a.* Incredible, unbelievable; beyond belief. **2.** *s.* *Hist:* *Incroyable* (beau or belle of French Directoire period). *adv.* **-ment.**
incroyance [ɛ̃krwajɑ̃:s] *s.f.* Unbelief.
incroyant, -ante [ɛ̃krwajɑ̃, -ɑ̃:t]. **1.** *a.* Unbelieving. **2.** *s.* Unbeliever.
incrustant [ɛ̃krystɑ̃], *a.* Petrifying (well, etc.). *Ind:* Hard (water).
incrustation [ɛ̃krystasjɔ̃], *s.f.* Incrustation. **1.** (*a*) Encrusting. *Join:* Inlaying. (*b*) *Mch:* Furring (up) (of boiler). **2.** (*a*) Inlaid work. **Avec incrustations de nacre,** inlaid with mother of pearl. (*b*) *Dressm:* Insertion. (*c*) **Incrustations de chaudière,** fur(ring); boiler scale.
incruster [ɛ̃kryste], *v.tr.* **1.** To encrust. *Join:* To inlay (de, with). **2.** To encrust, form a crust on (sth.).
s'incruster. 1. To become encrusted; to fur (up). **2.** *F:* To dig oneself in. **Quand on l'invite il s'incruste,** when(ever) he is invited he sticks on.
incubateur [ɛ̃kybatœ:r], *s.m.* (*a*) Incubator. (*b*) *Pisc:* Grille.
incubation [ɛ̃kybasjɔ̃], *s.f.* (*a*) Incubation, hatching (of eggs). (*b*) Sitting (of hens). (*c*) **Période d'i.,** incubation period (of disease).
incube [ɛ̃kyb], *s.m.* Incubus, nightmare.
incuber [ɛ̃kybe], *v.tr.* To incubate, to hatch out (eggs).
inculcation [ɛ̃kylkasjɔ̃], *s.f.* Inculcating, inculcation.
inculpable [ɛ̃kylpabl], *a.* *Jur:* Chargeable, indictable.
inculpation [ɛ̃kylpasjɔ̃], *s.f.* Indictment, charge, inculpation. **I. de vol,** indictment for theft.
inculpé, -ée [ɛ̃kylpe], *s.* *Jur:* **L'inculpé,** the accused (of a DÉLIT, *q.v.*); the defendant; the prisoner (in widest sense).
inculper [ɛ̃kylpe], *v.tr.* To indict, charge. **I. qn de coups et blessures,** to charge s.o. with assault and battery.
inculquer [ɛ̃kylke], *v.tr.* To inculcate (à, upon); to instil (à, into).
inculte [ɛ̃kylt], *a.* Uncultivated, wild (garden); waste (land); untutored (mind).
incultivable [ɛ̃kyltivabl], *a.* Untillable, irreclaimable (land).
incultivé [ɛ̃kyltive], *a.* Untilled, uncultivated (land); uncultured (mind).
incunable [ɛ̃kynabl], *s.m.* Early printed book; incunabulum, *pl.* incunabula.
incurabilité [ɛ̃kyrabilite], *s.f.* Incurability, incurableness.
incurable [ɛ̃kyrabl], *a. & s.* Incurable. *adv.* **-ment.**
incurie [ɛ̃kyri], *s.f.* Carelessness, negligence.
incurieux, -euse [ɛ̃kyrjø, -ø:z], *a.* Incurious (de, of).
incuriosité [ɛ̃kyrjɔzite], *s.f.* Lack of curiosity.
incursion [ɛ̃kyrsjɔ̃], *s.f.* Inroad, foray, raid, incursion.
incurvation [ɛ̃kyrvasjɔ̃], *s.f.* Incurvation; bend.
incurvé [ɛ̃kyrve], *a.* (*a*) Incurv(at)ed. (*b*) Concave.
incurver [ɛ̃kyrve], *v.tr.* To incurvate, incurve.
Inde [ɛ̃:d]. *Pr.n.f.* *Geog:* (*a*) India. *Hist:* **L'I. anglaise,** British India. **La Compagnie anglaise des Indes,** the East India Company. (*b*) **Les Indes,** the Indies. **Les Indes occidentales,** the West Indies.
indébrouillable [ɛ̃debrujabl], *a.* (*a*) (Skein, etc.) that cannot be disentangled. (*b*) Inextricable, tangled (situation).
indécachetable [ɛ̃dekaʃtabl], *a.* (Envelope) that cannot be opened without detection.
indécence [ɛ̃desɑ̃:s], *s.f.* Indecency, immodesty.
indéc|ent [ɛ̃desɑ̃], *a.* **1.** Indecent, improper; immodest. **2.** Indecorous. *adv.* **-emment.**
indéchiffrable [ɛ̃deʃifrabl], *a.* **1.** Undecipherable (inscription); illegible (writing). **2.** Unintelligible, incomprehensible; (of pers.) impenetrable, inscrutable.
indéchiffré [ɛ̃deʃifre], *a.* Undeciphered.
indéchirable [ɛ̃deʃirabl], *a.* Untearable, tear-proof.
indécis [ɛ̃desi], *a.* **1.** Unsettled, open (question, etc.); doubtful (victory, etc.); vague, blurred (outline). **Bataille indécise,** drawn battle. **2.** (Of pers.) (*a*) **Être i. quant au parti à prendre,** to be undecided, in two minds, how to act. (*b*) Irresolute, hesitating.
indécision [ɛ̃desizjɔ̃], *s.f.* **1.** Indecision, irresolution. **2.** Uncertainty.
indéclinable [ɛ̃deklinabl], *a.* *Gram:* Indeclinable.
indécollable [ɛ̃dekɔlabl], *a.* That cannot be unglued or unstuck.
indécomposable [ɛ̃dekɔ̃pozabl], *a.* Indecomposable, irresolvable (elements, etc.).
indécousable [ɛ̃dekuzabl], *a.* That cannot come unsewn; non-ripping (seam).
indécouvrable [ɛ̃dekuvrabl], *a.* Undiscoverable.
indécrottable [ɛ̃dekrɔtabl], *a.* **1.** Uncleanable. **2.** *F:* Incorrigible; hopeless (dunce, etc.).
indédoublable [ɛ̃dedublabl], *a.* **1.** *Ch:* Indecomposable (body). **2.** *Phot:* Unconvertible (anastigmat).
indéfectibilité [ɛ̃defɛktibilite], *s.f.* *Theol:* Indefectibility (of the Church, etc.).
indéfectible [ɛ̃defɛktibl], *a.* **1.** *Theol:* Indefectible. **2.** *Pol.Ec:* **Actif i.,** non-wasting assets.

indéfendable [ɛ̃defɑ̃dabl], *a.* Indefensible.
indéfini [ɛ̃defini], *a.* **1.** Indefinite. *Gram:* **Pronom i.,** indefinite pronoun. **Passé i.,** indefinite past (tense); perfect (tense). **2.** Undefined. *adv.* **-ment.**
indéfinissable [ɛ̃definisabl], *a.* Indefinable, undefinable (term, etc.); nondescript (colour).
indéformable [ɛ̃defɔrmabl], *a.* That will not lose its shape.
indéfrichable [ɛ̃defriʃabl], *a.* (Land) that cannot be cleared; waste(land).
indéfrisable [ɛ̃defrizabl]. **1.** *a.* (Hair) that will not come out of curl. **2.** *s.f. Hairdr:* Permanent wave.
indélébile [ɛ̃delebil], *a.* Indelible (ink, stain).
indélébilité [ɛ̃delebilite], *s.f.* Indelibility.
indélibéré [ɛ̃delibere], *a.* Undeliberated, unconsidered.
indélicat [ɛ̃delika], *a.* (*a*) Indelicate; coarse (nature); tactless (action). (*b*) Dishonest, unscrupulous. *adv.* **-ement.**
indélicatesse [ɛ̃delikatɛs], *s.f.* **1.** (*a*) Indelicacy; tactlessness. (*b*) Unscrupulousness. **2.** (*a*) Indelicate, tactless, or unscrupulous action. (*b*) *F:* Embezzlement.
indémaillable [ɛ̃demajabl], *a.* Ladderproof. **Bas i.,** mesh stocking.
indemne [ɛ̃dɛmn], *a.* (*a*) Without loss; without (material or moral) damage. (*b*) Undamaged. (*c*) Uninjured, unhurt, unscathed.
indemnisable [ɛ̃dɛmnizabl], *a.* Entitled to compensation.
indemnisation [ɛ̃dɛmnizasjɔ̃], *s.f.* Indemnification; compensation.
indemniser [ɛ̃demnize], *v.tr.* To indemnify, compensate. **I. qn. d'une perte,** to compensate s.o. for a loss. **I. qn en argent,** to pay s.o. compensation in cash.
indemnité [ɛ̃dɛmnite], *s.f.* (*a*) Indemnity, indemnification, compensation (for loss sustained). (*b*) Penalty (for delay, non-delivery). (*c*) Allowance, grant. **I. de chômage,** unemployment benefit; *F:* dole. **I. de charges de famille,** child allowance. **I. de route, de déplacement,** travelling expenses or allowance. **I. parlementaire** = M.P.'s salary.
indémontrable [ɛ̃demɔ̃trabl], *a.* Undemonstrable, unprovable.
indémontré [ɛ̃demɔ̃tre], *a.* Undemonstrated.
indéniable [ɛ̃denjabl], *a.* Undeniable.
indénouable [ɛ̃denwabl], *a.* That cannot be untied, unravelled.
indentation [ɛ̃dɑ̃tasjɔ̃], *s.f.* Indentation.
indépendance [ɛ̃depɑ̃dɑ̃:s], *s.f.* Independence (**de, à l'égard de,** of).
indépend|ant [ɛ̃depɑ̃dɑ̃], *a.* **1.** (*a*) Independent (**de,** of); free. **État i.,** free state. (*b*) Self-reliant. (*c*) *Aut:* **Roues (avant) indépendantes,** independent (front wheel) suspension. **2.** Self-contained (flat, etc.). *adv.* **-amment.**
indéracinable [ɛ̃derasinabl], *a.* Ineradicable.
indéréglable [ɛ̃derɛglabl], *a.* Fool-proof (mechanism); that cannot get out of order.
indescriptible [ɛ̃dɛskriptibl], *a.* Indescribable; beyond description. *adv.* **-ment.**
indésirable [ɛ̃dezirabl], *a. & s. Adm:* Undesirable.
indesserrable [ɛ̃desɛrabl], *a.* **1.** *F:* Unyielding (grip). **2. Écrou i.,** self-locking nut.
indestructibilité [ɛ̃dɛstryktibilite], *s.f.* Indestructibility.
indestructible [ɛ̃dɛstryktibl], *a.* Indestructible. *adv.* **-ment.**
indéterminable [ɛ̃detɛrminabl], *a.* Indeterminable, unascertainable.
indétermination [ɛ̃detɛrminasjɔ̃], *s.f.* Indetermination. **1.** Indefiniteness. **2.** Irresoluteness, irresolution.
indéterminé [ɛ̃detɛrmine], *a.* Undetermined, indefinite. *Mth:* Indeterminate (problem). **2.** Irresolute, undecided.
indétraquable [ɛ̃detrakabl], *a.* Fool-proof (mechanism).
indéveloppable [ɛ̃devlɔpabl], *a. Geom:* Skew (surface).
indevinable [ɛ̃d(ə)vinabl], *a.* Unguessable.
indévotion [ɛ̃devosjɔ̃], *s.f.* Indevotion, irreligion.
index [ɛ̃dɛks], *s.m.* **1.** (*a*) Forefinger, index (-finger). (*b*) Pointer (of balance, etc.); indicator. **2.** (*a*) Index (of book). **Faire l'i. d'un livre,** to index a book. (*b*) *R.C.Ch:* **Mettre un livre à l'I.,** to put a book on the Index.
indexation [ɛ̃deksasjɔ̃], *s.f. Pol.Ec:* Pegging of prices in relation to certain products.
indexer [ɛ̃dɛkse], *v.tr.* **1.** To index. **2.** *Pol.Ec:* To peg prices (in relation to certain products).
indicateur, -trice [ɛ̃dikatœ:r, -tris]. **1.** *a.* Indicatory (de, of). **(Doigt) i.,** forefinger, index-finger. **Poteau i.,** sign-post. **Lampe indicatrice,** tell-tale lamp. **2.** *s.* Informer; (police) spy. **3.** *s.m.* (*a*) (Railway) timetable, guide; (street) directory. (*b*) Indicator, pointer (of barometer, etc.); gauge (of boiler, etc.); tell-tale. **I. de vitesse,** speed-indicator; *Aut:* speedometer. **I. de pente,** clinometer.
indicatif, -ive [ɛ̃dikatif, -i:v]. **1.** *a.* Indicative (**de,** of); indicatory. **2.** *a. & s.m. Gram:* (**Mode**) **i.,** indicative (mood). **A l'i.,** in the indicative. **3.** *s.m. Tg: W.Tel: etc:* **I. d'appel,** call-sign, -number. **I. du poste,** station signal. **I. (musical),** signature-tune (of programme).
indication [ɛ̃dikasjɔ̃], *s.f.* Indication. **1.** Indicating, pointing out. **2.** (*a*) (Piece of) information. **Fausse i. de revenu,** false declaration of income. **A titre d'i.,** for your, my, guidance. (*b*) Sign, token (of guilt, etc.); clue. (*c*) **Indications topographiques,** survey marks or data. **3.** Esp. *pl.* Instruction(s). **Indications du mode d'emploi,** directions for use. **Sauf i. contraire . . .,** except where otherwise stated. . .
indice [ɛ̃dis], *s.m.* **1.** Indication, sign; mark, token. **2.** Index. *Opt:* **I. de réfraction,** refractive index. *Pol.Ec:* **I. pondéré,** weighted index. **I du coût de la vie,** cost-of-living index.
indicible [ɛ̃disibl], *a.* (*a*) Inexpressible, unutterable; unspeakable (grief, rage). (*b*) Indescribable. *adv.* **-ment.**
indien, -ienne [ɛ̃djɛ̃, -jɛn]. **1.** *a. & s.* Indian (of India, of America). S.a. FILE. **2.** *s.f.* **Indienne.** (*a*) *Tex:* (i) Printed calico; print. (ii) Chintz. (*b*) *Swim:* Overarm stroke.
indiennerie [ɛ̃djɛnri], *s.f.* (*a*) Calico printing. (*b*) Printed cotton goods.
indifférence [ɛ̃diferɑ̃:s], *s.f.* Indifference (**pour,** to, towards); unconcern; apathy; heartlessness.
indiffér|ent [ɛ̃diferɑ̃], *a.* **1.** (*a*) Indifferent (**à,** to); unaffected (**à,** by); unconcerned; apathetic. **Rester i. à tout,** to take no interest in anything. **Je lui suis i.,** I am indifferent to him; he is, feels, indifferent about me. (*b*) Cold, insensible, emotionless (heart, etc.). **2.** Immaterial, unimportant. *adv.* **-emment.**
indifférentisme [ɛ̃diferɑ̃tism], *s.m.* Indifferentism.
indigence [ɛ̃diʒɑ̃:s], *s.f.* Poverty, indigence, want. **Tomber dans l'i., être réduit à l'i.,** to be reduced to poverty. **I. d'idées,** poverty of ideas.
indigène [ɛ̃diʒɛn]. **1.** *a.* Indigenous (**à,** to); native (population, troops). **2.** *s.* Native (esp. of foreign country, of colony).
indigent, -ente [ɛ̃diʒɑ̃, -ɑ̃:t]. **1.** *a.* Poor, needy, poverty-stricken, indigent. **2.** *s.* Pauper.
indigeste [ɛ̃diʒɛst], *a.* **1.** Indigestible; stodgy (food). **2.** Undigested, confused, heavy (book).
indigestion [ɛ̃diʒestjɔ̃, -ɛsjɔ̃], *s.f.* Indigestion. **Avoir une i.,** to have an attack of indigestion.
indignation [ɛ̃diɲasjɔ̃], *s.f.* Indignation.
indigne [ɛ̃diɲ], *a.* Unworthy. **1.** (*a*) Undeserving (**de,** of). (*b*) *Jur:* **I. de succéder,** debarred from succeeding, from inheriting. **2.** Shameful (action, conduct). **Conduite i. d'un père,** unfatherly behaviour. *adv.* **-ment.**
indigné [ɛ̃diɲe], *a.* Indignant (**de,** at). **D'un air, d'un ton, i.,** indignantly.
indigner [ɛ̃diɲe], *v.tr.* To rouse (s.o.) to indignation; to make (s.o.) indignant.
s'indigner, to become or be indignant. **S'i. de qch., contre qn,** to be indignant at sth., with s.o. **S'i. que** + *sub.*, **de ce que** + *ind.*, to be indignant that. . . .
indignité [ɛ̃diɲite], *s.f.* **1.** (*a*) Unworthiness. (*b*) Baseness, vileness (of an action). **2. Souffrir des indignités,** to suffer indignities, humiliations.
indigo [ɛ̃digo], *s.m.* **1.** Indigo. *a.inv.* **Des rubans indigo,** indigo-blue ribbons. **2.** = INDIGOTIER 1.
indigoterie [ɛ̃digɔtri], *s.f.* Indigo (i) plantation, (ii) factory.
indigotier [ɛ̃digɔtje], *s.m.* **1.** *Bot:* Indigo-plant. **2.** Indigo manufacturer.

indiquer [ɛ̃dike], *v.tr.* To indicate. (*a*) To point to; to point out. **I. qch. du doigt,** to point to sth.; to point sth. out. (*b*) To mark, show. **Point indiqué sur la carte,** point shown on the map. (*c*) To show, tell. **Indiquez-moi un bon médecin,** tell me of a good doctor. (*d*) To betoken. **Tout dans la maison indique un goût raffiné,** everything in the house shows considerable taste. (*e*) To appoint, name (a day, etc.). **A l'heure indiquée,** at the appointed hour, at the scheduled time. (*f*) To prescribe, lay down (line of action, etc.). **C'était indiqué,** it was the obvious thing to do. **Un sujet de plaisanterie tout indiqué,** a ready subject for jokes.

indirect [ɛ̃dirɛkt], *a.* (*a*) Indirect (route, *Gram:* object, etc.); oblique (oration); collateral (heirs). **Éclairage i.,** concealed lighting. (*b*) *Jur:* Circumstantial (evidence). (*c*) **Attaque indirecte,** covert attack. **Moyens indirects,** crooked, underhand, methods. (*d*) *Fin:* **Contributions indirectes,** indirect taxation, excise revenue. *adv.* **-ement.**

indiscernable [ɛ̃disɛrnabl], *a.* Indistinguishable (de, from).

indisciplinable [ɛ̃disiplinabl], *a.* Indisciplinable, intractable.

indiscipline [ɛ̃disiplin], *s.f.* Indiscipline.

indiscipliné [ɛ̃disipline], *a.* Undisciplined, unruly.

indiscr|et, -ète [ɛ̃diskrɛ, -ɛt]. **1.** *a.* Indiscreet. (*a*) Imprudent, unguarded. (*b*) Pushing (person); tactless (question). **A l'abri des regards indiscrets,** safe from prying eyes. (*c*) (Person) given to blabbing. **2.** *s.* (*a*) Tactless, pushing, person. (*b*) Tell-tale, blabber. *adv.* **-ètement.**

indiscrétion [ɛ̃diskresjɔ̃], *s.f.* Indiscretion. **1.** Indiscreetness. **2.** Indiscreet action or remark. **Il lui échappe des indiscrétions,** he blurts out (i) tactless things, (ii) secrets.

indiscutable [ɛ̃diskytabl], *a.* Indisputable, unquestionable. *adv.* **-ment.**

indiscuté [ɛ̃diskyte], *a.* Undiscussed; unquestioned, beyond doubt.

indispensabilité [ɛ̃dispɑ̃sabilite], *s.f.* Indispensability.

indispensable [ɛ̃dispɑ̃sabl], *a.* Indispensable. **1.** Obligatory. **2.** Essential (à, to); absolutely necessary. **Il nous est i.,** we can't spare him. *s.m.* **Ne prenez que l'i.,** don't take more than is strictly necessary. *adv.* **-ment.**

indisponibilité [ɛ̃disponibilite], *s.f.* **1.** *Jur:* Inalienability. **2.** Unavailability.

indisponible [ɛ̃disponibl], *a.* **1.** *Jur:* Inalienable (property); entailed (estate). **2.** (*a*) Not available (for duty). (*b*) Unavailable (capital, etc.); (car, etc.) out of commission.

indisposé [ɛ̃dispoze], *a.* **1.** Indisposed, unwell; *F:* out of sorts. **Se sentir vaguement i.,** to feel off colour. **2. I. contre qn,** unfriendly to s.o.; ill-disposed towards s.o.

indisposer [ɛ̃dispoze], *v.tr.* **1.** To make (s.o.) unwell; (of food) to upset (s.o.), to disagree with (s.o.). **2.** To antagonize (s.o.). **I. qn contre qn,** to set s.o. against s.o.

indisposition [ɛ̃dispozisjɔ̃], *s.f.* Indisposition, (slight) illness.

indisputable [ɛ̃dispytabl], *a.* Indisputable, incontestable, unquestionable. *adv.* **-ment.**

indisputé [ɛ̃dispyte], *a.* Undisputed, unquestioned.

indissolubilité [ɛ̃dissolybilite], *s.f.* **1.** Insolubility (of salt, etc.). **2.** Indissolubility (of marriage, etc.).

indissoluble [ɛ̃dissolybl], *a.* **1.** Insoluble (salt, etc.). **2.** Indissoluble (bond, friendship). *adv.* **-ment.**

indistinct [ɛ̃distɛ̃(:kt)], *a.* Indistinct; hazy, blurred; faint (inscription). *adv.* **-ement.**

indistinguible [ɛ̃distɛ̃gibl], *a.* Indistinguishable (de, from).

individu [ɛ̃dividy], *s.m.* **1.** *Nat.Hist: etc:* Individual. *F:* **Soigner son i., avoir soin de son i.,** to look after oneself well. **2.** *F:* Usu. *Pej:* Individual, person, fellow. **Un i. louche,** a shady customer, a suspicious character.

individualis|er [ɛ̃dividɥalize], *v.tr.* To individualize; to specify, particularize (case). *s.f.* **-ation.**

individualisme [ɛ̃dividɥalism], Individualism.

individualiste [ɛ̃dividɥalist]. **1.** *a.* Individualistic. **2.** *s.* Individualist.

individualité [ɛ̃dividɥalite], *s.f.* Individuality.

individu|el, -elle [ɛ̃dividɥɛl], *a.* Individual; personal (liberty, etc.); private (fortune, etc.). *adv.* **-ellement.**

indivis [ɛ̃divi], *a.* *Jur:* **1.** Undivided, joint (estate). **2.** Joint (owners). **Par i.,** jointly.

indivisé [ɛ̃divize], *a.* Undivided.

indivisément [ɛ̃divizemɑ̃], *adv.* *Jur:* Jointly.

indivisibilité [ɛ̃divizibilite], *s.f.* Indivisibility.

indivisible [ɛ̃divizibl], *a.* Indivisible. *adv.* **-ment.**

indivision [ɛ̃divizjɔ̃], *s.f.* *Jur:* Joint possession; parcenary, coparcenary.

indivulgué [ɛ̃divylge], *a.* Unrevealed.

in-dix-huit [ɛ̃dizɥit], *a.* & *s.m.inv.* *Typ:* Decimo-octavo, eighteenmo.

Indo-Chine, Indochine [ɛ̃doʃin]. *Pr.n.f.* Indochina.

indo-chinois, indochinois, -oise [ɛ̃doʃinwa, -wa:z]. *a.* & *s.* *Geog:* Indochinese.

indocile [ɛ̃dosil], *a.* Intractable, disobedient, indocile. *adv.* **-ment.**

indocilité [ɛ̃dosilite], *s.f.* Intractableness, intractability, indocility.

indo-européen, -enne [ɛ̃doørɔpeɛ̃, -ɛn], *a.* & *s.* *Ethn: Ling:* Indo-European. *pl. Indo-européens, -ennes.*

indo-germanique [ɛ̃doʒɛrmanik], *a.* *Ethn: Ling:* Indo-Germanic. *pl. Indo-germaniques.*

indolence [ɛ̃dolɑ̃:s], *s.f.* **1.** Indolence, apathy, sloth. **2.** *Med:* Indolence, painlessness.

indol|ent, -ente [ɛ̃dolɑ̃, -ɑ̃:t], *a.* **1.** Indolent, apathetic, slothful. **2.** *Med:* Painless, indolent (tumour). *adv.* **-emment.**

indolore [ɛ̃dolo:r], *a.* Painless.

indomptable [ɛ̃dɔ̃tabl], *a.* Unconquerable (nation); untam(e)able (animal); unmanageable (horse); indomitable (pride); ungovernable (passion). *adv.* **-ment.**

indompté [ɛ̃dɔ̃te], *a.* Unconquered (nation); untamed (animal); uncontrolled (passion).

Indonésie [ɛ̃donezi], *Pr.n.f.* *Geog:* Indonesia.

indonésien, -ienne [ɛ̃donezjɛ̃, -jɛn], *a.* & *s.* *Geog; Ethn:* Indonesian.

indou, -oue [ɛ̃du], *a.* & *s.* *Ethn:* = HINDOU.

in-douze [ɛ̃du:z], *a.* & *s.m.inv.* *Typ:* Duo-decimo, twelvemo.

indu [ɛ̃dy], *a.* **1.** (Of money) Not owed, not due. **2.** Undue (haste, etc.); unwarranted (remark, etc.). **Il rentre à des heures indues,** he comes home at all hours of the night.

indubitable [ɛ̃dybitabl], *a.* Beyond doubt, indubitable, unquestionable.

indubitablement [ɛ̃dybitabləmɑ̃], *adv.* Undoubtedly, indubitably.

inductance [ɛ̃dyktɑ̃:s], *s.f.* *El:* Inductance. (*a*) Coefficient of self-induction. (*b*) Inductance coil.

inducteur, -trice [ɛ̃dyktœ:r, -tris]. *El:* **1.** *a.* Inductive (capacity); inducing (current). **2.** *s.m.* Inductor; field magnet (of dynamo).

inductif, -ive [ɛ̃dyktif, -i:v], *a.* Inductive.

induction [ɛ̃dyksjɔ̃], *s.f.* Induction. **1.** *Log:* **Raisonner par i.,** to reason by induction. **2.** *El:* **Courant d'i.,** induced current. **Bobine d'i.,** induction coil.

induire [ɛ̃dɥi:r], *v.tr.* (*pr.p.* **induisant**; *p.p.* **induit**; *pr.ind.* **j'induis, n. induisons, ils induisent**; *p.h.* **j'induisis**; *fu.* **j'induirai**) **1.** Usu. *Pej:* To induce. **I. qn à faire qch.,** to lead, induce, tempt, s.o. to do sth. **2.** *Log:* To infer, induce (conclusion).

induit [ɛ̃dɥi], *El:* **1.** *a.* Induced, secondary (circuit). **2.** *s.m.* (*a*) Induced circuit. **Charge d'i.,** induced charge. (*b*) Armature (of large dynamo). **Ouverture d'i.,** armature gap.

indulgence [ɛ̃dylʒɑ̃:s], *s.f.* **1.** Indulgence, leniency. **Avec i.,** indulgently, leniently, **Montrer, avoir, de l'i. envers qn, pour qn,** to be indulgent to s.o., to make allowances for s.o. **2.** *Ecc:* Indulgence.

indulg|ent [ɛ̃dylʒɑ̃], *a.* Indulgent, lenient, long-suffering. **Être i. à, pour, envers, qn,** to be indulgent to, lenient with, s.o. *adv.* **-emment.**

indûment [ɛ̃dymɑ̃], *adv.* Unduly; improperly.

induration [ɛ̃dyrasjɔ̃], *s.f.* *Med:* Induration.

indurer [ɛ̃dyre], *v.tr.* *Med:* To indurate, harden.
s'indurer, to indurate, harden.

industrialisation [ɛ̃dystrializasjɔ̃], *s.f.* Industrialization.

industrialiser [ɛ̃dystrialize], *v.tr.* To industrialize.
s'industrialiser. (Of trade, etc.) to become industrialized.
industrialisme [ɛ̃dystrialism], *s.m.* Industrialism.
industrie [ɛ̃dystri], *s.f.* **1.** (*a*) Activity; industry (of bees, etc.). (*b*) Ingenuity, cleverness, skill. **Vivre d'i.,** to live by one's wits. S.a. CHEVALIER 1. **2.** Industry, trade, manufacture. **L'i. mécanique,** engineering. **Les industries du bâtiment,** the building trades. **L'i. automobile,** the motor-car industry.
industrie-clef [ɛ̃dystrikle], *s.f.* Key industry. *pl. Des industries-clefs.*
industri|el, -elle [ɛ̃dystriɛl]. **1.** *a.* Industrial (product, etc.). **2.** *s.m.* Manufacturer, industrialist. *adv.* **-ellement.**
industrieu|x, -euse [ɛ̃dystriø, -øːz], *a.* Busy, active, industrious. *adv.* **-sement.**
inébranlable [inebrɑ̃labl], *a.* Unshak(e)able. (*a*) Immovable, solid, firm (wall, etc.). (*b*) Resolute, constant, steadfast (person); unswerving (purpose, etc.); unflinching, unwavering (courage). *adv.* **-ment.**
inéchangeable [ineʃɑ̃ʒabl], *a.* Unexchangeable.
inéclairci [ineklɛrsi], *a.* Unelucidated.
inéclairé [ineklɛre], *a.* Unlighted, unlit (passage, etc.); unenlightened (mind, etc.).
inédit [inedi], *a.* **1.** Unpublished (book, etc.). **2.** *F:* New, original (show, plan); unprecedented.
ineffabilité [inefabilite], *s.f.* Ineffability, unutterableness.
ineffable [inefabl], *a.* Ineffable, unutterable. *adv.* **-ment.**
ineffaçable [inefasabl], *a.* Ineffaceable (mark, memory); indelible (stain). *adv.* **-ment.**
inefficace [inefikas], *a.* Ineffectual (measure); inefficacious (remedy). *adv.* **-ment.**
inefficacité [inefikasite], *s.f.* Ineffectualness; inefficacy (of remedy).
inégal, -aux [inegal, -o], *a.* **1.** Unequal (parts, etc.). **2.** (*a*) Uneven, rough (ground). (*b*) Irregular (pulse); changeable (wind). *adv.* **-ement.**
inégalé [inegale], *a.* Unequalled.
inégalité [inegalite], *s.f.* **1.** Inequality, disparity (**entre,** between). **2.** (*a*) Unevenness, inequality (of ground). **Les inégalités du chemin,** the bumps in the road. (*b*) **I. d'humeur,** capriciousness; crotchetiness.
inélasticité [inelasticite], *s.f.* Inelasticity.
inélastique [inelastik], *a.* Inelastic.
inélégance [inelegɑ̃ːs], *s.f.* Inelegance.
inélég|ant [inelegɑ̃], *a.* Inelegant. *adv.* **-amment.**
inéligib|le [inelizibl], *a.* Ineligible. *s.f.* **-ilité.**
inéluctable [inelyktabl], *a.* Ineluctable; from which there is no escape. *adv.* **-ment.**
inemployable [inɑ̃plwajabl], *a.* Unemployable.
inemployé [inɑ̃plwaje], *a.* Unemployed, unused (time, capital).
inénarrable [inenarabl], *a.* Untellable; beyond words. *F:* **Chapeau i.,** impossible hat.
inepte [inɛpt], *a.* Inept, foolish, idiotic (remark). *adv.* **-ment.**
ineptie [inɛpsi], *s.f.* Ineptitude. **1.** Ineptness. **2. Dire des inepties,** to talk nonsense.
inépuisable [inepɥizabl], *a.* Inexhaustible; unfailing (patience, etc.). *adv.* **-ment.**
inépuisé [inepɥize], *a.* Unexhausted, unspent.
inéquitable [inekitabl], *a.* Inequitable, unfair. *adv.* **-ment.**
inerte [inɛrt], *a.* (*a*) Inert (mass, etc.); sluggish (nature); dull (intelligence). (*b*) **Résistance i.,** passive resistance.
inertie [inɛrsi], *s.f.* **1.** Inertia. **Force d'i.,** vis inertiae. *Mec:* **Moment d'i.,** moment of inertia. **2.** Sluggishness, dullness.
inescomptable [inɛskɔ̃tabl], *a. Fin:* Undiscountable.
inespéré [inɛspere], *a.* Unhoped-for, unexpected, unlooked-for. *adv.* **-ment.**
inesthétique [inɛstetik], *a.* Unaesthetic.
inestimable [inɛstimabl], *a.* Inestimable, invaluable, priceless.
inestimé [inɛstime], *a.* Unvalued, unprized.
inévitable [inevitabl], *a.* **1.** Unavoidable (accident, engagement). **2.** Inevitable (result). **C'est i.,** it is bound to happen. *adv.* **-ment.**

inexact [inɛgzakt], *a.* **1.** Inexact, inaccurate, incorrect; wrong (amount, etc.). **Esprit i.,** inaccurate mind. **2.** (*a*) Unpunctual, (*b*) **I.** (**à remplir ses devoirs**), remiss, slack, lax (in one's duty). *adv.* **-ement.**
inexactitude [inɛgzaktityd], *s.f.* **1.** Inaccuracy, inexactitude. (*a*) Inaccurateness, incorrectness. (*b*) Mistake. **2.** (*a*) Unpunctuality. (*b*) Remissness, slackness.
inexaucé [inɛgzose], *a.* Unanswered (prayer, etc.); unfulfilled (desire).
inexcitable [inɛksitabl], *a. Physiol: etc:* Unexcitable, inert.
inexcusable [inɛkskyzabl], *a.* Inexcusable; unwarrantable (action). *adv.* **-ment.**
inexécutable [inɛgzekytabl], *a.* Inexecutable, impracticable; (order) that cannot be carried out.
inexécuté [inɛgzekyte], *a.* Unperformed; unfulfilled (promise); (order) not carried out.
inexécution [inɛgzekysjɔ̃], *s.f.* Non-performance; non-fulfilment (of promise).
inexercé [inɛgzɛrse], *a.* **1.** Unexercised, untrained. **2.** Unpractised, unskilled (**à,** in).
inexhaustible [inɛgzostibl], *a.* Inexhaustible.
inexigibilité [inɛgziʒibilite], *s.f.* Non-exigibility.
inexigible [inɛgziʒibl], *a.* **1.** Inexigible (debt). **2.** *Fin:* Not due.
inexistant [inɛgzistɑ̃], *a.* Non-existent.
inexistence [inɛgzistɑ̃ːs], *s.f.* Non-existence.
inexorabilité [inɛgzɔrabilite], *s.f.* Inexorability (of fact, etc.).
inexorable [inɛgzɔrabl], *a.* Inexorable, unrelenting. *adv.* **-ment.**
inexpérience [inɛksperjɑ̃ːs], *s.f.* Inexperience.
inexpérimenté [inɛksperimɑ̃te], *a.* **1.** Inexperienced; unpractised, unskilled (hand, etc.). **2.** Untried, untested (process).
inexpert [inɛkspɛːr], *a.* Unpractised, unskilled (**dans, en,** in).
inexpiable [inɛkspjabl], *a.* Inexpiable, unatonable.
inexpié [inɛkspje], *a.* Unatoned.
inexplicable [inɛksplikabl], *a.* Inexplicable, unexplainable, unaccountable. *adv.* **-ment.**
inexpliqué [inɛksplike], *a.* Unexplained, unaccounted for.
inexploitable [inɛksplwatabl], *a.* Unworkable (mine); uncultivable (land).
inexploité [inɛksplwate], *a.* Unworked (mine); undeveloped (land). **Ressources inexploitées,** untapped resources.
inexplorable [inɛksplɔrabl], *a.* Inexplorable.
inexploré [inɛksplɔre], *a.* Unexplored.
inexplosible [inɛksplozibl], *a.* Non-explosive.
inexpressible [inɛkspresibl], *a.* Inexpressible.
inexpressif, -ive [inɛksprɛsif, -iːv], *a.* Inexpressive; expressionless, soulless (countenance).
inexprimable [inɛksprimabl], *a.* Inexpressible; beyond words; unutterable. *adv.* **-ment.**
inexprimé [inɛksprime], *a.* Unexpressed.
inexpugnable [inɛkspygnabl], *a.* Impregnable, inexpugnable; storm-proof (fortress).
inextensibilité [inɛkstɑ̃sibilite], *s.f.* Inextensibility.
inextensible [inɛkstɑ̃sibl], *a.* Inextensible.
inextinguible [inɛkstɛ̃g(ɥ)ibl, *a.* Inextinguishable; unquenchable (fire, thirst); irrepressible, uncontrollable (laughter).
inextirpable [inɛkstirpabl], *a.* Ineradicable.
inextricable [inɛkstrikabl], *a.* Inextricable. *adv.* **-ment.**
infaillibilité [ɛ̃fajibilite], *s.f.* Infallibility.
infaillible [ɛ̃fajibl], *a.* Infallible. **1.** Unerring. **2.** Certain, sure, unfailing (remedy). *adv.* **-ment.**
infaisable [ɛ̃fəzabl], *a.* Unfeasible; impossible of execution.
infamant [ɛ̃famɑ̃], *a.* **1.** Defamatory. **2.** Ignominious, dishonourable. **Peine infamante,** penalty involving loss of civil rights.
infâme [ɛ̃fɑːm], *a.* Infamous; foul (deed); unspeakable (behaviour); vile, squalid (slum).
infamie [ɛ̃fami], *s.f.* **1.** Infamy, dishonour. **2.** Infamous, vile, foul, deed. **Dire des infamies sur le compte de qn,** to vilify s.o.
infant, -ante [ɛ̃fɑ̃, -ɑ̃ːt], *s. Spanish Hist:* Infante, *f.* infanta.
infanterie [ɛ̃fɑ̃tri], *s.f.* Infantry. **Soldat d'i.,** infantryman, foot-soldier. **I. de marine,** Marine Light Infantry. **I. portée,** lorry-borne infantry.

infanticide[1] [ɛ̃fɑ̃tisid], *s.m. & f.* Infanticide, child-murderer.
infanticide[2], *s.m.* Infanticide, child-murder.
infantile [ɛ̃fɑ̃til], *a.* Infantile (disease, etc.). **Paralysie i.,** infantile paralysis. **Mortalité i.,** infant death-rate. **Psychiatrie i.,** child psychiatry.
infantilisme [ɛ̃fɑ̃tilism], *s.m.* Retarded development, infantilism.
infarctus [ɛ̃farktyːs], *s.m. Med:* Infarct, infarction. **I. du myocarde,** coronary thrombosis.
infatigable [ɛ̃fatigabl], *a.* Indefatigable, untiring, tireless. *adv.* **-ment.**
infatuation [ɛ̃fatɥasjɔ̃], *s.f.* (*a*) *A:* Infatuation (**de,** for, over). (*b*) Self-conceit, self-importance.
infatuer [ɛ̃fatɥe], *v.tr. A:* To infatuate.
s'infatuer de, pour, qn, *A:* to become infatuated with s.o. **Infatué de soi-même,** eaten up with self-conceit, with one's own importance.
infécond [ɛ̃fekɔ̃], *a.* Barren, sterile; unfruitful (suggestion).
infécondité [ɛ̃fekɔ̃dite], *s.f.* Barrenness, sterility.
infect [ɛ̃fɛkt], *a.* Stinking (food); foul (air); noisome (smell); filthy (book). **Odeur infecte,** stench. *F:* **Temps i.,** beastly, filthy, weather.
infectant [ɛ̃fɛktɑ̃], *a.* Infectious (miasma, virus).
infecter [ɛ̃fɛkte], *v.tr.* **1.** To infect (**de,** with). **2.** To pollute, taint. *Abs.* **Viande qui infecte,** meat that stinks. **Il infecte le tabac,** he reeks of tobacco.
s'infecter, to become, turn septic.
infectieux, -euse [ɛ̃fɛksjø, -øːz], *a.* Infectious.
infection [ɛ̃fɛksjɔ̃], *s.f.* **1.** Infection. **I. bactérienne,** bacterial contamination. *Med:* **I. purulente,** pyaemia, *F:* blood-poisoning **I. putride,** septicaemia, *F:* blood-poisoning. **2.** Stink, stench.
inféoder [ɛ̃feɔde], *v.tr. A:* To enfeoff.
s'inféoder à un parti, to give one's allegiance to a party.
inférence [ɛ̃ferɑ̃ːs], *s.f. Log:* Inference.
inférer [ɛ̃fere], *v.tr.* (**j'infère, j'inférerai**) To infer (**de,** from).
inférieur, -eure [ɛ̃ferjœːr], *a.* Inferior. **1.** (*a*) (In place or amount) Lower. **La lèvre inférieure,** the lower lip. (*b*) (In quality) Poor (goods, harvest, etc.). (*c*) (In quality) Poor (goods, harvest, etc.). (*c*) (In position) **D'un rang i.,** of inferior, lower, rank. **2. I. à,** inferior to; below. **I. au niveau de la mer,** below sea-level. **Être i. à qn par le mérite,** to be inferior to s.o. in merit. **3.** *s.* **Être l'i. de qn,** to be s.o.'s inferior.
inférieurement [ɛ̃ferjœrmɑ̃], *adv.* **1.** In a lower position; on the under side. **2.** In an inferior manner.
infériorité [ɛ̃ferjɔrite], *s.f.* Inferiority. (*a*) **I. du nombre,** inferiority in numbers. (*b*) **I. de niveau,** difference (= drop) in, of, level. (*c*) **Complexe d'i.,** inferiority complex.
infermentescible [ɛ̃fɛrmɑ̃tɛssibl], *a.* Unfermentable.
infernal, -aux [ɛ̃fɛrnal, -o], *a.* Infernal. **1.** Of Hell, Hades. **2.** *F:* Diabolical, devilish. **C'est i.!** It's hellish! **3. Machine infernale,** infernal machine. *adv.* **-ement.**
infertile [ɛ̃fɛrtil], *a.* Infertile, unfruitful, barren.
infertilité [ɛ̃fɛrtilite], *s.f.* Infertility, unfruitfulness, barrenness.
infester [ɛ̃fɛste], *v.tr.* (Of vermin, etc.) To infest, overrun; (of ghost) to haunt. **Infesté de gangsters,** gang-ridden.
infidèle [ɛ̃fidɛl]. **1.** *a.* Unfaithful. (*a*) False, faithless; unfaithful (**à,** to). (*b*) Dishonest; defaulting (cashier, etc.). (*c*) Misleading, incorrect; unfaithful (translator). **2.** *s.* Infidel, unbeliever. *adv.* **-ment.**
infidélité [ɛ̃fidelite], *s.f.* Infidelity (**envers,** to). (*a*) Unfaithfulness, faithlessness. (*b*) Dishonesty. (*c*) Inaccuracy (in translation, etc.). (*d*) (Religious) unbelief.
infiltration [ɛ̃filtrasjɔ̃], *s.f.* Infiltration. **1.** (*a*) Percolation, seepage. (*b*) Infiltration, trickling in (of ideas, etc.). **2.** Filtering through (of traffic).
infiltrer (s') [sɛ̃filtre], *v.pr.* **1.** (*a*) (Of fluid) To infiltrate, percolate, seep (**dans,** into; **à travers,** through); to soak in, filter in. (*b*) (Of idea, etc.) To trickle in, filter in, soak in. **2.** (Of troops) To progress, advance, by infiltration.
infime [ɛ̃fim], *a.* **1.** Lowly, mean (rank, etc.). **2.** *F:* Tiny, minute; infinitesimal (majority).
infini [ɛ̃fini]. **1.** *a.* Infinite; boundless, immeasurable (space); endless (bliss, etc.); innumerable (favours). **2.** *s.m.* **L'i.,** the infinite. *Phot:* **Régler à l'i.,** to focus for infinity. *Adv.phr.* **A l'i.,** to infinity, ad infinitum; boundlessly.
infiniment [ɛ̃finimɑ̃], *adv.* Infinitely. **I. plus intelligent,** infinitely, much, more intelligent. **Se donner i. de peine,** to give oneself no end of trouble. **Je regrette i.,** *F:* I'm awfully sorry.
infinité [ɛ̃finite], *s.f.* (*a*) *Mth: etc:* Infinity. (*b*) Infinitude, boundlessness (of space). *F:* **Une i. de raisons,** endless reasons.
infinitésimal, -aux [ɛ̃finitezimal, -o], *a.* *Mth: etc:* Infinitesimal. S.a. CALCUL[1].
infinitif, -ive [ɛ̃finitif, -iːv], *a. & s.m.* *Gram:* Infinitive (mood). **A l'i.,** in the infinitive.
infinitude [ɛ̃finityd], *s.f.* Infinitude (**de,** of).
infirmable [ɛ̃firmabl], *a.* *Jur:* That may be invalidated or reversed (on appeal).
infirmatif, -ive [ɛ̃firmatif, -iːv], *a.* *Jur:* Invalidating, nullifying.
infirmation [ɛ̃firmasjɔ̃], *s.f.* *Jur:* Invalidation; nullification; quashing.
infirme [ɛ̃firm]. **1.** *a.* (*a*) Infirm (old man, etc.). (*b*) Disabled, crippled. (*c*) Weak, feeble, frail (body, spirit). **2.** *s.* (*a*) Invalid. (*b*) Cripple. **Les grands infirmes,** the badly disabled.
infirmer [ɛ̃firme], *v.tr.* **1.** (*a*) To show up the weakness of (proof, argument, etc.). (*b*) To weaken (s.o.'s authority). (*c*) To weaken, invalidate (evidence, claim). **2.** (*a*) *Jur:* To annul, quash (judgment); to set (verdict) aside. (*b*) To cancel (letter, etc.).
infirmerie [ɛ̃firməri], *s.f.* (*a*) Infirmary, hospital. (*b*) *Sch:* Sanatorium. *Nau:* Sick-bay.
infirmier, -ère [ɛ̃firmje, -ɛːr]. **1.** *s.m.* Hospital attendant; male nurse; ambulance man. *Mil:* Medical orderly. *Navy:* Sick-berth attendant. **2.** *s.f.* **Infirmière,** (hospital) nurse; sick-nurse; ambulance nurse. **Infirmière en chef,** matron. *Mil:* **Infirmière major,** head nurse.
infirmité [ɛ̃firmite], *s.f.* (*a*) Infirmity. (*b*) Physical disability. (*c*) Weakness, frailty.
inflammabilité [ɛ̃flamabilite], *s.f.* Inflammability, inflammableness.
inflammable [ɛ̃flamabl], *a.* Inflammable.
inflammation [ɛ̃flamasjɔ̃], *s.f.* **1.** Inflammation, ignition, firing (of explosives, etc.). **Point d'i.,** flash-point (of mineral oil). **2.** *Med:* Inflammation.
inflammatoire [ɛ̃flamatwaːr], *a.* **1.** *Med:* Inflammatory. **2.** *F:* Inflammatory (speech, pamphlet, mood).
inflation [ɛ̃flasjɔ̃], *s.f. Pol.Ec:* Inflation. **Politique d'i.,** inflationary policy.
inflationnisme [ɛ̃flasjɔnism], *s.m. Fin:* Inflationism.
inflationniste [ɛ̃flasjɔnist], *s.m. Fin:* Inflationist.
infléchi [ɛ̃fleʃi], *a.* Inflected, bent (ray, etc.).
infléchir [ɛ̃fleʃiːr], *v.tr.* To bend, inflect (ray).
s'infléchir. **1.** To bend, deviate. *Opt:* (Of ray) To be inflected. **2.** (Of structure) To cave in.
infléchissable [ɛ̃fleʃisabl] *a.* (*a*) Unbendable, rigid. (*b*) = INFLEXIBLE.
inflexibilité [ɛ̃flɛksibilite], *s.f.* Inflexibility.
inflexible [ɛ̃flɛksibl], *a.* Inflexible, unbending; unyielding (will); rigid (virtue). **I. à toutes les prières,** inexorable to all entreaties. *adv.* **-ment.**
inflexion [ɛ̃flɛksjɔ̃], *s.f.* Inflexion, inflection. **1.** *Mth: Opt:* Bend(ing); change of direction (of curve, ray). **2.** Modulation (of voice).
infliger [ɛ̃fliʒe], *v.tr.* (**j'infligeai(s); n. infligeons**). To inflict. **I. une peine à qn,** to impose a penalty on s.o.
inflorescence [ɛ̃flɔrɛssɑ̃ːs], *s.f.* Inflorescence.
influençable [ɛ̃flyɑ̃sabl], *a.* Susceptible to influence.
influence [ɛ̃flyɑ̃ːs], *s.f.* Influence. **Exercer une i. sur qch., sur qn,** to have an effect upon sth.; to exercise an influence over s.o. **Avoir peu d'i.,** to have little weight; to be of very small account.
influencer [ɛ̃flyɑ̃se], *v.tr.* (**j'influençai(s); n. influençons**) To influence; to put pressure upon (s.o.); to sway (public opinion).
influent [ɛ̃flyɑ̃], *a.* Influential. **Peu i., uninfluential.**
influenza [ɛ̃flyɑ̃za], *s.f.* Influenza; *F:* 'flu.
influer [ɛ̃flye], *v.i.* **I. sur qn,** to influence s.o.; to exercise, have, (an) influence on, over, s.o. **I. sur qch.,** to have an effect upon sth.

influx [ɛ̃fly], *s.m.* **1.** Influx (of ideas, etc.). **2. I. nerveux**, nerve-impulse.
in-folio [ɛ̃fɔljo]. **1.** *a.inv.* **Volume in-f.**, folio volume. **2.** *s.m.inv.* Folio.
informateur, -trice [ɛ̃fɔrmatœ:r, -tris], *s.* Informant.
informatif, -ive [ɛ̃fɔrmatif, -i:v], *a.* Informative, informatory.
information [ɛ̃fɔrmasjɔ̃], *s.f.* (*a*) Inquiry. *Jur:* Preliminary investigation (of a case). **Ouvrir une i.**, to begin legal proceedings. **Prendre des informations** (sur qn), to make inquiries (about s.o.). *Mil:* **Service d'informations**, intelligence service. **Agence d'information(s)**, (i) trade-protection society; (ii) news agency. **Ministère de l'I.**, Ministry of Information. (*b*) **Je vous envoie, pour votre i. . . .**, I am sending you for your information. . . . *pl. W.Tel:* **Informations**, news(-bulletin).
informatique [ɛ̃fɔrmatik], *s.f.* Information processing.
informe [ɛ̃fɔrm], *a.* (*a*) Formless, shapeless (mass, etc.); crude (plan). (*b*) Ill-formed unshapely; mis-shapen (monster, etc.).
informé [ɛ̃fɔrme], *s.m. Jur:* Result of inquiry. **Renvoyer une cause à plus ample i.**, to defer a case for further inquiry.
informer [ɛ̃fɔrme]. **1.** *v.tr.* **I. qn de qch.**, to inform s.o. of sth., to let s.o. know; to acquaint s.o. with (a fact). **Mal informé**, misinformed. **Veuillez m'en i.**, please let me know. **2.** *v.i. Jur:* (*a*) **I. sur un crime**, to investigate a crime, to inquire into a crime. (*b*) **I. contre qn**, to inform against s.o.
s'informer, to make inquiries. **S'i. de qch.**, to inquire about sth.
informulé [ɛ̃fɔrmyle], *a.* Unformulated.
infortune [ɛ̃fɔrtyn], *s.f.* Misfortune, calamity. **Tomber dans l'i.**, to fall on evil days. **Compagnons d'i.**, companions in distress; fellow-sufferers.
infortuné [ɛ̃fɔrtyne], *a.* Unfortunate, unlucky. *s.* Unfortunate (person).
infraction [ɛ̃fraksjɔ̃], *s.f.* Infraction. **1.** Infringement (of rights). **2.** Offence. **I. à la loi**, infraction, breach, of the law. **I. au devoir**, breach of duty.
infranchissable [ɛ̃frɑ̃ʃisabl], *a.* Impassable; insuperable (difficulty).
infrangible [ɛ̃frɑ̃ʒibl], *a.* Infrangible, unbreakable.
infra-noir [ɛ̃franwa:r], *a. T.V:* Infra-black.
infrarouge [ɛ̃fraru:ʒ], *a. Opt:* Infra-red.
infra-son [ɛ̃frasɔ̃], *s.m.* Infrasonic vibration. *pl. Des infra-sons.*
infrasonore [ɛ̃frasɔnɔ:r], *a.* Infrasonic.
infrastructure [ɛ̃frastrykty:r], *s.f.* Substructure, understructure; underframe (of bridge); bed (of roadway). *Pol.Ec: Adm:* Infrastructure.
infréquent [ɛ̃frekɑ̃], *a.* Infrequent, rare.
infréquenté [ɛ̃frekɑ̃te], *a.* Unfrequented.
infroissable [ɛ̃frwasabl], *a. Tex: etc:* Uncreasable, crease-resisting; uncrushable.
infructueu|x, -euse [ɛ̃fryktɥø, -ø:z], *a.* (*a*) Unfruitful, barren (land, etc.). (*b*) Fruitless, unavailing (efforts). (*c*) Unprofitable (investment). *adv.* **-sement.**
infumable [ɛ̃fymabl], *a.* Unsmokable (cigar, etc.).
infus [ɛ̃fy], *a.* Infused inborn, innate (knowledge, etc.).
infusé [ɛ̃fyze], *a.* Infused. **Thé trop i.**, stewed tea.
infuser [ɛ̃fyze], *v.tr.* To infuse. **1.** To instil (**à**, into). **2.** To steep, macerate (herbs, etc.).
s'infuser, to infuse; (of tea) to draw. **Faire i. le thé**, to infuse the tea.
infusibilité [ɛ̃fyzibilite], *s.f.* Infusibility, non-fusibility.
infusible [ɛ̃fyzibl], *a.* Infusible, non-fusible, non-melting.
infusion [ɛ̃fyzjɔ̃], *s.f.* Infusion. (*a*) Infusing (of herbs, tea). (*b*) Decoction. **Une i. de tilleul**, lime tea.
ingambe [ɛ̃gɑ̃:b], *a.* Nimble, alert; still active.
ingénier (s') [sɛ̃ʒenje], *v.pr.* **S'i. à faire qch.**, to exercise one's wits, strain one's ingenuity in order to do sth.
ingénieur [ɛ̃ʒenjœ:r], *s.m.* Graduate engineer. **I. conseil**, consulting engineer. **I. des ponts et chaussées**, Government civil engineer. **I. du génie maritime**, naval architect. **I. de l'artillerie navale**, naval ordnance officer. **I. des méthodes**, industrial engineer. *Cin:* **I. du son**, sound engineer. **I. radio**, radio engineer. **Corps des Ingénieurs-géographes** = the Ordnance Survey.
ingénieu|x, -euse [ɛ̃ʒenjø, -ø:z], *a.* Ingenious, clever. *adv.* **-sement.**
ingéniosité [ɛ̃ʒenjɔzite], *s.f.* Ingenuity, ingeniousness; cleverness (of person).
ingénu, -ue [ɛ̃ʒeny]. **1.** *a.* Ingenuous, artless, unsophisticated, simple. **Faire l'i.**, to affect simplicity. **2.** *s.f.* **Ingénue.** (*a*) Artless girl. (*b*) *Th:* Ingénue. *adv.* **-ment.**
ingénuité [ɛ̃ʒenɥite], *s.f.* Ingenuousness, artlessness, simplicity.
ingérence [ɛ̃ʒerɑ̃:s], *s.f.* (Unwarrantable) interference, (inter)meddling.
ingérer [ɛ̃ʒere], *v.tr.* **(j'ingère; j'ingérerai)** *Physiol:* To ingest (food).
s'ingérer, dans une affaire, to interfere in, meddle with, a business.
ingestion [ɛ̃ʒɛstjɔ̃], *s.f. Physiol:* Ingestion, consumption.
ingouvernable [ɛ̃guvɛrnabl], *a.* **1.** Ungovernable, unruly. **2.** Unmanageable (ship, etc.).
ingrat [ɛ̃gra], *a.* **1.** Ungrateful (**envers**, to, towards). **2.** Unproductive, unprofitable (soil, etc.); intractable (material); thankless (task); barren (subject). **3.** (*a*) Unpleasing, repellent (work, etc.). (*b*) **L'âge i.**, the awkward age. **4.** *s.* Ungrateful, heartless, person.
ingratitude [ɛ̃gratityd], *s.f.* **1.** Ingratitude, ungratefulness. **2.** Thanklessness, unprofitableness (of task).
ingrédient [ɛ̃gredjɑ̃], *s.m.* Ingredient, constituent.
inguéable [ɛ̃geabl], *a.* Unfordable.
inguérissable [ɛ̃gerisabl], *a.* Incurable.
inguinal, -aux [ɛ̃gɥinal, -o], *a. Anat:* Inguinal.
ingurgitation [ɛ̃gyrʒitasjɔ̃], *s.f.* Ingurgitation, swallowing.
ingurgiter [ɛ̃gyrʒite], *v.tr.* To swallow, gulp down (dose, etc.). *F:* **Il ingurgita son dîner**, he wolfed his dinner.
inhabile [inabil], *a.* **1.** Inapt (**à, at**]; unskilled (**in**); unfitted (to); clumsy, awkward. **2.** *Jur:* **I. à tester**, incompetent to make a will.
inhabilement [inabilmɑ̃], *adv.* Unskilfully; awkwardly.
inhabileté [inabilte], *s.f.* Lack of skill (**à faire qch.**, in doing sth.); clumsiness.
inhabilité [inabilite], *s.f.* Legal incapacity or disability. **I. à succéder**, incompetency to succeed.
inhabitable [inabitabl], *a.* Uninhabitable.
inhabité [inabite], *a.* Uninhabited.
inhabitude [inabityd], *s.f.* Unaccustomedness (**de**, to).
inhabitué [inabitɥe], *a.* Unaccustomed (**à**, to).
inhabituel, -elle [inabitɥɛl], *a.* Unusual, unwonted.
inhalateur [inalatœ:r], *s.m.* Inhaler.
inhalation [inalasjɔ̃], *s.f.* Inhalation.
inhaler [inale], *v.tr.* To inhale.
inharmonie [inarmɔni], *s.f.* Disharmony, discordance.
inharmonieux, -euse [inarmɔnjø, -ø:z], *a.* Inharmonious, discordant; unmusical.
inhérence [inerɑ̃:s], *s.f.* Inherence, inherency (**à**, in).
inhérent [inerɑ̃], *a.* Inherent (**à**, in).
inhiber [inibe], *v.tr.* To inhibit (feeling, etc.).
inhibiteur, -trice [inhibitœ:r, -tris], **inhibitif, -ive** [inibitif, -i:v], *a.* Inhibitory (reflex, nerve, etc.).
inhibition [inibisjɔ̃], *s.f.* Inhibition.
inhibitoire [inibitwa:r], *a.* **1.** *Jur:* Inhibitory, prohibitory. **2.** *Psy: Med:* Inhibitory.
inhospitalier, -ière [inɔspitalje, -jɛ:r], *a.* Inhospitable.
inhumain [inymɛ̃], *a.* Inhuman; unfeeling. *adv.* **-ement.**
inhumanité [inymanite], *s.f.* Inhumanity.
inhumation [inymasjɔ̃], *s.f.* Burial, inhumation.
inhumer [inyme], *v.tr.* To bury, inhume, inter.
inimaginable [inimaʒinabl], *a.* Unimaginable; inconceivable, unthinkable.
inimitable [inimitabl], *a.* Inimitable; matchless. *adv.* **-ment.**
inimitié [inimitje], *s.f.* Enmity, hostility, ill-feeling.
inimprimable [inɛ̃primabl], *a.* Unprintable.
ininflammabilité [inɛ̃flamabilite], *s.f.* Non-inflammability, uninflammability.
ininflammable [inɛ̃flamabl], *a.* Non-inflammable; fire-proof. *Cin:* Non-flam (film).
inintelligence [inɛ̃tɛliʒɑ̃:s], *s.f.* Lack of intelligence; obtuseness.
inintellig|ent [inɛ̃tɛliʒɑ̃], *a.* Unintelligent; obtuse. *adv.* **-emment.**

inintelligibilité [inɛ̃teliʒibilite], *s.f.* Unintelligibility.
inintelligible [inɛ̃teliʒibl], *a.* Unintelligible. *adv.* **-ment.**
inintentionnellement [inɛ̃tɑ̃sjɔnɛlmɑ̃], *adv.* Unintentionally.
inintéressant [inɛ̃terɛsɑ̃], *a.* Uninteresting.
ininterrompu [inɛ̃tɛrɔ̃py], *a.* Uninterrupted, unintermitting; unbroken (sleep). **Progrès i.,** steady progress.
inique [inik], *a.* Iniquitous. *adv.* **-ment.**
iniquité [inikite], *s.f.* Iniquity.
initial, -aux [inisjal, -o]. **1.** *a.* Initial (letter, cost); starting (price). **2.** *s.f.* **Initiale,** initial (letter). *adv.* **-ement.**
initiateur, -trice [inisjatœːr, -tris]. **1.** *s.* Initiator. **2.** *a.* Initiatory.
initiation [inisjasjɔ̃], *s.f.* Initiation (**à,** into).
initiative [inisjatiːv], *s.f.* Initiative. **I. privée,** voluntary effort. **Prendre l'i. d'une réforme,** to initiate a reform. **Prendre l'i. pour faire qch.,** to take the initiative in doing sth. *Mil:* **Garder l'i.,** to keep the initiative. **Faire qch. de sa propre i.,** to do sth. on one's own initiative. **Il n'a aucune i.,** *F:* he's quite helpless. **Syndicat d'i.,** tourist bureau.
initié, -ée [inisje], *s.* (*a*) Initiate. (*b*) *F:* Person in the know.
initier [inisje], *v.tr.* To initiate (s.o.) (**à,** in); to receive (s.o.) among the initiates.
s'initier, to learn, to be learning; *F:* To get to learn. **S'i. aux détails d'un commerce,** to get to know the details of a business.
injecté [ɛ̃ʒɛkte], *a.* Congested, inflamed, injected. **Yeux injectés de sang,** bloodshot eyes.
injecter [ɛ̃ʒɛkte], *v.tr.* To inject.
s'injecter, (of eyes, etc.) to become blood-shot.
injecteur [ɛ̃ʒɛktœːr], *s.m. Mch:* Injector. *Av:* Nozzle.
injection [ɛ̃ʒɛksjɔ̃], *s.f.* Injection. (*a*) *I.C.E:* **Moteur à i. (directe),** (direct) injection engine. (*b*) *Const:* Grouting. (*c*) *Geol:* Intrusion; injection.
injonction [ɛ̃ʒɔ̃ksjɔ̃], *s.f.* Injunction, behest.
injouable [ɛ̃ʒwabl], *a.* Unplayable (music, ball); unperformable, unactable (play).
injudicieu|x, -euse [ɛ̃ʒydisjø, -øːz], *a.* Injudicious. *adv.* **-sement.**
injure [ɛ̃ʒyːr], *s.f.* **1.** Wrong, injury. *Jur:* Tort. **Faire i. à qn,** to wrong s.o. **2.** Insulting word or remark; insult; *pl.* abuse. **Débiter des injures à qn,** to abuse, slang, s.o.
injurier [ɛ̃ʒyrje], *v.tr.* To abuse (s.o.); to call (s.o.) names.
injurieu|x, -euse [ɛ̃ʒyrjø, -øːz], *a.* Insulting, abusive, injurious (language). *adv.* **-sement.**
injuste [ɛ̃ʒyst]. **1.** *a.* (*a*) Unjust, unfair (**envers, avec, pour,** to). (*b*) Unrighteous. **2.** *s.m.* **Le juste et l'i.,** right and wrong. *adv.* **-ment.**
injustice [ɛ̃ʒystis], *s.f.* **1.** Injustice, unfairness (**envers,** to, towards). **2. Faire une i. à qn,** to do s.o. an injustice; to wrong s.o.
injustifiable [ɛ̃ʒystifjabl], *a.* Unjustifiable, unwarrantable.
injustifié [ɛ̃ʒystifje], *a.* Unjustified, unwarranted.
inlassable [ɛ̃lɑsabl], *a.* Untiring, unflagging, unwearying (efforts, etc.); tireless (person). *adv.* **-ment.**
innavigable [innavigabl], *a.* **1.** Unnavigable, innavigable. **2.** Unseaworthy (ship).
inné [inne], *a.* Innate, inborn.
innégociable [innegɔsjabl], *a. Com:* Not negotiable.
innocence [inɔsɑ̃ːs], *s.f.* Innocence. (*a*) Guiltlessness, blamelessness. (*b*) Guilelessness, artlessness, simplicity. (*c*) Harmlessness (of joke).
innoc|ent [inɔsɑ̃], *a.* **1.** Innocent. (*a*) Guiltless, not guilty (de, of). (*b*) Pure, sinless. *s. B.Hist:* **Les (Saints) Innocents,** the Holy Innocents. **2.** (*a*) Simple, guileless, artless. *s.* Simpleton. (*b*) Harmless, inoffensive (joke, etc.). **Jeux innocents,** parlour games. (*c*) *s.* Innocent, natural, idiot. **L'i. du village,** the village idiot. *adv.* **-emment.**
innocenter [inɔsɑ̃te], *v.tr.* **1. I. qn (d'une accusation),** to clear s.o. (of a charge); to declare s.o. not guilty. **2.** To excuse, justify (conduct).
innocuité [innɔkɥite], *s.f.* Innocuousness, harmlessness.
innombrable [innɔ̃brabl], *a.* Innumerable, numberless, countless. *adv.* **-ment.**
innom(m)é [innɔme], *a.* Unnamed, nameless.
innommable [innɔmabl], *a.* Unnamable.
innovateur, -trice [innɔvatœːr, -tris]. **1.** *a.* Innovating, innovative. **2.** *s.* Innovator.
innovation [innɔvasjɔ̃], *s.f.* Innovation.
innover [innɔve], *v.i.* To innovate; to introduce changes, innovations.
inobservable [inɔpsɛrvabl], *a.* **1.** That cannot be observed, complied with. **2.** Inobservable, hardly perceptible.
inobservance [inɔpsɛrvɑ̃ːs], *s.f.* Non-observance, inobservance.
inobservation [inɔpsɛrvasjɔ̃], *s.f.* Non-observance, disregard (of the law); non-compliance (**de,** with).
inobservé [inɔpsɛrve], *a.* Unobserved. **1.** Unnoticed. **2.** (Of rule) Not kept, not complied with.
inoccupé [inɔkype], *a.* Unoccupied. **1.** Idle, unemployed. **2.** Vacant (seat, house); uninhabited (house).
in-octavo [inɔktavo], *a. & s.m.inv.* Octavo.
inoculable [inɔkylabl], *a. Med:* Inoculable.
inoculateur, -trice [inɔkylatœːr, -tris], *s. Med:* Inoculator.
inoculation [inɔkylasjɔ̃], *s.f. Med:* Inoculation.
inoculer [inɔkyle], *v.tr.* **1. I. une maladie à qn,** to infect s.o. with a disease. **Elle nous a inoculé sa gaieté,** she has infected us with her gaiety. **2. I. qn (contre une maladie),** to inoculate s.o. (against a disease).
inodore [inɔdɔːr], *a.* Inodorous, odourless; scentless.
inoffens|if, -ive [inɔfɑ̃sif, -iːv], *a.* Inoffensive; harmless; innocuous. *adv.* **-ivement.**
inondable [inɔ̃dabl], *a.* (Of land) Liable to inundation, easily flooded.
inondation [inɔ̃dasjɔ̃], *s.f.* Inundation; flood.
inondé, ée [inɔ̃de], **1.** *a.* Flooded. **Pays i.,** country under water. **Visage i. de larmes,** face streaming with tears. **I. d'invitations,** deluged, snowed under, with invitations. **2.** *s.* Flood victim.
inonder [inɔ̃de], *v.tr.* To inundate, flood (fields etc.); to glut (the market); *F:* to soak, drench.
inopérable [inɔperabl], *a. Surg:* Inoperable (tumour, patient).
inopérant [inɔperɑ̃], *a. Jur:* Inoperative, invalid.
inopiné [inɔpine], *a.* Sudden, unexpected, unforeseen. *adv.* **-ment.**
inopportun [inɔpɔrtœ̃], *a.* **1.** Inopportune. **2.** Unseasonable, ill-timed. *adv.* **-ément.**
inopportunité [inɔpɔrtynite], *s.f.* **1.** Inopportuneness. **2.** Unseasonableness, gratuitousness (of remark, etc.).
inorganique [inɔrganik], *a.* Inorganic.
inoubliable [inubliabl], *a.* Unforgettable.
inoublié [inublie], *a.* Unforgotten.
inouï [inui, -w-], *a.* Unheard of. (*a*) Unparalleled, extraordinary. (*b*) *F:* Outrageous (behaviour, etc.).
inoxydable [inɔksidabl], *a.* Unoxidizable; rust-proof. **Acier i.,** stainless steel.
in-plano [ɛ̃plano], *s.m.inv. Typ:* Broad-sheet, broadside.
inqualifiable [ɛ̃kalifjabl], *a.* Unqualifiable; beyond words; unspeakable (behaviour).
in-quarante-huit [ɛ̃karɑ̃tɥit], *a. & s.m.inv. Typ:* Forty-eightmo.
in-quarto [ɛ̃kwarto], *a. & s.m.inv. Typ:* Quarto.
inquiet, -ète [ɛ̃kjɛ, -ɛt], *a.* (*a*) Restless, fidgety. (*b*) Anxious, apprehensive, uneasy; worried. **I. de qn, sur le compte de qn,** uneasy about s.o. **Avoir l'esprit i.,** to be uneasy in one's mind.
inquiétant [ɛ̃kjetɑ̃], *a.* Disquieting, disturbing, upsetting.
inquiéter [ɛ̃kjete], *v.tr.* (**j'inquiète; j'inquiéterai**) To make (s.o.) anxious or uneasy; to disquiet, trouble, disturb.
s'inquiéter, to become anxious, to trouble (oneself), to worry, to get uneasy (**de, au sujet de,** about). **Je ne m'inquiète guère de ce qu'on dit,** I don't care what they say.
inquiétude [ɛ̃kjetyd], *s.f.* Disquiet. (*a*) Restlessness. *F:* **Avoir des inquiétudes dans les jambes,** to have twitchings in one's legs. (*b*) Anxiety, concern, misgivings, uneasiness. **Être dans l'i.,** to be anxious, uneasy. **Dissiper les inquiétudes de qn, tirer qn de son i.,** to set s.o.'s mind at ease. **État d'i.,** state of anxiety; anxious state of mind. **Éprouver quelques inquiétudes,** to experience a few qualms.

inquisiteur [ɛ̃kizitœːr]. **1.** *s.m.* (*a*) *Ecc.Hist:* Inquisitor. (*b*) *F:* Snooper. **2.** *a.m.* (*a*) Inquisitorial (tribunal). (*b*) *F:* Inquisitive, prying (glance).
inquisition [ɛ̃kizisjɔ̃], *s.f.* Inquisition.
inquisitorial, -aux [ɛ̃kizitɔrjal, -o], *a.* Inquisitorial.
inracontable [ɛ̃rakɔ̃tabl], *a.* Unrelatable, untellable.
insaisissable [ɛ̃sɛzisabl], *a.* **1.** (*a*) That cannot be grasped. (*b*) Difficult to catch; elusive. (*c*) Imperceptible (sound, difference). **2.** *Jur:* Not distrainable, not attachable.
insalissable [ɛ̃salisabl], *a.* Unsoilable, dirt-proof.
insalubre [ɛ̃salybr], *a.* Insalubrious (climate); unhealthy (climate, occupation); insanitary (dwelling). *adv.* **-ment.**
insalubrité [ɛ̃salybrite], *s.f.* Insalubrity, unhealthiness; insanitariness.
insanité [ɛ̃sanite], *s.f.* Insanity.
insatiabilité [ɛ̃sasjabilite], *s.f.* Insatiability.
insatiable [ɛ̃sasjabl], *a.* Insatiable (**de,** of); unquenchable (thirst). *adv.* **-ment.**
insatisfaction [ɛ̃satisfaksjɔ̃], *s.f.* Unsatisfaction.
insatisfait [ɛ̃satisfɛ], *a.* Unsatisfied.
insciemment [ɛ̃sjamɑ̃], *adv.* Unknowingly, unconsciously, unwittingly.
inscriptible [ɛ̃skriptibl], *a. Geom:* Inscribable.
inscription [ɛ̃skripsjɔ̃], *s.f.* **1.** (*a*) Writing down, inscribing. (*b*) Registration, enrolment. **Droit d'i.,** registration fee, entrance fee. **Feuille d'i.,** entry form. **Prendre son i.,** to enter one's name. *Fr.Navy:* **I. maritime,** seaboard conscription for the navy. S.a. FAUX[1] II. 2. **2.** (*a*) Inscription (on tomb, etc.). (*b*) Directions (on sign-post, etc.); notice.
inscrire [ɛ̃skriːr], *v.tr.* (*pr.p.* **inscrivant;** *p.p.* **inscrit;** *pr.ind.* **j'inscris, il inscrit, n. inscrivons;** *p.h.* **j'inscrivis;** *fu.* **j'inscrirai**) **1.** (*a*) To inscribe, write down. **I. une question à l'ordre du jour,** to place a question on the agenda. (*b*) To register (marriage, etc.); to enrol(l) (s.o.); to enter (s.o.'s) name. **Se faire i. à un cours,** to enter, put down, one's name, to enrol(l), for a course. *Ind:* **I. (un employé) à l'arrivée,** to clock in (an employee). **I. l'heure de sortie (d'un employé),** to book off, out. **2.** To inscribe, engrave (epitaph, etc.). **3.** *Geom:* To inscribe (triangle, etc.) (**dans,** in).
s'inscrire. (*a*) To put down one's name. (*b*) To have oneself registered. *War Adm:* (*Rationing*) **S'i. chez un commerçant,** to register with a tradesman. S.a. FAUX[1] II. 1.
inscrit [ɛ̃skri], *s.m. Fr.Navy:* **I. maritime,** man enrolled for naval conscription.
inscrutabilité [ɛ̃skrytabilite], *s.f.* Inscrutability, unfathomableness.
inscrutable [ɛ̃skrytabl], *a.* Inscrutable, unfathomable. *adv.* **-ment.**
insécable [ɛ̃sekabl], *a.* Indivisible.
insecte [ɛ̃sɛkt], *s.m.* Insect.
insecticide [ɛ̃sɛktisid], *a. & s.m.* Insecticide. **Poudre i.,** insect-powder.
insectivore [ɛ̃sɛktivɔːr]. **1.** *a.* Insectivorous. **2.** *s.m.* Insect-eater, insectivore.
insécurité [ɛ̃sekyrite], *s.f.* Insecurity.
in-seize [ɛ̃sɛːz], *a. & s.m.inv. Typ:* Sixteenmo.
insémination [ɛ̃seminasjɔ̃], *s.f. Breed:* Artificial insemination.
insensé, -ée [ɛ̃sɑ̃se], *a.* (*a*) Mad, insane. *s.* Madman, -woman. (*b*) Senseless, foolish (action, etc.). (*c*) Extravagant, *F:* hare-brained (scheme).
insensibilisation [ɛ̃sɑ̃sibilizasjɔ̃], *s.f.* Anaesthetization.
insensibiliser [ɛ̃sɑ̃sibilize], *v.tr. Med:* To insensibilize, anaesthetize.
insensibilité [ɛ̃sɑ̃sibilite], *s.f.* Insensitiveness. (*a*) Insensibility. (*b*) Indifference, callousness (**envers,** to).
insensible [ɛ̃sɑ̃sibl], *a.* Insensible. **1.** (*a*) Insensitive. (*b*) Indifferent (**à,** to); unfeeling; dull; callous (**à,** to). **I. à la flatterie,** proof against flattery. **2.** Imperceptible; hardly perceptible (difference, etc.). *adv.* **-ment.**
inséparabilité [ɛ̃separabilite], *s.f.* Inseparability.
inséparable [ɛ̃separabl]. **1.** *a.* Inseparable. **2.** *s.m.pl. Orn:* Love-birds. *adv.* **-ment.**
insérable [ɛ̃serabl], *a.* Insertable.
insérer [ɛ̃sere], *v.tr.* (**j'insère; j'insérerai**) To insert. **Prière d'i.,** *F:* publisher's blurb.
insermenté [ɛ̃sɛrmɑ̃te], *a.* Unsworn. *Hist:* Nonjuring (priest).
insertion [ɛ̃sɛrsjɔ̃], *s.f.* Insertion.
inserviable [ɛ̃sɛrvjabl], *a.* Disobliging, unhelpful.
insidieu|x, -euse [ɛ̃sidjø, -øːz], *a.* Insidious. *adv.* **-sement.**
insigne[1] [ɛ̃siɲ], *a.* **1.** Distinguished (**par,** for); remarkable. **Faveur i.,** signal favour. **2.** *Pej:* Notorious; arrant (liar, etc.).
insigne[2], *s.m.* Usu. *pl.* Distinguishing mark; badge. *Mil:* **I. de grade,** badge of rank. **Insignes de la royauté,** insignia of royalty.
insignifiance [ɛ̃siɲifjɑ̃ːs], *s.f.* Insignificance, unimportance.
insignifiant [ɛ̃siɲifjɑ̃], *a.* **1.** Insignificant, unimportant; trivial, trifling (loss, sum); nominal (rent, etc.). **2.** Vacuous (face); lacking in personality.
insincère [ɛ̃sɛ̃sɛːr], *a.* Insincere.
insinuant [ɛ̃sinɥɑ̃], *a.* Insinuating, insinuative; ingratiating.
insinuation [ɛ̃sinɥasjɔ̃], *s.f.* Insinuation. **1.** Introduction (*e.g.* of probe into wound). **2.** Innuendo.
insinuer [ɛ̃sinɥe], *v.tr.* To insinuate. **1.** To introduce, insert (gently). **2.** To hint at (sth.). **Que voulez-vous i.?** what are you hinting at? *F:* what are you getting at?
s'insinuer, to penetrate; to creep (in, into); to steal (in, into). **S'i. dans les bonnes grâces de qn,** to insinuate oneself, worm one's way, into s.o.'s good graces. **S'i. entre les voitures,** to thread one's way through the traffic.
insipide [ɛ̃sipid], *a.* Insipid. (*a*) Tasteless (dish). (*b*) Dull, vapid, flat, uninteresting (conversation, etc.); tame (story, ending). *adv.* **-ment.**
insipidité [ɛ̃sipidite], *s.f.* Insipidity. (*a*) Tastelessness. (*b*) Dullness, vapidness, vapidity, flatness (of conversation); tameness (of ending).
insistance [ɛ̃sistɑ̃ːs], *s.f.* Insistence (**à faire qch.,** on doing sth.). **Avec i.,** earnestly, insistently.
insistant [ɛ̃sistɑ̃], *a.* Insistant, stubborn.
insister [ɛ̃siste], *v.i.* To insist. **I. sur un fait,** to dwell, lay stress, (up)on a fact. **I. sur ses demandes,** to stand out for, insist on, persist in, one's claims. **I. à, pour, faire qch.,** to insist on doing sth. **I. auprès de qn,** to take up a matter strongly with s.o. **N'insistez pas trop,** do not be too insistent. **N'insistez pas trop là-dessus,** (i) don't put too much emphasis on that; (ii) don't try your luck too far.
insociabilité [ɛ̃sɔsjabilite], *s.f.* Insociability, unsociableness.
insociable [ɛ̃sɔsjabl], *a.* Unsociable, insociable.
insolation [ɛ̃sɔlasjɔ̃], *s.f.* Insolation. **1.** Sun-bathing. **2. = coup de soleil,** *q.v.* under SOLEIL 2. **3.** *Meteor:* Isolation.
insolence [ɛ̃sɔlɑ̃ːs], *s.f.* **1.** Insolence, impertinence; impudence. **Répondre avec i.,** to answer insolently. **2.** Piece of impudence.
insol|ent, -ente [ɛ̃sɔlɑ̃, -ɑ̃ːt]. **1.** *a.* (*a*) Insolent, impertinent, impudent, *F:* cheeky (**envers, avec,** to). (*b*) Haughty, overbearing. **2.** *s.* Insolent, impudent, person. *adv.* **-emment.**
insoler [ɛ̃sɔle], *v.tr.* To insolate; to expose (sth.) to the sun.
s'insoler, to take a sun-bath.
insolite [ɛ̃sɔlit], *a.* Unusual, unwonted.
insolubiliser [ɛ̃sɔlybilize], *v.tr.* To render insoluble.
insolubilité [ɛ̃sɔlybilite], *s.f.* Insolubility.
insoluble [ɛ̃sɔlybl], *a.* **1.** Insoluble (substance). **2.** Insoluble, insolvable, unsolvable (problem). **Situation i.,** dead-lock.
insolvabilité [ɛ̃sɔlvabilite], *s.f. Com:* Insolvency.
insolvable [ɛ̃sɔlvabl], *a. Com:* Insolvent.
insomnie [ɛ̃sɔmni], *s.f.* Insomnia, sleeplessness. **Nuit d'i.,** sleepless night.
insondable [ɛ̃sɔ̃dabl], *a.* **1.** Unsoundable, fathomless (sea). **2.** Unfathomable (mystery).
insonore [ɛ̃sɔnɔːr], *a. Cin: W.Tel: etc:* **1.** Sound-proof (studio, etc.). **2.** Sound-deadening (material).
insonorisation [ɛ̃sɔnɔrizasjɔ̃], *s.f. Cin: W.Tel: etc:* Sound dampening; insulation (of sound camera); sound-proofing.
insonorisé [ɛ̃sɔnɔrize], *a.* Sound-proofed.
insonoriser [ɛ̃sɔnɔrize], *v.tr. Cin: W.Tel: etc:* To insulate, sound-proof (studio, etc.).

insouciance [ɛ̃susjɑ̃:s], *s.f.* (*a*) Freedom from care; unconcern, insouciance. (*b*) Thoughtlessness, casualness.
insouci|ant [ɛ̃susjɑ̃], *a.* (*a*) Careless, free from care, unconcerned. **I. du lendemain,** careless of the morrow. (*b*) Heedless, thoughtless, casual. *adv.* **-amment.**
insoucieux, -euse [ɛ̃susjø, -ø:z], *a.* Heedless (**de,** of). **I. de l'avenir,** regardless of the future.
insoumis, -ise [ɛ̃sumi, -i:z], *a.* **1.** Unsubdued, unsubjugated. **2.** (*a*) Unsubmissive, refractory, unruly. (*b*) *a. & s.m. Mil:* Absentee (conscript or reservist).
insoumission [ɛ̃sumisjɔ̃], *s.f.* Insubordination, unsubmissiveness. *Mil:* Failure to (re)join one's unit.
insoupçonnable [ɛ̃supsɔnabl], *a.* Beyond suspicion; above suspicion.
insoupçonné [ɛ̃supsɔne], *a.* Unsuspected (**de,** by).
insoutenable [ɛ̃sutnabl], *a.* **1.** Untenable (opinion); unwarrantable, unmaintainable (assertion); indefensible (position). **2.** Unbearable, unendurable (agony, etc.).
inspecter [ɛ̃spɛkte], *v.tr.* To inspect (school, troops, etc.); to survey (field of battle); to examine (work).
inspecteur, -trice [ɛ̃spɛktœ:r, -tris], *s.* Inspector, *f.* inspectress; overseer (of works, etc.); shop-walker; surveyor (of mines, etc.); examiner (of commercial books, etc.). *Adm:* **I. du travail,** factory inspector. **I. de la sûreté,** detective inspector. **I. des contributions directes,** inspector of taxes. *Sch:* **I. (de l'enseignement) primaire,** primary school inspector. **I. d'Académie,** Ministry of Education inspector, = H.M.I.
inspection [ɛ̃spɛksjɔ̃], *s.f.* **1.** (*a*) Inspection, inspecting; examination, examining; survey. **Faire l'i. de** = INSPECTER. *Mil:* **Passer l'i. d'une compagnie,** to inspect a company. (*b*) Tour of inspection. **2.** Inspectorship; surveyorship.
inspectorat [ɛ̃spɛktɔra], *s.m.* Inspectorate. **1.** Inspectorship. **2.** *Coll:* The body of inspectors.
inspirateur, -trice [ɛ̃spiratœ:r, -tris]. **1.** *a.* (*a*) Inspiratory (muscle, etc.). (*b*) Inspiring, inspiriting. **2.** *s.* Inspirer.
inspiration [ɛ̃spirasjɔ̃], *s.f.* Inspiration. **1.** Breathing in, inhaling. **2.** Suggestion, prompting. **Sous l'i. du moment,** on the spur of the moment.
inspirer [ɛ̃spire], *v.tr.* To inspire. **1.** (*a*) **I. qch. à qn,** to inspire s.o. with sth. **I. le respect,** to inspire respect. **I. à qn de faire qch.,** to prompt s.o. to do sth. (*b*) **I. qn,** to inspire s.o. **Inspiré par la jalousie,** prompted, actuated, by jealousy. **Régime inspiré du principe de liberté,** régime imbued with the spirit of liberty. **2.** To breathe in, inhale (air, smoke, etc.).
s'inspirer de qn, de qch., to take, draw, one's inspiration from s.o., from sth.
instabilité [ɛ̃stabilite], *s.f.* Instability. (*a*) Shakiness, unsteadiness. *Nau:* Crankiness (of ship). (*b*) Inconstancy, fickleness; uncertainty (of fortune, etc.).
instable [ɛ̃stabl], *a.* Unstable. (*a*) Shaky, unsteady, *F:* wobbly. *Nau:* Cranky (ship). **Équilibre i.,** unstable equilibrium. (*b*) Inconstant, unreliable. *adv.* **-ment.**
installateur [ɛ̃stalatœ:r], *s.m.* **1.** *Ecc:* Inductor (of prelate, etc.). **2.** *Ind:* Fitter.
installation [ɛ̃stalasjɔ̃], *s.f.* **1.** (*a*) Installation (of judge, bishop); induction (of priest). (*b*) Setting up (of machine, house); fitting up, equipping (of workshop); fixing (of curtains, etc.). **2.** (*a*) Arrangements, appointments (of flat, etc.); **fittings** (of workshop, etc.). (*b*) *Ind:* Plant. *Aut:* **I. de lavage,** washing-bay. (*c*) **I. de radio,** wireless station or set.
installer [ɛ̃stale], *v.tr.* (*a*) To install (president, bishop). *F:* **I. qn dans un fauteuil,** to make s.o. comfortable in an armchair. (*b*) To set up (machine, etc.); to fit up, equip (factory, etc.); to fix (curtains, etc.). **Maison bien installée,** well-appointed house. (*c*) To establish, settle. **I. sa famille à la campagne,** to settle one's family in the country. (*d*) *Nau:* To stow (gear, etc.).
s'installer, to install oneself; to settle (down); to make oneself at home; *F:* to park oneself. **S'i. comme médecin,** to set up as a doctor.
instamment [ɛ̃stamɑ̃], *adv.* Insistently, earnestly. **On demande i. un médecin,** a doctor is urgently required.
instance [ɛ̃stɑ̃:s], *s.f.* **1.** (*a*) Instancy, solicitation. **Sur l'i de . . .,** at the instance of. . . . **Prier avec i.,** to pray earnestly. (*b*) *pl.* Requests, entreaties. (*c*) *Jur:* Process, suit. **Introduire une i. (en justice),** to institute an action. **Ils sont en i. de divorce,** their divorce proceedings are taking place. **Tribunal d'i.,** = Magistrate's court. **Tribunal de grande i.,** = County Court. (*d*) Authority. **2.** Immediacy. **Être en i. de départ pour . . .,** to be on the point of departure for. . . .
instant[1] [ɛ̃stɑ̃], *a.* Pressing, urgent, instant.
instant[2], *s.m.* Moment, instant. **A chaque i., à tout i.,** continually; at every moment. **Par instants,** on and off. **Un i.!** wait a moment! **Dans un i.,** in a (short) while. **En un i.,** in no time, quickly, swiftly. **Un soin de tous les instants,** unremitting, ceaseless, care. *Adv.phr.* **A l'i.,** (i) a moment ago; (ii) immediately, at once. **Dès l'i. que** + *ind.*, (i) from the moment when . . .; (ii), since, seeing that. . . .
instantané [ɛ̃stɑ̃tane]. **1.** *a.* Instantaneous (death, etc.); sudden (fright). **2.** *s.m.Phot:* Snapshot. *adv.* **-ment.**
instantanéité [ɛ̃stɑ̃taneite], *s.f.* Instantaneousness.
instar de (à l') [alɛ̃sta:rdə], *prep.phr.* After the fashion, manner, of; like. **Coiffée à l'i. des Grecques,** with a Grecian hairstyle.
instaurateur, -trice [ɛ̃stɔratœ:r, -tris], *s.* Founder, establisher.
instaurer [ɛ̃stɔre], *v.tr.* To found (temple, etc.); to set up (republic, etc.). *s.f.* **-ation.**
instigateur, -trice [ɛ̃stigatœ:r, -tris], *s.* Instigator (**de,** of); inciter (**de,** to).
instigation [ɛ̃stigasjɔ̃], *s.f.* Instigation, incitement (**à,** to). **Agir à l'i. de qn,** to act at, on, s.o.'s instigation.
instill|er [ɛ̃stil(l)e], *v.tr.* To instil. *s.f.* **-ation.**
instinct [ɛ̃stɛ̃], *s.m.* Instinct. **Par i.,** by instinct. **Agir par pur i.,** to act instinctively. **D'i.,** instinctively.
instinct|if, -ive [ɛ̃stɛ̃ktif, -i:v], *a.* Instinctive. *adv.* **-ivement.**
instituer [ɛ̃stitɥe], *v.tr.* To institute. (*a*) To establish, set up, found (institution, etc.); to lay down (rule). **I. des poursuites contre qn,** to institute, initiate, proceedings against s.o. (*b*) To appoint (official, etc.).
s'instituer, (of custom, etc.), to become established.
institut [ɛ̃stity], *s.m.* Institute, institution, **L'I. (de France),** the Institute (composed of the five Academies).
instituteur, -trice [ɛ̃stitytœ:r, -tris], *s.* **1.** Founder, foundress. **2.** (*a*) (School-)teacher. (*b*) *s.f.* **Institutrice,** governess.
institution [ɛ̃stitysjɔ̃], *s.f.* **1.** Institution. **2.** (Educational, etc.) establishment; independent, private, school. **3. Institutions sociales,** social services.
instructeur [ɛ̃stryktœ:r], *s.m.* Instructor, teacher; esp. drill-master. **Sergent i.,** drill-sergeant.
instructif, -ive [ɛ̃stryktif, i:v], *a.* Instructive.
instruction [ɛ̃stryksjɔ̃], *s.f.* Instruction. **1.** *pl.* Instructions, directions, orders. **Conformément aux instructions,** as directed, as requested. **2.** (*a*) Education, schooling. *Mil:* Training (of troops). **I. primaire,** primary education. **I. professionnelle,** vocational training. **Avoir de l'i.,** to be well educated. **Sans i.,** uneducated. (*b*) Lesson. **Tirer des instructions salutaires de qch.,** to draw useful lessons from sth. **3.** *Jur:* Preliminary investigation (of case). **Juge d'i.,** examining magistrate.
instruire [ɛ̃strɥi:r], *v.tr.* (*pr.p.* **instruisant**; *p.p.* **instruit**; *pr.ind.* **j'instruis, il instruit, n. instruisons**; *p.h.* **j'instruisis**) **1. I. qn de qch.,** to inform s.o. of sth. **2.** (*a*) To teach, educate, instruct. **I. qn dans, en, qch., à faire qch.,** to instruct s.o. in sth., how to do sth. (*b*) To train, drill (troops). **3.** *Jur:* To examine, investigate.
s'instruire, to educate oneself; to improve one's mind.
instruit [ɛ̃strɥi], *a.* **1.** (*a*) Educated, learned; well-read. (*b*) Trained (soldier). **2. I. de qch.,** acquainted with sth.; aware of sth.
instrument [ɛ̃strymɑ̃], *s.m.* (*a*) Instrument, implement, tool. (*b*) (Musical) instrument. (*c*) (Legal) instrument (deed, contract, writ, etc.).
instrumentaire [ɛ̃strymɑ̃tɛ:r], *a.* *Jur:* **Témoin i.,** witness to a deed.

instrumental, -aux [ɛ̃strymɑ̃tal, -o], *a.* Instrumental (music).
instrumentation [ɛ̃strymɑ̃tasjɔ̃], *s.f.* *Mus:* Scoring, instrumentation, orchestration.
instrumenter [ɛ̃strymɑ̃te]. **1.** *v.i.* *Jur:* **I. contre qn,** to order proceedings to be taken against s.o. **2.** *v.tr.* To score, instrument, orchestrate (opera, etc.).
instrumentiste [ɛ̃strymɑ̃tist], *s.m.* *Mus:* Instrumentalist.
insu [ɛ̃sy], *s.m.* (Used in the phr.) **A l'i. de,** without the knowledge of. **A mon i.,** without my knowledge.
insubmersib|le [ɛ̃sybmɛrsibl], *a.* Insubmersible, unsinkable (life-boat, etc.). *s.f.* **-ilité.**
insubordination [ɛ̃sybɔrdinasjɔ̃], *s.f.* Insubordination.
insubordonné [ɛ̃sybɔrdɔne], *a.* Insubordinate.
insuccès [ɛ̃syksɛ], *s.m.* Unsuccess; failure; miscarriage (of plan).
insuffisance [ɛ̃syfizɑ:s[, *s.f.* **1.** Insufficiency, deficiency; shortage (of labour, etc.); inadequacy (of means). *Phot:* **I. de pose,** under-exposure. **2.** Incapacity, incompetence.
insuffis|ant [ɛ̃syfizɑ̃], *a.* **1.** Insufficient; inadequate (means); short (weight). **2.** Incapable, incompetent. *adv.* **-amment.**
insufflateur [ɛ̃syflatœ:r], *s.m.* **1.** *Med:* Insufflator, nose-, throat-sprayer. **2.** *Ind:* *Mch:* Blower.
insufflation [ɛ̃syflasjɔ̃], *s.f.* **1.** *Med:* Insufflation, spraying (of nose, throat). **2.** Inflation, blowing up (of toy balloon, etc.).
insuffler [ɛ̃syfle], *v.tr.* **1.** (*a*) To insufflate; to blow, breathe (air into sth.). (*b*) *Med:* To spray (the throat, etc.). **2.** To inflate, blow up (toy balloon, etc.).
insulaire [ɛ̃sylɛ:r]. **1.** *a.* Insular. **2.** *s.* Islander.
insularité [ɛ̃sylarite], *s.f.* Insularity.
insuline [ɛ̃sylin], *s.f.* *Med:* Insulin.
insultant [ɛ̃syltɑ̃], *a.* Insulting, offensive.
insulte [ɛ̃sylt], *s.f.* Insult. **Faire une i. à qn,** to insult s.o.
insulter [ɛ̃sylte]. **1.** *v.tr.* To insult, affront (s.o.). **2.** *v.ind.tr.* **I. au bon goût,** to insult good taste. **I. au malheur,** to jeer at misfortune.
insulteur [ɛ̃syltœ:r], *s.m.* Reviler; insulter.
insupportable [ɛ̃sypɔrtabl], *a.* Unbearable, unendurable (pain); intolerable (conduct); insufferable (person). **Il est i.!** he's the limit! *adv.* **-ment.**
insurgé, -ée [ɛ̃syrʒe], *s.* Insurgent, insurrectionist, rebel.
insurger (s') [sɛ̃syrʒe], *v.pr.* **(je m'insurgeai(s); n. n. insurgeons)** To rise (in rebellion); to revolt **(contre,** against).
insurmontable [ɛ̃syrmɔ̃tabl], *a.* Insurmountable, insuperable; unconquerable (aversion). *adv.* **-ment.**
insurpassable [ɛ̃syrpɑsabl], *a.* Unsurpassable, unexcelled.
insurrection [ɛ̃syr(r)ɛksjɔ̃], *s.f.* Insurrection, rising, rebellion. **En état d'i.,** insurgent.
insurrectionnel, -elle [ɛ̃syr(r)ɛksjɔnɛl], *a.* Insurrectional, insurrectionary (troops, etc.); (spirit, etc.) of revolt.
intact [ɛ̃takt], *a.* Intact. (*a*) Untouched; undamaged, unbroken, whole. (*b*) Unsullied, unblemished (reputation).
intaille [ɛ̃ta:j], *s.f.* *Lap:* Intaglio (work, gem).
intangibilité [ɛ̃tɑ̃ʒibilite], *s.f.* Intangibility, intangibleness.
intangible [ɛ̃tɑ̃ʒibl], *a.* Intangible.
intarissable [ɛ̃tarisabl], *a.* Inexhaustible (well, etc.); unfailing; endless (chatter). *adv.* **-ment.**
intégral, -aux [ɛ̃tegral, -o], *a.* **1.** Integral, entire, whole. **Paiement i.,** payment in full. **Texte i.,** full text. **Édition intégrale,** unabridged edition; unexpurgated edition. **2.** *Mth:* (*a*) **Calcul i.,** integral calculus. (*b*) *s.f.* **Intégrale,** integral.
intégralement [ɛ̃tegralmɑ̃], *adv.* Wholly, entirely, fully, in full.
intégralité [ɛ̃tegralite], *s.f.* Integrality, entireness, wholeness.
intégrant [ɛ̃tegrɑ̃], *a.* Integral, integrant (part, etc.). **Faire partie intégrante de . . .,** to be part and parcel of. . .
intégration [ɛ̃tɛgrasjɔ̃], *s.f.* *Mth:* *Pol:* Integration.
intègre [ɛ̃tɛgr], *a.* Upright, honest. *adv.* **-ment.**
intégrer [ɛ̃tegre], *v.tr.* **(j'intègre; j'intégrerai)** *Mth:* *Pol:* To integrate.
s'intégrer (dans, with) to combine (with), to join; to identify oneself (with).
intégrité [ɛ̃tegrite], *s.f.* Integrity. **1.** Entirety, wholeness. **2.** Uprightness, honesty.
intellect [ɛ̃tɛllɛkt], *s.m.* Intellect, understanding.
intellectualisme [ɛ̃tɛl(l)ɛktɥalism], *s.m.* Intellectualism; *F:* high-brow mentality.
intellectualité [ɛ̃tɛl(l)ɛktɥalite], *s.f.* Intellectuality.
intellectu|el, -elle [ɛ̃tɛl(l)ɛktɥɛl]. **1.** *a.* Intellectual; mental (culture). **Travail i.,** *F:* brainwork. S.a. SURMENAGE. **2.** *s.* (*a*) Intellectual; *F:* high-brow. (*b*) Professional man, woman. *adv.* **-ellement.**
intelligence [ɛ̃tɛl(l)iʒɑ̃:s], *s.f.* **1.** Understanding, comprehension. **Avoir l'i. des affaires,** to have a good knowledge of business. **Pour l'i. de ce qui va suivre . . .,** in order to understand what follows. . . **2.** Intelligence, intellect; brainpower. **Aiguiser l'i. de qn,** to sharpen s.o.'s wits. **3.** (*a*) **Être, vivre, en bonne, mauvaise, i. avec qn,** to be, live, on good, bad, terms with s.o. **Être d'i. avec qn,** to have an understanding, be in collusion, with s.o. (*b*) *pl.* **Entretenir des intelligences avec qn,** to keep up a secret correspondence with s.o. **Avoir des intelligences avec l'ennemi,** to have dealings with the enemy.
intellig|ent [ɛ̃tɛl(l)iʒɑ̃], *a.* Intelligent; sharp, clever **Il est i.,** *F:* he has brains; he's brainy. *adv.* **-emment.**
intelligibilité [ɛ̃tɛlliʒibilite], *s.f.* Intelligibility.
intelligible [ɛ̃tɛlliʒibl], *a.* (*a*) Intelligible, understandable. (*b*) Clear, distinct. *adv.* **-ment.**
intempérance [ɛ̃tɑ̃perɑ̃:s], *s.f.* Intemperance.
intempérant [ɛ̃tɑ̃perɑ̃], *a.* Intemperate.
intempéré [ɛ̃tɑ̃pere], *a.* Unrestrained, immoderate.
intempérie [ɛ̃tɑ̃peri], *s.f.* Inclemency (of weather). **A l'épreuve des intempéries,** weather-proof. *pl.* **Intempéries,** bad weather.
intempest|if, -ive [ɛ̃tɑ̃pɛstif, -i:v], *a.* Untimely, ill-timed; unseasonable (remark); inopportune (arrival). *adv.* **-ivement.**
intemporel, -elle [ɛ̃tɑ̃pɔrɛl], *a.* Timeless, of all time.
intenable [ɛ̃tnabl], *a.* Untenable, unmaintainable (position, etc.). *F:* **Enfant i.,** uncontrollable child.
intendance [ɛ̃tɑ̃dɑ:s], *s.f.* Intendance, intendancy. **1.** (*a*) Stewardship (of estate). (*b*) Managership. **2.** *Fr.Hist:* Administration (of province). **3.** *Mil:* The Commissariat.
intendant [ɛ̃tɑ̃dɑ̃], *s.m.* Intendant. **1.** (*a*) Steward, bailiff. (*b*) Manager. (*c*) *Sch:* Bursar. **2.** *Fr.Hist:* Administrator (of province). **3.** *Mil:* Senior Commissariat officer. **4.** *s.f.* (*a*) **Intendante,** steward's wife. (*b*) *Sch:* (Woman) bursar.
intense [ɛ̃tɑ̃:s], *a.* Intense; severe (cold, pain, etc.); high (fever); intensive (propaganda); deep (blue, etc.). **Temps d'un froid i.,** intensely cold weather.
intensément [ɛ̃tɑ̃semɑ̃], *adv.* Intensely; with intensity.
intens|if, -ive [ɛ̃tɑ̃sif, -i:v], *a.* Intensive. *El:* **Courant i.,** heavy flow (of current). *adv.* **-ivement.**
intensifier [ɛ̃tɑ̃sifje], *v.tr.* To intensify.
intensité [ɛ̃tɑ̃site], *s.f.* **1.** Intensity, intenseness; loudness (of sound); force (of wind); depth or strength (of colour). *El:* **I. du courant,** current strength. **2.** *Ling:* **Accent d'i.,** stress.
intenter [ɛ̃tɑ̃te], *v.tr.* *Jur:* **I. une action, un procès, à, contre, qn,** to bring, enter, an action against s.o.
intention [ɛ̃tɑ̃sjɔ̃], *s.f.* Intention. (*a*) Purpose, design. *Jur:* Intent. **Avec i. délictueuse,** with malicious intent. **Sans mauvaise i.,** with no ill intent. **Avoir l'i. de faire qch.,** to intend to do sth.; to mean to do sth. **Faire qch. dans la meilleure i.,** to do sth. with the best intentions. **Faire qch. avec i.,** to do sth. deliberately, on purpose. **Sans i.,** unintentionally, undesignedly. (*b*) Will, wish. **Mon i. est que vous le fassiez,** I intend you to do it. **Accepter l'i. pour le fait,** to take the will for the deed. **L'enfer est pavé de bonnes intentions,** (the road to) hell is paved with good intentions. **A l'i. de,** in honour of; for the sake of. **Voici un livre que j'ai acheté à votre i.,** here is a book that I bought expressly for you. **Cette remarque est à votre i.,** *F:* that's a dig at you. **Dans l'i. de faire qch.,** with a view to doing sth. (*c*) *Surg:* **Réunion par première i.,** healing, reunion, by first intention.
intentionné [ɛ̃tɑ̃sjɔne], *a.* (Used only in) (*a*) **Bien, mal, i.,** well-, ill-disposed **(envers,** towards). **Mieux i.,** better disposed. (*b*) **Personne, démarche, bien intentionnée,** well-intentioned person, step.

intentionn|el, -elle [ɛ̃tɑ̃sjɔnɛl], *a.* Intentional, wilful, deliberate. *adv.* **-ellement.**

inter [ɛ̃tɛr], *s.m.* **1.** *Fb: F:* **I. droit, gauche,** inside right, left. **2.** *Tp: F:* = INTERURBAIN. **"L'inter,"** 'Trunks.'

interaction [ɛ̃tɛraksjɔ̃], *s.f.* Interaction, reciprocal action.

interallié [ɛ̃tɛralje], *a.* Interallied.

interarmes [ɛ̃tɛrarm], *a.inv. Mil:* Combined (staff, operations, etc.).

interastral, -aux [ɛ̃tɛrastral, -o], *a.* Interstellar (space).

interatomique [ɛ̃tɛratɔmik], *a.* Interatomic (space).

intercalaire [ɛ̃tɛrkalɛːr], *a.* **1.** Intercalary (day, year, etc.). **2.** *Bookb:* **Feuille i.,** interpolated sheet. **Feuillet i.,** inset. **3.** *s.m.* Guide (-card) (of card index, etc.).

intercalation [ɛ̃tɛrkalasjɔ̃], *s.f.* Intercalation, insertion. *El:* Switching in (of resistance).

intercaler [ɛ̃tɛrkale], *v.tr.* To intercalate (day in year, etc.). *El:* To cut in, switch in (resistance).

intercéder [ɛ̃tɛrsede], *v.i.* (Conj. like CÉDER) To intercede (auprès de, with).

intercellulaire [ɛ̃tɛrselylɛːr], *a.* Intercellular.

intercepter [ɛ̃tɛrsɛpte], *v.tr.* To intercept (letter, etc.); to shut out (light); to cut off, shut off (steam).

intercepteur [ɛ̃tɛrsɛptœːr], *s.m. Av:* **1.** Interceptor, spoiler. **2.** Interceptor fighter.

interception [ɛ̃tɛrsɛpsjɔ̃], *s.f.* Interception. *W.Tel:* **I. des émissions,** monitoring. **Opérateur d'i.,** monitor. *Av:* **Raid d'i.,** intruder raid.

intercesseur [ɛ̃tɛrsɛsœːr], *s.m.* Intercessor; mediator.

intercession [ɛ̃tɛrsɛsjɔ̃], *s.f.* Intercession; mediation.

interchangeable [ɛ̃tɛrʃɑ̃ʒabl], *a.* Interchangeable.

intercom [ɛ̃tɛrkɔm], *s.m.* Intercom, intercommunication system.

intercommunication [ɛ̃tɛrkɔmynikasjɔ̃], *s.f.* Intercommunication, through-communication (between railway carriages, etc.). **Train à i.,** corridor train.

interconnecter [ɛ̃tɛrkɔnɛkte], *v.tr. El:* To connect (circuits).

intercontinental, -aux [ɛ̃tɛrkɔ̃tinɑ̃tal, -o], *a.* Intercontinental. **Fusée intercontinentale, engin i.,** intercontinental ballistic missile.

intercostal, -aux [ɛ̃tɛrkɔstal, -o], *a. Anat:* Intercostal.

intercroisé [ɛ̃tɛrkrwaze], *a.* Intersected, interwoven; criss-cross(ed).

interdépartemental [ɛ̃tɛrdepartəmɑ̃tal], *a.* Interdepartmental.

interdépendance [ɛ̃tɛrdepɑ̃dɑ̃ːs], *s.f.* Interdependence.

interdépendant [ɛ̃tɛrdepɑ̃dɑ̃], *a.* Interdependent.

interdiction [ɛ̃tɛrdiksjɔ̃], *s.f.* Interdiction. **1.** Prohibition, forbidding. **2.** *Jur:* (*a*) State of minority declared by court; deprival of control over money. **I. d'un aliéné,** certifying of an insane person. (*b*) Suspension of civil rights (on account of a conviction).

interdire [ɛ̃tɛrdiːr], *v.tr.* (Conj. like DIRE, except *pr.ind.* **v. interdisez** and *imp.* **interdisez**) **1.** To forbid, prohibit. (*a*) **I. qch. à qn,** to forbid s.o. sth. **"Entrée interdite (au public),"** 'no admittance.' **"Passage interdit,"** 'no thoroughfare.' **Questions interdites à nos recherches,** questions into which we are forbidden to enquire. **Pièce interdite par la censure,** play banned by the censor. **I. à qn de faire qch.,** to prohibit s.o. from doing sth.; to forbid s.o. to do sth. *Av:* **I. (un avion) de vol,** to ground (an aircraft). (*b*) **I. qn de ses fonctions,** to suspend s.o. from the execution of his duties. *Jur:* **Faire i. qn,** to have s.o. declared incapable of managing his own affairs. **2.** To disconcert, nonplus, bewilder.

interdit, -e [ɛ̃tɛrdi, -it]. **1.** *a.* Disconcerted, nonplussed; abashed; taken aback. **2.** *s. Jur:* (*a*) Prodigal, insane person, or convict under judicial disability. (*b*) **I. de séjour,** ex-convict prohibited from entering a certain area. **3.** *s.m. Ecc:* **Interdict. Frapper qn d'i.,** to lay s.o. under an interdict.

intéressant [ɛ̃terɛsɑ̃], *a.* Interesting. **Son cas est i.,** his is a worthy case. **Prix intéressants,** attractive prices. **Sa pâleur lui donne un air i.,** her pallor is rather fetching, attractive. *F:* **C'est un type peu i.,** he's a shady character.

intéressé [ɛ̃terɛse], *a.* **1.** Interested. **Les parties intéressées,** *s.* **les intéressés,** the interested parties, the persons concerned. **Les premiers intéressés,** those most directly affected. **C'est vous le premier i.,** you are the most closely concerned. **2.** Selfish, self-seeking. **Amour i.,** cupboard love. **Jouer un jeu i.,** to play for one's own hand.

intéressement [ɛ̃terɛsmɑ̃], *s.m. Com: Ind:* Profit-sharing (scheme).

intéresser [ɛ̃terɛse], *v.tr.* To interest. (*a*) **I. qn dans un commerce,** to give s.o. a financial interest, a partnership, in a business. (*b*) To affect, concern. **Cela m'intéresse peu,** that hardly concerns me, hardly affects me. (*c*) To be interesting to (s.o.). **Sujet qui m'intéresse beaucoup,** subject in which I am greatly interested. **Voici qch. qui vous intéressera, qui est susceptible de vous i.,** here is sth. in your line. (*d*) **I. qn à une cause,** to interest s.o. in a cause.

s'intéresser. (*a*) **S'i. dans une affaire,** to become interested, to take up a partnership, in a venture. (*b*) **S'i. à qn, à qch.,** to take, feel, an interest in s.o., in sth.

intérêt [ɛ̃terɛ], *s.m.* Interest. **1.** Share, stake (in business, etc.). **Avoir un i. au jeu,** to have a stake in the game. **Mettre qn hors d'i.,** to buy, pay, s.o. out. **2.** Advantage, benefit. **I. personnel,** self-interest. **Il y a i. à. . .,** it is desirable to. . . . **Il est de mon i. de le faire, j'ai i. à le faire,** it is to my interest to do it. **Agir dans son i.,** to act in, for, one's own interest. **L'i. public,** public interest. **Agir dans l'i. commun du peuple,** to act for the common good of the people. *Rail:* **Ligne d'i. local,** branch-line, local line. **3.** (Feeling of) interest. **Porter i. à qn,** to take an interest in s.o. **Ressentir de l'i. pour qn,** to feel interested in s.o. **Livre sans i.,** uninteresting book. **4.** *Fin:* **I. simple, composé,** simple, compound, interest. **Placer son argent à 5% d'i.,** to invest one's money at 5% interest. **Prêt à i.,** loan bearing interest. **Intérêt(s) couru(s),** accrued interest. **Intérêts à échoir,** accruing interest. S.a. DOMMAGE 2.

interférence [ɛ̃tɛrferɑ̃ːs], *s.f. Ph: W.Tel:* Interference.

interférent [ɛ̃tɛrferɑ̃], *a. Ph:* Interfering (rays, etc.).

interférer [ɛ̃tɛrfere], *v.i.* (**il interfère; il interférait; il interférera**) *Ph:* (of light-waves, etc.) To interfere.

interfolier [ɛ̃tɛrfɔlje], *v.tr.* To interleave; to interpage (book).

intérieur [ɛ̃terjœːr]. **1.** *a.* (*a*) Interior; inner (room); internal (part); inland (sea). **Cour intérieure,** inner court. (*b*) Inward (feelings). **Vie intérieure,** inner life. (*c*) Domestic (administration). **Commerce i.,** home trade, inland trade. **(Tarif d')affranchissement en régime i.,** inland postage rates. **2.** *s.m.* (*a*) Interior, inside. **Place d'i.,** inside seat (of bus). **A l'i.,** inside; on the inside. **Dans l'i. du pays,** inland. **Colis à destination de l'i.,** inland parcels. **Blague à tabac avec i. caoutchouc,** tobacco-pouch with rubber lining. (*b*) Home, house. **Vie d'i.,** home life, domestic life. **Femme d'i.,** domesticated woman. **Chaussures d'i.,** house-shoes. (*c*) *Adm:* **Le Ministère de l'I.** = the Home Office. **Le Ministre de l'I.** = the Home Secretary. **3.** *s.m. Fb:* **I. gauche,** inside left (player).

intérieurement [ɛ̃terjœrmɑ̃], *adv.* Inwardly, internally, inside, within. **Rire i.,** to laugh to oneself.

intérim [ɛ̃terim], *s.m.* Interim. **Dans l'i.,** in the interim; (in the) meanwhile. *Fin:* **Dividende par i.,** (ad) interim dividend. **Faire l'i. (de qn),** to deputize (for s.o.); to act as locum tenens. **Assurer l'i.,** to carry on (during vacancy or absence).

intérimaire [ɛ̃terimɛːr]. **1.** *a.* Temporary, provisional, ad interim (duty, etc.). **2.** *s.* Deputy; locum tenens.

interjection [ɛ̃tɛrʒɛksjɔ̃], *s.f.* **1.** *Gram:* Interjection. **2.** *Jur:* **I. d'appel,** lodging of an appeal.

interjeter [ɛ̃tɛrʒəte], *v.tr.* (Conj. like JETER). *Jur:* **I. appel (d'un jugement),** to give notice of appeal.

interligne [ɛ̃tɛrliɲ]. **1.** *s.m.* Space between two lines. *Typewr:* Spacing. **Écrit à simple, double i.,** typed in single, double, spacing. *Mus:* Space (on the stave). **Dans les interlignes,** between the lines. **2.** *s.f. Typ:* Lead.

interlign|er [ɛ̃tɛrliɲe], *v.tr.* **1.** To write between the lines of (a text); to interline. **2.** *Typ:* To lead out (type). *s.m.* **-age.**

interlinéaire [ɛ̃tɛrlineɛːr], *a.* Interlinear (translation, etc.).

interlinéation [ɛ̃tɛrlineasjɔ̃], *s.f.* Interlineation, interlining.

interlock [ɛ̃tɛrlɔk]. **1.** *s.m. Tex:* Interlock machine. **2.** *a.* **Tissu i.,** interlock.

interlocuteur, -trice [ɛ̃tɛrlɔkytœːr, -tris], *s.* Interlocutor, *f.* interlocutress; speaker (engaged in conversation).
interlocution [ɛ̃tɛrlɔkysjɔ̃], *s.f.* Interlocution.
interlocutoire [ɛ̃tɛrlɔkytwaːr]. **1.** *a.* Interlocutory (judgment); provisional (order). **2.** *s.m.* Provisional order.
interlope [ɛ̃tɛrlɔp], *a.* (*a*) Unauthorized, illegal, shady (trade, trader). (*b*) *F:* Suspect, dubious, shady (house, society, etc.).
interloquer [ɛ̃tɛrlɔke], *v.tr.* **1.** *Jur:* To pronounce an interlocutory decree. **2.** To disconcert, nonplus, abash (s.o.).
interlude [ɛ̃tɛrlyd], *s.m. Mus: Th:* Interlude.
intermède [ɛ̃tɛrmɛd], *s.m.* **1.** Medium, intermediary. **Par l'i. de qch.**, through the medium, agency, of sth. **2.** *Th:* Interlude.
intermédiaire [ɛ̃tɛrmedjɛːr]. **1.** *a.* Intermediate, intervening (state, time). **Distance i., plan i.**, middle distance. **Commerce i.**, middleman's business. *Mec.E:* **Arbre i.**, countershaft. **2.** *s.m.* Agent, intermediary, go-between. *Com:* Middleman. **3.** *s.m.* Intermediary, agency. (*a*) **Par l'i. de qn**, through the instrumentality of s.o.; through s.o. (*b*) *I.C.E:* **I. de poussoir**, tappet. *Phot:* **I. pour plaques**, plate-carrier, adapter. (*c*) *Mec.E:* Step-up gear, step-down gear. **4.** *s.m.* **Sans i.**, (to pass from one idea to another) without transition.
intermezzo [ɛ̃tɛrmɛdzo], *s.m. Mus:* Intermezzo.
interminable [ɛ̃tɛrminabl], *a.* Interminable; endless (task); never-ending. *adv.* **-ment.**
interministériel, -ielle [ɛ̃tɛrministerjɛl], *a.* Interministerial.
intermission [ɛ̃tɛrmisjɔ̃], *s.f.* Intermission. **Sans i.**, uninterruptedly.
intermittence [ɛ̃tɛrmittɑ̃ːs], *s.f.* Intermittency, intermittence. **Par i.**, intermittently.
intermittent [ɛ̃tɛrmittɑ̃], *a.* Intermittent; irregular (pulse). *Ind:* **Employé i.**, casual worker. *El:* **Courant i.**, make-and-break current.
intermoléculaire [ɛ̃tɛrmɔlekylɛːr], *a. Ph:* Intermolecular.
intermonde [ɛ̃tɛrmɔ̃ːd], *s.m. Phil:* Intermundane space.
internat [ɛ̃tɛrna], *s.m.* **1.** (*a*) Living-in (system, period). *Sch:* Boarding. (*b*) Resident medical studentship. **2.** Boarding-school.
international, -aux [ɛ̃tɛrnasjɔnal, -o], *a.* International. *s.f. Pol:* **L'Internationale**, the International(e) (society or hymn).
intermusculaire [ɛ̃tɛrmyskylɛːr], *a.* Intermuscular.
internationaliser [ɛ̃tɛrnasjɔnalize], *v.t.* To internationalize.
internationalisme [ɛ̃tɛrnasjɔnalism], *s.m.* Internationalism.
internationaliste [ɛ̃tɛrnasjɔnalist], *a. & s.* Internationalist.
internationalité [ɛ̃tɛrnasjɔnalite], *s.f.* Internationality.
interne [ɛ̃tɛrn]. **1.** *a.* (*a*) Internal; inward (purity, etc.); inner (side). *Geom:* **Angle i.**, interior angle. *Gram:* **Objet i.**, cognate accusative. S.a. COMBUSTION. (*b*) *Sch:* **Élève i.**, boarder. **2.** *s.* (*a*) *Sch:* Boarder. (*b*) Resident medical student (in hospital).
interné [ɛ̃tɛrne], *a. & s.* Interned (person).
intern|er [ɛ̃tɛrne], *v.tr.* To intern (alien, etc.); to shut up, confine (madman). *s.m.* **-ement.**
internissable [ɛ̃tɛrnisabl], *a.* Untarnishable.
interocéanique [ɛ̃tɛrɔseanik], *a.* Interoceanic.
interparlementaire [ɛ̃tɛrparlәmɑ̃tɛːr], *a. Pol:* Interparliamentary. **Commission i.**, Joint Committee (of both Houses).
interpellateur, -trice [ɛ̃tɛrpɛl(l)atœːr, -tris], *s.* Interpellator; heckler.
interpellation [ɛ̃tɛrpɛl(l)asjɔ̃], *s.f.* **1.** (Sharp) question; interpellation, interruption (at meeting, etc.); heckling. **2.** Challenge (by sentry).
interpeller [ɛ̃tɛrpɛl(l)e], *v.tr.* **1.** *Mil:* (Of sentry) To challenge (stranger). **2.** *Jur:* To summon (s.o.) to answer. **3.** *Pol:* (In Fr. Chamber) To call upon (minister, etc.) to account for his action; to interpellate; to heckle.
interpénétration [ɛ̃tɛrpenɛtrasjɔ̃], *s.f. Pol.Ec:* Interpenetration.
interpénétrer (s') [sɛ̃tɛrpenetre], *v.pr.* To interpenetrate. **Ces deux facteurs s'interpénètrent**, these two factors are interdependent.
interphone [ɛ̃tɛrfɔn], *s.m.* Interphone.
interplanétaire [ɛ̃tɛrplanetɛːr], *a.* Interplanetary. **Fusée i.**, space-rocket.
interpolaire [ɛ̃tɛrpɔlɛːr], *a. El:* Interpolar (circuit, etc.).
interpolateur, -trice [ɛ̃tɛrpɔlatœːr, -tris], *s.* Interpolator.
interpoler [ɛ̃tɛrpɔle], *v.tr.* To interpolate. *s.f.* **-ation.**
interposer [ɛ̃tɛrpoze], *v.tr.* To interpose, place (**entre**, between).
s'interposer, to interpose, intervene; to come between.
interposition [ɛ̃tɛrpɔzisjɔ̃], *s.f.* **1.** Interposition. **2.** Intervention.
interprétable [ɛ̃tɛrpretabl], *a.* Interpretable.
interprétariat [ɛ̃tɛrpretarja], *s.f.* Interpretership.
interprétatif, -ive [ɛ̃tɛrpretatif, -iːv], *a.* Interpretative, explanatory (note, etc.).
interprétation [ɛ̃tɛrpretasjɔ̃], *s.f.* **1.** Interpreting (of speech). **2.** (*a*) Interpretation. **Fausse i.**, misinterpretation, misconstruction (of statement). (*b*) *Mus: Th:* Rendering, interpretation. **3.** *Th:* Cast (of a play).
interprète [ɛ̃tɛrprɛt], *s.m. & f.* Interpreter.
interpréter [ɛ̃tɛrprete], *v.tr.* (**j'interprète; j'interpréterai**) To interpret. (*a*) To act as interpreter. **I. un discours**, to interpret a speech. (*b*) To explain (text, etc.). **I. des signaux**, to read, make out, signals. **Mal i. un signal**, to misread a signal. (*c*) *Mus: Th:* To render (work, part).
interrègne [ɛ̃tɛrrɛɲ], *s.m.* Interregnum.
interrogateur, -trice [ɛ̃tɛrɔgatœːr, -tris]. **1.** *a.* Interrogatory, inquiring, questioning. **2.** *s.* Questioner, interrogator; *Sch:* examiner.
interrogat|if, -ive [ɛ̃tɛrɔgatif, -iːv], *a. Gram:* Interrogative. *adv.* **-ivement.**
interrogation [ɛ̃tɛrɔgasjɔ̃], *s.f.* Interrogation. **1.** Questioning. *Gram:* **Point d'i.**, question-mark. **2.** Question, query. *Sch:* Oral test; *F:* oral.
interrogatoire [ɛ̃tɛrɔgatwaːr], *s.m.* (*a*) *Jur:* Interrogatory, examination (of defendant, etc.). **I. contradictoire**, cross-examination. (*b*) *Mil:* Questioning (of prisoners).
interroger [ɛ̃tɛrɔʒe], *v.tr.* (**j'interrogeai(s); n. interrogeons**) (*a*) To examine, interrogate (witness, etc.); to examine (candidate). (*b*) To consult (history, etc.); to sound (one's conscience).
interrompre [ɛ̃tɛrɔ̃ːpr], *v.tr.* (Conj. like ROMPRE) (*a*) To interrupt. **Veuillez bien ne pas nous i.**, please do not interrupt! (*b*) To intercept, interrupt (flow of river, etc.). (*c*) To stop, suspend (traffic, etc.); to cut short (conversation); to break off (negotiations); to break (journey) (**à**, at). **I. son travail**, to break off work. *El:* To break, switch off (the current).
s'interrompre, to break off; to stop (talking).
interrompu [ɛ̃tɛrɔ̃py], *a.* Interrupted, broken off. **Non i.**, unbroken, continuous. **Sommeil i.**, broken sleep.
interrupteur, -trice [ɛ̃tɛryptœːr, -tris]. **1.** *s.* Interrupter. **2.** *s.m. El.E:* (*a*) Switch, contact-breaker, circuit-breaker. **I. à culbuteur, à bascule**, tumbler-switch. **I. d'escalier**, two-way switch. (*b*) Cut-out.
interruption [ɛ̃terypsjɔ̃], *s.f.* (*a*) Interruption. (*b*) Stoppage, break; severance (of communication, etc.); breaking off (of negotiations). *El.E:* Disconnection, switching off; breaking (of current). **Sans i.**, unceasingly; without a break.
interscolaire [ɛ̃tɛrskɔlɛːr], *a.* Inter-school (competition, etc.).
intersecté [ɛ̃tɛrsɛkte], *a. Arch:* Intersecting, interlacing.
intersecter [ɛ̃tɛrsɛkte], *v.tr.* To intersect.
s'intersecter, to intersect.
intersection [ɛ̃tɛrsɛksjɔ̃], *s.f.* (*a*) Intersection. (*b*) Crossing, intersection (of roads, tracks).
intersession [ɛ̃tɛrsɛsjɔ̃], *s.f.* (Parliamentary) recess.
intersidéral, -aux [ɛ̃tɛrsideral, -o], *a.* Interstellar. **Course intersidérale**, space race.
interstellaire [ɛ̃tɛrstɛllɛːr], *a. Astr:* Interstellar (space, etc.).
interstice [ɛ̃tɛrstis], *s.m.* Interstice; chink.
intertropical, -aux [ɛ̃tɛrtrɔpikal, -o], *a.* Intertropical.
interurbain [ɛ̃tɛryrbɛ̃], *a.* Interurban. *Tp:* **Lignes interurbaines**, trunk-lines. *s.m.* **L'interurbain**, Trunks.

intervalle [ɛ̃tɛrval], *s.m.* Interval. **1.** Distance, gap, space (entre, between). **2.** Period (of time). **Visites à de longs intervalles,** visits at long intervals. **Par intervalles,** at intervals; now and then. **Dans l'i. . . .,** in the meantime. . . .

intervenant, -ante [ɛ̃tɛrvənɑ̃, -ɑ̃:t], *a. Jur: etc:* Intervening. **2.** *s.* Intervening party, intervenor.

intervenir [ɛ̃tɛrvəni:r], *v.i.* (Conj. like VENIR. Aux. être) **1.** To intervene. (*a*) To interpose; *F:* to step in. **I. dans une conversation,** to break in on a conversation; *F:* to cut in. **Faire i. la force armée,** to call out the military. (*b*) To interfere. **2.** To happen, occur, arise. **Un accord est intervenu,** an agreement has been reached, concluded, arrived at.

intervention [ɛ̃tɛrvɑ̃sjɔ̃], *s.f.* **1.** Intervening. intervention. **Offre d'i.,** offer of mediation. **I. parlementaire,** sponsoring of claims, of applications (by Members of Parliament). **I. chirurgicale,** operation. *Mil: Av:* **I. aérienne,** strike. **2.** Interference.

interventionnisme [ɛ̃tɛrvɑ̃sjɔnism], *s.m. Pol: etc:* Interventionism.

interventionniste [ɛ̃tɛrvɑ̃sjɔnist], *s.m. & f. Pol: etc:* Interventionist.

interversion [ɛ̃tɛrvɛrsjɔ̃], *s.f.* Inversion, transposition (of order, of dates).

intervertébral, -aux [ɛ̃tɛrvɛrtebral, -o], *a. Anat:* Intervertebral. **Disque i.,** (intervertebral) disk.

intervertir [ɛ̃tɛrvɛrti:r], *v.tr.* To invert, transpose; to reverse (the order of . . .). **Maintenant les rôles sont intervertis,** *F:* now the tables are turned.

interview [ɛ̃tɛrvju], *s.m. & f.* **1.** Interview. **2.** *Journ:* Interviewing.

interviewer [ɛ̃tɛrvju(v)e], *v.tr.* To interview.

intervieweu(u)r [ɛ̃tɛrvju(v)œ:r], *s.m.* Interviewer.

intestat [ɛ̃tɛsta], *a.inv.* **Mourir i.,** to die intestate. **Hériter ab i.,** to succeed to an intestate estate.

intestin[1] [ɛ̃tɛstɛ̃], *a.* Intestine. (*a*) Internal (heat). (*b*) Domestic, civil (war).

intestin[2], *s.m. Anat:* Intestine, bowel, gut. **Gros i.,** large intestine. **I. grêle,** small intestine. **Les intestins,** the bowels.

intestinal, -aux [ɛ̃tɛstinal, -o], *a.* Intestinal.

intimation [ɛ̃timasjɔ̃], *s.f.* **1.** Notification (**d'un ordre,** of an order). **I. de vider les lieux,** notice to quit. **2.** *Jur:* Notice of appeal.

intime [ɛ̃tim], *a.* Intimate. **1.** Interior, inward, deep-seated (conviction, grief, etc.). **Sens i. d'un passage,** inner meaning of a passage. **2.** Close; cosy. **Ami i.,** particular, intimate, close, friend. **Dîner i.,** homely, quiet, dinner. *s.* **Un, une, i.,** an intimate friend. *adv.* **-ment.**

intimé, -ée [ɛ̃time], *s. Jur:* Respondent, defendant (before Court of Appeal).

intimer [ɛ̃time], *v.tr.* **I. qch. à qn,** to intimate sth. to s.o.; to notify s.o. of sth.

intimidable [ɛ̃timidabl], *a.* Easily intimidated.

intimidant [ɛ̃timidɑ̃], *a.* Intimidating, awe-inspiring.

intimidateur, -trice [ɛ̃timidatœ:r, -tris]. **1.** *a.* Intimidating, intimidatory. **2.** *s.* Intimidator.

intimidation [ɛ̃timidasjɔ̃], *s.f.* Intimidation; threatening; undue influence.

intimider [ɛ̃timide], *v.tr.* (*a*) To intimidate, frighten; to cow; to make s.o. shy, self-conscious. **Il nous intimidait,** we stood in awe of him. **Nullement intimidé,** nothing daunted. (*b*) *Jur:* To threaten; to exert undue influence on (s.o.).

s'intimider, to become self-conscious; to get nervous.

intimité [ɛ̃timite], *s.f.* **1.** Inmost parts, depths (of one's being, etc.). **Dans l'i. de sa conscience,** in one's inner conscience. **2.** Intimacy. (*a*) Close connection (between actions, etc.). (*b*) Closeness (of friendship). (*c*) **L'i. du chez-soi,** the privacy of one's home. **Dans l'i.,** in private (life).

intitulé [ɛ̃tityle], *s.m.* Title (of document, of book, etc.); heading (of chapter, etc.).

intituler [ɛ̃tityle], *v.tr.* To entitle, give a title to (book, person, etc.). **Article intitulé . . .,** article headed. . . .

s'intituler, *Pej:* to style oneself, to call oneself.

intolérable [ɛ̃tɔlerabl], *a.* Intolerable, insufferable, unbearable, unendurable. **Vie i.,** life that is not worth living. *adv.* **-ment.**

intolérance [ɛ̃tɔlerɑ̃:s], *s.f.* Intolerance.

intolérant [ɛ̃tɔlerɑ̃], *a.* Intolerant (**de,** of).

intonation [ɛ̃tɔnasjɔ̃], *s.f.* Intonation.

intouchable [ɛ̃tuʃabl], *a.* Untouchable.

intoxicant [ɛ̃tɔksikɑ̃], *a.* Poisonous, toxic.

intoxication [ɛ̃tɔksikasjɔ̃], *s.f. Med:* Poisoning.

intoxiquer [ɛ̃tɔksike], *v.tr. Med:* To poison; esp. (of food, etc.) to cause auto-intoxication.

intraduisible [ɛ̃tradɥizibl], *a.* Untranslatable.

intraitable [ɛ̃trɛtabl], *a.* **1.** *Med:* Beyond treatment. **2.** (*a*) Intractable, unmanageable. (*b*) Obstinate, stiff-necked, uncompromising.

intra-muros [ɛ̃tramyro:s]. **1.** *adv.* Within the (city) walls. **2.** *a.inv.* Intramural.

intramusculaire [ɛ̃tramyskylɛ:r], *a.* Intramuscular (injection).

intransférable [ɛ̃trɑ̃sferabl], *a.* Untransferable. *Jur:* Unassignable (right, etc.).

intransigeance [ɛ̃trɑ̃ziʒɑ̃:s], *s.f.* Intransigence; uncompromisingness; strictness.

intransigeant [ɛ̃trɑ̃ziʒɑ̃], *a.* Intransigent (in politics); uncompromising, strict (moral code, etc.); peremptory (tone).

intransit|if, -ive [ɛ̃trɑ̃zitif, -i:v], *a. Gram:* Intransitive. *adv.* **-ivement.**

intransmissible [ɛ̃trɑ̃smisibl], *a.* Intransmissible.

intransportable [ɛ̃trɑ̃spɔrtabl], *a.* (*a*) Untransportable. (*b*) (Of wounded man) Unfit to travel.

intraveineux, -euse [ɛ̃travenø, -ø:z], *a.* Intravenous (injection).

intraversable [ɛ̃travɛrsabl], *a.* Untraversable; that cannot be crossed.

in-trente-deux [ɛ̃trɑ̃tdø], *a. & s.m.inv. Typ:* Thirty-twomo.

intrépide [ɛ̃trepid], *a.* Intrepid, dauntless, undaunted, bold, fearless. **Menteur i.,** brazen(-faced) liar. *adv.* **-ment.**

intrépidité [ɛ̃trepidite], *s.f.* Intrepidity, dauntlessness, fearlessness.

intrigant, -ante [ɛ̃trigɑ̃, -ɑ̃:t]. **1.** *a.* Intriguing, scheming, designing. **2.** *s.* Intriguer, schemer, wire-puller.

intrigue [ɛ̃trig], *s.f.* Intrigue. **1.** (*a*) Plot, scheme. (*b*) (Love-)affair, intrigue. **2.** Plot (of play).

intrigué [ɛ̃trige], *a.* Puzzled, curious, mystified; intrigued.

intriguer [ɛ̃trige]. **1.** *v.tr.* To puzzle; to intrigue (s.o.). **2.** *v.i.* To scheme, plot, intrigue.

intrinsèque [ɛ̃trɛ̃sɛk], *a.* Intrinsic; specific (value). *adv.* **-ment,** -ally.

introducteur, -trice [ɛ̃trɔdyktœ:r, -tris], *s.* (*a*) Introducer. (*b*) Usher (at reception).

introductif, -ive [ɛ̃trɔdyktif, -i:v], *a.* Introductory, introductive.

introduction [ɛ̃trɔdyksjɔ̃], *s.f.* Introduction. **1.** (*a*) Insertion (of probe in wound, etc.). *Mch:* Admission, induction (of steam, gas, etc.). (*b*) Introducing, bringing in (of s.o. into s.o.'s presence, etc.). **Lettre d'i.,** letter of introduction (**de la part de,** from, **auprès de,** to). **2.** Introductory matter or chapter. **Après quelques mots d'i.,** after a few introductory words.

introductoire [ɛ̃trɔdyktwa:r], *a.* Introductory.

introduire [ɛ̃trɔdɥi:r], *v.tr.* (*pr.p.* **introduisant;** *p.p.* **introduit;** *pr.ind.* **j'introduis, il introduit, n. introduisons;** *p.h.* **j'introduisis;** *fu.* **j'introduirai**) To introduce. (*a*) To insert, put (key in lock, etc.). (*b*) To bring in (goods, etc.); to admit, let in (steam). **I. une mode,** to bring in a fashion. (*c*) To usher in. **Introduisez ce monsieur,** show the gentleman in.

s'introduire, to get in, enter. **S'i. dans le monde,** to worm one's way into society. **L'eau s'introduit partout,** the water is penetrating, creeping in, everywhere.

introït [ɛ̃trɔit], *s.m. Ecc:* Introit.

intronisation [ɛ̃trɔnizasjɔ̃], *s.f.* **1.** Enthroning, enthronement (esp. of bishop). **2.** Establishment (of system, etc.).

introniser [ɛ̃trɔnize], *v.tr.* **1.** To (en)throne (king, bishop). **2.** To set up, establish (new religion, etc.).

s'introniser. (*a*) **S'i. chez qn,** to establish oneself in s.o.'s household. (*b*) (Of custom, etc.) To become established.

introspectif, -ive [ɛ̃trɔspɛktif, -i:v], *a.* Introspective.

introspection [ɛ̃trɔspɛksjɔ̃], *s.f.* Introspection.

introuvable [ɛ̃truvabl], *a.* (*a*) Undiscoverable; not to be found; untraceable. (*b*) Peerless, matchless.
introverti, -ie [ɛ̃trɔvɛrti], *a. Psy:* Introverted. *s.* Introvert.
intrus, -use [ɛ̃try, -y:z]. **1.** *a.* Intruding. **2.** *s.* Intruder; *F:* gate-crasher. *Jur:* Trespasser.
intrusion [ɛ̃tryzjɔ̃], *s.f.* (*a*) Intrusion. **Faire i. auprès de qn,** to intrude upon s.o. (*b*) *Jur:* Trespass.
intuit|if, -ive [ɛ̃tɥitif, -i:v], *a.* Intuitive. *adv.* **-ivement.**
intuition [ɛ̃tɥisjɔ̃], *s.f.* Intuition. **Par i.,** intuitively.
intumescence [ɛ̃tymɛssɑ̃:s], *s.f.* Swelling (up), intumescence.
intumescent [ɛ̃tymɛssɑ̃], *a.* Intumescent.
inusable [inyzabl], *a.* Hard-wearing; that wears for ever; everlasting.
inusité [inyzite], *a.* (*a*) Unusual. (*b*) Not in common use.
inutile [inytil], *a.* (*a*) Useless, unavailing, unprofitable; vain, bootless (effort). **Je suis i. ici,** I am of no use here. (*b*) Needless, unnecessary. **C'est i.!** (i) it's no good! (ii) you need not trouble. **I. de dire que . . .,** needless to say that. . . . *adv.* **-ment.**
inutilisable [inytilizabl], *a.* Unserviceable.
inutilisé [inytilize], *a.* Unutilized; untapped (resources).
inutilité [inytilite], *s.f.* **1.** (*a*) Inutility, uselessness. (*b*) Needlessness, unnecessariness. **2. Apprendre des inutilités,** to learn useless things.
invaincu [ɛ̃vɛ̃ky], *a.* Unconquered, unvanquished.
invalidation [ɛ̃validasjɔ̃], *s.f. Jur:* Invalidation (of document, election).
invalide [ɛ̃valid]. **1.** *a.* (*a*) Invalid, infirm; disabled (soldier, etc.). (*b*) *Jur:* Invalid (will, etc.); null and void. **2.** *s.* (*a*) Invalid. (*b*) *s.m.* Disabled soldier; pensioner.
invalider [ɛ̃valide], *v.tr. Jur:* To invalidate (will, election, etc.); to quash (election).
invalidité [ɛ̃validite], *s.f.* **1.** (*a*) Infirmity. *Adm:* Disablement, disability. (*b*) Chronic ill-health; invalidism. **2.** *Jur:* Invalidity (of will, etc.).
invar [ɛ̃va:r], *s.m. R.t.m:* Invar (metal); invar steel.
invariabilité [ɛ̃varjabilite], *s.f.* Invariability.
invariable [ɛ̃varjabl], *a.* Invariable, unvarying. *adv.* **-ment.**
invasion [ɛ̃vazjɔ̃], *s.f.* **1.** Invasion; inroad. **Faire (une) i. dans un pays,** to invade a country. **2.** (*a*) *Med:* Invasion (of disease), (*b*) infestation (by parasites, vermin).
invective [ɛ̃vɛkti:v], *s.f.* (*a*) Invective. (*b*) *pl.* Abuse.
invectiver [ɛ̃vɛktive]. **1.** *v.i.* **I. contre qn,** to revile s.o., to inveigh against s.o. **2.** *v.tr. F:* To abuse, blackguard (s.o.); to call (s.o.) names.
invendable [ɛ̃vɑ̃dabl], *a.* Unsaleable.
invendu [ɛ̃vɑ̃dy], *a. & s.m.* Unsold (article).
inventaire [ɛ̃vɑ̃tɛ:r], *s.m.* Inventory. (*a*) **Faire, dresser, un i.,** to draw up an inventory. **Sous bénéfice d'i.,** conditionally; with reservations. **Accepter une succession sous bénéfice d'i.,** to accept an estate without liability to debts beyond the assets descended. (*b*) *Com:* Stock-list. **Établissement, levée, d'i.,** stocktaking. **Faire, dresser, l'i.,** to take stock. (*c*) Survey (of ancient monuments, paintings, etc.).
inventer [ɛ̃vɑ̃te], *v.tr.* To invent. (*a*) To find out, discover. *F:* **Il n'a pas inventé la poudre,** he will never set the Thames on fire. (*b*) To devise, contrive (machine, etc.); to make up (story). *F:* **I. un bobard,** to spin a yarn.
inventeur, -trice [ɛ̃vɑ̃tœ:r, -tris], *s.* (*a*) Inventor, discoverer (of process, etc.). (*b*) *Jur:* Finder (of lost object, etc.).
inventif, -ive [ɛ̃vɑ̃tif, -i:v], *a.* Inventive.
invention [ɛ̃vɑ̃sjɔ̃], *s.f.* **1.** (*a*) Invention, inventing, contriving. **Nécessité est mère d'i.,** necessity is the mother of invention. (*b*) Imagination, inventiveness, **2.** (*a*) Invention, contrivance, device. (*b*) Fabrication, lie.
inventorier [ɛ̃vɑ̃tɔrje], *v.tr.* To inventory, make a list of (goods, etc.). *Abs.* To take stock.
invérifiable [ɛ̃verifjabl], *a.* Unverifiable.
invérifié [ɛ̃verifje], *a.* Unverified.
inversable [ɛ̃vɛrsabl], *a.* That cannot overturn; uncapsizable (boat).
inverse [ɛ̃vɛrs]. **1.** *a.* Inverse, inverted, opposite, contrary. **En sens i. (de qch.),** in the opposite direction (to sth.). **En ordre i.,** in the reverse order. *Mth:* **En raison i. de qch,** in inverse ratio to sth. *Book-k:* **Écriture i.,** contra entry; set-off. **2.** *s.m.* Opposite, reverse. **A l'i. du bon sens,** (in a manner) contrary to reason. **3.** *s.f. Mth:* Inverse (function, etc.); reciprocal. *adv.* **-ment.**
inverser [ɛ̃vɛrse], *v.tr.* To reverse (current, image, result, etc.). *I.C.E:* **Carburateur inversé,** down-draught carburettor.
inverseur [ɛ̃vɛrsœ:r], *s.m.* Reversing device. *El.E:* **I. du courant,** current reverser; change-over switch.
inversible [ɛ̃vɛrsibl], *a.* Reversible (film, emulsion).
inversion [ɛ̃vɛrsjɔ̃], *s.f.* **1.** (*a*) *Gram: Mus:* Inversion. (*b*) Transposition. **2.** *Mch:* **I. de marche,** reversing. *El:* **I. du courant,** change of direction, reversal, of current. **I. des pôles,** pole inversion.
invertébré [ɛ̃vɛrtebre], *a.* Invertebrate.
inverti, -ie [ɛ̃vɛrti], *s.* Sexual pervert; invert.
invertir [ɛ̃vɛrti:r], *v.tr.* **1.** To reverse (motion, etc.). **2.** *Opt:* To invert, reverse, erect, the image of (object).
investi, -ie [ɛ̃vɛsti], *a.* Invested, beleaguered. *Fin:* **Capitaux investis,** funded capital.
investigateur, -trice [ɛ̃vɛstigatœ:r, -tris]. **1.** *a.* Investigating, inquiring; searching (glance). **2.** *s.* Investigator, inquirer.
investigation [ɛ̃vɛstigasjɔ̃], *s.f.* Investigation, inquiry.
investir[1] [ɛ̃vɛsti:r], *v.tr.* To invest. **I. qn d'une mission,** to entrust s.o. with a mission.
invest|ir[2], *v.tr.* To beleaguer, hem in, invest (town, etc.). *s.m.* **-issement.**
investir[3], *v.tr.* To invest (money). *s.m.* **-issement.**
investiture [ɛ̃vɛstity:r], *s.f.* Investiture; induction (of bishop). *Pol:* Nomination (of candidate).
invétéré [ɛ̃vetere], *a.* Inveterate; deeply rooted (hatred, etc.); confirmed, irreclaimable (drunkard, criminal); intractable (disease).
invétérer (s') [sɛ̃vetere], *v.pr.* (**il s'invétère ; il s'invétérera**) (Of evil, etc.) To take deep root; to become inveterate.
invincibilité [ɛ̃vɛ̃sibilite], *s.f.* Invincibility.
invincible [ɛ̃vɛ̃sibl], *a.* Invincible, unconquerable; insuperable (difficulty). *adv.* **-ment.**
inviolabilité [ɛ̃vjɔlabilite], *s.f.* Inviolability, inviolacy; sacredness (of office).
inviolable [ɛ̃vjɔlabl], *a.* Inviolable; sacred (office, etc.). burglar-proof (lock). *adv.* **-ment.**
inviolé [ɛ̃vjɔle], *a.* Inviolate, unbroken (vow).
invisibilité [ɛ̃vizibilite], *s.f.* Invisibility.
invisible [ɛ̃vizibl], *a.* Invisible. *adv.* **-ment.**
invitant [ɛ̃vitɑ̃]. **1.** *a.* Attractive, inviting. **2.** *s.m. Sp:* **Les invitants,** the challengers.
invitation [ɛ̃vitasjɔ̃], *s.f.* Invitation. **Venir sur l'i. de qn,** to come at s.o.'s invitation, at s.o.'s request. **Venir sans i.,** to come uninvited.
invite [ɛ̃vit], *s.f.* **1.** Invitation, inducement. **2.** *Cards:* Lead; call (for a suit). **I. d'atout,** call for trumps. **Répondre à l'i. de qn,** (i) to return s.o.'s lead; (ii) *F:* to respond to s.o.'s advances.
invité, -ée [ɛ̃vite], *s.* Guest.
inviter [ɛ̃vite], *v.tr.* To invite. **1. I. qn à dîner,** to invite, ask, s.o. to dinner. **Être déjà invité pour ce soir,** to be already engaged, booked, for this evening. **I. qn à entrer,** to invite s.o. in. **2.** (*a*) **I. le désastre,** to court disaster. (*b*) **I. qn à faire qch.,** (i) to invite, request, s.o. to do sth.; (ii) to tempt s.o. to do sth. *Cards:* **I. atout,** to call for trumps.
invivable [ɛ̃vivabl], *a. F:* Unbearable, intolerable. (*a*) Impossible to live with. (*b*) Impossible to live in.
invocation [ɛ̃vɔkasjɔ̃], *s.f.* Invocation.
invocatoire [ɛ̃vɔkatwa:r], *a.* Invocatory.
involontaire [ɛ̃vɔlɔ̃tɛ:r], *a.* Involuntary, unintentional. *adv.* **-ment.**
involution [ɛ̃vɔlysjɔ̃], *s.f.* Involution.
invoquer [ɛ̃vɔke], *v.tr.* **1.** (*a*) To call upon, to invoke (the Deity, etc.). **I. l'aide de la justice,** to appeal to the law. (*b*) To invoke, call forth (a spirit). **2. I. une raison, un motif,** to set forth, put forward, a reason, a motive.
invraisemblable [ɛ̃vrɛsɑ̃blabl], *a.* Lacking in verisimilitude; unlikely; improbable; hard to believe. **Chapeau i.,** impossible hat. **Ces gens-là sont invraisemblables,** these people are really extraordinary, fantastic. **Histoire i.,** tall story.

invraisemblance [ɛ̃vrɛsɑ̃blɑ̃:s], *s.f.* **1.** Unlikelihood, unlikeliness, improbability. **2.** Fact or statement hard to believe.
invulnérabilité [ɛ̃vylnɛrabilite], *s.f.* Invulnerability.
invulnérable [ɛ̃vylnɛrabl], *a.* Invulnerable. *adv.* **-ment.**
iode [jɔd], *s.m.* Iodine. **Teinture d'i.,** tincture of iodine.
ioder [jɔde], *v.tr. Med: Phot:* To iodize.
iodhydrique [jɔdidrik], *a. Ch:* Hydriodic.
iodique [jɔdik], *a. Ch:* Iodic.
iodoforme [jɔdɔfɔrm,], *s.m.* Iodoform.
iodure [jɔdy:r,], *s.m. Ch:* Iodide.
ioduré [jɔdyre], *a.* Iodized, containing an iodide.
iodurer [jɔdyre,], *v.tr.* To iodize.
ion [jɔ̃], *s.m. El: Ph: Ch:* Ion.
ionien, -ienne [jɔnjɛ̃, -jɛn], *a. & s. Geog:* Ionian.
ionique[1] [jɔnik], *a. Arch:* Ionic (order, etc.).
ionique[2], *a. W.Tel:* Thermionic (valve). **Moteur-fusée i.,** ion rocket. **Propulsion i.,** ion propulsion.
ionisant [jɔnizɑ̃], *s.m. El: Ph: Ch:* Ionizer.
ionisation [jɔnizasjɔ̃], *s.f.* Ionization.
ioniser [jɔnize], *v.tr. Ph: Ch:* To ionize.
ionosphère [jɔnɔsfɛ:r], *s.f.* Ionosphere.
iota [jɔta], *s.m. Gr.Alph:* Iota. *F:* **Pas un i.,** not a jot, not an iota; not one jot or tittle.
iouler [jule], *v.i. Mus:* To yodel.
ipécacuana [ipekakɥana], *s.m. F:* **ipéca** [ipeka], *s.m. Pharm:* Ipecacuanha, ipecac.
ir-ai, -as, etc. See ALLER.
Irak [irak]. *Pr.n.m. Geog:* Irak, Iraq.
irakien, -ienne [irakjɛ̃, -jɛn], *a. & s.* Iraki.
Iran [irɑ̃]. *Pr.n.m. Geog:* Iran, Persia.
iranien, -ienne [iranjɛ̃, -jɛn], *a. & s.* Iranian, Persian.
irascibilité [irassibilite], *s.f.* Irascibility, irascibleness; hot temper; testiness.
irascible [irassibl], *a.* Irascible, irritable, testy, *F:* peppery.
iridescence [iridɛssɑ̃:s], *s.f.* Iridescence.
iridescent [iridɛssɑ̃], *a.* Iridescent.
iridier [iridje], *v.tr. Metall:* To iridize.
iridium [iridjɔm], *s.m. Ch:* Iridium.
Iris [iris]. **1.** *Pr.n.f. Myth:* Iris. **2.** *s.m.* (*a*) Iris, rainbow(-like play of colours); prismatic halo. (*b*) *Anat:* Iris (of eye). *Phot:* **Diaphragme i.,** iris diaphragm. **3.** *s.m. or f. Bot:* Iris, flag, **I. jaune, des marais,** yellow iris. **Racine d'i.,** orris-root.
irisation [irizasjɔ̃], *s.f.* Iridescence, irisation.
irisé [irize], *a.* Iridescent, rainbow-hued.
iriser [irizer], *v.tr.* To make iridescent.
s'iriser, to become iridescent.
irlandais, -aise [irlɑ̃dɛ, -ɛ:z]. **1.** *a.* Irish. **2.** *s.* Irishman; Irishwoman, Irish girl. **Les Irlandais,** the Irish. **3.** *s.m. Ling:* Irish, Erse.
Irlande [irlɑ̃:d]. *Pr.n.f. Geog:* Ireland.
ironie [irɔni], *s.f.* Irony.
ironique [irɔnik], *a.* Ironic(al). *adv.* **-ment, -ally.**
ironiser [irɔnize], *v.i.* To speak ironically.
ironiste [irɔnist], *s.m. & f.* Ironist.
iroquois, -oise [irɔkwa, -wa:z], *a. & s.* Iroquois (Indian).
irraccommodable [irrakɔmɔdabl], *a.* Unmendable.
irrachetable [irraʃtabl], *a.* Unredeemable, irredeemable (funds, etc.).
irradiation [irradjasjɔ̃], *s.f.* Irradiation. *Phot:* Halation.
irradier [irradje], *v.i.* To (ir)radiate; (of pain, cancer, etc.) to spread.
irraisonnable [irrɛzɔnabl], *a.* Irrational, unreasoning.
irraisonné [irrɛzɔne], *a.* Unreasoned.
irrassasiable [irrasazjabl], *a.* Insatiable **(de,** of).
irrationnalité [irrasjɔnalite], *s.f.* Irrationality.
irrationnel, -elle [irrasjɔnɛl], *a.* Irrational (action, *Mth:* quantity). *adv.* **-lement.**
irréalisable [irrealizabl], *a.* Unrealizable.
irréalisé [irrealize], *a.* Unrealized.
irréalité [irrealite], *s.f.* Unreality.
irrecevable [irrəsəvabl], *a.* Inadmissible (evidence); unacceptable (theory).
irréconciliabilité [irrekɔ̃siljabilite], *s.f.* Irreconcilability.
irréconciliable [irrekɔ̃siljabl], *a.* Irreconcilable, unreconcilable. *adv.* **-ment.**
irréconcilié [irrekɔ̃silje], *a.* Unreconciled.
irrécouvrable [irrekuvrabl], *a.* Irrecoverable, unrecoverable (loss).
irrécupérable [irrekyperabl], *a.* Irreparable, irremediable (loss, etc.).
irrécusable [irrekyzabl], *a.* Unimpeachable, unexceptionable, irrecusable (evidence, etc.); unchallengeable (juryman, evidence).
irréductibilité [irredyktibilite], *s.f.* Irreducibleness, irreducibility.
irréductible [irredyktibl], *a.* **1.** Irreducible (equation, dislocation). *Ar:* **Fraction i.,** fraction in its lowest terms. **2.** Indomitable; unshakeable (attachment to s.o.); unyielding.
irréel, -elle [irreɛl], *a.* Unreal.
irréfléchi [irrefleʃi], *a.* **1.** Unconsidered, thoughtless (action). **2.** Hasty, rash, unthinking.
irréflexion [irreflɛksjɔ̃], *s.f.* Thoughtlessness.
irréformable [irrefɔrmabl], *a.* **1.** Unreformable, incorrigible. **2.** *Jur:* Irrevocable (decision, etc.).
irréfragable [irrefragabl], *a.* Irrefragable. *adv.* **-ment.**
irréfrangible [irrefrɑ̃ʒibl], *a. Opt:* Irrefrangible (rays).
irréfutable [irrefytabl], *a.* Irrefutable, indisputable. *adv.* **-ment.**
irréfuté [irrefyte], *a.* Unrefuted.
irrégularité [irregylarite], *s.f.* **1.** Irregularity. **2.** Unpunctuality.
irréguli|er, -ière [irregylje, -jɛ:r]. **1.** *a.* (*a*) Irregular. (*b*) Unpunctual. **2.** *s.m.* Guerrillero, guerilla fighter; partisan. Esp. *pl.* Irregulars. *adv.* **-èrement.**
irréligi|eux, -euse [irreliʒjø, -ø:z], *a.* Irreligious. *adv.* **-eusement.**
irréligion [irreliʒjɔ̃], *s.f.* Irreligion.
irrémédiable [irremedjabl], *a.* Irremediable (loss); irreparable (injury). *adv.* **-ment.**
irrémissible [irremisibl], *a.* Irremissible (crime, duty); unpardonable (crime).
irremplaçable [irrɑ̃plasabl], *a.* Irreplaceable.
irréparable [irreparabl], *a.* Irreparable (wrong); irretrievable (loss, mistake). *adv.* **-ment.**
irrépréhensible [irrepreɑ̃sibl], *a.* Blameless.
irrépressible [irrepresibl], **irréprimable** [irreprimabl], *a.* Irrepressible.
irréprochable [irreprɔʃabl], *a.* Irreproachable; faultless (attire, etc.). *adv.* **-ment.**
irrésistibilité [irrezistibilite], *s.f.* Irresistibility.
irrésistible [irrezistibl], *a.* Irresistible. *adv.* **-ment.**
irrésolu [irrezɔly], *a.* **1.** Irresolute, wavering (nature); faltering (steps). **2.** Unsolved (problem). *adv.* **-ment.**
irrésoluble [irrezɔlybl], *a.* **1.** Irresolvable (nebula). **2.** Insoluble (problem).
irrésolution [irrezɔlysjɔ̃], *s.f.* Irresolution, indecision.
irrespect [irrɛspɛ], *s.m.* Disrespect; pertness.
irrespectueu|x, -euse [irrɛspɛktɥø, -ø:z], *a.* Disrespectful (pour, envers, to, towards). *adv.* **-sement.**
irrespirable [irrɛspirabl], *a.* Unbreathable, irrespirable.
irresponsabilité [irrɛspɔ̃sabilite], *s.f.* Irresponsibility.
irresponsable [irrɛspɔ̃sabl], *a.* Irresponsible.
irrétrécissable [irretresisabl], *a.* Unshrinkable.
irrévérence [irreverɑ̃:s], *s.f.* Irreverence.
irrévérencieu|x, -euse [irreverɑ̃sjø, -ø:z], *a.* Irreverent; disrespectful, *F:* cheeky. *adv.* **-sement.**
irrévérent, -ente [irreverɑ̃, -ɑ̃t], *a.* Irreverent (in matters of religion).
irréversible [irreversibl], *a. Mec.E:* Irreversible (gear, etc.); non-reversing. **Le cours de l'histoire est i.,** you can't put the clock back.
irrévocabilité [irrevɔkabilite], *s.f.* Irrevocability.
irrévocable [irrevɔkabl], *a.* Irrevocable; binding (agreement). *Jur:* **Décret i.,** decree absolute. *adv.* **-ment.**
irrigable [irrigabl], *a.* (*a*) Irrigable. (*b*) Floodable.
irrigateur [irrigatœ:r], *s.m.* (*a*) Garden-hose; street-hose. (*b*) Enema, douche.
irrigation [irrigasjɔ̃], *s.f.* **1.** *Agr:* (*a*) Irrigation. (*b*) Flooding. **2.** *Med:* Spraying (of wound, etc.); douching. **I. du côlon,** colonic irrigation.
irriguer [irrige], *v.tr.* **1.** *Agr:* (*a*) To irrigate. (*b*) To flood. **2.** *Med:* To irrigate, spray, douche.
irritabilité [irritabilite], *s.f.* Irritability. **1.** Sensitiveness; reaction to stimulus. **2.** Irritableness (of temper); testiness, touchiness.
irritable [irritabl], *a.* Irritable. **1.** Sensitive (skin, etc.). **2.** Testy, touchy.

irritant [iritɑ̃]. 1. *a.* Irritating, exasperating. 2. *a.* & *s.m. Med:* Irritant.
irritation [iritasjɔ̃], *s.f.* Irritation.
irrité [irite], *a.* 1. Irritated (**contre**, with); angry. 2. *Med:* Inflamed (wound).
irriter [irite], *v.tr.* To irritate.
s'irriter. 1. To grow angry (**contre qn**, with s.o.; **de qch.**, at sth.). 2. (Of sore, etc.) To become irritated, inflamed.
irruption [irrypsjɔ̃], *s.f.* Irruption. (*a*) Invasion, raid. **Faire i. dans une salle**, to burst, rush, into a room. (*b*) Overflow, flood (of river); inrush (of water). **I. de la mer**, tidal wave.
Isabelle [izabɛl]. 1. *Pr.n.f.* Isabel(la). 2. *a.inv.* Biscuit-coloured, cream-coloured. **Cheval i.**, light-bay horse.
Isaïe [izai]. *Pr.n.m. B.Hist:* Isaiah.
isard [izaːr], *s.m. Z:* Izard; wild goat.
isba [izba], *s.f.* Isba(h).
Islam [islam], *s.m. Rel:* Islam.
islamique [islamik], *a.* Islamic, Islamitic.
islamisme [islamism], *s.m.* Islamism.
islamite [islamit], *s.m.* & *f.* Islamite.
islandais, -aise [islɑ̃dɛ, -ɛːz]. *Geog:* 1. *a.* Icelandic. 2. (*a*) *s.* Icelander. (*b*) *s.m. Ling:* **L'i.**, Icelandic.
Islande [islɑ̃ːd]. *Pr.n.f. Geog:* Iceland.
isobare [izɔbaːr], **isobarique** [izɔbarik], **isobarométrique** [izɔbarɔmetrik], *a. Meteor:* Isobaric. *s.f.* **Isobare**, isobaric curve; isobar.
isocèle [izɔsɛl], *a. Geom:* Isosceles (triangle).
isochromatique [izɔkrɔmatik], *a. Opt: Phot:* Isochromatic.
isochrone [izɔkrɔn], **isochronique** [izɔkrɔnik], *a. Mec:* Isochronous, isochronal, isochronic.
isocline [izɔklin]. *a.* & *s.f. Surv: etc:* Isoclinal (line).
isolable [izɔlabl], *a.* 1. Isolable. 2. Insulatable.
isolant [izɔlɑ̃]. 1. *a.* (*a*) Isolating. (*b*) Insulating. **Bouteille isolante**, vacuum-flask. **Cabine isolante**, sound-proof box. *El.E:* **Ruban i.**, insulating tape. 2. *s.m.* Insulator.
isolateur, -trice [izɔlatœːr, -tris]. *El:* 1. *a.* Insulating. 2. *s.m.* Insulator. **I. d'étincelles**, spark-box.
isolation [izɔlasjɔ̃], *s.f.* (*a*) *El.E:* = ISOLEMENT 2. (*b*) **I. phonique**, sound-proofing.
isolationnisme [izɔlasjɔnism], *s.m.* Isolationism.
isolationniste [izɔlasjɔnist], *a.* & *s.m.* Isolationist.
isolé, -ée [izɔle], *a.* 1. Isolated; detached (house, etc.); lonely, remote (spot, etc.). **Il se tient i. de la foule**, he stands aloof from the crowd. 2. *El.E:* Insulated.
isolement [izɔlmɑ̃], *s.m.* 1. Isolation, loneliness. **Hôpital d'i.**, isolation hospital. 2. *El.E:* Insulation.
isolément [izɔlemɑ̃], *adv.* Separately, individually; solitarily; singly.
isoler [izɔle], *v.tr.* 1. To isolate (**de, d'avec**, from). 2. *El.E:* To insulate.
s'isoler. 1. To become isolated, separated. 2. To live apart, to hold aloof (from society).
isoloir [izɔlwaːr], *s.m.* 1. *El:* Insulator. 2. Polling-booth.
isomère [izɔmɛːr]. 1. *a. Ch: Bot:* Isomerous, isomeric. 2. *s.m. Ch:* Isomer.
isomorphe [izɔmɔrf]. 1. *a. Cryst: Mth: etc:* Isomorphous, isomorphic. 2. *s.m.* Isomorph.
Isorel [izɔrɛl], *s.m. R.t.m: Const:* Hardboard.
isotherme [izɔtɛrm]. *Meteor:* 1. *a.* Isothermal (line). 2. *s.f.* Isotherm.
isothermique [izɔtɛrmik], *a.* Isothermic.
isotope [izɔtɔp], *s.m. Ch:* Isotope.
isotrope [izɔtrɔp], *a. Ch: Ph:* Isotropic.
Israël [israɛl, iz-]. *Pr.n.m. B.Hist: Geog:* Israel.
israélien, -ienne [israeljɛ̃, -jɛn], *a.* & *s. Geog:* Israeli.
israélite [israelit, iz-]. *B.Hist:* 1. *s.m.* & *f.* Israelite, Jew. 2. *a.* Israelitish (person); Israelitic (history).
issu [isy], *a.* Descended (**de**, from); born (**de**, of).
issue [isy], *s.f.* 1. Issue, end, conclusion; outcome. **Changer l'i. de la bataille**, to turn the tide of the battle. **A l'i. de la réunion**, at the end, close, of the meeting. 2. Exit; outlet (of tunnel, etc.). **Voie sans i.**, dead end, *P.N:* no through road. **Se ménager une i.**, to prepare a loop-hole of escape. 3. (*a*) (Butchery) offal. (*b*) *pl. Mill:* **Issues de blé**, sharps, middings. (*c*) *pl. Ind:* By-products.
Istamboul [istɑ̃bul]. *Pr.n.m. Geog:* Istanbul.
isthme [ism], *s.m. Geog: Anat:* Isthmus.
isthmien, -ienne [ismjɛ̃, -jɛn], *a.*, **isthmique** [ismik], *a.* Isthmian, isthmic (canal, games, etc.).
italianiser [italjanize]. 1. *v.tr.* To Italianize. 2. *v.i.* To affect Italian speech, manners.
italianisme [italjanism], *s.m. Ling:* Italianism, Italian phrase or idiom.
Italie [itali]. *Pr.n.f.* Italy. S.a. PAILLE 1, PÂTE 1.
italien, -ienne [italjɛ̃, -jɛn], *a.* & *s.* Italian.
italique [italik]. 1. *a. Ethn:* Italic (race). 2. *a.* & *s.m. Typ:* Italic (type); italics.
item [itɛm], *adv.* Item, likewise, also.
itérat|if, -ive [iteratif, -iːv], *a.* 1. *Jur:* Reiterated, (prohibition, etc.). 2. *Gram:* Iterative (verb). *adv.* **-ivement.**
itération [iterasjɔ̃], *s.f.* Repetition; iteration.
Ithaque [itak]. *Pr.n.f. A.Geog:* Ithaca.
itinéraire [itinerɛːr]. 1. *a.* Concerning roads. **Mesures itinéraires**, road measurements. 2. *s.m.* Itinerary. (*a*) Route, way. (*b*) Road-book, guide-book.
itinérant [itinerɑ̃], *a.* Itinerant.
itou [itu], *adv. F.* Also, too, likewise. **Et moi i.**, and me too!
ivoire [ivwaːr], *s.m.* Ivory. 1. **I. vert**, raw ivory, live ivory. **Noir d'i.**, ivory-black. *Geog:* **La Côte d'I.**, the Ivory Coast. 2. Ivory (statuette, curio, etc.).
ivoirerie [ivwar(ə)ri], *s.f.* 1. Ivory trade. 2. Ivory work.
ivoirien, -enne [ivwarjɛ̃, -jɛn], *a.* & *s. Geog:* Native, inhabitant, of the Ivory Coast.
ivoirier [ivwarje], *s.m.* Worker in ivory.
ivoirin, -ine [ivwarɛ̃, -in], *a.* Ivory (trade etc.).
ivorine [ivɔrin], *s.f. Com:* Ivorine, artificial ivory.
ivraie [ivrɛ], *s.f. Bot:* 1. (*a*) Cockle, darnel. (*b*) *B.Lit:* Tares. **Séparer l'i. d'avec le bon grain**, to separate the wheat from the tares. 2. **I. vivace, fausse i.**, rye-grass.
ivre [iːvr], *a.* Drunk, intoxicated, *F:* tipsy. **A moitié i.**, *F:* half-seas-over. **I. mort**, dead drunk. **I. de joie**, mad with joy.
ivresse [ivrɛs], *s.f.* (*a*) Intoxication, inebriety, drunkenness. *Jur:* **En état d'i. publique** = drunk and disorderly. (*Diving*) **I. des profondeurs**, nitrogen narcosis. (*b*) *Lit:* Rapture, ecstasy.
ivrogne [ivrɔɲ]. 1. *s.m.* Drunkard, tippler, toper, *P:* boozer. **Nez d'i.**, bibulous nose. 2. *a.* Addicted to drink; drunken.
ivrognerie [ivrɔɲri], *s.f.* Habitual drunkenness.
ivrognesse [ivrɔɲɛs], *s.f. F:* Woman given to drink; drunkard.
izard [izaːr], *s.m. Z:* = ISARD.
izba [izba], *s.f.* = ISBA.

J, j[ʒi], *s.m.* The letter J, j. *Tp:* **J comme Joseph,** J for Jack. *Mil: etc:* **Le jour J,** D-day.
jabot[ʒabo], *s.m.* **1.** Crop (of bird). *F:* **Se remplir le j.,** to eat one's fill. **2.** *Cost:* (*a*) Shirt-frill, ruffle, jabot. (*b*) Frill (of blouse).
jabot|er [ʒabɔte], *v.i.* **1.** *A:* (Of bird) To gobble. **2.** *F:* To jabber, chatter. *s.m.* **-age.** *s.* **-eur, -euse**
jacasse [ʒakas], *s.f. F:* (*a*) Magpie. (*b*) (Of woman) Chatterbox.
jacass|er [ʒakase], *v.i. F:* (Of magpie or pers.) To chatter, jabber. *s.f.* **-erie.**
jacée [ʒase], *s.f. Bot:* **1.** Brown radiant knap-weed. **2.** **Petite j.,** wild pansy.
jachère [ʒaʃɛːr], *s.f. Agr:* Unploughed land; fallow. **Champ en j.,** fallow field. **Mettre la terre en j.,** to lay land fallow.
jacinthe [ʒasɛ̃ːt], *s.f.* **1.** *Bot:* Hyacinth. **J. des bois,** wild hyacinth; bluebell. **2.** *Miner:* Jacinth.
jack [ʒak], *s.m. Tp: etc:* Jack.
Jacob [ʒakɔb]. *Pr.n.m.* Jacob. **L'échelle de J.,** Jacob's ladder. *F:* **Bâton de J.,** (i) *Astr:* Orion's belt; (ii) *Bot:* yellow asphodel.
jacobée [ʒakɔbe], *s.f. Bot:* Ragwort.
jacobin, -ine [ʒakɔbɛ̃, -in], *s.* **1.** *Ecc:* Dominican friar or nun. **2.** *Fr.Hist.* (1789)*:* Jacobin (i.e. member of a political club that met in an old **couvent de jacobins).**
jacobinisme [ʒakɔbinism], *s.m.* Jacobinism.
jacobite [ʒakɔbit], *a. & s.m.* Jacobite.
jacquard, jacquart [ʒakaːr], *s.m. or f. Tex:* Jacquard loom. **A la J.,** Jacquard woven. *a.* **Tissu j.,** Jacquard cloth.
jacquemart [ʒakmaːr], *s.m.* = JAQUEMART.
Jacques [ʒɑːk]. *Pr.n.m.* James. *F:* **Maître J.,** Jack-of-all-trades. (From the servant in Molière's *L'Avare.*)
jacquet [ʒakɛ], *s.m.* Backgammon.
Jacquot [ʒako]. **1.** *Pr.n.m. F:* = Jim, Jimmy. **2.** *s.m.* Poll(-parrot), Polly.
jactance [ʒaktɑ̃ːs], *s.f.* **1.** Boastfulness, boasting, brag. **Discours plein de j.,** boastful speech. **Parler avec j.,** to speak boastfully. **2.** Boast; piece of brag.
jade [ʒad], *s.m.* Jade(-stone); nephrite.
jadis [ʒadis], *adv. Lit:* Formerly, once, of old. **Au temps j.,** in the olden days, long ago.
jaguar [ʒagwaːr], *s.m.* Jaguar; American tiger.
jaill|ir [ʒajiːr], *v.i.* To spring (up); to shoot forth; (of water) to gush (forth), to spout (up, out), to squirt (out); (of blood) to spurt; (of sparks) to fly; (of light) to flash. *s.m.* **-issement.**
jaillissant [ʒajisɑ̃], *a.* Gushing, spouting, spurting; flying (sparks). **Puits j.,** (mineral oil) gusher.
jais [ʒɛ], *s.m. Miner:* Jet. **Noir comme du j.,** *a.inv.* **noir de j.,** jet-black.
jalap [ʒalap], *s.m. Bot: Pharm:* Jalap.
jalon [ʒalɔ̃], *s.m.* (*a*) (Surveyor's) staff; (range-)pole; stake, rod. *F:* **Poser des jalons (dans une science, etc.),** to show the way; to blaze a trail. (*b*) *Mil:* Alignment picket. (*c*) *Artil:* Aiming-post.
jalonn|er [ʒalɔne], *v.tr. Surv:* To lay out, stake out, mark out; to peg (out) (claim). *F:* **Ils ont jalonné la route à ceux qui suivront,** they have shown the way to, blazed the trail for, their successors. **Événements qui jalonnent une époque,** events that stand out as landmarks in a period. *s.m.* **-age.** *s.m.* **-ement.**
jalonneur [ʒalɔnœːr], *s.m. Surv:* Staffman.
jalouser [ʒaluze], *v.tr.* To envy (s.o.).
jalousie [ʒaluzi], *s.f.* **1.** Jealousy. **J. de métier,** professional jealousy. **2.** (*a*) (Lattice-work) screen. (*b*) Venetian blind, sun-blind.
jalou|x, -ouse [ʒalu, -uːz], *a.* (*a*) Jealous (*de,* of). **Observer qn d'un œil j.,** to keep a jealous, a watchful, eye on s.o. (*b*) Zealous, careful. **J. de faire qch.,** anxious, desirous, to do sth. *adv.* **-sement.**
Jamaïque (la) [laʒamaik]. *Pr.n.f.* Jamaica.
jamais [ʒamɛ], *adv.* **1.** Ever. **Plus cher que j.,** dearer than ever. **A j., pour j.,** for ever. **A tout j.,** for ever and ever; for evermore. **2.** (With neg. expressed or understood) Never. **J. homme ne fut plus admiré,** never was a man more admired. **Sans j. y avoir pensé,** without ever having thought of it. **C'est le cas ou j.,** now or never. **On n'en avait encore j. entendu parler,** it had never been heard of before. **On ne le voit presque j.,** one hardly ever sees him. **On ne le verra plus j., j. plus,** we shall never see him again. **J. de la vie!** never! not on your life! **J.!** Heavens, no! *Prov:* **Mieux vaut tard que j.,** better late than never. **3.** *s.m.* **Au grand j.!** never, never!
jambage [ʒɑ̃baːʒ], *s.m.* **1.** Jamb(-post) (of door, window); jamb, side, cheek (of fireplace). **2.** Leg, standard (of crane, etc.). **3.** Downstroke (of written letter). *Sch:* **Faire des jambages,** to make pot-hooks.
jambe [ʒɑ̃ːb], *s.f.* **1.** (*a*) Leg. **J. deçà, j. delà** ,astride, astraddle. *Hist:* **Édouard Longues-jambes,** Edward Longshanks. *Nau:* **(Nœud de) j. de chien,** sheepshank, **Il s'enfuit à toutes jambes,** he ran off as fast as his legs could carry him, at full speed. *F:* **Prendre ses jambes à son cou,** to take to one's heels, to show a clean pair of heels. **Jouer des jambes.** to leg it. **Par-dessous la j.,** without care or exertion. **Travail fait par-dessous la j.,** scamped work. **Faire la belle j.,** to strut about; to show off. **C'est ça qui me fera une belle j.!** a lot of good that will do me! **Avoir les jambes rompues,** to be worn out, done up, knocked up. **N'avoir plus de jambes,** to be tired out, fagged out. **J de. bois, j. articulée,** wooden leg. (*b*) **J. d'un verre,** stem of a glass. **Jambes d'un pantalon,** trouser legs. **2.** **J. de force,** strut, prop, brace; *Aut:* stay(-rod), torque-rod.
jambé [ʒɑ̃be], *a.* (Used in) **Bien, mal, j.,** with shapely, unshapely, legs.
jambier, -ière [ʒɑ̃bje, -jɛːr]. **1.** *a. Anat:* Tibial (muscle, etc.). **2.** *s.m.* (Butcher's) gambrel. **3.** *s.f.* **Jambière.** (*a*) *Arm:* Greave. (*b*) *Surg:* Elastic stocking. (*c*) *pl.* Leggings; *Sp:* (shin-)pads.
jambon [ʒɑ̃bɔ̃], *s.m.* Ham. **Œufs au j.,** ham and eggs.
jambonneau [ʒɑ̃bɔno], *s.m.* **1.** Knuckle of ham. **2.** Foreleg ham; hand of pork.
jamboree [dʒambɔri], *s.m.* (Boy-scouts') jamboree.
janissaire [ʒanisɛːr], *s.m.* Janissary.
jansénisme [ʒɑ̃senism], *s.m. Rel.H:* Jansenism.
janséniste [ʒɑ̃senist], *a. & s. Rel.H:* Jansenist.
jante [ʒɑ̃ːt], *s.f.* Rim (of wheel). *Aut:* **J. à base creuse,** well-base rim. **J. à rebord,** beaded rim.
janvier [ʒɑ̃vje], *s.m.* January. **En j.,** in January. **Au mois de j.,** in the month of January. **Le premier j.,** (on) January (the) first; (on) the first of January.
Japhet [ʒafɛt]. *Pr.n.m. B.Hist:* Japhet.
japhétique [ʒafetik], *a.* Japhetic; Aryan.
Japon (le) [ləʒapɔ̃]. **1.** *Pr.n.m. Geog:* Japan. **Au J.,** in, to, Japan. **Papier du J.,** Japanese vellum. **2.** *s.m.* Japan porcelain; fine porcelain.
japonais, -aise [ʒapɔnɛ, -ɛːz]. **1.** *a. & s.* Japanese. **2.** *s.m. Ling:* Japanese.
japonaiserie [ʒapɔnɛzri], *s.f.* **japonerie** [ʒapɔnri], *s.f.* **1.** Craze for Japanese curios. **2.** *pl.* Japanese curios.
japonisant, -ante [ʒapɔnizɑ̃, -ɑ̃ːt], *s.* **1.** Friend of Japan. **2.** Lover of Japanese curios and things Japanese. **3.** Japanese scholar.
japoniste [ʒapɔnist], *s.m. Art:* Collector of Japanese *objets-d'art.*
japp|er [ʒape], *v.i.* (Of dog, fox) To yelp, yap. *s.m.* **-ement.**
jappeur, -euse [ʒapœːr, -øːz], *a. & s.* Yelping, yapping (dog, etc.).
jaquemart [ʒakmaːr], *s.m.* Jack(-o'-the-clock) (striking the hours in old town clocks).
jaquette [ʒakɛt], *s.f.* (*a*) (Man's) tail-coat, morning coat. (*b*) (Woman's) jacket. (*c*) *Fr.C:* Night-dress. (*d*) *Bookb:* Dust-jacket, dust-cover, dust-wrapper.
jardin [ʒardɛ̃], *s.m.* Garden. **J. potager,** kitchen garden. **J. d'agrément,** pleasure garden. **J. des plantes,** botanical garden. **J. alpin,** rock-garden. **Jardins ouvriers,** allotments. S.a. ACCLIMATATION. *Sch:* **J. d'enfants,** kindergarten.

jardinage [ʒardina:ʒ], *s.m.* **1.** (*a*) Gardening. (*b*) Garden-stuff, -produce. **2.** Flaw (in diamond).
jardiner [ʒardine], *v.i.* To garden.
jardinet [ʒardinɛ], *s.m.* Small garden.
jardineux, -euse [ʒardinø, -ø:z], *a. Lap:* Dark, misty, badly coloured (stone).
jardinier, -ière [ʒardinje, -jɛ:r]. **1.** *a.* **Plantes jardinières,** garden plants. **2.** *s.m.* Gardener; *s.f.* Woman gardener; gardener's wife. *Sch:* **Jardinière d'enfants,** kindergarten mistress. **3.** *s.f.* **Jardinière.** (*a*) Flower stand, jardinière; window box; (*b*) Market-gardener's cart; spring-cart. (*c*) *Cu:* Jardinière, macédoine (of vegetables).
jardiniste [ʒardinist], *s.m.* Landscape-gardener.
jargon[1] [ʒargɔ̃], *s.m.* (*a*) Jargon. (*b*) Cant, slang.
jargon[2], *s.m. Miner:* Jargon, jargoon.
jargonner [ʒargɔne], *v.i.* To talk jargon.
Jarnac [ʒarnak]. *Pr.n.m.* (Used in) **Coup de J.,** treacherous stroke; stab in the back.
jarre [ʒa:r], *s.f.* (Large glazed) earthenware jar.
jarret [ʒarɛ], *s.m.* **1.** Bend of the knee; hock (of horse, dog, etc.). **Plier le j.,** to bend the knee. **Avoir le j. solide, avoir du j.,** to be strong on one's legs. **Couper les jarrets à un cheval,** to hamstring a horse. **2.** *Cu:* Knuckle (of veal); shin (of beef).
jarreté [ʒarte], *a.* **1.** Gartered. **2.** (Of horse) Close-hocked.
jarretelle [ʒartɛl], *s.f.* (Stocking) suspender.
jarretière [ʒartjɛ:r], *s.f.* **1.** Garter. **Ordre de la J.,** Order of the Garter. **2.** (*a*) Picketing rope. (*b*) *Nau:* Gasket.
jars [ʒa:r], *s.m.* Gander.
jas [ʒɑ], *s.m. Nau:* Stock (of anchor). **Sans j.,** stockless.
jaser [ʒɑze], *v.i.* (*a*) To chatter (**de,** about); to gossip. **J. comme une pie (borgne),** to talk nineteen to the dozen. **Faire j. les gens,** to set tongues wagging. (*b*) *F:* To tell tales. **Faire j. qn,** to make s.o. talk; *F:* to pump s.o.
jaserie [ʒɑzri], *s.f.* Chatter; tittle-tattle; gossip.
jaseur, -euse [ʒɑzœ:r, -ø:z]. **1.** *a.* Talkative. **2.** *s.* Chatterbox; gossip. **3.** *s.m. Orn:* Waxwing.
jasmin [ʒasmɛ̃], *s.m. Bot:* Jasmine, jessamine. **J. en arbre,** mock orange. **J. d'hiver,** winter jasmine.
jaspe [ʒasp], *s.m.* **1.** *Miner:* Jasper. **J. sanguin,** bloodstone. **2.** = JASPURE.
jasp|er [ʒaspe], *v.tr.* To marble, mottle. *Bookb:* (i) To marble, (ii) to sprinkle (edges). **Papier jaspé,** marbled paper. *s.m.* **-age.**
jaspure [ʒaspy:r], *s.f. Bookb:* (*a*) Marbling. (*b*) Sprinkling.
jatte [ʒat], *s.f.* Bowl; (milk-)pan, basin.
jattée [ʒate], *s.f.* Bowlful; panful (of milk).
jauge [ʒo:ʒ], *s.f.* **1.** (*a*) Gauge (of cask, etc.). (*b*) *Nau:* Tonnage, burden (of ship). **J. brute,** gross tonnage. **2.** (*a*) Gauging-rod. *Aut:* (i) Petrol-gauge, (ii) dip-stick. (*b*) *Mec.E: etc:* Gauge, templet. **J. micrométrique,** vernier cal(l)iper. (*c*) *Mch:* **J. de vapeur,** steam-gauge. **Robinet de j.,** gauge-cock. (*d*) **Bas de j., fine,** fine gauge stocking. **Bas de grosse j.,** heavy gauge stocking.
jaug|er [ʒoʒe], *v.tr.* (**je jaugeai(s); n. jaugeons**) **1.** To gauge; to measure the capacity of (cask), the tonnage of (ship). *F:* **J. un homme,** to size up a man. **2.** *Nau:* (Of ship) (*a*) **J. 300 tonneaux,** to be of 300 tons burden. (*b*) **J. deux mètres d'eau,** to draw six feet of water. *s.m.* **-eage.**
jaugeur [ʒoʒœ:r], *s.m.* Gauger.
jaunâtre [ʒonɑ:tr], *a.* Yellowish; sallow.
jaune [ʒo:n]. **1.** *a.* Yellow. *F:* **J. comme un coing, comme un citron,** yellow as a guinea. **Chaussures jaunes,** brown shoes. **Fièvre j.,** yellow fever, *F:* yellow jack. *Adm:* **Livre j.** = Blue Book. **Feu, lumière, j.,** amber light. *a.inv.* **Des gants j. paille,** straw-coloured gloves. **J. serin,** canary yellow. *adv.* **Rire j.,** to give a sickly smile, to force a laugh. **Voir j.,** to see everything with a jaundiced eye. **2.** *s.m.* (*a*) Yellow (colour). **J. d'ocre,** yellow ochre. (*b*) **J. d'œuf,** yolk (of egg). **3.** *s.m. F:* Non-union workman; blackleg, scab.
jauneau [ʒono], *s.m. Bot:* Lesser celandine.
jaunet, -ette [ʒone, -ɛt]. **1.** (*a*) *F:* Yellowish. **2.** *s.m. F:* Gold-coloured coin.
jauni, -ie [ʒoni], *a.* Yellowed by age, sun, etc.; faded.
jaun|ir [ʒoni:r], *v.tr. & i.* To yellow. **1.** To colour (sth.) yellow. **2.** To grow, turn, yellow; to fade, *s.m.* **-issement.**
jaunissant, -ante [ʒonisɑ̃, -ɑ̃:t], *a.* Yellowing, turning yellow. **Blés jaunissants,** ripening corn.
jaunisse [ʒonis], *s.f. Med:* Jaundice. *F:* **Il en aurait fait une j.,** he'd have been green with envy.
Java [ʒava]. **1.** *Pr.n. Geog:* Java. **2.** = JAVANAIS, -AISE 2.
javanais, -aise [ʒavanɛ, -ɛ:z]. **1.** *a. & s.* Javanese. **2.** *s.f. Danc:* **Javanaise,** Javanaise.
Javel [ʒavɛl], *s.m.* **Eau de J.,** disinfectant (made with potassium chloride).
javelé [ʒavle], *a. Agr:* **Avoine javelée,** oats that have rotted in the swath.
javel|er [ʒavle], *v.* (**je javelle; je javellerai**) **1.** *v.tr. Agr:* To lay (corn) in swaths. **2.** *v.i.* (Of corn) To turn yellow. *s.m.* **-age.**
javeline [ʒavlin], *s.f.* **1.** Javelin. **2.** Small swath (of corn, etc.).
javelle [ʒavɛl], *s.f.* **1.** *Agr:* Swath; loose sheaf. **2.** Bundle (of hop-poles, etc.).
javellis|er [ʒavɛlize], *vtr. Hyg:* To sterilize (water) with potassium chloride; to chlorinate. *s.f.* **-ation.**
javelot [ʒavlo], *s.m.* Javelin.
jazz [ʒaiz], *s.m.* Jazz.
jazz-band [ʒazbɑ̃:d], *s.m.* Jazz band. *pl. Des jazz-bands.*
je, before vowel sound **j'** [ʒ(ə)], *pers.pron.nom.* I. **1. Je vois,** I see. **J'ai,** I have. **J'en ai,** I have some. **Que vois-je** [vwa:ʒ]? what do I see? **2.** (Stressed [ʒə]) *Jur:* **Je, soussigné . . .,** I, the undersigned. . . .
Jean [ʒɑ̃]. *Pr.n.m.* John. **(Saint) J.-Baptiste** [batist], (St) John the Baptist. **La Saint-J.,** Midsummer Day. *Hist:* **J. sans Terre,** John Lackland.
Jeanne [ʒɑ(:)n]. *Pr.n.f.* Jane, Joan, Jean. **J. d'Arc,** Joan of Arc. **Cheveux à la J. d'Arc,** bobbed hair with a fringe.
Jeannette[1] [ʒanɛt]. **1.** *Pr.n.f.* Jenny, Janet. **2.** *s.f.* (*a*) Small gold cross. (*b*) Sleeve-board. (*c*) *Bot:* **J. jaune,** daffodil. **J. blanche,** pheasant's eye.
Jeannette[2], *s.f. Scouting:* Brownie.
Jeannot [ʒano]. *Pr.n.m. F:* Johnny, Jack.
jeep [(d)ʒip], *s.f. Aut:* Jeep.
Jéhovah [ʒeɔva]. *Pr.n.m.* Jahveh, Jehovah.
je-m'en-fichiste [ʒmɑ̃fiʃist], *s.m. & f.*, **je m'en-foutiste** [ʒmɑ̃futist], *s.m. & f.* Couldn't-care-less type of person.
je-ne-sais-quoi [ʒənsɛkwa], *s.m.* **Un je-ne-sais-quoi,** an indescribable something. **Il y a un je-ne-sais-quoi qui ne me plaît pas,** there is something about it I don't like.
jenny [ʒɛni], *s.f. Tex:* Spinning-jenny.
jérémiade [ʒeremjad], *s.f.* Jeremiad, lamentation, doleful story.
Jérémie [ʒeremi]. *Pr.n.m.* Jeremiah, Jeremy.
jerricane, *s.f.* **jerrycan,** *s.m.* **jerry-can,** *s.m.* (*pl. des jerry-cans*) [ʒerikan]. Jerry-can.
Jersey [ʒɛrze], *s.m.* **1.** *Pr.n.Geog:* (Island of) Jersey. **2.** *Cost:* Jersey. **3.** Jersey (cloth).
jersiais, -aise [ʒɛrzjɛ, -ɛ:z], *a. & s.* (Native) of Jersey. **(Vache) jersiaise,** Jersey cow.
Jérusalem [ʒeryzalɛm], *Pr.n. Geog:* Jerusalem.
je-sais-tout [ʒ(ə)sɛtu], *s.m.inv.* Know-all.
jésuite [ʒezɥit], *s.m. Ecc:* Jesuit.
jésuitique [ʒezɥitik], *a.* Usu. *Pej:* Jesuitic(al); plausible, specious. *adv.* **-ment.**
jésuitisme [ʒezɥitism], *s.m.* Jesuitism, Jesuitry.
Jésus [ʒezy]. **1.** *Pr.n.m.* Jesus. **J.-Christ,** Jesus Christ. **En l'an 44 avant J.-C.,** in the year 44 B.C. **2.** *a.m. & s.m. Typ:* **(Papier) j.,** (approx.) super-royal, long royal (paper).
jet [ʒɛ], *s.m.* **1.** (*a*) Throwing, casting; throw, cast (of net, dice, etc.). **A un j. de pierre de . . .,** within a stone's throw of. . . . *Art: Lit:* **Premier j.,** first sketch, rough outline; rough draft (of novel). **Du premier j.,** at the first attempt. **Force de j.,** impetus. (*b*) *Metall:* Cast, casting. **Couler qch. d'un seul jet,** to cast sth. in one piece. *F:* **Faire qch. d'un seul j.,** to do sth. at one go. (*c*) **J. (de marchandises) à la mer,** jettison(ing), throwing overboard (of cargo). **2.** (*a*) Jet, gush, stream (of liquid); spurt of blood); flash, ray (of light); new swarm (of bees).) **J. de vapeur**

steam jet; blast of steam. J. d'eau, fountain. J. d'incendie, jet of water from a fire-hose. J. de flamme, (i) burst of flame; (ii) blowpipe flame. A j. continu, in one continuous stream. (*b*) Young shoot (of tree). *F:* Elle est tout d'un j., she is tall and slender. 3. Jet (of nozzle, etc.); spout (of pump, watering-can, etc.). J. à pomme, rose (of watering-can).

jeté [ʒəte, ʃte], *s.m.* 1. *Danc:* Jeté. 2. *Knitting:* (Wool) over, (wool) forward. J. simple, j. double, make one, make two.

jetée [ʒəte], *s.f.* 1. Jetty, pier. 2. (= BRISE-LAMES) Breakwater. 3. J. d'abeilles, swarm.

jeter [ʒəte, ʃte], *v.tr.* (je jette; je jetterai) To throw, fling, cast. J. qch. de côté, to toss sth. aside. J. son argent par la fenêtre, to pour one's money down the drain; to play ducks and drakes with one's money. J. qch. à la tête de qn, to throw sth. at s.o.'s head. J. qch. au nez, à la figure, de qn, to throw sth. in s.o.'s teeth. J. un filet, to cast a net. J. bas qch., j. qch. à terre, to throw sth. down. *Mch:* J. bas les feux, to draw the fires. J. loin qch., to fling sth. away. J. ses armes, to throw away one's weapons. J. au sort, to cast lots. Le sort en est jeté, the die is cast. J. un cri, to utter a cry. J. un soupir, to heave a sigh. J. un regard sur qn, to cast a glance at s.o. J. une ombre, to cast a shadow. J. qn en prison, to throw, cast, s.o. into prison. J. des racines, to throw out roots; to strike (root). J. les fondements d'un édifice, to lay the foundation of a building. Abeilles qui vont j. (un essaim), bees about to swarm. J. (une statue) en fonte, to cast (a statue). *Nau:* J. le plomb, la sonde, to heave the lead. J. l'ancre, to cast anchor.
se jeter. Se j. par la fenêtre, to throw oneself out of the window. Se j. à bas de son lit, to jump out of bed. Se j. sur qn, to fall upon s.o.; to attack s.o. Se j. au cou de qn, to fall on s.o.'s neck. Cours d'eau qui se jette dans la Seine, stream that flows into the Seine.

jeteur, -euse [ʒətœːr, -øːz], *s.* Thrower; caster (of dice, etc.)

jeton [ʒətɔ̃, ʃtɔ̃], *s.m.* (*a*) *Cards: etc:* Counter; chip. (*b*) J. de présence, tally, token (issued as voucher for attendance at meeting). Toucher ses jetons, to hand in one's checks, to draw one's fees. (*c*) *Tp: etc:* Token (for public telephone box, etc.).

jet-stream [dʒetstrim], *s.m.* *Meteor:* Jet-stream. *pl.* *Des jet-streams.*

jettature [ʒettatyːr], *s.f.* Evil eye.

jeu, jeux [ʒø], *s.m.* 1. (*a*) Play, sport. J. de mots, play on words; pun. J. d'esprit, witticism. Jeux de la fortune, tricks of fortune. Par un j. de la Fortune . . ., through a freak of chance. . . . J. de la nature, freak (of nature). Se faire (un) j. de qch., de faire qch., to make light of sth., of doing sth. Ils se faisaient un j. de le tourmenter, they made a sport of baiting him. (*b*) (Manner of) playing; acting (of actor); execution, playing (of musician). J. muet, dumb show. Jeux de scène, stage business. J. brillant, brilliant execution. S.a. VIEUX 2. 2. (*a*) Jouer à un j., to play (at) a game. Jeux d'adresse, games of skill. Jeux olympiques, Olympic games. Jeux de société, petits jeux, parlour games, forfeit games. Jeux de hasard, games of chance. Terrain de jeux, sports-ground. Ce n'est pas de j., cela passe le j., that's not fair. Jouer beau j., to play the game; to play fair. *Prov:* A beau j. beau retour, one good turn deserves another. *F:* Vous avez beau j., now's your chance. On aurait beau j. de, à, répondre, one could quite easily answer that. Il a fait mon j., he played into my hands. Jouer bon j. bon argent, (i) to play a straight game; (ii) to mean business. *Ten:* J. et partie, game and set. *Fb:* (i) Hors j., off side. (ii) Ballon hors j., ball out of play. (Déclaré) hors-j., out. Mettre la balle en j., to bring the ball into play; *Hockey:* to bully off. S.a. FRANC[2] 2. (*b*) (Place) J. de tennis, (lawn-)tennis courts. J. de boules, (in Fr.) bowling-alley; (in Eng.) bowling-green. J. de quilles, skittle-alley. 3. Set. J. d'échecs, set of chessmen. J. de cartes, pack of cards. J. d'outils, set of tools. En jeux complets (outils, etc.), in sets. J. de voiles, suit of sails. J. de fiches, card-index. *Mus:* J. d'orgue, (organ) stop. 4. (*a*) Gaming, gambling, play; card-playing, etc. Maison de j., gaming-house. Perdre au j., to have gaming losses. Perdre une fortune au j., to gamble away a fortune. Dettes de j., gambling debts. Table de j., gaming-table or card-table. Jouer gros j., to play high. Jouer un j. d'enfer, to plunge recklessly. Faites votre j., vos jeux! put down your stakes! Mettre tout en j., (i) to stake one's all; (ii) to leave no stone unturned. Les intérêts en jeu, the interests at issue, at stake. Les questions en j. the questions involved, implied, at issue. *F:* Le j. n'en vaut pas la chandelle, the game isn't worth the candle. *F:* Jouer double j., to play a double game. Cacher son j., to play an underhand game. (*b*) *St.Exch:* Speculating. 5. (Activity, action) Les forces en j., the forces at work. Mettre qch. en j., to set sth. in action; to bring, call, sth. into play. J. d'un piston, length of stroke of a piston. J. de lumière, play of light. *Th:* Jeux de lumière, lighting effects. *Mec.E:* En j., in gear. 6. *Mec.E:* (*a*) J. (utile), clearance, play, free motion. Donner du j. à un organe, to ease, slacken, a part. (*b*) J. (nuisible), looseness, play, (back-)lash. Prendre du j., to work loose.

jeudi [ʒødi], *s.m.* Thursday. J. saint, Maundy Thursday. J. gras, Thursday before Shrove Tuesday. *F:* Dans la semaine des quatre jeudis, when pigs begin to fly (i.e. never).

jeun (à) [aʒœ̃], *adj.phr.* 1. Fasting. Boire à j., to drink on an empty stomach. 2. Sober.

jeune [ʒœn]. 1. *a.* (*a*) Young; juvenile or youthful. Un j. Français, un j. Anglais, a French boy, an English boy. Une j. Indienne, an Indian girl. Une j. servante, a servant girl. J. homme, *pl.* jeunes gens, occ. jeunes hommes, young man, youth, lad. J. personne, young woman. J. fille, girl, young woman Jeunes gens, (i) young people; (ii) young men. J. aveugle, blind boy or girl. *Th:* J. premier, -ère, juvenile lead; *f* leading lady. (*b*) Younger. Mon j. frère, my younger brother. M. Dupont J., Mr Dupont junior. (*c*) Vin j., new wine. 2. *s.m.* (*a*) Les jeunes, young people. (*b*) Young animal.

jeûne [ʒøːn], *s.m.* (*a*) Fast. Rompre le j., (i) to break one's fast; (ii) *Ecc:* to break the rule of fasting. (*b*) Fasting. Jour de j., (i) day of fasting; (ii) *Ecc:* fast-day.

jeûner [ʒøne], *v.i.* To fast.

jeunesse [ʒœnɛs], *s.f.* 1. (*a*) Youth; boyhood, girlhood. Je le connais de j., I have known him from my youth. La toute première j., earliest youth; infancy. Livres pour la j., juvenile books, juveniles. Il faut que j. se passe, youth will have its fling. Organismes de j., youth organizations. Erreurs, péchés de j., youthful indiscretions. (*b*) Youthfulness, juvenility (of appearance, etc.). 2. *F:* Girl.

jeûneur, -euse [ʒønœːr, -øːz], *s.* One who fasts; faster.

jigger [ʒigɛːr], *s.m.* *W.Tel:* Jigger, oscillation transformer.

jiu-jitsu [ʒjyʒitsy], *s.m.* *No.pl.* *Sp:* Jiu-jitsu.

joaillerie [ʒoajri], *s.f.* 1. Jeweller's trade or business. 2. Jewellery; trinkets.

joaillier, -ière [ʒoaje, -jɛːr], *s.* Jeweller.

job [ʒɔb], *s.m.* *F:* Job, task.

jobard [ʒɔbaːr], *s.m.* *F:* Person easily taken in (by beggars, etc.); easy prey; *F:* easy mark; mug, juggins.

jobarder [ʒɔbarde], *v.tr.* *F:* To dupe, gull (s.o.); to take (s.o.) in.

jobarderie [ʒɔbardri], *s.f.*, **jobardise** [ʒɔbardiːz], *s.f.* *F:* 1. Gullibility. 2. Piece of misplaced philanthropy.

jociste [ʒɔsist], *a.* & *s.m.* & *f.* (from the abbreviation J.O.C. = Jeunesse Ouvrière Catholique), member of the Young Workers' Catholic Association.

jockey [ʒɔkɛ], *s.m.* (*a*) Jockey. (*b*) *A:* Outrider. (*c*) Groom.

Joconde (la) [laʒɔkɔ̃ːd]. *Pr.n.f.* *Art:* (The) Mona Lisa.

jocrisse [ʒɔkris], *s.m.* 1. Stupid servant. 2. Fool, simpleton; hen-pecked husband.

jodler [jɔdle], *v.i.* = IOULER.

joie [ʒwa], *s.f.* 1. Joy; delight; gladness. Plein de j., full of joy; in a gay mood. Sauter de j., to jump for joy. A ma grande j., on me permit . . ., to my great joy I was allowed . . .. Être en j., to be full of joy; to be joyful. Faire la j. de qn, (i) to be s.o.'s joy; (ii) to make s.o. happy. Se faire une j. de servir qn, to delight, to take a delight, in serving s.o. Feu de j., bonfire. **J. de vivre,** joy of living; high spirits. *Adv.phr.* **A cœur j.,** to one's heart's content. **2.** (*a*) Mirth, merriment. (*b*) **Aimer la j.,** to be fond of pleasure.

joign-ant, -ons, -is, etc. See JOINDRE.

joindre [ʒwɛ̃:dr], *v.tr.* (*pr.p.* **joignant**; *p.p.* **joint**; *pr.ind.* **je joins, il joint, n. joignons, ils joignent**; *p.h.* **je joignis**; *fu.* **je joindrai**) **1.** To join. (*a*) To bring together. **J. les mains,** to clasp one's hands. **J. un tube à chaud,** to weld a tube. S.a. BOUT[1] 1. (*b*) To add (à, to). **J. le geste à la parole,** to suit the action to the word. **J. l'utile à l'agréable,** to combine business with pleasure. (*c*) **J. son régiment, son navire,** to join one's regiment, one's ship. (*d*) **Je vous joindrai à . . .,** I shall meet, join, you at. . .. *Tp:* **J'ai téléphoné, mais je n'ai pas réussi à le j.,** I phoned, but couldn't get him, get in(to) touch with him. **2.** To adjoin. **Notre maison joint la sienne,** our house is next to his. **3.** *v.i.* To meet, fit. **Fenêtre qui ne joint pas bien,** window that doesn't shut tight.

se joindre. 1. To join, unite. **Se j. à, avec, qn pour faire qch.,** to join with s.o. in doing sth. **2.** To adjoin; to be contiguous.

joint [ʒwɛ̃]. **1.** *a.* Joined, united. **Pieds joints,** feet close together. **Saut à pieds joints,** standing jump. **A mains jointes,** with clasped hands. *Corr:* **Pièces jointes,** enclosures. *Conj.phr.* **J. (à ce) que,** besides which, added to which. S.a. CI-JOINT. **2.** *s.m.* (*a*) Joint, join. *F:* **Trouver le j.,** to hit upon the right plan; to find a way. **J. biseauté,** scarf-joint. **J. en charnière,** knuckle-joint. **J. articulé, de Cardan,** universal joint, Cardan joint. **J. à rotule,** ball(-and-socket) joint. **J. à brides,** flange joint. (*b*) *pl.* Jointing (of wall). (*c*) *Mch:* Packing (of piston or gland). *I.C.E:* **J. de culasse,** gasket.

jointé [ʒwɛ̃te], *a.* Jointed.

jointement [ʒwɛ̃tmɑ̃], *s.m.* Jointing.

jointif, -ive [ʒwɛ̃tif, -i:v], *a.* *Const:* Joined; placed edge to edge.

joint|oyer [ʒwɛ̃twaje], *v.tr.* (**je jointoie; je jointoierai**) *Const:* **1.** To point, joint (wall, etc.). **2.** To grout. *s.m.* **-oiement.**

jointure [ʒwɛ̃ty:r], *s.f.* **1.** Joint, join. **J. du genou,** knee-joint. **Les jointures des doigts,** the knuckles. **Jointures de la cuirasse,** joints of the harness. **2.** Often = JOINT 2.

joker [ʒɔkɛ:r], *s.m.* *Cards:* Joker.

joli [ʒɔli], *a.* Pretty; good-looking (girl). **Jolie comme un cœur, jolie à croquer,** pretty as a picture. **Dire de jolies choses,** to say pleasant, agreeable, things. *Iron:* **Voilà une jolie conduite!** that's a nice way to behave! **Voilà du j.!** here's a pretty state of affairs!

joliesse [ʒɔljɛs], *s.f.* Prettiness.

joliment [ʒɔlimɑ̃], *adv.* **1.** Prettily, nicely, finely. **2.** *F:* **J. amusant,** very amusing, funny. **Il danse j. bien,** he's a very good dancer. **Je suis j. content!** I'm so pleased!

Jonas [ʒɔnɑ:s]. *Pr.n.m.* *B.Hist:* Jonah.

jonc [ʒɔ̃], *s.m.* **1.** (*a*) *Bot:* Rush. **J. fleuri,** flowering rush. **J. odorant,** sweet calamus, sweet rush. **J. à balais,** reed. **J. marin,** whin, furze. (*b*) **J. d'Inde,** rattan. **Canne de j.,** Malacca cane; rattan (walking-stick). **2.** *Fr.C:* Wedding ring.

jonchaie [ʒɔ̃ʃɛ], *s.f.* **1.** Plantation of rushes. **2.** Cane-plantation, -brake.

jonchée [ʒɔ̃ʃe], *s.f.* Scattering (of branches, flowers). **Une j. de roseaux recouvrait le sol,** the ground was strewn with rushes.

jonch|er [ʒɔ̃ʃe], *v.tr.* **J. la terre de fleurs,** to strew the ground with flowers. **Les débris de la statue jonchaient le pavé,** fragments of the statue lay scattered about the pavement. **Des journaux jonchaient la table,** newspapers littered the table. *s.m.* **-ement.**

jonchets [ʒɔ̃ʃɛ], *s.m.pl.* *Games:* Spillikins.

jonction [ʒɔ̃ksjɔ̃], *s.f.* Junction, joining. **Point de j.,** junction-point. **Tuyau de j.,** joint-pipe. **Gare de j.,** junction (station). **Voie de j.,** cross-over. (Of troops) **Opérer une j.,** to come together; to join hands.

jongler [ʒɔ̃gle], *v.i.* To juggle.

jonglerie [ʒɔ̃gləri], *s.f.* **1.** Juggling, jugglery. **2.** Trickery, imposture; trick.

jongleur [ʒɔ̃glœ:r], *s.m.* **1.** *A:* Jongleur; (mediaeval) tumbler. **2.** Juggler, mountebank.

jonque [ʒɔ̃:k], *s.f.* *Nau:* (Chinese) junk.

jonquille [ʒɔ̃kij]. **1.** *s.f.* *Bot:* (*a*) Jonquil. (*b*) Daffodil. **2.** *a.inv.* & *s.m.* Pale yellow.

Jordanie [ʒɔrdani], *Pr.n.f.* *Geog:* Jordan.

Jordonne [ʒɔrdɔn]. *Pr.n.* *F:* **C'est un monsieur j.,** he is bossy.

Joseph [ʒɔzɛf]. **1.** *Pr.n.m.* *B.Hist: etc:* Joseph. **2.** Fine, transparent, filter paper.

Josué [ʒɔzɥe]. *Pr.n.m.* *B.Hist:* Joshua.

jouable [ʒwabl], *a.* Playable.

jouailler [ʒwaje], *v.i.* *F:* **1.** To play for small stakes. **2.** To strum (piano); to scrape (fiddle).

joubarbe [ʒubarb], *s.f.* *Bot:* Houseleek.

joue [ʒu], *s.f.* **1.** Cheek (of person, horse). **Mettre, coucher, qn en j.,** to aim (with a gun) at s.o. **2.** Side (of arm-chair, etc.); cheek (of bearing, mortise, etc.); flange (of wheel); web (of girder, etc.). **3.** *N.Arch:* **Les joues,** the bows.

jouée [ʒwe], *s.f.* *Arch:* Reveal (of window).

jouer [ʒwe], *v.* To play. **I.** *v.i.* **1.** (*a*) **J. avec qn,** to play with s.o. **J. avec ses lunettes,** to toy, fiddle, with one's spectacles. **J. sur les mots,** to play upon words. **J. avec sa santé,** to trifle with one's health. (*b*) **J. à qch.,** to play at sth. **J. à la marchande,** to play at keeping shop. **J. aux cartes,** to play cards. **C'est à qui de j.?** whose turn is it to play? (*c*) **J. du piano, de la harpe,** to play the piano, the harp. **J. des coudes,** to elbow one's way. S.a. JAMBE 1. **2.** (*a*) To gamble. *Prov:* **Qui a joué, jouera,** once a gambler always a gambler. (*b*) *Fin:* **J. à la hausse,** to gamble, speculate, on a rise. **3.** (*a*) To come into play; to work, to act. **Les eaux joueront dimanche,** the fountains will play on Sunday. **Faire j. qch.,** to bring sth. into play; to set sth. in motion. **Faire j. une mine,** to spring, touch off, a mine. **Faire j. un ressort,** to work, touch, release, a spring. (*b*) (Of regulation, etc.). To be, become, operative. (*c*) (Of wood) To warp; to shrink or swell. (*d*) (Of part) To fit loosely; to have too much play.

II. jouer, *v.tr.* **1.** (*a*) To stake. **J. cinq francs,** to stake five francs. **J. gros jeu.** to play for high stakes; to play high. **J. de malheur,** to be unlucky. (*b*) *Turf:* To back (horse). **J. un cheval gagnant et placé,** to back a horse each way. **2.** (*a*) To play (card, pawn). **J. trèfle,** (i) to play clubs; (ii) to lead clubs. **Bien j. ses cartes,** to play one's cards well. *Chess:* **J. une pièce,** to move a piece. (*b*) To act, play, perform (a play). *Mus:* **J. une sonate,** to play a sonata. **J. un rôle,** to act a part. *F:* **J. un rôle dans une affaire,** to play a part in an affair. *F:* **J. la surprise,** to affect, feign, surprise. **3.** To trick, fool, make a fool of (s.o.).

se jouer. 1. To play, frolic, sport. **Faire qch. en se jouant,** to make child's play of sth.; to do sth. with great ease. **2. Se j. de qn,** to trifle with, make game of s.o.

jouet [ʒwɛ], *s.m.* Toy, plaything. **Être le j. de la fortune,** to be the sport of fortune.

joueur, -euse [ʒwœ:r, -ø:z], *s.* **1.** (*a*) Player (of game). **J. de golf, de football,** golfer, footballer. **J. aux cartes,** card-player. **Être beau j.,** to be a sport, a good loser. **Être mauvais j.,** to be a bad loser. *a.* **Enfant j.,** child fond of play. (*b*) Performer, player (on an instrument). **2.** (*a*) Gambler. *a.* Given to gambling, fond of gambling. (*b*) *St.Exch:* Speculator, operator. **J. à la hausse,** bull. **J. à la baisse,** bear.

joufflu [ʒufly], *a.* Chubby.

joug [ʒu(g)], *s.m.* **1.** Yoke. **Mettre les bœufs au j.,** to yoke the oxen. **Courber un peuple sous le j.,** to bend a people under the yoke. **Secouer le j.,** to throw off the yoke. **2.** Beam (of balance).

jouir [ʒwi:r], *v.i.* To enjoy. (*a*) **J. de la vie, d'un bon dîner,** to enjoy life, a good dinner. (*b*) **J. de toutes ses facultés,** to be in full possession of all one's faculties. **J. d'une bonne réputation,** to have a good reputation. (*c*) *Abs.* **Gens qui ne pensent qu'à j.,** people who think only of enjoyment.

jouissance [ʒwisɑ̃:s], *s.f.* Enjoyment. (*a*) **Le travail est une j. pour lui,** work is a pleasure to him. (*b*) Possession, tenure. **Avoir la j. de certains droits,** to enjoy certain rights. **Entrer en j. de ses biens,** to enter into possession of one's property. **Maison à vendre avec j. immédiate,** house for sale with vacant possession. **J. de passage,** right of way. **J. en commun (d'un bien),** communal tenure.

jouisseur, -euse [ʒwisœ:r, -ø:z]. *s.* Sensualist.

joujou, -oux [ʒuʒu], *s.m. F:* (*a*) Toy, plaything. (*b*) **Faire j. avec un enfant,** to play with a child.

joule(-seconde) [ʒul(səgɔ̃:d)], *s.m. El.E:* Joule (-second). *pl. Des joules(-seconde).*

jour [ʒu:r], *s.m.* Day. **1.** (Day)light. (*a*) **Voyager le j., de j.,** to travel by day. **Travailler j. et nuit,** to work day and night. **Bombardement de j.,** daylight bombing. *Min:* **Travail au j.,** work above-ground, work at the surface. **Le petit j.,** the morning twilight. **Éveiller qn au j.,** to rouse s.o. at daybreak. **Au grand j., en plein j.,** (i) in broad, full, daylight; (ii) publicly. **Chambre qui prend j. sur la cour,** room that looks out on to a courtyard. **Il fait j.,** it is growing light. **Il fait grand j.,** it is broad daylight. **Le j. se faisait dans mon esprit,** I was beginning to understand. (*b*) **Mettre qch. au j.,** to bring sth. to light; to publish (fact). **Mise au j. d'un mystère,** elucidation of a mystery. **Mettre au j. un enfant, donner le j. à un enfant,** to give birth to a child. *Lit:* **J'ai vu le j. à Paris,** I was born in Paris. (*c*) Lighting. **Voir qch. sous son vrai j.,** to see sth. in its true light. **Présenter une affaire sous un j. favorable,** to put a matter in a favourable light. S.a. FAUX[1] I. 3. **Vous êtes dans mon j.,** you are standing in my light. **2.** (*a*) Aperture, opening. **Pratiquer un j. dans un mur,** to make, cut, an opening, a hole, in a wall. **J. de l'escalier,** well-hole (of stair). **Percer (qch.) à j.,** (i) to bore, go, right through (sth.); (ii) to see through (plan, etc.); to penetrate (a design). **Garniture, bas, à jour(s),** open-work trimming, stockings, (*b*) **Se faire j.,** to make a way for oneself. **La vérité se fait j. dans son esprit,** the truth is dawning (up)on him. **3.** (Period of time). **Un j. je me promenais . . .,** one day I was walking. . . . **Un j. je vous le dirai,** some day I will tell you. *O:* **Ce j.,** today. **Prendre j. pour qch.,** to appoint a day, make an appointment, for sth. **Le journal du j.,** today's newspaper. **Plat du j. (dans un restaurant),** *F:* 'today's special.' *Com:* **Les prix du j.,** the ruling prices. **Être de j.,** to be on duty for the day. **De nos jours,** nowadays. **Il y a six ans j. pour j.,** six years ago to the very day. **L'an dernier à pareil j.,** a year ago today. **Leur beauté n'est que d'un j.,** their beauty is ephemeral. **Les jours de l'individualisme sont révolus,** the day of individualism has gone. **Vivre au j. le j.,** to live from day to day, from hand to mouth. **Mon parapluie de tous les jours,** my second(-best) umbrella. **Je l'ai vu l'autre j.,** I saw him the other day. **Un j. ou l'autre,** some time or other. **D'un j. à l'autre, de j. en j.,** from day to day. **Du j. au lendemain,** (i) soon; (ii) at a moment's notice; (iii) over-night. **Tous les jours,** every day. **A un de ces jours!** *F:* so long! **Mes beaux jours sont passés,** I have had my day. **Mourir plein de jours,** to die full of years. **Attenter aux jours de qn,** to make an attempt on s.o.'s life. *Hum:* **L'auteur de mes jours,** the author of my being. S.a. AN 1, BEAU I. 2, HUIT, QUINZE 2. **Mettre (une liste) à j.,** to bring (a list) up to date. **Tenir qn à j.,** to keep s.o. posted. *Com:* **Intérêts à ce j.,** interest to date.

Jourdain [ʒurdɛ̃]. *Pr.n.m. Geog:* (The River) Jordan.

journal, -aux [ʒurnal, -o], *s.m.* **1.** Journal, diary, record. *Book-k:* Day-book. **Tenir un j. (intime),** to keep a (private) diary. *Nau:* **J. de navigation, j. nautique,** log(-book). **J. de bord,** (i) (mate's) log (-book); (ii) log-book in harbour. **2.** Newspaper; journal. **Le j. d'aujourd'hui,** today's paper. **J. de modes,** fashion paper. **Les journaux,** the Press. **Marchand de journaux,** newsagent. **Style de j.,** journalese. *W.Tel:* **J. parlé,** news.

journalier, -ière [ʒurnalje, -jɛ:r]. **1.** *a.* Daily (task); everyday (occurrence). **2.** *s.m.* (*a*) Day-labourer, journeyman. (*b*) *Aut:* **(Totalisateur) j.,** trip-recorder (of speedometer).

journalisme [ʒurnalism], *s.m.* Journalism. **L'influence du j.,** the influence of the Press.

journaliste [ʒurnalist], *s.m. & f.* Journalist; reporter.

journalistique [ʒurnalistik], *a.* Journalistic.

journée [ʒurne], *s.f.* **1.** Day(time). **Pendant la j.,** in the daytime. **Toute la j.,** all day (long); the whole day. **Dans la j.,** in the course of the day. **J. de travail,** (i) day's work; (ii) working day. **Il ne fait rien de la j.,** he does nothing all day long. **2.** (*a*) Day's work. **Travailler à la j.,** to work by the day. **Homme de j.,** (day-)labourer. **Femme de j.,** charwoman, daily help, *F:* daily. **Aller en j., faire des journées,** to go out charring. (*b*) Day's wages. (*c*) Day's march. **Voyager à petites journées,** to travel by easy, short, stages. (*d*) Historic day; day of battle. **La j. d'Austerlitz,** the day, battle, of Austerlitz. **Gagner la j.,** to win the day.

journellement [ʒurnɛlmɑ̃], *adv.* Daily; every day. **Employé j.,** in daily use.

joute [ʒut], *s.f.* **1.** *A:* Joust, tilt, tilting. **2.** Contest, match. **J. de coqs,** cock-fight. **J. oratoire,** contest in eloquence. **3.** *Fr.C:* Match, game.

jouter [ʒute], *v.i.* **1.** *A:* To joust, tilt. **2.** (Of cocks, etc.) To fight.

jouvence [ʒuvɑ̃:s], *s.f. A:* Youth. **La Fontaine de J.,** the Fountain of Youth.

jouvenceau [ʒuvɑ̃so], *s.m. A:* Stripling, youth.

jouvencelle]ʒuvɑ̃sɛl], *s.f. A:* Maiden, damsel.

jovial, -aux [ʒɔvjal, -o], *a.* Jovial, jolly, merry; breezy. *adv.* **-ement.**

jovialité [ʒɔvjalite], *s.f.* Joviality; breeziness.

joyau, -aux [ʒwajo], *s.m.* Jewel. **Les joyaux de la Couronne,** the Crown jewels; the regalia. *F:* **C'est le plus beau j. de mon écrin,** it is the brightest jewel in my crown.

joyeuseté [ʒwajøzte], *s.f.* Piece of drollery; prank; joke.

joyeu|x, -euse [ʒwajø, -ø:z], *a.* Merry, mirthful, joyous; *Lit:* blithe. **J. Noël!** a merry Christmas! *adv.* **-sement.**

jubé [ʒybe], *s.m. Ecc:* Rood-screen or rood-loft.

jubilaire [ʒybilɛ:r], *a.* **Année j.,** jubilee year.

jubilant [ʒybilɑ̃], *a. F:* Jubilant; in high glee.

jubilation [ʒybilasjɔ̃], *s.f. F:* Jubilation; high glee.

jubilé [ʒybile], *s.m.* Jubilee; golden wedding.

jubiler [ʒybile], *v.i. F:* To exult, jubilate.

jucher [ʒyʃe]. **1.** *v.i.* (Of birds) To go to roost; to perch. *F:* **Où juchez-vous?** where do you hang out? **2.** *v.tr.* **On m'avait juché au dernier étage,** they had perched me on the top floor.

se jucher. **1.** (Of birds) To go to roost; to perch. **2. Se j. sur un haut tabouret,** to perch oneself on a high stool.

juchoir [ʒyʃwa:r], *s.m.* Perch (for fowls); roosting-place; hen-roost.

judaïque [ʒydaik], *a.* Judaic (law, etc.); Jewish (history). *adv.* **-ment.**

judaïsant, -ante [ʒydaizɑ̃, -ɑ̃:t]. **1.** *a.* Judaizing. **2.** *s.* Judaist.

judaïser [ʒydaize], *v.i.* To Judaize.

judaïsme [ʒydaism], *s.m.* Judaism.

Judas [ʒydɑ(s)]. **1.** *Pr.n.m.* Judas. **Baiser de J.,** Judas kiss. **2.** *s.m.* (*a*) *F:* Traitor, betrayer. (*b*) Judas(-hole, -trap); spy-hole (in door).

Judée [ʒyde]. *Pr.n.f. B.Hist:* Judaea. *Bot:* **Arbre de J.,** Judas tree.

judéo-allemand, -ande [ʒydeoalmɑ̃, -ɑ̃:d], *a. & s.m. Ling:* Yiddish.

judicature [ʒydikaty:r], *s.f.* **1.** Judicature. **2.** Judgeship.

judiciaire [ʒydisjɛ:r]. *a.* Judicial, judiciary, legal. **Vente j.,** sale by order of the court. *A:* **Combat j.,** trial by combat. **Éloquence j.,** forensic eloquence. **Frais judiciaires,** legal charges. **Erreur j.,** miscarriage of justice. *adv.* **-ment.**

judicieu|x, -euse [ʒydisjø, -ø:z], *a.* Judicious, sensible, discerning. **Peu j.,** injudicious. *adv.* **-sement.**

judo [ʒydo], *s.m.* Judo.

juge [ʒy:ʒ], *s.m.* (*a*) Judge. **J. d'instruction,** examining magistrate. *A:* **J. de paix,** (i) conciliation magistrate (in commercial cases); (ii) police-court magistrate. **Les juges,** the Bench. **Je vous en fais j.,** I appeal to you. (*b*) Umpire. *Turf:* Judge. **J. de touche,** *Fb:* linesman; *Rugby Fb:* touch-judge.

jugé [ʒyʒe], *s.m.* **Faire qch. au j.,** to do sth. by guesswork. **Tirer au j.,** to fire at random.

jugement [ʒyʒmɑ̃], *s.m.* Judgment. **1.** *Jur:* (*a*) Trial (of case). **Mettre, faire passer, qn en j.,** to bring s.o. to trial. **Mise en j.,** arraignment. **Passer en j.,** to be brought up for trial, to stand one's trial. **J. par défaut,** judgment by default. **Le j. dernier,** the Last Judgment, doomsday. (*b*) Decision, award; (in criminal cases) sentence. **Prononcer un j.,** to pass judgment; to adjudicate. **Rendre un j. arbitral,** to make an award. **J. provisoire,** decree nisi. **J.**

déclaratif de faillite, adjudication in bankruptcy. **2.** Opinion, estimation. **Au j. de bien des gens**, in the opinion, view, of many people. **3.** Discernment, discrimination. **Montrer du j.**, to show sound judgment, good sense. **Erreur de j.**, error of judgment. **Avoir perdu le j.**, to be out of one's senses.

jugeot(t)e [ʒyʒɔt], *s.f. F:* Common sense; *F:* gumption, nous.

juger [ʒyʒe]. *v.tr.* **(je jugeai(s); n. jugeons) 1.** *(a)* To judge; to try (case, prisoner); to pass sentence on (prisoner); to adjudicate, adjudge (claim); to adjudicate (**entre**, between). *(b)* **J. un livre**, to pass judgment on, to criticize, a book. **Mal. j. qn**, to misjudge s.o. **J. les gens sur la mine**, to judge people from, by, appearances. **2.** *(a)* To think, believe; to be of opinion. **On le jugeait fou**, people thought him mad. **J. à propos, nécessaire, de faire qch., que qch. se fasse**, to deem it advisable, necessary, to do sth., that sth. should be done. *(b)* **J. de qch.**, to judge of sth. **Jugez de ma surprise, jugez quelle fut ma surprise**, imagine my surprise. **A en j. par . . .** to judge by . . .; judging by. . . . **Autant que j'en puis j.**, to the best of my judgment.

se juger, to judge oneself, to deem oneself (to be); to be judged.

jugulaire [ʒygylɛːr]. **1.** *a. & s.f.* Jugular (vein). **2.** *s.f.* Chin-strap, -chain (of helmet).

juguler [ʒygyle], *v.tr.* *(a)* To strangle, throttle. *Med:* To jugulate (disease). *(b)* To cut the throat of (s.o.).

juif, *f.* **juive** [ʒɥif, ʒɥiːv]. **1.** *a.* Jewish. **2.** *s.* Jew, *f.* Jewess, Jewish woman. *F:* **Le petit j.**, the funny-bone. S.a. ERRANT 1.

juillet [ʒɥijɛ], *s.m.* July. **En j.**, in July. **Au mois de j.**, in the month of July. **Le premier j.**, (on) the first of July; (on) July (the) first.

juin [ʒɥɛ̃], *s.m.* June. **En j.**, in June. **Au mois de j.**, in the month of June. **Le premier j.**, (on) the first of June; (on) June (the) first.

juiverie [ʒɥivri], *s.f.* **1.** *(a) A:* Jewry, ghetto. *(b) Pej:* The Jews; Jewry; **2.** *F:* Usury; sharp practice.

jujube [ʒyʒyb], *s.m. Pharm:* Jujube (lozenge).

julep [ʒylɛp], *s.m. Pharm:* Julep.

Jules [ʒyl]. **1.** *Pr.n.m.* Julius. **2.** *s.m. P:* Chamberpot, *F:* jerry. **3.** *(a) V:* Man-friend; pimp. *(b) P:* Husband.

julien, -ienne [ʒyljɛ̃, -jɛn]. **I.** *a.* Julian. *Chr:* **Année julienne**, Julian year.

II. **julienne**, *s.f.* *(a) Bot:* Rocket. *(b)* **(Potage à la) julienne**, julienne (soup).

jumeau, -elle, -eaux [ʒymo, ɛl, -o]. **I.** *a. & s.* Twin. **Trois jumeaux**, triplets. **Lits jumeaux**, twin beds. **Vapeur à hélices jumelles**, twin-screw steamer. **Maisons, villas, jumelles**, semi-detached houses.

II. **jumelles**, *s.f.pl.* **1.** Binoculars. **J. de théâtre**, opera-glasses. **J. de campagne**, field-glass(es). **2.** *(a) Mec.E:* Cheeks, side-pieces; slide-bars (of lathe-bed). *(b) Veh:* (Spring-)shackles. *(c) Her:* Gemels. *(d) Cost:* **J. de manchettes**, cuff-links.

jumelage [ʒymlaːʒ], *s.m.* *(a)* Coupling, pairing. *(b)* Twinning (of towns).

jumelé [ʒymle], *a.* Arranged in pairs; coupled. *Aut:* **Pneus jumelés**, twin tyres; dual tyres. **Textes jumelés**, bilingual texts. **Maison jumelée**, semi-detached house. **Villes jumelées**, twinned towns.

jumeler [ʒymle], *v.tr.* **(je jumelle, je jumellerai)** *(a)* To pair; to arrange in pairs. *(b)* To fix (beams, etc.) longitudinally together. *(c)* To twin (towns).

jument [ʒymɑ̃], *s.f.* Mare.

jumping [ʒœmpiŋ], *s.m. Equit:* Jumping.

jungle [ʒœ̃ːgl, ʒɔ̃ːgl], *s.f.* Jungle.

Junon [ʒynɔ̃]. *Pr.n.f. Myth:* Juno.

junte [ʒœ̃ːt, ʒɔ̃ːt], *s.f.* **1.** *Pol:* Junta. **2.** *F:* Clique, cabal.

jupe [ʒyp], *s.f.* **1.** (Woman's) skirt. **J. de dessous**, (i) petticoat; (ii) slip. *F:* **Pendu aux jupes de sa mère**, tied to his mother's apron-strings. **2.** *A:* Skirt (of frock-coat).

Jupiter [ʒypitɛːr]. *Pr.n.m. Myth:* Jupiter, Jove.

jupon [ʒypɔ̃], *s.m.* Petticoat, underskirt.

Jura [ʒyra]. *Pr.n.m. Geog:* The Jura (mountains).

jurassique [ʒyrasik], *a. Geol:* Jurassic.

juratoire [ʒyratwaːr], *a.* Juratory (obligation). **Caution j.**, guarantee given on oath.

juré [ʒyre]. **1.** *a.* Sworn. **Ennemi j. de qn**, sworn enemy of s.o. **Expert j.**, sworn expert. **2.** *s.m.* Juryman, juror. **Les jurés**, the jury.

jurement [ʒyrmɑ̃], *s.m.* (Profane) swearing; oath. **Proférer des jurements**, to curse and swear.

jurer [ʒyre], *v.tr.* To swear. **1. J. sa foi**, to pledge one's word. *Abs.* **J. sur la Bible**, to swear on the Bible. **2.** (To promise) **J. (la) fidélité à qn**, to swear, vow, fidelity to s.o. **Faire j. le secret à qn.**, to swear s.o. to secrecy. **J. de faire qch.**, to swear to do sth. **3.** (To assert) **Je le jure sur mon âme**, I swear it on my soul and conscience. **J'en jurerais**, I would swear to it. *Prov:* **Il ne faut (jamais) j. de rien**, you never can tell. **4.** *Abs.* *(a)* To swear (profanely); to curse. *F:* **J. comme un charretier**, to swear like a trooper. *(b)* (Of colours, etc.) To clash, jar (**avec**, with).

jureur [ʒyrœːr], *s.m.* **1.** *Jur:* Swearer. **2.** (Profane) swearer.

juridiction [ʒyridiksjɔ̃], *s.f.* Jurisdiction. *F:* **Cela n'est pas dans ma j.**, that is not within my province.

juridictionnel, -elle [ʒyridiksjɔnɛl], *a.* Jurisdictional.

juridique [ʒyridik], *a.* Juridical, judicial; legal (tie, claim). **Conseiller j.**, legal adviser. *adv.* **-ment.**

jurisconsulte [ʒyriskɔ̃sylt], *s.m.* Jurisconsult; jurist; legal expert.

jurisprudence [ʒyrisprydɑ̃ːs], *s.f.* **1.** Jurisprudence. **2.** Statute law; case-law.

juriste [ʒyrist], *s.m.* Jurist; legal writer.

juron [ʒyrɔ̃], *s.m.* (Profane) oath; *F:* swear-word.

jury [ʒyri], *s.m.* **1.** *Jur:* Jury. **Dresser la liste du j.**, to empanel the jury. **Chef du j.**, foreman of the jury. **Membre du j.**, juryman, juror. **2.** Selection committee (*e.g.* for the Salon). **J. d'examen**, board of examiners.

jus [ʒy], *s.m.* **1.** Juice. *F:* **Le j. de la treille**, the juice of the grape; wine. *F:* **C'est j. vert et verjus**, it is six of one and half a dozen of the other. *P:* **Y mettre du j.**, to put some vim into it. **2.** Gravy. **3.** *P:* *(a)* Water. **Il est tombé dans le j.**, he fell in. *(b)* Coffee. *(c)* Petrol; *P:* juice. *(d)* Electric current; *P:* juice.

jusant [ʒyzɑ̃], *s.m.* Ebb(-tide).

jusqu'auboutisme [ʒyskobutism], *s.m. F:* Policy of going the whole hog.

jusqu'auboutiste [ʒyskobutist], *s.m. & f. F:* **1.** Whole-hogger. **2.** Die-hard, last-ditcher.

jusque [ʒysk(ə)], *prep.* **1.** As far as; up to. **Jusqu'ici**, thus far, so far. **Venez jusqu'ici**, come over here. **Jusque-là** [ʒyskəla], thus far; up to that point. **Jusqu'où?** how far? **Depuis Londres jusqu'à Paris**, all the way from London to Paris. **Jusqu'à un certain point**, up to a certain point. **Aller jusqu'à faire qch.**, to go so far as to do sth. **J. chez lui**, up to his very door. **Plaisanter j. sur l'échafaud**, to jest even on the scaffold. **Compter jusqu'à dix**, to count up to ten. **Ils furent tués jusqu'au dernier**, they were killed to a man. **2.** *(a)* Till, until. **Attendez jusqu'après les vacances**, wait till after the holidays. **Jusqu'ici**, up to, till, now, up to the present (time), as yet. **Jusque-là**, until then. **Jusqu'alors**, up to, till, then. **Jusqu'à présent**, up to now; hitherto. **Jusqu'à hier, à dix heures**, until yesterday, ten o'clock. **Jusqu'(à) aujourd'hui**, until today. **Jusqu'au jour que . . ., jusqu'au jour où . . ., jusqu'au moment que, où . . .**, (i) until such time as . . .; (ii) until the time when . . . . *(b)* **Si nous remontons jusqu'en 1800**, if we go as far back as 1800. **3.** (Intensive) *(a)* **Il sait jusqu'à nos pensées**, he knows our very thoughts. **Jusqu'à mon père était indigné**, even my father was indignant. **Jusqu'à dix personnes l'ont vu**, as many as ten people saw it. Noter **jusqu'aux moindres détails**, to make a note of the smallest details. **Il n'est pas jusqu'aux enfants qui ne sachent cela**, even the children know that. *(b)* **Il se montra sévère jusqu'à mériter le reproche d'être cruel**, he showed himself so severe as to deserve the reproach of cruelty. **Honnête jusqu'à la naïveté**, honest to the verge of simplicity. **4.** *Conj.phr.* **Jusqu'à ce que**, usu. + *sub.*, till, until.

jusques [ʒyskə(z)], *prep. Rh. & Poet:* = JUSQUE. (Always in) **J. et y compris**, up to and including.

jusquiame [ʒyskjam], *s.f. Bot:* Henbane.

justaucorps [ʒystokɔːr], *s.m. A: Cost:* Jerkin.

juste [ʒyst], *a.* **1.** Just, right, fair. *(a)* **Traitement j.**, fair play, just treatment. **J. colère**, legitimate, righteous, anger. **Rien de plus j.**, nothing could be fairer. *s.* **Le**

j. et l'injuste, right and wrong. (*b*) **Magistrat j.**, just, upright, judge. *s.* **Les justes et les repentis**, the just and the repentant. **2.** Right, exact, accurate. (*a*) **Quelle est l'heure j.?** what is the right time? **Le mot j.**, the exact word, the right word. **Raisonnement j.**, sound reasoning. **Avoir l'oreille j.**, to have a good ear (for music). **Votre réponse n'est pas j.**, you have got the answer wrong. **Balance j.**, accurate scales. **Arriver à l'heure j.**, to arrive on the dot. **Arriver à dix heures j.**, to arrive on the stroke of ten, at ten o'clock sharp. **C'est j.**, that is so! that's right! **Rien de plus j.**, you are perfectly right. **Comme de j.**, of course. *Mus:* **Quarte j.**, perfect fourth. (*b*) **Ration bien j.**, very scanty, bare, allowance. **Poids bien j.**, scant weight. **Chaussures trop justes**, tight shoes. **Vis j.**, tight screw. **Vêtement (bien) j.**, tight-fitting, skimpy, garment. **C'est bien j.**, there is barely enough (food, etc.) to go round. **C'est tout j. s'il ne me frappa pas**, he all but struck me. *Com:* **Au plus j. prix**, at rock-bottom price. 3. *adv.* (*a*) Rightly; just. **Parler j.**, to speak to the point. **Frapper j.**, to strike home. **Chanter j.**, to sing in tune. **Voir j.**, to take a right view of things. S.a. TOMBER I. 5. (*b*) Exactly, precisely. **J. au milieu**, right, plumb, in the centre. **C'est j. l'homme qu'il nous faut**, he is the very man we want. **C'est j. ce qu'il faut**, that is the very thing. (*c*) Barely. **N'avoir que j. le temps**, to have barely time, to have no time to spare. **Échapper tout j.**, to escape by the skin of one's teeth. **4.** *Adv.phr:* **Je ne sais pas au j. si . . .**, I do not exactly know whether. . . . **Comme de j.**, as is only fair, only just.

justement [ʒystəmɑ̃], *adv.* **1.** Justly, rightly, properly, deservedly. **2.** Precisely, exactly, just. **Voici j. la lettre que j'attendais**, here is the very letter I was waiting for.

justesse [ʒystɛs], *s.f.* **1.** Exactness, correctness, accuracy. **J. d'une vis**, exact fit of a screw. **J. d'une opinion**, soundness of an opinion. **Raisonner avec j.**, to argue soundly, rightly, **2. Arriver de j.**, to arrive just in time; *F:* to cut it fine.

justice [ʒystis], *s.f.* **1.** Justice. **C'est j. que** + *sub.*, it is only right, fair, that. . . . **Il est de toute j. de l'entendre**, it is only fair to give him a hearing. **Ce n'est que j.**, it is only just. **Ce qui n'est que j.**, as is only fair. **En toute j.**, by rights. **Avec j.**, justly, deservedly. **Faire j. à qn**, (i) to mete out justice to s.o.; (ii) to right s.o.'s wrongs. **Se faire j. à soi-même**, to take the law into one's own hands. (Of murderer) **Se faire j.**, to commit suicide. **Faire j. de qn**, to treat s.o. as he deserves. **Faire j. de qch.**, to make short work of sth. **Rendre j. à qn**, to do s.o. justice. **2.** Law; legal proceedings. **Palais de J.**, Law Courts. **Gens de j.**, (i) officers of the law; (ii) lawyers. **Action en j.**, action at law. **Citer qn en j.**, to go to law with s.o. **Poursuivre qn en j.**, to institute legal proceedings against s.o.; to take action against s.o.

justiciable [ʒystisjabl], *a. & s.* **J. d'un tribunal**, justiciable to, in, a court. **Cette question n'est pas j. des règles ordinaires**, this question is not amenable to ordinary rules.

justicier, -ière [ʒystisje, -jɛːr], *s.* (*a*) Lover of justice. (*b*) Justiciary.

justifiable [ʒystifjabl], *a.* Justifiable, warrantable. *adv.* **-ment.**

justificateur, -trice [ʒystifikatœːr, -tris]. **1.** *a.* Justificatory, justifying. **2.** *s.* Justifier.

justificatif, -ive [ʒystifikatif, -iːv], *a.* Justificatory, justificative. **Pièce justificative**, *s.m.* **justificatif**, *Com:* voucher; *Jur:* relevant paper.

justification [ʒystifikasjɔ̃], *s.f.* **1.** Justification, vindication. **2.** Proof (of fact, of identity). **3.** *Typ:* (*a*) Justification (of lines). (*b*) Type area.

justifié [ʒystifje], *a.* **1.** Justified, justifiable (action). **Peu j.**, hardly justifiable, unwarranted. **2.** *Jur:* **Préjudice j.**, proved damages.

justifier [ʒystifje], *v.tr.* **1.** To justify, vindicate (s.o.'s conduct, etc.); to warrant (action, expenditure). **J. qn d'une imputation**, to clear s.o. of, from, an imputation. **2.** To prove, give proof of, make good (assertion). **3.** *Typ:* To justify, adjust (line of type or length of column). **4.** *v.ind.tr. Jur:* **J. de ses mouvements**, to give a satisfactory account of one's movements. **J. de son identité**, to prove one's identity.

se justifier, to clear oneself; to justify oneself; to vindicate one's character.

jute [ʒyt], *s.m. Tex:* Jute. **Sac en j.**, gunny bag.

juter [ʒyte], *v.i.* To be juicy; to drip juice.

juteux, -euse [ʒytø, -øːz]. **1.** *a.* Juicy. **2.** *s.m. Mil: P:* = ADJUDANT 1 (*a*).

juvénile [ʒyvenil], *a.* Juvenile; youthful.

juvénilité [ʒyvenilite], *s.f.* Juvenility.

juxtaposer [ʒykstapoze], *v.tr.* To place side by side; to juxtapose.

se juxtaposer, (of molecules, etc.) to come together.

juxtaposition [ʒykstapozisjɔ̃], *s.f.* Juxtaposition.

K, k [kɑ], *s.m.* (The letter) K, k. *Tp:* **K comme Kléber,** K for King.
kaïnite [kainit], *s.f. Miner:* Kainite.
kakatoès [kakatɔɛs], *s.m.* = CACATOÈS.
kaki[1] [kaki], *s.m. & a.inv. Dy:* Khaki.
kaki[2], *s.m. Bot:* (Chinese) persimmon.
kaléidoscope [kaleidɔskɔp], *s.m.* Kaleidoscope.
kaléidoscopique [kaleidɔskɔpik], *a.* Kaleidoscopic.
kangourou [kɑ̃guru], *s.m. Z:* Kangaroo.
kantien, -ienne [kɑ̃tjɛ̃, -jɛn], *a. Phil:* Kantian.
kantisme [kɑ̃tism], *s.m. Phil:* Kant(ian)ism.
kaolin [kaɔlɛ̃], *s.m. Cer:* Kaolin, porcelain clay, china clay.
kapok [kapɔk], *s.m.* Kapok.
karité [karite], *s.m. Bot:* Karite. **Beurre de k.,** karite nut-butter.
kart [kart], *s.m. Sp: Aut:* (Go-)kart.
karting [kartiŋ], *s.m. Sp: Aut:* (Go-)kart racing.
kauri [kɔri], *s.m.* **1.** *Bot:* Kauri(-pine). **2.** Kauri gum.
kayac, kayak [kajak], *s.m.* Kayak.
Kénia [kenja]. *Pr.n.m. Geog:* Kenya.
képi [kepi], *s.m.* Kepi; peaked cap.
kermès [kɛrmɛs], *s.m.* **1.** *Ent: Com:* (Al)kermes. **2.** *Bot:* **Chêne k.,** kermes-oak.
kermesse [kɛrmɛs], *s.f.* (*a*) (Flemish) kermis, village fair. (*b*) Charity fête.
kérosène [kerozɛn], *s.m.* Paraffin-oil, kerosene. **K. aviation,** kerosene.
ketch [kɛtʃ], *s.m. Nau:* Ketch.
khaki [kaki], *s.m. & a.inv.* = KAKI[1].
kick [kik], *s.m. Motor Cy:* Kick-starter.
kidnapper [kidnape], *v.tr.* To kidnap.
kidnappeur, -euse [kidnapœːr, -øːz], *s.m. & f.* Kidnapper.
kif-kif [kifkif], *a.inv. P:* Same, likewise. **C'est k.-k.,** it's all one, it's as broad as it's long.
kilo [kilo], *s.m. F:* = KILOGRAMME.
kilocycle [kilɔsikl], *s.m. Ph: El.E:* Kilocycle.
kilogramme [kilɔgram], *s.m. Meas:* Kilogram(me) (= 2.2 lbs).
kilohertz [kilɔɛrts], *s.m. Ph: El.E:* Kilocycle.
kilomètre [kilɔmɛtr], *s.m. Meas:* Kilometre (= 0.624 mile). *Rail: Adm:* **Voyageurs kilomètres,** passenger kilometres. **Tonnes-kilomètres marchandises,** ton kilometres.
kilométr|er [kilɔmetre], *v.tr.* (**je kilomètre; je kilométrerai**) (*a*) To measure (road, etc.) in kilometres. (*b*) To mark off (road) with kilometre stones. *s.m.* **-age.**
kilométrique [kilɔmetrik], *a.* Kilometric(al). **Borne k.** = milestone.
kilovolt-ampère [kilɔvɔltɑ̃pɛːr], *s.m. El:* Kilovolt ampere. *pl. Des kilovolts-ampères.*
kilowatt [kilɔwat], *s.m. El:* Kilowatt.
kilt [kilt], *s.m. Cost:* Kilt.
kimono [kimɔno], *s.m. Cost:* Kimono. **Manche k.,** Magyar sleeve.
kinkajou [kɛ̃kaʒu], *s.m.* Kinkajou, honey-bear.
kiosque [kjɔsk], *s.m.* **1.** (*a*) Kiosk. **K. à musique,** bandstand. **K. de jardin,** summer-house. (*b*) Newspaper- or flower-stall. **2.** *Nau:* (*a*) **K. de la barre,** wheelhouse. **K. de navigation,** chart-house, -room. (*b*) Conning-tower (of submarine).
kiwi [kiwi], *s.m. Orn:* Kiwi, apteryx.
klakson, klaxon [klaksɔ̃], *s.m. Aut:* Hooter, horn.
klaksonner, klaxonner [klaksɔne], *v.i. Aut:* To blow, sound, one's horn, to hoot.
kleptomane [klɛptɔman], *a. & s.* Kleptomaniac.
kleptomanie [klɛptɔmani], *s.f.* Kleptomania.
knock-out [nɔkut, nɔkaut], *a.inv. Box:* **Mettre (qn) k.-o.,** to knock (s.o.) out.
knockouter [nɔkute], *v.tr. Box:* To knock out.
knout [knut], *s.m.* Knout; Russian scourge.
knouter [knute], *v.tr.* To knout.
koala [kɔala], *s.m. Z:* Koala, Australian bear.
kodak [kɔdak], *s.m. R.t.m:* Kodak camera.
kola [kɔla], *s.m. Bot:* Cola, kola.
kolkhoze [kɔlkoːz], *s.m.* Kolkhoz, collective farm.
kopeck [kɔpɛk], *s.m. Num:* Kope(c)k.
Koran (le) [ləkɔrɑ̃]. *Pr.n.m.* The Koran.
korrigan, -ane [kɔrigɑ̃, -an], *s.* (In Brittany) Goblin, evil sprite.
koumis(s) [kumis], *s.m. Cu:* Koumiss, kumiss.
kourde [kurd], *a. & s. Ethn:* Kurd.
krach, [krak], *s.m.* (Financial) crash, failure, smash (esp. of a bank).
kraft [kraft], *s.m.* Kraft paper.
ksar [kaːr], *s.m.* (In N. Africa) Fortress. *pl. Des Ksour.*
kummel [kymɛl], *s.m.* Kümmel (liqueur).
Kurdistan [kurdistɑ̃]. *Pr.n.m. Geog:* Kurdistan.
kymrique [kimrik], *a. & s.m. Ling:* Cymric.
kyrielle [kirjɛl], *s.f.* **1.** *A:* Litany. **2.** *F:* Rigmarole; long string (of words, etc.).
kyste [kist], *s.m. Med:* Cyst. **K. synovial,** ganglion, *pl.* ganglia.
kystique [kistik], *a. Med:* Cystic (tumour).

L, l [ɛl], *s.f.* (The letter) L, l. **L mouillée,** liquid l, palatal(ized) l. *Tp:* L comme Louis, L for Lucy.
l'. See LE[1, 2].
la[1] [la], *def. art. & pron. f.* See LE[1, 2].
la[2], *s.m.inv. Mus:* (*a*) (The note) A. **Donnez-moi le la,** Give me an A. **Morceau en la,** piece in A. (*b*) The A string (of violin, etc.).
là [la], *adv.* **1.** (Of place) There. (*a*) **Là où vous êtes . . .,** where you are. . . . **Être là,** to be in, at home. **Quand il n'est pas là,** when he is away. **Les choses en sont là que . . .,** matters have reached such a point that. . . . **A cinq pas de là se tenait . . .,** five paces away stood. . . . *F:* **Otez-vous de là!** get out of there! **Passez par là,** go that way. S.a. ÇA 1. (*b*) (Emphatic use) **C'est là la question,** that is the question. **Que dites-vous là?** what is it you are saying? **Ce, cette,** *etc.*, **. . . -là,** see CE[2] 3. **Celui-là, celle-là,** see CELUI 4. (*c*) *P:* **Pour la pêche je suis (un peu) là,** when it comes to fishing I know what I'm talking about. **Comme menteur il est un peu là!** He's an awful liar! **2.** (Of time) Then. **D'ici là,** between now and then; in the meantime. **A quelques jours de là,** some days after (that); a few days later. **3.** (= CELA) **Qu'entendez-vous par là?** what do you mean by that? **Il suit de là que . . .,** it follows from that, that. . . . **On l'avait filouté, de là sa fureur,** he had been swindled, hence his rage. **4.** *int.* (*a*) **Là, là!** there now! (*b*) *A:* Moderately. **Est-il riche?—Là, là!** is he rich?—So so, fairly. (*c*) **Oh là là!** (i) oh dear me! (ii) (jeeringly) look at him (her, it)!
là-bas [labɑ], *adv.* (Over) yonder. **Le voilà là-b.,** he is over there.
label [labɛl], *s.m. Ind:* (*a*) Trade-union mark, label. (*b*) Label, seal of approval.
labeur [labœːr], *s.m.* Labour, toil, hard work.
labial, -ale, -aux [labjal, -o], *a. Ling:* **Consonne labiale,** *s.f.* **labiale,** lip consonant; labial.
labié [labje], *a. Bot:* Labiate, lipped.
labio-dental [labjɔdɑ̃tal], *a. Ling:* Labio-dental.
laborantine [labɔrɑ̃tin], *s.f.* Female laboratory assistant.
laboratoire [labɔratwaːr], *s.m.* Laboratory.
laborieusement [labɔrjøzmɑ̃], *adv.* Laboriously.
laborieux, -euse [labɔrjø, -øːz], *a.* **1.** Toilsome, arduous, hard (work, etc.); laboured (diction, etc.). **Digestion laborieuse,** sluggish digestion. **2.** (Of pers.) Laborious, hard-working. **Les classes laborieuses,** the working classes.
labour [labuːr], *s.m.* Tilling, tillage; esp. ploughing. **Chevaux de l.,** plough-horses. **Terres de l., les labours,** ploughed land.
labourable [laburabl], *a.* Arable.
labourage [laburaːʒ], *s.m.* Tilling, ploughing.
labourer [labure], *v.tr.* (*a*) To till, esp. to plough (land). **Commencer à l.,** to break ground. *F:* **Les chagrins ont labouré son front,** sorrow has furrowed his brow. (*b*) *Nau:* **L. le fond,** (of ship) to graze the bottom; (of anchor) to drag.
laboureur [laburœːr], *s.m. Agr:* **1.** Tillage farmer. **2.** Farm-labourer; esp. ploughman.
labyrinthe [labirɛ̃ːt], *s.m.* **1.** Labyrinth, maze. **2.** *Anat:* Labyrinth (of the ear).
lac [lak], *s.m.* Lake. **L. de cirque,** tarn, corrie lake. **Les lacs de l'Écosse,** the lochs of Scotland. *P:* **Être dans le l.,** to be in the soup.
Lacédémone [lasedemɔn]. *Pr.n.f. A.Geog:* Lacedaemon, Sparta.
lacédémonien, -ienne [lasedemɔnjɛ̃, -jɛn], *a. & s.* Lacedaemonian.
la|cer [lase], *v.tr.* **(je laçai(s); n. laçons)** (*a*) To lace (up) (shoe, etc.). (*b*) **L. un filet,** to make a net; to net. (*c*) *Nau:* To belay (rope). *s.m.* **-çage.** *s.m.* **-cement.**
lacération [laserasjɔ̃], *s.f.* Laceration. **1.** Tearing; defacing, slashing (of poster, etc.). **2.** Tear; jagged wound.
lacérer [lasere], *v.tr.* **(je lacère, je lacérerai)** To tear, lacerate; to slash (sth.) to pieces; to deface, slash, (poster).
laceron [lasrɔ̃], *s.m. Bot:* = LAITERON.
lacet [lasɛ], *s.m.* **1.** Lace (of shoe, etc.); boot-lace, shoe-lace, stay-lace. *Nau:* Lacing (of sail). **Mouvement de l.,** (i) *Rail:* swaying, rocking (of carriages); hammering (of engine); (ii) *Av:* yaw(ing). **2.** Hair-pin bend (in road). **Sentier en lacet(s),** winding path. **3.** Noose, springe, snare (for rabbits, etc.); *pl.* toils. **Prendre un lapin au l.,** to snare a rabbit. **Tendre un l.,** to set a snare. *F:* **Pris dans ses propres lacets,** hoist with his own petard.
lâchage [lɑʃaːʒ], *s.m.* **1.** Releasing (of bomb from aircraft, etc.). **2.** *F:* Dropping (of acquaintance); jilting.
lâche [lɑːʃ], *a.* **1.** Loose, slack; loosely fitting (garment); lax (discipline); slipshod (work, style). **2.** Cowardly, faint-hearted, craven; dastardly, unmanly, *s.m.* **Un l.,** a coward.
lâché [lɑʃe], *a.* Slovenly, slipshod (work, style).
lâchement [lɑʃmɑ̃], *adv.* **1.** Indolently, slackly. **2.** In a cowardly manner.
lâcher [lɑʃe]. I. **1.** *v.tr.* To release. (*a*) To slacken, loosen (spring, etc.). **L. la détente (d'un fusil),** to release, pull, the trigger. **L. un coup de fusil à qn,** to fire a shot at s.o. **L. une bordée,** to fire, let fly, a broadside. **L. un coup de pied à qn,** to give s.o. a good kick. **L. une écluse,** to open a lock. *Aut:* **L. le frein,** to release the brake. S.a. BRIDE 1. (*b*) To let go; to leave go of (sth.); to drop (sth.). *Av:* To release (bomb); to drop (parachutist). **Lâchez-moi!** let me go! *F:* **L. un emploi,** to throw up, chuck, a job. **L. pied,** to give ground, to give way. S.a. OMBRE[1] 4, PRISE 1. *F:* **L. qn,** (i) to drop s.o., s.o.'s acquaintance; (ii) to leave s.o. in the lurch. (*c*) To set free (prisoner, bird); to let (animal) loose. **L. un chien,** to unleash a dog; *Ven:* to slip a dog. **L. les eaux d'une écluse,** to let the water out of a lock. *Mch:* **L. la vapeur,** to blow off steam. *F:* **L. un juron,** to let out an oath. **L. un secret,** to blurt out, let out, a secret. **2.** *v.i.* (*a*) To become loose, slacken. (*b*) *Sp:* To give up.
II. **lâcher,** *s.m.* Release (of pigeons, etc.).
lâcheté [lɑʃte], *s.f.* **1.** (*a*) Cowardice, cowardliness. (*b*) Piece of, act of, cowardice. **2.** (*a*) Dastardliness, despicableness. (*b*) Dastardly action.
lâcheur, -euse [lɑʃœːr, -øːz], *s. F:* Fickle, unreliable, person; quitter.
lacis [lasi], *s.m.* Network (of trenches, wire entanglements).
laconique [lakɔnik], *a.* Laconic; (man) of few words. *adv.* **-ment.**
là-contre [lakɔ̃ːtr], *adv.* To the contrary; against (it).
lacrymal, -aux [lakrimal, -o], *a.* Lachrymal; tear-(gland, etc.).
lacrymogène [lakrimɔʒɛn], *a.* **Gaz l.,** tear-gas.
lacs [lɑ], *s.m.* **1.** Knotted cord. **L. d'amour,** love-knot. **2.** Noose, snare, springe (for trapping).
lacté [lakte], *a.* **1.** Lacteous, milky. **Diète lactée, régime l.,** milk diet. *Astr:* **La Voie lactée,** the Milky Way, the Galaxy. **2.** *Anat:* Lacteal (duct).
lactifère [laktifɛːr], *a.* Lactiferous, milk-bearing; lacteal (duct).
lactique [laktik], *a. Ch:* Lactic (acid).
lacune [lakyn], *s.f.* Lacuna, gap, hiatus (in text); break (in succession); blank (in memory).
lacustre [lakystr], *a.* Lacustrine (animal, etc.); lacustrian (dwelling, etc.). **Habitation l.,** lake-dwelling, pile-dwelling.
lad [lad], *s.m.* Stable-boy (in racing stable).
là-dedans [lad(ə)dɑ̃], *adv.* In there; within.
là-dessous [latsu], *adv.* Under that, under there; underneath.
là-dessus [latsy], *adv.* On that. **Là-d. il est parti,** thereupon he went away. **Nous reviendrons là-d.,** we shall return to this (later).
ladite. See LEDIT.
ladre [lɑːdr]. **1.** *a.* (*a*) *A:* Leprous. (*b*) Niggardly, mean, stingy. (*c*) Measly (pig). **2.** *s.* (*f.* **ladresse** [lɑdrɛs]) Miser, skinflint.

ladrerie [lɑdrəri], *s.f.* (*a*) Leprosery; Lazar-house. (*b*) Meanness, stinginess. (*c*) Measles (of pigs).
lagon [lagɔ̃], *s.m.* **1.** Lagoon. **2.** Salt-water pool.
lagopède [lagɔpɛd], *s.m. Orn:* Lagopus. **L. des Alpes,** ptarmigan. **L. rouge d'Écosse,** (red) grouse.
lagune [lagyn], *s.f.* Lagoon. **L. vive,** lagoon. **L. morte,** salt-water lake.
là-haut [lao], *adv.* Up there; upstairs.
lai[1] [lɛ], *s.m. Lit: Pros:* Lay (in eight-foot verse).
lai[2], *a.* **Frère l.,** sœur laie, lay-brother, -sister.
laïc [laik], *a. & s.* = LAÏQUE.
laîche [lɛʃ], *s.f. Bot:* Sedge.
laïc|iser [laisize], *v.tr.* To laicize, secularize (school, etc.). *s.f.* **-isation.** *s.m.* **-isme.**
laïcité [laisite], *s.f.* Secularity, undenominationalism (of schools, etc.).
laid [lɛ]. **1.** *a.* (*a*) Ugly; unsightly; plain (of face). *F:* **L. comme les sept péchés capitaux, comme une chenille,** as ugly as sin. (*b*) Unseemly, unhandsome, mean, shabby, low-down (action, etc.). **2.** *s.* (*a*) Plain(-faced) person. (*b*) *F:* **Oh, la laide!** oh, the naughty girl!
laidement [lɛdmɑ̃], *adv.* Shabbily, meanly.
laideron [lɛdrɔ̃], *s.m. or f.* Ill-favoured, *U.S:* homely, woman or girl; plain Jane.
laideur [lɛdœːr], *s.f.* **1.** Ugliness, unsightliness; plainness (of features). **2.** Unseemliness, meanness, shabbiness (of conduct, etc.).
laie[1] [lɛ], *s.f.* (Wild) sow.
laie[2], *s.f.* Forest-path, ride. **L. sommière,** major ride.
laie[3], *s.f. Tls:* bush-hammer.
lainage [lɛnaːʒ], *s.m.* **1.** (*a*) Fleece (of sheep). (*b*) Woollen article, *pl.* Woollen goods, woollens. **2.** *Tex:* Teaseling, napping.
laine [lɛn], *s.f.* **1.** Wool. **Bêtes à l.,** woolly-haired animals. **L. peignée,** worsted. **L. filée,** yarn. **L. à tricoter,** knitting wool. **L. perlée,** crochet wool. **Gants de l.,** woollen gloves. **Tapis de haute laine,** thick-pile carpet. *F:* **Manger la l. sur le dos à qn,** to fleece s.o. *Cost: F:* Woolly. **Mets ta l.,** put on your woolly. **2.** (*a*) Woolly hair (of negro). (*b*) **L. de bois,** wood fibre, wood-wool. **L. de verre,** glass-wool.
lainer [lɛne], *v.tr. Tex:* To teasel, nap (cloth).
lainerie [lɛnri], *s.f.* (*a*) Manufacture of woollens. (*b*) Woollen mill. (*c*) Woollen goods, woollens. (*d*) Wool-shop.
laineux, -euse [lɛnø, -øːz], *a.* Fleecy (cloth, etc.); woolly (sheep, hair, etc.).
lainier, -ière [lɛnje, -jɛːr]. **1.** *a.* Wool(len) (trade, etc.) **2.** *s.* (*a*) Wool-merchant. (*b*) Wool-worker, wool(len) goods manufacturer.
laïque [laik]. **1.** *a.* Laic; lay (dress, etc.); secular (education). **École l.,** undenominational school. **2.** *s.* Layman, laywoman. **Les laïques,** the laity.
lais [lɛ], *s.m.* **1.** *For:* Staddle. **2.** *Geol:* Silt, alluvium, warp.
laisse[1] [lɛs], *s.f.* Leash, lead; *Ven:* slip. **Tenir un chien en laisse,** to keep a dog on the leash. *F:* **Mener, tenir, qn en l.,** to keep a tight hand on s.o.
laisse[2], *s.f.* **1.** *Lit:* Old French epic strophe. **2.** (*a*) Beach (of shore). **L. de haute, basse, marée,** high-, low-water mark. (*b*) Wrack.
laissé-pour-compte [lɛsepurkɔ̃ːt], *s.m. Com:* Returned or rejected article; tailor's misfit. *pl. Des laissés-pour-compte.*
laisser [lɛse], *v.tr.* **1.** To let, allow. **Il le laissa partir,** he let him go, allowed him to go. **Je les ai laissés dire,** I let them talk away. **Je me le suis laissé dire,** that's what I was told. **Elle se laissa embrasser,** she allowed herself to be kissed. **L. voir qch.,** to reveal sth. **L. voir son mécontentement,** to show one's displeasure. S.a. TOMBER I. 1. **L. tout aller,** to let things go their own way. *F:* to let things slide. **Se l. aller,** (i) to get into slovenly ways. (ii) To let oneself go. **Se l. aller dans un fauteuil,** to sink into, loll in, an arm-chair. **Ne vous laissez pas aller comme ça!** don't carry on like that! **Se laisser aller à,** to give way to. *F:* **Laisse(z)-moi rire!** Don't make me laugh! *F:* **Ce fruit se laisse manger,** this fruit is delicious, palatable. **Se l. lire facilement,** to be easy to read. **Laissez-les, -leur, boire un verre de vin,** let them have a glass of wine. **Laissez-le faire!** leave it to him! **Laissons faire aux dieux,** let us leave it in the hands of the gods. **Il se laissa faire,** he offered no resistance. **2.** (*a*) To leave (s.o. or sth. somewhere). **L. sa valise à la consigne,** to leave one's bag in the cloak-room. **L. une veuve et trois enfants,** to leave a widow and three children. **L. qch. de côté,** to cast sth. aside, **L. là qn,** to leave s.o. in the lurch. **L. là qch.,** to give up doing sth.; to throw up (a job). (*b*) (i) **L. la fenêtre ouverte,** to leave, keep, the window open. **L. une page en blanc,** to leave a blank page. **Je vous laisse libre d'agir,** I leave you free to act. **Nous l'avions laissé pour mort,** we had left him for dead. (ii) To leave (s.o. sth.) alone. **Laissons cela jusqu'à demain,** we will leave that till tomorrow. **L. les détails,** to pass over, leave out, the details. **Laissez donc!** please do not trouble, don't bother. (iii) **Vous pouvez nous l.,** you may leave us, you may go. (*c*) **L. qch. à qn. Laissez-lui son secret,** let him keep his secret. **L. à qn un héritage,** to leave s.o. a legacy. **Laissez-moi vos clefs,** leave me, let me have, your keys. **Je vous le laisserai à bon compte,** I will let you have it cheap. (*d*) **Je vous laisse à penser notre bonheur,** I leave you to picture our happiness. **Cela laisse (beaucoup) à désirer,** it leaves much to be desired. (*e*) **Ne pas l. de faire qch.,** to do sth., nevertheless; not to fail to do sth. **On ne peut l. d'admirer ce travail,** it is impossible to refrain from admiring this work. **Cela ne laisse pas (que) de m'inquiéter,** I feel anxious, all the same, nevertheless.
laisser-aller [lɛseale], *s.m.inv.* **1.** Unconstraint, free-and-easiness. **2.** Carelessness, slovenliness.
laisser-faire [lɛsefɛːr], *s.m.inv.* Non-interference, laissez-faire. **Politique de l.-f.,** policy of inaction, laissez-faire policy.
laissez-passer (lɛsepɑse], *s.m.inv.* Pass, permit. *Dipl:* Laissez-passer. *Cust:* Transire.
lait [lɛ], *s.m.* Milk. **1. L. chaud,** (i) new milk; (ii) hot milk. **L. écrémé,** skim-milk. **L. battu, de beurre,** buttermilk. **Petit l.,** whey. **L. concentré,** condensed milk. **Vache à l.,** milch-cow. **Boîte à l.,** (domestic) milk-can. **Pot à l.,** milk-jug. **Dents de l.,** milk-teeth, first teeth. **Frère, sœur, de l.,** foster-brother, -sister. **Cochon de l.,** sucking-pig. **Se mettre au l.,** to go on to a milk diet. S.a. POULE 1, SOUPE 1. **2.** (*a*) **L. de coco,** coconut milk. (*b*) **L. de chaux,** milk of lime; whitewash. *Const:* **L. de ciment,** grout.
laitage [lɛtaːʒ], *s.m.* (*a*) Dairy produce. **Vivre de l.,** to live on milk foods, on a milk diet. (*b*) Home-made milk or cheese dishes.
laitance [lɛtɑ̃ːs], *s.f.* **laite** [lɛt], *s.f. Ich:* Milt. *Cu:* Soft roe.
laité [lɛte], *a.* Soft-roed (fish).
laiterie [lɛtri], *s.f.* **1.** Dairy. **2.** (*a*) Dairy-work. (*b*) Dairy-farming.
laiteron [lɛtrɔ̃], *s.m. Bot:* Sow-thistle, milk-weed.
laiteux, -euse [lɛtø, -øːz], *a.* **1.** Lacteous, milky. **2.** Milk-like, milky.
laitier[1], **-ière** [lɛtje, -jɛːr]. **1.** *a.* **L'industrie laitière,** dairying. **Ferme laitière,** dairy farm. **Vache laitière,** milch cow; *pl.* dairy cattle. **Beurre l.,** dairy butter. **2.** *s.* (*a*) Milkman; milk-woman, milkmaid. (*b*) Dairyman; dairywoman, dairymaid.
laitier[2], *s.m. Metall:* Dross, slag. **L. basique,** basic slag.
laiton [lɛtɔ̃], *s.m.* Brass.
laitue [lɛty], *s.f.* Lettuce. **L. pommée,** cabbage lettuce. **L. romaine,** cos lettuce.
laïus [lajyːs], *s.m. F:* Speech, lecture. **Piquer un l.,** to deliver a speech.
lama[1] [lama], *s.m.* (Buddhist) lama.
lama[2], *s.m. Z:* Llama.
lamanage [lamanaːʒ], *s.m.* In-shore pilotage.
lamaneur [lamanœːr], *s.m.* In-shore pilot.
lamantin [lamɑ̃tɛ̃], *s.m. Z:* Manatee, sea-cow.
lambeau [lɑ̃bo], *s.m.* **1.** Scrap, bit, shred (of cloth, etc.). **Vêtements en lambeaux,** clothes in rags, in tatters. (Of garment) **S'en aller, tomber, en lambeaux,** to go, fall, to pieces. **Mettre qch. en lambeaux,** to tear sth. to shreds, to rags. **2.** *Surg:* Flap (over wound).
lambin, -ine [lɑ̃bɛ̃, -in]. *F:* **1.** *a.* Dawdling, slow. **2.** *s.* Dawdler, slow-coach.
lambiner [lɑ̃bine], *v.i. F:* To dawdle.

lambourde [lɑ̃burd], *s.f.* **1.** *Arb:* Fruit-shoot. **2.** *Const:* (*a*) Wall-plate, beam-bearing. (*b*) Bridging-joist; sleeper (of flooring).

lambrequin [lɑ̃brəkɛ̃], *s.m.* **1.** *Her:* Mantling (of helmet). **2.** *Furn:* Valance, pelmet.

lambris [lɑ̃bri], *s.m.* **1.** Panelling, wainscoting (in wood); casing, lining (in marble, etc.). **L. d'appui,** dado. **2.** (Panelled) ceiling.

lambriss|er [lɑ̃brise], *v.tr.* To wainscot, panel, line (room, etc.). *s.m.* **-age.**

lambruche [lɑ̃bryʃ], *s.f.*, **lambrusque** [lɑ̃brysk], *s.f.* Wild vine.

lame [lam], *s.f.* **1.** (*a*) Lamina, thin plate, strip (of metal, etc.); leaf (of spring). *Needlew:* Foil, tinsel. **L. de platine,** platinum foil. **L. de jalousie,** slat of a Venetian blind. (*b*) Blade (of sword, razor, etc.). **Canif à deux lames,** double-bladed penknife. **L. (de faucheuse),** (machine-)knife. *F:* **C'est une fine l.,** he's a fine swordsman. **Visage en l. de couteau,** hatchet-face. **2.** Wave; *Poet:* billow. **L. de fond,** ground-swell. **L. de houle,** roller. **Recevoir une l.,** to be struck by a sea.

lamé [lame]. **1.** *a.* **L. d'argent, d'or,** spangled, worked, with silver, with gold. **2.** *s.m.* **L. d'or,** gold lamé.

lamellaire [lamɛllɛːr], *a.* Lamellar; foliated. *El:* **Noyau l.,** laminated core (of transformer).

lamelle [lamɛl], *s.f.* (*a*) Lamella, lamination; lamina (of slate); thin sheet or plate (of iron); scale, flake (of mica). (*b*) *Sm.a:* Leaf (of sight). *Microscopy:* Slide; object-slide.

lamellé [lamɛlle], **lamelleux, -euse** [lamɛllø, -øːz], *a.* Lamellate(d); foliated, fissile; flaky.

lamentable [lamɑ̃tabl], *a.* Lamentable, deplorable (accident); pitiful, pitiable (fate); plaintive (voice). *adv.* **-ment.**

lamentation [lamɑ̃tasjɔ̃], *s.f.* Lamentation. **1.** (Be) wailing. **2.** Lament. **Cri de l.,** wail.

lamenter (se) [səlamɑ̃te], *v.pr.* To lament; to wail; to deplore. **Se l. sur son sort,** to bewail one's lot.

lame-ressort [lamrəsɔːr], *s.f.* Flat spring. *pl. Des lames-ressorts.*

lamifié [lamifje], *s.m.* Laminated plastic.

laminaire [laminɛːr]. **1.** *a.* Laminar; *F:* flaky. **2.** *s.f. Algae:* Laminaria, sea-tangle.

lamin|er [lamine], *v.tr.* **1.** To laminate, flat(ten), roll (metal); to calender, plate-glaze (paper). **2.** *Mch:* To throttle (the steam). *s.m.* **-age** *s.m.* **-eur.**

lamineux, -euse [laminø, -øːz], *a.* Laminous, laminose; *F:* scaly.

laminoir [laminwaːr], *s.m.* **1.** *Metalw:* (*a*) Rolling-mill. **L. de finissage,** finishing rolls. (*b*) Roller (of mill). **2.** *Paperm:* Calendering machine.

lampadaire [lɑ̃padɛːr], *s.m.* *Furn:* **1.** Standard lamp. **2.** Candelabrum.

lampant [lɑ̃pɑ̃], *a.* Refined (oil). **Huile lampante,** lamp-oil, S.a. PÉTROLE.

lampe [lɑ̃ːp], *s.f.* Lamp. **1. L. à huile,** oil-lamp, paraffin lamp. **L. de travail,** reading lamp. *Min:* **L. de sûreté,** safety-lamp. **A la l.,** by lamplight, in the lamplight. *P:* **S'en mettre plein la l.,** to have a good blow-out. **2.** (*a*) **L. à incandescence,** incandescent lamp. **L. à arc,** arc-light. **L. à vapeur de mercure,** vapour lamp. **L. de poche,** electric torch; flash-lamp. *Aut:* **L. de bord, de tablier,** dash-board light. **L. foyer, l. route,** focusing head-lamp. **L. code,** regulating lamp. **Lampes satellites,** side lights. *Cin:* **L. à luminescence, à lueur,** discharge lamp, glow-lamp. *Phot:* **L. éclair,** flash-light. S.a. TÉMOIN 3. (*b*) **L. valve,** (radio, television) valve, *U.S:* tube. **L. à filament sombre,** dull-emitter valve. **L. de puissance,** power-valve, -tube. **L. amplificatrice,** amplifying valve. S.a. OSCILLATEUR 1, TRIODE. **3. L. à alcool** spirit-lamp, -stove. **L. à souder,** blow-lamp.

lampée [lɑ̃pe], *s.f.* *F:* Draught, gulp (of wine, etc.).

lamper [lɑ̃pe], *v.tr.* *F:* To swig, toss off (drink).

lampe-tempête [lɑ̃ptɑ̃pɛːt], *s.f.* Storm-lantern. *pl. Des lampes-tempêtes.*

lampion [lɑ̃pjɔ̃], *s.m.* (*a*) Fairy light (for illuminations). (*b*) Chinese lantern. (*c*) *Fr.C:* *R.C.Ch:* Votive light.

lampiste [lɑ̃pist], *s.m.* & *f.* **1.** Lamp-maker. **2.** Lamp-lighter. **3.** *F:* Low-grade employee (of firm, etc.). **S'en prendre au l.,** to bully one's subordinate. **T'en prends pas au l.,** don't shoot the driver.

lampisterie [lɑ̃pistəri], *s.f.* **1.** Lamp-making. **2.** *Rail: etc:* Lamp-room.

lamproie [lɑ̃prwa], *s.f.* *Ich:* Lamprey.

lampyre [lɑ̃piːr], *s.m.* Fire-fly, glow-worm.

lance [lɑ̃ːs], *s.f.* **1.** (*a*) Spear. **Percer un animal d'un coup de l.,** to spear an animal. **Fer de l.,** (i) spear-head; (ii) *Rept:* fer-de-lance. *Bot:* **En fer de l.,** lanceolate. (*b*) Lance. *F:* **Rompre une l. avec qn,** to cross swords with s.o. **Baisser la l.,** to acknowledge defeat. (*c*) Harpoon. **2. L. d'arrosage, l. à eau,** water-hose nozzle.

lancé [lɑ̃se], *a.* Thrown, flung. **Train l. à toute vapeur,** train going at full speed. *Sp:* **Départ l.,** flying start. **Le voilà l.,** (i) now he has got a start (in life); (ii) *F:* now he's on his pet subject, now he's off. **Il est éloquent une fois l.,** he is eloquent enough once he gets going. **Il était un peu l.,** his tongue was wagging, he'd had a drop. **Actrice lancée,** actress who has made her name. **Jeune homme l.,** young man making his way.

lance-bombes [lɑ̃sbɔ̃ːb], *s.m.inv.* **1.** *Artil:* Trench mortar. **2.** *Av:* Bomb-releasing apparatus; bomb rack.

lance-flammes [lɑ̃sflɑːm], *s.m.inv.* *Mil:* Flame-thrower.

lance-fusée [lɑ̃sfyze], *s.m.* *Mil:* Rocket-gun; rocket launcher. *pl. Des lance-fusées.*

lancéolé [lɑ̃seɔle], *a.* Lanceolate, spear-shaped.

lance-pierres [lɑ̃spjɛːr], *s.m.inv.* Catapult.

lanc|er [lɑ̃se]. **I.** *v.tr.* **(je lançai(s); n. lançons) 1.** To throw, fling, cast, hurl. *Sp:* To pitch (at baseball); to throw (discus); to toss (javelin); to put (shot). **L. une pierre à qn,** to throw, *F:* shy, a stone at s.o. **L. des bombes,** to throw bombs, (of aircraft) to drop bombs. **L. un avion,** to catapult a plane. **L. de la fumée,** to puff out smoke. **L. de l'eau sur qch.,** to play water on sth. *Fish:* **L. la ligne,** to cast. **L. un coup à qn,** to deal s.o. a blow. **L. un coup d'œil à qn,** to dart a glance at s.o. **L. un mandat d'amener contre qn,** to issue a warrant against s.o. **L. un juron,** to utter an oath. **2.** To start, set, (s.o., sth.). going. (*a*) **L. un cheval,** to start a horse off at full gallop. **L. un chien contre qn.,** to set a dog on s.o. **Si vous le lancez sur ce sujet il ne tarira pas,** if you start him on this subject he will never stop. *Ven:* **L. un cerf,** to start a stag. (*b*) To launch (ship, scheme, attack); to release (bomb, parachute); to send up (balloon, rocket); to float, promote (company, loan); to bring out (actress, etc.); to initiate, set (fashion). *El.E:* To switch on (current). *Aut:* **L. le moteur,** to start (up) the engine. *Av:* **L. l'hélice,** to swing the propeller. **L. une marchandise,** to put an article on the market. **L. une souscription,** to start a fund. **L. qn (dans les affaires, etc.),** to set s.o. on his feet (in business, etc.); to give s.o. a start. *s.m.* **-ement.**

se lancer en avant, to rush, dash, shoot, forward. **Se l. à la poursuite de qn,** to dash off in pursuit of s.o. **Se l. dans les affaires,** to launch out into business. **Se l. (à fond) dans la description de qch.,** to plunge (headlong) into a description of sth. *F:* **Il se lance!** he's going it!

II. lancer, *s.m.* (*a*) Release (of pigeons, etc.). (*b*) **Pêche au l.,** casting, spinning.

lance-roquette [lɑ̃srɔkɛt], *s.m.* *Mil:* Rocket-launcher. *pl. Des lance-roquettes.*

lance-torpille [lɑ̃stɔrpiːj], *s.m.* *Navy:* Torpedo-tube. *pl. Des lance-torpilles.*

lancette [lɑ̃sɛt], *s.f.* **1.** *Surg:* Lancet. **2.** *Arch:* **(Arc à) l.,** lancet-arch.

lanceur, -euse [lɑ̃sœːr, -øːz], *s.* **1.** Thrower. *Cr:* Bowler. *Baseball:* Pitcher. **2.** Promoter, floater (of company, etc.); initiator (of fashion).

lancier [lɑ̃sje], *s.m.* **1.** *Mil:* Lancer. **2. (Quadrille des) lanciers,** lancers.

lancinant [lɑ̃sinɑ̃], *a.* Lancinating, shooting (pain).

lanciner [lɑ̃sine], *v.i.* (Of pain) To shoot; (of finger, etc.) to throb.

lançon [lɑ̃sɔ̃], *s.m.* *Ich:* Sand-eel, -lance.

landau, -aus [lɑ̃do], *s.m.* (*a*) *Veh:* Landau. (*b*) Perambulator, *F:* pram.

lande [lɑ̃ːd], *s.f.* Sandy moor; heath; waste.

landier[1] [lɑ̃dje], *s.m.* Andiron, fire-dog.

landier[2], *s.m.* *F:* (= AJONC) Furze, gorse.

langage [lɑ̃gaːʒ], *s.m.* Language; speech (of the individual, as opposed to the common language of a whole people. **Correction du l.**, correctness of speech, of language. **Tenir un l. aimable, grossier, à qn**, to speak amiably, rudely, to s.o. **Vous tenez là un étrange l.**, that is a strange way to talk. *F:* **Changer de l.**, to change one's tune. **En voilà un l.!** that's no way to talk! **En l. ordinaire**, in common parlance.

lange [lɑ̃ːʒ], *s.m.* (*a*) Baby's napkin. (*b*) *pl.* Swaddling-clothes.

langoureu|x, -euse [lɑ̃gurø, -øːz], *a.* Languid, languorous; languishing. *adv.* **-sement.**

langouste [lɑ̃gust], *s.f.* Spiny lobster, sea-crayfish; *F: & Com:* crayfish.

langoustine [lɑ̃gustin], *s.f.* Norway lobster; Dublin bay prawn. *Com: pl.* Scampi.

langue [lɑ̃ːg], *s.f.* **1.** Tongue. **Tirer la l.**, (i) to put out one's tongue (**à qn**, at s.o.); (ii) (of dog) to hang out its tongue; *F:* (of pers.) to be near the end of one's tether. **Avoir la l. liée**, to be tongue-tied. **Avoir la l. déliée, bien pendue**, to have a glib tongue, *F:* the gift of the gab. **Tenir sa l.**, to hold one's tongue. *F:* **Je l'avais sur le bout de la l.**, I had it on the tip of my tongue. **Coup de l.**, (i) click (of the tongue); tonguing (on wind instrument); (ii) lick; (iii) cutting remark. **Faire aller les langues**, to set people's tongues wagging. **Prendre l.**, (i) to establish contact, to start preliminary conversations; (ii) to open up a conversation, *F:* to break the ice. **Jeter, donner, sa l. aux chiens, au chat**, (with reference to riddle, etc.), to give it up. **Mauvaise l.**, backbiter, mischief-maker. S.a. AVALER 1. **2.** Tongue (of flame); spit (of land); gore (of sail). **3.** Language, speech, tongue (of a people). **L. maternelle**, mother tongue. **Langues étrangères, mortes**, foreign, dead, languages. **Professeur de langues vivantes**, modern-language master, mistress. **Don des langues**, gift of tongues. **L. de départ**, source language. **L. d'arrivée**, target language. **De l. anglaise**, English-speaking. *F:* **L. verte**, slang.

langue-de-cerf [lɑ̃gdəsɛːr], *s.f. Bot:* Hart's-tongue.

langue-de-chat [lɑ̃gdəʃa], *s.f. Cu:* Langue de chat, (flat) finger-biscuit or chocolate. *pl. Des langues-de-chat.*

languette [lɑ̃gɛt], *s.f.* Small tongue (of wood, metal); strip (of tin-foil); tongue (of shoe). *Ph:* Pointer (of balance). *Mec.E:* Feather(-key), spline. *Carp:* **Assemblage à rainure et l.**, groove-and-tongue joint. *El:* **Contact à l.**, snap contact.

langueur [lɑ̃gœːr], *s.f.* **1.** Languor, languidness; listlessness. **Maladie de l.**, decline. **2.** Languishment. **Regard plein de l.**, languishing look.

languir [lɑ̃giːr], *v.i.* To languish, pine. **L. d'amour**, to be lovesick. **L. pour qn**, to long, pine, yearn, for s.o. **L. après qch.**, to long for sth. **Ne nous faites pas l.**, don't keep us on tenter-hooks. **La conversation languit**, the conversation flags. **Les affaires languissent**, business is slack. *Th:* **L'action languit**, the action drags.

languiss|ant [lɑ̃gisɑ̃], *a.* **1.** Languid, listless. *Com:* **Marché l.**, dull market. **2.** Languishing (look). *adv.* **-amment.**

lanière [lanjɛːr], *s.f.* Thin strip of material; esp. thin strap; thong; (leather) lace; lash (of whip). **Drapeau réduit en lanières**, flag reduced to ribbons.

lanifère [lanifɛːr], **lanigère** [laniʒɛːr], *a.* Wool-bearing.

lanterne [lɑ̃tɛrn], *s.f.* **1.** (*a*) Lantern. **L. sourde**, dark lantern. **L. vénitienne**, Chinese lantern. **L. magique**, magic lantern. **L. (de) tempête**, hurricane-lamp. S.a. VESSIE 1. (*b*) **L. de voiture, de bicyclette**, carriage-, cycle-lamp. (*c*) *A:* **L. de rue**, street-lamp. *Fr.Hist:* (During the Revolution) **A la l.!** string him up! **2.** *Arch:* Lantern(-turret). *Mec.E:* **(Roue à) l.**, lantern (-wheel), trundle(-wheel).

lanterneau [lɑ̃tɛrno], *s.m.* Skylight (over staircase); lantern(-light).

La Palice, La Palisse [lapalis]. *Pr.n.m. F:* **Vérité de (monsieur de) La P.**, self-evident truth; truism.

lapalissade [lapalisad], *s.f.* = VÉRITÉ DE LA PALICE.

laparotomie [laparɔtɔmi], *s.f. Surg:* Laparotomy.

lap|er [lape], *v.tr.* (Of dog, cat) To lap (up) (milk, etc.). *s.m.* **-ement.**

lapereau [lapro], *s.m.* Young rabbit.

lapidaire [lapidɛːr]. **1.** *a.* Lapidary (inscription, style); concise (style). **2.** *s.m.* Lapidary.

lapidateur, -trice [lapidatœːr, -tris], *s.* **1.** Stoner. **2.** *pl. F:* Vilifiers.

lapidation [lapidasjɔ̃], *s.f.* Lapidation, stoning.

lapider [lapide], *v.tr.* To lapidate; to stone (s.o.) to death; *F:* to throw stones at (dog).

lapin, -ine [lapɛ̃, -in], *s.* Rabbit, *f.* doe (of tame rabbit). **L. mâle**, buck rabbit. **L. de garenne**, wild rabbit. **L. domestique, de clapier**, *F:* **l. de choux**, tame rabbit. **L. russe**, albino rabbit. *Com:* **Peau de l.**, cony(-skin). *F:* **Poser un l. à qn**, to fail to turn up. *F:* **C'est une rude, fameux, l.**, (i) he is a fine fellow; (ii) he's got plenty of pluck!

lapinière [lapinjɛːr], *s.f.* **1.** Rabbit-hutch. **2.** Rabbit-warren.

lapis-lazuli [lapislazyli], *s.m.inv.* Lapis lazuli. *a.inv.* **Robe l.-l.**, bright-blue dress.

lapon, -one [lapɔ̃, -ɔn]. **1.** *a.* Lappish, Lapp. **2.** *s.* Lapp, Laplander.

Laponie [lapɔni]. *Pr.n.f.* Lapland.

laps[1] [laps], *s.m.* **Un l. de temps**, a lapse, space, of time.

laps[2], *a. Ecc:* **Être l. et relaps**, to have relapsed into a former heresy.

lapsus [lapsyːs], *Lt.s.m.* Slip, mistake, lapse. **L. linguae**, lapsus linguae, slip of the tongue. **L. calami**, slip of the pen.

laquais [lakɛ], *s.m.* Lackey, footman. *Pej: F:* Flunkey. **Petit l.**, buttons.

laque [lak]. **1.** *s.f.* (*a*) Lac. **L. en écailles, en plaques**, shellac. (*b*) *Paint:* Lake. **2.** *s.m.* Lacquer(-ware). **L. de Chine**, japan. **3.** Hair spray.

laquelle [lakɛl], *pron.f.* See LEQUEL.

laqu|er [lake], *v.tr.* (*a*) To lacquer, to japan. (*b*) *F:* **Meubles laqués de blanc**, white-enamelled furniture. *s.* **-eur, -euse.**

larbin [larbɛ̃], *s.m. F:* Flunkey.

larcin [larsɛ̃], *s.m. Jur:* Larceny, petty theft; pilfering.

lard [laːr], *s.m.* (*a*) Back-fat (esp. of pig). *F:* **Faire du l.**, to get fat. **Rentrer dans le l. à qn**, to go for s.o. (*b*) Bacon. (*c*) **L. de baleine**, blubber.

lardé [larde], *a.* Larded (of joint); streaked. *Geol:* Interbedded.

larder [larde], *v.tr.* To lard (piece of meat). *F:* **L. qn de coups d'épée**, to inflict numerous (stab-)wounds on s.o. **L. qn de ridicule**, to cover s.o. with ridicule. **L. ses écrits de citations**, to (inter)lard, sprinkle, one's writings with quotations. *s.m.* **-age.**

lardoire [lardwaːr], *s.f. Cu:* Larding-needle.

lardon [lardɔ̃], *s.m.* (*a*) Piece of larding bacon; lardon, lardoon. (*b*) *F:* Jibe; cutting remark. (*c*) *P:* Kid, brat.

lare [laːr], *s.m. Rom.Ant:* Household god; lar. Esp. *pl.* **Dieux lares**, Lares.

largable [largabl], *a. Av:* (Of petrol-tank, etc.) That can be dropped; releasable.

large [larʒ]. **1.** *a.* (*a*) Broad, wide. **L. d'épaules**, broad-shouldered. **Route l. de vingt pieds**, road twenty feet wide. **Vêtement l.**, loose-fitting garment. **D'un geste l.**, with a broad, sweeping, gesture. **Conscience l.**, accommodating conscience. **Critique à l'esprit l.**, broad-minded critic. **Être l. en affaires**, to be generous, free, liberal, in business. *adv.* **Peindre l.**, to paint boldly, broadly. **Calculer l.**, to allow a good margin for error. *Rac:* **Prendre le tournant l.**, to take the turning wide. **Portes larges ouvertes**, wide-open doors. (*b*) Large, big, ample. **De larges ressources**, abundant resources. **2.** *s.m.* (*a*) Room, space. **Être au l.**, to have plenty of room, to have elbow-room. (*b*) *Nau:* Open sea. **Brise du l.**, sea-breeze. **Prendre le l.**, (i) to put to sea; (ii) *F:* to decamp. **Mettre le cap au l.**, to stand out to sea. **Gagner le l.**, to put out to sea. **Se tenir au l.**, to keep out at sea. **Au l.**, (i) in the offing; (ii) (to small boat) keep away! keep off! **Au l. de Cherbourg**, off Cherbourg. **Trop au l.**, too far from the shore. (*c*) Breadth. **Route qui a vingt pieds de l.**, road twenty feet wide. **Se promener de long en l.**, to walk up and down, to and fro.

largement [larʒəmɑ̃], *adv.* (*a*) Broadly, widely. **Services l. rétribués**, highly-paid services. **Opinion l. répandue**, widely held opinion. *Art:* **Peindre l.**, to paint in a free, broad, style. (*b*) Amply. **Avoir l. de quoi vivre**, to have ample means.

largesse [larʒɛs], *s.f.* **1.** Liberality **(envers,** towards). **2.** *A. & Hum:* Bounty, largess(e). **Faire l.,** to make handsome presents.

largeur [larʒœ:r], *s.f.* Breadth, width; beam (of ship); span (of arch); gauge (of railway track). **L. de vues, d'esprit,** broadness of outlook, of mind. **Avoir trois pieds de l.,** to be three feet wide. *F:* **Dans les grandes largeurs,** in a big way.

largue [larg], *a.* *Nau:* **1.** (Of rope, etc.) Loose, slack. **2.** (Of wind) Large, free. **Naviguer vent l.,** to sail off the wind; to run free.

larguer [large], *v.tr.* **1.** *Nau:* (*a*) To let go, loose (rope). **L. l'amarre,** to cast off, slip, the mooring rope. **Largué!** all gone! *Av:* **L. un réservoir,** to release, drop, get rid of, a tank. (*b*) To let out, unfurl (sail). S.a. RIS[2]. **2.** (*a*) To blow off, let off (steam). (*b*) To release (balloon). **3.** *v.i.* *Nau:* (Of seams) To start, to gape.

larme [larm], *s.f.* Tear. **Fondre en larmes,** to burst into tears. **Verser des larmes de joie,** to shed tears of joy. **Pleurer à chaudes larmes,** to weep copiously, bitterly. **Faire venir des larmes aux yeux de qn,** to bring tears to s.o.'s eyes. **Elle était (tout) en larmes,** she was in tears. **Avoir la l. facile, avoir toujours la l. à l'œil,** to be easily moved to tears. **Il a ri (jusqu')aux larmes,** he laughed till he cried. **Avec des larmes dans la voix,** in a tearful voice. *F:* **Y aller de sa (petite) l.,** to shed a (perfunctory) tear. **Larmes de commande, de crocodile,** crocodile tears. *F:* **Prendre une l. de rhum dans son café,** to take just a drop of rum in one's coffee.

larmier [larmje], *s.m.* **1.** *Anat:* (*a*) Inner canthus; corner (of the eye). (*b*) Tear-bag (of deer). **2.** *Arch:* Drip(-stone); gutter-overhang; weather-moulding.

larmoyant [larmwajɑ̃], *a.* **1.** (*a*) Weeping, tearful. (*b*) *Med:* **Yeux larmoyants,** watering eyes. **2.** *Pej:* Lachrymose, doleful, maudlin (voice); soppy (sentimentality).

larm|oyer [larmwaje], *v.i.* **(je larmoie; je larmoierai) 1.** (Of the eyes) To water. **2.** *Pej:* To shed tears, to snivel. *s.m.* **-oiement.**

larron [larɔ̃], *s.m.* **1.** (*a*) *A:* Robber, thief. **Au l.!** Stop, thief! *F:* **S'entendre comme larrons en foire,** to be as thick as thieves. S.a. OCCASION 1. (*b*) Thief (in candle). **2.** (*a*) *Typ:* Bite (in the paper). (*b*) *Bookb:* Dog's-ear (not cut).

larvaire [larvɛ:r], *a.* (*a*) Larval. (*b*) **Immature.**

larve [larv], *s.f.* Larva; grub (of insect).

larvé [larve], *a.* (*a*) *Med:* Larval, masked (fever, etc.). (*b*) Masked, disguised (dictature, revolution, etc.).

laryngectomie [larɛ̃ʒɛctɔmi], *s.f.* *Med:* Laryngectomy.

laryngien, -ienne [larɛ̃ʒjɛ̃, -jɛn], *a.* Laryngeal.

laryngite [larɛ̃ʒit], *s.f.* *Med:* Laryngitis. **L. striduleuse,** false croup, child-crowing.

laryngoscope [larɛ̃gɔskɔp], *s.m.* Laryngoscope.

laryngotomie [larɛ̃gɔtɔmi], *s.f.* Laryngotomy.

larynx [larɛ̃:ks], *s.m.* *Anat:* Larynx.

las[1] [lɑ(s)], *int.* *A:* Alack! alas!

las[2], **lasse** [lɑ, lɑ:s], *a.* Tired, weary. **Être l. de qch.,** to be (sick and) tired of sth. S.a. GUERRE 2.

lascar [laska:r], *s.m.* **1.** Lascar. **2.** *P:* (Fine, clever, lazy, etc.) fellow.

lasc|if, -ive [lasif, -i:v], *a.* Lascivious, lewd. *adv.* **-ivement.** *s.f.* **-iveté.**

laser [lazɛ:r], *s.m.* *Ph:* Laser.

lasser [lɑse], *v.tr.* To tire, weary; to exhaust (s.o.'s patience).

se lasser, to grow tired or weary; to tire. **Se l. de (faire) qch.,** to get tired of (doing) sth. **Se l. à faire qch.,** to tire oneself out doing sth.

lassitude [lɑsityd], *s.f.* Lassitude, tiredness, weariness.

lasso [laso], *s.m.* Lasso. **Prendre un cheval au l.,** to lasso a horse.

Lastex [lastɛks], *s.m.* *R.t.m:* Lastex.

latanier [latanje], *s.m.* *Bot:* Latania. **L. de Bourbon,** Bourbon palm.

latent [latɑ̃], *a.* Latent (disease, *Phot:* image, *Ph:* heat); hidden, concealed.

latéral, -aux [lateral, -o], *a.* Lateral. **Rue latérale,** side-street. **Entrée latérale,** side-entrance. *adv.* **-ement.**

latex [latɛks], *s.m.* *Bot:* Latex.

latin, -ine [latɛ̃, -in]. **1.** (*a*) *a. & s.* Latin (people, etc.). (*b*) *a.* *Nau:* **Voile latine,** lateen sail. **2.** *s.m.* *Ling:* Latin. **Bas l.,** low Latin. *F:* **L. de cuisine,** dog-Latin. **Être au bout de son l.,** to be at one's wits' end. **J'y perds mon l.,** I can't make head or tail of it.

latinité [latinite], *s.f.* Latinity.

latitude [latityd], *s.f.* Latitude. **1.** Scope, freedom. **2.** *Geog:* (*a*) **Par, sous, 30° (de) l. nord,** in latitude 30° North. (*b*) *pl.* Latitudes, regions.

latrines [latrin], *s.f.pl.* Latrines.

latte [lat], *s.f.* **1.** Lath, batten, slat. **L. volige,** slate-lath, roof-batten. **Fer en lattes,** slat-iron. **2.** Straight (heavy cavalry) sword.

latt|er [late], *v.tr.* To lath; to batten. *Mch:* To lag (cylinder). *s.m.* **-age.**

lattis [lati], *s.m.* **1.** Lathing, lath-work. **2.** Lattice-work.

laudanisé [lodanize], *a.* Containing laudanum.

laudanum [lodanɔm], *s.m.* Laudanum.

laudatif, -ive [lodatif, -i:v], *a.* Laudatory.

lauracé [lɔrase], *Bot:* **1.** *a.* Lauraceous. **2.** *s.f.pl.* **Lauracées,** lauraceae.

lauréat, -ate [lɔrea, -at], *s.* Laureate, (prize-)winner, *U.S:* prizeman.

Laurent [lɔrɑ̃]. *Pr.n.m.* Lawrence. *Geog:* **Le (fleuve) Saint L.,** the St. Lawrence.

laurentien, -ienne [lɔrɑ̃tjɛ̃, -jɛn], *a.* *Geog:* Laurentian.

lauréole [lɔreɔl], *s.f.* *Bot:* Daphne.

laurier [lɔrje], *s.m.* *Bot:* Laurel. **L. commun,** bay-laurel, sweet bay. **Couronne de lauriers,** laurel wreath. *F:* **Cueillir, moissonner, des lauriers,** to reap, win, laurels, glory. **Se reposer sur ses lauriers,** to rest on one's laurels.

laurier-cerise [lɔrjesri:z], *s.m.* Cherry-laurel. *pl. Des lauriers-cerise(s).*

laurier-rose [lɔrjero:z], *s.m.* Common oleander, rose-laurel. *pl. Des lauriers-rose(s).*

lavable [lavabl], *a.* Washable.

lavabo [lavabo], *s.m.* **1.** *Ecc:* Lavabo (ritual or towel). **2.** Wash-basin, hand-basin. **3.** Washroom; lavatory (in schools, etc.); *Min:* pit-head baths.

lavage [lava:ʒ], *s.m.* Washing (of pots, linen, etc.). **L. de crâne, de cerveau,** brainwashing.

lavallière [lavaljɛ:r], *s.f.* Loosely tied bow.

lavande [lavɑ̃:d], *s.f.* *Bot:* Lavender. **Eau de l.,** lavender-water.

lavandière [lavɑ̃djɛ:r], *s.f.* **1.** Washerwoman; laundress. **2.** *Orn:* (Grey) wagtail.

lavaret [lavarɛ], *s.m.* *Ich:* Lavaret, pollan.

lavasse [lavas], *s.f.* Thin, watery, soup or wine; *F:* slops, dish-water; *P:* hog-wash.

lave [la:v], *s.f.* *Geol:* Lava.

lavé [lav], *a.* Faint, washed-out (colour). **Bleu l.,** light blue.

lave-glace [lavglas], *s.m.* *Aut:* Windscreen washer, *U.S:* windshield washer. *pl. Des lave-glaces.*

lavement [lavmɑ̃], *s.m.* (Rectal) injection; enema.

lave-pieds [lavpje] *s.m.inv.* Foot-bath.

lav|er [lave], *v.tr.* To wash. (*a*) **Se l.,** to wash (oneself), to have a wash. **Se l. les mains,** to wash one's hands. **Se l. le bout du nez,** to give oneself a cat's lick, a lick and a promise. **L. le plancher à grande eau,** to swill the floor. **L. la vaisselle,** to wash up. **L. une plaie,** to bathe a wound. *Ind:* **L. un gaz,** to scrub a gas. *Fin:* *F:* **L. un chèque,** to forge a cheque (by altering it). S.a. LINGE 1. **Se l. la tête,** to wash one's hair. *F:* **L. la tête à qn,** to haul s.o. over the coals; to give s.o. a good dressing-down. *P:* **L. sa montre,** to flog one's watch. (*b*) **L. un dessin,** to wash a drawing. (*c*) (Of stream) **L. un pré,** to wash against, flow along, a meadow.

laverie [lavri], *s.f.* Wash-house, washing-place.

lavette [lavɛt], *s.f.* (*a*) (Dish-)mop. **L. métallique,** pot scourer, saucepan cleaner. (*b*) Dish-cloth.

laveur, -euse [lavœ:r, -ø:z]. **1.** *s.* (Pers.) Washer; scrubber (of gas). **Laveuse de linge,** washer-woman. **Laveuse de vaisselle,** scullery maid, *F:* washer-up. **2.** *a.* *Ch:* **Flacon l.,** scrubber, washing-bottle (for gases). **3.** *s.f.* **Laveuse mécanique,** washing-machine.

lavis [lavi], *s.m.* **1.** Washing, tinting (of drawing). **2.** Wash-tint. **(Épure au) l.,** wash-drawing, tinted drawing.

lavoir [lavwa:r], *s.m.* (*a*) Wash-house. (*b*) Washing and rinsing board by riverside.

lavure [lavy:r], *s.f.* **1.** (Kitchen) swill, dish-water, hog-wash. **2.** Metal turnings and filings.
laxatif, -ive [laksatif, -i:v], *a. & s.m. Med:* Laxative, aperient.
layer[1] [lεje], *v.tr.* **1.** To trace a path through, blaze a trail through (forest). **2.** To blaze (the trees to be left in a cutting).
layer[2], *v.tr. Stonew:* To tool (stone).
layette [lεjεt], *s.f.* Set of baby garments, layette.
layon [lεjɔ̃], *s.m.* **1.** Tail-board (of cart). **2.** *For:* Cross-ride; service-path.
lazaret [lazarε], *s.m.* Lazaret(to); quarantine station or camp.
lazzi [lazi, ladzi], *s.m.pl.* (*a*) Piece of buffoonery. (*b*) Jeers, hooting, catcalls.
le[1], **la, les** [lə, la, lε], *def.art.* (Le and la are elided to l' before a vowel or h 'mute.' **Le** and **les** contract with **à, de,** into **au, aux; du, des.**) The. **1.** (Particularizing) (*a*) **Ouvrez la porte,** open the door. **Il est venu la semaine dernière,** he came last week. **J'apprends le français,** I am learning French. **La province a perdu le quart de ses habitants,** the province has lost a quarter of its inhabitants. **L'un . . . l'autre,** (the) one . . . the other. **Il est arrivé le lundi 12,** he arrived on Monday 12th. (*b*) **La France,** France. **Le Mont Blanc,** Mont Blanc. (*c*) **L'empereur Guillaume,** the Emperor William. **Le roi Édouard,** King Edward. **Le colonel Chabot,** Colonel Chabot. **Le petit Robert,** little Robert. (*d*) **Le Dante,** Dante. **Le Tasse,** Tasso. **Le Havre,** Havre. **Le Caire,** Cairo. **Je me rends au Caire,** I am going to Cairo. **Le peintre Le Brun,** the painter Le Brun. **Les tableaux de Le Brun,** Le Brun's pictures. (*e*) (With most feast-days) **La Toussaint,** All Saints' Day. *F:* **A la Noël,** at Christmas. (*f*) (Often with parts of the body) **J'ai mal à la gorge,** I have a sore throat. **Elle a les yeux bleus,** she has blue eyes. **Hausser les épaules,** to shrug one's shoulders. **Elle ferma les yeux,** she closed her eyes. **Il s'est pincé le doigt,** he pinched his finger. **Les yeux leur cuisaient,** their eyes were smarting. **2.** (Forming superlatives) (*a*) **Dès les temps les plus anciens,** from the earliest times. **Mon amie la plus intime,** my most intimate friend. **C'est elle qui est la plus heureuse,** she is (the) happiest (one). (*b*) In the neuter (i) (with adverbs) **C'est elle qui travaille le mieux,** she is the one who works best. (ii) (When there is no comparison with others) **Elle est le plus heureuse quand elle est seule,** she is happiest when she is by herself. **3.** (Generalizing) **Je préfère le café au thé,** I prefer coffee to tea. **4.** (Distributive) **Trois fois l'an,** three times a year. **Cinq francs la livre,** five francs a pound. **5.** Rendered by indef. art. in Eng. (*a*) (Particularizing) **J'ai le droit de vivre,** I have a right to live. **Donner l'exemple,** to set an example. **Demander le divorce,** to sue for a divorce. (*b*) (Generalizing) **Il n'a pas le sou,** he hasn't a penny. **Le calme plat précède souvent la tempête,** a dead calm often precedes a storm. 6. Partitive **du, de la, des.** See DE III.
le[2], **la, les,** *pers.pron.* **1.** (Replacing sb.) Him, her, it, them. (*a*) **Je vous le, la, présenterai,** I will introduce him, her, to you. **Je ne le lui ai pas donné,** I did not give it to him. **Êtes-vous les parents de cet enfant?—Nous les sommes,** are you the parents of this child?—We are. **Les voilà!** there they are! (*b*) (Following the vb.) **Donnez-le-lui,** give it to him. **Donne-le à ton frère** [dɔnləatɔ̃frε:r], give it to your brother. **2.** *Neut. pron.* **Le.** (*a*) (Replacing an adj. or a sb. used as an adj.) **Malheureux, je l'étais certainement,** unhappy I certainly was. **Êtes-vous mère?—Je le suis,** are you a mother?—I am. (*b*) (Replacing a clause) (i) So. **Il me l'a dit,** he told me so. **Le train est-il parti?—Je le crois,** has the train gone?—I think so. (ii) **Il est plus riche que vous (ne) le pensez,** he is richer than you think (he is). **Vous le devriez,** you ought to.
lé [le], *s.m.* **1.** *Tex:* Width, breadth (of cloth). *Dressm:* **Jupe à quatre lés,** four-gored skirt. **2.** (Width of) tow-path.
leader [lidœ:r], *s.m. F:* (*a*) *Pol:* Leader. (*b*) *Journ:* Leader.
léchage [lεʃa:ʒ], *s.m.* Licking. **Surface de l.,** air-surface (of radiator, etc.).
lèche[1] [lεʃ], *s.f. F:* Thin slice (of bread, meat).
lèche[2], *s.f. P:* **Faire de la l. auprès de qn,** to toady to s.o.; to suck up to s.o.
lèchefrite [lεʃfrit], *s.f. Cu:* Dripping-pan.
lécher [leʃe], *v.tr.* (**je lèche; je lécherai**) **1.** To lick (up). **Se l. les doigts,** to lick one's fingers. *F:* **Il s'en léchait les doigts,** he smacked his lips over **it. L. les bottes de qn,** to lick s.o.'s boots; to toady to s.o.; *F:* to suck up to s.o. *F:* **L. les vitrines,** to go window-shopping. **2.** To over-polish (work, style).
lèche-vitrines [lεʃvitrin], *s.m. no pl. F:* Window-shopping. **Faire du l.-v.,** to go window-shopping.
leçon [ləsɔ̃], *s.f.* **1.** (*a*) Reading (of a manuscript, etc.). **Bonne l.,** true reading. (*b*) *Ecc:* Lesson (at Matins, etc.). **2.** *Sch:* (*a*) Lesson. **L. de choses,** object-lesson. **Leçons de chant,** singing lessons. **Donner une l. à qn,** (i) to give s.o. a lesson; (ii) to teach s.o. a lesson. **Que cela vous serve de l.,** let that be a lesson, a warning, to you. **Faire la l. à qn,** (i) to prime, drill, s.o. (in what he has to say or do); (ii) to lecture s.o. (*b*) Lesson, set task, prep., to be learnt. **Faire réciter les leçons,** to hear the lessons.
lecteur, -trice [lεktœ:r, -tris], *s.* **1.** (*a*) Reader. S.a. AVIS 2. (*b*) *Typ:* (Proof-)reader. (*c*) *Mus:* **Être bon l.,** to be good at sight-reading. **2.** (*a*) Reader aloud. (*b*) Foreign language assistant (in university). **3.** *s.m. Cin:* **L. des sons, l. phonique,** sound-reproducing unit; sound pick-up.
lecture [lεkty:r], *s.f.* Reading. (*a*) **Enseigner la l. à qn,** to teach s.o. to read. **Livre d'une l. agréable,** book that makes pleasant reading. **Cabinet de l.,** lending library. **Livre en l.,** book 'out.' **Il a de la l.,** he is well read. (*b*) **L. à haute voix,** reading aloud. **Faire la l. à qn.,** to read aloud to s.o. **Donner l. de l'ordre du jour,** to read out the agenda. (*c*) **L. sonore d'un film,** reproduction of a sound film; sound pick-up.
ledit, ladite, *pl.* **lesdits, lesdites** [lədi, ladit, ledi, ledit], *a. Jur:* The aforesaid.
légal, -aux [legal, -o], *a.* Legal; statutory. **Fête légale,** statutory holiday **Avoir recours aux moyens légaux,** to have recourse to the law. **Médecine légale,** forensic medicine. *adv.* **-ement.**
légalisation [legalizasjɔ̃], *s.f.* Authentication, certification (of signature, etc.).
légaliser [legalize], *v.tr.* **1.** To legalize (holiday, etc.). **2.** To attest, certify, authenticate (signature).
légalité [legalite], *s.f.* Legality, lawfulness. **Rester dans la l.,** to keep within the law.
légat [lega], *s.m. Ecc: Rom.Ant:* Legate.
légataire [legatε:r], *s.m. & f. Jur:* Legatee, devisee, heir. **L. universel,** residuary legatee. **L. d'une propriété,** heir to an estate.
légation [legasjɔ̃], *s.f.* Legation.
lège [lε:ʒ], *a.* (Of ship) Light. **Tirant d'eau en l.,** light draught. S.a. DÉPLACEMENT 3, FLOTTAISON.
légendaire [leʒɑ̃dε:r], *a.* (*a*) Legendary (story, etc.) (*b*) Epic (combat, etc.).
légende [leʒɑ̃:d], *s.f.* **1.** Legend; fable. **2.** (*a*) Inscription, legend (on coin, etc.). (*b*) Caption, legend (of drawing, etc.). *Typ:* Underline. (*c*) List of references; key (to diagram, etc.).
lég|er, -ère [leʒe, -ε:r], *a.* **1.** (*a*) Light (weight, artillery, food, etc.). **L. à la course,** light, fleet, of foot. **Avoir le cœur l.,** to be light-hearted. **Avoir le sommeil l.,** to be a light sleeper. **Avoir la main légère,** to be quick, clever, with one's hands. **Avoir la tête légère,** to be scatter-brained. **Avoir la langue légère,** to talk inconsiderately. **Être l. d'argent,** to have a light purse. **Avoir le style l.,** to write with a light touch. **Conduite légère,** flighty conduct; fickle conduct. **Femme légère,** fast woman. **Propos légers,** (i) frivolous, idle, talk; (ii) slightly improper, free, talk. (*b*) Slight (pain, mistake); gentle (breeze); mild (tobacco, beer); weak (tea, coffee); faint (sound); trivial (loss). **Il y a un l. mieux,** there is a slight improvement. **2.** *Adv.phr.* **A la légère,** (i) lightly; (ii) without due consideration, rashly, unthinkingly; wantonly. **Vêtu à la légère,** lightly clad. **Conclure à la légère,** to jump to conclusions. *adv.* **-èrement.** *s.f.* **-èreté,** -ness.
leggings, leggins [legin], *s.m.pl.* Leggings.
légiférer [leʒifere], *v.i.* (**je légifère; je légiférerai**) To legislate (**sur,** on).
légion [leʒjɔ̃], *s.f.* Legion. (*a*) **La L. étrangère,** the Foreign Legion. **La L. d'honneur,** the Legion of Honour. (*b*) *F:* Host, swarm, crowd.

légionnaire [leʒjɔnɛ:r], *s.m.* **1.** (*a*) *Rom. & Fr.Hist:* Legionary. (*b*) Soldier of the Foreign Legion. **2.** Member of the Legion of Honour.
législateur, -trice [leʒislatœ:r, -tris]. **1.** *s.* Legislator, lawgiver. **2.** *a.* Legislative (power).
législatif, -ive [leʒislatif, -i:v], *a.* Legislative. (*a*) *Fr.Hist:* **L'Assemblée législative,** the Legislative Assembly. (*b*) **Élection législative,** parliamentary election.
législation [leʒislasjɔ̃], *s.f.* (*a*) Legislation. (*b*) (Set of) laws. **L. criminelle,** criminal law.
législature [leʒislaty:r], *s.f.* **1.** Legislature, legislative body. **2.** Session (of legislative body).
légiste [lɛʒist], *s.m.* Legist, jurist. **Médecin l.,** forensic pathologist. **Expert l.,** forensic scientist.
légitimation [leʒitimasjɔ̃], *s.f.* **1.** Legitimation (of child). **2.** (*a*) Official recognition (of title, etc.). (*b*) Submission of credentials.
légitime [leʒitim], *a.* **1.** Legitimate, lawful (child, wife, etc.). S.a. HÉRITIER. **2.** (*a*) Justifiable, rightful; well-founded (fears, etc.). *Jur:* **L. défense,** self-defence. (*b*) Sound (deduction). **3.** *P:* **Ma l.,** my wife, my better half. *adv.* **-ment.**
légitimer [lɛʒitime], *v.tr.* **1.** To legitimate, legitimatize (child, etc.). **2.** To justify (claim, etc.). **3.** To recognize (title).
légitimiste [leʒitimist], *a. & s.* Legitimist.
légitimité [leʒitimite], *s.f.* **1.** Legitimacy (of child, of title). **2.** Lawfulness (of measure, etc.).
legs [lɛ], *s.m.* Legacy, bequest. **Faire un l. à qn,** to leave a legacy to s.o. *F:* **Coureur de l.,** legacy-hunter.
léguer [lege], *v.tr.* **(je lègue; je léguerai)** To bequeath, leave (personalty); to devise (realty); *F:* to hand down.
légume [legym], *s.m.* **1.** (*a*) Vegetable. **Légumes verts, secs,** green, dried, vegetables. (*b*) *Bot:* Legume(n), pod. **2.** *F:* **Gros l.,** *P:* **grosse l.,** bigwig.
légumier [legymje], **1.** *a.* Of, pertaining to, vegetables. **2.** *s.m.* Vegetable dish.
légumineux, -euse [legyminø, -ø:z]. *Bot:* **1.** *a.* Leguminous. **2.** *s.f.* **Légumineuse,** leguminous plant.
leitmotif, leitmotiv [laitmɔtif], *s.m.* Leit-motif, leitmotiv. **Chanson l.,** theme song.
Léman [lemɑ̃]. *Pr.n.m.* **Le lac L.,** the Lake of Geneva.
lemming [lɛmɛ̃:g], *s.m.* *Z:* Lemming.
lémur(e) [lemy:r], *s.m.* *Z:* Lemur.
lendemain [lɑ̃dmɛ̃], *s.m.* Next day. **Le l. de la bataille** the day after the battle. **Au l. de,** (on) the day following; shortly after. **Le l. matin,** the next morning, the morning after. **Du jour au l. il devint célèbre,** he became famous overnight. **Des succès sans lendemains,** short-lived successes. *F:* **Le l. de cuite, de bombe,** the morning after the night before.
lénifier [lenifje], *v.tr.* *Med:* To assuage, soothe.
lénitif, -ive [lenitif, -i:v]. **1.** *a.* Lenitive, soothing. **2.** *s.m.* *Med:* Lenitive.
lent, lente[1] [lɑ̃, lɑ̃:t], *a.* Slow. **Mort lente,** lingering death. **L. à agir,** slow to act, slow in action. **Avoir la parole lente,** to be slow of speech. *adv.* **-ement.**
lente[2], *s.f.* Nit; egg (of louse).
lenteur [lɑ̃tœ:r], *s.f.* **1.** Slowness. **Mettre de la l. à faire qch.,** to be slow in doing sth. **Avec l.,** slowly; with due deliberation. **L. à répondre,** (i) slowness to answer; (ii) dilatoriness, remissness, in answering. **2.** *pl.* Slow ways, dilatoriness.
lentigo [lɑ̃tigo], *s.m.* *Med:* Lentigo, freckles.
lentille [lɑ̃ti:j], *s.f.* **1.** *Bot:* (*a*) *Cu:* Lentil. *B.Lit:* **Plat de lentilles,** (Esau's) mess of pottage. (*b*) **L. d'eau,** duckweed. **2.** Bob, ball (of pendulum). **3.** *Opt:* (*a*) (Spectacle) lens; single lens. (*b*) Component (of photographic lens, etc.). **Objectif à quatre lentilles,** four-component lens. (*c*) Crystalline lens (of eye). (*d*) **L. électronique,** electron lens. **4.** Freckle.
lentisque [lɑ̃tisk], *s.m.* Lentiscus; *F:* mastic-tree.
léonin [leɔnɛ̃], *a.* Leonine, lion-like. **Part léonine,** lion's share.
léopard [leɔpa:r], *s.m.* Leopard. **L. femelle,** leopardess. **L. des neiges,** snow-leopard; ounce. *Mil:* **tenue l.,** camouflaged combat clothing.
lépidoptères [lepidɔptɛ:r], *s.m.pl.* *Ent:* Lepidoptera.
léporide [lepɔrid], *s.m.* Leporide, Belgian hare.
lèpre [lɛpr], *s.f.* Leprosy.
lépreux, -euse [leprø, -ø:z]. **1.** *a.* Leprous. **2.** *s.* Leper.
léproserie [leprozri], *s.f.* Leper-hospital.
lepte [lɛpt], *s.m.* *Arach:* Leptus. **L. automnal,** harvest-bug, harvest-mite.
lequel, laquelle, lesquels, lesquelles [ləkɛl, lakɛl, lekɛl], *pron.* (Contracted with **à** and **de** to **auquel, auxquel(le)s, duquel, desquel(le)s**) **1.** *rel.pron.* Who, whom; which. (*a*) (Of thgs after prep.) **Les adresses auxquelles il devait m'écrire,** the addresses at which he was to write to me. **Décision par laquelle . . .,** decision whereby. . . . (*b*) (Of pers.) **Ont comparu trois témoins, lesquels ont déclaré . . .,** three witnesses appeared, who averred. . . . **Les deux officiers entre lesquels elle était assise,** the two officers between whom she was seated. **La dame avec laquelle elle était sortie** the lady with whom she had gone out. **La dame chez laquelle je l'ai rencontrée,** the lady at whose house I met her. (*c*) (To avoid ambiguity) **Le père de cette jeune fille, lequel est très riche,** the girl's father, who is very rich. **Il épousa une sœur de Colin, laquelle le rendit très heureux,** he married one of Colin's sisters, who made him very happy. (*d*) (Adjectival) **Voici cent francs, laquelle somme vous était due,** here are a hundred francs, which was the sum owing to you. **Il écrira peut-être, auquel cas . . .,** perhaps he will write, in which case. . . . **2.** *interr. pron.* Which (one)? **L. de ces chapeaux préférez-vous?** which of these hats do you prefer? **L. d'entre nous?** which one of us? **Lesquels préférez-vous?** which do you prefer?
lérot [lero], *s.m.* *Z:* Lerot; garden doormouse.
les. See LE[1, 2].
lès [lɛ, le], *prep.* = LEZ.
lesbien, -ienne [lɛsbjɛ̃, -jɛn], *a. & s.* Lesbian.
lesdit(e)s. See LEDIT.
lèse [lɛz], *a.f.* Injured. **Crime de lèse-humanité,** outrage against humanity.
lèse-majesté [lɛzmaʒɛste], *s.f.* High treason, lese-majesty.
léser [leze], *v.tr.* **(je lèse; je léserai)** (*a*) To wrong (s.o.); to wound, injure (s.o., s.o.'s pride, etc.). **La partie lésée,** the injured party. (*b*) (Of action) To prove injurious to (s.o.'s interests). (*c*) **Le coup a lésé un nerf,** the blow has injured a nerve.
lésine [lezin], *s.f.* Stinginess, niggardliness.
lésiner [lezine], *v.i.* To be stingy, close-fisted; to haggle (**sur,** over).
lésinerie [lezinri], *s.f.* **1.** Stingy act; piece of stinginess. **2.** = LÉSINE.
lésineur, -euse [lezinœ:r, -ø:z]. **1.** *a.* Close-fisted, niggardly. **2.** *s.* Skinflint, niggard.
lésion [lezjɔ̃], *s.f.* Injury, hurt. *Med:* Lesion. *Jur:* Wrong.
lesquels, -elles. See LEQUEL.
lessive [lɛsi:v], *s.f.* **1.** Lye; detergent. **2.** (Household) washing. (*a*) **Faire la l.,** to do the washing. **Envoyer qch. à la l.,** to send sth. to the wash. (*b*) Soiled linen (going to the wash). (*c*) Articles washed. **Étendre la l.,** to hang out the washing.
lessiv|er [lɛsive], *v.tr.* **1.** (*a*) To wash (linen, etc.); to boil (linen). (*b*) To scrub, swill (floor, etc.). *F:* **L. la tête à qn,** to haul s.o. over the coals. **2.** *P:* (*a*) **L. sa montre,** to flog one's watch. (*b*) **Être lessivé,** to be cleaned out. *s.m.* **-age.**
lessiveuse [lɛsivø:z], *s.f.* *Dom.Ec:* Boiler (for washing clothes).
lest [lɛst], *s.m.* No *pl.* Ballast (of ship or balloon). **Navire sur l.,** ship in ballast(-trim). **Faire son l.,** to take in ballast. **Jeter du l.,** (i) to discharge ballast; (ii) *F:* to make sacrifices (in order to save the situation).
leste [lɛst], *a.* **1.** Light; nimble, agile (person, animal); smart, brisk. *F:* **Avoir la main l.,** to be free with one's hands. **2.** (*a*) Unceremonious, unscrupulous (behaviour); sharp (practice). (*b*) **Être l. dans ses discours,** to be free, broad, in one's conversation. *adv.* **-ment.**
lest|er [lɛste], *v.tr.* **1.** To ballast (ship, balloon). *F:* **Se l. l'estomac,** to have a good feed. **2.** To weight (fishing-net, etc.). *s.m.* **-age.**
léthargie [letarʒi], *s.f.* (*a*) *Med:* Death-trance. (*b*) Lethargy, apathy.

léthargique [lɛtarʒik], *a.* Lethargic(al).

Léthé [lete]. *Pr.n.m. Myth:* (The river) Lethe.

lette [lɛt], *s.m.* (*a*) Latvian, Lett. (*b*) *Ling:* Lettic, Lettish.

letton, -one [lɛtɔ̃, -ɔn]. **1.** *a.* & *s.* (*a*) *Ethn:* Lett. (*b*) *Geog:* Latvian. **2.** *s.m. Ling:* = LETTE (*b*).

Lettonie [lɛtɔni]. *Pr.n.f. Geog:* Latvia.

lettrage [lɛtraːʒ], *s.m.* Lettering.

lettre [lɛtr], *s.f.* Letter. **1. Écrire qch. en toutes lettres,** to write sth. out in full. **2. Selon la l. de la loi,** according to the letter of the law. **A la l., au pied de la l.,** to the letter, literally, word for word. **Avant la l.,** in advance, premature(ly). **Rester l. morte,** to remain a dead letter. S.a. ÉPREUVE 3. **3.** (*a*) Epistle, missive. **L. chargée, recommandée,** registered letter. *F:* **C'est pour moi l. close,** it's a mystery, a sealed book, to me. **Cela a passé comme une l. à la poste,** it went down easily, without any difficulty. *Post:* **L. de rebut,** dead, unclaimed, letter. (*b*) **L. de grâce,** reprieve. *pl.* **Lettres patentes,** letters patent. **Lettres de noblesse,** letters patent of nobility. **Lettres de naturalisation,** naturalization papers. *Bank: Com:* **L. de crédit,** letter of credit. S.a. CHANGE 1, CRÉANCE 2. (*c*) **L. de voiture,** way-bill, consignment note. **4.** *pl.* Literature, letters, humanities. **Homme de lettres,** man of letters. **Avoir des lettres,** to be well read.

lettré [lɛtre]. **1.** *a.* Lettered, well-read, literate (person). **2.** *s.m.* Scholar; well-read man.

lettre-avion [lɛtravjɔ̃], *s.f.* Air letter. *pl. Des lettres-avion.*

lettrine [lɛtrin], *s.f. Typ:* **1.** Reference letter, superior letter. **2.** (Ornamental) initial letter.

leu [lø], *s.m. A:* = LOUP. (Used in the phr.) **A la queue l. l.,** in single file, in Indian file.

leucémie [løsemi], *s.f. Med:* Leukaemia.

leucocyte [løkɔsit], *s.m. Physiol:* Leucocyte; white blood-corpuscle.

leucome [løkoːm], *s.m. Med:* Leucoma, albugo.

leur[1] [lœ(ː)r]. **1.** *poss.a.* [lœr]. Their. **Leur oncle et leur tante,** their uncle and (their) aunt. **Leurs père et mère,** their father and mother. **2. Le leur** [lœːr], **la leur, les leurs.** (*a*) *poss.pron.* Theirs. **J'ai écrit à mes amis et aux leurs,** I wrote to my friends and to theirs. (*b*) *s.m.* (i) Their own (property, etc.). **Ils n'y mettent pas du leur,** they don't pull their weight, they don't do their share. (ii) *pl.* Their own (friends, followers, etc.). **Je m'intéresse à eux et aux leurs,** I am interested in them and in theirs. (iii) *F:* **Ils continuent à faire des leurs,** they go on playing their old tricks.

leur[2], *pers.pron.* See LUI[1].

leurre [lœːr], *s.m.* (*a*) Lure (for hawks). (*b*) Decoy (for birds); (artificial) bait, lure (for fish). (*c*) Allurement, enticement; catch, take-in.

leurrer [lœre], *v.tr.* (*a*) To lure (hawk, etc.). (*b*) To bait (fish); to decoy (bird). (*c*) *F:* To allure, entice, gull (s.o.). **Se l. d'illusions,** to delude oneself.

levage [ləvaːʒ], *s.m.* Lifting (up), hoisting, raising. **Câble de l.,** hoisting cable. **Cric de l.,** lifting jack.

levain [ləvɛ̃], *s.m.* Leaven. **L. de bière,** barm, yeast. **Poudre l.,** baking-powder. **Pain sans l.,** unleavened bread.

levant [ləvɑ̃]. **1.** *a.m.* **Soleil l.,** rising sun. **2.** *s.m.* (*a*) **Le l.,** the east. (*b*) *Geog:* **Le L.,** the Levant.

levantin, -ine [ləvɑ̃tɛ̃, -in], *a.* & *s.* Levantine.

lève-glace(s) [lɛvglas], *s.m.inv. Aut:* (Window) winder.

levé [ləve]. **1.** *a.* (*a*) Raised. **Voter à main levée,** to vote by a show of hands. **Dessin à main levée,** (i) freehand drawing; (ii) sketch. **Pierre levée,** standing stone; menhir. S.a. PIED 1. (*b*) **Blé l.,** wheat spearing. **Pâte bien levée,** well raised dough. (*c*) (Of pers.) Up, out of bed; (of sun, etc.) up. **Rester l. à attendre qn,** to wait up for s.o. **2.** *s.m.* (*a*) **Voter par assis et l.,** to give one's vote by rising or remaining seated. (*b*) *Surv:* **L. d'un terrain,** plan, survey, of a piece of land. **Faire le l. d'un terrain,** to survey a piece of ground. **L. aérophotogrammétrique,** aerial survey.

levée [ləve], *s.f.* **1.** (*a*) Raising, lifting. **Puissance de l.,** lifting power (of crane). S.a. CORPS 2. (*b*) Raising (of siege); striking (of camp); lifting (of embargo); cancellation (of arrest); closing, adjournment (of meeting). S.a. ÉCROU[1]. (*c*) Breaking (of seals). (*d*) Gathering (of crops); levy(ing) (of troops, taxes). *Post:* Collection (of letters); clearing (of letter-boxes). **La l. est faite,** the box has been cleared. *Fin:* Taking (up) (of stock). **2.** (*a*) Spearing (of corn). (*b*) Rising (of court, etc.). (*c*) *Nau:* **L. de la lame,** surge, swell. (*d*) *Mch:* (Up) stroke (of piston); lift (of cam). **3.** (*a*) Embankment, sea-wall, dike, levee. (*b*) *Mec.E:* Cam, lifter. (*c*) *Cards:* **Faire une l.,** to take a trick.

lever [ləve]. I. *v.tr.* (**je lève; je lèverai**) **1.** (*a*) To raise, to lift (up). **L. les épaules,** to shrug one's shoulders. **J'en lève la main,** I swear to it. **L. la main sur qn,** to raise one's hand against s.o. **L. la tête,** (i) to hold up one's head; (ii) to raise one's head, to look up. **L. les yeux,** to look up. **L. le store,** to pull up, draw up, the blind. **L. l'ancre,** to weigh anchor. *Ven:* **L. le gibier,** to put up, flush, the birds. S.a. LIÈVRE. **L. un étendard,** to raise a standard. (*b*) To raise (siege, interdict); to strike (camp); to cancel (arrest); to close, adjourn (meeting). **L. une saisie,** to lift an embargo. (*c*) **L. un complet sur une pièce d'étoffe,** to cut off a suit-length from a web. (*d*) **L. une difficulté,** to remove a difficulty. **L. les scellés,** to break, remove, the seals. **2.** collect, gather (crops); to raise, levy (troops); to levy (tax). **L. les lettres,** to collect the letters. **L. une boîte,** to clear a letter-box. *Fin:* **L. des actions,** to take up stock. **3. L. un plan,** to make, draw, get out, a plan; to survey, effect a survey. **4.** *v.i.* (*a*) (Of plants) To shoot. (*b*) (Of dough) To rise. **Faire l. la pâte,** to raise the dough.

se lever. (*a*) To stand up. **Se l. de son siège,** to rise from one's seat. **Se l. de table,** to leave the table. (*b*) To get up (from bed); to rise. **Je me lève de bonne heure,** I am an early riser. *F:* **Se l. du pied gauche,** to get out of bed on the wrong side. **Faire l. qn,** (i) to rouse s.o. (from his sleep, etc.); (ii) to make s.o. get up or stand up. (*c*) (Of day) To break, dawn; (of sun, wind) to rise; (of weather) to clear. (*d*) **Faire l. une perdrix,** to put up, flush, a partridge.

II. **lever,** *s.m.* **1.** (*a*) Rising; getting up (from bed). (*b*) Levee (of sovereign, etc.). (*c*) **L. du soleil,** sunrise. **2.** *Th:* **L. du rideau,** rise of the curtain. **Un l. de rideau en un acte,** a one-act curtain-raiser. **3.** = LEVÉ 2.

lève-soupapes [lɛvsupap], *s.m.inv Tls:* Valve-spring lifter.

levier [ləvje], *s.m.* **1.** Lever. **Force de l.,** leverage. **Bras de l.,** (i) lever arm; (ii) leverage. **Faire l. sur qch.,** to prise against sth. **L. de commande,** control lever. **L. de pompe,** pump-handle. *Aut:* **L. des vitesses,** gear lever. **2.** Crow-bar. **3.** *Sm.a:* Bolt-lever (of rifle).

lévite [levit]. **1.** *s.m. B:* Levite. **2.** *s.f. Cost:* Long frock coat; (man's) warm dressing gown.

levraut [ləvro], *s.m.* Leveret, young hare.

lèvre [lɛːvr], *s.f.* **1.** Lip. S.a. CŒUR 2. **Du bout des lèvres,** in a forced, artificial, manner. **Rire du bout des lèvres,** to force a laugh. **Manger du bout des lèvres,** to pick at one's food. **Pincer les lèvres,** to prim (up) one's mouth; to purse, screw up, one's lips. S.a. DESSERRER, MORORE 1. **2.** (*a*) Rim (of crater). (*b*) Lip (of wound).

levrette [ləvrɛt], *s.f.* Greyhound (bitch).

lévrier [levrije], *s.m.* Greyhound. **L. d'Écosse,** deer-hound. **L. russe,** borzoi. **Courses de lévriers,** grey-hound racing; *F:* the dogs.

levure [ləvyːr], *s.f.* Yeast. **L. de bière,** barm.

lexicographe [lɛksikɔgraf], *s.m.* Lexicographer.

lexicographie [lɛksikɔgrafi], *s.f.* Lexicography.

lexicologie [lɛksikɔlɔʒi], *s.f.* Lexicology.

lexique [lɛksik], *s.m.* (*a*) Lexicon. (*b*) Glossary; vocabulary (at end of book, etc.). (*c*) Vocabulary (of an author, of a language).

Leyde [lɛd]. *Pr.n.f. Geog:* Leyden. *El:* **Bouteille de L.,** Leyden jar.

lez [lɛ], *prep.* (*In place names*) Near(-by). **Plessis-lez-Tours** = Plessis near Tours.

lézard [lezaːr], *s.m.* Lizard. **L. des murailles,** wall lizard. *F:* **Faire le l.,** to bask in the sun.

lézarde [lezard], *s.f.* Split, crevice, cranny, chink (in wall, plaster).

lézardé [lezarde], *a.* (Of wall, plaster) Cracked, full of cracks; crannied.

lézarder [lezarde]. **1.** *v.tr.* To crack, split (plaster, etc.). **2.** *v.i.* *F:* (*a*) To bask in the sun; to sun oneself. (*b*) To lounge, loaf.
se lézarder, (of wall) to crack, split.
liais [ljɛ], *s.m.* Hard limestone.
liaison [ljɛzɔ̃], *s.f.* **1.** (*a*) Joining, binding. *Const:* (i) Bonding (of bricks, etc.); (ii) mortar, cement. *Mus:* (i) Slur; (ii) tie, ligature. (*b*) *Ling:* Sounding of final consonant before initial vowel sound; liaison. (*c*) *Cu:* Thickening (of sauce). (*d*) *Mil:* Liaison, intercommunication, touch (between units). **Faire, effectuer, la l.,** to liaise. S.a. AGENT 2. **2.** Intimacy; intimate relationship; liaison. **L. d'affaires,** business connection.
liaisonner [ljɛzɔne], *v.tr.* **1.** To bond (bricks, etc.). **2.** To grout, point (stonework).
liane [ljan], *s.f.* *Bot:* Liana; (tropical) creeper.
liant [ljɑ̃]. **1.** *a.* (*a*) Winning, good-natured, responsive. **Il est l. avec tout le monde,** he is a good mixer. **Peu l.,** stand-offish. (*b*) Flexible, pliant, springy (rod, etc.). tough (metal); easily worked (dough, etc.). **2.** *s.m.* (*a*) Winning manner, responsiveness, amiability. **Avoir du l.,** to have an engaging manner. (*b*) Flexibility, pliability, springiness. **3.** *s.m.* *Civ.E:* Binding material (of road).
liard [ljaːr], *s.m.* *A:* Liard, half-farthing. *F:* **Il n'a pas un (rouge) l.,** he hasn't a brass farthing.
liarder [ljarde], *v.i.* *F:* **1.** To haggle over every halfpenny. **2.** To pinch and scrape.
lias [ljɑ(s)], *s.m.* *Geol:* Lias.
liasse [ljas], *s.f.* Bundle, packet (of letters, etc.); wad (of bank-notes); file (of papers).
libage [libaːʒ], *s.m.* Rubble; rough ashlar.
Liban [libɑ̃]. *Pr.n.m.* *Geog:* **Le Liban,** the Lebanon.
libanais, -aise [libanɛ, -ɛːz], *a.* & *s.* Lebanese.
libation [libasjɔ̃], *s.f.* Libation; drink-offering. *F:* **Faire d'amples libations,** to drink copiously, to booze.
libelle [libɛl], *s.m.* **1.** Lampoon, scurrilous satire. **2.** *Jur:* Libel.
libellé [libɛlle], *s.m.* **1.** Drawing up, wording (of document). **2.** Wording, terms used (in document).
libeller [libɛlle], *v.tr.* To draw up, word (document, etc.); to sign and date (sketch, etc.).
libelliste [libɛllist], *s.m.* Lampoonist.
libellule [libɛllyl], *s.f.* *Ent:* Dragonfly.
liber [libɛːr], *s.m.* *Bot:* Inner bark, bast.
libéral, -ale, -aux [liberal, -o]. **1.** *a.* Liberal. (*a*) Broad, wide (education, etc.). (*b*) Generous; bountiful; open-handed. **2.** *a.* & *s.* *Pol:* Liberal. *s.m.* **-isme.** *adv.* **-ement.**
libéralité [liberalite], *s.f.* Liberality. **1.** (*a*) Breadth (of outlook). (*b*) Generosity; open-handedness. **2.** Act of liberality; gift. **Faire des libéralités à qn,** to give liberally to s.o.
libérateur, -trice [liberatœːr, -tris]. **1.** *a.* Liberating. **2.** *s.* Liberator, deliverer; rescuer.
libération [liberasjɔ̃], *s.f.* (*a*) Liberation, freeing; releasing; discharge (from military service); discharge (of prisoner). (*b*) Payment in full, discharge, redemption (of debt).
libératoire [liberatwaːr], *a.* **Monnaie l.,** legal tender (currency). **Avoir force l.,** to be legal tender.
libéré [libere]. **1.** *a.* Liberated, freed. *Fin:* (Fully) paid-up (share). **2.** *s.m.* Discharged soldier or prisoner.
libérer [libere], *v.tr.* **(je libère; je libérerai)** (*a*) To liberate, release; to set (s.o.) free; to discharge (prisoner, debtor). **L. un soldat,** to discharge a soldier (to the reserve). (*b*) To free from debt.
se libérer, to free oneself, to shake oneself free. **Se l. d'une dette,** to redeem a debt.
liberté [libɛrte], *s.f.* **1.** Liberty, freedom. (*a*) **Mettre qn en l.,** to set s.o. free; to liberate, release, s.o. **Mise en l.,** (i) liberation, freeing, release (of prisoner), (ii) release (of gas). *Jur:* **(Mise en) l. provisoire, sous caution,** bail. **Avoir pleine l. d'action,** (i) to have full freedom of action; (ii) (of engine part) to have free play. **L. de conscience, de parole, de la presse,** liberty, freedom, of conscience, of speech, of the press. **Parler avec l., en toute l.,** to speak freely, without restraint. **L. d'allures,** unconventionality. **Prendre la l. de faire qch.,** to take leave, make so bold as, to do sth. **Mon jour de l.,** my free day, my day off. (*b*) *Art:* **L. de crayon, de pinceau,** breadth, boldness, of touch. **2. Prendre des libertés avec qn,** to take liberties, make free, with s.o.
libertin, -ine [libɛrtɛ̃, -in]. **1.** *a.* (*a*) *A:* Free-thinking. (*b*) Licentious, dissolute. (*c*) Wayward, freakish (imagination). **2.** *s.* (*a*) *A:* Free-thinker. (*b*) Libertine, rake. *s.m.* **-age.**
libidineux, -euse [libidinø, -øːz], *a.* Libidinous, lustful.
libraire [librɛːr], *s.m.* & *f.* Bookseller.
libraire-éditeur [librɛreditœːr], *s.m.* Publisher and bookseller. *pl.* *Des libraires-éditeurs.*
librairie [librɛri], *s.f.* (*a*) Book-trade, bookselling. **Inédit en l.,** not published in book form. **Ouvrages en l.,** published books. (*b*) Bookshop. **L. de neuf et d'occasion,** new and second-hand bookseller. (*c*) Publishing house.
libre [libr], *a.* Free. **1.** (*a*) **L'homme est l.,** man is a free agent. **Traduction l.,** free translation. **Vers libres,** free verse. **École l.,** independent school. **Quand je suis l.,** when I am off duty. **Être l. de faire qch.,** to be free to do sth. **L. à vous de le faire,** you are quite free, at liberty, welcome, to do it. **Je suis l. de mon temps,** my time is my own. **L. arbitre,** free will. **L. parole,** free speech. **L. penseur,** free-thinker. S.a. ENTRÉE 2, PRATIQUE[2] 6. (*b*) **L. de préjugés,** free from prejudice. **Être l. de soucis, avoir l'esprit l.,** to be free from care, care-free. (*c*) **Jeune fille d'allures libres,** unconventional young woman. (*d*) *Art:* **Avoir la main l.,** to draw or paint boldly, broadly. **2.** (*a*) Clear, open (space, road); vacant, unoccupied (table, seat). **L. possession,** vacant possession. **Avoir du temps de l.,** to have some time free. **On m'a donné un jour l.,** I have been given a day off. **A l'air l.,** in the open air. *F:* **Le champ est l.,** the coast is clear. *Fb:* **Avoir le champ l. devant soi,** to have an open field. *Rail:* **"Voie l.,"** 'line clear.' *Tp:* **"Pas l.,"** 'line engaged.' (Taxi sign) **"Libre,"** 'for hire.' (*b*) *Mec.E:* Disengaged, running free, out of gear. *Cy:* **Roue l.,** free wheel. *adv.* **-ment.**
libre-échange [librɛʃɑ̃ːʒ], *s.m.* *Pol.Ec:* Free trade.
libre-échangiste, [librɛʃɑ̃ʒist], *s.m.* Free-trader. *pl.* *Des libre-échangistes.*
libre-service [librəsɛrvis], *s.m.* Self-service. **Magasin, restaurant, l.-s.,** self-service store, restaurant. *pl.* *Des libres-services.*
librettiste [librɛttist], *s.m.* *Th:* Librettist.
libretto [librɛtto], *s.m.* Libretto, *F:* book (of an opera). *pl.* *Des libretti, des librettos.*
lice[1] [lis], *s.f.* *A:* Lists. **Entrer en l. contre qn,** (i) to enter the lists against s.o.; (ii) *F:* to have a tilt at s.o.
lice[2], *s.f.* *Ven:* Hound bitch.
lice[3], *s.f.* *Tex:* **1.** Heddles. **2.** Warp. **Tapisserie de haute l., de basse l.,** high-warp, low-warp, tapestry.
licence [lisɑ̃ːs], *s.f.* Licence. **1.** (*a*) Leave, permission. **L. de débitant,** licence to sell alcoholic drinks. **Détenteur d'une l.,** licensee. *Adm:* **L. d'importation,** import licence. (*b*) *Sch:* Bachelor's degree. *In Scot:* = Master's degree. **L. ès lettres, ès sciences, en droit,** bachelor's degree in arts in science, in law. **Passer sa l.,** to sit for one's degree. **2.** (*a*) Abuse of liberty. **L. poétique,** poetic licence. **Prendre des licences avec qn,** to take liberties with s.o. (*b*) Licentiousness.
licencié, -ée [lisɑ̃sje], *s.* **1.** Licentiate. *Sch:* **L. ès lettres, l. ès sciences, l. en droit,** bachelor of arts, of science, of law. *In Scot:* = Master. **Être reçu l.,** to graduate. **2.** Licensee, licence-holder. **3.** *a.* *Fr.C:* Licensed (to sell beer).
licenci|er [lisɑ̃sje], *v.tr.* To disband; to lay off. *s.m.* **-ement.**
licencieu|x, -euse [lisɑ̃sjø, -øːz], *a.* Licentious, ribald. *adv.* **-sement.**
lichen [likɛn], *s.m.* *Bot:* Lichen.
lich|er [liʃe], *v.tr.* *P:* **1.** To lick. **2.** (*a*) To drink up (tot of spirits, etc.). (*b*) *Abs.* To drink, to tipple. *s.* **-eur, -euse.**
licite [lisit], *a.* Licit, lawful, permissible. *adv.* **-ment.**
licol [likɔl], *s.m.* *A:* *Harn:* Halter; head-stall.
licorne [likɔrn], *s.f.* **1.** *Myth:* *Her:* Unicorn. **2.** *Z:* **L. de mer,** sea-unicorn, narwhal. **3.** *Astr:* **La l.,** Monoceros; the Unicorn.
licou, *pl.* **-ous** [liku], *s.m.* *Harn:* Halter; head-stall.
licteur [liktœːr], *s.m.* *Rom.Ant:* Lictor.

lie [li], *s.f.* Lees, dregs. **Boire le calice jusqu'à la l.,** to drain the cup (of sorrow, etc.) to the dregs. **L. de vin,** (i) lees of wine (in cask); (ii) *a.inv.* purplish red, wine-coloured, lie-de-vin. *F:* **La l. du peuple,** the scum, dregs, of the populace.

lié [lje], *a.* **1.** Bound. *F:* **Avoir les mains liées,** to have one's hands tied. S.a. LANGUE 1. **2. Être (très) l. avec qn,** to be (great) friends with s.o. **3. Notes liées,** (i) slurred, (ii) tied, notes. **4. Avoir partie liée avec qn,** to be in league with s.o.

liège [ljɛːʒ], *s.m.* **1.** *Bot:* Cork-oak. **2.** *(a)* Cork. **Cigarettes à bout de l.,** cork-tipped cigarettes. *(b)* *Fish:* Cork, float.

lien [ljɛ̃], *s.m.* **1.** Tie, bond. **Rompre ses liens,** to burst one's bonds, one's fetters. **Liens du sang,** ties of blood. **L. d'amitié,** bond of friendship. **2.** Diagonal brace, tie, strap, band.

li|er [lje], *v.tr.* **1.** *(a)* To bind, fasten, tie, tie up. **L. les pieds et les mains à qn,** to bind s.o. hand and foot. S.a. FOU 1. **L. les lacets de ses souliers,** to tie, knot, one's shoe-laces. **Ce contrat vous lie,** you are bound by this agreement. **L'intérêt nous lie,** we have common interests. **L. des idées,** to connect, link, ideas. **L. deux lettres,** to join (up) two letters. **L. deux mots,** to link two words (in pronunciation); to sound the liaison. *Mus:* **L. deux notes,** (i) to slur, (ii) to tie, two notes. *(b)* *Cu:* **L. une sauce,** to thicken a sauce. **2. L. connaissance avec qn,** to strike up an acquaintance with s.o. **L. conversation avec qn,** to enter into conversation with s.o. *s.m.* **-age.**

se lier. 1. Se l. (d'amitié) avec qn, to form a friendship with s.o.; to become intimate with s.o. **2.** To bind oneself (by contract, oath). **3.** *(a)* (Of sauce) To thicken. *(b)* (Of gravel, concrete) To bind.

lierre [ljɛːr], *s.m.* **1.** Ivy. **2. L. terrestre, rampant,** ground-ivy.

liesse [ljɛs], *s.f.* *A:* Jollity, gaiety. **La ville était en l.,** the town was en fête.

lieu, -eux [ljø], *s.m.* **1.** Place. *(a)* Locality, spot. **Mettre qch. en l. sûr,** to put sth. in a safe place. **En tout l.,** everywhere. **En aucun l.,** nowhere. **En quelque l. que ce soit,** wherever it (may) be. **En haut l.,** in high circles, in high places. **Je tiens ce renseignement de bon l.,** I have this information from a good source. **Le l. du sinistre,** the scene of the disaster. **J'étais sur le l., sur les lieux,** I was on the spot. **Un mauvais l.,** an evil haunt. **En (tout) premier l.,** in the first place, first of all, firstly. **En troisième l.,** in the third place, thirdly. **En dernier l.,** last of all, lastly, finally. S.a. TEMPS 1. *(b)* *pl.* House, premises. *Jur:* **Sur les lieux,** on the premises. S.a. VIDER 1. *(c)* *pl.* *F:* **Lieux (d'aisances),** (i) lavatory; (ii) latrines. **Lieux payants,** public lavatories. **2.** *(a)* **Avoir l.,** to take place. **La réunion aura l. à . . .,** the meeting will be held at. . . . *(b)* Ground(s), cause. **Il y a (tout) l., j'ai l., de supposer que** + *ind.*, there is, I have, (good) ground, (every) reason, for supposing that. . . . **Il y a l. d'attendre,** it would be (as) well to wait. **S'il y a l.,** if need be, should the occasion arise. **Donner l. à des désagréments,** to give rise to trouble. **Tout donne l. de croire que . . .,** everything leads us to believe that. . . . *(c)* **Tenir l. de qch.,** to take the place of, stand instead of, sth. **Elle lui a tenu lieu de mère,** she has been a mother to him. **Au l. de,** instead of, in lieu of. **Au l. de son frère,** in his brother's stead. **Au l. que** + *ind.*, whereas. **3.** *Geom:* Locus. **4. Lieux communs,** commonplaces, platitudes.

lieudit [ljødi], *s.m.* (Named) place. *pl. Des lieuxdits.*

lieue [ljø], *s.f.* League (= 4 kilometres). **Deux lieues** = five miles. **Être à mille lieues de croire qch.,** to be far from believing sth. **Bottes de sept lieues,** seven-league boots.

lieur, -euse [ljœːr, -øːz]. **1.** *s.* Binder (of sheaves, etc.). **2.** *s.f.* **Lieuse,** (mechanical) sheaf-binder.

lieutenance [ljøtnɑ̃ːs], *s.f.* Lieutenancy.

lieutenant [ljøtnɑ̃], *s.m.* *(a)* *Mil: Navy:* Lieutenant. **L. de vaisseau,** lieutenant-commander. *Av:* Flying officer. *(b)* *Mercantile Marine:* Mate. **Premier l.,** second mate. *(c)* **L. de port,** harbour-master.

lieutenant-colonel [ljøtnɑ̃kɔlɔnɛl], *s.m.* *Mil:* Lieutenant-colonel. *Av:* Wing-commander. *pl. Des lieutenants-colonels.*

lièvre [ljɛːvr], *s.m.* *Z:* Hare. *F:* **C'est vous qui avez levé le l.,** you started it. **Prendre le l. au gîte,** to catch s.o. napping. **Courir deux lièvres à la fois,** to try to do two things at once. **Mémoire de l.,** memory like a sieve. S.a. CERVELLE 2, GÉSIR.

lifter [lifte], *v.tr.* *Ten:* To put top spin on the ball.

liftier, -ière [liftje, -jɛːr], *s.* Lift-attendant.

lifting [liftiɲ], *s.m.* Face-lift.

ligament [ligamɑ̃], *s.m.* Ligament.

ligature [ligatyːr], *s.f.* **1.** Tying, binding. **Fil de l.,** binding wire. **2.** *(a)* *Mus:* Tie. *(b)* Splice (in cable). *(c)* *Surg: Typ:* Ligature.

ligaturer [ligatyre], *v.tr.* To bind, whip, splice; to tie (sth.) up. *Surg:* To ligature (artery, etc.).

lignage [liɲaːʒ], *s.m.* Lineage, descent.

ligne [liɲ], *s.f.* Line. **1.** *(a)* Cord. **L. de pêche,** fishing-line. *(b)* **L. droite,** straight line. *Mth:* **La l. des x, des y,** the x, y, axis (for co-ordinates). *(c)* (Out)line. **Fermeté, pureté, des lignes,** boldness, purity, of line (in picture). **Auto qui a de la l.,** car with clean lines. **Grandes lignes d'une œuvre,** broad outline of a work. **Garder sa l., soigner sa l.,** to keep, watch, one's figure (of woman), one's waistline (of men). *(d)* **L. de flottaison,** water-line (of ship). *Ph:* **L. de force,** line of force. *Nau:* **La l. (équatoriale),** the Equator, *F:* the line. **L. de conduite,** line of conduct. **Suivre la l. du devoir, de l'honneur,** to follow the path of duty, of honour. **Descendre en l. directe de . . .,** to be directly descended from. . . . *(e)* **L. de maisons,** row of houses. **Assis en l.,** sitting in a row. **Se mettre en l.,** to line up, to draw up in a line. **En première l.,** in the first place, first and foremost. **Question qui vient en première l.,** question of primary importance. **Hors l.,** out of the common; outstanding, incomparable (artist, etc.). *(f)* **L. d'écriture,** line of writing. **Écris-moi deux lignes,** drop me a line. **Lire entre les lignes,** to read between the lines. **Aller à la l.,** to begin a new paragraph. *(g)* *F:* **C'est dans ma l.,** that's right up my street. **2.** *(a)* *Mil:* **Lignes de retranchement,** the lines. **Rentrer dans ses lignes,** to retire within one's lines. *(b)* **Bataillon, vaisseaux, en l.,** battalion, ships, in line. **L. de bataille,** line of battle, battle-line. **Infanterie de l.,** line infantry; infantry of the line. *Navy:* **Vaisseau de l.,** ship of the line, man-of-war. S.a. FRONT 3. **3.** *(a)* **L. de chemin de fer,** railway line. **Grande l.,** main line. **L. de paquebots,** steamship line. **L. d'autobus,** bus service. *Av:* Flight. **Les voyageurs pour Bruxelles ligne A . . .,** passengers for flight A to Brussels. . . . *(b)* **L. télégraphique,** telegraph line. *Tp:* **L. partagée,** shared, party, line. *Pol:* **L. rouge,** hot line (U.S.A. to Kremlin).

lignée [liɲe], *s.f.* Issue; (line of) descendants. **De bonne l. puritaine,** of good puritan stock. **Chien de bonne l.,** pedigree dog.

ligneux, -euse [liɲø, -øːz], *a.* Ligneous, woody.

lignite [liɲit], *s.m.* Lignite, brown coal.

ligot|er [ligɔte], *v.tr.* To bind (s.o.) hand and foot; to tie (s.o.) up; to lash (thgs) together. *s.m.* **-age.**

ligue [lig], *s.f.* League, confederacy.

liguer [lige], *v.tr.* To league, bond (nations, etc.) together. **Être ligué avec qn,** to be in league with s.o.

se liguer, to league (together), to form a league.

lilas [lilɑ]. **1.** *s.m.* *Bot:* Lilac. **2.** *a.inv.* Lilac.

liliacées [liljase], *s.f.pl.* *Bot:* Liliaceae.

lilial, -aux [liljal, -o], *a.* (*m.pl.* form usu. avoided) Lily-like, lily-white.

lilliputien, -ienne [lilipysjɛ̃, -jɛn], *a. & s.* Lilliputian.

limace [limas], *s.f.* *Moll:* Slug.

limaçon [limasɔ̃], *s.m.* **1.** *(a)* Snail. **Escalier en l.,** spiral staircase. *(b)* **L. de mer,** periwinkle. **2.** Cochlea (of the ear).

limaille [limaːj], *s.f.* Filings. **L. de fer,** iron filings.

limande [limɑ̃ːd], *s.f.* **1.** *Ich:* Dab. **2.** *Carp:* Graving piece. **3.** Straight-edge (of carpenter, etc.). **4.** *Nau:* Parcelling (of rope).

limbe [lɛ̃ːb], *s.m.* **1.** *Bot:* Lamina (of leaf). *Mth:* Limb. *Astr:* Rim, edge (of the sun, etc.). **2.** *Theol:* **Les Limbes,** limbo.

lime[1] [lim], *s.f.* **1.** *Tls:* File. **L. triangulaire,** three-square file. **Grosse l.,** rasp. **L. à ongles,** nail-file. **L. de carton, d'émeri,** emery-board. **Aiguiser un outil à la l.,** to file up a tool. **Enlever une saillie à la l.,** to file

off a projection. **Donner un coup de l. à qch.,** to give sth. a touch up with a file. **2.** *Moll:* Lima.
lime², *s.f. Bot:* Sweet lime.
lim|er [lime], *v.tr.* To file (up, off, down). *F:* To finish, polish. *s.m.* **-age.** *s.m.* **-eur.**
limeuse [limø:z], *s.f.* Filing-machine; shaping-machine.
limier [limje], *s.m.* Bloodhound; sleuth-hound. *F:* **Les limiers de la police,** the police sleuth-hounds; the sleuths; the detective force.
liminaire [liminɛ:r], *a.* **1.** *Typ:* **Pièces liminaires,** preliminary pages; *F:* prelims. **2. Épître l.,** foreword.
limitatif, -ive [limitatif, -i:v], *a.* Limiting, restrictive.
limitation [limitasjɔ̃], *s.f.* **1.** Limitation, restriction. **L. des naissances,** birth-control; family planning. **2.** Marking off (of ground).
limite [limit], *s.f.* **1.** Boundary (of field, etc.); limit (of power, etc.). **Marquer les limites du terrain,** to mark out the ground. **L. d'âge,** age limit. **Imposer des limites à l'autorité de qn,** to set bounds to s.o.'s authority. *F:* **Franchir, dépasser, les limites,** to pass all bounds. **Mettre des limites à . . .,** to set limits to. . . . **Dans les limites où les circonstances le permettent,** so far as circumstances permit. **A la dernière l. de l'exaspération,** exasperated beyond measure. **Sans limites,** unbounded, limitless. *Mec:* **L. critique de résistance,** breaking(-down) point. *Sp:* **Limites du jeu,** boundary(-lines). **2. Cas l.,** borderline case. **Vitesse l.,** maximum speed. **Date l.,** latest date, deadline.
limité [limite], *a.* Limited, restricted.
limiter [limite], *v.tr.* **1.** To bound, to mark the bounds of (country, etc.). **2.** To limit; to restrict; to set bounds, limits, to (power, etc.).
limitrophe [limitrɔf], *a.* Limitrophe, adjacent (**de,** to); abutting (**de,** on); bordering (on). **Pays l.,** borderland. *T.V:* **Zone l.,** fringe area.
limoger [limɔʒe], *v.tr. F:* (*a*) To retire (general, etc.), to give s.o. his bowler hat. (*b*) To dismiss.
limon¹ [limɔ̃], *s.m.* Mud, silt. *F:* **Il se croit d'un autre l. que nous,** he thinks he is formed of a different clay. **L. fin,** loess.
limon², *s.m.* **1.** *Veh:* Shaft, thill. **2.** *Const.* Stringboard (of staircase).
limon³, *s.m. Bot:* Sour lime.
limonade [limɔnad], *s.f.* **1.** Lemonade. **L. gazeuse,** effervescing, *F:* fizzy, lemonade. **2.** *pl.* Mineral waters; *F:* minerals, soft drinks.
limonadier, -ière [limɔnadje, -jɛ:r], *s.* **1.** Occ. Dealer in mineral waters, in soft drinks; *U.S:* soda-fountain keeper. **2.** Keeper of a bar, of a small 'pub.'
limoneux, -euse [limɔnø, -ø:z], *a.* **1.** (Of water, etc.). Muddy; charged with mud. **2.** *Geol:* Alluvial.
limonier¹ [limɔnje], *s.m.* Shaft horse; wheeler.
limonier², *s.m. Bot:* Sour-lime (tree).
limousin, -ine [limuzɛ̃, -in]. **1.** *a. & s.* (Native) (i) of Limoges, (ii) of the ancient province of Limousin. **2.** *s.m.* Stonemason. **3.** *s.f.* **Limousine.** (*a*) (Shepherd's, etc.) rough woollen great-coat. (*b*) *Aut:* Limousine (car).
limpide [lɛ̃pid], *a.* Limpid, clear.
limpidité [lɛ̃pidite], *s.f.* Limpidity, clarity.
lin [lɛ̃], *s.m.* **1.** Flax. **Graine de l.,** linseed. **Huile de l.,** linseed oil. **Farine de l.,** linseed meal. *a.inv.* **Bleu de l.,** flax-blue. **2. (Tissu de) l.,** linen. **Fil de l.,** linen thread or yarn.
linaire [linɛ:r], *s.f. Bot:* Linaria, *F:* toad-flax.
linceul [lɛ̃sœl], *s.m.* Winding-sheet, shroud.
linéaire [lineɛ:r], *a.* Linear (equation, etc.). **Dessin l.,** geometrical drawing. **Traduction l.,** line for line translation.
linéament [lineamɑ̃], *s.m.* Lineament, feature.
linge [lɛ̃:ʒ], *s.m.* **1.** (Made-up) linen or calico. **L. de table,** napery; table-linen. **(Gros) l. de maison,** household linen. **L. de corps, de dessous,** underwear. *F:* **Il faut laver son l. sale en famille,** don't wash your dirty linen in public. **2.** Piece of linen or calico. **Essuyer qch. avec un l.,** to wipe sth. with a cloth. S.a. BLANC I. 2.
lingère [lɛ̃ʒɛ:r], *s.f.* (*a*) Linen maid. (*b*) Sewing-maid (in boarding-school, etc.).
lingerie [lɛ̃ʒri], *s.f.* **1.** (*a*) Linen-drapery. (*b*) Underclothing, linen. **L. pour dames,** lingerie. **Vente de l.,** white sale. **2.** Linen-room.
lingot [lɛ̃go], *s.m.* **1.** *Metall:* Ingot. **Or, argent, en lingots,** bullion. **2.** *Sm.a:* *Typ:* Slug.
lingotière [lɛ̃gɔtjɛ:r], *s.f. Metall:* Ingot mould.
lingual, -aux [lɛ̃gwal, -o]. **1.** *a.* Lingual (nerve, consonant); tongue (consonant). **2.** *s.f.* **Linguale.** *Ling:* Lingual.
linguet [lɛ̃gɛ], *s.m. Mec.E:* Pawl, catch.
linguiforme [lɛ̃gɥifɔrm], *a.* Linguiform, tongue-shaped.
linguiste [lɛ̃gɥist], *s.m. & f.* Linguist.
linguistique [lɛ̃gɥistik]. **1.** *a.* Linguistic. **2.** *s.f.* Linguistics.
linier, -ière [linje, -jɛ:r]. **1.** *a.* Pertaining to linen, to flax. **2.** *s.f.* **Linière,** flax-field.
liniment [linimɑ̃], *s.m. Med:* Liniment.
lino [lino], *s.m. F:* (*a*) = LINOLÉUM. (*b*) Linocut.
linoléum [linɔleɔm], *s.m.* Linoleum.
linon [linɔ̃], *s.m. Tex:* Lawn.
linotte [linɔt], *s.f. Orn:* (Cock- or hen-)linnet; redpoll. *F:* **Tête de l.,** empty-headed, feather-brained, person.
linotype [linɔtip], *s.f. Typ:* Linotype (machine).
linotypie [linɔtipi], *s.f.* Linotype setting.
linotypiste [linɔtipist], *s.m. & f.* Linotypist, linotype operator.
linteau [lɛ̃to], *s.m.* **1.** Lintel. **2. L. de baie,** breast-summer.
lion, -onne [ljɔ̃, -ɔn], *s.* **1.** (*a*) Lion, *f.* lioness. **Hardi comme un l.,** as bold as a lion. **Homme au cœur de l.,** lion-hearted man. *F:* **La part du l.,** the lion's share. **C'est l'âne couvert de la peau du l.,** it's the ass in the lion's skin. (*b*) **L. marin, l. de mer,** sea-lion. **2.** *A: F:* Celebrity of the day; (social) lion. **3.** *Geog:* **Le golfe du L.,** the Gulf of Lions.
lionceau [ljɔ̃so], *s.m.* Lion cub.
lippe [lip], *s.f.* Thick (lower) lip. **Faire la l.,** to pout.
lippée [lipe], *s.f. A:* Mouthful. *F:* **Franche l.,** good tuck-in at someone else's expense.
lippu [lipy], *a.* Thick-lipped.
liquéfaction [likefaksjɔ̃], *s.f.* Liquefaction.
liquéfiable [likefjabl], *a.* Liquefiable (gas).
liquéfier [likefje], *v.tr.* To liquefy; to reduce (gas, etc.) to the liquid state.
  se liquéfier, to liquefy.
liqueur [likœ:r], *s.f.* **1.** (*a*) Liquor, drink. **Liqueurs fortes,** strong drink. (*b*) **L. (de dessert),** liqueur. **Vin de l.,** dessert wine. (*c*) *Fr.C:* **L. douce,** soft drink. **2.** *Ch:* Liquid solution. **L. titrée,** standard solution.
liquidateur [likidatœ:r], *s.m. Jur:* Liquidator.
liquidation [likidasjɔ̃], *s.f.* **1.** Liquidation. (*a*) **L. judiciaire,** winding up (of company, etc.). **Entrer en l.,** to go into liquidation. (*b*) Clearing (of accounts). *St.Exch:* Settlement. **Chambre de l.,** (bankers') clearing-house. **2.** *Com:* Selling off; clearance sale.
liquide [likid]. **1.** *a.* Liquid. **Argent l.,** ready money. **2.** *s.m.* (*a*) Liquid. **Mesures pour les liquides,** fluid measures. (*b*) Drink. **3.** *s.f.* Liquid consonant.
liquider [likide], *v.tr.* **1.** To liquidate. (*a*) To wind up (a business). (*b*) *Abs.* To go into liquidation. (*c*) To clear, settle (account). *F:* **L. son passé,** to wipe out one's past. *F:* **L. qn,** to liquidate s.o. **2.** To realize (one's fortune, etc.); to sell off.
  se liquider, to clear oneself of debt.
liquidité [likidite], *s.f. Fin:* **1.** Liquidity. **2.** *pl.* **Liquidités,** liquid assets.
liquoreux, -euse [likɔrø, -ø:z], *a.* Liqueur-like (wine, etc.); sweet.
liquoriste [likɔrist], *s.m.* Wine and spirit merchant.
lire [li:r], *v.tr.* (*pr.p.* **lisant**; *p.p.* **lu**; *pr.ind.* **je lis, n. lisons**; *p.h.* **je lus**; *fu.* **je lirai**) To read. **1. L. tout haut, à haute voix,** to read aloud. **L. tout bas, des yeux,** to read to oneself. **L. qch. dans un livre,** to read sth. (i) in a book, (ii) (aloud) out of a book. **L. à vue,** to sight-read (music). **Avoir beaucoup lu,** to be well read. **L. dans la pensée de qn,** to read s.o.'s thoughts. **Cela se lit sur votre visage,** it shows on your face. **"Dans l'attente de vous l."** 'hoping to hear from you.' **2. L. une communication,** to read out, give out, a notice.
lis [lis], *s.m.* Lily. **L. tigré,** tiger-lily. **L. d'eau, des étangs, l. jaune,** yellow pond-lily, water-lily. **Teint de l.,** lily-white complexion. *Her:* **Fleur de l.,** [flœrdəli(s)], fleur-de-lis.
lis-ant, -e, -ons, etc. See LIRE.
Lisbonne [lizbɔn]. *Pr.n.f. Geog:* Lisbon.

lise [li:z], *s.f.* Quicksand.

liseré, [lizre], **liséré** [lizere], *s.m.* (*a*) *Needlew:* Border, edge, edging. (*b*) Piping, binding (of skirt). (*c*) *Mapm:* Hatching.

liserer [lizre], **lisérer** [lizere], *v.tr.* (**je lisère; je lisèrerai**) *Needlew:* (*a*) To border, edge. (*b*) To pipe; to trim with piping.

liseron [lizrɔ̃], *s.m.* Bindweed, convolvulus.

liseur, -euse [lizœ:r, -ø:z]. **1.** (*a*) *a.* Fond of reading. **Le public l.,** the reading public. (*b*) *s.* **C'est un l.,** he is a great reader. **L. d'âmes,** thought-reader. **2.** *s.f.* **Liseuse.** (*a*) Book-marker and paper-knife combined. (*b*) Book-wrapper, (dust-)cover, (dust-) jacket. (*c*) Book-rest, reading-stand. (*d*) Reading-lamp. (*e*) Bed-jacket.

lisibilite [lizibilite], *s.f.* Legibility.

lisible [lizibl], *a.* Legible; readable. *adv.* **-ment.**

lisière [lizjɛ:r], *s.f.* **1.** (*a*) Selvedge, list (of cloth). (*b*) (Child's) leading-strings, reins. *F:* **Mener qn en l.,** to keep s.o. in leading-strings. **2.** Edge, border (of field); skirt (of forest, etc.).

lisse[1] [lis], *s.f.* *N.Arch:* **1.** (*a*) Ribband (of the hull); rail, strake. **Lisses de l'avant,** harpings. (*b*) Hand-rail (of the bulwarks). **L. de couronnement,** taffrail. **2.** *pl.* Lines (of ship, as laid down on plan).

lisse[2], *s.f.* = LICE[3].

lisse[3], *a.* Smooth, glossy, polished; sleek.

liss|er [lise], *v.tr.* To smooth, gloss; to polish (stone, etc.); to sleek (leather); to glaze (paper, etc.); to burnish (metal). (Of bird) **Se l. les plumes,** to preen its feathers. **L. des amandes,** to sugar almonds. *s.m.* **-age.** *s.* **-eur, -euse.**

lissoir [liswa:r], *s.m.* *Tls:* Smoothing-tool; polishing-iron.

liste [list], *s.f.* List, roll, register. *Mil:* Roster. **L. officielle de taux,** schedule of charges. **Listes électorales,** register (of electors). **La l. civile,** the Civil List. **L. noire,** black list. **L. d'envoi, des abonnés,** mailing list. *Jur:* **L. du jury,** panel of jurors. **Dresser, faire, une l.,** to draw up, make out, a list. **Grossir la l.,** to swell the numbers. **Venir en tête de l.,** to head the poll. S.a. SCRUTIN 1.

listeau, -eaux [listo], *s.m.* **listel, -eaux** [listɛl, -o], *s.m.* **liston** [listɔ̃], *s.m.* **1.** *Arch: etc:* Listel, fillet, moulding. **2.** Rim, edge-ring (of coin). **3.** *N.Arch:* (*a*) Sheer-rail. (*b*) Rubbing strake.

lit [li], *s.m.* **1.** Bed. (*a*) **L. clos,** box-bed. **L. de sangle, de camp,** camp-bed. **L. à colonnes,** four-poster. **L. d'ami,** spare bed. **L. d'enfant, à galerie,** crib, cot. **Mettre un enfant au l.,** to put a child to bed. **Se mettre au l.,** to get into bed. **Prendre le l.,** to take to one's bed. **Être au l., garder le l.,** to be in bed (usu. through illness); to be laid up. **Faire les lits,** to make the beds. **Chambre à un l., à deux lits,** single(-bedded), double(-bedded), room. **Enfant du second l.,** child of the second marriage. **Enfant d'un autre l.,** step-child. **L. de douleur, de mort,** sick-, death-bed. *Prov:* **Comme on fait son l. on se couche,** as you make your bed so you must lie on it. S.a. PARADE[1] 2. (*b*) **Bois de l.,** bedstead. **L. de fer,** iron bedstead. **2.** (*a*) **L. de plume,** (i) feather-bed; (ii) *F:* cushy job. (*b*) *Ven:* (Stag's) harbour; (hare's) form. **3.** (*a*) Bed, layer (of mortar, etc.). *Hyd.E:* **L. de filtrage,** filter-bed. **L. de pose,** seating (of engine, etc.). (*b*) Bed, bottom, (of river). **L. majeur,** flood-plain. **4.** Set (of the tide, etc.). **Être dans le l. de la marée,** to be in the tideway. **Dans le l. du vent,** in the wind's eye.

litanie [litani], *s.f.* (*a*) *pl.* Litany. (*b*) *sg.* *F:* Rigmarole, rambling story; long list. **Réciter toujours la même l.,** to keep harping upon one string.

lit-armoire [liarmwa:r], *s.m.* Box-bed. *pl. Des lits-armoires.*

lit-cage [lika:ʒ], *s.m.* Folding bed(stead). *pl. Des lits-cages.*

liteau[1] [lito], *s.m.* **1.** Batten, rail. **2.** (Coloured) band, stripe (on table linen, etc.).

liteau[2], *s.m.* *Ven:* Haunt (of wolves during the day).

litée [lite], *s.f.* Litter (of young).

literie [litri], *s.f.* Bedding.

litharge [litarʒ], *s.f.* *Ch: Ind:* Litharge.

lithium [litjɔm], *s.m.* *Ch:* Lithium.

lithographe [litɔgraf], *s.m.* Lithographer.

lithographie [litɔgrafi], *s.f.* **1.** Lithography. **2.** Lithograph. **3.** Lithographic printing works.

lithographier [litɔgrafje], *v.tr.* To lithograph.

lithographique [litɔgrafik], *a.* Lithographic.

lithopone [litɔpɔn], *s.m.* *Ind:* Lithopone.

lithotomie [litɔtɔmi], *s.f.* *Surg:* Lithotomy; operation for stone.

Lit(h)uanie [litɥani]. *Pr.n.f.* *Geog:* Lithuania.

lit(h)uanien, -ienne [litɥanjɛ̃, -jɛn], *a.* & *s.* *Geog:* Lithuanian.

litière [litjɛ:r], *s.f.* **1.** (Stable-)litter. **Cheval sur la l.,** sick horse. *F:* **Faire l. de l'honneur de qn,** to trample s.o.'s reputation under foot. **2.** Litter, palanquin. **Être porté en l.,** to be carried in a litter.

litige [liti:ʒ], *s.m.* Litigation; dispute at law; suit. **Cas en l.,** case at issue, in question, under dispute.

litigieux, -euse [litiʒjø, -ø:z], *a.* Litigious.

litre [litr], *s.m.* *Meas:* Litre (1000 cubic cm. = about $1\frac{3}{4}$ pint).

littéraire [litere:r], *a.* Literary. **Agent l.,** literary agent. S.a. PROPRIÉTÉ I. *adv.* **-ment.**

littéral, -aux [literal, -o], *a.* **1.** Literal (translation, etc.). **2.** *Jur:* **Preuve littérale,** documentary evidence. *adv.* **-ement.** *s.m.* **-isme.** *s.f.* **-ité.**

littérateur [literatœ:r], *s.m.* Literary man; man of letters.

littérature [literaty:r], *s.f.* Literature.

littoral, -aux [litɔral, -o]. **1.** *a.* Littoral, coastal. **2.** *s.m.* Coastline, littoral, seaboard, shores.

liturg|ie [lityrʒi], *s.f.* Liturgy. *a.* **-ique, -ical.**

liure [ljy:r], *s.f.* **1.** Lashing (of load on cart, etc.). **2.** *Nau:* Gammoning, frapping.

livarde [livard], *s.f.* *Nau:* Sprit. **Voile à l.,** spritsail.

livide [livid], *a.* Livid; ghastly (pale).

lividité [lividite], *s.f.* Lividity, lividness; ghastliness.

Livourne [livurn]. *Pr.n.* *Geog:* Leghorn, Livorno.

livrable [livrabl], *a.* (*a*) *Com: Fin:* Deliverable. (*b*) *Com:* Ready for delivery.

livraison [livrɛzɔ̃], *s.f.* **1.** Delivery (of goods, shares, etc.). **L. franco,** free delivery, delivered free. **Payable à l.,** payable on delivery, cash on delivery, C.O.D. **Faire l. de qch.,** to deliver sth. **Prendre l. de qch.,** to take delivery of sth. **Voiture de l.,** delivery van. **2.** Part, instalment (of book published in parts).

livre[1] [li:vr], *s.f.* Pound. **1.** (Weight) **Vendre qch. à la l.,** to sell sth. by the pound. **2.** (Money) (*a*) **L. sterling,** pound sterling. (*b*) *A:* (= FRANC[1]) **Dix mille livres de rente,** private income of ten thousand francs a year.

livre[2], *s.m.* Book. (*a*) **L'industrie du l.,** the book-trade. **L. de classe,** schoolbook. **L. de prix,** prize-book. **L. d'images,** picture-book. **L. à succès, à fort tirage, à forte vente,** best-seller. **L. de poche,** (i) pocket-book. (ii) paper-back. **Traduire un passage, jouer un morceau, à l. ouvert,** to translate a passage, play a piece, at sight. S.a. JAUNE 1. (*b*) **L. d'or,** visitor's book. **L. de raison,** family record book (= family Bible). *Nau:* **L. de bord,** ship's book, ship's register; *F:* (= JOURNAL DE BORD) log(-book). (*c*) Book (of work divided into books). (*d*) **L. de comptabilité,** account-book. **Tenir les livres,** to keep the accounts. **Tenue des livres,** book-keeping. *Turf:* **L. de paris,** betting-book. **Faire un l.,** to make a book.

livrée [livre], *s.f.* **1.** Livery. **Grande l.,** full livery. **Valet en l.,** liveried servant. **Porter la l. de qn,** (i) to be in s.o.'s service; (ii) *F:* to be a follower of s.o. **2.** *Ven:* Coat (of horse, deer, etc.); plumage (of certain birds).

livrer [livre], *v.tr.* **1.** (*a*) To deliver, surrender; to give up. **L. qn à la justice,** to deliver, hand over, s.o. to justice. **L. un corps à la tombe,** to commit a body to the grave. **L. passage (à),** to leave the way open (to). **Livré à soi-même,** left to oneself. **L. un secret,** to betray a secret, **L. ses secrets à qn,** to confide one's secrets to s.o. (*b*) **L. un assaut à l'ennemi,** to make an assault on the enemy. **L. bataille,** to join battle (à, with); to give battle (à, to). **2.** To deliver (goods, etc.).

se livrer. 1. Se l. à la justice, to surrender to justice; *F:* to give oneself up. **Se l. à qn,** to confide in s.o.; to put oneself in s.o.'s hands. **2. Se l. à un vice,** to indulge in a vice. **Se l. à la boisson,** (i) to take to drink, *F:* to the bottle; (ii) to be a heavy drinker. **Se l. à la joie,** to give oneself up to rejoicing. **Se l. au désespoir,** to give way to despair. **Se l. à l'étude,** to devote oneself to study.

livresque [livrɛsk], *a.* (*a*) Acquired from books. **Connaissances livresques,** book-learning. (*b*) Bookish (mind).

livret [livrɛ], *s.m.* **1.** Small book, booklet; handbook. **L. de banque,** pass-book. **L. de caisse d'épargne,** savings-bank book. *Adm:* **L. de famille,** book delivered to married couple for registration of births and deaths. **2.** *Mus:* Libretto, book (of opera).

livreur, -euse [livrœːr, -øːz]. **1.** *s.* (*a*) Deliveryman; delivery-boy, -girl; roundsman. (*b*) Carman, van-man. **2.** *s.f.* **Livreuse,** delivery-van.

lloyd [lɔid], *s.m.* *M.Ins:* (Any) association of marine brokers and underwriters.

lob [lɔb], *s.m.* *Ten:* Lob.

lobe [lɔb], *s.m.* **1.** Lobe (of ear, liver, etc.). **2.** *Arch:* Foil.

lobé [lɔbe], *a.* *Nat.Hist:* Lobed, lobate (leaf).

lobectomie [lɔbɛktɔmi], *Surg:* Lobectomy.

lobélie [lɔbeli], *s.f.* *Bot:* Lobelia.

lober [lɔbe], *v.tr.* *Ten:* To lob (ball).

lobulaire [lɔbylɛːr], *a.* Lobular.

lobule [lɔbyl), *s.m.* *Anat:* Lobule. *Bot:* Lobelet.

local, -aux [lɔkal, -o]. **1.** *a.* Local. **Bonne mémoire locale,** *F:* bump of locality. **Couleur locale,** local colour. **2.** *s.m.* (*a*) Premises, building. (*b*) *Nau:* **Locaux affectés au personnel,** crew's quarters. (*c*) *Fb:* **Les locaux,** the home side. **Les arrières locaux,** the home backs. (*d*) *Fr.C:* *Tp:* Extension. *adv.* **-ement.**

localisation [lɔkalizasjɔ̃], *s.f.* Localization.

localiser [lɔkalize], *v.tr.* **1.** To localize (epidemic, etc.). **2.** To locate (leak, etc.).

se localiser. **1.** To settle (in a place). **2.** (Of disease, etc.) To become localized.

localité [lɔkalite], *s.f.* Locality, place, spot.

locataire [lɔkatɛːr], *s.m.* & *f.* **1.** Tenant, occupier (of property). *Jur:* Lessee, leaseholder. **2.** Lodger.

locatif[1], **-ive** [lɔkatif, -iːv], *a.* **Valeur locative,** rental (value). **Prix l.,** rent. **Réparations locatives,** repairs incumbent upon the tenant.

locatif[2], *s.m.* *Gram:* Locative (case).

location [lɔkasjɔ̃], *s.f.* (*a*) (i) Hiring, (ii) letting out on hire (of boat, etc.). **En l.,** (let out) on hire. **L. de voitures sans chauffeur,** self-drive cars for hire. (*b*) (i) Renting, tenancy, (ii) letting (of house). **Agent de l.,** house-agent. **(Prix de) l.,** rent(al). (*c*) *Th:* *etc:* Booking (of seats). **Bureau de l.,** box-office, booking-office.

loch [lɔk], *s.m.* *Nau:* (Ship's) log. **Ligne de l.,** log-line. **Jeter, filer, le l.,** to heave, to stream, the log. **Livre de l.,** log-book.

loche [lɔʃ], *s.f.* **1.** *Ich:* Loach. **2.** *Moll:* Grey slug.

lock-out [lɔk(a)ut], *s.m.inv.* *Ind:* Lock-out.

lock-outer [lɔkute], *v.tr.* *Ind:* To lock out.

locomobile [lɔkɔmɔbil]. **1.** *a.* Movable, locomotive; travelling (crane). **2.** *s.f.* Transportable steam-engine.

locomoteur, -trice [lɔkɔmɔtœːr, -tris]. **1.** *a.* Locomotor(y). *Med:* **Ataxie locomotrice,** locomotor ataxy. **2.** *s.f.* **Locomotrice,** *Rail:* electric engine.

locomotif, -ive [lɔkɔmɔtif, -iːv]. **1.** *a.* (*a*) Transportable (engine, etc.). **Grue locomotive,** travelling crane. (*b*) *Physiol:* Locomotive (organs, faculty). **2.** *s.f.* **Locomotive.** (*a*) *Rail:* Locomotive, engine. **Train avec deux locomotives en tête,** double-headed train. (*b*) **Locomotive routière,** traction-engine.

locomotion [lɔkɔmosjɔ̃], *s.f.* Locomotion.

locuste [lɔkyst], *s.f.* *Ent:* Locust.

locution [lɔkysjɔ̃], *s.f.* Expression, phrase. **L. vicieuse,** incorrect expression.

loess [løs], *s.m.* *Geol:* Loess.

lof [lɔf], *s.m.* *Nau:* **1.** Windward side (of ship). **Venir, aller, au l.,** to sail into the wind. **Virer l. pour l.,** to wear. **2.** (*a*) Luff, weather-leech (of sail). (*b*) *pl.* Tacks and sheets (of a sail).

lof(f)er [lɔfe], *v.i.* *Nau:* To luff.

logarithm|e [lɔgaritm], *s.m.* Logarithm. *a.* **-ique.**

loge [lɔːʒ], *s.f.* **1.** Hut, cabin; (gardener's, porter's, freemasons') lodge. **2.** *Th:* (*a*) Box. **L. d'avant-scène,** stage-box. *F:* **Être aux premières loges,** to have a full view, a front seat. (*b*) **Loges des artistes,** artists' dressing-rooms. **3.** *Art:* *Mus:* **Entrer en l.,** to compete for the *Prix de Rome* (each competitor in separate room). **4.** *El. Rail:* (Driver's) cabin. **5.** *Arch:* Loggia. **6.** *Bot:* Cell. *Conch:* Chamber.

logeable [lɔʒabl], *a.* (Of house) Tenantable, habitable, fit for occupation.

logement [lɔʒmɑ̃], *s.m.* **1.** Lodging, housing (of people); quartering, billeting (of troops); stabling (of horses, etc.). **2.** (*a*) Accommodation; lodgings. **L. garni,** furnished apartment(s). **Le l. et la nourriture,** board and lodging. (*b*) *Mil:* Quarters; (in private house) billet. *Nau:* Berth. S.a. BILLET 8. **3.** *E:* (i) Seating, bedding, (of machine part); housing (of shaft). (ii) Recess. **L. de clef,** cotter slot, key-way.

loger [lɔʒe], *v.* **(je logeai(s); n. logeons) 1.** *v.i.* To lodge, live; (of troops) to be quartered, billeted. **L. à un hôtel,** to put up, stay, at an hotel. **L. en garni,** to be in lodgings; *F:* to live in digs. *Mil:* **L. chez l'habitant,** to be billeted. S.a. ENSEIGNE 1. **2.** *v.tr.* (*a*) To lodge, accommodate, house, put up (s.o.); to quarter, billet (troops); to stable (horses). **(Ici) on loge à pied et à cheval,** good accommodation for man and beast. **Vin logé,** wine in the wood. (*b*) To place, put. **L. une balle dans la cible,** to plant a shot on the target. *Mec.E:* **L. l'arbre dans les paliers,** to set the shaft in its bearings.

se loger. **1.** (*a*) To take lodgings. (*b*) To build, find, a suitable dwelling. **2.** (*a*) **Mon ballon s'est logé sur le toit,** my ball has got stuck on the roof. (*b*) **Le soupçon se logea dans son cœur,** suspicion took root in his heart.

logeur, -euse [lɔʒœːr, -øːz], *s.* (*a*) Landlord, -lady (of furnished apartments). **Logeurs et logés,** householders and lodgers. (*b*) Lodging-house keeper. (*c*) **L. de chevaux,** stable-keeper.

logicien, -ienne [lɔʒisjɛ̃, -jɛn], *s.* Logician.

logique [lɔʒik]. **1.** *a.* Logical; consistent (reasoning); reasoned (diet, etc.). S.a. ANALYSE 1. **2.** *s.f.* Logic. *adv.* **-ment.**

logis [lɔʒi], *s.m.* (*a*) Home, house, dwelling. **Corps de l.,** main (portion of) building. (*b*) (Temporary) lodgings. S.a. MARÉCHAL 3. (*c*) Hostelry.

loi [lwa], *s.f.* **1.** (*a*) Law. **Homme de l.,** lawyer. **Consulter un homme de l.,** to take legal advice. **Tomber sous le coup de la l.,** to come under the law. **C'est lui qui donne la l.; sa parole fait l., a force de l.,** his word is law. **Faire la l. à qn,** to lay down the law, to dictate, to s.o. **Se faire une l. de faire qch.,** to make a rule, a point, of doing sth. **Subir la loi de qn,** to be ruled by s.o., to be under s.o.'s thumb. **Mettre qn hors la l.,** to outlaw s.o. S.a. NÉCESSITÉ. (*b*) Act (of Parliament); law, enactment, statute. **Projet de l.,** bill. **2.** Law (of nature, etc.); rules (of game). **Les lois de la pesanteur,** the laws of gravity.

loi-cadre [lwakaːdr], *s.f.* Outline law (to be completed by decrees). *pl. Des lois-cadres.*

loin [lwɛ̃], *adv.* Far. **Plus l.,** farther (on); further. **1.** (Of place) (*a*) **Est-ce l. d'ici?** is it far from here? **La poste est l.,** the post-office is a long way off. **Il ira l.,** he will go a long way, go far. *Prov:* **L. des yeux, l. du cœur,** out of sight, out of mind. **Il y a l. de la coupe aux lèvres,** there's many a slip 'twixt the cup and the lip. S.a. DOUCEMENT. **Rejeter bien l. une proposition,** to dismiss a proposal with scorn. S.a. COMPTE. **Être l. de faire qch.,** to be far from doing sth. **L. de moi l'idée de vous influencer,** far be it from me to put pressure on you. **Je ne suis pas mécontent, (bien) l. de là,** I am not ill-pleased, far from it. *Conj. phr.* **L. que les crimes aient diminué ils ont augmenté,** far from diminishing, crime has increased. (*b*) *s.m.* **Apercevoir qn au l.,** to see s.o. afar, in the distance. **Tout-à-fait au l.,** in the far distance. **Sa renommée s'étendait au l.,** his fame had spread abroad. **De l.,** by far. **Admirer, reconnaître, qn de l.,** to admire, recognize, s.o. at, from, a distance, from afar. *Conj. phr.* **Du plus l. qu'il les voit,** as soon as he sees them. S.a. REVENIR 3. **2.** (Of time) **Famille qui remonte bien l.,** family that goes far back. **Ce jour est encore l.,** that day is still distant. **Nous reviendrons là-dessus plus l.,** we shall refer to this again elsewhere. *Conj.phr.* **(D')aussi, du plus, l. qu'il me souvienne,** as far back as I remember. **De l. en l.,** at long intervals; (every) now and then.

lointain [lwɛ̃tɛ̃]. **1.** *a.* Distant, remote, far-off (country, period). **Mes souvenirs les plus lointains,** my earliest recollections. **Des jours lointains,** far-off days. **Dans un avenir l.,** in a distant, remote, future. **2.** *s.m.* Distance. **Dans le l.,** in the distance, in the background.

loir [lwa:r], *s.m. Z:* Dormouse.
loisible [lwazibl], *a.* Permissible, optional. **Il lui est l. de refuser,** he is free to refuse. **S'il ne vous est pas l. de venir,** if it is not convenient for you to come.
loisir [lwazi:r], *s.m.* Leisure. **Avoir du l., des loisirs,** to have some spare time. **Dans mes heures de l., pendant mes loisirs,** in my leisure hours. **Les loisirs,** spare-time activities. **Examiner qch. à l.,** to examine sth. at leisure.
lolo [lolo], *s.m. F:* (Child's word) Milk.
lombaire [lɔ̃bɛ:r], *a. Anat:* Lumbar.
lombes [lɔ̃:b], *s.m.pl.* Lumbar region; loins.
lombric [lɔ̃brik], *s.m.* Earthworm.
londonien, -ienne [lɔ̃dɔnjɛ̃, -jɛn]. **1.** *a.* Of London. **2.** *s.* Londoner.
Londres [lɔ̃:dr]. *Pr.n.m. Geog:* London. **Le Grand L.,** Greater London.
londrès [lɔ̃drɛs], *s.m.* Havana cigar.
long, longue [lɔ̃, lɔ̃:g]. **1.** *a.* Long. *(a)* (Of space) **Ruban l. de cinq mètres,** ribbon five metres long. S.a. BRAS 1, DENT 1. **Prendre (le chemin) le plus l.,** to go the longest way (round). *(b)* (Of time; PROLONGÉ is preferable after a noun) **Un l. hiver** [lɔ̃kivɛ:r], a long, protracted, winter. **Longue histoire,** lengthy story. **L. soupir,** long-drawn sigh. **Être l. à faire qch.,** to take a long time to do sth., to be slow in doing sth. **Trouver le temps l.,** to weary; to get bored. S.a. FEU I. 3. **A la longue,** in course of time, in the long run. *(c) Cu:* **Sauce longue,** thin sauce. **2.** *s.m.* Length. *(a)* (Of space) **Table qui a six pieds de l.,** table six foot long, six feet in length. **En l.,** lengthwise. **De l. en large,** up and down, to and fro. **Étendu de tout son l., tout de son l.,** stretched (out) at full length. **S'amarrer le l. d'un navire,** to moor alongside a ship. **Se faufiler le l. du mur,** to creep along the wall. **Raconter qch. (tout) au l., en l. et en large,** to relate sth. at full length, in great detail. *(b)* (Of time) **Tout le l. du jour,** all day long, the whole day long. **Tout au l. de,** throughout. *(c)* (Of amount) **Inutile d'en dire plus l.,** I need say no more. **Regard qui en dit l.,** look which speaks volumes. **Je ne cherche pas à en savoir plus l.,** I don't want to know any more. **Je n'en sais pas plus l. pour cela,** I am not any the wiser. **3.** *s.f.* **Longue.** *(a) Pros:* Long syllable. *(b) Cards:* **Attaquer dans sa longue,** to lead from one's long suit.
longanime [lɔ̃ganim], *a.* Long-suffering.
longanimité [lɔ̃ganimite], *s.f.* Long-suffering, forbearance, longanimity.
long-courrier [lɔ̃kurje], *a. & s.m. Nau:* **1.** Ocean-going (ship); liner. **2.** Deep-sea (sailor); captain of a liner. **3.** *Av:* Air-liner. *pl. Des long-courriers.*
longe[1] [lɔ̃:ʒ], *s.f. Harn:* *(a)* Leading-rein, head-rope, halter, tether. *(b)* Lunging-rein.
longe[2], *s.f. Cu:* Loin (of veal or venison).
longer [lɔ̃ʒe], *v.tr.* **(je longeai(s); n. longeons)** To pass, go, run, along; to keep to the side of (road, etc.); to skirt (forest). **L. la côte, le mur,** to hug the coast, the wall.
longeron [lɔ̃ʒrɔ̃], *s.m.* **1.** *Civ.E:* Stringer, longitudinal girder; beam (of bridge, etc.). **2.** *Aut:* Side-member (of frame). **3.** *Av:* Longeron, tail-boom (of fuselage); spar (of wing).
longévité [lɔ̃ʒevite], *s.f.* Longevity, long life.
longicorne [lɔ̃ʒikɔrn], *a. & s.m. Ent:* Longicorn.
longirostre [lɔ̃ʒirɔstr], *a. Orn:* Long-billed.
longitude [lɔ̃ʒityd], *s.f.* Longitude. **Par 10° (de) l. ouest,** in (the) longitude (of) 10° west.
longitudinal, -aux [lɔ̃ʒitydinal, -o], *a.* Longitudinal. *Nau:* Fore-and-aft. *adv.* **-ement.**
longrine [lɔ̃grin], *s.f.* *(a)* Longitudinal beam, girder, or member. **L. de faîtage,** ridge-bar. *(b) Rail:* Longitudinal sleeper.
longtemps [lɔ̃tɑ̃]. **1.** *adv.* Long; (for) a long time. **Cela ne pouvait durer l.,** it could not last long. **Être l. à faire qch.,** to be long (i) in doing sth., (ii) before doing sth. **Rester trop l.,** to stay too long. **2.** *s.m.* **Il y a l.,** long ago, a long time ago. **Il n'y a pas l.,** not long ago. **Il y a l. qu'il est mort,** he has been dead (for) a long time. **Mettre l. à faire qch.,** to be a long time (in) doing sth. **Cela existe depuis l.,** it has existed for a long time. **Avant qu'il soit l.,** before long. **Cela ne se fera pas de l.,** it will not happen for a long time to come. **Je n'en ai pas pour l.,** (i) it won't take me long; (ii) I haven't much longer to live.
longuement [lɔ̃gmɑ̃], *adv.* **1.** For a long time. **2.** Slowly, deliberately. **3.** Lengthily, at (great) length.
longuet, -ette [lɔ̃gɛ, -ɛt]. **1.** *a. F:* Rather long, longish; on the long side. **2.** *s.m.* Bread stick.
longueur [lɔ̃gœ:r], *s.f.* Length. **1. L. totale, l. hors tout,** length over all, over-all length. **Mesures de l.,** linear measures. **Jardin qui a cent pieds de l.,** garden a hundred feet long. **A l. de journée, de semaine, d'année,** throughout the day, week, year. **Couper qch. en l., dans le sens de la l.,** to cut sth. lengthwise. **Tirer une histoire en l.,** to spin out a story. **Traîner, tirer, en l.,** (of lawsuit, etc.) to drag (on). **2.** *(a)* Delays, slowness. **Roman où il y a des longeurs,** novel with tedious passages. **Cette scène fait l.,** this scene drags, slows down the action. *(b) Row: Turf:* **Gagner par une l.,** to win by a length. *Ten: Cr:* **Conserver une bonne l. de balle,** to keep a good length.
longue-vue [lɔ̃gvy], *s.f.* Telescope, field-glass. *pl. Des longues-vues.*
looch [lɔk], *s.m. Pharm:* Soothing emulsion (to be sipped).
looping [lupiŋ], *s.m. Av:* **Faire un l.,** to loop the loop.
lopin [lɔpɛ̃], *s.m.* **1. L. de terre,** piece, patch, plot, of ground; allotment. **2.** *Metall:* Bloom, billet.
loquace [lɔkwas, -kas], *a.* Loquacious, talkative; garrulous (old person). *adv.* **-ment.**
loquacité [lɔkwasite, -kasite], *s.f.* Loquacity, talkativeness; garrulity.
loque [lɔk], *s.f.* Rag. **Être en loques,** to be in rags, in tatters. *F:* (Of pers.) **Être comme une l.,** to be worn out, to feel like a rag.
loquet [lɔkɛ], *s.m.* **1.** Latch (of door). **Fermer la porte au l.,** to latch the door. **2. Couteau à l.,** clasp-knife.
loqueteau [lɔkto], *s.m.* Small latch, catch.
loqueteux, -euse [lɔktø, -ø:z]. **1.** *a.* In rags, in tatters, ragged. **2.** *s.* Ragamuffin.
lord [lɔ:r], *s.m.* Lord.
lord-maire [lɔrmɛ:r], *s.m.* Lord Mayor. *pl. Des lords-maires.*
lorgn|er [lɔrɲe], *v.tr.* **1.** *(a)* To cast a sidelong glance, sidelong glances, at (sth.). *F:* **L. une dot, une place,** to have one's eye on an heiress, on a post. *(b)* To ogle, to make eyes at (s.o.); to leer at (s.o.). **2.** To stare at (s.o., sth.) through a lorgnette or through opera-glasses. *s.m.* **-ement.**
lorgnette [lɔrɲɛt], *s.f.* (Pair of) opera-glasses.
lorgnon [lɔrɲɔ̃], *s.m.* *(a)* Pince-nez. *(b)* (Handled) lorgnette.
loriot [lɔrjo], *s.m. Orn:* Oriole. S.a. COMPÈRE-LORIOT 1.
lorrain, -aine [lɔrɛ̃, -ɛn]. **1.** *a.* Of Lorraine. **2.** *s.* Inhabitant, native, of Lorraine. **3.** *Pr.n.f. Geog:* **La Lorraine,** Lorraine.
lors [lɔ:r], *adv.* **1.** *A:* = ALORS. **2.** (Still used in) *(a)* **Depuis l.,** from that time, ever since then. *F:* **Pour l. . . ., so . . .;** then. . . . S.a. DÈS. *(b)* **L. . . . que** (= LORSQUE), when. **L. même que nous sommes heureux,** even when we are happy. **L. même que nous serions heureux,** even if, even though, we were happy. **L. donc qu'il arriva . . .,** thus when he arrived. . . . **L. de sa naissance,** at the time of his birth; when he was born.
lorsque [lɔrsk(ə)], *conj.* (At the time, moment) when. **L. j'entrai,** when I entered; on my entering. S.a. LORS 2.
losange [lɔzɑ̃:ʒ], *s.m.* **1.** *Her:* Lozenge. **En l.,** diamond-shaped. **2.** *Geom:* Rhomb(us).
lot [lo], *s.m.* **1.** *(a)* Share (of estate); portion, lot. **Avoir son l. de tourments,** to have one's share of worries. *(b)* Prize (at a lottery). **Gros l.,** first prize. *Fin:* **Emprunt à lots,** lottery loan. **Tirage à lots,** prize-drawing. **2.** Lot, parcel (of goods); batch.
loterie [lɔtri], *s.f.* *(a)* Lottery. *F:* Matter of chance. *(b)* Raffle, draw. **Mettre qch. en l.,** to raffle sth.
lotion [losjɔ̃], *s.f.* **1.** Washing, bathing (of wound). **2.** *Pharm:* Lotion.
lotionner [losjɔne], *v.tr.* To wash, bathe (wound); to sponge.
lotir [lɔti:r], *v.tr.* **1.** *(a)* To divide (sth.) into lots; to parcel out (estate). *(b) Com:* To sort (out) (hides, grain, etc.); to parcel out (goods). **2. L. qn de qch.,** to allot sth. to s.o. *F:* **Être bien loti,** to be well provided for; to be well off.

lotissement [lɔtismɑ̃], *s.m.* **1.** (*a*) Dividing into lots; parcelling out. (*b*) Making up into sets. (*c*) Allotment, apportionment. (*d*) Development (of building land). **2.** (*a*) Building plot. (*b*) Housing estate.
loto [lɔto], *s.m. Games:* **1.** Lotto. *F:* **Yeux en boules de l.**, goggle eyes. **2.** Lotto set.
lotte [lɔt], *s.f. Ich:* Burbot, eel-pout.
lotus [lɔtyːs], *s.m.* **1.** *Bot:* (*a*) Lotus. **L. sacré**, Indian lotus. (*b*) Lotus-tree. **2.** *Gr.Myth:* Lotus.
louable [lwabl, lu-], *a.* Laudable, praiseworthy; commendable. *adv.* **-ment.**
louage [lwaːʒ, lu-], *s.m.* **1.** Letting out, hiring out; chartering. **2.** Hiring, hire (of cars, etc.); engaging (of labour). **Voiture de l.**, hackney-carriage. **Auto de l.**, hired car. **Avion de l.**, charter aircraft.
louange [lwɑ̃ːʒ], *s.f.* Praise; commendation; esp. adulatory praise. **Chanter, entonner, les louanges de qn**, to sing s.o.'s praises. **Chanter ses propres louanges**, *F:* to blow one's own trumpet. **Dire qch. à la l. de qn**, to say sth. in praise of s.o.
louanger [lwɑ̃ʒe], *v.tr.* To offer fulsome praise to (s.o.); to flatter (s.o.).
louangeur, -euse [lwɑ̃ʒœːr, -øːz]. **1.** *a.* Adulatory, laudatory. **2.** *s.* Adulator, praiser; flatterer.
louche[1] [luʃ], *a.* **1.** Cross-eyed, squint-eyed (person). **Yeux louches**, eyes that squint. **2.** *F:* (*a*) Ambiguous, (expression, etc.). (*b*) Shady, suspicious (house, character, etc.); shifty (person). *s.m.* **Il y a du l. dans cette affaire**, there's something shady, *F:* fishy, in the business. (*c*) Cloudy (pearl, etc.).
louche[2], *s.f.* **1.** (*a*) (Soup-)ladle. (*b*) Basting-spoon, -ladle. **2.** *Tls:* (*a*) Reamer, broach. (*b*) Countersink bit.
louch|er [luʃe], *v.i.* To squint; to be cross-eyed. **L. de l'œil gauche**, to have a cast in the left eye. *F:* **L. vers qch.**, to cast longing eyes at, a sidelong glance at sth. *s.m.* **-ement.** *s.* **-eur, -euse.**
loucherie [luʃri], *s.f.* Strabismus, squint(ing).
louchon [luʃɔ̃], *s.m. & f. P:* Cross-eyed person.
louer[1] [lwe, lue], *v.tr.* **1.** (*a*) To hire out, let (out) (à, to). **Maison à l.**, house to let. **L. une ferme à bail**, to lease out a farm. (*b*) To engage (farmhand). **Se l. pour la saison**, to engage oneself for the season. **2.** To hire (horse, etc.); to rent (house, etc.) (à, from). **L. une place d'avance**, to reserve or book a seat.
lou|er[2], *v.tr.* To praise, laud, commend. **L. qn de qch.**, to praise s.o. for sth. **Loué de tous**, praised by all. **Dieu soit loué!** praise be to God! **Le ciel en soit loué!** *F:* thank Heaven (for that)! *s.* **-eur**[1], **-euse.**
se louer. Se l. de qch., to be pleased, well satisfied, with sth. **Se l. d'avoir fait qch.**, to congratulate oneself upon having done sth. **Je n'ai qu'à me l. de lui, de sa conduite**, I have nothing but praise for him, for his conduct.
loueur[2], **-euse** [lwœːr, lu-, -øːz], *s.* Person who hires, lets, rents (sth.). **L. de bateaux**, boat-keeper. **L. de chevaux, de voitures**, livery-stable keeper.
louffa [lufa], *s.f.* = LUFFA.
loufoque [lufɔk], *a.* *F:* Loony, eccentric, cracked, barmy.
loufoquerie [lufɔkri], *s.f. F:* Eccentricity; barminess.
lougre [lugr], *s.m. Nau:* Lugger.
Louis [lwi, lui]. **1.** *Pr.n.m.* Lewis; (of French kings) Louis. **2.** *s.m. A:* Louis(-d'or), twenty-franc piece.
Louise [lwiːz]. *Pr.n.f.* Louisa, Louise.
loulou, -outte [lulu, -ut], *s. F:* **1.** Dear, darling, diddums. **2. L. de Poméranie**, Pomeranian (dog), *F:* pom.
loup [lu], *s.m.* **1.** (*a*) Wolf. *F:* **Crier au l.**, to cry wolf. **Marcher à pas de l.**, to walk stealthily; to steal along. S.a. FAIM, FROID II. **Se jeter dans la gueule du l.**, to jump, rush, into the lion's mouth. **Tenir le l. par les oreilles**, to have the wolf by the ears; to be in a fix. **Il est connu comme le l. blanc**, he is known to everybody. *Prov:* **Quand on parle du l. on en voit la queue**, talk of the devil and he is sure to appear. **Les loups ne se mangent pas entre eux**, dog won't eat dog. *F:* (To man or woman) **Mon petit l., mon gros l.**, my darling, my pet. S.a. BREBIS 2, CHIEN 1. (*b*) **L. de mer**, (i) *Ich:* sea-perch, sea-dace; (ii) *F:* old salt, sea-dog, jack tar. **2.** *F:* (*a*) Flaw (in timber, etc.); *Ind:* defect. (*b*) Error, fault. (*c*) *Th:* Fluff; fluffed entrance. **3.** Black velvet mask (worn at a masked ball).
loup-cervier [lusɛrvje], *s.m.* (*a*) *Z:* Lynx. (*b*) *F:* profiteer, shark. *pl. Des loups-cerviers.*
loupe [lup], *s.f.* **1.** (*a*) *Med:* Wen. (*b*) Gnarl (on tree). **2.** *Metall:* Bloom. **3.** Lens, magnifying-glass.
louper [lupe]. *v.tr. P:* To botch, bungle (piece of work); to miss (train); to fail (exam). *Th:* **L. son entrée**, to fluff one's entrance. *P:* **Pas besoin de s'en faire, c'est loupé**, don't get het up, you've had it.
loup-garou, [lugaru], *s.m.* **1.** (*a*) *Myth:* Wer(e)wolf. (*b*) *F:* Bogey man. **2.** *F:* Recluse; boor. *pl. Des loups-garous.*
loupiot [lupjo], *s.m. P:* child, kid.
lourd [luːr], *a.* (*a*) Heavy (load, sleep, food, etc.).; heavily-built, ungainly (person); ponderous (style). **Poids l.**, (i) heavy weight; (ii) *I.C.E:* heavy lorry. **Carburant l.**, heavy fuel. **Terrain l.**, heavy ground. **Entrer, sortir, d'un pas l.**, to lumber in, out. **A la main lourde**, heavy-handed. *F:* **Il n'en reste pas l.**, there isn't much left. *adv.* **Peser l.**, to weigh heavy. (*b*) Clumsy, awkward; dull (mind, speech); dull-witted, stupid (person). **Avoir l'esprit l., l'intelligence lourde**, to be dull-witted. (*c*) **Lourde bévue**, gross blunder. (*d*) **Incident l. de conséquences**, incident fraught with consequences. (*e*) Close, sultry, *F:* muggy (weather). **Il fait l.**, it is very close, very sultry. *adv.* **-ement.**
lourdaud, -aude [lurdo, -oːd]. **1.** *a.* (*a*) Loutish, awkward, clumsy (person). (*b*) Dull-witted, thick-headed. **2.** *s.* (*a*) Lout, bumpkin. (*b*) Dullard, block-head.
lourdeur [lurdœːr], *s.f.* Heaviness; ponderousness (of style); clumsiness, awkwardness, ungainliness; dullness (of intellect); sultriness, closeness (of the weather).
loustic [lustik], *s.m. F:* Joker, facetious person.
loutre [lutr], *s.f.* **1.** *Z:* (*a*) Otter. **Casquette de l.**, otter-skin cap. (*b*) **L. d'Amérique**, nutria. **2.** *Com:* **(Peau de) l.**, sealskin. **Fourrure genre l.**, coney-seal.
louve [luːv], *s.f. Z:* She-wolf.
louveteau [luvto], *s.m. Z: Scouting:* Wolf-cub.
louveterie [luvtri], *s.f.* Wolf-hunting.
louv|oyer [luvwaje], *v.i.* **(je louvoie; je louvoierai)** (*a*) *Nau:* To tack. **L. à petits bords**, to take short tacks. (*b*) *F:* To scheme, manœuvre (to attain one's end). *s.m.* **-oiement, -oyage.**
lov|er [lɔve], *v.tr.* To coil (down) (rope). *s.m.* **-age.**
se lover, (of snake, etc.) to coil up.
loxodromique [lɔksɔdrɔmik], *a. Nau:* Loxodromic (sailing); plane (sailing).
loyal, -aux [lwajal, -o], *a.* **1.** Honest, fair, straight (forward). **Être l. en affaires**, to be upright, straightforward, in business. **Jeu l.**, fair play. **2.** Loyal, faithful (servant); true (friend). *adv.* **-ement.**
loyalisme [lwajalism], *s.m.* **1.** Loyalty (to the Crown, etc.). **2.** *Pol:* Loyalism.
loyauté [lwajote], *s.f.* **1.** Honesty, straightforwardness, uprightness. **Manque de l.**, (i) dishonesty; (ii) unfairness. **2.** Loyalty, fidelity (**envers**, to).
loyer [lwaje], *s.m.* Rent(al).
lu. See LIRE.
lubie [lybi], *s.f.* Whim, fad.
lubricité [lybrisite], *s.f.* Lubricity, lewdness.
lubrifiant [lybrifjɑ̃]. **1.** *a.* Lubricating. **2.** *s.m.* Lubricant.
lubrification [lybrifikasjɔ̃], *s.f.* Lubrication, greasing.
lubrifier [lybrifje], *v.tr.* To lubricate; to grease, oil (machinery).
lubrique [lybrik], *a.* Libidinous, lustful.
Luc [lyk]. *Pr.n.m.* Luke.
lucarne [lykarn], *s.f.* (*a*) Dormer-window, attic window. (*b*) Skylight.
Lucayes (les) [lelykaːj]. *Pr.n.f.pl. Geog:* The Bahama Islands, the Bahamas.
lucide [lysid], *a.* Lucid, clear (mind). **Somnambule l.**, clairvoyant(e). *adv.* **-ment.**
lucidité [lysidite], *s.f.* **1.** Lucidity, clearness. **2.** Clairvoyance.
luciole [lysjɔl], *s.f. Ent:* Fire-fly, glow-worm.
Lucques [lyk]. *Pr.n. Geog:* Lucca.
lucrat|if, -ive [lykratif, -iːv], *a.* Lucrative, profitable, paying. **(Association) sans but l.**, non-profit-making (association). *adv.* **-ivement.**
lucre [lykr], *s.m.* Lucre, profit.

ludion [lydjɔ̃], *s.m. Ph:* Cartesian diver; *F:* bottle-imp.
luette [lɥɛt], *s.f. Anat:* Uvula.
lueur [lɥœːr], *s.f.* 1. Gleam, glimmer. **Les premières lueurs de l'aube,** the first rays of dawn. **A la l. des étoiles,** by starlight. **Une l. d'intelligence,** a glimmer of intelligence. 2. **L. momentanée,** flash; blink of light. **Jeter une l.,** to flash.
luffa [lyfa], *s.m. Bot:* Loofah.
luge [lyːʒ], *s.f.* Luge; (Swiss) toboggan.
lug|er [lyʒe], *v.i.* (je lugeai(s); *n.* lugeons) To luge, to toboggan. *s.m.* **-eage.** *s.* **-eur, -euse.**
lugubre [lygyːbr], *a.* 1. Lugubrious, dismal, gloomy. 2. Ominous, dire (news, etc.); mournful (sight). *adv.* **-ment.**
lui[1], *pl.* **leur** [lɥi, lœ(ː)r], *pers.pron. m. & f.* (To) him, her, it, them. (*a*) (Unstressed) **Je le lui donne,** I give it (to) him, (to) her. **Donnez-lui-en,** give him some. **Cette maison leur appartient,** this house belongs to them. (*b*) (Stressed in *imp.*) **Donnez-le-lui,** give it him. **Montrez-le-leur,** show it to them.
lui[2], *pl.* **eux** [lɥi, ø], *stressed pers.pron. m.* (*a*) He, it, they. **C'est l.,** it is he, *F:* it's him. **Ce sont eux,** *F:* **c'est eux,** it is they, *F:* it's them. **Eux deux, eux tous,** the two of them, all (everyone) of them. **L. et sa femme,** he and his wife. **L., il a raison; c'est l. qui a raison,** he (is the one who) is right. (*b*) Him, it, them. **J'accuse son frère et l.,** I accuse him and his brother. **L., je le connais,** him I know. **Je n'ai vu que l.,** I have seen only him. **Ce livre est à l., à eux,** this book is his, is theirs. **Je me rappelle une remarque de lui,** I remember a remark of his. (*c*) (Refl.) Him (self), it(self), them(selves). **Il les rassembla autour de l.,** he gathered them round him. **Ils ne pensent qu'à eux,** they think of nobody but themselves.
lui-même [lɥimɛːm], *pers.pron.* S.a. MÊME 1 (c).
luire [lɥiːr], *v.i.* (*pr.p.* **luisant;** *p.p.* **lui** (no *f.*); *pr.ind.* **il luit, ils luisent;** *p.h.* **il luisit,** is rare; *fu.* **il luira**) To shine. **Les étoiles luisent,** the stars are glimmering. **Son couteau luisait dans l'ombre,** his knife gleamed in the dark. **Le jour luit,** day is breaking.
luisant [lɥizɑ̃]. 1. *a.* Shining, bright; shiny, glossy (surface, etc.); gleaming (eyes, etc.). *Arb:* **A écorce luisante,** silver-barked. S.a. VER 2. 2. *s.m.* Shine, gloss, sheen.
lumbago [lɔ̃bago], *s.m. Med:* Lumbago.
lumen [lymɛn], *s.m. Ph.Meas:* Lumen.
lumière [lymjɛːr], *s.f.* 1. Light. **L. du gaz, du jour, du soleil,** gaslight, daylight, sunlight. **L. électrique,** electric light. **L. oxhydrique,** limelight. *Th: etc:* **Couper la l.,** to black out. **A la l. de la lune,** by moonlight. **Mettre qch. en l.,** to bring sth. to light. **Porter la l. dans un sujet,** to throw light on a subject. **Faire la l. sur une affaire,** to clear up a business. **Les lumières de la raison,** the light of reason. **Difficultés au-dessus de mes lumières,** difficulties beyond my understanding. **Le siècle des lumières,** the age of enlightenment. *Art:* **Hautes lumières,** high lights. *Astr:* **L. cendrée (de la lune),** earthlight, -shine. 2. Aperture (of sighting-vane); oil-hole (of bearing); slot (in piston wall); port (of cylinder-valve). **L. d'échappement,** exhaust port.
lumignon [lymiɲɔ̃], *s.m.* 1. Snuff (of candle). 2. Candle-end. 3. Dim light.
luminaire [lyminɛːr], *s.m.* (*a*) Luminary, light; star, sun. (*b*) *Coll.* Lights, lighting (at church ceremony, of town, etc.).
luminescence [lyminɛssɑ̃ːs], *s.f.* Luminescence.
luminescent [lyminɛssɑ̃], *a.* Luminescent, self-luminous. **Éclairage l.,** neon-lighting; fluorescent, strip, lighting.
lumineu|x, -euse [lyminø, -øːz], *a.* Luminous (body, sea, mind). *F:* **Yeux l.,** bright eyes. **Idée lumineuse,** bright idea, brainwave. *Ph:* **Onde lumineuse,** light-wave. *T.V:* **Tache, bande, lumineuse,** light spot, strip. *adv.* **-sement.**
luminosité [lyminozite], *s.f.* Luminosity, brightness; sheen.
lunaire [lynɛːr]. 1. *a.* Lunar (month, caustic). 2. *s.f. Bot:* Lunaria; *F:* honesty, moonwort.
lunatique [lynatik], *a. & s.* 1. Whimsical, capricious (person). 2. *B:* Lunatic. 3. *Vet:* **Œil l.,** moon-eye (of horse).
lunch [lœːʃ], *s.m.* (*a*) Light meal; snack. (*b*) Buffet lunch.
lundi [lœdi], *s.m.* Monday. **Le l. gras,** Shrove Monday. **Le l. de Pâques,** Easter Monday. *F:* **Faire le l.,** to take Monday off.
lune [lyn], *s.f.* 1. Moon. **Pleine l.,** full moon. **Nouvelle l.,** new moon. **Clair de l.,** moonlight. **Au clair de (la) l.,** by moonlight. **Nuit sans l.,** moonless night. **Paysage éclairé par la l.,** moonlit landscape. **L. rousse,** April moon. **L. des moissons,** harvest moon. **L'homme de la l.,** the man in the moon. **L. de miel,** honeymoon. **Demander la l.,** to ask for the moon. **Faire un trou à la l.,** to disappear without paying one's debts, *F:* to shoot the moon. **Être dans la l.,** to be wool-gathering. *F:* **Tu tombes de la l.,** you don't know half of what goes on here. S.a. ABOYER. 2. Crescent-shaped object or aperture. **En forme de l.,** crescent-shaped. 3. Vagary, caprice, whim. **Avoir des lunes,** to have moods, to be moody. **Il est dans sa mauvaise l.,** he is in one of his bad moods. 4. (*a*) **L. d'eau,** white water-lily. (*b*) **Pierre de l.,** moonstone.
luné [lyne], *a.* 1. Lunate, crescent-shaped. 2. *F:* **Être bien, mal, l.,** to be in a good, bad, mood.
lunetier [lyntje], *s.m.* Spectacle-maker; optician.
lunette [lynɛt], *s.f.* 1. **L. d'approche,** (refracting) telescope; field-glass. **L. viseur,** sighting telescope. *Surv:* **Coup de l.,** observation, sight. 2. *pl.* (*a*) **(Paire de) lunettes,** (pair of) spectacles, glasses. *Aut: etc:* goggles. **Porter (des) lunettes,** to wear spectacles. **Lunettes fumées, solaires, de soleil,** sun-glasses. **Serpent à lunettes,** Indian cobra, spectacled snake. (*b*) *Harn:* Blinders, blinkers. 3. *Cu:* Merry-thought, wish(ing)-bone (of fowl). 4. (*a*) *Arch: Fort:* Lunette. (*b*) Lunette (of guillotine). 5. (*a*) Seat (of water-closet). (*b*) Cab-window (of locomotive). *Aut:* Rear-window.
lunetterie [lynɛtri], *s.f.* Spectacle, optical instruments, (i) industry; (ii) trade.
lunettier [lynɛtje], *s.m.* = LUNETIER.
lunule [lynyl], *s.f.* Lunule; *F:* (half-)moon (of finger-nail).
lupin [lypɛ̃], *s.m. Bot:* Lupin(e).
lurette [lyrɛt], *s.f.* (Used only in) *F:* **Il y a belle l. (qu'il est parti),** (he went away) a long time ago, ages ago.
luron, -onne [lyrɔ̃, -ɔn], *s. F:* (*a*) *m.* Jolly fellow. **C'est un gai l.,** he's a gay dog. (*b*) *f.* Strapping, beefy young woman.
lu-s, -t. See LIRE.
lustre[1] [lystr], *s.m.* 1. Lustre, polish, gloss, glaze. 2. (Ornamented) chandelier, electrolier.
lustre[2], *s.m.* Lustrum; period of five years.
lustré [lystre], *a.* Glossy, glazed, lustrous. **Étoffe lustrée par l'usure,** cloth shiny with wear. **Le poil lustré du chat,** the cat's glossy coat.
lustr|er [lystre], *v.tr.* To glaze, gloss, polish (up), lustre (leather, etc.). *s.m.* **-age.**
lustrine [lystrin], *s.f.* Cotton lustre. **Manches en l.,** oversleeves.
lut [lyt], *s.m. Cer: Ind:* Lute, luting, cement.
Lutèce [lytɛs]. *Pr.n.f. A.Geog:* Lutetia (Roman name of Paris).
luter [lyte], *v.tr.* To lute; to seal with luting.
luth [lyt], *s.m. Mus:* Lute.
luthéranisme [lyteranism], *s.m.* Lutheranism.
lutherie [lytri], *s.f.* Stringed-instrument (i) industry, (ii) trade.
luthérien, -ienne [lyterjɛ̃, -jɛn], *a. & s. Rel. H:* Lutheran.
luthier [lytje], *s.m.* Stringed-instrument, violin (i) maker, (ii) seller.
lutin, -ine [lytɛ̃, -in]. 1. *s.m.* (*a*) Mischievous sprite; imp, elf, goblin. (*b*) *F:* (Of child) Imp. 2. *a.* Mischievous, impish.
lutiner [lytine]. 1. *v.tr.* To tease, plague, torment, pester (s.o.). 2. *v.i.* To play the imp.
lutrin [lytrɛ̃], *s.m. Ecc:* Lectern; *Fr.C:* Music stand.
lutte [lyt], *s.f.* 1. Wrestling. **L. libre,** catch-as-catch-can. **Combat en l. libre,** all-in wrestling match. 2. (*a*) Contest, fight, struggle, tussle. **Entrer en l. avec qn.,** to join battle, clash, with s.o. **Les partis en l.,** the contending parties. **L. à mort,** struggle to the death. **L. contre la maladie,** disease prevention. *Adv.phr.* **De haute l.,** by force (of arms). **Trophée remporté de haute l.,** hard-won trophy. **De bonne l.,** fair(ly), above-board. *Sp:* **L. à la corde de traction,** tug-of-war. (*b*) Strife. **La l. des classes,** the class war.

lutter [lyte], *v.i.* **1.** To wrestle (**avec, contre,** with). **2.** To struggle, contend, fight, compete (**contre,** with, against). **L. contre l'incendie,** to battle with the fire. **L. contre un abus,** to make a stand against an abuse. **L. de vitesse avec qn,** to race s.o.

lutteur, -euse [lytœ:r, -ø:z], *s.* **1.** Wrestler. **2.** Fighter (for a cause, etc.).

luxation [lyksasjɔ̃], *s.f.* Luxation, dislocation.

luxe [lyks], *s.m.* Luxury. (*a*) **Gros l.,** ostentation, vulgar display of wealth. **C'est du l.,** that's quite unnecessary. **Articles de l.,** luxury articles. **Édition de l.,** de luxe edition. **Train de l.,** first-class and Pullman train. **Taxe de l.,** luxury tax. (*b*) Abundance, profusion, superfluity (of food, etc.). **L. de précautions,** extravagant precautions.

Luxembourg [lyksɑ̃bu:r]. *Pr.n.m. Geog:* (*a*) (Grand Duchy of) Luxemburg. (*b*) Luxembourg (in Belgium).

luxer [lykse], *v.tr.* To luxate, dislocate (joint). **Se l. le genou,** to put one's knee out (of joint).

luxueu|x, -euse [lyksɥø, -ø:z], *a.* Luxurious; rich (dress); sumptuous (feast). *adv.* **-sement.**

luxure [lyksy:r], *s.f.* Lewdness.

luxuriance [lyksyrjɑ̃:s], *s.f.* Luxuriance (of foliage, etc.).

luxuriant [lyksyrjɑ̃], *a.* Luxuriant (vegetation, etc.).

luxurieu|x, -euse [lyksyrjø, -ø:z], *a.* Lewd, lustful. *adv.* **-sement.**

luzerne [lyzɛrn], *s.f.* Lucern(e).

luzernière [lyzɛrnjɛ:r], *s.f.* Lucern(e)-field.

lycée [lise], *s.m.* **1.** *Gr.Ant:* **Le L.,** the Lyceum. **2.** = Grammar, high school; *lycée.*

lycéen, -éenne [liseɛ̃, -eɛn], *s.* Pupil at a *lycée*; schoolboy, -girl.

lychnis [liknis], *s.m. Bot:* Lychnis, campion. **L. diurne,** red campion. **L. des prés,** ragged robin.

lycopode [likɔpɔd], *s.m. Bot:* Lycopod(ium), clubmoss.

lyddite [lidit], *s.f. Exp:* Lyddite.

lydien, -ienne [lidjɛ̃, -jɛn], *a.* & *s. A.Geog: Mus:* Lydian.

lymphatique [lɛ̃fatik], **1.** *a.* & *s.* Lymphatic (gland, subject). **2.** *s.m.* Lymphatic (duct).

lymphe [lɛ̃:f], *s.f.* Lymph.

lynch|er [lɛ̃ʃe], *v.tr.* To lynch. *s.m.* **-age.**

lynx [lɛ̃:ks], *s.m.* Lynx. **Aux yeux de l.,** lynx-eyed.

Lyon [ljɔ̃]. *Pr.n. Geog:* Lyons.

lyonnais, -aise [ljɔnɛ, -ɛ:z], *a.* & *s. Geog:* (Native, inhabitant) of Lyons.

lyre [li:r], *s.f.* **1.** *Mus:* Lyre. **Toute la l.,** the whole range (of poetic emotion, etc.). **2.** *Astr:* Lyra. **3.** **(Oiseau-)l.,** lyre-bird.

lyrique [lirik], *a.* (*a*) Lyric(al). **(Poète) l.,** lyric poet. (*b*) **Théâtre l.,** opera-house.

lyrisme [lirism], *s.m.* **1.** Lyricism. **2.** Poetic enthusiasm.

lys [lis], *s.m. A:* = LIS.

lysergique [lizɛrʒik], **Acide l. (synthétique diéthylamine),** lysergic acid diethylamide, L.S.D.

lysimachie [lizimaki], *s.f.*, **lysimaque** [lizimak], *s.f. Bot:* Loosestrife. **L. nummulaire,** money-wort, creeping jenny.

M, m [ɛm], *s.f.* (The letter) M, m. *Tp:* **M comme Marcel,** M for Mary.
m'. 1. See ME. 2. *A: poss.a.f.* = **ma. M'amie,** my dear.
ma [ma], *poss.a.f.* See MON.
maboul, -oule [mabul]. *P:* 1. *a.* A bit mad; cracked, 2. *s.* Loony.
maboulisme [mabulism], *s.m. P:* Craziness.
macabre [makɑ:br], *a.* (*a*) **La Danse m.,** the dance of Death. (*b*) Macabre; gruesome (discovery); ghoulish, grim (humour, etc.). *adv.* **-ment.**
macache [makaʃ], *int. P:* Not likely! Nothing doing! No fear!
macadam [makadam], *s.m.* 1. Macadam. **M. au goudron,** tar macadam. 2. Macadamized road.
macadamis|er [makadamize], *v.tr.* To macadamize (road). *s.m.* **-age.** *s.f.* **-ation.**
macaque [makak], *s.m. Z:* Macaque, bandar.
macareux [makarø], *s.m. Orn:* Puffin.
macaron [makarɔ̃], *s.m.* 1. *Cu:* Macaroon. 2. Coat-hanger. 3. *pl. Hairdr: A:* Coils (over the ears). 4. *F:* Rosette (of a decoration).
macaroni [makarɔni], *s.m.* Macaroni.
Mac(c)habée [makabe]. 1. *Pr.n.m.* Maccabeus. 2. *s.m. P:* Corpse.
Macédoine [masedwan]. 1. *Pr.n.f.* Macedonia. 2. *s.f.* (*a*) **M. de fruits,** fruit salad. **M. de légumes,** mixed vegetable salad. (*b*) Medley, miscellany; *Pej:* hotchpotch.
macédonien, -ienne [masedɔnjɛ̃, -jɛn], *a. & s.* Macedonian.
macération [maserasjɔ̃], *s.f.* Maceration.
macérer [masere], *v.tr.* (**je macère ; je macérerai**) 1. To macerate; to steep, soak. 2. To mortify (the flesh).
macfarlane [makfarlan], *s.m.* Inverness cape.
Mach [maʃ], *s.m.* (*Aerodynamics*) (**Nombre de**) **M.,** Mach, Mach number.
machaon [makaɔ̃], *s.m. Ent:* Swallow-tail butterfly.
mâche [mɑ:ʃ], *s.f.* Corn-salad, lamb's-lettuce.
mâché [maʃe], *a.* Worn, fretted, galled (rope, etc.). **Plaie mâchée,** jagged, ragged, wound.
mâchefer [mɑʃfɛ:r], *s.m.* Clinker, slag.
mâch|er [mɑʃe], *v.tr.* (*a*) To chew, masticate; *F:* to munch (biscuit, etc.); (of animal) to champ (fodder). (Of horse) **M. le mors,** to champ the bit. *F:* **L'usine mâche à vide,** the factory is eating its head off. **Je ne vais pas lui m. les mots,** I shall not mince words with him. **M. la besogne à qn,** to half-do s.o.'s work for him. (*b*) (Of blunt tool, etc.) **M. le bois,** to chew up the wood. *s.m.* **-ement.**
machette [maʃɛt], *s.f.* Machet, machete (knife),
Machiavel [makjavɛl]. *Pr.n.m.* Machiavelli.
machiavélique [makjavelik, maʃ-], *a.* Machiavellian.
machiavélisme [makjavelism], *s.m.* Machiavellism.
mâchicoulis [mɑʃikuli], *s.m. A.Fort:* Machicolation.
machin [maʃɛ̃], *s. F:* 1. **Monsieur, madame, m.,** Mr, Mrs, what's his (her) name. 2. *s.m.* Gadget. **Qu'est-ce que c'est que ce m.-là?** what's that gadget?
machinal, -aux [maʃinal, -o], *a.* Mechanical, unconscious (action). *adv.* **-ement.**
machinateur, -trice [maʃinatœ:r, -tris], *s.* Machinator, hatcher (of plot, etc.).
machination [maʃinasjɔ̃], *s.f.* Machination, plot.
machine [maʃin], *s.f.* 1. Machine. (*a*) **M. à coudre,** sewing-machine. **M. à laver,** washing-machine. **M. à sous,** penny-in-the-slot gambling machine. **M. à écrire,** typewriter. **Écrire une lettre à la m.,** to type a letter. **Écriture à la m.,** typewriting, typing. *F:* **Trois pages de m.,** three typewritten pages. **M. de guerre,** engine of war. *Agr:* **M. à battre,** threshing machine. **M. à forger,** forging-press. **M. à composer,** type-setting machine. *pl.* **Les machines,** the machinery. **Les grosses machines,** heavy plant. *Th:* **Pièce à machines,** play with stage-effects. (*b*) Bicycle. **M. à cadre,** diamond-frame bicycle. **M. de course,** racing bicycle. **Monter sur sa m.,** to get on one's bicycle or motor cycle. (*c*) (Machine-tools) **M. à aléser,** boring machine, fine borer. **M. à fraiser,** milling-machine, shaper. **Travailler le métal à la m.,** to machine metal. **Fait à la m.,** machine-made. (*d*) *F:* Thing, gadget, contraption. 2. Engine. (*a*) **M. motrice,** prime mover. **M. thermique,** heat engine. **M. à combustion interne,** internal-combustion engine. **M. à gaz,** gas engine. **M. à pétrole,** oil engine. **M. à vapeur,** steam-engine. **M. auxiliaire,** donkey-engine. (*b*) (i) *Rail:* Locomotive. **M. de manœuvre,** shunting-engine. (ii) **M. routière,** traction-engine. 3. *El:* Dynamo. **M. alternative,** alternating-current dynamo.
machine-outil [maʃinuti], *s.f.* Machine-tool. *pl. Des machines-outils.*
machiner [maʃine], *v.tr.* 1. To scheme, plot. **Affaire machinée d'avance,** put-up job. 2. To supply (sth.), fit (sth.) up, with mechanical contrivances.
machinerie [maʃinri], *s.f.* 1. Machine construction. 2. (*a*) *Ind:* Machine shops. (*b*) *Nau:* Engine-room. 3. *Ind:* Plant.
machinisme [maʃinism], *s.m. Psy: Pol.Ec: Biol:* Mechanism (as a theory or system).
machiniste [maʃinist], *s.m.* 1. Occ. = MÉCANICIEN. 2. *Th:* Scene-shifter, stage-hand. **Chef machiniste,** stage-setter.
machmètre [maʃmɛtr], *s.m.* (*Aerodynamics*). Machmeter.
mâchoire [mɑʃwa:r], *s.f.* 1. (*a*) Jaw (of person, animal). **La m., les mâchoires,** the jaws. *F:* **Jouer de la mâchoire, des mâchoires,** to eat with appetite. (*b*) Jaw-bone. 2. **Mâchoires d'un étau,** jaws of a vice. **M. d'une poulie,** flange of a pulley. *Aut:* **Mâchoires du frein,** brake-shoes.
mâchonn|er [mɑʃɔne], *v.tr.* 1. To chew (food) with difficulty; to munch; to chew (cigar); (of horse) to champ (the bit). 2. To mutter (threats, etc.); to mumble (prayer). *s.m.* **-ement.**
mâchonneur, -euse [mɑʃɔnœ:r, -ø:z], *s.* Mumbler.
mâchure [mɑʃy:r], *s.f.* Bruise (on pear, flesh).
mâchurer[1] [mɑʃyre], *v.tr. Typ:* To smudge, mackle, blur (sheet).
mâchurer[2], *v.tr.* 1. To bruise. *Mec.E:* To dent, bruise (metal part in the vice). 2. To reduce (handkerchief, etc.) to pulp.
mackintosh [makɛ̃tɔʃ, -intɔʃ], *s.m.* Mackintosh.
maclage [makla:ʒ], *s.m. Glassm:* Mixing, stirring.
macle [makl], *s.f.* 1. *Cryst:* Macle; twin(ned) crystal. 2. *Fish:* Wide-meshed net.
macler [makle], 1. *v.i. & pr. Cryst:* To twin. 2. *v.tr. Glassm:* To mix, to stir.
maçon [masɔ̃, mɑ-], *s.m.* 1. (*a*) Mason. (*b*) = FRANC-MAÇON. 2. *a. Ent:* **Abeille maçonne** [masɔn], mason-bee.
maçonnage [masɔna:ʒ], *s.m.* Mason's work; brick-laying.
maçonner [masɔne], *v.tr.* 1. (*a*) To build (wall, etc.). (*b*) To mason (wall); to face (wall, etc.) with stone. (*c*) To wall up, brick up (door, etc.). 2. *F:* To bungle, mess up (job).
maçonnerie [masɔnri], *s.f.* 1. Masonry; stone-work or bricklaying. 2. = FRANC-MAÇONNERIE.
maçonnique [masɔnik], *a.* Masonic (lodge, etc.).
macqu|er [make], *v.tr.* 1. *Tex:* To brake (flax, hemp). 2. *Metall:* To squeeze (bloom). *s.m.* **-age.**
macreuse [makrø:z], *s.f.* 1. *Orn:* Scoter(-duck). 2. *Cu:* Lean meat found on the shoulder of beef.
macrocéphale [makrɔsefal], *a.* Macrocephalic; large-headed.
macrocéphalie [makrɔsefali], *s.f.* Macrocephaly.
macrocosme [makrɔkɔsm], *s.m.* Macrocosm.
macrophotographie [makrɔfɔtɔgrafi], *s.f.* Macrophotography; photomacrography.
macropode [makrɔpɔd]. 1. *a. Nat.Hist:* Macropodous. 2. *s.m. Ich:* Paradise fish.
macroscopique [makrɔskɔpik], *a.* Macroscopic.

maculage [makyla:ʒ], *s.m.* **maculation** [makylasjɔ̃], *s.f.* Maculation, spot. *Typ:* (i) Setting off. (ii) Set-off, offset.

macule [makyl], *s.f.* (*a*) Stain, spot, blemish. **Sans macule,** immaculate, spotless, without blemish. (*b*) *Astr:* Macula, sun-spot. (*c*) Birthmark.

maculé [makyle], *a. Z: etc:* Spotted.

maculer [makyle]. **1.** *v.tr.* To stain, maculate, spot. **2.** *v.i. & pr.* (Of paper) To mackle, blur; (of engraving) to fox.

madame, *pl.* **mesdames** [madam, medam], *s.f.* **1.** (*a*) **Madame, Mme, Dupont,** Mrs Dupont. **Mesdames, Mmes, Dupont,** the Mrs Dupont, the Dupont ladies. **Madame la marquise, la comtesse, de . . .,** the Marchioness, the Countess, of. . . **Madame la comtesse, etc.,** her ladyship. **Je voudrais parler à madame la directrice,** may I speak to the manageress; the headmistress? **Comment va madame votre mère?** how is your mother? (*b*) (Used alone) (*pl.* **ces dames**) **Voici le chapeau de madame,** here is Madam's hat. **Ces dames n'y sont pas,** the ladies are not at home. **2.** (*a*) (In address) Madam, *F:* ma'am; (to titled lady) your ladyship. **Non, madame,** no (,madam). **Entrez, mesdames,** come in (,ladies). (*b*) (In letter writing) **Madame** (always written in full), Dear Madam. (Implying previous acquaintance) **Chère Madame,** Dear Mrs X.

madapol(l)am [madapɔlam], *s.m. Tex:* Madapol(l)am, fine calico.

Madeleine [madlɛn]. **1.** *Pr.n.f.* (*a*) *B.Hist:* Magdalen(e). (*b*) *F:* Reformed prostitute. (*c*) *Pr.n.f.* Madeleine. **2.** *s.f. Cu:* Madeleine.

mademoiselle, *pl.* **mesdemoiselles** [madmwazɛl, medmwazɛl], *s.f.* **1.** Miss. **Mademoiselle, Mlle, Smith,** Miss Smith. **Mesdemoiselles Smith,** the Misses Smith. **Voici le chapeau de mademoiselle,** here is Miss Smith's, Miss Mary's, hat. **Voici mademoiselle la directrice,** here is the manageress; headmistress. **Comment va mademoiselle votre cousine?** how is your cousin? **2.** (*a*) (In address) **Merci, mademoiselle,** thank you, (Miss Mary, Miss Smith, etc.). (*b*) (*pl.* **ces demoiselles**) **Mademoiselle est servie,** dinner is served, madam. **Que prendront ces demoiselles?** what can I offer you, ladies? (*c*) (In letter writing) **Mademoiselle** (always written in full), Dear Madam. (Implying previous acquaintance) **Chère Mademoiselle,** Dear Miss X.

Madère [madɛ:r]. **1.** *Pr.n.f. Geog:* Madeira. **2.** *s.m.* Madeira (wine). **Gâteau au m.,** tipsy-cake.

madone [madɔn], *s.f.* Madonna.

madrague [madrag], *s.f. Fish:* Tunny-net.

madras [madrɑ:s], *s.m. Tex:* Madras.

madré [madre], *a.* **1.** Veined, mottled. **Érable m.,** bird's-eye maple. **2.** Sly, crafty, wily. *s.m.* Sly fox.

madrépore [madrepɔ:r], *s.m. Coel:* Madrepore.

madrier [madrie], *s.m.* (Piece of) timber; beam; joist; thick board, plank.

madrigal, -aux [madrigal, -o], *s.m.* Madrigal.

madrilène [madrilɛn], *a. & s.* Of Madrid; Madrilenian.

Maelström (le) [ləmɛlstrœ:m]. *Pr.n.m. Geog:* The Maelstrom.

maestria [maɛstria], *s.f. Art:* Masterliness (of execution). **Avec m.,** in a masterly manner; brilliantly.

maestro [maɛstro], *s.m. Mus:* Maestro.

mafflu [mafly], *a. F:* Heavy-jowled.

magasin [magazɛ̃], *s.m.* **1.** (*a*) (Large) shop. **Grand m.,** store. **M. à succursales multiples,** chain-store. **Commis, demoiselle, de m.,** shop-assistant. (*b*) Store, warehouse. **Garçon de m.,** warehouseman, storeman. **Marchandises en m.,** stock in hand. **Magasins généraux,** bonded warehouse(s). (*c*) **M. à poudre,** powder magazine. **M. d'armes,** armoury. **2.** Magazine (of rifle).

magasinage [magazina:ʒ], *s.m.* **1.** Warehousing, storing (of goods). **2. (Droits de) m.,** warehouse dues; storage (charges). **3.** *Fr.C:* **Faire du m.,** to do some shopping.

magasiner [magazine], *v.i. Fr.C:* To go shopping.

magasinier [magazinje], *s.m.* Warehouseman, storekeeper.

magazine [magazin], *s.m.* (Illustrated) magazine.

magdalénien, -ienne [magdalenjɛ̃, -jɛn], *a. Geol: Prehist:* Magdalenian.

mage [ma:ʒ], *s.m.* Magus. (*a*) **Les trois Mages,** (i) *B.Hist:* the Magi, the Three Wise Men; (ii) *Astr:* Orion's belt. (*b*) Seer.

magenta [maʒɛ̃ta], *a.inv.* Magenta (colour).

magicien, -ienne [maʒisjɛ̃, -jɛn], *s.* Magician, wizard, sorcerer; *f.* sorceress.

magie [maʒi], *s.f.* Magic, wizardry. **M. noire,** black magic, the black art. **M. blanche,** white magic.

magique [maʒik], *a.* Magic(al). **Baguette m.,** magic wand. **Lanterne m.,** magic lantern. *adv.* **-ment,** -ally.

magister [maʒistɛ:r], *s.m.* **1.** *A:* Pedagogue, schoolmaster. **2.** Pedant.

magistère [maʒistɛ:r], *s.m.* **1.** *A: Alch: R.C.Ch:* Magisterium. **2.** *F:* **Exercer un m.,** to exercise authoritative power.

magistral, -aux [maʒistral, -o], *a.* (*a*) Magisterial, authoritative; *F:* pompous; masterful (manner). (*b*) Masterly (work). *adv.* **-ement.**

magistrat [maʒistra], *s.m.* Magistrate; justice; judge. **Il est m.,** he sits on the Bench.

magistrature [maʒistraty:r], *s.f.* Magistrature. **La m. assise,** the judges, the Bench. **La m. debout,** the body of public prosecutors; the law-officers of the State. **Entrer dans la m.,** to be appointed judge or public prosecutor.

magma [magma], *s.m. Geol:* Magma.

magnanerie [maɲanri], *s.f.* **1.** Silkworm rearing-house; cocoonery. **2.** Silkworm breeding; sericulture.

magnanier, -ière [maɲanje, -jɛ:r], *s.* Silkworm breeder; sericulturist.

magnanime [maɲanim], *a.* Magnanimous. *adv.* **-ment.**

magnanimité [maɲanimite], *s.f.* Magnanimity.

magnat [magna], *s.m.* **1.** *Hist:* Magnate, grandee (of Poland, Hungary). **2.** *Com: Ind:* Magnate, tycoon.

magnésie [maɲezi], *s.f.* **1.** *Ch: Pharm:* Magnesia, magnesium oxide. **2.** *Pharm:* **Sulfate de m.,** Epsom salts.

magnésite [maɲezit], *s.f.* Magnesite, meerschaum.

magnésium [maɲezjɔm], *s.m. Ch:* Magnesium. *Phot:* **Lampe au m.,** flash-lamp.

magnétique [maɲetik], *a.* Magnetic. *adv.* **-ment,** -ally.

magnétisable [maɲetizabl], *a.* Magnetizable.

magnétisation [maɲetizasjɔ̃], *s.f.* **1.** Magnetization, magnetizing. **2.** Mesmerization, mesmerizing.

magnétiser [maɲetize], *v.tr.* **1.** (= AIMANTER) To magnetize (iron, etc.). **2.** To magnetize, mesmerize, hypnotize. *F:* **Auditoire magnétisé,** spell-bound audience.

magnétiseur [maɲetizœ:r], *s.m.* Magnetizer, mesmerizer.

magnétisme [maɲetism], *s.m.* **1.** *Ph:* Magnetism. **M. remanent,** residual magnetism. **2.** (*a*) Mesmerism. (*b*) **M. personnel,** personal magnetism.

magnétite [maɲetit], *s.f.* Magnetite, lodestone.

magnéto [maɲeto], *s.f. I.C.E:* Magneto.

Magnétophone [maɲetɔfɔn], *s.m. R.t.m:* Tape recorder.

magnétoscope [maɲetoskɔp], *s.m.* Magnetoscope.

magnificence [maɲifisɑ̃:s], *s.f.* **1.** Magnificence, splendour. **2.** Munificence.

magnifier [maɲifje], *v.tr.* To magnify, glorify.

magnifique [maɲifik], *a.* **1.** (*a*) Magnificent, grand; sumptuous. (*b*) Grandiloquent, pompous (tone). (*c*) High-sounding (promises). *F:* **Vous êtes m.!** you're the limit! **2.** Liberal, open-handed. *adv.* **-ment.**

magnitude [magnityd], *s.f.* Magnitude (of star).

magnolia [maɲɔlja, -gn-], *s.m. Bot:* Magnolia.

magnolier [maɲɔlje, -gn-], *s.m.* Magnolia(-tree).

magnum [magnɔm], *s.m.* Magnum (of champagne).

magot[1] [mago], *s.m. F:* Hoard (of money); savings, *F:* pile.

magot[2], *s.m.* **1.** Barbary ape, pigmy ape; macaque, magot. **2.** (*a*) Chinese grotesque porcelain figure. (*b*) *F:* (With *f.* **magotte**) Ugly person; *F:* fright.

magyar [maʒja:r], *a. & s. Ethn:* Magyar.

maharajah [maaraʒa], *s.m.* Maharaja(h).

maharani [maarani], *s.f.* Maharanee.

mahatma [maatma], *s.m.* Mahatma, Saint (from Sanskrit meaning 'Great Soul').

Mahomet [maɔmɛ]. *Pr.n.m.* Mohammed, Mahomet.

mahométan, -ane [maɔmetɑ̃, -an], *a. & s.* Mohammedan, Mahometan, Moslem.

mahométisme [maɔmetism], *s.m.* Mohammedanism, Moslemism.
mahout [mau], *s.m.* Mahout; elephant-driver.
mai [mɛ], *s.m.* **1.** May. **En m.**, in May. **Au mois de m.**, in the month of May. **Le sept m.**, (on) the seventh of May, (on) May (the) seventh. **Le premier m.**, May-day. **2.** Maypole.
maigre [mɛːgr]. **1.** *a.* (*a*) Thin, skinny, lean. *F:* **M. comme un clou, comme un squelette**, as thin as a lath, as a rake. **Homme grand et m.**, tall spare man. *s.* **Un grand m.**, a tall, thin man. **C'est une fausse m.**, she's not as thin as she looks. (*b*) Lean (meat, coal); meagre (fare); **scanty** (vegetation); unfertile, poor (land). **M. repas**, scanty, frugal, meal. **Repas m.**, meatless meal (on abstinence days). **Jour m.**, fast-day, day of abstinence. **Faire maigre**, to fast, to abstain from meat. **M. bagage de latin**, scanty store of Latin. **Faire m. chère, m. réception, à qn.**, to show s.o. meagre hospitality; to give s.o. a poor reception. *adv.* **Peindre, dessiner, m.**, to lack breadth of brush, of pencil. **2.** *s.m.* Lean (part of meat). **Voulez-vous du gras ou du m.?** will you have fat or lean? *adv.* **-ment.**
maigrelet, -ette [mɛgrəlɛ, -ɛt], *a.* Thin, slight (person); *F:* skinny.
maigreur [mɛgrœːr], *s.f.* **1.** (*a*) Thinness, leanness. (*b*) Emaciation. **2.** Poorness, meagreness, scantiness (of a meal, etc.); baldness (of style).
maigrichon, -onne [mɛgriʃɔ̃, -ɔn], **maigriot, -otte** [mɛgrio, -ɔt], *a.* *F:* Thin, skinny.
maigrir [mɛgriːr]. **1.** *v.i.* To grow thin, lean; to lose flesh. **J'ai maigri de vingt livres**, I have lost twenty pounds. **2.** *v.tr.* (*a*) (Of illness) To make (s.o.) thinner. (*b*) (Of garment) To make (s.o.) look thin(ner). (*c*) To thin (piece of wood).
mail [maːj], *s.m.* **1.** (*a*) *A:* Mall (game, club, or alley). (*b*) Avenue, promenade. **2.** Sledge-hammer.
maille[1] [mɑːj], *s.f.* **1.** (*a*) Stitch (in knitting, etc.). **Mailles endroit, mailles envers**, plain and purl. **Arrêter les mailles**, to cast off. (*b*) Link (of chain). (*c*) *Arm:* (Chain-)mail. **Cotte de mailles**, coat of mail. **2.** Mesh (of net). **Filet à larges mailles**, wide-mesh net. **3.** Speckle, spot (on partridge feather, etc.).
maille[2], *s.f.* *Num:* *A:* Mail. *F:* **Il n'a ni sou ni m.**, he hasn't a penny to bless himself with. **Avoir m. à partir avec qn**, to have a bone to pick with s.o.
maillechort [mɑjʃɔːr], *s.m.* German silver, nickel silver.
mailler[1] [mɑje], *v.tr.* **1.** (*a*) To net (a purse, etc.). (*b*) To make (sth.) in lattice-work. **2.** To shackle (two chains).
mailler[2], *v.tr.* To beat with a mallet.
maillet [majɛ], *s.m.* (*a*) *Tls:* Mallet or maul; beetle. (*b*) Polo-stick, -mallet; croquet-mallet.
mailletage [majtaːʒ], *s.m.* Studding (with nails or rivets).
mailloche [majɔʃ], *s.f.* **1.** Beetle; large mallet. **2.** Bass-drumstick.
maillon [mɑjɔ̃], *s.m.* **1.** (*a*) Link (of a chain). **M. tournant**, swivel. (*b*) *W.Tel:* **M. isolateur**, shell insulator; buckle insulator. **2.** *Nau:* (Length of chain of 30 metres) Shackle.
maillot[1] [majo], *s.m.* Swaddling-clothes. **Enfant encore au m.**, baby not yet 'shortened.'
maillot[2], *s.m.* (*a*) *Th: etc:* Tights. (*b*) **M. de bain**, bathing costume; swimsuit. (*c*) *Sp:* Sports jersey; (running, boxing) vest, singlet. (*d*) **M. de corps**, vest.
main [mɛ̃], *s.f.* **1.** Hand. (*a*) *F:* **Se laver les mains de qch.**, to wash one's hands of sth. **Soin des mains**, manicure, manicuring. **Donner la m. à qn**, (i) to take s.o.'s hand, to lead s.o. by the hand; (ii) to shake hands with s.o. **Se donner la m.**, to shake hands. **Donner sa m. à qn**, (i) to shake hands with s.o.; (ii) (of woman) to give one's hand in marriage to s.o. **Je lui serrai la m.**, I shook hands with him. **Prêter la m. à qn**, to lend s.o. a helping hand. **Mettre, porter, la m. à son chapeau**, to touch one's hat (to s.o.). **Porter la m. sur qn**, to lay a hand on s.o. *F:* **Je n'en mettrais pas la m. au feu**, I shouldn't like to swear to it. **Mariage de la m. gauche**, (i) morganatic marriage. (ii) *F:* marriage over the broomstick. **En venir aux mains**, to come to blows. **Ils en sont aux mains**, they are at grips. **Enlèvement à m. armee**, abduction by force of arms. **N'y pas aller de m. morte**, to put one's back into it, *F:* to lay it on. **Faire m. basse sur une ville**, to pillage a town. *F:* **Faire m. basse sur les vivres**, to make a clean sweep of the victuals. **Haut les mains!** hands up! **A bas les mains!** hands off! **Affaire conclue sous (la) m.**, hole and corner deal. **Avoir qch. sous la m.**, to have sth. (near) at hand, within reach. **Coup de m.**, *Mil:* raid, surprise attack. **Tenter un coup de m. contre une position**, to attempt to carry a position by surprise. **Donner un coup de m. à qn**, to lend s.o. a helping hand. *F:* **Passer la m. dans le dos, dans les cheveux, à qn**, to soft-sawder s.o. **Faire qch. de la m. droite, gauche**, to do sth. right-handed, left-handed. S.a. CŒUR 2, NOUVELLE[2] 1, REVERS 1. (*b*) **Il a des mains de beurre**, he's a butter-fingers. **Prendre son courage à deux mains**, to take one's courage in both hands. **Épée à deux mains**, two-handed sword. **Il signa le contrat des deux mains**, he signed the contract eagerly. **Donner de l'argent à pleine(s) main(s)**, to ladle out money by the handful. **Avoir de l'atout plein les mains**, to have a handful of trumps. **Avoir sans cesse l'argent à la m.**, to be constantly paying out money. **Argent en main(s)**, money in hand. **Outil bien en mains**, handy tool. **Tenir le succès entre ses mains**, to have success within one's grasp. **Tomber entre les mains de l'ennemi**, to fall into the enemy's hands. **Passer aux mains de . . .**, to fall, pass, into the hands of . . . **Être en bonnes mains**, to be in good hands, in safe keeping. **Prendre une affaire en m.**, to take a matter in hand. **Mettre la m. sur qn**, *F:* to collar, nab, s.o. **Mettre la m. sur qch.**, to lay hands on, take possession of, sth. **Acheter qch., de première, seconde, m.**, to buy sth. (at) first, second, hand. **Renseignements de première m.**, first-hand information. **De m. en m.**, from hand to hand. **Payer de la m. à la m.**, to hand over the money direct (without receipt or other formality). (*c*) **Faire, fabriquer, qch. à la m.**, to do, make, sth. by hand. **Travail fait à la m.**, handwork. **Papier (fait) à la m.**, hand-made paper. **Scie à m.**, hand-saw. **Écrire une lettre de sa propre m.**, to write a letter in one's own hand. **Notes écrites à la m.**, hand-written notes. **Faire qch. en un tour de m.**, to do sth. in a twinkling, in a jiffy. S.a. TOUR[2] 5. **Mettre la m. à l'œuvre**, to put one's hand to the plough. S.a. PÂTE 1. **Se faire la m.**, to get one's hand in; to acquire the knack of sth. **Avoir le coup de m.**, to have the knack (of doing sth.). **S'entretenir la m.**, to keep one's hand in. **Il a perdu la m.**, he is out of practice. S.a. LEVÉ 1, NET 1, TRAVAIL[1] 1. (*d*) *Equit:* **Rendre la m. à son cheval**, to give one's horse its head. **Cheval à m.**, led horse. **Cheval à toute m.**, horse for riding or driving. *F:* **Homme à toute m.**, man ready to do anything. **Cheval bien en m.**, horse well in hand, under control. **Tenez-vous en m.**, control yourself. **Être sous la m. de qn**, to be under s.o.'s thumb. **Agir de haute m.**, to act with a high hand, in a high-handed way. **Avoir la haute m. sur . . .**, to have supreme control over. . . . **Gagner haut la m.**, (i) *Turf:* to win in a canter; (ii) *F:* to win easily, hands down. (*e*) *Adv.phr.* **De longue m.**, for a long time (past). **Ami de longue m.**, friend of long standing. **2.** (*a*) Hand (writing). **Avoir une belle m.**, to have a fine hand; to write well. (*b*) *Com:* **M. courante**, rough book. **3.** *Cards:* (*a*) Hand. **Avoir une m. longue**, to have a long suit in trumps. (*b*) **Avoir la m.**, to have the deal. **Passer la m.**, (i) to pass the deal; (ii) *F:* to stand aside; to give someone else a chance. (*c*) **Avoir la m.**, to have the lead. **4.** (*a*) (Grocer's, etc.) scoop. (*b*) **Mains de caoutchouc**, rubber gloves. (*c*) Handle (of drawer, etc.). (*d*) *Aut:* **M. de ressort**, dumb-iron, spring-carrier arm. **5. M. de papier** (25 *feuilles*), approx. = quire (24 sheets). **6.** Feel (of cloth, etc.). **Papier qui a de la m.**, paper with some substance, that handles easily. **7. M. courante**, hand-rail (of stair); hand-rope. **8. M. de fer**, (i) hand-hold (on wall, etc.); (ii) handled hook (of rag-pickers).
main-d'œuvre [mɛ̃dœːvr], *s.f.* **1.** Labour; manpower. **Embaucher de la m.-d'œ.**, to take on hands. **2.** Cost of labour. **3.** Workmanship.
main-forte [mɛ̃fɔrt], *s.f.* Help, assistance (to authority or of authority).

mainlevée [mɛ̃lve], *s.f. Jur:* **M. de saisie,** replevin; restoration of goods (taken in distraint). **M. d'opposition à mariage,** withdrawal of opposition to marriage. *Ecc:* **M. d'interdit,** removal of interdict.

mainmise [mɛ̃miːz], *s.f.* **1.** *A:* Manumission; freeing (of bondman). **2.** Seizure (**sur,** of); distraint (upon property).

maint [mɛ̃], *a.* Many (a . . .). **M. auteur,** many an author. **Maintes et maintes fois, à maintes reprises, en mainte (et mainte) occasion,** time and again.

maintenant [mɛ̃tnɑ̃], *adv.* Now. **A vous m.,** your turn next. **Dès m.,** (i) henceforth, from now onwards; (ii) even now. *F:* **Oh! m.,** come now!

maintenir [mɛ̃tniːr], *v.tr.* (Conj. like TENIR) To maintain. **1.** (*a*) To keep, hold, (sth.) in position. **Colonnes qui maintiennent la voûte,** columns that support the roof. **M. qn dans ses fonctions,** to maintain s.o. in his post. **Il est difficile de m. ces étudiants dans la carrière de l'enseignement,** it is difficult to keep these students to teaching as a career. (*b*) To uphold, keep (the law, discipline, opinion); to abide by (a decision). **Je maintiens que c'est faux,** I maintain that it is untrue. **M. sa position,** to hold one's own. **2. M. un fou furieux sur sa couchette,** to hold down a raving lunatic on his bed.
se maintenir. 1. (*a*) To last well. (*b*) (Of casting-mould, etc.). To hold together. **2.** To hold on. **Se m. dans les bonnes grâces de qn,** to keep in favour with s.o. **Se m. contre les attaques de l'ennemi,** to hold one's own, to keep one's ground, against the enemy. **Les prix se maintiennent,** prices are keeping up. *St.Exch:* **Ces actions se maintiennent à . . .,** these shares remain firm at. . . . *F:* **Comment ça va?—On se maintient,** 'How are things?' 'Jogging along.' **3.** To be maintained, to continue. **Cela ne peut pas se m. longtemps,** it cannot last long. **Le temps se maintient au beau,** the weather remains fine.

maintien [mɛ̃tjɛ̃], *s.m.* **1.** Maintenance, upholding, keeping (of order, etc.). **2.** Bearing, carriage, deportment. **Leçons de m.,** lessons in deportment. **Il n'a pas de m.,** he is awkward, loutish. **Perdre son maintien,** to lose countenance.

maire [mɛːr], *s.m.* Mayor.

mairesse [mɛrɛs], *s.f. F:* Mayoress.

mairie [mɛri], *s.f.* Town-hall; municipal buildings.

mais [mɛ]. **1.** *adv.* (*a*) *A:* More. (Still so used in) **N'en pouvoir m.,** (i) to be exhausted, at the end of one's tether; (ii) to be too disconcerted to protest. (*b*) (Emphatic) **M. oui!** why, certainly! **M. non!** not at all! **M. qu'avez-vous donc?** why, what is the matter? **M. c'est que c'est vrai!** indeed, it's quite true! **2.** *conj.* But. **Famille riche m. honnête,** rich but honest family. **Non seulement . . ., m. encore . . .,** not only . . ., but also. . . .

maïs [mais], *s.m.* Maize, *U.S:* corn. **Farine de maïs,** cornflour.

maison [mɛzɔ̃], *s.f.* **1.** House. (*a*) **M. d'habitation,** dwelling-house. **M. de ferme,** farm-house. S.a. RAPPORT I. 1. *Sch:* **La M. du Canada (de la Cité Universitaire),** the Canadian Hostel. **M. religieuse,** convent. **M. de repos,** rest home. **M. de santé,** (i) nursing home; (ii) home for mental patients. **M. de correction,** prison where short sentences are served. **M. d'arrêt,** lock-up; prison, gaol. **M. de force,** prison. **M. de jeu,** gambling-house. *Prov:* **Les maisons empêchent de voir la ville,** you can't see the wood for the trees. (*b*) **M. de commerce,** business house; firm. **La M. du Stylo,** the Pen Shop. (*c*) Home. **M. de ville,** town-house. **M. de campagne,** house in the country. **A la m.,** at home. **Garder la m.,** to stay at home, to stay in(doors). **Tenir m. ouverte,** to keep open house. **Tenir la m. de qn,** to keep house for s.o. **Trouver m. nette,** to find the house empty. (*d*) *Astrol:* House, mansion. **2.** Family. (*a*) **Le fils de la m.,** the son of the house. **Il est de bonne m.,** he belongs to a family of good standing. **Être de la m.,** to be one of the family. (*b*) Dynasty. **La m. des Bourbons,** the House of Bourbon. (*c*) Household, staff. **La m. du Roi,** the Royal Household. **Faire m. nette,** to make a clean sweep of all the servants or employees. **Elle a vingt ans de m.,** she has been in service for twenty years. **3.** *Attrib.* (*a*) (*on menu*) Pâté m., special pâté (of the establishment). (*b*) *P:* **Ça c'est m.!** that's the goods!

maisonnée [mɛzɔne], *s.f. F:* Household, family.

maisonnette [mɛzɔnɛt], *s.f.* Small house; cottage.

maistrance [mɛstrɑ̃ːs], *s.f.* (*a*) *Navy:* Petty officers. (*b*) Dockyard staff.

maître, -esse [mɛːtr, mɛtrɛs], *s.* **1.** (*a*) Master, *f.* mistress. **Parler à qn en m.,** to speak authoritatively to s.o. **Être m. de la situation,** to be master of the situation. **Être m. absolu de faire qch.,** to be entirely free to do sth. *F:* **Faire le m.,** to lord it. **Trouver son m.,** to meet one's master. **Être m., maîtresse, de soi(-même),** to be master, mistress, of oneself. **Le mécanicien n'était plus m. du train,** the driver had lost control of the train. **Navire qui n'est pas m. de sa manœuvre,** ship out of control. **Devenir, se rendre, m. de qch.,** (i) to become the owner of sth., to take possession of sth; (ii) to master sth. **Il est toujours m. de son auditoire,** he always commands the attention of his audience. *Prov:* **Tel m., tel valet,** like master, like man. (*b*) **M., maîtresse, d'école,** schoolmaster, schoolmistress. **M. d'étude** = RÉPÉTITEUR (*a*). **M. de danse,** (i) dancing-master; (ii) *Tls:* in-and-out calipers. **M. d'armes, d'escrime,** fencing-master. **M. de chapelle,** choir-master. (*c*) **M. charpentier, m. maçon,** master carpenter, master mason. **Main de m.,** master hand. **C'est fait de main de m.,** it is a masterpiece. **Coup de m.,** master stroke. **Être passé m. en qch.,** to be a past master in sth. (*d*) Works owner. **M. de forges,** ironmaster. (*e*) Employee in charge, **M. d'œuvre,** foreman. **M. clerc,** (lawyer's) managing clerk. **M., maîtresse, de poste,** postmaster, postmistress. *Navy:* **Premier m.,** chief petty officer. **Second m.,** second-class petty officer. **M. d'équipage, de manœuvre,** boatswain. **M. d'hôtel,** (i) major-domo, house-steward, butler; (ii) head waiter; (iii) *Nau:* chief steward. *Cu:* **Sauce à la m. d'hôtel,** melted butter with parsley and lemon juice. (*f*) (Title applied to members of legal profession) Maître. **2.** *N.Arch:* Midships. **3.** *Attrib:* (*a*) **Maîtresse femme,** capable, managing, woman. *F:* **M. sot,** utter fool. (*b*) Chief, principal. **Maîtresse poutre,** main girder, main beam. **Idée maîtresse d'un ouvrage,** governing idea of a work. *Games:* **Carte maîtresse,** master card. **4.** *s.f.* **Maîtresse,** mistress.

maître-autel [mɛtrotɛl], *s.m. Ecc:* High altar. *pl. Des maîtres-autels.*

maître-timonier [mɛtrtimɔnje], *s.m. Navy:* Yeoman of the signals. *pl. Des maîtres-timoniers.*

maîtrisable [mɛtrizabl], *a.* Controllable.

maîtrise [mɛtriːz], *s.f.* **1.** (*a*) Mastership. *Sch:* **M. de conférences,** lectureship. (*b*) Choirmastership (of cathedral). (*c*) Choir school; (by ext.) choir. **2.** Mastery (of passions, of an art). **M. de soi,** self-control. **M. des mers,** command of the seas.

maîtriser [mɛtrize], *v.tr.* To master (a horse); to subdue (a fire); to get (fire) under control; to curb, bridle (passion). **M. une voie d'eau,** to stop a leak.
se maîtriser, to control oneself. **Ne pas savoir se m.,** to have no control over oneself.

majesté [maʒɛste], *s.f.* **1.** Majesty. **Sa M. le Roi, la Reine,** His Majesty the King, Her Majesty the Queen. **Leurs Majestés,** Their Majesties. **2.** (*a*) Stateliness; augustness. (*b*) Grandeur (of style, of landscape).

majestueu|x, -euse [maʒɛstɥø, -øːz], *a.* Majestic. *adv.* **-sement,** -ally.

majeur [maʒœːr], *a.* (*a*) Major, greater. **La majeure partie de qch.,** the greater part, the bulk, of sth. **La majeure partie du temps,** most of the time. **En majeure partie,** for the most part. **Le doigt m.,** *s.* **le m.,** the second finger. *Geog:* **Le lac M.,** Lake Maggiore. (*b*) **Affaire majeure,** business of first importance. **Raison majeure de qch.,** chief reason for sth. **Être absent pour raison majeure,** to be unavoidably absent. **Cas de force majeure,** case of absolute necessity; Act of God. (*c*) *Jur:* Of full age. **Devenir m.,** to attain one's majority; to come of age.

majolique [maʒɔlik], *s.f. Cer:* Majolica.

major [maʒɔːr], *s.m.* **1.** *Mil:* Regimental adjutant (with administrative duties). **M. général,** chief of staff (of group of armies). **M. de (la) garnison,** town-major. S.a. ÉTAT-MAJOR, TAMBOUR-MAJOR. **2.** *Navy:* **M. de la flotte,** port-admiral. **3.** *Mil. & Navy:* **(Médecin) m.,** medical officer; M.O.

majoration [maʒɔrasjɔ̃], *s.f.* **1.** (*a*) Over-estimation, overvaluation (of assets, etc.). (*b*) Additional charge (on bill). **2.** (*a*) Increase (in price). (*b*) Increased allowance.
majordome [maʒɔrdɔm], *s.m.* Major-domo; steward.
majorer [maʒɔre], *v.tr.* **1.** To over-estimate, overvalue (assets, etc.). **2.** To make an additional charge on (bill). **M. une facture de 10%,** to put 10% on an invoice. **3.** To raise, put up, the price of (sth.).
majoritaire [maʒɔritɛːr], *a.* Of, pertaining to, a majority. **Vote m.,** majority vote.
majorité [maʒɔrite], *s.f.* **1.** Majority. **Emporter la m.,** to secure a majority; to carry a vote. **Décision prise à la m. (des voix),** decision taken by a majority. **2.** *Jur:* Majority; coming of age. **Atteindre sa m.,** to come of age. **3.** *Mil:* Function of adjutant or chief of staff.
Majorque [maʒɔrk]. *Pr.n.f. Geog:* Majorca.
majuscule [maʒyskyl], *a. & s.f.* (Large) capital (letter).
mal[1] [mal], *a. A:* = MAUVAIS. (Still used in) **Bon an, mal an,** year in, year out. **Bon gré, mal gré,** willy-nilly. S.a. MALEMORT.
mal[2], *pl.* **maux** [mal, mo], *s.m.* **1.** Evil. (*a*) Hurt, harm. **Faire du m.,** to do harm. **Faire du m. à qn,** to do s.o. harm; to injure s.o. **Il fait plus de bruit que de m.,** his bark is worse than his bite. **S'en tirer sans aucun m.,** to escape uninjured, unhurt, unscathed. **Vouloir du m. à qn,** to wish s.o. evil. **Je ne lui veux pas de m.,** I mean him no harm. **Cela fera plus de m. que de bien,** it will do more harm than good. **Souffrir de grands maux,** to suffer great ills. **Il n'y a pas de m. à cela,** there is no harm in that. **Il n'y a pas grand m.!** there's no great harm done! **M. lui en a pris,** he has had cause to rue it. (*b*) **Dire du m. de qn,** to speak ill of s.o. **Changement en m.,** change for the worse. **Prendre qch. en m.,** to take sth. amiss. **Tourner qch. en m.,** to put the worst interpretation on sth. (*c*) Wrong(doing). **Le bien et le m.,** right and wrong, good and evil. **Rendre le bien pour le m.,** to return good for evil. **Il ne songe pas à m.,** he doesn't mean any harm. **2.** (*a*) Disorder; malady, disease; ailment; pain, ache. **Quel est votre m.?** what is wrong with you? Esp. **Vous allez prendre (du) m.,** you will catch your death of cold. **M. de tête,** headache. **M. de dents,** toothache. **M. de cœur,** sickness, nausea. S.a. ESTOMAC. **M. de mer,** seasickness. **Avoir le m. de mer,** to be seasick. **M. de l'air, d'avion,** air-sickness. **M. de voiture,** car-sickness. **M. de gorge,** sore throat. **Avoir m. à la tête, aux dents, à la gorge,** to have a headache, toothache, a sore throat. *F:* **Tomber du haut m.,** to have an epileptic fit. **M. blanc,** gathering; esp. gathered finger. **Vous me faites m.,** you are hurting me. **Spectacle qui fait m.,** painful sight. **Avoir le m. du pays,** to be homesick. *Lit:* **M. du siècle,** world weariness. (*b*) **Se donner du m. pour faire qch.,** to take pains to do sth. **Avoir du m. à faire qch.,** to have difficulty in doing sth.
mal[3], *adv.* **1.** (*a*) Badly, ill. **Se conduire m.,** to behave badly. **M. à l'aise,** ill at ease. **Biens m. acquis,** ill-gotten gains. **Faire qch. tant bien que m.,** to do sth. after a fashion. **Aller de m. en pis,** to go from bad to worse. **S'y m. prendre,** to go the wrong way about it. **Vous êtes m. informé,** you are ill-informed. **Vous ne trouvez pas m. que je corrige vos fautes?** you do not mind my correcting your mistakes? **Vous ne feriez peut-être pas m. de . . .,** it wouldn't be a bad plan to. . . . (*b*) **Aller, se porter, m.,** to be ill, in bad health. **Comment allez-vous?—Pas m.! pas trop m.!** how are you?—Not so bad! pretty well! **Être au plus m.,** to be dangerously ill, at death's door. (*c*) *F:* **Pas m. (de qch.,)** a fair amount (of sth.). **Il (n')y en a pas m.,** there are a good many, quite a lot. **Cela m'a pris pas m. de temps,** it took me quite a time. **Pas m. de gens,** a good many people. **2.** (With adj. function) (*a*) Not right. **Vous savez ce qui est bien et ce qui est m.,** you know the difference between right and wrong. **C'est très m. à lui,** (i) that's too bad of him; (ii) that's very unkind of him. (*b*) Uncomfortable; badly off. **Nous ne sommes pas m. ici,** we are quite comfortable, not at all badly off, here. **Être m. dans ses affaires,** to be in a bad way of business. (*c*) **Ils sont m. ensemble,** they are on bad terms. (*d*) (Of health) **Se sentir m.,** to feel ill, sick, faint. **Se trouver m.,** to faint. (*e*) *F:* **Pas m.,** of good appearance, quality, etc. **Ce n'était pas m. du tout,** *F:* it wasn't bad. **Elle n'est pas m.,** she is rather good-looking.
malabar [malabaːr]. *P:* (*a*) *a.* Strapping, *F:* beefy. (*b*) *s.m.* Strapping, *F:* beefy, fellow.
malachite [malakit], *s.f. Miner:* Malachite.
malade [malad]. **1.** *a.* Ill, sick, poorly, unwell; diseased. **Être m.,** to be ill, poorly. **Dent m.,** (i) aching tooth; (ii) decaying tooth. **Jambe m.,** bad leg. **J'ai l'estomac m.,** my stomach is out of order. **Tomber m.,** to fall ill, to be taken ill. **M. de la fièvre typhoïde,** ill with typhoid. **Il en est m.,** he is quite upset about it. **M. à mourir,** sick to death, dying. **M. d'esprit et de corps,** diseased in body and mind. **Être m. du cœur,** to have heart trouble. **Esprit m.,** disordered mind. *Mil:* **Se faire porter m.,** to report sick. **2.** *s.* Sick person; invalid. *Med:* Patient, case. **Les malades,** the sick. *Mil: etc:* **Rôle des malades,** sick-list. **Faire le m.,** to malinger.
maladie [maladi], *s.f.* Illness, sickness, disease, disorder, complaint. **M. de l'enfance,** child's complaint. **Faire une longue m.,** to have a long illness. **Par suite de m.,** through illness. **M. cutanée,** skin disease. **M. de foie,** liver complaint. **M. mentale,** mental disease. **Maladies des plantes,** diseases of plants. *Vet:* **M. des chiens,** distemper.
maladif, -ive [maladif, -iːv], *a.* Sickly; morbid.
maladivement [maladivmɑ̃], *adv.* Morbidly.
maladresse [maladrɛs], *s.f.* **1.** (*a*) Clumsiness, awkwardness. (*b*) Maladroitness, tactlessness (of speech, etc.). **2.** Blunder.
maladroit, -oite [maladrwa, -wat]. **1.** *a.* (*a*) Unskilful, clumsy, awkward (person); clumsy, tactless (compliment, etc.). (*b*) Blundering, tactless (speech). **2.** *s.* (*a*) Awkward person. (*b*) Blunderer. *adv.* **-ement.**
Malaga [malaga]. **1.** *Pr.n. Geog:* Malaga. **2.** *s.m.* Malaga (wine).
malais, -aise[1] [malɛ, -ɛːz], *a. & s.* Malay(an).
malaise[2] [malɛːz], *s.m.* **1.** Uneasiness, discomfort, malaise. **Sentiment de m.,** (i) uneasy feeling; (ii) sick feeling. **2.** Indisposition; fit of faintness.
malaisé [malɛze], *a.* Difficult. **Chose malaisée à faire,** thing difficult to do.
malaisément [malɛzemɑ̃], *adv.* With difficulty.
Malaisie [malɛzi]. *Pr.n.f. Geog:* **1.** The Malay Archipelago. **2.** **La M.,** Malaya.
malandrin [malɑ̃drɛ̃], *s.m.* **1.** *Hist:* Disbanded mercenary (preying on the people). **2.** *F:* Brigand, robber, highwayman; marauder.
malappris, -ise [malapri, -iːz]. **1.** *a.* Uncouth, ill-bred. **2.** *s.* Ill-bred person; lout.
malard [malaːr], *s.m.* Wild drake; mallard.
malaria [malarja], *s.f.* Malaria, marsh-fever.
malavisé, -ée [malavize]. **1.** *a.* Ill-advised, blundering (act); unwise, injudicious (person, etc.). **2.** *s.* Dunderhead.
malax|er [malakse], *v.tr.* **1.** To malaxate (pills); to knead (dough); to work (butter); to mix (cement); to pug (clay). **2.** To massage. *s.m.* **-age.**
malaxeur [malaksœːr], *s.m.* Mixer; mixing machine. **1.** Butter-worker. **2.** Cement-mixer. **Broyeur m.,** mixing mill. **3.** *Brickm:* Pug-mill.
malbâti [malbɑti], *a. & s.* Misshapen (person).
malchance [malʃɑ̃ːs], *s.f.* **1.** Bad luck, ill luck. **Par m.,** as ill luck would have it. **2.** Mishap.
malchanceux, -euse [malʃɑ̃sø, -øːz], *a.* Unfortunate, unlucky.
malcommode [malkɔmɔd], *a.* Inconvenient; *F:* (of person) difficult, awkward. **C'est un homme bien m.,** he's a very difficult man (to handle).
maldonne [maldɔn], *s.f. Cards:* Misdeal. **Faire m.,** to misdeal.
mâle [mɑːl], *a. & s.m.* **1.** Male; cock (bird); buck (rabbit, antelope); dog (fox, wolf); bull (elephant, etc.). **Héritier m.,** male heir. Also (of animals) He-. **Un ours m.,** a he-bear. **2.** **Courage m., m. courage,** manly courage. **Style m.,** virile style.
malédiction [malediksjɔ̃], *s.f.* Malediction, curse. **Être sous le coup d'une m.,** to be under a curse. *int.* **M.! il m'a échappé,** curse it! he has escaped me.
maléfice [malefis], *s.m.* Malefice; evil spell.
maléfique [malefik], *a.* Maleficent; malefic (star, etc.); baleful, evil (influence).

malemort [malmɔ:r], *s.f.* *A:* Foul death.
malencontre [malɑ̃kɔ̃:tr], *s.f.* Misfortune, mishap, unfortunate occurrence. **Par malencontre,** unfortunately.
malencontreu|x, -euse [malɑ̃kɔ̃trø, -ø:z], *a.* **1.** (*a*) Untoward, unfortunate (event, etc.). (*b*) (Person, etc.) of ill omen. **2.** Unlucky, unfortunate (person). *adv.* **-sement.**
mal-en-point [malɑ̃pwɛ̃], *adj.phr. inv.* In a bad way; in a sorry plight.
malentendu [malɑ̃tɑ̃dy], *s.m.* Misunderstanding, misapprehension.
malfaçon [malfasɔ̃], *s.f.* Bad work(manship); defect.
malfaisance [malfəzɑ̃:s], *s.f.* **1.** Maleficence, evil-mindedness. **2.** *Jur:* Malfeasance.
malfaisant [malfəzɑ̃], *a.* **1.** Maleficent; evil-minded (person); noxious, harmful (food, etc.); evil (influence). **2.** *Jur:* Malfeasant.
malfaiteur, -trice [malfɛtœ:r, -tris], *s.* Malefactor, wrong-doer, evil-doer, criminal.
malfamé [malfame], *a.* In bad repute; of ill fame.
malformation [malfɔrmasjɔ̃], *s.f.* Malformation.
malgache [malgaʃ], *a. & s.* *Geog:* Madagascan, Malagasy, Malagash.
malgracieu|x, -euse [malgrasjø, -ø:z], *a.* Ungracious, churlish, rude. *adv.* **-sement.**
malgré [malgre], *prep.* **1.** In spite of; notwithstanding. **M. cela, m. tout,** for all that; nevertheless; yet . . .; in spite of all. . . . **Je l'ai fait m. moi,** I did it against my will. **2.** *Conj.phr.* **Malgré que** + *sub.* (i) **M. que vous en ayez,** in spite of all you may say, do. (ii) = QUOIQUE.
malhabile [malabil], *a.* Unskilful, untutored; clumsy, awkward. *adv.* **-ment.**
malhabileté [malabilte], *s.f.* Lack of skill, of experience; clumsiness, awkwardness.
malheur [malœ:r], *s.m.* Misfortune. **1.** Untoward occurrence; calamity, accident. **Ils ont eu des malheurs,** they have seen better days. *F:* **Faire un m.,** to do something desperate; to commit murder or suicide. *Iron:* **Le grand m.!** what a fuss about nothing! *Prov:* **Un m. ne vient jamais seul,** misfortunes never come singly. **2.** Bad luck, ill luck. **Messager de m.,** bird of ill omen. **Porter m. à qn,** to bring s.o. bad luck. **M. à vous!** woe betide you! **En ce jour de m.,** on this ill-fated day. **Par m.,** unfortunately. **Quel m. que je ne l'aie pas su!** what a pity I didn't know of it! **Enfant qui fait le m. de ses parents,** child who brings misfortune to his parents. **Jouer de m., être en m.,** to be unlucky; to be out of luck. **C'est jouer de m.,** it is most unfortunate. *Prov:* **A quelque chose m. est bon,** it's an ill wind that blows nobody good. **C'est dans le m. qu'on connaît ses vrais amis,** a friend in need is a friend indeed.
malheureusement [malœrøzmɑ̃], *adv.* Unfortunately, unhappily, unluckily.
malheureux, -euse [malœrø, -ø:z], *a.* (*a*) Unfortunate, unhappy, wretched (person, affair); poor, badly off (person); woeful (countenance). *s.* **Secourir les m.,** to help the unfortunate, the poor. **Le m.!** poor man! **M.!** wretched man! wretch! (*b*) Unlucky. **M. au jeu,** unlucky at play. **Entreprise malheureuse,** ill-starred adventure. **C'est bien m. pour vous!** it is hard lines on you! **Candidat m.,** unsuccessful candidate. **Avoir la main malheureuse,** (i) to be unlucky; (ii) to be clumsy, awkward, with one's hands. **Le voilà enfin, ce n'est pas m.!** here he comes at last, and a good job too! (*c*) *F:* Paltry, wretched. **Une malheureuse pièce de cinq francs,** a miserable five-franc piece.
malhonnête [malɔnɛ:t], *a.* (*a*) Dishonest. (*b*) Rude, impolite. (*c*) Indecent (gesture); improper. *adv.* **-ment.**
malhonnêteté [malɔnɛtte], *s.f.* **1.** (*a*) Dishonesty. (*b*) Dishonest action. **2.** (*a*) Rudeness, incivility. (*b*) Rude word or remark.
malice [malis], *s.f.* **1.** (*a*) Malice, maliciousness, spitefulness. **Ne pas voir m. à qch.,** (i) to see no harm in sth.; (ii) to mean no harm by sth. S.a. ENTENDRE 1. (*b*) Mischievousness, roguishness, naughtiness. **2.** (*a*) Smart remark; dig (at s.o.). **Dire des malices à qn,** to tease s.o. (*b*) Trick, prank. **Faire une m. à qn,** to play a trick on s.o. *Iron:* **La belle m.!** there's nothing very clever in that!
malicieu|x, -euse [malisjø, -ø:z], *a.* **1.** Malicious, spiteful. **Cheval m.,** vicious horse. **2.** (*a*) Mischievous, naughty. (*b*) Waggish, bantering, sly, arch. *adv.* **-sement.**
maligne. See MALIN.
malignement [maliɲmɑ̃], *adv.* **1.** Malignantly, spitefully. **2.** Mischievously, slyly, archly.
malignité [maliɲite], *s.f.* **1.** (*a*) Malignity, malignancy (of pers., of disease). (*b*) Spite(fulness). **2.** Act of spite.
malin, -igne [malɛ̃, -iɲ], *a.* **1.** Malignant. (*a*) Evil (-minded), wicked. **L'Esprit m., le M.,** the Evil One, the Devil. (*b*) Malicious (pleasure, etc.). (*c*) **Tumeur maligne,** malignant tumour. **2.** (*a*) *F:* Shrewd, cunning; *F:* knowing, sharp, cute. **Il est plus m. que ça,** he knows better. *s.* **C'est un m.,** *F:* he knows a thing or two. **Un vieux m.,** an old fox. **Une petite maligne,** a little imp. *Prov:* **A m. malin et demi,** diamond cut diamond. (*b*) *P:* Smart Alec. **Faire le m., faire son m.,** to try to be smart. (*c*) *F:* **C'est pas m.!** (i) that's not difficult! that's easy! (ii) that's not very clever!
Malines [malin]. **1.** *Pr.n.f.* *Geog:* Malines, Mechlin. **2.** *s.f.* Mechlin lace.
malingre [malɛ̃:gr], *a.* Sickly, puny.
malintentionné, -ée [malɛ̃tɑ̃sjɔne], *a. & s.* Evil-, ill-intentioned (person) (**envers,** towards).
mal-jugé [malʒyʒe], *s.m.* *Jur:* Miscarriage of justice.
malle [mal], *s.f.* **1.** (*a*) Trunk, box; cabin-trunk. *Aut:* Boot, *U.S:* trunk. **Faire sa m.,** to pack (one's trunk). **Défaire sa m.,** to unpack. (*b*) (Pedlar's) pack. **2.** *A:* (*a*) Mail-bag (hung from horse's saddle). (*b*) = MALLE-POSTE. (*c*) Mail-boat.
malléa|ble [malleabl], *a.* (*a*) Malleable (metal, etc.), (*b*) *F:* Plastic, soft, pliable, malleable (nature). *s.f.* **-bilité.**
malle-armoire [malarmwa:r], *s.f.* Wardrobe-trunk. *pl. Des malles-armoires.*
malle-poste [malpɔst], *s.f.* Mail(-coach). *pl. Des malles-poste(s).*
malletier, -ière [maltje, -jɛ:r], *s.* Bag and trunk maker.
mallette [malɛt], *s.f.* **1.** (*a*) Small (suit-)case. **M. garnie,** dressing-case. (*b*) Attaché case. **2.** *Bot:* Shepherd's-purse.
malmen|er [malməne], *v.tr.* (Conj. like MENER) (*a*) To maltreat, ill-use (s.o.); to mishandle, misuse (sth.). to manhandle (s.o.). (*b*) To abuse, *F:* slate (s.o.). *s.m.* **-age.**
malodorant [malɔdɔrɑ̃] *a.* Malodorous, smelly.
malotru [malɔtry]. **1.** *a.* Coarse, vulgar, ill-bred; uncouth. **2.** *s.m.* Boor; low fellow.
malouin, -ine [malwɛ̃, -in], *a. & s.* *Geog:* (Native) of Saint-Malo.
malpeigné, -ée [malpeɲe]. **1.** *a.* Unkempt, tousled, untidy (hair, person). **2.** *s.* Sloven; *f.* slut, slattern.
malplaisant [malplɛzɑ̃], *a.* Unpleasant, displeasing.
malpoli [malpɔli], *a.* *F:* Impolite.
malpropre [malprɔpr], *a.* **1.** *A:* Ill-fitted (for sth., to do sth.). **2.** (*a*) Dirty, grubby (hands, etc.); slovenly, untidy (appearance). (*b*) *F:* Smutty (story, etc.); dirty, unsavoury (business, conduct). *adv.* **-ment.**
malpropreté [malprɔprəte], *s.f.* **1.** (*a*) Dirtiness. (*b*) Indecency, smuttiness (of story); unsavouriness (of business). **2.** *pl.* (*a*) Dirt. (*b*) **Dire des malpropretés,** to talk smut.
malsain [malsɛ̃], *a.* **1.** (*a*) Unhealthy (person, climate). (*b*) *Nau:* Dangerous (coast). **2.** Unwholesome (food); pernicious (literature).
malséance [malseɑ̃:s], *s.f.* Unseemliness.
malséant [malseɑ̃], *a.* Unseemly; unbecoming.
malsonnant [malsɔnɑ̃], *a.* Offensive (to the ear).
malt [malt], *s.m.* *Brew:* Malt.
maltais, -aise [maltɛ, -ɛ:z], *a. & s.* Maltese.
Malte [malt]. *Pr.n.f.* *Geog:* Malta. *Mec.E:* **Croix de M.,** Maltese cross; *Cin:* star-wheel.
malterie [malt(e)ri], *s.f.* Malt-house.
malthusianisme [maltyzjanism], *s.m.* (*a*) Malthusianism. (*b*) *F:* (Practice of) contraception.
malthusien, -ienne [maltyzjɛ̃, -jɛn], *a. & s.* Malthusian.
maltose [malto:z], *s.m.* *Ch:* *Ind:* Maltose.
maltraiter [maltrɛte], *v.tr.* To ill-treat, ill-use; to treat (s.o.) badly (by word or deed); to handle (s.o.) roughly.

malvacées [malvase], *s.f.pl. Bot:* Malvaceae, *F:* mallows.
malveillance [malvɛjɑ̃:s], *s.f.* (*a*) Malevolence, ill-will (**pour, envers,** to, towards). (*b*) Foul play.
malveillant [malvɛjɑ̃], *a.* (*a*) Malevolent, ill-willed; malicious. (*b*) Spiteful (remark).
malvenu [malvəny], *a.* Ill-advised; unwarranted. **Vous êtes m. à critiquer,** you are the last one who ought to criticize. S.a. VENIR 1.
malversation [malvɛrsasjɔ̃], *s.f.* Malversation, embezzlement, malpractice.
maman [mamɑ̃, mɑ̃mɑ̃], *s.f. F:* Mam(m)a, mum(my). **Bonne m.,** granny.
mamellaire [mamɛllɛ:r], *a. Anat:* Mammary.
mamelle [mamɛl], *s.f. Anat:* Mamma; breast (of man or woman); udder (of animal). **Enfant à la m.,** child at the breast.
mamelon [mamlɔ̃], *s.m.* **1.** *Anat:* Mamilla. (*a*) Nipple, teat. (*b*) Dug (of animal). **2.** (Small excrescence) (*a*) *Anat:* Papilla (of the tongue). (*b*) *Geog:* Mamelon; rounded hillock. **3.** *Mec.E:* (*a*) Boss, swell. (*b*) Gudgeon (on axle). (*c*) Nipple (for lubrication).
mamelonné [mamlɔne], *a.* Mamillate(d). *F:* **Plaine mamelonnée de collines,** plain covered with rounded hillocks.
mamillaire [mamillɛ:r], *a.* Mamillary.
mammaire [mammɛ:r], *a. Anat:* Mammary.
mammifère [mammifɛ:r]. **1.** *a.* Mammalian. **2.** *s.m.* Mammal.
mammouth [mammut], *s.m.* Mammoth.
manade [mana:d], *s.f. Dial:* Herd of cattle or horses (in the Camargue).
manager [manadʒœ:r], *s.m. Cin: Sp:* Manager.
manant [manɑ̃], *s.m.* **1.** *A:* Peasant, villager. **2.** *F:* Churl, boor.
manche[1] [mɑ̃:ʃ], *s.f.* **1.** Sleeve. (*a*) **Être en manches de chemise,** to be in one's shirt-sleeves. **Fausses manches, manches de travail,** oversleeves. *F:* **Avoir qn dans sa m.,** to have s.o.'s services at command. **Se faire tirer la m. pour faire qch.,** to do sth. with great reluctance. **Ça, c'est une autre paire de manches!** that's quite another matter, another story! **Avoir la m. large,** to bc easy-going, broad-minded (in matters of conscience). (*b*) *Tchn:* **M. à eau, m. en toile,** (canvas) hose(-pipe). **M. d'incendie,** fire-hose. *Nau:* **M. à vent, à air,** (i) (canvas) windsail; (ii) (metal) air-shaft, ventilator, ventilating-cowl. **M. à charbon,** coal-shoot. *Av:* **M. à air,** wind-sock. **2.** (*a*) *Cards:* Hand (played); single game. **Nous sommes m. à m.,** (i) we are even, game all; (ii) *F:* we are neck and neck. (*b*) *Sp:* (i) Heat. (ii) Round. (*c*) *Ten:* Set. **3.** *Geog:* **La Manche,** the (English) Channel. **Les Iles de la M.,** Channel Islands. S.a. ANGLO-NORMAND.
manche[2], *s.m.* **1.** Handle (of hammer, whip, etc.); haft (of dagger, etc.); stock (of whip); helve (of axe, etc.); loom (of oar); stick (of umbrella); neck (of violin, etc.). **M. à balai,** (i) broomstick; (ii) *Av: F:* joy-stick. **Couteau à m. d'ivoire,** ivory-handled knife. *F:* **Jeter le m. après la cognée,** to throw the helve after the hatchet, to give up in despair. **2.** *Moll:* **M. de couteau,** razor-shell.
Manche[3] **(la).** *Pr.n.f. Geog:* La Mancha (old province of Spain). S.a. MANCHE[1] 3.
mancheron[1] [mɑ̃ʃrɔ̃], *s.m. Dressm:* (*a*) Short sleeve. (*b*) Cuff.
mancheron[2], *s.m.* Handle, stilt (of plough).
manchette [mɑ̃ʃɛt], *s.f.* **1.** (*a*) Cuff. **M. mousquetaire,** double cuff, turn-back cuff (of shirt). (*b*) Gauntlet (of glove). (*c*) Wristband (of shirt-sleeve). **2.** (*a*) Headline (of newspaper). (*b*) *Typ:* Shoulder-note; side-note.
manchon [mɑ̃ʃɔ̃], *s.m.* **1.** Muff. **2.** *Tchn:* (*a*) Casing. **M. de refroidissement,** cooling-jacket. *Nau:* **M. d'écubier,** hawse-pipe. (*b*) Sleeve. **M. d'accouplement,** coupling-sleeve. (*c*) Bush(ing) (of bearing); socket (of pivot). (*d*) *Aut:* **M. d'embrayage,** clutch. (*e*) Flange. (*f*) Neck (of balloon). (*g*) Gas-mantle.
manchot, -ote [mɑ̃ʃo, -ɔt]. **1.** *a. & s.* One-armed, one-handed (person). *F:* **Il n'est pas m.,** he is clever with his hands; he's all there. **2.** *s.m. Orn:* Penguin.
mandant [mɑ̃dɑ̃], *s.m.* **1.** Mandator. *Jur:* Principal (in transaction). **2.** *pl. Pol:* **Le député et ses mandants,** the member and his constituents.
mandarin [mɑ̃darɛ̃], *s.m.* (*a*) (Chinese) mandarin. (*b*) (Grotesque figure) Nodding mandarin. (*c*) **Canard m.,** Mandarin duck.
mandarine [mɑ̃darin], *s.f.* Mandarin orange; tangerine.
mandarinier [mɑ̃darinje], *s.m.* Mandarin orange-tree.
mandat [mɑ̃da], *s.m.* **1.** (*a*) Mandate; commission. **Territoire sous m.,** mandated territory. (*b*) **M. de député,** member's (electoral) mandate. **Fonctionnaire sans m.,** unauthorized official. (*c*) *Jur:* Power of attorney; proxy. **2.** Warrant. (*a*) *Jur:* **M. de perquisition,** search warrant. **M. d'arrêt,** warrant for arrest. **M. de comparution,** summons (to appear). **Lancer un m.,** to issue a warrant. (*b*) *Fin:* **M. du Trésor,** Treasury warrant. **3.** Order (to pay); money order; draft. *Post:* **M. international,** foreign money order.
mandataire [mɑ̃datɛ:r], *s.m. & f.* **1.** Mandatory (of electors, etc.). **2.** Proxy (at meeting). **3.** *Jur:* Authorized agent; attorney. **4.** Trustee.
mandat-carte [mɑ̃dakart], *s.m. Post:* Money order (in postcard-form). *Pl. Des mandats-cartes.*
mandater [mɑ̃date], *v.tr.* **1.** To elect, send, commission (representative, etc.). **2. M. des frais,** to pay expenses by a money order, by a draft.
mandat-lettre [mɑ̃dalɛtr], *s.m. Post:* Money-order (in letter-card form). *pl. Des mandats-lettres.*
mandat-poste [mɑ̃dapɔst], *s.m. Post:* Money order. *pl. Des mandats-poste.*
Mandchourie [mɑ̃tʃuri]. *Pr.n.f.* Manchuria.
mand|er [mɑ̃de], *v.tr.* **1.** (*a*) *A:* **M. une nouvelle à qn,** to send news (by letter) to s.o. (*b*) *Journ:* **On mande de . . ., it is reported from. . . . 2. M. à qn de faire qch.,** to send word to s.o., to instruct s.o. to do sth. **3.** To summon (s.o. to attend); to send for (subordinate). *adv.* **-ement.**
mandibule [mɑ̃dibyl], *s.f. Z:* Mandible.
mandoline [mɑ̃dɔlin], *s.f. Mus:* Mandolin(e).
mandragore [mɑ̃dragɔ:r], *s.f. Bot:* Mandragora, *F:* mandrake.
mandrill [mɑ̃drij], *s.m. Z:* Mandrill.
mandrin[1] [mɑ̃drɛ̃], *s.m.* **1.** (*a*) Mandrel (of lathe). (*b*) Chuck, face-plate (of lathe). (*c*) Pad (of a brace). **2.** *Metalw:* (*a*) Mandrel, swage. (*b*) Punch.
mandrin[2], *s.m. F:* Bandit, ruffian.
mandriner [mɑ̃drine], *v.tr.* **1.** To chuck (work on the lathe). **2.** To drift (rivet-holes). **3.** To swage (iron). **4.** To expand, bead, open out (boiler tubes, etc.).
manège [manɛ:ʒ], *s.m.* **1.** (*a*) Horsemanship, riding. **Maître de m.,** (i) riding-master; (ii) ringmaster (of circus). (*b*) Training, breaking (in) (of a horse). (*c*) (**Salle de**) **m.,** riding-school. **M. découvert,** open-air riding-school. (*d*) **M. de chevaux de bois,** merry-go-round, roundabout. **2.** *F:* Wile, stratagem, trick. **J'observais leur m.,** I was watching their little game.
mânes [mɑ:n], *s.m.pl. Rom.Ant:* Manes, shades, spirits (of the departed).
maneton [mantɔ̃], *s.m.* Crank-pin (of crankshaft); wrist(-pin).
manette [manɛt], *s.f.* (*a*) Handle, hand-lever. *Aut:* **M. du frein,** trigger of the hand-brake. *El:* **M. de contact,** contact finger. (*b*) *Tg:* Key (of Morse apparatus). (*c*) *Nau:* Spoke (of the wheel).
manganate [mɑ̃ganat], *s.m. Ch:* Manganate.
manganèse [mɑ̃ganɛ:z], *s.m.* Manganese.
manganite [mɑ̃ganit], *s.f.* **1.** *Ch:* Manganite. **2.** *Miner:* Grey manganese ore.
mangeable [mɑ̃ʒabl], *a.* Edible, eatable.
mangeaille [mɑ̃ʒɑ:j], *s.f.* **1.** (Soft) food; feed (for fowls, etc.). **2.** *F:* Victuals, *F:* grub.
mangeoire [mɑ̃ʒwa:r], *s.f.* **1.** Manger. **2.** Feeding-trough.
manger [mɑ̃ʒe]. **I.** *v.tr.* (**je mangeai(s); n. mangeons**) **1.** To eat. **Il a tout mangé,** he has eaten up everything. **M. dans de l'argenterie,** to eat off plate. **Salle à m.,** dining-room. **Donner à m. aux poules,** to feed the fowls. **Donner à m. à qn,** to give s.o. food, something to eat. **M. à son appétit, à sa faim,** to eat one's fill. *F:* **M. comme quatre,** to make a huge meal. **M. comme un ogre,** to eat like a wolf, like a horse. **Bon à m.,** good to eat. *F:* **Ça peut se m.,** it's quite edible; it's not bad. **La rouille mange l'acier,** rust eats into, eats away, steel. **Mangé des vers,** worm-eaten. **M.**

ses mots, (i) to mumble, to speak indistinctly; (ii) to clip one's words. *F:* **M. qn des yeux,** to devour s.o. with one's eyes. **M. qn de caresses,** to smother s.o. with caresses. **2. M. son argent,** to squander, run through, one's money. (Of car, etc.). **M. le chemin,** to eat up the miles.

II. **manger,** *s.m.* Food. **"A prendre après m.,"** 'to be taken after meals.' S.a. BOIRE II.

mange-tout [mɑ̃ʒtu], *s.m.inv.* **1.** Squanderer, spendthrift. **2.** *(a)* Sugar-pea. *(b)* French bean, *U.S:* string bean.

mangeur, -euse [mɑ̃ʒœːr, -øːz], *s.* Eater. **Beau m., gros m.,** good trencherman, great eater. *F:* **M. de livres,** devourer of books. **M. d'argent,** squanderer, spendthrift. **M. de petits enfants,** boaster, braggart.

mangeure [mɑ̃ʒyːr], *s.f.* Place nibbled, eaten (by insects, mice). **Étoffe criblée de mangeures,** moth-eaten cloth.

manglier [mɑ̃glie], *s.m. Bot:* Mangrove (tree).

mangouste [mɑ̃gust], *s.f. Z:* Mongoose.

mangue [mɑ̃ːg], *s.f.* Mango (fruit).

manguier [mɑ̃gje], *s.m. Bot:* Mango(-tree).

maniabilité [manjabilite], *s.f.* Handiness (of tool, ship); *Av:* Manœuvrability.

maniable [manjabl], *a.* Manageable; easy to handle, to control; handy (tool, ship). **Peu m.,** unhandy (tool, ship); awkward (tool). **Fer m.,** easily wrought iron.

maniaque [manjak], *a. & s.* **1.** Maniac; raving mad (man, -woman). **2.** Finical, faddy (person). *s. F:* Fusspot.

manie [mani], *s.f.* **1.** Mania. *(a) Med:* Mental derangement. *(b) F:* Craze; inveterate habit. **Avoir la m. des tableaux,** to have a mania, a craze, for pictures. **2.** Idiosyncrasy. **Il a ses petites manies,** he has his little fads, his little ways.

mani|er [manje]. I. *v.tr.* **1.** To feel (cloth, etc.); to handle (tool, rope, etc.). *Fb:* **Ballon manié,** handled ball. **2.** To handle (affair); to wield (sword, pen); to handle, manage, control (horse, business). **M. les avirons,** to ply, pull, the oars. *s.m.* **-ement.**

II. **manier,** *s.m.* Feel (of cloth). **Juger au m.,** to judge by the feel.

manière [manjɛːr], *s.f.* **1.** *(a)* Manner, way (of doing sth.). **M. d'être,** state, condition. **Laissez-moi faire à ma m.,** let me do it my own way. **S'y prendre de la bonne m.,** to set about it in the right way. **De cette m.,** thus; in this way. *F:* **Tancer qn de la belle m.,** to give s.o. a good dressing-down. **De m. ou d'autre, d'une m. ou d'une autre,** somehow or other, by some means or other. **D'aucune m.,** under no circumstances. **Par, en, m. de consolation,** by way of consolation. **En quelque m.,** in a way. **De (telle) m. que,** so that. (i) (+ *ind.*, result). **Il a agi de m. que tout le monde a été content,** he so acted that everyone was pleased. (ii) (+ *sub.*, purpose). **Agissez de m. qu'on n'en sache rien,** act so that nobody knows anything about it. *F:* **De m. à ce que** (+ *sub.*), so that. *(b) Art: Lit:* **Tableau à la m., de Degas,** painting after the manner of Degas. **Il a sa m.,** he has his mannerisms. **2.** *pl.* Manners. **Avoir de bonnes, de belles, manières,** to be well-mannered. **Avoir de mauvaises manières,** to be ill-mannered. *F:* **Faire des manières,** (i) to put on an affected air; to mince; (ii) to affect reluctance.

maniéré [manjere]. *a.* **1.** Affected, finical (person); mincing, genteel (tone of voice, etc.). **2.** *Art: Lit:* Mannered (style).

maniérisme [manjerism], *s.m.* Mannerism, affectedness.

manieur, -euse [manjœːr, -øːz], *s.* Handler. Esp. **M. d'argent,** (i) financier; (ii) financial adventurer.

manifestant, -ante [manifɛstɑ̃, -ɑ̃ːt], *s.* (Political) demonstrator.

manifestation [manifɛstasjɔ̃], *s.f.* *(a)* Manifestation (of feeling, etc.). *(b)* (Political) demonstration. *(c)* **M. sportive,** sporting event.

manifeste[1] [manifɛst], *a.* **1.** Manifest, evident, patent, obvious (truth, etc.); palpable (error). **2.** *Jur:* Overt (act). *adv.* **-ment.**

manifeste[2], *s.m.* **1.** Manifesto, proclamation. **2.** *Nau:* (Ship's) manifest.

manifester [manifɛste], *v.tr.* **1.** To manifest, reveal; to evince (opinion); to show, exhibit (confusion). **M. sa volonté,** to give expression to one's will. **2.** *Abs.* To make a public demonstration; to manifest.

se manifester, to appear; to show itself.

manifold [manifɔld], *s.m.* Duplicate book.

manigance [manigɑ̃ːs], *s.f. F:* *(a)* Intrigue. *(b) pl.* Underhand practices; wire-pulling.

manigancer [manigɑ̃se], *v.tr.* (**je manigançai(s)**; **n. manigançons**) *F:* To scheme, to plot; to work (sth.) underhand. **Il se manigance quelque chose,** there's something in the wind. **M. une élection,** to rig, gerrymander, an election.

Manille[1] [maniːj]. **1.** *Pr.n. Geog:* Manilla. **2.** *s.m.* *(a)* Manilla cheroot. *(b)* Manilla straw hat.

manille[2], *s.f.* **1.** Manilla, (native's) anklet. **2.** Shackle (of chain).

manill|er [manije], *v.tr.* To shackle (chains). *s.m.* **-age.**

manioc [manjɔk], *s.m. Bot:* Manioc, cassava.

manipulateur, -trice [manipylatœːr, -tris], *s.* **1.** Manipulator; handler (of money, goods). **2.** *s.m.* *Tg:* (Sending) key.

manipulation [manipylasjɔ̃], *s.f.* Manipulation; handling.

manipuler [manipyle], *v.tr.* **1.** To manipulate; to handle, operate (apparatus). *Tg:* To operate. **2.** *F:* To manœuvre; rig, gerrymander (a piece of business).

manitou [manitu], *s.m.* **1.** Manitou (of American Indians). **2.** *P:* Grand Panjandrum (of an undertaking); big pot (in the business world).

maniveau, -eaux [manivo], *s.m.* Display-basket, tray (for fruit, etc.); punnet.

manivelle [manivɛl], *s.f.* **1.** *(a)* Crank. *(b)* Pedal-crank (of bicycle). **2.** *Aut:* **M. (de mise en marche),** starting-handle.

manne[1] [man], *s.f.* **1.** *B:* Manna. **2.** *Pharm:* **M. du frêne,** manna.

manne[2], *s.f.* Basket, hamper; crate; (fishwife's) creel.

mannée [mane], *s.f.* Basketful, hamperful.

mannequin [mankɛ̃], *s.m.* **1.** (Anatomical) manikin. **2.** *(a) Art:* Lay figure. *(b) Dressm:* Dummy; dress-stand. **3.** Mannequin, model.

manœuvrabilité [manœvrabilite], *s.f.* Manœuvrability.

manœuvrable [manœvrabl], *a.* Manageable, handy.

manœuvre [manœːvr]. **1.** *s.f.* *(a)* Working, managing, driving (of machine, etc.). *(b) Nau:* Handling, manœuvring (of ship); seamanship. S.a. MAÎTRE. **Navire qui n'est pas maître de sa m.,** ship out of control. *(c)* (i) Drill, exercise. **Champ de manœuvres,** drill-ground. (ii) Tactical exercise; manœuvre. **Grandes manœuvres,** army manœuvres. *(d)* Shunting, marshalling (of trains). **Voie de m.,** shunting track. *(e) F:* Scheme, manœuvre, intrigue. **M. électorale,** vote-catching manœuvre. *(f) pl.* Scheming. **Manœuvres frauduleuses,** swindling. **2.** *s.f. Nau:* Rope. **Manœuvres dormantes,** standing rigging. **3.** *s.m.* (Unskilled) labourer. **Travail de m.,** (i) manual labour; (ii) *F:* hack-work.

manœuvrer [manœvre]. **1.** *v.tr.* *(a)* To work, operate (machine, etc.); to ply (spade, etc.). **Appareil facile à m.,** apparatus that works easily. *(b)* To manœuvre, handle (ship, etc.). *(c) Rail:* To shunt; to marshal (trucks). *(d) Fish:* To play. **2.** *v.i.* *(a) Mil: Nau:* To manœuvre. *(b) F:* To scheme, manœuvre.

manœuvrier, -ière [manœvrje, -ɛːr]. **1.** *a. Mil:* Skilful; highly trained. **2.** *s.m.* Tactician; expert (soldier, seaman, etc.).

manoir [manwaːr], *s.m.* *(a)* (Feudal) manor. *(b) F:* Country-house.

manomètre [manɔmɛtr], *s.m.* Manometer, pressure-gauge. **M. pour pneus,** tyre-gauge.

manométrique [manɔmetrik], *a. Ph:* Manometric(al). **Hauteur m.,** head of water.

manquant, -ante [mɑ̃kɑ̃, -ɑ̃ːt]. **1.** *a.* *(a)* Missing, absent. *(b)* Wanting, lacking. **2.** *s.* *(a)* Absentee; defaulter. *(b) Mil: etc:* **Les manquants,** the missing. **3.** *s.m. Com:* **Les manquants,** (the) shortages. **Éviter des manquants dans la marchandise,** to prevent short delivery.

manque [mɑ̃ːk], *s.m.* **1.** Lack, want; deficiency; shortage. **M. de cœur,** heartlessness. **M. de parole,** breach of faith. **M. de convenances,** breach of good manners. **M. de poids,** deficiency in weight; short weight. **Dix livres de m.,** ten pounds short. (Par) **m. de,** for lack of, for want of. *Com: Jur:* **M. à gagner,** (i) lost opportunity of doing business; (ii) slack period, period with no returns. **2.** *Bill:* **M. de touche, m. à toucher,** miss. **3.** *P:* **A la m.** (= RATÉ), feeble, poor.

manqué [mɑ̃ke], *a.* **1.** Missed (opportunity, etc.); unsuccessful, abortive (attempt, etc.). **Coup m.,** (i) miss; (ii) failure. **Vie manquée,** wasted life. **Vêtement m.,** misfit. **2.** *F:* **C'est un médecin m.,** he ought to have been a doctor. **C'est un garçon m.,** she's a regular tomboy.

manquement [mɑ̃kmɑ̃], *s.m.* Failure, shortcoming, omission, lapse. **M. à une règle,** violation of a rule. **M. à la discipline,** breach, infraction, of discipline. **M. au devoir,** breach of duty. **M. à l'appel,** failure to answer one's name; absence from roll-call. **M. aux devoirs de la profession,** unprofessional conduct.

manquer [mɑ̃ke]. I. *v.i.* **1.** (*a*) **M. de qch.,** to lack, want, be short of, sth. **Je manque d'argent,** I am short of money. **M. de politesse,** to be lacking in politeness. **M. de courage,** to lack courage. **Ne m. de rien,** to want for nothing. (*b*) **M. de faire qch.,** narrowly to miss doing sth. **Il a manqué (de) tomber,** he nearly fell. (*c*) *Impers.* **Il s'en manque de beaucoup,** far from it. **Il s'en est manqué de peu qu'il ne gagnât la partie,** he very nearly won the match. **2.** To fail. (*a*) To be missing, wanting, deficient. **Les vivres commencent à m.,** provisions are running short. **Les mots me manquent pour exprimer . . .,** I am at a loss for words to express. . . . **La place me manque,** I have no room. *Impers.* **Il ne manque pas de candidats,** there is no lack of candidates. *F:* **Il ne manquait plus que cela!** that's the last straw! **Il manque quelques pages,** there are a few pages missing. **Il me manque dix francs,** I am ten francs short. (*b*) To give way. **Le cœur lui manqua,** his heart failed him. **Prenez garde que le pied ne vous manque,** take care you don't miss your footing. (*c*) (Of pers.) To be absent, missing. **M. à un rendez-vous,** to fail to keep an appointment. **M. à qn,** to be missed by s.o. (*d*) To fall short. **M. à son devoir,** to fail in one's duty. **M. à sa parole,** to break one's word. **M. à la consigne,** to disregard orders. **M. à une règle,** to violate a rule. **M. à qn,** to be disrespectful to s.o. **Se m. à soi-même,** to do sth. derogatory to one's position. *Bill:* **M. de touche,** to miss. *Abs.* **Le coup a manqué,** the attempt miscarried. (*e*) **Ne pas m. de faire qch.,** not to neglect, not to omit, to do sth. **Ne manquez pas de nous écrire,** be sure to write to us. **Cela ne pouvait manquer d'arriver,** it was bound to happen.

II. **manquer,** *v.tr.* **1.** (*a*) To miss (target, train, etc.). **M. une occasion,** to lose, miss, an opportunity. **M. son coup,** to miss one's aim; to miss one's blow, one's stroke, one's shot; to make an abortive attempt. *Golf: etc:* **M. un coup,** to foozle a shot. **Il l'a manqué belle,** he had a lucky escape. (*b*) **Pourquoi avez-vous manqué la messe?** why were you absent from church? **2. M. sa vie,** to make shipwreck of one's life. **M. un tableau,** to make a failure of a picture.

mansarde [mɑ̃sard], *s.f.* *Arch:* **1.** (*a*) **Toit, comble, en m.,** mansard roof. (*b*) **(Fenêtre en) m.,** garret window, dormer-window. **2.** Attic, garret.

mansardé [mɑ̃sarde], *a.* Mansard-roofed. **Chambre mansardée,** attic.

mansuétude [mɑ̃sɥetyd], *s.f.* Mansuetude; gentleness.

mante[1] [mɑ̃:t], *s.f.* Cloak.

mante[2], *s.f.* *Ent:* Mantis. **M. religieuse,** praying mantis.

manteau [mɑ̃to], *s.m.* **1.** Coat; cloak, wrap. **M. du soir,** (lady's) evening cloak, coat. *F:* **Sous le m. de la religion,** under the cloak of religion. **M. de neige,** mantle of snow. **Avancer sous le m. de la nuit,** to advance under (the) cover of darkness. **2.** (*a*) **M. de cheminée,** mantelpiece. *F:* **Faire qch. sous le m. (de la cheminée),** to do sth. secretly; *F:* on the quiet. (*b*) *Th:* **M. d'Arlequin,** proscenium arch.

mantelé [mɑ̃tle], *a.* *Orn:* Hooded (crow).

mantelet [mɑ̃tlɛ], *s.m.* **1.** *Cost:* *A:* Tippet, mantlet. **2.** *Veh:* (Carriage-)apron. **3.** Shutter; *Nau:* port-lid, dead-light.

mantille [mɑ̃ti:j], *s.f.* *Cost:* Mantilla.

manucure [manyky:r], *s.m.* & *f.* Manicurist.

manucuré [manykyre], *a.* Manicured.

manu|el, -elle [manɥɛl]. **1.** *a.* Manual (labour). **2.** *s.m.* Manual, handbook. *adv.* **-ellement.**

manufacture [manyfakty:r], *s.f.* Factory; (textile, iron) mill; works.

manufactur|er [manyfaktyre], *v.tr.* To manufacture. *a.* **-able.**

manufacturier, -ière [manyfaktyrje, -jɛ:r]. **1.** *a.* Manufacturing (town, etc.). **2.** *s.m.* Manufacturer; mill-owner.

manuscrit [manyskri], *a.* & *s.m.* Manuscript.

manutention [manytɑ̃sjɔ̃], *s.f.* **1.** Management, administration. **2.** Handling (of stores, materials). **3.** *Mil:* *Navy:* (*a*) Storehouse; stores. (*b*) Bakery.

manutentionnaire [manytɑ̃sjɔnɛ:r], *s.m.* & *f.* Storekeeper.

manutentionner [manytɑ̃sjɔne], *v.tr.* **1.** To handle (stores, materials). **2.** *Mil:* *Navy:* (*a*) To store. (*b*) To bake.

manxois, -oise [mɑ̃kswa, -wa:z]. *Geog:* **1.** *a.* Manx. **2.** *s.* Manxman, Manxwoman.

maori, -ie [maɔri], *a.* & *s.* *Ethn:* Maori.

maous(s) [maus], *P:* **1.** *a.* Great, important. **2.** *s.m.* Bigwig; big noise (in an undertaking).

mappemonde [mapmɔ̃:d], *s.f.* Map of the world in two hemispheres. **M. céleste,** planisphere.

maquereau[1] [makro], *s.m.* *Ich:* Mackerel.

maquereau[2], **-elle, -eaux, -elles** [makro, -ɛl], *s.* *V:* **1.** Pimp, procurer; *f.* Procuress, bawd. **2.** *s.m.* = SOUTENEUR 2.

maquette [makɛt], *s.f.* (*a*) *Sculp:* Clay model. (*b*) *Art:* Small figure (for arranging groups, etc.). (*c*) Model (of a stage setting). *Ind:* Mock-up. *Cin: etc:* Miniature model. **Prise de vues avec maquettes,** miniature work, model work. (*d*) Scale model. **M. (pour l'enseignement),** demonstration model. (*e*) *Publ:* Dummy (of book).

maquettiste [makɛtist], *s.m.* & *f.* Model maker.

maquignon, -onne [makiɲɔ̃, -ɔn], *s.* **1.** Horse-dealer; coper. **2.** *Pej:* (Shady) go-between; jobber.

maquignonnage [makiɲɔna:ʒ], *s.m.* **1.** (*a*) Horse-dealing. (*b*) Horse-faking; bishoping. **2.** Sharp practice.

maquignonner [makiɲɔne], *v.tr.* **1.** To fake up, bishop (horse). **2.** To arrange (business, etc.) by sharp practice. **Affaire maquignonnée,** put-up job.

maquillage [makija:ʒ], *s.m.* (*a*) *Th:* Making up. (*b*) Make up.

maquill|er [makije], *v.tr.* (*a*) *Th:* To make up (face for a part). (*b*) To fake up (picture); *Phot:* to work up (negative).

se maquiller, to make up (one's face).

maquilleur[1], **-euse** [makijœ:r, -ø:z], *s.* (*a*) *Th:* Maker-up; make-up man. (*b*) *F:* Faker, cheat.

maquilleur[2], *s.m.* *Fish:* Mackerel-boat, -smack.

maquis [maki], *s.m.* **1.** Scrub, maquis (in Corsica). **2.** Maquis, underground forces. **Prendre le m.,** to go underground, to take to the maquis.

maquisard [makiza:r], *s.m.* (1939-45 war). Man of the maquis, maquisard.

marabout [marabu], *s.m.* **1.** (*a*) Marabout (priest or shrine). (*b*) *F:* Ugly or mis-shapen man. **2.** (Round-bodied) hot-water jug. **3.** (*a*) Marabou(-stork). (*b*) Marabou (feathers).

maraîchage [marɛʃa:ʒ], *s.m.* Market-gardening, *U.S:* truck gardening.

maraîcher, -ère [marɛʃe, -ɛ:r]. **1.** *a.* (*a*) Pertaining to marshland. (*b*) Market-gardening, *U.S:* truck farming. **Produits maraîchers,** market-garden produce, *U.S:* truck. **2.** *s.* Market-gardener, *U.S:* Truck farmer.

marais [marɛ], *s.m.* **1.** (*a*) Marsh(land); bog, fen. **M. tourbeux,** peat-bog. **Gaz des m.,** marsh-gas. (*b*) **M. salant,** salt-pan.

marasme [marasm], *s.m.* (*a*) *Med:* Marasmus, wasting; tabes. (*b*) Stagnation (of business). (*c*) Depression (of mind).

marasquin [maraskɛ̃], *s.m.* Maraschino (liqueur).

marathon [maratɔ̃], *s.m.* *Sp:* Marathon (race); long-distance race.

marâtre [marɑ:tr], *s.f.* (Unnatural, cruel) stepmother or mother.

maraud, -aude[1] [maro, -o:d], *s. A:* Villain, rascal, rogue; *f.* wench, hussy.
maraudage [maroda:ʒ], *s.m. Jur:* = MARAUDE[2].
maraude[2], *s.f.* (*a*) Marauding, plundering. **Aller à la maraude,** to go looting or marauding. (*b*) Petty thieving (from orchards, etc.). (*c*) *F:* **Taxi en m.,** cruising taxi.
marauder [marode], *v.i.* (*a*) To maraud, plunder. (*b*) To thieve (from market-gardens, etc.). (*c*) *F:* (Of taxis) To cruise (in search of fares).
maraudeur, -euse [marodœ:r, -ø:z], *s,* (*a*) Marauder, plunderer. (*b*) Filcher, petty thief.
marbre [marbr], *s.m.* **1.** (*a*) Marble. *F:* **Cœur de m.,** stony heart. (*b*) Marble (statue, etc.). **2.** *Bookb:* Marbling (on book edges). **3.** *Mec.E:* Surface-plate, face-plate. **4.** *Typ:* (*a*) Imposing-stone. (*b*) Bed (of press); press-stone. **Livre sur le m.,** book in type, at press.
marbré [marbre], *a.* Marbled; (i) mottled, (ii) veined, (iii) (beaten) black and blue.
marbrer [marbre], *v.tr.* To marble; (i) to mottle, (ii) to vein. *F:* **Le froid marbre la peau,** cold mottles, blotches, the skin.
marbrerie [marbrəri], *s.f.* **1.** Marble-working, -cutting; marble-work. **2.** Marble-mason's yard.
marbrier, -ère [marbrie, -ɛ:r]. **1.** *a.* Marble (industry). **2.** *s.m.* Monumental mason. **3.** *s.f.* **Marbrière,** marble-quarry.
marbrure [marbry:r], *s.f.* **1.** Marbling, veining. **2.** (*a*) Mottling (of the skin). (*b*) Mark of a bruise.
marc [ma:r], *s.m.* **1.** (*a*) Marc (of grapes, olives, etc.); rape(s) (of grapes). (*b*) **Eau de vie de m.,** white brandy (distilled from marc). **2.** (Used) tea-leaves; coffee-grounds.
marcassin [markasɛ̃], *s.m.* Young wild boar.
marcassite [markasit], *s.f. Miner:* Marcasite, white iron pyrites.
marchand, -ande [marʃɑ̃, -ɑ̃:d]. **1.** *s.* Dealer, shopkeeper, merchant; tradesman, tradeswoman. **M. de chevaux,** horse-dealer. **M. de fer,** ironmonger. **M. de fromage,** cheesemonger. **M. de poisson,** fishmonger. **M. de grains,** corn-chandler. **M. de tabac,** tobacconist. **M. en plein vent,** stall-keeper. **M. des quatre saisons,** costermonger; barrow-boy. **M. en gros,** wholesale dealer, wholesaler. **M. en détail,** retailer. S.a. AMBULANT, HABIT 1, SABLE[1] 1, SOUPE 2. **2.** *a.* (*a*) Saleable, marketable (article, etc.). **Fer m.,** commercial iron. (*b*) Trading. **Ville marchande,** commercial town. **Navire m.,** merchant ship, merchantman. S.a. MARINE[2] 3. **Prix m.,** wholesale price, trade price. **Valeur marchande,** market value.
marchand|er [marʃɑ̃de], *v.tr.* **1.** (*a*) **M. qch. avec qn,** to haggle with s.o. over sth. **M. qn,** to haggle over the price with s.o. (*b*) **M. les éloges à qn,** to grudge one's praise. **Il ne marchande pas sa peine,** he spares no pains. **2.** To job (contract); to sub-contract (job). *s.m.* **-age.** *s.* **-eur, -euse.**
marchandise, [marʃɑ̃di:z], *s.f.* **1.** Merchandise, goods, wares. **Train de marchandises,** goods train. **Vanter, faire valoir, sa m.,** to boost, puff, one's wares. **2. Une m.,** a commodity.
marchant, -ante [marʃɑ̃,-ɑ̃:t], *a.* Moving, on the move. *Mil:* **Aile marchante,** outer flank (of wheeling movement); leading wing.
marche[1] [marʃ], *s.f.* **1.** March, border. **2.** March-land, borderland.
marche[2], *s.f.* **1.** (*a*) (i) Step, stair (of stairs). (ii) Tread (of step). **La m. du bas,** the bottom stair. **Les marches du trône,** the steps of the throne. (*b*) Treadle (of lathe, etc.). **2.** (*a*) Walking. **Aimer la m.,** to be fond of walking. **Avoir une m. gracieuse,** to have a graceful walk, gait. **Ralentir sa m.,** to slacken one's pace. **Continuer sa m.,** to walk on. **Se mettre en m.,** to set out, start off. **Deux heures de m.,** two hours' walk. (*b*) March. (i) *Mil:* **Colonne en m.,** column on the march. **Ordres de m.,** marching orders. **Mettre les troupes en m.,** to set the troops in motion. **Ouvrir la m.,** to lead the way. **Fermer la m.,** to bring up the rear. **Gagner une m. sur l'ennemi,** to steal a march on the enemy. (ii) *Mus:* **M. nuptiale, funèbre,** wedding-march, dead march. **3.** (*a*) Running (of trains, etc.). sailing (of ships). **Mettre en marche un service,** to start or run a service. (*b*) **En m.,** in motion. **M. avant,** forward gear. **M. arrière,** reverse; *Cin:* reverse motion. *Cin:* **M. (du film),** motion. **Navire en m.,** ship under way. **4.** (*a*) Running, going, working (of machine, etc.). **Être en m.,** (i) (of machine) to be going, running; (ii) (of furnace) to be in blast. *Aut:* **Mettre en m.,** to start (engine). (*b*) Course (of events, etc.); march (of time); progress (of malady). **M. à suivre,** course to be followed; procedure. (*c*) *Mus:* **M. harmonique,** harmonic progression.
marché [marʃe], *s.m.* **1.** (*a*) Dealing, buying. **Faire son m.,** to do one's shopping. **Être en m. avec qn.,** to be negotiating with s.o. **M. noir,** black market. (*b*) Deal, bargain, contract. **Faire, conclure, un m.,** to strike a bargain. **M. de fourniture,** supply contract. **C'est m. fait,** it is a bargain; *F:* done! **Mettre à qn le m. en main,** to invite s.o. to take it or leave it. **Par-dessus le m.,** into the bargain. (*c*) **Bon m.,** cheapness (de, of). **Acheter, vendre, qch. à bon m.,** to buy, sell, sth. cheap, at a cheap rate. **A meilleur m.,** more cheaply, cheaper. **Articles bon m.,** low-priced goods, *F:* bargains. **Faire bon m. des conseils de qn,** to hold s.o.'s advice cheap. **Vous vous en êtes tiré à bon m.,** you got off lightly. **2.** Market. (*a*) **Jour de m.,** market-day. **M. en plein vent,** open-air market. **M. aux puces,** flea-market. **M. couvert,** covered market, market hall. *Pol.Ec:* **M. commun,** common market. **Étude des marchés,** marketing. (*b*) (State of the) market. **M. ferme,** steady, strong, firm, market.
marchepied [marʃəpje], *s.m.* (*a*) Steps (of altar); step (of carriage). (*b*) *Veh:* Footboard. *Aut:* Running-board. (*c*) *Row:* Stretcher. (*d*) Pair of steps, step-ladder.
marcher [marʃe], *v.i.* **1.** To tread. **M. sur le pied à qn,** to tread on s.o.'s foot, on s.o.'s toes. **M. sur les traces, sur les pas, de qn,** to follow, tread, in s.o.'s footsteps. **2.** (*a*) To walk, go. **Le bébé ne marche pas encore,** the child isn't walking yet. **Façon de m.,** gait. **Il boite en marchant,** he walks with a limp. **Deux choses qui marchent toujours ensemble,** two things that always go together. S.a. PAIR 1. **L'État marche à la ruine,** the State is heading for ruin. (*b*) *F:* To obey orders. **Il marchera,** he will do as he's told. **Faire m. qn,** (i) to order s.o. about; (ii) to deceive, fool, s.o.; to pull s.o.'s leg. (*c*) *Mil: etc:* To march. **En avant, marche!** quick march! **M. à l'ennemi,** to advance, move, against the enemy. **3.** (*a*) (Of trains, etc.) To move, travel, go; (of ships) to sail, steam; to proceed, progress. (Of ship, etc.) **M. à toute allure, à toute vitesse,** to proceed at full speed. **Le temps marche,** time goes on. **Les affaires marchent,** business is brisk. **Cela fait m. le commerce,** it's good for trade. **Faire m. la maison,** to run the house. **Faire m. le feu,** to make the fire burn. **Est-ce que ça marche?** are you getting along all right? **Ça ne marche pas si mal,** we are not doing so badly. **La répétition a bien marché,** the rehearsal went well. (*b*) (Of machine) To work, run, go.
marcheur, -euse [marʃœ:r, -o:z]. **1.** *s.* (*a*) Walker. **Bon m.,** good walker; (of horse) good goer. (*b*) *F:* **Vieux m.,** old rake; old reprobate. **2.** *a.* Walking (animal). **Navire bon m.,** fast-sailing boat, good sailer. **3.** *s.f. Th:* **Marcheuse,** walker-on; figurante (in ballet).
marcotte [markɔt], *s.f. Hort:* **1.** Layer. **2.** Runner, sucker.
marcott|er [markɔte], *v.tr.* To layer. *s.m.* **-age.**
mardi [mardi], *s.m.* Tuesday. **M. gras,** Shrove Tuesday.
mare [ma:r], *s.f.* (Stagnant) pool; pond.
marécage [marɛka:ʒ], *s.m.* (*a*) Fen, marshland. (*b*) Bog, slough, swamp.
marécageux, -euse [marɛkaʒø, -ø:z], *a.* Boggy, marshy, swampy.
maréchal, -aux [marɛʃal, -o], *s.m.* **1. M.-ferrant,** blacksmith; farrier. **2.** Marshal (of royal household, etc.). **3.** *Mil:* (*a*) **M. de France,** field-marshal. (*b*) **M. des logis,** sergeant (in mounted arms).
maréchalat [marɛʃala], *s.m.* Marshalship.
maréchalerie [marɛʃalri], *s.f.* Horse-shoeing, farriery.
maréchaussée [mareʃose], *s.f. Hist:* **1.** Marshalsea. **2.** Corps of mounted constabulary. **3.** *Hum:* = GENDARMERIE I.

marée [mare], *s.f.* **1.** Tide. **M. haute,** high water, high tide. **M. basse,** low water, low tide. **M. montante,** flood-tide. **M. descendante,** ebb-tide. **Grande m.,** spring-tide. **Fleuve à m.,** tidal river. **Contre vent et m.,** (i) against wind and tide; (ii) *F:* in spite of all opposition. *F:* **Avoir vent et m.,** to have everything in one's favour. **Port à m., de m.,** tidal harbour. **2.** Fresh (sea-water) fish. **Train de m.,** fish-train. *F:* **Arriver comme m. en carême,** to arrive just at the right moment, in the nick of time.
marelle [marɛl], *s.f. Games:* Hopscotch.
marémoteur, -trice [maremɔtœ:r, -tris], *a.* Tidal (power, etc.); tide-driven (machine). **Usine marémotrice,** tidal power station.
mareyage [marɛja:ʒ], *s.m.* The fish trade.
mareyeur, -euse [marɛjœ:r, -ø:z], *s.* Wholesale fishmonger.
margarine [margarin], *s.f.* Margarine.
marge [marʒ], *s.f.* **1.** (*a*) Border, edge (of ditch, road). *F:* **Vivre en m. de la société,** to live on the fringe of society. **En m. de . . .** arising out of . . ., in connection with . . . **En m. de l'histoire,** a foot-note to history. (*b*) Margin (of book). **Écrire qch. en m.,** to write sth. in the margin. **Note en m.,** marginal note. *Typ:* **Illustrations à marges perdues,** bled-off illustrations. **2. Avoir de la m.,** to have time or means enough and to spare; to have plenty of margin.
margelle [marʒɛl], *s.f.* Curb(-stone) (of a well).
marginal, -aux [marʒinal, -o], *a.* Marginal (note); fringing (reef, etc.).
margotin [margɔtɛ̃], *s.m.* Bundle of firewood.
margouillat [marguja], *s.m. Rept:* Grey lizard.
margoulin [margulɛ̃], *s.m. P:* **1.** Cheating shopkeeper. **2.** Petty tradesman. **3.** Bungler, muddler. **4.** Black marketeer.
margrave [margra:v]. *Hist:* **1.** *s.m.* Margrave. **2.** *s.f.* Margravine.
Marguerite [margərit]. **1.** *Pr.n.f.* Margaret. **2.** *s.f.* (*a*) *A. & B:* Pearl. (*b*) *Bot:* **(Petite) m.,** daisy. **Grande m.,** ox-eye daisy, marguerite. *F:* **Effeuiller la m.,** to play 'she loves me, she loves me not.'
marguillier [margije], *s.m.* Churchwarden.
mari [mari], *s.m.* Husband. S.a. PUISSANCE 2.
mariable [marjabl], *a.* Marriageable.
mariage [marja:ʒ], *s.m.* **1.** Marriage. (*a*) Wedlock, matrimony. (*b*) Wedding, nuptials. **M. d'inclination,** love-match. **M. religieux,** wedding (in church). **M. civil,** civil marriage. **Acte de m.,** marriage certificate. **Demande en m.,** proposal of marriage. **Enfant né hors du m.,** child born out of wedlock. **Le m. de l'esprit et de la beauté,** the joining of wit to beauty. **2.** *Nau:* Marrying (of two ropes).
Marianne [marjan]. *Pr.n.f.* **1.** Marian(ne). **2.** *F:* The (French) Republic.
Marie [mari]. *Pr.n.f.* Mary, Maria.
marié, -ée [marje], *a. & s.* **1.** Married (person). **Nouveau m., nouvelle mariée,** (i) newly-married man, woman; (ii) bridegroom, *f.* bride. **2.** *s.m.* Bridegroom, *s.f.* bride (about to be married). **Robe de mariée,** wedding-dress.
marier [marje], *v.tr.* **1.** To marry. (*a*) (Of priest, etc.) To unite (man and woman) in wedlock; to join in marriage. (*b*) To give (one's daughter, etc.) in marriage; to find a husband, a wife, for (s.o.). **Fille à m.,** marriageable daughter, **2.** (*a*) To join, unite. **M. des couleurs,** to blend colours. (*b*) *Nau:* **M. des cordages,** to marry ropes.
se marier. (*a*) To marry, to get married. **Se m. à, avec, qn,** to marry s.o. (*b*) (Of colour, etc.) **Se m. avec qch.,** to go with sth.; to harmonize with sth.
marie-salope [marisalɔp], *s.f. F:* **1.** Slut. **2.** (*a*) (Dredger's) mud-barge; hopper(-barge). (*b*) Mud-dredger. *pl. Des maries-salopes.*
marieur, -euse [marjœ:r, -ø:z], *s.* Match-maker.
marin, -ine[1] [marɛ̃, -in]. **1.** *a.* Marine (plant, engine, etc.). **Carte marine,** sea-chart. **Mille m.,** nautical mile. **Costume m.,** sailor suit. *F:* **Avoir le pied m.,** to have found one's sea legs; to be a good sailor. **2.** *s.m.* (*a*) Seafaring man (officer or seaman); mariner. (*b*) Sailor, seaman. **Se faire m.,** to go to sea. *F:* **M. d'eau douce,** land-lubber; swab.
marinade [marinad], *s.f.* Pickle. (*a*) Brine, souse. (*b*) *Cu:* Marinade. (*c*) *pl. Fr.C:* **Marinades,** pickles.
marine[2] [marin], *s.f.* **1.** *Art:* Seascape, seapiece. **2.** Seamanship. **Terme de m.,** nautical term. **3.** The sea service. **La m. marchande,** the merchant service, the mercantile marine. **La m. de guerre,** the Navy. **Officier de m.,** naval officer. **4. Sentir la m.,** to smell, taste, of the sea. **5.** *a. F:* Navy-blue, navy. **Un costume m.,** a navy-blue suit.
mariné, -ée [marine], *a.* **1.** Sea-damaged (goods). **2.** *Cu:* Soused, pickled (herring, etc.).
marin|er [marine], *v.tr.* To pickle. (*a*) To salt. (*b*) *Cu:* To marinate, to souse (herring, etc.). *s.m.* **-age.**
maringouin [marɛ̃gwɛ̃], *s.m. Ent:* Mosquito (in W. Indies, Canada, etc.).
marinier, -ière [marinje, -jɛ:r]. **1.** *a.* Marine, naval. S.a. OFFICIER[2] 2. **2.** *s.m.* Waterman, bargeman, bargee. **3.** *s.f.* **Marinière,** (*a*) side-stroke (in swimming). (*b*) *Cost:* (Woman's) sailor blouse, teeshirt. (*c*) *Cu:* **Moules (à la) marinière, moules marinière,** mussels with onion and parsley sauce.
marionnette [marjɔnɛt], *s.f.* **1.** (*a*) Marionette, puppet. **Théâtre de marionnettes,** puppet-show. (*b*) *F:* (Of pers.) Puppet, tool. **2.** *Nau:* Ninepin block.
marionnettiste [marjɔnɛtist], *s.m.* Puppeteer.
mariste [marist], *s.m. Ecc:* Marist (father).
marital, -aux [marital, -o], *a.* Marital. *adv.* **-ement.**
maritime [maritim], *a.* Maritime (navigation, plant, province, etc.). **Ville m.,** seaboard town, seaside town. *Geog:* **Les (Provinces) Maritimes,** the Maritime Provinces. **Commerce m.,** sea-borne trade. **Assurance m.,** marine insurance. **Courtier m.,** ship-broker. **Agent m.,** shipping-agent. **Arsenal m.,** naval dockyard. *Rail:* **Gare m.,** harbour station.
maritorne [maritɔrn], *s.f.* Sloven, slut.
marjolaine [marʒɔlɛn], *s.f.* (Sweet) marjoram.
mark [mark], *s.m. Num:* (German) mark.
marmaille [marma:j], *s.f. Coll. F:* Children. **Rue pleine de m.,** street swarming with noisy little brats.
marmelade [marməlad], *s.f.* (*a*) Compote (of fruit). **M. de pommes,** (i) stewed apples, (ii) apple puree. (*b*) **M. d'orange(s),** orange marmalade. (*c*) *F:* Mess, hash. **Viande en m.,** meat cooked to shreds. **Mettre qn en m.,** to pound s.o. to a jelly. **La ville est en m.,** the town is a frightful mess, a shambles (as a result of air raids, etc.).
marmite [marmit], *s.f.* **1.** (*a*) (Cooking-)pot, (stew-)pan. **M. à conserves,** preserving-pan. **M. sous pression,** pressure-cooker. **M. suédoise, norvégienne,** hay-box. **Écumer la m.,** (i) to skim the pot; (ii) *F:* to cadge, sponge. *F:* **Faire bouillir la m.,** to keep the pot boiling. (*b*) *Mil:* Dixy, camp-kettle. **2.** *Mil: F:* Heavy shell.
marmit|er [marmite], *v.tr. F:* To bombard (place) with heavy shells; to shell. *s.m.* **-age.**
marmiton [marmitɔ̃], *s.m.* Cook's boy; pastry-cook's errand-boy.
marmonner [marmɔne], *v.tr.* To mumble, mutter.
marmot [marmo], *s.m.* **1.** Child, brat, urchin. **2.** *A:* Grotesque figure (esp. as door-knocker). (Hence) *F:* **Croquer le m.,** to be kept waiting; to cool one's heels.
marmottage [marmɔta:ʒ], *s.m.* **1.** Mumbling, muttering. **2.** Mumble, mutter.
marmotte [marmɔt], *s.f.* **1.** *Z:* Marmot. **2.** Kerchief (tied over the forehead).
marmottement [marmɔtmɑ̃], *s.m.* = MARMOTTAGE.
marmott|er [marmɔte], *v.tr.* To mumble, mutter. *s.* **-eur, -euse.**
marmouset [marmuzɛ], *s.m.* (*a*) Quaint figure (in ivory, china); grotesque. (*b*) *F:* Little chap; urchin. (*c*) Fire-dog (with grotesque head).
marne [marn], *s.f. Agr:* Marl.
marn|er [marne], *v.tr.* To marl (soil). *s.m.* **-age.**
marneux, -euse [marnø, -ø:z], *a.* Marly (soil).
marnière [marnjɛ:r], *s.f.* Marl-pit.
Maroc (le) [ləmarɔk]. *Pr.n.m.* Morocco.
marocain, -aine [marɔkɛ̃, -ɛn], *a. & s.* Moroccan. *Tex:* **Crêpe m.,** marocain.
maronner [marɔne], *v.tr. & i. F:* To growl, grumble.
maroquin [marɔkɛ̃], *s.m.* (*a*) Morocco(-leather). (*b*) *F:* Minister's portfolio.
maroquinerie [marɔkinri], *s.f.* **1.** (*a*) Morocco-leather goods or trade. (*b*) Fancy-leather goods or trade. **2.** (*a*) Fancy leather work. (*b*) Shop selling fancy-leather goods.

maroquinier [marɔkinje], *s.m.* (*a*) Leather-worker. (*b*) Dealer in fancy-leather goods. (*c*) Shop selling fancy-leather goods.

marotte [marɔt], *s.f.* 1 (Court fool's) bauble; cap and bells. **2.** *F:* Fad, hobby, fancy. **Chacun a sa m.,** everyone has a bee in his bonnet.

maroufle[1] [marufl], *s.m.* *A:* Rogue, scoundrel; low individual.

maroufle[2], *s.f.* Strong paste (for re-mounting pictures).

maroufler [marufle], *v.tr.* **1.** (*a*) To re-mount (picture) on a new foundation. (*b*) **M. une couture,** to tape a seam. **Bande à m.,** taping, tape. **2.** To prime, size (canvas).

marquant [markɑ̃], *a.* **1.** Prominent, outstanding (incident, personage). *Lit:* **Passages marquants,** purple passages. **2. Carte marquante,** *s.f.* **marquante,** card that counts.

marque [mark], *s.f.* **1.** Mark. **M. d'identité,** identification mark. **M. de fabrique,** trade mark; brand. **M. déposée,** registered trade-mark. **Bicyclette de première m.,** bicycle of the best make. **Vin de m.,** wine of a well-known brand. **Produits de m.,** branded goods. **Personnage de m.,** distinguished, prominent, person. **M. de l'État,** government stamp. *Navy:* **La m. de l'amiral,** the admiral's flag. **M. au crayon,** pencil-mark. **Porter la m. du génie,** to bear the stamp of genius. **Marques d'amitié, de respect,** tokens of friendship, of respect. *Rugby Fb:* **Faire une m.,** to make one's mark. **2.** Marking-tool, branding-iron, marker. **3.** (*a*) *Com:* Tally. (*b*) *Games:* Scoring-board; marker. (*c*) *Games:* Score. **Tenir la m.,** to keep the score. (*d*) *Games:* Counter. (*e*) *Sp:* **A vos marques! Prêts? Partez!** On the mark! On your marks! Get set! Go!

marqué [marke], *a.* **1.** (*a*) Marked (card, etc.). **Être né m.,** to be born with a birth-mark. (*b*) **Papier m.,** stamped paper. **2.** Marked, decided, unmistakable (differences, etc.); pronounced (features). **3. Au jour m.,** on the appointed day.

marqu|er [marke]. **1.** *v.tr.* To mark. (*a*) To put a mark on (sth.). **M. du linge,** to mark linen. *Com:* **Prix marqué,** (i) catalogue price; (ii) price marked in plain figures. **Figure marquée par, de, la petite vérole,** pock-marked face. **M. un criminel,** to brand a criminal. **M. un arbre,** to blaze a tree. *Rail: etc:* **M. sa place,** to leave one's hat, etc., on a seat (to show that it is engaged). (*b*) To record, note; to make a note of, jot down (sth.). *Games:* **M. les points,** to keep the score. **M. trente points,** to score thirty. **Ne m. aucun point,** to fail to score. **M. un adversaire,** to mark a man. **M. un adversaire de deux points,** to be two up. (*c*) To indicate, show. **L'horloge marque l'heure,** the clock tells the time. **La pendule marque dix heures,** the clock points to ten o'clock. **M. la mesure avec son bâton,** to beat time with one's baton. **M. le pas,** to mark time. **Cheval qui marque,** horse with mark of mouth. *F:* **Il marque son âge,** he shows his age. **M. à qn son estime,** to give s.o. proof, a token, of one's esteem. **2.** *v.i.* To stand out, make a mark. **Notre famille n'a jamais marqué,** our family has never been remarkable. **M. mal,** to be of unprepossessing appearance. *s.m.* **-age.**

marqueter [markəte], *v.tr.* (je **marquette; je marquetterai**) **1.** To spot, speckle (fur, imitation tiger-skin, etc.). **2.** To inlay (table, etc.).

marqueterie [markətri], *s.f.* Inlaid-work, marquetry.

marqueteur [markətœːr], *s.m.* Worker in marquetry; inlayer.

marqueur, -euse [markœːr, -øːz]. **1.** *s.* Marker. (*a*) Stamper, brander; stenciller (of boxes, etc.). (*b*) Scorer (at games). *Fb: etc:* **M. de but,** scorer. (*c*) Tally-keeper. **2.** *s.m.* (*a*) *Ten:* **M. à chaux** court-marking machine. (*b*) *Dressm:* **M. de plis,** (sewing-machine) tucker, tuck-creaser.

marquis [marki], *s.m.* Marquis, marquess.

marquisat [markiza], *s.m.* Marquisate.

marquise [markiːz], *s.f.* **1.** Marchioness. **2.** (*a*) Awning (on pleasure-boat, etc.). (*b*) Marquee (tent). (*c*) (Overhanging) shelter; glass porch.

Marquises (Les) [lemarkiːz]. *Pr.n.f.pl.* The Marquesas (Islands).

marquoir [markwaːr], *s.m.* **1.** Tailor's marking tool. **2.** *Needlew:* Sample letter for linen-embroidery (with initials).

marraine [marɛn], *s.f.* (*a*) Godmother; sponsor (at baptism). (*b*) Presenter (of débutante). (*c*) **M. de guerre,** (self-constituted) godmother, correspondent of a serving soldier in war-time.

marrant [marɑ̃], *a.* *P:* (Screamingly) funny; odd, strange, funny, queer. **Vous êtes m., vous alors!** you're the limit!

marre [maːr], *s.f.* *P:* **J'en ai m.,** I'm fed up with it; it bores me stiff.

marrer (se) [səmare], *v.pr.* *P:* To split one's sides with laughing.

marri [mari], *a.* *A:* Sad, sorry, grieved.

marron[1] [marɔ̃], *s.m.* **1.** (*a*) (Large edible) chestnut. *F:* **Tirer les marrons du feu pour qn,** to be s.o.'s cat's-paw. **Marrons glacés,** candied chestnuts, marrons glacés. (*b*) **M. d'Inde,** horse-chestnut. **2.** *Pyr:* Maroon. **3.** *a. inv.* Chestnut(-colour); maroon.

marron[2], **-onne** [marɔ̃, -ɔn], *a.* **1. Nègre m.,** *s.* **m.,** maroon, runaway negro slave. **Animal m.,** animal that has taken to the bush. **2.** Unlicensed (trader, etc.); unqualified (doctor).

marronn|er [marɔne], *v.i.* **1.** (Of runaway slave) To live in hiding. **2.** To carry on a trade, profession, without legal qualification. *s.m.* **-age.**

marronnier [marɔnje], *s.m.* Chestnut-tree. **M. d'Inde,** horse-chestnut tree.

Mars [mars]. **1.** *Pr.n.m.* *Myth:* *Astr:* Mars. **2.** *s.m.* March. **Au mois de m.,** in the month of March. **En m.,** in March. **Le premier m.,** (on) the first of March, (on) March (the) first. **Blé de m.,** *pl.* **les m.,** spring wheat. **Bière de m.,** March beer, March ale. *F:* **Arriver comme m. en carême,** to come round as regularly as clockwork.

marseillais, -aise [marsɛjɛ, -ɛːz], *a.* & *s.* *Geog:* Marseillais, -aise. **La Marseillaise** (national anthem of the Fr. Republic), the Marseillaise.

Marseille [marsɛːj]. *Pr.n.* *Geog:* Marseille(s).

marsouin [marswɛ̃], *s.m.* **1.** (*a*) *Z:* Porpoise. (*b*) *F:* Colonial infantry soldier. **2.** *Nau:* Forecastle awning.

marsupial, -aux [marsypjal, -o], *a.* & *s.m.* *Z:* Marsupial.

marteau [marto], *s.m.* **1.** (*a*) Hammer. **M. à panne fendue,** claw-hammer. **M. à deux mains,** sledge-hammer. **M. pneumatique,** pneumatic drill. **Coup de m.,** hammer-stroke. S.a. ENCLUME. *P:* **Il est un peu m.,** he isn't all there, he's a bit cracked. (*b*) (Auctioneer's) hammer. **Passer sous le m.,** to be sold under the hammer. (*c*) Knocker (of door). **Coup de m.,** knock (at the door). *F:* **Graisser le m.,** to tip the door-keeper. **2.** *Ich:* Hammer-head (shark).

marteau-pilon [martopilɔ̃], *s.m.* *Metall:* Power-hammer. *pl. Des marteaux-pilons.*

marteau-piolet [martopjɔlɛ], *s.m.* *Mount:* Piton hammer. *pl. Des marteaux-piolets.*

martel [martɛl], *s.m.* *A:* = MARTEAU. *F:* **Se mettre m. en tête,** to worry.

martelé [martəle], *a.* **1.** Hammer-wrought. **2.** *Mus:* Martellato.

martel|er [martəle], *v.tr.* (**je martèle; je martèlerai**) (*a*) To hammer. *Metalw:* **M. à froid,** to cold-hammer. *F:* **M. le cerveau à qn,** to worry, torment, plague, s.o. (*b*) *Abs.* (Of water in pipes, etc.) To hammer. *I.C.E:* (Of engine) To knock. *s.m.* **-age.**

marteleur [martəlœːr], *s.m.* Hammersmith, hammer-man.

martial, -aux [marsjal, -o], *a.* **1.** Martial, soldierlike; warlike (humour, etc.). **2. Loi martiale,** martial law. **Code m.,** articles of war. **Cour martiale,** court-martial. *adv.* **-ement.**

martien, -ienne [marsjɛ̃, -jɛn], (*a*) *a.* Martian. (*b*) *s.* *F:* Space-man.

martinet[1] [martinɛ], *s.m.* **1.** *Metall:* Tilt-hammer; drop-stamp. **2.** Strap (for chastising child).

martinet[2], *s.m.* *Orn:* Swift, martlet.

martingale [martɛ̃gal], *s.f.* **1.** (*a*) *Harn:* Martingale. (*b*) *Cost:* Half-belt (of greatcoat, sportscoat). **2.** *Gaming:* Martingale.

martin-pêcheur [martɛ̃pɛʃœːr], *s.m.* *Orn:* Kingfisher. *pl. Des martins-pêcheurs.*

martre [martr], *s.f.* *Z:* Marten. **M. zibeline,** sable. **M. du Canada,** mink. **M. des palmiers,** palm-cat, civet.

martyr, -yre[1] [marti:r], *s.* Martyr. *F:* **Être du commun des martyrs,** to be an insignificant person. *a.* **Un peuple m.,** a martyred people.
martyre[2], *s.m.* Martyrdom. **Souffrir le m.,** to suffer martyrdom. *F:* **Mettre qn au m.,** to torture s.o.
martyriser [martirize], *v.tr.* **1.** To martyr (s.o. for his faith). **2.** To martyrize; to make a martyr of (s.o.).
marxisme [marksism], *s.m.* Marx(ian)ism.
marxiste [marksist]. **1.** *a.* Marxian. **2.** *s.* Marxist.
maryland [marilɑ̃], *s.m.* Maryland tobacco.
mas [mɑ(s)], *s.m.* (In S. of Fr.) Small farmhouse.
mascara [maskara], *s.m. Toil:* Mascara.
mascarade [maskarad], *s.f.* Masquerade.
mascaret [maskarɛ], *s.m.* Bore, tidal wave (in estuary).
mascaron [maskarɔ̃], *s.m.* (Grotesque) mask (on keystone of arch, etc.); mascaron.
mascotte [maskɔt], *s.f.* Mascot, charm. *Sp: F:* **Terrain m.,** lucky ground.
masculin [maskylɛ̃], *a.* **1.** Male (sex, attire). **2.** Masculine. (*a*) Mannish (woman). (*b*) *Gram:* **Le (genre) m.,** the masculine gender. *Pros:* **Rimes masculines,** masculine rhymes.
maskinongé [maskinɔ̃ʒe], *s.m. Fr.C: Ich:* Muskelunge, ugly fish.
masochisme [mazɔʃism], *s.m. Psy:* Masochism.
masochiste [mazɔʃist], *s.m. & f. Psy:* Masochist.
masque[1] [mask], *s.m.* **1.** Mask. (*a*) **Oter, arracher, le m. à qn,** to unmask s.o. **Lever le m.,** to throw off the mask. *Mil:* **M. à gaz,** gas-mask. **M. sous-marin,** snorkel. *Toil:* **M. anti-rides,** face-pack. (*b*) **M. mortuaire,** death-mask. (*c*) (Expression of the) face; features (as a whole). **Il a le m. mobile,** he has mobile features. **2.** (*a*) *Th:* Masque. (*b*) Masquerader, masker, mummer. **3.** *Artil:* Shield or hood (of gun). *Civ.E:* **M. d'étanchéité,** cut-off.
masque[2], *s.f.* **Petite m.,** little minx, hussy.
masquer [maske], *v.tr.* To mask. **1.** (*a*) To put a mask on (s.o.). **Se m.,** to put on a mask. **Bal masqué,** masked ball. (*b*) To hide, screen (sth.). **M. qch. à qn,** to conceal sth. from s.o. **M. une odeur,** to disguise a smell. *Aut:* **Virage masqué,** blind corner. *Mil:* **M. une batterie,** to conceal a battery. *F:* **M. ses batteries,** to conceal one's intentions. *Nau:* **Naviguer à feux masqués,** to steam without lights, with all lights obscured. **2.** *Nau:* To back (sail). **Être masqué,** *v.i.* **masquer,** to be caught aback, taken aback. **3.** (Pour la peinture au pistolet) To mask, shield (a surface).
massacrante [masakrɑ̃:t], *a.f.* (Used in the phr.) **Être d'une humeur m.,** to be in a very bad temper; to be as cross as two sticks.
massacre [masakr], *s.m.* (*a*) Massacre, slaughter; *F:* butchery. (*b*) **Jeu de m.,** (game played at fairs similar to) Aunt Sally. *F:* **Il a une tête de m.,** he's got a face you'd like to punch.
massacr|er [masakre], *v.tr.* **1.** To massacre, butcher, slaughter. **2.** *F:* To bungle, spoil, make a hash of (work); to murder (music); to ruin (clothes). **3.** *Ten:* **M. un lob,** to kill, smash, a lob. *s.m.* **-eur.**
massage [masa:ʒ], *s.m.* (*a*) *Med:* Massage. (*b*) Rubbing down (of horse).
masse[1] [mas], *s.f.* **1.** Mass. (*a*) **Marchandise en m.,** goods in bulk. **Se prendre en m.,** to solidify, coagulate. **Tomber comme une m.,** to fall like a log. (*b*) *Mil:* Mass formation. (*c*) *Mec:* Mass (of moving body). (*d*) **M. de gens,** mass, crowd, body, of people. **Émouvoir les masses,** to move the masses, the mob. *Pej:* **La m.,** the mob. **En m.,** in a body. **Exécutions en m.,** mass executions. **2.** (*a*) Fund, stock. *Jur:* **M. des biens (de la faillite),** (bankrupt's) total estate. **M. passive,** liabilities. **M. active,** assets. (*b*) *Mil:* Company funds. (*c*) (Prisoner's) earnings (handed to him on liberation). **3.** *El.E:* Earth (constituted by frame of machine). **Mettre le courant à la m.,** to earth the current. **4.** *Atom.Ph:* **M. critique,** critical mass.
masse[2], *s.f.* **1.** Sledge-hammer. **M. en bois,** beetle. **2.** (*a*) *A:* **M. d'armes,** mace. (*b*) (Ceremonial) mace.
masselotte [maslɔt], *s.f.* **1.** *Metall:* Dead-head (of casting); sprue, runner. **2.** Inertia block (of fuse, etc.).
massepain [maspɛ̃], *s.m.* Marzipan cake or biscuit.
masser[1] [mase], *v.tr.* To mass (soldiers, etc.).
se masser, to mass; to form a crowd.
masser[2], *v.tr.* (*a*) To massage. (*b*) To rub down (horse).
massette [masɛt], *s.f.* **1.** Two-handed hammer. **2.** *Bot:* Bulrush, reed-mace, cat's-tail.
masseur, -euse [masœ:r, -ø:z], *s. Med:* Masseur, *f.* masseuse.
massicot[1] [masiko], *s.m.* Massicot, yellow leaf.
massicot[2], *s.m. Bookb:* Guillotine, trimmer.
massier[1], **-ière** [masje, -jɛ:r], *s.* Treasurer; student in charge (in Fr. art studio).
massier[2], *s.m.* Mace-bearer; beadle.
massif, -ive [masif, -i:v]. **1.** *a.* (*a*) Massive, bulky; gross, material (mind, etc.). (*b*) **Argent m.,** solid silver. (*c*) **Action massive contre l'ennemi,** mass attack against the enemy. **2.** *s.m.* (*a*) Solid mass (of masonry, etc.); body (of a pier). (*b*) Clump (of shrubs, etc.). (*c*) *Geog:* Massif.
massique [masik], *a. Ph:* Pertaining to the mass. **Puissance m.,** power-to-weight ratio (of engine).
massivement [masivmɑ̃], *adv.* Massively, ponderously; heavily.
massue [masy], *s.f.* (*a*) Club, bludgeon. **Coup de m.,** (i) bludgeon stroke; (ii) *F:* staggering blow. **Argument (coup de) m.,** sledge-hammer argument. (*b*) *pl.* Indian clubs.
mastic [mastik], *s.m.* **1.** Mastic (resin). **2.** (*a*) Cement, mastic compound. **M. à vitres,** (glazier's) putty. **Couleur m.,** putty-coloured. **M. à reboucher,** stopping-out wax. (*b*) *Dent:* Filling, stopping. (*c*) *Aut: Cy:* **M. pour enveloppes,** tyre-cement.
masticateur [mastikatœ:r]. **1.** *a.m.* Masticatory (organ, etc.). **2.** *s.m.* Masticator (animal or instrument).
mastication [mastikasjɔ̃], *s.f.* Mastication; chewing (of food).
masti|quer[1] [mastike], *v.tr.* To fill in (cracks, etc.) with cement; to putty (window). *Dent:* To fill, stop (teeth). *s.m.* **-cage.**
mastiquer[2], *v.tr.* To masticate, chew.
mastoc [mastɔk], *s.m. & a.inv. F:* Heavy, lumpish, (fellow). **Construction m.,** clumsy construction.
mastodonte [mastɔdɔ̃:t], *s.m.* Mastodon. *F:* **Les mastodontes de la route,** road-monsters (large lorries, buses, etc.).
mastoïde [mastɔid], *a. Anat:* Mastoid (bone).
mastoïdite [mastɔidit], *s.f. Med:* Inflammation of the mastoid, *F:* mastoids.
mastroquet [mastrɔkɛ], *s.m. P:* Pub-keeper.
masturbation [mastyrbasjɔ̃], *s.f.* Masturbation.
masturber (se) [səmastyrbe], *v.pr.* To masturbate.
m'as-tu-vu [matyvy], *s.m.inv. P:* Swank, person who likes to show-off.
masure [mazy:r], *s.f.* Tumbledown cottage; hovel, shanty.
mat[1] [mat], *a.* Mat(t), unpolished, dull (metal). **Teint mat,** mat(t) complexion. **Son m.,** dull, dead, sound; thud.
mat[2]. **1.** *a.inv. Chess:* Checkmated. **2.** *s.m.* (Check)-mate. **Faire (échec et) m. en trois coups,** to mate in three.
mât [mɑ], *s.m.* Mast, pole. (*a*) *Nau:* **Grand m.,** mainmast. **M. de misaine,** foremast. **M. de hune,** topmast. **M. de charge,** derrick. **Navire à trois mâts,** three-masted ship; three-master. (*b*) **M. de tente,** tent-pole. **M. de cocagne,** greasy pole.
matador [matadɔ:r], *s.m.* **1.** Matador. **2.** *F:* Big-wig, magnate.
matamore [matamɔ:r], *s.m.* Braggart; swashbuckler. **Faire le m.,** to bully, to hector.
match [matʃ], *s.m.* **1.** *Sp:* Match. *Row:* **M. d'aviron,** boat-race. *Fb: etc:* **M. prévu,** fixture. **M. de championnat (professionnel),** league match. **2.** *F:* Struggle.
matcher [matʃe]. **1.** *v.tr. Sp:* To match (e.g. one boxer against another). **2.** *v.i.* To play a match (contre, against).
maté [mate], *s.m.* Maté.
matelas [matlɑ], *s.m.* (Overlay) mattress. **Toile à m.,** ticking. **M. pneumatique,** inflatable mattress. *Mch:* **M. de vapeur,** steam cushion. **M. d'air,** air-cushion.
matelassé [matlase], *a. & s.m. Tex:* (*a*) Matelassé (cloth). (*b*) Quilted material.

matelasser [matlase], *v.tr.* To pad, cushion (chair, carriage, etc.). Porte matelassée, baize door.
matelassier, -ière [matlasje, -jɛːr], *s.* **1.** Mattress-maker. **2.** Mattress-carder.
matelassure [matlasyːr], *s.f.* Padding, wadding, stuffing (of mattress, saddle, etc.).
matelot [matlo], *s.m.* **1.** Sailor, seaman. **M. (breveté) de première classe,** leading seaman. **M. de deuxième classe,** able seaman. **Servir comme simple m.,** to sail before the mast. **2.** (Child's) sailor suit.
matelotage [matlɔtaːʒ], *s.m.* (*a*) Seamanship. (*b*) Sailor's pay. (*c*) Comradeship (between sailors).
matelote [matlɔt], *s.f.* **1.** Fish stew. **2. A la matelote,** sailor-fashion.
mat|er¹ [mate], *v.tr.* **1.** To mat(t), dull (metals, etc.). **2.** (*a*) To caulk, hammer (boiler seams). (*b*) To batter, bruise (working parts). *s.m.* **-age.**
mater², *v.tr.* (*a*) *Chess:* To (check)mate. (*b*) To master. **M. qn,** to bring s.o. to heel.
mât|er [mɑte], *v.tr.* (*a*) To mast (ship). *s.m.* **-age.**
matérialisation [materjalizasjɔ̃], *s.f.* Materialization, materializing.
matérialiser [materjalize], *v.tr.* To materialize.
se matérialiser, to materialize; to appear.
matérialisme [materjalism], *s.m.* Materialism.
matérialiste [materjalist]. **1.** *a.* Materialistic. **2.** *s.* Materialist.
matérialité [materjalite], *s.f.* Materiality, reality.
matériau [materjo], *s.m.* *Civ.E:* *Const:* (Building, constructional) material.
matériaux [materjo], *s.m.pl.* Materials.
matériel, -elle [materjɛl]. **1.** *a.* (*a*) Material, physical (body). (*b*) Materialistic, gross, sensual. (*c*) **Besoins matériels,** bodily needs. (*d*) *Jur:* **Dommages matériels,** damage to property. **2.** *s.m.* Plant, working stock (of factory); implements (of a farm, etc.); stock-in-trade. **M. d'école,** school equipment. *Mil:* M. de guerre, war material, equipment. **Le service du m.,** ordnance. *Rail:* **M. roulant,** rolling stock. *Sp:* **M. de campement, de camping,** camping equipment.
matériellement [materjɛlmɑ̃], *adv.* (*a*) Materially. **Avoir de quoi vivre m.,** to have enough for one's material needs. **Chose m. impossible,** thing physically impossible. (*b*) Materialistically, sensually.
matern|el, -elle [matɛrnɛl], *a.* Maternal. **1.** Motherly (care, etc.). **École maternelle,** *s.f.* **maternelle,** nursery school. **2.** (*a*) **Aïeul m.,** maternal grandfather. (*b*) **Langue maternelle,** mother, native, tongue. *adv.* **-ellement.**
maternité [matɛrnite], *s.f.* **1.** Maternity, motherhood. **2.** Maternity hospital.
mathématicien, -ienne [matɛmatisjɛ̃, -jɛn], *s.* Mathematician.
mathématique [matɛmatik]. **1.** *a.* Mathematical. **2.** *s.f.* Usu. *pl.* Mathematics. *adv.* **-ment.**
mathurin [matyrɛ̃], *s.m.* **1.** Mathurin (friar). **2.** *F:* Jack Tar.
matière [matjɛːr], *s.f.* **1.** Material. **Matières premières,** raw materials. **2.** Matter, substance. **M. grise,** grey matter (of the brain). **Matières grasses,** fats. **M. grasse,** butterfat. **La teneur du lait en m. grasse,** the butterfat content of milk. **3.** Subject (of speech, etc.); (school) subject; topic, theme (for discussion). **Table des matières,** table of contents. **Entrer en m.,** to broach the subject; to begin (one's discourse). **Il n'y a pas m. à rire,** it is no laughing matter. **Être bon juge en m. de musique,** to be a good judge of music. **4.** *Ind:* **M. plastique,** plastic (household articles, etc.).
matin [matɛ̃]. **1.** *s.m.* Morning. **Quatre heures du m.,** four o'clock in the morning; 4 a.m. **C'est le m. que je travaille le mieux,** I work best in the morning(s). **Demain m.,** to-morrow morning. **Tous les lundis m.,** every Monday morning. **De grand, bon, m.; le m. de bonne heure,** early in the morning, in the early morning. **Il était grand m.,** it was very early (in the day). **Un de ces (quatre) matins, un beau m.,** one of these (fine) days. **Rentrer au petit m.,** *F:* To come home with the milk. **2.** *adv.* Early (in the morning). Se lever très m., to get up very early.
mâtin [mɑtɛ̃], *s.m.* **1.** (*a*) Mastiff. (*b*) Large mongrel; watch-dog. **2.** *F:* (*f.* **mâtine** [mɑtin]). **Sacré m!** you sly dog, you! **Petite mâtine!** you little minx! *int.* **M.!** by Jove!
matinal, -aux [matinal, -o], *a.* **1.** Morning (breeze, etc.). **A cette heure matinale . . .,** at this early hour. . . . **2.** (Of pers.) **Comme tu es m. aujourd'hui!** you are down very early this morning! *s.* **C'est un m.,** he is an early riser.
matinalement [matinalmɑ̃], *adv.* Early (in the morning).
mâtiné [mɑtine], *a.* Mongrel, cross-bred.
matinée [matine], *s.f.* **1.** Morning. **Dans la m.,** in the course of the morning. **A onze heures de la m.,** at eleven a.m. **Je ne l'ai pas vu de toute la m.,** I haven't seen him all morning. *F:* **Faire (la) grasse m.,** to sleep all the morning, to stay in bed late. **2.** *Th: etc:* Matinée; afternoon performance.
matines [matin], *s.f.pl.* *Ecc:* Matins.
matineux, -euse [matinø, -øːz]. **1.** *a.* Early rising. **2.** *s.* (Habitual) early riser.
matité [matite], *s.f.* Deadness, dullness (of sound, etc.).
matoir [matwaːr], *s.m.* **1.** Matting tool. **2.** Caulking chisel. **3.** Riveting hammer.
matois, -oise [matwa, -waːz]. **1.** *a.* Sly, cunning, crafty. **2.** *s.* Crafty person. **Fin m.,** sly devil. *adv.* **-ement.**
matou [matu], *s.m.* Tom-cat.
matraque [matrak], *s.f.* Bludgeon. **M. en caoutchouc,** rubber truncheon. *F:* **Coup de m.,** barefaced overcharging (in restaurant).
matraquer [matrake], *v.tr.* To bludgeon.
matriarcal, -aux [matriarkal, -o], *a.* Matriarchal.
matriarcat [matriarka], *s.m.* Matriarchy.
matrice [matris], *s.f.* **1.** Matrix. (*a*) *Anat:* Womb. (*b*) *Metalw:* Die; lower half of die-stamp. (*c*) *Typ:* Type mould. (*d*) *Gramophones:* **M. de disques, m. de réserve,** matrix, mother record. **2.** *Adm:* Original (of register of taxes).
matri|cer [matrise], *v.tr.* To stamp (metal). **Pièce matricée,** (i) stamping; (ii) drop-forging. *s.m.* **-çage.**
matricide [matrisid]. **1.** *s.m.* & *f.* Matricide (person). **2.** *a.* Matricidal.
matricide², *s.m.* Matricide (as a crime).
matriculaire [matrikyleːr]. **1.** *a.* Pertaining to registration or enrolment. *Mil:* *Navy:* **Feuille m.,** history sheet. **2.** *s.* Registered person.
matricule [matrikyl]. **1.** *s.f.* (*a*) Roll, register, list. *Mil:* Regimental roll. (*b*) Inscription, registration; enrolment. (*c*) Registration certificate. **2. Numéro m.,** *s.m.* **m.,** (regimental or administrative) number.
matriculer [matrikyle], *v.tr.* **1.** To enter (s.o.'s) name on a register; to enrol (soldier). **2.** To stamp the number on (car engine, etc.).
matrimonial, -aux [matrimɔnjal, -o], *a.* Matrimonial (agency, etc.).
matrone [matrɔn], *s.f.* Matron (= married woman).
Matthieu [matjø]. *Pr.n.m.* Matthew.
maturation [matyrasjɔ̃], *s.f.* Maturation, ripening (of fruit, abscess, etc.).
mâture [mɑtyːr], *s.f.* **1.** Masts; masts and spars. **Dans la m.,** aloft. **2.** Mast crane, sheer-legs. **M. flottante,** sheer-hulk.
maturité [matyrite], *s.f.* (*a*) Maturity, ripeness. **Arriver à m.,** to come to maturity. (*b*) **L'œuvre de sa m.,** the work of his maturity, of his middle years.
maudire [modiːr], *v.tr.* (*pr.p.* **maudissant;** *p.p.* **maudit;** *pr.ind.* **je maudis, n. maudissons, v. maudissez, ils maudissent;** *pr.sub.* **je maudisse;** *p.h.* **je maudis;** *fu.* **je maudirai**) To curse, to call down curses upon (s.o., sth.); to anathematize.
maudit [modi]. **1.** *a.* (*a*) (Ac)cursed (crime, etc.). (*b*) *F:* **Quel m. temps!** what damnable weather! **2.** *s.* **Le Maudit,** the Evil One. **Les maudits,** the accursed, the damned.
maugréer [mogree], *v.i.* To curse, fume; to grumble **(après, contre,** about, at).
Maure [mɔːr]. *Ethn:* **1.** *s.m.* Moor. **2.** *a.m.* Moorish.
mauresque [mɔrɛsk]. **1.** (*a*) *a.f.* Moorish (woman, etc.). (*b*) *a.* Moresque, Moorish (architecture, design). **2.** *s.f.* (*a*) Moorish woman. (*b*) Moresque (pattern).
Maurice [mɔris]. *Pr.n.m.* Maurice. **L'île M.,** Mauritius.
Mauritanie [mɔritani]. *Pr.n.f.* *Geog:* **La République islamique de M.,** the Islamic Republic of Mauritania.

mauser [mozɛːr], *s.m. Mil:* Mauser (rifle).
mausolée [mozɔle], *s.m.* Mausoleum.
maussade [mosad], *a.* (*a*) Surly, sullen, glum; peevish; *F:* crusty, grumpy, disgruntled. **D'un ton m.,** irritably. (*b*) **Temps m.,** dull, cheerless, weather. *adv.* **-ment.**
maussaderie [mosadri], *s.f.* Sullenness, peevishness.
mauvais [mɔvɛ], *a.* (*a*) Evil, ill (thought, omen, etc.); bad, wicked (person). **Mauvaise action,** ill deed; wrong. **De plus en plus m.,** worse and worse. **Le plus m.,** the worst. **Avoir l'air m.,** (i) to look evil-minded; (ii) to look fierce, vicious. **Son m. ange,** his bad angel. **Né sous une mauvaise étoile,** born under an unlucky star. **Le m. œil,** the evil eye. (*b*) Ill-natured **(pour,** towards). **C'est une mauvaise langue,** she has a venomous tongue. S.a. SUJET[2] 2, TÊTE 2. (*c*) Nasty, displeasing, unpleasant. **M. pas,** dangerous situation. **M. temps,** bad weather. **Mer mauvaise,** rough sea. **Trouver qch. m.,** to dislike sth. **Trouver m. que qn fasse qch.,** to disapprove of, take exception to, s.o.'s doing sth. **Prendre qch. en mauvaise part,** to take exception to sth.; to take offence at sth. *Adv.* **Sentir m.,** to smell bad, to stink. **Il fait m. être pauvre,** it is wretched to be poor. **Il fait m.,** the weather is bad. (*d*) **M. pour la santé, pour la digestion,** bad for, injurious to, the health, the digestion. (*e*) Imperfect, poor, inadequate. **Avoir m. air,** (i) to look ill; (ii) to have a poor appearance. **Avoir mauvaise mine,** to look poorly. **Mauvaise santé,** poor health. **Avoir mauvaise vue,** to have bad eyesight. **Faire de mauvaises affaires,** to be doing badly. **M. frein,** defective brake. (*f*) Wrong; due to a mistake. **C'est la mauvaise clef,** it is the wrong key. **Venir dans un m. moment,** to come at an inconvenient time. **Rire au m. endroit,** to laugh in the wrong place. **Tenir qch. par le m. bout,** to hold sth. by the wrong end. S.a. HONTE 1.
mauve[1] [moːv]. **1.** *s.f. Bot:* Mallow. **2.** *a. & s.m.* Mauve, purple.
mauve[2], *s.f. Orn: Dial:* Sea-gull.
mauviette [movjɛt], *s.f.* (*a*) *Cu:* Lark (in season). (*b*) *F:* Slight, frail, person.
maxillaire [maksillɛːr], *a. Anat:* Maxillary. **Os m.,** jaw-bone.
maxima. See MAXIMUM.
maxime [maksim], *s.f.* Maxim. **Il tenait pour m. que . . .,** it was a maxim of his that. . . .
maximum [maksimɔm]. Maximum. **1.** *s.m.* **M. de rendement,** highest efficiency, maximum efficiency. **Porter la production au m.,** to raise production to a maximum. **Thermomètre à maxima,** maximum thermometer. *pl. Des maxima, des maximums.* **2.** *a.* Usu. *inv.* **Pression m.,** maximum pressure. *El.E: etc:* **Débit m.,** peak load.
Mayence [majɑ̃ːs]. *Pr.n.f. Geog:* Mainz.
mayonnaise [majɔnɛːz], *s.f. Cu:* Mayonnaise.
mazagran [mazagrɑ̃], *s.m.* Glass of black coffee.
mazout [mazut], *s.m.* Fuel oil.
mazurka [mazyrka], *s.f.* Mazurka.
me, before a vowel sound **m'** [m(ə)], *pers.pron.* (*a*) (*Acc.*) Me. **Il m'aime,** he loves me. **Me voici,** here I am. (*b*) (*Dat*) (To) me. **Il me l'a dit,** he told me so. **Donnez-m'en,** give me some. (*c*) Myself. **Je me lave,** I wash myself. (*d*) **Je me dis que . . .,** I said to myself that. . . .
mea-culpa [meakylpa], *s.m. inv.* **Faire, dire, son m.-c.,** to acknowledge one's sins.
méandre [meɑ̃ːdr], *s.m.* Meander, loop, bend (of stream); winding path.
mec [mɛk], *s.m. P:* **1.** Pimp. **2.** Fellow, bloke.
mécanicien, -ienne [mekanisjɛ̃, -jɛn]. **1.** *s.m.* (*a*) Mechanic. *Dent:* **M. dentiste,** dental mechanic. *Navy:* Engine-room artificer. (*b*) Mechanician. (*c*) *Rail:* Engine-driver. *Nau:* Engineer. **2. Ingénieur m.,** mechanical engineer. **3.** *s.f.* **Mécanicienne,** machinist.
mécanique [mekanik]. **1.** *a.* Mechanical. **Métier m.,** power-loom. **Chemin de fer m.,** (toy) clockwork railway. **Dentelle m.,** machine-made lace. **2.** *s.f.* (*a*) (Science of) mechanics. (*b*) Mechanical skill (in an art). **La m. du piano,** piano technique. (*c*) Mechanism, piece of machinery. **M. du piano, piano-action.** *adv.* **-ment.**

mécanisation [mekanizasjɔ̃], *s.f.* Mechanization.
mécaniser [mekanize], *v.tr.* To mechanize.
mécanisme [mekanism], *s.m.* **1.** Mechanism, machinery. **M. d'une montre,** works of a watch. **2.** Working, technique.
mécano [mekano], *s.m. P:* = MÉCANICIEN 1 (*a*).
mécanographe [mekanɔgraf], *s.m. & f.* Computer operator.
mécanographie [mekanɔgrafi], *s.f.* Use of machines in office-work, particularly computers.
Mécène [mesɛn]. **1.** *Pr.n.m. Lt.Lit:* Maecenas. **2.** *s.m.* Patron (of the arts).
mécénat [mecena], *s.m.* Patronage.
méchanceté [meʃɑ̃ste], *s.f.* **1.** (*a*) Wickedness, naughtiness, mischievousness. (*b*) Unkindness, spitefulness, ill-nature. **Faire qch. par m.,** to do sth. out of malice. **2.** Spiteful act or word. **Faire une m. à qn,** to do s.o. an ill turn.
méch|ant [meʃɑ̃], *a.* **1.** (*a*) Miserable, wretched, poor, sorry (dwelling, etc.). **Un m. billet de dix francs,** a paltry ten-franc note. **Méchante excuse,** lame excuse. (*b*) Unpleasant, disagreeable (business, etc.). **Être de méchante humeur,** to be in a temper, as cross as two sticks. **2.** (*a*) Wicked, evil (person, deed); naughty, mischievous (child). **Le chien est-il m.?** does the dog bite? *F:* **Pas m.,** harmless. *s.* **Oh, le m.! la méchante!** oh, the naughty boy! the naughty girl! **Les méchants,** the wicked. (*b*) Spiteful, ill-natured, unkind; vicious (horse). **Auteur m.,** spiteful author. *s.* **Ne faites donc pas le m.,** don't be nasty. *adv.* **-amment.**
mèche [mɛʃ], *s.f.* **1.** (*a*) Wick (of candle, lamp). (*b*) Match (for firing explosives); touch, fuse (of mine). *F:* **Découvrir la m.,** to discover the plot. **Vendre la m.,** to give the show away. **Être de m., avec qn,** to be in collusion, in league, with s.o. **Il n'y a pas m.,** it's quite impossible. S.a. ÉVENTER 1. **2.** (*a*) Cracker (of whip). (*b*) Lock (of hair); wisp (of wool, etc.). *Surg:* Tent. **3.** (*a*) Core, heart (of cable, etc.). *El.E:* **Charbon à m.,** cored carbon. (*b*) *Nau:* Spindle (of capstan). **4.** *Tls:* (*a*) Bit, drill. **M. anglaise, à trois pointes,** centre-bit. **M. hélicoïdale, torse,** twist-bit, auger-bit. (*b*) *Carp:* Auger, gimlet.
mécompte [mekɔ̃ːt], *s.m.* **1.** Miscalculation, miscount, error. **M. de chronologie,** error in chronology. **2.** Mistaken judgment; foiled expectation, disappointment. **Il a eu un grave m.,** *F:* he has been badly let down.
mécompter [mekɔ̃te], *v.i.* (of clock) To strike the wrong hour.
méconnaissable [mekɔnɛsabl], *a.* Hardly recognizable, unrecognizable.
méconnaissance [mekɔnɛsɑ̃ːs], *s.f.* (*a*) Failure to recognize or to appreciate (s.o.'s talent, etc); misappreciation; misreading (of the facts). (*b*) Disavowal, repudiation (of an action).
méconnaître [mekɔnɛːtr], *v.tr.* (Conj. like CONNAÎTRE) To fail to recognize. (*a*) To fail to appreciate, not to appreciate (s.o.'s talent, etc.); to belittle (plan, etc.); to disregard (duty). **M. les faits,** to ignore, blink, the facts. (*b*) To disown, disavow, repudiate.
se méconnaître. **1.** To underestimate oneself, one's worth. **2.** To forget oneself, one's position; not to know one's place.
méconnu [mekɔny], *a.* Unrecognized, misappreciated, unappreciated; misunderstood.
mécontent, -ente [mekɔ̃tɑ̃, -ɑ̃ːt]. **1.** *a.* Discontented, displeased, dissatisfied (de, with). **Être m. que** + *sub.,* to be annoyed, vexed, that. . . . **2.** *s.* Malcontent.
mécontentement [mekɔ̃tɑ̃tmɑ̃], *s.m.* Dissatisfaction **(de,** with); displeasure **(de,** at). **Marquer son m.,** to show or express one's displeasure.
mécontenter [mekɔ̃tɑ̃te], *v.tr.* To dissatisfy, displease, annoy (s.o.); to cause (s.o.) dissatisfaction.
Mecque (la) [lamɛk]. *Pr.n.f. Geog:* Mecca.
mécréance [mekreɑ̃ːs], *s.f.* **1.** Misbelief, heterodoxy. **2.** Unbelief.
mécréant, -ante [mekreɑ̃, -ɑ̃ːt]. **1.** *a.* (*a*) Misbelieving. (*b*) Unbelieving. **2.** *s.* (*a*) Misbeliever, (*b*) Unbeliever, infidel. (*c*) *F: A:* Miscreant, wretch.
médaille [medaj], *s.f.* **1.** Medal. **Le revers de la m.,** (i) the reverse of the medal; (ii) *F:* the other side, the dark side, of the picture. **2.** (Porter's, hawker's) badge.

médaillé, -ée [medaje]. **1.** *a.* (*a*) Holding a medal; decorated. (*b*) **Commissionnaire m.,** badged porter. **2.** *s.* Holder of a medal; medallist; medal-winner, prize-winner.
médailler [medaje], *v.tr.* **1.** To award a medal to (s.o.); to decorate (soldier, etc.). **2.** *Adm:* To issue a badge to (hawker, etc.).
médailleur [medajœ:r], *s.m.* Medal-maker, die-sinker.
médaillier [medaje], *s.m.* Collection of medals.
médailliste [medajist], *s.m.* Collector of medals.
médaillon [medajɔ̃], *s.m.* **1.** (*a*) Medallion. (*b*) *Journ: etc:* Inset. (*c*) Pat (of butter). **2.** Locket.
médecin [metsɛ̃, medsɛ̃], *s.m.* Medical man, doctor, physician. **Femme médecin,** woman doctor. **M. de médecine générale,** general practitioner, *F:* G.P. **M. chirurgien,** surgeon. **M. consultant,** consulting physician, consultant.
médecine [metsin, medsin], *s.f.* **1.** (Art of) medicine. **Docteur en m.,** doctor of medicine; M.D. **Étudiant en m.,** medical student. **École de m.,** medical school. **M. légale,** forensic medicine. **2.** (Dose of) medicine. **Prendre (une) m.,** to take a dose of medicine. *F:* **Avaler la, sa, m.,** to take one's gruel, one's punishment.
médial, -aux [medjal, -o]. *Ling:* **1.** *a.* Medial (letter). **2.** *s.f.* **Médiale,** medial consonant, medial letter. *adv.* **-ement.**
médian [medjɑ̃], *a.* Median (nerve, line); mesial (line of the body). *Hairdr:* **Raie médiane,** parting in the middle.
médiateur, -trice [medjatœ:r, -tris]. **1.** *a.* Mediating, mediatory, mediative. **2.** *s.* Mediator; intermediary.
médiation [medjasjɔ̃], *s.f.* Mediation.
médical, -aux [medikal, -o], *a.* Medical. **Matière médicale,** materia medica. **Certificat m.,** medical certificate. **Examen m. (complet),** check-up. *adv.* **-ement.**
médicament [medikamɑ̃], *s.m.* Medicine.
médicamenter [medikamɑ̃te], *v.tr.* *F:* To doctor, dose (s.o.).
médicamenteux, -euse [medikamɑ̃tø, -ø:z], *a.* **1.** Medicinal. **2.** Caused by a medicine. **Arthrite médicamenteuse,** arthritis due to use of drugs.
médication [medikasjɔ̃], *s.f.* Medical treatment (of disease).
médicinal, -aux [medisinal, -o], *a.* Medicinal.
Médicis [medisis], *s.m.pl.* *Hist:* Medici (family).
médico-légal, -aux [medikɔlegal, -o], *a.* (Institute, etc.) of forensic medicine.
médiéval, -aux [medjeval, -o], *a.* Medi(a)eval.
médiéviste [medjevist], *s.m.* & *f.* Medi(a)evalist.
médiocre [medjɔkr]. **1.** *a.* Mediocre; indifferent (work); feeble (performance); second-rate; moderate (ability). **Vin m.,** poor wine. **2.** *s.m.* Mediocrity. *adv.* **-ment.**
médiocrité [medjɔkrite], *s.f.* Mediocrity. **Vivre dans la m.,** to live (i) undistinguished, (ii) on a bare competency. **Ministère composé de médiocrités,** Ministry of second-raters.
médire [medi:r], *v.i.* (Conj. like DIRE, except *pr.ind.* and *imp.* **médisez**) **M. de qn,** to speak ill of s.o.; to slander, vilify, s.o.
médisance [medizɑ̃:s], *s.f.* **1.** Slander, back-biting, scandal-mongering. **2.** Piece of slander.
médisant, -ante [medizɑ̃, -ɑ̃:t]. **1.** *a.* Backbiting, scandal-mongering. **2.** *s.* Slanderer, backbiter, scandal-monger.
méditatif, -ive [meditatif, -i:v], *a.* Meditative.
méditation [meditasjɔ̃], *s.f.* Meditation, cogitation; musing.
méditer [medite]. **1.** *v.i.* To meditate, to muse (sur, upon, over). **2.** *v.tr.* To contemplate (a journey, etc.); to ponder (sth.); to have (sth.) in mind. **M. la mort,** to contemplate suicide. **M. de faire qch.,** to be thinking of doing sth.
méditerrané [mediterane], *a.* Mediterranean, inland, landlocked. **La (mer) Méditerranée,** the Mediterranean (Sea).
méditerranéen, -enne [mediteraneɛ̃, -ɛn], *a.* Mediterranean (climate, etc.).
médium [medjɔm], *s.m.* Medium.
médius [medjy:s], *s.m.* Middle finger.
Méduse [medy:z]. **1.** *Pr.n.f.* *Gr.Myth:* Medusa. **2.** *s.f.* *Coel:* Medusa, jelly-fish.
méduser [medyze], *v.tr.* *F:* To petrify; to paralyse with fear or astonishment.
meeting [mitiŋ, -ɛ̃:g], *s.m.* *Pol:* *Sp:* Meeting.
méfait [mefɛ], *s.m.* Misdeed, ill deed. **Méfaits d'un orage,** damage caused by a storm. **Se déclarer l'auteur du m.,** to own up to the deed.
méfiance [mefjɑ̃:s], *s.f.* Distrust, mistrust. **Avoir de la m. envers, à l'égard de, qn,** to distrust s.o. **Regarder qn avec m.,** to eye s.o. distrustfully.
méfiant [mefjɑ̃], *a.* Distrustful, mistrustful, suspicious (à l'égard de, à l'endroit de, of).
méfier (se) [səmefje], *v.pr.* (*a*) **Se m. de qn,** to distrust, mistrust, s.o. **Méfiez-vous des pickpockets,** beware of pickpockets. (*b*) *Abs.* To be on one's guard.
mégacycle [mεgasikl], **mégahertz** [mεgaεrtz], *s.m.* *W.Tel:* *T.V:* Megacycle.
mégalith|e [mεgalit], *s.m.* *Prehist:* Megalith. *a.* **-ique.**
mégalocéphale [mεgalɔsεfal], *a.* & *s.* Megalocephalic, megalocephalous.
mégalocéphalie [mεgalɔsεfali], *s.f.* Megalocephaly.
mégalomane [mεgalɔman], *s.m.* & *f.* Megalomaniac.
mégalomanie [mεgalɔmani], *s.f.* Megalomania.
mégarde (par) [parmegard], *adv. phr.* Inadvertently; through carelessness.
mégatonne [mεgatɔn], *s.f.* Megaton.
mégère [meʒε:r], *s.f.* Shrew, termagant, scold.
mégir [meʒi:r], **mégisser** [meʒise], *v.tr.* To taw, dress (light skins).
mégis [meʒi], *a.m.* **Cuir m.,** tawed leather, white leather.
mégisserie [meʒisri], *s.f.* **1.** Tawing (of skins). **2.** Tawery.
mégissier [meʒisje], *s.m.* *Tan:* Tawer.
mégot [mego], *s.m.* *F:* Fag-end (of cigarette); stump, butt (of cigar).
méhari [meari], *s.m.* Fast dromedary; racing camel. *pl. Des mehara.*
méhariste [mearist], *s.m.* Cameleer. *Mil:* **Compagnie m.,** Sudanese or Saharan camelry.
meilleur, -eure [mεjœ:r], *a.* **1.** Better, etc. (*Cf.* the several meanings of BON.) **Rendre qch. m.,** to improve sth. **Devenir m.,** to grow better; to improve. **De meilleure heure,** earlier. **Les choses prennent une meilleure tournure,** things are taking a turn for the better. *adv.* **Il fait m.,** the weather is better. **Il fait m. ici,** it is pleasanter, milder, here. **2. Le m.,** (i) the better (of two); (ii) the best. **Nous sommes les meilleurs amis du monde,** we are the best of friends. *s.* **Nous avons bu de son m.,** we drank of his best. **Du m. de mon cœur,** with all my heart.
méjuger (se) [səmeʒyʒe], *v.pr.* (Conj. like JUGER) To misjudge oneself.
mélancolie [melɑ̃kɔli], *s.f.* **1.** Melancholy, dejection, mournfulness. **2.** *Med:* Melancholia.
mélancolique [melɑ̃kɔlik], *a.* **1.** Melancholy, dejected, gloomy, mournful. **2.** *Med:* Melancholic.
mélancoliquement [melɑ̃kɔlikmɑ̃], *adv.* Mournfully, gloomily.
Mélanésie [mεlanezi]. *Pr.n.f.* *Geog:* Melanesia.
mélange [mεlɑ̃:ʒ], *s.m.* **1.** Mixing; blending (of tea, etc.); crossing (of breeds); mingling. **2.** Mixture; blend (of tea, etc.); intermixture (of breeds, etc.); mix (of cement, etc.). *I.C.E:* **M. explosif, détonnant,** explosive mixture.
mélangé [mεlɑ̃ʒe], *a.* Mixed (society, breed); motley (crowd). *Tex:* **Étoffe mélangée,** mixture, union (of cotton and wool).
mélanger [mεlɑ̃ʒe], *v.tr.* (**je mélangeai(s)**; **n. mélangeons**) To mix, to mingle; to blend (teas).
se mélanger, (of liquids, etc.) to mix, to mingle, to blend.
mélangeur [mεlɑ̃ʒœ:r], *s.m.* **mélangeuse** [mεlɑ̃ʒø:z], *s.f.* Mixer, mixing-machine. *Cin:* **M. de sons,** mixing panel; mixer.
mélasse [mεlas], *s.f.* Molasses, treacle. **M. raffinée,** golden syrup. *P:* **Être dans la m.,** to be in the soup.
mêlé [mele], *a.* Tangled (skein, hair); tousled (hair); involved (business).

mêlée [mele], *s.f.* (*a*) Conflict, fray, mêlée. (*b*) *F:* Scuffle, tussle, free fight. (*c*) Scramble. (*d*) *Rugby:* Scrimmage, scrum.

mêler [mele], *v.tr.* To mix, mingle, blend. (*a*) **M. qch. avec, à qch.,** to mix sth. with sth. **Il mêle toujours son mot à la conversation; il mêle partout son mot,** he is always putting his word in. **Il est mêlé à tout,** *F:* he has a finger in every pie. **M. son vin d'eau,** to mix water with one's wine. (*b*) To put out of order; to throw into confusion; to tangle. **M. les cartes,** to shuffle the cards. *F:* **Vous avez bien mêlé les cartes!** a nice tangle, a nice mess, you've made of it! (*c*) **M. qn à, dans, qch.,** to implicate s.o., involve s.o., in sth. **M. qn à la conversation,** to bring s.o. into the conversation.

se mêler, to mix, mingle, blend. **Se m. à, dans, la foule,** to mingle with, lose oneself in, the crowd. **Se m. à la conversation,** to join in the conversation; *F:* to chip in. **Se m. de qch.,** to take a hand in sth. **Ce n'est pas à moi de m'en m.,** it's not for me to interfere. *F:* **Le diable s'en mêle!** the devil's in it! **Se m. de politique,** to dabble in politics.

mélèze [melɛ:z], *s.m.* Larch.

méli-mélo [melimelo], *s.m.* *P:* Jumble (of facts, etc.); hotchpotch; medley (of people, etc.); clutter (of furniture). *pl. Des mélis-mélos.*

mélinite [melinit], *s.f.* *Exp:* Melinite.

mélisse [melis], *s.f.* *Bot:* Melissa, balm. **Eau de m.,** melissa cordial.

mellite [mɛllit], *s.m.* *Pharm:* Honey preparation. **M. de borax,** borax honey.

mélodie [melɔdi], *s.f.* **1.** Melody, tune. **2.** Melodiousness (of verse), etc.).

mélodieu|x, -euse [melɔdjø, -ø:z], *a.* Melodious, tuneful. *adv.* **-sement.**

mélodique [melɔdik], *a.* *Mus:* Melodic.

mélodiste [melɔdist], *s.m.* **1.** Melody writer. **2.** Melodist (as opposed to harmonist).

mélodramatique [melɔdramatik], *a.* Melodramatic.

mélodrame [melɔdram], *s.m.* Melodrama.

mélomane [melɔman], *a. & s.* **Être m.,** to be mad about music.

melon [məlɔ̃], *s.m.* **1.** *Bot:* Melon. **M. d'eau,** water-melon. **2. (Chapeau) m.,** bowler (hat).

melonnière [məlɔnjɛ:r], *s.f.* Melon bed, field.

mélopée [melɔpe], *s.f.* *Mus:* **1.** Art of recitative. **2.** (*a*) Chant, recitative.

membrane [mɑ̃bran], *s.f.* **1.** (*a*) Membrane. (*b*) Web (of web-footed bird). (*c*) **M. poreuse,** porous membrane, diaphragm. **2.** *Tp: etc:* **M. phonique,** diaphragm. *Gramophones:* **M. du diaphragme,** diaphragm of the sound-box.

membrané [mɑ̃brane], *a.* (*a*) Membranous; membraned. (*b*) Webbed (fingers, toes).

membraneux, -euse [mɑ̃branø, -ø:z], *a.* Membranous.

membre [mɑ̃:br], *s.m.* Member. **1.** (*a*) Limb. (*b*) Member or fellow (of an association). **M. du Parlement,** member of Parliament. **2.** Constituent part. (*a*) **Les membres de la phrase,** the members of the sentence. **Premier m. d'une équation,** left-hand side of an equation. (*b*) Rib or timber (of ship).

membré [mɑ̃bre], *a.* **Cheval bien m.,** well-limbed horse. **Homme fortement m.,** strong-limbed man.

membru [mɑ̃bry], *a.* Big-limbed, strong-limbed.

membrure [mɑ̃bry:r], *s.f.* **1.** (*a*) *Coll.* Limbs. **Homme à forte m.,** powerfully built man. (*b*) Frame(work) (of building, etc.). (*c*) *Coll.* The ribs (of ship). **2.** Flange (of web-girder).

même [mɛ:m]. **1.** *a.* (*a*) Same. **Une seule et m. chose,** one and the same thing. **Ils sont du m. âge, de m. taille,** they are of an age, of a size. **Ce m. jour . . .,** the same day. . . . **En m. temps,** at the same time; at once. **Il (Elle) est toujours le (la) m.,** he (she) is always the same. **Tous rassemblés en un m. lieu,** all gathered in one spot. *Pron.neut.* **Cela revient au m.,** it comes, amounts, to the same thing. (*b*) (Following the noun) Very. **Il habite ici m.,** he lives in this very place, in this very house. **C'est cela m.,** that's the very thing. **Donner les chiffres mêmes,** to give the actual figures. **Les deux concepts sont mêmes,** the two concepts are identical. (*c*) Self. **Elle est la bonté m.,** she is kindness itself. **Moi-m.,** myself. **Toi-m.,** thyself, yourself. **Lui-m.,** himself, itself. **Elle-m.,** herself, itself. **Soi-m.,** oneself. **Nous-mêmes,** ourselves. **Vous-m.,** yourself. **Vous-mêmes,** yourselves. **Eux-mêmes, elles-mêmes,** themselves. **Il l'a fait lui-m.,** he did it himself. **Faire qch. de soi-m.,** to do sth. of one's own accord. **Un autre lui-m.,** a second self. **2.** *adv.* Even. **Aimer m. ses ennemis,** to love even one's enemies. **Je n'ai pas m. le prix de mon voyage,** I haven't so much as my fare. **M. si je le savais,** even if I knew. S.a. QUAND 1. **3. De m.,** in the same way; likewise. **Faire de m.,** to do likewise; to do the same. **Il en est de m. des autres,** so it is with others. **Il en est de m. pour . . .,** the same holds true, holds good, in respect of. . . . **De m. que,** (just) as, like. **De m. que** + *ind.* . . . **de même** + *ind.* . . ., (just) as . . . so (also). . . . **Tout de m.,** all the same; for all that. **Je l'aime tout de m.,** I like him nevertheless. *Adv.phr.* **Mais tout de m.!** Hang it all! **Ah! tout de m.! le voilà,** at last, here he is! **Boire à m. la bouteille,** to drink straight out of the bottle. **Des maisons bâties à m. le trottoir,** houses built flush with the pavement. **Tout cela se passait à m. la rue,** all this took place in the street itself. **Escalier taillé à m. la pierre,** steps cut out of solid rock. **Il prit un abricot et mordit à m.,** he took an apricot and bit into it. **Être à m. de faire qch.,** to be able to do sth.; to have it in one's power, to be in a position, to do sth. **Il n'est pas à m. de faire le voyage,** he is not equal to, up to, taking the journey. **Mettre les chômeurs à m. de gagner leur vie,** to put the unemployed in the way of earning their living.

mémento [memɛ̃to], *s.m.* **1.** (*a*) Memorandum, note. (*b*) Memento, reminder. **2.** (*a*) Note-book, memorandum-book. (*b*) *Sch:* **M. de chimie,** Revision Notes in Chemistry.

mémère [memɛ:r], *s.f.* *F:* **1.** Grandmother, granny. **2.** *Pej:* (Blousy) middle-aged woman. **Le petit chien-chien à sa m.,** mamma's little petsy-wetsy.

mémo [memo], *s.m.* *F:* Memo.

mémoire[1] [memwa:r], *s.f.* Memory. (*a*) **Je n'ai pas la m. des noms,** I have no memory for names. **Si j'ai bonne m.,** if I remember rightly. See also LIÈVRE. (*b*) Recollection, remembrance. **Perdre la m. de qch.,** to forget sth. **Garder la m. de qch.,** to keep sth. in mind. **Avoir m. de qch.,** to remember sth. **Rappeler qch. à la m. de qn,** to recall sth. to s.o.'s mind. **Je vais lui rafraîchir la m.,** I'll send him a reminder. **Jamais de m. d'homme,** never within living memory. **En m. de qn, à la m., de qn,** (monument, etc.) in memory of s.o., to the memory of s.o.

mémoire[2], *s.m.* **1.** (*a*) Memorial; (written) statement (of case); specifications (of patent). (*b*) Memoir, dissertation, thesis. **2.** (Contractor's) account; bill (of costs). S.a. APOTHICAIRE. **3.** *pl.* (*a*) (Historical) memoirs. (*b*) Transactions (of learned society).

mémorable [memɔrabl], *a.* Memorable, noteworthy; eventful (year). *adv.* **-ment.**

mémorandum [memɔrɑ̃dɔm], *s.m.* **1.** Memorandum, note. *Adm: Mil: Navy:* Orders (in brief). *Navy:* **M. de combat,** Battle Orders. **2.** Note-book.

mémorial, -aux [memɔrjal, -o], *s.m.* **1.** Memorial; memoirs. **2.** *Com:* Waste-book, day-book.

mémorialiste [memɔrjalist], *s.m.* Memorialist.

mémorisation [memɔrizasjɔ̃], *s.f.* Memorizing.

menaçant [mənasɑ̃], *a.* Menacing, threatening; forbidding (look); lowering (sky).

menace [mənas], *s.f.* Threat, menace. *pl. Jur:* Intimidation. **Menaces en l'air,** empty threats, idle threats. **Menaces de part et d'autre,** threats and counter-threats.

menacer [mənase], *v.tr.* **(je menaçai(s); n. menaçons)** To threaten, menace. (*a*) **M. qn du doigt, du poing,** to wag one's finger at s.o.; to shake one's fist at s.o. **M. qn d'un procès,** to threaten s.o. with legal proceedings. **M. de faire qch.,** to threaten to do sth. (*b*) **M. ruine,** to be in danger of falling to pieces.

ménade [menad], *s.f.* Maenad, bacchante.

ménage [mena:ʒ], *s.m.* **1.** (*a*) Housekeeping, housewifery; domestic arrangements. **Faire m. avec qn,** to keep house with s.o. **Entrer en m.,** to set up house(keeping). **Jouer au m.,** to play at keeping house. **Tenir le m. de qn,** to keep house for s.o. **Elle met son argent dans le m.,** she contributes to the household expenses. **Pain de m.,** = large (home-made) loaf. (*b*) **Faire le m.,** to do the housework.

Fr.C: **Le grand m.**, spring cleaning. **Les affaires du m., le m.**, household duties. **Faire des ménages**, to go out charring. **Femme de m.**, charwoman (daily) help, *F:* daily. **2.** Household goods. **Se monter en m.**, to acquire household equipment. **M. de poupée**, set of doll's furniture. **3.** Household, family. (*a*) **Jeune m.**, young (married) couple. **"On demande un m. recommandable,"** 'respectable couple wanted.' **Se mettre en m.**, to set up house; to enter upon married life. (*b*) **Faire bon, mauvais, m. (ensemble)**, to live, get on, happily, unhappily, together. **4.** *A:* Thrift. **Vivre de m.**, to live thriftily.

ménagement [menaʒmɑ̃], *s.m.* Caution, care, circumspection, consideration. **Avoir des ménagements pour qn**, to treat s.o. with consideration; to have regard for s.o., for s.o.'s feelings. **Parler sans ménagement(s)**, to speak bluntly.

ménager[1] [menaʒe], *v.tr.* **(je ménageai(s); n. ménageons) 1.** (*a*) To save; to be sparing of (sth.); to use (sth.) economically. **M. ses ressources**, to husband one's resources. **M. sa santé**, to take care of one's health. **M. son cheval**, to spare, nurse, one's horse. *Prov:* **Qui veut aller loin ménage sa monture**, slow and steady wins the race. **M. qn**, to deal tactfully, gently, with s.o. **Ne le ménagez pas**, don't spare him. S.a. CHÈVRE 1. (*b*) To use (words) with circumspection, with tact. **Sans m. ses termes**, without mincing one's words. **2.** To contrive, arrange. (*a*) **M. à qn l'occasion de faire qch.**, to arrange, make, provide, an opportunity for s.o. to do sth. **M. une surprise à qn**, to prepare a surprise for s.o. (*b*) **M. une ouverture pour les fils**, to make, adjust, an opening for the wires. **M. une sortie**, to provide an exit.

se ménager, to spare oneself, to take care of oneself; *Iron:* to coddle oneself.

ménager[2], **-ère** [menaʒe, -ɛːr]. **1.** *a.* (*a*) Connected with the house. **Travaux ménagers**, housework. **Enseignement m.**, domestic science. **Salon des Arts Ménagers** = Ideal Home Exhibition. **Eau ménagère**, water for domestic use. **Eaux ménagères**, waste water. (*b*) Housewifely (virtues, etc.). (*c*) Thrifty, sparing. *s.* **Être bon m. du temps**, to know how to make the most of one's time. **Être m. de ses éloges**, to be chary, sparing, of praise. **2.** *s.f.* **Ménagère.** (*a*) Housewife. **Elle est bonne ménagère**, she's a good housekeeper. (*b*) Canteen of cutlery.

ménagerie [menaʒri], *s.f.* Menagerie.

mendélien, -ienne [mɛ̃deljɛ̃, -jɛn], *a. Biol:* Mendelian.

mendélisme [mɑ̃delism], *s.m. Biol:* Mendelism.

mendiant, -ante [mɑ̃djɑ̃, -ɑ̃ːt]. **1.** *a.* Mendicant, begging (friar, etc.). **2.** *s.* Beggar(-man, -woman). **Les quatre mendiants**, (i) *Ecc.Hist:* the four mendicant orders; (ii) *F:* almonds, raisins, nuts and figs.

mendicité [mɑ̃disite], *s.f.* (*a*) Begging. (*b*) **Réduit à la m.**, reduced to beggary.

mendier [mɑ̃dje]. **1.** *v.i.* To beg. **Faire son chemin jusqu'à Paris en mendiant**, to beg one's way to Paris. **2.** *v.tr.* **M. son pain**, to beg (for) one's bread. **M. sa vie**, to live by begging.

meneau [məno], *s.m. Arch:* **M. vertical**, mullion. **M. horizontal**, transom.

menée [məne], *s.f.* Underhand manœuvre, intrigue. *pl.* Schemings (of political party, etc.). **Déjouer les menées de qn**, to thwart s.o.; to outwit s.o.

mener [məne, mne], *v.tr.* **(je mène; je mènerai) 1.** To lead. (*a*) **M. qn à sa chambre**, to take s.o. to his room. **M. qn voir qch.**, to take s.o. to see sth. *Geom:* **M. une ligne entre deux points**, to draw a line between two points. (*b*) To be or go ahead (of). **M. la danse**, to lead the dance. **M. le deuil**, to be chief mourner. *Games:* **M. par huit points**, to lead by eight points. (*c*) **Chemin qui mène à la ville**, road that leads to the town. **Cela nous mène à croire que . . .**, that leads us to believe that. . . . (*d*) To control, manage. **Mari mené par sa femme**, hen-pecked husband. **M. ses gens au doigt et à l'œil**, to have one's people well trained, well schooled. **2.** To drive (horse); to steer (boat). **M. trois chevaux de front**, to drive three horses abreast. *F:* **M. plusieurs choses de front**, to have several irons in the fire. S.a. TRAIN 2. *Mec.E:* **Roue menée**, driven wheel. **3.** To manage, conduct (business, etc.). **M. qch. à bonne fin, à bien**, to bring sth. to a successful issue; to carry through, carry out (mission, etc.); to work out (plan). **M. une vie triste**, to lead a sad life. *F:* **N'en pas m. large**, to be in a tight corner.

ménestrel [menɛstrɛl], *s.m.* Minstrel, gleeman.

ménétrier [menetrie], *s.m.* (Strolling) fiddler.

meneur, -euse [m(ə)nœːr, -øːz], *s.* (*a*) Leader (of blind man, etc.). **Le m. du jeu**, the moving spirit. (*b*) Ringleader (of revolt, etc.); agitator. (*c*) **M. de bœufs**, cattle-drover. **M. d'ours**, bear-leader.

menhir [meniːr], *s.m.* Menhir; standing stone.

méninge [menɛ̃ːʒ], *s.f. Anat:* Meninx. **Les trois méninges**, the three meninges. *F:* **Se creuser les méninges**, to rack one's brains. **Il ne s'abîme, ne se fatigue, pas les méninges**, he doesn't exactly overwork.

méningite [menɛ̃ʒit], *s.f. Med:* Meningitis.

ménopause [menɔpoːz], *s.f. Med:* Menopause.

ménorragie [menɔreʒi], *s.f. Med:* Menorrhagia.

ménorrhée [menɔre], *s.f. Med:* Menorrhoea, menstrual flow.

menotte [mənɔt], *s.f.* **1.** (*a*) *F:* (Child's) little hand. (*b*) Handle (of winch). **2.** (*a*) *pl.* Handcuffs, manacles. **Mettre les menottes à qn**, to handcuff s.o. (*b*) Link, shackle (of shaft, spring).

men-s, -t. See MENTIR.

mensonge [mɑ̃sɔ̃ːʒ], *s.m.* (*a*) Lie, untruth, falsehood; **Faire, dire, un m.**, to tell a lie. **M. innocent, pieux**, white lie. **Gros m.**, whopping lie; whopper. (*b*) Error, fallacy, delusion. **Tout n'est que m.**, all is vanity.

mensong|er, -ère [mɑ̃sɔ̃ʒe, -ɛːr], *a.* Lying, untrue, mendacious (story); deceitful (look); vain, illusory (hope). *adv.* **-èrement.**

menstruation [mɑ̃stryasjɔ̃], *s.f. Physiol:* Menstruation.

menstruel, -elle [mɑ̃stryɛl], *a.* Menstrual (flow).

mensualité [mɑ̃sɥalite], *s.f.* (*a*) Monthly nature (of payments, etc.). (*b*) Monthly payment or remittance. **Payer par mensualités**, to pay by monthly instalments.

mensuel, -elle [mɑ̃sɥɛl], *a.* Monthly. *adv.* **-lement.**

mensur|able [mɑ̃syrabl], *a.* Mensurable, measurable. *s.f.* **-abilité.**

mensuration [mɑ̃syrasjɔ̃], *s.f.* Measurement. **1.** Measuring; *Geom:* mensuration. **2.** *Anthr:* **Prendre les mensurations d'un homme**, to take a man's measurements. *F:* (of a girl) **Mensurations**, vital statistics.

mensurer [mɑ̃syre], *v.tr.* To measure (size and weight).

mental, -aux [mɑ̃tal, -o], *a.* Mental (arithmetic, etc.). S.a. ALIÉNATION 3. *adv.* **-ement.**

mentalité [mɑ̃talite], *s.f.* Mentality.

menterie [mɑ̃tri], *s.f. F:* Fib, lie.

menteu|r, -euse [mɑ̃tœːr, -øːz]. **1.** *a.* (*a*) Lying, mendacious (person); given to lying. (*b*) False, deceptive (appearance). **2.** *s.* Liar, *adv.* **-sement.**

menthe [mɑ̃ːt], *s.f. Bot:* Mint. **M. verte**, spearmint, garden mint. **M. anglaise, poivrée**, peppermint. **Pastilles de m.**, peppermint lozenges; peppermints.

menthol [mɛ̃tɔl], *s.m.* Menthol.

mentholé [mɛ̃tɔle], *a. Pharm:* Mentholated (vaseline, etc.); containing menthol.

mention [mɑ̃sjɔ̃], *s.f.* (*a*) Mention. **Faire m. de qch.**, to make mention of, to refer to, to mention, sth. *Sch:* **Reçu avec m.**, passed with distinction. (*b*) *Post:* Endorsement (on envelope, etc.). **M. "inconnu,"** endorsed 'not known.' (*c*) Reference (at head of letter).

mentionner [mɑ̃sjɔne], *v.tr.* To mention. **Mentionné ci-dessus**, above-mentioned, aforesaid.

mentir [mɑ̃tiːr], *v.i.* (*pr.p.* **mentant**; *p.p.* **menti**; *pr.ind.* **je mens, il ment, n. mentons, ils mentent**; *p.h.* **je mentis**; *fu.* **je mentirai**) To lie, to tell lies, *F:* to fib. **Sans m.!** on my honour! **Faire m. un proverbe**, to belie a proverb. S.a. ARRACHEUR, BEAU I. 4.

menton [mɑ̃tɔ̃], *s.m.* Chin. **M. de, en, galoche**, nutcracker chin, undershot jaw. **M. effacé**, receding chin. *F:* **S'en mettre jusqu'au m.**, to gorge; to have a good tuck-in.

mentonnet [mɑ̃tɔnɛ], *s.m.* (*a*) Catch (of latch, etc.); stop (on moving part of machine). (*b*) *Mec.E:* Tappet, cam. (*c*) *Rail:* Flange (of wheel). (*d*) Lug; ear (of bomb).

mentonnier, -ière [mɑ̃tɔnje, -jɛːr]. **1.** *a. Anat:* Concerning the chin. **2.** *s.f.* **Mentonnière.** (*a*) *Arms:* Chin-piece (of helmet). (*b*) (Bonnet-)string. *Mil:* Check-strap, -chain. *Surg:* Chin-bandage. (*c*) *Mus:* Chin-rest (of violin).

mentor [mɛ̃tɔːr], *s.m.* Mentor.

menu [məny]. **1.** *a.* Small. (*a*) Fine (gravel, etc.); slender, slim, slight (figure); tiny, little (fragment). **M. plomb,** small shot, bird shot. **Menue monnaie,** small change. S.a. BÉTAIL. (*b*) Trifling (incident, etc.). **Menues réparations,** minor repairs. **Menus détails,** small, minute, details. **Menus frais,** petty expenses; pocket money. **Le m. peuple,** the humbler people. **Menus propos,** small talk. **2.** *adv.* Small, fine. **Hacher m.,** to chop (meat, etc.) up small; to mince (sth.). **Il pleuvait dru et m.,** the rain came down in a steady drizzle. **3.** *s.m.* (*a*) **M. (du charbon),** small coal. (*b*) **Raconter qch. par le m.,** to relate sth. in detail. (*c*) Bill of fare, menu (of a meal).
menuet [mənɥɛ], *s.m.* Minuet.
menuis|er [mənɥize], *v.tr.* **1.** To cut down, plane down (wood to size). **2.** *Abs:* To do joiner's work, woodwork, *s.m.* **-age.**
menuiserie [mənɥizri], *s.f.* **1.** Joinery, woodwork, carpentry. **2.** Joiner's shop.
menuisier, -ière [mənɥizje, -jɛːr]. **1.** *a.* **Abeille menuisière,** carpenter bee. **2.** *s.m.* Joiner. **M. en meubles,** cabinet-maker. **M. en bâtiments,** carpenter.
méphitique [mefitik], *a.* Mephitic, foul, noxious, noisome.
méplat [mepla]. **1.** *a.* (*a*) Flat. *Const:* (Of joist) Flat-laid. **Fer m.,** flat bar-iron. **Bois m.,** wood in planks. (*b*) *Art:* **Lignes méplates,** lines showing up the different planes (of the face, etc.). **2.** *s.m.* (*a*) Flat part; flatted end; ledge (of rock). (*b*) *Art:* **Méplats du visage,** planes that build up the face.
méprendre (se) [səmeprɑ̃ːdr], *v.pr.* (Conj. like PRENDRE) To be mistaken, to make a mistake (sur, quant à, about, regarding). **Se m. sur un motif,** to mistake, misjudge, a motive. **Il n'y a pas à s'y m.,** there can be no mistake about it. **Il imitait le maître à s'y m.,** he could imitate the master to the life.
mépris [mepri], *s.m.* Contempt, scorn. **M. des richesses,** contempt for, scorn of, riches. **Tenir qn en m.,** to hold s.o. in contempt. **Avoir un souverain m. pour qn,** to hold s.o. in sovereign contempt. **Au, en, m. de qch.,** in contempt of sth. **Avec m.,** scornfully, contemptuously. **Sourire de m.,** contemptuous smile. *Prov:* **La familiarité engendre le m.,** familiarity breeds contempt.
méprisable [meprizabl], *a.* Contemptible, despicable.
méprisant [meprizɑ̃], *a.* Contemptuous, scornful.
méprise [mepriːz], *s.f.* Mistake, misapprehension. **Par m.,** by mistake.
mépriser [meprize], *v.tr.* To despise, scorn; to hold (s.o.) in contempt. **Méprisé de, par, qn,** despised by s.o. **M. de faire qch.,** to scorn to do sth. **M. les dangers,** to make light of dangers.
mer [mɛːr], *s.f.* Sea. (*a*) **La haute m., la grande m.,** the open sea, the high seas. **En haute m., en pleine m.,** on the high seas, out at sea. **Le bord de la m.,** the seaside. **M. fermée,** enclosed sea, inland sea. **M. libre,** open sea. *F:* **M. d'huile,** sea as smooth as a mill-pond. **D'une m. à l'autre,** from coast to coast. See also MAL[2] 2. **Homme, gens, de m.,** seaman, seamen; seafaring man, men. **Grosse m.,** heavy sea. **Il y a de la m.,** there is a heavy sea. **Essuyer un coup de m.,** to be struck by a heavy sea. **Tomber à la m.,** to fall overboard. **Un homme à la m.!** man overboard! **Sur m.,** afloat. **Servir sur m.,** to serve at sea. **Prendre la m.,** to set sail; to put (out) to sea. **Mettre une embarcation à la m.,** to get out, lower, a boat. **Tenir la m.,** to keep the sea, to remain at sea. **Vaisseau qui tient bien la m.,** ship that behaves well in a sea-way. S.a. BOIRE I. 1, COUP 1. (*b*) (= MARÉE) Tide. **M. haute, pleine m.,** high tide. **Basse m.,** low tide.
mercanti [mɛrkɑ̃ti], *s.m.* **1.** (Oriental) bazaar-keeper. **2.** *F:* Low-class profiteer; shark.
mercantile [mɛrkɑ̃til], *a.* **1.** Mercantile (operation, etc.); commercial. **2. Esprit m.,** grabbing, money-making, spirit.
mercantilisme [mɛrkɑ̃tilism], *s.m.* *Pej:* Money-grabbing, profiteering.
mercenaire [mɛrsənɛːr]. **1.** *a.* Mercenary, venal. **2.** *s.m.* *Mil:* Mercenary. *adv.* **-ment.**
mercerie [mɛrsəri], *s.f.* **1.** Small wares, haberdashery. **2.** Haberdashery (shop).
merceris|er [mɛrsərize], *v.tr.* *Tex:* To mercerize. *s.m.* **-age.**
merci [mɛrsi]. **1.** *s.f.* (*a*) *A:* Favour. *F:* **Dieu m.,** by the favour of God; thank God. (*b*) *A:* Pleasure, discretion. **A m.,** at pleasure. *A:* **Se rendre à m.,** to surrender unconditionally. (*c*) Mercy. **Être à la m. de qn,** to lie at s.o.'s mercy. **Crier m.,** to cry quarter. **Sans m.,** merciless(ly), pitiless(ly). **2.** *adv.* (*a*) Thank you. **M. bien,** thank you very much. (*b*) No, thank you. **Prenez-vous du thé?—Merci!** Will you have some tea?—No, thank you! no, thanks! **3.** *s.m.* **Adresser un cordial m. à qn,** to thank s.o. heartily. Usu. *Iron:* **Grand m.!** no, thank you!
mercier, -ière [mɛrsje, -jɛːr], *s.* Haberdasher.
mercredi [mɛrkrədi], *s.m.* Wednesday. **Le m. des Cendres,** Ash-Wednesday.
Mercure [mɛrkyːr]. **1.** *Pr.n.m.* Mercury. **2.** *s.m.* *Ch:* Mercury, quicksilver. S.a. LAMPE 2.
mercuriale[1] [mɛrkyrjal], *s.f.* *Bot:* Mercury.
mercuriale[2], *s.f.* Reprimand, dressing-down.
mercuriale[3], *s.f.* Market price-list, market prices (of corn, etc.).
mercuriel, -elle [mɛrkyrjɛl], *a.* *Pharm:* Mercurial (ointment, etc.).
mercurochrome [mɛrkyrɔkrom], *s.m.* *Pharm:* Mercurochrome.
merde [mɛrd], *s.f.* *V:* **1.** Excrement, shit, dung. **Il ne se croit pas de la m.,** he thinks no small beer of himself. **2.** *Int:* (i) Blast! hell! (ii) **M.! ce qu'elle est belle!** cor! she's a smasher.
merdeux, -euse [mɛrdø, -øːz]. *V:* **1.** *a.* (of linen, etc.) Soiled with faeces. **Bâton m.** (i) touchy, (ii) contemptible, person. **2.** *s.* Dirty dog, swine; dirty bitch. **Un petit m.,** a little whipper-snapper.
merdoyer [mɛrdwaje], *v.i.* (**je merdoie, n. merdoyons, je merdoierai**) *V:* To blunder, flounder; to make a mess (of an answer, a speech).
mère[1] [mɛːr], *s.f.* Mother. **1.** (*a*) **Elle est m. de famille,** she is the mother of a family. **Enfants sans m.,** motherless children. **M. nourrice,** foster-mother. (*b*) *Husb:* (i) **M. poule,** mother-hen. (ii) Dam (of a beast). (*c*) *F:* **La m. Dupont,** old Mrs Dupont. *P:* **Eh dites donc, la petite m.!** I say, Missis! S.a. CONTE 1. (*d*) *Ecc:* **M. supérieure,** mother superior (of convent). **2.** (Source, origin) (*a*) **L'oisiveté est la m. de tous les vices,** idleness is the source, the root, of all evil. (*b*) (i) Mould, matrix (for plaster casts, etc.). (ii) *Mec.E:* Die (of screw-thread). **3.** *Attrib.* (*a*) **La Reine M.,** the Queen Mother. (*b*) **Langue m.,** mother language (of other languages). *Biol:* **Cellule m.,** mother cell. *Com:* **Maison m.,** parent establishment.
mère[2], *a.f.* Pure. **1. Vin de la m. goutte,** wine from the first pressing. **2. M. laine,** mother wool.
mère-patrie, [mɛːrpatri], *s.f.* Mother country. *pl. Des mères-patries.*
méridien, -ienne [meridjɛ̃, -jɛn]. **1.** *a.* (*a*) Meridian, meridional (line, etc.). (*b*) **Chaleur méridienne,** midday heat. **Ombre méridienne,** shadow at noon. **Cercle m.,** transit(-circle). **2.** *s.m.* Meridian. **Sous le m. de vingt degrés à l'ouest de Greenwich,** twenty degrees west of Greenwich. (Of star) **Passer le m.,** to south. **3.** *s.f.* **Méridienne.** (*a*) (i) Meridian line. (ii) Meridian altitude. (*b*) *F:* Midday nap; siesta.
méridional, -aux [meridjɔnal, -o]. **1.** *a.* (*a*) Meridional (distance, etc.). (*b*) South(ern). **2.** *s.* Southerner; meridional (esp. of France).
meringue [mərɛ̃ːg], *s.f.* *Cu:* Meringue.
meringuer [mərɛ̃ge], *v.tr.* *Cu:* **1.** To enclose (sweet, etc.) in a meringue shell. **2. Pommes meringuées,** apple snow.
mérinos [merinɔs], *s.m.* Merino (sheep, cloth).
merise [məriːz], *s.f.* Wild cherry; gean.
merisier [merizje], *s.m.* Wild cherry(-tree).
méritant [meritɑ̃], *a.* Meritorious, deserving. **Peu m.,** undeserving.
mérite [merit], *s.m.* Merit. (*a*) Desert, worth. **Chose de peu de m.,** thing of little worth. **S'attribuer le m. de qch.,** to take the credit for sth. **Il faut dire à son m. que . . .** it must be said to his credit, in his praise, that. . . . (*b*) Excellence, talent. **Homme de m.,** man of talent, of ability.
mériter [merite], *v.tr.* **1.** To deserve, merit. **Il n'a que ce qu'il mérite,** he has only got his deserts. **Bien m. de sa patrie,** to deserve well of one's country. **Cela mérite réflexion,** it is worth thinking over. **Cela**

mérite d'être vu, entendu, it is worth seeing, hearing. **2. Voilà ce qui lui a mérité cette faveur,** that is what earned him, entitled him to, this favour.
méritoire [meritwa:r], *a.* Meritorious, deserving.
merlan [mɛrlɑ̃], *s.m. Ich:* Whiting. *P:* **Faire des yeux de m. frit à qn,** to gaze ecstatically at s.o.
merle [mɛrl], *s.m. Orn:* **1.** Blackbird. *F:* **Jaser comme un m.,** to chatter like a magpie. **C'est un fin m.,** he's a cunning old bird. **M. blanc,** (i) white crow; (ii) *F:* rara avis. S.a. GRIVE. **2. M. d'eau,** water-ouzel.
merlin[1] [mɛrlɛ̃], *s.m. Nau:* Marline; small stuff.
merlin[2], *s.m.* Axe, cleaver; felling-axe; pole-axe.
merluche [mɛrlyʃ], *s.f.* **1.** *Ich:* Hake. **2.** Dried, unsalted cod, stockfish.
mérou [meru], *s.m. Ich:* Grouper.
mérovingien, -ienne [merɔvɛ̃ʒjɛ̃, -jɛn], *a. & s. Hist:* Merovingian.
merrain [mɛrɛ̃], *s.m.* **1.** Cask wood, stave-wood; wood for cooperage. **2.** Beam (of deer's antlers).
merveille [mɛrvɛ:j], *s.f.* Marvel, wonder. **Les sept merveilles du monde,** the seven wonders of the world. **Faire m., faire des merveilles,** to work, perform, wonders. **Crier m.,** to exclaim in admiration. **A m.,** excellently; wonderfully well. **Cette robe vous va à m.,** this dress suits you to a T. **Se porter à m.,** to be in excellent health. **Ce chèque tombe à m.,** this cheque is most welcome. S.a. MONT.
merveilleu|x, -euse [mɛrvɛjø, -ø:z]. **1.** *a.* Marvellous, wonderful. *s.* **Je ne crois pas au m.,** I don't believe in the supernatural. **2.** *s. Hist:* = INCROYABLE. *adv.* **-sement.**
mes. See MON.
mésalliance [mezaljɑ̃:s], *s.f.* Improper alliance (esp. by marriage); misalliance. **Faire une m.,** to marry beneath one.
mésallier (se) [səmezalje], *v.pr.* To marry beneath one, below one's station.
mésange [mezɑ̃:ʒ], *s.f. Orn:* Tit(mouse). **M. charbonnière,** great tit, tomtit.
mésaventure [mezavɑ̃ty:r], *s.f.* Misadventure, mishap, mischance.
mesdames, -demoiselles. See MADAME, MADEMOISELLE.
mésentente [mezɑ̃tɑ̃:t], *s.f.* Misunderstanding; disagreement.
mésestimation [mezɛstimasjɔ̃], *s.f.* Under-estimation, underrating, undervaluing.
mésestime [mezɛstim], *s.f.* Low esteem. **Tenir qn en m.,** to have a poor opinion of s.o. **Encourir la m. de qn,** to fall in s.o.'s opinion.
mésestimer [mezɛstime], *v.tr.* **1.** To underestimate, undervalue, underrate. **2.** To hold (s.o.) in low esteem.
mésintelligence [mezɛ̃tɛliʒɑ̃:s], *s.f.* Disagreement. **Vivre en m. avec qn,** to be at variance, at loggerheads with s.o.
mesmérien, -ienne [mɛsmerjɛ̃, -jɛn], *a.* Mesmeric.
mesmérisme [mɛsmerism], *s.m.* Mesmerism.
méson [mezɔ̃], *s.m. Atom.Ph:* Meson.
Mésopotamie [mezɔpɔtami]. *Pr.n.f.* Mesopotamia.
mésozoïque [mezɔzɔik], *a. Geol:* Mesozoic.
mesquin [mɛskɛ̃], *a.* (*a*) Mean, shabby (appearance); paltry, petty (excuse, etc.). (*b*) Mean, niggardly, stingy. *adv.* **-ement.**
mesquinerie [mɛskinri], *s.f.* **1.** Meanness. (*a*) Pettiness, paltriness. (*b*) Niggardliness. **2.** Shabby action.
mess [mɛs], *s.m. Mil:* (Officer's or N.C.O.'s) mess.
message [mɛsa:ʒ], *s.m.* Message.
messager, -ère [mɛsaʒe, -ɛ:r], *s.* **1.** Messenger. **Messager d'État,** messenger of State. *Lit:* **M. du printemps,** harbinger of spring. **2.** *s.m.* Carrier.
messagerie [mɛsaʒri], *s.f.* Carrying trade. **Service de messageries,** parcel delivery. **Messageries maritimes,** (i) sea transport of goods; (ii) shipping line. **Bureau de(s) messageries,** (i) *A:* stage-coach office; (ii) shipping office; (iii) *Rail:* parcels office.
messaline [mɛsalin], *s.f.* Dissolute woman.
messe [mɛs], *s.f. Ecc:* Mass. **M. basse,** low mass. **M. des morts,** mass for the dead. **Livre de m.,** mass-book, missal.
messéance [meseɑ̃:s], *s.f.* Unseemliness, impropriety (of conduct).
messéant [meseɑ̃], *a.* (*a*) Unbecoming (**à,** to). (*b*) Unseemly, improper.
messeigneurs. See MONSEIGNEUR.
messeoir [meswa:r], *v.ind.tr., def.* (*pr.p.* **messeyant;** *p.p.* is lacking; *pr.ind.* **il messied, ils messeyent;** *pr.sub.* **il messeye;** *p.d.* **il messeyait;** *p.h.* is lacking; *fu.* **il messiéra**) To be unbecoming, unseemly; to misbecome. **Il lui messied de . . .,** it ill becomes him to. . .
messianique [mɛsjanik], *a.* Messianic.
messianisme [mɛsjanism], *s.m.* Messianism.
messidor [mɛsidɔ:r], *s.m.* Tenth month of the French Republican calendar (June-July).
Messie [mɛsi]. *Pr.n.m.* Messiah.
messied [mesjɛ]. See MESSEOIR.
messiéra [mesjɛra]. See MESSEOIR.
messieurs. See MONSIEUR.
messire [mɛsi:r], *s.m. A:* Sir, master.
mesurable [məzyrabl], *a.* Measurable, mensurable.
mesure [məzy:r], *s.f.* Measure. **1.** (*a*) **Prendre la m. de qn,** (i) to take s.o.'s measurements, to measure s.o.; (ii) *F:* to size s.o. up. **Complet fait sur m.,** suit made to measure. *F:* **Donner sa m.,** to show what one is capable of. **Dans une certaine m.,** in some degree; to a certain extent. **Dans une large m.,** mainly, to a large extent. **Dans la m. où,** in so far as. **Je vous aiderai dans la m. de mes forces,** I shall help you to the best of my ability. *Adv.phr.* **A m.,** in proportion; successively; one by one. S.a. FUR. **A m. que,** (in proportion) as. **A m. que je reculais il s'avançait,** as (fast as) I retired he advanced. (*b*) **Prendre des mesures,** to take action, to adopt measures. **Prendre des mesures pour faire qch.,** to take measures, steps, to do sth. **Prendre des mesures contre qch.,** to make provision against sth. **Prendre ses mesures,** to make one's arrangements (**pour que,** in order that). **Par m. d'économie,** as an economy measure. **2.** (*a*) *Mth:* **M. commune,** common measure. (*b*) Gauge, standard. **M. de longueur,** measure of length. **M. de superficie,** square measure. **M. de volume,** cubic measure. S.a. LIQUIDE. 2. **Poids et mesures,** weights and measures. (*c*) **M. en ruban,** tape measure. (*d*) (Quantity measured out) **Verser une m. de vin, de rhum, à qn,** to pour s.o. out a measure of wine, of rum. **3.** (*a*) Standard size or amount. **Pièces qui ne sont pas de m.,** pieces that are not to size. *F:* **Garder la m.,** to keep within bounds. **Dépasser la m.,** (i) to overstep the line; (ii) to overdo it. **Ne garder aucune m., oublier toute m.,** to fling aside all restraint, to go beyond all bounds. **Ambition sans m.,** unbounded ambition. S.a. OUTRE[2] 1. (*b*) *Fenc:* Measure, reach, distance. *F:* **Être en m. de faire qch.,** to be in a position to do sth. **4.** *Mus:* (i) Bar. (ii) Time. **M. à quatre temps,** common time. **Battre la m.,** to beat time. **En mesure,** in strict time. **Aller en m.,** to keep time.
mesuré [məzyre], *a.* Measured (tread, etc.); temperate, moderate, restrained (language).
mesure-étalon [məzyretalɔ̃], *s.f.* Standard measure. *pl. Des mesures-étalons.*
mesur|er [məzyre], *v.tr.* **1.** (*a*) To measure (dimensions); to measure out (corn); to measure up (land); to measure off (cloth). (Of tailor) **M. un client,** to take the measurements of a customer. **M. qn des yeux,** to eye s.o. up and down. *F:* **M. le sol, la terre,** to measure one's length on the ground. (*b*) **Colonne qui mesure vingt pieds,** column twenty feet high. **M. six pieds,** (of pers.) to stand, be, six feet tall. (*c*) **M. la nourriture à qn,** to ration s.o. in food; to grudge s.o. his food. **2.** To calculate; to weigh (one's words, etc.). **M. sa dépense sur ses profits,** *F:* to cut one's coat according to one's cloth. **M. la distance à la vue,** to judge, estimate, gauge, distance by eye. *s.m.* **-age,** *s.* **-eur, -euse.**
se mesurer avec, contre, qn, to measure one's strength, to measure oneself, against s.o.; to try conclusions with s.o. **Vous n'êtes pas de force, de taille, à vous m. avec lui,** you are no match for him.
mésusage [mezyza:ʒ], *s.m.* Misuse.
mésuser [mezyze], *v.ind.tr.* **1. M. de son bien,** to misuse one's wealth. **2. M. de son pouvoir,** to abuse one's power.
métabolique [metabɔlik], *a.* Metabolic.
métabolisme [metabɔlism], *s.m.* Metabolism.

métacarpe [metakarp], *s.m. Anat:* Metacarpus.
métacentre [metasɑ̃:tr], *s.m. Hyd: N.Arch: Av:* Metacentre.
métairie [meteri], *s.f.* Small farm (held on **métayage** agreement).
métal, -aux [metal, -o], *s.m.* **1.** Metal. **M. blanc,** white metal; babbitt; **M. (blanc) anglais,** Britannia metal. **2.** *Fin:* **M. en barres,** bullion.
métallifère [metallifɛ:r], *a.* Metalliferous, metal-bearing.
métallin [metallɛ̃], *a.* Metalline, metallic (sheen).
métallique [metallik], *a.* Metallic. **Câble m.,** wire rope. **Plume m.,** steel nib. **Rendre un son m.,** to clang, to ring.
métallisation [metallizasjɔ̃], *s.f.* **1.** Metallization; converting (of ore, etc.) into metal. **2.** Plating (with metal). **3.** *Phot:* Bronzing (of print).
métalliser [metallize], *v.tr.* **1.** To metallize. **2.** To cover with metal; to plate.
se métalliser. *Phot:* To bronze.
métallo [metallo], *s.m. P:* Metal-worker.
métallographie [metallɔgrafi[, *s.f.* Metallography.
métalloïde [metallɔid], *a. & s.m.* Metalloid.
métallurgie [metallyrʒi], *s.f.* Metallurgy.
métallurgique [metallyrʒik], *a.* Metallurgic(al). **Usine m.,** metal works, esp., ironworks.
métallurgiste [metallyrʒist], *s.m.* Metallurgist. (*a*) Ironmaster. (*b*) Metal-worker.
métamorphique [metamɔrfik], *a. Geol:* Metamorphic, metamorphous.
métamorphisme [metamɔrfism], *s.m. Geol:* Metamorphism.
métamorphose [metamɔrfø:z], *s.f.* Metamorphosis, transformation.
métamorphos|er [metamɔrfoze], *v.tr.* To metamorphose, transform. *a.* **-able.**
se métamorphoser, to change completely.
métaphonie [metafɔni], *s.f. Ling:* Vowel mutation, umlaut.
métaphore [metafɔ:r], *s.f.* Metaphor; figure of speech. **M. disparate,** mixed metaphor.
métaphorique [metafɔrik], *a.* Metaphorical; figurative. *adv.* **-ment.**
métaphysicien, -ienne [metafizisjɛ̃, -jɛn], *s.* Metaphysician.
métaphysique [metafizik]. **1.** *a.* Metaphysical; *F:* abstract. abstruse. **2.** *s.f.* Metaphysics. *adv.* **-ment.**
métapsychique [metapsiʃik]. **1.** *a.* Psychic (phenomenon). **2.** *s.f.* Psychics.
métapsychisme [metapsiʃism], *s.m.* Psychics.
métapsychiste [metapsiʃist], *s.m. & f.* Psychist.
métatarse [metatars], *s.m. Anat:* Metatarsus.
métatarsien, -ienne [metatarsjɛ̃, -jɛn], *a. & s.m. Anat:* Metatarsal (bone).
métathèse [metatɛ:z], *s.f. Ling: Surg:* Metathesis.
métayage [metɛja:ʒ], *s.m. Husb:* Share-cropping.
métayer, -ère [metɛje, -ɛ:r], *s.* Share-cropper.
métazoaire [metazɔɛ:r]. *Biol:* **1.** *a.* Metazoan. **2.** *s.m.* Metazoon. *pl.* **Métazoaires,** metazoa.
méteil [metɛ:j], *s.m. Agr:* (Mixed crop of) wheat and rye; *Dial:* maslin.
métempsyc(h)ose [metɑ̃psiko:z]. *s.f.* Metempsychosis; transmigration of souls.
météo [meteo]. **1.** *s.f. F:* (*a*) Weather-report. (*b*) (= **Bureau central de météorologie**) = The Meteorological Office. **2.** *s.m. F:* (*Pers.*) Meteorologist.
météogramme [meteogram]. *s.m.* Weather-report.
météore [meteɔ:r], *s.m.* Atmospheric phenomenon; meteor.
météorique [meteɔrik], *a.* Meteoric.
météorite [meteɔrit], *s.m. or f.* **1.** Meteorite. **2.** Meteorolite.
météorologie [meteɔrɔlɔʒi], *s.f.* Meteorology.
météorologique [meteɔrɔlɔʒik], *a.* Meteorological. **Bulletin m.,** weather report, weather forecast. **Station m.,** weather centre. **Frégate, navire, m.,** weather ship. **L'Office National M.** (*F:* **l'O.N.M.**) = the Central Forecasting Office.
météorologiste [meteɔrɔlɔʒist], *s.m.*, **météorologue** [meteɔrɔlɔg], *s.m.* Meteorologist.
métèque [metɛk], *s.m. F:* (*a*) Foreigner, alien. (*b*) *F:* Dago; wop.
méthane [metan], *s.m. Ch:* Methane; marsh gas. *Min:* Fire-damp.
méthode [metɔd], *s.f.* **1.** Method, system. **Il a beaucoup de m.,** he is very methodical. **Faire qch. avec méthode,** to do sth. methodically, systematically. **2.** Primer, grammar, method.
méthodique [metɔdik], *a.* Methodical, systematic. *adv.* **-ment, -ally.**
méthodisme [metɔdism], *s.m. Rel.H:* Methodism.
méthodiste [metɔdist], *a. & s. Ecc:* Methodist.
méthyle [metil], *s.m. Ch:* Methyl.
méthylène [metilɛn], *s.m. Ch:* Methylene.
méthylique [metilik], *a. Ch:* Methyl(ic).
méticuleu|x, -euse [metikylø, -ø:z], *a.* Meticulous, punctilious (person, care, civility); scrupulously careful (person). **Par trop m.,** over-scrupulous, over-particular. *adv.* **-sement.**
méticulosité [metikylozite], *s.f.* Meticulosity, over-carefulness; punctiliousness.
métier [metje], *s.m.* **1.** (*a*) Trade, profession, business, craft. **M. manuel,** handicraft. **Homme de m.,** craftsman. **École nationale des Ingénieurs des Arts et Métiers,** establishment of university level for training engineers. **Gens de m.,** experts, professionals. **Terme de m.,** technical term. **Armée de m.,** regular army. **Exercer un m.,** to carry on, follow a trade; to follow a calling. **Il est charpentier de m.,** he is a carpenter by trade. *F:* **Vous faites là un vilain m.!** that's a dirty game you are playing! **Tours de m.,** tricks of the trade. **Parler m.,** to talk shop. *F:* **Quel m.!** what a life! *Hist:* **Corps de m.,** corporation, g(u)ild; trade association. **Chacun son m.,** everyone to his trade. (*b*) Craftsmanship. **Il manque encore de m.,** he still lacks experience. **2.** *Tex:* (*a*) **M. à tisser,** loom. **M. mécanique,** power-loom. *F:* **Avoir un ouvrage sur le m.,** to have a piece of work in hand, on the stocks. (*b*) **M. à filer,** spinning-frame. (*c*) **M. à tapisserie,** tapestry frame.
métis, -isse [meti, -is]. **1.** *a.* Half-bred, cross-bred; mongrel (dog). **Plante métisse,** hybrid plant. **2.** *s.* Half-breed; mongrel (dog, etc.). **3.** *Tex:* **Toile métisse,** linen-cotton mixture.
métissage [metisa:ʒ], *s.m.* Cross-breeding.
métisser [metise], *v.tr.* To cross (breeds).
métrage [metra:ʒ], *s.m.* **1.** (*a*) Measuring, measure (ment). (*b*) *Civ.E:* Quantity-surveying. **2.** (*a*) (Metric) length. *Cin:* Footage, length (of film). **Long m.,** full-length film. **Court m.,** short. (*b*) Metric area. (*c*) Metric volume.
mètre[1] [mɛtr], *s.m. Pros:* Metre.
mètre[2], *s.m.* **1.** *Meas:* Metre (= 3·281 ft). S.a. CARRÉ 1, CUBE 2. **2.** (Metre) rule. **M. pliant,** folding rule. **M. à ruban,** tape-measure.
métrer [metre], *v.tr.* (**je mètre ; je métrerai**) **1.** To measure (by the metre). **2.** *Civ.E:* To survey (for quantities).
métreur [metrœ:r], *s.m.* Quantity-surveyor.
métrique[1] [metrik]. **1.** *a. Pros:* Metrical. **2.** *s.f.* Prosody, metrics.
métrique[2], *a.* Metric.
Métro (le) [ləmetro], *s.m. F:* The Underground (railway), *U.S: Scot:* subway. **Le m. de Londres,** the Underground; the tube.
métronome [metrɔnɔm], *s.m.* Metronome.
métropole [metrɔpɔl], *s.f.* Metropolis. (*a*) Capital. (*b*) Parent state. (*c*) See (of archbishop). *a.* **Église m.,** metropolitan church.
métropolitain [metrɔpolitɛ̃], *a.* **1.** Metropolitan. **Chemin de fer m.,** *s.m.* **le M.,** the Underground (railway) (in Paris). **2. Armée métropolitaine,** home army. **3.** *Ecc:* (*a*) Metropolitan (church); archiepiscopal. (*b*) *s.m.* Metropolitan; archbishop.
mets[1] [mɛ], *s.m.* (Article of prepared) food; viand; dish (of food).
mets[2]. See METTRE.
mettable [metabl], *a.* (Of clothes, etc.) Wearable. **Pas m.,** not fit to be worn.
metteur, -euse [metœ:r, -ø:z], *s.* **1. M. en œuvre,** mounter (of jewellery, etc.). **2.** *Rail:* **M. de rails,** plate-layer. **3. M. en scène,** (i) *Th:* producer; (ii) *Cin:* director. *W.Tel:* **M. en ondes,** producer.
mettre [mɛtr], *v.tr.* (*pr.p.* **mettant ;** *p.p.* **mis ;** *pr.ind.* **je mets, il met, n. mettons, ils mettent ;** *p.h.* **je mis ;** *fu.*

je mettrai) 1. (a) To put, lay, place, set. **M. la table, le couvert,** to lay the table. **M. la main sur qn,** to lay hands on s.o. **M. un manche à un balai,** to fit a handle to a broom. **M. qn à la porte,** to turn s.o. out (of doors). **M. les volets,** to put up the shutters. *Gaming:* **M. un enjeu, une somme,** to lay a stake, a sum. **M. le tout pour le tout,** to stake one's all on one throw. **M. sur le mauvais cheval,** to back the wrong horse. *Abs.* **M. dans le blanc,** to make a bull's-eye, a bull. **Il me met dans toutes ses affaires,** he tells me all his business. S.a. BAS II. 2, DEDANS 1. **J'y mettrai tous mes soins,** I will give the matter every care. **Il a mis de la modération dans ses paroles,** he observed moderation in what he said. **M. le feu à qch.,** to set fire to sth.; to set sth. on fire. S.a. FEU I. 1. **M. le siège à une ville,** to lay siege to a town. **M. du temps à faire qch.,** to take time over sth. S.a. SIEN 2. (b) To put (clothes) on. **Qu'est-ce que je vais m.?—Mettez votre smoking,** what shall I wear?—Put on your dinner-jacket. **J'ai du mal à m. mes souliers,** I find it difficult to get my shoes on. **Ne plus m.,** to stop wearing, to leave off (a garment). (c) **M. sécher du linge, m. du linge à sécher,** to put linen out to dry. **Quand on le met à causer . . .,** if once you start him talking. . . . 2. To set, put (in a condition). **M. une machine en mouvement,** to set a machine going. **M. des vers en musique,** to set verse to music. **M. du latin en français,** to translate from Latin into French. **M. son argent en fonds de terre,** to invest one's money in real estate. **M. qn à la torture,** to put, subject, s.o. to torture. S.a. RAISON 2. *Nau:* **M. une voile au vent,** to hoist, set, a sail. *Abs.* **M. à la voile,** to set sail. 3. (a) To admit, grant. **Mettons que vous ayez raison,** say that you are right; suppose you are right. **Mettons cent francs,** let's say a hundred francs. (b) **Mettez que je n'ai rien dit,** consider that unsaid.

se mettre. 1. (a) To go, get. **Se m. derrière un arbre,** to get behind a tree. **Se m. au lit,** to go to bed. **Se m. à table,** to sit down to table. *Nau:* **Se m. à, sur, une manœuvre,** to man a rope. **Se m. au service de qn,** to enter s.o.'s service. (b) To begin, to set about (sth.). **Se m. à l'œuvre, au travail,** to set to work; to set to, to fall to. **Il est temps de s'y m.,** it is time to set about it. **Il s'y est mis de bonne heure,** he started young. (c) **Se m. à faire qch.,** to set about doing sth.; to begin to do sth. **Se m. à rire,** to begin to laugh, to start laughing. **Il se mit à écrire,** (i) he began to write; (ii) he took to writing (as a profession). *Impers.* **Il se mit à pleuvoir,** it began to rain; it came on to rain. 2. To dress. **Se m. à la mode, simplement,** to dress fashionably, simply. **Se m. en smoking,** to put on a dinner-jacket. **Être bien, mal, mis,** to be well, badly, dressed. S.a. TRENTE[1]. 3. **Se m. en rage,** to get into a rage. **Se m. en route,** to start on one's way. **Se m. au pas,** (i) to fall into step; (ii) to subside into a walk (after running). S.a. FRAIS[2], QUATRE. 4. **Le temps se met au beau,** the weather is turning out, setting in, fine.

meublant [mœblɑ̃], *a.* (Of cloth, etc.). Fit for furnishing. *Jur:* **Meubles meublants,** movables, (household) furniture.

meuble [mœbl]. 1. *a.* (a) Movable. *Jur:* **Biens meubles,** *s.m.* **meubles,** personal estate, chattels, personalty. (b) *Agr:* **Terre m.,** light, running, soil. 2. *s.m.* (a) Piece of furniture. **Être dans ses meubles,** to have one's own furniture; to have a home of one's own. (b) Suite of furniture. **M. de salon,** drawing-room suite.

meublé [mœble]. 1. *a.* Furnished. **Non m.,** unfurnished. **Pièce pauvrement meublée,** barely furnished room. **Cave bien meublée,** well-stocked cellar. *F:* **Bouche bien meublée,** fine set of teeth. 2. *s.m.* Furnished apartment(s). **Habiter en m.,** to live in lodgings.

meubler [mœble], *v.tr.* To furnish; to stock (farm, cellar, memory) (de, with).

se meubler, to furnish one's home.

meugl|er [møgle], *v.i.* (Of cow) To low; *F:* to moo. *s.m.* **-ement.**

meule [mø:l], *s.f.* 1. (a) Millstone. (b) **M. à aiguiser,** grindstone. **M. en émeri,** emery-wheel. **M. à polir,** buffing-wheel. (c) **M. de fromage,** round cheese. 2. (a) Stack, rick (of hay, etc.); (charcoal) stack or pile; clamp (of bricks). **Mettre le foin en m.,** to stack, rick, the hay. **M. de foin,** haystack, hayrick. (b) *Hort:* Hotbed. (c) Manure heap. 3. Burr (of deer's antler).

meul|er [møle], *v.tr.* To grind (chisel, etc.); to grind (down) (lens, etc.). *s.m.* **-age.**

meulette [mølɛt], *s.f.* 1. Small haystack. 2. Shock, stook (of corn). **M. de foin,** haycock.

meulier, -ière [mølje, -jɛ:r]. 1. *a.* Pertaining to millstones, grindstones. **Pierre meulière,** *s.f.* **meulière,** millstone grit, millstone. 2. *s.m.* Millstone-, grindstone-maker. 3. *s.f.* **Meulière,** millstone quarry.

meunerie [mønri], *s.f.* 1. (Flour-)milling. 2. Milling-trade.

meunier, -ière [mønje, -jɛ:r]. 1. *s.* Miller. **Garçon m.,** mill-hand. 2. *s.f.* *Orn:* **Meunière,** (i) long-tailed tit; (ii) hooded crow, saddle-back crow.

meur-e, -s, -t [mœ:r]. See MOURIR.

meurt-de-faim [mœrdəfɛ̃], *s.m.inv.* *F:* Starveling.

meurt-de-soif [mœrdəswaf], *s.m.inv.* *F:* Toper, thirsty fish.

meurtre [mœrtr], *s.m.* *Jur:* (a) Murder. (b) Voluntary manslaughter. **Au m.!** murder! *F:* **C'est un m. de retoucher ces tableaux,** it is a crime, rank vandalism, to touch up these pictures.

meurtri [mœrtri], *a.* Bruised (arm, fruit, etc.). **Visage meurtri,** (i) battered face; (ii) ravaged face. **Être tout meurtri,** to be black and blue all over.

meurtrier, -ère [mœrtrie, -ɛ:r]. 1. *a.* (a) Murderous (war); deadly (weapon). (b) (Of pers.) Guilty of murder. 2. *s.* Murderer, *f.* murderess. 3. *s.f.* *Fort:* **Meurtrière,** loop-hole.

meurtrir [mœrtri:r], *v.tr.* To bruise (one's arm, fruit). **M. qn de coups,** to beat s.o. black and blue.

meurtrissure [mœrtrisy:r], *s.f.* Bruise.

meu-s, -t [mø]. See MOUVOIR.

Meuse (la) [la mø:z]. *Pr.n.f.* The (river) Meuse, Maas.

meute [mø:t], *s.f.* (a) *Ven:* Pack (of staghounds, etc.). (b) *F:* Crowd, mob, pack (of people in pursuit). (c) *Scouting:* (Cub) pack.

meuv-e, -ent [mœ:v]. See MOUVOIR.

mévendre [mevɑ̃:dr], *v.tr.* *A:* To sell (sth.) at a loss; to sacrifice (goods).

mévente [mevɑ̃:t], *s.f.* 1. Sale (of goods) at a loss. 2. Slump, stagnation (of business).

mexicain, -aine [mɛksikɛ̃, -ɛn], *a.* & *s.* Mexican.

Mexico [mɛksiko]. *Pr.n.* *Geog:* Mexico (City).

Mexique (le) [ləmɛksik]. *Pr.n.m.* Mexico.

mezzanine [mɛdzanin], *s.f.* Mezzanine (storey or window).

mezzo-soprano [mɛdzo-soprano], *s.m.* *Mus:* Mezzo-soprano (voice). *Pl. Des mezzo-sopranos, -soprani.*

mezzo-tinto [mɛdzotinto] *s.m.inv.* *Engr:* Mezzotint.

mi[1] [mi], *adv.* (a) Half, mid, semi-. **Paupières mi-closes,** half-closed eyelids. **Acier mi-doux,** semi-mild steel. **La mi-avril,** mid-April. **A mi-hauteur,** half-way up. **Faire qch., mi de gré mi de force,** to do sth. half willingly half under compulsion. (b) In half. *Her:* **Écu mi-coupé,** shield divided down the centre.

mi[2], *s.m.inv.* *Mus:* (a) (The note) E. **Morceau en mi,** piece in E. (b) First string, E string (of violin).

miaou [mjau], *s.m.* Miaow, mew (of cat).

mi-août [miu], *s.f.inv.* Mid-August.

miasmatique [mjasmatik], *a.* Miasmatic, miasmal, noxious (exhalation).

miasme [mjasm], *s.m.* Miasma.

miaul|er [mjole], *v.i.* To mew, *F:* miaow; to caterwaul. *s.m.* **-ement.**

miauleur, -euse [mjolœ:r, -ø:z]. 1. *a.* Mewing (cat). 2. *s.m.* *Orn:* *F:* Seamew.

mi-bas [miba], *s.m.inv.* Half-hose.

mi-bois (à) [amibwa], *adv.phr.* *Carp:* **Assemblage à mi-b.,** halved joint.

mica [mika], *s.m.* *Miner:* Mica.

micacé [mikase], *a.* Micaceous.

mi-carême [mikarɛm], *s.f.* Mid-Lent. *pl. Des mi-carêmes.*

miche [miʃ], *s.f.* Round loaf, cobloaf.

Michel [miʃɛl]. *Pr.n.m.* Michael. **La Saint-Michel,** Michaelmas.

Michel-Ange [mikɛlɑ̃:ʒ]. *Pr.n.m.* Michelangelo.

Micheline [miʃlin], *s.f.* *Rail* = AUTORAIL (invented and equipped by the Michelin Tyre Company).

mi-chemin (à) [amiʃmɛ̃], *adv.phr.* Half-way.

micmac [mikmak], *s.m. F:* Underhand intrigue, scheming.
micocoulier [mikɔkulje], *s.m. Bot:* Nettle-tree.
micoine [mikwa:n], *s.f. Fr.C:* Wooden spoon.
mi-corps (à) [amikɔ:r], *adv.phr.* To the waist. **Portrait à mi-c.,** half-length portrait. **Saisi à mi-c.,** caught round the waist.
mi-côte (à) [amiko:t], *adv.phr.* Half-way up, down, the hill.
micro [mikro], *s.m. F:* Mike. **Parler au m.,** to give a talk on the radio.
microanalyse [mikrɔanaliz], *s.f. Ch:* Microanalysis.
microbalance [mikrɔbalɑ̃:s], *s.f. Ph:* Micrometer balance.
microbe [mikrɔb], *s.m.* Microbe, *F:* germ.
microbicide [mikrɔbisid]. **1.** *a.* Microbicidal, germ-killing. **2.** *s.m.* Germ-killer.
microbien, -ienne [mikrɔbjɛ̃, -jɛn], *a.* Microbial, microbic (disease, etc.).
microbiologie [mikrɔbjɔlɔʒi], *s.f.* Microbiology.
microbiologiste [mikrɔbjɔlɔʒist], *s.m. or f.* Microbiologist.
microcéphale [mikrɔsefal]. **1.** *a.* Microcephalous, microcephalic, small-headed. **2.** *s.* Microcephalic.
microcéphalie [mikrɔsefali], *s.f.* Microcephaly.
microchimie [mikrɔʃimi], *s.f.* Microchemistry.
microcosme [mikrɔkɔsm], *s.m.* Microcosm.
microfarad [mikrɔfarad], *s.m. El:* Microfarad.
microfilm [mikrɔfilm], *s.m. Phot:* Microfilm.
microfilmer [mikrɔfilme], *v.tr. Phot:* To microfilm.
micrographie [mikrɔgrafi], *s.f.* Micrography.
microhm [mikro:m], *s.m. El.Meas:* Microhm.
micromètre [mikrɔmɛtr], *s.m.* Micrometer.
micrométrique [mikrɔmetrik], *a.* Micrometric(al). **Vis m.,** micrometer screw.
micron [mikrɔ̃], *s.m.* Micromillimeter, micron.
micro-objectif [mikroɔbʒɛktif], *s.m.* **1.** Photo-micrographic object-glass. **2.** Microscope object-lens. *pl. Des micro-objectifs.*
micro-organisme [mikroɔrganism], *s.m.* Micro-organism. *pl. Des micro-organismes.*
microphone [mikrɔfɔn], *s.m.* Microphone, *F:* mike; transmitter, mouthpiece (of telephone). **M. électrodynamique,** moving-coil microphone.
microphotographie [mikrɔfɔtɔgrafi], *s.f.* **1.** Photomicrography; microphotography. **2.** Photomicrograph; microphotograph.
microphotographique [mikrɔfɔtɔgrafik], *a.* Photomicrographic; microphotographic. **Lettre m.,** air-graph.
microscope [mikrɔskɔp], *s.m.* Microscope. **Visible au m.,** visible under the microscope. **M. électronique,** electron microscope. **M. optique,** light microscope.
microscopie [mikrɔskɔpi], *s.f.* Microscopy.
microscopique [mikrɔskɔpik], *a.* Microscopic(al).
microsillon [mikrosijɔ̃], *s.m.* Microgroove, long-playing, record, *F:* L.P.
microthermie [mikrɔtɛrmi], *s.f. Ph.Meas:* Microtherm.
microtome [mikrɔtɔm], *s.m.* Microtome.
miction [miksjɔ̃], *s.f.* Urination.
midi [midi], *s.m.* No *pl.* **1.** Midday, noon, twelve o'clock. **Il est m.,** it is twelve o'clock. **Arriver sur le m.,** *F:* **sur les m.,** to arrive about noon. **Avant m.,** ante meridiem; a.m. **Après m.,** post meridiem; p.m. **M. et demi,** half-past twelve. **En plein m.,** (i) in broad daylight; (ii) in the full light of day. *F:* **Chercher m. à quatorze heures,** to look for difficulties where there are none; to miss the obvious. *F:* **Être au m. de la vie,** to be in the prime of life. **2.** *(a)* South. **Chambre au m.,** room facing south. *(b)* Southern part (of country). Esp. **Le M. (de la France),** the South of France.
midinette [midinɛt], *s.f. F:* Work-girl; esp. young milliner or dressmaker (who goes home to lunch at midday).
mi-distance [midistɑ̃:s], *s.f.* Middle distance. *pl. Des mi-distances.*
midshipman [midʃipman], *F:* **midship** [midʃip], *s.m.* (British) midshipman, *F:* middy.
mie¹ [mi], *s.f.* **1.** Crumb (of loaf, as opposed to crust). *P:* **Excuses à la m. de pain,** worthless excuses. **2.** *A:* *(a)* = MIETTE. *(b) adv.* As a literary mannerism in **Ne . . . mie (= ne . . . point),** not at all.
mie², *s.f.* (= AMIE) Used only with **ma, ta, sa. Ma mie** (= *A:* **m'amie),** my pet; darling.
miel [mjɛl], *s.m.* Honey. *F:* **Elle était tout sucre et tout m.,** she was all sugar and honey. **Paroles de m.,** honeyed words. **Faire son m. de qch.,** to turn sth. to advantage. S.a. LUNE 1, RAYON³ 1.
miellé [mjɛle], *a.* **1.** Sweetened with honey. **2.** = MIELLEUX.
mielleusement [mjɛløzmɑ̃], *adv.* Blandly; with honeyed words.
mielleux, -euse [mjɛlø, -ø:z], *a.* **1. Goût m.,** taste of honey. **2.** *F:* Honeyed, sugary (speech, etc.); bland (smile); soapy, smooth-tongued, mealy-mouthed, soft-spoken (person).
mien, mienne [mjɛ̃, mjɛn]. **1.** *Occ. poss.a.* Mine. **Un m. ami,** a friend of mine. **2. Le m., la mienne, les miens, les miennes,** mine. *(a) poss. pron.* **Je pris ses mains dans les miennes,** I took her hands in mine. *(b) s.m.* (i) My own (property, etc.); mine. **Le m. et le tien,** mine and thine. **Tels sont les faits, je n'y mets rien du m.,** such are the facts, I am not adding anything of my own (invention). (ii) *s.m.pl.* **J'ai été renié par les miens,** I have been disowned by my own people. *(c) s.f.pl.* **On dit que j'ai encore fait des miennes,** they say I've been up to my old tricks again.
miette [mjɛt], *s.f.* *(a)* Crumb (of broken bread). *(b)* *F:* Morsel. **Mettre un vase en miettes,** to smash a vase to pieces, *F:* to smithereens.
mieux [mjø], *adv.* **1.** *Comp.* Better. *(a)* **Il faut m. les surveiller, les m. surveiller,** you must watch them more closely. **Vous feriez m. de m'écouter,** you would do better to listen to me. *Prov:* **M. vaut tard que jamais,** better late than never. **Ça va m.,** things are improving. **Pour m. dire . .,** to be more exact. . . . **Pour ne pas dire m., pour ne pas m. dire,** to say the least of it. **De m. en m.,** better and better. **M. encore . . .,** better still. . . . *Adv.phr.* **Faire qch. à qui m. m.,** to vie with one another in doing sth. **Tous travaillaient à qui m. m.,** all worked their hardest. **Il va m.,** he is (feeling) better. S.a. TANT 1, VALOIR 1. *(b)* (With adj. function) (i) **C'est on ne peut m.,** it couldn't be better. **Ce qui est m., qui m. est . . .,** what is better . . . ; better still. . . . (ii) **Vous serez m. dans ce fauteuil,** you will be more comfortable in this armchair. (iii) **Il est m.,** he is (feeling) better. (iv) **Il est m. que son frère,** he is better-looking than his brother. *(c) s.neut.* (i) **Le m. est l'ennemi du bien,** leave well alone. **Faute de m.,** for want of something better. **Elle ressemble à sa mère, mais en m.,** she is very like her mother, only better-looking. **Je ne demande pas m.,** I shall be delighted (to do so, to have it so). **Vous ne trouverez pas m. comme hôtel,** you won't find a better hotel. (ii) *Med: etc:* **Un m., du m.,** a change for the better. **2.** *Sup.* **Le m.,** (the) best. *(a)* **La femme le m. habillée de Paris,** the best-dressed woman in Paris. **Il s'en est acquitté le m. du monde,** nobody could have done it better. *(b)* (With adj. function) (i) **Ce qu'il y a de m. à faire, c'est de . . .** the best course to take is to. . . . **Ce que vous avez de m. à faire c'est de . . .,** the best thing you can do is to . . . **C'est tout ce qu'il y a de m.,** there is absolutely nothing better. (ii) **Être le m. du monde avec qn,** to be on the best of terms with s.o. (iii) **C'était la m. des trois sœurs,** she was the best-looking of the three sisters. *(c) s.neut.* **Faire, agir, pour le m.,** to act for the best. **Le m. serait de . . .,** the best plan would be to. . . . **En mettant les choses au m. . . .,** at best. . . . **Agir au m. des intérêts de qn,** to act in the best interests of s.o. **Faire qch. de son m.,** to do sth. to the best of one's ability. **Faire de son m.,** to do one's best. **Être au m. avec qn,** to be on the best of terms with s.o.
mieux-être [mjøzɛ:tr], *s.m. No pl.* Improved condition, greater degree of comfort.
mièvre [mjɛ:vr], *a.* *(a)* Fragile, delicate (child, etc.). *(b)* Finical, affected (style). *adv.* **-ment.**
mièvrerie [mjɛvrəri], *s.f.*, **mièvreté** [mjɛvrəte], *s.f.* *(a)* Fragility, delicateness. *(b)* Finicalness, affectation (of style).
mignard [miɲa:r], *a.* Affected, mincing, simpering; pretty-pretty. *adv.* **-ement.**
mignarder [miɲarde], *v.tr.* To pat, caress, fondle. **M. son style,** to be finical (in one's style).

mignardise [miɲardi:z], *s.f.* **1.** (*a*) Affectation; mincing manners. (*b*) Finicalness; prettiness (of style, etc.). **2.** *Bot:* Garden pink.
mignon, -onne [miɲɔ̃, -ɔn]. **1.** *a.* Dainty, tiny, delicate (person, etc.). **Est-elle mignonne!** isn't she sweet! **Son péché m.,** his besetting sin. **2.** *s.* Pet, darling, favourite. *adv.* **-nement.**
mignonnette [miɲɔnɛt], *s.f.* **1.** (*a*) London-pride. (*b*) Wild succory. (*c*) Clover. **2.** Mignonette lace. **3.** Coarse-ground pepper.
mignoter [miɲɔte], *v.tr.* To fondle, caress; to pet (child).
migraine [migrɛn], *s.f.* Sick headache; migraine.
migrateur, -trice [migratœ:r -tris], *a.* Migrating, migratory (bird); migrant (people).
migration [migrasjɔ̃], *s.f.* Migration.
migratoire [migratwa:r], *a.* Migratory.
mijaurée [miʒɔre], *s.f.* Conceited, affected, woman.
mijoter [miʒɔte]. **1.** *v.tr.* To stew (sth.) slowly; to let (sth.) simmer. *F:* **M. un projet,** to turn a scheme over in one's mind. **Il se mijote quelque chose,** there's something in the wind. **2.** *v.i.* To simmer, stew.
se mijoter, *F:* to coddle oneself.
mikado [mikado], *s.m.* Mikado.
mil[1] [mil], *s.m.* *Gym:* Indian club.
mil[2], *a.* (Used only in dates A.D.) Thousand. **L'an mil neuf cent trente,** the year nineteen hundred and thirty.
mil[3], *s.m.* *Bot:* = MILLET 1.
milady [miledi], *s.f.* **1.** (Title) My lady. **2.** *F:* **Une m.,** a titled (English) lady. *pl. Des miladys.*
mi-laine [milɛn], *s.m.* *Tex:* Half-wool cloth.
milan [milɑ̃], *s.m.* *Orn:* Kite.
mildew, mildiou [mildju], *s.m.* *Vit:* Mildew; brown rot. **Atteint de m.,** mildewed.
mildiousé [mildjuze], *a.* *Vit:* Mildewed (vine, etc.); mildewy.
miliare [miljɛ:r], *a.* **1.** Resembling millet-seed. *Med:* Miliary (gland, fever, etc.). **2.** *s.f.* Prickly heat.
milice [milis], *s.f.* Militia.
milicien [milisjɛ̃], *s.m.* Militiaman.
milieu, -eux [miljø], *s.m.* **1.** Middle, midst. **Au m. de,** amid(st). **Au beau m. de la rue,** right in the middle of the street. **Au m. du navire,** amidships. **Le m. du jour,** noon. **Au m. de l'été, de l'hiver, de la nuit,** in the height of summer, in the depth of winter, at dead of night. **Vers le m. du mois,** about the middle of the month. **La table du m.,** the middle table. **2.** (*a*) *Ph:* Medium. (*b*) Surroundings, environment; (social) sphere, circle. **Dans les milieux autorisés,** in responsible quarters. **Je n'appartiens pas à leur m.,** I don't belong to their set, class, circle. **3.** Middle course; mean. **Il n'y a pas de m.,** there is no middle course. **Le juste m.,** the golden mean, the happy medium. **Tenir le m. entre . . . et . . .,** to be something between . . . and. . . .
militaire [militɛ:r]. **1.** *a.* (*a*) Military (art, profession etc.). *F:* **A huit heures, heure m.,** at eight o'clock sharp. (*b*) **La marine m.,** the Navy. **2.** *s.m.* Military man; soldier. **Les militaires,** the military. **M. du contingent,** = National Serviceman. *adv.* **-ment.**
militant [militɑ̃]. **1.** *a.* Militant (church, etc.). **2.** *s.m.* **M. d'une idée,** fighter for an idea.
militarisation [militarizasjɔ̃], *s.f.* Militarization.
militar|iser [militarize], *v.tr.* To militarize. *s.m.* **-isme,** *s.m.* **-iste.**
militer [milite], *v.i.* To militate **(pour, en faveur de,** in favour of). **Cela milite en sa faveur,** that tells in his favour.
millage [mila:ʒ], *s.m.* *Fr.C:* Mileage.
mille[1] [mil]. **1.** *num.a.inv.* & *s.m.inv.* (*a*) Thousand. **M. hommes,** a thousand men. **Trois cent m. hommes,** three hundred thousand men. **Ils moururent par centaines de m.,** they died in hundreds of thousands. **M. un,** a thousand and one. *Hist:* **L'an m.,** the year one thousand. **Les M. et une Nuits,** the Arabian Nights. (*b*) Countless, many. **C'est m. fois dommage,** it's a thousand pities. *F:* **J'étais à m. lieues de supposer que . . .,** I should never have dreamt that. . . . **Il a des mille et des cents,** he has tons of money. **2.** *s.m.* (*a*) **Un m. de briques,** a thousand bricks. (*b*) **Mettre dans le m.,** (i) to make a 'thousand' throw (at the game of **tonneau**); (ii) *F:* to be successful.
mille[2], *s.m.* Mile (= 1609 metres).
mille-feuille [milfœ:j], *s.f.* **1.** *Bot:* Milfoil, yarrow. **2.** *Cu:* Mille feuille (pastry). *pl. Des mille-feuilles.*
mille-fleurs [milflœr], *s.f. inv.* Extract distilled from many different flowers.
millénaire [millenɛ:r]. **1.** *a.* Millennial, millenary. **2.** *s.m.* Thousand years; millenary, millennium.
millénium [millenjɔm], *s.m.* Millennium.
mille-pattes [milpat], *s.m. inv.* Centipede, millepede.
mille-pertuis [milpɛrtɥi], *s.m.inv.* *Bot:* St John's wort.
millésime [mil(l)ezim], *s.m.* (*a*) Date (on coin, etc.). (*b*) *Ind:* Year of manufacture. *Vit:* Year, vintage.
millet [mijɛ], *s.m.* **1.** *Bot:* Wood millet-grass. **M. long,** canary-grass. **(Grains de) m.,** bird-seed, canary-seed. **2.** *Med:* Miliary eruption.
milliaire [miljɛ:r], *a.* **Borne, pierre, m.,** milestone.
milliampère [milliɑ̃pɛ:r], *s.m.* Milliampere.
milliard [milja:r], *s.m.* Milliard, one thousand million(s), *U.S:* billion.
milliardaire [miljardɛ:r], *a.* & *s.m.* Multi-millionaire.
milliasse [miljas], *s.f.* (*a*) *A:* A million millions. (*b*) *F:* Large number, thousands and thousands.
millibar [milliba:r], *s.m.* *Meteor.Meas:* Millibar.
millième [miljɛm]. **1.** *num. a.* & *s.* Thousandth. **2.** *s.m.* (One-)thousandth (part).
millier [milje], *s.m.* (About a) thousand; *F:* a thousand or so. **Des milliers d'hommes,** thousands of men.
milligramme [milligram], *s.m.* Milligram(me).
millilitre [millilitr], *s.m.* Millilitre, cubic centimetre.
millimètre [mil(l)imɛtr], *s.m.* Millimetre.
millimétrique [mil(l)imetrik], *a.* **Échelle m.,** millimetre scale.
million [miljɔ̃], *s.m.* Million. **Quatre millions d'hommes** four million men. *F:* **Riche à millions,** worth millions.
millionième [miljɔnjɛm], *a.* & *s.* Millionth.
millionnaire [miljɔnɛ:r], *a.* & *s.* Millionaire.
millithermie [millitɛrmi], *s.f.* *Ph:* Large calorie.
milord [milɔ:r], *s.m.* **1.** (In address) My Lord. **2.** (*a*) (English) nobleman. (*b*) *F:* Immensely wealthy man. **3.** *Veh:* Victoria.
milouin [milwɛ̃], *s.m.* *Orn:* Pochard.
mi-lourd [milu:r], *a.* & *s.m.* *Box:* **(Poids) mi-l.,** light heavy-weight; cruiser weight. *pl. Des mi-lourds.*
mime [mim], *s.m.* **1.** Mime. **2.** Mimic, mime.
mimer [mime], *v.tr.* **1.** To mime. **M. une scène,** to act a scene in dumb show; to mime a scene. **2.** To mimic, to ape (s.o.).
mimétisme [mimetism], *s.m.* *Biol:* Mimesis.
mimi [mimi], *s.m.* *F:* Pussy. **Mon petit m.,** darling.
mimique [mimik]. **1.** *a.* (*a*) Mimic. **Langage m.,** (i) sign language; (ii) dumb show. (*b*) *Z:* Mimetic. **2.** *s.f.* (*a*) Mimic art; mimicry. (*b*) *F:* Dumb show.
mimodrame [mimɔdram], *s.m.* *Th:* (Performance in) mime.
mimosa [mimoza], *s.m.* *Bot:* Mimosa.
mi-moyen [mimwajɛ̃], *a.* & *s.m.* *Box:* **(Poids) mi-m.,** welter-weight (boxer). *pl. Des mi-moyens.*
minable [minabl], *a.* **1.** Mineable (fort etc.). **2.** *F:* Sorry-looking, seedy-looking (person); shabby, pitiable (appearance).
minaret [minarɛ], *s.m.* Minaret.
minauder [minode], *v.i.* To simper, smirk.
minauderie [minodri], *s.f.* Simpering, smirking.
minaudier, -ière [minodje, -jɛ:r], *a.* & *s.* Simpering, smirking, affected (person). *s.f.* **Minaudière,** (powder) compact.
mince [mɛ̃:s]. **1.** *a.* Thin (board, cloth); slender, slight, slim (person); *F:* small, scanty (income). **2.** *int:* *P:* **M. de pluie!** what a downpour! **M. alors!** good heavens! *adv.* **-ment.**
mincer [mɛ̃se], *v.tr.* **(je minçai(s); n. minçons)** *Cu:* To mince.
minceur [mɛ̃sœ:r], *s.f.* Thinness; slenderness, slimness.
mine[1] [min], *s.f.* **1.** Mine. (*a*) **M. de houille,** coal-mine, -pit; colliery. **M. d'or,** gold-mine. **Exploitation des mines,** mining. *F:* **Une m. de renseignements,** a mine, a store-house, of information. (*b*) *Mil:* **Faire jouer une m.,** to spring, touch off, a mine. **Coup de m.,** blast, shot. S.a. ÉVENTER 1. *Navy:* **M. flottante,** floating mine. **Champ de mines,** minefield. **Poser,**

mouiller, une m., to lay a mine. **Poseur, mouilleur, de mines**, mine-layer. **2. M. de plomb**, graphite, black-lead. **M. (de crayon)**, (pencil) lead. **M. d'étain**, tin stone.

mine², *s.f.* Appearance, look, mien. (*a*) **Juger qn sur la m.**, to judge s.o. by appearances. **Avoir belle m., avoir de la m.**, to be good-looking. **Homme de bonne m.**, man of prepossessing appearance. **Individu de mauvaise m., de méchante m.**, shady-looking individual. **Il porte la m. d'un fripon**, he looks a rogue. **Il ne paye pas de m.**, his appearance goes, is, against him; *F:* he is not much to look at. (*b*) (Of health) **Avoir bonne m., mauvaise m.**, to look well, ill. (*c*) **Faire une laide m.**, to scowl, to look black. **Faire bonne m. à qn**, to be pleasant to s.o. **Faire bonne m. à mauvais jeu**, to smile in the face of adversity; *F:* to grin and bear it. **Faire grise m.**, to look anything but pleased. **Faire la m.**, to look sulky. **Faire des mines**, (i) to grimace, (ii) to simper. **Faire m. d'être fâché**, to make a show of being angry. **Il fit m. de me suivre**, he made as if to follow me. **Il me fit m. de le suivre**, he signed to me to follow him. **Avoir m. de (vouloir) faire qch.**, to look like doing sth.

mine-piège [minpjɛ:ʒ], *s.f.* Booby-trap. *pl. Des mines-pièges.*

miner [mine], *v.tr.* To mine, undermine (fortress, etc.). **La fièvre l'a miné**, fever has sapped, undermined, his strength. **Miné par l'envie**, eaten up, consumed, with envy.

minerai [minrɛ], *s.m.* Ore. **M. de fer**, iron ore.

minéral, -aux [mineral, -o]. **1.** *a.* Mineral. (*a*) **Chimie minérale**, inorganic chemistry. (*b*) **Eau minérale**, mineral water(s). **Source minérale**, mineral spring; spa. **2.** *s.m.* Mineral.

minéralogie [mineralɔʒi], *s.f.* Mineralogy.

minéralogique [mineralɔʒik], *a.* **1.** Mineralogical. **2.** *Adm:* **Numéro m.**, registration number (of a car).

minéralogiste [mineralɔʒist], *s.m.* Mineralogist.

minet, -ette [minɛ, -ɛt], *s.* **1.** *F:* Puss(y); *F:* pet, darling. **2.** *s.f. Bot:* **Minette**, black medic(k).

mineur¹, -euse [minœ:r, -ø:z]. **1.** *a.* Burrowing (insect). **2.** *s.m.* (*a*) Miner. **M. de fond**, underground worker (in a mine). (*b*) *Mil:* Sapper.

mineur², -eure [minœ:r]. **1.** *a.* (*a*) Minor, lesser. (*b*) *Jur:* Under age. (*c*) *Mus:* Minor (scale). **2.** *s.* Minor; *Jur:* infant.

miniature [minjaty:r], *s.f.* Miniature. **Peintre en m.**, miniature-painter. *Adv.phr.* **En m.**, in miniature; on a small scale. **Yacht m.**, model yacht.

miniaturiste [minjatyrist], *s.m. & f.* Miniaturist, miniature-painter.

minier, -ière [minje, -jɛ:r]. **1.** *a.* Mining (industry, district). **2.** *s.f.* **Minière**, surface mine.

minimal, -aux [minimal, -o], *a.* Minimal (effect).

minime [minim], *a.* Small; trivial (loss); trifling (value).

minimiser [minimize], *v.tr.* To minimize; to reduce (sth.) to the minimum.

minimum [minimɔm]. Minimum. **1.** *s.m.* **M. de vitesse**, minimum speed. **Réduire les frais au m.**, to reduce expenses to a minimum. **Thermomètre à minima**, minimum thermometer. *Pol.Ec:* **M. vital**, minimum living wage. *pl. Des minima, des minimums.* **2.** *a.* **La largeur, les largeurs, minimum** or **minima**, the minimum width(s). **Prix m.**, reserve price. *El.E:* **Charge m.**, baseload (of generator).

ministère [ministɛ:r], *s.m.* **1.** (*a*) Agency. **User du m. de qn**, to make use of s.o.'s services. (*b*) *Ecc:* **Le saint m.**, the ministry. **2.** *Adm:* Ministry. (*a*) Office. **Entrer au m.**, to take office. (*b*) **Former un m.**, to form a government. (*c*) Government department. **Le M. des Affaires Étrangères** = the Foreign Office, *U.S:* State Department. **M. de l'Intérieur** = Home Office. **M. de la Guerre** = War Office. *U.S:* War Department. **M. de la Production industrielle**, = Ministry of Supply. **M. de l'Éducation nationale.** *A:* **M. de l'Instruction publique** = Ministry of Education and Science. **M. de la Reconstruction et de l'Urbanisme** = Ministry of Town and Country Planning. (*d*) *Jur:* **Le M. public**, the (Department of the) Public Prosecutor.

ministériel, -elle [ministerjɛl], *a.* Ministerial. **Journal m.**, Government organ, newspaper supporting the government. **Crise ministérielle**, cabinet crisis. *Jur:* **Officier m.**, law official (**avoué, huissier, or notaire**).

ministre [ministr], *s.m.* **1.** (*a*) *A. & Lit:* Servant, agent (of God, of prince, etc.). (*b*) *Ecc:* (Protestant) minister; clergyman. **2.** Minister; Secretary of State. **Premier m.**, Prime Minister. **M. des Affaires Étrangères** = Foreign Secretary, *U.S:* Secretary of State. **M. de l'Intérieur** = Home Secretary. **M. des Finances**, Chancellor of the Exchequer, *U.S:* Secretary of the Treasury. **M. de la Guerre** = Secretary of State for War. **Ministre de l'Air**, Air Minister. **Papier m.**, petition paper; = official foolscap.

minium [minjɔm], *s.m.* Minium; red lead.

minois [minwa], *s.m.* *F:* Pretty face (of child, young woman).

minoritaire [minɔritɛ:r], *a.* Of, pertaining to, a minority. **Parti m.**, minority party.

minorité [minɔrite], *s.f.* Minority. **1.** Nonage; *Jur:* infancy. **2. Être en m.**, to be in the, in a, minority.

Minorque [minɔrk]. *Pr.n. Geog:* Minorca.

minoterie [minɔtri], *s.f.* **1.** (Large) flour-mill; flour-milling works. **2.** Flour-milling.

minotier [minɔtje], *s.m.* (Flour-)miller.

minuit [minɥi], *s.m.* Midnight; twelve o'clock (at night). **M. et demi**, half-past twelve (at night). **Sur le m.**, *F:* **sur les m.**, about midnight.

mi-nuit [minɥi], *s.f.* Middle of the night.

minuscule [minyskyl], *a.* (*a*) Small, minute, tiny. (*b*) **Lettre m.**, *s f.* **minuscule**, small letter; *Typ:* lower-case letter.

minus habens [minysabɛ̃:s], *s.m.inv.* Mental defective.

minute [minyt], *s.f.* **1.** Minute (of hour, degree). **Faire qch. à la m.**, to do sth. at a minute's notice, at a moment's notice. **Vous êtes à la m.**, you are punctual to a minute. **Réparations à la m.**, repairs while you wait. *P:* **M.!** hang on! wait a bit! **2.** (*a*) Minute, draft (of contract, etc.). **Faire la m. d'un acte**, to draft an act. (*b*) Record (of deed, of judgment).

minuter [minyte], *v.tr.* (*a*) To minute, draw up (agreement, etc.). (*b*) To record, enter (deed, judgment). (*c*) *Abs.* **Sa journée est soigneusement minutée**, every minute of his day is carefully apportioned.

minuterie [minytri], *s.f.* **1.** (*a*) *Clockm: etc:* Motion-work, train of wheels. (*b*) **M. d'enregistrement**, counting mechanism (of meter). **2.** Automatic time-switch (on stair-landing).

minutie [minysi], *s.f.* **1.** (*a*) Minute detail; trifle. (*b*) *pl.* Minutiae. **2.** Attention to minute detail; meticulousness.

minutieu|x, -euse [minysjø, -ø:z], *a.* Scrupulously careful (person); close, thorough, minute, searching, detailed (inspection, etc.). **Examen m.**, searching examination. *adv.* **-sement.**

miocène [mjɔsɛn], *a. & s.m.* *Geol:* Miocene.

mioche [mjɔʃ], *s.m. & f.* *F:* Small child; urchin.

mi-parti [miparti], *a.* (*a*) Equally divided (opinions, etc.); halved. (*b*) Parti-coloured. (*c*) *Her:* (Shield) parted per pale.

mi-pente (à) [amipɑ̃:t], *adv.phr.* Half-way up or down the hill.

mirabelle [mirabɛl], *s.f.* Mirabelle (plum).

miracle [mira:kl], *s.m.* **1.** Miracle. **Faire, opérer, un m.**, to work, accomplish, a miracle. **Fait à m.**, marvellously well done. **Échapper comme par m.**, to have a miraculous escape, a hairbreadth escape. **Par m. . . .**, for a wonder. . . . *F:* **On cria au m.**, it was acclaimed a miracle. **2.** Miracle play; miracle.

miraculé, -ée [mirakyle], *a. & s.* Miraculously healed (person).

miraculeu|x, -euse [mirakylø, -ø:z], *a.* Miraculous; *F:* marvellous. *adv.* **-sement.**

mirador [miradɔ:r], *s.m.* **1.** Mirador, belvedere. **2.** *Mil:* Observation post. **3.** (Traffic policeman's) raised platform. **4.** Prison camp watch-tower. *pl. Des miradores.*

mirage [mira:ʒ], *s.m.* Mirage.

mire [mi:r], *s.f.* **1.** Sighting, aiming (of fire-arm). **Ligne de m.**, line of sight. **Point de m.**, aim. *Artil:* **Angle de m.**, angle of elevation. *Sm.a:* **M. de nuit**, gloaming sight. *F:* **Point de m. de tous les yeux**, cynosure of all eyes. **2.** (*a*) Sighting-mark. *T.V:* Test pattern. (*b*) Surveyor's pole; (levelling-)staff. (*c*) Foresight (of rifle); bead. S.a. CRAN 1.

mirer [mire], *v.tr.* **1.** (*a*) To aim at, take aim at (sth.). *F:* **M. une dot,** to have one's eye on a dowry. (*b*) *Surv:* To take a sight on (sth.). **2. M. un œuf,** to candle an egg. **3.** *P:* = REGARDER.
se mirer, to look at, admire, oneself (in mirror, etc.).
mirifique [mirifik], *a.* *F:* Wonderful, fabulous. *adv.* **-ment.**
mirliton [mirlitɔ̃], *s.m.* **1.** Toy flute. *U.S:* Hewgag. *F:* **Vers de m.,** doggerel, trashy verse. **2.** *Cu:* Cream horn.
mirmidon [mirmidɔ̃], *s.m.* = MYRMIDON.
mirobolant [mirɔbɔlɑ̃], *a.* *F:* Wonderful; astounding (news, etc.).
miroir [mirwa:r], *s.m.* **1.** (*a*) Mirror, looking-glass. **M. (pliant) à trois faces,** triple mirror. *Geol:* **Miroirs de faille,** slickensides. (*b*) *Bot:* *F:* **M. de Vénus,** Venus's looking-glass. **2.** *Cu:* **Œufs au m.,** eggs fried in butter. **3.** Speculum (on wing of bird); eye, ocellus (on peacock's feather).
miroitant [mirwatɑ̃], *a.* Flashing; glistening (armour); shimmering (lake); sparkling (jewel).
miroité [mirwate], *a.* Dappled bay (horse).
miroit|er [mirwate], *v.i.* To flash; to gleam, glisten; to shimmer; (of jewel) to sparkle. *F:* **Faire m. l'avenir aux yeux de qn,** to hold out bright prospects to s.o. *s.m.* **-ement.**
miroiterie [mirwatri], *s.f.* Mirror manufacture or trade.
miroitier, -ière [mirwatje, -jɛ:r], *s.* **1.** Cutter, silverer or mounter of mirrors. **2.** Dealer in mirrors.
miroton [mirɔtɔ̃], *s.m.* *Cu:* Yesterday's beef done up with onion sauce; hash.
mis, -e [mi, mi:z]. See METTRE.
misaine [mizɛn], *s.f.* *Nau:* **(Voile de) m.,** (square) fore-sail. S.a. MÂT.
misanthrope [mizɑ̃trɔp]. **1.** *s.m.* Misanthropist, misanthrope. **2.** *a.* Misanthropic(al) (disposition).
misanthropie [mizɑ̃trɔpi], *s.f.* Misanthropy.
misanthropique [mizɑ̃trɔpik], *a.* Misanthropic(al).
miscellanées [misɛllane], *s.f.pl.* *Lit:* Miscellany, miscellanea.
miscibilité [missibilite], *s.f.* Miscibility.
miscible [missibl], *a.* Miscible (avec, with).
mise [mi:z], *s.f.* **1.** (*a*) Placing; putting (of sth. in a place). **M. en place (de qch.),** putting (of sth.) in its place; setting (of boiler, etc.). **M. en plis,** setting (of hair). **M. à l'eau,** launching (of ship). **M. à terre,** landing (of goods). (*b*) Setting (of sth. in a condition, in a state). **M. en jeu de forces,** bringing of forces into play. **M. en eau (d'un barrage),** filling (of a reservoir). **M. en musique d'un poème,** setting of a poem to music. **M. en liberté,** releasing, release. **M. en retraite,** pensioning (off). **Demander sa m. à la retraite,** to apply to be retired on a pension. **M. en marche,** starting (of engine). *W.Tel:* **M. en ondes,** production. (*c*) **Être de m.,** (i) (of money) to be in circulation; (ii) (of clothes) to be in fashion, to be worn. **La familiarité n'est pas de m.,** familiarity is quite out of place. **2.** Dress, attire, *F:* get-up. **M. irréprochable,** faultless dress or attire. **3.** (*a*) *Gaming: Cards:* Staking or stake. (*b*) Bid (at auction-sale). (*c*) *Com:* **M. de fonds,** putting up of money. **M. sociale,** working capital (of company). **M. d'un associé,** partner's holding (in business concern).
mise-bas [mizba], *s.f.* (*a*) Dropping of young. (*b*) Litter (of young). *pl. Des mises-bas.*
miser [mize], *v.tr.* (*a*) *Gaming:* To stake (sur, on). (*b*) To bid (at auction).
misérable [mizɛrabl]. **1.** *a.* Miserable. (*a*) Unhappy, unfortunate (person); wretched, abject (dwelling, etc.). (*b*) Despicable, mean (behaviour). **2.** *s.* (*a*) Poor wretch. (*b*) Scoundrel, wretch, villain. *adv.* **-ment.**
misère [mizɛ:r], *s.f.* **1.** Misery. (*a*) **Manger le pain de m.,** to eat the bread of affliction. **Reprendre le collier de m.,** to go back to drudgery. (*b*) Trouble, ill. **Misères domestiques,** domestic worries. **Lit de m.,** (i) bed of sickness; (ii) childbed. **Faire des misères à qn,** to tease s.o. unmercifully. **2.** Extreme poverty; destitution. **Dans la m.,** poverty-stricken. **Réduire qn à la m.,** to reduce s.o. to destitution, to want. **Dames réduites à la m.,** distressed gentlewomen. **Crier m.,** to plead poverty. **Vêtements qui crient m.,** shabby, threadbare, garments. **3.** *F:* Trifle. **Cent francs? Une m.!** a hundred francs? a mere nothing! **4.** *Cards:* Misère.
miséreux, -euse [mizerø, -ø:z], *a.* & *s.* **1.** Poverty-stricken, destitute. **2.** Shabby-genteel.
miséricorde [mizerikɔrd], *s.f.* **1.** Mercy, mercifulness. **Crier m.,** to cry for mercy. **Faire m. à qn,** to be merciful to s.o. **A tout péché m.,** no sin but should find mercy. S.a. ANCRE 1. **2.** *int.* Mercy on us! goodness gracious!
miséricordieu|x, -euse [mizerikɔrdjø, -ø:z], *a.* & *s.* Merciful (envers, to). *adv.* **-sement.**
misogyne [mizɔʒin]. **1.** *a.* Misogynous. **2.** *s.m.* Misogynist, woman-hater.
misogynie [mizɔʒini], *s.f.* Misogyny.
missel [misɛl], *s.m.* Missal; (altar) mass-book.
missile [misil], *s.m.* Guided missile. **M. balistique de moyenne portée,** intermediate range ballistic missile.
mission [misjɔ̃], *s.f.* Mission. (*a*) **Avoir m. de faire qch.,** to be commissioned to do sth. **Ministre en m. spéciale à Paris,** minister on (a) special mission to Paris. *Mil:* **En m.,** on detached service. (*b*) *Ecc:* **Missions étrangères,** foreign missions.
missionnaire [misjɔnɛ:r], *s.m.* Missionary.
missive [misi:v], *s.f.* Often *Iron:* Missive; letter.
mistelle [mistɛl], *s.f.* *Com:* (*a*) Wine made of unfermented grape-juice blended with alcohol. (*b*) Basis wine.
mistigri [mistigri], *s.m.* *F:* Puss; grimalkin.
mistoufle [mistufl], *s.f.* *P:* **1.** Poverty. **Être dans la m.,** to be hard up. **2.** Affront, annoyance. **Faire des mistoufles à qn,** to worry, annoy, slight s.o.
mistral [mistral], *s.m.* *Geog:* *Meteor:* Mistral.
mitaine [mitɛn], *s.f.* Mitten. *F:* **Y aller avec des mitaines,** to go to work with great caution. **Dire qch. sans mitaines,** to tell sth. bluntly. *Box: P:* Boxing-gloves. *F:* the mittens. **2.** *Fr.C:* (Protestant) church.
mite [mit], *s.f.* **1.** Mite. **M. du fromage,** cheese mite. **2.** (*a*) Moth-worm. (*b*) Clothes-moth. **Mangé par les mites,** moth-eaten.
mité [mite], *a.* Moth-eaten.
mi-temps [mitɑ̃], *s.f.* **1.** *Fb:* **La mi-t.,** half-time; interval. **La première, seconde, mi-t.,** the first, second, half. **2.** *adv.* **Emploi à mi-t.,** part-time employment.
miter (se) [səmite], *v.pr.* To become moth-eaten.
mi-terme (à) [amitɛrm], *adv.phr.* **1.** Half-way through (the term, period). **Accoucher à m.-t.,** to miscarry half-way through pregnancy. **2.** On half-quarter day.
miteux, -euse [mitø, -ø:z], *a.* *F:* Shabby (furniture, etc.); shabbily-dressed, seedy-looking (individual).
mitigation [mitigasjɔ̃], *s.f.* Mitigation.
mitigé [mitiʒe], *a.* Mitigated, modified. **Peine mitigée,** reduced sentence. **Morale mitigée,** lax morals.
mitiger [mitiʒe], *v.tr.* (je **mitigeai(s)**; n. **mitigeons**) **1.** To mitigate (pain, penalty). **2.** To relax (rule, law).
mitonner [mitɔne]. **1.** *v.tr.* (*a*) *Cu:* To let (bread) simmer (in the soup); to let (the soup) simmer. *F:* **M. un projet,** to nurse a project. (*b*) *F:* To coddle, pamper (child, etc.). **2.** *v.i.* (Of soup) To simmer.
mitoyen, -enne [mitwajɛ̃, -ɛn], *a.* Intermediate. **Mur m.,** party wall. **Cloison mitoyenne,** dividing wall (between two rooms).
mitoyenneté [mitwajɛnte], *s.f.* Joint ownership (of party wall, hedge, etc.).
mitraillade [mitrajad], *s.f.* Discharge of grape-shot; volley.
mitraillage [mitraja:ʒ], *s.m.* Machine-gunning.
mitraille [mitrɑ:j], *s.f.* (*a*) *Mil:* Case-shot, grape-shot. (*b*) Hail of bullets.
mitraillette [mitrajɛt], *s.f.* Sub-machine-gun, tommy-gun.
mitrailleur [mitrajœ:r], *s.m.* Machine-gunner. **M. guetteur,** gunner-observer. *a.* **Fusil m.,** Bren-gun.
mitrailleuse [mitrajø:z], *s.f.* Machine-gun.
mitral, -aux [mitral, -o], *a.* Mitral (valve of the heart).
mitre [mitr], *s.f.* **1.** Mitre (of bishop). **2.** (*a*) Chimney-pot. (*b*) Chimney-cowl.
mitré [mitre], *a.* Mitred (abbot).
mitron [mitrɔ̃], *s.m.* Baker's assistant.

mi-vitesse (à) [amivitɛs], *adv.phr.* At half-speed.
mi-voix (à), [amivwa], *adv.phr.* In an undertone, under one's breath, in a subdued voice.
mixage [miksa:ʒ], *s.m.* *Cin:* *F:* Mixing (of sounds).
mixe(u)r [miksœ:r], *s.m.* *Dom.Ec:* **1.** Mixer. **2.** Liquidizer.
mixte [mikst], *a.* **1.** Mixed. **Commission m.,** joint commission. **École m.,** co-educational school. *s.m.* *Ten:* **M. double.** mixed doubles. **2.** Serving a double purpose. **Train m.,** composite train (goods and passengers).
mixtion [mikstjɔ̃], *s.f.* **1.** Compounding (of drugs, etc.). **2.** *Pharm:* Mixture.
mixture [miksty:r], *s.f.* Mixture (esp. of drugs).
mnémonique [mnemɔnik]. **1.** *a.* Mnemonic. **2.** *s.f.* Mnemonics, mnemotechnics.
mnémotechnie [mnemɔtɛkni], *s.f.* Mnemonics, mnemotechnics.
mnémotechnique [mnemɔtɛknik], *a.* Mnemotechnic.
mobile [mɔbil]. **1.** *a.* (*a*) Mobile, movable. **Fête m.,** movable feast. (*b*) Unstable, changeable, fickle (nature); restless, excitable (population). (*c*) Detachable. **Objectif m.,** detachable lens. **Album à feuilles mobiles,** loose-leaf album. S.a. TIMBRE 2. (*d*) Moving (target, etc.); shifting, changing (expression). **Organes mobiles,** sliding, working, parts. **Escalier m.,** escalator. *Mil:* **Colonne m.,** flying column. **La Garde m.,** Mobile Guard = Security (State) Police. *Fr.Hist:* **Garde m.,** militia (of 1848, of 1868-71). **2.** *s.m.* (*a*) Moving body; body in motion. (*b*) Driving power. (i) (Of pers.) **Premier m. dans un complot,** prime mover in a plot; originator of a plot. (ii) **M. d'un crime,** motive of a crime. (*c*) *Art:* Mobile.
mobilier, -ière [mɔbilje, -jɛ:r]. **1.** *a.* *Jur:* Movable, personal. **Biens mobiliers,** personal estate, chattels, personalty. *Fin:* **Valeurs mobilières,** stocks and shares. **2.** *s.m.* (*a*) Furniture. (*b*) Set, suite, of furniture.
mobilisation [mɔbilizasjɔ̃], *s.f.* Mobilization (of troops); *Fin:* liquidation, liberation (of capital).
mobilisé [mɔbilize]. **1.** *a.* Mobilized. **2.** *s.m.* Serviceman.
mobilis|er [mɔbilize], *v.tr.* To mobilize (troops); to call out, call up (reservist); *Fin:* to liberate (capital). *a.* **-able.**
mobilité [mɔbilite], *s.f.* **1.** Mobility, movableness. **2.** Changeableness, instability (of character).
mocassin [mɔkasɛ̃], *s.m.* Moccasin.
moche [mɔʃ], *a.* *P:* Rotten, lousy; poor, shoddy (work); ugly (individual).
modal, -aux [mɔdal, -o], *a.* Modal.
modalité [mɔdalite], *s.f.* **1.** *Phil:* Modality. **2.** *Mus:* Form of scale. **3.** *pl.* *Jur:* (Restrictive) clauses. **Modalités de paiement,** methods of payment. *Fin:* **Modalités d'une émission,** terms and conditions of an issue.
mode[1] [mɔd], *s.f.* **1.** Fancy, fashion. (*a*) **Vivre à sa m.,** to live according to one's own fancy. (*b*) **Mener la m.,** to set the fashion. **Lancer la m. de qch., mettre qch. à la m.,** to bring sth. into fashion. **Être de m., à la m.,** to be in fashion, in vogue. **Devenir à la m.,** to come into fashion. **Passer de m.,** to go out of fashion. **A l'ancienne m.,** in the old style. **Robe à la m.,** fashionable, stylish, dress. *Com:* **La haute m.,** the fashion trade. **A la m. de . . .,** after the style, manner of. . . . S.a. BŒUF 2. **2.** *pl.* *Com:* (*a*) Ladies' dresses; fashions. **Gravures de modes,** fashion-plates. (*b*) **(Articles de) modes,** millinery. **Magasin de modes,** milliner's shop.
mode[2], *s.m.* **1.** *Log:* Mode, mood. **2.** *Gram:* Mood. **3.** *Mus:* (*a*) Mode (in plainsong). (*b*) (Major, minor) mode or mood. **4.** Method, mode. **"M. d'emploi,"** 'directions for use.'
modèle [mɔdɛl]. **1.** *s.m.* (*a*) Model, pattern. **M. d'écriture,** hand-writing copy, calligraph. **Machines toutes bâties, établies, sur le même m.,** machines all built to one pattern, on the same lines. **M. déposé,** registered pattern. **Prendre m. sur qn,** to take s.o. as one's model. (*b*) *Mec.E:* Template. *Metall:* Pattern (of casting). *Cost:* Model dress or hat. **2.** *s.m.* (Artist's) model. **Servir de m. à un artiste,** to sit for an artist. **3.** *a.* **Un époux m.,** a model, exemplary, husband.
modelé [mɔdle], *s.m.* (*a*) *Art:* Relief. (*b*) *Mapm:* Hill-shading.
model|er [mɔdle], *v.tr.* **(je modèle; je modèlerai)** To model; to mould (clay, etc.). **M. la destinée de qn,** to shape s.o.'s destiny. *s.m.* **-age.** *s.m.* **-eur.**
se modeler sur qn, to take s.o. as a model.
modéliste, modelliste, [mɔdɛlist], *s.m.* & *f.* Dress-designer.
modérateur, -trice [mɔdɛratœ:r, -tris]. **1.** *a.* Moderating, restraining. **2.** *s.* Moderator, restrainer. **3.** *s.m.* Regulator, governor (of engine, etc.). *El:* Damper (of magnetic needle). **M. de son,** volume-control (of radio set).
modération [mɔdɛrasjɔ̃], *s.f.* **1.** Moderation, restraint; temperateness. **Avec m.,** temperately. **2. M. de prix,** reduction in price. **M. de peine,** mitigation of penalty.
modéré [mɔdere], *a.* Moderate; temperate (person); reasonable (price, etc.); subdued (cheers). *adv.* **-ment.**
modérer [mɔdere], *v.tr.* **(je modère; je modérerai) 1.** (*a*) To moderate, restrain (passion, etc.); to slacken (speed); to regulate (machine). **M. son impatience,** to curb one's impatience. (*b*) *El:* To damp (magnetic needle). **2.** To reduce (price); to mitigate (penalty).
se modérer. 1. To control oneself; to keep calm; to calm down. **2.** (Of storm, etc.) To abate, to subside.
moderne [mɔdɛrn], *a.* Modern.
modernis|er [mɔdɛrnize], *v.tr.* To modernize. *s.f.* **-ation.**
modernisme [mɔdɛrnism], *s.m.* Modernism.
moderniste [mɔdɛrnist], *a.* & *s.* Modernist.
modernité [mɔdɛrnite], *s.f.* Modernity, up-to-dateness.
modern style [mɔdɛrnstil], *s.m.* *Art:* *etc:* Art nouveau.
modeste [mɔdɛst], *a.* Modest; unassuming, unpretentious; quiet (dress). **Gens modestes,** people with modest incomes. **Un hôtel m.,** a small hotel. *adv.* **-ment.**
modestie [mɔdɛsti], *s.f.* Modesty (of person); unpretentiousness. **Faire de la m.,** to belittle oneself.
modicité [mɔdisite], *s.f.* Moderateness; slenderness (of means); lowness, reasonableness (of price).
modificateur, -trice [mɔdifikatœ:r, -tris]. **1.** *a.* Modifying, modificatory. **2.** *s.* Modifier. **3.** *s.m.* *Mec.E:* Engaging or disengaging gear.
modification [mɔdifikasjɔ̃], *s.f.* Modification, alteration. **Apporter, faire, une m. à qch.,** to modify sth.; to amend (a plan).
modifi|er [mɔdifje], *v.tr.* **1.** To modify (statement); to alter, change (plan). *Nau:* **M. la route,** to alter course. **2.** *Gram:* To qualify, modify (the verb). *a.* **-able.**
se modifier, to change, alter, to be altered, to become changed.
modillon [mɔdijɔ̃], *s.m.* *Arch:* Modillion.
modique [mɔdik], *a.* Moderate, reasonable (cost, charge); slender (income).
modiquement [mɔdikmɑ̃], *adv.* At a low price; at small cost.
modiste [mɔdist], *s.f.* occ. *m.* Milliner, modiste.
modulateur, -trice [mɔdylatœ:r, -tris]. **1.** *a.* *Mus:* Modulating (voice, etc.); *El:* modulating (current). **2.** *s.m.* *El:* Modulator.
modulation [mɔdylasjɔ̃], *s.f.* **1.** *Mus:* Modulation, transition. **2.** Modulation, inflexion (of the voice). S.a. FRÉQUENCE.
module [mɔdyl], *s.m.* **1.** (*a*) *Arch:* *Hyd:* *Num:* Module. (*b*) *Standard,* unit (of length, etc.). **2.** *Mth:* *Mec:* Modulus. **M. d'élasticité,** modulus of elasticity; Young's modulus. **3. M. (lunaire),** (lunar) module.
moduler [mɔdyle]. **1.** *v.tr.* To modulate (one's voice, an electric current). **2.** *v.i.* *Mus:* To modulate.
moelle [mwal], *s.f.* **1.** Marrow (of bone). *Anat:* Medulla. **Os à m.,** marrow-bone. *F:* **Il n'a pas de m. dans les os,** he has got no backbone. **Anglais jusqu'à la m. des os,** English to the backbone. **Glacé jusqu'à la m. (des os),** frozen to the bone, to the marrow. **Corrompu jusqu'à la m.,** rotten to the core. *Anat:* **M. allongée,** medulla oblongata. S.a. ÉPINIÈRE. **2.** *Bot:* Pith.
moelleu|x, -euse [mwalø, -ø:z], *a.* **1.** (*a*) Marrowy (bone). (*b*) *Bot:* Pithy. **2.** (*a*) Soft, velvety (to the touch); mellow (wine, voice); easy (motion). **Couleur moelleuse,** soft colour. (*b*) *s.m.* Softness (of colour); mellowness (of voice, etc.); ease (of motion). *adv.* **-sement.**

moellon [mwalɔ̃], *s.m.* Quarry-stone. **M. brut,** rubble (-stone). **M. d'appareil,** ashlar.
mœurs [mœrs], *s.f.pl.* Morals or manners (of people); customs (of country, epoch, etc.); habits (of animals). **Bonnes m.,** morality. **Avoir de bonnes m., avoir des m.,** to have high principles. **Certificat de bonne vie et m.,** certificate of good character. **Gens sans m.,** unprincipled people. **Autres temps autres m.,** other times other ways.
mofette [mɔfɛt], *s.f. Geol:* Mofette. (*a*) Gas-spring. (*b*) Choke-damp.
mohair [mɔɛːr], *s.m. Tex:* Mohair.
moi [mwa]. **1.** Stressed *pers.pron.* (*a*) (Subject) I. **C'est moi,** it is I; *F:* it's me. **Il est plus âgé que moi,** he is older than I. **Elle est invitée et moi aussi,** she is invited and so am I. **Moi, je veux bien,** for my part, I am willing. **Je l'ai fait moi-même,** I did it myself. (*b*) (Object) Me. **Il accuse mon frère et moi,** he accuses my brother and me. **A m.!** help! **De vous à m.,** between you and me. **Ce livre est à moi,** this book is mine, belongs to me. **Un ami à moi,** a friend of mine. **Ces vers ne sont pas de moi,** the verses are not mine. (*c*) (After imp.) (i) (acc.) **Laissez-moi tranquille,** leave me alone. (ii) (dat.) **Donnez-le-moi,** give it (to) me. **2.** *s.m.* Ego, self. **Culte du moi,** egoism.
moignon [mwaɲɔ̃], *s.m.* Stump (of amputated limb, etc.).
moi-même [mwamɛːm], *pers.pron.* See MOI and MÊME 1 (*c*).
moindre [mwɛ̃ːdr], *a.* **1.** *Comp.* Less(er). **Question de m. importance,** question of minor importance. **Les gens moindres que soi,** people of less importance than oneself. *s.* **Choisir le m. de deux maux,** to choose the lesser of two evils. **2.** *Sup.* **Le, la, m.,** the least. **Pas la m. chance,** not the slightest, remotest, chance. **Le dernier, mais non le m.,** last but not least. *s.* **Le m. d'entre nous,** the least of us. S.a. DÉFAUT 2.
moindrement [mwɛ̃drəmɑ̃], *adv.* (Usu. with neg.) Less. **Je ne suis pas m. atteint que vous,** I am just as badly hit as you are. **Le m.,** least. **Sans être le m. intéressé,** without being interested in the least.
moine [mwan], *s.m.* **1.** Monk, friar. *Prov:* **L'habit ne fait pas le moine,** it is not the cowl that makes the monk. **2.** (*a*) Bed-warmer. (*b*) Hot-water bottle. **3.** *Typ:* Friar.
moineau [mwano], *s.m. Orn:* Sparrow. *Com:* **Têtes de m.,** nuts of coal. *P:* **C'est un vilain m.,** he's a dirty dog.
moinillon [mwanijɔ̃], *s.m. F:* Young monk; shaveling.
moins [mwɛ̃]. **1.** *adv.* (*a*) *Comp.* Less. **M. encore,** still less, even less. **Beaucoup m. long,** much shorter. **M. d'argent,** less money, not so much money. **M. d'hommes, d'occasions,** fewer men, not so many opportunities. **Plus on le punit m. il travaille,** the more he is punished the less he works. **Il travaille de m. en m.,** he is working less and less. **Les m. de trente ans,** people under thirty, the 'under-thirty's.' **Je n'en attendais pas m. de vous,** I expected no less from you. **Nous avançâmes jusqu'à m. d'un mille de l'ennemi,** we advanced to within a mile of the enemy. **Les jeunes et les m. jeunes,** the young and the not so young. **M. de dix francs,** less than ten francs. **En m. de dix minutes,** within, under, ten minutes. **En m. de rien,** in less than no time. **Dix francs de m.,** (i) ten francs less; (ii) ten francs short, too little. *Prep.phr.* **A m. de,** unless, barring. **A m. d'accidents,** barring accidents. **A m. d'avis contraire,** unless I hear to the contrary. **A m. (que) de l'insulter . . .,** short of insulting him. . . . **A m. que** + *sub.*, unless. **A m. que vous (ne) l'ordonniez,** unless you order it. **Rien m. que,** (ambiguous) (i) anything but; (ii) nothing less than. **Ce n'est rien m. qu'un héros,** (i) he is nothing less than a hero; (ii) he is anything but a hero. **Ce n'est rien (de) m. qu'un miracle,** it is nothing short of a miracle. **Non m. que,** as well as; quite as much as. **Il mérite des éloges, non m. que son frère,** he deserves praise quite as much as his brother. (*b*) *Sup.* **Le m.,** least. **Les élèves les m. appliqués,** the least industrious pupils. **Pas le m. du monde,** not in the least (degree); by no means. **Le m. de gens possible,** the smallest possible number of people. *s. neut.* **C'est bien le m. (qu'il puisse faire),** it is the least he can do. *Adv.phr.* **Du m.,** at least, that is to say, at all events. **Au m.,** at least (= not less than). **Avoir 10.000 francs de rentes (tout) au m., à tout le m., pour le m.,** to have 10,000 francs a year at (the very) least. **Pour le m.,** at (the very) least, lowest; nothing less than, to say the least of it, nothing short of. *F:* **Tu as fait ton travail, au m.?** you have done your work, haven't you? I hope, I can take it, you've done your work? **Vous compterez cela en m.,** you may deduct that. **2.** (*a*) *prep.* Minus, less. **Une heure m. cinq,** five minutes to one. **Six m. quatre égale deux,** six minus four equals two. **Il fait m. 10 (degrés),** it's 14° (Fahrenheit). *Ten:* **M. quinze à rien,** owe fifteen, love. (*b*) *s.m. Mth:* Minus sign.
moins-value [mwɛ̃valy], *s.f.* Depreciation; diminution, drop, in value. *pl. Des moins-values.*
moire [mwaːr], *s.f.* Moire; watered material. **M. de soie,** watered silk.
moiré [mware]. **1.** *a. Tex:* Watered, moiré (silk, etc.). **2.** *s.m.* = MOIRURE.
moir|er [mware], *v.tr.* To water, to moiré (silk, etc.). *s.m.* **-age.**
moirure [mwaryːr], *s.f.* Watered effect; moiré. *T.V:* Shot-silk effect.
mois [mwɑ], *s.m.* (*a*) Month. **Au m. d'août,** in (the month of) August. **Louer qch. au m.,** to hire sth. by the month. (*b*) Month's salary.
moise [mwaːz], *s.f. Carp:* Cross-piece, binding-piece, tie, tie-beam.
Moïse [mɔiːz]. **1.** *Pr.n.m. B.Hist:* Moses. **2.** *s.m.* Wicker cradle; basket cot; bassinet(te). **M. de toile,** carry-cot, baby-carrier.
moiser [mwaze], *v.tr. Carp:* To brace, tie (frame); to (cross-)strut.
moisi [mwazi]. **1.** *a.* Mouldy, mildewy (bread, etc.); musty, fusty (taste, smell). **2.** *s.m.* Mould, mildew. **Sentir le m.,** to smell musty, fusty.
moisir [mwaziːr]. **1.** *v.tr.* To mildew; to make (sth.) mouldy. **2.** *v.i. & pr.* To mildew; to go mouldy.
moisissure [mwazisyːr], *s.f.* **1.** Mildew; mould. **2.** Mouldiness, mustiness.
moisson [mwasɔ̃], *s.f.* **1.** (*a*) Harvest(ing) (of cereals). **Faire la m.,** to harvest. (*b*) Harvest-time. **2.** (Cereal) crop.
moissonn|er [mwasɔne], *v.tr.* **1.** To reap (corn, field); to harvest, gather (cereal crops). *F:* **M. des lauriers,** to reap laurels. **2. Être moissonné dans la fleur de l'âge,** to be cut off in the prime of life. *s.m.* **-age.**
moissonneur, -euse [mwasɔnœːr, -øːz], *s.* **1.** Harvester, reaper. **2.** *s.f.* **Moissonneuse,** reaping-machine.
moissonneuse-batteuse [mwasɔnøzbatøːz], *s.f.* Combine-harvester. *pl. Des moissonneuses-batteuses.*
moissonneuse-lieuse [mwasɔnøz-ljøːz], *s.f.* Reaper-binder (machine). *pl. Des moissonneuses-lieuses.*
moite [mwat], *a.* Moist (brow, hand). **(Froid et) m.,** clammy.
moiteur [mwatœːr], *s.f.* Moistness (of hands, etc.). **M. froide,** clamminess.
moitié [mwatje]. **1.** *s.f.* Half. **Perdre la m. de son argent,** to lose half one's money. **Une bonne m.,** a good half, fully a half. **Couper qch. par (la) m.,** to cut something into halves. *Prov:* **A m. fait qui commence bien,** well begun is half-done. **Vendre qch. à m. prix,** to sell sth. at half-price. **S'arrêter à m. chemin,** to stop half-way. **M. plus,** half as much again. **M.-m.,** fifty-fifty. **Donnez m'en m. plus,** give me half as much again. **Plus grand de m.,** (i) half as large again; (ii) occ., twice as large. **Réduit de m.,** reduced by half. **Se mettre de m. avec qn dans qch.,** to go halves with s.o. in sth. **Être de m. avec qn,** to take share and share alike. *F:* **Ma (chère) m.,** my better half. *Adv.phr.* **A m.,** half. **A m. mort,** half-dead. **A m. cuit,** half-cooked. **2.** *adv.* **M. riant, m. pleurant,** half laughing, half crying. **M. l'un, m. l'autre,** half and half.
moitir [mwatiːr], *v.tr.* To moisten (the skin); to make (sth.) damp or clammy.
Moka [mɔka]. **1.** *Pr.n. Geog:* Mocha. **2.** *s.m.* Mocha (coffee).
mol. See MOU.
molaire [mɔlɛːr], *a. & s.f.* Molar (tooth).
môle [moːl], *s.m.* Mole; (harbour) breakwater.
moléculaire [mɔlekylɛːr], *a.* Molecular.
molécule [mɔlekyl], *s.f.* Molecule.
molène [mɔlɛn], *s.f. Bot:* Mullein.

moleskine, molesquine [mɔlɛskin], *s.f.* Imitation leather.
molestation [mɔlɛstasjɔ̃], *s.f.* Molestation.
molester [mɔlɛste], *v.tr.* To molest.
molet|er [mɔlte], *v.tr.* (**je molette; je moletterai**) To mill, knurl. *s.m.* **-age.**
molette [mɔlɛt], *s.f.* **1.** Small pestle; muller. **2.** (*a*) Serrated or embossed roller or wheel. **M. d'éperon,** rowel of a spur. **Clef à m.,** adjustable spanner. (*b*) Cutting-wheel (for glass, etc.). *Phot:* Trimmer (for prints). (*c*) *Hort:* Grass edging-iron.
moletter [mɔlɛte], *v.tr.* = MOLETER.
mollah [mɔlla], *s.m.* *Moham.Rel:* Mullah.
mollasse[1] [mɔlas], *a.* *F:* (*a*) Soft, flabby; spineless (character). (*b*) Slow, lazy.
mol(l)asse[2], *s.f.* *Geol:* Molasse, sandstone.
molle. See MOU.
mollement [mɔlmɑ̃], *adv.* (*a*) Softly. (*b*) Slackly, feebly; indolently.
mollesse [mɔlɛs], *s.f.* (*a*) Softness (of cushion); flabbiness (of muscle). (*b*) Want of vigour; slackness, lifelessness; wooliness (of style). **La m. de son prédécesseur,** the laxity, slackness of his predecessor. **Sans m.,** briskly, smartly. (*c*) Indolence, effeminacy.
mollet, -ette [mɔlɛ, -ɛt]. **1.** *a.* Softish. **Pain m.,** (bread) roll. S.a. ŒUF 1. **2.** *s.m.* Calf (of leg).
molletière [mɔltjɛːr], *a. & s.f.* **(Bandes) m.,** puttees.
molleton [mɔltɔ̃], *s.m.* (*a*) Soft thick flannel or cotton. (*b*) Swansdown, swanskin. (*c*) Table felt.
molletonné [mɔltɔne], *a.* **1.** (Of cloth) With raised nap. **2.** Lined with swansdown.
molletonner [mɔltɔne], *v.tr.* To raise the nap (of cloth); to line (cloak, etc.) with swansdown.
mollifier [mɔlifje], *v.tr.* To soften.
mollir [mɔliːr]. **1.** *v.i.* (*a*) To soften; to become soft. (*b*) (Of rope, etc.) To slacken; to slack off; (of wind) to die down, to abate. **Les troupes mollissaient,** the troops were giving ground. **2.** *v.tr.* To slacken (rope); to ease (helm).
mollusque [mɔlysk], *s.m.* Mollusc. *F:* Sluggish person.
molosse [mɔlɔs], *s.m.* Watch-dog; mastiff.
molybdène [mɔlibdɛn], *s.m.* *Miner:* Molybdenum.
môme [moːm], *s.m. & f.* *P:* Brat, kid, youngster.
moment [mɔmɑ̃], *s.m.* **1.** (*a*) Moment. **Le m. venu . . .,** when the time had come. . . . **Je vous écrirai le m. venu,** you will hear from me in good time. **Un m.!** one moment! wait (a bit)! **Il est là en, à, ce m.,** he is there at the moment, just now, at present. **A ce m.-là, je l'aurais tué,** at that moment, I could have killed him. **A un m. donné,** at a given time. **Il ne me faut rien pour le m.,** I don't need anything at the moment, in the meantime. **Sur le m. je ne sus que faire,** for a moment I was at a loss. **J'ai répondu sur le m.,** I answered on the spur of the moment. **Arriver au bon m.,** to arrive in the nick of time. **C'est le bon m. pour . . .,** now is the time to. . . . **Par moments,** at times, now and again. **Cela peut arriver d'un m. à l'autre,** it may happen any minute. **A tout m., à tous moments,** constantly. **Au m. donné,** at the appointed time. **Au m. de partir,** just as I, he, was starting. **Nous étions au m. de partir,** we were on the point of starting. **Jusqu'au m. où . . .,** until (such time) as. . . . *Conj.phr.* **Du m. que . . .,** (i) from the moment when . . .; (ii) seeing that. . . . (*b*) Stage. **A quel m. de son développement?** at what stage of his development? **2.** *Mec:* Moment (of force). **M. d'inertie,** moment of inertia.
momentané [mɔmɑ̃tane], *a.* Momentary (effort, etc.); temporary (absence). *adv.* **-ment.**
momerie [mɔmri], *s.f.* Mummery; *F:* affected mannerisms, simpering.
momie [mɔmi], *s.f.* Mummy.
momification [mɔmifikasjɔ̃], *s.f.* Mummification.
momifier [mɔmifje], *v.tr.* To mummify.
se momifier, *v.pr.* **1.** To become mummified. **2.** *F:* To wither away (physically); to become set in one's ideas.
mon, ma, mes [mɔ̃, ma, mɛ], *poss.a.* (**Mon** is used instead of **ma** before *f.* words beginning with vowel or h 'mute.') My. **Mon ami, mon amie,** my friend. **Mon meilleur ami, ma meilleure amie,** my best friend. **C'est mon affaire à moi,** that's my (own) business. **Un de mes amis,** a friend of mine. **Mon père et ma mère, mes père et mère,** my father and mother. **Non mon colonel,** no, sir.
monacal, -aux [mɔnakal, -o], *a.* Monachal, monkish. **Vie monacale,** monastic life.
monachisme [mɔnakism, -ʃism], *s.m.* Monkhood monasticism.
monade [mɔnad], *s.f.* *Phil: Biol: Ch:* Monad.
monandre [mɔnɑ̃ːdr], *a.* *Bot:* Monandrous.
monarchie [mɔnarʃi], *s.f.* Monarchy.
monarchique [mɔnarʃik], *a.* Monarchic(al).
monarchisme [mɔnarʃism], *s.m.* *Pol:* Monarchism.
monarchiste [mɔnarʃist], *a. & s.* Monarchist.
monarque [mɔnark], *s.m.* Monarch.
monastère [mɔnastɛːr], *s.m.* Monastery; convent.
monastique [mɔnastik], *a.* Monastic. *adv.* **-ment,** -ally.
monceau [mɔ̃so], *s.m.* Heap, pile.
mondain, -aine [mɔ̃dɛ̃, -ɛn], *a.* **1.** Mundane, worldly, earthly. *s.* Worldling. **2.** Fashionable (resort, etc.). **Réunion mondaine,** society gathering. *s.* **Un m.,** a man about town. **Une mondaine,** a society woman.
mondanité [mɔ̃danite], *s.f.* **1.** Mundaneness, worldliness. **2.** *pl.* *Journ:* Social events; society news.
monde [mɔ̃ːd], *s.m.* **1.** World. (*a*) **Le m. entier,** the whole world. *Geog:* **Le nouveau m.,** the New World. **Mettre qn, qch., au m.,** to bring s.o., sth., into the world; to give birth, to s.o., sth. **Être au m.,** to be in the land of the living. **Être seul au m.,** to be alone in the world. **Il est encore de ce m.,** he is still alive, he is still in the land of the living. **Pour rien au m.,** not for the world, not on any account. **Faire tout au m. pour obtenir qch.,** to do the utmost possible to get sth. **Personne au m.,** no man alive. **Être le mieux du m., avec qn,** to be on the best of terms with s.o. S.a. MOINS 1. **Vieux comme le m.,** (as) old as the hills. **Le bout du m.,** the back of beyond. **Ainsi va le m.,** such is the way of the world. **Il faut de tout pour faire un m.,** it takes all sorts to make a world. **Dans l'autre m.,** in the next world. S.a. RENVERSÉ 1. (*b*) Society. **Le m. savant,** the world of science. **Le beau m.,** fashionable people, (fashionable) society. **Le grand m.,** high society. **Aller dans le m.,** to move in society. **Savoir son m.,** to be accustomed to move in polite circles, *F:* to know what's what. **Homme du m.,** man of the world. **Le petit m.,** the lower classes. **2.** People. (*a*) **Peu de m., pas grand m.,** not many people, not a large crowd. **Avoir du m. à dîner,** to have people to dinner. **Il connaît son m.,** he knows the people he has to deal with. S.a. SE MOQUER. **Tout le m.,** everybody, everyone. *F:* **Tout le monde et son père,** all the world and his wife. **Comme tout le m.,** like other people. (*b*) **Comment va tout votre m.?** how are all your people, all your family? (*c*) Servants, men, hands, staff. **3.** *Her:* Mound, orb.
monder [mɔ̃de], *v.tr.* To clean (grain, etc.); to hull (barley, etc.); to blanch (almonds); to stone (raisins).
mondial, -aux [mɔ̃djal, -o], *a.* World-wide (crisis, etc.). **Guerre mondiale,** global warfare. **La (première, deuxième) guerre mondiale,** the (First, Second) World War, World-War (One, Two).
monégasque [mɔnegask], *a. & s.* (Native) of Monaco.
monétaire [mɔnetɛːr], *a.* Monetary. **Unité m. d'un pays,** currency of a country. **Questions monétaires,** (i) questions of currency; (ii) questions of finance. **Presse m.,** minting press. S.a. AGENT 1.
monétis|er [mɔnetize], *v.tr.* To monetize; to mint. *s.f.* **-ation.**
mongol, -ole [mɔ̃gɔl], *a. & s.* *Ethn:* Mongol, Mongolian.
mongolien, -ienne [mɔ̃gɔljɛ̃, -iɛn], *a.* *Med:* Mongol.
mongolique [mɔ̃gɔlik], *a.* Mongolian.
mongolisme [mɔ̃gɔlism], *s.m.* *Med:* Mongolism.
mongoloïde [mɔ̃gɔlɔid], *a.* *Ethn: Med:* Mongoloid.
moniteur, -trice [mɔnitœːr, -tris], *s.* *Sch:* Monitor. *Mil:* Gymnastic instructor. *Sp:* Coach. *Aut:* **M. de conduite,** driving instructor.
monitoire [mɔnitwaːr], *a.* Monitory.
monnaie [mɔnɛ], *s.f.* **1.** Money. **Pièce de m.,** coin. **M. légale,** legal tender; currency. *Pol.Ec:* **M. forte,** hard currency. **Fausse m.,** counterfeit coinage. *F:* **Battre m.,** to raise the wind. **(Hôtel de) la M.,** the Mint. *F:* **Payer qn en m. de singe,** to let s.o. whistle

for his money; to bilk s.o. **2.** Change. **Petite m.,** small change. **Donner la m. de cent francs,** to give change for a hundred-franc note. *F:* **Rendre à qn la m. de sa pièce,** to pay s.o. (back) in his own coin. S.a. BLANC I. 2. **3.** *Bot:* **M. du pape,** honesty; satin-flower.

monnay|er [mɔnɛje], *v.tr.* **(je monnaie, je monnaye; je monnaierai, je monnayerai) 1.** To coin, mint. **2.** (*a*) To cash. (*b*) *F:* To cash in on. **M. son influence,** to cash in on one's influence. *s.m.* **-age.**

monnayeur [mɔnɛjœːr], *s.m.* Coiner, minter. **Faux m.,** coiner, counterfeiter.

monobloc [mɔnɔblɔk], *a.inv.* (Of cylinders, etc.). Made in one piece; cast solid.

monocarpien, -ienne [mɔnɔkarpjɛ̃, -jɛn], *a. Bot:* Monocarpous.

monochrome [mɔnɔkroːm], *a.* Monochromic, monochrome.

monochromie [mɔnɔkromi], *s.f.* Monochromy.

monocle [mɔnɔkl], *s.m.* Monocle.

monocoque [mɔnɔkɔk], *a.* **Avion m.,** monocoque. *Aut:* Monoshell. **Carrosserie m.,** integral all-steel welded body.

monocorde [mɔnɔkɔrd]. **1.** *a.* (*a*) Single-stringed (instrument). (*b*) Monotonous. **2.** *s.m. A.Mus:* Monochord.

monocotylédone [mɔnɔkɔtiledɔn]. *Bot:* **1.** *a.* Monocotyledonous. **2.** *s.f.* Monocotyledon.

monoculaire [mɔnɔkylɛːr], *a.* Monocular (field-glass, etc.). **Cécité m.,** blindness in one eye.

monoculture [mɔnɔkyltyːr], *s.f. Agr:* Monoculture.

monocycle [mɔnɔsikl], *s.m. Biol:* Monocycle.

monocylindrique [mɔnɔsilɛ̃drik], *a.* Single-cylinder, one-cylinder (engine).

monogame [mɔnɔgam], *a.* Monogamous.

monogamie [mɔnɔgami], *s.f.* Monogamy.

monogamique [mɔnɔgamik], *a.* Monogamic.

monogramme [mɔnɔgram], *s.m.* Monogram.

monographie [mɔnɔgrafi], *s.f.* Monograph.

monolithe [mɔnɔlit]. **1.** *a.* Monolithic. **2.** *s.m.* Monolith. **3.** *s.m. Psy:* Single unit whose members think alike.

monologue [mɔnɔlɔg], *s.m.* Monologue.

monologuer [mɔnɔlɔge], *v.i.* To soliloquize; to talk to oneself.

monologueur [mɔnɔlɔgœːr], *s.m.* Soliloquist, soliloquizer.

monomane [mɔnɔman], **monomaniaque** [mɔnɔmanjak]. **1.** *a.* Monomaniac(al). *F:* **Être m. de qch.,** to have sth. on the brain. **2.** *s.* Monomaniac.

monomanie [mɔnɔmani], *s.f.* Monomania, obsession.

monôme [mɔnoːm], *s.m.* **1.** *Alg:* Monomial; single term. **2.** Parade (of students) through the streets in single file.

monomoteur [mɔnɔmɔtœːr], *a.m. Av:* Single-engined (aircraft).

monophasé [mɔnɔfaze], *a. El.E:* Monophase, single-phase, uniphase (current).

monoplace [mɔnɔplas], *a. & s.m.* Single-seater (car, aircraft).

monoplan [mɔnɔplɑ̃], *s.m. Av:* Monoplane.

monopole [mɔnɔpɔl], *s.m.* Monopoly.

monopolisateur, -trice [mɔnɔpɔlizatœːr, -tris]. **1.** *a.* Monopolistic (tendency, etc.). **2.** *s.* Monopolist.

monopolisation [mɔnɔpɔlizasjɔ̃], *s.f.* Monopolization.

monopoliser [mɔnɔpɔlize], *v.tr.* To monopolize; to have the monopoly of (sth.).

monorail [mɔnɔraːj], *a. & s.m.* Monorail.

monosépale [mɔnɔsepal], *a.* Monosepalous.

monosyllabe [mɔnɔsillab]. **1.** *a.* Monosyllabic. **2.** *s.m.* Monosyllable.

monosyllabique [mɔnɔsillabik], *a.* Monosyllabic.

monothéisme [mɔnɔteism], *s.m.* Monotheism.

monothéiste [mɔnɔteist]. **1.** *a.* Monotheist(ic). **2.** *s.* Monotheist.

monotone [mɔnɔtɔn], *a.* Monotonous (speech, etc.). *F:* Humdrum, dull (life).

monotonie [mɔnɔtɔni], *s.f.* Monotony.

monotype [mɔnɔtip]. **1.** *a.* Monotypous. *Sp:* **Voiliers monotypes,** one-design sailing boats. **2.** *s.f. Typ:* Monotype (machine).

monseigneur [mɔ̃sɛɲœːr], *s.m.* **1.** (*a*) (Referring to prince) His Royal Highness; (to cardinal) his Eminence; (to duke, archbishop) his Grace; (to bishop) his Lordship. **Monseigneur, Mgr. l'évêque de . . .,** the Lord Bishop of. . . . *pl. Nosseigneurs.* (*b*) (Mode of address) (to prince) Your Royal Highness; (to cardinal) your Eminence; (to duke, archbishop) your Grace; (to bishop) my Lord (Bishop), your Lordship. *pl. Messeigneurs.* **2.** *F:* **Pince m.** (*inv.*), (burglar's) jemmy.

monsieur, *pl.* **messieurs** [m(ə)sjø, mɛsjø], *s.m.* **1.** (*a*) **Monsieur, M., Jules Durand,** Mr Jules Durand. **Messieurs, MM., Durand et Cie,** Messrs Durand and Co. **M. le duc, le comte, de . . .,** the Duke, the Earl, of. . . . **M. le duc, M. le comte,** his, your, Grace, his, your, Lordship. **Comment va m. votre oncle?** how is your uncle? (*b*) (To or of a boy) **M. Jean, M. Jean Dupont,** Master John, Master John Dupont. (*c*) (Used alone) **Voici le chapeau de m.,** here is your hat, sir. **M. n'y est pas,** Mr Smith is not at home. **2.** (*a*) (In address) Sir; (to titled gentleman) Your Grace, your Lordship, etc. **Bonsoir messieurs,** good evening, gentlemen. **M. a sonné?** did you ring, sir? **Que prendront ces messieurs?** what will you have, gentlemen? (In shop, etc.) *F:* **Bonjour m.-dame,** good-morning, Sir and Madam. (*b*) (In letter writing) (i) (To stranger) **Monsieur** (always written in full), Dear Sir. (ii) (Where appropriate) **Monsieur et cher Confrère, Monsieur et cher Collègue,** Dear Sir. (iii) (Implying some friendship) **Cher Monsieur,** Dear Mr Durand. **3.** Gentleman. **Deux messieurs que je ne connais pas,** two gentlemen whom I do not know. **Un vilain m.,** a bad lot.

monstrance [mɔ̃strɑ̃ːs], *s.f. Ecc: R.C.Ch:* Monstrance.

monstre [mɔ̃ːstr]. **1.** *s.m.* (*a*) *Ter:* Monster, monstrosity. (*b*) *Myth:* Monster. **Les monstres marins,** the monsters of the deep. *F:* **M. d'ingratitude,** monster of ingratitude. **Cet enfant est un petit m.,** that child is a little devil. **2.** *a.* Huge; colossal; monster (demonstration).

monstrueu|x, -euse [mɔ̃stryø, -øːz], *a.* Monstrous. **1.** Unnatural. **Ombre monstrueuse,** grisly shadow. **2.** Huge, colossal. **3.** Shocking, scandalous. *adv.* **-sement.**

monstruosité [mɔ̃stryozite], *s.f.* **1.** Monstrousness (of crime, etc.). **2.** Monstrosity.

mont [mɔ̃], *s.m.* Mount, mountain. **Le m. Sinaï,** Mount Sinai. **Par monts et par vaux,** up hill and down dale. **Être toujours par monts et par vaux,** to be always on the move. *F:* **Promettre monts et merveilles à qn.,** to promise s.o. the earth. **Passer les monts,** to cross the Alps.

montage [mɔ̃taːʒ], *s.m.* **1.** Taking up, carrying up (of building materials, etc.). **2.** Setting (of jewel, of specimen); mounting (of photo, gun); fitting on (of tyre); fitting out (of workshop); hanging (of door); *Cin:* montage, editing; *Fish:* dressing. *Ind:* **Banc de m.,** assembly line. **3.** *El.E:* Connecting up, wiring.

montagnard, -arde [mɔ̃taɲaːr, -ard]. **1.** *a.* Mountain, highland (people, etc.). **2.** *s.* (*a*) Mountain dweller, highlander. (*b*) *Fr.Hist:* Member of the *Montagne.*

montagne [mɔ̃taɲ], *s.f.* **1.** (*a*) Mountain. **Les montagnes d'Écosse,** the Highlands (of Scotland). *B:* **Le Sermon sur la m.,** the Sermon on the Mount. **Se faire une m. de qch.,** to make mountains out of molehills. **Montagnes russes,** scenic railway; switchback. (*b*) Mountain region. **Passer l'été dans une station de m.,** to spend the summer in a mountain resort, hill station. (*c*) **M. de glace,** iceberg. **2.** *Fr.Hist:* **La M.,** extremist party (French Revolution).

montagneux, -euse [mɔ̃taɲø, -øːz], *a.* Mountainous, hilly.

montant [mɔ̃tɑ̃]. **1.** *a.* (*a*) Rising, ascending. **Chemin m.,** uphill road. **Marée montante,** rising tide, flood-tide. **Robe montante,** high-necked dress. **Col m.,** stand-up collar. *Rail:* **Train, quai, m.,** up train, up platform. (*b*) *Mil:* **Garde montante,** new guard, relieving guard. **2.** *s.m.* (*a*) Upright (of ladder, etc.); leg (of trestle); column, pillar (in machine); pole (of tent); stile (of door, window); post (of gate); riser (of stair). *Fb:* **Les montants,** the goal-posts. (*b*) Total amount (of account). **J'ignore le m. de mes dettes,** I do not know what my debts amount to.

montbrétie [mɔ̃bresi], *s.f. Bot:* Montbretia.

mont-de-piété [mɔ̃d(ə)pjete], *s.m. A:* (Now **crédit municipal**) Pawn-office. **Mettre qch. au m.-de-p.**, to pawn sth. *pl. Des monts-de piété.*

monte [mɔ̃:t], *s.f.* **1.** Rising, mounting. **Mouvement de m. et baisse**, up and down movement, rising and falling movement. **2.** Breeding season, mating season (of domestic animals). **3.** *Turf:* (*a*) Mounting (of horse). **Jockey qui a eu trois montes dans la journée**, jockey who has ridden three times during the day. (*b*) (Method of) riding, horsemanship. **M. à l'obstacle**, jumping.

monté [mɔ̃te], *a.* **1.** Mounted (soldier, etc.). **2.** (*a*) **M. en couleur**, high in colour. (*b*) *F:* **Il était m., il avait la tête montée**, he was worked up, his blood was up. **3.** Set (jewel); mounted (gun, etc.); equipped, fitted, appointed (ship, etc.). **Photographies non montées**, unmounted photographs. **Pièce mal montée**, badly produced play. **Cave, boutique, bien montée**, well-stocked cellar, shop. *F:* **Coup m.**, plot; *F:* put-up job.

monte-charge [mɔ̃tʃarʒ], *s.m. inv.* Hoist; goods-lift. *U.S:* Elevator.

montée [mɔ̃te], *s.f.* **1.** Rise. (*a*) Rising. **Mouvement de m.**, up motion. **Tuyau de m.**, uptake pipe; riser. **M. des eaux (dans un réservoir)**, inflow. (*b*) Uphill pull; climb. *Aut: Av:* **Essai de m.**, climbing test. **Vitesse en m.**, climbing speed; speed on a gradient. **2.** (*a*) Ascent, gradient, acclivity, slope (up). (*b*) Step (of stair).

monte-pente [mɔ̃tpɑ̃:t], *s.m. inv.* Ski-lift.

monte-plats [mɔ̃tpla], *s.m.inv.* Service-lift (in restaurant).

monter [mɔ̃te], I. *v.i.* (Aux. usu. **être**, occ. **avoir**) **1.** (*a*) To climb (up), mount, ascend; to go upstairs. (Of bird) To soar. *Av:* To climb. **M. à, sur, un arbre**, to climb (up) a tree. **M. en haut d'une colline**, to mount, climb, go up, to the top of a hill. **M. se coucher**, to go (up) to bed. **Faire m. qn**, to call, ask, show, s.o. upstairs. **Montez chez moi**, come up to my room(s). **M. à une échelle**, to climb up a ladder. *Mil:* **M. en ligne**, to go up the line. **M. à l'assaut**, *F.* to go over the top. *Nau:* **Faire m. tous les hommes**, to turn all hands on deck. *Ten:* **M. au filet**, to come, go, up to the net. (*b*) To climb on, into (sth.). **M. sur une chaise**, to get on to a chair. **M. en chaire**, to ascend the pulpit. S.a. TRÔNE. **M. à cheval**, (i) to mount, (ii) to ride. **Montez-vous (à cheval)?** do you ride? *F:* **M. sur ses grands chevaux**, to get on one's high horse. **M. à, en, bicyclette**, to ride a bicycle. **M. en auto**, to get into a car. **Faire m. qn avec soi**, to give s.o. a lift. **M. à bord**, to go on board (ship). **M. sur la scène**, to go on the stage. **2.** (*a*) (Of balloon, of the sun, etc.) To rise; (of prices, barometer, etc.) to rise, to go up; (of tide) to flow. **Les frais montent**, the costs are mounting up. **Frais montant à mille francs**, expenses amounting to one thousand francs. **Faire m. les prix**, to raise, to send up, the prices. **Empêcher les prix de m.**, to keep the prices down. **Le sang lui monte à la tête**, the blood rushes to his head. **Faire m. les larmes aux yeux de qn**, to bring tears to s.o.'s eyes. **Les eaux montent en pression**, the waters are gathering head. *F:* **M. comme une soupe au lait**, to flare up, to go off the deep end. *F:* **Faire m. qn**, to get a rise out of s.o. (*b*) (Of road, etc.) To climb. (*c*) (Of pers., etc.) **M. dans l'estime de qn**, to rise in s.o.'s estimation. **Faire m. qn dans l'estime de qn**, to raise s.o. in s.o.'s estimation.

II. **monter**, *v.tr.* **1.** To mount. (*a*) To climb (up), go up, ascend (hill, etc.). **M. un fleuve**, to go, sail, steam, up a river. (*b*) *Mil:* **M. la garde, sa faction**, (i) to mount guard; (ii) to go on guard. (*c*) To ride (horse). **2.** *Nau:* To man (boat). **3.** (*a*) To raise, carry up, take up, haul up. **M. du vin de la cave**, to fetch, bring up, wine from the cellar. (*b*) *F:* **Se m. la tête**, to get excited. **M. la tête à qn**, to work on s.o.'s feelings. **M. la tête à qn contre qn**, to set s.o. against s.o. **4.** (*a*) To set, mount (jewel); to mount (photo, fish-hook, etc.); to fit on (tyre); to set up, fit up, erect (apparatus, etc.); to hang (door); to fit out, equip (workshop, etc.); to assemble, erect (machine). **Se m. en vaisselle**, to set oneself up with crockery. **M. un magasin**, to set up, open, a shop. *Knitting:* **M. les mailles**, to cast on (the stitches). **M. un complot, un coup**, to hatch a plot. *P:* **M. le coup à qn**, to deceive s.o., to take s.o. in. S.a. BATEAU. (*b*) *El.E:* To connect up, wire up.

se monter. 1. To amount. **A combien se monte tout cela?** how much does all this come to? **2.** To equip oneself, fit oneself out (**en**, with).

monteur, -euse [mɔ̃tœ:r, -ø:z], *s.* Setter (of jewels); mounter (of pictures); stager, producer (of play). *Mec.E: etc:* Fitter, assembler.

monticule [mɔ̃tikyl], *s.m.* (*a*) Hillock. (*b*) Hummock (of ice).

mont-joie [mɔ̃ʒwa], *s.f.* **1.** Cairn; heap of stones, *pl. Des monts-joie.* **2.** *Hist:* (War-cry of the French armies) **M.-j. Saint-Denis!** montjoy(e)!

montmartrois, -oise [mɔ̃martrwa, -wa:z], *a. & s.* (Native, inhabitant) of the Montmartre quarter (of Paris).

montoir [mɔ̃twa:r], *s.m.* Mounting-block, horse-block. **Côté (du) m.**, near side (of horse). **Côté hors (du) m.**, off side.

montrable [mɔ̃trabl], *a.* Fit to be seen; presentable.

montre [mɔ̃:tr], *s.f.* **1.** (*a*) Show, display. **Faire m. d'un grand courage**, to display great courage. **Faire qch. pour la m.**, to do sth. merely for show. (*b*) (i) Shop-window, display-window. **Mettre qch. en m.**, to put sth. on show, in the window. (ii) Show-case. **2.** (*a*) Watch. **M. de poignet**, wrist-watch. **M. à double boîtier, à recouvrement**, hunter. **M. marine**, chronometer. **Cela lui a pris dix minutes m. en main**, it took him ten minutes by the clock. (*b*) *Aut:* Clock.

Montréal [mɔ̃real]. *Pr.n. Geog:* Montreal.

montre-bracelet [mɔ̃trəbraslɛ], *s.f.* Wrist-watch. *pl. Des montres-bracelets.*

montrer [mɔ̃tre], *v.tr.* To show. (*a*) To display, exhibit. **Il a montré un grand courage**, he showed, displayed, great courage. S.a. CORDE 1, DENT 1. (*b*) To point out. **M. qch. du doigt**, to point sth. out (with one's finger). **M. qn du, au, doigt**, to point s.o. out with one's finger; esp. to point the finger of scorn at s.o. **M. le chemin à qn**, to show s.o. the way. (*c*) **M. à qn à faire qch.**, to show, teach, s.o. how to do sth.

se montrer. (*a*) **Se m. au bon moment**, to appear at the right moment. **Le soleil se montra tout à coup**, the sun came out suddenly. (*b*) **Des taches brunes se montrent sur la peau**, brown marks appear, can be seen, on the skin. (*c*) *Pred.* **Il se montra prudent**, he showed prudence. **Il s'est montré bon prophète**, he proved a good prophet. **Il s'est montré très brave**, he exhibited, displayed, great bravery.

montreur, -euse [mɔ̃trœ:r, -ø:z], *s.* Showman, -woman (at fair, etc.). **M. de bêtes féroces**, exhibitor of wild beasts.

montueux, -euse [mɔ̃tɥø, -ø:z], *a.* Hilly.

monture [mɔ̃ty:r], *s.f.* **1.** Mount (horse, ass, camel, etc.); (saddle-)horse. **2.** Setting (of jewel); mount(ing) (of picture, etc.); frame (of saw, umbrella, spectacles, etc.); stock (of gun, pistol); handle, guard (of sword). **Lunettes sans m.**, rimless spectacles. *Fish:* **Montures**, tackle.

monument [mɔnymɑ̃], *s.m.* **1.** Monument, memorial. **M. funéraire**, monument (over a tomb). **M. aux morts**, War Memorial. **2.** Public or historic building.

monumental, -aux [mɔnymɑ̃tal, -o], *a.* (*a*) Monumental. (*b*) *F:* Huge, colossal.

moquer (se) [səmɔke], *v.pr.* **Se m. de qn, de qch.**, to mock, make fun of, s.o., sth. **Vous vous moquez**, you're joking, you're not serious. **Se faire m. de soi**, to get laughed at, to make a fool of oneself. *F:* **Il se moque du tiers comme du quart**, he doesn't care (a fig) for anybody or anything. **Je m'en moque comme de l'an quarante, comme de ma première chemise**, I don't care a rap, a straw, a fig, two hoots, about it. **Il se moque bien de passer pour un idiot**, he doesn't mind at all being looked on as an idiot. **Vous vous moquez du monde!** you are joking! **C'est se m. du monde!** it is the height of impertinence!

moquerie [mɔkri], *s.f.* (*a*) Mockery, scoffing; ridicule, derision. (*b*) Piece of mockery; jeer.

moquette[1] [mɔkɛt], *s.f.* Decoy bird.

moquette[2], *s.f. Tex:* Moquette; carpeting.

moqueu|r, -euse [mɔkœ:r, -ø:z]. **1.** *a.* (*a*) Mocking, scoffing. **Rires moqueurs**, derisive laughter; (*b*) Given to mockery; facetious. **2.** *s.* Mocker, scoffer. **3.** *s.m. Orn:* Mocking-bird. *adv.* **-sement.**

moraillon [mɔrajɔ̃], *s.m.* Hasp, clasp (of lock).
moraine [mɔrɛn], *s.f. Geol:* Moraine.
moral, -aux [mɔral, -o]. **1.** *a.* (*a*) Moral; ethical (philosophy, etc.). **Science morale,** moral science; ethics. (*b*) Mental, intellectual, moral. **Facultés morales,** faculties of the mind. **Courage m.,** moral courage. **Certitude morale,** moral certainty. **2.** *s.m.* (*a*) (State of) mind. **Relever, remonter, le m. de, à qn,** to raise s.o.'s spirits; to cheer s.o. up. **Son m. est bas,** his spirits are low. **M. d'une armée, d'une école,** morale of an army, of a school. (*b*) Moral nature. **Son m. dévoyé,** his warped nature.
morale [mɔral], *s.f.* **1.** (*a*) Morals. **Contraire à la m.,** immoral. (*b*) Ethics; moral science. *F:* **Faire de la m. à qn,** to give s.o. a lecture. **2.** Moral (of fable, story).
moralement [mɔralmɑ̃], *adv.* Morally. **1.** Uprightly. **2. M. obligé de faire qch.,** morally bound to do sth.
moralisateur, -trice [mɔralizatœ:r, -tris]. **1.** *a.* (*a*) Moralizing (person). (*b*) Elevating, edifying. **2.** *s.* Moralizer.
moralisation [mɔralizasjɔ̃], *s.f.* Moralization; raising the moral standard of (community).
moraliser[1] [mɔralize]. **1.** *v.i.* To moralize. **2.** *v.tr.* To lecture (s.o.).
moraliser[2], *v.tr.* To raise the moral standard of (s.o.).
moraliseur [mɔralizœ:r], *s.m.* Moralizer.
moralisme [mɔralism], *s.m.* Moralism; philosophical doctrines concerned with morality.
moraliste [mɔralist], *s.m. & f.* Moralist.
moralité [mɔralite], *s.f.* **1.** (*a*) Morality; (good) moral conduct. **Certificat de m.,** good-conduct certificate, *F:* reference. (*b*) Morals; honesty. **2.** Moral lesson; moral (of story). **3.** *Lit.Hist:* Morality(-play).
morasse [mɔras], *s.f. Typ:* Brush-proof (of newspaper).
moratoire [mɔratwa:r]. **1.** *a. Jur:* Moratory (agreement, etc.); (payment) delayed by agreement. **Intérêts moratoires,** interest on over-due payments. **2.** *s.m.* = MORATORIUM.
moratorium [mɔratɔrjɔm], *s.m.* Moratorium.
morbide [mɔrbid], *a.* Morbid, *adv.* **-ment.**
morbidité [mɔrbidite], *s.f.* Morbidity, morbidness.
morbleu [mɔrblø], *int. A:* Euphemism for MORDIEU.
morceau [mɔrso], *s.m.* **1.** (*a*) Morsel, piece (of food). **M. de choix,** choice morsel. **Aimer les bons morceaux,** to like good things (to eat). *Cu:* **Les bas morceaux,** cheap cuts (of meat). *F:* **Manger un m.,** to have a snack. **Ne faire qu'un m. de qch.,** to make one mouthful of sth. *F:* **Gober le m.,** to swallow the bait. **Mâcher les morceaux à qn,** to spoon-feed s.o. **Compter les morceaux à qn,** to keep s.o. on short commons; to stint s.o. (*b*) **M. de rôti,** cut off the joint. **2.** Piece (of soap, cloth, music, etc.); bit, scrap, fragment; lump (of sugar). *Com:* **Sucre en morceaux,** cube, *F:* lump, sugar. **Mettre qch. en morceaux,** to pull sth. to pieces, to bits. **S'en aller en morceaux, tomber en morceaux,** to be falling to pieces. *Lit: Sch:* **Morceaux choisis,** extracts.
morc|eler [mɔrsəle], *v.tr.* **(je morcelle; je morcellerai)** To cut up (sth.) into small pieces. **M. une propriété,** to break up an estate; to parcel out an estate. *s.m.* **-ellement.**
mordache [mɔrdaʃ], *s.f. Tls:* Clamp, claw (of vice); jaw, clip, grip, dog (of chuck).
mordacité [mɔrdasite], *s.f.* **1.** Corrosiveness. **2.** Mordancy, causticity, mordacity (of critic, etc.).
mordant [mɔrdɑ̃]. **1.** *a.* (*a*) Eating away; (of acid) corrosive. **Lime mordante,** sharp file. (*b*) Mordant, biting, caustic, pungent (wit, speech, etc.). (*c*) Penetrating, piercing (sound). **2.** *s.m.* (*a*) (i) Corrosiveness (of acid); bite (of file, etc.). (ii) Mordancy, pungency (of wit, etc.); keenness, dash (of troops, etc.). (*b*) *Dy: etc:* Mordant. (*c*) Gold size. (*d*) *Mus:* Mordent.
mordieu [mɔrdjø], *int. A:* Heavens above! *A:* 'Sdeath!
mordill|er [mɔrdije], *v.tr.* **1.** To nibble. **2.** (Of puppy, etc.) To pretend to bite. *s.m.* **-age.**
mordoré [mɔrdɔre], *a. & s.m.* Bronze (colour). **Souliers mordorés,** bronze shoes.
mordorer [mɔrdɔre], *v.tr.* To bronze (leather).
mordorure [mɔrdɔry:r], *s.f.* Bronze finish (on leather, etc.).
mordre [mɔrdr], *v.tr. & ind.tr.* **1.** To bite. (*a*) *F:* **Quel chien l'a mordu?** what's bitten him? **Se m. la langue,** to bite one's tongue. **Se m. la langue d'avoir parlé,** to regret bitterly having spoken. **Il s'en mord les doigts,** he bitterly repents it. **Se m. les lèvres,** to bite one's lips. **Se m. les poings d'impatience,** to bite one's fingers with impatience. *Poet:* **M. la poussière,** to bite the dust. (Of horse) **M. son frein,** to champ the bit. (*b*) **Lime, vis, qui mord,** file, screw, that bites, that has a good bite. **Acide qui mord (sur) les métaux,** acid that corrodes, acts on, metals. **M. à dans, une pomme,** to bite into, take a bite out of, an apple. *F:* **Il mord au latin,** he is shaping well at Latin. *Fish:* **Ça mord,** I've got a bite. S.a. APPAT, GRAPPE 1, HAMEÇON. (*c*) (Of cog-wheels) To catch, engage. **2.** *Engr:* **M. une planche, faire m. une planche,** to etch a plate.
mordu [mɔrdy], *a. F:* Mad, crazy. **M. du cinéma,** mad on the cinema. *s.* **Les mordus du football,** football fans.
morelle [mɔrɛl], *s.f. Bot:* Nightshade.
moresque [mɔrɛsk], *a.* = MAURESQUE.
morfil [mɔrfil], *s.m.* Wire-edge (on tool).
morfiler [mɔrfile], *v.tr.* To remove the wire-edge from (tool). **Pierre à m.,** hone; oilstone.
morfondre [mɔrfɔ̃:dr], *v.tr.* (Of wind, etc.) To chill (s.o.) to the bone.
se morfondre. (*a*) To be bored to death. (*b*) **Se m. à la porte de qn,** to stand waiting at s.o.'s door.
morganatique [mɔrganatik], *a.* Morganatic; *F:* left-handed (marriage). *adv.* **-ment,** -ally.
morgeline [mɔrʒəlin], *s.f. Bot:* **1.** Scarlet pimpernel. **2.** Chickweed.
morgue [mɔrg], *s.f.* **1.** Pride, haughtiness, arrogance. **2.** Mortuary, morgue.
moribond [mɔribɔ̃], *a.* Moribund, at death's door.
moricaud, -aude [mɔriko, -o:d]. *a. & s.* Dark-skinned, dusky, swarthy (person).
morigéner [mɔriʒene], *v.tr.* **(je morigène; je morigénerai)** To lecture (s.o.); to take (s.o.) to task; to talk seriously to (s.o.), **(d'avoir fait qch.,** for doing sth.).
morille [mɔri:j], *s.f.* **1.** *Fung: Cu:* Morel. **2.** *pl.* Jewing (of domestic pigeon).
morillon [mɔrijɔ̃], *s.m.* **1.** Small black grape. **2.** *Orn:* Tufted duck. **3.** *pl. Lap:* Rough emeralds.
mormon, -on(n)e [mɔrmɔ̃, -ɔn], *a. & s.* Mormon; *s.* Latter-day Saint.
mormonisme [mɔrmɔnism], *s.m.* Mormonism.
morne [mɔrn], *a.* Dejected; gloomy (silence); dull (weather, etc.); bleak, dreary, dismal. *adv.* **-ment.**
morose [mɔro:z], *a.* Morose, moody, surly (person); gloomy, forbidding (building, etc.).
morosité [mɔrozite], *s.f.* Moroseness, moodiness, surliness.
Morphée [mɔrfe]. *Pr.n.m. Myth:* Morpheus. *F:* **Dans les bras de M.,** in the arms of Morpheus.
morphine [mɔrfin], *s.f.* Morphia, morphine.
morphinisme [mɔrfinism], *s.m. Med:* Morphinism.
morphinomane [mɔrfinɔman], *a. & s.* Morphi(n)omaniac; morphia addict; *F:* drug-fiend.
morphinomanie [mɔrfinɔmani], *s.f.* Morphi(n)omania; the morphia habit, the drug habit.
morphologie [mɔrfɔlɔʒi], *s.f.* Morphology.
morphologique [mɔrfɔlɔʒik], *a.* Morphological.
mors [mɔ:r], *s.m.* **1.** (*a*) *Tls:* Jaw, chap, chop (of vice). (*b*) *Bookb:* Joint. **2.** *Harn:* Bit. **M. de bride,** curb-bit, bridle-bit. **M. de bridon,** snaffle. **Ronger son m.,** (i) (of horse) to champ the bit; (ii) *F:* (of pers.) to fret. **Prendre le m. aux dents,** (i) (of horse) to take the bit in its teeth; to bolt; (ii) *F:* (of pers.) to take the bit between one's teeth; to be carried away; to fly off the handle.
morse[1] [mɔrs], *s.m. Z:* Walrus, morse.
Morse[2]. *Pr.n.m. Tg:* Morse (alphabet, etc.).
morsure [mɔrsy:r], *s.f.* **1.** Bite. **2.** *Engr:* Biting.
mort[1], **morte** [mɔ:r, mɔrt]. **1.** *a.* (*a*) Dead (person, leaf, language, colour, etc.). *F:* **M. et enterré,** dead and buried, dead and gone. *Prov:* **Morte la bête, m. le venin,** dead men tell no tales. **Cœur m. à l'affection,** heart dead to affection. *Sp:* **Ballon m.,** dead ball; ball out of play. *Geog:* **La mer Morte,** the Dead Sea. (*b*) **Temps m.,** time wasted, idle period (in a movement). *Mec.E:* **Poids m.,** dead weight. *Mch:* **Point**

m., (i) dead centre (of piston-stroke); (ii) neutral position (of lever). *Aut:* **Mettre le levier au point m.,** to put the gear lever into neutral. *N.Arch:* **Œuvres mortes,** dead-works. (*c*) **Eau morte,** still, stagnant, water. **Morte eau** = MORTE-EAU. *Art:* **Nature morte,** still life. (*d*) **Balle morte** spent bullet. **2.** *s.* Dead person; deceased. **Les morts,** the dead, the departed. *Ecc:* **Jour, fête, des Morts.** All Souls' day. **L'office des morts,** the burial service. **Faire le m.,** (i) to sham dead; (ii) *F:* to lie low. **Tête de m.,** death's head; skull. **3.** *s.m. Cards:* Dummy. **Faire le m.,** to be dummy.

mort[2], *s.f.* **1.** Death. **Pâle comme la m.,** as pale as death. **Il n'y a pas eu mort d'homme,** (i) there was no taking of life; (ii) there were no casualties. **Mettre qn à m.,** to put s.o. to death. **Sentence, arrêt, de m.,** death sentence, sentence of death. **A m. les traîtres!** death to the traitors! **Blessé à m.,** mortally wounded. **Se donner la m.,** to take one's own life; to commit suicide. *F:* **Vous allez attraper la m.!** you'll catch your death (of cold, etc.). **Mourir de sa belle m.,** to die a natural death. **Avoir la m. sur les lèvres; être à deux doigts de la m.,** to be at death's door, on the verge of death. S.a. ARTICLE 1. **Haïr qn à mort,** to nourish a deadly, a mortal, hatred of s.o. **Faire une bonne m.,** to die in the faith. S.a. LIT 1. **Il avait la m. dans l'âme,** he was sick at heart. **C'est entre nous à la vie, à la m.,** we would lay down our lives for each other. **Le monopole est la m. de l'industrie,** monopoly means the end of industry. **2.** (*a*) *Bot:* **M. au(x) loup(s),** wolf's-bane. **M. aux poules,** henbane. (*b*) **M.-aux-rats,** rat-poison.

mortadelle [mɔrtadɛl], *s.f. Cu:* Mortadella.

mortaise [mɔrtɛːz], *s.f.* Slot. (*a*) *Carp:* Mortise. **Assemblage à tenon et à m.,** (tenon and) mortise joint. (*b*) **M. de clavette,** keyway.

mortais|er [mɔrtɛze], *v.tr.* To slot, mortise. *s.m.* **-age.**

mortalité [mɔrtalite], *s.f.* Mortality. **1.** Mortal nature. **2.** Death rate. *Ins:* **Tables de m.,** mortality tables.

mort-bois [mɔrbwa], *s.m. For:* Underwood, brushwood. *pl. Des morts-bois.*

morte-eau [mɔrto], *s.f.*, **mortes-eaux** [mɔrt(ə)zo], *s.f.pl.* Neap tide(s); neaps.

mortel, -elle [mɔrtɛl], *a.* Mortal. (*a*) Destined to die. *s.* **Un m., une mortelle,** a mortal. (*b*) Fatal (wound, etc.). **Coup m.,** mortal blow, death blow. **Rayon m.,** death ray. **Il fit une chute mortelle de 200 pieds,** he fell 200 feet to his death. (*c*) *F:* Deadly dull. **Je l'ai attendu deux mortelles heures,** I waited two solid hours for him. (*d*) Deadly (hatred, sin). **Poison m.,** deadly poison. **Ennemi m.,** mortal enemy.

mortellement [mɔrtɛlmɑ̃], *adv.* Mortally, fatally (wounded, etc.). **Pécher m.,** to commit a mortal sin. *F:* **S'ennuyer m.,** to be bored to death. **M. ennuyeux,** deadly dull. **M. offensé,** mortally offended.

morte-saison [mɔrtəsɛzɔ̃], *s.f. Com: etc:* Dead season, slack season, off season. *pl. Des mortes-saisons.*

mortier [mɔrtje], *s.m.* Mortar. **1.** (*a*) **Pilon et m.,** pestle and mortar. (*b*) *Artil:* **M. de tranchée,** trench-mortar, mine-thrower. **2.** *Const:* **M. ordinaire,** lime mortar. **M. hydraulique,** hydraulic cement, hydraulic mortar. **M. liquide, clair,** grout(ing). **Planche à m.,** mortar-board. *F:* **Bâti à chaux et à m.,** built to last for ever.

mortifère [mɔrtifɛːr], *a.* Death-dealing; death-carrying.

mortifiant [mɔrtifjɑ̃], *a.* Mortifying.

mortification [mɔrtifikasjɔ̃], *s.f.* **1.** Mortification. (*a*) Gangrene, necrosis. (*b*) **M. de passions,** mortification, chastening, of the passions. (*c*) Chagrin, vexation. (*d*) Rebuff, humiliation. **2.** *Cu:* Hanging (of game, etc.).

mortifié [mɔrtifje], *a.* Mortified. **1.** Gangrened. **2.** Chagrined, vexed (de, at).

mortifier [mɔrtifje], *v.tr.* **1.** (*a*) To gangrene; to cause (limb, etc.) to mortify. (*b*) *Cu:* To hang (game, etc.). **2.** (*a*) To mortify (one's passions). (*b*) To mortify (s.o.); to hurt (s.o.'s) feelings.

se mortifier. 1. *Med:* To mortify, to gangrene. **2.** (of game, etc.) To become tender (with hanging).

mortinatalité [mɔrtinatalite], *s.f.* Rate of stillbirths.

mort-né, -née, [mɔrne], *a.* (*a*) Still-born (child, etc.). (*b*) **Projet m.-né,** abortive plan; plan destined to failure. *pl. Mort-nés, -nées.*

mortuaire [mɔrtɥɛːr], *a.* Mortuary (urn, etc.); of death, of burial. **Drap m.,** pall. **Acte, extrait, m.,** death certificate. **Registre m.,** register of deaths. **Avis m.,** announcement of death (in newspapers, etc.). **La maison m.,** the house of the deceased. **Chambre m.,** death-chamber. **Dépôt m.,** mortuary.

morue [mɔry], *s.f. Ich:* Cod. **Huile de foie de m.,** cod-liver oil. S.a. QUEUE-DE-MORUE.

morutier [mɔrytje], *s.m.* **1.** Cod-fishing boat; banker. **2.** Cod-fisher.

morve [mɔrv], *s.f.* **1.** *Vet:* Glanders. **2.** Nasal mucus.

morveux, -euse [mɔrvø, -øːz], *a.* **1.** *Vet:* Glandered. **2.** *F:* Snotty. *Prov:* **Qui se sent m. se mouche,** if the cap fits wear it. **3.** *s.* (*a*) *P:* Child, brat. (*b*) *F:* Cock-sure inexperienced youngster.

mosaïque[1] [mɔzaik], *a. B.Hist:* Mosaic (law).

mosaïque[2], *s.f. Art: etc:* Mosaic. **Dallage en m.,** mosaic flooring. *T.V:* Mosaic. **M. photoélectrique,** Photoelectric mosaic.

mosaïste [mɔzaist], *s. Art:* Worker in mosaic.

Moscou [mɔsku]. *Pr.n. Geog:* Moscow.

moscoutaire [mɔskutɛːr], *a.* (Government, etc.) of Moscow. *F:* **Un m.,** a Bolshie.

moscovite [mɔskɔvit], *a. & s. Geog:* Muscovite.

mosquée [mɔske], *s.f.* Mosque.

mot [mo], *s.m.* **1.** Word. **Répéter qch. m. pour m.,** to repeat sth. word for word. **Traduire m. à m.** [motamo], to translate word for word. **Prendre qn au m.,** to take s.o. at his word. **Sans m. dire, sans dire m.,** without (saying) a word. **Qui ne dit m. consent,** silence means consent, **Ne pas souffler m. de qch.,** not to breathe a word about sth. **Dire deux mots à qn,** to have a word with s.o. **Dire, glisser, un m. pour qn,** to put in a word for s.o. S.a. TOUCHER I. 2. **Vous avez dit le m.!** you've said it! **Avoir le dernier m.,** to have the last word. **Ignorer le premier m. de la chimie,** not to know the first thing about chemistry. **A ces mots . . .,** (i) so saying . . .; (ii) at these words. . . . **En d'autres mots,** in other words. **En un m., en peu de mots, en quelques mots,** briefly, in a word. **En un m. comme en cent,** in a nutshell. **Au bas m.,** at the lowest estimate, at the lowest figure. **Gros m.,** coarse expression, foul word, *F:* swear word. **Le m. de l'énigme,** the key to the enigma. **Voilà le fin m. de l'affaire!** so that's what's at the bottom of it! **Avoir le m. de l'affaire,** to be in the secret, in the know. **Faire comprendre qch. à qn à mots couverts,** to give s.o. a hint of sth. *F:* **Donner le m. à qn,** to give s.o. his cue. *Mil:* **M. de ralliement,** password. **M. d'ordre,** (i) countersign; (ii) shibboleth; keynote of policy. **Mots croisés,** crosswords, cross-word (puzzle). **Envoyer un (petit) m. à qn, écrire un m. à qn,** to drop s.o. a line. **Placer un m., dire son m.,** to put in one's word; *F:* to chime in. **Tranchons le m., vous refusez,** to put it bluntly, you refuse. **M. historique,** historical saying. **Bon m.,** witty remark; witticism. **Faire des mots,** to be witty, to say smart things. **Avoir le m. pour rire,** to be fond of a joke. **2.** *Her:* Motto.

motard [motaːr], *s.m. F:* (*a*) Motor cyclist. (*b*) **M. (de la route)** = Courtesy cop, speed cop.

mot-clé [mokle], *s.m.* Key-word (of cipher). *pl. Des mots-clés.*

motel [motɛl], *s.m.* Motel.

motet [motɛ], *s.m. Mus:* (i) Motet; (ii) anthem.

moteur, -trice [motœːr, -tris]. **1.** *a.* (*a*) Motive, propulsive, driving (power, etc.). **Arbre m.,** driving shaft, main shaft. *Cy:* **Roue motrice,** back wheel. *I.C.E:* **Temps m.,** power stroke. *Mec.E:* **Unité motrice,** power unit. **Force motrice,** driving force. (*b*) *Anat:* Motory (nerve); motorial (excitement). **2.** *s.m.* (*a*) **Premier m. dans un complot,** prime mover in a plot. (*b*) Motor, engine. **M. électrique,** electric motor. **M. à combustion interne, à explosion,** internal combustion engine. **M. à gaz,** gas engine. **M. à clapets sur le dessus,** overhead-valve engine. **M. sans soupapes,** sleeve-valve engine. **M. d'avion,** aero-engine. **M. de lancement,** starting motor. *Av: etc:* **A plusieurs moteurs, à moteurs multiples,** multi-engined. **M. à réaction,** jet engine. **3.** *s.f. Rail:* **Motrice,** motor-coach.

moteur-fusée [mɔtœːrfyze], *s.m.* Rocket. *pl. Des moteurs-fusées.*

motif, -ive [mɔtif, -iːv]. **1.** *a.* Motive (cause, etc.). **2.** *s.m.* (*a*) Motive, incentive; reason. **M. de mécontentement,** cause, grounds, for discontent. **Avoir un m. pour faire qch.,** to have a motive in doing sth. *F:* **Courtiser qn pour le bon m.,** to court s.o. with honourable intentions. **Soupçons sans m.,** groundless suspicions. **Insulter qn sans m.,** to insult s.o. gratuitously. *Jur:* **Motifs d'un jugement,** grounds upon which a judgment has been delivered. (*b*) *Mil: Jur:* Charge. **Porter le m.,** to put on a charge. (*c*) (i) *Art:* Motif. (ii) *Needlew:* Design, pattern, motif (for embroidery, etc.). *Dressm:* Ornament, trimming. (iii) *Mus:* Theme, motto, figure.

motilité [mɔtilite], *s.f.* Motility, motivity.

motion [mosjɔ̃], *s.f.* Motion, proposal. **Faire une m.,** to propose, bring forward, a motion; to move a proposal. **La m. fut adoptée,** the motion was carried. **M. de censure,** motion of censure. **Présenter une motion,** to table a motion.

motivé [mɔtive], *a.* **1. Sentence arbitrale motivée,** award stating the reasons on which it is based. **2.** Justified. **Refus m.,** justifiable refusal. **Opinion motivée,** considered opinion. **Non m.,** unjustified, unwarranted. *Jur:* **Avis m.,** Counsel's opinion.

motiver [mɔtive], *v.tr.* **1.** To state the reason for (refusal, etc.). **M. une décision sur qch.,** to base a decision on sth. **2.** (*a*) To motive, motivate (an action). (*b*) To justify, warrant, be the motive for (sth.). **La situation motive des craintes,** the situation gives cause for apprehension.

moto [mɔto], *s.f. F:* Motor bike.

motobatteuse [mɔtɔbatøːz], *s.f. Husb:* Motor thresher.

Motobécane [mɔtɔbekan], *s.f. R.t.m:* (often used for a) light motor cycle.

motocaméra, motocamera [mɔtɔkamera], *s.f. Cin: etc:* Motor(-driven) camera.

moto-cross [mɔtɔkrɔs], *s.m. Sp:* Motor-bike steeplechase; rough-riding.

motoculteur [mɔtɔkyltœːr], *s.m. Agr:* Motor-cultivator.

motoculture [mɔtɔkyltyːr], *s.f.* Mechanized farming.

motocycle [mɔtɔsikl], *s.m. Adm:* Motorcycle.

motocyclette [mɔtɔsiklɛt], *s.f.* Motorcycle, *F:* motor bike.

motocycliste [mɔtɔsiklist], *s.m.* Motorcyclist. *Mil:* Dispatch rider.

motofaucheuse [mɔtɔfoʃøːz], *s.f.* Motor scythe.

motonautisme [mɔtɔnotism], *s.m.* Motor-boating.

motopompe [mɔtɔpɔ̃ːp], *s.f.* Motor-pump.

motorisation [mɔtɔrizasjɔ̃], *s.f.* Motorization; mechanization.

motorisé [mɔtɔrize], *a.* Fitted with a motor; motorized.

motoriser [mɔtɔrize], *v.tr.* To motorize. *F:* **Nous sommes motorisés maintenant,** we have a car now.

motoscie [mɔtɔsi], *s.f.* Motor saw.

mot-outil [mouti], *s.m. Ling:* Form-word, link-word. *pl. Des mots-outils.*

motrice. See MOTEUR.

motte [mɔt], *s.f.* **1.** Mound (of windmill, etc.) *Archeol:* Motte. **2.** Clod, lump (of earth). *Hort:* Ball (left on roots of tree). **Plantation en mottes,** ball-planting. **M. de gazon,** sod, turf. **M. de tourbe,** (turf of) peat. **M. à brûler,** (i) sod of peat; (ii) briquette (of spent tan, etc.). **M. de beurre,** pat of butter.

mottereau [mɔtro], *s.m. Orn:* Sand-martin.

motteux [mɔtø], *s.m. Orn: Dial:* Wheatear, stonechat.

motus [mɔtyːs], *int.* Mum's the word!

mou[1], **mol,** *f.* **molle** [mu, mɔl]. **1.** *a.* (The masc. form **mol** is used before vowel or h 'mute') Soft (wax, tyre, etc.); slack (rope); weak, lifeless, soft, flabby; *F:* spineless (person); flabby, woolly, limp (style); feeble (attempt); lax (government); gentle, light (breeze); soft, close, *F:* muggy (weather). *Rad.-A:* **Rayons mous,** soft rays. **Homme m. au travail,** slacker. **Mou, mol, au toucher,** soft to the touch. **Reposant sur un mol (et doux) oreiller,** resting on a (soft and) downy pillow. S.a. CHIFFE. **2.** *s.m.* Slack (of rope, etc). **Prendre du m.,** to slacken.

mou[2], *s.m.* Lights, lungs (of slaughtered animal).

mouchard [muʃaːr], *s.m.* **1.** *F:* Sneak, informer; esp. police spy. *U.S:* Stool-pigeon. **2.** Mechanical check placed on trains and lorries.

moucharder [muʃarde], *v.tr. & i. F:* To inform (on s.o.), *P:* to squeal. *s.m.* **-age.**

mouche [muʃ], *s.f.* **1.** Fly. **M. domestique,** house-fly. **M. à viande,** blow-fly. **M. bleue (de la viande),** bluebottle. **M. à feu,** fire-fly. **M. à miel,** honey-bee. S.a. COCHE[1], PATTE 1. **Faire d'une m. un éléphant,** to make a mountain out of a mole-hill. **On aurait entendu voler une m.,** you could have heard a pin drop. **Prendre la m.,** to fly into a temper; to take offence. **Quelle m. vous pique?** what is the matter with you? *F:* what's biting you? **C'est une fine m.,** he's a sharp customer. S.a. GOBER. *Box:* **Poids m.,** fly-weight. *Fish:* **Pêche à la m. sèche,** dry-fly fishing. **M. à saumon,** salmon fly. **M. mouillée,** wet fly. **2.** (*a*) Spot, speck; stain (on garment, etc.). *Cost: A:* Patch (on face); beauty-spot. (*b*) Tuft of hair (on lower lip); chin tuft. (*c*) Bull's-eye (of target). **Faire m.,** to score a bull. (*d*) *Fenc:* Covering of foil button; button (on sword).

moucher [muʃe], *v.tr.* **1.** (*a*) To wipe (child's) nose. (*b*) *F:* To put (s.o.) in his place; to snub (s.o.); to tell (s.o.) off. **2.** (*a*) To snuff (candle). (*b*) To trim the frayed end of (rope). *s.m.* **-age.**

se moucher, to wipe, blow, one's nose. *F:* **Il ne se m. pas du pied,** he thinks no small beer of himself; he does things in great style. S.a. MORVEUX 2.

moucherolle [muʃrɔl], *s.f. Orn:* Fly-catcher.

moucheron[1] [muʃrɔ̃], *s.m.* Gnat, midge.

moucheron[2], *s.m.* Snuff (of candle).

moucheronner [muʃrɔne], *v.i.* (Of fish) To leap at flies, to be on the rise, rising.

moucheté [muʃte], *a.* Spotty, speckled, flecked. **Cheval m.,** flea-bitten horse. **Chat m.,** tabby cat. **Blé m.,** smutty wheat.

moucheter [muʃte], *v.tr.* (**je mouchette; je mouchetterai**) **1.** To spot, speckle. **Mer mouchetée d'écume,** foam-flecked sea. **2. M. un fleuret,** to cover the button of a foil. **M. une épée,** to put a button on a sword-point.

mouchette [muʃɛt], *s.f.* **1.** *pl.* (Pair of) snuffers. **2.** (*a*) *Arch:* Outer fillet (of drip-moulding). (*b*) *Tls:* Moulding-plane.

moucheture [muʃtyːr], *s.f.* Spot, speck, speckle, fleck.

mouchoir [muʃwaːr], *s.m.* **1.** Handkerchief. **M. de poche,** pocket handkerchief. **M. (de tête),** headscarf. **2.** *Carp: etc:* Triangular wooden bracket. **En m.,** obliquely; in triangular shape.

mouchure [muʃyːr], *s.f.* **1.** Nasal mucus. **2.** Snuff (of candle); fag-end (cut off rope).

moudre [mudr], *v.tr.* (*pr.p.* **moulant;** *p.p.* **moulu;** *pr.ind.* **je mouds, il moud, n. moulons, ils moulent;** *pr.sub.* **je moule;** *p.h.* **je moulus;** *fu.* **je moudrai**) To grind, mill (corn); to grind (coffee).

moue [mu], *s.f.* Pout. **Faire la m.,** to purse one's lips, to pout, to look sulky. **Faire une vilaine m.,** (i) to pull a wry face; (ii) to scowl.

mouette [mwɛt], *s.f. Orn:* Gull, seamew.

mouf(f)ette [mufɛt], *s.f. Z:* Skunk.

moufle[1] [mufl], *s.f.* **1.** *pl.* Mittens. *El.E:* Wiring gloves. **2.** *Mec.E:* (*a*) Pulley-block (with several sheaves); tackle-block. (*b*) (= PALAN) (Block and) tackle; purchase.

moufle[2], *s.m.* (in *Ch:* often *f.*) *Ch: Cer:* Muffle. **(Four à) m.,** muffle furnace.

mouflon [muflɔ̃], *s.m. Z:* Moufflon, wild sheep.

mouillage [mujaːʒ], *s.m.* **1.** (*a*) Moistening, damping. (*b*) (Fraudulent) watering (of wine). **2.** *Nau:* (*a*) Casting anchor; anchoring. (*b*) Laying, mooring (of mine); putting down (of buoy). **3.** Anchorage; mooring ground. **Être au m.,** to ride at anchor. **Prendre son m.,** to anchor. **M. forain,** open berth.

mouillé [muje], *a.* **1.** Moist, damp, wet. *F:* **M. jusqu'aux os,** soaked to the skin, wet through. *F:* **Poule mouillée,** softy, milksop, drip. **2.** (Of ship) (Lying) at anchor; moored. **3.** *Ling:* Palatalized (consonant).

mouille-étiquettes [mujetikɛt]. *s.m.inv.* (Stamp and envelope) damper.

mouill|er [muje], *v.tr.* **1.** (*a*) To wet, moisten, damp. **M. du linge,** (i) to steep linen; (ii) to damp, sprinkle, linen (for ironing). **Se m. les pieds,** to get one's feet wet. (*b*) To water down (wine). **2.** (*a*) **M. l'ancre,** to cast, drop, anchor. **M. un navire,** to bring a ship to anchor. **Mouillez!** let go (the anchor)! (*b*) To lay (mine); to put down (buoy). **3.** *Ling:* To palatalize (consonant). *s.m.* **-ement.**

se mouiller, to become wet; (of pers.) to get wet; (of eyes) to fill with tears.

mouillette [mujɛt], *s.f. Cu:* Sippet; finger (of bread, etc.). S.a. ŒUF 1.

mouilleur [mujœ:r], *s.m.* **1.** *Navy:* **M. de mines, de filets,** mine-layer, net-layer. **2.** (*a*) Damper (for stamps). (*b*) *Nau:* Tumbler (of anchor).

mouillure [mujy:r], *s.f.* **1.** *Typ: etc:* Damping, wetting. **2.** Damp-mark, -stain.

mouise [mwi:z], *s.f. P:* Poverty. **Être dans la m.,** to be hard up.

moujik [muʒik], *s.m.* Moujik.

moulage[1] [mula:ʒ], *s.m.* Grinding, milling.

moulage[2], *s.m.* **1.** Casting, moulding. **M. à cire perdue,** lost wax process. **2. M. au plâtre, en plâtre,** plaster cast.

moul-ant, -ons, -ez, etc. See MOUDRE and MOULER.

moule[1] [mul], *s.m.* Mould; matrix. **M. à gelée,** jelly mould. **Jeter qch. en m.,** to cast sth. *F:* **Fait au m.,** exquisitely proportioned.

moule[2], *s.f.* **1.** *Moll:* Mussel. **2.** *P:* (*a*) Fat-head. (*b*) Lazy-bones.

moulé [mule], *a.* Cast, moulded. **Acier m.,** moulded steel, cast steel. *F:* **C'est m.!** it fits you like a glove! **Écriture moulée,** copperplate handwriting. **Lettres moulées,** block letters.

mouler [mule], *v.tr.* (*a*) To cast (statue); to found (iron). (*b*) To mould (statue). *F:* **Robe qui moule la taille,** close-fitting dress. **Se m. sur qn,** to model oneself on s.o.

mouleur [mulœ:r], *s.m.* Caster, moulder.

moulier, ière [mulje, -jɛ:r], *a.* **1.** Mussel (industry, etc.). **2.** *s.f.* **Moulière,** mussel bed.

moulin [mulɛ̃], *s.m.* Mill. (*a*) **M. à vent,** windmill. *F:* **Se battre contre des moulins à vent,** to tilt at windmills (like Don Quixote). **M. à eau,** water-mill. **Roue de m.,** mill-wheel. **Constructeur de moulins,** millwright. *F:* **Faire venir l'eau au m.,** to bring grist to the mill. (Of young woman) **Jeter son bonnet par-dessus les moulins,** to throw propriety to the winds. *F:* **On y entre comme dans un m.,** anybody can go in. (*b*) **M. à minerai,** ore-crusher. **M. à huile,** oil-crusher. (*c*) **M. à bras,** hand-mill. **M. à café,** coffee-mill. *Cu:* **M. à légumes,** food mill. *F:* **M. à paroles,** (i) chatterbox; (ii) wind-bag.

moulinage [mulina:ʒ], *s.m.* **1.** Grinding, milling. **2.** *Tex:* Throwing (of silk).

moulinet [mulinɛ], *s.m.* **1.** (*a*) Winch. (*b*) *Fish:* Reel. **M. à cliquet,** click-reel. **2.** Turnstile. **3.** (*a*) *Ind:* Paddle(-wheel). (*b*) *Hyd.E:* Current-meter. **4.** *Fenc:* Moulinet, twirl. **Faire des moulinets (avec sa canne)** to twirl one's stick.

moulu [muly], *a.* (*a*) Ground, powdered. **Or m.,** ormolu. (*b*) *F:* (i) Dead-beat, fagged out; (ii) aching all over. *F:* **M. de coups,** black and blue.

moulure [muly:r], *s.f. Arch: Carp: Ind:* Profile; profiling; (ornamental) moulding.

moulurer [mulyre], *v.tr.* To profile; cut a moulding on (sth.). **Profils moulurés,** mouldings.

moulus, -t, etc. See MOUDRE.

mourant, -ante [murɑ̃, -ɑ̃:t]. **1.** *a.* Dying. **D'une voix mourante,** (i) faintly; (ii) *Iron:* like a dying duck. **Bleu m.,** pale blue. **2.** *s.* Dying man or woman. **Les mourants,** the dying.

mourir [muri:r], *v.i.* (*p.p.* **mourant**; *p.p.* **mort**; *pr.ind.* **je meurs, il meurt, n. mourons, ils meurent**; *pr.sub.* **je meure, nous mourions**; *p.h.* **il mourut**; *fu.* **je mourrai** [murre]. Aux. **être**) To die. *Geol:* (Of seam) to peter out. **Bien m.,** (i) to die in the faith; (ii) to meet death without flinching. **Il est mort hier,** he died yesterday. **M. de faim,** (i) to die of starvation; (ii) *F:* to be starving. **M. de mort naturelle,** to die a natural death. **Au moment de m.,** in the hour of death. **M. martyr pour une cause,** to die a martyr in a cause. **Faire m. qn,** to put s.o. to death. *F:* **Il me fera m.,** he will be the death of me. **Je mourais de peur,** I was frightened to death. **La presse était à m.,** we were nearly crushed to death. **Ennuyer qn à m.,** to bore s.o. to death. **M. d'envie de faire qch.,** to be dying to do sth. **Aimer à en m.,** to be desperately in love. **Je mourais de rire,** I nearly died laughing. **C'est à m. de rire,** *F:* it's simply killing. S.a. FEU[1] 2.

se mourir, to be dying, to die away, die out. (Thus used only in the *pres.* and *p.d.* of the indicative.) **Je sens que je me meurs,** I feel that I am dying. **La lampe se mourait,** the lamp was giving out.

mouron [murɔ̃], *s.m.* (*a*) **M. rouge, des champs,** scarlet pimpernel. **M. des oiseaux,** chickweed. **M. d'eau,** water pimpernel, brookweed. (*b*) *P:* **Se faire du m.,** to worry oneself stiff.

mousquet [muskɛ], *s.m. A:* Musket.

mousquetaire [muskətɛ:r], *s.m.* Musketeer. **Gants (à la) m.,** gauntlet gloves.

mousqueterie [muskətri], *s.f.* Musketry. **Feu de m.,** rifle fire.

mousqueton [muskətɔ̃], *s.m.* **1.** *Arms:* (*a*) *A:* Musketoon. (*b*) Light magazine rifle. **2.** Snap-hook.

moussaillon [musɑjɔ̃], *s.m. Pej:* Young ship's boy.

mousse[1] [mus], *s.f.* **1.** Moss. **Couvert de m.,** moss-grown. **Lit de m.,** mossy bed. *Prov:* **Pierre qui roule n'amasse pas m.,** a rolling stone gathers no moss. **2.** (*a*) Froth, foam (of beer, etc.); lather (of soap). (*b*) Whipped cream; mousse. **3.** *Ch:* **M. de platine,** platinum sponge. S.a. CAOUTCHOUC.

mousse[2], *s.m.* Ship's boy.

mousse[3], *a.* Blunt (knife-blade, point, etc.).

mousseline [muslin], *s.f.* **1.** *Tex:* (*a*) Muslin. **M. de soie,** chiffon. (*b*) *Bookb:* Mull. **2.** (*a*) (Verre) **m.,** muslin-glass; mousseline. (*b*) **Gâteau m.,** sponge-cake. (*c*) **Pommes (de terre) m.,** mashed potatoes.

mousser [muse], *v.i.* To froth, foam; (of soapy water) to lather; (of wine) to sparkle or effervesce, *F:* to fizz. **Faire m. de la crème,** to whip, whisk, cream. *F:* **Faire m. qn,** (i) to make s.o. flare up; (ii) to crack up s.o.

mousseron [musrɔ̃], *s.m.* Edible mushroom; esp. St George's agaric; *F:* fairy-ring mushroom.

mousseux, -euse [musø, -ø:z], *a.* **1.** Mossy. **Rose mousseuse,** moss-rose. S.a. AGATE. **2.** (*a*) Frothy, foaming. (*b*) Sparkling (wine).

moussoir [muswa:r], *s.m. Dom.Ec:* Whisk.

mousson [musɔ̃], *s.f. Meteor:* Monsoon.

moussu [musy], *a.* Mossy; moss-grown. **Rose moussue,** moss-rose.

moustache [mustaʃ], *s.f.* (*a*) **La m., les moustaches,** the moustache. *F:* **M. à la gauloise,** walrus moustache. *F:* **Vieille m.,** old soldier. (*b*) Whiskers (of cat).

moustachu [mustaʃy], *a.* Moustached; wearing a heavy moustache.

moustiquaire [mustikɛ:r], *s.f.* Mosquito-net.

moustique [mustik], *s.m. Ent:* (*a*) Mosquito. (*b*) Gnat; sand-fly.

moût [mu], *s.m.* Must (of grapes); wort (of beer).

moutard [muta:r], *s.m. F:* (*a*) Kid, urchin, nipper. (*b*) *Pej:* Brat.

moutarde [mutard], *s.f.* **1.** Mustard. (*a*) **Graine de m.,** mustard-seed. (*b*) **Farine de m.,** (flour of) mustard. *F:* **C'est de la m. après dîner,** it's too late to be of any use. **La m. lui est montée au nez,** he lost his temper; *F:* he went off the deep end. **2. Gaz m.,** mustard-gas.

moutardier [mutardje], *s.m.* **1.** Mustard-maker. *F:* **Il se croit le premier m. du pape,** he is too big for his boots. **2.** Mustard-pot.

moutier [mutje], *s.m. A. & Dial:* = MONASTÈRE.

mouton [mutɔ̃], *s.m.* **1.** (*a*) Sheep. **Peau de m.,** sheep-skin. **Éleveur de moutons,** (i) sheep-farmer; (ii) wool-grower. *F:* **Revenons à nos moutons,** let us get back to the subject. *F:* **C'est un m. à cinq pattes,** he's a rare bird. **Chercher le m. à cinq pattes,** to look for a needle in a haystack. **Saut de m.,** (i) (of horse) buck; (ii) *Games:* = SAUTE-MOUTON. **Faire le m.,** to make a back (at leap-frog). (*b*) *Bookb: etc:* Sheepskin. **2.** *Cu:* Mutton. **Côtelettes de m.,** mutton chops. **3.** *Civ.E: etc:* Ram, monkey (of pile-driver); head (of beetle, rammer); tup (of steam-hammer); drop-hammer. **4.** *pl. Nau:* White horses (on sea).

moutonné [mutɔne], *a.* Fleecy (cloud, sky). **Tête moutonnée,** frizzy, woolly, head of hair. *Geol:* **Roche moutonnée,** roche moutonnée.

moutonn|er [mutɔne]. **1.** *v.tr.* To frizz, curl (hair, etc.). **2.** *v.i.* (Of the sea) To break into white horses; to froth. *s.m.* **-ement.**

moutonneux, -euse [mutɔnø, -ø:z], *a.* **1.** (Of the sea) Foam-flecked; covered with white horses. **2.** (Of the sky) Covered with fleecy clouds.

moutonnier, ière [mutɔnje, -jɛ:r], *a. F:* **1.** Pertaining to sheep; ovine. **2.** Sheep-like, easily led (person).

mouture [muty:r], *s.f.* **1.** Grinding, milling (of corn). **2.** Milling dues. *F:* **Tirer d'un sac deux moutures,** to get double profit out of sth. **3.** *Agr:* Maslin. **4.** *F: Journ:* Recast (of article, etc.), rehash.

mouvant [muvɑ̃], *a.* Moving; mobile; unstable, fickle, changeable. **Sable m.,** drift-sand. **Sables mouvants,** shifting sands; quicksand.

mouvement [muvmɑ̃], *s.m.* Movement. **1.** Motion, gesture. **M. en arrière,** backward motion. **Rester sans m.,** to stand motionless, stock-still. **Faire un m.,** to move. **Mettre qch. en m., imprimer un m. à qch.,** to put, set, sth. in motion; to start (engine). **Se mettre en m.,** to start off, move off. **Se donner du m.,** (i) to bustle about, to stir about; (ii) to take exercise. **Être toujours en m.,** to be always on the move. **Il aime le m.,** he likes change, going about; he can never stay still. **Petite ville sans m.,** lifeless, dull, little town. **Guerre de m.,** war of movement, open warfare. **Un m. audacieux leur livra le village,** a daring move put them in possession of the village. *Mec:* **Quantité de m.,** momentum, impulse. **M. acquis,** impressed motion. **M. perpétuel,** perpetual motion. **Pièces en m. (d'une machine),** moving parts (of a machine). *Mus:* **Presser, ralentir, le m.,** to quicken the tempo to slow the tempo. **2.** (*a*) Change, modification. **M. de terrain,** undulation. **M. du marché,** market fluctuations. **Le m. des natalités,** the trend of the birth-rate. **M. de personnel,** staff changes. **Être dans le m.,** to be in the swim, abreast of the times, up to date. (*b*) **Premier m.,** first impulse. **M. d'humeur,** outburst of temper, of petulance. **Faire qch. de son propre m.,** to do sth. of one's own accord. **Avoir un bon m.,** to act on a kindly impulse. (*c*) Agitation, emotion. **M. de plaisir,** thrill, flutter, of pleasure. **M. populaire,** uprising of the people. **3.** Traffic. *Rail:* **Mouvements des trains,** train arrivals and departures. **Chef de m.,** traffic manager. *Journ:* **Mouvements des navires,** shipping intelligence. **4.** Works, action, movement (of clock, etc.). **M. d'horlogerie,** clock-work.

mouvementé [muvmɑ̃te], *a.* **1.** Animated, lively (discussion, etc.); thrilling (voyage, etc.); full of incident. **Endroit m.,** busy town or thoroughfare. **Vie mouvementée,** eventful life. **Une partie mouvementée,** an exciting game. **2. Terrain m.,** undulating ground.

mouvementer [muvmɑ̃te], *v.tr.* To enliven, animate (discussion, etc.).

mouvoir [muvwa:r], *v.tr.* (*pr.p.* **mouvant**; *p.p.* **mû, mue**; *pr.ind.* **je meus, il meut, n. mouvons, ils meuvent**; *pr.sub.* **je meuve, n. mouvions, ils meuvent**; *p.h.* **je mus** (rare); *fu.* **je mouvrai**) **1.** (Little used now in this sense). To move. **M. qch. de sa place,** to move sth. from its place. **2.** To drive, actuate (machine, etc.); to propel (ship, etc.). **Navire mû à la vapeur,** ship propelled by steam. **Mû par la colère, par l'intérêt,** moved by anger, prompted by interest.
se mouvoir, to move, stir.

moyen¹, -enne [mwajɛ̃, -ɛn]. **1.** *a.* (*a*) Middle. **Personne d'(un) âge m.,** middle-aged person. **Les classes moyennes,** the middle classes. **Le m. âge** [mwajɛnɑ:ʒ], the Middle Ages. **Coutumes du m. âge,** medi(a)eval customs. *Sch:* **Cours m.,** intermediate course. *Gram:* **Voix moyenne,** middle voice. (*b*) Average, mean (pressure, speed, etc.). *Physiol:* **Temps m. de réaction,** mean reaction time. **Le Français m.,** the average Frenchman, the man in the street. *Log:* **M. terme,** middle term. *F:* **Prendre un m. terme,** to take a middle course. (*c*) Medium (quality, etc.). **De taille, grandeur, moyenne,** medium-sized, middle-sized. *Com:* **Cours m.,** middle, average, price. **2.** *s.f.* **Moyenne.** (*a*) **Moyenne proportionnelle,** geometrical mean. (*b*) Average. **Établir la moyenne (des pertes, etc.),** to average (the losses, etc.). **En moyenne,** on an average. (*c*) *Sch:* Pass-mark. **Travail au-dessus, au-dessous, de la moyenne,** work above, below, par.

moyen², *s.m.* Means. (*a*) **Le journal comme m. de réclame,** the newspaper as a vehicle, medium, for advertising. *Prov:* **La fin justifie les moyens,** the end justifies the means. **Employer les grands moyens,** to take extreme measures. **Au m. de qch.,** by means of sth. **Faire qch. par ses propres moyens,** to draw upon one's own resources (to do sth.). **Y a-t-il m. de le faire?** is it possible to do it? **Il n'y a pas m.,** it can't be done; it is impossible. **Trouver (le) m. de faire qch.,** to find a means, a way, to do sth. **S'arranger pour trouver m. de . . .,** to make shift to . . . **Inventer un m. de s'échapper,** to invent a plan of escape. **Par aucun m. l'on ne peut . . .,** by no means is it possible to. . . . **Voies et moyens,** ways and means. **Dans la (pleine) mesure de mes moyens,** to the best, to the utmost, of my ability. **Enfant qui a des moyens,** bright, talented, child. *F:* **Enlever les moyens à qn,** to upset, disconcert, s.o. (*b*) **Vivre au-delà de ses moyens,** to live beyond one's means. **Il a largement les moyens de bâtir,** he can well afford to build.

moyenâgeux, -euse [mwajɛnɑʒø, -ø:z], *a. F:* Mediaeval; (often) pseudo-mediaeval.

moyenâgiste [mwajɛnaʒist], *s.m. & f.* Medi(a)evalist.

moyennant [mwajɛnɑ̃], *prep.* On (a certain) condition. **Louer qch. m. quinze francs par jour,** to hire sth. for, at (a charge of), fifteen francs a day. **Faire qch. m. finances,** to do sth. for a consideration. **M. quoi . . .,** in return for which, in consideration of which. . . . *A:* **M. que** + *fu. ind.* or + *sub.*, provided that . . .; on condition that. . . .

moyennement [mwajɛnmɑ̃], *adv.* **1.** Moderately, fairly. **2.** On an average, on the average.

Moyen-Orient [mwajɛ̃nɔrjɑ̃]. *Pr.n. Geog:* The Middle East.

moyette [mwajɛt], *s.f. Agr:* Shock (of corn).

moyeu, -eux [mwajø], *s.m.* Nave, (pipe-)box (of cart-wheel, etc.); boss (of fly-wheel, propeller, etc.); hub (of bicycle-wheel).

mozarabe [mɔzarab]. **1.** *a.* Mozarabic. **2.** *s.* Mozarab.

mu [my], *s.m. Gr.Alph: Ph.Meas:* Mu.

mû. See MOUVOIR.

muabilité [mɥabilite], *s.f.* Mutability, instability.

muable [mɥabl], *a.* Changeable, mutable, unstable; fickle.

muance [myɑ̃:s], *s.f.* **1.** *Mus: A:* Mutation. **2.** Breaking (of voice at puberty).

mucilage [mysila:ʒ], *s.m.* Mucilage, gum.

mucilagineux, -euse [mysilaʒinø, -ø:z], *a.* Mucilaginous, viscous.

mucosité [mykozite], *s.f. Physiol:* Mucus, mucosity.

mucus [myky:s], *s.m. Physiol:* Mucus.

mue¹ [my], *s.f.* **1.** (*a*) Moulting (of birds); shedding or casting of the coat, of the skin, of the antlers (of animals); sloughing (of reptiles). **Serin en m.,** moulting canary. (*b*) Moulting-time. (*c*) Feathers moulted; antlers, etc., shed; slough (of snakes). **2.** Breaking of the voice (at puberty). **3.** Mew (for hawks); coop (for hens).

mue², *a.f.* (Used only in) **Rage m.,** dumb rabies.

muer [mɥe]. **1.** *v.tr.* (*a*) *A:* To change (**en,** into). (*b*) (Still current in) **Le cerf mue sa tête,** the stag casts its antlers. **2.** *v.i.* (*a*) (Of bird) To moult; (of animal) to shed or cast its coat, its antlers; (of reptile) to slough; to cast its skin. (*b*) (Of voice) To break (at puberty).

muet, -ette¹ [mɥɛ, -ɛt]. **1.** *a.* Dumb, mute. (*a*) Unable to speak. **M. de naissance,** born dumb. **M. de colère,** speechless with anger. S.a. SOURD-MUET. (*b*) Unwilling to speak. **Rester m.,** to remain silent. **M. comme un poisson,** (as) dumb as a fish. **M. comme la tombe,** (as) silent as the grave. (*c*) Without word or sound. **Jeu m.,** dumb show. *Th:* **Rôle m.,** silent part. **Personnage m.,** mute. S.a. FILM. **Carte muette,** blank map. *Gram:* **Lettre muette,** silent letter. **H. muet(te),** 'mute' h. **2.** *s.* Dumb person; mute. *Cin:* Silent film. **3.** *s.f. Gram:* **Muette,** mute letter, unsounded letter.

muette², *s.f.* Hunting-box.

muezzin [mɥɛzɛ̃, mɥɛzzin], *s.m.* Muezzin.

mufle [myfl], *s.m.* **1.** Muffle; (hairless part of) muzzle (of ox, bison); nose, *F:* snout (of lion, etc.). **2.** *P:* (*a*) Face, mug. (*b*) Rotter, skunk, cad. **3.** *Bot: F:* **M. de veau, de bœuf,** antirrhinum, snapdragon.

muflerie [myfləri], *s.f. P:* **1.** Low-down ways; caddishness. **2.** Low-down trick.
muflier [myflie], *s.m. Bot:* Antirrhinum, snapdragon. **M. bâtard,** linaria.
mufti [myfti], *s.m. Moham. Rel:* Mufti.
muge [myːʒ], *s.m. Ich:* Mullet.
mug|ir [myʒiːr], *v.i.* (*a*) (Of cow) To low, *F:* to moo; (of bull) to bellow. (*b*) (Of sea, wind) To roar; to boom; to moan. *s.m.* **-issement.**
muguet [mygɛ], *s.m.* **1.** *Bot:* Lily of the valley. **2.** *Med:* Thrush.
mulassier, -ière [mylasje, -jɛːr]. **1.** *a.* **Jument mulassière,** mule-breeding mare. **2.** *s.m.* Breeder of mules.
mulâtre [mylɑːtr]. **1.** *a.* Mulatto, half-caste. **2.** *s.* (*f.* **mulâtre** or **mulâtresse** [mylatrɛs]) Mulatto.
mule[1] [myl], *s.f.* (She-)mule. S.a. TÊTU.
mule[2], *s.f.* (*a*) (Lady's backless) bedroom slipper, mule. (*b*) (The Pope's) slipper. **Baiser la m. du Pape,** to kiss the Pope's toe.
mulet[1] [mylɛ], *s.m.* (He-)mule. S.a. TÊTU.
mulet[2], *s.m. Ich:* Grey mullet.
muletier [myltje]. **1.** *s.m.* Mule-driver, muleteer. **2.** *a.* **Équipage m.,** mule-train.
mulle [myl], *s.m. Ich:* Mullet. **M. barbu,** red mullet, surmullet.
mulot [mylo], *s.m.* Field-mouse.
multicolore [myltikɔlɔːr], *a.* Multi-coloured.
multifilaire [myltifilɛːr], *a.* Multi-wire (cable).
multiflore [myltiflɔːr], *a. Bot:* Multiflorous, many-flowered.
multiforme [myltifɔrm], *a.* Multiform.
multilatéral, -aux [myltilateral, -o], *a.* Multilateral, many-sided.
multimillionnaire [myltimiljɔnɛːr], *a. & s.* Multi-millionaire.
multimoteur, -trice [myltimɔtœːr, -tris], *a. Av:* Multi-engined.
multipare [myltipaːr], *a.* Multiparous.
multiphasé [myltifaze], *a. El:* Multiphase.
multiple [myltipl]. **1.** *a.* Multiple, manifold; multifarious (duties, etc.). **Maison à succursales multiples,** chain-store, multiple store. *Aut:* **Trompe à sons multiples,** multitone horn. **2.** *s.m.* Multiple. **Le plus petit commun m.,** the least common multiple, the L.C.M.
multiplex [myltiplɛks], *a.inv.* Multiplex (telegraphy).
multipliable [myltipliabl], *a.* Multipli(c)able.
multiplicande [myltiplikɑ̃ːd], *s.m. Mth:* Multiplicand.
multiplicateur, -trice [myltiplikatœːr, -tris]. **1.** *a.* Multiplying. **Engrenage m.,** step-up gear. **2.** *s.m. Mth: El:* Multiplier.
multiplicatif, -ive [myltiplikatif, -iːv], *a.* Multiplicative, multiplying.
multiplication [myltiplikasjɔ̃], *s.f.* **1.** Multiplication. **2.** *Mec.E:* Gear(-ratio); step-up, -down (of gear). **Grande, petite, m.,** high, low, gear. *Mec:* **M. du levier,** leverage.
multiplicité [myltiplisite], *s.f.* Multiplicity; multifariousness (of duties, etc.).
multiplié [myltiplie], *a.* Multiplied, multiple; manifold, multifarious.
multiplier [myltiplie], *v.tr. & i.* **1.** To multiply (**par,** by). **2.** *Mec.E:* **M. la vitesse de révolution,** to gear up.
se multiplier. (*a*) To multiply. **Les crimes se multiplient,** crime is on the increase. (*b*) To be here, there, and everywhere; to be in half a dozen places at once. **Se m. pour servir qn,** to do one's utmost in order to serve s.o.
multipolaire [myltipɔlɛːr], *a. El.E: Biol:* Multipolar.
multitubulaire [myltitybylɛːr], *a. Mch:* Multitubular (boiler).
multitude [myltityd], *s.f.* Multitude (**de,** of); crowd; multiplicity (of books, etc.).
municipal, -aux [mynisipal, -o], *a.* Municipal. **Conseil m.,** local council. **Loi municipale,** bye-law. **La Garde municipale,** the military police (of Paris).
municipalité [mynisipalite], *s.f.* Municipality. (*a*) Local administrative area. (*b*) Local council. (*c*) Town-hall.
munificence [mynifisɑ̃ːs], *s.f.* Munificence; bounty; bounteousness.
munificent [mynifisɑ̃], *a.* Munificent; bounteous, bountiful.
munir [myniːr], *v.tr.* To furnish, supply, fit, equip, provide (**de,** with). **Se m. de provisions,** to provide oneself with food.
munition [mynisjɔ̃], *s.f.* **1.** (i) Munitioning, (ii) provisioning (of an army). **Pain de m.,** ration bread. **2.** *pl.* (*a*) **Munitions de guerre,** munitions of war; ammunition. (*b*) *A:* Stores, supplies. **Munitions de bouche,** provisions.
munitionnaire [mynisjɔnɛːr], *s.m. A: Mil:* Commissary; supply officer.
munitionner [mynisjɔne], *v.tr.* (i) To munition, (ii) to furnish (army) with supplies.
muqueux, -euse [mykø, -øːz]. **1.** *a.* Mucous. *A:* **Fièvre muqueuse,** paratyphoid. **2.** *s.f.* **Muqueuse,** mucous membrane.
mur [myːr], *s.m.* Wall. **M. de clôture,** enclosing wall. **M. d'appui,** low wall. **M. de refend,** partition(-wall). **Gros murs,** main walls. **Ne laisser que les quatre murs,** to leave only the four walls standing. **Mettre qn au pied du m.,** (i) to drive s.o. into a corner; (ii) to demand an answer from s.o. **Donner de la tête contre un m.,** to run one's head against a brick wall. *Fenc:* **Parer au m.,** to remain entirely on the defensive; to 'stonewall.' *F:* **Se heurter contre un m.,** to come up against a blank wall. See also FRANCHIR 1, SON[2], SONIQUE.
mûr [myːr], *a.* Ripe; mellow (wine, etc.); mature (age, mind). *F:* **Habit m.,** coat that has seen better days. *P:* **Il est m.,** he's tight, high, mellow.
mûraie [myrɛ], *s.f.* Mulberry plantation.
muraille [myraːj], *s.f.* **1.** High defensive wall. **Les murailles de la ville,** the town walls. **M. de glace,** ice-barrier. **2.** Side (of ship).
murailler [myraje], *v.tr.* To wall, to support with walling.
mural, -aux [myral, -o], *a.* Mural. **Pendule murale,** wall-clock. **Carte murale,** wall-map. **Console murale,** wall-bracket. *Art:* **Peinture murale,** mural. *El.E:* **Tableau de distribution m.,** switch-board.
mûre [myːr], *s.f.* **1.** Mulberry. **2. M. sauvage, de ronce,** blackberry.
mûrement [myrmɑ̃], *adv.* With consideration. **Après avoir m. réfléchi,** after careful consideration.
murène [myrɛn], *s.f. Ich:* Muraena.
mur|er [myre], *v.tr.* To wall in (town); to wall up, block up, brick up (doorway). *s.m.* **-age.**
muret [myrɛ], *s.m.* **murette** [myrɛt], *s.f.* Low wall; dry stone wall.
mûrier [myrje], *s.m. Bot:* **1.** Mulberry(-tree, -bush). **2. M. sauvage,** bramble, blackberry-bush.
mûrir [myriːr]. **1.** *v.tr.* To ripen, mature. **M. un abcès,** to bring an abscess to a head. **M. une question,** to give a question careful consideration. **2.** *v.i. & occ. pr.* To ripen; to mature; to come to maturity; (of fruit) to grow ripe; (of abscess) to come to a head.
murmure [myrmyːr], *s.m.* Murmur, murmuring. **M. d'un ruisseau,** babbling, purl, of a brook.
murmurer [myrmyre], *v.tr. & i.* To murmur. **1.** To grumble, to complain. **M. de qch.,** to murmur at sth. **M. entre ses dents,** to mutter. **2. M. un secret dans l'oreille de qn,** to murmur, whisper, a secret in s.o.'s ear. **Le ruisseau coule en murmurant,** the stream babbles, purls.
mûron [myrɔ̃], *s.m.* **1.** Blackberry. **2.** Wild raspberry.
mu-s, -t, etc. See MOUVOIR.
musaraigne [myzarɛɲ], *s.f.* Shrew(-mouse).
musard, -arde [myzaːr, -ard]. **1.** *a.* Dawdling, idling. **2.** *s.* Dawdler, idler, trifler.
musarder [myzarde], *v.i.* = MUSER.
musarderie [myzard(ə)ri], *s.f.* **musardise** [myzardiːz], *s.f.* Dawdling, idling.
musc [mysk], *s.m.* **1.** Musk. **2.** *Z:* Musk-deer.
muscade [myskad], *s.f.* **1.** (Noix) **muscade,** nutmeg. **Fleur de m.,** mace. **2.** Conjuror's vanishing ball or pea. **Passez m.!** hey presto!
muscadier [myskadje], *s.m. Bot:* Nutmeg-tree.
muscadin [myskadɛ̃], *s.m. A:* Dandy, fop.
muscardin [myskardɛ̃], *s.m.* Dormouse.
muscat [myska], *a. & s.m.* **1.** *Vit:* Muscat. **(Raisin) m.,** muscatel grape. **(Vin) m.,** muscat wine, muscatel. **2.** Musk-pear.
muscle [myskl], *s.m.* Muscle.
musclé [myskle], *a.* Muscular; sinewy, brawny. **Il est bien m.,** he has well-developed muscles.

muscler [myskle], *v.tr.* To develop the muscles (of one's limbs).
musculaire [myskylɛ:r], *a.* Muscular (system, tissue, strength). **Fibre m.**, muscle-fibre.
musculature [myskylaty:r], *s.f. Art:* Musculature.
musculeux, -euse [myskylø, -ø:z], *a.* Muscular, brawny (person, arm, etc.).
Muse [my:z], *s.f.* Muse. **Invoquer la M.**, to call on one's Muse.
museau [myzo], *s.m.* (*a*) Muzzle, snout (of animal). (*b*) *F:* **Joli petit m.**, nice little face. **Se poudrer le m.**, to powder one's face. **Vilain m.**, ugly mug.
musée [myze], *s.m.* (*a*) Museum. (*b*) **M. de peinture, d'objets d'art**, picture-gallery, art-gallery.
mus|eler [myzle], *v.tr.* (**je muselle; je musellerai**) To muzzle (dog, *F:* s.o.). *s.m.* **-ellement.**
muselière [myzəljɛ:r], *s.f.* (Dog) muzzle.
mu|ser [myze], *v.i.* To idle, dawdle; to moon about. *s.* **-eur, -euse.**
muserie [myzri], *s.f.* Trifling, idling.
muserol(l)e [myzrɔl], *s.f. Harn:* Nose-band.
musette [myzɛt], *s.f.* **1.** *Mus: A:* Musette (bag-pipe). (Nowadays) *F:* **Orchestre m.**, band with accordions. **Bal m.**, popular dance-hall. **2.** (*a*) **M.-mangeoire**, (horse's) nose-bag. (*b*) (School-boy's) satchel. *Mil: etc:* Haversack.
muséum [myzeɔm], *s.m.* Natural history museum.
musical, -aux [myzikal, -o], *a.* **1.** Musical (sound, evening, etc.). **L'art m.**, the art of music. **2. Avoir l'oreille musicale**, to have an ear for music, a musical ear. *adv.* **-ement.**
musicalité [myzikalite], *s.f.* Musical quality (of verse, artistic productions, etc.).
music-hall [myziko:l], *s.m.* Music-hall. **Numéros de m.-h.**, variety turns. *pl. Des music-halls.*
musicien, -ienne [myzisjɛ̃, -jɛn], *a. & s.* **1.** Musician. **Elle est bonne musicienne**, (i) she is very musical; (ii) she is a good player. **2.** Bandsman; member of the band, of the orchestra.
musicomane [myzikɔman], *s.m. & f.* Music-lover.
musique [myzik], *s.f.* **1.** (*a*) Music. **La m. pour une pièce**, the incidental music for a play. **Travail en m.**, music while you work. **M. de genre**, programme-music. **Mettre des paroles en m.**, to set words to music. **Instrument de m.**, musical instrument. **Boîte à m.**, musical box. **M. de chambre**, chamber music. **Faire de la m.**, to make music; to have a musical evening; to go in for music. S.a. RÉGLÉ 2. (*b*) *P:* Blackmail. (*c*) *P:* Blarney. **Je connais la m.**, I know all the tricks. **2.** Band. **Chef de m.**, bandmaster.
musiquette [myzikɛt], *s.f.* (*a*) Amateur music. (*b*) **M. publicitaire**, signature-tune (of band).
musoir [myzwa:r], *s.m.* Pier-, jetty-head.
musqué [myske], *a.* **1.** (*a*) Musky; scented with musk. **Rose musquée, rosier m.**, musk-rose. (*b*) Affected, effeminate (poet, style, etc.). **2. Bœuf m.**, musk-ox. **Rat m.**, musk-rat, musquash. **Canard m.**, musk-duck, Muscovy duck.
musquer [myske], *v.tr.* To scent with musk.
mussif [mysif], *a.m.* **Or mussif**, mosaic gold, disulphide of tin.
mustang [mystɑ̃], *s.m.* Mustang.
musulman, -ane [myzylmɑ̃, -an], *a. & s.* Mohammedan, Moslem.
mut|able [mytabl], *a.* **1.** = MUABLE. **2.** *Jur:* Alienable. *s.f.* **-abilité.**
mutage [myta:ʒ], *s.m. Vit:* Mutage (of wine).
mutation [mytasjɔ̃], *s.f.* (*a*) Change, alteration. *Mus: Biol:* Mutation. (*b*) *Jur:* Change of ownership; transfer (of property). (*c*) Transfer (of personnel, *Fb:* of players).
muter [myte], *v.tr.* **1.** To mute (wine). **2.** *Mil:* To transfer (personnel).
mutilateur [mytilatœ:r], *s.m.* Mutilator. (*a*) Maimer. (*b*) Defacer.
mutilation [mytilasjɔ̃], *s.f.* (*a*) Mutilation, maiming (of person). (*b*) Defacement (of statue, etc.); mutilation (of book, statue).
mutilé, -ée [mytile], *a. & s.* Mutilated, maimed (person). **Mutilés de guerre**, disabled ex-service men. **Grand m.**, badly-disabled ex-serviceman. **Il est m. du bras**, (i) he has lost an arm; (ii) his arm has been badly injured.
mutiler [mytile], *v.tr.* (*a*) To mutilate, maim (s.o.). **Affreusement mutilé**, frightfully mangled. (*b*) To deface; to mutilate (book, statue, etc.).
mutin, -ine [mytɛ̃, -in], *a. & s.* **1.** (*a*) Insubordinate; disobedient, unruly, unbiddable (child). **Faire le m.**, to be refractory. (*b*) Roguish, saucy. **2.** *s.m.* Mutineer.
mutiné [mytine]. **1.** *a.* Rebellious; mutinous (troops). **2.** *s.m.* Mutineer.
mutiner (se) [səmytine], *v.pr.* To rise in revolt; (of troops) to mutiny, to rebel; (of children) to be disobedient, unruly.
mutinerie [mytinri], *s.f.* **1.** (*a*) Unruliness, disobedience (of children). (*b*) Roguishness, archness. **2.** Rebellion; mutiny.
mutisme [mytism], *s.m.* Dumbness, muteness. **Se renfermer dans le m.**, to maintain a stubborn silence.
mutualisme [mytɥalism], *s.m. Biol: Pol.Ec:* Mutualism.
mutualiste [mytɥalist], *s.m. & f.* **1.** Member of mutual benefit society, friendly society. **2.** *Pol. Ec:* Mutualist.
mutualité [mytɥalite], *s.f.* **1.** Mutuality, reciprocity. **2.** Mutual insurance. **Société de m.**, friendly society.
mutu|el, -elle [mytɥɛl], *a.* Mutual. **Société de secours mutuels**, mutual benefit society, friendly society. *adv.* **-ellement.**
mycologie [mikɔlɔʒi], *s.f. Bot:* Myc(et)ology.
myélite [mjelit], *s.f. Med:* Myelitis.
myélo-méningite [mjelɔmenɛ̃ʒit], *s.f. Med:* Myelomeningitis, spinal meningitis.
mygale [migal], *s.f.* Mygale; trap-door spider.
myocarde [mjɔkard], *s.m. Anat:* Myocardium. S.a. INFARCTUS.
myocardite [mjɔkardit], *s.f. Med:* Myocarditis.
myodynie [mjɔdini], *s.f. Med:* Myalgia; muscular rheumatism.
myologie [mjɔlɔʒi], *s.f.* Myology.
myope [mjɔp], *a. & s.* Myopic (eye); short-sighted (person).
myopie [mjɔpi], *s.f.* Myopia; short-sightedness.
myosotis [mjɔzɔtis], *s.m. Bot:* Myosotis, forget-me-not.
myriade [mirjad], *s.f.* Myriad.
myriapode [mirjapɔd], *s.m. Z:* Myriapod; *pl.* myriapoda.
myrmidon [mirmidɔ̃], *s.m. F:* Little whipper-snapper (of a man).
myrrhe [mi:r], *s.f.* Myrrh.
myrtacé [mirtase]. *Bot:* **1.** *a.* Myrtaceous. **2.** *s.f.pl.* **Myrtacées**, myrtaceae, myrtles.
myrte [mirt], *s.m. Bot:* Myrtle. **M. des marais**, sweet gale, bog myrtle.
myrtille [mirtil, mirti:j], *s.f.* Bilberry.
mystère [mistɛ:r], *s.m.* **1.** Mystery. **On n'a jamais pénétré ce m.**, this mystery has never been fathomed. **Je n'en fais pas m.**, I make no mystery, no secret, of it. **2.** *Lit.Hist:* Mystery-play. **M. de la Passion**, Passion-play.
mystérieu|x, -euse [misterjø, -ø:z], *a.* Mysterious; enigmatic(al); uncanny. *adv.* **-sement.**
mysticisme [mistisism], *s.m.* Mysticism.
mystifiable [mistifjabl], *a.* Dupable, gullible.
mystificateur, -trice [mistifikatœ:r, -tris]. **1.** *a.* Mystifying. **2.** *s.* Hoaxer, mystifier.
mystification [mistifikasjɔ̃], *s.f.* (*a*) Mystification. (*b*) Hoax; practical joke.
mystifier [mistifje], *v.tr.* (*a*) To mystify. (*b*) To hoax, fool, gull (s.o.); to play a practical joke on (s.o.); *F:* to pull (s.o.'s) leg.
mystique [mistik]. **1.** *a.* Mystic(al). **2.** *s.* Mystic. *adv.* **-ment, -ally.**
mythe [mit], *s.m.* Myth, legend.
mythique [mitik], *a.* Mythical.
mythologie [mitɔlɔʒi], *s.f.* Mythology.
mythologique [mitɔlɔʒik], *a.* Mythological. *adv.* **-ment.**
mythologiste [mitɔlɔʒist], *s.m.*, **mythologue** [mitɔlɔg]. *s.m.* Mythologist.
mythomane [mitɔman], *s.m. & a.* Mythomaniac; pathological liar.
mythomaniaque [mitɔmanjak], *a.* Mythomaniac.
mythomanie [mitɔmani], *s.f.* Mythomania.
myxœdème [miksedɛm], *s.m. Med:* Myxoedema.
myxomatose [miksɔmato:z], *s.f.* Myxomatosis.
myxomycètes [miksɔmisɛt], *s.m.pl. Fung:* Myxomycetes.

N, n [ɛn], *s.f.* (The letter) N, n. **A la nième puissance,** to the nth power. *Tp:* **N comme Nicolas,** N for Nellie.
n'. See NE.
nabab [nabab], *s.m.* Nabob.
nable [nabl], *s.m.* *Nau:* **1.** Plug-hole (of small boat). **2. (Bouchon de) n.,** plug.
nabot, -ote [nabo, -ɔt]. **1.** *s.* Dwarf, midget. **2.** *a.* Dwarfish, tiny.
Nabuchodonosor [nabykɔdɔnɔzɔːr]. *Pr.n.m. B.Hist:* Nebuchadnezzar.
nacarat [nakara], *s.m. & a.inv.* Nacarat, orange-red.
nacelle [nasɛl], *s.f.* **1.** *A:* Skiff, wherry, dinghy. **2.** *(a) Aer:* Nacelle, car, basket (of balloon); gondola (of airship). *(b)* Car (of transporter-bridge). *(c)* Body (of perambulator).
nacre [nakr], *s.f.* Mother of pearl.
nacré [nakre], *a.* Pearly (lustre, etc.).
nadir [nadiːr], *s.m.* *Astr:* Nadir.
nævus [nevyːs], *s.m.* Naevus, birth-mark, mole.
nage [naːʒ], *s.f.* **1.** Rowing, sculling. **Banc de n.,** thwart. **Chef de n.,** stroke. **2.** *(a)* Swimming. **Se jeter à la n.,** to plunge into the water. **Traverser une rivière à la n.,** to swim across a river. **Se sauver à la n.,** to swim to safety. *F:* **Être (tout) en n.,** to be bathed in perspiration. *(b)* Stroke (in swimming). **N. (à l')-indienne,** over-arm stroke. **N. en grenouille,** breast-stroke. **N. sur le dos,** back-stroke. **N. libre,** freestyle. **Course en n. libre,** freestyle relay.
nagée [naʒe], *s.f.* Stroke's length (in swimming or rowing).
nageoire [naʒwaːr], *s.f.* **1.** *(a)* Fin (of fish); flipper (of whale, etc.). *(b) P:* Arm (of pers.); *F:* flipper, fin. **2.** *Av:* Float; stabilizing sponson.
nager [naʒe], *v.i.* **(je nageai(s); n. nageons) 1.** *Nau:* To row, to pull; to scull (double). **N. en arrière, à culer,** to back water. **N. plat,** to feather. **Nagez partout!** Pull away! **2.** To swim. *(a)* **N. à l'indienne,** to swim over-arm. **N. la brasse,** to swim breast-stroke. **N. debout,** to tread water. **N. à la chien,** to dog-paddle. **N. comme un chien de plomb,** to swim like a brick. **N. en pleine eau, dans les grandes eaux,** (i) to swim in deep water; (ii) *F:* to live in style, to indulge oneself. **N. entre deux eaux,** (i) to swim under water; (ii) *F:* to trim; to run with the hare and hunt with the hounds. **N. contre le courant,** to swim against the current. *(b)* (To float on or be submerged in liquid) **Le bois nage sur l'eau,** wood floats on water. **Légumes qui nagent dans le beurre,** vegetables swimming in butter. **N. dans son sang,** to be bathed in one's own blood. **N. dans l'abondance,** to be rolling in wealth. **N. dans la joie,** to be overjoyed. *(c) abs. F:* To be at sea.
nageur, -euse [naʒœːr, -øːz]. **1.** *a.* Swimming (bird, animal). **2.** *s.* *(a)* Swimmer. *(b) Nau:* Oarsman, rower.
naguère [nagɛːr], *adv.* (*Poet:* also **naguères**) Not long ago, a short time ago.
naïade [najad], *s.f.* Naiad, water-nymph.
naï|f, -ïve [naif, -iːv], *a.* **1.** Artless, ingenuous, unaffected, naïve. **Avoir un air n.,** to look innocent, artless. **2.** Simple-minded, guileless, unsophisticated, *F:* green. *s.* **Quel n.!** what a simpleton! *adv.* **-vement.**
nain, naine [nɛ̃, nɛn]. **1.** *s.* Dwarf; *F:* midget, pygmy. *Cards:* **N. jaune,** Pope Joan. **2.** *a.* Dwarf(ish). **Palmier n.,** dwarf palm-tree.
naissain [nɛsɛ̃], *s.m.* (Oyster-, mussel-)brood; spat.
naissance [nɛsɑ̃ːs], *s.f.* **1.** Birth. *(a)* **Sourd de n.,** born deaf. **Français de n.,** French-born. **Jour, anniversaire, de n.,** birthday. **Acte de n.,** birth-certificate. **Lieu de n.,** birth-place. **Donner n. à un enfant,** to give birth to a child. *(b)* Descent, extraction. **De n. obscure,** of low birth, of low extraction. **De haute n.,** high-born. *(c)* **La n. du printemps,** the birth of spring. **La n. du jour,** dawn, the break of day. **Donner n. à une rumeur,** to give rise to a rumour. **Prendre n.,** (of rumour, etc.) to originate, arise. **2.** Root (of tongue, etc.); source (of river). *Arch:* Spring (of pillar, arch). **Point de n.,** point of origin. **Cicatrice à la n. des cheveux,** scar just where the hair begins.
naiss-ant[1], **-ais, -e,** etc. See NAÎTRE.
naissant[2] [nɛsɑ̃], *a.* New-born; dawning (day); nascent (beauty). **A l'aube naissante,** at break of day. **Barbe naissante,** incipient beard. *Ch:* **A l'état n.,** nascent.
naître [nɛːtr], *v.i.* (*pr.p.* **naissant;** *p.p.* **né, née;** *pr.ind.* **je nais, il naît, n. naissons, ils naissent;** *pr.sub.* **je naisse;** *p.h.* **je naquis;** *fu.* **je naîtrai.** Aux. **être)** *(a)* To be born; to come into the world. **Il naquit, est né, en 1880,** he was born in 1880. *Impers.* **Il naît dans cette ville cent enfants par mois,** in this town a hundred children are born every month. **Deux enfants lui étaient nés d'une esclave,** a slave had borne him two children. **Encore à n.,** as yet unborn. **Être bien, mal, né,** to be well-, low-born. *F:* **Être né pour qch.,** to be cut out for sth. **Il est né poète,** he is a born poet. **Je l'ai vu n.,** I have known him from his birth. **Marie Dupont, née Lapointe,** Marie Dupont, née Lapointe. **Qui est-elle née?** what was her maiden name? **Né de parents anglais,** of English parentage. *F:* **Je ne suis pas né d'hier,** I wasn't born yesterday. S.a. COIFFÉ 1. *(b)* (Of hopes, fears) To be born, to (a)rise, to spring up. **Faire n.,** to give birth to, give rise to, awaken (hope, suspicion); to arouse (suspicion). **Faire n. un sourire,** to provoke, call forth, a smile. **C'est le désir qui fait n. la pensée,** the wish is father to the thought. *(c)* (Of vegetation) To begin to grow; to spring up, come up. *(d)* (Of river, project, etc.) To originate, (a)rise.
naïveté [naivte], *s.f.* **1.** *(a)* Artlessness, simplicity, ingenuousness, naïvety. *(b)* Guilelessness, *F:* greenness. **Avoir la n. de s'imaginer que . . .,** to be so simple, *F:* so green, as to imagine that. . . . **2.** Ingenuous remark.
naja [naʒa], *s.m.* Naja, cobra, hooded snake.
nanan [nanɑ̃], *s.m.* *F:* (In the nursery) Something nice (to eat). **C'est du n.,** yum-yum!
Nankin [nɑ̃kɛ̃]. **1.** *Pr.n. Geog:* Nanking. **2.** *s.m. & a. inv.* Nankeen.
nansouk [nɑ̃zu(k)], *s.m.* *Tex:* Nainsook.
nantir [nɑ̃tːir], *v.tr.* *(a) Jur:* To give security to, to secure (creditor). **Être nanti de gages,** to be in possession of, secured by, pledges. *(b)* **N. qn de qch.,** to provide s.o. with sth. **Être bien nanti,** to be well provided for; to be well off. **Se n. d'un parapluie,** to provide, arm, oneself with an umbrella.
nantissement [nɑ̃tismɑ̃], *s.m.* **1.** Pledging, bailment. **2.** Pledge, collateral security, cover. **Déposer des titres en n.,** to lodge stock as security.
napalm [napalm], *s.m.* Napalm.
napel [napɛl], *s.m.* *Bot:* Monk's-hood, wolf's-bane.
naphtaline [naftalin], *s.f.* Naphthaline; *F:* moth-balls.
naphte [naft], *s.m.* Naphtha; mineral oil.
Napoléon [napɔleɔ̃]. **1.** *Pr.n.m.* Napoleon. **Les guerres contre N.,** the Napoleonic wars. **2.** *s.m.* *A:* Twenty-franc piece.
napoléonien, -ienne [napɔleɔnjɛ̃, -jɛn], *a.* Napoleonic.
napolitain, -aine [napɔlitɛ̃, -ɛn], *a. & s.* Neapolitan. **Tranche napolitaine,** Neapolitan ice cream.
nappage [napaːʒ], *s.m.* Table-linen.
nappe [nap], *s.f.* **1.** *(a)* Table-cloth. **Mettre, ôter, la n.,** to lay, remove, the cloth. *(b)* Cloth, cover. **N. d'autel,** altar-cloth. **2.** Sheet (of ice, fire). **N. d'eau,** (i) sheet of water; (ii) underground water-level. *Geol:* **N. éruptive,** lava flow. **N. de recouvrement,** recumbent fold. **N. aquifère,** water-table; water-bearing bed.
napper [nape], *v.tr.* To cover with a cloth. *Cu:* **N. un mets d'une sauce,** to pour a sauce over a dish.
napperon [naprɔ̃], *s.m.* **N. de plateau,** tray-cloth. **Petit n.,** doily. **N. individuel,** (linen, etc.) place-mat.
naqui-s, -t, etc. See NAÎTRE.

Narcisse [narsis]. **1.** *Pr.n.m.* Narcissus. **2.** *s.m. Bot:* Narcissus. **N. sauvage, des bois, des prés,** daffodil. **N. des poètes,** pheasant's-eye.
narcissisme [narsisism], *s.m. Psy:* Narcissism.
narcomanie [narkɔmani], *s.f.* Drug mania.
narcose [narko:z], *s.f. Med:* Narcosis; *Diving:* nitrogen narcosis.
narcotique [narkɔtik], *a. & s.m. Med:* Narcotic; *s.m.* opiate.
nard [na:r], *s.m. Bot: Pharm:* Spikenard, nard. **N. raide,** matgrass.
narghileh [nargile], *s.m.* Narghileh, hookah.
narguer [narge], *v.tr.* To flout; to snap one's fingers at (s.o.).
narguilé [nargile], *s.m.* = NARGHILEH.
narine [narin], *s.f.* Nostril.
narquois, -oise [narkwa, -wa:z], *a.* Mocking, bantering (tone, smile). *adv.* **-ement.**
narrateur, -trice [narratœ:r, -tris], *s.* Narrator, relater, teller (of story).
narratif, -ive [narratif, -i:v], *a.* Narrative.
narration [narrasjɔ̃], *s.f.* **1.** Narrating, narration. *Gram:* **Présent de n.,** historic present. **2.** Narrative, account (of event). **3.** *Sch:* Composition, essay.
narrer [nare], *v.tr. Lit:* To narrate, relate.
narval [narval], *s.m. Z:* Narwhal, unicorn-fish, -whale. *pl. Des narvals.*
nasal, -aux [nazal, -o]. **1.** *a.* Nasal (bone, sound). **2.** *s.m. Cost:* Nasal (of helmet). **3.** *s.f. Ling:* Nasale, nasal.
nasalis|er [nazalize], *v.tr.* To nasalize (sound). *s.f.* **-ation.**
nasarde [nazard], *s.f.* Fillip, rap, on the nose.
naseau [nazo], *s.m.* Nostril (of horse, ox).
nasillard [nazija:r], *a.* Nasal. **Ton n.,** nasal twang; snuffle. **Parler d'une voix nasillarde,** to talk through one's nose.
nasill|er [nazije], *v.i.* To speak through one's nose, with a twang; to snuffle. *s.m.* **-ement.**
nasse [nas], *s.f.* Bow-net, eel-pot; hoop-net (for birds); trap (for rats). *F:* **Tomber dans la n.,** to fall into the trap.
natal, -als [natal]. (*Very rarely used in the plural.*) *a.* Native (country). **Ville natale,** birth-place. **Mon pays n., ma maison natale,** my native place; the house where I was born.
natalité [natalite], *s.f.* Birth-rate.
natation [natasjɔ̃], *s.f.* Swimming.
natatoire [natatwa:r], *a. Z:* Natatory (organ, membrane). *Ich:* **Vessie n.,** swim(ming)-bladder, airbladder.
nat|if, -ive [natif, -i:v]. **1.** *a.* Native. (*a*) **Je suis n. de Londres,** I am London born. (*b*) **Argent n.,** native silver. (*c*) Natural, inborn. **Bon sens n.,** native wit. **2.** *s.m.pl.* **Natifs,** natives. *adv.* **-ivement.**
nation [nasjɔ̃], *s.f.* Nation. **Les Nations Unies,** the United Nations.
national, -aux [nasjɔnal, -o]. **1.** *a.* National. S.a. ROUTE 1. **2.** *s.m.pl.* **Nationaux,** nationals (of a country). *adv.* **-ement.**
nationalisation [nasjɔnalizasjɔ̃], *s.f.* Nationalization.
nationaliser [nasjɔnalize], *v.tr.* To nationalize.
nationalisme [nasjɔnalism], *s.m.* Nationalism.
nationaliste [nasjɔnalist]. **1.** *s.m. & f.* Nationalist. **2.** *a.* Nationalistic. **La Chine n.,** Nationalist China.
nationalité [nasjɔnalite], *s.f.* **1.** Nationality. *Nau:* **Acte de n.,** (ship's) certificate of registry. **2.** Nation.
national-socialisme [nasjɔnalsɔsjalism], *s.m. Pol: Hist:* National Socialism.
nativité [nativite], *s.f. Ecc: Astrol:* Nativity.
natte [nat], *s.f.* **1.** Mat, matting (of rush, straw). **2.** Plait, braid (of hair, of gold thread); *F:* pigtail. **Porter des nattes (dans le dos),** to wear one's hair in plaits.
natt|er [nate], *v.tr.* **1.** To cover (room) with mats. **2.** To plait, braid (hair, straw). *s.m.* **-age.**
naturalisation [natyralizasjɔ̃], *s.f.* **1.** Naturalization, nationalization. **2.** (*a*) **N. d'animaux,** taxidermy. (*b*) Preservation, mounting (of botanical specimen). **3.** Acclimatizing (of plants, animals).
naturaliser [natyralize], *v.tr.* **1.** To naturalize, to nationalize. **Se faire n. français,** to become a naturalized Frenchman. **2.** (*a*) To mount, stuff, set up (animal). (*b*) To mount (botanical specimen). **3.** To acclimatize (plant, animal).
naturalisme [natyralism], *s.m. Lit: Art:* Naturalism.
naturaliste [natyralist]. **1.** *s.* (*a*) Naturalist. (*b*) Taxidermist. **2.** *a.* Naturalistic.
nature [naty:r], *s.f.* Nature. **1. Les lois de la n.,** the laws of nature. **Contre n.,** unnatural. **Plus grand que n.,** larger than life. **Peindre d'après n.,** to paint from nature, from life. **N. morte,** still-life (painting). S.a. DETTE, TRIBUT. **2.** (*a*) Kind, constitution, character. **N. du climat, du sol,** nature of the climate, of the soil. **Faits de n. à étonner,** astonishing facts. (*b*) Character, disposition, temperament. **Il est timide de n.; il est d'une n. timide,** he is naturally shy, is shy by nature. **Il tient cela de sa n.,** it comes to him by nature. **C'est une bonne n.,** he is of a kindly disposition, *F:* **C'est une petite n.,** he is a weakly, weedy, sort of person. **3.** Kind. **Payer en n.,** to pay in kind. **4.** *a.inv.* (*a*) *Cu:* Plain. **Bœuf, pommes, n.,** plain boiled beef, potatoes. **Café n.,** black coffee (without spirits). (*b*) Very frank, unsophisticated.
naturel, -elle [natyrɛl]. **1.** *a.* Natural. (*a*) **Mort naturelle,** death from natural causes. **Enfant n.,** natural, illegitimate, child. **Penchant n.,** natural inclination. **De grandeur naturelle,** life-size. **Je trouve n. que** + *sub.*, I find it reasonable that (s.o. should do sth.). (*b*) **Don n.,** natural, innate, gift. **Il lui est n. d'écrire en vers,** it comes natural to him to write in verse. (*c*) Natural, unaffected (person). **Réponse naturelle,** simple, straightforward, answer. **Alcool n.,** raw spirit. **Soie naturelle,** pure silk. **2.** *s.m.* Native (of country). **3.** *s.m.* (*a*) Nature, character, disposition. *Prov:* **Chassez le n., il revient au galop,** what's bred in the bone will come out in the flesh. (*b*) **Se conduire avec n.,** to behave naturally. (*c*) **Voir les choses au n.,** to see things as they are.
naturellement [natyrɛlmɑ̃], *adv.* Naturally. **1.** By nature; by birth. **2.** Without affectation; unaffectedly. **3. Vous lui avez répondu?—Naturellement,** you answered him?—Of course (I did); naturally. *F:* **N. que je viendrai!** of course I'll come!
naturisme [natyrism], *s.m.* Naturism; nature-worship.
naturiste [natyrist]. **1.** *s.* Naturist. **2.** *a.* Naturistic.
naufrage [nofra:ʒ, nɔ-], *s.m.* (Ship)wreck. **Faire n.,** to be shipwrecked. **Périr dans un n.,** to be lost at sea. **Échapper au n.,** to be saved from the wreck.
naufragé, -ée [nofraʒe]. **1.** *a.* (Ship)wrecked; castaway (crew). **2.** *s.* Castaway.
naufrageur [nofraʒœ:r, nɔ-], *s.m.* Wrecker.
nauséabond [nozeabɔ̃], *a.* Nauseous, nauseating, foul (smell, etc.); evil-smelling.
nausée [noze], *s.f.* (*a*) Nausea. (*b*) Seasickness. **Avoir des nausées,** to feel squeamish, sick. *F:* **Cela me donne la n.,** it makes me sick.
nauséeux, -euse [nozeø, -ø:z], *a.* Nauseating; loathsome.
nautique [notik], *a.* Nautical. **Sports nautiques,** aquatic sports. **Carte n.,** (sea-)chart. *adv.* **-ment.**
nautonier [notɔnje], *s.m. A:* Pilot, mariner.
naval, -als [naval], *a.* Naval, nautical. **Armée navale,** fleet; naval force. **Combats navals,** naval engagements, battles. **Architecture navale,** shipbuilding **L'École navale,** *F: s.f.* **Navale,** the Naval College.
navarin [navarɛ̃], *s.m.* Mutton stew (with potatoes and turnips); haricot mutton.
navet [navɛ], *s.m.* **1.** Turnip. **N. de Suède,** swede. *P:* **Des navets!** nothing doing! **Il a du sang de n.,** (i) he is anaemic; (ii) he's a listless, slack, kind of fellow. **2.** *F:* Bad painting; daub. *Lit.* **'Dud.' C'est un n.,** this is tripe.
navette[1] [navɛt], *s.f.* **1.** Incense-boat; incense-box. **2.** (*a*) Shuttle. *F:* **Faire la n. entre deux endroits,** (of vehicle) to ply (to and fro) between two places; (of pers.) to run backwards and forwards, to and fro. **Ligne de chemin de fer exploitée en n.,** railway line over which a shuttle service is run. (*b*) Netting needle.
navette[2], *s.f. Bot:* Rape. **(Huile de) n.,** rape(-seed) oil, colza oil.
navicert [navisɛr], *s.m.* Navicert.
navigabilité [navigabilite], *s.f.* **1.** Navigability (of river, etc.). **2.** Seaworthiness (of ship); airworthiness (of aircraft). **En (bon) état de n.,** seaworthy; airworthy.
navigable [navigabl], *a.* **1.** Navigable (river). **2.** Seaworthy; airworthy.

navigant [navigɑ̃], *a.* Sailing. **Personnel n.,** *Nau:* Sea-going personnel; *Av:* Flying personnel; aircrew.
navigateur [navigatœ:r]. **1.** *s.m.* (*a*) Navigator (of ship, aircraft). (*b*) Navigator; seafarer. **2.** *a.m.* Seafaring (people).
navigation [navigasjɔ̃], *s.f.* Navigation, sailing. **N. côtière,** coastal navigation. **N. hauturière, au long cours,** high-seas navigation, ocean navigation. **N. fluviale,** inland navigation. **N. à voile,** sailing. **N. de plaisance,** boating, yachting. **Compagnie de n.,** shipping company. **Permis de n.,** ship's passport, sea-letter. **Terme de n.,** nautical term. **École de n. (de la marine marchande),** nautical school. **Routes de n.,** shipping routes.
naviguer [navige], *v.i.* (*a*) To sail, navigate. **N. au commerce,** to be in the merchant service. With cogn. acc. **N. les mers,** to sail the seas. (*b*) **Vaisseau qui navigue bien,** ship that behaves well at sea.
navire [navi:r], *s.m.* Ship, vessel. **N. à voiles,** sailing-ship. **N. à vapeur,** steamer. **N. de guerre,** warship. **N. marchand, de commerce,** merchantman. **N. école,** training-ship. **Les navires dans le port,** the shipping in the harbour.
navire-citerne [navirsitɛrn], *s.m.* Tanker. *pl. Des navires-citernes.*
navire-jumeau [navirʒymo], *s.m.* Sister-ship. *pl. Des navires-jumeaux.*
navrant [nɑvrɑ̃], *a.* Heart-rending, heart-breaking. **C'est n.,** it's a great pity.
navré [nɑvre], *a.* Heart-broken; woe-begone (expression); dreadfully sorry. **Avoir le cœur n. de qch.,** to be deeply grieved, broken-hearted, at sth.
navrer [nɑvre], *v.tr.* To grieve (s.o.) most deeply; to cut (s.o.) to the heart.
nazaréen, -enne [nazareɛ̃, -ɛn], *a. & s. B.Hist:* Nazarene.
nazi, -e [nazi], *a. & s. Hist: Pol:* Nazi.
nazisme [nazism], *s.m. Hist: Pol:* Nazism.
ne, n' [n(ə)], *neg.adv.* Not. **1.** For the use of **ne** (i) strengthened by **pas, point, goutte, mie, mot,** or (ii) in conjunction with **ni, guère, nullement, aucunement, jamais, plus; aucun, nul, personne, rien; que (ne . . . que),** see these words. **2.** Used alone (*i.e.* with omission of pas), chiefly in literary style, with **cesser, oser, pouvoir, savoir, importer,** and often as an archaism with other verbs. **Il ne cesse de parler,** he is for ever talking. **Je n'ose lui parler,** I dare not speak to him. **Je ne sais que faire,** I don't know what to do. **Je ne saurais vous le dire,** I cannot tell you. Always used without pas in the phr. **N'importe,** never mind, it doesn't matter. **3.** In the following constructions: (*a*) **Qui ne connaît cette œuvre célèbre?** who does not know that famous work? **Que ne ferait-il pour vous?** what would he not do for you? (*b*) **Je n'ai d'autre désir que celui de vous plaire,** I have no other desire than to please you. (*c*) **Il n'est pas si stupide qu'il ne vous comprenne,** he is not so stupid as not to understand you. (*d*) **Si je ne me trompe . . .,** unless I am mistaken. . . . S.a. ÊTRE 2. (*e*) **Voilà six mois que je ne l'ai vu,** it is now six months since I saw him. (*f*) **Il n'y a personne à qui il ne se soit adressé,** there is no one to whom he did not apply. (*g*) **Il n'eut garde d'y aller,** he took good care not to go. **Qu'à cela ne tienne!** by all means! **Je n'ai que faire de votre aide,** I don't need your help. **4.** Used optionally in literary style with a vague negative connotation. (*a*) (Expressions of fear) **Je crains qu'il (ne) prenne froid,** I am afraid he may catch cold, of his catching cold. (*b*) **Évitez, prenez garde, qu'on (ne) vous voie,** avoid being seen; take care not to be seen. **Peu s'en fallut qu'il ne tombât,** *F:* he nearly came a cropper. **Je ne nie pas que cela (ne) soit vrai,** I don't deny that it is true. **A moins qu'on (ne) vous appelle,** unless they call you. (*c*) (Comparison) **Il est plus vigoureux qu'il (ne) paraît,** he is stronger than he looks. **Il agit autrement qu'il ne parle,** he acts otherwise than he speaks.
né. See NAÎTRE.
néanmoins [neɑ̃mwɛ̃], *adv.* Nevertheless, none the less; for all that; yet; still.
néant [neɑ̃], *s.m.* **1.** Nothingness, nought, naught. **Sortir du n.,** to rise from obscurity. **Réduire qch. à n.,** to reduce sth. to nothing, to nought; to annihilate sth. **2.** *Adm:* **N.,** (on income-tax return, etc.) 'none'; (on report-sheet, etc.) 'nothing to report,' 'nil.'
nébulaire [nebylɛ:r], *a. Astr:* Nebular.
nébuleu|x, -euse [nebylø, -ø:z]. **1.** *a.* Nebulous. (*a*) Cloudy, hazy, misty (sky, view). (*b*) Turbid, cloudy (liquor, crystal). (*c*) Gloomy, clouded (brow). (*d*) Unintelligible, obscure (writer, theory). **2.** *s.f. Astr:* Nébuleuse, nebula. *adv.* **-sement.**
nébulosité [nebylozite], *s.f.* Cloudiness; nebulosity, nebulousness, haziness. *Meteor:* **Forte n.,** heavy cloud cover.
nécessaire [nesesɛ:r]. **1.** *a.* Necessary, needful; requisite. **N. à, pour, qch.,** required for sth. **Se rendre n. à qn,** to make oneself indispensable to s.o. **Avoir l'argent n.,** to have the money required. *s.* **Faire le n.,** to be a busybody. **Il est n. que vous teniez compte de cela,** you cannot afford to ignore this. **Il n'est pas n. de . . .,** there is no need to. . . . **Est-il n. que je +** *sub.*? is it necessary for me to, that I should . . .? **Peu n.,** needless, unnecessary. **2.** *s.m.* (*a*) Necessaries, the indispensable. **Le strict n.,** bare necessities. **Faire le n.,** to do what is necessary. **Je ferai le n.,** I'll take care of it. (*b*) Outfit. **N. à ouvrage,** (i) workbox, work-basket; (ii) housewife. **N. de réparation,** repair kit. **N. de toilette,** dressing-case, toilet-case.
nécessairement [nesesɛrmɑ̃], *adv.* **1.** Necessarily; of necessity. **2.** Inevitably, infallibly.
nécessité [nesesite], *s.f.* Necessity. **La dure n. me force à . . .,** dire necessity compels me to. . . . **De toute n. . . .,** necessarily, of necessity. . . . **Il est de toute n. de (faire qch.),** it is essential to (do sth.). **C'est une n.,** *F:* it's a must. **Être dans la n. de faire qch.,** to be under the necessity of doing sth. **Mettre qn dans la n. de faire qch.,** to make it necessary for s.o. to do sth. **Faire qch. par n.,** to do sth. out of necessity. **Faire de n. vertu,** to make a virtue of necessity. **Agir sans n.,** to act unnecessarily. **N. n'a point de loi,** necessity knows no law. *Prov:* **N. est mère d'invention,** necessity is the mother of invention. **Les nécessités de la vie,** the necessaries of life. **Objets de première n., de toute n.,** indispensable articles. **Denrées de première n.,** essential foodstuffs. **Selon les nécessités,** as circumstances (may) require. **Les nécessités du moment,** the demands of the moment. *F:* **Faire ses nécessités,** to relieve nature. **Être dans la n.,** to be in want, in need, in straitened circumstances.
nécessiter [nesesite], *v.tr.* To necessitate, require, demand, entail (sth.).
nécessiteux, -euse [nesesitø, -ø:z], *a.* Needy, in want, necessitous. *s.* **Les nécessiteux,** the needy, the destitute.
nécrobie [nekrɔbi], *s.f.* Scavenger-beetle.
nécrologe [nekrɔlɔ:ʒ], *s.m.* Obituary list, death-roll.
nécrologie [nekrɔlɔʒi], *s.f.* Obituary notice. *Journ:* Deaths.
nécrologique [nekrɔlɔʒik], *a.* Necrological. **Notice n.,** obituary notice.
nécromancie [nekrɔmɑ̃si], *s.f.* Necromancy.
nécromancien, -ienne [nekrɔmɑ̃sjɛ̃, -jɛn], *s.* Necromancer.
nécrophore [nekrɔfɔ:r], *s.m. Ent:* Carrion-beetle, burying-beetle.
nécropole [nekrɔpɔl], *s.f.* Necropolis.
nécrose [nekro:z], *s.f.* **1.** *Med:* Necrosis. **2.** *Bot:* Canker (in wood).
nécroser [nekroze], *v.tr.* **1.** To cause necrosis in (bone). **2.** *Bot:* To canker.
se nécroser. 1. *Med:* To necrose, to necrotize. **2.** *Bot:* To become cankered.
nectaire [nɛktɛ:r], *s.m. Bot:* Nectary, honey-cup.
nectar [nɛkta:r], *s.m. Myth: Bot:* Nectar.
nectarine [nɛktarin], *s.f.* Nectarine.
néerlandais, -aise [neɛrlɑ̃dɛ, -ɛ:z]. **1.** *a.* Of the Netherlands; Dutch. **2.** *s.* Netherlander; Dutchman, Dutchwoman.
nef [nɛf], *s.f.* **1.** Nave (of church). **N. latérale,** aisle. **2.** *A:* Ship. *Hist:* **La Blanche N.,** the White Ship.
néfaste [nefast], *a.* Luckless, ill-omened, inauspicious; baneful. **Jour n.,** (i) *Rom.Ant:* day of mourning or *dies non*; (ii) ill-fated day, black-letter day; ill-starred, evil, day. **Influence n.,** baleful, baneful, influence.
nèfle [nɛfl], *s.f.* Medlar (fruit). **N. du Japon,** loquat. *F:* **Avoir qch. pour des nèfles,** to get sth. dirt cheap. *P:* **Des nèfles!** (i) no fear! (ii) nothing doing!

néflier [neflie], *s.m.* Medlar(-tree).
négateur, -trice [negatœːr, -tris]. **1.** *a.* Denying. **2.** *s.* Denier.
négat|if, -ive [negatif, -iːv]. **1.** *a.* Negative (answer, electricity). *Phot:* **Épreuve négative,** *s.m.* **négatif,** negative. **Dessin n.,** blue print. **2.** *s.f.* **Négative,** negative. **Soutenir la négative,** to speak against the motion. *adv.* **-ivement.**
négation [negasjɔ̃], *s.f.* **1.** Negation, denial. **2.** *Gram:* Negative.
négligé [negliʒe]. **1.** *a.* (*a*) Neglected, unheeded (opportunity). (*b*) Careless, slovenly (dress, appearance). **2.** *s.m.* Undress; déshabille; négligé (gown).
négligeable [negliʒabl], *a.* Negligible.
négligence [negliʒɑ̃ːs], *s.f.* Negligence; neglect (of s.o., of duty); carelessness, want of care. **N. à faire qch.,** (i) carelessness in doing sth.; (ii) remissness with regard to sth. to be done. **Par n.,** through an oversight.
néglig|ent [negliʒɑ̃], *a.* **1.** Negligent, careless; neglectful (de, of). **Être n. à faire qch.,** to be careless, remiss, in doing sth. **2.** Indifferent, casual (tone). *adv.* **-emment.**
négliger [negliʒe], *v.tr.* **(je négligeai(s); n. négligeons)** To neglect. **1.** To take no care of (s.o., sth.); to be neglectful of (duty, one's interests); to be careless of (dress, appearance). **2.** (*a*) To disregard (advice, etc.). (*b*) **N. de faire qch.,** to omit to do sth., to leave sth. undone. **Ne rien n. pour . . .** to leave no stone unturned to . . .
se négliger, to neglect oneself; to have become careless, slovenly; *F:* to let oneself go.
négoce [negɔs], *s.m.* **1.** Trade, trading, business. **Faire le n.,** to trade. **2.** (Unscrupulous) traffic(king).
négoci|able [negɔsjabl], *a.* *Com:* Negotiable, transferable (bond, bill, cheque). *s.f.* **-abilité.**
négociant, -ante [negɔsjɑ̃, -ɑ̃ːt], *s.* (Wholesale) merchant; trader. **N. en vins,** wine-merchant.
négociateur, -trice [negɔsjatœːr, -tris], *s.* Negotiator.
négociation [negɔsjasjɔ̃], *s.f.* **1.** Negotiation, negotiating. **En n.,** under negotiation, in treaty. **Engager, entamer, des négociations,** to enter into, upon, negotiations; *Mil:* to parley. **2.** Transaction.
négocier [negɔsje]. **1.** *v.i.* *A:* To trade **(en,** in). **2.** *v.tr.* To negotiate (loan, bill, treaty).
nègre, négresse [nɛːgr, negrɛs]. **1.** *s.* (*a*) Negro, *f.* negress; *F:* black. **Parler petit n.,** to talk 'pidgin' French. *a.inv.* **(Couleur) tête de n.,** nigger-brown. (*b*) *F:* Drudge; stooge; 'ghost' (writer), 'devil' (of barrister). **2.** *a.* (*f.* **nègre) La race nègre,** the negro race.
négrerie [negrəri], *s.f.* **1.** *A:* Slave compound; barracoon. **2.** Negro quarters.
négrier [negrie], *s.m.* **1.** Slave-trader. **2.** Slave ship.
négrillon, -onne [negrijɔ̃, -ɔn], *s.* (Little) negro-boy, -girl; *F:* piccaninny.
négroïde [negrɔid], *a.* *Ethn:* Negroid.
neige [nɛːʒ], *s.f.* Snow. **Neiges éternelles,** perpetual snow. **Il tombe de la n.,** it is snowing. **Tempête de n.,** blizzard. **Amas de n.,** snow-drift. **Être bloqué par la n.,** to be snowed up, snow-bound. **N. fondue,** (i) sleet, (ii) slush. **Boule de n.,** snowball. **Histoire qui fait boule de n.,** story that snowballs. **Faire un bonhomme de n.,** to make a snow-man. **Blanc comme (la) n.,** snow-white. **Train de n.,** winter sports train, ski train. *Cu:* **Blancs d'œufs battus en n.,** whites of eggs beaten stiff. **Œufs à la n.,** floating islands. *Ind:* **N. carbonique,** dry ice.
neiger [neʒe], *v.impers.* **(il neigeait)** To snow.
neigeux, -euse [neʒø, -øːz], *a.* Snowy (peak, weather); snow-covered (roof, etc.).
nélombo, nélumbo [nelɔ̃bo], *s.m.* Egyptian lotus, Nile-lily.
nématode [nematɔd], *s.m.* Nematode, thread-worm.
ne m'oubliez pas [nəmubliepɑ], *s.m.inv.* *Bot:* *F:* Forget-me-not.
nenni [nani], *adv.* *A:* *F:* (*a*) Not he! (*b*) Nay!
nénufar, nénuphar [nenyfaːr], *s.m.* *Bot:* Nenuphar, water-lily. **N. des étangs, n. jaune,** yellow pond-lily.
néo-classicisme [neoklasisism], *s.m.* Neo-classicism.
néo-gallois, -oise [neogalwa, -waːz], *a.* & *s.* *Geog:* (Native, inhabitant) of New South Wales. *s.* New South Welshman, -woman.
néo-grec, *f.* **néo-grecque** [neogrɛk] *a.* Neo-Greek, modern Greek (literature, etc.).
néo-impressionnisme [neoɛ̃prɛsjɔnism], *s.m.* *Art:* Neo-impressionism.
néo-latin [neolatɛ̃], *a.* Neo-Latin. **Langues néo-latines,** Romance languages.
néolithique [neɔlitik], *a.* Neolithic.
néologisme [neɔlɔʒism], *s.m.* Neologism.
néon [neɔ̃], *s.m.* *Ch:* Neon. **Tube, lampe, au n.,** neon tube, lamp.
néophyte [neɔfit], *s.m.* (*a*) Neophyte. (*b*) Beginner, tyro.
néo-Zélandais, -aise [neozelɑ̃dɛ, -ɛːz]. **1.** *a.* (Of) New Zealand. **2.** *s.* New Zealander.
néphrétique [nefretik]. **1.** *a.* Nephritic, renal (pain, colic). **2.** *s.* Sufferer from nephritis.
néphrite [nefrit], *s.f.* **1.** *Med:* Nephritis. **N. chronique,** Bright's disease. **2.** *Miner:* Nephrite, jade, greenstone.
népotisme [nepɔtism], *s.m.* Nepotism.
néréide [nereid], *s.f.* Nereid; sea-nymph.
nerf [nɛːr, nɛrf, *pl.* always nɛːr], *s.m.* **1.** Nerve. **Maladie de nerfs,** nervous complaint. **Attaque de nerfs,** (fit of) hysterics. **Avoir une attaque, une crise, de nerfs,** to go into hysterics. **Le bruit continuel me met les nerfs à vif,** the constant noise frays my nerves, sets my nerves on edge. **Porter, donner, sur les nerfs de qn,** to get, jar, on s.o.'s nerves. **Elle a ses nerfs aujourd'hui,** she's very nervy today. **Paquet de nerfs,** bundle of nerves. **2.** Sinew, tendon, ligament. **N. de bœuf,** cosh, life-preserver. **Le n. de la guerre,** the sinews of war. *P:* **Mets-y du n.!** Put some effort, go, into it! **Caractère sans n.,** weak, spineless, character. **Manquer de n.,** to lack energy. stamina. **3.** (*a*) *Bookb:* Band, cord, tape. (*b*) *Arch:* Rib, fillet (of groin).
nerprun [nɛrprœ̃], *s.m.* *Bot:* Buckthorn.
nervation [nɛrvasjɔ̃], *s.f.* *Bot:* *etc:* Nervation, venation.
nervé [nɛrve], *a.* *Bot:* Nerved, veined.
nerver [nɛrve], *v.tr.* To stiffen. (*a*) To back (panel) with strips of canvas, etc. (*b*) To put a flange on (sth.). (*c*) To put bands on (book).
nerveusement [nɛrvøzmɑ̃], *adv.* **1.** Energetically. **2.** Impatiently, irritably; *F:* nervily. **Rire n.,** to laugh hysterically.
nerveux, -euse [nɛrvø, -øːz], *a.* **1.** Nervous (system, disease). **Centre n.,** nerve centre. **Dépression nerveuse,** nervous breakdown. **2.** Sinewy, wiry; virile, terse (style). **Moteur n.,** responsive engine. **3.** Excitable, highly-strung, *F:* 'nervy' (person). **Rire n.,** hysterical laugh.
nervi [nɛrvi], *s.m.* *F:* Gangster.
nervosisme [nɛrvozism], *s.m.* *Med:* Nervous diathesis; nervous predisposition.
nervosité [nɛrvozite], *s.f.* Irritability, state of nerves.
nervure [nɛrvyːr], *s.f.* (*a*) Nervure, rib, vein (of leaf, insect-wing). (*b*) Flange, rib (on casting, etc.); gill (of radiator, etc.). **Carter à nervures,** stiffened crank-case. (*c*) Rib, fillet (of groin, etc.). **Plafond à nervures,** filleted ceiling. (*d*) *Bookb:* Rib, raised band (on back of book).
nescience [nɛssjɑ̃ːs], *s.f.* Nescience; state of ignorance.
n'est-ce pas [nɛspɑ], *adv.phr.* (Inviting assent) **Vous venez, n'est-ce pas?** you are coming, aren't you? **Vous viendrez, n'est-ce pas?** you will come, won't you? **Vous ne venez pas, n'est-ce pas?** you are not coming, are you? **Il en a, n'est-ce pas?** he has some, hasn't he? **Vous lui avez parlé, n'est-ce pas?** you spoke to him, didn't you? **Il n'en vend pas, n'est-ce pas?** he doesn't sell any, does he? **N'est-ce pas qu'il a de la chance?** isn't he lucky? **Oui, n'est-ce pas?** Yes, of course! **Non, n'est-ce pas?** I shouldn't think so!
ne|t, nette [nɛt], *a.* **1.** Clean, spotless (plate etc.); flawless (stone); clear, sound (conscience). *F:* **J'ai les mains nettes,** my hands are clean; I had nothing to do with it. **Faire les plats nets,** *F:* to lick the platter clean. **Son cas n'est pas n.,** his case is not above suspicion. **Rente nette de tout impôt,** income free of tax. **Cassure nette,** clean break. **Maison nette comme un sou neuf,** house as clean as a new pin. *Gaming:* **Faire tapis n.,** to clear the board. S.a. CŒUR 2, MAISON 1, 2. **2.** (*a*) Clear (sight, idea); distinct (print); plain (answer). **Division nette,** clear-cut

division. **Contours nets,** sharp outlines. **Écriture nette,** fair hand. *Phot:* **Image nette,** sharp image. *s.m.* **Mettre un devoir au n.,** to write a fair copy of an exercise. (*b*) **Poids n.,** net weight. **3.** *adv.* (*a*) Plainly, flatly, outright. **Refuser n.,** to refuse point-blank; to give a flat refusal. **S'arrêter n.,** to stop dead. **Coupé n.,** cut clean through. **Mille francs n.,** a thousand francs net. (*b*) **Voir n.,** (i) to see distinctly, clearly; (ii) to be clear-headed. *adv.* **-tement.**

netteté [nɛt(ə)te], *s.f.* **1.** Cleanness (of mirror, wound); cleanliness (of body). **Écrit avec n.,** neatly written. **2.** (*a*) Clearness; distinctness (of vision, of object); sharpness (of image). (*b*) Flatness (of refusal).

nettoiement [nɛtwamɑ̃], *s.m.* Cleaning, clearing. **Service du n.,** refuse collection.

nettoie-pipe [nɛtwapi:p], *s.m.* Pipe-cleaner; smoker's combination. *pl. Des nettoie-pipes.*

nett|oyer [nɛtwaje], *v.tr.* (**je nettoie; je nettoierai**) (*a*) To clean; to scour (pan, deck); to swab (deck); to scour, screen (corn); to gin (cotton); to cleanse (wound). **N. à grande eau,** to swill down. **N. une pièce à fond,** to turn out a room. **N. à sec,** to dry-clean. (*b*) *F:* (Of burglar) **N. une maison,** to strip a house bare. (*c*) *Mil:* **N. les tranchées,** to clear the trenches (of remaining enemy, after attack); *F:* to mop up. (*d*) *F:* **Il est rentré du club nettoyé (à sec),** he came home from the club cleaned out. *s.m.* **-oyage.**

nettoyeur, -euse [nɛtwajœ:r, -ø:z]. **1.** *a.* Cleaning (apparatus, etc.). **2.** *s.* Cleaner. *Ind:* scrubber. **N. de fenêtres,** window-cleaner. **3.** *s.f.* **Nettoyeuse,** cleaning machine.

neuf[1], *num. a. inv. & s.m.inv.* Nine. **1.** *Card a.* (At the end of the word-group [nœf]; before **ans** and **heures** [nœv]; otherwise before vowel sounds [nœf]; before a noun or adj. beginning with a consonant usu. [nœ], often [nœf]) **J'en ai neuf** [nœf], I have nine. **Il a neuf ans** [nœvɑ̃], he is nine years old. **Neuf francs** [nœfrɑ̃], nine francs. **2.** Ordinal uses, etc. (Always [nœf]) **Le neuf mai** [lənœfmɛ], the ninth of May. **Louis Neuf,** Louis the Ninth. *Ar:* **Faire la preuve par n.,** to cast out the nines.

nuef[2], **neuve** [nœf, nœ:v]. **1.** *a.* (*a*) (Shop-)new; new (thought, subject). **A l'état (de) n.,** in new condition; as new. S.a. BATTANT I. 1, FLAMBANT. (*b*) **Pays n.,** new country. **La rue Neuve,** New Street. **N. aux affaires,** new to business. **Regarder qch. d'un oeil n.,** to take a fresh view of something. (*c*) *F:* **Qu'est-ce qu'il y a de n.?** what is the news? **2.** *s.m.* **Habillé de n.,** dressed in new clothes; *F:* in a new rig-out. **Meublé de n.,** newly refurnished. **Il y a du n.,** I have news for you. *Adv.phr.* **A n.** (i) Anew. (ii) **Remettre qch. à n.,** to renovate sth., to make sth. like new, as good as new.

neurasthénie [nørasteni], *s.f.* Neurasthenia.

neurasthénique [nørastenik], *a. & s.* Neurasthenic.

neurologie [nørɔlɔʒi], *s.f. Med:* Neurology.

neurologue [nørɔlɔg], *s.m. Med:* Neurologist, nerve specialist.

neurotique [nørɔtik], *a. Med:* Neurotic.

neutralisation [nøtralizasjɔ̃], *s.f.* Neutralization, neutralizing (of country, acid).

neutraliser [nøtralize], *v.tr.* To neutralize (effort, country, acid).

neutralité [nøtralite], *s.f.* Neutrality. **Garder la n.,** to remain neutral. **Sortir de la n.,** to take sides.

neutre [nø:tr], *a.* **1.** Neuter. *s.m.* **Adjectif au n.,** adjective in the neuter. **Abeille n.,** neuter bee. **2.** Neutral (tint, nation; *Ch:* substance). *Mil:* **La zone n.,** no-man's land. *s.m.* Neutral.

neutron [nøtrɔ̃], *s.m. El:* Neutron.

neuvaine [nœvɛn], *s.f. Ecc:* Novena.

neuve. See NEUF[2].

neuvième [nœvjɛm]. **1.** *num. a. & s.* Ninth. **2.** *s.m.* Ninth (part). **3.** *s.f. Mus:* Ninth. *adv.* **-ment.**

névé [neve], *s.m. Geol:* Névé, firn; granular ice.

neveu, -eux [n(ə)vø], *s.m.* Nephew. *F:* **N. à la mode de Bretagne,** first cousin once removed.

névralgie [nevralʒi], *s.f.* Neuralgia.

névralgique [nevralʒik], *a.* Neuralgic. **Point n.,** sore point.

névrite [nevrit], *s.f.* Neuritis.

névropathe [nevrɔpat], *s.m. & f.* Neuropath.

névroptère [nevrɔptɛ:r]. *Ent:* **1.** *a. & s.m.* Neuropteran. **2.** *s.m.pl.* **Névroptères,** neuroptera.

névrose [nevro:z], *s.f. Med:* Neurosis.

névrosé, -ée [nevroze], *a. & s. Med:* Neurotic, neurasthenic (patient).

newyorkais, -aise [nœjɔrkɛ, nju-, -ɛ:z]. **1.** *a.* Of New York. **2.** *s.* New Yorker.

nez [ne], *s.m.* **1.** Nose. (*a*) **Parler du n.,** to speak through one's nose. **Mettre le n. à la fenêtre,** to look out of the window. **Mener qn par le bout du n.,** to lead s.o. by the nose. **Fourrer son n. partout,** to poke one's nose into everything. *F:* **Cela lui pend au n.,** he's due for it. *F:* **Cela lui pendait au n.,** he had it coming to him. **Ton n. remue!** you're telling a lie! you're fibbing! **Faire un pied de n. à qn,** to cock a snook at s.o. *P:* **Je l'ai dans le n.,** I can't stand him. S.a. PIQUER 2, SAIGNER 1, VER 2. (*b*) Sense of smell; (of dogs) scent. **Avoir bon n., le n. fin,** *F:* **le n. creux** (i) to have a good nose, a keen sense of smell; (ii) *F:* to be shrewd, far-seeing. (*c*) *F:* **N. à n.,** face to face. **Montrer son n., le bout de son n., quelque part,** to show one's face somewhere. **Regardez donc quel n. il fait,** do look at the face he's pulling. **Regarder qn sous le n.,** to look defiantly at s.o. **Faire qch. au n. de qn,** to do sth. under s.o.'s nose. **Fermer la porte au n. de qn,** to shut the door in s.o.'s face. **Rire au n. de qn,** to laugh in s.o.'s face. **A vue de n.,** at first sight, at a guess, on a rough estimate. **Se casser le n.,** to find nobody at home. (Of two persons) **Se manger le n.,** to quarrel. **2.** (Nose-shaped object) (*a*) Bow, nose, head (of ship). **Vaisseau sur le n.,** ship (down) by the head, down by the bow(s). **Piquer du n.,** (of ship) to dive into it; *Av:* to nose-dive. (*b*) Nosing (of step). (*c*) Nose-piece (of engine).

ni [ni], *conj.* (**Ne** is either expressed or implied) Nor, or. (*a*) **Ni moi (non plus),** nor I (either); neither do I. **Sans argent ni bagages,** without money or luggage. (*b*) **Il ne mange ni ne boit,** he neither eats nor drinks. **Il est parti sans manger ni boire,** he went off without (either) eating or drinking. (*c*) **Ni . . . ni,** neither . . . nor. **Je n'ai ni femme ni enfant,** I have neither wife nor child. **Ni l'un ni l'autre ne l'a vu,** neither (of them) saw it.

niable [njabl], *a.* Deniable.

niais, -aise [njɛ, -ɛ:z]. **1.** *a.* Simple, foolish; inane (smile). **Je ne suis pas assez, n. pour . . .,** I know better than to. . . . **2.** *s.* Fool, simpleton. **Petite niaise!** you little silly! *adv.* **-ement.**

niaiserie [njɛzri], *s.f.* **1.** Silliness, foolishness. **2. Dire des niaiseries,** to talk nonsense.

Nicée [nise]. *Pr.n.f. A.Geog:* Nicaea. **Le symbole de N.,** the Nicene Creed.

niche[1] [niʃ], *s.f.* **1.** Niche, nook, recess (in wall, etc.). **2. N. à chien,** dog-kennel.

niche[2], *s.f. F:* Trick, prank.

nichée [niʃe], *s.f.* Nest(ful) (of birds); litter (of mice, puppies); brood (of ducklings, etc.).

nicher [niʃe]. **1.** *v.i.* (*a*) (Of bird) To build a nest; to nest. (*b*) *F:* **Où nichez-vous?** where do you hang out? **2.** *v.tr.* *A:* To put, lodge (in a nest or niche).

se nicher. (*a*) (Of bird) **Se n. dans un arbre,** to build its nest in a tree. **Maisonnette nichée dans un bois,** cottage nestling in a wood. *F:* **Je ne sais où (aller) me n.,** I don't know where to find a lodging. (*b*) To ensconce oneself (**dans,** in).

nichoir [niʃwa:r], *s.m.* Breeding-cage, -coop.

nichon [niʃɔ̃], *s.m.* (usu. *pl.*) *P:* Breast, *pl.* bubs.

nickel [nikɛl], *s.m. Miner:* Nickel.

nickel|er [nikle], *v.tr.* (**je nickelle; je nickellerai**) To nickel; to nickel-plate. *F:* **Avoir les pieds nickelés,** to sit tight, to refuse to budge. *s.m.* **-age.**

nickélifère [nikelifɛ:r], *a.* Nickel-bearing.

nickelure [nikly:r], *s.f.* Nickelling.

Nicodème [nikɔdɛ:m]. **1.** *Pr.n.m.* Nicodemus. **2.** *s.m.* *F:* Ninny; simpleton, simple Simon.

niçois, -oise [niswa, -wa:z], *a. & s.* (Native) of Nice.

nicol [nikɔl], *s.m. Opt:* Nicol (prism).

Nicolas [nikɔlɑ]. **1.** *Pr.n.m.* Nicholas. **2.** *s.m.* *F:* = NICODÈME 2.

nicotine [nikɔtin], *s.f. Ch:* Nicotine.

nictation [niktasjɔ̃], *s.f.,* **nictitation** [niktitasjɔ̃], *s.f.* Nictation, nictitation.

nictitant [niktitɑ̃], *a.* Nictitating (membrane).

nid [ni], *s.m.* **1.** Nest. *F:* **Trouver le n. vide,** to find the bird flown. **Trouver la pie au n.,** (i) to find exactly what one is looking for; (ii) *Iron:* to discover a mare's-nest. *F:* **N. de poule,** pot-hole (in road). **N. à poussière,** dust-trap. **Petit à petit l'oiseau fait son n.,** little strokes fell great oaks. *F:* **Écraser une révolte au n.,** to nip a rising in the bud. **N. de brigands,** robbers' den, robbers' retreat. S.a. ABEILLE. **2.** *(a)* **N. de mitrailleuses,** nest of machine-guns. *(b) Nau:* **N. de pie, de corbeau,** crow's-nest. *(c) Navy:* **N. de sous-marins,** submarine pen.

nièce [njɛs], *s.f.* Niece. *F:* **N. à la mode de Bretagne,** first cousin once removed.

nielle[1] [njɛl], *s.f. Agr:* Ear-cockle; *F:* smut, blight, (of wheat).

nielle[2], *s.f. Bot:* **N. des blés,** corn-cockle.

nielle[3], *s.m. Metalw:* Niello; inlaid enamel-work.

nieller[1] **(se)** [sənjɛle], *v.pr. Agr:* (Of corn, etc.) to smut, to become blighted.

niell|er[2], *v.tr.* To inlay with niello. *s.m.* **-age.**

nielleur [njɛlœːr], *s.m.* Niellist, niello-worker.

niellure[1] [njɛlyːr], *s.f.* Blighting (of cereals).

niellure[2], *s.f.* Niello-work.

nier [nje], *v.tr.* To deny (fact, God). *Abs.* **L'accusé nie,** the accused denies the charge, pleads not guilty. **Je nie l'avoir vu,** I deny having seen him. **Je nie qu'il m'ait vu,** I deny that he saw me. **Il n'y a pas à le n.,** there is no denying it.

nifé [nife], *s.m. Geol:* Core (of earth), nickel-iron.

nigaud, -aude [nigo, -oːd]. *(a) s.* Simpleton, fool, *F:* fathead, mutt. *(b) a.* Foolish, simple. **Elle est un peu nigaude,** she is rather silly.

nigelle [niʒɛl], *s.f. Bot:* Nigella; love-in-a-mist.

nihilisme [niilism], *s.m. Phil: Pol:* Nihilism.

nihiliste [niilist]. **1.** *a.* Nihilist(ic). **2.** *s.* Nihilist.

Nil (le) [lənil]. *Pr.n.m. Geog:* The (river) Nile.

nilgau(t) [nilgo], *s.m. Z:* Nylghau, nilgai; blue bull.

nille [niːj], *s.f.* Loose handle (of crank, tool, etc.).

nimbe [nɛ̃ːb], *s.m.* Nimbus, halo.

nimbé [nɛ̃be], *a.* Nimbed, nimbused, haloed.

nimbus [nɛ̃byːs], *s.m.* Nimbus; rain-cloud.

ninas [ninas], *s.m.inv.* Whiff, small cigar.

Ninon [ninɔ̃]. *Pr.n.f. Hist:* Ninon (de Lenclos). **Cheveux à la N.,** bobbed hair.

nipper [nipe], *v.tr. F:* To fit (s.o.) out (with clothes); to rig (s.o.) out.

se nipper, *F:* to fit or rig oneself out; to buy a trousseau.

nippes [nip], *s.f.pl. F:* Old clothes.

nippon, -onne [nipɔ̃, -ɔn], *a. & s.* Nipponese, Japanese.

nique [nik], *s.f.* **Faire la n. à qn,** to cock a snook at s.o.; to make fun of s.o.

nitouche [nituʃ], *s.f. F:* **Sainte n.,** little hypocrite. **C'est une sainte n.,** butter wouldn't melt in her mouth.

nitrate [nitrat], *s.m. Ch:* Nitrate.

nitre [nitr], *s.m. A:* Nitre, saltpetre.

nitré [nitre], *a. Ch:* Nitrated. **Composé n.,** nitro-compound.

nitreux, -euse [nitrø, -øːz], *a. Ch:* Nitrous.

nitrière [nitriɛːr], *s.f.* **1.** Nitre-bed, saltpetre-bed. **2.** Nitre-works.

nitrifier [nitrifje], *v.tr. Ch:* To nitrify.

nitrique [nitrik], *a. Ch:* Nitric (acid).

nitrocellulose [nitrɔselyloːz], *s.f. Exp:* Nitrocellulose.

nitroglycérine [nitrɔgliserin], *s.f. Exp:* Nitroglycerine.

niveau [nivo], *s.m.* Level. **1.** (Instrument) *(a)* **N. à bulle d'air,** air-, spirit-level. **N. de maçon, à plomb,** vertical level, plumb-level. *Phot:* **Viseur à n.,** view-finder and level combined. *(b) Mch: etc:* **N. d'eau,** water-gauge. *Aut:* **N. d'essence,** petrol-gauge. **2.** *(a)* **Le n. de l'eau, de la mer,** the level of the water, of the sea; the water-level. **N. des hautes eaux, des basses eaux,** high water mark, low water mark. **A franc n.,** dead level. **Être de n.,** to be level. **Mettre qch. de n., à n.,** to level sth. *El:* **Ramener l'électrolyte (de l'accu) à n.,** to top up the battery. *Mch:* **Indicateur du n. d'eau, tube de n.,** water-gauge, gauge-glass. *Aut: etc:* **(Carburateur, etc.) alimenté par différence de n.,** gravity-fed (carburettor, etc.). *Rail:* **Passage à n.,** level crossing. S.a. COURBE 2. *(b)* **N. de vie,** standard of living. **N. des études dans une école,** academic standard of a school. **Être au n. de qch., de qn,** to be on a level, on a par, with sth., with s.o.

niveler [nivle], *v.tr.* **(je nivelle; je nivellerai) 1.** To take the level of, to survey (ground). **2.** To level, to even up (ground, fortunes). **N. par le bas, au plus bas,** to level down. **N. au plus haut,** to level up.

se niveler, to become level, to settle (down).

niveleur, -euse [nivlœːr, -øːz]. **1.** *a.* Levelling. **2.** *s.* Leveller.

nivellement [nivɛlmɑ̃], *s.m.* **1.** Surveying, contouring (of land). *Surv:* **Repère de n.,** bench-mark. **2.** Levelling.

nivôse [nivøːz], *s.m. Fr.Hist:* Fourth month of Fr. Republican calendar (Dec.-Jan.).

nobiliaire [nɔbiljɛːr], *a.* Nobiliary (rank, etc.). **La particule n.,** the nobiliary particle (i.e. de).

noble [nɔbl]. **1.** *a.* Noble. *(a)* **Être n. de race,** to be of noble descent, of noble birth. *(b)* Stately, lofty (air). *Th:* **Père n.,** heavy father. *(c)* High-minded, lofty (soul). **2.** *s.* Noble-(man), noblewoman. **Les nobles,** the nobility. *adv.* **-ment.**

noblesse [nɔblɛs], *s.f.* **1.** Nobility. *(a)* Noble birth. S.a. LETTRE 3. *(b) Coll.* **La haute et la petite n.,** the nobility and gentry. **2.** Nobility, nobleness (of heart, behaviour).

noce [nɔs], *s.f.* **1.** *(a)* Wedding; wedding festivities. *(b)* Wedding-party. *(c) pl. A:* Marriage, nuptials. (Still usual in) **Repas de noces,** wedding feast. *F:* **Être de n.,** to be a guest at the wedding. **Voyage de noces,** wedding-trip, honeymoon (trip). **Noces d'argent, de vermeil, d'or, de diamant,** silver, ruby, golden, diamond, wedding. **Il l'avait épousée en secondes noces,** she was his second wife. **2.** *F:* *(a)* **Faire la n.,** to go on a binge. **Usé par la n.,** worn out with riotous living. *(b)* **Il n'avait jamais été à pareille n.,** he was having the time of his life. **Je n'étais pas à la n.,** I was having a bad time.

nocer [nɔse], *v.i. F:* **(je noçai(s); n. noçons) 1.** To feast. **2.** To go on the binge.

noceur, -euse [nɔsœːr, -øːz], *s. F:* *(a)* Reveller. *(b)* Dissipated man, woman; *m.* gay dog.

nocher [nɔʃe], *s.m. Poet:* Pilot, boatman.

nocif, -ive [nɔsif, -iːv], *a.* Injurious, noxious, harmful (à, to).

nocivité [nɔsivite], *s.f.* Noxiousness, harmfulness.

noctambule [nɔktɑ̃byl]. **1.** *a.* Noctambulant. **2.** *s.* *(a)* Somnambulist, sleep-walker. *(b) F:* Night-prowler; night-bird.

noctambulisme [nɔktɑ̃bylism], *s.m.* Noctambulism; sleep-walking.

noctuelle [nɔktɥɛl], *s.f.* Noctua; owlet-moth.

nocturne [nɔktyrn]. **1.** *a.* Nocturnal (visit, animal). *Bot:* Night-flowering. **Attaque n.,** night attack. *Jur:* **Bruit et tapage n.,** disorder by night. **2.** *s.m.* *(a) Ecc:* Nocturn. *(b) Mus:* Nocturne. *(c) Orn:* Night-bird.

nodal, -aux [nɔdal, -o], *a.* Nodal (point, line).

nodosité [nɔdozite], *s.f.* **1.** Nodosity. **2.** Node, nodule (on tree trunk, gouty hand).

nodule [nɔdyl], *s.m. Geol: Med:* Nodule.

Noé [nɔe]. *Pr.n.m. B.Hist:* Noah. S.a. ARCHE[1].

Noël [nɔɛl], *s.m.* **1.** Christmas. **A la N., à N.,** at Christmas. **Le jour de N.,** Christmas Day. **La nuit, la veillée, de N.,** Christmas Eve. **Bûche de N.,** yule-log. **Arbre de N.,** Christmas-tree. **Le Père N.,** Father Christmas, Santa Claus. **2. Un n.,** a Christmas carol. **3. Un petit N.,** a Christmas present.

nœud [nø], *s.m.* **1.** *(a)* Knot. *Nau:* Hitch, bend. **Faire un n. à son mouchoir,** to tie a knot in one's handkerchief. **N. coulant,** (i) slip-knot, running knot; (ii) noose. **N. de grappin, n. anglais,** fisherman's bend. **N. droit, plat,** reef-knot. **N. de vache,** carrick bend. S.a. BOULINE. **Corde à nœuds,** knotted rope. **Faire son n. de cravate,** to knot one's tie. **Les nœuds de l'amitié,** the bonds, ties, of friendship. **Trancher le n. gordien,** to cut the Gordian knot. *(b)* **Le n. de la question,** the crux of the matter. *(c) Cost:* Bow. **Faire un n.,** to tie a bow. **N. de diamants,** diamond cluster. **2.** Node (of curve, orbit, oscillation). 3. *(a)* Knot (in timber). *(b)* Node, joint (in stem of grass, etc.). *(c) Tex:* Burl. **4. N. de voies ferrées,** railway junction. **5.** *Nau.Meas:* Knot. **Filer, faire, tant de nœuds,** to make, steam, do, so many knots. S.a. FILER I. 2.

noir, -e [nwa:r]. **1.** *a.* Black. (*a*) **N. comme du jais,** jet-black. **Race noire,** negro race. *Art:* **Dessiner au crayon n.,** to work in black and white. (*b*) Dark, swarthy (complexion). **Yeux noirs,** dark eyes; jet black eyes. (*c*) Dark (night, dungeon); gloomy (weather, thoughts). **Il fait déjà n.,** it is dark already. **Il faisait n. comme dans un four, il faisait nuit noire,** it was pitch dark. S.a. CHAMBRE 3. **Avoir des idées noires,** to be in the dumps. S.a. HUMEUR 2. **Humour noir,** macabre, grim, humour. **Ma bête noire,** my pet aversion. **Misère noire,** dire poverty. *Th:* **Four n.,** dead failure. S.a. SÉRIE 1. (*d*) Dirty, grimy (hands, linen). (*e*) Base, black (ingratitude); foul (deed); black (magic). *Prov:* **Le diable n'est pas si n. qu'on le dit,** the devil is not as black as he's painted. (*f*) *P:* Dead drunk. **2.** *s.* Black man, woman; negro, negress. **Traite des noirs,** slave-trade. **3.** *s.m.* (*a*) **Cheveux d'un n. de corbeau,** raven-black hair. **Voir tout en n.,** to look at the dark side of everything. **Broyer du n.,** to be in the dumps. **Pousser au noir,** to present, to paint, a gloomy picture. **Un broyeur de n.,** a dismal Jemmy. S.a. BLANC II. 1, POT 1. **Être vêtu (tout) de n., être en n.,** to be dressed (all) in black, to be in mourning. **Carte en n.,** black-and-white post-card. *Typ:* **En noir,** Clarendon. **C'était écrit, n. sur blanc,** it had been set down in black and white. (*b*) Bulls'-eye (of target). *F:* **Mettre dans le n.,** to hit the mark. (*c*) **N. animal,** bone-black, animal-black. **N. à fourneaux,** grate-polish. **N. de fumée,** lamp-black. (*d*) *P:* **Petit n.,** cup of black coffee. **4.** *s.f.* **Noire.** (*a*) (At roulette) **Jouer sur la noire,** to stake, play, on the black. (*b*) (In balloting) Black ball. (*c*) *Mus:* Crotchet.

noirâtre [nwarɑ:tr], *a.* Blackish, darkish.

noiraud [nwaro], *a.* Swarthy.

noirceur [nwarsœ:r], *s.f.* **1.** Blackness; darkness, gloominess (of weather, etc.); baseness (of soul); heinousness, foulness (of crime). **2.** Black spot; smudge; smut (on the face). **3.** Atrocity. **4. Dire des noirceurs de qn,** to slander s.o.

noirc|ir [nwarsi:r]. **1.** *v.i.* To grow, become, turn, black or dark; to darken. **2.** *v.tr.* (*a*) To blacken. **Se n. le visage,** to black one's face. **Se n. la barbe,** to dye one's beard black. *F:* **N. du papier,** to scribble. (*b*) To smut, grime, sully (sth.). (*c*) To darken, throw a gloom over (the sky, etc.). *s.m.* **-issement.**

se noircir, to grow black, dark. **Cela s'est noirci à la fumée,** it has blackened in the smoke.

noircissure [nwarsisy:r], *s.f.* Black spot; smudge.

noise [nwa:z], *s.f.* *A:* Quarrelling. **Chercher n. à qn,** to try to pick a quarrel with s.o.

noisetier [nwaztje], *s.m.* Hazel(-tree, -bush).

noisette [nwazɛt]. **1.** *s.f.* Hazel-nut. **Aller aux noisettes,** to go nutting. **2.** *a.inv.* Hazel; nut-brown.

noix [nwɑ], *s.f.* **1.** Walnut. **2.** Nut. **N. d'Amérique, du Brésil,** Brazil nut. **N. de coco,** coconut. **N. d'acajou,** cashew-nut. **N. vomique,** nux vomica. *P:* **Un travail à la n.,** a shocking piece of work. **Vieille n.,** old chap. **3. N. de gigot,** pope's eye (in leg of mutton). S.a. GÎTE[1] 3. **4.** *Tchn:* (*a*) Tumbler (of gun-lock). (*b*) Sprocket (of chain-wheel); grinder (of coffee-mill). (*c*) Cam-wheel. (*d*) Plug (of cock). (*e*) Drum-head (of capstan). (*f*) Whorl (of spindle).

nolage [nɔla:ʒ], *s.m.*, **nolis** [nɔli], *s.m.* **1.** Freighting (of ships). **2.** (Cost of) freight.

noliser [nɔlize], *v.tr.* To freight (ship).

noliseur [nɔlizœ:r], *s.m.* Freighter, charterer.

nom [nɔ̃], *s.m.* **1.** Name. **Un homme du n. de Pierre,** a man called Peter. **N. de famille,** surname. **N. de baptême, petit n.,** Christian name. **Son n. de jeune fille,** her maiden name. **Être connu sous le n. de . . .,** to go by the name of. . . . **Porter le n. de qn,** to be called after s.o. **N. de guerre,** stage-name; assumed name; (journalist's) pen-name. **N. de théâtre,** stage-name. **Voyager sous un faux n.,** to travel under an alias. **N. et prénoms,** full name. *F:* **Appeler les choses par leur n.,** to call a spade a spade. **Quelqu'un dont je tairai le n.,** someone who shall be nameless. **Impolitesse qui n'a pas de n.,** rudeness beyond words. **Ça n'a pas de n.!** it is unspeakable! **Je le ferai ou j'y perdrai mon n.,** I'll do it or my name isn't (Jones). **N. d'un n.! n. d'une pipe! n. d'un chien!** (euphemisms for **n. de Dieu.**) Hell! **Se faire un grand n.,** to win fame, renown; to make, achieve, a name for oneself. **N'être maître que de n.,** to be master in name only. **Au n. de la loi,** in the name of the law. **Fait en mon n.,** done in my name, by my authority. **Parler en son n.,** to speak for oneself. **Parler au n. de qn.,** to speak on behalf of s.o. **2.** *Gram:* Noun, substantive.

nomade [nɔmad]. **1.** (*a*) Nomadic; wandering (tribe); migratory (bird); roving (instinct). **2.** *s.m.pl.* **Nomades,** wandering tribes; nomads. *P.N:* **Stationnement interdit aux nomades,** no camping of gypsies.

nombrable [nɔ̃brabl], *a.* Countable.

nombre [nɔ̃:br], *s.m.* Number. **1.** (*a*) **N. entier,** whole number; integer. *Ecc:* **N. d'or,** golden number. (*b*) **N. de . . ., bon n. de . . ., un certain n. de . . ., un assez grand n. de . . .,** a number of, a good many. . . . **Un grand n., un petit n., d'entre nous,** many, few, of us. **En n. écrasant,** by an overwhelming majority. **Surpasser en n.,** to outnumber. **Ils ont vaincu par le n.,** they conquered by force of numbers. **Succomber sous le n.,** to be overpowered by numbers. **Ne pas être en n.,** not to have a quorum. **Sans n.,** countless, numberless; without number; *F:* no end of. **Tout fait n.,** every little helps. **Venez pour faire n.,** come and help to make a crowd. **Ils sont au n. de huit,** they are eight in number. **Il est au n., du n., des élus,** he is one of the elect. **Mettre, compter, qn au n. de ses intimes,** to number s.o. among one's friends. **Dans le n. se trouvaient plusieurs étrangers,** among them were several strangers. **2.** *Gram:* Number. **3. Phrase qui a du n.,** well-balanced sentence.

nombrer [nɔ̃bre], *v.tr.* To number, reckon, count.

nombreux, -euse [nɔ̃brø, -ø:z], *a.* **1.** (*a*) Numerous. **Famille nombreuse,** large family. **Pendant de nombreuses générations,** for many generations. **Peu n.,** few (in number). **Réunion peu nombreuse,** small party. **Auditoire peu n.,** thin house. **Moins n.,** fewer. (*b*) Multifarious, manifold (duties, etc.). **2.** Harmonious, rhythmical, well-balanced (prose).

nombril [nɔ̃bri], *s.m.* **1.** (*a*) Navel. *F:* **Il se prend pour le n. du monde,** he thinks he is God's gift to mankind. (*b*) Hilum, eye (of fruit). **2.** *Bot:* **N. de Vénus,** navel-wort, penny-wort.

nomenclature [nɔmɑ̃klaty:r], *s.f.* **1.** Nomenclature. **2.** List, catalogue.

nominal, -aux [nɔminal, -o], *a.* (*a*) **Appel n.,** roll-call, call-over. **Faire l'appel n.,** (i) to call over (assembly); (ii) to array (jury). (*b*) Nominal (price, horse-power). **Valeur nominale,** face value (of shares, etc.). *adv.* **-ement.**

nominateur [nɔminatœ:r], *s.m.* Nominator (**à,** to); presenter, patron (of living, etc.).

nominatif, -ive [nɔminatif, -i:v]. **1.** *a.* **État n.,** list of names; nominal roll. *Fin:* **Titres nominatifs,** registered securities. **2.** *a. & s.m.* *Gram:* Nominative (case). **Au n.,** in the nominative (case).

nomination [nɔminasjɔ̃], *s.f.* **1.** Nomination (for an appointment). **2.** Appointment. **Recevoir sa n.,** to be appointed (**à un poste,** to a post). **N. à un grade supérieur,** promotion. **3.** *Sch:* **Il a eu deux nominations,** he was mentioned twice on the prize-list, honours-list.

nommément [nɔmemɑ̃], *adv.* **1.** (*a*) Namely; to wit. (*b*) Especially. **2. Mentionner qn n.,** to mention s.o. by name.

nommer [nɔme], *v.tr.* **1.** To name; to give a name to (s.o., sth.). **On le nomma Jean,** they named him John. *Jur:* **Le nommé Dupont,** (i) a man of the name of Dupont; (ii) the man Dupont. **2.** (*a*) To mention by name. **Il ne nomma personne,** he mentioned no names. **Un homme que je ne nommerai pas,** a man who shall be nameless. (*b*) **N. un jour,** to fix a day. **A jour nommé,** on the appointed day. S.a. POINT[1] 3. **3.** To appoint, name (s.o. to an office or post). **Être nommé au grade de . . .,** to be appointed, promoted, to the rank of. . . .

se nommer. **1.** To state one's name. **2.** To be called, named. **Comment vous nommez-vous?** What's your name?

non [nɔ̃], *adv.* No; not. **1. Vient-il?—N.,** is he coming?—No (, he's not, he isn't). **Fumez-vous?—N.,** do you smoke?—No, I don't. **Venez-vous, oui ou n.?** Are you coming or not? **Mais n.! dame n.! mon**

Dieu n.! que n.! no indeed! **N. pas!** not at all! **N., je vous en prie,** please don't! **Je pense que n.,** I think not. **Je dis que n.,** I say no. **Je parie que n.,** I bet it isn't. **Faire signe que n.,** to shake one's head. **Il est respecté mais n. pas aimé,** he is respected but not loved. **Qu'il vienne ou n. . . .,** whether he comes or not. . . . **N. (pas) que je le craigne,** not that I fear him. **N. que je ne vous plaigne,** not that I don't pity you. **C'est dégoûtant, n.?** It is disgusting isn't it? *s.m.inv.* **Vingt oui et trente n.,** twenty ayes and thirty noes. **Les n. l'emportent,** the noes have it. **Répondre par un n.,** to answer in the negative. **Il se fâche pour un oui, pour un n.,** he flares up at the least thing. **2. N. loin de la ville,** not far from the town. **N. sans raison,** not without reason. **N. seulement . . . mais encore . . .,** not only . . . but also. . . . **3.** (In compound words) Non-, in-, un-. *E.g.* **N.-comparution,** non-appearance. **Pacte de n.-agression,** non-aggression pact. **N.-cohésif,** incohesive. **N.-vérifié,** unverified.

non-activité [nɔnaktivite], *s.f.* Non-activity. **Mise en n.-a.,** suspension. *Mil:* **Mettre un officier en n.-a.,** to put an officer on half-pay.

nonagénaire [nɔnaʒenɛːr], *a. & s.* Nonagenarian.

non-agression [nɔnagrɛsjɔ̃], *s.f.* Non-aggression.

nonante [nɔnɑ̃ːt], *num.a. Dial:* Ninety.

non-arrivée [nɔ̃arive], *s.f.* Non-arrival.

non-belligérance [nɔ̃bɛlliʒerɑ̃ːs], *s.f.* Non-belligerency.

nonce [nɔ̃ːs], *s.m.* **N. du Pape,** Papal Nuncio.

nonchalance [nɔ̃ʃalɑ̃ːs], *s.f.* Nonchalance, listlessness, unconcern. **Avec n.,** listlessly.

nonchal|ant [nɔ̃ʃalɑ̃], *a.* Nonchalant, listless, unconcerned. *adv.* **-amment.**

nonciature [nɔ̃sjatyːr], *s.f.* **1.** Nunciature. **2.** Nuncio's residence.

non-combattant [nɔ̃kɔ̃batɑ̃], *a. & s.m.* Non-combatant. *pl. Des non-combattants.*

non-conducteur, -trice. [nɔ̃kɔ̃dyktœːr, -tris]. *Ph:* **1.** *a.* Non-conducting. **2.** *s.m.* Non-conductor.

non-conformisme [nɔ̃kɔ̃fɔrmism], *s.m.* Nonconformity.

non-conformiste [nɔ̃kɔ̃fɔrmist], *a. & s.* Nonconformist. *pl. Des non-conformistes.*

non-disponibilité [nɔ̃dispɔnibilite], *s.f.* Non-availability, unavailability.

non-disponible [nɔ̃dispɔnibl], *a.* Non-available, unavailable.

non-être [nɔ̃ɛːtr], *s.m.* Nonentity, non-existence.

non-exécution [nɔnegzekysjɔ̃], *s.f.* Non-fulfilment (of agreement, etc.); non-performance.

non-existant [nɔ̃egzistɑ̃], *a.* Non-existent.

non-existence [nɔ̃egzistɑ̃ːs], *s.f.* Non-existence.

non-ferreux [nɔ̃fɛrø], *a.* Non-ferrous.

non-intervention [nɔnɛ̃tɛrvɑ̃sjɔ̃], *s.f.* Non-intervention, non-interference.

non-interventionnisme [nɔnɛ̃tɛrvɑ̃sjɔnism], *s.m.* Non-intervention.

non-interventionniste [nɔnɛ̃tɛrvɑ̃sjɔnist], *a. & s. Pol:* Non-interventionist.

non-lieu [nɔ̃ljø], *s.m. Jur:* No true bill, no ground for prosecution. **Ordonnance de n.-l.,** nonsuit.

non-livraison [nɔ̃livrɛzɔ̃], *s.f.* Non-delivery.

non-moi [nɔ̃mwa], *s.m. Phil:* Non-ego, not-I.

nonne [nɔn], *s.f.* Nun.

non-négociable [nɔ̃negɔsjabl], *a.* Unnegotiable (bill).

nonnette [nɔnɛt], *s.f.* **1.** *F: A:* Young nun. **2.** Small cake of iced gingerbread. **3.** *Orn:* Titmouse, *pl.* titmice; tom-tit.

nonobstant [nɔnɔpstɑ̃]. *A: Jur:* **1.** *prep.* Notwithstanding. **Ce n.,** this notwithstanding. **2.** *adv.* Nevertheless.

non-ouvré [nɔ̃uvre], *a.* Unworked, unwrought.

nonpareil, -eille [nɔ̃parɛːj]. **1.** *a.* Peerless, matchless; unparalleled (patience, etc.). **2.** *s.f.* **Nonpareille.** (*a*) Nonesuch (apple, etc.); nonpareil. (*b*) (Confectioner's) fancy ribbon. (*c*) *Typ:* Six-point type; nonpareil.

non-présentation [nɔ̃prezɑ̃tasjɔ̃], *s.f.* **N.-p. d'enfant,** concealment of birth.

non-recevoir [nɔ̃r(ə)səvwaːr], *s.m. Jur:* **Opposer une fin de n.-r. (à une réclamation),** to put in a plea in bar (of a claim); to traverse (a claim).

non-récupérable [nɔ̃rekyperabl], *a.* Expendable.

non-réussite [nɔ̃reysit], *s.f.* Failure, unsuccess(fulness); miscarriage (of plan).

non-sens [nɔ̃sɑ̃ːs], *s.m.* Meaningless sentence, translation, or action; absurd action.

non-syndiqué, -ée [nɔ̃sɛ̃dike]. **1.** *a.* Non-union (workman). **2.** *s.* Non-unionist.

non-tarifé [nɔ̃tarife], *a.* Duty-free.

non-valable [nɔ̃valabl], *a.* **1.** *Jur:* Invalid (clause, etc.). **2.** (Of ticket, etc.) Not valid.

non-valeur [nɔ̃valœːr], *s.f.* **1.** Object of no value; bad debt; worthless security; non-productive land. **2.** Inefficient employee; *F:* passenger. **3.** Unproductivity. **Terres en n.-v.,** unproductive land.

non-violence [nɔ̃vjolɑ̃ːs], *s.f.* Non-violence.

nopal, -als [nɔpal], *s.m. Bot:* Nopal; cochineal cactus, cochineal fig.

nord [nɔːr], *s.m.* No *pl.* **1.** North. **Au n., dans le n.,** in the north. **Au n. de,** (to the) north of (country, etc.). **Le grand N. (Canadien),** the frozen North (of Canada). **L'Étoile du n.,** the North Star. **Vent du n.,** northerly wind. **La mer du N.,** the North Sea. **L'Amérique du N.,** North America. **L'Irlande du N.,** Northern Ireland. *Nau:* **Chemin n. (d'un vaisseau),** northing (of a ship). **Du n. au midi** = from Lands' End to John o'Groat's. *F:* **Perdre le n.,** to lose ones' bearings, to be all at sea. **2.** *a.inv.* North, northern. **Le pôle n.,** the North Pole. **Le Cap N.,** the North Cape.

nord-africain, -aine [nɔrafrikɛ̃, -ɛn], *a. & s.* North African.

nord-américain, -aine [nɔramerikɛ̃, -ɛn], *a. & s.* North American.

nord-est [nɔr(d)ɛst, *Nau:* nɔrɛ], *s.m.* **1.** North-east. **2.** North-east wind; north-easter, *F:* nor'easter.

nordique [nɔrdik]. **1.** *a.* Nordic, Scandinavian. **2.** *s.m.* Norse (language).

nord-ouest [nɔr(d)wɛst, *Nau:* nɔrwa], *s.m.* **1.** North-west. **2.** North-west wind; north-wester, *F:* nor'-wester.

noria [nɔrja], *s.f.* **1.** Chain-pump, bucket-chain, noria. **2.** Bucket-conveyor.

normal, -aux [nɔrmal, -o]. **1.** *a.* (*a*) Normal. **École normale,** teachers' training college, *U.S:* normal school. **École normale supérieure,** *F: s.f.* **Normale,** university college preparing for the higher posts in the teaching profession. (*b*) **Poids n.,** standard weight. **Échantillon n.,** average sample. **Aux cotes normales,** of standard dimensions. **Vitesse normale,** rated speed. (*c*) *Geom:* Perpendicular (à, to). **2.** *s.f.* **Normale.** (*a*) *Geom:* Perpendicular. (*b*) **Température au-dessus de la normale,** temperature above (the) normal. *Golf:* **Jouer contre la normale,** to play against bogey. *adv.* **-ement.**

normalien, -ienne [nɔrmaljɛ̃, -jɛn], *s.* Student, former student, (i) of a training college; (ii) of the *École normale supérieure.*

normaliser [nɔrmalize], *v.tr.* To normalize; to standardize.

normalité [nɔrmalite], *s.f.* Normality.

normand, -ande [nɔrmɑ̃, -ɑ̃ːd], *a. & s.* **1.** Norman; of Normandy. *F:* **Réponse normande,** non-committal answer. **Répondre en N.,** to give an evasive, equivocal, answer. **C'est un fin N.,** he is a shrewd fellow. **A N. N. et demi,** set a thief to catch a thief. **2.** *Hist:* (*a*) **Les Normands,** the Norsemen. (*b*) **La conquête normande,** the Norman conquest.

Normandie [nɔrmɑ̃di]. *Pr.n.f.* Normandy.

norme [nɔrm], *s.f.* Norm, standard. **N. de conduite,** rule of conduct. **Qui échappe à la n.,** abnormal.

noroît [nɔrwa], *s.m.* = NORD-OUEST 2.

Norvège [nɔrvɛːʒ]. *Pr.n.f.* Norway.

norvégien, -ienne [nɔrveʒjɛ̃, -jɛn]. **1.** *a. & s.* Norwegian. **2.** *s.m. Ling:* Norwegian. **3.** *s.f.* **Norvégienne,** round-stemmed rowing-boat.

nos [no], *poss.a.* See NOTRE.

nostalgie [nɔstalʒi], *s.f.* Nostalgia; home-sickness. **N. de la mer,** yearning after the sea.

nostalgique [nɔstalʒik], *a.* Nostalgic; home-sick.

nostoc [nɔstɔk], *s.m. Algae:* Nostoc, star-jelly.

nota [nɔta], *s.m.inv.* **1.** Marginal note; foot-note. **2.** **Nota bene, N.B.** [notabene], please note, N.B.

notabilité [nɔtabilite], *s.f.* Notability. **1.** Notableness. **2.** Person of distinction, of note.

notable [nɔtabl], *a.* Notable. **1.** Worthy of note; considerable. **Sans variation n.**, without appreciable change. **2.** Eminent, distinguished (person). *s.m.* Person of distinction, of standing. **Les notables,** the leading citizens. *adv.* **-ment.**

notaire [nɔtɛːr], *s.m.* Lawyer; *U.S:* notary (executes authentic deeds; deals with sales of real estate, with successions, with marriage contracts). *Scot:* Notary public. *F:* **C'est comme si le n. y avait passé,** his word is as good as his bond.

notamment [nɔtamɑ̃], *adv.* (*a*) More particularly; especially; in particular. (*b*) Among others. . . .

notarié [nɔtarje], *a. Jur:* S.a. ACTE 2.

notation [nɔtasjɔ̃], *s.f.* Notation.

note [nɔt], *s.f.* **1.** Note, memorandum, memo, minute. **N. d'avis,** advice note. **Jeter quelques notes sur le papier,** to jot down a few notes. **Notes de cours,** lecture-notes. **Prendre n. de qch., prendre qch. en n.,** to note sth.; to take, make, a note of sth. **Prendre bonne n. de qch.,** to take due note of sth. **2.** Annotation. **N. en bas de page,** foot-note. **3.** Notice. **Faire passer une n. dans les journaux,** to have a notice put in the papers. **4.** *Sch: etc:* Mark. **Bonne, mauvaise n.,** good, bad, mark. **Notes trimestrielles,** end-of-term report. **5.** *Mus:* Note. **Faire une fausse n.,** to play or sing a false note. **Donner la n.,** (i) to sound the key-note, give the lead (to singers, etc.); (ii) *F:* to give the lead, to set the fashion. *F:* **Changer de n., chanter sur une autre n.,** to change one's tune. **Forcer la n.,** (i) to exaggerate; (ii) to overdo it. **Discours dans la n. voulue,** speech that strikes the right note. **Une n. d'originalité,** a touch of originality. **6.** (Repute) **Un homme de n.,** a man of note. **7.** Bill, account, invoice. **Payer la n.,** *F:* to foot the bill.

noté [nɔte], *a.* **Homme mal n.,** man of bad reputation. **Être bien n.,** to have a good record.

noter [nɔte], *v.tr.* **1.** To note; to take notice of (sth.). **Chose à n.,** thing worthy of notice. **Il est à n. que,** it should be observed that. . . . **Notez bien cela,** take good note of that. S.a. INFAMIE 1. **2.** To put down, jot down (sth.); to take, make, a note of (sth.). **3.** *Mus:* **N. un air,** to write down, take down, a tune.

notice [nɔtis], *s.f.* **1.** Notice, account. **2.** Review (of a book). **3.** Directions (for use).

notification [nɔtifikasjɔ̃], *s.f.* Notification, notice, intimation.

notifier [nɔtifje], *v.tr.* **N. qch. à qn,** to notify, inform, s.o. of sth. **N. son consentement,** to signify one's consent. S.a. CITATION.

notion [nosjɔ̃], *s.f.* Notion, idea. **Perdre la n. du temps,** to lose count of time. **Quelques notions de chimie,** a smattering of chemistry.

notoire [nɔtwaːr], *a.* Well-known (fact); (fact) of common knowledge; manifest (injustice). **Il est n. que . . .,** it is notorious that. . . . *adv.* **-ment.**

notoriété [nɔtɔrjete], *s.f.* **1.** Notoriety, notoriousness (of fact); repute (of person). **Avoir de la n.,** to be well-known. **Il est de n. publique . . .,** it is (a matter of) common knowledge. . . . **2.** *Jur:* **Acte de n.,** identity certificate; attested affidavit (in proof of death, etc.).

notre, *pl.* **nos** [nɔtr, no], *poss.a.* Our. **Nos père et mère,** our father and mother. **N. meilleur ami,** our best friend.

nôtre [noːtr]. **1.** *poss.a.* Ours. **Sa maison est n.,** his house is ours, we have a free run of his house. **2. Le nôtre, la nôtre, les nôtres.** (*a*) *poss.pron.* Ours; our own. **Il préfère vos tableaux aux nôtres,** he prefers your pictures to ours. (*b*) *s.m.* (i) Our own (property, etc.). (ii) *pl.* Our own (friends, etc.). **Est-il des nôtres?** is he one of us? **Vous serez des nôtres, n'est-ce pas?** you will join our party, won't you?

Notre-Dame [nɔtrədam], *s.f. Ecc:* Our Lady. **La (fête de) N.-D.,** the feast of the Assumption.

notule [nɔtyl], *s.f.* Short (marginal or foot-)note.

nouba [nuba], *s.f.* **1.** Algerian military band. **2.** *P:* **Faire la n.,** to paint the town red.

noue¹ [nu], *s.f.* Marshy meadow, water-meadow.

noue², *s.f. Const:* (*a*) Valley-channel (of roof). (*b*) Gutter-tile.

noué [nwe, nue], *a.* **1.** (*a*) Rickety (child). *F:* **Esprit n.,** stunted mind. (*b*) **Articulations nouées,** stiff, ankylosed, joints. **2.** *Needlew:* **Point n.,** lock-stitch (made by sewing-machine).

nou|er [nwe, nue], *v.tr.* **1.** To tie, knot. **N. ses cheveux, se n. les cheveux,** to tie up, put up, one's hair. **N. qch. dans qch.,** to tie up sth. in sth. **2. L'âge lui a noué les membres,** age has stiffened his joints. **3. N. conversation avec qn,** to enter into conversation with s.o. **N. des relations,** to establish relations. S.a. AMITIÉ 1. **4. N. l'intrigue,** to bring the plot, the action, (of a play, novel) to a head. **Pièce bien nouée,** well-knit play. *s.m.* **-age.**

se nouer. 1. (Of cord, thread) To become knotted; to kink. **2. Le lierre se noue à l'arbre,** ivy clings to the tree. **3.** (*a*) (Of joints) To become ankylosed. (*b*) (Of broken bone) To knit. **4.** (Of fruit) To set, knit.

noueux, -euse [nuø, -øːz], *a.* **1.** Knotty (string, wood); gnarled (stem, hands). **2.** Ankylosed (joints, etc.). **Rhumatisme n.,** rheumatoid arthritis, arthritis deformans, osseous rheumatism.

nougat [nugɑ], *s.m.* Nougat.

nouilles [nuːj], *s.f.pl.* **1.** *Cu:* Noodles. **2.** (*In sg.*) *a.* & *s.f. P:* **C'est une nouille,** he, she, is a drip, a wet; he's, she's, got no guts.

noumène [numɛn], *s.m. Phil:* Noumenon.

nounou [nunu], *s.f. F:* (In the nursery) Nanny.

nourri [nuri], *a.* **1.** (*a*) Nourished, fed. **Mal n.,** ill-fed, underfed. **N. au biberon,** bottle-fed. (*b*) **Rapport n. de faits,** report packed with facts. (*c*) **N. des auteurs classiques,** steeped in the classics. **2.** Rich, copious (style); broad, firm (line in drawing); full (tone, sound). **Acclamations nourries,** sustained applause. *Mil:* **Feu n.,** well-sustained, brisk, fire.

nourrice [nuris], *s.f.* **1.** (Wet-)nurse. **N. sèche,** dry-nurse. **Conte de n.,** nursery tale. **La mémoire est la n. du génie,** genius is fostered by memory. S.a. ÉPINGLE 1. **2.** (Wet-)nursing. **Mettre, prendre, un enfant en n.,** to put out, take in, a child to nurse. **Avoir été changé en n.,** to have been changed in the cradle. **Enfant changé en n.,** changeling. **3.** *Tchn:* (*a*) Auxiliary, tank, service-tank; feed-tank. (*b*) Feed-pipe, -pump.

nourricerie [nurisri], *s.f.* **1.** Stock-farm. **2.** Silkworm farm.

nourricier, -ière [nurisje, -jɛːr]. **1.** *a.* Nutritious, nutritive. **2.** *s.m.* **(Père) n.,** foster-father. *s.f.* **(Mère) nourricière,** foster-mother.

nourrir [nuriːr], *v.tr.* To nourish. **1.** (*a*) To suckle, nurse (infant). **N. un enfant au biberon,** to bring up a child on the bottle. (*b*) To bring up, nurture, rear (children); to fatten (cattle). **2.** (*a*) To feed (**de, avec,** with, on); to maintain (one's family); to board (workers, pupils). **Cinq cents francs par mois logé et nourri,** five hundred francs a month with board and lodging. (*b*) *Mus:* **N. le son,** to give fullness, body, volume, to the tone. **3.** To foster (plants, hatred); to harbour (thoughts); to cherish, entertain (hope). **4.** *Abs.* **Le lait nourrit,** milk is nourishing, nutritious.

se nourrir. 1. Se n. de lait, to live, subsist, on milk. **2.** To keep oneself.

nourrissage [nurisaːʒ], *s.m.* Rearing, feeding (of cattle).

nourrissant [nurisɑ̃], *a.* Nourishing, nutritive, nutritious; substantial, rich (food).

nourrisseur [nurisœːr], *s.m.* **1.** Stock-raiser. **2.** Feed-roll (of various machines).

nourrisson, [nurisɔ̃], *s.* **1.** Baby at the breast; infant. **2.** Nurs(e)ling, foster-child.

nourriture [nurityːr], *s.f.* **1.** Feeding; suckling (of infant); nurture (of the mind). **2.** Food, nourishment, sustenance; provender (for cattle). **Priver qn de n.,** to starve s.o. **3.** Board, keep. **Avoir sa n. en argent,** to be on board wages. **Il ne gagne pas sa n.,** he is not worth his keep.

nous [nu], *pers.pron.* **1.** (*a*) (Subject) We. (*b*) (Object) Us; to us. **Lisez-le-nous,** read it to us. **Il nous en a parlé,** he spoke to us about it. (*c*) (Reflexive) **Nous nous chauffons,** we are warming ourselves. (*d*) (Reciprocal) **Nous nous connaissons,** we know each other. **2. C'est nous qui sommes fautifs,** it is we who are to blame. **Nous autres Anglais,** we English. **Nous deux,** we two; the two of us. **Combien d'argent avons-nous à nous deux?** how much money have we between us? **Nous l'avons fait nous-mêmes,** we did it ourselves. **Un ami à nous,** a friend of ours. **Ce livre**

est à nous, that book is ours, belongs to us. **Entre n. soit dit,** this is between ourselves. *F:* **Ce que c'est que de n.!** such is life!

nouure [nuy:r], *s.f.* **1.** Setting (of fruit). **2.** Rickets.

nouveau, -el, -elle, -eaux [nuvo, -ɛl], *a.* (The form **nouvel** is used before m. sing. nouns beginning with a vowel or *h* 'mute'; also occ. before **et.**) **1.** New (invention, play). **Sujet toujours n.,** ever new topic. **Des sentiers nouveaux,** untrodden paths. **Vêtu à la nouvelle mode,** dressed in the latest fashion. **Habit n.,** coat of a new cut. **Il n'y a rien de n.,** there is nothing new, no news. *Sch:* **Les nouveaux (élèves),** the new boys. *s.m.* **J'ai appris du n.,** I have heard something new; I have some news. **C'est du n.!** that is news to me. **2.** (*a*) New, recent, fresh. **Vin n.,** new wine. **L'herbe nouvelle,** the young grass. **Tout n. tout beau,** a new broom sweeps clean. (*b*) (With adv. function) Newly, recently. **Le nouvel arrivé, le nouveau venu, les nouveaux arrivés, les nouveaux venus,** the new-comer(s). **N. riche,** upstart, nouveau riche. **3.** Another, a second, new, fresh, further, additional. **Un nouvel époux,** another husband. **Commencer un n. chapitre,** to begin a fresh chapter. **Jusqu'à nouvel ordre,** until further notice. **La nouvelle génération,** the rising generation. **La nouvelle lune,** the new moon. **Le nouvel an,** the new year. **4. De n.,** again, afresh. **A n.,** (all over) again. *Com:* **Solde à n.,** balance brought forward.

Nouveau-Brunswick [nuvobrœ̃zvik]. *Pr.n.m. Geog:* New Brunswick.

nouveau-né, -née [nuvone], *a. & s.* New-born (child). *pl. (Des) nouveau-nés, -nées.*

nouveauté [nuvote], *s.f.* **1.** Newness, novelty. **De haute n.,** in the latest style. **2.** Change, innovation. **La n. répugne aux vieillards,** old people hate change. **3.** New invention, new publication, etc. **4.** *pl. Com:* Fancy articles, fancy goods. **Marchand de nouveautés,** linen-draper. **Magasin de nouveautés,** (drapery and fancy goods) stores.

nouvel, -elle[1]. See NOUVEAU.

nouvelle[2] [nuvɛl], *s.f.* **1.** (*a*) (Piece of) news. **Bonne mauvaise, n.,** good, bad, news. **Pas de nouvelles, bonnes nouvelles,** no news is good news. **En voilà la première n.,** that's the first I've heard of it. **Quelles nouvelles?** what is the news? *Journ:* **Dernières nouvelles,** latest intelligence. **Grosse n., n. sensationnelle,** scoop. *A:* **Nouvelles à la main,** (i) wit and humour (column); (ii) social gossip. (*b*) *pl.* Tidings, news (of, about, s.o.). **Demander, (aller) prendre, des nouvelles de (la santé de) qn,** to inquire, ask, after s.o.('s health). **Il m'a demandé de ses nouvelles,** he asked me about him. **Envoyez-moi de vos nouvelles,** let me hear from you. *F:* **Vous m'en direz des nouvelles,** I'm sure you'll like it. **2.** *Lit:* Short story.

Nouvelle-Angleterre [nuvɛlɑ̃glətɛ:r]. *Pr.n.f. Geog:* New England.

Nouvelle-Calédonie [nuvɛlkaledɔni]. *Pr.n.f. Geog:* New Caledonia.

Nouvelle-Écosse [nuvɛlekɔs]. *Pr.n.f. Geog:* Nova Scotia.

Nouvelle-Galles du Sud [nuvɛlgaldysyd]. *Pr.n.f. Geog:* New South Wales.

Nouvelle-Guinée [nuvɛlgine]. *Pr.n.f. Geog:* New Guinea.

nouvellement [nuvɛlmɑ̃], *adv.* Newly, lately, recently.

Nouvelle-Orléans (la) [lanuvɛlɔrleɑ̃]. *Pr.n.f. Geog:* New Orleans.

Nouvelle-Zélande [nuvɛlzelɑ̃:d]. *Pr.n.f. Geog:* New Zealand.

Nouvelles-Hébrides (les) [lenuvɛlzebrid]. *Pr.n.f. pl. Geog:* New Hebrides.

nouvelliste [nuvɛlist], *s.m. & f.* Short-story writer.

novateur, -trice [nɔvatœ:r, -tris]. **1.** *a.* Innovating. **2.** *s.* Innovator.

novembre [nɔvɑ̃:br], *s.m.* November. **En n.,** in November. **Au mois de n.,** in the month of November. **Le premier n.,** (on) the first of November, (on) November the first.

novice [nɔvis]. **1.** *s.m. & f.* Novice (in convent); probationer (in profession); tiro, tyro; fresh hand (in trade); *Nau:* apprentice. **2.** *a.* **Être n. à, dans, qch.,** to be new to sth., unpractised in sth.

noviciat [nɔvisja], *s.m.* **1.** Noviciate. (*a*) Period of probation (of professing nun or monk). (*b*) Apprenticeship (à, to). **Faire son n.,** (i) to go through one's noviciate; (ii) to serve one's apprenticeship. **2.** Novices' quarters.

noyade [nwajad], *s.f.* **1.** Drowning (fatality). **2.** *Fr.Hist:* (Collective) execution by drowning.

noyage [nwaja:ʒ], *s.m.* Flooding. **Vanne de n.,** flooding cock.

noyau, -aux [nwajo], *s.m.* **1.** Stone (of fruit); kernel. **N. de cerise,** cherry-stone. **Enlever les noyaux d'un fruit,** to stone a fruit. **2.** Nucleus (of atom, cell, comet, colony). *Pol:* **N. communiste,** communist cell. **Un petit n. de joueurs,** a small knot of players. **3.** (*a*) Newel (of stairs). **Escalier à n. plein,** winding stair. (*b*) *El.E: Metall:* Core (of armature, of mould).

noyaut|er [nwajote], *v.tr.* **1.** To set up (communist) cells in (trade-union). **2.** *Metall:* To core (mould). *s.m.* **-age.**

noyé [nwaje], *a.* **1.** (*a*) (i) Drowned, (ii) drowning. **Secours aux noyés,** first aid for the drowning. (*b*) **N. dans la foule,** lost in the crowd. (*c*) *Games:* **Boule noyée,** dead bowl. **2.** Flooded (bunker, carburettor); choked (engine). **3. Vis à tête noyée,** countersunk screw. **4. Roche noyée,** sunken rock. **5.** Blurred (outline).

noyer[1] [nwaje], *s.m. Bot:* Walnut(-tree or -wood). **N. (blanc) d'Amérique,** hickory.

noyer[2], *v.tr.* **(je noie; je noierai) 1.** To drown (s.o.); to swamp, deluge (the earth, etc.). **Yeux noyés de larmes,** eyes brimming with tears. **Leur faillite me noierait,** their failure would ruin me. **2.** (*a*) To flood (carburettor, etc.). (*b*) To countersink (screw); to drive (nail) in flush. (*c*) To bed (pebbles in cement). **3.** *Fish:* **N. le poisson,** to play the fish.

se noyer. (*a*) To drown oneself. (*b*) To be drowned. **Un homme qui se noie,** a drowning man. *F:* **Il est en train de se n.,** he is on the road to ruin. **Il se noierait dans un verre d'eau,** he makes a mountain of every mole-hill.

nu [ny]. **1.** *a.* (*a*) Unclothed; naked (person); bare (shoulders, wire). *Art:* Nude (figure). **Elles se baignent toutes nues,** they bathe in the nude. **Nu comme un ver,** stark naked. NOTE. **Nu** before the noun that it qualifies is invariable and is joined to the noun by a hyphen. **Aller la tête nue, les pieds nus, les jambes nues, aller nu-tête, nu-pieds, nu-jambes,** to go bare-headed, bare-footed, bare-legged. **Visible à l'œil nu,** visible to the naked eye. (*b*) Uncovered, plain, undisguised. **La vérité nue,** the plain, naked, truth. (*c*) Bare (country, tree, room). **Châssis nu,** stripped chassis. **2.** *s.m. Art:* (The) nude. **Des nus,** studies from the nude. **3.** (*a*) **Mettre qch. à nu,** to lay bare, expose, denude, uncover, strip, sth. **Mettre son cœur à nu,** to lay bare one's heart. (*b*) **Monter un cheval à nu,** to ride a horse bareback.

nuage [nɥa:ʒ], *s.m.* Cloud. (*a*) **N. en queue de vache,** cirrus, mare's-tail. **Nuages pommelés,** mackerel sky. **Sans nuages,** cloudless (sky); unclouded (future); unalloyed (happiness). **Ciel couvert de nuages,** overcast sky. *Mil: Navy:* **N. artificiel,** smoke-screen. (*b*) Haze, mist (on mirror, before the eyes). (*c*) Gloom, shadow. **Il n'y a pas de bonheur sans nuages,** there is no such thing as perfect bliss. **Être, se perdre, dans les nuages,** to be in the clouds, to be day-dreaming. (*d*) Trace (of milk, in a cup of tea).

nuageu|x, -euse [nɥaʒø, -ø:z], *a.* (*a*) Cloudy (weather); overcast (sky); clouded over. (*b*) Hazy (thought, ideas). *adv.* **-sement.**

nuance [nɥɑ̃:s], *s.f.* (*a*) Shade (of colour); hue. *Mus:* **Les nuances,** the lights and shades (of expression). (*b*) Slight difference, shade, nuance (in meaning, in tone). **Une n. de regret, d'amertume,** a touch, a tinge, a suggestion, of regret, of bitterness.

nuanc|er [nɥɑ̃se], *v.tr.* **(je nuançai(s); n. nuançons) 1.** To blend, shade (colours) (de, with). **2.** To vary (tone, etc.).; to express faint differences in (character, etc.). *Mus:* **N. son jeu,** to introduce light and shade into one's playing. *s.m.* **-ement.**

nubile [nybil], *a.* Marriageable, nubile. **Age n.,** age of consent.

nubilité [nybilite], *s.f.* Nubility.

nucléaire [nykleɛːr], *a.* Nuclear. **Rayonnement, réaction, fission, n.,** nuclear radiation, reaction, fission.
nucléé [nyklee], *a.* Nucleate(d) (cell, etc.).
nucléole [nykleɔl], *s.m.* Nucleolus, nucleole.
nucléon [nykleɔ̃], *s.m. Atom.Ph:* Nucleon.
nucléonique [nykleonik], *s.f. Atom.Ph:* Nucleonics.
nudisme [nydism], *s.m.* Nudism.
nudiste [nydist], *s.m. & f.* Nudist.
nudité [nydite], *s.f.* **1.** (*a*) Nudity, nakedness. (*b*) Bareness (of rock, room). **2. Peindre des nudités,** to paint nudes.
nue [ny], *s.f.* (*a*) *A. & Lit:* High cloud(s). (*b*) *pl.* Skies. *F:* **Porter, élever, qn (jusqu')aux nues,** to praise; *F:* crack up, s.o. to the skies. **Se perdre dans les nues,** to lose oneself in the clouds. **Tomber des nues,** (i) to arrive unexpectedly; (ii) to be thunderstruck, *F:* to be struck all of a heap. **Sauter aux nues,** to go wild (with joy, etc.).
nuée [nɥe], *s.f.* (*a*) (Large) cloud, storm-cloud. (*b*) **N. de cendres,** ash-cloud (above volcano).
nuire [nɥiːr], *v.ind.tr* (*pr.p.* **nuisant**; *p.p.* **nui**; *pr.ind.* **je nuis, il nuit, ils nuisent**; *pr.sub.* **je nuise**; *p.h.* **je nuisis**; *fu.* **je nuirai**) **N. à qn, à qch.,** to be hurtful, injurious, prejudicial, to s.o., to sth. **Il cherche à vous n.,** he is trying to injure you (in business, etc.). **Cela ne nuira en rien,** that will do no harm. **N. aux intérêts de qn,** to prejudice s.o.'s interests. **Ils se sont nui l'un à l'autre,** they did each other harm. *Jur:* **Dans l'intention de n.,** maliciously. S.a. ABONDANCE 1.
nuisance [nɥizɑ̃s], *s.f.* Harmful thing, effect; nuisance.
nuisibilité [nɥizibilite], *s.f.* Harmfulness, injuriousness, noxiousness.
nuisible [nɥizibl], *a.* Hurtful, harmful, noxious, detrimental, prejudicial (à, to). **Plantes nuisibles,** noxious plants. *adv.* **-ment.**
nuit [nɥi], *s.f.* Night. (*a*) **Cette n.,** (i) tonight; (ii) last night. **Passer la n. chez des amis,** to stay overnight with friends. **On a passé la n. à faire la fête,** we made a night of it. **Il ne passera pas la n.,** he will not live through the night. **(Je vous souhaite une) bonne n.,** (I wish you) good night. **Le bateau de n.,** the night boat. **Oiseau de n.,** night-bird. **Vêtements de n.,** night wear, night attire; *Com:* slumber wear. **Bonnet, filet de n.,** slumber cap. *Art:* **Effet de n.,** night-effect. **Partir de n.,** to leave by night. **N. et jour** [nɥiteʒuːr], night and day. **Je n'ai pas dormi de la n.,** I didn't sleep a wink all night. S.a. BLANC I. 4, CONSEIL 1. (*b*) Darkness. **Il commence à faire n., il se fait n.,** night is falling; it is growing dark. **Il fait déjà n.,** it is dark already. **A la n. tombante,** at nightfall, at dusk. **Après la tombée de la n., à (la) n. close,** after dark. **Être surpris par la n.,** to be, to find oneself, benighted. **La n. des temps,** the mists of time.
nuitamment [nɥitamɑ̃], *adv.* By night.
nuitée [nɥite], *s.f.* **1.** Whole night. **2.** Night's work; night-shift.
nul, nulle [nyl]. **1.** (With **ne** expressed, or understood) (*a*) *indef. a.* No; not one. **N. espoir,** no hope. **Il n'a nulle cause de se plaindre,** he has no reason to complain. **Sans nulle vanité,** without any conceit. S.a. PART[1] 3. (*b*) *indef.pron.* No one; nobody. **Nul ne le sait,** no one knows. **2.** *a.* (*a*) Worthless (argument, effort). **Homme n.,** man of no account; nonentity. **Élève n. en histoire,** absolute dud at history. (*b*) *Jur:* **N. et de n. effet, n. et sans effet, n. et non avenu,** invalid; null and void. **Bulletin (de vote) n.,** spoilt paper. *Sp:* **Course nulle,** (i) dead heat, (ii) 'no race.' **Faire match n.,** to draw a game. **Partie nulle,** drawn game; draw. (*c*) Non-existent (capital, etc.). *Mec:* **Tension nulle,** zero tension.
nullement [nylmɑ̃], *adv.* (With **ne** expressed or understood) Not at all. **Nous ne sommes n. surpris,** we are not in the least surprised. **Il n'est n. sot,** he is by no means a fool.
nullification [nyllifikasjɔ̃], *s.f.* Nullification.
nullifier [nyllifje], *v.tr.* To nullify, neutralize.
nullité [nyllite], *s.f.* **1.** Nullity, invalidity (of deed, marriage). **Frapper une clause de n.,** to render a clause void. **2.** (*a*) Nothingness; non-existence (of means); *F:* emptiness (of mind). (*b*) Incompetence; incapacity. **3.** Nonentity.
nûment [nymɑ̃], *adv.* Frankly; without embellishments.
numéraire [nymerɛːr]. **1.** *a.* (Of coins) Legal. **Valeur n.,** legal-tender value. **2.** *s.m.* Metallic currency, specie, current coin. **Payer en n.,** to pay in cash.
numéral, -aux [nymeral, -o], *a. & s.m.* Numeral.
numérateur [nymeratœːr], *s.m. Mth:* Numerator.
numération [nymerasjɔ̃], *s.f. Ar:* Numeration. **N. décimale,** decimal notation. **N. globulaire,** blood count.
numérique [nymerik], *a.* Numerical. *adv.* **-ment.**
numéro [nymero], *s.m.* (*a*) Number (of house, ticket, etc.). **La chambre n. 20,** room number 20. **Le dernier n. du programme,** the last item on the programme. *Tp:* **N. d'appel,** telephone number. **Faire, composer, un n.,** to dial a number. *Mil: Navy:* **N. matricule,** official number (of man, of rating). **Tenue n. un,** full-dress uniform. *F:* **Mon parapluie n. deux,** my second-best umbrella. *P:* **C'est un drôle de n.!** he is a queer fish! **Quel n.,** what a character! *Journ:* **Dernier n., n. du jour, de la semaine,** current issue, number. **N. déjà paru, vieux n.,** back-number. **Vente au n.,** single copies sold. (*b*) Size (of stock sizes).
numérot|er [nymerɔte], *v.tr.* To number (street, etc.); to page, paginate (book). *Mil:* **Numérotez-vous (à partir de la droite)!** (from the right) number! S.a. ABATTIS 3. *s.m.* **-age, -ation.**
numéroteur [nymerɔtœːr], *s.m.* Numbering-machine, -stamp.
numismate [nymismat], *s.m.* Numismatist.
numismatique [nymismatik]. **1.** *a.* Numismatic. **2.** *s.f.* Numismatics.
nummulaire [nymmylɛːr], *s.f. Bot:* Money-wort.
nuptial, -aux [nypsjal, -o], *a.* Nuptial, bridal. **Marche nuptiale,** wedding-march. **Anneau n.,** wedding-ring.
nuptialité [nypsjalite], *s.m.* Marriage-rate.
nuque [nyk], *s.f.* (*a*) Nape of the neck. (*b*) Poll (of horse).
nurse [nœrs], *s.f.* Nanny, (children's) nurse.
nutritif, -ive [nytritif, -iːv], *a.* Nutritious, nourishing. **Valeur nutritive,** food-value.
nutrition [nytrisjɔ̃], *s.f.* Nutrition.
nutritionniste [nytrisjɔnist], *s.m. & f.* Dietitian.
nyctalope [niktalɔp], *a.* Day-blind, nyctalopic.
nyctalopie [niktalɔpi], *s.f.* Day-blindness, nyctalopia.
nylon [nilɔ̃], *s.m. Tex:* Nylon.
nymphe [nɛ̃ːf], *s.f.* **1.** Nymph. **2.** *Ent:* **Nympha, pupa, chrysalis.**

O, o [o], *s.m.* (The letter) O, o. *Tp:* **O comme Oscar,** O for Oliver.
ô [o], *int.* (Address or invocation) O! oh!
oasis [oazi(:)s], *s.f.* Oasis.
obédience [ɔbedjɑ̃:s], *s.f.* (*a*) *R.C.Ch:* Obedience. (*b*) **Musulman de stricte o.,** a strict Moslem. **Pays d'o. communiste,** countries of the Communist obedience.
obéir [ɔbei:r], *v.ind.tr.* To obey. (*a*) **O. à qn,** to obey s.o.; to be obedient to s.o. **O. à qn au doigt et à l'œil,** to be at s.o.'s beck and call. *v.tr.* **Faire o. la loi,** to enforce obedience to the law. **Se faire o.,** to compel, enforce, obedience. **Il est obéi,** he is obeyed. (*b*) **O. à qch.,** to yield, submit, to sth. **O. à un ordre,** to comply with an order. **O. à la force,** to yield to force. *Nau:* **O. à la barre,** to answer the helm. *Av:* **O. aux gouvernes,** to respond to the controls.
obéissance [ɔbeisɑ̃:s], *s.f.* (*a*) Obedience (à, to). (*b*) Dutifulness (to parents); submission (to lawful authority); allegiance (to king). **Être sous l'o. paternelle,** to be under paternal authority.
obéissant [ɔbeisɑ̃], *a.* Obedient, dutiful, biddable; docile (animal); submissive. **"Votre très o. serviteur,"** 'your obedient servant.'
obèle [ɔbɛl], *s.m.* *Typ:* *Pal:* Obelus, obelisk.
obélisque [ɔbelisk], *s.m.* *Archeol:* Obelisk. **L'o. de Cléopâtre,** Cleopatra's needle.
obérer [ɔbere], *v.tr.* **(j'obère; j'obérerai)** To involve (s.o.) in debt; to encumber, burden, (sth.) with debt. **O. les finances,** to weigh heavily on the finances.
obèse [ɔbɛ:z], *a.* Obese, fat, corpulent, stout.
obésité [ɔbezite], *s.f.* Obesity, corpulence.
obier [ɔbje], *s.m.* Guelder-rose, snowball-tree.
obituaire [ɔbitɥɛ:r], *a. & s.m.* *Ecc:* **(Registre) o.,** obituary (list); register of deaths.
objecter [ɔbʒɛkte], *v.tr.* To raise, interpose, (sth.) as an objection. **O. qch. à qn,** to allege sth. against s.o. **On a objecté que . . .,** the objection has been raised that. . . .
objecteur [ɔbʒɛktœ:r], *s.m.* **O. de conscience,** conscientious objector.
objectif, -ive [ɔbʒɛktif, -i:v]. **1.** *a.* Objective; unbiassed. **2.** *s.m.* (*a*) Aim, object(ive), end. (*b*) *Mil:* *Navy:* Target. **3.** *s.m.* (*a*) *Opt:* Object-glass, objective (of microscope). (*b*) *Phot:* Lens. **O. composé,** compound lens. **O. lumineux,** fast lens. **O. grand angulaire,** wide-angle lens.
objection [ɔbʒɛksjɔ̃], *s.f.* Objection. **Faire, formuler, soulever, dresser, une o.,** to object (à, to); to make, raise, an objection. **O. de conscience,** conscientious objection.
objectivité [ɔbʒɛktivite], *s.f.* Objectivity.
objet [ɔbʒɛ], *s.m.* **1.** (*a*) Object, thing. **O. de luxe,** luxury article. **O. d'art,** objet d'art. **Objets trouvés,** lost property. (*b*) *Gram:* Object, complement. **O. direct,** direct object. **2.** Subject, (subject-)matter. **Faire l'o. d'un entretien,** to form the subject of a conversation. **3.** Object, aim, purpose (of action). **Remplir son o.,** to attain one's end. **Quel en est l'o.?** What is it for, what is it about? **Sans o.,** (i) aimless, purposeless; (ii) aimlessly.
objurgation [ɔbʒyrgasjɔ̃], *s.f.* Objurgation.
oblat [ɔbla], *s.m.* *Ecc:* Oblate; lay brother.
oblation [ɔblasjɔ̃], *s.f.* *Ecc:* Oblation, offering.
obligataire [ɔbligatɛ:r], *s.m.* Bondholder. debenture-holder; holder of redeemable stock.
obligation [ɔbligasjɔ̃], *s.f.* **1.** (*a*) (Moral) obligation; duty. **Je me sens dans l'o. de vous avertir que . . .,** I feel called upon, I feel compelled, to warn you that. . . . **Faire honneur, manquer, à ses obligations,** to meet, to fail to meet, one's obligations. **Je me vois dans l'o. de . . .,** I find myself constrained, obliged, to. . . . **Se trouver dans l'o. de . . .,** to be under necessity of. . . . *Ecc:* **Fête d'o.,** day of obligation. (*b*) **O. du service militaire,** liability to military service. **2.** *Jur:* Recognizance, bond. **Contracter une o.,** to enter into an agreement. **O. légale,** perfect obligation. **O. morale,** imperfect obligation. S.a. S'ACQUITTER 1. **3.** *Fin:* Bond, debenture, redeemable stock. **O. au porteur,** bearer-bond. **Porteur d'obligations,** bondholder. **4.** Obligation, favour. **Avoir des obligations envers qn,** to be under obligations to s.o.; to be beholden to s.o.
obligatoire [ɔbligatwa:r], *a.* Obligatory; compulsory (military service, education); binding (agreement). **Arrêt o. (de l'autobus),** all buses stop here. *Adv.* **-ment.**
obligé, -ée [ɔbliʒe]. **1.** *a.* (*a*) Obliged, bound, compelled **(de faire qch.,** to do sth.). (*b*) Indispensable, necessary. (*c*) Inevitable; sure to happen. (*d*) Obliged; grateful **(de,** for). **Bien o.!** much obliged! many thanks! **2.** *s.* Person under obligation; *Jur:* obligee.
obligeance [ɔbliʒɑ̃:s], *s.f.* Obligingness. **Ayez, veuillez avoir, l'o. de . . .,** be good enough to. . . ., be so kind as to. . . .
oblige|ant [ɔbliʒɑ̃], *a.* Obliging; kind, civil, helpful. *adv.* **-amment.**
obliger [ɔbliʒe], *v.tr.* **(j'obligeai(s); n. obligeons) 1.** To oblige, constrain, bind, compel. **Votre devoir vous y oblige,** you are in duty bound to do it. **O. qn à,** occ. **de, faire qch.,** to compel, force, s.o. to do sth. (In the passive usu. de) **Être obligé de faire qch.,** to be obliged, bound, to do sth. **Rien ne m'oblige à les accompagner,** I am under no obligation to go with them. **2. O. qn,** to oblige s.o.; to do s.o. a favour. *Prov:* **Qui oblige promptement oblige doublement,** he gives twice who gives quickly.
s'obliger à faire qch., to bind oneself, to undertake, to do sth.; to make a point of doing sth.
oblique [ɔblik]. **1.** *a.* (*a*) Oblique (line, *Gram:* case). (*b*) Slanting (stitch); skew (arch). **Regard o.,** side-glance. (*c*) Indirect, crooked (means); underhand (behaviour); devious (ways). **2.** *s.m.* Oblique muscle. **3.** *s.f.* (i) Oblique line; (ii) oblique movement. **Pluie qui tombe en o.,** slanting rain. *Mil:* **O. à droite!** Right incline!
obliquement [ɔblikmɑ̃], *adv.* (*a*) Obliquely, slantwise, aslant, diagonally. (*b*) Indirectly. (*c*) By underhand means.
obliquer [ɔblike], *v.i.* (*a*) To move in an oblique direction; to oblique; to edge **(sur, vers,** to). (*b*) To slant.
obliquité [ɔblikɥite], *s.f.* Obliquity. **1.** Obliqueness. **2.** Crookedness.
oblitérateur [ɔbliteratœ:r], *s.m.* Cancel (for stamps, etc.).
oblitération [ɔbliterasjɔ̃], *s.f.* Obliteration; cancelling (of stamps, etc.). **Cachet d'o.,** postmark.
oblitérer [ɔblitere], *v.tr.* **(j'oblitère; j'oblitérerai) 1.** To obliterate. **2.** To cancel, deface (stamp). **Timbre oblitéré,** used stamp. **3.** *Med:* To obstruct (duct).
oblong, -ongue [ɔblɔ̃, -ɔ̃:g], *a.* Oblong.
obnubilé [ɔbnybile], *a.* Overcast; clouded.
oboïste [ɔbɔist], *s.m. & f.* Oboist, oboe-player.
obole [ɔbɔl], *s.f.* *A:* (Greek) obulus; *F:* farthing. **Donner son o.,** to make one's contribution.
obscène [ɔpsɛ(:)n] *a.* Obscene.
obscénité [ɔpsenite] *s.f.* Obscenity; lewdness.
obscur [ɔpsky:r], *a.* **1.** Dark; gloomy; dim, indistinct. **Un écrivain o.,** an obscure, abstruse, writer. **2.** Obscure; lowly, humble. **Un o. écrivain,** an unknown, obscure writer. *adv.* **-ément.**
obscurantisme [ɔpskyrɑ̃tism], *s.m.* Obscurantism.
obscuration [ɔpskyrasjɔ̃], *s.f.* *Astr:* Obscuration, occultation.
obscurcir [ɔpskyrsi:r], *v.tr.* To obscure. (*a*) To darken, cloud. (*b*) To dim (the sight, fame). **Yeux obscurcis par les larmes,** eyes dimmed with tears. (*c*) To fog (situation).
s'obscurcir, to darken; to grow dark; to become, grow, obscure or dim. **Le ciel s'obscurcit,** the sky is clouding over.
obscurcissement [ɔpskyrsismɑ̃], *s.m.* (*a*) Obscuration; darkening; growing dimness (of sight, of the mind). (*b*) 'Black-out.'

obscurément [ɔpskyremɑ̃], *adv.* Obscurely, dimly.
obscurité [ɔpskyrite], *s.f.* Obscurity. (*a*) Darkness. (*b*) Unintelligibility; obscureness (of oracle, etc.); abstruseness. (*c*) Dimness (of the future, of the past). (*d*) **Vivre dans l'o.,** to live in obscurity. **Sortir de l'o.,** to become known.
obsédant [ɔpsɛdɑ̃], *a.* Haunting (memory); obsessing (thought).
obséder [ɔpsede], *v.tr.* **(j'obsède; j'obséderai)** (*a*) To beset (prince, minister). (*b*) To importune, worry (s.o.). (*c*) To obsess. **Obsédé d'une idée,** obsessed by an idea.
obsèques [ɔpsɛk], *s.f.pl.* Obsequies; funeral.
obséquieu|x, -euse [ɔpsekjø, -ø:z], *a.* Obsequious. *adv.* **-sement.**
obséquiosité [ɔpsekjozite], *s.f.* Obsequiousness.
observance [ɔpsɛrvɑ̃:s], *s.f.* Observance; (i) observing, keeping (of rule); (ii) rule observed.
observateur, -trice [ɔpsɛrvatœ:r, -tris]. **1.** *s.* (*a*) Observer (of nature, of enemy's movements, etc.). **O. des Nations Unies,** United Nations' observer. *Mil:* Spotter. (*b*) Observer, keeper (of rules, laws). **2.** *a.* Observant, observing.
observation [ɔpsɛrvasjɔ̃], *s.f.* **1.** Observance, keeping (of laws, etc.). **2.** Observation. (*a*) **Poste d'o.,** observation post, look-out post. **Tenir qn en o.,** to keep s.o. under observation; *F:* to keep an eye on s.o. **Être en o.,** to be on the look-out, on the watch. S.a. BALLON 1. (*b*) Remark. **Faire une o.,** to make, let fall, a remark. **Faire des observations à qn,** to find fault with, to admonish, s.o. (*c*) **Observations sur un auteur,** comment, notes, on an author.
observatoire [ɔpsɛrvatwa:r], *s.m.* **1.** *Astr:* Observatory. **2.** *Mil:* Observation post.
observ|er [ɔpsɛrve], *v.tr.* To observe. (*a*) To keep (to), to comply with, to adhere to (rules, laws). **Ne pas o. la loi, le dimanche,** to break the law, the sabbath. **O. les distances,** to keep one's distance. **Faire o. la loi,** to enforce obedience to the law. (*b*) To watch. **On nous observe,** we are being watched. **Observez votre langage,** keep a watch on your tongue. **Je l'observais faire,** I watched him at it. (*c*) *Surv: etc:* **O. un angle,** to take, read, an angle. **O. le soleil,** to take a sight at the sun. (*d*) To note, notice. **Faire o. qch. à qn,** to draw s.o.'s attention to sth.; to call sth. to s.o.'s notice. **Comme le fait o. cet historien . . .,** as this historian points out. . . . *a.* **-able.**
s'observer, to be circumspect, careful, cautious; to keep a watch on one's tongue.
obsession [ɔpsɛsjɔ̃], *s.f.* Obsession ((i) by evil spirit, (ii) by idea).
obsidienne [ɔpsidjɛn], *s.f.*, **obsidiane** [ɔpsidjan], *s.f.* *Miner:* Obsidian; *F:* volcanic glass.
obstacle [ɔpstakl], *s.m.* Obstacle (à, to); impediment, hindrance. **Avancer sans o.,** to advance unimpeded, unmolested. **Dresser, susciter, des obstacles à qn,** to put obstacles in s.o.'s way. **Faire o. à qch.,** to stand in the way of sth. **Mettre o. à qch.,** to prevent, oppose, sth. **Course d'obstacles,** (i) steeplechase; (ii) hurdle race; (iii) obstacle race.
obstétrical, -aux [ɔpstetrikal], *a.* Obstetrical.
obstétrique [ɔpstetrik]. *s.f.* Obstetrics.
obstination [ɔpstinasjɔ̃], *s.f.* Obstinacy, stubbornness; *F:* mulishness, pigheadedness.
obstiné [ɔpstine], *a.* Stubborn, self-willed, obstinate, mulish; dogged (resistance); persistent (cough, fever). *adv.* **-ment.**
obstiner(s') [sɔpstine], *v.pr.* To show obstinacy. **S'o. à qch., à faire qch.,** to persist in sth., in doing sth. **S'o. au silence,** to remain stubbornly, obstinately, silent.
obstructif, -ive [ɔpstryktif, -i:v], *a.* **1.** *Pol: etc:* Obstructive. **2.** *Med:* Obstruent.
obstruction [ɔpstryksjɔ̃], *s.f.* Obstruction. **1.** Blocking. *Pol:* **Faire de l'o.,** to practise obstruction; *U.S:* to filibuster. **2.** *Med:* **O. intestinale,** stoppage of the bowels. **3.** *Tchn:* Choking; clogging.
obstructionnisme [ɔpstryksjɔnism], *s.m. Pol:* Obstruction(ism); *U.S:* filibuster(ing).
obstructionniste [ɔpstrykskjɔnist]. *Pol:* **1.** *s.m.* Obstructionist; *U.S:* filibuster(er). **2.** *a.* Obstructive, *U.S:* filibustering (tactics).
obstruer [ɔpstrye], *v.tr.* To obstruct, block (street, the view); to choke (outlet).
s'obstruer, to become blocked or choked.
obtempérer [ɔptɑ̃pere], *v.ind.tr.* **(j'obtempère; j'obtempérerai)** *Jur:* **O. à une sommation,** to obey a summons. **O. à une requête,** to accede to a request. **O. à un ordre,** to comply with an order.
obtenir [ɔptəni:r], *v.tr.* (Conj. like TENIR) To obtain, get (goods, permission); to secure (promise); to gain, procure (s.o.'s consent, etc.); to achieve (result). **Où cela s'obtient-il?** where is it obtainable? **Cela s'obtient très facilement,** it's easy to get. **O. qch. de qn,** to obtain, get, sth. from s.o. **J'ai obtenu de le voir,** I obtained, procured, permission to see him. **J'ai obtenu qu'il revienne,** (i) I got him to come back, (ii) I arranged for him to come back.
obtention [ɔptɑ̃sjɔ̃], *s.f.* Obtainment, obtaining.
obturateur, -trice [ɔptyratœ:r, -tris]. **1.** *a.* Obturating. **2.** *s.m.* Obturator; closing device. *Artil:* Breech-plug. *Mec.E:* Stop-valve, stop-cock. *I.C.E:* Throttle. *Phot:* Shutter (of camera). **O. au diaphragme,** diaphragm-shutter. **O. de plaque,** focal-plane shutter. *I.C.E: etc:* **O. de joint,** gasket.
obturation [ɔptyrasjɔ̃], *s.f.* Obturation; closing (of cavity); stopping, filling (of tooth).
obturer [ɔptyre], *v.tr.* To seal, obturate (aperture); to stop, fill (tooth).
obtus, -use [ɔpty, -y:z], *a.* **1.** Blunt(ed) (point); rounded (leaf, etc.). **2.** Dull, obtuse (person). **3.** *Geom:* Obtuse (angle).
obus [ɔby(:s)], *s.m.* *Artil:* Shell. **O. de combat,** live shell. **O. non éclaté,** unexploded shell, **O. à balles,** shrapnel. S.a. BRISANT 1, FUSANT, PERCUTANT.
obusier [ɔbyzje], *s.m.* *Artil:* Howitzer.
obvier [ɔbvje], *v.ind.tr.* **O. à qch.,** to obviate, prevent, sth.
oc [ɔk], *adv.* (In Old Provençal) Yes. *Ling:* **La langue d'oc,** the dialect(s) of the south of France. *Cf.* OÏL.
ocarina [ɔkarina], *s.m.* *Mus:* Ocarina.
occasion [ɔkazjɔ̃, -kɑ-], *s.f.* **1.** (*a*) Opportunity, occasion, chance. **Saisir, prendre, l'o. aux cheveux,** to seize the opportunity. **Attendre l'o.,** to bide one's time. **L'o. fait le larron,** opportunity makes the thief. **Suivant l'o.,** as occasion arises. **A l'o.,** when the opportunity offers. **A la première o.,** at the first opportunity. **Si l'o. se présente, si j'en trouve l'o.,** if the opportunity comes my way, if I get the chance. (*b*) Bargain. **Vente d'o.,** (bargain) sale. **Marchandises d'o.,** job-lot. **Livre, meubles, d'o.,** second-hand book, furniture. **Une voiture d'o.,** a used, second-hand car. **2.** Occasion, juncture. **A plusieurs occasions,** on several occasions. **En toute o.,** on all occasions. **Agir suivant l'o.,** to act as the occasion requires. **Pour l'o.,** for this particular case; for the occasion. **A l'o.,** in case of need. **Par o.,** (i) by chance; (ii) now and then, occasionally. **Un musicien d'o.,** a mere amateur musician. **En pareille o.,** (i) in similar circumstances; (ii) on such an occasion. **En cette o.,** at this juncture. **3.** Motive, reason, cause, occasion. **Donner o. à la médisance,** to give occasion for scandal. **Différend à l'o. de . . .,** dispute with regard to . . .
occasionnel, -elle [ɔkazjɔnɛl], *a.* Occasional; acting as a cause. **Rencontre o.,** chance meeting.
occasionnellement [ɔkazjɔnɛlmɑ̃], *adv.* Occasionally; on occasion.
occasionner [ɔkazjɔne, -kɑ-], *v.tr.* To occasion, cause; to give rise to (sth.).
occident [ɔksidɑ̃], *s.m.* West, occident. *Hist:* **L'Empire d'O.,** the Western Empire. *Pol:* **L'O.,** the West.
occidental, -aux [ɔksidɑ̃tal, -o], *a.* West(ern). **Les Indes occidentales,** the West Indies.
occipital, -aux [ɔksipital, -o], *a.* Occipital.
occiput [ɔksipyt], *s.m.* Occiput; *F:* back of the head.
occire [ɔksi:r], *v.tr.* *A:* To kill, to slay.
occlure [ɔkly:r], *v.tr.* (Conj. like CONCLURE, with *p.p.* **occlus**) To occlude.
occlusion [ɔklyzjɔ̃], *s.f.* **1.** *Ch:* Occlusion (of gases). **2.** *Surg:* (*a*) Closing (of the eyelids, etc.). (*b*) **O. intestinale,** obstruction, stoppage, of the bowels. **3.** *Mch:* Cut-off (of steam).
occlusionner [ɔklyzjɔne], *v.tr.* = OCCLURE.
occultation [ɔkyltasjɔ̃], *s.f.* *Astr:* Occultation.
occulte [ɔkylt], *a.* Occult; hidden (cause). *adv.* **-ment.**

occulter [ɔkylte], *v.tr.* *Astr:* To occult; to hide, cut off, (heavenly body) from view.
occultisme [ɔkyltism], *s.m.* Occultism.
occupant [ɔkypɑ̃]. **1.** (*a*) *a.* Occupying, in possession (of property, etc.). (*b*) *s.* (i) Occupier. *Jur:* **Premier o.,** occupant. (ii) Occupant (of car, etc.). (iii) *Mil:* Occupying forces. **2.** *a.* *F:* That keeps one occupied.
occupation [ɔkypasjɔ̃], *s.f.* Occupation. **1.** Occupancy, possession (of house, etc.). **Armée d'o.,** army of occupation. **2.** (*a*) Business, work, employment. **N'avoir pas d'o., être sans o.,** to be unemployed, out of work. **Cela me donne de l'o.,** it gives me something to do. (*b*) Pursuit, profession.
occupé [ɔkype], *a.* **1.** Busy, engaged. **O. aux, des, préparatifs du départ,** engaged on, busy with, the preparations for departure. **Je suis o.,** I am busy. **2. Cette place est occupée,** this seat is engaged, taken. **En territoire o.,** in occupied territory. *Tp:* **Ligne occupée,** line engaged.
occuper [ɔkype], *v.tr.* To occupy. **1.** (*a*) To inhabit, live in (house, etc.). (*b*) *Mil:* To hold, take possession of (town, fort). (*c*) To fill, take up (time, space). (*d*) **O. un poste important,** to occupy, fill, an important post. **O. une chaire d'anglais,** to hold a chair in English. **2.** To give occupation to (s.o., the mind). **O. vingt ouvriers,** to employ twenty workmen. **O. qn,** to give s.o. something to do.
s'occuper. 1. To keep oneself busy; to employ oneself. **S'o. à qch.,** to be busy with sth. **2. S'o. de qch.,** (i) to go in for, be interested in (photography, etc.); (ii) to apply one's thoughts to, to attend to, sth.; to busy oneself with sth. **Il s'occupe de trop de choses,** he has too many irons in the fire. **Il s'occupe d'importation,** he is in the import business. **Je m'occupe surtout de . . .,** my special line is to. . . . **Nous allons maintenant nous o. de . . .,** we will now turn our attention to. . . . **Je m'en occuperai,** I shall see to it, see about it. **Je vais m'occuper de l'affaire,** I shall go into the matter. **Qui s'occupe de ce qu'il dit?** who minds what he says? **Occupez-vous de ce qui vous regarde!** mind your own business! **S'o. de qn,** to attend to s.o. *Com:* **Est-ce qu'on s'occupe de vous?** are you being attended to, served?
occurrence [ɔkyr(r)ɑ̃:s], *s.f.* Occurrence, event; emergency. **En l'o.,** in, under, the circumstances.
océan [ɔseɑ̃], *s.m.* Ocean. *F:* **L'O.,** the Atlantic. **Un o. de blés,** a sea of corn.
océanide [ɔseanid], *s.f.* *Gr.Myth:* Oceanid; ocean nymph.
Océanie (l') [lɔseani]. *Pr.n.f.* *Geog:* The South Sea Islands; Oceania.
océanique [ɔseanik], *a.* Oceanic. **Courants océaniques,** ocean currents.
océanographie [ɔseanɔgrafi], *s.f.* Oceanography.
ocelle [ɔsel], *s.m.* *Nat.Hist:* Ocellus; simple eye.
ocelot [ɔslo], *s.m.* Ocelet; tiger-cat; leopard-cat.
ocre [ɔkr], *s.f.* Ochre.
octaèdre [ɔktaɛ:dr]. **1.** *a.* Octahedral. **2.** *s.m.* Octahedron.
octaédrique [ɔktaedrik], *a.* Octahedral.
octane [ɔktan], *s.m.* *Ch:* Octane. **Indice d'o.,** octane number.
octante [ɔktɑ̃:t], *num.a.* *Dial:* Eighty.
octave [ɔkta:v], *s.f.* *Mus:* *etc:* Octave.
octavo [ɔktavɔ]. **1.** *adv.* Eighthly. **2.** *s.m.* = IN-OCTAVO.
octobre [ɔktɔbr], *s.m.* October. **En o.,** in October. **Au mois d'o.,** in the month of October. **Le premier o.,** (on) October (the) first; (on) the first of October.
octogénaire [ɔktɔʒenɛ:r], *a.* & *s.* Octogenarian.
octogonal, -aux [ɔktɔgɔnal, -o], *a.* Octagonal.
octogone [ɔktɔgɔn]. *Geom:* **1.** *a.* = OCTOGONAL. **2.** *s.m.* Octagon.
octosyllabe [ɔktɔsillab], **octosyllabique** [ɔktɔsillabik], *a.* Octosyllabic (word, verse).
octroi [ɔktrwa], *s.m.* **1.** Concession, grant(ing) (of favour). **2.** (*a*) Town dues, city toll. (*b*) Toll-house.
octr|oyer [ɔktrwaje], *v.tr.* (**j'octroie; j'octroierai**) To grant, concede, allow (**à,** to); to bestow (**à,** on). *F:* **S'o. des plaisirs,** to indulge in pleasures. **S'o. quelques gâteaux,** to treat oneself to a few cakes. *s.m.* **-oiement.**
octuor [ɔktyɔ:r], *s.m.* *Mus:* Octet.
octuple [ɔktypl], *a.* & *s.m.* Octuple, eightfold.
oculaire [ɔkylɛ:r]. **1.** *a.* Ocular (demonstration). **Témoin o.,** eyewitness. **2.** *s.m.* (*a*) *Opt:* Eye-piece, ocular. (*b*) *Cin:* Finder (on camera).
oculiste [ɔkylist], *s.m.* Oculist.
odalisque [ɔdalisk], *s.f.* Odalisque, odalisk.
ode [ɔd], *s.f.* *Lit:* Ode.
odeur [ɔdœ:r], *s.f.* **1.** Odour, smell; scent (of cigar, etc.). **Sans o.,** scentless. **Bonne o.,** pleasant smell; fragrance. **Mauvaise o.,** bad smell; stench. **Mourir en o. de sainteté,** to die in (the) odour of sanctity. **Ne pas être en o. de sainteté auprès de qn,** not to be in s.o.'s good graces. **2.** *s.pl.* *Toil:* Perfume, scent.
odieu|x, -euse [ɔdjø, -ø:z]. **1.** *a.* Odious; hateful (person, vice); heinous (crime). **Il s'est rendu o.,** he made himself unbearable. **2.** *s.m.* Odiousness, hatefulness (of an action); odium. *adv.* **-sement.**
odorant [ɔdɔrɑ̃], *a.* Sweet-smelling, fragrant.
odorat [ɔdɔra], *s.m.* (Sense of) smell. **Avoir l'o. fin,** to have a keen sense of smell.
odoriférant [ɔdɔriferɑ̃], *a.* = ODORANT.
Odyssée [ɔdise], *s.f.* (*a*) *Gr.Lit:* **L'O.,** the Odyssey. (*b*) Odyssey, wanderings.
œcuménique [ekymenik], *a.* *Ecc:* Oecumenical.
œdème [edɛm], *s.m.* *Med:* Oedema.
Œdipe [edip]. *Pr.n.m.* *Gr.Lit:* Oedipus.
œil, *pl.* **yeux** [œ:j, jø], *s.m.* **1.** Eye. **Visible à l'o. nu,** visible to the naked eye. **Il a les yeux** [lezjø] **bleus,** he has blue eyes. **Hôpital pour les maladies des yeux,** ophthalmic hospital. **Je n'ai pas fermé l'o. de la nuit,** I didn't sleep a wink all night. **Fermer les yeux sur qch.,** to turn a blind eye to sth. **J'accepte les yeux fermés ce que vous m'en dites,** I take your word for it. **Ouvrir de grands yeux,** to open one's eyes wide; to stare. **Ouvrir les yeux à qn,** to open s.o.'s eyes; to enlighten s.o. *F:* **Risquer un o.,** to peep out. **Il avait les yeux hors de la tête,** his eyes were popping out of his head. **Regarder qn entre (les) deux yeux, dans le blanc des yeux,** to look s.o. full in the face. *F:* **Entre quatre(-z-)yeux, entre quat'z yeux,** between you and me; privately. **Levez les yeux,** lift up your eyes; look up. **Épouser une femme pour ses beaux yeux,** to marry a woman for her pretty face. **Il ne travaille pour les beaux yeux de personne,** he doesn't do anything for love. **Ce n'est pas pour ses beaux yeux,** it is not entirely for his sake. **Chose qui saute aux yeux,** thing that leaps to the eye. **Cela saute aux yeux,** it is obvious, as plain as a pikestaff. **Coûter les yeux de la tête,** to cost the earth. **O. pour o., dent pour dent,** an eye for an eye, a tooth for a tooth. **Avoir du travail par-dessus les yeux,** to be up to one's eyes in work. *F:* **Tourner de l'o.,** to faint. *P:* **Je m'en bats l'o.,** I don't care a rap, a hoot. *P:* **Mon o.!** My foot! S.a. CREVER 2, DOIGT 1, FROID I. 1. **2.** Sight, look, eye. **Cela charme les yeux,** it delights the eye. **Chercher, qn des yeux,** to look about for s.o. **Suivre qn des yeux,** to watch s.o. *F:* **Il n'a pas les yeux dans sa poche,** he keeps his eyes skinned. **Aux yeux de Dieu,** in the sight of God. **Coupable aux yeux de la loi,** guilty in the eye of the law. **A mes yeux,** in my opinion. **Avoir qch. sous les yeux,** to have sth. before one's eyes. **Mettre qch. sous les yeux de qn,** to put sth. before s.o.; to bring sth. to s.o.'s notice. **Mesurer qch. à l'o.,** to measure sth. by eye. *F:* **Avoir les yeux plus gros que le ventre,** to bite off more than one can chew. *P:* **Entrer à l'o.,** to get in free, gratis. **Cela manque d'o.,** it doesn't look well, there's no style about it. *Ten:* *etc:* **Avoir la balle dans l'o.,** to have one's eye in. *Prov:* **Loin des yeux, loin du cœur,** out of sight, out of mind. **Avoir l'o.,** to be observant, sharp-eyed. **Avoir l'o. sur qn,** to keep an eye on s.o. **Avoir l'o. à tout,** to see to everything. **Ayez l'o. ouvert, les yeux ouverts,** *F:* have your eyes about you; keep your eyes skinned. **Se consulter de l'o.,** to exchange glances. **A vue d'o.,** (i) visibly; (ii) at a first glance. **Coup d'o.,** (i) view; (ii) glance. **Reculer pour juger du coup d'o.,** to step back in order to see what it looks like. **D'un coup d'o. j'avais jugé la situation,** I had taken in the situation at a glance. **Du, au, premier coup d'o.,** at first sight. **Jeter un coup d'o. sur le journal,** to have a look at the paper. **Lancer un coup d'o. à qn,** to glance at s.o. **Avoir du coup d'o.,** (i) to be sure-sighted; (ii) to have good judgment.

Regarder qn d'un bon o., d'un mauvais o., to look favourably, unfavourably, upon s.o. **Voir du même o. que qn,** to see eye to eye with s.o. **J'envisage le problème d'un autre o.,** I look upon the problem with a different eye. *F:* **Faire de l'o. à qn,** to give s.o. the glad eye. *F:* **Taper dans l'o. à qn,** to take s.o.'s fancy. **Faire les yeux doux à qn,** to look lovingly, to make sheep's eyes, at s.o. **Faire les gros yeux à qn,** to look sternly, severely, reprovingly, at s.o. **Être très sur l'o.,** to be very strict. **3.** (*a*) Eye (of needle, etc.); hole (of hinge); eye-splice (on rope). **Vis à o.,** eye-bolt. (*b*) **Les yeux du pain, du gruyère,** the holes in bread, in gruyère cheese. (*c*) **Yeux du bouillon,** specks of fat on soup. **Yeux d'une plante,** eyes, buds, of a plant. (*d*) *T.V:* **O. électrique,** electric eye. *W.Tel: T.V:* **O. magique, cathodique,** magic eye. **4.** *Nau:* **L'o. du vent,** the wind's eye. **5.** (In *sg.* only) Lustre, gloss, sheen (of materials, precious stones). **6.** *Typ:* Face (of letter). **Lettre d'un autre o.,** wrong fount. **7. O. de verre, o. artificiel,** glass eye.

œil-de-bœuf [œjdəbœf], *s.m.* (*a*) Bull's-eye; small circular window. (*b*) (Round) wall-clock. *pl. Des œils-de-bœuf.*

œil-de-chat [œjdəʃa], *s.m. Lap:* Cat's-eye, tiger-eye. *pl. Des œils-de-chat.*

œil-de-perdrix [œjdəpɛrdri], *s.m.* (Soft) corn (between toes). *pl. Des œils-de-perdrix.*

œillade [œjad], *s.f.* Glance, ogle, leer. **Lancer une o. à qn,** to ogle s.o., to glance meaningly at s.o.

œillère [œjɛːr], *s.f.* **1.** Eye-tooth. **2.** (*a*) Blinker (of horse's harness). (*b*) Eye-bath.

œillet [œjɛ], *s.m.* **1.** Eyelet, eyelet-hole (of boot, sail, etc.). **2.** *Bot:* Pink. **O. des fleuristes,** clove-pink, carnation. **O. maritime,** sea-pink. **O. de poète,** sweet-william. **O. des prés,** ragged robin. **O. d'Inde,** French marigold.

œilleton [œjtɔ̃], *s.m.* **1.** *Hort:* Sucker. **2.** (*a*) Eyepiece shade (of telescope). (*b*) Peep-hole (of rifle sight).

œillette [œjɛt], *s.f.* Oil-poppy, opium-poppy. **Huile d'o.,** poppy(-seed) oil.

œsophage [ezɔfaːʒ], *s.m.* Oesophagus, gullet.

œstre [ɛstr], *s.m. Ent: Vet:* Oestrus, gad-fly, bot(t)-fly. **Larve d'o.,** bot(t), maggot.

œtite [etit], *s.f. Miner:* Aetites, eagle-stone.

œuf [œf], *pl.* **œufs** [ø], *s.m.* **1.** (*a*) Egg. *Biol:* Ovum. **O. du jour,** (farm) fresh egg. **O. frais,** new-laid egg. *Cu:* **O. mollet, à la mouillette,** soft-boiled egg. **O. dur,** hard-boiled egg. **O. sur le plat,** fried egg. **O. en poudre,** dried, dehydrated, egg. S.a. BROUILLÉ 1, COQUE 1, NEIGE. **En o.,** egg-shaped. *F:* **Marcher sur des œufs,** to tread on thin ice. **Il tondrait un o.,** he would skin a flint. **Faire d'un o. un bœuf,** to make a mountain out of a mole-hill. **Donner un o. pour avoir un bœuf,** to throw out a sprat to catch a mackerel. **Tuer la poule aux œufs d'or,** to kill the goose that lays the golden eggs. *F:* **Écraser, tuer, détruire, qch. dans l'o.,** to nip sth. in the bud. (*b*) *pl.* Eggs (of insect); spawn (of fish, etc.); (hard) roe (of fish). **Œufs de homard,** berry. **2. O. en faïence,** nest-egg. **O. à repriser,** darning-egg. **O. à thé,** tea infuser.

œufrier [œfrie], *s.m.* **1.** Egg-holder (for boiling eggs). **2.** Egg-stand (for the table).

œuvé [œve], *a.* Hard-roed (fish); berried (lobster).

œuvre [œːvr], *s.f.* **1.** (*a*) Work, working. **Il ne fait jamais o. de ses dix doigts,** he never does a hand's turn. **Faire o. d'ami,** to behave like a friend. **Mettre qn à l'o.,** to set s.o. to work. **Mettre qch. en o.,** (i) to use, avail oneself of, sth.; to bring sth. into play; (ii) to implement, to put in hand (piece of work). **Mettre tout en o.,** to leave no stone unturned. **Exécuteur des hautes œuvres,** executioner, hangman. **Bonnes œuvres,** charitable work, good works. *Eccl:* **Salle d'œuvres,** parish hall. **Il est fils de ses œuvres,** he is a self-made man. (*b*) **O. de bienfaisance, de charité,** charitable society or institution. **2.** (Finished) work, production. **Œuvres d'un écrivain,** works of a writer. **3.** *Ecc:* Fabric fund. **4.** *Nau:* **Œuvres vives,** quick works; vitals. **Œuvres mortes,** dead works; top-sides. **5.** *s.m.* In *sg.* only. (*a*) **Gros o. d'un bâtiment,** main walls, foundations, of a building. **L'o. de Molière, de Mozart,** the works of Molière, of Mozart (as a whole). (*b*) **Le Grand O.,** the philosopher's stone. (*c*) *Adj.phr.* **Dans o.,** inside (measurements, etc.). S.a. CHEF-D'ŒUVRE, HORS 3, HORS-D'ŒUVRE, PIED 2.

offensant [ɔfɑ̃sɑ̃], *a.* Offensive, insulting.

offense [ɔfɑ̃ːs], *s.f.* **1.** Offence. **Faire une o. à qn,** to offend s.o. **2.** Transgression, sin, trespass. **3.** *Jur:* **O. à la Cour,** contempt of Court.

offensé, -ée [ɔfɑ̃se], *s.* Offended, injured, party.

offens|er [ɔfɑ̃se], *v.tr.* **1.** To offend (s.o.); to give offence to (s.o.). *F:* **Soit dit sans vouloir vous o.,** with all due respect to you. **2.** (*a*) *A:* To be detrimental to, to injure (lungs, etc.). (*b*) To offend, to be offensive to, to shock (feelings, modesty). **O. les regards,** to be an eyesore. **O. la grammaire,** to offend against grammar. *s.m.* **-eur.**

s'offenser, to take offence (de, at).

offens|if, -ive [ɔfɑ̃sif, -iːv]. **1.** *a.* Offensive (war, weapon). **2.** *s.f. Mil:* **L'offensive,** the offensive, *adv.* **-ivement.**

offert, -erte. See OFFRIR.

offertoire [ɔfɛrtwaːr], *s.m. Ecc:* Offertory.

office [ɔfis]. **1.** *s.m.* (*a*) Office, functions, duty. **Faire o. de secrétaire,** to act as secretary. *Adv.phr:* **D'o.,** (i) officially, ex officio; (ii) as a matter of course, of routine; automatically. *F:* **Il a gagné d'o.,** it was a walk-over for him. *Publ:* **Exemplaire d'o.,** copy (of book) sent on sale or return. **La pilule a rempli son o.,** the pill did its job. (*b*) Service. **Accepter les bons offices de qn,** to accept s.o.'s help. (*c*) *Ecc:* (Divine) Service. **L'o. des morts,** the burial-service; the Office for the Dead. **Livre d'o.,** prayer-book. **Aller à l'o.,** to go to church (esp. to Protestant service). **Manquer l'o.,** to miss church. **O. divin en plein air,** (i) open-air service; (ii) *Mil:* drumhead service. (*d*) Bureau, office. **O. de publicité,** advertising agency. **L'O. du blé** = the National Wheat Board. **O. de la main-d'œuvre** = Labour Exchange. **2.** *s.f.* (*a*) (Butler's) pantry. (*b*) Servants' hall.

officiant [ɔfisjɑ̃], *a.* & *s.m.* Officiating (priest); *s.* officiant.

offici|el, -elle [ɔfisjɛl]. **1.** *a.* Official (statement); formal (call, etc.). **A titre o.,** officially, formally. **Rendre o.,** to make public. **Le Journal O.,** *s.m.* **l'O.** = the (official) Gazette. **Être à l'O.,** to be gazetted. **2.** *s.m.* Official. **Les officiels,** the authorities, the official party. *adv.* **-ellement.**

officier[1] [ɔfisje], *v.i.* To officiate.

officier[2], *s.m.* Officer. **1. O. de l'état civil,** municipal magistrate in charge of register; registrar. **O. ministériel** = NOTAIRE. **2.** (*a*) *Mil:* (Commissioned) officer. **O. supérieur,** field-officer. **O. général,** general officer; *Navy:* flag-officer. (*b*) **O. de marine,** naval officer. **O. de pont,** executive officer, deck-officer. **O. des équipages (de la flotte)** = warrant officer. **O. marinier,** petty officer. **O. de port,** harbour-master. **3. O. de la Légion d'honneur,** Officer of the Legion of Honour.

officieu|x, -euse [ɔfisjø, -øːz]. **1.** *a.* (*a*) Officious **(envers,** towards); over-obliging. (*b*) Unofficial, semi-official. *Journ:* **Note d'origine officieuse,** inspired paragraph. **A titre o.,** unofficially. (*c*) Kindly-meant (advice, etc.). **2.** *s.* Busybody. *adv.* **-sement.**

officinal, -aux [ɔfisinal, -o], *a. Pharm:* Officinal (preparation); medicinal (plant).

officine [ɔfisin], *s.f.* **1.** (*a*) *Pharm:* Dispensary. (*b*) (Technical and legal term for) chemist's shop. **2.** *F:* Den (of shady business); thieves' kitchen.

offrande [ɔfrɑ̃ːd], *s.f. Ecc:* Offering. **Déposer son o. dans le tronc,** to place one's offering in the alms-box. *F:* **A chaque saint son o.,** all the people concerned will have to be squared.

offrant [ɔfrɑ̃], *a.* & *s.m.* **Le plus o. (et dernier enchérisseur),** the highest bidder.

offre [ɔfr], *s.f.* Offer, proposal; tender (for contract); (at auction sale) bid. **Faire o. de qch.,** to offer sth. **Faire des offres de service à qn,** to offer to help s.o. *Com:* to solicit orders. *Pol.Ec:* **L'o. et la demande,** supply and demand.

offrir [ɔfriːr], *v.tr.* (*pr.p.* **offrant;** *p.p.* **offert;** *pr.ind.* **j'offre, n. offrons;** *p.h.* **j'offris;** *fu.* **j'offrirai)** To offer; to offer up (sacrifice); to give. **C'est pour o.,** it is for a present. **O. dix francs d'un objet,** (i) to offer, (ii) to bid, ten francs for an object. **O. un déjeuner à**

qn, to invite s.o. to luncheon (at a restaurant). **O. la main à qn,** to hold out one's hand to s.o. **O. de faire qch.,** to offer to do sth. **O. une résistance acharnée,** to put up a desperate resistance. **L'histoire en offre plusieurs exemples,** history affords several examples of it.

s'offrir. **1.** (Of pers.) To offer oneself. **S'o. à faire qch.,** to offer, volunteer, to do sth. **2.** (Of thg) To offer itself, to present itself; to offer. **Le spectacle qui s'offrit à mes yeux, à ma vue,** the sight that met, greeted, my eyes.

offusquer [ɔfyske], *v.tr.* **1.** *A:* To dazzle (the eyes). **2.** To offend, shock (s.o.).

s'offusquer, to take offence (de, at). **Il s'offusque d'un rien,** he is easily shocked.

ogival, -aux [ɔʒival, -o], *a.* *F:* **Art o.,** gothic style.

ogive [ɔʒiːv], *s.f.* **1.** *Arch:* (Diagonal) rib (under a groin). **Voûte d'ogives,** ribbed vault. **2.** Nose cone (of rocket).

ogre, ogresse [ɔgr, ɔgrɛs], *s.* Ogre, ogress.

oh [o], *int.* Oh! O! **Oh! hisse!** Yo-heave-ho!

ohé [oe], *int.* (*a*) Hi! hullo! (*b*) **O. du navire!** ship ahoy!

ohm [oːm], *s.m.* *El.Meas:* Ohm.

ohmique [omik], *a.* *El.E:* Ohmic (resistance).

ohmmètre [ommɛtr], *s.m.* *El:* Ohmmeter.

oïdium [ɔidjɔm], *s.m.* Oidium, vine-mildew.

oie [wa], *s.f.* (*a*) Goose. **O. sauvage, cendrée,** greylag (goose). *F:* **Ne faites pas l'o.,** don't be silly. **Marcher au pas de l'o.,** to do the goose-step. **Une o. blanche,** a naïve girl. (*b*) **Jeu de l'o.,** the game of goose. S.a. CONTE 1.

oign-ais, -is, etc. [waɲɛ, -i]. See OINDRE.

oignon [ɔɲɔ̃], *s.m.* **1.** (*a*) Onion. **Petits oignons,** (i) spring onions; (ii) pickling onions. **Aux petits oignons,** (i) *Cu:* stewed with spring onions; (ii) *P:* first rate. **Se mettre en rang d'oignons,** to form up in a row. **Regretter les oignons d'Égypte,** to sigh for the flesh-pots of Egypt. *P:* **Occupe-toi de tes oignons,** mind your own business! (*b*) Bulb (of tulip, etc.). **2.** (*a*) Hard corn (under sole of foot). (*b*) Bunion. **3.** *A:* *F:* Watch, 'turnip.'

oïl [ɔil], *adv.* (In Old Fr.) Yes. *Ling:* **La langue d'o.,** the dialect(s) of northern France. *Cf.* OC.

oindre [wɛ̃ːdr], *v.tr.* (Conj. like CRAINDRE) **1.** To oil; to rub with oil. **2.** To anoint (king, etc.). **L'Oint du Seigneur,** the Lord's Anointed.

oint, ointe [wɛ̃, wɛ̃ːt]. See OINDRE.

oiseau [wazo], *s.m.* **1.** Bird. **Oiseaux domestiques, de basse-cour,** poultry. **Oiseaux de volière, d'appartement,** cagebirds. **Perspective à vol d'o.,** bird's-eye view. **Être comme l'o. sur la branche,** to have no settled home; to be unsettled; to be here to-day and gone to-morrow. *F:* **Mon petit o.,** my dear. *P:* **Regarde-moi cet o.-là!** just look at that fellow! **Vilain o.,** undesirable individual; bad lot. **Drôle d'o.,** queer customer. S.a. AUGURE², VOL¹ 1. **2.** (Bricklayer's) hod.

oiseau-mouche [wazomuʃ], *s.m.* *Orn:* Humming-bird. *pl. Des oiseaux-mouches.*

oiseler [wazle], *v.i.* (**il oiselle; il oisellera**) To go bird-catching.

oiselet [wazlɛ], *s.m.* Small bird.

oiseleur [wazlœːr], *s.m.* Fowler, bird-catcher.

oiselier [wazəlje], *s.m.* Bird-seller, bird-fancier.

oiseu|x, -euse [wazø, -øːz], *a.* **1.** Idle, lazy. **2.** Idle, otiose; trifling (question). **Conte o.,** idle tale. **Épithète oiseuse,** otiose epithet. *adv.* **-sement.**

ois|if, -ive [wazif, -iːv]. **1.** *a.* Idle. (*a*) **Talent o.,** unapplied talent. (*b*) Lazy. **2.** *s.* (*a*) Unemployed (person). (*b*) Idler. *adv.* **-ivement.**

oisillon [wazijɔ̃], *s.m.* Fledgling.

oisiveté [wazivte], *s.f.* Idleness. (*a*) Leisure. (*b*) Sloth.

oison [wazɔ̃], *s.m.* **1.** Gosling. **2.** *F:* Ninny, noodle, *U.S:* dope.

okapi [ɔkapi], *s.m.* *Z:* Okapi.

okoumé [ɔkume], *s.m.* Gaboon (wood).

oléagineux, -euse [ɔleaʒinø, -øːz], *a.* Oleaginous. **1.** Oily. **2.** Oil-yielding. **Graines oléagineuses,** *s.m.* **oléagineux,** oil seeds.

oléicole [ɔleikɔl], *a.* Olive-growing (land); vegetable oil (industry).

oléiculture [ɔleikyltyːr], *s.f.* **1.** Cultivation of the olive. **2.** The olive-oil industry.

oléifère [ɔleifɛːr], *a.* Oil-producing, oleiferous.

oléoduc [ɔleɔdyk], *s.m.* Pipe-line.

olfactif, -ive [ɔlfaktif, -iːv], *a.* Olfactory, olfactive (nerve, cell).

olibrius [ɔlibriyːs], *s.m.* *F:* Braggart, swaggerer.

olifant [ɔlifɑ̃], *s.m.* *Mediev.Lit:* Oliphant; ivory (hunting-)horn.

oligarchie [ɔligarʃi], *s.f.* Oligarchy.

oligarchique [ɔligarʃik], *a.* Oligarchic(al).

oligo-élément [ɔligoelemɑ̃], *s.m.* *Biol:* Trace element. *pl. Des oligo-éléments.*

olivacé [ɔlivase], *a.* Olivaceous, olive-green.

olivaie [ɔlivɛ], *s.f.* Olive-plantation, -grove.

olivâtre [ɔlivɑːtr], *a.* Olive-hued; sallow.

olive [ɔliːv], *s.f.* **1.** (*a*) Olive. **Huile d'o.,** olive oil. (*b*) *a.inv.* Olive-green. **2.** (*a*) Olive(-shaped button); frog (of frogged coat). (*b*) (Olive-shaped) knob or handle. (*c*) Olive-moulding.

oliverie [ɔlivri], *s.f.* Olive-oil factory.

olivette [ɔlivɛt], *s.f.* **1.** Olive-plantation, -grove. **2.** Imitation pearl; olivette. **3.** Grape (shaped like an olive).

olivier¹ [ɔlivje], *s.m.* Olive-tree or -wood. *B.Hist:* **Le Mont des Oliviers,** the Mount of Olives. *F:* **Se présenter le rameau d'o. à la main,** to hold out the olive-branch.

Olivier². *Pr.n.m.* Oliver.

olographe [ɔlɔgraf], *a.* *Jur:* Holograph(ic) (will).

Olympe [ɔlɛ̃ːp]. *Pr.n.m.* (Mount) Olympus. **Les dieux de l'O.,** the Olympian gods.

olympiade [ɔlɛ̃pjad], *s.f.* Olympiad.

olympien, -ienne [ɔlɛ̃pjɛ̃, -jɛn], *a.* Olympian.

olympique [ɔlɛ̃pik], *a.* Olympic. **Les jeux olympiques,** the Olympic games.

ombelle [ɔ̃bɛl], *s.f.* *Bot:* Umbel.

ombellifère [ɔ̃bɛllifɛːr]. *Bot:* **1.** *a.* Umbelliferous. **2.** *s.f.pl.* Umbelliferae, umbellifers.

ombelliforme [ɔ̃bɛllifɔrm], *a.* *Bot:* Umbelliform, umbellar.

ombilic [ɔ̃bilik], *s.m.* **1.** *Anat:* Navel. **2.** *Bot:* Hilum. **3.** *Geom:* Umbilic(us); umbilical point.

ombilical, -aux [ɔ̃bilikal, -o], *a.* Umbilical.

omble-chevalier [ɔ̃bləʃəvalje], *s.m.* *Ich:* Char.

ombrage [ɔ̃braːʒ], *s.m.* **1.** Shade (of trees); *Poet:* umbrage. **2.** **Prendre o. de qch.,** (i) (of horse) to shy at sth.; (ii) *F:* to take offence, umbrage, at sth.

ombragé [ɔ̃braʒe], *a.* Shaded, shady (path, spot).

ombrager [ɔ̃braʒe], *v.tr.* (**il ombrageait**) (*a*) To shade; to protect (sth.) against the sun. (*b*) To overshadow.

s'ombrager. **1.** (Of garden, etc.) To become shady. **2.** **S'o. de qch.,** to shelter from, protect oneself against (the sun, heat, etc.).

ombrageu|x, -euse [ɔ̃braʒø, -øːz], *a.* **1.** Shy, skittish (horse). **2.** Easily offended; touchy; quick to take offence. *adv.* **-sement.**

ombre¹ [ɔ̃ːbr], *s.f.* **1.** Shadow. *Astr:* Umbra. **Projeter une o.,** to cast a shadow. **Ombres chinoises,** shadow-theatre, galanty show. *Opt:* *Geom:* **O. portée,** cast shadow. **Une o. au tableau,** a fly in the ointment. **2.** Shade. **Se reposer à l'o. d'un mur,** to rest under, in, the shade of a wall. **Quarante degrés à l'o.,** forty degrees in the shade. *F:* **A l'o.,** in prison, in jug. **Rester dans l'o.,** to remain in the background. **Faire o. à qn,** to put s.o. in the shade; to eclipse s.o. **Une o. de contrariété sur son visage,** a shade of annoyance on his face. **3.** Darkness. **Les ombres de la nuit,** the shades of night. **A l'o. de la nuit,** under cover of darkness. **4.** (*a*) Ghost, shade, shadowy figure. *Lit:* **Le royaume des ombres,** the land of shadows. **N'être plus que l'o. de soi-même,** to be merely the shadow of one's former self; to be worn to a shadow. (*b*) **Vous n'avez pas l'o. d'une chance,** you have not the ghost of a chance. **Pas l'o. de bon sens,** not a grain, an atom, of common sense. **Lâcher la proie pour l'o.,** to drop the substance for the shadow. (*c*) *A:* Simulacrum, pretence. **Sous (l')o. de . . .,** under the pretext, the cloak, of. . . .

ombre², *s.f.* (**Terre d'**)**o.,** umber.

ombre³, *s.m.* *Ich:* (*a*) Umber, grayling. (*b*) **O. chevalier** = OMBLE-CHEVALIER.

ombrelle [ɔ̃brɛl], *s.f.* **1.** Parasol, sunshade. **2.** *Coel:* *Moll:* Umbrella; swimming-bell. **3.** *Av:* **O. de protection aérienne,** aerial umbrella.

ombrer [ɔ̃bre], *v.tr.* To shade (conservatory, drawing); to darken (eyelids, etc.).
ombreux, -euse [ɔ̃brø, -øːz], *a.* Shady (grove).
Ombrie [ɔ̃bri]. *Pr.n.f. Geog:* Umbria.
ombrine [ɔ̃brin], *s.f. Ich:* Umbra, umbrine.
omelette [ɔmlɛt], *s.f. Cu:* Omelet(te). **O. aux fines herbes,** savoury omelette (esp. with chives). **O. aux confitures,** sweet omelette.
omettre [ɔmɛtr], *v.tr.* (Conj. like METTRE) To omit, miss out, pass over; to leave out (passage). **O. de faire qch.,** to fail, omit, neglect, to do sth.
omi-s, -t, etc. See OMETTRE.
omission [ɔmisjɔ̃], *s.f.* Omission, oversight. *Typ:* **Signe d'o.,** caret.
omnibus [ɔmnibyːs]. **1.** *s.m. A:* (Horse-)omnibus. **2.** *a.inv.* Suitable for all cases. **Train o.,** *s.m.* **omnibus,** slow train. **Des règles o.,** blanket rules.
omnipotence [ɔmnipɔtɑ̃ːs], *s.f.* Omnipotence.
omnipotent [ɔmnipɔtɑ̃], *a.* Omnipotent.
omnipraticien, -enne [ɔmnipratisjɛ̃, -ɛn], *s. Med:* General practitioner, *F:* G.P.
omniprésence [ɔmniprezɑ̃ːs], *s.f.* Omnipresence.
omniprésent [ɔmniprezɑ̃], *a.* Omnipresent.
omniscient [ɔmnisjɑ̃], *a.* Omniscient.
omnium [ɔmniɔm], *s.m.* **1.** *Com:* (In Fr.) General trading company. **2.** *Rac:* Open race.
omnivore [ɔmnivɔːr]. **1.** *a.* Omnivorous. **2.** *s.m. Z:* Omnivore.
omoplate [ɔmɔplat], *s.f.* Shoulder-blade, scapula.
on [ɔ̃], *indef.pron.* (Often **l'on** [lɔ̃], esp. after a vowel sound) One, people, they, we, etc. **On attend** [ɔ̃natɑ̃] **le courrier,** we are waiting for the letters. **On ne sait jamais,** you, one, never can tell. **On n'en sait rien,** nobody knows anything about it. **On dit que . . .,** they say, men say, it is said, that. . . . **On me l'a dit,** I was told so. **On enfonça la porte,** the door was burst open. **On frappe,** there is a knock at the door. **Danse-t-on?** shall we dance? **On demande une bonne cuisinière,** wanted, a good cook. **On était au sept mars,** it was the seventh of March. **On est bien ici,** it's comfortable here. **Quand on demande à une jeune fille d'être votre femme . . .,** when you ask a girl to be your wife. . . . **On y va?** Shall we go? **On y va!** Coming! NOTE: A pred. noun or adj. following **on** is fem. or pl. as the sense requires. **On n'est pas toujours jeune et belle,** you can't be young and beautiful for ever. **Ici on est égaux,** here we are all equal.
onagre[1] [ɔnaːgr], *s.m.* Onager; wild ass.
onagre[2], *s.f. Bot:* Evening primrose.
once[1] [ɔ̃ːs], *s.f. Meas:* Ounce.
once[2], *s.f. Z:* Ounce, snow-leopard.
oncial, -aux [ɔ̃sjal, -o], *a.* Uncial (letter, MS.).
oncle [ɔ̃ːkl], *s.m.* Uncle. **O. à la mode de Bretagne,** (i) first cousin once removed; (ii) *F:* very distant relation.
oncques [ɔ̃ːk], *adv. A:* (*a*) Ever. (*b*) (With **ne** expressed or understood) Never.
onction [ɔ̃ksjɔ̃], *s.f.* **1.** Oiling (of athlete, of machine, etc.). **2.** Unction. (*a*) Anointing. *Ecc:* **L'extrême o.,** the last Sacrament, extreme unction. (*b*) Unctuousness.
onctueu|x, -euse [ɔ̃ktɥø, -øːz], *a.* **1.** (*a*) Unctuous (to the touch). (*b*) Greasy, oily (surface). **2.** (*a*) Unctuous (sermon, etc.). (*b*) *Pej:* Oily (manner). *adv.* **-sement.**
onctuosité [ɔ̃ktyozite], *s.f.* (*a*) Unctuousness. (*b*) *Pej:* Oiliness (of manner).
onde [ɔ̃ːd], *s.f.* **1.** *Lit:* (i) Wave, billow; (ii) *Poet:* water, tide. **Les ondes de la foule,** the surging of the crowd. **2.** (*a*) Wavy line. **Cheveux en ondes,** waved hair. (*b*) Corrugation. **3.** *Ph:* **O. sonore,** sound-wave. **O. lumineuse, calorifique,** light-wave, heat-wave. **Longueur d'o.,** wavelength. *W.Tel:* **Grandes ondes,** long waves. **Ondes moyennes, petites ondes,** medium waves. **Ondes courtes,** short waves. **Mettre en ondes une pièce, etc.,** to put, produce, a play, etc., on the air. **Par ordre d'entrée en ondes,** in order of speaking. **Ondes entretenues,** undamped, continuous waves. **Ondes amorties,** damped waves. **4.** *Aer:* **O. de choc,** shock wave.
ondé [ɔ̃de], *a.* Waved, undulating, wavy (surface); waved (hair); watered (silk).
ondée [ɔ̃de], *s.f.* Heavy shower. **Temps à ondées,** showery weather.
ondemètre [ɔ̃dmɛtr], *s.m. El:* Wave-meter.
ondin, -ine [ɔ̃dɛ̃, -in], *s. Myth:* Water-sprite; *f.* undine, nixie.
on-dit [ɔ̃di], *s.m.inv.* Rumour, hearsay.
ondoiement [ɔ̃dwamɑ̃], *s.m.* **1.** Undulation; wavy motion. **2.** *Ecc:* Private baptism (in emergency).
ondoyant [ɔ̃dwajɑ̃], *a.* **1.** Undulating, wavy, billowy; swaying (crowd). **Blé o.,** waving corn. **2.** Changeable, fluctuating (nature).
ondoyer [ɔ̃dwaje], *v.* (**j'ondoie; j'ondoierai**) **1.** *v.i.* To undulate, wave, ripple; (of crowds, flames) to billow. **2.** *v.tr. Ecc:* To baptize privately (in emergency).
ondulant [ɔ̃dylɑ̃], *a.* Undulating (landscape); waving (corn); flowing (mane, drapery).
ondulation [ɔ̃dylasjɔ̃], *s.f.* **1.** (*a*) Undulation (of water, etc.); wave-motion. (*b*) Rise (and fall), undulation (in the ground). **Région à ondulations,** rolling country. **2.** *Hairdr:* Wave. **Se faire faire des ondulations,** to have one's hair waved.
ondulatoire [ɔ̃dylatwaːr], *a. Ph:* Undulatory. **Mouvement o.,** wave-motion.
ondulé [ɔ̃dyle]. **1.** *a.* Undulating; wavy (hair); corrugated (iron, cardboard). **Route ondulée,** *F:* switch-back road. **2.** *s.m. Tex:* **O. de laine,** ripple-cloth.
onduler [ɔ̃dyle]. **1.** *v.i.* To undulate, ripple. **2.** *v.tr.* To wave (the hair); to corrugate (iron). **Se faire o.,** to have one's hair waved.
onduleux, -euse [ɔ̃dylø, -øːz], *a.* Wavy, sinuous.
onéreu|x, -euse [ɔnerø, -øːz], *a.* Onerous; burdensome (tax); heavy (expenditure). **A titre o.,** subject to payment; *Jur:* for valuable consideration. *adv.* **-sement.**
ongle [ɔ̃ːgl], *s.m.* (Finger-)nail; claw (of animal); talon (of bird of prey). *Z:* Unguis. **Coup d'o.,** scratch. **Se faire les ongles,** to trim one's nails. *F:* **Rogner les ongles à qn,** to cut s.o.'s claws. **Se ronger les ongles,** (i) to bite one's nails; (ii) *F:* to be restless, impatient. **Avoir les ongles crochus,** to be rapacious. **Donner sur les ongles à qn,** to rap s.o. over the knuckles. **Savoir qch. sur le bout des ongles,** to know sth. perfectly. **Français jusqu'au bout des ongles,** French to the finger-tips, every inch a Frenchman. S.a. BEC 1, RUBIS.
onglée [ɔ̃gle], *s.f.* Tingling, aching (of finger-ends). **J'ai l'o.,** my fingers are numb with cold.
onglet [ɔ̃glɛ], *s.m.* **1.** (Embroideress's) thimble. **2.** Nail-groove (of penknife); fullering (of sword). **3.** *Bookb:* (*a*) Guard. (*b*) Single-leaf cancel. (*c*) Tab (of thumb-index or register). **Dictionnaire à onglets,** thumb-indexed dictionary. **4.** Unguis (of petal). **5.** *Carp:* Mitre. **Boîte à o.,** mitre-box. **Assemblage à o.,** mitre-joint.
onglier [ɔ̃glie], *s.m.* **1.** Manicure-set. **2.** *pl.* Nail-scissors.
onguent [ɔ̃gɑ̃], *s.m.* Ointment, unguent, salve.
ongulé [ɔ̃gyle]. **1.** *a.* (*a*) Nail-shaped. (*b*) Hoofed, ungulate (animal). **2.** *s.m.pl. Z:* Ungulata.
onomatopée [ɔnɔmatɔpe], *s.f.* Onomatopoeia.
ont [ɔ̃], See AVOIR.
ontogenèse [ɔ̃tɔʒnɛːz], *s.f. Biol:* Ontogenesis.
ontologie [ɔ̃tɔlɔʒi], *s.f.* Ontology; metaphysics.
ontologique [ɔ̃tɔlɔʒik], *a.* Ontological.
onyx [ɔniks], *s.m. Miner:* Onyx.
onze [ɔ̃ːz], *num. a. inv. & s.m. inv.* (The **e** of **le, de,** is not, as a rule, elided before **onze** and its derivatives) Eleven. **O. chevaux,** eleven horses. **Nous n'étions que onze** [kəɔ̃ːz], there were only eleven of us. **Le o. avril,** the eleventh of April. **Louis O.,** Louis the Eleventh. *P:* **Prendre le train o.,** to go on Shanks's mare, pony. *s.m. Sp: Cr:* **Le o. anglais,** the English eleven.
onzième [ɔ̃zjɛm]. **1.** *num. a. & s.* Eleventh. **2.** *s.m.* Eleventh (part). *adv.* **-ment.**
oolithe [ɔɔlit], *s.m.* occ. *f. Miner: Geol:* Oolite.
oolithique [ɔɔlitik], *a.* Oolitic.
opacité [ɔpasite], *s.f.* Opacity (of body); cloudiness (of liquid); darkness, denseness (of forest, of the intellect).
opale [ɔpal]. **1.** *s.f.* Opal. **2.** *a.inv.* Opalescent.
opalescence [ɔpalɛsɑ̃ːs], *s.f.* Opalescence.

opalescent [ɔpalɛssɑ̃], *a.* Opalescent.
opalin [ɔpalɛ̃], *a.* Opaline. *s.f.* **Opaline,** milk glass.
opaque [ɔpak], *a.* Opaque.
opéra [ɔpɛra], *s.m.* **1.** Opera. **Grand o.,** grand opera. **O. comique,** comic opera. **O. bouffe,** opera-bouffe. **2.** Opera-house.
opérable [ɔpɛrabl], *a.* Operable (patient, tumour).
opérateur, -trice [ɔpɛratœːr, -tris], *s.* (*a*) (Machine-) operator. **O. de T.S.F.,** wireless operator. *Cin:* Camera-man. **O. des sons,** mixer. (*b*) *St.Exch:* **O. à la hausse,** operator for a rise; bull. **O. à la baisse,** operator for a fall; bear. (*c*) Operating surgeon; operator.
opératif, -ive [ɔpɛratif, -iːv], *a.* Operative.
opération [ɔpɛrasjɔ̃], *s.f.* **1.** Operation; working (of nature); process. **2.** (*a*) **Opérations militaires,** military operations. (*b*) *Surg:* **Subir une o.,** to undergo an operation; *F:* to be operated on. **Faire l'o. de l'appendicite,** to operate for appendicitis. **Salle d'o.,** operating-theatre. S.a. TABLE 1. **3.** (Commercial) transaction; deal; speculation.
opérationnel, -elle [ɔpɛrasjɔnɛl], *a.* Operational.
opératoire [ɔpɛratwaːr], *a.* **1.** (Mode, etc.) of operation. **2.** *Surg:* Operative. **Médecine o.,** surgery.
opercule [ɔpɛrkyl], *s.m.* Cover, lid, cap. *Nat. Hist:* Operculum; gill-cover (of fish). *Nau:* **O. de hublot,** deadlight.
opéré, -ée [ɔpere], *s.* Patient (operated upon).
opérer [ɔpere], *v.tr.* **(j'opère; j'opérerai)** To operate. **1.** To bring about, to effect. **La foi opère des miracles,** faith works miracles. *Mil:* **O. une retraite,** to effect a retreat. **2.** (*a*) To carry out, perform (multiplication, *Ch:* synthesis, etc.). (*b*) *Surg:* **O. un malade, un appendice, un abcès,** to operate on, perform an operation on, a patient, an appendix, an abscess. **Se faire o.,** to undergo, have, an operation. **3.** *Abs.* (Of remedy) To work, act.
s'opérer, to be wrought, to take place. **Le miracle s'est opéré tout seul,** the miracle came about of itself.
opérette [ɔperɛt], *s.f.* Operetta; musical comedy.
ophidien [ɔfidjɛ̃], *s.m.* Ophidian; *pl.* ophidia.
ophioglosse [ɔfjɔglɔs], *s.m.* *Bot:* Ophioglossum, adder's-tongue.
ophite [ɔfit], *s.m.* *Miner:* Ophite, serpentine.
ophrys [ɔfris], *s.f.* *Bot:* Ophrys. **O. abeille,** bee-orchis. **O. araignée,** spider-orchis.
ophtalmie [ɔftalmi], *s.f.* Ophthalmia.
ophtalmique [ɔftalmik], *a.* Ophthalmic.
ophtalmologie [ɔftalmɔlɔʒi], *s.f.* Ophthalmology.
ophtalmologiste [ɔftalmɔlɔʒist], *s.m.* Ophthalmologist, oculist.
ophtalmoscope [ɔftalmɔskɔp], *s.m.* *Med:* Ophthalmoscope.
opiacer [ɔpjase], *v.tr.* **(j'opiaçai(s); n. opiaçons)** To opiate; to mix with opium.
opiat [ɔpja], *s.m.* Opiate, narcotic.
opinant [ɔpinɑ̃], *s.m.* Speaker, voter (in debate).
opiner [ɔpine], *v.i.* To opine; to be of opinion (**que,** that). **O. pour, contre, une proposition,** to vote for, against, a proposal. **O. de la tête, du bonnet,** to nod approval, to nod assent.
opiniâtre [ɔpinjɑːtr], *a.* Obstinate. (*a*) Self-opinionated. (*b*) Self-willed, headstrong; stubborn (mule); mulish (person). (*c*) Persistent, unyielding (cough). **Résistance o.,** stout, dogged, resistance. *adv.* **-ment.**
opiniâtrer (s') [sɔpinjɑtre], *v.pr.* To remain stubborn, obstinate. **S'o. à faire qch.,** to persist stubbornly in doing sth.
opiniâtreté [ɔpinjɑtrəte], *s.f.* Obstinacy, stubbornness.
opinion [ɔpinjɔ̃], *s.f.* Opinion (**de,** of; **sur,** about); view, judgment. **L'o. (publique),** public opinion. **Partager l'o. de qn,** to agree with s.o. **Amener qn à son o.,** to bring s.o. round, over, to one's way of thinking. **Avoir bonne, mauvaise, o. de qn,** to have a good, bad, opinion of s.o.; to think highly, poorly, of s.o. **Donner bonne o. de sa capacité,** to make a good impression.
opiomane [ɔpjɔman]. **1.** *a.* Opium-eating, opium-smoking (person). **2.** *s.* Opium-eater, -smoker; opium addict, *F:* opium-fiend.
opium [ɔpjɔm], *s.m.* Opium.
opossum [ɔpɔsɔm], *s.m.* *Z:* Opossum.
opportun, -une [ɔpɔrtœ̃, -yn], *a.* (*a*) Opportune, seasonable, timely. **Arriver en temps o.,** to arrive opportunely. (*b*) Expedient, advisable. **Il ne semble pas o. que** + *sub.*, it does not seem advisable that. . . . *adv.* **-ément.**
opportunisme [ɔpɔrtynism], *s.m.* Opportunism; time-serving.
opportuniste [ɔpɔrtynist]. **1.** *a.* Time-serving. **2.** *s.* Opportunist; time-server.
opportunité [ɔpɔrtynite], *s.f.* **1.** (*a*) Opportuneness, seasonableness, timeliness. (*b*) Expediency, advisability (of project, etc.). **2.** Favourable occasion; opportunity.
opposable [ɔpozable], *a.* Opposable (**à,** to).
opposant [ɔpozɑ̃]. **1.** *a.* Opposing, adverse (party, etc.). **2.** *s.m.* Opponent.
opposé [ɔpoze]. **1.** *a.* (*a*) Opposed, opposing (armies, etc.); opposite (side, shore); contrary (interests, advice). **Angles opposés par le sommet,** vertically opposite angles. **Leurs opinions sont diamétralement opposées,** their views are poles apart. **Tons opposés,** contrasting colours. (*b*) **Être o. à une mesure,** to be opposed to a measure; to be against a measure. **2.** *s.m.* The contrary, reverse, opposite (of sth.). **A l'o. de . . .,** contrary to. . . .
opposer [ɔpoze], *v.tr.* **1.** To oppose; to set (sth.) over against (sth.). **O. une équipe à une autre,** to match one team against another. **O. une glace à une fenêtre,** to set a mirror opposite a window. **O. une vigoureuse résistance,** to put up, offer, a vigorous resistance. **O. son veto,** to exercise one's veto. **2.** To compare, to contrast (à, with).
s'opposer à qch., to oppose sth.; to be opposed to sth. **S'o. résolument à qch.,** to set one's face against sth. **Il s'y oppose absolument,** he won't hear of it. **Il n'y a pas de loi qui s'y oppose,** there is no law against it. **S'o. à une motion,** to bar a motion. **Rien ne s'oppose à votre succès,** nothing stands between you and success.
opposite [ɔpɔzit], *s.m.* Opposite, contrary. **Maison à l'o. de l'église,** house opposite to, facing, the church.
opposition [ɔpɔzisjɔ̃], *s.f.* **1.** (*a*) Opposition. **Mettre o. à qch.,** to oppose sth. **Agir en o. avec un droit,** to act in contravention of a right. *Pol:* **Le parti de l'o.,** the opposition. *Com:* **Frapper d'o.,** to stop payment of (cheque, etc.). (*b*) *Jur:* (i) = SAISIE-ARRÊT. **O. sur titre,** attachment against securities. (ii) **Mettre, former, o. à qch.,** to oppose, to ask for an injunction against sth. **Mettre o. à un mariage,** to enter a caveat to a marriage; *F:* to forbid the banns. **2.** Contrariety, contrast, antithesis. **Par o. à qch.,** as opposed to sth. **3.** *Astr:* Opposition (of planets).
oppresser [ɔprɛse], *v.tr.* To oppress. (*a*) To weigh down; to lie heavy on (the chest, conscience); to impede (respiration). **Être oppressé,** to have difficulty in breathing. (*b*) To deject, depress.
oppresseur [ɔprɛsœːr]. **1.** *s.m.* Oppressor. **2.** *a.m.* Oppressive, tyrannical.
oppress|if, -ive [ɔprɛsif, -iːv], *a.* Oppressive. *adv.* **-ivement.**
oppression [ɔprɛsjɔ̃], *s.f.* (*a*) Oppression. (*b*) Difficulty in breathing.
opprimant [ɔprimɑ̃], *a.* Oppressing, oppressive.
opprimé [ɔprime], *a.* Oppressed, down-trodden.
opprimer [ɔprime], *v.tr.* To oppress, crush (down) (a people).
opprobre [ɔprɔbr], *s.m.* Disgrace, shame, opprobrium. **Vivre dans l'o.,** to live in infamy.
optant, -ante [ɔptɑ̃, -ɑ̃ːt]. *a.* & *s.* (Person) exercising an option; optant. *Fin:* Taker of an option. **Les optants hongrois,** persons having elected to become Hungarian subjects.
optatif, -ive [ɔptatif, -iːv]. **1.** *a.* Optative. **2.** *s.m.* *Gram:* Optative (mood).
opter [ɔpte], *v.i.* To opt. **O. entre deux choses,** to choose, decide, between two things. **O. pour qch.,** to decide in favour of, to opt for, sth.; to choose sth.
opticien [ɔptisjɛ̃], *s.m.* Optician.
optimisme [ɔptimism], *s.m.* Optimism.
optimiste [ɔptimist]. **1.** *a.* Optimistic; sanguine. **2.** *s.* Optimist.

option [ɔpsjɔ̃], *s.f.* Option, choice (entre, between). *St.Exch:* **Souscrire des valeurs à o.**, to buy an option on stock. **O. d'achat**, call. **O. de vente**, put. **Demander une o. pour un sujet de film**, to ask for an option on the film rights of a book. *Sch:* **Matières à o.**, optional subjects.

optique [ɔptik]. **1.** *a.* Optic (nerve); optical (illusion). **Télégraphie o.**, visual signalling. **2.** *s.f.* (*a*) Optics. **Instruments d'o.**, optical instruments. (*b*) **O. du théâtre**, stage perspective. (*c*) Optical system (of projector, etc.). (*d*) *F:* Point of view.

opulence [ɔpylɑ̃:s], *s.f.* Opulence, affluence. **Nager dans l'o.**, to be rolling in wealth.

opul|ent [ɔpylɑ̃], *a.* Opulent, rich, wealthy (person); affluent (circumstances); abundant (harvest). **Poitrine opulente**, ample bosom. *adv.* **-emment.**

opuscule [ɔpyskyl], *s.m.* Short treatise; pamphlet, tract.

or[1] [ɔ:r], *s.m.* **1.** Gold. **Chercheur d'or**, gold-digger. **Or brut**, gold nuggets. **Or en barres**, ingot gold; bullion. *F:* **C'est de l'or en barre**, it is as safe as the Bank of England. *F:* **Or noir**, oil. **Poudre d'or**, gold-dust. **Feuille d'or**, gold-foil, -leaf. *F:* **C'est en or**, it's a piece of cake. **Obtenir qch. à prix d'or**, *F:* to pay through the nose for sth. **Affaire d'or**, excellent bargain. *F:* **Parler d'or**, to speak words of wisdom. **Age d'or**, golden age. **2.** Gold (colour). **Vieil or**, *inv.*, old gold. **Chevelure d'or**, golden hair. **Avec titres en lettres d'or**, gilt-lettered.

or[2], *conj.* Now. **Or Barabbas était un brigand**, now Barabbas was a robber. **Or donc**, well then.

oracle [ɔrɑ:kl], *s.m.* Oracle. **Style d'o.**, oracular style.

orage [ɔra:ʒ], *s.m.* (Thunder-)storm. **Le temps est à l'o.**, it is thundery weather. **Il va faire de l'o.**, a storm is brewing. *Meteor:* **Orages locaux**, local thunder. **Tenir tête à l'o.**, to face the music.

orageu|x, -euse [ɔraʒø, -ø:z], *a.* **1.** Stormy. **Discussion orageuse**, stormy discussion. **2.** Threatening, thundery (weather); lowering (sky). *adv.* **-sement.**

oraison [ɔrɛzɔ̃], *s.f.* **1. O. funèbre**, funeral oration. **2.** Orison, prayer. **Faire ses oraisons**, to say one's prayers. S.a. DOMINICAL 1.

oral, -aux [ɔral, -o]. **1.** *a.* Oral (examination, etc.); verbal (deposition). **2.** *s.m.* Oral examination, viva voce examination. *F:* **Rater l'o.**, to be ploughed in the oral, in the viva. *adv.* **-ement.**

orange [ɔrɑ̃:ʒ], *s.f.* **1.** Orange. **O. amère**, bitter orange, Seville orange. **O. douce**, China orange. **O. sanguine**, blood orange. **Écorce d'o.**, orange-peel. **2.** *a.inv.* **Rubans orange**, orange(-coloured) ribbons.

orangé [ɔrɑ̃ʒe], *a.* Orange(-coloured).

orangeade [ɔrɑ̃ʒad], *s.f.* Orangeade.

orangeat [ɔrɑ̃ʒa], *s.m.* Candied orange-peel.

oranger[1] [ɔrɑ̃ʒe], *s.m.* Orange-tree. **Couronne de fleurs d'o.**, wreath of orange-blossom. **Eau de fleur(s) d'o.**, orange-flower water.

oranger[2], -ère [ɔrɑ̃ʒe, -ɛ:r], *s.* Orange-seller.

orangeraie [ɔrɑ̃ʒrɛ], *s.f.* Orange-grove.

orangerie [ɔrɑ̃ʒri], *s.f.* (i) Orange-plantation; (ii) greenhouse for oranges, orangery.

orang-outan(g) [ɔrɑ̃utɑ̃], *s.m.* *Z:* Orang-outang. *pl.* *Des orangs-outan(g)s.*

orateur [ɔratœ:r], *s.m.* (With occ. *f.* **oratrice** [ɔratris]) **1.** Orator, speaker. **O. de carrefour**, *F:* soap-box orator. **2.** Spokesman.

oratoire[1] [ɔratwa:r], *a.* Oratorical. **L'art o.**, (the art of) oratory; public speaking.

oratoire[2], *s.m.* Oratory; chapel (for private worship). **Pères de l'O.**, Oratorians.

oratorio [ɔratɔrjo], *s.m.* *Mus:* Oratorio.

orbe[1] [ɔrb], *s.m.* Orb.

orbe[2], *a.* **1. Mur o.**, blind wall. **2.** *Surg:* **Coup o.**, bruise, contusion.

orbite [ɔrbit], *s.f.* **1.** Orbit (of planet, etc.). **Mettre un satellite en o.**, to put a satellite into orbit. **2.** *Anat:* Socket, orbit (of the eye). **3.** *Pol:* **La Hongrie est attirée dans l'o. de la Russie**, Hungary is drawn into the Russian orbit.

Orcades (les) [lezɔrkad]. *Pr.n.f.pl.* *Geog:* The Orkneys.

orcanette, -ète [ɔrkanɛt], *s.f.* *Bot:* Alkanet, dyer's bugloss.

orchestral, -aux [ɔrkɛstral, -o], *a.* Orchestral.

orchestration [ɔrkɛstrasjɔ̃], *s.f.* Orchestration, scoring.

orchestre [ɔrkɛstr], *s.m.* Orchestra. **Chef d'o.**, (i) conductor (of the orchestra); (ii) bandmaster.

orchestrer [ɔrkɛstre], *v.tr.* **1.** To orchestrate, to score (opera, etc.). **2.** *F:* To organize.

orchidée [ɔrkide], *s.f.* **1.** Orchid. **2.** *pl.* **Orchidées**, orchid(ac)eae, orchids.

orchis [ɔrkis], *s.m.* *Bot:* Orchis; wild orchid.

ordalie [ɔrdali], *s.f.* *A:* Ordeal. **O. de l'eau, du feu**, ordeal by water, by fire.

ordinaire [ɔrdinɛ:r]. **1.** *a.* Ordinary, usual, common, customary, average. **Peu o.**, unusual, uncommon, out of the ordinary. **Fractions ordinaires**, vulgar fractions. **Vin o.**, table wine. **Médecin o. du roi**, physician in ordinary to the King. **Ambassadeur o.**, ordinary ambassador. **2.** *s.m.* (*a*) Wont, custom, usual practice. **Selon, à, son o.**, as is his wont. **A l'o., d'o., pour l'o.**, usually, as a rule. **Comme à l'o., comme d'o.**, as usual. **Contre mon o., j'étais sorti**, contrary to my normal habit, I had gone out. (*b*) Ordinary standard. **Au-dessus de l'o.**, above the common run. **Événement qui sort de l'o.**, uncommon occurrence. **Cela sort de l'o.**, it is out of the ordinary. (*c*) (i) Ordinary (meal); daily bill of fare. **Auberge où l'o. est excellent**, inn where the fare is excellent. (ii) *Mil:* (Company) mess. (*d*) *Ecc.* (*R.C.Ch.*): **L'O. (de la messe)**, the Ordinary (of the mass). (*e*) *Ecc:* **L'O.**, the Ordinary, the diocesan bishop. *adv.* **-ment.**

ordinal, -aux [ɔrdinal, -o], *a.* Ordinal.

ordinateur [ɔrdinatœ:r], *s.m.* Computer.

ordination [ɔrdinasjɔ̃], *s.f.* *Ecc:* Ordination.

ordonnance [ɔrdɔnɑ̃:s], *s.f.* **1.** Order, (general) arrangement (of building, etc.); disposition, grouping (of picture, etc.). **2.** (*a*) Enactment, order. **O. d'amnistie**, amnesty ordinance. **O. de police**, police regulation. (*b*) Judge's order, decision, or ruling. **3.** *Mil:* **Habit d'o.**, uniform, regimentals. **Revolver d'o.**, regulation revolver. **Officier d'o.**, aide-de-camp; *Navy:* flag-lieutenant. **4.** *Mil:* (*a*) Orderly. (*b*) Occ. *m.* Officer's servant; batman. **5.** *Med:* Prescription. **Préparer une o.**, to make up a prescription.

ordonnancement [ɔrdɔnɑ̃smɑ̃], *s.m.* Order to pay.

ordonnancer [ɔrdɔnɑ̃se], *v.tr.* To pass (account) for payment; to sanction (expenditure).

ordonnateur, -trice [ɔrdɔnatœ:r, -tris], *s.* **1.** Director, arranger; organizer (of festivities), master of ceremonies. **2.** *Fin:* Person entitled to pass accounts.

ordonné, -ée [ɔrdɔne]. **1.** *a.* (*a*) Orderly, well-ordered. (*b*) (Person) of regular habits; tidy. **2.** *s.f.* *Mth:* **Ordonnée**, ordinate. **Axe des ordonnées**, Y-axis. *adv.* **-ment.**

ordonner [ɔrdɔne], *v.tr.* **1.** (*a*) To arrange (sth.), to set (sth.) to rights. (*b*) *Mth:* To arrange (terms) in ascending or descending order. (*c*) *v.i.* **O. du sort de qn**, to dispose of s.o.'s fate. **2.** To order, command, direct. (*a*) **O. à qn de faire qch.**, to order s.o. to do sth. **On nous ordonna d'entrer, de sortir**, we were ordered in, out. (*b*) **O. une punition à qn**, to order s.o. to be punished. **O. une grève**, to call a strike. *Med:* **O. un remède à qn**, to prescribe a remedy for s.o. **3.** *Ecc:* To ordain (priest).

ordre [ɔrdr], *s.m.* Order. **1. Ranger des mots par o. alphabétique**, to arrange words in alphabetical order. **Numéro d'o.**, serial number. **C'est dans l'o. des choses**, it is in the nature of things. **Avec o.**, methodically. **Sans o.**, untidy, untidily; unmethodical, unmethodically. **En bon o.**, (i) in (an) orderly fashion; (ii) in order; in proper trim, ship-shape. **En o. de bataille**, in battle array. **Avoir de l'o.**, to be tidy, systematic. **Homme d'o.**, orderly, methodical, man. **Mettre qch. en o., (re)mettre de l'o. dans qch.**, to set sth. in order, to rights; to tidy up (room). **Mettre o. à ses affaires, mettre ses affaires en o.**, to put one's affairs in order; to settle one's affairs. **Mettre (bon) o. à un abus**, to see that an abuse comes to an end; to put an abuse right. **2. Maintenir l'o., dans une ville**, to maintain order, discipline, in a town; to police a town. **Rappeler qn à l'o.**, to call s.o. to order. **A l'o.!** order! *Jur:* **O. public**, law and order. **Délit contre l'o. public**, breach of the peace. **Troubler l'o. (public)**, to disturb the peace. **Service d'o.**, body of officials responsible for order. **3. O. du jour**, (i) agenda (of meeting); (ii) *Mil:* general orders, order of the day. **Questions à l'o. du jour,** (i) items of the agenda; (ii) *F:* questions of the day. **Passer à l'o. du jour,** to proceed with the business of the day, *i.e.* to set aside a motion. **La guerre froide est à l'o. du jour,** the cold war is very much in the news. *Mil:* **Cité à l'o. (du jour)** = mentioned in despatches. **4.** (*a*) Order (of architecture, etc.); class, division, category. **De premier o.,** first-class, first-rate. **Hôtel de troisième o.,** third-rate hotel. **Renseignements d'o. privé,** enquiries of a private nature. **De l'o. de . . .** in the region of. . . . **Fréquences de l'o. de 200,** frequencies of about 200. **Dans cet o. d'idées . . .,** in connection with this. . . . (*b*) **O. religieux,** monastic order. **O. de chevalerie,** order of knighthood. **L'O. des avocats** = the Bar. **Conseil de l'O. (des avocats)** = Bar Council. (*c*) *pl. Ecc:* Holy orders. **Recevoir les ordres,** to be ordained. **Entrer dans les ordres,** to take orders. (*d*) **L'O. de la Jarretière,** the Order of the Garter. **Porter tous ses ordres,** to wear all one's decorations, all one's orders. **5.** (*a*) Command, fiat; warrant. **Servir sous les ordres de qn,** to serve under s.o. **O. par écrit,** written order. **O. d'exécution,** death-warrant. *Mil:* **O. d'appel,** call-up papers. **Donner o. à qn de faire qch.,** to order s.o. to do sth. **Je reçus l'o. de revenir,** I was ordered back. **Je reçus l'o. de partir pour l'étranger,** I was ordered abroad. **Ils reçurent l'o. de comparaître,** they were summoned to attend. **Donner des ordres à qn,** to give s.o. orders. **Par o., sur l'o., de qn,** by order of s.o. **Se mettre aux ordres de qn,** to put oneself at s.o.'s disposal. **"Toujours à vos ordres,"** 'yours obediently.' **Jusqu'à nouvel o.,** until further orders; until further notice. (*b*) *Com:* **Payez à l'o. de . . .,** pay to the order of. . . . **Billet à o.,** promissory note; bill payable to order. **D'o. et pour compte de,** by order and for account of. . . . **Compte d'o.,** suspense account (on balance sheet).

ordure [ɔrdyːr], *s.f.* **1.** (*a*) Dirt, filth, muck. (*b*) Excrement, dung, ordure. (*c*) Filthiness, lewdness. **2.** *pl.* Sweepings, refuse, rubbish. **Ordures ménagères,** household refuse, *U.S:* garbage. **Boîte à, aux, ordures,** refuse-bin, dust-bin, *U.S:* garbage can. **Service d'enlèvement des ordures,** refuse disposal department. **"Défense de déposer des ordures,"** 'shoot no rubbish.'

ordurier, -ière [ɔrdyrje, -jɛːr], *a.* Lewd, filthy (book, song); foul, scurrilous (language).

oréade [ɔread], *s.f. Myth:* Oread; grotto or mountain nymph.

orée [ɔre], *s.f. A:* Edge, verge, skirt (of a wood).

oreillard [ɔrɛjaːr], *s.m. Z:* Long-eared bat; *F:* hare.

oreille [ɔrɛːj], *s.f.* Ear. **1. Avoir mal à l'o., aux oreilles,** to have ear-ache. **Mettre son chapeau sur l'o.,** to wear one's hat on one side. **Aux oreilles courtes,** short-eared. **A longues oreilles,** long-eared. **Baisser l'o., avoir l'o. basse,** to be crestfallen. **Il est parti l'o. basse,** he went off with his tail between his legs. (Of horse) **Coucher les oreilles,** to set, lay, its ears back; to show signs of temper. **Tirer les oreilles à un gamin,** to pull, tweak, a boy's ears. *F:* **Il s'est fait tirer l'o.,** he took a lot of coaxing. **Il ne s'est pas fait tirer l'o.** he did not have to be asked twice. **Frotter les oreilles à qn,** to box s.o.'s ears. *F:* **Il commence à m'échauffer les oreilles,** he is beginning to get under my skin. **Montrer le bout de l'o.,** to show the cloven hoof. **Il se se sont pris par les oreilles,** they had a set-to. **Il a toujours l'o. déchirée,** he's always in the wars. *Mil:* **Fendre l'o. à un cheval,** to clip a horse's ear (as a cast-mark). *F:* **Fendre l'o. à qn,** to retire (officer, official, etc.). **Enseigner que les enfants ne se font pas par l'o.,** to tell s.o. the facts of life. S.a. DORMIR 1, PUCE 1. **2. N'écouter que d'une o.,** to listen absent-mindedly, with half an ear. **Dire, souffler, qch., à l'o. de qn,** to whisper sth. in s.o.'s ear. *F:* **Dresser l'o., tendre l'o.,** to prick up one's ears. **Être tout oreilles,** to be all ears, all attention. **Prêter l'o. à qn,** to lend an ear to s.o. **Il n'entend pas de cette o.-là,** he is deaf on that side, in that ear. **Il ne l'entend pas de cette o.-là,** he won't agree to that, he won't hear of that. **Fermer l'o. aux plaintes,** to be deaf to complaints. **Faire la sourde o.,** to pretend not to hear; to turn a deaf ear. **Ça lui entre par une o. et sort par l'autre,** it goes in at one ear and out at the other. **Les oreilles doivent lui tinter,** his ears must be tingling, burning. **Rebattre les oreilles à qn de qch.,** to din sth. in s.o.'s ears. *F:* **Casser les oreilles à qn,** (i) to make a deafening noise; (ii) to drive s.o. crazy (with questions, etc.). **Être dur d'o., avoir l'o. dure,** to be hard of hearing. **Avoir l'o. juste, avoir de l'o.,** to have a good ear, to have an ear for music. S.a. CORNER 1. **3.** *Tchn:* Ear (of porringer); handle (of vase); lug, attachment, flange (of piece of machinery, etc.); palm (of anchor); wing (of thumb-screw). *Nau:* **O. de lièvre,** leg-of-mutton, shoulder-of-mutton, sail. **O. d'âne,** kevel. **Écrou à oreilles,** wing-nut. **Bergère à oreilles,** grandfather's chair, wing-chair. **Faire une o. à une page,** to dog's-ear, turn down the corner of, a page. **4.** *Bot:* **O. d'ours,** bear's-ear, auricula.

oreiller [ɔrɛje], *s.m.* Pillow. **Prendre conseil de son o.,** to sleep on it.

oreillette [ɔrɛjɛt], *s.f.* (*a*) Auricle (of the heart). (*b*) **Casquette à oreillettes,** cap with ear-flaps. *Furn:* **Fauteuil à oreillettes,** wing-chair.

oreillon [ɔrɛjɔ̃], *s.m.* **1.** Ear-flap (of cap, sou'-wester). **2.** *pl. Med:* **Oreillons,** mumps.

Orénoque (l') [lɔrenɔk]. *Pr.n.m. Geog:* The Orinoco (river).

ore(s) [ɔːr], *adv. A:* Now. **D'ores et déjà,** here and now.

orfèvre [ɔrfɛːvr], *s.m.* Goldsmith; gold and silver smith.

orfévré [ɔrfevre], *a.* Worked, wrought (by the goldsmith).

orfèvrerie [ɔrfɛvrəri], *s.f.* **1.** (*a*) Goldsmith's trade, craft, or work. (*b*) Goldsmith's shop. **2.** (*a*) (Gold, silver) plate. (*b*) Jewellery.

orfraie [ɔrfrɛ], *s.f.* Osprey, sea-eagle, fish-hawk. *F:* **Pousser des cris d'o.,** to shriek at the top of one's voice.

organdi [ɔrgɑ̃di], *s.m.* Organdi(e), book-muslin.

organe [ɔrgan], *s.m.* **1.** (*a*) Organ (of sight, hearing, etc.). (*b*) **Les organes d'une machine,** the parts, components, of a machine. **Organes de transmission,** transmission gear. **2.** (*a*) Voice. **O. mâle et sonore,** strong, manly voice. (*b*) **Journal qui est l'o. d'un parti,** newspaper which is the organ, the mouthpiece, of a party. **Certains organes . . .,** a certain section of the press. . . . (*c*) Agent, means, medium; instrument (of a government, etc.). **Par un nouvel o.,** by another means, through another agency.

organeau [ɔrgano], *s.m.* (*a*) Mooring-ring. (*b*) Anchor-ring.

organique [ɔrganik], *a.* Organic. *adv.* **-ment,** -ally.

organisateur, -trice [ɔrganizatœːr, -tris]. **1.** *a.* Organizing. **2.** *s.* Organizer.

organisation [ɔrganizasjɔ̃], *s.f.* **1.** Organizing. **2.** Organization. (*a*) Structure (of human body, etc.). **Être d'une frêle o.,** to have a feeble constitution. (*b*) (Organized) body (of workers, etc.). (*c*) *Business: etc: F:* Set-up.

organisé [ɔrganize], *a.* **1.** Organic (body, life). **Êtres organisés,** organic beings. **2.** Organized, constituted. **C'est une tête bien organisée,** he is level-headed.

organiser [ɔrganize], *v.tr.* To organize; to arrange; to get up (entertainment, contest); to set (business) on foot; to set up.

s'organiser, to get into working order, to get shipshape; to get settled; to settle down.

organisme [ɔrganism], *s.m.* **1.** Organism. *Anat:* (The) system. **Un o. de fer,** an iron constitution. **2. Un o. comme l'O.N.U.,** a body such as U.N.O.

organiste [ɔrganist], *s.m. & f. Mus:* Organist.

orge [ɔrʒ], *s.* Barley. **1.** *s.f.* **Grain d'o.,** barley-corn. **Toile (à) grain d'o.,** huckaback linen. S.a. GRAIN-D'ORGE. **Sucre d'o.,** barley-sugar. **2.** *s.m.* **O. mondé,** hulled barley. **O. perlé,** pearl-barley.

orgeat [ɔrʒa], *s.m.* Orgeat (syrup).

orgelet [ɔrʒəlɛ], *s.m.* Sty(e) (on the eye).

orgiaque [ɔrʒjak], *a.* Orgiastic, orgiac (frenzy).

orgie [ɔrʒi], *s.f.* (*a*) Orgy; drunken feasting or feast. (*b*) *F:* Profusion (of gay flowers, etc.); riot (of colour).

orgue [ɔrg], *s.m.* **1.** (Also *Ecc: s.f.pl.* **orgues**) *Mus:* (*a*) Organ. **Un bel o., de belles orgues,** a fine organ. **Grand o.,** (i) grand organ (in organ loft); (ii) great organ. **O. d'accompagnement,** choir organ (located in choir). **Tenir l'o., les orgues,** to be, preside, at the organ. (*b*) **O. de salon,** American organ, harmonium, (*c*) **O. de cinéma,** theatre organ. **2. O. de Barbarie,** barrel-organ, street-organ. **Joueur d'o. (de Barbarie),** organ-grinder.

orgueil [ɔrgœ:j], *s.m.* Pride, vaingloriousness, arrogance. **Crever d'o.,** to be bursting with pride. **Mettre son o. à faire qch.,** to take a pride in doing sth.

orgueilleu|x, -euse [ɔrgœjø, -ø:z], *a.* Proud, vain-glorious, arrogant. **Être o. de sa maison, de ses richesses,** to be house-proud, purse-proud. *adv.* **-sement.**

orient [ɔrjɑ̃], *s.m.* **1.** (*a*) Orient, East. *F:* **Génie à son o.,** rising, budding, genius. (*b*) **Le proche, le moyen, l'extrême, O.,** the Near, Middle, Far, East. *Hist:* **L'Empire d'O.,** the Byzantine Empire. **2.** Water, orient (of pearl).

orientable [ɔrjɑ̃tabl], *a.* Swivelling; revolving; free to turn.

oriental, -aux [ɔrjɑ̃tal, -o]. **1.** *a.* Eastern, oriental. **Les Indes orientales,** the East Indies. **2.** *s.* **Les Orientaux,** the Orientals, the peoples of the East.

orientation [ɔrjɑ̃tasjɔ̃], *s.f.* **1.** (*a*) Orientation. **Table d'o.,** panoramic table, landmark indicator. **Sens de l'o.,** sense of direction, *F:* bump of locality. **Perdre le sens de l'o.,** to lose one's bearings. *Sch:* **O. professionnelle,** vocational guidance. (*b*) *T.V:* Positioning (of aerial). **Roue d'o.,** directing wheel (of windmill). *Navy:* **O. d'un canon,** training of a gun. **A o. libre** = ORIENTABLE. **2. O. d'une maison,** aspect of a house. **L'o. de la politique,** the trend of politics. *Nau:* **O. des voiles,** set, trim, of the sails.

orientement [ɔrjɑ̃tmɑ̃], *s.m.* **1.** Orienting (of building). **2.** (*a*) **Prendre un o.,** to take a bearing. (*b*) *Nau:* = ORIENTATION 2.

orienter [ɔrjɑ̃te], *v.tr.* **1.** To orientate. (*a*) To orient (building). **Terrasse orientée au sud,** terrace facing south. (*b*) **O. des voiles,** to trim sails. *Navy:* **O. un canon,** to train a gun. *W.Tel:* **Antenne orientée,** directional aerial. (*c*) To direct, guide. **O. un élève vers la chimie,** to interest a pupil in chemistry. **2.** *Surv:* (*a*) To take the bearings of (spot). (*b*) To set (map) by the compass.

s'orienter. 1. To take, find, one's bearings; to orientate oneself. **2. Il s'oriente vers la carrière diplomatique,** he is preparing to enter the diplomatic service. **La politique de Cuba s'oriente vers le communisme,** Cuban politics are moving towards communism.

orienteur, -euse [ɔrjɑ̃tœ:r, -øz], *s.* **1.** Pathfinder. **2.** Vocational adviser, careers master, mistress. **3.** *s.m.* **Orienteur.** *Av:* *Surv:* Orientator (instrument).

orifice [ɔrifis], *s.m.* Aperture, opening, orifice. *Mch:* **Orifices d'admission,** intake ports.

oriflamme [ɔriflɑ:m], *s.f.* (*a*) *Hist:* Oriflamme. (*b*) Streamer, decorative banner.

origan [ɔrigɑ̃], *s.m.* *Bot:* Origanum; wild marjoram.

originaire [ɔriʒinɛ:r], *a.* **1.** Originating **(de,** from, in); native **(de,** of). **2.** Original; foundation (member).

originairement [ɔriʒinɛrmɑ̃], *adv.* Originally; at the beginning.

original, -aux [ɔriʒinal, -o], *a.* & *s.* **1.** Original (text, manuscript). *Typewr:* Top copy. **Copier qch. sur l'o.,** to copy sth. from the original. **Savoir qch. d'o.,** to know sth. at first hand. **2.** (*a*) Original (style, idea); inventive (genius); novel, fresh (idea). (*b*) *F:* Odd, queer, eccentric. **C'est un o.,** he's a character.

originalement [ɔriʒinalmɑ̃], *adv.* (*a*) In original fashion. (*b*) In a novel manner. (*c*) Oddly, eccentrically.

originalité [ɔriʒinalite], *s.f.* (*a*) Originality. (*b*) Eccentricity, oddity, oddness.

origine [ɔriʒin], *s.f.* Origin. **1.** (*a*) Beginning. **Dès l'o.,** from the very beginning, from the outset. **A l'o., dans l'o.,** originally; in the beginning. **Les pneus d'o.,** the original tyres. (*b*) *Mth:* *Surv:* **(Point) o.,** zero point. **2.** (*b*) Extraction (of person, nation). **Être d'o. illustre,** to be of noble descent, of noble birth. (*b*) Nationality. **3.** (*a*) Source, derivation. **Mots de même o.,** cognate words. **Tirer son o. de . . .,** to originate with, from. . . . *Post:* **Bureau d'o.,** (postal) office of dispatch. *Cust:* **Certificat d'o.,** certificate of origin. **Vins d'o.,** vintage wines. (*b*) *Mth:* *etc:* **Point d'o.,** point of origin (of curve).

origin|el, -elle [ɔriʒinɛl], *a.* Primordial, original. **Péché o.,** original sin. **Tache originelle,** inherited taint. *adv.* **-ellement.**

orignal [ɔriɲal], *s.m.* *Z:* American moose; (Canadian) elk. *pl. Des orignals.*

orillon [ɔrijɔ̃], *s.m.* Ear, lug, handle (of porringer, etc.).

orin [ɔrɛ̃], *s.m.* *Nau:* Buoy-rope.

oripeau [ɔripo], *s.m.* **1.** Tinsel, foil; Dutch gold. **2.** *pl.* Tawdry, cheap, finery.

orléaniste [ɔrleanist], *a.* & *s.* *Hist:* Orleanist; supporter of the Orleans branch of the French monarchy.

ormaie [ɔrmɛ], *s.f.* Elm-grove.

orme [ɔrm], *s.m.* *Bot:* *etc:* Elm(-tree, -wood). **O. blanc, o. de(s) montagne(s),** wych-elm, Scotch elm. *F:* **Attendez-moi sous l'o.!** you may wait for me till doomsday!

ormeau [ɔrmo], *s.m.* *Bot:* (Young) elm.

orne [ɔrn], *s.m.* *Bot:* Manna-ash, flowering ash.

orné [ɔrne], *a.* Ornate (letter); ornate, florid (style) **Lettre ornée,** illuminated initial (letter).

ornement [ɔrnəmɑ̃], *s.m.* Ornament, adornment, embellishment. *Mus:* **Notes d'o.,** grace-notes. **Ornements sacerdotaux,** vestments. **Sans o.,** unadorned. **Dessin d'o.** decorative drawing.

ornemental, -aux [ɔrnəmɑ̃tal, -o], *a.* Ornamental, decorative.

ornementation [ɔrnəmɑ̃tasjɔ̃], *s.f.* Ornamentation.

ornementer [ɔrnəmɑ̃te], *v.tr.* To ornament.

orner [ɔrne], *v.tr.* To ornament, adorn, embellish, decorate. **Poignée ornée de rubis,** handle set with rubies.

ornière [ɔrnjɛ:r], *s.f.* **1.** Rut. *F:* **Sortir de l'o.,** to get out of the rut. **2.** Groove (of tram-rail, etc.).

ornithologie [ɔrnitɔlɔʒi], *s.f.* Ornithology.

ornithologique [ɔrnitɔlɔʒik], *a.* Ornithological.

ornithologiste [ɔrnitɔlɔʒist], *s.m.* **ornithologue** [ɔrnitɔlɔg], *s.m.* Ornithologist.

ornithor(h)ynque [ɔrnitɔrɛ̃:k], *s.m.* *Z:* Ornithorhynchus, duck-billed platypus.

orobanche [ɔrɔbɑ̃:ʃ], *s.f.* *Bot:* Broom-rape, choke-weed.

orographie [ɔrɔgrafi], *s.f.* Orography.

oronge [ɔrɔ̃:ʒ], *s.f.* *Fung:* Royal agaric, Caesar's mushroom. **Fausse o.,** fly agaric.

orpailleur [ɔrpɑjœ:r], *s.m.* Gold-washer.

Orphée [ɔrfe]. *Pr.n.m.* *Gr.Myth:* Orpheus.

orphelin, -ine [ɔrfəlɛ̃, -in], *s.* Orphan; *a.* orphan(ed). **O. de père,** fatherless (boy). **O. de mère,** motherless (boy).

orphelinat [ɔrfəlina], *s.m.* Orphanage; children's home.

orphéon [ɔrfeɔ̃], *s.m.* Choral society.

orphéoniste [ɔrfeɔnist], *s.m.* Member of a choral society.

orphie [ɔrfi], *s.f.* *Ich:* Garfish, needle-fish, sea-pike.

orpiment [ɔrpimɑ̃], *s.m.* *Miner:* Orpiment; yellow arsenic.

orpin [ɔrpɛ̃], *s.m.* **1.** = ORPIMENT. **2.** *Bot:* Stone-crop.

orque [ɔrk], *s.f.* = ÉPAULARD.

Orsay [ɔrsɛ]. **Le Quai d'O.,** the French Foreign Office (situated on the Quai d'Orsay).

orseille [ɔrsɛ:j], *s.f.* *Bot:* Orchil; dyer's moss.

orteil [ɔrtɛ:j], *s.m.* Toe. **Gros o.,** big toe.

orthochromatique [ɔrtɔkrɔmatik], *a.* *Phot:* Orthochromatic.

orthodoxe [ɔrtɔdɔks], *a.* (*a*) Orthodox (church, doctrine). (*b*) Sound (opinion); conventional, correct (manner, etc.). **Peu o.,** unorthodox.

orthodoxie [ɔrtɔdɔksi], *s.f.* Orthodoxy.

orthodromique [ɔrtɔdrɔmik], *a.* **Navigation o.,** great-circle navigation.

orthogonal, -aux [ɔrtɔgɔnal, -o], *a.* *Geom:* Orthogonal. *adv.* **-ement.**

orthographe [ɔrtɔgraf], *s.f.* Orthography, spelling. **Faute d'o.,** spelling mistake.

orthographie [ɔrtɔgrafi], *s.f.* Elevation plan (of building); orthographic projection.

orthographier [ɔrtɔgrafje], *v.tr.* To spell (word). **Mal o.,** to mis-spell (word).

orthographique [ɔrtɔgrafik], *a.* **1.** *Gram:* Orthographical. **Concours o.,** spelling-bee. **2.** *Geom:* Orthographic (projection, etc.).

orthopéd|ie [ɔrtɔpedi], *s.f.* Orthopædics; orthopædy. *a.* **-ique.**

orthopédiste [ɔrtɔpedist], *s.m.* Orthopædist.
orthophonie [ɔrtɔfɔni], *s.f. Med:* Speech therapy.
ortie [ɔrti], *s.f.* Nettle. **O. brûlante,** stinging nettle. S.a. FROC.
ortolan [ɔrtɔlɑ̃], *s.m. Orn:* Ortolan (bunting).
orvet [ɔrvɛ], *s.m.* Slow-worm, blind-worm.
os [ɔs; *pl.* o], *s.m.* (*a*) Bone. **N'avoir que la peau et les os,** to be nothing but skin and bone. **Os à moelle,** marrow-bone. **Gelé jusqu'à la moelle des os,** frozen to the marrow, to the bone. **Trempé jusqu'aux os,** soaked to the skin; wet through. **Il ne fera pas de vieux os,** he won't make old bones; he won't live long. **Il y laissera ses os,** he'll die there. S.a. CHAIR 1. (*b*) *F:* Difficulty. **C'est un os bien dur à ronger,** it's a hard nut to crack. (*c*) **Os de seiche,** cuttle bone.
Oscar [ɔskaːr]. *Pr.n.m.* (*a*) Oscar. (*b*) *Cin: etc:* Oscar.
oscillant [ɔsijɑ̃, ɔsilɑ̃], *a.* **1.** Oscillating; rocking (shaft). **2.** *Fin:* Fluctuating (market). **3.** *W.Tel:* **Circuit o.,** oscillatory circuit. *Cin:* **Miroir o. (pour enregistrement de la piste sonore),** mirror oscillator (for registering sound track).
oscillateur, -trice [ɔsil(l)atœːr, -tris]. **1.** *a.* Oscillating. *W.Tel:* **Lampe oscillatrice,** oscillating valve; oscillator. **2.** *s.m.* Oscillating coil.
oscillation [ɔsil(l)asjɔ̃], *s.f.* Oscillation. (*a*) Swing (of pendulum). *Ph: etc:* **Oscillations amorties, entretenues,** damped, sustained, oscillations. (*b*) Rocking (of boat). (*c*) *Mec.E:* Vibration. (*d*) *Fin: etc:* Fluctuation, variation.
oscillatoire [ɔsil(l)atwaːr], *a. Ph:* Oscillatory.
osciller [ɔsije, ɔsile], *v.i.* To oscillate. **1.** (Of pendulum) To swing; to sway; (of boat) to rock; (of speedometer needle) to flicker. **2.** (*a*) **O. entre deux opinions,** to waver between two opinions. (*b*) (Of market) To fluctuate.
oscillographe [ɔsil(l)ɔgraf], *s.m. Ph: El:* Oscillograph. **O. cathodique,** cathode-ray tube.
oscilloscope [ɔsil(l)ɔskɔp], *s.m.* Oscilloscope.
osculateur, -trice [ɔskylatœːr, -tris], *a. Geom:* Osculatory, osculating (curve).
osculation [ɔskylasjɔ̃], *s.f. Geom:* Osculation.
osé [oze]. **1.** *a.* (*a*) Bold, daring. **Être trop o.,** to venture too far. (*b*) Risqué. **2.** *s.m.* Audaciousness, boldness.
oseille [ɔzɛːj, o-], *s.f.* **1.** *Bot:* Sorrel. **Sel d'o.,** salts of sorrel. **2.** *P:* Money, dough, oof, lolly. *P:* **La faire à l'o. à qn,** to try to deceive s.o.
oser [oze], *v.tr.* To dare, venture. **Je n'ose pas,** *Lit:* **je n'ose, le faire,** I dare not do it; I am afraid to do it. **J'ose croire que . . .,** I venture to think that. . . . **Si j'ose (le) dire,** if I may venture to say so.
oseraie [ozrɛ], *s.f.* Osier-bed.
oseur, -euse [ozœːr, -øːz], *a.* Daring, bold.
osier [ozje], *s.m.* Osier, water-willow. **Brin d'o.,** withy. **Panier d'o.,** wicker-basket.
Osmanli [ɔsmɑ̃li], *s.m.* Osmanli; Ottoman.
osmium [ɔsmjɔm], *s.m. Ch:* Osmium.
osmonde [ɔsmɔ̃ːd], *s.f. Bot:* Osmund. **O. royale,** royal fern, water-fern.
osmose [ɔsmoːz], *s.f. Ph:* Osmose, osmosis.
ossature [ɔssatyːr], *s.f.* **1.** Frame, skeleton (of man or animal). **2.** Frame(work), carcass (of aeroplane, etc.); skeleton, ossature (of building).
osselet [ɔslɛ], *s.m.* **1.** Knuckle-bone (of sheep). **Jouer aux osselets,** to play at knuckle-bones. **2. Les osselets de l'oreille,** the ossicles of the ear. **3.** *Vet:* Osselet (on fetlock, etc.).
ossements [ɔsmɑ̃, os-], *s.m.pl.* Bones, remains (of dead men or animals).
osseux, -euse [ɔsø, -øːz], *a.* Bony; osseous.
ossianique [ɔsjanik], *a.* Ossianic (literature).
ossicule [ɔssikyl], *s.m.* Small bone; ossicle.
ossification [ɔssifikasjɔ̃], *s.f. Med:* Ossification.
ossifier [ɔssifje], *v.tr.* To ossify.
s'ossifier, (of tissue) to ossify; to harden.
ossu [ɔsy], *a.* Big-boned, raw-boned, bony.
ossuaire [ɔssɥɛːr], *s.m.* (*a*) Heap of bones. (*b*) Ossuary, charnel-house.
ostensible [ɔstɑ̃sibl], *a.* Fit to be seen; open, patent, to all.
ostensiblement [ɔstɑ̃sibləmɑ̃], *adv.* Openly, publicly.
ostensoir [ɔstɑ̃swaːr], *s.m. Ecc:* Monstrance.
ostentation [ɔstɑ̃tasjɔ̃], *s.f.* Ostentation, show; (vain) display. **Faire o. de sa misère,** to make a parade of one's poverty. **Avec o.,** ostentatiously, showily. **Sans o.,** unostentatiously.
ostentatoire [ɔstɑ̃tatwaːr], *a.* Ostentatious.
ostéologie [ɔsteɔlɔʒi], *s.f.* Osteology.
ostraciser [ɔstrasize], *v.tr.* To ostracize; to banish.
ostracisme [ɔstrasism], *s.m.* Ostracism. **Frapper qn d'o.,** to ostracize s.o.
ostréiculteur [ɔstreikyltœːr], *s.m.* Oyster farmer.
ostréiculture [ɔstreikyltyːr], *s.f.* Ostreiculture, oyster-farming.
ostrogot(h), -ot(h)e [ɔstrɔgo, -ɔt]. *Hist:* **1.** *a.* (*a*) Ostrogothic. (*b*) *F: A:* Barbarous, crude, unpolished. **2.** *s.* (*a*) Ostrogoth, Eastern Goth. (*b*) *F: A:* Barbarian, goth.
otage [ɔtaːʒ], *s.m.* Hostage (**de,** for); guarantee, surety. **Prendre qn pour o.,** to take s.o. as hostage.
otalgie [ɔtalʒi], *s.f. Med:* Ear-ache, otalgia.
otarie [ɔtari], *s.f.* Otary, sea-lion, eared seal.
ôter [ote], *v.tr.* To remove, take away. (*a*) **O. le couvert, la nappe,** to remove the cloth; to clear away. **O. son pardessus,** to take off one's overcoat. **3 ôté de 5,** 3 from 5. *Prov:* **En avril, n'ôtez pas un fil,** ne'er cast a clout till May be out. (*b*) **O. qch. à qn,** to take sth. away from s.o. (*c*) **O. qch. de qch.,** to take sth. away from sth. **Il me l'a ôté des mains,** he snatched it out of my hands. **Cela me l'a ôté tout à fait de l'esprit,** that put it entirely out of my head.
s'ôter, to remove oneself. **Otez-vous de là,** get out of the way. *F:* **Ote-toi de là que je m'y mette!** Get out of there and leave me some room!
otite [ɔtit], *s.f. Med:* Otitis.
otologie [ɔtɔlɔʒi], *s.f.* Otology,
ottoman -ane [ɔt(t)ɔmɑ̃, -an]. **1.** *a. & s.* Ottoman. **2.** *s.m. Tex:* Ottoman, grogram. **3.** *s.f.* **Ottomane,** divan, ottoman.
ou [u], *conj.* Or. **1. Trois ou quatre fois par jour,** three or four times a day. **Entrez ou sortez,** either come in or go out. **Vous ou moi, nous lui en parlerons,** you or I shall speak to him about it. **2. Ou . . . ou . . .,** either . . . or. . . . (Often strengthened with **bien**) **Ils exigeaient ou bien du blé ou bien de l'argent,** they demanded either corn or (else) money.
où [u], *adv.* **1.** *interr.* Where? whither? **Où allez-vous?** where are you going? **Où en êtes-vous?** how far have you got with it? **Déposez-le n'importe où,** put it down anywhere. **D'où?** whence? where . . . from? **D'où vient que . . .?** how does it happen that . . .? **D'où tenez-vous cela?** how do you know that? where did you hear that. **Par où?** (by) which way? **Jusqu'où?** up to what point? how far? **2.** *rel.* (*a*) Where. **Partout où il va,** wherever he goes. **Là où,** (there) where. **Vous trouverez ma pipe là où je l'ai laissée,** you will find my pipe where I left it. **D'où on conclut que . . .,** from which one concludes that. . . . **La maison d'où je sors,** the house I have just come out of. (*b*) When. **Dans le temps où il était jeune,** in the days when he was young. (*c*) **La maison où il demeure,** the house in which he lives; the house he lives in. **Le rang où je suis parvenu,** the rank to which I have attained. **3.** (Concessive) **Où que vous soyez,** wherever you may be.
ouache [waʃ], *s.m. Fr.C:* Bear's den.
ouaille [wɑːj], *s.f.* **1.** *B.Lit:* Sheep. **2. Le pasteur et ses ouailles,** the minister and his flock.
ouais [wɛ], *int. A:* (Surprise) What! my word!
ouaouaron [wawarɔ̃], *s.m. Fr.C:* Bull frog.
ouate [wat], *s.f.* (occ. **la ouate**) (*a*) Wadding. (*b*) Cotton-wool. **O. hydrophile,** absorbent cotton-wool; medicated cotton-wool.
ouaté [wate], *a.* **1.** Wadded, padded; quilted (dressing-gown). **2.** *F:* Woolly, fleecy (cloud, snow); soft (footstep).
ouater [wate], *v.tr.* **1.** To wad; to pad; to line with wadding; to quilt. **2.** *F:* **O. ses pas,** to tread softly; to deaden one's footsteps.
ouatine [watin], *s.f. Tex:* Quilting.
oubli [ubli], *s.m.* **1.** (*a*) Forgetting; forgetfulness. **Par o.,** inadvertently; by, through, an oversight. (*b*) Oblivion. **Tomber dans l'o.,** to sink, fall, into oblivion; to be forgotten. **2.** Omission, oversight.
oubliable [ubliabl], *a.* Forgettable.

oublie [ubli], *s.f.* Wafer (rolled into a cone).

oublier [ublie], *v.tr.* To forget. (*a*) **J'ai oublié son nom,** I have forgotten his name; his name has slipped out of my mind. **Faire o. son passé,** to live down one's past. **O. un mot,** to leave out a word. **O. de faire qch.,** to forget to do sth. **On ne nous le laissera pas o.,** we shall never hear the last of it. (*b*) To overlook, neglect; to be unmindful of (sth.). **O. son devoir,** to neglect one's duty. **O. ses intérêts,** to be forgetful of one's own interests.

s'oublier. 1. To be unselfish. **2.** To forget one's manners; to forget oneself. **S'o. à causer,** to lose all count of time while chatting. **S'o. à rêver,** to go off into a day-dream.

oubliette [ubliɛt], *s.f.* Usu. in *pl.* Oubliette; secret dungeon.

oublieux, -euse [ubliø, -øːz], *a.* Forgetful (**de,** of). **O. de ma présence,** oblivious of my presence.

oued [wɛd], *s.m. Geog:* Wadi.

Ouessant [wɛsɑ̃]. *Pr.n.m. Geog:* Ushant.

ouest [wɛst]. **1.** *s.m.* No *pl.* West. **Un vent d'o.,** a westerly wind. **Le vent (d')o.,** the west wind. **A l'o. de qch.,** (to the) west, (to the) westward, of sth. **A l'o., dans l'o.,** in the west. **Vers l'o.,** westward. **Les provinces de l'o.,** the western provinces. **2.** *a.inv.* **Côté o.,** western, west, side.

ouf [uf], *int.* **1.** (Sigh of relief) Ah! ha! what a relief! **2.** (Indicating oppression) Phew! *F:* **Il n'a pas dit o.,** he didn't say a word.

oui [wi]. Yes. **1.** *adv.* **Vient-il?—O.,** is he coming?—Yes (, he is). **Je crois que o., qu'o.,** I think so. **Faire signe que o.,** to nod assent. **O.-dà!** bless you, yes! yes, rather! *Nau:* **O. commandant!** aye, aye, sir! **2.** *s.m.inv.* S.a. NON 1. **Deux cents o. et trois cents non,** two hundred ayes and three hundred noes.

ouï [wi, ui]. See OUÏR.

ouiche [wiʃ], *int.* (Denotes incredulity) **Ah o.!** pooh! don't you believe it!

ouï-dire [widiːr], *s.m. inv.* Hearsay. **Je ne le sais que par o.-d.,** I only know it from hearsay.

ouïe [wi], *s.f.* **1.** (Sense of) hearing; audition. **Avoir l'o. fine,** to be sharp of hearing. **A portée de l'o.,** within hearing (distance). **Être tout o.,** to be all ears, all attention. **2.** (*a*) *pl.* Sound-holes (of violin). (*b*) Ear (of ventilator); inlet. **3.** *pl.* Gills (of fish).

ouïr [wiːr, uiːr], *v.tr.* (Used in the *inf.*; in *p.p.* **ouï** and compound tenses; in **oyant, oyez,** *q.v.*; and occ. in *p.h.* **j'ouïs,** *fu.* **j'ouïrai**) *A:* (= ENTENDRE) To hear. **Nous avons ouï dire à notre père que . . .,** we have heard our father say that. . . . *Jur:* **O. les témoins,** to hear the witnesses.

ouistiti [wistiti], *s.m. Z:* Wistiti, marmoset.

ouragan [uragɑ̃], *s.m.* Hurricane. **Entrer en o. dans une pièce,** to burst into a room.

Oural (l') [lural]. *Pr.n. Geog:* The Ural (river). **Les Monts Oural,** the Ural Mountains, the Urals.

ourd|ir [urdiːr], *v.tr.* **1.** To warp (linen, cloth). **2.** *F:* To hatch (plot); to weave (intrigue). *s.m.* **-issage.** *s.* **-isseur, -euse.**

ourdou [urdu], *s.m. Ling:* Urdu; Hindustani.

ourler [urle], *v.tr.* **1.** To hem. **O. à jour,** to hem-stitch. **2.** To lap-joint (metal edges).

s'ourler, (of waves) to comb; to show white horses.

ourlet [urlɛ], *s.m.* **1.** Hem. **O. à jour,** hem-stitched hem. **Point d'o.,** hemming. **2.** Edge (of crater); helix, rim (of ear). **3.** *Metalw:* Lap-joint.

ours, -e [urs], *s.* **1.** (*a*) *Z:* Bear, *f.* she-bear. **O. blanc** polar bear. **O. gris d'Amérique,** grizzly bear. *Paleont:* **O. des cavernes,** cave-bear. **Combats d'o.,** bear-baiting. *Toys:* **O. Martin, o. en peluche,** Teddy bear. *F:* **O. mal léché,** unlicked cub; unmannerly fellow. **Quel o.!** What a boor! *Prov:* **Il ne faut pas vendre la peau de l'o. avant de l'avoir tué,** don't count your chickens before they are hatched. (*b*) *F:* MS. that has 'gone the rounds.' (*c*) *Mil: P:* Glass-house. **2.** *Astr:* **La Grande Ourse,** Ursa Major, the Great Bear, the Plough. **La Petite Ourse,** Ursa minor, the Little Bear. **3.** *Bot:* **Raisin d'o., cerise d'o.,** bearberry.

oursin [ursɛ̃], *s.m.* **1.** Sea-urchin, sea-hedgehog. **2.** *Mil: A:* **Bonnet d'o.,** bearskin.

ourson [ursɔ̃], *s.m.* Bear's cub.

oust(e) [ust], *int. P:* **Allez o.!** out you get! *F:* hop it!

outarde [utard], *s.f. Orn:* **Bustard.**

outil [uti], *s.m.* Tool, implement. **Machine-o.,** machine-tool.

outillage [utijaːʒ], *s.m.* **1.** Making or providing of tools; tooling. **2.** (*a*) Set of tools. (*b*) Gear, plant, equipment.

outillé [utije], *a.* Supplied, equipped, with tools, with plant. **Être bien o. en livres,** to be well set up with books.

outiller [utije], *v.tr.* To equip, fit out, supply, (a workman) with tools, (a factory) with plant.

outrage [utraːʒ], *s.m.* Outrage; flagrant insult (against morals, etc.). **Faire o. aux convenances,** to commit an offence against propriety. *Jur:* **Outrages (à agents),** insulting behaviour; **(à magistrat),** contempt of court. **Faire (subir un) o. à qn,** to commit an outrage against, on, s.o. *Poet:* **L'o. des ans,** the ravages of time.

outrageant [utraʒɑ̃], *a.* Insulting (offer); scurrilous (accusation).

outrager [utraʒe], *v.tr.* **(j'outrageai(s); n. outrageons) 1.** To insult; to attack scurrilously. **O. le bon sens,** to fly in the face of common sense. **2.** To outrage (nature, the law).

outrageu|x, -euse [utraʒø, -øːz], *a.* Insulting, scurrilous. *adv.* **-sement.**

outrance [utrɑ̃ːs], *s.f.* Excess. (Used esp. in) **A o.,** to the utmost, to the bitter end. **Guerre à o.,** war to the knife. **Se battre à o.,** to fight desperately, to the death. **Industrialisme à o.,** out and out industrialism.

outrancier, -ière [utrɑ̃sje, -jɛːr]. **1.** *a.* Carrying things to extremes. **2.** *s.* Extremist; *F:* out-and-outer.

outre[1] [uːtr], *s.f.* Goatskin bottle; water-skin.

outre[2]. **1.** *prep.* (*a*) Beyond. **O. mesure,** beyond measure; inordinately. **Élaborer un argument o. mesure,** to over-labour, over-elaborate, an argument. (*b*) In addition to. **O. cette somme il me redoit . . .,** in addition to that sum he still owes me. . . . **O. cela . . .,** in addition to that . . ., besides . . . , moreover . . . (*c*) *pref.* Ultra-. **Outremer,** ultramarine. **2.** *adv.* (*a*) **Passer o., aller o.,** to go on, proceed further. **Passer o. à une objection,** to disregard, to take no notice of, to overrule, an objection. **Passer o. à la loi,** to set the law at naught, at defiance. (*b*) **En o.,** besides, moreover, further(more); again; over and above. **J'ai, en o., deux neveux,** I have, besides, two nephews. (*c*) **D'o. en o.,** right through. (*d*) **En o. de,** in addition to; besides. *Conj.phr.* **O. que** + *ind.*, apart from the fact that . . ., not to mention the fact that. . . .

outré [utre], *a.* (*a*) Exaggerated, extravagant, overdone (praise); overstated. **D'une précision outrée,** hyper-accurate. **D'une activité outrée,** hyper-active. (*b*) Carried away by indignation. **O. de colère,** beside oneself with anger.

outre-Atlantique [utratlɑ̃tik], *adv.phr.* On the other side of, across, the Atlantic.

outrecuidance [utrəkɥidɑ̃ːs], *s.f.* Presumptuousness, bumptiousness.

outrecuidant [utrəkɥidɑ̃], *a.* Overweening, presumptuous, bumptious.

outre-Manche [utrəmɑ̃ːʃ], *adv.phr.* On the other side of, across, the Channel.

outremer [utrəmɛːr], *s.m.* **1.** Lapis lazuli, **2. (Bleu d')-o.,** ultramarine (blue).

outre-mer, *adv.phr.* Beyond the sea(s). **Commerce d'o.-m.,** oversea(s) trade. **Nos collègues d'o.-m.,** our colleagues from abroad.

outre-monts [utrəmɔ̃], *adv.phr.* Beyond the mountains. **D'o.-m.,** tra(ns)montane.

outrepasser [utrəpɑse], *v.tr.* To go beyond (one's goal, one's rights); to exceed (given orders). **O. ses pouvoirs,** to override one's commission. **O. les bornes de la vérité,** to stretch veracity too far.

outrer [utre], *v.tr.* **1.** To carry (sth.) to excess, beyond reason; to exaggerate; to overdo. **2.** To overstrain, founder (a horse). **3.** To provoke (s.o.) beyond measure.

outre-Rhin [utrərɛ̃], *adv.phr.* Beyond the Rhine. **D'o.-R.,** transrhenane.

outre-tombe (d') [dutrətɔ̃ːb], *adv.phr.* From beyond the grave; posthumous.

ouvert [uvɛr], *a.* Open. (*a*) **Porte grande ouverte,** wide-open door. **Le gaz est o.,** the gas is on. **Plaie ouverte,** gaping wound. **Accueillir qn à bras ouverts,** to receive s.o. with open arms. **Faire qch. les yeux ouverts,** to do sth. with one's eyes open. **Fleur ouverte,** flower in bloom. *Fb:* **Jeu o.,** loose game. S.a. LIVRE². (*b*) **Ville ouverte,** open, unfortified, town. (*c*) **Bureaux ouverts de 10 heures à 5 heures,** offices open from 10 to 5. **O. la nuit,** open all night. (*d*) **Caractère o.,** frank, open, nature. **Avoir l'esprit o.,** to be open-minded. **Guerre ouverte,** open war(fare), open hostilities. S.a. CŒUR 2.

ouvertement [uvɛrtəmɑ̃], *adv.* Openly, frankly; avowedly.

ouverture [uvɛrty:r], *s.f.* **1.** (*a*) Opening (of door, session, etc.). **O. d'un testament,** reading of a will. **O. d'hostilités,** outbreak of hostilities. **O. d'un nouveau monde,** opening-up of a new world. **Conférence d'o.,** opening lecture. (*b*) **Faire des ouvertures à qn,** to make overtures to s.o. (*c*) *Mus:* Overture. (*d*) Open state. **Heures d'o.,** business hours (of shop); visiting hours (of museum, etc.). **2.** (*a*) Opening, aperture (in wall, etc.); gap, break (in hedge). **Les ouvertures** (of a house), the doors and windows. **Pratiquer une o. dans la porte,** to cut a hole in the door. (*b*) Width, span (of arch); spread (of compass legs). *El.E:* **O. d'induit,** armature gap. (*c*) *Phot:* Aperture. **O. relative,** aperture ratio, relative aperture. **3.** *Av:* (Parachute) opening. **O. retardée,** delayed opening. **4. O. d'esprit,** readiness of mind, broadmindedness.

ouvrable [uvrabl], *a.* **1.** Workable, tractable; kindly (material). **2. Jour o.,** working day.

ouvrage [uvra:ʒ], *s.m.* Work. **1.** (*a*) (Something to do) **Être sans o.,** to be unemployed. **Se mettre à l'o.,** to set to work. (*b*) Workmanship. **2.** Piece of work; product, book. **O. en prose,** prose work. **Ouvrages de dames,** ladies' fancy-work. **Table, corbeille, boîte, à o.,** work-table, -basket, -box. *Fort:* **O. avancé,** outwork. **Êtes-vous content de votre o.?** are you pleased with your handiwork? S.a. ART 2.

ouvragé, [uvraʒe], *a.* = OUVRÉ.

ouvrager [uvraʒe], *v.tr.* (**j'ouvrageai(s); n. ouvrageons**) *Tchn:* To work (metal); to figure (brocade).

ouvrant [uvrɑ̃]. *a.* (*a*) Opening (panel, etc.). (*b*) *A:* **A jour o.,** at break of day. **A audience ouvrante,** at the opening of the session.

ouvré [uvre], *a.* (*a*) Worked (timber); wrought (iron). (*b*) **Linge o.,** diaper.

ouvre-boîtes [uvrəbwat], *s.m.inv.* Tin-opener, can-opener.

ouvre-bouteille(s) [uvrəbutɛj], *s.m.* Bottle-opener. *pl. Des ouvre-bouteilles.*

ouvre-gants [uvrəgɑ̃], *s.m.inv.* Glove-stretcher.

ouvre-huîtres [uvrəɥi:tr], *s.m.inv.* Oyster-knife.

ouvre-lettres [uvrəlɛtr], *s.m.inv.* Letter-opener.

ouvrer [uvre], *v.tr.* (*a*) To work (up) (wood, metal). **Facile à o.,** tractable (material). (*b*) To diaper (linen, cloth).

ouvreur, -euse [uvrœ:r, -ø:z], *s.* Opener. *Th: Cin:* **Ouvreuse,** usherette.

ouvrier, -ère [uvrie, -ɛ:r]. **1.** *s.* (*a*) Worker; workman, workwoman; working man, craftsman, mechanic, operative. **O. de ferme,** farm-labourer. **O. à la journée,** journeyman, day-labourer. **O. de fabrique,** mill-hand. (*b*) **Ouvrière,** (i) sempstress, seamstress; (ii) factory-girl. *F:* **une ouvrière maison,** a visiting dressmaker. **Première ouvrière,** forewoman. (*c*) **Il a été l'o. de sa fortune,** he is a self-made man. **2.** *a.* (*a*) **Les classes ouvrières,** the working classes. **Le parti o.,** the labour party. **Train o.,** workmen's train. **Logements ouvriers** = council flats. **Conflits ouvriers,** industrial disputes. **Agitation ouvrière,** industrial unrest. **Association ouvrière,** co-operative society; workers' association. (*b*) **Abeille ouvrière,** worker bee. S.a. CHEVILLE 1.

ouvrir [uvri:r], *v.* (*pr.p.* **ouvrant;** *p.p.* **ouvert;** *pr.ind.* **j'ouvre, n. ouvrons;** *pr.sub.* **j'ouvre;** *imp.* **ouvre, ouvrez;** *p.h.* **j'ouvris;** *fu.* **j'ouvrirai**) **1.** *v.tr.* To open. (*a*) **O. les portes toutes grandes à qn,** to open the doors wide for s.o. **O. sa maison à qn,** to throw open one's house to s.o. **O. la porte aux abus,** to open the door to abuses. **O. un robinet, le gaz,** to turn on a tap, the gas. *El: F:* **O. l'électricité,** to switch on. **O. le circuit,** to break, switch off, the current. **O. les rideaux,** to draw back the curtains. **O. le lit,** to turn down the bedclothes. **O. à qn,** to answer the door to s.o.; to let s.o. in. **Je me suis fait o.,** I got myself let in. (*b*) **O. l'appétit,** to sharpen the appetite. **O. son cœur à qn,** to open one's heart, to unbosom oneself, to s.o. (*c*) To cut through, open up (wall, canal, mine); to cut (sth.) open. **S'o. un chemin à travers la foule,** to cut, push, one's way through the crowd. *Surg:* **O. un abcès,** to open, to lance, an abscess. (*d*) To begin; to set going. **O. un débat,** to open, start, a debate. **O. le bal,** to open the ball. **O. une liste,** to head a list. **O. une parenthèse,** (i) to open, begin, a parenthesis; (ii) to embark on a digression. **O. une école, une boutique,** to start a school, a shop. **O. boutique,** to set up shop. **O. la marche,** to lead the way. *Com:* **O. un compte chez qn,** to open an account with s.o. **2.** *v.i.* (*a*) **La scène ouvre par un chœur,** the scene opens with a chorus. (*b*) **Le salon ouvrait sur le jardin,** the drawing-room opened on (to), into, the garden. (*c*) **Les boutiques n'ouvrent pas les jours de fête,** the shops do not open on holidays.

s'ouvrir, to open. (*a*) **La porte s'ouvrit en coup de vent,** the door flew open. **Le bal s'ouvrit par une valse,** the ball opened, began, started, with a waltz. (*b*) (Of pers.) To become expansive; to open one's heart. **S'o. à qn,** to talk freely, to unbosom, unburden, oneself, to s.o.

ouvroir [uvrwa:r], *s.m.* (*a*) Workroom (in convent). (*b*) Ladies' work party; Dorcas society.

ovaire [ɔvɛ:r], *s.m. Anat: Bot:* Ovary.

ovale [ɔval]. **1.** *a.* Oval, egg-shaped. **2.** *s.m.* Oval.

ovalisation [ɔvalizasjɔ̃], *s.f. Mec.E:* Ovalization, wearing out of round (of cylinders).

ovaliser [ɔvalize], *v.tr.* To make oval; to ovalize; to wear out of round.

ovation [ɔvasjɔ̃], *s.f.* Ovation. **Faire une o. à qn,** to give s.o. an ovation; to acclaim s.o.

ové [ɔve], *a.* Egg-shaped, ovate (fruit, etc.).

ovibos [ɔvibɔs], *s.m. Z:* Ovibus, musk-ox.

oviducte [ɔvidykt], *s.m.* Oviduct.

oviforme [ɔvifɔrm], *a.* Oviform, egg-shaped.

ovin [ɔvɛ̃]. *Husb:* **1.** *a.* **Race ovine,** ovine race. **2.** *s.m.pl.* **Ovins,** sheep.

ovipare [ɔvipa:r], *a. Z:* Oviparous.

ovoïde [ɔvɔid], *a.* Ovoid, egg-shaped.

ovule [ɔvyl], *s.m. Biol:* (*a*) Ovule. (*b*) Ovum.

oxalate [ɔksalat], *s.m. Ch:* Oxalate.

oxalide [ɔksalid], *s.f.* **oxalis** [ɔksalis], *s.f. Bot:* Oxalis, wood-sorrel.

oxalique [ɔksalik], *a. Ch:* Oxalic (acid).

oxhydrique [ɔksidrik], *a. Ch:* Oxyhydrogen, oxyhydric (blow-pipe, etc.). **Lumière o.,** lime-light.

oxyacétylénique [ɔksiasetilenik], *a.* Oxyacetylene (welding).

oxydable [ɔksidabl], *a.* (*a*) *Ch:* Oxidizable. (*b*) Liable to rust.

oxydant [ɔksidɑ̃], *s.m.* Oxidizer.

oxydation [ɔksidasjɔ̃], *s.f. Ch:* Oxidizing, oxidation.

oxyde [ɔksid], *s.m. Ch:* Oxide. **O. de carbone,** carbon monoxide.

oxyder [ɔkside], *v.tr. Ch:* To oxidize.

s'oxyder, (i) to become oxidized; (ii) to rust.

oxygène [ɔksiʒɛn], *s.m. Ch:* Oxygen.

oxygéner [ɔksiʒene], *v.tr.* (**il oxygène; il oxygénera**) To oxygenate. *Haird: F:* To wash in peroxide, to bleach (hair). **Eau oxygénée,** peroxide of hydrogen.

oxylithe [ɔksilit], *s.f.* Oxylith (for respiratory apparatus).

oxyure [ɔksiy:r], *s.f. Med:* Oxyuris. **O. vermiculaire,** pin-worm.

oyant [wajɑ̃]. *A:* **1.** *a.* Hearing, listening. (*Cf.* OUIR.) **2.** *s.m. Jur:* Auditor.

oyez [waje], *int. A: Adm: Jur:* Oyez! oyes!

ozokérite [ɔzɔkerit], *s.f.* occ. **ozocérite** [ɔzɔserit], *s.f. Miner:* Ozocerite, ozokerite; mineral wax; fossil wax.

ozone [ɔzɔn, -o:n], *s.m. Ch:* Ozone.

ozonisation [ɔzɔnizasjɔ̃], *s.f.* Ozonization.

ozoniser [ɔzɔnize], *v.tr.* To ozonize.

ozoniseur [ɔzɔnizœ:r], *s.m.* Ozonizer; ozone apparatus.

P, p [pe], *s.m.* (The letter) P, p. *Tp:* **P comme Pierre,** P for Peter.
pacage [paka:ʒ], *s.m.* **1.** Pasture(-land), pasturage. **2.** Pasturing, grazing. *Jur:* **Droit(s) de p.,** grazing rights, common of pasture.
pacager [pakaʒe], *v.tr.* **(je pacageai(s); n. pacageons)** To pasture, graze (beasts or field).
pacane [pakan], *s.f. Bot:* Pecan-nut.
pacemaker [pasmakɛ:r], *s.m. Cy:* Pacemaker.
pacha [paʃa], *s.m.* Pasha, pacha.
pachyderme [paʃidɛrm, paki-]. *Z:* **1.** *a.* Pachydermatous, thick-skinned. **2.** *s.m.* Pachyderm.
pacificateur, -trice [pasifikatœ:r, -tris]. **1.** *a.* Pacifying; peace-making; pacificatory. **2.** *s.* Pacifier; peace-maker.
pacification [pasifikasjɔ̃], *s.f.* Pacification.
pacifier [pasifje], *v.tr.* To pacify (country); to appease, to calm.
se pacifier, to calm down.
pacifique [pasifik], *a.* (*a*) Pacific, conciliatory, peaceable. *s.* **Bienheureux les pacifiques,** blessed are the peace-makers. (*b*) Peaceful, quiet (reign, etc.). (*c*) **L'Océan P.,** the Pacific Ocean. (*d*) *Jur:* **Possesseur p.,** uncontested owner.
pacifiquement [pasifikmɑ̃], *adv.* Peaceably, quietly, pacifically.
pacifisme [pasifism], *s.m. Pol:* Pacifism.
pacifiste [pasifist], *s.m.* & *f. Pol:* Pacifist.
pack [pak], *s.m.* **1.** (Ice-)pack (of the polar seas). **2.** *Rugby Fb:* Pack.
pacotille [pakɔti:j], *s.f.* (*a*) *A:* Goods taken on board by seamen or passengers for private sale. (*b*) **Marchandises de p.,** shoddy goods, trumpery stuff. *Meubles, maison, de p.,* gimcrack furniture, jerry-built house. (*c*) Job lot.
pacte [pakt], *s.m.* Compact, pact, agreement; covenant. **P. à quatre,** four-power pact. **P. de famille,** family settlement. **P. de préférence,** preference clause.
pactiser [paktize], *v.i.* **P. avec l'ennemi,** to treat with the enemy. **P. avec sa conscience,** to compound, to compromise, with one's conscience. **P. avec un crime,** to compound a felony.
paddock [padɔk], *s.m.* Paddock.
paf [paf]. **1.** *int. F:* Slap! bang! **2.** *a.inv. P:* **Être p.,** to be tipsy, screwed.
pagaie [pagɛ], *s.f.* Paddle (for canoe).
pagaïe [paga:j], *s.f.* **pagaille** [paga:j], *s.f.* Disorder, hurry; clutter. **En p.,** in disorder; at random. **Tout ramasser en p.,** to bundle everything up. **Tout était en p.,** everything was higgledy-piggledy. *F:* **Avoir de l'argent en p.,** to be rolling in it.
paganisme [paganism], *s.m.* Paganism. **1.** Heathenism. **2.** Heathendom.
pagay|er [pagɛje], *v. i.* & *tr.* **(je pagaie, je pagaye)** To paddle. *s.* **-eur, -euse.**
page[1] [pa:ʒ], *s.f.* Page (of book, etc.). *F:* **Être à la p.,** to be (i) up to date, (ii) in the know. **Ne pas être à la p.,** to be behind the times. *Typ:* **Mettre en pages,** to make up. **Mise en pages,** making up; page-setting. **Pages de départ,** *F:* prelims.
page[2], *s.m.* Page(-boy).
pageot [paʒo], *s.m. P:* Bed.
pagination [paʒinasjɔ̃], *s.f.* Paging, pagination.
paginer [paʒine], *v.tr.* To page, paginate.
pagne [paɲ], *s.m.* Loin-cloth, pagne.
pagnoter (se) [səpaɲɔte], *v.pr. P:* To go to bed.
pagode [pagɔd], *s.f.* (*a*) Pagoda ((i) temple, (ii) coin). (*b*) (Nodding toy) mandarin. (*c*) **Manches pagodes,** pagoda sleeves.
paie [pɛ], *s.f.* **1.** Pay (of soldiers); wages (of workmen). **2.** Payment. **Jour de p.,** pay-day. **Faire la p.,** to pay out the wages. **3.** *F:* **C'est une mauvaise p.,** he's a bad payer, a slow payer.
paiement [pɛmɑ̃], *s.m.* Payment; discharge (of debt). **Gros p.,** heavy disbursement. **P. d'avance,** prepayment, payment in advance. **P. contre livraison,** cash on delivery; C.O.D. **P. à termes, par acomptes,** instalments.
païen, -ïenne [pajɛ̃, -jɛn], *a.* & *s.* Pagan, heathen.
paillard, -arde [paja:r, -ard]. **1.** *a.* Ribald, lewd, gross, lascivious. **Regard p.,** sensual leer. **Chanson paillarde,** ribald song, bawdy song. **2.** (*a*) *s.m.* Dissolute rake; debauchee. (*b*) *s.f.* **Paillarde,** wanton.
paillarder [pajarde], *v.i.* To live in debauch.
paillardise [pajardi:z], *s.f.* **1.** Lewdness; profligacy. **2.** Ribald joke.
paillasse [pajas]. **1.** *s.f.* Straw mattress, palliasse, pallet. **2.** *s.m.* Clown, buffoon. **Tours de p.,** clowneries.
paillasson [pajasɔ̃], *s.m.* Mat; door-mat. **Mettre la clef sous le p.,** to abscond, flit.
paille [pɑ:j], *s.f.* **1.** Straw. (*a*) **Botte de p.,** truss of straw. **P. de litière,** loose straw. **P. de riz, d'Italie,** rice straw. **Chapeau de p. d'Italie,** Leghorn (straw) hat. **Chaise de p.,** straw-bottomed chair. **Homme de p.,** man of straw; dummy. **Il lui fallait un homme de p.,** he needed a tool. **Feu de p.,** flash in the pan. **Être sur la p.,** to be destitute. **Voir la p. dans l'œil du prochain,** to see the mote in one's brother's eye. **Tirer à la courte p.,** to draw lots. (*b*) *a.inv.* Straw-coloured. (*c*) *Cu:* **Pailles au parmesan,** cheese straws. **2. Menue p., p. d'avione,** chaff. **3. P. de fer,** iron shavings (for scrubbing floors). **4.** Flaw (in gem, etc.).
paillé[1] [pɑje], *s.m. Husb:* Stable litter.
paillé[2], *a.* **1.** Flawy (metal, gem); scaly (metal). **2.** Straw-coloured.
pailler[1] (pɑje], *s.m.* (*a*) Farm-yard, straw-yard. (*b*) Straw-stack. (*c*) Dunghill. *F:* **Être sur son p.,** to be on one's own dunghill.
paill|er[2], *v.tr.* **1.** *Hort:* To protect with straw; to mulch. **2.** To straw-bottom (chair). *s.m.* **-age.**
paillet [pɑjɛ], *s.m. Nau:* Mat. **P. d'abordage,** collision-mat.
pailleté [pajte], *a.* Spangled (de, with); pailletted.
pailleter [pajte], *v.tr.* **(je paillette; je pailletterai)** To spangle.
paillette [pajɛt], *s.f.* **1.** Spangle, paillette. **2.** (*a*) Grain of gold-dust (in stream). (*b*) Flake (of mica, etc.). **Savon en paillettes,** soap flakes. **3.** Flaw (in gem).
pailleux, -euse [pɑjø, -ø:z], *a.* **1.** Strawy (manure). **2.** Flawy (iron, glass).
paillis [pɑji], *s.m. Hort:* Mulch.
paillon [pɑjɔ̃], *s.m.* **1.** (Large) spangle. **2.** (Jeweller's) foil. **3.** Wisp of straw. **4.** Straw-case (for bottle).
pain [pɛ̃], *s.m.* **1.** Bread. **P. de seigle,** rye bread. **P. complet,** wholemeal bread. **P. bis,** brown bread. **P. frais, p. rassis,** fresh, new, stale, bread. **P. grillé,** toast. **P. d'épice,** gingerbread. *F:* **Acheter qch. pour une bouchée de p.,** to buy sth. for a mere song. **Il ne vaut pas le p. qu'il mange,** he is not worth his salt. **Manger son p. blanc le premier,** to begin with the cake. S.a. BÉNIT. **Gagner son p.,** to earn one's living. **Nul p. sans peine,** no reward without toil. **Avoir du p. sur la planche,** to have plenty of work, *F:* to have a lot on one's plate. **Long comme un jour sans p.,** as long as a month of Sundays. **2.** Loaf. (*a*) **Petit p.,** roll. **P. moulé,** tin loaf. **P. de mie,** sandwich loaf. *F:* **Ça se vend comme des petits pains,** it's selling like hot cakes. (*b*) **P. de sucre,** sugar-loaf. **P. de savon, de cire,** cake of soap, of wax. **3. P. à cacheter,** (sealing) wafer. *Ecc:* **P. à chanter,** unconsecrated wafer. **4.** *P:* **Flanquer un p. à qn,** to give s.o. a blow, a punch.
pair [pɛ:r]. **1.** *a.* (*a*) Equal. **Hors de p.,** unrivalled, peerless. **De p. (avec),** on a par, on an equal footing (with). **Marcher de p. avec qn,** (i) to keep pace with s.o.; (ii) to emulate s.o. **Cela va de p. avec . . .,** it is on a par with. . . . (*b*) *Ar:* **Nombres pairs,** even numbers. **P. et impair,** odd and even. *Rail:* **Voie paire,** up line. **2.** *s.m.* (*a*) Equal, peer. **Traiter qn de p. à compagnon,** to treat s.o. as an equal. (*b*) **Les pairs du royaume,** the peers of the realm. (In Engl.) **La Chambre des Pairs,** the House of Lords. **3.** *s.m.* (State of) equality; par. (*a*) *Fin:* **P. du change,** par of exchange. **Au-**

dessous, au-dessus, du p., below par, above par. (*b*) **Étudiant(e) au p.,** au pair student.
pairage [pɛraːʒ], *s.m. T.V:* Pairing.
paire [pɛːr], *s.f.* Pair (of stockings, etc.); brace (of birds, of pistols). **P. de bœufs,** a yoke of oxen. **Ces tableaux font la p.,** these pictures are a match.
pairesse [pɛrɛs], *s.f.* Peeress.
pairie [pɛri], *s.f.* Peerage.
paisible [pɛzibl], *a.* Peaceful, peaceable, calm, quiet; untroubled. *adv.* **-ment.**
paître [pɛːtr], *v.* (*pr.p.* **paissant;** *pr.ind.* **je pais, il paît, n. paissons;** *pr.sub.* **je paisse;** *fu.* **je paîtrai;** no *p.h.*; the *p.p.* pu is used only in the phr. shown under 2) 1. *v.tr.* (*a*) To graze (cattle). (*b*) (Of animals) To feed upon (mast, etc.); to crop (grass). 2. *v.i.* (Of animals) To feed; to graze, browse; to pasture. **Faucon qui a pu,** hawk that has fed. *F:* **Je l'ai envoyé p.,** I sent him packing. **Allez p.!** go to Jericho!
paix [pɛ], *s.f.* Peace; reconciliation. (*a*) **Faire la p.,** to make peace. **Demander la p.,** to sue for peace. **Rester en p. avec un pays,** to remain at peace with a country. **En temps de p.,** in time(s) of peace. (*b*) **Observer, troubler, la p.,** to keep, to break, the peace. **Homme de p.,** man of peace. S.a. JUGE. (*c*) **La p. du tombeau,** the silence of the grave. **Vivre en p.,** to live in peace and quietness. **Laissez-moi en p.,** leave me alone. **Ne donner ni p. ni trêve à qn,** to give s.o. no peace. *P:* **Fiche-moi la p.!** don't bother me! shut up! **P.!** hush! be quiet!
Pakistan [pakistɑ̃] *Pr.n.m. Geog:* Pakistan.
pakistanais, -aise [pakistanɛ, -ɛːz] *a. & s.* Pakistani.
pal [pal], *s.m.* 1. Pale, stake. **Le supplice du p.,** impalement. 2. *Her:* Pale. *pl. Des pals.*
palabre [palaːbr], *s.f.* Palaver.
palabrer [palabre], *v.i.* To palaver.
palace [palas], *s.m.* De luxe, luxury, hotel.
paladin [paladɛ̃], *s.m.* Paladin; knight-errant.
palais[1] [palɛ], *s.m.* 1. Palace (of king, etc.). **Palais Bourbon,** the National Assembly. 2. **P. de Justice,** law-courts. **Gens du p.,** lawyers. **Terme de p.,** law-term. **Jour de p.,** court day.
palais[2], *s.m.* Palate. (*a*) Roof of the mouth; hard palate. **Voile du p.,** soft palate. **P. fendu,** cleft palate. (*b*) (Sense of) taste. **Avoir le p. fin,** to have a delicate palate.
palan [palɑ̃], *s.m.* Pulley-block, (purchase-)tackle.
palanche [palɑ̃ːʃ], *s.f.* Yoke, shoulder-piece (for carrying buckets).
palanque [palɑ̃ːk], *s.f.* Timber stockade.
palanquer [palɑ̃ke], *v.tr.* To stockade.
palanquin [palɑ̃kɛ̃], *s.m.* Palankeen, palanquin.
palastre [palastr], *s.m.* (*a*) Lock-plate (of lock). (*b*) Box (of lock). **Serrure à p.,** rim-lock.
palatal, -aux [palatal, -o], *a.* Palatal. *s.f.* **Palatale,** palatal; front consonant. **Voyelle palatale,** front vowel.
palatalisation [palatalizasjɔ̃], *s.f.* Palatalization.
palatin, -ine [palatɛ̃, -in]. 1. *a. & s. Hist:* Palatine. **Comte p.,** Count Palatine. 2. *a.* **Le Mont P.,** the Palatine Hill (in Rome). 3. *s.f. Cost:* **Palatine,** palatine; fur tippet.
Palatinat (le) [ləpalatina]. *Pr.n. Hist:* The Palatinate.
pale[1] [pal], *s.f.* 1. Stake, pale, paling (used for fences, etc.). 2. Blade (of oar, propeller); vane (of fan, etc.). **Hélice à quatre pales,** four-bladed screw. 3. Sluice (-gate).
pale[2], *s.f. Ecc:* Pall(a), chalice-cover.
pâle [pɑːl], *a.* Pale; colourless, tame (style); faint (light). *Lit: Med:* Pallid. **A face p.,** palefaced. **P. comme un linge, comme un mort, comme la mort,** as white as a sheet, as death; deadly pale. **Un sourire p.,** a wan, bleak, sickly, smile. *adv.* **-ment.**
palefrenier [palfrənje], *s.m.* Groom, stableman, stable-boy, stable-lad, ostler.
palefrenière [palfrənjɛːr], *s.f.* Girl groom.
palefroi [palfrwa], *s.m. A:* Palfrey.
paléographe [paleɔgraf], *s.m.* Pal(a)eographer.
paléographie [paleɔgrafi], *s.f.* Pal(a)eography.
paléolithique [paleɔlitik], *a.* Pal(a)eolithic.
paléontologie [paleɔ̃tɔlɔʒi], *s.f.* Pal(a)eontology.
paléontologiste [paleɔ̃tɔlɔʒist], *s.* Pal(a)eontologist.
paléozoïque [paleɔzɔik] *a. Geol.* Pal(a)eozoic.
paleron [palrɔ̃], *s.m.* Shoulder-blade, blade-bone (of horse). *Cu:* **P. de bœuf,** chuck.
Palestine [palɛstin]. *Pr.n.f.* Palestine.
palet [palɛ], *s.m. Games:* 1. Quoit. **Jouer aux palets,** to play at quoits. 2. Metal disc used for playing at various games.
paletot [palto], *s.m.* 1. Overcoat, greatcoat. 2. Coat.
palette [palɛt], *s.f.* (Wooden) battledore; (table-tennis) bat. 2. (*a*) Blade (of oar); paddle, float-board (of paddle-wheel); dasher (of churn). **Roue à palettes,** blade wheel. (*b*) Vane (of rotary pump, etc.). 3. (Painter's) palette. *Art:* **Faire, charger, sa p.,** to set the palette.
palétuvier [paletyvje], *s.m. Bot:* Mangrove.
pâleur [pɑlœːr], *s.f.* Pallor, pallidness, paleness, wanness. **P. mortelle,** death-like, deathly, deadly, pallor.
pâli [pɑli], *a.* Wan, blanched (face, etc.).
palier [palje], *s.m.* 1. (*a*) *Arch:* Landing (of stairs); stair-head. **P. de repos, demi-p.,** half-landing. **Nous sommes voisins de p.,** we live on the same floor. (*b*) Stage, degree. **Taxes imposées par paliers,** graduated taxation. 2. (*a*) *Aut: Civ.E:* Level run, level stretch. **Vitesse en p.,** speed on the level, on the flat. (*b*) *Av:* **Voler en p., attaquer le p.,** to fly level. 3. *Mec.E:* (*a*) Pillow-block (bearing); plummer-block. **P. à billes,** ball-bearing. (*b*) Pedestal. S.a. BUTÉE 1.
palière [paljeːr], *a.f.* **Porte p.,** landing door. **Marche p.,** *s.f.* **palière,** top step.
palimpseste [palɛ̃psɛst], *a. & s.m.* Palimpsest.
palindrome [palɛ̃drɔm], *s.m.* Palindrome.
palinodie [palinɔdi], *s.f.* Recantation, retraction; palinode. **Chanter la p.,** to recant.
pâl|ir [pɑliːr]. 1. *v.i.* To become pale, grow pale; (of light, star) to grow dim, to pale; (of colour) to fade. *F:* **Son étoile pâlit,** his star is on the wane. **Faire p. les mérites de qn,** to throw s.o.'s merits into the shade. 2. *v.tr.* To make (s.o., sth.) pale; to bleach (colours). *s.m.* **-issement.**
palis [pali], *s.m.* Paling. 1. (*a*) Picket-fence. (*b*) Enclosure (within picket-fence). 2. Pale, stake, picket.
palissade [palisad], *s.f.* (*a*) Palisade, fence, paling. (*b*) Stockade. (*c*) (Street) hoarding.
palissad|er [palisade], *v.tr.* (*a*) To palisade; to fence in, rail in; to enclose. (*b*) To stockade. *s.m.* **-ement.**
palissandre [palisɑ̃ːdr], *s.m.* Brazilian rosewood.
palliatif, -ive [palljatif, -iːv], *a. & s.m.* Palliative.
palliation [palljasjɔ̃], *s.f.* Palliation.
pallier [pallje]. 1. *v.tr.* To palliate. 2. *v.i.* **P. aux conséquences d'une faute,** to mitigate the consequences of an error.
palmarès [palmarɛːs], *s.m. Sch:* Prize-list, honours list.
palme [palm], *s.f.* 1. *A:* (= PALMIER) Palm (-tree). **Huile, vin, de p.,** palm-oil, -wine. 2. Palm (-branch). **Remporter la p.,** to bear the palm. **Décerner la p. à qn,** to assign the palm to s.o. **P. du martyre,** crown of martyrdom. **Recevoir les Palmes (académiques),** to receive a decoration from the Ministry of Education. 3. Flipper, fin (of a frogman).
palmé [palme], *a.* 1. Palmate (leaf). 2. Web-footed. **Pied p.,** webbed foot.
palmeraie [palmərɛ], *s.f.* Palm-grove.
palmette [palmɛt], *s.f.* 1. *Bot:* (*a*) Dwarf fan-palm. (*b*) Fan-shaped espalier. 2. Palm-leaf (moulding); palmette.
palmier [palmje], *s.m.* Palm-tree. **Huile, beurre, de p.,** palm-oil, -butter.
palmipède [palmipɛd], *a. & s.m.* Palmiped.
palmiste [palmist], *a. & s.m.* **(Chou) p.,** (i) cabbage-palm, cabbage-tree, palmetto; (ii) palm-cabbage.
palombe [palɔ̃ːb], *s.f.* Ring-dove, wood-pigeon.
palonnier [palɔnje], *s.m.* (*a*) *Veh:* Swingle-bar, whipple-tree. (*b*) *Av:* Rudder-bar, swing-bar. (*c*) *Mec.E:* Compensation bar, rocking lever.
pâlot, -otte [pɑlo, -ɔt], *a. F:* Palish (child); sickly, peaky (look).
palourde [palurd], *s.f. Moll:* Clam.
palpa|ble [palpabl], *a.* Palpable. 1. Tangible. 2. Obvious, plain, evident (truth); palpable (error). *s.f.* **-bilité.** *adv.* **-blement.**

palpe [palp], *s.f.* Palpus, palp, feeler (of insect); barbel (of fish).
palper [palpe], *v.tr.* To feel; to examine (sth.) by feeling; *Med:* to palpate. **P. un article,** to finger an object. *F:* **P. (de l'argent),** to receive money, one's pay.
palpitant [palpitɑ̃], *a.* Palpitating, throbbing, quivering. **Roman p. d'intérêt,** thrilling novel.
palpitation [palpitasjɔ̃], *s.f.* Palpitation; quiver (of limb); flutter (of eyelid, pulse); throbbing (of heart).
palpiter [palpite], *v.i.* To palpitate. (*a*) (Of pulse, eyelid) To flutter; (of limb) to quiver. (*b*) (Of heart) To throb. (*c*) To thrill (with pleasure, fear).
palsambleu [palsɑ̃blø], *int. A:* (Softened form of **Par le sang de Dieu**) 'Od's blood!
paltoquet [paltɔkɛ], *s.m. F:* Lout; nonentity.
palud [paly], *s.m.* Marsh.
paludéen, -enne [palydeɛ̃, -ɛn], *a.* Paludal, pertaining to marshes. (*a*) **Plante paludéenne,** marsh plant. (*b*) **Fièvre paludéenne,** malaria; swamp-fever; ague.
paludisme [palydism], *s.m. Med:* (Im)paludism, malaria.
palustre [palystr], *a.* Paludous (plant, etc.); marshy, swampy (ground).
pâmé [pɑme], *a.* In a swoon; (of fish) gasping. **Tomber p.,** to faint. S.a. CARPE.
pâmer [pɑme]. *v.i. & pr.* To swoon, to faint. **Se p. de rire,** to be convulsed, to die, with laughter. **Se p. d'admiration,** to be in raptures (**sur,** over). **Se p. de joie,** to be overjoyed, delighted.
pâmoison [pɑmwazɔ̃], *s.f.* Swoon; fainting fit. **Tomber en p.,** to faint.
pampa [pɑ̃pɑ], *s.f.* Pampa (of S. America). **Herbe des pampas,** pampas-grass.
pamphlet [pɑ̃flɛ], *s.m.* (Usu. scurrilous) pamphlet; lampoon.
pamphlétaire [pɑ̃fletɛːr], *s.m.* Pamphleteer, lampooner.
pamplemousse [pɑ̃pləmus], *s.m. or f.* (*a*) *Bot:* Shaddock. (*b*) Grapefruit.
pampre [pɑ̃ːpr], *s.m.* **1.** Vine-branch (with leaves). **2.** *Arch: Art:* Pampre.
pan[1] [pɑ̃], *s.m.* **1.** Skirt, flap (of garment); tail (of shirt); free end (of tie). **Saisir qn par le p. de son habit,** to catch hold of s.o. by the coat-tails. **2.** Section, piece, surface. **P. de mur,** bare wall, piece of wall. **P. de bois,** timber framing, wooden partition. **A pans de bois,** half-timbered. **P. de ciel,** bit, patch, of sky. **3.** Face, side (of building, etc.). **Tour à huit pans,** octagonal tower. **Écrou à six pans,** hexagonal nut. **A pans coupés,** with the corners cut off.
Pan[2]. *Pr.n.m. Myth:* Pan. **Flûte de P.,** Pan's pipe.
pan[3], *int.* **1.** Bang! crash! **2. Un p. p. à la porte,** a rat-tat at the door.
panacée [panase], *s.f.* Panacea.
panachage [panaʃɑːʒ], *s.m.* **1.** Mixing (of colours etc.). **2.** *Pol:* Splitting (one's vote).
panache [panaʃ], *s.m.* **1.** (*a*) Plume, tuft (of waving feathers). *F:* **Avoir son p.,** to be tipsy, slightly elevated. **P. de fumée,** wreath of smoke. (*b*) *F:* **Faire p.,** (of rider) to be pitched over the horse's head, *F:* to take a header; (of cyclist) to be pitched over the handle-bars; (of car) to overturn; (of aircraft) to turn over. (*c*) Swagger. **Aimer le p.,** to like to cut a dash. **Il a du p.,** he has an air about him. **2.** *Arch:* Panache (of pendentive). **3.** *Hort:* Stripe, variegation.
panaché [panaʃe], *a.* **1.** Plumed (helmet, bird). **2.** Parti-coloured, variegated (bird, flower). **Foule panachée,** motley crowd. **Salade panachée,** mixed salad. **Glace panachée,** mixed ice. **3.** *s.m.* Shandy (gaff).
panacher [panaʃe], *v.tr.* **1.** To plume (helmet). **2.** *Hort:* To variegate (with different colours). **3.** *Pol:* **P. un bulletin de vote,** to split one's vote.
se panacher. 1. To put on plumes, fine feathers. **2.** (Of flowers) To become variegated.
panade [panad], *s.f.* Bread, milk (and cheese) soup. *P:* **Être dans la p.,** (i) to be in the soup, in a fix; (ii) to be hard up.
panais [panɛ], *s.m.* Parsnip.
Panam(e) [panam]. *Pr.n.m. P:* Paris.
Panama [panama]. **1.** *Pr.n.m.* Panama. **Bois de P.,** quillai(a) bark. **2.** *s.m.* Panama hat; fine-straw hat.
panaméricanisme [panamerikanism], *s.m.* Pan-Americanism.
panarabisme [panarabism], *s.m.* Pan-Arabism.
panard [panaːr], *a. inv. in f.* (Of horse) Splay-footed; knock-kneed; cow-hocked. *s.m. P:* Foot.
panaris [panari], *s.m. Med:* Whitlow.
pancarte [pɑ̃kart], *s.f.* Placard, bill; (show-) card.
panchromatique [pɑ̃krɔmatik], *a. Phot:* Panchromatic.
pancréas [pɑ̃kreɑːs], *s.m. Anat:* Pancreas.
pancréatique [pɑ̃kreatik], *a.* Pancreatic (juice).
panda [pɑ̃da], *s.m. Z:* Panda.
pandémonium [pɑ̃demɔnjɔm], *s.m.* Pandemonium. (*a*) Abode of demons. (*b*) Den of vice. (Never in sense of uproar).
pandit [pɑ̃di], *s.m.* Pandit.
Pandore[1] [pɑ̃dɔːr]. *Pr.n.f. Gr.Myth:* Pandora. **Le coffret de P.,** Pandora's box.
pandore[2], *s.m. F:* = GENDARME 1.
panégyrique [paneʒirik]. **1.** *s.m.* Panegyric, encomium. **2.** *a.* Panegyric(al).
panégyriste [paneʒirist], *s.m.* Panegyrist.
paner [pane], *v.tr.* **1.** To cover (meat, fish) with bread-crumbs; to fry (chop, etc.) in bread-crumbs. **2. Eau panée,** toast-water.
panerée [panre], *s.f.* Basketful.
paneterie [pantri], *s.f.* (*a*) Bread-pantry. (*b*) Bread-store (in barracks, school).
panetière [pantjɛːr], *s.f.* Bread-safe.
pangermanisme [pɑ̃ʒɛrmanism], *s.m.* Pan-Germanism.
panic [panik], **panis** [panis], *s.m.* Panic-grass; millet.
panicule [panikyl], *s.f. Bot:* Panicle.
panier [panje], *s.m.* **1.** Basket. *Cards:* Kitty. **Gros p.,** hamper. **P. à papier,** waste-paper basket. **P. à ouvrage,** work-basket. **P. à provisions,** (i) shopping-basket; (ii) luncheon-basket. *Rail:* **P.-repas,** luncheon-basket. **P. à salade,** (i) salad shaker; (ii) *P:* prison van, Black Maria. **P. de pêche,** creel. **C'est un panier percé,** he is a spendthrift. **Être dans le même p.,** to be in the same boat. S.a. ANSE 1. **P. de fruits,** basket(ful) of fruit. **2.** (Wicker) governess-cart; pony-carriage. **3.** *A.Cost:* Pannier; hoop-petticoat.
panifi|er [panifje], *v.tr.* To make into bread. *a.* **-able.**
paniquard [panikaːr], *s.m. F:* Scaremonger, alarmist.
panique [panik]. **1.** *a.* Panic (terror). **2.** *s.f.* Panic, scare; stampede. **Pris de p.,** panic-stricken. **Sujet à la p.,** *F:* panicky. **Semeur de p.,** panic-monger, scare-monger.
panislamisme [panizlamism], *s.m.* Pan-Islamism.
panne[1] [pan], *s.f.* **1.** (*a*) *Tex:* Panne, plush. (*b*) (Hog's) fat; lard. (*c*) **P. de nuages,** bank of clouds. (*d*) *A:* Rag(s). *F:* **Tomber dans la p.,** to fall into poverty; to come on hard times. **2.** *Th: F:* Small part, insignificant part.
panne[2], *s.f.* **1.** *Nau:* **En p.,** hove to. **En p. sèche,** hove to under bare poles. **(Se) mettre en p., prendre la p.,** to heave to, to bring to. *F:* **Faire p., rester en p.,** to be brought up all standing. **2.** Breakdown, mishap; hold-up (on the Underground, etc.); failure (of electric light). **P. de la machine, du moteur,** engine trouble, engine failure. *I.C.E:* **P. d'allumage,** ignition trouble. **P. d'essence, p. sèche,** failure of engine through shortage of petrol. **J'ai eu une p. d'essence,** I ran out of petrol. **P. d'éclairage, d'électricité,** black-out. **Avoir une p., rester en p.** to break down, to have engine trouble. **Rester en p. devant une difficulté,** to stick at a difficulty. *F:* **Laisser qn en p.,** to leave s.o. in the lurch.
panne[3], *s.f. Const:* (*a*) Purlin (of roof). (*b*) Pantile.
panne[4], *s.f.* Pane, *U.S:* peen (of hammer). **P. fendue,** claw (of hammer).
panné [pane], *a. P:* Stony-broke; penniless.
panneau [pano] *s.m.* **1.** Snare, net (for game). **Tendre un p. à qn,** to set a snare for s.o. **Tomber, donner, dans le p.,** to fall, walk, into the net, into the trap. **2.** Panel. **Porte à panneaux,** panelled door. **Diviser un mur en panneaux,** to panel a wall. **3.** Board(s), *e.g.* sandwich-man's board. **P. à affiches,** advertisement hoarding. **P. indicateur** road-sign *Nau:* **P. d'écoutille,** hatch-cover. **Fermer le p.,** to close down the hatch. **L'entrée des panneaux,** the hatchway. **Condamner les panneaux,** to cover and secure the hatches. **Nous avons des marchandises dans trois panneaux,** we have cargo

in three holds. **4.** *Av:* Ground strip-signal. **5.** Glass frame (for seeds).
panneau-réclame [panoreklam], *s.m.* Advertisement hoarding. *pl. Des panneaux-réclame.*
panneauter [panote], *v.tr.* **1.** *(a)* To net, snare (game). *(b) Abs.* To poach. **2.** To panel.
panneauteur [panotœ:r], *s.m.* Poacher.
pannequet [panke], *s.m.* Pancake.
panneton [pantɔ̃], *s.m.* **1.** Web, bit (of key). **2. P. d'espagnolette,** window-catch.
panonceau [panɔ̃so], *s.m.* *(a)* Escutcheon-sign (over office of *avoué, notaire*). *(b)* Sign (of touring association on hotel, etc.).
panoplie [panɔpli], *s.f.* **1.** *(a)* Panoply; full suit of plate armour. *(b) Toys:* Soldier's outfit (for child). **2.** (Wall-)trophy.
panorama [panɔrama], *s.m.* Panorama.
panoramique [panɔramik], **1.** *a.* Panoramic. *Aut:* **Lunette p.,** wrap-round rear-window. **2.** *s.m. Cin:* Panning.
pansage [pɑ̃sa:ʒ], *s.m.* Grooming (of horses). *Mil:* 'Stables.' **Effets de p.,** grooming kit.
panse [pɑ̃:s], *s.f.* **1.** *(a) F:* Belly. **Grosse p.,** paunch, pot-belly. *(b)* Paunch, first stomach (of ruminant). **2.** Belly, bulge (of bottle, vase).
pansement [pɑ̃smɑ̃], *s.m. Med:* **1.** (Action of) dressing, bandaging, (a wound). **Faire un p.,** to apply a dressing. *Mil:* **Paquet de p.,** field dressing. **Trousse de p.,** surgical dressing-case. **2.** Dressing. **Après l'application d'un premier p.,** after a first dressing has been applied.
panser [pɑ̃se], *v.tr.* **1.** To groom, rub down (horse). **2.** To dress (wound); to tend (wounded man).
panslavisme [pɑ̃slavism], *s.m.* Pan-slavism.
pansu [pɑ̃sy], *a. F:* Big-bellied, pot-bellied; (of bottle) bulging.
pantagruélique [pɑ̃tagryelik], *a.* Pantagruelian (feast, etc.).
Pantalon [pɑ̃talɔ̃]. **1.** *Pr.n.m.* Pantaloon (in Italian comedy). **2.** *s.m. Cost:* (Pair of) trousers; slacks. **P. blanc, p. de coutil,** ducks. **Pantalons fuseaux,** drain-pipe trousers.
pantalonnade [pɑ̃talɔnad], *s.f.* *(a) Th.Hist:* Knock-about turn by Pantaloon and others; pantaloonery. *(b) F:* Sham demonstration of joy, grief, etc.; piece of humbug.
pantelant [pɑ̃tlɑ̃], *a.* *(a)* Panting, heaving, gasping, out of breath. *(b)* **Corps encore pantelants,** bodies still quivering, still warm.
panteler [pɑ̃tle], *v.i.* **(il pantelle)** To pant; to gasp.
pantène, pantenne [pɑ̃tɛn], *s.f.* **1.** Draw-net. **2.** Wicker tray. **3. En p.** *(a)* (Of ships, convoy) In disorder. *(b)* **Vergues en p.,** yards apeak (as sign of mourning).
panthéisme [pɑ̃teism], *s.m.* Pantheism.
panthéiste [pɑ̃teist]. **1.** *a.* Pantheistic(al). **2.** *s.* Pantheist.
panthéon [pɑ̃teɔ̃], *s.m.* Pantheon.
panthère [pɑ̃tɛ:r], *s.f. Z:* Panther.
pantin [pɑ̃tɛ̃], *s.m. Toys:* Jumping-jack. *F:* (Of man) Nonentity; mere puppet. *Pol:* Jumping-jack.
pantographe [pɑ̃tɔgraf], *s.m.* **1.** *Draw:* Pantograph. **2.** (Any) lazy-tongs device. Esp. *El.E:* Pantograph (of electric train).
pantois [pɑ̃twa], *a.* Amazed, nonplussed, flabbergasted.
pantomime[1] [pɑ̃tɔmim], *s.m. Th:* Pantomime (actor); actor in mime.
pantomime[2], *s.f.* *(a)* Mime; pantomime. *(b)* Mime; significant play of features.
pantouflard [pɑ̃tufla:r], *s.m. F:* Stay-at-home type.
pantoufle [pɑ̃tufl], *s.f.* **1.** Slipper. **En pantoufles,** (i) in one's slippers; (ii) free and easy. *F:* **Raisonner (comme une) p.,** to talk nonsense, to talk through one's hat. **2.** *Hyg:* Slipper bed-pan.
pantoufler [pɑ̃tufle], *v.i. F:* *(a)* To talk through one's hat. *(b)* To put one's feet up.
panure [pany:r], *s.f. Cu:* Bread-crumbs.
Panurge [panyrʒ]. *Pr.n.m.* Panurge. (Character in *Pantagruel*, by Rabelais.) **Ce sont les moutons de P.,** they follow one another like sheep; they are led like sheep.
paon [pɑ̃], *s.m.* **1.** Peacock. *F:* **Pousser des cris de p.,** to screech like a peacock. **Se parer des plumes du p.,** to strut in borrowed plumes. **2.** Peacock-butterfly.
paonne [pan], *s.f. Orn:* Peahen.
paonneau [pano], *s.m. Orn:* Pea-chick.
paonner [pane], *v.i.* To strut; to preen oneself.
papa [papa], *s.m. F:* Papa, dad(dy). **Bon p.,** grandpapa, grand-dad. **Faire qch. à la p.,** to do sth. in a leisurely fashion. *Aut:* **Aller à la p.,** to potter along. S.a. FILS 1.
papal, -aux [papal, -o], *a.* Papal.
papauté [papote], *s.f.* Papacy.
pape [pap], *s.m. Ecc:* Pope.
papegai [papgɛ], **papegeai** [papʒɛ], *s.m. A:* Popinjay.
papelard, -arde [papla:r, -ard]. **1.** *s.* Sanctimonious person. **2.** *a.* Sanctimonious, canting, hypocritical.
paperasse [papras], *s.f.* Usu. *pl.* *(a)* Official papers; old archives. *(b) F:* **Red tape.** *(c) P:* Bumf.
paperasser [paprase], *v.i.* **1.** To go through old papers. **2.** To be for ever scribbling.
paperasserie [paprasri], *s.f.* **1.** Accumulation of old papers. **2.** *F:* Red-tape.
paperassier, -ière [paprasje, -jɛ:r]. **1.** *a.* *(a)* Fond of scribbling, of accumulating notes. *(b)* Fond of red tape. **2.** *s.m.* Bureaucrat.
papesse [papɛs], *s.f.* **La p. Jeanne,** Pope Joan.
papeterie [paptri], *s.f.* **1.** *(a)* Paper-making. *(b)* Paper-mill, paper-factory. *(c)* Paper trade. **2.** *(a)* Book-selling and stationery business. *(b)* Stationer's shop.
papetier, -ière [paptje, -jɛ:r], **1.** *s.* *(a)* Paper-maker, -manufacturer. *(b)* Stationer. **2.** *a.* **Industrie papetière,** paper industry.
papier [papje], *s.m.* Paper. **1.** *(a)* **P. vergé,** laid paper. **P. de Chine, p. de riz,** rice-paper. **P. du Japon,** Japanese vellum. **P. à cigarettes,** cigarette paper. **P. de soie,** tissue paper. **P. gris,** brown paper. **P. buvard,** blotting-paper. **P. couché,** art paper. **P. carbone,** carbon paper. **P. de verre,** glass-paper or sandpaper. **P. mat, non satiné,** dull-finish paper. **P. beurre, p. jambon, p. parcheminé,** grease-proof paper. **P. lavable,** washable wall-paper. S.a. PARCHEMIN 2, PELURE. *(b)* **P. pour écrire, p. à lettres,** note-paper. **P. deuil,** black-edged paper. **P. d'impression,** printing-paper. **P. de journal,** newsprint. **P. calque, à calquer,** tracing-paper. **P. à dessin,** drawing-paper. **P. d'emballage,** packing paper, wrapping paper. **P. à tapisser, p. tenture, p. peint,** wall-paper. **P. hygiénique,** toilet-paper. **P. laboratoire,** chemical filter-paper. **P. (à lettres) toile,** cambric paper. *F:* **Figure de p. mâché,** mealy, washed-out, face. **2.** Document, paper. *(a)* **Papiers domestiques,** private papers, family papers. **Papiers d'une affaire,** documents relating to a case. **Être bien, mal, dans les papiers de qn,** to be in s.o.'s good, bad, books. **Vieux papiers,** waste paper. *(b) Com: Jur:* **P. timbré, p. libre,** stamped, unstamped, paper. *(c) Com:* Bill(s). **P. à longue échéance,** long-dated bill(s). *(d) pl. Adm:* Papers (passport, identification certificate, etc.). **Faire viser ses papiers,** to have one's papers visaed. **Papiers de bord,** ship's papers. *(e) Journ: F:* Article. *(f) F:* **Lire un p.,** to read a paper. **3. P. d'étain, d'argent,** lead-foil, tinfoil.
papier-monnaie [papjemɔnɛ], *s.m.* Paper money, paper currency.
papilionacées [papiljɔnase], *s.f.pl. Bot:* Papilionaceae; pea-flowers.
papillaire [papillɛ:r], *a. Anat: etc:* Papillary.
papille [papi:j], *s.f. Anat: Bot:* Papilla. *Anat:* **P. gustative,** taste bud.
papillon [papijɔ̃], *s.m.* **1.** Butterfly. **P. de nuit,** moth. *Cost:* **Nœud p.,** butterfly bow. *Swim:* **(Nage) p.,** butterfly (stroke). **2.** *(a)* Inset (in book). *(b)* Leaflet. *(c)* Fly-bill (poster). *(d)* Inset map (in corner of large map. *(e)* Rider (to document). *(f) Aut: Adm: F:* Ticket. **3.** *Tchn:* *(a)* Butterfly-valve, throttle-valve. *Aut:* Disc-type throttle. *(b)* Thumb-screw; wing-nut. *(c)* Bat's-wing gas-burner.
papillonn|er [papijɔne], *v.i.* To flutter (about), to flit about (like a butterfly). *s.m.* **-age.**
papillote [papijɔt], *s.f.* **1.** Curl-paper. **Fer à papillotes,** curling-tongs. **2.** Twist of paper; frill (round knuckle of ham, etc.). **P. à pétard,** Christmas cracker. **3.** *Cu:* Buttered paper (for cooking chops, etc.).
papillotement [papijɔtmɑ̃], *s.m.* **1.** Dazzle. **2.** *Cin: T.V:* Flicker.
papillot|er [papijɔte]. **1.** *v.i.* *(a)* (Of eyes) To blink;

(of light) to blink, twinkle. *Cin: T.V:* To flicker. (*b*) To dazzle; to glitter. (*c*) *Typ:* To mackle, slur. **2.** *v.tr.* To put (hair) into curl-papers, *s.m.* **-age.**

papiste [papist]. **1.** *s.m. & f.* Papist. **2.** *a. Pej:* Papistic(al); popish.

papotage [papɔtaːʒ], *s.m.* Idle talk; chatter.

papoter [papɔte], *v.i. F:* To gossip; to prattle.

paprika [paprika], *s.m. Cu:* Paprika.

papule [papyl], *s.f.* Papula, papule; pimple; weal (of urticaria).

papyracé [papirase], *a.* Papyraceous, papery.

papyrus [papiryːs], *s.m.* Papyrus.

pâque [pɑːk]. **1.** *s.f.* (Jewish) Passover. **Manger la p.,** to eat the Passover. **2.** (*a*) *s.m.* Usu. spelt **Pâques,** Easter. **A Pâque(s) prochain,** next Easter. *Bot:* **Fleur de Pâques,** pasque-flower. (*b*) **Pâques,** *s.f.pl.* **Faire ses pâques,** to do one's Easter duties, to take the Sacrament at Easter. **Pâques fleuries,** Palm Sunday. **Pâques closes,** Low Sunday.

paquebot [pakbo], *s.m.* Liner; (passenger and mail) steamer.

pâquerette [pakrɛt], *s.f. Bot:* Daisy.

paquet [pakɛ], *s.m.* **1.** Parcel, package, bundle, packet. **P. de livres,** parcel of books. **P. de cartes,** pack of cards. **Mettre des livres en p.,** to parcel up books. *Typ:* **P. de composition,** parcel of type; 'take.' *F:* **Faire son p., ses paquets,** to pack up, to be off. **Donner son p. à qn,** to give s.o. (i) the sack, (ii) a piece of one's mind. *F:* **Recevoir son p.,** to get a good ticking-off. *F:* **Risquer le p.,** to risk it, chance it. **P. de sottises,** pack of nonsense. **Quel p.!** (i) what a frump! (ii) what a clumsy lout! **2.** *Nau:* **P. de mer,** heavy sea, green sea.

paquetage [paktaːʒ], *s.m.* **1.** Parcelling; baling. **2.** (Soldier's) pack.

paqueter [pakte], *v.tr.* **(je paquette; je paquetterai)** To do (sth.) up into a parcel, into parcels; to parcel (sth.) up; to bale.

paqueteur [paktœːr], *s.m.* Packer.

par [par], *prep.* **1.** (*a*) (Of place) **On y arrive p. un escalier,** the place is reached by (means of) a stair. **Jeter qch., regarder, p. la fenêtre,** to throw something, to look, out of the window. **P. mer et p. terre,** by land and sea. **P. monts et p. vaux,** over hill and dale. **Il court p. les rues,** he runs about the streets. **P. tout le pays,** all over the country. **P. latitude 10° nord,** in latitude 10° north. **Venez p. ici, allez p. là,** come this way, go that way. **P. où a-t-il passé?** which way did he go? S.a. DERRIÈRE 2, DEVANT 2. (*b*) (Of time) **P. un jour d'hiver,** on a winter's day. **P. le froid qu'il fait,** in this cold weather. **P. temps de brume,** in foggy weather. **P. le passé,** in the past. **Je l'ai averti p. trois fois,** I warned him three times. **2.** (*a*) (Agent) (i) (With a passive verb) **Il a été puni p. son père,** he was punished by his father. **Accablé p. l'inquiétude,** overcome by, with, anxiety. (ii) (With an active verb) **Faire qch. p. soi-même,** to do sth. unaided. **Je l'ai appris p. les Smith,** I heard of it through, from, the Smiths. **Faire faire qch. p. qn,** to have sth. done by s.o. *Breed:* **Gladiateur p. Monarque et Gladia,** Gladiateur by Monarque out of Gladia. (*b*) (Means, instrument) **Réussir p. l'intrigue,** to succeed through intrigue. **Attacher qch. p. une chaîne,** to fasten sth. by means of, with, a chain. **Conduire qn p. la main,** to lead s.o. by the hand. **Envoyer qch. p. la poste,** to send sth. by post, through the post. **Dame remarquable p. sa beauté,** lady remarkable for her beauty. **Appeler qn p. son nom,** to call s.o. by his name. (*c*) (Redundant) **Vous êtes p. trop aimable,** you are far too kind. **Examiner, juger, qch. p. soi-même,** to examine, judge, sth. (for) oneself. **3.** (Cause, motive) **J'ai fait cela p. amitié, p. respect, pour vous,** I did it out of friendship, out of respect, for you. **P. pitié!** for pity's sake! **Faire qch. p. pitié,** to do sth. out of pity. **P. hasard,** by chance. **P. bonheur,** by good fortune. **4.** (Distributive) **P. ordre alphabétique,** in alphabetical order. **Entrer deux p. deux,** to come in two by two, by twos, in twos. **Trois fois p. jour,** three times a day. **Mille francs p. an,** a thousand francs a year, per annum. **Gagner tant p. semaine,** to earn so much a week. **On les a p. douzaines,** they are to be had by the dozen. **5. P.** + *inf.* **Commencer, débuter, finir, achever, terminer, p. faire qch.,** to begin, end, by doing sth. **6. P.-ci p.-là,** (i) hither and thither; (ii) now and then. **C'est Charles p.-ci, Charles p.-là,** it's Charles here and Charles there. **De p. le monde on trouverait . . .,** somewhere in the world one would find. . . . **De p. le Roi,** by order of the King, in the name of the King. **De p. la façon dont il s'y prend, on voit bien que . . .,** from his way of setting about it, one can see that. . . .

para [para], *s.m. F:* Paratrooper.

parabole [parabɔl], *s.f.* **1.** Parable. **Parler en, par, paraboles,** to speak in parables. *B:* **Les Paraboles de Salomon,** the Book of Proverbs. **2.** *Geom:* Parabola.

parabolique [parabɔlik], *a.* Parabolic(al).

paracentrique [parasɑ̃trik], *a.* Paracentric.

parach|ever [paraʃve], *v.tr.* (Conj. like ACHEVER) To complete; to finish (sth.) off; to perfect. *s.m.* **-èvement.**

parachutage [paraʃytaːʒ], *s.m.* Parachute landing (of men, supplies); parachuting, drop.

parachute [paraʃyt], *s.m.* **1.** *Aer:* Parachute. **P. à siège,** seat-type parachute. **Sauter en p.,** to bale out. **2. P. de mine,** safety device (of pit-shaft cage).

parachuter [paraʃyte], *v.tr. & i.* To parachute, to drop by parachute.

parachutiste [paraʃytist] **1.** *s.m. & f.* Parachutist. **2.** *s.m.* Paratrooper. *pl.* **Parachutistes,** paratroops. **3.** *a.* Parachute. **Détachements parachutistes,** parachute detachments. **Officier p.,** officer of a paratroop unit.

Paraclet (le) [ləparaklɛ], *s.m. Theol:* Paraclete, Holy Ghost.

parade¹ [parad], *s.f.* **1.** *Mil:* Parade (for guard, etc.); guard-mounting. **Faire la p.,** to parade. **Marcher au pas de p.,** to march as if on parade. *Navy:* **Faire p.,** to dress ship. **2.** (i) Parade, show, ostentation; (ii) pomp and circumstance. **Faire p. de ses bijoux,** to display, show off, one's jewels. **Patriotisme de p.,** showy patriotism. **Habits de p.,** full-dress clothes. **Lit de p.,** bed for lying in state.

parade², *s.f. Fenc: Box:* Parry. **Être prompt à la p.,** (i) to be quick at parrying; (ii) *F:* to be sharp at repartee. *Mil:* **La p. contre les fusées,** the answer to rockets.

parader [parade], *v.i.* **1.** *Mil:* To parade; to go on parade. **2.** To make a display; to promenade; to strut about; to show off. **Faire p. un cheval,** to put a horse through his paces.

paradigme [paradigm], *s.m. Gram:* Paradigm.

paradis [paradi], *s.m.* Paradise. **1. Le P. terrestre,** the Earthly Paradise, the Garden of Eden. **2. Aller en p.,** to go to heaven, to paradise. **C'est le p. sur terre,** it is heaven on earth, an earthly paradise. *F:* **Il ne l'emportera pas en p.,** I'll be even with him yet. *Th: F:* **Le p.,** the gallery, the gods. *Orn:* **Oiseau de p.,** bird of paradise.

paradisiaque [paradizjak], *a.* Paradisiac.

paradisier [paradizje], *s.m. Orn:* Bird of paradise.

parados [parado], *s.m. Fort:* Parados.

paradoxal, -aux [paradɔksal, -o], *a.* Paradoxical. *adv.* **-ement.**

paradoxe [paradɔks], *s.m.* Paradox.

paraffine [parafin], *s.f. Ch:* Paraffin; *Com:* paraffin wax. *Pharm:* **Huile de p.,** liquid paraffin.

parafoudre [parafudr], *s.m. El.E:* (*a*) Lightning-arrester, lightning-protector (for electrical apparatus). (*b*) Safety-gap, spark-arrester (of magneto, etc.). (*c*) Spark-gap discharger.

parage¹ [paraːʒ], *s.m.* Birth, descent. **De haut p.,** of high degree, of high lineage.

parage², *s.m.* (*a*) Paring, trimming (of iron, etc.). (*b*) *Tex:* Dressing, sizing (of cloth).

parages [paraːʒ], *s.m.pl. Nau:* Localities (of the ocean); latitudes, regions. *F:* **Que fait-il dans, en, ces parages?** what is he doing in these parts?

paraglace [paraglas], *s.m. Nau:* Ice-fender.

paragraphe [paragraf], *s.m.* **1.** Paragraph (section of page, of column). **2.** Section mark; paragraph.

paraître [parɛːtr], *v.i.* (*pr.p.* **paraissant;** *p.p.* **paru;** *pr.ind.* **je parais, il paraît, n. paraissons;** *p.h.* **je parus;** *fu.* **je paraîtrai)** To appear. **1.** (*a*) To make one's appearance; (of land, ship) to heave in sight, to come up; (of star, moon) to come out; (of actor) to come on. **Le jour commençait à p.,** the day was dawning. (*b*) (Of book, etc.) To be published, to come out. **Faire p. un livre,** to publish, bring out, a book. **"Sur le point de p.,"** 'just ready,' **"Vient de p.,"** 'just out,' 'just published.' **2.** (*a*) To be visible, apparent. **Cette tache paraît à peine,** the stain hardly shows. **Laisser p. ses sentiments,** to show, betray, one's feelings. **Faire p. qch.,** to show, display, sth.; to bring sth. to light. (*b*) **Chercher à p.,** to show off; to make a display. (*c*) *Impers.* **Il y paraît,** that is easy to see; that is quite apparent. **Je suis très mal.—Il n'y paraît pas,** I am very ill.—You don't look it, one would not have thought it. **Sans qu'il y paraisse,** without its being apparent. **3.** To seem, to look. (*a*) **Il paraît triste,** he looks sad. **Elle paraissait avoir vingt ans.,** she seemed, appeared, to be about twenty. **Elle paraît son âge,** she looks her age. (*b*) *Impers.* **Il paraît qu'elle fait des vers,** it seems she writes poetry. **Il me paraît que . . . ,** it seems to me, it strikes me, that. . . . **A ce qu'il paraît,** (i) apparently, as it would appear . . . ; (ii) apparently so, it would seem so. **A ce qu'il me paraît,** as far as I can judge. **Il paraît que oui,** so it appears.

parallactique [parallaktik], *a. Astr:* Parallactic.

parallaxe [parallaks], *s.f. Astr: etc:* Parallax.

parallèle [parallɛl]. **1.** *a. & s.f. Geom:* Parallel (**à**, to, with). **2.** *s.m.* (*a*) Parallel, comparison. **Mettre qn en p. avec qn,** to compare s.o. with s.o. **Établir un p., entre . . . et . . . ,** to draw a parallel between . . . and. . . . *El:* **Piles en p.,** batteries in parallel, in multiple. (*b*) *Geog:* Parallel (of latitude).

parallèlement [parallɛlmɑ̃], *adv.* In a parallel direction (**à**, to, with).

parallélépipède [parallelepipɛd], *s.m. Geom:* Parallelepiped.

parallélisme [parallelism], *s.m.* Parallelism.

parallélogramme [parallelɔgram], *s.m.* Parallelogram.

paralogisme [paralɔʒism], *s.m. Log:* Paralogism, fallacy.

paralysant [paralizɑ̃], **paralysateur, -trice** [paralizatœ:r, -tris], *a.* Paralysing.

paralyser [paralize], *v.tr.* To paralyse. (*a*) *Med:* To affect with paralysis. **Paralysé des deux jambes,** paralysed in both legs. (*b*) To incapacitate. **Lois qui paralysent l'industrie,** laws that cripple industry. **Paralysé par la grève, le brouillard,** strike-bound, fog-bound.

paralysie [paralizi], *s.f. Med:* Paralysis. **P. progressive,** creeping paralysis. **P. agitante,** Parkinson's disease. **Tomber en p.,** to have a paralytic stroke. *F:* a seizure.

paralytique [paralitik], *a. & s. Med:* Paralytic.

paramètre [paramɛtr], *s.m. Mth:* Parameter.

paramilitaire [paramilitɛ:r], *a.* Paramilitary.

paraneige [paranɛ:ʒ], *s.m.* Snow-shield (over mountain railway).

paranoïa [paranɔja], *s.f.* Paranoia.

parapet [parapɛ], *s.m.* Parapet; breastwork.

paraphe [paraf], *s.m.* (*a*) Paraph; flourish (following signature). (*b*) Initials (of one's name).

parapher [parafe], *v.tr.* To initial (document).

paraphrase [parafrɑ:z], *s.f. Lit:* Paraphrase. **Sans tant de paraphrases,** without so much circumlocution, *F:* without so much beating about the bush.

paraphraser [parafrɑze], *v.tr.* (*a*) To paraphrase. (*b*) To expand, add to, amplify (story, speech).

paraphrastique [parafrastik], *a.* Paraphrastic.

paraplégie [parapleʒi], *s.f. Med:* Paraplegia.

parapluie [paraplɥi], *s.m.* Umbrella.

parasitaire [parazitɛ:r], *a.* **1.** Parasitic (disease). **2.** *W.Tel:* **Effet p.,** interference.

parasite [parazit]. **1.** *s.m.* (*a*) Parasite, hanger-on, sponger. (*b*) *Biol:* Parasite. **2.** *a.* Parasitic (insect, plant). *El:* **Circuit des courants parasites,** eddy-current circuit. *W.Tel:* **Bruits parasites,** *s.m.pl.* **parasites,** interference. **Parasites atmosphériques,** atmospherics.

parasitique [parazitik], *a.* Parasitical.

parasitisme [parazitism], *s.m.* Parasitism.

parasol [parasɔl], *s.m.* **1.** Parasol, sunshade; beach umbrella. **2.** *Aut:* Visor, sun-shield (over windscreen). **3. Pin p.,** parasol, umbrella, pine.

parasoleil [parasɔlɛ:j], *s.m.* (*a*) Sunshade (of telescope). (*b*) *Phot:* Lens-shade, lens-hood.

paratonnerre [paratɔnɛ:r], *s.m.* Lightning-conductor, -rod.

paratyphoïde [paratifɔid], *a. & s.f. Med:* Paratyphoid (fever).

paravent [paravɑ̃], *s.m.* Draught-screen, folding-screen.

parbleu [parblø], *int.* (Attenuated form of PARDIEU) Why, of course! Good Lord, yes!

parc [park], *s.m.* **1.** Park, *F:* grounds (of mansion). *Geog:* Park-land. **P. d'agrément,** pleasure grounds. **P. national,** national park. **2. P. pour autos, à voitures, de stationnement,** car park, *U.S:* parking lot. **P. aux combustibles,** fuel yard, coal yard. **P. d'attractions,** fun fair. **P. pour enfants,** play-pen, nursery pen. **P. pour chevaux,** paddock. **P. à bestiaux, à moutons,** cattle-pen, sheep-fold. **P. à huîtres,** oyster-bed. **P. d'artillerie,** artillery-park. **P. à munitions,** ammunition depot. **3.** Fleet (of buses, etc.).

parcage [parka:ʒ], *s.m.* Parking (of cars); enclosing, penning (of cattle); folding (of sheep); laying down (of oysters). *Aut:* **"P. interdit,"** 'no parking.'

parcellaire [parsɛllɛ:r], *a.* Divided into small portions, into parcels (of land).

parcelle [parsɛl], *s.f.* Small fragment; particle (of gold); plot, patch (of land). **Pas la moindre p. de jugement,** not a scrap of common sense.

parcell|er [parsɛle], *v.tr.* To divide into lots; to portion out (inheritance, etc.). *s.m.* **-ement.**

parce que [pars(ə)kə], *conj.phr.* Because.

parchemin [parʃəmɛ̃], *s.m.* **1.** (*a*) Parchment. *Bookb:* Vellum. *F:* **Visage de p.,** wizened, shrivelled, countenance. (*b*) *pl. F:* Title-deeds, titles of nobility; diplomas. **2. Papier p.,** vegetable parchment, parchment-paper.

parcheminé [parʃəmine], *a.* Parchment-like, dried (skin).

parcheminer (se) (səparʃəmine], *v.pr.* To shrivel up; to become shrivelled.

par-ci par-là. See CI[1], PAR 6.

parcimonie [parsimɔni], *s.f.* Parsimony, stinginess.

parcimonieu|x, -euse [parsimɔnjø, -ø:z], *a.* Parsimonious; stingy, niggardly. **P. de louanges,** chary, sparing, of praise. *adv.* **-sement.**

parcomètre [parkɔmɛtr], *s.m.* Parking meter.

parcourir [parkuri:r[, *v.tr.* (Conj. like COURIR) **1.** To travel through, go over, traverse (piece of country). **P. toutes les rues de la ville,** to wander through every street in the town. **P. une distance de plusieurs kilomètres,** to cover a distance of several kilometres. **Un frisson me parcourut,** a shiver went through me. **P. les mers,** to sail the seas. **2.** To examine (cursorily). **P. qch. des yeux, du regard,** to run, cast, one's eye over sth. **P. un livre,** to glance, skim, through a book. **Son regard parcourut l'horizon,** his eyes swept the horizon.

parcours [parku:r], *s.m.* **1.** (*a*) Distance covered; length, run (of a pipe-line); length of stroke (of piston). (*b*) Route (of procession, bus, etc.); course (of river, etc.). **Faire le p. entre . . .** to ply between. *Rail:* **Avoir libre p. sur un réseau,** to have running rights over a system. (*c*) *Golf:* Course, links. *Sp:* Circuit, course. **2.** Run, trip (of locomotive, etc.). **3. P. d'un poulailler,** chicken run.

par-dessous [pardəsu], *prep. & adv.* Under, beneath, underneath. **J'ai passé p.-d.,** I crept under it.

par-dessus [pardəsy], *prep. & adv.* Over (the top of). **Jeter qch. p.-d. bord,** to throw sth. overboard. **P.-d. le marché,** into the bargain. **J'ai sauté p.-d.,** I jumped over it. **P.-d. tout,** above all.

pardessus [pardəsy], *s.m.* Overcoat.

par-devant [pardəvɑ̃], *prep. Jur:* In front of; before. **Signé p.-d. (le) notaire,** signed in the presence of the lawyer.

pardi [pardi], *int. Dial:* = PARBLEU.

pardieu [pardjø], *int.* Usu. attenuated to PARBLEU, *q.v.*

pardon [pardɔ̃], *s.m.* (*a*) Forgiveness (of an offence). **Je vous demande p.,** I beg your pardon (**de**, for). **P. de vous avoir retenu,** I am sorry to have kept you. **P.?** I beg your pardon? (*b*) *Jur:* Remission of a sentence. (*c*) *Ecc:* (In Brittany) (Local processional) pilgrimage. (*d*) *pl.* Papal indulgences.

pardonn|er [pardɔne], *v.tr.* To pardon, forgive. (*a*) **Pardonnez la liberté que je prends,** please excuse the liberty I am taking. (*b*) **P. à qn,** to pardon s.o. **Dieu**

me pardonne! God forgive me! **La mort ne pardonne (à) personne,** death spares no one. *Med:* **Maladie qui ne pardonne pas,** fatal disease. **Pardonnez-moi,** excuse me. *a.* **-able.**
paré [pare], *a.* **1.** *Nau:* **(Qu'on soit) p.!** (make) ready! **P. à virer!** ready about! **On est p.!** aye aye, sir! **2.** Adorned, bedecked. **Parée de tous ses atours,** wearing all her finery; *F:* dressed up to the nines. **S.a.** BAL 1.
pare-boue [parbu], *s.m.inv.* Mudguard.
pare-brise [parbri:z], *s.m.inv.* *Aut: etc:* Wind-screen, *U.S:* windshield.
pare-choc(s) [parʃɔk], *s.m.inv.* *Aut:* Bumper, *U.S:* fender.
pare-éclats [parekla], *s.m.inv.* *Mil:* Splinter-proof shield. *a.* *Navy:* **Pont p.-é.,** splinter-deck.
pare-étincelles [paretɛ̃sɛl], *s.m.inv.* (*a*) Fire-guard. (*b*) *Rail: etc:* Spark-arrester, spark-catcher.
pare-feu [pa:rfø], *s.m.inv.* Fire-belt (in forest). **Cloison p.-f.,** (i) fire-wall; (ii) fire-guard.
pare-flamme [parfla:m], *s.m.* *Ind:* Flame-arrester, flame-trap. *pl. Des pare-flammes.*
pare-fumée [parfyme], *s.m.inv.* Smoke-shield (in roof of station). *a.* **Casque p.-f., smoke-helmet.**
parégorique [paregɔrik], *a. & s.m.* *Pharm:* Paregoric.
pareil, -eille [parɛ:j]. **1.** *a.* (*a*) Like, alike; similar (**à,** to). **En voici un tout p.,** here is one exactly like it. **Toutes choses pareilles,** all things being equal. (*b*) (Of time) Same, identical. **L'an dernier à p. jour,** this day last year. (*c*) Such; like that. **En p. cas,** in any such emergency; in such cases. **Avez-vous jamais entendu chose pareille!** did you ever hear of such a thing! **2.** *s.* (*a*) **Mes pareils,** my equals, my peers. **Lui et ses pareils,** he and people like him. (*b*) Equal, fellow, match. **De longtemps on ne verra son p.,** it will be long before we see his like. **Il n'a pas son p. pour le travail,** *F:* he's a glutton for work. **Sans p.,** peerless, matchless; unequalled. **Méchanceté sans pareille,** unparalleled wickedness. **3.** *s.f.* **La pareille,** the like. **Rendre la pareille à qn,** to retaliate, to give s.o. tit for tat; to pay s.o. back in his own coin. *F:* **Souhaiter la pareille à qn,** to reciprocate s.o.'s good wishes.
pareillement [parɛjmɑ̃], *adv.* **1.** In a similar manner. **2.** Also; likewise. **A vous p.!** the same to you! **Et moi p.,** and so do I (so am I, so shall I).
pare-lumière [parlymjɛ:r], *s.m.inv.* *Aut:* Anti-dazzle shield.
parement [parmɑ̃], *s.m.* **1.** (*a*) Adorning. (*b*) Dressing (of stone, etc.). **2** (*a*) Ornament, adornment; decoration, ornamentation (of façade, etc.). (*b*) Cuff (of sleeve); (cuff or collar) facing. *pl.* Facings (of coat, uniform). **3.** *Const.* Face, facing (of wall); (dressed) face (of stone). **4.** Kerb-stone.
parementer [parmɑ̃te], *v.tr.* To face (wall, etc.).
parent, -ente [parɑ̃, -ɑ̃:t], *s.* **1.** *s.m.pl.* (*a*) Parents; father and mother. **Sans parents,** parentless. (*b*) Forefathers, forbears. **2.** Relative, connection; kinsman, kinswoman; (blood) relation. **Son plus proche p.,** his next of kin. **P. par alliance,** relation by marriage.
parentage [parɑ̃ta:ʒ], *s.m.* **1.** Parentage, birth, lineage. **2.** *Coll.* Kindred, family, relations.
parenté [parɑ̃te], *s.f.* **1.** Kinship, relationship; consanguinity. **Être de même p.,** to be of the same kith and kin. **2.** *Coll.* = PARENTAGE 2.
parenthèse [parɑ̃tɛ:z], *s.f.* Parenthesis; (i) digression; (ii) *Typ:* bracket. **Entre parenthèses,** in parentheses. *F:* **Soit dit par p., entre parenthèses,** by the way, incidentally.
paréo [pareo], *s.m.* *Cost:* Pareo, grass-skirt.
pare-oreilles [parɔrɛ:j], *s.m.* *Fb:* Ear-shields.
parer[1] [pare], *v.tr.* **1.** To prepare; to dress, trim (meat, castings); to pare (hoof, leather). *Nau:* To clear (cable, anchor). **2.** To adorn, embellish, deck out (**de,** with).
se parer, to dress. **Se p. de sa plus belle robe,** to deck oneself out in one's finest dress. **Se p. d'un faux titre,** to parade a false title.
parer[2]. **1.** *v.tr.* (*a*) *Nau:* To avoid, ward off; to fend off (collision). **P. un cap,** to clear, double, a headland. **P. un grain,** to steer clear of a squall. (*b*) *Box: Fenc:* To parry, ward off (blow, thrust). **2.** *v.ind.tr.* **P. à qch.,** to provide, guard, against sth.; to avert (accident); to obviate (difficulty). **On ne peut pas p. à tout,** one cannot guard against everything; accidents will happen. *Nau:* **P. à un grain,** to prepare to meet a squall.
pare-soleil [parsɔlɛ:j], *s.m.inv.* **1.** Sunshade (of telescope). **2.** *Aut:* Sun-visor, sun-shield.
paresse [parɛs], *s.f.* (*a*) Laziness, idleness, sloth. **Par pure p.,** out of sheer laziness. (*b*) Sluggishness (of mind, of the liver).
paresser [parɛse], *v.i.* To idle; to take one's ease; to fritter away one's time; *F:* to laze.
paresseu|x, -euse [parɛsø, -ø:z]. **1.** *a.* (*a*) Lazy, idle, slothful. **P. à apprendre ses leçons,** lazy over his lessons. **Prendre la solution paresseuse,** to take the line of least resistance. (*b*) Sluggish (liver, bowels); slow-acting (spring, balance). **2.** *s.* Lazy person; sluggard; *F:* lazy-bones. **3.** *s.m.* *Z:* Ai, three-toed sloth. *adv.* **-sement.**
pareur, -euse [parœr, -ø:z], *s.* *Ind:* Finisher, trimmer.
parfaire [parfɛ:r], *v.tr.* (Conj. like FAIRE; used chiefly in *inf.* and *p.p.*) To finish off, perfect, round off (one's work, etc.); to make up (a sum).
parfait [parfɛ]. **1.** *a.* Perfect. (*a*) Faultless; flawless; unblemished. **En ordre p.,** in perfect order, *F:* in apple-pie order. **(C'est) p.!** excellent! (that's) fine! *Mus:* **Accord p.,** perfect chord. (*b*) Complete, thorough. **Un p. orateur,** a finished speaker. *F:* **Un p. imbécile,** an out-and-out idiot. **2.** *s.m.* (*a*) Perfection. *Cu:* **P. au café,** coffee parfait, ice-cream. (*b*) *Gram:* Perfect (tense). **Verbe au p.,** verb in the perfect.
parfaitement [parfɛtmɑ̃], *adv.* **1.** (*a*) Perfectly; to perfection. (*b*) Completely, thoroughly. **Je comprends p.,** I quite understand. **Être p. maître d'un jeu,** to be a perfect master of a game. **2.** (Emphatic answer) That is so; quite so; certainly; exactly.
parfois [parfwa], *adv.* Sometimes, at times, occasionally, (every) now and then.
parfum [parfœ̃], *s.m.* Perfume. **1.** Fragrance, sweet smell, scent (of flower). **2.** *Toil:* Scent. **3.** Flavour (of ice-cream).
parfumer [parfyme], *v.tr.* **1.** To scent (one's handkerchief, etc.). **Elle se parfume trop,** she uses too much scent. **L'air parfumé du soir,** the balmy evening air. **2.** *Cu:* To flavour.
parfumerie [parfymri], *s.f.* Perfumery.
parfumeur, -euse [parfymœ:r, -ø:z], *s.* Perfumer.
parhélie [pareli], *s.m.* Parhelion, mock sun (in solar halo); sun-dog.
pari [pari], *s.m.* **1.** Bet, wager; stake. **Faire, offrir, un p.,** to make a bet; to lay a bet, a wager. **Tenir, soutenir, un p.,** to take (up) a bet. **2.** Betting. **P. mutuel** = totalizator system, *F:* the tote.
paria [parja], *s.m.* Pariah.
parier [parje], *v.tr.* To bet, to wager, to lay. **P. cent contre un,** to bet, lay, a hundred to one. **P. à égalité,** to lay even odds. **P. sur, pour, un cheval,** to back, to put money on, a horse. **P. gros,** to bet heavily. **Il y a (gros) à p. que . . .,** it is (long) odds that. . . .
pariétaire [parjetɛ:r], *s.f.* *Bot:* (Wall-)pellitory.
pariétal, -aux [parjetal, -o], *a.* Parietal (bone, etc.); mural (painting).
parieur, -euse [parjœ:r, -ø:z], *s.* Better, punter; backer.
Paris [pari]. *Pr.n.m.* *Geog:* Paris. **Articles de P.,** fancy goods. *A:* **Monsieur de P.,** the public executioner.
parisette [parizɛt], *s.f.* *Bot:* **P. à quatre feuilles,** herb Paris, (herb) true-love.
parisien, -ienne [parizjɛ̃, -jɛn], *a. & s.* Parisian; *s.f.* also Parisienne. *Geog:* **Bassin p.,** Paris basin.
parisyllabe [parisillab], **parisyllabique** [parisillabik], *a.* Parisyllabic.
paritaire [paritɛ:r], *a.* *Ind: etc.* **Commission p.,** committee in which both sides are equally represented. **Réunion p.,** round-table conference.
parité [parite], *s.f.* Parity. **1.** Equality (of rank, value). *Fin:* **P. de change,** equivalence of exchange. **Change à (la) p.,** exchange at par. **2.** *Mth:* Evenness (of numbers).
parjure[1] [parʒy:r], *s.m.* Perjury; (i) false swearing (as a moral offence); false oath; (ii) violation of one's oath.

parjure². 1. *a.* Perjured, forsworn. 2. *s.* Perjurer (who has violated his oath).

parjurer (se) [səparʒyre], *v.pr.* To forswear oneself, to perjure oneself; to be guilty of, commit, perjury.

parkérisation [parkerizasjɔ̃], *s.f.* *Metalw:* Parkerizing.

parkériser [parkerize], *v.tr.* *Metalw:* To parkerize (ferrous metals).

parking [parkiŋ], *s.m.* *F:* Car park, *U.S:* parking lot.

parlant [parlɑ̃], *a.* Speaking; talking (creature, voice). Portrait p., speaking likeness. Peu p., reticent, silent. *Tp:* **L'horloge parlante**, the speaking clock, 'Tim.'

parlé [parle] 1. *a.* Spoken (language, word). S.a. JOURNAL. 2. *s.m.* Patter (in song); spoken part (in opera).

parlement [parləmɑ̃], *s.m.* Parliament. (*a*) *Fr. Hist:* High judicial court (in Paris and in each province). (*b*) (Modern times) Legislative assembly. **Les Palais du P.**, the Houses of Parliament (in England).

parlementaire¹ [parləmɑ̃tɛːr], *a.* Parliamentary. **Expression peu p.**, unparliamentary expression.

parlementaire². 1. *s.m.* (*a*) *Mil:* Bearer of a flag of truce. (*b*) *Navy:* **(Vaisseau) p.**, cartel(-ship). 2. *a.* **Drapeau p.**, flag of truce.

parlementarisme [parləmɑ̃tarism], *s.m.* Parliamentary government.

parlement|er [parləmɑ̃te], *v.i.* To parley, to hold a parley; to discuss terms (**avec**, with) *s.m.* **-age.**

parler [parle]. I. *v.i.* To speak, talk. 1. (*a*) **P. haut**, to talk loudly. **P. bas**, to speak in a low voice. **P. entre ses dents**, to mumble. **P. à l'oreille de qn**, to whisper to s.o. **S'enrouer à force de p.**, to talk oneself hoarse. **Celui qui a parlé le premier, le dernier**, the first, last, speaker. (*b*) **Parlez-vous sérieusement?** are you in earnest? **Laissez-le p.**, let him have his say. **P. pour p.**, to talk for talking's sake. **Parlons peu et parlons bien**, let us be brief but to the point. **P. pour ne rien dire**, *F:* to talk through one's hat; to talk drivel. **Pour p. franc . . .**, to put it bluntly . . ., to speak candidly. . . . **Généralement parlant**, generally speaking. **Savoir ce que p. veut dire**, to be able to take a hint. **Faire p. qn**, to loosen s.o.'s tongue. **On parlait très peu au déjeuner**, there was very little talking over breakfast. **Façon de p.**, (i) way of speaking; (ii) manner of speech. **Cela parle de soi**, it is self-evident. **Voilà ce qui s'appelle p.!** *P:* **tu parles!** you're telling me! you bet! not half! (*c*) **P. à qn**, to talk to, to converse with, s.o. **Elle a trouvé à qui p.**, she has met her match. **Nous ne nous parlons pas à présent**, we are not on speaking terms at present. **N'en parlez à personne**, keep your own counsel. *Nau:* **P. à un navire**, to speak a ship. (*d*) **P. de qn, de qch.**, to mention, to refer to, s.o., sth. **Il n'en parle jamais**, he never refers to it. **Est-ce de moi que vous parlez?** do you mean me? **Je sais qu'on parlait de moi**, I know they were discussing me. **Nous en parlerons après déjeuner**, we can talk it over after lunch. **N'en parlons plus**, let us say no more about it. **Cela ne vaut pas la peine d'en p.**, it isn't worth mentioning. **Entendre p. de qn, de qch.**, to hear of, about, s.o., sth. **Mon père ne veut pas en entendre p.**, father won't hear of it. **C'est la première fois que j'en entends p.**, this is the first I have heard of it. **Le renouveau du théâtre, dont on parle tant**, the much talked-of revival of the drama. **Mal p. de qn**, to run s.o. down. **Faire p. de soi**, (i) to get talked about; (ii) to get a bad name. **On ne parle que de cela**, it is the (common) talk of the place, of the town. **P. de choses et d'autres**, to talk on indifferent matters. **Sans p. de . . .**, to say nothing of . . ., not to mention . . ., let alone. . . . *P:* **Tu parles d'une chance!** talk about luck! (*e*) **P. pour, contre, qn**, to speak for, against, s.o. 2. (*a*) **P. français**, (i) to talk, speak, French; (ii) to speak plainly, intelligibly. **L'anglais se parle partout**, English is spoken everywhere. (*b*) **P. affaires, p. boutique**, to talk business, to talk shop.

II. **parler**, *s.m.* (Way of) speaking; speech, language. **P. populaire**, popular speech. **P. irlandais**, Irish brogue. **Avoir son franc p.**, to speak one's mind.

parleur, -euse [parlœːr, -øːz]. 1. *s.* (*a*) Talker, speaker. *F:* **C'est un beau p.**, he has a very glib tongue. (*b*) *W.Tel:* Announcer. 2. *s.m.* *Tg:* Sounder. S.a. HAUT-PARLEUR.

parloir [parlwaːr], *s.m.* Parlour, visiting room (of school, convent).

parlot(t)e [parlɔt], *s.f.* 1. (*a*) (Legal) debate; moot. (*b*) (Legal) debating society. 2. *F:* (*a*) **P. en plein air**, open-air discussion, debate. (*b*) Talk, gossip.

Parmentier [parmɑ̃tje], *Pr.n.* *Cu:* *attrib.* **Crème, potage, parmentier**, (thick) potato soup.

parmesan, -ane [parməzɑ̃, -an]. 1. *a.* & *s.* Parmesan. 2. *s.m.* Parmesan (cheese).

parmi [parmi]. *prep.* Among(st), amid(st). **Cela ne se fait pas p. nous**, it is not done with us, in our circle. **P. le silence de la nuit**, amid the silence of the night.

Parnasse (le) [ləparnɑːs]. *Pr.n.* 1. (*a*) Parnassus. (*b*) *Fr.Lit.Hist:* The Parnassian School (of poetry, from 1860). 2. *Bot:* **Gazon du P.**, grass of Parnassus.

parnassien, -ienne [parnasjɛ̃, -jɛn]. 1. *a.* Parnassian. 2. *s.m.* Member of the Parnassian School (of French poetry).

parodie [parɔdi], *s.f.* Parody; skit (**de**, upon).

parodier [parɔdje], *v.tr.* To parody, to burlesque; to take (s.o.) off.

parodiste [parɔdist], *s.m.* Parodist.

paroi [parwa], *s.f.* 1. (*a*) Partition-wall (between rooms). (*b*) Wall (of rock, cylinder); (rock) face; casing, wall, shell (of boiler); wall, crust (of horse's hoof); *Th:* **P. (d'une scène)**, flat. 2. Inner surface (of vase, etc.); lining (of tunnel); coat(ing) (of the stomach).

paroisse [parwas], *s.f.* 1. Parish. 2. Parish church. 3. *Coll.* Parishioners.

paroissial, -aux [parwasjal, -o], *a.* Parochial. **L'église paroissiale**, the parish church. **Salle paroissiale**, church hall.

paroissien, -ienne [parwasjɛ̃, -jɛn]. 1. *a.* Parochial. **Registre p.**, parish register. 2. *s.* Parishioner. 3. *s.m.* Prayer-book.

parole [parɔl], *s.f.* 1. (Spoken) word; utterance, remark. **Ne prononcer aucune p.**, to say not a single word, to pass no remark. **Romance sans paroles**, song without words. **Perdre le temps en paroles**, to waste time talking. **Cette p. le piqua**, this remark went home. **Belles paroles**, fair words. 2. Promise, word; *Mil:* parole. **Tenir (sa) p.**, to keep one's promise, one's word. **Manque de p.**, breach of faith. **Manquer à sa p.**, to break one's word; *Mil:* to break one's parole. **Rendre sa p. à qn**, to release s.o. from his promise. **Ma p.! p. d'honneur!** upon my word (of honour)! **Croire qn sur p.**, to take a person's word. **Prisonnier sur p.**, prisoner on parole. 3. Speech, speaking. (*a*) Delivery. **Avoir la p. embarrassée**, to have an impediment in one's speech. **Avoir la p. facile**, to be an easy, ready, speaker. **Perdre la p.**, to lose the power of speech. (*b*) **Adresser la p. à qn**, to speak to s.o.; to address s.o. **Couper la p. à qn**, to interrupt s.o. **Porter la p. (pour ses collègues)**, to act as spokesman (for one's colleagues). **Prendre la p.**, to begin to speak; to take the floor. **Avoir la p.**, to have the floor. **La p. est à M. X**, I will now call on Mr. X. **Demander la p.**, to request leave to speak. *Cards:* **Passer p.**, to pass; to leave the call to one's partner.

parotide [parɔtid], *a.* & *s.f.* Parotid (gland).

paroxysme [parɔksism], *s.m.* Paroxysm (of rage, laughter, etc.). **Être au p. de la colère**, to be in a towering rage.

parpaing [parpɛ̃], *s.m.* *Const:* Parpen; bond-stone; through-stone; breeze-block. **Mur de p.**, parpen wall.

parquer [parke], *v.tr.* To pen (cattle); to fold (sheep); to put (horse) in paddock; to park (artillery, cars, etc.); to bed (oysters); to confine (people).

Parques [park]. *Pr.n.f.pl.* *Myth:* The Parcae, the Fates.

parquet [parkɛ], *s.m.* 1. (*a*) *Jur:* (i) Well of the court; (ii) public prosecutor's room. **Membres du p.**, public prosecutor and his deputies. **Déposer une plainte au p.**, to lodge a complaint in court. (*b*) *St.Exch:* **Le P.** = the Ring, the official market. 2. (*a*) Floor, flooring. **P. ciré**, waxed floor, polished floor. **P. chauffant**, heated flooring. (*b*) (Wooden) backing (of painting). *Phot:* **P. réversible**, reversing back. (*c*) *Nau:* **P. de chargement**, dunnage. **P. de chaufferie**, stokehold platform.

parquetage [parkətaːz], *s.m.* 1. (*a*) Laying of floors. (*b*) Flooring, floor. 2. Parquetry.

parquet|er [parkəte], *v.tr.* (**je parquette; je parquetterai**) (*a*) To lay a floor in (room, etc.). (*b*) To parquet. *s.m.* **-eur.**
parqueterie [parkətri], *s.f.* Laying of floors. **P. en mosaïque,** (i) inlaying; (ii) inlaid floor.
parrain [parɛ̃], *s.m.* (*a*) Godfather, sponsor. **Être p.,** to stand godfather (**de,** to). (*b*) Proposer (of new member for club, etc.); sponsor.
parrainage [parɛnaːʒ], *s.m.* Sponsorship.
parrainer [parɛne], *v.tr.* To sponsor.
parricide[1], [parisid]. **1.** *s.m. & f.* Parricide. **2.** *a.* Parricidal.
parricide[2], *s.m.* (Crime of) parricide.
pars See PARTIR.
parsemer [parsəme], *v.tr.* (Conj. like SEMER) To strew, sprinkle (**de,** with). **Ciel parsemé d'étoiles,** sky studded, spangled, with stars. **La contrée est parsemée de fermes,** the countryside is dotted with farms. **Barbe parsemée de gris,** beard shot with grey.
parsi, -e [parsi], *a. & s. Rel.H:* Parsee.
part[1] [paːr], *s.f.* **1.** Share, part, portion. (*a*) **Diviser un gâteau en plusieurs parts,** to share out a cake. S.a. FEU[1] 1, LION. **Vous lui faites la p. trop belle,** you favour him unduly. **Avoir une p. dans les bénéfices,** to have a share, an interest, in the profits; to share in the profits. **Avoir sa bonne p. d'éloges,** to come in for one's full share of praise. **Mettre qn de p. (dans une affaire),** to give s.o. a share in the profits. **Mettre qn de p. à demi,** to go half-shares with s.o. S.a. HÉRITAGE. (*b*) **Pour ma p. . . .,** as for me . . ., as far as I am concerned . . ., (speaking) for myself. . . . (*c*) **Prendre qch. en bonne p., en mauvaise p.,** to take sth. in good part, in bad part. **2.** Share, participation. **Avoir p. à qch.,** to have a hand, a share, in sth. *F:* **Avoir p. au gâteau,** to have a finger in the pie. **Prendre p. à qch.,** to take (a) part in, to join in, to be a party to, sth.; to share in sth. **Prendre p. à une cérémonie,** to assist at a ceremony. **Prendre p. à la conversation, aux rires,** to join in the conversation, in the laughter. **Je n'y ai pris aucune p.,** I had no part in it whatever. **Faire p. de qch. à qn,** to inform, advise, s.o. of sth.; to acquaint s.o. with sth. **Billet, lettre, de faire p.,** card, notice (announcing a wedding, death, etc.); intimation (of wedding, etc.). S.a. FAIRE-PART. **Faire la p. de qch.,** to take sth. into consideration. **Faire la p. des circonstances,** to take circumstances into account. **3. Savoir, tenir, qch. de bonne p.,** to have it from a reliable source, on good authority. **Nulle p.,** nowhere. **Autre p.,** elsewhere, somewhere else. **Nulle autre p.,** nowhere else. **Courir de p. et d'autre,** to run here and there. **Faire des concessions de p. et d'autre,** to make concessions on both sides. **De toutes parts,** on all sides, on all hands. **Ils viennent de toutes parts,** they come from all quarters. **De p. en p.,** through and through. **D'autre p.,** moreover. **D'une p. . . .,** on the one hand. . . . **D'autre p. . . .,** on the other hand . . .; then again. . . . S.a. QUELQUE PART. **Je viens de la p. de . . .,** I come on behalf of. . . . **Dites-lui de ma p. que . . .,** tell him from me that. . . . **C'est une insolence de sa p.,** it is a piece of insolence on his part. **Ce serait très aimable de votre p.,** it would be very kind of you. *Tp:* **C'est de la p. de qui?** Who is speaking? **4. A p.,** apart, separately. **Prendre qn à p.,** to take, draw, s.o. aside. **Mettre de l'argent à p.,** to put money by, aside. **Plaisanterie à p.,** joking apart. **Emballage à p.,** packing extra. **Et à p. lui?** who besides him? **A p. moi . . .,** in my own heart. . . . *Th:* **Mots prononcés à p.,** words spoken aside. . . . **A p. quelques exceptions,** with a few exceptions. **A p. quelques pages . . .,** except for a few pages. . . .
part[2]. See PARTIR.
partage [partaːʒ], *s.m.* **1.** Division. (*a*) Sharing, allotment, apportionment (of spoils, etc.). *Jur:* Partition (of real property). **Faire le p. de qch.,** to divide, share out, sth. (*b*) **P. d'un pays,** partition of a country. **Il y a p. d'opinions,** opinions are divided. *Geog:* **Ligne de p. des eaux,** watershed; *U.S:* divide. **2.** Share, portion, lot. **Avoir qch. en p.,** to receive (a house, etc.) as one's share. **Tomber, échoir, en p. à qn,** to fall to s.o.'s share, to s.o.'s lot.
partag|er [partaʒe], *v.tr.* (**je partageai(s); n. partageons**) **1.** To divide. (*a*) To parcel out, to apportion (property, etc.); to share out (loot, etc.). (*b*) **Fleuve qui partage le pays en deux,** river that divides, cuts, the country into two. **Être partagés d'opinion sur qch.,** to be divided in opinion over sth. **P. le différend (par la moitié),** to split the difference; to compromise. **2.** (*a*) **P. qch. avec qn,** to share sth. with s.o.; to go halves, to go shares, in sth. with s.o. **Ils se partagent les bénéfices,** they share the profits between them. **P. le même sort,** to fare and share alike. **P. les idées de qn,** to agree with s.o.'s views. **Amour partagé,** requited love. *Golf:* **Trou partagé,** halved hole. (*b*) *v.i.* **P. dans une succession,** to share in, have a share in, a succession. **3. Être bien, mal, partagé,** to be well, ill, provided for. *a.* **-eable.**
se partager, to divide; (of river) to branch, to become braided; (of road) to fork.
partance [partɑ̃ːs], *s.f. Nau:* Departure. Esp. **Navire en p.,** ship about to sail, outward bound. **Pavillon de p.,** Blue Peter. **En p. pour Bordeaux,** bound for Bordeaux.
partant[1] [partɑ̃], *adv.* Consequently, therefore.
partant[2]. **1.** *a.* Departing. **2.** *s.m.pl.* **Les partants,** (i) the departing guests, etc.; (ii) *Turf: etc:* the starters.
partenaire [partənɛːr], *s.m. Games: Sp: Danc:* Partner.
parterre [partɛːr], *s.m.* **1.** Flower-bed. **2.** *Th:* **Le p.** (i) The pit; the (orchestra) stalls; the area (of concert-hall). *F:* **Prendre un billet de p.,** to come a cropper. (ii) The audience (in the pit).
parthe [part], *a. & s.* Parthian. **Lancer, décocher, la flèche du P.,** to let fly a Parthian shaft, shot.
parti [parti], *s.m.* **1.** (*a*) Party. **Guerre de partis,** party warfare. **Esprit de p.,** party spirit. **Prendre p. pour, contre, qn,** to side with, against, s.o. **Prendre, épouser, le parti de qn,** to take s.o.'s side, s.o.'s part. **Être, se ranger, du p. de qn,** to side with s.o. (*b*) Band, gang. **2.** (Marriageable person) **C'est un bon parti,** he, she, is a good match. **3.** Decision, choice, course. **Hésiter entre deux partis,** to hesitate between two courses (of action). **Prendre (un) p.,** to come to a decision, to make up one's mind. **Mon p. est pris,** my mind is made up. **En prendre son p.,** to resign oneself to the inevitable; to make the best of it. **Prendre le p. de faire qch.,** to decide, resolve, to do sth. **P. pris,** (i) set purpose; (ii) rank obstinacy (of opinion); bias; prejudice. **De p. pris,** deliberately; of set purpose. **4.** Advantage, profit. **Tirer p. de qch.,** to make use of sth.; to turn sth. to account. **Tirer le meilleur p. de qch.,** to turn sth. to the best account. **5.** *F:* **Faire un mauvais p. à qn,** (i) to ill-treat s.o.; to knock s.o. about; (ii) to kill s.o.
partial, -aux [parsjal, -o], *a.* Partial (judge); prejudiced, bias(s)ed, unfair (critic). *adv.* **-ement.**
partialité [parsjalite], *s.f.* Partiality (**envers,** for, to); bias, unfairness.
participant, -ante [partisipɑ̃, -ɑ̃ːt], *s.* Participant; participator (**de,** in).
participation [partisipasjɔ̃], *s.f.* **1.** Participation. **Cela s'est fait sans ma p.,** I had no hand in it, no share in it. **2.** *Com:* Share, interest (**à,** in). **P. aux bénéfices,** profit-sharing. **Compte en p.,** joint account.
participe [partisip], *s.m. Gram:* Participle.
participer [partisipe], *v.i.* **1. P. à qch.** (*a*) To participate, have a share, an interest, in (profits, etc.). (*b*) To take a hand in, be a party to (plot, etc.); to share in, take (a) part in (work, etc.). **2. P. de qch.,** to partake of, have some of the characteristics of, sth.
participial, -aux [partisipjal, -o], *a.* Participial.
particularisation [partikylarizasjɔ̃], *s.f.* Particularization, particularizing.
particulariser [partikylarize], *v.tr.* **1.** To particularize. **2.** To specify (details); to give particulars, details, of (sth.).
se particulariser, to distinguish oneself from others (**par,** through); to make oneself conspicuous.
particularisme [partikylarism], *s.m. Pol: Theol: etc:* Particularism.
particularité [partikylarite], *s.f.* **1.** Particularity. (*a*) Particular nature (of sth.). (*b*) Detail, circumstance, particular. **2.** Peculiarity. (*a*) Peculiar nature (of sth.). (*b*) Characteristic.
particule [partikyl], *s.f.* **1.** Particle. *Ph:* **P. alpha,** alpha particle. **2.** *Gram:* Particle. **La p. nobiliaire**

= de (before surname). **Il a la particule,** he belongs to the nobility or landed gentry.

particulier, -ière [partikylje, -jɛːr]. **1.** *a.* (*a*) Particular, special. (On passport) **Signes particuliers,** special peculiarities. (*b*) Peculiar, characteristic. **Attitude qui lui est particulière,** attitude (that is) peculiar to him, characteristic of him. (*c*) Unusual, uncommon, peculiar. **Voilà qui est p.!** well, that's odd! that's peculiar! (*d*) Private (room, life, lesson, etc.); personal (account). **Secrétaire p.,** private secretary; confidential clerk. **Entrée particulière,** separate, private, entrance. **J'ai des raisons particulières pour le désirer,** I have my own (private) reasons, reasons of my own, for wishing it. **A titre p.,** in a private capacity. **2.** *s.* Private person, private individual. **Agir en tant que p., en (qualité de) simple p.,** to act merely as a private individual. **Quel drôle de p.!** what a queer stick! **3.** *s.m.* (*a*) **Il est très aimable dans le p.,** he is very pleasant in his own home. **Notez en p. que . . .,** notice particularly that. . . . (*b*) **En p.,** in particular. **Recevoir qn en p.,** to receive s.o. privately. **En mon p.,** in my own mind; on my own account.

particulièrement [partikyljɛrmɑ̃], *adv.* (*a*) Particularly, (e)specially, in particular. (*b*) Peculiarly, uncommonly. (*c*) **Raconter qch. plus p.,** to recount sth. in greater detail. (*d*) Intimately.

partie [parti], *s.f.* **1.** Part (of a whole). **La plus grande p. du chemin,** most of the way. **Une bonne p. du papier est avariée,** a good deal of the paper is damaged. **Les parties du corps,** the parts of the body. *Gram:* **Parties du discours,** parts of speech. **En p.,** partly; in part. **En grande p.,** largely; to a great extent. **Faire p. de qch.,** to be or form a part of sth. **Je ne fais plus p. de ce cercle,** I don't belong to this club any longer. **Vendre qch. par parties,** to sell sth. in lots. **Tenue des livres en p. double,** double entry book-keeping. **Dans quelle p. êtes-vous?** what is your line (of business)? **Chant à trois parties,** three-part song. **Parties d'orchestre,** orchestral parts. **2.** (*a*) Party. **P. de plaisir,** pleasure party; picnic, outing. **La vie n'est pas une p. de plaisir,** life is not a picnic. **Voulez-vous être de la p.?** will you join us? S.a. CARRÉ 1. (*b*) Game, match. **P. de cricket,** cricket match. *Golf:* **P. double,** foursome. **Faire une p. de cartes, d'échecs,** to have a game of cards, of chess. **P. nulle,** drawn game; (in racing) dead heat. **Gagner la p.,** to win the game or the match. *F:* **Vous avez la p. belle,** now's your chance! **Se mettre de la p.,** to take a hand, to join in. **3.** *Jur:* Party (to dispute, etc.). (*a*) **P. en cause,** party to the case. **La p. lésée,** the injured party. **Entendre les avocats des deux parties,** to hear counsel on both sides. *F.* **Avoir affaire à forte p.,** to have a powerful opponent to deal with. *F:* **Prendre qn à p. (d'avoir fait qch.),** to take s.o. to task, to call s.o. to account (for doing sth.). (*b*) (Of barrister) **Ma p.,** my client. (*c*) **P. civile,** plaintiff claiming damages (in criminal case).

partiel, -elle [parsjɛl], *a.* Partial, incomplete. **Paiement p.,** part payment.

partiellement [parsjɛlmɑ̃], *adv.* Partially, partly, in part. **Payer p.,** (i) to pay in part, (ii) to pay by instalments.

partir [partiːr], *v.* (*pr.p.* **partant**; *p.p.* **parti**; *pr.ind.* **je pars, il part, ils partent**; *pr.sub.* **je parte**; *p.h.* **je partis**; *fu.* **je partirai**) **1.** *v.tr.* *A:* To divide, part. S.a. MAILLE[2]. **2.** *v.i.* (Aux. **être**) (*a*) To depart, leave, start; to set out; to go off; to go away; (of ship) to sail away; (of ship, train) to steam away; (of train) to steam off; (of pers.) to walk off, walk away; (of horseman) to ride off; (of game) to rise. **Je pars d'ici,** I am going away from here. **Je pars de la maison à huit heures,** I leave home at eight o'clock. **Nous partons demain,** we leave, start, to-morrow. *Sp:* **Partez!** go! **P. de zéro,** to start from scratch. **Le lait part,** the milk is boiling over. **P. de ce monde,** to depart this life, to die. *F:* **Elle allait partir,** she was going, dying. **P. au galop,** to set off at a gallop, to gallop away. **P. comme une flèche, comme un trait,** to be off, go off, like a shot. **Nous voilà partis,** off we go! *F:* now we're off! *F:* **Nous voilà bien mal partis,** the future doesn't look too bright (for us). **Son livre est bien parti,** his book has made a good start. *Aut:* **Le moteur est parti du premier coup,** the engine started at the first go. **Ces allumettes partent mal,** these matches strike badly, are bad strikers. *F:* **Être un peu parti,** to be slightly tipsy, slightly high. (*b*) (Of button, paint, etc.) To come off; (of cable) to part, to give way; (of gun) to go off. **P. d'un éclat de rire, p. de rire,** to burst out laughing. (*c*) To emanate, spring, proceed (from). **Il est parti de rien,** he rose from nothing. (*d*) **A p. d'aujourd'hui,** from this day forward, from today (onwards). **A p. du quinze,** on and after the 15th. **A p. de la route, il courut,** as soon as he got to the road he ran. **3. Faire p.** (*a*) To send off, dispatch (troops); to turn (s.o.) away. (*b*) To remove (stain). (*c*) To fire, discharge, let off (gun); to let off (fireworks); to touch off (mine); to set going (engine).

partisan, -ane [partizɑ̃, -an]. **1.** *s.* Partisan, follower; upholder, supporter (of custom, etc.). **P. de la manière forte,** believer in the strong hand. **2.** *s.m.* *Mil:* Guer(r)illa soldier. **Guerre de partisans,** guer(r)illa warfare. **3.** *a.* **Querelles partisanes,** party quarrels.

partitif, -ive [partitif, -iːv], *a.* *Gram:* Partitive.

partition [partisjɔ̃], *s.f.* **1.** *Her:* Quarter (of shield). **2.** *Mus:* Score. **P. d'orchestre,** full score.

partout [partu], *adv.* (*a*) Everywhere; on all sides. **En tout et p.,** at all times and in all places. **P. où . . .,** wherever. . . . **P. ailleurs,** anywhere else. **Souffrir de p.,** to feel pain, to be sore, all over. **Un peu p.,** all over the place. **Un peu p. en Angleterre,** all over England. **(Nouvelles) de p.,** (news) from all quarters. (*b*) All; all together. *Ten:* **Quatre jeux p.,** four all. *Nau:* (To boat crew) **Sciez p.!** back together!

parturition [partyrisjɔ̃], *s.f.* Parturition.

paru, -s, -t. etc. See PARAÎTRE.

parure [paryːr], *s.f.* **1.** Ornamenting, adorning. **La beauté sans p.,** beauty unadorned. **2.** (*a*) Dress, finery. (*b*) Ornament, head-dress. (*c*) Set (of jewellery, of underclothes, etc.). **3.** Parings (of leather); trimmings (of meat).

parution [parysjɔ̃], *s.f.* Appearance, publication (of book). **Dès p.,** as soon as published.

parvenir [parvəniːr], *v.i.* (Conj. like VENIR. Aux. **être**) **1. P. à un endroit,** to arrive at, to reach, a place. **Votre lettre m'est parvenue,** your letter has reached me, I have received your letter. **Faire p. qch. à qn,** to send, to forward, sth. to s.o. **2.** (*a*) To attain, reach; to succeed. **Sans y p.,** without success. **P. à la dignité de maréchal,** to attain (to) the dignity of field-marshal. **P. à faire qch.,** to manage to do sth. **Il parvint à s'échapper,** he succeeded in escaping, he made good his escape. (*b*) *Abs.* To succeed in life.

parvenu, -ue [parvəny], *s.* Parvenu, upstart, self-made man. **Les parvenus,** the newly rich.

parvis [parvi], *s.m.* Parvis, square (in front of a church). *Poet:* **Les célestes p.,** the courts of heaven.

pas[1] [pɑ], *s.m.* **1.** Step, pace, stride. (*a*) Footstep. **Mesurer une distance au p.,** to pace off a distance. **P. à p.,** step by step, little by little. **A chaque p.,** at every step, at every turn. **Marcher à p. comptés,** to walk with measured tread. **Allonger le p.,** to step out. **Hâter, presser, le p.,** to quicken one's pace. **J'y vais de ce p.,** I am going at once. **Porter, diriger, ses p. vers un endroit,** to proceed, to make one's way, towards a place. **Aller, marcher, à grands p.,** to stride along. **Marcher à petits p.,** (i) (of child) to toddle (along); (ii) to take mincing steps. **Faux p.,** (i) slip, stumble; (ii) faux pas, (social) blunder. **Faire un faux p.,** (i) to stumble; (ii) to blunder, to make a faux pas, to put one's foot in it. **Il n'y a que le premier p. qui coûte,** only the beginning is hard. **Faire un p.,** to take a step. **C'est déjà un grand p. de fait,** that is a long step forward, a great step forward. **Avoir, prendre, le p. sur qn,** (i) to have, take, precedence of s.o.; (ii) to put s.o. into the background. **Il demeure à deux p. d'ici,** he lives a few steps away, within a stone's throw from here. **Il était à deux p. de nous,** he was within a couple of paces of us. S.a. CENT 1, CLERC 2. (*b*) **Au p.,** at a walking pace. *Aut:* *P.N:* **Au p.,** dead slow. **P. de valse,** waltz step. **P. seul,** pas seul, solo dance. *Mil:* *etc:* **P. accéléré, redoublé,** quick step, quick march. **Avancer au p. gymnastique,** to advance at the double. **"P. de route!"** 'march at ease!'

Marquer le p., to mark time. **Perdre le p.**, to fall out of step. **Marcher au p.**, to march in step. **Au p.!** (keep) in step! **Marcher du même p. que qn**, to keep pace with s.o. S.a. CADENCÉ, ROMPRE 1. **2.** Footprint, foot-mark. **Marcher sur les p. de qn**, (i) to follow in s.o.'s footprints, in s.o.'s tracks; (ii) to follow in s.o.'s footsteps. **3.** Step (of stair); threshold (of door). **Le p. de la porte**, the door-step. *Com:* **P. de porte**, (i) goodwill (of business), (ii) key money (for house or flat). **4.** Passage; (mountain) pass; strait. **Le P. de Calais**, the Straits of Dover. **Mauvais p.**, tight corner, awkward situation. **Tirer qn d'un mauvais p.**, to get s.o. out of a hole, out of a fix. **Sauter le p.**, to take the plunge, to cross the Rubicon. **5.** Pitch (of screw, propeller); thread (of screw).

pas², *neg.adv.* **1.** Not. **Je ne sais p.**, I don't know. **Je ne l'ai p. encore vu**, I have not seen him yet. **P. du tout**, not at all, by no means. **Pourquoi p.?** why not? **P. moi**, not I. **Nous marchons peu ou p.**, we walk little or not at all. *F:* **P. (vrai)? = N'EST-CE PAS? Affaibli mais non p. découragé**, weakened but not discouraged. **Non p.!** not at all! **P. toujours**, not always. **Presque p.**, hardly at all. **Ce n'est p. que je le déteste**, not that I hate him. **Ne p. le faire**, not to do it. **Des lilas p. fleuris**, lilac not yet in bloom. **2. P. un.** (*a*) **P. un mot ne fut dit**, not a word was spoken. (*b*) **Il connaît Paris mieux que p. un**, he knows Paris better than anyone. **3. P. mal de**, s.a. MAL³.

pascal, -aux [paskal, -o], *a.* Paschal (lamb). **Communion pascale**, Easter communion.

pasquinade [paskinad], *s.f.* Pasquinade, lampoon.

passable [pasabl], *a.* Passable, tolerable, pretty good, fair; so so. *Sch:* **Mention p.**, pass. *adv.* **-ment.**

passade [pasad], *s.f.* **1.** Passing fancy; short liaison. **2.** *Equit:* Passade. **3.** *Swim:* Leap-frogging.

passage [pasa:ʒ], *s.m.* Passage. **1.** Crossing (of sth.); passing over, through, across; going past (a place). (*a*) **La rivière est de p. facile**, the river is easy to cross. **Chacun sourit sur son p.**, everyone smiles as he passes, as he goes by. **Guetter le p. de qn**, to waylay s.o.; to lie in wait for s.o. **Livrer p. à qn**, to allow s.o. to pass. **P. de Vénus (sur le disque du soleil)**, transit of Venus. **Oiseau de p.**, bird of passage. **Droit de p.**, (i) right of way, (ii) toll. **"P. interdit au public,"** 'no thoroughfare'; 'no entry.' **Être de p. dans une ville**, to be only passing through a town. *Mus:* **Note de p.**, passing note. *El:* **P. du courant**, flow of the current. **P. d'un commis voyageur**, call, visit of a traveller. (*b*) *Nau:* **Payer son p.**, to pay for one's passage. **Prendre p. à bord d'un navire**, to take, book, one's passage on a ship. **Bateau de p.**, ferry-boat. (*c*) **P. du jour à la nuit**, transition, change, from day to night. (*d*) *Metall:* Pass (through rolling-mill). **2.** (*a*) Way, way through, thoroughfare. **P. souterrain**, underground passage, subway. *Nau:* Channel. **P. dans les montagnes**, mountain pass. **Se frayer (un) p.**, to force, elbow, one's way through. **Barrer le p. à qn**, to stand in s.o.'s way; to block, bar, s.o.'s way. (*b*) Arcade (with shops on either side). (*c*) *Rail:* **P. à niveau**, level crossing. (*d*) Outlet (of pipe); water-way (of tap). (*e*) Crossing. See CLOUTÉ. **3.** Passage (in book, in musical composition).

passag|er, -ère [pasaʒe, -ɛ:r]. **1.** *a.* (*a*) **Oiseau p.**, migratory bird, bird of passage. (*b*) Fleeting, short-lived, transitory (beauty, etc.); momentary (pain, etc.). (*c*) **Route passagère**, busy road. **2.** *s.* Passenger (by sea or air). **P. de cale**, stowaway. *adv.* **-èrement.**

passant, -ante [pasɑ̃, -ɑ̃:t]. **1.** *a.* (*a*) (Of street) Busy. (*b*) *Her:* Passant. **2.** *s.* Passer-by. **3.** *s.m.* (*a*) *Harn:* Keeper. (*b*) *Sm.a.:* Frog (for scabbard).

passation [pasasjɔ̃], *s.f.* Drawing up, signing (of agreement). **P. des pouvoirs**, transfer of power.

passavant [pasavɑ̃], *s.m.* **1.** *Nau:* (Fore-and-aft) gangway. **2.** *Cust:* Permit.

passe [pa:s], *s.f.* **1.** (*a*) Passing, passage (of birds, etc.). (*b*) Permit; pass. **Mot de p.**, password. (*c*) **P. magnétique**, mesmeric pass. (*d*) *Fb:* **P. en avant**, forward pass. (*e*) *Metalw:* Cut (on lathe). **2.** (*a*) *Fenc:* Pass, thrust. (*b*) **P. d'armes**, passage of arms. **3.** *Nau:* Pass, fairway. **P. étroite**, narrows. **Vous êtes en bonne p.**, it is all plain sailing; you are in a strong position. **Être en (bonne) p. de . . .**, to be in a fair way to. . . . **Être en mauvaise p.**, to be in a tight corner.

passé [pase]. **1.** *a.* (*a*) Past; gone by. **La semaine passée**, last week. **Il a quarante ans passés**, he is over forty. S.a. MAÎTRE 1. **L'orage est p.**, the storm is over. (*b*) Faded. **2.** *s.m.* **Le p.** (*a*) The past; former times. **Comme par le p.**, as in the past, as hitherto. **Oublions le p.**, let bygones be bygones. *Jur:* **Un p. chargé**, a bad record. (*b*) *Gram:* **Verbe au p.**, verb in the past tense. (*c*) **Broderie au p.**, satin-stitch embroidery. **3.** *prep.* **P.**, beyond. **Il est p. quatre heures**, it is, has, gone four. **P. cette date . . .**, after this date. . . .

passe-carreau [paskaro], *s.m.* (Tailor's) sleeve-board. *pl. Des passe-carreaux.*

passe-droit [pasdrwa], *s.m.* Injustice; illegitimate favour; unfair promotion. *pl. Des passe-droits.*

passefil|er [pasfile], *v.tr.* To darn. *s.m.* **-age.**

passe-lacet [paslasɛ], *s.m.* Bodkin. *pl. Des passe-lacets.*

passe-lait [paslɛ], *s.m.inv.* Milk-strainer.

passement [pasmɑ̃], *s.m.* (Gold, silk) lace (for clothes); braid, braiding (for furniture).

passementer [pasmɑ̃te], *v.tr.* To trim (garment, etc.) with passementerie.

passementerie [pasmɑ̃tri], *s.f.* Passementerie; trimmings.

passementier, -ière [pasmɑ̃tje, -jɛ:r], *s.* Dealer in passementerie.

passe-montagne [pasmɔ̃taɲ], *s.m.* Balaclava helmet. *pl. Des passe-montagnes.*

passe-partout [paspartu], *s.m.inv.* **1.** (*a*) Master-key, pass-key. (*b*) Latch-key. **L'argent est un bon p.-p.**, money opens most doors. **Un film p.-p.**, film of universal appeal. **2.** (*a*) Cross-cut saw. (*b*) Compass-saw. **3.** *Phot: etc:* (*a*) Slip(-in) mount. **Album p.-p.**, slip-in album. (*b*) Passe-partout (frame).

passe-passe [paspas], *s.m.* No *pl.* (*a*) Legerdemain, sleight of hand, jugglery. Esp. **Tour de p.-p.**, conjuring trick. (*b*) Fraud.

passe-plats [paspla], *s.m.inv.* Service-hatch.

passepoil [paspwal], *s.m.* Braid, piping (for garments).

passepoiler [paspwale], *v.tr.* To braid or pipe (garment). **Poche passepoilée**, welted pocket.

passeport [paspɔ:r], *s.m.* (*a*) *Adm:* Passport. (*b*) *Nau:* Sea-pass, sea-letter.

passer [pase]. **I.** *v.i.* **1.** (Aux. **avoir** or **être**) To pass; to go past; to go (on, by, along); to proceed. **P. sur un pont**, to cross (over) a bridge. **Il est passé, a passé, devant la boutique**, he went by, went past, the shop. **L'auto lui a passé sur les jambes**, the car ran over his legs. **La bouteille passe de main en main**, the bottle passes round. **Faire p. les gâteaux**, to hand round the cakes. **Par où est-il, a-t-il, passé?** which way did he go? **Je ne peux pas p.**, I can't get by. **"On ne passe pas,"** 'no thoroughfare.' **"Défense de p. sous peine d'amende,"** 'trespassers will be prosecuted.' **"Laissez p."** 'admit bearer.' **P. à l'ennemi**, to go over, defect, to the enemy. **P. sur une faute**, to pass over a mistake. **En passant**, by the way. **Une fois en passant**, once in a while. **Remarque en passant**, passing, casual, remark. **Dire qch. en passant**, to mention sth. casually. **(Ceci) soit dit en passant**, by the way. **Passons à autre chose**, (i) let us pass on to other matters; (ii) let us change the subject. *Aut:* **P. en deuxième vitesse**, to change into second gear. **P. à la postérité**, to go down to posterity. **Glose qui a passé dans le texte**, gloss that has slipped into the text. **La route passe tout près du village**, the road runs quite close to the village. **Je regardais p. la procession**, I was watching the procession. *Sch:* **P. dans la classe supérieure**, to be moved up. *Mil: etc:* **P. à l'offensive**, to switch over to the offensive. *W.Tel:* To be on. **Cette chanson n'a pas encore passé à la radio**, this song has not been on the air yet. *Cin:* **Ce film a passé la semaine dernière**, this film was on, was shown, last week. **Cela m'est passé de l'esprit**, it has quite slipped my memory. **Mon dîner ne passe pas**, my dinner won't go down. **Passez par la fenêtre**, go, get, through the window. **Faire p. un tuyau à travers le mur**, to run a pipe through the wall. **Il faut que le café passe très lentement**, coffee must percolate, filter, very slowly. (With cogn. acc.) **P. son chemin**, to go one's way. **Passez votre chemin!** (i) pass along, pass on! (ii) get out! S.a. DEBOUT 1. **2.** (Aux. **être**) **P. chez qn**, to call on s.o. **Je ne fais que p. pour**

demander de vos nouvelles, I just dropped in to see how you were. **Entrer en passant,** to drop in. **Est-ce que le facteur est passé?** has the postman been? **3.** (**Aux. avoir**) (*a*) To undergo, pass through. **J'ai passé par là,** I have gone through it. **Il a dû en p. par là; il a dû y p.,** he had to put up with it. (*b*) **Il la fait p. par où il veut,** he makes her do anything he wants. **4.** (**Aux. avoir**) To pass away. (*a*) To disappear, to cease **La douleur a passé,** the pain has passed off, has gone. **P. de mode,** to go out of fashion. **Couleurs qui passent,** colours that fade. **Laisser p. sa dernière chance,** to miss one's last chance. **Il faut laisser p. l'orage,** we must let the storm blow over. (*b*) (Of time) To elapse, to go by. **Les années qui passent,** the fleeting years. **A mesure que les années passent,** as the years go by. **Comme le temps passe (vite)!** how (quickly) time flies! **Faire p. le temps,** to pass the time. **5.** (= TRÉPASSER) (**Aux. avoir** or **être**) To die. **Il est, il a., passé dans mes bras,** he passed away in my arms. **6.** *Pred.* (*a*) (**Aux. avoir** or **être**) To become. **P. femme,** to grow into a woman. **P. capitaine,** to be promoted captain. *Sp:* **P. professionnel,** to turn professional. (*b*) (**Aux. avoir**) To be considered, to pass for. **P. pour riche,** to be accounted rich. **P. pour avoir fait qch.,** to be credited with having done sth. **P. pour exact,** (i) (of pers.) to have a name for punctuality; (ii) (of fact) to be supposed to be correct. **Se faire p. pour . . .,** to give oneself out to be . . ., to pass oneself off as, for. . . . **Se faire p. pour Français,** to pose as a Frenchman. **7.** (**Aux. avoir**) To be accepted, to pass muster. **La loi a passé,** the bill has been carried, *F:* has gone through. **Cela peut p.,** it will pass muster. **Monnaie qui ne passe plus,** coinage that is no longer current. **Qu'il revienne demain, passe encore,** if he returns to-morrow, well and good. **Cela ne passe pas,** that won't do. **Enfin, passe pour lui!** well, that's all right as far as he is concerned. **8.** (**Aux. avoir**) *Jur:* (Of lawsuit) **P. en jugement,** to come up for judgment. **L'affaire passera en janvier, demain,** the case will be heard in January, comes on tomorrow.

II. **passer,** *v.tr.* **1.** To pass, traverse, cross, go over (bridge, river, sea). **Vous avez passé la maison,** you have gone past the house. **2.** (*a*) To carry across; to ferry (goods, passengers) over. **Voulez-vous me p.?** will you ferry me across? **P. des marchandises en fraude,** to smuggle in goods. (*b*) **P. qch. à qn,** to hand sth. to s.o. **Veuillez me p. l'eau,** please pass me the water. **Veux-tu p. les liqueurs?** Would you serve the liqueurs? **P. une nouvelle,** to hand on news. *Tp:* **Je vous passe sa secrétaire,** I'll put you through to his secretary. **Faire p. une lettre à son adresse,** to forward a letter. **P. une commande,** to place an order. *Fb:* **P. le ballon,** to pass the ball. **P. sa colère sur qn.,** to vent one's wrath on s.o. *Cin:* To show (film). *F:* **On va p. des films ce soir,** we're going to show some films this evening. **Salle qui passe "Catherine de Russie,"** cinema now showing 'Catherine of Russia.' **P. un disque, une bande,** to put a record, a tape, on. (*c*) **P. une éponge sur le tableau,** to pass a sponge over the blackboard. **Se p. la main dans les cheveux,** to run one's fingers through one's hair. **P. sa tête par la fenêtre,** to put one's head in (or out) at the window. **P. une chemise,** to slip on a shirt. (*d*) **P. un couteau à la meule,** to grind, sharpen, a knife. **P. un dessin à l'encre,** to ink in a drawing. **P. un déserteur par les armes,** to shoot a deserter. **3.** To pass, spend (time, one's life). **P. son temps à faire qch.,** to spend one's time (in) doing sth. **Leur lune de miel se passa à Naples,** their honeymoon was spent in Naples. *F:* **Se la p. douce,** to have an easy time, to take it easy. **4.** To pass, go beyond, exceed, surpass. **Cela passe ma capacité,** that is beyond my powers. **Cela passe la mesure, les bornes,** that is going too far. *F:* **Cela me passe,** it passes my comprehension. **Le vieux ne passera pas l'hiver,** the old man won't live through the winter. **5.** To pass over. (*a*) To excuse, pardon (fault, etc.). **Je vous passe cela,** I grant you that. **P. une fantaisie à qn,** to indulge, humour, s.o.'s fancy. (*b*) To omit, leave out. **P. qch. sous silence,** to pass over sth. in silence. **J'en passe et des meilleurs,** and there are heaps more I could mention. (*c*) *Cards: etc:* **P. son tour,** *Abs.* **p.,** to pass. **6.** (*a*) *Jur:* **P. un accord,** to conclude an agreement. **P. un contrat,** to enter into, sign, a contract. *Book-k:* **P. écriture d'un article,** to post an entry. (*b*) **P. une loi,** to pass a law. (*c*) **P. un examen,** (i) to sit for, (ii) to pass, get through, an examination. **Faire p. un examen,** to examine. **7.** To strain (liquid); to percolate (coffee).

se passer. 1. To happen; to take place. **Que se passe-t-il? qu'est-ce qui se passe?** what is going on? *F:* what's up? **Est-ce que la cérémonie s'est bien passée?** did the ceremony go off all right? **2.** (*a*) To pass away, to cease; (of time) to elapse, go by. **Il faut que jeunesse se passe,** youth will have its fling. **Cela ne se passera pas ainsi,** I shall not let it rest at that. (*b*) To fade, decay, wither. **3. Se p. de qch.,** to do without, to dispense with, sth. **Je ne peux pas m'en p.,** I can't do without it.

passereaux [pɑsro], *s.m. pl. Orn:* Passeriformes.

passerelle [pɑsrɛl], *s.f.* **1.** Foot-bridge. **2.** *Av:* Steps. *Nau:* **La p. de commandement,** the bridge. **P. de service,** gangway. *Nav:* **P. de navigation,** compass-platform. **3. P. de visite,** cat-walk.

passe-rose [pɑsroːz], *s.f. Bot:* Hollyhock, rose-mallow. *pl. Des passe-rose(s).*

passe-temps [pɑstɑ̃], *s.m.inv.* Pastime, diversion.

passe-thé [pɑste], *s.m.inv.* Tea-strainer.

passeur, -euse [pɑsœːr, -øːz], *s.* Ferryman, ferry-woman.

passible [pasibl], *a.* Liable (**de,** to, for). **P. d'une amende,** liable to a fine.

pass|if, -ive [pasif, -iːv]. **1.** *a.* (*a*) Passive (obedience, etc.). S.a. DÉFENSE. *Gram:* **Voix passive,** passive voice. (*b*) *Com:* **Dettes passives,** debts due by us; liabilities. **2.** *s.m.* (*a*) *Gram:* Passive (voice). (*b*) *Com:* Liabilities. *adv.* **-ivement.**

passiflore [passiflɔːr], *s.f.* Passion-flower.

passim [passim]. *Lt. adv.* Passim.

passion [pɑsjɔ̃], *s.f.* **1. La P.,** the Passion (of Christ). **Semaine de la P.,** Passion Week. *Bot:* **Fleur de la P.,** passion-flower. **2. P. pour la musique,** passion for music. **Aimer qn à la p.,** to be passionately in love with s.o. **La p. de la vérité,** a passion for truth. **Avoir la p. de faire qch.,** to be passionately fond of doing sth. **Parler avec p., sans p.,** to speak passionately, dispassionately.

passionnant [pɑsjɔnɑ̃], *a.* Entrancing, thrilling.

passionné [pɑsjɔne], *a.* Passionate, impassioned, ardent. **P. de, pour, qn,** passionately fond of, doting on, s.o. **P. contre qch.,** deeply prejudiced against sth. *s.* Enthusiast, *F:* fan. **Un p. de musique,** a music enthusiast. *adv.* **-ment.**

passionnel, -elle [pɑsjɔnɛl], *a.* Pertaining to the passions. **Crime p.,** love tragedy; crime due to jealousy.

passionner [pɑsjɔne], *v.tr.* To impassion; to excite (s.o.) with passion; to interest greatly, to intrigue. **Le sport le passionne,** he is passionately fond of sport. **Livre qui passionne,** book that grips you.

se passionner de, pour, qch., to become passionately fond of sth., enthusiastic about sth. **Vous vous passionnez trop,** you get too worked up.

passivité [pasivite], *s.f.* Passivity.

passoire [pɑswaːr], *s.f. Cu:* Strainer. **P. à légumes,** colander. **P. à sucre,** sugar sifter.

pastel [pastɛl], *s.m.* Pastel. **1.** *Bot:* Woad. **2.** *Art:* (*a*) Crayon. (*b*) Pastel drawing. (*c*) **Bleu p.,** pastel blue.

pastèque [pastɛk], *s.f.* Water-melon.

pasteur [pastœːr], *s.m.* **1.** Shepherd. *B:* **Le Bon P.,** the Good Shepherd. *a.* **Peuple p.,** pastoral people. **2.** Pastor; (protestant) minister.

pasteurisation [pastœrizasjɔ̃], *s.f.* Pasteurization.

pasteuriser [pastœrize], *v.tr.* To pasteurize, to sterilize (milk, etc.).

pastiche [pastiʃ], *s.m.* **1.** *Art: Mus:* Pasticcio. **2.** *Lit:* (*a*) Pastiche, imitation. (*b*) Parody.

pasticher [pastiʃe], *v.tr. Art: etc:* (*a*) To imitate, copy (the style of s.o.). (*b*) To parody.

pastille [pastiːj], *s.f.* **1.** Lozenge, pastille. **Pastilles de chocolat,** chocolate drops. **2.** Rubber patch (for inner tube of tyre). **3. P. microphonique,** capsule (of transmitter).

pastis [pastis], *s.m.* (*a*) Aniseed aperitif. (*b*) *F:* **Quel p.!** What a muddle!

pastoral, -aux [pastɔral, -o]. **1.** *a.* Pastoral. **Anneau**

p., episcopal ring. 2. *s.f.* Pastorale. (*a*) Pastoral (play, poem). (*b*) (Bishop's) pastoral (letter). *adv.* -ement.
pastorat [pastɔra], *s.m.* Pastorate.
pastoureau, -elle [pasturo, -ɛl]. 1. *s. Poet:* Shepherd-lad, -lass. 2. *s.f.* Pastourelle, pastoral (poem).
pat [pat], *s.m.inv. Chess:* Stalemate. *a.inv.* **Faire p. son adversaire,** to stalemate one's opponent.
patache [pataʃ], *s.f. F:* Ramshackle conveyance, rattletrap.
patachon [pataʃɔ̃], *s.m. P:* **Mener une vie de p.,** to lead a rollicking life, a wild life.
patapouf [patapuf]. 1. *int.* Flop! **Faire p.,** to fall flop. 2. *s.m. F:* **Gros p.,** fat lump of a man.
pataquès [patakɛːs], *s.m. F:* Faulty liaison (betraying illiteracy); bloomer.
patate [patat], *s.f.* 1. Batata; sweet potato. 2. *P:* Potato; *P:* spud.
patati [patati]. *F:* **Et p. et patata,** and so forth and so on.
patatras [patatrɑ], *int. F:* Crash!
pataud, -aude [pato, -oːd]. 1. *s.* Large-pawed puppy. 2. *a. & s. O:* Clumsy, loutish, lumpish (person).
pataug|er [patoʒe], *v.i.* (**je pataugeai(s)**; **n. pataugeons**) (*a*) To splash and flounder in the mud. (*b*) *F:* To flounder, become entangled (in a speech, etc.). (*c*) To paddle, to wade (in sea, etc.). *s.m.* -eage. *s.* -eur, -euse.
patchouli [patʃuli], *s.m. Bot: Toil:* Patchouli.
pâte [pɑːt], *s.f.* 1. Paste. (*a*) *Cu:* **P. à pain,** dough. **P. lisse, à frire,** batter. **P. brisée,** short pastry. **Pâtes (alimentaires),** noodles, spaghetti, etc. **P. de coing(s),** quince cheese. *F:* **Être de la p. dont on fait les héros,** to be of the stuff that heroes are made of. **Mettre la main à la pâte,** to lend a hand. **C'est une bonne p. (d'homme),** he's a good sort. (*b*) *Toil:* **P. dentifrice,** tooth-paste. *Paperm:* **P. de bois,** wood-pulp. **P. de carton,** papier mâché. *Art:* **Peindre en pleine p.,** to paint with a full brush. 2. *Typ:* (Printer's) pie. 3. Cramming. **Vivre comme un coq en p.,** to live like a fighting cock.
pâté [pɑte], *s.m.* 1. *Cu:* Pâté. (*a*) **P. en terrine,** pâté, potted meat. **P. de foie,** liver pâté. **P. maison,** pâté-maison, special pâté (of restaurant or household). (*b*) **P. en croûte,** (meat or fish) pie. **Petit p.,** patty, pasty. **Croûte de p.,** pie crust. *F:* **Quel gros p. que ce petit!** what a fat little boy! 2. Block (of houses); clump (of trees). 3. Blot, blob (of ink).
pâtée [pɑte], *s.f.* Mash (for poultry); scraps (for dogs, cats, etc.).
patelin[1], -ine [patlɛ̃, -in]. (*a*) *a.* Smooth-tongued, smooth-spoken, mealy-mouthed; glib. (From the 15th cent. farce **Maîstre Pierre Pathelin.**) **Voix pateline,** wheedling voice. **Excuses patelines,** humbugging excuses. (*b*) *s.* Smooth-tongue, wheedler.
patelin[2], *s.m. F:* Village. **Quel sale p.!** what a dump!
patelinage [patlinaːʒ], *s.m.* Smooth words; blarney; humbug.
patelle [patɛl], *s.f.* 1. *Rom.Ant:* Patella. 2. *Moll:* Limpet, barnacle. 3. = ROTULE.
patène [patɛn], *s.f. Ecc:* Paten.
patenôtre [patnoːtr], *s.f.* 1. (*a*) *A:* Paternoster, Lord's prayer. (*b*) *F:* Prayer. (*c*) *pl. F:* Beads, rosary. **Dire ses patenôtres,** (i) to tell one's beads; (ii) to say one's prayers. 2. Paternoster pump.
patent [patɑ̃], *a.* (*a*) Patent; open to all. **Lettres patentes,** (letters) patent. (*b*) Obvious, evident.
patentable [patɑ̃tabl], *a.* (Trade, etc.) subject to a licence, requiring a licence.
patente [patɑ̃ːt], *s.f.* 1. (*a*) Licence (to exercise a trade or profession). **Se faire inscrire à la p.,** to take out a licence. (*b*) Tax. **Payer p.,** to be duly licensed. 2. *Nau:* **P. de santé,** bill of health. 3. *Ind:* Patent.
patenté, -ée [patɑ̃te], *s.* Licensee; licensed dealer.
patenter [patɑ̃te], *v.tr.* To license.
pater [pɑtɛːr], *s.m.inv.* The Lord's prayer. **Dire cinq p.,** to say five paternosters.
patère [patɛːr], *s.f.* (*a*) Hat-peg, coat-peg. (*b*) Curtain-hook (for looping up the curtain).
paternalisme [patɛrnalism], *s.m.* Paternalism.
paterne [patɛrn], *a.* Benevolent, kind, soft-spoken; smooth (tone).
patern|el, -elle [patɛrnɛl], *a.* Paternal. (*a*) **Du côté p.,** on the father's side. *s.m. P:* **Le p.,** the old man (i.e. father). (*b*) Fatherly, kindly (tone, advice). *adv.* -ellement.
paternité [patɛrnite], *s.f.* Paternity, fatherhood. **Revendiquer la p. d'un livre,** to claim the authorship of a book. *Jur:* **Recherche de p.,** action for affiliation.
pâteux, -euse [pɑtø, -øːz], *a.* (*a*) Pasty, clammy; doughy (bread). **Langue pâteuse,** coated tongue. (*b*) Thick, dull (voice); muddy (ink). (*c*) (Of gem) Cloudy, milky.
pathétique [patetik]. 1. *a.* Pathetic, moving, touching. 2. *s.m.* Pathos. *adv.* -ment, -ally.
pathologie [patɔlɔʒi], *s.f.* Pathology.
pathologique [patɔlɔʒik], *a.* Pathological.
pathologiste [patɔlɔʒist], *s.m.* Pathologist.
pathos [patɔs], *s.m.* Affected pathos; bathos.
patibulaire [patibyleːr], *a.* Relating to the gallows. **Fourches patibulaires,** gibbet. **Avoir une mine p.,** to wear a hang-dog look.
patience[1] [pasjɑ̃ːs], *s.f.* 1. Patience, long-suffering. **Avoir de la p., prendre p.,** to have patience, to be patient. **Prendre qch. en p.,** to bear sth. patiently; *F:* to put up with sth. **Attendre avec p.,** to wait patiently. **Ma p. est à bout, je suis à bout de p.,** my patience is exhausted. **Faire perdre p. à qn,** to exhaust s.o.'s patience. **Jeu de p.,** puzzle; esp. jig-saw puzzle. 2. *Mil:* Button-stick.
patience[2], *s.f. Bot:* Patience-dock, spinach-dock.
pati|ent, -ente [pasjɑ̃, -ɑ̃ːt]. 1. *a.* Patient. (*a*) Enduring, long-suffering. (*b*) Forbearing. 2. *s.* (*a*) Condemned man (about to be executed). (*b*) Patient (in surgical case). *adv.* -emment.
patienter [pasjɑ̃te], *v.i.* To exercise patience; to wait patiently.
patin [patɛ̃], *s.m.* 1. *A:* Patten (foot-gear). 2. (*a*) Skate. **Patins à roulettes,** roller skates. (*b*) Runner (of sledge). 3. (*a*) (Drag-)shoe, skid(-pan) (of wheel). (*b*) Brake-block.
patinage [patinaːʒ], *s.m.* 1. Skating. **P. à la voile,** skate-sailing. 2. Skidding, slipping (of wheel).
patine [patin], *s.f.* Patina (on ancient bronzes).
patiné [patine], *a.* (*a*) Patinated (bronze). (*b*) *Furn:* **Chêne p.,** weathered oak.
patiner[1] [patine], *v.i.* 1. To skate. 2. (Of wheel) To skid; (of belt) to slip.
patiner[2], *v.tr.* To give a patina to (bronze).
patinette [patinɛt], *s.f.* Scooter.
patineur, -euse [patinœːr, -øːz], *s.* Skater.
patinoire [patinwaːr], *s.f.* Skating-rink.
patio [patjo], *s.m.* Patio.
pâtir [pɑtiːr], *v.i.* To suffer (for others); to suffer in health.
pâtis [pɑti], *s.m.* Grazing-ground, pasture.
pâtisserie [pɑtisri], *s.f.* 1. (*a*) Pastry, (fancy) cake. (*b*) *pl.* Cakes, pastries. 2. Pastry-making. 3. Cake-shop; tea-rooms.
pâtissier, -ière [pɑtisje, -jɛːr], *s.* 1. Pastry-cook. 2. Tea-room or cake-shop proprietor.
patoche [patɔʃ], *s.f.* 1. *P:* Hand, paw. 2. *Sch:* Stroke, cut, on hand with cane.
patois [patwa], *s.m.* (*a*) Patois; provincial dialect. (*b*) *F:* Jargon, lingo.
patoiser [patwaze], *v.i.* To speak in patois.
patouiller [patuje]. 1. *v.i.* To splash, flounder (in the mud). 2. *v.tr. P:* To paw (s.o., sth.).
patraque [patrak]. 1. *s.f.* (*a*) *A:* Worn-out machine. (*b*) *F: O:* Chronic invalid; old crock. 2. *a. F:* Out of sorts; seedy.
pâtre [pɑːtr], *s.m.* Herdsman; occ. shepherd.
patriarcal, -aux [patriarkal, -o], *a.* Patriarchal. *adv.* -ement.
patriarche [patriarʃ], *s.m.* Patriarch.
patricien, -ienne [patrisjɛ̃, -jɛn]. 1. *a. & s. Rom.Hist:* Patrician. 2. Aristocratic.
patrie [patri], *s.f.* One's native land or country; fatherland; one's birthplace. **Mère p.,** mother country.
patrimoine [patrimwan], *s.m.* Patrimony, heritage.
patrimonial, -aux [patrimɔnjal, -o], *a.* Patrimonial.
patriote [patriɔt]. 1. *a.* Patriotic (person). 2. *s.* Patriot.
patriotique [patriɔtik], *a.* Patriotic (song, speech). *adv.* -ment, -ally.
patriotisme [patriɔtism], *s.m.* Patriotism.

patron, -onne [patrɔ̃, -ɔn], *s.* **1.** (*a*) Patron, patroness; protector, protectress. (*b*) Patron saint. **2.** (*a*) Master, mistress (of house); employer (of labour); chief, head, owner (of firm); proprietor, *f.* proprietress, landlord, *f.* landlady (of hotel, etc.). (*b*) *Nau:* Skipper, master (of small vessel); coxswain (of boat crew). **3.** *s.m.* (*a*) Pattern (for dress); model. (*b*) Template, templet. **P. ajouré**, stencil(-plate).

patronage [patrɔna:ʒ], *s.m.* **1.** (*a*) Patronage, support. (*b*) *Ecc:* Advowson. **2.** (*a*) (Church) club (for young people); guild. (*b*) Headquarters of church guild.

patronal, -aux [patrɔnal, -o], *a.* **1.** Pertaining to the patron saint. **Fête patronale**, patronal festival. **2.** Pertaining to employers. **Syndicat p.**, employers' association.

patronat [patrɔna], *s.m.* **1.** *Rom.Ant: etc:* Patronate, protection. **2.** Body of employers.

patronner[1] [patrɔne], *v.tr.* (*a*) To cut out (garment, etc.) from a pattern. (*b*) To stencil.

patronner[2], *v.tr.* To patronize, support (hospital, charity ball, etc.); to sponsor (s.o.).

patronnesse [patrɔnɛs], *a. & s.f.* **(Dame) p.**, patroness.

patronymique [patrɔnimik], *a. & s.* Patronymic. **Nom p.**, surname.

patrouille [patru:j], *s.f.* Patrol. **Chef de p.**, patrol leader. **Aller en p., faire la p.**, to go on patrol; to patrol.

patrouiller [patruje], *v.i.* To patrol.

patrouilleur [patrujœ:r], *s.m.* Member of a patrol. *Navy:* Patrol-boat, patrol-ship.

patte [pat], *s.f.* **1.** Paw (of lion, cat, dog); foot (of bird); leg (of insect); *F:* hand, foot (of man). *F:* **Pattes de mouche**, cramped handwriting; scrawl. **Pattes d'araignée**, (i) long thin fingers; (ii) scrawling writing; (iii) *Mec.E:* oil-grooves, grease-channels (of bearing). **Marcher, aller, à quatre pattes**, to go on all fours, on one's hands and knees. **Animaux à quatre pattes**, four-footed animals. **Faire p. de velours**, (of cat) to draw in its claws. **Coup de p.**, scratch, claw, pat. **Tenir qn sous sa p.**, to have s.o. at one's mercy. **Tomber sous la p. de qn**, to fall into s.o.'s clutches. **(A) bas les pattes!** (i) (to dog) down! (ii) *F:* hands off! (Of dog, etc.) **A toutes pattes**, at full speed. S.a. BLANC I. 3, GRAISSER 1. **2.** Flap (of pocket, of envelope). **3.** Holdfast, clamp, clip, fastening. *Cy:* **P. de tension**, chain-adjuster. **4.** Fluke, palm (of anchor); claw (of grapnel). **5.** Tab, strap (on garment). **Pattes d'épaule**, shoulder-straps.

patte-d'araignée [patdareɲe], *s.f. Bot:* Love-in-the-mist. *pl. Des pattes-d'araignée.*

patte-de-lièvre [patdəljɛ:vr], *s.f. Bot:* Hare's-foot trefoil. *pl. Des pattes-de-lièvre.*

patte-d'oie [patdwa], *s.f.* **1.** Cross-roads. **2.** Crow's-foot (wrinkle). **3.** *Bot:* Chenopodium, goose-foot. *pl. Des pattes-d'oie.*

pattemouille [patmuj], *s.f. Dom.Ec:* Damping, pressing, cloth.

pattu [paty], *a. F:* **1.** Large-pawed (dog). **2.** Feather-legged (hen, pigeon).

pâturage [pɑtyra:ʒ], *s.m.* **1.** Grazing. **2.** (*a*) Pasture, grazing-ground; sheep-walk, -run. (*b*) *pl.* Pasture-land.

pâture [pɑty:r], *s.f.* **1.** Food, feed, fodder (of animals). **P. intellectuelle**, food for the mind. **2.** Pasture. **Vaine p.**, right of common. **Mettre les chevaux en p.**, to turn the horses out to grass.

pâturer [pɑtyre]. **1.** *v.i.* To graze, to feed. **2.** *v.tr.* (Of cattle) To graze (on) (meadow).

pâturin [pɑtyrɛ̃], *s.m. Bot:* Meadow-grass.

paturon [patyrɔ̃], *s.m.* Pastern (of horse).

paume [po:m], *s.f.* **1.** (*a*) Palm (of hand). (*b*) Hand (as a measure of horses). **2. (Jeu de) paume.** (i) Tennis. (*N.B:* Not lawn-tennis). (ii) Tennis-court. *Fr.Hist:* **Le Serment du Jeu de P.**, the Oath of the Tennis-Court (1789).

paumelle [pomɛl], *s.f.* **1.** (Sail-maker's) palm. **2.** (*a*) Plate (of door-hinge). (*b*) Door-hinge.

paumer [pome], *v.tr. P:* **1.** To smack, slap (s.o.'s face). **2.** To nab, cop (thief). **3.** To lose.

paumure [pomy:r], *s.f.* Palm (of deer's antlers).

paupérisme [poperism], *s.m.* Pauperism.

paupière [popjɛ:r], *s.f.* Eyelid. **Fermer la p. à qn**, to close s.o.'s eyes (after death).

paupiette [popjɛt], *s.f. Cu:* (Meat-)olive.

pause [po:z], *s.f.* **1.** Pause. *Fb:* Half time. *Ind:* Meal interval. **La p. du café, la p.-café**, the coffee-break. **Faire une p.**, to pause; to stop. **2.** *Mus:* (i) Rest, pause. (ii) Semibreve rest. (iii) Bar rest.

pauser [poze], *v.i.* To pause, stop. *Mus:* (*a*) To pause. (*b*) To dwell (on a note).

pauvre [po:vr]. **1.** *a.* Poor. (*a*) Needy, in want, poverty-stricken, penurious; scant(y) (vegetation). **P. en esprit**, poor in spirit. **P. d'esprit**, dull-witted. **P. comme un rat d'église**, poor as a church mouse. **Minerai p. en métal**, ore with a low metal content. *Aut:* **Mélange p.**, weak mixture. (*b*) Unfortunate. **Le p. homme!** poor fellow! **P. de moi!** poor me! (*c*) Wretched, mean; sorry (horse); shabby (furniture). **P. excuse**, lame, paltry, excuse. **2.** *s.* (*a*) Poor man, poor woman. *Adm:* Pauper. **Ayez pitié des pauvres**, pity the poor. (*b*) Beggar. *adv.* **-ment.**

pauvresse [povrɛs], *s.f.* (*a*) Poor woman. (*b*) Beggar-woman.

pauvret, -ette [povrɛ, -ɛt], *s. F:* **Le p., la pauvrette**, the poor little thing.

pauvreté [povrəte], *s.f.* **1.** (*a*) Poverty, indigence, destitution, want; lack. (*b*) Poorness (of language); banality; baldness (of style). **P. d'idées**, dearth or poorness of ideas. **2. N'écrire que des pauvretés**, to write nothing but commonplaces.

pavage [pava:ʒ], *s.m.* **1.** (Action of) paving. **2.** Pavement.

pavane [pavan], *s.f. Danc: Mus:* Pavane.

pavaner (se) [səpavane], *v.pr.* To strut (about).

pavé [pave], *s.m.* **1.** (*a*) Paving-stone, paving-block. (*b*) Slab (of gingerbread). **2.** (*a*) Pavement. (*b*) Paved road, highway. (*c*) *A:* Paved sides of (unpaved) thoroughfare; footway. **Prendre le haut du p.**, (i) to walk on the wall side of the pavement; (ii) *F:* to lord it. **Céder le haut du p. à qn**, to give way to s.o. (*d*) *F:* **Battre le p.**, (i) to loaf about the streets, about town; (ii) to tramp the streets in search of work. **Être sur le p.**, (i) to be homeless, on the streets; (ii) to be out of work.

pavement [pavmɑ̃], *s.m.* (Ornate) pavement.

paver [pave], *v.tr.* To pave. **Rue pavée en bois**, wood-paved street.

paveur [pavœ:r], *s.m.* Paver, paviour.

Pavie [pavi]. **1.** *Pr.n.f. Geog:* Pavia. **2.** *s.f.* Cling-stone (peach).

pavillon [pavijɔ̃], *s.m.* **1.** Pavilion. (*a*) *A:* Tent. (*b*) Detached building. **P. de banlieue**, suburban house. **P. d'entrée (d'une propriété)**, gate-lodge. **P. de jardin**, summer-house. **P. de chasse**, shooting-lodge; (hunting-)box. **P. de golf**, golf-pavilion, club-house. **2.** (*a*) Horn (of amplifier, etc.); bell (of trumpet); mouth (of funnel); ear-piece or mouth-piece (of telephone). (*b*) **P. de l'oreille**, auricle, external ear. **3.** *Nau:* Flag, colours. **P. de partance**, Blue Peter. **P. noir, de pirate**, jolly Roger; black flag. **P. de poupe**, ensign. **P. de détresse**, flag of distress. **Hisser, arborer, son p.**, to hoist one's colours. **Montrer son p.**, to show, display, one's colours. **Amener, baisser, son p.**, to strike one's colours. **Clouer son p.**, to nail one's colours to the mast. S.a. BATTRE 1.

pavois [pavwa], *s.m.* **1.** *Mil: A:* (Body-)shield; pavis(e). **2.** *Nau:* (*a*) Bulwark. (*b*) *Coll.* Flags (for dressing ship). **Mettre, hisser, le grand p.**, to dress ship over all.

pavois|er [pavwaze], *v.tr.* (*a*) *Nau:* To dress (ship). *Abs.* To dress ship. (*b*) To deck (house, etc.) with flags; to put out bunting. *s.m.* **-ement.**

pavot [pavo], *s.m. Bot:* Poppy. **Tête de p.**, poppy-head. **Graine(s) de p.**, poppy-seed. **P. somnifère**, opium poppy.

payable [pɛjabl], *a.* Payable. **P. à vue, à (l')ordre**, payable at sight, to order.

payant, -ante [pɛjɑ̃, -ɑ̃:t]. **1.** *a.* (*a*) Paying (pupil, etc.). (*b*) Charged for. **"Toutes les places sont payantes,"** 'no free seats.' **"Entrée payante,"** 'no free admission.' **Pont p.**, toll-bridge. **2.** *s.* Payer.

paye [pɛ:j], *s.f.* = PAIE.

payement [pɛ(j)mɑ̃], *s.m.* = PAIEMENT.

payer [pɛje], *v.tr.* **(je paye, je paie; je payerai, je paierai)** (*a*) **P. qn**, to pay s.o. **P. qn de ses services**, to (re)pay s.o. for his services. **Trop payé, trop peu payé,**

overpaid, underpaid. *F:* **P. qn de la même monnaie,** to pay s.o. back in his own coin. **P. qn de paroles, de mots,** to put s.o. off with fine words. **P. de sa personne,** (i) to risk one's own skin; (i) to take a personal share in the work. **P. d'audace,** to take the risk. **P. d'effronterie,** to brazen it out; to put a bold face on it. (*b*) To pay, discharge, settle (debt). **P. la note,** to foot the bill. **P. rubis sur l'ongle,** to pay on the nail. **P. un effet,** to honour a bill. **Congés payés,** holidays with pay. *Tg:* **"Réponse payée,"** 'answer prepaid.' S.a. DETTE. (*c*) To pay for (sth.). **P. qch. à qn,** to pay s.o. for sth. **Je le lui ai payé cent francs,** I paid him a hundred francs for it. **P. un dîner à qn,** to stand s.o. a dinner. **Je me suis payé une glace,** I treated myself to an ice. **Se p. la figure, la tête, de qn,** to make fun of s.o.; to take a rise out of s.o. *P:* **S'en p.,** to have a good time. **Port payé,** carriage-paid, post-paid. **Il a payé sa témérité de sa vie,** he paid for his rashness with his life. **Cela ne se paie pas,** money cannot buy it. **Faire p. ses méfaits à qn,** to bring s.o. to account. **Vous me le paierez!** I'll have my own back for this! **Je suis payé pour le savoir,** I have learnt it to my cost. **Je l'ai payé cher,** I paid dearly for it (*i.e.* for my rashness, etc.).

payeur, -euse [pɛjœːr, -øːz], *s.* **1.** Payer. **2.** Disbursing official; pay-clerk. *Mil: Navy:* Paymaster. *Bank:* Teller.

pays[1] [pe(j)i], *s.m.* Country. (*a*) Land. **Visiter des p. étrangers,** to visit foreign lands. **Les p. chauds,** the tropics. **Battre du p.,** to roam about. **Il a vu du p.,** he has travelled (about) a great deal. (*b*) Region, district, locality. **Vous n'êtes donc pas de ce p.?** so you don't belong to these parts? **P. perdu,** out-of-the-way place. *F:* **Être en p. de connaissance,** to be among friends. **Denrées du p.,** home(-grown) produce. **Vin du p.,** local wine. (*c*) **P. de montagne(s),** hill country. *pl.* **P. bas,** lowlands. S.a. PAYS-BAS. (*d*) Native land; home. **Avoir le mal du p.,** to be homesick. *F:* **Il est bien de son p.!** well, he is green!

pays[2], **payse** [pe(j)i, pe(j)iːz], *s.* *F:* Fellow-country-man, -woman. **Nous sommes p.,** we are from the same parts, from the same village.

paysage [peizaːʒ], *s.m.* **1.** Landscape; scenery. **2.** *Art:* Landscape(-painting). *F:* **Cela fait bien dans le p.,** it looks well in the picture.

paysagiste [peizaʒist]. (*a*) *s.m.* Landscape-painter. (*b*) *a.* **Jardinier p.,** landscape-gardener.

paysan, -anne [peizɑ̃, -an], *s. & a.* Peasant, rustic. country(-man, -woman). **Les paysans,** the peasantry, country people. **Faire qch. à la paysanne,** to do sth. country-fashion.

paysannerie [peizanri], *s.f.* **1.** *Coll.* Country people; peasantry. **2.** *A:* Story of peasant life.

Pays-Bas (les) [lepeibɑ]. *Pr.n.m.* The Netherlands.

payse. See PAYS[2].

péage [peaːʒ], *s.m.* **1.** Toll. **Barrière de p.,** turnpike, *A:* toll-bar. **Pont à p.,** toll-bridge. **2.** Toll-house.

péager, -ère [peaʒe, -ɛːr], *s.* Toll-collector.

péan [peɑ̃], *s.m.* Paean; song of triumph.

peau [po], *s.f.* **1.** Skin. **Il n'a que la p. et les os,** he's nothing but skin and bones. **A même la p.,** next to the skin. **Beauté à fleur de p.,** skin-deep beauty. **Prendre qn par la p. du cou,** to take s.o. by the scruff of the neck. **Faire p. neuve,** (i) (of snake) to cast its slough, its skin; (ii) *F:* to turn over a new leaf. **Ne pas tenir dans sa p.,** to be bursting with pride, with joy. **Il mourra dans la p. d'un imbécile,** he'll be a fool as long as he lives. **Je ne voudrais pas être dans sa p.,** I should not like to be in his shoes. **Risquer sa p.,** to risk one's life. **Sauver sa p.,** to save one's bacon. **Craindre pour sa p.,** to fear for one's skin. *P:* **Avoir la p. courte,** to be lazy. **Avoir qn dans la p.,** to be infatuated with s.o. **Travailler pour la p.,** to work for love, for nothing; to have all one's trouble for nothing. **La p.!** nothing doing! **Vieille p.,** old hag. **2.** (*a*) Pelt, fell, fur (of animal); hide (of bullock). **P. de lapin,** rabbit skin. (*b*) (Leather) **P. de cheval,** horse-hide. **P. de mouton,** sheepskin. **P. de chevreau,** kid. **P. de daim,** buckskin. **P. de veau,** box-calf. **P. de requin,** shagreen. **P. de taupe,** moleskin (fur). (*c*) **P. de tambour,** (i) drum parchment; (ii) drum-head. (*d*) **P. d'ange,** angel skin. **3.** Peel, skin (of fruit). **4.** Coating; film, skin (of boiled milk).

Peau-Rouge [poruːʒ], *s.m.* Red Indian, redskin. *pl. Des Peaux-Rouges.*

peausserie [posri], *s.f.* **1.** Skin dressing. **2.** Skins.

peaussier [posje], *s.m.* (*a*) Skin-dresser. (*b*) Fellmonger.

pécari [pɛkari], *s.m.* *Z:* Peccary; Mexican hog.

peccable [pɛkkabl], *a.* Peccable; liable to sin.

peccadille [pɛkadiːj], *s.f.* Peccadillo.

pechblende [pɛʃblɑ̃ːd, -ɛ̃ːd], *s.f.* *Miner:* Pitchblende.

pêche[1] [pɛːʃ], *s.f.* Peach.

pêche[2], *s.f.* **1.** Fishing. **P. des truites,** trout-fishing. **P. à la sardine,** sardine-fishing. **P. à la ligne,** angling. **P. à la mouche,** fly-fishing. **La p. des perles,** pearl-fishing. **Aller à la p.,** to go fishing. **2.** Catch. *B:* **La p. miraculeuse,** the miraculous draught of fishes. **3.** Fishery. **Grande p.,** high-sea fishery. **P. à la drague,** trawling. **P. à la baleine,** whaling.

péché [peʃe], *s.m.* Sin; trespass, transgression. **Les péchés capitaux,** the deadly sins. *F:* **Laid comme les sept péchés,** as ugly as sin. *F:* **Pour mes péchés, je fus nommé à . . .,** for my sins, I was appointed to. . . . **Son p. mignon, d'habitude,** his besetting sin. **Péchés de jeunesse,** indiscretions of youth.

pécher [peʃe], *v.i.* (**je pèche; je pécherai**) To sin. **P. contre la politesse,** to offend against the laws of courtesy. **Il pèche par trop de timidité,** his fault is his excessive shyness. **P. par excès, par défaut,** to exceed, fall short of, what is required.

pêcher[1] [pɛʃe], *s.m.* Peach-tree.

pêcher[2], *v.tr.* **1.** (*a*) To fish for (trout, etc.). **P. à la ligne,** to angle (with rod and line). **P. un câble,** to sweep for a cable. **P. des perles,** to dive for pearls. **P. la baleine,** to hunt whales. **P. des compliments,** to fish for compliments. **P. en eau trouble,** to fish in troubled waters. (*b*) **P. au plat,** to dig one's fork or spoon into the dish. **2. P. une truite,** to catch a trout. **P. un cadavre,** to fish up a dead body. *F:* **Où avez-vous pêché cela?** where did you get hold of that?

pécheresse. See PÉCHEUR.

pêcherie [pɛʃri], *s.f.* Fishery, fishing-ground.

pécheur, pécheresse [peʃœːr, peʃrɛs]. **1.** *s.* Sinner, offender, transgressor. **2.** *a.* Sinning.

pêcheur, -euse [pɛʃœːr, -øːz], *s.* **1.** Fisher; fisherman, -woman. **P. à la ligne,** angler. **P. de baleines,** whaler. **P. de perles,** pearl-diver. **2.** *s.m.* Fishing-smack, -boat.

pécore [pekɔːr], *s.f.* *A: F:* (Usu. of woman) Stupid creature.

pectiné [pɛktine], *a.* *Nat.Hist:* Pectinate(d); comb-shaped; ctenoid.

pectoral, -aux [pɛktɔral, -o]. **1.** *a.* Pectoral (muscle, etc.). **Pastille de pâte pectorale,** cough-lozenge. **2.** *s.m.* Pectoral, breast-plate.

péculat [pekyla], *s.m.* Peculation, embezzlement.

péculateur [pekylatœːr], *s.m.* Peculator; embezzler.

pécule [pekyl], *s.m.* (*a*) Savings; store of money; nest-egg. (*b*) Earnings (of convict). (*c*) *Mil:* Gratuity (on discharge).

pécuniaire [pekynjɛːr], *a.* Pecuniary. **Intérêt p.,** (i) money interest; (ii) insurable interest. **Peine p.,** fine. *adv.* **-ment.**

pédagogie [pɛdagɔʒi], *s.f.* Pedagogy, pedagogics.

pédagogique [pɛdagɔʒik], *a.* Pedagogic(al). *adv.* **-ment,** -ally.

pédagogue [pɛdagɔg], *s.m. & f.* Pedagogue; esp. *Pej:* pedant.

pédale [pɛdal], *s.f.* **1.** Pedal (of piano, organ, cycle); treadle (of lathe, etc.). **Frein à p.,** footbrake. **P. d'embrayage,** clutch pedal. *Organ:* **P. expressive,** swell pedal. *Piano:* **Petite p.,** soft pedal. **Grande p.,** loud pedal. **2.** *Mus:* Pedal(-note).

pédaler [pɛdale], *v.i.* To pedal. (*a*) To work a treadle. (*b*) To cycle.

pédalier [pɛdalje], *s.m.* **1.** Crank-gear (of cycle, etc.). **2.** Pedal-board (of organ); pedalier.

pédalo [pedalo], *s.m.* Pedal craft, water bicycle.

pédant, -ante [pɛdɑ̃, -ɑ̃ːt]. **1.** *s.* Pedant; *F:* highbrow. **2.** *a.* Pedantic.

pédanterie [pɛdɑ̃tri], *s.f.* Pedantry.

pédantesque [pɛdɑ̃tɛsk], *a.* Pedantic.

pédantisme [pɛdɑ̃tism], *s.m.* = PÉDANTERIE.

pédéraste [pedɛrast], *s.m.* Pederast, homosexual, *P:* pansy, *U.S:* fairy.

pédérastie [pedɛrasti], *s.f.* Pederasty, sodomy, homosexualism.

pédestre [pedɛstr], *a.* Pedestrian.
pédiatre [pedjatr], *s.m. & f. Med:* Pediatrician, pediatrist.
pédiatrie [pedjatri], *s.f. Med:* Pediatry, pediatrics.
pédicelle [pedisɛl], *s.m. Bot:* Pedicel, pedicle.
pédiculaire [pedikylɛːr]. **1.** *a.* Pedicular, lousy. **Maladie p.,** phthiriasis, pediculosis. **2.** *s.f. Bot:* Lousewort.
pédicule [pedikyl], *s.m. Biol:* Pedicle.
pédicure [pedikyːr], *s.m. & f.* Chiropodist.
pédologie [pedɔlɔʒi], *s.f. Geol:* Pedology.
pègre [pɛːgr], *s.f.* Thieves (as a class).
peignage [pɛɲaːʒ], *s.m. Tex:* Combing, carding (of wool, etc.).
peigne [pɛɲ], *s.m.* **1.** Comb. **P. fin,** tooth-comb. **Donner un coup de p. à qn,** to run the comb through s.o.'s hair. S.a. SALE 1. **2.** (*a*) (i) Card (for wool); gill, hackle (for hemp). (ii) **P. de métier à tisser,** reed. (*b*) **P. à fileter,** screw-chasing tool. **3.** *Moll:* Pecten; comb(-shell); scallop. **4.** Comb (of escalator).
peign-e, -ons, etc. See PEINDRE and PEIGNER.
peigné [pɛɲe], *a.* Combed. **Bien p.,** well-groomed (person); trim (garden). **Mal p.,** unkempt, slatternly; tousled (hair). *s.m.* Worsted (yarn). *s.f.* **Une mal peignée,** a slattern.
peignée, [pɛɲe], *s.f.* **1.** Cardful (of wool, flax). **2.** *P:* Thrashing, drubbing, dressing-down.
peigner [pɛɲe], *v.tr.* **1.** (*a*) To comb (out) (the hair, etc.). (*b*) *P:* To thrash, drub, dress (s.o.) down. **2.** (*a*) To card, comb (wool); to hackle (hemp). (*b*) To chase (screw-thread).
se peigner. **1.** To comb, do, one's hair. **2.** *P:* (Esp. of women) To fight; to have a set-to.
peigneur, -euse [pɛɲœːr, -øːz]. *Tex:* **1.** *s.* Wool-comber. **2.** *s.f.* **Peigneuse.** (*a*) Wool-combing machine. (*b*) Hackling-machine.
peignoir [pɛɲwaːr], *s.m.* (Lady's) dressing-gown; housecoat. **P. de bain,** bath-robe; bathing wrap.
peignures [pɛɲyːr], *s.f.pl.* Combings.
peindre [pɛ̃ːdr], *v.tr.* **peignant; p.p. peint; pr.ind. je peins, il peint, n. peignons; p.h. je peignis; fu. je peindrai)** To paint. **1.** To cover, coat, (sth.) with paint. **P. qch. en vert,** to paint sth. green. **P. une carte,** to colour a map. **Papiers peints,** wall-papers. **Vitraux peints,** stained-glass windows. **2.** (*a*) To portray, depict, represent (in colours). **P. un coucher de soleil,** to paint a sunset. **P. à l'huile, à l'aquarelle,** to paint in oils, in water colour. *F:* **Elle est à p.,** she is a perfect picture. **Se faire p.,** to have one's portrait painted. (*b*) To depict, describe. *F:* **P. tout en beau,** to paint everything in rosy colours. **Sa douleur ne saurait se p.,** his grief is indescribable. **Cette action le peint bien,** that action is typical of him.
peine [pɛn], *s.f.* **1.** Punishment, penalty. **P. capitale,** capital punishment. **La p. de mort,** the death penalty. **Sous p. de mort,** on pain of death. **Ames en p.,** souls in Purgatory. **Errer comme une âme en p.,** to wander about like a lost soul. **2.** (*a*) Sorrow, affliction. **Faire de la p. à qn,** to grieve, vex, distress, s.o. **Nous apprenons avec p. que . . .,** we are sorry, grieved, to hear that. . . . **Cela fait p. à voir,** it is painful to behold. **Être en p. de qn,** to be uneasy, anxious, about s.o. (*b*) **Être dans la p.,** to be in want, in trouble, in distress. **3.** Pains, trouble. **Prendre, se donner, de la p. pour faire qch.,** to take trouble, take pains, to do sth. **Ne pas ménager sa p.,** to spare no trouble. **Donnez-vous la p. de vous asseoir,** please sit down. **C'est p. perdue,** it's a waste of time. **En être pour sa p.,** to have trouble for nothing. **Cela vaut la p. d'essayer,** it is worth trying. **Cela n'en vaut pas la p.,** it is not worth the trouble, not worth while. *Iron:* **C'était bien la p. de venir!** we might as well have stayed at home! **Homme de p.,** casual labourer, odd-job man. **Mourir à la p.,** to die (i) of overwork, (ii) in harness. **4.** Difficulty. **J'ai eu toutes les peines du monde à le trouver,** I had the utmost difficulty in finding it. **J'ai p. à croire que** + *sub.*, I find it hard to believe that. . . . **Ne jamais être en p. de trouver une excuse,** never to be at a loss for an excuse. **Avec p., à grand-p.,** with (great) difficulty. **Sans p.,** (i) easily, (ii) willingly. **5. A p.,** hardly, barely, scarcely. **C'est à p. si je le connais,** I hardly know him. **A p. étions-nous sortis qu'il se mit à pleuvoir,** hardly had we gone out when the rain began.
peiner [pɛne]. **1.** *v.tr.* (*a*) To pain, grieve, vex, distress (s.o.). *Impers.* **Il me peine beaucoup de . . .,** it gives me much pain to. . . . (*b*) To fatigue. **Métier qui peine beaucoup,** strenuous profession. **2.** *v.i.* To toil, labour, drudge. *Aut:* **Le moteur peine,** the engine is labouring. *Const: etc:* **Poutre qui peine beaucoup,** beam carrying a heavy load.
pein-s, -t. See PEINDRE.
peintre [pɛ̃ːtr], *s.m.* Painter. **1. (Artiste) p.,** artist. **Une femme p.,** a woman artist. **P. de portraits,** portrait-painter, portraitist. **2. P. en bâtiment(s), p. décorateur,** house-painter. **P. en lettres,** sign-writer. *Th:* **P. décorateur,** scene-painter.
peinture [pɛ̃tyːr], *s.f.* **1.** (Action, art, of) painting. (*a*) **Faire de la p.,** to paint. **P. à l'huile,** oil-painting. **P. à l'aquarelle,** water-colour painting. (*b*) **P. en bâtiments,** house-painting. **P. au pistolet,** spray-painting. (*c*) **P. de mœurs,** portrayal of manners, of customs. **2.** Picture, painting. *F:* **Je ne peux pas le voir en p.,** I can't stand the sight of him. **3.** Paint, colour. **"Attention à, prenez garde à, la p.!"** 'wet paint'; 'mind the paint!'
peinturer [pɛ̃tyre], *v.tr.* (*a*) To cover (wall, etc.) with a coat of paint. (*b*) *F:* To bedaub. *Abs.* To paint daubs.
peinturlurer [pɛ̃tyrlyre], *v.tr. F:* To paint (building, etc.) in all the colours of the rainbow; to daub (with colour).
péjoratif, -ive [peʒɔratif, -iːv], *a. & s.m.* Pejorative (suffix, etc.); disparaging, depreciatory.
Pékin [pekɛ̃]. **1.** *Pr.n.m. Geog:* Pekin(g). **2.** *s.m.* (*a*) *Tex:* Pekin (fabric). (*b*) *Mil: F:* Civilian. **Être en p.,** to be in mufti.
pékiné [pekine], *a.* Candy-striped (cloth, etc.).
pékinois, -oise [pekinwa, -waːz]. **1.** *a. & s. Geog:* Pekin(g)ese. **2.** *s.m.* Pekinese (dog).
pelade [pəlad], *s.f.* Alopecia.
pelage [pəlaːʒ], *s.m.* **1.** Removing the hair from (skins). **2.** Coat, wool, fur (of animal).
pélagien, -ienne [pelaʒjɛ̃, -jɛn], *a.* Pelagian; deep-sea (animal, plant).
pélagique [pelaʒik], *a.* Pelagic, pelagian (fauna).
pélargonium [pelargɔnjɔm], *s.m. Bot:* Pelargonium; (i) stork's-bill; (ii) *F:* geranium.
pelé [p(ə)le], *a.* Bald; bare, hairless. **Campagne pelée,** bare countryside.
pêle-mêle [pɛlmɛl]. **1.** *adv.* Pell-mell; (i) higgledy-piggeldy; (ii) promiscuously; (iii) helter-skelter. **2.** *s.m.inv.* Jumble, medley, confusion.
peler[1] [p(ə)le], *v.tr.* **(je pèle; je pèlerai)** To unhair, depilate (hide). *F:* To fleece (s.o.).
se peler, (of animal) to lose its hair; (of skin) to grow bare.
peler[2]. **1.** *v.tr.* To peel, skin (vegetable, fruit); to peel off (bark). **2.** *v.i. & pr.* (Of animal) To peel; (of snake, etc.) to slough; (of skin) to peel off.
pèlerin, -ine [pɛlrɛ̃, -in]. **1.** *s.* Pilgrim. **2.** *s.m.* (*a*) *Ich:* Basking shark. (*b*) *Orn:* Peregrine falcon. **3.** *s.f.* **Pèlerine.** (*a*) (Woman's) hooded cloak. (*b*) (Man's) hooded cape.
pèlerinage [pɛlrinaːʒ], *s.m.* **1.** Pilgrimage. **Aller en p., faire un p.,** to go on a pilgrimage. **2.** Place of pilgrimage.
pélican [pelikɑ̃], *s.m.* **1.** *Orn:* Pelican. **2.** *Tls:* (Bench) holdfast.
pelisse [p(ə)lis], *s.f.* Pelisse; fur-lined cloak.
pellagre [pɛllaːgr], *s.f. Med:* Pellagra.
pelle [pɛl], *s.f.* **1.** Shovel, scoop; dustpan. (*a*) **P. à charbon,** coal-scoop, -shovel. **Ramasser qch. à la p.,** to shovel sth. up. **Ramasser l'argent à la p.,** to be rolling in money. *F:* **Ramasser une p.,** to come a cropper. (*b*) **P. à vapeur,** steam shovel. **2.** (Child's) spade (at seaside). **3.** Blade (of oar).
pelletée [pɛlte], *s.f.* Shovelful, spadeful.
pellet|er [pɛlte], *v.tr.* **(je pellette** [pɛlt]; **je pelletterai** [pɛltre]) To turn (with a shovel); to shovel (corn, etc.). *s.m.* **-age.** *s.m.* **-eur.**
pelleterie [pɛltri], *s.f.* **1.** *Coll.* Fur-skins, peltry, pelts. **2.** Fur-trade, furriery.
pelletier, -ière [pɛltje, -jɛːr], *s.* Furrier.
pelleteuse [pɛltøːz], *s.f. Civ.E:* (Mechanical) excavator.
pelliculaire [pɛllikylɛːr], *a.* Pellicular.

pellicule [pɛllikyl], *s.f.* **1.** (*a*) Pellicle; thin skin; skin (on boiled milk, etc.); film (of ice, of oil). (*b*) Grape-skin. (*c*) *Phot:* Film. **P. en bobine,** roll-film. **2.** *pl.* Scurf, dandruff.
pelliculeux, -euse [pɛllikylø, -ø:z], *a.* Scurfy.
pellucide [pɛllysid], *a.* Pellucid, limpid.
pelotari [pelotari], *s.m.* Pelota player.
pelote [plɔt], *s.f.* **1.** Ball (of wool, string); wad (of cotton wool). **Mettre de la laine en p.,** to ball wool; to wind wool into a ball. **P. à épingles,** pincushion. *F:* **Faire sa (petite) p.,** to make one's pile; to feather one's nest. **Avoir les nerfs en p.,** to be nervy; to have one's nerves on edge. **2.** Blaze, star (on horse's forehead). **3. P. digitale,** pad (on the foot of certain animals). **4.** *Games:* **P. basque,** pelota.
pelot|er [plɔte]. **1.** *v.tr.* To wind (wool, string) into a ball. (*b*) *P:* To paw, cuddle (a woman); to flatter (s.o.). **2.** *v.i.* (In tennis, etc.) To knock the balls about. *s.m.* **-age.**
peloton [plɔtɔ̃], *s.m.* **1.** Ball (of wool, etc.). **2.** Group (of people); cluster (of caterpillars). *Rac:* **Le p.,** the main body (of runners); 'the bunch.' **3.** *Mil:* (*a*) Half-company (of infantry); troop (of cavalry). (*b*) Squad, party. **P. de punition,** punishment squad. **P. d'exécution,** firing squad.
pelotonner [plɔtɔne], *v.tr.* To wind (wool, string) into a ball.
se pelotonner. 1. To curl up (into a ball); to coil or roll oneself up. **2.** (*a*) To gather into groups. (*b*) To huddle, crowd, together. (*c*) (Of bees) To cluster.
pelouse [plu:z], *s.f.* Lawn. *Golf:* **P. d'arrivée,** (putting-)green. *Turf:* **La P.,** the public enclosures.
pelu [pəly], *a.* Hairy.
peluche [plyʃ], *s.f.* *Tex:* Plush. S.a. OURS 1.
peluché [plyʃe], *a.* Shaggy, nappy (material). *Bot:* Hairy.
pelucher [plyʃe], *v.i.* (Of worn material) To become fluffy; to shed fluff.
pelucheux, -euse [plyʃø, -ø:z], *a.* **1.** Shaggy. **2.** Fluffy; downy (fruit).
pelure [ply:r], *s.f.* Peel, skin (of apple, onion); paring (of vegetables); rind (of cheese). **Papier p. d'oignon,** onion-skin paper. **P. d'oignon,** dark rosé wine.
pelvien, -ienne [pɛlvjɛ̃, -jɛn], *a.* *Anat:* Pelvic.
pelvis [pɛlvis], *s.m.* *Anat:* False pelvis.
pénal, -aux [penal, -o], *a.* Penal (code). **Clause pénale,** penalty clause (in contract).
pénalisation [penalizasjɔ̃], *s.f.* *Sp:* Penalization. **Surface de p.,** penalty area.
pénaliser [penalize], *v.tr.* *Sp: Games:* To penalize. **P. un concurrent de dix points,** to penalize a competitor ten points.
pénalité [penalite], *s.f.* *Jur: Sp:* Penalty. *Sp:* **Surface de p.,** penalty area.
penalty [penalti], *s.m.* *Fb:* Penalty. *pl. Des penaltys.*
pénates [penat], *s.m.pl.* Penates; household gods. *F:* Revoir ses p., to return home.
penaud [pəno], *a.* Crestfallen, shame-faced. **D'un air p.,** sheepishly.
penchant [pɑ̃ʃɑ̃]. **1.** *a.* (*a*) Sloping, inclined, leaning (wall, tower). (*b*) Tottering (empire); declining (power). **2.** *s.m.* (*a*) Slope, declivity. **Le p. de la colline,** the hillside. **Être sur le p. de sa ruine,** to be on the brink, verge, of ruin. (*b*) **P. à, pour, vers, qch.,** inclination to, propensity for, tendency to, sth.; leaning towards sth. **Suivre son p.,** to follow one's bent. **Avoir un p. pour qn,** to be rather fond of s.o.
penché [pɑ̃ʃe], *a.* **1.** Leaning. *F:* **Prendre des airs penchés,** to stand or recline like a drooping lily. **2.** Stooping. **Il marche p.,** he walks with a stoop. **La tour penchée de Pise,** the Leaning Tower of Pisa.
pencher [pɑ̃ʃe], *v.* To incline, bend, lean. **1.** *v.tr.* **P. une cruche,** to tilt a jug. **P. la tête en avant,** to bend, lean, forward. **2.** *v.i.* To lean (over). **Mur qui penche,** leaning wall. **Le navire penche sur le côté,** the ship is listing. **Faire p. la balance,** to turn the scale. **Terrain qui penche,** ground on the slope. **P. à, vers, l'indulgence,** to incline to(wards) indulgence.
se pencher. (*a*) To incline, bend, stoop. **Se p. en avant,** to bend forward. **Se p. (en), (au), dehors,** to lean out. **Se p. à, par, la fenêtre,** to lean out of the window. (*b*) To take an interest in; to brood over (a problem). **Se p. sur les souffrances du peuple,** to feel for the underdog.
pendable [pɑ̃dabl], *a.* (*a*) That deserves hanging. **Cas p.,** hanging matter. (*b*) *F:* Outrageous, abominable (trick, etc.).
pendaison [pɑ̃dɛzɔ̃], *s.f.* (Death by) hanging.
pendant [pɑ̃dɑ̃]. **I.** *a.* **1.** Hanging, pendent. **Joues pendantes,** flabby, baggy, cheeks. **Oreilles pendantes,** flap-ears, lop-ears. **2.** Pending, undecided (lawsuit); in suspense, in abeyance.
II. **pendant,** *s.m.* **1.** Pendant. **P. d'oreille,** (i) drop ear-ring; (ii) bob-cherry. **2.** Match, fellow, pendant (of picture, etc.). **Ces deux tableaux (se) font p.,** these two pictures make a pair.
III. **pendant. 1.** *prep.* During. **Restez là p. quelques minutes,** stay there for a few minutes. *Conj. phr.* **P. que,** while, whilst. **2.** *adv.* During. **P. et après le repas,** during and after the meal.
pendard, -arde [pɑ̃da:r, -ard], *s.* *F:* Rascal, gallows-bird; rogue; *f.* hussy.
pendeloque [pɑ̃dlɔk], *s.f.* (*a*) *pl.* Pendants; drops, crystals (of chandelier). (*b*) Jewel (of drop ear-ring). (*c*) *F:* (Torn) shred (of cloth).
pendentif [pɑ̃dɑ̃tif], *s.m.* **1.** *Arch:* Pendentive. **En p.,** hanging. **2.** Pendant (worn round the neck).
penderie [pɑ̃dri], *s.f.* Hanging-wardrobe, -closet.
pendiller [pɑ̃dije], *v.i.* To dangle.
pendoir [pɑ̃dwa:r], *s.m.* Hook (for hanging meat, etc.).
pendre [pɑ̃:dr]. **1.** *v.tr.* (*a*) To hang (sth.) up. S.a. CRÉMAILLÈRE 1. *F:* **Il est toujours pendu à mes côtés,** he follows me about everywhere. (*b*) To hang (on the gallows). **Je veux être pendu si . . .,** I'll be hanged if. . . . S.a. CORDE 1. **2.** *v.i.* To hang, to hang down, to sag. **Vos cheveux pendent,** your hair is hanging down.
se pendre, to hang oneself. **Se p. à qch.,** to hang on, cling, to sth. **Se p. au cou de qn,** to hang round s.o.'s neck, to hug s.o.
pendu [pɑ̃dy]. **1.** *a.* Hanged; hung; hanging (**à,** from). S.a. LANGUE 1. **2.** *s.* One who has been hanged or who has hanged himself.
pendule [pɑ̃dyl]. **1.** *s.m.* (*a*) Pendulum. (*b*) Balancer (of torpedo). **2.** *s.f.* Clock. **P. à coucou,** cuckoo-clock.
pendulette [pɑ̃dylɛt], *s.f.* Small clock.
pêne [pɛ:n], *s.m.* Bolt (of lock); latch.
pénéplaine [peneplɛn], *s.f.* *Geol:* Peneplain.
pénétrabilité [penɛtrabilite], *s.f.* Penetrability.
pénétrable [penetrabl], *a.* Penetrable.
pénétrant [penetrɑ̃], *a.* Penetrating; sharp (point); piercing (wind); strong, pervasive, obtrusive (smell); subtle (scent); searching, keen (glance); discerning (person); shrewd (mind); of deep insight. **Plaie pénétrante,** perforating wound. **Froid p.,** piercing, biting, cold.
pénétration [penetrasjɔ̃], *s.f.* (*a*) Penetration (of bullet). (*b*) Penetration, insight; acuteness (of mind); acumen, shrewdness.
pénétré [penetre], *a.* Penetrated, imbued; impregnated. **D'un ton p.,** in a voice full of conviction. **D'un air p.,** with an earnest air. **Homme p. de son importance,** man full of his own importance.
pénétrer [penetre], *v.* (**je pénètre; je pénétrerai**) To penetrate. **1.** *v.i.* To enter. **La baïonnette pénétra jusqu'au poumon,** the bayonet penetrated to the lung. **Un cambrioleur a pénétré dans la maison,** a burglar broke into the house. **L'eau avait pénétré partout,** the water had got in everywhere. **2.** *v.tr.* (*a*) **La balle pénétra l'os,** the bullet penetrated, pierced, the bone. **P. un secret,** to fathom a secret. **P. la pensée, les intentions, de qn,** to see through s.o. (*b*) **P. qn d'une idée,** to imbue, possess, s.o. with an idea.
se pénétrer. (*a*) To become impregnated (de, with). (*b*) To become imbued, pervaded (de, with). **Il faut bien se p. de cette idée que . . .,** we must get it thoroughly into our minds that. . . .
pénible [penibl], *a.* **1.** Laborious, hard, irksome (task); laboured, heavy (breathing); heavy, laboured, stiff (style); arduous, rough (road). **2.** Painful, distressing, sad; trying, severe (blow, etc.); unpleasant (news). **P. à voir,** painful to behold. *adv.* **-ment.**
péniche [peniʃ], *s.f.* *Nau:* Canal-boat; coal-barge; lighter. *Mil:* **P. de débarquement,** landing-craft, -barge.

pénicilline [penisilin], *s.f.* Penicillin.
péninsulaire [penɛ̃sylɛːr], *a.* Peninsular.
péninsule [penɛ̃syl], *s.f.* Peninsula.
pénis [penis], *s.m.* *Anat:* Penis.
pénitence [penitɑ̃ːs], *s.f.* **1.** Penitence, repentance. **2.** Penance. **Faire p.**, to do penance (de, for). *F:* **Mettre un enfant en p.**, to put a child in the corner. **Il est en p.**, he is in disgrace.
pénitencier [penitɑ̃sje], *s.m.* **1.** *Ecc:* Penitentiary (priest). **2.** (*a*) Penitentiary; reformatory prison. (*b*) Convict station.
pénitent, -ente [penitɑ̃, -ɑ̃ːt], *a. & s.* Penitent.
pénitentiaire [penitɑ̃sjɛːr], *a.* Penitentiary (system). **Maison p.**, penitentiary. S.a. COLONIE.
pénitentiel, -ielle [penitɑ̃sjɛl]. **1.** *a.* Penitential. **2.** *s.m.* **Pénitentiel**, Penitential (book).
penne [pɛn], *s.f.* (*a*) Quill(-feather). (*b*) Feather (of arrow).
penné [pɛnne], *a.* = PINNÉ.
pennon [pɛnɔ̃], *s.m.* Pennon.
Pennsylvanie [pɑ̃sylvani, pɛ̃-]. *Pr.n.f. Geog:* Pennsylvania.
pénombre [penɔ̃ːbr], *s.f.* (*a*) Penumbra. (*b*) Half-light, semi-darkness; shadowy light, semi-obscurity. **Rester dans la p.**, to remain inconspicuous.
pensant [pɑ̃sɑ̃], *a.* Thinking (man, woman). **Bien p.**, orthodox, right-thinking. **Mal p.**, (i) unorthodox; (ii) uncharitable.
pense-bête [pɑ̃sbɛːt], *s.m.* *F:* Memory jogger, memory tickler. *pl. Des pense-bêtes.*
pensée[1] [pɑ̃se], *s.f.* *Bot:* Pansy.
pensée[2], *s.f.* **1.** Thought. **Ses pensées intimes**, his (her) inmost thoughts. **Absorbé, perdu, dans ses pensées**, lost in thought. **Se représenter clairement qch. par la p.**, to have a clear idea of sth. **Il me vint dans la p. que . . .**, the thought occurred to me that. . . . **Entrer dans la p. de qn**, to understand what is in s.o.'s mind. **Libre p.**, free-thought. **2.** Intention. **Changer de p.**, to change one's mind.
penser [pɑ̃se], *v.* To think. **1.** *v.ind.tr.* **P. à qn, à qch.**, to think of s.o., sth. **A quoi pensez-vous?** (i) what are you thinking about? (ii) how could you (think of such a thing)! **Je l'ai fait sans y p.**, I did it without thinking. **(Y) pensez-vous!** what an idea! **Vous n'y pensez pas!** you don't mean it! **N'y pensez plus**, forget all about it. **Ah, j'y pense!** by the way! **Rien que d'y p., mon sang bout**, the mere thought (of it) makes my blood boil. **P. à faire qch.**, (i) to think of doing sth.; (ii) to remember to do sth. **Faire p. qn à qch.**, to remind s.o. of sth. **Faites-moi p. à lui écrire**, remind me to write to him. **2.** *v.i.* **Manière de p.**, attitude of mind. **Je pense comme vous**, I agree with you. **Il pense par lui-même**, he thinks for himself. **Voilà ma façon de p.**, that is my way of thinking. **Cela donne à p.**, it offers food for thought. **Pensez donc!** just fancy! **3.** *v.tr.* (*a*) **P. qch.**, (i) to think sth.; (ii) to imagine, picture, sth. **Je le pensais bien**, I thought as much. **P. argent**, to think of nothing but money. **Je pense que oui, que non**, I think so, I think not. **Pensez si j'étais furieux**, you can imagine how angry I was. **Je ne savais plus que p.**, I was absolutely nonplussed. (*b*) *Pred.* **Je le pense fou**, I consider him crazy. (*c*) **Penser qch. de qn, de qch.**, to think sth. of s.o., of sth. **P. du bien, du mal, de qn**, to think well, ill, of s.o. (*d*) **P. faire qch.** (i) To expect to do sth. **Je pense le voir demain**, I have hopes of seeing him to-morrow. (ii) (= FAILLIR) **Il a pensé se noyer**, he was nearly drowned, he had a narrow escape from drowning. **J'ai pensé mourir de rire**, I nearly died with laughter. (*e*) **P. qch.**, to think something out.
penseur, -euse [pɑ̃sœːr, -øːz], *s.* Thinker. **Libre p.**, free-thinker. *a.* **L'homme p.**, the thinking man.
pens|if, -ive [pɑ̃sif, -iːv], *a.* Thoughtful, pensive (person); abstracted (air). *adv.* **-ivement.**
pension [pɑ̃sjɔ̃], *s.f.* **1.** Pension, allowance. **P. viagère**, life annuity. **P. alimentaire**, allowance for board; *Jur:* alimony. **2.** (*a*) Payment for board (and lodging). **Être en p., prendre p., chez qn**, to board with s.o. **P. entière**, full board. **Cheval en p.**, horse at livery(-stable). (*b*) **Pension de famille**, residential hotel; boarding-house. **3.** (*a*) Boarding-school fees. (*b*) (Private) boarding-school. **Mettre un enfant en p.**, to send a child to a boarding-school.
pensionnaire [pɑ̃sjɔnɛːr], *s.m. & f.* **1.** Pensioner. **P. de l'État**, State pensioner. **2.** Boarder ((i) in boarding-house, (ii) in school); guest, resident, (in hotel); inmate (of mental hospital). **Prendre, avoir, des pensionnaires**, to take in boarders, paying guests. S.a. DEMI-PENSIONNAIRE.
pensionnat [pɑ̃sjɔna], *s.m.* **1.** (*a*) Boarding-school. (*b*) Boarding-establishment (attached to school). **2.** School boarders (collectively).
pensionné, -ée [pɑ̃sjɔne]. **1.** *s.* Pensioner. **2.** *a.* Pensioned.
pensionner [pɑ̃sjɔne], *v.tr.* To pension.
pensum [pɛ̃sɔm], *s.m.* *Sch:* Imposition; unpleasant task.
pentaèdre [pɛ̃taɛdr]. *Geom:* **1.** *a.* Pentahedral. **2.** *s.m.* Pentahedron.
pentagonal, -aux [pɛ̃tagɔnal, -o], *a.* Pentagonal.
pentagone [pɛ̃tagɔn]. **1.** *a.* Pentagonal. **2.** *s.m.* Pentagon.
pentamètre [pɛ̃tamɛtr], *s.m.* *Pros:* Pentameter.
pentane [pɛ̃tan], *s.m.* *Ch:* Pentane.
pentasyllabe [pɛ̃tasillab], *a.* Pentasyllabic.
Pentateuque (le) [ləpɛ̃tatøːk], *s.m.* *B:* The Pentateuch.
pentathle [pɛ̃tatl], **pentathlon** [pɛ̃tatlɔ̃], *s.m.* *Sp:* (Olympic Games, etc.) Pentathlon.
pentavalent [pɛ̃tavalɑ̃], *a.* *Ch:* Pentavalent, quinquivalent.
pente [pɑ̃ːt], *s.f.* (*a*) Slope, incline, gradient. **P. ascendante**, slope up, up grade. **P. descendante**, slope down, down grade. (Of ground) **Aller en p.**, to slope (down); to shelve. *Civ.E:* **P. naturelle de talus, d'éboulis**, angle of repose; natural slope; talus. **P. d'un toit**, pitch of a roof. *Hyd.E:* **P. d'une rivière**, fall of a river. *Rail:* **Lignes à forte p.**, steep gradients. *Aut:* **Indicateur de p.**, gradient-meter, inclinometer. (*b*) Bent, inclination, propensity (**à**, for).
Pentecôte [pɑ̃tkoːt], *s.f.* Whitsun(tide); Pentecost. **Dimanche de la P.**, Whit-Sunday.
pent(h)ode [pɛ̃tɔd], *s.f.* *W.Tel:* Pentode.
penture [pɑ̃tyːr], *s.f.* Strap-hinge (of door, etc.). **P. et gond**, hook and hinge. *pl. Nau:* **Pentures du gouvernail**, rudder-bands, -braces.
pénultième [penyltjɛm], *a. & s.f.* Penultimate; last but one.
pénurie [penyri], *s.f.* (*a*) Scarcity, shortage, dearth (of money, etc.); lack (of words). (*b*) Poverty.
pépère [pepɛːr]. *F:* **1.** *s.m.* (*a*) Quiet old fellow. (*b*) Grandpa (child's term). **2.** *a.* Pleasant, comfortable, snug (job, etc.).
pépie [pepi], *s.f.* Pip (disease of the tongue of fowls). Hence *F:* **Avoir la pépie**, to have a perpetual thirst.
pépi|er [pepje], *v.i.* (Of birds) To cheep, chirp, peep. *s.m.* **-ement.**
pépin[1] [pepɛ̃], *s.m.* Pip (of apple); stone (of grape). *F:* Hitch. *F:* **Avoir un p.**, to have trouble, a spot of bother.
pépin[2], *s.m.* *F:* Umbrella, gamp.
Pépin[3]. *Pr.n.m. Hist:* Pepin, Pippin.
pépinière [pepinjɛːr], *s.f.* (*a*) *Hort:* Seed-bed; nursery. (*b*) Nursery (of young actors, etc.).
pépiniériste [pepinjerist], *s.m.* Nurseryman, nursery gardener.
pépite [pepit], *s.f.* Nugget (of gold).
pepsine [pɛpsin], *s.f.* *Physiol: Ch:* Pepsin.
peptone [pɛptɔn], *s.f.* *Physiol: Ch:* Peptone.
peptoniser [pɛptɔnize], *v.tr.* To peptonize.
péquin [pekɛ̃], *s.m.* = PÉKIN 2 (*b*).
pérambulation [perɑ̃bylasjɔ̃], *s.f.* Perambulation.
percale [pɛrkal], *s.f.* Cotton cambric; percale.
percaline [pɛrkalin], *s.f.* *Tex:* Percaline. *Dressm: etc:* Glazed lining; calico.
perçant [pɛrsɑ̃], *a.* Piercing, penetrating (eyes, sound); keen, sharp (wits); shrill (voice); biting (wind). **A la vue perçante**, keen-sighted.
perce [pɛrs], *s.f.* **1.** *Tls:* Borer, drill, punch. **2.** **Barrique en p.**, broached cask. **Mettre un fût, le vin, en p.**, to broach a cask, the wine.
percé [pɛrse], *a.* (*a*) Pierced; holed. **P. de vers**, worm-eaten. S.a. PANIER 1. (*b*) (Of garment) In holes; (coat) out at elbows; (trousers) torn in the seat.
perce-bois [pɛrsəbwa], *s.m.inv.* *Ent:* Wood-borer; (in ships) teredo.
perce-boîte(s) [pɛrs(ə)bwat], *s.m.* Tin-piercer. *pl. Des perce-boîtes.*

percée [pɛrse], *s.f.* **1.** (*a*) Cutting (in a forest); break (in hedge); glade; vista. **Faire une p. dans un bois,** to make an opening in, cut a passage through, a wood. (*b*) (Window or door) opening (in wall). **2.** *Mil:* Break-through. *Fb:* Run-through. **Faire une p.,** to break through. **3.** *Metall:* (i) Tapping (of blast-furnace); (ii) tap-hole.

perce-feuille [pɛrsəfœ:j], *s.f.* *Bot:* Hare's-ear.

perce-muraille [pɛrs(ə)myra:j], *s.f.* *Bot:* Wall-pellitory.

perce-neige [pɛrsənɛ:ʒ], *s.m. inv.* *Bot:* Snowdrop.

perce-oreille [pɛrsɔrɛ:j], *s.m.* *Ent:* Earwig. *pl. Des perce-oreilles.*

perce-pierre [pɛrsəpjɛ:r], *s.f.* *Bot:* **1.** Samphire. **2.** (White, meadow) saxifrage.

percepteur, -trice [pɛrsɛptœ:r, -tris]. **1.** *a.* Perceiving, discerning. **2.** *s.* Tax-collector.

perceptibilité [pɛrsɛptibilite], *s.f.* **1.** Perceptibility; audibility. **2. P. d'un impôt,** possibility of collecting a tax.

perceptible [pɛrsɛptibl], *a.* **1.** Perceptible (**à**, by, to); discernible. **P. à l'oreille,** audible. **A peine p.,** faint (sound, etc.). **2.** Collectable, collectible (tax). *adv.* **-ment.**

perceptif, -ive [pɛrsɛptif, -i:v], *a.* Perceptive.

perception [pɛrsɛpsjɔ̃], *s.f.* **1.** Perception. **2.** (*a*) Collection, receipt (of taxes, rent); levying (of taxes). **(Bureau de) p.,** tax-collector's office. (*b*) Collectorship.

per|cer [pɛrse], *v.* **(je perçai(s); n. perçons) 1.** *v.tr.* (*a*) To pierce, to go through (sth.). **Vous me percez les oreilles,** you are deafening me. **P. un abcès,** to lance an abscess. **P. qn d'un coup d'épée,** to run s.o. through. **Le soleil perce les nuages,** the sun breaks through the clouds. **P. le cœur à qn,** to cut s.o. to the heart. **P. l'avenir,** to foresee the future. **P. un secret,** to penetrate a secret. **P. la foule,** to break through the crowd. S.a. DENT 1. (*b*) To perforate; to make a hole, an opening, in (sth.); to sink (well). **P. un tonneau,** to broach, tap, a cask. **P. une porte dans un mur,** to make, let in, a door in a wall. (*c*) **P. un trou,** to drill, bore, a hole. **P. un tunnel dans une montagne,** to drive a tunnel through a mountain. **2.** *v.i.* To pierce; to come, break, through. **Ses dents percent,** he is cutting his teeth. **L'abcès a percé,** the abscess has burst. **La vérité perce tôt ou tard,** truth will out. *s.m.* **-çage.** *s.m.* **-cement.**

perceur, -euse [pɛrsœ:r, -ø:z]. **1.** *s.* Borer; driller (of rivet-holes); puncher (of sheet metal). **2.** *s.f.* **Perceuse,** drilling-machine. **Perceuse à main,** hand-drill. **3. P. de coffres-forts,** safe-breaker.

percevable [pɛrsəvabl], *a.* **1.** Perceivable. **2.** Leviable (tax).

percevoir [pɛrsəvwa:r], *v.tr.* (*pr.p.* **percevant;** *p.p.* **perçu;** *pr.ind.* **je perçois, n. percevons, ils perçoivent;** *pr.sub.* **je perçoive, n. percevions;** *p.h.* **je perçus;** *fu.* **je percevrai) 1.** To perceive, discern. **P. un bruit,** to hear, catch, a sound. **2.** To collect, gather, levy (taxes).

perche¹ [pɛrʃ], *s.f.* **1.** (Thin) pole. **Perches à houblon,** hop-poles. *Sp:* **P. à sauter,** vaulting pole. **Saut à la p.,** pole-vaulting. *F:* **Grande p.,** tall, lanky individual, esp. woman; *F:* maypole, hop-pole, *U.S:* bean-pole. **Conduire un bateau à la p.,** to pole, punt, a boat. *F:* **Tendre la p. à qn,** to give s.o. a helping hand. **2.** *Meas:* *A:* Rod, pole or perch.

perche², *s.f.* *Ich:* Perch.

percher [pɛrʃe]. **1.** *v.i.* (Of birds) To perch, roost. **Poules perchées,** roosting hens. *F:* **Où perchez-vous?** where do you hang out? **2.** *v.tr.* To place in a high position. **Pourquoi as-tu perché le vase sur l'armoire?** Why have you put the vase on top of the cupboard?

se percher. (Of bird) **Se p. sur une branche,** to alight, perch, on a branch.

percheron, -onne [pɛrʃərɔ̃, -ɔn], *a.* & *s.* *Geog:* (Native) of the Perche region. **Cheval p.,** *s.m.* **percheron,** Percheron (draught horse).

percheur, -euse [pɛrʃœ:r, -ø:z], *a.* Perching, roosting (bird, fowl).

perchlorate [pɛrklɔrat], *s.m.* *Ch:* Perchlorate.

perchlorique [pɛrklɔrik], *a.* *Ch:* Perchloric.

perchlorure [pɛrklɔry:r], *s.m.* *Ch:* Perchloride. **P. de fer,** ferric chloride.

perchoir [pɛrʃwa:r], *s.m.* (Bird's) perch, roost.

perclus [pɛrkly], *a.* Stiff-jointed, anchylosed (limb, person). **P. de rhumatismes,** crippled with rheumatism.

perçoir [pɛrswa:r], *s.m.* *Tls:* (*a*) Punch, borer, broach. (*b*) Awl, gimlet.

perçoi-s, -t, -ve, etc. See PERCEVOIR.

percolateur [pɛrkɔlatœ:r], *s.m.* Percolator.

perçu, -s, -t, etc. See PERCEVOIR.

percussion [pɛrkysjɔ̃], *s.f.* (*a*) Percussion, impact. (*b*) Sounding (by percussion); percussion. (*c*) *Mus:* **Instruments de, à, p.,** percussion instruments.

percutant [pɛrkytɑ̃], *a.* Percussive. *Artil:* **Fusée percutante,** percussion fuse. **Obus p.,** percussion-fuse shell.

percuter [pɛrkyte], *v.tr.* (*a*) To strike (sth.). **L'avion percuta une colline,** the plane crashed into a hill-side. *Abs.* **L'avion percuta au sol,** the plane crashed into the ground. **La voiture percuta contre un arbre,** the car crashed into a tree. (*b*) *Med:* To sound (chest) by percussion; to percuss.

percuteur [pɛrkytœ:r], *s.m.* Striker, hammer (of gun, of fuse); needle (of rifle); firing pin (of machine gun).

percuti-réaction [pɛrkytireaksjɔ̃], *s.f.* Percutaneous reaction. *pl. Des percuti-réactions.*

perdable [pɛrdabl], *a.* Losable.

perdant, -ante [pɛrdɑ̃, -ɑ̃:t]. **1.** *a.* Losing. Esp. **Billet p.,** blank (ticket, at lottery). **2.** *s.* Loser.

perdition [pɛrdisjɔ̃], *s.f.* **1.** *Ecc:* Perdition. **2.** *Nau:* **Navire en p.,** ship (i) in distress, (ii) breaking up, sinking.

perdre [pɛrdr], *v.tr.* **1.** To ruin, destroy. *A. & Lit:* **P. qn d'honneur,** to disgrace, dishonour, s.o. **P. qn de réputation,** to ruin s.o.'s good name; to compromise s.o.'s reputation. **2.** To lose. **P. la partie,** to lose the game. **P. la raison,** to lose one's reason. **Faire p. une habitude à qn,** to break s.o. of a habit. **Cela se perd facilement,** it is easily lost. **Vous ne perdrez rien pour attendre,** you will lose nothing by waiting. **P. son chemin,** to lose one's way. **P. son temps,** to waste (one's) time. **P. du temps,** to lose time. **Sans p. de temps,** without loss of time. **P. une occasion,** to miss (i) an opportunity, (ii) a bargain. **P. pied, terre,** to lose one's footing, to get out of one's depth (in bathing, etc.). S.a. FOND 1, LATIN 2, TÊTE 2, VUE 1. **3.** *Abs.* (*a*) **Vous n'y perdrez pas,** you won't lose by it. (*b*) **Fût qui perd,** cask that is leaking. (*c*) **Le grain perd en vieillissant,** grain loses in value, deteriorates, with age. **P. dans l'estime de qn,** to fall in s.o.'s estimation. (*d*) **P. sur ses concurrents,** to fall behind; to drop behind.

se perdre. 1. To be lost. (*a*) **Le navire se perdit corps et biens,** the ship was lost with all hands. (*b*) **Se p. dans la foule,** to vanish, disappear, in the crowd. **Usage qui se perd,** custom that is falling into disuse. **Être perdu dans ses pensées,** to be wrapped, lost, in thought. (*c*) (Of power, etc.) To be wasted, to run to waste; (of liquid) to leak away, to escape. **2.** To lose one's way. *F:* **Ma tête s'y perd, je m'y perds,** I can't make head or tail of it.

perdreau [pɛrdro], *s.m.* Young partridge.

perdrix [pɛrdri], *s.f.* Partridge. **P. rouge,** red-legs. **P. de neige,** ptarmigan. **Couple de p.,** brace of partridges. **Compagnie de p.,** covey of partridges. S.a. ŒIL-DE-PERDRIX.

perdu [pɛrdy], *a.* **1.** Ruined. **P. de dettes,** over head and ears in debt. **Ame perdue,** lost soul. **Femme perdue,** fallen woman. **2.** Lost. **Les médecins le déclarent perdu,** the doctors have given up hope for him. **Peine perdue,** wasted, lost, labour. **A mes heures perdues,** in my spare time. **Sentinelle perdue,** advanced sentry. **Balle perdue,** stray bullet. **Petit trou p.,** little out-of-the-way place. *Mec:* **Mouvement p.,** idle motion. **Emballage p.,** non-returnable packing. **3. A corps p.,** recklessly. **Se jeter à corps p. dans la mêlée,** to hurl oneself into the fray.

père [pɛr], *s.m.* **1.** Father. **De p. en fils,** from father to son. **M. Dupont p.,** Mr Dupont senior. *Prov:* **Tel p. tel fils,** like father like son. **P. de famille,** paterfamilias. *Jur:* **Bon p. de famille,** prudent administrator (of family wealth). **Valeurs de p. de famille,** gilt-edged securities. *Th:* **P. noble,** heavy father. **Nos**

pères, our forefathers. **P. nourricier,** foster-father. *F:* **Le p. Jean,** old John. **2.** *Ecc:* Father. (*a*) **Le P., le Fils et le Saint-Esprit,** the Father, Son and Holy Ghost. (*b*) **P. spirituel,** father confessor. **Le Saint-P.,** the Holy Father, the Pope. **Un p. carme,** a Carmelite father.
pérégrination [peregrinasjɔ̃], *s.f.* Peregrination.
péremption [perɑ̃psjɔ̃], *s.f.* *Jur:* Time-limitation (in a suit).
péremptoire [perɑ̃ptwa:r], *a.* **1.** (*a*) Peremptory (tone). (*b*) Unanswerable, decisive (argument). **2.** *Jur:* **Délai p.,** strict time-limit. *adv.* **-ment.**
pérennité [perɛnnite], *s.f.* Perenniality, everlastingness.
péréquation [perekwasjɔ̃], *s.f.* Equalization (of taxes, salaries); standardizing (of charges).
perfectibilité [pɛrfɛktibilite], *s.f.* Perfectibility.
perfectible [pɛrfɛktibl], *a.* Perfectible.
perfection [pɛrfɛksjɔ̃], *s.f.* Perfection. **En p., à la p.,** to perfection; perfectly.
perfectionnement [pɛrfɛksjɔnmɑ̃], *s.m.* **1.** Perfecting; improving; further training. **Brevet de p.,** patent relating to improvements. **2. Apporter des perfectionnements à qch.,** to improve sth.
perfectionner [pɛrfɛksjɔne], *v.tr.* **1.** To perfect. **2.** To improve (machine, method).
se perfectionner dans qch., to improve one's knowledge of (language, science, etc.).
perfide [pɛrfid]. **1.** *a.* Treacherous (**envers,** to); perfidious; false-hearted. **2.** *s.* Treacherous person. *adv.* **-ment.**
perfidie [pɛrfidi], *s.f.* **1.** Treachery, perfidy, perfidiousness; false-heartedness. **2.** Treacherous act.
perforant [pɛrfɔrɑ̃], *a.* Perforating, perforative; penetrating. **Obus p.,** armour-piercing shell.
perforateur, -trice [pɛrfɔratœ:r, -tris]. **1.** *a.* Perforative, perforating. **2.** *s.m.* Perforator; drill, punch. **3.** *s.f.* **Perforatrice,** drilling-machine.
perforation [pɛrfɔrasjɔ̃], *s.f.* Perforation. **1.** (*a*) Boring or drilling. (*b*) Puncturing (of tyre, etc.). **2.** (*a*) Hole, puncture. (*b*) *Med:* Perforation.
perfor|er [pɛrfɔre], *v.tr.* **1.** To perforate; to bore (through), to drill (material); to punch (leather, etc.). **Carte perforée,** punch-card. **2.** To puncture (tyre). *s.m.* **-age.**
perforeuse [pɛrfɔrø:z], *s.f.* Perforating machine.
performance [pɛrfɔrmɑ̃:s], *s.f.* *Sp:* Performance (in race, etc.).
perfusion [pɛrfyzjɔ̃], *s.f.* *Physiol:* Perfusion (of an organ).
pergola [pɛrgɔla], *s.f.* *Arch:* Pergola.
péri [peri], *s.m. & f.* (Oriental) peri; genie; fairy.
périanthe [perjɑ̃:t], *s.m.* *Bot:* Perianth.
péricarde [perikard], *s.m.* *Anat:* Pericardium.
péricardite [perikardit], *s.f.* *Med:* Pericarditis.
péricarpe [perikarp], *s.m.* *Bot:* Pericarp.
périclitant [periklitɑ̃], *a.* Unsound, shaky (business, undertaking).
péricliter [periklite], *v.i.* (Of undertaking) To be in danger, in jeopardy. **Faire p. une entreprise,** to jeopardize an undertaking. **Ses affaires périclitent,** his business is in a bad way.
péricrâne [perikrɑ:n], *s.m.* *Anat:* Pericranium.
périgée [periʒe], *s.m.* *Astr:* Perigee.
périhélie [perieli], *s.m.* *Astr:* Perihelion.
péril [peril], *s.m.* Peril, danger; risk, hazard. **Au p. de sa vie,** at the risk of his life, in peril of his life. **En p.,** in jeopardy, in peril. **Mettre qch. en p.,** to imperil, jeopardize, sth. *Ins:* **P. de mer,** sea-risk. S.a. DEMEURE 1.
périlleu|x, -euse [perijø, -ø:z], *a.* Perilous, hazardous. S.a. SAUT 1. *adv.* **-sement.**
périmé [perime], *a.* **1.** *Jur:* Barred by limitation. **2.** Out-of-date (coupon, method); expired (bill); (ticket) no longer valid; lapsed (money order, ticket).
périmer [perime], *v.i.* *Jur:* To lapse; to become out of date.
périmètre [perimɛtr], *s.m.* (*a*) Perimeter, periphery. (*b*) Area, sphere (of influence).
périnée [perine], *s.m.* *Anat:* Perineum.
période [perjɔd]. **1.** *s.f.* (*a*) Period (of recurring phenomenon, of cycle). **Nombre de périodes par seconde,** frequency (of oscillation). (*b*) Period of time; age, era. **Longue p. de pluie,** long spell of rain. (*c*) *Gram:* *Rh:* Period; complete sentence; *Mus:* phrase. **2.** *s.m.* *Lit:* **Le plus haut p. (de la gloire, de l'éloquence),** the highest point, pitch, degree, climax, the height, acme (of glory, of eloquence).
périodicité [perjɔdisite], *s.f.* Periodicity.
périodique [perjɔdik]. **1.** *a.* Periodical; recurring (at regular intervals); intermittent; recurrent (fever). **Fraction p.,** recurring decimal. **2.** *s.m.* Periodical (publication). *adv.* **-ment.**
périoste [perjɔst], *s.m.* *Anat:* Periosteum.
périostose [perjɔsto:z], *s.f.* *Med:* Periostosis.
péripatéticien, -ienne [peripatetisjɛ̃, -jɛn], *a. & s.m.,* **péripatétique** [peripatetik]. **1.** *a.* *A.Phil:* Peripatetic, Aristotelian. **2.** *s.f.* **Péripatéticienne,** *P:* street-walker.
péripétie [peripesi], *s.f.* **1.** (*a*) *Lit:* Peripet(e)ia. Sudden change of fortune. **2.** *pl.* Vicissitudes; ups and downs (of life); mishaps; adventures.
périphérie [periferi], *s.f.* **1.** Periphery; circumference; girth (of parcel). **2.** Outskirts (of town).
périphérique [periferik], *a.* Peripheral; outlying (district).
périphrase [perifrɑ:z], *s.f.* *Gram:* Periphrasis, periphrase.
périphraser [perifraze], *v.i.* To be loquacious, *F:* long-winded.
périphrastique [perifrastik], *a.* Periphrastic.
périple [peripl], *s.m.* (*a*) *A.Geog:* *Lit:* Periplus. (*b*) Long and complicated journey.
périr [peri:r], *v.i.* (Aux. **avoir**) **1.** To perish, to die (unnaturally); to be destroyed; (of ship) to be wrecked, lost; (of empire, etc.) to decay, to fall into ruin. **P. de sa propre main,** to die by one's own hand. **Faire p. qn,** to kill s.o.; to put s.o. to death. *F:* **P. de froid,** to be perishing with cold. *F:* **P. d'ennui,** to be bored to death. **Son nom ne périra pas,** his name will live on. **P. victime de son devoir,** to fall a victim to duty. **2.** *Jur:* = PÉRIMER.
périscope [periskɔp], *s.m.* Periscope.
périscopique [periskɔpik], *a.* Periscopic (lens).
périssable [perisabl], *a.* Perishable.
périssoire [periswa:r], *s.f.* (Single-seater river-) canoe. **Faire de la p.,** to canoe, to go (in for) canoeing.
péristaltique [peristaltik], *a.* *Physiol:* Peristaltic, vermicular (motion).
péristyle [peristil], *s.m.* *Arch:* Peristyle.
péritoine [peritwan], *s.m.* *Anat:* Peritoneum.
péritonite [peritɔnit], *s.f.* *Med:* Peritonitis.
perle [pɛrl], *s.f.* **1.** (*a*) Pearl. **P. fine,** real pearl. **Fil de perles,** string of pearls. **Nacre de p.,** mother-of-pearl. **Blanc de p.,** pearl white. **Jeter des perles devant les pourceaux,** to cast pearls before swine. (*b*) *F:* Gem, jewel; *Sch:* howler. *F:* **C'est une p.,** it's a peach. **Ma bonne est une p.,** my maid is a treasure. **2.** Bead (of glass, etc.). **Perles de rosée,** beads of dew.
perlé [pɛrle], *a.* **1.** (*a*) Resembling pearls; pearly (teeth, etc.). **Orge p.,** pearl barley. *El:* **Accumulateur p.,** milky accumulator. (*b*) Set with pearls. (*c*) Adorned with beads; beaded. (*d*) **Rires perlés,** rippling laughter. **2.** Exquisitely done; well-finished. **C'est p.,** it's perfect. S.a. GRÈVE 2.
perler [pɛrle]. **1.** *v.tr.* (*a*) To set (sth.) with pearls. (*b*) To pearl (barley); to husk (rice). (*c*) To execute (work) to perfection. **2.** *v.i.* (*a*) (Of tears, sweat) To form, stand out, in beads. (*b*) (Of sugar) To bead.
perlimpinpin [pɛrlɛ̃pɛ̃pɛ̃], *s.m.* **Poudre de p.,** (any) quack powder, wonder-working powder; bunkum.
permanence [pɛrmanɑ̃:s], *s.f.* **1.** Permanence. **Assemblée en p.,** permanent assembly. **Être attaché en p. à une maison,** to be permanently attached to a firm. **2.** (*a*) Building, room, etc., always open to the public. **P. de police,** police station open night and day. (*b*) **La p. comprend trois employés,** a skeleton staff of three (people) is always on duty.
permanent [pɛrmanɑ̃]. **1.** *a.* Permanent; standing (order, army); abiding (peace). *Cin:* **Spectacle p.,** continuous performance. **2.** *s.f.* *Hairdr:* **Permanente,** permanent wave, *F:* perm.
permanenter [pɛrmanɑ̃te], *v.tr.* *F:* *Hairdr:* To perm.
permanganate [pɛrmɑ̃ganat], *s.m.* *Ch:* Permanganate.
perméabilité [pɛrmeabilite], *s.f.* *Ph:* Permeability, perviousness.
perméable [pɛrmeabl], *a.* Permeable, pervious (**à,** to); porous.

permettre [pɛrmɛtr], *v.tr.* (Conj. like METTRE) To permit, allow. **P. qch. à qn,** to allow s.o. sth. **P. à qn de faire qch.,** to allow s.o. to, let s.o., give s.o. leave to, do sth. **Mes moyens ne me le permettent pas,** I cannot afford it. **Qu'il me soit permis de . . .,** I beg to. . . . **Est-il permis d'entrer?** may I come in? **S'il est permis de s'exprimer ainsi,** if one may say so. **Permis à vous de ne pas me croire,** you are at liberty to believe me or not. **Il se croit tout permis,** he thinks he can do anything he likes. **Permettez que je vous dise . . ., permettez-moi de vous dire . . .,** allow me to tell you. . . . **Permettez!** excuse me! allow me! **Vous permettez?** may I? **Si le temps le permet,** weather permitting. **Cela ne permet pas de doute,** there is no doubt about it. **Se p. un cigare,** to indulge in a cigar. **Il se permet bien des choses,** he takes a good many liberties.

se permettre. Se p. de faire qch., to venture, take leave, to do sth.

permis [pɛrmi]. **1.** *a.* Allowed, permitted, lawful, allowable, permissible. **2.** *s.m.* Permit, permission. *Rail:* Free pass. **P. de chasse,** shooting-licence; game-licence. **P. de séjour,** permission to reside = certificate of registration. *Aut:* **P. de conduire,** driving-licence. **P. de circulation,** car-licence. **P. de construire,** building licence.

permission [pɛrmisjɔ̃], *s.f.* (*a*) Permission, leave. **Avec votre p.,** with, by, your leave. **Demander, donner, la p. de faire qch.,** to ask, to give, permission to do sth. (*b*) *Mil: Navy:* Leave of absence (for so many days); short leave. **En p.,** (i) on leave; (ii) on pass.

permissionnaire [pɛrmisjɔnɛːr], *s.m.* **1.** Permit-, licence-holder. **2.** *Mil: etc:* Soldier, person, on (short) leave. *Navy:* Liberty man.

permutab|le [pɛrmytabl], *a.* Permutable, interchangeable. *s.f.* **-ilité.**

permutation [pɛrmytasjɔ̃], *s.f.* **1.** Exchange of posts. **Prendre un nouveau poste par p.,** to exchange into a new post. **2.** *Mth: etc:* Permutation; transposition.

permuter [pɛrmyte], *v.tr.* **1.** To exchange (post) (**avec qn,** with s.o.). *Abs.* To exchange posts (with colleague). **2.** *Mth:* To permute.

pernicieu|x, -euse [pɛrnisjø, -øːz], *a.* Pernicious, injurious, hurtful; baneful, baleful (influence). *adv.* **-sement.**

péroné [perɔne], *s.m. Anat:* Fibula; splint bone.

péroraison [perɔrɛzɔ̃], *s.f.* Peroration.

péror|er [perɔre], *v.i. F:* To hold forth; to spout, speechify. *s.* **-eur, -euse.**

Pérou (le) [ləperu]. *Pr.n.m. Geog:* Peru. *F:* Big fortune. **Ce n'est pas le Pérou,** it's no great catch, it's not worth much.

peroxyde [pɛrɔksid], *s.m. Ch:* Peroxide.

peroxyder [pɛrɔkside], *v.tr. Ch:* To peroxydize.

perpendiculaire [pɛrpɑ̃dikylɛːr]. **1.** *a.* Perpendicular (**à, sur,** to); plumb, upright. **2.** *s.f.* (*a*) **Abaisser une p.,** to drop, draw, a perpendicular (**à, sur,** to). (*b*) *Surv:* Offset. *adv.* **-ment.**

perpendicularité [pɛrpɑ̃dikylarite], *s.f.* Perpendicularity.

perpétration [pɛrpetrasjɔ̃], *s.f.* Perpetration.

perpétrer [pɛrpetre], *v.tr.* (**je perpètre; je perpétrerai**) To perpetrate (crime, etc.).

perpétuation [pɛrpetɥasjɔ̃], *s.f.* Perpetuance, perpetuation.

perpétu|el, -elle [pɛrpetɥɛl], *a.* (*a*) Perpetual, everlasting; (imprisonment) for life. (*b*) Constant, endless (strife, chatter). **Commentaire p.,** running commentary. *adv.* **-ellement.**

perpétuer [pɛrpetɥe], *v.tr.* To perpetuate.

se perpétuer, to endure, to become established.

perpétuité [pɛrpetɥite], *s.f.* Perpetuity; endlessness. **A p.,** in perpetuity, for ever; (penal servitude) for life.

perplexe [pɛrplɛks], *a.* Perplexed, puzzled.

perplexité [pɛrplɛksite], *s.f.* Perplexity.

perquisiteur [pɛrkizitœːr], *s.m. Jur:* Searcher.

perquisition [pɛrkizisjɔ̃], *s.f. Jur:* Thorough search or inquiry. **Mandat de p.,** search-warrant. **Faire une p. chez qn,** to search s.o.'s premises.

perquisitionner [pɛrkizisjɔne], *v.i. Jur:* To make, conduct, a search (in premises, etc.).

perré [pɛre], *s.m. Civ.E:* Stone facing (of embankment); dry wall.

perron [pɛrɔ̃], *s.m.* (Flight of) steps (before building); perron.

perroquet [pɛrɔkɛ], *s.m.* **1.** Parrot. **2.** *Nau:* Topgallant (sail). **Mât de p.,** topgallant mast.

perruche [pɛryʃ], *s.f.* **1.** *Orn:* (*a*) Parakeet. (*b*) Henparrot. (*c*) **P. inséparable,** budgerigar. **2.** *Nau:* Mizzen topgallant sail.

perruque [pɛryk], *s.f.* Wig. **Tête à p.,** barber's block. *F:* **Vieille p.,** old fog(e)y, old fossil.

perruquier, -ière [pɛrykje, -jɛːr], *s.* (*a*) Wigmaker. (*b*) *A:* Hairdresser, barber.

pers [pɛːr], *a.* Sea-green or grey. **Minerve aux yeux p.,** grey-eyed Minerva.

persan, -ane [pɛrsɑ̃, -an]. **1.** *a. & s.* Persian. *s.m.* Persian cat. **2.** *s.m. Ling:* Persian.

Perse [pɛrs]. **1.** *Pr.n.f.* Persia. **Tapis de P.,** Persian rug or carpet. **2.** *a. & s. A.Geog:* Persian. **3.** *s.f. Tex:* Chintz.

persécuté, -ée [pɛrsekyte]. **1.** *a. & s.* Persecuted (person). **2.** *s.* Sufferer from persecution mania.

persécuter [pɛrsekyte], *v.tr.* (*a*) To persecute. (*b*) To importune, harass, pester.

persécuteur, -trice [pɛrsekytœːr, -tris], *s.* Persecutor.

persécution [pɛrsekysjɔ̃], *s.f.* (*a*) Persecution. *Med:* **Délire de la p.,** persecution mania. (*b*) Importunity.

persévérance [pɛrseverɑ̃ːs], *s.f.* Perseverance (**à faire qch.,** in doing sth.); doggedness of purpose.

persévérant [pɛrseverɑ̃], *a.* Persevering, steadfast; dogged (work).

persévérer [pɛrsevere], *v.i.* (**je persévère; je persévérerai**) **1.** To persevere (**dans,** in); *F:* to carry on. **P. dans le bien, à faire le bien,** not to be weary in well-doing. **2.** To last. **La fièvre persévère,** the fever persists.

persicaire [pɛrsikɛːr], *s.f. Bot:* Persicaria, lady's-thumb.

persienne [pɛrsjɛn], *s.f.* Venetian shutter; slatted shutter; persienne.

persiflage [pɛrsiflaːʒ], *s.m.* (Ill-natured) banter; persiflage.

persifler [pɛrsifle], *v.tr.* To banter, mock (ill-naturedly).

persifleur, -euse [pɛrsiflœːr, -øːz]. **1.** *s.* Banterer; persifleur. **2.** *a.* Bantering, mocking; superciliously ironical.

persil [pɛrsi], *s.m. Bot:* Parsley.

persillade [pɛrsijad], *s.f. Cu:* Beef salad (seasoned with chopped parsley, etc.).

persillé [pɛrsije], *a.* **1.** Blue-moulded (cheese). **2.** (Of meat) marbled.

persique [pɛrsik], *a.* (Ancient) Persian. *Geog:* **Le Golfe P.,** the Persian Gulf.

persistance [pɛrsistɑ̃ːs], *s.f.* Persistance, persistency (**à faire qch.,** in doing sth.). **1.** Doggedness. **Avec p.,** persistently, doggedly. **2.** Continuance (of fever, etc.).

persistant [pɛrsistɑ̃], *a.* Persistent. **1.** Dogged (efforts, etc.). **2.** Lasting, enduring.

persister [pɛrsiste], *v.i.* To persist. **1. P. à faire qch.,** to persist in doing sth. **Il y persiste,** he persists in it; he sticks to it; he adheres to it. **2. La fièvre persiste,** the fever pursues its course.

personnage [pɛrsɔnaːʒ], *s.m.* Personage. (*a*) Person of rank, of distinction. **Être un p.,** to be somebody, *F:* to be a big shot. (*b*) *Pej:* Person, fellow, individual. **C'est un triste p.,** he is a sorry specimen. (*c*) *Lit:* Character (in play, novel). **Les personnages,** the dramatis personae.

personnaliser [pɛrsɔnalize], *v.tr.* (*a*) To personify (vice, etc.). (*b*) *F:* To give a personal touch (to).

personnalité [pɛrsɔnalite], *s.f.* Personality. **1.** Individuality; individual characteristics. **2.** Person, personage. **Toutes les personnalités de la ville,** all the important people in the town. **C'est une p.,** he's an important man. *F:* he's somebody. **3.** *pl.* **Faire des personnalités,** to make personal, offensive, remarks.

personne [pɛrsɔn]. **1.** *s.f.* Person. (*a*) Individual. **La p. dont je vous ai parlé,** the person whom I mentioned to you. **Une tierce p.,** a third party. **Les grandes personnes,** the grown-ups. S.a. JEUNE. **Être bonne p.,** to be a good sort. *Jur:* **P. morale, civile, juridique,**

body corporate, corporate body; artificial person; corporation, legal entity. **Erreur sur la p.,** mistaken identity. (*b*) Own self. **En p.,** in person, personally. **Il est la bonté en p.,** he is kindness itself, kindness personified. (*c*) (The human body) **Sa p. me plaît,** I like his personal appearance, his looks. **Elle est bien faite de sa p.,** she is a fine figure of a woman. (*d*) *Gram:* **Écrire à la troisième p.,** to write in the third person. **2.** *pron.indef.m.inv.* (*a*) Anyone, anybody (with vaguely implied negation). **Connaissez-vous p. qui puisse m'aider?** I suppose you don't know of anyone who can help me? **Il s'y connaît comme p.,** nobody is more expert at it than he is. **Il travaille plus fort que p.,** he works harder than anyone. (*b*) (With ne expressed or understood) No one; nobody. **P. n'est venu,** nobody has come. **Qui est là?—P.,** who is there?—No one. **Il n'y a p. de blessé,** there is no one wounded. **P. (d')autre n'était à bord,** there was no one else on board. **Sans nommer p.,** without mentioning any names.

personn|el, -elle [pɛrsɔnɛl]. **1.** *a.* (*a*) Personal (letter, business, pronoun, mood). **Strictement p.,** not transferable (ticket, pass). (*b*) **Maîtrise personnelle,** self-control. (*c*) Selfish. **2.** *s.m.* (*a*) Personnel, staff; hands (of farm, etc.); (hotel) servants. **Faire partie du p. de . . .,** to be on the staff of. . . . **Manquer de p.,** to be under-staffed, short-staffed. **P. réduit,** skeleton staff. *Av:* **P. rampant,** ground staff. (*b*) *Navy:* Complement. *adv.* **-ellement.**

personnification [pɛrsɔnifikasjɔ̃], *s.f.* Personification.

personnifier [pɛrsɔnifje], *v.tr.* To personify.

perspectif, -ive [pɛrspɛktif, -iːv]. **1.** *a.* Perspective (plan). **2.** *s.f.* **Perspective.** (*a*) *Art:* (Linear) perspective. **Perspective à vol d'oiseau,** bird's-eye view. (*b*) Outlook, view, prospect. **Avoir qch. en perspective,** to have sth. in view, in prospect. **Perspectives d'avenir d'une entreprise,** future prospects of an undertaking. (*c*) **Une longue perspective de hêtres,** a long vista of beech-trees.

perspicace [pɛrspikas], *a.* Perspicacious, shrewd.

perspicacité [pɛrspikasite], *s.f.* Perspicacity, insight, acumen, shrewdness.

persuadant [pɛrsɥadɑ̃], *a.* Persuasive, engaging; convincing (argument).

persuadé [pɛrsɥadɛ], *a.* Persuaded, convinced, sure (de, of; que, that).

persuader [pɛrsɥade], *v.tr.* To persuade. **1. P. qch. à qn,** to persuade s.o. of sth.; to make s.o. believe sth. **Ils se sont persuadé que +** *ind.*, they have got it into their heads that. . . . **2. P. qn,** to persuade, convince, s.o. (de, of). **3. P. à qn de faire qch.,** to induce s.o., to prevail upon s.o., to do sth.

persuas|if, -ive [pɛrsɥazif, -iːv], *a.* Persuasive (manner); convincing (language). *adv.* **-ivement.**

persuasion [pɛrsɥazjɔ̃], *s.f.* **1.** Persuasion. **2.** Conviction, belief.

persulfate [pɛrsylfat], *s.m.* *Ch:* Persulphate.

perte [pɛrt], *s.f.* **1.** Ruin, destruction. **Il court à sa p.,** he is heading for disaster. *Nau:* **P. corps et biens,** loss of vessel with all hands. **2.** Loss. **Profits et pertes,** profit and loss. **Vendre qch. à p.,** to sell sth. at a loss. **Être en p.,** to be out of pocket. **P. sèche,** dead loss. **Courir à p. d'haleine,** to run oneself out of breath. S.a. VUE 1. **P. de temps,** waste of time. **Parler en pure p.,** to talk to no purpose. **3.** Loss, leakage. **P. de chaleur,** loss of heat. *El.E:* **P. à la terre,** earth leakage. **P. de charge,** drop in voltage. S.a. VITESSE.

pertinemment [pɛrtinamɑ̃], *adv.* **1.** Pertinently, relevantly. **2. J'en parle p.,** I speak with knowledge. **Savoir p.,** to know for a fact.

pertinence [pɛrtinɑ̃ːs], *s.f.* Pertinence, pertinency, appositeness, relevance.

pertinent [pɛrtinɑ̃], *a.* Pertinent, apposite; relevant (à, to).

pertuis [pɛrtɥi], *s.m.* **1.** *A:* Hole, opening. **2.** Sluice. **3.** (*a*) Narrows (of a river). (*b*) Strait(s), channel. (*c*) (In the Jura) Pass.

pertuisane [pɛrtɥizan], *s.f.* *A:* *Arm:* Partisan, halberd.

perturbateur, -trice [pɛrtyrbatœːr, -tris]. **1.** *a.* Disturbing, upsetting. **2.** *s.* Disturber, upsetter. **P. de la paix,** disturber of the peace.

perturbation [pɛrtyrbasjɔ̃], *s.f.* (*a*) Perturbation, agitation of mind. (*b*) Disturbance. **P. magnétique,** magnetic disturbance. **Perturbations atmosphériques,** atmospheric disturbances; *W.Tel:* *F:* atmospherics.

perturber [pɛrtyrbe], *v.tr.* To perturb, disturb.

péruvien, -ienne [peryvjɛ̃, -jɛn], *a.* & *s.* *Geog:* Peruvian.

pervenche [pɛrvɑ̃ːʃ], *s.f.* *Bot:* Periwinkle. **Bleu p.** (*inv.*), periwinkle blue.

pervers [pɛrvɛːr], *a.* Perverse, depraved. **Goûts p.,** vicious tastes. **Conseil p.,** evil counsel. *s.* **Les p.,** evil-doers. *adv.* **-ement.**

perversion [pɛrvɛrsjɔ̃], *s.f.* (*a*) Perversion. (*b*) Warp (of the mind).

perversité [pɛrvɛrsite], *s.f.* Perversity.

pervert|ir [pɛrvɛrtiːr], *v.tr.* To pervert, to corrupt. *s.m.* **-issement.** *s.* **-isseur, -euse.**

se pervertir, to become perverted, depraved; to grow vicious.

pesage [pəzaːʒ], *s.m.* **1.** Weighing. **Bureau de p.,** weigh-house. **2.** *Turf:* (*a*) Weighing in. (*b*) Weighing-in room. (*c*) Paddock; the enclosure.

pes|ant [pəzɑ̃]. **1.** *a.* (*a*) Heavy, weighty, unwieldy; ponderous, clumsy (style); sluggish (mind). **Marcher à pas pesants,** to walk heavily. **Entrer, sortir, à pas pesants,** to lumber in, out. *adv.* *A:* **Deux livres p.,** two pounds in weight. (*b*) *Ph:* Ponderable (gas, etc.). **2.** *s.m.* **Cela vaut son p. d'or,** it is worth its weight in gold. *adv.* **-amment.**

pesanteur [pəzɑ̃tœːr], *s.f.* **1.** Weight. *Ph:* Gravity. **P. spécifique,** specific gravity. **2.** (*a*) Heaviness. (*b*) Inelegance, unwieldiness. (*c*) Dullness, sluggishness (of mind).

pèse-acide [pɛzasid], *s.m.* Acidimeter. *pl. Des pèse-acides.*

pèse-alcool [pɛzalkɔl], *s.m.* Alcoholometer. *pl. Des pèse-alcools.*

pèse-bébé [pɛzbebe], *s.m.* Baby scales. *pl. Des pèse-bébés.*

pesée [pəze], *s.f.* **1.** (*a*) Weighing. **Faire la p. de qch.,** to weigh sth. (*b*) Amount weighed at one time. **2.** Force, leverage, effort. **Exercer des pesées sur une porte,** to try to force a door.

pèse-lait [pɛzlɛ], *s.m.inv.* Lactometer, milk-tester.

pèse-lettre(s) [pɛzlɛtr], *s.m.* Letter-balance; letter-scales. *pl. Des pèse-lettres.*

pèse-liqueur [pɛzlikœːr], *s.m.* Alcoholometer. *pl. Des pèse-liqueurs.*

pèse-personne [pɛzpɛrsɔn], *s.m.* Bathroom scales. *pl. Des pèse-personnes.*

peser [pəze], *v.* (**je pèse; je pèserai**) **1.** *v.tr.* To weigh (parcel, etc.); to weigh (one's words); to ponder (advice, etc.). *Sp:* **Se (faire) p.,** to weigh in. **2.** *v.i.* (*a*) To weigh; to be heavy. **Paquet qui pèse deux livres,** parcel weighing two pounds. **Un silence pesait sur l'assemblée,** a heavy silence hung, brooded, over the meeting. **Le temps lui pèse,** time hangs heavy on his hands. **Sa responsabilité lui pèse,** he feels the weight of his responsibility. (*b*) To bear, to press hard (on sth.). **P. sur un mot,** to lay stress on a word.

peseur, -euse [pəzœːr, -øːz], *s.* Weigher.

pèse-vin [pɛzvɛ̃], *s.m.inv.* Oenometer.

peson [pəzɔ̃], *s.m.* **P. à ressort,** spring-balance. **P. à contrepoids,** steelyard.

pesse [pɛs], *s.f.*, **pessereau** [pɛsro], *s.m.* *Bot:* Horsetail, equisetum.

pessimisme [pɛsimism], *s.m.* Pessimism.

pessimiste [pɛsimist]. **1.** *a.* Pessimistic. **2.** *s.* Pessimist.

peste [pɛst], *s.f.* (*a*) Plague, pestilence. **P. noire,** bubonic plague, *Hist:* the Black Death. *F:* **Fuir qn comme la p.,** to avoid s.o. like the plague. **P.!** bless my soul! *A. & Lit:* **P. (soit) du vieux fou!** a plague on the old fool! (*b*) *F:* (Of child) Pest, nuisance.

pester [pɛste], *v.i.* **P. contre qn, qch.,** to storm, rave, rail, at s.o., sth.

pesticide [pɛstisid], *s.m.* Pesticide.

pestiféré, -ée [pɛstifere], *a.* & *s.* Plague-stricken.

pestilentiel, -elle [pɛstilɑ̃sjɛl], *a.* Pestilential.

pet [pɛ], *s.m.* Breaking of wind, *V:* fart. **Faire un p.,** to break wind.

pétainiste [petenist], *a.* & *s.m.* & *f.* *Hist:* Follower of Pétain, Pétainist.

pétale [petal], *s.m. Bot:* Petal.

pétanque [petɑ̃:k], *s.f.* Game of bowls (in S. France).

pétarade [petarad], *s.f.* (*a*) Succession of farts (of horse, etc.). (*b*) Crackling (of fireworks); promiscuous firing (of arms). (*c*) *Aut:* (i) Popping back (in carburettor); (ii) back-fire.

pétarader [petarade], *v.i.* (*a*) To emit a succession of bangs. (*b*) *I.C.E:* (Of engine) To pop back.

pétard [peta:r], *s.m.* **1.** (*a*) *Mil: A:* Petard. (*b*) *Min:* Shot, blast. (*c*) *Rail:* Detonator, *F:* fog-signal. (*d*) (Firework) cracker. (*e*) *P:* Gun. **2.** (*a*) *F:* Sensational piece of news. (*b*) *P:* **Faire du p.,** to kick up a row.

pétarder [petarde]. **1.** *v.tr.* To blow up (gate) with a petard; to blast (rock). **2.** *v.i. I.C.E:* To back-fire. **3.** *v.i. P:* To kick up a row.

pétaudière [petodjɛ:r], *s.f. F:* Disorderly meeting; regular bear-garden.

pet-de-nonne [pɛd(ə)nɔn], *s.m. Cu:* = Fritter. *pl. Des pets-de-nonne.*

pet-en-l'air [pɛtɑ̃lɛ:r], *s.m.inv. Cost: P:* Bum-freezer, short jacket.

péter [pete], *v.i.* (**je pète; je péterai**) **1.** To break wind, *V:* to fart. **2.** To crackle; (of cork, etc.) to pop. **3.** (Of fire-arm) To burst, explode.

pètesec [pɛtsɛk], *s.m. F:* Martinet.

pétillant [petijɑ̃], *a.* Crackling (fire); semi-sparkling (wine); sparkling (eyes, wit).

pétill|er [petije], *v.i.* (Of burning wood) To crackle; (of champagne, etc.) to sparkle, fizz, bubble; (of eyes) to sparkle. **P. de joie,** to bubble over with joy. **Livre qui pétille d'esprit,** book sparkling with wit. *s.m.* **-ement.**

pétiole [pesjɔl], *s.m. Bot:* Petiole, leaf-stalk.

petiot, -ote [pətjo, -ɔt]. **1.** *a. F:* Tiny, wee (child). **2.** *s.* Little chap; little girl.

petit, -ite [pəti, -it], *a.* Small, little. **1.** (*a*) **Un p. homme,** a little man. **C'est un homme p.,** he is small, short. **Une toute petite maison,** a tiny little house. **Une petite distance,** a short distance. **En p.,** on a small scale, in miniature. **P. à p.,** little by little, bit by bit. **Se faire (tout) p.,** (i) to make oneself as inconspicuous as possible; (ii) to humble oneself, cower (**devant,** before). (*b*) **Les petits talents,** the lesser talents. **Les petits prophètes,** the minor prophets. *Sch:* **Les petites classes,** the lower forms. **Petite guerre,** sham fight. *Com:* **Petite caisse,** petty cash. **2.** (*a*) Insignificant, unimportant, petty. **P. négociant,** small tradesman. **La petite propriété,** smallholding. **Une petite affaire,** a small, trifling, business. **Les petites gens,** *s.* **les petits,** humble folk. **P. prince,** petty prince. S.a. BIÈRE[1]. (*b*) Feeble, poor, delicate. **Il a une petite santé,** he is always ailing. **3.** Mean, petty, paltry, ungenerous. **Petites âmes,** small-minded people. **4.** (*a*) **P. enfant,** little child, infant. **Le p. Jésus,** the infant Jesus. **P. chien, chat,** puppy, kitten. **Un p. Anglais,** an English boy. **Les petits Dupont,** the Dupont children. (*b*) *s.* Little boy, little girl, little one. **Pauvre petit(e),** poor little chap, poor little thing. *Sch:* **Les petits,** the juniors. (*c*) *s.m. pl.* Young (of animals). **Les petits d'un chien, d'un chat, d'un lion, d'un loup,** a dog's puppies, a cat's kittens, a lion's whelps, a wolf's cubs. **Faire des petits,** (of animals) to bring forth young; (of bitch) to pup; (of lions) to whelp; (of sow) to farrow; (of cat) to kitten; (of wolf) to cub.

petit-cousin, petite-cousine [pətikuzɛ̃, pətitkuzin], *s.* Second cousin. *pl. Des petit(e)s-cousin(e)s.*

petite-fille [p(ə)titfi:j], *s.f.* Grand-daughter. *pl. Des petites-filles.*

petitement [p(ə)titmɑ̃], *adv.* (*a*) To a limited extent; in small quantities. (*b*) Poorly, meanly, pettily. **Se venger p.,** to take a mean revenge.

petite-nièce [p(ə)titnjɛs], *s.f.* Great-niece. *pl. Des petites-nièces.*

petitesse [pətitɛs], *s.f.* **1.** (*a*) Smallness, littleness, diminutiveness; slenderness (of figure). (*b*) Meanness, pettiness, paltriness. **P. d'esprit,** narrow-mindedness. **2. Faire des petitesses,** to do mean, shabby, things.

petit-fils [p(ə)tifis], *s.m.* Grandson. *pl. Des petits-fils.*

petit-gris [p(ə)tigri], *s.m.* **1.** *Z:* Miniver. **2.** (*a*) Siberian squirrel. (*b*) *Furs:* Calabar. *pl. Des petits-gris.*

pétition [petisjɔ̃], *s.f.* (*a*) Petition, memorial. **Faire droit à une p.,** to grant a petition. (*b*) *Log:* **P. de principe,** petitio principii. **Faire une p. de principe,** to beg the question.

pétitionnaire [petisjɔnɛ:r], *s.m. & f.* Petitioner.

pétitionn|er [petisjɔne], *v.i.* To petition. *s.m.* **-ement.**

petit-lait [p(ə)tilɛ], *s.m.* Whey. *pl. Des petits-laits.*

petit-maître [pətimɛ:tr], *s.m. A:* Fop, coxcomb. *pl. Des petits-maîtres.*

petit-nègre [pətinɛ:gr], *s.m.* 'Pidgin' (French, English, etc.).

petit-neveu [p(ə)tinvø], *s.m.* **1.** Great-nephew. **2.** *pl.* **Nos petits-neveux,** our descendants.

petits-enfants [p(ə)tizɑ̃fɑ̃], *s.m.pl.* Grand-children.

pétoire [petwa:r], *s.f.* Pop-gun.

peton [pətɔ̃], *s.m. F:* (In nursery speech) Tiny foot; tootsy-wootsy; *pl.* tootsies.

pétoncle [petɔ̃:kl], *s.m. Moll:* Scallop.

pétré [petre], *a. Geog:* Stony. **L'Arabie Pétrée,** Arabia Petraea.

pétrel [petrɛl], *s.m. Orn:* Petrel. **P. tempête,** storm petrel.

pétrification [petrifikasjɔ̃], *s.f.* Petrifaction.

pétrifier [petrifje], *v.tr.* To petrify. **Pétrifié de peur,** petrified, paralysed, with fear.

se pétrifier, to turn into stone; to petrify.

pétrin [petrɛ̃], *s.m.* Kneading-trough. *F:* **Se mettre dans le p.,** to get into trouble, into a mess, into a fix. *F:* **Être dans le p.,** to be in a hole, in a tight corner, in the soup.

pétr|ir [petri:r], *v.tr.* To knead (dough, bread); to knead, pug, shape, mould (clay); to mould, shape (a person's character). **Un homme pétri d'amour-propre,** a man eaten up with self-conceit. *s.m.* **-issage.**

pétrisseur, -euse [petrisœ:r, -ø:z]. **1.** *s.* Kneader. **2.** *s.f.* **Pétrisseuse,** kneading-machine.

pétrographie [petrɔgrafi], *s.f. Geol:* Petrography.

pétrole [petrɔl], *s.m.* Petroleum; mineral oil. **P. brut,** crude oil. **Lampe à p.,** paraffin lamp. **P. lampant,** paraffin oil, *U.S:* kerosene.

pétrol|er [petrɔle], *v.tr.* **1.** To kindle, to set fire to, (sth.) with paraffin. **2.** To coat with oil. *s.m.* **-age.**

pétrolier, -ière [petrɔlje, -jɛ:r]. **1.** *a.* **L'industrie pétrolière,** the (mineral-)oil industry. **2.** *a. & s.m.* (**Navire, bateau) pétrolier,** (oil) tanker.

pétrolifère [petrɔlifɛ:r], *a.* Oil-bearing. **Gisement p.,** oil-field.

pétulance [petylɑ̃:s], *s.f.* Liveliness, irrepressibleness (of spirits); friskiness (of horse).

pétulant [petylɑ̃], *a.* Lively, irrepressible; frisky.

pétunia [petynja], *s.m. Bot:* Petunia.

peu [pø]. **1.** *adv.* (*a*) Little. **P. ou point,** little or not at all, little or none, little if any. **P. de viande,** not much meat. **Si p. qu'il pleuve cela gâtera les foins,** however little it rains it will spoil the hay. **Pour p. que,** s.a. POUR 3. **Ce n'est pas p. dire,** that's saying a good deal. **Quelque p.,** to a slight extent. **Quelque p. surpris,** somewhat surprised. **Tant soit p.,** s.a. TANT 1. **P. de chose,** (very) little, not much. **J'ai p. de chose de neuf à vous dire,** I have little new to tell you. **Pour si p. de chose,** for so small a matter. S.a. PRÈS 2. (*b*) Few. **P. de gens,** few people. **En p. de mots,** in a few words. **P. d'entre eux,** few of them. (*c*) Not very; un-; non-. **P. utile,** not very useful. **P. intelligent,** unintelligent, *F:* not overintelligent. **P. soucieux,** heedless. **P. honnête,** dishonest. **P. profond,** shallow. **P. abondant,** scarce. **2.** *s.m.* (*a*) Little, bit. **Le peu qu'il y a.,** the little there is. **Donnez-m'en si p. que rien,** give me the least little bit. **Son p. d'éducation,** his lack of learning. **Homme de p.,** low-born fellow. **Il a un p. moins, un p. plus, de quarante ans,** he is something under, over, forty. **Un p. de vin,** a little wine. **Encore un p.,** a little more, a few more. *F:* **Ça, c'est un p. fort!** that's a bit much! **Mais pourquoi, je vous demande un p.!** but why, I ask you! **Un tout petit p.,** a tiny bit. **Pour un p. on eût crié,** we very nearly shouted. **Écoutez un p.,** just listen. *P:* **Un p.!** you bet! rather! **P. à p.,** gradually; little by little. (*b*) (Of time) **Restez encore un p.,** stay a little (while) longer. **P. après,** shortly after. **Sous p., dans p.,** before long, shortly. **Depuis p.,** lately, recently. *Adv. phr.* **Il y a p.,** not (very) long ago, recently.

peuh [pø], *int.* Pooh!

peuplade [pœplad], *s.f.* Small tribe (of primitive peoples).
peuple [pœpl], *s.m.* People. **1.** Nation. **Le p. français,** the French people. **2.** The multitude, the uneducated classes, the masses. **Les gens du p.; le petit, menu, bas, p.,** the common people, the lower classes. *a.inv.* **Des expressions p.,** common, plebeian, expressions.
peuplé [pœple], *a.* Populated. **Peu, très, peuplé,** thinly, densely, populated. **Rues peuplées de monde,** streets thronged with people.
peuplement [pœpləmɑ̃], *s.m.* **1.** Peopling (of place); stocking (of fish-pond, etc.); planting (of wood, etc.). **Colonie de p.,** settlement. **2.** *For:* Plantation.
peupler [pœple]. **1.** *v.tr.* To people, populate (country); to stock (fish-pond, etc.); to plant (wood, etc.). **2.** *v.i.* To multiply, to breed.
se peupler, to become peopled, populous.
peuplier [pœplie], *s.m.* Poplar. **P. d'Italie,** Lombardy poplar.
peur [pœːr], *s.f.* Fear, fright, dread. **Avoir p.,** to be, feel, frightened. **Avoir p. du chien,** to be frightened, afraid, of the dog. **J'ai p. de vous gêner,** I fear I might be in your way. **N'ayez pas p.!** do not be afraid. *F:* **Vous n'avez pas p.!** you have got a nerve! **J'en ai bien p.,** I'm afraid it is so. S.a. MOURIR. **J'ai p. qu'il (ne) soit en retard,** (i) I am worried in case he should be late; (ii) I fear he may be late. **Prendre p.,** to take fright. *F:* **Avoir une p. bleue,** to be in a blue funk, to be scared to death. **En être quitte pour la p.,** to get off with a fright. **Avoir plus de peur que de mal,** to be more frightened than hurt. **Faire p. à qn,** to frighten s.o.; to give s.o. a fright. **Être laid à faire p.,** to be frightfully ugly. **Sans p.,** fearless, fearlessly. **De p. de,** for fear of (sth.). **De p. que . . . (ne) + *sub.*,** lest; for fear that.
peureu|x, -euse [pœrø, -øːz]. **1.** *a.* Timorous; easily frightened; nervous; timid (nature); shy, skittish (horse). **2.** *s. F:* Timid, nervous person. *adv.* **-sement.**
peut. See POUVOIR.
peut-être [pøtɛːtr], *adv.* Perhaps, maybe, possibly. **P.-ê. que oui, p.-ê. que non,** perhaps so, perhaps not. **Il est p.-ê. rentré chez lui,** he may have gone home. **P.-ê. bien qu'il viendra,** he will very possibly come.
peuvent, peux. See POUVOIR.
phagocyte [fagɔsit], *s.m.* *Biol:* Phagocyte.
phalange [falɑ̃ːʒ], *s.f.* **1.** (*a*) *Gr.Ant:* *Mil:* Phalanx. (*b*) *F:* Host, army. **2.** *Anat:* Phalanx; finger-, toe-joint.
phalangette [falɑ̃ʒɛt], *s.f.* Ungual phalanx, top joint (of finger, toe); third phalanx.
phalanstère [falɑ̃stɛːr], *s.m.* *Hist. of Pol.Ec:* Phalanstery.
phalène [falɛn], *s.f.* *Ent:* Phalaena, moth.
phanérogame [fanerɔgam]. *Bot:* **1.** *a.* Phanerogamic, phanerogamous. **2.** *s.f.* Phanerogam.
phantasme [fɑ̃tasm], *s.m.* *Med:* Phantasm.
pharamineux, -euse [faraminø, -øːz], *a.* *P:* Amazing, phenomenal, colossal.
pharaon [faraɔ̃], *s.m.* **1.** Pharaoh. **2.** *Cards:* Faro.
phare [faːr], *s.m.* **1.** Lighthouse. **P. à éclats,** flashing light. **2.** *Nau:* *Av:* Beacon. *Av:* **P. d'atterrissage,** landing light. **P. de ligne,** airway beacon. **P. à éclats,** blinker. **3.** *Aut:* *etc:* Head-light, head-lamp. **4.** *W.Tel:* **P. radio-goniométrique,** wireless direction-finding station.
phare-code [farkɔd], *s.m.* *Aut:* Anti-dazzle head-light. *pl. Des phares-code.*
pharisaïque [farizaik], *a.* Pharisaic(al). *adv.* **-ment,** -ally.
pharisien [farizjɛ̃], *s.m.* (*a*) *Rel.H:* Pharisee. (*b*) Pharisee; hypocrite.
pharmaceutique [farmasøtik]. **1.** *a.* Pharmaceutic(al). **2.** *s.f.* Pharmaceutics.
pharmacie [farmasi], *s.f.* **1.** Pharmacy, dispensing. **2.** (*a*) Pharmacy; chemist's shop. (*b*) Dispensary. **3. (Armoire à) p.,** medicine-chest.
pharmacien, -ienne [farmasjɛ̃, -jɛn], *s.* (Pharmaceutical) chemist; druggist; pharmacist. **P. diplômé,** dispensing chemist.
pharmacologie [farmakɔlɔʒi], *s.f.* Pharmacology.
pharmacopée [farmakɔpe], *s.f.* Pharmacopoeia.
pharyngien, -ienne [farɛ̃ʒjɛ̃, -jɛn], *a.* *Anat:* Pharyngeal.
pharyngite [farɛ̃ʒit], *s.f.* *Med:* Pharyngitis.
pharynx [farɛ̃ːks], *s.m.* *Anat:* Pharynx.
phascolome [faskɔlɔm], *s.m.* *Z:* Wombat.
phase [fɑːz], *s.f.* Phase. **1.** *Astr:* Phasis, phase (of moon, etc.). **2.** (*a*) Stage, period (of an illness, etc.). (*b*) *El.E:* **Transformateur de p.,** phase transformer. **Décalage de p.,** difference of phase. **En p.,** in phase, in step. **Hors de p., décalé en p.,** out of parallel, out of phase.
Phébus [febyːs]. *Pr.n.m.* *Myth:* Phœbus, Apollo.
Phénicie [fenisi]. *Pr.n.f.* *A.Geog:* Phoenicia.
phénicien, -ienne [fenisjɛ̃, -jɛn], *a.* & *s.* Phoenician.
phénique [fenik], *a.* *Ch:* **Acide p.,** carbolic acid, phenol.
phénix [feniks], *s.m.* (*a*) *Myth:* Phoenix. (*b*) Paragon.
phénol [fenɔl], *s.m.* (*a*) *Ch:* Phenol; phenyl alcohol. (*b*) *Com:* Carbolic acid.
phénoménal, -aux [fenɔmenal, -o], *a.* Phenomenal; prodigious, amazing. *adv.* **-ement.**
phénomène [fenɔmɛn], *s.m.* Phenomenon. (*a*) **Les phénomènes de la nature,** natural phenomena. (*b*) Freak (of nature).
phénoménologie [fenɔmenɔlɔʒi], *s.f.* Phenomenology.
phényle [fenil], *s.m.* *Ch:* Phenyl.
philanthrope [filɑ̃trɔp], *s.m.* Philanthropist.
philanthropie [filɑ̃trɔpi], *s.f.* Philanthropy.
philanthropique [filɑ̃trɔpik], *a.* Philanthropic(al).
philanthropisme [filɑ̃trɔpism], *s.m.* Philanthropism.
philatélie [filateli], *s.f.* Philately, stamp-collecting.
philatéliste [filatelist]. *s.m.* & *f.* Philatelist, stamp-collector.
Philémon [filemɔ̃]. *Pr.n.m.* *Gr.Lit:* Philemon. **Ils sont comme P. et Baucis** = they're just like Darby and Joan.
philharmonique [filarmɔnik], *a.* Philharmonic.
philhellène [filɛllɛn]. **1.** *s.m.* Philhellene. **2.** *a.* Philhellenic.
philhellénisme [filɛllenism], *s.m.* Philhellenism.
Philippe [filip]. *Pr.n.m.* Philip.
Philippines (les) [lefilipin]. *Pr.n.f.pl.* *Geog:* The Philippines.
philippique [filipik], *s.f.* Philippic (oration).
philistin, -ine [filistɛ̃, -in], *a.* & *s.* Philistine. (*a*) *A.Geog:* *B.Lit:* Philistine. (*b*) Philistine, uncultured person.
philologie [filɔlɔʒi], *s.f.* Philology.
philologique [filɔlɔʒik], *a.* Philological. *adv.* **-ment.**
philologue [filɔlɔg], *s.m.* Philologist.
philosophale [filɔzɔfal], *a.f.* *A:* **La pierre p.,** the philosopher's stone.
philosophe [filɔzɔf]. **1.** *s.m.* & *f.* Philosopher, sage. *Sch:* = VIth former (Arts). **2.** *a.* Philosophical.
philosopher [filɔzɔfe], *v.i.* To philosophize.
philosophie [filɔzɔfi], *s.f.* Philosophy. *Sch:* **Classe de p.** = VIth Form (Arts).
philosophique [filɔzɔfik], *a.* Philosophical. *adv.* **-ment.**
philosophisme [filɔzɔfism], *s.m.* Philosophism.
philtre [filtr], *s.m.* (Love) philtre.
phlébite [flebit], *s.f.* *Med:* Phlebitis.
phlébotomie [flebɔtɔmi], *s.f.* Phlebotomy.
phlegmon [flɛgmɔ̃], *s.m.* *Med:* Phlegmon.
phlox [flɔks], *s.m.* *Bot:* Phlox.
phlyctène [fliktɛn], *s.f.* *Med:* Phlyct(a)ena, vesicle, (water-)blister, bleb.
phobie [fɔbi]. **1.** *s.f.* *Med:* Phobia; morbid fear. **Avoir une p. du téléphone,** to live in daily dread of the telephone. **2.** *s.suff.f.* **Anglophobie,** Anglophobia. **Claustrophobie,** claustrophobia.
phonéticien [fɔnetisjɛ̃], *s.m.* Phonetician, phonetist.
phonétique [fɔnetik]. **1.** *a.* Phonetic (writing, etc.). **2.** *s.f.* Phonetics. *adv.* **-ment,** -ally.
phoniatrie [fɔnjatri], *s.f.* *Med:* Phoniatry, phoniatrics.
phonie [fɔni], *s.f.* *F:* = RADIOPHONIE.
phonique [fɔnik], *a.* Phonic; acoustic. **Signal p.,** sound signal. *Tp:* **Appel p.,** buzzer.
phono [fɔno], *s.m.* *F:* = PHONOGRAPHE.
phonogénique [fɔnɔʒenik], *a.* *Cin:* Suitable for sound-recording.
phonogramme [fɔnɔgram], *s.m.* *Cin:* *etc:* Sound-record.
phonographe [fɔnɔgraf], *s.m.* Gramophone, record-player; *U.S:* phonograph.
phonographie [fɔnɔgrafi], *s.f.* **1.** Phonography; phonetic spelling. **2.** Sound recording.
phonographique [fɔnɔgrafik], *a.* Phonographic.
phonolite [fɔnɔlit], *s.f.* Clinkstone, phonolite.
phonologie [fɔnɔlɔʒi], *s.f.* *Ling:* Phonology; phonemics.

phonothèque [fɔnɔtɛk], *s.f.* Record library.
phoque [fɔk], *s.m.* *Z:* Seal. **Pêche des phoques,** seal-fishing, sealing.
phosgène [fɔsʒɛn], *s.m.* *Ch:* Phosgene (gas).
phosphate [fɔsfat], *s.m.* *Ch:* *Agr:* Phosphate. **P. de chaux,** calcium phosphate.
phosphaté [fɔsfate], *a.* *Ch:* Phosphatic, phosphated.
phosphat|er [fɔsfate], *v.tr.* *Agr:* To fertilize with phosphates. *s.m.* **-age.**
phosphène [fɔsfɛn], *s.m.* **1.** *Physiol:* Phosphene. **2.** *Ent:* Fire-fly.
phosphore [fɔsfɔːr], *s.m.* *Ch:* Phosphorus. **P. blanc,** yellow phosphorus.
phosphoré [fɔsfɔre], *a.* **1.** Phosphorated. **Allumettes phosphorées,** phosphorus matches. **2.** *Ch:* Phosphuretted (hydrogen).
phosphorescence [fɔsfɔrɛssɑ̃ːs], *s.f.* Phosphorescence.
phosphorescent [fɔsfɔrɛssɑ̃], *a.* Phosphorescent.
phosphoreux [fɔsfɔrø], *a.m.* *Ch:* Phosphorous.
phosphorique [fɔsfɔrik], *a.* *Ch:* Phosphoric.
phosphure [fɔsfyːr], *s.m.* *Ch:* Phosphide.
photo [fɔto], *s.f.* (= PHOTOGRAPHIE) Photograph, *F:* photo. *Sp:* **Décision par p., p. à l'arrivée,** photo-finish.
photocalque [fɔtɔkalk], *s.m.* *Ind:* Phototype (from tracing); blue print.
photochimie [fɔtɔʃimi], *s.f.* Photochemistry.
photocopie [fɔtɔkɔpi], *s.f.* Photocopy; photostat.
photocopier [fɔtɔkɔpje], *v.tr.* To photostat.
photo-électricité [fɔtɔelɛktrisite], *s.f.* Photo-electric current.
photo-électrique [fɔtɔelɛktrik], *a.* *Ph:* Photo-electric (cell).
photo-finish [fɔtɔfiniʃ], *s.f.* Photo-finish camera.
photogénique [fɔtɔʒenik], *a.* **1.** Actinic. **2.** Photogenic.
photographe [fɔtɔgraf], *s.m.* Photographer.
photographie [fɔtɔgrafi], *s.f.* **1.** Photography. **2.** Photograph.
photographier [fɔtɔgrafje], *v.tr.* To photograph; to take a photograph of (sth.). **Se faire p.,** to have one's photograph taken.
photographique [fɔtɔgrafik], *a.* Photographic. *Av:* **Reconnaissance p.,** photo-reconnaissance. S.a. APPAREIL 2. *adv.* **-ment,** -ally.
photograveur [fɔtɔgravœːr], *s.m.* Photo-engraver, process-engraver; block-maker.
photogravure [fɔtɔgravyːr], *s.f.* Photo-engraving; photogravure (process or print).
photolithographie [fɔtɔlitɔgrafi], *s.f.* **1.** Photolithography. **2.** Photolithograph.
photomécanique [fɔtɔmekanik], *a.* Photomechanical.
photomètre [fɔtɔmɛtr], *s.m.* Photometer.
photométrie [fɔtɔmetri], *s.f.* Photometry.
photomicrographie [fɔtɔmikrɔgrafi], *s.f.* **1.** Photomicrography. **2.** Photomicrograph.
photon [fɔtɔ̃], *s.m.* *Ph:* Photon.
photophore [fɔtɔfɔːr], *s.m.* (Miner's) cap-lamp.
photo-robot [fɔtɔrɔbo], *s.f.* *Jur:* Composite picture, identi-kit picture.
photosphère [fɔtɔsfɛːr], *s.f.* *Astr:* Photosphere.
photosynthèse [fɔtɔsɛ̃tɛːz], *s.f.* *Biol:* *Ch:* Photosynthesis.
photostat [fɔtɔsta], *s.m.* Photostat.
photo-stoppeur [fɔtɔstɔpœːr], *s.m.* Street-photographer. *pl. Des photo-stoppeurs.*
phototélégraphie [fɔtɔtelegrafi], *s.f.* **1.** *Phot:* Telephotography. **2.** *Tg:* Phototelegraphy.
photothèque [fɔtɔtɛk], *s.f.* Photographic library.
photothérapie [fɔtɔterapi], *s.f.* Phototherapy; light-cure.
phototype [fɔtɔtip], *s.m.* *Phot.Engr:* **1.** Phototype. **2.** Collotype (print).
phototypie [fɔtɔtipi], *s.f.* Collotype (process).
phototypographie [fɔtɔtipɔgrafi], *s.f.* Phototypography; half-tone reproduction.
phragmite [fragmit], *s.m.* **1.** *Bot:* Reed. **2.** *Orn:* Sedge-warbler.
phrase [frɑːz], *s.f.* **1.** Sentence. **P. toute faite,** stock phrase. **Faire des phrases, faire de grandes phrases,** to use flowery language. **Parler sans p.,** to speak straight out, without mincing matters. **Membre de p.,** phrase. **2.** *Mus:* Phrase.
phraséologie [frɑzeɔlɔʒi], *s.f.* Phraseology.
phraser [frɑze]. **1.** *v.i.* = **Faire des phrases,** *q.v.* under PHRASE 1. **2.** *v.tr.* *Mus:* *etc:* To phrase.
phréatique [freatik], *a.* *Geol:* **Nappe p.,** (under) ground water.
phrénologie [frenɔlɔʒi], *s.f.* Phrenology.
phrénologique [frenɔlɔʒik], *a.* Phrenological.
phrénologiste [frenɔlɔʒist], *s.m.* Phrenologist.
phrygane [frigan], *s.f.* *Ent:* Phryganea; esp. caddis-fly, may-fly. **Larve de p.,** caddis-worm.
Phrygie [friʒi]. *Pr.n.f.* *A.Geog:* Phrygia.
phrygien, -ienne [friʒjɛ̃, -jɛn], *a.* & *s.* *A.Geog:* Phrygian. **Bonnet p.,** Phrygian cap (as emblem of liberty).
phtisie [ftizi], *s.f.* *Med:* *A:* Phthisis; (pulmonary) consumption.
phtisique [ftizik]. *Med:* *A:* **1.** *a.* Phthisical, consumptive. **2.** *s.* Consumptive.
phylactère [filaktɛːr], *s.m.* Phylactery.
phylloxéra [fillɔksera], *s.m.* *Ent:* Phylloxera.
physicien, -ienne [fizisjɛ̃, -jɛn], *s.* Physicist.
physico-chimie [fizikɔʃimi], *s.f.* Physical chemistry.
physiocrate [fizjɔkrat], *s.m.* Physiocrat.
physiognomonie [fizjɔgnɔmɔni], *s.f.* Physiognomy.
physiologie [fizjɔlɔʒi], *s.f.* Physiology.
physiologique [fizjɔlɔʒik], *a.* Physiological. *Bio-Ch:* **Solution p.,** normal saline solution. *adv.* **-ment.**
physiologiste [fizjɔlɔʒist], *s.m.* Physiologist.
physionomie [fizjɔnɔmi], *s.f.* Physiognomy; cast of features; face, countenance; (of thg) appearance, aspect. **Il manque de p.,** his face lacks character. **Jeu de p.,** play of features. **Région qui a une p. particulière,** region with a character of its own.
physionomiste [fizjɔnɔmist], *s.m.* & *f.* Physiognomist; good judge of faces. *F:* **Je ne suis pas p.,** I have no memory for faces.
physiothérapeute [fizjɔterapøːt], *s.m.* & *f.* Physiotherapeutist, physiotherapist.
physiothérapie [fizjɔterapi], *s.f.* *Med:* Physiotherapy.
physiothérapiste [fizjɔterapist], *s.m.* & *f.* Physiotherapist.
physique [fizik]. **1.** *a.* Physical. (*a*) **Douleur p.,** bodily pain. **Force p.,** physical strength. **Culture p.,** physical culture. (*b*) **Chimie p.,** physical chemistry. **2.** *s.f.* Physics. **P. du globe,** geophysics. **Appareil de p.,** (piece of) physical apparatus. **3.** *s.m.* Physique (of person); (i) external appearance, (ii) constitution. *Th:* **Il a le p. de l'emploi,** he looks the part. **Comment est-il au p.?** what is he like to look at?
physiquement [fizikmɑ̃], *adv.* Physically, materially.
phytophage [fitɔfaːʒ], *a.* Phytophagous; plant-eating.
phytozoaire [fitɔzɔɛːr], *s.m.* Phytozoon, *pl.* phytozoa; zoophyte, *pl.* zoophyta.
pi [pi], *s.m.* *Gr.Alph:* Pi.
piaffer [pjɑfe], *v.i.* (Of horse) To paw the ground; to prance.
piaill|er [pjɑje], *v.i.* (Of small birds) To cheep; (of children) to squall, squeal. *s.* **-eur, -euse.**
pian [pjɑ̃], *s.m.* *Med:* Framboesia, yaws.
pianiste [pjanist], *s.m.* & *f.* Pianist.
piano[1] [pjano], *s.m.* Piano, pianoforte. **P. à queue,** grand piano. **P. droit, vertical,** upright piano. **P. mécanique,** (i) **(à rouleau)** piano-player (instrument), player-piano; (ii) **(à cylindre)** (street) piano-organ. **Jouer du p.,** to play the piano.
piano[2], *adv.* *Mus:* Piano, softly.
pianot|er [pjanɔte], *v.i.* *F:* To strum (on piano); to drum (with fingers, on table, etc.). *s.m.* **-age.** *s.* **-eur, -euse.**
piastre [pjastr], *s.f.* *Num:* Piastre.
piaule [pjoːl], *s.f.* *P:* Digs.
piaul|er [pjole], *v.i.* (Of chicks) To peep, cheep; (of children) to whine, whimper. *s.m.* **-ement.** *a.* & *s.m.* **-eur, -euse.**
pibroc, pibrock [pibrɔk], *s.m.* **1.** Pibroch. **2.** Bagpipes.
pic[1] [pik], *s.m.* **1.** Pick, pickaxe. **P. de tailleur de pierre,** stone-dressing pick. **P. à main,** miner's pick. **P. à air comprimé,** pneumatic pick. **P. pneumatique,** pneumatic drill. **P. à tranche,** mattock. **2.** *Cards:* Pique (at piquet). **3.** (Mountain-)peak. *Adv.phr.* **A p.,** perpendicular(ly), sheer. **Sentier à p.,** precipitous path. **Promontoire à p.,** bold headland; bluff. **Tomber à pic,** to be, to fall, sheer. *F:* **Arriver, tomber, à p.,** to come, happen, in the nick of time. **4.** *Nau:* (*a*) Peak (of sail, of gaff). **Drisse de p.,** peak-halyard. (*b*) **L'ancre est à p.,** the anchor is apeak.
pic[2], *s.m.* *Orn:* Woodpecker.

picaillons [pikajɔ̃], *m.pl. P:* Small coins; coppers. **Avoir des p.**, to have money.
picard, -arde [pikaːr, -ard], *a. & s.* (Native) of Picardy.
Picardie [pikardi]. *Pr.n.f. Geog:* Picardy.
picaresque [pikarɛsk], *a.* Picaresque (novel).
piccolo [pikɔlo], *s.m.* **1.** *Mus:* Piccolo. **2.** Light wine.
pichenette [piʃnɛt], *s.f. F:* Fillip, flip, flick (of the finger).
pichet [piʃɛ], *s.m.* Pitcher (for wine or cider).
pickpocket [pikpɔkɛ(t)], *s.m.* Pickpocket.
pick-up [pikœp], *s.m. Gramophones:* Pick-up, reproducer.
picoler [pikɔle], *v.i. P:* To tipple.
picorée [pikɔre], *s.f.* (a) *A:* Pilfering (of fruit, etc.). (b) (Of birds, etc.) **Aller à la p.**, to go in search of food.
picor|er [pikɔre]. **1.** *v.i.* (a) (Of bird, etc.) To forage; to pick, scratch about, for food; to peck. (b) *A:* To pilfer. **2.** *v.tr. A:* To pilfer (fruit, etc.). *s.m.* **-eur.**
picot [piko], *s.m.* **1.** (a) Splinter (of wood). (b) Barb, point. **2.** Pick-hammer. **3.** Wedge. **4.** *Needlew: Lacem:* Picot.
picotement [pikɔtmɑ̃], *s.m.* Pricking, tingling, smarting (sensation).
picot|er [pikɔte], *v.tr.* **1.** (a) To prick tiny holes in (sth.). **Picoté de petite vérole**, pock-marked. (b) (Of bird) To peck, peck at (fruit, etc.). (c) **Fumée qui picote les yeux**, smoke that stings the eyes, that makes the eyes smart. **P. son cheval**, to prick one's horse lightly (with the spur). **2.** (a) *Min:* To wedge. (b) *Needlew: etc:* To picot, to put picots on (piece of lace, etc.). **3.** *v.i.* To smart, tingle. **J'ai les yeux qui me picotent**, my eyes are smarting. *s.m.* **-age.**
picotin [pikɔtɛ̃], *s.m.* Peck, feed (of oats).
picrate [pikrat], *s.m. Ch:* Picrate.
picrique [pikrik], *a. Ch:* Picric (acid).
Pictes [pikt], *s.m.pl. Ethn: Hist:* Picts.
pictographie [piktɔgrafi], *s.f.* Pictography, picture-writing.
pictural, -aux [piktyral, -o], *a.* Pictorial. *adv.* **-ement.**
pic-vert [pivɛːr], *s.m. Orn:* Green woodpecker. *pl. Des pics-verts.*
pie[1] [pi]. **1.** *s.f. Orn:* Magpie. *F:* **Voleur comme une p.**, as thievish as a magpie. S.a. JASER, NID 1, 2. **2.** (a) *s.m. or f.* Piebald horse. (b) *a.*, often *inv.* Piebald.
pie[2], *a.f. A:* Pious, charitable. **Œuvre(s) pie(s)**, charitable deed(s), good works.
Pie[3]. *Pr.n.m.* Pius.
pièce [pjɛs], *s.f.* **1.** Piece (as a whole). (a) **P. de musée**, museum piece. **P. de bétail, de gibier**, head of cattle, of game. **P. de blé**, corn-field. **P. d'eau**, sheet of water; ornamental lake. **P. de vin**, barrel, cask, of wine. **Vin en p.**, wine in the cask, in the wood. **P. de monnaie**, coin. **P. de cinq francs**, five-franc piece. **Donner la p. à qn**, to give s.o. a tip. **P. d'étoffe**, roll of material. *Cu: Pyr:* **P. montée**, set piece. S.a. RÉSISTANCE 2. **Ils coûtent cent francs (la) pièce**, they cost a hundred francs apiece. **Ils se vendent à la p.**, they are sold singly, separately. **Travailler à la p.**, to do piece-work. **P. d'artillerie**, piece of ordnance; gun. **Grosse p.**, heavy gun. **P. de bord**, naval gun. **Armer une p.**, to man a gun. *F:* **C'est une bonne p.**, he's a decent fellow. (b) *Jur:* **Pièces d'un procès**, documents in a case. S.a. CONVICTION 2, JUSTIFICATIF. (c) **P. de théâtre**, play. **Monter une p.**, to put on a play; to cast a play. *F:* **Jouer une p. à qn, faire p. à qn**, to play a trick or a joke on s.o. (d) **P. moulée**, moulding; (plaster, etc.) cast. *Metall:* **P. coulée**, casting. **Grosses pièces**, heavy castings. **P. estampée**, punched piece. **Tout d'une p.**, all of a piece. **2.** Piece (as part of a whole). (a) **P. de bœuf**, joint of beef. **Pièces d'une machine, d'une horloge**, parts of a machine, of a clock. **Pièces détachées**, (i) spare parts; (ii) components, component parts. **Être armé de toutes pièces**, to be fully armed, armed at all points. *F:* **Créer une armée de toutes pièces**, to create an army out of nothing. (b) *Games:* (Chess-) piece; (draughts)man. (c) Room (in house). (d) Patch. **Mettre, poser, une p. à un vêtement**, to patch a garment. (e) *Her:* Piece, ordinary, charge. **P. honorable**, honourable ordinary. **3.** Fragment, bit. **Fait de pièces et de morceaux**, made of odds and ends. **Vêtements en pièces**, tattered garments. **Mettre qch. en pièces**, to break sth. into fragments; to break sth. to pieces; to tear (garment, etc.) to pieces. *F:* **Mettre qn en pièces**, to pull s.o. to pieces. **P. à p.**, bit by bit, piece by piece.
piécette [pjesɛt], *s.f.* **1.** Small coin. **2.** Short play, playlet; curtain-raiser.
pied [pje], *s.m.* **1.** (a) Foot (of man, of hoofed animal). **Il n'avait pas de souliers aux pieds**, he had no shoes on. **Se jeter aux pieds de qn**, to throw oneself at s.o.'s feet. *F:* **Partir du p. gauche**, to make a good start. **Se lever du p. gauche**, to get out of bed on the wrong side. **De la tête aux pieds, de p. en cap** [dəpjetɑ̃kap], from head to foot, from top to toe. **Frapper du p.**, to stamp one's foot. **Faire des pieds et des mains pour . . .**, to do one's utmost, to move heaven and earth, in order to. . . . **Mettre p. à terre** [pjeatɛːr], to alight (from vehicle); to dismount (from horse). **Jamais je ne remettrai les pieds chez lui**, I shall never set foot in his house again. **Marcher sur les pieds de qn**, to tread on s.o.'s toes. **Avoir bon p., bon œil**, to be hale and hearty. **Avoir toujours un p. en l'air**, to be always on the go. *F:* **Lever le p.**, to make oneself scarce; (of financier) to bolt. **Faire qch. au p. levé**, to do sth. off-hand, at a moment's notice, *F:* on the hop. **Il ne peut pas mettre un p. devant l'autre**, (he is so weak that) he can hardly crawl. **Valet de p.**, footman. *F:* **Avoir les pieds chauds**, to be in clover. **Coup de p.**, kick. **Chasser qn à coups de p.**, to kick s.o. out. **Enfoncer la porte à coups de p.**, to kick the door in. **Le coup de p. de l'âne**, that is the most unkindest cut of all. *F:* **Jouer comme un p.**, to play very badly. *F:* **Ça lui fera les pieds**, that will serve him right. *Rugby Fb:* **Coup de p. tombé**, drop-kick. **Pieds de devant, de derrière d'un cheval**, forefeet, hindfeet, of a horse. *Cu:* **P. de veau, p. de cochon**, calf's foot, pig's trotter. S.a. BOT, CHAUSSURE, DANSER 2, ÉPINE 2, FOULER 1, FOURCHU, JOINT 1, PLAT 2. **Un poney au p. sûr**, a sure-footed pony. **A p.**, on foot, walking. **Voyageur à p.**, pedestrian. **Excursionnistes à p.**, hikers. **Aller à p.**, to walk. **Faire cinq kilomètres à p.**, to walk five kilometres. **Vous en avez pour vingt minutes à p.**, you can walk it in twenty minutes. **Course à p.**, foot-race, running-match. **Mettre un jockey, un employé, à p.**, to suspend a jockey; to dismiss, *F:* to sack, an employee. **Sur p.**, afoot, standing, on one's legs. **Il est sur p. de bonne heure**, he is up (and about) early. **Récolte sur p.**, standing crop. **Remettre qn sur p.**, (i) to restore s.o. to health, *F:* to put s.o. on his feet again; (ii) (in business) to set s.o. up, on his feet, again. **Portrait en p.**, full-length portrait. *Mil:* **L'arme au p.**, with arms at the order. (b) Footing, foothold. **Perdre p.**, to lose one's foothold; to get out of one's depth (in bathing). **Le p. me manqua**, I lost my footing. **Tenir p.**, to stand fast. **Tenir p. à qn**, to stand up to s.o. **Prendre p.**, (i) to get a footing, a foothold; (ii) to take root. **Armée sur le p. de guerre**, army on a war footing. **Être sur le même p.**, to be on an equal footing. **Être sur un bon p. avec qn**, *F:* to be well in with s.o. **Établir une maison sur un grand p.**, to set up house or to open a business on a large scale. **Payer qn sur le p. de . . .**, to pay s.o. at the rate of. . . . S.a. FERME[1] 1, GRUE 1, LÂCHER 1, MARIN 1. (c) Footprint, track (of animal). *Typ:* **P. de mouche**, paragraph mark. **2.** (a) Foot (of stocking, tree, bed); foot, base (of column, wall, mountain). (Of wall) **Avoir du p.**, to have batter. **Donner plus de p. à une échelle**, to give more slope to a ladder. S.a. LETTRE 2. *Civ.E: Const:* **A p. d'œuvre**, on site. **Reprendre un travail à p. d'œuvre**, to start again from the very beginning. (b) Leg (of chair, piano, etc.); stem, foot (of glass). (c) **P. de céleri, de laitue**, head of celery, of lettuce. (d) Stand, rest (for telescope, camera, etc.). **P. de lampe**, lamp-stand. (e) *Nau:* Step, heel (of mast). (f) *Bookb:* Tail (of book). (g) *Dressm:* **P. du col**, sham of the collar. **3.** (a) *Meas:* Foot. **Long de trois pieds six pouces**, three foot six in length. **P. carré**, square foot. *F:* **Donnez-lui un p., il en prendra quatre**, give him an inch and he will take an ell. *F:* **C'est un Napoléon au petit p.**, he's Napoleon on a small scale. **P. à p.** [pjeapje], foot by foot, step by step. (b) Foot-rule. **P. à coulisse**, (i) calliper-square; (ii) (shoemaker's) size-stick. **4.** *Pros:* (Metrical) foot.

pied-à-terre [pjɛtatɛːr], *s.m.inv.* Pied-à-terre.
pied-d'alouette [pjedalwɛt], *s.m.* Larkspur, delphinium. *pl. Des pieds-d'alouette.*
pied-de-biche [pjedbiːʃ], *s.m.* **1.** Bell-pull. **2.** (*a*) Nail-extractor, nail-claw. (*b*) Crow-bar, spike-bar. (*c*) Presser-foot (of sewing-machine). **3.** Cabriole leg (of chair, etc.). *pl. Des pieds-de-biche.*
pied-de-poule [pjedpul], *s.m. Tex:* Broken check (design).
pied-de-veau [pjedvo], *s.m. Bot:* Cuckoo-pint, lords and ladies. *pl. Des pieds-de-veau.*
pied-droit, piédroit [pjedrwa], *s.m.* **1.** *Civ.E:* Pier (of arch). **2.** *Arch:* (*a*) Engaged pier. (*b*) Jamb, pier (of window, etc.). *pl. Des pieds-droits, piédroits.*
piédestal, -aux [pjedɛstal, -o], *s.m.* Pedestal.
pied-noir [pjenwaːr], *s.m.* Algerian of European origin. *pl. Des pieds-noirs.*
piédouche [pjeduʃ], *s.m.* Small pedestal.
piège [pjɛːʒ], *s.m.* Trap, snare. **P. à loups,** man-trap. **Dresser, tendre, un p.,** to set a trap (**à,** for). **Prendre un animal au p.,** to trap an animal. **Attirer l'ennemi dans un p.,** to ambush the enemy. **Donner, tomber, dans le p., se prendre au p.,** to walk, fall, into the trap.
piég|er [pjɛʒe], *v.tr.* (**je piège; je piégeai(s); je piégerai**). **1.** To trap (beast). **2.** *Mil:* **P. une mine,** to make a mine into a booby-trap. *s.m.* **-eage.** *s.m.* **-eur.**
pie-grièche [pigriɛʃ], *s.f.* **1.** *Orn:* Shrike. **2.** Shrew (of a woman). *pl. Des pies-grièches.*
pie-mère [pimɛːr], *s.f. Anat:* Pia mater.
Piémont [pjemɔ̃]. *Pr.n.m. Geog:* Piedmont.
pierraille [pjɛrɑːj], *s.f.* Broken stones; rubble; ballast; road metal.
pierre[1] [pjɛːr], *s.f.* Stone. (*a*) **P. de taille,** building-stone, ashlar. **Poser la première p.,** to lay the foundation stone. **P. à plâtre,** gypsum. **Ouvrage en p.,** stone-work. **Ne pas laisser p. sur p.,** not to leave a stone standing. **P. à aiguiser, à repasser,** whetstone, grindstone. **P. à huile,** oilstone, hone. **P. à briquet, à feu,** flint. *Paleont:* **Outils en p.,** flint implements. **P. à fusil,** gun-flint. **P. de touche,** touchstone. **P. précieuse,** precious stone; gem. *Miner:* **P. fine,** semi-precious stone. **P. d'achoppement,** stumbling-block. **Pierres de gué,** stepping-stones. **Avoir un cœur de p.,** to have a heart of stone. **Assaillir qn à coups de pierres,** to pelt s.o. with stones. **Jeter la p. à qn,** to cast a stone at s.o.; to accuse s.o. **C'est une p. dans votre jardin,** that's a dig at you. **Faire d'une p. deux coups,** to kill two birds with one stone. S.a. ÂGE 3. *Prov:* **P. qui roule n'amasse pas mousse,** a rolling stone gathers no moss. (*b*) *Med:* Stone, calculus. (*c*) Grit (in pear).
Pierre[2]. *Pr.n.m.* Peter. **Découvrir saint P. pour couvrir saint Paul,** to rob Peter to pay Paul.
pierreries [pjɛr(ə)ri], *s.f.pl.* Precious stones, jewels, gems.
pierrette[1] [pjɛrɛt], *s.f.* Small stone; pebble.
pierrette[2], *s.f.* **1.** *Th:* Pierrette. **2.** *Orn: F:* Hen-sparrow.
pierreux, -euse [pjɛrø, -øːz], *a.* (*a*) Stony (ground); gravelly (bed of river); gritty (pear). (*b*) *Med:* (i) Calculous (formation); (ii) (patient) suffering from calculus, stone.
pierrot [pjɛro]. (*a*) *Th:* Pierrot, clown. (*b*) *F:* Simpleton. (*c*) *Orn: F:* Sparrow.
piéta, pietà [pjeta], *s.f.inv. Ecc. Art:* Pieta.
piété [pjete], *s.f.* (*a*) Piety, devoutness. **Articles de p.,** devotional objects. (*b*) **P. filiale,** filial piety, devotion.
piéter [pjete]. (**Je piète, nous piétons; je piéterai**) *v.i.* (*a*) (At bowls, etc.). To toe the line. (*b*) *Ven:* (Of pheasant, etc.) To run.
se piéter, to dig one's heels in, stand firm.
piétin|er [pjetine]. **1.** *v.tr.* To trample, stamp, on (sth.); to trample (sth.) down; to tread (sth.) under foot. *Ind:* **P. l'argile,** to tread the clay. **2.** *v.i.* **P. (sur place),** to mark time. **P. de rage,** to dance with rage. **Cette affaire piétine,** this business is hanging fire. *s.m.* **-ement.**
piétisme [pjetism], *s.m. Rel.H:* Pietism.
piéton [pjetɔ̃], *s.m.* Pedestrian. **Sentier pour piétons,** *a.* **sentier p.,** footpath.
piètre [pjɛtr], *a.* Wretched, poor (coat, meal, etc.); lame, paltry (excuse). *adv.* **-ment.**

pieu, -eux [pjø], *s.m.* **1.** Stake, post. **Raide comme un p.,** as stiff as a post, ramrod. **2.** *Civ.E:* Pile. **Enfoncer battre, un p.,** to drive (in) a pile.
pieuvre [pjœvr], *s.f.* Octopus. *F:* (Of person) Sponger.
pieu|x, -euse [pjø, -øːz], *a.* (*a*) Pious, devout. **Legs p.,** charity bequest. (*b*) Dutiful (towards parents, etc.). *adv.* **-sement.**
piézomètre [pjezɔmɛtr], *s.m. Ph:* Piezometer.
pif[1] [pif], *int.* **P., paf!** (exchange of sharp blows, of revolver shots, etc.) bang, bang!
pif[2], *s.m. P:* Large nose; *P:* conk, beak.
pige [piːʒ], *s.f.* **1.** Measuring-rod. *Aut:* **P. de niveau d'huile,** dip-stick. **2.** *Typ:* 'Take' (of copy). **3.** *F:* **Faire la p. à qn,** to outdo s.o.
pigeon, -onne [piʒɔ̃, -ɔn], *s.* **1.** Pigeon. **P. mâle, femelle,** cock-pigeon, hen-pigeon. **P. bleu,** stock-dove. **P. ramier,** ring-dove, wood-pigeon. **P. à capuchon,** jacobin. **P. tambour,** tambourine-pigeon. **P. voyageur,** carrier-pigeon, homing pigeon, homer. S.a. BOULANT 1, GORGE-DE-PIGEON. **P. artificiel,** clay pigeon. **2.** *F:* Dupe, greenhorn. **3.** *s.m. Const:* (*a*) Builder's plaster. (*b*) Hard lump (in lime).
pigeonneau [piʒɔno], *s.m.* **1.** Young pigeon; squab. **2.** *F:* Dupe.
pigeonnier [piʒɔnje], *s.m.* Pigeon-house, dove-cot(e).
piger [piʒe], *v.tr.* (**je pigeai(s); n. pigeons**) **1.** *P:* (*a*) To look at (sth.). **Pige-moi ça!** just look at that! (*b*) To catch (cold, thief, etc.). **Se faire p.,** to get nabbed, collared. (*c*) To understand, grasp. **Piges-tu la combine?** do you get what they're up to? **2.** *Games:* To measure the distance of opposing bowls.
pigment [pigmɑ̃], *s.m.* Pigment. *a.* **-aire.**
pigmentation [pigmɑ̃tasjɔ̃], *s.f.* Pigmentation.
pigmenter [pigmɑ̃te], *v.tr.* To pigment, colour.
pigne [piɲ], *s.f.* (*a*) Pine-, fir-cone. (*b*) = PIGNON[2].
pignocher [piɲɔʃe], *v.i. F:* **1.** *v.tr.* To pick at (one's food). *Abs.* To eat without appetite. **2.** *v.i.* To paint with little niggling strokes.
pignon[1] [piɲɔ̃], *s.m.* **1.** Gable, gable-end. *F:* **Avoir p. sur rue,** (i) to have a house of one's own, (ii) to be well-off. **2.** *Mec.E:* Pinion. **P. de chaîne,** sprocket-wheel, chain-sprocket (of motor cycle, etc.). **Grand p.,** front chain-wheel (of bicycle). *Aut:* **P. de boîte de vitesses,** gear pinion. **P. d'angle,** bevel wheel.
pignon[2], *s.m. Bot:* Pine-seed, -kernel. S.a. PIN.
pilaf [pilaf], *s.m. Cu:* Pilau, pilaw, pilaff.
pilaire [pilɛːr], *a.* = PILEUX.
pilastre [pilastr], *s.m.* Pilaster. **P. d'escalier,** newel.
pilau, pilaw [pilo], *s.m.* = PILAF.
pile[1] [pil], *s.f.* **1.** Pile; heap (of coins, books); stack (of wood). **Mettre en p.,** to heap, stack, pile up. **2.** Pier (of bridge). **3.** *El:* Battery. **Élément de p.,** cell. **P. sèche,** dry cell. **P. de rechange,** refill (for torch). *Atom.Ph:* **P. atomique,** atomic pile. **P. couveuse,** breeder reactor.
pile[2], *s.f.* Beating-trough, -engine, stamping-trough (for paper, etc.). *F:* **Flanquer une p. à qn,** to give s.o. a thrashing.
pile[3], *s.f.* Reverse (of coin). **P. ou face,** heads or tails. **Jouer à p. ou face,** to toss (up, for it). *F:* **S'arrêter p.,** to stop short, to come to a dead stop. *F:* **Ça tombe p.,** it's just right, it would happen!
pil|er [pile], *v.tr.* To pound; to crush, bruise (in mortar, etc.); to grind (almonds); to stamp, beat (skins). **Poivre pilé,** ground pepper. *s.m.* **-age.** *s.* **-eur, -euse.**
pilet [pilɛ], *s.m. Orn:* Pintail (duck).
pileux, -euse [pilø, -øːz], *a.* Pilose, pilous, hairy. **Système p.,** hair. S.a. BULBE 2.
pilier [pilje], *s.m.* Pillar, column, post; shaft (of column). **Un p. d'église,** a pillar, a strong supporter, of the Church. *F:* **P. de café,** pub-crawler; 'regular' (at the pub).
pilifère [pilifɛːr], *a. Bot:* Piliferous.
pillage [pijaːʒ], *s.m.* Pillage, looting. **Mettre une ville au p.,** to sack a town.
pillard, -arde [pijaːr, -ard]. **1.** *a.* (*a*) Pillaging. (*b*) Thieving, pilfering. **2.** *s.* (*a*) Pillager, looter, plunderer. (*b*) Pilferer.
piller [pije], *v.tr.* **1.** (*a*) To pillage, plunder, loot, sack, ransack. (*b*) **P. un auteur,** to plagiarize, steal from, an author. **2.** (*a*) *A:* (Of dog) To attack, worry (person, sheep). (*b*) *Ven:* **Pille! pille!** at him!

pilleur, -euse [pijœːr, -øːz]. **1.** *a.* Given to plunder; pilfering. **2.** *s.* Pillager. *Nau:* **P. d'épaves,** wrecker.
pilon [pilɔ̃], *s.m.* **1.** (*a*) *Pharm: etc:* Pestle. (*b*) Earth-rammer, punner. (*c*) (Ore-crushing) stamp. (*d*) **P. à vapeur,** steam-hammer. S.a. MARTEAU-PILON. **Mettre un livre au p.,** to pulp a book. **2.** *F:* (*a*) Drumstick (of fowl). (*b*) Wooden leg.
pilonn|er [pilɔne], *v.tr.* To pound (drugs, etc.); to pulp (paper, etc.); to ram, beat, pun (earth, concrete, etc.); to stamp (ore). *Mil:* To flatten, pound (with shells, bombs). *s.m.* **-age.**
pilori [pilɔri], *s.m.* Pillory. **Mettre au p.** = PILORIER. **Clouer qn au p.,** to pillory s.o.
pilorier [pilɔrje], *v.tr.* (*a*) To pillory (s.o.); to put (s.o.) in the pillory. (*b*) To cast a slur on s.o.'s reputation.
pilot [pilo], *s.m.* **1.** *Civ.E:* Pile. **P. de pont,** bridge pile. **2.** Heap of salt (in salt-pans).
pilotage¹ [pilɔtaːʒ], *s.m.* Pile-driving.
pilotage², *s.m. Nau: Av:* (*a*) Pilotage, piloting. *Av:* **École de p.,** flying-school. **P. sans visibilité, P.S.V.,** flying blind. (*b*) **(Frais de) p.,** pilotage (dues).
pilote [pilɔt], *s.m.* **1.** *Nau: Av:* Pilot. **P. de ligne,** air-line pilot. **P. d'essais,** test pilot. **P. automatique,** automatic pilot, *F:* George. *a.* **Bateau p.,** pilot-boat. **Ballon p.,** pilot-balloon. **Usine p.,** pilot factory, pilot plant. **2.** *Ich:* Pilot-fish.
piloter¹ [pilɔte], *v.tr. Civ.E:* To drive piles into (sand, etc.).
piloter², *v.tr.* (*a*) To pilot (ship, aircraft); to fly (aircraft). (*b*) **P. qn dans Londres,** to show s.o. round London.
pilotis [pilɔti], *s.m. Civ.E:* Piling. **P. de support,** pile foundation.
pilou [pilu], *s.m.* Flannelette, cotton flannel.
pilule [pilyl], *s.f. Pharm:* Pill. *F:* **Prendre la p.,** to meet with a rebuff. **Avaler la p.,** (i) to swallow the pill, (ii) *F:* to swallow sth. hook, line and sinker. S.a. DORER 1.
pimbêche [pɛ̃bɛʃ], *s.f. F:* (Of woman) Old cat. **Une petite p.,** a stuck-up young woman, girl.
piment [pimɑ̃], *s.m.* Pimento, capsicum. *Cu:* Red pepper.
pimenté [pimɑ̃te], *a.* Highly spiced.
pimenter [pimɑ̃te], *v.tr. Cu:* To season (sth.) with red pepper. *F:* **P. son récit,** to give spice to one's story.
pimpant [pɛ̃pɑ̃], *a.* Smart, spruce.
pimprenelle [pɛ̃prənɛl], *s.f. Bot:* Burnet, bloodwort.
pin [pɛ̃], *s.m.* Pine(-tree). **P. d'Écosse,** Scotch pine, Scotch fir. **P. sylvestre, suisse,** Norway pine. **P. maritime,** maritime pine. **P. pignon, p. (en) parasol,** stonepine, parasol pine. **P. de montagne,** silver pine, white pine. **P. de Virginie,** scrub-pine. **Pomme de p.,** (i) pine cone, (ii) fir-cone.
pinacle [pinakl], *s.m.* Pinnacle. *F:* **Porter qn au p.,** to praise s.o. to the skies. *F:* **Être au, sur le, p.,** to be at the top of the tree.
pinacothèque [pinakɔtɛk], *s.f.* Picture-gallery.
pinard [pinaːr], *s.m. P:* Wine.
pinasse [pinas], *s.f. Nau:* Pinnace, shallop.
pinastre [pinastr], *s.m. Bot:* Pinaster, sea-pine.
pinçage [pɛ̃saːʒ], *s.m. Hort:* (*a*) Pinching off, nipping off (of buds). (*b*) Topping.
pince [pɛ̃ːs], *s.f.* **1.** Grip, hold (of tool, hand, etc.). **2.** Holder, gripper. (*a*) *Tls:* Pincers, pliers, nippers; (smith's) tongs. *Surg:* Forceps. **Petites pinces,** tweezers. **Pince(s) coupante(s),** cutting pliers; wire-cutters. **P. à gaz, de plombier,** gas-pliers. **P. à sucre,** sugar-tongs. *Toil:* **P. à épiler,** tweezers. *Fish:* **P. à dégorger,** gag. (*b*) *Surg:* Forceps. **P. hémostatique,** artery clip. (*c*) (Paper-, bicycle-, suspenders-)clip. **P. à linge,** clothes-peg. *El:* **P. pour fils,** terminal clamp. (*d*) Crow-bar, tommy-bar. **P. monseigneur,** (burglar's) jemmy. **3.** (*a*) Claw, nipper (of crab, etc.). *F:* **Serrer la p. à qn,** to shake hands with s.o., to give s.o. one's paw. (*b*) Toe, point (of horse's hoof or shoe). **4.** Pleat (in garment); dart.
pincé [pɛ̃se], *a.* Affected, supercilious, prim. **Sourire p.,** tight-lipped smile; wry smile. **2.** *s.m. Mus:* Pizzicato.
pinceau [pɛ̃so], *s.m.* **1.** (*a*) (Artist's) paint-brush. **Coup de p.,** stroke of the brush. **Avoir le p. hardi,** to have a bold touch. **P. vaporisateur,** air-brush, aerograph. (*b*) *P:* Leg, *P:* pin. **2.** *Opt:* **P. (lumineux),** pencil of light. *Ph:* **P. sonore,** sound-beam.
pincée [pɛ̃se], *s.f.* Pinch (of snuff, etc.).
pincement [pɛ̃smɑ̃], *s.m.* **1.** Pinching, nipping. **Il a eu un p. au cœur,** his heart missed a beat. **2.** Plucking (of strings of guitar, etc.). **3.** = PINÇAGE. **4.** *Aut:* Toe-in (of front wheels).
pince-nez [pɛ̃sne], *s.m.inv.* Eye-glasses, pince-nez.
pincer [pɛ̃se], *v.tr.* (je pinçai(s); n. pinçons) **1.** To pinch, nip. (*a*) **Il lui pinça la joue,** he pinched her cheek. *F:* **Le froid pince,** there's a nip in the air. S.a. LÈVRE 1. (*b*) *Hort:* (i) To nip off (buds); (ii) to top (plant). (*c*) *Aut:* **Faire p. les roues avant,** to toe in the front wheels. (*d*) *Mus:* To pluck (strings of harp, etc.). **P. de la harpe,** to play, touch, the harp. **2.** To grip, hold fast (with pincers, etc.). *Nau:* **P. le vent,** to hug the wind. *F:* **P. un voleur,** to catch a thief. **Se faire p.,** to get pinched, nabbed.
pince-sans-rire [pɛ̃ssɑ̃riːr], *s.m.inv.* Man of dry (and mischievous) humour; deadpan.
pincette [pɛ̃sɛt], *s.f.* Usu. *pl.* (*a*) Tweezers. (*b*) (Fire-) tongs; pair of tongs. **Il n'est pas à prendre avec des pincettes,** (i) I wouldn't touch him with a barge-pole, a pair of tongs; (ii) he is unapproachable, he's like a bear with a sore head.
pinçon [pɛ̃sɔ̃], *s.m.* **1.** Mark, bruise (left by a pinch); blood-blister. **2.** Toe-clip (of horse-shoe).
pinçure [pɛ̃syːr], *s.f.* **1.** Pinching. **2.** *Tex:* Crease (made during fulling).
pinéal, -aux [pineal, -o], *a. Anat:* Pineal (gland).
pinède [pinɛd], *s.f.* (*In S. of Fr.*) Pine-grove, pine-forest.
pineraie [pinrɛ], *s.f.* Pine-grove, pine-forest.
pingouin [pɛ̃gwɛ̃], *s.m. Orn:* Auk. **P. royal,** King penguin. **P. impérial,** Emperor penguin.
pingouinière [pɛ̃gwinjɛːr], *s.f.* Rookery.
ping-pong [piŋpɔŋ], *s.m.inv. R.t.m.* Table-tennis, ping-pong.
pingre [pɛ̃ːgr]. *F:* **1.** *a.* Stingy, miserly, niggardly. **2.** *s.m.* Skinflint.
pingrerie [pɛ̃grəri], *s.f. F:* Stinginess, niggardliness.
pinière [pinjɛːr], *s.f.* Pine plantation.
pinné [pinne], *a. Nat.Hist:* Pinnate(d), pennate.
pinnule [pinnyl], *s.f.* **1.** *Nat.Hist:* Pinnule. **2.** Sight-vane, sight (of alidade, sextant).
pinson [pɛ̃sɔ̃], *s.m. Orn:* Finch. **P. vulgaire,** chaffinch. S.a. GAI 1.
pintade [pɛ̃tad], *s.f.* (*a*) Guinea-fowl. **P. mâle,** guinea-cock. (*b*) *F:* Stuck-up, pretentious, woman.
pintadeau [pɛ̃tado], *s.m. Orn:* Young guinea-fowl.
pinte [pɛ̃ːt], *s.f. Meas: A:* (French) pint (nearly = English quart). *F:* **Se faire une p. de bon sang,** to laugh loud and long.
pinter [pɛ̃te], *v.i. & tr. P:* To swill (beer, wine); to booze.
pin-up [pinœp], *s.f. P:* Pin-up girl.
pioche [pjɔʃ], *s.f.* Pickaxe, pick, mattock.
pioch|er [pjɔʃe]. **1.** (*a*) *v.tr.* To dig (with a pick); to pick. (*b*) *v.tr. & i. F:* To grind, swot, mug, at (sth.). **P. son allemand,** to swot up one's German. **2.** *v.i.* To draw from the stock (at dominoes). *s.m.* **-age.**
piocheur, -euse [pjɔʃœːr, -øːz]. **1.** *s.m.* Pickman, digger, navvy. **2.** *s.m. & f. F:* Hard worker; swot, swotter. **3.** *s.f.* **Piocheuse,** *Civ.E:* digger. **Piocheuse-défonceuse,** excavator.
piolet [pjɔlɛ], *s.m.* Piolet, ice-axe.
pion [pjɔ̃], *s.m.* **1.** *Sch: F:* Junior master (in charge of preparation). **2.** (*a*) *Chess:* Pawn. (*b*) *Draughts:* Piece, man. S.a. DAMER 1.
pionc|er [pjɔ̃se], *v.i.* (je pionçai(s); n. pionçons) *P:* To sleep, to snooze. *s.* **-eur, -euse.**
pionnier [pjɔnje], *s.m.* Pioneer. **Faire œuvre de p.,** to break new ground.
pipe [pip], *s.f.* Pipe. **1.** Tube. **2.** Large cask (for wine, spirits); pipe. **3.** (Tobacco-)pipe. **P. de bruyère,** briar pipe. **P. en terre,** clay pipe. *F:* **Mettez ça dans votre p.!** put that in your pipe and smoke it! **Terre de p.,** pipe-clay.
pipeau [pipo], *s.m.* **1.** *Mus:* (Reed-)pipe; shepherd's pipe. **P. de chasse,** bird-call. **2.** *pl.* Limed twigs (to snare birds); snare.
pipée [pipe], *s.f.* Bird-snaring, bird-catching.
pipelet, -ette [piplɛ, -ɛt], *s. P:* (In Paris) Concierge, door-keeper. *F: s.f.* **Pipelette,** gossip.

pipe-line [piplin], *s.m.* Pipe-line. *pl. Des pipe-lines.*

piper [pipe]. **1.** *v.i.* (*a*) *A:* (Of small birds) To peep, cheep. (*b*) *F:* **Ne pas p.,** not to say a word. **2.** *v.tr.* (*a*) To lure (birds by means of bird-calls). *F:* **P. qn,** to dupe, decoy, trick, s.o. **Se faire p.,** to get caught. (*b*) **P. les dés,** to load, cog, dice. **P. une carte,** to mark a card.

pipette [pipɛt], *s.f.* (*a*) *Ch: etc:* Pipette. (*b*) **P. tâte-vin,** plunging-siphon; wine-taster.

pipeur, -euse [pipœːr, -øːz], *s.* (*a*) Bird-lurer. (*b*) (At cards, etc.) Cheat, sharper.

pipi[1] [pipi], *s.m. F:* **Faire p.,** to piddle, to pee; to spend a penny.

pipi[2], **pipit** [pipit], *s.m. Orn:* Pipit. **P. des prés,** meadow pipit, meadow titlark.

pipistrelle [pipistrɛl], *s.f. Z:* Pipistrelle.

piquant [pikɑ̃]. **1.** *a.* Pricking (weapon); stinging (nettle); pungent (odour); tart (taste); sharp, biting, cutting (remark, wind); racy (anecdote); piquant (beauty, appearance). *Cu:* **Sauce piquante,** piquant sauce. **2.** *s.m.* Point, zest, pith (of story); pointedness, pungency (of style); bite (of beverage, etc.). **3.** *s.m.* Prickle, sting (of plant); quill, spine (of porcupine); spike (of barbed wire).

pique[1] [pik]. **1.** *s.f.* (*a*) Pike. **Bois de p.,** pikestaff. (*b*) (Pointed) tip (of alpenstock, etc.). **2.** *s.m. Cards:* Spade(s). **Jouer p.,** to play a spade; to play spades, S.a. AS[1] 1.

pique[2], *s.f.* Pique, ill-feeling. **Par p.,** out of spite, in (fit of) a pique.

piqué [pike], *a.* **1.** (*a*) Quilted; padded (door). (*b*) *s.m.* Quilting, piqué. **2.** *Cu:* Larded (meat). **3.** Worm-eaten; (damp-, dust-, mould-)spotted; foxed (engraving); pitted (metal). **P. des mouches,** fly-blown. **Ciel p. d'étoiles,** sky studded with stars. **Vêtement p. des vers,** moth-eaten garment. *P:* **Être p.,** to be batty. **Gens au cerveau p.,** crack-brained people. **4.** Sour (wine). **5.** *Mus:* Staccato (notes). **6.** *Av:* **Descente piquée,** *s.m.* **p.,** vertical dive; nose-dive. **Descendre en p.,** to nose-dive. **Attaque en p.,** dive-bombing attack. **Attaquer en p.,** to dive-bomb. **Frein de p.,** dive-brake. *Golf:* **Approche piquée,** short approach.

pique-assiette [pikasjɛt], *s.m.inv. F:* Sponger, parasite.

pique-bœuf [pikbœf], *s.m.* **1.** (*a*) Ox-team driver. (*b*) Goad. **2.** *Orn:* Beefeater, ox-pecker. *pl. Des pique-bœufs.*

pique-feu [pikfø], *s.m.inv.* Fire-rake, poker, pricker.

pique-nique [piknik], *s.m.* Picnic. **Faire un p.-n.,** to go for a picnic; to picnic. *pl. Des pique-niques.*

pique-niquer [piknike], *v.i.* To (have a) picnic.

piqu|er [pike], *v.tr.* **1.** (*a*) To prick, sting; (of mosquito) to bite. **Être piqué par une guêpe,** to be stung by a wasp. **P. un cheval de l'éperon,** to prick, spur, a horse. **P. des deux,** (i) to clap spurs to one's horse; (ii) *F:* to hurry up. **P. les bœufs,** to goad the oxen. **P. qn d'honneur,** to put s.o. on his mettle. **La fumée pique les yeux,** the smoke makes the eyes smart. **Vent qui pique,** biting wind. S.a. MOUCHE. (*b*) *Med:* **P. qn à la morphine,** to give s.o. an injection of morphia. (*c*) To nettle, pique, offend (s.o.). **P. qn au vif,** to cut s.o. to the quick. **P. la jalousie de qn,** to arouse s.o.'s jealousy. **2.** (*a*) **P. une surface,** to eat into, to pit, a surface; (of worms) to eat into (wood). (*b*) **P. un moellon,** to dress a stone. **P. une chaudière,** to scale, chip, a boiler. *P:* **Se p. le nez,** to tipple. **3.** *Nau:* **P. l'heure,** to strike the hour. **4.** To prick, puncture (sth.); to quilt (counterpane); to lard (meat). **P. du cuir,** to stitch leather. *Dressm:* **P. à la machine,** to machine. **Machine à p.,** perforating machine. **P. dans l'assiette de qn,** (i) to steal from s.o.'s plate; (ii) to sponge on s.o. *Fish:* **P. un poisson,** to strike a fish. **5.** To stick, insert (sth. into sth.). **6.** (*a*) **P. une tête,** to take a header; to dive. (Of ship) **P. de l'avant,** to go down by the bows. *Av:* **P. de haut sur un ennemi,** to dive down on an enemy. **P. de l'aile,** to drop a wing. S.a. NEZ 2. (*b*) *Nau:* **P. sur une île,** to head for an island. **7.** *P:* **P. un soleil, un fard,** to blush. **P. une attaque,** to throw a fit. S.a. LAÏUS. *s.m.* **-age.**

se piquer. **1.** (*a*) To prick oneself. (*b*) *F:* To be addicted to morphia. **2.** To take offence, to become nettled. **3. Se p. de qch., de faire qch.,** to pride oneself, plume oneself, on sth., on doing sth. **4. Se p. au jeu,** to get excited over the game; to be stimulated by opposition. **Je m'étais piqué au jeu,** I was on my mettle. **5. Se p. pour qn,** to take a fancy to s.o. **6.** To become spotted (with rust, etc.); (of metal) to pit; (of wood) to become worm-eaten; (of clothes, etc.) to become moth-eaten.

piquet[1] [pikɛ], *s.m.* **1.** (*a*) Peg, stake, post. **P. de tente,** tent-peg. **Attacher les chevaux au p.,** to tether, picket, the horses. *Fb:* **P. de coin,** corner-flag. (*b*) **P. de fleurs,** cluster of (millinery) flowers. **2.** *Mil:* Picket. **Être de p.,** to be on picket. **Piquets de grève,** strike pickets. *Sch:* **Être au p.,** to stand in the corner.

piquet[2], *s.m. Cards:* Piquet. **Faire un p.,** to play a hand at piquet.

piquet|er [pikte], *v.tr.* **(je piquette; je piquetterai) 1.** To peg out, stake out (claim, camp). **2.** To picket (approaches to works, etc.). **3.** To spot, dot. **Piqueté de noir,** dotted with black. *s.m.* **-age.**

piquette [pikɛt], *s.f.* **1.** *Wine-m:* Second wine. **2.** *F:* (Unpretentious) local wine.

piqueur, -euse [pikœːr, -øːz], *s.* **1.** (*a*) *Ven:* Whipper-in, huntsman. (*b*) Stud-groom. (*c*) Outrider. **2.** *Ind:* (*a*) (Leather-)stitcher. **Piqueur, piqueuse, en bottines,** shoe-stitcher. (*b*) **Piqueuse à la machine,** sewing-woman. **3.** *Min: etc:* Hewer, pickman. *Mch:* **P. de chaudières,** scurfer. **4.** *Rail:* Foreman platelayer.

piquoir [pikwaːr], *s.m. Art:* Draughtsman's needle, pricker.

piqûre [pikyːr], *s.f.* **1.** (*a*) Prick, sting, bite (of insect). **P. d'épingle,** pin-prick. **P. de puce,** flea-bite. (*b*) Subcutaneous injection, hypodermic injection. **P. de morphine,** injection, *F:* shot, of morphia. **2.** Puncture, small hole; pit (in metal). (*a*) **P. de vers,** worm-hole; moth-hole. (*b*) (Back-) stitching (of material, leather); quilting. **3.** (*a*) *Bookb:* **P. métallique,** stabbing. (*b*) *Publ:* (Stabbed) pamphlet. **4.** Spot, speck (of rust, mould); foxing (of paper). **P. de mouches,** fly-speck.

pirate [pirat], *s.m.* (*a*) Pirate. (*b*) *F:* Plagiarist.

pirater [pirate], *v.i.* (*a*) To practise piracy. (*b*) *F:* To pirate, plagiarize.

piraterie [piratri], *s.f.* **1.** Piracy. **2.** Act of piracy.

pire [piːr], *a.* **1.** *Comp.* Worse. (*a*) **Le remède est p. que le mal,** out of the frying-pan into the fire. *Prov:* **Il n'est p. eau que l'eau qui dort,** still waters run deep. (*b*) (Often = PIS) **Cela serait encore p.; ce qui est p.; rien de p.;** see PIS[2] 1. (*b*) **2.** *Sup.* **Le p.,** the worst. (*a*) **Exposé aux pires dangers, aux pires injures,** exposed to the direst dangers, to the foulest insults. (*b*) (= PIS) **Mettre les choses au p.; prendre les choses au p.;** see PIS[2] 2.

Pirée (le) [ləpire]. *Pr.n.m. Geog:* Piraeus.

piriforme [piriform], *a.* Pear-shaped, pyriform.

pirogue [pirɔg], *s.f.* **1.** Pirogue; (dug-out) canoe. **2.** Canoe.

pirouette [pirwɛt], *s.f.* **1.** Whirligig (toy). **2.** *Danc: Equit:* Pirouette. **Faire la p.,** (i) to pirouette; (ii) *F:* to reverse one's opinions; to face right-about.

pirouetter [pirwɛte], *v.i.* To pirouette.

pis[1] [pi], *s.m.* Udder, dug (of cow).

pis[2], *adv.* (Used chiefly in a number of set phrases. The usu. form is **plus mal.**) **1.** *Comp.* Worse. (*a*) **P. que tout cela,** worse than all that. **Il y a p.,** there is, are, worse. **De p. en p.,** worse and worse. **Aller de mal en p.,** to go from bad to worse. S.a. ALLER II. 2, TANT 1. (*b*) **Cela serait encore p.,** that would be worse still. **Ce qui est p. . . ., qui pis est . . .,** what is worse. . . . **Rien de p.,** nothing worse. **Le malade est p. (que jamais),** the invalid is worse (than ever). **Pour ne pas dire p.,** to say no more. **Il a fait tout cela et p.,** he did all that and (something even) worse. **2.** *Sup.* **Le p.,** (the) worst. **Ce qu'il y a de p.,** (i) what is worst; (ii) the worst there is. **Faire de son p.,** to do one's worst. **Mettre les choses au p.,** to suppose, assume, the worst. **Prendre les choses au p.,** to put the worst face on things.

pis-aller [pizale], *s.m.inv.* Last resource; makeshift. S.a. ALLER II. 2.

piscicole [pissikɔl]. *a.* Piscicultural.

pisciculteur [pissikyltœːr], *s.m.* Pisciculturist; fish-breeder.

pisciculture [pissikylty:r], *s.f.* Pisciculture; fish-breeding.
pisciforme [pissifɔrm], *a.* Fish-shaped.
piscine [pissin], *s.f.* **1.** *Rom.Ant:* (*a*) Fish-pond. (*b*) Bathing-pool. **2.** *Ecc:* Piscina. **3.** Public swimming-bath; swimming-pool.
piscivore [pissivɔ:r], *a.* Piscivorous.
pisé [pize], *s.m.* *Const:* Pisé; puddled clay.
pissaladière [pisaladjɛ:r], *s.f.* *Cu:* *Dial:* **P. niçoise,** open onion and tomato pie, garnished with anchovies or sardines.
pissat [pisa], *s.m.* Urine (of animals).
pissenlit [pisɑ̃li], *s.m.* *Bot:* Dandelion.
piss|er [pise], *v.i.* *P:* To make water. (With cogn. acc.) **P. du sang,** to pass blood with the urine. **Aller p.,** *F:* to spend a penny, to see a man about a dog, to have a look at the plumbing, to shed a tear for Nelson. *s.m.* **-ement.**
pisseux, -euse [pisø, -ø:z], *a.* (*a*) Of, resembling, urine. (*b*) Stained with urine. (*c*) Filthy. (*d*) (Of colour) Faded, washed out.
pissoir [piswa:r], *s.m.* *F:* Urinal.
pissoter [pisɔte], *v.i.* *F:* To be constantly making water, to dribble.
pissotière [pisɔtjɛ:r], *s.f.* *F:* (Public) urinal.
pistache [pistaʃ]. **1.** *s.f.* *Bot:* (*a*) Pistachio(-nut). (*b*) **P. de terre,** peanut, ground nut. **2.** *a.inv.* Pistachio (-green).
pistachier [pistaʃje], *s.m.* Pistachio-tree.
piste [pist], *s.f.* **1.** (*a*) Running-track; race-track. **P. cyclable,** cycle-track. **P. cavalière,** (i) riding-track; (ii) bridle-path. **P. d'autodrome,** speedway. **Courses de p.** track-racing. **Tour de p.,** lap. *Aut:* **P. de vitesse,** racing-track. *Adm:* **Route à double p.,** dual carriageway. **P. de ravitaillement,** drive-in (for refuelling). *Sp:* *F:* **Être en p.,** to be in the running. **Vous êtes toujours en p.?** You're still in? You haven't been knocked out yet? *Sp:* **P. individuelle,** lane (of straight track). (*b*) Racecourse. (*c*) **P. de patinage,** skating-rink. **P. de toboggan,** toboggan-run. *Av:* **P. d'envol,** runway. **P. d'atterrissage,** landing strip. **P. de danse,** dance floor. (*d*) *Cin:* **P. sonore,** sound-track. **2.** *Ven:* Track, trail, scent. **Suivre la p.,** to follow the footprints. **Suivre un lièvre à la p.,** to track, trail, a hare. *F:* **Être sur la p. de qn,** to be on the track of s.o. **Fausse p.,** false trail. **Faire fausse p.,** to be on the wrong track.
pist|er [piste], *v.tr.* (*a*) To track (hare). **P. qn,** to shadow s.o. (*b*) **P. des clients,** (i) to keep track of, (ii) to tout for, customers. (*c*) *Abs:* **Le chien piste très bien,** the dog tracks very well. *s.m.* **-age.**
pisteur [pistœ:r], *s.m.* (*a*) Tracker; esp. police spy. (*b*) Hotel tout.
pistil [pistil], *s.m.* *Bot:* Pistil.
pistolet [pistɔlɛ], *s.m.* **1.** (*a*) Pistol; *U.S:* gun. **Pistolets de combat,** duelling pistols. **Coup de p.,** pistol-shot. *F:* **C'est un drôle de p.,** he's a queer customer. *Toys:* **P. à bouchon,** pop-gun. *Sp:* **P. de starter,** starting-pistol. (*b*) *Artil:* **P. de tir,** firing-pistol. (*c*) **P. à peinture, p. vaporisateur,** spray-gun; air-brush. **2.** *Draw:* French curve. **3.** *Nau:* (*a*) **P. d'embarcation,** davit. (*b*) **P. d'amure,** bumpkin.
pistolet-mitrailleur [pistɔlɛ-mitrɑjœ:r], *s.m.* Machine-pistol. *pl. Des pistolets-mitrailleurs.*
piston [pistɔ̃], *s.m.* **1.** (*a*) *Mch:* Piston. **Tête de p.,** crosshead. (*b*) Sucker (of pump); plunger (of force-pump); ram (of hydraulic press). (*c*) *F:* **Avoir du p.,** to have friends at court, to be well backed. **Il est arrivé à coups de p.,** he succeeded through backstairs influence. **2.** *Mus:* (*a*) Valve (of saxhorn, etc.). (*b*) **Cornet à pistons,** cornet. **3.** Spring-stud (releasing camera front, etc.).
pistonn|er [pistɔne], *v.tr.* *F:* To back, recommend (s.o.); *F:* to push (s.o.). *s.m.* **-age.**
pistonneur, -euse [pistɔnœ:r, -ø:z], *s.* *F:* Friend at court.
pitance [pitɑ̃:s], *s.f.* (*a*) (Monk's) allowance (of food). (*b*) *F:* **Se faire une maigre p.,** to eke out a living.
pitchpin [pitʃpɛ̃], *s.m.* Pitch-pine.
piteu|x, -euse [pitø, -ø:z], *a.* Piteous, woeful, pitiable. **Faire piteuse mine,** to look crestfallen. **Faire piteuse figure,** to cut a sorry figure. *adv.* **-sement.**
pithécanthrope [pitekɑ̃trɔp], *s.m.* Pithecanthrope; *F:* (the) 'missing link.'
pitié [pitje], *s.f.* Pity, compassion. **Avoir p. de qn,** to have mercy, pity, on s.o. **Prendre p. de qn, prendre qn en p.,** to take pity on s.o. **Sans p.,** pitiless(ly), merciless(ly), ruthless(ly). **Par p.,** for pity's sake; out of pity. **Regarder qn d'un œil de p.,** to look compassionately at s.o. **Faire p.,** to arouse pity, compassion. **Il me faisait p.,** I felt sorry for him. **C'est p. qu'il soit resté seul,** it is sad that he should have remained alone. **C'est à faire p.!** it is pitiful!
piton [pitɔ̃], *s.m.* **1.** (Metal) eye, eye-bolt. **P. à vis,** screw-eye; screw-ring. **P. à boucle,** ring-bolt. *Mount:* Piton, peg. **2.** Peak (of mountain). **3.** *P:* (Large) nose; conk (= PIF[2]).
pitoyable [pitwajabl], *a.* (*a*) Pitiable, pitiful, piteous; wretched (health). (*b*) Paltry, despicable, wretched (excuse, etc.). *adv.* **-ment.**
pitre [pi:tr], *s.m.* **1.** Clown (of travelling show). **2.** *F:* *Pej:* Clown, buffoon.
pitrerie [pitrəri], *s.f.* *F:* Piece of clownery; foolery, buffoonery.
pittoresque [pittɔrɛsk]. **1.** *a.* Picturesque, quaint. **2.** *s.m.* Picturesqueness. *adv.* **-ment.**
pituitaire [pitɥitɛ:r], *a.* Pituitary (gland).
pituite [pitɥit], *s.f.* **1.** (*a*) Gastric catarrh. (*b*) Water-brash. **2.** Phlegm; mucus.
pituiteux, -euse [pitɥitø, -ø:z], *a.* *Med:* Given to catarrh.
pivert [pivɛ:r], *s.m.* = PIC-VERT.
pivoine [pivwan], *s.f.* Peony.
pivot [pivo], *s.m.* **1.** (*a*) Pivot, pin, axis; swivel; fulcrum (of lever). **P. à rotule,** ball-pivot. **A p.,** pivoted, swivelling; revolving (crane). **Canon à p.,** swivel-gun. (*b*) Key-man (in industry, etc.). **2.** *Bot:* Tap-root.
pivotant [pivɔtɑ̃], *a.* **1.** Pivoting. (*a*) Swivelling; slewing (crane, etc.). (*b*) *Mil:* Wheeling (wing, movement). **2.** *Bot:* Tap-rooted (plant). **Racine pivotante,** tap-root.
pivot|er [pivɔte], *v.i.* **1.** (*a*) To pivot; to turn, hinge (sur, upon); to swivel, revolve. **Faire p. qch.,** to slew sth. round. *F:* **P. sur ses talons,** to turn on one's heels. (*b*) *Aut:* To slew round. **2.** (*a*) (Of troops) To wheel; to change front. (*b*) *F:* To do drill movements. (*c*) To turn about aimlessly; to waste one's time. *s.m.* **-ement.**
placage [plaka:ʒ], *s.m.* **1.** Veneering (of wood). **Bois de p.,** veneer. **2.** Plating (of metal). **P. au chrome,** chromium-plating. **3.** *Rugby Fb:* Tackle.
plaçage [plasa:ʒ], *s.m.* Placing (of guests at dinner, etc.); allotment of sites (at a fair, etc.).
placard [plaka:r], *s.m.* **1.** Wall-cupboard. **P. aux provisions,** larder. **2.** Poster, bill, placard. **P. officiel,** public notice. **P. (de réclame),** advertisement (in newspaper). **3.** *Typ:* **Épreuve en p.,** slip-proof, galley-proof. **4.** Patch (on sail).
placarder [plakarde], *v.tr.* **1.** (*a*) To stick (a bill) on a wall; to post up (a bill). (*b*) **P. un mur,** to stick bills on a wall; to placard a wall with posters. **2.** *Nau:* To patch (sail).
place [plas], *s.f.* Place. **1.** (*a*) Position. **Changer sa chaise de p.,** to shift one's chair. **Rester sur p.,** to stay where one is, *F:* to stay put. **Mettre qch. en p.,** to place sth. in position. S.a. MISE 1. **Remettez vos livres à leur p.,** put your books away. *F:* **Remettre qn à sa p.,** to put s.o. in his place; to sit on, snub, s.o. **A vos places!** take your places, your seats! **Il ne peut pas rester en p.,** he can't keep still. **Son nom a pris p. dans l'histoire,** his name has found a place in history. (*b*) Stead. **Je viens à la p. de mon père, au lieu et p. de mon père,** I come instead of my father, in my father's place. **A votre p. je . . .,** in your place, if I were you, I. . . . (*c*) **Faire p. à qch.,** to give place to sth. (*d*) **Occuper beaucoup de p.,** to take up a great deal of room. **Faire p. à qn,** to make room, make way, for s.o. **(Faites) p.!** stand aside! make way! **P. aux dames!** ladies first! **2.** (*a*) Seat. **Restez à votre p.,** keep your seat. **Il n'y avait pas une p.,** there wasn't a seat to be found, to be had. (On bus, etc.) **"Les places, s'il vous plaît!"** 'Fares, please!' **P. d'honneur,** place, seat, of honour. *Th:* *etc:* **Prendre p.,** to take one's seat. **Voiture à deux, à quatre, places,** carriage to hold two, four; *Aut:* two-seater, four-seater. **Prix des places,** (i) fares; (ii) prices of admission. **Payer p. entière,** to pay (i) full fare; (ii) full

price. (*b*) Situation, office, post; *F:* job. **Une personne en p.**, a person in high office. **Perdre sa p.**, to lose one's job. (Of servant) **Être en p.**, to be in a situation, in service. **Être sans p.**, to be out of a situation, *F:* out of a job. **3.** Locality, spot. (*a*) **P. publique**, public square, market-place. **P. d'armes**, drill-ground, parade-ground. **P. de voitures**, cab-stand, taxi-rank. *O:* **Voiture de p.**, hackney-carriage. **Sur p.**, on the spot. **Personnel engagé sur p.**, staff engaged locally. **Rester sur p.**, to be left on the field (dead or wounded). *Turf: F:* **Être laissé sur p.**, to be left standing. (*b*) **P. marchande**, trading-town, market-town. **Avoir du crédit sur la p.**, to be a sound man. **Faire la p.**, to canvass for orders. *Com:* **Prix sur la p.**, market-price. *Com: Bank:* **Les affaires de la p.**, local business. (*c*) *Mil:* **P. forte, de guerre**, fortress; fortified town.

placé [plase], *a. Turf:* Placed (horse). **Non placé**, unplaced (horse); 'also ran.'

placement [plasmɑ̃], *s.m.* **1.** (*a*) Placing; investing (of money). **Bureau de p.**, employment bureau; (servants') registry office. (*b*) Sale, disposal (of goods). **2.** Investment. **Faire des placements**, to invest money, to make investments. **P. avantageux**, good investment.

placenta [plasɛ̃ta], *s.m. Bot: Obst:* Placenta.

placentaire [plasɛ̃tɛːr]. **1.** *a. Anat: Obst: Bot:* Placental (vessels, murmur, etc.); placentary. **2.** *s.m.pl.* **Placentaires.** *Z:* Placentalia.

placer [plase], *v.tr.* (**je plaçai(s)**; **n. plaçons**) To place. **1.** (*a*) To put, set (in a certain place); to find a place, places, for (spectators, etc.). **Vous êtes mieux placé que moi pour en juger**, you are in a better position to judge. **Vous êtes bien placé pour le savoir**, you ought to know. **P. qn sur le trône**, to set s.o. on the throne. **P. un soldat en sentinelle**, to post a soldier on sentry duty. **Confiance mal placée**, misplaced confidence. *F:* **Il a le cœur bien placé**, his heart is in the right place. (*b*) To find a post, a situation, for (s.o.). **Gens bien placés**, people of good position. **Fille difficile à p.**, daughter difficult to marry, to settle. (*c*) To invest (money). **2.** (*a*) To sell, dispose of (goods). **Valeurs difficiles à p.**, bills difficult to negotiate. (*b*) **P. son affection sur qn**, to set, bestow, one's affections on s.o.

se placer. **1.** To take one's seat, one's place; to take up one's position, one's stand. **Dites-moi où me p.**, tell me where to sit. **2.** To obtain a situation, a post, a job. **Se p. comme domestique**, to go into service.

placet [plasɛ], *s.m. A:* Petition, address.

placeur, -euse [plasœːr, -øːz], *s.* **1.** Manager of an employment agency. **2.** *Com:* Placer, seller. **3.** Steward (at public meetings).

placide [plasid], *a.* Placid, good-tempered; calm; unruffled (temper). *adv.* **-ment.**

placidité [plasidite], *s.f.* Placidity.

placier [plasje], *s.m.* Town-traveller; agent, canvasser; *U.S:* drummer; door-to-door salesman.

plafond [plafɔ̃], *s.m.* **1.** Ceiling. **P. vitré**, glazed roof. **Tableau exposé au p.**, skied picture. S.a. ARAIGNÉE 1. **2.** Maximum attainable or permissible. (*a*) **Fixer un p. à un budget**, to fix a ceiling for a budget. (*b*) Ceiling (of aircraft), maximum flying height; *Aut:* maximum speed. (*c*) *Cards:* (i) 'Above the line' (on bridge-scorer); (ii) (form of) contract bridge; plafond.

plafonnage [plafɔnaːʒ], *s.m.* Ceiling-work.

plafonner [plafɔne]. **1.** *v.tr.* To ceil (room). **2.** *v.i.* *Av:* To fly at the ceiling. *Aut:* To go at maximum speed. *Pol.Ec:* **Les prix plafonnent à . . .**, prices have reached the ceiling of. . . . *F:* **Il plafonne, he's** hit the ceiling, he's reached his maximum.

plafonneur [plafɔnœːr], *s.m.* Plasterer of ceilings.

plafonnier [plafɔnje], *s.m.* Ceiling-light; (electric) ceiling fitting. *Aut:* Roof-light, -lamp.

plage [plaːʒ], *s.f.* **1.** (*a*) Beach, shore. **Jouer sur la p.**, to play on the sands. (*b*) Seaside resort, watering-place. **2.** *Navy:* Freeboard deck (of battleship). **P. arrière**, quarter-deck. **3.** (*a*) *W.Tg:* **P. d'écoute (d'un appareil)**, limits within which tuning is possible. (*b*) Band (of gramophone record).

plagiaire [plaʒjɛːr], *a. & s.m.* Plagiarist.

plagiat [plaʒia], *s.m.* Plagiarism, plagiary. **Faire un p., à un auteur**, *F:* to lift a passage from an author.

plagier [plaʒje], *v.tr.* To plagiarize.

plaid [plɛd], *s.m.* Travelling-rug.

plaidant [plɛdɑ̃], *a. Jur:* Pleading (counsel). **Les parties plaidantes**, the litigants.

plaid|er [plɛde], *v.tr.* To plead (a cause); to allege (sth.) in plea. **P. coupable**, to plead guilty. **P. pour qn**, to plead in favour of s.o. (**auprès de**, with). **La cause s'est plaidée hier**, the case was heard, came on, yesterday. **P. la jeunesse de l'accusé**, to plead the prisoner's youth. **P. le faux pour savoir le vrai**, to make a false allegation in order to get at the truth. *a.* **-able.**

plaideur, -euse [plɛdœːr, -øːz], *s.* Litigant, suitor.

plaidoirie [plɛdwari], *s.f.* **1.** Pleading. **2.** Counsel's speech.

plaidoyer [plɛdwaje], *s.m. Jur:* Address to the Court; speech for the defence.

plaie [plɛ], *s.f.* **1.** Wound, sore. **P. profonde**, deep-seated wound. **Rouvrir d'anciennes plaies**, to open old sores. **Ne demander que plaies et bosses**, to be always ready for a row. **P. sociale**, social evil. **2.** Affliction, evil. **Les dix plaies d'Égypte**, the ten plagues of Egypt.

plaignant, -ante [plɛɲɑ̃, -ɑ̃ːt], *s. Jur:* Plaintiff; prosecutor, *f.* prosecutrix; complainant.

plaign-e, -es, etc. See PLAINDRE.

plain [plɛ̃], *a. A:* Even. (Still used in) **Velours p.**, plain velvet. S.a. PLAIN-PIED.

plain-chant [plɛ̃ʃɑ̃], *s.m. Mus:* Plainsong, plain-chant. *pl. Des plains-chants.*

plaindre [plɛ̃ːdr], *v.tr.* (*pr.p.* **plaignant**; *p.p.* **plaint**; *pr.ind.* **je plains, il plaint, n. plaignons**; *p.h.* **je plaignis**; *fu.* **je plaindrai**) To pity. **Il est fort à p.**, he is greatly to be pitied.

se plaindre, to complain. **Se p. de qn, de qch.**, to complain of, about, to find fault with, s.o., sth. **Il n'y a pas de quoi vous p., vous n'avez pas à vous p.**, you have nothing to complain of; you needn't grumble. **Les gens qui ont à se p.**, people with a grievance.

plaine [plɛn], *s.f.* Plain; flat open country.

plain-pied [plɛ̃pje], *s.m.* **1.** Suite of rooms on one floor. **2.** *Adv.phr.* **De p.-p.**, on one floor, on a level. **De p.-p. avec**, flush with; *F:* on an equal footing. **Salon de p.-p. avec le jardin**, drawing-room on a level with the garden. **Affaire qui va de p.-p.**, business that runs smoothly.

plain-s, -t. See PLAINDRE.

plainte [plɛ̃ːt], *s.f.* **1.** Moan, groan. **2.** (*a*) Complaint. (*b*) *Jur:* Indictment, complaint. **Porter p., dresser p., déposer une p., contre qn**, to lodge a complaint against s.o. (**auprès de**, with); to bring an action against s.o. **P. en diffamation**, action for libel.

plaint|if, -ive [plɛ̃tif, iːv], *a.* (*a*) Plaintive, doleful (tone). (*b*) Querulous. *adv.* **-ivement.**

plaire [plɛːr], *v.ind.tr.* (*pr.p.* **plaisant**; *p.p.* **plu**; *pr.ind.* **je plais, il plaît, n. plaisons, ils plaisent**; *pr.sub.* **je plaise**; *p.h.* **je plus**; *fu.* **je plairai**) **P. à qn**, to please s.o.; to be agreeable to s.o. **Cet homme me plaît**, I like this man. **Chercher à p. à qn**, to lay oneself out to please s.o. **Elle ne lui plaît pas**, he is not attracted to her; he does not care for her. **Je le ferai si cela me plaît**, I shall do it if I please, if I choose. **Cela vous plaît à dire**, you are saying that for fun; you are joking. *Impers.* **S'il vous plaît**, (if you) please. **Vous plairait-il de nous accompagner?** would you like to come with us? **Plaît-il?** I beg your pardon? what did you say? **Comme il vous plaira**, as you like (it). **Plaise à Dieu qu'il vienne!** God grant, please God, that he may come! **A Dieu ne plaise (que)**, God forbid (that). **Plût au ciel que . . .!** would to heaven that . . !

se plaire, to take pleasure; to be pleased, be happy. **Je me plais beaucoup à Paris**, I enjoy Paris. **Il ne se plaît pas dans son nouvel entourage**, he is unhappy in his new surroundings. **Ils se sont plu à me tourmenter**, they took pleasure in teasing me. **La vigne se plaît sur les coteaux**, the vine thrives, does well, on hill-sides.

plaisance [plɛzɑ̃ːs], *s.f.* (*a*) *A:* Pleasure. (*b*) **Bateau de p.**, pleasure-boat. **Maison de p.**, country-seat.

plaisancier [plɛzɑ̃sje], *s.m.* **1.** Yacht. **2.** Yachtsman.

plais|ant [plɛzɑ̃]. **1.** See PLAIRE. **2.** *a.* (*a*) Funny, amusing, droll. (*b*) (Always before the noun) Ridiculous, absurd, ludicrous (person, answer). **3.** *s.m.* Wag, joker. **Des mauvais plaisants,** practical jokers. *adv.* **-amment.**

plaisanter [plɛzɑ̃te]. **1.** *v.i.* To joke, jest; to speak in jest. **Je ne plaisante pas,** I am serious, in earnest. **Dire qch. en plaisantant,** to say sth. in jest. **Vous plaisantez!** you are joking! you don't mean it! **C'est un homme avec qui on ne plaisante pas,** he is not a man to be trifled with. **Il ne plaisante pas là-dessus,** he takes such matters seriously. **2.** *v.tr.* To tease, chaff (s.o.) (**sur,** about); to poke fun at (s.o.).

plaisanterie [plɛzɑ̃tri], *s.f.* Joke, jest; joking, jesting. **Faire des plaisanteries,** to crack jokes. **Faire des plaisanteries à qn,** to play pranks, tricks, on s.o. **Une mauvaise p.,** (i) a silly joke; (ii) a spiteful trick. **Tourner une chose en p.,** to laugh a thing off. **Entendre la p.,** to know how to take a joke. **Par p.,** for fun, for a joke.

plaisantin [plɛzɑ̃tɛ̃], *s.m.* Practical, malicious, joker.

plaisir [plɛziːr], *s.m.* Pleasure. **1.** Delight. **Faire p. à qn,** to please s.o. **Cela m'a fait p. de le revoir,** it gave me great pleasure to see him again. **Cela me fait p. qu'il vienne,** I am very pleased that he is coming. **Cela fait p. à voir,** it is pleasant to see, to look upon. **Faire à qn le p. de . . .,** to do s.o. the favour of. . . . **Je me ferai un p. de vous accompagner,** it will be a pleasure to go with you. **Au p. de vous revoir,** good-bye; I hope we shall meet again. *F:* **Au p.,** good-bye. **Prendre (du) p. à qch.,** to take pleasure in sth.; to enjoy sth. **Avoir p. à faire qch.,** to take pleasure in doing sth. **A votre bon p.,** (i) at your convenience; (ii) at your discretion. **Avec p.!** with pleasure! **A p.,** (i) wantonly, without cause; (ii) ad lib. **C'est par p. que vous faites cela?** are you doing that because you like it, for the fun of the thing? **Parler pour le p. de parler,** to talk for talking's sake. **J'apprends avec p. que vous êtes de mon avis,** I am glad to hear you agree with me. **2.** (*a*) Amusement, enjoyment. **Argent pour menus plaisirs,** pocket-money. **Jouer aux cartes pour le p.,** to play cards for love. **Train de p.,** excursion train. **Partie de p.,** pleasure-trip, pleasure-party; picnic, outing. (*b*) **Le p., les plaisirs,** dissipation. **Vie de plaisirs,** gay life. **3.** = OUBLIE.

plan¹ [plɑ̃]. **1.** *a.* Even, plane, level, flat (ground, surface). **2.** *s.m.* (*a*) Plane. **P. incliné,** inclined plane. *Opt:* **P. focal,** focal plane. *Surv:* **P. de niveau,** datum-line. (*b*) *Av:* Aerofoil; wing. **P. supérieur,** upper wing or plane. **P. fixe,** tail-plane. (*c*) **Premier p.,** (i) *Art:* foreground; (ii) *Th:* down-stage. **Second p.,** middle ground. **Reléguer qn au second p.,** to put s.o. into the background. **Un artiste de premier p.,** an artist of the first rank. S.a. ARRIÈRE-PLAN. *Cin:* **Premier p., gros p.,** close-up. *Pol:* **Sur le p. politique,** (i) in the political sphere, field; (ii) from the political point of view.

plan², *s.m.* Plan. (*a*) Drawing; draught, draft (of construction); *F:* blue-print. **P. cadastral,** cadastral survey. **P. horizontal,** ground-plan. **Tracer un p.,** to draw a plan. **Lever les plans d'une région,** to survey a district. (*b*) Scheme, project, design. **P. de campagne,** plan of campaign. **P. d'études,** programme of studies; curriculum. **Dresser un p.,** to draw up a plan. **P. d'ensemble,** general plan. **Sans p. arrêté,** following no preconceived plan.

plan³, *s.m.* (Erroneous spelling for PLANT) **Laisser qn en p.,** to leave s.o. in the lurch.

planche [plɑ̃ːʃ], *s.f.* **1.** (*a*) Board, plank; *F:* ski. **P. à dessin,** drawing-board. **P. à repasser,** ironing-board. *Const:* Batten (flooring). **P. à laver,** washboard. **P. à pâtisserie,** pastry(-)board. *F:* **P. à pain, p. à repasser,** woman as flat as a board. *F:* **C'est ma p. de salut,** it's my sheet-anchor, my last hope. *A:* **Faire la p. à qn,** to smooth, the way for s.o. *Com: Nau:* **Jours de p.,** lay days. *Th: F:* **Monter sur les planches,** to go on the stage. **Brûler les planches,** to act with fire. *Nau: A:* **Passer à la p.,** to walk the plank. *Nau:* **P. de débarquement,** gang-plank. *Swim:* **Faire la p.,** to float, swim on one's back. (*b*) Shelf (of cupboard, etc.). **P. à bouteilles,** bottle-rack. *F:* **Avoir du pain sur la p.,** to have plenty of work to do, to have enough on one's plate. **2.** *Art: Engr:* (i) (Metal) plate, block (for printing, etching, etc.). (ii) (Printed) plate, (wood)cut, engraving. **3.** (*a*) *Agr:* Land (*i.e.* space between water-furrows). (*b*) (Rectangular) (flower-)bed.

planchéi|er [plɑ̃ʃeje], *v.tr.* (*a*) To board (partition); to board over, plank over (deck). (*b*) To floor (room); to batten (floor). *s.m.* **-age.**

plancher¹ [plɑ̃ʃe], *s.m.* (*a*) (Boarded) floor. *F:* **Le p. des vaches,** terra firma. (*b*) Planking (of deck); floor-plates (of engine-room); flooring (of trench). *Aut: Av:* Floor-board. (*c*) Roadway, road-covering (of bridge). (*d*) *Hyd.E:* Bottom (of lock).

plancher², *v.i. Sch: F:* To be called to the blackboard (for questioning).

planchette [plɑ̃ʃɛt], *s.f.* **1.** Small plank or board; *Phot:* (lens) panel. **2.** *Surv:* Plane-table. **3.** *Psychics:* Planchette.

plançon [plɑ̃sɔ̃], *s.m. Hort:* (*a*) Sapling. (*b*) Set, slip (for planting).

plancton [plɑ̃ktɔ̃], *s.m. Biol:* Plankton.

plane¹ [plan], *s.m. F: Bot:* Plane-tree. **Faux p.,** sycamore, great maple.

plane², *s.f. Tls:* (*a*) Drawing-knife. (*b*) Turning-chisel, planisher.

plané¹ [plane], *s.m.* Rolled gold; gold casing.

plané² *a. & s.m. Av:* Gliding. **Vol p.,** glide; gliding flight; volplane. **Descendre en vol p.,** to volplane down.

plan|er¹ [plane], *v.tr.* **1.** To smooth, make even; to plane or shave (wood). **2.** To planish (metal). *s.m.* **-age.**

plan|er², *v.i.* **1.** (*a*) (Of bird) To soar; to hover; (of balloon) to float. (*b*) *Av:* To glide; to volplane. **2.** (*a*) (Of mist, etc.) To hover. (*b*) To look down (from the air, from on high) (**sur,** upon). *s.m.* **-ement.**

planétaire [planetɛːr]. **1.** *a.* (*a*) Planetary (system). (*b*) *Mec.E:* **Engrenage p.,** (sun-and-)planet gear. **2.** *s.m.* Planetarium, orrery.

planétarium [planetarjɔm], *s.m. Astr:* Planetarium.

planète [planɛt], *s.f. Astr:* Planet.

planétoïde [planetɔid], *s.m. Astr:* Planetoid.

planeur¹ [planœːr], *s.m.* Planisher (of metals).

planeur², *s.m. Av:* Glider.

planeuse [planøːz], *s.f. Tls:* Planing-machine; planishing-machine.

planificateur [planifikatœːr], *s.m. Pol.Ec:* Planner.

planification [planifikasjɔ̃], *s.f. Pol.Ec:* Planning. **P. des naissances,** family planning.

planifier [planifje], *v.i. Pol.Ec:* To plan.

planimètre [planimɛtr], *s.m.* Planimeter; surface integrator.

planisme [planism], *s.m. Pol.Ec:* Planning.

planisphère [planisfɛːr], *s.m.* Planisphere.

plankton [plɑ̃ktɔ̃], *s.m. Biol:* = PLANCTON.

planning [planiŋ], *s.m. Ind:* Planning.

planque [plɑ̃ːk], *s.f. P:* (*a*) Hiding-place, hideout. (*b*) Soft job.

planquer [plɑ̃ke], *v.tr. P:* To hide.

se planquer, *P:* **1.** To take cover. **2.** To lie flat. **3.** To park (oneself) (somewhere). **4.** To get a cushy job.

plant [plɑ̃], *s.m.* **1.** (*a*) (Nursery) plantation (of trees, bushes). (*b*) **P. de choux,** cabbage-patch. **2.** Sapling, set, slip. **Jeunes plants,** seedlings.

plantage [plɑ̃taːʒ], *s.m.* Planting.

plantain [plɑ̃tɛ̃], *s.m. Bot:* Plantain (genus *Plantago*).

plantard [plɑ̃taːr], *s.m.* = PLANÇON.

plantation [plɑ̃tasjɔ̃], *s.f.* **1.** Planting (of seeds, flowers). **2.** (Sugar-, tea-) plantation. **P. d'oranges,** orange-grove.

plante¹ [plɑ̃ːt], *s.f.* Sole (of the foot).

plante², *s.f.* Plant. **P. potagère,** herb or vegetable. **P. marine,** seaweed. **P. à fleurs,** flowering plant. **Le Jardin des Plantes,** the Botanical Gardens. **P. d'appartement,** indoor pot-plant, house-plant. **Plantes vertes,** evergreens.

planté [plɑ̃te], *a.* Situated, placed. **Maison bien plantée,** pleasantly situated house. *F:* **Ne la laissez pas plantée là,** don't leave her standing there.

planter [plɑ̃te], *v.tr.* **1.** To plant, set (seeds, flowers). **2.** To fix, set (up). **P. un pieu dans le sol,** to drive a stake into the ground; to set a stake. **P. une échelle contre le mur,** to fix, set, a ladder against the wall. **P. sa tente,** to pitch one's tent. *F:* **P. son chapeau sur la tête,** to stick one's hat on one's head. *F:* **P. là qn,** to leave s.o. in the lurch. **Elle l'a planté là,** she (has) jilted him.

se planter, to stand, take one's stand (firmly). **Se p. sur ses jambes,** to take a firm stand.

planteur [plɑ̃tœːr], *s.m.* (*a*) Planter, grower (of vegetables). (*b*) Planter, settler (in new colony).

planteuse [plɑ̃tøːz], *s.f. Agr:* Planting machine.

plantigrade [plɑ̃tigrad], *a. & s.m. Z:* Plantigrade.

plantoir [plɑ̃twaːr], *s.m. Tls: Hort:* Dibble.

planton [plɑ̃tɔ̃], *s.m. Mil:* (*a*) Orderly. **Être de p.,** to be on orderly duty. (*b*) Runner.

plantureu|x, -euse [plɑ̃tyrø, -øːz], *a.* **1.** Copious, abundant; lavish (meal). **2.** Luxuriant (countryside, etc.). *adv.* **-sement.**

planure [planyːr], *s.f.* (Wood-)shaving(s).

plaquage [plakaːʒ], *s.m.* **1.** *Rugby Fb:* Tackle (= PLACAGE). **2.** *P:* Jilting (of lover).

plaque [plak], *s.f.* **1.** (*a*) Plate, sheet (of metal); slab (of marble). **P. de cheminée,** fire-back. *Cu:* **P. chauffante,** hot-plate. **P. de blindage,** armour(ed) plate. *Tp:* **P. vibrante,** vibrating diaphragm. **P. d'égout,** man-hole cover. **P. de neige,** thick layer of snow. (*b*) **Plaque(s) de fondation, de fond,** bed-plate. **P. tournante,** turn-table. (*c*) *El:* **P. d'accumulateur,** accumulator plate. **P. empâtée, tartinée,** pasted plate. **P. à grillage,** grid plate. (*d*) *W.Tel:* Plate, anode. **Tension de p.,** plate or anode voltage. (*e*) **P. photographique,** photographic plate. **P. stéréoscopique,** stereo slide. **2.** (*a*) (Ornamental) plaque. **P. commémorative,** (commemorative) tablet. **P. tombale, mortuaire, en cuivre,** church brass. (*b*) **P. de porte,** door-plate, name-plate. **P. indicatrice de rue,** street-plate. **3.** Badge. **P. d'identité,** number plate; (soldier's) identity disc. **P. d'un ordre,** star of an order. *Aut:* **P. matricule, p. de police,** number plate. **4. P. de gazon,** sod. **5. P. sanguine,** red blood-disc.

plaqué [plake], *a. & s.m.* **1. (Métal) p.,** plated metal, plated goods; electro-plate. *F:* **C'est du p.,** it's false, cheap. **2. (Bois) p.,** veneered wood.

plaque-adresse [plakadrɛs], *s.f.* Address-plate. *pl. Des plaques-adresse.*

plaquemine [plakmin], *s.f. Bot:* Persimmon.

plaqueminier [plakminje], *s.m.* **1. P. ébénier,** ebony (-tree). **2. P. de Virginie,** persimmon(-tree).

plaquer [plake], *v.tr.* **1.** (*a*) To veneer (wood); to plate (metal); to flash (glass); to lay on (plaster). **Plaqué de sang, de boue,** caked with blood, with mud. *F:* **P. un soufflet à qn,** to smack s.o.'s face. **Se p. les cheveux sur le front,** to plaster one's hair down on one's forehead. (*b*) *Rugby Fb:* To tackle, bring down (opponent). (*c*) *Mus:* **P. un accord,** to strike (and hold) a chord. **2.** (*a*) *P:* To abandon, forsake (s.o.); to chuck, jilt, s.o. **Tout p.,** to chuck everything up. (*b*) *v.i. F:* **J'ai plaqué tout de suite,** I gave up at once.

se plaquer. 1. Se p. contre le sol, contre un mur, to lie flat on the ground, to flatten oneself against a wall. *F:* **Se p. par terre,** to fall at full length. **2.** *Av:* To pancake.

plaquette [plakɛt], *s.f.* **1.** Plaquette, small plate (of metal, etc.). **2.** Thin booklet; brochure. **3. Plaquettes sanguines,** blood platelets, hematoblasts.

plaqueur [plakœːr], *s.m.* **1.** (*a*) Plater (of metal). (*b*) Veneerer. **2.** *Fb:* Tackler.

plasma [plasma], *s.m. Biol: Med: Miner:* Plasma.

plastic [plastik], *s.m.* Explosive gelatin, jelly, plastic.

plasticité [plastisite], *s.f.* Plasticity.

plastifiant [plastifjɑ̃], *s.m.* Plasticizer.

plastification [plastifikasjɔ̃], *s.f: Bookb:* Lamination.

plastifier [plastifie], *v.tr.* To plasticize. *Bookb:* To laminate. **Jaquette plastifiée,** laminated jacket.

plastique [plastik]. **1.** *a.* Plastic. *F:* **Aux formes plastiques,** with a fine figure. **2.** *s.f.* (*a*) Plastic art; art of modelling. (*b*) **Danseuse d'une belle p.,** dancer with a beautifully modelled figure. **3.** *a. Ind:* **Matière p.,** *s.m.,* **p.,** plastic. *adv.* **-ment.**

plastron [plastrɔ̃], *s.m.* **1.** Breast-plate (of cuirass). **2.** *Mec.E:* Drill-plate. **3.** (*a*) (Fencer's) plastron, pad. (*b*) *F:* Butt, target (of jokes). **4.** *Cost:* (*a*) (Woman's) dickey. (*b*) **P. de chemise,** (man's) shirt-front, dickey.

plastronn|er [plastrɔne], *v.i. F:* To throw out one's chest; to pose, strut, strike attitudes; to swagger. *s.m.* **-eur.**

plat [pla]. **1.** *a. & adv.phr.* (*a*) Flat, level. **Soulier p.,** low-heeled shoe. **Avoir la poitrine plate, le pied p.,** to be flat-chested, flat-footed. **Mer plate,** smooth sea. **Calme p.,** dead calm. **Vis à tête plate,** screw with countersunk head. **Vaisselle plate,** (solid) gold plate or silver plate. S.a. COUTURE 2, RIME. (*b*) Mean, dull, insipid, tame. **Style p.,** commonplace style. **Vin p.,** dull, flat, wine. **C'est un p. personnage,** he's a worm. **Faire de plates excuses,** to make a complete, an utter, apology. (*c*) **A p.,** flat. **Tomber à p. (ventre),** to fall flat on one's face. **La pièce est tombée à p.,** the play fell flat. **Pneu à p.,** flat tyre. **Accu à p.,** accumulator run down. *F:* (Of athlete, etc.) **Être à p.,** to be exhausted; to be cooked. *Av:* **Descendre à p.,** to pancake. **J'étais complètement à p.,** I was completely run down; exhausted. **2.** *s.m.* (*a*) Flat (part) (of hand, etc.); blade (of oar); face (of hammer). *Bookb:* **Plats,** boards, sides. **Plats toile,** cloth boards. *Sp:* **Le p.,** flat racing. (*b*) *Cu:* Dish (container or contents). S.a. ŒUF 1. *F:* **Mettre les petits plats dans les grands,** to make a great spread. **Mettre les pieds dans le p.,** to put one's foot in it; to blunder. *P:* **En faire tout un p.,** to pile on the agony. **Il nous a donné, servi, un p. de son métier,** he played us one of his tricks. *Navy:* **Faire p. avec . . .,** to mess with. . . . **Camarade de p.,** messmate. (*c*) *Cu:* Course (at dinner, etc.). **P. de résistance,** main course, main dish. S.a. JOUR 3. (*d*) **P. de quête,** collection-plate.

platane [platan], *s.m. Bot:* Plane-tree.

plat-bord [plabɔːr], *s.m. Nau:* Gunwhale, gunnel. **Hauteur au-dessus du p.-b.,** height above the hull. *pl. Des plats-bords.*

plate [plat], *s.f. Nau:* Punt; flat-bottomed fishing boat.

plateau [plato], *s.m.* **1.** (*a*) Tray. **P. à thé,** tea-tray. **P. d'argent,** silver salver. (*b*) Pan, scale (of balance). (*c*) **P. d'amiante,** stove-mat. (*d*) *Med:* Dead level (of a disease). **2.** *Geog:* Plateau, table-land. **P. continental,** continental shelf. **3.** Platform. (*a*) *Artil:* **P. chargeur,** loading-platform. (*b*) *Th:* Floor (of the stage). **P. tournant,** revolving stage. **4.** (*a*) Disc, plate; chuck, face-plate (of lathe). *Cy:* Chain-wheel. **P. de pédalier,** front chain wheel. *Aut:* **P. d'émbrayage,** clutch-plate. **P. d'excentrique,** eccentric sheave. **P. tourne-disques,** turn-table (of gramophone). (*b*) Base-plate (of theodolite); bed-plate (of machine-tool). (*c*) **P. d'assemblage,** coupling flange. **Assemblage à plateaux,** flanged coupling. (*d*) *Mus:* Key (of Boehm flute, etc.).

plate-bande [platbɑ̃ːd], *s.f.* (*a*) Grass border. (*b*) Flower-bed. *P:* **Ne marchez pas sur mes plates-bandes,** mind your own business. *pl. Des plates-bandes.*

platée [plate], *s.f. F:* Dishful (of food, etc.).

plate-forme [platfɔrm], *s.f.* **1.** Platform (of bus, etc.); flat roof (of house); foot-plate (of locomotive). *Artil:* Gun-platform. **P.-f. tournante,** gun turn-table. *Rail:* **P.-f. roulante,** open truck. **2.** *Pol:* Platform (of party). *pl. Des plates-formes.*

plate-longe [platlɔ̃ːʒ], *s.f. Harn:* (*a*) Kicking-strap. (*b*) Leading-rein. *pl. Des plates-longes.*

platement [platmɑ̃], *adv.* Flatly. (*a*) Dully, prosaically. (*b*) Contemptibly, meanly.

platine[1] [platin], *s.f.* Plate (of lock, watch); lock (of fire-arm); platen (of printing press, of typewriter); stage (of microscope).

platine[2], *s.m.* Platinum. **Mousse, éponge, de p.,** platinum sponge. **P. laminé,** platinum foil.

platiné [platine], *a. Metall: Miner:* **1.** Platinum-plated, platinized. **2.** Platinum-tipped. **Iridium p.,** platino-iridium. *El.E:* **Grain platiné,** platinum point (of make-and-break). *Aut: F:* **Vis platinées,** points. **3. Cheveux platinés,** platinum-blond hair.

platin|er [platine], *v.tr.* To platinize; to plate with platinum. *s.m.* **-age.**

platinifère [platinifɛːr], *a.* Platiniferous.

platinotypie [platinɔtipi], *s.f. Phot:* Platinotype.

platitude [platityd], *s.f.* **1.** (*a*) Flatness, dullness (of style, etc.); vapidity (of style). (*b*) Contemptibleness (of conduct). **2.** (*a*) Commonplace remark; platitude. **Débiter des platitudes,** to platitudinize. (*b*) **Faire des platitudes à qn,** to fawn and cringe to s.o.

Platon [platɔ̃]. *Pr.n.m.* Plato.

platonicien, -ienne [platɔnisjɛ̃, -jɛn]. **1.** *a.* Platonic (school, philosopher). **2.** *s.* Platonist.

platonique [platɔnik], *a.* **1.** Platonic (love). **2.** Useless, futile. **Tentative p.,** futile attempt.

plâtrage [plɑtra:ʒ], *s.m.* Plastering; plaster-work.

plâtras [plɑtrɑ], *s.m.* Debris of plaster-work; rubbish.

plâtre [plɑ:tr], *s.m.* **1.** (*a*) Plaster. **P. de moulage,** plaster of Paris. **Pierre à p.,** gypsum. **Enduire qch. de p.,** to plaster sth. over. S.a. BATTRE 1. (*b*) *pl.* Plaster-work (in house, etc.); pargeting. *F:* **Essuyer les plâtres,** to be the first occupant of a house. **2.** Plaster cast.

plâtrer [plɑtre], *v.tr.* **1.** (*a*) To plaster (wall, ceiling); to plaster up (hole, crack). *F:* **Se p. le visage,** to paint one's face. (*b*) *F:* To plaster up, hide (defect); to smooth over, patch up (a quarrel). **2.** (*a*) To plaster, to gypsum (field). (*b*) To plaster (wine).

plâtrerie [plɑtrəri], *s.f.* Plaster works. **Travaux de p.,** plaster-work.

plâtreux, -euse [plɑtrø, -ø:z], *a.* Plastery; gypseous; chalky (water, soil).

plâtrier [plɑtrie], *s.m.* Plasterer (workman); calciner of gypsum.

plâtrière [plɑtriɛ:r], *s.f.* **1.** Gypsum-quarry; chalk-pit. **2.** Plaster-kiln.

plâtroir [plɑtrwa:r], *s.m.* Plastering trowel.

plat-ventre [plavɑ̃:tr], *s.m.inv. Swim: F:* Belly-flop.

plausibilité [plozibilite], *s.f.* Plausibility (of statement).

plausible [plozibl], *a.* Plausible (statement). *adv.* **-ment.**

plèbe [plɛb], *s.f. Hist:* The plebs; the lower orders, the common people.

plébéien, -ienne [plebejɛ̃, -jɛn], *a.* & *s.* Plebeian.

plébiscitaire [plebissitɛ:r], *a.* Plebiscitary.

plébiscite [plebissit], *s.m.* Plebiscite; referendum.

plébisciter [plebissite]. **1.** *v.i.* To vote by plebiscite. **2.** *v.tr. F:* **P. qn,** to measure (s.o.'s) popularity.

plectre [plɛktr], *s.m. Mus:* Plectrum.

pléiade [plejad], *s.f. Astr: Lit:* Pleiad.

plein [plɛ̃]. **1.** *a.* Full (de, of). (*a*) Filled, replete (**de,** with). **Bouteille pleine,** full bottle. **Pleine bouteille,** bottleful. **Joues pleines,** full, plump, cheeks. **P. comme un œuf,** full as an egg. *F:* **Être p.,** to be drunk; *P:* to have a skinful. **Il a les doigts pleins d'encre,** he has inky fingers. *Th:* **Salle pleine à étouffer,** house crammed to suffocation. **J'ai le cœur p.,** my heart is full. (*b*) (Of animal) Big (with young). **Jument, brebis, chèvre, pleine,** mare in foal, ewe with lamb, goat in kid. (*c*) Complete, entire, whole. **Pleine lune,** full moon. **Pleine mer,** (i) high tide; (ii) the high sea(s). **P. sud,** due south. **Reliure pleine peau,** full leather binding. **P. pouvoir,** full power; *Jur:* power of attorney. **De p. gré,** of one's own free will. S.a. FOUET 2. (*d*) Solid (tyre, axle, etc.). **Table en acajou p.,** solid mahogany table. **Trait p., ligne pleine,** continuous line. (*e*) **En p. visage,** full, right, in the face. **En p. hiver,** in the depth, the middle, of winter. **En p. air,** in the open; alfresco. **Semer en pleine terre,** to sow in the open ground. **En p. jour,** (i) in broad daylight; (ii) publicly. **En pleine nuit,** at dead of night. **En pleine mer,** in the open sea, on the high sea(s). **S'arrêter en p. milieu de la place,** to stop right in the middle of the square. **En p. tribunal,** in open court. **En p. travail,** in the thick of the (his) work. **Être en p. travail,** to be (i) hard at work, (ii) (of factory, etc.) in full swing. (*f*) **Respirer à pleine poitrine, à pleins poumons,** to breathe deep. **Boire à p. verre,** to drink deep. **Crier à pleine gorge,** to shout at the top of one's voice. **A pleines voiles,** with all sails set; under full sail. S.a. MAIN 1. (*g*) *adv.* **Il avait des larmes p. les yeux,** his eyes were full of tears. **Avoir de l'argent p. les poches,** to have plenty of money. **S'arrêter p. au milieu de la place,** to come to a stop in the middle of the square. *P:* **Tout p.,** very, very much. **Elle est mignonne tout p.,** she's awfully sweet. **Tout p. de gens,** any amount of people. *Nau:* **Porter p.,** to keep her full. **Près et p.,** full and by. **2.** *s.m.* (*a*) Plenum; fully occupied space. **Mettre dans le p.,** to hit the bull's-eye. *Mch:* **Faire le p. des chaudières,** to fill the boilers; to fill up. *Aut:* **Faire le p. (d'essence),** to fill up with petrol. (Of ship) **Avoir son p.,** to be fully laden. (*b*) Full (extent, height, etc.). **La lune est dans son p.,** the moon is at the full. **Le p. (de la mer),** high tide. (Of tide) **Battre son p.,** to be at the full. *F:* **La saison bat son p.,** the season is in full swing. (*c*) **En p. dans le centre,** full, right, in the middle. (*d*) Downstroke (in writing). *Typ:* Thick stroke.

pleinairiste [plɛnɛrist], *s.m.* & *f.* Fresh-air fiend.

pleinement [plɛnmɑ̃], *adv.* Fully, entirely, quite.

plein-emploi [plɛnɑ̃plwa], *s.m. Pol.Ec:* Full employment.

plein-vent [plɛ̃vɑ̃], *s.m.* **1.** Hardy, fruit-tree. **2.** Isolated tree. *pl. Des pleins-vents.*

pléistocène [pleistɔsɛn], *a.* & *s.m. Geol:* Pleistocene.

plénière [plenjɛ:r], *a.f.* Full, complete, absolute (liberty); plenary (court, indulgence).

plénipotentiaire [plenipɔtɑ̃sjɛ:r], *a.* & *s.m.* (*a*) Plenipotentiary. (*b*) *s.m.* Authorized agent.

plénitude [plenityd], *s.f.* Plenitude, fullness (of time, power); completeness (of victory).

pléonasme [pleɔnasm], *s.m.* Pleonasm. **Par p.** pleonastically.

pléonastique [pleɔnastik], *a.* Pleonastic.

plésiosaure [plezjɔsɔ:r], *s.m.* Plesiosaurus.

pléthore [pletɔ:r], *s.f.* (*a*) *Med:* Plethora. (*b*) *F:* Superabundance, plethora.

pléthorique [pletɔrik], *a.* (*a*) *Med:* Full-blooded, plethoric. (*b*) *F:* Superabundant. *Sch:* **Classe p.,** overcrowded form.

pleur [plœ:r], *s.m. Lit:* Usu. *pl.* Tear. **Verser des pleurs,** to shed tears. **Fondre en pleurs,** to dissolve into tears. **Cessez vos pleurs,** dry your tears. **Être tout en pleurs,** to be bathed in tears.

pleural, -aux [plœral, -o], *a. Anat:* Pleural.

pleurant, -ante [plœrɑ̃, -ɑ̃:t]. **1.** *a.* Weeping, given to tears. **2.** *s.* Mourning figure decorating a tomb.

pleurard, -arde [plœra:r, -ard]. **1.** *a.* Whimpering, fractious (child); whining, tearful (voice). **2.** *s.* Whimperer.

pleure-misère [plœrmizɛ:r], *s.m.* & *f.inv.* Person who is always crying poverty.

pleurer [plœre]. **1.** *v.tr.* To weep, mourn, for (s.o., sth.); to bewail. **Mourir sans être pleuré,** to die unmourned, unwept. **2.** *v.i.* (*a*) To weep, to shed tears, to cry (**sur,** over; **pour,** for). **P. de joie,** to weep for joy. **P. à chaudes larmes,** to cry bitterly. **S'endormir en pleurant,** to cry oneself to sleep. **P. misère,** to cry poverty. *F:* **Je veux ça, ou je pleure,** give it (to) me, or I'll scream. (*b*) (Of the eyes) To water, to run. **Robinet qui pleure,** dripping tap.

pleurésie [plœrezi], *s.f. Med:* Pleurisy.

pleurétique [plœretik]. **1.** *a.* Pleuritic (pain). **2.** *s.* Pleurisy patient.

pleureur, -euse [plœrœ:r, -ø:z]. **1.** *s.* (*a*) One who weeps; whimperer. (*b*) Mute; hired mourner. **2.** *a.* Weeping, whimpering, tearful. **Saule p.,** weeping willow.

pleureux, -euse [plœrø, -ø:z], *a.* Tearful; on the brink of tears.

pleurite [plœrit], *s.f. Med:* Dry pleurisy.

pleurnich|er [plœrniʃe], *v.i. Pej:* To whimper, whine, snivel, grizzle. *s.m.* **-ement.** *s.f.* **-erie.** *a.* & *s.* **-eur, -euse.**

pleutre [plø:tr], *s.m. F:* (*a*) Cad; contemptible fellow; outsider. (*b*) Coward.

pleutrerie [pløtrəri], *s.f.* Caddish trick; piece of ill-breeding; cowardice.

pleuvasser [plœvase], *v. impers. F:* To drizzle.

pleuviner [plœvine], *v.impers. F:* To drizzle.

pleuvoir [plœvwa:r], *v.* (*pr.p.* **pleuvant**; *p.p.* **plu**; *pr.ind.* **il pleut, ils pleuvent**; *p.h.* **il plut**; *fu.* **il pleuvra**) To rain. **1.** *v. impers.* **Il pleut à verse,** *F:* **à seaux,** it is raining hard, fast; it is pouring (with rain). **Il pleut à petites gouttes,** it is drizzling. *F:* **Il pleuvait des coups,** blows fell thick and fast. **Faire p. des coups sur qn,** to rain, shower, blows, on s.o. **2.** Occ. *v. pers.* **Les invitations lui pleuvent de tous les côtés,** invitations are pouring in on him.

pleuvoter [plœvɔte], *v.i. F:* To drizzle.

plèvre [plɛ:vr], *s.f. Anat:* Pleura.
plexus [plɛksy:s], *s.m. Anat:* Plexus.
pleyon [plɛjɔ̃], *s.m.* **1.** *Arb:* Shoot trained back. **2.** Withe; osier tie.
pli [pli], *s.m.* **1.** (*a*) Fold (in curtains, etc.); pleat. *Dressm:* **Plis couchés, plats,** knife-pleats. **P. creux, double p., p. inverti, p. rentré,** box pleat, inverted pleat. **Petit p.,** tuck. **Jupe en plis d'accordéon,** accordion-pleated skirt. **Faire des plis à une robe,** to pleat a dress. **Faire un p. à une page,** to turn down a page. *Hairdr:* **Mise en plis,** setting (the hair); (hair-)set. **Faire une mise en plis,** to set (s.o.'s) hair. (*b*) Wrinkle, pucker. **P. de terrain,** undulation. (Of garment) **Faire des plis,** to pucker, wrinkle. (*c*) Crease. **Pantalon bien marqué d'un p.,** well-creased trousers. **Faux p.,** (unintentional) crease. **2.** Bend (of the arm, leg). **P. du jarret,** hollow of the knee. **3.** (*a*) Cover, envelope (of letter). **Sous p. séparé,** under separate cover. **Nous vous l'envoyons sous ce p.,** we send it you herewith. (*b*) Letter, note. *Navy:* **P. cacheté,** sealed orders. **Plis consulaires,** consular packages. **4.** *Cards:* **Faire un p.,** to take a trick.
pliable [pliabl], *a.* Foldable, pliable, flexible. **Canot p.,** folding boat.
pliant [pliɑ̃]. **1.** *a.* (*a*) Pliant, flexible; docile, tractable. (*b*) Folding (chair, bed); collapsible. **Pied p.,** folding tripod. *Aut:* **Capote pliante,** collapsible hood. **2.** *s.m.* Folding chair or stool; camp-stool
plie [pli], *s.f. Ich:* Plaice.
plié [plie], *s.m. Danc:* Plié.
pli|er [plie]. **1.** *v.tr.* (*a*) To fold, fold up; to strike (tent); to furl (sail). S.a. BAGAGE 1. (*b*) (= PLOYER) To bend (bough, cane). **P. les reins,** to stoop. **P. le genou,** to bend the knee. (*c*) **P. qn à la discipline,** to bring s.o. under discipline. **P. un cheval,** to break a horse. *F:* **Être plié au métier,** to be broken in. **2.** *v.i.* (*a*) To bend. **Mieux vaut p. que rompre,** better bend than break. (*b*) To submit, yield; (of troops in battle) to give way. **Tout plie devant lui,** he carries all before him. *s.m.* **-age.** *s.m.* **-ement.**
se plier aux circonstances, à la discipline, to yield, bow, submit, to circumstances; to conform to discipline. **Se p. aux lois,** to obey the law.
plieur, -euse [pliœ:r, -ø:z], *s.* **1.** Folder. **2.** *s.f.* **Plieuse,** folding machine.
Pline [plin]. *Pr.n.m. Lt.Lit:* Pliny.
plinthe [plɛ̃:t], *s.f.* **1.** Plinth (of column). **2.** Skirting-board (of room); plinth.
pliocène [pliɔsɛn], *a. & s.m. Geol:* Pliocene.
plioir [pliwa:r], *s.m.* **1.** *Bookb:* Folder; paper-knife. **2.** Winder (for fishing-line).
plissé [plise]. **1.** *a.* (*a*) Pleated (dress, (shirt-)front); kilted (skirt). (*b*) **Lèvres plissées,** puckered lips. **Front p.,** wrinkled brow. **2.** *s.m.* Pleat(ing), pleats; tucks; kilting.
plissement [plismɑ̃], *s.m.* **1.** Pleating; corrugation. **2.** Crumpling; puckering; crinkling. *Geol:* Fold.
pliss|er [plise]. **1.** *v.tr.* (*a*) To pleat, kilt (skirt, etc.). (*b*) To crease, crumple; to crinkle (paper); to corrugate (metal). **P. les yeux,** to screw up one's eyes. **2.** *v.i. & pr.* (*a*) To have folds, creases, pleats. (*b*) To crease, crumple, pucker. *s.m.* **-age.** *s.* **-eur, -euse.**
plissure [plisy:r], *s.f.* **1.** (Art of) pleating, kilting. **2.** Pleats.
pliure [pliy:r], *s.f. Bookb:* **1.** Folding. **2.** Folding room.
ploc [plɔk], *s.m.* **1.** Hair (from cow, dog). **2.** Waste wool. **3.** *Nau:* Sheathing-felt, caulking-felt.
ploiement [plwamɑ̃], *s.m.* Folding, bending. *Mil:* Ployment (of front from line to column).
plomb [plɔ̃], *s.m.* **1.** Lead. **P. laminé, en feuilles,** sheet lead. **Tuyau de p.,** lead(en) pipe. **Papier de p.,** lead-foil. **Blanc de p.,** white lead. S.a. MINE[1] 2. *Arch:* **Plombs,** lead-work, leads (of window). **Mise en p.,** leading. *F:* **Sommeil de p.,** heavy sleep. **Ciel de p.,** leaden, grey, sky. **N'avoir pas de p. dans la tête,** to lack ballast. **2.** *Ven:* Shot. **Petit, menu, p.,** small shot, bird shot. **Gros p.,** buck-shot. **3.** *pl. A:* (Housemaid's) sink. **4.** (*a*) Lead (weight). *Nau:* **Jeter, lancer, le p. de sonde,** to heave the lead. (*b*) **Fil à p.,** plumb-line. **A p.,** upright, vertical(ly). **5.** *Com: Cust:* Lead stamp; seal. **6.** *El.E:* **P. fusible, de sûreté,** fuse, cut-out. **Faire sauter les plombs,** to blow the fuses.
plombagine [plɔ̃baʒin], *s.f.* Black lead; graphite, plumbago.
plombe [plɔ̃:b], *s.f. P:* Hour (struck). **Voilà quatre plombes,** it's striking four.
plombé [plɔ̃be], *a.* **1.** Leaded; lead-covered (roof). S.a. CANNE 2. **2.** Leaden, murky (sky); livid (complexion). **3.** *Cust:* Sealed (bales, truck).
plomb|er [plɔ̃be], *v.tr.* **1.** (*a*) To cover, sheathe, (sth.) with lead. (*b*) To weight (sth.) with lead. (*c*) *Cer:* To glaze. **2.** To give a leaden, livid, hue to (complexion, sky). **3.** *Dent:* To stop, fill (tooth). **4. P. un mur,** to plumb a wall. **5.** *Cust:* To seal; to affix leads to (truck). *s.m.* **-age.**
se plomber, (of sky, complexion) to take on a leaden hue.
plomberie [plɔ̃bri], *s.f.* **1.** Plumbing. **2.** (*a*) Lead-works. (*b*) Plumber's shop.
plombeur [plɔ̃bœ:r], *s.m. Cust:* Affixer of seals (to bales, etc.).
plombier [plɔ̃bje], *s.m.* (*a*) Worker in lead. (*b*) Plumber.
plonge [plɔ̃:ʒ], *s.f.* Washing-up (in restaurant).
plongeant [plɔ̃ʒɑ̃], *a.* Plunging (fire). **Vue plongeante,** view from above.
plongée [plɔ̃ʒe], *s.f.* **1.** (*a*) Plunge, dive. **P. sous-marine,** skin-diving. (*b*) Submergence, submersion (of submarine). (Of submarine) **Effectuer sa p.,** to submerge. **P. raide,** crash-dive. **Vitesse en p.,** speed submerged. **2.** Dip, slope (of ground).
plongeoir [plɔ̃ʒwa:r], *s.m.* Diving-board.
plongeon [plɔ̃ʒɔ̃], *s.m.* **1.** *Orn:* Diver, loon. **2.** Plunge, dive (of swimmer). **P. de haut vol,** high dive. **Faire le p.,** (i) to dive; (ii) *F:* to take the plunge.
plong|er [plɔ̃ʒe], *v.* **(je plongeai(s); n. plongeons). 1.** *v.i.* To plunge. (*a*) To dive; to take a header. *F:* **P. dans sa poche pour y prendre de la monnaie,** to dive into one's pocket for small change. (*b*) To become immersed; (of submarine) to submerge; (of angler's float) to bob under. **P. raide,** to crash-dive. (*c*) **Les murs plongent dans le fossé,** the walls run steeply into the moat. (*d*) *Nau:* (Of ship) **P. du nez,** to pitch. (*e*) (Of coal-seam) To dip. **2.** *v.tr.* To plunge, immerse (s.o., sth., in liquid); to quench (steel, etc.). **P. la main dans sa poche,** to thrust one's hand, *F:* to dive, into one's pocket. *s.m.* **-ement.**
se plonger, to immerse oneself **(dans,** in). **Se p. dans le plaisir,** to give oneself up completely to pleasure. **Se p. dans le vice, dans le sang,** to be steeped in, to wallow in, vice, blood. **Plongé dans ses pensées,** immersed, lost, in thought. **Être plongé dans la méditation,** to be buried in meditation.
plongeur, -euse [plɔ̃ʒœ:r, -ø:z]. **1.** *a.* Diving (bird). **2.** *s.m.* (*a*) Diver. **Agents plongeurs,** riverside police. **Cloche à plongeurs,** diving-bell. **P. sous-marin, autonome,** skin-diver. (*b*) Washer-up, bottle-washer (in restaurant). (*c*) *Orn:* Diving-bird. (*d*) Plunger (of pump).
ploque [plɔk], *s.f.* = PLOC.
plosive [plozi:v], *s.f. Ling:* Plosive (consonant).
plot [plo], *s.m. El:* (Contact) stud. **Lampe à un p.,** single-contact bulb.
ploutocrate [plutɔkrat], *s.m.* Plutocrat.
ploutocratie [plutɔkrasi], *s.f.* Plutocracy.
ploutocratique [plutɔkratik]. *a.* Plutocratic.
ployable [plwajabl], *a.* Pliable, flexible.
ploy|er [plwaje], *v.* **(je ploie; je ploierai) 1.** *v.tr.* To bend (branch, the knee); *Mil:* to ploy (troops), **2.** *v.i. & pr.* To bow (under yoke, burden). **P. devant l'ennemi,** to give way before the enemy. *s.m.* **-age.**
plu. See PLAIRE and PLEUVOIR.
pluches [plyʃ], *s.f.pl. Mil: P:* Cook-house fatigue.
pluie [plɥi], *s.f.* Rain. (*a*) **P. battante, torrentielle,** pouring rain, pelting rain, downpour. **P. d'orage,** thunder rain or shower. **P. fine,** drizzle. **Goutte de p.,** raindrop. **Le temps est à la p.,** it looks like rain. **Temps de p.,** rainy, wet, weather. **Jour sans p.,** rainless day. **Être sous la p.,** to be in the rain. **"Craint la p.,"** 'to be kept dry.' **Parler de la p. et du beau temps,** to talk about the weather, of nothing in particular. *Prov:* **Après la p. le beau temps,** every cloud has a silver lining. *F:* **Faire la p. et le beau temps,** to be all-powerful; to rule the roost. *F:*

Il n'était pas tombé de la dernière p., there were no flies on him. *Cin:* Rain (streaks appearing on screen during showing of a damaged film). (*b*) **P. d'or,** (i) shower of gold; (ii) *Pyr:* golden rain.
plumage [plymaːʒ], *s.m.* Plumage, feathers.
plumard [plymaːr]], *s.m. P:* Bed.
plumasserie [plymasri], *s.f.* Feather-trade.
plumassier, -ière [plymasje, -jɛːr], *s.* Feather-dresser, feather-dealer.
plum-cake [plœmkɛk], *s.m.* Plum-cake. *pl. Des plum-cakes.*
plume [plym], *s.f.* **1.** (*a*) Feather. **Oiseau sans plumes,** callow, unfledged, bird. *F:* **Arracher à qn une p. de l'aile,** to pluck a feather out of s.o.'s wing; to deprive s.o. of some important advantage. **Il y a laissé des plumes,** he did not get away unscathed. *Prov:* **La belle p. fait le bel oiseau,** fine feather make fine birds. *Box:* **Poids p.,** feather-weight. (*b*) *Coll:* **La p. d'un oreiller,** the feathers of a pillow. S.a. LIT 2. (*c*) *Fish:* Quill. **2.** Pen. **P. d'oie,** quill (pen). **P. d'acier,** steel nib. **P. à dessin,** drawing-pen. **P. tubulaire (pour dessin),** barrel pen, crow-quill. **Dessin à la p.,** pen-and-ink drawing. **Trait de p.,** stroke of the pen. **Prendre la p. (en main), mettre la main à la p.,** to take pen in hand; to put, set, pen to paper.
plumeau [plymo], *s.m.* Feather-duster; whisk. *F:* **Un vieux p.,** an old stick-in-the-mud.
plumer [plyme]. **1.** *v.tr.* To pluck (poultry); *F:* to fleece (s.o.). *Cu:* To scrape (asparagus). **2.** *v.i.* *Row:* To feather.
plumet [plymɛ], *s.m.* (*a*) Plume (of helmet, etc.). (*b*) Ostrich feather (as head ornament).
plumetis [plymti], *s.m. Needlew:* Satin-stitch.
plumeux, -euse [plymø, -øːz], *a.* Feathery.
plumier [plymje], *s.m.* (*a*) Pen-tray. (*b*) Pen-box.
plumitif [plymitif], *s.m.* **1.** *Jur:* Minute-book (of clerk of court). **2.** *F:* Quill-driver, pen-pusher.
plupart (la) [laplypaːr], *s.f.* The most; the greatest or greater part or number. **La p. des hommes croient . . .,** most men believe. . . . **La p. des citoyens,** the majority of the citizens. **La p. d'entre eux,** most of them. **La p. du temps,** most of the time; in most cases; generally. **Pour la p.,** for the most part; mostly.
plural, -aux [plyral, -o], *a.* Plural (vote).
pluralité [plyralite], *s.f.* (*a*) Plurality, multiplicity. **P. de bénéfices,** pluralism. (*b*) **Élu à la p. des voix,** elected by a majority.
pluriel, -elle [plyrjɛl], *a. & s.m. Gram:* Plural. **Au p.,** in the plural.
plus[1] [ply]. **1.** *adv.* (*a*) More. **Ils sont p. nombreux,** they are more numerous. **Il est p. grand que moi,** he is taller than I. **Je ne suis pas p. grand que lui,** I am no taller than he (is). **Une fenêtre p. haute que large,** a window higher than it is wide. **Il a p. de patience que moi,** he has more patience than I. **Deux fois p. grand,** twice as large. **Je gagne p. que vous,** I earn more than you. **J'en ai trois fois p. qu'il ne m'en faut,** I have three times as much as I need. **P. qu'à moitié, p. d'à moitié,** more than half (done, etc.). **Pendant p. d'une heure,** for over an hour. **La maladie pas p. que les obstacles, non p. que les obstacles, ne put le vaincre,** neither disease nor difficulties could vanquish him. **P. de dix hommes,** more than, over, ten men. **P. loin,** farther on. **P. tôt,** sooner. **Pour ne pas dire p.,** to say the least. **P. . . . (et) p. . . .,** the more . . . the more. . . . **P. on est de fous p. on rit,** the more the merrier. **P. je lis moins je retiens,** the more I read the less I remember. **Et qui p. est** [plyzɛ] . . ., and what is more . . ., moreover. . . . **Il y en a tant et p.,** there is any amount of it. S.a. AUTANT 4. (*b*) **(Le) p.,** most. **La p. belle dame,** the most beautiful lady. **C'est à trente ans qu'elle a été le p. belle,** she was at her best at thirty. **C'est vous qui avez fait le p. de fautes,** you have made (the) most mistakes. S.a. LE[1] 2. **Une ascension des p. hasardeuses,** a most perilous ascent. **C'est tout ce qu'il y a de p. simple,** nothing could be simpler. (*c*) **Ne . . . p.** (with negative expressed or understood), no more no longer, not again. **Je ne veux p. de cela,** I want no more of that. **Je ne la verrai p.,** I shall never see her again. **Il n'est p.,** he is no more; he is dead. **Je n'ai p. d'argent,** I have no money left. **Sans p. attendre,** without waiting any longer. **P. de doute,** there is no more doubt about it. **P. de potage, merci,** no more soup, thank you. **P. rien,** nothing more. **P. que dix minutes!** only ten minutes left! (*d*) **Non p.,** (not) either. **Je n'en ai pas non p.,** I haven't any either. **Ni moi non plus,** neither do I, did I, shall I, can I, etc. **Jamais non p. je n'avais songé à . . .,** nor had I ever thought of . . . **Vous n'en avez guère non p.,** you haven't much either. (*e*) (Often [plys]) **P.,** also, besides, in addition. **Sept p. neuf p. un,** seven plus nine plus one. **Cent francs d'amende, p. les frais,** a hundred francs' fine, and costs. *Golf:* **P. quatre** [plyskatr], plus four. **Il fait p. 20 (degrés),** it's 68° (Fahrenheit). (*f*) **De p.,** more. **Une journée de p.,** one day more. **Rien de p., merci,** nothing besides, nothing else, thank you. **De p. en p.,** more and more. **De p. en plus froid,** colder and colder. **En p.,** in addition; (i) into the bargain, (ii) extra. **Le vin est en p.,** wine is extra. **En p. de ce qu'il me doit,** over and above what he owes me. *Adv. phr:* **Il y en a trois en p. de lui,** there are three others beside him. **P. ou moins** [plyzumwɛ̃], more or less. **Ni p. ni moins,** neither more nor less. **2.** *s.m.* (*a*) More. **Qui peut le p. peut le moins,** he who can do more can do less. **Sans p.,** (just that and) nothing more. **Sans p. il les mit à la porte,** without more ado he turned them out of doors. (*b*) Most. **Faites le p. que vous pourrez,** do the most you can. **Au p., tout au p.,** at (the very) most, at the utmost, at the best. **C'est tout au p. s'il est midi,** it is twelve o'clock at the latest, at the outside. (*c*) *Mth:* Plus (sign). (*d*) *Golf:* **Le p.** [ləplyːs], the odd.
plus[2]. See PLAIRE.
plusieurs [plyzjœːr], *a. & pron.pl.* Several. **P. personnes l'ont remarqué,** a number of persons noticed it. **De p. manières,** in more ways than one. **J'en ai p.,** I have several. **Un ou p.,** one or more.
plus-que-parfait [plyskəparfɛ], *s.m. Gram:* Pluperfect (tense).
pluss-e, -es, etc. See PLAIRE.
plus-value [plyvaly], *s.f.* **1.** *Pol.Ec:* Increase in value; increment value, appreciation (of land, etc.); surplus, excess yield (of tax, etc.). **Les recettes présentent une p.-v. de . . .,** the receipts show an increase of. . . . *Fin:* Appreciated surplus, betterment. **Impôt sur les plus-values,** betterment tax. **2.** Extra payment. *pl. Des plus-values.*
plut, plût. See PLAIRE and PLEUVOIR.
plutonium [plytɔnjɔm], *s.m. Ph:* Plutonium.
plutôt [plyto], *adv.* (*a*) Rather, sooner. **P. la mort que l'esclavage,** sooner death than slavery. **P. souffrir que mentir,** it is better to suffer than to lie. **Il récite p. qu'il ne chante,** he recites rather than sings. (*b*) Rather; on the whole. **Il faisait p. froid,** the weather was cold if anything.
pluvial, -aux [plyvjal, -o], *a.* Pluvial; rainy (season). **Eau pluviale,** rain-water.
pluvier [plyvje], *s.m. Orn:* Plover.
pluvieux, -euse [plyvjø, -øːz], *a.* Rainy (season); wet (weather).
pluviographe [plyvjɔgraf], *s.m.* Recording rain-gauge.
pluviomètre [plyvjɔmɛtr], *s.m.* Rain-gauge, pluviometer.
pluviôse [plyvjoːz], *s.m. Fr. Hist:* Fifth month of the Fr. Republican calendar (Jan.-Feb.).
pluviosité [plyvjozite], *s.f. Meteor:* Rainfall.
pneu [pnø], *s.m.* **1.** (Pneumatic) tyre (of car, bicycle). **P. à tringles,** wired tyre. **P. à carcasse radiale,** radial-ply tyre. S.a. BALLON 1. **2.** = PNEUMATIQUE 2. (*b*) *pl. Des pneus.*
pneumatique [pnømatik]. **1.** *a.* Pneumatic; air-(pump, etc.). **Canot p.,** rubber dinghy. **2.** *s.m.* (*a*) Pneumatic tyre. (*b*) (In Paris) Express letter (transmitted by pneumatic tube). S.a. PNEU.
pneumocoque [pnømɔkɔk], *s.m. Bac:* Pneumococcus.
pneumologue [pnømɔlɔg], *s.* Chest specialist.
pneumonie [pnømɔni], *s.f.* Pneumonia.
pneumopleurésie [pnømɔplœrezi], *s.f.* Pleuropneumonia.
pneumothorax [pnømɔtɔraks], *s.m. Med:* Pneumothorax.
pochade [pɔʃad], *s.f.* Rapid sketch.
pochard, -arde [pɔʃaːr, -ard]. *s. P:* Drunkard.
pocharder (se) [səpɔʃarde], *v.pr. P:* To get tipsy.

poche[1] [pɔʃ], *s.f.* **1.** Pocket. **P. de poitrine,** breast-pocket. **P. de côté,** side-pocket. **Couteau de p.,** pocket-knife. **Carnet de p.,** pocket-book. **Argent de p.,** pocket-money. **Avoir la p. vide,** to be penniless. **Avoir toujours la main à la p.,** to be always paying out. **J'y suis de ma p.,** I am out of pocket by it. *F:* **J'y ai été de ma p.,** I had to stump up. **J'ai 1000 francs en p.,** I have 1000 francs on me. **Mettre qch. dans sa p.,** to pocket sth. *F:* **Mettez ça dans votre p. (et votre mouchoir dessus),** put that in your pipe and smoke it. **Je connais le voisinage comme (le fond de) ma p.,** I know the neighbourhood like the back of my hand. **Il n'a pas sa langue dans sa p.,** he has plenty to say for himself. *Tail:* **P. carnier,** poacher pocket. **2.** (*a*) Bag, pouch, sack. *Cu:* **P. à douille,** forcing bag, piping bag. *F:* **Acheter chat en p.,** to buy a pig in a poke. **P. d'air,** (i) *Av:* air-pocket; (ii) *Hyd.E:* air-lock. (*b*) *Biol: Med:* Sac. **3.** (*a*) **Pantalon qui fait des poches aux genoux,** trousers that are baggy at the knees. (*b*) **Poches sous les yeux,** pockets, pouches, under the eyes.

poche[2], *s.f.* Ladle. *Metall:* **P. à couler,** casting-ladle.

pochée [pɔʃe], *s.f.* = POCHETÉE.

pocher[1] [pɔʃe]. **1.** *v.tr. Cu:* To poach (eggs). *F:* **P. l'œil à qn,** to black s.o.'s eye. **Œil poché,** black eye. *P:* **La ferme, ou je te poche un œil!** Shut up, or I'll hit you (one) in the eye! **2.** *v.i.* (Of clothes) To pucker; to get baggy.

pocher[2], *v.tr.* **1.** To dash off (sketch). **2.** To stencil (design).

pochetée [pɔʃte], *s.f.* Pocketful.

pochette [pɔʃɛt], *s.f.* **1.** (*a*) Small pocket; pouch; handbag. (*b*) Pocket-case (for mathematical instruments). (*c*) *Phot:* **P. de papier,** packet of paper. (*d*) **P. de papeterie,** compendium. (*Gramophones*) Sleeve (of record). **2.** *Ven:* Purse-net. **3.** Pocket-violin; *A:* kit. **4.** Fancy handkerchief.

pocheuse [pɔʃøːz], *s.f. Cu:* Egg-poacher.

pochoir [pɔʃwaːr], *s.m.* Stencil(-plate). **Passer qch. au p.,** to stencil sth.

podagre [pɔdaːgr]. **1.** *s.f.* Podagra, gout (in the feet). **2.** *a. & s.* Podagrous, gouty (person).

poêle[1] [pwɑːl, pwal], *s.f.* Frying-pan.

poêle[2], *s.m.* **1.** *Ecc:* Canopy (held over the Sacrament in procession). **2.** (Funeral-)pall. **Porteurs des cordons du p.,** pall-bearers.

poêle[3], *s.m.* Stove. **P. à feu continu,** slow-combustion stove. **P. à gaz,** gas-stove. **P. de cuisine,** kitchen-range; cooker.

poêlée [pwale], *s.f.* Panful.

poêler [pwale], *v.i.* To cook in a frying-pan.

poêlier [pwalje], *s.m.* (*a*) Dealer in stoves. (*b*) Stove-setter.

poêlon [pwalɔ̃], *s.m.* Small (earthenware or metal) saucepan; casserole.

poème [pɔɛːm], *s.m.* Poem. *F:* **C'est un p.,** it's priceless.

poésie [pɔezi], *s.f.* **1.** Poetry. **2.** Poem; piece of poetry.

poète [pɔɛt]. **1.** *s.m.* Poet. **2.** *a.* **Femme p.,** *s.f.* **poétesse** [pɔetɛs], woman poet; poetess.

poétique [pɔetik]. **1.** *a.* (*a*) Poetic (muse, licence). **L'art p.,** the art of poetry. (*b*) Poetical (works, passage). **2.** *s.f.* Poetics. *adv.* **-ment,** -ally.

poétiser [pɔetize], *v.tr.* To poet(ic)ize.

pogne [pɔɲ], *s.f. P:* Hand.

pognon [pɔɲɔ̃], *s.m. P:* Money; *P:* dough, lolly.

pogrom [pɔgrɔm], *s.m.* Pogrom.

poids [pwɑ], *s.m.* Weight. **1.** (*a*) Heaviness. **Appuyer de tout son p. sur qch.,** to lean on sth. with the whole of one's weight. **Vendre au p.,** to sell by weight. **Le p. n'y est pas,** this is short weight. **Faire bon p.,** to give good weight. **Ajouter qch. pour faire le p.,** to throw sth. in as a make-weight. *F:* **Il ne fait pas le p.,** he's not up to the job. *Ch:* **P. atomique,** atomic weight. *Ph:* **P. spécifique,** specific gravity. *Box: Wr:* **P. coq,** bantam-weight. **P. lourd,** heavy-weight. **P. moyen,** middle-weight. **P. mouche,** fly-weight. **P. à volonté,** catch-weight. S.a. PLUME 1. (*b*) Importance. **Son opinion a du p.,** his opinion carries weight. **Gens de p.,** people of weight, of consequence. **2. P. et mesures,** weights and measures. **Les P. et Mesures,** (i) the Weights and Measures Dept. (ii) the office of the Inspector of Weights and Measures. *F:* **Avoir deux p. et deux mesures,** to have one law for the rich and another for the poor. **Les p. d'une horloge,** the weights of a clock. **3.** Load, burden. *Av: Trans:* **P. utile,** live weight; useful load; pay-load. **P. en ordre de vol,** laden weight. **P. mort,** dead weight, dead load. **P. brut,** gross weight. **P. net,** net weight. **P. de charge,** load (of valve, etc.). *Mec.E:* **P. du cheval,** weight per horse-power. *Aut:* **P. lourd,** lorry. **Le p. des impôts,** the burden of taxation.

poignant [pwaɲɑ̃], *a.* Poignant; heart-gripping. **Spectacle p.,** (i) agonizing, (ii) thrilling, sight.

poignard [pwaɲaːr], *s.m.* (*a*) Dagger, poniard. **Coup de p.,** stab. **Donner un coup de p. à qn,** to stab s.o. (*b*) Dirk.

poignarder [pwaɲarde], *v.tr.* To stab (s.o.).

poigne [pwaɲ], *s.f.* Grip, grasp. **Un homme à p., de p.,** a strong, energetic, man. **Montrer de la p.,** to show energy. **Il manque de p.,** he lacks grip.

poignée [pwaɲe], *s.f.* **1.** (*a*) Handful. **A poignées,** in handfuls; by the handful. **P. d'hommes,** handful, small number, of men. (*b*) **P. de main,** handshake, handgrip. **Donner une p. de main à qn,** to shake hands with s.o. **2.** Handle (of door, cycle); grasp (of oar); hilt (of sword); grip (of pistol); haft (of tool). **P. de chasse d'eau,** cistern pull. *Aut: etc:* **P. de tirage (d'une portière),** pull-to handle. **3.** Hank (of thread, etc.).

poignet [pwaɲɛ], *s.m.* **1.** Wrist. **Faire qch. à la force du p.,** to do sth. by sheer strength of arm, by sheer hard work. **2.** (*a*) Wristband (of shirt). (*b*) Cuff (of garment).

poil [pwal], *s.m.* **1.** (*a*) (Of animal) Hair, fur. **P. de chameau,** camel's hair. **A p. long,** long-haired, shaggy. **Monter à p.,** to ride (a horse) bareback. *P:* **Tomber sur le p. à qn,** to go for s.o. S.a. BÊTE 1. (*b*) Coat (of animals). **Cheval d'un beau p.,** sleek horse. **Chien au p. rude, à p. dur,** wire-haired, rough-coated, dog. (*c*) Nap (of cloth); pile (of velvet). **Velours à trois poils,** three-pile velvet. **Velours à p. soie naturelle,** velvet with real silk pile. S.a. BRAVE 1. (*d*) **Poils d'une brosse,** bristles of a brush. **2.** (Of pers.) Hair (on the body). *F:* **Il a du p.,** he's got guts. **Sans p. au menton,** beardless. **Poils follets,** down. *F:* **A p.,** naked. **Se mettre à p.,** to strip to the skin. *P:* **Avoir un p. (dans la main),** to be work-shy. **3.** (Of plants) Down. **4.** *F:* Mood, temper. **Être de bon, mauvais p.,** to be in a good, bad, mood. **5.** *P:* **Au (petit) p.,** wizard, tip-top; accurate.

poilu [pwaly]. **1.** *a.* (*a*) Hairy, shaggy. (*b*) Nappy (material). (*c*) *Nat.Hist:* Pilose. **2.** *s.m. F:* French soldier (1914–18).

poinçon[1] [pwɛ̃sɔ̃], *s.m.* **1.** (*a*) (Engraver's) point; chasing-chisel. (*b*) Awl, bradawl; *Needlew:* (embroiderer's) stiletto; (sailmaker's) stabber. *Dom.Ec:* **P. à glace,** ice-pick. **2.** (*a*) (Perforating) punch. **(Coup de) p. sur un billet,** punch-hole in a ticket. (*b*) Die, stamp. **P. à chiffrer,** number-punch. (*c*) Stamped mark. **P. de contrôle,** hall-mark. *Gramophone Ind:* Negative record, stamper. **P. de réserve,** master negative. **3.** *Const:* (*a*) King-post. **P. (de comble),** middle post. (*b*) Scaffolding-pole.

poinçon[2], *s.m.* Large cask; puncheon.

poinçonn|er [pwɛ̃sɔne], *v.tr.* **1.** (*a*) To prick, bore. (*b*) To punch. **2.** (*a*) To punch, clip (ticket, etc.). (*b*) To stamp, to hall-mark. *s.m.* **-age.** *s.m.* **-ement.** *s.m.* **-eur.**

poinçonneuse [pwɛ̃sɔnøːz], *s.f.* Stamping-, punching-machine; ticket-punch.

poindre [pwɛ̃ːdr], *v.i.* (*pr.p.* **poignant**; *p.p.* **point**; *pr.ind.* **il point, ils poignent**; *p.h.* **il poignit**; *fu.* **il poindra.** Used esp. in *infin.*, *pr.ind.*, and *fu.*) (Of daylight) To dawn, break; (of plants) to come up, sprout, spear. (Of ship) **P. à l'horizon,** to heave in sight. *F:* **Je sens p. un rhume,** I feel a cold coming on.

poing [pwɛ̃], *s.m.* Fist. **Poings nus,** naked fists, bare knuckles. **Sabre, revolver, au p.,** sword, revolver, in hand. **Serrer les poings,** to clench one's fists. **Menacer qn du p.,** to shake one's fist at s.o. **Dormir à poings fermés,** to sleep soundly, like a log. **Coup de p.,** blow given with the fist; punch. S.a. COUP-DE-POING. **Il tomba sur eux à coups de p.,** he went for them with his fists. **Faire le coup de p.,** to use one's fists.

point[1] [pwɛ̃], *s.m.* **1.** Hole (in strap). **2.** (*a*) *Needlew:* Stitch. **P. glissé, p. coulé, p. droit, p. devant,** running stitch. **P. arrière,** back-stitch. **P. de piqûre,** (i) back-stitch; (ii) (on machine) lock-stitch. **P. de reprise,** darning-stitch. **P. noué,** knot-stitch. **P. roulé,** whipping. **P. croisé,** cross-stitch. **P. de languette, de feston,** blanket-stitch, button-hole stitch. **P. perdu,** blind-stitch, slip-stitch. **Coudre qch à points perdus,** to blind-stitch sth. *Knitting:* **P. de riz,** moss-stitch. **Faire un p. à un vêtement,** to put a few stitches in a garment. (*b*) (Needle-)point lace. **P. de Bruxelles,** Brussels lace. (*c*) **P. de côté,** stitch in one's side. **3.** Point. (*a*) (In time) **Le p. du jour,** daybreak. **Être sur le p. de faire qch.,** to be on the point of doing sth. **Sur le p. de mourir,** at, on, the point of death. **Arriver à p. nommé, juste à p.,** to arrive in the nick of time. *Prov:* **Tout vient à p. à qui sait attendre,** all things come to him who waits. (*b*) (In space) **P. de départ,** starting-point. **P. de chute,** (place of) fall. **P. de vue,** (i) point of view; (ii) (panorama) view-point, view. **A tous les points de vue,** in all respects, in every respect. *F:* **Du p. de vue caractère,** with regard to his character. **Faire le p.,** to take stock (of a question). *Mil:* **P. de ralliement,** rallying point, alarm post. **P. d'appui,** (i) base of operations, point d'appui; *Navy:* outlying station; (ii) *Mec:* fulcrum (of lever); purchase. **Au p.** *Opt:* in focus; *I.C.E:* in tune. **Mettre au p.,** to focus (lens, image); to adjust (opera-glasses); to perfect (invention); *I.C.E:* to tune (engine). **La question n'est pas encore mise au p.,** the question is not yet ready for discussion. **Mettre un article au p.,** to put an article into shape. **Mise au p. d'une question,** restatement of a question. *Av:* **Faire le p. fixe,** to run the engines (in order to check them). **P. limite de retour,** point of no return. **P. critique,** critical point. *Aut:* **P. mort,** neutral. (*c*) *Nau:* **P. de voile,** clew, corner, of a sail. **4.** (*a*) Point, dot, tick; punctuation mark. **Mettre les points sur les i.,** (i) to dot one's i's; (ii) *F:* to make one's meaning perfectly plain. **P. (final),** full stop, *U.S:* period. **Un p., c'est tout,** (i) *Sch:* (at end of dictation) full stop, that's all; (ii) *F:* that's that. **Deux points,** colon. **P.-virgule,** semicolon. **P. d'interrogation, d'exclamation,** question, exclamation mark. *Tg:* **Points et traits,** dots and dashes (of Morse alphabet). **Faire un p. en face d'un nom,** to tick off a name. (*b*) *Mus:* **Noire suivie d'un p.,** dotted crotchet. **P. d'orgue,** pause, fermata. (*c*) *Nau:* **Faire le p.,** (i) to take (the ship's) bearings; (ii) to prick the chart. **P. estimé,** dead reckoning. **P. observé,** position by observation. (*d*) *Games:* Point, score. **Marquer les points,** to keep the score. **Marquer des points,** to score (points). *Box:* **Gagner aux points,** to win on points. **Rendre des points à qn,** to give s.o. points; to be more than a match for s.o. (*e*) *Sch:* Mark. **Mauvais p.,** bad mark. (*f*) *Typ:* Point. **Caractères de huit points,** eight-point type. (*g*) Speck, spot, dot. **Le navire n'est qu'un p. à l'horizon,** the ship is a mere speck on the horizon. **5.** (*a*) Point, stage, degree, extent. **P. d'ébullition,** boiling-point. **P. d'éclair,** flash-point. **P. de fusion,** melting-point. *Metall:* **P. chaud,** hot-spot. **Jusqu'à un certain p.,** to a certain extent; in some degree. **Au p. où en sont les choses,** as matters stand. **A ce p. que, à tel p. que, au p. que . . .,** to such a pass, so much so, that. . . . **Au dernier p.,** to, in, the last degree. (*b*) **En bon p.,** in good condition, in good fettle. **Le commerce est en mauvais p.,** trade is in a bad way. (*c*) **A p.,** in the right condition. **Viande cuite à p.,** meat done to a turn. **6.** Point, particular. **Le p. capital,** the main point. **Le grand p. c'est de . . .,** the great thing is to. . . . **C'est là le p.,** that's the point. **Mettre son p. d'honneur à ne pas céder,** to make it a point of honour not to yield. **Équiper un homme de tout p.,** to equip a man at all points. **Exécuter un ordre de p. en p.,** to execute an order exactly, to the letter. *Jur:* **P. de droit,** point of law.

point[2], *adv.* = PAS[2]. **Peu ou p.,** little or not at all. **Le connaissez-vous?—P.!** do you know him?—Not at all.

pointe [pwɛ̃:t], *s.f.* **1.** (*a*) Point (of pin, sword, etc.); tip, head (of arrow, lance); nose (of bullet); toe (of shoe); top (of spire). **P. d'aiguille,** (i) needle-point; (ii) *Rail:* point of a switch-blade. **P. d'une épigramme,** point, sting, of an epigram. **Coup de p.,** thrust. **A la p. de l'épée,** at the point of the sword. **P. d'asperge,** asparagus tip. **En p.,** tapering; pointed. **Aller en p.,** to taper. **Tailler en p.,** to point (stick, pencil). **Marcher, se tenir, sur la p. des pieds,** to walk, stand, on tiptoe. **Faire des pointes,** to dance on the toes. *Mth: El.E: etc:* **P. d'une courbe, d'une charge,** peak of a curve, of a load. *Ind: Rail:* **Heures de p.,** peak hours, busy hours, rush hours. *Med:* (Of fever) Peak. (*b*) *Mil:* Point (of advanced guard). **Faire une p.,** to push a small force far in advance of main army. **Pousser une p. sur . . .,** to launch a spearhead against. . . . *Navy:* **Tir en p.,** firing ahead. (*c*) *Row:* **Aviron de p.,** oar (as opposed to scull). **Ramer, nager, en p.,** to row (as opposed to sculling). **Huit de p.,** eight-oared boat. (*d*) **P. du jour,** daybreak. **P. de douleur,** twinge of pain. **Sentir une petite p. au cœur,** to feel a pang. **Parler avec une p. d'accent étranger,** to speak with a hint of a foreign accent. **P. d'ironie,** touch of irony. **P. de vanille,** flavour, dash, of vanilla. *Sp:* **P. de vitesse,** spurt, sprint. (*e*) Witty phrase; conceit; quip. (*f*) **P. de canot,** canvas. **2.** *Geog:* **P. de terre,** foreland, head(land); cape; spit, tongue (of land). **3.** *Tls:* **P. carrée,** bradawl. **P. à tracer,** scriber. **P. sèche,** (etcher's) point; etching-needle. S.a. POINTE-SÈCHE. **4. P. de Paris,** wire nail, French nail. **Chaussures à pointes,** spiked shoes. **5.** *Med:* **Pointes de feu,** ignipuncture. **6.** (*a*) (Triangular) napkin, diaper (for infant). (*b*) Kerchief or fichu. (*c*) *Nau:* Gore (of sail).

pointeau [pwɛ̃to], *s.m.* **1.** *Tls:* Centre-punch. **2.** Needle, float-spindle (of carburettor). **Agir sur le p.,** to tickle the carburettor. **3.** (*Pers.*) Checker.

point|er[1] [pwɛ̃te], *v.tr.* **1.** (*a*) To check, tick off, prick off (names on list); to scrutinize (votes, etc.). *Nau:* To prick (the chart). **P. (des marchandises),** to tally (goods). (*b*) *Mus:* **Note pointée,** dotted note. (*c*) *Ind:* **P. à l'arrivée, au départ,** to clock in, clock out. **2.** To point, level, train (telescope, etc.); to aim, lay (gun); to train (searchlight) (**sur,** on). *s.m.* **-age.** *s.m.* **-ement.**

pointer[2]. **1.** *v.tr.* (*a*) To thrust, prick, stab (with sword, etc.). (*b*) To point (needle); to sharpen (pencil). (*c*) (Of horse) **P. les oreilles,** to prick up its ears. **2.** *v.i.* To appear; (of plant) to sprout, to spear; (of wind) to rise; (of bird) to soar; (of horse) to rear; (of steeple) to jut upwards.

pointer[3] [pwɛ̃tɛːr], *s.m.* *Ven:* Pointer.

pointe-sèche, [pwɛ̃tsɛʃ], *s.f.* Dry-point etching. *pl. Des pointes-sèches.*

pointeur [pwɛ̃tœːr], *s.m.* **1.** Checker; tallyman, time-keeper; (billiard-)marker, scorer. **2.** *Artil:* Gun-layer.

pointillé. **1.** *a.* Dotted (line); stippled (engraving); *Tex:* pin-head (cloth). **2.** *s.m.* (*a*) Dotted line. (*b*) Stippling; stippled engraving. **Dessin en p.,** stippled design.

pointill|er[1] [pwɛ̃tije], *v.tr.* **1.** To dot. **Roue àp.,** dotting-wheel. **2.** *Engr:* To stipple. *s.m.* **-age**[1]. *s.m.* **-ement.**

pointill|er[2]. **1.** *v.i.* (*a*) To cavil, bicker (over trifles). (*b*) To split hairs. **2.** *v.tr.* *O:* To plague; to annoy (s.o.) with pinpricks. *s.m.* **-age**[2].

pointilleux, -euse [pwɛ̃tijø, -øːz], *a.* **1.** Captious (person); carping (critic); touchy (person). **2.** (*a*) Particular (**sur,** about); fastidious (as to). (*b*) Finical, finicky (person).

pointillisme [pwɛ̃tijism], *s.m.* *Art:* Pointillism.

pointilliste [pwɛ̃tijist], *s.m.* *Art:* **1.** Stippler, stipple-engraver. **2.** Pointillist.

pointu [pwɛ̃ty], *a.* (*a*) Sharp-pointed. **Oreilles pointues,** pointed ears; prick-ears. (*b*) Angular, touchy (disposition); shrill (voice). S.a. RIRE I. 1.

pointure [pwɛ̃tyːr], *s.f.* Size (in boots, gloves, collars, etc.). **J'ai six de p.,** I take sixes.

poire [pwaːr], *s.f.* **1.** Pear. *F:* **Entre la p. et le fromage,** 'over the walnuts and wine.' **Garder une p. pour la soif,** to put something by for a rainy day. **Couper la p. en deux,** to compromise, to split the difference. S.a. ANGOISSE. **2.** (Pear-shaped) bulb (of camera shutter, horn, etc.); pear-switch (of electric light). **P. à poudre,** powder-flask. **3.** *P:* (*a*) Head, nut, mug, dial. **Il a une bonne p.,** he looks a decent chap. (*b*) Mug, juggins, easy mark, *U.S:* dope.

poiré [pware], *s.m.* Perry.
poireau [pwaro], *s.m.* (*a*) Leek. *F:* **Le P.**, the decoration known as *Le Merite agricole.* (*b*) *P:* Simpleton. *P:* **Faire le p.**, to kick one's heels.
poireauter [pwarote], *v.i.* *P:* To be kept waiting; to cool one's heels.
poirée [pware], *s.f.* White beet.
poirier [pwarje], *s.m.* (*a*) Pear-tree. *Gym:* **Faire le p.**, to do a handstand. (*b*) Pear-tree wood.
pois [pwɑ], *s.m.* **1.** Pea. **P. chiche,** chick-pea. **P. carrés,** marrowfats. **P. de senteur,** sweet pea. *F:* **La fleur des p.**, the pick of the bunch. **2.** *Cu:* **Petits p., p. verts,** green peas. **P. cassés,** split peas. **Purée de p.,** (i) thick pea-soup; (ii) pease-pudding. **3. Cravate bleue à p. blancs,** blue tie with white spots. **Étoffe à p.,** spotted, polka dot, material.
poison [pwazɔ̃], *s.m.* Poison.
poissard, -arde [pwasa:r, -ard]. **1.** *a.* Vulgar, low; 'Billingsgate' (language). **2.** *s.f.* **Poissarde,** fishwife. **Langage de poissarde,** 'Billingsgate.'
poisse [pwas], *s.f.* *P:* Bad luck. **Jour de p.**, bad day (at races, etc.).
poisser [pwase], *v.tr.* **1.** To pitch; to coat (sth.) with cobbler's wax. **Fil poissé,** waxed thread. **2.** (*a*) To make (hands, etc.) sticky (with jam, etc.). (*b*) *Abs.* (Of substance) To be sticky.
poisseux, -euse [pwasø, -ø:z], *a.* Sticky.
poisson [pwasɔ̃], *s.m.* **1.** Fish. **P. d'eau douce,** fresh-water fish. **P. rouge,** gold-fish. *F:* **P. d'avril,** April-fool hoax. **Être comme le p. dans l'eau,** to be in one's element. **Être comme un p. sur la paille,** to be like a fish out of water. **Les gros poissons mangent les petits,** (i) might overcomes right; (ii) the big traders cut out the small. S.a. CHAIR 2. **2.** *Ent:* **(Petit) p. d'argent,** silver-fish.
poisson-chat [pwasɔ̃ʃa], *s.m.* *Ich:* Cat-fish. *pl. Des poissons-chats.*
poisson-lune [pwasɔ̃lyn]. *s.m.* Sunfish, moon-fish. *F:* **Elle a une figure de p.-l.**, she's moon-faced. *pl. Des poissons-lunes.*
poissonnaille [pwasɔnɑ:j], *s.f.* Small fry.
poissonnerie [pwasɔnri], *s.f.* Fish-market; fish-shop.
poissonneux, -euse [pwasɔnø, -ø:z], *a.* (Of river) Full of fish, abounding with fish.
poissonnier, -ière [pwasɔnje, -jɛ:r]. **1.** *s.* Fish-monger, fishwife. **2.** *s.f.* **Poissonnière,** fish-kettle.
poitevin, -ine [pwatvɛ̃, -in], *a. & s.* *Geog:* (Native) of (i) Poitou, (ii) Poitiers.
poitrail [pwatrɑ:j], *s.m.* **1.** (*a*) *Const:* Breast-summer. (*b*) *Tls:* Breast-piece (of a breast-drill). **2.** (*a*) Breast (of horse). (*b*) *Harn:* Breast-strap, breast-plate.
poitrinaire [pwatrinɛ:r], *a. & s.* Consumptive.
poitrine [pwatrin], *s.f.* **1.** Chest. **Rhume de p.**, cold on the chest. **S'en aller de la p.**, to be dying of consumption. **Chanter à pleine p.**, to sing lustily, at the top of one's voice. *Mus:* **Voix de p.**, chest voice. **2.** (*a*) Breast, chest; (of woman occ.) bosom. **Avoir la p. haute, basse,** to be high-breasted, low-breasted. **Tour de p.**, chest measurement. **Dans l'eau jusqu'à la p.**, breast-deep, breast-high, in water. (*b*) *Cu:* Breast (of veal); brisket (of beef).
poitriner [pwatrine], *v.i.* (*a*) *F:* To stick out one's chest. (*b*) *P:* To posture, swagger.
poivrade [pwavrad], *s.f.* *Cu:* High-seasoned dressing (for calf's head, etc.).
poivre [pwa:vr], *s.m.* Pepper. **P. de Cayenne,** Cayenne pepper, red pepper. **Grain de p.**, pepper-corn. **Livre qui manque de p.**, book that lacks 'pep.' *a.inv.* **P. et sel,** pepper-and-salt (colour); grizzly, iron-grey (hair).
poivré [pwavre], *a.* Peppery (food); pungent (smell); caustic (speech); spicy (tale); stiff (price).
poivrer [pwavre], *v.tr.* **1.** To pepper; to season with pepper. *F:* **P. ses écrits,** to pepper, spice, one's writings (with licentiousness, etc.). **P. l'addition, une note (d'hôtel),** *F:* to stick it on. **2.** *P:* To infect (s.o.) with venereal disease.
poivrier [pwavrie], *s.m.* **1.** Pepper-plant. **2.** Pepper-pot.
poivrière [pwavriɛ:r], *s.f.* **1.** Pepper-plantation. **2.** (*a*) Pepper-pot, pepper-castor. (*b*) *Arch:* (Small over-hanging) watch-turret; *F:* pepper-pot tower.
poivron [pwavrɔ̃], *s.m.* Sweet pepper.
poivrot [pwavro], *s.m.* *P:* Drunkard, boozer.
poix [pwɑ], *s.f.* (*a*) (Pine-)pitch; cobbler's wax. **Noir comme p.**, pitch-dark. **P. sèche,** resin. (*b*) **P. liquide,** tar. **P. de Judée,** asphalt. **Enduire de p.**, to pitch; to wax.
poker [pɔkɛ:r], *s.m.* *Cards:* Poker.
polaire [pɔlɛ:r], *a.* Polar. **L'étoile p.**, *s.* **la p.**, the pole-star. *El:* **Pièce p.**, pole-piece.
polarimètre, [pɔlarimɛtr], *s.m.* *Ph:* Polarimeter.
polarisateur, -trice [pɔlarizatœ:r, -tris]. *Ph:* **1.** *a.* Polarizing (prism, current). **2.** *s.m.* Polarizer.
polarisation [pɔlarizasjɔ̃], *s.f.* Polarization, polarizing (of light; *El:* of electrodes). *W.Tel:* **P. de grille,** grid-bias.
polariscope [[pɔlariskɔp], *s.m.* Polariscope.
polariser [pɔlarize], *v.tr.* To polarize.
polariseur [pɔlarizœ:r], *s.m.* *Opt:* Polarizer.
polarité [pɔlarite], *s.f.* Polarity.
polatouche [pɔlatuʃ], *s.m.* *Z:* Flying-squirrel, flying phalanger.
polder [pɔldɛ:r], *s.m.* Polder; sunk meadow.
pôle [po:l], *s.m.* Pole. **Le p. nord,** the North Pole. *El:* **Pôles de même nom,** like poles. **Pôles de noms contraires,** opposite, unlike, poles.
polémique [pɔlemik]. **1.** *a.* Polemic(al). **2.** *s.f.* Polemic, controversy.
polémiquer [pɔlemike], **polémiser** [pɔlemize], *v.i.* To polemize.
polémiste [pɔlemist], *s.m.* Controversialist, polemist.
poli [pɔli], **1.** *a.* (*a*) Polished; buffed; burnished; bright (steel); glossy, sleek (coat of animal). (*b*) Polished, elegant (style, writer). (*c*) Polite, civil, urbane. **Être très p. avec qn,** to be very polite, very courteous, to s.o. **2.** *s.m.* Polish, gloss.
police[1] [pɔlis], *s.f.* **1.** Policing. **Faire la p.**, to keep order. **P. des mers,** policing of the seas. *A:* **Tribunal de simple p.**, police-court. S.a. CORRECTIONNEL. (At hotel) **Feuille, fiche, de p.**, police-form (to be filled in by travellers). *Mil:* **Salle de p.**, guard-room. **2.** Police. **Officier de p.** = (senior) police officer. **La p. est à vos trousses,** the police are after you. **Remettre qn entre les mains de la p.**, to give s.o. in charge. **Appeler Police Secours** = to dial 999. **P. judiciaire,** *F:* **P.J.** = Criminal Investigation Department, *F:* C.I.D. S.a. AGENT 2, COMMISSAIRE, PRÉFET 2, SECRET[1], SÛRETÉ 1.
police[2], *s.f.* (*a*) (Insurance) policy. **P. d'assurance sur la vie,** life-insurance policy. **Prendre une p.**, to take out a policy. (*b*) **P. mixte (force et lumière),** electricity all-in agreement.
policer [pɔlise], *v.tr.* **(je poliçai(s); n. poliçons)** To bring (country) under orderly government; to organize (country); to civilize.
polichinelle [pɔliʃinɛl], *s.m.* **1.** Punch, punchinello. **Théâtre de p.** = Punch and Judy show. *F:* **Secret de p.**, open secret. **2.** *F:* Buffoon; (political) jumping jack.
policier, -ière [pɔlisje, -jɛ:r]. **1.** *a.* **Ordonnance policière,** police regulation. **Roman p.**, detective novel. **2.** *s.m.* Policeman; detective.
policlinique [pɔliklinik], *s.f.* Policlinic.
poliment [pɔlimɑ̃], *adv.* Politely, civilly.
polio [pɔljo], *s.f.* *Med:* *F:* Polio.
poliomyélite [pɔljɔmjelit], *s.f.* *Med:* Poliomyelitis; infantile paralysis.
pol|ir [pɔli:r], *v.tr.* **1.** To polish; to burnish, buff (metal). **Poli par l'usage,** shiny with use. **Se p. les ongles,** to buff one's nails. **2.** To polish, refine (the mind, manners). *a.* **-issable.** *s.m.* **-issage.**
polisseur, -euse [pɔlisœ:r, -ø:z]. **1.** *s.* Polisher; (sword) furbisher; (gem) cutter. **2.** *s.f.* **Polisseuse,** polishing-machine.
polissoir [pɔliswa:r], *s.m.* *Tls:* Polisher, burnisher; buff-stick, -wheel. *Toil:* Nail-polisher; buffer.
polissoire [pɔliswa:r], *s.f.* **1.** Soft brush (for shining shoes). **2.** *Ind:* Polishing-(work-)shop.
polisson, -onne [pɔlisɔ̃, -ɔn]. **1.** *s.* (*a*) Naughty child; scapegrace; rascal, scamp. (*b*) Depraved person; thorough rascal. **2.** *a.* **Propos polissons,** smutty talk. **Regard p.**, leer.
polissonnerie [pɔlisɔnri], *s.f.* **1.** (Child's) mischievousness. **2.** (*a*) Depravity. (*b*) Lewd act. (*c*) Smutty joke.

politesse [pɔlitɛs], *s.f.* Politeness; good manners, good breeding; civility, courtesy, urbanity. **Faire des politesses à qn,** to show s.o. civility. **Faire échange de politesses,** to exchange compliments. **Brûler la p. à qn,** (i) to fail to keep an appointment with s.o.; (ii) not to wait for s.o.; to take French leave; (iii) to steal a march on (s.o.). *Aut:* **P. de la route,** road manners.

politicailleries [pɔlitikɑjri], *s.f.pl.* Wire-pulling; political manœuvring, *U.S:* peanut politics.

politicien, -ienne [pɔlitisjɛ̃, -jɛn], *s.* Usu. *Pej:* Politician.

politique [pɔlitik]. 1. *a.* (*a*) Political. **(Homme) p.,** politician. **Le corps p.,** the body politic. S.a. ÉCONOMIE 1. (*b*) Politic, prudent, shrewd; diplomatic (answer, conduct). 2. *s.f.* (*a*) Policy. **P. intérieure, extérieure,** home policy, foreign policy. (*b*) Politics. **Se lancer dans la p.,** to go into politics.

politiquement [pɔlitikmɑ̃], *adv.* (*a*) Politically. (*b*) Shrewdly, prudently.

politiquer [politike], *v.i. F:* 1. To dabble in politics. 2. To talk politics.

politisation [pɔlitizasjɔ̃], *s.f.* Giving (of) a political aspect to sth.

politiser [pɔlitize], *v.tr.* To give a political aspect to sth.

polka [pɔlka], *s.f. Danc:* Polka.

pollen [pɔllɛn], *s.m. Bot:* Pollen.

pollicitation [pɔllisitasjɔ̃], *s.f. Jur:* Pollicitation; tentative offer.

pollination [pɔllinasjɔ̃], *s.f. Bot:* Pollination.

pollinisation [pɔllinizasjɔ̃], *s.f. Bot:* Pollinization, fertilization. **P. directe, croisée,** self-fertilization, cross-fertilization.

polliniser [pɔllinize], *v.tr. Bot:* To pollinate.

polluer [pɔllɥe], *v.tr.* To pollute, defile.

pollution [pɔllysjɔ̃], *s.f.* Pollution, defilement.

polo [pɔlo], *s.m.* 1. Polo. 2. *Cost:* Polo jumper.

polochon [pɔlɔʃɔ̃], *s.m. P:* Bolster. **Combat à coups de polochons,** pillow-fight.

Pologne [pɔlɔɲ]. *Pr.n.f.* Poland.

polonais, -aise [pɔlɔnɛ, -ɛːz]. 1. (*a*) *a.* Polish. (*b*) *s.* Pole. 2. *s.m. Ling:* Polish. 3. *s.f. Cost: Danc: Mus:* **Polonaise,** polonaise.

poltron, -onne [pɔltrɔ̃, -ɔn]. 1. *a.* Easily frightened; timid; *F:* chicken-hearted. 2. *s.* Poltroon, milksop.

poltronnerie [pɔltrɔnri], *s.f.* Poltroonery, timidity.

polyandre [pɔljɑ̃ːdr], *a. Anthr: Bot:* Polyandrous.

polyandrie [pɔljɑ̃dri], *s.f.* 1. *Anthr:* Polyandry. 2. *Bot:* Polyandria.

polyanthe [pɔljɑ̃ːt], *a. Bot:* Polyanthous.

polyarthrite [pɔliartrit], *s.f. Med:* **P. chronique évolutive,** rheumatoid arthritis.

polychrome [pɔlikrɔm, -oːm], *a.* Polychrome, polychrom(at)ic.

polychromie [pɔlikrɔmi], *s.f.* 1. Polychromy. 2. Coloured photography.

polyclinique [pɔliklinik], *s.f.* Polyclinic.

polycopie [pɔlikɔpi], *s.f.* 1. Manifolding or stencilling process. 2. (Duplicated) copy.

polycopier [pɔlikɔpje], *v.tr.* To manifold; (i) to hectograph; (ii) to stencil, to cyclostyle; to duplicate.

polyculture [pɔlikyltyːr], *s.f.* Mixed farming.

polyèdre [pɔljɛdr]. *Geom:* 1. *a.* Polyhedral. 2. *s.m.* Polyhedron.

polyédrique [pɔljedrik], *a. Geom:* Polyhedral, polyhedric.

polyester [pɔljɛstɛr], *s.m. Tex:* Polyester.

polyéthylène [pɔlietilɛːn], *s.m.* Polyethylene, polythene.

polygame [pɔligam]. 1. *a.* Polygamous. 2. *s.* Polygamist.

polygamie [pɔligami], *s.f.* Polygamy.

polyglotte [pɔliglɔt], *a. & s.* Polyglot.

polygonal, -aux [pɔligɔnal, -o], *a.* Polygonal.

polygone [pɔligɔn]. 1. *a.* Polygonal. 2. *s.m.* (*a*) *Geom:* Polygon. (*b*) *Artil:* Experimental range, shooting-range.

polymère [pɔlimɛːr], *Ch:* (*a*) *a.* Polymeric. (*b*) *s.m.* Polymer.

polymorphe [pɔlimɔrf], *a. Biol: Ch:* Polymorphous, polymorphic, pleomorphic.

Polynésie [pɔlinezi]. *Pr.n.f. Geog:* Polynesia.

polynésien, -ienne [pɔlinezjɛ̃, -jɛn], *a. & s. Geog:* Polynesian.

polynôme [pɔlinoːm], *s.m. Alg:* Polynomial.

polype [pɔlip], *s.m.* 1. *Coel:* Polyp. 2. *Med:* Polypus.

polypétale [pɔlipetal], *a. Bot:* Polypetalous.

polypeux, -euse [pɔlipø, -øːz], *a. Med:* Polypous.

polyphasé [pɔlifɑze], *a. El.E:* Polyphase, multiphase (current).

polyphonie [pɔlifɔni], *s.f. Mus:* Polyphony.

polypier [pɔlipje], *s.m. Coel:* Polypary; colony of polyps.

polypode [pɔlipɔd]. 1. *a. & s.m. Z:* Polypod. 2. *s.m. Bot:* Polypodium.

polysoc [pɔlisɔk], *s.m. Agr:* Multiple plough, gang-plough.

polysyllabe [pɔlisillab]. 1. *a.* Polysyllabic (word). 2. *s.m.* Polysyllable.

polysyllabique [pɔlisillabik], *a.* Polysyllabic.

polytechnicien [pɔlitɛknisjɛ̃], *s.m.* Student at, graduate of, the *École polytechnique.*

polytechnique [pɔlitɛknik], *a.* Polytechnic. S.a. ÉCOLE 1.

polythène [pɔlitɛn], *s.m.* Polythene.

polyvalence [pɔlivalɑ̃ːs], *s.f. Ch:* Polyvalency, multivalency. *a.* **-ent.**

polyvinyle [pɔlivinil], *s.m.* Polyvynil.

pomiculteur [pɔmikyltœːr], *s.m.* Orchardist.

pommade [pɔmad], *s.f.* (*a*) (i) Pomade, pomatum, (ii) *P:* soft soap, soft sawder. *P:* **Passer de la p. à qn,** to flatter s.o.; to butter s.o. up. (*b*) Ointment (for skin troubles).

pommader [pɔmade], *v.tr.* To pomade.

pomme [pɔm], *s.f.* 1. (*a*) Apple. **P. à, au, couteau,** eating apple, dessert apple. **P. sauvage,** crab-apple. **Compote de pommes,** (i) stewed apples; (ii) apple-sauce. *Anat:* **P. d'Adam,** Adam's apple. (*b*) **P. de terre,** potato. *Cu:* **Purée de pommes de terre,** mashed potatoes. **Bifteck aux pommes,** steak and chips. **Pommes de terre à l'anglaise,** boiled potatoes. **Pommes chips,** potato crisps. *F:* **Tomber dans les pommes,** to pass out, to faint. (*c*) **P. épineuse,** thorn-apple, datura stramonium. (*d*) **P. de chêne,** oak-apple. **P. de pin,** fir-cone, pine-cone. 2. (*a*) Knob (of bedstead, walking-stick); head (of cabbage, lettuce). **Canne à p. d'or,** gold-headed stick. **P. d'arrosoir,** rose of a watering-can. (*b*) *Nau:* Truck (of mast).

pommé [pɔme], *a.* (*a*) (Of lettuce, etc.). Well rounded. **Chou p.,** white-heart cabbage. **Choux bien pommés,** fine heads of cabbage. (*b*) *P:* Complete, utter, absolute, downright (fool, blunder, etc.).

pommeau [pɔmo], *s.m.* Pommel (of sword); butt (of fishing-rod). **Canne à p.,** knobstick.

pommelé [pɔm(ə)le], *a.* Dappled, mottled. **Ciel p.,** mackerel sky. S.a. NUAGE.

pommeler (se) [səpɔmle], *v.pr.* **(il se pommelle; il se pommellera)** 1. (Of sky) To become dappled with small clouds. 2. (Of horse) To turn grey.

pommelle [pɔmɛl], *s.f.* Pierced cover, (lead) grating, strainer (over drainpipe), etc.

pommer [pɔme], *v.i. & pr.* (Of cabbage, etc.) To form a head, to loaf; (of lettuce) to cabbage.

pommeraie [pɔmrɛ], *s.f.* Apple-orchard.

pommette [pɔmɛt], *s.f.* 1. Knob; ball ornament. 2. Cheek-bone. **Petite vieille aux pommettes rouges,** little apple-cheeked old woman.

pommier [pɔmje], *s.m.* Apple-tree. **P. sauvage,** crab(-apple) tree.

pompe¹ [pɔ̃ːp], *s.f.* Pomp, ceremony, display. **P. funèbre,** obsequies, funeral. **Entrepreneur de pompes funèbres,** undertaker, *U.S:* mortician.

pompe², *s.f.* 1. Pump. (*a*) **P. aspirante,** suction-pump. **P. (re)foulante,** force-pump. **Épuiser l'eau à la p.,** to pump out the water. **P. à incendie, p. d'incendie,** fire-engine. *Ind: Mch:* **P. alimentaire, p. d'alimentation,** feed-pump, donkey-pump. **Eau de p.,** pump water. *F:* **Château la P.,** Adam's ale. *P:* **Avoir un coup de p.,** to be pumped out, fagged out. **Le coup de p. d'onze heures,** that sinking feeling. (*b*) **P. à air,** air-pump. **P. à pneus,** tyre-pump. (*c*) **P. à vide, p. pneumatique,** vacuum air-pump. (*d*) **P. à graisse,** grease-gun. **P. à essence,** petrol pump. 2. (*a*) Slide (of trombone). (*b*) **P. d'accord,** tuning-slide (of wind-instrument). 3. **Serrure à p.,** Bramah lock. **Couteau à p.,** Norwegian knife.

pompé [pɔ̃pe], *a. P:* Fagged out, done up, exhausted.
Pompée [pɔ̃pe]. *Pr.n.m. A. Hist:* Pompey.
Pompéi [pɔ̃pei]. *Pr.n.f. A.Geog:* Pompeii.
pomp|er [pɔ̃pe]. **1.** *v.tr.* To pump; to suck up, suck in (liquid). **2.** *v.i.* (Of engine, governor) To hunt. *F:* **Ça pompe,** it's drying well (referring to sun after rain). *s.m.* **-age.**
pompette [pɔ̃pɛt], *a. F:* Tipsy, screwed.
pompeu|x, -euse [pɔ̃pø, -ø:z], *a.* Pompous. **1.** Stately (procession). **2.** High-flown, high-falutin; high-sounding (praise). *adv.* **-sement.**
pompier [pɔ̃pje], *s.m.* (*a*) Fireman. S.a. SAPEUR-POMPIER. (*b*) *F:* Conventionalist; uninspired writer or artist. *a.m.* Conventional, uninspired, traditional (style, art).
pompiste [pɔ̃pist], *s.m. Aut:* Pump assistant, attendant.
pompon [pɔ̃pɔ̃], *s.m.* **1.** Pompom; tuft. *F:* **A lui le p.,** he is easily first; *P:* he takes the cake. *F:* **Ça c'est le p.!** that's the limit! *P:* **Avoir son p.,** to be tipsy. S.a. ROSE 1. **2.** Powder-puff.
pomponner [pɔ̃pɔne], *v.tr.* To adorn, bedizen (s.o.); to elaborate (one's style).
se pomponner, to smarten oneself up, to titivate.
ponce [pɔ̃:s], *s.f.* **1.** (**Pierre**) **p.,** pumice-stone. **2.** *Draw:* (*a*) Pounce. (*b*) Pouncing bag.
ponceau[1] [pɔ̃so], *s.m.* Culvert.
ponceau[2]. **1.** *s.m.* Corn-poppy. **2.** *s.m. & a.inv.* Poppy-red, flaming red.
Ponce Pilate [pɔ̃spilat]. *Pr.n.m. B.Hist:* Pontius Pilate.
pon|cer [pɔ̃se], *v.tr.* (**je ponçai(s); n. ponçons**) **1.** To pumice; to sandpaper; to rub down (paint). **2.** *Leath:* To stone (a skin). **3.** *Draw:* To pounce. *s.m.* **-çage.**
ponceux, -euse [pɔ̃sø, -ø:z], **1.** *a.* Pumiceous (rock, etc.). **2.** *s.f. Tls:* **Ponceuse,** sander.
poncho [pɔ̃tʃo], *s.m. Cost:* Poncho.
poncif [pɔ̃sif], *s.m.* **1.** *A:* Pouncing pattern; pounced drawing. **2.** *F:* (*a*) Conventional piece of work; stereotyped plot, effect; hackneyed effect. (*b*) Conventionalism.
ponction [pɔ̃ksjɔ̃], *s.f. Surg:* Puncture; tapping (of lung); pricking (of blister).
ponctionner [pɔ̃ksjɔne], *v.tr. Surg:* To puncture; to tap (lung, patient); to prick (blister).
ponctualité [pɔ̃ktɥalite], *s.f.* Punctuality.
ponctuation [pɔ̃ktɥasjɔ̃], *s.f.* Punctuation.
ponctué [pɔ̃ktɥe], *a.* **1.** Punctuated, **2.** Dotted (line); spotted (leaf, etc.).
ponctu|el, -elle [pɔ̃ktɥɛl], *a.* **1.** Punctual (**dans, en,** in). **P. en tout,** punctual in everything. **2. Source ponctuelle de chaleur,** pin-point flame. *adv.* **-ellement.**
ponctuer [pɔ̃ktɥe], *v.tr.* To punctuate, point (sentence); to emphasize, accentuate (one's words in speaking).
pondaison [pɔ̃dɛzɔ̃], *s.f.* **1.** Laying (of eggs). **2.** Egg-laying time.
pondérabilité [pɔ̃derabilite], *s.f.* Ponderability.
pondérable [pɔ̃dɛrabl], *a.* Ponderable, weighable.
pondérateur, -trice [pɔ̃dɛratœ:r, -tris], *a.* Balancing; preserving the balance. **Éléments pondérateurs du marché,** stabilizing factors of the market.
pondération [pɔ̃derasjɔ̃], *s.f.* Ponderation. (*a*) Equipoise. (*b*) *Art:* Proper balance (of parts). (*c*) Level-headedness; coolness; poise (of a person).
pondéré [pɔ̃dere], *a.* Well-balanced (mind); cool, level-headed (person).
pondérer [pɔ̃dere], *v.tr.* (**je pondère; je pondérerai**) To balance (powers, etc.).
pondeur, -euse [pɔ̃dœ:r, -ø:z], *a. & s.* (Egg-)laying. **Poule pondeuse,** laying hen. **Bonne pondeuse,** good layer. **Un p. de prose,** a prolific writer.
Pondichéry [pɔ̃diʃeri]. *Pr.n.m. Geog:* Pondicherry.
pondoir [pɔ̃dwa:r], *s.m.* **1.** Laying-place (for hens); nest-box. **2.** Ovipositor (of insect).
pondre [pɔ̃:dr], *v.tr.* (*a*) To lay (eggs); *abs.* to lay. **Œuf frais pondu,** new-laid egg. (*b*) *F:* (Of writer) To bring forth, produce, be delivered of (poem, etc.).
ponet, -ette [pɔnɛ, -ɛt], *s.* = PONEY.
poney [pɔnɛ, pɔne], *s.m.* Pony.
pongé, pongée [pɔ̃ʒe], *s.m. Tex:* Pongee.
pont[1] [pɔ̃], *s.m.* **1.** (*a*) Bridge, **P. pour piétons,** foot-bridge. **P. en encorbellement, p. à consoles,** cantilever bridge. **P. suspendu,** suspension-bridge. **P. tournant, p. pivotant,** swing-bridge. **P. à bascule,** (i) drawbridge; (ii) weigh-bridge. **P. volant,** flying-bridge. **P. de bateaux,** pontoon-bridge. S.a. TRANSBORDEUR. **P. suspendu à armatures,** hanging truss-bridge. **P. tubulaire,** box-bridge. **P. élévateur,** garage repair ramp, lifting ramp, lifting platform. *Av:* **P. aérien,** air-lift. *Adm:* **Les ponts et chaussées,** the department of civil engineering; the highways department. *F:* **Jour de p.,** working day intervening between a Sunday and a public holiday, and also taken as a holiday. **Faire le p.,** to take the intervening working day(s) off. **P. aux ânes** [pɔ̃tozɑ:n], *pons asinorum.* (*b*) *Ind:* Platform, stage, bridge. **P. à chariots culbuteurs,** tipping-stage. (*c*) **P. roulant,** (overhead) crane runway; gantry. (*d*) *El.E:* **P. de Wheatstone,** Wheatstone's bridge. **2.** Deck (of ship). **Monter sur le p.,** to go, come, on deck. **Être sur le p.,** to be on deck. *Navy:* **Tout le monde sur le p.!** clear lower deck! **P. d'envol,** flight-deck. **P. à coffre,** well-deck. **Faux p.,** orlop-deck. **P. des gaillards,** upper deck. *A:* **Navire à deux, trois, ponts,** two-, three-decker. *Com:* **Sur p.,** free on board; f.o.b. **3.** *Mec.E:* Live axle. *Aut:* **P. arrière,** rear-axle, back axle. **4.** *Cost:* **Culotte à p.,** full-fall trousers. **5. Couper dans le p.,** (i) *Cards:* to cut the pack at the bridge; (ii) *P:* to walk into the trap.
Pont[2] **(le).** *Pr.n.m. A.Geog:* **1.** The (Kingdom of) Pontus. **2. Le P.-Euxin,** the Euxine, the Black Sea.
pont-abri [pɔ̃abri], *s.m.* Shelter-deck, awning-deck. *pl. Des ponts-abris.*
pontage [pɔ̃ta:ʒ], *s.m.* Bridge-building.
ponte[1] [pɔ̃:t], *s.f.* (*a*) Laying (of eggs). **Lieu de p. (des mouches, etc.),** breeding place. (*b*) The eggs laid.
ponte[2], *s.m. Gaming:* Punter.
ponte[3], *s.m. F:* Pundit.
ponté [pɔ̃te], *a.* Decked (boat). **Non p.,** open (boat).
pontée [pɔ̃te], *s.f.* **1.** *Com: Nau:* Deck-load; deck-cargo. **2.** Floating pier (of pontoon bridge).
ponter[1] [pɔ̃te], *v.tr.* **1.** *Nau:* To deck (a vessel). **2.** To bridge (a river, etc., esp. with pontoon bridge).
ponter[2], *v.i. Gaming:* To punt. **P. cher,** to punt high.
pontet [pɔ̃tɛ], *s.m.* **1.** (*a*) Trigger-guard. (*b*) Scabbard-catch (of bayonet). **2.** Saddle-bow.
pont-grue [pɔ̃gry], *s.m. Ind:* Bridge-crane, overhead travelling crane. *pl. Des ponts-grues.*
pontier [pɔ̃tje], *s.m.* Bridge-keeper; swing-bridge-keeper.
pontife [pɔ̃tif], *s.m.* Pontiff. **Le souverain P.,** the sovereign pontiff; the Pope. *F:* **Les pontifes,** the pundits (of literature, etc.).
pontifical, -aux [pɔ̃tifikal, -o], *a. & s.m.* Pontifical; papal. *adv.* **-ement.**
pontificat [pɔ̃tifika], *s.m.* Pontificate.
pontifier [pɔ̃tifje], *v.i.* To pontificate. (*a*) To officiate as a pontiff. (*b*) *F:* To lay down the law.
pont-levis [pɔ̃l(ə)vi], *s.m.* Drawbridge (of castle). **P.-l. à fléau, à balancier,** lever drawbridge. *pl. Des ponts-levis.*
Pont-Neuf [pɔ̃nœf], *s.m.* Famous old bridge in Paris. *F:* **Se porter comme le P.-N.,** to be as fit as a fiddle.
Pontoise [pɔ̃twa:z]. *Pr.n.* Pontoise (near Paris). *F:* **Vous revenez de P.,** you've been wool-gathering!
ponton [pɔ̃tɔ̃], *s.m.* **1.** *A:* Hulk; prison-ship. **2.** *Mil:* Section of pontoon-bridge. **3.** (*a*) *Nau:* **P. à mâture.** sheer-hulk. (*b*) **P. d'incendie,** fire-float. **4.** (Floating) landing-stage.
pontonnier [pɔ̃tɔnje], *s.m.* **1.** *Mil:* Pontoneer, pontonier. **2.** (Bridge, ferry) toll-collector. **3.** Landing-stage attendant.
pont-promenade [pɔ̃prɔmnad], *s.m. Nau:* Promenade-deck. *pl. Des ponts-promenades.*
pool [pul], *s.m. Pol.Ec: Ind: Com:* Pool; a common stock or fund; combine; syndicate.
pope [pɔp], *s.m. Ecc:* Pope, parish priest (of the Orthodox church).
popeline [pɔplin], *s.f. Tex:* Poplin. **P. fil-à-fil,** end-on-end poplin.
popote [pɔpɔt], *s.f. F:* (*a*) (Child's word for) soup. (*b*) **Faire la p.,** to do the cooking. (*c*) Kitchen or meal-room; cook-shop. *Mil:* **P. des officiers,** officers' (field-)mess. **Faire p. ensemble,** to mess together.
populace [pɔpylas], *s.f.* Populace, rabble, riff-raff.
populacier, -ière [pɔpylasje, -jɛ:r], *a.* Of the rabble; common, low.

populage [pɔpyla:ʒ], *s.m. Bot:* Marsh marigold.
populaire [pɔpylɛ:r], *a.* Popular. (*a*) Intended for the people. **Places populaires,** cheap seats. (*b*) Of the people. **Expression p.,** (i) uneducated, (ii) slangy, expression. **Chanson p.,** (i) folk-song; (ii) street song. *Pol:* **Démocratie p.,** people's democracy. **Les classes populaires,** the working classes. **Un quartier p.,** a working-class district. (*c*) **Se rendre p.,** to make oneself popular. *adv.* **-ment.**
popularis|er [pɔpylarize], *v.tr.* To popularize (an idea); to make (s.o.) popular. *s.f.* **-ation.**
popularité [pɔpylarite], *s.f.* Popularity.
population [pɔpylasjɔ̃], *s.f.* Population.
populeux, -euse [pɔpylø, -ø:z], *a.* (i) Densely populated, populous; (ii) Low, common (district).
populo (le) [ləpɔpylo], *s.m. F:* The rabble, the mob.
poquet [pɔkɛ], *s.m. Agr: Hort:* Seed-hole.
porc [pɔ:r], *s.m.* **1.** Pig, *U.S:* hog. **Gardeur de porcs,** swine-herd. **Peau de p.,** pigskin. *F:* **Être comme un p. à l'auge,** to be in clover. *F:* (Of pers.) **C'est un p.,** he's a swine. **2.** *Cu:* Pork. **Côtelette de p.,** pork chop.
porcelaine [pɔrsəlɛn], *s.f.* **1.** *Conch:* Cowrie, porcelain-shell. **2.** *Cer:* Porcelain, china(ware). **P. de Chine,** china. **P. de Saxe,** Dresden china.
porcelainier, -ière [pɔrsəlɛnje, -jɛ:r]. **1.** *a.* **Industrie porcelainière,** china industry. **2.** *s.m.* Porcelain manufacturer.
porcelet [pɔrsəlɛ], *s.m.* **1.** Young pig; piglet. **2.** Wood-louse.
porc-épic [pɔrkepik], *s.m. Z:* Porcupine. *pl. Des porcs-épics* [pɔrkepik].
porche [pɔrʃ], *s.m.* Porch.
porcher, -ère [pɔrʃe, -ɛ:r], *s.* Swineherd.
porcherie [pɔrʃəri], *s.f.* Piggery; pigsty; pig farm.
porcin, -ine [pɔrsɛ̃, -in], **1.** *a.* Porcine. **Peste porcine,** swine-fever, *U.S:* hog-cholera. **2.** *s.m.pl. Husb:* **Les porcins,** pigs (in general).
pore [pɔ:r], *s.m.* Pore (of skin, plant, stone).
poreux, -euse [pɔrø, -ø:z], *a.* Porous.
porion [pɔrjɔ̃], *s.m. Min:* (In N. of Fr.) Overseer, foreman (in coalmine).
pornographe [pɔrnɔgraf], *s.m.* Pornographer.
pornographie [pɔrnɔgrafi], *s.f.* Pornography. *a.* **-ique.**
porosité [pɔrozite], *s.f.* Porosity, porousness.
porphyre [pɔrfi:r], *s.m.* **1.** Porphyry. **2.** *Pharm:* Porphyry muller.
port¹ [pɔ:r], *s.m.* **1.** Harbour, haven, port. **P. naturel,** natural harbour, *F:* **Le p. des navires perdus,** Davy Jones' locker. **P. de, à, marée,** tidal harbour. **Entrer dans le p.,** to enter harbour. **Entrer au p.,** to come into port. **Quitter le p.,** to leave port; to clear the harbour. **Arriver à bon p.,** to come safe into port; to arrive safely. **Droits de p.,** harbour dues. **Capitaine de p.,** harbour-master. **2.** (*a*) Port (the town). *Nau: Navy:* **Les ports de la métropole,** the home ports. **P. de mer,** seaport. **P. militaire, de guerre,** naval port, naval base. **P. d'armement,** port of registry (of merchant ship). *Navy:* **P. d'attache,** home port. (*b*) **P. aérien,** air-port.
port² *s.m.* **1.** (*a*) (Act of) carrying. **Permis de p. d'armes,** permit for carrying fire-arms. *Mil:* **Se mettre au p. d'armes,** to shoulder arms. (*b*) Wearing (of uniform, etc.); manner of carrying (sword, etc.). **2.** Cost of transport; porterage, carriage (of goods); postage (of parcel, letter); charge of delivery (of telegram). *Com:* **Ports de lettres, frais de p.,** postages, postal charges. **P. payé, perçu; franc de p.,** carriage paid, post-paid. **En p. dû,** carriage forward. **3.** Bearing, gait, carriage (of person). *Bot:* Habit (of a plant). **4.** *Nau:* Burden (of ship). **5.** *Mus:* **P. de voix,** glide, portamento; *F:* scoop.
port³, *s.m.* Mountain pass (in Pyrenees).
portable [pɔrtabl], *a.* **1.** Portable (burden). **2.** Wearable, presentable (garment, etc.).
portage [pɔrta:ʒ], *s.m.* (*a*) Porterage, conveyance, transport (of goods). **Frais de p.,** porterage. (*b*) Portage; conveying of a boat across land between navigable waters.
portail [pɔrta:j], *s.m.* Portal (of church, etc.). *pl. Des portails.*
portance [pɔrtɑ̃:s], *s.f. Av:* Lift (per unit area).
portant [pɔrtɑ̃]. **1.** *a.* (*a*) Bearing, carrying (part of machine, etc.) **A bout p.,** s.a. BOUT¹ 2. S.a. SURFACE. *Nau:* **Vent p.,** a fair wind. (*b*) **Être bien p.,** to be in good health. **Mal p.,** in bad health; ailing. **2.** *s.m.* (*a*) Supporter, stay, strut. (*b*) (Lifting-) handle (of trunk). (*c*) Armature, keeper (of magnet). (*d*) Tread (of a wheel).
portatif, -ive [pɔrtatif, -i:v], *a.* Portable; easily carried. *Mus:* **Orgue p.,** portative organ. *P.N:* **"Glaces portatives,"** 'Ices to take away.' **Peu p.,** bulky, unwieldy.
porte [pɔrt], *s.f.* **1.** (*a*) Gateway, doorway, entrance. **Portes d'une ville,** gates of a town. **Arriver à porte(s) ouvrante(s), fermante(s),** to arrive at the opening, at the closing, of the gates. **P. cochère, charretière,** carriage entrance, gateway. *Hist:* **La P. ottomane, la sublime P.,** the (Sublime) Porte, the Turkish Government. *Skiing:* Gate, pair of flags. (*b*) **P. de visite,** inspection-door, manhole-door. *Min:* **P. d'aérage,** air-gate, trap(-door). **P. d'écluse,** water gate, lock-gate. **2.** Door. **P. d'entrée,** entrance door, front door, street door. **P. à deux battants,** double door. **P. de derrière, de service,** back door. **P. battante,** swing-door. **P. tournante,** revolving door. **P. vitrée,** glass door. **Aller ouvrir la p.,** to answer the door. **Faire la p.,** (i) to keep the door (at monastery); (ii) to tout at the shop door. *Com: s.m.* **Porte à porte,** door-to-door transport; door-to-door canvassing, selling. **Agir à p. close, à portes ouvertes,** to act secretly, publicly. **Trouver p. close,** (i) to find nobody at home; (ii) to be refused entrance. **Mettre qn à la p.,** (i) to turn s.o. out (of doors); (ii) to throw s.o. out; (iii) to fire, sack, s.o. **Nous demeurons p. à p.,** we live next door to each other. **Demander la p.,** to call to the concierge to open the door. **Refuser la p. à qn,** to refuse s.o. admission. **Il faut qu'une p. soit ouverte ou fermée,** there can be no middle course. **Défendre sa p.,** (i) to be 'not at home'; (ii) *Sch:* to sport one's oak. **Écouter aux portes,** to eavesdrop. **3.** Eye (of hook and eye). S.a. AGRAFE 1. **4.** *pl.* Gorge, defile, pass.
porté [pɔrte], *a.* (*a*) Inclined, disposed. **Être p. à l'indulgence,** to be inclined to indulgence. **Être p. à la colère,** to be prone to anger. **P. à faire qch.,** inclined to do sth.; given to doing sth. **P. pour qn,** fond of s.o. **Être p. sur la bouche,** to be fond of nice things to eat. (*b*) **Ombre portée,** projected shadow.
porte-adresse [pɔrtadrɛs], *s.m.inv.* Luggage-label holder.
porte-à-faux [pɔrtafo], *s.m.inv.* Overhang. **En p.-à-f.,** overhanging, overhung.
porte-affiches [pɔrtafiʃ], *s.m.inv.* Advertisement-board; notice-board.
porte-aiguille [pɔrteguі:j], *s.m.inv. Surg:* Needle-holder.
porte-aiguilles [pɔrteguі:j], *s.m.inv.* Needle-case.
porte-allumettes [pɔrtalymɛt], *s.m.inv.* Match-holder.
porte-amarre [pɔrtama:r], *s.m.inv.* Life-saving (rocket) apparatus. **Fusée p.-a.,** life-saving rocket.
porte-assiette [pɔrtasjɛt], *s.m.* Table-mat. *pl. Des porte-assiette(s).*
porte-avions [pɔrtavjɔ̃], *s.m.inv. Navy:* Aircraft carrier.
porte-bagages [pɔrtbaga:ʒ], *s.m.inv.* (*a*) Luggage-rack. (*b*) *Aut:* Luggage-carrier; luggage-grid.
porte-baïonnette [pɔrtbajɔnɛt], *s.m.inv.* Bayonet-frog.
porte-balais [pɔrtbalɛ], *s.m.inv. El.E:* Brush-holder (of dynamo).
porte-bébé [pɔrtbebe], *s.m.inv.* **1.** Baby-carrier (for bicycle, etc.). **2.** Carry-cot.
porte-billets [pɔrt(ə)bijɛ], *s.m.inv.* (Bank-)note case, *U.S:* bill-fold.
porte-bombes [pɔrtbɔ̃:b], *s.m.inv. Mil: Av:* Bomb-rack.
porte-bonheur [pɔrtbɔnœ:r], *s.m.inv.* **1.** Charm, amulet, mascot. **Petit cochon p.-b.,** lucky pig. **2.** Bangle.
porte-bouteille [pɔrtbutɛ:j], *s.m.* Bottle-stand; coaster. *pl. Des porte-bouteilles.*
porte-bouteilles [pɔrtbutɛ:j], *s.m.inv.* Bottle-rack; wine-bin.
porte-brosses (à dents) [pɔrtəbrɔs(adɑ̃)], *s.m.inv.* Toothbrush-holder.

porte-carte [pɔrtəkart], *s.m. Av: Mil:* Map-case, map-holder. *pl. Des porte-cartes.*
porte-cartes, *s.m.inv.* Card case.
porte-chapeaux [pɔrtʃapo], *s.m.inv.* Hat-stand.
porte-charbon [pɔrtʃarbɔ̃], *s.m.inv. El.E:* Carbon-holder (of arc-lamp, magneto).
porte-chars [pɔrt(ə)ʃa:r], *s.m.inv. Mil:* Tank-transporter.
porte-cigares [pɔrtsiga:r], *s.m.inv.* Cigar-case.
porte-cigarettes [pɔrtsigarɛt], *s.m.inv.* Cigarette-case.
porte-clefs [pɔrtəkle], *s.m.inv.* **1.** Turnkey, prison warder. **2.** Key-ring.
porte-copie [pɔrtkɔpi], *s.m.inv. Typewr:* Copy-holder.
porte-couteau [pɔrtkuto], *s.m.inv.* Knife-rest.
porte-crayon [pɔrtəkrɛjɔ̃], *s.m.inv.* **1.** Pencil-case. **2.** *Art:* Portcrayon.
porte-croix [pɔrtəkrwa], *s.m.inv. Ecc:* Cross-bearer.
porte-disques [pɔrtədisk], *s.m.inv. Gramophones:* Record-case.
porte-documents [pɔrtədɔkymɑ̃], *s.m.inv.* Document-case.
porte-drapeau [pɔrt(ə)drapo], *s.m.inv. Mil:* Colour-bearer.
portée [pɔrte], *s.f.* **1.** *(a)* Bearing (of beam); span (of roof or bridge). *(b) Nau:* **P. en lourd, en poids,** dead-weight (capacity). **2.** *(a)* Litter, brood (of animals); farrow (of pigs). *(b) Mec.E:* Bearing surface. **Portées d'un arbre,** (main) journals. *(c)* Boss (on shaft, etc.). *(d) Mus:* Stave. **3.** *(a)* Reach (of arm); reach, radius (of crane-jib); range (of gun, of wireless station); scope (of treaty); compass (of voice). **Canon à longue p.,** long-range gun. **A courte, petite, p.,** at short range. **A (la) p. de la main,** (i) within (hand-)reach; ready, convenient, to hand; (ii) within striking distance. **A p. de fusil, de canon,** within range. **A p. de (la) voix,** within call. **A p. d'oreille,** within ear-shot. **Hors de p.,** out of reach; out of range. **Hors de ma p.,** (i) beyond my reach; (ii) beyond the compass of my voice; (iii) beyond my understanding. *W.Tel:* **Poste émetteur de grande p.,** high-power station. *(b)* Bearing, full significance (of a statement). **Il ne se rendait pas compte de la p. de ces paroles,** he did not realize the full implications of these words. **Affirmation d'une grande p.,** statement of far-reaching effect; weighty statement.
porte-épée [pɔrtepe], *s.m.inv.* Sword-knot, frog.
porte-épingles [pɔrtepɛ̃:gl], *s.m.inv.* Pin-tray.
porte-éponge(s) [pɔrtepɔ̃:ʒ], *s.m.inv.* Sponge-holder, -basket.
porte-étendard [pɔrtetɑ̃da:r], *s.m.inv.* Standard-bearer (in cavalry).
porte-étiquette [pɔrtetikɛt], *s.m.inv.* (Leather) luggage-label.
portefaix [pɔrtəfɛ], *s.m.* Porter; esp. (i) street-porter, (ii) dock hand.
porte-fenêtre [pɔrtəfnɛ:tr], *s.f.* French window. *pl. Des portes-fenêtres.*
portefeuille [pɔrtəfœ:j], *s.m.* **1.** Portfolio. **Ministre sans p.,** minister without portfolio. **2.** *(a)* Pocket-book; letter-case. *F:* **Lit en p.,** apple-pie bed. *(b)* Note-case, wallet, *U.S:* bill-fold. *Com: Fin:* **Effets en p.,** bills in hand; holdings. **P. (titres),** investments, securities. **3. P. d'assurance,** portfolio (of insurance broker), insurance book.
porte-flambeau [pɔrt(ə)flɑ̃bo], *s.m.inv.* *(a)* Torch-bearer. *(b) A:* Linkman, link-boy.
porte-fût(s) [pɔrtəfy], *s.m.inv.* Barrel-stand; gantry.
porte-greffe [pɔrtəgrɛf], *s.m.inv. Hort:* Stock.
porte-habit(s) [pɔrtabi], *s.m.inv.* **1.** Suitcase. **2.** Clothes-rack, -stand. **3.** Coat-hanger.
porte-jarretelles [pɔrtʒartɛl], *s.m.inv.* Suspender-belt.
porte-jupe [pɔrtəʒyp], *s.m.inv.* Skirt-hanger.
porte-journaux [pɔrtʒurno], *s.m.inv.* Newspaper rack.
porte-lance [pɔrtəlɑ̃:s], *s.m.inv. Mil:* **1.** *A:* Lance-bucket. **2.** Nozzle-man (of flame thrower, etc.).
porte-lanterne [pɔrtlɑ̃tɛrn], *s.m.inv.* Lamp-bracket.
porte-livres [pɔrtəlivr], *s.m.inv.* Book-rest.
porte-malheur [pɔrtmalœ:r], *s.m.inv.* Bringer of ill-luck; *F:* Jonah; bird of ill omen.
portemanteau [pɔrtmɑ̃to], *s.m.* **1.** *A:* Portmanteau. **2.** Coat(-and-hat)-rack, -stand.
porte-masse [pɔrtəmas], *s.m.inv.* Mace-bearer.
porte-menu [pɔrtəmny], *s.m.inv.* Menu-holder.
porte-mine [pɔrtəmin], *s.m.inv.* Propelling pencil.
porte-monnaie [pɔrtmɔnɛ], *s.m.inv.* Purse.
porte-musique [pɔrtmyzik], *s.m.inv.* Music-case, -carrier; music folio.
porte-objectif(s) [pɔrtɔbʒɛktif], *s.m.inv.* **1.** *Phot:* Lens-panel; lens-holder, lens-mount. **2.** Nose-piece (of microscope).
porte-objet [pɔrtɔbʒɛ], *s.m.inv.* (i) Object-slide, (ii) stage (of microscope).
porte-outil(s) [pɔrtuti], *s.m.inv.* Tool-holder (of machine-tool); slide-rest (of lathe).
porte-papier [pɔrtpapje], *s.m.inv.* **1. P.-p. hygiénique,** toilet-roll fixture, fitting. **2.** *Typewr:* **Rouleau p.-p.,** platen, impression roller.
porte-parapluies [pɔrtparaplɥi], *s.m.inv.* Umbrella-stand.
porte-parole [pɔrtparɔl], *s.m.inv.* Spokesman, *F:* mouthpiece (of deputation, etc.).
porte-pincettes [pɔrtəpɛ̃sɛt], *s.m.inv.* Fire-iron stand.
porte-pipes [pɔrtəpip], *s.m.inv.* Pipe-rack.
porte-plaque [pɔrtəplak], *s.m. Phot:* Plate-carrier. *pl. Des porte-plaques.*
porte-plat [pɔrtəpla], *s.m.* **1.** Dish-stand. **2.** Dish-holder. *pl. Des porte-plats.*
porte-plume [pɔrtəplym], *s.m.inv.* Penholder; pen. **P.-p. (à) réservoir,** fountain-pen.
porter [pɔrte]. **1.** *v.tr.* To carry. *(a)* To bear, support (burden). **P. qn en triomphe,** to carry s.o. shoulder high. **La lettre porte la date du deux juin,** the letter bears the date of the second of June. *F:* **Il porte bien son vin,** he carries his liquor well. **Elle porte bien son âge, elle ne porte pas son âge,** she wears well, she does not look her age. **Croyez-vous que la glace porte?** do you think the ice is bearing? **Ces abus portent en eux leur propre châtiment,** these abuses carry their own punishment. *F:* **Il ne le portera pas loin!** I'll be even with him yet! *F:* **P. beau,** to have a fine presence. *(b)* To carry (sth.) on one habitually; to wear (garment, etc.). **P. une bague, une moustache,** to wear a ring, a moustache. **Le bleu se porte beaucoup cette année,** blue is being much worn this year. **P. des cicatrices,** to bear scars. **P. un nom illustre,** to bear an illustrious name. **P. la tête haute,** to carry one's head high. *Mil:* **Portez armes!** shoulder arms! *Nau:* (Of ship) **P. tout dessus,** to have all sails set; **portant trop dessus,** (with) all sails set. *(c)* To carry, convey, take (sth. somewhere). **P. qch. dans la maison, p. qch. dehors,** to carry sth. in, out. **P. une lettre à la poste,** to take a letter to the post. **P. le lait à domicile,** to deliver milk at the door. **Il porta le verre à ses lèvres,** he lifted, raised, set, the glass to his lips. **P. qn en terre,** to carry s.o. to his grave. **Courant qui porte au sud,** current that sets to the south. *(d)* **P. un coup à qn, p. la main sur qn,** to deal, aim, strike, a blow at s.o.; to strike s.o.; to lay a hand on s.o. **Il porta la main à sa casquette,** he touched his cap. *Abs.* **Fusil qui porte à mille mètres,** rifle that carries a thousand yards. **P. ses regards sur qn,** to cast one's eye on s.o. **P. un différend devant un tribunal,** to bring a dispute before a court. **P. une accusation contre qn,** to bring, lay, a charge against s.o. **P. qch. à la connaissance de qn,** to bring sth. to s.o.'s knowledge. *(e)* To inscribe, enter. **P. une position sur une carte,** to mark, show, a position on a chart. **P. en compte à quelqu'un,** to charge to s.o.'s account. **Portez cela à mon compte,** put that down to me, to my account. *Book-k:* **P. un article au grand-livre,** to post an item (in the ledger). **P. qn déserteur,** to declare s.o. a deserter. **P. qn manquant à l'appel,** to report s.o. absent from roll-call. **P. un homme au rôle de l'équipage,** to enter a seaman on the ship's books. **Se faire p. malade,** to report sick. *(f)* To induce, incline, prompt. **Tout me porte à croire que . . .,** everything leads, inclines, me to believe that. . . . *(g)* To produce, bring forth. **P. des fruits,** to bear fruit. **Terres qui portent du blé,** grain-bearing lands. **Argent qui porte intérêt,** money that bears, brings in, interest. **Cela vous portera bonheur,** that will bring you luck. *Prov:* **La nuit porte conseil,** sleep on it. *(h)* **P. la température à 100°,** to raise the temperature to 100°. **P. la production au maximum,** to raise production to a maximum. *(i)* To entertain (affection, respect, for

s.o.). **Par la tendresse que je vous porte,** by the love I bear you. (*j*) To declare, state. **Le rapport ne porte rien de tout cela,** nothing of the kind is mentioned in the report. **La loi porte que . . .,** the law provides that. . . . *Mil: etc:* **La décision porte que . . .,** it is stated in orders that. . . . **P. témoignage,** to bear witness. **2.** *v.i.* (*a*) To rest, bear. **Tout le poids porte sur cette poutre,** all the weight bears on this beam. **La discussion porte toujours sur le même sujet,** the discussion always turns on the same subject. **La perte a porté sur nous,** we had to stand the loss. **L'invention porte sur . . .,** the invention relates to. . . . (*b*) To hit, reach (a mark). **Aucun des coups de feu ne porta,** none of the shots took effect. **Chaque coup, chaque mot, porte,** every shot, every word, tells. **Coup qui porte, qui a porté,** home-thrust. **Style qui porte,** telling style. **Vin qui porte à la tête,** wine that goes to the head. **Sa voix porte bien,** his voice carries well. **Ce bruit me porte sur les nerfs,** the noise gets on my nerves. **Sa tête a porté sur le trottoir,** his head knocked, struck, against, hit, the pavement. (*c*) *Nau:* (Of sail) To fill, draw. **Portez plein!** keep her full! (*d*) *Nau:* **Laisser p.,** to bear away. **Laisser p. sur un vaisseau,** to bear down upon, to run down, a ship.

se porter. **1.** To betake oneself, repair, proceed (to a place). **Se p. au secours de qn,** to go to s.o.'s help. **La foule se porta vers les hauteurs,** the crowd made for the heights. **Se p. à des voies de fait,** to commit acts of violence. **Son regard se portait vers son frère,** he looked towards his brother, his eyes turned towards his brother. *Mil:* **Se porter en avant,** to advance. **La conversation s'est portée sur l'Extrême-Orient,** the conversation turned to the Far-East. **2. Se bien p., se p. à merveille,** to be in good health; to enjoy the best of health. **Comment vous portez-vous?** how are you? how do you do? **Je ne m'en porte pas plus mal,** I am none the worse for it. **3. Se p. candidat, caution,** to offer oneself, to stand, as candidate, as surety.

porte-raviers [pɔrtravje], *s.m.inv.* Hors-d'œuvres dish.

porte-revues [pɔrtrəvy], *s.m.inv.* Newspaper rack.

porterie [pɔrtəri], *s.f.* Gate-house (of convent).

porte-roue [pɔrtəru], *s.m.inv.* *Aut:* **P.-r. (de rechange),** wheel-carrier; spare-wheel clip.

porte-sabre [pɔrtəsɑːbr] *s.m.inv.* Sword-frog.

porte-savon [pɔrtsavɔ̃], *s.m.inv.* Soap-dish.

porte-serviettes [pɔrtəsɛrvjɛːt], *s.m.inv.* Towel-horse, towel-rail, towel-airer. **Rouleau p.-s.,** towel-roller.

porte-tartines [pɔrt(ə)tartin], *s.m.inv.* Toast-rack.

porteur, -euse [pɔrtœːr, -øːz]. **1.** *s.* (*a*) Porter, carrier, bearer. **P. d'eau,** water-carrier. **P. de nouvelles,** bearer, bringer, of news. **P. d'une lettre,** bearer of a letter. S.a. CHAISE 2. *Com:* **P. d'un chèque,** bearer, endorsee, payee, of a cheque. **P. de titres,** holder of stock; stockholder. **P. d'actions,** shareholder. **Payable au p.,** payable to bearer. **Effets au p.,** bearer stock(s). *Med:* **P. de germes,** germ carrier, *F:* carrier. (*b*) **Essieu p.,** bearing axle. **Câble p.,** suspension cable. *W.Tel:* **Onde porteuse,** carrier wave. **2.** *s.m.* *Rail:* Suspension cable.

porte-vent, *s.m.inv.* Air-duct. **1.** Wind-trunk (of organ). **2.** *Metall:* Blast-pipe, -main. **3.** *Aer:* Trousers (of kite-balloon).

porte-vêtements [pɔrtəvɛtəmɑ̃], *s.m.inv.* Coat-, skirt-, dress-hanger.

porte-voix [pɔrtəvwa], *s.m.inv.* **1.** Speaking-tube. **2.** Speaking-trumpet; megaphone.

portier, -ière[1] [pɔrtje, -jɛːr], *s.* (*a*) Porter, door-keeper, janitor. (*b*) Gate-keeper.

portière[2], *s.f.* **1.** Door (of carriage, car, railway-carriage). **2.** Door-curtain; portière. **3.** Raft, cut (of pontoon bridge).

portillon [pɔrtijɔ̃], *s.m.* Wicket(-gate); kissing-gate. *Rail:* Side-gate (at level crossing). **P. d'accès,** ticket barrier. **P. automatique,** automatic gate.

portion [pɔrsjɔ̃], *s.f.* Portion, share, part. **P. de viande,** (in restaurant) portion, helping, of meat. S.a. CONGRU.

portique [pɔrtik], *s.m.* **1.** (*a*) Portico, porch. (*b*) *Fb:* **P. du but,** goal-mouth. *Gym:* Cross-beam (for hanging apparatus). (*c*) *Rail:* **P. à signaux,** signal gantry. **2. P. roulant, grue à p.,** travelling gantry crane.

portland [pɔrtlɑ̃(ːd)], *s.m.* Portland cement.

Porto [pɔrto]. **1.** *Pr.n.* *Geog.* Oporto. **2.** *s.m.* (Also **vin de P.**) Port (wine). S.a. ROUGE 1.

portrait [pɔrtrɛ], *s.m.* **1.** (*a*) Portrait, likeness. **P. en pied, en buste,** full-length, half-length, portrait. **Faire le p. de qn,** to make, paint, a portrait of s.o ; to draw a likeness of s.o. *F:* **C'est le p. vivant de son père,** he is the living image of his father. **P. littéraire,** character-sketch. (*b*) *P:* Face. **Il s'est abîmé le p.,** he's messed his face up. **Je vais lui abîmer le p.,** I'm going to spoil his beauty for him. **2. L'art du p.,** the art of portraiture.

portraitiste [pɔrtrɛtist], *s.m.* Portrait-painter.

portraiturer [pɔrtrɛtyre], *v.tr.* *F:* To portray.

portuaire [pɔrtɥɛːr], *a.* **Installations portuaires,** harbour installations.

portugais, -aise [pɔrtygɛ, -ɛːz]. **1.** *a. & s.* Portuguese. **2.** *s.m.* *Ling:* Portuguese. **3.** *s.f.* **Portugaise,** Portuguese oyster.

pose [poːz], *s.f.* **1.** (*a*) Placing. **P. de câbles sous-marins,** cable-laying. **P. d'un meuble, d'un tapis,** placing (of) a piece of furniture, laying (of) a carpet. (*b*) *Mil:* Posting, stationing (of sentry, guard). **2.** (*a*) Pose, attitude, posture. **Prendre une p.,** to assume a pose, to strike an attitude. **Faire, donner, des heures de p.,** to sit (as model) for painters. *Golf:* **P. d'une balle,** lie of a ball. (*b*) Posing, affectation; posturing, attitudinizing. **Sans p.,** unaffected(ly). **3.** *Phot:* (*a*) (Time of) exposure. **P. instantanée,** instantaneous exposure; snapshot. **Manque de p.,** under-exposure. (*b*) Time-exposure.

posé [poze], *a.* **1.** Sitting (bird). **2.** Staid, grave, sedate (person); steady (bearing, etc.); sober (mien). **Écrire à main posée,** to write slowly, carefully. **Voix posée,** calm, even, steady, voice. *adv.* **-ment.**

posemètre [pozmɛtr], *s.m.* *Phot:* Exposure meter.

pos|er [poze]. **1.** *v.i.* (*a*) To rest, lie (on sth.). (*b*) To pose (as artist's model); to sit (for one's portrait). **P. pour le buste,** to sit for the bust. *F:* **Faire p. qn,** to keep s.o. waiting. (*c*) *F:* To pose, attitudinize; *F:* to put on side. **P. au gentilhomme campagnard,** to pose as a gentleman farmer. **2.** *v.tr.* (*a*) To place, put, set, lay (sth. somewhere). **P. un livre sur la table,** to lay down, place, a book on the table. **P. son chapeau,** to put, lay, down one's hat. **P. les armes,** to lay down one's arms. **P. un avion,** to land an aircraft. **P. un chiffre,** to put down a number. **P. un soldat en sentinelle,** to post a soldier as sentry. **P. une question à qn,** to put a question to s.o. **P. un problème,** to set a problem (à, to). **P. une règle de conduite,** to lay down a rule of conduct. *Jur:* **Je pose en fait que** + *ind.*, I submit that. . . . (*b*) To put up, fix (up) (curtain, etc.); to hang (bell); to lay (bricks, carpet, foundation stone); to set (stones, rivets, boiler); to fit (a watch-glass, etc.). **P. une vitre,** to put in a pane of glass. *F:* **P. le sanitaire, l'électricité,** to put in, install, plumbing, electricity. *Rail:* **P. les rails,** to lay the track. S.a. QUILLE[2]. *F:* **P. qn,** to establish s.o.'s reputation (as an author, etc.). (*c*) To suppose, admit, grant. **Posons le cas que cela soit,** let us suppose that to be the case. **Cela posé . . .,** granting this . . ., this being granted. . . . (*d*) **P. un modèle,** to pose a model, to arrange a model in a pose. (*e*) *Mus:* **Bien p. la voix,** to pitch one's voice correctly. *s.m.* **-age.**

se poser. **1.** (Of bird) To settle, alight (**sur,** on); (of aircraft) to land. **2. Se p. dans le monde,** to establish a position in society. **3. Se p. en, comme, réformateur,** to set (oneself) up as a reformer.

poseur, -euse [pozœːr, -øːz]. **1.** *s.* *Tchn:* Layer (of cables, etc.). *Rail:* **P. de rails, de voie,** plate-layer. **P. d'affiches,** bill-sticker. *Navy:* **P. de mines,** mine-layer. **2.** *a. & s.* (Person) who poses; attitudinizer. **Elle est un peu poseuse,** she is rather affected.

posit|if, -ive [pozitif, -iːv]. **1.** *a.* (*a*) Positive, actual, real (fact, etc.). **C'est p.,** that's so; it's a positive fact. (*b*) *Mth:* *El:* *Phot:* Positive (number, pole, print). (*c*) Practical, unsentimental, matter-of-fact (person). **Elle a l'esprit p.,** she has a practical mind. **2.** *s.m.* (*a*) *Mus:* Choir-organ (of full organ). (*b*) *Phot:* **P. pour projection,** lantern-slide. *adv.* **-ivement.**

position [pɔzisjɔ̃], *s.f.* Position. **1.** (*a*) Situation, site (of house, town); position (of ship at sea). S.a. FEU[1] 4. *Golf:* **La p. de la balle,** the lie of the ball. (*b*) Posture, attitude. *Golf:* Stance. (*c*) Tactical position. **P. d'un avion en vol,** altitude and compass-reading of an aircraft in flight; flight position. **P. d'atterrissage,** landing position. **P. masquée,** position behind cover. **Acculé dans une mauvaise p.,** driven into a corner. **Prendre p. (sur une question),** to adopt a definite position regarding a matter. (*d*) Condition, circumstances. **P. sociale,** social standing, position, or status. **Il est dans une meilleure p. où il est,** he is better off where he is. **Être en p. de faire qch.,** to be in a position to do sth. **2.** Post, situation, appointment; *F:* job.

position-clef, -clé [pɔzisjɔ̃kle], *s.f.* Key-position.

positivisme [pɔzitivism], *s.m.* (*a*) *Phil:* Positivism. (*b*) Materialism. (*c*) Matter-of-factness.

positiviste [pɔzitivist], *a. & s. Phil:* Positivist.

positivité [pɔzitivite], *s.f. El: Phil:* Positivity.

positon [pɔzitɔ̃], **positron** [pɔzitrɔ̃], *s.m.* Positron.

posologie [pɔzɔlɔʒi], *s.f. Med: etc:* Posology; dosage.

possédant, -ante [pɔsedɑ̃, -ɑ̃:t], *a. & s.* **Les possédants, les classes possédantes,** the propertied classes.

possédé, -ée [pɔsede], **1.** *a.* Possessed (de, by, of); infatuated, dominated (by passion, etc.). **Être p. du démon,** to be possessed of the devil. **2.** *s.* Person possessed; madman, maniac.

posséder [pɔsede], *v.tr.* (je possède; je posséderai) To be in possession of (sth.). (*a*) To possess, own; to enjoy the possession of (sth.); to have, to be possessed of (sth.). **P. un titre,** to hold a title. **P. l'oreille de qn,** to have a person's ear. (*b*) To have a thorough knowledge of, be master of (subject). (*c*) To curb, control (one's tongue, etc.). *A:* **P. son âme en paix,** to possess one's soul in peace. (*d*) **Quel démon le possède?** what devil possesses him? **Tous étaient possédés de la même illusion,** they all laboured under the same delusion. (*e*) *P:* To deceive, dupe, s.o. **Tu le posséderas,** you'll get the better of him. **Je me suis fait p.,** I've been had.

se posséder, to possess oneself; to contain oneself. **Il ne se possédait plus de joie,** he was beside himself with joy.

possesseur [pɔsɛsœ:r], *s.m.* Possessor, owner; occupier.

possessif, -ive [pɔsɛsif, -i:v], *a. & s.m. Gram:* Possessive.

possession [pɔsɛsjɔ̃], *s.f.* **1.** Possession. **Être en p. de qch.,** to be in possession of sth., to be possessed of sth. **Entrée en p. d'un patrimoine,** accession to an estate. **Prendre p. de qch.,** to take possession of sth.; to take over (authority); to assume (power). **Rentrer en p. de qch.,** to regain possession of sth.; to recover sth. *Prov:* **P. vaut titre,** possession is nine points of the law. *Com:* **Nous sommes en p. de votre honorée du 4 courant,** we are in receipt of your favour of the 4th inst. **2.** Property, estate; in *pl.* possessions. **3.** Possession (by evil spirit). **4. P. de soi-même,** self-control.

possessoire [pɔsɛswa:r], *Jur:* **1.** *a.* Possessory. **Intenter une action p.,** to undertake an action for possession (of land). **2.** *s.m.* Right of possession (of property).

possibilité [pɔsibilite], *s.f.* Possibility; feasibility (of a plan). **Voir la p. de faire qch.,** to see one's way to do sth. **P. de faire de la cuisine,** cooking facilities (at youth hostel, etc.).

possible [pɔsibl]. **1.** *a.* Possible. **Tous les détails possibles,** every possible detail. **Dans la plus large mesure p.,** as far as possible. **Faites toute la diligence p.,** make all the haste you can. **Cela ne m'est pas p.,** it is beyond my power. **Est-il p. de faire des fautes pareilles!** how can people make such mistakes! **Elle le considérait comme un mari p.,** she considered him as an acceptable husband. **Juger p. de faire qch.,** to see one's way to do sth. *Nau:* **Avant le plus lentement p.,** dead-slow ahead. **C'est bien p.,** it is quite possible, quite likely. **Aussitôt que p.,** as soon as possible. *Corr:* **Le plus tôt qu'il vous sera p.,** at your earliest convenience. **Pas p.!** you don't say so! not really! **Si p.,** if possible. **Si c'est p.,** if possible (= if imaginable). *F:* **Si c'est p.!** (i) Well, I never! (ii) Aren't you ashamed of yourself? **2.** *s.m.* **Dans la mesure du p.,** as far as possible. **Faire tout son p. pour . . .,** to do all one can, to do one's utmost, to make every endeavour, to try one's hardest, to. . . . **Scrupuleux au p.,** scrupulous to a degree.

postal, -aux [pɔstal, -o], *a.* Postal (service, etc.). **Caisse d'épargne postale,** post office savings-bank. S.a. CARTE 3, COLIS 1. *adv.* **-ement.**

postcommunion [pɔstkɔmynjɔ̃], *s.f. Ecc:* Post-communion.

postdater [pɔstdate], *v.tr.* To post-date, to date forward (cheque, etc.).

poste[1] [pɔst], *s.f.* **1.** *A:* Post, relay (of horses). **Chevaux de p.,** post-horses. **Maître de p.,** postmaster. S.a. CHAISE 2. *A:* **Aller, voyager, en p.,** to travel post. **Aller un train de p., courir la p.,** to go post-haste. **2.** (*a*) **Les Postes et Télécommunications,** the Postal Services. **P. aux lettres,** letter post. **Mettre une lettre à la p.,** to post a letter. **Par p. aérienne,** by air-mail. **Sacs de p.,** mail-bags. **Directeur des Postes,** Postmaster General. (*b*) **(Bureau de) p.,** post office. S.a. RECEVEUR 2, RESTANT 1.

poste[2], *s.m.* **1.** Post, station. (*a*) *Mil:* **La sentinelle était à son p.,** the sentry was at his post. **P. avancé,** advanced post; outpost. *Mil: Navy:* **Chef de p.,** guard commander. *F:* **Il est toujours solide au p.,** he is still going strong. **P. de mouillage,** anchoring berth. **P. d'amarrage,** mooring berth; moorings. *Navy:* **Postes de combat,** action stations. (*b*) *Navy:* **P. des aspirants,** gun-room. **P. des maîtres,** warrant-officers' wardroom. **P. d'équipage,** sailors' quarters; (in merchant service) forecastle. *Av:* **P. du pilote,** pilot's cockpit. *Nau:* **Mettre les ancres à p.,** to stow the anchors. (*c*) **P. d'incendie,** (i) fire-station; (ii) hydrant. **P. de police,** (i) police station *F:* lock-up; (ii) *Mil:* guard-room. **Conduire qn au p.,** to run s.o. in. *Mil:* **P. d'écoute,** listening station. *Navy:* **P. de commandement,** control-room. **P. de la Croix-Rouge,** Red Cross station. *Rail:* **P. de signaux, d'aiguillage,** signal-box. (*d*) *W.Tel:* **P. émetteur,** (i) sending station; (ii) broadcasting station. (*e*) *Tp:* **P. téléphonique,** telephone. **P. récepteur,** receiving set. **Entrée de p.,** telephone lead-in. **Ligne à postes groupés,** party line. **Poste 35,** extension 35. *W.Tel:* **P. de T.S.F.,** radio set. **P. de télévision,** television set. S.a. ESSENCE 2. **2.** Post, place, appointment, *F:* berth. **Occuper un p. élevé,** to hold a high appointment, a high position. **3.** *Book-k:* Entry (in books).

poster[1] [pɔste], *v.tr.* To post, set (sentry, etc.); to station (men).

se poster, to take up position; to take one's stand.

poster[2], *v.tr.* To post, mail (letter, etc.).

postérieur [pɔsterjœ:r]. **1.** *a.* Posterior. (*a*) (Of time) Subsequent (à, to); later. (*b*) (Of place) Hinder, hind. **Partie postérieure de la tête,** back of the head. **2.** *s.m. F:* Posterior, buttocks; *F:* bottom, backside.

postérieurement [pɔsterjœrmɑ̃], *adv.* Subsequently (à, to); at a later date.

postériorité [pɔsterjɔrite], *s.f.* Posteriority (of date).

postérité [pɔsterite], *s.f.* Posterity. (*a*) Descendants. **Laisser p.,** to leave issue. (*b*) Generations yet unborn.

posthume [pɔstym], *a.* Posthumous. *adv.* **-ment.**

postiche [pɔstiʃ]. **1.** *a.* False (hair, moustache, etc.). **Perle p.,** sham, imitation, pearl. **2.** *s.m.* (*a*) Piece of false hair. (*b*) Wig.

postier, -ière [pɔstje, -jɛ:r]. **1.** *s.* Post-office employee. **2.** *s.m. A:* Post-horse.

postillon [pɔstijɔ̃], *s.m.* **1.** Postilion. **2.** *F:* **Envoyer des postillons,** to sputter, splutter, in speaking.

postillonner [pɔstijɔne], *v.i. F:* To sputter, splutter (in speaking).

postnatal, -als [pɔstnatal], *a.* Postnatal. **Soins postnatals,** postnatal care.

postopératoire [pɔstɔperatwa:r], *a.* Postoperational (shock, care, etc.).

postscolaire [pɔstskɔlɛ:r], *a.* After-school (instruction); continuation (class). **Œuvres postscolaires,** further education.

post-scriptum [pɔstskriptɔm], *s.m.inv.* Postscript; P.S.

postsynchronisation [pɔstsɛ̃krɔnizasjɔ̃], *s.f. Cin:* Post-synchronization (of sound-track to film etc.).
postsynchroniser [pɔstsɛ̃krɔnize], *v.tr. Cin:* To post-synchronize.
postulant, -ante [pɔstylɑ̃, -ɑ̃:t], *s.* (*a*) Candidate, applicant (for post). (*b*) *Ecc:* Postulant.
postulat [pɔstyla], *s.m.* Postulate, assumption. **Admettre qch. en p.,** to postulate sth.; to assume sth.
postuler [pɔstyle]. **1.** *v.tr.* To solicit, ask for, apply for (situation). **2.** *v.i.* (Of lawyer) To conduct a suit.
posture [pɔsty:r], *s.f.* **1.** Posture, attitude. **2.** Position. **Être en p. de faire qch.,** to be in a position, in a situation, to do sth. *F:* **Surprendre qn en mauvaise p.,** to catch s.o. bending. **Comment vous êtes-vous placé dans une telle p.?** how did you get into such a fix?
pot [po], *s.m.* **1.** Pot, jug, can, jar. *Ch: Ind:* Pot, crucible. **P. d'étain,** pewter tankard. **P. de confiture,** pot of jam. **P. à bière,** beer mug. **P. de chambre,** chamber-pot. **P. de fleurs,** pot, vase, of flowers. **P. à fleurs,** flower-pot. **P. à eau** [pɔtao], water-jug, ewer. **P. à lait** [pɔtalɛ], **le p. au lait** [pɔtolɛ], milk-jug; milk-can. **Mettre en p.,** to pot (plant, meat, etc.). *F:* **Payer les pots cassés,** to pay the piper; to stand the racket. **Dîner à la fortune du p.,** to take pot-luck. **Le feu est au p.,** the fat is in the fire. **C'est le p. de terre contre le p. de fer,** he is up against more than his match. *Nau:* **Le p. au noir,** (i) the pitch-pot; (ii) the doldrums. *F:* **C'est le p. au noir,** it's a hopeless tangle. *P:* **Allons prendre un p.,** let's go and have a drink. *F:* **Avoir du p.,** to be lucky. *P:* **Manque de p.,** hard luck. S.a. ANSE 1, ROSE 1, TOURNER 2. **2. P. d'échappement,** (i) *Mch:* exhaust-tank; (ii) *I.C.E:* silencer, *U.S:* muffler.
potabilité [pɔtabilite], *s.f.* Potability.
potable [pɔtabl], *a.* **1.** Drinkable; fit to drink. **Eau p.,** drinking water. **2.** *F:* Fair; good enough. **Travail p.,** tolerably good work.
potache [pɔtaʃ], *s.m. Sch: F:* Schoolboy (attending *collège* or *lycée*).
potage [pɔta:ʒ], *s.m.* Soup. *F:* **Pour tout p.,** all told; in all.
potager, -ère [pɔtaʒe, -ɛ:r]. **1.** *a.* Of, for, the pot; for cooking. **Herbes potagères,** pot-herbs. **Plante potagère,** vegetable. **Jardin p.,** kitchen-garden. **2.** *s.m.* Kitchen-garden.
potard [pɔta:r], *s.m. P:* Chemist.
potasse [pɔtas], *s.f.* (*a*) *Ch:* Potash. **Chlorate de p.,** potassium chlorate. (*b*) *Com:* (Impure) potassium carbonate.
otasser [pɔtase], *v.tr. & i. Sch: F:* To swot, grind, at (sth.); to mug up (subject). **P. un examen,** to swot up for an examination.
potassique [pɔtasik], *a. Ch:* (Of, containing) potassium; potassic (salt).
potassium [pɔtasjɔm], *s.m. Ch:* Potassium.
pot-au-feu [pɔtofø], *s.m.inv.* **1.** Soup-pot, stock-pot. **2.** Beef-broth. **3.** Boiled beef with vegetables out of the pot. **4.** *a.inv.* Plain, homely, commonplace (matter or person).
pot-de-vin [podvɛ̃], *s.m. F:* **1.** Douceur, gratuity. **2.** (*a*) Bribe. (*b*) Hush-money. *pl. Des pots-de-vin.*
pote [pɔt], *s.m. P:* Friend, pal.
poteau [pɔto], *s.m.* **1.** Post, pole, stake. *Min:* Pit-prop. **P. de réverbère,** lamp-post. **P. télégraphique,** telegraph-pole. *Sp:* **P. de départ,** starting-post. (Of horse) **Rester au p.,** to refuse to leave the post. **P. d'arrivée,** winning-post. **Se faire battre sur le p.,** to be beaten at the post. **P. d'exécution,** *F:* **le p.,** execution place. **Mettre qn au p.,** to put s.o. against the wall. *F:* **Dupont au p.!** down with Dupont! S.a. INDICATEUR 1. **2.** *P:* Chum, pal.
poteau-frontière [pɔtofrɔ̃tjɛ:r], *s.m.* Frontier-post. *pl. Des poteaux-frontière.*
potée [pɔte], *s.f.* (*a*) Potful, jugful. (*b*) *F:* Swarm (of children, etc.). **J'en ai une p.,** I have quite a lot.
potelé [pɔtle], *a.* Plump and dimpled (arm, etc.); chubby (cheek, child).
potelet [pɔtlɛ], *s.m.* Small post, strut, prop.
potence [pɔtɑ̃:s], *s.f.* **1.** Gallows, gibbet. **Mettre, attacher, qn à la p.,** to hang s.o. on the gallows. **Échapper à la p.,** to cheat the gallows. S.a. GIBIER. **2.** (*a*) Support, arm, cross-piece, bracket; jib (of crane). *Cy:* Stem (of handlebar). **En p.,** T-shaped. (*b*) (Hoisting) derrick. *Artil:* Loading davit.
potentat [pɔtɑ̃ta], *s.m.* Potentate.
potenti|el, -elle [pɔtɑ̃sjɛl]. **1.** *a.* Potential. **2.** *s.m.* (*a*) Potentialities (of a country, etc.). (*b*) *El:* Potential. *W.Tel:* **P. de grille,** grid potential. (*c*) *Gram:* Potential (mood). *adv.* **-ellement.**
potentille [pɔtɑ̃ti:j], *s.f. Bot:* Potentilla, cinquefoil. **P. ansérine,** goose-grass.
potentiomètre [pɔtɑ̃sjɔmɛtr], *s.m. El:* Potentiometer. *Cin:* Fader (of sound).
poterie [pɔtri], *s.f.* **1.** (*a*) Pottery works. (*b*) Potter's workshop. (*c*) Potter's art. **2.** Pottery. **P. de grès,** stoneware. **P. de Delft,** delft. **3. P. d'étain,** pewter (ware).
poterne [pɔtɛrn], *s.f.* Postern (gate).
potiche [pɔtiʃ], *s.f.* (Large) vase, esp. of Chinese or Japanese porcelain.
potier, -ière [pɔtje, -jɛ:r], *s.* **1.** Potter. **2. P. d'étain,** pewterer.
potin[1] [pɔtɛ̃], *s.m.* (*a*) Pinchbeck (metal). (*b*) Pewter; white metal. **P. jaune,** brass.
potin[2], *s.m. F:* **1.** (*a*) Piece of gossip. (*b*) *pl.* Gossip, tittle-tattle. **2. Faire du p.,** to make a fuss or to kick up a row.
potin|er [pɔtine], *v.i. F:* To tittle-tattle, gossip. *s.m.* **-age.**
potinier, -ière [pɔtinje, -jɛ:r]. *F:* **1.** *a.* Gossipy. **2.** *s.* Gossip(er), scandal-monger. **3.** *s.f.* **Potinière,** gossip-shop.
potion [posjɔ̃], *s.f. Med:* Potion, draught.
potiron [pɔtirɔ̃], *s.m.* Pumpkin.
pot-pourri [popuri], *s.m. Mus: etc.,* Pot-pourri; medley. *pl. Des pots-pourris.*
pou, *pl.* **poux** [pu], *s.m.* **1.** (*a*) Louse, *pl.* lice. **Œuf de p.,** nit. *F:* **Laid comme un p.,** as ugly as sin. *F:* **Chercher des poux dans la tête à qn.,** to pick a quarrel with s.o. about nothing. (*b*) **P. de mouton,** sheep-tick. **2. P. de mer,** sea-louse.
pouah [pwa], *int.* Faugh! ugh!
poubelle [pubɛl], *s.f.* (Regulation pattern) dustbin, refuse-bin; *U.S:* garbage can. **P. à pédale,** pedal-bin. *F:* **Éplucheur de poubelles,** bin-raker, rag-picker.
pouce [pu:s], *s.m.* **1.** (*a*) Thumb. *F:* **Donner un coup de p., à qn, à qch.,** (i) to give sth. a push; to shove sth. on; (ii) to deflect the course of (justice, etc.). **Donner le coup de p. à qch.,** to give the finishing touches to sth. **Manger sur le p.,** to take a snack. **Se tourner les pouces,** to twiddle, twirl, one's thumbs. **Serrer les pouces à qn,** (i) *A:* to apply the thumb-screw to s.o.; (ii) *F:* to put on the screw; to torment s.o. (into a confession). **Mettre les pouces,** to give in; to knuckle under. *Sch: P:* **P.!** pax! (*b*) Big toe. **2.** *Meas:* Inch.
Poucet [pusɛ]. *Pr.n.m.* **Le Petit P.,** Hop-o'-my-thumb, Tom Thumb.
poucettes [pusɛt], *s.f.pl.* **1.** Thumb-cuffs, -fetters. **2.** *A:* Thumb-screw (instrument of torture). **Mettre les p. à qn,** to put on, tighten, the screw.
poucier [pusje], *s.m.* **1.** Thumb-stall. **2.** Thumb-piece (of door-latch).
pou-de-soie [putswa], *s.m. Tex:* Poult-de-soie; grained taffeta. *pl. Des poux-de-Soie.*
pouding [pudiŋ, -dɛ̃(:g)], *s.m.* Pudding, esp. suet pudding with raisins, or plum-pudding.
poudingue [pudɛ̃:g], *s.m. Miner:* Conglomerate, pudding-stone.
poudre [pu:dr], *s.f.* **1.** *A:* Dust. *F:* **P. aux yeux,** bluff. **Jeter de la p. aux yeux de qn,** to throw dust in s.o.'s eyes; to bluff s.o. **2.** Powder. **P. d'or,** gold-dust. **P. à lever,** baking-powder. **P. dentifrice,** tooth-powder. **Réduire qch. en p.,** (i) to pulverize sth.; (ii) to smash sth. to smithereens. **Café en p.,** ground coffee. **P. vermifuge,** worm-powder. S.a. PERLIMPINPIN, PYRÈTHRE. **P. (de riz),** (toilet) powder, (face) powder. **Elle met de la p.,** she powders (her face). **3.** (Generic term for) explosive (including gunpowder, cordite, dynamite, etc.). **P. de chasse,** sporting powder. **P. à canon,** gunpowder. *F:* **Être vif comme la p.,** to be very excitable. **La nouvelle se répandit comme une traînée de p.,** the news spread like wildfire. **Il n'a pas inventé la p.,** he won't set the Thames on fire.

poudr|er [pudre], *v.tr.* To powder; to sprinkle with powder; to dust on (flour, etc.). **Se p.**, to powder one's face, hair, etc. *s.m.* **-age.**

poudrerie [pudrəri], *s.f.* (Gun)powder-factory.

poudrette [pudrɛt], *s.f.* (*a*) Powdered night-soil (for manure). (*b*) (Of bird) **Faire la p.**, to take a dust-bath.

poudreux, -euse [pudrø, -øːz], **1.** *a.* Dusty; powdery. **2.** *s.f.* **Poudreuse**, powder-sprinkler.

poudrier [pudrie], *s.m.* Powder-box; compact.

poudrière [pudriɛːr], *s.f. A:* **1.** Powder-flask, powder-horn. **2.** Powder-magazine.

poudrin [pudrɛ̃], *s.m.* Spindrift. S.a. EMBRUN.

poudroiement [pudrwamɑ̃], *s.m.* Dusty condition; clouds of dust (on road, etc.).

poudroyer [pudrwaje], *v.* (**il poudroie**; **il poudroiera**). **1.** *v.tr.* To cover (sth.) with dust. **2.** *v.i.* To form clouds of dust.

pouf [puf]. **1.** *int.* (*a*) Plop! flop! plump! wallop! (*b*) (Denoting relief, oppressive heat, etc.) Phew! **2.** *s.m.* (*a*) *Furn:* Pouf(fe); humpty; dump(t)y; tuffet. (*b*) *Cost: A:* Bustle.

pouffant [pufɑ̃], *a. F:* Excruciatingly funny.

pouff|er [pufe], *v.i.* **P. (de rire)**, to burst out laughing, to guffaw; to bubble over with laughter. *s.m.* **-ement.**

pouillerie [pujri], *s.f.* **1.** Abject poverty. **2.** *F:* Filthy place, lousy hole.

pouilleux, -euse [pujø, -øːz], *a.* **1.** Lousy, verminous. **2.** *F:* Miserable; abjectly poor. *Geog:* **La Champagne pouilleuse**, Dry Champagne. **3.** *s.* Beggar.

pouillot [pujo], *s.m. Orn:* Willow-warbler.

poulailler [pulaje], *s.m.* (*a*) Hen-house, hen-roost. (*b*) *Th: F:* (Top) gallery; 'the gods.'

poulaillerie [pulajri], *s.f.* Poultry-market.

poulain [pulɛ̃], *s.m.* **1.** (*a*) Colt, foal. (*b*) *Box:* Trainee. **2.** *Furs:* Pony-skin. **3.** Skid (for unloading barrels).

poulaine [pulɛn], *s.f. Nau:* (*a*) (Ship's) head. (*b*) *pl.* Latrines (for crew); *F:* the 'heads.'

poularde [pulard], *s.f. Cu:* Fattened pullet.

poule [pul], *s.f.* **1.** (*a*) Hen. *Cu:* Fowl. **P. au pot**, boiled fowl. **P. (à bouillir)**, boiling fowl, *F:* boiler. **Ma petite p.!** my dear! my pet! **Lait de p.**, (non-alcoholic) egg-flip, egg-nog. *F:* **Quand les poules auront des dents**, when pigs (begin to) fly. *F:* **Habiter au-delà des poules**, to live at the back of beyond. S.a. CHAIR 2, MOUILLÉ 1. (*b*) **P. d'eau**, moorhen, water-hen. **P. de Guinée**, guinea-fowl, -hen. **P. d'Inde**, turkey-hen. **Petite p. de bruyère**, grey-hen. (*c*) *F:* (Fast young) woman, tart, *U.S:* skirt. **2.** (*a*) (At games) Pool. (*b*) (At races) Sweepstake.

poulet [pulɛ], *s.m.* **1.** (*a*) Chicken, chick; *P:* detective. (*b*) *Cu:* Chicken. **2.** *A:* (Witty, playful, or amorous) letter (to lady).

poulette [pulɛt], *s.f.* **1.** Young hen; pullet. **2.** *F:* Girl, lass.

pouliche [puliʃ], *s.f.* Filly.

poulie [puli], *s.f.* **1.** Pulley; (i) sheave, (ii) block. **P. simple, double**, single block, double block. S.a. GRADIN 2. **2.** (Belt-)pulley; driving-wheel.

pouliner [puline], *v.i.* (Of mare) To foal.

poulinière [pulinjɛːr], *a.f. & s.f.* **(Jument) p.**, brood-mare.

pouliot[1] [puljo], *s.m. Bot:* Pennyroyal.

pouliot[2], *s.m.* Windlass (on dray, etc.).

poulot, -otte [pulo, -ɔt], *s. F:* (In addressing children) Ducky, darling, pet.

poulpe [pulp], *s.m. Moll:* Octopus.

pouls [pu], *s.m. Physiol:* Pulse. **Tâter le p. à qn**, (i) to feel s.o.'s pulse; (ii) *F:* to sound s.o.'s intentions. *F:* **Se tâter le p.**, to reflect; to consider well.

poult-de-soie [putswa], *s.m. Tex:* = POU-DE-SOIE. *pl. Des poults-de-soie.*

poumon [pumɔ̃], *s.m.* Lung. **Respirer à pleins poumons**, to draw a deep breath. **Crier à pleins poumons**, to shout at the top of one's voice. **P. d'acier**, iron-lung.

poupard [pupaːr]. **1.** *s.m.* (*a*) Baby in long clothes. (*b*) Baby-doll. **2.** *a.* Chubby (as a baby). **Physionomie pouparde**, baby face.

poupart [pupaːr], *s.m.* Edible crab.

poupe [pup], *s.f. Nau:* Stern, poop. **Avoir le vent en p.**, (i) to have the wind aft; (ii) *F:* to be favoured by fortune; to be forging ahead.

poupée [pupe], *s.f.* **1.** Doll. **Maison de p.**, doll's house. **Jouer à la p.**, to play with dolls. **2.** (*a*) Puppet. (*b*) (Tailor's) dummy; (milliner's) block. **3.** *F:* Bandaged finger. **4.** Headstock, poppet(-head) (of lathe). *Nau:* **P. de cabestan**, capstan head. **5.** *Nau:* Belaying-pin.

poupin [pupɛ̃], *a.* Rosy(-cheeked). **Visage p.**, baby face.

poupon, -onne [pupɔ̃, -ɔn], *s. F:* Baby.

pouponner [pupɔne], *v.tr.* To mother; *Abs:* to coddle.

pouponnière [pupɔnjɛːr], *s.f.* Day-nursery.

pour [puːr]. **I.** *prep.* For. **1.** (*a*) Instead of. **Allez-y p. moi**, go in my stead. **Traduire mot p. mot**, to translate word for word. **Agir p. qn**, to act on s.o.'s behalf. (*b*) **Il me veut p. femme**, he wants me for, as, his wife. **Tenir qn p. fou**, to regard s.o. as a madman. **Laisser qn p. mort**, to leave s.o. for dead. *F:* **C'est p. de bon, p. de vrai**, I am in earnest. (*c*) (Direction) **Je pars p. la France**, I am starting for France. **Le train p. Paris**, the Paris train. (*d*) (i) (Time) **Je vais en Suisse p. quinze jours**, I am going to Switzerland for a fortnight. **P. toujours**, for ever. **Il sera ici p. quatre heures**, he will be here by four o'clock. (ii) **J'en ai p. huit jours**, it will take me a week. **Trois coups p. un franc** = three shies a shilling. **P. deux francs de chocolat**, two francs' worth of chocolate. **Être p. beaucoup, p. peu, dans une affaire**, to count for much, for little, in a business. S.a. MOINS 1. (*e*) (Purpose) **Je suis ici p. affaires**, I am here on business. **Je viens p. le compteur**, I've come about the (gas-)meter. **Vêtements p. hommes**, clothes for men. **J'épargne p. quand je serai vieux**, I am saving for my old age. **C'est p. cela qu'il est venu**, that is why he came. (*f*) Because of, for the sake of. **P. l'amour de Dieu**, for heaven's sake. **Faites-le p. moi**, do it for my sake. **J'avais peur p. lui**, I was nervous on his account. **Mourir p. sa patrie**, to die for one's country. **L'art p. l'art**, art for art's sake. **P. la forme**, for form's sake. **Beaucoup de bruit p. rien**, much ado about nothing. **Écrire p. soi**, to write for one's own satisfaction. (*g*) In favour of. **Parler p. qn**, to speak in favour of s.o. *Adv.* **Moi, je suis p.**, I am in favour of it. **Le vote est p.**, the ayes have it. **Parler p. et contre**, to speak for and against. (*h*) With regard to. **P. mon compte**, for my part; as far as I am concerned. **P. ce qui est de . . .**, as concerns . . ., as regards . . ., with regard to. . . . **P. (ce qui est de) moi . . .**, as for me . . ., for my part. . . . **P. moi, je veux bien**, personally, I am willing. **P. moi, c'est une crise de foie**, in my opinion it's a liver attack. **Comme p. . . .**, as in the case of . . . *F:* **P. de la chance, c'est de la chance**, you are in luck and no mistake. (*i*) For lack of. **P. un moine l'abbaye ne chôme pas**, for want of one monk the abbey does not stand idle. (*j*) **Dix p. cent**, ten per cent. (*k*) **Être bon p. les animaux**, to be good with animals; to be kind to animals. **2. P.** + *inf.* (*a*) (In order) to. **Il faut manger p. vivre**, one must eat to live. **P. ainsi dire**, so to speak. **Il s'en va p. ne jamais revenir**, he is going away for good. (*b*) (After **assez, trop**) **Être trop faible p. marcher**, to be too weak to walk. (*c*) Considering. **Il est bien ignorant p. avoir étudié si longtemps**, he is very ignorant considering the long time he has studied. (*d*) Although. **P. être petit il n'en est pas moins brave**, though small he is none the less brave. **Nous ne perdrons rien p. attendre**, we shall lose nothing by waiting. (*e*) Because of. **Je le sais p. l'avoir vu**, I know it through having seen it. **Il est mort p. avoir trop travaillé**, he died of overwork. (*f*) Of a nature to. **Cela n'est pas p. me surprendre**, that does not come as a surprise to me. **Cette amitié n'était pas p. lui plaire**, this friendship was not to his liking. (*g*) *F:* About to. **Être p. partir**, to be about to start. **3.** (*a*) **P. que** + *sub.*, in order that. **Je vous dis cela p. que vous soyez sur vos gardes**, I am telling you that in order that you may be on your guard. **Il est trop tard p. qu'elle sorte**, it is too late for her to go out. *F:* **P. ne pas que** + *sub.* **Mettez-le là, p. ne pas qu'on l'oublie**, put it there so that it won't be forgotten. (*b*) (Concessive) **P.** (+ *adj.* or *sb.*) **que** + *sub.*, however, although. **Cette situation, p. terrible**

qu'elle soit, this situation, terrible though it may be. (*c*) **P. peu que** + *sub.*, if only, if ever. **Pour peu que vous hésitiez vous êtes flambé,** if you hesitate but a moment, if you hesitate at all, it is all up with you.

II. **pour,** *s.m.* **Peser le p. et le contre,** to weigh the pros and cons. **Entendre le p. et le contre,** to hear both sides.

pourboire [purbwa:r], *s.m.* Tip, gratuity. **Donner un p. au porteur,** to tip the porter.

pourceau [purso], *s.m.* Hog, pig, swine. **Jeter des perles aux pourceaux,** to cast pearls before swine.

pour-cent [pursɑ̃], *s.m.inv.* Percentage; rate per cent.

pourcentage [pursɑ̃ta:ʒ], *s.m.* **1.** Percentage; amount per cent; rate (of interest); commission. **2.** *Civ.E:* **Rampe à fort p.,** steep gradient.

pourchass|er [purʃase], *v.tr.* To pursue, to follow hot on the track of (game, etc.). **P. un débiteur,** to dun, harry, a debtor. **P. un emploi,** *F:* to be after a job. *s.m.* **-eur.**

pourfendeur [purfɑ̃dœ:r], *s.m.* *Iron:* **P. de géants,** swashbuckler, swaggerer.

pourfendre [purfɑ̃:dr], *v.tr.* *A:* *Iron:* To cleave in twain.

pourlécher [purleʃe], *v.tr.* & *pr.* **(je pourlèche; je pourlécherai) 1.** *A:* To lick (sth.) (all) over. **La chienne pourlèche ses chiots,** the bitch licks her pups all over. **Se p. les babines,** to lick one's chops. **2.** *F:* To polish up, finish with care (verses, sketch).

pourparlers [purparle], *s.m.pl.* (*a*) *Mil:* Parley. (*b*) Diplomatic conversation; pourparlers. **Entrer en p., entamer des p.,** to enter on, enter into, negotiations (avec, with).

pourpier [purpje], *s.m.* *Bot:* Purslane.

pourpoint [purpwɛ̃], *s.m.* *Cost:* *A:* Pourpoint, doublet.

pourpre [purpr]. **1.** *s.f.* (*a*) Purple (dye) (of the ancients). (*b*) Royal or imperial dignity. **Né dans la p.,** born in the purple. **2.** *s.m.* (*a*) Crimson; rich red. **Le p. lui monta au visage,** he turned crimson, he flushed up. (*b*) *Her:* Purpure. (*c*) *Med:* Purpura, *F:* purples. **3.** *a.* Crimson.

pourpré [purpre], *a.* Purple or crimson.

pourquoi [purkwa], **1.** *adv.* & *conj.* Why? **P. faire?** what for? **P. cela?** why so? **Mais p. donc?** what on earth for? **Voilà p.,** that's (the reason) why. **P. pas? p. non?** why not? *F:* **Demandez-moi p.,** ask me another! **C'est p.,** therefore; wherefore. **2.** *s.m. inv.* **Je ne sais pas le p.,** I don't know the why and the wherefore.

pourri [puri], *a.* Rotten; rotted (wood); putrid (flesh). *F:* **Il est p. de vices,** he is rotten to the core. **P. d'orgueil,** eaten up with self-conceit. S.a. BOURG 2.

pourr|ir [puri:r]. **1.** *v.i.* To rot, decay; to become rotten; to go bad; (of egg) to addle. **Faire p.,** to rot (wood, etc.). **2.** *v.tr.* To rot. *s.m.* **-issement.**

se pourrir, to go bad; (of egg) to addle.

pourrissage [purisa:ʒ], *s.m.* *Ind:* **1.** *Paperm:* (Process of) steeping rags, etc. **2.** *Cer:* Storing of clays (in the humid atmosphere necessary to their good condition).

pourrissoir [puriswa:r], *s.m.* **1.** *Ind:* *Paperm:* Steeping-vat or workshop. **2.** Muck-heap.

pourriture [purity:r], *s.f.* **1.** Rotting, rot, decay. **P. sèche (du bois),** dry rot. **P. d'hôpital,** hospital gangrene. **En p.** putrescent, rotting. **2.** Rottenness.

poursuite [pursɥit], *s.f.* **1.** Pursuit; chase (of enemy ship); tracking (of criminal). **Être à la p. de qch.,** to be in pursuit of sth. **Se mettre, s'élancer, à la p. de qn,** to set off in pursuit of s.o.; to chase after s.o. **2.** Usu. *pl.* *Jur:* Lawsuit, action; prosecution; suing (of debtor). **Engager, entamer, intenter, commencer, exercer, des poursuites (judiciaires) contre qn,** to take, institute, proceedings, to take (legal) action, against s.o.

poursuivable [pursɥivabl], *a.* **1.** Pursuable. **2.** *Jur:* Actionable.

poursuivant, -ante [pursɥivɑ̃, -ɑ̃:t], *s.* (*a*) Plaintiff, prosecutor. (*b*) *Her:* **P. d'armes,** poursuivant (at arms).

poursuivre [pursɥi:vr], *v.tr.* (Conj. like SUIVRE). **1.** To pursue; to go after, make after (s.o., an animal); to chase. **Ce songe me poursuit,** that dream haunts me. **Poursuivi par la guigne,** dogged by ill-luck. **2. P. qn en justice,** to prosecute s.o.; to sue (debtor); to proceed against s.o. **3.** To pursue, continue, proceed with, go on with (story, etc.). **P. un travail,** to carry on one's work. **P. un but,** to work towards an end. **P. un avantage,** to follow up an advantage; to press an advantage. **Les préparatifs se poursuivent,** preparations are going on. *Abs.* **Poursuivez,** go on; continue (your story).

pourtant [purtɑ̃], *adv.* Nevertheless, however, still, (and) yet. . . **Vous n'allez p. pas nous quitter?** you're surely not going to leave us?

pourtour [purtu:r], *s.m.* Periphery, circumference, compass (of building). **P. d'une cathédrale,** precincts of a cathedral. **Mur de p.,** enclosure wall (of prison, town).

pourvoi [purvwa], *s.m.* *Jur:* (*a*) Appeal. (*b*) **P. en grâce,** petition for mercy.

pourvoir [purvwa:r], *v.* (*pr.p* **pourvoyant**; *p.p.* **pourvu**; *pr.ind.* **je pourvois, n. pourvoyons**; *pr.sub.* **je pourvoie**; *p.h.* **je pourvus**; *fu.* **je pourvoirai**) To provide. **1.** *v.ind.tr.* **P. aux besoins de qn,** to provide for the wants of s.o. **P. aux frais,** to defray the cost. **P. à un emploi,** to fill (up) a post. **On n'y a pas pourvu,** no provision has been made for it. **2.** *v.tr.* (*a*) **P. qn de qch.,** to supply, provide, furnish, equip, s.o. with sth. **Se p. d'argent,** to provide oneself with money. **P. qn d'une charge,** to invest s.o. with, appoint s.o. to, an office. **P. sa fille,** to settle one's daughter. (*b*) To equip, fit (de, with).

se pourvoir. *Jur:* (*a*) **Se p. en cassation,** to lodge an appeal with the Supreme Court. (*b*) **Se p. en grâce,** to petition for mercy.

pourvoyeur, -euse [purvwajœ:r, -ø:z], *s.* Purveyor, provider; contractor; caterer.

pourvu que [purvykə], *conj.phr.* Provided (that); so long as. *F:* **P. qu'il ne fasse pas de gaffes!** I only hope he won't make any blunders!

poussah [pusa], *s.m.* (*a*) (Toy) tumbler, tumble-over. (*b*) *F:* Pot-bellied individual.

pousse [pus], *s.f.* **1.** Growth (of leaves, hair, feathers). **P. des dents,** cutting of teeth. **2.** Young shoot, sprout.

poussé [puse], *a.* Elaborate (ornamentation, etc.); deep, searching (study). **Il aboutit à un scepticisme assez p.,** he carries scepticism pretty far. **Cliché trop p.,** over-developed negative. *I.C.E:* **Moteur p.,** hotted-up engine.

pousse-au-crime [pusokrim], *s.m.* *P:* Wine or spirit with strong alcoholic content, = mother's ruin.

pousse-café [puskafe], *s.m.inv.* *F:* (Glass of) liqueur (after coffee); 'chaser.'

pousse-cailloux [puskaju], *s.m.inv.* *P:* Infantryman, foot-slogger.

poussée [puse], *s.f.* **1.** (*a*) Thrust. **P. latérale d'une voûte,** lateral thrust of an arch. (*b*) **P. du vent,** wind-pressure. **Axe de p.,** aerodynamic axis. **Centre de p.,** centre of pressure, aerodynamic centre. (*c*) Buoyancy (of liquid). **Force de p.,** upward thrust. **Centre de p.,** centre of buoyancy. (*d*) Lift (of balloon). **2.** (*a*) Pushing, pressure (of crowd). (*b*) *Com:* **Forte p. en hausse,** strong upward tendency (of the market). **3.** Push, shove. *Fb:* **P. irrégulière,** foul. **Écarter qch. d'une p.,** to push, shove, sth. aside. **4.** (*a*) Sprouting, growth. **P. de boutons,** outbreak of pimples. (*b*) **P. de la sève,** rising of the sap. **5.** (*a*) *Med:* **P. de fièvre,** bout of fever, sudden rise of temperature. (*b*) **P. vitale,** vital impetus. (*c*) Upsurge. (*d*) *Pol.Ec:* *F:* 'The bulge.'

pousse-pousse [puspus], *s.m. inv.* **1.** Jinricksha, rickshaw. **2.** Rickshaw-man.

pousser [puse]. **1.** *v.tr.* (*a*) To push, shove, thrust. **Ne poussez pas!** don't push! don't shove! **P. qn du coude,** to nudge s.o. (Of wind) **P. un navire à la côte,** to blow a ship ashore. **P. le verrou,** to shoot the bolt. **P. la porte,** (i) to push the door to, (ii) to push the door open. *Boating:* **P. du fond,** to punt. (*b*) To drive, impel, urge. **P. qn à faire qch.,** to egg s.o. on, to induce s.o., to do sth. **Poussé par la pitié,** prompted by pity. **Poussé par la nécessité,** under the pressure of necessity. (*c*) To push on, urge forward (piece of work); to elaborate (ornamentation, etc.). **P. une attaque à fond,** to push, thrust, drive, an attack home. **P. une promenade**

jusqu'à la ville, to extend a walk as far as the town. **P. la guerre jusqu'au bout,** to carry the war to its conclusion. **P. la vente,** to push the sales. **P. un cheval,** (i) to urge on a horse; (ii) to try a horse's mettle. **P. un élève,** to push on a pupil. S.a. BOUT[1] 1. *Mch:* **P. les feux,** to raise steam, to stoke up. (*d*) (Of trees, etc.) To put forth, shoot forth, shoot out (leaves, roots). (*e*) To utter (cry); to heave, fetch (sigh). **En poussant un cri,** with a cry. (*f*) *F:* En p. une, to give a song. **2.** *v.i.* (*a*) To push. **P. à la roue,** to put one's shoulder to the wheel. (*b*) To push on, push forward, make one's way (to a place). (*c*) (Of plants, etc.) To grow, shoot, burgeon; (of hair, nails) to grow. **Laisser p. sa barbe,** to grow a beard. **Les dents commencent à lui p.,** he is beginning to cut his teeth. **Tous ces enfants poussent,** all these children are shooting up.

se pousser, to push oneself forward; to make one's way; to shove, elbow, one's way to the front.

poussette [pusɛt], *s.f.* **1.** (Game of) push-pin. **2.** *F:* Baby-carriage; child's go-cart, push-chair.

poussier [pusje], *s.m.* Coal-dust; slack.

poussière [pusjɛːr], *s.f.* **1.** Dust; speck, grain, of dust. **Enlever la p. des meubles,** to dust the furniture. **S'en aller en p.,** to crumble into dust. **Réduire qch. en p.,** (i) to reduce sth. to dust; (ii) to smash sth. to atoms. **Mordre la p.,** to bite the dust. **2. P. d'eau,** (fine) spray; spindrift.

poussiéreux, -euse [pusjerø, -øːz], *a.* **1.** Dust-like. **2.** Dusty.

poussif, -ive [pusif, -iːv], *a.* (*a*) Broken-winded (horse). (*b*) Wheezy, short-winded (person).

poussin [pusɛ̃], *s.m.* (*a*) Chick. (*b*) *Cu:* Spring chicken.

poussinière [pusinjɛːr], *s.f.* (*a*) Chicken-coop. (*b*) Incubator.

poussoir [puswaːr], *s.m.* Push-button, -piece (of electric bell, repeater watch); thumb-piece. **P. de soupape,** push-rod of a valve. **P. à ressort,** trigger.

pout-de-soie [putswa], *s.m.* = POU-DE-SOIE.

poutrage [putraːʒ], *s.m.* Framework of beams; joist-framing.

poutre [puːtr], *s.f.* **1.** (Wooden) beam; ba(u)lk. **P. de faîte,** ridge-piece, roof-tree. **P. de plancher,** ceiling joist. **Aux poutres apparentes,** half-timbered. **2.** Girder. **P. à âme pleine,** plate-girder. **P. armée,** trussed girder.

poutrelle [putrɛl], *s.f.* Small beam or girder.

pouvoir [puvwaːr]. I. *v.tr.* (*pr.p.* **pouvant**; *p.p.* **pu**; *pr.ind.* **je puis** or **je peux** (always **puis-je** [pɥiːʒ]), **tu peux, il peut, n. pouvons, ils peuvent**; *pr.sub.* **je puisse, n. puissions**; *p.d.* **je pouvais**; *p.h.* **je pus**; *fu.* **je pourrai** [pure]) **1.** To be able; 'can.' **Je ne puis (pas) le faire,** I cannot do it; I am unable to do it. **Cela ne peut (pas) se faire,** it cannot be done. **Comment a-t-il pu dire cela?** how could he say that? **M.X? qu'est-ce qu'il peut bien me vouloir?** Mr. X? Whatever can he want? **Où pouvait-il bien être à cette heure?** Wherever could he be at this time? **Il aurait pu le faire s'il avait voulu,** he could have done it if he had wanted to. **J'ai fait toutes les démarches que j'ai pu,** I took every step that I possibly could. **J'ai pu le revoir,** I managed to see him again. **Je n'y puis rien,** I cannot help it. **On n'y peut rien,** (i) it can't be helped; (ii) there is nothing that can be done. **La loi ne peut rien contre lui,** the law can't touch him. **Il a été on ne peut plus grossier,** he was most rude. **Il travaille on ne peut mieux,** he could not work better. **N'en plus p.,** to be tired out, exhausted. **Les chevaux n'en peuvent plus,** the horses are spent. S.a. MAIS 1. **Sauve qui peut,** every man for himself. **On ne peut pas ne pas l'admirer,** one cannot but admire him. **Je viendrai aussitôt que je pourrai,** I will come as soon as I can. *v.pr.* **Si cela se peut, si faire se peut,** if it can be done; if possible. **2.** 'May.' (*a*) To be allowed. **Vous pouvez partir,** you may go. **Puis-je entrer?** may I, shall I, come in? **Quand pourrai-je emménager?** When can I move in? (*b*) (Optative) **Puissiez-vous dire vrai!** may what you say be true! **3.** To be possible, probable. **Tout de même vous auriez (bien) pu faire moins de bruit,** all the same you might have made less noise. **Cela peut (bien) être,** *v.pr.* **cela se peut (bien),** it may be; it is quite possible; may be! possibly! **La porte a pu se fermer toute seule, la porte peut s'être fermée toute seule,** the door may have closed of itself. **Il se peut qu'il ne soit pas coupable,** he may not be guilty. **Il se peut qu'il vienne,** he may come. **La chose aurait pu arriver plus tôt,** it might have happened sooner. **Il pouvait avoir dix ans,** he may, might, have been ten. **Advienne que pourra,** come what may. *v.pr.* **Il peut se faire, il peut arriver, que** + *sub.*, it may be, may happen, that. . . .

II. **pouvoir,** *s.m.* Power. **1.** (*a*) Force, means. **Il n'est pas en mon p. de . . .,** it is not within my power to. . . **Je vous aiderai de tout mon p.,** I will do all I possibly can to help you. **En dehors de mon p.,** beyond my power. (*b*) *Ch:* *Ph:* **P. éclairant,** illuminating power. **P. calorifique,** heating capacity. **P. radiant,** radiating capacity. **2.** Influence, sway. **Avoir un p. absolu sur qn,** to hold complete sway over s.o. **Tomber au p. de l'ennemi,** to fall into the hands of the enemy. **Être au p. de qn,** to be in s.o.'s power. **3.** (*a*) **P. paternel,** paternal authority. (*b*) Competency, warrant, power. **En dehors de mes pouvoirs,** not within my competence; not within my sphere. **Agir en dehors de ses pouvoirs,** to act *ultra vires.* (*c*) **Ambitionner le p.,** to aim at power. **Les pouvoirs publics,** the authorities. **P. exécutif,** executive power, the executive. **P. législatif,** legislative power. **P. judiciaire,** judicial power, the law. **Prendre le p.,** (i) to assume power; (ii) to take office. **Le parti au p.,** the party in power. **Quand les Libéraux sont au p.,** when the Liberals are in. **4.** *Jur:* Power of attorney; procuration. **Avoir, recevoir, plein(s) pouvoir(s) pour agir,** to have full powers, to be (fully) empowered, to act. **Se présenter sans pouvoirs réguliers,** to come without full credentials. S.a. ACHAT 1, FONDÉ 2.

pouzzolane [puzɔlan], *s.f.* *Const:* Pozzolana.

pragmatique [pragmatik], *a.* Pragmatic.

pragmatisme [pragmatism], *s.m.* Pragmatism.

pragmatiste [pragmatist], *s.m.* *Phil:* Pragmatist.

praire [prɛːr], *s.f.* *Moll:* Clam (*Venus verrucosa*).

prairial [prɛrjal], *s.m.* *Fr.Hist:* Ninth month of Fr. Republican calendar (May–June).

prairie [prɛri], *s.f.* (*a*) Meadow. (*b*) Grass-land. *Geog:* **La P.,** The Prairies (N. America).

praline [pralin], *s.f.* Burnt almond; praline.

praliner [praline], *v.tr.* *Cu:* To brown (almonds, etc.) in sugar.

praticabilité [pratikabilite], *s.f.* Practicability, practicableness; feasibility, feasibleness.

praticable [pratikabl], *a.* Practicable. (*a*) Feasible (plan, idea). (*b*) Passable, negotiable (road, ford). (*c*) *Th:* Practicable (door, window).

praticien [pratisjɛ̃], *s.m.* (*a*) (Legal, medical) practitioner. (*b*) Practical man; expert. (*c*) *Art:* Sculptor's rougher-out.

pratiquant [pratikɑ̃], *a.* Practicising (religious observances). **Catholique p.,** practising Catholic. *s.* One who practices (religious observances). **Les pratiquants,** church-goers.

pratique[1] [pratik], *a.* Practical, useful (method, article). **Sens p.,** practical common sense. *adv.* **-ment.**

pratique[2], *s.f.* **1.** Practice; application (of theory). **Mettre qch. en p.,** to put sth. into practice; to apply (system). **En p.,** in practice. **C'est de p. courante,** it is the usual practice; it is quite usual. **2.** (*a*) Practice, experience. **On se perfectionne par la p.,** practice makes perfect. **P. du théâtre,** theatrical experience. **Perdre la p. de qch.,** to lose the knack of sth.; to get out of practice. **Êtes-vous dans la p. des affaires?** are you a practical business man? (*b*) *Jur:* Practice (of the law). **Terme de p.,** legal term. (*c*) *A:* **Avoir des pratiques avec l'ennemi,** to have dealings with the enemy. **Il avait vécu dans la p. des employés de ministères,** he had associated with civil servants. **3. Pratiques religieuses,** religious observances. **Pratiques clandestines,** underhand practices. **4.** Custom, business (of tradesman). (Of customer) **Donner sa p. à qn,** to give s.o. one's custom. **5.** (Tradesman's) customer. **6.** *Jur:* **Libre p.,** free exercise (of one's religion). *Nau:* **Avoir libre p.,** to be out of quarantine. **7.** (Puppet-showman's) squeaker.

pratiquer [pratike], *v.tr.* **1.** To practise (rules, virtues); to employ, use; to do, to carry out. **Voilà comment cela se pratique ici,** that is how it is usually done here. **P. les conseils de qn,** to put into practice s.o.'s advice. **Médecin qui pratique dans cette ville,** doctor who practises in this town. **Il ne pratique plus,** he is no longer in practice. *Com:* **Les cours pratiqués,** the ruling prices. **2. P. un escalier dans l'épaisseur d'un mur,** to contrive, cut, a stair in, to work a stair into, the thickness of a wall. **P. une ouverture dans un mur,** to make an opening in a wall. **3.** To frequent; to associate with (s.o.).

pré [pre], *s.m.* Meadow. *A:* **Aller sur le p.,** to fight a duel. S.a. SALÉ 1.

préalable [prealabl]. **1.** *a.* (*a*) Previous (à, to). **Réclamer, poser, la question p.,** to call for, to move, the previous question. (*b*) Preliminary (agreement). **A titre de mesure p.,** as a preliminary. **2.** *s.m.* **Au p.,** to begin with, as a preliminary. *adv.* **-ment.**

préambule [preɑ̃byl], *s.m.* Preamble (de, to).

préamplificateur [preɑ̃plifikatœːr], *s.m.* *El.E:* *Cin:* Preamplifier.

préau [preo], *s.m.* (*a*) (Court)yard (esp. of prison); open space (of cloister). (*b*) Covered playground.

préavis [preavi], *s.m.* Previous notice. *F:* **Exiger un p. de trois mois,** to require three months' notice. S.a. APPEL 2.

prébende [prebɑ̃ːd], *s.f.* **1.** *Ecc:* Prebend. **2.** *F:* Cushy job; sinecure.

prébendier [prebɑ̃dje], *s.m.* *Ecc:* Prebendary.

précaire [prekɛːr], *a.* (*a*) Precarious (tenure, etc.). (*b*) Delicate (health); precarious (state of health). *adv.* **-ment.**

précarité [prekarite], *s.f.* Precariousness.

précaution [prekosjɔ̃], *s.f.* **1.** Precaution. **Prendre des précautions,** to take precautions (**pour,** for). **Mesures de p.,** precautionary measures. **2.** Caution, wariness; care. **Avec p.,** cautiously; warily.

précautionner [prekosjɔne], *v.tr.* *O:* To warn, caution (**contre,** against).

se précautionner contre qch., to take precautions, to guard, against sth.

précautionneu|x, -euse [prekosjɔnø, -øːz], *a.* Cautious, wary, precautious; careful. *adv.* **-sement.**

précédemment [presedamɑ̃], *adv.* Previously, already, before.

précédence [presedɑ̃ːs], *s.f.* Precedence (**de,** of); priority.

précédent [presedɑ̃]. **1.** *a.* Preceding, previous, former. **Le jour p.,** the day before, the previous day. **2.** *s.m.* Precedent. **Créer un p.,** to create, set, a precedent. **Fait sans précédents,** unprecedented occurrence. *Jur:* **Les précédents** = case-law.

précéder [presede], *v.tr.* (Conj. like CÉDER) **1.** To precede; to go before. **La musique précède les troupes,** the band marches in front of the troops. **La page qui précède,** the preceding page, the page before. **Ce qui précède,** the foregoing. **2. P. qn (en dignité),** to have precedence of s.o.

précepte [presɛpt], *s.m.* Precept.

précepteur, -trice [presɛptœːr, -tris], *s.* Family tutor; (private) teacher; *f.* governess.

préceptoral, -aux [presɛptɔral, -o], *a.* Tutorial.

préceptorat [presɛptɔra], *s.m.* Tutorship.

précession [presɛsjɔ̃], *s.f.* *Astr:* Precession.

préchambre [preʃɑ̃br], *s.f.* *I.C.E:* Antechamber.

prêche [prɛːʃ], *s.m.* *Protest.Rel:* Sermon.

prêche-malheur [prɛʃmalœːr], *s.m.* & *f.inv.* Prophesier of evil; Cassandra.

prêcher [prɛʃe], *v.tr.* **1.** (*a*) To preach (the Gospel, etc.) (**à,** to). **P. l'économie,** to preach, extol, economy. **P. d'exemple,** to practise what one preaches. S.a. DÉSERT, SAINT 2. (*b*) **P. à qn de faire qch.,** to exhort s.o. to do sth. **2.** To preach to (s.o.); to exhort. *F:* **P. un converti,** to preach to the converted.

prêcheur, -euse [prɛʃœːr, -øːz]. **1.** *a.* (*a*) Preaching (friar). (*b*) *F:* Sermonizing, preachy (person). **2.** *s.* *F:* Sermonizer, preacher.

prêchi-prêcha [prɛʃiprɛʃa]. **1.** *Int:* *F:* Stop preaching! **2.** *s.m.* *F:* Goody-goody talk, sermonising. **3.** *s.m.* & *f.* **C'est un p.-p.,** he (she) is for ever lecturing us.

précieu|x, -euse [presjø, -øːz]. **1.** *a.* (*a*) Precious. (*b*) Valuable (advice, help, time) (**à,** to). (*c*) Affected, mannered (style). **2.** *s.f.* *Fr.Lit.Hist:* **Précieuse,** Précieuse. *adv.* **-sement.**

préciosité [presjozite], *s.f.* (*a*) Preciosity; concettism. (*b*) Affectation, affectedness.

précipice [presipis], *s.m.* (*a*) Precipice. (*b*) Beetling height.

précipitable [presipitabl], *a.* *Ch:* Precipitable.

précipitamment [presipitamɑ̃], *adv.* Precipitately, headlong. **Entrer, sortir, monter, descendre, p.,** to rush or hurry in, out, up, down. **Agir trop p.,** to be too precipitate.

précipitant [presipitɑ̃], *s.m.* *Ch:* Precipitant; precipitating agent.

précipitation [presipitasjɔ̃], *s.f.* **1.** Precipitancy, violent hurry, hot haste. **Sortir avec p.,** to hurry, hasten, out. **2.** (*a*) *Ch:* *Ph:* Precipitation. (*b*) *Meteor:* Precipitation (rain, etc.).

précipité [presipite], **1.** *a.* Precipitate; hasty; hurried, headlong (flight); abrupt (departure). **S'avancer à pas précipités,** to hasten forward, to hasten up. **Un bruit de pas précipités,** quick footsteps. **2.** *s.m.* *Ch:* *etc:* Precipitate.

précipiter [presipite], *v.tr.* **1.** (*a*) To precipitate; to throw down, hurl down. **P. un peuple dans la guerre,** to rush, precipitate, a people into war. (*b*) *Ch:* To precipitate (a substance). *v.i.* (Of substance) To form a precipitate. **2.** To hurry, hasten, precipitate (departure, etc.). **Ne précipitons rien,** let us not be over-hasty.

se précipiter. **1.** To dash, to rush headlong, to make a rush (**sur,** at, upon). **2.** *Ch:* To precipitate, to be precipitated.

précis [presi]. **1.** *a.* Precise, exact, accurate, definite; unambiguous. **Exiger d'une façon précise que . . .,** to call definitely for. . . . **A deux heures précises,** at two o'clock precisely. **Je suis parti sans raison précise,** I left for no definite reason. **En termes p.,** in distinct terms. **2.** *s.m.* Abstract, summary, précis; epitome. **P. d'histoire de France,** short history of France.

précisément [presizemɑ̃], *adv.* (*a*) Precisely, exactly. (*b*) **C'est p. l'homme que je cherche,** he is just the man I am looking for.

préciser [presize], *v.tr.* (*a*) To specify; to state (sth.) precisely. **P. des règles de procédure,** to specify rules of procedure. **P. les détails,** to go further into detail. **Sans rien p.,** (i) without going into details; (ii) without pinning oneself down to anything. (*b*) *Abs.* To be precise, explicit.

se préciser, to become clear, explicit (of ideas); to take shape (of danger, etc.).

précision [presizjɔ̃], *s.f.* **1.** Precision, preciseness, exactness, accuracy. **P. de tir,** accuracy of fire. **Instruments de p.,** precision instruments. **2. Donner, apporter, des précisions sur qch.,** to give precise details about sth. **Demander des précisions sur qch.,** to ask for full particulars about sth.

précité [presite], *a.* Aforesaid; above-mentioned.

précoce [prekɔs], *a.* Precocious; early, forward (fruit). *adv.* **-ment.**

précocité [prekɔsite], *s.f.* Precocity; precociousness; forwardness (of season).

précombustion [prekɔ̃bystjɔ̃], *s.f.* Precombustion. **Moteur diesel à chambre de p.,** Diesel engine with antechamber; precombustion engine.

précompte [prekɔ̃ːt], *s.m.* Previous deduction from an account.

précompter [prekɔ̃te], To deduct beforehand, to begin by deducting. **P. sur le salaire de qn les mensualités pour achats à crédit,** to deduct hire purchase payments from s.o.'s pay.

préconception [prekɔ̃sɛpsjɔ̃], *s.f.* Preconception; prejudice.

préconcevoir [prekɔ̃səvwaːr], *v.tr.* (Conj. like CONCEVOIR) To preconceive. **Idée, opinion, préconçue,** preconceived idea.

préconditionné [prekɔ̃disjɔne], *a.* *Com:* Packaged.

préconiser [prekɔnize], *v.tr.* To (re)commend, praise; to advocate (course of action).

préconnaissance [prekɔnɛsɑ̃ːs], *s.f.* Foreknowledge, precognition.

précontraint [prekɔ̃trɛ̃]. **1.** *a.* Prestressed. **Béton p.,** prestressed concrete. **2.** *s.f.* **Précontrainte,** prestress. **Appliquer le procédé de la p.,** to prestress.

précurseur [prekyrsœ:r]. **1.** *s.m.* Precursor, forerunner; harbinger (of spring). **2.** *a.m.* Precursory; premonitory (sign).
prédateur, -trice [predatœ:r, -tris]. **1.** *a.* Predatory. **Oiseau p.,** bird of prey. **2.** *s.m.* **Le lion est un p.,** the lion is a beast of prey. **Les grands prédateurs,** beasts (or birds) of prey.
prédécéder [predesede], *v.i.* (Conj. like DÉCÉDER) To predecease.
prédécès [predesɛ], *s.m.* Predecease.
prédécesseur [predesɛsœ:r], *s.m.* Predecessor.
prédestination [predɛstinasjɔ̃], *s.f.* Predestination.
prédestiné [predɛstine], **1.** *a.* Predestined; foredoomed; fated (à, to). **2.** *s. Theol:* Predestinate.
prédestiner [predɛstine], *v.tr.* To predestinate, predestine, foredoom (à, to).
prédétermination [predetɛrminasjɔ̃], *s.f.* Predetermination.
prédéterminer [predetɛrmine], *v.tr.* To predetermine.
prédicant [predikɑ̃], *s.m. Ecc:* Predicant.
prédicat [predika], *s.m. Gram: Log:* Predicate.
prédicateur [predikatœ:r], *s.m.* Preacher.
prédicatif, -ive [predikatif, -i:v], *a. Gram:* Predicative.
prédication [predikasjɔ̃], *s.f.* **1.** Preaching. **2.** Sermon.
prédiction [prediksjɔ̃], *s.f.* Prediction. **1.** Predicting, foretelling. **2.** Forecast.
prédigéré [prediʒere], *a.* Predigested.
prédilection [predilɛksjɔ̃], *s.f.* Predilection, partiality, fondness (**pour**, for). **Auteur de p.,** favourite author.
prédire [predi:r], *v.tr.* (Conj. like DIRE except *pr. ind. & imp.* (v.) **prédisez**) To predict, prophesy, foretell, forecast.
prédisposer [predispoze], *v.tr.* To predispose (à, to). **P. qn contre qn,** to prejudice, bias, s.o. against s.o.
prédisposition [predispozisjɔ̃], *s.f.* **1.** Predisposition (à, to). **P. à l'arthrite,** arthritic diathesis. **P. au vice,** propensity to vice. **P. aux accidents,** proneness to accidents. **2.** Predisposition (**en faveur de,** in favour of); prejudice, bias (**contre,** against).
prédominance [predɔminɑ̃:s], *s.f.* Predominance, prevalence.
prédominant [predɔminɑ̃], *a.* Predominant, predominating, prevailing, prevalent.
prédominer [predɔmine]. **1.** *v.i.* To predominate, prevail; to have the upper hand (**sur,** over). **2.** *v.tr.* **L'intérêt prédomine tout,** interest always comes first.
prééminence [preeminɑ̃:s], *s.f.* Pre-eminence.
prééminent [preeminɑ̃], *a.* Pre-eminent.
préemption [preɑ̃psjɔ̃], *s.f.* Pre-emption.
préétabli [preetabli], *a.* Pre-established; pre-ordained.
préétablir [preetabli:r], *v.tr.* To pre-establish.
préexistant [preɛgzistɑ̃], *a.* Pre-existent.
préexistence [preɛgzistɑ̃:s], *s.f.* Pre-existence.
préexister [preɛgziste], *v.i.* To pre-exist; to be pre-existent (à, to).
préfabrication [prefabrikasjɔ̃], *s.f.* Prefabrication.
préfabriqué [prefabrike], *a.* Prefabricated.
préfabriquer [prefabrike], *v.tr.* To prefabricate.
préface [prefas], *s.f.* **1.** Preface, foreword (à, de, to). **2.** *Ecc:* Preface.
préfacer [prefase], *v.tr.* To write a preface to, for (a work).
préfectoral, -aux [prefɛktɔral, -o], *a.* Prefector(i)al; of the prefect.
préfecture [prefɛkty:r], *s.f.* **1.** *Rom.Ant:* (*a*) Prefectship. (*b*) Prefecture. **2.** *Fr.Adm:* Prefecture. **3. La P. de police,** the headquarters of the (Paris) police. **4. P. maritime,** port-admiral's head-quarters.
préférable [preferabl], *a.* Preferable (à, to); more advisable; better. *adv.* **-ment.**
préféré, -ée [prefere], *a. & s.* Favourite.
préférence [preferɑ̃:s], *s.f.* Preference. **De p. à,** in preference to. **Donner, accorder, la p. à qn,** to give s.o. preference (**sur,** over). **Droits de p.,** priority rights. **Actions de p.,** preference shares, preferred shares.
préférentiel, -elle [preferɑ̃sjɛl], *a.* Preferential.
préférer [prefere], *v.tr.* (**je préfère; je préférerai**) To prefer (à, to); to like better. **Je préférerais que vous veniez,** I would rather (that) you came. **Il préféra mourir plutôt que de se rendre,** he preferred death to surrender.

préfet [prefɛ], *s.m.* **1.** *Rom.Ant: Fr.Adm:* Prefect. **2. Le p. de police,** the prefect, chief commissioner, of the Paris police. **3. P. maritime,** port-admiral.
préfète [prefɛt], *s.f. F:* The prefect's wife.
préfiguration [prefigyrasjɔ̃], *s.f.* Prefiguration; foreshadowing.
préfigurer [prefigyre], *v.tr.* To prefigure; to foreshadow.
préfixe [prefiks], *s.m.* (*a*) *Gram:* Prefix. (*b*) Code letter.
préfixer [prefikse], *v.tr.* **1.** To fix, settle, (date) beforehand. **2.** To prefix (a particle to the verb).
préformation [prefɔrmasjɔ̃], *s.f.* Preformation. *Sch:* Preliminary training.
préhenseur [preɑ̃sœ:r], *a.m.* Prehensile, prehensory (organ).
préhensile [preɑ̃sil], *a.* Prehensile.
préhension [preɑ̃sjɔ̃], *s.f.* Prehension, gripping.
préhistoire [preistwa:r], *s.f.* Prehistory.
préhistorien, -ienne [preistɔrjɛ̃, -jɛn], *s.* Prehistorian.
préhistorique [preistɔrik], *a.* Prehistoric.
préjudice [preʒydis], *s.m.* Prejudice, detriment; (moral) injury; wrong, damage; *Jur:* tort. **Porter, faire, p. à qn,** to inflict injury, loss, on s.o. **Au p. de qn,** to the prejudice, detriment, of s.o. **Sans p. de . . .,** without prejudice to. . .
préjudiciable [preʒydisjabl], *a.* Prejudicial, injurious, detrimental (à, to). *Jur:* Tortious.
préjudiciel, -elle [preʒydisjɛl], *a. Jur:* Interlocutory (question, etc.); pre-judicial (action).
préjudicier [preʒydisje], *v.i.* To be detrimental, prejudicial (à, to).
préjugé [preʒyʒe], *s.m.* **1.** *Jur:* Precedent (in law). **2.** Prejudice, preconception, prepossession; *pl.* antiquated notions. **Avoir un p. pour, vers, qch.,** to be prejudiced in favour of sth. **P. favorable,** preconceived favourable opinion. **Gens à préjugés,** prejudiced people. **Gens sans préjugés,** unprejudiced people.
préjuger [preʒyʒe], *v.tr.* (Conj. like JUGER) To prejudge.
prélart [prela:r], *s.m. Nau: etc:* Tarpaulin.
prélasser (se) [səprelase], *v.pr.* To take it easy, to loll. **Se p. dans un fauteuil,** to loll in an arm-chair; to take one's ease in an arm-chair.
prélat [prela], *s.m.* Prelate.
prélature [prelaty:r], *s.f.* Prelature, prelacy.
prêle [prɛl], *s.f. Bot:* Horse-tail.
prélèvement [prelɛvmɑ̃], *s.m.* **1.** Deduction in advance; setting apart. **P. d'échantillons,** sampling. *Med:* **P. de sang,** taking of blood (for a test). **P. sur le capital, sur la fortune,** capital levy. *For:* **P. global,** depletion. **2.** (*a*) Sample. *Med:* swab. (*b*) Amount deducted.
prélever [prelve], *v.tr.* (Conj. like LEVER) To deduct, set apart, (portion) in advance. **P. la dîme,** to levy the tithes. **P. une commission de deux pour cent,** to deduct a commission of two per cent. **P. un échantillon,** to take, cut off, a sample.
préliminaire [prelimine:r]. **1.** *a.* Preliminary. **Une vue p.,** a preview. **2.** *s.m.pl.* **Les préliminaires de (la) paix,** the preliminaries to peace, the peace preliminaries. *adv.* **-ment.**
prélude [prelyd], *s.m.* Prelude (**de,** à, to).
préluder [prelyde], *v.i.* **1.** *Mus:* To prelude. **2. P. à qch.,** to serve as prelude to sth.
prématuré [prematyre], *a.* Premature, untimely. S.a. ALLUMAGE. *adv.* **-ment.**
prématurité [prematyrite], *s.f.* Prematureness, prematurity.
préméditation [premeditasjɔ̃], *s.f.* Premeditation. **Avec p.,** deliberately; *Jur:* with malice aforethought, with malice prepense.
préméditer [premedite], *v.tr.* To premeditate. **De dessein prémédité,** of set purpose; designedly. **Insulte préméditée,** deliberate insult, studied insult. **Elle n'avait pas prémédité de lui demander de rester,** she hadn't planned, intended, to ask him to stay.
prémices [premis], *s.f.pl.* First fruits.
premier, -ière [prəmje, -jɛ:r], *a.* First. **1.** (*a*) **Le p. jour du mois,** the first day of the month. **Le p. janvier,** the first of January. **Les trois premières années,** the first three years. **Les premières heures après minuit,** the small hours. **Première éducation,** early education. **Dans les premiers temps,** at first. **En p. (lieu),** in the first place; firstly. **Dès le p. jour,**

from the outset. **Au p. jour,** at the first opportunity. **Armes prêtes à servir au p. signal,** weapons ready for use at a moment's notice. **Du p. coup,** at the first attempt. **Arriver le p.,** to arrive first. *Sp:* **Arriver bon p.,** to come in an easy first. **Être le p. à faire qch.,** to be first to do sth. S.a. VENU. *F:* **Il n'a pas le p. sou,** he hasn't a single penny (of the sum required). (*At hairdresser's*) **Au p. de ces messieurs,** next gentleman, please. *Nau:* **P. voyage,** maiden trip. *St.Exch:* **P. cours,** opening price. **Frais de p. établissement,** initial expenses. *Aut:* **Première (vitesse),** bottom gear. (*b*) **Sens p. d'un mot,** original meaning of a word. **Cause première d'un malheur,** primary cause of a misfortune. *Com:* **Matières premières,** raw materials. **2. Demeurer au p.,** to live on the first floor. **P. plan,** foreground. *Th:* **Les premières (loges),** the first tier boxes. **3. Au p. rang,** in the first rank. **Le tout p.,** the foremost. **Au tout p. rang,** in the foremost rank. **P. ministre,** Prime Minister, Premier. **P. commis,** principal clerk. **P. clerc,** (lawyer's) head clerk. *Navy:* **P. maître,** chief petty officer. **Capitaine en p.,** senior captain. **Travail de première urgence,** work of immediate urgency. **Billet de première classe,** first-class ticket. **Monter en première,** to travel first (class). S.a. SOLDAT. *Mth:* **Nombres premiers,** prime numbers. *Th:* **P. rôle,** leading part; *F:* lead. **Première danseuse,** leader of the ballet. S.a. JEUNE-PREMIER. **4.** *Sch:* **(Classe de) première** = sixth form. **(Classe de) première supérieure,** class preparing for entrance to the *École Normale Supérieure*.

première, *s.f.* **1.** *Dressm:* Forewoman; head saleswoman. **2.** *Th:* First performance; first night (of play). *Mount:* First ascent. **3.** *Com:* **P. de change,** first of exchange.

premièrement [prəmjɛrmɑ̃], *adv.* First, firstly, in the first place.

premier-né, première-née [prəmjene, prəmjɛrne], *a. & s.* First-born.

prémilitaire [premilitɛ:r], *a.* **Formation p.,** pre-military training.

prémisse [premis], *s.f. Log:* Premise, premiss.

prémonition [premɔnisjɔ̃], *s.f.* Premonition.

prémonitoire [premɔnitwa:r], *a. Med:* Premonitory (sign, symptom).

prémunir [premyni:r], *v.tr.* **P. qn contre qch.,** (i) to caution, forewarn, s.o., to put s.o. on his guard, against sth.; (ii) to secure s.o. against sth.

se prémunir, to provide oneself (**de,** with; **contre,** against).

prenable [prənabl], *a.* **1.** Seizable; pregnable (town or fort). **2.** *A:* Corruptible; open to a bribe.

prenant, -ante [prənɑ̃, -ɑ̃:t]. **1.** *a.* (*a*) *Fin:* **Partie prenante,** payee. (*b*) **Queue prenante,** prehensile tail. (*c*) **Glu prenante,** sticky bird-lime. (*d*) Engaging (voice). **2.** *s.* Taker (of bet).

prénatal [prenatal], *a.* (The masc. pl. is **prénatals** or **prénataux**) Prenatal, ante-natal.

prendre [prɑ̃:dr], *v.* (*pr.p* **prenant**; *p.p.* **pris**; *pr.ind.* **je prends, il prend, n. prenons, ils prennent**; *pr.sub.* **je prenne, n. prenions**; *p.h.* **je pris, n. prîmes**; *fu.* **je prendrai**) I. *v.tr.* To take. **1.** To take (up), to take hold of, lay hold of (sth.). (*a*) **P. les armes,** to take up arms. **P. brusquement qch.,** to snatch sth. **P. qch. dans ses bras, entre ses mains,** to clasp sth. **P. qn. par les cheveux,** to grasp s.o. by the hair. *F:* **Je sais comment le p.,** I know (i) how to manage him, (ii) how to get round him. **P. qch. dans un tiroir,** to take something out of a drawer. **P. qch. sur la table,** to take sth. from the table. *F:* **Où avez-vous pris cela?** where did you get that idea? **Je la pris dans mes bras,** I took her in my arms. **Vêtement qui prend (bien) la taille,** close-fitting garment. **J'allai p. mon pardessus,** I went and got my coat. (*b*) **P. qch. à sa charge,** to take charge of, take care of, sth. S.a. CHARGE 4. **P. des pensionnaires,** to take in boarders. **P. qch. sur soi,** to assume responsibility for sth. **P. sur soi de faire qch.,** to take it upon oneself to do sth. **P. qn au sérieux,** to take s.o. seriously. **Vous avez mal pris mes paroles,** you took me up wrongly. S.a. CŒUR 2. (*c*) **P. qch. à qn,** to take sth. from s.o. **La mort lui a pris son fils,** death has deprived him of his son. **Cela me prend tout mon temps,** it takes (up) all my time. **Mon temps est entièrement pris,** I haven't a free minute. *F:* **C'est autant de pris sur l'ennemi,** that is so much to the good. **J'ai dû p. sur mes réserves,** I had to draw on my reserves. (*d*) **Prenez ce que je vous offre,** take what I offer you. **C'est à p. ou à laisser,** (you may) take it or leave it. **J'en prends et j'en laisse,** (i) I take it with a pinch of salt; (ii) I do as much as I feel inclined to. **A tout p.,** (up)on the whole; everything considered. **A bien p. les choses . . .,** rightly speaking. . . . **Prenons qu'il en soit ainsi,** let us take it that such is the case. *F:* **En p. à son aise,** to take it easy. **Il en prend trop à son aise,** he is really too casual. **Le p. de haut,** to put on airs, to show arrogance. **Prenez-le sur un autre ton!** please alter your tone! **2.** To take, seize, catch, capture. (*a*) **P. une ville d'assaut,** to take a town by assault. **P. un poisson, un voleur,** to catch a fish, a thief. **Tel est pris qui croyait p.,** it's a case of the biter bit. **Se faire p.,** to get caught. **Se laisser p.,** to let oneself be caught. **Il s'y laissa p.,** he fell into the trap. **P. qn à voler,** to catch s.o. stealing. **P. qn à mentir,** to catch s.o. in a lie. **Être pris à faire qch.,** to be caught doing sth. **Je vous y prends!** I have caught you (in the act)! **Que je vous y prenne!** let me catch you at it! **On ne m'y prendra pas!** I know better! S.a. FAIT[2] 1. **Il se prit le pied contre une racine et tomba,** he caught his foot on a root and fell. **Elle fut prise d'une crise de larmes,** she broke into tears. (*b*) **Le vin lui (or le) prit à la tête,** the wine went to his head. **L'envie lui prend de partir,** he is seized with a desire to go away. **Si jamais l'envie vous en prenait,** if ever you should feel so inclined. **Il lui prend des lubies impossibles,** he is subject to extraordinary whims. **Qu'est-ce qui lui prend?** what's up with him now? **Bien lui en prit,** it was lucky for him that he did. **3.** (*a*) **Je passerai vous p. à votre hôtel,** I shall call for you at your hotel. (Of train) **P. des voyageurs,** to take up passengers. (Of boat) **P. des marchandises,** to take in cargo. *Com:* **Pris à l'usine,** ex-works. *Nau:* **P. de l'eau douce,** to take on fresh water. (*b*) **P. une chambre,** to take a room. **P. des billets,** to take, book, tickets. **P. un billet direct pour Londres,** to book through to London. **P. des renseignements,** to make inquiries. **P. un ouvrier,** to engage, take on, a workman. (*c*) **P. qn comme secrétaire,** to engage s.o. as (one's) secretary. **P. qn pour exemple,** to take s.o. as an example. (*d*) **P. une personne pour une autre,** to take, mistake, one person for another. **Il se faisait p. pour un colonel,** he passed himself off as a colonel. (*e*) **P. des aliments,** to take food. **P. un remède,** to take medicine, a remedy. **P. un bain,** to take a bath. *F:* **Qu'est-ce que j'ai pris!** I fairly caught it! *P:* **En p. pour son grade,** to catch it hot. S.a. QUELQUE CHOSE. (*f*) **P. une maladie,** to catch an illness. **P. des habitudes,** to acquire habits. (*g*) **P. un air de fête,** to assume a holiday appearance. **Les arbres prennent une couleur d'automne,** the trees take on autumn tints. **P. un air innocent,** to put on an innocent air. **P. du poids,** to put on weight. (*h*) **P. de l'âge,** to be getting on in years. (*i*) *Med:* **P. du sang,** to draw off blood. **4. P. le train, le bateau,** to take the train, the boat. **Prenez une chaise,** take a chair. **P. à travers champs,** to strike across the fields. *Abs. F: Tp:* **On vous demande au téléphone. Prenez dans le salon,** you are wanted on the 'phone. Take the call in the drawing-room. *Aut:* **P. un virage,** to take a corner. *Abs.* **"P. a gauche,"** 'bear left'; 'fork left.' *Nau:* **P. le large,** to take to the open sea. **Le cheval prit le trot,** the horse broke into a trot. S.a. LIT 1.

II. **prendre,** *v.i.* **1.** (*a*) (Of mortar) To set; (of jelly) to set, to congeal; (of milk) to curdle; (of mayonnaise) to take. (*b*) To freeze. (*c*) (Of pump) To get choked, fouled up; (of engine) to seize, to jam. (*d*) *Cu:* To catch (in the pan). **2. Le feu a pris,** the fire has taken, has caught. **Le vaccin a pris,** the vaccine has taken (effect). **Cette mode a pris,** this fashion has caught on. *F:* **Ce truc-là prend toujours,** that trick is always successful. **Ça ne prend pas!** it's no go! it won't wash! you can't bamboozle me!

se prendre. 1. (*a*) To catch, to be caught. **Son manteau se prit dans la porte, à un clou,** her coat (got) caught in the door, on a nail. (*b*) **Se p. d'amitié pour qn**, to take a liking, conceive a friendship, for s.o. **2. Se p. à qch.**, to cling to, grasp at, sth. **Ne savoir où se p.**, not to know what to clutch at. **3. Se p. à pleurer, à rire**, to begin to weep, to laugh. **Se p. à songer à . . .**, to turn to the thought of. . . . **4. S'en p. à qn**, to attack, blame, s.o.; to cast, lay, the blame (up)on s.o. **5. S'y p. Il sait comment s'y p.**, he knows how to go about it, how to set about it, how to manage it. **S'y p. maladroitement**, to bungle. **Il s'y prend bien**, he sets about it in the right way. **S'y p. à deux fois**, to make two attempts (before succeeding). **Je sais comment m'y p. avec lui**, I know how to deal with him.

preneur, -euse [prənœːr, -øːz]. **1.** *s.* Taker. (*a*) **P. de tabac**, snuff taker. (*b*) **P. de rats**, rat-catcher. (*c*) Buyer, purchaser; payee (of cheque); taker (of bill). (*d*) Lessee, leaseholder. (*e*) *Turf:* **Les preneurs**, the takers of odds. **2.** *a.* Buying, purchasing.

prénom [prenɔ̃], *s.m.* Christian name; first name.

prénommé [prenɔme], *a.* **1.** Called, named. **P. Louis**, called Louis. **2.** *Jur: etc:* Above-named, fore-mentioned, aforesaid. **3.** *s. Jur:* **Le p.**, the aforesaid.

prénommer (se) [səprenɔme], *v.pr. pred:* To be called (by a certain given name). **Il se prénomme Jean**, his Christian name is John.

prénuptial, -aux [prenypsjal], *a.* Antenuptial, prenuptial.

préoccupant [preɔkypɑ̃], *a.* Disquieting, worrying.

préoccupation [preɔkypasjɔ̃], *s.f.* **1.** Preoccupation, abstractedness; absence of mind. **2.** (= SOUCI² 2) (*a*) **Ma seule p. a été d'assurer . . .**, my only care, concern, study, has been to ensure. . . . (*b*) Anxiety. **Préoccupations matérielles**, material cares. **3.** Preoccupation, preoccupancy (of house, etc.).

préoccupé [preɔkype], *a.* **1.** Preoccupied, taken up (**de**, with). **2. Répondre d'un ton p.**, to answer absent-mindedly.

préoccuper [preɔkype], *v.tr.* To preoccupy, engross (s.o.). **Elle a quelque chose qui la préoccupe**, she has something on her mind. **Sa santé me préoccupe**, I am anxious about his, her, health.

se préoccuper de qch., to give one's attention, to attend, see, to a matter.

préparateur, -trice [preparatœːr, -tris], *s.* **1.** Preparer, mixer (of drug, etc.). **2.** Assistant (in laboratory); demonstrator. **P. en pharmacie**, assistant to a dispensing chemist.

préparatifs [preparatif], *s.m.pl.* Preparations (**de**, for). **Faire ses p. de départ**, to prepare for departure. (In sg.) **Sans aucun préparatif**, without any preparation.

préparation [preparasjɔ̃], *s.f.* **1.** Preparation, preparing (**à**, for). **Parler sans p.**, to speak extempore. **Annoncer une nouvelle sans p.**, to blurt out a piece of news. **2. P. anatomique**, anatomical preparation; specimen.

préparatoire [preparatwaːr], *a.* Preparatory. *For:* **Coupe p.**, advance cutting.

préparer [prepare], *v.tr.* **1.** (*a*) To prepare; to make ready, get ready (meal, etc.). (*b*) *Ind:* To dress (raw material). **2. P. qn à qch.**, (i) to prepare, (ii) to fit, train, s.o. for sth. **3. P. un examen**, to prepare, read, for an examination.

se préparer. 1. Un orage se prépare, a storm is brewing. **Il se prépare quelque chose**, there is something afoot. **2. Se p. à, pour, un voyage**, to get ready for a journey. **Se p. à partir**, to make ready to depart.

prépondérance [prepɔ̃derɑ̃ːs], *s.f.* Preponderance (**sur**, over).

prépondérant [prepɔ̃derɑ̃], *a.* Preponderant, preponderating. **Voix prépondérante**, casting vote. **Jouer un rôle p.**, to play a leading part.

préposé [prepoze], *s.* **1.** (*a*) Official in charge, superintendent (**à**, of). (*b*) Traffic warden. **P. des postes**, temporary postman. **2.** *Jur:* **Commettant et p.**, principal and agent.

préposer [prepoze], *v.tr.* **P. qn à une fonction**, to appoint s.o. to an office.

prépositif, -ive [prepɔzitif, -iːv], *a. Gram:* Prepositive; prepositional (phrase).

préposition [prepɔzisjɔ̃], *s.f. Gram:* Preposition.

prépositionnel, -elle [prepɔzisjɔnɛl], *a. Gram:* Prepositional.

prépuce [prepys], *s.m. Anat:* Prepuce, foreskin.

prérogative [prerɔgatiːv], *s.f.* Prerogative. **P. parlementaire**, parliamentary privilege.

près [prɛ]. **1.** *adv.* Near. **Il demeure très p., tout p.**, he lives quite near, close by, near by. **Plus p.**, nearer. **2.** *Adv.phr.* **A . . . p. A cela p.**, save on that point; with that exception. **A ce détail p.**, except in this particular. **A peu d'exceptions p.**, with (a) few exceptions. **Il devinerait votre poids à un milligramme p.**, he would guess your weight to a grain. **Nous n'en sommes pas à un ou deux jours p.**, a day or two more or less doesn't matter. **A cela p. que . . .**, except that. . . . **Je ne suis pas à cela p.**, I haven't come down to that. **Un chef-d'œuvre à peu de chose p.**, little short of a masterpiece. **A peu p.**, nearly, about, approximately. **Il lui tint à peu p. ce language**, he spoke to him more or less in the following terms. **Il était à peu p. certain que . . .**, it was fairly, tolerably, certain that. . . . S.a. À-PEU-PRÈS. **Le mieux équipé à beaucoup p.**, by far the best equipped. **Ce n'est pas à beaucoup p. la somme qu'il me faut**, that's nothing like, nowhere near, the sum I require. **Au plus p.** (i) To the nearest point. (ii) *Nau:* **Courir au plus p.**, to sail on a wind; to sail close-hauled. **De p.**, close, near; from close to. **Tirer de p.**, to fire at close range. **Rasé de p.**, close-shaved. **Examiner qch. de p.**, to examine sth. closely. **Suivre qn de p.**, to follow hard, close, (up)on s.o. **Il n'y regarde pas de si p.**, he is not so particular as all that. **Quand je le vis de p.**, when I saw him at close quarters. **3.** *Prep.phr.* **P. de qn**, near, close to, s.o. **P. de là**, near by. **Assis tout p. du feu**, seated close by the fire. **Ambassadeur p. le Saint Siège**, ambassador to the Holy See. **Courir p. du vent**, to sail close to the wind. **Il est p. de midi**, it is nearly, close on, twelve. **Il y a p. de dix ans**, nearly ten years ago; close on ten years ago. **P. de partir**, on the point of starting; about to start. **Est-il p. d'avoir fini?** Is he anywhere near finished? **Il est p. de sa fin**, he is nearing his end. **Nous ne sommes pas p. de le revoir**, it will be long before we see him again. **Il n'est pas p. de recommencer**, he won't do it again in a hurry. *Adv.phr.* **Être très p. de ses sous**, to be tight-fisted. **Être très p. de ses intérêts**, to keep a close watch on one's interests.

présage [prezaːʒ], *s.m.* Presage, portent, foreboding. **Mauvais p.**, bad omen. **Oiseau de sinistre p.**, bird of ill omen.

présager [prezaʒe], *v.tr.* (**je présageai(s); n. présageons**) To presage. **1.** To (fore)bode, portend, betoken. **Cela ne présage rien de bon**, it bodes no good. **2.** To predict, to augur.

présalaire [presalɛːr], *s.m. Sch:* (Student's) grant.

pré-salé [presale], *s.m.* (i) Salt-meadow sheep; (ii) salt-meadow mutton. *pl. Des prés-salés.*

présanctifié [presɑ̃ktifje], *a. Ecc:* Presanctified. **La Messe des Présanctifiés**, The Mass of the Presanctified.

presbyte [prɛzbit], *a.* Presbyopic, long-sighted.

presbytère [prɛzbitɛːr], *s.m. R.C.Ch:* Presbytery. *Protest.Ch:* Parsonage, vicarage, rectory; manse.

presbytérianisme [prɛzbiterjanism], *s.m.* Presbyterianism.

presbytérien, -ienne [prɛzbiterjɛ̃, -jɛn], *a. & s.* Presbyterian.

presbytie [prɛzbisi], *s.f.* Presbyopia, longsightedness.

prescience [presjɑ̃ːs, prɛss-], *s.f.* Prescience, foreknowledge (**de**, of).

prescient [presjɑ̃, prɛss-]. *a.* Prescient (**de**, of).

prescription [prɛskripsjɔ̃], *s.f.* **1.** *Jur:* Prescription. **Invoquer la p.**, to raise a defence under the statute of limitations. **2.** (*a*) *Med:* Direction(s) (for treatment). (*b*) Regulation(s). **Contraire aux prescriptions**, contrary to regulations.

prescrire [prɛskriːr], *v.tr.* (Conj. like ÉCRIRE) **1.** To prescribe, ordain, lay down (rule of conduct, etc.); to stipulate for (quality, etc.); to prescribe (remedy) (**à**, to). **Dans le délai prescrit**, within the prescribed time. **A la date prescrite**, on the date fixed. **2.** *Jur:* To prescribe; to bar by the statute of limitations.

se prescrire, to become void by prescription; to be statute-barred. **Ces dettes se prescrivent par cinq ans**, these debts are barred at the end of five years.

préséance [preseɑ̃:s], *s.f.* Precedence (**sur,** of); priority (**sur,** to). **Avoir la p. sur qn,** to take precedence of s.o.

présélection [preselɛksjɔ̃], *s.f.* **1.** Preselection, preselecting (for specialized training, etc.). **2.** Short-listing (for an appointment, job). **3.** *Aut:* **Boîte de vitesse à p.,** preselector gears.

présence [prezɑ̃:s], *s.f.* Presence. (*a*) **Je désire sa p. ici,** I wish him to come here. **Il ignore votre p.,** he does not know that you are here. **Faire acte de p.,** to put in an appearance; *F:* to show up. *Sch:* **Régularité de p.,** regular attendance. *Ind:* **Feuille de p.,** time-sheet. **En p.,** face to face; in view of one another. **Mettre les deux parties en p.,** to bring the parties together. **En p. de la mort,** in the presence of death. **Cela s'est fait en ma p.,** it was done in my presence. **Cela s'est dit en ma p.,** it was said in my hearing. *Theol:* **P. réelle,** real presence. (*b*) **P. d'esprit,** presence of mind.

présent[1] [prezɑ̃], *a.* Present. (*a*) **Les personnes présentes,** those present. **Cela m'est toujours p. à l'esprit,** it is always present to my mind. **Il n'est pas p. à ce que je dis,** he is not attending to what I say. *Jur:* **Par la présente,** hereby; by these presents. **Le temps p.,** *s.m.* **le p.,** the present (time); *Gram:* the present (tense). **Pour le p.,** for the present, for the time being. **A p.,** just now. **Jusqu'à p.,** up to the present; as yet. **Dès à p.,** (i) (even) now; (ii) from now on, henceforth. **A p. que . . .,** now that. . . . **Quant à p.,** as for now. (*b*) **Esprit p.,** alert mind, quick mind; ready wit.

présent[2], *s.m.* Present, gift. **Faire p. de qch. à qn, donner qch. en p. à qn,** to make a present of sth. to s.o.

présentable [prezɑ̃tabl], *a. F:* Presentable. **Je ne suis pas p.,** I am not fit to be seen.

présentateur, -trice [prezɑ̃tatœ:r, -tris], *s.* (*a*) Presenter (of a bill); introducer, presenter (of a person). (*b*) *Ecc:* Patron (of a living). (*c*) *W.Tel: T.V:* **P. (de disques),** disc-jockey.

présentation [prezɑ̃tasjɔ̃], *s.f.* **1.** (*a*) Presentation (of bill, play). *Com:* **Payable à p.,** payable on demand, on presentation, at sight. *Bank:* **P. à l'encaissement (d'un chèque),** clearance (of a cheque). (*b*) Appearance. **Livre de bonne p.,** well-produced book. **2.** (Formal) introduction (**à qn,** to s.o.); presentation (at court). *Ecc:* **La P. de la Vierge,** (Feast of) the Presentation (of the Blessed Virgin Mary). **Lettre de p.,** letter of introduction. *Mil:* **P. du drapeau,** trooping the colour. *Com:* **P. de collections,** fashion show, parade. *Cin:* Trailer. **3.** *Av:* **P. trop courte,** undershoot. **P. trop longue,** overshoot.

présentement [prezɑ̃tmɑ̃], *adv.* At present.

présenter [prezɑ̃te], *v.tr.* **1.** To present, offer. (*a*) **P. qch. à qn,** to present s.o. with sth.; to present sth. to s.o. **P. sa main à qn,** to hold out one's hand to s.o. *Sch:* **P. le français (à un examen),** to offer, take, French (at an examination). **P. une excuse à qn,** to offer an apology to s.o. **P. son passeport,** to produce, show, one's passport. **P. ses pièces d'identité,** to submit proof of identity. *Mil:* **P. les armes,** to present arms. **Présentez armes!** Present arms! **P. un revolver à qn,** to point a revolver at s.o. (*b*) **Il me présenta tous les faits,** he put, laid, before me all the facts of the case; he stated all the facts. **P. des conclusions,** to bring up, submit, conclusions (at a meeting). **P. un projet de loi,** to bring in, to introduce, a bill. **Son travail est bien présenté,** his work is well set out. **2. P. qn à qn,** to present, introduce, s.o. to s.o. **Voulez-vous me p. à votre cercle?** Will you propose me for your club? **3.** *vii. F:* **Il présente bien,** he is a man of good appearance.

se présenter. 1. Une occasion se présente (de faire qch.), an opportunity presents itself, offers, occurs (for doing sth.). **Si le cas se présente,** if the case arises, occurs. **Attendre que quelque chose se présente,** to wait for something to turn up. **La chose se présente bien,** the matter looks promising. **2.** To present oneself; *Mil: etc:* to report (oneself). **Se p. à, un examen,** to go in for, go up for, sit for, an examination. **Se p. chez qn,** to call on s.o. **Se p. à qn,** to introduce oneself to s.o. **Se p. aux élections,** to stand at the elections. **Il se présente bien,** he is a man of good appearance. **3.** *Obst:* To present. **L'enfant se présente mal,** the child presents badly.

présentoir [prezɑ̃twa:r], *s.m.* (*a*) (Wooden) stand for vase, figure. (*b*) *Com:* Display unit.

préservateur, -trice [prezɛrvatœ:r, -tris], *a.* Preserving, preservative (**de,** from).

préservatif, -ive [prezɛrvatif, -i:v], *a. & s.m.* Preservative; preventive (**contre,** of); protective. *s.m. Hyg:* Contraceptive sheath.

préservation [prezɛrvasjɔ̃], *s.f.* Preservation, protection (of crops, etc.).

préserver [prezɛrve], *v.tr.* To preserve, to protect (**de,** from). **Le ciel m'en préserve!** heaven forbid! **"A p. de l'humidité,"** 'to be kept dry.'

présidence [prezidɑ̃:s], *s.f.* **1.** (*a*) Presidency. (*b*) Chairmanship. (*c*) Board (of a company). **2.** President's house.

président, -ente [prezidɑ̃, -ɑ̃:t], *s.* **1.** (*a*) *Jur:* Presiding judge. (*b*) **Le P. de la République,** the President of the Republic. **La Présidente,** the President's wife. **2.** (*a*) Chairman, -woman (of a meeting). **M. le Président, Mme. la Présidente, permettez-moi-de . . .,** Mr. Chairman, Madam Chairman, allow me to. . . . **Être élu p.,** to be voted into the chair. (*b*) *Pol:* **P. du Conseil,** Prime Minister. NOTE: **"M. le P."** is used as a form of address to all past *Présidents du Conseil.* (*c*) **P. du jury,** (i) *Jur:* foreman of the jury; (ii) *Sch:* chief examiner; (iii) chairman of judging committee (for competition).

présidentiel, -elle [prezidɑ̃sjɛl], *a.* Presidential. **Prendre possession du fauteuil p.,** to take the chair.

présider [prezide], *v.tr. & i.* (*a*) **P. un conseil,** to preside over a council. (*b*) To preside, to be in the chair, to take the chair. **P. (à) une réunion,** to preside at, over, a meeting. (*c*) **P. aux destinées de . . .,** to preside over the destinies of. . . .

présignalisation [presiɲalizasjɔ̃], *s.f. Aut: Adm:* Presignalling.

présompt|if, -ive [prezɔ̃ptif, -i:v], *a.* Presumptive. **Héritier p.,** heir presumptive, esp. heir apparent. *adv.* **-ivement.**

présomption [prezɔ̃psjɔ̃], *s.f.* **1.** Presumption; presumptive evidence. *Ins:* **Il y a p. de perte,** the ship is a presumptive loss. *Jur:* **Preuve par p.,** circumstantial evidence. **2.** Presumption, presumptuousness.

présomptueu|x, -euse [prezɔ̃ptɥø, -ø:z], *a.* Presumptuous, presuming, overweening. *s.* **Un jeune p.,** a presumptuous youth. *adv.* **-sement.**

presque [prɛsk], *adv.* (Final *e* is elided only in **presqu'île**) **1.** (*a*) Almost, nearly. **Je les ai p. tous,** I have nearly all of them. (*b*) **J'en ai la presque certitude,** I am almost certain of it. **2.** (With negative) Scarcely, hardly. **P. jamais,** hardly ever. **P. rien,** scarcely anything, next to nothing. **P. personne,** hardly anyone.

presqu'île [prɛskil], *s.f.* Peninsula.

pressage [prɛsa:ʒ], *s.m.* Pressing. **P. d'étoffes,** cloth-pressing. **P. des disques,** moulding of (gramophone) records.

pressant [prɛsɑ̃], *a.* Pressing, urgent (need, etc.). **En termes pressants,** in pressing terms. **Cas p.,** urgent case.

presse [prɛ:s], *s.f.* **1.** Press, pressing-machine; squeezer. (*a*) **P. hydraulique à estamper,** drop-forging press. **P. mécanique,** power-press. **P. à vis,** screw-press. **Travailler le métal à la p.,** to stamp metal. **P. à copier,** letter-press, copying-press. (*b*) **P. à imprimer, d'imprimerie,** printing press. **P. rotative,** rotary press. **Livre sous p.,** book in the press. **Prêt à mettre sous p.,** ready for press. (*c*) *Bookb:* **P. à rogner,** guillotine; plough. **2.** Press, newspapers. **Avoir (une) bonne, mauvaise, p.,** to have a good, bad, press. *Publ:* **Service de p.,** publicity (department). **Exemplaire de service de p.,** press copy, review copy. **3.** (*a*) Pressure, congestion (in a crowd); press, crowd, throng. **Fendre la p.,** to force one's way through the crowd. (*b*) *A:* (i) Impressment (of men for the navy). (ii) Press-gang. **4.** (*a*) Haste, urgency. **Il n'y a pas de p.,** there is no hurry. (*b*) **P. des affaires,** pressure of business.

pressé [prɛse], *a.* **1.** (*a*) Pressed, crowded, close together. **En rangs pressés,** in serried ranks. (*b*) Compressed. *Metalw:* **P. à froid,** cold-pressed. **Pièce pressée,** pressing. **2.** (*a*) Pressed, hurried; in a hurry. **Je suis très p.,** I am in a great hurry. (*b*) **P. d'argent,** pressed for money. (*c*) Pressing, urgent (work). **Ce n'est pas p.,** there's no hurry. *s.m.* **Courir au plus p.,** to attend to the most pressing thing(s) first.

presse-bouton [prɛsbutɔ̃], *a.inv.* **La guerre p.-b,** push-button war; push-button warfare.

presse-citron [prɛssitrɔ̃], *s.m.inv.* Lemon-squeezer.

presse-étoupe [prɛsetup], *s.m.inv.* *Mch:* Stuffing-box, packing-box (and gland).

presse-fruits [prɛsfrɥi], *s.m.inv.* Juice extractor.

pressentiment [presɑ̃timɑ̃], *s.m.* Presentiment, fore-warning; foreboding.

pressentir [presɑ̃ti:r], *v.tr.* (Conj. like SENTIR) **1.** To have a presentiment, a foreboding, of (sth.). **Faire, laisser, p. qch.,** to forebode, foreshadow, portend, sth. **Faire p. qch. à qn,** to give s.o. an inkling of sth. **2. P. qn (sur qch.),** to sound s.o. (on sth.).

presse-pantalon [prɛspɑ̃talɔ̃], *s.m.* Trouser-press, trouser-stretcher. *pl. Des presse-pantalon(s).*

presse-papiers [prɛspapje], *s.m.inv.* Paper-weight.

presse-purée [prɛspyre], *s.m.inv.* Potato-, vegetable-masher.

presser [prɛse], *v.tr.* To press. **1.** To squeeze (lemon, etc.). *Metalw:* **P. à froid,** to cold-press. **P. du raisin, des pommes,** to press grapes, apples. **P. qn contre, sur, son cœur,** to press, clasp, fold, s.o. to one's heart. **P. les rangs,** to close up the ranks. **2.** To press (upon); to beset. **Pressé par ses créanciers,** hard pressed, dunned, by one's creditors. **P. l'ennemi,** to press hard upon the enemy. **P. qn de questions,** to ply s.o. with questions; to question s.o. closely. **P. qn de faire qch.,** to press, urge, s.o. to do sth. **3.** To hurry, push, (s.o.) on. **P. le pas,** to hasten one's steps; to quicken one's pace. **P. le départ de qn,** to hasten, hurry on, s.o.'s departure. **Qu'est-ce qui vous presse?** why are you in such a hurry? *F:* what's your hurry? *Abs.* **Le temps presse,** time presses. **L'affaire presse,** the matter is urgent. **Il n'y a rien qui presse; rien ne presse;** *F:* **ça ne presse pas,** there is no hurry.

se presser. **1.** To press, crowd, throng. **On se presse à ses jours de réception,** there is always a crowd at her at-homes. **2.** To hurry, make haste. **Pressez-vous!** look sharp! hurry up! **Répondre sans se p.,** to answer deliberately. **Se p. de monter, de descendre,** to hurry up, down. **3.** To snuggle. **Elle se pressa contre lui,** she snuggled (up) against him.

presse-raquette [prɛsrakɛt], *s.m.* Racket-press. *pl. Des presse-raquettes.*

pressing [presiŋ], *s.m.* *F:* Dry-cleaner's; dry-cleaning.

pression [presjɔ̃], *s.f.* Pressure. (*a*) **P. atmosphérique,** atmospheric pressure. **P. en colonne d'eau,** hydraulic head. **Vérificateur de p.,** pressure-gauge (for tyres). *Mch:* **Machine à haute, basse, p.,** high-, low-pressure engine. **Mettre (la chaudière) sous p.,** to get up steam. *Mec:* **P. inverse,** back pressure. **Graissage sous p.,** pressure greasing. **Bière à la p.,** beer on draught. (*b*) *El.E:* Tension. (*c*) **Vis de p.,** binding-screw. (*d*) **Exercer une p. sur qn,** to bring pressure to bear on s.o. *F:* **Être sous p.,** to be pent up. (*e*) *Physiol: Med:* **P. artérielle,** blood pressure.

pressoir [prɛswa:r], *s.m.* (*a*) Wine-press, cider-press, oil-press. (*b*) Press-house, -room.

pressur|er [presyre], *v.tr.* **1.** (*a*) To press (grapes for wine). (*b*) To press out (the juice). **2.** *F:* To squeeze, grind down, extort money from (s.o.). *s.m.* **-age.**

pressuriser [presyrize], *v.tr.* To pressurize.

prestance [prɛstɑ̃:s], *s.f.* Fine presence, martial bearing. **Avoir une belle p.,** to have a fine presence.

prestant [prɛstɑ̃], *s.m.* *Mus:* Diapason (-stop) (of organ).

prestation [prɛstasjɔ̃], *s.f.* **1.** Prestation (of dues); furnishing, loan(ing) (of money). **2. P. de serment,** taking the oath. *Hist:* **P. de foi,** oath of fealty. **3.** *Mil:* **Prestations,** allowances. **4.** *Ins:* Benefit. **Prestations familiales,** family allowances.

preste [prɛst], *a.* Quick, sharp, nimble; alert. **Être p. à la réplique,** to be smart at repartee. **Maman avait la main preste,** Mother was always ready to give us a slap. *adv.* **-ment.**

prestesse [prɛstɛs], *s.f.* Quickness, alertness.

prestidigitateur [prɛstidiʒitatœ:r], *s.m.* Conjurer.

prestidigitation [prɛstidiʒitasjɔ̃], *s.f.* Conjuring, legerdemain, sleight of hand. **Tour de p.,** conjuring trick.

prestige [prɛsti:ʒ], *s.m.* **1.** Marvel. **Qui tient du p.,** marvellous. **2.** Glamour (of a name, etc.). **Le p. de son éloquence,** the magic of his eloquence. **3.** Prestige; high reputation. **Sans p.,** undistinguished.

prestigieux, -euse [prɛstiʒjø, -ø:z], *a.* Marvellous, wondrous, amazing (dexterity, etc.).

présumable [prezymabl], *a.* Presumable **(de la part de qn,** of s.o.).

présumer [prezyme], *v.tr.* To presume. **1. P. qn innocent,** to presume, assume, s.o. to be innocent. **Le coupable présumé, le présumé coupable,** the supposed culprit. **Le voleur, l'assassin, présumé,** the alleged thief, murderer. **Il est à p., on présume, qu'il est mort,** the presumption is that he is dead. **2.** (*a*) **P. de faire qch.,** to presume to do sth. (*b*) **Trop p. de soi,** to presume too much; to show presumption. **Trop p. de ses forces,** to over-estimate, overrate, one's strength.

présupposer [presypoze], *v.tr.* To presuppose; to take (sth.) for granted.

présupposition [presypɔzisjɔ̃], *s.f.* Presupposition.

présure [prezy:r], *s.f.* Rennet.

prêt[1] [prɛ], **1.** *a.* Ready, prepared. **P. à servir,** ready for use. **Elle est prête à tout,** she is ready, game, for anything. **P. à partir,** ready to start. **Être prêt(s) à commencer,** to be all set. **Tenez-vous p.,** hold yourself in readiness. **Fin p.,** absolutely ship-shape. **2.** *s.m.* **Le p. à porter,** ready-made clothes.

prêt[2], *s.m.* **1.** Loan. **P. de cent francs,** a loan of a hundred francs. **P. à terme,** loan at notice. **P. à court terme,** short loan. **P. d'honneur,** loan on trust. **Caisse de prêts,** loan bank. **P. sur gage,** loan against security. **Prêts au jour le jour,** money at call; call money. **A titre de p.,** as a loan. **"Exclu du p.,"** 'not to be taken away' (of book in library). **2.** Advance (on wages); (soldier's) pay.

prétantaine [pretɑ̃tɛn], *s.f.* **Courir la p.,** to gad about.

prêt-bail [prɛbaj], *s.m.* *no pl.* *Pol.Ec:* Lease-lend.

prêté [prɛte], *s.m.* Used in the phrase: **Un p. pour un rendu,** a just reprisal, *F:* tit for tat.

prétendant, -ante [pretɑ̃dɑ̃, -ɑ̃:t], *s.* **1.** Applicant, candidate (à, for); claimant; pretender (to a throne). **2.** *s.m.* Suitor, wooer.

prétendre [pretɑ̃:dr], *v.tr.* **1.** To claim (as a right); to require. **Que prétendez-vous de moi?** what do you require of me? **Prétendez-vous me faire la loi?** do you claim the right to dictate to me? **2.** To maintain, assert. (*a*) **Je prétends que ce n'est pas vrai,** I maintain that it is not true. **Ils prétendent être de nos amis,** they claim to be friends of ours. (*b*) *Pred.* **On le prétend fou,** they make him out to be mad. **Se p. parent de qn,** to claim kinship with s.o. **3.** *v.ind.tr.* **P. à qch.,** to lay claim to sth. **P. aux honneurs,** to aspire to honours. **P. à la main de qn,** to seek s.o.'s hand in marriage.

prétendu, -ue [pretɑ̃dy]. **1.** *a.* Alleged, would-be. **P. voleur,** alleged thief. **Un p. baron,** a self-styled, bogus, baron. **Prétendus progrès,** so-called improvements. **2.** *s.* *F:* **Mon p., ma prétendue,** my husband, wife, to be, *P:* my intended.

prête-nom [prɛtnɔ̃], *s.m.* Person who lends his name; figure-head, man of straw. *pl. Des prête-noms.*

prétentieu|x, -euse [pretɑ̃sjø, -ø:z], *a.* Pretentious, showy; highfalutin(g) (style). *s.* **Un jeune p.,** *F:* a conceited puppy, *adv.* **-sement.**

prétention [pretɑ̃sjɔ̃], *s.f.* (*a*) Pretension, claim (à, to). **Je n'ai pas la p. de remporter le prix,** I don't for a moment suppose that I shall get the prize. **Renoncer à ses prétentions,** to renounce one's claims. (*b*) **Homme à prétentions,** pretentious man. **Homme sans prétentions,** unassuming man.

prêter [prɛte], *v.tr.* **1.** To lend. (*a*) **P. qch. à qn,** to lend sth. to s.o. **P. sur gages,** to lend against security. (*b*) **P. son appui à qn,** to lend, give, s.o. one's support. **P. la main à qn,** to lend s.o. a hand; to assist s.o. **P. l'oreille,** to lend one's ear; to give ear. **P. attention,** to pay attention. **P. serment,** to take the oath; to be sworn. **P. le flanc à l'ennemi,** to expose, offer, one's flank to the enemy. **2.** To attribute, ascribe (à, to). **On me prête des discours dont je suis innocent,** I am credited with speeches of which I am innocent. **3.** *Abs.* (*a*) (Of gloves, cloth, etc.). To stretch, to give.

(*b*) **C'est un sujet qui prête,** the subject is full of possibilities. **4.** *v.ind.tr.* **Privilège qui prête aux abus,** privilege that lends itself to abuses, that gives rise to abuses.

se prêter. 1. To lend oneself, to be a party (**à,** to). **Se p. à un accommodement,** to consent to, fall in with, an arrangement. **2. Se p. au plaisir,** to indulge in pleasure. **3. Sujet qui se prête à des développements variés,** subject that lends itself to a varied treatment. **Si le temps s'y prête,** weather permitting.

prétérit [preterit], *s.m. Gram:* Preterite (tense).

préteur [pretœ:r], *s.m. Rom.Hist:* Praetor.

prêteur, -euse [prɛtœ:r, -ø:z]. **1.** *s.* Lender. **P. sur gages,** pawnbroker. **2.** *a.* (*a*) Disposed to lending. (*b*) **Banque prêteuse,** lending bank.

prétexte [pretɛkst], *s.m.* Pretext, excuse, plea. **Ce n'était qu'un p.,** it was only a blind. **Prendre, tirer, p. de qch. pour faire qch.,** to make a pretext of sth. for doing sth. **Sous p. de . . .,** on pretext, on a plea, of. . . . **Il sortit sous p. de mettre une lettre à la poste,** he went out ostensibly to post a letter. **Sous aucun p.,** not on any account.

prétexter [pretɛkste], *v.tr.* (*a*) To allege as a pretext; to pretext. **P. la fatigue,** to plead fatigue. (*b*) **P. (de),** to give as a pretext.

prétoire [pretwa:r], *s.m.* (*a*) *Rom.Ant:* Praetorium. (*b*) *Jur:* (Floor of the) court.

prétorien, -ienne [pretɔrjɛ̃, -jɛn], *a. & s.m. Rom.Ant:* Praetorian.

prêtre [prɛ:tr], *s.m.* Priest. **Grand p.,** high priest.

prêtre-ouvrier [prɛtruvrie], *s.m.* Worker-priest. *pl. Des prêtres-ouvriers.*

prêtresse [prɛtrɛs], *s.f.* Priestess.

prêtrise [prɛtri:z], *s.f.* Priesthood. **Recevoir la p.,** to take (holy) orders.

preuve [prœ:v], *s.f.* Proof, evidence, token. (*a*) **En p.,** as a proof. **Faire la p. de qch.,** to prove sth. **Fournir la p. contraire,** to produce proof to the contrary. **Comme p., il nous a fait observer que . . .,** by way of proof, he mentioned that. . . . **A p.,** witness. **Le directeur est incapable, à p. le déficit de la maison,** the manager is incompetent, witness the firm's deficit. S.a. NEUF[1] 2. **Faire p. d'intelligence,** to give proof of, to show, display, intelligence. **Faire ses preuves,** to prove oneself; to show one's mettle. (*b*) *Jur:* **Le soin, l'obligation, de faire la p.,** the onus of proof, the burden of proof. **P. directe,** direct evidence. **P. indirecte,** circumstantial evidence. **Preuves testimoniales,** (witnesses') evidence. **Preuves intrinsèques, naturelles,** internal evidence. **Preuves extrinsèques, artificielles,** external evidence.

preux [prø]. *A:* **1.** *a.m.* Gallant, valiant, doughty. **2.** *s.m.* Valiant knight; champion.

prévaloir [prevalwa:r], *v.i.* (Conj. like VALOIR, except *pr.sub.* **je prévale**) To prevail. **Faire p. son droit,** to make good one's right.

se prévaloir de qch. (*a*) To avail oneself, take advantage, of sth. **Se p. d'un droit,** to exercise a right. (*b*) To presume on (one's birth, wealth).

prévaricateur, -trice [prevarikatœ:r, -tris]. **1.** *a.* Unjust, dishonest (judge, etc.). **2.** *s.* Unjust judge; betrayer of his trust.

prévarication [prevarikasjɔ̃], *s.f.* Breach of trust; maladministration; jobbery.

prévariquer [prevarike], *v.i.* (Of judge, etc.) To depart from justice; to betray one's trust.

prévenance [prevnɑ̃:s], *s.f.* **1.** (Kind) attention; kindness. **2. Avoir des prévenances pour qn,** to be attentive to s.o.

prévenant [prevnɑ̃], *a.* **1.** Kind, attentive, considerate (**envers,** to). **2.** Pleasing, prepossessing.

prévenir [prevni:r], *v.tr.* (Conj. like VENIR) **1.** (*a*) To forestall, anticipate (s.o., s.o.'s desires). (*b*) To prevent, ward off (illness, danger); to avert (accident). *Prov:* **Mieux vaut p. que guérir,** prevention is better than cure. **2.** To predispose, to bias. **P. qn en faveur de qn,** to prepossess s.o. in favour of s.o. **P. qn contre qn,** to prejudice s.o. against s.o., to set s.o. against s.o. **Son visage prévient en sa faveur,** he has a prepossessing face. **3.** To inform, apprise, forewarn. **P. qn de qch.,** to give s.o. notice of sth. **On m'avait prévenu que la police était à mes trousses,** I had been warned that the police were after me. **Vous auriez dû m'en p.,** you ought to have told me of it beforehand.

prévent|if, -ive [prevɑ̃tif, -i:v], *a.* **1.** Preventive (medicine). **A titre p.,** preventively. **Exercer un effet p.,** to act as a deterrent. *Cards:* **Ouverture préventive,** pre-emptive bid; shut-out bid. **2.** *Jur:* **Détention préventive,** detention awaiting trial. *adv.* **-ivement.**

prévention [prevɑ̃sjɔ̃], *s.f.* **1.** Prepossession (**en faveur de,** in favour of); prejudice, bias (**contre,** against). **Observateur sans p.,** unprejudiced, unbias(s)ed, observer. **2.** *Jur:* Imprisonment on suspicion. **Être en état de p.,** to be in custody, in confinement under remand. **3. P. de la maladie,** prevention of disease. *Adm:* **La p. routière,** road safety, (i) squad; (ii) measures.

préventionnaire [prevɑ̃sjɔnɛ:r], *s. Jur:* Person remanded in custody; prisoner awaiting trial.

préventorium [prevɑ̃tɔrjɔm], *s.m.* Observation sanatorium, preventorium.

prévenu, -ue [prevny], **1.** *a.* Prejudiced, prepossessed, bias(s)ed. **2.** *Jur:* (*a*) *a.* **P. de vol,** accused of, charged with, theft. (*b*) *s.* **Le p., la prévenue,** the prisoner, the accused.

prévi-s, -t, etc. See PRÉVOIR.

prévisible [previzibl], *a.* Foreseeable; that can be, could have been, foreseen.

prévision [previzjɔ̃], *s.f.* Forecasting or forecast; prevision. **P. du temps,** weather forecast(ing). **Prévisions budgétaires,** estimates. **Selon toute p.,** in all likelihood. **Contre toute p.,** contrary to all expectations. **En p. de qch.,** in the expectation, in anticipation, of sth. **Dépasser les prévisions,** to exceed all expectation.

prévisionnel, -elle [previzjɔnɛl], *a.* Estimated.

prévoir [prevwa:r], *v.tr.* (Conj. like VOIR except *fu.* and *condit.* **je prévoirai, je prévoirais**) **1.** To foresee, forecast, gauge (events, the future). **Faire p. qch., laisser p. qch.,** to foreshadow sth. **2.** To take measures beforehand; to provide for (sth.). **Dépenses prévues au budget,** expenses provided for in the budget. **On ne peut pas tout p.,** one cannot provide for everything. **Article qui prévoit un cas,** clause under which a case is dealt with. **Chiffre prévu pour les dépenses,** estimate of expenditure. **Vitesse prévue (d'un vapeur, etc.),** designed speed. **Charge prévue,** rated load; specified load.

prévôt [prevo], *s.m.* (*a*) *Jur:* Provost. (*b*) *Mil:* Assistant provost-marshal. **Grand p.,** provost-marshal. (*c*) *Fenc:* **P. de salle,** assistant fencing-master.

prévôté [prevote], *s.f.* **1.** *Hist:* Provostship. **2.** *Mil:* Military police establishment.

prévoyance [prevwajɑ̃:s], *s.f.* Foresight, forethought, precaution. **Fonds de p.,** reserve fund. **Société de p.,** provident society.

prévoyant [prevwajɑ̃], *a.* Provident; foreseeing; far-sighted (administration).

prévu, -ue. See PRÉVOIR.

prie-Dieu [pridjø], *s.m.inv.* Prie-dieu.

prier [prie], *v.tr.* **1.** To pray. **Je prie Dieu qu'il en soit ainsi,** I pray God that it may be so. **P. pour qn,** to pray for s.o. **2.** To ask, beg, request, beseech. **P. qn de faire qch.,** to ask, beg, s.o. to do sth. **P. qn d'entrer,** to ask s.o. in. **P. qn de sortir,** (i) to show s.o. the door; (ii) to call s.o. out. **Dites-moi, je vous prie,** please tell me. **Je vous en prie!** oh do! do, please! **Se faire p.,** to require much pressing. **3. P. qn à dîner,** to invite s.o. to dinner. **Être prié chez qn,** to be invited by s.o.

prière [priɛ:r], *s.f.* **1.** Prayer. **Faire, dire, ses prières,** to say one's prayers. **Faire la p.,** to offer prayer; to pray (in common). **Être en prières,** to be at prayers. **P. avant le repas,** grace. **2.** Request, entreaty. **Être accessible aux prières,** to be open to entreaty. **Faire qch. à la p. de qn,** to do sth. at s.o.'s request. **"P. de ne pas fumer,"** 'please do not smoke.'

prieur, -eure [priœ:r], *s. Ecc:* Prior, prioress.

prieuré [priœre], *s.m.* **1.** Priory. **2.** Priorship.

primage [prima:ʒ], *s.m. Mch:* Priming.

primaire [primɛ:r], *a.* (*a*) Primary (education, school). (*b*) (i) *a.* Of limited outlook. (ii) *s.m.* Man of limited outlook, *F:* with a primary school outlook. *El:* **Courant p.,** primary current, inducing current. (*d*) *Geol:* Primary (era, etc.).

primat [prima], *s.m. Ecc:* Primate.

primates [primat], *s.m.pl. Z:* Primates.

primauté [primote], *s.f.* **1.** *Ecc: etc:* Primacy. **2.** (*a*) Priority. (*b*) Lead (at cards, etc.).

prime[1] [prim]. **1.** *a.* (*a*) *A:* First. (Still used in) **De p. abord,** to begin with; at first. **Dans ma p. jeunesse,** in my earliest youth. (*b*) *Mth:* **N p.,** n prime, n′. **2.** *s.f.* (*a*) *Ecc:* Prime. **Chanter p.,** to sing Prime. (*b*) *Fenc:* Prime.

prime[2], *s.f.* **1.** (*a*) Premium. **Faire p.,** to be at a premium. (*b*) *St.Exch:* **Marché à p.,** (i) option (bargain); (ii) option market. **2.** (*a*) Bounty, subsidy, bonus. *Mil:* **P. de démobilisation,** gratuity on demobilization. **P. de vie chère,** cost-of-living bonus. (*b*) *Com:* Gift (on presentation of so many coupons); free gift.

primer[1] [prime], *v.tr.* To excel, surpass; to take precedence of, take the lead of (s.o., sth.). S.a. FORCE 1. *Abs.* **P. par, en, qch.,** to excel, take the lead, in sth.

primer[2], *v.tr.* **1.** To award a prize to (cattle at show, etc.). **Taureau primé,** prize bull. **Roman primé,** prize-winning novel. **2.** To give or award a bounty, a bonus, to (s.o., sth). **Industrie primée,** subsidized industry.

primerose [primro:z], *s.f.* Hollyhock.

primesautier, -ière [primsotje, -jɛ:r], *a.* Impulsive, spontaneous; ready, quick.

primeur [primœ:r], *s.f.* **1.** Newness, freshness. **Avoir la p. d'une nouvelle,** to be the first to hear a piece of news. *Journ:* **P. d'une grosse nouvelle,** scoop. **2. Cultiver des primeurs,** to grow early vegetables.

primevère [primvɛ:r], *s.f. Bot:* Primula. **P. à grandes fleurs,** primrose or oxlip. **P. commune,** cowslip.

primit|if, -ive [primitif, -i:v], *a.* Primitive. **1.** (*a*) Primeval, original, earliest. *Gram:* **Temps primitifs,** primary tenses. *Opt:* **Couleurs primitives,** primary colours. *s.m. Art:* **Les primitifs,** the primitives; the early masters. (*b*) First, original. **La question primitive,** the original question. **2.** Primitive, crude (method, customs). *adv.* **-ivement.**

primo [primo], *adv.* Firstly; in the first place.

primogéniture [primɔʒenity:r], *s.f.* Primogeniture.

primordial, -aux [primɔrdjal, -o], *a.* (*a*) Primordial. **Nécessité primordiale,** prime necessity. (*b*) *F:* Of prime importance. (*c*) Primeval. *adv.* **-ement.**

primulacées [primylase], *s.f.pl. Bot:* Primulaceae.

Primus [primys], *Pr.n.m. R.t.m:* Primus-stove.

prince [prɛ̃:s], *s.m.* Prince. **P. royal, impérial,** crown prince. **Le p. des ténèbres,** the prince of darkness. **Il est bon p.,** he is a decent fellow; he is open-handed.

princeps [prɛ̃sɛps], *a.inv.* **Édition p.,** first edition.

princesse [prɛ̃sɛs], *s.f.* Princess. **P. royale,** princess royal. *F:* **Aux frais de la p.,** at the expense of the State, the firm; *F:* 'on the house.'

princier, -ière [prɛ̃sje, -jɛ:r], *a.* Princely.

principal, -aux [prɛ̃sipal, -o]. **1.** *a.* Principal, chief, leading (person, thing). **Associé p.,** senior partner. **But p.,** main object, chief object. *El:* **Câble p.,** main cable. **Chaudière principale,** main boiler (of ship, etc.). **2.** *s.m.* (*a*) Principal, chief; headmaster, head (of school); chief partner, senior partner (of a firm); (lawyer's) head-clerk. (*b*) Principal thing, chief thing, main point. **Le p. est de réussir,** the great thing is to succeed. (*c*) *Com:* Principal; capital sum. *adv.* **-ement.**

principalat [prɛ̃sipala], *s.m. Sch:* Principalship, headmastership.

principauté [prɛ̃sipote], *s.f.* Principality.

principe [prɛ̃sip], *s.m.* Principle. **1. Aboutir à un accord de p.,** to reach a general agreement on fundamentals. **P. de nos actions,** mainspring of our actions. **Dans le p.,** in the beginning. **Dès le p.,** from the outset. **2. Les principes de la géométrie,** the principles of geometry. **Poser qch. en p.,** to lay down sth. as a principle. **3.** *Ch:* **P. gras, amer, actif,** fatty, bitter, active, principle or constituent. **4.** Rule of conduct. **Par p.,** on principle. **En p.,** (i) as a rule; (ii) provisionally; (iii) D.V. (*deo volente*); (iv) in theory. **Avoir pour p. de se lever tard,** to make it a matter of principle to get up late. **Homme sans principes,** unprincipled man.

printanier, -ière [prɛ̃tanje, -jɛ:r], *a.* Vernal; spring (season, flowers).

printemps [prɛ̃tɑ̃], *s.m.* Spring, springtime. **Au p.,** in (the) spring. **On sent dans l'air les effluves du p.,** spring's in the air. *Fr.C: F:* **Avoir la fièvre du p.,** *U.S:* to have spring fever.

printing [printiŋ], *s.m. F:* Teleprinter.

prioritaire [priɔritɛ:r], (*a*) *s.* Priority holder. **Être p.,** to have priority. (*b*) *a.* Priority. **Droits prioritaires,** priority rights. *Fin:* **Achat p.,** pre-emptive purchase. **Action p.,** preference share.

priorité [priɔrite], *s.f.* Priority. **Droits de p.,** priority rights. **Réclamer la p.,** to claim the right to speak first. **Actions de p.,** preference shares. *Aut:* **Route à p.,** major road. **P. (de passage)** right of way. *P.N:* **"P. à droite,"** 'Give way.'

pris [pri], *a.* **1.** Engaged, occupied. **Je suis très p. ce matin,** I am very busy this morning. **2. Être bien p. (dans sa taille),** to be well-proportioned, well built. **3. P. de vin, de boisson,** the worse for drink. **P. de colère,** in a rage. **P. de remords,** smitten with remorse.

prise [pri:z], *s.f.* **1.** Hold, grasp, grip. (*a*) **Trouver p. à qch.,** to get a grip, a hold, of sth. *Abs:* to take hold. **Avoir p. sur qn,** to have a hold on, over, s.o. **Je n'avais pas de p. (pour me hisser, etc.),** I had no purchase (by which to pull myself up, etc.). **Lâcher p.,** to lose one's hold; to let go. **Donner p. à la calomnie,** to give a handle to, for, calumny. (*b*) **Être aux prises avec qn,** to be at grips with s.o. **Être aux prises,** to be at close quarters. **En venir aux prises,** to come to grips. *Wr:* **Simple p. de tête à terre,** half-Nelson. **Mettre les gens aux prises,** to set people by the ears. **Mettre aux prises des intérêts,** to bring interests into conflict. S.a. BEC 2. (*c*) *Mec.E:* Engagement, mesh(ing). **En p.,** in gear, engaged. **Mettre en p.,** to engage. **En p. directe sur le moteur,** coupled direct to the motor. *Aut: F:* **En p. (directe),** in top gear. **Hors de p.,** out of gear. **2.** Solidification, congealing, setting. (Of cement) **Faire p.,** to set. **(Ciment à) p. rapide,** quick-setting (cement). **3.** (*a*) Taking; capture. *Jur:* **P. de corps,** arrest. *Mil:* **P. d'armes,** parade under arms. (*b*) **P. de colis à domicile,** collection of parcels. **La p. de la Bastille,** the fall of the Bastille. (*c*) **P. de vues,** taking of photographs; *Cin:* shooting. *T.V:* **P. de vue directe,** live broadcast. (*d*) *Cin: etc:* **P. de son,** recording. (*e*) *Nau:* Prize. **Être de bonne p.,** to be (a) lawful prize. **Équipage de p.,** prize crew. **Part de p.,** prize-money. **Cour des prises,** prize court. **4.** (Thing taken) (*a*) **P. de poisson,** catch of fish. (*b*) **P. de quinine,** dose of quinine. **P. de tabac,** pinch of snuff. **P. de minerai,** sample of ore. *Med:* **Faire une p. de sang,** to take a blood sample. **5. P. d'air,** (i) ventilation aperture; (ii) *I.C.E:* air-intake; (iii) *Aer:* air-scoop. *Hyd.E:* **P. d'eau,** (i) intake of water; (ii) cock, tap, valve; fire-hydrant; (iii) water-catchment; (iv) off-take (of canal, from river, etc.). **P. de vapeur,** steam-cock, steam-valve, injection-cock. *El:* **P. de courant,** (wall-)plug, point; current collector (of trolley). **P. médiane,** centre tap (of coil or transformer). **P. de terre,** earth connection. **Faire une p. à une rivière,** *El.E:* **sur un câble,** to tap a river, a cable.

prisée [prize], *s.f.* Valuation (of goods); appraisement (before auction).

priser[1] [prize], *v.tr.* To snuff (sth.) up. *Abs.* To take snuff, to snuff. **Tabac à p.,** snuff.

priser[2], *v.tr.* (*a*) To appraise, value (goods). (*b*) To set a (high) value on (sth.); to prize, value.

priseur, -euse [prizœ:r, -ø:z], *s.* Snuff-taker.

prismatique [prismatik], *a.* Prismatic.

prisme [prism], *s.m.* Prism. **Jumelle(s) à prismes,** prism(atic) binoculars.

prison [prizɔ̃], *s.f.* **1.** Prison, gaol, jail. **Aller en p.,** to go to prison, to jail. **S'échapper, s'évader, de p.,** to break prison. *Mil:* **P. militaire,** *F:* glass-house. **2.** Imprisonment. **Faire de la p., garder la p.,** *F:* **tirer de la p.,** to be in prison; *F:* to do time, to do a stretch. *Mil:* **Trois jours de p.,** three days' cells.

prisonnier, -ière [prizɔnje, -jɛ:r]. **1.** *s.* Prisoner. **Camp de prisonniers (de guerre),** prison camp, prisoner-of-war camp. **Faire qn p.,** to take s.o. prisoner. **Se constituer p.,** to give oneself up. **2.** *a.* Imprisoned, captive.

privatif, -ive [privatif, -iːv], *a. Gram:* Privative.
privation [privasjɔ̃], *s.f.* **1.** Deprivation. **P. de la vue,** loss of sight. **2.** Privation, hardship. **Vivre de privations,** to live in privation, in want.
privautés [privote], *s.f.pl.* (Undue) familiarity. **Prendre des p. avec qn,** to take liberties with s.o., to be over-familiar.
privé [prive]. **1.** *a.* (*a*) Private (individual, enterprise, etc.). **Se réunir en séance privée,** to sit in private. (*b*) **Le Conseil p.,** the Privy Council. **2.** *s.m.* **Connaître qn au p.,** to know s.o. in private life.
priver [prive], *v.tr.* **P. qn de qch.,** to deprive s.o. of sth. **Je ne vous en prive pas?** can you spare it? **Privé de tout espoir,** bereft of all hope.
se priver de qch., to do without sth.; to deny oneself sth. **Se p. pour ses enfants,** to deny, stint, oneself for one's children.
privilège [privilɛːʒ], *s.m.* **1.** Privilege. (*a*) **C'est là un p. de la vieillesse,** that is a prerogative of old age. **Jouir du p. de faire qch.,** to be privileged to do sth.; to enjoy the privilege of doing sth. **Il a le p. de me déplaire,** I have a particular dislike for him. (*b*) Licence, grant. **P. d'une banque,** bank charter. **2.** Preferential right; preference. **P. de créancier,** creditor's preferential claim.
privilégié, -ée [privileʒje], **1.** *a.* (*a*) Privileged. (*b*) Licensed. **Banque privilégiée,** chartered bank. (*c*) **Créancier p.,** preferential creditor. **Action privilégiée,** preference share. **2.** *s.* Privileged person.
prix [pri], *s.m.* **1.** (*a*) Value, worth, cost. **A tout p.,** at all costs. **Faire qch. à p. d'argent,** to do sth. for money. **Se vendre à p. d'or,** (i) to sell oneself for gold; (ii) (of goods) to fetch huge prices. **A aucun p.,** not on any terms, not at any price. **Au p. de,** (i) at the price of; (ii) in comparison with. **Attacher beaucoup de p. à qch.,** to set a high value (up)on sth.; to set great store by sth. **Tenir qch. en haut p.,** to prize sth. highly. (*b*) Price. **Acheter qch. à bas p., à juste p.,** to buy sth. at a low price, at a fair price. **P. de vente,** selling price. **P. au comptant,** cash price. **P. courant,** current, market, price. **P. initial,** prime cost. **Au p. coûtant, au p. de revient,** at cost price. **(Magasin à) p. unique,** one-price store. **Faire un p. à qn,** to quote a price to s.o. **Je vous ferai un p. d'ami,** I'll let you have it cheap, I'll give you special terms. **Articles de p.,** expensive goods. **Coûter un p. fou,** *F:* to cost the earth. **C'est hors de p.,** the price is prohibitive. **N'avoir pas de p.,** to be priceless. **Une radio dans mes p.,** a radio set within my means. **C'est plutôt dans mes p.,** that's more in my line. (In restaurants) **(Repas à) p. fixe,** table-d'hôte (meal). **Mettre à p. la tête de qn,** to set a price on s.o.'s head. **Mise à p. d'un domaine,** upset price of an estate. **Mise à p.,** (at auction) reserve price. *St.Exch:* **Actions cotées au p. de . . .,** shares quoted at the rate of. . . . S.a. RENDRE 2. (*c*) Charge. **P. d'un trajet, du voyage,** fare. **2.** Reward, prize. **Remporter le p.,** carry off the prize. **Le P. Nobel,** the Nobel Prize. **Distribution des p.,** prize-giving. **Livre de p.,** prize-book.
prix-courant [prikurɑ̃], *s.m.* Price-list; catalogue. *pl. Des prix-courants.*
prix-fixe [prifiks], *s.m. F:* (*a*) Fixed-price store. (*b*) Restaurant with a fixed-price meal. *pl. Des prix-fixes.*
probabilité [prɔbabilite], *s.f.* Probability, likelihood. **Selon toute p.,** in all likelihood. *Journ:* **Probabilités pour aujourd'hui,** to-day's weather forecast.
probable [prɔbabl], *a.* Probable, likely. **Peu p.,** improbable, unlikely. **Il est peu p., n'est pas p., qu'elle vienne,** she is not likely to come. **C'est plus que p.,** it is more than likely. *adv.* **-ment.**
probant [prɔbɑ̃], *a. Jur:* Probative, convincing, conclusive (evidence, etc.). **Peu p.,** unconvincing.
probation [prɔbasjɔ̃], *s.f. Ecc:* Probation.
probatoire [prɔbatwaːr], *a.* Probative, probatory.
probe [prɔb], *a.* Honest, upright.
probité [prɔbite], *s.f.* Probity, integrity.
problématique [prɔblematik], *a.* Problematical; questionable (mode of life). *adv.* **-ment.**
problème [prɔblɛm], *s.m.* Problem. *Sch: F:* **Faire des problèmes,** to do sums.
procédé [prɔsede], *s.m.* **1.** Proceeding, dealing, conduct. **Procédés honnêtes,** (i) courteous behaviour; (ii) square dealing. **Échange de bons procédés,** exchange (i) of courtesies, of civilities, (ii) of friendly services. **2.** Process; method (of working). **P. de travail,** operating process. **3.** Tip (of billiard cue).
procéder [prɔsede], *v.i.* (Conj. like CÉDER) **1.** To proceed. (*a*) **P. avec méthode,** to proceed methodically. **P. à une enquête,** to institute, initiate, an enquiry. (*b*) *Jur:* **P. contre qn,** to take proceedings against s.o. (*c*) To act. **2.** To proceed (**de,** from); to originate (**de,** in). **Sa maladie procède de l'intempérie du climat,** his illness arises from the inclemency of the climate.
procédure [prɔsedyːr], *s.f. Jur:* **1.** Procedure. **Terme de p.,** law term. **2.** Proceedings.
procédurier, -ière [prɔsedyrje, -jɛːr], **1.** *a.* (*a*) Versed in legal proceedings; in red tape. (*b*) Pettifogging (lawyer, etc.). **2.** *s.* Pettifogger.
procès [prɔsɛ], *s.m.* **1.** Proceedings at law; action at law; cause, case. **P. civil,** lawsuit. **P. criminel,** (criminal) trial. **Intenter un p. à qn,** (i) to institute proceedings against s.o.; to sue s.o.; (ii) to prosecute s.o. **Être en p. avec qn,** to be at law with s.o. **Intenter un p. en divorce à qn,** to institute divorce proceedings against s.o. **Perdre un p.,** to fail in a suit. **Sans autre forme de p.,** without further ceremony, without further ado; out of hand. **2.** *Anat:* Process.
processif, -ive [prɔsɛsif, -iːv], *a.* **1.** Litigious. **2. Formes processives,** forms of legal procedure.
procession [prɔsɛsjɔ̃], *s.f.* Procession. **Aller en p.,** to go, walk, in procession.
processionn|el, -elle [prɔsɛsjɔnɛl], *a.* Processional (hymn, march). *adv.* **-ellement.**
processus [prɔsɛssyːs], *s.m.* **1.** *Anat:* Process. **2.** Method, process. **Le p. est toujours le même,** the method of operation, the process, is always the same.
procès-verbal [prɔsɛvɛrbal]. *s.m.* **1.** (Official) report; proceedings, minute(s) (of meeting); record (of evidence, etc.). **Dresser p.-v.,** to draw up a report; to report. **Registre des procès-verbaux,** minute-book. **2.** Policeman's report (against s.o.). **Dresser le p.-v. d'un délit; dresser un p.-v. à qn,** to take down the particulars of a minor offence; *F:* to take s.o.'s name and address. *F:* **J'ai attrapé un p.-v.,** I've been had up. *pl. Des procès-verbaux.*
prochain [prɔʃɛ̃]. **1.** *a.* (*a*) Nearest (village, etc.). **Cause prochaine,** proximate cause, immediate cause. (*b*) Next. **Dimanche p.,** next Sunday. *Com:* **Fin p.,** at the end of next month. **Le p. numéro,** the next number (of periodical). (*c*) Near at hand. **Son p. départ, son départ p.,** his approaching, impending, departure. **L'arrivée prochaine de la police,** the impending arrival of the police. **Dans un avenir p.,** in the near future; before long. **2.** *s.m.* Neighbour, fellow-creature, fellow-being.
prochainement [prɔʃɛnmɑ̃], *adv.* Shortly, soon; at an early date.
proche [prɔʃ]. **1.** *adv.* Near. **Tout p.,** close at hand. **De p. en p.,** step by step; by degrees. **P. de mourir,** near death. **P. de la ruine,** on the verge of ruin. **Être p. de ses intérêts,** to keep a close watch on one's interests. **2.** *a.* Near, neighbouring. **La ville la plus p.,** the nearest town. **L'heure est p.,** the hour is at hand. **Ses proches (parents),** his near relations; his next of kin. *Geog:* **Le P. Orient,** the Near East.
proclamateur, -trice [prɔklamatœːr, -tris], **1.** *a.* Proclaiming. **2.** *s.* Proclaimer.
proclamation [prɔklamasjɔ̃], *s.f.* Proclamation.
proclamer [prɔklame], *v.tr.* To proclaim, declare, publish. **P. le résultat du scrutin,** to declare the poll. **On proclama que . . .,** it was given out that. . . . **P. qn roi,** to proclaim s.o. king.
proclitique [prɔklitik], *a. & s.m. Ling:* Proclitic.
proconsul [prɔkɔ̃syl], *s.m.* (*a*) *Rom. & Fr.Hist:* Proconsul. (*b*) *F:* Dictator.
proconsulaire [prɔkɔ̃sylɛːr], *a.* Proconsular.
proconsulat [prɔkɔ̃syla], *s.m.* Proconsulate, proconsulship.
procréateur, -trice [prɔkreatœːr, -tris]. **1.** *a.* Procreative. **2.** *s.* Procreator.
procréation [prɔkreasjɔ̃], *s.f.* Procreation, begetting.
procréer [prɔkree], *v.tr.* To procreate, to beget.

procurateur [prɔkyratœ:r], *s.m. Hist:* Procurator.
procuration [prɔkyrasjɔ̃], *s.f. Com: Fin: Jur:* Procuration, proxy, power of attorney. **Agir par p.**, to act by procuration, by proxy. **Donner la p. à qn**, to confer powers of attorney on s.o. **Par p.**, per procurationem, per pro.
procuratrice. See PROCUREUR.
procurer [prɔkyre], *v.tr.* **P. qch. à qn**, to procure, obtain, get, sth. for s.o. **Se p. de l'argent**, to raise, obtain, find, money. **Où peut-on se p. ce livre?** where is that book to be had, obtained? **Impossible à se p.**, unobtainable.
procureur, procuratrice [prɔkyrœ:r, prɔkyratris], *s.* **1.** *A:* Procurator, proxy. **2.** *s.m.* Attorney (at law). **P. de la République** = public attorney, public prosecutor. **P. général** = Attorney General.
procureuse [prɔkyrø:z], *s.f.* Procuress, bawd.
prodigalement [prɔdigalmɑ̃], *adv.* Prodigally; lavishly.
prodigalité [prɔdigalite], *s.f.* Prodigality, lavishness; extravagance.
prodige [prɔdi:ʒ], *s.m.* Prodigy, wonder, marvel. **C'est un p.**, (i) he is a prodigy; (ii) it is something prodigious. **Faire des prodiges**, to do, work, wonders. *a.* **Enfant p.**, infant prodigy.
prodigieu|x, -euse [prɔdiʒjø, -ø:z], *a.* Prodigious, stupendous. *adv.* **-sement.**
prodigue [prɔdig]. **1.** *a.* (*a*) Prodigal, lavish, unsparing (de, of). **P. d'excuses**, profuse in apologies. **Être p. de son argent**, to spend lavishly. (*b*) Prodigal, wasteful, spendthrift, thriftless. *B:* **L'enfant p.**, the Prodigal Son. **2.** *s.* Prodigal, spendthrift, squanderer.
prodiguer [prɔdige], *v.tr.* **1.** To be prodigal, lavish, of (sth.). **P. qch. à qn**, to lavish sth. on s.o. **P. sa santé**, to be unsparing of one's health. **2.** To waste, squander.
se prodiguer. **1.** To lay oneself out to please. **2. Se p. en éloges**, to be lavish of praise. **3. Elle se prodigua en soins envers les malades**, she did not spare herself in nursing the sick.
prodrome [prɔdro:m], *s.m.* Prodrome (de, to); premonitory symptom (of disease); preamble (to a treatise).
producer [prɔdjusœ:r], *s.m. Cin: etc: F:* Producer.
producteur, -trice [prɔdyktœ:r, -tris]. **1.** *a.* Productive (de, of); producing. *Ind:* **Appareil p.**, generating apparatus. **2.** *s.* Producer.
productible [prɔdyktibl], *a.* Producible.
productif, -ive [prɔdyktif, -i:v], *a.* Productive.
production [prɔdyksjɔ̃], *s.f.* **1.** Production. (*a*) Exhibiting. *Cin:* **Directeur de productions**, producer. *Jur:* **P. des pièces**, exhibition of documents. (*b*) Producing; generation (of electricity, etc.). **Ralentir la p.**, to slow down production, to reduce the output. **2.** (*a*) Product. **P. du génie**, work of genius. **P. littéraire**, literary output. (*b*) Yield (of mine, etc.); output (of factory).
productivité [prɔdyktivite], *s.f.* Productivity, productiveness; productive capacity.
produire [prɔdɥi:r], *v.tr.* (*pr.p.* **produisant**; *p.p.* **produit**; *pr.ind.* **je produis, n. produisons**; *p.h.* **je produisis**; *fu.* **je produirai**). **1.** To produce, bring forward, adduce (evidence, etc.). **2.** To produce, yield; to bear (fruit). **Argent qui produit de l'intérêt**, money that yields interest. **P. de la chaleur**, to generate heat. **3.** To produce, bring about (result, effect). **P. une impression favorable**, to create a favourable impression.
se produire. **1. Se p. (dans le monde)**, to come forward; to make one's way (in society). **2.** To occur, happen, arise; to take place; to come into being. **Il pourrait se p. des incidents**, incidents might occur.
produit [prɔdɥi], *s.m.* **1.** (*a*) Product. **P. naturel**, natural produce. **Produits agricoles**, agricultural produce. **P. manufacturé**, manufactured article. **Produits chimiques**, chemicals. **Produits de beauté**, cosmetics, beauty preparations. **P. secondaire**, by-product. (*b*) **P. d'une vente**, proceeds of a sale. *Com:* **Le p. de la journée**, the day's takings, receipts. **2.** *Mth:* Product (of multiplication).
proéminence [prɔeminɑ̃:s], *s.f.* **1.** Prominence. **2.** Protuberance.
proéminent [prɔeminɑ̃], *a.* Prominent, projecting, protuberant.
profanateur, -trice [prɔfanatœ:r, -tris], *s.* Profaner, desecrator.
profanation [prɔfanasjɔ̃], *s.f.* Profanation, desecration.
profane [prɔfan]. **1.** *a.* Profane. (*a*) Secular. (*b*) Unhallowed, ungodly. (*c*) Impious, sacrilegious. **2.** *s.* Uninitiated person; layman; *F:* outsider.
profaner [prɔfane], *v.tr.* **1.** To profane; to desecrate, (church, etc.); to violate (a grave). **2.** To misuse, degrade (one's talent).
proférer [prɔfere], *v.tr.* (**je profère; je proférerai**) To utter. **Sans p. un mot**, without a word. S.a. BLASPHÈME.
profès, -esse [prɔfɛ, -ɛs], *a. & s. Ecc:* Professed (monk, nun).
professer [prɔfɛse], *v.tr.* **1.** To profess (religion, opinion). **P. des opinions**, to hold views. **2.** To profess, to teach; to exercise (a calling). **Il professe la physique au lycée**, he teaches physics at the *lycée*. *Abs:* **Il professe à la Sorbonne**, he is a professor at the Sorbonne.
professeur [prɔfɛsœ:r], *s.m.* **1.** Professor (at a university); teacher, master or mistress (in a *lycée* or *collège*). **Elle est p. de piano**, she teaches the piano. **P. de chant**, singing-master, -mistress. **P. principal**, form master. **P. titulaire**, master who has the *agrégation*, or who is of sufficiently long standing. **P. de natation**, swimming instructor. **2.** Professor (of a faith).
profession [prɔfɛsjɔ̃], *s.f.* **1. P. de foi**, profession of faith. *Ecc:* **Faire p. (dans un ordre)** to make one's profession (in an order). **2.** Occupation, calling, business, trade. **P. libérale**, profession. **Menuisier de p.**, carpenter by trade.
professionnalisme [prɔfɛsjɔnalism], *s.m.*. *Sp:* Professionalism.
professionnel, -elle [prɔfɛsjɔnɛl]. **1.** *a.* Professional; vocational (training, etc.). **Maladies professionnelles**, occupational, industrial, diseases. **Enseignement p.**, vocational training. **Trousseau p.**, trade kit. **2.** *s.* Esp. *Sp:* Professional. *adv.* **-lement.**
professoral, -aux [prɔfɛsɔral, -o], *a.* Professorial.
professorat [prɔfɛsɔra], *s.m.* **1.** (*a*) Professorship. (*b*) Assistant-mastership, mistress-ship (in *lycée* or *collége*). **2.** *Coll.* Professoriate; body of teachers. **Se préparer au p.**, to study for the teaching profession.
profil [prɔfil], *s.m.* **1.** Profile, side-face. **Dessiner qn de p.**, to draw s.o. in profile. **2.** Contour, outline, section. **P. en long**, longitudinal section. **P. en travers**, cross-section.
profilé [prɔfile], *a.* **1.** Stream-lined. **2. Fer p.**, sectional iron, iron section. *s.m.* **Profilés en acier**, steel sections; sectional steel. *Metalw:* Extrusion.
profil|er [prɔfile], *v.tr.* **1.** To profile; to draw (sth.) in section. **2.** To cut, to machine, (sth.) to a special shape; to shape (a piece). *s.m.* **-age.**
se profiler, to stand out in profile, to be outlined, to be silhouetted (**à, sur, contre**, on, against).
profit [prɔfi], *s.m.* Profit, benefit. **Profits et pertes**, profit and loss. **Faire (son) p. de qch.**, to profit by sth. **Vendre à p.**, to sell at a profit. **Mettre qch. à p.**, to turn sth. to account. **Tirer p. de qch.**, (i) to reap advantage from sth.; (ii) to make use of sth. **Travail sans p.**, unprofitable, profitless, work. *Prep. phr.* **Au p. de**, on behalf of, for the benefit of (s.o.). **Les socialistes perdront au p. des communistes**, votes will swing from the Socialists to the Communists.
profitable [prɔfitabl], *a.* Profitable, advantageous (à, to). *adv.* **-ment.**
profiter [prɔfite], *v.i.* **1.** (*a*) **P. de qch.**, to take advantage of sth.; to turn sth. to account. **P. de l'occasion**, to seize the opportunity. (*b*) **P. sur une vente**, to make a profit on a sale. **2. P. à qn**, to profit s.o.; to be profitable to s.o. **Faire p. son argent**, to lay out one's money to advantage. S.a. ACQUÉRIR. **3.** (Of child, etc.) To thrive, grow. **Les enfants profitent à vue d'œil**, the children are filling out visibly.
profiterole [prɔfit(ə)rɔl], *s.f. Cu:* Profiterole.
profiteur [prɔfitœ:r], *s.m. F:* Profiteer.
profond [prɔfɔ̃]. **1.** *a.* (*a*) Deep. **Puits p. de six mètres**, well six metres deep. **Voix profonde**, deep voice. **Peu p.**, shallow. (*b*) Deep-seated; underlying,

ultimate (cause). *Anat:* **Vaisseau p.,** profunda. (*c*) Profound (wisdom, scholarship); deep, sound (sleep). **P. scélérat,** downright, utter, scoundrel. **2.** *adv.* **Creuser p.,** to dig deep. **Retentir p.,** to give a hollow sound. **3.** *s.m.* **Au plus p. de mon cœur,** in the depths of my heart, in my heart of hearts. **Au plus p. de la nuit,** at dead of night. **4.** *s.f. P:* **Profonde,** pocket. *adv.* **-ément.**

profondeur [prɔfɔ̃dœːr], *s.f.* **1.** Depth. **Avoir dix pieds de p.,** to be ten foot deep, ten feet in depth. **Peu de p.,** shallowness. **2. La p. de son savoir,** the profoundness, profundity, depth, of his knowledge.

profus [prɔfy], *a.* Profuse. *adv.* **-ément.**

profusion [prɔfyzjɔ̃], *s.f.* Profusion, profuseness. (*a*) Abundance. **Avoir tout à p.,** to have everything in profusion. (*b*) Lavishness.

progéniture [prɔʒenityːr], *s.f.* Progeny, progeniture, offspring.

prognathe [prɔgnat], *a.* *Anthr:* Prognathous, prognathic (pers.); undershot (jaw).

prognathisme [prɔgnatism], *s.m.* Prognathism.

programmateur, -trice [prɔgramatœːr, -tris], *s.* (*Computers*) Programmer.

programmation [prɔgramasjɔ̃], *s.f.* *Computers:* Programming.

programme [prɔgram], *s.m.* Programme (of concert, etc.); *Pol:* platform (of a party). *Sch:* **P. d'un cours,** syllabus of a course. **P. d'études,** curriculum. **Les auteurs du p.,** the set books. S.a. AUDITEUR 1.

programmer [prɔgrame], *v.tr.* *Computers:* To program(me).

progrès [prɔgrɛ], *s.m.* Progress. (*a*) **Le mal fait du p.,** the disease is making progress, is making headway. (*b*) Advancement, improvement (of pupil). **Faire des p. dans ses études,** to make progress, to get on, in one's studies. **La science a réalisé de sérieux p.,** science has made great strides. **Être ami du p.,** to be progressive. **Suivre les p. d'une science,** to keep abreast of a science. *F:* **Suivre les p. d'une affaire,** to keep track of a matter.

progresser [prɔgrɛse], *v.i.* (*a*) To progress, advance; to make headway. (*b*) To improve.

progress|if, -ive [prɔgrɛsif, -iːv], *a.* Progressive. (*a*) Forward (movement). (*b*) Gradual (growth). **Impôt p.,** graduated tax. *adv.* **-ivement.**

progression [prɔgrɛsjɔ̃], *s.f.* **1.** Progress(ion); moving forward; advancement. **2. P. arithmétique,** arithmetical progression. *Mus:* **P. harmonique,** harmonic progression.

progressisme [prɔgrɛsism], *s.m.* **1.** Belief in progress. **2.** *Pol:* Advanced socialist doctrine.

progressiste [prɔgrɛsist], *Pol:* **1.** *s.m.* Progressist; advanced socialist. **2.** *a.* Progressive (party); left-wing.

progressivité [prɔgrɛsivite], *s.f.* Progressiveness, progressivity.

prohiber [prɔibe], *v.tr.* To prohibit, forbid. **P. à qn de faire qch.,** to prohibit s.o. from doing sth. **P. le tabac à qn,** to forbid s.o. tobacco. **Marchandises prohibées,** prohibited goods. **Temps prohibé,** close season (for hunting, fishing, etc.).

prohibitif, -ive [prɔibitif, -iːv], *a.* **1.** Prohibitory (law). **2.** Prohibitive (price).

prohibition [prɔibisjɔ̃], *s.f.* Prohibition.

prohibitionnisme [prɔibisjɔnism], *s.m.* *Pol.Ec: etc:* Prohibitionism.

prohibitionniste [prɔibisjɔnist], *a.* & *s.m.* *Pol.Ec: etc:* Prohibitionist.

proie [prwa], *s.f.* Prey; *Ven:* quarry. **Oiseau de p.,** bird of prey. **Devenir la p. de qn, de qch.,** to become the prey, the victim, of s.o., sth. **Être en p. aux remords,** to be a prey to remorse. **Être en p. à une violente émotion,** to be under a violent emotion. **Tomber en p. à . . .,** to fall a prey to. . . . *F:* **Oiseau, homme, de p.,** cruel, rapacious person.

projecteur [prɔʒɛktœːr], *s.m.* (*a*) Projection apparatus; projector. (*b*) Searchlight, projector. (*c*) *Aut:* Headlight. **P. orientable,** spot-light. *Av:* **P. d'atterrissage,** landing flood-light. (*d*) **P. (de monument),** floodlight projector. **Illuminer un bâtiment par projecteurs,** to floodlight a building.

projectile [prɔʒɛktil], *a.* & *s.m.* Projectile; missile. **P. terre-à-avion,** ground-to-air missile. **P. avion-à-terre,** air-to-ground missile, air-to-surface missile.

projection [prɔʒɛksjɔ̃], *s.f.* Projection. **1.** (*a*) Throwing up out, spattering (of liquids, etc.). *Welding:* Flash, spatter. **Appareil à p.,** (film or slide) projector. **Conférence avec projections,** lecture with slides or films. *Cin:* **P. par transparence,** rear projection. (*c*) Beam (of light). **2.** *Mth:* *Arch:* Projection, plan. **P. horizontale,** ground-plan.

projectionniste [prɔʒɛksjɔnist], *s.m.* *Cin:* Projectionist.

projet [prɔʒɛ], *s.m.* (*a*) Project, plan; scheme. **Faire un p.,** to devise, concoct, a plan. **Former, exécuter, un p.,** to form, carry out, a project. **Homme à projets,** planner. **Avoir des projets sur qn,** to have designs on s.o. (matrimonially). (*b*) Plan (of building, etc.); (first) sketch; preliminary design; *F:* blueprint. **P. de contrat,** draft agreement. **P. de loi,** (draft) bill. **Bâtiment en p.,** projected building.

projeter [prɔʒte, -ʃte], *v.tr.* (Conj. like JETER) To project. **1.** To throw; to cast (shadow); to flash (beam of light). **L'explosion les projeta au loin,** the explosion hurled them, flung them, far and wide. **2.** To plan, contemplate (journey, piece of work, etc.).

se projeter, to project, stand out; (of cliff) to jut out. **Une ombre se projeta sur le mur,** a shadow was cast on the wall.

prolétaire [prɔletɛːr], *a.* & *s.m.* Proletarian.

prolétariat [prɔletarja], *s.m.* **1.** Proletarianism. **2.** *Coll.* The proletariat.

prolétarien, -ienne [prɔletarjɛ̃, -jɛn], *a.* Proletarian.

prolétariser [prɔletarize], *v.tr.* To proletarianize.

prolifération [prɔliferasjɔ̃], *s.f.* Proliferation.

prolifère [prɔlifɛːr], *a.* *Nat.Hist:* Proliferous.

proliférer [prɔlifere], *v.tr.* & *i.* (**il prolifère; il proliférera**) *Nat.Hist:* To proliferate.

prolifique [prɔlifik], *a.* Prolific.

prolixe [prɔliks], *a.* Prolix, verbose, wordy. *adv.* **-ment.**

prolixité [prɔliksite], *s.f.* Prolixity; verbosity.

prologue [prɔlɔg], *s.m.* Prologue (de, to).

prolongation [prɔlɔ̃gasjɔ̃], *s.f.* Prolongation (in time); protraction; lengthening (of stay); extension (of leave). *Fb:* **Jouer les prolongations,** to play extra time.

prolonge [prɔlɔ̃ːʒ], *s.f.* *Artil:* **1.** Prolonge, trail-rope. **2.** Ammunition waggon. **P. d'artillerie, gun-carriage** (at military funeral).

prolongé [prɔlɔ̃ʒe], *a.* **1.** Long(-continued); of long continuance; prolonged (absence); long-drawn (sigh). **2.** Prolate (ellipsoid).

prolongement [prɔlɔ̃ʒmɑ̃], *s.m.* Prolongation (in space); lengthening, extension (of wall, railway, etc.).

prolonger [prɔlɔ̃ʒe], *v.tr.* (**je prolongeai(s); n. prolongeons**) To prolong; to protract, extend; to draw out, spin out (discourse, etc.). **Visite très prolongée,** protracted call. *Mil:* **P. de trois jours la permission d'un homme,** to extend a man's leave by three days. *Mth:* **P. une droite,** to produce a line.

se prolonger, to be prolonged; to continue, extend.

promenade [prɔmnad], *s.f.* **1.** (*a*) Walking (as exercise). (*b*) Stroll, outing. **Faire une p. (à pied),** to go for a walk. **Faire une p. à cheval, à bicyclette,** to go for a ride on horseback, for a bicycle ride. **P. en voiture, en auto,** drive. **P. en bateau,** row, sail. **Être en p.,** to be out walking; to be out for a walk, for a drive, etc. **Faire faire une p. à qn,** to take s.o. for a walk, for an outing. **P. militaire,** route march. **2.** (Place for walking) Promenade, (public) walk.

promener [prɔmne], *v.tr.* (**je promène; je promènerai**) **1.** (*a*) To take (s.o.) (out) for a walk, for a drive, etc. (*b*) To take, lead, (s.o.) about. **P. un chien,** to exercise a dog. **2. P. sa main sur qch.,** to pass, run, one's hand over sth. **P. ses yeux sur qch.,** to cast one's eyes over sth.

se promener. 1. To walk; to go for a walk, for a drive, for a ride. **Mener p. les enfants,** to take the children out for a walk. *F:* **Envoyer p. qn,** to send s.o. about his business; to send s.o. packing. **Allez vous p.!** *F:* Get out! buzz off! **Il laisse p. ses affaires de tous les côtés,** he leaves his things all over the place. **2. Ses yeux se promenaient sur la foule,** his eyes wandered over the crowd.

promeneur, -euse [prɔmnœːr, -øːz], *s.* **1.** Walker, pedestrian; rambler, hiker. **2.** Guide, cicerone. **Promeneuse d'enfant,** mother's help.

promenoir [prɔm(ə)nwaːr], *s.m.* Promenade; promenade deck (of liner); lobby (of law-courts).

promesse [prɔmɛs], *s.f.* Promise, assurance. **Tenir sa p.,** to keep one's promise. **Manquer à sa p.,** to break one's promise.

prometteur, -euse [prɔmɛtœːr, -øːz], *a. & s.* **1.** (Person) (too) quick to promise. **2.** Promising, attractive (invitation); full of promise.

promettre [prɔmɛtr], *v.tr.* (Conj. like METTRE) **1. P. qch. à qn,** to promise s.o. sth.; to promise sth. to s.o. **P. à qn de faire qch.,** to promise s.o. to do sth. *F:* **Je vous promets qu'on s'est amusé!** you bet we had a good time! *Prov:* **P. et tenir sont deux,** saying and doing are different things. **2. Le temps promet de la chaleur,** it promises to be warm. **Il promet d'éclipser tous ses rivaux,** he bids fair to eclipse all his rivals. *Abs.* **Les vignes promettent,** the vines look promising. **C'est un plan qui promet,** the plan has possibilities. *F:* **Ça promet!** it (that) looks good!

se promettre, to promise oneself, to set one's hopes (on sth.); to make up one's mind. **Se p. des plaisirs nouveaux,** to anticipate new pleasures. *F:* **Je m'en promets,** I'm looking forward to having a good time. **Se p. de travailler,** to decide, make up one's mind, to work.

promis [prɔmi], *a.* (*a*) Promised. *B:* **La Terre promise,** the Promised Land. (*b*) Engaged (to be married).

promiscuité [prɔmiskɥite], *s.f. Pej:* Promiscuity.

promontoire [prɔmɔ̃twaːr], *s.m.* Promontory; headland, cape.

promoteur, -trice [prɔmɔtœːr, -tris]. **1.** *a.* Promoting. **2.** *s.* Promoter, originator (de, of).

promotion [prɔmosjɔ̃], *s.f.* **1.** (*a*) Promotion, preferment. **P. à l'ancienneté,** promotion by seniority. (*b*) List of promotions, of appointments. S.a. ROUGE 1. **2.** *Coll: Sch:* Group of students graduating (at same time). **Camarade de p.,** fellow-student, -graduate. **Le premier de sa p.,** the first of his year.

promouvoir [prɔmuvwaːr], *v.tr.* To promote.

prompt [prɔ̃], *a.* Prompt, quick, ready; hasty. **Esprit p.,** quick mind or ready wit. **Être d'humeur prompte,** to be hasty-tempered. **P. à la colère, à sa fâcher,** hasty-tempered. **Prompte vengeance, justice,** speedy revenge, justice. **P. à la riposte,** prompt in repartee. *adv.* **-ement.**

promptitude [prɔ̃tityd], *s.f.* Promptitude, promptness; quickness, alertness. **Avec toute la p. possible,** with all possible dispatch.

promu [prɔmy], *a.* Promoted, raised (à, to).

promulgation [prɔmylgasjɔ̃], *s.f.* Promulgation.

promulguer [prɔmylge], *v.tr.* To promulgate (law); to publish, to issue (decree).

prône [proːn], *s.m. Ecc:* Sermon, homily. **Faire le p.,** to preach (the sermon) and give out the announcements for the week.

prôner [prone], *v.tr.* **1.** *A:* To preach to (congregation). **2.** To extol, crack up (s.o., sth.); to boost (sth.).

pronom [prɔnɔ̃], *s.m. Gram:* Pronoun.

pronominal, -aux [prɔnɔminal, -o], *a. Gram:* Pronominal, *adv.* **-ement.**

prononçable [prɔnɔ̃sabl], *a.* Pronounceable.

prononcé [prɔnɔ̃se], **1.** *a.* Pronounced, decided, (well-) marked (feature, etc.). **Nez p.,** prominent nose. **Courbe prononcée,** sharp curve. **Accent étranger très p.,** marked foreign accent. **Peu p.,** faint. **2.** *s.m. Jur:* Decision. **P. d'un jugement,** verdict.

prononcer [prɔnɔ̃se], *v.tr.* (**je prononçai(s); n. prononçons**) To pronounce. **1.** (*a*) **Sans p. un mot,** without a word. **J'entendis p. mon nom,** I heard my name (mentioned). **Il ne faut jamais p. son nom,** you must never mention him. (*b*) **P. un discours,** to deliver, make, a speech. *Jur:* **P. une sentence,** to pass, deliver, a sentence; to pronounce sentence. *Abs.* **P. en faveur de qn,** to decide, declare, in favour of s.o. **P. sur une question,** to adjudge, adjudicate, a question. S.a. VŒU 1. **2. Mot difficile à p.,** word hard to pronounce. **Mal p. un mot,** to mispronounce a word.

se prononcer, to declare, pronounce, express, one's opinion or decision; to make a decision.

prononciation [prɔnɔ̃sjasjɔ̃], *s.f.* **1.** Delivery (of speech); bringing in (of verdict); passing (of sentence). **2.** Pronunciation. **Défaut de p.,** defect in pronunciation. **Faute de p.,** mispronunciation.

pronostic [prɔnɔstik], *s.m.* **1.** Prognostic(ation). **P. du temps, des courses,** weather forecast, racing forecast. **2.** *Med:* Prognosis.

pronostiqu|er [prɔnɔstike], *v.tr.* **1.** To prognosticate, to forecast. **2.** *Med:* To prognose. **P. au plus grave,** to anticipate, expect, the worst. *s.m.* **-eur.**

propagande [prɔpagɑ̃ːd], *s.f.* Propaganda; publicity. *Com:* **Faire de la p.,** to advertise.

propagandisme [prɔpagɑ̃dism], *s.m.* Propagandism.

propagandiste [prɔpagɑ̃dist], *s.m.* Propagandist.

propagateur, -trice [prɔpagatœːr, -tris]. **1.** *a.* Propagating, propagative. **2.** *s.* Propagator, spreader (of news, disease, etc.).

propagation [prɔpagasjɔ̃], *s.f.* (*a*) Spread(ing), propagation. *Ph:* **P. des ondes,** wave propagation. (*b*) **P. d'une espèce,** propagation of species.

propager [prɔpaʒe], *v.tr.* (**je propageai(s); n. propageons**) To propagate; to spread (abroad).

se propager. 1. (*a*) (Of disease, etc.) To spread. (*b*) (Of sound, light) To be propagated. **2.** (Of living creatures) To propagate, reproduce.

propane [prɔpan], *s.m. Ch:* Propane gas.

propédeutique [prɔpedøtik], **1.** *a.* Propaedeutical. **2.** *s.f.* Propaedeutics. **L'année de p.,** first year of university study (in arts or science).

propergol [prɔpɛrgɔl, *s.m.* Propellant.

propension [prɔpɑ̃sjɔ̃], *s.f.* Propensity, tendency, inclination (à, to).

prophète, prophétesse [prɔfɛːt, prɔfetɛs], *s.* Prophet, seer; *f.* prophetess. *Mohamm.Rel:* **Le P.,** the Prophet. **P. de malheur,** prophesier of evil. **Il s'est montré bon p.,** he proved a true prophet.

prophétie [prɔfesi], *s.f.* Prophecy. **1.** Prophesying. **2.** Prophetic utterance.

prophétique [prɔfetik], *a.* Prophetic(al). *adv.* **-ment,** -ally.

prophétiser [prɔfetize], *v.tr.* To prophesy; to foretell.

prophylactique [prɔfilaktik], *a. & s.m. Med:* Prophylactic.

prophylaxie [prɔfilaksi], *s.f. Med:* Prophylaxis.

propice [prɔpis], *a.* Propitious (à, to); auspicious; favourable. **Né sous une étoile p.,** born under a lucky star. **Peu p.,** (i) unpropitious; (ii) inauspicious (moment). **Si la fortune nous est p.,** if all goes well with us.

propitiateur, -trice [prɔpisjatœːr, -tris], *s.* Propitiator, conciliator.

propitiation [prɔpisjasjɔ̃], *s.f.* Propitiation.

propitiatoire [prɔpisjatwaːr], *a.* Propitiatory.

propitier [propisje], *v.tr.* To propitiate.

propolis [prɔpɔlis], *s.f.* Propolis, bee-glue.

proportion [prɔpɔrsjɔ̃], *s.f.* **1.** Proportion, ratio, percentage. **Varier en p. directe, en p. inverse,** to vary in direct ratio, in inverse ratio. **A p., en p.** (de), in proportion, proportionately (to). **A p. que** + *ind.*, in proportion as. . . . **Hors de (toute) p. avec . . .,** out of (all) proportion to. . . . **Défaut de p.,** disproportion (**entre,** between). **Toute(s) proportion(s) gardée(s),** due allowance being made. **2.** *pl.* Size. **Salle de vastes proportions,** hall of great size, of huge proportions. **Dans de plus vastes proportions,** on a greater, wider scale. **Si les commandes diminuent dans de sérieuses proportions,** if orders should drop off to any great extent.

proportionnalité [prɔpɔrsjɔnalite], *s.f.* Proportionality. **La p. entre x et y,** the proportion which x bears to y.

proportionné [prɔpɔrsjɔne], *a.* **1. Bien p.,** well-proportioned (body); fully-fashioned (stockings). **2.** Proportionate, suited (à, to).

proportionn|el, -elle [prɔpɔrsjɔnɛl]. **1.** *a.* Proportional (à, to). **Inversement p.,** in inverse ratio (à, to). *Cust:* **Droit p.,** ad valorem duty. **2.** *s.f. Mth:* **Moyenne proportionnelle entre a et b,** mean proportional between a and b. *adv.* **-ellement.**

proportionner [prɔpɔrsjɔne], *v.tr.* **P. qch. à, avec, qch.,** to proportion, adjust, adapt, sth. to sth.

propos [prɔpo], *s.m.* **1.** Purpose, resolution. S.a. DÉLIBÉRÉ 1. **2.** Subject, matter. **A ce p.,** talking of this; in this connection. **A tout p.,** at every turn. **A tout p., et sans p.,** in season and out of season. **Dire qch. à p.,** to say sth. to the point, to the purpose. **Mot jeté à p.,** timely word. **Remarque faite à p.,** apposite remark. **Faire qch. à p.,** to do sth. at the right moment, opportunely. **Arriver fort à p.,** to arrive in the nick of time. **Juger à p. de . . .,** to think or deem it fitting, opportune, advisable, to. . . . **A p., avez-vous lu ce livre?** by the way, that reminds me, have you read this book? **Mal à p.,** at the wrong moment, inopportunely. **Hors de p.,** ill-timed or irrelevant (remark, etc.); (observation) out of place. **A p. de,** with regard to, in connection with (sth.). **A p. de rien,** for nothing at all, for no earthly reason. **A p. de quoi? à quel p.?** on what account? in what connection? apropos of what? S.a. A-PROPOS, BOTTE[2] 1. **3.** Utterance, remark; *pl.* talk, gossip, tittle-tattle. **Des p. de table,** table-talk. **Changer de p.,** to change the subject. *O:* **Entrer en p. avec qn,** to enter into conversation with s.o.

proposant [prɔpozɑ̃], *s.m.* **1.** Proposer. **2.** (Protestant) student in divinity.

propos|er [prɔpoze], *v.tr.* To propose (plan); to propound (theory). **P. un amendement,** to move an amendment. **P. qn comme modèle,** to set up, hold up, s.o. as a model. **P. qn pour un emploi,** to propose s.o., put s.o. forward, recommend s.o., for a post. **P. un candidat,** to put up, put forward, a candidate. **P. que l'on fasse qch.,** to propose, move, that sth. be done. **P. à qn de faire qch.,** to propose to s.o. to do sth. *s.* **-eur, -euse.**

se proposer. 1. To offer oneself, to come forward (as candidate). **2. Se p. qch.,** to intend sth.; to have sth. in view. **Se p. de faire qch.,** to purpose, mean, to do sth.

proposition [prɔpozisjɔ̃], *s.f.* **1.** Proposal, proposition. **Faire une p.,** to make a proposal; (in an assembly) to put a motion. **Mettre une p. aux voix,** to put a motion to the vote. **P. de mariage,** proposal of marriage. **2.** (*a*) *Log: Mth: etc:* Proposition. (*b*) *Gram:* Clause.

propre [prɔpr]. **1.** *a.* (*a*) Proper. **Signification p. d'un mot,** proper meaning of a word. **Aller en p. personne,** to go in person, *in propria persona*; to go personally. **Il me dit en propres termes que . . .,** he told me in so many words that. . . . **Ce sont là ses propres paroles,** these are his very words. (*b*) Peculiar (à, to). **Une façon de marcher à lui p.,** his particular way of walking. (*c*) *Ph:* **Vibration p.,** natural beat. (*d*) Own. **Faire qch. de son p. mouvement,** to do sth. of one's own accord. **Ses idées lui sont propres,** his ideas are his own. **Voir avec ses propres yeux,** to see with one's own eyes. **"A remettre en main propre,"** to be delivered to the addressee in person. **Je le lui ai remis en main p.,** I delivered it into his own hands. (*e*) Appropriate, proper, fit(ting). **P. à qch.,** adapted, fitted, suited, to, for, sth. **Exercice p. à aiguiser l'intelligence,** exercise calculated to sharpen the wits. **P. à tout,** fit for anything. **P. à rien,** good for nothing. **Être peu p. à faire qch.,** to be ill-fitted to do sth. *Prov:* **Qui est p. à tout n'est p. à rien,** a Jack of all trades is master of none. (*f*) Neat, clean. **P. comme un sou neuf,** as clean as a new pin. *F:* **Nous voilà propres!** we're in a nice mess! *s.m. F:* **C'est du p.!** what a mess! *Sch:* **Recopier au p.,** to make a fair copy. (*g*) **Le chat est très p.,** the cat is a very clean animal. **2.** *s.m.* (*a*) Property, attribute. **Le p. de cette nation . . .,** the characteristic of this nation. . . . (*b*) **Employer un mot au p.,** to use a word in its literal sense. (*c*) **Avoir qch. en p.,** to possess sth. in one's own right.

propre-à-rien [prɔprarjɛ̃], *s.m.* Good-for-nothing, dead loss. *F:* **C'est un p.-à-r.,** he is a good-for-nothing, a ne'er-do-well, *P:* a rotter. *pl. Des propres-à-rien.*

proprement [prɔprəmɑ̃], *adv.* **1.** Properly, appropriately; perfectly; absolutely; simply; in fact; well and truly. **P. dit,** properly so called. **2.** (*a*) Cleanly, neatly, nicely. (*b*) *F:* Well, efficiently. **Assez p.,** tolerably well.

propret, -ette [prɔprɛ, -ɛt], *a. F:* Neat, tidy.

propreté [prɔprəte], *s.f.* Cleanliness; cleanness, neatness, tidiness. *Navy:* **Postes de p.,** cleaning stations.

propriétaire [prɔprietɛːr], *s.m. & f.* **1.** Proprietor, proprietress; owner. **Se rendre p. de qch.,** to acquire sth. **P. foncier,** (i) ground landlord; (ii) landed proprietor, landowner. **Être p.,** (i) to be a man of property; (ii) to have a house of one's own. **2.** Landlord, landlady.

propriété [prɔpriete], *s.f.* **1.** (*a*) Proprietorship, ownership. **Nue p..,** bare ownership. **Titres de p.,** title-deeds. **P. littéraire,** literary property; copyright. **P. industrielle,** patent rights. (*b*) Property, estate; holding. **P. foncière,** landed property, landed estate. **2.** Property, characteristic, peculiar quality. **Les propriétés de la matière,** the properties of matter. **3.** Propriety, correctness (of language, etc.).

proprio [prɔprio], *s.m. P:* = PROPRIÉTAIRE.

propulser [prɔpylse], *v.tr.* To propel.

propulseur [prɔpylsœːr]. **1.** *a.m.* Propelling, propellent, propulsive. **2.** *s.m.* Propeller. **P. à hélice,** screw-propeller. **Avion à p. atomique,** nuclear aircraft.

propulsif, -ive [prɔpylsif, -iːv], *a.* Propulsive, propelling.

propulsion [prɔpylsjɔ̃], *s.f.* Propulsion, propelling; impulsion, impelling; driving, drive. **Véhicule à p. mécanique,** mechanically propelled vehicle.

prorata [prɔrata], *s.m.inv.* Proportional part. **Paiement au p.,** payment pro rata. **Au p. de,** in proportion to.

prorogatif, -ive [prɔrɔgatif, -iːv], *a.* Proroguing, prorogating.

prorogation [prɔrɔgasjɔ̃], *s.f.* **1.** Prorogation (of parliament). **2.** Esp. *Jur:* Extension of time.

proroger [prɔrɔʒe], *v.tr.* **(je prorogeai(s) ; n. prorogeons) 1.** To prorogue, adjourn (parliament). **2.** To extend (time-limit).

prosaïque [prozaik], *a.* Prosaic(al); commonplace. *adv.* **-ment,** -ally.

prosateur, -trice [prozatœːr, -tris], *s.* Prosewriter.

proscénium [prɔs(s)enjɔm], *s.m.* **1.** *Gr. & Rom. Ant:* Stage (of theatre). **2.** *Th:* Proscenium, forestage.

proscription [prɔskripsjɔ̃], *s.f.* (*a*) Proscription; banishment, outlawry. (*b*) *F:* Tabooing.

proscrire [prɔskriːr], *v.tr.* (Conj. like ÉCRIRE) (*a*) To proscribe, outlaw, banish. **P. qn d'une société,** to proscribe, ostracize, s.o. from a society. (*b*) *F:* To taboo (a practice).

proscrit, -ite [prɔskri, -it]. **1.** *a.* Proscribed; banned. **2.** *s.* Proscript, outlaw.

prose [proːz], *s.f.* Prose.

prosecteur [prɔsɛktœːr], *s.m. Sch:* Prosector; demonstrator (in anatomy).

prosélyte [prɔzelit], *s.m. & f.* Proselyte.

prosélytisme [prɔzelitism], *s.m.* Proselytism.

prosodie [prɔzɔdi], *s.f.* Prosody.

prosodique [prɔzɔdik], *a.* Prosodic(al).

prosodiste [prɔzɔdist], *s.m.* Prosodist.

prospecter [prɔspɛkte], *v.tr.* **1.** *Min:* To prospect. **2.** *Com:* To canvass.

prospecteur [prɔspɛktœːr], *s.m.* **1.** *Civ.E: Min:* Prospector. **2.** Canvasser.

prospectif, -ive [prɔspɛktif, -iːv], *a.* Prospective.

prospection [prɔspɛksjɔ̃], *s.f. Civ.E: Min:* **1.** Prospecting (of ground); prospection. **2.** Canvassing.

prospectus [prɔspɛktyːs], *s.m.* **1.** Prospectus. **2.** Handbill.

prospère [prɔspɛːr], *a.* **1.** Favourable (à, to). **2.** Prosperous, thriving, flourishing.

prospérer [prɔspere], *v.i.* **(je prospère ; je prospérerai)** To prosper, thrive; to do well.

prospérité [prɔsperite], *s.f.* Prosperity, prosperousness. *Com:* **Vague de p.,** boom.

prostate [prɔstat], *s.f. Anat:* Prostate (gland).

prostatique [prɔstatik], *a. Anat:* Prostatic.

prostatite [prɔstatit], *s.f. Med:* Prostatitis; inflammation of the prostate.

prosternation [prɔstɛrnasjɔ̃], *s.f.,* **prosternement** [prɔstɛrnəmɑ̃], *s.m.* (*a*) Lying prone; prostration. (*b*) *F:* Grovelling, kowtowing. **Assez de prosternations!** enough bowing and scraping!

prosterné [prɔstɛrne], *a.* Prostrate, prone.

prosterner (se) [səprɔstɛrne], *v.pr.* (*a*) To prostrate oneself (**devant,** before); to bow down (**devant,** to, before). (*b*) *F:* To grovel, to kowtow.
prostituée [prɔstitɥe], *s.f.* Prostitute.
prostituer [prɔstitɥe], *v.tr.* To prostitute (person, talent). **se prostituer,** to prostitute oneself.
prostitution [prɔstitysjɔ̃], *s.f.* Prostitution.
prostration [prɔstrasjɔ̃], *s.f.* Prostration. **1.** Lying prone. **2.** Exhaustion. **P. nerveuse,** nervous breakdown.
prostré [prɔstre], *a.* Prostrate(d); exhausted.
protagonisme [prɔtagɔnism], *s.m.* Protagonism.
protagoniste [prɔtagɔnist], *s.m.* Protagonist.
prote [prɔt], *s.m. Typ:* Foreman, overseer.
protecteur, -trice [prɔtɛktœːr, -tris]. **1.** *s.* (*a*) Protector, protectress. (*b*) Patron, patroness (of art, etc.). **2.** *s.m.* Shield; guard (for machine-tool, etc.). **3.** *a.* (*a*) Protecting. **Société protectrice des animaux,** Society for the Prevention of Cruelty to Animals. (*b*) Patronizing (tone, etc.). (*c*) Protective (device, tariff).
protection [prɔtɛksjɔ̃], *s.f.* **1.** Protection (**contre,** from). **Dispositif de p.,** safety device, protective device. *Adm:* **P. civile,** civil defence. **2.** Patronage, influence. **Prendre qn sous sa p.,** to take s.o. under one's protection, *F:* under one's wing. **Avoir de la p.,** to have a friend at court.
protectionnisme [prɔtɛksjɔnism], *s.m. Pol.Ec:* Protection(ism).
protectionniste [prɔtɛksjɔnist], *a. & s. Pol.Ec:* Protectionist.
protectorat [prɔtɛktɔra], *s.m.* Protectorate.
protégé, -ée [prɔteʒe], *s.* (*a*) Protégé, *f.* protégée. (*b*) Dependant.
protège-cahier [prɔtɛʒkaje], *s.m. Sch:* (Exercise-)book cover. *pl. Des protège-cahiers.*
protège-cheville [prɔtɛʒʃ(ə)viːj], *s.m.inv. Fb:* Ankle-pad.
protège-jambes [prɔtɛʒʒɑ̃ːb], *s.m.inv.* Leg-shield.
protège-livre [prɔtɛʒlivr], *s.m.* Book-jacket. *pl. Des protège-livres.*
protège-mine [prɔtɛʒmin], *s.m.inv.* **1.** Screw-pencil. **2.** = PROTÈGE-POINTE(S).
protège-oreilles [prɔtɛʒɔrɛːj], *s.m.inv. Rugby Fb:* Scrum-cap; ear-protector.
protège-pointe(s) [prɔtɛʒpwɛ̃ːt], *s.m.inv.* Pencil-cap.
protéger [prɔteʒe], *v.tr.* (**je protège, n. protégeons; je protégeai(s); je protégerai**) To protect. **1.** To shelter, shield, guard (**contre,** against, from). **Se p. de qch.,** to guard against sth. **2.** To patronize; to be a patron of (arts, etc.).
protège-tympan [prɔtɛʒtɛ̃pɑ̃], *s.m.inv.* Ear-plug.
protéine [prɔtein], *s.f. Ch:* Protein.
protéique [prɔteik], *a. Ch:* Protein(ic) (substance).
protestant, -ante [prɔtɛstɑ̃, -ɑ̃ːt], *a. & s.* Protestant.
protestantisme [prɔtɛstɑ̃tism], *s.m.* Protestantism.
protestataire [prɔtɛstatɛːr], *s.m. & f.* Protester, objector.
protestation [prɔtɛstasjɔ̃], *s.f.* **1.** Protestation, asseveration. **Faire une p. de son innocence,** to make a protestation of innocence. **2.** Protest. **Élever des protestations énergiques,** to raise a strong protest. **Réunion de p.,** indignation meeting.
protester [prɔtɛste]. **1.** *v.tr.* (*a*) To protest, declare. **Il proteste n'avoir rien fait de pareil,** he vows, swears, that he did no such thing. (*b*) *Com:* **P. un billet,** to protest a bill. **2.** *v.i.* (*a*) **P. de son innocence,** to protest one's innocence. (*b*) **P. contre qch.,** to protest, make a protest, against sth.; to challenge (a statement).
protêt [prɔtɛ], *s.m. Com: Jur:* Protest. **Dresser un p.,** to make a protest.
prothèse [prɔtɛːz], *s.f.* **1.** Prosthesis (of artificial limb, of eye, etc.) **P. dentaire,** dental prosthesis. **2.** Artificial limb, denture, etc.
prothétique [prɔtetik], *a. Surg:* **Appareil p.,** artificial limb(s) (generally).
protide [prɔtid], *s.m.* Protid(e).
protocolaire [prɔtɔkɔlɛːr], *a.* Protocolar; formal; pertaining to State etiquette. **Clauses protocolaires d'accord,** formal provisions of agreement.
protocole [prɔtɔkɔl], *s.m.* **1.** Protocol. (*a*) Correct form of procedure. (*b*) Ceremonial. **2.** *F:* Formalities, social conventions; etiquette. **Soucieux du p.,** punctilious.
protohisto|ire [prɔtɔistwaːr], *s.f.* Protohistory. *a.* **-rique.**
proton [prɔtɔ̃], s.m. *Atom. Ph:* Proton.
protoplasma [prɔtɔplasma], *s.m.,* **protoplasme** [prɔtɔplasm], *s.m. Biol:* Protoplasm.
prototype [prɔtɔtip], *s.m.* Prototype.
prototypique [prɔtɔtipik], *a.* Prototypal, prototypic(al).
protoxyde [prɔtɔksid], *s.m. Ch:* Protoxide. monoxide. **P. d'azote,** nitrous oxide.
protozoaire [prɔtɔzɔɛːr], *s.m. Z:* Protozoan. **Les protozoaires,** the protozoa.
protrusion [prɔtryzjɔ̃], *s.f:* Protrusion.
protubérance [prɔtyberɑ̃ːs], *s.f.* Protuberance; (solar) prominence; knob (on stick). *Anat:* **Protubérances du crâne,** bumps of the cranium.
protubérant [prɔtyberɑ̃], *a.* Protuberant.
protuteur, -trice [prɔtytœːr, -tris], *s. Jur:* Acting guardian.
prou [pru], *adv. A:* Much; many. (**Still used in**) **Peu ou p.,** more or less; not much; not many. **Ni peu ni p.,** not at all; none at all.
proue [pru], *s.f.* Prow, stem, bows (of ship).
prouesse [pruɛs], *s.f.* **1.** Prowess, valour. **2. Prouesse (sportive, etc.),** achievement (in sport, etc.).
prouver [pruve], *v.tr.* **1.** To prove (fact). **P. le bien-fondé d'une réclamation,** to substantiate a claim; to make good one's claim. **P. une accusation contre qn,** to bring a charge home to s.o. *F:* **P. clair comme le jour que . . .,** to make it as clear as daylight that. . . . **2. P. sa capacité,** to give proof, show proof, of (one's) capacity.
provenance [prɔvnɑ̃ːs], *s.f.* Source, origin. **De p. anglaise,** of English origin. **Train en p. du Midi,** train from the South.
provençal, -aux [prɔvɑ̃sal, -o]. **1.** *a. & s.* Provençal; of Provence. **2.** *s.m.Ling:* Provençal.
provende [prɔvɑ̃ːd], *s.f. Husb:* Provender, fodder.
provenir [prɔvniːr], *v.i.* (Conj. like VENIR) To proceed, result, arise, come (**de,** from); to originate (**de,** in). **Les enfants provenant, provenus, de ce mariage,** the children issuing from this marriage.
proverbe [prɔvɛrb], *s.m.* Proverb. **Passer en p.,** to become a proverb; to become proverbial.
proverbial, -aux [prɔvɛrbjal, -o], *a.* Proverbial. *adv.* **-ement.**
providence [prɔvidɑ̃ːs], *s.f.* Providence. **Aller contre la p.,** to fly in the face of providence. **L'État P.,** the Welfare State.
providenti|el, -elle [prɔvidɑ̃sjɛl], *a.* Providential. *adv.* **-ellement.**
provign|er [prɔviɲe], *v.tr.* To layer (vine). *s.m.* **-age.** *s.m.* **-ement.**
provin [prɔvɛ̃], *s.m. Vit:* Layered branch or stock.
province [prɔvɛ̃ːs], *s.f.* **1.** *A.Adm:* Province. **2. La p.** the provinces, the country. **Vivre en p.,** to live in the provinces. **Vie de p.,** provincial life. **De p.,** small-townish. **Cousin de p.,** country cousin. **Aller en p.,** to leave Town.
provincial, -aux [prɔvɛ̃sjal, -o]. **1.** *a.* Provincial; countrified (manners); small-townish, *Pej:* parochial. **2.** (*a*) *s.* Provincial (man, or woman of the country). (*b*) *s.m. Ecc:* Provincial.
provincialisme [prɔvɛ̃sjalism], *s.m.* Provincialism; esp. word or phrase peculiar to a province.
proviseur [prɔvizœːr], *s.m.* Head-master (of a *lycée*).
provision [prɔvizjɔ̃], *s.f.* **1.** Provision, store, stock, supply. **Faire p. de charbon,** to lay in a stock of coal. **Aller aux provisions,** to go shopping. **Sac à provisions,** shopping-bag. **Provisions de guerre,** munitions. **2.** *Jur:* **Jugement par p.,** provisional judgment. **3.** *Com:* Funds, cover, reserve, margin. **Verser une p., des provisions; verser une somme par p.,** to pay in a sum as a security; to pay a deposit. **Faire p. pour une lettre de change,** to provide for a bill. **Insuffisance de p.,** insufficient funds (to meet cheque, etc.). **Chèque sans p.,** *F:* dud, bouncing, cheque.
provisionnel, -elle [prɔvizjɔnɛl], *a.* **1.** *A:* = PROVISOIRE. **2.** *Jur:* Provisional (division of estate, etc.) *adv.* **-lement.**
provisoire [prɔvizwaːr], **1.** *a.* Provisional; acting (manager, etc.); temporary. **Nommé à titre p.,** appointed provisionally. **Dividende p.,** interim dividend. **Habitation p.,** emergency dwelling. **2.** *s.m.* Sth. temporary. *F:* **S'installer dans le p.,** to treat sth. temporary as permanent. *adv.* **-ment.**

provisorat [prɔvizɔra], *s.m.* Head-mastership (of a *lycée*).
provocant [prɔvɔkɑ̃], *a.* Provocative. **1.** Aggressive. **2.** Tantalizing, alluring, lascivious.
provocateur, -trice [prɔvɔkatœːr, -tris]. **1.** *a.* Provocative. **Agent p.,** agent provocateur. **2.** *s.* (*a*) Aggressor. (*b*) Instigator.
provocation [prɔvɔkasjɔ̃], *s.f.* **1.** Provocation. **Lancer des provocations à qn,** to hurl defiance at s.o. **P. en duel,** challenge to a duel. **2.** Instigation. **P. au crime,** inciting to crime.
provoquer [prɔvɔke], *v.tr.* **1.** To provoke. **P. qn en duel,** to challenge s.o. to a duel. **2.** To induce, instigate. **P. qn au crime,** to incite s.o. to crime. **3.** To cause, bring about. **P. un appel d'air,** to create a draught. **P. la sueur,** to induce perspiration. **P. une explosion,** to give rise to, to cause, an explosion. S.a. INCENDIE. **P. la curiosité de tous,** to arouse universal curiosity. **P. la gaieté,** to cause, provoke, mirth. **P. un sourire,** to raise a smile. **P. des commentaires,** to give rise to comments.
proxénète [prɔksenɛt], *s.m. & f.* Procurer, procuress; pander; white-slaver.
proxénétisme [prɔksenetism], *s.m.* Procuring; the white slave traffic.
proximité [prɔksimite], *s.f.* **1.** Proximity, nearness, propinquity. **A p.,** near at hand, close by. **A p. de . . .,** close to. . . . **2. P. du sang,** near relationship.
proyer [prwaje], *s.m. Orn:* **(Bruant) p.,** bunting.
prude [pryd]. **1.** *a.* Prudish. **2.** *s.f.* Prude.
prudence [prydɑ̃ːs], *s.f.* Prudence, carefulness. **Agir avec p.,** to use discretion. *Prov:* **P. est mère de sûreté,** 'safety first!'
prud|ent [prydɑ̃], *a.* Prudent, discreet; advisable. **Il faut être très p. en . . .,** the greatest care must be taken in. . . . *adv.* **-emment.**
pruderie [prydri], *s.f.* Prudery, prudishness.
prud'homme [prydɔm], *s.m.* **1.** *A:* Man of experience and integrity. **2.** *Ind:* **Conseil des prud'hommes,** conciliation board.
prudhommerie [prydɔmri], *s.f.* Pomposity, sententiousness.
prudhommesque [prydɔmɛsk], *a.* Pompous, sententious.
pruine [prɥin], *s.f.* Bloom (on fruit).
prune [pryn], *s.f.* Plum. **P. de damas,** damson. **P. de Reine-Claude,** greengage. *F:* **Ce n'est pas pour des prunes que . . .,** it is not for nothing that. . . . **Compter pour des prunes,** not to count for anything. *a.inv..* Plum-coloured.
pruneau [pryno], *s.m.* **1.** Prune, dried plum. **2.** *P:* (*a*) Bruise; black eye. (*b*) (Rifle-)bullet.
prunelle [prynɛl], *s.f.* **1.** *Bot:* (*a*) Sloe. (*b*) Prunella, self-heal. **2.** Pupil, apple (of the eye). *F:* **Chérir qn comme la p. de ses yeux,** to cherish s.o. like the apple of one's eye. **Jouer de la p.,** to ogle. **3.** *Tex:* Prunella.
prunellier [prynɛlje], *s.m.* Blackthorn, sloe-tree.
prunier [prynje], *s.m.* Plum-tree.
Prusse [prys]. *Pr.n.f. Geog:* Prussia. **Bleu de P.,** Prussian blue. *F:* **Aller voir le Roi de P.,** to have a look at the plumbing.
prussiate [prysjat], *s.m. Ch:* Prussiate, cyanide.
prussien, -ienne [prysjɛ̃, -jɛn], *a. & s.* Prussian.
prussique [prysik], *a. Ch:* Prussic (acid).
prytanée [pritane] *s.m.* **1.** *Gr.Ant:* Prytaneum. **2. Le P. militaire de La Flèche,** the Military School of La Flèche (for sons of soldiers).
psalmiste [psalmist], *s.m.* Psalmist.
psalmodie [psalmɔdi], *s.f.* **1.** (*a*) *Ecc:* Intoning. (*b*) *F:* Singsong, droning. **2.** Intoned psalm.
psalmodier [psalmɔdje]. **1.** *v.i.* To intone, to chant; to psalmodize. **2.** *v.tr.* To intone (office, etc.); *F:* to recite (sth.) in a singsong manner.
psalmodique [psalmɔdik], *a.* Psalmodic.
psaltérion [psalterjɔ̃], *s.m.* Psaltery.
psaume [psoːm], *s.m.* Psalm.
psautier [psotje], *s.m.* Psalter, psalm-book.
pseudo-archaïque [psødoarkaik], *a.* Pseudo-archaic.
pseudo-membrane [psødomɑ̃bran], *s.f. Med:* Pseudo-membrane, false membrane.
pseudonyme [psødɔnim]. **1.** *a.* Pseudonymous. **2.** *s.m.* Pseudonym; assumed name; nom de plume. **Sous le p. de . . .,** signing himself. . . .
pseudo-rubis [psødorybi], *s.m.inv. Miner:* Rose quartz, Bohemian ruby.
pseudo-saphir [psødosafiːr], *s.m. Miner:* Blue quartz. *pl. Des pseudo-saphirs.*
psittacisme [psittasism], *s.m.* Psittacism, parrotry.
psittacose [psittakoːz], *s.f. Med:* Psittacosis; parrot disease.
psore [psɔːr], *s.f. Med:* Psora, itch.
psychanalyse [psikanaliːz], *s.f.* Psycho-analysis. (*In industry*) Human engineering.
psychanalyser [psikanalize], *v.tr.* To psychoanalyse.
psychanalyste [psikanalist], *s.m.* Psychoanalyst.
psychanalytique [psikanalitik], *a.* Psycho-analytic.
psychasthénie [psikasteni], *s.f. Med:* Psychasthenia.
Psyché [psiʃe]. **1.** *Pr.n.f. Gr.Myth:* Psyche. **2.** *s.f.* Cheval-glass, swing mirror.
psychédélique [psikedelik], *a.* Psychedelic.
psychiatre [psikjatr], *s.m.* Psychiatrist.
psychiatrie [psikjatri], *s.f.* Psychiatry.
psychiatrique [psikjatrik], *a.* Psychiatric.
psychique [psiʃik], *a.* Psychic(al).
psychisme [psiʃism], *s.m.* Psychism.
psychiste [psiʃist], *s.m.* Psychist.
psychoanalyse [psikoanaliːz], *s.f.* = PSYCHANALYSE.
psychodrame [psikɔdram], *s.m. Psy: Med:* Psychodrama.
psychogramme [psikɔgram], *s.m. Psychics:* Psychogram, psychograph, spirit-writing.
psychologie [psikɔlɔʒi], *s.f.* Psychology.
psychologique [psikɔlɔʒik], *a.* Psychological. **Le moment p.,** the psychological moment. *adv.* **-ment.**
psychologue [psikɔlɔg], *s.m.* Psychologist.
psychonévrose [psikɔnevroːz], *s.f.* Psychoneurosis.
psychopathe [psikɔpaːt], *s.* Psychopath.
psychopathie [psikɔpati] *s.f.* Psychopathy.
psychopathologie [psikɔpatɔlɔʒi], *s.f. Med:* Psychopathology.
psychophysiologie [psikɔfizjɔlɔʒi], *s.f.* Psychophysiology.
psychose [psikoːz], *s.f. Med:* Psychosis. **P. traumatique,** shell-shock. **P. de guerre,** war-scare.
psychosomatique [psikosɔmatik], *a. Med:* Psychosomatic.
psychotechnie [psikɔtɛkni], *s.f.*, **psychotechnique** [psikɔtɛknik], *s.f. & a.* **1.** *s.f.* Psychotechnology, psychotechnics. **2.** *a.* **Psychotechnique,** psychotechnical; psychotechnic.
psychothérapeute [psikɔterapøːt], *s.m.* Psychotherapist.
psychothérapeutique [psikɔterapøtik]. **1.** *a.* Psychotherapeutic. **2.** *s.f.* Psychotherapeutics.
psychothérapie [psikɔterapi], *s.f.* Psychotherapy.
psychromètre [psikrɔmɛtr], *s.m. Meteor:* Psychrometer.
ptérodactyle [pterɔdaktil], *s.m.* Pterodactyl.
ptérosaurien [pterɔsɔrjɛ̃], *s.m. Paleont:* Pterosaur.
ptolémaïque [ptɔlemaik], *a.* Ptolemaic.
Ptolémée [ptɔleme]. *Pr.n.m. A.Hist:* Ptolemy. *Astr:* **Système de P.,** Ptolemaic system.
ptomaïne [ptɔmain], *s.f. Ch: Physiol:* Ptomaine.
pu. See POUVOIR and PAÎTRE.
puant [pɥɑ̃], *a.* Stinking, ill-smelling, noisome. *F:* **Personnage p.,** (i) offensive person; (ii) individual eaten up with self-conceit. *Ch: F:* **Gaz p.,** hydrogen sulphide.
puanteur [pɥɑ̃tœːr], *s.f.* Stench; foul smell.
pubère [pybɛːr], *a.* Pubescent; who has arrived at puberty.
puberté [pybɛrte], *s.f.* Puberty.
pubescent [pybɛssɑ̃], *a.* Pubescent, downy.
pubien, -ienne [pybjɛ̃, -jɛn], *a. Anat:* Pubic.
pubis [pybis], *s.m. Anat:* Pubis, pubic bone.
public, -ique [pyblik]. **1.** *a.* Public; open (meeting). **Service p.,** public utility service. **La chose publique,** (i) the common weal, the public welfare; (ii) state, government, commonwealth. **Travailler pour le bien p.,** to work for the common good. **Force publique,** (civil) police. **La Dette publique,** the National Debt. *Adm:* **Le Ministère p.,** the public prosecutor. **2.** *s.m.* **Le p.,** the public, the people. **Le grand p.,** the general public. **En p.,** in public, publicly.
publicain [pyblikɛ̃], *s.m. Rom.Hist:* Tax-gatherer. *B:* Publican.

publication [pyblikasjɔ̃], *s.f.* Publication. **1.** Publishing. (*a*) Issue (of an order). **P. de vente aux enchères,** notice of sale by auction. (*b*) Publishing, bringing-out (of a book). **2.** Published work. **P. périodique,** periodical.
publiciste [pyblisist], *s.m.* Publicist.
publicitaire [pyblisitɛːr]. **1.** *a.* Concerned with publicity, advertising. **Une campagne p.,** an advertising campaign. **2.** *s.m.* Publicity man.
publicité [pyblisite], *s.f.* Publicity, advertising; build-up. **Faire de la p.,** to advertise. **Agent de p.,** advertising agent. **Exemplaires de p.,** press copies.
publi|er [pyblie], *v.tr.* To publish. **1.** To make known; to proclaim. **P. un ordre,** to issue an order. **P. la nouvelle que . . .,** to release the news that. . . . **2.** To bring out (book). **Ce journal est publié sur seize pages,** this paper runs to sixteen pages. *a.* **-able.**
publiquement [pyblikmɑ̃], *adv.* Publicly; in public; openly.
puce [pys]. **1.** *s.f.* Flea. **Piqûre de p.,** flea-bite. *F:* **Avoir la p. à l'oreille,** to be uneasy, suspicious. **Mettre la p. à l'oreille à qn,** to awaken s.o.'s suspicions. S.a. HERBE 4, MARCHÉ 2, SECOUER 1. **2.** *a.inv.* Puce (-coloured).
puceau, -elle [pyso, -ɛl], **1.** *a.* Virgin. **2.** *s.m.* Virgin. **3.** *s.f.* Maid(en), virgin. *Hist:* **La P. d'Orléans,** the Maid of Orleans.
puceron [pysrɔ̃], *s.m.* Plant-louse, green-fly.
pucier [pysje], *s.m. P:* Bed; flea-bag.
puddl|er [pydle], *v.tr. Metall:* To puddle. *s.m.* **-age.** *s.m.* **-eur.**
pudeur [pydœːr], *s.f.* Modesty; sense of decency. **Sans p.,** unblushing(ly), shameless(ly). **Rougir de p.,** to blush for shame.
pudibond [pydibɔ̃], *a.* Easily shocked; prudish.
pudibonderie [pydibɔ̃dri], *s.f.* False modesty; prudishness.
pudicité [pydisite], *s.f.* Chastity, modesty, modest instincts.
pudique [pydik], *a.* Modest; chaste.
pudiquement [pydikmɑ̃], *adv.* Modestly; with natural delicacy.
puer [pɥe], *v.i.* To stink, smell. **P. l'ail,** to smell, stink, of garlic.
puériculteur, -trice [pɥerikyltœːr, -tris]. **1.** *s.* Specialist in infant welfare. **2.** *s.f.* **Puéricultrice,** nursery nurse.
puériculture [pɥerikyltyːr], *s.f.* Rearing of children; child welfare. **P. prénatale,** ante-natal care. **P. sociale,** infant, child, welfare.
puéril [pɥeril], *a.* Puerile, childish. *adv.* **-ement.**
puérilité [pɥerilite], *s.f.* Puerility. **1.** Childishness. **2.** Childish act, speech.
puerpéral, -aux [pɥɛrpɛral, -o], *a. Med:* Puerperal (complications, etc.).
puffin [pyfɛ̃], *s.m. Orn:* Shearwater.
pugilat [pyʒila], *s.m.* **1.** Pugilism, boxing. **2.** *F:* Fight, set-to.
pugiliste [pyʒilist], *s.m.*. Pugilist, boxer.
pugilistique [pyʒilistik], *a.* Pugilistic.
pugnace [pygnas], *a.* Pugnacious.
pugnacité [pygnasite], *s.f.* Pugnaciousness.
puîné, -ée [pɥine], *a.* Younger (brother or sister).
puis[1] [pɥi], **puisse.** See POUVOIR.
puis[2], *adv.* (*a*) Then, afterwards, next. (*b*) Besides. **Et p.,** (i) and then; (ii) moreover; and besides. **Et p. après?** (i) what then? what next? (ii) *P:* what about it?
puisard [pɥizaːr], *s.m.* Sunk draining trap; cesspool. *Min: Mch:* Sump.
puisatier [pɥizatje], *s.m.* **1.** (*a*) Well-sinker. (*b*) *Min:* Shaft-sinker. **2.** *Min:* Sumpman.
puis|er [pɥize], *v.tr.* (*a*) To draw (water) (**à, dans,** from). *F:* **Il n'y a qu'à y p.,** you have only to put out your hand. (*b*) **P. une idée chez un auteur,** to take, derive, an idea from an author. *Abs.* **P. à la source, aux sources,** to go to the source, to the fountain-head. *s.m.* **-age.** *s.m.* **-ement.**
puisette [pɥizɛt], *s.f. A:* Dipper, scoop.
puisoir [pɥizwaːr], *s.m. Ind:* Ladle. *Agr:* **P. à purin,** liquid manure scoop.
puisque [pɥisk(ə)], *conj.* (**Puisqu'** before **il(s), elle(s), on, en, un(e),** and to-day frequently before any initial vowel) Since, as, seeing that. **Je le ferai, puisqu'il le faut,** I shall do it, since I must. *F:* **P. je te dis que je l'ai vu!** but I tell you I saw it!
puissance [pɥisɑ̃ːs], *s.f.* Power. **1.** Force (of habit); strength (of the wind). **P. d'une machine,** power of an engine. *Mec:* **P. vive,** kinetic energy ($\frac{1}{2}mv^2$). **P. en chevaux,** horse-power. **P. au frein,** brake-power. **P. fiscale d'une auto,** Treasury rating of a car. **A toute p.,** at full power. S.a. MASSIQUE. *W.Tel:* **Poste émetteur de haute p.,** high-power broadcasting station. *Mth:* **P. d'un nombre,** power of a number. **Élever un nombre à la nième p.,** to raise a number to the nth (power). **2.** Sway, authority. **Avoir qn en sa p.,** to have s.o. in one's power. **Être en p. de mari,** to be under a husband's control. **P. paternelle,** paternal authority. **3.** (*a*) *Pol:* **Les Grandes Puissances,** the Great Powers. **Les puissances européennes,** the European Powers. (*b*) **Les puissances célestes,** the Powers above. **4. En p.,** potentially.
puiss|ant [pɥisɑ̃]. **1.** *a.* (*a*) Powerful, mighty, strong. **Homme p.,** strong man. **Puissante machine,** powerful machine. (*b*) **Remède p.,** potent remedy. **En p. relief,** in bold relief. **Une des plus puissantes maisons du pays,** one of the leading firms of the country. **2.** *s.* **Les puissants de la terre,** the mighty ones of the earth. S.a. TOUT-PUISSANT. *adv.* **-amment.**
puits [pɥi], *s.m.* **1.** Well, hole. *Geol:* **P. naturel,** swallow-hole. **P. de sondage,** boring. **P. artésien,** artesian well. **P. à ciel ouvert,** open well. **Eau de p.,** well-water. **P. absorbant, p. perdu,** cesspool. **C'est un p. de science,** he is a fount of knowledge. S.a. JAILLISSANT. **2.** (*a*) Shaft, pit (of mine). **P. d'aérage.** air-shaft. **P. d'extraction,** winding-shaft. (*b*) *Ind:* **P. de montage,** erecting pit. **3.** *Ball:* **P. de lancement,** launching silo.
pull-over [pulovɛːr], *F:* **pull** [pul], *s.m. Cost:* Pullover.
pullulation [pyllylasjɔ̃], *s.f.*, **pullulement** [pyllylmɑ̃], *s.m.* (*a*) Pullulation, rapid multiplication (of animals, etc.). (*b*) *F:* Swarming.
pulluler [pyllyle], *v.i.* To pullulate. (*a*) To multiply rapidly. (*b*) To be found in profusion; to swarm.
pulmonaire [pylmɔnɛːr]. **1.** *a.* Pulmonary, pulmonic. **Congestion p.,** congestion of the lungs. **2.** *s.f. Bot:* Lungwort.
pulpation [pylpasjɔ̃], *s.f. Pharm: etc:* Pulping (of a substance).
pulpe [pylp], *s.f.* **1.** Pulp. **Réduire qch. en p.,** to reduce sth. to a pulp; to pulp sth. **2.** Pad (of finger or toe). **P. dentaire,** dental pulp.
pulper [pylpe], *v.tr.* To pulp.
pulpeux, -euse [pylpø, -øːz], *a.* Pulpy; pulpous.
pulsatif, -ive [pylsatif, -iːv], *a.* Pulsatory; throbbing (pain).
pulsatille [pylsatiːj], *s.f. Bot:* Pulsatilla, pasque-flower.
pulsation [pylsasjɔ̃], *s.f.* Pulsation. **1.** Throbbing; beating (of the heart, etc.). **2.** Throb; (heart-)beat.
pulsatoire [pylsatwaːr], *a.* Pulsatory.
pulse [pyls], *s.m. El:* (Radar) pulse.
pulsimètre [pylsimɛtr], *s.m. Med:* Pulsimeter.
pulsomètre [pylsɔmɛtr], *s.m. Ind:* Pulsometer, pulsator; (steam-condensing) vacuum-pump.
pulsoréacteur [pylsɔreaktœːr], *s.m. Av:* Aeropulse, aeroresonator, pulso-jet; reso-jet.
pulvérisable [pylverizabl], *a.* (*a*) Pulverizable. (*b*) (Liquid) that may be sprayed or atomized.
pulvérisateur [pylverizatœːr], *s.m.* (*a*) Pulverizer. (*b*) Atomizer; sprayer, vaporizer.
pulvérisation [pylverizasjɔ̃], *s.f.* (*a*) Pulverization, crushing. (*b*) Atomization, spraying (of liquids).
pulvériser [pylverize], *v.tr.* (*a*) To pulverize; to grind, reduce, (substance) to powder. *F:* **P. qn,** to pulverize s.o.; to knock s.o. into a cocked hat. *Sp:* To smash (records). (*b*) To spray, atomize (liquid). *I.C.E:* **P. l'essence,** to atomize the petrol.
pulvériseur [pylverizœːr], *s.m. Agr:* Disk-harrow.
pulvérulence [pylverylɑ̃ːs], *s.f.* Powderiness, dustiness.
pulvérulent [pylverylɑ̃], *a.* Pulverulent, powdery.
puma [pyma], *s.m. Z:* Puma, cougar.
pûmes. See POUVOIR.
punaise [pynɛːz], *s.f.* **1.** *Ent:* Bug. **P. des lits,** bed-bug, house-bug. **P. des bois,** *U.S:* stink bug. *F:* **P. de sacristie,** bigoted church-woman. **2.** Drawing-pin.
punch[1] [pɔ̃ːʃ], *s.m. Cu:* Punch. **Bol à p.,** punch-bowl.
punch[2] [pœnʃ], *s.m. Box:* Punch.
punique [pynik], *a. Hist:* Punic (war, etc.). **Foi p.,** Punic faith; treachery.

pun|ir [pyni:r], *v.tr.* To punish; to avenge (crime). **P. qn de mort, de prison,** to punish s.o. with death, with imprisonment. **Être puni par où l'on a péché,** to reap what one has sown. *Mil:* **Homme puni,** defaulter. *a.* **-issable.** *s.* **-isseur, -euse.**
punitif, -ive [pynitif, -i:v], *a.* Punitive. **Expédition punitive,** punitive expedition.
punition [pynisjɔ̃], *s.f.* **1.** Punishing; punishment. **Donner une p. à qn,** to inflict a punishment, a penalty, on s.o. **Par, pour, p.,** for, by way of, punishment; as a punishment. **2.** *Games:* Forfeit.
pupe [pyp], *s.f. Ent:* **1.** Pupa-case. **2.** Pupa, chrysalis.
pupillaire [pypillɛ:r], *a.* **1.** *Jur:* Pupil(l)ary, pertaining to a ward. **2.** *Anat:* Pupil(l)ary (membrane, etc.).
pupillarité [pypillarite], *s.f. Jur:* Pupil(l)age, ward-ship.
pupille[1] [pypil]. **1.** *s.m. & f.* (*a*) *Jur:* Ward. (*b*) Child in orphanage; boy on training-ship, etc. **Les pupilles de la Nation,** war orphans. **Pupilles de l'Assistance publique,** orphans, foundlings. **2.** *s.f.* **Enfant en p.,** child in pupilage.
pupille[2], *s.f.* Pupil, *F:* apple (of the eye).
pupitre [pypi:tr], *s.m.* **1.** Desk. **P. à musique,** music-stand, -desk. **2.** (Wine-bottle) rack. **3.** *Mus:* Group (of instruments). **Chef de p.,** leader (of a group).
pur [py:r], *a.* Pure. **1. Or p.,** pure gold. **Vin p.,** wine without water. **Liquide p. de tout mélange,** liquid free from all admixture. **P. hasard,** pure chance, mere chance. **La pure vérité,** the simple, plain, honest, unvarnished, truth. **P. coquin,** downright rogue. **Par pure malice,** out of pure, sheer, malice. S.a. SANG 2. **2.** (Free from taint) **Air p.,** pure air. **Ciel p.,** clear sky. **Conscience pure,** clear conscience. *s. Pol: etc:* **Un p.,** an uncompromising member of a party, a die-hard. *adv.* **-ement.**
purée [pyre], *s.f. Cu:* (*a*) Mash. **P. de pommes de terre,** mashed potatoes. (*b*) Thick soup; purée. *P:* **Être dans la p.,** to be down on one's luck; to be in the soup.
purent. See POUVOIR.
pureté [pyrte], *s.f.* Purity; pureness; clearness (of the sky).
purgatif, -ive [pyrgatif, -i:v], *a. & s.m. Med:* Purgative.
purgation [pyrgasjɔ̃], *s.f.* Purging, purgation.
purgatoire [pyrgatwa:r], *s.m. Theol:* Purgatory.
purge [pyrʒ], *s.f.* **1.** (*a*) Purge, purgative. (*b*) Disinfection (of goods). (*c*) *Tex:* Cleaning (of silk thread). (*d*) *Pol:* Purge. **2.** *Mch:* Blow-off, draining. **Robinet de p.,** blow-off cock, drain-cock. **Vis de p.,** bleed screw. **3.** Paying off, redemption (of mortgage).
purgeoir [pyrʒwa:r], *s.m.* Purifying-tank, filtering-tank (for water-supply).
purger [pyrʒe], *v.tr.* (**je purgeai(s); n. purgeons**) To purge, clean, cleanse, clear. (*a*) **P. un malade,** to purge a patient. **P. les intestins,** to clear out the bowels. (*b*) **P. l'or,** to refine gold. **P. un pays de voleurs,** to rid the country of bandits. (*c*) **P. ses terres de dettes,** to clear, disencumber, one's estate of debt. **Se p. d'une accusation,** to clear oneself of an accusation. **P. une hypothèque,** to redeem, pay off, a mortgage. *Nau:* **P. la quarantaine,** to clear one's quarantine. S.a. CONDAMNATION 1. (*d*) *Mch:* To blow off, blow out, drain (cylinder, etc.); to bleed (pipe).
se purger, to take a purgative, a laxative; *F:* to take medicine.
purgeur [pyrʒœ:r], **1.** *a.* Purging, cleansing. *Mch:* **Robinet p.,** (i) drain-cock, waste-cock; (ii) air-cock. **2.** *s.m.* Purger, cleanser, purifier. *Ind:* **P. de gaz,** gas purifier. *Mch:* **P. de vapeur,** blow-off gear; steam trap. **P. d'air,** air-cock.
purificateur, -trice [pyrifikatœ:r, -tris]. **1.** *a.* Purifying, cleansing. **2.** *s.* Purifier, cleanser.
purification [pyrifikasjɔ̃], *s.f.* Purification; cleansing (of the blood, etc.).
purifier [pyrifje], *v.tr.* To purify, cleanse; to sweeten (air, water); to refine (metal).
se purifier, to become pure; to purify.
purin [pyrɛ̃], *s.m.* Liquid manure. **Fosse à p.,** manure pit or sump.
purisme [pyrism], *s.m.* Purism (of language).
puriste [pyrist]. **1.** *s.m.* Purist. **2.** *a.* Puristical.
puritain, -aine [pyritɛ̃, -ɛn], *s.* Puritan. *adv.* **-ement.**
puritanisme [pyritanism], *s.m.* Puritanism.
purotin, -ine [pyrɔtɛ̃, -in], *s. P:* Hard-up, impecunious, person.
purpura [pyrpyra], *s.m. Med: Vet:* Purpura, *F:* purples.
purpurin [pyrpyrɛ̃], *a.* (*a*) (Approaching to) crimson. (*b*) Purplish.
pur-sang [pyrsɑ̃], *s.m.inv.* Thoroughbred (horse, dog).
purulence [pyrylɑ̃:s], *s.f. Med:* Purulence, purulency.
purulent [pyrylɑ̃], *a. Med:* Purulent. **Foyer p.,** abscess.
pus[1] [py], *s.m. Med:* Pus, matter.
pus[2]. See POUVOIR.
pusillanime [pyzillanim], *a.* Pusillanimous; faint-hearted.
pusillanimité [pyzillanimite], *s.f.* Pusillanimity; faint-heartedness.
puss-e, -ent. See POUVOIR.
pustule [pystyl], *s.f.* Pustule; *F:* pimple.
pustuleux, -euse [pystylø, -ø:z], *a. Med:* Pustulous; *F:* pimply.
put. See POUVOIR.
putain [pytɛ̃], *s.f. V:* Whore, prostitute.
putat|if, -ive [pytatif, -i:v], *a.* Putative, supposed, presumed. *adv.* **-ivement.**
pute [pyt], *s.f.* = PUTAIN.
pûtes. See POUVOIR.
putois [pytwa], *s.m.* Polecat, fitchet. **P. d'Amérique,** skunk. *F:* **Crier comme un p.,** to squeal like a pig.
putréfactif, -ive [pytrefaktif, -i:v], *a.* Putrefactive.
putréfaction [pytrefaksjɔ̃], *s.f.* Putrefaction.
putréfi|er [pytrefje], *v.tr.* To putrefy. *a.* **-able.**
se putréfier, to putrefy; to become putrid.
putrescence [pytrɛssɑ̃:s], *s.f.* Putrescence.
putrescent [pytrɛssɑ̃], *a.* Putrescent.
putrescible [pytrɛssibl], *a.* Putrescible.
putride [pytrid], *a.* Putrid, tainted. **Fermentation p.,** putrefactive fermentation.
putridité [pytridite], *s.f.* Putridity, putridness.
puy [pɥi], *s.m. Dial:* (In Auvergne) Peak.
puzzle [pyzl], *s.m.* (Jig-saw) puzzle.
pyélite [pjelit], *s.f. Med:* Pyelitis.
pygmée [pigme], **1.** *s.m. & f.* Pygmy. **2.** *a.* Pygmy.
pyjama [piʒama], *s.m.* Pyjamas, *U.S:* pajamas. **Un p.,** a pair of pyjamas.
pylône [pilo:n], *s.m.* **1.** Pylon (of Egyptian temple). **2.** Pylon(e); tower (conveying electric power, etc.); lattice-mast (supporting telegraph-wires, etc.). **Grue à p.,** tower-crane.
pyorrhée [pjɔre], *s.f. Med:* Pyorrhea.
pyramidal, -aux [piramidal,-o], *a.* Pyramidal. *A: F:* **Succès p.,** tremendous, colossal, success. *adv.* **-ement.**
pyramide [piramid], *s.f.* Pyramid.
pyrénéen, -enne [pireneɛ̃, -ɛn], *a.* Pyrenean.
Pyrénées (les) [lepirene]. *Pr.n.f.pl. Geog:* The Pyrenees.
pyrèthre [pirɛtr], *s.m. Bot:* (*a*) Feverfew; *Pharm:* pyrethrum. (*b*) Pellitory of Spain. **Poudre de p.,** pyrethrum-powder, insect-powder.
pyrex [pirɛks], *s.m. Glassm: R.t.m:* Pyrex.
pyrexie [pirɛksi], *s.f.* Pyrexia, feverishness.
pyrite [pirit], *s.f.* (Iron) pyrites. **P. de cuivre,** copper pyrites.
pyriteux, -euse [piritø, -ø:z], *a.* Pyritic, pyritous.
pyrogallique [pirɔgallik], *a. Ch:* Pyrogallic. **Acide p.,** *F:* pyro.
pyrogravure [pirɔgravy:r], *s.f.* Poker-work.
pyrolâtrie [pirɔlatri], *s.f.* Fire-worship, pyrolatry.
pyromane [pirɔman], *s.m. & f: Psy: Med:* Pyromaniac.
pyromanie [pirɔmani], *s.f. Psy: Med:* Pyromania.
pyromètre [pirɔmɛtr], *s.m.* Pyrometer.
pyrosis [pirɔzis], *s.m. Med:* Pyrosis, heartburn.
pyrotechnicien [pirɔtɛknisjɛ̃], *s.m.* Pyrotechnist; explosives expert.
pyrotechnie [pirɔtɛkni], *s.f.* Pyrotechnics.
pyrotechnique [pirɔtɛknik], *a.* Pyrotechnic(al).
Pythagore [pitago:r]. *Pr.n.m. Gr.Phil:* Pythagoras. **Théorème de P.,** Pythagoras' theorem.
pythie [piti] *s.f. Gr.Ant:* Pythoness.
python [pitɔ̃], *s.m. Gr.Ant: Myth: Z:* Python.
pythonisse [pitɔnis], *s.f.* Pythoness.
pyxide [piksid], *s.f.* **1.** *Z:* Pyxis. **2.** *Bot:* Pyxidium, pyxis.

Q, q [ky], *s.m.* (The letter) Q, q. *Tp:* **Q comme Quintal**, Q for Queenie.
qu' = QUE[1, 2, 3], before a vowel or h 'mute.'
quadragénaire [kwadraʒenɛːr], *a.* & *s.* Quadragenarian.
quadragésimal, -aux [kwadraʒezimal, -o], *a.* Quadragesimal; lenten (fast, etc.).
Quadragésime [kwadraʒezim], *s.f.* *Ecc:* **(Le dimanche de) la Q.**, Quadragesima (Sunday); the first Sunday in Lent.
quadrangulaire [kwadrɑ̃gylɛːr], *a.* Quadrangular, four-angled.
quadrant [k(w)adrɑ̃], *s.m.* *Mth:* Quadrant.
quadratique [kwadratik], *a.* **1.** *Mth:* Quadratic. **2.** *Cryst:* Quadratic, tetragonal.
quadrature [kwadratyːr], *s.f.* Quadrature; squaring (esp. of the circle). *F:* **Chercher la q. du cercle**, to try to square the circle; to attempt the impossible. **Marées de q.**, neap tides, *F:* neaps.
quadriennal, -aux [kwadriɛnnal, -o], *a.* Quadrennial. **1.** Lasting for four years. **2.** Occurring every four years.
quadrifide [kwadrifid], *a.* Quadrifid, four-cleft.
quadrifolié [kwadrifɔlje], *a.* Quadrifoliate.
quadrige [kwadriːʒ], *s.m.* *Rom.Ant:* Quadriga.
quadrijumeaux [kwadriʒymo], *a.m.pl.* *Anat:* **Tubercules q.**, the quadrigeminal bodies (of the brain).
quadrilatéral, -aux [kwadrilateral, -o], *a.* Quadrilateral, four-sided.
quadrilatère [kwadrilatɛːr], *a.* & *s.m.* Quadrilateral.
quadrillage [kadrijaːʒ], *s.m.* **1** Squaring (of paper, map). **2.** (Pattern of) squares; chequer-work.
quadrille [kadriːj], *s.m.* **1.** Quadrille (dance, air); set of quadrilles. **2.** (Bull-fighting) The matador and his assistants. **3.** A troop of horse in a tournament. **4.** *Cards:* Game of quadrille.
quadrillé [kadrije], *a.* Squared, cross-ruled; checked, chequered. **Carte quadrillée**, grid map.
quadriller [kadrije], *v.tr.* To rule in squares; to cross-rule.
quadrimoteur, -trice [kwadrimɔtœːr -tris], *(a)* *a.* Four-engined. *(b)* *s.m.* *Av:* Four-engined aircraft.
quadriréacteur [kwadrireaktœːr], *s.m.* *Av:* Four-engined jet aircraft.
quadrisyllabe [kwadrisillab], *s.m.* Quadrisyllable.
quadrisyllabique [kwadrisillabik], *a.* Quadrisyllabic.
quadrumane [kwadryman]. **1.** *a.* Quadrumanous, four-handed. **2.** *s.m.* Quadrumane.
quadrupède [kwadrypɛd]. **1.** *a.* Four-footed. **2.** *s.m.* Quadruped.
quadruple [kwadrypl], *a.* & *s.m.* Quadruple, fourfold. **Être payé au q.**, to be repaid fourfold.
quadrupler [kwadryple], *v.tr.* & *i.* To quadruple; to increase fourfold.
quadruplés [kwadryple], *s.m.pl.* Quadruplets, *F:* quads.
quai [ke], *s.m.* *(a)* Quay, wharf, pier. **Propriétaire de q.**, wharfinger. **A q.**, alongside the quay. **Amener un vaisseau à q.**, to berth a ship. *(b)* Embankment (along river). **Le Q. d'Orsay**, the French Foreign Office. *(c)* *Rail:* Platform. **Le train est à q.**, the train is in. **Sur quel q. part le train?** from what platform does the train leave? **"Accès aux quais,"** 'To the trains.'
quaker, -esse [kwakɛːr, -krɛs; kwɛ-], *s.* Quaker, member of Society of Friends.
quakerisme [kwakrism, kwɛ-], *s.m.* Quakerism.
qualifiable [kalifjabl], *a.* That may be characterized (de, as). **Conduite peu q.**, unwarrantable conduct.
qualificatif, -ive [kalifikatif, -iːv], *a.* Qualifying, qualificative (adjective, etc.); epithet (adjective).
qualification [kalifikasjɔ̃], *s.f.* **1.** *(a)* Qualification. **Q. de faussaire**, calling s.o. a forger. *(b)* *Gram:* Qualifying (of noun, etc.). *(c)* *Fin:* Qualifying (by acquisition of shares). **2.** Designation, name, title. **S'attribuer la q. de colonel**, to call oneself a colonel.
qualifié [kalifje], *a.* *(a)* **Q. pour faire qch.**, qualified to do sth. **Ouvriers qualifiés**, skilled workmen. *(b)* **Personne qualifiée**, (i) qualified person; (ii) person of rank, of standing. *(c)* *Jur:* **Crime q.**, aggravated crime.
qualifier [kalifje], *v.tr.* **1.** To style, call, term, qualify. **Q. qn de son titre, de son grade**, to address or designate s.o. by his correct title. *F:* **Q. qn de charlatan, de menteur**, to call s.o. a quack, a liar. **Conduite qu'on ne saurait q.**, unspeakable conduct. **2.** *Gram:* To qualify.
se qualifier. **1.** **Se q. colonel**, to call, style, oneself colonel. **2.** **Se q. pour une fonction**, to qualify for an office.
qualitat|if, -ive [kalitatif, -iːv], *a.* *Ch:* **Analyse qualitative**, qualitative analysis. *adv.* **-ivement.**
qualité [kalite], *s.f.* **1.** Quality. *(a)* Degree of excellence. **Article de bonne q.**, good(-quality) article. **Vin de première q.**, choice wine. *(b)* Excellence. **Personne qui a beaucoup de qualités**, person who has many good qualities. **2.** Quality, property (of sth.). **Qualités fébrifuges**, antifebrile properties. **3.** Qualification, capacity, profession, occupation. **Décliner ses titres et qualités**, to enumerate one's titles and qualifications; to introduce oneself. **Il nous révéla sa q. de prêtre**, he disclosed the fact that he was a priest. **Agir en q. de tuteur**, to act in one's capacity as guardian. **Avoir q. pour agir**, to have authority to act. **4.** Title, rank.
quand [kɑ̃]. When. **1.** *conj.* *(a)* **Je lui en parlerai q. je le verrai**, I'll mention it to him when I see him. *F:* **Q. je vous le disais!** didn't I tell you so! *(b)* **Q. (même).** (i) Even if, even though, although. **Q. (même) il me l'affirmerait je n'en croirais rien**, even if he assured me of it I wouldn't believe it. (ii) **Je le ferai q. même**, I'll do it all the same, notwithstanding, in spite of all. **2.** *adv.* **Q. viendra-t-il?** when will he come? **N'importe q.**, no matter when; (at) any time. **Jusqu'à q. serez-vous à Paris?** till when, how long, will you be in Paris? **Depuis q. êtes-vous à Paris?** how long, since when, have you been in Paris? **A q. la noce?** when is the wedding to be? **De q. est ce journal?** what is the date of this paper?
quant[1] [kɑ̃], *a.* *A:* (Used in the phr.) **Toutes et quantes fois que . . .**, whenever . . .; every time that. . . .
quant[2] [kɑ̃t], *adv.* (Always followed by **à**) **Q. à qn, à qch.**, as to, as for, as regards, with respect to, with regard to, s.o., sth. **Q. à moi**, for my part, as for me.
quant-à-moi [kɑ̃tamwa], *s.m.inv.*, **quant-à-soi** [kɑ̃taswa], *s.m.inv.* Dignity, reserve. **Se mettre, se tenir, sur son q.-à-m., sur son q.-à-s.; prendre, tenir, garder, son q.-à-s.**, to stand on one's dignity; to be stand-offish; to keep oneself to oneself.
quantième [kɑ̃tjɛm], *s.m.* Day of the month.
quantitat|if, -ive [kɑ̃titatif, -iːv], *a.* *Ch:* **Analyse quantitative**, quantitative analysis.
quantité [kɑ̃tite], *s.f.* Quantity. **Q. d'eau tombée**, rainfall. S.a. MOUVEMENT 1. *El.E:* **Couplage en q.**, connection in parallel, in quantity. **En q.**, in quantity, in abundance. **Par quantités considérables**, in large quantities. **Par petites quantités**, in small amounts. **Q. de gens**, a lot of people.
quantum [kwɑ̃tɔm], *s.m.* **1.** *Ch:* *Mth:* *Ph:* Quantum. **La doctrine des quanta**, the quantum theory. **2.** Amount, proportion. **Fixer le q. des dommages-intérêts**, to fix the amount of damages; to assess the damages. *pl.* *Des quanta.*
quarantaine [karɑ̃tɛn], *s.f.* **1.** (About) forty, some forty; some two score. **Approcher de la q.**, to be getting on for forty. **2.** Quarantine. **Mettre un vaisseau, des passagers, en q.**, to quarantine a ship, passengers. **Pavillon de q.**, quarantine flag. **Lever la q.**, to admit a ship to pratique. *F:* **Mettre qn en q.**, to send s.o. to Coventry.
quarante [karɑ̃ːt], *num.a.inv.* & *s.m.inv.* Forty. **Au chapitre q. de . . .**, in the fortieth chapter of. . . . *F:* **Je m'en fiche comme de l'an q.**, I don't care a damn. S.a. SE MOQUER. *R.C.Ch:* **Les (Prières des) q. heures**, the forty hours. *F:* **Les q. heures**, the forty-hour week. **Les années q.**, the forties (1940-1949). *Med:* **Dites quarante-quatre** = say ninety-nine.
quarantenaire [karɑ̃t(ə)nɛːr], *a.* Lasting for forty years; of forty years.

quarantième [karɑ̃tjɛm], *num.a. & s.m.* Fortieth.
quart[1] [kaːr], *a.* (*a*) *A:* Fourth. **Un q. voleur survint,** a fourth robber arrived. *s.m.* **Le tiers et le q.,** see TIERS 2. (*b*) *Med:* **Fièvre quarte,** quartan ague, malaria.
quart[2], *s.m.* **1.** Quarter, fourth part. **Donner un q. de tour à une vis,** to give a screw a quarter turn. *Com:* Remise du q., discount of 25%. *F:* **Dans un petit q. d'heure,** in a few minutes. **Pour le q. d'heure,** for the time being; for the moment. *F:* **Passer un mauvais q. d'heure,** to have a trying moment. **Le q. d'heure de Rabelais,** the hour of reckoning. **Trois quarts,** three quarters. *F:* **Les trois quarts du temps,** most of the time, more than half the time. **Être aux trois quarts ivre,** to be three sheets in the wind, to be half-seas over. **Il est deux heures et q., deux heures un q.,** it is a quarter past two. **Il est deux heures moins le q.,** it is a quarter to two. **L'horloge a sonné le q.,** the quarter has struck. *Sp:* **Q. de finale,** quarter-final. *Arch:* **Q. de rond,** quarter round; ovolo. **Q. de cercle,** quadrant. **2.** *Nau:* **Q. de vent,** point of the compass (= 11° 15′). **Nord-est q. est,** north-east by east. **Changer la route de deux quarts vers l'est,** to alter (the) course two points to the east. **3.** (*a*) *Nau:* Watch. **Petit q.,** dog-watch. **Être de q.,** to be on watch. **Faire le q.,** to keep watch. S.a. BATTRE 1. **L'officier de q.,** the officer of the watch. **Faire bon q.,** to keep a good look-out. (*b*) *Mil:* Portion of a unit on duty. **Officier de q.,** officer on duty. (*c*) *P:* Police station. **4.** (*a*) *Mil:* Drinking vessel, mug (holding a quarter of a litre). (*b*) Quarter litre (bottle).
quarte [kart], *s.f.* **1.** *Mus:* Fourth. **2.** *Fenc:* **Parer en q.,** to parry in carte.
quarteron, -onne [kart(ə)rɔ̃, -ɔn], *a. & s.* *Ethn:* Quadroon.
quartier [kartje], *s.m.* Quarter. **1.** Fourth part. **Bois de q.,** quartered logs. **Q. de la lune,** quarter of the moon. *Cu:* **Q. d'agneau,** quarter of lamb. *Her:* **Quartiers de l'écusson,** quarterings of the escutcheon. **2.** Part, portion. **Mettre qch. en quartiers,** to tear sth. to pieces. **Q. de terre,** plot of land. **Q. de chevreuil,** haunch of venison. **Q. d'un cheval,** horse's quarters. **3.** (*a*) District, neighbourhood; ward (of town). **Les bas quartiers,** (i) the slums; (ii) lower part of the town. **Bureau de q.,** branch office (of bank, etc.); branch post office. **Q. des spectacles,** theatre-land. S.a. LATIN 1. (*b*) *Nau:* **De quel q. vient le vent?** from what quarter is the wind blowing? (*c*) *Mil:* **Rentrer au q.,** to return to quarters, to barracks. **Prendre ses quartiers d'hiver,** to go into winter quarters. **Q. général,** headquarters. **Grand Q. général,** General Headquarters. **4. Faire, donner, q. à qn,** to grant, give, s.o. quarter. **Demander q.,** to ask for quarter; to cry quarter.
quartier-maître [kartjemɛːtr], *s.m.* *Navy:* Leading seaman. *pl. Des quartier(s)-maîtres.*
quarto [kwarto], *adv.* **1.** Fourthly. **2.** See IN-QUARTO.
quartz [kwarts], *s.m.* Quartz, rock-crystal.
quasar [kwazar], *s.m.* *Astr:* Quasar.
quasi[1] [kazi], *s.m.* *Cu:* Chump-end (of loin).
quasi[2], *adv.* Quasi, almost. **Q. aveugle,** all but blind. **Je n'ai q. rien senti,** I felt scarcely anything. **Une q.-amitié,** a sort of friendship, a quasi-friendship. **J'en ai la q.-certitude,** I am almost certain of it.
quasi-contrat [kazikɔ̃tra], *s.m.* *Jur:* Implied contract. *pl. Des quasi-contrats.*
quasi-délit [kazideli], *s.m.* *Jur:* Technical offence. *pl. Des quasi-délits.*
quasiment [kazimɑ̃], *adv.* *F:* Almost, as it were, as one might say; to all intents and purposes. **Q. guéri,** as good as cured.
Quasimodo [kazimɔdo], *s.f.* *Ecc:* Low Sunday. **Le lundi de (la) Q.,** Low Monday.
quassia [kwasja], *s.m.* Quassia; quassia chips.
quaternaire [kwatɛrnɛːr], *a.* *Ch: Geol: Mth:* Quaternary.
quaterne [kwatɛrn], *s.m.* (*a*) Series of four winning numbers in a lottery. (*b*) Four numbers called on one horizontal line in lotto, bingo.
quatorze [katɔrz], *num. a. inv. & s.m. inv.* Fourteen. **Louis Q.,** Louis the Fourteenth. **Le q. juillet,** the fourteenth of July. S.a. MIDI 1.
quatorzième [katɔrzjɛm]. **1.** *num. a. & s.* Fourteenth. **2.** *s.m.* Fourteenth (part). *adv.* **-ment.**
quatrain [katrɛ̃], *s.m.* *Pros:* Quatrain.
quatre [katr], *num.a.inv. & s.m.inv.* Four. *Hist:* **Henri Q.,** Henry the Fourth. *Pol:* **Les Q. Grands,** the Big Four (Great Britain, U.S.A., France and U.S.S.R.). **Le q. août,** the fourth of August. **A q. pattes,** on all fours. **Pain de q. livres,** quartern loaf. **Par q.,** in fours. **Se mettre par q.,** to form fours. *F:* **Un de ces q. matins,** one of these days; sometime soon. **Il demeure à q. pas (d'ici),** he lives close by. **Ménager ses q. sous,** to be careful of one's small savings. **Maison exposée aux q. vents,** house exposed to the four winds. **Clair comme deux et deux font q.,** as clear as daylight. **Manger comme q.,** to eat voraciously, **Se mettre en q. pour faire qch.,** to do one's utmost to accomplish sth. **Il se mettrait en q. pour vous,** he would do anything for you. **Je me tenais à q. pour ne pas rire,** it was all I could do to keep from laughing. *s.m.* *Row:* **Un q.,** a four. S.a. CHEMIN 1, CHEVEU 1, JEUDI, MARCHAND 1, ŒIL 1, TIRER I. 2. TRAVAILLER 2. VÉRITÉ 2, VOLONTÉ 2.
Quatre-Cantons [katrəkɑ̃tɔ̃]. *Pr.n.* **Le lac des Q.-C.,** the Lake of Lucerne.
quatre-épices [katrepis], *s.f.* *Cu:* Allspice.
quatre-mâts [katrəma], *s.m.inv.* Four-masted ship.
quatre-saisons [katrəsɛzɔ̃] *s.f.inv.* Variety of strawberry. S.a. MARCHAND 1.
Quatre-Temps [katrətɑ̃], *s.m.pl.* *Ecc:* Ember-days.
quatre-vingt-dix [katrəvɛ̃dis], *num.a. & s.m.* Ninety.
quatre-vingt-dixième [katrəvɛ̃dizjɛm], *num.a. & s.m.* Ninetieth.
quatre-vingtième [katrəvɛ̃tjɛm], *num.a. & s.m.* Eightieth.
quatre-vingts [katrəvɛ̃], *num.a. & s.m.* (Omits the final *s* when followed by another *num.a.* or when used as an ordinal) Eighty. **Quatre-vingt-un** [katrəvɛ̃œ̃], eighty-one. **Quatre-vingt-onze** [katrəvɛ̃ɔ̃ːz], ninety-one.
quatrième [katriɛm]. **1.** *num. a. & s.* Fourth. **2.** *s.m.* Fourth (floor). *adv.* **-ment.**
quatuor [kwatɥɔːr], *s.m.* Quartet(te), quatuor.
quayage [kejaːʒ], *s.m.* Quayage, wharfage.
que[1] [k(ə)], *rel.pron.* (Of pers.) That, whom; (of thg) that, which; (in the neut.) which, what. **1.** (Subject) *A:* (Still found in) **Advienne q. pourra,** come what may. **Faites ce q. bon vous semble,** do as you think fit. **2.** (Pred.) **Pauvre malheureux q. je suis!** poor wretch that I am! **Menteur q. tu es!** you liar! **Couvert qu'il était de poussière,** covered with dust as he was. **Purs mensonges q. tout cela!** that's all a pack of lies! **(C'est un) drôle de garçon q. Pierre,** he's a queer fish, is Peter. **C'est une belle maison q. la vôtre,** yours is a fine house. **3.** (Object) (*a*) **L'homme q. vous voyez,** the man whom, that you see. **Les livres q. vous avez achetés,** the books you have bought. **C'est le seul de ses romans q. je lise avec plaisir,** it is the only novel of his that I read with pleasure. **Il n'est venu personne q. je sache,** no one has come that I know of. (*b*) (In the construction C'est . . . que. . . .) **C'est vous q. j'ai vu hier?** was it you I saw yesterday? **C'est la plus âgée q. nous préférons,** we like the eldest best. **4.** (Adv. use) **Pendant les dix mois qu'il languit encore,** during the ten months that he continued to languish. **Les jours qu'il fait chaud,** on (the) days when it is warm. **Les trois ans q. j'ai habité à Paris,** the three years (during which) I lived in Paris. **Je le ferai coûte q. coûte,** I shall do it cost what it may. **5. Ce que.** See CE[1] 3.
que[2], *interr. pron. neut.* What? **1.** (Object) **Q. voulez-vous?** what do you want? **Qu'a répondu Pierre?** what did Peter answer? **Qu'y a-t-il à voir dans cette ville?** what is there to be seen in this town? **Q. faire?** what's to be done? **Q. dire?** what could I say? **Dites-moi q. faire,** tell me what to do. **2.** (*a*) (Logical subject) **Qu'est-il arrivé? q. s'est-il passé?** what has happened? (*b*) (Pred.) **Qu'êtes-vous?** what are you? **Qu'est-ce** [kɛːs]? what is it? **Q. devenir?** what's to become of me, him, etc.? S.a. QU'EST-CE QUE, QU'EST-CE QUI. **3.** (Adv. use) (*a*) (= POURQUOI) **Q. ne le disiez-vous?** why didn't you say so? (*b*) (Exclamatory) (i) (= COMME) **Qu'il est beau!** how handsome he is! **Q. c'est bien vrai!** how true! (ii) (= COMBIEN) **Q. de déceptions!** how many disappointments! **Q. de gens!** what a lot of people!

que[3], *conj.* That; but (that); lest. **1. Je vois qu'il me trompe,** I see (that) he is deceiving me. **Je ne doute pas qu'il (ne) consente,** I have no doubt he will consent. **Je désire qu'il vienne,** I want him to come. **Je pense q. non,** I think not. **2.** (*a*) (Imperative or optative) **Qu'elle entre!** let her come in! **Dieu dit: Q. la lumière soit,** God said; Let there be light. **Q. je vous y reprenne!** *F:* just let me catch you at it again! (*b*) (Hypothetical) **Q. la machine vienne à s'arrêter et il y aura un accident,** let the machine stop and there will be an accident. (*c*) (i) **(Soit) que . . . ou (soit) que. Qu'il pleuve ou qu'il fasse du vent,** whether it rains or blows. (ii) **Que . . . ou non. Q. tu le veuilles ou non,** whether you wish it or not. **3.** (*a*) (Linking up two verbs in the conditional). **Il l'affirmerait q. je ne le croirais pas,** even though he affirmed it, I would not believe it. (*b*) **Que . . . ne,** after negative clause. **Il ne se passe jamais une année qu'il ne nous écrive,** a year never goes by without his writing to us. **4.** Equivalent to **afin que, alors que, avant que, depuis que, puisque, sans que, tant que, etc. Approchez qu'on vous entende,** come nearer, so that we can hear you. **Je ne le quitterai pas q. l'affaire ne soit terminée,** I will not leave him till the matter is concluded. **Il y a trois jours q. je ne l'ai vu,** it is three days since I saw him. **5.** (To avoid repetition of conj.) **Quand il entrera et qu'il vous trouvera ici,** when he comes in and finds you here. **Quoiqu'il pleuve et qu'il fasse froid,** although it is rainy and cold. **Si on vient et qu'on veuille me consulter,** if anyone comes and wants to consult me. **6. A ce que, de ce que. Je ne m'attendais pas à ce qu'on entrât,** I did not expect anyone to enter. **On s'alarmait de ce qu'il ne reparaissait pas,** they were alarmed at his failure to reappear. **7.** (In comparison) **Aussi grand q. moi,** as tall as I (am). **Plus fort q. son frère,** stronger than his brother. **J'ai un autre parapluie q. celui-là,** I have another umbrella besides that one. **Vous écrivez plus correctement q. vous (ne) parlez,** you write more correctly than you speak. **8.** (*a*) **Ne . . . que,** only. **Il n'a qu'une jambe,** he has only one leg. **Il n'a fait qu'entrer et sortir,** *F:* he just popped in and out again. **Je n'ai fait q. le toucher,** I only touched it. **Il n'y a q. lui qui le sache,** no one else but he knows about it. **Je ne connais q. vous capable de l'entreprendre,** I don't know anyone but you (that is) fit to undertake it. **Il ne fait q. de sortir,** he has only just gone out. **Il n'est arrivé q. trop vite,** he came all too soon. **Il n'y avait q. lui à ne pas paraître ému,** he was the only person to appear unmoved. (With **ne** understood) **Il me faudrait un million de francs.—Q. cela!** I should require a million francs.—Is that all (= only that)! **C'est vrai, n'est-ce pas?—Q. trop vrai,** it's true, isn't it?—Only too true. (*b*) **Sans . . . que. J'étais sans ami q. mon chien,** I had no friend, but my dog. (*c*) **Ne . . . pas que,** not only. **Il n'y a pas q. lui qui le sache,** he is not the only one who knows it. **L'homme ne vit pas q. de pain,** man does not live by bread alone. (*d*) **Ne . . . plus, jamais, guère, que. Il ne me reste plus q. vingt francs,** I have only twenty francs left. **Plus q. dix minutes!** only ten minutes left! **Je ne bois jamais q. de l'eau,** I never drink anything but water. (*e*) **Ne . . . pas plus tôt . . . que, à peine . . . que. Il n'eut pas plus tôt paru qu'on l'assaillit de questions,** no sooner did he appear than questions were showered upon him. **A peine était-il rentré q. le téléphone retentit,** he had scarcely come in when the telephone (bell) rang. **9.** *Lit:* **Que si,** if **Q. si vous savez la vérité, il est de votre devoir de la révéler,** if you know the truth, it is your duty to reveal it. **10.** *F:* **Ah! q. non! q. si!** ah! surely not! surely yes! **Q. non pas!** not at all! **11.** (Intensive) *F:* **Ton chapeau est dans un état, q. c'est une horreur!** your hat is in a terrible state!

quel, quelle [kɛl], *a. & pron.* What, which. **1.** (Correlative) **Q. que soit le résultat, je le ferai,** whatever the result may be, I will do it. **Quelle que soit mon affection pour vous,** however great my affection for you; much as I love you. **Quels que soient ces hommes,** whoever these men may be. S.a. TEL 2. **2.** (Interrogative) **Quelle réponse a-t-il faite?** what reply did he make? **Quelle heure est-il?** what is the time? **Dites-moi quelle heure il est,** tell me the time. **Q. livre avez-vous pris?** what, which, whose, book did you take? **Avec q. argent?** with whose money? **Q. homme?** which man? **Je ne sais q. auteur a dit . . .,** some author or other has said. . . . **Mettez-moi à n'importe quelle table,** put me at any table you like. **Quels sont ces messieurs?** who are these gentlemen? **3.** (Exclamatory) **Q. homme!** what a man! **Quelle bonté!** how kind.

quelconque [kɛlkɔ̃:k], *a.* **1.** Any (whatever). **Un cercle passant par trois points quelconques,** a circle passing through any three points. **Les proportions des éléments sont absolument quelconques,** the elements may be in any proportions. **2. Un q. général X,** some general X or other, **Répondre d'une façon q.,** to make some sort of reply. **3.** *F:* **C'est un homme très q.,** he is a very ordinary, commonplace, kind of man. *F:* **Son travail est q.,** his work isn't up to much.

quelque [kɛlk(ə)]. **1.** *a.* (*a*) Some, any. **Il arrivera q. jour,** he will arrive some day. **Adressez-vous à q. autre,** apply to someone else. (*b*) Some, some little, a few. **Pendant q. temps,** for some time, for a brief period. **Il y a quelques jours,** a few days ago, some days ago. **Leurs quelques minutes d'entretien,** their few minutes of conversation. **Cent et quelques mètres,** a hundred odd yards. **Je ressentais q. inquiétude,** I felt some slight uneasiness. (*c*) (Correlative to **qui, que** + *sub.*) **Quelque . . . qui, que,** whatever, whatsoever. **Q. chose qu'il vous ait dite,** whatever (thing) he said to you. (Cp. QUELQUE CHOSE.) **Sous q. prétexte que ce soit,** under any pretext whatever. **Tout traité de q. nature qu'il soit,** every treaty of whatsoever character, **2.** *adv.* (*a*) Some, about. **Q. dix ans,** some, about, ten years. **Les q. mille francs qu'il m'a prêtés,** the thousand francs or so that he lent me. S.a. PEU 1. (*b*) **Quelque . . . que,** however. **Q. grandes que soient ses fautes,** however great his faults may be.

quelque chose [kɛlkəʃo:z], *indef. pron. m. inv.* Something, anything. **Q. c. me dit qu'il viendra,** something tells me he will come. **Avez-vous q. c. à dire?** have you anything to say? **Q. c. de nouveau, d'autre,** something new, something else. *F:* **Il a q. c.,** there's something the matter with him. **Il y a q. c.,** there's something up, something the matter. **Cela m'a fait q. c.,** I felt it a good deal. *F: Mil: etc:* **Prendre q. c.,** to take, get, a bashing.

quelquefois [kɛlkəfwa], *adv.* Sometimes; now and then.

quelque part [kɛlkəpa:r], *adv.* **1.** Somewhere. **2.** (Correlative to **que** + *sub.*) **Q. p. qu'il fouillât, rien de suspect,** wherever he rummaged he found nothing suspicious.

quelques-uns, -unes [kɛlkəzœ̃, -yn], *indef. pron. pl.* See QUELQU'UN 1.

quelqu'un, quelqu'une [kɛlkœ̃, kɛlkyn], *indef. pron.* **1.** *m. & f.* One (or other). **Quelqu'une de ces dames va s'en occuper,** one of the ladies will see to it. **Quelques-uns des magasins,** some of the shops. **J'ai lu quelques-unes des lettres,** I have read a few of the letters. **Quelques-un(e)s d'entre nous,** a few of us. **2.** *m.* Someone, somebody; anyone, anybody. **Q. me l'a dit,** someone told me so. **Est-il venu q.?** has anybody come? *Com:* **Q.!** shop! **Q. de plus,** someone extra. **Q. d'autre,** someone else. **Y a-t-il eu q. de blessé?** was anyone wounded? *F:* **Elle se croit q.,** she thinks she is somebody.

quémand|er [kemɑ̃de]. **1.** *v.i.* To beg (from door to door). **2.** *v.tr.* **Q. qch. à qn,** to beg for, solicit, sth. from s.o. *s.* **-eur, -euse.**

quémanderie [kemɑ̃dri], *s.f.* Begging, solicitation; *F:* cadging; sponging.

qu'en-dira-t-on (le) [ləkɑ̃diratɔ̃], *F: s.m.inv.* What people will say; gossip.

quenelle [kənɛl], *s.f.* Fish or forcemeat ball; quenelle.

quenotte [kənɔt], *s.f. F:* (In nursery) Tooth.

quenouille [kənu:j], *s.f.* **1.** Distaff. **2.** Quenouille-trained fruit-tree. **3.** Bed-post. **4.** *Bot:* Cat's-tail, bulrush.

querelle [kərɛl], *s.f.* Quarrel, dispute. **Chercher q. à qn,** to try to pick a quarrel with s.o. **Avoir une q. avec qn,** to have a quarrel, an altercation, a row, with s.o. **Être en q. avec qn,** to be at variance, at loggerheads, with s.o. **Q. d'Allemand,** trumped-up quarrel. **Q. d'amoureux,** lovers' tiff. **Familles en q. ouverte,** families at open feud. **Épouser la q. de qn,** to take up s.o.'s quarrel, s.o.'s cause.

quereller [kərɛle], *v.tr.* **Q. qn,** to quarrel with s.o. **Aimer à q.,** to be fond of wrangling.
se quereller, to quarrel, wrangle; to have words, to fall out (**avec,** with).

querelleur, -euse [kərɛlœːr, -øːz]. **1.** *s.* Quarreller, wrangler; *f.* scold. **2.** *a.* Quarrelsome.

querir, quérir [kəriːr, keriːr], *v.tr.* (Used after the verbs **aller, venir, envoyer**) To fetch, send for. **Envoyer q. main forte,** to send for the police.

qu'est-ce que [kɛskə], *interr. pron.* What? **Q. vous voulez?** what do you want? **Q. la grammaire?** what is grammar? *F:* **Q. c'est que cet homme-là!** what ever is that man! **Q. c'est que ça?** what's that? *F:* (= COMBIEN) **Q. vous êtes de personnes ici?** how many are there of you here? **Qu'est-ce qu'il fait beau!** How fine it is!

qu'est-ce qui [kɛski], *interr. pron.* (Used as subject) **1.** What? **Q. est arrivé?** what has happened? **2.** *F:* (= QUI EST-CE QUI) Who?

questeur [kɥɛstœːr], *s.m.* **1.** *Rom.Hist:* Quaestor. **2.** *Fr.Adm:* Questor; Treasurer of any of the Legislative Assemblies.

question [kɛstjɔ̃], *s.f.* **1.** *(a)* Question, query. **Faire, poser, adresser, une q. à qn,** to put a question to s.o.; to ask s.o. a question. **Presser qn de questions,** to press, ply, s.o. with questions. **Son adhésion ne fait pas q.,** there is no doubt, no question, of his adherence. **Mettre qch. en q.,** to question sth.; to challenge (statement, s.o.'s honour). **Tout remettre en q.,** *F:* to put everything back into the melting-pot. *(b)* Question, matter, point, issue. **Poser une q.,** to state a question, an issue. **L'affaire, la personne, en q.,** the matter, the person, in question. **C'est une simple q. de temps,** it is simply a matter of time. **Ce n'est pas là la q.,** that is not the point. **C'est là la q.,** that is the question. **Sortir de la q.,** to wander from the point. **Rappeler qn à la q.,** to call s.o. to order. **Après le premier chapitre il n'est plus q. de lui,** after the first chapter no further mention is made of him. **Il ne saurait être q. de les inviter,** we could not think of inviting them. **Questions d'actualité,** topics of the day. **Ce n'est qu'une q. d'argent,** it is all to do with money. *(c) Jur:* (Point at) issue. **Q. de fait, de droit,** issue of fact, of law. **2.** *Hist:* Question; judicial torture; the rack. **Appliquer la q. à qn, mettre qn à la q.,** to put, submit, s.o. to the question, to the rack; to torture s.o.

questionnaire [kɛstjɔnɛːr], *s.m.* List, set, of questions; questionnaire.

questionner [kɛstjɔne], *v.tr.* To question (s.o.); to ask (s.o.) questions.

questionneur, -euse [kɛstjɔnœːr, -øːz], *a. & s.* Inquisitive (person).

questure [kɥɛstyːr], *s.f.* *Fr.Adm:* Fiscal Department (of the National Assembly or of the Senate).

quête [kɛːt], *s.f.* **1.** *(a)* Quest, search. **Se mettre en q. de qch.,** to set out, go, in quest of sth. **Je ne suis pas en q. de compliments,** *F:* I'm not fishing for compliments. **Un journaliste en q. de copie,** a journalist looking for copy. *(b) Ven:* Tracking, scenting; quartering. **2.** *Ecc: etc:* Collection. **Faire la q.,** to take up the collection; (in an emergency) to pass round the hat.

quêter [kɛte], *v.tr.* *(a)* To collect (alms, etc.). *Abs.* To take up the collection. *(b) F:* **Q. des compliments,** to fish, angle, for compliments.

quêteur, -euse [kɛtœːr, -øːz], *s.* Alms-collector. *Ecc:* Taker of the collection.

queue [kø], *s.f.* **1.** Tail. **Couper la q. à un cheval,** to dock a horse, a horse's tail. **Cheval à q. écourtée,** bobtail (horse). **Q. de renard,** fox's brush. **Q. de rat,** rat-tail. S.a. QUEUE-DE-RAT. **Q. de poisson,** (i) fish-tail; (ii) *Aut: F:* tail-wobble (on greasy road). *F:* (Of play, novel) **Finir en q. de poisson,** to fizzle out. **Sans q.,** tailless. **A la q. gît le venin,** the sting is in the tail. **Il s'en retourna la q. entre les jambes,** he went back with his tail between his legs. *F:* **Couleur q. de vache,** off-brown colour. *Hairdr:* **Q. de cheval,** pony tail. S.a. DIABLE 1, NUAGE, SERRER. 2. **2.** Tail (of comet, kite); trail (of meteor); stem (of crotchet or quaver); handle (of pan); stalk (of fruit, flower); shank (of button); pin (of brooch); tail-piece (of violin); train (of dress); end (of a piece of stuff); pigtail, queue (of hair); fang, tang, shank (of tool); tail-planes (of aircraft); rudder, tail (of windmill). **Bouton à q.,** shanked button. **Habit à q.,** swallow-tail coat. **Piano à q.,** grand piano. **(Outil) à q.,** tanged (tool). *Typ:* **Lettre à q. inférieure,** descending letter. **3.** *(a)* (Tail-)end, fag-end (of a procession, etc.). **Venir en q. (du cortège),** to bring up the rear. **Être à la q. de la classe,** to be at the bottom of the class. *Turf:* **Arriver en q.,** to come in last. *(b) Mil:* Rear (of army). *Navy:* **Colonne de q.,** rear column. **4.** Queue, file (of people). **Faire (la) q.,** to form a queue; to queue up. **A la q. leu leu,** see LEU. **5.** *Bill:* *(a)* Cue. *(b)* **Faire fausse q.,** to miscue.

queue-d'aronde [kødarɔ̃ːd], *s.f.* *Carp:* Dovetail. **Assemblage à q.-d'a.,** dovetailing. **A q.-d'a.,** dovetailed. *pl. Des queues-d'aronde.*

queue-de-chat [kødʃa], *s.f.* **1.** Cat-o'-nine-tails. **2.** Mare's-tail (cloud); cirrus. *pl. Des queues-de-chat.*

queue-de-morue [kødmɔry], *s.f.* **1. (Habit à) queue-de-morue,** swallow-tail coat; *F:* tails. **2.** (Painter's) flat-brush. *pl. Des queues-de-morue.*

queue-de-pie [kødpi], *s.f.* = QUEUE-DE-MORUE 1. *pl. Des queues-de-pie.*

queue-de-rat [kødra], *s.f.* **1.** *Tls:* *(a)* Rat-tail, rat-tailed file. *(b)* Reamer. **2.** Small wax taper. **3.** *Vet:* Rat-tail (of horse). *pl. Des queues-de-rat.*

queut|er [køte], *v.i.* *Bill: etc:* To push the ball; to play a push-stroke. **Coup queuté,** push-stroke. *s.m.* **-age.**

qui[1] [ki], *rel. pron.* **1.** (Subject) Who, that; (of thg) which, that. *(a)* **Phrases q. ne sont pas françaises,** sentences that are not French. **Notre Père q. êtes aux cieux,** our Father which art in heaven. **Il y a peu de gens q. sachent cela,** there are few people who know that. **Il n'y a personne q. ne comprenne cela,** there is no one who does not understand that. **Je le vois q. vient,** I see him coming. **J'ai le cœur q. m'étouffe,** I feel like choking. **C'est une simple farce, et q. est médiocre,** it is a mere farce and a poor one. *(b)* (In the construction **C'est . . . qui . . .**) **C'est la plus âgée q. a répondu,** it was the eldest who answered. **2.** *(a)* (= **celui qui**) **Q. vivra verra,** he who lives will see. **Tout vient à point à q. sait attendre,** all things come to him who waits. **Sauve q. peut,** every man for himself. *(b)* (= **ce qui**) **Q. plus est,** what is more. **Q. pis est,** what is worse. *(c)* **Ce qui.** See CE[1] 3. **3.** (After prep.) Whom; occ. which. *(a)* **Voilà l'homme à q. je pensais, de q. je parlais,** there is the man of whom I was thinking, speaking. **Il cherche quelqu'un avec q. jouer,** he is looking for someone to play with. **Le champ sur q. tombait la nuit,** the field on which night was falling. *(b)* (Without antecedent) **Adressez-vous à q. vous voudrez,** apply to whom you please, to anyone you please. **On se dispersa, q. d'un côté, q. d'un autre,** we scattered, some going one way, some the other. **4.** *(a)* **Qui que,** who(so)ever, whom(so)ever. **Q. que vous soyez, parlez,** whoever you are, speak. *(b)* **Qui que ce soit,** anyone (whatever). **Je défie q. que ce soit de . . .,** I challenge anyone to. . . . **Je n'ai trouvé q. que ce soit,** I found no one whatever.

qui[2], *interr.pron.m.sg.* **1.** Who? whom? *(a)* **Q. a dit cela?** who said that? **Q. désirez-vous voir?** whom do you wish to see? **Q. vient à la réunion?** who is coming, who are coming, to the meeting? **A q. est ce canif?** whose is this knife? **De q. êtes-vous fils?** whose son are you? **Pour q. est ce livre?** *F:* who is that book for? **Q. d'autre?** who(m) else? **C'était à q. l'aiderait,** they vied with each other in helping him. *F:* **Il est là.—Q. ça? Q. donc?** he is there.—Who? *(b)* (= LEQUEL) **Q. des deux a raison?** which of the two is right? **2.** (= QU'EST-CE QUI) **Q. t'amène si matin?** what brings you so early?

quia(à) [akɥia], *adv.phr.* **Être à q.,** to be in a quandary.

quiche [kiʃ], *s.f.* *Cu:* **Q. lorraine,** flan with filling made of eggs, cream and bacon, and sometimes cheese or onion.

Quichotte, Don [dɔ̃kiʃɔt]. *Pr.n.m.* *Span.Lit:* Don Quixote. **Agir en Don Q.,** to act quixotically.

quiconque [kikɔ̃ːk], *indef. pron. m. sg.* **1.** Who(so)ever; anyone who. **2.** (= **qui que ce soit**) **Il m'aidera mieux que q.,** he will help me better than anyone (else). **Pas un mot de cela à q.,** not a word of that to anybody.

quidam [kɥidam, kidam], *s.m.* (*a*) *Jur:* Person (name unknown). (*b*) *F:* **Survint un q.**, someone, an individual, appeared.

qui est-ce que [kiɛskə], *interr. pron.* Whom?

qui est-ce qui [kiɛski], *interr. pron.* Who?

quiétisme [kɥietism, kje-], *s.m. Fr.Hist. & Lit: Rel. Hist:* Quietism.

quiétiste [kɥietist, kje-]. **1.** *s. Fr.Hist. & Lit: Rel.Hist:* Quietist. **2.** *a.* Quietist(ic).

quiétude [kɥietyd, kje-], *s.f.* Quietude.

quignon [kiɲɔ̃], *s.m.* Chunk, hunch, hunk (of bread).

quille[1] [ki:j], *s.f.* (*a*) Ninepin, skittle(-pin). *F:* **Droit comme une q.**, as straight as a ramrod. **Jeu de quilles,** (i) set of ninepins, of skittles; (ii) skittle-alley. **Être reçu comme un chien dans un jeu de quilles,** to be treated as an intruder, to be given a cold welcome. *Bill:* **Partie de quilles,** pin-pool. (*b*) *P:* **Il ne tient pas sur ses quilles,** he is shaky on his pins. **Jouer des quilles,** to run hard, to skedaddle.

quille[2], *s.f.* Keel. **Poser la q. d'un vaisseau,** to lay down a ship. S.a. DÉRIVE.

quiller [kije], *v.i.* (*a*) To throw for first play (at skittles). (*b*) To set up the skittles.

quillier [kijje], *s.m.* Skittle-alley.

quincaillerie [kɛ̃kɑjri], *s.f.* **1.** Hardware, ironmongery. **2.** Hardware business or shop.

quincaillier [kɛ̃kɑje], *s.m.* Hardware merchant; ironmonger.

quinconce [kɛ̃kɔ̃:s], *s.m.* Quincunx. **Arbres en q.,** trees planted in alternate rows. **Rivetage en q.,** staggered riveting, zigzag riveting.

quine [kin], *s.m.* **1.** Series of five winning numbers in a lottery. **2.** Five numbers called on one horizontal line at Lotto or Bingo. **3.** Double five (dice).

quinine [kinin], *s.f.* Quinine; sulphate of quinine.

quinquagénaire [kɥɛ̃kwaʒenɛ:r], *a. & s.* Quinquagenarian.

Quinquagésime [kɥɛ̃kwaʒezim], *s.f. Ecc:* **(Le dimanche de) la Q.,** Quinquagesima (Sunday).

quinquennal, -aux [kɥɛ̃kɥɛnnal, -o], *a.* Quinquennial; five-year (plan, etc.).

quinquennat [kɥɛ̃kɥena], *s.m.* Five-year period.

quinquina [kɛ̃kina], *s.m.* (*a*) Cinchona, quinquina (bark, tree); Peruvian bark. (*a*) Aperitif wine flavoured with quinquina.

quint [kɛ̃], *a. A:* Fifth. **Charles-Quint,** Charles the Fifth (Holy Roman Emperor).

quintal, -aux [kɛ̃tal, -o], *s.m. Meas:* **1.** *A:* Quintal; hundredweight. **2. Q. métrique,** quintal (= 100 kilogrammes).

quinte [kɛ̃:t], *s.f.* **1.** *Mus:* Fifth, quint. **Fausse q.,** diminished fifth. **2.** (At piquet) Quint. **3.** *Fenc:* Quint(e). **4.** (*a*) **Q. de toux,** fit of coughing. (*b*) *F:* Caprice, crotchet; fit of ill-temper.

quintessence [kɛ̃tɛsɑ̃:s], *s.f.* Quintessence.

quintessencié [kɛ̃tɛsɑ̃sje], **quintessenciel** [kɛ̃tɛsɑ̃sjɛl], *a.* Quintessential; sublimated (thoughts).

quintette [k(ɥ)ɛ̃tɛt], *s.m. Mus:* Quintet(te).

quinteux, -euse [kɛ̃tø, -ø:z], *a. F:* Capricious, crotchety (person); restive, jibbing (horse).

quintuple [k(ɥ)ɛ̃typl], *a. & s.m.* Quintuple, fivefold. **Être payé au q.,** to be repaid fivefold.

quintupler [k(ɥ)ɛ̃typle], *v.tr. & i.* To quintuple; to increase fivefold.

quintuplés, ées [kɛ̃typle], *s.pl.* Quintuplets, *F:* quins.

quinzaine [kɛ̃zɛn], *s.f.* **1.** (About) fifteen, some fifteen. **2.** Fortnight, *U.S:* two weeks. **Dans la q.,** within a fortnight.

quinze [kɛ̃:z], *num. a. inv. & s.m. inv.* **1.** Fifteen. **Louis Q.,** Louis the Fifteenth. **Le q. mai,** (on) the fifteenth of May. *Ten:* **Q. à,** fifteen all. **2. Q. jours,** a fortnight. **D'aujourd'hui en q.,** today fortnight. **Tous les q. jours,** once a fortnight; fortnightly.

quinzième [kɛ̃zjɛm]. **1.** *num. a. & s.* Fifteenth. **2.** *s.m.* Fifteenth (part). *adv.* **-ment.**

quiproquo [kiprɔko], *s.m.* Mistake (taking of one thing for another); misunderstanding. **Il y a eu q.,** (i) we misunderstood each other; (ii) I took you for someone else.

quisling [kisliŋ], *s.m. F:* Quisling, traitor.

quittance [kitɑ̃:s], *s.f. Com:* Receipt, discharge. **Q. pour solde,** receipt in full. **Donner q. à qn,** (i) to give s.o. a receipt in full; (ii) *F:* to forgive s.o.

quittancer [kitɑ̃se], *v.tr.* (**je quittançai(s)**). *Com:* To receipt (bill).

quitte [kit], *a.* **1.** Free, quit, rid (de, of); discharged (de, from). **Être q. de dettes,** to be out of debt. **Nous sommes quittes,** I am quits with you. **Tenir qn q. de qch.,** to release s.o. from, let s.o. off, sth. **En être q. pour, avec, qch.,** to get off, come off, be let off, with sth. **Il en a été q. pour la peur,** he got off with a fright. **Vous en avez été q. à bon compte,** you got off cheaply. **2.** *Inv.* **Je le ferai q. à être grondé,** I'll do it and chance the scolding. **J'abandonne ce travail, q. à le reprendre plus tard,** I am giving up this work, but may perhaps resume it later. **Quitte à,** even if it entails. **Le gouvernement suspendait brusquement les opérations, q. à les reprendre quelques semaines plus tard,** the government suddenly suspended operations, only to resume them a few weeks later. **Nous voilà q. à q.,** now we're quits, square. **Jouer q. ou double,** to play double or quits.

quitter [kite], *v.tr.* **1. Q. la partie,** to throw up one's cards; to throw up the sponge. **2.** To leave, quit (place, person); to vacate (office). **Q. le lit,** to leave one's bed. **Q. ses habits,** to take off, lay aside, one's clothes. **Q. le droit chemin,** to swerve from the straight path, from the path of duty. (Of train) **Q. les rails,** to jump the metals. *Nau:* **Q. la jetée, le quai,** to cast off. **Q. le service,** to leave, quit, the service. **Q. les affaires,** to retire from business. **Q. ses mauvaises habitudes,** to leave off, give up, one's bad habits. **Q. ce monde,** to depart this life. **Ne le quittez pas des yeux,** do not let him out of your sight. **Ils se sont quittés bons amis,** they parted good friends. *Tp:* **Ne quittez pas (l'écoute)!** hold the line!

quitus [kɥity:s], *s.m. Com:* Auditor's final discharge; receipt in full.

qui-vive [kivi:v], *s.m.inv. Mil:* Sentry's challenge. **Être sur le q.-v.,** to be on the qui vive, on the alert.

quoi[1] [kwa], *rel.pron.* What. **1.** (*a*) **C'est ce à q. je m'attendais,** that is what I was expecting. **Ce sur q. l'on discute,** what is being discussed; the matter under discussion. **C'est en q. vous vous trompez,** that is where you are wrong. *F:* **Il m'a raconté ses griefs et comme q. vous l'avez mis à la porte,** he told me his grievances, and how you'd thrown him out. (*b*) (= LEQUEL, LAQUELLE) **Il a bien autre chose à q. penser!** he has something else to think about! **Un autre fait, à q. vous n'avez pas pris garde,** another fact, which you have left out of consideration. **2. De quoi. Il a de q. vivre,** he has enough to live on. *F:* **Il a de q.,** he is well off, comfortably off. **Il y a de q. vous faire enrager,** it's enough to drive you mad. **Il n'y a pas de q. chanter victoire,** there's no occasion to crow. **Il n'y a pas de q.,** pray don't mention it. **Avez-vous de q. écrire?** have you anything to write with? **Il faut trouver de q. allumer du feu,** we must find something to light the fire with. **3. Sans quoi. Travaille, sans q. tu ne mangeras pas,** work, otherwise you shall not eat. **4.** *F:* **Comme quoi. Montrer comme q. la chose est possible,** to show that the thing is possible. **5. Quoi qui, quoi que.** (*a*) **Q. qui survienne, restez calme,** whatever comes of it, keep calm. **Q. qu'on fasse, il n'est jamais content,** no matter what you do, whatever you do, he's never satisfied. **Q. qu'il en soit,** however that may be; be that as it may. (*b*) **Q. que ce soit,** (i) anything (whatever); (ii) whatever it may be. **Puis-je vous être utile en q. que ce soit?** can I be of use to you in anything? **Avez-vous dit q. que ce soit?** did you say anything at all?

quoi[2], *interr. pron.* What? (*a*) (Subject) **Qui ou q. vous a donné cette idée?** who or what gave you that idea? **Q. d'autre?** what else? **Q. de nouveau?** what news? **Eh bien! q.?** well, what about it? (*b*) (Object) **Vous désirez q.?** what is it you want? **Les journaux ne savent q. inventer,** the papers are always inventing new lies. **Un je ne sais q.,** an indescribable something. S.a. IMPORTER[2] 2. (*c*) (After prep.) **De q. parlez-vous?** what are you talking about? **A q. pensez-vous?** what are you thinking of? **A q. bon (faire qch.)?** what's the use, the good (of doing sth.)? **En q. est-ce? c'est en q.?** what is it made of?

quoique [kwak(ə)], *conj.* Usu. + *sub.* (Al)though. (*a*) **Quoiqu'il soit pauvre il est généreux,** although he is poor he is generous. (*b*) (With ellipsis of verb) **Je suis heureux q. garçon,** I am happy though a bachelor.

quolibet [kɔlibɛ], *s.m.* Gibe. **Poursuivre qn de quolibets,** to gibe, jeer, at s.o.

quorum [kɔrɔm], *s.m.* Quorum.

quote-part [kɔtəpa:r], *s.f.* Share, quota, portion. *pl.* *Des quotes-parts.*

quotidien, -ienne [kɔtidjɛ̃, -jɛn]. **1.** *a.* Daily, everyday; of daily occurrence. **La vie quotidienne,** everyday life. **Notre pain q.,** our daily bread. **2.** *s.m.* **Les quotidiens,** the daily papers.

quotidiennement [kɔtidjɛnmɑ̃], *adv.* Daily.

quotient [kɔsjɑ̃], *s.m.* **1.** *Mth:* Quotient. **2. Q. électoral,** electoral quota. **3.** *Psy:* **Q. intellectuel,** intelligence quotient, *F:* I.Q.

quotité [kɔtite], *s.f.* Amount of share; quota. *Jur:* **Q. disponible,** disposable portion of estate.

R, r [ɛ:r], *s.f.* (The letter) R, r. **Rouler ses r,** to roll one's r's. *Tp:* **R comme Raoul,** R for Robert.
rab, rabe [rab], *s.m. Mil: P:* = RABIAU. **Un petit r.?** Won't you have a drop, bit, more?
rabâchage [rabɑʃa:ʒ], *s.m.*, **rabâchement** [rabɑʃmɑ̃], *s.m.* Wearisome reiteration (of words); twaddle, drivel.
rabâcher [rabɑʃe]. **1.** *v.i.* To be everlastingly repeating the same thing; to talk twaddle. **2.** *v.tr.* **Ils rabâchent toujours la même chose,** they are for ever harping on the same string, the same thing.
rabâcheur, -euse [rabɑʃœ:r, -ø:z], *s.* Twaddler, driveller.
rabais [rabɛ], *s.m.* Reduction (in price); allowance, rebate, discount. **Vendre qch. au r.,** to sell sth. at a reduced price. **Vente au grand r.,** sale at greatly reduced prices. **Faire qch. au r.,** to do sth. on the cheap. **2.** Fall, abatement (of flood waters).
rabaiss|er [rabɛse], *v.tr.* **1.** To lower (veil, voice); to reduce, lower (price). **2.** *(a)* To depreciate, disparage, belittle (person, talent). *(b)* To humble (s.o., s.o.'s pride). *s.m.* **-ement.**
rabat [rabɑ], *s.m.* Bands (of clerical costume); turned-down piece; flap (of handbag).
rabat-joie [rabajwa], *s.m. & f. inv.* Kill-joy, spoil-sport.
rabattable [rabatabl], *a.* That can be folded back. *Aut:* **Coupé à capote r.,** drop-head coupé.
rabatteur, -euse [rabatœ:r, -ø:z], *s.* **1.** Hotel tout. **2.** *s.m. Ven:* Beater.
rabatt|re [rabatr], *v.tr.* (Conj. like BATTRE) **1.** To fold (sth.) back; to bring (sth.) down (to a lower level); to shut down (lid); to lower, pull down (blind, etc.); to turn down (one's collar); to tilt back (seat of a car). *Dressm:* **R. une couture,** to turn down, to stitch down. **R. le bord d'une tôle,** to flange a plate, to turn over the edges of a plate. **Porte rabattue contre la paroi,** door folded back to the wall. **Le vent rabat la fumée,** the wind beats down the smoke. **2.** To reduce, lessen, diminish. *(a) Com:* **R. tant du prix,** to take so much off the price. **Je n'en rabattrai pas un sou,** I won't take a halfpenny less for it. *(b)* **R. l'orgueil de qn,** to lower, take down, humble, s.o.'s pride. **R. de ses prétentions, en r.,** to climb down, to draw in one's horns. *(c) Hort:* To cut back (tree). **R. sévèrement,** to cut back close. *(d) Knitting:* **R. les mailles,** to cast off. **3. R. le gibier,** (i) to beat up the game; (ii) to head back the game. **R. les flammes,** to beat back the flames. *F:* **R. des clients,** to beat up customers. **4.** *v.i.* **Il faut r. à droite,** you must turn off, bear, to the right. *s.m.* **-age.** *s.m.* **-ement.**
se rabattre. 1. Table qui se rabat, folding-, flap-table. **2.** *(a)* **L'armée se rabattit sur la ville,** the army fell back upon the town. *(b) Aut:* To cut in (in front of car after overtaking). *(c)* **Se r. sur qch.,** to fall back upon a course of action.
rabbin [rabɛ̃], *s.m.* (Voc. case **rabbi**) *Jew.Rel:* Rabbi. **Grand r.,** Chief Rabbi.
rabbinique [rabinik], *a.* Rabbinical.
rabbinisme [rabinism], *s.m.* Rabbinism.
rabbiniste [rabinist], *s.m. & f.* Rabbinist.
rabdomancie [rabdɔmɑ̃si], *s.f.* Rhabdomancy, (water-) divining.
rabelaiserie [rablɛzri], *s.f.* **1.** Rabelaisianism. **2.** Rabelaisian joke; broad joke.
rabelaisien, -ienne [rablɛzjɛ̃, -jɛn], *a.* Rabelaisian, broad (humour).
rabes [rab], *s.f.pl.* **R. de morue,** salted cod-roe.
rabiau, rabiot [rabjo], *s.m. Mil: P:* **1.** *(a)* Surplus of food (after distribution of rations); buckshee. *(b)* Illicit profits. **2.** Extra work; overtime.
rabiauter, rabioter [rabjɔte], *v.i. Mil: P:* **1.** To scrounge (food, drink, leave). **2.** To make illicit profits.
rabiauteur, rabioteur [rabjɔtœ:r], *s.m. P:* Scrounger.
rabibocher [rabibɔʃe], *v.tr. F:* To tinker up, patch up (sth.); to make it up between (two people).
se rabibocher, to become reconciled, to make it up again.
rabique [rabik], *a. Med:* Rabic (virus, animal).
râble[1] [rɑ:bl], *s.m.* Back (of hare, etc.); *Cu:* saddle (of hare). *F:* **Il m'a sauté sur le r.,** (i) he jumped on me, (ii) he cornered me.
râble[2], *s.m. Tls:* Fire-rake.
râblé [rɑble], *a.* Broad-backed, strong-backed; strapping (fellow).
rabonnir [rabɔni:r]. **1.** *v.tr.* To improve (wine). **2.** *v.i.* (Of wine, etc.) To improve; to get better.
rabot [rabo], *s.m. Tls:* Plane. **R. à languette,** grooving-plane. **Fer de r.,** plane-iron. **Fût de r.,** plane-stock. **Passer le r. sur une planche,** to run the plane over a plank.
rabot|er [rabɔte], *v.tr.* *(a)* To plane (wood). *(b)* To file down (horse's hoof). *F:* **R. son style,** to polish one's style. *s.m.* **-age.** *s.m.* **-ement.**
raboteur [rabɔtœ:r], *s.m. Join:* Planer.
raboteuse[1] [rabɔtø:z], *s.f.* Planing-machine.
raboteux, -euse[2] [rabɔtø, -ø:z], *a.* **1.** Rough, uneven. **Bois r.,** knotty wood. **Chemin r.,** rough, bumpy, road. **2.** Unpolished, rugged (style).
rabougri [rabugri], *a.* Stunted.
rabougrir [rabugri:r]. **1.** *v.tr.* To stunt the growth of (sth.). **2.** *v.i. & pr.* To become stunted.
rabougrissement [rabugrismɑ̃], *s.m.* Stuntedness; scragginess (of vegetation).
rabouter [rabute], **rabout|ir** [rabuti:r], *v.tr.* To join end to end. *s.m.* **-issage.**
rabrouer [rabrue], *v.tr.* To scold; snub; *F:* to jump down (s.o.'s) throat, to sit upon (s.o.).
rabroueur, -euse [rabruœ:r, -ø:z], *s.* Surly fellow; *f.* scold; shrew.
racaille [rakɑ:j], *s.f.* Rabble, riff-raff.
raccommodage [rakɔmɔda:ʒ], *s.m.* **1.** Mending, repairing; darning (of stockings). **2.** Mend, repair, darn.
raccommodement [rakɔmɔdmɑ̃], *s.m.* Reconciliation; making up (of a quarrel).
raccommod|er [rakɔmɔde], *v.tr.* **1.** To mend, repair; to darn (stocking). **2.** To reconcile, to make it up between (two persons). *a.* **-able.** *s.* **-eur, -euse.**
se raccommoder (avec qn), to make it up (with s.o.); to become friends again.
raccompagner [rakɔ̃paɲe], *v.tr.* To accompany back, to see (s.o.) back (home). *F:* **Tu la raccompagnes?** Are you seeing her home?
raccord [rakɔ:r], *s.m.* **1.** *Tp: etc:* Linking up (of subscribers). **2.** *(a)* Join (in a building, a picture, etc.). **Faire des raccords dans un roman,** to join up parts of a novel. **Faire des raccords (en peinture),** to touch up (paintwork). *(b) Mec.E:* Joint, coupling, connection. **R. à vis,** union-nut joint. *El.E:* **R. de lampe,** lamp-adapter, lamp-connector. **Bouchon de r.,** adapter-plug.
raccordement [rakɔrdəmɑ̃], *s.m.* **1.** Joining, adjusting, linking up. **Pièces de r.,** making-up lengths. *El.E:* **Boîte de r.,** connecting-box (for cables). *Rail:* **Voie de r.,** junction-line, loop-line; private siding (leading to factory). **2.** Junction. *(a) Artill: etc:* (i) Lead (from chamber of gun to bore); (ii) neck (of cartridge-case). *(b) El.E:* Connection (of telephone cables). **Faux r.,** wrong connection.
raccorder [rakɔrde], *v.tr.* *(a)* To join, connect, unite, couple; to link up (**avec,** with). *(b)* To bring (parts) into line; to make (parts) flush.
se raccorder, to fit together.
raccourci [rakursi]. **1.** *a.* Shortened; short, squat; abridged (plan); *Geom:* oblate (ellipsoid). *F:* **Tomber à bras raccourci(s) sur qn,** to give s.o. a good pummelling; to pitch into s.o. **2.** *s.m.* *(a)* Abridgment, epitome. *(b) Art:* Foreshortening. **Bras en r.,** foreshortened arm. *(c)* Short cut (to a place).

raccourc|ir [rakursi:r]. **1.** *v.tr.* (*a*) To shorten; to take up (sleeve, skirt); to reduce the length of (sth.). **R. son bras,** to draw up one's arm. **R. son chemin,** to take a short cut. (*b*) To abridge, curtail; to cut (speech) short. (*c*) *Art:* To foreshorten. **2.** *v.i. & pr.* To grow shorter; to shorten; to shrink. **Les jours (se) raccourcissent,** the days are drawing in. *s.m.* **-issement.**

raccoutumer (se) [sərakutyme], *v.pr.* To reaccustom oneself, to get reaccustomed (**à,** to).

raccroc [rakro], *s.m.* (*a*) *Bill:* Fluke; lucky stroke. **Par r.,** by a fluke. (*b*) **Visiteurs de r.,** chance visitors.

raccrochage [rakrɔʃa:ʒ], *s.m.* *Jur:* Accosting; soliciting.

raccrocher [rakrɔʃe], *v.tr.* **1.** To hook up, hang up, (sth.) again. *Tp:* **R. (l'appareil),** to put down the receiver; to ring off. **2.** *F:* To recover (sth.); to lay hold of (sth.) again; to get hold of (s.o.) again. **3.** (Of prostitute) To accost. **4.** *Bill:* To make flukes.
se raccrocher. 1. Se r. à qch., to clutch hold of sth.; to catch on to sth. **2.** *Gaming: etc: F:* To recover one's losses.

raccrocheur [rakrɔʃœ:r], *a.* *F:* Fetching. **Un titre r.,** a fetching headline.

raccrocheuse [rakrɔʃø:z], *s.f.* Street-walker.

race [ras], *s.f.* Race. **1.** Ancestry or descent; strain. **2.** Stock, breed. **La r. blanche,** the white race. **La r. chevaline,** the horse species. **Améliorer, croiser, les races,** to improve, to cross, the breeds. **Chien de (pure) r., qui a de la r.,** pure-bred dog; pedigree dog. **Cheval de r.,** thoroughbred horse. **R. croisée,** cross-breed. *Prov:* **Bon chien chasse de r.,** what's bred in the bone comes out in the flesh. *F:* **Il chasse de r.,** he is a chip of the old block; it runs in his blood.

racé [rase], *a.* (Of horse, dog, etc.) Thoroughbred; true to race, true to stock.

racer [rasɛ:r], *s.m.* **1.** Race horse. **2.** Racing yacht.

rachat [raʃa], *s.m.* (*a*) Repurchase, buying back; buying in (of goods); redemption (of annuity). *St.Exch:* **Offre de r.,** take-over bid. *Theol:* Atonement. (*b*) *Ins:* Surrender (of policy). **Valeur de r.,** surrender value. (*c*) **R. des bans (de mariage),** marriage licence.

rachetable [raʃtabl], *a.* Redeemable (stock); atonable (sin).

rachet|er [raʃte], *v.tr.* (Conj. like ACHETER) **1.** (*a*) To repurchase; to buy (sth.) back. *Com:* To buy (sth.) in. (*b*) To redeem (debt, annuity). **R. ses péchés,** to atone for one's sins. **R. son honneur,** to retrieve one's honour. **R. son passé,** to atone for one's past. (*c*) *Ins:* To surrender (policy). (*d*) To ransom (prisoner). **2.** To make a further purchase of (sth.). *s.* **-eur, -euse.**

rachidien, -ienne [raʃidjɛ̃, -jɛn], *a.* *Anat:* Rachidian (bulb, canal).

rachis [raʃis], *s.m.* *Anat: Bot:* Rachis.

rachitique [raʃitik], *a. & s.* Rachitic; *F:* rickety (child).

rachitisme [raʃitism], *s.m.* Rachitis, *F:* rickets.

racial, -aux [rasjal, -o], *a.* Racial. **Minorités raciales,** racial minorities.

racinage [rasina:ʒ], *s.m.* **1.** *Coll:* (Edible) roots. **2.** *Tex:* Walnut dye. **3.** *Bookb:* Tree-marbling.

racinal, -aux [rasinal, -o], *s.m.* (Foundation) beam, sleeper; main sill (of sluice); sole (of crane).

racine [rasin], *s.f.* **1.** (*a*) Root (of plant, hair, etc.). **De vieilles racines de dents,** old stumps (of teeth). **Jeter, pousser, des racines,** to throw out roots, to strike root. **Prendre r.,** to take root. **Couper le mal dans sa r.,** to strike at the root of the evil. (*b*) *Mth:* **R. carrée, cubique,** square root, cube root. (*c*) *Ling:* Root (of word). **2.** *Fish:* **R. anglaise,** silkworm gut; silk gut.

raciné [rasine], *a.* *Bookb:* Marbled. **Veau r.,** marbled calf or tree-calf.

raciner [rasine], *v.i.* To strike root, to take root; to root.

racisme [rasism], *s.m.* Racialism, *U.S:* racism.

raciste [rasist], *a. & s.* Racialist, *U.S:* racist.

racket [rakɛt], *s.m.* *F:* Racket, swindle.

racketteur [rakɛtœr], *s.m.* *F:* Racketeer.

racle [rɑ:kl], *s.f.* *Tls:* Scraper.

raclée [rɑkle], *s.f.* **1.** *F:* Hiding, licking, drubbing. **Administrer une r. à qn,** to give s.o. a thrashing, a trouncing. **2.** Surface hoeing.

racl|er [rɑkle], *v.tr.* To scrape (skin, carrot, etc.). **R. une allée,** to rake a drive. *F:* **R. du violon,** to scrape, saw, on the fiddle. **Vin qui racle le gosier,** wine that rasps the throat. **Se r. la gorge,** to clear one's throat. **La police les a raclés,** the police made a clean sweep of them. **R. les fonds de tiroir,** to scrape the barrel. *s.m.* **-age, -ement.**

raclette [rɑklɛt], *s.f.* *Tls:* (*a*) Scraper. (*b*) *Phot: etc:* Squeegee. (*c*) *Hort:* Hoe. (*d*) Baby's pusher.

racleur, -euse [rɑklœ:r, -ø:z]. **1.** *s.* (Pers.) Scraper. **2.** *s.m.* *I.C.E:* **(Segment) r. d'huile,** scraper-ring.

racloir [rɑklwa:r], *s.m.* (*a*) Scraper, scraping-tool. (*b*) (Cooper's) hoop-shave.

racloire [rɑklwa:r]. *s.f.* **1.** Strickle, strike. **2.** *Tls:* Spokeshave. **3.** Tongue scraper.

raclure [rɑkly:r], *s.f.* Scrapings.

racol|er [rakɔle], *v.tr.* **1.** (*a*) To recruit (men for the army or navy). (*b*) *A:* To crimp, impress (men). (*c*) *F:* **R. des partisans,** to enlist, tout for, supporters. **2.** *Jur:* **R. sur la voie publique,** to solicit in a public place. *s.m.* **-age.**

racoleur [rakɔlœ:r], *s.m.* (*a*) Recruiting-sergeant. (*b*) *A:* Crimp, member of press-gang. (*c*) Hired tout.

racoleuse [rakɔlø:z], *s.f.* = RACCROCHEUSE.

racontar [rakɔ̃ta:r], *s.m.* *F:* Story; piece of gossip. **Racontars,** tittle-tattle; idle talk. **Ce n'est que des racontars,** it's nothing but ill-natured gossip.

raconter [rakɔ̃te], *v.tr.* To tell, relate, narrate, recount. **R. de longues histoires,** to spin long yarns. **Il vous en raconte,** he is telling you a tall story. **R. au long une histoire,** to unfold a tale. **Je vous raconterai cela plus tard,** I shall tell you all about it later. **Qu'est-ce qu'il raconte là?** what ever is he talking about? *a.* **-able.**

raconteur, -euse [rakɔ̃tœ:r, -ø:z]. **1.** *s.* (*a*) (Story-) teller, narrator. (*b*) (Public entertainer) Raconteur, raconteuse. **2.** *a.* Garrulous.

racorn|ir [rakɔrni:r], *v.tr.* To make (sth.) hard or tough (as horn). **Se r. les mains,** to make one's hands horny. *s.m.* **-issement.**
se racornir. (*a*) To grow horny, hard, or tough; to harden; to shrivel up. (*b*) (Of person) to grow callous.

racquitter (se) [sərakite], *v.pr.* To recoup oneself; to retrieve one's losses.

radar [radar], *s.m.* (*a*) Radar. **R. d'avion,** airborne radar. **R. à ondes entretenues,** continuous wave radar. **R. à impulsions,** pulse radar. (*b*) Radar station.

radariste [radarist], *s.m. or f.* Radar operator.

rade [rad], *s.f.* *Nau:* Roadstead, roads. **En r.,** in the roads. **Mettre un navire en r.,** to lay up a ship. **R. foraine, ouverte,** open roadstead.

radeau [rado], *s.m.* Raft.

radial, -aux [radjal, -o], *a.* *Mth: etc:* Radial.

radian [radjɑ̃], *s.m.* *Mth:* Radian.

radiance [radjɑ̃:s], *s.f.* Radiance.

radiant [radjɑ̃]. **1.** *a.* Radiant (heat, etc.). **Pouvoir r.,** radiating capacity. **2.** *s.m.* *Astr:* Radiant (point).

radiateur, -trice [radjatœ:r, -tris]. **1.** *a.* Radiating. **2.** *s.m.* Radiator. (*a*) **R. à eau chaude,** hot-water radiator. **R. électrique,** electric fire or radiator. (*b*) *I.C.E: etc:* (Cooling) radiator.

radiation[1] [radjasjɔ̃], *s.f.* (*a*) Erasure, striking out, crossing out; cancellation (of debt). (*b*) Striking off the roll; disbarment (of barrister); striking off (of solicitor).

radiation[2], *s.f.* *Ph:* Radiation. *W.Tel:* **Zone de r.,** wave-zone. *Atom.Ph:* Atomic, nuclear, radiation.

radical, -aux [radical, -o], *a. & s.m.* *Alg: Pol: etc:* Radical. **Un changement r.,** a complete, radical, change. *Mth:* **Signe r.,** root-sign. *Gram: Ling:* Root, radical (of word). *adv.* **-ement.**

radicalisme [radikalism], *s.m.* *Pol:* Radicalism.

radicelle [radisɛl], *s.f.* *Bot:* Radicle, rootlet.

radicule [radikyl], *s.f.* *Bot:* Radicle, rootlet.

radier[1] [radje], *s.m.* *Civ.E:* Frame, floor, bed; sill (of lock-gate); apron (of dock). **R. de fondation,** foundation-raft.

radier[2], *v.tr.* To erase; to strike (sth.) out; to strike (sth.) off, cross (sth.) off (a list, etc.).

radiesthésie [radjɛstezi], *s.f.* **1.** Dowsing. **Faire de la r.** to dowse. **2.** Radiesthesia.

radiesthés|iste [radjɛstezist], *s.m. & f.* Dowser; water finder, water-diviner. *a.* **-ique.**

radieux, -euse [radjø, -ø:z], *a.* Radiant; dazzling (sky); beaming (with joy).
radifère [radifɛ:r], *a. Miner:* Radiferous; containing radium.
radin [radɛ̃], *a. P:* Stingy.
radiner [radine], *v.i. P:* To come (back); to turn up.
radio [radjo]. **1.** *s.m. F:* (*a*) Wireless message; radio. (*b*) *Av: Nau:* Radio operator. **2.** *s.f.* (*m. in Fr.C:*) *F:* (*a*) Wireless telegraphy or telephony; wireless, radio (set). **A la r.**, on the wireless, on the radio. **Annonce par r.**, broadcast message or advertisement. **Parler à la r.**, *F:* to be on the air. (*b*) (i) X-rays. **Passer qn à la r.**, to X-ray s.o. (ii) X-ray photograph.
radio-actif, -ive [radjoaktif, -i:v], *a. Ph:* Radioactive.
radio-activité [radjoaktivite], *s.f. Ph:* Radio-activity.
radio-alignement [radjoaliɲmɑ̃], *s.m. Nau: Av:* Radio-beacon route. *Av:* Airway.
radiobalise [radjobali:z], *s.f. Av:* Radio-beacon.
radiobalisage [radjobaliza:ʒ], *s.m. Nau: Av:* Radio beacon navigation. *Av:* Airways navigation, flying airways.
radiobaliser [radjobalize], *v.tr. Av:* To fly airways.
radiocommunication [radjokɔmynikasjɔ̃], *s.f.* Radiocommunication.
radiocompas [radjokɔ̃pɑ], *s.m. Av:* Radio-compass.
radioconducteur [radjokɔ̃dyktœ:r], *s.m.* Coherer.
radiodermite [radjodɛrmit], *s.f. Med:* X-ray dermatitis.
radiodiagnostic [radjodjagnɔstik], *s.m. Med:* X-ray diagnosis.
radiodiffuser [radjodiffyze], *v.tr. W.Tel:* To broadcast.
radiodiffusion [radjodiffyzjɔ̃], *s.f. W.Tel:* Broadcasting. **Poste de r.**, broadcasting station.
radioélectricité [radjoelɛktrisite], *s.f.* Radioelectricity.
radioélectrique [radjoelɛktrik], *a. Radar:* **Axe r.**, scan axis.
radio-émission [radjoemisjɔ̃], *s.f.* **1.** Broadcasting. **2.** Broadcast. *pl. Des radio-émissions.*
radiogénique [radjoʒenik], *a. W.Tel:* **Il a une voix r.**, he has a good broadcasting voice.
radiogoniomètre [radjogɔnjɔmɛtr], *s.m.* Direction-finder, radiogoniometer.
radiogoniométr|ie [radjogɔnjɔmetri], *s.f.* Location, direction-finding (by radio). *a.* **-ique.**
radiogramme [radjogram], *s.m.* Radiogram. **1.** X-ray photograph. **2.** Wireless message.
radiographe [radjograf], *s.* Radiographer.
radiographie [radjografi], *s.f.* **1.** Radiography, X-ray photography. **2.** = RADIOGRAMME 1.
radiographier [radjografje], *v.tr.* To radiograph; to X-ray.
radiographique [radjografik], *a.* Radiographic. **Examen r.**, X-ray examination.
radioguidage [radjogida:ʒ], *s.m. Av: Nau:* Radio-direction.
radioguidé [radjogide], *a.* Wireless-controlled.
radio-isotope [radjoizotɔ:p], *s.m.* Radioisotope.
radiojournal [radjoʒurnal], *s.m.* Wireless, radio, news bulletin.
radiologie [radjolɔʒi], *s.f.* X-ray treatment; radiology.
radiologique [radjolɔʒik], *a.* Radiological.
radiologue [radjolɔg], *s.m.* **radiologiste** [radjɔlɔʒist], *s.m.* Radiologist.
radionavigant [radjonavigɑ̃], *s.m. Nau:* Radio officer. *Av: O:* Radio officer.
radionavigation [radjonavigasjɔ̃], *s.f. Nau:* Navigation by radar.
radiophare [radjofa:r], *s.m.* Wireless beacon.
radiophonie [radjofɔni], *s.f.* Wireless telephony, radiophony.
radio-repérage [radjor(ə)pera:ʒ], *s.m.* Radiolocation. *pl. Des radio-repérages.*
radio-reportage [radjor(ə)pɔrta:ʒ], *s.m.* Broadcasting (of news); running commentary (on a match). *pl. Des radio-reportages.*
radio-reporter [radjor(ə)pɔrtɛ:r], *s.m. W.Tel:* Commentator. *pl. Des radio-reporters.*
radioscopie [radjoskɔpi], *s.f.* Radioscopy.
radioscopique [radjoskɔpik], *a.* **Examen r.**, X-ray examination.
radiosignalisation [radjosiɲalizɑsjɔ̃], *s.f. Av: Nau:* Direction-sending by wireless, radio.
radiosondage [radjosɔ̃da:ʒ], *s.m.* Radiosondage.
radiosonde [radjosɔ̃:d], *s.f.* Radiosonde; (meteorological) balloon.
radiotélégramme [radjotelegram], *s.m.* Wireless, radio, telegram.
radiotélégraphie [radjotelegrafi], *s.f.* Wireless telegraphy, radio-telegraphy.
radiotélégraphique [radjotelegrafik], *a.* Wireless, radio, (message, station).
radiotéléphonie [radjotelefɔni], *s.f.* Wireless-telephony.
radiothérapie [radjoterapi], *s.f.* X-ray treatment; radio-therapy.
radis [radi], *s.m.* Radish. *P:* **Ne pas avoir un r.**, to be without a penny, *P:* to be stony-broke.
radium [radjɔm], *s.m.* Radium.
radiumthérapie [radjɔmterapi], *s.f.* Radiumtherapy.
radius [radjy:s], *s.m. Anat:* Radius.
radon [radɔ̃], *s.m. Ch:* Radon.
radotage [radɔta:ʒ], *s.m.* Twaddle; drivelling nonsense. **Tomber dans le r.**, to fall into one's dotage. **Ce sont là des radotages**, these are the ramblings of old age.
radoter [radɔte], *v.i.* To talk (drivelling) nonsense; to drivel.
radoteur, -euse [radɔtœ:r, -ø:z], *s.* Dotard.
radoub [radu], *s.m. Nau:* Repair, refitting, graving (of ship). **Navire en r.**, ship under repair, in dry dock. **Bassin, forme, de r.**, graving-dock, dry dock.
radoub|er [radube], *v.tr.* (*a*) To repair the hull of (ship); to dry-dock (ship). (*b*) To mend, repair (net, etc.). *s.m.* **-age.** *s.m.* **-eur.**
radouc|ir [radusi:r], *v.tr.* To calm, soften; to make (s.o.'s temper) milder; to mollify (s.o.). *s.m.* **-issement.**
se radoucir. **1.** (Of s.o.'s mood, etc.) To grow softer, to soften down. **2.** (Of weather) To grow milder.
rafale [rafal], *s.f.* (*a*) Squall; strong gust, blast (of wind). **Vent à rafales**, gusty wind. **Temps à rafales**, squally weather. S.a. NEIGE. (*b*) Burst of gun-fire.
rafalé [rafale], *a.* **1.** (Of ship) Disabled by a squall. **2.** *F:* (Of pers.) Cleaned out; down and out.
rafferm|ir [rafɛrmi:r], *v.tr.* **1.** To harden (once more); to make (sth.) firm(er). **2.** (*a*) To confirm, strengthen (s.o.'s authority); to fortify, reinforce, restore (courage); to steady (prices, s.o.'s nerves). (*b*) **R. un poteau**, to firm up a post. *s.m.* **-issement.**
se raffermir. **1.** (*a*) (Of ground, muscle) To harden. (*b*) **Sa santé s'est raffermie**, his health has improved. **2. Son autorité, son crédit, se raffermit**, he is recovering his authority, his credit.
raffinage [rafina:ʒ], *s.m.* Refining. **R. du pétrole**, oil refining.
raffiné [rafine], *a.* (*a*) Refined (sugar, etc.). (*b*) Subtle, clever (mind, etc.). (*c*) Refined, delicate, nice (taste). **Friandises raffinées**, choice dainties. **Style r.**, polished style.
raffinement [rafinmɑ̃], *s.m.* (Over-)refinement; affectedness.
raffiner [rafine], *v.tr.* To refine. *Abs.* **Il raffine sur le point d'honneur**, he is punctilious on the point of honour. **Vous raffinez**, you are being too subtle.
se raffiner, to become, grow, refined.
raffinerie [rafinri], *s.f.* (*a*) Sugar-refinery. (*b*) Oil-refinery.
raffineur, -euse [rafinœ:r, -ø:z], *s.* **1.** (Sugar-, oil-) refiner. **2.** Person who affects nicety or sublety in thought or language.
raffoler [rafɔle], *v.i.* **R. de qch., de qn**, to be excessively fond of, to dote upon, to be infatuated with, sth., s.o.
raffut [rafy], *s.m. P:* Noise, row, shindy.
raffût|er [rafyte], *v.tr.* To (re)sharpen (tool). *s.m.* **-age.**
rafiau, rafiot [rafjo], *s.m. Nau:* (*a*) Skiff (with lateen sail). (*b*) *F:* **Vieux r.**, old tub.
rafistol|er [rafistɔle], *v.tr. F:* To patch up (sth.). *s.m.* **-age.**
rafle [rɑ:fl], *s.f.* (*a*) (i) Clean sweep (by burglars, etc.). **R. d'étalage après bris de devanture**, smash-and-grab raid. (ii) Swag. (*b*) Looting raid; foray. (*c*) Round-up, raid, comb-out (by the police).

rafler [rɑfle], *v.tr.* (*a*) To sweep off, carry off (contents of a house, etc.). (*b*) (Of police) To round up (criminals).

rafraîchir [rafrɛʃiːr], *v.tr.* **1.** To cool, refresh; to air (a room). **2.** (*a*) To freshen up, revive (colour, painting); to do up, renovate (picture); to touch up (edged tool); to recut (groove). **R. les cheveux à qn,** to trim, clip, s.o.'s hair. (*b*) **R. la mémoire à qn,** to refresh s.o.'s memory. **R. son anglais,** to rub up, brush up, one's English.

se rafraîchir. **1.** (Of weather) To grow, turn, cooler. **2.** To refresh oneself; to have sth. to drink; to take some refreshment. **3.** (Of troops) To rest.

rafraîchissant [rafrɛʃisɑ̃]. **1.** *a.* Refreshing, cooling. **2.** *a. & s.m. Med:* Laxative.

rafraîchissement [rafrɛʃismɑ̃], *s.m.* **1.** (*a*) Cooling. (*b*) Freshening up (of picture); reviving (of colour). (*c*) Refreshing; rubbing up, brushing up (of one's knowledge). *Sch:* **Cours de r.,** refresher course. **2.** *pl.* Refreshments (at a dance, etc.).

ragaillardir [ragajardiːr], *v.tr. F:* To cheer (s.o.) up; *F:* to buck (s.o.) up.

se ragaillardir, to cheer up; *F:* to buck up.

rage [raːʒ], *s.f.* **1.** (Canine) madness; rabies. **2.** Rage, fury. **Une r. à tout casser,** a tearing rage. **La tempête fait r.,** the storm is raging. *F:* **Cela fait r.,** it is quite the rage, all the rage. **Avoir la r. du jeu,** to have a passion for gaming. **R. d'écrire,** mania for writing. **Aimer qn à la r.,** to love s.o. to distraction. **R. de dents,** paroxysm of toothache.

rageant [raʒɑ̃], *a. F:* Maddening.

rager [raʒe], *v.i.* (**je rageai(s)**; **n. rageons**) *F:* To rage; to be in a rage; to (fret and) fume. **Ça me fait r. de voir ça!** it makes me wild, *P:* it gets my goat, to see it!

rageu|r, -euse [raʒœːr, -øːz], *a.* Passionate, choleric, violent-tempered; waspish (tone, retort). *adv.* **-sement.**

raglan [raglɑ̃], *s.m. Tail:* Raglan (overcoat). *attrib.a.* **Manche r.,** raglan sleeve.

ragondin [ragɔ̃dɛ̃], *s.m. Com:* Nutria (fur).

ragot¹, -ote [rago, -ɔt]. *a. & s.* (*a*) Stumpy, squat, stocky (person). (*b*) Stocky, cobby (horse).

ragot², *s.m. F:* **1.** Piece of (ill-natured) gossip. **2.** *pl.* Gossip, tittle-tattle.

ragoter [ragɔte], *v.i. F:* To gossip.

ragoût [ragu], *s.m.* **1.** Stew, ragout. **R. de mouton,** stewed mutton. (Faire) **cuire qch. en r.,** to stew sth. **2.** Spice, savour, relish. **Avec la faim pour r.,** with hunger for a relish.

ragoûtant [ragutɑ̃], *a.* Tempting, inviting. **Peu r.,** not very tempting.

ragrafer [ragrafe], *v.tr.* To hook (up), do up, (dress, belt) again.

se ragrafer, to readjust one's dress.

ragré|er [ragree], *v.tr.* **1.** *Nau:* To re-rig (a ship). **2.** To clean down (brickwork); to clean up (joint, etc.). *s.m.* **-ement.**

rahat loukoum [raatlukum], *s.m.* Turkish delight.

raid [rɛd], *s.m.* **1.** *Mil:* Raid. **R. (aérien),** air-raid. **2.** *O:* Long-distance run (in a car); long-distance flight.

raide [rɛd]. **1.** *a.* (*a*) Stiff; tight, taut (rope). **Mettre un câble au r.,** to take up the slack in a cable. **Cheveux raides,** straight and wiry hair. **Assis r. sur sa chaise,** sitting bolt upright on his chair. (*b*) **Vol r.,** swift and straight flight. **Coup r. comme une balle,** lightning blow, stinging blow; stinger. (*c*) Stiff, starchy (manner); inflexible, unbending, unyielding (character). (*d*) Steep (stair, incline); abrupt (hill, path). (*e*) **Ça, c'est un peu r.!** that's a bit stiff, a bit thick! that's too bad! **Il en raconte de raides,** he tells some strange yarns. **Il en a vu de raides,** he's had some queer experiences. *P:* **Boire du r.,** to drink raw spirits, neat spirits. **2.** *adv.* (*a*) **Filer r.,** to drive fast. **Boire r.,** to drink hard. **Frapper r.,** to strike hard. (*b*) **Tuer qn r.,** to kill s.o. outright, on the spot. **Tomber r. mort,** to drop dead. *adv.* **-ment.**

raideur [rɛdœːr], *s.f.* **1.** Stiffness; tightness (of rope). **Donner plus de r. à qch.,** to stiffen sth. **2.** Stiffness, starchiness (of manner); inflexibility (of character); severity. **Répondre avec r.,** to answer (i) stiffly, (ii) in an overbearing manner. **3.** Steepness, abruptness. **4.** *A:* **Lancer une pierre avec r.,** to throw a stone hard.

raidillon [rɛdijɔ̃], *s.m.* (Short and steep) rise (in a road); abrupt path.

raid|ir [rɛdiːr], *v.tr.* (*a*) To stiffen; to tighten, tauten (rope, etc.); to haul (rope) taut. (*b*) **R. qn,** to make s.o. obdurate, intractable. (*c*) **R. sa volonté, ses forces,** to stiffen one's will; to brace oneself. *s.m.* **-issement.**

se raidir. **1.** To stiffen, to grow stiff; (of cable) to grow taut. **2. Se r. contre le malheur,** to steel, harden, brace, oneself against misfortune.

raidisseur [rɛdisœːr], *s.m. Tchn:* Wire-strainer; counter-brace. *a.* **Hauban r.,** straining-tie or -stay.

raie¹ [rɛ], *s.f.* **1.** Line, stroke (on paper). **2.** (*a*) Streak, stripe (on skin of animal); streak (in marble); stripe (on material). (*b*) *Opt:* **Raies du spectre,** spectrum-lines. **3.** Parting (of the hair). **4.** (i) Furrow; (ii) ridge (between furrows).

raie², *s.f. Ich:* Ray, skate. **R. bouclée,** thornback.

raifort [rɛfɔːr], *s.m.* Horse-radish.

rail [rɑːj, raːj], *s.m.* (*a*) Rail. (Of train) **Sortir des rails,** to jump the metals; to be derailed. **R. conducteur, r. de contact,** live rail (of electrified railway). (*b*) **Le r.,** the railways, *U.S:* the railroads.

railler [rɑje], *v.tr.* To laugh at, jeer at, make fun of (s.o.). **R. qn de qch.,** to banter, tease, s.o. about sth. *Abs.* **Je ne raille point,** I am not joking.

se railler de qn, de qch., to make game of, poke fun at, mock at, scoff at, s.o., sth.

raillerie [rɑjri], *s.f.* Raillery, banter, chaff. **Il n'entend pas r.,** he cannot take a joke. **Il n'entend pas r. là-dessus,** he is very touchy on that point.

railleu|r, -euse [rɑjœːr, -øːz]. **1.** *a.* Bantering, scoffing, mocking. **2.** *s.* Banterer, scoffer. *adv.* **-sement.**

rainer [rɛne], *v.tr.* To groove, flute; to slot.

rainette [rɛnɛt], *s.f.* **1.** Tree-frog. **2.** Rennet, pippin (apple). **R. grise,** russet.

rainure [rɛnyːr], *s.f.* Groove, channel, furrow, slot, rabbet. **R. de clavette,** key-way. **A. rainure(s),** grooved, slotted; fluted.

raisin [rɛzɛ̃], *s.m.* **1. Le r., du r.,** grapes. **Un r.,** a (variety of) grape. **Grappe de r.,** bunch of grapes. **Grain de r.,** grape. **Raisins secs,** raisins. **Raisins de Corinthe,** (dried) currants. **Raisins de Smyrne,** sultanas. S.a. FIGUE 1. **2.** *Bot:* **R. de loup,** black nightshade. **3.** *Paperm:* **Grand r.** = royal.

raisiné [rɛzine], *s.m.* Fruit preserved in grape juice; raisiné.

raison [rɛzɔ̃], *s.f.* **1.** Reason, motive, ground (de, for). **Pour une r. ou une autre . . .,** for one reason or another. . . . **Demander la r. de qch.,** to ask the reason for, of, sth. **Ce n'est pas une r.,** that doesn't follow. **Pour des raisons personnelles,** on personal grounds. **Pas tant de raisons!** don't argue so much! **Sans r.,** without reason, groundlessly, needlessly. **Absent pour r. de santé,** absent on account of ill health. **En r. de son âge,** on account of his age. **En r. d'un deuil récent,** owing to a recent bereavement. **A plus forte r. . . .,** with greater reason . . .; all the more. . . . **R. de plus,** all the more reason. **R. d'être de qch.,** reason, object, justification, of sth. **La r. pour laquelle il est venu,** the reason why he came. **2.** Reason (= faculty of reasoning). **Il n'a plus sa r.,** his mind is unhinged, deranged. **Il n'a pas toute sa r.,** he is not quite in his right mind. **Avoir toute sa r.,** to be in possession of one's reason. **Vous perdez la r.!** have you taken leave of your senses? **Manque de r.,** irrationality. **Mettre, ramener, qn à la r.,** to bring s.o. to his senses. **Parler r.,** to talk sense. **Entendre r.,** to listen to reason. **Faire entendre r. à qn,** to bring s.o. to reason. **Rendre r. de qch.,** to give an explanation of sth.; to explain sth.; to account for sth. *Cf.* 4. **Sans rime ni r.,** without rhyme or reason. **L'âge de r.,** years of discretion. **Mariage de r.,** marriage of convenience. **3.** Reason, justification. **Avoir r.,** to be right. **Avoir r. de faire qch.,** to be justified, right, in doing sth. **Donner r. à qn,** (i) to declare, admit, that s.o. is right; (ii) to declare s.o. to be in the right. **On lui a demandé r. de sa conduite,** he has been called upon to account for his conduct. **Se faire une r.,** to accept the inevitable, to make the best of a bad job. **Avec r.,** rightly. S.a. TORT 1. **Boire plus que de r.,** to drink to excess, more than one ought. **Comme de r.,** as one might expect. **4.** Satisfaction, reparation.

Demander r. d'un affront, to demand satisfaction for an insult. **Se faire r. à soi-même,** to take the law into one's own hands. **Rendre r. de qch.,** to give satisfaction for sth. *Cf.* 2. **Avoir r. de qn, de qch.,** to overcome, get the better of, get the upper hand of, s.o., sth. **5.** *Com:* **R. sociale,** name, style (of a firm); trade name. **6.** *Mth:* **R. géométrique, arithmétique,** geometrical ratio, arithmetical ratio. **Le poids est en r. directe du volume,** the weight is directly proportional to the volume. **Travail payé à r. de deux francs l'heure,** work paid at the rate of two francs an hour.

raisonnable [rɛzɔnabl], *a.* Reasonable. **1.** Rational. **Voyons, soyez r.,** come, be reasonable. **A son âge il devrait être plus r.,** he's old enough to know better. **2.** (*a*) According to reason. **Il est r. qu'il soit récompensé,** it is only reasonable, only fair, that he should be rewarded. (*b*) Adequate. *adv.* **-ment.**

raisonné [rɛzɔne], *a.* Reasoned (analysis, argument). *Com:* **Catalogue r.,** descriptive catalogue.

raisonnement [rɛzɔnmɑ̃], *s.m.* (*a*) Reasoning. **Homme de r. juste,** man of sense. (*b*) (Line of) argument. **Pas de raisonnements!** don't argue!

raisonner [rɛzɔne]. **1.** *v.i.* To reason (**sur,** about, upon); to argue (**sur,** about). **Ne raisonnez pas tant,** don't be so argumentative. (*c*) *Nau:* **R. avec les autorités du port,** to show the ship's papers (on entering port). **2.** *v.tr. & pr.* (*a*) **R. ses actions,** to consider, study, one's actions. (*b*) **R. qn,** to reason with s.o. **Il faut vous r.,** you must try to be reasonable.

raisonneur, -euse [rɛzɔnœːr, -øːz]. **1.** *a.* (*a*) Reasoning, rational. (*b*) Argumentative. **2.** *s.* Reasoner, arguer.

raja(h) [raʒa], *s.m.* Raja(h).

rajeun|ir [raʒœniːr]. **1.** *v.tr.* (*a*) To rejuvenate; to make (s.o.) young again. **Ce chapeau la rajeunit de dix ans,** this hat makes her look ten years younger. **Ça me rajeunit,** it makes me feel much younger. (*b*) To renovate; to revive (a word). **2.** *v.i.* To grow young again; to get younger. *s.m.* **-issement.**

se rajeunir. **1.** Not to own one's age. **2.** To make oneself look younger than one is.

rajeunissant [raʒœnisɑ̃], *a.* (Hat, etc.) that makes one look younger; youthful (dress, etc.).

rajouter [raʒute], *v.tr.* To add (sth.); to add more of (sth.).

rajust|er [raʒyste], *v.tr.* To readjust; to set (sth.) to rights. **R. sa cravate,** to set one's tie straight. *s.m.* **-ement.**

se rajuster, to put one's clothes straight.

râle[1] [rɑːl], *s.m.* *Orn:* Rail. **R. des genêts,** landrail, corncrake. **R. d'eau,** brook ouzel.

râle[2], *s.m.* **râlement** [rɑlmɑ̃], *s.m.* Rattle (in the throat). **Le r. (de la mort),** the death-rattle.

ralenti [ralɑ̃ti]. **1.** *a.* Slow(er). *Equit:* **Au trot r.,** at a slow trot. **2.** *s.m.* Slow motion. **Film tourné au r.,** slow-motion picture. **Mettre le moteur au r.,** to throttle down the engine. *Aut:* **Prendre un virage au grand r.,** to take a corner dead slow. **Tourner au r.,** to idle; to tick over.

ralent|ir [ralɑ̃tiːr], *v.tr. & i.* To slacken, slow down, slow up (one's pace, etc.). **R. l'allure,** to slacken the pace. *P.N:* **"Ralentir!"** 'Slow!' *Nau:* **R. les feux,** to bank the fires. **R. la marche,** to reduce speed. *s.m.* **-issement.**

se ralentir, (of movements) to slow up, slow down; (of zeal) to abate, relax.

râler [rɑle], *v.i.* To rattle (in one's throat); to be at one's last gasp. *F:* **R. de colère,** to fume.

râleur, -euse [rɑlœːr, -øz], *a. & s.* *P:* Bad-tempered (person).

ralingue [ralɛ̃ːg], *s.f.* *Nau:* **1.** (*a*) Bolt-rope (of sail). (*b*) Awning-rope. **2. Tenir les voiles en r.,** to keep the sails shivering.

ralinguer [ralɛ̃ge]. *Nau:* **1.** *v.tr.* To rope (a sail). **2.** *v.i.* (Of the sails) To shiver, to shake in the wind. **Faire r. les voiles,** to shiver, shake, the sails.

ralliement [ralimɑ̃], *s.m.* Rally(ing), assembly (of troops, etc.). **Mot de r.,** password.

rallier [ralje], *v.tr.* **1.** (*a*) To rally, assemble (troops, ships). (*b*) *Mil:* *Nau:* To rejoin (unit, ship). (*c*) *Nau:* **R. la terre,** to stand in for land. **2.** To rally, to win (s.o.) over, to bring (s.o.) round (to a party, etc.).

se rallier. **1.** (*a*) (Of troops, ships, etc.) To rally. (*b*) *Nau:* **Se r. à terre,** to hug the shore. **2. Se r. à un parti,** to rally to, throw in one's lot with, join, a party.

rallonge [ralɔ̃ːʒ], *s.f.* (*a*) Extension-piece (of lifting-jack, etc.); lengthening-piece. (*b*) Extra leaf, extension leaf (of table). *F:* **Nom à r.,** double-barrelled name. (*c*) Addition.

rallong|er [ralɔ̃ʒe], *v.tr.* **(je rallongeai(s); n. rallongeons)** To lengthen; to make longer; to let down (a skirt). **Les jours rallongent,** the days are drawing out. S.a. SAUCE 1. *s.m.* **-ement.**

rallumer [ralyme], *v.tr.* To relight (lamp, fire); to rekindle (fire); to revive (anger, etc.).

se rallumer, to rekindle; to light up again; to blaze up again; (of anger, etc.) to revive.

rallye [rali], *s.m.* *Aut:* (*a*) Race-meeting. (*b*) (Car) rally. (*c*) Treasure-hunt (in cars).

rallye-paper [ralipepœːr], *s.m.* Paper-chase. *pl. Des rallye-papers.*

ramad(h)an [ramadɑ̃], *s.m.* *Mohamm. Rel:* Ramadan.

ramage [ramaːʒ], *s.m.* **1.** Floral design. **2.** (*a*) Song, warbling (of birds). (*b*) *F:* Prattle.

ramaigr|ir [ramɛgriːr]. **1.** *v.tr.* To make (person, etc.) thin again. **2.** *v.i.* To grow thin again. *s.m.* **-issement.**

ramas [ramɑ], *s.m.* *F:* (*a*) Heap, pile, collection (of old clothes, etc.); scratch collection (of articles). (*b*) Set, pack (of thieves, etc.).

ramassage [ramasaːʒ], *s.m.* Gathering, collecting, picking up. **R. à la pelle,** shovelling up. **Lait de grand r.,** milk collected over a wide area. **R. à la main,** handpicking. **Service de r. des écoliers,** school bus service.

ramasse [ramɑːs], *s.f.* **1.** (In the Alps) Sledge. **2.** *Mount:* **Filer en r.,** to glissade.

ramassé [ramɑse], *a.* **1.** Thick-set, stocky, squat (person); stocky, cobby (horse). **2.** Compact (machine, style).

ramasse-miettes [ramɑsmjɛt], *s.m.inv.* Crumb-tray, -scoop.

ramasse-piétons [ramɑspjetɔ̃], *s.m.inv.* *F:* Cow-catcher, life-guard (on heavy vehicles).

ramasse-poussière [ramɑspusjɛːr], *s.m.inv.* Dust-pan.

ramass|er [ramɑse], *v.tr.* **1.** To gather (sth.) together (in a mass). **R. à la pelle,** to shovel up. **R. toutes ses forces,** to gather, muster, all one's strength. **2.** To collect, gather (different things). **R. les cartes,** to gather up the cards. **R. de l'argent,** to scrape money together; *F:* to make one's pile. *P:* **Se faire r.,** to get run in (by the police). **3. R. son mouchoir,** to pick up one's handkerchief. *Rugby:* **R. le ballon,** to gather the ball. *F:* **R. une bûche,** to come a cropper. *s.m.* **-ement.** *s.* **-eur, -euse.**

se ramasser. **1.** To collect, gather (into a crowd). **2.** (*a*) (Of animal) To double up; to roll itself up. (*b*) (Of pers.) To gather oneself (for an effort); (of tiger) to crouch (for a spring). **3.** To pick oneself up (after a fall).

ramassis [ramɑsi], *s.m.* *F:* = RAMAS.

rame[1] [ram], *s.f.* Stick, prop (for peas, etc.).

rame[2], *s.f.* Oar, scull. **Embarcation à huit rames,** eight-oared boat. **Aller à la r.,** to row. **Faire force de rames,** to row hard. **Faire fausse r.,** to catch a crab.

rame[3], *s.f.* **1.** Ream (of paper). **2.** (*a*) String, tow (of barges). (*b*) *Rail:* **R. de wagons,** (i) lift of carriages, of trucks; (ii) made-up train. **Collision entre deux rames du Métro,** collision between two Underground trains.

rameau [ramo], *s.m.* **1.** (*a*) (Small) branch, bough, twig (of tree). (*b*) *Ecc:* (Processional) palm. **Le dimanche des Rameaux,** Palm Sunday. (*c*) *pl.* Antlers (of stag). **2.** Branch, subdivision (of science, family).

ramée [rame], *s.f.* **1.** Green boughs; arbour. **2.** Small wood, leafage.

ramener [ramne], *v.tr.* (Conj. like MENER) **1.** To bring (s.o., sth.) back (again). **R. qn chez lui en voiture,** to drive s.o. home. **R. qn à terre,** to bring s.o. off (from a vessel). **R. un malade à la vie,** to bring a patient round. **R. la conversation sur un sujet,** to lead the conversation back to a subject. **R. ses pensées en arrière,** to cast one's thoughts back. **R. tout à un seul principe,** to reduce everything to a single principle.

Mth: **R. une fraction à sa plus simple expression,** to reduce a fraction to its simplest terms. *Aut:* **R. le compteur à zéro,** to reset the speedometer to 0. **R. son chapeau sur ses yeux,** to pull down, draw down, one's hat over one's eyes. **R. le poing,** to draw back one's fist. *Equit:* **R. un cheval,** to rein in a horse. **2. R. un autre à son opinion,** to bring s.o. over, round, to one's opinion (again). **3. R. la paix,** to restore peace.

se ramener. 1. To amount, to come (down) **(à,** to). **2.** *P:* (Of pers.) To come, arrive; *F:* to turn up, roll up.

ramequin [ramkɛ̃], *s.m. Dom.Ec:* Ramekin.

ramer[1] [rame], *v.tr.* To stick, prop, stake (peas).

ramer[2], *v.i.* To row; to pull (at the oar). **R. en couple,** to scull.

ramer[3], *v.i.* (Of stag) To grow its horns. *Ven: Her:* **Cerf ramé,** stag attired.

rameur, -euse[1] [ramœːr, -øːz], *s.* Rower; oarsman, oarswoman. **R. de couple,** sculler.

rameux, -euse[2] [ramø, -øːz], *a.* Ramose, branched.

ramie [rami], *s.f.* Ramie, ramee, grass-cloth plant. **Toile de r.,** grass-cloth.

ramier [ramje], *a.m. & s.m. Orn:* **(Pigeon) r.,** ring-dove, wood-pigeon.

ramification [ramifikasjɔ̃], *s.f.* Ramification. *(a)* Branching. *(b)* Branch.

ramifier (se) [səramifje], *v.pr.* To ramify, branch out; to divide.

ramille [ramiːj], *s.f.* **1.** Twig. **2.** *pl.* Small-wood.

ramoindrir [ramwɛ̃driːr], *v.tr.* To diminish, lessen.

ramolli [ramɔli], *F:* **1.** *a.* *(a)* Soft. *(b)* Soft-witted, soft-headed. **2.** *s.* Dodderer.

ramollir [ramɔliːr], *v.tr.* **1.** To soften (wax, etc.). **2.** To enervate, weaken.

se ramollir, to soften; to grow soft. *F:* **Il se ramollit,** he is getting soft(-witted).

ramollissant [ramɔlisɑ̃], *a. & s.m. Med:* Emollient.

ramollissement [ramɔlismɑ̃], *s.m.* Softening. **R. du cerveau,** softening of the brain.

ramonage [ramɔnaːʒ], *s.m.* Chimney-sweeping. *Mch:* Cleaning (of tubes).

ramoner [ramɔne], *v.tr.* **1.** To sweep (chimney); to rake out (flue); to clear (fire-tubes). **2.** *v.i. Mount:* To climb a chimney.

ramoneur [ramɔnœːr], *s.m.* Chimney-sweeper; sweep.

rampant [rɑ̃pɑ̃], *a.* **1.** *Her:* **Lion r.,** lion rampant. *Arch:* **Voûte, arche, rampante,** rampant arch or vault. **2.** *(a)* Creeping; crawling. *(b)* Grovelling, cringing. *(c) Av: F:* **Personnel r., les rampants,** ground staff.

rampe rɑːp], *s.f.* **1.** *A:* Flight of stairs. **2.** *(a)* Slope, rise, incline (of hill); pitch (of roof). *(b) Civ.E:* Gradient, up grade. *Aut:* **Vitesse en r.,** speed when hill-climbing. **R. de graissage,** greasing-ramp. *(c) Civ.E: Fort:* Ramp. **R. d'accès d'un pont,** approach-ramp of a bridge. *(d)* **R. de lancement (de fusées),** rocket-launcher. 3. Banisters, hand-rail (of stair). *P:* **Lâcher la r.,** to die. **4.** *(a) Th:* (i) Rail (in front of stage). (ii) Footlights, float(s). *F:* **La pièce n'a pas passé la r.,** the play failed to get across. *F:* **Être sous les feux de la r.,** to be in the limelight. *(b) Av:* **R. lumineuse d'atterrissage,** illuminated landing-strip.

ramp|er [rɑ̃pe], *v.i.* To creep, crawl; (of plant) to creep, trail. **Entrer, sortir, en rampant,** to crawl in, out. *F:* **R. devant les grands,** to truckle, cringe, to the great; to grovel before the great. **Style qui rampe,** uninspired, prosy, style. *s.m.* **-ement.**

ramure [ramyːr], *s.f.* **1.** Branches, boughs, foliage. **2.** Antlers (of stag).

rancart [rɑ̃kaːr], *s.m.* **1.** *F:* (Used in) **Mettre qch., qn, au r.,** to cast sth. aside; to retire (officer, official). **Elle est au r.,** she's on the shelf. **2.** *P:* Date (with s.o.).

rance [rɑːs], *a.* Rancid, rank (butter, oil). *s.m.* **Sentir le r.,** to smell rancid.

ranch [rɑːʃ], *s.m.* Ranch. **Exploiter un r.,** to ranch.

rancidité [rɑ̃sidite], *s.f.* Rancidity, rancidness.

ranc|ir [rɑ̃siːr], *v.i.* To become, grow, rancid. *s.m.* **-issement.**

rancissure [rɑ̃sisyːr], *s.f.* = RANCIDITÉ.

rancœur [rɑ̃kœːr], *s.f.* Rancour; bitterness (of mind); resentment.

rançon [rɑ̃sɔ̃], *s.f.* Ransom. **Mettre qn à r.,** to hold s.o. to ransom.

rançonn|er [rɑ̃sɔne], *v.tr.* *(a)* To hold (s.o., town) to ransom; to exact a ransom from (s.o.); to ransom (s.o.). *(b) F:* To fleece (customer). *s.m.* **-ement.**

rançonneur, -euse [rɑ̃sɔnœːr, -øːz]. **1.** *a.* Extortionate. **2.** *s.* Extortioner.

rancune [rɑ̃kyn], *s.f.* Rancour, spite, malice, grudge. **Sentiment de r.,** feeling of pique. **Garder r. à qn, avoir de la r., contre qn,** to harbour resentment against s.o.; to bear s.o. a grudge **(d'avoir fait qch.,** for having done sth.). **Je ne lui garde pas de r.,** I bear him no malice. **Par r.,** out of spite. **Sans r.,** no hard feelings! no ill feelings!

rancunier, -ière [rɑ̃kynje, -jɛːr], *a. & s.* Grudge-bearing, vindictive, rancorous, spiteful (pers., character).

randonnée [rɑ̃dɔne], *s.f.* **1.** *Ven:* Circuit (made by hunted game). **2.** *Aut: Cy: etc:* Outing, motor tour, run, trip, excursion; *Cy:* long road-race. **Être en r.,** (i) to be touring; (ii) to be out for a long run.

rang [rɑ̃], *s.m.* **1.** *(a)* Row, line (of trees, columns, etc.). *Fr.C:* Farm-service road, country road. **R. de tricot,** row, round, of knitting. **R. d'oignons,** row of onions. S.a. OIGNON 1. *Th:* **Loge de premier r.,** first-tier box. **Premier r. des fauteuils d'orchestre,** first row of the stalls. *Typewr:* Row. **Machine à quatre rangs de touches,** four-bank machine. *(b) Mil:* Rank (= row in line abreast). **Par rangs de quatre,** four abreast. **Sur deux rangs!** form two deep! **Se mettre en rangs, former les rangs,** to fall in. **Rompre les rangs,** to fall out; to dismiss. **Serrer les rangs,** to close the ranks; to close up. **En rangs serrés,** in close order, *Lit:* in serried ranks. **Quitter son r., les rangs,** to fall out; to break rank. **Sortir du r.,** (i) to rise from the ranks; (ii) *F:* to get out of the ruck, to make one's name. *(c)* **Se mettre sur les rangs,** to enter the lists, to come forward (as a candidate). **2.** *(a)* Rank; station (in life). **Avoir r. de colonel,** to hold the rank of colonel. *F:* **De premier r.,** first-class, first-rate. **Prendre r. dans un parti,** to join a party. **Arriver au premier r.,** to come to the fore. **Par r. d'âge, de taille,** according to age, height. **Prendre r., avoir r., avant, après, qn,** to rank before, after, s.o. *(b)* **R. social,** social status.

rangé [rɑ̃ʒe], *a.* **1. Bataille rangée,** pitched battle. **2.** Tidy, orderly, well-ordered. **3.** Steady (person); (man) of regular habits.

rangée [rɑ̃ʒe], *s.f.* Row, line (of persons, trees); tier (of seats); array (of figures); row (of knitting).

rang|er [rɑ̃ʒe], *v.tr.* **(je rangeai(s); n. rangeons) 1.** To arrange; to set (books, etc.) in rows; to draw up (troops). **2.** *(a)* To put (sth.) away; to put (sth.) back in its place; to stow away, tidy away (objects). **Rangez vos livres,** put away your books. *(b)* **R. la foule,** to keep the crowd back, in its place. **3.** *(a)* To arrange, tidy; to put, set, (things) to rights, in order, *(b)* **Le mariage l'a rangé,** marriage has made him settle down. **4. R. qn parmi les grands écrivains,** to rank, set, range, s.o. amongst the great writers. **5. R. une ville sous sa puissance,** to bring a town under one's power. **6.** *Nau:* **R. la terre, la côte,** to hug the coast. *s.m.* **-ement.**

se ranger. 1. To draw up, line up; (of car, etc.) to pull over to one side. *Aut:* **Se r. le long du trottoir,** to pull up at the kerb. *Nau:* **Se r. à quai,** to berth. **2. Se r. du côté de qn,** to take sides, to side, with s.o. **Se r. à l'opinion de qn,** to fall in with, come over to, s.o.'s opinion. **3. Se r. (de côté),** to get out of the way; to stand aside. **On se rangea pour nous laisser passer,** they stood aside to make room for us. **4. Il s'est rangé,** (i) he has steadied down, settled down; (ii) he has got married.

rani [rani], *s.f.* Ranee.

ranimer [ranime], *v.tr.* To revive; to put new life into (s.o.); to restore (fainting person) to consciousness, to life; to stir up (the fire). **R. la colère, l'espoir, l'amour, de qn,** to reawaken, rekindle, s.o.'s anger, hope, love. **R. l'assemblée,** to put fresh life into the meeting.

se ranimer, to revive; to come to life again; (of fire) to burn up.

rapace [rapas], *a.* **1.** Rapacious, predaceous. **Bêtes rapaces,** predatory animals. *s.m.pl. Z:* **Les rapaces,** birds of prey. **2.** Rapacious, grasping (person).
rapacité [rapasite], *s.f.* Rapacity; rapaciousness.
rapatrié [rapatrie], *s.* Repatriate.
rapatriement [rapatrimɑ̃], *s.m.* Repatriation.
rapatrier [rapatrie], *v.tr.* To repatriate; to send (s.o.) home (from abroad).
râpe [rɑːp], *s.f.* Rasp. (*a*) *Dom.Ec:* Grater. (*b*) Rough file.
râpé [rɑpe], **1.** *a.* (*a*) Grated; rasped. (*b*) Worn out, threadbare. **Avoir l'air r.,** to look shabby, seedy, out-at-elbows. **2.** *s.m. F:* **Du r.,** grated cheese.
râp|er [rɑpe], *v.tr.* **1.** To rasp (wood); to grate (sugar nutmeg); to grind (snuff). **2.** To wear (garment) threadbare. *s.m.* **-age.**
rapetass|er [raptase], *v.tr. F:* To patch up, do up (garment); to cobble (shoe); to botch up (literary work). *s.m.* **-age.** *s.m.* **-eur.**
rapetiss|er [raptise]. **1.** *v.tr.* To make (sth.) smaller; to shorten (garment); to shrink (stuff). **Sa maison rapetisse les autres,** his house dwarfs the others. **Se r. pour monter dans la voiture,** to stoop in order to get into the car. **2.** *v.i. & pr.* To shorten; to become shorter, smaller; to shrink. **Les jours (se) rapetissent,** the days are drawing in. *s.m.* **-ement.**
râpeux, -euse [rɑpø, -øːz], *a.* Raspy (tongue); harsh (wine); grating (noise).
raphia [rafja], *s.m.* Raphia(-grass), raffia.
rapiat, -ate [rapja, -at]. *F:* **1.** *a.* Stingy, avaricious. **2.** *s.* Miser, skinflint, hunks.
rapide [rapid]. **1.** *a.* (*a*) Rapid, swift, fast. **R. comme la pensée,** as swift as thought. **La r. conclusion des négociations,** the speedy conclusion of the negotiations. **Fusil à tir r.,** quick-firing rifle. (*b*) Steep, rapid (slope). **2.** *s.m.* (*a*) Rapid (in river). (*b*) Express (train), fast train. *adv.* **-ment.**
rapidité [rapidite], *s.f.* (*a*) Rapidity, swiftness. (*b*) Steepness (of slope).
rapiéçage [rapjesaːʒ], *s.m.* **1.** Piecing, patching (of garment). **2.** Patchwork.
rapi|écer [rapjese], *v.tr.* **(je rapièce; je rapiécerai)** To piece, patch (garment, etc.). *s.m.* **-ècement.**
rapière [rapjeːr], *s.f. A:* Rapier. **Traîneur de r.,** swashbuckler.
rapin [rapɛ̃], *s.m. F:* **1.** Art student. **2.** Dauber.
rapine [rapin], *s.f. Lit:* (*a*) Rapine, pillage, depredation. **Habitudes de r.,** predatory habits. (*b*) Graft.
rapiner [rapine], *v.tr. & i.* (*a*) To pillage; to commit depredations. (*b*) To practise graft.
rapinerie [rapinri], *s.f.* = RAPINE.
rapineur, -euse [rapinœːr, -øːz], *s.* (*a*) Plunderer, pillager. (*b*) Grafter.
rappareill|er [rapareje], *v.tr.* To match, complete (set of china). *s.m.* **-ement.**
rapparier [raparje], *v.tr.* To match, complete (a pair); to pair (two things).
rappel [rapɛl], *s.m.* **1.** (*a*) Recall. **Lettres de r.,** letters of recall. *Ven:* **R. des chiens,** calling off of the hounds. (*b*) *Com:* Calling in (of sum advanced). (*c*) **R. à l'ordre,** call(ing) to order. (*d*) Recall to the colours (of reservists); encore (of actor). **2.** *Art:* **R. de lumière,** high light (in picture). **3.** (*a*) *Com:* **R. de compte, d'échéance,** reminder of account due, of due date. (*b*) **R. de traitement,** back pay. **4.** *Jur:* Repeal. recall (of decree). **5.** *Mec.E:* (*a*) **Vis de r.,** adjusting screw. **R. de l'usure,** taking up of the wear. (*b*) **Ressort de r.,** return-spring, drawback-spring. **Bras de r.,** compensating arm. *Typewr:* **R. de chariot,** return of carriage. **R. arrière,** back-spacer. **6.** *Mil:* **Battre le r.,** to call, beat, to arms. **7.** Suspicion, touch, faint smell. **8.** *Mount:* Doubled rope; roping-down. **Faire une descente en r.,** to come down on a doubled rope, to rope down. **9.** *Bac:* **Dose de r.,** booster dose. **Injection de r.,** booster injection.
rappelable [raplabl], *a.* **1.** Recallable (reservist, etc.). **2.** Repealable (decree, etc.).
rappeler [raple], *v.tr.* (Conj. like APPELER) **1.** (*a*) To recall (s.o.); to call, summon (s.o.) back. *Tp:* To ring again. **R. un acteur,** to call for, recall, an actor. **R. son chien,** to call off one's dog. (*b*) **R. qn à l'ordre,** to call s.o. to order. **R. qn à son devoir,** to recall s.o. to the paths of duty. (*c*) **R. son courage,** to summon up one's courage anew. **2.** To call back, recall, (sth.) to mind; **R. qch. à qn,** to recall sth. to s.o.; to remind s.o. of sth. **Choses qu'il vaut autant ne pas r.,** things best forgotten. **Vous me rappelez mon oncle,** you remind me of my uncle. **Rappelez-moi à son souvenir,** remember me kindly to him. **3. R. un décret,** to repeal, recall, a decree. **4.** *Mec.E:* (*a*) To draw back (part, etc.). *Typewr:* **R. le chariot,** to return the carriage. (*b*) **R. l'usure,** to take up the wear. **5.** *Adm. & Com:* **Prière de r. ce numéro,** in reply please quote this number. **6.** *v.i. Mount:* To rope down.
se rappeler qch., to recall, recollect, remember, sth.; to call sth. to mind. **Je ne me le rappelle pas,** I do not remember it. **Se r. (d')avoir promis qch.,** to recollect, remember, having promised sth.
rappliquer [raplike]. **1.** *v.tr.* To re-apply (poultice, etc.). **2.** *v.i. P:* To come back, to turn up. **R. à la maison,** to make tracks for home.
rapport [rapɔːr], *s.m.* I. **1.** Return, yield, profit. **Être en plein r.,** to be in full yield; (of land) to be in full productiveness. **Emploi d'un bon r.,** profitable employment. **Maison de r.,** block of flats. **2.** (*a*) (Official) report. **R. financier,** treasurer's report. *Nau:* **R. de mer,** ship's protest; master's (sworn) report. (*b*) Report, account, statement. *Parl:* **Faire un r. de l'état de la question,** to report progress. *F:* **Faire des rapports,** to tell tales (out of school). **3.** (*a*) **Terres de r.,** made ground, artificial soil. (*b*) **Pièces de r.,** (i) built-up parts (of machinery, etc.); (ii) inlaid pieces, mosaic work.
II. **rapport.** **1.** Relation, connection (avec, with). **Sans r. avec le sujet,** without any bearing on the subject. **Avoir r. à qch.,** to relate, refer, to sth. **En r. avec qch.,** in keeping with sth., in harmony with sth. **Par r. à qch.,** (i) with regard to sth.; with respect to sth.; in relation to sth.; (ii) in comparison with, compared with, sth. **Sous le r. de qch.,** with regard to, with respect to, sth.; in respect of sth. **Sous tous les rapports,** in all respects, in every respect. **2.** *Mth:* Ratio, proportion. **R. d'engrenage,** gear-ratio. **3.** Relations, intercourse (between persons). **Mettre qn en r. avec qn,** to bring s.o. into contact, put s.o. in touch, with s.o. **Avoir des rapports avec qn,** to be in touch, in contact, with s.o. **Avoir de bons rapports avec qn,** to be on good terms with s.o.
rapportable [rapɔrtabl], *a.* **1.** *Tchn:* **Pièces rapportables,** parts that fit together. **2.** Referable, attributable (à, to).
rapportage [rapɔrtaːʒ], *s.m.* **1.** Talebearing. **2.** Underhand report.
rapporté [rapɔrte], *a.* **1. Terre rapportée,** made ground. **2.** (*a*) Built-up (machine); compound (girder). (*b*) **Étau à mâchoires rapportées,** vice with detachable jaws, with inserted jaws. **Moteur à culasse rapportée,** engine with detachable head. *Dressm:* **Manche rapportée,** set-in sleeve. **Poches rapportées,** patch pockets. *Bootm:* **Chaussure sans bout r.,** plain front shoe. **Bout r.,** toe-cap. (*c*) **Pièces rapportées,** inlaid work, mosaic-work.
rapporter [rapɔrte], *v.tr.* **1.** To bring back; (of dog) to retrieve (game). **2.** To bring in, bear, yield, produce. **Placement qui rapporte cinq pour cent,** investment that brings in, returns, five per cent. **Cela ne rapporte rien,** it doesn't pay. **3.** (*a*) **R. un fait,** to report, relate, a fact. (*b*) *v.i.* **R. sur un projet,** to report, present a report, on a plan. (*c*) *Sch: F:* To tell tales. *Pej:* **R. une histoire,** to repeat a story. **Vous n'auriez pas dû le r.,** you should not have repeated it. **4. R. qch. à une cause,** to ascribe sth. to a cause. **R. un événement à une époque,** to assign, refer, an event to a period. **R. tout à soi, à ses intérêts,** to have nothing but one's selfish interests in view. **5.** *Book-k:* **R. un article,** to post an item. **6.** To rescind, revoke (decree, etc.); to withdraw (order); to call off (strike). **7.** *Surv:* **R. un angle,** to plot, set off, lay off, an angle.
se rapporter. **1.** (*a*) To agree, tally (avec, with). (*b*) To fit together. **2.** To refer, relate (à, to); to have reference (to). **Les documents qui se rapportent à l'affaire,** the relevant documents. **3. S'en r. à qn,** to rely on s.o. **Je m'en rapporte à vous,** (i) I take your word for it; (ii) I leave it to you.

rapporteur, -euse [rapɔrtœːr, -øːz], *s.* **1.** Tale-bearer, sneak. **2.** *s.m.* Reporter; recorder; chairman (of committee); judge advocate (at court martial). **3.** *s.m. Mth:* Protractor.

rapprendre [raprɑ̃ːdr], *v.tr.* (Conj. like PRENDRE) **1.** To learn (sth.) (over) again. **2.** To teach (sth.) again (**à**, to).

rapproché [raprɔʃe], *a.* (*a*) Near (in space or time) (**de**, to). **Yeux rapprochés,** close-set eyes. *Navy:* **Combat r.,** close action. (*b*) **Espèces rapprochées,** closely related species.

rapprochement [raprɔʃmɑ̃], *s.m.* **1.** Bringing together; reconciling (of two persons); putting together, comparing (of facts, ideas). **Faire un r. avec qch.**, to draw a parallel with sth. **2.** Nearness, proximity, closeness. **3.** Coming together; reconciliation; rapprochement.

rapprocher [raprɔʃe], *v.tr.* **1.** To bring (sth.) near again. **2.** (*a*) To bring (objects) nearer, closer together. **R. les lèvres d'une plaie,** to draw together, join, unite, the lips of a wound. **R. qch. de qch.,** to bring sth. nearer to sth. **R. une chaise du feu,** to draw up a chair to the fire. (*b*) To bring together; to create a fellowship between (two persons). **3. R. des faits, des idées,** to put together, to compare, facts, ideas.

se rapprocher de qch., to draw near(er) to sth. **Se r. de la vérité,** to approximate to the truth. **Son costume se rapprochait d'un uniforme,** his get-up was near to being a uniform. **La France et l'Espagne s'étaient rapprochées,** a rapprochement had taken place between France and Spain.

rapprovisionn|er [raprɔvisjɔne], *v.tr.* To reprovision, to re-stock (town, house, with food, fuel). *s.m.* **-ement.**

rapsodie [rapsɔdi], *s.f.* Rhapsody.

rapt [rapt], *s.m. Jur:* Abduction of a minor; *F:* kidnapping.

râpure [rɑpyːr], *s.f.* Raspings; gratings.

raquette [rakɛt], *s.f.* **1.** *Games:* Racket, racquet. *Aut: F:* **Coups de r.,** jars, back-lash; bumping (off the springs). **2.** Regulating lever (of watch). **3.** Snowshoe. **4.** Prickly-pear, nopal.

rare [rɑːr], *a.* **1.** Rare. **Visites rares (et éloignées),** visits few and far between. **Une des rares personnes qui . . .,** one of the few people who. . . . **Se faire r.,** to be seldom seen. **Il est r. qu'on le voie,** he is seldom seen. **2.** (*a*) Rare, uncommon, exceptional (merit, beauty). **Courage r.,** rare courage, singular courage. (*b*) Unusual (occurrence). **3.** Thin, sparse, scanty (hair, etc.). **4.** *Ph:* Rare (atmosphere). *adv.* **-ment.**

raréfaction [rarefaksjɔ̃], *s.f.* (*a*) Rarefaction (of gas, air). (*b*) Depletion (of supplies); growing scarcity (of labour, of money).

raréfier [rarefje], *v.tr.* (*a*) *Ph:* To rarefy. (*b*) To deplete; to make (sth.) scarce.

se raréfier, to become scarce; to grow rare, rarer.

rareté [rarte], *s.f.* **1.** (*a*) Rarity, tenuity (of gas, etc.). (*b*) Scarceness, scarcity, dearth. (*c*) Singularity, unusualness (of phenomenon). **2.** (*a*) **Cabinet de raretés,** cabinet of rarities, of curiosities. (*b*) Rare occurrence.

ras [rɑ]. **1.** *a.* (*a*) Close-cropped (hair); close-shaven (beard, chin); short-napped (velvet). **Couper r. les cheveux,** to crop the hair short, close. **A poil r.,** (i) short-haired (dog); (ii) smooth, short-napped (cloth). (*b*) Bare, blank. **En rase campagne,** in the open country. **Faire table rase de qch.,** to make a clean sweep of sth. **Sa mémoire est une table rase,** his memory is a complete blank. (*c*) **Mesure rase,** full measure but not heaped; stricken measure (of corn, etc.). **Verser du vin à qn à r. bord,** to fill s.o.'s glass to the brim. (*d*) **Écueil r.,** reef awash. **2.** *s.m.* **A, au, r. de,** (on a) level with, flush with. **Voler au r. du sol,** to skim (along) the ground.

rasade [rɑzad], *s.f.* Brim-full glass (of wine, etc.); bumper. **Se verser une r.,** to fill one's glass.

rasage [rɑzaːʒ], *s.m.* **Lotion après r.,** after-shave lotion.

rasant [rɑzɑ̃], *a.* **1. Vol r.,** flight that skims the ground. *Mil:* **Tir r.,** grazing fire. **2.** *F:* Boring, tiresome (person); prosy, dull (speech).

rascasse [raskas], *s.f. Ich:* Hog-fish, scorpion-fish.

rasé [raze], *a.* **1.** Shaven. **R. de près,** close-shaven. **Visage entièrement r.,** clean shaven face. **2.** *Nau:* **Bâtiment r.,** dismasted ship.

rase-mottes [razmɔt], *s.m.inv. Av: F:* **Vol en r.-m.,** hedge-hopping.

ras|er [rɑze], *v.tr.* **1.** (*a*) To shave; to shave off (moustache); to shear (cloth). **Se faire r.,** to have, get, a shave. (*b*) *F:* To bore (s.o.). **2.** To raze (building) to the ground. **3.** (*a*) To graze, brush, skim (over) (surface). **L'hirondelle rase le sol,** the swallow skims the ground. (*b*) **R. la côte, le mur,** to hug the shore, the wall. *s.m.* **-age.** *s.m.* **-ement.**

se raser. **1.** (*a*) To shave. (*b*) *F:* To be bored. **2.** *Ven:* (Of game) To squat.

raseur, -euse [rɑzœːr, -øːz], *s.* **1.** Shaver. **2.** *F:* Bore.

rasoir [rɑzwaːr], *s.m.* Razor. **R. de sûreté,** safety razor. **R. électrique,** electric razor, shaver. **Pierre à r.,** hone. **Cuir à r.,** strop. *F:* **Quel r.!** what a bore!

rassasiant [rasazjɑ̃], *a.* (*a*) Satisfying (meal). (*b*) Satiating, filling (food).

rassasié [rasazje], *a.* **1.** Satisfied; *F:* full. **2.** Surfeited, sated (**de**, with). **R. de plaisirs,** cloyed with pleasures.

rassasiement [rasazimɑ̃], *s.m.* **1.** Satisfying (of hunger). **2.** Satiety, surfeit.

rassasier [rasazje], *v.tr.* **1.** To satisfy (hunger, passion). **R. qn,** to satisfy s.o., s.o.'s hunger. **R. son regard à contempler qch.,** to feast one's eyes on sth. **2.** To sate, satiate, surfeit, cloy (**de**, with).

se rassasier, to eat one's fill; to glut, gorge, oneself (**de**, with).

rassemblement [rasɑ̃bləmɑ̃], *s.m.* **1.** Assembling, collecting, gathering. *Mil:* Parade. (**Accusé de**) **retard au r.,** (charged with being) late on parade. **Sonner le r.,** to sound the assembly. **2.** Assemblage, crowd. *Ven:* **R. de la meute,** meet.

rassembler [rasɑ̃ble], *v.tr.* To assemble, muster (troops, etc.); to collect, to gather together, get together (persons, things). **R. toutes ses forces,** to muster, summon up, all one's strength.

se rassembler, to assemble, to come together, to flock together. *Mil:* To fall in, to muster.

rasseoir [raswaːr], *v.tr.* (Conj. like ASSEOIR) **1.** To reseat (s.o.). **2.** To settle, compose (one's ideas).

se rasseoir. **1.** To sit down again; to resume one's seat. **Rasseyez-vous,** take your seats again. **2.** *A:* To calm down. **3.** (Of liquid) To settle.

rassér|éner [raserene], *v.tr.* (**je rassérène; je rassérénerai**) **1.** To clear (up) (the weather). **2.** To restore (s.o.'s) equanimity. *s.m.* **-ènement.**

se rasséréner. **1.** (Of weather) To clear (up). **2.** (Of pers.) To recover one's equanimity, one's spirits; to brighten up. **Son front se rasséréna,** his brow cleared.

rassied, rassis. See RASSEOIR.

rassir [rasir], *v.i. F:* To get stale. **Je laisse r. mon pain,** I let my bread go stale.

rassis [rasi], *a.* (*a*) Settled, staid, sedate (disposition). **Personne de sens r.,** person of sane, well-balanced, judgment. (*b*) **Pain r.,** stale bread.

rassortiment [rasɔrtimɑ̃], *s.m. Com:* **1.** Re-stocking. **2.** New stock.

rassortir [rasɔrtiːr], *v.tr.* (Conj. like ASSORTIR) *Com:* To restock (goods or shop).

se rassortir, to lay in a new stock (**en**, of).

rassurant [rasyrɑ̃], *a.* Reassuring, heartening (news, etc.). **Bruits peu rassurants,** disquieting rumours.

rassurer [rasyre], *v.tr.* **1.** To reassure, cheer, hearten. **2.** To stay, strengthen (wall).

se rassurer, to get over one's apprehensions, one's misgivings; to feel reassured. **Rassurez-vous (là-dessus),** make yourself easy, set your mind at ease, at rest (on that point).

rastaquouère [rastakwɛːr], *s.m. P:* **rasta** [rasta], *s.m.* Flashy (foreign) adventurer.

rat [ra], *s.m.* **1.** (*a*) Rat. **R. des champs,** field-mouse. **R. surmulot,** brown rat. **R. d'égout,** sewer-rat. **Mort aux rats,** rat-poison. **Preneur de rats,** rat-catcher. **Être fait comme un r.,** to be caught out. *P:* **Être r.,** to be stingy, miserly. S.a. CHAT 1, QUEUE-DE-RAT. (*b*) **R. musqué,** musk-rat, musquash. **R. d'eau,** water-vole. **2.** (Of persons, used contemptuously) **R. de cave,** (i) exciseman; also (ii) wax-taper (sold coiled or folded). **R. d'église,** devout attender at church services. S.a. GUEUX 2 **R. (d'Opéra),** young ballet-girl.

rata [rata], *s.m. Mil: P:* (= RATATOUILLE.) Stew.
ratafia [ratafja], *s.m.* Ratafia (liqueur).
rataplan [rataplɑ̃], *s.m.* Rat-tat, rub-a-dub (of a drum).
ratatiné [ratatine], *a.* Shrivelled, shrunken (face, person, apple, etc.). **Petite vieille ratatinée,** wizened little old woman.
ratatin|er [ratatine], *v.tr. & pr.* To shrivel (up); to shrink; to dry up; (of parchment) to crinkle up. *s.m.* **-ement.**
ratatouille [ratatu:j], *s.f.* **1.** *P:* Stew. **2.** *Cu:* **R. niçoise,** dish of fried aubergines, tomatoes, sweet peppers and onions
rate[1] [rat], *s.f. Anat:* Spleen. *F:* **Épanouir, dilater, désopiler, la r. de qn,** to make s.o. shake with laughter. **Ne pas se fouler la r.,** to take things easy.
rate[2], *s.f.* She-rat.
raté [rate]. **1.** *a.* Miscarried, ineffectual. **Coup r.,** (i) shot that has missed the mark, (ii) misfire, (iii) *Golf:* foozled shot. *Av:* **Atterrissage r.,** bad landing. **2.** *s.* (Of pers., esp. of writer, artist, actor) Failure. **3.** *s.m.* Misfire (of gun, etc.; *I.C.E:* of engine). S.a. ALLUMAGE.
râteau [rɑto], *s.m.* **1.** *Tls:* (*a*) Rake. (*b*) *Nau:* **R. de pont,** squeegee. (*c*) *Toil:* Big-toothed comb. **2.** *Bill:* (Cue-)rest.
râtelée [rɑtle], *s.f.* Rakeful (of hay, etc.).
râtel|er [rɑtle], *v.tr.* (**je râtelle; je râtellerai**) **1.** To rake up (hay, etc.). **2.** = RATISSER. *s.m.* **-age.** *s.* **-eur, -euse.**
râtelier [rɑtəlje], *s.m.* **1.** Rack (in a stable). *F:* **Manger à deux râteliers,** (i) to have two strings to one's bow; (ii) to have a foot in both camps. **2. R. d'armes, à outils, à pipes,** arm-rack, tool-rack, pipe-rack. **3.** (*a*) (Upper or lower) row of teeth. (*b*) *F:* Set of false teeth; denture.
râtelures, [rɑtly:r], *s.f.pl.* Rakings.
rat|er [rate]. **1.** *v.i.* (*a*) (Of gun) To misfire; to fail to go off. (*b*) (Of motor engine) To misfire. (*c*) (Of enterprise, etc.) To fail; to miscarry. **2.** *v.tr.* (*a*) **R. son coup,** to miss one's shot, to miss the mark; *Golf:* to foozle one's shot. **R. un lièvre,** to miss a hare. (*b*) *F:* **R. une affaire,** to fail in an affair. **R. son train,** to miss one's train. **J'ai raté l'occasion,** I lost the opportunity. *s.m.* **-age.**
ratiboiser [ratibwaze], *v.tr. F:* **1. R. qch. à qn,** to do s.o. out of sth. **2.** To fleece (s.o.); to clean (s.o.) out.
raticide [ratisi:d], *s.m.* Rat-poison.
ratier [ratje], *a. & s.m.* (**Chien**) **r.,** ratter.
ratière [ratjɛ:r], *s.f.* Rat-trap.
ratificatif, -ive [ratifikatif, -i:v], *a.* Ratifying.
ratification [ratifikasjɔ̃], *s.f.* Ratification, confirmation, approval (of a decision, etc.).
ratifier [ratifje], *v.tr.* To ratify (treaty, etc.); to confirm, approve (decision).
ratine [ratin], *s.f. Tex:* Frieze, ratteen, petersham.
ratiocin|er [rasjɔsine], *v.i.* To ratiocinate; *Pej: F:* to split hairs (in argument). *s.f.* **-ation.**
ration [rasjɔ̃], *s.f.* Ration(s), allowance; (horse's) feed. **R. réduite, diminuée,** short ration. **Mettre qn à la r.,** to put s.o. on short allowance, on short rations; to ration s.o. **R. alimentaire,** food intake.
rationalisation [rasjɔnalizasjɔ̃], *s.f.* Rationalizing (of industry); rationalization.
rationaliser [rasjɔnalize], *v.tr.* To rationalize.
rationalisme [rasjɔnalism], *s.m. Phil:* Rationalism.
rationaliste [rasjɔnalist], *s.m. Phil:* Rationalist.
rationalité [rasjɔnalite], *s.f.* Rationality.
rationnaire [rasjɔnɛ:r], *s.m. & f.* Ration-book holder (person).
rationn|el, -elle [rasjɔnɛl], *a.* Rational. **Mécanique rationnelle,** theoretic mechanics, pure mechanics. *adv.* **-ellement.**
rationn|er [rasjɔne], *v.tr.* To ration; to ration (out). *s.m.* **-ement.**
ratiss|er [ratise], *v.tr.* **1.** (*a*) To rake. (*b*) To hoe. (*c*) To scrape (skins, etc.). **2.** (At casino) **R. les mises,** to rake in the stakes. *F:* **La police les a ratissés,** the police nabbed the lot. *P:* **Il est complètement ratissé,** he's broke to the wide. *s.m.* **-age.**
ratissoire [ratiswa:r], *s.f. Tls:* (*a*) Hoe. (*b*) Light rake. (*c*) Scraper.
ratissure [ratisy:r], *s.f.* Raking(s), scraping(s).
raton [ratɔ̃], *s.m.* Little rat. **R. laveur,** racoon.
rattach|er [rataʃe], *v.tr.* **1.** To fasten, tie (up), (sth.) again; to refasten, retie. **2.** (*a*) **Les liens qui vous rattachent à la famille,** the ties that bind one to the family. (*b*) To link up, connect (one question with another). *s.m.* **-age.** *s.m.* **-ement.**
se rattacher à qch. 1. To be fastened to sth. **2.** To be connected with sth. **En ce qui se rattache à . . .,** with regard to. . . .
ratteindre [ratɛ̃:dr], *v.tr.* (Conj. like ATTEINDRE) **1.** To retake, recapture. **2.** To overtake (s.o.); to catch up with (s.o.).
ratteler [ratle], *v.tr.* (Conj. like ATTELER) To reharness.
rattrapage [ratrapa:ʒ], *s.m. Mec.E:* **R. de jeu, d'usure,** taking up of play, of wear.
rattraper [ratrape], *v.tr.* **1.** To recapture; to catch (s.o.) again. *F:* **On ne m'y rattrapera pas! bien fin qui m'y rattrapera!** you won't catch me doing that again! **Je vous rattraperai!** I'll get my own back on you! **2.** To overtake; to catch (s.o.) up. **3.** To recover (one's money, one's health). **R. le temps perdu,** to make up for lost time. **4.** *Mec.E:* **R. l'usure,** to take up the wear.
se rattraper. 1. Se r. à une branche, to steady oneself; to save oneself, by catching hold of a branch. **2. Se r. de ses pertes,** to make good one's losses; to recoup oneself.
rature [raty:r], *s.f.* **1.** Erasure. **2.** Scraping(s).
ratur|er [ratyre], *v.tr.* **1.** To erase, scratch out, cross out (word). **2.** To scrape (parchment, etc.). *s.m.* **-age.**
raucité [rosite], *s.f.* Raucity; hoarseness.
rauque [ro:k], *a.* Hoarse, raucous, rough, harsh, raw (voice, etc.).
ravage [rava:ʒ], *s.m.* Usu. *pl.* Havoc, devastation, ravages. **Faire des ravages,** to work havoc.
ravag|er [ravaʒe], *v.tr.* (**je ravageai(s); n. ravageons**) To ravage, devastate; to lay (country) waste; to make havoc of, play havoc with (sth.). **Les régions ravagées,** the devastated regions. **Face ravagée,** (i) face pitted by smallpox; (ii) face on which life has left its mark. *s.m.* **-ement.** *s.* **-eur, -euse.**
raval|er [ravale], *v.tr.* **1.** To swallow (sth.) again; to swallow (sth.) down; to choke down (sob). *F:* **R. ses paroles,** (i) to resist the temptation to speak; to check oneself; (ii) to retract a statement. **2.** (*a*) **R. qn au niveau des bêtes,** to reduce s.o. to the level of a beast. (*b*) To take (s.o.) down; to snub, slight (s.o.). **3.** *Const:* (*a*) To re-dress, resurface (stonework). (*b*) To rough-cast. *s.m.* **-ement.**
se ravaler, to degrade, lower, debase, oneself.
ravaleur [ravalœ:r], *s.m. Const:* Rough-caster, plasterer.
ravaudage [ravoda:ʒ], *s.m.* **1.** Mending (of clothes); darning (of stockings). *F:* Botching, bungling. **2.** Mend; darn.
ravaud|er [ravode], *v.tr.* To mend, patch (clothes); to darn (stockings). *F:* To botch, to bungle. *s.* **-eur, -euse.**
rave [ra:v], *s.f. Bot:* Rape, coleseed. **Céleri r.,** celeriac.
ravi [ravi], *a.* **1.** Entranced, enraptured. **2.** *F:* Delighted (de, with); overjoyed (de, at). **R. de joie,** overjoyed. **Je suis r. de vous voir,** I am delighted to see you. **D'un air r.,** delightedly.
ravier [ravje], *s.m.* **1.** Radish-dish, hors-d'œuvres dish. **2.** Turnip silo.
ravigote [ravigɔt], *s.f. Cu:* Ravigote sauce.
ravigoter [ravigɔte], *v.tr. F:* To revive, refresh; *F:* to buck (s.o.) up.
se ravigoter, *F:* to revive; to recover one's good spirits; *F:* to perk up.
ravilir [ravili:r], *v.tr.* To degrade, debase, vilify.
ravin [ravɛ̃], *s.m.* Ravine, gully.
ravine [ravin], *s.f.* **1.** *A:* (Mountain) torrent; freshet, **2.** = RAVIN.
ravin|er [ravine], *v.tr.* (Of storm torrents) To gully, hollow out, channel (the ground); to furrow, cut up (roads). *s.m.* **-ement.**
ravioli [ravjɔli], *s.m. Cu:* Ravioli.
ravir [ravi:r], *v.tr.* **1.** To ravish, carry off (s.o.). **R. qch. à qn,** to rob s.o. of sth.; to steal sth. from s.o. **2.** To ravish, enrapture, delight (s.o.). **Être habillée à r.,** to be ravishingly dressed.

raviser (se) [səravize], *v.pr.* To change one's mind; to think better of it.
raviss|ant [ravisɑ̃], *a.* Entrancing, bewitching; lovely; ravishing, delightful. *adv.* **-amment.**
ravissement [ravismɑ̃], *s.m.* **1.** Carrying off, ravishing. **2.** Rapture, ecstasy, delight.
ravisseur [ravisœːr], *s.m.* Ravisher. (*a*) Plunderer. (*b*) Abductor (of a woman). (*c*) **R. d'enfant,** kidnapper.
ravitaillement [ravitajmɑ̃], *s.m.* Revictualling; provisioning (en, with). **R. en munitions,** ammunition supply. **Service du r.** = Army Service Corps. *Mil:* **Centre de r.,** loading centre. **Convoi de r.,** supply column. *Adm:* S.a. CARTE 3.
ravitailler [ravitaje], *v.tr.* To revictual, to provision (en, with); to supply (place) with fresh provisions, ammunition, etc.
se ravitailler. *Nau:* To take in fresh supplies; to revictual.
ravitailleur [ravitajœːr], *s.m.* **1.** Carrier (of ammunition, etc.). **2.** Supply-ship, store-ship. **R. d'aviation.** aircraft tender.
raviv|er [ravive], *v.tr.* **1.** To revive (fire, hope, pain). **2.** To brighten up, to touch up (colour, etc.); to clean, file up (surfaces to be soldered). **R. une plaie,** to re-open an old sore. *s.m.* **-age.** *s.m.* **-ement.**
se raviver, (of hope, fire) to revive.
ravoir [ravwaːr], *v.tr.* (Used only in the inf.) To get (sth.) back again; to recover (sth.).
rayé [rɛje], *a.* **1.** Striped (de, with). **Pantalon r.,** striped trousers. **2.** Lined, ruled (paper, etc.). **3.** Rifled (gun), grooved, scored.
ray|er [rɛje], *v.tr.* **(je raie, je raye, je raierai, je rayerai) 1.** (*a*) To scratch (glass etc.); to score (cylinder). (*b*) To rule, line (paper). (*c*) To stripe, streak (fabric). (*d*) To rifle (gun). **2.** To strike out, expunge (word); to remove s.o.'s name (de, from). *Mil:* **R. qn des contrôles,** to strike s.o. off the strength. *s.m.* **-age.**
ray-grass [rɛgrɑːs], *s.m.* *Agr:* *Hort:* Rye-grass.
rayon[1] [rɛjɔ̃], *s.m.* **1.** (*a*) Ray (of light, hope); beam (of light). **R. de lune,** moonbeam. *Ph:* **Rayons X,** X-rays. (*b*) **R. visuel,** line of sight. **2.** Radius (of a circle). **R. d'action d'un avion,** radius of action of an aircraft. **Avion à grand r. d'action,** long-range aircraft. S.a. VECTEUR. **3.** (*a*) Spoke, arm (of wheel). (*b*) **Étoile à cinq rayons,** five-point star.
rayon[2], *s.m.* *Hort:* Drill; (small) furrow (for planting seed); row (of onions).
rayon[3], *s.m.* **1. R. de miel,** honeycomb. **2.** (*a*) Shelf (of cupboard, etc.). (*b*) Department (in shop). **Chef de r.,** head or buyer of a department; shop-walker. (*c*) (*In shop*) Counter.
rayonnant [rɛjɔnɑ̃], *a.* (*a*) *Ph:* Radiant (heat); radiating, radiative (power). (*b*) Radiant, beaming (face); (face) wreathed in smiles.
rayonne [rɛjɔn], *s.f.* *Tex:* Rayon; artificial silk.
rayonnement [rɛjɔnmɑ̃], *s.m.* (*a*) *Ph:* Radiation. (*b*) Radiance, effulgence. (*c*) Influence. (*d*) Diffusion.
rayonner [rɛjɔne], *v.i.* (*a*) *Ph:* To radiate. *W.Tel:* **R. dans l'antenne,** to howl. (*b*) To beam, shine. **Il rayonnait de joie,** he was radiant, beaming, with joy. (*c*) **Lors de mon séjour en Angleterre, j'ai rayonné autour de Londres,** when I stayed in England, I made London my centre (for excursions).
rayure [rɛjyːr], *s.f.* **1.** (*a*) Stripe, streak. **A rayures,** striped. (*b*) Scratch, score. (*b*) Groove. *Sm.a:* Rifling. **2.** (*a*) Striking out, expunging (of conviction). (*b*) Erasure.
raz [rɑ], *s.m.* Strong current (in estuary); race. **R. de marée,** (i) tide-race; (ii) tidal wave.
razzia [ra(d)zja], *s.f.* Incursion, raid, foray, *razzia*
razzier [ra(d)zje], *v.tr.* To raid.
ré [re], *s.m. inv.* *Mus:* (*a*) (The note) D. (*b*) The D string (of violin, etc.).
réa [rea], *s.m.* *Mec.E:* Sheave; pulley-wheel.
réabonnement [reabɔnmɑ̃], *s.m.* Renewal of subscription (à, to).
réabonner [reabɔne], *v.tr.* To renew (s.o.'s) subscription (à, to).
se réabonner, to renew one's subscription.
réabsorber [reapsɔrbe], *v.tr.* To reabsorb.
réabsorption [reapsɔrpsjɔ̃], *s.f.* Reabsorption, reabsorbing.
réaccoutumer [reakutyme], *v.tr.* To re-accustom (à, to).
réacteur [reaktœːr], *s.m.* **1.** *El.E:* Reactor; choking coil. *F:* choke. **2.** *Av:* (*a*) Jet engine. (*b*) Jet aircraft, plane, *F:* jet. **3.** *Atom.Ph:* **R. atomique,** atomic reactor.
réactif, -ive [reaktif, -iːv]. **1.** *a.* *Ch:* *etc:* (*a*) Reactive. **Papier r.,** test-paper. (*b*) *W.Tel:* Regenerative. **2.** *s.m.* *Ch:* Reagent.
réaction [reaksjɔ̃], *s.f.* **1.** (*a*) Reaction; kick (of rifle). *Ph:* **R. en chaîne,** chain reaction. (*b*) Test. *Ch:* **Faire la r. des alcaloïdes,** to test for alkaloids. *Physiol:* **R. cutanée,** skin cutaneous, reaction, skin-test. (*c*) *W.Tel:* Regeneration. **R. intempestive dans l'antenne,** howling. S.a. BOBINE 1. **2.** *Tch:* *Av:* *etc:* Jet. **Moteur à r.,** jet engine. **Avion, appareil, à r.,** jet (plane), jet-propelled aircraft. **3.** *Electronics:* Feedback.
réactionnaire [reaksjɔnɛːr], *a.* & *s.* *Pol:* Reactionary.
réadaptation [readɑptasjɔ̃], *s.f.* **1.** Rehabilitation (of refugees, etc.). **2.** Re-adjustment.
réadapter [readɑpte], *v.tr.* **1.** To rehabilitate (refugees). **2.** To readjust. **3.** *Med:* To re-educate (muscles, after an accident).
réadmettre [readmɛtr], *v.tr.* To readmit.
réadmission [readmisjɔ̃], *s.f.* Readmittance.
réaffirmer [reafirme], *v.tr.* To reaffirm.
réagir [reaʒiːr], *v.i.* **1.** To react (sur, upon). **2.** To fight back.
réalés|er [realeze], *v.tr.* (Conj. like ALÉSER) *Metalw:* To rebore. *s.m.* **-age.**
réalgar [realgaːr], *s.m.* Realgar; red arsenic.
réalisable [realizabl], *a.* Realizable; workable.
réalisateur, -trice, *s.f.* [realizatœːr, -tris], *s.* *Cin:* *W.Tel:* Producer.
réalisation [realizasjɔ̃], *s.f.* **1.** Realization; carrying into effect, carrying out (of a plan); selling out (of shares). *Cin:* *W.Tel:* Production. **2.** (*a*) *Fin:* *Bank:* Utilization, availment. (*b*) *Com:* **R. du stock,** clearance sale.
réaliser [realize], *v.tr.* To realize. **1.** To effect, carry into effect, carry out, work out (plan). **2.** To sell out (shares); to realize (one's assets). **3.** *F:* = **Se rendre compte de (qch.). Ils ne réalisent pas que . . .,** they do not realize that. . . .
se réaliser, (of projects, etc.) to be realized; to materialize; (of prediction) to come true.
réalisme [realism], *s.m.* Realism.
réaliste [realist]. **1.** *a.* Realistic. **2.** *s.* Realist.
réalité [realite], *s.f.* Reality. **En r.,** in reality, really, actually, as a matter of fact.
réaménag|er [reamenaʒe], *v.tr.* To refit. *s.m.* **-ement.**
réanimer [reɑnime], *v.tr.* To reanimate, revive.
réapparaître [reaparɛːtr], *v.i.* (Conj. like APPARAÎTRE, Aux. usu. **être**) To reappear.
réapparition [reaparisjɔ̃], *s.f.* Reappearance.
réapprendre [reaprɑ̃ːdr], *v.tr.* (Conj. like APPRENDRE) = RAPPRENDRE.
réapprovisionn|er [reaprɔvizjɔne], *v.tr.* To revictual; to replenish (s.o.'s) supplies (en, of); to restock (shop) (en, with). *s.m.* **-ement.**
réargenter [rearʒɑ̃te], *v.tr.* To resilver, replate.
réarm|er [rearme], *v.tr.* **1.** (*a*) *Mil:* To rearm. (*b*) To recock (gun). **2.** *Nau:* To refit, recommission; to put (vessel) into commission again. *s.m.* **-ement.**
réassurance [reasyrɑ̃ːs], *s.f.* Reinsurance, reassurance (of a risk). **Effectuer une r.,** to lay off a risk.
réassur|er [reasyre], *v.tr.* To reinsure, reassure (a risk). *s.m.* **-eur.**
rebaisser [rəbɛse], *v.tr.* To lower (sth.) again.
rebaptiser [rəbatize], *v.tr.* To rebaptize, rechristen; to rename.
rébarbatif, -ive [rebarbatif, -iːv], *a.* Grim, forbidding (face, aspect); surly (humour); crabbed (style).
rebâtir [rəbɑtiːr], *v.tr.* To rebuild.
rebattre [rəbatr], *v.tr.* (Conj. like BATTRE) **1.** (*a*) To beat, hammer, (sth.) again. (*b*) To reshuffle (cards). **2.** *F:* **R. les oreilles à qn de qch.,** to say the same thing over and over again; to din sth. into s.o.'s ears. **J'en ai les oreilles rebattues,** I hear of nothing else.
rebattu [rəbaty], *a.* (*a*) **Sentier r., les vieux sentiers rebattus,** the beaten track. (*b*) Hackneyed, trite.

rebelle [rəbɛl]. **1.** *a.* Rebellious; stubborn, obstinate (fever, etc.). **R. à la loi, à toute discipline,** unamenable to law, to discipline. **Matière r.,** unworkable material. **Minerai r.,** refractory ore. **2.** *s.* Rebel.
rebeller (se) [sərəbɛle], *v.pr.* To rebel, to rise, to revolt (**contre,** against).
rébellion [rebɛljɔ̃], *s.f.* Rebellion, rising, revolt.
rebiffer (se) [sər(ə)bife], *v.pr.* *F:* To bristle up, bridle up (in protest); to kick over the traces. **Faire r. qn,** to get s.o.'s back up.
rebobiner [rəbɔbine], *v.tr.* To rewind (coil).
reboire [rəbwa:r], *v.tr.* (Conj. like BOIRE) To drink again. **Jamais je ne reboirai de ce vin,** I shall never touch that wine again.
reboisement [rəbwazmɑ̃], *s.m.* (Re)afforestation; retimbering.
reboiser [rəbwɑze], *v.tr.* To (re)afforest; to retimber (land).
rebond [rəbɔ̃], *s.m.* Rebound, bounce (of ball).
rebondi [rəbɔ̃di], *a.* Rounded, chubby (cheeks); plump (body). **Femme aux formes rebondies,** buxom woman. **Bourse rebondie,** well-filled purse.
rebond|ir [rəbɔ̃di:r], *v.i.* (*a*) To rebound; (of ball) to bounce. (*b*) (Of torrent, etc.) To surge. *s.m.* **-issement.**
rebord [rəbɔ:r], *s.m.* **1.** Edge, border, rim; hem (of garment); lip (of cup); helix (of the ear); ledge. **2.** (Of sheet metal, etc.) Raised edge; flange. **A r.,** flanged.
reborder [rəbɔrde], *v.tr.* **1.** (*a*) To put a new edging or border to (sth.); to re-hem (garment). (*b*) To reflange. **2. R. qn dans son lit,** to tuck s.o. in again.
rebouch|er [rəbuʃe], *v.tr.* To stop, block, (sth.) up again; to recork (bottle). *s.m.* **-age.**
rebouillir [rəbuji:r], *v.i.* (Conj. like BOUILLIR). To boil (up) again. **Faire r.,** to reboil (jam, etc.).
rebours [rəbu:r], *s.m.* Wrong way (of the grain, of the nap); contrary, reverse. *Adv.phr.* **A r., au r.,** against the grain, against the hair, the wrong way, backwards. **Prendre tout à r.,** to take everything the wrong way, to misconstrue everything. **Prendre à r. une rue à sens unique,** to enter a one-way street at the wrong end. **A, au, r. de,** contrary to.
reboutage [rəbuta:ʒ], *s.m.* **reboutement** [rəbutmɑ̃], *s.m.* Bone-setting.
rebouter [rəbute], *v.tr.* (Of bone-setter) To set (broken limb, etc.).
rebouteur, *P:* **rebouteux, -euse** [rəbutœ:r, rəbutø, -ø:z], *s.m.* Bone-setter.
reboutonner [rəbutɔne], *v.tr.* To rebutton; to button up again.
se reboutonner, to readjust one's dress.
rebrousse-poil (à) [arəbruspwal], *adv.phr.* **Brosser un chapeau à r.-p.,** to brush a hat against the nap, the wrong way. **Caresser le chat à r.-p.,** to stroke the cat the wrong way. *F:* **Prendre qn à r.-p.,** to get on the wrong side of somebody; to rub s.o. up the wrong way.
rebrouss|er [rəbruse], *v.tr.* **1.** (*a*) To turn up, brush up (hair, nap). (*b*) *Tan:* To strike (skins); to grain, board (leather); to nap (cloth). **2.** (*a*) **R. chemin,** to retrace one's steps, to turn back. **Faire r. chemin à qn,** to head s.o. off; to drive, chase, s.o. back. (*b*) *v.i.* (Of path, etc.) To turn back; (of curve) to retrogress. *s.m.* **-ement.**
rebuffade [rəbyfad], *s.f.* Rebuff; snub.
rébus [reby:s], *s.m.* (*a*) Picture puzzle; rebus. (*b*) Punning riddle.
rebut [rəby], *s.m.* (*a*) Casting out, scrapping. (*b*) Thing scrapped. **Papier de r.,** waste paper. *Ind:* **Pièces de r., les rebuts,** rejects; *F:* throw-outs. **Marchandises de r.,** rubbishy goods; trash. **Mettre qch. au r.,** to throw sth. away; to scrap (machinery); to reject (casting). *Post:* **Bureau des rebuts,** dead-letter office. S.a. LETTRE 3. *F:* **R. de la société,** (i) waster; (ii) *Coll.* riff-raff.
rebutant [rəbytɑ̃], *a,* **1.** Tiresome, irksome; deadly dull; tedious (conversation). **2.** Brusque, overbearing (manner).
rebuter [rəbyte], *v.tr.* **1.** To rebuff. To dishearten, discourage. **Ce travail les rebute,** they find the work deadly dull.
se rebuter, to become discouraged, disheartened. **Se r. devant un obstacle,** to balk at a difficulty.
recalcification [rəkalsifikasjɔ̃], *s.f.* *Med:* **1.** Increase or reintroduction of calcium into the body. **2.** Strengthening of teeth and bones.
recalcifier [rəkalsifje], *v.tr.* *Med:* To recalcify; to strengthen teeth and bones (by giving calcium).
récalcitrance [rekalsitrɑ̃:s], *s.f.* Recalcitrance.
récalcitrant [rekalsitrɑ̃], *a.* Recalcitrant, refractory (person, horse).
recaler [rəkale], *v.tr.* *F:* To fail, plough, pluck (s.o. in an examination).
recaoutchout|er [rəkautʃute], *v.tr.* To re-rubber (material); to retread (tyre). *s.m.* **-age.**
récapitulatif, -ive [rekapitylatif, -i:v], *a.* Recapitulatory.
récapitulation [rekapitylasjɔ̃], *s.f.* (*a*) Recapitulation; summing up. (*b*) Summary, résumé.
récapituler [rekapityle], *v.tr.* To recapitulate; to sum up (proceedings).
recarrel|er [rəkarle], *v.tr.* (Conj. like CARRELER) To re-tile (floor, wall). *s.m.* **-age.**
recasement [rəkazmɑ̃], *s.m.* **1.** Rehousing. **2.** Resettlement.
recel [rəsɛl], *s.m.*, **recèlement** [rəsɛlmɑ̃], *s.m.* *Jur:* **1.** Receiving and concealing (of stolen goods). **2.** Concealment (of child, of part of estate of deceased person); harbouring (of criminal).
receler [r(ə)səle], *v.tr.* (**je recèle; je recèlerai**) *Jur:* **1.** To receive (stolen goods). **2.** (*a*) To conceal (child, part of estate of deceased person); to harbour (criminal). (*b*) *F:* **La terre recèle de grands trésors,** great treasures lie hidden within the earth.
receleur, -euse [rəslœ:r, -ø:z], *s.* *Jur:* Receiver (of stolen goods); *F:* fence.
récemment [resamɑ̃], *adv.* Recently, lately.
recensement [rəsɑ̃smɑ̃], *s.m.* (*a*) *Adm:* Census; return (of population). **Faire un r.,** to take a census. *Mil:* Registration. **Agent chargé du r.,** recording official. (*b*) *Com:* Checking off (of accounts). (*c*) Counting (of votes).
recenser [rəsɑ̃se], *v.tr.* (*a*) To take the census of (a town, etc.); to record. *Mil:* To register. (*b*) To check off (goods). (*c*) To count (votes).
recenseur [rəsɑ̃sœ:r], *s.m.* (*a*) Census-taker; enumerator. (*b*) Teller (of votes).
recension [rəsɑ̃sjɔ̃], *s.f.* Recension (of text).
récent [resɑ̃], *a.* Recent, late (event).
recép|er [rəsepe], *v.tr.* (**je recèpe; je recéperai**) To cut back (tree, vine-stock). *s.m.* **-age.**
récépissé [resepise], *s.m.* (*a*) (Acknowledgment of) receipt. (*b*) Acknowledgment (of complaint).
réceptacle [resɛptakl], *s.m.* **1.** Receptacle; repository. **2.** Collector (of waters, steam). **3.** *Bot:* Receptacle, torus.
récepteur, -trice [resɛptœ:r, -tris]. **1.** *a.* Receiving. *Tg: Tp:* **Appareil r.,** receiving apparatus. *W.Tel:* **Poste r.,** (i) receiving station, (ii) receiving set. **2.** *s.m.* (*a*) Driven part (of machine). (*b*) *Tg: etc:* Receiver. *Tp:* **Décrocher le r.,** to lift the receiver. **R. Morse,** tape-machine. (*c*) **R. d'ondes courtes,** short-wave listener. **3.** *s.f.* *El.E:* **Réceptrice,** dynamo driven as a motor.
réceptif, -ive [resɛptif, -i:v], *a.* Receptive.
réception [resɛpsjɔ̃], *s.f.* **1.** (*a*) Receipt (of letter, order, etc.). **Accuser r. de qch.,** to acknowledge receipt of sth. **Avis de r., accusé de r.,** advice of delivery; acknowledgment of receipt. (*b*) Taking delivery (of goods); acceptance (by inspector); taking over (of machine, etc.). *Com:* **Payer à la r.,** to pay on receipt. **2.** (*a*) Reception (of candidate by learned body, etc.). (*b*) *Th:* Acceptance (of new play for performance). **3.** (*a*) Welcome. **Faire une bonne r. à qn,** to welcome s.o. warmly. (*b*) Reception (at court, etc.); levee, drawing-room (at court). (*c*) At-home. **Jour de r.,** at-home day. **Offrir une r.,** to entertain. **4.** *Tg: Tp:* Receiving, reception. *W.Tel:* **Appareil, poste, de r.,** receiving set. **5.** (Hotel) reception desk or office.
réceptionnaire [resɛpsjɔnɛ:r], *a. & s.* *Com: Ind:* **1.** Receiving (clerk, agent). **2.** Consignee, receiver (of goods).
réceptionner [resɛpsjɔne], *v.tr.* *Com: Ind:* To check and sign for (goods on delivery).

réceptionniste [resɛpsjɔnist], *s.f.* Receptionist (in beauty parlour, etc.).
réceptivité [resɛptivite], *s.f.* Receptivity. *Med:* **En état de r.,** liable to infection.
récession [resɛsjɔ̃], *s.f. Pol. Ec:* Recession, *F:* slump.
recette [rəsɛt], *s.f.* **1.** Receipts, returns. *Th: etc:* Takings. *Sp:* Gate-money. (Of play, film) **Faire r.,** to be a draw. **2.** (*a*) Collection (of bills by bank messenger). **Faire la r. (des traites),** to collect moneys due. **Garçon de r.,** bank messenger. (*b*) Receiving; receipt (of stores). **Prendre qch. en r.,** to accept (delivery of) sth. **Essais de r.,** acceptance trials (of ship, etc.). **3.** *Adm:* (*a*) Receivership, collectorship (of rates and taxes). (*b*) Receiver's office, collector's office. **4.** (*a*) *Cu:* Recipe, receipt (for dish). (*b*) **Recettes de métier,** tricks, dodges, of the trade.
recevable [rəsəvabl], *a.* **1.** *Jur:* (*a*) Admissible (evidence, etc.); allowable. **Excuse non r.,** inadmissible excuse. (*b*) (Goods) in sound condition and fit for acceptance. **2.** *Jur:* **Être r. à faire qch.,** to be entitled to do sth.
receveur, -euse [rəsəvœːr, -øːz], *s.* **1.** Receiver (of sth.); addressee (of telegram). **2.** (*a*) **R. des Finances,** district collector (of taxes). **R., receveuse, des Postes,** postmaster, postmistress. *Adm:* **R. de l'enregistrement** = Receiver of registry-fees and stamp-duties. **R. buraliste,** tobacconist. (*b*) Conductor (of bus).
recevoir [rəsəvwaːr], *v.tr.* (*pr.p.* **recevant**; *p.p.* **reçu**; *pr.ind.* **je reçois, n. recevons, ils reçoivent**; *pr.sub.* **je reçoive, n. recevions**; *p.h.* **je reçus**; *fu.* **je recevrai**) **1.** (*a*) To receive, get (letter, salary, etc.). **R. qch. de qn,** to receive sth. from s.o. *Corr:* **Nous avons bien reçu votre lettre,** we are in receipt of your letter. (*b*) To receive (punishment, reward); to meet with (insults); to incur (blame). **2.** (*a*) To receive, welcome (s.o.). (*b*) To receive, entertain (friends). *Abs.* To hold a reception, a levee, an at-home. **Elle ne reçoit pas aujourd'hui,** she is not at home to-day. *Abs. Sp:* **Équipe qui reçoit,** home team. (*c*) (At hotel) **Pouvez-vous nous r.?** have you room for us? **Elle reçoit des pensionnaires,** she takes in boarders. (*d*) **Être reçu à un examen,** to pass an examination. **Être reçu premier,** to come out first. **Être reçu avocat,** to be admitted to the bar. **Être reçu médecin,** to qualify as a doctor. *Nau:* **Être reçu capitaine,** to get one's captain's certificate. (*e*) **Être reçu à faire qch.,** to be authorized, free, to do sth. **3.** (*a*) **R. de l'eau dans un vase,** to catch water in a vessel. **Il reçut la balle dans sa main,** he caught the ball in his hand. (*b*) To accept, admit (opinion, excuse).
rechange [rəʃɑ̃ːʒ], *s.m.* Replacement. **Avoir du linge de r.,** to have (with one) a change of linen, underwear. **Pièces de r.,** *abs.* **rechanges,** spare parts, spares. **Batterie de r. (pour lampe),** refill (for torch).
rechanger [rəʃɑ̃ʒe], *v.tr.* (Conj. like CHANGER) To change or exchange (sth.) again.
rechanter [rəʃɑ̃te], *v.tr.* To sing again; to repeat.
rechap|er [rəʃape], *v.tr.* To retread (tyre). *s.m.* **-age.**
réchappé [reʃape], *s.m.* **Les réchappés,** those who have escaped, those saved (from an explosion, etc.). *F:* **R. de potence,** gallows-bird.
réchapper [reʃape]. **1.** *v.i.* (Aux. **avoir** or **être**) To escape (**de,** from). **R. d'un péril, d'une maladie,** to escape from a peril; to recover from, get over a dangerous illness. **Il a réchappé du naufrage,** he was saved from the wreck. **Il n'en réchappera pas,** it is all up with him. **2.** *v.tr. F:* To rescue, save (s.o.) (**de,** from).
recharge [rəʃarʒ], *s.f.* (*a*) Refill. (*b*) Recharging (of battery, etc.).
recharg|er [rəʃarʒe], *v.tr.* (Conj. like CHARGER) **1.** (*a*) To recharge (accumulator). (*b*) To reload (waggon, ship, gun); to make up (the fire). **2.** To remetal (road); to reballast (railway track). *s.m.* **-ement.**
rechasser [rəʃase], *v.tr.* **1.** To drive back (the ball). **2.** To hunt out, beat up (s.o.).
réchaud [reʃo], *s.m.* (*a*) Small portable stove. **R. à gaz à un feu,** gas-ring. **R. à alcool,** spirit-stove, spirit-lamp. (*b*) Hot-plate, plate-warmer, dish-heater, chafing-dish.
réchauffant [reʃofɑ̃], *a. & s.m. Med:* Calefacient.
réchauffé [reʃofe], *s.m.* (*a*) Warmed-up dish or food. (*b*) *F:* Rehash (of old literature); stale news.
réchauff|er [reʃofe], *v.tr.* **1.** To reheat; to warm (sth.) up again; to make (sth.) hot again. **Voilà qui vous réchauffera,** that will warm you up. *F:* **R. un serpent dans son sein,** to nourish a viper in one's bosom. *F:* **R. une vieille histoire,** to revive an old story. **2. R. le zèle de qn,** to rekindle, stir up, s.o.'s zeal. **R. le cœur à qn,** to comfort s.o., to put new heart into s.o. *s.m.* **-age.** *s.m.* **-ement.**
se réchauffer, to warm oneself (at the fire, by exercise). **Je ne pouvais pas me r.,** I couldn't get warm.
réchauffeur [reʃofœːr], *s.m.* Heating or warming device. *Mch:* Reheater, feed(-water) heater.
réchauffoir [reʃofwaːr], *s.m.* Hot-plate, plate-warmer.
rechausser [rəʃose], *v.tr.* **1.** (*a*) To put (s.o.'s) shoes or boots on again (for him). (*b*) To fit (s.o.) with new boots. **2.** (*a*) To underpin (structure). (*b*) To bank up the foot of (tree, etc.).
se rechausser, to put one's shoes, one's shoes and stockings, on again.
rêche [rɛʃ], *a.* Harsh, rough (surface, wine, humour). **Esprit r., caractère r.,** crabbed, cross-grained, nature.
recherche [rəʃɛrʃ], *s.f.* **1.** (*a*) Quest, search, pursuit. **R. des plaisirs,** pleasure-seeking. **Être à la r. de qn,** to be in search of s.o. **Se mettre à la r. de qn,** to set out in search of s.o. *El.E:* **R. de dérangements,** locating of faults. (*b*) Research. **Faire des recherches sur qch.,** to make researches into sth.; to inquire into sth. **Se livrer, procéder, à des recherches,** to engage in research. (*c*) Searching. *Nau:* **Droit de r.,** right of search (at sea). **2.** Affectation, studied refinement, studied elegance. **Style sans r.,** unlaboured, unaffected, style.
recherché [rəʃɛrʃe], *a.* **1. Article très r.,** article in great request, in keen demand. **Article peu r.,** article in limited demand. **2.** Choice, select, elaborate (dress, etc.). **3.** Studied, strained, affected, mannered (style, expression).
rechercher [rəʃɛrʃe], *v.tr.* (*a*) To search for, search into inquire into (causes, etc.). *Ind: etc:* **R. un dérangement,** to try to locate a fault. **Homme recherché par la police,** man wanted by the police. (*b*) To seek (after), to try to obtain (favours, etc.); to court (praise). **R. une femme en mariage,** to court, woo, a woman. **Recherchée en mariage par . . .,** sought in marriage by. . . .
rechigné [rəʃiɲe], *a.* Sour-tempered, sour-faced.
rechignement [rəʃiɲmɑ̃], *s.m.* **1.** Crabbedness, sourness. **2. R. devant la besogne,** jibbing at the work.
rechigner [rəʃiɲe], *v.i. F:* To jib; to look sour (when asked to do sth.). **Faire qch. en rechignant, sans r.,** to do sth. with a bad grace, with a good grace. **R. devant la besogne,** to jib, ba(u)lk, at the work. **R. à faire qch.,** to jib at doing sth.
rechute [rəʃyt], *s.f.* **1.** *Med:* Relapse, set-back. **2. R. dans le péché,** relapse into sin; backsliding.
rechuter [rəʃyte], *v.i.* **1.** *Med:* To have a relapse, a set-back. **2.** To backslide.
récidive [residiːv], *s.f.* **1.** Repetition of an offence; relapse (into crime). **2.** Recurrence (of a disease).
récidiver [residive], *v.i.* **1.** To repeat an offence; to relapse into crime. **2.** (Of disease) To recur. **3.** *F:* To do (sth.) again.
récidiviste [residivist], *s.m. & f.* Recidivist, habitual criminal; *F:* old lag.
récidivité [residivite], *s.f.* **1.** Recidivism. **2.** (Of disease) Tendency to recur.
récif [resif], *s.m.* Reef. **R. sous-marin,** submerged reef. **R. de corail, corallien,** coral reef.
récipient [resipjɑ̃], *s.m.* (*a*) Container, vessel, receptacle. *Ch:* (i) Bell-jar, (ii) pressure-flask. (*b*) Receiver (of air-pump, of a retort). (*c*) Cistern.
réciprocité [resiprɔsite], *s.f.* Reciprocity.
réciproque [resiprɔk]. **1.** *a.* (*a*) Reciprocal, mutual (benefits, love, etc.). (*b*) Reciprocal (verb, pronoun, terms); convertible (terms); inverse (ratio). *Geom:* Converse (propositions). *Mec:* Reversible (motion). **2.** *s.f.* (*a*) **Rendre la r. à qn,** to give s.o. back the like; to be even with s.o. (*b*) *Log: Geom:* Converse. *Mth:* Reciprocal. *adv.* **-ment.**
récit [resi], *s.m.* **1.** Narration, narrative; account, recital, relation (of events). **Faire un r. exact de qch.,** to give an exact account of sth. **2.** *Mus:* (*a*) Solo (in a concerted piece). (*b*) Swell-box (of organ); swell-organ.

récital [resital], *s.m.* (Musical) recital. *pl. Des récitals.*
récitant, -ante [resitɑ̃, -ɑ̃:t], *a. & s. Mus:* (*a*) Solo (voice, instrument). (*b*) (In oratorio) Narrator.
récitatif [resitatif], *s.m. Mus:* Recitative.
récitation [resitasjɔ̃], *s.f.* Recitation, reciting.
réciter [resite], *v.tr.* To recite (poem, etc.).
réclamant, -ante [reklɑmɑ̃, -ɑ̃:t], *s.* (*a*) Complainer. (*b*) *Jur:* Claimant.
réclamation [reklɑmasjɔ̃], *s.f.* (*a*) Complaint; objection, protest. (*b*) *Jur:* Claim, demand.
réclame [reklɑ:m], *s.f.* (*a*) Advertising; publicity. **Faire de la r.,** to advertise; to puff one's goods. (*b*) (Puffing) advertisement. (*c*) (Advertisement) sign. **R. lumineuse,** illuminated sign.
réclam|er [reklɑme]. **1.** *v.i.* To complain; to lodge a complaint. **R. contre qch.,** to protest against sth.; to appeal against (a decision). **2.** *v.tr.* (*a*) To lay claim to (sth.); to claim (sth.). **R. son droit,** to claim one's right. **Dividende non réclamé,** unclaimed dividend. *Turf:* **Course à r.,** selling race. (*b*) To claim (sth.) back; to demand (sth.) back. **R. de l'argent à qn,** to dun s.o. (*c*) To crave, beg, for (sth.). **Je réclame votre indulgence,** I crave, beseech, entreat, your indulgence. (*d*) To call for (s.o., sth.). **R. qch. à grands cris,** to call (out) for, to clamour for, sth. (*e*) **R. qch. de qn,** to require sth. of s.o. **Plante qui réclame des soins continuels,** plant that calls for, demands, continual care. *s.* **-eur, -euse.**
se réclamer de qn, to appeal to s.o.; to call s.o. to witness; to quote s.o. as one's authority (for a statement).
réclamiste [reklɑmist]. **1.** *a.* Puffing, boosting (activities, etc.). **2.** *s.* Assiduous advertiser; *U.S:* booster.
reclassement [rəklasmɑ̃], *s.m.* **1.** Fresh classifying; regrouping. **2.** Rehabilitation; rehousing. **3.** Regrading (of civil servants, etc.).
reclasser [rəklɑse], *v.tr.* To regroup, rearrange, redistribute.
reclouer [rəklue], *v.tr.* To nail (sth.) (up) again.
reclus, -use [rəkly, -y:z], *s.* Recluse.
réclusion [reklyzjɔ̃], *s.f.* **1.** Reclusion, seclusion, retirement. **2.** *Jur:* Solitary confinement with hard labour.
reclusionnaire [rəklyzjɔnɛ:r], **réclusionnaire** [reklyzjɔnɛ:r], *s.m. & f.* Convict; prisoner.
récognitif, -ive [rekɔgnitif, -i:v], *a.* Recognitory, recognitive.
récognition [rekɔgnisjɔ̃], *s.f. Phil:* Recognition.
recoiffer [rəkwafe], *v.tr.* **R. qn,** to dress, to do (up), s.o.'s hair again.
se recoiffer. 1. To dress, do (up), one's hair again. **2.** To put on one's hat again.
recoin [rəkwɛ̃], *s.m.* Nook, recess. **Coins et recoins,** nooks and corners.
reçoi-s, -t, -vent. See RECEVOIR.
récol|er [rekɔle], *v.tr. Jur:* To verify, check, re-examine (accounts); to check (inventory). *s.m.* **-ement,**
recollement [rəkɔlmɑ̃], *s.m.* **1.** Gluing up (again), sticking together (again) (of broken object). **2.** Setting, knitting (of broken bone).
recoll|er [rəkɔle], *v.tr.* To paste, glue, (sth.) together again. *s.m.* **-age.**
se recoller, (of broken bone) to knit; (of wound) to heal.
récollet, -ette [rekɔlɛ, -ɛt], *s. Rel.H:* Recollect (friar or nun).
récolte [rekɔlt], *s.f.* **1.** (*a*) Harvesting (of grain); vintaging (of grapes). **Faire une r.,** to harvest a crop. (*b*) Collecting, gathering (of documents, etc.). **2.** Harvest, crop(s). **R. sur pied,** standing crop. **Rentrer la r.,** to get in, gather in, the harvest, the crops.
récolter [rekɔlte], *v.tr.* **1.** To harvest; to gather in, get in (crop). **2.** To collect, gather (documents, anecdotes, etc.).
recommandable [rəkɔmɑ̃dabl], *a.* **1.** (*a*) Worthy of commendation; (of pers.) estimable, respectable. (*b*) (Of hotel, etc.) To be recommended; recommendable. **2.** Advisable.
recommandation [rəkɔmɑ̃dasjɔ̃], *s.f.* **1.** Recommendation, recommending. **(Lettre de) r.,** (i) letter of recommendation, of introduction; (ii) testimonial. **2.** Advice, injunction. **3.** Registration (of letter or parcel).
recommander [rəkɔmɑ̃de], *v.tr.* **1.** (*a*) **R. qn à ses amis,** to (re)commend s.o. to one's friends. (*b*) **R. son âme à Dieu,** to commend one's soul to God. (*c*) **R. qch. à l'attention de qn,** to call s.o.'s attention to sth. **2. R. la prudence à qn,** to enjoin prudence on s.o. **R. à qn de faire qch.,** to recommend, enjoin, s.o. to do sth. **Je vous recommande de . . .,** I strongly advise you to. . . . **3.** To register (letter or parcel).
se recommander. 1. Se r. à qn, à la bonté de qn, to commend oneself to s.o., to s.o.'s good graces. **2. Se r. de qn,** to give s.o. as a reference.
recommen|cer [rəkɔmɑ̃se], *v.* **(je recommençai(s); n. recommençons) 1.** *v.tr.* To recommence; to begin, start, (sth.) (over) again. **R. sa vie,** to start life afresh. **2.** *v.i.* To do it again; to begin again; to start afresh. **Le voilà qui recommence!** he's at it again! **R. de plus belle,** to begin again more vigorously, harder, worse, than ever. *s.m.* **-cement.**
récompense [rekɔ̃pɑ̃:s], *s.f.* (*a*) Recompense, reward. **En r., pour r. de vos services,** as a reward for your services, in return for your services. (*b*) (At prize show, etc.) **Distribution des récompenses,** giving out of the awards, of the prizes.
récompenser [rekɔ̃pɑ̃se], *v.tr.* To reward, recompense (person, action); to requite (services). **R. qn de qch.,** to reward s.o. for sth.
recompos|er [rəkɔ̃poze], *v.tr.* **1.** *Ch:* To recompose, recombine (elements). **2.** *Typ:* To reset (matter). *a.* **-able.**
recomposition [rəkɔ̃pɔzisjɔ̃], *s.f* **1.** Recombining **2.** *Typ:* Resetting.
recompter [rəkɔ̃te], *v.tr.* To count again.
réconciliable [rekɔ̃siljabl], *a.* Reconcilable.
réconciliateur, -trice [rekɔ̃siljatœ:r, -tris], *s.* Reconciler.
réconciliation [rekɔ̃siljasjɔ̃], *s.f.* Reconciliation. **Amener une r. entre deux personnes,** to bring about a reconciliation, to heal the breach, between two people.
réconcilier [rekɔ̃silje], *v.tr.* To reconcile; to make it up between (persons).
se réconcilier. 1. Se r. à, avec, qn, to make it up with s.o. **Se r. avec Dieu,** to make one's peace with God. **2.** To become friends again; *F:* to make it up.
reconduction [rəkɔ̃dyksjɔ̃], *s.f. Jur:* Renewal (of lease). **Tacite r.,** renewal by tacit agreement.
reconduire [rəkɔ̃dɥi:r], *v.tr.* (Conj. like CONDUIRE) (*a*) To escort, see, (s.o.) home; to accompany, take, bring, (s.o.) back (to a place). **Je vais vous r. jusqu'à la gare,** I will see you to the station. (*b*) To see, show, (s.o.) out; to accompany (s.o.) to the door. (*c*) *Jur:* To renew.
reconduite [rəkɔ̃dɥit], *s.f.* (*a*) Seeing (of s.o.) home; accompanying, escorting, bringing, taking, (of s.o.) back (to a place). **Faire un bout de r. à qn,** to see s.o. so far on his way. (*b*) Showing out (of s.o.).
réconfort [rekɔ̃fɔ:r], *s.m.* Comfort. (*a*) Consolation. **Quelques paroles de r.,** a few words of comfort. (*b*) Stimulant.
réconfortant [rekɔ̃fɔrtɑ̃]. **1.** *a.* (*a*) Strengthening, stimulating; tonic (medicine). (*b*) Comforting, cheering (words, letter). **2.** *s.m.* Tonic, stimulant, *F:* pick-me-up.
réconforter [rekɔ̃fɔrte], *v.tr.* **1.** To strengthen, fortify, refresh (s.o.). **2.** To comfort; to cheer (s.o.) up.
se réconforter. 1. To take refreshment. **2.** To cheer up.
reconnaissable [rəkɔnɛsabl], *a.* Recognizable (à, by, from, through). **Il n'est plus r.,** you wouldn't know him again.
reconnaissance [rəkɔnɛsɑ̃:s], *s.f.* **1.** Recognition (of s.o., of sth.). **Sourire de r.,** smile of recognition. **2.** (*a*) Recognition, acknowledgement (of promise, debt); avowal, admission (of a lapse). (*b*) *Com:* Note of hand. *Jur:* Acknowledgement of indebtedness (in writing). **Donner une r. à qn,** to give s.o. an I.O.U. **R. de mont-de-piété,** pawn-ticket. **3.** *Mil:* (*a*) Reconnoitring. *Av:* **Appareil de r.,** reconnaissance aircraft. **R. du littoral,** charting of the coast. (*b*) Reconnaissance. **Faire une r., aller en r.,** to reconnoitre. **Il sera procédé à une r. de la frontière,** the frontier shall be inspected. **4.** (*a*) Gratitude, gratefulness. **Témoigner de la r. à qn,** to show gratitude

to s.o. **Avec r.**, gratefully. (*b*) **R. de, pour, la bonté de Dieu,** thankfulness for the kindness of God. **Avec r.**, thankfully.

reconnaissant [rəkɔnɛsɑ̃], *a.* (*a*) Grateful (**envers,** to; **de,** for). **Être r. à qn de qch.,** to be grateful, obliged, to s.o. for sth. (*b*) Thankful (**de,** for).

reconnaître [rəkɔnɛːtr], *v.tr.* (Conj. like CONNAÎTRE) **1.** To recognize; to know (s.o.) again. *Nau:* **R. la terre,** to sight land, to make land. **R. qn à sa démarche, à sa voix,** to recognize, know, tell, s.o. by his walk, by his voice. **Se faire r. de qn,** to make oneself known to s.o. **Gaz qui se reconnaît à son odeur,** gas recognizable by its smell. *F:* **Je vous reconnais bien là!** that's just like you! **2.** (*a*) To recognize, acknowledge (truth, right, etc.); to acknowledge, admit, avow (mistake). **D'abord on refusa de le r.,** at first they would have nothing to say to him. **Faire r. qn pour chef,** to proclaim s.o. chief. **R. qch. pour vrai,** to allow sth. to be true. **Reconnu pour, comme, incorrect,** admittedly incorrect. **Il fut reconnu coupable,** he was found guilty. **Un voleur reconnu pour tel,** an admitted thief. (*b*) *Bank:* To credit. (*c*) To own, acknowledge (a child). **3.** To reconnoitre, explore (the ground, etc.). **4. R. une faveur,** to be grateful for a favour.

se reconnaître. 1. Se r. vaincu, to own oneself beaten, to acknowledge defeat. **2.** (*a*) To collect oneself, one's thoughts. (*b*) To get one's bearings. **C'est à ne pas s'y r.,** it is extremely confusing. **Je ne m'y reconnais plus,** I am quite at sea. **Je me reconnais bien là!** that's just like me!

reconquérir [rəkɔ̃keriːr], *v.tr.* (Conj. like CONQUÉRIR) To regain, recover (province); to regain (s.o.'s esteem).

reconquête [rəkɔ̃kɛːt], *s.f.* Reconquest.

reconsidér|er [rəkɔ̃sidere], *v.tr.* (Conj. like CONSIDÉRER) To reconsider. *s.f.* **-ation.**

reconsolid|er [rəkɔ̃sɔlide], *v.tr.* To reconsolidate. *s.f.* **-ation.**

reconstituant [rəkɔ̃stitɥɑ̃], *a.* & *s.m.* *Med:* Reconstituent, restorative, tonic.

reconstituer [rəkɔ̃stitɥe], *v.tr.* **1.** To reconstitute (an administration, a crime, etc.); to restore (devastated regions, etc.). **2.** To restore (s.o.'s health).

se reconstituer, to build up one's strength again.

reconstitution [rəkɔ̃stitysjɔ̃], *s.f.* Reconstitution, reconstruction.

reconstruction [rəkɔ̃stryksjɔ̃], *s.f.* Reconstruction, rebuilding. *Adm:* **R. des régions occupées,** rehabilitation of occupied territories.

reconstruire [rəkɔ̃strɥiːr], *v.tr.* (Conj. like CONSTRUIRE) To reconstruct, rebuild.

reconvention [rəkɔ̃vɑ̃sjɔ̃], *s.f.* *Jur:* Counter-claim; cross-action.

reconventionnel, -elle [rəkɔ̃vɑ̃sjɔnɛl], *a.* *Jur:* **Demande reconventionnelle,** counter-claim. *adv.* **-lement.**

reconversion [rəkɔ̃vɛrsjɔ̃], *s.f.* *Pol.Ec:* Reconversion.

reconvoquer [rəkɔ̃vɔke], *v.tr.* To re-convoke; to call (summon) (an assembly) to meet again.

recopier [rəkɔpje], *v.tr.* To recopy; to copy (over) again; to make another copy of (sth.).

recoquill|er [rəkɔkije], *v.tr.* To curl (sth.) up; to cockle, shrivel (sth.). **Pages recoquillées,** dog-eared pages. *s.m.* **-ement.**

se recoquiller, to curl up, cockle, shrivel.

record [rəkɔːr], *s.m.* **1.** *Sp: etc:* Record. **Battre le r.,** to beat the record. **Détenir le r.,** to hold the record. **R. mondial, du monde, de distance,** world distance record. **2.** *Ind:* Peak output. *Pol.Ec: etc:* **Chiffre r.,** record figure.

recorder [rəkɔrde], *v.tr.* **1.** To rope up (bale) again; to retie (packet). **2.** To restring (racquet).

recordman [rəkɔr(d)man], *s.m.* Record-holder. *pl. Des recordmen.*

recordwoman [rəkɔr(d)woman], *s.f.* Woman record-holder. *pl. Des recordwomen.*

recors [rəkɔːr], *s.m.* *Jur:* *A:* Bailiff's man. *F:* **Les recors de la justice,** the minions of the law.

recoucher (se) [sərəkuʃe], *v.pr.* To go to bed again, to go back to bed. **Se r. par terre,** to lie down (on the ground) again.

recoudre [rəkudr], *v.tr.* (Conj. like COUDRE) To sew (garment) up again; to sew (button) on again.

recoupement [rəkupmɑ̃], *s.m.* **1.** (*a*) Stepping (of embankment, of foot of wall). (*b*) Batter (of stepped wall). **2.** (*a*) *Surv:* Countersection. (*b*) Cross-checking.

recouper [rəkupe], *v.tr.* **1.** (*a*) To cut (sth.) again. (*b*) To cut again (at cards). (*c*) To step (wall). **2.** To blend (wines, etc.). **3.** To cross-check.

recourbé [rəkurbe], *a.* Bent, curved; bent back; reflexed. **Poignée recourbée,** crook handle.

recourb|er [rəkurbe], *v.tr.* To bend (down, back, round). *s.m.* **-ement.**

se recourber, to bend, to curl.

recourir [rəkuriːr], *v.i.* (Conj. like COURIR) **1.** (*a*) To run again. (*b*) **R. jusque chez soi,** to run back home (for sth.). **2.** (*a*) **R. à qn, à l'aide de qn,** to call in s.o.'s aid, to have recourse to s.o.; to resort to (money-lender). **R. à qch.,** to have recourse to sth.; to resort to (stratagem, etc.). **R. à la violence,** to resort, proceed, to violence. **R. aux armes,** to appeal to arms. (*b*) *Jur:* **R. en cassation,** to appeal. **R. en grâce,** to petition for a reprieve.

recours [rəkuːr], *s.m.* (*a*) Recourse, resort, resource. **En dernier r.,** as a last resort. **Avoir r. à qn = recourir à qn.** (*b*) *Jur:* **R. en cassation,** appeal. **R. en grâce,** petition for reprieve. **N'avoir aucun r. contre qn,** (i) to have no claim whatever on s.o.; (ii) to have no remedy at law.

recouvrement[1] [rəkuvrəmɑ̃], *s.m.* **1.** (*a*) Recovery (of health, etc.). (*b*) Collection (of debts, bill, etc.). **Faire un r.,** to recover, collect, a debt. **2.** *pl.* Outstanding debts.

recouvrement[2], *s.m.* **1.** Re-covering, covering again. **2.** (*a*) Covering. (*b*) Cover. (*c*) Overlapping; lap (of slates, etc.). **A r.,** lapped, lap-jointed. **Poser des planches à r.,** to lap boards. **Planches à r.,** weather boarding. **Joint à r.,** lap-joint.

recouvr|er [rəkuvre], *v.tr.* **1.** To recover, retrieve (one's freedom, one's property); to regain (health, freedom). **2.** To recover, collect (debts). *a.* **-able.**

recouvrir [rəkuvriːr], *v.tr.* (Conj. like COUVRIR) **1.** To re-cover (umbrella, roof). **2.** (*a*) To cover (sth.) (over); to cap (sth.) (**de,** with). (*b*) To cover, mask, hide (faults). **3.** To (over)lap.

se recouvrir, (of the sky) to cloud over (again); to become overcast.

recracher [rəkraʃe]. **1.** *v.tr.* To spit (sth.) out again. **2.** *v.i.* To spit again.

récréatif, -ive [rekreatif, -iːv], *a.* Entertaining, amusing (occupation); recreative. **Lecture(s) récréative(s),** light reading. **Séance récréative,** entertainment.

récréation [rekreasjɔ̃], *s.f.* Recreation. **1.** Amusement; relaxation. **2.** *Sch:* Playtime, play-hour; 'break.' **Cour de r.,** playground. **Enfants en r.,** children at play.

recréer [rəkree], *v.tr.* To recreate; to create or establish (sth.) anew.

récréer [rekree], *v.tr.* **1.** To enliven, refresh (the mind, etc.); to please (the eye). **2.** To divert, amuse, entertain.

se récréer, to take some recreation, some diversion.

recrép|ir [rəkrepiːr], *v.tr.* (*a*) To rough-cast again; to replaster; to repoint (wall, etc.). (*b*) *F:* To patch up (s.o., sth.). *s.m.* **-issage.**

recreuser [rəkrøze], *v.tr.* To hollow (sth.) out again; to dig or go deeper into (ground, question, etc.).

récrier (se) [sərekrie], *v.pr.* **1. Se r. d'admiration,** to exclaim, cry out, in admiration. **2. Se r. contre, sur, qch.,** to exclaim, cry out, expostulate, protest, against sth.

récriminateur, -trice [rekriminatœːr, -tris], *a.* Recriminative, querulous.

récrimination [rekriminasjɔ̃], *s.f.* Recrimination.

récriminatoire [rekriminatwaːr], *a.* Recriminatory.

récriminer [rekrimine], *v.i.* To recriminate.

récrire [rekriːr], *v.tr.* (Conj. like ÉCRIRE) **1.** To rewrite; to write (sth.) over again; (i) to make a fresh copy, (ii) to recast, put into new shape. **2.** *Abs.* To write (to s.o.) again.

recroiser [rəkrwaze], *v.tr.* To re-cross; to intersect again.

recroître [rəkrwaːtr], *v.i.* (Conj. like CROÎTRE). (Of plant) To grow up again; (of river) to rise again.

recroquevillé [rəkrɔkvije], *a.* (*a*) Shrivelled, curled up, cockled (leaf, parchment, etc.). (*b*) (Fingers) clenched, knotted (by rheumatism).

recroqueviller (se) [sərəkrɔkvije], *v.pr.* (*a*) To shrivel (up) (with the heat); to curl up; to cockle; to crumple up; (of flower) to wilt. (*b*) (Of fingers) To curl in, to clench (with rheumatism).

recru [rəkry], *a.* **R. de fatigue,** tired out; dead tired.

recrudescence [rəkrydɛssɑ̃:s], *s.f.* Recrudescence; renewed outbreak (of fire, etc.). **R. du froid,** new spell of cold weather.

recrudescent [rəkrydɛssɑ̃], *a.* Recrudescent.

recrue [rəkry], *s.f.* Recruit; new member, fresh adherent (of party, etc.).

recrut|er [rəkryte], *v.tr.* To recruit (regiment, party); to bring (regiment) up to strength; to enlist (supporters). *s.m.* **-ement.**

recruteur [rəkrytœ:r], *a.* **Sergent r.,** recruiting sergeant.

recta [rɛkta], *adv.* *F:* (To pay) on the nail; (to arrive) punctually.

rectal, -aux [rɛktal, -o], *a.* *Anat:* Rectal.

rectangle [rɛktɑ̃:gl]. **1.** *a.* Right-angled. **2.** *s.m.* Rectangle.

rectangulaire [rɛktɑ̃gylɛ:r], *a.* Rectangular.

recteur [rɛktœ:r], *s.m.* (*a*) Rector, vice-chancellor (of university). (*b*) *Ecc:* (i) Rector (of Jesuit college); (ii) Parish priest (in Brittany).

rectificateur [rɛktifikatœ:r], *s.m.* (*a*) *Dist: etc:* Rectifier. (*b*) *El:* **R. de courants,** current rectifier.

rectificatif, -ive [rɛktifikatif, -i:v]. **1.** *a.* Rectifying. **2.** *s.m.* Corrigendum.

rectification [rɛktifikasjɔ̃], *s.f.* **1.** Straightening. **2.** (Re)adjustment; correction (of prices, etc.); adjustment (of optical apparatus); truing (of work on lathe). **3.** Rectifying, re-distillation. **4. R. de courants alternatifs,** rectification of alternating currents.

rectifi|er [rɛktifje], *v.tr.* **1.** To straighten. *Mil:* **R. l'alignement,** to dress the ranks. **2.** To rectify, correct (error); to amend (account); to put (mistake) right; to reform, correct (habit); to adjust (instrument); to true up (work on the lathe). **3.** To rectify, re-distil. **Pétrole non rectifié,** crude petroleum. *a.* **-able.**

rectiligne [rɛktiliɲ], *a.* Rectilinear; linear (movement).

rectilinéaire [rɛktilineɛ:r], *a.* *Phot:* Rapid rectilinear (lens).

rectitude [rɛktityd], *s.f.* **1.** Straightness (of line). **2.** Rectitude. (*a*) Correctness, rightness (of judgment). (*b*) Uprightness, integrity.

recto [rɛkto], *s.m.* Recto, right-hand side (of page); view side (of picture postcard).

rectoral, -aux [rɛktɔral, -o], *a.* Rectorial.

rectorat [rɛktɔra], *s.m.* Rectorship, rectorate; vice-chancellorship.

rectum [rɛktɔm], *s.m.* *Anat:* Rectum.

reçu [rəsy], **1.** *a.* Received, accepted, recognized (opinion, custom). **2.** *s.m.* (*a*) Receipt, voucher (for goods, money). (*b*) **Au r. de votre lettre,** on receipt of your letter. **Payer au r.,** to pay on delivery.

recueil [rəkœ:j], *s.m.* Collection, compilation (of poems, laws, etc.); miscellany. **R. de morceaux choisis,** selection, anthology. **R. de locutions,** phrase-book.

recueillement [rəkœjmɑ̃], *s.m.* Self-communion, meditation, contemplation. **R. d'esprit,** composure.

recueilli [rəkœji], *a.* Collected, meditative, contemplative, rapt (person, frame of mind).

recueillir [rəkœji:r], *v.tr.* (Conj. like CUEILLIR) **1.** (*a*) To collect, gather; to set down (s.o.'s words). **R. les miettes,** to gather up the crumbs. **R. des renseignements,** to obtain, pick up, information. (*b*) **R. ses forces,** to collect, gather, all one's strength. (Of apparatus) **R. les sons,** to pick up sounds. **2.** (*a*) To garner, get in, gather (crops); to recover (by-products). (*b*) **R. un héritage,** to inherit. (*c*) **R. les suffrages,** to be elected, to win the election. **3.** To take in, to shelter (pilgrim, someone in need). **R. un orphelin,** to give an orphan a home.

se recueillir, to collect oneself, one's thoughts; to commune with oneself; to retire within oneself.

recuire [rəkɥi:r], *v.tr.* (Conj. like CUIRE) **1.** To cook, bake, (sth.) (over) again. **2.** *Tchn:* To reheat; to temper (steel); to anneal (glass); to reboil (syrup). **R. après trempe,** to draw, let down, the temper of (tool).

recuit, -ite [rəkɥi, -it]. **1.** *a.* Annealed. **2.** *s.m.* **Recuit,** *s.f.* **recuite,** reheating; tempering (of steel); annealing (of glass); reboiling (of syrup).

recul [rəkyl], *s.m.* **1.** Retirement, recession (of sea-water, etc.); backing (of horse, cart); set-back (in business, in health). **Mouvement de r.,** backward movement. *Bill:* **Effet de r.,** screw-back. *Aut:* **Phare de r.,** reversing light. *Ling:* **R. de la langue,** retraction of the tongue. **2.** (*a*) Recoil (of cannon); kick (of rifle). (*b*) *Nau:* Slip (of propeller). **3.** Room to move back. **Statue qui manque de r.,** statue that cannot be viewed in proper perspective.

reculade [rəkylad], *s.f.* (*a*) Backward movement, falling back, retreat. (*b*) *F:* (In debate, etc.) **Une honteuse r.,** a miserable climb-down.

reculé [rəkyle], *a.* Distant, remote (time, place). **Dans un avenir r.,** in a distant, remote, future.

reculée [rəkyle], *s.f.* Backing-space, backing-room.

reculement [rəkylmɑ̃], *s.m.* **1.** Backing. **2.** Moving back; postponement (of an event). **3.** Breeching, breech-band (of harness).

reculer [rəkyle]. **1.** *v.i.* To move back, step back, draw back, recede; to fall back, to retreat; (of horse) to back; (of car) to run back(wards); (of gun) to recoil; (of rifle) to kick. **Faire r. qn,** to make s.o. fall back. **Faire r. un cheval,** to back a horse. **Ses affaires ont reculé,** his business has had a set-back. **Il n'y a plus moyen de r.,** there is no going back. **R. devant qch.,** to draw back, shrink, from sth.; to recoil, flinch, before sth. **Ne r. devant rien,** to shrink from nothing; *F:* to stick at nothing. S.a. SAUTER 1. **2.** *v.tr.* (*a*) To move (s.o., sth.) back. **R. un cheval,** to rein back, to back, a horse. (*b*) To postpone, defer, put off (payment, marriage).

se reculer. To draw back; to step back, to move back.

reculons (à) [arəkylɔ̃], *adv.phr.* **Marcher à r.,** to walk backwards. **Sortir à r.,** to go out backwards, to back out.

récupérateur [rekyperatœ:r], *s.m.* *Ind:* *Artil:* Recuperator; regenerator. *Mch: etc:* **R. d'huile,** oil extractor.

récupération [rekyperasjɔ̃], *s.f.* **1.** (*a*) Recuperation, recovery (of debt). (*b*) *Ind:* Recovery (of waste products); salvage. (*c*) *F:* Scrounging. **2.** Recoupment (of losses). **3.** Recovery, recuperation (from ill-health).

récupér|er [rekypere], *v.tr.* (**je récupère; je récupérerai**) **1.** (*a*) To recover (debt, waste products). (*b*) To salvage. (*c*) *F:* To scrounge. **2.** To retrieve, recoup (a loss). **3.** To make up. **La journée chômée sera récupérée,** the lost day will be made up. *a.* **-able.**

récur|er [rekyre], *v.tr.* To scour, clean (pots and pans). *s.m.* **-age.**

récureur, -euse [rekyrœ:r, -ø:z]. **1.** *s.* Cleaner, scourer (person). **2.** *a.* Scouring (agent).

récurrence [rekyrrɑ̃:s], *s.f.* Recurrence.

récurrent [rekyrrɑ̃], *a.* Recurrent.

récusable [rekyzabl], *a.* *Jur:* Challengeable, exceptionable, untrustworthy (witness).

récusation [rekyzasjɔ̃], *s.f.* **1.** *Jur:* **R. de témoin,** exception to, objection to, a witness. **R. de témoignage,** impugnment of evidence. **2.** Disclaimer.

récuser [rekyze], *v.tr.* To challenge, take exception to, object to (witness); to impugn (evidence).

se récuser, to decline to give an opinion; to declare oneself incompetent to judge.

rédacteur, -trice [redaktœ:r, -tris], *s.* **1.** Writer, drafter (of deed, etc.). **2.** Member of the staff (of a newspaper or periodical). **R. en chef,** editor. **R. aux actualités, r. de la chronique du jour, r. au service des informations,** news editor.

rédaction [redaksjɔ̃], *s.f.* **1.** (*a*) Drafting, drawing up, wording, writing (of deed, etc.). (*b*) Editing (of journal); editorship. (*c*) *Sch:* Composition. **2.** (*a*) Editorial staff. (*b*) (Newspaper) office(s).

reddition [rɛddisjɔ̃], *s.f.* **1.** Surrender (of town, of ship). **2.** Rendering (of account).

redécouverte [rədekuvɛrt], *s.f.* Rediscovery.

redécouvrir [rədekuvri:r], *v.tr.* (Conj. like COUVRIR) To rediscover.

redéfaire [rədefɛ:r], *v.tr.* (Conj. like DÉFAIRE) To undo (sth.) again.

redemander [rədmɑ̃de], *v.tr.* **1.** To ask for (sth.) again; to ask for more of (sth.), for a second helping of (sth.). **2.** To ask for (sth.) back (again).
rédempteur, -trice [redɑ̃ptœːr, -tris]. **1.** *a.* Redeeming. **2.** *s.* Redeemer.
rédemption [redɑ̃psjɔ̃], *s.f.* Redemption, redeeming.
redescendre [rədɛsɑ̃ːdr]. **1.** *v.i.* (*a*) To come, go, down again. (*b*) *Nau:* (Of the wind) To back. **2.** *v.tr.* (*a*) To take (picture, etc.) down again; to let (s.o.) down again (with a rope); to bring (sth.) down again. (*b*) **R. l'escalier,** to come down the stairs again.
redevable [rədvabl], *a.* **Être r. de qch. à qn,** to be indebted, to s.o. for sth.; to owe (one's life, etc.) to s.o.
redevance [rədvɑ̃ːs], *s.f.* (*a*) Rent; rental. (*b*) Dues. (*c*) **Redevances d'auteur,** author's royalties. (*d*) Tax (on wireless sets, etc.). (*e*) Fee.
redevenir [rədəvniːr], *v.i.* (Conj. like DEVENIR) To become (sth., s.o.) again. **R. jeune,** to grow young again.
redevoir [rəd(ə)vwaːr], *v.tr.* (Conj. like DEVOIR) To owe a balance of (a sum on an account, etc.).
rédhibitoire [redibitwaːr], *a.* *Jur:* **Vice r.,** redhibitory defect (in horse, etc.); latent defect that makes a sale void.
rédiger [rediʒe], *v.tr.* (**je rédigeai(s); n. rédigeons**) **1.** To draw up, draft, word (agreement, letter, etc.); to write (article). **A l'heure où le présent article est rédigé,** at the time of writing. **2.** To edit (journal, etc.).
redingote [rədɛ̃gɔt], *s.f.* Frock-coat.
redire [rədiːr], *v.tr.* (Conj. like DIRE) **1.** To tell, say, (sth.) again; to repeat. **2. Trouver à r. à qch.,** to take exception to sth.; to find fault with sth. **Il n'y a rien à r. à cela,** there is nothing to be said against that.
rediseur, -euse [rədizœːr, -øːz], *s.* Tell-tale, *F:* blabber.
redistribuer [rədistribɥe], *v.tr.* To redistribute.
redistribution [rədistribysjɔ̃], *s.f.* Redistribution.
redite [rədiːt], *s.f.* (Useless) repetition.
redoi-s, -t, -vent. See REDEVOIR.
redondance [rədɔ̃dɑ̃ːs], *s.f.* Redundance, redundancy.
redondant [rədɔ̃dɑ̃], *a.* Redundant; pleonastic.
redonder [rədɔ̃de], *v.i.* (*a*) To be redundant. (*b*) To be in excess; to superabound (**de,** in).
redonner [rədɔne]. **1.** *v.tr.* (*a*) To give (sth.) again, anew. **On redonne "Hamlet,"** 'Hamlet' is on again. (*b*) To give more of (sth.). (*c*) To give (sth.) back; to restore, return. **2.** *v.i.* (*a*) **R. dans un piège,** to fall into a trap again. (*b*) **Le froid redonne,** the cold has set in again. (*c*) **La cavalerie redonna,** the cavalry charged again.
se redonner aux affaires, à la musique, to devote oneself anew to business, to music.
redorer [rədɔre], *v.tr.* To regild.
redormir [rədɔrmiːr], *v.i.* (Conj. like DORMIR) To sleep again.
redoublant, -ante [rədublɑ̃, -ɑ̃ːt], *s.* Pupil who remains a second year in the same class.
redoublé [rəduble], *a.* **Rime redoublée,** double rime. **Battre qn à coups redoublés,** to belabour s.o. soundly. S.a. PAS[1] 1.
redoublement [rədubləmɑ̃], *s.m.* **1.** Redoubling (of joy, zeal). **2.** *Ling:* Reduplication. **3.** *Mus:* Doubling (of note in chord).
redoubler [rəduble]. **1.** *v.tr.* (*a*) To redouble, increase (dose, s.o.'s fears). (*b*) *Sch:* **R. une classe,** to stay in a form a second year, to stay down. (*c*) To reline (a dress). **2.** *v.i.* To redouble. **R. de zèle,** to redouble one's zeal.
redoutable [rədutabl], *a.* Redoubtable, formidable; dangerous (**à,** to).
redoute [rədut], *s.f.* **1.** *Fort:* Redoubt. **2.** *A:* Gala evening (at dance-hall).
redouter [rədute], *v.tr.* To dread, fear (s.o., sth.); to hold (s.o., sth.) in awe. **R. d'apprendre qch.,** to dread hearing of sth. **R. que . . . (ne)** + *sub.*, to be apprehensive lest . . ., to be afraid that. . . .
redresse [rədrɛs], *s.f.* **1.** *Nau:* **Palans de r.,** righting tackle. **2.** *P:* **Être à la r.,** to be clever, knowing, cute.
redressé [rədrɛse], *a.* Erect.
redressement [rədrɛsmɑ̃], *s.m.* **1.** (*a*) Re-erecting; setting up again (of fallen object). (*b*) Righting (of a boat). (*c*) *Opt:* Erecting (of inverted image). **2.** (*a*) Straightening; truing (of a surface). **R. économique,** economic recovery. **Maison de r.** = approved school. (*b*) *El.E:* Rectifying (of alternating current). **Valve de r.,** rectifying valve. **Poste de r.,** rectifier station. (*c*) Rectification, righting, amendment (of wrong, mistake).
redresser [rədrɛse], *v.tr.* **1.** (*a*) To re-erect; to set (sth.) upright again. (*b*) To right (boat). (*c*) *Av:* **R. l'avion,** to pull on the joy-stick. (*d*) *Opt:* To erect (inverted image). **2.** (*a*) To straighten (out) (path, bent wood); to true (surface). (*b*) **R. la tête,** (i) to hold up one's head; to look up; (ii) (with indignation) to bridle up. (*c*) *El.E:* To rectify (alternating current). **Machine à courant redressé,** commutating machine. (*d*) To redress, to right (wrong, grievance); to rectify (mistake). **R. l'enfance coupable,** to reclaim young delinquents.
se redresser. 1. (*a*) **Se r. sur son séant,** to sit up again. (*b*) (Of boat) To right itself. **2.** (*a*) To draw oneself up, to hold one's head high. (*b*) To bridle up. **3.** *Av:* To flatten out (after a dive).
redresseur, -euse [rədrɛsœːr, -øːz]. **1.** *s.* Righter (of wrongs, etc.). Esp. *F:* **R. de torts,** knight-errant. **2.** *s.m.* *El.E:* Rectifier (of alternating current). **3.** *a.* **Dispositif r.,** (i) *El.E:* rectifying device; (ii) *Opt:* erecting device. (iii) *Phot:* **Viseur r.,** reversal finder.
redû [rədy], *s.m.* Balance due.
réducteur, -trice [redyktœːr, -tris]. **1.** *a.* Reducing. **2.** *s.m.* Reducer; reducing agent.
réductible [redyktibl], *a.* Reducible.
réduction [redyksjɔ̃], *s.f.* **1.** (*a*) Reduction; cutting down (of expenditure). **Échelle de r.,** reducing scale. **R. à l'absurde,** *reductio ad absurdum*, **R. de peine,** mitigation of penalty. **R. à un grade inférieur,** *Mil:* reducing (of a man); *Navy:* disrating. (*b*) *Surg:* Setting, reducing (of a fracture). (*c*) Gearing down (of machinery); gear ratio; stepping down (of voltage). (*d*) *Ch:* Reduction. (*e*) Conquest (of a province); capture by siege, reduction (of a town). **2.** (*a*) **Réductions de salaires,** cuts in wages. (*b*) *Mus:* **R. pour piano,** short score.
réduire [redɥiːr], *v.tr.* (*pr.p.* **réduisant;** *p.p.* **réduit;** *pr.ind.* **je réduis, n. réduisons;** *p.h.* **je réduisis;** *fu.* **je réduirai**) **1.** (*a*) To reduce (pressure, speed, price). **Billets à prix réduits,** cheap tickets. **R. ses dépenses,** to cut down one's expenses. **Assurance à prime réduite,** low premium insurance. **Édition réduite,** abridged edition. **R. une dissolution,** to boil down a solution. **R. un homme à un grade inférieur,** *Mil:* to reduce a man; *Navy:* to disrate a man. *El.E:* **R. la tension,** to step down the voltage. (*b*) **R. du grain en farine,** to reduce grain to flour. **R. qch. en miettes,** to crumble sth. up; *F:* to pound sth. to atoms. (*c*) *Ch:* **R. un oxyde,** to reduce an oxide. (*d*) **R. deux fractions au même dénominateur,** to reduce two fractions to a common denominator. **2.** (*a*) **R. qn à la misère, au désespoir,** to reduce s.o. to poverty; to drive s.o. to despair. **J'en suis réduit à mendier,** I am reduced to begging. (*b*) **R. une ville,** to reduce a town. **3.** *Surg:* To reduce (fracture, dislocation).
se réduire. 1. Se r. au strict nécessaire, to confine oneself to what is strictly necessary. **2. Voilà où se réduit votre argument,** that is what your argument amounts to, comes to. **Se r. en poussière,** to crumble into dust. **La sauce s'est réduite,** the sauce has boiled down. **Faire r. un sirop,** to boil down a syrup.
réduit [redɥi], *s.m.* **1.** Retreat; nook. **Un misérable r.,** a wretched hovel. **2.** *Fort:* Keep, redoubt.
réédification [reedifikasjɔ̃], *s.f.* Rebuilding, re-erection.
réédifier [reedifje], *v.tr.* To rebuild.
rééditer [reedite], *v.tr.* To republish.
réédition [reedisjɔ̃], *s.f.* Re-issue (of book, etc.); republication.
rééducatif, -ive [reedykatif, -iːv], *a.* **Thérapie rééducative,** occupational therapy.
rééducation [reedykasjɔ̃], *s.f.* *Med:* Re-education (of nerve-centres after paralysis, etc.); rehabilitation. **Centre de r. (professionnelle),** rehabilitation centre.
rééduquer [reedyke], *v.tr.* *Med:* To re-educate (nerve-centres, etc.).
réel, -elle [reɛl]. **1.** *a.* (*a*) Real, actual. (*b*) *Com:* **Offre réelle,** offer in cash. (*c*) *Jur:* Of real estate. **2.** *s.m.* **Le r.,** the real; reality.
réélection [reelɛksjɔ̃], *s.f.* Re-election.
rééligible [reeliʒibl], *a.* Re-eligible.
réélire [reeliːr], *v.tr.* (Conj. like ÉLIRE) To re-elect.
réellement [reɛlmɑ̃], *adv.* Really, in reality, actually.

réembarquer [reɑ̃barke], *v.tr. & i.* = REMBARQUER.
réembobin|er [reɑ̃bɔbine], *v.tr. Cin:* To re-wind. *s.m.* **-age.**
réembobineuse [reɑ̃bɔbinøːz], *s.f. Cin:* Re-winder.
réemploi [reɑ̃plwa], *s.m. Pol.Ec:* Re-employment.
réescompter [reɛskɔ̃te], *v.tr. Com:* To rediscount; to discount bill afresh.
réévaluer [reevalɥe], *v.tr.* To revalue.
réexpédier [reɛkspedje], *v.tr.* To send on, to (re)forward (sth.); to retransmit (telegram).
réexpédition [reɛkspedisjɔ̃], *s.f.* **1.** Sending on, (re-)forwarding (letter, telegram); re-shipment (goods). **2.** Sending back, return (to sender).
réexportation [reɛkspɔrtasjɔ̃], *s.f.* Re-export(ation).
réexporter [reɛkspɔrte], *v.tr.* To re-export.
refaçonner [rəfasɔne], *v.tr.* To remake, refashion.
réfaction [refaksjɔ̃], *s.f.* **1.** *Com:* Allowance, reduction, rebate. **2.** Repairs (to property).
refaire [rəfɛːr], *v.tr.* (Conj. like FAIRE) **1.** To remake; to do (work) again; to make (journey) again; to recast (a sentence). **R. sa malle,** to pack up again. **C'est à r.,** it will have to be done (over) again. **Si c'était à r. . . .,** if I had to do it again. . . . **2.** To repair; to recruit, recover (one's health). **3.** *P:* (*a*) To dupe, do, diddle (s.o.); to take (s.o.) in. **Être refait,** *P:* to be done, to be had. (*b*) **R. qch. à qn,** to rob s.o. of sth.
se refaire. 1. (*a*) To recover one's health; to recuperate; *F:* lto pick up again. (*b*) To refresh the inner man. **2.** To retrieve one's losses.
refasse, etc. See REFAIRE.
réfection [refɛksjɔ̃], *s.f.* **1.** Remaking; rebuilding; repairing; restoration; doing up. **Route en r.,** road 'up.' **2.** Restoration to health and strenght. **3.** (In convent) = REPAS.
réfectionner [refɛksjɔne], *v.tr. Tchn:* To repair, overhaul; to do up (a house, etc.).
réfectoire [refɛktwaːr], *s.m.* Refectory, dining-hall (in monastery, school).
refend [rəfɑ̃], *s.m.* **Bois de r.,** wood in planks. **Pierre de r.,** corner stone. S.a. MUR.
refendre [rəfɑ̃ːdr], *v.tr.* To split, cleave (slates); to slit (leather); to rip (timber).
référé [refere], *s.m. Jur:* Summary procedure. **Ordonnance de r.,** provisional order, injunction.
référence [referɑ̃ːs], *s.f.* **1.** Reference, referring. *Nau:* **Position de r.,** reference position. **2.** (Servant's) reference; recommendation.
référencé [referɑ̃se], *a. Com:* Entered under reference number.
référendum [referɛ̃dɔm], *s.m.* Referendum. *pl. Des referendums.*
référer [refere], *v.* (**je réfère; je référerai**) **1.** *v.tr.* To refer, ascribe (**qch. à qch.,** sth. to sth.). **2.** *v.i.* **R. à qn d'une question,** to refer a matter to s.o. **En r. à la cour,** to submit the case to the court.
se référer. 1. Se r. à qch., to refer to sth. **2. Se r. à qn,** to ask s.o.'s opinion. **S'en r. à qn, à l'avis de qn,** to refer the matter to s.o., to s.o.'s decision.
refermer [rəfɛrme], *v.tr.* To reclose; to shut, close, (door) again; to close up (grave) again.
se refermer, to close again; (of wound) to close up, to heal.
refiler [rəfile], *v.tr. P:* **R. qch. à qn,** (i) to palm off sth. (up)on s.o.; (ii) to give s.o. sth.
refi-s, -t, etc. See REFAIRE.
réfléchi [refleʃi], *a.* **1.** Reflective, thoughtful, serious-minded; deliberate, considered (action, opinion); premeditated (crime). **Opinion peu réfléchie,** inconsiderate, hasty, opinion. **Tout r. . . .,** everything considered . . ., after due consideration. . . . **2.** Reflexive (verb, pronoun).
réfléchir [refleʃiːr]. **1.** *v.tr.* To reflect, to throw back (light, sound); to reverberate (sound). **R. (la lumière),** to bend back (light). **2.** *v.i.* **R. sur, à, qch.,** to reflect on sth.; to ponder, consider, weigh, sth.; to turn sth. over in one's mind. **Réfléchissez avant d'agir,** think well before you act. **Réfléchissez donc!** do consider! **Donner à r. à qn,** to give s.o. food for thought, cause for reflection. **Parler sans r.,** to speak without thinking, hastily.
se réfléchir. 1. To curl back. **2.** To be reflected; (of sound) to reverberate.
réfléchissant [refleʃisɑ̃], *a.* Reflecting (surface, etc.).
réfléchissement [refleʃismɑ̃], *s.m.* Reflection, reflecting (of light, sound).
réflecteur [reflɛktœːr]. **1.** *a.m.* Reflecting (mirror). **2.** *s.m.* Reflector; reflecting mirror or telescope.
réflectif, -ive [reflɛktif, -iːv], *a.* Reflective.
reflet [rəflɛ], *s.m.* Reflection; reflected light or image. *Art:* Accidental light. **Chevelure à reflets d'or,** hair with glints of gold. **R. des glaces,** ice-blink. **Reflets irisés,** play of (iridescent) colours.
refléter [rəflete], *v.tr.* (**il reflète; il reflétera**) To reflect, send back, throw back (light, colour).
se refléter, to be mirrored, to be reflected back.
refleur|ir [rəflœriːr], *v.i.* **1.** To flower, blossom, again. **2.** To flourish anew. **Faire r. les arts,** to revive the arts. *s.m.* **-issement.**
réflexe [reflɛks]. **1.** *a.* Reflex (action). **2.** *s.m. Physiol:* Reflex. *Med:* **R. rotulien,** knee-jerk, knee-reflex.
réflexif, -ive [reflɛksif, -iːv], *a.* Reflexive.
réflexion [reflɛksjɔ̃], *s.f.* **1.** Reflection, reflexion (of image, light). **Angle de r.,** angle of reflection. **2.** Reflection, thought. **Être plongé dans ses réflexions,** to be deep in thought. **Agir sans r.,** to act rashly, inconsiderately. **Cela mérite r.,** it is worth thinking over. **Cela exige de la r.,** it requires consideration. **(Toute) r. faite . . ., à la r. . . .,** on thinking it over . . ., everything considered . . .; when you come to think of it. . . .
reflu|er [rəflye], *v.i.* (*a*) To flow back; (of the tide) to ebb. (*b*) (Of invading horde) To fall back, to surge back. (*c*) **L'eau reflua sur la berge,** the water washed up on to the bank. *s.m.* **-ement.**
reflux [rəfly], *s.m.* (*a*) Reflux, flowing back; ebb(ing) (of tide); ebb-tide. **Le flux et le r.,** the ebb and flow. (*b*) Surging back.
refondre [rəfɔ̃ːdr], *v.tr.* **1.** To remelt; to recast (metal, a bell); to recoin, remint (money). **2.** To recast, remodel (poem).
refonte [rəfɔ̃ːt], *s.f.* **1.** Recasting, remelting; recoinage (of money). **2.** Recasting (of treatise, etc.); remodelling, reorganization (of factory); reconstruction.
reforger [rəfɔrʒe], *v.tr.* (Conj. like FORGER) To reforge.
réformateur, -trice [refɔrmatœːr, -tris]. **1.** *a.* Reforming. **2.** *s.* Reformer.
réformation [refɔrmasjɔ̃], *s.f.* Reformation.
réforme [refɔrm], *s.f.* **1.** Reformation, reform (of abuses, of the calendar). **École de r.,** reformatory. *Rel.H:* **La R.,** the Reformation. **2.** (*a*) *Mil: Navy:* (i) Discharge; invaliding out of the service; (ii) cashiering, dismissal from the service; (iii) casting (of horses). **Chevaux de r.,** cast horses. (*b*) *Ind:* **R. du matériel,** scrapping of the plant.
réformé [refɔrme], *s.* (*a*) *Rel:* Protestant. (*b*) Man invalided out of the service. **Réformés de guerre avec invalidité,** disabled ex-servicemen.
reformer [rəfɔrme], *v.tr.* To form again, to re-form.
réform|er [refɔrme], *v.tr.* **1.** To reform, amend (one's conduct, the laws). **2.** *Jur:* To reverse (a decision). **3.** (*a*) (i) To invalid a man out of the Army; to retire (officer); (ii) to dismiss (officer) from the service; to cashier; (iii) to cast (horse). (*b*) *Ind:* To scrap (the plant). *a.* **-able.**
se réformer, to reform, to mend one's ways.
refouill|er [rəfuje], *v.tr. Art:* (Of sculptor) To cut deeper into (stone); to bring out (detail, prominent parts). *s.m.* **-ement.**
refoulant [rəfulɑ̃], *a.* **Pompe refoulante,** force-pump.
refoulement [rəfulmɑ̃], *s.m.* **1.** (*a*) Pressing back; driving back; driving in or out (of pin, bolt); backing (of train); tamping (of earth). (*b*) *Hyd.E:* (i) Delivery, output (of pipe). (ii) Lift (of pump). (iii) Back-flow. **Tuyau de r.,** exhaust-pipe. **2.** *Psy:* (Unconscious) repression, suppression (of desires); suppressed desire; inhibition.
refouler [rəfule], *v.tr.* To drive back, force back, press back; to compress (gas); to drive in or out (bolt, pin); to back (train); to tamp (earth, etc.). *Adm:* To expel (an alien). **R. l'ennemi,** to drive back the enemy. **R. ses sentiments,** to repress one's feelings. **R. ses larmes,** to force back, keep back, one's tears. *Psy:* **R. un instinct dans l'inconscient,** to drive back an instinct into the unconscious; to repress an instinct.

refouloir [rəfulwa:r], *s.m.* (*a*) Tamping-tool. (*b*) *Artil:* Rammer.

réfractaire [refraktɛ:r]. **1.** *a.* (*a*) Refractory, contumacious, rebellious, insubordinate. **R. à la loi,** unwilling to accept the law. (*b*) Refractory (ore); fire-proof (brick, clay). (*c*) **R. aux acides,** acid-proof. **R. au poison,** proof against poison. **2.** *s.* Refractory person; defaulter.

réfracté [refrakte], *a.* Refracted (ray).

réfracter [refrakte], *v.tr.* To refract, bend (rays).

se réfracter, (of rays) to be refracted, to suffer refraction.

réfracteur [refraktœ:r]. **1.** *a.* Refracting. **2.** *s.m.* Refractor; refracting telescope.

réfractif, -ive [refraktif, -i:v], *a.* *Ph:* Refractive.

réfraction [refraksjɔ̃], *s.f.* *Ph:* Refraction. **Index de r.,** refractive index. *Cin:* **Film à r.,** 3D(imensional) film.

refrain [rəfrɛ̃], *s.m.* **1.** Refrain, burden (of a song). *F:* **Chanter de vieux refrains,** to sing old songs, old ditties. *F:* **C'est le r. (de la ballade),** it's the same old story. **2. R. en chœur,** chorus.

réfranger [refrɑ̃ʒe], *v.tr.* = RÉFRACTER.

réfrangible [refrɑ̃ʒibl], *a.* *Ph:* Refrangible.

refrapper [rəfrape], *v.tr.* **1.** To strike (s.o., sth.) again; to knock again (at the door). **2.** To re-coin (money, etc.).

refr|éner [rəfrene], *v.tr.* (**je refrène; je refrénerai**) To curb, bridle, restrain; to control (a passion). *s.m.* **-ènement.**

réfrigérant [refriʒerɑ̃]. **1.** *a.* Refrigerating, cooling; freezing (mixture). **2.** *s.m.* (*a*) Refrigerator, condenser (of still). (*b*) *Ind:* Cooling-tower; cooler.

réfrigérateur [refriʒeratœ:r], *s.m.* Refrigerator, *F:* frig, fridge.

réfrigération [refriʒerasjɔ̃], *s.f.* Refrigeration, cooling; chilling (of meat).

réfrigérer [refriʒere], *v.tr.* (**je réfrigère; je réfrigérerai**) To refrigerate, cool. **Viande réfrigérée,** chilled meat.

réfringent [refrɛ̃ʒɑ̃], *a.* *Ph:* Refringent, refractive, refracting.

refrogner [rəfrɔɲe], *v.tr.* = RENFROGNER.

refroidir [rəfrwadi:r]. **1.** *v.tr.* To cool, chill; to damp (sympathy); to dash (s.o.'s enthusiasm). **Moteur refroidi par l'air,** air-cooled engine. **2.** *v.i.* & *pr.* (*a*) To grow cold; to cool down, off. **Le temps s'est refroidi,** it is colder. (*b*) *Med:* **Se r.,** to catch a chill.

refroidissement [rəfrwadismɑ̃], *s.m.* **1.** Cooling (down). **Moteur à r. d'eau,** water-cooled engine. **R. du temps,** fall in temperature. **2.** *Med:* **Attraper un r.,** to catch a chill.

refroidisseur [rəfrwadisœ:r], *s.m.* *Ind:* Cooler; cooling-tower. **R. d'air,** air-cooler.

refuge [rəfy:ʒ], *s.m.* **1.** Refuge; shelter; (bird) sanctuary. **2.** (*a*) (Street) refuge, street island. (*b*) (On road) Lay-by, parking place. **3. Dieu est mon r.,** God is my refuge. **4.** *Mount:* Climbers' hut, refuge.

réfugié, -ée [refyʒje], *s.* Refugee.

réfugier (se) [sərefyʒje], *v.pr.* To take refuge; to find shelter (**chez qn,** with s.o.). **Se r. dans les mensonges,** to take refuge in lying; to fall back on lies.

refus [rəfy], *s.m.* Refusal; denial. **Essuyer un r.,** to meet with a refusal. **R. d'obéissance,** (i) insubordination; (ii) *Jur:* contempt of court. **Ce n'est pas de r.,** I can't say no to that; I accept gladly. *Tchn:* **Enfoncer un pilot (jusqu')à r. (de mouton),** to drive a pile home.

refusé [rəfyze], *a.* Refused, rejected. *Post:* **Lettre refusée,** blind letter.

refus|er [rəfyze], *v.tr.* **1.** (*a*) To refuse, decline (sth.); *F:* to turn down (offer). **R. qch. d'un geste,** to wave sth. away. **R. qch. à qn,** to refuse, deny, s.o. sth. **R. tout talent à qn,** to deny that s.o. has any talent. **R. la porte à qn,** to deny s.o. admittance. **R. tout net,** to give a flat refusal, to refuse point-blank. **R. de faire qch.,** to refuse to do sth. (*b*) (Of horse) To refuse, to ba(u)lk. (*c*) (Of ship) Not to obey the helm. **2.** (*a*) To reject (a man for military service); to turn (a man) down. *Sch:* **R. un candidat,** to refuse, fail, *F:* plough, pluck, a candidate. **Être refusé,** to fail; *F:* to get plucked, ploughed. (*b*) *Th:* *etc:* **R. du monde,** to turn people away. **3.** *v.i.* **Ne r. à aucune besogne,** to shrink from no work, from no task. *a.* **-able.**

se refuser à qch., to object to, set one's face against, demur to, sth. **Se r. à l'évidence,** to shut one's eyes to the evidence. **Se r. à faire qch.,** to refuse, decline, to do sth.

réfutateur, -trice [refytatœ:r, -tris], *s.* Refuter.

réfutation [refytasjɔ̃], *s.f.* Refutation; rebuttal.

réfut|er [refyte], *v.tr.* To refute, confute (theory); to disprove (statement). *a.* **-able.**

regagner [rəgɑɲe], *v.tr.* **1.** (*a*) To regain, recover. **R. qn,** to win s.o. back. (*b*) To recover, win back (money, etc.). **R. le temps perdu,** to make up for lost time. **2.** To get back to (a place); to reach (a place) again; to regain (the shore). **R. son foyer,** to return to one's home.

regain [rəgɛ̃], *s.m.* **1.** *Agr:* Aftermath, aftergrowth, aftercrop. **2.** Renewal (of youth, beauty, etc.). **R. d'activité,** recrudescence of activity. **R. de vente,** revival of sales.

régal [regal], *s.m.* (*a*) Feast; *F:* good tuck-in, blow-out. (*b*) Exquisite dish; treat. *pl.* *Des régals.*

régalade [regalad], *s.f.* *F:* (*a*) Regaling, treating (of s.o.). (*b*) Treat. (*c*) **Boire à la r.,** to pour drink down one's throat without touching the bottle with one's lips.

régale [regal], *a.f.* *Ch:* **Eau r.,** aqua regia.

régaler[1] [regale], *v.tr.* To entertain, feast (one's friends). *F:* **C'est moi qui régale,** it's on me.

se régaler, to feast (**de, on**); to treat oneself (**de,** to). **On s'est bien régalé,** we did ourselves well.

régal|er[2], *v.tr.* To level; to spread (earth, etc.) evenly. *s.m.* **-age, -ement.**

regard [rəga:r], *s.m.* **1.** Look, glance, gaze. **R. de côté, en coulisse,** sidelong glance. **R. terne, vitreux,** glassy stare. **Yeux sans r.,** dull, lack-lustre, eyes. **Jeter un r. à qn,** to give s.o. a look; to catch s.o.'s eye. **Jeter un r. sur qch.,** to cast a glance at, over, sth. **Chercher qn du r.,** to look round for s.o. **Détourner le r.,** to look away, to avert one's eyes (**de,** from). **Promener ses regards sur qch.,** (i) to let one's eyes roam over sth.; (ii) to eye, scan, sth. **R. appuyé,** stare. **Il suffit d'y porter vos regards,** to look at it is enough. **Caché aux regards,** out of sight; hidden from view. **Attirer le(s) regard(s),** to catch the eye; to be conspicuous. **En r. de qch.,** opposite, facing, sth. **Au r. de qch.,** in comparison with sth., compared with sth. **2.** Inspection hole. (*a*) Man-hole (of sewer, etc.); draught-hole (of furnace); inspection chamber. (*b*) Sight-hole, peep-hole; observation aperture. **3.** Control. *Jur:* **Droit de r.,** right of inspection. **4.** Attention. **L'assemblée a arrêté son r. sur . . .,** the assembly has turned its attention to. . . .

regardant, -ante [rəgardɑ̃, -ɑ̃:t]. **1.** *a.* (*a*) Close (-fisted), stingy. (*b*) Particular (**pour,** about); careful (housewife). **2.** *s.* Onlooker, spectator.

regarder [rəgarde], *v.tr.* **1.** (*a*) *Pred.* To regard, consider. **R. qch. comme un crime,** to regard, look on, sth. as a crime. (*b*) **Ne r. que ses intérêts,** to consider only one's own interest. (*c*) *v.ind.tr.* **R. à qch.,** to pay attention to sth.; to be particular about sth. **Sans r. à la dépense,** regardless of expense. **Y bien r., y r. à deux fois, avant de faire qch.,** to consider a matter carefully; to think twice before doing sth. **A y bien r. . . .,** on thinking it over. . . . **Je n'y regarde pas de si près,** I am not so very particular. **A y r. de près . . .,** on close inspection. . . . (*d*) (Of thg) To concern, regard (s.o.). **Cela me regarde,** that is my business. **Cela ne vous regarde pas,** that is no concern of yours, that is none of your business. **En ce qui regarde . . .,** as regards. . . . **2.** To look at (sth., s.o.). **R. qn dans les yeux,** to look s.o. in the eyes. **R. qn fixement,** to stare at s.o. **R. qn de travers,** to look askance at s.o. **R. qn avec méfiance,** to eye s.o. suspiciously. **R. qn en face,** to look s.o. in the face. **Se faire r.,** to attract attention; to make oneself conspicuous. **R. qn faire qch.,** to watch s.o. doing sth. **R. à la fenêtre,** to look in at the window. **R. par la fenêtre,** to look out of the window. **R. à sa montre,** to look at the time (by one's watch). **R. à la loupe, au microscope,** to look through a magnifying glass, a microscope. **R. en arrière,** to look back. **Puis-je r.?** may I have a look? **3.** To look on to (sth.); to face, front (the sea, etc.). **Fenêtre qui regarde sur le jardin,** window that looks on to the garden.

se regarder, (*a*) to look at oneself, one's face; to look at each other. **Ils se regardent en chiens de faïence,** they glare at each other. (*b*) To regard oneself, to consider oneself, to look upon oneself (as). **Il se regarde comme responsable,** he considers himself responsible.

regarnir [rəgarni:r], *v.tr.* To regarnish; to refill (one's purse); to re-stock (larder); to re-cover (furniture); to retrim (dress).

régate [regat], *s.f.* **1.** Regatta. **R. à voiles,** yacht-races. **R. à rames, à l'aviron,** boat-races. **2.** (Narrow) sailor-knot tie.

regazonn|er [rəgɑzɔne], *v.tr.* To returf. *s.m.* **-ement.**

regel [rəʒɛl], *s.m.* Renewed frost.

regeler [rəʒle], *v.tr.* & *i.* **(il regèle; il regèlera)** To freeze (sth.) again. *Impers.* **Voilà qu'il regèle,** it is freezing again.

régence [reʒɑ̃:s], *s.f.* Regency. *Hist:* **La R.,** the Regency (of Philip of Orleans (1715-1723)). *a.inv.* **Des mœurs R.,** profligacy (reminiscent of the *Régence* period).

régénérateur, -trice [reʒeneratœ:r, -tris]. **1.** *a.* Regenerating, regenerative. **2.** *s.* Regenerator. **3.** *s.m.* (*a*) *Ind:* Regenerating plant; regenerative furnace. (*b*) Hair-restorer.

régénération [reʒenɛrasjɔ̃], *s.f.* **1.** Regeneration. **2.** Reclamation (of land).

régénérer [reʒenere], *v.tr.* **(je régénère; je régénérerai)** To regenerate.

régénérescence [reʒenerɛsɑ̃:s], *s.f.* *Med: etc:* Rejuvenation.

régent, -ente [reʒɑ̃, -ɑ̃:t], *s.* Regent.

régenter [reʒɑ̃te], *v.tr.* *F:* To domineer over, dictate to (s.o.). **Il veut tout r.,** *F:* he wants to boss the show.

régicide¹ [reʒisid], *s.m.* Regicide (person).

régicide², *s.m.* Regicide (as a crime).

régie [reʒi], *s.f.* **1.** *Jur: etc:* Administration, stewardship (of property, etc.); management, control. **En r.,** in the hands of trustees, or under State supervision. **R. du dépôt légal,** copyright department. **2.** (*a*) **R. des impôts indirects,** excise(-administration). **R. française des tabacs,** French State tobacco company. **R. des usines Renault,** the Renault State-owned works. (*b*) Excise-office. **Employé de la r.,** exciseman.

regimbement [rəʒɛ̃bmɑ̃], *s.m.* Refractoriness; *F:* kicking (**contre,** against).

regimber [rəʒɛ̃be], *v.i.* (Of horse, *F:* of pers.) To kick (**contre,** at, against); to jib, to ba(u)lk (**contre,** at).

regimbeur, -euse [rəʒɛ̃bœ:r, -ø:z]. *a.* & *s.* Refractory (person, mule); recalcitrant.

régime [reʒim], *s.m.* **1.** Form of government or of administration; régime. **Le r. du travail,** the organization of labour. *Jur:* **Mariée sous le r. dotal,** married under the dotal system. **Le r. actuel,** the present order of things. *Fr.Hist:* **L'ancien r.,** the old régime (the system of government in France before 1789). **2.** (*a*) Normal operation, normal running (of engine, motor, etc.). **R. de marche normal,** normal working conditions. **Vitesse de r.,** rated speed; working speed. *El.E:* **R. de chargement (d'un accumulateur),** rate of charging. (*b*) Flow, régime (of river). **3.** *Med:* Regimen, diet. **R. lacté,** milk diet. **Être au r.,** to be on (a) diet. **4.** *Gram:* Object. **Cas r.,** objective case. **5.** Bunch, cluster (of dates); stem (of bananas).

régiment [reʒimɑ̃], *s.m.* Regiment. *F:* **Ça ne se faisait pas comme ça au r.,** that wasn't the way in the army. **Entouré d'un r. d'admirateurs,** surrounded by a host of admirers.

régimentaire [reʒimɑ̃tɛ:r], *a.* Regimental.

région [reʒjɔ̃], *s.f.* Region, territory; area. **Les régions polaires,** the polar regions. *Anat:* **La r. lombaire,** the lumbar region. *Magn:* **R. attractive,** field of attraction.

régional, -ale, -aux [reʒjɔnal, -o]. **1.** *a.* Regional, local. **Concours r.,** (regional) agricultural show or cattle-show. **2.** *s.f.* **Régionale,** provincial branch (of an association).

régionalisme [reʒjɔnalism], *s.m.* Regionalism.

régionaliste [reʒjɔnalist]. **1.** *a.* Pertaining to, descriptive of a region. **2.** *s.* Writer whose works are concerned with a particular province or region.

régir [reʒi:r], *v.tr.* (*a*) To govern, rule; to manage (estate); to direct (undertaking). (*b*) *Gram:* To govern (case, noun).

régisseur [reʒisœ:r], *s.m.* Manager; agent, steward; (farm) bailiff. *Th:* Stage-manager. *Cin:* Assistant director.

registre [rəʒistr], *s.m.* **1.** Register; account-book; minute-book. **Tenir r. des événements,** to take note of events. *Adm:* **Les registres de l'état civil,** the registers of births, marriages, and deaths. *Breed:* **R. des chevaux,** stud-book. **R. d'une machine,** log-book of a machine. **2.** *Mus:* Register; (i) compass, (ii) tone quality. **3.** (*a*) **R. d'aérage,** ventilation flap. **R. de cheminée,** register, damper (of furnace or chimney). (*b*) *Mch:* Regulator-lever, throttle(-valve). (*c*) Draw-stop (of organ).

réglable [reglabl], *a.* Adjustable.

réglage [regla:ʒ], *s.m.* **1.** Ruling (of paper). **2.** (*a*) Regulating, adjusting, adjustment, setting (of apparatus); rating (of chronometer). **R. de précision,** fine adjustment. **Vis de r.,** set screw, adjusting screw. **R. de la vitesse,** speed control. *Artil:* **R. du tir, tir de r.,** ranging. **Coup de r.,** sighting shot. (*b*) *W.Tel:* Tuning. **Réglages,** dial readings.

règle [rɛgl], *s.f.* **1.** (*a*) Rule, ruler. **R. divisée,** scale. **R. à calcul,** slide-rule. (*b*) *Surv:* Measuring-rod. **2.** Rule (of conduct, grammar, arithmetic). *Ecc:* **R. d'un ordre,** rule of an order. *Nau:* **Règles de (la route) (de mer),** the rule of the road (at sea). **Règles d'un jeu,** rules, laws, of a game. *Com:* **Pour la bonne r. . . .,** for order's sake. . . . **Se faire une r. de se coucher de bonne heure,** to make it a rule to go to bed early. **Mettre qch. en r.,** to put sth. in order. **Tout est en r.,** everything is in order; *F:* everything is O.K. **Reçu en r.,** formal receipt. *F:* **Bataille en r.,** regular set-to, stand-up fight. **En r. générale,** as a general rule. **Agir dans les règles,** to act according to rule. S.a. EXCEPTION 1. **3. Prendre qn pour r.,** to take s.o. as a guide, as an example. **4.** *pl. Med:* Menses, *F:* Monthly period.

réglé [regle], *a.* **1.** Ruled (paper). **2.** Regular; steady, methodical (person, life, habits). **A des heures réglées,** at set, stated, hours. *Nau:* **Vent r.,** trade wind. *F:* **C'est r. comme du papier à musique,** it is like the laws of the Medes and Persians.

règlement [rɛgləmɑ̃], *s.m.* **1.** Settlement, adjustment (of account, etc.). *Com:* Payment. **Mode, lieu, de r.,** method, place, of payment. **En r. de,** in settlement of. **2.** Regulation(s); statutes. **Règlements de police,** by(e)-laws. **3. Se faire un r. de vie,** to adopt a rule of life.

réglementaire [rɛgləmɑ̃tɛ:r], *a.* Regular, statutory, prescribed. *Nau:* **Les feux réglementaires,** the regulation lights.

réglementairement [rɛgləmɑ̃tɛrmɑ̃], *adv.* In the regular, prescribed, manner.

réglementariste [rɛgləmɑ̃tarist], *a.* **Pays r.,** regulationist country.

réglementation [rɛgləmɑ̃tasjɔ̃], *s.f.* **1.** Making of rules. **2.** Regulating, regulation. **R. de la natalité,** birth-control.

réglementer [rɛgləmɑ̃te], *v.tr.* To regulate; to make rules for (sth.). **Industries réglementées,** regimented industries.

régler [regle], *v.tr.* **(je règle; je réglerai) 1.** To rule (paper, etc.). **2.** (*a*) To regulate, order (one's life, etc.). **R. sa journée,** to make one's plans for the day. *Mil:* **R. le tir,** to range. (*b*) To regulate, adjust, set (mechanism); to adjust (compass); to rate (chronometer). **R. sa montre,** to set one's watch right. *I.C.E:* **R. l'allumage, les soupapes,** to time the ignition, the valves. (*c*) *Nau:* **R. les quarts,** to set the watches. **3.** (*a*) To settle (question, account). *Com:* **R. les livres,** to close, balance, the books. S.a. COMPTE (*b*) **R. ses affaires,** to set one's affairs in order.

se régler sur qn, sur qch., to take s.o. as an example; to go by sth.

réglette [reglɛt], *s.f.* **1.** Small rule, scale. **2.** Slider (of a slide-rule). **3.** Strip (of metal).

régleur, -euse [reglœ:r, ø:z], *s.* **1.** Regulator, adjuster (of mechanism). **2.** *s.f.* **Régleuse,** paper-ruling machine.

réglisse [reglis], *s.f.* Liquorice. **Bâton de r.,** stick of liquorice.

réglure [regly:r], *s.f.* Ruling (of or on paper).
règne [rɛɲ], *s.m.* **1.** (Vegetable, animal) kingdom. **2.** Reign (of a king); sway (of fashion). **Sous le r. de Louis XI,** in the reign of Louis XI.
régn|er [reɲe], *v.i.* (**je règne; je régnerai**) **1.** (Of monarch) To reign, rule; to hold sway (**sur**, over); (of conditions) to prevail, to be prevalent. **R. en maître,** to reign supreme. **Le silence règne,** silence reigns. **2.** *A:* **Une galerie règne le long du bâtiment,** a gallery runs, extends, along the building. *a.* **-ant.**
regommer [rəgɔme], *v.tr.* To retread (tyre).
regonfl|er [rəgɔ̃fle], *v.tr.* To reinflate (balloon); to pump up (tyre). *s.m.* **-ement.**
se regonfler, (of balloon, etc.) to swell out again; (of injured part) to swell up again.
regorgeant [regɔrʒɑ̃], *a.* Overflowing, abounding (**de**, with); *F:* cram-full (**de**, of).
regorg|er [rəgɔrʒe], *v.* (**je regorgeai(s)** ; **n. regorgeons**) **1.** *v.i.* (*a*) To overflow, run over; to brim over. (*b*) To abound (**de**, in); to be glutted (**de**, with). **Les trains regorgent de gens,** the trains are packed with people. **Les rues regorgeaient de monde,** the streets were crowded, teeming, swarming, with people. **Sa maison regorge de livres,** his house is cram-full of books. **Il regorge de santé,** he is bursting with health. (*c*) (Of water) To flow back (up a drain, etc.). **2.** *v.tr.* To bring up, regurgitate (food). *F:* **Faire r. à qn ce qu'il a volé,** to make s.o. disgorge what he has stolen. *s.m.* **-ement.**
regratt|er [rəgrate]. **1.** *v.tr.* *Const:* To scrape, rub down (wall). **2.** *v.i.* To huckster. *s.m.* **-age.**
régresser [regrɛse], *v.i.* To regress, to throw back, to diminish (in quantity, intensity, etc.).
régressif, -ive [regrɛsif, -i:v], *a.* Regressive. *Biol:* **Forme régressive,** throw-back. *Geog:* **Érosion régressive,** head(water) erosion.
régression [regrɛsjɔ̃], *s.f.* **1.** Regression; recession (of sea from the coast). **2.** *Biol:* (*a*) Retrogression. (*b*) Throw-back. **3.** Drop, decline (in sales).
regret [rəgrɛ], *s.m.* Regret (**de**, of, for). **Avoir du r.,** to feel regret. **Avoir r. de qch.,** to regret sth. **J'ai r. à vous quitter,** I am lo(a)th to leave you. **J'ai le r. de vous annoncer que . . .,** I regret to have to inform you that. . . . **Faire qch. à r.,** to do sth. with regret, regretfully, with reluctance, reluctantly. **A mon (grand) r. . . .,** to my (great) sorrow, (much) to my regret. . . .
regrettable [rəgrɛtabl], *a.* Regrettable; unfortunate (mistake). *adv.* **-ment.**
regretter [rəgrɛte], *v.tr.* **1.** To regret. **R. d'avoir fait qch.,** to regret, be sorry for, having done sth. **Je regrette qu'il soit parti si tôt,** I regret, am sorry, that he left so early. **Je regrette!** (I'm) sorry! **2. R. un absent,** to miss an absent friend. **R. son argent,** to wish one had one's money back.
regrèvement [rəgrɛvmɑ̃], *s.m.* Tax increase.
regroupement [rəgrupmɑ̃], *s.m.* (*a*) *Rural Ec:* **R. parcellaire,** consolidation. (*b*) *Fin:* Amalgamation. **R. d'actions,** regrouping (of shares).
regrouper [rəgrupe], *v.tr.* To regroup.
régularisation [regylarizasjɔ̃], *s.f.* Regularization, regularizing; putting in order.
régulariser [regylarize], *v.tr.* To regularize; to put (sth.) in order; to equalize (dividends, etc.).
régularité [regylarite], *s.f.* (*a*) Regularity (of features, of habits). (*b*) Steadiness, evenness (of motion). **Épreuve de r.,** reliability trial. (*c*) Equability (of temper). (*d*) Punctuality.
régulateur, -trice [regylatœ:r, -tris]. **1.** *a.* Regulating, regulative. **Soupape régulatrice,** governor-valve. *Pol.Ec:* **Stocks régulateurs,** buffer-stocks. **2.** *s.m.* Regulator, governor (of watch, arc-light, etc.); balance-wheel (of watch); ball governor (of engine); throttle-valve. *Typewr:* **R. de marges,** marginal stop.
régulation [regylasjɔ̃], *s.f.* *Nau:* Regulation, re-adjustment (of compass).
régule [regyl], *s.m.* *Mec.E:* White metal, antifriction metal.
réguli|er, -ère [regylje, -ɛ:r]. **1.** *a.* (*a*) Regular (features, habits, etc.). **Quittance régulière,** receipt in due form. *Gram:* **Verbe r.,** regular verb. (*b*) Steady (pulse); even (motion); orderly (life); punctual; valid (passport). *Sp: etc:* **Avoir un jeu r.,** to play, have, a steady game. (*c*) **Humeur régulière,** equable temper. **2.** *a. & s.m.* Regular (priest, soldier). **Troupes régulières,** regular troops; regulars. *adv.* **-èrement.**
régurgit|er [regyrʒite], *v.tr.* To regurgitate. *s.f.* **-ation.**
réhabilitation [reabilitasjɔ̃], *s.f.* Rehabilitation; recovery of civil rights; discharge (of bankrupt).
réhabilité [reabilite], *s.* *Jur:* Discharged bankrupt.
réhabiliter [reabilite], *v.tr.* To rehabilitate (s.o.); to discharge (bankrupt). **R. qn dans ses droits,** to reinstate s.o. in his rights.
se réhabiliter, to rehabilitate oneself; to obtain one's discharge (after bankruptcy); to re-establish one's good name.
réhabituer [reabitɥe], *v.tr.* To reaccustom.
se réhabituer, to become reaccustomed (**à**, to).
rehauss|er [rəose], *v.tr.* **1.** (*a*) To raise; to make (construction) higher. (*b*) **R. les monnaies,** to appreciate the coinage. **R. le prix du pain,** to raise the price of bread. **2.** To heighten, enhance, set off (colour, complexion); to touch up (a colour). **R. un détail,** to accentuate a detail. *s.m.* **-ement.**
rehaut [rəo], *s.m.* **1.** *Fin:* Appreciation (of money). **2.** *Art:* Touch-up (to a picture). **Les rehauts,** the high lights.
réimperméabiliser [reɛ̃pɛrmeabilize], *v.tr.* To re-proof (raincoat, etc.).
réimportation [reɛ̃pɔrtasjɔ̃], *s.f.* **1.** Reimportation. **2.** Reimport.
réimporter [reɛ̃pɔrte], *v.tr.* To reimport.
réimposer [reɛ̃poze], *v.tr.* **1.** To tax (s.o.) again; to reimpose (tax). **2.** *Typ:* To reimpose.
réimposition [reɛ̃pɔzisjɔ̃], *s.f.* **1.** Further taxation; reimposition of tax. **2.** *Typ:* Reimposition.
réimpression [reɛ̃prɛsjɔ̃], *s.f.* **1.** Reprinting. **2.** Reprint, reimpression.
réimprimer [reɛ̃prime], *v.tr.* To reprint.
Reims [rɛ̃:s]. *Pr.n.m.* *Geog:* Rheims.
rein [rɛ̃], *s.m.* **1.** *Anat:* Kidney. **2.** *pl.* Loins, back. **La chute, le creux, des reins,** the small of the back. **Se casser les reins,** to break one's back. **Casser les reins à qn,** to kill s.o. **Mal de reins,** lumbago. **Douleur aux reins,** pain in the small of the back. **Ceindre ses reins,** to gird (up) one's loins. **Il a les reins solides,** (i) he has a strong back, he is a sturdy fellow; (ii) *F:* he is a man of substance. S.a. ÉPÉE.
réincarnation [reɛ̃karnasjɔ̃], *s.f.* Reincarnation.
réincarner (se) [səreɛ̃karne], *v.pr.* To become reincarnated.
réincorporer [reɛ̃kɔrpɔre], *v.tr.* To reincorporate; to re-embody.
reine [rɛn], *s.f.* **1.** (*a*) Queen. **La r. Anne,** Queen Anne. **R.-mère,** Queen-Mother. **Port de r.,** queenly bearing. (*b*) **R. des abeilles,** queen-bee. (*c*) *Chess: etc:* = DAME[1] 2. **2.** *F:* **La r. du bal,** the belle of the ball.
reine-claude [rɛnklo:d], *s.f.* Greengage. *pl. Des reines-claude.*
reine-des-prés [rɛndepre], *s.f.* *Bot:* Meadow-sweet. *pl. Des reines-des-prés.*
reine-marguerite [rɛnmargərit], *s.f.* *Bot:* (China-) aster. *pl. Des reines-marguerites.*
reinette [rɛnɛt], *s.f.* = RAINETTE 2.
réinhumation [reinymasjɔ̃], *s.f.* Reinterment.
réinhumer [reinyme], *v.tr.* To reinter.
réinscription [reɛ̃skripsjɔ̃], *s.f.* Re-registration.
réinstallation [reɛ̃stalasjɔ̃], *s.f.* Reinstalment.
réinstaller [reɛ̃stale], *v.tr.* To reinstall.
se réinstaller, to settle down again.
réinstituer [reɛ̃stitɥe], *v.tr.* To re-establish.
réintégration [reɛ̃tegrasjɔ̃], *s.f.* **1.** Reinstatement, restoration. **R. des démobilisés dans la vie civile,** rehabilitation of ex-servicemen. **2. R. de domicile,** resumption of residence.
réintégr|er [reɛ̃tegre], *v.tr.* (Conj. like INTÉGRER) **1. R. qn (dans ses fonctions),** to reinstate s.o.; to restore s.o. to his position. **R. des employés,** to re-engage employees. **2. R. son domicile,** to resume possession of one's domicile; to return to one's home. *a.* **-able.**
réintroduire [reɛ̃trɔdɥi:r], *v.tr.* (Conj. like INTRODUIRE) To re-introduce.
réitératif, -ive [reiteratif, -i:v], *a.* Reiterative. **Sommation réitérative,** second summons.

réitération [reiterasjɔ̃], *s.f.* Reiteration.
réitér|er [reitere], *v.tr.* (**je réitère; je réitérerai**) To reiterate, repeat. *a.* **-able.**
rejaill|ir [rəʒajiːr], *v.i.* (Of water, blood) To spirt back, to gush out (**sur,** upon); to spirt up, out; to spout (up, out); (of light) to be reflected, to flash or glance back. **La honte en rejaillira sur vous,** the disgrace will be yours, will fall on you. *s.m.* **-issement.**
rejet [rəʒɛ], *s.m.* **1.** (*a*) Throwing out; throwing up; casting up. (*b*) Material thrown out; spoil-earth. (*c*) *Geol:* Throw (of fault). **2.** Rejection (of proposal, etc.). **3.** *Ap:* Cast, after-swarm (of bees). **4.** *Hort:* Shoot.
rejéteau [rəʒeto], *s.m.* (*a*) Drip-moulding; flashing-board (of door, etc.). (*b*) *Av:* Drip-flap.
rejet|er [rəʒ(ə)te], *v.tr.* (Conj. like JETER) **1.** (*a*) To throw, fling, (sth.) back; to return (ball). **R. l'ennemi,** to hurl, fling, back the enemy. (*b*) To throw up, cast up. **2.** To transfer. (*a*) **R. la faute sur d'autres,** to shift, cast, lay, the blame on others. **R. un crime sur quelqu'un d'autre,** to lay a crime at someone else's door. (*b*) To carry on (word to next line). **3.** To reject, set at naught, set aside; to refuse to acknowledge (s.o.). **R. une offre,** to reject, dismiss, an offer. **R. un projet de loi,** to throw out a bill. **4.** *Arb:* To throw out (new shoots). *a.* **-able.**
se rejeter. **1.** To fall back (**sur,** on). **Se r. sur les circonstances,** to lay the blame on circumstances. **2. Se r. en arrière,** to leap, dart, spring, back(wards).
rejeton [rəʒtɔ̃], *s.m.* **1.** Shoot, sucker (of plant). **2.** Scion, descendant, offspring (of a family).
rejetonner [rəʒtɔne], *v.i.* (Of plant) To sucker.
rejettement [rəʒɛtmɑ̃], *s.m.* **1.** Throwing back. **2.** Rejection.
rejoindre [rəʒwɛ̃ːdr], *v.tr.* (Conj. like JOINDRE) **1.** To rejoin, reunite; to join (things, persons) (together) again; to connect (of streets, rivers, etc.). **2. R. qn,** to rejoin, overtake, s.o.; to catch s.o. up (again). **R. son régiment,** to rejoin one's regiment.
se rejoindre. **1.** To meet. **2.** To meet again.
rejouer [rəʒwe], *v.tr.* To replay (match, etc.); to play off (a draw); to play (piece of music) again; to act (a play) again.
réjoui [reʒwi], *a.* Jolly, joyous, cheerful, cheery. *s.* **Un gros r.,** a jovial fellow.
réjouir [reʒwiːr], *v.tr.* (*a*) To delight, gladden (s.o.). **R. l'œil,** to delight the eye. (*b*) **R. la compagnie,** to amuse, divert, entertain, the company.
se réjouir. **1.** To rejoice (**de, at, in**); to be glad (**de,** of); to be delighted (**de,** at). **Je me réjouis de le revoir,** I am delighted to see him again. **2.** To make merry. **Laissons r. le monde,** we must allow people to enjoy themselves.
réjouissance [reʒwisɑ̃ːs], *s.f.* Rejoicing. **Des réjouissances publiques,** public rejoicing.
réjouissant [reʒwisɑ̃], *a.* **1.** Cheering, heartening. **2.** Mirth-provoking, diverting.
relâchant [rəlɑʃɑ̃], *a.* Relaxing; *Med:* laxative.
relâche [rəlɑːʃ]. **1.** *s.m.* (*a*) Slackening. (*b*) Relaxation, respite, rest (from regular work); breathing space. **Travailler sans r.,** to work without respite. (*c*) *Th:* **Il y a r. ce soir,** there is no performance this evening. (On bills) **"Relâche,"** 'Closed.' **2.** *s.f. Nau:* (*a*) Call; putting in. **Faire r. à un port, faire une r.,** to call at, put into, a port. **En r. forcée,** storm-bound. (*b*) Port of call.
relâché [rəlɑʃe], *a.* Relaxed; slack (rope, etc.); loose, lax (conduct); loose (bowels).
relâchement [rəlɑʃmɑ̃], *s.m.* (*a*) Relaxing, slackening. (*b*) Falling off (of discipline, of zeal); abatement (of severe weather); looseness (of the bowels); looseness, laxity (of morals, conduct). (*c*) Relaxation (from work).
relâcher [rəlɑʃe]. **1.** *v.tr.* (*a*) To loosen, slacken, ease (cord, etc.). (*b*) To relax (discipline, morals); to abate (one's zeal); to loosen (the bowels). **2.** *v.tr.* **R. un prisonnier, un oiseau,** to release a prisoner, a bird; to set a prisoner at liberty; to let a bird go. **Relâché sous caution,** let out on bail. **3.** *v.i. Nau:* To put into port.
se relâcher. **1.** To slacken; (of shoe-lace) to get loose; (of fever) to abate; (of pers.) to become slack; (of zeal) to flag, to abate, to fall off; (of affection) to grow less; (of morals) to grow lax, loose; *F:* to sit back. **2.** (Of the weather) To grow milder; (of pain) to grow less acute.
relais[1] [rəlɛ], *s.m.* Sand-bank (along a river); sand-flats (along the shore); silt, warp.
relais[2], *s.m.* **1.** (*a*) Relay (of horses, of persons); shift (of workmen). **Chevaux de r.,** post horses. **Travail sans r.,** unrelieved spell of work. *Sp:* **Course de r., à r.,** relay race. (*b*) Stage, posting-house, relay station. *Aut:* **R. d'essence,** filling station. **R. gastronomique,** restaurant with a reputation for its food. **2.** *El.E:* (*a*) Relay (battery). (*b*) Relay station.
relance [rəlɑ̃ːs], *s.f.* (*a*) *Cards:* (At poker) Raise. **Poker sans maximum de r.,** roofless poker. (*b*) Boost.
relanc|er [rəlɑ̃se], *v.tr.* (Conj. like LANCER) **1.** To throw, cast, (sth.) again or back. *Ten:* To return (the ball). **2.** (*a*) *Ven:* To start (the quarry) again. (*b*) *F:* **Aller r. qn,** to hunt out s.o.; to go and badger s.o. (*c*) *Aut:* **R. le moteur,** to restart the engine. (*d*) *Cards:* (Bridge) To raise the bid. *s.m.* **-ement.**
relanceur, -euse [rəlɑ̃sœːr, -øːz], *s. Ten:* Striker(-out). **Avantage au r.,** advantage striker; *F:* 'van out.
relaps, -e [rəlaps], *a. & s.* Relapsed (heretic); back-slider. S.a. LAPS[2].
rélarg|ir [relarʒiːr], *v.tr.* To widen. **R. ses habits,** to let out one's clothes. *s.m.* **-issement.**
relater [rəlate], *v.tr.* To relate, state (facts).
relateur [rəlatœːr], *s.m.* Relator.
relat|if, -ive [rəlatif, -iːv], *a.* (*a*) Relative (value, pronoun). *Mus:* **Tons relatifs,** related keys. (*b*) **Questions relatives à un sujet,** questions relating to, connected with, a matter. (*c*) **Période de repos r.,** period of comparative rest. *adv.* **-ivement.**
relation [rəlasjɔ̃], *s.f.* Relation. **1. Les relations humaines,** human intercourse. **Entamer des relations, se mettre, entrer, en relations, avec qn,** to enter into relations, get into touch, with s.o. **Être en r. avec qn** to be in communication, in touch, with s.o. **Être en relations suivies,** to hear regularly from one another. **Être en relations d'amitié avec qn,** to be on friendly terms with s.o. **Être en relations d'affaires avec qn,** to have business relations, to have dealings, with s.o. **Cesser des relations avec qn,** to drop s.o.'s acquaintance, *F:* to drop s.o. **Chef du service des relations publiques, avec le public,** public relations officer. **Relations publiques,** public relations. *Tp:* **Être mis en r. avec qn,** to be put through to s.o. **Il a de belles relations,** (i) he is well connected; (ii) he has influential friends. **R. de cause à effet,** relation, connection, between cause and effect. **R. étroite entre deux faits,** close connection between two facts. **R. entre Paris et Lille,** service of trains between Paris and Lille. **Relations directes,** through connections. *Anat:* **Relations de deux organes,** relative positions of two organs. **2.** Account, report, narrative, statement. **Faire la r. de qch.,** to give an account of sth.
relativité [rəlativite], *s.f.* Relativity.
relaver [rəlave], *v.tr.* To wash again.
relaxation [rəlaksasjɔ̃], *s.f.* (*a*) Reduction (of a sentence). (*b*) Release, discharge (of prisoners). (*c*) Relaxation.
relaxe [rəlaks], *s.f.* **1.** *Jur:* Reduction (of sentence). **2.** Release (of prisoner).
relaxer [rəlakse], *v.tr. Jur:* To release, set at large (prisoner).
se relaxer, to relax.
relayer [rəlɛje], *v.* (**je relaie, je relaye; je relaierai, je relayerai**) **1.** *v.i.* To relay; to change horses. **2.** *v.tr.* (*a*) To relay, relieve, take turns with (s.o.). (*b*) To relay (telephonic message, etc.).
se relayer, to relieve one another; to take (it in) turns; *Ind:* to work in shifts.
relégation [rəlegasjɔ̃], *s.f.* Relegation (to a penal colony); transportation for life.
relégué [rəlege], *s.m.* Convict (sentenced to transportation).
reléguer [rəlege], *v.tr.* (Conj. like LÉGUER) To relegate. (*a*) To transport (convict). (*b*) *F:* **R. un tableau au grenier,** to relegate, consign, a picture to the attic.
se reléguer, *F:* to bury oneself (in the country, etc.).
relent [rəlɑ̃], *s.m.* Musty smell or taste; unpleasant smell (of stale beer, etc.).
relevable [rəlvabl], *a.* Able, fit to be raised. *Av:* **Train d'atterrissage r.,** retractable undercarriage.

relevage [rəlva:ʒ], *s.m.* Raising, lifting; salving (of submarine).
relevailles [rəlva:j], *s.f.pl.* Churching (of a woman after childbirth). **Faire ses r.,** to be churched.
relevant [rəlvɑ̃], *a.* Dependent, depending (**de,** on); within the jurisdiction (**de,** of).
relève [rəlɛ:v], *s.f.* **1.** Relief (of troops, sentry); changing (of the guard). **Troupes de r.,** *F:* **la r.,** relieving troops; draft of reliefs. **2. R. des blessés,** picking up of the wounded.
relevé [rəlve]. **1.** *a.* (*a*) Raised, erect; turned up (collar, sleeve). *Dressm:* **Col r.,** stand-up collar. **Chapeau r.,** off-the-face hat. (*b*) Exalted, high (position); noble (sentiment); lofty (style). (*c*) Highly-seasoned (sauce). **2.** *s.m.* (*a*) Abstract, summary, account, statement. **R. de consommation du gaz,** gas-meter reading. **R. des naissances,** table, summary, of births. **Relevés officiels,** official returns. *Com:* **R. de compte,** statement (of account). (*b*) Survey (of land). (By aerial photography) Mosaic. (*c*) *Cu:* Next course after the soup; remove.
relevée [rəlve], *s.f.* *A:* Afternoon. **A une heure de r.,** at one p.m.
relèvement [rəlɛvmɑ̃], *s.m.* **1.** (*a*) Raising up or again, setting up again (of fallen object). (*b*) Picking up (of object); *Mil:* collection (of the wounded). (*c*) Re-establishment, restoration, retrieval (of fortunes); recovery, revival (of business); increase (of wages); raising (of tariff, tax). **2.** *Com:* Statement. **3.** Relieving (of sentry). **4.** *Nau:* *Surv:* Bearing (by compass); resection. **Faire, prendre, un r.,** to take a bearing; to take the bearings (of a coast, etc.). **Porter un r. sur la carte,** to prick a bearing on the chart; to lay off a bearing. S.a. COMPAS 2. **5.** Rise (in temperature). **6.** *Geol:* Upcast (fault).
relever [rəlve], *v.* (Conj. like LEVER) I. *v.tr.* **1.** (*a*) To raise, lift, set, (sth.) up again; to set (s.o.) on his feet again; to rebuild (wall); to right (ship). (*b*) To pick up (object, from the ground). **R. le gant,** to pick up the gauntlet; to accept the challenge. (*c*) To raise (to a greater height); to turn up (one's collar); to tuck up (one's skirt). **R. sa moustache,** to turn up one's moustache. **R. ses lunettes sur son front,** to push up one's spectacles. **R. la tête,** to hold one's head high; to look up. **R. les salaires, les prix,** to raise, increase, wages, prices. **R. un navire coulé,** to refloat, raise, a sunken ship. **2.** (*a*) To call attention to (sth.). **R. les fautes d'un ouvrage,** to point out, criticize, the defects of a work. **R. une affirmation,** to challenge a statement. (*b*) *A:* **R. qn,** to take s.o. up sharply. **3.** (*a*) To bring into relief; to enhance, heighten, set off (colour, etc.). (*b*) *Cu:* To season, to add condiments to (sauce, etc.). **4.** To relieve (troops, a sentry); to take s.o.'s place (at a duty); to take over (a trench). **5. R. qn de ses vœux,** to release s.o. from his vows. **R. qn de ses fonctions,** to relieve s.o. of his office. **6.** *Com:* *etc:* To make out (account); to read (gas-meter). *Sch:* **R. les notes,** to take in the marks. **7.** *Nau:* To take the bearing(s) of (land). *Surv:* **R. un terrain,** to survey, plot, land.
II. **relever,** *v.i.* **1. R. de maladie,** to have only just recovered from an illness. **2. R. de qn,** to be dependent on, answerable to, responsible to, s.o.
se relever. 1. To rise to one's feet (again); to get up from one's knees; (of ground) to rise. **2.** (Of trade, courage) To revive. **Les affaires se relèvent,** business is looking up. **3.** (*a*) To rise again (in public estimation). (*b*) **Se r. de qch.,** to recover from sth. **Il ne s'en relèvera pas,** he will never get over it.
relief [rəljɛf], *s.m.* **1.** *Sculp:* Relief, relievo. **Carte en r.,** relief map, raised map. **Mettre qch. en r., donner du r. à qch.,** to throw sth. into relief; to set off (beauty, etc.). **Position très en r.,** very prominent position. **Le r. de la Suisse est très accidenté,** Switzerland is mountainous. **La Bretagne a moins de r.,** Brittany is less mountainous. **Télévision en r.,** stereoscopic television. S.a. BAS-RELIEF, HAUT-RELIEF. **2.** *pl.* *A:* Scraps (from the table).
relier [rəlje], *v.tr.* **1.** To bind, tie, again. **2.** (*a*) To connect, bind, join, couple (things, persons). *El:* **R. à la terre,** to connect to earth. (*b*) To bind (book). **Relié en veau,** bound in calf.
se relier, *Mil:* *etc:* To get in touch (**avec,** with).
relieur, -euse [rəljœ:r, -ø:z], *s.* (*a*) (Book)binder. (*b*) Bookbinding machine.
religieu|x, -euse [rəliʒjø, -ø:z]. **1.** *a.* Religious; sacred (music); scrupulous (care). **Art r.,** sacred art. **2.** *s.* Religious. (*a*) *m.* Monk, friar. (*b*) *f.* Nun. **3.** *s.f.* *Cu:* **Religieuse,** type of cream éclair. *adv.* **-sement.**
religion [rəliʒjɔ̃], *s.f.* (*a*) Religion. **Avoir de la r.,** to be religious. **Mourir en r.,** to die in the faith. **Entrer en r.,** to enter into religion, to take the vows. **Les guerres de r.,** the wars of religion. (*b*) **Se faire une r. de qch.,** to make a religion of sth.; to make sth. a point of conscience. **Forfaire à la r. du serment,** to violate the sanctity of the oath.
religiosité [rəliʒjozite], *s.f.* Religiosity.
relimer [rəlime], *v.tr.* To file (sth.) again; to polish up (one's style).
reliquaire [rəlikɛ:r], *s.m.* Reliquary, shrine.
reliquat [rəlika], *s.m.* (*a*) Remainder, residue; unexpended balance. (*b*) After-effects (of an illness).
relique [rəlik], *s.f.* Relic (of saint). **Garder qch. comme une r.,** to treasure sth.
relire [rəli:r], *v.tr.* (Conj. like LIRE) To re-read; to read (sth.) (over) again.
se relire, to read over what one has written.
reliure [rəljy:r], *s.f.* **1.** Bookbinding. **Atelier de r.,** bindery. **2.** Binding (of book). **R. anglaise, en toile,** cloth binding. **R. amateur,** library binding. S.a. DEMI-RELIURE.
relouer [rəlue], *v.tr.* **1.** To relet (house). **2.** To take a new lease of (house). **3.** To sub-let.
réluctance [relyktɑ̃:s], *s.f.* *El:* Reluctance.
reluire [rəlɥi:r], *v.i.* (Conj. like LUIRE) To shine (by reflected light); to glitter, glisten, gleam. *Prov:* **Tout ce qui reluit n'est pas or,** all is not gold that glitters. **Brosse à r.,** polishing brush (for shoes).
reluisant [rəlɥizɑ̃], *a.* Shining, glittering; glossy; well-groomed (horse).
reluqu|er [rəlyke], *v.tr.* *F:* **1.** To eye, ogle (s.o.). **2.** To have an eye on, to covet (sth.). *s.* **-eur, -euse.**
relustrer [rəlystre], *v.tr.* To give a new lustre (gloss) (to sth.); *F:* to shine (sth.) up.
remâcher [rəmɑʃe], *v.tr.* (*a*) To chew (sth.) again. (*b*) To ruminate on, over (sth.); to turn (sth.) over in one's mind.
remaill|er [rəmɑje], *v.tr.* To mend the meshes of, to re-mesh (net); to mend a ladder in (stocking). *s.m.* **-age.**
remailleuse [rəmɑjø:z], *s.f.* *Needlew:* Ladder-mender (person or tool).
remake [rimɛk], *s.m.* *Cin:* *Gramophones:* *F:* Remake.
rémanence [rəmanɑ̃:s], *s.f.* *Magn:* Retentivity.
remanger [rəmɑ̃ʒe], (Conj. like MANGER). **1.** *v.tr.* To eat again. **J'en ai remangé,** I had some more. **2.** *v.i.* To feed again.
remaniement [rəmanimɑ̃], *s.m.* **1.** Rehandling, altering. **2.** Alteration, modification, change. **Apporter des remaniements à un travail,** to alter, recast, a work. **R. ministériel,** Cabinet reshuffle. *Typ:* Overrunning.
remani|er [rəmanje], *v.tr.* (*a*) To rehandle (material). *Typ:* To overrun (matter). (*b*) To recast, reshape, alter, adapt (literary work, etc.). **-able.** *s.* **-eur, -euse.**
remari|er [rəmarje], *v.tr.* To remarry (one's daughter). *s.m.* **-age.**
se remarier, to remarry; to marry again, a second time. **Il s'est remarié avec une Japonaise,** he married again, this time a Japanese woman.
remarquable [rəmarkabl], *a.* (*a*) Remarkable, noteworthy (**par,** for); distinguished (**par,** by); prominent. **Chose r., il était à l'heure,** for a wonder he was in time. (*b*) Strange, astonishing. *adv.* **-ment.**
remarque [rəmark], *s.f.* Remark. **Faire une r.,** to make, pass, a remark. **Faire la r. que . . .,** to remark that. . . . **Digne de r.,** noteworthy.
remarquer [rəmarke], *v.tr.* **1.** To re-mark; to mark (linen) again. **2.** (*a*) To remark, notice, observe, note (sth.). **Faire r. qch. à qn,** to point sth. out to s.o.; to call s.o.'s attention to sth. (*b*) **R. qn dans la foule,** to notice, distinguish, s.o. in the crowd. **Se faire r.,** to attract attention; to make oneself conspicuous. **Cela ne se remarque pas,** it isn't noticeable, it doesn't show.
remball|er [rɑ̃bale], *v.tr.* To repack, re-bale (goods). *s.m.* **-age.**

rembarqu|er [rɑ̃barke]. **1.** *v.tr.* To re-embark; to re-ship (goods). **2.** *v.i. & pr.* (*a*) To re-embark, to go on board again. (*b*) To go to sea again. *s.m.* **-ement.**

rembarrer [rɑ̃bare], *v.tr. F:* (*a*) To snub (s.o.); to put (s.o.) in his place. (*b*) To go for (s.o.); to jump down (s.o.'s) throat; to tell (s.o.) off.

remblai [rɑ̃blɛ], *s.m. Civ.E:* **1.** Filling up, filling in, packing (with earth etc.); embanking, banking up. **2.** Filling material; earth. **3.** Embankment, mound, bank. **Route en r.,** embanked road.

remblaiement [rɑ̃blɛmɑ̃], *s.m.* (*a*) *Civ.E:* Filling up, filling in, embanking. (*b*) *Geog:* Deposition.

remblay|er [rɑ̃blɛje], *v.tr.* (**je remblaie, je remblaye; je remblaierai, je remblayerai**) *Civ.E:* (*a*) To fill (up), pack (sunk part of ground, etc.). (*b*) To embank, to bank (up) (road, railway line). *s.m.* **-age, -eur.**

rembobinage [rɑ̃bɔbina:ʒ], *s.m. Typewr: Cin:* Re-winding (of the ribbon, of the film).

rembobiner [rɑ̃bɔbine], *v.tr. Cin: Typewr: etc:* To re-wind (film, ribbon).

remboît|er [rɑ̃bwate], *v.tr.* **1.** To re-case (book). *s.m.* **-age. 2.** (*a*) To reassemble; to fit (pieces) together again. (*b*) *Surg:* To set (bone in its socket). *s.m.* **-ement.**

rembourr|er [rɑ̃bure], *v.tr.* To stuff, pad, upholster (chair, mattress). *s.m.* **-age, -ement.**

remboursement [rɑ̃bursəmɑ̃], *s.m. Com: Fin:* Reimbursement, repayment, refunding; redeeming, redemption (of annuity, etc.). **Emprunt de r.,** refunding loan. **Livraison contre r.,** payment on delivery, cash on delivery, *F:* C.O.D.

rembours|er [rɑ̃burse], *v.tr.* **1.** To repay, refund (expenses, etc.); to redeem, pay off (annuity, bond); to return (loan). **2. R. qn de qch.,** to reimburse, repay, s.o. for sth. *a.* **-able.**

rembrayer [rɑ̃breje], *v.i.* **1.** *Aut:* To let the clutch in again. **2.** *F:* To start work again.

rembrunir [rɑ̃bryni:r], *v.tr.* **1.** To make dark(er); to darken (sth.). **2.** To cast a gloom over (the company); to make (s.o.) sad.

se rembrunir, (of the sky) to cloud over, to grow dark. **Son front se rembrunit,** his brow darkened.

rembucher [rɑ̃byʃe], *v.tr. Ven:* To drive (stag) to cover, to covert.

remède [rəmɛd], *s.m.* Remedy, cure, medicine (**pour, contre,** for). *F:* **R. de bonne femme,** old wives' remedy. **R. de charlatan,** quack cure, medicine. **(Ap)porter r. à un mal,** to remedy an evil. **Le r. est pire que le mal,** the cure is worse than the evil. **Aux grands maux les grands remèdes,** desperate ills call for desperate remedies. **C'est sans r.,** it is past, beyond, remedy; it can't be helped. **Il n'y a pas de r.,** there is no help for it.

remédier [rəmedje], *v.ind.tr.* **R. à qch.,** to remedy sth. **R. à un mal,** to cure an evil; to put a trouble right.

remêler [rəmɛle], *v.tr.* To mix again; to re-shuffle (cards).

remembrement [rəmɑ̃brəmɑ̃], *s.m. Rural Ec:* **R. des terres,** re-allocation, regrouping of land.

remembrer [rəmɑ̃bre], *v.tr. Rural Ec:* To regroup (farm land).

remémorer [rəmemɔre], *v.tr. & pr.* **R. qch. à qn,** to remind s.o. of sth. **Se r. qch.,** to remember sth.; to call sth. to mind.

remerciement [rəmɛrsimɑ̃], *s.m.* Thanks, acknowledgment. **Adresser, exprimer, ses remerciements à qn,** to thank s.o. **Se confondre en remerciements,** to thank s.o. effusively. **Voter des remerciements à qn,** to pass a vote of thanks to s.o.

remercier [rəmɛrsje], *v.tr.* **1.** (*a*) **R. qn de qch.,** to thank s.o. for sth. **Je vous remercie de . . .,** thank you very much for. . . . (*b*) To decline. **Du café?—Je vous remercie,** have some coffee?—No, thank you. **2.** To dismiss (employee).

remetteur, -euse [rəmɛtœ:r, -ø:z], *a.* Remitting (bank, etc.).

remettre [rəmɛtr], *v.tr.* (Conj. like METTRE) **1.** To put, set, (sth.) back (again). (*a*) **R. son chapeau, son habit,** to put one's hat, one's coat, on again. **R. un livre à sa place,** to put a book back in its place. *F:* **R. qn à sa place,** to put s.o. in his place; to snub s.o. **R. qn sur le trône,** to restore s.o. to the throne. *Fb:* **R. le ballon en jeu,** to throw in the ball. *Ten:* **Balle à r.,** let ball. **Remettez cela!** put that away! **R. un os,** to set a bone. **R. qch. en usage,** to bring sth. into use again. **R. en état,** to repair, to overhaul. S.a. NEUF[2] 2. **R. en marche,** to restart (engine, etc.). (*b*) **R. l'esprit de qn,** to calm, compose, s.o.'s mind. **R. qn sur pied,** to restore s.o. to health. (*c*) **R. qn,** to recall, recollect, s.o. **Vous ne me remettez pas?** don't you remember me? (*d*) **R. bien ensemble des personnes brouillées,** to bring together, to reconcile, persons at variance. **Se r. bien ensemble,** to make it up again. **2.** (*a*) To send in. **Les demandes devront être remises avant le 10 septembre,** applications should be sent in before September 10. **R. une dépêche à qn,** to deliver, hand, a telegram to s.o. **R. de l'argent à qn,** to hand money over to s.o. **R. qn entre les mains de la police,** to hand over s.o. to the police. **R. son âme à Dieu,** to commit one's soul to God. (*b*) **R. une charge,** to hand over one's duties (to s.o. else). **3. R. une peine, des péchés,** to remit a penalty, sins. **R. une offense à qn,** to pardon, forgive, s.o. an offence. **4.** To postpone. **R. une affaire au lendemain,** to put off, defer, a matter until the next day. **R. une cause à huitaine,** to adjourn, remand, a case for a week. *Chess: etc:* **Partie remise,** drawn game. *F:* **C'est partie remise,** it is only a pleasure deferred. **5.** *P:* **Remettons ça,** (i) let's have another try, let's begin again; (ii) let's have another drink. **Remettez ça!** as you were!

se remettre. 1. (*a*) **Se r. au lit,** to go back to bed. **Se r. en route,** to start off again. **Le temps se remet au beau,** *Abs.* **le temps se remet,** the weather is clearing up. (*b*) **Se r. au travail, à travailler,** to start work again. **Se r. à pleurer,** to start crying again. **2. Se r. d'une maladie,** to recover from, get over, an illness. **Remettez-vous!** calm yourself! **Voyons, remettez-vous!** come, pull yourself together! **3. S'en r. à qn (de qch.),** to rely on s.o. (for sth.); to leave it to s.o. **Je m'en remets entièrement à vous,** I am in your hands.

remeubler [rəmœble], *v.tr.* To refurnish (house).

remilitaris|er [rəmilitarize], *v.tr.* To remilitarize. *s.f.* **-ation.**

réminiscence [reminissɑ̃:s], *s.f.* (*a*) Reminiscence. (*b*) Vague recollection.

remise [rəmi:z], *s.f.* **1.** (*a*) Putting back (of sth. into its place). *Fb:* **R. en jeu,** throw-in. (*b*) **R. en état,** repairing, overhauling. **R. en marche,** restarting. **2.** (*a*) Delivery (of letter, parcel); remitting (of money). **Payable contre r. du coupon,** payable on presentation of the coupon. (*b*) Remission (of penalty, tax). **Faire r. d'une dette,** to remit, cancel, a debt. **3.** *Com:* (*a*) Remittance. (*b*) Discount, rebate, allowance. **Faire une r. sur un article,** to allow a discount, make a reduction, on an article. **4.** *A:* Postponement. (Still so used in) **Je partirai demain sans r.,** I shall start tomorrow without fail. **5.** (*a*) Coach-house; garage. **Voiture de r.,** hired carriage, livery carriage. (*b*) **R. de locomotives,** engine-shed.

remis|er [rəmize], *v.tr.* **1.** To put up (vehicle); to put (vehicle) in the coach-house, garage; to put (engine) in the shed. **2. R. qn,** (i) *F:* to superannuate s.o., (ii) *P:* to snub s.o. *s.m.* **-age.**

se remiser, *Ven:* (of winged game) to alight, to take cover.

remisier [rəmizje], *s.m. St.Exch:* Half-commission man.

rémissible [remisibl], *a.* Remissible.

rémission [remisjɔ̃], *s.f.* **1.** Remission (of sin, debt). **Sans r.,** (i) unremitting(ly), (ii) relentless(ly). **2.** *Med:* Remission, abatement (of fever).

remmaillage [rɑ̃maja:ʒ], *s.m.* Mending of ladder (in stocking, etc.).

remmailler [rɑ̃maje], *v.tr.* To mend meshes of, to re-mesh (net); to mend a ladder in (stocking).

remmailleuse [rɑ̃majø:z], *s.f. Needlew:* Ladder-mender (person or tool).

remmailloter [rɑ̃majɔte], *v.tr.* To swaddle (infant) again; *F:* to do (a baby) up again.

remmancher [rɑ̃mɑ̃ʃe], *v.tr.* To put a new handle on (sth.); to rehandle (tool, etc.).

remmener [rɑ̃mne], *v.tr.* (Conj. like MENER) To lead (s.o., cart) away (again). **Il fut remmené en prison,** he was taken back to prison.

remontant [rəmɔ̃tɑ̃]. **1.** *a.* (*a*) Ascending. (*b*) Stimulating, strengthening, tonic (drink, etc.). **2.** *s.m.* Tonic; *F:* pick-me-up.

remonte [rəmɔ̃:t], *s.f.* **1.** Ascent (of salmon) from sea to river. **2.** *Mil:* Remounting (of cavalry). **Cheval de r.,** remount.

remontée [rəmɔ̃te], *s.f.* **1.** Climb (after descent). **Une belle r.,** a stiff climb. **2.** *Min:* Raising of men, ore, coal to the surface. **3. R. du visage,** face-lift.

remonte-pentes [rəmɔ̃:tpɑ̃:t], *s.m.inv.* *Sp:* Ski-lift.

remont|er [rəmɔ̃te]. **1.** *v.i.* (Aux. usu. **être,** occ. **avoir**) (*a*) To go up again. **R. à, dans, sa chambre,** to go up to one's room again. **R. sur le trône,** to re-ascend the throne. **R. à cheval, sur son cheval,** to remount one's horse. **R. vers la source de la rivière,** to proceed up, sail up, row up, the river. **R. sur l'eau,** to come (up) to the surface again. *F:* (Of pers.) **Ses actions remontent,** his fortunes are on the rise. (*b*) To go back. **R. plus haut,** to go further back. **R. à la cause de qch.,** to go back to the cause of sth. **Il fait r. sa famille à la Conquête,** he traces back his family to the Conquest. (*c*) *Nau:* (Of the tide) To flow. **2.** *v.tr.* (*a*) To re-ascend; to climb up, go up, (hill, stairs) again. **R. la rue,** to go (walk, drive, ride) up the street. (*b*) To take, carry, raise, (sth.) up. **R. ses chaussettes,** to pull up one's socks. **R. son pantalon,** to hitch up one's trousers. (*c*) To remount (cavalry). (*d*) To wind (up) (clock, spring). **R. le courage de qn,** *F:* **r. qn,** to revive s.o.'s courage; to cheer, *F:* buck, s.o. up. **Voilà qui vous remonte!** *F:* that puts life into you! **R. la pente,** (i) to get on one's feet again, to perk up; (ii) to make up lost ground. (*e*) To refit; to reassemble (mechanism, etc.); to restring (violin, etc.); to remount (map). (*f*) **R. une ferme, un magasin,** to restock a farm, a shop. **R. sa garde-robe,** to replenish one's wardrobe. (*g*) *Th:* To put (a play) on again. *s.m.* **-age.**

se remonter. **1.** To recover one's strength, one's spirits. **2. Se r. en qch.,** to take in a fresh supply of sth.

remonteur, -euse [rəmɔ̃tœ:r, -ø:z], *s.* **1.** Fitter, assembler (of sth.). **2.** Clock-winder.

remontoir [rəmɔ̃twa:r], *s.m.* **1.** Winder, button (of watch). **2.** (Clock-)key.

remontrance [rəmɔ̃trɑ̃:s], *s.f.* Remonstrance. **Faire des remontrances à qn,** to remonstrate with s.o.

remontrer [rəmɔ̃tre], *v.tr.* **1.** To show, demonstrate, (sth.) again. **2.** (*a*) **R. à qn sa faute, son devoir,** to point out to s.o. his error, his duty. (*b*) **En r. à qn,** to give advice to s.o.; to remonstrate with s.o. S.a. GROS-JEAN.

rémora [remɔra], *s.m.* *Ich:* Remora, sucking-fish.

remordre [rəmɔrdr]. **1.** *v.tr.* To bite again. **2.** *v.i.* **R. à qch.,** to have another bite or another go at sth. *F:* **R. à l'hameçon,** to be taken in again by the same trick.

remords [rəmɔ:r], *s.m.* Remorse, self-reproach, compunction. **Un r.,** a twinge of remorse. **Éprouver du, des, r. d'avoir fait qch.,** to be smitten with remorse, to feel remorse, at having done sth. **Atteint de r., bourrelé de r.,** conscience-stricken. **Sans r.,** remorseless(ly).

remorque [rəmɔrk], *s.f.* **1.** Towing. **Prendre un vaisseau, une auto, en r.,** to take a ship, a car, in tow. **Sortir du port à la r.,** to be towed out of harbour. *F:* **Politique à la r.,** follow-my-leader policy. **2.** Tow-line, -rope. **3.** (*a*) Tow; vessel towed. (*b*) *Veh:* Trailer. **R.-camping, r.-roulotte,** (touring-)caravan, *U.S:* camping trailer. (*c*) *Rail:* **Rame r.,** slip-portion.

remorqu|er [rəmɔrke], *v.tr.* To tow (ship or car); to pull (trailer); to pull, draw, haul (train). *s.m.* **-age.**

remorqueur, -euse [rəmɔrkœ:r, -ø:z]. **1.** *s.m.* Tug-boat; tug. **R. à vapeur,** steam-tug. **2. R.** or **remorqueuse,** traction-engine; tractor.

remoudre [rəmudr], *v.tr.* (Conj. like MOUDRE) To regrind (corn, coffee).

rémoudre [remudr], *v.tr.* (Conj. like MOUDRE) To resharpen; to regrind (tool).

remouiller [rəmuje], *v.tr.* **1.** To wet, dampen (sth.) again. **2.** *Nau:* To cast anchor again.

rémoulade [remulad], *s.f.* *Cu:* Sharp sauce.

remoulage [rəmula:ʒ], *s.m.* **1.** Remoulding. **2.** Regrinding (of cereals); bran.

rémouleur [remulœ:r], *s.m.* (Knife-and-scissors-) grinder.

remous [rəmu], *s.m.* Eddy (water or wind); wash (of ship); swirl (of the tide); boil (in a stream); back-wash. *Av:* Slip-stream. **R. de courant,** eddy-current. **Il y a eu un r. dans la foule,** there was a movement in the crowd. **Dans les remous de la foule,** in the milling crowd. **Chambre, banc, aérodynamique pour étude des remous,** eddy-chamber.

rempaill|er [rɑ̃pɑje], *v.tr.* To re-seat, re-bottom (rush-bottomed chair). *s.m.* **-age.**

rempailleur, -euse [rɑ̃pɑjœ:r, -ø:z], *s.* Chair-bottomer, chair-mender.

rempaqueter [rɑ̃pakte], *v.tr.* (Conj. like PAQUETER). To wrap (sth.) up again.

rempart [rɑ̃pa:r], *s.m.* Rampart. **Le r. de nos libertés,** the bulwark of our liberties.

rempiéter [rɑ̃pjete], *v.tr.* (**je rempiète; je rempiéterai**) To re-foot (stockings).

rempiler [rɑ̃pile], *v.i.* *P:* To re-engage for military service.

remplaçable [rɑ̃plasabl], *a.* Replaceable.

remplaçant, -ante [rɑ̃plasɑ̃, -ɑ̃:t], *s.* Substitute (in team, etc.); locum tenens (of doctor, etc.).

remplacement [rɑ̃plasmɑ̃], *s.m.* Replacing, replacement; substitution. **En r. de qch.,** in the place of sth.; as a substitute for sth.; in lieu of sth. **De r.,** refill (battery, pencil-lead, etc.); spare (tyre, man). **Faire un r.,** to act as locum.

remplacer [rɑ̃plase], *v.tr.* (Conj. like PLACER) **1.** To take, fill, the place of, to serve as substitute for, to do duty for (s.o., sth.); to deputize for (s.o.). **2.** (*a*) To replace (s.o., sth.). **R. qch. par qch.,** to put sth. in the place of sth.; to replace sth. by sth. (*b*) To supersede (official).

remplage [rɑ̃pla:ʒ], *s.m.* *Arch:* Tracery.

rempli [rɑ̃pli], *s.m.* *Dressm:* Tuck (in a dress).

remplier [rɑ̃plie], *v.tr.* *Dressm:* To make, put, a tuck in (garment).

rempl|ir [rɑ̃pli:r], *v.tr.* **1.** (*a*) To fill up or refill (**de,** with); to fill in (gap, space). **Cela a rempli mon temps,** it took up all my time. **R. une place,** to fill, occupy, a situation. **R. les fonctions de . . .,** to serve in the capacity of. . . . (*b*) To sew over, to darn (hole). **2. R. l'air de ses cris,** to fill the air with one's cries. **3.** To fill up, fill in, complete (a form, etc.). **4.** To fulfil (expectation, etc.). **R. les instructions de qn,** to carry out s.o.'s instructions. **R. le but,** to serve, answer, the purpose. **R. son devoir,** to do, perform one's duty. *Th:* **R. un rôle,** to fill a part. *s.m.* **-issage.**

se remplir, to fill, to be filled.

remplisseur, -euse [rɑ̃plisœ:r, -ø:z]. **1.** *s.* Filler (in). **2.** *s.m.* *Ind:* Charging hopper. **3.** *s.f.* **Remplisseuse.** *Ind:* Bottle-filling machine.

remploi [rɑ̃plwa], *s.m.* *Jur:* Reinvestment.

remployer [rɑ̃plwaje], *v.tr.* (Conj. like EMPLOYER) **1.** To make use of (sth.) again. **2.** To re-invest (money).

remplumer (se) [sərɑ̃plyme], *v.pr.* **1.** (Of bird) To get new feathers. **2.** *F:* (Of pers.) (*a*) To put on flesh again. (*b*) To pick up again; to recover one's (fallen) fortunes.

rempocher [rɑ̃pɔʃe], *v.tr.* To pocket (sth.) again.

remporter [rɑ̃pɔrte], *v.tr.* **1.** To carry, take, (sth.) back or away. **2.** To carry off, bear away (prize); to achieve (success); to win, reap, gain (victory, advantage) (**sur,** over). **R. la première place,** to obtain first place.

rempot|er [rɑ̃pɔte], *v.tr.* *Hort:* To repot (plant). *s.m.* **-age.**

remprunter [rɑ̃prœ̃te], *v.tr.* To borrow (sth.) again.

remuant [rəmɥɑ̃], *a.* Restless, bustling; turbulent.

remue-ménage [rəmymena:ʒ], *s.m.inv.* Stir, bustle, hullabaloo. **Il y eut un grand r.-m.,** there was a great to-do, a great stir.

remuement [rəmymɑ̃], *s.m.* **1.** Moving, stirring. **2.** Stir, disturbance.

remu|er [rəmɥe]. **1.** *v.tr.* To move (one's head); to move, shift (a piece of furniture); to stir (one's coffee); to turn up, turn over (the ground). **R. les masses,** to stir up, rouse, the masses. *F:* **R. ciel et terre,** to move heaven and earth, to leave no stone unturned. **R. beaucoup d'argent,** to handle a lot of money. **R. qn, le cœur de qn,** to stir, move, s.o., s.o.'s heart. **2.** *v.i.* (*a*) To move, stir, budge. (To child) **Ne remue pas tout le temps!** don't fidget! (*b*) **Dent qui remue,** loose tooth. *a.* **-able.** *s.m.* **-age.**

se remuer, to move, stir; to bustle about! to bestir oneself. **Remuez-vous un peu!** look sharp! look alive!

remueur, -euse [rəmɥœːr, -øːz]. **1.** *a.* Active, bustling. **2.** *s.* Mover; stirrer-up (of trouble, etc.). **R. d'idées,** idea-monger. **Remueurs d'affaires,** go-ahead business men; *F:* hustlers. **3.** *s.m.* Stirrer; stirring device.

remugle [rəmygl], *s.m.* Mustiness, musty smell.

rémunérateur, -trice [remyneratœːr, -tris]. **1.** *a.* Remunerative; paying, profitable. **Peu r.,** unremunerative. **2.** *s.* Remunerator, rewarder.

rémunération [remynerasjɔ̃], *s.f.* Remuneration, payment (**de,** for); consideration (for services rendered).

rémunératoire [remyneratwaːr], *a.* (Sum) granted as a recompense.

rémunérer [remynere], *v.tr.* (**je rémunère; je rémunérerai**) To remunerate. **1.** To reward (s.o.). **2.** To pay for (services).

renâcl|er [rənakle], *v.i.* (*a*) (Of horse) To snort; (of pers.) to sniff, snort. (*b*) *F:* To show reluctance (in doing sth.); to hang back. **R. à la besogne,** to shirk one's job; to be work-shy; *s.m.* **-eur.**

renaissance [rənɛsɑ̃ːs], *s.f.* (*a*) Rebirth. (*b*) **R. des lettres,** revival of letters. **R. du printemps,** reappearance of spring. *Art: Lit:* **La R.,** the Renaissance.

renaître [rənɛːtr], *v.i.* (Conj. like NAÎTRE, but *p.p.* **rené** and comp. tenses are not in use, and *p.h.* **je renaquis** is rare) **1.** To be born again. **R. à l'espérance,** to feel one's hopes reviving. **R. à la vie,** to take on a new lease of life. **2.** To reappear; (of plants) to spring up again; (of hope, of the arts) to revive. **Faire r. les espérances de qn,** to revive s.o.'s hopes.

rénal, -aux [renal, -o], *a.* *Anat: Med:* Renal. **Calcul r.,** stone in the kidneys.

renaqui-s, -t. See RENAÎTRE.

renard [rənaːr], *s.m.* Fox. **La chasse au r.,** fox-hunting. **C'est un fin r.,** he's a sly dog, a sly fox.

renarde [rənard], *s.f.* *Z:* Vixen, she-fox.

renardeau [rənardo], *s.m.* Fox-cub.

renardier, -ière [rənardje, -jɛːr]. **1.** *a.* Pertaining to foxes. **2.** *s.m.* Fox-catcher. **3.** *s.f.* **Renardière.** (*a*) Fox's earth, fox-earth. (*b*) *Metall:* Refinery, refining furnace.

renauder [rənode], *v.i.* *P:* To grouse.

rencaiss|er [rɑ̃kɛse], *v.tr.* **1.** To put (plants) in boxes or tubs again; to re-box (orange-trees). **2.** To receive back (money); to have (money) refunded. *s.m.* **-age.** *s.m.* **-ement.**

renchaîner [rɑ̃ʃɛne], *v.tr.* **1.** To chain (dog, etc.) up again. **2.** *v.i.* *F:* To carry on (conversation, where it was broken off).

renchéri, -ie [rɑ̃ʃeri], *a. & s.* *F:* Particular, fastidious, over-nice. **Ne faites pas tant le r.,** (i) don't be so fastidious; (ii) don't put on such airs.

renchérir [rɑ̃ʃeriːr], *v.i.* (*a*) (Of goods) To get dearer; to advance, increase, rise, in price. (*b*) (Of pers.) **R. sur qn,** (i) to outbid s.o.; (ii) to outdo s.o.; to go one better than s.o.

renchérissement [rɑ̃ʃerismɑ̃], *s.m.* Rise, advance, in price.

renchérisseur, -euse [rɑ̃ʃerisœːr, -øːz], *s.* (*a*) Outbidder. (*b*) Outdoer.

rencogner [rɑ̃kɔɲe], *v.tr.* *F:* To push, drive, (s.o.) into a corner. *F:* **Rencogné dans un fauteuil,** ensconced in an armchair.

se rencogner dans un coin, *F:* to retreat into, to ensconce oneself in, a corner.

rencontre [rɑ̃kɔ̃ːtr], *s.f.* **1.** (*a*) Meeting, encounter. **Faire la r. de qn, faire une r.,** to meet, fall in with, s.o. **Aller, venir, à la r. de qn,** to go, come, to meet s.o. **Faire une mauvaise r.,** to have an unpleasant encounter. **Un bibelot de r.,** a curio that I came across, that I picked up. **Connaissance de r.,** chance acquaintance. **Un gouvernement de r.,** a makeshift government. (*b*) **R. de deux automobiles,** collision of two cars. (*c*) **R. de pétrole,** strike, striking, of oil. **2.** Encounter (of adversaries); duel; skirmish; brush (with the enemy). **3.** Occasion, conjuncture. **Cela vous servira en toute r.,** that will serve you on every occasion.

rencontrer [rɑ̃kɔ̃tre], *v.tr.* **1.** To meet, to fall in with (s.o.); to come upon, to light upon (sth.); to chance upon (an old friend); to run across (s.o.). **R. l'ennemi,** to encounter the enemy. **R. les yeux de qn,** to meet s.o.'s glance. **R. un obstacle,** to encounter a difficulty. **R. un indice,** to hit upon a clue. *Abs.* **Vous avez bien rencontré, vous avez rencontré juste,** you have guessed right. **2. R. un argument,** to refute an argument.

se rencontrer. 1. (*a*) To meet. (*b*) To collide; (of ships) to run foul of one another. (*c*) To occur, to be met with. **Comme cela se rencontre!** how things do happen! **2.** (Of ideas) To agree, tally.

rendement [rɑ̃dmɑ̃], *s.m.* **1.** (*a*) Produce, yield (of ground, tax, etc.); return, profit (of transaction). **Actions à gros r.,** shares that bear high interest. *Pol.Ec:* **Loi du r. non-proportionnel,** law of diminishing returns. (*b*) Output (of works, mine). **Travailler à plein r.,** to work to full output. (*c*) *Mec.E:* **R. utile,** efficiency (of a machine). **Machine à bon r.,** high-efficiency machine. **2.** *Rac:* **R. de temps,** time allowance; time handicap.

rendez-vous [rɑ̃devu], *s.m.inv.* Rendezvous. **1.** Appointment. **Donner r.-v., fixer un r.-v., à qn,** to make, fix, an appointment with s.o.; to arrange to meet s.o. **Prendre r.-v. avec qn pour trois heures,** to arrange to meet s.o. at three o'clock. **2.** Meeting-place; resort, haunt.

rendormir [rɑ̃dɔrmiːr], *v.tr.* (Conj. like DORMIR) To send, lull, (s.o.) to sleep again.

se rendormir, to go to sleep again; to drop off to sleep again.

rendosser [rɑ̃dose], *v.tr.* **R. son habit,** to put one's coat on again. **R. l'uniforme,** to don one's uniform again, to return to military life.

rendre [rɑ̃ːdr], *v.tr.* **1.** (*a*) To give back, return, restore; to repay, pay back (money). **R. son salut à qn,** to return s.o.'s greeting. **R. qn à la santé, à la liberté,** to restore s.o. to health, to liberty. **R. la monnaie d'une pièce de cinq francs,** to give change for a five-franc piece. S.a. MONNAIE 2. **R. le bien pour le mal,** to return good for evil. *F:* **Je le lui rendrai!** I'll get even with him yet! (*b*) To render, give. **R. hommage à qn,** to render, do, pay, homage to s.o. S.a. HONNEUR 3. **R. grâce à qn,** to give, render, thanks to s.o. **R. service à qn,** to render, do, s.o. a service. **R. la justice,** to dispense, administer, justice. S.a. JUSTICE 1. **R. compte de qch.** S.a. COMPTE. (*c*) To yield (produce, etc.); (of flower) to give out (scent); (of musical instrument) to give forth, emit (sound); (of land, taxes, etc.) to give, produce, yield (so much). **Terre qui ne rend pas,** land that yields no return; unproductive land. (*d*) *Abs.* To work. **Le moteur rend bien,** the engine runs well. (*e*) *Abs.* (Of rope) To stretch. **2.** To convey, deliver. **R. des marchandises à destination,** to deliver goods. **Rendu à bord,** delivered on board. *Com:* **Prix rendu,** delivery price. **3.** (*a*) To bring up, throw up (food); *Abs.* to vomit. **R. l'âme, la vie,** to breathe one's last, to give up the ghost. S.a. GORGE 3. (*b*) *Jur:* **R. un arrêt,** to issue, pronounce, a decree. **R. un jugement,** to deliver a judgment. **4.** To render up, give up, surrender, yield (fortress). **R. les armes,** to surrender one's arms. **R. son âme à Dieu,** to commit one's soul to God. **5.** To reproduce, render, express. **R. l'aspect de qch.,** to render the appearance of sth. **R. le sens de l'auteur,** to express, convey, the author's meaning. **6.** *Pred.* **Le homard me rend malade,** lobster makes me ill. **Il se rend ridicule,** he is making himself ridiculous.

se rendre. 1. Se r. (dans un lieu), to go (to a place); to make one's way to a place. **Se r. en toute hâte à un endroit,** to hurry to a place. **Se r. chez qn,** to call on s.o. **Se r. à une assignation,** to keep an appointment. **2.** (*a*) To surrender; to give in, to yield. **Se r. prisonnier,** to give oneself up. **Rendez-vous!** hands up! (*b*) **Se r. à la raison,** to yield to reason.

rendu [rɑ̃dy]. **1.** *a.* (*a*) **R. (de fatigue),** exhausted, done up, dead-beat. (*b*) *F:* Arrived. **Nous voilà rendus,** here we are! Home again! Arrived at last! **2.** *s.m.* (*a*) *Art:* Rendering (of subject). **R. exact des couleurs,** exact reproduction of colour. (*b*) *Com:* Returned article; return.

rendurcir [rɑ̃dyrsiːr], *v.tr.* To harden.
se rendurcir, to become hard(er).

rêne [rɛn], *s.f.* Usu. *pl.* Rein. **Fausses rênes,** bearing-rein, check-rein. **Rênes de bride,** bit reins. **A bout de rênes,** with reins slack. **Lâcher les rênes,** to slacken the reins; to give a horse his head. **Prendre, tenir, les rênes du gouvernement,** to assume, hold, the reins of government.

renégat, -ate [rənɛga, -at], *s.* Renegade, turn-coat.

renfaît|er [rɑ̃fɛte], *v.tr.* To new-ridge, repair (roof). *s.m.* **-age.**

renfermé [rɑ̃fɛrme]. **1.** *a.* Uncommunicative, close (person). **2.** *s.m.* **Odeur de r.,** close smell, fusty smell. **Sentir le r.,** to smell stuffy.

renferm|er [rɑ̃fɛrme], *v.tr.* **1.** To shut up, lock up, again. **2.** *(a)* To shut, lock, (sth., s.o.) up. *(b)* **Se r. dans ses instructions,** to confine oneself to one's instructions. **3.** To contain, comprise, include, enclose. **Livre qui renferme des idées nouvelles,** book that contains new ideas. **Le crâne renferme le cerveau,** the skull encloses the brain. *s.m.* **-ement.**
se renfermer dans le silence, en soi-même, to withdraw into silence, into oneself.

renfiler [rɑ̃file], *v.tr.* To thread (needle, etc.), string (pearls, etc.) again.

renflé [rɑ̃fle], *a.* Swelling (pillar, etc.); (pillar) with entasis; ventricose (shell); bluff-bowed (ship).

renflement [rɑ̃fləmɑ̃], *s.m.* **1.** Swelling, bulging. **2.** Bulge, boss; swell (of gun).

renfler [rɑ̃fle], *v.tr. & i.* To swell (out); to enlarge, to (re)inflate.

renflou|er [rɑ̃flue], *v.tr.* To refloat, set afloat (stranded ship). **R. une entreprise,** to put a business on its feet again. *s.m.* **-age.** *s.m.* **-ement.**

renfoncé [rɑ̃fɔ̃se], *a.* Deep-set; sunken (eyes).

renfoncement [rɑ̃fɔ̃smɑ̃], *s.m.* **1.** Knocking in (of sth.) again; driving in (of sth.) deeper. **2.** *(a)* Hollow, recess, cavity, dent. *(b) Typ:* Indention, indentation (of line).

renfoncer [rɑ̃fɔ̃se], *v.tr.* (Conj. like ENFONCER) **1.** To knock in, drive in; to drive (sth.) further in. **R. son chapeau,** (i) to pull down one's hat; (ii) to bash in one's hat. **R. ses larmes,** to choke back one's tears. **2.** *(a)* To recess, set back, (façade, etc.). *(b) Typ:* To indent (line).
se renfoncer, to sink in, into. **Se r. dans son fauteuil,** to sink, settle, into one's armchair.

renforcé [rɑ̃fɔrse], *a.* Stout, strong (cloth, etc.); *Tex:* **R. nylon,** spliced, reinforced, nylon; reinforced, trussed girder); thickset (horse). *F:* **Sot r.,** downright, arrant, fool.

renfor|cer [rɑ̃fɔrse]. **1.** *v.tr.* (Conj. like FORCER) *(a)* To reinforce, (garrison, etc.). *(b)* To strengthen, reinforce, stiffen, brace (wall, beam); to truss (girder, etc.); to back (map). **Citer des faits pour r. son dire,** to quote facts to back up one's assertion. *(c)* To reinforce, magnify (sound); to intensify (colour, *Phot:* negative or print). **2.** *v.i.* (Of wind) To grow stronger. *s.m.* **-çage.** *s.m.* **-çateur.** *s.m.* **-cement.**
se renforcer, to grow stronger, more vigorous; to gather strength.

renforcir [rɑ̃fɔrsiːr], *P:* **1.** *v.tr.* To strengthen (s.o.). **2.** *v.i.* To grow stronger.

renfort [rɑ̃fɔːr], *s.m.* **1.** Reinforcement(s); fresh supply (of troops, etc.). **Cheval de r.,** extra horse, trace-horse. **En r.,** in support. **A grand r. de,** with a lot of. *F:* **Pour r. de potage,** to make matters worse. **2.** Strengthening piece; reinforce (of gun); stiffener, backing. **Plaque, tôles, de r.,** stiffening plate. *El.E:* **Batterie de r.,** booster battery.

renfrogné [rɑ̃frɔɲe], *a.* Frowning (face); sullen, crabbed (person); glum (look).

renfrogn|er [rɑ̃frɔɲe], *v.tr.* **R. sa mine, son front,** to knit one's brows; to scowl. *s.m.* **-ement.**
se renfrogner, to frown, scowl; to look glum.

rengagé [rɑ̃gaʒe], *a. & s.m.* Re-enlisted (usu. N.C.O.).

rengag|er [rɑ̃gaʒe], *v.tr.* (Conj. like ENGAGER) **1.** *(a)* To re-engage; to engage (s.o.) again; to renew (combat). *(b) v.i.* To re-enlist. **2.** To pledge, pawn, (sth.) again. *s.m.* **-ement.**
se rengager, to re-enlist, rejoin.

rengaine [rɑ̃gɛːn], *s.f. F:* **Vieille r.,** (i) old refrain; (ii) old story; threadbare story. **C'est toujours la même r., la vieille r.,** it's always the same old story.

rengainer [rɑ̃gɛne], *v.tr.* To sheathe, put up (one's sword). *F:* **R. son compliment,** to shut up, to say no more.

rengorgement [rɑ̃gɔrʒəmɑ̃], *s.m.* Strut (of peacock); swagger.

rengorger (se) [sərɑ̃gɔrʒe], *v.pr.* (Conj. like ENGORGER) To strut, swagger; to give oneself airs.

rengraisser [rɑ̃grɛse]. **1.** *v.tr.* To fatten (animal) up again. **2.** *v.i. & pr.* To grow fat, stout again.

reniement [rənimɑ̃], *s.m.* **1.** Betrayal, disowning (of friend); repudiation (of opinion); denial (of Christ). **2.** *(a)* Disavowal (of action). *(b)* Abjuration (of one's faith).

renier [rənje], *v.tr.* **1.** To disown (friend, opinion); to repudiate (opinion); to deny (Christ). **R. Dieu,** to utter a profane oath; *F:* to swear. **2.** *(a)* To disavow (action). *(b)* To abjure (one's faith).

reniflard [rəniflaːr], *s.m.* **1.** *(a)* Snifting-valve; air-valve, blow-valve (of steam boiler). *(b)* = RENIFLEUR 2. **2.** Strainer, rose (of pump).

reniflement [rənifləmɑ̃], *s.m.* **1.** *(a)* Sniffing, snuffling, snorting. *(b)* Snivelling. **2.** Sniff, snort.

renifler [rənifle], **1.** *v.i.* *(a)* To sniff, snort, snuffle. **R. sur qch.,** to sniff at, turn up one's nose at, sth. (Of horse) **R. sur l'avoine,** to be off his feed. *(b)* To snivel. **2.** *v.tr.* *(a)* To sniff (up) (sth.). *(b)* To sniff, smell (flower).

renifleur, -euse [rəniflœːr, -øːz], *s.* **1.** Sniffer. **2.** *s.m. I.C.E:* Breather(-pipe).

renne [rɛn], *s.m. Z:* Reindeer.

renom [rənɔ̃], *s.m.* Renown, fame. **En r.,** renowned, famed, well known. **Se faire un mauvais r.,** to get a bad name.

renommé [rənɔme], *a.* Renowned, famed, celebrated.

renommée [rənɔme], *s.f.* **1.** *(a)* Renown, fame; good name. *Prov:* **Bonne r. vaut mieux que ceinture dorée,** a good name is better than riches. *(b)* **Connaître qn de r.,** to know s.o. by repute. **2.** Rumour, report. Esp. *Jur:* **(Preuve par) commune r.,** hearsay evidence; common report.

renommer [rənɔme], *v.tr.* To re-elect, reappoint.

renonce [rənɔ̃ːs], *s.f. Cards:* **1.** Renounce; inability to follow suit. **Avoir une r. à cœur,** to be short of hearts. **2. Fausse r.,** revoke. **Faire une fausse r.,** to revoke.

renoncement [rənɔ̃smɑ̃], *s.m.* **1.** Renouncing, renouncement (à, of). **2.** *(a)* Self-denial. *(b)* Renunciation.

renoncer [rənɔ̃se], *v.* **(je renonçai(s); n. renonçons) 1.** *v.ind.tr.* *(a)* **R. à qch.,** to renounce, give up, forego, sth. **R. à faire qch.,** (i) to forego doing sth.; (ii) to give up, drop, the idea of doing sth. **R. à un droit,** to waive a right. **R. à une réclamation, à une prétention,** to renounce, withdraw, waive, a claim. **R. à la lutte,** to give up the struggle; *F:* to throw up the sponge. **Y r.,** to abandon the attempt or the idea; to give it up (as a bad job). *(b)* **R. à ses dieux, à sa religion,** to renounce one's gods, to abnegate one's religion. *(c)* (At cards) (i) To renounce, to fail to follow suit; (ii) to revoke. **2.** *v.tr.* **R. sa foi,** to renounce, abnegate, one's faith. **R. sa patrie,** to renounce one's country.

renonciateur, -trice [rənɔ̃sjatœːr, -tris], *s.* **1.** *Jur:* Releasor. **2.** Renouncer.

renonciation [rənɔ̃sjasjɔ̃], *s.f.* **1.** *Jur:* **R. à un droit,** renunciation, waiver, of a right. **2.** Renunciation, abnegation.

renoncule [rənɔ̃kyl], *s.f. Bot:* Ranunculus; buttercup. **R. langue,** spearwort. **R. double,** bachelor's buttons.

renouée [rənwe], *s.f. Bot: F:* Polygonum, knot-grass.

renou|er [rənwe], *v.tr.* *(a)* To tie (up), knot, (sth.) again. *(b)* To renew, resume (conversation, etc.). **R. (amitié) avec qn,** to renew one's friendship, an intimacy, with s.o. *s.m.* **-ement.**

renouveau [rənuvo], *s.m.* *(a) A. & Lit:* Springtide; spring (of the year). *(b)* **R. de jeunesse, d'amour,** renewal of youth, renewed love. *F:* **R. de vie,** new lease of life. *(c) Rel:* **Le r. religieux,** the religious revival.

renouvelable [rənuvlabl], *a.* Renewable.

renouv|eler [r(ə)nuvle], *v.tr.* (je **renouvelle**; je **renouvellerai**) **1.** (*a*) To renew or renovate (one's wardrobe, etc.). **R. l'air d'une salle,** to air a room. (*b*) **R. sa maison, son service,** to make a complete change of servants. **R. son personnel,** to renew one's staff. (*c*) **R. la face du pays,** to alter the whole appearance of the country. **2.** To renew (promise, alliance, etc.); to revive (custom). **R. connaissance avec qn,** to renew acquaintance with s.o. *Com:* **R. une commande,** to repeat an order. **Commandes renouvelées,** repeat orders. **3.** *v.i.* (*a*) **La lune vient de r.,** the moon is new. (*b*) **R. de zèle,** to act with renewed zeal. *s.m.* **-ellement.**

se renouveler. 1. To be renewed. **2.** To recur; to happen again.

rénovateur, -trice [renɔvatœːr, -tris]. **1.** *a.* Renovating. **2.** *s.* Renovator, restorer.

rénovation [renɔvasjɔ̃], *s.f.* **1.** Renovation, restoration (of morals); (religious) revival. **2.** Renewing, renewal (of a vow, *Jur:* of a title.)

rénover [renɔve], *v.tr.* **1.** To renovate, restore (morals, etc.). **2.** *Jur:* To renew (a title). **3.** To revive. **R. un genre littéraire,** to revive a literary genre.

renseigné [rɑ̃sɛɲe], *a.* Well-informed (person). **Être (bien) r. sur qch.,** *F:* to be well up in sth.

renseignement [rɑ̃sɛɲmɑ̃], *s.m.* (Piece of) information, (piece of) intelligence; indication. **Donner des renseignements sur qch.,** to give information, particulars, on, about, regarding, sth. **Prendre des renseignements sur qch.,** to make inquiries about sth.; to inquire about sth. **Il m'a demandé des renseignements sur elle,** he asked me for particulars about her. **Aller aux renseignements,** to make inquiries. **Prendre un domestique sans renseignements,** to engage a servant without references. **Bureau de renseignements,** information bureau, inquiry office. **Pour plus amples renseignements s'adresser à . . .,** for further information, for further particulars, apply to. . . . *Tp: etc:* **"Renseignements,"** 'Inquiries.' *Mil: etc:* **Service de(s) renseignements,** intelligence (service or department).

renseigner [rɑ̃sɛɲe], *v.tr.* **R. qn sur qch.,** to inform s.o., give s.o. information, about sth. **On vous a mal renseigné,** you have been misinformed. **Par qui vous êtes-vous fait r.?** from whom did you enquire?

se renseigner sur qch., to make inquiries, find out, about sth.; to inquire, ask, about sth.

rentabiliser [rɑ̃tabilize], *v.tr.* To make (sth.) profitable.

rentabilité [rɑ̃tabilite], *s.f.* Profit-earning capacity, profitability.

rentable [rɑ̃tabl], *a.* Profit-earning, economic. **Ce n'est pas r.,** it does not pay.

rente [rɑ̃ːt], *s.f.* **1.** *Pol.Ec:* Revenue, rent. **R. foncière,** ground rent. **2.** Usu. *pl.* (Unearned) income. **Avoir cent mille francs de rente(s),** to have a private income of a hundred thousand francs. **Vivre de ses rentes,** to live on one's private means. **3.** Annuity, pension, allowance. **R. viagère,** life annuity. **Faire une r. de mille francs à qn,** to allow s.o. a thousand francs a year. **4. Rente(s) (sur l'État),** (government) stock(s), bonds. **Rentes consolidées,** consolidated funds, *F:* consols.

renté [rɑ̃te], *a.* (*a*) Endowed (hospital, etc.). (*b*) (Person) of independent means.

rentier, -ière [rɑ̃tje, -jɛːr], *s.* **1.** (*a*) *Fin:* Stock-holder, fund-holder. (*b*) Annuitant. (*c*) *Pol.Ec:* Rentier. **2.** Person of independent means. **Petit r.,** small investor.

rentoil|er [rɑ̃twale], *v.tr.* To reline (cuff); to remount (map); to back (a painting). *s.m.* **-age.**

rentrant, -ante [rɑ̃trɑ̃, -ɑ̃ːt]. **1.** *a.* Re-entrant (angle). *Av:* **Train d'atterrissage r.,** retractable under-carriage. **2.** *s.* New player. *Cards:* Cutter in. **3.** *s.m.* Recess (in wall).

rentré [rɑ̃tre], *a.* **1.** Hollow, sunken (eyes, cheeks). **2.** Checked, suppressed (feelings, laughter).

rentrée [rɑ̃tre], *s.f.* **1.** (*a*) Return, home-coming. *Mus:* **R. du motif principal,** re-entry of the original theme. (*b*) Re-opening (of schools, law-courts); reassembly (of Parliament). *Sch:* **La r. des classes,** the beginning of term. **2.** (*a*) Taking in, encashment (of money); getting in, collection (of taxes). **Opérer une r.,** to collect a sum of money. **J'attends des rentrées,** I am expecting to receive payments. (*b*) Gathering in, getting in (of crops). **3.** Coming in. **4.** *Fb:* **R. en touche,** throw-in.

rentrer [rɑ̃tre]. I. *v.i.* (Aux. **être**) **1.** (*a*) To re-enter; to come, go, in again. **R. dans sa chambre,** to return to, go back into, one's room. *Nau:* **R. au port,** to return, put back, to port. **R. en faveur,** to return to favour. **R. dans ses droits,** to recover one's rights. **R. dans ses avances,** to recover money advanced. **Faire r. qn dans l'ordre,** to reduce s.o. to order again. (Of actor) **R. en scène,** to come on again. **Macbeth rentre,** re-enter Macbeth. *F:* **R. en danse, en lice,** to return to the fray. (*b*) To return home, come home, come in again. **Il est l'heure de r.,** it is time we went home. **R. dîner,** to go home to dinner. **Faire r. les enfants,** to call the children in. (*c*) (Of law-courts, etc.) To re-open, to resume; (of Parliament) to reassemble; (of schoolboy) to return to school. (Of official) **R. en fonction(s),** to resume duty, to resume his duties. (*d*) **Faire r. qch. dans sa boîte,** to get sth. back into its box. (*e*) (Of money, etc.) To come in. **Faire r. ses fonds,** to call in one's money. (*f*) *Med:* (Of gout) to strike in. **2.** (Intensive form of **entrer**) (*a*) To enter, go in. *Cards:* To cut in. **R. en soi-même,** to retire within oneself; to examine one's conscience. *P:* **R. dedans à qn,** to pitch into s.o. S.a. COQUILLE 1. (*b*) **Tubes qui rentrent les uns dans les autres,** tubes that fit into one another. *F:* **Les jambes me rentrent dans le corps,** I am too tired to stand. (*c*) **Cela ne rentre pas dans mes fonctions,** that does not fall within my province. (*d*) *Typ:* **Faire r. une ligne,** to indent a line.

II. **rentrer,** *v.tr.* To take in, bring in, get in, draw in, pull in (sth.); to put away (instrument); to heave in, haul in (rope); to haul down (the colours); to lay in, ship, unship (the oars). **R. une embarcation,** to get in, haul up, a boat. **R. la récolte,** to gather in the harvest. **Qui va r. les chaises?** who's going to carry in the chairs? **R. sa chemise,** to tuck in one's shirt. *Av:* **R. le train d'atterrissage,** to retract the under-carriage.

rentrouvrir [rɑ̃truvriːr], *v.tr.* To half-open (door, eyes) again.

renvelopper [rɑ̃vlɔpe], *v.tr.* To wrap (sth.) up again.

renversant [rɑ̃vɛrsɑ̃], *a.* *F:* Astounding, staggering (news, etc.).

renverse [rɑ̃vɛrs], *s.f.* **1.** *Nau:* Turn (of tide); change round (of the wind). **2. Tomber à la r.,** (i) to fall backwards; (ii) *F:* to be bowled over (by piece of news).

renversé [rɑ̃vɛrse], *a.* **1.** Inverted, reversed. **Écriture renversée,** back-handed writing. *Cu:* **Crème renversée,** egg custard. **C'est le monde r.!** it is preposterous! **2. Il avait le visage r.,** he looked very much upset.

renversement [rɑ̃vɛrsəmɑ̃], *s.m.* **1.** (*a*) Reversal, inversion (*Opt:* of image; *Log:* of proposition). (*b*) *Mch:* **R. de la vapeur,** reversing (of engine). **Mécanisme de r.,** reversing gear. (*c*) Turn(ing) (of the tide); backing (of the wind). **2.** Overthrow; overturning, upsetting. **Charrette à r.,** tip-up cart. *Mec:* **Couple de r.,** torque.

renvers|er [rɑ̃vɛrse]. **1.** *v.tr.* (*a*) To reverse, invert (*Opt:* image; *Log:* proposition). *Mus:* To invert (interval). **R. un levier,** to throw over a lever. **R. la marche,** *Mch:* to reverse (the engine); *Aut:* to go into reverse. **R. les rôles,** to turn the tables on s.o. (*b*) To turn upside down. *Com:* **"Ne pas r,"** 'this side up.' *F:* **Tout r.,** to turn everything topsy-turvy. **R. l'esprit à qn,** to send s.o. out of his wits. (*c*) To knock over; to throw down; to overturn, upset (pail); to spill (liquid). *F:* **Une odeur à vous r.,** a smell fit to knock you down. (*d*) To overthrow (government, theory, etc.). (*e*) *F:* To astound, astonish, amaze. **2.** *v.i.* To overturn, upset; to capsize. *a.* **-able.** *s.* **-eur, -euse.**

se renverser, to fall over, fall down; to upset, overturn; to capsize. **Se r. sur sa chaise,** (i) to lean back, loll back, in one's chair; (ii) to tilt one's chair back.

renvoi [rɑ̃vwa], *s.m.* **1.** Return(ing), sending back (of goods); throwing back (of ball); reverberation (of sound); reflecting (of light). *Rugby Fb:* Kick-out (from the 25-line). *Ten:* Return. **2.** Dismissal (of servant); discharge (of troops). **3.** Putting off, postponement; adjournment (of debate). **4.** Referring, reference (of a matter to some authority). **5.** (*a*) *Typ:* Reference (mark). (*b*) Caret; insertion mark. **R. en marge,** marginal alteration. (*c*) *Mus:* Repeat (mark). **6.** *Mec.E:* (*a*) **R. de mouvement,** counter-gear(ing). **Arbre de r.,** countershaft, lay shaft. **Levier de r.,** (i) reversing lever; (ii) bell-crank lever. (*b*) Pulley. **7.** *Med:* Eructation, belch. *F:* (Of food) **Donner des renvois,** to repeat. **8.** Backwater (of sea). **R. de vent,** eddy-wind. **R. de courant,** cross-current.

renvoyer [rɑ̃vwaje], *v.tr.* (Conj. like ENVOYER) **1.** To send back; to return (sth.); to throw back, re-echo, reverberate (sound); to reflect (heat, light). **Être renvoyé de Caïphe à Pilate,** to be driven from pillar to post. S.a. BALLE[1] 1. **2.** (*a*) To send, turn (s.o.) away. *Jur:* To discharge (defendant). **R. des troupes dans leurs foyers,** to dismiss troops. *F:* **R. qn bien loin,** to send s.o. packing; to send s.o. about his business. *Jur:* **R. le plaideur de sa demande,** to nonsuit the plaintiff. (*b*) To dismiss, *F:* sack (servant, etc.); to expel (boy from school). **3.** To put off, postpone, defer, adjourn (a matter). **4.** To refer. **R. un projet à une commission,** to send a bill to a committee. **Les numéros renvoient aux notes,** the numbers refer to the notes.

réoccupation [reɔkypasjɔ̃], *s.f.* Reoccupation, reoccupying (of territory, etc.).

réoccuper [reɔkype], *v.tr.* To reoccupy.

réorganisateur, -trice [reɔrganizatœːr, -triːs]. **1.** *a.* Reorganizing. **2.** *s.* Reorganizer.

réorganisation [reɔrganizasjɔ̃], *s.f.* Reorganization. *Rural Ec:* **R. foncière,** consolidation.

réorganiser [reɔrganize], *v.tr.* To reorganize.

réouverture [reuvɛrtyːr], *s.f.* Reopening (of theatre, etc.); resumption.

repaire [rəpɛːr], *s.m.* Den; lair (of wild beasts); nest (of pirates); haunt (of criminals).

repaître [rəpɛːtr], *v.tr.* (*pr.p.* **repaissant;** *p.p.* **repu;** *pr.ind.* **je repais, il repaît, n. repaissons;** *pr.sub.* **je repaisse;** *p.h.* **je repus;** *fu.* **je repaîtrai**) (*a*) To feed (animal). (*b*) **R. qn d'espérances,** to feed s.o. on hopes. R. ses yeux de (la vue de) qch., to feast one's eyes on (the sight of) sth.

se repaître. (*a*) To eat one's fill. (*b*) **Se r. de qch.,** to feed on, eat one's fill of, sth.; to batten, raven, on sth. **Se r. de sang,** to wallow in blood. **Se r. de chimères,** to feed one's mind on fancies.

répandre [repɑ̃ːdr], *v.tr.* **1.** To pour out; to spill, drop, shed. **R. des larmes, son sang,** to shed tears, one's blood. **2.** To spread, diffuse, scatter (light); to give off, give out (heat, scent); to strew (flowers); to sprinkle (sand). **R. une forte odeur,** to give off a strong smell. **R. la terreur,** to spread terror. **R. une nouvelle,** to spread, circulate, broadcast, a piece of news. **3.** To scatter, distribute, lavish (money, alms).

se répandre. 1. (Of pers.) (*a*) **Se r. dans le monde,** to go a great deal into society. (*b*) **Se r. en un long discours, en invectives,** to launch into a long speech, into abuse. **Se r. en excuses,** to apologize profusely. **Se r. en menaces,** to pour out threats. **2.** (*a*) (Of liquid) To spill; to run over. (*b*) To spread. **L'odeur s'en répand partout,** the smell of it spreads everywhere. **Sa chevelure se répandit sur ses épaules,** her hair came down over her shoulders. **Cette opinion se répand,** this opinion is gaining ground, is spreading. *Impers.* **Il s'est répandu que . . .,** the rumour has spread, has gone abroad, that. . . .

répandu [repɑ̃dy], *a.* **1.** (Of thg) Widespread, widely distributed, prevalent, in general use. **Opinion répandue,** generally received opinion. **2.** (Of pers.) Widely known, much in evidence.

reparaître [rəparɛːtr], *v.i.* (Conj. like PARAÎTRE. Aux. usu. **avoir**) To reappear; to make one's appearance again; *F:* to turn up again.

réparateur, -trice [reparatœːr, -tris]. **1.** *a.* Repairing, restoring; refreshing (sleep). **2.** *s.* Repairer, mender.

réparation [reparasjɔ̃], *s.f.* Reparation. **1.** Repairing. **Être en r.,** to be under repair. **Route en r.,** road 'up' (for repairs). **Faire des réparations,** to make repairs. **Réparations d'entretien,** maintenance. S.a. LOCATIF[1]. **2.** Atonement, amends, redress. **En r. d'un tort,** in reparation of, in atonement for, a wrong. **R. par les armes,** duel. S.a. HONNEUR 1. *Jur:* **R. légale,** legal redress. **R. civile,** compensation. *Fb:* **Coup de pied de r.,** penalty kick.

répar|er [repare], *v.tr.* **1.** To repair, mend; to overhaul (machine); to refit (ship). **R. ses forces,** to restore, recruit, one's strength. **R. ses pertes,** to retrieve, make good, one's losses. **La maison a besoin d'être réparée,** the house needs repairing. **2.** To make atonement, make amends, for (misdeed); to rectify (mistake); to put (mistake) right. **R. un tort, un dommage,** to redress a wrong, an injury. **R. les dégâts,** to make good the damage. **R. le mal,** to undo the mischief. *a.* **-able.**

reparler [rəparle], *v.i.* **R. de qch.,** to speak about sth. again. **R. à qn,** to speak to s.o. again.

repartager [rəpartaʒe], *v.tr.* To share (sth.) out again.

repartie [rəparti], *s.f.* Repartee; retort, rejoinder (à, to). **Avoir l'esprit de r., avoir la r. prompte,** to be quick at repartee.

repartir [rəpartiːr], *v.i.* (Conj. like PARTIR) **1.** (Aux. **être**) To set out again, go off again, start (out) again. **Je repars pour Paris,** I am off to Paris again. **R. à zéro,** to start again from scratch. **2.** (Aux. **avoir**) To retort, reply.

répart|ir [repartiːr], *v.tr.* (**je répartis, n. répartissons**) **1.** To distribute, divide, share out (**entre,** amongst). **R. un dividende,** to distribute a dividend. **Charge uniformément répartie,** evenly distributed load. *Dressm:* **R. le surplus du col,** ease the collar (on to the neckband). **2.** To apportion, assess (taxes); to allot, allocate (shares). *a.* **-issable.**

répartiteur [repartitœːr], *s.m.* Distributor, apportioner. *Mil:* Billet master. *Nau:* Adjuster, stater (of average). *Adm:* **(Commissaire) r.,** assessor of taxes.

répartition [repartisjɔ̃], *s.f.* **1.** Distribution; dividing up (of work); sharing out (of expenses); adjudication (of bankrupt's debts). **R. de la population par groupes d'âge,** breakdown of the population by age groups. **2.** Apportionment, allocation (of land); allotment (of shares); assessment (of taxes). *Adm:* (Rationing) allocation.

repas [rəpɑ], *s.m.* Meal; (of horse) feed, feeding. **R. de noce,** wedding breakfast or banquet. **Faire un r.,** to have, take, a meal. **Léger r., petit r.,** light meal; snack; quick lunch. **Aux heures de r.,** at meal times. **Prendre ses r. chez qn,** to board with s.o.

repassage [rəpasaːʒ], *s.m.* **1.** (*a*) Repassing; recrossing (of river, etc.). (*b*) Going over (lessons, etc.). **2.** Sharpening, whetting, grinding (of knife, etc.); stropping (of razor). **3.** Ironing (of clothes). **Ne nécessitant, n'exigeant, aucun r.,** non-iron.

repasser [rəpɑse]. **1.** *v.i.* (Aux. usu. **être**) To repass; to pass (by) again, go by again. **R. chez qn,** to call on s.o. again. **R. en Angleterre,** to cross over to England again. **Une idée me repasse dans l'esprit,** an idea keeps running through my mind. **2.** *v.tr.* (*a*) To repass; to pass by, pass over, cross (over), (sth.) again. (*b*) To go over, look over, (sth.) (again). **R. qch. dans son esprit,** to go over sth. in one's mind. **R. une leçon, un rôle,** to go over a lesson, a part. (*c*) To convey over again. **Le batelier nous repassera,** the boatman will take us back. **R. un plat à qn,** to pass s.o. a dish again. **Repassez-moi cette lettre,** let me see that letter again. *F:* **R. une fausse pièce à qn,** to palm off a bad coin on s.o. (*d*) To sharpen, whet, grind (knife, tool); to strop (razor). (*e*) To iron (clothes). **Fer à r.,** (flat-)iron, laundry iron. **Planche à r.,** ironing board. (*f*) **R. une allée,** to rake (over) a path.

repasseur, -euse [rəpɑsœːr, -øːz], *s.* **1.** *Ind:* Finisher. **2.** *s.m.* Grinder (of knives, etc.). **3.** *s.f.* **Repasseuse,** ironer (person or machine).

repav|er [rəpave], *v.tr.* To repave. *s.m.* **-age.** *s.m.* **-ement.**

repayer [rəpɛje], *v.tr.* (Conj. like PAYER). To pay (over) again.

repêch|er [rəpɛʃe], *v.tr.* (*a*) To fish (sth.) up (again), out (again); to pick up (torpedo). (*b*) *F:* To rescue, *F:* to fish out (drowning man). **R. un candidat à l'oral,** to give a candidate a chance of scraping through at the oral. **Ceux qui ont échoué au mois de juillet peuvent se r. en octobre,** those who failed in July get a second chance in October. *s.m.* **-age.**

repeindre [rəpɛ̃:dr], *v.tr.* (Conj. like PEINDRE) **1.** To repaint; to paint (sth.) again. **2. Se r. un événement passé,** to recall to mind, to revisualize, a past event.

repeint [rəpɛ̃], *s.m. Art:* Touching-up.

repenser [rəpɑ̃se]. **1.** *v.i.* To think again (à, of, about). **Je n'y ai pas repensé,** (i) I did not give it another thought; (ii) I forgot all about it. **2.** *v.tr.* **R. une question,** to reconsider a problem.

repentant [rəpɑ̃tɑ̃], *a.* Repentant.

repenti, -ie [rəpɑ̃ti], *a. & s.* Repentant. Esp. **(Fille) repentie,** Magdalen(e). **Les justes et les repentis,** the righteous and the repentant.

repentir (se) [sərəpɑ̃ti:r]. **I.** *v.pr.* (*pr.p.* **se repentant;** *p.p.* **repenti;** *pr.ind.* **je me repens, il se repent;** *pr.sub.* **je me repente;** *p.h.* **je me repentis;** *fu.* **je me repentirai) Se r. de qch.,** to repent, rue, sth.; to be sorry for sth. **Se r. d'avoir fait qch.,** to repent having done sth. **Faire r. qn,** to make s.o. repent.

II. repentir, *s.m.* Repentance.

repercer [rəpɛrse], *v.tr.* (Conj. like PERCER) To pierce, bore, perforate (sth.) again.

répercussion [repɛrkysjɔ̃], *s.f.* Repercussion. (*a*) Back-lash (of an explosion); reverberation (of sound). (*b*) Consequential effects (of an action).

répercuter [repɛrkyte], *v.tr.* To reverberate, reflect back (sound); to reflect (light, heat).

se répercuter. 1. To reverberate. **2.** To have repercussions.

reperdre [rəpɛrdr], *v.tr.* To lose again.

repère [rəpɛ:r], *s.m.* (*a*) Reference (to datum line). *Surv:* **Ligne de r.,** datum line. **Point de r.,** reference mark, guide mark, adjusting mark (on instrument); landmark; *Surv:* bench-mark. **Les points de r. dans la vie,** the landmarks in one's life. S.a. NIVELLEMENT 1. (*b*) *Aut:* Wing indicator. *Mec.E:* **R. de montage, d'ajustage,** assembly mark. **(Trait de) r.,** match-mark.

repér|er [rəpere], *v.tr.* **(je repère; je repérerai) 1.** (*a*) To mark (instrument) with guide marks or reference marks. *W.Tel:* To log (station). (*b*) To adjust, fix, set, (instrument) by guide marks, by reference marks. *Cin:* To synchronize sound-track and film. **2.** *Artil:* To locate, *F:* to spot (gun, etc.). **R. le point de chute d'un obus,** to mark the fall of a shell. *F:* **Il m'a repéré de sa loge,** he spotted me from his box. *s.m.* **-age.**

se repérer, to take one's bearings.

répertoire [repɛrtwa:r], *s.m.* **1.** Index, table, list, catalogue. **R. à onglets,** thumb-index, thumb-register. **R. d'adresses,** (i) directory; (ii) address-book. **2.** Repertory, repository (of information). **3.** *Th:* Repertoire, repertory. **Pièce de, du, r.,** stock-piece.

répertorier [repɛrtɔrje], *v.tr.* **1.** To index (file, etc.); to make a reference table for (sth.). **2.** To index (item); to enter (item) in the index.

repeser [rəpəze], *v.tr.* (Conj. like PESER) To re-weigh.

répéter [repete], *v.tr.* **(je répète; je répéterai)** (*a*) To repeat; to say or do (sth.) (over) again. **Chose qui se répète souvent,** thing that happens over and over again. **Cela ne se répétera pas,** it will not occur again. **Des assauts répétés,** charge after charge. S.a. COMPAS 2. **Je ne me le ferai pas r.,** I shall not require to be told twice. (*b*) *Th:* To rehearse (play).

se répéter. 1. (Of pers.) To repeat oneself. **2.** (Of decimal fractions) To repeat, recur; (of event, etc.) to recur, occur again.

répétiteur, -trice [repetitœ:r, -tris], *a. & s.* (*a*) **(Maître) r., (maîtresse) répétitrice,** assistant-master, assistant-mistress (in charge of preparation time, etc.). (*b*) Private tutor; coach. (*c*) *Th:* Chorus master.

répétition [repetisjɔ̃], *s.f.* **1.** (*a*) Repetition. **Fusil à r.,** repeating rifle. **Montre à r.,** repeater (watch). (*b*) Reproduction, duplicate, replica. **2.** (*a*) *Th:* Rehearsal (of play). **R. générale, r. en costume,** dress-rehearsal. (*b*) (Band or choral) practice. **3.** *Sch:* (Coach's) lesson. **Donner des répétitions,** to give private lessons.

repeupl|er [rəpœple], *v.tr.* To repeople (country); to restock (river, pond); to replant (wood). *s.m.* **-ement.**

se repeupler, (of town, etc.) to increase in numbers again.

repincer [rəpɛ̃se], *v.tr.* (Conj. like PINCER) *P:* To catch (s.o.) again. **On ne m'y repincera pas!** I shan't be caught doing it again!

repiqu|er [rəpike]. **1.** *v.tr.* (*a*) To prick, pierce, (sth.) again. (*b*) *Civ.E:* To mend, repair (road). (*c*) To restitch. (*d*) *Hort:* To plant out (seedlings). **Plant à r.,** bedding plant. (*e*) *Bac:* To sub(-)culture. **2.** *v.i.* (*a*) **R. au plat,** to have a second helping. *P:* **R. au truc,** to begin again; to re-enlist. (*b*) *Nau:* **R. dans le vent,** to haul the wind again. *s.m.* **-age.**

répit [repi], *s.m.* Respite; breathing-space. **Prendre un moment de r.,** to break off from work. *Com:* **Jours de r.,** days of grace. **Souffrir sans r.,** to have no respite from pain.

replac|er [rəplase], *v.tr.* (Conj. like PLACER) (*a*) To replace; to put (sth.) back in its place. (*b*) To reinvest (funds). *s.m.* **-ement.**

se replacer, to find a new situation, job.

replant|er [rəplɑ̃te], *v.tr.* To replant. *F:* **Jamais je ne replanterai les pieds chez lui,** I shall never set foot in his house again. *s.m.* **-age.**

replat [rəpla], *s.m. Mount:* Shelf.

replâtrage [rəplɑtra:ʒ], *s.m.* **1.** (*a*) Replastering. (*b*) *F:* Tinkering up, patching up. **2.** (*a*) Superficial repair. (*b*) *F:* Patched-up peace.

replâtrer [rəplɑtre], *v.tr.* **1.** To replaster (wall). **2.** *F:* To patch up, tinker up (sth. radically unsound); to patch up (quarrel).

replet, -ète [rəplɛ, -ɛt], *a.* Stoutish, *F:* podgy (person). **Petit homme r.,** dumpy little man.

réplétion [replesjɔ̃], *s.f.* **1.** (*a*) Repletion. (*b*) Surfeit (of food). **2.** Corpulence.

repli [rəpli], *s.m.* **1.** Fold, crease (in cloth, etc.). **Les plis et les replis du cœur,** the innermost recesses of the heart. **2.** Winding, meander, bend (of river); coil (of rope, of serpent). **3.** *Mil:* Falling back, withdrawal.

repli|er [rəplie], *v.tr.* To fold (sth.) up (again); to coil (sth.) up; to turn (sth.) back; to turn in, tuck in (edge). **R. un parapluie,** to fold up, close, an umbrella. *a.* **-able.** *s.m.* **-ement.**

se replier. 1. (*a*) (Of object) To fold up, turn back; (of serpent) to coil up. (*b*) (Of stream, path) To wind, turn, twist, bend; (of stream) to meander. **2. Se r. sur soi-même,** to retire within oneself. **3.** *Mil:* (*a*) (Of outposts) To withdraw. (*b*) (Of troops in combat) To give ground; to fall back.

réplique [replik], *s.f.* **1.** Retort, rejoinder; pat answer. **Avoir la r. prompte,** to be ready with an answer. *F:* **Et pas de r.!** Don't you dare to answer me back! **Argument sans r.,** unanswerable argument; *F:* clincher. **2.** *Th:* Cue. **Donner la r. à un acteur,** (i) to feed an actor; (ii) to play opposite an actor. **Donner la r.,** (i) to answer (s.o.) pat. (ii) *Sp:* to play a return match. **3.** *Art:* Replica; counterpart. **4.** *Cin:* Retake (of a scene).

répliquer [replike], *v.i.* To retort, rejoin; to answer back.

replisser [rəplise], *v.tr.* To pleat again, to re-pleat, to refold. **Faire r. une jupe,** to have a skirt re-pleated. *s.m.* **-age.**

reploiement [rəplwamɑ̃], *s.m. Mil:* Falling back, withdrawal (of troops).

replonger [rəplɔ̃ʒe], *v.* (Conj. like PLONGER) **1.** *v.tr.* To plunge, dip, immerse, (sth.) again; to replunge (sth.) **(dans,** into). **2.** *v.i.* To dive in again.

se replonger dans l'étude, to immerse oneself once more in study. **Il se replongea dans sa lecture,** he went back to his reading.

reployer [rəplwaje], *v.tr.* = REPLIER.

repol|ir [rəpɔli:r], *v.tr.* To repolish; to reburnish (metal); to rub up (spoon); to polish up (piece of writing). *s.m.* **-issage.**

répondant [repɔ̃dɑ̃], *s.m.* **1.** *Ecc:* Server (at mass). **2.** *Jur:* Surety, security, referee, guarantor.

répondre [repɔ̃:dr]. **1.** *v.tr.* To answer, reply, respond. **R. (par écrit),** to write back. **Je n'ai rien répondu,** I made no reply, I answered nothing. **Qu'avez-vous à r.?** what have you to say in reply? **Il répondit n'en rien savoir,** he answered that he knew nothing about it. *Ecc:* **R. la messe,** to make the responses at Mass. **2.** *v.ind.tr.* **R. à une question,** to answer a question. **R. à l'appel,** to answer the roll, to answer one's name. **R. à une demande,** to comply with, fall in with, a request. **R. à l'amour de qn,** to respond to, return, s.o.'s love. **Ne pas r. aux avances de qn,** to fail to respond to s.o.'s advances. S.a. NORMAND 1. **3.** *v.ind.tr.* To answer, correspond to, *F:* come up to (a standard, etc.). **Cela ne répond pas à mes besoins,** it does not meet, answer, my requirements. **R. à l'attente de qn,** to come up to s.o.'s expectation. **Ne pas r. à l'attente,** to fall short of expectation. **4.** *v.i.* **R. de qn, de qch.,** to answer for s.o., for sth.; to be answerable, accountable, responsible, for s.o., for sth. **Il va revenir, je vous en réponds,** he will come back, I'll be bound, (you may) take my word for it. *F:* **Je vous en réponds!** you bet! rather!

répons [repɔ̃], *s.m. Ecc:* Response.

réponse [repɔ̃:s], *s.f.* (*a*) Answer, reply. **Avoir, trouver, r. à tout,** to have, find, an answer for everything; never to be at a loss for an answer. **Rendre r. à qn,** to return s.o. an answer; to reply to s.o. **Argument sans r.,** unanswerable argument. **Pour toute r., elle éclata en sanglots,** her only answer was to break into sobs. *Post:* **R. payée,** reply paid. S.a. NORMAND 1. (*b*) Response (to an appeal). (*c*) Responsiveness, response (to stimulus).

repopulation [rəpɔpylasjɔ̃], *s.f.* Repopulation, repopulating; restocking (of river).

report [rəpɔ:r], *s.m.* **1.** *Com: Book-k:* (*a*) Carrying forward, bringing forward. (*b*) Amount carried forward; carry-forward, carry-over. (*c*) Posting (of journal entries). **2.** *St.Exch:* Contango(ing), continuation. **Taux de r.,** contango rate. **3.** *Phot: Lith:* Transfer. **Papier à r.,** transfer-paper.

reportage [rəpɔrta:ʒ], *s.m. Journ:* **1.** Reporting. **2.** (Newspaper) report. **R. sensationnel (que l'on est le premier à publier),** scoop. **3.** Set of contributed articles on a topical subject. **4.** *W.Tel:* Running commentary (on a match, etc.).

reporter[1] [rəpɔrte], *v.tr.* **1.** To carry back; to take (sth.) back (à, to). **2.** (*a*) **R. qch. à plus tard,** to postpone, defer, sth. until later, to a later date. (*b*) *Com: Book-k:* To carry forward, bring forward, carry over (total). **A r.,** carried forward. (*c*) *St.Exch:* To continue, contango; to carry over. **3.** *Lith: Phot:* To transfer.

se reporter. 1. Se r. à un document, to refer to a document. **"Se r. à . . .,"** 'the reader is referred to. . . .' **2. Se r. au passé,** to look back to the past.

reporter[2] [rəpɔrtœ:r, -tɛ:r], *s.m.* Reporter.

repos [rəpo], *s.m.* **1.** (*a*) Rest, repose. **Se donner, prendre, du r.,** to take a rest. **En r.,** at rest. **Le r. éternel,** the last sleep. **Le champ de r.,** the churchyard. **Être au r.,** (i) (of soldier) to be standing at ease; (ii) (of machine) to be out of gear; (of boiler) to be laid off, standing by; (iii) (of gun) to be at half-cock. **Terre au r.,** fallow land. *Mil:* **R.!** (stand) at ease! (*b*) Pause, rest (in a verse). **2.** Peace, tranquillity (of mind). **Être en r. au sujet de qn,** not to be anxious about s.o. **Valeur de tout r.,** perfectly safe investment; gilt-edged security. **3.** Resting-place; landing (on stair).

reposant [rəpozɑ̃], *a.* Restful (spot, occupation); refreshing (sleep).

reposé [rəpoze], *a.* **1.** Rested, refreshed (look, etc.); fresh (complexion). **2.** Quiet, calm. **A tête reposée,** (i) deliberately, coolly; (ii) at leisure.

repose-fer [rəpozfɛ:r], *s.m. Dom.Ec:* Iron(ing)-stand. *pl. Des repose-fers.*

repose-pied(s) [rəpozpje], *s.m.inv.* Foot-rest (of motor cycle).

reposer [rəpoze]. **I.** *v.tr.* **1.** (*a*) To put, place, lay, set, (sth.) back (in its place); to replace. *Mil:* **R. l'arme,** to return to the 'order' (from the 'slope'); to order arms. (*b*) *Rail:* To re-lay (track). **2.** (*a*) **R. ses regards sur qch.,** to let one's glance rest on sth. (*b*) **R. sa tête sur un coussin,** to rest one's head on a cushion. **R. l'esprit,** to rest, refresh, the mind. **Couleur qui repose les yeux,** colour that is restful to the eyes.

II. reposer, *v.i.* To lie, rest. **Le corps reposait sur son lit de parade,** the body was lying in state. **Ici repose . . .,** here lies (buried). . . . **Le commerce repose sur le crédit,** commerce rests on, is based upon, credit. **Bruit qui ne repose sur rien,** groundless report, unfounded report.

se reposer. 1. To alight, settle, again. **L'oiseau se reposa sur la branche,** the bird settled on the bough again. **2.** (*a*) To rest, repose; to take a rest. **Laisser r. une terre,** to let a piece of ground lie fallow. S.a. LAURIER. (*b*) **Se r. sur qn,** to rely upon, put one's trust in, s.o. (*c*) (Of liquid) To settle.

reposoir [rəpozwa:r], *s.m.* Resting-place. (*a*) *A:* Wayside shelter. (*b*) *Ecc:* Station, temporary altar (when the host is carried in procession).

repoussage [rəpusa:ʒ], *s.m. Tchn:* Chasing, embossing, repoussé-work(ing).

repoussant [rəpusɑ̃], *a.* Repulsive, repellent, loathsome.

repoussé [rəpuse]. **1.** *a.* Chased; embossed; repoussé (work). **2.** *s.m.* Chasing, embossing; repoussé.

repoussement [rəpusmɑ̃], *s.m.* **1.** Repulse (of person); rejection, voting down (of motion); rejection (of idea). **2.** Recoil, kick (of fire-arm). **3.** Dislike, disinclination.

repousser [rəpuse]. **1.** *v.tr.* (*a*) To push back, push away, drive off, thrust aside, repulse, repel. **R. un assaut,** to repulse, repel, beat off, an attack. **R. une offre,** to reject, decline, an offer. **R. la tentation,** to thrust aside temptation. **R. qn, les avances de qn,** to spurn s.o., s.o.'s advances. **R. une accusation,** to deny a charge. **R. un projet de loi,** to throw out a bill. **R. une mesure,** to reject, vote down, a measure. **R. un rivet,** to drive out a rivet. (*b*) **R. une conférence à plus tard,** to postpone a conference. (*c*) To be repellent to (s.o.); to repel. (*d*) *Tchn:* To emboss (leather); to chase (metal); to work (metal) in repoussé. (*e*) (Of fire-arm) To recoil, kick. **2.** (*a*) *v.tr.* (Of tree, plant, etc.) To throw out (branches, shoots) again. (*b*) *v.i.* (Of tree, plant) To shoot (up) again, spring (up) again, sprout again.

repoussoir [rəpuswa:r], *s.m.* **1.** *Tls:* (*a*) Drift (-bolt). (*b*) Embossing-pinch. **2.** *Hyd.E:* Fender pile. **3.** Set-off, foil (to s.o.'s beauty).

répréhensible [repreɑ̃sibl], *a.* Reprehensible. *adv.* **-ment.**

répréhensif, -ive [repreɑ̃sif, -i:v], *a.* Reprehensive.

répréhension [repreɑ̃sjɔ̃], *s.f.* Reprehension.

reprendre [rəprɑ̃:dr], *v.* (Conj. like PRENDRE) **1.** *v.tr.* (*a*) To take again, retake, recapture. **R. une ville à, sur, l'ennemi,** to retake, recapture, a town from the enemy. (*b*) **R. du pain,** to take, have, some more bread. **R. les armes,** to take up arms again. **J'ai repris mon pardessus d'hiver,** I have gone back to my winter overcoat. **R. sa place,** to resume one's seat. **La fièvre l'a repris,** he has (had) another bout of fever. **R. ses esprits, ses sens,** to recover consciousness; *F:* to come to. **R. froid,** to catch cold again. *F:* **On ne m'y reprendra plus,** you won't catch me at it again. (*c*) To take back (a gift); to re-engage (a servant); to retract (a promise). (*d*) To resume, take up again (conversation). **R. une tâche,** to return to a task. **R. ses habitudes,** to resume one's habits. **R. les travaux,** to restart work; to resume operations. **R. l'affaire à son origine,** to go back to the beginning (of the matter). **R. les faits de plus haut,** to go further back into the matter. **Reprenons les faits,** let us recapitulate the facts. **R. goût à qch.,** to recover one's taste for sth. **R. la route,** to take (to) the road again. **R. la mer,** to put out to sea again. *Th:* **R. une pièce,** to revive a play. **R. des forces,** to regain strength. **R. courage,** to take courage again. S.a. HALEINE. **R. le dessus,** to get the upper hand again. **R. la parole,** (i) to find one's tongue again; (ii) to resume, go on. *Abs.* **Oui, madame, reprit-il,** yes, madam, he replied. **Il reprit après un instant,** he went on again after a moment. **R. un mur en sous-œuvre,** to underpin a wall. (*e*) To reprove, chide, admonish. **Son affirmation était fausse et je le repris aussitôt,** his statement was false and I took him up at once. **2.** *v.i.* (*a*) To recommence, return, revive. **Le froid a repris,** cold weather has set in again. **Cette mode reprend,** this fashion is coming in again. **Le malade reprend,** the patient is recovering, is picking up again. **Les affaires reprennent,** business is improving. *Aut:* (Of engine) **R. vivement,** to pick up smartly. (*b*) (Of liquid) To freeze, set, again. (*c*) (Of plant) To take root again.

se reprendre. **1.** To recover oneself, to pull oneself together. **2.** To correct oneself (in speaking). **3. Se r. à espérer, à pleurer,** to begin to hope, to cry, again. **Se r. à la vie,** to take a new lease of life. **4. S'y r. à plusieurs fois (pour faire qch.),** to make several attempts; to have several goes at sth.

représailles [rəprɛza:j], *s.f.pl.* Reprisals, retaliation. **User de r.,** to make reprisals; to retaliate (**envers,** upon). **En r. pour, de,** as a reprisal for.

représentant, -ante [rəprezɑ̃tɑ̃, -ɑ̃:t]. **1.** *a.* Representative. **2.** *s.* (*a*) Representative (of the people). (*b*) *Com:* (i) Agent; (ii) traveller, representative.

représentatif, -ive [rəprezɑ̃tatif, -i:v], *a.* Representative.

représentation [rəprezɑ̃tasjɔ̃], *s.f.* **1.** (*a*) *Pol: Jur:* Representation. **R. proportionnelle,** proportional representation. (*b*) *Com:* Agency. **Avoir la r. exclusive de . . .,** to be sole agents for. . . . **2.** *Jur:* Production, exhibition (of documents). **3.** *Th:* Performance (of a play). **Troupe en r.,** company on tour. **Droits de r.,** dramatic fees. **4.** *Adm:* (Official) state, display; dignity (of state official). **Frais de r.,** expenses of official entertainment. *F:* **Être toujours en r.,** to be always showing off. **5.** Remonstrance, protest. **Faire des représentations à qn,** to make representations to s.o.; to remonstrate with s.o.

représent|er [rəprezɑ̃te], *v.tr.* **1.** (*a*) To present (sth.) again. (*b*) To reintroduce (s.o.). **2.** *Jur:* To produce, exhibit (documents). **3.** To represent. (*a*) To depict, portray. **Tableau représentant un moulin,** picture representing a mill. **Représentez-vous mon étonnement,** picture (to yourself) my astonishment. (*b*) To represent, stand for, act for (s.o.). **Se faire r.,** to appoint, send, a representative, a deputy, a proxy. **R. une circonscription,** to sit for a constituency. **Nous représentons la maison X,** we are agents for Messrs. X. (Of advocate) **R. qn en justice,** to appear for s.o. **4.** *Th:* (*a*) To perform, act (a play). (*b*) To act (part); to take the part of (Hamlet, etc.). **5. R. qch. à qn,** to represent, point out, sth. to s.o. **6.** *Abs.* (*a*) To have a good presence. **C'est un homme qui représente (bien),** he is a man of good presence. (*b*) To maintain the dignity of one's (official) position; to make some show.

se représenter. **1.** (Of pers.) (*a*) To present oneself anew; to offer oneself again as a candidate. (*b*) To reappear; to turn up again. (*c*) (Of an occasion) To occur again; to recur. **2.** *Pred.* **Se r. comme acteur, comme officier,** to represent, describe, oneself as an actor, as an officer.

répressif, -ive [reprɛsif, -i:v], *a.* Repressive.

répression [reprɛsjɔ̃], *s.f.* Repression. *Psy:* Conscious repression.

réprimandable [reprimɑ̃dabl], *a.* Deserving of reproof, of censure.

réprimande [reprimɑ̃:d], *s.f.* Reprimand, reproof; *F:* talking-to.

réprimander [reprimɑ̃de], *v.tr.* To reprimand, reprove; to take (s.o.) to task; *F:* to tell (s.o.) off.

réprimer [reprime], *v.tr.* To repress. (*a*) To check, curb (desire, etc.); to strangle (sneeze). (*b*) To quell, put down (revolt).

repris, -ise[1] [rəpri, -i:z], **1.** *s.* Retaken, recaptured; taken up again. **R. de justice,** habitual criminal; old offender; *F:* old lag. **2.** *a. Com:* **Emballage non r.,** non-returnable packing.

reprise[2] [rəpri:z], *s.f.* **1.** (*a*) (i) Retaking, recapture, recovery (of position, etc.). (ii) Ship recaptured. (*b*) Taking over (of fittings, etc., with house). (*c*) *Com:* **R. des invendus,** taking back of unsold goods or copies. **2.** (*a*) Resumption, renewal (of negotiations). **R. d'une pièce,** revival of a play. (*b*) **R. du froid,** new spell of cold. **R. des affaires,** recovery, revival, of business. **Mouvement de r.,** upward movement. (*c*) *I.C.E:* Pick-up, acceleration (of engine). (*d*) (One of several stages) *Box:* Round. *Fenc:* Bout. *Fb:* Second half (of game). **Faire qch. par reprises,** to do sth. in successive stages. **A plusieurs reprises,** (i) repeatedly; (ii) on several occasions. **A trois reprises,** three times running. (*e*) *Mus:* (i) Repetition (in singing, playing). **Points de r.,** double bars (in a piece of music). (ii) Re-entry (of subject in fugue). **3.** (*a*) *Needlew:* (i) Darning, mending; (ii) darn. **Point de r.,** darning stitch. **R. perdue,** fine-drawn mend. (*b*) *Const:* **R. en sous-œuvre,** underpinning. **4.** (Car, etc., taken in) part exchange, *F:* trade-in.

repris|er [rəprize], *v.tr.* To mend, darn (stockings, etc.). **Boule, œuf, à r.,** darning-ball, -egg. *s.m.* **-age.** *s.f.* **-euse.**

reprit. See REPRENDRE.

réprobateur, -trice [reprɔbatœ:r, -tris], *a.* Reproachful; reproving.

réprobation [reprɔbasjɔ̃], *s.f.* Reprobation, censure.

reproche [rəprɔʃ], *s.m.* **1.** Reproach. **Mériter des reproches,** to deserve blame, censure. **Faire des reproches à qn,** to reproach, unbraid, s.o. (**au sujet de,** about). **Ton de r.,** reproachful, reproving, tone. **Vie sans r.,** blameless life. **Qui n'est pas à l'abri du r.,** not beyond reproach. **2.** *Jur:* **Témoin sans r.,** unimpeachable witness.

reproch|er [rəprɔʃe], *v.tr.* **1.** To reproach, upbraid. **R. ses fautes à qn,** to reproach s.o. with his faults. **On lui reproche la moindre peccadille,** he is taken to task for the merest trifle. **Je n'ai rien à me r.,** I have nothing to reproach myself with, to blame myself for. **Qu'est-ce que vous reprochez à ce livre?** What do you find wrong with this book? **2. R. un plaisir, un succès, à qn,** to (be) grudge s.o. a pleasure, a success. **R. les morceaux à qn,** to grudge s.o. every bite he eats. **3.** *Jur:* To take exception to (a witness, evidence). *a.* **-able.**

se reprocher, to blame oneself.

reproducteur, -trice [rəprɔdyktœ:r, -tris]. **1.** *a.* Reproductive (organ, etc.). **2.** *s.m.* Animal kept for breeding purposes. **R. d'élite,** pedigree sire.

reproductible [rəprɔdyktibl], *a.* Reproducible.

reproductif, -ive [rəprɔdyktif, -i:v], *a.* Reproductive.

reproduction [rəprɔdyksjɔ̃], *s.f.* **1.** Reproduction. **Droits de r.,** copyright. *Journ:* **Droits de r. en feuilleton,** serial rights. *Cin:* **R. sonore,** sound reproduction. **2.** Copy.

reproduire [rəprɔdɥi:r], *v.tr.* (Conj. like PRODUIRE) To reproduce. *Abs. Journ:* **Les journaux australiens sont priés de r.,** Australian newspapers please copy.

se reproduire. **1.** (Of events) To recur; to happen again. **2.** To reproduce, breed, multiply.

réprouvé, -ée [repruve], *s.* Outcast (of society); reprobate.

réprouver [repruve], *v.tr.* To reprobate (crime); to reject (doctrine); to disapprove of (s.o., sth.). *a.* **-able.**

reps [rɛps], *s.m. Tex:* Rep(s), repp.

reptile [rɛptil], *s.m. & a.* Reptile.

repu [rəpy], *a.* Satiated, full; sated.

républicain, -aine [repyblikɛ̃, -ɛn], *a. & s.* Republican.

républicaniser [repyblikanize], *v.tr.* To republicanize.

républicanisme [repyblikanism], *s.m.* Republicanism.

republier [rəpyblie], *v.tr.* To republish.

république [repyblik], *s.f.* (*a*) Republic. (*b*) Commonwealth, community (of letters, etc.).

répudiable [repydjabl], *a.* Repudiable.

répudiation [repydjasjɔ̃], *s.f.* **1.** Repudiation (of wife, debt). **2.** Renunciation (of succession).

répudier [repydje], *v.tr.* **1.** To repudiate (wife, opinion). **2.** *Jur:* To renounce (succession).

répugnance [repyɲɑ̃:s], *s.f.* **1.** Repugnance. (*a*) Dislike (**pour,** to, of, for); aversion (**pour,** to, from, for). (*b*) Loathing (**pour,** of, for). **2. R. à faire qch.,** reluctance to do sth. **Faire qch. avec r.,** to do sth. reluctantly.

répugnant [repyɲɑ̃], *a.* **1.** Repugnant, loathsome (**à,** to). **2.** Occ. Reluctant, lo(a)th (**à faire qch.,** to do sth.).

répugner [repyɲe], *v.i.* **1. R. à qch.,** to feel repugnance to, to revolt at, sth. **R. à faire qch.,** to feel reluctant, lo(a)th, to do sth. **2.** (Of thg, pers.) **R. à qn, to be** repugnant, distasteful, to s.o. *Impers.* **Il me répugne de le faire,** I am reluctant to do it; I loathe doing it.

répulsif, -ive [repylsif, -i:v], *a.* Repulsive.

répulsion [repylsjɔ̃], *s.f.* Repulsion. **Inspirer de la r. à qn,** to be repellent to s.o.

réputation [repytasjɔ̃], *s.f.* Reputation, repute. **Jouir d'une bonne r.,** to bear a good character. **Cela a fait sa r.,** it made his name. **Avoir la r. d'être riche,** to be reputed wealthy. **Sa r. de chirurgien,** his reputation as a surgeon. **Se faire une r.,** to make a name for oneself. **Connaître qn de r.,** to know s.o. by reputation, by repute. **Perdre qn de r.,** to ruin s.o.'s reputation, s.o.'s character.

réputé [repyte], *a.* Well-known (expert); (doctor) of repute. **R. par qch.,** well known for sth.
réputer [repyte], *v.tr.* To repute, consider, deem, think. **On les réputait riches,** they were thought to be rich. **Se r. heureux,** to consider, esteem, oneself happy. **L'intention est réputée pour le fait,** we take the will for the deed.
requérable [rəkɛrabl], *a.* Demandable.
requérant, -ante [rəkɛrɑ̃, -ɑ̃:t], *s. Jur:* Plaintiff, petitioner, applicant.
requérir [rəkeri:r], *v.tr.* (Conj. like ACQUÉRIR) **1.** (*a*) *A:* **Venir r. qn,** to come for s.o. **On me requit de l'aller trouver,** I was asked to go to him. (*b*) To ask for (sth.); to solicit (a favour). **R. la présence de qn,** to ask, beg, s.o. to attend. **2.** (*a*) **R. aide et assistance,** to demand assistance. **R. qn,** to call upon s.o. to give assistance. (*b*) **R. qn de faire qch.,** to call upon, summon, s.o. to do sth.
requête [rəkɛ:t], *s.f.* Request, suit, petition. **Adresser une r. à qn,** to petition s.o. **A la r. de . . .,** at the request of . . ., *Jur:* at the suit of. . . .
requiem [rekɥiɛm], *s.m.inv. Ecc:* **Messe de r., un r.,** requiem mass; requiem.
requin [rəkɛ̃], *s.m.* **1.** *Ich:* Shark. **Peau de r.,** shagreen. **2.** *F:* Shark, swindler.
requinquant [rəkɛ̃kɑ̃], *a. & s.m. F:* Tonic; pick-me-up.
requinqu|er [rəkɛ̃ke], *v.tr. F:* (*a*) To repair; to put (sth.) to rights. (*b*) To smarten (s.o.) up; to rig (s.o.) out in new clothes. *s.m.* **-age.**
se requinquer. *F:* **1.** To smarten, spruce, oneself up; to renew one's wardrobe. **2.** To recover, pick up (after illness).
requis [rəki]. **1.** *a.* Required, requisite, necessary. **2.** *s.m.* Labour conscript (1939-45 War).
réquisition [rekizisjɔ̃], *s.f.* (*a*) Requisitioning, commandeering. (*b*) Requisition, levy. **Mettre en r.,** to requisition. (*c*) Requisition, demand. **Agir sur, à, la r. de qn,** to act on s.o.'s requisition.
réquisitionn|er [rekizisjɔne], *v.tr.* To requisition; to commandeer (provisions, etc.); to impress (men of fighting age). *s.m.* **-ement.**
réquisitoire [rekizitwa:r], *s.m.* (Public Prosecutor's) charge, indictment.
rescapé, -ée [rɛskape], *a. & s.* (Person) rescued; survivor (of disaster).
rescinder [rɛssɛ̃de], *v.tr. Jur:* To rescind, annul.
rescision [rɛssizjɔ̃], *s.f.* Rescission, annulment.
rescousse [rɛskus], *s.f. A:* Rescue. (Still used in) **Aller à la r. de qn,** to go to s.o.'s rescue.
rescription [rɛskripsjɔ̃], *s.f.* (Written) order, authority for payment(s).
rescrit [rɛskri], *s.m. Ecc: etc:* Rescript.
réseau [rezo], *s.m.* **1.** (*a*) *A:* Net; (spider's) web. (*b*) Netting, network (for lace). (*c*) *Cost:* Hairnet. (*d*) *Arch:* Tracery. (*e*) *Anat:* Plexus (of nerves). (*f*) *Opt:* Diffraction grating. **2.** (*a*) Network, system (of roads, railways, etc.). **R. fluvial,** river system. *El.E:* **R. de distribution de ville,** town mains. **R. électrique national,** the grid. (*b*) *Mil:* **Réseau(x) de barbelés,** barbed-wire entanglements.
résection [resɛksjɔ̃], *s.f. Surg:* Resection (of bone).
réséda [rezeda], *s.m. Bot:* Mignonette.
réséquer [reseke], *v.tr.* (**je résèque ; je réséquerai**) *Surg:* To resect (bone).
réservataire [rezɛrvatɛ:r], *a. Jur:* **Héritier r.,** heir who cannot be totally disinherited.
réservation [rezɛrvasjɔ̃], *s.f.* Reservation. **R. faite de tous mes droits,** without prejudice to my rights.
réserve [rezɛrv], *s.f.* **1.** (*a*) Reserving, reservation. **R. de places,** reservation, booking, of seats. (*b*) Reserve. **En r.,** in reserve. **Mettre qch. en r.,** to reserve sth.; to lay sth. by. **Mettre un navire en r.,** to put a ship out of commission. **Officier de r.,** reserve officer. **Fonds de r.,** reserve fund. **Pièces de r.,** spare parts. *Nau:* **Soute de r.,** spare bunker. *Ecc:* **La sainte R.,** the Reservation (of the Sacrament). **2.** (*a*) **Apporter une r. à un contrat,** to enter a reservation in respect of an agreement. **A la r. de . . .,** except for . . ., with the reservation of. . . . **A la r. que** + *ind.,* except that. . . . **Sous (la) r. de qch.,** subject to, contingent on, sth. *Jur:* **Sous r.,** without prejudice. **Sous toutes réserves,** without committing oneself. **Sans r.,** without reservation; unreservedly. **Éloges sans r.,** unqualified praise. (*b*) Reserve, guardedness, caution (in speech); coyness. **Se tenir sur la r.,** to be reserved; to be on one's guard. **3.** (*a*) Reserve (of provisions, etc.). *Mil: Navy:* Reserve (of men). (*b*) *Jur:* **R. légale,** portion (of inheritance) that must devolve upon the heirs. (*c*) *For: Ven:* Preserve, (game) reserve. *U.S:* **Réserve (indienne),** (Indian) reservation. **4.** *Engr: Dy: etc:* Resist. *Com: etc:* Store.
réservé [rezɛrve], *a.* Reserved. (*a*) Guarded, cautious. (*b*) Shy; (of woman) coy. (*c*) Stand-offish.
réserver [rezɛrve], *v.tr.* (*a*) To reserve; to set (sth.) aside; to put, lay, (sth.) by; to save (sth.) up; to keep (sth.) back; to keep (sth.) in store. **R. une place à qn,** to reserve a seat for s.o. **R. une danse à qn,** to save a dance for s.o. **Tous droits réservés,** all rights reserved. *P.N:* **"Pêche réservée",** 'private fishing.' **Se r. de faire qch.,** to reserve the right to do sth. *R.C.Ch:* **Cas réservé,** reserved case, sin. (*b*) To set apart (sum for a purpose, etc.).
se réserver pour qch., to reserve oneself, save oneself, hold back, wait, for sth.; to bide one's time.
réserviste [rezɛrvist], *s.m. Mil:* Reservist.
réservoir [rezɛrvwa:r], *s.m.* **1.** (*a*) Reservoir. (*b*) (Fish-) pond or tank. **2.** (*a*) Tank, well, cistern, container. **R. à mazout,** fuel-oil tank. **R. à gaz,** gas-holder, gasometer. (*b*) *I.C.E:* **R. d'essence,** petrol-tank. **R. en charge,** gravity feed-tank. *Mch:* **R. de vapeur,** steam-chamber, steam-space. *Min:* **R. à minerai,** ore-bin, ore-bunker. S.a. PORTE-PLUME.
résidence [rezidɑ̃:s], *s.f.* Residence. **1.** Residing. **Lieu de r.,** place of abode. **En r. surveillée,** under house-arrest. **2.** Dwelling-place, residence. **Changer de r.,** to move.
résident [rezidɑ̃], *s.m.* (*a*) *Adm:* Resident (diplomatic) minister or agent. (*b*) Resident (alien living in a foreign country).
résidentiel, -elle [rezidɑ̃sjɛl], *a.* Residential. **Quartier r.,** residential district.
résider [rezide], *v.i.* **1.** To reside, dwell, live (**à, dans,** at, in). **2. Toute la difficulté réside en ceci,** all the difficulty rests, lies, consists, in this.
résidu [rezidy], *s.m.* **1.** Residue, residuum. **Résidus urbains,** town refuse. **2.** (*a*) *Mth:* Residue (of a function). (*b*) *Com:* **R. de compte,** amount still owing; balance.
résiduaire [rezidɥɛ:r], *a.* Waste. *Ind:* **Eaux résiduaires,** waste-water, process-water.
résiduel, -elle [rezidɥɛl], *a.* Residual. *Physiol:* **Air r.,** supplemental air (in the lungs).
résignation [reziɲasjɔ̃], *s.f.* Resignation. **1.** Handing over, giving up (of a living, etc.). **2.** Submissiveness (to God); resignedness.
résigné [reziɲe], *a. & s.* Resigned (à, to); meek, uncomplaining.
résigner [reziɲe], *v.tr.* To resign (a possession, etc.); to give (sth.) up (à, to). **R. son âme à Dieu,** to commit one's soul to God. **R. un bénéfice,** to resign a living.
se résigner (à qch., à supporter qch.), to resign oneself, to submit (to sth., to enduring sth.).
résiliation [reziljasjɔ̃], *s.f.* Cancellation, annulment, termination (of contract).
résilience [reziljɑ̃:s], *s.f. Mec:* Resilience.
résili|er [rezilje], *v.tr.* To annul, cancel, terminate (agreement). *a.* **-able.**
résille [rezi:j], *s.f.* **1.** Hair-net. **2.** Cames (of stained-glass window).
résine [rezin], *s.f.* Resin.
résiner [rezine], *v.tr.* **1.** To dip in resin. **2.** To tap (fir-trees) for resin. *s.m.* **-age.**
résineux, -euse [rezinø, -ø:z], *a.* Resinous. *s.m.* **Forêt de résineux,** coniferous forest.
résinier [rezinje], *s.m. For:* Resin-tapper.
résinifère [rezinifɛ:r], *a.* Resin-producing (tree).
résistance [rezistɑ̃:s], *s.f.* Resistance. **1.** (*a*) Opposition (à, to). **Faire (de la) r.,** to offer resistance. *Pol:* (1939-45 war) **La R.,** the resistance movement. (*b*) *El.E:* **Caisse, boîte, de r.,** resistance box. **R. à curseur,** rheostat. *W.Tel:* **R. de fuite de la grille,** grid-leak. **2.** (*a*) Strength, toughness (of materials). **R. à la flexion,** bending-strength. **R. élastique,** yield stress. **R. de rupture,** ultimate stress. **R. à la traction,** tensile strength. **R. au choc,** impact resistance. **Limite de r.,** yield point. **Acier à haute r.,** high-resistance, high-tensile, steel. (*b*) Staying power,

stamina, endurance (of pers. or animal). **Pièce de r.**, (i) principal dish, substantial dish; (ii) principal feature.

résistant [rezistɑ̃], *a.* **1.** Resistant; strong, stout (material). *Arb: Bot:* **R. au froid**, frost-hardy. **Couleur résistante**, fast colour. **R. à l'acide**, acid-proof. **R. au choc**, crash-, shock-proof. **2.** *s.m. Pol:* (1939-45 war) Resister; member of the Resistance movement.

résister [reziste], *v.ind.tr.* To resist. (*a*) **R. à qn, à la justice**, to offer resistance to s.o., to the law. (*b*) **R. à qch.**, to withstand (pain, temptation, etc.); to hold out against (attack); to take, support (a stress). (*c*) **Ces couleurs ne résistent pas**, these colours are not fast.

résistivité [rezistivite], *s.f. El:* Resistivity.

résolu [rezɔly], *a.* **1.** Resolute, determined (person). **2. R. à faire qch.**, resolved, determined, to do sth.

résolubilité [rezɔlybilite], *s.f.* Resolvability.

résoluble [rezɔlybl], *a.* **1.** Solvable (problem). **2.** Annullable, terminable (contract).

résolument [rezɔlymɑ̃], *adv.* Resolutely, determinedly.

résolution [rezɔlysjɔ̃], *s.f.* **1.** (*a*) Resolution (of substance, of dissonance); solution (of problem). (*b*) Termination, annulment (of agreement); cancelling (of sale). **2.** Resolution, determination. (*a*) Resolve. **Prendre la r. de faire qch.**, to resolve to do sth., to determine to do sth. (*b*) Resoluteness. (*c*) **Prendre, adopter, une r.**, (of meeting) to pass, carry, adopt, a resolution.

résonance [rezɔnɑ̃:s], *s.f.* (*a*) Resonance. *Mus:* **Caisse de r.**, sound-box, -chest. (*b*) Repercussion; responsiveness.

résonateur [rezɔnatœ:r], *s.m. Acoustics: El:* Resonator.

résonnant [rezɔnɑ̃], *a.* Resounding, resonant, sonorous.

résonnement [rezɔnmɑ̃], *s.m.* Resounding, resonance, reverberation.

résonn|er [rezɔne], *v.i.* To resound, re-echo, reverberate; *F:* (of metal, etc.) to ring, clang, clank; (of string) to twang. **Le timbre électrique résonna**, the electric bell rang, sounded.

résorber [rezɔrbe], *v.tr. Med:* To resorb, reabsorb.

résorption [rezɔrpsjɔ̃], *s.f. Med:* Resorption.

résoudre [rezu:dr], *v.tr.* (*pr.p.* **résolvant**; *p.p.* (i) **résolu**, (ii) *Ph:* **résous, -oute**; *pr.ind.* **je résous, il résout, n. résolvons**; *p.h.* **je résolus**; *fu.* **je résoudrai**) **1.** (*a*) **R. qch. en qch.**, to resolve, dissolve, break up, sth. into sth. **La vapeur que le froid avait résoute en eau**, the steam that the cold had resolved into water. (*b*) *Jur:* To annul, cancel, terminate (contract). **2.** To resolve, clear up (a difficulty); to solve (equation); to work out (problem); to settle (a question). *Mus:* **R. une dissonance**, to resolve a discord. **3.** (*a*) *A:* **R. qn à faire qch.**, to induce, persuade, prevail upon, s.o. to do sth. (*b*) **On a résolu la guerre**, war has been decided upon. **R. de partir**, to resolve on going, to decide to go.

se résoudre. 1. Se r. en qch., to resolve, dissolve, into sth. **2. Se r. à faire qch.**, to make up one's mind to do sth., to bring oneself to do sth. **Il faut nous y r.**, we must do it, accept it (however reluctantly).

respect [rɛspɛ], *s.m.* Respect, regard. **Avoir le r. des lois**, to respect the law. **Parler avec r.**, to speak respectfully. **R. de soi**, self-respect. **R. humain** deference to public opinion; common decency. **Faire qch. par r. pour qn**, to do sth. out of respect for s o., out of regard for s.o. **Manquer de r. à, envers, qn**, to be disrespectful to s.o. **Tenir qn en r.**, (i) to keep s.o. at a respectful distance, at arm's length; (ii) to hold s.o. in check; (iii) to keep s.o. in awe. **Sauf le r. que je vous dois, sauf votre r.**, with all due respect, with all due deference. **Rendre ses respects à qn**, to pay one's respects to s.o.

respectabilité [rɛspɛktabilite], *s.f.* Respectability.

respectable [rɛspɛktabl], *a.* **1.** Respectable; worthy of respect. **2.** *F:* **Nombre r. de . . .**, fair number of. . . . *adv.* **-ment.**

respecter [rɛspɛkte], *v.tr.* To respect, have regard for (s.o.). **R. la loi, une décision**, to abide by the law, by a decision. **Faire r. la loi**, to enforce the law. **Un homme qui se respecte**, a self-respecting man. **Il se respecte trop pour faire cela**, He is above doing that.

respect|if, -ive [rɛspɛktif, -i:v], *a.* Respective. *adv* **-ivement.**

respectueu|x, -euse [rɛspɛktɥø, -ø:z], *a.* Respectful (**envers**, to, towards); dutiful (child). **R. des lois**, respectful of the law; law-abiding. *adv.* **-sement.**

respirable [rɛspirabl], *a.* Respirable, breathable.

respiration [rɛspirasjɔ̃], *s.f.* Respiration, breathing. **R. artificielle**, artificial respiration. **Couper la r. à qn**, (i) to wind s.o.; (ii) *F:* to take s.o.'s breath away. **Avoir la r. coupée**, (i) to be short of breath; (ii) to be flabbergasted.

respiratoire [rɛspiratwa:r], *a.* **1.** Respiratory, breathing (organ, etc.). **2. Casque r.**, (fireman's) smoke-helmet.

respirer [rɛspire]. **1.** *v.i.* To breathe. **R. longuement**, to draw a long breath. **"N'est-ce que cela?" Je respirai**, "Is that all?" I breathed again. **Laissez-moi r.**, let me get my breath. **2.** *v.tr.* (*a*) To breathe(in); to inhale. **Aller r. un peu d'air**, to go for a breather. (*b*) **R. la vengeance**, to breathe (out, forth) vengeance. **Ici tout respire la paix**, here everything breathes, betokens, peace.

resplend|ir [rɛsplɑ̃di:r], *v.i.* To be resplendent, to shine, to glitter. **R. de santé**, to glow with health. *s.m.* **-issement.**

resplendissant [rɛsplɑ̃disɑ̃], *a.* Resplendent, shining; dazzling. **Visage r. de santé**, face glowing, aglow, with health.

responsabilité [rɛspɔ̃sabilite], *s.f.* Responsibility; liability (**de**, for). **R. des patrons**, employer's liability. **Accepter une r.**, to assume, accept, a responsibility. **Engager la r. de qn**, to involve s.o.'s responsibility. **Engager sa r. personnelle**, to assume personal responsibility. **Faire qch. sous sa (propre) r.**, to do sth. on one's own responsibility. **R. civile**, civil liability.

responsable [rɛspɔ̃sabl], *a.* Responsible, accountable, answerable (**envers**, to; **devant**, before). **R. pour ses serviteurs**, answerable for one's servants. **Tenir qn r. de qch.**, to hold s.o. responsible for sth. **Être r. du dommage**, to be liable for the damage.

resquillage [rɛskija:ʒ], *s.m.* **resquille** [rɛskij], *s.f. F:* (*a*) Gate-crashing. (*b*) Wangling.

resquiller [rɛskije], *v.tr. & abs.* (*a*) *F:* To wangle. (*b*) To avoid paying (for); to gate-crash.

resquilleur, -euse [rɛskijœ:r, -ø:z], *s.* (*a*) *F:* Uninvited guest; gate-crasher; (*b*) Wangler.

ressac [rəsak], *s.m. Nau:* **1.** Underset, undertow. **2.** Surf.

ressaigner [rəsɛɲe], *v.tr. & i.* To bleed again.

ressaisir [rəsɛzi:r], *v.tr.* To seize again; to recapture.

se ressaisir. 1. To regain possession of oneself; to regain one's self-control; *F:* to pull oneself together. **2.** To recover one's balance (after stumbling).

ressass|er [rəsɑse], *v.tr.* (*a*) *A:* To re-sift. (*b*) *F:* **Toujours r. la même histoire**, to be for ever going back over, harking back to, the same old story. *s.m.* **-age.** *s.* **-eur, -euse.**

ressaut [rəso], *s.m.* **1.** (*a*) *Arch:* Projection. *Mec.E:* Swell, lug. **R. d'un projectile**, shoulder of a projectile. **Faire r.**, to project. (*b*) Sharp rise (in the ground). **2.** *Equit:* Rise (in the saddle).

ressauter [rəsote]. **1.** *v.i.* = TRESSAUTER. **2.** *v.tr. & i.* (*a*) To jump again. (*b*) To jump back.

ressemblance [rəsɑ̃blɑ̃:s], *s.f.* Resemblance, likeness. **Avoir, offrir, de la r. avec qn**, to bear, show, a resemblance to s.o.

ressemblant [rəsɑ̃blɑ̃], *a.* Like, alike. **Portrait bien r.**, good likeness.

ressembler [rəsɑ̃ble], *v.ind.tr.* **R. à qn, à qch.**, to resemble, to be like, to look like, s.o., sth. **Il n'y eut rien qui ressemblât à une émeute**, there was nothing approaching a riot. **Cela ne vous ressemble pas du tout**, *F:* it isn't a bit like you. **Cela ne ressemble à rien**, it's like nothing on earth.

se ressembler, to be (a)like. *F:* **Ils se ressemblent comme deux gouttes d'eau**, they are as like as two peas. S.a. S'ASSEMBLER.

ressemel|er [rəsəmle], *v.tr.* (Conj. like SEMELER) To resole (shoes). *s.m.* **-age.**

ressenti [rəsɑ̃ti], *a.* (Deeply) felt. *Art:* Strongly expressed.

ressentiment [rəsɑ̃timɑ̃], *s.m.* Resentment (**de**, at; **contre**, against).

ressentir [rəsɑ̃tiːr], *v.tr.* (Conj. like SENTIR) (*a*) To feel (pain, emotion). **R. de l'affection pour qn,** to be fond of s.o. (*b*) To resent (an injury). (*c*) To feel, experience (shock).

se ressentir d'un accident, to feel the effects of an accident. **Je me ressens de l'insulte que j'ai reçue,** I feel deeply the insult I have received.

resserre [rəsɛːr], *s.f.* **1.** (*a*) Storage; safe keeping. (*b*) Holding up (of food-stuffs, etc.). **2.** (*a*) Storage yard or shed; store-room. (*b*) Secret niche. (*c*) (Garden) tool-shed.

resserré [rəsɛre], *a.* Narrow, confined, cramped, shut in.

resserrement [rəsɛrmɑ̃], *s.m.* **1.** Contracting, contraction, tightening, narrowing. *Med:* Costiveness, constipation. **2.** Tightness, scarceness (of money). **R. de crédit,** credit squeeze. **3.** Heaviness, oppression (of heart).

resserrer [rəsɛre], *v.tr.* **1.** To put (sth.) away again; to lock up again. **2.** To contract, restrain, confine, close up, constrict. **R. un récit,** to condense, compress, a story. **3.** To tie (up) again; to draw (sth.) closer, tighter; to tighten.

se resserrer. **1.** To contract, shrink; to become tighter. **2.** To retrench; to curtail one's expenses.

resservir [rəsɛrviːr], *v.tr. & i.* (Conj. like SERVIR) To serve again; to be used again.

ressort[1] [rəsɔːr], *s.m.* **1.** (*a*) Elasticity, springiness. **Faire r.,** to be elastic, springy; to spring back, fly back. **Avoir du r.,** to be resilient; to be full of buoyancy, of bounce. (*b*) Spring. *Tp:* Spring-band (of headphones). **R. en spirale, à boudin,** spiral spring, coil-spring. **R. à feuilles, à lames,** laminated spring, leaf-spring. **Grand r., r. moteur,** mainspring. **Suspendu à ressorts,** sprung. **Sans ressorts,** unsprung. **Faire r.,** to act as a spring. *F:* **Faire jouer tous les ressorts,** to pull all the strings, to leave no stone unturned. **L'intérêt est un puissant r.,** interest is a powerful motive. **2.** *Jur:* (*a*) Province, scope, competence; (extent of) jurisdiction. **Être du r. de la cour,** to be, fall, within the competence of the court. (*b*) **Jugement en premier r.,** judgment with possibility of appeal. **En dernier r.,** (i) without appeal; (ii) *F:* in the last resort.

ressort[2]. See RESSORTIR.

ressortir [rəsɔrtiːr], *v.i.* (Conj. like SORTIR, except in 3) **1.** (*a*) (Aux. être) To come, go, out again. (*b*) *v.tr.* **R. les chaises,** to bring out the chairs again. **2.** (Aux. usu. être) (*a*) To stand out (in relief); to be evident. **Faire r. des couleurs,** to bring out, set off, colours. **Faire r. un fait,** to emphasize a fact. **Faire r. le sens de qch.,** to bring out the meaning of sth. (*b*) To result, follow (de, from). **Comme il ressort de la lettre ci-jointe,** as appears from the enclosed letter. **3.** (Aux. avoir) (*pr.p.* **ressortissant;** *pr.ind.* **il ressortit;** *p.d.* **il ressortissait**) (*a*) *Jur:* **R. à qn, à qch.,** to be under the jurisdiction of, to be amenable to (a court, a country). **Ces affaires ressortissent à l'arbitrage,** these cases belong to, come before, a conciliation court. (*b*) **Concepts qui ressortissent à la géométrie,** concepts that belong to geometry.

ressortissant [rəsɔrtisɑ̃]. **1.** *a.* Under the jurisdiction (à, of). **2.** *s.m.* **Les ressortissants d'un pays,** the nationals of a country.

ressouder [rəsude], *v.tr.* To resolder or reweld.

se ressouder, (of bone) to knit again, to join again.

ressource [rəsurs], *s.f.* Resource. **1.** (*a*) Resourcefulness. (*b*) **Ville de r.,** well-supplied town. **Être ruiné sans r.,** to be irretrievably ruined. **2.** Expedient, shift. **Avoir mille ressources,** to be full of expedients. **Faire r. de tout,** to turn all one's possessions into ready cash. **En dernière r. . . .,** in the last resort. . . . **3.** *pl.* Resources, means. **Être à bout de ressources,** to be at the end of one's resources, *F:* on one's last legs. **Être sans ressources,** to be penniless. **Ressources personnelles,** private means. **4.** *Av:* Flattening out.

ressouvenir [rəsuvniːr]. **I.** *v.* (Conj. like VENIR) To remember (again). **1.** *v.impers.* *A:* **Il me ressouvient de . . .,** I have a distant memory of. . . . **2.** *v.pr.* **Se r. de qch.,** to remember sth. (from long ago). **Faire r. qn de qch.,** to remind s.o. of sth.

II. ressouvenir, *s.m.* Remembrance.

ressu|er [rəsɥe], *v.i.* **1.** (Of walls, etc.) To sweat. **2.** **Faire r.,** to sweat, roast (lead and silver ore). *s.m.* **-age.**

ressuscitation [resysitasjɔ̃], *s.f.* Resuscitation.

ressuscité, -ée [resysite], *a. & s.* Resuscitated, revived (person).

ressusciter [resysite]. **1.** *v.tr.* (*a*) To resuscitate; to restore (s.o.) to life; to raise (the dead). (*b*) *F:* To revive (quarrel, fashion). **2.** *v.i.* To resuscitate, revive, come to life again. **Ressuscité d'entre les morts,** risen from the dead.

ressuyer [resɥije], *v.tr.* (Conj. like ESSUYER). To dry (out).

restant, -ante [rɛstɑ̃, -ɑ̃ːt]. **1.** *a.* (*a*) Remaining, left. (*b*) **Poste restante,** 'to be (held till) called for', '*poste restante.*' **2.** *s.* Remaining person, person left behind. **3.** *s.m.* (= RESTE) Remainder, rest. *Com:* **R. d'un compte,** balance of an account. **Quelques restants de nourriture,** a few remnants of food.

restaurant [rɛstɔrɑ̃]. **1.** *a.* Restoring, restorative (food). **2.** *s.m.* (*a*) Restorative. (*b*) Restaurant, eating-house.

restaurateur, -trice [rɛstɔratœːr, -tris], *s.* **1.** Restorer (of monument, etc.). **2.** *s.m.* Restaurant owner, restaurateur.

restauration [rɛstɔrasjɔ̃], *s.f.* Restoration (of building, dynasty, finances); restoring, re-establishment (of discipline).

restaurer [rɛstɔre], *v.tr.* (*a*) To restore (building, one's health, etc.); to re-establish (discipline). (*b*) To refresh (s.o.).

se restaurer. (*a*) To take refreshment, to refresh one's inner man. (*b*) To feed up (after illness).

reste [rɛst], *s.m.* **1.** Rest, remainder, remains. **Elle a des restes de beauté,** she still has traces of beauty. *F:* **Jouir de son r.,** to make the most of what is left, of one's remaining time. **Être en r.,** to be in arrears, behindhand. **Jouer son r.,** to play one's last stake. *F:* **Donner son r. à qn,** to finish s.o. off, to settle s.o. **Ne pas demander son r.,** to have had enough of it; to decamp. **Et le r.,** and so on; and so forth. *Ar:* **Division sans r.,** division with no remainder. **De r.,** left (over); over and above. **Avoir de l'argent de r.,** to have money and to spare. **Je sais de r. quelle patience cela exige,** I know only too well what patience it requires. **Au r., du r.,** besides, moreover. **2.** *pl.* (*a*) Remnants, remains; leavings, scraps (of a meal); left-overs. (*b*) **Restes mortels,** mortal remains.

rester [rɛste], *v.i.* (Aux. être) To remain. **1.** To be left. **Le seul espoir qui nous reste,** our only remaining hope. **Il me reste cinq francs,** I have five francs left. **Il reste beaucoup à faire,** much remains to be done. **(Il) reste à savoir si . . .,** it remains to be seen whether. . . . *Ar:* **Dix-neuf divisé par cinq, je pose 3, reste 4,** nineteen divided by five makes 3, and 4 over. **2.** (*a*) To stay, remain behind. (Of thg) **R. à la même place,** to remain in the same place. **Il restait là à me regarder,** he remained, sat, stood, there looking at me. **R. au lit,** to stay, keep, in bed. **R. (à) dîner,** to stay to dinner. **En r. là,** to stop at that point; to proceed no further. **Où en sommes-nous restés (de notre lecture, etc.)?** where did we leave off? **Livre qui restera,** book that has come to stay. *F:* **Y r.,** to be killed (on the spot). (*b*) *Pred.* **R. tranquille, calme,** to keep, still, calm. **R. bien avec qn,** to keep on good terms, to keep in, with s.o. **3.** *A:* (Aux. may be avoir) To stay, dwell. **J'ai resté trois mois à Paris,** I stayed in Paris for three months.

restitu|er [rɛstitɥe], *v.tr.* **1.** (*a*) To restore (building, text, etc.). (*b*) *Jur:* To reinstate, rehabilitate (s.o.). **2.** To restore (à, to); to hand (sth.) back, over; to return, refund (money); to make restitution of (sth.). *a.* **-able.**

restitution [rɛstitysjɔ̃], *s.f.* **1.** Restoration (of text, building). **2.** Restitution.

restreindre [rɛstrɛ̃ːdr], *v.tr.* (*pr.p.* **restreignant;** *p.p.* **restreint;** *pr.ind.* **je restreins, il restreint, n. restreignons;** *p.h.* **je restreignis;** *fu.* **je restreindrai**) To restrict; to curtail (expenses). **R. ses désirs,** to limit one's desires.

se restreindre. **1.** To cut down expenses; to retrench. **2. Se r. au strict nécessaire,** to limit oneself to strict necessities. **Se r. à faire qch.,** to limit oneself to doing sth.

restreint [rɛstrɛ̃], *a.* Restricted, limited. **Édition à tirage r.,** limited edition.
restrictif, -ive [rɛstriktif, -iːv], *a.* Restrictive (term); limitative (clause).
restriction [rɛstriksjɔ̃], *s.f.* Restriction; limitation (of authority). **R. mentale,** mental reservation. **Consentir sans r.,** to consent unreservedly. *Adm: Aut:* **Voie publique sans r. de vitesse,** unrestricted road.
restringent [rɛstrɛ̃ʒɑ̃], *a. & s.m.* Astringent.
résultant, -ante [rezyltɑ̃, -ɑ̃ːt]. **1.** *a.* Resultant; resulting (**de,** from); consequent (**de,** upon). **2.** *s.f. Mec: Mth:* **Résultante,** resultant.
résultat [rezylta], *s.m.* Result, outcome. **Donner des résultats,** to yield results. **Traitement sans r.,** ineffectual, ineffective, treatment. *Sp:* **Match sans r.,** draw.
résulter [rezylte], *v.i.* (Used only in the third pers. Aux. usu. **être**) To result, follow, arise (**de,** from). **Qu'en est-il résulté?** what was the result of it? what came of it? **Il en est résulté beaucoup de mal,** much harm resulted from this. **Il en résulte que** + *ind.,* consequently. . . .
résumé [rezyme], *s.m.* Summary, abstract, epitome, résumé, abridgement. *Jur:* **R. des débats,** summing up. **En r.,** in short, to sum up, in brief. *Journ:* **R. des chapitres précédents,** (summary of) the story so far.
résumer [rezyme], *v.tr.* To summarize; to give a summary of (sth.); to sum up (an argument).
se résumer, to sum up (what one has said); to amount, *F:* to boil down (**à,** to).
résurgence [rezyrʒɑ̃ːs], *s.f. Geol:* Reappearance (of subterranean river).
resurgir [resyrʒiːr], *v.i.* To resurge, to rise again.
résurrection [rezyrɛksjɔ̃], *s.f.* **1.** Resurrection. **2.** Revival (of the arts, etc.).
retable [rətabl], *s.m.* Retable, reredos, altar-piece.
rétablir [retabliːr], *v.tr.* To re-establish, restore, set up again. (*a*) **R. l'ordre,** to restore public order. **R. sa position,** (i) to retrieve one's position; (ii) to regain the upper hand. **R. sa santé,** to recover one's health. (*b*) **R. un texte,** to restore a text. (*c*) To reinstate (official); to bring (a law) into force again.
se rétablir. 1. (*a*) To recover; to get well again. **Je me sens bien rétabli,** I feel quite myself again. (*b*) **L'ordre se rétablit,** public order is being restored. **2. Se r. dans les bonnes grâces de qn,** to re-establish oneself in s.o.'s good graces.
rétablissement [retablismɑ̃], *s.m.* **1.** Re-establishment; restoration (of order, of building); reinstatement (of an official); retrieval (of fortune). **2.** Recovery (after illness). **3.** *Gym:* Pull-up. **Faire un r.,** to heave oneself up.
retailles [rətaːj], *s.f.pl. Tail:* Cabbage. *Furs:* Fur scraps.
retailler [rətaje], *v.tr.* To cut (sth.) again; to recut (file, etc.); to re-sharpen (pencil).
rétam|er [retame], *v.tr.* **1.** To re-tin. **2.** To re-silver (mirror). **3.** *P:* **Il est rétamé,** (i) he's tight; (ii) he's broke. *s.m.* **-age.**
retape [rətap], *s.f. F:* (Of woman) **Faire la r.,** to walk the streets, to solicit.
retap|er [rətape], *v.tr. F:* **1.** (*a*) To do up (hat, dress); to straighten (bed); to touch up or recast (speech, play); to buck (s.o.) up. *F:* **Se r. le moral,** to buck up. (*b*) **Se r. les cheveux,** to fluff out one's hair; to put one's hair straight. **2.** *P:* To plough, pluck (candidate). *s.m.* **-age.**
se retaper. *F:* = SE RÉTABLIR 1.
retard [rətaːr], *s.m.* (*a*) Delay, slowness; backwardness (of harvest, of child). **Agir sans r.,** to act without delay. **Le train a du r.,** the train is behind time. **Apporter du r. à (faire) qch.,** to be slow, behindhand, to delay, in doing sth. **En r.,** late, behindhand. **Mettre qn en r.,** to make s.o. late. **Être en r.,** (i) to be late; (ii) to be behindhand, in arrears. **En r. de dix minutes,** ten minutes late. **Moisson en r.,** backward harvest. **Élèves en r.,** backward pupils. **Être en r. sur son siècle,** to be behind the times. **Votre montre a dix minutes de r.,** your watch is ten minutes slow. (*b*) *Tchn:* Retardation. **R. diurne de la marée,** lag of the tides. *Mch:* **R. à l'admission,** retarded admission, late admission. *El:* **R. d'aimantation,** magnetic lag.
retardataire [rətardatɛːr]. **1.** *a.* (*a*) Late, behind time; behindhand, in arrears. (*b*) Backward (pupil, etc.). **2.** *s.* (*a*) Late-comer. (*b*) Loiterer; laggard. (*c*) Tenant in arrears.
retardateur, -trice [rətardatœːr, -tris]. **1.** *a.* Retarding. **2.** *s.m. Phot:* Restrainer.
retardation [rətardasjɔ̃], *s.f. Mec:* Retardation.
retardement [rətardəmɑ̃], *s.m.* **1.** Retardement, retarding. **2.** Delay, delayed action. *Mil:* **Action de r.,** delaying action. **Bombe à r.,** delayed-action bomb, time-bomb. **Mine à r.,** delayed-action mine.
retard|er [rətarde]. **1.** *v.tr.* (*a*) To retard, delay (s.o., sth.); to make (s.o.) late, *F:* to hang (s.o.) up. (*b*) To delay, put off (an event). (*c*) **R. la pendule,** to put back, set back, the clock. **2.** *v.i.* (*a*) To be late, slow, behindhand. **L'horloge retarde,** the clock (i) loses (time), (ii) is slow. **Il retarde sur son siècle,** he is behind the times. (*b*) (Of tides, etc.) To lag.
retâter [rətɑte]. **1.** *v.tr.* (*a*) To touch, feel, (sth.) again. (*b*) *F:* To sound (s.o.) again (**sur une affaire,** on a matter). **2.** *v.ind.tr.* **R. de qch.,** to try, taste, sth. again. *F:* **R. de la prison,** to go to prison again; *F:* to do another stretch.
reteindre [rətɛ̃ːdr], *v.tr.* (Conj. like TEINDRE) To redye.
retendre [rətɑ̃ːdr], *v.tr.* **1.** To stretch (sth.) again; to reset (trap); to spread (sail) again. **2.** To hold out (one's hand, etc.) again.
retenir [rətniːr], *v.tr.* (Conj. like TENIR) **1.** (*a*) To hold (s.o., sth.) back; to keep back (s.o. from falling, etc.); to detain. **R. qn,** (i) to keep hold of s.o.; (ii) to detain, delay, s.o. **R. l'attention,** to hold, arrest, the attention. **R. qn au lit,** to keep s.o. in bed, to confine s.o. to bed. **On m'a retenu pour ce soir,** I am booked for this evening. **R. qn prisonnier,** to keep s.o. prisoner. **Il ne faut pas que je vous retienne, je ne vous retiens pas,** I must not detain you, don't let me keep you. *Nau:* **Retenu par les glaces, par la marée,** ice-bound, tide-bound. (*b*) To hold (sth.) in position; to secure (sth.). **R. l'eau,** (i) to impound water; (ii) to be watertight. **2.** To retain. (*a*) **R. les gages d'un domestique,** to hold back, withhold, a servant's wages. **R. qch. par cœur,** to remember sth. by heart. (*b*) To engage (a servant); to reserve, book (a seat). *F:* **Je vous retiens!** I won't forget! I'll watch it next time! (*c*) *Ar:* **Je pose deux et je retiens cinq,** I put down two and carry five. *F:* **Je pose zéro, et je retiens tout,** I'm hanging on to this and you can whistle for the change. **3.** To restrain, curb, check (one's anger, etc.). **R. un cri,** to stifle a cry. **R. son souffle** to hold one's breath. **R. ses larmes,** to keep back, hold back, one's tears. **R. sa langue,** to put a curb on one's tongue. **R. qn de faire qch.,** to restrain s.o. from doing sth.
se retenir. 1. Se r. à qch., to catch hold of, cling to, sth. **2.** To restrain, control, contain, oneself; to hold oneself in. **Se r. de faire qch.,** to refrain from doing sth.
rétenteur, -trice [retɑ̃tœːr, -tris], *a.* Retaining; holding back (force, etc.).
rétention [retɑ̃sjɔ̃], *s.f.* **1.** *Med:* Retention (of urine, bile). **2.** *Jur:* Retaining (of pledge). **3.** *Ar:* Carrying (of a figure).
retentir [rətɑ̃tiːr], *v.i.* To (re)sound, echo, ring, reverberate. **Choc qui retentit dans tout l'organisme,** shock that causes repercussions throughout the organism.
retentissant [rətɑ̃tisɑ̃], *a.* Resounding, ringing, loud (voice, noise). **Discours r.,** speech that excited world-wide interest.
retentissement [rətɑ̃tismɑ̃], *s.m.* Resounding sound or noise; reverberation; repercussion (of an event, etc.). **Discours qui a eu un grand r.,** speech that excited universal interest. **Avoir peu de r.,** to pass almost unnoticed.
retenu [rətny], *a.* Prudent, circumspect, cautious.
retenue [rətny], *s.f.* **1.** (*a*) Withholding, deduction, docking (of pay, etc.). **Faire une r. de 5% sur les salaires,** to stop, deduct, 5% from the wages. **Traitement soumis à r.,** salary subject to superannuation contributions. (*b*) Sum kept back. (*c*) *Ar:* Carry over. **2.** *Sch:* Detention, keeping in. **3.** Reserve, discretion; modesty (in bearing); restraint (in one's words). **4.** (*a*) Holding back. **Clapet, soupape, de r.,** back-pressure valve, non-return valve. (*b*) Damming (of water). (*c*) Holding up, staying (of flagstaff, etc.). (*d*) Holding down. **5.** Dam; reservoir. **6. Retenues de mât d'antenne,** stays of an aerial mast. **7. R. d'air,** air-pocket (in pipe).

réticence [retisɑ̃:s], *s.f.* Reticence, reserve. *Jur:* Non-disclosure, concealment.
réticent [retisɑ̃], *a.* (*a*) Reticent. (*b*) Unwilling.
réticulaire [retikylɛ:r], *a.* Reticular.
réticule [retikyl], *s.m.* **1.** Reticule, hand-bag. **2.** Reticle, cross-wires, cross-hairs (of optical instrument).
rétif, -ive [retif, -i:v], *a.* Restive, stubborn, disobedient.
rétine [retin], *s.f. Anat:* Retina.
retiration [rətirasjɔ̃], *s.f. Typ:* Printing of verso, backing up, perfecting. **Presse à r.,** perfecting machine.
retiré [rətire], *a.* (*a*) Retired, remote (place). (*b*) **Vivre r.,** to live in retirement.
retirer [rətire], *v.tr.* **1.** (*a*) To pull, draw, (sth., s.o.) out; to withdraw (sth.). **R. un enfant du collège,** to take a child away from school. **R. des marchandises de la douane,** to take goods out of bond; to clear goods. **R. des bagages,** to take out luggage, *U.S:* to check out baggage. **R. son habit,** to take off one's coat. (*b*) **R. un profit de qch.,** to derive, draw, a profit from sth.; to reap a benefit from sth. (*c*) To extract (oil from shale). **2.** (*a*) **R. qch. à qn,** to withdraw sth. from s.o.; to take, snatch, sth. back from s.o. **R. sa faveur à qn,** to withdraw one's favour from s.o. **R. sa main,** to draw one's hand away. **R. une arme à qn,** to take a weapon away from s.o. **R. le permis de conduire à qn,** to disqualify s.o. from driving. (*b*) **R. sa parole, sa promesse,** to take back, withdraw, one's word, *F:* to back out. **R. sa candidature,** to withdraw one's candidature; to stand down. **3.** *Typ:* To reprint (book). *a.* **-able.**
se retirer. **1.** To retire, withdraw. **Se r. dans sa chambre,** to retire to one's bedroom. **Se r. de la lutte, du combat,** to retire from the field; to withdraw from the fight. (Of candidate) **Se r. en faveur de qn,** to stand down. **Vous pouvez vous r.,** you may go. **Se r. des affaires,** to retire (from business); to give up business. **2.** (Of waters) To fall, subside; (of sea) to recede; (of tide) to ebb.
rétivité [retivite], *s.f.* Obstinacy, mulishness.
retombant [rətɔ̃bɑ̃], *a.* Drooping; pendent.
retombée [rətɔ̃be], *s.f.* **1.** (*a*) *Arch:* Spring(ing) (of arch). (*b*) *Constr:* White frieze. **2.** Fall. **La r. du rideau,** the fall of the curtain. **3.** *Rad.-A:* Fall-out.
retomber [rətɔ̃be], *v.i.* (Aux. usu. **être**) **1.** To fall (down) again. **R. dans le vice, la misère,** to relapse into vice, into poverty. **R. malade,** to fall ill again. **R. dans l'oubli,** to sink into oblivion again. **2.** To fall (back). **R. sur sa chaise,** to sink back, drop back, into one's chair. **Laisser r. ses bras, son regard,** to drop one's arms, one's eyes. **Faire r. la faute sur qn,** to lay the blame on s.o. *F:* **Tout ça retombera sur moi,** it'll all come down on me. *F:* **R. sur ses pieds,** to fall on one's feet. **3.** To hang down. **Ses cheveux lui retombaient sur les épaules,** her hair hang down to her shoulders.
retord|re [rətɔrdr], *v.tr.* **1.** To wring out (the washing) again. **2.** *Tex:* To twist (thread, yarn, silk). **Métier à r.,** twisting mill. *F:* **Il vous donnera du fil à r.,** he will give you trouble, you'll have your work cut out with him. *s.m.* **-age.** *s.* **-eur, -euse.**
rétorquer [retɔrke], *v.tr.* (*a*) To retort. (*b*) To cast back, hurl back (accusation).
retors, -orse [rətɔ:r, -ɔrs], *a.* **1.** *Tex:* Twisted (thread, silk). **2.** Crafty, wily, intriguing (person); pettifogging, rascally (lawyer).
rétorsion [retɔrsjɔ̃], *s.f.* (*a*) Retorting. (*b*) *Internat. Jur:* Retortion (as a form of retaliation). **Mesures de r.,** retaliatory measures.
retouche [rətuʃ], *s.f.* (*a*) Slight alteration (**à,** in); retouching (**à,** of). *Art:* Retouch (to painting, to engraved plate). **Faire des retouches à un travail,** to retouch a piece of work. (*b*) *Phot:* Retouching.
retoucher [rətuʃe], *v.tr.* To retouch, touch up, improve (photograph, etc.).
retoucheur, -euse [rətuʃœ:r, -ø:z], *s.* **1.** *Phot:* Retoucher. **2.** *s.f. Dressm:* **Retoucheuse,** finisher.
retour [rətu:r], *s.m.* **1.** (*a*) Twisting, winding. **Tours et retours,** twists and turns. (*b*) Turn (of rope); lead (of tackle). (*c*) Turn, vicissitude, reversal (of fortune, opinion); revulsion (of feeling). **R. de conscience,** qualms of conscience. **Faire un r. sur soi-même,** to indulge in serious reflexions on one's conduct. **Faire un r. sur le passé,** to look back upon the past. (*d*) Recurrence (of fever, etc.). **2.** Return, going back, coming back. *Biol:* **R. à un type,** reversion to a type. **Être sur son r.,** to be on the point of returning. **Dès mon r.,** as soon as I am back. **A mon r.,** on my return. **Être de r.,** to be back (again). **Être sur le r.,** to be past middle age, past one's prime. *Med:* **R. d'âge,** change of life. **Partir sans r.,** to depart for ever. **Être perdu sans r.,** to be irretrievably lost. *Cin:* **R. en arrière,** flash-back. **R. sur l'avant-guerre,** flash-back to pre-war times. **Il est temps de songer au r.,** it is time to think of going back. **R. du travail,** back from work. *Aut:* **R. de manivelle,** back-fire kick. **Avoir des retours,** to back-fire. *El.E:* **R. par la terre,** earth return; earth circuit. **Conducteur de r.,** return conductor. *Mil:* **R. offensif,** counter-attack. *Post:* **Par r. du courrier,** by return of post. *Rail:* **Billet de r.,** return ticket. **Coupon de r.,** return half. *Typwr:* **R. automatique du ruban,** automatic ribbon reverse. **R. de chariot,** carriage return. S.a. ALLER II. 1, FLAMME[1] 1. **3.** (*a*) *Com:* Return (of goods). **Vendu avec faculté de r.,** on sale or return. *F: pl.* **Retours,** returns. (*b*) *Jur:* Reversion (of an estate). (Of estate) **Faire r. à un ascendant,** to revert to an ascendant. **4.** Return (for a kindness, service, etc.). **Payer qch. de r.,** to requite sth.; to reciprocate (feeling). **En r. de . . .,** in return for . . ., in exchange for. . . . **A beau jeu beau r.,** one good turn deserves another. *Sp:* **Match r.,** return match.
retournement [rəturnəmɑ̃], *s.m.* Turning; turning round; turning over; turning inside out; reversal. *Av:* **R. sur l'aile,** wing over.
retourner [rəturne]. **1.** *v.tr.* (*a*) To turn (a skin, etc.) inside out. **R. un habit,** (i) to turn a coat inside out; (ii) *Tail:* to turn a coat. S.a. VESTE. (*b*) To turn (sth.) over; to turn (sth.) up, down, back. **R. le sol,** to turn over the soil. **R. une idée,** to turn over an idea. **R. le foin, une omelette,** to turn the hay, an omelette. **R. une carte,** to turn up a card. **R. le fer dans la plaie,** to turn the knife in the wound. **R. une question dans tous les sens,** to thrash out a question. *P:* **Cela m'a retourné les sangs,** it gave me quite a turn. (*c*) To turn (sth.) round. **R. la tête,** to turn one's head; to look round. **R. les rires contre qn,** to turn the laughter against s.o. **R. une situation,** to turn the tables. **2.** *v.tr.* **R. qch. à qn,** to return sth. to s.o.; to give, send, sth. back to s.o. **3.** *v.i.* (Aux. **être**) (*a*) To return; to go back; to fly, drive, ride, sail, walk, back. **R. en toute hâte,** to hurry back. **Ne retournons pas sur le passé,** we won't go back to the past. **R. en arriere,** (i) to turn back, go back; (ii) to retrograde. *F:* **N'y retournez plus,** don't you do it again. *Biol:* **R. à un type,** to revert to a type. (*b*) (Of a crime, etc.) **R. sur qn,** to recoil upon s.o.; to come home to roost. **4.** *Impers.* **De quoi retourne-t-il?** (i) *Cards:* what are trumps? (ii) *F:* what is it all about? what's up?
se retourner. **1.** (*a*) To turn (round); to turn over. **Je sentais mon estomac se r.,** I felt my stomach heaving. *F:* **Avoir le temps de se r.,** to have time to look round. **Il sait se r.,** he is never at a loss. (*b*) To turn round, to look round, to look back. (*c*) To round (**contre qn,** on s.o.). **2.** To turn round, veer (in one's opinion). **3.** *F:* **S'en r. (à un endroit),** to return, go back (to a place). **Il s'en retourna sans dire (un) mot,** he went off without saying a word.
retracer [rətrase], *v.tr.* (Conj. like TRACER) **1.** To retrace (a line); to trace (sth.) again. **2.** To recall. **Tout ici me retrace ma jeunesse,** everything here recalls my youth.
rétractable [retraktabl], *a.* Retractable.
rétracter, *v.tr.* **1.** To retract; to draw in (claws, etc.). **2.** To withdraw, recant; *F:* to go back on (opinion, etc.). **R. ses paroles,** *F:* to eat one's words. *Jur:* **R. un arrêt,** to rescind, retract, a decree.
se rétracter. **1.** To shrink. *Med:* (of muscles, etc.) to retract. **2.** (*a*) To retract, recant. (*b*) To withdraw a charge.
rétractile [retraktil], *a.* Retractile (organ, etc.).
retraduire [rətradɥi:r], *v.tr.* (Conj. like TRADUIRE) To retranslate; to translate again; to translate (from a translation).

retrait [rətrɛ], *s.m.* **1.** (*a*) Shrinkage, shrinking (of wood, etc.). **Caler une frette à r.**, to shrink on a ring. (*b*) Retirement (of the waters). **2.** (*a*) Withdrawal (of order, of troops, etc.); cancelling (of licence); calling off (a strike). (*b*) Redemption, repurchase (of estate, etc.). **3.** Recess (in wall). **En r.**, recessed (shelves, etc.); sunk (panel). **Maison en r.**, house standing back, set back (from the alignment). *Typ:* **Ligne en r.**, indented line.

retraite [rətrɛt], *s.f.* **1.** (*a*) *Mil: Navy:* Retreat, withdrawal, retirement. **Battre en r.**, to beat a retreat; to retire. (*b*) *Navy:* **En r.**, on the quarter. **En ordre de r.**, in retiring order. **2.** Tattoo. **Battre, sonner, la r.**, to beat, sound, the tattoo. *Navy:* **Coup de canon de r.**, evening gun. **R. aux flambeaux**, torchlight tattoo. **3.** (*a*) Retirement (from active life). **Pension de r.**, retiring pension; *Mil:* retired pay. **Militaire en r.**, army pensioner. **Caisse de r.**, superannuation fund. **R. de vieillesse**, old-age pension. **Être en r.**, to be on the retired list. **Mettre qn à la r.**, to pension off, superannuate, s.o. S.a. MISE 1. (*b*) *Ecc:* Retreat. (*c*) **Vivre dans la r.**, to live in retirement. **4.** (*a*) Retreat; place of retirement. **Maison de r.**, (i) home (for old people); (ii) *Ecc:* House of Retreat. (*b*) (Place of) shelter; refuge; lair, haunt (of wild beasts).

retraité [rətrɛte]. (*a*) *a.* Pensioned-off; superannuated; (officer) on the retired list. **Soldat r.**, (army) pensioner. (*b*) *s.m.* Pensioner; person retired on a pension.

retraiter [rətrɛte], *v.tr.* To pension (s.o.) off; to retire, superannuate (s.o.).

retranché [rətrɑ̃ʃe], *a. Mil:* **Camp r.**, entrenched camp; fortified area; fortress.

retranchement [rətrɑ̃ʃmɑ̃], *s.m.* **1.** Cutting off; stopping (of ration, etc.); docking (of pension); excision (of a word). **2.** *Mil:* Retrenchment, entrenchment. *F:* **Forcer qn dans ses (derniers) retranchements**, not to leave s.o. a leg to stand on.

retrancher [rətrɑ̃ʃe], *v.tr.* **1.** (*a*) **R. qch. de qch.**, to cut off sth. from sth. **R. un passage d'un livre**, to cut, strike, a passage out of a book. (*b*) **R. qch. à qn**, to dock s.o. of sth. **R. le superflu**, to cut out everything unnecessary. **2.** *Mil:* To entrench, fortify (post).

se retrancher. **1.** *Mil:* To entrench oneself; to dig in. **2.** **Se r. derrière les ordres reçus**, to take refuge behind one's instructions.

retransmetteur [rətrɑ̃smɛtœːr], *s.m. W.Tel: El:* Retransmitter.

retransmettre [rətrɑ̃smɛtr], *v.tr.* (Conj. like METTRE) To retransmit.

retransmission [rətrɑ̃smisjɔ̃], *s.f. W.Tel:* Retransmission.

retravailler [rətravaje]. **1.** *v.tr.* To work (sth.) over again; to touch up. **2.** *v.i.* **R. à qch.**, to work at (sth.) again.

retraverser [rətravɛrse], *v.tr.* To recross.

rétréci [retresi], *a.* Narrow, contracted, restricted. **Esprit r.**, narrow mind.

rétréc|ir [retresiːr]. **1.** *v.tr.* (*a*) To narrow (a street, the mind); to contract, straiten; to shrink (garment); to waist (pipe). (*b*) To take in (garment). **2.** *v.i. & pr.* To contract; to narrow, to grow narrow. *s.m.* **-issement.**

retrempe [rətrɑ̃ːp], *s.f.* Retempering (of steel).

retremper [rətrɑ̃pe], *v.tr.* **1.** To soak, steep, again. **2.** (*a*) To retemper (steel, etc.). (*b*) To tone, brace, (s.o.) up; to reinvigorate (s.o.).

se retremper, to get toned up, braced up; to recruit; to acquire new strength.

rétribu|er [retribɥe], *v.tr.* To remunerate, pay (employee, service). *s.m.* **-teur.**

rétribution [retribysjɔ̃], *s.f.* Remuneration, reward; salary. **Fonctions sans r.**, unsalaried office; honorary duties.

rétro [retro], *s.m. F: Bill:* Pull-back, screw-back (stroke).

rétroact|if, -ive [retroaktif, -iːv], *a.* Retroactive, retrospective (law, etc.). *adv.* **-ivement.**

rétroaction [retroaksjɔ̃], *s.f.* **1.** Retroaction. **2.** *El.E: W.Tel:* Feed-back.

rétroactivité [retroaktivite], *s.f.* Retroactivity, retrospective effect (of law, etc.).

rétrocéder [retrəsede], *v.tr.* (Conj. like CÉDER) *Jur:* To retrocede, reassign (right, etc.).

rétrocessif, -ive [retrəsɛsif, -iːv], *a.* Retrocessive.

rétrocession [retrəsɛsjɔ̃], *s.f. Jur:* Retrocession, reconveyance.

rétrogradation [retrəgradasjɔ̃], *s.f.* **1.** *Astr:* Retrogradation, retrogression. **2.** *Mil:* Reduction (of N.C.O.) to lower rank.

rétrograde [retrəgrad], *a.* Retrograde, backward, reversed (motion). *Bill:* **Effet r.**, pull-back, screw-back.

rétrograder [retrəgrade]. **1.** *v.i.* To retrogress; to move backwards, to go back. **2.** *v.tr. Mil:* To reduce (N.C.O.) to a lower rank.

rétrogression [retrəgrɛsjɔ̃], *s.f.* Retrogression.

rétropédal|er [retrəpedale], *v.i.* To back-pedal. *s.m.* **-age.**

rétrospect|if, -ive [retrəspɛktif, -iːv]. (*a*) *a.* Retrospective. **Vue rétrospective**, retrospect. (*b*) *s.f.* **Rétrospective**, retrospect. *adv.* **-ivement.**

rétrospection [retrəspɛksjɔ̃], *s.f.* Retrospection.

retrouss|er [rətruse], *v.tr.* To turn up, roll up (one's sleeves, etc.); to tuck up (one's skirt); to turn up, twist up (one's moustache); to curl up (one's lip); to cock (one's hat). **Nez retroussé**, snub nose; turned-up nose. *s.m.* **-ement.**

retrouv|er [rətruve], *v.tr.* (*a*) To find (sth., s.o.) (again); to meet (with) (sth., s.o.) again; to rediscover (sth.). **R. son chemin**, to find one's way again. **R. ses forces**, to regain one's strength. (*b*) **Aller r. qn**, to go and join s.o. **Je vous retrouverai ce soir**, I shall see you again this evening. *a.* **-able.**

se retrouver. **1.** **Se r. dans la même position**, to find oneself once again in the same position. **2.** To find one's bearings. **Je ne puis m'y r.!** I can't make it out! **3.** To recover oneself; to collect one's wits. **4.** To meet again. **Comme on se retrouve!** how small the world is!

rétroviseur [retrəvizœːr], *s.m. Aut:* Driving mirror.

rets [rɛ], *s.m. Ven: A. & Lit:* Net. *F:* **Prendre qn dans ses r.**, to catch s.o. in one's toils.

réunion[1] [reynjɔ̃], *s.f.* Reunion. **1.** Bringing together, reuniting; junction, joining up again; connecting. **2.** (*a*) Coming together. **Droit de r.**, right of public meeting. **Salle de r.**, assembly room. (*b*) Assembly, gathering, meeting. **R. publique**, public meeting. (*c*) Social gathering.

Réunion[2] (**Île de la**). *Pr.n.f. Geog:* Reunion.

réunir [reyniːr], *v.tr.* To (re)unite; to join (things) together. **R. une armée**, to raise an army. **R. une assemblée**, to convene an assembly.

se réunir. (*a*) To meet; to gather together. (*b*) (Of banks, etc.) To amalgamate; (of churches) to unite. **Se r. contre qn**, to join forces against s.o. **Se r. pour faire qch.**, to join together to do sth.

réussi [reysi], *a.* Successful; successfully done. **Mal r.**, badly done; spoilt.

réussir [reysiːr]. **1.** *v.i.* (*a*) *A:* To result, issue (well or ill). **Cela lui a mal réussi**, it turned out badly for him. (*b*) **R. dans qch.**, to succeed, be successful, at, in, sth. **R. dans la vie**, to get on in life. **R. à faire qch.**, to succeed in doing sth. **Ne pas r.**, to fail. **Tout lui réussit**, he is successful in everything. (*c*) **La pièce a réussi**, the play is a success, has taken on. (*d*) (Of plant) To thrive. **Le homard ne me réussit pas**, I'm allergic to lobster. **2.** *v.tr.* To make a success of (sth.). **Je n'ai pas réussi le coup**, I didn't bring it off. *Cards:* **R. son contrat**, to make one's contract.

réussite [reysit], *s.f.* **1.** Issue, result, upshot. **Bonne r.**, happy issue. **Mauvaise r.**, ill-success. **2.** Success; successful result. **3.** *Cards:* Patience. **Faire une r.**, to play a game of patience.

revaccination [rəvaksinasjɔ̃], *s.f. Med:* Revaccination.

revacciner [rəvaksine], *v.tr.* To revaccinate.

revaloir [rəvalwaːr], *v.tr.* (Conj. like VALOIR; used chiefly in the *fu.*) To return, pay back, (esp. evil) in kind. *F:* **Je vous revaudrai cela!** (i) I'll be even with you yet! (ii) I shall do as much for you another time.

revaloriser [rəvalɔrize], *v.tr.* **1.** *Fin:* To revalorize (currency). **2.** *Com: F:* To stabilize (prices).

revanche [rəvɑ̃ːʃ], *s.f.* **1.** Revenge. (*a*) **Prendre sa r. sur qn**, to take one's revenge on s.o.; *F:* to get even with s.o. (*b*) *Games:* **Jouer la r.**, to play the return match or game. **2.** Requital; return service. **En r.**, (i) in return, in compensation; (ii) on the other hand. S.a. CHARGE 5.

revancher (se) [sərəvɑ̃ʃe], *v.pr.* To have one's revenge; to give as good as one gets.
rêvass|er [rɛvase], *v.i.* **1.** To dream of one thing and another. **2.** To muse (**à**, on); to indulge in day-dreaming; to be wool-gathering. *s.* **-eur, -euse.**
rêvasserie [rɛvasri], *s.f.* **1.** Musing, day-dreaming. **2.** *pl.* Day-dreams, idle musings.
rêve [rɛːv], *s.m.* **1.** Dream. **Faire un r.**, to have a dream. **2.** Day-dream. **C'est le r.!** it is everything one could desire; it is ideal. **Sortir d'un r.**, to come to one's senses.
revêche [rəvɛʃ], *a.* **1.** Harsh, rough (cloth, wine); (stone, wood) difficult to work. **2.** Crabbed, cross-grained, cantankerous.
réveil [revɛːj], *s.m.* **1.** (*a*) Waking, awakening. **A mon r., je me souvins . . .**, on waking, I remembered. . . . *F:* **Avoir un fâcheux r.**, to have a rude awakening. (*b*) *Mil:* **Sonner le r.**, to sound reveille. **2.** Alarm (-clock).
réveille-matin [revɛːjmatɛ̃], *s.m.inv.* = RÉVEIL 2.
réveiller [reveje], *v.tr.* **1.** To awake, awaken, wake, waken (s.o.); to wake (s.o.) up; to rouse (s.o.). **Ne réveillez pas le chat qui dort**, let sleeping dogs lie. **2.** To awaken, stir up, rouse (feelings, memories).
se réveiller. **1.** To awake; to wake (up). **Se r. célèbre**, to wake up to find oneself famous. S.a. SURSAUT. **2.** (Of feelings) To be awakened, roused, stirred up; to revive.
réveillon [revɛjɔ̃], *s.m.* Midnight supper (esp. after midnight mass on Christmas Eve, and on New Year's Eve). **Faire le r.** = RÉVEILLONNER.
réveillonner [revɛjɔne], *v.i.* To take part in a *réveillon*; to see the New Year in.
révélateur, -trice [revelatœːr, -tris]. **1.** *a.* Revealing, tell-tale (sign, etc.). S.a. BAIN 2. **2.** *s.* Revealer, discoverer (of plot, etc.). **3.** *s.m.* (*a*) *Phot:* Developer. (*b*) Detector (of leakages, etc.).
révélation [revelasjɔ̃], *s.f.* **1.** Revelation, disclosure; betrayal (of one's ignorance). *F:* **Ce fut une r.!** that was an eye-opener! **2.** *Theol:* Revelation.
révéler [revele], *v.tr.* (**je révèle; je révélerai**) **1.** (*a*) To reveal, disclose; *F:* to let out (secret). (*b*) To show; to betoken (kindness); to betray, reveal (faults). **2.** *Phot:* To develop (plate, image).
se révéler. **1.** (*a*) To reveal oneself, one's character. (*b*) To come to the front. **2.** To be revealed; to come to light.
revenant [rəvnɑ̃]. **1.** *a.* Pleasing, prepossessing (face, manners). **2.** *s.m.* Ghost. **Histoire de revenants**, ghost-story.
revendeur, -euse [rəvɑ̃dœːr, -øːz], *s.* (*a*) Retailer, middleman. (*b*) Second-hand dealer.
revendic|ation [rəvɑ̃dikasjɔ̃], *s.f.* **1.** Claiming. **2.** Claim, demand. **Action en r.**, action for recovery of property. *s.* **-ateur, -atrice.**
revendicatif, -ive [rəvɑ̃dikatif, -iːv], *a.* Demanding, claiming. **Une journée revendicative**, a day of protest.
revendiquer [rəvɑ̃dike], *v.tr.* (*a*) To claim, demand; to assert (one's rights). (*b*) **R. une responsabilité**, to assume a responsibility.
revendre [rəvɑ̃ːdr], *v.tr.* To resell; to sell (sth.) again. *F:* **Avoir de qch. à r.**, to have enough and to spare of sth.
revenez-y [rəvnezi], *s.m.inv.* *F:* **1.** Going back, return (to a habit, etc.); repetition. **Un r.-y de tendresse**, a return, renewal, of affection. **2.** Appetizing dish.
revenir [rəvniːr], *v.i.* (Conj. like VENIR. Aux. **être**) **1.** To return; to come back, come again; to walk, ride, drive, sail, fly, back. **R. à la hâte**, to hurry back. **On revient au chemin de fer**, we are coming back, reverting, to travel by rail. **Je suis revenu par chemin de fer**, I came back by rail. **L'herbe reviendra**, the grass will grow again. **Esprit qui revient**, ghost that walks. **R. sur ses pas**, to retrace one's steps, to turn back. **R. sur une promesse**, to go back on a promise. **R. sur ses aveux**, to retract one's confession. **Cette question est revenue sur l'eau**, this question has come up, cropped up, again. **R. sur un sujet**, to hark back to a subject. **Il n'y a pas à y r.**, there is no going back on it, the question cannot be re-opened. S.a. CHARGE 8, MOUTON 1, PONTOISE. **2.** **R. à qn.** (*a*) To return, come back, to s.o. **La mémoire me revient**, my memory is coming back. **Il me revient encore dix francs**, I have still ten francs to get. **Honneur qui me revient**, honour that falls to me by right. **A chacun ce qui lui revient**, to each his due. (*b*) **Son visage, son nom, me revient**, I am beginning to recall his face, his name. **Votre nom ne me revient pas**, I can't think of your name. **Il me revient que . . .**, it comes back to my mind that. . . . (*c*) **Son visage ne me revient pas**, I don't like his looks. (*d*) *Impers.* **Il me revient que vous dites du mal de moi**, I hear that you are speaking ill of me. **3.** (*a*) **R. de ses craintes, d'une maladie**, to get over one's fears, an illness. **R. d'une théorie**, to abandon a theory. **R. d'une erreur**, to realize one's mistake. **Être revenu de qch.**, to have lost one's infatuation for sth. **Vous en reviendrez**, you'll get over it. **Je n'en reviens pas!** I can't get over it! **En r. d'une belle**, to have had a narrow escape. **Il revient de loin**, he has been at death's door. **R. à soi**, to recover consciousness; *F:* to come round, to come to. (*b*) *Cu:* **Faire r.**, to brown (in a pan). **4.** **En r. à qch., y r.**, to revert, hark back, to sth. **Il y revient toujours**, he keeps coming back to it. **5.** (*a*) To cost. **Sa maison lui revient à 50.000 francs**, his house has cost him 50,000 francs. (*b*) To amount. **Cela revient au même**, it amounts, comes, to the same thing.
s'en revenir, *F:* to return; to wend one's way back.
revente [rəvɑ̃ːt], *s.f.* Resale. **Objet de r.**, second-hand article.
revenu [rəvny], *s.m.* **1.** Income (of pers.); revenue (of the State). **Impôt sur le r.**, income-tax. **2.** *Com:* (i) Yield (of investment); (ii) *pl.* incomings. **3.** *Metall:* Drawing the temper (of steel). **Couleur de r.**, tempering colour.
rêver [rɛve]. **1.** *v.i.* To dream. (*a*) **R. de qch.**, to dream (in one's sleep) about sth. (*b*) **R. à, sur, qch.**, to muse on, ponder over, sth. **R. creux**, to day-dream. (*c*) **R. tout éveillé**, to be full of idle fancies. **Vous rêvez!** you are dreaming! **2.** *v.tr.* To dream of (sth.). *F:* **Vous l'avez rêvé!** you must have dreamt it! **Il rêvait de faire un long voyage**, he longed to go for a long voyage.
réverbération [revɛrbɛrasjɔ̃], *s.f.* Reverberation.
réverbère [revɛrbɛːr], *s.m.* **1.** Reverberator, reflector (of heat). **Four à r.**, reverberatory furnace. **2.** (*a*) Reflector, reflecting mirror. (*b*) Street-lamp.
réverbérer [revɛrbere], *v.* (**il réverbère; il réverbérera**) To reverberate. **1.** *v.tr.* To reflect, throw back (heat, light). **2.** *v.i.* To be reverberated, reflected.
reverd|ir [rəvɛrdiːr]. **1.** *v.i.* (Of plants) To grow green again; (of pers.) to grow young again. **2.** *v.tr.* **Le printemps reverdit les champs**, spring makes the fields green again. *s.m.* **-issement.**
révérence [reverɑ̃ːs], *s.f.* **1.** (*a*) Reverence (**envers, pour**, for). (*b*) *A:* (To ecclesiastic) **Votre R.**, your Reverence. **2.** Bow or curtsey. **Faire la r. à qn; tirer sa r. à qn**, to bow to s.o.; to drop s.o. a curtsey. *F:* (*often Iron.*) **Je vous tire ma r.**, I must go.
révérenciel, -elle [reverɑ̃sjɛl], *a.* Reverential (respect or awe).
révérencieu|x, -euse [reverɑ̃sjø, -øːz], *a.* Overpolite, fussily ceremonious (person); ceremonious (compliment). *adv.* **-sement.**
révérend, -ende [reverɑ̃, -ɑ̃ːd], *a.* *Ecc:* Reverend. **Très r.**, very reverend.
révérendissime [reverɑ̃disim], *a.* *Ecc:* Most Reverend (Cardinal, Archbishop or Abbot).
révérer [revere], *v.tr.* (**je révère; je révérerai**) To revere; to reverence.
rêverie [rɛvri], *s.f.* Reverie; dreaming, musing.
reverr-ai, -as, etc. See REVOIR.
revers [rəvɛːr], *s.m.* **1.** (*a*) Reverse (side) (of coin); wrong side (of material); other side (of page). **R. de la main**, back of the hand. **Donner un r. de main à qn**, to deal s.o. a back-handed blow. **Coup de r.**, (i) *Ten:* back-hand stroke; (ii) *Fenc:* reverse. **Prendre une position à r.**, to take a position in reverse, in the rear. (*b*) Facing, lapel, revers (of coat, etc.); turn-over (of stocking). **R. de pantalon**, trouser turn-up. **Bottes à r.**, top-boots. **2.** Reverse (of fortune). **Essuyer un r.**, to suffer a reverse, a set-back.
reverser [rəvɛrse], *v.tr.* **1.** (*a*) To pour (sth.) out again. **Il me reversa à boire**, he poured me out another drink. (*b*) To pour (sth.) back. **2.** To shift (blame, responsibility) (**sur**, on to).

réversible [reversibl], *a.* **1.** Reversible. **2.** *Jur:* Revertible (**à, sur,** to).
réversion [reversjɔ̃], *s.f.* Reversion (**à,** to).
reversoir [rəverswa:r], *s.m.* Weir.
revêtement [rəvetmɑ̃], *s.m.* Facing, coating, casing, sheathing. *Join:* Veneer. *Fort:* Revetment. **Câble à r. en caoutchouc,** rubber-covered cable. **R. calorifuge,** lagging (of boiler). *Civ.E:* **Mur de r.,** revetment wall.
revêtir [rəveti:r], *v.tr.* (Conj. like VÊTIR) **1.** To clothe again; to reclothe. **2.** (*a*) To clothe, dress. **R. qn de qch.,** to dress, clothe, s.o. in sth.; to invest s.o. (with a dignity). **Pièce revêtue de votre signature,** document bearing your signature. *Lit:* **Revêtu de verdure,** verdure-clad. (*b*) *Const: etc:* To face, coat, case, sheathe; to lag (boiler). **Murs revêtus de boiseries,** walls lined with panelling; panelled walls. **3. R. un habit, un uniforme,** to put on a coat, a uniform. **R. la forme humaine,** to assume human shape.
se revêtir. 1. To put on one's clothes again. **2. Se r. de qch.,** to clothe oneself in sth., to put on sth.; to assume (a dignity).
rêveu|r, -euse [rɛvœ:r, -ø:z]. **1.** *a.* Dreaming, dreamy, musing. **D'un air r.,** dreamily, musingly. **2.** *s.* Dreamer. *adv.* **-sement.**
revien-s, -t, etc. See REVENIR.
revient [rəvjɛ̃], *s.m.* **1. (Prix de) r.,** cost price, prime cost. **2.** *Metalw:* Drawing the temper; tempering.
revigorer [rəvigɔre], *v.tr.* To reinvigorate.
revin-s, -t, etc. See REVENIR.
revirement [rəvirmɑ̃], *s.m.* **1.** Sudden change (of fortune); revulsion (of feeling). **2.** *Com:* Transfer, making over (of a debt).
revirer [rəvire], *v.i.* **1.** *Nau: A:* To tack, to go about. **2.** To turn round, to change sides, *F:* to rat.
revi-s, -t, etc. See REVIVRE and REVOIR.
revis|er [rəvize], **réviser** [revize], *v.tr.* **1.** (*a*) To revise (text, etc.). (*b*) To audit (accounts). (*c*) *Jur:* To reconsider (sentence). **2.** To examine, inspect (sth.) (again); to overhaul, go over (motor car). **Voiture révisée,** reconditioned car. *a.* **-able.**
reviseur [rəvizœ:r], **réviseur** [revizœ:r], *s.m.* Reviser, examiner; auditor. *Typ:* Proof-reader.
revision [rəvizjɔ̃], **révision** [revizjɔ̃], *s.f.* **1.** (*a*) Revision (of list, account). *Typ:* Proof-reading. (*b*) Audit(ing) (of accounts). (*c*) Reconsideration (of sentence). **2.** Inspection, testing (of boilers, etc.); overhaul(ing) (of motor car, etc.); medical examination (of recruits). *Mil:* **Conseil de r.,** army medical board (for recruiting).
revisionniste, révisionniste [rə-, revizjɔnist]. **1.** *a.* Revisory. **2.** *s.* Revisor, revisionist (usu. of the constitution).
revivifier [rəvivifje], *v.tr.* To revivify, revive.
revivre [rəvi:vr], *v.i.* (Conj. like VIVRE) (*a*) To live again; to come to life again; to revive. **Faire r. une coutume,** to revive a custom. (*b*) (With cogn. acc.) To relive (the past).
révocabilité [revɔkabilite], *s.f.* Revocability.
révocable [revɔkabl], *a.* **1.** Revocable. **2.** Removable (official); subject to dismissal.
révocation [revɔkasjɔ̃], *s.f.* **1.** Revocation (of will); repeal (of edict); rescinding, countermanding. **2.** Removal, dismissal (of an official).
révocatoire [revɔkatwa:r], *a.* Revocatory.
revoici [rəvwasi], *prep. F:* **Me r.!** here I am again!
revoilà [rəvwala], *prep. F:* **Le r.!** there he is again!
revoir [rəvwa:r], *v.tr.* (Conj. like VOIR) **1.** To see (s.o., sth.) again; to meet (s.o.) again. **On se reverra!** We shall meet again! *s.m.inv.* **Au r.,** good-bye (for the present). **2.** To revise; re-examine; to look over (accounts, manuscript); to read (proofs).
révoltant [revɔltɑ̃], *a.* Revolting, sickening, shocking; outrageous (behaviour).
révolte [revɔlt], *s.f.* Revolt, rebellion; mutiny.
révolté [revɔlte], *s.* Rebel, insurgent. *Mil: Navy:* Mutineer.
révolter [revɔlte], *v.tr.* To arouse (s.o.'s) indignation; to revolt (s.o.). **Ses procédés me révoltent,** his business methods disgust me. **Ce spectacle m'a révolté,** I was shocked at the sight.
se révolter, to revolt, rebel (**contre,** against). *Mil: Navy:* To mutiny.
révolu [revɔly], *a.* (Of time) Completed. **Avoir quarante ans révolus,** to have completed one's fortieth year. **Quand le temps sera r.,** in the fullness of time.
révolution [revɔlysjɔ̃], *s.f.* Revolution; upheaval; revulsion (of feeling). *Fr.Hist:* **La R.,** the Revolution (of 1789).
révolutionnaire [revɔlysjɔnɛ:r]. (*a*) *a. & s.* Revolutionary. (*b*) *s.* Revolutionist. *adv.* **-ment.**
révolutionner [revɔlysjɔne], *v.tr.* (*a*) To revolutionize (a country, etc.). (*b*) *F:* To give (s.o.) quite a turn.
revolver [revɔlvɛ:r], *s.m.* **1.** Revolver, *U.S:* gun. **R. à six coups,** *F:* six-shooter. **R. d'abattage,** humane killer (in slaughtering). **2.** (*a*) **(Porte-outils) r.,** revolving tool-holder; turret, capstan (of lathe). (*b*) Revolving nose-piece (of microscope).
révoquer [revɔke], *v.tr.* **1.** (*a*) To revoke, repeal, rescind (decree); to countermand (an order). (*b*) **R. qch. en doute,** to call sth. in question; to question (statement). **2.** To dismiss (official); to recall (ambassador).
revouloir [rəvulwa:r], *v.tr.* (Conj. like VOULOIR). To wish, desire (sth.) again. **En reveux-tu?** would you like any more?
revoyeur [rəvwajœ:r], *s.m.* Canal dredge-boat.
revue [rəvy], *s.f.* **1.** Review, survey, inspection; *Mil:* muster inspection. **Passer les troupes en r.; faire la r. des troupes,** to review, inspect, the troops; to take the salute at a march past. (Of troops) **Passer en r.,** to be reviewed, inspected. *Mil:* **R. de détail,** kit-inspection. **2.** (*a*) *Publ:* Review, magazine; journal. (*b*) *Th:* Revue. **3.** *F:* **Nous sommes de r.,** we shall meet again.
revue-féerie [rəvyfeeri], *s.f.* Pantomime.
revuiste [rəvyist], *s.m. & f. Th:* Composer of revues.
révulsé [revylse], *a.* **L'œil r.,** with turned up eyes.
révulser [revylse], *v.tr. Med:* To counter-irritate.
révulsif, -ive [revylsif, -i:v], *a. & s.m. Med:* Revulsive; counter-irritant.
révulsion [revylsjɔ̃], *s.f. Med:* Revulsion.
rez-de-chaussée [redʃose], *s.m.inv.* (*a*) Ground level, street level. (*b*) Ground-floor, *U.S:* first floor (of house); ground-floor flat.
rhabill|er [rabije], *v.tr.* **1.** To repair, overhaul, mend; to put (watch) in order. **2.** (*a*) To reclothe (s.o.). (*b*) To dress (s.o.) again. *s.m.* **-age.**
se rhabiller. (*a*) To put on one's clothes again. (*b*) To buy a new outfit.
rhabilleur [rabijœ:r], *s.m.* **1.** Repairer; esp. clock and watch repairer. **2.** *F:* Bone-setter.
rhabituer [rabitɥe], *v.tr.* **R. qn à qch.,** to reaccustom, reinure, s.o. to sth.
se rhabituer, to become reaccustomed, reinured (**à,** to).
rhapsodie [rapsɔdi], *s.f.* Rhapsody.
rhénan, -ane [renɑ̃, -an]. **1.** *a.* Rhenish; (of the) Rhine. **2.** *s.* Rhinelander.
Rhénanie [renani]. *Pr.n.f. Geog:* Rhineland.
rhénium [renjɔm], *s.m. Ch:* Rhenium.
rhéostat [reɔsta], *s.m. El:* Rheostat; variable resistance. **R. de démarrage,** starting rheostat; starter (of electric motor).
rhésus [resys], *s.m.* (*a*) *Z:* Rhesus (monkey). (*b*) *Biol:* **Facteur r.,** rhesus factor.
rhéteur [retœ:r], *s.m.* **1.** Rhetor. **2.** *F: Pej:* Mere talker.
rhétique [retik], *a.* **Les Alpes rhétiques,** the Rhaetian Alps.
rhétoricien [retɔrisjɛ̃], *s.m.* Rhetorician.
rhétorique [retɔrik], *s.f.* (*a*) Rhetoric. (*b*) *Sch: A:* **Classe de r.,** (now **classe de première**) = top classical form.
Rhin (le) [lərɛ̃]. *Pr.n.m. Geog:* The Rhine.
rhingrave [rɛ̃gra:v], *s.m. Hist:* Rhinegrave.
rhinite [rinit], *s.f. Med:* Rhinitis, coryza, cold in the head.
rhinocéros [rinɔserɔs], *s.m.* Rhinoceros.
rhinologie [rinɔlɔʒi], *s.f. Med:* Rhinology.
rhinoplastie [rinɔplasti], *s.f. Surg:* Rhinoplasty.
rhizome [rizo:m], *s.m. Bot:* Rhizome.
rhodanien, -ienne [rɔdanjɛ̃, -jɛn], *a. Geog:* Of the Rhone.
Rhodésie (La) [larɔdezi]. *Pr.n.f. Geog:* Rhodesia.
rhodium [rɔdjɔm], *s.m. Ch:* Rhodium.

rhododendron [rɔdɔdɛ̃drɔ̃], *s.m. Bot:* Rhododendron.
rhombe [rɔ̃:b], *s.m.* (*a*) *Cryst:* Rhomb. (*b*) *Geom:* Rhombus.
rhombique [rɔ̃bik], *a. Geom:* Rhombic.
rhomboèdre [rɔ̃bɔɛdr], *s.m.* Rhombohedron.
rhomboïdal, -aux [rɔ̃bɔidal, -o], *a. Geom:* Rhomboidal.
rhomboïde [rɔ̃bɔid], *s.m. & a.* Rhomboid.
Rhône (le) [lərɔ:n]. *Pr.n.m. Geog:* The (river) Rhone.
rhubarbe [rybarb], *s.f. Bot: Pharm:* Rhubarb.
rhum [rɔm], *s.m.* Rum.
rhumatisant, -ante [rymatizɑ̃, -ɑ̃:t], *a. & s.* Rheumatic (subject); *F:* rheumaticky (person).
rhumatismal, -aux [rymatismal, -o], *a.* Rheumatic (pain, fever).
rhumatisme [rymatism], *s.m.* (*a*) Rheumatism. S.a. NOUEUX 2. (*b*) *pl. F:* **Être perclus de r.,** to be crippled with rheumatism.
rhume [rym], *s.m. Med:* Cold. **Gros r.,** heavy cold. **R. de poitrine,** cold on the chest. **R. de cerveau,** cold in the head. **R. des foins,** hay fever. *P:* **Prendre qch. pour son r.,** to get hauled over the coals.
rhumerie [rɔmri], *s.f.* Rum distillery.
ri. See RIRE.
ria [ria], *s.f. Ph.Geog:* Ria. **Côte à rias,** ria coast.
riant [rjɑ̃], *a.* **1.** Smiling (face, etc.). **2.** Cheerful, agreeable, pleasant (prospect).
ribambelle [ribɑ̃bɛl], *s.f. F:* Usu. *Pej:* Long string (of animals, insults). Esp. **R. d'enfants,** swarm, whole lot, of brats.
ribaud, -aude [ribo, -o:d], *a. & s.* Ribald.
ribauderie [ribodri], *s.f. A:* Ribaldry.
ribote [ribɔt], *s.f. F:* Drunken bout. **Être en r.,** (i) to be tipsy; (ii) to be on the binge.
ribouldingue [ribuldɛ̃:g], *s.f. P:* Binge. **Faire la r.,** to be, or go, on the binge.
ribouler [ribule], *v.tr. P:* To turn, to roll. **R. les yeux,** to roll one's eyes.
ricanement [rikanmɑ̃], *s.m.* Unpleasant, sneering, or derisive laugh.
ricaner [rikane], *v.i.* To laugh unpleasantly, derisively; to sneer.
ricaneur, -euse [rikanœ:r, -ø:z]. **1.** *a.* Derisive (air, etc.). **2.** *s.* Sneerer, derider.
ric-à-rac [rikarak], *adv. F: O:* Strictly, punctually. **Payer qch. r.-à-r.,** to pay sth. to the very last farthing.
richard [riʃa:r], *s.m. F:* Man rolling in money.
riche [riʃ], *a.* **1.** Rich, wealthy, well-off. **Être r. à millions,** to be worth millions. **R. d'espérances,** rich in hope. **Pays r. en blé,** country rich in corn. **R. en protéine,** with a high protein content. S.a. FAIRE III. 3, NOUVEAU 2. *B:* **Le mauvais r.,** Dives. **2.** Valuable; handsome (gift). **Faire un r. mariage,** to marry into a wealthy family. *Com:* **Article r.,** superior article. **3.** *F:* **Une r. idée,** a slap-up idea. **Rater une r. occasion,** to miss a rare occasion. *adv.* **-ment.**
richelieu [riʃəljø], *s.m.* Lace-up shoes.
richesse [riʃɛs], *s.f.* **1.** Wealth. (*a*) **R. en matières premières,** wealth of raw materials. (*b*) Riches. **2.** Richness; fertility (of soil); exuberance (of vegetation); sumptuousness (of furniture).
richissime [riʃisim], *a. F:* Extremely rich; rolling in money.
ricin [risɛ̃], *s.m.* Castor-oil plant. **Huile de r.,** castor oil.
ricocher [rikɔʃe], *v.i.* (*a*) To rebound; to glance off. (*b*) (Of bullet, etc.) To ricochet.
ricochet [rikɔʃɛ], *s.m.* (*a*) Rebound. **Faire des ricochets (sur l'eau),** to make ducks and drakes. (*b*) Ricochet. (*c*) **Par r.,** indirectly.
ric-rac [rikrak], *adv. F: O:* = RIC-À-RAC.
rictus [rikty:s], *s.m.* **1.** Rictus. **2.** Grin.
ride [rid], *s.f.* **1.** Wrinkle (on the face). **Front creusé de rides profondes,** deeply lined brow. **Front sans rides,** smooth, unwrinkled, brow. **2.** Ripple (on water, sand); ridge (on sand). **3.** *Nau:* (Shroud) lanyard.
ridé [ride], *a.* **1.** Wrinkled. *Bot:* Rugose, rugous. **Pomme ridée,** shrivelled apple. **2.** Ribbed, corrugated, fluted. **Tôle ridée,** corrugated iron.
rideau [rido], *s.m.* **1.** Screen, curtain (of trees, etc.). *Mil: Navy:* **R. de fumée,** smoke-screen. **R. de feu,** fire-curtain. *For:* **R. forestier,** protective belt. *Pol: Hist:* **R. de fer,** Iron Curtain. **2.** (*a*) Curtain. **Garni de rideaux,** hung with curtains; curtained (bed). **Doubles rideaux,** draw-curtains. **Tirer les rideaux,** to draw the curtains. *F:* **Tirer le r. sur . . .,** to draw a veil over. . . . (*b*) *Th:* (Drop-)curtain. **R. d'entracte,** act-drop. **R. à huit heures précises,** the curtain rises at eight sharp. S.a. LEVER II. 2. (*c*) **R. de cheminée,** register of a fire-place. **Classeur à r.,** roll-shutter cabinet. *Phot:* **R. de châssis,** dark slide shutter. *Const:* **R. ondulé** rolling-shutter. (*d*) *Civ.E:* **R. d'étanchéité,** cut-off.
ridectomie [ridɛktɔmi], *s.f.* Face-lifting.
ridelle [ridɛl], *s.f.* Rack, rail (of cart). **Fausses ridelles,** (cart-)ladders.
rider [ride], *v.tr.* **1.** (*a*) To wrinkle, line (forehead, etc.); to shrivel (skin). (*b*) To corrugate, flute, rib (metal). **2.** To ripple, ruffle (the water).
se rider. **1.** To wrinkle; (of forehead, etc.) to become lined; (of apple) to shrivel up. **2.** (Of water) To ripple.
ridicule [ridikyl]. **1.** *a.* Ridiculous, laughable, ludicrous. **2.** *s.m.* (*a*) Ridiculousness, absurdity. **C'est d'un r. achevé,** it is perfectly ridiculous. **Tomber dans le r.,** to make oneself ridiculous. **Tourner qn en r.,** to hold s.o. up to ridicule; to poke fun at s.o. (*b*) Ridicule. **S'exposer au r.,** to lay oneself open to ridicule. (*c*) Ridiculous habit or touch. **Se moquer des ridicules de qn,** to make fun of s.o.'s ridiculous ways. *adv.* **-ment.**
ridiculiser [ridikylize], *v.tr.* To ridicule.
rien [rjɛ̃]. **I.** *pron. indef. m.* **1.** Anything. (In questions **rien** is preferred to **quelque chose** when a negative answer is expected. **Y a-t-il r. de plus triste?** is there anything more depressing? **2.** Nothing, not anything. (*a*) (With ne expressed) **R. ne l'intéresse,** nothing interests him. **Je n'ai r. à faire,** I have nothing to do. **Il n'y a r. à faire,** there is nothing to be done; it can't be helped. **Il ne faut r. lui dire,** he must not be told anything. **Il n'est r. de tel que de se bien porter,** there is nothing like health. **Il ne vous faut r. d'autre, r. autre chose?** do you require anything else? **Tout le reste n'est r.,** nothing else matters. **Cela ne fait r.,** that doesn't matter, it makes no difference. *F:* **Ça ne fait r.,** it's no odds. **Si cela ne vous fait r.,** if you have no objection, if you don't mind. **Comme si de r. n'était,** as if nothing had happened. **Il n'en est r.!** nothing of the kind! **Je n'en ferai r.,** I shall do nothing of the sort, nothing of the kind. **N'être pour r. dans une affaire,** to have no hand in a matter. *F:* **Il ne sait r. de r.,** he knows nothing at all. S.a. MOINS 1, MONDE 1. (*b*) (With ne understood) **Que faites-vous?—R., presque r.,** what do you do?—Nothing, hardly anything. **R. du tout,** nothing at all. **Venir à r.,** to come to nothing. **Parler pour r.,** to waste one's breath. **Merci, madame.—De r., monsieur,** thank you, madam—Please don't mention it. **En moins de r.,** in less than no time. **Une affaire de r. (du tout),** an insignificant matter. **Un (homme de) r. du tout,** a man of no account; a nobody. **R. de plus beau que . . .,** nothing could be finer than. . . . **Il m'a donné un couteau de r. du tout,** he gave me a measly knife. **Pour trois fois r.,** for next to nothing. *Ten:* **Quinze à r.,** fifteen love. (*c*) **Il est inutile de r. dire,** you needn't say anything. **Sans r. faire,** without doing anything. (*d*) **R. que,** nothing but, only, merely. **R. que ce silence le condamne,** his silence alone is sufficient proof against him. **Il tremblait r. qu'en le racontant,** only, merely, to tell of it made him tremble. *Adv.phr.* **Il m'a confié le secret r. qu'à moi,** he told me the secret, only just to me. (*e*) (With **ne . . . pas**) **On ne peut pas vivre de r.,** you can't live on nothing. **Ce n'est pas r.!** that's something! **Ce n'est pas pour r. que . . .** it is not without good reason that. . . . **3.** *P:* (Intensive) **Elle est r. chic!** she isn't half smart!
II. rien, *s.m.* **1.** Trifle; mere nothing. **Se piquer d'un r.,** to take offence at the slightest thing. **S'amuser à des riens,** to trifle. **Il le fera en un r. de temps,** he'll do it in no time. **2.** Just a little. **Donnez-moi un r. de fromage,** give me just a taste of cheese.
rieur, -euse [rjœ:r, -ø:z]. **1.** *a.* Laughing; fond of laughter. **2.** *s.* Laugher. **Avoir les rieurs de son côté,** to have the laugh on one's side.

riflard[1] [riflaːr], *s.m. Tls:* **1.** Coarse file (for metals). **2.** Paring chisel. **3.** Jack-plane. **4.** Plastering trowel.
riflard[2], *s.m. F:* Umbrella; *F:* brolly, gamp.
rifler [rifle], *v.tr.* (*a*) To plane. (*b*) To pare. (*c*) To file.
rigide [riʒid], *a.* Rigid; tense (muscle, etc.); cast-iron (etiquette); fixed (angle). *adv.* **-ment.**
rigidité [riʒidite], *s.f.* Rigidity; stiffness; tenseness. **R. cataleptique,** cataleptic rigor. **R. cadavérique,** rigor mortis.
rigolade [rigɔlad], *s.f. P:* Fun; lark, spree.
rigolard, -arde [rigɔlaːr, -ard]. *P:* **1.** *a.* (*a*) Fond of a lark; full of fun. (*b*) = RIGOLO. **2.** *s.* Merry person, joker.
rigole [rigɔl], *s.f.* Drain, furrow-drain, trench, gutter, channel.
rigoler [rigɔle], *v.i. P:* (*a*) To laugh. (*b*) To have some fun, to enjoy oneself.
rigoleur, -euse [rigɔlœːr, -øːz]. **1.** *a.* Fond of fun. **2.** *s.* (*a*) Laugher. (*b*) Jolly chap; joker.
rigolo, -ote [rigɔlo, -ɔt]. *P:* **1.** *a.* (*a*) Comical, laughable, funny. **Ce n'est pas r.,** it's no joke. (*b*) Surprising, queer. **2.** *s.* Wag, joker. **3.** *s.m.* Revolver or pistol.
rigorisme [rigɔrism], *s.m.* Rigorism, strictness.
rigoriste [rigɔrist]. **1.** *a.* Rigorous; strict (code of morals). **2.** *s.* Rigorist; rigid moralist.
rigoureu|x, -euse [rigurø, -øːz], *a.* Rigorous. **1.** Severe, harsh; hard (winter). **2.** Strict. **Observer une neutralité rigoureuse,** to observe strict neutrality. *adv.* **-sement.**
rigueur [rigœːr], *s.f.* **1.** Rigour, harshness, severity. **Les rigueurs du sort,** the hardships of fate. **Prendre des mesures de r.,** to take rigorous, severe, measures. **User de r. avec qn,** to be severe with, hard on, s.o. **Tenir r. à qn,** to refuse to relent towards s.o. **2.** Strictness. **La r. d'un raisonnement,** the closeness, exactness, of a piece of reasoning. (Of thg) **Être de r.,** to be indispensable, compulsory, obligatory. **L'habit n'est pas de r.,** evening dress is optional. **A la r.,** (i) rigorously, strictly; (ii) if need be, if really necessary. **A la r. on peut se servir de . . .,** at a pinch one may use. . . .
rillettes [rijɛt], *s.f.pl. Cu:* Rillettes, potted mince (of pork, etc.).
rimailler [rimɑje], *v.i. F:* To string rhymes together.
rimailleur [rimɑjœːr], *s.m. F:* Rhymester.
rimaye [rimɑːj], *s.f. Mount:* Bergschrund.
rime [rim], *s.f. Pros:* Rhyme. **Rimes plates, suivies,** alternate masculine and feminine couplets; couplet rhymes. **Rimes croisées, alternées,** alternate rhymes. **Dictionnaire de rimes,** rhyming dictionary. *F:* **Sans r. ni raison,** without rhyme or reason.
rimer [rime]. **1.** *v.tr.* To versify; to put (tale, etc.) into rhyme. **2.** *v.i.* (*a*) (Of word) To rhyme (**avec,** with; **à,** to). *F:* **Cela ne r. à rien,** there's no sense, neither rhyme nor reason, in it. (*b*) (Of pers.) To rhyme, to write verse.
rimeur [rimœːr], *s.m.* Rhymer, rhymester.
rinceau [rɛ̃so], *s.m.* **1.** *Arch:* Foliated scroll. **2.** (Curtain) loop-hook.
rince-bouteilles [rɛ̃sbuteːj], *s.m.inv.* Bottle-washing machine.
rince-doigts [rɛ̃sdwa], *s.m.inv.* Finger-bowl.
rincée [rɛ̃se], *s.f. P:* Drubbing, thrashing.
rin|cer [rɛ̃se], *v.tr.* (**je rinçai(s); n. rinçons**) To rinse (clothes); to rinse out (glass). *P:* **Se r. le gosier, la dalle,** to wet one's whistle. *s.m.* **-çage.**
rincette [rɛ̃sɛt], *s.f. P:* Nip (of spirits, after coffee).
rinceur, -euse [rɛ̃sœːr, -øːz], *s.* Rinser (of clothes, etc.).
rinçoir [rɛ̃swaːr], *s.m.* Rinsing-bowl.
rinçure [rɛ̃syːr], *s.f.* Rinsings, slops.
ring [riŋ], *s.m. Box:* Ring.
ringard [rɛ̃gaːr], *s.m.* (Furnace) fire-iron, poker, slice-bar, pricker.
ripaille [ripɑːj], *s.f. F:* Feasting, carousal. **Faire r.,** to feast, carouse.
ripaill|er [ripɑje], *v.i. F:* To feast, carouse, revel. *s.* **-eur, -euse.**
ripe [rip], *s.f.* **1.** *Tls: Sculp: etc:* Scraper. **2.** *Fr.C:* Wood shavings.
rip|er [ripe]. **1.** *v.tr.* To scrape, polish (stone). **2.** *v.tr.* (*a*) To slip (chain on capstan, etc.). (*b*) To slide along, to shift (load). **3.** *v.i.* (*a*) (Of hawser) To scrape, rub. (*b*) (Of wheels) To skid. *s.m.* **-age.** *s.m.* **-ement.**
Ripolin [ripɔlɛ̃], *s.m. R.t.m:* Ripolin enamel.
ripoliner [ripɔline], *v.tr.* To paint (walls, etc.) with Ripolin enamel.
riposte [ripɔst], *s.f.* Riposte. **1.** *Box: Fenc:* Counter. **2.** (*a*) Retort. (*b*) Counterstroke.
riposter [ripɔste], *v.i.* **1.** *Box: Fenc:* To riposte, counter. **2.** To retort.
ripuaire [ripɥɛːr], *a. & s.* Ripuarian.
riquiqui [rikiki], *s.m. F:* **1.** (*a*) The little finger. (*b*) Undersized person. **2.** Brandy (of poor quality). **Un petit verre de r.,** a little drop of spirits.
rire [riːr]. **I.** *v.i.* (*pr.p.* **riant**; *p.p.* **ri**; *pr.ind.* **je ris, n. rions, ils rient**; *pr.sub.* **je rie**; *p.h.* **je ris**; *fu.* **je rirai**) **1.** To laugh. **R. franchement de . . .,** to laugh out at. . . . **Se tenir les côtes de r., r. comme un bossu,** to be convulsed with laughter, to shake with laughter. **R. bruyamment,** to guffaw. **R. en soi-même, r. tout bas,** to laugh to oneself; to chuckle. **R. faux, pointu,** to force a laugh. **R. bêtement,** (i) to haw-haw, (ii) to giggle, titter. S.a. ANGE 1, BARBE[1] 1, CAPE 1, DENT 1, ÉCLAT 2, ÉCLATER 2, etc. **Il a ri (jusqu')aux larmes,** he laughed till he cried. **C'était à mourir de r.,** *P:* **à crever de r.,** it was killingly funny. **Ne pas avoir le cœur à r.,** not to be in a laughing mood. *F: Iron:* **Vous me faites r.,** don't make me laugh. **Il n'y a pas de quoi r.,** it is no laughing matter. **R. de qn,** to laugh at s.o. **R. d'une histoire,** to laugh over a story. *Prov:* **Tel qui rit vendredi dimanche pleurera,** laugh on Friday, cry on Sunday. **Rira bien qui rira le dernier,** he laughs longest who laughs last. S.a. NEZ 1. **2.** To jest, joke. **Vous voulez r.!** you are joking! **Prendre qch. en riant,** to laugh sth. off. **Pour r.,** for fun, for a joke. **Journal pour r.,** comic paper. **Roi pour r.,** sham king. **Soldats pour r.,** make-believe soldiers. **Je l'ai fait histoire de r.,** I did it for a joke, for fun. S.a. MOT 1. **3.** (*a*) **R. à qn,** to greet s.o. with a smile. (*b*) To be favourable, propitious (**à,** to). **La fortune lui rit,** fortune smiles on him.

se rire. (*a*) **Se r. de qn,** to laugh at, mock at, s.o. (*b*) **Se r. de qch.,** to make light of sth.

II. rire, *s.m.* (*a*) Laughter, laughing. **Éclat de r.,** burst of laughter. **Il eut un court éclat de r.,** he gave a short laugh. **Avoir un accès de fou r.,** to be overcome with uncontrollable laughter. **Cette pièce est un fou r.,** this play is a screaming farce. (*b*) **Un r.,** a laugh. **Il eut un r. d'incrédulité,** he laughed incredulously. **Il eut un r. gras,** he gurgled with laughter.
ris[1] [ri], *s.m. A. & Poet:* Laugh, laughter.
ris[2], *s.m. Nau:* Reef (in sail). **Prendre un r.,** to take in a reef. **Voile au bas r.,** close-reefed sail. **Larguer un r.,** to shake out a reef.
ris[3], *s.m. Cu:* **R. de veau, d'agneau,** sweetbread.
risée [rize], *s.f.* **1.** (*a*) Jeer, mockery. (*b*) Laughing-stock, butt. **2.** *Nau:* Light squall.
risette [rizɛt], *s.f.* (Child's) pretty laugh or smile. **Fais (la) r. à papa!** now smile to daddy!
risible [rizibl], *a.* Ludicrous, laughable (mistake). *adv.* **-ment.**
risotto [rizɔto], *s.m. Cu:* Risotto.
risque [risk], *s.m.* Risk. **Courir un r.,** to run, incur, a risk. **A tout r.,** at all hazards. **Vous le faites à vos risques et périls,** you do it at your own risk. **Au r. de sa vie,** at the risk, peril, of his life. *Ins:* **Police tous risques,** all-in, comprehensive, policy. **Risques de guerre,** war-risks.
risqué [riske], *a.* (*a*) Risky. **Une affaire très risquée,** a risky, hazardous, business. (*b*) Risqué. **Chanson risquée,** risqué, daring, song.
risqu|er [riske], *v.tr.* To risk, venture, chance. **R. sa vie,** to risk one's life. **Je ne veux rien r.,** I am not taking any risks, any chances. *Prov:* **Qui ne risque rien n'a rien,** nothing venture, nothing have. **R. le coup,** to chance it. *a.* **-able.**

se risquer, to take a risk; to take risks. **Se r. à faire qch.,** to venture, to make bold, to do sth.
risque-tout [riskətu], *s.m.inv.* Desperado, dare-devil.
rissole [risɔl], *s.f. Cu:* Rissole.
rissoler [risɔle], *v.tr. Cu:* To brown.

ristourne [risturn], *s.f.* (*a*) Refund; return (of amount overpaid); rebate. (*b*) *Com:* Discount.
ristourner [risturne], *v.tr.* To refund, return (amount overpaid).
rite [rit], *s.m.* Rite.
ritournelle [riturnɛl], *s.f.* *Mus:* Ritornelle. *F:* **C'est toujours la même r.,** he's always harping on the same string. *Com:* **R. publicitaire,** (advertising) jingle.
ritualisme [ritɥalism], *s.m.* *Ecc:* Ritualism.
ritualiste [ritɥalist]. **1.** *a.* Ritualistic. **2.** *s.* Ritualist; *Pej:* ceremonialist.
rituel, -elle [ritɥɛl]. **1.** *a.* Ritual. **2.** *s.m.* Ritual. *R.C.Ch:* Ceremonial.
rivage [riva:ʒ], *s.m.* Bank, side (of river); shore, strand (of lake, sea); waterside.
rival, -ale, -aux [rival, -o], *a. & s.* Rival. **Sans r.,** unrivalled.
rivaliser [rivalize], *v.i.* **R. avec qn,** (i) to rival s.o.; (ii) to compete, vie, with s.o.; to emulate s.o. **Il peut r. avec les meilleurs,** he can hold his own, compare, with the best. **R. d'efforts avec qn,** to vie with s.o.
rivalité [rivalite], *s.f.* Rivalry, emulation.
rive [ri:v], **1.** Bank (of river); shore (of lake); waterside; skirt (of a wood). **La r. droite, gauche,** the right, left, bank (of river). **2.** *Tchn:* Edge, edging.
rivelaine [rivlɛn], *s.f.* *Tls:* *Min:* Pick.
river [rive], *v.tr.* (*a*) To rivet. (*b*) To clinch (nail). *F:* **R. son clou à qn,** (i) to shut s.o. up; (ii) to give s.o. a piece of one's mind.
riverain, -aine [rivrɛ̃, -ɛn]. **1.** *a.* (*a*) Riparian, riverside, waterside, riverain (owner, property, etc.). (*b*) Bordering on a road, on a wood, etc.; wayside (property, etc.). **2.** *s.* (*a*) Riverside resident. (*b*) Borderer (upon a road, etc.). *P.N:* **"Interdit sauf aux riverains,"** 'residents' cars only.'
rivet [rivɛ], *s.m.* (*a*) Rivet. **Assemblage à rivets,** riveted joint. (*b*) Clinch.
rivet|er [rivte], *v.tr.* **(je rivette; je rivetterai)** To rivet. *s.m.* **-age.**
riveteur [rivtœ:r], *s.m.* **riveur** [rivœ:r], *s.m.* *Metalw:* Riveter.
riveteuse [rivtø:z], *s.f.*, **riveuse** [rivø:z], *s.f.* *Tls:* Riveting-machine.
rivière [rivjɛ:r], *s.f.* **1.** River, stream. S.a. RUISSEAU 1. **2.** *Geog:* **La R. (de Gênes),** the Riviera. **3. R. de diamants,** diamond rivière.
rivoir [rivwa:r], *s.m.* Riveting-hammer.
rivure [rivy:r], *s.f.* **1.** Riveting. **2.** (*a*) Rivet(ed) joint. (*b*) Rivet head. **3.** (*a*) Pin-joint. (*b*) Hinge-pin.
rixe [riks], *s.f.* Brawl, scuffle, affray.
riz [ri], *s.m.* Rice. **R. en paille,** paddy. **R. décortiqué,** husked rice. **Eau de r.,** rice-water. *Cu:* **R. au lait** [riolɛ], rice pudding. **Gâteau de r.,** rice shape. S.a. PAPIER 1, POUDRE 2.
rizerie [rizri], *s.f.* Rice-mill.
rizicole [rizikɔl], *a.* **Production r.,** rice output.
riziculteur [rizikyltœ:r], *s.m.* Rice-grower.
riziculture [rizikylty:r], *s.f.* Rice-growing.
rizière [rizjɛ:r], *s.f.* Rice-plantation; paddy-field.
riz-pain-sel [ripɛ̃sɛl], *s.m. inv.* *Mil:* *P:* The Commissariat.
robe [rɔb], *s.f.* **1.** (*a*) (Lady's) dress. **R. du soir,** evening dress. (*b*) **R. de chambre,** dressing-gown. **R. d'intérieur,** house-coat. **R. de plage,** sundress. **Pommes de terre en r. de chambre,** potatoes in their jackets. (*c*) (Long) robe, gown (of lawyer, etc.). **Les gens de r.; la r.,** the legal profession. **2.** (*a*) Skin (of onion, sausage, etc.); husk (of bean); outer leaf (of cigar). (*b*) Coat (of horse, dog).
robin [rɔbɛ̃], *s.m.* *Pej:* *F:* Gentleman of the robe; lawyer.
robine [rɔbi:n], *s.f.* *Fr.C:* *P:* Surgical spirit; methylated spirit.
robinet [rɔbinɛ], *s.m.* (Stop-)cock; tap, *U.S:* faucet. **R. à flotteur,** ball-cock. *Mch:* **R. d'extraction,** blow-off cock. **Ouvrir, fermer, le r.,** to turn on, turn off, the tap, the gas, the water, etc. *F:* **Ouvrir le r.,** to turn on the water-works. **Tourner le r.,** to turn (on, off) the tap. **R. à, d', eau froide,** cold-tap. *I.C.E:* **R. d'arrivée d'essence,** petrol-tap. *Pers:* *F:* **R. d'eau tiède,** old bore.
robinetier [rɔbinɛtje], *s.m.* Manufacturer or seller of taps and faucets.
robinetterie [rɔbinɛtri], *s.f.* **1.** Tap-factory. **2.** Collection of taps (on a control-panel, etc.).
robinier [rɔbinje], *s.m.* *Bot:* False acacia.
robineux [rɔbinø], *s.m.* *Fr.C:* *P:* Methylated spirit drinker.
robot [robo], *s.m.* Robot. **Avion r.,** pilotless plane. *Jur:* **Portrait r.,** composite picture, artist's impression, sketch impression.
robre [rɔbr], *s.m.* *Cards:* Rubber.
robuste [rɔbyst], *a.* Robust; sturdy (child); stout (faith); hardy (plant); strongly built (bicycle). *adv.* **-ment.**
robustesse [rɔbystɛs], *s.f.* Robustness, sturdiness, hardiness; strength.
roc [rɔk], *s.m.* Rock. **Ferme comme le r.,** as firm as a rock.
rocaille [rɔka:j], *s.f.* (*a*) Rock-work. **Jardin de r.,** rockery; rock-garden. (*b*) Rubble.
rocailleux, -euse [rɔkajø, -ø:z], *a.* (*a*) Rocky, pebbly, stony. (*b*) *F:* Rugged, harsh (style).
rocambole [rɔkɑ̃bɔl], *s.f.* **1.** Spanish garlic. **2.** *F:* Traveller's tale, cock-and-bull story.
rocambolesque [rɔkɑ̃bɔlɛsk], *a.* Fantastic, incredible (adventures, etc.).
rochassier [rɔʃasje], *s.m.* *Mount:* Rock-climber.
roche [rɔʃ], *s.f.* Rock, boulder. **R. de fond,** bed-rock. **Roches sédimentaires,** sedimentary rocks. **Clair comme de l'eau de r.,** clear as crystal. **Avoir un cœur de r.,** to have a heart of stone. **Homme de la vieille r.,** man of the good old stock, of the old school. **Il y a quelque chose sous r.,** there is something in the wind. S.a. ANGUILLE 1, CRISTAL 1.
rocher [rɔʃe], *s.m.* Rock (high and pointed); crag. **Côte hérissée de rochers,** rock-bound coast. **Le r. de Gibraltar,** the rock of Gibraltar. **R. branlant,** rocking stone, logan-stone. **Ferme comme un r.,** firm as a rock.
rochet [rɔʃɛ], *s.m.* Ratchet. **Roue à r.,** ratchet-wheel.
rocheux, -euse [rɔʃø, -ø:z], *a.* Rocky, stony. **Les montagnes Rocheuses,** the Rocky Mountains, the Rockies.
rocking(-chair) [rɔkiŋ(ʃɛr)], *s.m.* *F:* Rocking-chair.
rococo [rɔkɔko]. **1.** *a.inv.* (*a*) Rococo; in the French XVIII century style. (*b*) *F:* Antiquated, old-fashioned. **2.** *s.m.* **Le r.,** rococo, baroque.
rodage [rɔda:ʒ], *s.m.* Grinding. **1.** Lapping, polishing (of shaft, gem); grinding in (of glass stopper, of valve). *Aut:* **"En r.,"** 'running in.' **2.** Wearing (of parts).
roder [rɔde], *v.tr.* To grind. (*a*) To lap, polish; to grind in (glass stopper, valve). **Poudre à r.,** abradant. (*b*) **Moteur encore mal rodé,** engine not yet run in.
rôder [rode], *v.i.* **1.** To prowl; to be on the prowl. **R. les rues,** to prowl about the streets. **2.** (Of ship) **R. sur son ancre,** to veer at anchor.
rôdeur, -euse [rodœ:r, -ø:z]. **1.** *a.* Prowling. **2.** *s.* Prowler.
rodoir [rɔdwa:r], *s.m.* Grinding-tool.
roentgenthérapie [rœntgɛnterapi], *s.f.* *Med:* Roentgenotherapy, röntgenotherapy.
Rogations [rɔgasjɔ̃], *s.f.pl.* *Ecc:* Rogation-days.
rogatoire [rɔgatwa:r], *a.* *Jur:* Rogatory.
rogatons [rɔgatɔ̃], *s.m.pl.* Scraps (of food); odds and ends.
Roger [rɔʒe]. *Pr.n.m.* Roger. **Un R. Bontemps,** a happy-go-lucky fellow, a jovial soul. *Med:* **Maladie de R.,** Roger's disease, *F:* hole in the heart.
rogne [rɔɲ], *s.f.* *P:* **Être en r.,** to be cross, in a temper. **Ça vous fiche en r.,** that makes you see red.
rogn|er [rɔɲe], *v.tr.* To clip, trim, pare. **R. les tranches,** to cut, trim, the edges (of a book). *F:* **R. les ailes à qn,** to clip s.o.'s wings. **R. les morceaux à qn,** to cut down s.o.'s allowance or profits. S.a. ONGLE. *s.m.* **-age.** *s.m.* **-ement.** *s.* **-eur, -euse.**
rognoir [rɔɲwa:r], *s.m.* Paring-tool.
rognon [rɔɲɔ̃], *s.m.* **1.** *Cu:* Kidney (of animals). **2. R. de silex,** flint-nodule, kidney-stone.
rognonn|er [rɔɲɔne], *v.i.* *P:* To grumble, growl; to grouse. *s.m.* **-ement.**
rognures [rɔɲy:r], *s.f.pl.* Cuttings, clippings, parings; trimmings; scraps.
rogomme [rɔgɔm], *s.m.* *F:* Spirits, liquor. **Voix de r.,** husky voice (of a drunkard).
rogue[1] [rɔg], *a.* Arrogant, haughty (voice).

rogue², *s.f. Fish:* Salted cod-roe (used as bait).

roi [rwa], *s.m.* King. **Les rois de France,** the kings of France, the French kings. **De par le r.,** in the King's name. **Morceau de r.,** dish fit for a king. **La maison du r.,** the royal household. **Jour, fête, des Rois,** Twelfth-day, Epiphany. **Veille des Rois,** Twelfth-night. **Tirer les Rois** = to celebrate, keep, Twelfth-night, the Epiphany. *F:* **R. du pétrole,** oil magnate. **R. des resquilleurs,** champion gate-crasher. *Cards:* **Le r. de trèfle,** the king of clubs. **R. second,** guarded king. *Chess:* **Le r.,** the king.

roide [rwad], *a.*, **roideur** [rwadœ:r], *s.f.*, **roidir** [rwadi:r], *v.tr.* = RAIDE, RAIDEUR, RAIDIR.

roitelet [rwatlɛ], *s.m.* **1.** Petty king. **2.** *Orn:* Wren.

rôle [ro:l], *s.m.* **1.** *(a)* Roll (of parchment, etc.). *(b) Jur: etc:* Roll (of court); list; register. *Mil:* Roster. **A tour de r.,** in turn, by turns, in rotation. **Faire qch. à tour de r.,** to take turns in doing sth. *Nau:* **R. de l'équipage,** list of the crew; muster-roll. **2.** *Th:* Part, rôle. **Premier r.,** leading part; leading man; leading lady. *Cin:* **R. de composition,** character. **Assigner un r. à qn,** to cast s.o. for a part. **Distribution des rôles,** (i) casting, (ii) cast (of the play). **Jouer un r. important dans une affaire,** to play, take, a prominent part in an affair. **Sortir de son r.,** (i) to go beyond one's part; (ii) to take too much upon oneself.

rollier [rɔlje], *s.m. Orn:* Roller.

romain, -aine¹ [rɔmɛ̃, -ɛn]. **1.** *a. & s.* Roman. **2.** *s.m. Typ:* Roman type. **3.** *s.f.* **Romaine,** cos lettuce.

romaine², *s.f.* Steelyard. S.a. BALANCE 1, BASCULE 1.

romaïque [rɔmaik], *a. & s.m. Ling: etc:* Romaic; modern Greek.

roman¹ [rɔmɑ̃], *s.m.* **1.** *(a)* Novel. **R. à thèse,** roman à thèse, tendenz novel. **Roman-cycle, roman-fleuve,** saga novel. **R. policier,** detective novel. *F:* **R. à deux sous,** penny dreadful. *(b)* **L'histoire de notre rencontre est tout un r.,** the story of our meeting is quite a saga. *(c) Publ:* **Le r., les romans,** (prose) fiction. **2.** *Mediev.Lit:* Romance. **Le R. de la Rose,** the Romaunt of the Rose.

roman², -ane [rɔmɑ̃, -an], *a. & s.m.* **1.** *Ling:* Romance, Romanic. **2.** *Arch:* Romanesque; (in Eng.) Norman.

romance [rɔmɑ̃:s], *s.f. Mus:* (Sentimental) song, drawing-room ballad.

romancé [rɔmɑ̃se], *a.* **Biographie romancée,** biographical novel.

romancier, -ière [rɔmɑ̃sje, -jɛ:r], *s.* Novelist.

romand [rɔmɑ̃], *a. Geog:* **La Suisse romande,** French Switzerland.

romanesque [rɔmanɛsk], *a.* Romantic (idea, etc.). *adv.* **-ment.**

roman-feuilleton [rɔmɑ̃fœjtɔ̃], *s.m. Journ:* Serial (story). *pl. Des romans-feuilletons.*

romanichel, -elle [rɔmaniʃɛl], *s.* *(a)* Gipsy, romany. *(b)* Vagrant.

romaniste [rɔmanist], *s.m.* **1.** *Ecc:* Romanist. **2.** *Ling:* Student of the Romance languages.

romantique [rɔmɑ̃tik]. **1.** *a.* Romantic; belonging to the Romantic school of literature. **2.** *s.* Romanticist. S.a. CLASSIQUE 3. *adv.* **-ment.**

romantisme [rɔmɑ̃tism], *s.m. Lit.Hist:* Romanticism.

romarin [rɔmarɛ̃], *s.m. Bot:* Rosemary.

rombière [rɔ̃bjɛ:r], *s.f. P:* (Slightly pretentious or ridiculous) woman. **Vieille r.,** old hag.

Rome [rɔm]. *Pr.n.f. Geog:* Rome. *Prov:* **Tout chemin mène à R.,** all roads lead to Rome.

rompre [rɔ̃:pr], *v.* (*pr.ind.* **je romps, il rompt, ils rompent**) **1.** *v.tr.* To break. *(a)* To break in two (with an effort); to snap (stick, bough). **Se r. le cou,** to break one's neck. S.a. LANCE 1. *(b)* To disrupt. **R. un chemin,** to break up a road. (Of stream) **R. ses digues,** to burst its banks. **Se r. une artère,** to burst, rupture, an artery. **Applaudir à tout r.,** to bring down the house. *F:* **R. la tête, les oreilles, à qn,** (i) to make a deafening noise; (ii) to drive s.o. crazy (with questions, etc.). **Se r. la tête,** to cudgel one's brains. *Mil:* **R. le pas,** to break step. **Rompez!** dismiss! *Mil: Navy:* **R. les postes de combat,** to disperse. S.a. GLACE 1, RANG 1. *(c)* **R. le silence,** to break the silence. **R. une promesse,** to break a promise. S.a. BAN 2. *(d)* **R. un coup, un choc,** to break the force of a blow, to deaden a shock. *(e)* **R. un mariage, une conversation,** to break off an engagement, a conversation. **R. un tête-à-tête,** to interrupt a private conversation. **R. un marché,** to call off a deal. *El:* **R. un circuit,** to break, open, a circuit. *(f)* **R. l'équilibre,** to upset the equilibrium, the balance. **R. les chiens,** (i) to call off the hounds; (ii) *F:* to change the subject; (iii) *F:* to put an end to the conversation. *(g)* **R. qn à la discipline, aux affaires,** to break s.o. in to discipline, to train s.o. to business. **R. qn à la fatigue,** to inure s.o. to fatigue. **2.** *v.i.* *(a)* To break (off, up, asunder). **R. avec qn,** to break with s.o. **R. avec une habitude,** to break (off) a habit. S.a. VISIÈRE 1. *(b)* (Of troops) **R. devant l'ennemi,** to break before the enemy. *(c) Box: etc:* To retreat. *Fenc:* To break.

se rompre. 1. To break (asunder); (of branch) to snap, break off; (of ice) to break (up). **2. Se r. à qch.,** to break oneself in to sth.; to accustom oneself to sth.

rompu [rɔ̃:py], *a.* *(a)* Broken. **Être r. de fatigue,** to be worn out, tired out. S.a. BÂTON 1, JAMBE 1. *(b)* Broken in. **Être r. aux affaires,** to be experienced in business.

romsteck [rɔmstɛk], *s.m. Cu:* Rump-steak.

ronce [rɔ̃:s], *s.f.* **1.** *Bot:* Bramble; blackberry-bush. **2.** Thorns. **R. artificielle,** barbed wire. **3.** Curl (in grain of wood). **R. de noyer,** bur-walnut.

ronce-framboise [rɔ̃sfrɑ̃bwa:z], *s.f. Hort:* Loganberry. *pl. Des ronces-framboises.*

ronceraie [rɔ̃srɛ], *s.f.* Patch of ground covered with brambles.

ronceux, -euse [rɔ̃sø, -ø:z], *a.* **1.** Brambly. **2. Acajou r.,** figured mahogany.

ronchonn|er [rɔ̃ʃɔne], *v.i. F:* To grumble, grouse.

ronchonneur, -euse [rɔ̃ʃɔnœ:r, -ø:z], *s. F:* Grumbler; *f.* scold.

roncier [rɔ̃sje], *s.m.* **roncière** [rɔ̃sjɛ:r], *s.f.* Thick bramble-bush.

rond, ronde [rɔ̃, rɔ̃:d]. **I. 1.** *a.* *(a)* Round (table, etc.); rounded (arm); plump (figure). **Bourse ronde,** well-lined purse. *adv.* (Of wheel) **Tourner r.,** to run true. *F:* **Les usines tournent r.,** the factories are running smoothly. *F:* **Elle ne tourne plus r.,** she's off her head. *(b)* **Voix ronde,** full voice. **En chiffres ronds,** in round figures. **Compte r.,** round sum, even money. *F:* **Homme tout r.,** straightforward, bluff, man. **Il est r. en affaires,** he does a straight deal. *(c) P:* Drunk. **2.** *s.m.* *(a)* Round, ring, circle. **Le chat se met en r.,** the cat curls up, coils itself up. **Danser en r.,** to dance in a ring. S.a. EMPÊCHEUR. **R. de serviette,** napkin ring. **Tourner en r.,** to go round in a circle (when lost). *(b)* Disc. *Mec.E:* Washer. **R. de pain, de saucisson,** slice, round, of bread, of sausage. **R. de beurre,** pat of butter. **R. de cuir,** (round leather) chair cushion. S.a. ROND-DE-CUIR. *P:* **Il n'a pas un r.,** he hasn't a brass farthing.

II. ronde, *s.f.* **1.** *(a)* Round (dance). *(b) Mil: etc:* Round(s); (of policeman) beat. **Faire la r.,** to go the rounds. *A:* **La r. de nuit,** (i) the watch patrol; (ii) the watch. *Fort:* **Chemin de r.,** wall-walk, parapet-walk, rampart-walk. *(c)* Round-hand (writing). *(d) Mus:* Semibreve. **2. A la r.,** around. **A dix lieues à la r.,** for thirty miles round. **(Faire) passer le vin à la r.,** to pass the wine round, to hand round the bottle. **Boire à la r.,** to drink in turn.

rond-de-cuir [rɔ̃dkɥi:r], *s.m. F:* *(a)* Clerk (esp. in Government service); pen-pusher. (*Cf.* ROND 2) **Vieux r.-de-c.,** old stick-in-the-mud. *(b)* Bureaucrat. *pl. Des ronds-de-cuir.*

rondeau [rɔ̃do], *s.m.* **1.** *Fr.Lit:* Rondeau. **2.** *Mus:* Rondo.

rondel [rɔ̃dɛl], *s.m. Fr.Lit:* Rondel.

rondelet, -ette [rɔ̃dlɛ, -ɛt], *a.* Roundish, plumpish (person). **Somme rondelette,** nice, tidy, little sum. **Doigts rondelets,** podgy fingers.

rondelle [rɔ̃dɛl], *s.f.* **1.** Small round; disc (of card-board, etc.); slice (of sausage, etc.). **R. fusible,** fusible plug (of boiler). **2.** *(a)* Ring. *(b)* Washer. **R. à ressort,** spring washer. *(c)* Ring (of ski stick). *(d) Fr.C:* **R. (de hockey),** (Ice-hockey) puck.

rondement [rɔ̃dmɑ̃], *adv.* *(a)* Roundly, briskly, promptly, smartly. **Mener r. les choses,** to hustle things on. *(b)* **Il nous a dit r. que . . .,** he told us straight that. . . .

rondeur [rɔ̃dœːr], *s.f.* **1.** Roundness, rotundity; fullness (of shape); *pl.* rounded forms or lines. **2.** Frankness, outspokenness.
rondin [rɔ̃dɛ̃], *s.m.* (*a*) (Round) billet; log (of firewood). **Chemin de rondins,** corduroy road. (*b*) Thick stick; cudgel.
rondouillard [rɔ̃dujaːr], *a.* *F:* Plump, fat.
rond-point [rɔ̃pwɛ̃], *s.m.* (*a*) Circus (where several roads meet). (*b*) Roundabout, *U.S:* traffic circle. *pl. Des ronds-points.*
ronflant [rɔ̃flɑ̃], *a.* **1.** Snoring. **2.** (*a*) Rumbling, booming, humming, whirring, throbbing (noise). (*b*) **Voix ronflante,** booming voice. **Titres ronflants,** sonorous titles. **Tirade ronflante,** high-sounding tirade.
ronflement [rɔ̃fləmɑ̃], *s.m.* **1.** (*a*) Snoring. (*b*) Snore. **2.** Rumbling, booming, humming, whirring. *W.Tel:* Buzzing; mains hum (in loudspeaker.)
ronfler [rɔ̃fle], *v.i.* **1.** To snore. **2.** (Of wind, fire, etc.) To roar; (of organ) to boom; (of top) to hum; (of engine) to whirr.
ronfleur, -euse [rɔ̃flœːr, -øːz], *s.* Snorer.
rongeant [rɔ̃ʒɑ̃], *a.* (*a*) Corroding; rodent (ulcer). (*b*) Gnawing; carking (care).
ronger [rɔ̃ʒe], *v.tr.* **(je rongeai(s); n. rongeons) 1.** To gnaw, nibble. **R. un os,** (of dog) to gnaw a bone; (of pers.) to pick a bone. **Se r. le cœur,** to eat, fret, one's heart out. S.a. FREIN 1, ONGLE, VER 2. **2.** (Of acid, etc.) To corrode; to pit, to eat away (metal); (of the sea) to erode (coast). **Être rongé de chagrin,** to be consumed, tormented, with grief.
se ronger dans l'inactivité, to fret in idleness.
rongeur, -euse [rɔ̃ʒœːr, -øːz]. **1.** *a.* Rodent, gnawing (animal); rodent (ulcer). **Soucis rongeurs,** gnawing anxieties. S.a. VER 2. **2.** *s.m.* *Z:* Rodent.
ronron [rɔ̃rɔ̃], *s.m.* **1.** Purr(ing). **Faire r.,** to purr. **2.** *F:* Hum, whirr.
ronronn|er [rɔ̃rɔne], *v.i.* (*a*) To purr. (*b*) *Mch:* *W.Tel:* To hum. *a.* **-ant.** *s.m.* **-ement.**
roquefort [rɔkfɔːr], *s.m.* Roquefort cheese.
roquer [rɔke], *v.i.* **1.** *Chess:* To castle. **2.** *Croquet:* To (loose-)croquet (the ball).
roquet [rɔkɛ], *s.m.* (*a*) Pug-dog. (*b*) Cur, mongrel.
roquette[1] [rɔkɛt], *s.f.* *Bot:* Rocket. **R. des jardins,** wintercress.
roquette[2], *s.f.* *Ball:* Rocket.
rorqual [rɔrkwall], *s.m.* *Z:* Rorqual; finback. *pl. Des rorquals.*
rosace [rozas], *s.f.* (*a*) Rose(-window). (*b*) **R. de plafond,** ceiling-rose; rosette.
rosacé [rozase]. *Bot:* **1.** *a.* Rosaceous. **2.** *s.f.pl.* **Rosacées,** Rosaceae.
rosaire [rozɛːr], *s.m.* *Ecc:* Rosary. **Dire le r.,** to tell one's beads.
rosâtre [rozɑːtr], *a.* Pinkish.
rosbif [rɔsbif], *s.m.* Roast beef.
rose [roːz]. **1.** *s.f.* *Bot:* Rose. (*a*) **R. mousseuse,** moss rose. **R. pompon,** fairy rose. **R. sauvage,** wild rose, dog-rose. **Eau de r.,** rose-water. **Essence de roses,** attar of roses. *F:* **Lèvres de r.,** rosy lips. **Tout n'est pas rose(s) dans ce monde,** life is not a bed of roses. **(Il n'est) pas de r. sans épines,** no rose without a thorn. **Découvrir le pot aux roses** [pɔtoroːz], to find out the secret. (*b*) **R. trémière,** hollyhock. **R. d'Inde,** African marigold. **Faux bois de r.,** Portia tree. **Bois de r.,** rosewood. **2.** (*a*) *a.* Pink (dress); rosy (complexion). (*Inv.* in compounds) **Des rubans r. pivoine,** peony-red ribbons. *F:* **Ce n'est pas bien r., cette histoire-là,** it's a pretty grim story. *F:* **Elle n'avait pas la vie bien r., elle ne l'avait pas bien r.,** she didn't have an easy time of it, her life wasn't a bed of roses. (*b*) *s.m.* Rose (colour); pink. *F:* **Voir tout en r.,** to see everything through rose-coloured spectacles. **3.** *s.f.* (*a*) *Arch:* Rose-window. (*b*) *Nau:* **R. des vents,** compass-card; mariner's card. **R. mobile,** floating dial. (*c*) *Lap:* Rose (diamond).
rosé [roze], *a.* Roseate, rosy. S.a. VIN. *s.m.* *F:* **Donnez-moi un verre de r.,** give me a glass of rosé (wine).
roseau [rozo], *s.m.* *Bot:* Reed. **R. des sables,** beach-grass. *F:* **S'appuyer sur un r.,** to lean on a broken reed.
rosée [roze], *s.f.* Dew. **Goutte de r.,** dewdrop. **Couvert, humecté, de r.,** dewy. *Ph:* **Point de r.,** dew-point.
roselet [rozlɛ], *s.m.* *Com:* Ermine.
roselière [rozəljɛːr], *s.f.* Reed-bed.
roséole [rozeɔl], *s.f.* *Med:* Roseola.
roseraie [rozrɛ], *s.f.* Rosery; rose-garden.
rosette [rozɛt], *s.f.* **1.** (*a*) Bow (of ribbon). (*b*) Rosette (of the Legion of Honour). **2.** (*a*) Red ink. (*b*) Red chalk. **3. (Cuivre de) r.,** rose-copper. **4.** Clout nail.
rosier [rozje], *s.m.* Rose-tree, rose-bush.
rosiériste [rozjerist], *s.m.* Rose-grower; rosarian.
rosir [roziːr], *v.i.* To become, turn, rosy; to blush; to go pink.
rossard [rɔsaːr], *s.m.* *P:* Lazy person, slacker; uncooperative person.
rosse [rɔs]. **1.** *s.f.* (*a*) *F:* Old nag; screw. (*b*) *P:* Objectionable, ill-natured, person; 'beast.' **2.** *a.* *P:* Objectionable, ill-natured; nasty (person, song, etc.); low-down (trick).
rossée [rɔse], *s.f.* *P:* Beating, thrashing.
rosser [rɔse], *v.tr.* To give (s.o.) a beating, a thrashing.
rosserie [rɔsri], *s.f.* *F:* **1.** Nastiness, unpleasantness (of conduct, of speech). **2.** (*a*) Nasty, low, trick. (*b*) Spiteful, catty, remark.
rossignol [rɔsiɲɔl], *s.m.* **1.** Nightingale. *F:* **J'ai des rossignols,** there are funny noises in the car. **2.** Picklock, skeleton-key. **3.** *F:* Old unsaleable article (in shop); piece of junk. **Vieux rossignols,** old stock.
rossinante [rɔsinɑːt], *s.f.* *F:* Rosinante, old worn-out hack. (From Don Quixote's horse.)
rot [ro], *s.m.* *F:* Belch.
rôt [ro], *s.m.* *A:* (*a*) Roast (meat). (*b*) Roast meat course. *F:* **Être à pot et à r.,** to be bosom friends.
rotang [rɔtɑ̃], *s.m.* *Bot:* = ROTIN 1.
rotarien [rɔtarjɛ̃], *s.m.* Rotarian, member of a rotary club.
rotateur, -trice [rɔtatœːr, -tris], *a.* Rotative, rotatory (force, etc.).
rotatif, -ive [rɔtatif, -iːv]. **1.** *a.* Rotary (pump, etc.). **2.** *s.f.* **Rotative,** rotary printing-press.
rotation [rɔtasjɔ̃], *s.f.* **1.** Rotation. **Mouvement de r.,** rotary motion. **Axe de r.,** axis of rotation. **Pièce à r.,** revolving part. **Corps en r.,** rotating body. *Swim:* **R. du corps,** rolling of the body. **2.** Turn round (of ship).
rotativiste [rɔtativist], *s.m.* Rotary printer.
rotatoire [rɔtatwaːr], *a.* **1.** *Mec:* Rotatory; rotative. **2.** *Ph:* Rotary (polarization).
roter [rɔte], *v.i.* *F:* To belch; to bring up wind.
rôti [roti], *s.m.* (*a*) Roast (meat). **R. de mouton,** roast mutton. (*b*) Roast meat course.
rôtie, *s.f.* Round of toast. **Rôties beurrées,** buttered toast. **R. à l'anglaise,** Welsh rabbit.
rotin [rɔtɛ̃], *s.m.* **1.** *Bot:* Rattan. **Sièges en r.,** cane chairs. **2.** Rattan walking-stick.
rôt|ir [rotiːr, rɔ-]. **1.** *v.tr.* (*a*) To roast (meat); to toast (bread). **Porc rôti,** roast pork. **Pain rôti,** toast. (*b*) *F:* (Of the sun) To scorch, dry up (grass, etc.). **2.** *v.i.* To roast; to toast; to scorch. *F:* **On rôtit ici,** it's scorching hot here. *s.m.* **-issage.**
se rôtir au soleil, *F:* To scorch in the sun.
rôtisserie [rotisri], *s.f.* Grill-room.
rôtisseur, -euse [rotisœːr, -øːz], *s.* Grill-room proprietor.
rôtissoire [rotiswaːr], *s.f.* Dutch oven. **R. électrique,** electric spit roaster, *U.S:* broiler.
rotogravure [rɔtɔgravyːr], *s.f.* *Typ:* Rotogravure.
rotonde [rɔtɔ̃ːd], *s.f.* Rotunda; circular hall. *Rail:* Engine shed.
rotondité [rɔtɔ̃dite], *s.f.* Rotundity. **1.** Roundness; stoutness. **2.** Rounded part.
rotor [rɔtɔːr], *s.m.* Rotor (of dynamo, turbine). *Av:* (Helicopter) rotor.
rotule [rɔtyl], *s.f.* **1.** Knee-cap; patella. **2.** *Mec.E:* Knee-joint; ball-and-socket joint. *Aut:* **R. de direction,** steering-knuckle.
rotulien, -ienne [rɔtyljɛ̃, -jɛn], *a.* *Anat:* Patellar. S.a. RÉFLEXE 2.
roture [rɔtyːr], *s.f.* **1.** Commoner's condition. **2.** *Coll.* Commonalty, commons.
roturier, -ière [rɔtyrje, -jɛːr]. **1.** *a.* Of the common people. **2.** *s.* (*a*) Commoner. **Les roturiers,** the commonalty. (*b*) Self-made man.
rouable [rwabl], *s.m.* Fire-rake (esp. baker's).

rouage [rwa:ʒ], *s.m.* 1. Wheels, wheelwork. **R.(s) d'une montre,** works, movement of a watch. *F:* **Les rouages de l'administration,** the wheels of government. 2. (Toothed) wheel, gear-wheel.

rouan, -anne [rwɑ̃, -an], *a.* Roan (horse, cow).

roublard, -arde [rubla:r, -ard], *a. & s. F:* Foxy, wily, artful (person).

roublardise [rublardi:z], *s.f. F:* 1. Cunning, foxiness, craftiness. 2. Piece of trickery.

rouble [rubl], *s.m. Num:* Rouble.

roucoul|er [rukule], *v.i.* To coo. *s.m.* **-ement.**

roue [ru], *s.f.* Wheel. (*a*) **Voiture à quatre roues,** four-wheeled carriage; *F:* four-wheeler. **Cinquième r. à un carrosse,** entirely useless person or thing. **Pousser à la r.,** to put one's shoulder to the wheel. **Sans roues,** wheelless. **Faire la r.,** (i) (of peacock, etc.) to spread (out) its tail; (ii) to strut, swagger; (iii) to turn cartwheels. S.a. BATON 1. (*b*) *Mec.E:* **R. dentée, r. d'engrenage,** cog-wheel, gear-wheel. **R. d'angle,** bevel wheel, mitre wheel. **R. de courroie,** belt pulley. **R. folle, décalée,** loose wheel, idle wheel. **R. à patin,** cater-pillar wheel. (*c*) **R. à eau, r. hydraulique,** water-wheel. **R. de moulin,** mill-wheel. **R. en dessus, r. à augets,** overshot wheel. **R. en dessous, r. à aubes,** undershot wheel. (*d*) *N. Arch:* **R. à aubes,** paddle-wheel. **Bateau à roue(s),** paddle-boat. (*e*) *Nau:* **R. du governail,** steering-wheel, 'the wheel.'

roué [rwe]. 1. *s.m.* Rake, profligate; roué. 2. *a. & s.* Cunning, sly, artful (person).

rouelle [rwɛl], *s.f.* Round slice (of lemon); round (of beef). **R. de veau,** fillet of veal. S.a. SÉTON.

rouennerie [rwanri], *s.f. Tex:* Printed cotton goods (originally of Rouen).

rouennier, -ière [rwanje, -jɛ:r], *s. Tex:* Cotton-, calico-printer.

rouer [rwe], *v.tr.* (*a*) *A:* To break (s.o.) upon the wheel. (*b*) *F:* **R. qn de coups,** to beat s.o. black and blue.

rouerie [ruri], *s.f.* Piece of trickery, sharp practice.

rouet [rwɛ], *s.m.* 1. Spinning-wheel. 2. Sheave; pulley-wheel. 3. *A:* Wheel-lock (of gun).

rouf [ruf], *s.m.* (*a*) Deck-house (of ship). (*b*) Cuddy (of barge).

rouge [ru:ʒ]. 1. *a.* Red. (*a*) **Fer r.,** red-hot iron. **Être r. de honte,** to be red, blushing, with shame. **Devenir r. comme une pivoine,** to turn as red as a peony. **Le chapeau r.,** the cardinal's (red) hat. **Le drapeau r.,** the red flag. **La promotion r.,** the list of nominations to the Legion of Honour. *F:* **R. comme une tomate, un homard,** as red as a beetroot (of person). **R. de colère,** crimson with rage. **Porto r.,** ruby port. S.a. COQ 1, ÉCREVISSE 1, PEAU-ROUGE. *adv.* **Se fâcher tout r.,** to lose one's temper completely. **Voir r.,** to see red. (*b*) (*Inv.* in compounds) **R. sang,** blood-red. **Des rubans r. cerise,** cherry-red ribbons. S.a. CAROTTE 1. 2. *s.m.* (*a*) Red. **Porter le fer au r.,** to make the iron red-hot. **R.-blanc,** white heat. **R. drapeau,** pillar-box red. (*b*) Rouge. **Bâton de r.,** (stick of) lipstick. (*c*) *F:* Red wine. **Gros r.,** coarse red wine. **Un coup de r.,** a glass of red wine.

rougeâtre [ruʒɑ:tr], *a.* Reddish.

rougeaud, -eaude [ruʒo, -o:d], *a. & s.* Red-faced (person).

rouge-gorge [ruʒgɔrʒ], *s.m.* Robin. *pl. Des rouges-gorges.*

rougeole [ruʒɔl], *s.f.* (*a*) *Med:* Measles. (*b*) *Vet:* Sheep-pox.

rougeoy|er [ruʒwaje], *v.i.* (**il rougeoie; il rougeoiera**) (Of thg) (*a*) To turn red. (*b*) To glow; to emit a lurid glow. *a.* **-ant.**

rouge-queue [ruʒkø], *s.m. Orn:* Redstart. *pl. Des rouges-queues.*

rouget [ruʒɛ], *s.m.* (*a*) *Bot: F:* Cow-wheat. (*b*) *Ent: F:* Harvest-bug; harvester. (*c*) *Ich: F:* (i) Red mullet, (ii) surmullet, (iii) gurnard.

rougeur [ruʒœ:r], *s.f.* 1. Redness. 2. Blush, flush. 3. Red, spot, blotch (on the skin).

rougir [ruʒi:r]. 1. *v.tr.* (*a*) To redden; to turn (sth.) red. **Eau rougie,** water with a little red wine. (*b*) To bring (metal) to a red heat. **R. le fer au blanc,** to make iron white-hot. (*c*) To flush (the face). 2. *v.i.* (*a*) To redden, to turn red. (*b*) **Faire r. un métal,** to heat a metal red-hot. (c) (Of pers.) To turn, go, red; to colour; to blush; to flush (up). **R. de qch.,** to be ashamed of sth. **Faire r. qn,** to make s.o. blush; to put s.o. to shame. **R. de colère,** to flush with anger.

roui [rwi], *s.m.* Retting, steeping (of flax).

rouille [ru:j], *s.f.* 1. Rust. **Tache de r.,** iron-mould. 2. *Agr:* Rust, mildew, blight.

rouillé [ruje], *a.* 1. (*a*) Rusted, rusty. (*b*) *Sp: etc:* Out of practice. 2. Mildewed.

rouiller [ruje], *v.tr.* 1. To rust. 2. To mildew, blight (plant).

se rouiller. 1. (*a*) To rust (up). (*b*) *F:* **Laisser r. ses connaissances,** to allow one's knowledge to rust. 2. (Of plant) To become mildewed.

rouillure [rujy:r], *s.f.* 1. Rustiness. 2. (Of plants) Rust, blight.

rou|ir [rwi:r]. 1. *v.tr.* To steep, ret (flax). 2. *v.i.* (Of flax) To steep, ret. *s.m.* **-issage.**

roulade [rulad], *s.f.* 1. **Faire une r.,** to roll downhill. 2. *Mus:* Roulade, run.

roulage [rula:ʒ], *s.m.* 1. (*a*) Rolling (esp. of ploughed land). (*b*) Easy running (of vehicle). 2. Carriage, cartage (of goods); haulage (of coal). **Cheval de r.,** cart-horse, draught-horse. S.a. ENTREPRISE 1. *Mil:* **Police du r.,** flying column. 3. Road traffic.

roulant [rulɑ̃], *a.* 1. (*a*) Rolling; sliding (door); moving (staircase); travelling (crane). *Rail:* **Matériel r.,** rolling-stock. S.a. FEU[1] I 3. (*b*) Smooth. **Chemin bien r.,** good carriage road, easy(-running) road. 2. *Com:* **Affaire roulante,** going concern. **Fonds r.,** working capital. 3. *P:* Side-splitting, killing (sight, joke). 4. *s.f. Mil: F:* **Roulante,** field kitchen.

rouleau [rulo], *s.m.* 1. Roller. (*a*) **Roulements à rouleaux,** roller-bearings. (*b*) **R. compresseur, r. à vapeur,** steam-roller. **Passer le gazon au r.,** to roll the grass. **R. à pâtisserie,** rolling-pin. (*c*) **R. porte-serviettes,** towel-roller. *Typewr:* **R. porte-papier,** platen; cylinder. **Carte sur r.,** roller-map. **Store sur r.,** roller-blind. (*d*) *Typ:* (Ink) roller. *Phot:* (Roller-) squeegee. 2. (*a*) Roll (of paper, etc.); roll, web (of news-print); roll, spool (of film); coil (of rope). *F:* **Je suis au bout de mon r.,** (i) I am at the end of my tether, at my wits' end; (ii) I'm stony-broke. **Tabac en r.,** twist tobacco. (*b*) Roller-blind.

roulée [rule], *s.f. P:* Thrashing, licking.

roulement [rulmɑ̃], *s.m.* 1. (*a*) Rolling. *Av:* **R. sur le sol,** taxying. **Longueur de r. au départ,** length of take-off. *Aut: etc:* **Bande de r.,** tread (of tyre). **R. anti-dérapant,** non-skid tread. (*b*) Running, working (of machine, etc.). 2. Rumbling (of waggon, of thunder); rattle (of carriage); roll(ing) (of drum). 3. *Mec.E:* Bearing. **R. à billes,** ball-bearing. **Voie, chemin, de r. (pour billes),** ball-race. S.a. BAGUE 2. 4. (*a*) *Com:* **R. de fonds,** circulation of capital. S.a. FONDS 3. (*b*) Alternation, taking turns (in duties); rotation-roll. **Par r.,** in rotation.

rouler [rule]. 1. *v.tr.* (*a*) To roll (cask, etc.) (along). **R. les yeux,** to roll one's eyes. **R. un projet dans sa tête,** to revolve, turn over, a plan in one's mind. *Min:* **R. le charbon,** to haul the coal. *Golf:* **Coup roulé,** putt. S.a. BOSSE 1, CARROSSE. (*b*) *F:* **R. qn,** to best s.o., to swindle s.o.; to beat, lick, s.o. (*c*) To roll up (map); to roll (meat, fish). *Cu:* **Carré de mouton roulé,** loin of mutton boned and rolled. **R. une cigarette,** to roll a cigarette. (*d*) To roll (the lawn). (*e*) **R. les r,** to roll one's r's. (*f*) **R. qn dans une couverture,** to roll, wrap, s.o. up in a blanket. *Cost:* **Col roulé,** roll neck, polo neck. (*g*) *V:* **Ce qu'elle est bien roulée!** My! she's got a figure! 2. *v.i.* (*a*) To roll (over, along). **R. sur une pente,** to roll down a slope. *Av:* **R. sur le sol,** to taxi. *F:* **R. sur l'or,** to be rolling in money. **La conversation roulait sur le sport,** the talk ran, turned, upon sport. **Tout roule sur lui,** everything turns upon him. **R. dans tous les pays, r. par le monde,** to rove, roam, in every land; to knock about the world. *Prov:* **Pierre qui roule n'amasse pas mousse,** a rolling stone gathers no moss. (*b*) (Of thunder) To roll, rumble. (*c*) **Voiture qui roule bien,** car that runs well. **Voiture qui a très peu roulé,** car with very small mileage. (*d*) *Nau:* (Of ship) To roll. **R. à faire cuiller,** to roll gunwale under. (*e*) To rotate, to take turns (in the performance of a duty, etc.).

se rouler. 1. (*a*) To roll, to turn over and over (in the grass, etc.). (*b*) **Le hérisson se roule en boule,** the hedgehog rolls up into a ball. 2. *P:* **Se les r.,** not to work at all; to have a cushy time. 3. *P:* To be convulsed with laughter.

roule-ta-bille [rultabij], *s.m.inv.* *F:* Rolling stone.
roulette [rulɛt], *s.f.* **1.** (*a*) Caster; roller; small wheel. **Patins à roulettes,** roller-skates. *F:* **Ça va comme sur des roulettes,** things are going like clockwork. (*b*) *Tls:* Pricking-wheel. *Dressm:* **R. à patrons,** tracing wheel. (*c*) (Spring) tape-measure. (*d*) *F:* Dentist's drill. **2.** (Game of) roulette.
rouleur, -euse [rulœ:r, -ø:z], *s.* **1.** Haulage-man. **2.** Workman who never remains long on the same job; rolling stone. *F:* **R. de cabarets,** pub-crawler. **3.** *Nau:* Ship that rolls heavily. **4.** *s.f.* *F:* **Rouleuse,** tart; prostitute.
roulier [rulje], **1.** *a.* Carrying, haulage (trade, etc.). **2.** *s.m.* Carter, haulier, carrier.
roulis [ruli], *s.m.* *Nau:* Rolling. **Coup de r.,** roll, lurch.
roulotte [rulɔt], *s.f.* House on wheels; caravan; esp. gipsies' caravan; *U.S:* trailer.
roulure [ruly:r], *s.f.* **1.** Rolled edge. **2.** Cupshake (in timber). **3.** *P:* Tart; prostitute.
roumain, -aine [rumɛ̃, -ɛn], *a.* & *s.* Rumanian.
Roumanie [rumani]. *Pr.n.f.* *Geog:* Rumania.
round [raund, rund], *s.m.* *Box:* Round.
roupie[1] [rupi], *s.f.* *Num:* Rupee.
roupie[2], *s.f.* *F:* Drop (at end of nose). **C'est de la r. (de singe, de sansonnet),** it is worthless.
roupill|er [rupije], *v.i.* *P:* To sleep; *F:* to snooze. *s.* **-eur, -euse.**
roupillon [rupijɔ̃], *s.m.* *P:* Nap, snooze. *P:* **Piquer un r.,** to snooze.
rouquin, -ine [rukɛ̃, -in], *a.* & *s.* *P:* Red-haired, carroty-haired. *s.* Ginger, Carrots.
rouscaill|er [ruskaje], *v.i.* *P:* = ROUSPÉTER. *s.* **-eur, -euse.**
rouspétance [ruspɛtɑ̃:s], *s.f.* *P:* Protesting; grousing. **Faire de la r.,** to be obstreperous.
rouspéter [ruspete], *v.i.* **(je rouspète; je rous-péterai)** *P:* To resist, protest; to grouse.
rouspéteur, -euse [ruspetœ:r, -ø:z], *s.* *P:* Grouser; quarrelsome person.
roussâtre [rusɑ:tr], *a.* Reddish (hair).
rousse [rus]. See ROUX.
rousselet [ruslɛ], *s.m.* Russet pear.
rousser [ruse], *v.i.* *P:* = ROUSPÉTER.
rousserolle [rusrɔl], *s.f.* *Orn:* Sedge-warbler.
rousseur [rusœ:r], *s.f.* Redness (of hair, etc.). **Tache de r.,** freckle. **Couvert de taches de r.,** freckled.
roussi [rusi]. **1.** *a.* Browned; scorched. **2.** *s.m.* **Cela sent le r.,** there is a smell of something burning. *F:* (Of pers., opinions) **Sentir le r.,** to be in danger of burning at the stake; to smack of heresy.
roussin[1] [rusɛ̃], *s.m.* Cob; plough-horse.
roussin[2], *s.m.* *P:* Policeman; police-spy.
rouss|ir [rusi:r]. **1.** *v.tr.* (*a*) To turn (sth.) russet or brown; to redden. *Cu:* To brown (meat). (*b*) To scorch, singe (linen). **2.** *v.i.* (*a*) To turn brown; to redden. (*b*) *Cu:* **Faire r. du beurre, une sauce,** to brown butter, a sauce. (*c*) To singe; to get scorched. *s.m.* **-age.** *s.m.* **-issement.**
routage [ruta:ʒ], *s.m.* *Post:* Sorting (of letters).
route [rut], *s.f.* **1.** Road(way), path, track. **Grande r., r. nationale,** main road, high-road, highway. **R. départementale,** secondary road. **R. vicinale, cantonale,** local road. **R. muletière,** mule-track. **R. de ceinture,** orbital, ring, road. **Code de la r.,** highway code. **2.** Route, course, way. **R. de mer,** sea route, **R. de terre,** overland route. **Montrer la r. à qn,** to show s.o. the way. **Barrer la r. à qn,** to bar s.o.'s way. *Aut:* **Faire de la r.,** to cover the ground. **Se mettre en r.,** to start on one's way, to set out; *Nau:* to get under way. **Être en r.,** to be on the way. **Je l'ai vu en r.,** I saw it on the way. **Frais de r.,** travelling expenses. **En r.!** (i) let's go! (ii) off you go! **Faire r. avec qn,** to travel with s.o. *Mil:* **Chanson de r.,** marching song. S.a. FAUX[1] I. 3. **Navire en r. pour l'étranger,** ship outward bound. *Nau:* **Tracer la r.,** to set the course (on the chart). **Faire r.,** (i) to go ahead; (ii) to steer the course. **Faire r. au sud,** to steer south. **Faire mauvaise r.,** to be on a bad course. **R. commerciale,** trade route. S.a. FEUILLE 3. **3. Mettre des travaux en r.,** to start operations. **Mettre en r. le moteur,** to start (up) the engine.
router [rute], *v.tr.* *Post:* To sort (letters, etc.).
routier[1], **-ière** [rutje, -jɛ:r], *a.* & *s.* (*a*) *Nau:* **(Livre) r.,** track-chart. (*b*) **Carte routière,** road-map. (*c*) **Voie routière,** highway, carriageway. (*d*) **(Bicyclette) routière,** roadster. **(Locomotive) routière,** traction-engine, road-engine. **Transports routiers,** road transport. **Gare routière,** bus, coach, station. (*e*) *s.m.* *Cy:* *Rac:* (Of pers.) Road racer. (*f*) *s.m.* *Aut:* Heavy-transport driver. **Un gros r.,** heavy lorry, (long distance) heavy goods vehicle.
routier[2], *s.m.* *Mil:* *A:* Mercenary, *F:* **Vieux r.,** old campaigner; old stager. *Scouting:* Rover.
routine [rutin], *s.f.* (*a*) Routine. (*b*) Routinism. **Faire qch. par r.,** (i) to do sth. by rule of thumb; (ii) to do sth. out of sheer habit.
routinier, -ière [rutinje, -jɛ:r]. **1.** *a.* (*a*) Routine (duties). (*b*) (Person) who follows a routine. **2.** *s.* Routinist.
rouvrir [ruvri:r], *v.* (Conj. like OUVRIR) **1.** *v.tr.* To reopen. **2.** *v.i.* (Of theatre) To reopen.
se rouvrir, (of door, wound, etc.) to open again; to reopen.
roux, rousse [ru, rus]. **1.** (*a*) *a.* (Russet-)red, (reddish-) brown; (of hair) red, *F:* carroty. *Cu:* **Beurre r.,** brown(ed) butter. S.a. LUNE 1. (*Inv.* in compounds) **Chevelure blond r.,** sandy hair. (*b*) *s.* Red-haired, sandy-haired, person. **2.** *s.m.* (*a*) Russet, reddish-brown (colour). (*b*) *Cu:* Brown sauce; browning. **3.** *s.f.* *P:* **La rousse,** the police.
royal, -aux [rwajal, -o], *a.* Royal, regal, kingly. **Prince r.,** crown prince.
royalement [rwajalmɑ̃], *adv.* Royally, regally. *F:* **S'amuser r.,** to enjoy oneself immensely, hugely. **Je m'en fiche r.,** I couldn't care less about it.
royalisme [rwajalism], *s.m.* Royalism.
royaliste [rwajalist], *a.* & *s.* Royalist. **Être plus r. que le roi,** to out-Herod Herod.
royalties [rwajalti:z], *s.f.pl.* *Ind:* *Oil:* *F:* Royalties (i) on patent; (ii) for use of pipe-line.
royaume [rwajo:m], *s.m.* Kingdom, realm. **Le r. des cieux,** the kingdom of heaven.
Royaume-Uni (le) [lərwajɔ:myni]. *Pr.n.* The United Kingdom (of Great Britain and Northern Ireland).
royauté [rwajote], *s.f.* Royalty; kingship.
ru [ry], *s.m.* *Dial:* Channel, water-course.
ruade [rɥad], *s.f.* Lashing out, fling out (of horse). **Allonger, décocher, lancer, une r.,** to lash out (à, at).
ruban [rybɑ̃], *s.m.* **1.** (*a*) Ribbon, band. **R. de chapeau,** hatband. **Le r. rouge,** the red ribbon (of the Legion of Honour). (*b*) **R. de fil,** tape. **R. adhésif,** self-adhesive (cellulose) tape. **Mètre à r., en r.,** measuring-tape. *Rac:* **Les rubans,** the tapes (at starting-gate). *Typewr:* **R. encreur,** inking ribbon. *El:* **Fil sous r.,** taped wire. **2.** Metal strip. **R. d'acier,** steel band. **Fer à r.,** hoop-iron. *Tls:* **Scie à r.,** band-saw. **R. d'un frein,** brake-band. **3.** *Ind:* **R. roulant, transporteur,** belt conveyor.
rubané [rybane], *a.* **1.** *Nat.Hist:* *etc:* Striped. **2. Canon r.,** strip-wound gun-barrel.
rubaner [rybane], *v.tr.* **1.** (*a*) To trim (sth.) with ribbons. (*b*) To tape (wire). **2.** To cut into strips.
rubanerie [rybanri], *s.f.* **1.** Ribbon trade. **2.** Ribbon factory.
rubéole [rybeɔl], *s.f.* *Med:* Rubella; German measles.
rubican [rybikɑ̃], *s.m.* Bay, black or chestnut horse, flecked with white.
rubicond [rybikɔ̃], *a.* Rubicund, florid.
rubis [rybi], *s.m.* Ruby. **R. balais,** balas ruby. **R. de Bohème,** rose quartz. **Monté sur r.,** jewelled (watch). *F:* **Faire r. sur l'ongle,** to drink to the last drop. **Payer r. sur l'ongle,** to pay to the last farthing.
rubrique [rybrik], *s.f.* **1.** Red chalk, red ochre, ruddle. **2.** (*a*) *Ecc:* *Jur:* Rubric. (*b*) Imprint (of book). (*c*) *Journ:* *etc:* Heading; item. **Il tient la r. de la Mode au Figaro,** he writes the Fashion column in the Figaro.
ruche [ryʃ], *s.f.* **1.** (Bee-)hive. **R. en paille,** bee skep. **R. démontable,** frame-hive. *F:* **R. d'industrie,** regular (bee-)hive of industry. **2.** *Needlew:* Ruche, ruching.
ruchée [ryʃe], *s.f.* Hiveful.
rucher[1] [ryʃe], *s.m.* Apiary.
rucher[2], *v.tr.* *Needlew:* To ruche; to quill.

rude [ryd], *a.* **1.** (*a*) Uncouth, unpolished, primitive; untaught (people). (*b*) Rough (skin, wine, etc.); stiff, hard (brush); harsh, grating (voice); rugged (path). S.a. ESPRIT 3. **2.** (*a*) Hard, arduous, severe. **Temps rudes,** hard times. **R. épreuve,** severe trial. **R. tâche, tâche r.,** stiff, arduous, task. **Coup r.,** heavy blow. **R. montée,** stiff, steep, climb. (*b*) Gruff, ungracious, brusque (voice or manner). **3.** *F:* (Intensive) **R. appétit,** hearty appetite. **R. adversaire,** tough opponent. **Faire une r. gaffe,** to make a dreadful blunder.
rudement [rydmɑ̃], *adv.* **1.** (*a*) Roughly, harshly, severely. (*b*) Roughly, coarsely. **2.** *F:* (Intensive) **Je suis r. fatigué,** I am awfully tired, dead beat.
rudesse [rydɛs], *s.f.* **1.** Uncouthness, primitiveness (of savages, etc.). **2.** Roughness, ruggedness; coarseness (of material); harshness (of voice). **3.** (*a*) Severity (of winter, task). (*b*) Abruptness, bluntness, gruffness (**envers,** towards). **Traiter qn avec r.,** to browbeat s.o.
rudiment [rydimɑ̃], *s.m.* **1.** *Biol:* Rudiment (of a thumb, of a tail). **2.** *pl.* Rudiments (of knowledge).
rudimentaire [rydimɑ̃tɛːr], *a.* Rudimentary.
rud|oyer [rydwaje], *v.tr.* (**je rudoie; je rudoierai**) To treat (s.o.) roughly. (*a*) To browbeat, bully. (*b*) To knock (s.o.) about. **R. un cheval,** to be rough with a horse. *s.m.* **-oiement.**
rue[1] [ry], *s.f.* Street, thoroughfare. **La grande r., la grand-r.,** the high street, the main street. **Le peuple descendit dans la r.,** the street-fighting began. **Histoire vieille comme les rues,** story as old as the hills. **Courir les rues,** (i) to run about the streets; (ii) (of news) to be common talk.
rue[2], *s.f.* *Bot:* Rue. **Rue odorante,** common rue.
ruée [rɥe], *s.f.* Rush, onrush. *Hist:* **La r. sur Verdun,** the onslaught on Verdun. **La r. vers l'or,** the gold rush.
ruelle [rɥɛl], *s.f.* **1.** Lane, by-street, alley. **2.** (*a*) Space between the bedside and the wall; ruelle. (*b*) *A:* Literary clique or coterie.
ru|er [rɥe], *v.i.* (*a*) (Of animal) To kick, to fling out, to lash out. (*b*) (Of gun-carriage) To jump (on recoil). *a. & s.* **-eur, -euse.**
se ruer sur qn, sur qch., to hurl, fling, oneself at s.o., at sth. **Se r. à la fenêtre,** to rush to the window.
rugby [rygbi], *s.m.* *Sp:* Rugby football, rugger.
rugbyman, -men [rygbiman, -mɛn], *s.m.* *Sp:* *F:* Rugby-, rugger-player.
rugine [ryʒin], *s.f.* *Surg:* Xyster. *Dent:* Scaler.
ruginer [ryʒine], *v.tr.* To scrape (bone); to scale (teeth).
rug|ir [ryʒiːr], *v.i.* To roar; (of wind) to howl. *a.* **-issant.**
rugissement [ryʒismɑ̃], *s.m.* **1.** Roaring (of lion); howling (of storm). **2.** Roar.
rugosité [rygozite], *s.f.* **1.** Rugosity, ruggedness, roughness. **2.** Wrinkle, corrugation.
rugueux, -euse [rygø, -øːz]. **1.** *a.* (*a*) Rugose; rugged, rough; gnarled (tree). (*b*) Wrinkled, corrugated. **2.** *s.m.* *Artil:* Percussion pin (of fuse).
ruine [rɥin], *s.f.* Ruin. **1.** (*a*) Downfall; decay (of building, etc.). **Tomber en r.(s),** to fall in(to) ruin(s). **Tout tombe en r.,** everything is going to (w)rack and ruin. (*b*) Downfall (of pers., society). **Aller, courir, à la r.,** to be on the road to ruin. **Ce sera sa r.,** it will be the ruin, the ruination, of him. **C'est la r.,** it's all up with me. **2.** (Usu. in *pl.*) Ruins.
ruiner [rɥine], *v.tr.* To ruin, destroy; to blast (reputation). **Se r. la santé,** to ruin one's health. **Ces pertes le ruinèrent,** these losses broke him, ruined him. **R. une doctrine,** to disprove a theory.
se ruiner. **1.** To ruin oneself. **2.** (Of thg) To fall, go, to ruin.
ruineu|x, -euse [rɥinø, -øːz], *a.* Ruinous. *adv.* **-sement.**
ruisseau [rɥiso], *s.m.* **1.** (*a*) Brook; (small) stream. *Prov:* **Les petits ruisseaux font les grandes rivières,** many a little makes a mickle. (*b*) Stream (of blood, etc.). **2.** (Street) gutter, runnel. *F:* **Calomnie ramassée dans le r.,** slander picked up in the gutter.
ruiss|eler [rɥisle], *v.i.* (**il ruisselle; il ruissellera**) **1.** (Of liquid) (*a*) To stream (down), run (down). (*b*) To trickle. **2.** (Of surface) To run, to drip, to trickle. *a.* **-elant,** *s.m.* **-ellement.**
ruisselet [rɥislɛ], *s.m.* Brooklet, streamlet, rill.
rumba [rumba], *s.f.* *Danc:* Rumba.
rumen [rymɛn], *s.m.* Paunch (of ruminants).
rumeur [rymœːr], *s.f.* **1.** (*a*) Confused or distant murmur; hum (of traffic). (*b*) Din, clamour. **Tout est en r.,** everything is in an uproar. **2.** Rumour, report. **La r. court que . . .,** it is rumoured that. . . .
ruminant [ryminɑ̃], *a. & s.m.* *Z:* Ruminant.
rumination [ryminasjɔ̃], *s.f.* Rumination, ruminating.
ruminer [rymine], *v.tr.* **1.** *Abs.* (Of animal) To ruminate; to chew the cud. **2.** *F:* **R. une idée,** to ruminate about, on, over, an idea; to ponder an idea.
runabout [rœnabaut], *s.m.* *Nau:* Motor launch, speedboat, runabout.
runes [ryn], *s.f.pl.* Runes.
runique [runik], *a.* Runic (letters, verse).
ruolz [rɥɔls, ryɔls], *s.m.* Electroplated ware.
rupestre [rypɛstr], *a.* *Bot:* Rupestral, rupestrine; rupicolous. *Prehist:* **Dessins rupestres,** rock drawings. **Art r.,** cave art.
rupiner [rypine], *v.i.* *P:* To do well (at an examination). **Ça rupine,** everything's O.K. *Sch:* **Il a rupiné,** he's done a good paper.
rupteur [ryptœːr], *s.m.* *El.E:* *I.C.E:* Contact-breaker, circuit-breaker.
rupture [ryptyːr], *s.f.* Breaking, rupture. (*a*) Breaking down (of beam); bursting (of dam). (*b*) Breaking (in two); rupture (of blood-vessel, of ligament); fracture (of bone); parting (of hawser). (*c*) Breaking up. **Obus de r.,** armour-piercing shell. **R. de l'équilibre,** upsetting of the equilibrium. (*d*) Breaking off, breach, discontinuance. **R. des négociations,** breaking off of negotiations. **R. de contrat,** breach of contract. **État en r. de pacte,** covenant-breaking state. S.a. BAN 2. *El.E:* **R. du circuit,** breaking of the circuit; break in the circuit.
rural, -aux [ryral, -o]. **1.** *a.* Rural. **Chemin r.,** country lane. **Facteur r.,** country postman. **2.** *s.m.* (i) **Un r.,** a rustic; **les ruraux,** country-people, farmers. (ii) **Le r.** (short for **le facteur r.**) the country postman. *adv.* **-ement.**
ruse [ryːz], *s.f.* Ruse, trick, wile, dodge. **Obtenir qch. par r.,** to obtain sth. by trickery, by guile.
rusé [ryze], *a. & s.* Artful, crafty, sly, astute, wily. *s.* **La petite rusée,** the little slyboots.
ruser [ryze], *v.i.* To use craft, trickery.
rush [rœʃ], *s.m.* *Sp:* **1.** Sprint, spurt (at end of race). **2.** Rush.
russe [rys], *a. & s.* Russian.
Russie [rysi]. *Pr.n.f.* *Geog:* Russia. S.a. CUIR 2.
russifier [rysifje], *v.tr.* To Russianize.
russophile [rysɔfil], *a. & s.* Russophile.
russophobe [rysɔfɔb], *a. & s.* Russophobe.
russule [rysyl], *s.f.* *Fung:* Russula.
rustaud, -aude [rysto, -oːd]. **1.** *a.* Boorish, uncouth. **2.** *s.* Boor; bumpkin.
rusticité [rystisite], *s.f.* **1.** Rusticity. **2.** (*a*) Primitiveness, simplicity (of machine, etc.). (*b*) Hardiness (of plant).
rustique [rystik], *a.* (*a*) Rustic. (*b*) Hardy (plant); robust (engine). *adv.* **-ment, -ally.**
rustre [rystr]. **1.** *a.* Boorish, clownish, loutish. **2.** *s.m.* Boor, churl, lout; bumpkin.
rustrerie [rystrəri], *s.f.* Boorishness.
rut [ryt], *s.m.* (Of animals) Rut(ting).
rutabaga [rytabaga], *s.m.* Swedish turnip; swede.
rutilance [rytilɑ̃ːs], *s.f.* Glow(ing) (of colour).
rutilant [rytilɑ̃], *a.* Glowing red, rutilant, gleaming.
rutiler [rytile], *v.i.* To glow; to gleam red.
rythme [ritm], *s.m.* Rhythm. *F:* Tempo. **Pannes qui interrompent le r. de la production,** breakdowns that upset the tempo of production.
rythmé [ritme], *a.* Rhythmed; rhythmic(al).
rythmer [ritme], *v.tr.* To put rhythm into (a motion).
rythmique [ritmik], *a.* Rhythmic(al).

S, s [ɛs], *s.f.* (The letter) S, s. **Sentier en s,** winding path. **S de suspension,** S(-shaped) hook. **Faire des s,** to zigzag. *Tp:* **S comme Suzanne,** S for Sammie.
s' See SE and SI.
sa [sa], *a.poss.f.* See SON[1].
Saba [saba]. *Pr.n.f. A.Geog:* Sheba.
sabayon [sabajɔ̃], *s.m. Cu:* Zabaglione.
sabbat [saba], *s.m.* **1.** (Jewish) Sabbath. **Observer, violer, le s.,** to keep, break, the Sabbath. **2.** (Witches') sabbath, midnight revels. *F:* **Faire un s. de tous les diables,** to make a frightful row, to kick up a shindy. **S. des chats,** caterwauling.
sabbatique [sabatik], *a.* Sabbatic(al) (year, etc.).
sabelle [sabɛl], *s.f. Ann:* Sabella.
sabin, -ine[1] [sabɛ̃, -in], *a. & s. A. Hist:* Sabine. **L'enlèvement des Sabines,** the rape of the Sabine women.
sabine[2], *s.f. Bot:* Savin(e).
sabir [sabiːr], *s.m.* Lingua franca (in the Levant).
sable[1] [sɑːbl], *s.m.* **1.** Sand. **Sables boulants, mouvants,** quicksands. *Nau:* **Fond de s.,** sandy bottom. *F:* **Avoir du s. dans les yeux,** to be sleepy. **Le marchand de s. a passé,** the sandman has gone by. S.a. CHAUX. **2.** *Med:* Gravel. **3. S. de fer,** fine iron filings.
sable[2], *s.m.* **1.** Sable (fur). **2.** *Her:* Sable, black.
sablé [sable]. **1.** *a.* Sanded, gravelled (path). **2. Verre s. d'or,** glass flecked with gold. **3.** *s.m. Cu:* (Sort of) shortbread.
sabl|er [sɑble], *v.tr.* **1.** To sand, gravel (path). **2.** *F:* To swig, toss off (champagne, etc.). **3.** To sand-blast (casting). *s.m.* **-age.**
sableux, -euse [sɑblø, -øːz]. **1.** *a.* Sandy. **2. Sableuse,** *s.f. Mch:* Sander, sandblast.
sablier [sɑblie], *s.m.* **1.** Sand dealer. **2.** *A:* Sand-box (holding sand for drying ink). **3.** Sand-glass, hour-glass. *Cu:* Egg-timer.
sablière[1] [sɑblieːr], *s.f.* **1.** Sand-pit, gravel-pit. **2.** Sand-box (of locomotive).
sablière[2], *s.f.* **1.** (Lengthwise) beam, stringer, wall-plate (of roof-truss). **2.** *Nau:* **S. de lancement,** sliding-way.
sablon [sɑblɔ̃], *s.m.* Scouring sand.
sablonner [sɑblɔne], *v.tr.* To scour with sand.
sablonneux, -euse [sɑblɔnø, -øːz], *a.* Sandy (shore, plain); gritty (fruit).
sablonnier [sɑblɔnje], *s.m.* Sand dealer.
sablonnière [sɑblɔnjeːr], *s.f.* Sand-pit.
sabord [sabɔːr], *s.m. Nau:* Port(-hole). **S. de charge,** cargo door. **Faux s.,** deadlight.
sabord|er [sabɔrde], *v.tr. Nau:* To scuttle (ship). *s.m.* **-ement, -age.**
sabot [sabo], *s.m.* **1.** (*a*) Wooden shoe; clog, sabot. *F:* **Je vous entends venir avec vos gros sabots,** it's easy to see what your little game is. (*b*) *P:* Any bad, worn out, or antiquated article; old tub (of a ship); old crock (of a car). **2.** Hoof (of horse, etc.). **3.** *Tchn:* Shoe, sabot (of pile, lance, etc.). **S. d'enrayage,** drag, skid, slipper (brake) (of wheel). **S. d'arrêt,** scotch. **S. de frein,** brake-block, brake-shoe. **4.** Whip(ping)-top. S.a. DORMIR 1. **5.** *Bot:* **S. de Vénus,** lady's-slipper. **6.** *Conch:* Turban-shell.
sabotage [sabotaːʒ], *s.m.* **1.** Sabot-making. **2.** (*a*) Scamping, botching (of work). (*b*) Sabotage, act of sabotage.
saboter [sabɔte], *v.tr.* **1.** (*a*) *Tchn:* To shoe (a pile). (*b*) *Rail:* To chair (sleeper). **2.** To botch, bungle, scamp (a piece of work); to sabotage (machinery, etc.). **3.** *v.i.* To clatter (about) (with one's sabots).
saboterie [sabɔtri], *s.f.* Sabot factory.
saboteur, -euse [sabɔtœːr, -øːz], *s. F:* **1.** Bungler, botcher. **2.** Saboteur.
sabotier [sabɔtje], *s.m.* Maker of sabots.
sabre [sɑːbr], *s.m.* **1.** Sabre; (cutting) sword. **Coup de s.,** sabre cut. **S. au clair,** (i) drawn sword; (ii) with drawn swords. **S. d'abordage,** cutlass. **S. de bois,** (i) (Harlequin's) lath; (ii) (as a mild oath) = SACRISTI! **2.** *Ich:* Sword-fish.
sabrer [sɑbre], *v.tr.* **1.** (*a*) To sabre; to cut down (s.o.) with the sword. (*b*) *F:* To make drastic cuts in (a MS., a play). **2.** *F:* To botch, scamp (work). **3.** *F:* To give (s.o.) a good dressing-down.
sabreur [sɑbrœːr], *s.m.* **1.** Swordsman. **Beau s.,** dashing cavalry officer (but no strategist). **2.** *F:* **S. (de besogne),** slap-dash worker.
sac[1] [sak], *s.m.* **1.** (*a*) Sack, bag, pouch. **S. de, en, papier,** paper bag. **S. à blé,** corn-sack. **S. à main, s. de dame,** handbag. **S. à ouvrage,** work-bag. **S. à outils,** tool-bag or -wallet. **S. de nuit, de voyage,** travelling-bag. **S. touriste, s. tyrolien,** knapsack, rucksack. **S. à provisions,** shopping bag. **S. en bandoulière,** shoulder-bag. **(Petit) s. de soirée,** vanity-bag; evening bag. *Nau:* **S. (de) marin,** kitbag, *F:* dunnage. **Course en s.,** sack-race. *Mil:* **S. d'ordonnance,** (soldier's) pack, knapsack, or kit-bag. **S. de couchage,** sleeping-bag. **S. à fourrages,** nose-bag. *F:* **S. percé,** spendthrift. **S. à vin,** toper, boozer. *F:* **Se remplir le s.,** to fill one's belly. **Homme de s. et de corde,** thorough-paced scoundrel; gallows-bird. *P:* **Avoir le s.,** to be rich. *F:* **Prendre qn la main dans le s.,** to catch s.o. red-handed. **Vider son s.,** to unbosom oneself. **Mettez ça dans votre s.!** put that in your pipe and smoke it! **L'affaire est dans le s.,** it's as good as settled, *F:* it's in the bag. **S. à papier!** hang it all! (*b*) *Av:* **S. à vent,** wind-cone. **2.** Sackcloth. **Sous le s. et la cendre,** in sackcloth and ashes.
sac[2], *s.m.* Sacking, pillage. **Mettre à s. une ville,** to sack a town.
saccade [sakad], *s.f.* Jerk, start, jolt. **Par saccades,** in jerks; by fits and starts.
saccadé [sakade], *a.* Jerky, abrupt (movement, style). **D'une voix saccadée,** in a jerky, staccato, voice.
saccader [sakade], *v.tr.* To jerk (a horse's rein).
saccage [sakaːʒ], *s.m.* Havoc; confusion, upset.
saccager [sakaʒe], *v.tr.* **(je saccageai(s); n. saccageons)** (*a*) To sack, pillage (town); to ransack (house, etc.). (*b*) To throw (room, etc.) into disorder, into confusion; to make havoc of, to play havoc with (sth.).
saccageur, -euse [sakaʒœːr, -øːz], *s.* Pillager plunderer; ransacker.
saccharifier [sakkarifje], *v.tr.* To saccharify.
saccharimètre [sakkarimɛtr], *s.m.* Saccharimeter.
saccharine [sakkarin], *s.f.* Saccharin(e).
sacerdoce [sasɛrdɔs], *s.m.* **1.** Priesthood; ministry. **2.** *Coll:* The priesthood. **3. Pour lui, c'est un s.,** he is dedicated.
sacerdotal, -aux [sasɛrdɔtal, -o], *a.* Sacerdotal; priestly (garb, caste). S.a. VÊTEMENT.
sach-e, -es, etc. See SAVOIR.
sachée [saʃe], *s.f.* Sackful, bagful.
sachet [saʃɛ], *s.m.* **1.** Small bag. *Artil:* Cartridge-bag. **2. S. à parfums,** sachet.
sacoche [sakɔʃ], *s.f.* **1.** (*a*) Satchel, wallet. (*b*) *Mil:* Saddlebag. **2.** Saddlebag, tool-bag (of cyclist, etc.).
sacquer [sake], *v.tr.* = SAQUER[2].
sacrament|el, -elle [sakramɑ̃tɛl], *a.* (*a*) *Ecc:* Sacramental. (*b*) *F:* Decisive, binding. *adv.* **-ellement.**
sacre[1] [sakr], *s.m.* Anointing, coronation (of king); consecration (of bishop).
sacre[2], *s.m.* (*a*) *Orn:* Saker. (*b*) *F: A:* Blackguard. *A:* **Jurer comme un s.,** to swear like a trooper.
sacré [sakre], *a.* **1.** Holy (scripture); sacred, consecrated (vessel, etc.). **Les ordres sacrés,** holy orders. **Il a le feu s.,** he is dedicated. **Il n'a pas le feu s.,** his heart isn't in it. *s.m.* **Le s. et le profane,** things sacred and profane. **2.** Sacred, inviolable (trust, law). **3.** (Profane, often spelt s—) 'Confounded.' 'cursed,' 'damned.' **S— imbécile!** you d—d fool! **4.** *Anat:* Sacral (region).
sacrebleu [sakrəblø], *int.* = SACREDIEU.
Sacré-Cœur [sakrekœːr], *s.m. Ecc:* **Fête du S.-C.,** feast of the Sacred Heart of Jesus.
sacredié [sakrədje], **sacredieu** [sakrədjø], *int.* (Profane) Confound it! damn (it)!

sacrement [sakrəmɑ̃], *s.m. Ecc:* (*a*) Sacrament. **Le saint S. (de l'autel),** the Blessed Sacrament. **S'approcher des sacrements,** to partake of the Sacrament. **Les derniers sacrements,** the last rites. **Muni des sacrements de l'Église,** fortified with the rites of the church. (*b*) The marriage tie.

sacrer [sakre]. **1.** *v.tr.* To anoint, crown (king); to consecrate (bishop). **S. qn roi,** to crown s.o. king. **2.** *v.i. F:* To curse and swear.

sacret [sakrɛ], *s.m. Orn:* Sakeret.

sacrificateur, -trice [sakrifikatœːr, -tris], *s.* Sacrificer.

sacrificatoire [sakrifikatwaːr], *a.* Sacrificial.

sacrifice [sakrifis], *s.m.* Sacrifice. **Offrir un s.,** to offer up a sacrifice. **Offrir qch. en s.,** to offer up sth. as a sacrifice. *Ecc:* **Le saint s.,** the celebration of mass.

sacrifier [sakrifje], *v.tr.* (*a*) To sacrifice (victim); to offer (sth.) in sacrifice. *F:* **S. à la mode,** to conform to fashion. **S. des marchandises,** to sell goods at a sacrifice. (*b*) To sacrifice, give up (time, money, etc.) (**à,** to). **S. sa vie,** to lay down one's life.

sacrilège[1] [sakrilɛːʒ], *s.m.* Sacrilege.

sacrilège[2], *a. & s.* Sacrilegious (person). *adv.* **-ment.**

sacripant [sakripɑ̃], *s.m.* Rascal, scoundrel.

sacristain [sakristɛ̃], *s.m.* Sacristan; sexton.

sacristi [sakristi], *int.* **1.** The devil! hang it! **2.** Good Lord!

sacristie [sakristi], *s.f. Ecc:* **1.** Sacristy, vestry. **2.** Church-plate and vestments.

sacristine [sakristin], *s.f.* Vestry-nun, sacristine.

sacro-saint [sakrəsɛ̃], *a.* Sacrosanct.

sacrum [sakrəm], *s.m. Anat:* Sacrum.

sadique [sadik]. **1.** *a.* Sadistic. **2.** *s.* Sadist.

sadisme [sadism], *s.m.* Sadism.

saducéen [sadyseɛ̃], *s.m. Rel.H:* Sadducee.

safran[1] [safrɑ̃], *s.m.* **1.** *Bot:* Saffron, crocus. **2.** *a.inv.* **Gants s.,** saffron(-coloured) gloves.

safran[2], *s.m. Nau:* **S. du gouvernail,** back-piece, cheek, of the rudder.

safranine [safranin], *s.f. Ch: Ind:* Safranin.

saga [saga], *s.f. Scand.Lit:* Saga.

sagace [sagas], *a.* Sagacious, shrewd. *adv.* **-ment.**

sagacité [sagasite], *s.f.* Sagacity, shrewdness.

sagaie [sagɛ], *s.f.* Assegai.

sage [saːʒ], *a.* **1.** Wise. *s.m.* **Les sept Sages,** the Seven Sages; the Seven Wise Men. **2.** Judicious, wise (policy, etc.); discreet (behaviour). **Les esprits sages,** sensible people. **Politique peu s.,** unwise policy. **3.** Well-behaved, well-conducted; good (child); quiet, docile (animal); well-mannered (horse). **Une femme s.,** a chaste, well-conducted, woman. **Sois s.!** be a good child! be good! **S. comme une image,** as good as gold. *adv.* **-ment.**

sage-femme [saʒfam], *s.f.* Midwife. *pl. Des sages-femmes.*

sagesse [saʒɛs], *s.f.* **1.** (*a*) Wisdom. (*b*) Prudence, discretion. **Dent de s.,** wisdom tooth. **2.** Steadiness, good behaviour; quietness (of horse). *Sch:* **Prix de s.,** good-conduct prize.

sagittaire [saʒittɛːr]. **1.** *s.m. Rom.Ant:* Archer. *Astr:* Sagittarius. **2.** *s.f. Bot:* Sagittaria, arrowhead.

sagou [sagu], *s.m.* Sago.

sagouin [sagwɛ̃], *s.m.* **1.** *Z:* Squirrel-monkey. **2.** *F:* (*f.* **sagouine**) Sloven; slovenly, dirty (fellow); *f.* slattern, slut.

sagoutier [sagutje], *s.m. Bot:* Sago-palm.

Sahara (le) [ləsaara]. *Pr.n.m.* The Sahara (desert).

saharien, -ienne [saarjɛ̃, -jɛn]. **1.** *a.* Saharic, saharian. **2.** *s.f.* **Saharienne** = bush-shirt.

saignant [sɛɲɑ̃], *a.* **1.** Bleeding, raw (wound). **2.** *Cu:* Raw, underdone, red, rare (meat).

saignée [sɛɲe], *s.f.* **1.** *Med:* Bleeding, blood-letting. *F:* **S. continuelle,** constant drain (on one's resources). **2.** Bend of the arm. **3.** (*a*) (Drainage) trench, ditch. (*b*) Cut, groove (for oil, etc.). (*c*) *El.E:* **Conducteur à saignées,** tapped conductor.

saign|er [sɛɲe]. **1.** *v.i.* To bleed. **S. du nez,** (i) to bleed at, from, the nose; (ii) *P:* to funk, to show the white feather. **Le cœur m'en saigne,** it makes my heart bleed. **2.** *v.tr.* (*a*) To bleed; (i) *Med:* to draw, let, blood from (s.o.); (ii) *F:* To extort money from (s.o.). **S. un porc,** to bleed, to stick, a pig. **S. un animal,** *F:* **qn, à blanc,** to bleed an animal, *F:* s.o., white. **Se s. aux quatre veines pour qn,** to make every sacrifice for s.o. (*b*) To tap (gum-tree, stream). *s.m.* **-ement.**

saigneur [sɛɲœːr], *s.m.* Bleeder; pigsticker.

saigneux, -euse [sɛɲø, -øːz], *a.* Blood-stained. **Bout s.,** scrag-end (of mutton, etc.).

saillant [sajɑ̃]. **1.** *a.* (*a*) *Her:* Salient. (*b*) Projecting, jutting out. **Pommettes saillantes,** prominent cheek-bones. **Dents saillantes,** buck-teeth. (*c*) Salient, outstanding. **2.** *s.m. Mil:* Salient.

saillie [saji], *s.f.* **1.** (*a*) Spurt, spirt; spring, bound. **Avancer par bonds et saillies,** to advance by leaps and bounds. **S. de sang,** spurt, issue, of blood. (*b*) *F:* Sally; flash of wit, witticism. (*c*) *Breed:* Covering (by male). **2.** Protrusion; projection, ledge. **Pierre en s.,** projecting stone. **Fenêtre en s.,** bay-window. **S. du mollet,** swell of the calf. **Faire s.,** to project, jut out.

saillir [sajiːr]. **1.** (*pr.p.* **saillissant;** *p.p.* **sailli;** *pr.ind.* **il saillit, ils saillissent;** *fu.* **il saillira**) (*a*) *v.i.* (Of liquid) To gush out, spurt out, spirt out. (*b*) *v.tr. Breed:* (Of stallion) To cover (mare). **2.** (Used only in *pr.p.* **saillant;** *p.p.* **sailli;** *pr.ind.* **il saille, ils saillent;** *fu.* **il saillera**), *v.i.* To jut out, stand out.

sain, saine [sɛ̃, sɛn], *a.* (*a*) Healthy, hale (person); sound (fruit, timber); sound, sane (judgment); wholesome (food). **S. et sauf,** safe and sound. *Jur:* **S. d'esprit,** of sound mind, sound in mind. **Avoir le corps s.,** to be sound in wind and limb. (*b*) *Nau:* Clear, safe (coast, anchorage); fair (channel). *adv.* **-ement.**

sainbois [sɛ̃bwɑ], *s.m. Bot:* Spurge-flax.

saindoux [sɛ̃du], *s.m.* Lard.

sainfoin [sɛ̃fwɛ̃], *s.m. Bot: Agr:* Sainfoin.

saint, sainte [sɛ̃, sɛ̃ːt]. **1.** *a.* Holy. (*a*) **La Sainte Église,** the Holy Church. **Les Saintes Écritures,** Holy Writ. **La Semaine sainte,** Holy Week. **Le vendredi s.,** Good Friday. S.a. JEUDI, SAMEDI. (*b*) Saintly, godly (person, life). (*c*) **Terre sainte,** hallowed, consecrated, ground. **La Terre Sainte,** the Holy Land. *F:* **Toute la sainte journée,** the whole blessed day. (*d*) Saint. **L'église S.-Pierre,** St Peter's (church). **La Sainte-Catherine,** Saint Catherine's day. **2.** *s.* Saint. **Fête de s.,** saint's day. *Ecc:* **Mettre qn au nombre des saints,** to canonize s.o. *F:* **Prendre un air de petit s.,** to put on a saintly air. **Chacun prêche pour son s.,** everyone has an eye to his own interest. **Ne savoir plus à quel s. se vouer,** to be at one's wit's end. **A chaque s. sa chandelle,** honour where honour is due. **3.** *s.m.* **Le S. des Saints,** the Holy of Holies.

Saint-Barthélemy (la) [lasɛ̃bartɛlmi], *s.f.* (i) St Bartholomew's Day; (ii) the Massacre of St Bartholomew (1572).

saint-bernard [sɛ̃bɛrnɑːr], *s.m.inv.* St Bernard (dog).

saint-crépin [sɛ̃krepɛ̃], *s.m.* No *pl. F:* (*a*) Shoemaker's tools. (*b*) **Porter tout son s.-c. sur son dos,** to carry all one's worldly goods on one's back.

Saint-Cyr [sɛ̃siːr]. *Pr.n.m.* Saint-Cyr military school (infantry and cavalry).

saint-cyrien [sɛ̃sirjɛ̃], *s.m.* Cadet training at Saint-Cyr. *pl. Des saint-cyriens.*

Saint-Domingue [sɛ̃dəmɛ̃ːg]. *Pr.n.m. Geog:* Santo Domingo.

Sainte-Hélène [sɛ̃telɛn]. *Pr.n.f. Geog:* Saint Helena.

Saint-Elme [sɛ̃tɛlm]. *Pr.n.m.* **Feu de S.-E.,** corposant, Saint-Elmo's fire.

saintement [sɛ̃tmɑ̃], *adv.* Holily. **Vivre s.,** to lead a godly life.

Saint-Esprit [sɛ̃tɛspri]. *Pr.n.m.* **Le S.-E.,** the Holy Ghost.

sainteté [sɛ̃təte], *s.f.* Holiness, saintliness; sanctity (of a vow). *Ecc:* **Sa, Votre, S.,** His, Your, Holiness (the Pope).

Sainte-Touche [sɛ̃ttuʃ], *s.f.inv. F:* Pay-day.

saint-frusquin [sɛ̃fryskɛ̃], *s.m.* No *pl. P:* All the wordly goods (of a person). **Et tout le s.-f.,** and the whole caboodle.

Saint-Glinglin [sɛ̃glɛ̃glɛ̃]. (Used in) *F:* **Jusqu'à la S.-G.,** for ever more. **A la S.-G.,** until Hell freezes over.

saint-honoré [sɛ̃tɔnəre], *s.m.* (Type of) cream cake. *pl. Des saint-honorés.*

Saint-Jean (la) [lasɛ̃ʒɑ̃], *s.f.* Midsummer Day.

Saint-Jean d'Acre [sɛ̃ʒɑ̃dakr]. *Pr.n. Geog:* Acre.

Saint-Laurent (le) [ləsɛ̃lɔrɑ̃]. *Pr.n.m. Geog:* The Saint Lawrence (river). **La voie maritime du S.-L.,** the St Lawrence Seaway.
Saint-Marin [sɛ̃marɛ̃]. *Pr.n. Geog:* (The Republic of) San Marino. **AS.-M.,** in San Marino.
Saint-Martin (la) [lasɛ̃martɛ̃], *s.f.* Saint Martin's day; Martinmas. **Été de la S.-M.,** Saint Martin's summer, Indian summer.
Saint-Michel (la) [lasɛ̃miʃɛl], *s.f.* Michaelmas.
Saint-Père (le) [ləsɛ̃pɛːr], *s.m.* The Holy Father, the Pope.
Saint-Pierre [sɛ̃pjɛːr], *s.m.inv. Ich:* John Dory.
Saint-Siège (le) [ləsɛ̃sjɛːʒ], *s.m.* The Holy See.
Saint-Sylvestre (la) [lasɛ̃silvɛstr], *s.f.* New-year's eve.
sais. See SAVOIR.
saisi [sezi], *s.m. Jur:* Distrainee.
saisie [sɛzi], *s.f.* (*a*) Seizure (of contraband goods). (*b*) *Jur:* Distraint, execution. *Nau:* Embargo. **S. immobilière,** attachment of real property. **S. pour loyer,** distress. **S. d'une hypothèque,** foreclosure of a mortgage.
saisie-arrêt [sɛziarɛ], *s.f. Jur:* Attachment, garnishment. **Ordonnance de s.-a.,** garnishee order. *pl. Des saisies-arrêts.*
saisir [sɛziːr], *v.tr.* **1.** To seize. (*a*) To grasp; to grab; to lay hold, take hold, catch hold, of (s.o., sth.). *Jur:* **S. qn au corps,** to apprehend s.o. **S. un prétexte,** to seize upon a pretext. **La peur le saisit,** fear gripped him; he took fright. **Être saisi de crainte,** to be struck with fear. **Être saisi (d'étonnement),** to be startled, staggered. (*b*) *Jur:* To seize, attach (real estate); to distrain upon (goods); to attach (ship). **Faire s. qn,** *F:* to sell s.o. up. **On a saisi trois journaux nationalistes,** three nationalist papers were sequestrated, seized. (*c*) *Nau:* To stow, secure, lash (the anchors, the boats). (*d*) To perceive, discern, apprehend. **Je ne saisis pas,** I don't quite get the idea. **Je n'ai pas saisi son nom,** I did not catch his name. **2.** *Jur:* (*a*) **S. qn d'un héritage,** to vest s.o. with an inheritance. (*b*) **S. un tribunal d'une affaire,** to refer a matter to a court. **3.** *Cu:* To fry meat very quickly by exposure to a fierce fire.
se saisir de qn, de qch., to possess oneself of, to seize upon, s.o., sth.; to lay hands on sth.
saisissable [sɛzisabl], *a.* **1.** Perceptible, distinguishable. **2.** *Jur:* Distrainable, attachable.
saisissant [sɛzisɑ̃], *a.* (*a*) Piercing, nipping (cold). (*b*) Startling, striking (resemblance); gripping, thrilling (spectacle).
saisissement [sɛzismɑ̃], *s.m.* Seizure. (*a*) Sudden chill. (*b*) Surprise, thrill. (*c*) Shock. **Il mourut de s.,** he died of the shock; the shock killed him.
saison [sɛzɔ̃], *s.f.* **1.** Season. **Les quatre saisons,** the four seasons. S.a. MARCHAND 1. **La belle s.,** the summer months. **La s. des semailles,** sowing time. **Fruits en pleine s.,** fruit in its prime. **La s. de grand travail, le fort de la s.,** the busy season. **La s. bat son plein,** it is the height of the season. S.a. MORTE-SAISON. **De s.,** (i) in season, seasonable; (ii) timely. **Les huîtres sont hors de s.,** oysters are out of season. **Propos hors de s.,** ill-timed, inopportune, remarks. **2.** **S. thermale,** spell of treatment at a watering-place.
saisonnier, -ière [sɛzɔnje, -jɛːr]. (*a*) *a.* Seasonal. (*b*) *s.m.* Seasonal worker.
sait. See SAVOIR.
sajou [saʒu], *s.m. Z:* Sajou, sapajou (monkey).
salacité [salasite], *s.f.* Salaciousness, salacity.
salade[1] [salad], *s.f.* (*a*) Salad. **Faire la s.,** to mix the salad. S.a. PANIER 1. (*b*) **S. de fruits,** fruit salad. **S. russe,** (i) Russian salad; (ii) *F:* jumble, miscellany, hotchpotch. **Quelle s.!** What a mess!
salade[2], *s.f. Mil: Cost:* Sallet (helmet).
saladier [saladje], *s.m.* Salad-bowl.
salaire [salɛːr], *s.m.* Wage(s). **1.** Pay (of manual worker). **S. de base,** basic pay. *Prov:* **Toute peine mérite s.,** the labourer is worthy of his hire. **2.** Reward, recompense, retribution.
salaison [salɛzɔ̃], *s.f.* **1.** Salting; curing (of bacon). **2.** *pl.* Salt provisions.
salamalec [salamalɛk], *s.m. F:* Salaam. **Faire des salamalecs à qn,** to bow and scrape, to kow-tow to s.o.
salamandre [salamɑ̃ːdr], *s.f.* **1.** *Amph:* (*a*) Salamander. (*b*) **S. aquatique,** newt. **2.** Slow-combustion stove.
salami [salami], *s.m. Cu:* Salami.
salant asl[ɑ̃], *a.m.* **Marais s.,** salt-marsh, salt-pan, saltern, saline.
salariat [salarja], *s.m.* **1.** Wage-earning. **2.** *Coll.* The wage-earning classes.
salarié, -ée [salarje]. **1.** *a.* (*a*) Wage-earning. (*b*) Paid (work). **2.** *s.* Wage-earner.
salarier [salarje], *v.tr.* To pay a wage to (s.o.).
salaud, [salo], *s.m. P:* (*a*) Swine, filthy beast. (*b*) Skunk, son of a bitch.
sale [sal], *a.* Dirty. **1.** (*a*) Unclean, filthy; soiled (linen). **S. comme un peigne,** filthy. **Eaux sales,** slops. **Couleur s.,** dull, dingy, dirty, colour. (*b*) Offensive, nasty (word). **2.** *F:* (Always before the noun) **S. individu, s. type,** rotter. **S. coup,** (i) nasty blow; (ii) low, dirty, trick. **S. temps,** (i) *Nau:* foul weather; (ii) *F:* beastly weather. *adv.* **-ment.**
salé [sale], *a.* **1.** Salt (fish, etc.); salted (almonds). **Eau salée,** (i) salt water, (ii) brine. **Le potage est trop s.,** the soup is too salt(y). *Husb:* **Prés salés,** saltings. S.a. PRÉ-SALÉ. *s.m.* **Petit s.,** pickled pork. **2.** (*a*) Keen, biting (epigram, etc.). (*b*) Broad, spicy (tale, joke). **En raconter de salées,** to tell highly seasoned stories. (*c*) *F:* Exorbitant, stiff (price); stiff (sentence).
saler [sale], *v.tr.* To salt. **1.** (*a*) To season (sth.) with salt. (*b*) *F:* To charge exorbitantly for (sth.); to fleece (customers). **S. la note,** to stick it on (the bill). **2.** To salt, pickle; to cure (bacon); to corn (beef).
saleté [salte], *s.f.* **1.** (*a*) Dirtiness, filthiness. (*b*) Dirt, filth. (*c*) Piece of dirt. (*d*) Trashy goods; trash, rubbish. **2.** (*a*) Nastiness, obscenity; beastliness (of mind). (*b*) Nasty, coarse, remark or jest. (*c*) Dirty trick.
saleur [salœːr], *s.m.* Salter, dry-curer.
salicorne [salikɔrn], *s.f. Bot:* Glasswort.
salicylate [salisilat], *s.m. Ch:* Salicylate.
salicylique [salisilik], *a.m. Ch:* Salicylic.
salière [saljɛːr], *s.f.* **1.** (*a*) Salt-cellar. (*b*) (Kitchen) salt-box. **2.** (*a*) Eye-socket (of horse). (*b*) *F:* Hollow above the collar-bone (when conspicuous); salt-cellar.
saligaud [saligo], *s.m. P:* = SALAUD.
salignon [saliɲɔ̃], *s.m.* Cake of salt.
salin, -ine [salɛ̃, -in]. **1.** *a.* Saline, briny; salty. **2.** *s.m.* Salt-marsh. **2.** *s.f.* **Saline.** (*a*) Salt-works, salt-pan. (*b*) Rock-salt mine.
salinage [salinaːʒ], *s.m.* **1.** Salt-mine; salt-marsh; salt-works. **2.** Concentrating of the brine.
salinier [salinje], *s.m.* (*a*) Salt-mine owner. (*b*) Salt merchant; salter.
salinité [salinite], *s.f.* Saltness, salinity.
salique [salik], *a. Hist:* Salic (law).
salir [saliːr], *v.tr.* To dirty, soil; to besmirch, defile, sully (the imagination). **Étoffe qui se salit facilement,** material that shows the dirt. **S. sa réputation,** to sully, tarnish, one's good name. S.a. BLASON.
se salir. 1. To get dirty, soiled. **2.** To soil, dirty, one's clothes; to sully one's reputation.
salissant [salisɑ̃], *a.* **1.** **Travail s.,** dirty, messy, work. **2.** (Material, etc.) that shows the dirt.
salisson [salisɔ̃], *s.f. F:* Dirty, untidy, little girl.
salissure [salisyːr], *s.f.* Stain; dirty mark.
salivaire [salivɛːr], *a.* Salivary (gland, etc.).
salivation [salivasjɔ̃], *s.f. Med:* Salivation.
salive [saliːv], *s.f.* Saliva, spittle. *F:* **Perdre sa s.,** to waste one's breath.
saliver [salive], *v.i.* To salivate.
salle [sal], *s.f.* **1.** Hall; (large) room. **S. de séjour,** living-room. **S. à manger,** (i) dining-room, (ii) *Furn:* dining-room suite. **S. de banquet,** banqueting hall. **S. de bain(s),** bathroom. **S. de classe,** classroom, form-room. **S. de conférences, de cours,** lecture room. **S. des professeurs,** staff room. **S. d'hôpital,** hospital ward. **S. d'opérations,** operating theatre. **S. du conseil,** council-room, -chamber. **S. des ventes,** auction-room. **Les salles du Louvre,** the galleries of the Louvre. **S. de jeu,** gaming-room. **S. d'attente,** waiting-room. **S. des pas perdus,** waiting-hall (of law-courts, railway station, etc.); lobby (of Houses of Parliament). **S. de verdure,** green arbour. *Mil:* **S. de police,** guard-room. S.a. ARME 1, ASILE. **2.** *Th: etc:* Auditorium, 'house.' **Toute la s. applaudit,** the whole house, audience, applauded.

salmigondis [salmigɔ̃di], *s.m.* **1.** *Cu:* Salmagundi, hotchpotch. **2.** *F:* Medley, miscellany.
salmis [salmi], *s.m. Cu:* Salmi; ragout (of roasted game).
saloir [salwa:r], *s.m.* Salting-tub.
Salomon [salomɔ̃]. *Pr.n.m.* Solomon. S.a. SCEAU.
salon [salɔ̃], *s.m.* (*a*) Drawing-room. **Petit s.,** morning-room. **Jeux de s.,** parlour-games. S.a. COMÉDIE 1. **Fréquenter les salons,** to move in fashionable circles. (*b*) Saloon (in ship); saloon(-car) (in train). (*c*) **S. de thé,** tea-room(s). **S. de coiffure,** hairdressing-saloon. **S. de modiste,** milliner's showroom. (*d*) **Le s.,** the Salon (annual art exhibition in Paris). **Le S. de l'automobile,** the (French) Motor Show.
salonnier [salɔnje], *s.m.* Art critic.
salopard [salɔpa:r], *s.m.* **1.** = SALAUD. **2.** Rebel fighter.
salope [salɔp], *s.f. P:* Slattern, slut.
saloper [salɔpe], *v.tr. P:* To botch (work).
saloperie [salɔpri], *s.f. P:* **1.** (*a*) Filthiness, filth. (*b*) Trashy goods; trash, rubbish. **2.** (*a*) **Faire une s. à qn,** to play a dirty trick on s.o. (*b*) **Dire des saloperies,** to talk smut.
salopette [salɔpɛt], *s.f.* (*a*) (Workman's, child's) overall(s). (*b*) (Engineer's) dungarees.
salpêtre [salpɛ:tr], *s.m.* Saltpetre, *F:* nitre.
salpêtrière [salpɛtriɛ:r], *s.f.* **1.** Saltpetre-works. **2. La S.,** home for aged and mentally afflicted women (in Paris).
salse [sals], *s.f. Geol:* Salse; mud volcano.
salsepareille [salsparɛ:j], *s.f. Bot:* Sarsaparilla.
salsifis [salsifi], *s.m. Bot: Cu:* Salsify.
saltimbanque [saltɛ̃bɑ̃:k], *s.m.* **1.** Member of travelling circus; showman. **2.** *F:* Mountebank, charlatan, humbug.
salubre [saly:br], *a.* Salubrious, healthy (air, climate); wholesome (food). *adv.* **-ment.**
salubrité [salybrite], *s.f.* Salubrity, salubriousness, healthiness (of climate); wholesomeness (of food). **S. publique,** public health; sanitation.
saluer [salɥe], *v.tr.* (*a*) To salute, to greet; to bow to (s.o.). **S. qn de la main,** (i) to wave to s.o.; (ii) to touch one's hat to s.o. **Il sortit en saluant,** he bowed himself out. **Passer qn sans le s.,** to cut s.o. *Nau:* **S. du pavillon,** *Abs.* **saluer,** to dip the flag, *Abs.* to dip. **S. de vingt coups,** to fire a salute of twenty guns. (*b*) To greet, to hail. **Je vous salue, Marie, pleine de grâce,** Hail, Mary, full of grace. **Saluez-le de ma part,** give him my kind regards. **"J'ai (bien) l'honneur de vous s.,"** 'I am yours very truly.' **S. qn roi,** to hail, acclaim, s.o. king.
salure [saly:r], *s.f.* Saltness, salinity; tang (of the sea air).
salut [saly], *s.m.* **1.** (*a*) Safety. **Le s. public,** public welfare, public well-being. **Port de s.,** haven of refuge. S.a. PLANCHE 1. (*b*) Salvation. **Faire son s.,** to find salvation. **Travailler à son s.,** to work out one's own salvation. **L'Armée du S.,** the Salvation Army. **2.** (*a*) Bow, salutation, greeting. **Adresser un s. à qn,** (i) to bow to s.o.; (ii) to lift one's hat to s.o. **Adresser de la tête, de la main, un s. à qn,** to nod to s.o.; to wave to s.o. *F:* **S. à tous!** hullo, everybody! S.a. ENTENDEUR. (*b*) *Mil: etc:* Salute. **Faire le s. militaire,** to salute. **S. (au drapeau),** 'colours.' **S. du drapeau,** lowering of the colour. *Nau:* **S. du pavillon,** dipping of the flag. **3.** *Ecc:* Evening service (in honour of the Host).
salutaire [salytɛ:r], *a.* Salutary, wholesome, beneficial, beneficent. *adv.* **-ment.**
salutation [salytasjɔ̃], *s.f.* Salutation, greeting; bow, salute. **"Salutations à votre famille,"** 'kind regards to your family.' **"Agréez mes salutations très respectueuses,"** 'I remain yours faithfully.' S.a. ANGÉLIQUE I, EMPRESSÉ.
salutiste [salytist], *s.m. & f.* Salvationist; member of the Salvation Army.
salve [salv], *s.f.* Salvo. **Lancer, tirer, une s.,** to fire a salvo, a salute. **Feu de s.,** volley fire. *F:* **S. d'applaudissements,** round, burst, of applause.
samare [sama:r], *s.f. Bot:* Samara, key, winged seed (of ash, sycamore).
samaritain, -aine [samaritɛ̃, -ɛn], *a. & s. B:* Samaritan. **La Samaritaine,** the woman of Samaria.
samba [sɑ̃ba] *s.f. Danc:* Samba.
samedi [samdi], *s.m.* Saturday. **Le S. saint,** Holy Saturday, (the) Saturday before Easter.
samole [samɔl], *s.m. Bot:* Water-pimpernel.
samouraï [samurai], *s.m. Jap.Hist:* Samurai.
samovar [samɔva:r], *s.m.* Samovar.
sampan(g) [sɑ̃pɑ̃], *s.m.* Sampan.
sana [sana], *s.m. F:* = SANATORIUM.
sanatorium [sanatɔrjɔm], *s.m.* Sanatorium; convalescent home.
sanctificateur, -trice [sɑ̃ktifikatœ:r, -tris]. **1.** *a.* Sanctifying. **2.** *s.* Sanctifier.
sanctification [sɑ̃ktifikasjɔ̃], *s.f.* (*a*) Sanctification. (*b*) **S. du dimanche,** keeping of the Sabbath(-day); observance of the Sabbath.
sanctifier [sɑ̃ktifje], *v.tr.* To sanctify; to make holy; to hallow. **Que Votre nom soit sanctifié,** hallowed be Thy Name. **S. le dimanche,** to observe the sabbath.
sanction [sɑ̃ksjɔ̃], *s.f.* Sanction. **1.** Approbation. **S. royale,** royal assent. **2. S. (pénale),** penalty; punitive sanction. **Prendre des sanctions contre qn,** to penalize s.o., to take action against s.o.
sanctionner [sɑ̃ksjɔne], *v.tr.* To sanction. **1.** To approve, ratify. **Sanctionné par l'usage,** sanctioned by custom. **2.** To penalize (an offence).
sanctuaire [sɑ̃ktɥɛ:r], *s.m.* (*a*) Sanctuary, penetralia. (*b*) *F:* Sanctum, den.
sandale [sɑ̃dal], *s.f.* (*a*) Sandal. (*b*) Fencing-shoe, gym shoe; sand-shoe.
sandaraque [sɑ̃darak], *s.f.* (Gum) sandarac.
sandow [sɑ̃do], *s.m.* **1.** *Gym:* Chest-expander. **2.** *Av: etc:* Rubber extensible spring; rubber shock-absorber.
sandwich [sɑ̃dwitʃ], *s.m.* Sandwich. *F:* **Homme s.,** sandwich-man. *P:* **Faire s.,** to play gooseberry. *pl. Des sandwichs* or *sandwiches.*
sang [sɑ̃], *s.m.* **1.** Blood; *Poet:* gore. **Animaux à s. chaud,** warm-blooded animals. **Coup de s.,** apoplectic fit; *F:* stroke. **Yeux injectés de s.,** bloodshot eyes. **Répandre, verser, le s.,** to shed blood. **Effusion de s.,** (i) bleeding, (ii) bloodshed. **Écoulement de s.,** bleeding, haemorrhage. **Souillé de s.,** bloodstained. **Être tout en s.,** to be covered with blood. **Fouetter jusqu'au s.,** to flog till one draws blood. **Avoir le s. chaud,** to be quick-tempered. *F:* **Cela me glace le s.,** it makes my blood run cold. **Se faire du mauvais s.,** *F:* **se manger le(s) sang(s),** to fret (and fume); to worry. **Se faire du bon s.,** (i) to laugh heartily; (ii) to enjoy oneself, to enjoy life. **Son s. soit sur lui,** his blood be on his own head. **Suer s. et eau** [sɑ̃keo], to 'sweat blood.' **Le s. lui monta au visage,** the blood rushed to his face, he flushed up. **Tout mon s. n'a fait qu'un tour,** my heart leapt into my mouth. **Conte à tourner les sangs,** blood-curdling tale. *F:* **Buveur de s.,** bloodthirsty man. *P:* **Bon s. (de bon s.)!** hang it! **Bon s. d'imbécile!** you idiot! S.a. NAVET I. **2.** (*a*) Blood, race, lineage. **Cheval de s.,** blood-horse. **Cheval pur s.,** full-bred horse; thoroughbred (horse). **Cheval demi-s.,** half-bred horse; half-bred. **C'est dans le s.,** it runs in the blood. *Prov:* **Bon s. ne peut mentir,** blood, breed, will tell. (*b*) Blood, kinship, relationship. **Les liens du s.,** the tie of kindred. **Son propre s.,** one's own flesh and blood. **Prince du s.,** prince of the blood. **La voix du s.,** the call of kinship.
sang-froid [sɑ̃frwa], *s.m. No pl.* Coolness, composure. **Garder, conserver, son s.-f.,** (i) to keep cool (and collected), to keep one's head; (ii) to keep one's temper. **Perdre son s.-f.,** to lose one's self-control, one's self-possession, one's temper; *F:* to fly off the handle. **De s.-f.,** deliberately.
sanglant [sɑ̃glɑ̃], *a.* **1.** Bloody; blood-stained; (face) covered with blood; *Poet:* gory. **2.** (*a*) Cruel, cutting (reproach); scathing (criticism). (*b*) **Affront s.,** deadly affront.
sangle [sɑ̃:gl], *s.f.* Strap, band, webbing. **S. de selle,** (saddle-)girth. **Lit de s.,** camp-bed, trestle-bed. *Aut: Rail:* **S. de portière,** check-strap.
sangler [sɑ̃gle], *v.tr.* **1.** To girth (horse); to strap (parcel, etc.). **2.** To thrash, lash (s.o.).
se sangler, to lace oneself tight.
sanglier [sɑ̃glie], *s.m.* Wild boar.
sanglot [sɑ̃glo], *s.m.* Sob. **Pousser un s.,** to give a sob. **Elle pleurait à gros sanglots,** she was sobbing her heart out.

sangloter [sɑ̃glɔte], *v.i.* To sob.
sang-mêlé [sɑ̃mele], *s.m.inv.* Person of mixed blood; (outside Europe) half-caste.
sangsue [sɑ̃sy], *s.f.* (*a*) *Ann:* Leech. **Poser des sangsues à qn,** to apply leeches to s.o. (*b*) *F:* Leech, bloodsucker, extortioner.
sanguin, -ine [sɑ̃gɛ̃, -in]. I. *a.* 1. **Émission sanguine,** flow of blood. **Les vaisseaux sanguins,** the blood-vessels. **Groupe s.,** blood-group. 2. Full-blooded, sanguineous.
II. **sanguine,** *s.f.* 1. (*a*) Red hematite. (*b*) Bloodstone. 2. Red chalk; drawing in red chalk. 3. Blood-orange.
sanguinaire [sɑ̃ginɛːr]. 1. *a.* Sanguinary; bloodthirsty (man); bloody (fight). 2. *s.f. Bot:* Bloodroot.
sanguinelle [sɑ̃ginɛl], *s.f. Bot:* Dogwood.
sanguinolent [sɑ̃ginɔlɑ̃], *a.* Sanguinolent; tinged with blood.
sanicle [sanikl], *s.f.*, **sanicule** [sanikyl], *s.f. Bot:* Sanicle.
sanie [sani], *s.f. Med:* Sanies, pus, *F:* matter.
sanieux, -euse [sanjø, -øːz], *a. Med:* Sanious.
sanitaire [sanitɛːr]. 1. *a.* Sanitary. **Système s.,** sanitation. **Fonctionnaire s.,** health officer. **Matériel s.,** medical stores. **Train s.,** hospital train. **Avion s.,** flying ambulance. 2. *s.f.* Motor ambulance.
sans [sɑ̃], *prep.* 1. (*a*) Without. **Il est revenu sans un sou,** he came back without a penny. **Il arriva sans argent ni bagages,** he arrived without either money or luggage. **Sans faute,** without fail. **Sans plus,** nothing more. **Sans parler,** without speaking. **Cela va s. dire,** (it is a matter) of course. **Sans mentir . . .,** to tell the truth. . . . **Vous n'êtes pas sans le connaître,** I'm sure you know him. **Ces questions n'étaient pas sans m'embarrasser,** these questions were somewhat embarrassing. **Non sans difficulté,** not without trouble. *Com:* (On bill of exchange) **"Sans frais," "sans protêt,"** 'no expenses.' *Conj.phr.* **Sans que** + *sub.*, without + *ger.* **Sans que nous le sachions,** without our knowing it. (*b*) -less, -lessly. **Homme sans peur,** fearless man. **Agir sans peur,** to act fearlessly. **Être sans le sou,** to be penniless. (*c*) Un-. **Plaintes sans fin,** unending complaints. **Sans hésiter,** unhesitatingly. **S. (y) penser,** unthinkingly. 2. But for; were it not for. **Sans vous je ne l'aurais jamais fait,** but for you I should never have done it. **Sans cela, sans quoi,** otherwise, else, had it not been for that.
sans-abri [sɑ̃zabri], *s.m.inv.* Homeless (person).
sans-atout [sɑ̃zatu], *s.m. Cards:* **Demander (un) sans-a.,** to call no trumps.
sans-cœur [sɑ̃kœːr], *s.m. & f.inv. F:* Heartless person.
sanscrit, -ite [sɑ̃skri, -it], *a. & s.m. Ling:* Sanskrit.
sans-culotte [sɑ̃kylɔt], *s.m. Hist:* (Fr. Revol.) Sansculotte, extreme republican. *pl. Des sans-culottes.*
sans-façon [sɑ̃fasɔ̃]. 1. *s.m.* (*a*) Homeliness, straightforwardness (of speech, etc.). (*b*) = SANS-GÊNE I. 2. *a.inv.* Homely, unceremonious, informal.
sans-fil [sɑ̃fil], *s.inv.* 1. *s.f.* Wireless (telegraphy). 2. *s.m.* Radio message.
sans-filiste [sɑ̃filist], *s.m. & f.* Wireless enthusiast. *pl. Des sans-filistes.*
sans-gêne [sɑ̃ʒɛn]. 1. *s.m.* (Offensive) off-handedness, over-familiarity; *F:* cheek. 2. (*a*) *a.inv.* Unceremonious, over-familiar. (*b*) *s.m. & f.inv.* Unceremonious person; cool customer.
sans-gîte [sɑ̃ʒit], *s.m.pl.* (The) homeless.
sans-le-sou [sɑ̃lsu], *s.m.pl. F:* (The) penniless, destitute.
sans-logis [sɑ̃lɔʒi], *s.m.pl.* (The) homeless.
sansonnet [sɑ̃sɔnɛ], *s.m. Orn:* Starling.
sans-patrie [sɑ̃patri], *s.m. & f.inv.* Stateless person.
sans-souci [sɑ̃susi], *s.inv.* 1. *s.m. & f.* Easy-going, care-free, individual. 2. *s.m.* Unconcern; insouciance.
santal, -als, [sɑ̃tal], *s.m.* Sandal(wood).
santé [sɑ̃te], *s.f.* Health; well-being. **Être en bonne s.,** to be well, to enjoy good health. *F:* **Crever de s.,** to be bursting with health. **S. de fer,** iron constitution. **Avoir une s. délicate,** to suffer from poor health, to be delicate. **Air plein de s.,** healthy look. **Respirer la s.,** to look the picture of health. S.a. MAISON 1. **Le service de (la) s.,** *Mil:* the medical service; *Nau:* the quarantine service. *Nau:* **Officier de s.,** health officer (of port). **Ministère de la S. publique,** Ministry of Health. S.a. PATENTE 2, RAISON 1. **Boire à la s. de qn, porter la santé de qn,** to drink s.o.'s health. *F:* **À votre s.!** your health! cheers! *P:* **Vous en avez une s.!** (i) I like your cheek! (ii) You've got some courage!
santon [sɑ̃tɔ̃], *s.m.* Clay figure (in Christmas crib).
sanve [sɑ̃ːv], *s.f. Bot:* Charlock; wild mustard.
saoul [su], **saouler** [sule] = SOÛL, SOÛLER.
sapajou [sapaʒu], *s.m. Z:* Sapajou.
sape [sap], *s.f.* Undermining. *Mil:* Sap(ping). **Exécuter une s.,** to drive a sap. **Travail en s.,** sapping.
sap|er [sape], *v.tr.* To sap, undermine. *s.m.* **-ement.**
saperlotte [sapɛrlɔt], **saperlipopette** [sapɛrlipɔpɛt], *int. F:* = SAPRISTI.
sapeur [sapœːr], *s.m. Mil:* Sapper; pioneer.
sapeur-pompier [sapœrpɔ̃pje], *s.m.* Fireman. **Les sapeurs-pompiers,** the fire-brigade.
saphir [safiːr], *s.m.* 1. *Miner:* Sapphire. 2. *Gramophones:* Sapphire. 3. *a. & s.* Sapphire (blue).
sapide [sapid], *a.* Sapid, savoury, palatable.
sapidité [sapidite], *s.f.* Sapidity; savouriness.
sapience [sapjɑ̃ːs], *s.f. A:* Sapience, wisdom.
sapin [sapɛ̃], *s.m.* 1. (*a*) Fir(-tree). **S. argenté, blanc,** silver fir, Swiss pine. **S. du Nord,** Scotch fir. **Faux s.,** pitch-pine. (*b*) **(Bois de) s.,** deal. 2. *P:* (*a*) *A:* Cab, four-wheeler. (*b*) Coffin.
sapinages [sapinaːʒ], *s.m.pl. Fr.C:* Fir branches.
sapine [sapin], *s.f.* (*a*) Fir plank; deal board. (*b*) Deal tub. (*c*) Crane-tower.
sapinette [sapinɛt], *s.f.* 1. *Bot:* (Hemlock) spruce. 2. Spruce beer.
sapinière [sapinjɛːr], *s.f.* Fir-plantation.
saponacé [sapɔnase], *a.* Saponaceous, soapy.
saponaire [sapɔnɛːr], *s.f. Bot:* Soapwort.
saponifier [sapɔnifje], *v.tr.* To saponify.
sapristi [sapristi], *int.* Mild form of SACRISTI.
saquer [sake], *v.tr. P:* To sack (s.o.); to give (s.o.) the sack; to fire (s.o.).
sarabande [sarabɑ̃ːd], *s.f. Danc: Mus:* Saraband.
sarbacane [sarbakan], *s.f.* (*a*) Blowgun, blowpipe; (child's) pea-shooter. (*b*) *Glassm:* Blowpipe.
sarcasme [sarkasm], *s.m.* (Piece of) sarcasm; taunt, gibe.
sarcastique [sarkastik], *a.* Sarcastic.
sarcelle [sarsɛl], *s.f. Orn:* Teal.
sarcl|er [sarkle], *v.tr.* 1. To clean (a field); to weed (garden); to hoe (turnips). 2. To hoe up (weeds). *s.m.* **-age.**
sarcleur, -euse [sarklœːr, -øːz]. 1. *s.* Weeder. 2. *s.f.* **Sarcleuse,** weeding-machine.
sarcloir [sarklwaːr], *s.m.* (Weeding-)hoe; spud.
sarcologie [sarkɔlɔʒi], *s.f.* Sarcology.
sarcomateux, -euse [sarkɔmatø, -øːz], *a. Med:* Sarcomatous.
sarcome [sarkoːm], *s.m. Med:* Sarcoma.
sarcophage [sarkɔfaːʒ], *s.m.* Sarcophagus.
sarcopte [sarkɔpt], *s.m.* Itch-mite.
Sardaigne [sardɛɲ]. *Pr.n.f. Geog:* Sardinia.
sardane [sardan], *s.f. Danc:* Sardana.
sarde [sard], *a. & s. Geog:* Sardinian.
sardine [sardin], *s.f.* 1. (*a*) *Ich:* Pilchard. (*b*) *Com:* Sardine. 2. *Mil: F:* N.C.O.'s stripe.
sardinerie [sardinri], *s.f.* Sardine curing and packing establishment.
sardinier, -ière [sardinje, -jɛːr]. 1. *s.* (*a*) Sardine fisher. (*b*) Sardine curer. 2. *s.m.* Sardine-boat.
sardonique [sardɔnik], *a.* Sardonic (smile, grin).
sargasse [sargas], *s.f.* Sargasso, gulf-weed. *Geog:* **La mer des Sargasses,** the Sargasso Sea.
sarigue [sarig], *s.m.* (The female is **la sarigue**) *Z:* (South American) oppossum.
sarment [sarmɑ̃], *s.m.* (*a*) Vine-shoot. (*b*) Climbing stem; bine.
sarmenteux, -euse [sarmɑ̃tø, -øːz], *a.* (*a*) Sarmentous. **Rosier s.,** rambler. (*b*) **Vigne sarmenteuse,** climbing vine.
sarrasin, -ine [sarazɛ̃, -in]. 1. *Hist:* (*a*) *a.* Saracenic, Saracen. (*b*) *s.* Saracen. 2. *s.m. Agr:* Buckwheat.
sarrau, *pl.* **-s, -x** [saro], *s.m.* Overall, smock.
Sarre (la) [lasaːr]. *Pr.n.f. Geog:* (i) The (river) Saar; (ii) the Saar Basin.

sarriette [sarjɛt], *s.f. Bot:* Savory.
sas[1] [sɑ], *s.m.* Sieve, bolter, screen, riddle. **Passer qch. au s.,** to sift, bolt, sth.
sas[2], *s.m.* (*a*) *Hyd.E:* Lock-chamber; coffer. (*b*) Lock. (*c*) Flooding-chamber (of submarine).
sassafras [sasafrɑ(s)], *s.m. Bot:* Sassafras.
sasse [sɑːs], *s.f. Nau:* Bailing-scoop, bailer.
sass|er[1] [sɑse], *v.tr.* (*a*) To sift, bolt, screen (flour); to winnow (grain); to jig (ore). (*b*) *F:* **S. (et ressasser),** to sift, scrutinize (evidence); to go over (a matter) again and again. *s.m.* **-age**[1].
sass|er[2], *v.tr.* To pass (a boat) through a lock; to lock (a boat). *s.m.* **-age**[2].
sasseur, -euse [sɑsœːr, -øːz]. *s.* (Pers.) Sifter; winnower.
Satan [satɑ̃]. *Pr.n.m.* Satan; the Fiend.
satané [satane], *a. F:* (Intensive) Devilish, confounded. **S. temps!** beastly weather! **C'est un s. menteur,** he's the devil of a liar.
satanique [satanik], *a.* Satanic; fiendish (cruelty); diabolical (idea). *adv.* **-ment, -ally.**
satellite [satɛllit]. **1.** *s.m.* (*a*) Satellite, henchman. (*b*) *Astr:* Satellite; secondary planet. **S. artificiel,** artificial satellite, sputnik. **S. habité,** biosatellite. (*c*) *Tchn:* Planet-wheel. **Engrenage à satellites,** (sun-and-)planet gear. **2.** *a.* **Agglomération s.,** satellite town. **Pays s.,** satellite (country).
satiété [sasjete], *s.f.* Satiety; surfeit. **Manger jusqu'à s.,** to eat to repletion.
satin [satɛ̃], *s.m.* **1.** *Tex:* Satin. *F:* **Une peau de s.,** a smooth and delicate skin. **2. Bois de s.,** satin-wood.
satiné [satine]. **1.** *a.* Satiny, satin-like. **Papier s.,** glazed paper. **2.** *s.m.* Satin-like gloss.
satin|er [satine], *v.tr.* (*a*) To satin, give a glossy surface to (material); to surface (paper). (*b*) *Phot:* To burnish, enamel (print). *s.m.* **-age.**
satinette [satinɛt], *s.f. Tex:* Sateen, satinet(te).
satineur, -euse [satinœːr, -øːz]. **1.** *s.* Satiner, glazer. **2.** *s.f.* **Satineuse,** satining-machine, glazing-machine.
satire [satiːr], *s.f.* **1.** Satire, lampoon (**contre,** (up)on). **Trait de s.,** epigram. **2.** Satirizing.
satirique [satirik]. **1.** *a.* Satiric(al). **2** *s.m.* Satirist. *adv.* **-ment, -ally.**
satiriser [satirize], *v.tr.* To satirize.
satisfaction [satisfaksjɔ̃], *s.f.* **1.** Satisfaction, gratification. **Donner de la s. à qn,** to give s.o. cause for satisfaction. **Donner s. aux vœux de qn,** to satisfy s.o.'s desires. **Témoignage de s.,** expression of commendation (by the authorities). **2.** Reparation, amends (**pour, de,** for). *Theol:* Atonement (for). **Demander s. (d'une offense),** to demand satisfaction (for an offence); to challenge s.o.
satisfaire [satisfɛːr], *v.* (Conj. like FAIRE) To satisfy. **1.** *v.tr.* (*a*) To content; to give satisfaction to (s.o.). **S. le désir de qn,** (i) to meet, grant, (ii) to carry out, (iii) to gratify, s.o.'s wish. **S. l'attente de qn,** to answer, come up to, s.o.'s expectations. (*b*) To make amends to (s.o.). **2.** *v.ind.tr.* **S. à qch.,** to satisfy (honour); to answer, meet (condition, objection); to fulfil, carry out (duty), to comply with (rule).
satisfaisant [satisfəzɑ̃], *a.* Satisfying, satisfactory. **Peu s.,** unsatisfactory.
satisfait [satisfɛ], *a.* Satisfied, contented (**de,** with). **Je n'en suis pas s.,** I am not pleased with it. **Mal s.,** dissatisfied (**de,** with). *Com:* **J'espère que vous en serez entièrement s.,** I hope it will meet with your entire approval.
satisfecit [satisfesit], *s.m.inv. Sch:* Good mark, good report.
satrape [satrap], *s.m. Hist:* Satrap.
satur|able [satyrabl], *a.* Saturable. *s.f.* **-abilité.**
saturation [satyrasjɔ̃], *s.f.* Saturation.
saturer [satyre], *v.tr.* To saturate.
se saturer, to become saturated (**de,** with).
saturnales [satyrnal], *s.f.pl. Rom.Ant: etc:* Saturnalia.
saturnin [satyrnɛ̃], *a.* Saturnine. **Intoxication saturnine,** lead-poisoning.
saturnisme [satyrnism], *s.m.* Lead-poisoning.
satyre [satiːr], *s.m.* (*a*) Satyr. (*b*) *F:* Sex maniac.
satyrique [satirik], *a. Gr.Ant:* Satyric (drama).
sauce [soːs], *s.f.* **1.** Sauce. **S. blanche,** white sauce, melted butter. **S. aux champignons,** mushroom sauce. S.a. MAÎTRE 1, PIQUANT. **Rallonger la s.,** (i) to thin out the sauce; (ii) *F:* to pad out a book. *Prov:* **Il n'est s. que d'appétit,** hunger is the best sauce. **La s. fait passer le poisson,** the accessory is better than the principal. *F:* **Accommoder un même sujet à toutes les sauces,** to dish up the same subject in every shape. **On le met à toutes les sauces,** he is put to every kind of work. **Gâter la s.,** to spoil the whole business. *F:* **Être dans la s.,** to be in the soup. **2.** *Draw:* Soft black crayon
saucée [sose], *s.f. P:* **1.** (*a*) Downpour. (*b*) **Recevoir une s.,** to get a wetting, a soaking. **2.** Scolding, dressing-down, blowing-up.
saucer [sose], *v.tr.* (**je sauçai(s); n. sauçons**) **1.** (*a*) To dip, sop (one's bread) in the sauce. (*b*) To souse, drench (sth. in a liquid). *F:* **Se faire s.,** to get drenched (in the rain). **2.** *F:* To give (s.o.) a blowing-up, a rocket.
saucier [sosje], *s.m.* **1.** Sauce-cook. **2.** *Nau:* Saucer, socket (of capstan).
saucière [sosjɛːr], *s.f.* Sauce-boat.
saucisse [sosis], *s.f.* **1.** ('Fresh' or 'wet') sausage. **2.** (*a*) *Mil: F:* Observation balloon. (*b*) Barrage balloon.
saucisson [sosisɔ̃], *s.m.* **1.** (*a*) (Large 'dry') sausage. (*b*) Type of loaf. **2.** *Exp:* Powder-hose; saucisse.
sauf[1], **sauve** [sof, soːv], *a.* Safe, unscathed, unhurt. **L'honneur est s.,** honour is saved. **S'en tirer la vie sauve,** to get off with a whole skin. **Ils obtinrent la vie sauve,** they obtained an assurance that their lives would be spared. S.a. SAIN.
sauf[2], *prep.* Save, but, except. **Il est indemne s. une écorchure au bras,** he is unhurt except for a grazed arm. **S. correction,** subject to correction. **S. avis contraire de votre part, s. contrordre,** unless I hear to the contrary. **S. de rares exceptions,** with very few exceptions. **S. accidents, s. imprévu,** barring accidents. **S. erreur ou omission,** errors and omissions excepted. **Je consens, s. à revenir sur ma décision,** I consent, reserving the right to reconsider my decision. *Conj. phr.* **S. que** + *ind.*, except that. **Tout se passa bien s. que la mariée arriva en retard,** everything went off well, except that the bride turned up late.
sauf-conduit [sofkɔ̃dɥi], *s.m.* Safe-conduct; pass. *pl. Des sauf-conduits.*
sauge [soːʒ], *s.f. Bot: Cu:* Sage.
saugrenu [sogrəny], *a.* Absurd, preposterous, ridiculous (question, answer).
saulaie [solɛ], *s.f.* Willow-plantation.
saule [soːl], *s.m. Bot:* Willow. **S. pleureur,** weeping willow.
saulée [sole], *s.f.* Row of willows.
saumâtre [somɑːtr], *a.* Brackish, briny.
saumon [somɔ̃], *s.m.* **1.** Salmon. *a.inv.* **Rubans saumon,** salmon-pink ribbons. **2.** *Metall:* Ingot (of tin, etc.); pig (of lead, etc.). **S. de fonte,** pig-iron; *Nau:* kentledge.
saumoné [somɔne], *a.* **Truite saumonée,** salmon-trout.
saumoneau [somɔno], *s.m.* Young salmon; parr.
saumure [somyːr], *s.f.* Pickling brine; pickle.
sauna [sona], *s.m.* Sauna.
saunier [sonje], *s.m.* **1.** Salt-maker. **2.** Salt merchant. *Hist:* **Faux-s.,** dealer in contraband salt.
saupoudr|er [sopudre], *v.tr.* To sprinkle, powder, dust, dredge (**de,** with). **S. un gâteau de sucre,** to dust a cake with sugar. *F:* **S. un discours de citations latines,** to sprinkle, interlard, a speech with Latin quotations. *s.m.* **-age.**
saupoudroir [sopudrwaːr], *s.m.* Dredger, sprinkler, castor; sugar-sifter.
saur [sɔːr], *a.m.* **Hareng s.,** (salted and smoked) red herring.
saur-ai, -as, etc. See SAVOIR.
saure [sɔːr]. *a.* Yellowish-brown. (*a*) **Jument s.,** sorrel mare. (*b*) **Faucon s.,** red hawk.
saurer [sɔre], *v.tr.* To cure, bloat, kipper (herrings).
saurien [sɔrjɛ̃], *a. & s.m. Rept:* Saurian.
saut [so], *s.m.* **1.** (*a*) Leap, jump, vault. **Au s. du lit,** on getting out of bed. **Faire un s.,** to take a leap. *F:* **Faites donc un s. jusque chez le boulanger,** just nip round, pop round, pop over, to the baker's. **Franchir un fossé de plein s.,** to clear a ditch at one bound. **Arriver à une position élevée de plein s.,** to obtain a high post straight away. **Avancer par sauts et par bonds,** to skip, hop, along. **S. périlleux,** somersault.

F: **Faire le s. (périlleux),** to take the plunge. *Sp:* **S. en longeur, en hauteur,** long jump, high jump. **S. de pied ferme, sans élan,** standing jump. S.a. JOINT 1. **S. à la perche,** pole-jump, pole-vaulting. **S. d'obstacles,** obstacle jumping; hurdling. *Swim:* **S. d'ange,** swallow dive. S.a. CARPE, MOUTON 1. (*b*) **S. de température,** sudden rise of temperature. **S. d'un cordage,** surge, jerk, of a rope. **2.** (Water-)fall. **Le s. du Niagara,** the Niagara Falls. **3. S. de loup,** ha-ha, sunk fence.

saut-de-lit [sodli], *s.m.* **1.** (Bedside) rug. **2.** Morning wrap, dressing-gown. *pl. Des sauts-de lit.*

saut-de-mouton [sodmutɔ̃], *s.m. Civ.E:* Fly-over. *pl. Des sauts-de-mouton.*

saute [so:t], *s.f.* Jump (in temperature, price). Esp. *Nau:* **S. de vent,** shift, change, of wind.

sauté [sote]. **1.** *a.* **Pommes de terre sautées,** sauté potatoes. **2.** *s.m.* Sauté.

saute-mouton [sotmutɔ̃], *s.m. No pl. Games:* Leap-frog.

sauter [sote]. **1.** *v.i.* **(Aux. avoir)** (*a*) To jump, leap, skip. **S. de joie,** to jump, leap, for joy. **S. à la perche,** to pole-vault. S.a. CORDE 1. **S. à bas de son lit,** to jump, hop, out of bed. **S. à cheval,** to leap on (one's horse). **S. à terre,** (i) to jump down; (ii) (of rider) to dismount. **S. au collet, à la gorge, de qn,** to fly at s.o., to fly at s.o.'s throat. **S. au cou de qn,** to fling one's arms round s.o.'s neck. **Reculer pour mieux s.,** (i) to step back in order to have a better take-off; (ii) to procrastinate (only to find one's difficulties increased). *F:* **S. au plafond,** to jump out of one's skin (with astonishment, etc.). **S. sur une offre,** to leap, jump, at an offer. (*b*) (Of mine) To explode; (of magazine, ship) to blow up; (of bank, etc.) to go smash; (of ministry) to fall; (of business) to go bankrupt, to fail; (of button, rivet-head) to come off, fly off; (of rivet) to start; *El.E:* (of fuse) to blow (out). (*c*) *Nau:* (Of wind) To change, shift; to chop round; to veer. (*d*) **Faire s.,** to make (s.o., sth.) jump; to blast (rock); to blow up (magazine, bridge, etc.); to explode (mine); to burst (boiler, button); to sack, fire (official). **Faire s. une serrure,** to burst a lock. **Faire s. le bouchon,** to pop the cork (of a bottle). **Faire s. la bande d'un journal,** to tear the wrapper off a newspaper. **Faire s. les écus,** to make the money fly. **Faire s. un enfant (sur ses genoux),** to dandle a child. *Cu:* **Faire s. une crêpe,** to toss a pancake. **Se faire s.,** to blow up one's ship. **Se faire s. la cervelle,** to blow one's brains out. *Gaming:* **Faire s. la banque,** to break the bank. *El.E:* **Faire s. les plombs,** to blow the fuses. S.a. COUPE² 2. **2.** *v.tr.* (*a*) To jump (over), leap over, clear (ditch, etc.). (*b*) To skip (pages in reading); to leave out (line in copying); to drop (a stitch). **S. une danse,** to sit out a dance. *Sch:* **S. une classe,** to skip a form.

sauterelle [sotrɛl], *s.f.* **1.** Grasshopper. **Grande s. d'Orient,** locust. **2.** *Const: etc:* (Shifting) bevel, bevel square.

sauterie [sotri], *s.f.* **1.** Jumping, hopping. **2.** Private, or informal, dance; hop.

sauteur, -euse [sotœ:r, -ø:z]. **1.** *a.* Leaping, jumping (insect, etc.). **2.** *s.* (*a*) Leaper, jumper; bucking horse. (*b*) *F:* Weather-cock, trimmer. **3.** *s.f.* **Sauteuse,** (shallow) frying pan.

sautillant [sotijɑ̃], *a.* Hopping (bird), skipping (child). **Style s.,** jerky style.

sautill|er [sotije], *v.i.* (*a*) To hop (like a sparrow); to skip, jump (about). (*b*) *F:* To jump from one thing to another (in conversation). *s.m.* **-ement.**

sautoir [sotwa:r], *s.m.* **1.** (*a*) St Andrew's Cross; *Her:* saltire. Esp. **En s.,** crosswise; in saltire. **Porter un baudrier en s.,** to wear a belt crosswise, over the shoulder. (*b*) (Woman's) long neck chain. **2.** Jumping-pit.

sauvage [sova:ʒ]. **1.** *a.* (*a*) Savage, uncivilized, rude (people, life); wild, untamed (beast); barbarous, brutal (custom). **Chat s.,** wild cat. **Lieu s.,** wilderness. (*b*) *Rac:* **Cheval s.,** loose horse. (*c*) Averse to society; unsociable; shy; coy (girl). **2.** *s.* (With *f.* **sauvage** or *F:* **sauvagesse**) (*a*) Savage. *Fr.C:* Indian. (*b*) Unsociable person. *adv.* **-ment.**

sauvageon [sovaʒɔ̃], *s.m.* (*a*) Wild stock (for grafting); wild shoot. (*b*) Wilding, seedling.

sauvageonne [sovaʒɔn], *s.f.* Uncouth and shy girl.

sauvagerie [sovaʒri], *s.f.* **1.** (State of) savagery, savageness. **2.** Unsociability.

sauvagesse [sovaʒɛs]. See SAUVAGE 2.

sauvagin, -ine [sovaʒɛ̃, -in]. **1.** *a.* Fishy (taste, smell). **2.** *s.f.* **Sauvagine.** (*a*) *Coll:* Waterfowl. (*b*) *Com:* Common pelts.

sauvegarde [sovgard], *s.f.* **1.** Safeguard, safe-keeping. **Sous la s. de qn,** under s.o.'s protection. **Clause de s.,** saving clause. **2.** Safe-conduct. **3.** Body-guard. **4.** *Nau:* Life-line, man-rope.

sauvegarder [sovgarde], *v.tr.* To safeguard, protect. **S. les apparences,** to save appearances.

sauve-qui-peut [sovkipø], *s.m.inv.* Stampede, helter-skelter flight, headlong flight.

sauver [sove], *v.tr.* (*a*) To save, rescue, deliver (s.o.). **Dieu sauve le roi!** God save the King! **S. les apparences, les dehors,** to save, preserve, appearances. (*b*) To salve (ship, goods).

se sauver. **1.** (*a*) **Se s. d'un péril,** to escape, make one's escape, from a danger. **Sauve qui peut!** every man for himself! S.a. SAUVE-QUI-PEUT. (*b*) To save oneself, one's soul. **2.** (*a*) To run away, to be off, *F:* to clear out. **Se s. à toutes jambes,** *F:* to cut and run, to skedaddle. (*b*) (Of liquid) To boil over.

sauvetage [sovta:ʒ], *s.m.* (*a*) Life-saving; rescue (from fire or drowning). **Appareil de s.,** life-saving apparatus. **Ceinture de s.,** life-belt. **Bouée de s.,** life-buoy. **Canot, bateau, de s.,** lifeboat. **Échelle de s.,** fire-escape. **Société de s. des naufragés** = Lifeboat Institution. **S. aérien en mer,** Air Sea Rescue. (*b*) Salvage, salving (of ship, goods). **Société de s.,** salvage company.

sauveteur [sovtœ:r], *s.m.* (*a*) Rescuer, life-saver. (*b*) Lifeboatman. (*c*) Salvor, salvager.

sauvette [sovɛt], *s.f. F:* **A la s.,** (i) on the run, ready to beat it quick; (ii) illicitly; (iii) stealthily. **Vendeur à la s.,** illicit street vendor.

sauveur [sovœ:r], *s.m.* Saver, preserver, deliverer. *Theol:* **Le S.,** the Saviour, the Redeemer.

savamment [savamɑ̃], *adv.* (*a*) Learnedly. (*b*) Knowingly, wittingly. **J'en parle s.,** I speak with full knowledge, *F:* I know what I'm talking about.

savane [savan], *s.f.* **1.** Savanna(h). **2.** *Fr.C:* Swamp.

savant, -ante [savɑ̃, -ɑ̃:t]. **1.** *a.* (*a*) Learned **(en,** in); erudite, scholarly, well-informed. (*b*) Skilful, clever, able. **Chien s.,** performing dog. (*c*) Knowing. **2.** *s.* Scientist; scholar.

savarin [savarɛ̃], *s.m. Cu:* Savarin.

savate [savat], *s.f.* **1.** Old, worn-out, shoe. *F:* **Traîner la s.,** (i) to go slipshod; (ii) to be down at heel. **En savates,** down at heel; slipshod (person). **2.** Foot boxing, French boxing. **3.** *F:* Bungler, clumsy workman or player. **4.** *Nau:* Shoe (of anchor); sole-plate (of stanchion, etc.).

savetier [savtje], *s.m.* **1.** Cobbler. **2.** *F:* Botcher, bungler.

saveur [savœ:r], *s.f.* **1.** Savour, taste, flavour. **Plein de s.,** full-flavoured. **Sans s.,** tasteless, insipid. **2.** Pungency (of style, story). **Observations pleines de s.,** pungent remarks.

Savoie [savwa]. *Pr.n.f. Geog:* Savoy. S.a. BISCUIT 1.

savoir [savwa:r]. I. *v.tr.* (*pr.p* **sachant**; *p.p.* **su**; *pr.ind.* **je sais, il sait, n. savons, ils savent**; *pr.sub.* **je sache, n. sachions**; *imp.* **sache, sachons, sachez**; *p.d.* **je savais**; *p.h.* **je sus**; *fu.* **je saurai)** To know. **1. S. qch. par cœur,** to know sth. by heart. **S. son monde,** to know how to behave in company. **Il en sait plus d'une,** he knows a thing or two. *Prov:* **S. c'est pouvoir,** knowledge is power. **2.** To be aware of (sth.). (*a*) **Savez-vous qu'il est midi?** do you know, are you aware, that it is twelve o'clock? **Je crois s. qu'il est ici,** I understand he is here. **Je (le) sais bien!** I know! **Ce n'est pas bien, tu sais!** it isn't right, you know! **Vous ne savez pas! nous allons nous cacher . . .,** I'll tell you what, let us hide. . . . **Je n'en sais rien,** I know nothing about it; I don't know, I cannot tell. **En s. trop,** to know too much. **Je n'en sais trop rien, je ne sais trop,** I am not very sure. **Vous en savez plus long que moi,** you know more (about it) than I do. S.a. LONG 2. (In careful speech) **Je ne sais,** I do not know. **Sans le s.,** unwittingly, unconsciously. **Pas que je sache,** not that I know of, not that I am aware of. **(Pour) autant que je sache,** (i) to the best of my knowledge, as far as I know; (ii) for aught I know. **La question est de s. si elle viendra,** the question is whether she will come. **On ne sait jamais,** one never knows; you never can tell. **Si jeunesse savait!** if youth but knew! (*b*) **Je sais une petite boutique . . .,** I know of a small shop. . . . (*c*) **Je ne sache pas l'avoir froissée,** I am not aware of having offended her. **Je ne sache pas qu'on vous y ait autorisé,** I am not aware that you have been allowed to do so. (*d*) **Je la sais intelligente,** I know her to be intelligent. **Je vous savais à Paris,** I knew you were in Paris. (*e*) (With dat.) **Je lui savais une grande fortune,** I knew him to be wealthy. (*f*) **Je ne sais (pas) où le trouver,** I don't know where to find him. **Ne s. que faire, que dire,** to be at a loss what to do, what to say. **Sachez que . . .,** I would have you know that. . . . **3.** (*a*) **Je l'ai su hier,** I heard of it yesterday. **On a su la nouvelle à quatre heures, la nouvelle s'est sue à quatre heures,** the news came out, became known, at four o'clock. **La nouvelle se sait déjà,** the news is already known. **Tout se sait tôt ou tard,** everything gets known sooner or later. **Cela a fini par se s.,** it finally came out. **Il n'en a rien su,** he never knew of it. **C'est à s.,** that remains to be seen. **Reste à s. si . . .,** it remains to be seen whether. . . . **Je voudrais bien s. pourquoi,** I wonder why. **Il n'a rien voulu s.,** he wouldn't hear of it. (*b*) **Faire s. qch. à qn,** to let s.o. know sth.; to inform s.o. of sth. **On fait s. que . . .,** notice is hereby given that. . . . (*c*) (A) s., to wit, namely, viz., that is to say. **4.** To know how, to be able (to do sth.). **Savez-vous nager?** can you swim? **Elle ne sait rien faire,** she is quite untrained. **Je crois que je saurai le faire,** I think I can manage it. S.a. VIVRE I. 2. **Je ne saurais dire pourquoi,** I cannot say, have no idea, why. **Je ne saurais qu'y faire,** I can't help it. **Je ne saurais permettre cela,** I cannot allow that. **5. (Un) je ne sais qui nous a écrit,** we have had a letter from someone or other, from some individual. **Un je ne sais quoi de déplaisant,** something vaguely displeasing. **Elle a lu je ne sais quoi,** she has read some rubbish or other. **Il est mort de je ne sais quelle maladie,** he died of some disease or other. **Je suis tout je ne sais comment,** I feel so queer. S.a. COMBIEN 2. **Un je sais tout,** a know-all. **Des robes, des chapeaux, que sais-je!** dresses, hats, and goodness knows what else! **Il a des amis, Dieu sait!** he has friends in plenty, God knows!

II. **savoir,** *s.m.* Knowledge, learning, scholarship.

savoir-faire [savwarfɛːr], *s.m.* Ability, tact; savoir-faire. *F:* gumption, know-how.

savoir-vivre [savwarviːvr], *s.m.* Good manners, good breeding, knowledge of the world. **Les règles du s.-v.,** the rules of good form, of etiquette. **Manque de s.-v.,** ill-breeding. **N'avoir pas de s.-v.,** to have no manners.

savon [savɔ̃], *s.m.* **1.** Soap; cake, piece, of soap. **S. à barbe,** shaving-soap. **S. de Marseille,** household soap. **S. noir,** soft soap. **S. en paillettes,** soap flakes. S.a. MARBRÉ 1. **Eau de s.,** soap-suds. **Bulle de s.,** soap-bubble. **Fabricant de s.,** soap manufacturer. *F:* **Donner, flanquer, passer, un s. à qn,** to give s.o. a good dressing-down; to haul s.o. over the coals. **Recevoir un s.,** to catch it, to get it in the neck.

savonnage [savɔnaːʒ], *s.m.* Soaping, washing.

savonner [savɔne], *v.tr.* To soap; to wash (clothes, etc.) in soap and water. **Étoffe qui se savonne bien,** material that washes well. **Se s. le menton,** to lather one's chin. *F:* **S. la tête à qn,** to blow s.o. up, to tell s.o. off. *F:* **La pente savonnée,** the slippery slope.

savonnerie [savɔnri], *s.f.* **1.** Soap-works. **2.** Soap-trade.

savonnette [savɔnɛt], *s.f.* **1.** Cake of toilet soap. **2.** Shaving-brush. **3. (Montre à) s.,** hunter (watch).

savonneux, -euse [savɔnø, -øːz], *a.* **1.** Soapy. **2. Terre savonneuse,** fuller's earth.

savonnier, -ière [savɔnje, -jɛːr]. **1.** (*a*) *a.* **Industrie savonnière,** soap-industry. (*b*) *s.m.* Soap manufacturer. **2.** *s.m.* Soapberry(-tree).

savourer [savure], *v.tr.* To relish, enjoy (one's food, cup of coffee); *F:* to roll (sth.) over one's tongue. **S. un spectacle, sa vengeance,** to gloat over a sight, one's revenge.

savoureusement [savurøzmɑ̃], *adv.* **1.** With relish, with gusto. **2. Mets préparé s.,** dish prepared in a tasty way.

savoureux, -euse [savurø, -øːz], *a.* Savoury, tasty (dish); racy, juicy (anecdote, style). **Peu s.,** unsavoury.

savoyard, -arde [savwajaːr, -ard]. **1.** *a. & s. Geog:* Savoyard; of Savoy. **2.** *s.m. A:* **Petit s.,** little chimney-sweep; climbing-boy.

Saxe [saks]. *Pr.n.f.* Saxony. **Porcelaine de S.,** Dresden china.

saxhorn [saksɔrn], *s.m. Mus:* Saxhorn. **S. basse,** euphonium.

saxifrage [saksifraːʒ], *s.f. Bot:* Saxifrage.

saxophone [saksɔfɔn], *s.m.* **1.** Saxophone. **2.** Saxophonist.

saynète [sɛnɛt], *s.f. Th:* Playlet, sketch.

sbire [zbiːr], *s.m.* **1.** Sbirro. **2.** *F:* (Officious) policeman.

scabieux, -euse [skabjø, -øːz]. **1.** *a.* Scabby, scabious (eruption, etc.). **2.** *s.f. Bot:* **Scabieuse,** scabious.

scabreux, -euse [skɑbrø, -øːz], *a.* **1.** Difficult, risky, ticklish (work). **2.** Indelicate (allusion); delicate (question); improper, scabrous (tale, conduct).

scaferlati [skafɛrlati], *s.m.* Cut tobacco (of the French State factories).

scalène [skalɛn], *a.* **1.** Scalene (triangle). **2.** *a. & s.m. Anat:* Scalenus (muscle).

scalpe [skalp], *s.m.* Scalp (as a war trophy).

scalpel [skalpɛl], *s.m. Surg:* Scalpel.

scalper [skalpe], *v.tr.* To scalp (an enemy).

scandale [skɑ̃dal], *s.m.* Scandal; (cause of) shame. **C'est un s.,** it's disgraceful. **Faire un s., causer du s.,** to create a scandal. **Crier au s.,** to cry shame. **Au grand s. des gens de bien,** to the indignation, disgust, of decent people. **Livre qui fait s.,** book that is shocking the public. **Éviter le s.,** to avoid public exposure.

scandaleu|x, -euse [skɑ̃dalø, -øːz], *a.* Scandalous, shameful, disgraceful; glaring (abuse). *adv.* **-sement.**

scandaliser [skɑ̃dalize], *v.tr.* To scandalize, to cause offence to (s.o.).

se scandaliser, to be scandalized, shocked **(de,** at).

scander [skɑ̃de], *v.tr.* To scan (verse). *Mus:* To mark, stress (a phrase). *F:* To punctuate (one's words, actions). **Marche scandée,** measured, rhythmical, tread.

scandinave [skɑ̃dinaːv], *a. & s.* Scandinavian.

Scandinavie [skɑ̃dinavi]. *Pr.n.f.* Scandinavia.

scandix [skɑ̃diks], *s.m. Bot:* Scandix, *F:* shepherd's-needle.

scansion [skɑ̃sjɔ̃], *s.f.* Scansion, scanning.

scaphandre [skafɑ̃ːdr], *s.m.* Diving-suit. **S. autonome,** aqualung.

scaphandrier [skafɑ̃drie], *s.m.* Diver (in diving-suit).

scapulaire [skapylɛːr]. **1.** *s.m. Ecc:* Scapular, scapulary. **2.** *a. Anat:* Scapular (artery).

scarabée [skarabe], *s.m.* **1.** (Scarabaeid) beetle. **S. sacré,** scarabaeus. **2.** *Egypt.Ant:* Scarab.

scare [skaːr], *s.m. Ich:* Scarus; parrot-fish.

scarificateur [skarifikatœːr], *s.m.* (*a*) *Agr:* Scarifier. (*b*) *Surg:* Scarificator.

scarification [skarifikasjɔ̃], *s.f.* Scarification.

scarifi|er [skarifje], *v.tr. Agr: Surg:* To scarify. S.a. VENTOUSE 1. *s.m.* **-age.**

scarlatine [skarlatin], *a. & s.f. Med:* **(Fièvre) s.,** scarlet fever, scarlatina.

scarole [skarɔl], *s.f. Bot:* Endive.

scatologie [skatɔlɔʒi], *s.f.* (*a*) Scatological humour or literature. (*b*) Taste for filthy literature.

scatologique [skatɔlɔʒik], *a.* Scatological.

sceau [so], *s.m.* Seal. (*a*) **S. de l'État,** State seal. **Mettre, apposer, son s. à un document,** to affix, set, put, one's seal to a document. **Sous le s. du secret,** under the seal of secrecy. **S. du génie,** mark, stamp, of genius. *Adm:* **Les Sceaux** = the Great Seal. S.a. GARDE[1] 1. (*b*) *Bot:* **S. de Salomon,** Solomon's-seal.

scélérat, -ate [selera, -at]. **1.** *a.* (*a*) Wicked, villainous. (*b*) Crafty, cunning. **2.** *s.* (*a*) Scoundrel, villain. (*b*) Cunning scoundrel. *F:* **Petite scélérate!** you little rascal! *adv.* **-ement.**

scélératesse [seleratɛs], *s.f.* **1.** (*a*) Wickedness, villainy. (*b*) Low cunning. **2.** Wicked action or piece of low cunning.

scellé [sele]. **1.** *a.* Sealed; under seal. **2.** *s.m.* (Imprint of official) seal. **Apposer les scellés (à un meuble), mettre (un meuble) sous scellés,** to affix the seals (to desk, etc.). **Lever les scellés,** to remove the seals. **Bris de scellé(s),** breaking of seals.
scell|er [sele], *v.tr.* **1.** (*a*) To seal (letter, etc.); to seal up (test tube). *Jur:* To affix an official seal to (box, door). **Scellé en cire rouge,** sealed with red wax. **Signé et scellé par moi,** given under my hand and seal. (*b*) To ratify, confirm (privilege, friendship); to seal (alliance, etc.). *s.m.* **-age. 2.** *Const:* To bed, fasten, fix in (post, iron bar, etc.); to plug (nail in wall, etc.). *s.m.* **-ement.**
scénario [senarjo], *s.m. Th:* Scenario. *Cin:* Film-script.
scénariste [senarist], *s.m. & f.* Scenario writer. *Cin:* Script-writer.
scène [sɛn], *s.f. Th:* **1.** Stage. **Entrer en s.,** to appear, come on. **Être en s.,** to be on. **Mettre en s.,** to stage. **Mise en s.,** (i) staging, production; (ii) (stage-) setting (of a play). **L'art de la mise en s.,** stage-craft. **Metteur en s.,** producer. **Quitter la s.,** to give up the stage. **2.** Scene. (*a*) Scene of action. **La s. se passe à Paris,** the action takes place in Paris. (*b*) **Troisième s. du second acte,** scene three of act two. (*c*) **Ce fut une s. pénible,** it was a painful scene. (*d*) *F:* Angry discussion; row. **Scènes de famille,** family wrangles. **Faire une s.,** to make a scene.
scénique [senik], *a.* Scenic; theatrical; of the stage. **Indications scéniques,** stage directions.
scepticisme [sɛptisism], *s.m.* Scepticism.
sceptique [sɛptik]. **1.** *a.* Sceptical. **2.** *s.* Sceptic. *adv.* **-ment.**
sceptre [sɛptr], *s.m.* Sceptre. **Sous un s. de fer,** under iron despotism.
schah [ʃa], *s.m.* Shah.
schako [ʃako] = SHAKO.
schéma [ʃema], *s.m.* Diagram; (sketch-)plan. *El.E:* **S. des connexions,** wiring diagram.
schématique [ʃematik], *a.* Schematic, diagrammatic. **Coupe s.,** diagrammatic section. **Dessin s.,** diagram, draft. **Une organisation s.,** skeleton organization. *adv.* **-ment,** -ally.
schématiser [ʃematize], *v.tr.* To schematize.
schibboleth [ʃibolɛt], *s.m. B.Hist. & F:* Shibboleth.
schismatique [ʃismatik], *a. & s.* Schismatic.
schisme [ʃism], *s.m.* Schism.
schiste [ʃist], *s.m. Geol:* Schist, shale. **Huile de s.,** shale-oil.
schisteux, -euse [ʃistø, -ø:z], *a. Geol:* Schistose, schistous. **Houille schisteuse,** slaty coal.
schizophrène [skizɔfrɛn], *a.* Schizophrenic.
schizophrénie [skizɔfreni], *s.f.* Schizophrenia.
schlague (la) [laʃlag], *s.f. Mil: A:* Flogging.
schlinguer [ʃlɛ̃ge], *v.i. P:* To stink.
schlitte [ʃlit], *s.f.* Wood-sledge (for transporting timber down the mountain-side); *U.S:* dray.
schlitt|er [ʃlite], *v.tr.* To transport (timber) on a *schlitte. s.m.* **-age.**
schlitteur [ʃlitœ:r], *s.m.* Lumber-jack.
schnorchel, schnorkel [ʃnɔrkɛl], *s.m. N.Arch:* Snorkel.
schooner [skunœ:r, ʃunɛ:r], *s.m. Nau:* Schooner.
scialytique [sjalitik], *a. & s.m.* Scialytic (lamp).
sciant [sjɑ̃], *a. P:* Boring, tiresome.
sciatique [sjatik]. **1.** (*a*) *a.* Sciatic (nerve, etc.). (*b*) *s.m.* Sciatic nerve. **2.** *s.f. Med:* Sciatica.
scie [si], *s.f.* **1.** Saw. **S. à main,** hand-saw. **S. mécanique,** power-saw, sawing-machine. **S. à ruban,** band-saw. **S. à chantourner,** compass-saw, scroll-saw. **S. à araser, s. à tenon,** tenon-saw. **S. à découper,** fret-saw. **S. à refendre,** rip-saw. **S. à métaux,** hack-saw. **S. à guichet,** keyhole saw, pad saw. **S. passe-partout,** (i) cross-cut saw, two-handled saw; (ii) compass saw. **S. à chaîne,** chain-saw. **Trait de s.,** saw-cut; kerf. *Bot:* **En dents de s.,** serrate. *Games:* **Jeu de la s.,** cat's-cradle. **2.** *P:* (*a*) Bore, nuisance. **Quelle s.!** what a nuisance! (*b*) Catch-phrase (of comic song); catchword, gag.
sciemment [sjamɑ̃], *adv.* Knowingly, wittingly.
science [sjɑ̃:s], *s.f.* **1.** Knowledge, learning, skill. **Il vous égale en s.,** he is your equal in learning. **Être un puits de s.,** to be a well of learning. *B:* **L'arbre de la s. du bien et du mal,** the tree of knowledge of good and evil. **2.** Science. **Étudier les sciences,** to study science. **Sciences naturelles,** natural science. **Hommes de s.,** scientists.
science-fiction [sjɑ̃sfiksjɔ̃], *s.f.* Science-fiction.
sciène [sjɛn], *s.f. Ich:* Sciaena.
scientifique [sjɑ̃tifik]. (*a*) *a.* Scientific. (*b*) *s.m.* or *f.* Scientist. *adv.* **-ment,** -ally.
scientiste [sjɑ̃tist], *s.m.* **Scientistes chrétiens,** Christian scientists.
sci|er[1] [sje], *v.tr.* **1.** To saw. **S. de long,** to rip. *F:* **S. le dos à qn,** to bore s.o. stiff. **2.** To saw off (branch, etc.). *s.m.* **-age.**
scier[2], *v.i. Row:* To back (water, the oars).
scierie [siri], *s.f.* Saw-mill, saw-yard.
scieur [sjœ:r], *s.m.* Sawyer. **S. de long,** (pit-)sawyer.
scille [sil], *s.f.* (*a*) *Bot:* Squill. **S. maritime,** sea-onion. (*b*) *Pharm:* Squills.
scind|er [sɛ̃de], *v.tr.* To divide, split up (question). *s.m.* **-ement.**
se scinder, (of political party) to divide, split.
scintillant [sɛ̃tijɑ̃], *a.* Scintillating; twinkling (star, *Nau:* light); sparkling (wit).
scintillation [sɛ̃tijasjɔ̃], *s.f.* Scintillation, sparkling; twinkling (of star). *Cin:* Flicker(ing).
scintill|er [sɛ̃tije,], *v.i.* To scintillate; to sparkle; (of star) to twinkle. *Cin:* To flicker. *s.m.* **-ement.**
scion [sjɔ̃], *s.m.* **1.** *Hort:* Scion, shoot. **2.** Top (-piece), tip (of fishing-rod).
scissile [sissil], *a.* Scissile (rock).
scission [sissjɔ̃], *s.f.* Scission, division, cleavage, split (in party, etc.); secession. **Faire s.,** to secede.
scissionnaire [sissjonɛ:r]. **1.** *a.* Seceding. **2.** *s.* Seceder.
scissipare [sissipa:r], *a. Biol:* Fissiparous.
sciure [sjy:r], *s.f.* **S. de bois,** sawdust.
scléreux, -euse [sklerø, -ø:z], *a. Med:* Sclerous, sclerosed, hard (tissue).
scléroser [skleroze], *v.tr. Med:* To sclerose, to harden.
sclérotique [sklerɔtik]. *Anat:* **1.** *a.* Sclerotic. **2.** *s.f.* Sclerotic, sclera (of the eye).
scolaire [skɔlɛ:r], *a.* Scholastic. **Vie s.,** school life. **Année s.,** school year, academic year. **Livre s.,** school-book.
scolarisation [skɔlarizasjɔ̃], *s.f.* **1.** School attendance. **2.** Education (at primary schools).
scolarité [skɔlarite], *s.f.* **1.** *Sch:* **S. obligatoire,** compulsory attendance at school. **Prolongation de la s.,** raising of the school-leaving age. *s.f.pl.* School fees. **2. Années de s.,** number of years of school attendance.
scolastique [skɔlastik]. **1.** *a.* Scholastic (philosophy). **2.** *s.f.* Scholasticism.
scoliose [skɔljo:z], *s.f.* Scoliosis, curvature of the spine.
scolopendre[1] [skɔlɔpɑ̃:dr], *s.f. Myr:* Scolopendra, centipede.
scolopendre[2], *s.f. Bot:* Hart's-tongue.
scombridés [skɔ̃bride], *s.m.pl. Ich:* Scombridae.
scons(e) [skɔ̃:s], *s.m. Com:* Skunk (fur).
scooter [skutɛ:r], *s.m.* (Motor) scooter.
scootériste [skuterist], *s.m.* Scooter rider, scooterist.
scorbut [skɔrby], *s.m. Med:* Scurvy.
scorbutique [skɔrbytik], *a. & s. Med:* Scorbutic, scurvied.
scorie [skɔri], *s.f.* Usu. *pl. Metall:* Slag, cinders, scoria; (iron) dross. **S. de forge,** hammer scale.
scorpène [skɔrpɛn], *s.f. Ich:* Scorpion-fish.
scorpion [skɔrpjɔ̃], *s.m.* (*a*) *Arach:* Scorpion. (*b*) *Astr:* Le S., Scorpio.
scorsonère [skɔrsɔnɛ:r], **scorzonère** [skɔrzɔnɛ:r], *s.f. Bot:* Scorzonera; black salsify.
scout [skut], (*a*) *s.m.* Boy-scout. (*b*) *a.* **Scout, -e,** scout.
scoutisme [skutism], *s.m.* (*a*) (Boy-)scout movement. (*b*) Boy-scouting.
scratch [skratʃ], *s.m. Sp:* **1.** Scratch. **Partir s.,** to start (at) scratch. **2.** Scratch-man, scratch-player.
scratcher [skratʃe], *v.tr. Turf: Sp:* To scratch (horse, competitor).
scribe [skrib], *s.m.* (*a*) *Jew.Hist:* Scribe. (*b*) Copyist; scribe.
scribouillard [skribuja:r], *s.m. F:* Clerk, pen-pusher.
script [skript], *s.m. F:* Film-script.
script-girl [skriptgœ:rl], *s.f. Cin:* Continuity-girl, script-girl. *pl. Des script-girls.*

scriptural, -aux [skriptyral, -o], *a.* Scriptural.
scrofulaire [skrɔfylɛːr], *s.f. Bot:* Figwort.
scrofule [skrɔfyl], *s.f. Med:* Scrofula.
scrofuleux, -euse [skrɔfylø, -øːz], *a.* Scrofulous.
scrupule [skrypyl], *s.m.* **1.** Scruple (weight). **2.** Scruple, (conscientious) doubt (**sur**, about). **Sans scrupules**, unscrupulous. **Se faire (un) s. de faire qch., avoir des scrupules à faire qch.**, to have scruples about doing sth. **Avoir le s. de l'exactitude**, to make a point of accuracy. **Exact jusqu'au s.**, scrupulously accurate.
scrupuleu|x, -euse [skrypylø, -øːz], *a.* Scrupulous (**sur**, about, over). **Peu s.**, unscrupulous. **S. à remplir ses devoirs**, punctilious in the performance of one's duties. *adv.* **-sement.**
scrutateur, -trice [skrytatœːr, -tris]. **1.** *a.* Searching (mind, look); scrutinizing. **2.** *s.* (*a*) Scrutinizer, scrutator. (*b*) Teller, scrutineer (of a ballot or poll).
scruter [skryte], *v.tr.* To scrutinize; to scan; to examine closely. **S. qn du regard**, to give s.o. a searching look.
scrutin [skrytɛ̃], *s.m.* **1.** Poll. **S. d'arrondissment** = constituency poll. **S. de liste**, voting for several members (out of a list). **Dépouiller le s.**, to count the votes. **2. Tour de s.**, ballot. **Voter au s.**, to ballot. **Élire qn au s.**, to ballot for s.o. **3.** Voting. **Procéder au s.**, to take the vote; (in Engl. Parliament) to divide.
sculpt|er [skylte], *v.tr.* To sculpture, to carve (**dans**, in). *s.m.* **-age.**
sculpteur [skyltœːr], *s.m.* Sculptor. **Femme s.**, woman sculptor; sculptress. **S. sur bois**, wood-carver.
sculptural, -aux [skyltyral, -o]. *a.* Sculptural (art); statuesque (figure).
sculpture [skyltyːr], *s.f.* Sculpture. **S. sur bois**, wood-carving.
scutellaire [skytɛllɛːr], *s.f. Bot:* Scutellaria, skull-cap.
scutiforme [skytifɔrm], *a.* Scutiform, shield-shaped.
Scylla [silla]. *Pr.n.m. Myth:* Scylla. S.a. CHARYBDE.
scythe [sit], *a. & s. A.Geog:* Scythian.
Scythie [siti]. *Pr.n.f. A.Geog:* Scythia.
se, before a vowel sound **s'** [s(ə)], *pers. pron. acc. & dat.* **1.** (*a*) (Reflexive) Oneself; himself, herself, itself, themselves. **Se flatter**, to flatter oneself. **Elle s'est coupée au doigt, s'est coupé le doigt**, she has cut her finger. (*b*) (Reciprocal) Each other, one another. **Se nuire (l'un à l'autre)**, to hurt one another. **Il est dur de se quitter**, it is hard to part. **2.** (Giving passive meaning to active vbs) **La clef s'est retrouvée**, the key has been found. **Cet article se vend partout**, this article sells, is sold, everywhere. **3.** (In purely pronom. conjugation) See S'EN ALLER, SE BATTRE, SE DÉPÊCHER, SE FÂCHER, etc. NOTE. **Se** is often omitted before an infinitive dependent on **faire, laisser, mener, envoyer, voir.** *e.g:* **Faire taire les enfants. Faire envoler les oiseaux. Mener promener les enfants. Envoyer coucher les enfants. Nous avons vu lever le soleil.**
séance [seɑ̃ːs], *s.f.* **1.** Sitting, session, meeting, period. (Of parliament) **Être en s.**, to be sitting, in session. **Déclarer la s. ouverte**, to open the meeting. **Lever la s.**, (i) to dissolve the meeting, to leave the chair; (ii) to adjourn. **Tenir une s. publique**, to have, hold, an open meeting. **En s. publique**, at an open meeting. S.a. TENANT 1. **2.** Performance (at cinema, etc.); (film-)show. **S. de spiritisme**, seance. **3.** Sitting (for one's portrait, etc.). **Peindre un portrait en une s.**, to paint a portrait at one sitting.
séant [seɑ̃]. I. See SEOIR.
II. **séant**, *a.* **1.** (*a*) Sitting; in session. (*b*) *s.m.* **Se mettre, se dresser, sur son s.**, to sit up (in bed). **Tomber sur son s.**, *F:* to land on one's behind. **2.** Becoming (**à**, to); fitting, proper, seemly. **Il n'est pas s. qu'elle sorte seule**, it is not proper that she should go out alone.
seau [so], *s.m.* Pail, bucket. **S. à incendie**, fire-bucket. **S. à charbon**, coal-scuttle. **S. de toilette, de ménage**, slop-pail. **S. à biscuits**, biscuit-barrel. **Un s. d'eau**, a pail(ful) of water. S.a. PLEUVOIR.
sébacé [sebase], *a.* Sebaceous (gland).
sébile [sebil], *s.f.* Wooden bowl. *A:* **Tendre la s.**, to beg.
sec, sèche[1] [sɛk, sɛʃ]. *a.* **1.** (*a*) Dry. **Temps s.**, dry weather. **Avoir la gorge sèche**, *F:* **avoir le gosier s.**, to be thirsty; to feel dry. **Gorge sèche**, parched throat. **Mur en pierres sèches**, dry(-stone) wall. **Traverser un torrent à pied s.**, to cross a torrent dry-shod. **Absolument s.**, bone-dry. *Adm:* **Le régime s.**, the dry regime; prohibition. *Adv.* **Boire s.**, (i) to drink one's wine or spirits neat; (ii) to drink hard. S.a. NOURRICE 1, POINTE 3, VENTOUSE 1. (*b*) Dried (cod, raisins); seasoned, matured (wood, cigar); dry (wine). S.a. FRUIT[1]. *Adv.* **Brûler s.**, to burn like tinder. (*c*) **Argent s.**, hard cash. **Perte sèche**, dead loss. (*d*) *Cards:* **Roi s.**, unguarded king. **2.** (*a*) Spare, gaunt (person); lean (figure, horse). **S. et nerveux**, wiry. (*b*) Sharp, dry, curt (answer); incisive (tone). **Donner un coup s. à qch.**, to give sth. a sharp blow or tap. **Casser qch. d'un coup s.**, to break sth. with a snap. **Mine sèche**, sour face. **Un merci tout s.**, a bare thank you. *Adv.* **Parler s.**, not to mince one's words, to rap out one's words. (*c*) Unsympathetic, unfeeling (heart, etc.). *Adv:* **Rire s.**, to give a harsh, dry, laugh. (*d*) Barren; meagre, dry, bald (narrative, etc.). (*e*) *Cards: etc:* **Partie sèche**, one game (without revenge). **On va faire un écarté en cinq s.**, we'll have one game at écarté. *F:* **Faire qch. en cinq s.**, to do sth. in a jiffy, in less than no time. *Cf.* LIÉ 4. (*f*) *Nau:* **Vergue sèche**, bare yard. **3.** *Adv.phr.* **A s.**, (i) dry, (ii) dried up, (iii) *P:* hard-up, on the rocks. **"Tenir au s.,"** 'Keep in a dry place.' **Mettre une mare à s.**, to drain a pond. **Navire à sec, au s.**, ship aground, high and dry. (Of ship) **Filer, courir, fuir, à sec (de toile)**, to run, scud, under bare poles.
sécable [sekabl], *a.* Sectile, divisible.
sécant, -ante [sekɑ̃, -ɑ̃ːt]. *Geom:* **1.** *a.* Secant, cutting (line, surface). **2.** *s.f.* **Sécante**, secant.
sécateur [sekatœːr], *s.m.* Pruning-scissors, -shears, secateur(s).
seccotine [sɛkɔtin], *s.f. R.t.m:* Seccotine.
sécession [sesɛsjɔ̃], *s.f.* Secession. **Faire s.**, to secede (**de**, from).
sécessionniste [sesɛsjɔnist], *a. & s.* Secessionist.
séchage [seʃaːʒ], *s.m.* Drying (of hay, clothes, etc.); seasoning (of wood).
sèche[1] [sɛʃ]. See SEC.
sèche[2], *s.f. P:* Cigarette; *P:* fag.
sèche-cheveux [sɛʃʃəvø], *s.m.* Hair-drier.
sèchement [sɛʃmɑ̃], *adv.* **1.** Curtly, tartly. **2. Peindre s.**, to paint with a hard touch. **Traiter un sujet s.**, to treat a subject baldly.
séch|er [seʃe], *v.* (**je sèche; je sécherai**) **1.** *v.tr.* (*a*) To dry (up). **S. ses larmes**, to dry one's tears. **Séché au soleil**, sun-dried. **S. le houblon au four**, to kiln the hops. (*b*) *Sch: P:* **S. un cours**, to cut a lecture. **2.** *v.i.* To dry. *Sch: F:* To be stumped. **Faire s. du linge**, to dry clothes. *F:* **S. d'ennui**, to be consumed with boredom. **S. sur pied**, (i) (of plant) to wilt, to wither away; (ii) (of pers.) to be pining away.
se sécher. **1.** To dry oneself, one's clothes (at the fire, etc.). **2.** (Of stream, etc.) To dry up.
sécheresse [seʃrɛs], *s.f.* **1.** (*a*) Dryness. (*b*) Drought. **2.** (*a*) Leanness, spareness (of the figure). (*b*) Curtness (of manner). (*c*) Coldness, unfeelingness (of heart). (*d*) Barrenness, meagreness, baldness (of style).
sécherie [seʃri], *s.f.* Drying-room, -ground.
sécheur [seʃœːr], *s.m.* Drying apparatus; drier.
sécheuse [seʃøːz], *s.f.* Steam drier.
séchoir [sɛʃwaːr], *s.m. Tchn:* **1.** Drying-place, -room, -loft, -ground. **S. à houblon**, oast-house. **2.** (*a*) Drying apparatus; desiccator; (steam) drier. (*b*) Clothes-horse, towel-rail.
second, -onde [sɔgɔ̃, zgɔ̃, -ɔ̃ːd]. **1.** *a.* Second. **En s. lieu**, in the second place. **Habiter au s. (étage)**, to live on the second floor. **Sans s.**, matchless, peerless, unparalleled. *Com:* **S. associé**, junior partner. *Sp:* **Finir bon s. derrière (un tel)**, to run a good second to (so and so). S.a. MAIN 1, PLAN[1] 2. **Ouvrage de s. ordre**, inferior piece of work. *Mth:* **n seconde**, n double dash (n″). **2.** *s.m.* Principal assistant; second (in command, in duel, etc.). *Nau:* First mate, first officer, chief officer (of ship). **Commander en s.**, to be second in command. *Navy:* **S. maître**, petty officer. **Signer en s.**, to countersign. **3.** *s.f.* **Seconde.** (*a*) *Typ:* Second proof; revise. *Rail: etc:* **Voyager en s.,**

to travel second (class). *Sch:* **(Classe de) s.** = fifth form. **Élève de s.,** fifth former. (*b*) Second (of time, arc, angle). **Attendez une s.,** just a moment. **En un quart de s.,** in half a tick. **Je reviens dans deux secondes,** I'll be back in two seconds, *F:* in two ticks. *adv.* **-ement.**

secondaire [səgɔ̃dɛːr, zgɔ̃-], *a.* **1.** Secondary (planet, etc.). **2.** Subordinate; of minor importance. *Rail:* **Voie s.,** side-track. **Question d'intérêt s.,** side-issue. *Th:* **Intrigue s.,** sub-plot. **3.** *s.m.* *El.E:* Secondary winding. *adv.* **-ment.**

seconder [səgɔ̃de, zgɔ̃-], *v.tr.* **1.** To second, back up, support, to assist (s.o.). **Admirablement secondé par . . . .,** with the able assistance of. . . . **2.** To forward, further, promote (s.o.'s interests, etc.).

secou|er [səkwe], *v.tr.* **1.** (*a*) To shake (tree, one's head); to jolt; to plump up (pillow). **Navire secoué rudement par le vent,** ship buffeted by the wind. (*b*) **S. l'indifférence, l'énergie, de qn,** *F:* **s. qn,** to shake up, rouse (lethargic pupil, etc.). *P:* **S. les puces à qn,** to give s.o. a good dressing down. **2.** (*a*) To shake down (fruit). (*b*) **S. le joug,** to shake off the yoke. *F:* **S. la poussière de ses pieds, de ses souliers,** to shake the dust from one's feet. *s.m.* **-age.** *s.m.* **-ement.**
se secouer. (*a*) To shake oneself. (*b*) To bestir oneself. *F:* **Voyons, secouez-vous!** Snap out of it!

secourable [səkurabl], *a.* **1.** Helpful; willing to help. **Tendre une main s. à qn,** to lend s.o. a helping hand. **2. Place s. par mer,** place relievable by sea.

secourir [səkuriːr], *v.tr.* (Conj. like COURIR) To succour, help, aid.

secourisme [səkurism], *s.m.* First-aid practice.

secouriste [səkurist], *s.m.* & *f.* Member of a first-aid association; voluntary ambulance worker.

secours [s(ə)kuːr], *s.m.* Help, succour, relief, aid, assistance. **Crier au s.,** to call for help. **Au s.!** help! **Porter, prêter, s. à qn,** to give, lend, assistance to s.o. *Med:* **Premiers s.,** first aid. **Boîte de s.,** first-aid outfit. **Poste de s.,** first-aid post. **Société de s.,** first-aid association. **Demander (du) s.,** to ask for help. **Aller, se porter, au s. de qn,** to go to s.o.'s aid. **Rendre s. à qn,** to come to s.o.'s help. **Être d'un grand s. à qn,** to stand s.o. in good stead. *Adm:* **Le s. aux enfants,** child-welfare work. **Caisse de s.,** relief fund. **Société de s. mutuels,** benefit society, friendly society. **Sortie, porte, de s.,** emergency exit. *Aut:* **Roue de s.,** spare wheel. *Av:* **Terrain de s.,** emergency landing-ground, airstrip. *Ecc:* **Chapelle de s.,** chapel of ease. **Machine de s.,** stand-by engine. **Équipe de s.,** rescue squad. *Mil:* **Troupes de s.,** relief troops. *Rail:* **Convoi de s.,** break-down train.

secousse [səkus], *s.f.* Shake, shaking; jolt, jerk; shock. **Sans s.,** smoothly. **Imprimer une (brusque) s. à qch.,** to jolt sth.; to make (table, etc.) jump. **Se dégager d'une s.,** to jerk, shake, oneself free. **Respirer par secousses pénibles,** to breathe in painful gasps. **S. universelle,** world commotion. **S. sismique,** earth tremor. *Ind:* **Tamis à secousses,** jigging-sieve. *Physiol:* **S. musculaire,** (muscle) jerk.

secret[1], **-ète** [səkrɛ, -ɛt], *a.* Secret; hidden (feelings). **Très s., ultra-s.,** top secret. **Tenez cela s.,** *F:* keep it dark! **Influence secrète,** secret or backstair influence. **Fonds secrets,** secret-service funds. **La (police) secrète** = the Criminal Investigation Department, *F:* the C.I.D.

secret[2], *s.m.* **1.** Secret. **Garder le s. au sujet de qch.,** to keep sth. secret. **Mettre qn dans le s.,** to let s.o. into the secret. **Être dans le s.,** to be in the secret, *F:* in the know. **N'avoir point de s. pour qn,** to have no secrets from s.o. **Il a trouvé le s. de se ruiner,** he has found the way to ruin himself. **Faire jouer le s.,** to touch, press, the secret spring. S.a. POLICHINELLE 1. **2.** Secrecy, privacy. **Dire qch. à qn sous le sceau du s., en grand s.,** to tell s.o. sth. under pledge of secrecy, as a great secret. **Abuser du, trahir le, s. professionnel,** to commit a breach of confidence. *Ecc:* **Le s. de la confession,** the seal of confession. **Dépôt de brevet au s. d'un an,** patent application with one year's secrecy provision. **En s.,** in secrecy, in secret, privily, privately; *F:* off the record. **3. Mettre qn au s.,** to put s.o. in solitary confinement.

secrétaire [səkretɛːr]. **1.** *s.m.* & *f.* Secretary. *Journ:* **S. de (la) Rédaction,** sub-editor. **S. de (la) mairie,** town clerk; clerk to the parish council. *Adm:* **S. d'État,** Secretary of State. **S. de direction,** principal assistant. **S. d'administration** = assistant principal. **S. d'état-major,** headquarters clerk. *Dipl:* **Premier s. d'ambassade,** First Secretary. **2.** *s.m.* *Orn:* Secretary-bird. **3.** *s.m.* Writing-desk; secretaire.

secrétariat [səkretarja], *s.m.* **1.** Secretaryship. **2.** Secretary's office; secretariat.

secrètement [səkrɛtmɑ̃], *adv.* Secretly; in secret.

sécréter [sekrete], *v.tr.* (**il sécrète; il sécrétera**) (Of gland) To secrete.

sécréteur, -trice, occ. **-euse** [sekretœːr, -tris, -øːz], *a.* Secreting, secretory (gland, etc.).

sécrétion [sekresjɔ̃], *s.f.* *Physiol:* Secretion.

sectaire [sɛktɛːr]. **1.** *s. m.* & *f.* Sectary, sectarian. **2.** *a.* Sectarian.

sectarisme [sɛktarism], *s.m.* Sectarianism.

sectateur, -trice [sɛktatœːr, -tris], *s.* Follower, votary, member (of a sect).

secte [sɛkt], *s.f.* Sect; denomination. **Faire s.,** to win adherents. **Ils font s. à part,** they form their own party.

secteur [sɛktœːr], *s.m.* **1.** (*a*) *Astr:* *Geom:* Sector. (*b*) *Mec.E:* **S. denté,** toothed segment. **Vis sans fin et s.,** worm and segment. *Aut:* *Nau:* **S. du gouvernail,** steering-quadrant. **2.** (*a*) District area (served by utility works); *El.E:* local supply circuit. **Brancher sur le s.,** to take one's power from the mains. (*b*) **S. de surveillance,** (policeman's) beat. (*c*) *Mil:* Sector. *Pol.Ec:* **S. privé,** private enterprise. **S. public,** state enterprise.

section [sɛksjɔ̃], *s.f.* **1.** Section; cutting. **2.** Section (of chapter, building); branch (of a department); (electoral) division; platoon (of infantry); subdivision (of fleet). *Mil:* **S. de munitions,** ammunition column. **3.** *Geom:* **Sections coniques,** conic sections. **Point de s.,** point of intersection. **4.** Stage (on bus route).

sectionn|er [sɛksjɔne], *v.tr.* **1.** To divide (district) into sections. **2.** To cut (off), sever. *s.m.* **-ement.**

séculaire [sekylɛːr], *a.* **1.** Occurring once in a hundred years; secular. **2.** (*a*) Century-old (tree, monument). (*b*) Age-old, time-honoured (custom).

sécularisation [sekylarizasjɔ̃], *s.f.* Secularization; conversion (of church) to secular uses; deconsecration.

séculariser [sekylarize], *v.tr.* To secularize; to convert (church property) to secular uses; to deconsecrate (church).

séculier, -ière [sekylje, -jɛːr]. **1.** *a.* (*a*) Secular (clergy, jurisdiction). **Le bras s.,** the secular arm. (*b*) Laic. **2.** *s.* Layman, -woman.

secundo [sekɔ̃do]. *Lt.adv.* Secondly; in the second place.

sécurité [sekyrite], *s.f.* **1.** Security, secureness. **Être en s. contre le danger,** to be secure against, from, danger. *Ind:* **S. du fonctionnement,** reliability, dependability (of machinery). *Adm:* **S. Sociale,** social security. **2.** Safety. **Dispositif de s.,** safety device. **Coefficient de s.,** safety factor.

sédatif, -ive [sedatif, -iːv], *a.* & *s.m.* *Med:* Sedative.

sédation [sedasjɔ̃], *s.f.* *Med:* Sedation.

sédentaire [sedɑ̃tɛːr], *a.* **1.** Sedentary (occupation). **2.** Fixed, stationary; non-mobile (troops); non-migrant (bird).

sédentarité [sedɑ̃tarite], *s.f.* Sedentariness.

sédiment [sedimɑ̃], *s.m.* Sediment, deposit.

sédimentaire [sedimɑ̃tɛːr], *a.* Sedimentary (stratum, etc.); sedimental (matter).

séditieu|x, -euse [sedisjø, -øːz]. **1.** *a.* (*a*) Seditious. **Tenir des propos s.,** to talk treason. (*b*) Mutinous, rebellious. **2.** *s.m.* Mutineer. *adv.* **-sement.**

sédition [sedisjɔ̃], *s.f.* Sedition; mutiny. **Être en s.,** to be in revolt.

séducteur, -trice [sedyktœːr, -tris]. **1.** *s.* (*a*) Tempter, beguiler, enticer, inveigler. (*b*) *s.m.* Seducer. **2.** *a.* Tempting, enticing, seductive.

séductible [sedyktibl], *a.* Seducible.

séduction [sedyksjɔ̃], *s.f.* **1.** Seduction; enticement; leading astray; subornation (of witness). **2.** Charm, seductiveness.

séduire [sedɥiːr], *v.tr.* (*pr.p.* **séduisant;** *p.p.* **séduit;** *pr.ind.* **je séduis, n. séduisons, ils séduisent;** *pr.sub.* **je séduise;** *p.h.* **je séduisis;** *fu.* **je séduirai**) **1.** To seduce; to lead astray; to beguile; to bribe, suborn (witness). **2.** To fascinate, captivate, lure, allure, charm. **Cela m'a séduit du premier coup,** it took my fancy at once.

séduisant [sedɥizɑ̃], *a.* **1.** Seductive, tempting. **2.** Fascinating, taking, engaging, attractive.
segment [sɛgmɑ̃], *s.m.* **1.** *(a) Geom:* Segment. *(b)* Segment (of worm, insect, etc.). **2.** *I.C.E: Mch:* **S. de piston,** piston-ring, packing-ring.
segmentation [sɛgmɑ̃tasjɔ̃], *s.f.* Segmentation.
segmenter [sɛgmɑ̃te], *v.tr.* To segment; to divide into segments.
se segmenter, to segment.
ségrégation [segregasjɔ̃], *s.f.* Segregation, setting apart; isolation.
séguedille [segədi:j], *s.f. Danc: Mus:* Seguidilla.
seiche[1] [sɛʃ], *s.f.* Cuttle-fish. **Os de s.,** cuttle-bone.
seiche[2], *s.f.* Seiche, tidal wave (on lakes).
seigle [sɛgl], *s.m.* Rye. **Pain de s.,** rye bread.
seigneur [sɛɲœ:r], *s.m.* **1.** *(a)* Lord. *(b)* Lord of the manor. *(c)* Nobleman, noble. **Mener une vie de grand s.,** to live like a lord. **Faire le grand s., trancher du grand s.,** to lord it; to give oneself airs. **A tout s. tout honneur,** honour to whom honour is due. **2. Le S.,** God; the Lord. **Notre-S.,** our Lord.
seigneurial, -aux [sɛɲœrjal, -o], *a. A:* Seigniorial, manorial (rights, etc.).
seigneurie [sɛɲœri], *s.f.* **1.** *A: (a)* Seigniory. *(b)* Domain, manor. **2.** Lordship. **Votre S.,** your Lordship.
seille [sɛ:j], *s.f.* (Wooden) pail; bucket.
sein [sɛ̃], *s.m.* **1.** Breast, bosom. *B:* **Le s. d'Abraham,** Abraham's bosom. **Donner le s. à un enfant,** to suckle a child. S.a. RÉCHAUFFER I. **Au s. de la famille,** in the bosom of the family. **Au s. du luxe,** in the lap of luxury. **Le s. de l'Église,** the bosom of the Church. **2.** *Lit:* Womb. **Le s. de la terre,** the bowels of the earth.
seine [sɛn], *s.f. Fish:* Seine, drag-seine; draw-net; tow-net.
seing [sɛ̃], *s.m. A:* Sign manual. *Jur:* **Acte sous s. privé,** simple contract. S.a. BLANC-SEING.
séisme [seism], *s.m.* Earthquake, seism.
seize [sɛ:z], *num.a.inv. & s.m.inv.* Sixteen. **Louis S.,** Louis the Sixteenth. **Le s. mai,** (on) the sixteenth of May.
seizième [sezjɛm]. **1.** *num. a. & s.* Sixteenth. **2.** *s.m.* Sixteenth (part). *adv.* **-ment.**
séjour [seʒu:r], *s.m.* **1.** Stay, sojourn. S.a. PERMIS 2. **2.** (Place of) abode; residence, resort. *Poet:* **L'infernal s.,** the infernal regions.
séjourn|er [seʒurne], *v.i.* **1.** To stay, stop, sojourn, reside (in a place). **2. Les eaux séjournent dans les fossés,** the water lies stagnant in the ditches. *s.m.* **-ement.**
sel [sɛl], *s.m.* **1.** Salt. *(a)* **Sel blanc,** table salt. S.a. GROS. **Sel gemme,** rock-salt. **Vous êtes le s. de la terre,** ye are the salt of the earth. *(b) Pharm:* **S. anglais, d'Angleterre, d'Epsom,** Epsom salts. *(c) pl.* **Flacon de sels,** (bottle of) smelling-salts. *(d) Ch:* Salt. **S. ammoniac,** sal-ammoniac. S.a. ESPRIT 2. **2.** Piquancy, wit. **Conversation pleine de s.,** witty conversation. **Satire au gros s.,** coarse satire. **S. attique,** Attic salt, Attic wit.
select [selɛkt], *a.inv.inf. F:* Choice, select (gathering).
sélecter [selɛkte], *v.tr. Com: F:* To choose.
sélecteur, -trice [selɛktœ:r, -tris]. **1.** *a. Phot:* **Écran s.,** selective filter. **2.** *s.m. Tp:* Selector, selecting-switch.
sélectif, -ive [selɛktif, -i:v], *a. W.Tel:* Selective.
sélection [selɛksjɔ̃], *s.f.* **1.** Selection, choice. *Sp:* **Match de s.,** trial game, selection match. *Biol:* **S. naturelle,** natural selection. **2.** *Mus:* Selection (sur, from).
sélectionner [selɛksjɔne], *v.tr.* To choose, select (players for a team, etc.).
sélectivité [selɛktivite], *s.f. W.Tel:* Selectivity.
sélénium [selenjɔm], *s.m. Ch:* Selenium.
sélénographie [selenɔgrafi], *s.f.* Selenography.
sélénographique [selenɔgrafik], *a.* Selonographic(al) (map, etc.).
self [sɛlf], *s.f. El:* **(Bobine de) s.(-induction),** inductance-coil, self-induction coil, choking-coil. **S. d'accord,** tuning-coil. **S. d'antenne,** aerial inductance.
selle [sɛl], *s.f.* **1.** *(a) A:* Seat, stool. *(b) Med:* Motion of the bowels; stool. **Aller à la s.,** to go to stool. **2.** *(a)* Saddle. **Cheval de s.,** saddle-horse. **Se mettre, sauter, en s.,** to mount, vault, into the saddle. **Se remettre en s.,** (i) to remount; (ii) *F:* to get into the saddle again (after a failure). **Être bien en s.,** (i) to have a good seat; (ii) *F:* to be firmly established. *(b)* (Bicycle) saddle. **S. tandem,** pillion seat (of motor cycle). **3.** *Cu:* **S. de mouton,** saddle of mutton. **4.** *Ind:* Bench, support.
sell|er [sɛle], *v.tr.* To saddle (horse). *s.m.* **-age.**
sellerie [sɛlri], *s.f.* **1.** Saddlery. **2.** Harness-room, saddle-room.
sellette [sɛlɛt], *s.f.* **1.** *(a) A:* Stool of repentance. *F:* **Tenir, mettre, qn sur la s.,** to call s.o. to account; *F:* to have s.o. on the mat. *(b)* (Small) seat, stool; esp. caulker's or painter's slung cradle; bosun's chair. **2.** Saddle (of draught-horse).
sellier [sɛlje], *s.m.* Saddler, harness-maker.
selon [s(ə)lɔ̃], *prep.* According to. **L'Évangile s. saint Luc,** the Gospel according to Saint Luke. **S. moi,** in my opinion. **S. les termes de cet article,** by the terms of this article. **C'est s.,** that is as may be; it all depends. **S. que** + *ind.*, according as.
Seltz [sɛls], *s.m.* **Eau de S.,** soda-water.
semailles [s(ə)ma:j], *s.f.pl.* **1.** Sowing; seed-time. **2.** Sowings, seeds.
semaine [s(ə)mɛn], *s.f.* *(a)* Week. **Jour de s.,** week-day. **Il est toujours à Paris en s.,** he is always in Paris during the week. **Fin de s.,** weekend. **Pensionnaire à la s.,** weekly boarder. **Prêter à la petite s.,** to lend at high interest. **La s. sainte,** Holy Week. S.a. JEUDI. *(b)* Working week; week's work. **Faire la s. anglaise,** to have the Saturday off. *(c)* Week's pay, week's wages. *(d) Mil: etc:* Week's duty. **Être de s.,** to be on duty for one week.
semainier, -ière [s(ə)mɛnje, -jɛ:r]. *s.* Person on duty for a week.
semaison [s(ə)mɛzɔ̃], *s.f.* **1.** Seed-time. **2.** Self-seeding.
sémantique [semɑ̃tik]. *Ling:* **1.** *a.* Semantic. **2.** *s.f.* Semantics, semasiology.
sémaphore [semafɔ:r], *s.m.* Semaphore; signal-station. *Rail:* (Semaphore) signal.
semblable [sɑ̃blabl]. **1.** *a.* *(a)* Alike; similar (à, to); like. **Votre cas est s. au mien,** your case is similar to mine. **S. à son père,** like his father. *Geom:* **Triangles semblables,** similar triangles. *(b)* Such. **En s. occasion,** on such an occasion. **Je n'ai rien dit de s.,** I said nothing of the sort, no such thing. **2.** *s.* *(a)* **Vous ne trouverez pas son s.,** you will not find his like, **his** equal. *(b)* **Nos semblables,** our fellow-men, fellow-creatures.
semblablement [sɑ̃blabləmɑ̃], *adv.* Similarly, likewise.
semblant [sɑ̃blɑ̃], *s.m.* Semblance, appearance; (outward) show. **Faux s.,** pretence, sham. **Faire un s. de résistance,** to make a show of resistance. **Faire s. de faire qch.,** to pretend to be doing sth.; to make a pretence of doing sth. **Faire s. d'être malade,** to sham illness. **Sans faire s. de rien,** (i) surreptitiously; (ii) without seeming to take any notice.
sembler [sɑ̃ble], *v.i.* (Aux. **avoir**) *(a)* To seem, to appear. **Voilà, ce me semble, un avis excellent,** that, to my mind, is excellent advice. *(b) Impers.* **Il me semblait rêver,** it seemed to me that I was dreaming. **A ce qu'il me semble,** as it strikes me; I fancy. **C'est ce qu'il me semble,** precisely as I thought. **Ils pourront, quand bon leur semblera . . .,** they may, at any time. . . . **Faites comme bon vous semble(ra), ce que bon vous semble(ra), ce qu'il vous semble bon,** do as you think best, as you think fit, as you please. **Que vous en semble?** what do you think of it? **Il semble qu'il ne veut, ne veuille, pas y aller,** it looks as if he wouldn't go. **Il me semble que** + *ind.*, it seems to me that. . . . **Il ne me semble pas que** + *sub.*, it does not look to me as if. . . .
semelle [s(ə)mɛl], *s.f.* **1.** Sole (of shoe); foot (of stocking). **S. intérieure de liège,** cork insole. **Souliers à semelles épaisses,** thick-soled shoes. *F:* **Ne pas reculer d'une s.,** not to give way an inch. **Battre la s.,** (i) to be on the tramp; (ii) to stamp one's feet; (iii) to kick one's heels. **2.** *(a) Const:* Ground-sill, sole-piece; footing (of an upright). *(b)* **S. de poutre,** girder-flange. *(c)* Bed-plate (of machine, lathe). *(d)* Shoe (of anchor, sledge). *(e)* Tread (of tyre, stirrup).
semence [s(ə)mɑ̃:s], *s.f.* **1.** Seed. **Blé de s.,** seed-corn. **2.** *(a)* **S. de perles,** seed pearls. *(b)* (Tin)tacks, sprig nails.

semer [s(ə)me], *v.tr.* **(je sème; je sèmerai) 1.** To sow (seed). **S. un champ,** to sow a field. **S. à tout vent, à la volée,** to sow broadcast. *Prov:* **On recueille ce qu'on a semé,** we reap as we sow. S.a. VENT 1. **2.** To spread, strew, scatter (flowers, etc.); to disseminate, spread abroad (news). **S. des mines,** to lay mines. **Ciel semé d'étoiles,** star-spangled sky. **Herbe semée de pâquerettes,** grass dotted, starred, with daisies. **3.** *P:* To shake off, shed (an acquaintance). **S. un concurrent,** to leave a rival behind.
semestre [s(ə)mɛstr], *s.m.* **1.** Half-year. **2.** Six months' pay, duty, rent, etc.
semestriel, -elle [səmɛstriɛl], *a.* **1.** Half-yearly. **2.** Of six months' duration.
semeur, -euse [s(ə)mœːr, -øːz], *s.* (*a*) Sower. (*b*) Disseminator, spreader (of false news, etc.).
semi-circulaire [səmisirkylɛːr], *a.* Semicircular.
semi-coke [səmikɔk], *s.m.* Coalite.
sémillant [semijɑ̃], *a.* Sprightly, bright.
séminaire [seminɛːr], *s.m.* Seminary. (*a*) **Grand s.,** training college (for the priesthood). **Petit s.,** secondary school (staffed by priests). (*b*) Seminar.
séminariste [seminarist], *s.m.* Seminarist.
semi-officiel, -elle [səmiɔfisjɛl], *a.* Semi-official.
semis [səmi], *s.m.* **1.** Sowing. **S. à la volée,** broadcast sowing. **Fleurs qui proviennent de s.,** flowers raised from seed. **2.** Seed-plot; seed-bed. **3.** Seedlings.
Sémites [semit], *s.m.pl. Ethn:* Semites.
sémitique [semitik], *a.* Semitic.
sémitisme [semitism], *s.m.* Semitism.
semi-transparent [səmitrɑ̃sparɑ̃], *a.* Semi-transparent.
semi-voyelle [səmivwajɛl], *s.f. Ling:* Semivowel.
semoir [səmwaːr], *s.m.* Seeder; seedlip; seed-drill.
semonce [səmɔ̃ːs], *s.f.* **1.** (*a*) *A:* Summons, (*b*) *Navy:* Call (to a ship) to heave to. **Coup de s.,** warning shot. **2.** Reprimand, scolding. *F:* lecture. **Verte s.,** good talking-to.
semoncer [səmɔ̃se], *v.tr.* **(je semonçai(s); n. semonçons)** To lecture, reprimand, sermonize.
semoule [s(ə)mul], *s.f.* Semolina.
sempitern|el, -elle [sɛ̃pitɛrnɛl], *a.* Sempiternal, never-ceasing. *adv.* **-ellement.**
sénat [sena], *s.m.* **1.** Senate. **2.** Senate-house.
sénateur [senatœːr], *s.m.* Senator.
sénatorial, -aux [senatɔrjal, -o], *a.* Senatorial.
séné [sene], *s.m.* Senna.
sénéchal, -aux [seneʃal, -o], *s.m. A:* Seneschal.
sénéchaussée [seneʃose], *s.f. A:* (*a*) Seneschalsy, seneschal's jurisdiction. (*b*) Seneschal's court.
seneçon [sənsɔ̃], *s.m. Bot:* Groundsel.
Sénégal [senegal]. *Pr.n.m. Geog:* Senegal.
sénégalais, -aise [senegalɛ, -ɛːz], *a. & s.* Senegalese.
Sénèque [senɛk]. *Pr.n.m. Lt.Lit:* Seneca.
sénescence [senɛsɑ̃s], *s.f.* Senescence.
sénestre [senɛstr], *a. A:* Left. *Her:* Sinister.
sénevé [senve], *s.m.* **1.** *Bot:* Black mustard. **2.** Mustard-seed.
sénile [senil], *a.* Senile.
sénilité [senilite], *s.f.* Senility; senile decay.
senne [sɛn], *s.f. Fish:* = SEINE.
sens [sɑ̃ːs], *s.m.* **1.** Sense (of touch, etc.). **Les cinq sens,** the five senses. **Perdre, reprendre, ses s.,** to lose, regain, consciousness. **Il tombe sous le s. que . . .,** it is obvious, self-evident, that. . . . **Plaisirs des sens,** sensual pleasures. **Avoir le s. de l'air,** to be air-minded. **S. moral,** moral sense. **2.** Sense, judgment, intelligence, understanding. **Avoir le s. droit,** to have a clear judgment. **S. commun** [sɑ̃kɔmœ̃], **bon s.** [bɔ̃sɑ̃(s)], common sense. **Agir en dépit du s. commun,** to act against all sense. **Tout homme jouissant de son bon s.,** any man in his senses. S.a. GROS 1. **A mon s.,** as I think, in my opinion. **J'abonde dans votre s.,** I am entirely of your opinion. S.a. NATIF 1, PRATIQUE[1] 1, RASSIS. **3.** Sense, meaning, import (of a word, etc.). **Mot à double s.,** word with a double meaning. **Faire un faux s.,** to misunderstand slightly (passage in a text). *Cf.* CONTRE-SENS 1. **S'exprimer, parler, dans le même s.,** to express oneself to the same effect. **4.** Direction, way. **Dans le (bon) s.,** in the right direction. **En s. inverse,** in a contrary direction, in the opposite direction. **Dans le s. du courant,** with the stream. **Dans le s. des aiguilles d'une montre,** clockwise. **Contre le s. des aiguilles d'une montre,** anti-clockwise. **Retourner qch. dans tous les s.,** to turn sth. over and over. **Rue à deux s.,** street with two-way traffic. **Rue à s. unique,** one-way street. "**Sens interdit,**" 'no entry.' *Mth:* **S. direct,** positive direction. **S. rétrograde,** negative direction. **Nous avons pris des dispositions dans ce s.,** we have made provisions to this effect. **S. dessus dessous** [sɑ̃tsytsu], upside down, topsy-turvy. **S.** [sɑ̃] **devant derrière,** back to front.
sensas [sɑ̃sas], *a. P:* Smashing, sensational.
sensation [sɑ̃sasjɔ̃], *s.f.* Sensation. **1.** Feeling. **Cela donne la s. de . . .,** it feels like. . . . **2.** Excitement. **Roman à s.,** thrilling, sensational, novel. **Faire s.,** to create, make, a sensation. *F:* to make news.
sensationnel, -elle [sɑ̃sasjɔnɛl], *a.* Sensational, *F:* thrilling (news); superb. **Rien de s.,** *F:* Nothing to write home about.
sensé [sɑ̃se], *a.* Sensible, judicious. *adv.* **-ment.**
sensibilisateur, -trice [sɑ̃sibilizatœːr, -tris]. *Phot: etc:* **1.** *a.* Sensitizing. **2.** *s.m.* Sensitizer.
sensibiliser [sɑ̃sibilize], *v.tr.* **1.** *Phot:* To sensitize (paper, collodion). **2.** To make sensitive.
sensibilité [sɑ̃sibilite], *s.f.* Sensibility. **1.** Sensitiveness. (of skin, of balance) **(à, pour,** to). **2.** Feeling, compassion, pity.
sensible [sɑ̃sibl], *a.* **1.** (*a*) Sensitive, susceptible, impressionable. **Avoir la peau s.,** (i) to have a sensitive skin; (ii) *F:* to be thin-skinned. **Être peu s.,** to have a thick skin. **Toucher, ouïe, peu s.,** dull sense of touch, dull hearing. **Être s. au froid,** to feel the cold; *Arb: Bot:* to be frost-tender. **Être très s. à la douleur,** to be very susceptible to pain. **S. sur l'honneur,** sensitive about honour. **Être s. aux bontés de qn,** to appreciate s.o.'s kindness. *Mus:* **La note s.,** the leading note. **Toucher la note, la corde, s.,** to appeal to the emotions. (*b*) Sympathetic. **Se montrer s. aux malheurs de qn,** to sympathize with s.o. **Peu s.,** callous. (*c*) Sensitive (thermometer, etc.). **Balance s. au milligramme,** balance sensitive to a milligramme. *Phot:* **Papier s.,** sensitized paper. (*d*) Painful when touched; sensitive, tender (tooth, etc.). **L'endroit s.,** the tender spot, the sore point. **2.** Sensible; tangible, palpable, perceptible. **D'une manière s.,** perceptibly, appreciably. **Faire des progrès sensibles,** to make perceptible progress.
sensiblement [sɑ̃sibləmɑ̃], *adv.* Appreciably, palpably; perceptibly. **S. plus âgé,** a good bit older.
sensiblerie [sɑ̃sibləri], *s.f.* Sentiment(ality), sentimentalism, mawkishness; *F:* sob-stuff.
sensitif, -ive [sɑ̃sitif, -iːv]. **1.** *a.* (*a*) Sensitive; having feeling. (*b*) Sensory, sensorial (nerve). **2.** *s.f. Bot:* **Sensitive,** sensitive plant.
sensoriel, -elle [sɑ̃sɔrjɛl], *a.* Sensory, sensorial.
sensualisme [sɑ̃sɥalism], *s.m.* Sensualism.
sensualiste [sɑ̃sɥalist]. **1.** *s.m.* Sensualist. **2.** *a.* Sensual.
sensualité [sɑ̃sɥalite], *s.f.* Sensuality.
sensu|el, -elle [sɑ̃sɥɛl]. **1.** Sensual, sensuous; carnal. **2.** *s.* Sensualist. *adv.* **-ellement.**
sentant [sɑ̃tɑ̃], *a.* Sentient.
sent-bon [sɑ̃bɔ̃], *s.m.inv. F:* Perfume, scent.
sente [sɑ̃ːt], *s.f.* Footpath; track.
sentence [sɑ̃tɑ̃ːs], *s.f.* **1.** Maxim. **2.** (*a*) Sentence, judgment. **S. de mort,** sentence of death. **Prononcer une s.,** to pass a sentence. (*b*) Decision, award.
sentencieu|x, -euse [sɑ̃tɑ̃sjø, -øːz]. *a.* Sententious. *adv.* **-sement.**
senteur [sɑ̃tœːr], *s.f.* Scent, perfume. S.a. POIS 1.
senti [sɑ̃ti], *a.* Strongly expressed; true to life. **Paroles bien senties,** heartfelt words.
sentier [sɑ̃tje], *s.m.* (Foot)path. **S. à mulets,** mule-track. **S. pour cavaliers,** bridle-path. **S'écarter des sentiers battus,** to turn aside from the beaten track.
sentiment [sɑ̃timɑ̃], *s.m.* **1.** Feeling. (*a*) Sensation (of joy, hunger). (*b*) Sense, consciousness. **Privé de s.,** devoid of feeling; numb (limb). **Elle a le s. très vif du beau,** she is keenly alive to the beautiful. **Le s. de la nature,** a feeling for nature. **Avoir le s. de l'heure,** to have a sense of time. **Avoir le s. intime de qch.,** to feel sth. in one's bones. **Juger par s.,** to judge by one's impressions. (*c*) **Faire appel aux bons sentiments de qn,** to appeal to s.o.'s better feelings. **Ses sentiments vis-à-vis de moi,** his feelings towards

me. (*d*) **Jouer avec s.,** to play (the piano, etc.) feelingly. **Faire du s.,** to sentimentalize. **2.** Opinion. **Au s. de mon père,** in my father's opinion. **Partager les sentiments de qn,** to share s.o.'s views.

sentimental, -aux [sɑ̃timɑ̃tal, -o], *a.* Sentimental. *adv.* **-ement.**

sentimentalisme [sɑ̃timɑ̃talism], *s.m.* Sentimentalism.

sentimentalité [sɑ̃timɑ̃talite], *s.f.* Sentimentality.

sentine [sɑ̃tin], *s.f. Nau:* Bilge, well (of ship). **S. de tous les vices,** sink of iniquity.

sentinelle [sɑ̃tinɛl], *s.f. Mil:* Sentry; sentinel. S.a. PERDU 2. **Faire s.,** to stand sentry. **En s.,** on sentry-duty.

sentir [sɑ̃ti:r], *v.* (*pr.p.* **sentant;** *p.p.* **senti;** *pr.ind.* **je sens, il sent, n. sentons;** *pr.sub.* **je sente;** *p.h.* **je sentis;** *fu.* **je sentirai**) **1.** *v.tr.* (*a*) To feel. **Je sentis trembler le plancher,** I felt the floor tremble. *F:* **S. un petit quelque chose pour qn,** to feel an inclination for s.o., to feel drawn to s.o. (*b*) To be conscious, sensible, of (sth.). **S. un danger,** to be conscious of danger. **Il ne sent pas les affronts,** he is thick-skinned. **Je sens que vous avez raison,** I have a feeling that you are right. **Faire s. son autorité à qn,** to make s.o. feel one's authority. **L'effet se fera s.,** the effect will be felt. **Se s. dix ans de moins,** to feel ten years younger. (*c*) To smell (odour, flower). *F:* **Je ne peux pas le s.,** I can't bear him, can't stand him. *F:* **S. qch. de loin,** to be aware of sth. a long way off. **S. qn de loin,** to see through s.o. **2.** *v.i.* (*a*) (With cogn. acc.) To taste of, smell of (sth.). **La pièce sent l'humidité,** the room smells, feels, damp. **La salle sentait le tabac à plein nez,** the room reeked of tobacco. **S. le cru,** to smack of, be redolent of, the soil. S.a. FAGOT I, HUILE I, SAPIN 2, TERROIR. (*b*) (With adv. **bon, mauvais**) **S. bon, mauvais,** to smell good, bad. **Fleurs qui sentent bon,** sweet-smelling flowers. **Affaire qui ne sent pas bon,** unsavoury business. (*c*) To smell, to stink.

se sentir. 1. Je me sens fatigué, I feel tired. **Je ne me sens pas très bien,** I don't feel quite myself. **2.** (*a*) **Elle se sentait mourir,** she felt she was dying. **Il ne se sent pas de joie,** he is beside himself for joy. (*b*) **Se s. de qch.,** to be affected by sth. **Chacun se sent de ces améliorations,** everyone is the better for these improvements. **3.** (Of pers.) To be conscious of one's strength, of one's own importance.

seoir [swa:r], *v.i.* **1.** (In *p.p.* **sis**) *Jur:* **Maison sise rue Saint-Honoré,** house situate(d) in the Rue Saint-Honoré. **2.** (Used only in *pr.p.* **seyant, séant;** *pr.ind.* **il sied, ils siéent;** *pr.sub.* **il siée;** *p.d.* **il seyait, ils seyaient;** *fu.* **il siéra**) To suit, become. **Cette robe vous sied,** that dress suits you (well). **Il lui sied mal de parler ainsi,** it ill becomes him to talk in that strain.

sépale [sɛpal], *s.m. Bot:* Sepal.

séparable [sɛparabl], *a.* Separable, severable (**de,** from).

séparateur, -trice [sɛparatœ:r, -tris]. **1.** *a.* Separative. **2.** *s.m. Tchn:* Separator. *Aut: etc:* **S. d'huile,** oil-separator.

séparatif, -ive [sɛparatif, -i:v], *a.* Separative, separating; dividing (wall).

séparation [sɛparasjɔ̃], *s.f.* **1.** Separation, severance, parting. **S. d'avec qn,** (i) separation from s.o.; (ii) parting with s.o. **S. judiciaire,** judicial separation (of husband and wife). *Jur:* **S. de biens,** marriage settlement under which husband and wife administer their separate properties. S.a. CORPS 1. **S. de l'Église et de l'État,** disestablishment (of the Church). **Mur de s.,** partition wall, dividing wall. **2.** Breaking up, dispersal (of meeting, of a family).

séparatisme [sɛparatism], *s.m. Pol:* Separatism.

séparatiste [sɛparatist], *s.m.* Separatist, secessionist.

séparé [sɛpare], *a.* **1.** Separate, different, distinct. **2.** Separated, apart.

séparément [sɛparemɑ̃], *adv.* Separately. **Vivre s.,** to live apart.

séparer [sɛpare], *v.tr.* To separate (**de,** from). **1.** To disunite, part. **S. les bons d'avec les mauvais,** to separate the good from the bad. **S. la tête du corps,** to sever the head from the body. **S. deux combattants,** to part, separate, two fighters. **2.** To divide, keep apart. **Mur qui sépare deux champs,** wall dividing two fields. **Une table le séparait de la porte,** a table was between him and the door.

se séparer. 1. To separate, part (**de,** from); to part company. **Se s. de sa femme, d'avec sa femme,** to separate from one's wife. **Il n'y a si bonne compagnie qui ne se sépare,** the best of friends must part. **2.** (Of river, road, etc.) To divide, branch off. **Là où les routes se séparent,** at the parting of the ways. (Of salt) **Se s. à l'état cristallin,** to crystallize out. **3.** To break up, disperse. **L'assemblée s'est séparée dans le tumulte,** the meeting broke up in disorder.

sépia [sepja], *s.f.* **1.** *Moll:* Cuttle-fish. **2.** Sepia (colour).

sept [sɛ(t)], *num.a.inv. & s.m.inv.* Seven. (As *card.adj.* before a noun or adj. beginning with a consonant sound [sɛ]; otherwise always [sɛt]) **Sept (petits) garçons** [sɛ(pti)garsɔ̃], seven (little) boys. **Sept hommes** [sɛtɔm], seven men. **J'en ai sept** [sɛt], I have seven. **Le sept mai** [ləsɛtmɛ], the seventh of May. **Édouard Sept,** Edward the Seventh. **Bottes de sept lieues** [sɛljø], seven-league boots.

septante [sɛptɑ̃:t], *num.a.inv. & s.m.inv.* **1.** *A:* (Still used in S.-E. of Fr., in Belg. and Switz.) Seventy. **2. Les S.,** the Seventy (translators of the Old Testament into Greek). **La version des S.,** the Septuagint.

septembre [sɛptɑ̃:br], *s.m.* September. **En s., au mois de s.,** in (the month of) September. **Le premier, le sept. s.,** (on) the first, the seventh of September.

septennal, -aux [sɛptɛnnal, -o], *a.* Septennial.

septentrion [sɛptɑ̃triɔ̃], *s.m. Poet: Lit:* North. **Au s.,** in the north.

septentrional, -aux [sɛptɑ̃triɔnal, -o]. **1.** *a.* Northern. **2.** *s.m.pl.* Northerners.

septicémie [sɛptisemi], *s.f. Med:* Septicaemia, sepsis; blood-poisoning.

septicité [sɛptisite], *s.f. Med:* Septicity.

septième [sɛtjɛm]. **1.** *num. a. & s.* Seventh. **Demeurer au s. (étage),** to live on the seventh floor. **2.** *s.m.* Seventh (part). **3.** *s.f. Mus:* Seventh. *adv.* **-ment.**

septimo [sɛptimo], *adv.* In the seventh place.

septique [sɛptik], *a. Med:* Septic.

septuagénaire [sɛptɥaʒenɛ:r], *a. & s.* Septuagenarian.

septuagésime [sɛptɥaʒezim], *s.f.* Septuagesima (Sunday).

septuor [sɛptɥɔ:r], *s.m. Mus:* Septet(te).

septuple [sɛptypl], *a. & s.m.* Septuple, sevenfold. **Au s.,** sevenfold.

sépulcral, -aux [sepylkral, -o], *a.* Sepulchral.

sépulcre [sepylkr], *s.m.* Sepulchre. **Le saint s.,** the Holy Sepulchre.

sépulture [sepylty:r], *s.f.* **1.** Burial, sepulture, interment. **Refuser la s. à qn,** to refuse Christian burial to s.o. **Privé de s.,** left unburied. **2.** Burial-place. **Violer une s.,** to despoil, rifle, a tomb.

séquelle [sekɛl], *s.f.* **1.** *Pej:* (*a*) Gang, set, crew. (*b*) String (of oaths). **2.** *pl. Med:* **Séquelles,** sequelae, after-effects (of measles, etc.).

séquence [sekɑ̃:s], *s.f.* Sequence. *Cards:* **S. de trois,** run of three.

séquestration [sekɛstrasjɔ̃], *s.f.* **1.** *Jur:* Sequestration (of goods). **2.** Isolation (of infected animals, etc.). **3.** Seclusion (of s.o.); esp. *Jur:* illegal restraint.

séquestre[1] [sekɛstr], *s.m.* **1.** *Jur:* Sequestration; embargo (on ship). **En, sous, s.,** sequestered. **Mettre sous s. les biens de qn,** to sequester, sequestrate, s.o.'s property. **2.** Property sequestrated.

séquestre[2], *s.m. Jur:* Depositary, trustee (of sequestrated property); sequestrator.

séquestrer [sekɛstre], *v.tr.* **1.** To sequester, sequestrate (property). *Nau:* To lay an embargo upon (ship). **2.** To isolate, seclude (lepers, etc.). *Jur:* To confine, shut up, (s.o.) illegally.

sequin [səkɛ̃], *s.m. Num: Cost:* Sequin.

séquoia [sekɔja], *s.m. Bot:* Sequoia.

sérac [serak], *s.m. Geog:* Sérac (of glacier); ice pinnacle.

ser-ai, -as, -ons, etc. See ÊTRE.

sérail [sera:j], *s.m.* Seraglio.

séraphin [serafɛ̃], *s.m.* Seraph. **Les séraphins,** the seraphs, the seraphim. *Fr.C: F:* **C'est un s.,** he's stingy.

séraphique [serafik], *a.* Seraphic, angelic.

serbe [sɛrb], *a. & s. Geog:* Serb, Serbian.

Serbie [sɛrbi]. *Pr.n.f. Geog:* Serbia.

serbo-croate [sɛrbɔkrɔat], *a. & s. Geog: Ling:* Serbo-Croat(ian).

Sercq [sɛrk]. *Pr.n. m. Geog:* (The island of) Sark.

serein[1] [sərɛ̃], *a.* **1.** Serene, calm (sky). **Jours sereins,** halcyon days. **2.** (Of pers.) Serene, unruffled.
serein[2], *s.m.* Evening dew.
sérénade [serenad], *s.f.* Serenade. **Donner la s. à qn,** to serenade s.o.
sérénissime [serenisim], *a.* (Most) Serene.
sérénité [serenite], *s.f.* **1.** Serenity, calmness. **Avec s.,** serenely. **2.** Serenity (title of honour).
séreux, -euse [serø, -ø:z], *a.* Serous (fluid, etc.).
serf, serve [sɛrf, sɛrv]. **1.** *s.* Bond(s)man, bond(s)-woman; serf. **2.** *a.* (*a*) (Of pers.) In bondage. **Condition serve,** serfage, serfdom. (*b*) (Of land) In bondage, in villein tenure.
serfouette [sɛrfwɛt], *s.f. Hort:* Combined hoe and fork.
serfou|ir [sɛrfwi:r], *v.tr.* To hoe (vegetables); to loosen (the soil). *s.m.* **-issage.**
serge [sɛrʒ], *s.m. Tex:* (Woollen) serge.
sergent[1] [sɛrʒɑ̃], *s.m.* Sergeant. (*a*) **S. de ville,** policeman. (*b*) *Mil:* Sergeant (of unmounted troops). **S. instructeur,** drill-sergeant. **S. chef** = quartermaster-sergeant; staff-sergeant; *Av:* flight-sergeant. **S. major** = quartermaster-sergeant; W.O. II (clerical).
sergent[2], *s.m. Tls:* = SERRE-JOINT.
sériciculteur [serisikyltœ:r], *s.m.* Seri(ci)culturist; silkworm breeder.
sériciculture [serisikylty:r], *s.f.* Seri(ci)culture, silk-worm breeding.
série [seri], *s.f.* **1.** (*a*) Series; succession (of accidents); range, line (of samples, goods). *Sp:* Rating. *Mth:* **S. infinie,** infinite series. **Faire une s. de visites,** to go on a round of visits. **S. noire,** chapter of accidents; run of ill-luck. *Med:* **Une s. de piqûres,** a course of injections. **En, par, s.,** in series, serially. *El.E:* **Excité en s.,** series-wound. *Ind:* **Fabrication en (grande) s.,** mass production. **Voiture de s.,** series car. **Prix de s.,** contract price. **Numéro de s.,** serial number. **Article hors s.,** (i) specially manufactured article; (ii) *Cost:* outsize. **Fin de s.,** *Com:* oddment, remnant; *Publ:* remainder. (*b*) Break (at billiards); run (of cannons). **2.** Set (of tools, flags, stamps).
sérier [serje], *v.tr.* To arrange in series.
sérieu|x, -euse [serjø, -ø:z]. **1.** *a.* Serious. (*a*) Grave, sober. *F:* **S. comme un pape,** as solemn as a judge. (*b*) Serious-minded. (*c*) Earnest, genuine. **Êtes-vous s.?** are you in earnest? do you mean it? **Offre sérieuse,** bona fide offer. **Acheteur s.,** genuine purchaser. **Peu s.,** irresponsible (person). (*d*) Grave, weighty, important (matter). **Maladie sérieuse,** serious illness. **2.** *s.m.* Seriousness, gravity. **Garder son s.,** to preserve one's gravity, to keep a straight face. **Prendre qch. trop au s.,** to take sth. too seriously. **Manque de s.,** (i) levity, (ii) irresponsibility. *adv.* **-sement.**
sérigraphie [serigrafi], *s.f. Print:* Silk-screen process.
serin [s(ə)rɛ̃], *s.m.* (*a*) *Orn:* Canary. *a.inv.* **Des gants jaune s.,** canary-yellow gloves. (*b*) *F:* Silly, fat-head.
serine [s(ə)rin], *s.f.* Hen-canary.
serin|er [s(ə)rine], *v.tr.* (*a*) **S. un serin; s. un air à un serin,** to teach a canary to sing by means of the bird-organ. (*b*) *F:* **S. un air,** to grind out a tune; to tootle a tune (on the flute, etc.). (*c*) *F:* **S. qn; s. qch. à qn,** to drum, din, sth. into s.o. *s.m.* **-age.**
serinette [s(ə)rinɛt], *s.f.* Bird-organ.
seringa(t) [s(ə)rɛ̃ga], *s.m. Bot:* Syringa, seringa; mock orange.
seringage [s(ə)rɛ̃gɑ:ʒ], *s.m. Hort:* Syringing, spraying.
seringue [s(ə)rɛ̃:g], *s.f.* Syringe, squirt. *Med:* **S. injectrice, s. de Pravaz,** hypodermic syringe. *Aut:* **S. à graisse,** grease-gun.
seringuer [s(ə)rɛ̃ge], *v.tr.* (*a*) To syringe (wound). (*b*) To squirt (liquid).
serment [sɛrmɑ̃], *s.m.* (Solemn) oath. **Prêter s.,** to take an oath, to be sworn; (of jury) to be sworn in. **Faire s. de faire qch.,** to swear that one will do sth. **Certifier qch. sous s.,** to declare sth. on oath. **Déclaration sous s.,** sworn statement. **Faire un faux s.,** to commit perjury.
sermon [sɛrmɔ̃], *s.m.* (*a*) Sermon. S.a. MONTAGNE 1. (*b*) *F:* Talking-to, lecture.
sermonner [sɛrmɔne]. *F:* **1.** *v.i.* To sermonize; to preachify. **2.** *v.tr.* To sermonize, lecture; reprimand (s.o.); to give (s.o.) a talking-to; to read (s.o.) a lecture.
sermonneur, -euse [sɛrmɔnœ:r, -ø:z]. *F:* **1.** *a.* Sermonizing. **2.** *s.* Sermonizer.
sérosité [serozite], *s.f.* Serosity.
sérothérapie [serɔterapi], *s.f.* Serotherapy.
serpe [sɛrp], *s.f.* Bill-hook, hedging-bill. **Fait à coups de s.,** roughly made, hacked out.
serpent [sɛrpɑ̃], *s.m.* **1.** Serpent, snake. **S. à sonnettes,** rattlesnake. **S. à coiffe, à lunettes,** cobra. *Myth:* **S. de mer,** sea-serpent. **Langue de s.,** (i) *F:* venomous tongue. (ii) *Bot:* adder's-tongue. S.a. RÉCHAUFFER 1. **2.** *Mus:* *A:* Serpent.
serpentaire[1] [sɛrpɑ̃tɛ:r], *s.f. Bot: Pharm:* Serpentaria, **S. de Virginie,** Virginia snake-root.
serpentaire[2], *s.m. Orn:* Serpent-eater, secretary-bird.
serpenteau [sɛrpɑ̃to], *s.m.* **1.** Young snake. **2.** *Pyr:* Serpent, squib.
serpent|er [sɛrpɑ̃te], *v.i.* (Of river, etc.) To wind, curve, meander. *s.m.* **-ement.**
serpentin [sɛrpɑ̃tɛ̃]. **1.** *a.* Serpentine (dance, etc.). **2.** *s.m.* (*a*) Worm (of still); coil (of tubing). (*b*) Paper streamer. **3.** *s.f.* **Serpentine.** *Miner:* Serpentine (marble, stone); ophite.
serpette [sɛrpɛt], *s.f.* Pruning-knife.
serpillière [sɛrpijɛ:r], *s.f.* **1.** Packing-cloth; sacking. **2.** (Tradesman's) apron. **3.** *Dom.Ec:* Floor-cloth.
serpolet [sɛrpɔlɛ], *s.m. Bot:* Wild thyme.
serrage [sɛra:ʒ], *s.m.* Tightening (of knot, screw); screwing tight (of nut); clamping (of joint, etc.); grip, holding (of chuck). **S. des freins,** application of the brakes. *Typ:* **S. des formes,** locking up of the forms. **Clef de s.,** wedge key. **Collier de s.,** clamping-band; *Aut:* hose-clip. **Vis de s.,** set-screw, locking-screw. **Écrou de s.,** hold-down nut.
serre [sɛ:r], *s.f.* **1.** Greenhouse, conservatory, glass-house. **S. chaude,** hothouse. **Cultiver en s.,** to grow under glass. **2.** Pressing, squeezing (of grapes). **3.** Claw, talon (of bird of prey).
serré [sɛre]. **1.** *a.* (*a*) Tight; close (texture); compact, serried, dense (ranks); closely-woven (fabric); close-grained (wood). **Oignons plantés en rangs serrés,** close-set onions. **Avoir le cœur s.,** to be sad at heart. **Surveillance serrée,** close supervision. **Logique, traduction, serrée,** close reasoning, close translation. (*b*) Close-fisted, avaricious. **2.** *adv.* (*a*) **Mordre s.,** to bite hard. (*b*) **Jouer s.,** to play a cautious game.
serre-écrou [sɛrekru], *s.m.inv. Tls:* Bolt-spanner.
serre-file [sɛrfil], *s.m.* **1.** *Mil:* File-closer. **Marcher en s.-f.,** to march serrefile. **2.** *Navy:* Sternmost ship, rear ship (of a line ahead). *pl. Des serre-files.*
serre-fils [sɛrfil], *s.m. inv. El:* Binding-screw (of terminal); binding-post.
serre-fine [sɛrfin], *s.f. Surg:* Suture forceps. *pl. Des serre-fines.*
serre-frein(s) [sɛrfrɛ̃], *s.m.* **1.** *Rail:* Brakesman. **2.** *Mec.E:* Brake adjuster. *pl. Des serre-freins.*
serre-joint [sɛrjwɛ̃], *s.m. Tls:* (Joiner's) cramp. *pl. Des serre-joints.*
serre-livres [sɛrli:vr], *s.m.inv.* Book-ends.
serrement [sɛrmɑ̃], *s.m.* Squeezing, pressure. **S. de main,** hand-shake, grip of the hand. **S. de cœur,** pang.
serre-papiers [sɛrpapje], *s.m.inv.* **1.** File (for papers). **2.** (Set of) pigeon-holes. **3.** Paper-clip. **4.** Paper-weight.
serrer [sɛre], *v.tr.* **1.** To put away, stow away (in drawer, etc.). **S. qch. sous clef,** to lock sth. up. **2.** To press, squeeze, clasp. **S. la main à qn,** to clasp s.o.'s hand, to shake hands with s.o. **S. qn entre ses bras,** to clasp s.o. in one's arms; to hug s.o. **S. le cou à qn,** to strangle s.o. **S. qch. dans sa main,** to grip, grasp, sth. (Of dog) **S. la queue,** to hold its tail between its legs. **Cela me serre le cœur,** it wrings my heart. **3.** To tighten (knot, screw); to screw up, tighten (nut). **Cela me serre,** it's too tight. **S. les freins,** to apply, put on, the brakes. **S. qch. dans un étau,** to grip sth. in a vice. **S. (les cordons de) sa bourse,** to tighten one's purse-strings. **S. les dents,** to clench, set, one's teeth. S.a. POING. **S. les côtes à son cheval,** to keep a tight grip on one's horse; to urge one's horse on. *F:* **S. les côtes à qn,** to prod, jog, s.o. on; to keep s.o. at it. **4.** To close, close up, press close together. **S. son style,** to condense one's style. **S. son jeu,** (i) (at draughts) to keep one's men in close formation; (ii) *F:* to play a close game, to

take no risks. *Mil:* **S. les rangs,** to close the ranks, to close up. **5.** To keep close to (s.o., sth.). **S. la muraille,** to hug, skirt, the wall. *Nau:* **S. le vent,** to haul, hug, the wind. **S. la terre,** to keep close inshore. **S. qn de près,** to beset s.o.; to press s.o. hard. **S. le texte de près,** to keep close to the text. **S. qn de questions,** to ply s.o. with searching questions. *Sp: Rac:* **S. un concurrent,** to jostle a competitor.

se serrer. 1. To stand, sit, close together; to crowd. **Serrez-vous!** close up! sit closer! **2.** To tighten, to become tighter. **Ses lèvres se serrèrent,** his lips tightened. **3.** To squeeze, pull in, one's figure; to tight-lace.

serre-tête [sɛrtɛ:t], *s.m.inv.* **1.** (*a*) Headband. (*b*) Kerchief (tied over the hair). **2.** *Aut:* Crash-helmet.

serrure [sɛry:r], *s.f.* Lock. **Brouiller la s.,** to tamper with the lock. **Trou de la s.,** key-hole. **Faire jouer la s.,** to unlock the door.

serrurerie [sɛryr(ə)ri], *s.f.* **1.** (*a*) Locksmithing. (*b*) The locksmith's (shop). (*c*) Mechanism of a lock. **2.** Iron work, metal work. **S. d'art,** art metal-work. **Grosse s.,** heavy iron-work; heavy smithing.

serrurier [sɛryrje], *s.m.* **1.** Locksmith. **2.** Iron-worker, ironsmith.

sert|ir [sɛrti:r], *v.tr.* (*a*) To set (precious stone) in a bezel. (*b*) **Vitres serties de plomb,** panes set in lead. (*c*) To crimp (cartridge, etc.). *s.m.* **-issage.**

sertissure [sɛrtisy:r], *s.f.* (*a*) Setting (of precious stone); bezel. (*b*) Crimp (of cartridge, etc.).

sérum [serɔm], *s.m.* Serum. *Med:* **S. de vérité,** truth serum, *F:* truth drug.

servage [sɛrva:ʒ], *s.m.* Serfdom; bondage, thraldom; bondservice.

serval [sɛrval], *s.m.* Serval, tiger-cat. *pl. Des servals.*

servant, -ante [sɛrvɑ̃, -ɑ̃:t]. **1.** *a.* Serving. **Frère s.,** lay brother. **Gentilhomme s.,** gentleman-in-waiting. *Ecc:* **S. (de messe),** server; altar-boy. **2.** *s.m.* (*a*) *Artil:* **Les servants,** the gun crew. (*b*) *Ten:* Server. **3.** *s.f.* **Servante.** (*a*) (Maid-)servant, servant-girl. (*b*) (i) Dinner-waggon. (ii) Butler's tray; dumb waiter.

serve [sɛrv], *s.f.* See SERF.

serveur, -euse [sɛrvœ:r, -ø:z], *s.* **1.** (*a*) Carver (at hotel, etc.). (*b*) Barman, barmaid. (*c*) (In restaurant) **La serveuse,** the waitress. **2.** *Cards:* Dealer. **3.** *Ten:* Server.

serviabilité [sɛrvjabilite], *s.f.* Obligingness.

serviable [sɛrvjabl], *a.* Obliging; willing to help.

service [sɛrvis], *s.m.* **1.** (*a*) Service. **Entrer en s.,** to go into service. **Prendre qn à son s.,** to take s.o. into one's service. **Être au s. de qn,** to be in s.o.'s service, in attendance on s.o. **Escalier de s.,** backstairs. **Porte de s.,** tradesmen's entrance. **Hors de s.,** (i) (person) retired from service; (ii) (thing) out of service, unfit for service; (gun) out of action. *Mil: Navy:* **En activité de s.,** on the active list. **(Avion) en s.,** (aircraft) in commission. **(Tué) en s. commandé,** (killed) on active service. **Bon pour le s.,** (of man) fit for (general) service; (of ship, etc.) serviceable. **Faire son (temps de) s.,** to do one's military service. **Avoir du s.,** to have seen service. **Avoir vingt ans de service(s),** to have served twenty years. **Au s.,** in the service. **Entrer au s.,** to enter the service. (*b*) Department; administrative authority. **Entreprise de s. public, de s. de ville,** public utility undertaking. **S. des eaux,** water supply. *Com:* **Services d'une maison,** departments of a firm. **S. central,** head-quarters. **Chef de service,** departmental head. *Mil:* **S. de santé,** medical services. (*c*) Service (of trains, liners, etc.). **Faire le s. entre . . . et . . .,** to run, ply, between . . . and. . . . **Mettre un autobus en s.,** to put a bus into service. **2.** (*a*) Duty. **Être de s.,** to be on duty. **Officier de s.,** orderly officer. (*b*) Attendance (in hotels, etc.). **Le s. est compris,** service is included. **Libre s.,** self-service (at shop, etc.). (*c*) Divine service. (*d*) *Ten:* Service. **3. Rendre (un) s. à qn,** to do s.o. a service, a good turn. **Qu'y a-t-il pour votre s.?** What can I do for you? **A votre s.,** at your service. **Ce livre m'a rendu grand s.,** this book was very useful to me. **Vêtements de bon service,** hard-wearing clothes. **4.** (*a*) *A:* Course (of a meal). (*b*) *Rail:* Premier s., first lunch or dinner. **5.** Set (of utensils, etc.). **S. de table,** dinner service, dinner set.

serviette [sɛrvjɛt], *s.f.* **1.** (*a*) (Table-)napkin. **S. (d'enfant),** feeder, bib. (*b*) **S. de toilette,** towel. **S. sans fin,** roller-towel. **S. hygiénique,** sanitary towel. **2.** Briefcase.

serviette-éponge [sɛrvjɛtepɔ̃ʒ], *s.f.* Turkish towel. *pl. Des serviettes-éponges.*

servile [sɛrvil], *a.* Servile. (*a*) Dependent (condition). (*b*) Menial (duties). (*c*) Cringing, abject, subservient. (*d*) Slavish (imitation, etc.). *adv.* **-ment.**

servilité [sɛrvilite], *s.f.* Servility; cringing; slavishness (to fashion).

servir [sɛrvi:r], *v.* (*pr.p.* **servant**; *p.p.* **servi**; *pr.ind.* **je sers, il sert, n. servons**; *pr.sub.* **je serve**; *p.h.* **je servis**; *fu.* **je servirai**) To serve. **1.** *v.i.* (*a*) To be useful (**à qn,** to s.o.); to be in use. **Ce livre lui a beaucoup servi,** the book has been of great use to him. **Cela peut s. un de ces jours,** it may come in handy one day. (*b*) **Servir à qch., à faire qch.,** to be useful for sth., for doing sth. **Ne servir à rien,** to answer no purpose; to be useless. **A quoi cela sert-il?** what is the good, the use, of that? **Cela ne sert à rien de pleurer,** it's no good crying. (*c*) **S. à qn à, pour, faire qch. Ce canif me sert à me faire les ongles,** I use this penknife to clean my nails. (*d*) **S. de,** to serve as, be used as (s.o., sth.). **Les pupitres servent de tables,** the desks are used as tables. **S. de prétexte,** to serve as a pretext. **Elle lui a servi de mère,** she has been a mother to him. **Sa fille lui sert de secrétaire,** his daughter acts as his secretary. (*e*) *Impers. Prov:* **Rien ne sert de courir, il faut partir à point,** it is no good hurrying, you must start punctually. (*f*) (*Motto*) **"Servir!"** 'Service!' **2.** *v.tr.* (*a*) To be a servant to (s.o.); to serve (s.o.). **S. sa patrie,** to serve one's country. (*b*) *Abs.* To serve (in army, navy). **En âge de s.,** of military age. (*c*) To serve, wait on, attend to (customer, etc.). **Est-ce qu'on vous sert?** are you being attended to? **Madame est servie,** dinner is served, madam. *F:* **En fait de pluie, nous sommes servis!** as far as rain goes, we get all we want and more. *Abs.* **S. à table,** to wait at table. (*d*) **S. une livre de beurre à qn,** to serve s.o. with a pound of butter. **S. une rente à qn,** to pay an annuity to s.o. (*e*) To serve up, dish up, bring in (dinner, etc.). (*f*) To serve (out) (the fish, etc.). **S. à boire à qn,** to fill s.o.'s glass. **Servez-vous,** help yourself. (*g*) To help, assist, be of service to (s.o.). **En quoi puis-je vous s.?** what can I do for you? (*h*) To serve (gun); to work, operate (gun, pump). (*i*) **S. la messe,** to serve at mass. (*j*) *Ten:* To serve. *Cr:* **S. la balle,** to bowl. (*k*) *Ven:* To dispatch.

se servir. 1. Se s. chez qn, to buy one's provisions, supply oneself with goods, at a shop. **2. Se s. de qch., de qn,** to use sth., s.o.; to make use of sth., of s.o. **Vous servez-vous de votre stylo?** are you using your pen?

serviteur [sɛrvitœ:r], *s.m.* Servant. **S. à gages,** hired servant. **"Votre s.,"** 'your obedient servant.'

servitude [sɛrvityd], *s.f.* **1.** (*a*) Servitude; (i) bond-service; (ii) slavery. **Réduire un peuple en s.,** to reduce a people to bondage. (*b*) **La s. de la mode,** the tyranny of fashion. **2.** *Jur:* Easement, charge (on real estate). **S. de passage,** right of way. **3.** *Nau:* **Bâtiments de s.,** harbour craft.

servofrein [sɛrvɔfrɛ̃], *s.m.* *Aut: etc:* Servo-brake.

servomoteur [sɛrvɔmɔtœ:r]. **1.** *s.m.* *Mch:* Servo-motor, auxiliary motor, thruster. **2.** *a.* *Aut: etc:* Self-energizing (brake, etc.).

ses [se, sɛ], *poss.a.* See SON[1].

sésame [sezam], *s.m.* *Bot:* Sesame. (In the 'Arabian Nights') **S., ouvre-toi!** open, sesame!

sesquioxyde [sɛskɥiɔksid], *s.m.* *Ch:* Sesquioxide.

sessile [sɛssil], *a.* Sessile (leaf, horn, tumour).

session [sɛsjɔ̃], *s.f.* **1.** Session, sitting. **2.** *Jur:* Session, term. **3.** *Sch:* **S. d'examens,** examination session.

set [sɛt], *s.m.* *Ten:* Set.

sétacé [sɛtase], *a.* Setaceous, bristly.

sétifère [setifɛ:r], *a.* Setiferous, bristly.

séton [setɔ̃], *s.m.* *Surg: Vet:* Seton. **Blessure en séton,** flesh wound.

seuil [sœ:j], *s.m.* **1.** Threshold (of door); door-sill, door-step. **Franchir le s.,** to cross the threshold. **Être au s. de la célébrité,** to stand on the threshold of fame. **2.** *Hyd.E:* Ground-sill (of lock). **3.** (*a*) (Ocean)shelf. (*b*) Ridge (across a valley).

seul [sœl], *a.* **1.** (Seul preceding the noun) (*a*) Only, sole, single. **Un s. homme,** one man only; only one man. **Avancer comme un s. homme,** to advance as one man. **Son s. souci,** his one, only, care. **Le s. survivant,** the sole survivor. **Mon s. et unique faux-col,** my one and only collar. **Pas un s.,** not a single one. (*b*) **La seule pensée m'effraie,** the thought alone frightens me; the bare thought frightens me. *s.* **Le gouvernement d'un s.,** absolute government. **2.** (Seul following the noun or used predicatively) **Un homme s.,** a man alone, by himself. **Se sentir s.,** to feel lonely. **Être garçon s.,** to be unattached (of bachelor). *Rail:* **Compartiment de dames seules,** ladies only compartment. **Parler s. à s. à qn,** to speak to s.o. alone. **Il était s. à s. avec soi-même,** he was alone with his thoughts. **Je l'ai fait tout seul, à moi seul,** I did it (by) myself, alone, single-handed. **Cela va tout s.,** it is plain sailing. **Le miracle s'est fait tout s.,** the miracle came about of itself. **3. S. un homme pourrait l'entreprendre,** only a man could undertake it.

seulement [sœlmɑ̃], *adv.* **1.** (*a*) Only. **Nous sommes s. deux,** there are only two of us. **Non s. . . ., mais aussi . . ., mais encore . . .,** not only . . ., but also. . . . (*b*) Solely, merely. **2.** Even. **Sans s. me regarder,** without even looking at me. **Si s. il m'avait regardé!** if only, if even, he had looked at me! **Je n'ai pas s. le prix de mon voyage,** I haven't so much as my fare.

sève [sɛːv], *s.f.* (*a*) Sap (of plant). **Sans s.,** sapless. (*b*) Vigour, vim (of youth). **Plein de s.,** full of vitality.

sévère [sevɛːr]. *a.* Severe. **1.** Stern, hard, harsh (judge, etc.). **Climat s.,** hard climate. **Être s. envers qn, pour qn,** to be hard on s.o. **2.** Strict, rigid (discipline). **Morale peu s.,** lax morals. *adv.* **-ment.**

sévérité [severite], *s.f.* Severity (of sentence, taste, dress); sternness; strictness (of discipline).

sévices [sevis], *s.m.pl. Jur:* Maltreatment (**envers,** of); brutality, cruelty (**envers,** towards).

sévir [seviːr], *v.i.* **1. S. contre qn,** to deal severely with s.o. **2.** (Of pestilence, war) To rage; (of poverty) to be rife, rampant. **Le froid sévissait,** the cold was severe.

sevr|er [səvre], *v.tr.* (**je sèvre; je sèvrerai**) **1.** To wean (child, lamb). **S. qn de distractions,** to deprive s.o. of amusements. **2.** *Hort:* To separate (layer from a plant). *s.m.* **-age.**

Sèvres [sɛːvr]. **1.** *Pr.n. Geog:* Sèvres. **2.** *s.m.* **Service de S.,** set of Sèvres porcelain.

sexagénaire [sɛksaʒenɛːr], *a. & s.* Sexagenarian.

Sexagésime [sɛksaʒezim], *s.f. Ecc:* Sexagesima (Sunday).

sex-appeal [sɛksapil], *s.m. F:* Sex-appeal.

sexe [sɛks], *s.m.* Sex. **Enfant du s. masculin,** male child. *F:* **Le beau s.,** the fair sex.

sexennal, -aux [sɛksɛnnal, -o], *a.* Sexennial.

sextant [sɛkstɑ̃], *s.m. Mth: Nau:* Sextant.

sextuor [sɛkstyɔːr], *s.m. Mus:* Sextet(te).

sextuple [sɛkstypl], *a. & s.m.* Sextuple; sixfold.

sextupler [sɛkstyple]. **1.** *v.tr.* To sextuple (a number). **2.** *v.tr. & i.* To increase sixfold.

sexualisme [sɛksɥalism], *s.m.* Sexualism.

sexualité [sɛksɥalite], *s.f.* Sexuality.

sexué [sɛksɥe], *a.* Sexed (plant, etc.).

sexuel, -elle [sɛksɥɛl], *a.* Sexual.

sey-ait, -ant[1]. See SEOIR.

seyant[2] [sɛjɑ̃], *a.* Becoming (garment, colour).

sgraffite [sgrafit], *s.m. Art:* (S)graffito.

shak(e)spearien, -ienne [ʃɛkspirjɛ̃, -jɛn], *a.* Shakespearean.

shako [ʃako], *s.m. Mil:* Shako.

shampooing [ʃɑ̃pwɛ̃], *s.m.* Shampoo. **Faire un s.,** to shampoo.

shift [ʃift], *s.m. Ind:* (Dockers') shift.

shimmy [ʃimi], *s.m. Aut:* Shimmy.

shooter [ʃute], *v.i. Fb:* To shoot.

short [ʃɔrt], *s.m. Cost:* Shorts.

shrapnel [ʃrapnɛl], *s.m.* Shrapnel.

shunt [ʃœːt], *s.m. El:* Shunt.

shunter [ʃœte], *v.tr. El:* To shunt (circuit, ammeter).

si[1] [si], *conj.* (By elision s' before il, ils) **1.** If. (*a*) **Je ne sortirai pas s'il pleut,** I shall not go out if it rains. **S'il avait vécu,** *Lit:* **s'il eût vécu,** if he had lived. **S'il vient, vous m'avertirez,** if he comes, you will let me know. **S'il venait, vous m'avertiriez,** if he should come, you would let me know. **Si j'avais su,** had I but known. **Si ce n'est toi, c'est donc ton frère,** if it is not you, then it is your brother. **Si ce n'était que je l'ai vu moi-même . . .,** but that I saw it myself. . . . **Si ce n'était mon rhumatisme,** were it not for my rheumatism. S.a. QUE[3] 5. **Si je ne me trompe,** if I am not mistaken. **Si tant est que** + *sub.*, if so it be that. (*b*) (Concessive) **S'il fut sévère, il fut juste,** if severe, he was just. **Le père Martin, un brave homme s'il en fut,** old Martin, a worthy man if ever there was one. **2.** Whether. **Je me demande si c'est vrai, s'il viendra,** I wonder whether it is true, whether he will come. *F:* **Vous connaissez Paris?—Si je connais Paris!** you know Paris?—Of course, I know Paris! **3.** How; how much. **Vous savez si je vous aime,** you know how I love you. **4.** What if; suppose. **Et si elle l'apprend?** and what if she hears of it? *F:* **Si nous changions de sujet?** suppose we change the subject? **Si on faisait une partie de bridge?** what about a game of bridge? **5.** *s.m.* **Tes si et tes mais,** your ifs and buts.

si[2], *adv.* **1.** So; so much. (*a*) **Ne courez pas si fort,** don't run so fast. **Ce n'est pas si facile,** it's not so easy, *F:* it's not that easy. **Un si bon dîner,** such a good dinner, so good a dinner. **De si bons dîners,** such good dinners. **Il est si faible que . . .,** he is so weak, so weak is he, that. . . . **Il n'est pas si sévère qu'il en devienne cruel,** he is not so severe as to become cruel. (*b*) (= AUSSI in negative clause) **Il n'est pas si beau que vous,** he is not as handsome, not so handsome, as you. (*c*) (Still used = AUSSI in affirmative clause in the phrs.) **Donnez-m'en si peu que vous voudrez, si peu que rien,** give me the smallest little bit. (*d*) **Si bien que . . .,** with the result that . . ., so that . . ., and so. . . . **2.** (Concessive) **Si . . . que** + *sub.*, however. **Si jeune qu'il soit,** however young he may be, young as he is. **Si peu que ce soit,** (i) however, little it may be; (ii) ever so little. **Si bien qu'il s'y prenne,** however skilfully he sets about it. **Si fort que vous couriez,** no matter how fast you run. **3.** (In answer to a neg. question) Yes. **Si fait,** yes indeed. **Ça ne fait rien.—Si, ça fait quelque chose,** it doesn't matter.—It *does* matter! **Il n'est pas parti?—Si,** he hasn't gone?—Yes (, he has). **Il ne s'en remettra pas.—Que si!** he will not get over it.—Of course, he will! Yes, he will! **Vous n'y parviendrez pas.—Je gage que si!** You won't manage it.—I bet you I do! **Vous en voulez?—Non.—Mais si!** Do have some?—No, thank you.—Oh! do!

si[3], *s.m.inv. Mus:* (The note) B. **En si bémol,** in B flat.

siamois, -oise [sjamwa, -waːz], *a. & s.* Siamese. **Frères s., sœurs siamoises,** Siamese twins.

Sibérie [siberi]. *Pr.n.f. Geog:* Siberia. **Chien de S.,** Siberian dog.

sibérien, -ienne [siberjɛ̃, -jɛn], *a. & s.* Siberian.

sibilant [sibilɑ̃], *a.* Sibilant, hissing.

sibylle [sibil], *s.f.* Sibyl.

sibyllin [sibillɛ̃], *a.* Sibylline (books, etc.).

sicaire [sikɛːr], *s.m.* Hired assassin.

siccatif, -ive [sikatif, -iːv]. **1.** *a.* (Quick-)drying, siccative. **2.** *s.m.* (*a*) Siccative, dryer (as used by painters). (*b*) (Quick-drying) polish.

siccité [siksite], *s.f.* Dryness.

Sicile [sisil]. *Pr.n.f. Geog:* Sicily.

sicilien, -ienne [sisiljɛ̃, -jɛn], *a. & s.* Sicilian.

sicle [sikl], *s.m. B:* Shekel.

sidecar, side-car [sidkaːr], *s.m.* Motor-cycle combination; sidecar.

sidéral, -aux [sideral, -o], *a.* Sidereal (day, year).

sidération [siderasjɔ̃], *s.f.* **1.** *Astrol:* Sideration. **2.** Sudden stroke (of apoplexy).

sidéré [sidere], *a.* (*a*) *A:* Struck dead (by lightning or apoplexy). (*b*) *F:* Struck dumb, dazed (with astonishment); thunderstruck, *F:* flabbergasted.

sidérurgie [sideryrʒi], *s.f.* Siderurgy, the metallurgy of iron and steel.

sidérurgique [sideryrʒik], *a.* **L'industrie s.,** the iron and steel industry.

siècle [sjɛkl], *s.m.* **1.** Century. **Au vingtième s.,** in the twentieth century. **2.** Age, period (of time). *Fr.Hist:* **Le grand s.,** the age of Louis XIV. **C'est un homme**

de son s., he is a man of the times. *F:* **Il y un s. que je ne vous ai vu**, I haven't seen you for ages. 3. **Se retirer du s.**, to withdraw from the world, from worldly life.

sied, sié-e, -ent, etc. See SEOIR.

siège [sjɛ:ʒ], *s.m.* 1. (*a*) Seat, centre (of learning, disease, etc.). **S. social**, registered offices (of company). **Le s. du gouvernement**, the seat of government. (*b*) *Ecc:* **S. épiscopal**, see; diocesan centre. S.a. SAINT-SIÈGE. 2. *Mil:* Siege. **Mettre le s. devant une ville**, to lay siege to a town. **Lever le s.**, to raise the siege. **Déclarer l'état de s. (dans une ville)**, to declare martial law. 3. Seat, chair; (coachman's) box. **Le s. du juge**, the judge's bench. **Prenez un s.**, take a seat. 4. (*a*) Bottom (of chair, etc.). **Fauteuil à s. de cuir**, leather-bottomed easy-chair. (*b*) Sitting. **Bain de s.**, hip-bath. (*c*) Seat(ing) (of valve, etc.).

siéger [sjeʒe], *v.i.* (**je siège, n. siégeons; je siégeai(s); je siégerai**) 1. (Of company) To have its head office, (of malady) to be seated, (of bishop) to hold his see (in a place). 2. (Of judge, assembly, etc.) To sit. 3. (*a*) **S. au parlement**, to have a seat, to sit, in parliament. (*b*) **S. au tribunal**, to be on the bench.

sien, sienne[1] [sjɛ̃, sjɛn]. His, hers, its, one's. 1. *poss.a.* **Un sien cousin**, a cousin of his, of hers. **Faire sien**, to accept as one's own. 2. **Le sien, la sienne, les siens, les siennes.** (*a*) *poss.pron.* **Ma sœur est plus jolie que la sienne**, my sister is prettier than his, than hers. (*b*) *s.m.* (i) One's own, his own (property, etc.). **A chacun le sien**, to each one his own. **Y mettre du sien**, to contribute to an undertaking. **Ajouter du sien à un récit**, to improve upon a tale. (ii) *pl.* His own, her own, one's own (friends, etc.). (iii) *F:* **Il a encore fait des siennes**, he's been up to his old tricks.

Sienne[2]. *Pr.n.f. Geog:* Sienna. *Com:* **Terre de S. naturelle, brûlée**, raw, burnt, sienna.

siér-a, -ont, etc. See SEOIR.

sieste [sjɛst], *s.f.* Siesta, *F:* nap. **Faire la s.**, to take a nap (after lunch).

sieur [sjœ:r], *s.m. Jur:* **Le s. un tel**, Mr. So and so.

sifflant, -ante [siflɑ̃, -ɑ̃:t]. 1. *a.* Hissing (sound); whistling (note); wheezing, wheezy (breath); sibilant (consonant). 2. *s.f. Ling:* **Sifflante**, sibilant.

siffl|er [sifle]. 1. *v.i.* (*a*) To whistle; (of serpent, goose) to hiss; (of missile) to whirr, whizz; (of asthmatic pers.) to wheeze; (of food frying, of arc-lamp) to sizzle. (*b*) To blow a whistle; to blow the whistle. S.a. DISQUE 2. 2. *v.tr.* (*a*) To whistle (a tune). *Nau:* To pipe (a command). (*b*) To whistle for, whistle up (cab, etc.); to whistle to, after (dog, etc.). *Aut: F:* **Je me suis fait s. (par l'agent)**, I have been pulled up (by the police). (*c*) *Th:* To hiss, boo, hoot (play, actor). **Être sifflé**, *F:* to get the bird. (*d*) To swig off, toss off (glass of beer). *s.m.* **-ement.**

sifflet [siflɛ], *s.m.* 1. Whistle (instrument). *Navy:* (Boatswain's) pipe. **Coup de s.**, blast of the whistle; whistle. **Donner un coup de s.**, to whistle; to blow the whistle; *Navy:* to pipe. *P:* **Couper le s. à qn**, (i) to cut s.o.'s throat; (ii) to nonplus s.o., shut s.o. up. *Row:* **Attaquer en s.**, to catch a crab. *Carp:* **Assemblage en s.**, scarf joint. **Couper en s.**, to cut slantwise. 2. Whistle (sound). *Th:* Catcall, hiss.

siffleur, -euse [siflœ:r, -ø:z]. 1. *s.* Whistler. *Th:* Hisser, booer. 2. S.a. CANARD. 3. *a.* Whistling (bird); hissing (serpent); wheezy (horse).

siffleux [siflø], *s.m. Fr.C: Z:* Ground hog, whistler, wood-chuck.

sifflot|er [siflɔte], *v.i.* 1. To whistle to oneself, under one's breath. 2. To whistle by snatches. *s.m.* **-ement.**

sigillaire [siʒillɛ:r]. 1. *a.* Sigillary. **Anneau s.**, signet-ring. 2. *s.f. Pal:* Sigillaria.

sigle [sigl], *s.m.* 1. *Pal:* Siglum, *pl.* sigla. 2. *F:* Initials, abbreviation (*e.g.* U.N.E.S.C.O., S.N.C.F.).

signal, -aux [siɲal, -o], *s.m.* Signal. **Donner un s.**, to signal. **S. du départ**, signal for departure. **S. d'incendie**, fire-alarm. *Rail:* **Corde de s. d'alarme**, communication cord. **S. de détresse**, distress signal. **S. à éclats**, flashing signal. *Aut:* **Signaux de route**, road warnings. **Signaux lumineux**, traffic lights. *Tp:* **S. d'appel**, calling signal. **S. horaire**, time signal; *F:* the pips.

signalé [siɲale], *a.* 1. Signal (service); conspicuous (bravery); well-known (author). 2. *Pej:* Notorious (criminal, etc.).

signalement [siɲalmɑ̃], *s.m.* Description (of pers. on passport, of criminal); particulars (of a car).

signaler [siɲale], *v.tr.* 1. (*a*) To signalize; to make (sth.) conspicuous; to mark. (*b*) **S. qch. à l'attention de qn**, to point out sth. to s.o.'s attention, to draw s.o.'s attention to sth. **S. l'influence de qn**, to point to, point out, s.o.'s influence. (*c*) To report (s.o., sth.) to the police, etc. **Le Comité signale que. . . .** the Board reports that . . . **"Rien à s.,"** "nothing to report." 2. (*a*) To signal (train, ship). **Date à laquelle un navire a été signalé la dernière fois**, date when a ship was last spoken. (*b*) *Abs.* To signal. 3. To give a description of (man wanted).

se signaler, to signalize, distinguish, oneself (**par**, by).

signalétique [siɲaletik], *a. Adm:* Descriptive. (*Police*) **Fiche s.**, description (in a card index). **État s. et des services**, history sheet.

signaleur [siɲalœ:r], *s.m.* (*a*) *Mil: etc:* Signaller. (*b*) *Rail:* Signalman.

signalisateur [siɲalizatœ:r], *s.m.* Signalling device. *Aut:* Traffic indicator. **S. anti-vol**, burglar-alarm.

signalisation [siɲalizasjɔ̃], *s.f.* 1. Signalling. **S. optique**, visual signalling. 2. Means of signalling; set of signals. **Poteau de s.**, traffic sign. **S. routière internationale**, international system of road signs. **Route dont la s. est défectueuse**, road inadequately sign-posted.

signaliser [siɲalize], *v.tr. F:* To signpost (a road).

signataire [siɲatɛ:r], *s.m. & f.* Signer, signatory, subscriber.

signature [siɲaty:r], *s.f.* 1. Signing. 2. Signature. **Apposer sa s. à un acte**, to set one's hand to a deed. *Com: Adm:* **Avoir la s.**, to be authorized to sign for a firm, or a chief. 3. *Typ:* Signature.

signe [siɲ], *s.m.* Sign. 1. Indication (of rain, grief); symptom (of illness); mark, token (of friendship). **Ne donner aucun s. de vie, ne pas faire s. de vie**, to show no sign of life. **C'est mauvais s.**, that looks bad. 2. Symbol, mark. **S. algébrique**, algebraical sign. **Signes de ponctuation**, punctuation marks. S.a. CROIX 1. 3. (Distinctive) mark (on the body). *Adm:* **Signes particuliers**, special peculiarities (of a person). 4. Gesture, motion. **S. de tête**, nod. **S. des yeux**, wink. **Faire s. à qn**, (i) to motion to s.o., make a sign to s.o.; (ii) to beckon to s.o. **Faire s. à qn de faire qch.**, to sign to s.o. to do sth. **Faire s. à qn d'entrer**, to motion, to beckon, s.o. in. **Faire un s. d'adieu**, to wave good-bye. **Faire s. que oui**, to make an affirmative sign. **En s. de respect**, as a token of respect.

signer [siɲe], *v.tr.* 1. To sign; to put or set one's name to (document). *Nau:* **S. l'engagement**, to sign on. 2. To stamp, mark (jewellery, etc.).

se signer, to cross oneself.

signet [siɲɛ], *s.m. Bookb:* Book-mark(er), tassel.

significat|if, -ive [siɲifikatif, -i:v], *a.* Significant. *adv.* **-ivement.**

signification [siɲifikasjɔ̃], *s.f.* 1. Meaning, signification, sense, import. 2. *Jur:* Notification; service, serving (of writ).

signifier [siɲifje], *v.tr.* 1. To mean, signify. **Cela ne signifie rien**, it's of no consequence, they don't mean anything by it. *F:* (Denoting indignation) **Qu'est-ce que cela signifie? que signifie?** what's the meaning of this? **La moindre imprudence signifierait la mort pour eux**, the slightest imprudence would mean death for them. 2. To intimate clearly. **S. ses intentions à qn**, to notify s.o. of one's intentions. **S. son congé à qn**, (i) to give s.o. notice to quit; (ii) to give s.o. notice of dismissal. *Jur:* **S. un arrêt à qn**, to serve a notice on s.o.

silence [silɑ̃:s], *s.m.* 1. Silence. **S. absolu**, dead silence. **Imposer s. à qn, réduire qn au s.**, to put, reduce, s.o. to silence; to silence s.o. **Rompre le s.**, to break (the) silence. **Faire jurer le s. à qn**, to bind s.o. to secrecy. **Garder, observer, le s.**, to keep silent, to hold one's peace (**sur**, about). **Faire s.**, to stop talking. **S.!** silence! hush! **Passer qch. sous s.**, to pass over sth. in silence. 2. *Mus:* Rest.

silencieu|x, -euse [silɑ̃sjø, -øːz]. **1.** *a.* Silent. (*a*) Taciturn. (*b*) Noiseless (typewriter, etc.). (*c*) Still, peaceful. **2.** *s.m.* *I.C.E:* Silencer; *U.S:* muffler. *adv.* **-sement.**
Silène [silɛn]. **1.** *Pr.n.m.* *Myth:* Silenus. **2.** *s.m.* *Bot:* Silene, catch-fly. **S. enflé,** bladder campion.
Silésie [silezi]. *Pr.n.f.* Silesia.
silésien, -enne [silezjɛ̃, -ɛn], *a.* & *s.* Silesian.
silex [silɛks], *s.m.* Silex, flint. **Fusil à s.,** flint-lock (gun).
silhouette [silwɛt], *s.f.* (*a*) Silhouette. (*b*) Outline, form (of person, etc.); profile.
silhouett|er [silwɛte], *v.tr.* (*a*) To silhouette; to outline. (*b*) *Phot:* To block out. *s.m.* **-age.**
se silhouetter, to stand out, show up (against the horizon, etc.).
silicate [silikat], *s.m.* *Ch:* Silicate. **S. de potasse,** water-glass.
silice [silis], *s.f.* *Ch:* Silica.
siliceux, -euse [silisø, -øːz], *a.* Siliceous.
silicique [silisik], *a.* *Ch:* Silicic (acid).
silicium [silisjɔm], *s.m.* *Ch:* Silicon.
silicone [silikɔn], *s.f.* *Ch:* Silicone.
silicose [silikoːz], *s.f.* *Med.* Silicosis.
silique [silik], *s.f.* *Bot:* Siliqua, silique; pod.
sillage [sijaːʒ], *s.m.* **1.** (*a*) Wake, wash, track (of ship); *Fish:* drag. **Marcher dans le s. de qn,** to follow in s.o.'s wake. (*b*) *Av:* *etc:* Slip-stream. **2.** Sea-way, headway, speed (of ship).
sillet [sijɛ], *s.m.* Nut (of stringed instruments).
sillon [sijɔ̃], *s.m.* **1.** (*a*) Furrow. (*b*) Drill (= small furrow). **Semer la graine par sillons,** to sow the grain in drills. (*c*) *pl.* *Lit:* Fields. (*d*) Line (on the forehead, etc.); wrinkle. (*e*) *Geol:* Trench. **2.** Track, trail (of wheel); wake (of ship); path (of projectile); trail, streak (of light). **Éclairs en sillons,** forked lightning. **3.** (*a*) *Anat:* Groove. (*b*) **S. sonore,** sound-groove (of gramophone).
sillonner [sijɔne], *v.tr.* (*a*) To furrow; to plough (the seas). (*b*) (Of lightning) To streak (the heavens). (*c*) To wrinkle, furrow (the brow).
silo [silo], *s.m.* (*a*) *Husb:* Silo; store-pit; clamp (of potatoes); *U.S:* grain elevator. **Silos coopératifs,** grain-storage co-operative. **Mettre en s.,** to silo, to clamp, to bury. (*b*) **S. à ciment,** cement bin.
silure [silyːr], *s.m.* *Ich:* Silurus, sheat-fish.
silurien, -ienne [silyrjɛ̃, -jɛn], *a.* *Geol:* Silurian.
simagrée [simagre], *s.f.* (*a*) Pretence. (*b*) *pl.* Affected airs; grimaces; affectation. **Faire des simagrées,** to mince. **Ne faites pas tant de simagrées,** don't make so much fuss.
simarre [simaːr], *s.f.* (*a*) Magistrate's cassock (worn under gown). (*b*) (Bishop's) chimere.
simien, -ienne [simjɛ̃, -jɛn], *a.* *Z:* Simian.
simiesque [simjɛsk], *a.* Monkey-like, ape-like, apish (face, grimace).
similaire [similɛːr], *a.* Similar (à, to); like. **Cannes et objets similaires,** walking-sticks and like objects. *adv.* **-ment.**
similarité [similarite], *s.f.* Similarity, likeness.
simili [simili]. **1.** *pref.* Imitation. **Simili bronze,** imitation bronze. **2.** *s.m.* *F:* Imitation. **Bijoux en s.,** imitation jewellery. *Tex:* Silk-finished cotton. **3.** *F:* (*a*) *s.f.* = SIMILIGRAVURE. (*b*) *s.m.* Half-tone block.
similicuir [similikɥiːr], *s.m.* Imitation leather; leatherette.
simili-écaille [similiekaj], *s.m.inv.* Imitation tortoiseshell.
similigravure [similigravyːr], *s.f.* Process-engraving, half-tone.
similisage [similizaːʒ], *s.m.* *Tex:* Silk finish; schreinering (of cottons).
similiser [similize], *v.tr.* To silk-finish (cotton).
similitude [similityd], *s.f.* Similitude. **1.** Resemblance, likeness; similarity (of ideas, of triangles). **2.** *Rh:* Simile.
simoniaque [simɔnjak]. *Ecc:* **1.** *a.* Simoniac(al). **2.** *s.m.* Simoniac, Simonist.
simonie [simɔni], *s.f.* *Ecc:* Simony.
simoun [simun], *s.m.* *Meteor:* Simoon.
simple [sɛ̃ːpl], *a.* Simple. **1.** (*a*) Single (flower, ticket, etc.). *s.m.* *Ten:* **Jouer un s.,** to play a single. **S. messieurs,** men's single. S.a. EFFET 2. (*b*) Not compound. **Avoir une chance s.,** to have even chances. *Gram:* **Temps s.,** simple tense. *Ch:* **Corps s.,** element. **2.** (*a*) Ordinary, common. **S. soldat,** private (soldier). **S. matelot,** ordinary seaman. (*b*) **C'est une s. question de temps,** it is simply a matter of time. **La vérité pure et s.,** the plain truth. **Croire qn sur sa s. parole,** to believe s.o. on his word alone. **La s. prudence veut que . . .,** ordinary, elementary, prudence demands that. . . . (*c*) Plain (fact, food, truth). **Gens simples,** plain, homely, unpretentious, people. (*d*) Easy, straightforward. *F:* **C'est s. comme bonjour,** it's as easy as ABC, as winking. **3.** (*a*) Simple-minded, unsophisticated. **Il est un peu s. d'esprit,** he's not all there. **Un cœur s.,** a simple heart. **Au cœur s.,** simple-hearted. (*b*) Half-witted. (*c*) Ingenuous, guileless, *F:* green. **4.** *s.m.pl.* **Simples,** simples, medicinal herbs. *adv.* **-ment.**
simplet, -ette [sɛ̃plɛ, -ɛt], *a.* *F:* Artless, rather silly, green.
simplicité [sɛ̃plisite], *s.f.* **1.** (*a*) Simplicity; plainness (of dress, furniture). (*b*) Elementary nature (of atoms, etc.). **2.** Artlessness, simpleness, simple-mindedness.
simplificateur, -trice [sɛ̃plifikatœːr, -tris]. **1.** *a.* Simplifying. **2.** *s.m.* Simplifier.
simplification [sɛ̃plifikasjɔ̃], *s.f.* Simplification.
simplifier [sɛ̃plifje], *v.tr.* To simplify; to reduce (a fraction) to its lowest terms.
simplisme [sɛ̃plism], *s.m.* Simplism, begging the question.
simpliste [sɛ̃plist], *a.* Simplistic, over-simple (explanation).
simulacre [simylakr], *s.m.* (*a*) Simulacrum, image. (*b*) Semblance. **S. de résistance,** show of resistance. **Faire le s. de faire qch.,** to make a show of doing sth. **S. de combat,** sham fight. **Son procès ne fut qu'un s.,** his trial was a mere mockery.
simulateur, -trice [simylatœːr, -tris], *s.* Simulator, shammer. *Mil:* Malingerer.
simulation [simylasjɔ̃], *s.f.* Simulation, feint. *Mil:* Malingering.
simulé [simyle], *a.* Feigned (illness); sham (fight); bogus (sale). S.a. FACTURE[2].
simuler [simyle], *v.tr.* To simulate, feign, counterfeit, sham.
simultané [simyltane], *a.* Simultaneous. *adv.* **-ment.**
sinapiser [sinapize], *v.tr.* To add mustard to (bath, poultice). **Cataplasme sinapisé,** mustard poultice.
sinapisme [sinapism], *s.m.* *Med:* Mustard plaster; sinapism.
sincère [sɛ̃sɛːr], *a.* Sincere. **1.** Frank, candid, open-hearted. **2.** (*a*) Genuine, true-hearted, (person). (*b*) Genuine, unfeigned (joy, sorrow, etc.). *adv.* **-ment.**
sincérité [sɛ̃serite], *s.f.* (*a*) Sincerity, frankness, candour. (*b*) Genuineness (of regret).
sinécure [sinekyːr], *s.f.* Sinecure.
singalette [sɛ̃galɛt], *s.f.* *Bookb:* Mull.
Singapour [sɛ̃gapuːr]. *Pr.n.m.* *Geog:* Singapore.
singe [sɛ̃ːʒ], *s.m.* **1.** (*a*) Monkey, ape. **Laid comme un s.,** as ugly as sin. **Malin comme un s.,** as artful as a cart-load of monkeys. S.a. MONNAIE I. (*b*) *F:* Ape, imitator. **2.** *Mil:* *P:* Bully beef. **3.** *P:* Boss, guv'nor.
singer [sɛ̃ʒe], *v.tr.* (**je singeai(s); n. singeons**) To ape, mimic (s.o.); to take (s.o.) off.
singerie [sɛ̃ʒri], *s.f.* **1.** (*a*) Grimace, apish antic, monkey trick. (*b*) = SIMAGRÉE. (*c*) (Monkey-like) imitation. **2.** Monkey-house.
singeur, -euse, -eresse [sɛ̃ʒœːr, -øːz, sɛ̃ʒrɛs]. **1.** *a.* Aping, imitative. **2.** *s.* Imitator.
singleton [sɛ̃glətɔ̃], *s.m.* *Cards:* Singleton.
singulariser [sɛ̃gylarize], *v.tr.* To singularize (s.o.); to make (s.o.) conspicuous.
se singulariser, to make oneself conspicuous (by one's oddity). **L'envie de se s.,** the desire to be different (from other people).
singularité [sɛ̃gylarite], *s.f.* Singularity. **1.** (*a*) Peculiarity, special feature. (*b*) **La s. de ces faits,** the unusualness of these facts. **2.** Oddness, oddity, eccentricity.
singul|ier, -ère [sɛ̃gylje, -ɛːr], *a.* Singular. **1.** (*a*) **Combat s.,** single combat. *s.* *Gram:* **Au s.,** in the singular. (*b*) Peculiar (à, to). **2.** Peculiar, remarkable, uncommon. **3.** (*a*) Odd, curious, strange, queer. **Il est s. qu'il ne soit pas encore arrivé,** it is strange that he has not arrived yet. (*b*) Conspicuous; like nobody else. *adv.* **-ièrement.**

sinistre [sinistr]. **1.** *a.* Sinister, fatal, ominous, baleful. **Événement s.,** fatal occurrence. **Sourire s.,** sinister smile. **2.** *s.m.* Disaster, catastrophe, calamity (esp. fire, earthquake, or shipwreck). *Jur:* Damage, loss.
sinistré, -ée [sinistre]. **1.** *a.* That has suffered a disaster. **2.** *s.* Victim of, sufferer from, a disaster.
sinologie [sinɔlɔʒi], *s.f. Ling: etc:* Sinology.
sinologue [sinɔlɔg], *s. m. & f.* Sinologue, sinologist; Chinese scholar.
sinon [sinɔ̃], *conj.* **1.** Otherwise, (or) else, if not. **Il faut obéir, s. gare!** you must obey, or else look out! **2.** Except. **Il ne fait rien s. manger et boire,** he does nothing except eat and drink. **S. que, except that,** save that.
sinople [sinɔpl], *s.m.* **1.** *Miner:* Sinople. **2.** *Her:* Vert.
sinueux, -euse [sinɥø, -øːz], *a.* Sinuous; tortuous; winding (path); meandering (stream).
sinuosité [sinɥozite], *s.f.* (*a*) Sinuosity, winding. (*b*) Bend (of river, etc.).
sinus[1] [sinyːs] *s.m. Anat:* Sinus, antrum. **Les s. frontaux,** the frontal sinuses.
sinus[2], *s.m. Mth:* Sine.
sinusite [sinyzit], *s.f. Med:* Sinusitis.
sinusoïdal [sinyzɔidal], *a. Mth:* Sinusoidal; sine-(wave); *El:* sine-shaped (current).
sinusoïde [sinyzɔid], *s.f. Mth:* Sinusoid, sine curve.
sioniste [sjɔnist], *a. & s.* Zionist.
siphon [sifɔ̃], *s.m.* (*a*) *Ph:* Siphon. (*b*) **S. d'eau de seltz,** (soda water) siphon (bottle). (*c*) Trap (of drain, etc.).
siphonné [sifɔne], *a. F:* Daft, cracked.
siphonner [sifɔne], *v.tr.* To siphon.
sire [siːr], *s.m.* **1.** (*a*) *A:* Lord, sir. (*b*) *Pej:* **Un triste s.,** a sad specimen (of humanity). **2.** (Title of address) Sire.
sirène [sirɛn], *s.f.* **1.** (*a*) Siren, mermaid. (*b*) *F: O:* Charmer, vamp. **2.** (*a*) Siren, hooter, buzzer. (*b*) Fog-horn. **Un coup de s.,** a blast of the hooter.
sirocco [sirɔko], *s.m. Geog:* Sirocco.
sirop [siro], *s.m.* Syrup.
siroter [sirɔte], *v.tr. F:* (*a*) To sip (one's wine, etc.). (*b*) *Abs.* To tipple.
sirupeux, -euse [sirypø, -øːz], *a.* Syrupy. *F:* (Of person) Sentimental, sloppy.
sis, sise. See SEOIR.
sisal [sizal], *s.m. Bot:* Sisal. **(Fibre de) s.,** sisal-hemp.
sismal, -aux [sismal, -o], *a. Meteor:* Seismal.
sismique [sismik], *a.* Seismic (movement).
sismographe [sismɔgraf], *s.m.* Seismograph.
sismologie [sismɔlɔʒi], *s.f.* Seismology.
sisymbre [sizɛ̃ːbr], *s.m. Bot:* Sisymbrium.
Sisyphe [sizif]. *Pr.n.m. Myth:* Sisyphus. **C'est le rocher de S.,** it's a never-ending job.
site [sit], *s.m.* **1.** (Picturesque) site; beauty spot. **2.** *Civ.E: Mil:* Lie of the ground. *Mil:* **Angle de s.,** angle of sight.
sitôt [sito], *adv.* (*a*) = AUSSITÔT. **S. dit s. fait,** no sooner said than done. **S. que** + *ind.*, as soon as. (*b*) (With neg.) **Vous ne le reverrez pas de s.,** it will be long before you see him again.
sittelle [sitɛl], *s.f. Orn:* Sitta, nuthatch.
situation [sitɥasjɔ̃], *s.f.* Situation. **1.** (*a*) Position, site (of a town, etc.). (*b*) *Nau:* Bearing. **2.** (*a*) State, condition. **Être en s. de faire qch.,** to be in a position to do sth. **S. sociale,** station in life. **Ma s. de fortune,** my worldly circumstances. **S. difficile,** predicament. **L'homme de la s.,** the right man in the right place. (*b*) **Mot de la s.,** appropriate word. (*c*) *Adm: Mil:* Report, return. **S. en banque,** position at the bank, bank statement. 3. **Il a une belle s.,** he has a first-rate position, *F:* a fine job. *Journ:* **"Situations vacantes,"** 'appointments vacant.'
situer [sitɥe], *v.tr.* To place, situate, locate.
six, *num.a.inv. & s.m.* Six. **1.** *card. a.* (At the end of the word-group [sis]; before a noun or adj. beginning with a vowel sound [siz]; before a noun or adj. beginning with a consonant [si]). **Six hommes** [sizɔm], six men. **Six petits enfants** [siptizɑ̃fɑ̃], six little children. **J'en ai six** [sis], I have six. **2.** (Always [sis]) **Six et demi** [sisɛdmi], six and a half.
six-huit [sisɥit], *s.m. Mus:* **1.** Six-eight time. 2. Piece in six-eight time.

sixième [sizjɛm]. **1.** *num. a. & s.* Sixth. **2.** *s.m.* (*a*) Sixth (part). (*b*) Sixth floor. **3.** *s.f. Sch:* First form (of grammar school). *adv.* **-ment.**
six-quatre-deux (à la) [alasiskatdø], *adv.phr. F:* **Faire qch. à la s.-q.-d.,** to do sth. in a slap-dash manner.
sixte[1] [sikst], *s.f.* **1.** *Mus:* Sixth. **2.** *Fenc:* **Parer en s.,** to parry in sixte.
Sixte[2]. *Pr.n.m. Ecc.Hist:* **Sixte-Quint,** Sixtus the Fifth.
Sixtine [sikstin], *a.f.* **La chapelle S.,** the Sistine Chapel.
sizain [sizɛ̃], *s.m.* Six-line stanza.
skating [sketiŋ], *s.m.* **1.** Roller-, ice-skating. **2.** Skating-rink.
ski [ski], *s.m.* **1.** Ski. **Fixer les skis,** to bind on the skis. **2.** Skiing. **Faire du s.,** to ski; to go in for skiing. **S. nautique,** water-skiing.
skier [skie], *v.i.* To ski.
skieur -euse [skiœːr, -øːz], *s.* Ski-runner, skier.
skungs [skɔ̃ːgz], **skunks** [skɔ̃ːks], *s.m.* = SCONSE.
slalom [slalɔm], *s.m. Skiing:* Slalom.
slave [slaːv]. **1.** *a.* Slav, Slavic, Slavonic. **2.** *s.* Slav. **3.** *s.m. Ling:* **Le s.,** Slavonic.
slavon, -onne [slavɔ̃, -ɔn], *a. & s.* Slavonian, Slavonic.
Slesvig(le) [lәslɛzvig]. *Pr.n.m. Geog:* Schleswig.
slip [slip], *s.m.* **1.** *Cost:* (*a*) (for men) Slip. **S. de bain,** bathing slip, trunks. (*b*) (for women) Panties, pantees. **2.** *Nau:* Slipway.
slogan [slɔgɑ̃], *s.m.* Slogan, catch-phrase.
sloop [slup], *s.m. Nau:* Sloop.
sloughi [slugi], *s.m.* Saluki; gazelle-hound.
slovaque [slɔvak], *a. & s. Geog: Ling:* Slovak.
smala(h) [smala], *s.f.* (*a*) (Arab chief's) retinue. (*b*) *F:* Large family or household.
smilax [smilaks], *s.m. Bot:* Smilax.
smocks [smɔk], *s.m.pl. Needlew:* Smocking.
smoking [smɔkiŋ], *s.m.* Dinner-jacket, *U.S:* tuxedo.
snob [snɔb]. (*a*) *s.m.*(Vulgar) follower of fashion. (*b*) *a.inv. F:* Smart. **Ça fait très s.,** that's very smart.
snober [snɔbe], *v.tr. F:* To cold-shoulder, to snub.
snobisme [snɔbism], *s.m.* (Vulgar) infatuation for anything that is 'all the rage'; desire to be in the swim; snobbery, snobbishness.
sobre [sɔbr], *a.* **1.** Temperate, abstemious (person); moderate (meal). **2. S. de paroles, de louanges,** sparing of words, chary of praise. **Dessin très s.,** restrained drawing. *adv.* **-ment.**
sobriété [sɔbriete], *s.f.* **1.** Temperateness, abstemiousness, sobriety (in food and drink); moderation (in speech, etc.). **2.** Quietness (in dress).
sobriquet [sɔbrikɛ], *s.m.* Nickname.
soc [sɔk], *s.m.* Ploughshare.
sociabilité [sɔsjabilite], *s.f.* Sociability, sociableness, companionableness.
sociable [sɔsjabl], *a.* Sociable, companionable. **Peu s.,** unsociable; not a good mixer. *adv.* **-ment.**
social, -aux [sɔsjal, -o], *a.* Social. (*a*) **L'ordre s.,** the social order. (*b*) *Com:* **Nom s., raison sociale,** name, style, of the firm or company. **Capital s.,** registered capital. (*c*) *Adm:* **Assistante sociale,** medical social worker. *adv.* **-ement.**
socialiser [sɔsjalize], *v.tr.* To socialize (property).
socialisme [sɔsjalism], *s.m.* Socialism.
socialiste [sɔsjalist]. **1.** *a.* Socialistic; socialist (doctrine, M.P.). **2.** *s.* Socialist.
sociétaire [sɔsjetɛːr], *s.m. & f.* (*a*) (Full) member (of corporate body). **Carte de s.,** membership card. (*b*) **S. d'une société anonyme,** shareholder, stockholder.
sociétariat [sɔsjetarja], *s.m.* Full membership (esp. of the *Comédie-Française*).
société [sɔsjete], *s.f.* Society. **1.** (*a*) Community. (*b*) Company. **Une nouvelle venue dans notre s.,** a newcomer in our circle. **Saluer la s.,** to greet the company present. **2.** (*a*) Association, fellowship. *Hist:* **La S. des Nations,** the League of Nations. **S. de gymnastique, de tir,** athletic club, rifle-club. (*b*) *Com: Ind:* Company, *U.S:* corporation. **S. par actions,** joint-stock company. **S. en nom collectif,** firm, (general) partnership, private company. **Acte de s.,** (i) deed of partnership; (ii) memorandum of association. S.a. ANONYME I, COMMANDITE, MUTUEL. *Cf.* COMPAGNIE 3. **3.** (*a*) Companionship (of one's fellows). **Il aime la s.,** he likes company. (*b*) **Fréquenter la bonne s.,** to move in good society. **Talents de s.,** social gifts. S.a. JEU 2.

sociologie [sɔsjɔlɔʒi], *s.f.* Sociology.
sociologique [sɔsjɔlɔʒik], *a.* Sociological.
sociologue [sɔsjɔlɔg], *s.m.* Sociologist.
socle [sɔkl], *s.m.* Base, pedestal, plinth (of statue, column); stand (for apparatus); footing (of wall). *El:* S. isolant, insulating base.
socque [sɔk], *s.m.* **1.** Clog, patten. **2.** *ATh:* (Comedian's) sock. *Lit:* **Le s. et le cothurne,** comedy and tragedy.
socquette [sɔkɛt], *s.f.* Ankle sock, *F:* bobby-sock, *pl.* bobby-socks or bobby-sox.
Socrate [sɔkrat]. *Pr.n.m.* Socrates.
socratique [sɔkratik], *a.* Socratic (philosophy, etc.).
soda [sɔda], *s.m.* Soda water.
sodium [sɔdjɔm], *s.m.* *Ch:* Sodium.
sœur [sœ:r], *s.f.* **1.** Sister. *adj.phr.* **De s.,** sisterly. **S. de lait,** foster-sister. *Lit:* **Les neuf Sœurs,** the nine Muses. **2.** *Ecc:* Sister (of charity); nun. **La s. Ursule,** Sister Ursula.
sœurette [sœrɛt], *s.f.* Little sister.
sofa [sɔfa], *s.m.* Sofa, settee.
soffite [sɔfit], *s.m.* *Arch:* (*a*) Soffit. (*b*) Summer.
soi [swa], *pers.pron.* Oneself; himself, herself, itself, etc. **1.** (Reflexive or reciprocal) **Chacun pour soi,** everyone for himself. **Article en soi inoffensif,** article inoffensive in itself. S.a. ALLER I. 7. **Penser à soi(-même),** to think of oneself. **Petits services qu'on se rend entre soi,** small services that we do one another. **Être chez s.,** to be at home. **2. Faire qch. soi-même,** to do sth. oneself.
soi-disant [swadizɑ̃]. **1.** *a.inv.* (*a*) Self-styled, would-be (duke, etc.). (*b*) So-called. **2.** *adv.* Supposedly.
soie [swɑ], *s.f.* **1.** Bristle (of a hog). **2.** Silk. **S. artificielle,** rayon, artificial silk. **Robe de s.,** silk dress. **Papier de s.,** tissue paper. **3.** (*a*) Tang, tongue (of tool, sword). (*b*) *Mch:* Pin (of crank).
soient. See ÊTRE.
soierie [swari], *s.f.* **1.** Silk fabric or fabrics; silk goods; silks. **Marchand de soieries,** silk mercer. **2.** (*a*) Silk trade. (*b*) Silk factory.
soif [swaf], *s.f.* Thirst. **Boire à sa s., étancher sa s.,** to drink one's fill; to slake one's thirst. **Avoir s.,** to be thirsty. **Avoir (la) s. de . . .,** to thirst, be eager, for (gold, fame, revenge, etc.). S.a. DONNER 2, POIRE I.
soiffard [swafa:r], *s.m.* *F:* Toper, soaker.
soigné [swaɲe], *a.* (*a*) Well finished, carefully done. **Repas s.,** carefully cooked meal. **Chevaux bien soignés,** well-groomed horses. **S. de sa personne,** well-groomed, spruce. **Peu s. dans sa mise,** slovenly in his attire; ill-groomed. **Travail s.,** fine workmanship. **Moustache soignée,** trim, neat, moustache. (*b*) *P:* First-rate, first-class.
soigner [swaɲe], *v.tr.* To look after, take care of, attend to (s.o., sth.). (*a*) **S. un malade,** to nurse, tend, a patient; (of doctor) to attend a patient. **Vous avez l'air d'être très bien soigné,** you seem to be very well looked after. **Se faire s.,** to have medical attention, treatment. (*b*) To do carefully. **S. le ménage,** to do the housekeeping; to look after the house. **S. sa toilette, sa mise,** to dress with care. **S. son style,** to polish one's style. **S. sa popularité,** to nurse one's public.
se soigner. **1.** To take care of oneself. **2.** *P:* To do oneself well.
soigneur [swaɲœ:r], *s.m.* **1.** (Boxer's) second. **2.** *Ind:* (Machine-)minder, tenter.
soigneu|x, -euse [swaɲø, -ø:z], *a.* Careful (de, of); painstaking; tidy. **Peu s.,** careless; untidy. *adv.* **-sement.**
soi-même. See SOI and MÊME.
soin [swɛ̃], *s.m.* Care. (*a*) Watching over (s.o., sth.). **Le s. des enfants,** the care of the children. **Avoir, prendre, s. de qn, de qch.,** to look after, take care of, s.o., sth. **Confier qn aux soins de qn,** to place s.o. under the care of s.o. (On letters, etc.) **"Aux (bons) soins de . . .,"** 'care of. . . .' **Par les soins de . . .,** through the good offices of. . . . (*b*) Attention, trouble. **Avoir s., grand s., bien s., de faire qch.,** to take (good) care to do sth. **Avoir s. que** + *sub.*, to take care that (sth. shall be done); to be careful that (sth. is done). **Mettre un s. infini, tous ses soins, à faire qch.,** to do sth. with great care; to be at great pains, at great trouble, to do sth. **Je vous laisse le s. de décider,** I leave it to you to decide. **Je leur laissai le s. de la distraire,** I left them to entertain her. (*c*) **Avec s.,** carefully; with care. **Sans s.,** (i) *adj.* careless, untidy, slipshod; (ii) *adv.* carelessly, untidily; in a slipshod manner. **Manque de s.,** carelessness. (*d*) *pl.* Attentions, solicitude. **Soins médicaux,** medical care, medical aid. **Premiers soins aux blessés,** first aid to the injured. **Il a reçu des soins à l'hôpital,** he was treated in hospital. **Soins des personnes âgées,** care of old people, the aged. **Être aux petits soins pour, avec, qn,** to be full of attentions for s.o.; to wait on s.o. hand and foot. *Com:* **Apporter tous ses soins à qch.,** to give sth. one's best attention.
soir [swa:r], *s.m.* (*a*) Evening. **Ce s.,** this evening, to-night. **A ce s.!** (I shall) see you again in the evening. **Que faites-vous le s.?** what do you do in the evening? **A dix heures du s.,** at ten p.m., at ten o'clock at night. **Demain (au) s.,** to-morrow evening. **Hier (au) s.,** last evening, yesterday evening. **La veille au s.,** the evening before. **Le lendemain s.,** on the evening of the next day. **Par un beau s. d'été,** on a fine summer evening. **Robe du s.,** evening-dress. **Robe de grand s.,** low evening-dress. (*b*) Afternoon.
soirée [sware], *s.f.* **1.** (Duration of) evening. **Passer la s. chez un ami,** to spend the evening at a friend's house. **2.** (*a*) (Evening) party; at-home. **Donner une s. dansante,** to give a dance. **Nous allons en s.,** we are going to a party, to a reception. **Complet de s.,** dress-suit. S.a. TENUE 3. (*b*) *Th: etc:* **Représentation de s.,** evening performance.
sois. See ÊTRE.
soit [swa, (before a vowel) swat]. (Third pers. of *pr.sub.* of être) **1.** (*a*) **Soit** [swat]! agreed! all right! S.a. AINSI 1, ÊTRE I. 2. (*b*) Suppose; if for instance. **S. ABC un angle quelconque,** let ABC be any angle. **2.** (*a*) *conj.* **S. l'un s. l'autre,** either one or the other. **S. maintenant ou demain,** whether to-day or to-morrow. (*b*) **S. qu'il vienne, s. qu'il ne vienne pas; s. qu'il vienne ou qu'il ne vienne pas,** whether he comes or not.
soixantaine [swasɑ̃tɛn], *s.f.* (Approximately) sixty, about sixty. **Une s. de francs,** some sixty francs; sixty francs or so. **Avoir passé la s.,** to be in the sixties.
soixante [swasɑ̃:t], *num.a.inv. & s.m.inv.* Sixty. **S. et un,** sixty-one. **S. et onze,** seventy-one. **S. et onzième,** seventy-first.
soixante-dix [swasɑ̃tdis], *num.a.inv. & s.m.inv.* **1.** Seventy. **2.** *Hist:* 1870.
soixante-dixième [swasɑ̃tdizjɛm], *num. a. & s.* Seventieth.
soixantième [swasɑ̃tjɛm], *num. a. & s.* Sixtieth.
soja [sɔaj, sɔʒa], *s.m.* = SOYA.
sol[1] [sɔl], *s.m.* **1.** (*a*) Ground, earth. *El:* **Relier un fil au s.,** to earth a wire. *F:* **Rester cloué au s.,** to stand rooted to the spot. **Le s. natal,** one's native soil. (*b*) *Agr: Geol:* Soil. **2.** *Her:* Field.
sol[2], *s.m.inv.* *Mus:* (*a*) (The note) G. **Clef de s.** treble clef, G clef. (*b*) The G string (of violin).
solaire [sɔlɛ:r], *a.* Solar (eclipse, etc.). **Cadran s.,** sun-dial. *Med:* **Traitement s.,** sunray treatment. **Lunettes solaires,** sun-glasses.
solanacées [sɔlanase], **solanées** [sɔlane], *s.f.pl.* *Bot:* Solanaceae.
soldat [sɔlda], *s.m.* Soldier, serviceman. **S. d'artillerie,** artilleryman. **S. de cavalerie,** cavalryman, trooper. **S. de marine,** marine. **Simple s., s. de 2e classe,** private; *Av:* aircraftman second class. **Les simples soldats,** the rank and file. **S. de première classe,** lance-corporal; *Av:* aircraftman first class. **Le S. inconnu,** the Unknown Warrior. **Se faire s.,** to go into, to join, the army. *Toys:* **S. de plomb,** tin, toy, soldier.
soldatesque [sɔldatɛsk]. *Pej:* **1.** *a.* Barrack-room (manners, language). **2.** *s.f.* (Licentious) soldiery.
solde[1] [sɔld], *s.f.* *Mil: Navy:* Pay. **Soldes et indemnités,** ordinary pay and allowances. **S. de non-activité, demi-s.,** unemployed pay, half-pay. **Officier en demi-s.,** officer on half-pay. *F:* **Être à la s. de qn,** to be in s.o.'s pay.
solde[2], *s.m.* *Com:* **1.** Balance. **S. débiteur,** debit balance. **Votre s. créditeur,** the amount standing to your credit. **Paiement pour s.,** payment of balance, final instalment. **Pour s. de tout compte,** to close the account, in full settlement. **S. de dividende,** final

dividend. S.a. NOUVEAU 4. **2.** (*a*) Surplus stock, job lot, remnant. (*b*) **Vente de soldes,** clearance sale. **Soldes après inventaire,** stock-taking sale. **S. d'édition,** remainder(s), remainder line (in books). **"(En) s.,"** 'to clear.' **Prix de s.,** bargain prices.

solder[1] [sɔlde], *v.tr.* To pay (soldiers, spies).

solder[2], *v.tr. Com:* **1.** (*a*) To balance (an account). **Les comptes se soldent par un bénéfice net,** the accounts show a net profit. (*b*) To settle, discharge, pay (off) (an account). **2.** To sell off, to clear (surplus stock). *Publ:* To remainder (book).

soldeur, -euse [sɔldœːr, -øːz], *s.* Dealer in clearance lines.

sole[1] [sɔl], *s.f.* Sole (of animal's hoof). *Vet:* **S. battue,** bruised hoof.

sole[2], *s.f.* (*a*) *Const:* Sleeper, sill. (*b*) *Mec.E:* Sole (-plate), bed-plate, base-plate (of machine).

sole[3], *s.f. Ich:* Sole.

solécisme [sɔlesism], *s.m.* Solecism.

soleil [sɔlɛːj], *s.m.* **1.** Sun. (*a*) **Lever du s.,** sunrise. **Coucher du s.,** sunset, sundown. **S. levant,** (i) rising sun, (ii) *F:* rising power. **S. couchant,** (i) setting sun, (ii) *F:* declining power. **Il n'y a rien de nouveau sous le s.,** there is nothing new under the sun. (*b*) **Faux s.,** parhelion, mock-sun. **2.** Sunshine. **Il fait (du) s.,** the sun is shining; it is sunny. **Au grand s.,** in the bright sunshine, full in the sun. **En plein s.,** right in the sun. **Avoir sa place au s.,** to have one's place in the sun. **Avoir du bien au s.,** to have landed property. **Prendre le, se chauffer au, s.,** to bask in the sun, to sun oneself. **Bains de s.,** sun-bathing. **Sans s.,** sunless. **Coup de s.,** (i) *Med:* sunburn; (ii) *Med:* touch of sunstroke; (iii) sunny interval. *F:* **Ote-toi de mon s.,** get out of my light. *P:* **Piquer un s.,** to blush, to flush up. **3.** *Bot:* Sunflower. **4.** *Ecc:* Monstrance. **5.** *Gym:* **Faire le grand s.,** to do the grand circle on the horizontal bar. **6.** *Pyr:* Catherine-wheel.

solennel,-elle [sɔlanɛl], *a.* Solemn. **1.** (*a*) **Contrat s.,** solemn agreement. (*b*) Official. **Réception solennelle,** state reception. *F:* **Une occasion solennelle,** a special occasion. **2. Parler d'un ton s.,** to speak in a solemn, grave, tone.

solennellement [sɔlanɛlmɑ̃], *adv.* **1.** With ceremony. **2.** Impressively, solemnly.

solenniser [sɔlanize], *v.tr.* To solemnize; to celebrate.

solennité [sɔlanite], *s.f.* **1.** (*a*) Solemnity; awfulness. (*b*) Solemn ceremony. **2. Parler avec s.,** to speak impressively, solemnly.

solénoïde [sɔlenɔid], *s.m. El:* Solenoid; coil-winding.

solfatare [sɔlfataːr], *s.f.* Solfatara, sulphur-spring.

solfège [sɔlfɛːʒ], *s.m. Mus:* Solfeggio; sol-fa.

solfier [sɔlfje], *v.tr. Mus:* To sol-fa, to solmizate.

solidage [sɔlidaːʒ], *s.f. Bot:* Solidago; golden-rod.

solidaire [sɔlidɛːr], *a.* **1.** *Jur:* Jointly responsible. **Responsabilité (conjointe et) s.,** joint and several liability. **Être s. des actes de qn,** to be responsible for s.o.'s acts. **Il n'est s. de personne,** he is answerable to no one. **Obligation s.,** obligation binding on all parties. **2.** Interdependent, solidary. **Ses intérêts sont solidaires des nôtres,** his interests are bound up with ours. *Tchn:* **Roue s. d'une autre,** wheel rigidly locked with another; wheel integral, solid, with another.

solidairement [sɔlidɛrmɑ̃], *adv.* Jointly. *Jur:* **Conjointement et s.,** jointly and severally.

solidariser [sɔlidarize], *v.tr.* **1.** To render jointly responsible. **2. Mécanisme à action solidarisée,** interlocking gear.

se solidariser. 1. To join together in liability. **2.** To make common cause (**avec,** with).

solidarité [sɔlidarite], *s.f.* **1.** Joint and several liability; joint responsibility. **2.** (*a*) Inter-dependence (of parts). (*b*) Fellowship, solidarity. **Grève de s.,** sympathetic strike. **Faire la grève de s.,** to strike in sympathy.

solide [sɔlid]. **1.** *a.* (*a*) Solid (body, food). *Geom:* **Angle s.,** solid angle. (*b*) Solid, strong; secure (foundation); sound (argument); fast (colour). *Com:* Sound, solvent (person); well-established (business). **Peu s.,** weak; flimsy. **Avoir la tête s.,** to have a good head for drink, to hold one's drink. **Un coup de poing s.,** a vigorous, hefty, blow. **Garantie s.,** reliable, trustworthy, guarantee. **Elle a eu une s. éducation,** she has had a sound education. **Ami s.,** staunch, reliable, trusty, friend. **Faire un repas s.,** to make a hearty meal. **Un gaillard s., un s. gaillard,** a strapping, hefty, fellow. **Être encore s.,** to be still hale and hearty. **2.** *s.m.* (*a*) Solid (body). (*b*) **Bâtir sur le s.,** to build on solid foundations. *adv.* **-ment.**

solidification [sɔlidifikasjɔ̃], *s.f.* Solidification.

solidifier [sɔlidifje], *v.tr.* To solidify.

se solidifier, to solidify; to become solid.

solidité [sɔlidite], *s.f.* Solidity; strength (of building, etc.); soundness (of a firm); strength, stability (of friendship).

soliloque [sɔlilɔk], *s.m.* Soliloquy.

soliloquer [sɔlilɔke], *v.i.* To soliloquize; to talk to oneself.

solipède [sɔlipɛd]. *Z:* **1.** *a.* Solidungulate, whole-hoofed. **2.** *s.m.* Soliped. **Les solipèdes,** the equine species.

soliste [sɔlist], *s.m. & f.* Soloist. *a.* **Violon s.,** solo violin.

solitaire [sɔlitɛːr]. **1.** *a.* Solitary, lonely, lonesome. S.a. VER 1. **2.** *s.m.* (*a*) Hermit, recluse. (*b*) Solitaire (game). (*c*) Solitaire (diamond). *adv.* **-ment.**

solitude [sɔlityd], *s.f.* **1.** Solitude, loneliness. **2.** Lonely spot; wilderness; solitude.

solive [sɔliːv], *s.f. Const:* Joist, beam.

soliveau [sɔlivo], *s.m.* (*a*) Small joist. (*b*) *F:* Nonentity.

sollicitation [sɔllisitasjɔ̃], *s.f.* **1.** Solicitation, entreaty, earnest request. **2.** Attraction, pull (of magnet).

solliciter [sɔllisite], *v.tr.* **1.** *A:* **S. qn à faire qch.,** to incite s.o. to do sth. **S. son cheval,** to urge one's horse. **2.** To solicit (s.o., sth.); to request earnestly, beg for (favour, interview). **S. un emploi (de qn),** to apply (to s.o.) for a situation. **S. des voix,** to canvass for votes. **3.** (Of magnet) To attract; (of spring) to pull.

solliciteur, -euse [sɔllisitœːr, -øːz], *s.* Petitioner; solicitant; applicant (**de,** for). **S. de voix,** canvasser.

sollicitude [sɔllisityd], *s.f.* (*a*) Solicitude, (tender) care. (*b*) Anxiety, concern (**pour,** for).

solo [solo]. **1.** *s.m. Mus:* Solo. **Jouer en s.,** to play solo. *pl. Des solos, des soli.* **2.** *a.inv.* **Violon s.,** solo violin.

solstice [sɔlstis], *s.m.* Solstice.

solubiliser [sɔlybilize], *v.tr.* To render soluble.

solubilité [sɔlybilite], *s.f.* **1.** Solubility (of a body). **2.** Solvability (of a problem).

soluble [sɔlybl], *a.* **1.** Soluble (substance). **2.** Solvable (problem).

solution [sɔlysjɔ̃], *s.f.* Solution. **1. S. de continuité,** gap; solution of continuity; break (in glacier). **2.** Solution (of solid in liquid). **3.** Solution; answer (to question, problem); settlement (of dispute).

solutionner [sɔlysjɔne], *v.tr.* To solve (difficulty).

solvabilité [sɔlvabilite], *s.f.* Solvency.

solvable [sɔlvabl], *a.* Solvent (financially).

solvant [sɔlvɑ̃], *s.m. Ch:* Solvent.

Somalie [sɔmali]. *Pr.n.f. Geog:* Somaliland.

sombre [sɔ̃ːbr], *a.* Dark, sombre, gloomy. (*a*) *inv.* **Des robes bleu sombre,** dark blue dresses. *Phot: Cin:* **Photographie très s.,** photograph in a low key. (*b*) Dim (forest, room, etc.); dull, overcast (sky). S.a. COUPE[2] 1. **Il fait s.,** it is dark, dull, weather. (*c*) Dismal, melancholy; saturnine (temperament); black (despair). *s.* **Avoir du s. dans l'âme,** (i) to feel gloomy; (ii) to be of a saturnine disposition. *adv.* **-ment.**

sombrer [sɔ̃bre], *v.i.* (Of ship) To founder (in bad weather); to go down; to sink. **Il vit s. sa fortune, ses espérances,** he saw his fortune engulfed, his hopes dashed. **Sa raison sombra complètement,** his mind entirely gave way.

sommaire [sɔmmɛːr]. **1.** *a.* (*a*) Summary, compendious, succinct, concise. **Tenue s.,** scant attire. (*b*) Summary, hasty, improvised. **Dîner s.,** scratch dinner. (*c*) *Jur:* **Affaire s.,** summary proceedings. **2.** *s.m.* Summary, abstract, synopsis. *adv.* **-ment.**

sommation[1] [sɔmasjɔ̃], *s.f. Jur:* Summons (**de faire qch.,** to do sth.); notice (to perform contract). **Faire les trois sommations légales,** to read the riot act.

sommation[2], *s.f. Mth:* Summation (of a series).

somme[1] [sɔm], *s.f. A:* Burden, load. (Now used in) **Bête de s.,** beast of burden.

somme[2], *s.f.* Sum, amount; sum of money. **Payer la forte s.,** to pay top price. **Faire la s. de dix nombres,** to add up, sum up, ten numbers. **S. toute . . .,** altogether, in fine . . ., when all is said and done. . . . **En s. . .** on the whole . . ., in short. . . .

somme[3], *s.m.* Nap; short sleep; *F:* snooze. **Faire un s.,** to take a nap. **Faire un petit s.,** to have forty winks. **Ne faire qu'un s., dormir d'un s.,** to sleep without a break; to sleep the night through.

sommeil [sɔmɛːj], *s.m.* **1.** Sleep, slumber. **S. de mort, de plomb,** heavy sleep. **Dormir d'un profond s.,** to sleep soundly. **Dormir d'un s. de plomb,** to sleep like a log. **Avoir le s. léger, profond,** to be a light, a heavy, sleeper. **Avoir le s. dur,** to be hard to wake. **Nuit sans s.,** sleepless night. **Dormir du s. du juste,** to sleep the sleep of the just. **2.** Drowsiness, sleepiness. **Avoir s.,** to be sleepy, to feel drowsy. **Je tombe de s.,** I am dying with sleep; I am ready to drop with sleep. *Med:* **Maladie du s.,** sleeping sickness.

sommeiller [sɔmɛje], *v.i.* **1.** To doze, nod; to sleep lightly; to slumber. **2.** (Of nature, etc.) To lie dormant.

sommelier [sɔməlje], *s.m.* **1.** (Wine-)butler. **2.** (*a*) Cellarman. (*b*) (In restaurant) Wine-waiter.

sommer[1] [sɔme], *v.tr. Mth:* To sum up; to find the sum of (terms of a series).

sommer[2], *v.tr.* To summon. **S. qn de faire qch.,** to call on s.o. to do sth.

sommes. See ÊTRE.

sommet [sɔmɛ], *s.m.* Top, summit (of hill); vertex, apex (of angle, curve); crest (of wave); crown (of arch, of the head); zenith, pinnacle, acme (of power, fame). *Pol:* **Conférence au s.,** summit meeting, conference.

sommier[1] [sɔmje], *s.m.* (*a*) **S. élastique,** (i) spring-mattress, (ii) box-mattress. (*b*) Wind-chest (of organ). (*c*) Springer (of arch); transom, lintel, breast-summer (of door, etc.); lower cross-bar (of grating); stringer (of bridge); stock (of heavy bell). (*d*) *Rail: Veh:* Bolster.

sommier[2], *s.m. Book-k:* Register.

sommité [sɔmmite], *s.f.* Summit, top (of mountain). *F:* **Sommités de l'art,** leading people, persons of influence, in the world of art.

somnambule [sɔmnɑ̃byl]. **1.** (*a*) Somnambulistic. (*b*) Clairvoyant. **2.** *s.* (*a*) Somnambulist, sleep-walker. **Il est s.,** he walks in his sleep. (*b*) *s.f.* **S. lucide,** clairvoyante.

somnambulisme [sɔmnɑ̃bylism], *s.m.* **1.** Somnambulism, sleep-walking. **2. S. provoqué,** hypnotic state.

somnifère [sɔmnifɛːr]. **1.** *a.* Sleep-inducing. **2.** *a. & s.m. Med:* Soporific, narcotic, sleeping draught or tablets.

somnolence [sɔmnɔlɑ̃ːs], *s.f.* Somnolence, sleepiness, drowsiness.

somnolent [sɔmnɔlɑ̃], *a.* Somnolent, sleepy, drowsy.

somnoler [sɔmnɔle], *v.i.* To drowse, doze.

somptuaire [sɔ̃ptɥɛːr], *a.* Sumptuary (law).

somptueu|x, -euse [sɔ̃ptɥø, -øːz], *a.* Sumptuous. *adv.* **-sement.**

somptuosité [sɔ̃ptɥozite], *s.f.* Sumptuousness.

son[1], **sa, ses** [sɔ̃, sa, sɛ], *poss.a.* (**Son** is used instead of **sa** before fem. nouns beginning with a vowel or h 'mute.') His, her, its, one's. **S. père, sa mère, et ses enfants,** (i) his father, mother, and children, (ii) her father, mother, and children. **Tirer s. épée,** to draw one's sword. **On ne connaît jamais s. bonheur,** one never knows one's own happiness. **Un de ses amis,** a friend of his, of hers. **Ses père et mère,** his father and mother. **S. meilleur ami,** his best friend.

son[2], *s.m.* Sound. **S. d'une cloche,** sound, ringing, tinkle, of a bell; clang (of a big bell). **Annoncer une nouvelle à s. de trompe,** to blare out a piece of news. **Mur du s.,** sonic wall, sound barrier. *Cin:* **Ingénieur du s.,** sound engineer.

son[3], *s.m.* Bran. **Eau de s.,** bran-water. *F:* **Tache de s.,** freckle. **Taché de s.,** freckled.

sonate [sɔnat], *s.f. Mus:* Sonata.

sonatine [sɔnatin], *s.f. Mus:* Sonatina.

sondage [sɔ̃daːʒ], *s.m.* **1.** (*a*) *Nau:* Sounding. *Min:* Boring. **Faire des sondages,** (i) to take soundings; (ii) to make borings. (*b*) *Med:* Probing (of wound). **S. de l'opinion, s. Gallup,** Gallup poll. **Enquête par s.,** sample survey. **Sondages de paix,** peace feelers. **2.** Bore-hole.

sonde [sɔ̃ːd], *s.f.* **1.** *Nau:* (*a*) (Sounding-)lead, sounding-line, plummet. **Grande s.,** deep sea lead. **Jeter la s.,** to heave the lead. **Naviguer à la s.,** to go by the lead. (*b*) *Meteor:* Sonde. **2.** (*a*) Sounding-rod. (*b*) *Surg:* Sound, probe. **3.** Taster (for cheese, etc.). **4.** *Min:* Borer, boring-machine. **Trou de s.,** bore-hole.

sonder [sɔ̃de], *v.tr.* **1.** *Nau:* To sound. **S. la côte,** to take soundings along the coast. **On n'a jamais sondé ce mystère,** this mystery has never been fathomed. **2.** To sound, probe, examine, investigate. **S. le passé,** to probe into the past. **S. le terrain,** (i) to make borings in the ground; (ii) to see how the land lies. **S. qn,** to sound s.o. (with regard to sth.). **3.** *Surg:* To probe (wound).

sondeur, -euse [sɔ̃dœːr, -øːz]. **1.** *s.m.* (*a*) *Nau:* Leadsman. (*b*) *Min:* Borer, driller (for wells, etc.). **2.** *s.* **S. de secrets,** prober of secrets. **3.** *s.m. Nau:* Sounder, sounding-apparatus; depth-finder. **3.** *s.f. Min: etc:* **Sondeuse,** borer; drilling-machine.

songe [sɔ̃ːʒ], *s.m.* Dream. **Faire un s.,** to dream; to have a dream. **Clef des songes,** dream-book.

songe-creux [sɔ̃ʒkrø], *s.m.inv.* Dreamer, visionary.

songer [sɔ̃ʒe], *v.i.* (**je songeai(s); n. songeons**) **1.** (*a*) To dream (**de,** of). (*b*) To muse (**à,** upon); to day-dream. **Je ne songeais guère que . . .,** little did I dream that. . . . **Je songeais en moi-même que . . .,** I thought to myself that. . . . **2.** (*a*) **S. à qch.,** to think of sth.; to consider, think over, sth. **Songez à ce que vous faites,** mind what you are about. **Il ne faut pas y s.,** that's quite out of the question. **Sans y s.,** unawares, unthinkingly. **Sans songer à mal,** without evil intent. **S. à faire qch.,** to contemplate doing sth.; to think of doing sth. **Je n'étais pas sans s. à l'avenir,** I was not without thought of the future. (*b*) To imagine. **Songez donc!** just fancy! (*c*) To remember. **Songez à lui,** bear him in mind. **Je ne songeais pas que j'étais déjà pris,** I had forgotten that I already had an appointment.

songerie [sɔ̃ʒri], *s.f.* **1.** (Day-)dreaming, idle musing. **2.** (*a*) Reverie; brown study. (*b*) *pl.* Day-dreams.

songeur, -euse [sɔ̃ʒœːr, -øːz]. **1.** *s.* Dreamer. **2.** *a.* (*a*) Dreamy. (*b*) Pensive, thoughtful. **D'un air s.,** musingly.

sonique [sɔnik], *a.* Sonic. **Mur s.,** sonic wall, sound barrier. **Détonation s.,** supersonic boom, bang.

sonnaille [sɔnaːj], *s.f.* Cattle-bell.

sonnailler[1] [sɔnaje], *s.m. Husb:* Bell-wether.

sonnailler[2], *v.i.* To be for ever ringing the bell.

sonnant [sɔnɑ̃], *a.* **1. A dix heures sonnant(es),** on the stroke of ten. **2.** Sounding, resounding. **Espèces sonnantes,** hard cash.

sonné [sɔne], *a.* **1. Il est dix heures sonnées,** it is past ten. **Elle a quarante ans sonnées,** she is on the wrong side of forty. **Il n'y a pas loin de soixante ans bien sonnés que j'étais à l'école,** it's almost a full sixty years since I was at school. **2.** *F: Box:* Groggy.

sonner [sɔne]. **1.** *v.i.* To sound; (of clock) to strike; (of bell) to ring, to toll. **S. creux,** to sound hollow. **S. faux,** to ring false. **Cela sonne bien,** it sounds well. **Mot qui sonne mal,** word that offends the ear. **Faire s. une pièce d'argent,** to ring a coin (in order to test it). **Faire s. ses clefs,** to jingle one's keys. **Faire s. haut,** to extol. *P:* **Il va se faire s. les cloches!** He'll catch it! **Six heures sonnèrent,** the clock struck six. **2.** *v.tr.* (*a*) **S. la cloche,** to ring the bell. *Abs.* **On sonne,** the bell is ringing, there is a ring at the door. **Horloge qui sonne les heures,** clock that strikes the hours. **S. pour les morts,** to toll for the dead. **S. le dîner,** to ring the dinner-bell. **S. du clairon,** to sound the bugle. *Av: P:* **Être sonné,** to come under shell fire. (*b*) To ring for (s.o.).

sonnerie [sɔnri], *s.f.* **1.** (*a*) Ringing (of bells). (*b*) Set of bells; chimes. **2.** (*a*) Striking mechanism (of clock). **Pendule à s.,** striking clock. **Montre à s.,** repeater. (*b*) **S. électrique,** electric bell. **S. ronflante,** buzzer. **Bouton de s.,** bell-push. **3.** *Mil:* (Trumpet-, bugle-)call. **S. aux morts,** last post.

sonnet [sɔnɛ], *s.m.* Sonnet.

sonnette [sɔnɛt], *s.f.* **1.** (*a*) Small bell. (*b*) Hand-bell. (*c*) House-bell. **Agiter la s.,** to ring the bell. **Cordon de s.,** bell-pull. **Coup de s.,** ring (at the door). **2.** Pile-driving apparatus; pile-driver. **3. Serpent à sonnettes,** rattlesnake.

sonnettiste [sɔnɛtist], *s. m. & f.* Sonnet-writer.

sonneur [sɔnœːr], *s.m.* (*a*) Bell-ringer. **Dormir comme un s. de cloches,** to sleep like a log. (*b*) **S. de trompe,** blower on the hunting-horn.
sonore [sɔnɔːr], *a.* Sonorous. **1.** Loud-sounding; resonant (metal); loud, resounding (laugh); echoing (vault). *Ph:* **Onde s.,** sound-wave; acoustic wave. S.a. PISTE 1. **2.** (*a*) Deep-toned, ringing (voice). (*b*) *Ling:* Sonant, voiced (consonant).
sonorisation [sɔnɔrizasjɔ̃], *s.f.* (*a*) *Cin:* Scoring. (*b*) Providing of sound effects.
sonoriser [sɔnɔrize], *v.tr.* (*a*) *Cin:* **S. un film,** to add the sound effects to a film. (*b*) **S. une salle,** to wire a hall for sound.
sonorité [sɔnɔrite], *s.f.* Sonorousness, sonority.
sonothèque [sɔnɔtɛk], *s.f.* Sound library.
sont. See ÊTRE.
sophisme [sɔfism], *s.m.* Sophism. *Log:* Fallacy.
sophiste [sɔfist], *s.m.* Sophist.
sophistication [sɔfistikasjɔ̃], *s.f.* Sophistication, adulteration (of wine, etc.).
sophistique [sɔfistik]. **1.** *a.* Sophistic(al). **2.** *s.f.* Sophistry. *adv.* **-ment, -ally.**
sophistiquer [sɔfistike]. **1.** *v.i.* To indulge in sophistry; to quibble. **2.** *v.tr.* To sophisticate, adulterate (wine, etc.).
soporatif, -ive [sɔpɔratif, -iːv]. **1.** *a.* Sleep-inducing, soporific. **2.** *s.m.* Soporific.
soporifique [sɔpɔrifik]. **1.** = SOPORATIF. **Potion s.,** sleeping-draught. **2.** *a.* *F:* Tedious (story).
sopraniste [sɔpranist], *s.m.* Sopranist; male soprano singer.
soprano [sɔprano], *s. m. & f.* Soprano.
sorbe [sɔrb], *s.f.* Sorb-apple, service-apple.
sorbet [sɔrbɛ], *s.m.* Sorbet; water-ice.
sorbetière [sɔrbətjɛːr], *s.f.* Ice-pail; freezer.
sorbier [sɔrbje], *s.m.* *Bot:* Sorb, service-tree. **S. des oiseaux, des oiseleurs,** rowan(-tree), mountain-ash.
sorbonnard [sɔrbɔnaːr], *s.m.* *F:* Student, or professor, at the Sorbonne.
Sorbonne [sɔrbɔn]. **1.** *Pr.n.f.* The Sorbonne (seat of the University in Paris). **Étudier à la S., en S.,** to study at the Sorbonne. **2.** *s.f.* *Ch:* Fume-cupboard.
sorcellerie [sɔrsɛlri], *s.f.* Witchcraft, sorcery.
sorcier, -ière [sɔrsje, -jɛːr], *s.* Sorcerer, *f.* sorceress; wizard, *f.* witch. *F:* **Vieille sorcière,** old hag, old trout. *a.* **Ce n'est pas bien s.,** there is no wizardry in that.
sordide [sɔrdid], *a.* Sordid, squalid. **1.** Filthy, dirty. **2.** Mean, base. *adv.* **-ment.**
sordidité [sɔrdidite], *s.f.* Sordidness.
sore [sɔːr], *s.m.* *Bot:* Sorus.
sorg(h)o [sɔrgo], *s.m.* *Bot:* Sorghum; Indian millet.
Sorlingues (les) [lesɔrlɛ̃g]. *Pr.n.f.pl.* The Scilly Isles.
sornettes [sɔrnɛt], *s.f.pl.* Nonsense; idle talk. **Conter des s. à qn,** to humbug s.o.
sor-s, -t¹. See SORTIR.
sort² [sɔːr], *s.m.* **1.** Lot (in life). **Assurer le s. de ses enfants,** to provide for one's children. **2.** Destiny, fate. **Abandonner qn à son s.,** to leave s.o. to his fate. **Coup du s.,** stroke of fate. **3.** Chance, fortune, lot. **Le s. des armes,** the fortunes of war. **Tirer au s.,** to draw lots. **Tirage au s.,** drawing of lots; balloting; *Adm:* drawing (of lots) for conscription. *Fb:* **Tirer au s.,** to toss, to spin the coin. **Tirage au s.,** toss. **Le sort en est jeté,** the die is cast. **4.** Spell, charm. **Jeter un s. sur qn,** to cast a spell on, over, s.o.
sortable [sɔrtabl], *a.* Suitable (match, employment); eligible (young man). **Je n'ai pas une seule robe s.,** I haven't a single decent dress.
sortant, -ante [sɔrtɑ̃, -ɑ̃ːt], *a.* Coming out. **Numéro s.,** winning number (in lottery). **Membres (de comité) sortants,** retiring, outgoing, members. **Les entrants et les sortants,** those going in and those coming out.
sorte [sɔrt], *s.f.* **1.** Manner, way. **Ne parlez pas de la s.,** don't talk like that, in that strain. **En quelque s.,** as it were, in a way, in a manner. **En aucune s.,** in no wise. *Conj.phr.* **Il est sorti sans pardessus, de s. qu'il a attrapé un rhume,** he went out without his overcoat, so that he caught cold. **Parlez de (telle) s. qu'on vous comprenne,** speak so as to be understood, so that you are understood. **En s. que** + *sub.*, so that, in such a manner that. **Faites en s. que tout soit prêt à temps,** see to it that everything is ready in time. **2.** Sort, kind. **Toute(s) sorte(s) de choses, des choses de toute(s) sorte(s),** all sorts, kinds, of things. **Un homme de la s.,** a man of that sort, of that kind. **Un homme de votre s.,** a man like you, of your stamp. **Il n'est s. de soins qu'il n'ait pris,** he spared no pains. **Je n'ai rien dit, rien fait, de la s.,** I said, did, no such thing, nothing of the kind. **J'ai une s. d'impression qu'il viendra,** *F:* I sort of feel that he will come. **3.** *Typ:* Sort. **S. surabondante,** superfluous sort. **S. manquante,** missing sort, short sort.
sortie [sɔrti], *s.f.* **1.** (*a*) Going out, coming out, departure, exit. **A toutes mes sorties,** every time I go out. **A la s. des ateliers,** when the men leave work. **A ma s. de classe,** on coming out of school. *F:* **Se ménager une porte de s.,** to arrange a way out (of the difficulty) for oneself; to arrange a bolt-hole. *Th:* **Fausse s.,** sham exit (from stage); 'offers to go.' S.a. BILLET 6. (*b*) Leaving (for good). **A ma s. d'école,** when I leave, left, school. **A la s. de l'hiver,** when winter is over. (*c*) Flowing out (of liquid, etc.). *Com:* **Sorties de fonds,** expenses, outgoings. (*d*) *Com:* Exportation (of goods). **Droit de s.,** export duty. **2.** Trip, excursion. **Jour de sortie,** day out; holiday. **3.** (*a*) *Mil:* Sally, sortie. *Fb:* Run out (by goal-keeper). (*b*) *F:* Outburst, tirade. **Faire une s. à, contre, qn,** to launch out at, pitch into, s.o.; to lash out at s.o. **4.** Exit; way out. **S. de secours,** emergency exit. **Par ici la s.,** this way out. **5.** *Cost:* *A:* **S. de bal, de théâtre,** evening wrap, opera-cloak. **S. de bain,** bath-wrap, bath-gown.
sortilège [sɔrtilɛːʒ], *s.m.* Spell, charm.
sortir [sɔrtiːr], *v.* (*pr.p.* **sortant**; *p.p.* **sorti**; *pr.ind.* **je sors, il sort, n. sortons**; *pr.sub.* **je sorte**; *p.h.* **je sortis**; *fu.* **je sortirai**) **I.** *v.i.* **1.** (*a*) To go or come out; to leave the room or the house. **S. de la salle,** to go, walk, stalk, stride, out of the room. *Sch:* **Est-ce que je peux s.?** may I be excused? **Faire s. qn,** (i) to take (child) out (for a walk); (ii) to order s.o. out of the room, out of the house. **Faire s. du pus de la plaie,** to squeeze matter out of the wound. **Ne le laissez pas s.,** don't let him out. **Il ne sort pas de chez moi,** he is always on my doorstep. **S. de son lit,** (i) to leave one's bed; (ii) (of river) to overflow its banks. *Th:* **Macbeth sort,** exit Macbeth. *F:* **D'où sortez-vous?** where have you been all this time? *Cards:* **Le dix de carreau est sorti,** the ten of diamonds has turned up. **Il ne sortira pas grand-chose de tout cela,** little will result from all this. (Of ship) **S. du port,** to leave harbour. **Source qui sort de (la) terre,** spring that gushes, issues, from the earth. **Cela m'est sorti de l'esprit,** it has dropped out of my mind. **Faire s. la garde,** to turn out the guard. *Fin:* (Of bonds) **S. en, au, tirage,** to be drawn. (*b*) (Of horseman) To ride out; (of driver or vehicle) to drive out; (of captain or ship) to sail out. (*c*) **S. en courant,** ro run out. **S. précipitamment, se hâter de s.,** to hurry, rush, out. **S. furtivement,** to steal out. **Parvenir à s.,** to (manage to) get out. (*d*) (Of flowers, corn, etc.) To come up, spring up. **Il lui est sorti une dent,** he has cut a tooth. *Sch:* **Cette question est sortie (à l'examen),** this question was set (in the examination). (*e*) To have just come out. **Je sors de table,** I have just got up from table. **S. du collège,** to have just left school. **Il sort d'ici,** he has just left. **Je sors d'une typhoïde,** I am just recovering from typhoid. (*f*) *A. & F:* **Je sors de le voir,** I have just seen him. (*g*) **S. de son sujet,** to depart, wander, from one's subject. **S. de la question,** to wander from the point. **S. des bornes de la bienséance,** to overstep the bounds of decency. (Of train) **S. des rails,** to jump the metals. S.a. GOND. **2.** To go out, go from home; *F:* to go places. **Madame est sortie; elle est sortie à trois heures,** Mrs X is out; she went out at three o'clock. **S. à cheval, à pied,** to go out riding, walking. **Elle sort beaucoup,** she is out a great deal. **3.** To get out, extricate oneself (from a difficulty, danger). **Aider qn à s. d'une difficulté,** to help s.o. out. **Il sortit vainqueur,** he came off victorious. **Cinquante chances sur cent de vous en s.,** (i) you've a fifty-fifty chance of getting out of this mess; (ii) you've a fifty-fifty chance of surviving. **4.** To spring, issue, descend (from a good family, etc.). **Sorti du peuple,** sprung from the people. **Cheval sorti d'un bon haras,** horse that comes from a good stud. **Officier sorti du rang,** officer who has

risen from the ranks. **Elle sort du Conservatoire,** she studied at the Conservatoire. **5.** To stand out, stick out, protrude, project. **Yeux qui sortent de la tête,** protruding eyes. **Les yeux lui sortaient de la tête,** his eyes started out of his head. **Un navire sortit du brouillard,** a ship loomed out of the fog.

II. **sortir,** *v.tr.* To take out, bring out, pull out. *F:* **S. qn,** to expel, dismiss, s.o. *F:* to chuck s.o. out. **Sortez-nous quelques chaises,** bring us out a few chairs. **S. un livre de la bibliothèque,** to take a book out of the library. **S. les mains de ses poches,** to take one's hands out of one's pockets. **Il sortit son carnet de chèques,** he pulled out his cheque book. **S. un revolver,** to whip out a revolver. **S. la tête à la portière,** to put one's head out of the carriage window. *Publ:* To publish. **Le second volume n'est pas encore sorti,** the second volume is not out yet. *Typ:* **S. une ligne,** to run out a line (into the margin).

III. **sortir,** *s.m.* **Au s. du théâtre, de l'école,** on coming out of the theatre, out of school. **Au s. de l'hiver,** at the end of winter. **Au s. de l'enfance,** on emerging from childhood.

sosie [sɔzi], *s.m.* *F:* (S.o.'s) double, counterpart.

so|t, sotte [so, sɔt]. **1.** *a.* (*a*) Silly, stupid, foolish. (*b*) Embarrassed, disconcerted. **Rester tout s.,** to look sheepish; to feel foolish. **2.** *s.* Fool, dolt, blockhead. **C'est un s. en trois lettres,** he's a downright fool. **Une petite sotte,** a little ninny, a little goose. *adv.* **-ttement.**

sot-l'y-laisse [solilɛs], *s.m.inv.* *F:* Oyster piece (of fowl).

sottise [sɔtiːz], *s.f.* **1.** Stupidity, silliness, folly, foolishness. **2.** (*a*) Foolish act or word. **Faire, dire, des sottises,** to do, say, silly things. (*b*) Offensive remark; insult. **Dire des sottises à qn,** to abuse, slang, s.o.

sou [su], *s.m.* (In familiar, but no longer official use) Sou (= 5 centimes). *Fr.C:* Cent. **Pièce de cent sous,** five-franc piece. *A:* **Gros s.,** penny(-piece). **Une question de gros sous,** a question of £ s. d. **Le s. du franc,** the market penny. **Prendre garde à un s.,** to look twice at every penny. **Amasser une fortune s. par s.,** to scrape a fortune together (penny by penny). **N'avoir pas le s., être sans le s.,** to be penniless, destitute, *F:* to be broke. *Prov:* **Un s. amène l'autre,** money makes money. **Affaire de quatre sous,** twopenny-halfpenny business. **Cela vaut cent mille francs comme un s.,** it's worth a hundred thousand francs if it's worth a penny. **Cela ne vaut pas quatre sous,** it's not worth two pence. **Pas ambitieux pour deux sous, pour un s.,** not in the least ambitious. **Il n'a pas pour deux sous de courage,** he hasn't a ha'p'orth of pluck. **Appareil à sous,** slot machine.

soubassement [subɑsmɑ̃], *s.m.* *Arch:* Subfoundation, base; stylobate (of colonnade). **Le s. social,** the social substructure.

soubresaut [subrəso], *s.m.* (*a*) Sudden start; bound, leap (of horse, etc.); jolt (of vehicle). (*b*) Sudden emotion, catch of the breath; gasp. (*c*) *pl.* Trembling, convulsive movements (of the limbs).

soubrette [subrɛt], *s.f.* *Th:* Soubrette, waiting-maid.

souche [suʃ], *s.f.* **1.** (*a*) Stump, stub, stock (of tree). **S. d'enclume,** anvil-block. *F:* **Rester (là) comme une s.,** to stand like a log. (*b*) *F:* Blockhead, dolt. **2.** Head, founder (of family). *Biol:* Strain (of virus). **Faire s.,** to found a family. **Il vient de bonne s.,** he comes of a sound stock. **Chien de bonne s.,** pedigree dog. **Famille de vieille s.,** an old family. **3.** *Com:* Counterfoil, stub (of cheque, etc.). **Carnet, livret, à souches,** counterfoil book. **4.** Shaft, stack (of chimney).

souchet [suʃɛ], *s.m.* **1.** *Bot:* Cyperus, galingale. **2.** *Orn:* Spoonbill duck; shoveller.

souci[1] [susi], *s.m.* *Bot:* Marigold. **S. d'eau,** marsh-marigold.

souci[2], *s.m.* Care. **1.** Solicitude. **S. de la vérité,** regard for truth. **Prendre s. de qch.,** to have a care for sth. **Avoir le s. de l'exactitude,** to be a stickler for accuracy. **2.** Anxiety, worry. **Se faire du s.,** to worry. **C'est le moindre,** *F:* **le cadet, de mes soucis,** that's the least of my worries; *F:* I couldn't care less. **Les noirs soucis,** black care. **Soucis d'argent,** money troubles, money worries. **Donner bien des soucis à qn,** to cause s.o. great anxiety. **Être en s. de qch.,** to worry about sth. **Rongé par les, dévoré de, soucis,** care-worn. **Sans s., libre de soucis,** care-free.

soucier [susje], *v.tr.* *A:* (Of thg) **S. qn,** to trouble, disturb, s.o.

se soucier, to trouble oneself, concern oneself (de, about); to care (de, for); to mind. **Ne se s. de rien,** to care for nothing. **Il ne se souciait pas de cela,** he didn't bother his head about that. *F:* **Je m'en soucie comme de l'an quarante, de ma première chemise,** I don't care a hang, a button, a fig, a rap.

soucieu|x, -euse [susjø, -øːz], *a.* (*a*) Anxious, concerned (de, about). **Être s. de faire qch.,** to be anxious to do sth. **Être s. de ses propres intérêts,** to have a care for one's own interest. **Peu s. du lendemain,** unconcerned about the future. (*b*) Full of care; worried. *adv.* **-sement.**

soucoupe [sukup], *s.f.* Saucer. *F:* *Av:* **S. volante,** flying saucer.

soudain [sudɛ̃]. **1.** *a.* Sudden, unexpected. **2.** *adv.* Suddenly; all of a sudden. *adv.* **-ement.**

soudaineté [sudɛnte], *s.f.* Suddenness.

Soudan [sudɑ̃], *Pr.n. m.* *Geog:* The Sudan.

soudant [sudɑ̃], *a.* *Metalw:* Welding, brazing. **Blanc s.,** welding heat.

soudard [sudaːr], *s.m.* Usu. *Pej:* (Hardened) old soldier, old trooper; ruffian.

soude [sud], *s.f.* **1.** *Bot:* Salt-wort; (prickly) glass-wort. **2.** Soda. **Carbonate de s.,** *F:* **cristaux de s.,** washing soda, common soda. **Bicarbonate de s.,** bicarbonate of soda, *F:* baking soda. **S. caustique,** caustic soda.

soud|er [sude], *v.tr.* (*a*) To solder. (*b*) To weld, braze. **S. à l'autogène,** to weld. **S. à l'étain,** to sweat, to soft-solder. **Lampe à s.,** blow-lamp. **Eau à s.,** killed spirits. S.a. FER 3. (*c*) To join, to unite. *s.m.* **-age.** *s.m.* **-eur.**

se souder. **1.** To join together; to weld, to fuse together. **2.** (*a*) (Of bone) To knit. (*b*) (Of joints) To become anchylosed.

soudoyer [sudwaje], *v.tr.* (**je soudoie; je soudoierai**) (*a*) To hire (assassin, etc.). (*b*) *F:* To bribe.

soudure [sudyːr], *s.f.* **1.** (*a*) Soldering. (*b*) Welding, brazing. **S. autogène, à l'autogène,** oxyacetylene welding. **2.** (*a*) Soldered joint. **S. à nœud,** wipe(d) joint. (*b*) (Welded, brazed) seam; weld. **Sans soudure(s),** seamless. (*c*) Union, join (of bones, etc.). **3.** Solder. **4.** *Pol.Ec:* **Faire la s.,** To bridge the gap.

soue [su], *s.f.* Pigsty.

soufflage [suflaːʒ], *s.m.* **1.** Glass-blowing. **2.** Blowing, blow, blast (of furnace). *El.E:* **S. d'étincelles,** blow-out. **3.** *N.Arch:* Sheathing, lining.

souffle [sufl], *s.m.* Breath. **1.** (*a*) Puff, blast (of air, wind). (*b*) Blast (of exploding shell); muzzle-blast (of gun). (*c*) *Av:* Wash (of propeller). (*d*) **Le s. poétique,** poetic inspiration. (Of poet) **Manquer de s.,** to lack inspiration. **2.** (*a*) Respiration, breathing. **Retenir son s.,** to hold one's breath. **Couper le s. à qn,** (i) to wind s.o.; (ii) to make s.o. gasp; to take s.o.'s breath away. **Dernier s.,** last breath. **Exhaler son dernier s.,** to breathe one's last. **N'avoir plus que le s.,** to be at one's last gasp. **Manquer de s., avoir le s. court,** to be short-winded. **Être à bout de s.,** to be winded, out of breath, short of wind. (*b*) *Med:* Souffle; venous hum, murmur.

soufflé [sufle]. **1.** *a.* (*a*) *Ling:* Unvoiced (vowel). (*b*) Puffed up, puffy (face, etc.); soufflé (omelette). **2.** *s.m.* *Cu:* Soufflé.

souffl|er [sufle]. **1.** *v.i.* (*a*) To blow. **S. dans une trompette,** to blow a trumpet. **S. dans ses doigts,** to breathe, to blow, on one's fingers. (*b*) To recover one's breath. **Laisser s. un cheval,** to let a horse get its wind, to give a horse a breather. (*c*) To pant; to puff. *F:* **S. comme un bœuf,** to blow like a grampus. (*d*) **Le vent souffle en tempête,** it is blowing a gale. **2.** *v.tr.* (*a*) To blow (glass); to blow up (toy balloon, etc.). (*b*) To blow (the organ); to blow up (the fire); to blow off (dust); to blow out (a candle); to blast (by explosion). S.a. CHAUD 2. (*c*) To breathe, utter (a word, a sound). **Ne pas s. mot de qch.,** not to breathe a word of sth. (*d*) **S. son rôle à un acteur,** to prompt an actor. *F:* **S. qch. à qn,** to suggest sth. to s.o. (*e*) *Draughts:* To huff (a man). *F:* **S. qch. à qn,** to trick, to do, s.o. out of sth. *s.m.* **-ement.**

soufflerie [sufləri], *s.f.* **1.** Bellows (of organ, forge). **2.** *Ind:* Blast-engine; blower. **3.** Wind-tunnel.

soufflet [suflɛ], *s.m.* **1.** (*a*) (Pair of) bellows. (*b*) Blowing-machine. (*c*) *Ind:* Fan, fanner. **2.** (*a*) *Rail:* 'Concertina' vestibule (joining coaches). (*b*) *Phot:* Bellows (of camera). (*c*) *Dressm:* Gusset, gore, inlay. **3.** (*a*) Box on the ear, slap in the face. (*b*) Affront, humiliation, snub.

souffleter [sufləte], *v.tr.* (je **soufflette**; **je souffletterai**) (*a*) **S. qn,** to box s.o.'s ears, to slap s.o.'s face. (*b*) *F:* To insult, affront, outrage (s.o.).

souffleur, -euse [suflœːr, -øːz], *s.* **1.** (*a*) **S. d'orgue,** organ-blower. **S. de verre,** glass-blower. (*b*) *F:* Puffer and blower. (*c*) *Th:* Prompter. **Trou du s.,** prompt-box (in front of stage). **2.** *s.m.* Blower (of locomotive, for ventilation, etc.). **3.** *s.m. Z:* Blower (dolphin). **4.** *s.f.* **Souffleuse,** snow-blower.

soufflure [suflyːr], *s.f.* **1.** Blister (in paint, etc.). **2.** *Metall:* Blow(-hole), flaw.

souffrance [sufrɑ̃ːs], *s.f.* **1.** (*a*) *Jur:* **Jour, vue, de s.,** window or light on sufferance (overlooking neighbour's property). (*b*) Suspense. **En s.,** in suspense, in abeyance. **Colis en s.,** parcels hung up in transit or awaiting delivery or to be called for. **Effets en s.,** bills held over; bills overdue. **2.** Suffering, pain.

souffrant [sufrɑ̃], *a.* **1.** *A:* Long-suffering. **2.** (*a*) Suffering; in pain. (*b*) Unwell, poorly, ailing. **3.** **L'Église souffrante,** the souls in Purgatory.

souffre-douleur [sufrədulœːr], *s.m.*, occ. *f.*, *inv.*, (*a*) Drudge, whipping-boy. (*b*) Butt (of jokes, etc.).

souffreteux, -euse [sufrətø, -øːz], *a.* **1.** Destitute, needy. **2.** Sickly, peaky, half-starved (child).

souffrir [sufriːr], *v.* (*pr.p.* **souffrant**; *p.p.* **souffert**; *pr.ind.* **je souffre, il souffre, n. souffrons**; *p.h.* **je souffris**; *fu.* **je souffrirai**) To suffer. **1.** *v.tr.* (*a*) To endure, undergo, bear, put up with (pain, loss, insult, etc.). *Mil:* **S. une attaque,** (i) to be attacked; (ii) to sustain, withstand, an attack. *F:* **Je ne peux pas le s.,** I can't stand him, (*b*) To permit, allow. **Je ne saurais s. cela,** I cannot allow that. **Souffrez que je vous dise la vérité,** allow me to tell you the truth. **Situation qui ne souffre aucun retard,** situation that brooks no delay, that admits of no delay. **2.** *v.i.* (*a*) To feel pain. **Souffre-t-il?** is he in pain? **Mon bras me fait s.,** my arm hurts. **S. de la tête,** to suffer from pains in the head. **Je souffre de le voir si changé,** it pains, grieves, me to see him so changed. (*b*) To suffer injury; (of thg) to be injured, damaged (by frost, travel, etc.) **Les vignes ont souffert de la gelée,** the vines have suffered from the frost. **Nous avons beaucoup souffert par la guerre,** we were hard hit by the war.

soufre [sufr], *s.m.* Sulphur, *F:* brimstone. **Fleur de s.,** flowers of sulphur.

soufr|er [sufre], *v.tr.* To sulphur; to treat (sth.) with sulphur; to sulphurate (wool); to stum (wine). **Allumette soufrée,** sulphur-match. *s.m.* **-age.**

soufreuse [sufrøːz], *s.f. Hort:* Sulphurator.

soufrière [sufriɛːr], *s.f.* **1.** Sulphur-mine. **2.** *Geol:* Solfatara.

souhait [swɛ], *s.m.* Wish, desire, aspiration. **Présenter ses souhaits à qn,** to offer s.o. one's good wishes. **A s.,** according to one's wishes; to one's liking. **Avoir tout à s.,** to have everything one can wish for. *F:* **A vos souhaits!** (God) bless you! (when sneezing).

souhaitable [swɛtabl], *a.* Desirable.

souhaiter [swete], *v.tr.* To wish. **S. les richesses,** to desire wealth; to wish for wealth. **Je souhaiterais (de) pouvoir vous aider,** I should like to be able to help you. **Je vous souhaite une bonne année,** *P:* **je vous la souhaite bonne (et heureuse).** I wish you a Happy New Year. *F:* **Je vous en souhaite!** don't you wish you may get it! S.a. BIENVENUE[2].

souillard [sujaːr], *s.m.* (*a*) Sink-hole (in a stone flag). (*b*) Sink-stone.

souillarde [sujard], *s.f.* **1.** Scullery. **2.** Wooden tub.

souille [suːj], *s.f.* **1.** (Wild boar's) wallow. (Of boar) **Prendre s.,** to return to its wallow. **2.** Bed, impression (of stranded ship in the sand or mud).

souiller [suje], *v.tr.* **1.** To soil, dirty (**de,** with); to foul. **2.** To pollute, defile; to taint. **3.** To tarnish, sully, besmirch (one's name, a memory).

souillon [sujɔ̃], *s. m. & f.* **1.** Sloven; esp. *f.* slut, slattern. **2.** *s.f.* Scullery-maid.

souillure [sujyːr], *s.f.* **1.** Spot (of dirt); stain (on garment). **2.** Blot, blemish (on one's honour); defilement. **Sans souillure,** unsullied, undefiled.

souk [suk], *s.m.* (In Middle East and N. Africa) Market.

soûl [su]. **1.** *a.* (*a*) *A: & Lit:* Glutted, surfeited, gorged (with food, etc.). **Être s. de musique,** to be surfeited with music. (*b*) *F:* Drunk, tipsy. **S. comme une grive, comme une bourrique,** as drunk as a fiddler, as a lord, as an owl. **2.** *s.m.* **Manger, pleurer, tout son s.,** to eat, weep, one's fill. **Dormir tout son s.,** to have one's sleep out. **Rire, chanter, tout son s.,** to laugh, sing, to one's heart's content.

soulagement [sulaʒmɑ̃], *s.m.* Relief, alleviation, assuagement; solace, comfort. *Mch:* **Soupape de s.,** relief-valve.

soulager [sulaʒe], *v.tr.* (je **soulageai(s)**; **n. soulageons**) To lighten the burden of (mule, etc.); to ease (pressure); to relieve, alleviate, assuage (pain, grief). **S. une poutre,** to relieve the strain on a beam. *F:* **S. qn de son portefeuille,** to relieve s.o. of his wallet.

se soulager. **1.** **Se s. d'un fardeau,** to ease oneself of a burden. **2.** To relieve one's feelings, one's mind. **3.** *F:* To relieve nature.

soûlard [sulaːr], **soûlaud** [sulo], *s.m. P:* Drunkard, soaker.

soûler [sule], *v.tr. F: or P:* **1.** To surfeit (s.o.). **Tout soûle à la fin,** one can have too much of a good thing. **2.** To intoxicate; to make (s.o.) drunk.

se soûler. *F: or P:* **1.** To gorge (**de,** on); to glut oneself (**de,** with). **2.** To get drunk.

soûlerie [sulri], *s.f.* **1.** *F:* Satiety. **2.** *P:* Drinking-bout.

soulèvement [sulɛvmɑ̃], *s.m.* (*a*) Rising, heaving; swell(ing) (of the waves). **S. de cœur,** nausea. (*b*) *Geol:* Upheaval, upthrust. (*c*) Revolt, rising (of a people). (*d*) Burst of indignation; general protest.

soulever [sulve], *v.tr.* (**je soulève**; **je soulèverai**) **1.** (*a*) To raise (usu. with effort); to lift (up) (a weight). **Poussière soulevée par le vent,** dust raised by the wind. S.a. CŒUR 1. (*b*) To raise slightly. **S. le rideau,** to peep out under the curtain. (*c*) **S. une objection,** to raise an objection. **S. des doutes,** to raise doubts. **2.** (*a*) To rouse, stir up (people to revolt). (*b*) To excite, provoke, rouse (passion, indignation).

se soulever. **1.** (*a*) To rise. **La mer se soulève,** the sea heaves, swells. **Tout mon être se soulève en colère contre lui,** my whole being rises in anger against him. (*b*) (Of the stomach) To heave, to turn. **2.** (*a*) To raise oneself (with one's hands, etc.). (*b*) To revolt; to rise (in rebellion).

soulier [sulje], *s.m.* Shoe. **S. de marche,** walking shoe. **S. de bal,** (ladies') evening shoe, (men's) pump. **S. de toile,** canvas shoe. *F:* **Être dans ses petits souliers,** to be in an embarrassing, awkward, situation; to be ill at ease, on pins and needles. **Faute de souliers on va nu-pieds,** beggars cannot be choosers.

soulign|er [suliɲe], *v.tr.* (*a*) To underline, underscore (word). (*b*) To emphasize, lay stress on (word, fact). *s.m.* **-ement.**

soûlographie [sulɔgrafi], *s.f. P:* **1.** Drunkenness. **2.** Drinking bout.

soulte [sult], *s.f.* Balance (to equalize shares), compensation (in cash).

soumettre [sumɛtr], *v.tr.* (Conj. like METTRE) **1.** To subdue, to bring into subjection. **2.** To submit, refer, put (question, etc.). **S. une demande à qn,** to lay a request before s.o. **3.** To bind. **S. qn à une opération,** to subject s.o. to an operation. **S. qch. à un examen,** to subject sth. to an examination. **Être soumis à des règles strictes,** to be bound by strict rules.

se soumettre, to submit, give in, yield (**à,** to). **Se s. aux volontés de qn,** to comply with s.o.'s wishes. **Se s. à une opération chirurgicale,** to undergo an operation.

soumis [sumi], *a.* **1.** Submissive, obedient; biddable, dutiful (child). **2.** Subject, amenable (to law, authority, etc.). **S. au timbre,** liable to stamp-duty. **Fille soumise,** registered prostitute. **Peuples soumis à Rome,** peoples under the sway of Rome.

soumission [sumisjɔ̃], *s.f.* **1.** (*a*) Submission (of rebels, etc.). **Faire (sa) s.,** to surrender, yield. (*b*) Profession of allegiance. (*c*) Obedience, submissiveness, amenableness (**à,** to). **2.** *Com:* Tender (for public works, etc.). **Faire une s. pour un travail,** to send in a tender, to tender, for a piece of work.

soumissionnaire [sumisjɔnɛːr], *s.m.* (*a*) Party tendering for contract; tenderer. (*b*) *Fin:* Underwriter.
soumissionner [sumisjɔne], *v.tr.* (*a*) To tender for, put in a tender for (public works, etc.). (*b*) *Fin:* To underwrite.
soupape [supap], *s.f.* **1.** Valve. (*a*) **S. de sûreté,** safety-valve. **S. d'admission,** inlet valve. **S. d'échappement,** outlet, exhaust, valve. *I.C.E:* **Soupapes en tête, en chandelle,** overhead valves. **Soupapes en chapelle,** side-valves. **Sans soupapes,** valveless. (*b*) *El.E:* **S. électrique,** current-rectifying valve; rectifier. **2.** Plug (of bath, reservoir).
soupçon [supsɔ̃], *s.m.* Suspicion. **1. Devenir l'objet des soupçons,** to fall under suspicion. **J'en avais le s.!** I thought so! I suspected as much! **Endormir les soupçons,** to lull suspicion. **Faire naître les soupçons,** to arouse suspicion. **2.** Surmise, conjecture, inkling. **3.** *F:* Slight flavour, dash, soupçon (of vinegar, garlic, etc.); touch (of fever, irony). **Pas un s. de chance,** not the ghost of a chance.
soupçonnable [supsɔnabl], *a.* Liable, open, to suspicion; suspectable.
soupçonner [supsɔne], *v.tr.* **1.** To suspect. **S. qn de qch., d'avoir fait qch.,** to suspect s.o. of sth., of having done sth. **S. juste,** to be right in one's suspicions. **Je le soupçonne royaliste,** I suspect him of royalism. **2.** To surmise, conjecture.
soupçonneu|x, -euse [supsɔnø, -øːz], *a.* Suspicious, distrustful. **Peu s.,** unsuspicious. *adv.* **-sement.**
soupe [sup], *s.f.* **1.** Sop; soaked slice of bread. **S. au lait,** bread and milk. **C'est une s. au lait, il est très s. au lait,** he flares up very easily. S.a. MONTER I. 2, TREMPER 1. **2.** (*a*) Soup. **S. grasse,** soup made with meat. **S. maigre,** vegetable soup. **S. à l'oignon,** onion soup. *F:* **Venez manger la s. avec nous,** come and take pot-luck with us. **Marchand de s.,** keeper of poor boarding-house. (*b*) *F:* Morning, evening, meal. *Mil: F:* **Être de s.,** to be on cookhouse duty. **3. S. populaire,** soup-kitchen.
soupente [supɑ̃ːt], *s.f.* **1.** (*a*) Loft, garret. (*b*) Closet. **S. d'escalier,** recess under the stair. **2.** Braces (of coach).
souper [supe]. I. *v.i.* To have supper; to sup. *F:* **J'en ai soupé,** I've had enough of it.
II. **souper,** *s.m.* Supper.
soupeser [supəze], *v.tr.* (**je soupèse; je soupèserai**) To feel, try, the weight of (sth.); to weigh, poise (sth.) in the hand.
soupière [supjɛːr], *s.f.* Soup-tureen.
soupir [supiːr], *s.m.* **1.** Sigh. **Pousser un s.,** to heave, fetch, a sigh. **Rendre le dernier s.,** to breathe one's last. **S. du vent,** sighing, sough, of the wind. **2.** *Mus:* Crotchet-rest. **Demi-s.,** quaver rest.
soupirail, -aux [supiraːj, -o], *s.m.* Air-hole; (cellar) ventilator; vent (in air-shaft); basement window.
soupirant [supirɑ̃], *s.m. F:* Suitor, wooer.
soupirer [supire], *v.i.* (*a*) To sigh. **En soupirant,** with a sigh. (*b*) **S. après, pour, qch.,** to long, yearn, sigh, for sth; to hanker after sth.
souple [supl], *a.* Supple. (*a*) Pliant; flexible, pliable; lithe, lissom(e) (body, figure); flexible (voice); limp (binding). **Esprit s.,** versatile mind. (*b*) Docile, pliant, tractable. S.a. ÉCHINE. *adv.* **-ment.**
souplesse [suplɛs], *s.f.* Suppleness. **1.** Flexibility, pliability, pliancy; lissom(e)ness (of figure); litheness (of body); flexibility (of voice). **S. d'esprit,** versatility. **2.** Pliability (of character).
souquenille [sukniːj], *s.f.* Smock.
souquer [suke], *v.tr.* **1.** *Nau:* To haul (rope) taut. **2. S. sur les avirons,** to pull away at the oars. **S. un coup,** to pull one stroke.
source [surs], *s.f.* Source. **1.** (*a*) Spring(-head), fountain(-head), well. **Eau de s.,** spring water. **S. d'eau minérale,** mineral spring. **S. thermale,** hot spring. **Rivière qui prend sa s. dans . . .,** river that rises in. . . . *F:* **Son récit coule de s.,** he tells a straightforward tale. (*b*) **S. de pétrole,** oil-spring. **S. jaillissante,** gusher. **S. boueuse,** mud-geyser, volcano. **2.** Origin. **Aller à la s. du mal,** to get to the root of the evil. **S. de la vie, s. de toute science,** well-spring of life, fount of all knowledge. **Je le tiens de bonne s.,** I have it on good authority.
sourcier, -ière [sursje, -jɛːr], *s.* Water-diviner; dowser.
sourcil [sursi], *s.m.* Eyebrow. **Sourcils épais,** shaggy eyebrows. **Aux sourcils épais,** beetle-browed, heavy-browed. **Froncer le(s) sourcil(s),** to knit one's brow; to frown, to scowl.
sourcilier, -ière [sursilje, -jɛr], *a. Anat:* Superciliary. **Arcade sourcilière,** brow ridge.
sourciller [sursije], *v.i.* **1.** To knit one's brows; to frown. **2.** To wince, flinch. **Sans s.,** without wincing; *F:* without turning a hair.
sourcilleux, -euse [sursijø, -øːz], *a.* (*a*) Supercilious, haughty. (*b*) Frowning (brow). **Il avait le front s.,** he looked worried.
sourd [suːr], *a.* **1.** (*a*) Deaf. **S. d'une oreille,** deaf in one ear. *F:* **S. comme un pot,** as deaf as a post, stone-deaf. **Faire le s.,** to sham deafness. **Faire la sourde oreille,** to turn a deaf ear. S.a. OREILLE 2. (*b*) *s.* Deaf person. *F:* **Crier comme un s.,** to yell, to squeal. **Il n'est pire s. que celui qui ne veut pas entendre,** (there are) none so deaf as those who don't want to hear. **2.** Dull (pain); dull, muffled (noise); muted (string); hollow (voice), secret (rumour, desire). **Cela tomba avec un coup s.,** it fell with a thump, with a thud. **Lanterne sourde,** dark lantern. **Hostilité sourde,** veiled hostility, hostile mutterings. *Ling:* **Consonne sourde,** voiceless consonant; surd. **3.** Sound-proof.
sourdement [surdəmɑ̃], *adv.* (*a*) With a dull, hollow, sound. **Le tonnerre grondait s.,** the thunder rumbled. (*b*) Secretly.
sourdine [surdin], *s.f.* **1.** (*a*) *Mus:* Mute. **Mettre une s. à un violon,** to mute a violin. **Violons en s.,** muted violins. **Mettre une s. à ses plaintes,** to lower the tone of one's complaints. **2. Accompagnement (de voix) en s.,** hummed accompaniment. *F:* **Jurer en s.,** to swear under one's breath. **A la, en, s.,** in secret, on the sly.
sourd-muet, sourde-muette [surmɥɛ, surdmɥɛt]. **1.** *a.* Deaf-and-dumb. **2.** *s.* Deaf-mute, *pl. Des sourds-muets.*
sourdre [surdr], *v.i.* (Used only in third pers. **il sourd, ils sourdent,** and in inf.) **1.** (Of water) To spring, to well (up). **2.** To result, arise, spring. **Que verra-t-on s. de ces événements?** what will spring from these events?
souriant [surjɑ̃], *a.* Smiling. **Elle était toute souriante,** she was all smiles.
souriceau [suriso], *s.m.* Little mouse.
souricière [surisjɛːr], *s.f.* (*a*) Mouse-trap. (*b*) Trap, snare; esp. police-trap. **Tendre une s.,** to set a trap (à, for).
sourire [suriːr]. I. *v.i.* (Conj. like RIRE) **1.** (*a*) To smile (à, to). **En souriant,** with a smile; smilingly. **La fortune lui sourit,** fortune smiles on him. (*b*) *Pej:* To smirk, to simper. **2.** (Of thg) To prove attractive to (s.o.). **L'idée ne nous souriait pas,** we did not relish the idea. **Projet qui ne me sourit pas,** plan which does not appeal to me.
II. **sourire,** *s.m.* Smile. **S. affecté,** smirk. **S. de mépris,** scornful smile; sneer. **Large s.,** grin. **Garder le s.,** to keep smiling.
souris [suri], *s.f.* **1.** Mouse. *F:* **On aurait entendu trotter une s.,** you could have heard a pin drop. *P:* Girl. **S. d'hôtel,** female hotel-thief. *F:* **S. de sacristie,** bigoted church-woman. *a.inv.* **(Couleur) gris (de) s.,** mouse-colour(ed). **2.** Knuckle-end (of leg of mutton).
sournois, -oise [surnwa, -waːz]. **1.** *a.* Artful, sly, deep, crafty; cunning, shifty (look); underhand (dealings). **2.** *s.* Sneak. *adv.* **-ement.**
sournoiserie [surnwazri], *s.f.* **1.** (Underhand) cunning; craftiness. **2.** Underhand trick.
sous [su], *prep.* **1.** Under(neath), beneath, below. **Tirer un tabouret de sous la table,** to draw a stool from under the table. **Sous terre,** underground, below ground. **Sous clef,** under lock and key. **Sous nos (propres) yeux,** under, before, our very eyes. **Connu sous le nom de . . .,** known by the name of. . . . **Travailler sous la pluie,** to work in the rain. **Sous les armes,** under arms; fighting. **Sous les drapeaux,** with the colours. *Nau:* **Sous le vent,** under the lee. **Sous les tropiques,** in the tropics. **Sous Louis XIV,** under Louis XIV. **Sous peine de mort,** on pain of death. **Écrire sous la dictée de qn,** to write at, from

s.o.'s dictation. **2.** Within the time of. **Je répondrai sous trois jours,** I shall reply within three days. S.a. PEU 2. **3. Sous-,** *pref.* Sub-, under-. **Sous-affréteur,** sub-charterer. **Sous-lacustre,** sub-lacustrine. **Sous-enveloppe,** under-covering.

NOTE. Compound nouns and adjectives of which the first element is sous vary in the plural.

sous-acétate [suzasetat], *s.m.* *Ch:* Subacetate.
sous-affréter [suzafrete], *v.tr.* (Conj. like FRÉTER) To sub-charter (ship).
sous-agence [suzaʒɑ̃:s], *s.f.* Sub-agency.
sous-alimentation [suzalimɑ̃tasjɔ̃], *s.f.* Malnutrition.
sous-alimenté [suzalimɑ̃te], *a. & s.* Underfed, undernourished.
sous-amendement [suzamɑ̃dmɑ̃], *s.m.* Amendment to an amendment.
sous-bail [suba:j], *s.m.* Sub-lease, sub-let.
sous-bibliothécaire [subibliɔtekɛ:r], *s.m.* Sub-librarian.
sous-bock [subɔk], *s.m.* Beer-mat.
sous-bois [subwa], *s.m.* Underwood, undergrowth.
sous-brigadier [subrigadje], *s.m.* Lance-corporal (in police force).
sous-chef [suʃɛf], *s.m.* **1.** Deputy chief clerk. **2.** Assistant manager. **S.-c. de gare,** deputy station-master.
sous-classe [suklɑ:s], *s.f.* *Nat.Hist:* Subdivision; sub-type, subclass.
sous-comité [sukɔmite], *s.m.* Sub-committee.
sous-commission [sukɔmisjɔ̃], *s.f.* Sub-committee; sub-commission.
sous-couche [sukuʃ], *s.f.* Substratum. *Phot:* **S.-c. antihalo,** non-halation undercoating.
souscripteur [suskriptœ:r], *s.m.* Subscriber.
souscription [suskripsjɔ̃], *s.f.* **1.** (*a*) Execution, signing (of deed). (*b*) Subscription, signature. **2.** (*a*) Subscription, application (**à des actions,** for shares). **Bulletin de s.,** allotment letter. (*b*) **Bal par s.,** subscription dance. **3.** Subscription, contribution (of sum of money). **Lancer une s.,** to start a fund. **4.** Entering (of horse, for race).
souscrire [suskri:r], *v.tr.* (Conj. like ÉCRIRE) **1.** To sign, execute (deed); to subscribe, sign (bond); to draw (cheque, etc.). **2. S. un abonnement,** to take out a subscription (for library, etc.). **S. mille francs pour une œuvre de charité,** to subscribe a thousand francs to a charity. **S. des actions,** to apply for shares. **Capital souscrit,** subscribed capital. **3.** *Abs.* (*a*) **S. à une émission,** to apply for, subscribe to, an issue. (*b*) **S. pour (la somme de) mille francs,** to subscribe a thousand francs. (*c*) **S. à une opinion,** to subscribe to an opinion.
souscrit [suskri], *a.* *Gr.Gram:* (Iota) subscript.
sous-cutané [sukytane], *a.* Subcutaneous.
sous-développé [sudevlɔpe], *a.* *Pol.Ec:* Underdeveloped.
sous-diacre [sudjakr], *s.m.* Subdeacon.
sous-directeur, -trice [sudirɛktœ:r, -tris], *s.* **1.** Sub-manager, sub-manageress. **2.** Vice-principal (of school); deputy headmaster or headmistress.
sousdit, -ite [sudi, -it], *a. & s.* *Jur:* Below-mentioned, under-mentioned.
sous-dominante [sudɔminɑ̃:t], *s.f.* *Mus:* Subdominant.
sous-embranchement [suzɑ̃brɑ̃ʃmɑ̃], *s.m.* *Biol:* Subgenus, sub-family.
sous-emploi [suzɑ̃plwa], *s.m.* Under-employment.
sous-entendre [suzɑ̃tɑ̃:dr], *v.tr.* To imply; not to express; to understand.
sous-entendu [suzɑ̃tɑ̃dy], *s.m.* Thing understood; implication. **Suggérer qch. par sous-entendus,** to hint at sth.
sous-entente [suzɑ̃tɑ̃:t], *s.f.* Mental reservation.
sous-entrepreneur [suzɑ̃trəprənœ:r], *s.m.* Sub-contractor.
sous-espèce [suzɛspɛs], *s.f.* Subspecies.
sous-estimer [suzɛstime], **sous-évaluer** [suzevalɥe], *v.tr.* To under-estimate, undervalue, underrate.
sous-exposer [suzɛkspoze], *v.tr.* *Phot:* To under-expose.
sous-exposition [suzɛkspozisjɔ̃], *s.f.* *Phot:* Under-exposure.
sous-fifre [sufifr], *s.m.* *F:* Second fiddle.
sous-genre [suʒɑ̃:r], *s.m.* *Z:* Sub-genus.
sous-gouverneur [suguvɛrnœ:r], *s.m.* Deputy governor, vice-governor.
sous-intendant [suzɛ̃tɑ̃dɑ̃], *s.m.* Under-steward.
sous-jacent [suʒasɑ̃], *a.* Subjacent, underlying; *Geol:* deep-seated.
sous-jupe [suʒyp], *s.f.* *Cost:* Underslip.
Sous-le-vent [sulvɑ̃]. *Pr.n.* *Geog:* **Les îles Sous-le-vent,** the Leeward Islands.
sous-lieutenant [suljøtnɑ̃], *s.m.* Second-lieutenant. *Av:* **S.-l. aviateur,** pilot-officer.
sous-locataire [sulɔkatɛ:r], *s.m. & f.* Subtenant, undertenant, sub-lessee.
sous-location [sulɔkasjɔ̃], *s.f.* **1.** (*a*) Sub-letting, underletting. (*b*) Under-renting. **2.** Under-tenancy, sub-lease, sub-let.
sous-louer [sulwe], *v.tr.* **1.** To sub-let, underlet, sublease (house). **2.** To rent (house) from the tenant.
sous-main [sumɛ̃], *s.m.* Blotting-pad, writing-pad; desk-pad. *F:* **En s.-m.,** behind the scenes.
sous-marin [sumarɛ̃]. **1.** *a.* Submarine (vessel, volcano); submerged (reef). **Chasse sous-marine,** underwater, fishing, undersea hunting. **Masque s.-m.,** frogman's mask.
sous-marinier [sumarinje], *s.m.* Submariner.
sous-maxillaire [sumaksillɛ:r], *a.* *Anat:* Submaxillary.
sous-mentonnière [sumɑ̃tɔnjɛr], *s.f.* Chin-strap.
sous-multiple [sumyltipl], *a. & s.m.* Submultiple (de, of).
sous-nappe [sunap], *s.f.* Under(table)cloth.
sous-œuvre [suzœ:vr], *s.m.* **1.** *Const:* *Civ.E:* Underpinning. **Reprendre un édifice en s.-œ.,** (i) to underpin a building; (ii) to shore up a building. **2.** Underportion, under-side.
sous-off [suzɔf], *s.m.* *F:* N.C.O., non-com.
sous-officier [suzɔfisje], *s.m.* **1.** Non-commissioned officer. **2.** *Navy:* Petty officer.
sous-ordre [suzɔrdr], *s.m.* **1.** *inv.* Subordinate, underling. **En sous-ordre,** subordinate(ly). **2.** *Nat.Hist:* Sub-order.
sous-préfecture [suprefɛkty:r], *s.f.* Sub-prefecture.
sous-préfet [suprefɛ], *s.m.* *Adm:* Sub-prefect.
sous-principal [suprɛ̃sipal], *s.m.* *Sch:* Vice-principal.
sous-production [suprɔdyksjɔ̃], *s.f.* Under-production.
sous-produit [suprɔdɥi], *s.m.* *Ind:* By-product.
sous-secrétaire [susəkretɛ:r], *s.m. & f.* Under-secretary.
sous-secrétariat [susəkretarja], *s.m.* **1.** Under-secretaryship. **2.** Under-secretary's office or department.
soussigné, -ée, [susiɲe], *a. & s.* Undersigned. **Je s. déclare que . . .,** I the undersigned declare that. . . .
soussigner [susiɲe], *v.tr.* To sign, undersign.
sous-sol [susɔl], *s.m.* **1.** *Geol:* Subsoil, substratum. **2.** *Const:* Basement; basement-flat.
sous-station [sustasjɔ̃], *s.f.* *El.E:* Sub-station.
sous-tangente [sutɑ̃ʒɑ̃:t], *s.f* *Geom:* Subtangent.
sous-tendre [sutɑ̃:dr], *v.tr.* *Geom:* To subtend (an arc.)
sous-titre [sutitr], *s.m.* Subtitle.
sous-titrer [sutitre], *v.tr.* *Cin:* To sub-title. **Film sous-titré en anglais,** film with English sub-titles.
soustractif, -ive [sustraktif, -i:v], *a.* Subtractive.
soustraction [sustraksjɔ̃], *s.f.* (*a*) Removal, taking away, withdrawal, abstraction. (*b*) *Mth:* Subtraction.
soustraire [sustrɛ:r], *v.tr.* (Conj. like TRAIRE) **1.** To take away, withdraw, abstract, purloin (document, etc.). **2.** To screen, preserve, shield. **S. qn à la colère de qn,** to protect s.o. from s.o.'s wrath. **3.** *Mth:* To subtract (**de,** from).
se soustraire à qch., to avoid, elude, escape, sth. **Se s. aux regards,** to retire from sight. **Je ne vois aucun moyen de m'y s.,** I see no means of getting out of it. **Se s. à la justice,** to abscond.
sous-traitant [sutrɛtɑ̃], *s.m.* Sub-contractor.
sous-traité [sutrɛte], *s.m.* Sub-contract.
sous-traiter [sutrete], *v.tr.* **1.** To sub-contract. **2.** To sub-let (a contract).
sous-variété [suvarjete], *s.f.* Subvariety.
sous-vêtement [suvɛtmɑ̃], *s.m.* Undergarment.
sous-volteur [suvɔltœ:r], *s.m.* *El.E:* Negative booster.
soutache [sutaʃ], *s.f.* Braid.
soutacher [sutaʃe], *v.tr.* To braid.

soutane [sutan], *s.f.* Cassock, soutane. **Prendre la s,** to become a priest; to take (holy) orders. **Le respect dû à la s.,** the respect due to the cloth.
soutanelle [sutanɛl], *s.f.* **1.** Short cassock. **2.** Clerical frock-coat.
soute [sut], *s.f. Nau:* Store-room. **S. à charbon,** coal-bunker. **Mettre du charbon en s.,** to bunker coal. **S. aux câbles,** cable-locker. **Soutes à mazout,** oil(-fuel) tanks. **S. à munitions,** magazine. **S. aux poudres,** powder-magazine. S. aux **bagages,** luggage-room. *Av:* **S. à essence,** refuelling point. **S. à bombes,** bomb-bay.
soutenable [sutnabl], *a.* (*a*) Bearable, supportable (burden, existence). (*b*) Tenable (opinion); arguable (theory).
soutenance [sutnɑ̃:s], *s.f. Sch:* Maintaining, defence (of a thesis).
soutenant, -ante [sutnɑ̃, -ɑ̃:t]. **1.** *a.* Sustaining (power). **2.** *s. Sch:* Maintainer (of a thesis).
soutènement [sutɛnmɑ̃], *s.m.* Supporting, support, propping, holding up. **Arche de s.,** relieving arch. **Mur de s.,** retaining wall.
souteneur [sutnœ:r], *s.m.* **1.** Upholder (of system, etc.). **2.** Bully; pimp, souteneur.
soutenir [sutni:r], *v.tr.* (Conj. like TENIR) To sustain, support. **1.** (*a*) To hold up, prop up; to prevent (s.o., sth.) from falling. **Aliments qui soutiennent,** sustaining food. (*b*) To keep, maintain (parents, family). (*c*) To back (up) (cause, person); to stand by, stand up for (s.o.); to back (s.o. financially); to be at the back of (s.o.). (*d*) To maintain, uphold (opinion); to affirm (fact). *Sch:* **S. une thèse,** to defend a thesis. **Il soutient l'avoir vu,** he asserts, maintains, that he saw it. **Il soutient que . . .,** he will have it that. . . . (*e*) To keep up, sustain, maintain (conversation, speed, one's rank). **2.** To sustain, bear, stand, withstand, hold out against (attack).
se soutenir. 1. To support, maintain, onself; to hold up, keep up. **Se s. sur ses pieds,** to stand (up) on one's feet. **2.** To last, continue. **L'intérêt se soutient,** the interest is kept up, does not flag.
soutenu [sutəny], *a.* Sustained. **1.** Unremitting (attention); unceasing, earnest, constant (effort); unflagging, unfailing, continued (interest). **Effort s.,** sustained effort. **Marché s.,** steady market. **2.** Lofty, stately (style).
souterrain [sutɛrɛ̃]. **1.** *a.* (*a*) Underground, subterranean. **Couloir, passage, s.,** subway. (*b*) Underhand (practices). **2.** *s.m.* (*a*) (Large) cavern; caves. (*b*) Underground passage; tunnel; subway. (*c*) Vault.
soutien [sutjɛ̃], *s.m.* (*a*) Support, prop. (*b*) Supporter, upholder. **S. de famille,** bread-winner.
soutien-gorge [sutjɛ̃gɔrʒ], *s.m.inv. Cost:* Brassière, *F:* bra.
soutier (sutje], *s.m. Nau:* (Coal-)trimmer, bunker-hand.
soutir|er [sutire], *v.tr.* To draw off, rack (wine); to tap (electric supply). *F:* **S. de l'argent à qn,** to get, wheedle, squeeze, money out of s.o. *s.m.* **-age.**
souvenir [suvni:r]. I. *v.impers. Lit:* (Conj. like VENIR. Aux. être) To occur to the mind. **Il me souvient d'une histoire curieuse,** there comes to my mind a curious story. **Autant qu'il m'en souvient, qu'il m'en souvienne,** to the best of my recollection; as far, as near, as I can remember.
se souvenir de qch., de qn, to remember, recall, sth. s.o. **Autant que je m'en souviens, que je m'en souvienne,** to the best of my recollection. **Faire s. qn de qch.,** to remind s.o. of sth. **Je tâcherai de m'en s.,** I shall try to bear it in mind. **Je m'en souviendrai!** I shan't forget!
II. **souvenir,** *s.m.* **1.** Remembrance, recollection, memory. **Avoir s. de,** to remember. **Souvenirs de ma jeunesse,** memories of my youth. **Veuillez me rappeler à son bon s.,** please remember me kindly to him. **Ma mère vous envoie son affectueux s.,** Mother sends her love. **Faire qch. en s. de qn,** to do sth. in remembrance of s.o. **Pays riche en souvenirs historiques,** country rich in historical associations. **En s. du passé,** for old times' sake. **2.** Memorial, memento. **3.** Token of remembrance. (*a*) Keepsake, souvenir. (*b*) **S. (offert à un fonctionnaire etc.),** presentation.
souvent [suvɑ̃], *adv.* Often. **Peu s.,** seldom, infrequently. **Assez s.,** fairly often, not infrequently. **Plus s.,** oftener, more often. **Le plus s.,** as often as not; more often than not. *P:* **Plus s.!** not if I know it! **Plus s. que j'irais!** no fear of my going!
souverain, -aine [suvrɛ̃, -ɛn]. **1.** *a.* Sovereign (power, remedy). **Le s. bien,** the sovereign good. *Jur:* **Cour souveraine,** final court of appeal; supreme court. **Jugement s.,** final judgment. **2.** (*a*) *s.* Sovereign (supreme ruler). (*b*) *s.m. Num:* Sovereign. *adv.* **-ement.**
souveraineté [suvrɛnte], *s.f.* Sovereignty. **1.** (*a*) Supreme authority. **Droits de s.,** sovereign rights. (*b*) Supremacy (of law, of right). **2.** Territory, dominion(s) (of sovereign prince).
soviet [sɔvjet], *s.m.* Soviet.
soviétique [sɔvjetik], **1.** *a.* Soviet (organization). **2.** *s.* Soviet citizen.
soviétiser [sɔvjetize], *v.tr.* To sovietize; to convert (a country) to the Soviet system.
soya [sɔja], *s.m. Bot:* Soya-bean, soy.
soyeux, -euse [swajø, -ø:z], *a.* Silky.
soy-ons, -ez. See ÊTRE.
spacieu|x, -euse [spasjø, -ø:z], *a.* Spacious, roomy, capacious, *adv.* **-sement.**
spadassin [spadasɛ̃], *s.m.* Bully, bravo. **S. à gages,** hired assassin, hired ruffian.
spaghetti [spagɛti], *s.m.pl.* Spaghetti.
spahi [spai], *s.m. Mil:* Spahi (Algerian trooper).
spallation [spalasjɔ̃], *s.m. Atom.Ph:* Spallation.
sparadrap [sparadra], *s.m. Med:* Adhesive plaster; sticking-plaster.
sparte[1] [spart], *s.m. Bot:* Esparto (grass).
Sparte[2]. *Pr.n.f. Geog:* Sparta.
sparterie [spartri], *s.f.* **1.** Esparto factory. **2.** Articles of esparto.
spartiate [sparsjat], **1.** *a. & s. A.Geog:* Spartan. **2.** *a.* Austere. **A la s.,** rigidly, strictly, in a Spartan fashion.
spasme [spasm], *s.m.* Spasm.
spasmodique [spasmɔdik], *a. Med:* Spasmodic, spastic. *adv.* **-ment, -ally.**
spath [spat], *s.m. Miner:* Spar. **S. d'Islande,** Iceland spar. **S. fluor,** fluor-spar, fluorite. **S. calcaire,** calcite.
spathe [spat], *s.f. Bot:* (*a*) Spathe. (*b*) Shuck (of maize).
spatial, -aux [spasjal, -o], *a.* Spatial. **Navire s.,** space-ship.
spatule [spatyl], *s.f.* **1.** *Pharm: etc:* Spatula. *Skiing:* Ski-tip. **Doigts en s.,** spatulate fingers. **S. à beurre,** butter-pat. **2.** *Orn:* Spoonbill.
speaker, -erine, [spikœr, -œrin], *s. W.Tel:* Announcer. *Sp:* Megaphone steward.
spécial, -aux [spesjal, -o], *a.* Special, especial. **Je viens pour une affaire spéciale,** I have called on particular business. **Privilège s. aux militaires,** privilege peculiar to military men. *adv.* **-ement.**
spécialisation [spesjalizasjɔ̃], *s.f.* Specialization.
spécialiser [spesjalize], *v.tr.* To specialize.
se spécialiser dans qch., to specialize, be a specialist, in sth.
spécialiste [spesjalist], *s.m. & f.* Specialist, expert. *Mil: etc.* Tradesman.
spécialité [spesjalite], *s.f.* Speciality, special feature, special function; specialty. **Faire sa s. des mathématiques,** to specialize in mathematics. **Spécialités pharmaceutiques,** patent medicines.
spécieu|x, -euse [spesjø, -ø:z], *a.* Specious; plausible. *adv.* **-sement.**
spécification [spesifikasjɔ̃], *s.f.* Specification; determination of species.
spécifier [spesifje], *v.tr.* **1.** To specify; to mention specially, to state definitely. **S. des fonctions,** to lay down duties. **S. que . . .,** to lay down that. . . . **2.** To determine (sth.) specifically.
spécifique [spesifik]. **1.** *a.* Specific (function, remedy, germ). *Ph:* **Poids s.,** specific gravity. **2.** *s.m. Med:* Specific (remedy) (**contre,** for). *adv.* **-ment, -ally.**
spécimen [spesimɛn], *s.m.* Specimen. *Publ:* Inspection copy. *a.inv.* **Page s.,** specimen page.
spéciosité [spesjozite], *s.f.* Speciousness.
spectacle [spɛktakl], *s.m.* **1.** Spectacle, sight, scene. *F:* **Se donner en s.,** to make an exhibition of oneself. **2.** *Th:* Play, entertainment, *F:* show. **Aller au s.,** to

go to the theatre. **Salle de s.**, theatre. **Taxe sur les spectacles**, entertainment tax. **3.** Show, display. *Th:* **Pièce à grand s.**, spectacular play.
spectaculaire [spɛktakylɛːr], *a.* Spectacular.
spectateur, -trice [spɛktatœːr, -tris], *s.* Spectator, onlooker, bystander; witness (of accident, etc.). **Acteurs et spectateurs**, actors and audience.
spectral, -aux [spɛktral, -o], *a.* Spectral. **1.** Ghostly, ghostlike. **2.** *Opt:* **Couleurs spectrales**, colours of the spectrum. **Analyse spectrale**, spectrum analysis.
spectre [spɛktr], *s.m.* **1.** Spectre, ghost, apparition. **2.** (*a*) *Opt:* (Solar) spectrum. (*b*) *Phot:* **S. secondaire**, ghost; flare(-spot). **3.** *Magn:* Magnetic tracing (in iron filings).
spectroscope [spɛktrɔskɔp], *s.m. Opt:* Spectroscope. **S. à réseau**, grating spectroscope.
spectroscopie [spɛktrɔskɔpi], *s.f.* Spectroscopy.
spéculaire [spekylɛːr]. **1.** *a.* (*a*) Specular (mineral). (*b*) **Écriture s.**, mirror writing. **2.** *s.f. Bot:* Specularia, Venus's looking-glass.
spéculateur, -trice [spekylatœːr, -tris], *s.* **1.** Speculator, theorizer. **2.** *Fin:* Speculator.
spéculat|if, -ive [spekylatif, -iːv], *a.* Speculative. *adv.* **-ivement.**
spéculation [spekylasjɔ̃], *s.f.* Speculation. **1.** (*a*) Cogitation. (*b*) Theory, conjecture. **2. S. à la baisse**, bear operations. **S. à la hausse**, bull operations. **Pure s.**, pure gamble.
spéculer [spekyle], *v.i.* **1.** To speculate, cogitate (**sur**, upon). **2.** *Fin:* To speculate (**sur**, in). **S. à la hausse**, to speculate for a rise; to go a bull. **S. à la baisse**, to speculate for a fall; to go a bear.
spéléologie [speleɔlɔʒi], *s.f.* Spel(a)eology, cave hunting, *F:* pot-holing.
spéléologue [speleɔlɔg], *s.m. & f.* Spel(a)eologist, *F:* pot-holer.
spergule [spɛrgyl], *s.f. Bot:* Spergula, spurrey.
spermaceti [spɛrmaseti], *s.m.* Spermaceti. **Huile de s.**, sperm oil.
spermatozoïde [spɛrmatɔzɔid], *s.m. Physiol:* Spermatozoon, *pl.* spermatozoa.
sperme [spɛrm], *s.m. Physiol:* Sperm, semen.
sphacèle [sfasɛl], *s.m. Med:* Sphacelus, gangrene, necrosis.
sphaigne [sfɛɲ], *s.f. Bot:* Sphagnum, peat-moss.
sphénoïdal, -aux [sfenɔidal, -o], *a. Anat:* Sphenoidal (fissure, sinus).
sphénoïde [sfenɔid], *a & s.m. Anat:* Sphenoid.
sphère [sfɛːr], *s.f.* Sphere. **1.** Globe, orb. **La s. céleste**, the celestial sphere. **2.** Circuit, orbit. **S. d'activité**, sphere, field, of activity. **Être hors de sa s.**, to be out of one's sphere, out of one's element.
sphéricité [sferisite], *s.f.* Sphericity, curvature. S.a. ABERRATION 1.
sphérique [sferik], *a.* Spherical.
sphéroïde [sferɔid], *s.m.* Spheroid.
sphéromètre [sferɔmɛtr], *s.m.* Spherometer.
sphincter [sfɛ̃ktɛːr], *s.m. Anat:* Sphincter.
sphinx [sfɛ̃ːks], *s.m.* **1.** *Myth:* Sphinx. **Sourire de s.**, sphinx-like smile. **2.** *Ent:* Sphinx, hawk-moth.
sphygmographe [sfigmɔgraf], *s.m. Med:* Sphygmograph.
spic [spik], *s.m. Bot:* Spike-lavender, French lavender, **Essence de s.**, spike oil.
spica [spika], *s.m. Med:* Spica (bandage).
spinal, -aux [spinal, -o], *a. Anat:* Spinal.
spinelle[1] [spinɛl], *a. & s.m. Miner:* Spinel.
spinelle[2], *s.f. Nat.Hist:* Spinule.
spinthariscope [spɛ̃tariskɔp], *s.m. Radiology:* Spinthariscope.
spinule [spinyl], *s.f. Bot: etc:* Spinule.
spiral, -aux [spiral, -o]. **1.** *a.* Spiral. **2.** *s.m.* Hairspring (of watch). **3.** *s.f.* **Spirale**, spiral, helix. **En s.**, (i) *adv.* in a spiral, spirally; (ii) *adj.* spiral, curly. **Escalier en s.**, spiral staircase. *Av:* **Descente en s.**, spiral nose-dive.
spirante [spirɑ̃ːt], *s.f. Ling:* Spirant.
spire [spiːr], *s.f.* Single turn, whorl (of spiral). *Conch:* Twirl.
spirée [spire], *s.f. Bot:* Spiraea. **S. ulmaire**, meadowsweet.
spirite [spirit]. *Psychics:* **1.** *a.* Spiritualistic (seance). **2.** *s.* Spiritist, spiritualist.
spiritisme [spiritism], *s.m. Psychics:* Spiritism; spiritualism.
spiritualiser [spiritɥalize], *v.tr.* To spiritualize.
spiritualisme [spiritɥalism], *s.m. Phil:* Spiritualism; animism.
spiritualiste [spiritɥalist]. *Phil:* **1.** *a.* Spiritualistic (philosophy). **2.** *s.* Spiritualist.
spiritu|el, -elle [spiritɥɛl], *a.* **1.** Spiritual (being etc.). **Exercices spirituels**, religious exercises. **Parents spirituels**, god-parents. **Concert s.**, concert of sacred music. **2.** Witty; humorous. *adv.* **-ellement.**
spiritueux, -euse [spiritɥø, -øːz]. **1.** *a.* Spirituous. **2.** *s.m.* Spirituous liquor. **Les spiritueux**, spirits.
spiroïdal, -aux [spirɔidal, -o], *a.* Spiral (motion).
spiromètre [spirɔmɛtr], *s.m.* Spirometer, pulmometer.
spleen [splin], *s.m.* Spleen; lowness of spirits. **Avoir le s.**, to be in the dumps.
splendeur [splɑ̃dœːr], *s.f.* Splendour. (*a*) Brilliance, radiance, brightness, glory. (*b*) Magnificence, grandeur, display.
splendide [splɑ̃did], *a.* Splendid. **1.** Resplendent, brilliant. **2.** Magnificent (palace); sumptuous (meal); *F:* splendiferous (display). *adv.* **-ment.**
splénique [splenik], *a. Anat:* Splenic (artery).
spoliateur, -trice [spɔljatœːr, -tris]. **1.** *s.* Despoiler. **2.** *a.* (*a*) Despoiling. (*b*) Spoliatory (law).
spoliation [spɔljasjɔ̃], *s.f.* Spoliation; despoiling; robbing (of s.o.); plundering, rifling (of tomb, etc.).
spolier [spɔlje], *v.tr.* To despoil, rob (s.o.) (**de**, of); to plunder, rifle (tomb, etc.). **On l'a spolié de son héritage**, he was robbed, deprived, of his inheritance.
spondaïque [spɔ̃daik], *a. Pros:* Spondaic.
spondée [spɔ̃de], *s.m. Pros:* Spondee.
spongiaires [spɔ̃ʒjɛːr], *s.m.pl. Z:* Spongiae, porifera.
spongieux, -euse [spɔ̃ʒjø, -øːz], *a.* Spongy.
spongiosité [spɔ̃ʒjozite], *s.f.* Sponginess.
spontané [spɔ̃tane], *a.* Spontaneous. *I.C.E:* **Allumage s.**, self-ignition. *adv.* **-ment.**
spontanéité [spɔ̃taneite], *s.f.* Spontaneity, spontaneousness.
sporadique [spɔradik], *a.* Sporadic (disease, plant). *adv.* **-ment.**
sporange [spɔrɑ̃ːʒ], *s.m. Bot:* Sporangium, spore-case.
spore [spɔːr], *s.f. Biol: Bot:* Spore.
sporozoaires [spɔrɔzɔɛːr], *s.m.pl. Biol:* Sporozoa.
sport [spɔːr], *s.m.* Sports (not including hunting, fishing, or horse-racing); games. **Sports athlétiques**, athletic sports. **S'adonner aux sports**, to go in for sports. *Aut:* **Voiture s.**, sports model. **Costume s.**, casual clothes, clothes for casual wear. S.a. NAUTIQUE.
sportif, -ive [spɔrtif, -iːv]. **1.** *a.* (*a*) Sporting; (of) sport. **Réunion sportive**, athletic meeting; athletic sports. **Ils n'ont pas l'esprit s.**, they are no sportsmen; they are bad losers. (*b*) *Biol:* **Variation sportive**, sport, *F:* freak (of nature). **2.** *s.* Devotee of outdoor games.
sportivement [spɔrtivmɑ̃], *adv.* In a sporting spirit.
sportivité [spɔrtivite], *s.f.* Sportsmanship.
sport(s)man [spɔrt(s)man], *s.m.* **1.** = SPORTIF 2. **2.** Patron of the turf. *pl. Des sport(s)men* [spɔrt(s)mɛn].
spot [spɔt], *s.m. T.V. etc:* Spot. **S. lumineux**, light-spot (of recording apparatus). *Radar:* **S. explorateur**, scanning spot.
spoutnik [sputnik], *s.m.* Sputnik, artificial satellite.
sprint [sprint], *s.m. Sp:* Sprint.
sprinter[1] [sprɛ̃tœːr, sprintœːr], *s.m. Sp:* Sprinter.
sprinter[2] [sprinte], *v.i. Sp:* To sprint.
spumeux, -euse [spymø, øːz], *a.* Spumy, spumous, foamy, frothy (blood, saliva).
squale [skwal], *s.m. Ich:* Dog-fish (shark). *pl.* **Squales**, squali, sharks.
squame [skwam], *s.f.* Squama; scale (of skin).
squameux, -euse [skwamø, -øːz], *a.* Squamous, scaly (skin, bone).
square [skwɛːr, skwaːr], *s.m.* (Public) square (with garden).
squatter [skwatɛːr], *s.m.* Squatter.
squelette [skəlɛt], *s.m.* (*a*) Skeleton. *F:* **C'est un vrai s.**, he is a living skeleton. (*b*) Carcass, skeleton, framework (of ship, etc.); outline (of play, novel).
squelettique [skəlɛtik], *a.* (*a*) Skeletal. (*b*) Skeleton-like.
squille [skiːj], *s.f.* **1.** *Bot:* Squill. **2.** *Crust:* (i) Squill (-fish). (ii) Squilla, mantis shrimp.

squirr(h)e [skiːr], *s.m. Med:* Scirrhus.
squirreux, -euse [skirrø, -øːz], *a. Med:* Scirrhous, scirrhoid (tumour).
st [st], *int.* Here! you there!
stabilisateur, -trice [stabilizatœːr, -tris]. **1.** *a.* Stabilizing. **2.** *s.m. Aer: etc:* Stabilizer.
stabilisation [stabilizasjɔ̃], *s.f.* **1.** Stabilization; steadying. **2.** *Mil:* Standstill (in trench warfare).
stabiliser [stabilize], *v.tr.* To stabilize; to steady. **se stabiliser**, to become stable, steady.
stabilité [stabilite], *s.f.* **1.** Stability, firmness (of building, etc.); steadiness; stiffness (of ship). **2.** Permanence (of a conquest); durability. **S. d'emploi,** security of tenure.
stable [stabl], *a.* Stable. **1.** Firm, steady; balanced; stiff (ship). *Ch:* **Corps s.,** stable substance. **Équilibre s.,** stable equilibrium. **Peu s.,** unstable. **2.** Durable, permanent; lasting (peace).
stabulation [stabylasjɔ̃], *s.f.* Stalling (of cattle); stabling (of horses). **Mettre les bêtes en s.,** to bring in the cattle for the winter.
stade [stad], *s.m.* **1.** *Gr.Ant:* Stadium. **2.** *(a)* Stadium, sports ground. *(b)* Athletic club. **3.** Stage, period (of disease, etc.).
staff [staf], *s.m. Const:* Staff (building material).
stage [staːʒ], *s.m.* Period of probation, of instruction. **Faire son s.,** (of law student) to keep one's terms; (of teacher, etc.) to go through one's probation.
stagiaire [staʒjɛːr]. **1.** *a.* (Of student) Keeping terms, under instruction. **2.** *s.* Person under instruction; probationer.
stagnant [stagnɑ̃], *a.* Stagnant (water, business); standing (water).
stagnation [stagnasjɔ̃], *s.f.* Stagnation; stagnancy (of water); dullness (of trade). **En s.,** at a standstill; stagnant.
stakhanovisme [stakanɔvism], *s.m.* Stakhanovism.
stakhanoviste [stakanɔvist], *s.m.* Stakhanovite.
stalactite [stalaktit], *s.f. Geol:* Stalactite.
stalagmite [stalagmit], *s.f. Geol:* Stalagmite.
stalinisme [stalinism], *s.m.* Stalinism.
stalle [stal], *s.f.* **1.** Stall (in cathedral); (numbered) seat (in theatre). **Stalles d'orchestre,** orchestra stalls. **2.** Stall, box (in stable). **S. mobile,** loose box.
staminé [stamine], *a. Bot:* Staminate, stamened.
staminifère [staminifɛːr], *a. Bot:* Staminiferous.
stance [stɑ̃ːs], *s.f.* Stanza.
stand [stɑ̃ːd], *s.m.* **1.** Stand (on racecourse); stall (at exhibitions). **2.** *(a)* Shooting-stand, shooting-gallery. *(b)* Rifle-range.
standard [stɑ̃daːr], *s.m.* **1.** *Tp:* House or office switchboard. **2. Le s. de vie,** the standard of living. *attrib.* **Modèle s.,** standard model.
standardisation [stɑ̃dardizasjɔ̃], *s.f. Ind:* Standardization.
standardiser [stɑ̃dardize], *v.tr. Ind:* To standardize.
standardiste [stɑ̃dardist], *s.m. & f. Tp:* Switchboard operator.
standing [stɑ̃diŋ], *s.m.* Standing. **Appartement de grand s.,** luxury flat. **Marque de s.,** status symbol.
stanneux, -euse [stannø, -øːz], *a. Ch:* Stannous.
stannifère [stannifɛːr], *a.* Stanniferous, tin-bearing. **Gîte s.,** tin-deposit.
stannique [stannik], *a. Ch:* Stannic (acid).
staphylin [stafilɛ̃], *s.m. Ent:* Cocktail (beetle), rove-beetle, *F:* devil's coach-horse.
staphylome [stafiloːm], *s.m. Med:* Staphyloma.
star [staːr], *s.f. Cin:* Star.
starlette [starlɛt], *s.f. Cin:* Starlet.
starter [startɛːr], *s.m.* **1.** *Rac:* Starter (who gives the signal). **2.** *Aut:* Choke.
starting-block [startiŋblɔk], *s.m. Sp: F:* Starting-block. *pl. Des starting-blocks.*
stase [staːz], *s.f. Med:* Stasis.
statère [statɛːr], *s.m. Num:* Stater.
stathouder [statudɛːr], *s.m. Hist:* Stad(t)holder.
statice [statis], *s.m. Bot:* Statice, sea-lavender.
statif [statif], *s.m.* Stand (of microscope).
station [stasjɔ̃], *s.f.* Station. **1.** *(a)* (Action of) standing. **En s. derrière un arbre,** stationed, on the look-out, behind a tree. *(b)* Position. **Mettre un théodolite en s.,** to set up a theodolite. *(c)* Attitude (of horse). **2.** Break of journey; (short) halt, stay, stop. **Faire une s. à . . .,** to halt at . . . . **3.** *(a)* (Railway) station (esp. underground); stage (on bus route); taxi-rank. *(b)* **S. d'hiver, d'été,** winter resort, summer resort. **S. balnéaire,** watering-place; spa; seaside resort. S.a. MONTAGNE 1, THERMAL. *(c)* (Wireless, etc.) station. *(d) El.E:* **S. centrale,** power-station, -house. *(e) Mil: etc:* Post, station. *Navy:* Cruising ground; (colonial) station. **Navire en s.,** ship on station.
stationnaire [stasjɔnɛːr]. **1.** *a.* Stationary. **Rester s.,** to stand still. **Chaudière s.,** fixed boiler. **2.** *s.m.* Guardship.
stationnement [stasjɔnmɑ̃], *s.m.* **1.** *(a)* Stopping, standing (of taxis, etc.). **Auto en s.,** stationary car. **"S. interdit,"** 'no parking'; 'no waiting'. **Route à s. interdit,** clearway. *(b) Mil:* Stationing, quartering; halt. *(c)* Congestion (in traffic). **2.** *(a) Adm:* (i) Taxi-rank. (ii) **(Parc, endroit, de) s.,** parking place (in street); car park, *U.S:* parking lot. *(b) Mil:* Quarters.
stationner [stasjɔne], *v.i.* **1.** To stop; to take up one's position; to halt. **2.** (Of cabs, cars, etc.) To stand; to park (in street). **"Défense de s.,"** 'no parking here.' **3.** *(a)* (Of troops) To be stationed. *(b)* (Of ships) To be on station.
station-service [stasjɔ̃sɛrvis], *s.f. Aut:* Service station (for petrol, etc.). *pl. Des stations-service.*
statique [statik]. **1.** *a.* Static (electricity). **2.** *s.f.* Statics.
statisticien [statistisjɛ̃], *s.m.* Statistician.
statistique [statistik]. **1.** *a.* Statistical. **2.** *s.f.* *(a)* Statistics. *(b) pl.* Statistical tables.
stator [statoːr], *s.m. Mch: El.E:* Stator (of turbine, of electric motor).
statoréacteur [statɔreaktœːr], *s.m. Av:* Ramjet.
statuaire [statɥɛːr]. **1.** *a.* Statuary (art, etc.). **2.** *s.* Sculptor, sculptress. **3.** *s.f.* (Art of) statuary.
statue [staty], *s.f.* Statue.
statuer [statɥe], *v.tr.* **1.** To decree, enact, ordain, rule. **S. que + ind.,** to rule, ordain, that. . . . **2.** *Abs.* **S. sur une affaire,** to pronounce judgment in a matter. **S. sur un litige,** to settle a dispute.
statuette [statɥɛt], *s.f.* Statuette.
statufier [statyfje], *v.tr. F:* To erect a statue to (s.o.).
statu quo [statyko], *s.m.* Status (in) quo. **Au s. q.,** in statu quo.
stature [statyːr], *s.f.* Stature, height (esp. of person).
statut [staty], *s.m.* **1.** Statute, ordinance, article (of society, company, etc.); rule, regulation. **S. local,** by(e)-law. **2.** *Dipl: etc:* Status (of country, port). **S. personnel,** personal status.
statutaire [statytɛːr], *a.* Statutory, statutable. *adv.* **-ment.**
stayer [stɛjœːr], *s.m. Sp:* Long-distance runner or cyclist; stayer.
stéarate [stearat], *s.m. Ch:* Stearate.
stéarine [stearin], *s.f. Ch:* Stearin.
stéarique [stearik], *a.* **1.** *Ch:* Stearic (acid). **2. Bougie s.,** stearin candle.
stéatite [steatit], *s.f. Miner:* Steatite, soapstone.
stéatose [steatoːz], *s.f. Med:* Steatosis, fatty degeneration.
steeple-chase [stiplətʃɛs], *s.m., F:* **steeple** [stipl], *s.m. Sp:* Steeple-chase. *pl. Des steeple-chases.*
stèle [stɛl], *s.f.* Stele (bearing inscription).
stellaire [stɛllɛːr]. **1.** *a.* Stellar (light, etc.). **2.** *s.f. Bot:* Stellaria; starwort, stitchwort.
stellionat [stɛljɔna], *s.m. Jur:* Stellionate.
stemmate [stɛmmat], *s.m.* Stemma; simple eye.
stencil [stɛnsil], *s.m.* Stencil.
sténo [steno], *s.f. F:* = STÉNOGRAPHIE or STÉNOGRAPHE.
sténodactylographe [stenɔdaktilɔgraf], *F:* **sténodactylo** [stenɔdaktilo], *s.m. & f.* Shorthand-typist.
sténodactylographie [stenɔdaktilɔgrafi], *s.f.* Shorthand and typing.
sténogramme [stenɔgram], *s.m.* **1.** *Shorthand:* Outline; grammalogue, logogram. **2.** Verbatim report (of proceedings).
sténographe [stenɔgraf], *s.m. & f.* Stenographer; shorthand writer, shorthand reporter.
sténographie [stenɔgrafi], *s.f.* Stenography; short-hand.
sténographier [stenɔgrafje], *v.tr.* To take down (speech, etc.) in shorthand.
sténographique [stenɔgrafik], *a.* Stenographic, shorthand (writing, etc.).

sténopé [stenɔpe], *s.m. Phot:* Pin-hole.
sténotype [stenɔtip], *s.m.* **1.** Stenotype. **2.** *s.f.* Stenotype, shorthand typewriter.
sténotyper [stenɔtipe], *v.tr.* To stenotype.
sténotypie [stenɔtipi], *s.f.* Stenotypy.
sténotypiste [stenɔtipist], *s.m. or f.* Stenotypist.
Stentor [stɑ̃tɔːr]. *Pr.n.m. Gr.Lit:* Stentor. **Voix de S.,** stentorian voice.
steppe [stɛp], *s.f. Geog:* Steppe.
stepper, steppeur [stɛpœːr], *s.m.* (Of horse) High-stepper.
stercoraire [stɛrkɔrɛːr]. **1.** *a.* Stercoraceous; stercoral (ulcer, fistula). **2.** *s.m.* (*a*) *Ent:* Dung-beetle. (*b*) *Orn:* Skua.
stercoral, -aux [stɛrkɔral, -o], *a.* Stercoral.
stère [stɛːr], *s.m. Meas:* Stere, cubic metre (of fire-wood).
stéréochimie [stereɔʃimi], *s.f.* Stereochemistry.
stéréographie [stereɔgrafi], *s.f. Geom:* Stereography.
stéréographique [stereɔgrafik], *a.* Stereographic(al).
stéréométrie [stereɔmetri], *s.f.* Stereometry.
stéréophonie [stereɔfɔni], *s.f.* Stereophony.
stéréophonique [stereɔfɔnik], *a.* Stereophonic.
stéréoscope [stereɔskɔp], *s.m. Opt:* Stereoscope.
stéréoscopique [stereɔskɔpik], *a.* Stereoscopic.
stéréotomie [stereɔtɔmi], *s.f. Geom:* Stereotomy.
stéréotype [stereɔtip]. *Typ:* **1.** *a.* Stereotype (printing); stereotyped (edition). **2.** *s.m.* Stereotype plate.
stéréotyp|er [stereɔtipe], *v.tr. Typ:* To stereotype. **Expression stéréotypée,** stereotyped phrase, hackneyed phrase, cliché. **Sourire stéréotypé,** fixed smile. *s.m.* **-age.**
stéréotypie [stereɔtipi], *s.f.* **1.** Stereotypy. **2.** Stereotype foundry.
stér|er [stere], *v.tr.* (**je stère; je stérerai**) To measure (wood) by the stere. *s.m.* **-age.**
stérile [steril], *a.* Sterile, unfruitful; barren (female, land); childless (marriage); unproductive (land); fruitless (efforts); unprofitable (work). *adv.* **-ment.**
stérilisant [sterilizɑ̃], *s.m.* Sterilizing agent.
stérilisateur [sterilizatœːr], *s.m.* Sterilizer.
stérilisation [sterilizasjɔ̃], *s.f.* Sterilization.
stériliser [sterilize], *v.tr.* To sterilize.
stérilité [sterilite], *s.f.* Sterility, barrenness, unfruitfulness.
sterlet [stɛrlɛ], *s.m. Ich:* Sterlet.
sternal, -aux [stɛrnal, -o], *a. Anat:* Sternal.
sterne [stɛrn], *s.m. Orn:* Tern, sea-swallow.
sternum [stɛrnɔm], *s.m. Anat:* Sternum, breast-bone.
sternutation [stɛrnytasjɔ̃], *s.f.* Sternutation, sneezing.
sternutatoire [stɛrnytatwaːr], *a. & s.m. Med:* Sternutatory; sneezing(-powder).
stertoreux, -euse [stɛrtɔrø, -øːz], *a. Med:* Stertorous (breathing).
stéthoscope [stetɔskɔp], *s.m. Med:* Stethoscope.
steward [stiwar(d)], *s.m. Nau: Av:* Steward.
stewardess [stiwardɛs], *s.f. Nau:* Stewardess.
stibié [stibje], *a. Pharm:* Impregnated with antimony. **Tartre s.,** tartar emetic.
stibine [stibin], *s.f. Miner:* Stibnite; grey antimony.
stick [stik], *s.m.* **1.** (Soldier's) swagger-stick. **2.** (Riding-)switch; riding-whip.
stigmate [stigmat], *s.m.* **1.** (*a*) *A:* Stigma, brand (on slave). (*b*) Stigma, brand of infamy, stain (on character). **2.** (*a*) Mark, scar (of wound); pock-mark. (*b*) *Med:* Stigma (of hysteria). (*c*) *pl. Rel.H:* Stigmata. **3.** (*a*) *Bot:* Stigma. (*b*) *Ent:* Spiracle, stigma.
stigmatique [stigmatik], *a. Opt:* (Ana)stigmatic.
stigmatisé, -ée [stigmatize], *s. Rel.H:* Stigmatist.
stigmatiser [stigmatize], *v.tr.* **1.** (*a*) *A:* To brand (slave, animal). (*b*) To stigmatize (**de,** with); to brand (s.o.) with infamy; to set the stamp of shame on (sth.). **2.** To pock-mark (s.o.).
stillation [stillasjɔ̃], *s.f.* Dripping; falling drop by drop; oozing (from rock).
stimulant [stimylɑ̃]. **1.** *a.* Stimulating, stimulative. **2.** *s.m.* (*a*) *Med:* Stimulant; whet (to the appetite). (*b*) Stimulus, spur, incentive, inducement.
stimulateur, -trice [stimylatœːr, -tris], *a.* Stimulative.
stimulation [stimylasjɔ̃], *s.f.* Stimulation.
stimuler [stimyle], *v.tr.* To stimulate. **1.** To incite; to spur (s.o.) on. **S. qn au travail,** to incite s.o. to work. **2.** To stimulate (the digestion); to whet (the appetite); to give a stimulus to (business).

stipe [stip], *s.m. Bot:* (*a*) Stipe(s) (of fern, of fungus); culm. (*b*) Stem (of palm-tree).
stipendiaire [stipɑ̃djɛːr], *a. & s.m.* Usu. *Pej:* (*a*) (Of soldier) Mercenary. (*b*) *F:* Hireling.
stipendié [stipɑ̃dje], **1.** *a.* Mercenary, hired (ruffian). **2.** *s.m.* = STIPENDIAIRE.
stipendier [stipɑ̃dje], *v.tr.* To keep (ruffians, etc.) in one's pay.
stipité [stipite], *a. Bot:* Stipitate, stalked.
stipulation [stipylasjɔ̃], *s.f.* Stipulation, provision. *pl.* Conditions laid down (in an agreement).
stipule [stipyl], *s.f. Bot:* Stipule.
stipuler [stipyle], *v.tr.* To stipulate; to lay down (that . . .).
stock [stɔk], *s.m. Com:* Stock (of goods). **S. en magasin,** stock in hand.
stockage [stɔkaːʒ], *s.m.* **1.** Stocking, keeping in stock (of goods). **2. S. de munitions,** ammunition dump. **3.** Stockpiling.
stock-car [stɔkkar], *s.m.* (*a*) Stock-car. (*b*) Stock-car racing.
stocker [stɔke], *v.tr.* (*a*) To stock (goods). (*b*) To stockpile.
stockiste [stɔ̃kist], *s.m. Com:* Wholesale warehouseman; stockist. *Aut:* Agent. *a.* **Agence s.,** service-station.
stoïcien, -ienne [stɔisjɛ̃, -jɛn]. **1.** *a.* Stoical, stoic. **2.** *s.* Stoic.
stoïcisme [stɔisism], *s.m.* Stoicism, impassiveness.
stoïque [stɔik]. **1.** *a.* Stoic, stoical. **2.** *s.* = STOÏCIEN 2. *adv.* **-ment,** -ally.
stolon [stɔlɔ̃], *s.m. Bot:* Stolon, offset; runner, sucker.
stomacal, -aux [stɔmakal, -o], *a.* Stomachal, gastric.
stomachique [stɔmaʃik], *a. & s.m. Anat: Med:* Stomachic.
stomate [stɔmat], *s.m. Bot:* Stoma, *pl.* stomata.
stomatite [stɔmatit], *s.f. Med:* Stomatitis.
stomatologie [stɔmatɔlɔʒi], *s.f.* Stomatology.
stop [stɔp]. **1.** *int.* Stop! **2.** *s.m. Aut:* Stop-light. **3.** *s.m. F.* **Faire du s.,** to hitch-hike.
stoppage[1] [stɔpaːʒ], *s.m.* **1.** Stoppage, stopping (of machine, etc.); countering (of motion). **2.** Obstruction, stoppage (in pipe). **3.** *Adm:* Deduction (of tax) at the source.
stoppage[2], *s.m.* Invisible mending; fine-darning.
stopper[1] [stɔpe]. **1.** *v.i.* (Of ship, train) To stop; to come to a stop. **2.** *v.tr.* (*a*) To stop (train, etc.); to check (chain or cable). (*b*) *Com:* To stop (payment of cheque). (*c*) *Adm:* To deduct (tax) at the source.
stopper[2], *v.tr.* To repair by invisible mending; to fine-darn.
stoppeur, -euse [stɔpœːr, -øːz], *s.* Fine-darner; invisible mender.
storax [stɔraks], *s.m. Pharm:* Storax.
store [stɔːr], *s.m.* (Inside or outside window-)blind; carriage-blind. **S. à rouleaux,** roller-blind. **S. à l'italienne,** awning-blind.
strabique [strabik]. **1.** *a.* Squint-eyed, *F:* cross-eyed. **2.** *s.* Squinter.
strabisme [strabism], *s.m.* Strabism(us); squinting.
stramoine [stramwan], *s.f. Bot:* Stramonium, thorn-apple.
strangulation [strɑ̃gylasjɔ̃], *s.f.* Strangulation. **1.** *Jur:* Strangling, throttling. **2.** *Med:* Constriction.
strapontin [strapɔ̃tɛ̃], *s.m. Aut: Th: etc:* Flap-seat, folding seat, bracket-seat.
stratagème [strataʒɛm], *s.m.* Stratagem; artifice of war.
strate [strat], *s.f. Geol:* Stratum, layer.
stratège [stratɛːʒ], *s.m.* **1.** *Gr.Ant:* Strategus. **2.** = STRATÉGISTE.
stratégie [strateʒi], *s.f.* Strategy; generalship.
stratégique [strateʒik], *a.* Strategic(al) (position, etc.). *adv.* **-ment,** -ally.
stratégiste [strateʒist], *s.m.* Strategist.
stratification [stratifikasjɔ̃], *s.f. Geol: Bot: Physiol:* Stratification. *Geol:* Bedding.
stratifier [stratifje], *v.tr.* To stratify.
stratosphère [stratɔsfɛːr], *s.f. Meteor:* Stratosphere; isothermal layer.
stratosphérique [stratɔsferik], *a.* Stratospheric. **Avion s.,** stratocruiser, stratoliner.
stratus [stratyːs], *s.m. Meteor:* Stratus (cloud).

streptocoque [strɛptɔkɔk], *s.m. Bac:* Streptococcus.
streptomycine [strɛptɔmisin], *s.f.* Streptomycin.
strette [strɛt], *s.f. Mus:* Stretto (of fugue).
striation [striasjɔ̃], *s.f. Anat: etc:* Striation.
strict [strikt], *a.* Strict. (*a*) **Obligation stricte,** strict obligation. **Le s. nécessaire,** no more than is necessary. (*b*) Severe, exact (person). *adv.* **-ement.**
stridence [stridɑ̃:s], *s.f.* Harshness (of sound); stridency; shrillness.
strid|ent [stridɑ̃], *a.* Strident, shrill, harsh, grating (noise, voice). *adv.* **-emment.**
stridulant [stridylɑ̃], *a.* Chirring (insect).
stridulation [stridylasjɔ̃], *s.f.* Stridulation, chirring.
striduler [stridyle], *v.i.* To chirr, to stridulate.
striduleux, -euse [stridylø, -ø:z], *a. Med:* Stridulous. S.a. LARYNGITE.
strie [stri], *s.f.* **1.** Score, scratch. *Anat: etc:* Stria. *Geol:* **Stries glaciaires,** glacial striae. **2.** (*a*) Rib, ridge. *Arch:* (= LISTEL) Fillet, stria. (*b*) Streak (of colour).
strié [strie], *a.* **1.** Scored, scratched; striated. *Anat:* Striped, striated (muscle). 2. (*a*) Fluted, grooved; ribbed (glass). (*b*) Streaked (marble).
strier [strie], *v.tr.* **1.** To striate, score, scratch. **2.** (*a*) To flute, groove, rib, corrugate. (*b*) To streak.
strige [stri:ʒ], *s.f.* Vampire, ghoul.
striure [striy:r], *s.f.* Striation. **1.** (*a*) Score, scratch, groove. (*b*) Streak; stripe. **2.** Scoring, scratching.
strobile [strɔbil], *s.m. Bot:* Strobile, cone (of pine, hops).
stroboscope [strɔbɔskɔp], *s.m.* Stroboscope.
strontiane [strɔ̃sjan], *s.f. Ch:* Strontia.
strontium [strɔ̃sjɔm], *s.m. Ch:* Strontium.
strophe [strɔf], *s.f.* **1.** *Gr.Lit:* Strophe. **2.** *Pros:* Stanza, verse.
stropiat [strɔpja], *s.m.* Cripple.
structural, -aux [stryktyral, -o], *a.* Structural. *adv.* **-ement.**
structure [strykty:r], *s.f.* Structure.
strumeux, -euse [strymø, -ø:z], *a. Med:* Strumous, scrofulous.
strychnine [striknin], *s.f.* Strychnine.
stuc [styk], *s.m. Const:* Stucco.
stucage [styka:ʒ], *s.m.* Stucco-work.
studieu|x, -euse [stydjø, -ø:z], *a.* Studious; bookish. *adv.* **-sement.**
studio [stydjo], *s.m.* **1.** (Painter's, photographer's, etc.) Studio. 2. *Cin:* Film-studio. *W.Tel:* **S. d'émission,** broadcasting studio. **2.** (*a*) One-roomed flat with bathroom, etc. (*b*) (Suite of) studio furniture.
stupéfaction [stypefaksjɔ̃], *s.f.* Stupefaction, amazement.
stupéfait [stypefɛ], *a.* Stupefied, amazed, aghast, astounded, dumbfounded.
stupéfiant [stypefjɑ̃]. **1.** (*a*) *Med:* Stupefying, stupefacient (drug). (*b*) Amazing, astounding (news). **2.** *s.m. Med:* Narcotic, stupefacient; *F:* drug. **Faire usage de, s'adonner aux, stupéfiants,** to take drugs, to drug oneself. **Trafic des stupéfiants,** drug-traffic.
stupéfier [stypefje], *v.tr.* (*a*) To bemuse. *Med:* To stupefy. (*b*) To astound, amaze, dumbfound.
stupeur [stypœ:r], *s.f.* Stupor. **1.** Dazed state. **2.** Amazement. **Muet de s.,** dumbfounded. **Écouter avec s.,** to listen in amazement.
stupide [stypid], *a.* Stupid. (*a*) Stunned with surprise; bemused. (*b*) Dull-witted, witless. (*c*) Silly (answer, etc.); foolish. *adv.* **-ment.**
stupidité [stypidite], *s.f.* **1.** Stupidity; foolishness. **2.** Piece of stupidity; stupid answer.
stupre [stypr], *s.m.* Debauchery.
stuquer [styke], *v.tr. Const:* To stucco.
stygien, -ienne [stiʒjɛ̃, -jɛn], *a.* Stygian (darkness).
style [stil], *s.m.* **1.** (*a*) *Ant:* Stylus, style (writing implement). (*b*) Graver, etching-needle. (*c*) (Gramophone) Record cutter. (*d*) Style, pin, gnomon (of sun-dial). (*e*) *Bot:* Style. **2.** *Lit: Arch: etc:* Style. **Écrivain qui n'a pas de s.,** writer who lacks style. **Meubles s. Empire,** furniture in the Empire style. **Robe de s.,** period dress.
styler [stile], *v.tr.* To train, form (s.o.). **Domestique, cheval, bien stylé,** well-schooled servant, horse.
stylet [stilɛ], *s.m.* **1.** Stiletto, stylet. **2.** *Surg:* Stylet, probe.
stylisation [stilizajɔ̃], *s.f.* Stylization.
styliser [stilize], *v.tr. Art:* To stylize, conventionalize (form, design).
styliste [stilist], *s.m. & f. Lit:* Stylist.
stylistique [stilistik], *s.f.* Stylistics.
stylite [stilit], *a. & s.m. Rel.H:* Stylite.
stylo [stilo], *s.m. F:* = STYLOGRAPHE. **S. à bille,** ball-point pen, *F:* ball-pen.
stylobate [stilɔbat], *s.m. Arch:* Stylobate.
stylobille [stilobij]. *s.m. F:* Ball(-point) pen.
stylographe [stilɔgraf], *s.m.* (*a*) Stylograph (pen). (*b*) Fountain-pen.
stylomine [stilɔmin], *s.m.* Propelling pencil.
styptique [stiptik], *a. & s.m.* Styptic, astringent.
styrax [stiraks], *s.m. Bot:* Styrax.
Styx [stiks]. *Pr.n.m. Myth:* The (river) Styx. **Visiter les bords du S.,** to visit the Stygian shores.
su [sy]. *s.m.* Knowledge. (In the phr.) **Au su de . . .,** to the knowledge of. . . . **A mon vu et su,** to my certain knowledge. S.a. SAVOIR.
suage[1] [sɥa:ʒ], *s.m.* Sweating, oozing (from fresh fire-log).
suage[2], *s.m. Metalw:* **1.** *Tls:* Swage. **2.** Fillet(-border) (of silver-plate).
suage[3], *s.m. Nau:* **1.** Paying, tallowing (of vessel). **2.** Paying stuff; tallow.
suager, *v.tr. Nau:* To pay, tallow (vessel).
suaire [sɥɛ:r], *s.m.* Winding-sheet; shroud. **Le saint S.,** the Sindon (of Christ).
suant [sɥɑ̃], *a.* **1.** Sweating; in a sweat; sweaty; (of walls, wood) oozing moisture. **2.** *Metalw:* **Chaleur suante, blanc s.,** welding heat, white heat.
suave [sɥa:v], *a.* (*a*) Sweet, pleasant (music, etc.); mild (cigar). (*b*) Suave, bland. *adv.* **-ment.**
suavité [sɥavite], *s.f.* (*a*) Sweetness (of perfume, etc.). (*b*) Suavity, blandness.
subaigu, -uë [sybɛgy], *a. Med:* Subacute.
subalpin [sybalpɛ̃], *a.* Subalpine.
subalterne [sybaltɛrn]. **1.** *a.* Subordinate, minor (official, part). **Employé s.,** *F:* understrapper. **2.** *s.m.* (*a*) Underling, subaltern. (*b*) *Mil:* Officer of subaltern's or of captain's rank.
subconscient [sybkɔ̃sjɑ̃], *a. & s.* Subconscious.
subdiviser [sybdivize], *v.tr.* To subdivide, to split up (en, into).
se subdiviser, to subdivide.
subdivision [sybdivizjɔ̃], *s.f.* Subdivision.
subéreux, -euse [syberø, -ø:z], *a. Bot:* Suberous, suberose; corky (layer).
subir [sybi:r], *v.tr.* To undergo, go through (operation, trial, etc.); to come under (an influence); to suffer, sustain (defeat); to submit to, suffer (punishment, one's fate). **S. sa peine,** to serve one's sentence. **S. une complète métamorphose,** to undergo a complete change. **Faire s. un examen à qn,** to put s.o. through an examination. **Faire s. une peine à qn,** to inflict a penalty on s.o.
subit [sybi], *a.* Sudden, unexpected (death, change). *adv.* **-ement.**
subito [sybito], *adv. F:* (*a*) All of a sudden. (*b*) At once.
subject|if, -ive [sybʒɛktif, -i:v], *a. Phil: Gram:* Subjective. *adv.* **-ivement.**
subjonctif, -ive [sybʒɔ̃ktif, -i:v]. *Gram:* **1.** *a.* Subjunctive (mood). **2.** *s.m.* Subjunctive.
subjugation [sybʒygasjɔ̃], *s.f.* Subjugation.
subjuguer [sybʒyge], *v.tr.* To subjugate, subdue; to bring (people) into subjection. **S. tous les cœurs,** to captivate, conquer, all hearts.
sublimation [syblimasjɔ̃], *s.f. Ch:* Sublimation.
sublime [syblim], *a.* Sublime; lofty, exalted.—*s.* **Le s.,** the sublime. *adv.* **-ment.**
sublimé [syblime], *s.m. Ch:* Sublimate. *Pharm:* **S. corrosif,** corrosive sublimate.
sublimer [syblime], *v.tr.* (*a*) *Ch:* To sublimate. (*b*) To purify, refine.
subliminal, -aux [subliminal, -o], *a. Psy:* Subliminal (consciousness, memory).
sublimité [syblimite], *s.f.* Sublimity.
sublingual, -als, -aux [syblɛ̃gwal, -o], *a. Anat:* Sublingual.
submerger [sybmɛrʒe], *v.tr.* (**je submergeai(s); n. submergeons**) **1.** To submerge; to put under water. (*a*) To flood (meadow). (*b*) To swamp (boat). (*c*) To immerse. **2.** *F:* To overwhelm (with work, etc.). **Être submergé de travail,** to be snowed under with work.

submersible [sybmɛrsibl]. **1.** *a.* (*a*) Sinkable; submersible (boat). (*b*) Easily flooded. **2.** *s.m. Navy: A:* Sea-going submarine.
submersion [sybmɛrsjɔ̃], *s.f.* Submersion. **1.** Immersion. **Mort par s.,** death by drowning. **2.** Flooding.
subodorer [sybɔdɔre], *v.tr.* To scent, suspect. **Il a subodoré qch.,** *F:* he smelt a rat.
subordination [sybɔrdinasjɔ̃], *s.f.* Subordination (**à**, to).
subordonné, -ée [sybɔrdɔne], **1.** *a. Gram:* Subordinate, dependent (clause). **2.** *s.* Subordinate, underling.
subordonner [sybɔrdɔne], *v.tr.* To subordinate (**à**, to).
subornation [sybɔrnasjɔ̃], *s.f. Jur:* Intimidation or bribing (of witnesses), embracery (of juror); subornation.
suborn|er [sybɔrne], *v.tr.* **1.** To suborn, instigate (evil-doer). **2.** *Jur:* To suborn, to tamper with, *F:* to get at (witness). *s.* **-eur, -euse.**
subpolaire [sybpɔlɛ:r], *a.* Sub-polar (climate, etc.).
subrécargue [sybrekarg], *s.m. Nau:* Super-cargo.
subreptice [sybrɛptis], *a.* Surreptitious; clandestine. *adv.* **-ment.**
subrogation [sybrɔgasjɔ̃], *s.f. Jur:* **1.** Subrogation, substitution. **2.** Delegation (of powers, rights).
subrogé [sybrɔʒe], *a.* Subrogated. **S. tuteur,** deputy guardian; surrogate guardian.
subroger [sybrɔʒe], *v.tr.* (**je subrogeai(s); n. subrogeons**) *Jur:* To subrogate; to appoint (s.o.) as deputy, as surrogate.
subséqu|ent [sypsekɑ̃], *a.* Subsequent. **1.** Ensuing. **2.** Later (testament, etc.). *adv.* **-emment.**
subside [sypsid], *s.m.* Subsidy.
subsidence [sypsidɑ̃:s], *s.f.* Subsidence.
subsidiaire [sypsidjɛ:r], *a.* Subsidiary, auxiliary, accessory (**à**, to). *adv.* **-ment.**
subsistance [sybzistɑ̃:s], *s.f.* **1.** Subsistence, sustenance, maintenance; (one's) keep. *Mil:* **Être mis en s.,** to be attached for rations to some other unit than one's own. **2.** *pl.* Provisions, supplies.
subsistant [sybzistɑ̃]. **1.** *a.* Subsisting, existing, still extant. **2.** *s.m. Mil:* Soldier on the ration strength (of a unit).
subsister [sybziste], *v.i.* To subsist. **1.** To (continue to) exist; to be still extant, in existence. **Cette objection subsiste,** the objections stands, holds. **2.** To live (**de**, upon).
substance [sybstɑ:s], *s.f.* **1.** Substance. **Arguments sans s.,** insubstantial arguments. **En s.,** in substance, substantially. **2.** Matter, material, stuff. *El:* **S. isolante,** insulating material. **S. alimentaire,** food.
substanti|el, -elle [sybstɑ̃sjel], *a.* Substantial. **Qch. de s.,** sth. to get one's teeth into. *adv.* **-ellement.**
substantif, -ive [sybstɑ̃tif, -i:v]. **1.** *a.* Substantive. **2.** *s.m. Gram:* Substantive, noun.
substitué [sybstitɥe], *a. Jur:* **Enfant s.,** supposititious child.
substituer [sybstitɥe], *v.tr.* **1.** To substitute (**à**, for). **2.** *Jur:* (*a*) **S. un héritier,** to appoint an heir in succession to another or failing another. (*b*) **S. un héritage,** to entail an estate.
se substituer à qn, to serve as a substitute for s.o.; to take the place of s.o.
substitut [sybstity], *s.m.* Assistant or deputy (to official); *Jur:* deputy public prosecutor.
substitution [sybstitysjɔ̃], *s.f.* **1.** Substitution. **2.** *Jur:* Entail.
substrat [sybstra], *s.m.* **substratum** [sybstratɔm], *s.m. Phil:* Substratum.
substruction [sybstryksjɔ̃], *s.f.* **1.** Substruction, substructure, foundation. **2.** Under-pinning.
subterfuge [sypterfy:ʒ], *s.m.* Subterfuge, shift. **User de s.,** to resort to subterfuge; to quibble.
subtil [syptil], *a.* Subtle. **1.** (*a*) Tenuous, thin (matter); rarefied (air). (*b*) Pervasive (scent). **2.** (*a*) Acute, keen (sense of smell, hearing); discerning, shrewd (mind). (*b*) Delicate, nice, fine (distinction). *adv.* **-ement.**
subtiliser [syptilize], *v.tr.* **1.** To subtilize. (*a*) To refine (a substance). (*b*) To make (an argument) too subtle. **2.** *P:* To sneak (s.o.'s watch, etc.); to pinch (s.o.'s money).
subtilité [syptilite], *s.f.* **1.** Subtlety (of poison, etc.); rarefied state (of air). **2.** (*a*) Acuteness, quickness (of hearing); shrewdness (of mind). (*b*) Subtlety (of argument). **3.** Subtle argument or distinction.
subulé [sybyle], *a. Nat.Hist:* Subulate(d), awl-shaped.
suburbain [sybyrbɛ̃], *a.* Suburban.
subvenir [sybvəni:r], *v.ind.tr.* (Conj. like VENIR. Aux. **avoir) S. aux besoins de qn,** to supply, provide for, the needs of s.o. **S. aux frais d'une maladie,** to meet, defray, the expenses of an illness. **Il a subvenu à tout,** he provided for everything.
subvention [sybvɑ̃sjɔ̃], *s.f.* Subsidy, subvention, grant (of money).
subventionner [sybvɑ̃sjɔne], *v.tr.* To subsidize. **Être subventionné par l'État,** to be subsidized by the State; to be State-aided.
subversif, -ive [sybvɛrsif, -i:v], *a.* Subversive (**de**, of).
subversion [sybvɛrsjɔ̃], *s.f.* Subversion (of morality); overthrow (of the State, etc.).
subvertir [sybvɛrti:r], *v.tr.* To subvert.
suc [syk], *s.m.* (*a*) Juice. *Bot:* Sap. **S. gastrique,** gastric juice. (*b*) Pith, essence, quintessence (of a book, etc.).
succédané [syksedane], *s.m.* Substitute (**de**, for).
succéder [syksede], *v.ind.tr.* (**je succède; je succéderai**) **S. à qn, à qch.,** to succeed, follow after, s.o., sth. **S. au trône,** to succeed to the throne. **S. à une fortune,** to inherit, come into, a fortune. **Les années se succèdent,** the years follow one another.
succès [syksɛ], *s.m.* **1.** Result, issue (of an undertaking, etc.). **Bon, mauvais, s.,** favourable, unfavourable, issue. **2.** Success; favourable result. **Avoir du s.,** (of undertaking) to turn out a success; (of article of commerce) to take on. **Remporter un s. complet,** to be entirely successful. **Il s'en est tiré avec s.,** he got through successfully. **Tentative sans s.,** unsuccessful attempt. **Livre à s.,** best-seller. *Th:* **Pièce à s.,** hit. **Avoir un s. fou,** to make a big hit, to bring down the house. **S. d'estime,** success due to the sympathy of friends, *succès d'estime.*
successeur [syksɛsœ:r], *s.m.* Successor (**de**, to, of). *Com:* **Smith, s. de Jones,** Smith late Jones.
successif, -ive [syksɛsif, -i:v[, *a.* Successive. **Trois jours successifs,** three days running.
succession [syksɛsjɔ̃], *s.f.* Succession. **1.** (*a*) Series, sequence (of ideas, etc.). (*b*) **S. à la couronne,** succession to the crown. **Prendre la s. d'un ministre,** to succeed a minister. **Prendre la s. d'une maison de commerce,** to take over a business. **2.** *Jur:* Inheritance. (*a*) Inheriting, coming into (property). **Droits de s.,** estate duty; death duties. (*b*) Estate.
successivement [syksɛsivmɑ̃], *adv.* Successively, in succession; one after another; seriatim.
successoral [syksɛsɔral], *a.* Successional, concerned with a succession. **Loi successorale,** law on inheritance.
succin [syksɛ̃], *s.m.* Yellow amber.
succinct [syksɛ̃, syksɛ̃:(k)t], *a.* Succinct, brief, concise; scanty (meal). *adv.* **-ement.**
succion [syksjɔ̃], *s.f.* **1.** Suction; sucking (of a wound). **2.** Down-draught (of sinking ship).
succomber [sykɔ̃be], *v.i.* To succumb. **1. S. sous le poids de qch.,** to sink under the burden of sth. **2.** (*a*) To be worsted. **S. sous le nombre,** to succumb to odds, to force. (*b*) To yield (to grief, etc.). **S. à l'émotion,** to be overcome by emotion. **Ne nous laissez pas s. à la tentation,** lead us not into temptation. (*c*) To die. **S. au poison,** to die of poison.
succube [sykyb], *s.m.* Succubus, succuba.
succulence [sykylɑ̃:s], *s.f.* Succulence; juiciness.
succulent [sykylɑ̃], *a.* Succulent, juicy; tasty, toothsome (morsel).
succursale [sykyrsal], *s.f.* (*a*) Branch (establishment) (of stores, etc.); branch (of bank); sub-office. S.a. MAGASIN. (*b*) *Ecc:* Chapel of ease.
sucer [syse], *v.tr.* (**je suçai(s); n. suçons**) To suck (milk, orange, etc.). **Se s. les doigts,** to suck one's fingers. *F:* **S. qn jusqu'au dernier sou, jusqu'à la moelle des os,** to suck s.o. dry. *P:* **S. la pomme à qn,** to kiss s.o.
sucette [sysɛt], *s.f.* (*a*) (Baby's) comforter, dummy. (*b*) Lollipop, *F:* lollie, lolly.
suceur, -euse [sysœ:r, -ø:z]. **1.** *s.* Sucker. **2.** *s.m.* Nozzle (of vacuum cleaner). **3.** *a. Z:* Suctorial.
suçoir [syswa:r], *s.m. Ent: etc:* Sucker.
suçon [sysɔ̃], *s.m. F:* **1.** Mark made (on skin) by sucking, by a kiss. **2.** Stick of barley sugar.
suçoter [sysɔte], *v.tr. F:* To suck away at (a sweet).

sucre [sykr], *s.m.* Sugar. (*a*) **S. en poudre, s. semoule,** castor sugar. **S. cristallisé,** granulated sugar. **S. en morceaux,** lump, cube, loaf, sugar. **S. à glacer,** icing sugar. **S. d'orge,** barley sugar. **Pince à s.,** sugar-tongs. *F:* **Casser du s. sur le dos de qn,** to run s.o. down; to make a scurrilous attack on s.o. *Fr.C:* **S. d'érable,** maple sugar. **Partie de s.,** sugaring party. (*b*) *Ch:* **S. de lait,** lactose. **S. de raisin,** grape sugar; glucose.
sucré [sykre], *a.* **1.** Sugared, sweetened (coffee, etc.); sweet (fruits, etc.). **Mon thé est trop s.,** my tea is too sweet. **Eau sucrée,** sugar and water. **2.** Sugary (words, smile).
sucr|er [sykre], *v.tr.* To sugar; to sweeten. *F:* **Sucrez-vous,** help yourself to sugar. *s.m.* **-age.**
sucrerie [sykrəri], *s.f.* **1.** Sugar-refinery. **2.** *pl.* Sweetmeats, sweets, confectionery. **Aimer les sucreries,** to have a sweet tooth. **3.** *Fr.C:* Maple grove.
sucrier [sykrie], **1.** *a.* **Industrie sucrière,** sugar industry. **2.** *s.m.* (*a*) Sugar-manufacturer. (*b*) Sugar-basin.
sucrin [sykrɛ̃], *s.m.* Sugary melon.
sud [syd]. **1.** *s.m.* No *pl.* South. **Un vent du s.,** a southerly wind. **Le vent du s.,** the south wind. **Au s.,** in the south. *Astr:* **La Croix du S.,** the Southern Cross. *Nau:* **Faire le s.,** to steer a southerly course. **Vers le s.,** southward(s). **2.** *a.inv.* South, southerly (wind); southern (part, latitude). **Le pôle s.,** the south pole.
sud-africain, -aine [sydafrikɛ̃, -ɛn], *a.* & *s.* *Geog:* South-African.
sud-américain, -aine [sydamerikɛ̃, -ɛn], *a.* & *s.* *Geog:* South-American.
sudation [sydasjɔ̃], *s.f.* *Med:* Sudation, sweating.
sud-est [sydɛst, *Nau:* sy(r)ɛ]. **1.** *s.m.* No *pl.* South-east. **2.** *a.inv.* South-easterly (wind); south-eastern (region).
sudoripare [sydɔripaːr], *a.* Sudoriferous, perspiratory; sweat(-gland).
sud-ouest [sydwɛst, *Nau:* syrwɛ, syrwa]. **1.** *s.m.* No *pl.* South-west. **2.** *a.inv.* South-westerly (wind); south-western (region).
Suède [sɥɛd]. **1.** *Pr.n.f.* Sweden. **2.** *s.m.* *Leath:* **Gants de s.,** suède gloves.
suédois, -oise [sɥedwa, -waːz]. **1.** *a.* Swedish. **2.** *s.* Swede. **3.** *s.m.* *Ling:* Swedish.
suée [sɥe], *s.f.* **1.** *Med:* Sweating, sweat. **2.** *P:* Sudden fright.
suer [sɥe], *v.i.* To sweat. **1.** (*a*) To perspire. **S. à grosses gouttes,** to sweat profusely. **Faire s. qn,** (i) to make s.o. sweat; (ii) *P:* to annoy, bore, s.o. (*b*) (Of walls) To ooze, weep. **2.** (With cogn. acc.) (*a*) To exude (poison, etc.). (*b*) **S. du sang,** to sweat blood. S.a. SANG 1. **S. l'égoïsme,** to be steeped in selfishness. **Maison qui sue le crime,** house that reeks of crime.
sueur [sɥœːr], *s.f.* Sweat, perspiration. **Être en s.,** to be sweating, in a sweat. **Vivre à la s. de son front,** to live by the sweat of one's brow.
suffire [syfiːr], *v.i.* (*pr.p.* **suffisant;** *p.p.* **suffi;** *pr.ind.* **je suffis, n. suffisons, ils suffisent;** *p.h.* **je suffis;** *fu.* **je suffirai**) (*a*) To suffice; to be sufficient. **Cela ne me suffit pas,** that's not enough, won't do, for me. *Prov:* **A chaque jour suffit sa peine,** sufficient unto the day is the evil thereof. *Impers.* **Il a suffi de quelques mots pour le persuader,** a few words were enough to persuade him. **Il suffit qu'il le dise,** (it is) enough that he should say so. *F:* **Ça suffit!** enough! that'll do! *P:* skip it! (*b*) **S. à qch., à faire qch.,** to be equal, adequate, to sth., to doing sth. **Il ne peut pas s. à tout,** he cannot cope with everything. **Il s'est toujours suffi,** he has always supported himself.
suffisance [syfizɑ̃ːs], *s.f.* **1.** Sufficiency, adequacy. **Avoir s. de qch.,** to have enough of sth. **Avoir de qch. à s., en s.,** to have plenty of sth. **2.** Self-complacency; self-conceit.
suffis|ant [syfizɑ̃], *a.* **1.** Sufficient, adequate, enough. **C'est plus que s.,** that is more than enough. **Quantité suffisante de vivres,** adequate supply of food. **2.** Self-satisfied, self-important, bumptious, conceited (air, tone). *s.* Conceited person; prig. **Faire le s.,** to give oneself airs. *adv.* **-amment.**
suffixe [syffiks], *s.m.* *Ling:* Suffix.
suffocant [syfɔkɑ̃], *a.* Suffocating, stifling.
suffocation [syfɔkasjɔ̃], *s.f.* Suffocation, choking.
suffoquer [syfɔke]. **1.** *v.tr.* (Of smell, etc.) To suffocate, stifle; to take s.o.'s breath away. **Les sanglots la suffoquaient,** she was choking with sobs. **2.** *v.i.* **S. de colère,** to choke with anger.
suffragant [syfragɑ̃], *a.* & *s.m.* Suffragan (bishop).
suffrage [syfraːʒ], *s.m.* Suffrage, vote. **S. universel,** universal franchise. **Recueillir tous les suffrages,** to earn universal approbation.
suffusion [syffyzjɔ̃], *s.f.* *Med:* Suffusion; flush.
suggérer [sygʒere], *v.tr.* (**je suggère; je suggérerai**) To suggest (à, to). **S. une réponse à qn,** to prompt s.o. with an answer.
suggestibilité [sygʒɛstibilite], *s.f.* Suggestibility; susceptivity to impressions.
suggestif, -ive [sygʒɛstif, -iːv], *a.* Suggestive.
suggestion [sygʒɛstjɔ̃], *s.f.* Suggestion. **Suggestions en vue d'une amélioration,** suggestions for improvement. **Pas la moindre s. de . . .,** not the slightest hint of. . . . **Conclusion donnée à titre de s.,** tentative conclusion.
suggestionner [sygʒɛstjɔne], *v.tr.* To produce an effect of suggestion upon (s.o.).
suicide [sɥisid], *s.m.* Suicide. **Faux s.,** attempted suicide.
suicidé, -ée, [sɥiside], *s.* Suicide. *Jur:* Felo de se.
suicider (se) [səsɥiside], *v.pr.* To commit suicide; to make away with oneself.
suie [sɥi], *s.f.* **1.** Soot. **2.** *Agr:* = CHARBON 2 (*a*).
suif [sɥif], *s.m.* Tallow; *F:* candle-grease. **Chandelle de s.,** tallow candle. S.a. GOUTTE-DE-SUIF. *P:* **Recevoir un s.,** to get a dressing-down.
suiffer [sɥife], *v.tr.* To tallow (leather, etc.); to grease (a pole).
suin(t) [sɥɛ̃], *s.m.* **1.** Yolk, suint; wool fat, wool grease. **2.** *Glassm:* Sandiver, glass gall.
suint|er [sɥɛ̃te], *v.i.* (*a*) (Of water, rock) To ooze, seep, sweat. (*b*) (Of vessel) To leak; (of wound) to run. *s.m.* **-ement.**
suis[1,2]. See ÊTRE and SUIVRE.
Suisse[1] [sɥis]. *Pr.n.f.* Switzerland. **S. alémanique,** German-speaking Switzerland. **S. romande,** French-speaking Switzerland.
suisse[2]. **1.** *a.* Swiss. S.a. AMIRAL 1. **2.** *s.m.* (*a*) **Un S.,** a Swiss. **Les Suisses,** the Swiss. *F:* **Faire s.,** to eat or drink on one's own (without treating the company). (*b*) *Hist:* Swiss mercenary. S.a. ARGENT 2. (*c*) *Ecc:* Verger (in full regalia). (*d*) **Petit s.,** small cream cheese. (*e*) *Fr.C:* *Z:* Chipmunk.
Suissesse [sɥisɛs], *s.f.* Swiss (woman).
suite [sɥit], *s.f.* **1.** (*a*) Continuation. **Quelle est la s.?** What follows, what happens next? **J'oublie la s.,** I forget how it goes on. **Prendre la s. d'une affaire,** to succeed to, take over, a business. **Faire s. à qch.,** to be a continuation of sth.; to follow up sth.; to lead out of (rooms in house). **"Comme s. à notre lettre d'hier,"** 'in further reference to our letter of yesterday.' **Donner s. à (une affaire),** to take appropriate action concerning . . . *Com:* **Donner s. à une commande,** to carry out an order. **Donner s. à une décision,** to give effect to a decision. **Venir à la s.,** to come after. **A la s. les uns des autres,** one after another. **Nous marchions à sa s.,** we followed in his wake. **A la s. de la décision prise,** following the decision arrived at. **Dix carrosses de s.,** ten carriages in succession. **Dix heures de s.,** ten hours on end. **Dix jours de s.,** ten days running. **Et ainsi de s.,** and so on. **Tout de s.,** *F:* **de s.,** at once, immediately. **Dans la s.,** subsequently, in process of time. **Par la s.,** later on, afterwards. (*b*) Sequel (of tale, etc.). **"S. au prochain numéro,"** 'to be continued in our next.' (*c*) Coherence, consistency (in reasoning). **S. dans les idées,** singleness of mind. **Sans s.,** (i) incoherent; desultory; (ii) disconnectedly, incoherently. **Manquer de s., d'esprit de suite,** to be lacking in sense of sequence, in method. **2.** Suite, retinue, train, attendants (of monarch, etc.); those coming after tail (of procession). **Être à la s. de qn,** to be in s.o.'s train. **Officier à la s.,** supernumerary officer. **3.** (*a*) Series, sequence, succession (of events). **S. de malheurs,** chapter of accidents. **Dans la s. des siècles,** in the course, progress, of centuries. (*b*) *Mus:* **S. d'orchestre,** orchestral suite. **4.** Consequence, result. **Mourir des suites d'une blessure,** to die of a wound. **Par s. . . .,** consequently. . . . **Par s. de,** in consequence of, owing to. **Par s. d'une erreur,** by, through, an error.

suitée [sɥite], *a.f.* **Jument s.**, mare and foal.
suivant¹ [sɥivɑ̃], *prep.* **1.** In the direction of. **Coupe s. la ligne M N**, section along the line M N. **2.** According to, in accordance with (one's means etc.); pursuant to (instructions). **S. lui**, in his opinion, according to him. **S. que** + *ind.*, according as. . . .
suivant², **-ante** [sɥivɑ̃, -ɑ̃:t]. **1.** *a.* Next, following (page, etc.). **Au chapitre s.**, in the following chapter. **Les trois jours suivants**, the next three days. *Sch:* **Au s.!** next please! **2.** *s.m.* Follower, attendant. **3.** *s.f.* *Th:* **Suivante**, waiting-maid.
suivi [sɥivi], *a.* **1.** Connected (speech); sustained, coherent (reasoning); close (business relations); steadfast, unwavering (policy); continuous (work). *Com:* Steady, persistent (demand). **Correspondance suivie**, close, uninterrupted, correspondence. **2.** **Prédicateur très s.**, preacher who has a large following.
suivre [sɥi:vr], *v.tr.* (*pr.p.* **suivant**; *p.p.* **suivi**; *pr.ind.* **je suis, il suit, n. suivons, ils suivent**; *p.h.* **je suivis**; *fu.* **je suivrai**) To follow. **1.** (*a*) To go behind (s.o.). **S. qn de près**, to follow close on s.o.'s heels. **S. au galop**, to gallop after. **S. qn des yeux**, to follow s.o.'s progress (with one's eyes); not to lose sight of s.o. **Faire s. une lettre**, to forward a letter. (On letter) **"Prière de faire s.,"** 'please forward.' *Typ:* **"(Faire) s.,"** 'run on.' (In serial stories) **"A s.,"** 'to be continued.' *Ten:* **S. la balle**, to follow through. **S. le mouvement**, to follow suit, *F:* to keep in the swim. *Com:* **Nous n'avons pas suivi cet article**, we have discontinued this line. S.a. AIMER 1. (*b*) To escort, attend, accompany (s.o.). (*c*) To pursue (animal, enemy). (*d*) To pay heed to, be attentive to (sth.). *Sch:* **S. avec qn**, to follow from s.o. else's book. (*e*) To watch (over), observe (s.o.'s progress, etc.). (*f*) **S. une piste, une indication**, to follow up a clue. **2.** (*a*) To succeed; to come, happen, after (sth.). **Le printemps suit l'hiver**, spring follows winter. **Les événements se suivent de près**, the events tread on each other's heels. **Conditions ainsi qu'il suit**, terms as follows. (*b*) To result from, be the consequence of (sth.). *Impers.* **Il suit de là que . . .**, it follows (from this) that. . . . **Que s'en est-il suivi?** what came of it? what was the consequence? **3.** (*a*) To go, proceed, along (road, etc.). **S. son chemin**, to go on one's way; to pursue one's course. **La justice suivra son cours**, justice will take its course. (*b*) To obey, conform to (fashion, law); to follow, act upon (advice). **S. son penchant**, to follow one's bent. **4.** (*a*) **S. des conférences**, to attend, hear, lectures. **S. un cours**, to take a course. **S. un traitement**, to follow a course of treatment. (*b*) To practise, exercise (profession, calling). (*c*) **S. son temps**, to keep abreast of the times.
sujet¹, **-ette** [syʒɛ, -ɛt]. **1.** *a.* Subject. (*a*) Dependent. **Être s. aux lois**, to be subject, amenable, to law. **Je suis s. à l'heure**, my time is not my own. **Provinces sujettes**, subject provinces. (*b*) Liable, prone, exposed (à, to). **S. à l'erreur**, liable to error. **Être s. à la goutte**, to be subject, a martyr, to gout. S.a. CAUTION 1. **Contrat s. au droit de timbre**, agreement liable to stamp-duty. **2.** *s.* Subject (of a state).
sujet², *s.m.* **1.** Subject. (*a*) Cause, reason, object, ground (of complaint, etc.). **S. d'étonnement**, matter of wonder. **J'ai tout s. d'espérer**, I have every reason to hope. **Si je me plains c'est que j'en ai s.**, if I complain I have good cause. **Au s. de qch.**, relating to, concerning, about, sth. **Éprouver des craintes au s. de qch.**, to entertain fears about sth. (*b*) Subject-matter (of speech, etc.); theme (of play, etc.); topic (of conversation). **Un beau s. de roman**, a fine subject for a novel. (*c*) *Gram:* **S. du verbe**, subject, nominative, of the verb. **2.** Individual, fellow. **Mauvais s.**, (i) ne'er-do-well, bad lot; (ii) *Sch:* bad boy. **Bon s.**, steady, well-behaved, person.
sujétion [syʒesjɔ̃], *s.f.* **1.** Subjection (à, to); servitude. **Vivre dans la s.**, to live in subjection, in bondage. **S. aux lois**, subservience to the laws. **2.** Constraint, obligation.
sulfamide [sylfamid], *s.m.* Sulphonamide, sulpha drug. **La série des sulfamides**, the sulpha series.
sulfatation [sylfatasjɔ̃], *s.f.* *El:* Sulphating (of accumulator plates).
sulfate [sylfat], *s.m.* *Ch:* Sulphate. **S. de cuivre**, copper sulphate. *El:* **Encrassé de s.**, sulphated (accumulator).
sulfat|er [sylfate], *v.tr.* *Ch:* *Ind:* To sulphate. *Vit:* To treat, dress, (vines) with copper sulphate. *s.m.* **-age.**
se sulfater, (of accumulator) to sulphate.
sulfhydrique [sylfidrik], *a.* *Ch:* **Acide s.**, hydrogen sulphide, sulphuretted hydrogen.
sulfite [sylfit], *s.m.* *Ch:* Sulphite.
sulfure [sylfy:r], *s.m.* *Ch:* Sulphide. **S. de fer**, iron pyrites. **S. de carbone**, carbon disulphide.
sulfuré [sylfyre], *a.* *Ch:* Sulphuretted.
sulfureux, -euse [sylfyrø, -ø:z], *a.* (*a*) Sulphureous. (*b*) *Ch:* Sulphurous. **Anhydride s.**, sulphur dioxide.
sulfurique [sylfyrik], *a.* *Ch:* Sulphuric (acid).
sulfurisé [sylfyrize], *a.* **Papier s.**, imitation parchment paper, butter-paper.
sultan [syltɑ̃], *s.m.* Sultan.
sultanat [syltana], *s.m.* Sultanate.
sultane [syltan], *s.f.* **1.** Sultana, sultaness. **2.** *Orn:* **Poule s.**, purple gallinule.
sumac [symak], *s.m.* Sumac(h). **S. vénéneux**, poison-ivy.
summum [sɔmmɔm], *s.m.* Acme, height, summit (of civilization, etc.).
Sund (le) [ləsɔ̃:d]. *Pr.n.m.* *Geog:* The Sound.
supé [sype], *a.* (Of boat) Stuck in the mud.
super [sypɛr], *s.m.* (*a*) *F:* = SUPERCARBURANT. (*b*) *Gramophones:* **Un s. 45 tours**, an extended-play record, *F:* an E.P.
superbe [sypɛrb]. **1.** *a.* (*a*) *A. & Lit:* Proud, haughty, vainglorious, arrogant. (*b*) Superb; stately (building). (*c*) Magnificent (horse); splendid, first-rate. **Une femme s.**, a fine woman. **Il fait des affaires superbes**, his business is thriving; he is doing a roaring trade. **2.** *s.f.* *A. & Lit:* Pride, haughtiness. *adv.* **-ment.**
supercarburant [sypɛrkarbyrɑ̃], *s.m.* High-grade, branded, premium-grade, petrol.
supercherie [sypɛrʃəri], *s.f.* (*a*) Deceit; fraud; swindle. (*b*) Hoax.
superfétation [sypɛrfetasjɔ̃], *s.f.* Superfluity (of words, etc.); redundancy; supererogation.
superfétatoire [sypɛrfetatwar], *a.* Superfluous.
superficie [sypɛrfisi], *s.f.* (*a*) Surface. **La s. de la terre**, the earth's surface. (*b*) Area (of a field, of a triangle). (*c*) Mere surface (of things). **Son savoir est tout en s.**, his knowledge is all on the surface, entirely superficial.
superfici|el, -elle [sypɛrfisjɛl], *a.* Superficial; skin-deep (wound); shallow (mind). **Eau superficielle**, surface water. *adv.* **-ellement.**
superfin [sypɛrfɛ̃], *a.* Superfine (cloth, etc.); of extra quality.
superflu [sypɛrfly]. **1.** *a.* (*a*) Superfluous, unnecessary. (*b*) **Regrets superflus**, vain, useless, regrets. **2.** *s.m.* Superfluity; possessions in excess. **Avoir du s. en main-d'œuvre**, to be overstaffed.
superfluité [sypɛrflyite], *s.f.* **1.** Superfluity, superabundance. **2.** **Se passer de superfluités**, to do without unnecessary things.
superhétérodyne [sypɛreterɔdin], *s.m.* *W.Tel:* Superheterodyne.
supérieur, -eure [syperjœ:r]. **1.** *a.* (*a*) Upper (storey, limb). **Cours s. d'une rivière**, upper course of a river. *Typ:* **Chiffre s.**, superior number (as a note reference). (*b*) Superior (à, to). **S. à la normale**, above normal. **Se montrer s. aux événements**, to rise above events. **Être s. à qn**, to rank above s.o. (*c*) Higher, upper. **Offre supérieure**, higher bid. **Combustible, carburant, de qualité supérieure**, high-grade fuel. **Classes supérieures**, upper classes (of society); upper forms (in school). **Mathématiques supérieures**, higher mathematics. **Enseignement s.**, university education. (*d*) *Com:* Of superior quality. **2.** *s.* Superior. (*a*) One's better. **Il est votre s.**, (i) he is your superior; (ii) he is a better man than you. (*b*) Head (of convent or monastery). **La Mère supérieure**, the Mother Superior.
supérieurement [syperjœrmɑ̃], *adv.* **1.** Superlatively well. **2.** **S. à . . .**, to a higher degree than . . ., better than. . . .
super-impôt [sypɛrɛ̃po], *s.m.* Surtax. *pl.* *Des super-impôts.*

supériorité [syperjɔrite], *s.f.* 1. Superiority. **S. écrasante**, heavy, crushing, odds. **S. d'âge**, seniority. 2. Superiorship (of convent).
superlat|if, -ive [sypɛrlatif, -i:v]. 1. *a.* Superlative (adjective, etc.). 2. *s.m. Gram:* Superlative (degree). **Adjectif au s.**, adjective in the superlative. **Laid au s.**, superlatively ugly, ugly to a degree. *adv.* **-ivement.**
supermarché [sypɛrmarʃe], *s.m. Com:* **S. (libre service)**, supermarket.
superpanchromatique [sypɛrpɑ̃krɔmatik], *a. Phot:* Superpanchromatic.
superphosphate [sypɛrfɔsfat], *s.m. Husb:* Superphosphate.
superpos|er [sypɛrpoze], *v.tr.* To superpose (à, (up)on); to superimpose. *a.* **-able.**
superposition [sypɛrpɔzisjɔ̃], *s.f.* Superposition (of triangles, of strata); superimposition (of colours). *Cin:* Double exposure.
superproduction [sypɛrprɔdyksjɔ̃], *s.f. Cin:* Spectacular.
supersonique [sypɛrsɔnik], *a.* Supersonic. **Bombardier s.**, supersonic bomber.
superstitieusement [sypɛrstisjøzmɑ̃], *adv.* 1. Superstitiously. 2. *F:* Over-scrupulously.
superstitieux, -euse [sypɛrstisjø, -ø:z], *a.* Superstitious.
superstition [sypɛrstisjɔ̃], *s.f.* 1. Superstition. 2. **Avoir la s. du passé**, to be foolishly attached to the past.
superstructure [sypɛrstrykty:r], *s.f.* Superstructure; upper works (of ship); *Rail:* permanent way.
superviser [sypɛrvize], *v.tr. F:* To supervise.
supin [sypɛ̃], *s.m. Gram:* Supine. **Au s.**, in the supine.
supinateur [sypinatœ:r], *a. & s.m. Anat:* Supinator (muscle).
supination [sypinasjɔ̃], *s.f.* Supination. **En s.**, supine (patient).
supplantation [syplɑ̃tasjɔ̃], *s.f.*, **supplantement** [syplɑ̃tmɑ̃], *s.m.* Supplanting, supplantation; supersession.
supplanter [syplɑ̃te], *v.tr.* To supplant; to supersede.
suppléance [sypleɑ̃:s], *s.f.* (*a*) Deputyship. **Obtenir la s. de qn**, to be appointed s.o.'s substitute. (*b*) Temporary post (during holder's absence); post ad interim; supply (post). **Remplir une s.**, to deputize, supply, for someone. **Faire des suppléances**, to be on supply.
suppléant, -ante [sypleɑ̃, -ɑ̃:t]. 1. *s.* (Of pers.) Substitute (de, for); deputy, locum tenens. *Th:* Understudy. 2. *a.* Acting, temporary (official); supply (teacher), surrogate (judge).
suppléer [syplee]. 1. *v.tr.* (*a*) To supply, make up, make good (what is lacking). (*b*) To take the place of, act as deputy for, deputize for (s.o.). **Se faire s.**, to find a substitute; to arrange for a supply. 2. *v.i.* **S. à qch.**, to make up for, supply the deficiency of, compensate for, sth. **S. à une vacance**, to fill a vacant post.
supplément [syplemɑ̃], *s.m.* (*a*) Supplement, addition. **En s.**, additional. (*b*) Extra or additional payment; *Rail:* excess fare, extra fare. **S. de solde**, extra pay. (*c*) Supplement (to book, magazine). (*d*) (In restaurant) Extra (dish); extra charge (for special dish). (*e*) *Geom:* Supplement (of an angle).
supplémentaire [syplemɑ̃tɛ:r], *a.* Supplementary, additional, extra, further. *Ind:* **Heures supplémentaires (de travail)**, overtime. *Geom:* **Angles supplémentaires**, supplementary angles. *Mus:* **Lignes supplémentaires**, ledger lines. *Rail:* **Train s.**, *s.m.* **supplémentaire**, relief train.
supplétif, -ive [sypletif, -i:v], 1. *a. Gram:* Suppletory (word). 2. *s.m. Mil:* Auxiliary (troops).
suppliant, -ante [sypliɑ̃, -ɑ̃:t]. 1. *a.* Suppliant, supplicating, imploring, pleading (look, etc.). 2. *s.* Suppliant, supplicant.
supplication [syplikasjɔ̃], *s.f.* Supplication, beseeching, entreaty.
supplice [syplis], *s.m.* (*a*) (Severe corporal) punishment; torture. **Le dernier s.**, capital punishment, the extreme penalty. (*b*) Torment, anguish, agony. **Mettre qn au s.**, (i) to torture s.o., to agonize s.o.; (ii) *F:* to make s.o. squirm; (iii) *F:* to keep s.o. on tenterhooks. **Être au s.**, to be on the rack, on thorns; to be in agony.
supplicié, -ée [syplisje], *s.* Executed criminal, or criminal under torture and about to be executed.
supplicier [syplisje], *v.tr.* (*a*) *A:* To execute (criminal). (*b*) = **Mettre au supplice.**
supplier [syplie], *v.tr.* To beseech, implore. **S. qn de faire qch.**, to implore, entreat, beg, s.o. to do sth. **Taisez-vous, je vous en supplie**, do, please, be quiet.
supplique [syplik], *s.f.* Petition.
support [sypɔ:r], *s.m.* 1. Support, prop, stay, strut. 2. Rest (for tools, etc.); stand (for lamp, bicycle); bracket, bearer (of machine part, etc.); mount (of photograph); holder (for memo block). *Mec.E:* Pedestal, pillow(-block). *W.Tel:* **S. de lampe**, valve-holder. *Nau:* **S. de gui**, boom-crutch. 3. *Her:* Supporter.
supportable [sypɔrtabl], *a.* 1. Supportable, bearable, tolerable, endurable. 2. *F:* Fairly good, not bad. *adv.* **-ment.**
supporter[1] [sypɔrtɛ:r], *s.m.* Supporter.
supporter[2] [sypɔrte], *v.tr.* To support. 1. To prop, hold up, sustain (ceiling, arch); to support, back up (person). 2. (*a*) To endure, suffer, bear (heat, misfortune). **S. les frais**, to bear the cost. **Il n'a pas supporté l'épreuve**, he was not equal to the test. (*b*) To tolerate, put up with, stand (rudeness, etc.). **S. l'humeur de qn**, to bear with s.o.'s temper.
supposé[1] [sypoze]. 1. *a.* Supposed, alleged (thief, etc.); assumed, false, fictitious (name, etc.). 2. *prep.* **S. même sa conversion**, even if his conversion be assumed. *Conj.phr.* **S. que** + *sub.*, supposing that. . . .
supposé[2] *a.* Supposititious (child); forged (will).
suppos|er[1] [sypoze], *v.tr.* 1. To suppose, assume, imagine. **S. vrai ce qui est en question**, to beg the question. **En supposant que** + *sub.*, **à supposer que** + *sub.*, supposing that . . ., suppose that. . . . **Supposons que** + *sub.*, let us take it that . . ., suppose that. . . . **On suppose que** + *ind.*, it is thought, inferred, that. . . . **On le suppose à Paris, on suppose qu'il est à Paris**, he is supposed to be in Paris. **On le supposait riche**, he was supposed, thought, to be wealthy. 2. To presuppose, imply. **Cela lui suppose du courage**, it implies courage on his part. *a.* **-able.**
supposer[2], *v.tr. Jur:* To put forward (sth.) as genuine. **S. un testament**, to present, produce, a forged will.
supposition[1] [sypozisjɔ̃], *s.f.* Supposition. **S. gratuite**, gratuitous assumption. **Si par s. il revenait**, supposing he came back.
supposition[2], *s.f. Jur:* Production of forged document(s); forging (of will); impersonation (of party to contract). **S. d'enfant**, setting up of a supposititious child.
suppositoire [sypɔzitwa:r], *s.m. Pharm:* Suppository.
suppôt [sypo], *s.m.* (Of pers.) Tool, instrument (of another). **Les suppôts de la loi**, the myrmidons of the law. **S. de Satan**, hell-hound, fiend.
suppression [syprɛsjɔ̃], *s.f.* (*a*) Suppression; discontinuance (of a service); cancelling (of a passage); quelling (of revolt). (*b*) Concealment (of a fact).
supprim|er [syprime], *v.tr.* 1. (*a*) To suppress; to put down (abuse); to abolish, do away with (law, tax); to put an end to (competition); to withdraw (credit); to omit, leave out, cut out (word); to discontinue, cancel (train); to remove (difficulty); to quell (revolt). *F:* **S. qn**, to kill s.o.; to make away, do away, with s.o. *Typ:* "A s.," 'delete.' (*b*) *Jur:* To conceal (document); to suppress, withhold (fact). 2. **S. qch. à qn**, to deprive s.o. of sth. *a.* **-able.**
suppuration [sypyrasjɔ̃], *s.f.* Suppuration, running (of sore, etc.).
suppurer [sypyre], *v.i.* (Of wound, sore) To suppurate, run.
supputation [sypytasjɔ̃], *s.f.* Computation, calculation.
supputer [sypyte], *v.tr.* To compute, calculate.
supranational [sypranasjɔnal], *a.* Supranational.
suprématie [sypremasi], *s.f.* Supremacy.
suprême [syprɛ:m], *a.* (*a*) Supreme; highest (degree); crowning (effort); paramount (importance). **Au s. degré**, in the highest degree; eminently. (*b*) Last (honours). **L'heure, le moment, s.**, the hour of death. *adv.* **-ment.**

sur[1] [syr], *prep.* **1.** (*a*) On, upon. **La pluie coule s. les vitres,** the rain runs down the panes. **Assis s. une chaise,** sitting on a chair. **S. toute la ligne,** all along the line. **Je n'ai pas d'argent s. moi,** I have no money on me, about me. **Lire qch. s. le journal,** to read sth. in the paper. **Serrer qn s. son cœur,** to clasp s.o. to one's heart. **Page s. page,** page after page. **Faire sottise s. sottise,** to commit blunder upon blunder. **Chanter qch. s. un certain air,** to sing sth. to a certain tune. S.a. PAROLE (*b*) Towards. **Avancer s. qn,** to advance on, against, s.o. **Juger qn s. la mine,** to judge s.o. by appearances. (*c*) Over, above. **Être toujours s. les livres,** to be for ever poring over books. **L'emporter s. qn,** to prevail over s.o. **S. toute(s) chose(s),** above all (things). (*d*) About, concerning, respecting. **Interroger qn s. ses motifs,** to question s.o. as to his motives. **2.** (Of time) (*a*) About, towards. **S. le soir, s. le tard,** towards evening. **S. les trois heures,** about three o'clock. (*b*) **S. ce, s. quoi, il nous quitta,** thereupon, whereupon, he left us. **S. ce, je vous quitte,** and now I must leave you. **Il est s. son départ,** he is on the point of departure. **3.** Out of. (*a*) **Un jour s. quatre,** one day out of four, every fourth day. **Une fois s. deux,** every other time. **Une fois s. mille,** once in a thousand times. (*b*) **Vous vous payerez s. le surplus,** you will pay yourself out of what remains over. **4. Huit pieds s. six,** eight foot by six.

sur[2] [sy:r], *a.* Sour (fruit, etc.); tart.

sûr [sy:r], *a.* Sure. **1.** (*a*) Safe, secure (locality, shelter). **Peu s.,** insecure, unsafe. **Le plus s.,** the safest course. **Jouer au plus s.,** to play for safety. **Pour le plus s.,** to be on the safe side. S.a. LIEU 1. (*b*) Trustworthy, reliable; trusty, true, staunch (friend). **Coup d'œil s.,** unerring glance. **En mains sûres,** in safe hands. **Avoir la main sûre, le pied s.,** to have a steady hand, to be sure-footed. **Le temps n'est pas s.,** we cannot rely on the weather. *Com:* **Maison sûre,** house of established standing. **2.** Certain. **Remède s., poison s.,** infallible remedy; unfailing poison. **C'est une affaire sûre,** it's a certainty. **Être s. de qch.,** to be sure, certain, of sth. **Je suis s. de lui,** I can depend on him. **Il est très s. de lui,** he is very self-assured. **S. et certain,** absolutely certain, positive. **A coup s.,** assuredly, for certain; without fail. *F:* **Bien s.! pour s.!** to be sure! surely! Of course! **Bien s. que non!** of course not! **Bien s.?** Really?

surabondance [syrabɔ̃dɑ̃:s], *s.f.* Superabundance.

surabond|ant [syrabɔ̃dɑ̃], *a.* Superabundant; superfluous. *adv.* **-amment.**

surabonder [syrabɔ̃de], *v.i.* To superabound; to be glutted, to overflow (**de, en,** with).

surah [syra], *s.m. Tex:* Surah.

suraigu, -uë [syregy], *a.* **1.** Overshrill, high-pitched (voice, note). **2.** *Med:* Peracute (inflammation).

suralimentation [syralimɑ̃tasjɔ̃], *s.f.* **1.** *Med:* Feeding up. **2.** Overfeeding. **3.** *I.C.E.:* Supercharging. **Pression de s.,** boost pressure.

suralimenter [syralimɑ̃te], *v.tr.* **1.** *Med:* To feed up (person). **2.** *I.C.E:* To supercharge (engine).

suranné [syrane], *a.* Out of date; antiquated, old-fashioned.

surarbitre [syrarbi:tr], *s.m.* Referee (deciding a tie between umpires).

surate [syrat], *s.f.* Sura(h) (of the Koran).

surbaissé [syrbɛse], *a.* **1.** *Arch:* Depressed, flattened (arch). **2.** *Aut: etc:* Dropped (axle, frame, etc.); extra-low, underslung (chassis).

surbaissement [syrbɛsmɑ̃], *s.m. Arch:* Surbasement.

surbaisser [syrbɛse], *v.tr.* **1.** *Arch:* To surbase, flatten (arch, vault). **2.** *Aut: etc:* To drop, undersling (frame, etc.).

surcharge [syrʃarʒ], *s.f.* **1.** Overloading, overstressing. **2.** (*a*) Overload; extra load; additional burden. *El:* Overcharge (of accumulator). (*b*) Excess weight (of luggage). (*c*) Weight-handicap (of racehorse). **3.** (*a*) Overtax, overcharge. (*b*) Additional charge (on account rendered). **4.** Surcharge, overprint (on postage stamp). *Typ:* Word written over another, interlineation.

surcharger [surʃarʒe], *v.tr.* (je **surchargeai(s); n. surchargeons**) **1.** (*a*) To overburden, overload; to overwork; to overcharge (accumulator). (*b*) To overtax, overcharge. **2.** To surcharge; to overprint (postage stamp).

surchauffe [syrʃo:f], *s.f.* **1.** = SURCHAUFFAGE. **2.** Superheat (in steam).

surchauff|er [syrʃofe], *v.tr.* **1.** To overheat (oven, etc.). *Metalw:* To burn (iron). **2.** To superheat (steam). *s.m.* **-age.**

surchauffeur [syrʃofœ:r], *s.m. Mch:* (Steam) superheater.

surchoix [syrʃwa], *s.m.* Finest quality. **Tabacs de s.,** choice tobaccos.

surclasser [syrklɑse], *v.tr. Sp:* To outclass (opponents)

surcomposé [syrkɔ̃poze], *a.* Double-compound (tense) (*e.g.* **Lorsque j'ai eu fini**).

surcompresseur [syrkɔ̃prɛsœ:r], *s.m. I.C.E:* Supercharger.

surcompression [syrkɔ̃prɛsjɔ̃], *s.f. I.C.E:* Supercharging.

surcomprimé [syrkɔ̃prime], *a. I.C.E:* Supercharged (engine).

surcontre [syrkɔ̃:tr], *s.m. Cards:* Redouble.

surcontrer [syrkɔ̃tre], *v.tr. Cards:* To redouble.

surcoupe [syrkup], *s.f. Cards:* Overtrumping.

surcouper [syrkupe], *v.tr. Cards:* To overtrump.

surcroît [syrkrwa], *s.m.* Addition, increase. **Il craint un s. de besogne,** he is afraid it means more work. **Par s.,** to boot, into the bargain, in addition, besides. **Pour s. de bonheur,** as a crowning happiness or piece of good luck. **Pour s. de malheur,** to make matters worse. S.a. SÛRETÉ 1.

surdent [syrdɑ̃], *s.f.* Irregular tooth; (in horse) wolf's tooth.

surdi-mutité [syrdimytite], *s.f.* Deaf(-and)-dumbness.

surdité [syrdite], *s.f.* Deafness.

surdoré [syrdɔre], *a.* Double-gilt.

surdos [syrdo], *s.m.* **1.** *Harn:* Back-band, back-strap. **2.** (Porter's) carrying-pad.

sureau [syro], *s.m.* Elder(-tree). **Baie de s., elderberry. S. hièble, petit s.,** ground elder.

suréchauffé [syreʃofe], *a.* Overheated.

surélévation [syrelɛvasjɔ̃], *s.f.* **1.** *Const:* Heightening, raising. *Aut:* Upsweep(ing) (of frame). **2.** Additional storey.

surélever [syrelve], *v.tr.* (Conj. like ÉLEVER) **1.** (*a*) To heighten, to raise (the height of) (wall, building). (*b*) *Aut:* To upsweep (frame). **2.** To raise (prices, tariff) higher.

surelle [syrɛl], *s.f.* Wood-sorrel.

sûrement [syrmɑ̃], *adv.* **1.** Steadily, confidently. **2.** Surely, certainly, assuredly; to be sure! **Il réussira s.,** he is sure to succeed. **3.** Surely, securely, safely, reliably.

suréminent [syreminɑ̃], *a.* Supereminent.

surenchère [syrɑ̃ʃɛ:r], *s.f.* Higher bid. **Faire une s. sur qn,** to outbid s.o.

surenchérir [syrɑ̃ʃeri:r], *v.i.* (*a*) To bid higher; to overbid. **S. sur qn,** (i) to bid higher than s.o.; to outbid s.o.; (ii) to go one better than s.o. (*b*) To rise higher in price.

surenchérisseur, -euse [syrɑ̃ʃerisœ:r, -ø:z], *s.* Overbidder.

surérogation [syrerɔgasjɔ̃], *s.f.* Supererogation.

surérogatoire [syrerɔgatwa:r], *a.* Supererogatory.

surestimation [syrɛstimasjɔ̃], *s.f.* Over-estimate, overvaluation.

surestimer [syrɛstime], *v.tr.* To over-estimate, overvalue; to overrate (s.o.).

suret, -ette [syrɛ, -ɛt], *a.* Sourish, tart.

sûreté [syrte], *s.f.* **1.** Safety, security, safe-keeping. **Lieu de s.,** place of safety. **Être en s.,** to be safe, in a safe place, out of harm's way. **Être en s. de qch.,** to be safe from sth. **Pour plus de s.,** in order to make assurance doubly sure. **Agent de la s.,** detective. **La police de s.,** the detective force. **La S.,** the Criminal Investigation Department, *F:* the C.I.D, Scotland Yard. *Mil:* **Service de s.,** protection. **Rasoir de s.,** safety-razor. **Mécanisme de s.,** foolproof mechanism. **Mettre son fusil au cran de s.,** to put one's gun to safety, to half-cock. S.a. SOUPAPE. **2.** Sureness (of hand, foot); unerringness, soundness (of vision, judgment); unerringness (of blow). **S. de soi,** self-confidence, self-assurance. **3.** *Com:* Surety, security, guarantee. **Prendre toutes ses sûretés,** to secure all guarantees.

surévaluation [syrevalɥasjɔ̃], *s.f.* Overvaluation, overestimate.
surévaluer [syrevalɥe], *v.tr.* To overestimate.
surexcitable [syrɛksitabl], *a.* Easily excited; excitable.
surexcitant [syrɛksitɑ̃]. **1.** *a.* strongly exciting (drink, emotion). **2.** *s.m. Med:* (Strong) stimulant.
surexcitation [syrɛksitasjɔ̃], *s.f.* Excitement.
surexciter [syrɛksite], *v.tr.* (*a*) To over-stimulate. (*b*) To excite (s.o.).
surexposer [syrɛkspoze], *v.tr. Phot:* To over-expose.
surexposition [syrɛkspozisjɔ̃], *s.f. Phot:* Over-exposure.
surface [syrfas], *s.f.* Surface. (*a*) Outside. **Bruit de s.,** surface scratching (of gramophone record). (Of submarine) **Marcher en s.,** to progress on the surface. **Revenir en s., faire s.,** to surface. **Vitesse en s.,** surface speed. **Tout en s.,** superficial. (*b*) *Geom:* **S. de révolution,** surface of revolution. (*c*) Area. **S. d'appui,** bearing surface. *Av:* **S. portante,** aerofoil, airfoil. *Com:* **Les grandes surfaces,** the big stores; the supermarkets.
surfacer [syrfase], *v.tr.* To surface, to traverse (on lathe).
surfaire [syrfɛːr], *v.tr.* (Conj. like FAIRE) (*a*) To overcharge; to ask too much for (sth.). (*b*) To overestimate, overrate (person, talent, etc.); to overpraise.
surfaix [syrfɛ], *s.m. Harn:* Surcingle.
surfiler [syrfile], *v.tr. Dressm: Needlew:* To overcast.
surfin [syrfɛ̃], *a. Com:* Superfine.
surgeler [syrʒəle], *v.tr.* To deep-freeze.
surgeon [syrʒɔ̃], *s.m. Hort:* Sucker. (Of plant) **Pousser des surgeons,** to sucker.
surgir [syrʒiːr], *v.i.* (Aux. **avoir,** occ. **être**) To rise; to come into view; to loom (up). **S. brusquement,** to appear suddenly. **De nouvelles difficultés ont surgi,** fresh difficulties have arisen, have cropped up. **Faire s. un souvenir,** to call forth a memory. **Faire s. des difficultés,** to give rise to difficulties.
surhauss|er [syrose], *v.tr.* **1.** (*a*) To heighten, raise (wall, etc.). (*b*) *Rail:* To cant (outer rail). *Civ.E:* To bank (road at a corner). **2.** To increase, force up, the price of (sth.). *s.m.* **-ement.**
surhomme [syrɔm], *s.m.* Superman.
surhumain [syrymɛ̃], *a.* Superhuman.
surimposer [syrɛ̃poze], *v.tr.* **1.** to superimpose. **2.** To increase the tax on (sth.). **3.** To overtax.
surimposition [syrɛ̃pɔzisjɔ̃], *s.f.* **1.** Superimposition. **2.** Increase of taxation. **3.** Overtaxation.
surimpression [syrɛ̃prɛsjɔ̃], *s.f.* Superimposition. **Tirage par s.,** overprinting (of a film).
surin[1] [syrɛ̃], *s.m.* Young apple-tree stock.
surin[2], *s.m. P:* (Apache's) knife or dagger.
surin|er [syrine], *v.tr. P:* To knife (s.o.); to murder; *P:* to do (s.o.) in. *s.m.* **-eur.**
surintendance [syrɛ̃tɑ̃dɑːs], *s.f. Hist:* **1.** Superintendence, stewardship. **2.** Superintendent's offices.
surintendant [syrɛ̃tɑ̃dɑ̃], *s.m.* Superintendent, overseer, steward. *Hist:* **S. des Finances,** financial secretary (under the old regime).
surintendante [syrɛ̃tɑ̃dɑ̃ːt], *s.f.* **1.** (Woman) superintendent. **2.** *Hist:* (*a*) Superintendent's wife. (*b*) Chief lady-in-waiting.
surir [syriːr], *v.i.* To turn sour.
surjaler [syrʒale]. *Nau:* **1.** *v.tr.* To foul (the anchor-stock). **2.** *v.i.* (Of anchor) To become unstocked.
surjet [syrʒɛ], *s.m. Needlew:* (*a*) Overcasting, whipping (of seams). (*b*) Overcast seam.
surjeter [syrʒəte], *v.tr.* (Conj. like JETER) *Needlew:* To overcast, whip (seam).
sur-le-champ [syrləʃɑ̃], *adv.* At once.
surlendemain [syrlɑ̃dmɛ̃], *s.m.* Next day but one. **Le s. de son arrivée,** two days, the second day, after his arrival. **Il arriva le s.,** he arrived two days later.
surmenage [syrmənaːʒ], *s.m.* Overworking; over-exertion. **S. intellectuel,** mental strain; *F:* brain-fag.
surmené [syrməne], *a.* Jaded (horse, mind); stale (team); *F:* fagged.
surmener [syrməne], *v.tr.* (Conj. like MENER) To overwork; to overtask (children); to override, overdrive (horse). *El:* To overrun (lamp).
se surmener, to overwork; to over-exert oneself, to work too hard; to overdo it.
surmontable [syrmɔ̃tabl], *a.* Surmountable, superable.
surmonter [syrmɔ̃te], *v.tr.* **1.** To surmount; to (over-) top; to rise above, higher than (sth.). **Colonne surmontée d'une croix,** column topped by a cross. **2.** To overcome, surmount (obstacle, one's emotion); to get over, to tide over (difficulty); to master (one's grief). **3.** (Of oil) To float to the top of (water).
se surmonter, to master, control, one's feelings or passions.
surmoulage [syrmulaːʒ], *s.m.* **1.** Retreading (of tyres). **2.** *Typ:* (*a*) Duplicating (of block). (*b*) Cast, mould, from existing plate.
surmouler [syrmule], *v.tr.* **1.** To retread (tyre). **2.** *Typ:* (*a*) To duplicate (block). (*b*) To cast, mould, from existing plate.
surmulet [syrmulɛ], *s.m. Ich:* Surmullet.
surmulot [syrmylo], *s.m.* Brown rat, wharf-rat.
surmultiplié [syrmyltiplije], *a. Aut:* **Quatrième vitesse surmultipliée,** overgeared fourth, overdrive.
surnager [syrnaʒe], *v.* **(je surnageai(s); n. surnageons) 1.** *v.tr.* To overfloat. **2.** *v.i.* (*a*) To float on the surface. (*b*) **Ce qui avait surnagé au naufrage,** what had remained afloat from the wreck. *F:* **Il a surnagé au crach,** he has survived the (financial) crash.
surnatur|el, -elle [syrnatyrɛl], *a.* (*a*) Supernatural, preternatural. *s.* **Le s.,** the supernatural. (*b*) *F:* Extraordinary, out of the common; uncanny. *adv.* **-ellement.**
surnom [syrnɔ̃], *s.m.* (*a*) *Rom.Ant:* Agnomen. (*b*) Appellation. (*c*) Nickname.
surnombre [syrnɔ̃ːbr], *s.m.* Number over the regulation number; redundancy (of workers). **En s.,** redundant (of worker). **S. des habitants,** overpopulation.
surnommer [syrnɔme], *v.tr. Pred.* **S. qn qch.,** (i) to name, call, s.o. sth.; (ii) to nickname s.o. sth.
surnuméraire [syrnymerɛːr], *a.* & *s.m.* Supernumerary.
suroffre [syrɔfr], *s.f.* Better offer, better bid.
suroît [syrwa], *s.m. Nau:* **1.** South-west. **2.** Sou'wester (wind or hat).
surpasser [syrpɑse], *v.tr.* To surpass. **1.** To be higher than (s.o. sth.); to overtop (sth). **S. qn de la tête,** to be a head taller than s.o. **2.** To go beyond, to exceed; to outdo. **S. qn par l'intelligence,** to surpass s.o. in intelligence. **S. qn en talent,** to transcend s.o. in talent. **S. qn en éclat,** to outshine s.o. *F:* **Cela me surpasse,** that beats me.
surpaye [syrpɛːj], *s.f.* Extra pay; bonus.
surpayer [syrpɛje], *v.tr.* (Conj. like PAYER) To overpay (s.o.); to pay too much for (sth.).
surpeuplé [syrpœple], *a.* Over-populated.
surpeuplement [syrpœpləmɑ̃], *s.m.* Over-crowding. **Le s. italien,** the over-population of Italy.
surplis [syrpli], *s.m. Ecc:* Surplice.
surplomb [syrplɔ̃], *s.m.* Overhang (of wall, rock). **Rocher en s.,** overhanging rock.
surplomb|er [syrplɔ̃be]. **1.** *v.i.* (Of wall, rock) To overhang; to jut out. **2.** *v.tr.* To overhang, hang over (sth.). *a.* **-ant.** *s.m.* **-ement.**
surplus [syrply], *s.m.* Surplus, overplus, excess. **Au s.,** besides, after all; moreover; what is more, into the bargain. **Vivres en s.,** provisions in excess. **Les s. du gouvernement,** government surplus (stock).
surpoids [syrpwɑ], *s.m.* Overweight, excess-weight. **En s.,** in excess.
surpopulation [syrpɔpylɑsjɔ̃], *s.f.* Excess population.
surprenant [syrprənɑ̃], *a.* Surprising, astonishing. **Chose surprenante . . .,** wonderful to relate . . ., strange to say . . ., for a wonder. . . . **Il est s. que vous le sachiez,** it is surprising that you should know of it.
surprendre [syrprɑ̃ːdr], *v.tr.* (Conj. like PRENDRE) To surprise. **1.** (*a*) To come upon (s.o.) unexpectedly; to catch (s.o.) unawares. **La nuit nous surprit,** night overtook us. **Être surpris par la pluie,** to be caught in the rain. **S. qn en défaut,** to catch s.o. napping. **S. qn à faire qch.,** to catch s.o. (in the act of) doing sth. **S. une ville,** to take a town by surprise. **S. qn chez lui,** to drop in on s.o. (*b*) To intercept (letter, glance); to overhear (conversation). (*c*) **Surprendre la bonne foi de qn,** to abuse s.o.'s good faith. **2.** To astonish. **Cela me surprendrait qu'il revienne, s'il revenait,** I should be surprised if he came back. **Cela ne me surprend pas,** I don't wonder at it; it is not to be wondered at; I am not surprised.

surpression [syrprɛsjɔ̃], *s.f.* **1.** Over-pressure. **2.** High pressure.
surprime [syrprim], *s.f. Ins:* Extra premium; loaded premium.
surpris [syrpri], *a.* Surprised. **Il parut légèrement s.,** he seemed the least bit taken aback. **Être s. d'apprendre qch.,** to be surprised to hear of sth.
surprise [syrpri:z], *s.f.* **1.** Surprise. **A sa grande s.,** to his great surprise, much to his surprise. **S'emparer d'une ville par s., par un coup de s.,** to capture a town by surprise. **Quelle bonne s.!** what a pleasant surprise! **2.** Lucky dip; prize-packet.
surproduction [syrprɔdyksjɔ̃], *s.f.* Overproduction.
surproduire [syrprɔdɥir], *v.tr.* To overproduce.
surréalisme [syr(r)ealism], *s.m.* Surrealism.
surréaliste [syr(r)ealist], *a. & s.m. & f.* Surrealist.
sursaturation [syrsatyrasjɔ̃], *s.f.* Supersaturation.
sursaturer [syrsatyre], *v.tr.* To supersaturate.
sursaut [syrso], *s.m.* (Involuntary) start, jump. **Se réveiller en s.,** to wake up with a start.
sursauter [syrsote], *v.i.* To start (involuntarily); to give a jump. **Faire s. qn,** to startle s.o. **S. d'indignation,** to leap up with indignation.
surséance [syrseɑ̃:s], *s.f. Jur:* Suspension, delay (of judgment or trial); stay of proceedings.
surseoir [syrswa:r], *v.ind.tr.* (*pr.p.* **sursoyant**; *p.p.* **sursis**; *pr.ind.* **je sursois, n. sursoyons**; *pr.sub.* **je sursoie**; *p.h.* **je sursis**; *fu.* **je surseoirai**) *Jur:* **S. à un jugement,** to suspend, delay, put off, stay, a judgment; to stay proceedings. **S. à une inhumation,** to postpone a burial.
sursis [syrsi], *s.m. Jur:* Delay; stay of proceedings; respite; reprieve (from execution). **Condamné à un an de prison avec s.,** sentenced to one year of imprisonment with remission of sentence. *Mil:* **S. d'appel,** deferment (of call up). **Mettre un homme en s.,** to defer a man.
sursitaire [syrsitɛ:r], *s.m. Mil:* Deferred conscript.
surtaxe [syrtaks], *s.f.* Supertax; surtax, extra tax. *Post:* Extra postage.
surtension [syrtɑ̃sjɔ̃], *s.f.* **1.** Over-pressure, excess pressure. **2.** *El.E:* Over-voltage, volt-rise. **Onde de s.,** surge of current.
surtout[1] [syrtu], *adv.* Particularly, especially, principally, above all. **S. que,** especially as. . . .
surtout[2], *s.m.* **1.** *Cost: A:* Overcoat, surtout. **2.** Centre-piece (on dinner table); epergne.
survécu, -s, -t, etc. See SURVIVRE.
surveillance [syrvɛjɑ̃:s], *s.f.* Supervision, watching, superintendence, surveillance. **Être sous la s. de la police,** to be under police supervision. **Comité de s.,** vigilance, watch, committee. *Sch:* **S. (d'examen),** invigilation.
surveillant, -ante [syrvɛjɑ̃, -ɑ̃:t], *s.* **1.** Supervisor, superintendent, overseer; shop-walker. *Rail:* Inspector. *Sch:* Master or mistress on duty. **S. général,** vice-principal. **S. (d'examen),** invigilator. **2.** Guardian, watchman. **3.** *s.f. Med:* **Surveillante,** (ward-)sister.
surveiller [syrvɛje], *v.tr.* **1.** To supervise, oversee, superintend; to tend (machine). **2.** To watch (over), observe, look after (s.o.). **S. la situation de près,** to keep a close eye on the situation.
se surveiller, to keep a watch upon oneself; *F:* to mind one's p's and q's.
survenance [syrvənɑ̃s], *s.f.* Unexpected arrival. *Jur:* Unforeseen birth of issue.
survenant, -ante [syrvənɑ̃, -ɑ̃:t]. **1.** *a.* Coming unexpectedly; supervening. **2.** *s.* Chance-comer.
survendre [syrvɑ̃:dr], *v.tr.* To overcharge for (sth.).
survenir [syrv(ə)ni:r], *v.i.* (Conj. like VENIR. Aux. **être**) (Of events) To supervene, happen, occur; *F:* to crop up; (of difficulty) to arise; (of complications) to set in; (of pers.) to arrive unexpectedly.
survenue [syrvəny], *s.f.* Unexpected arrival, chance coming; supervening.
survêtement [syrvɛtmɑ̃], *s.m.* **1.** Track-suit. **2.** Waterproof overalls.
survie [syrvi], *s.f. Jur:* **1.** Presumption of survival. **2.** Survivorship. **3.** Survival. *Ins:* **Tables de s.,** 'expectation of life' tables. *Sociology:* **Taux de s.,** reproduction rate.
survivance [syrvivɑ̃:s], *s.f.* **1.** (*a*) Survival, outliving. *Biol:* **S. du plus apte, des mieux adaptés,** survival of the fittest. (*b*) Reversion (of estate, office). **2. Une s. des temps passés,** a survival, relic, of times past.
survivant, -ante [syrvivɑ̃, -ɑ̃:t]. **1.** *a.* Surviving. **2.** *s.* Survivor.
survivre [syrvi:vr], *v.ind.tr.* (Conj. like VIVRE. Aux. **avoir**) **S. à qn, à qch.,** to survive, outlive, s.o., sth.
survol [syrvɔl], *s.m. Av:* Flight over (a region). *Cin:* Panning.
survoler [syrvɔle], *v.tr. Av:* To fly over.
survolt|er [syrvɔlte], *v.tr. El.E:* **1.** To boost, step up (current). **2.** To overrun (lamp). **3.** *F:* **Être survolté,** to be worked up, het up. *s.m.* **-age.**
survolteur [syrvɔltœ:r], *s.m. El.E:* Booster, step-up transformer.
sus [sy(s)]. **1.** *adv. A:* (Up)on, against. (Still used in) **Courir s. à son adversaire,** to rush at one's opponent. **En s.,** in addition, extra, to boot. **En s. de ses gages,** over and above one's wages. **2.** *int.* Come on! now then! **S. à l'ennemi!** at them!
susceptibilité [sysɛptibilite], *s.f.* **1.** Susceptibility, sensitiveness. **2.** Touchiness, irritability.
susceptible [sysɛptibl], *a.* Susceptible. **1. S. de qch.,** capable of, admitting of, liable to, sth. **S. d'amélioration,** open to improvement. **S. de se produire,** apt to occur. **Les documents susceptibles de vous intéresser,** the documents likely to interest you. **2.** (*a*) Sensitive, delicate. (*b*) Touchy, thin-skinned, easily offended.
susciter [syssite], *v.tr.* **1.** (*a*) To raise up. **Dieu suscita des libérateurs,** God raised up, set up, deliverers. (*b*) To create (enemies); to give rise to (difficulties). **S. des ennuis à qn,** to bring petty annoyances upon s.o. **Se s. des ennemis,** to incur enmity, hostility. **2.** To (a)rouse (envy); to instigate, stir up (revolt).
suscription [syskripsjɔ̃], *s.f.* Superscription, address (on letter).
susdit, -ite [sysdi, syzdi, -it], *a. & s.* Aforesaid, above-mentioned.
susmentionné, -ée [sysmɑ̃sjɔne], *a. & s.* Above-mentioned, aforesaid.
susnommé, -ée [sysnɔme], *a. & s.* Above-named.
suspect [syspɛ(kt)]. **1.** *a.* Suspicious, doubtful, suspect. **Tenir qn pour s.,** to hold s.o. in suspicion. **Devenir s.,** to arouse suspicion. **Être s. à qn de qch., de faire qch.,** to be suspected by s.o. of sth., of doing sth. **Cela me paraît s.,** I don't like the look of it. **2.** *s.m.* Suspect. **La liste des suspects,** the black list.
suspecter [syspɛkte], *v.tr.* To suspect (s.o.) (de, of); to question, doubt (sth.).
suspendre [syspɑ̃:dr], *v.tr.* To suspend. **1.** To hang up. **S. un hamac,** to sling a hammock. **2.** (*a*) To defer, stay (judgment); to leave (decree) in abeyance; to stop (payment). *Aut:* **S. un permis de conduire,** to suspend a licence. (*b*) **S. un fonctionnaire,** to suspend an official.
se suspendre (à une corde), to hang by (a rope), to hang on (to a rope).
suspendu [syspɑ̃dy], *a.* **1.** Suspended, hanging. (*a*) **Jardins suspendus,** hanging gardens. **Pont s.,** suspension-bridge. **Charrette suspendue,** spring-cart, swing-cart. (*b*) **Lampe suspendue au plafond,** lamp hanging from the ceiling. **Être s. aux lèvres de qn,** to hang on s.o.'s lips, words. **2.** *Mus:* **Cadence suspendue,** suspended cadence.
suspens (en) [ɑ̃syspɑ̃], *adv.phr.* In suspense; (i) (of pers.) in doubt, in uncertainty; (ii) (of thg) in abeyance. **Questions en s.,** outstanding questions.
suspense [syspɑ̃:s], *s.m. Cin: F:* Suspense.
suspensif, -ive [syspɑ̃sif, -i:v], *a.* Suspensive (veto, etc.).
suspension [syspɑ̃sjɔ̃], *s.f.* Suspension. **1.** Hanging (up). **Mort par s.,** death by hanging. **2.** (a) (Temporary) discontinuance, interruption (of work, etc.). *Gram:* **Points de s.,** points of suspension. **S. d'armes,** truce, armistice. **S. de payements,** suspension of payment. *Jur:* **Arrêt de s.,** injunction. (*b*) **S. d'un fonctionnaire,** suspension of an official. **3.** Hanging lamp. **4.** *Veh:* Springing, springs (of a car, etc.).
suspensoir [syspɑ̃swa:r], *s.m.* **1.** *Surg:* Suspensory bandage. **2.** Suspending rod (of suspension-bridge).
suspente [syspɑ̃:t], *s.f. Nau:* Sling (of yard, etc.). *Aer:* Suspending ropes (of balloon car).
suspicion [syspisjɔ̃], *s.f.* Suspicion.

sustentateur, -trice [systɑ̃tatœːr, -tris], *a. Av:* Lifting (force, etc.). **Effort s.**, lift. **Surface sustentatrice,** aerofoil.
sustentation [systɑ̃tasjɔ̃], *s.f.* (*a*) *Med:* Sustenance, sustentation. (*b*) **Base de s.**, basis of support. (*c*) *Aer:* **Force de s.**, lifting force.
sustenter [systɑ̃te], *v.tr.* To sustain, nourish, support.
susurration [sysyrasjɔ̃], *s.f.* **susurrement** [sysyrmɑ̃], *s.m. Lit:* Susurration, whispering; murmuring (of sea); soughing (of wind); rustling (of trees).
susurrer [sysyre], *v.i. Lit:* To susurrate; to murmur, whisper.
sutural, -aux [sytyral, -o], *a. Anat:* Sutural.
suture [sytyːr], *s.f. Anat:* Suture, join. *Surg:* Suture, stitching (of wound). **Point de s.**, stitch.
suturer [sytyre], *v.tr.* To stitch up (wound).
suzerain, -aine [syzrɛ̃, -ɛn]. **1.** *a.* Paramount, suzerain (lord, power). **2.** *s.* Suzerain, *f.* suzeraine.
suzeraineté [syzrɛnte], *s.f.* Suzerainty; lordship.
svastika [svastika], *s.m.* Swastika.
svelte [svɛlt], *a.* Slender, slim, willowy (figure).
sveltesse [svɛltɛs], *s.f.* Slenderness, slimness.
sweater [switœːr], *s.m. Cost: F:* Sweater.
swing [swiŋ], *s.m. F:* **1.** Swing music. **2.** *Box:* Swing.
sybarite [sibarit], *a. & s.* Sybarite; voluptuary.
sybaritique [sibaritik], *a.* Sybaritic.
sybaritisme [sibaritism], *s.m.* Sybaritism.
sycomore [sikɔmɔːr], *s.m. Bot:* (**Érable**) **s.**, sycamore (maple), great maple.
sycophante [sikɔfɑ̃ːt]. **1.** *s.m.* Sycophant, *F:* toady. **2.** *a.* Sycophantic.
sycophantisme [sikɔfɑ̃tism], *s.m.* Sycophancy.
syllabaire [sillabɛːr], *s.m.* Spelling-book.
syllabe [sillab], *s.f.* Syllable.
syllabique [sillabik], *a.* Syllabic.
syllepse [sillɛps], *s.f. Rh:* Syllepsis.
syllogisme [sillɔʒism], *s.m.* Syllogism.
sylphe [silf], *s.m.* **sylphide** [silfid], *s.f.* Sylph. *F:* **Taille de s.**, sylphlike waist.
sylvestre [silvɛstr], *a.* (*a*) Growing in the woods. (*b*) Woodland (tree).
sylvicole [silvikɔl], *a.* **1.** Silvan, sylvan; dwelling in woods. **2.** Relating to forestry.
sylviculteur [silvikyltœːr], *s.m.* Silviculturist.
sylviculture [silvikyltyːr], *s.f.* Forestry.
symbiose [sɛ̃bjoːz], *s.f. Biol:* Symbiosis.
symbole [sɛ̃bɔl], *s.m.* (*a*) Symbol. (*b*) Conventional sign. (*c*) *Ecc:* Creed. **Le s. des Apôtres,** the Apostles' Creed. S.a. NICÉE.
symbolique [sɛ̃bɔlik], *a.* Symbolic(al). **Versement s.**, token contribution. *adv.* **-ment**, -ally.
symboliser [sɛ̃bɔlize], *v.tr.* To symbolize.
symbolisme [sɛ̃bɔlism], *s.m.* Symbolism.
symétrie [simetri], *s.f.* Symmetry. **Sans s.**, unsymmetrical.
symétrique [simetrik], *a.* Symmetrical. *adv.* **-ment.**
sympathie [sɛ̃pati], *s.f.* Sympathy. (*a*) Instinctive attraction, fellow feeling. **Avoir de la s. pour qn,** to feel drawn to s.o.; to like s.o.; **Se prendre de s. pour qn,** to take a liking to s.o.; to take to s.o. **Sympathies et antipathies,** likes and dislikes. (*b*) **Idées qui ne sont pas en s.**, ideas that do not go together. (*c*) *Med: Physiol:* Sympathy (between organs).
sympathique [sɛ̃patik], *a.* **1.** Sympathetic. **Être s. aux idées de qn,** to be in sympathy with s.o.'s ideas. **2.** Likable, attractive. **Personnalité peu s.**, unattractive personality. **Il me fut tout de suite s.**, I took to him at once. **Il me devint s.**, I came to like him. **Il savait se rendre s. dans tous les milieux,** he was a good mixer in company of all sorts. **Être très s.**, to have taking ways. **Entourage s.**, congenial surroundings. **3. Encre s.**, sympathetic ink, invisible ink. **4.** *Anat: Physiol: etc:* Sympathetic (nerve, ophthalmia). *s.m.* **Le grand s.**, the sympathetic nerve. *adv.* **-ment,** -ally.
sympathisant, -ante [sɛ̃patizɑ̃, -ɑ̃ːt]. **1.** *a.* Sympathizing. **2.** *s.* (*a*) Sympathizer. (*b*) *Pol:* Fellow-traveller.
sympathiser [sɛ̃patize], *v.i.* (*a*) To sympathize. (*b*) To get on well together, to be friendly.
symphonie [sɛ̃fɔni], *s.f.* Symphony.
symphonique [sɛ̃fɔnik], *a.* Symphonic.
symptomatique [sɛ̃ptɔmatik], *a.* Symptomatic.
symptôme [sɛ̃ptoːm], *s.m.* Symptom; sign, token, indication.
synagogue [sinagɔg], *s.f.* Synagogue.
synallagmatique [sinallagmatik], *a. Jur:* Synallagmatic. **Contrat s.**, bilateral contract; indenture.
synarthrose [sinartroːz], *s.f. Anat:* Synarthrosis.
synchrocyclotron [sɛ̃krɔsiklɔtrɔ̃], *s.m. Atom.Ph:* Synchrocyclotron.
synchrone [sɛ̃krɔn], *a.* Synchronous. *El.E:* In step.
synchronique [sɛ̃krɔnik], *a.* Synchronistic, synchronological (table of events).
synchronisé [sɛ̃krɔnize], *a.* Synchronized; *El.E:* in step.
synchronis|er [sɛ̃krɔnize], *v.tr.* To synchronize. *s.f.* **-ation.**
synchroniseur [sɛ̃krɔnizœːr], *s.m.* **1.** *El.E:* Synchronizer. **2.** *Aut:* Synchromesh device.
synchronisme [sɛ̃krɔnism], *s.m.* Synchronism. **En s.**, in synchronism, *El.E:* in step. **Hors de s.**, out of synchronism; out of step.
synchrotron [sɛ̃krɔtrɔ̃], *s.m. Atom.Ph:* Synchrotron.
synclinal, -aux [sɛ̃klinal, -o], *a. Geol:* Synclinal (valley).
syncope [sɛ̃kɔp], *s.f.* **1.** *Med:* Syncope; faint, fainting fit. **S. mortelle,** heart-failure. **Tomber en s.**, to faint. **2.** *Gram:* Syncope. **3.** *Mus:* (*a*) Syncopation. (*b*) Syncopated note.
syncoper [sɛ̃kɔpe], *v.tr.* To syncopate.
syncrétisme [sɛ̃kretism], *s.m. Phil:* Syncretism.
syndactyle [sɛ̃daktil], *a. Z:* Syndactyl(ous); webfingered, -toed.
syndic [sɛ̃dik], *s.m.* Syndic, trustee. **S. de faillite,** assignee, official receiver (in bankruptcy).
syndical, -aux [sɛ̃dikal, -o], *a.* **1.** Syndical. **2. Mouvement s.**, trade-union movement.
syndicalisme [sɛ̃dikalism], *s.m.* Syndicalism. Esp. **S. ouvrier,** trade-unionism.
syndicaliste [sɛ̃dikalist], *s.m. & f.* Trade-unionist.
syndicat [sɛ̃dika], *s.m.* **1.** Trusteeship (in bankruptcy). **2.** Syndicate. (*a*) **S. professionnel,** trade society, trade association. **S. patronal,** employers' federation. **S. industriel,** pool. S.a. INITIATIVE. (*b*) **S. ouvrier,** trade union.
syndiqué [sɛ̃dike], (*a*) *a.* Associated, combined. **Ouvriers syndiqués,** trade-unionists. **Ouvriers non syndiqués,** non-union men. (*b*) *s.* Trade-unionist.
syndiquer [sɛ̃dike], *v.tr.* **1.** To syndicate (an industry). **2.** To form (workmen) into a trade union.
se syndiquer. 1. To combine; to syndicate. **2.** To form a trade union.
syndrome [sɛ̃drɔm, -oːm], *s.m. Med:* Syndrome.
synecdoche, synecdoque [sinɛkdɔk], *s.f. Rh:* Synecdoche.
synérèse [sinerɛːz], *s.f. Ph: Ling:* Synaeresis.
synergie [sinɛrʒi], *s.f.* Synergy.
synode [sinɔd], *s.m. Ecc:* Synod.
synonyme [sinɔnim]. **1.** *a.* Synonymous (**de,** with). **2.** *s.m.* Synonym.
synonymie [sinɔnimi], *s.f.* Synonymy.
synoptique [sinɔptik], *a.* Synoptic(al). **Tableau s.**, conspectus (of a science, etc.).
synovial, -aux [sinɔvjal, -o], *a. Anat:* Synovial.
synovie [sinɔvi], *s.f. Anat: Physiol:* Synovia. **Épanchement de s.**, housemaid's knee.
synovite [sinɔvit], *s.f. Med:* Synovitis.
syntactique [sɛ̃taktik], *a. Gram:* Syntactic(al).
syntaxe [sɛ̃taks], *s.f. Gram:* Syntax.
syntaxique [sɛ̃taksik], *a.* = SYNTACTIQUE.
synthèse [sɛ̃tɛːz], *s.f.* Synthesis.
synthétique [sɛ̃tetik], *a.* Synthetic(al). *adv.* **-ment,** -ally.
synthétiser [sɛ̃tetize], *v.tr.* To synthesize.
syntonie [sɛ̃tɔni], *s.f. W.Tel:* Syntony.
syntonique [sɛ̃tɔnik], *a. W.Tel:* Syntonic, tuned.
syntonisateur, -trice [sɛ̃tɔnizatœːr, -tris]. *W.Tel:* **1.** *a.* **Bobine syntonisatrice,** tuning-coil. **2.** *s.m.* Tuning device; tuner.
syntonisation [sɛ̃tɔnizasjɔ̃], *s.f. W.Tel:* Tuning.
syntoniser [sɛ̃tɔnize], *v.tr. W.Tel:* To syntonize; to tune (in).
syphilis [sifilis], *s.f.* Syphilis.
syriaque [sirjak], *a. & s.m. Ling:* Syriac.
Syrie [siri]. *Pr.n.f. Geog:* Syria.
syrien, -ienne [sirjɛ̃, -jɛn], *a. & s.* Syrian.
systématique [sistɛmatik], *a.* (*a*) Systematic. (*b*) *F:* Hide-bound (person). *adv.* **-ment,** -ally.
systématiser [sistɛmatize], *v.tr.* To systematize.

système [sistɛm], *s.m.* **1.** System. (*a*) **S. féodal,** feudal system. **S. métrique,** metric system. **Nouveau s. d'éclairage,** new method of illumination. *Anat:* **Le s. nerveux,** the nervous system. *F:* **Il me tape sur le s.,** he gets on my nerves. S.a. D. (*b*) **Agir par s.,** to act in a stereotyped manner. **Esprit de s.,** pigheadedness. (*c*) Set (of wheels, of valves); network (of roads). (*d*) Device, gadget. **Un nouveau s.,** a new device. **2.** (*a*) **Fusils de divers systèmes,** rifles of various makes or types. **Bouton de col à s.,** patent collar-stud. (*b*) Swivel rowlock.

systole [sistɔl], *s.f. Physiol:* Systole.

syzygie [siziʒi], *s.f. Astr:* Syzygy. **Les marées de s.,** the spring tides.

T, t [te], *s.m.* The Letter T, t. '*T euphonique*' forms a link between verbal endings in **-a, -e** and the pronouns **il, elle, on. Va-t-il? Ira-t-elle? Donne-t-on?** *Tp:* **T comme Thérèse,** T for Tommy. **Fer à, en, T,** T-iron, tee. *W.Tel:* **Antenne en T,** T aerial. **Poutre en double T,** H beam. S.a. TÉ[1].

t'. See TE and TU[1].

ta [ta], *poss.a.f.* See TON[1].

tabac [taba], *s.m.* **1.** *Bot:* Tobacco(-plant). **2.** (*a*) **T. haché,** cut tobacco. **T. en corde,** pigtail. **T. en carotte,** twist. **T. à chiquer,** chewing tobacco. **Blague à t.,** tobacco-pouch. **Pot à t.,** tobacco-jar. *F:* **C'est un pot à t.,** he is a tubby little man. **Débitant de t.,** tobacconist. **Débit, bureau, de t.,** tobacconist's shop. *P:* (Esp. of the police) **Passer qn à t.,** to give s.o. a rough handling, to give s.o. the third degree. (*b*) **T. à priser, t. râpé,** snuff. **Prendre du t.,** to take snuff. S.a. PRISE 4. **3.** *a.inv.* Tobacco-coloured, snuff-coloured.

tabagie [tabaʒi], *s.f.* Place reeking of stale tobacco-smoke.

tabagisme [tabaʒism], *s.m.* Nicotinism, nicotine-poisoning.

tabar(d) [taba:r], *s.m.* (Herald's) tabard.

tabarin [tabarɛ̃], *s.m.* *A:* Buffoon. (From Jean Salomon Tabarin, 1584-1633).

tabarinade [tabarinad], *s.f.* *A.Th:* Broad farce.

tabasser [tabase], *v.tr.* *F:* To beat (s.o.) up.

tabatière [tabatjɛ:r], *s.f.* (*a*) Snuff-box. (*b*) **(Fenêtre, lucarne, à) t.,** hinged skylight.

tabellion [tabɛljɔ̃], *s.m.* (*a*) *Jur:* *A:* Scrivener. (*b*) *F:* *Hum:* Lawyer (notaire).

tabernacle [tabɛrnakl], *s.m.* Tabernacle.

tabès, tabes [tabɛs], *s.m.* *Med:* Tabes.

table [tabl], *s.f.* Table. **1.** (*a*) **T. de jeu,** card table. **T. de billard,** billiard table. *Pol:* *Ind:* **T. ronde,** round-table conference. **T. pliante, t. camping,** picnic table. **T. de toilette,** dressing table. **T. d'opération,** operating table. **T (à thé) roulante,** tea-trolley. **T. de malade,** bed-table. **La t. d'honneur,** the high table (at a college); the head table (at a banquet, wedding). (*b*) **T. est bonne,** the food is good. **Mettre, dresser, la t.,** to lay, set, the table. **Se mettre à t.,** to sit down to table, to dinner. **Se lever, sortir, de t.,** to leave the table. **A t.!** come! Dinner (lunch) is ready! **Tenir t. ouverte,** to keep an open board. **(Service de) petites tables,** separate tables (at restaurant). *Mil:* **T. d'officiers,** officers' mess. *Ecc:* **La Sainte T.,** the Lord's Table, the communion table. S.a. HÔTE 1. **2.** (*a*) *Lap:* Table (of gem). *Mus:* **T. d'harmonie,** sound-board (of piano); belly (of violin). (*b*) Face (of hammer); flange (of girder). *Mch:* **T. du tiroir,** valve face. **T. de planeuse,** bed of a planing-machine. (*c*) *Tp:* Switchboard. **T. d'écoute,** listening-table (used by police for tapping phone conversations). (*d*) *Geog:* **Montagne de la T.,** Table Mountain. **3.** (*a*) Slab (of stone, etc.); tablet. *B:* **Les Tables de la Loi,** the Tables of the Law. S.a. RAS[1] 1. (*b*) List, catalogue. **T. alphabétique,** alphabetical list, table, index. **T. de multiplication,** multiplication table. S.a. MATIÈRE 3.

tableau [tablo], *s.m.* **1.** (*a*) Board. **T. d'annonces,** notice-board. *Sch:* **T. noir,** blackboard. *El.E:* **T. de distribution,** switchboard. *Aut:* **T. de bord,** dash-board. **T. indicateur du service des quais,** train indicator. (*b*) *Bill:* Scoring-board. (*c*) *Nau:* Name-board (of ship). **T. arrière,** lower stern. (*d*) (In hotel) Key-rack, -board. **2.** (*a*) Picture, painting. *Art:* **T. de fleurs,** flower-piece. *F:* **Vieux t.,** old frump. **T. d'autel,** altar-piece. (*b*) *Th:* Tableau (at end of act, etc.). (*c*) **T. vivant,** living picture, tableau vivant. (*d*) *Th:* Scene or group of scenes acted in one setting. **3.** (*a*) List, table. **T. d'avancement,** promotion list, promotion roster. **T. de service,** duty roster. *Aut:* **T. de graissage,** lubrication chart. *Phot:* *Cin:* **T. de mise au point,** test(-chart). (*b*) Roll (of lawyers); panel (of jurymen, doctors, etc.). **Être rayé du t.,** to be struck off the rolls. **4.** *Ven:* **T. de chasse,** (sportsman's) bag. *F:* **Au t.,** in the bag.

tableautin [tablɔtɛ̃], *s.m.* Small picture.

tablée [table], *s.f.* Company at table; (full table of) guests.

tabler [table], *v.i.* *F:* **T. sur qch.,** to count, reckon, on sth.

tabletier [tabləttje], *s.m.* Dealer in fancy articles (of ebony, ivory, bone) and inlaid ware.

tablette [tablɛt], *s.f.* **1.** (*a*) Shelf (of bookcase, etc.). **T. à coulisse,** pull-out slide (of table or desk). (*b*) Flat slab; coping-stone. **T. de cheminée,** mantel-shelf, mantelpiece. **T. de fenêtre,** window-sill. **2.** *pl.* *A:* Writing-tablets. **Mettre qch. sur ses tablettes,** to make a note of sth. **3.** Cake, slab (of chocolate). *Pharm:* Tablet, lozenge.

tabletterie [tablɛtri], *s.f.* (*a*) Fancy-goods industry. (*b*) Inlaid ware, knick-knacks, and fancy goods.

tablier [tablie], *s.m.* **1.** Apron. **T. d'enfant,** pinafore. *F:* **Rendre son t.,** to give notice. **2.** *Artil:* Footboard (of limber). **3.** (*a*) Register, blower (of French fire-place). (*b*) **T. de tôle (d'un magasin),** sectional steel shutter. **4.** Superstructure, flooring, deck, road(way) (of bridge); table (of weigh-bridge); foot-plate (of locomotive).

tabou [tabu]. **1.** *s.m.* Taboo. **2.** *a.* Taboo(ed). *F:* **Sujets tabous,** forbidden subjects.

tabouret [taburɛ], *s.m.* **1.** (*a*) High stool. **T. de piano,** piano stool. (*b*) Footstool. **2.** *Bot:* Shepherd's-purse.

tabulaire [tabylɛ:r], *a.* Tabular.

tabulateur [tabylatœ:r], *s.m.* *Typewr:* Tabulator.

tac [tak], *s.m.* Click (of steel); clack (of mill); tick-tack (of clock-work). **Riposter du t. au t.,** (i) *Fenc:* to parry with the riposte; (ii) to make a lightning retort.

tacaud [tako], *s.m.* *Ich:* Whiting-pout.

tachant [taʃɑ̃], *a.* **1.** (Of materials) Easily stained or soiled. **2.** That stains, soils (other things).

tache [taʃ], *s.f.* (*a*) Stain, spot (of grease, mud); blob (of colour); flaw, blemish; bruise (on fruit); stigma, blot (on family record); *T.V:* shading. **T. d'encre,** blot, blur. **T. de suie,** fleck of soot; smut. **T. solaire, t. du soleil,** sun-spot. *Th:* *Cin:* *F:* **T. de lumière,** hot spot. *Town P:* **T. insalubre (à démolir),** clearance area. **Enlever, effacer, faire disparaître, une t.,** to remove a stain. **Sans t.,** spotless; stainless; without blemish, without a blot; undefiled. **Faire t.,** to stand out as a blemish. S.a. HUILE 1. (*b*) **T. de rousseur,** freckle. **T. de vin,** strawberry-mark (on skin).

tâche [tɑ:ʃ], *s.f.* Task. **Travail à la t.,** piecework. **Ouvrier à la t.,** (i) jobbing workman; (ii) *Ind:* piece-worker. **Prendre à t. de faire qch.,** to make it one's duty to do sth.; to undertake to do sth.

tachéographe [takeɔgraf], *s.m.* *Surv:* Recording tacheometer.

tachéomètre [takeɔmɛtr], *s.m.* *Surv:* Tacheometer, tachymeter.

tachéométrie [takeɔmetri], *s.f.* *Surv:* Tacheometry, tachymetry.

tacher [taʃe], *v.tr.* To stain, spot (garment, etc.); to sully, tarnish, blemish (reputation).

se tacher. 1. To soil one's clothes. **2.** (Of material) To stain, spot.

tâcher [tɑʃe], *v.i.* To try, endeavour. **T. de faire qch.,** to strive to do sth. **J'y tâcherai,** I shall do my best. **Tâchez qu'on n'en sache rien,** try to keep it quiet.

tâcheron [tɑʃrɔ̃], *s.m.* Jobbing workman; piece-worker.

tacheter [taʃte], *v.tr.* (**je tachette; je tachetterai** [taʃtre]) To mark with spots; to speckle, fleck, mottle. **Chat tacheté,** tabby cat, brindled cat.

tachycardie [takikardi], *s.f.* *Med:* Tachycardia.

tachymètre [takimɛtr], *s.m.* Tachometer, speedometer; revolution counter.

tacite[1] [tasit], *a.* Tacit (consent, etc.); implied, understood, implicit. *adv.* **-ment.**
Tacite[2]. *Pr.n.m. Lt.Lit:* Tacitus.
taciturne [tasityrn], *a.* Taciturn, uncommunicative, close-mouthed. **Guillaume le T.,** William the Silent.
taciturnité [tasityrnite], *s.f.* Taciturnity.
tacot [tako], *s.m. Veh: F:* **1.** Old car, old crock, rattle-trap. **2.** Small local train.
tact [takt], *s.m.* **1.** (Sense of) touch. **Choisir une étoffe au t.,** to choose a cloth by feel. **2.** Tact. **Avoir du t., être plein de t.,** to be tactful. **Homme de t.,** tactful man. **Dépourvu de t.,** tactless. **Manque de t.,** tactlessness. **Agir avec t., sans t.,** to act tactfully, tactlessly.
tacticien [taktisjɛ̃], *s.m.* Tactician.
tactile [taktil], *a.* Tactile.
tactilité [taktilite], *s.f.* Tactility, contact.
tactique [taktik]. **1.** *a.* Tactical. **2.** *s.f.* Tactics.
tadorne [tadɔrn], *s.m. Orn:* Sheldrake.
tænia [tenja], *s.m.* = TÉNIA.
taffetas [tafta], *s.m.* (*a*) *Tex:* Taffeta. (*b*) *Med:* **T. gommé,** sticking-plaster. **T. imperméable,** oiled silk.
Tage (le) [ləta:ʒ]. *Pr.n.m. Geog:* The (river) Tagus.
Tahiti [taiti]. *Pr.n. Geog:* Tahiti.
taïaut [tajo], *int. Ven:* Tally-ho!
taie [tɛ], *s.f.* **1. T. d'oreiller,** pillow-case, -slip. **2.** *Med:* Albugo; white speck on the eye.
taillable [tajabl], *a. Hist:* Talliable; liable to tallage; taxable.
taillade [tajad], *s.f.* Cut, slash, gash.
taillader [tajade], *v.tr.* (*a*) To slash, gash. *Cost:* **Jupe tailladée,** slashed skirt. (*b*) *F:* **T. un article (de journal),** to make cuts in an article.
taillanderie [tajɑ̃dri], *s.f.* **1.** Edge-tool industry. **2.** *Coll:* Edge-tools.
taillandier [tajɑ̃dje], *s.m.* Maker of edge-tools.
taillant [tajɑ̃], *s.m.* (Cutting) edge (of sword).
taille [ta:j, tɑ:j], *s.f.* **1.** (*a*) Cutting (of diamonds, garments); pruning, trimming (of shrubs); clipping (of hedge); (i) hewing, (ii) dressing (of stone). *Mount:* Step-cutting. **T. de cheveux,** hair-cutting. **Une t. de cheveux,** a hair-cut. **Pierre de t.,** (i) freestone, (ii) ashlar. (*b*) *Surg:* Lithotomy, cutting for stone. **2.** Method of cutting; cut. **Je n'aime pas la t. de votre pantalon,** I don't like the cut of your trousers. *Tls:* **Lime à simple t.,** single-cut file. **T. douce,** smooth cut. **3.** (*a*) Edge (of sword, etc.). **Coup de t.,** cut, slash. S.a. ESTOC 2. (*b*) *For:* **Une jeune t.,** a coppice. (*c*) *Com:* Tally(-stick). **4.** (*a*) Stature, height (of pers.); dimensions (of monument, etc.). **Être de grande t., de t. moyenne,** to be very tall, of middle height. **T. debout,** full height of (s.o.). **Par rang de t.,** in order of height. *F:* **Il est de t. à se défendre,** he is big enough, strong enough, to look after himself. *F:* **Le mensonge est de t.,** it's an out and out lie. (*b*) Figure, waist. *Dressm:* **T. normale,** natural waistline. **Pardessus à t.,** fitted overcoat. **Tour de t.,** waist measurement. **Être bien pris de t., dans sa t.,** to have an elegant figure. **Prendre qn par la t.,** (i) to seize, take, s.o. round the waist; (ii) to put an arm round s.o.'s waist. **Femme en t.,** woman wearing no jacket. **Sortir en t.,** to go out without a coat on. *Com:* **Je n'ai rien à votre t.,** I've nothing in your size. **5.** *Hist:* Tall(i)age, tax, toll. **T. réelle,** property tax. **6.** *Mus: A:* Tenor. **7.** *Min:* Coal face.
taillé [taje, tɑje], *a.* **1. Homme bien t.,** well-built man. **Il est t. pour commander,** he is cut out for a leader. S.a. COTE 1. **2. Cristal t.,** cut glass.
taille-buissons [tajbyisɔ̃], *s.m.inv.* (Large) pruning-shears, hedge-shears.
taille-crayons [tajkrɛjɔ̃], *s.m.inv.* Pencil-sharpener.
taille-douce [tajdus], *s.f. Engr:* **(Gravure en) t.-d.,** copper-plate engraving. *pl. Des tailles-douces.*
taille-légumes [tajlegym], *s.m.inv.* Vegetable-cutter, -slicer.
taille-pain [tajpɛ̃], *s.m.inv.* (*a*) Bread-knife. (*b*) Bread-slicer.
tailler [taje, tɑje], *v.tr.* **1.** (*a*) To cut (diamond, grass); to hew (stone); to prune (tree); to trim, clip (hedge, beard). *Mount: abs.* To cut steps. **T. un crayon,** to sharpen, point, a pencil. **T. le pain,** to cut the bread. **T. une armée en pièces,** to cut an army to pieces. **Se t. un chemin à travers la foule,** to carve one's way through the crowd. (*b*) **T. un vêtement,** to cut out a garment. **Complet bien taillé,** well-cut suit. *F:* **On m'a taillé de la besogne,** I have my work cut out for me. *Prov:* **Il faut t. la robe selon le corps,** you must cut your coat according to your cloth. S.a. BAVETTE 1, CROUPIÈRE. **2.** *Surg:* To operate on, cut, (s.o.) for stone. **3.** *Hist:* To tax (the people). **4.** *Abs: Cards:* To hold the bank; to deal the cards.
se tailler, *P:* To buzz off.
taille-racines [tajrasin]. *s.m.inv.* Vegetable-cutter.
taillerie [tajri], *s.f.* **1.** Gem-cutting. **2.** Lapidary's workshop.
tailleur, -euse [tajœ:r, -ø:z], *s.* **1.** (*a*) Cutter (of gems, etc.); hewer (of stone). (*b*) Tailor, tailoress. **"T. à façon,"** 'customers' own material made up.' **S'asseoir en t.,** to sit cross-legged. **2.** *s.m.* **(Costume) t.,** tailor-made (costume); suit.
taillis [taji], *s.m.* **1.** Copse, coppice. *a.* **Bois t.,** copse-wood, brushwood; bush. **2.** *Mil:* Brushwood entanglement.
tailloir [tajwa:r], *s.m.* **1.** Trencher. **2.** *Arch:* Abacus.
tain [tɛ̃], *s.m.* Silvering (for mirrors); foil, tain. **Glace sans t.,** plate-glass.
taire [tɛ:r], *v.tr.* (*pr.p.* **taisant**; *p.p.* **tu**; *pr.ind.* **je tais, il tait, n. taisons, ils taisent**; *p.h.* **je tus**; *fu.* **je tairai)** To say nothing about (sth.); to suppress, keep dark, hush up (sth.). **Une dame dont je tairai le nom,** a lady who shall be nameless. **T. qch. à qn,** to keep, hide, conceal, sth. from s.o.
se taire, to hold one's tongue, to hold one's peace, to be silent; to become silent, to keep one's own counsel. **Molly se taisait, comme il seyait à son âge,** Molly said nothing, as became her age. **Faire t. sa douleur,** to stifle one's grief. **Toute la nature se tait,** all nature is hushed. **Se t. sur, de, qch.,** to pass sth. over in silence. **Tais-toi!** hold your tongue! be quiet! **Faire t. qn,** to silence s.o.; to reduce s.o. to silence; to keep (a child) quiet. *Prov:* **Mieux vaut se t. que mal parler,** least said soonest mended. **Qui se tait consent,** silence gives consent. *Iron:* **Taisez-vous donc!** nonsense! fiddlesticks!
talc [talk], *s.m.* Talc; French chalk; soap-stone. *Toil:* **(Poudre de) t.,** talcum powder.
talent [talɑ̃], *s.m.* **1.** *Gr.Ant:* Talent (weight or coin). **2.** Talent, faculty, gift. **Avoir du t.,** to be talented. **Homme de t.,** man of parts; talented man. *Pol: etc:* **Faire appel à tous les talents,** to call in the best brains (irrespective of party).
talentueux, -euse [talɑ̃tɥø, -ø:z], *a.* Talented.
taler [tale], *v.tr.* To bruise (fruit, etc.).
talion [taljɔ̃], *s.m.* Talion, retaliation. **La loi du t.,** the lex talionis; the law of retaliation.
talisman [talismɑ̃], *s.m.* Talisman.
talle [tal], *s.f. Agr: Hort:* Sucker; tiller.
taller [tale], *v.i.* To throw out suckers; to sucker; to tiller; to stool.
Talmud [talmyd]. *Pr.n.m. Jew. Rel:* The Talmud.
talmudique [talmydik], *a.* Talmudic(al).
talmudiste [talmydist], *s.m.* Talmudist.
taloche [talɔʃ], *s.f.* **1.** *F:* Cuff; clout on the head. **Flanquer une t. à qn = talocher qn. 2.** (Plasterer's) hawk.
talocher [talɔʃe], *v.tr. F:* To cuff; to clout (s.o.) on the head; to box (s.o.'s) ears.
talon [talɔ̃], *s.m.* **1.** Heel (of foot or shoe). **T. aiguille,** stiletto heel. **Marcher sur les talons de qn,** to follow close on s.o.'s heels. **Être toujours sur les talons de qn,** to dog s.o.'s footsteps. **Montrer les talons, jouer des talons,** to show a clean pair of heels. S.a. ESTOMAC. **Bas troués aux talons,** stockings out at heel. *Geog: F:* **Le t. de la botte,** the heel of Italy. **T. d'Achille,** Achilles' heel. **2.** *Tchn:* (*a*) Heel (of tool, mast); nut (of violin bow); butt (of billiard cue); flange, collar (on axle). (*b*) Catch, clip, hook, stud; beading. **Pneu à talons,** beaded tyre. *Nau:* **Donner un coup de t.,** to touch (the bottom); to bump. **3.** (*a*) (At cards, dominoes) Stock (not yet dealt out); talon. (*b*) Fag-end, remnant (of bread, cheese). (*c*) **T. de souche,** counterfoil. **4.** *Arch:* Ogee-moulding; talon.
talonn|er [talɔne]. **1.** *v.tr.* (*a*) To follow (s.o.) closely; to follow on the heels of (s.o.); to dog (s.o.); to dun (s.o.). (*b*) To dig one's heels into (one's horse); to spur on, urge (horse). *F:* **T. un élève,** to spur on a

pupil. (*c*) *Rugby Fb:* To heel out. **2.** *v.i. Nau:* (Of ship, boat) To touch, to bump; to strike. *s.m.* **-ement.**

talonnette [talɔnɛt], *s.f.* Heel-piece (of stocking, shoe).

talonneur [talɔnœːr], *s.m. Fb:* Hooker.

talonnier [talɔnje], *s.m.* Heelmaker.

talonnière [talɔnjɛːr], *s.f.* **1.** *Nau:* Heel, sole (of rudder). **2.** *pl. Myth:* (Mercury's) heel-wings.

talpack [talpak], *s.m. Mil: A:* Busby.

talquer [talke], *v.tr.* To sprinkle with talc or soapstone, to chalk.

talus [taly], *s.m.* **1.** Slope, *Civ.E:* batter. **En t.,** sloping; battered. **2.** Bank, embankment, ramp.

talweg [talveg], *s.m.* = THALWEG.

tamanoir [tamanwaːr], *s.m. Z:* Great ant-eater.

tamarin[1] [tamarɛ̃], *s.m. Bot:* Tamarind.

tamarin[2], *s.m. Z:* Silky marmoset; tamarin.

tamarinier [tamarinje], *s.m.* Tamarind-tree.

tamaris [tamaris], *s.m. Bot:* Tamarisk.

tambouille [tɑ̃buːj], *s.f. Mil: P:* **1.** Kitchen. **2.** Kitchen staff. **3.** Cookery, cooking.

tambour [tɑ̃buːr], *s.m.* **1.** Drum. **Battre du t.,** to play the drum. **Battre le t.,** (of town-crier) to beat the drum; to drum. **Peau de t.,** drum-head. **T. de basque,** tambourine (with jingles). **Coup de t.,** beat or roll on the drum. **Sans t. ni trompette,** quietly, without fuss. S.a. BATTANT I. 1, BATTRE 2, DÉNICHER 2, FLÛTE 1. **2.** Drummer. **T. de ville,** town-crier. **3.** (*a*) Drum (of oil, etc.). *Mec.E:* (Winding-)drum, barrel, roller (of winch); barrel (of capstan). *Fish:* Spool (of reel). *El.E:* (Cable-)drum. *Aut:* **T. de frein,** brake-drum. (*b*) Tambour; (embroidery) frame. **4.** Tambour (of vestibule); revolving door.

tambourin [tɑ̃burɛ̃], *s.m.* (*a*) Long, narrow drum (of Provence); *A:* tabor. (*b*) Tambourine (without jingles).

tambourin|er [tɑ̃burine]. **1.** *v.i.* (*a*) To beat a drum. (*b*) *F:* To drum, thrum (with the fingers); to beat the devil's tattoo (on table, etc.). (*c*) (Of machine part) To knock, hammer; to drum (of a car). **2.** *v.tr.* **T. une nouvelle, un objet perdu,** to cry a piece of news, a lost object; to make sth. known by beat of drum. *s.m.* **-age.**

tambourineur [tɑ̃burinœːr], *s.m.* Drummer; town-crier.

tambour-major [tɑ̃burmaʒɔːr], *s.m.* Drum-major. *pl. Des tambours-majors.*

tamil [tamil], *s.m. Ling: Ethn:* Tamil.

tamier [tamje], **taminier** [taminje], *s.m. Bot:* Black bryony.

tamis [tami], *s.m.* Sieve, sifter; (for liquids) strainer; (for flour) bolter. *Ind:* Riddle, screen. **Toile à t.,** bolting-cloth. **Passer qch. au t.,** (i) to sift or strain sth.; to bolt (flour); (ii) to sift (evidence, etc.) thoroughly.

Tamise (la) [latamiːz]. *Pr.n. Geog:* The Thames.

tamis|er [tamize]. **1.** *v.tr.* To sieve, to pass through a sieve; to sift, screen (gravel); to bolt (flour); to strain, to tammy, to filter (liquids); to filter (air). **Rideaux qui tamisent la lumière,** curtains that soften, subdue, the light. **2.** *v.i.* (Of dust, light, etc.) To filter through. *s.m.* **-age.** *s.m.* **-eur.**

tampon [tɑ̃pɔ̃], *s.m.* **1.** (*a*) Plug, stopper; waste-plug. **T. de liège,** bung (of cask). (*b*) Wall-plug. (*c*) **T. d'égout,** manhole cover. **2.** *Mil:* (*a*) *Artil:* **T. de bouche,** (muzzle) tompion, tampion. (*b*) *P:* Orderly, batman. **3.** (*a*) *Surg:* Wad, plug, tampon; tent (of cotton-wool). (*b*) (Inking-)pad. **T. à timbrer,** stamp-pad. (*c*) Rubber stamp. **4. T. de choc,** buffer. **T. à ressort,** spring-buffer. **Coup de t.,** collision. *El.E:* **Accumulateur en t.,** balancing accumulator. *Dipl:* **État t.,** buffer state. **5.** Bass-drumstick. *F:* **Coup de t.,** thump, punch.

tamponnement [tɑ̃pɔnmɑ̃], *s.m.* **1.** Plugging (of wound). **2.** Dabbing (with pad). **3.** *Rail:* (End-on) collision.

tamponner [tɑ̃pɔne], *v.tr. & pr.* **1.** To plug, tent, tampon (wound); to plug (wall). **2.** To dab (with pad); to ink up (type). **Se t. les yeux,** to dab one's eyes. **Se t. le front,** to mop one's brow. **3.** (Of car, train) To run into, collide with, *F:* to bump into (another car or train).

tamponneur, -euse [tɑ̃pɔnœːr, -øːz]. **1.** *a.* **Train t.,** train that ran into another. **Autos tamponneuses,** dodgems. **2.** *s.m.* Man who plugs holes. **3.** *s.m. El.E:* Reactor (in a circuit).

tamponnoir [tɑ̃pɔnwaːr], *s.m. Tls:* Wall-drill, plugging-tool.

tam-tam [tamtam], *s.m.* **1.** (Indian or African) tom-tom. *F:* **Faire du t. autour de qch.,** to make a great to-do about sth. **2.** (Chinese) gong. *pl. Des tam-tams.*

tan [tɑ̃]. **1.** *s.m.* Tan; (tanner's) bark. **2.** *a.inv.* Tan (-coloured).

tanaisie [tanɛzi], *s.f. Bot:* Tansy.

tancer [tɑ̃se], *v.tr.* (**je tançai(s); n. tançons**) To rate, scold; *F:* to haul (s.o.) over the coals.

tanche [tɑ̃ːʃ], *s.f. Ich:* Tench.

tandem [tɑ̃dɛm], *s.m.* (*a*) *Veh: A:* Tandem. (*b*) Tandem (bicycle).

tandis que [tɑ̃di(s)kə], *conj.phr.* (*a*) Whereas. **Lui s'amuse, t. q. nous, nous travaillons,** he plays, whereas we have to work. (*b*) While, whilst. **Il s'amuse t. q. nous travaillons,** he plays while we work.

tangage [tɑ̃gaːʒ], *s.m.* Pitching (of ship, aircraft). **Angle de t.,** angle of pitch.

tangence [tɑ̃ʒɑ̃ːs], *s.f. Geom:* Tangency.

tangent, -ente [tɑ̃ʒɑ̃, -ɑ̃ːt]. **1.** *a.* Tangential, tangent (à, to). **2.** *s.f.* **Tangente,** tangent. *F:* **S'échapper par la tangente, prendre la tangente,** (i) to fly off at a tangent, to dodge the question; (ii) to slip away.

tangentiel, -elle [tɑ̃ʒɑ̃sjɛl], *a.* Tangential.

Tanger [tɑ̃ʒe]. *Pr.n. Geog:* Tangier(s).

tangibilité [tɑ̃ʒibilite], *s.f.* Tangibility.

tangible [tɑ̃ʒibl], *a.* Tangible. *adv.* **-ment.**

tango [tɑ̃go]. **1.** *s.m. Danc:* Tango. **2.** *a.inv.* Yellow-orange (colour); tango.

tangon [tɑ̃gɔ̃], *s.m.* **1.** *Navy:* (Swinging) boom. **2. T. de spinnaker,** spinnaker boom.

tanguer [tɑ̃ge], *v.i.* (Of ship, aircraft) To pitch. **T. dur,** to pitch heavily.

tanière [tanjɛːr], *s.f.* Den, lair (of badger, lion, etc.); hole, earth (of fox).

tanin [tanɛ̃], *s.m. Ch: Ind:* Tannin.

taniser [tanize], *v.tr.* To treat (sth.) with tannin.

tank [tɑ̃ːk], *s.m.* Tank.

tanker [tɑ̃kɛːr], *s.m. Nau:* Tanker.

tankiste [tɑ̃kist], *s.m.* Member of a tank crew.

tannant [tanɑ̃], *a.* **1. Jus t.,** tan liquor; pickle. **2.** *P:* Boring, tiresome (person).

tannate [tanat], *s.m. Ch:* Tannate.

tanne [tan], *s.f.* **1.** Spot (on leather). **2.** Blackhead (on face).

tanné [tane]. **1.** *a.* Tanned (face). **2.** *s.m.* Tan (colour).

tannée [tane], *s.f.* **1.** Spent tan. **2.** *P:* Thrashing, hiding, tanning.

tann|er [tane], *v.tr.* **1.** To tan. **2.** *P:* (*a*) To tire, bore, pester (s.o.). **T. les oreilles à qn. au sujet de qch.,** to din sth. into s.o.'s ears. (*b*) **T. le cuir à qn,** to thrash, leather, s.o.; to tan s.o.'s hide. *s.m.* **-age.**

tannerie [tanri], *s.f.* Tannery, tan-yard.

tanneur [tanœːr], *s.m.* Tanner.

tannin [tanɛ̃], *s.m.* = TANIN.

tannique [tannik], *a. Ch:* Tannic (acid).

tanniser [tanize], = TANISER.

tansad [tɑ̃sad], *s.m.* Pillion (of a motor-cycle).

tant [tɑ̃], *adv.* **1.** (*a*) So much. **T. de bonté,** so much, such, kindness. **Il a t. bu que . . .,** he has drunk so much that. . . . **Si vous faites t. que de . . .,** if you decide to. . . . **Pour t. faire,** *F:* **t. qu'à faire, j'aimerais autant . . .,** while I am at it, about it, if it comes to that, I would just as soon. . . . **T. pour cent,** so much per cent. *s.* **Le t. pour cent sur . . .,** the percentage on. . . . **Être t. à t.,** to be even (at play). **Il a t. et plus d'argent,** he has any amount of money. **Faire t. et si bien que . . .,** to work to such good purpose that. . . . **T. s'en faut,** far from it. **T. soit peu,** a little; somewhat. **Un t. soit peu vulgaire,** just a little vulgar. **Ils sont t. soit peu cousins,** they are more or less cousins. **Un t. soit peu trop long,** a shade, a trifle, too long. **T. (il) y a que** + *ind.*, the fact remains that. . . . **Si t. est qu'il le fasse,** if indeed he does it at all. *F:* **Vous m'en direz t.!** (i) now I see! now I understand! (ii) you don't say so! (*b*) So many; as many. **Tant de fois,** so many times, so often. **Il a t. et plus d'amis,** he has ever so many friends. **Tous t. que vous êtes,** every one of you.

(*c*) (= autant que) **Je ne mange pas t. que vous,** I don't eat as much, so much, as you. **T. que vous voudrez,** as much as you like. (*d*) So; to such a degree. **T. était grande sa discrétion que . . .,** so great was his discretion that. . . . **T. il est vrai que . . .,** so true is it that. . . . **En t. que,** in so far as. **L'homme en t. qu'homme,** man, *qua* man. (*e*) (Concessive, = QUELQUE) **T. aimable qu'il soit,** however pleasant he may be. (*f*) **T. mieux,** so much the better; I'm very glad! good! **T. pis!** so much the worse; it can't be helped! what a pity! never mind! **2.** (*a*) As much, as well (as). **J'ai couru t. que j'ai pu,** I ran as hard as I could. S.a. BIEN I. 4. (*b*) As long, as far (as). **T. que je vivrai,** as long as I live.

Tantale[1] [tɑ̃tal]. **1.** *Pr.n.m. Myth:* Tantalus. *Ph:* **Vase de T.,** Tantalus cup. **2.** *s.m. Orn:* Tantalus; woodstork.

tantale[2], *s.m. Ch:* Tantalum.

tante [tɑ̃:t], *s.f.* Aunt. **T. à la mode de Bretagne,** (i) first cousin once removed; (ii) *F:* very distant relative. **T. par alliance,** aunt by marriage. *P:* **Chez ma t.,** at the pawnbroker's; *P:* at my uncle's.

tantième [tɑ̃tjɛm]. **1.** *a.* **Soit à trouver la t. partie d'un tout,** to find the required part of a whole. **2.** *s.m.* Percentage, share, quota (of profits, etc.).

tantine [tɑ̃tin], *s.f. F:* Auntie.

tantinet [tɑ̃tinɛ], *s.m. F:* Tiny bit, least bit; wee drop (of wine); dash, touch, hint (of irony).

tantôt [tɑ̃to], *adv.* **1.** Soon, presently. **Voici t. trois ans que . . .,** it will soon be three years since. . . . **Je reviens t.,** I'll be back (i) presently, (ii) in the afternoon. **A t.,** good-bye for the present; *F:* so long! **Sur le t.,** towards evening. **2.** Just now; a little while ago. **3.** **T. . . ., t. . . .,** at one time . . ., at another time . . .; sometimes . . ., sometimes. . . . **T. triste, t. gai,** now sad, now gay.

taoïsme [taoism], *s.m. Rel.Hist:* Taoism.

taoïste [taoist], *Rel.Hist:* **1.** *a.* Taoist(ic). **2.** *s.* Taoist.

taon [tɑ̃], *s.m.* Gad-fly, horse-fly, cleg.

tapage [tapa:ʒ], *s.m.* **1.** (Loud) noise; din, uproar; row; *F:* racket. *Jur:* **T. nocturne,** disturbance of the peace at night. **Faire du t.,** to kick up a row. **2.** *F:* Borrowing, touching s.o. for money.

tapageu|r, -euse [tapaʒœ:r, -ø:z]. **1.** *a.* (*a*) Noisy (child, etc.); rowdy, uproarious (revellers, etc.). **Gaieté tapageuse,** boisterous spirits. (*b*) Loud, flashy, showy (dress). **2.** *s.* (*a*) Roisterer, rowdy; brawler. (*b*) **Petit t.,** noisy little wretch. *adv.* **-sement.**

tape[1] [tap], *s.f.* (*a*) Tap, rap, pat, slap. **T. sur l'épaule,** slap on the shoulder. **Il me donna une petite t. sur la joue,** he patted my cheek. (*b*) *F:* **T. à la bourse,** call on the purse.

tape[2], *s.f.* Plug, stopper, bung. *Artil:* Tompion, tampion. *Nau:* **T. d'écubier,** hawse-plug; buckler.

tapé [tape], *a.* **1.** Dried (fruit). **2.** *P:* First-rate. **Réponse tapée,** smart answer.

tape-à-l'œil [tapalœ:j], *s.m.inv. F:* Flashy goods.

tapecul [tapky], *s.m.* **1.** See-saw. **2.** Counterpoise swing-gate. **3.** *Nau:* Jigger (sail). **4.** *Veh:* (*a*) Gig. (*b*) Hard-sprung carriage; rattletrap.

tapée [tape], *s.f. P:* Great quantity; lots. **J'en ai une t.,** I've got heaps.

tapement [tapmɑ̃], *s.m.* Tapping (of an object against sth.).

taper [tape], *v.tr. F:* **1.** To tap, strike, hit. (*a*) **T. du tambour,** to beat the drum. **Se t. les cheveux,** to pat one's hair. **T. une lettre (à la machine),** to type a letter. *P: Aut:* **T. le 100,** to hit the hundred mark. *P:* **Se t. un bon gueuleton,** to have a good tuck-in. (*b*) *Abs.* **T. sur qch.,** to tap, bang, on sth. **Se t. sur la cuisse,** to slap one's thigh. **T. sur le ventre à qn,** to give s.o. a dig in the midriff. **T. sur le piano,** to strum. **Commis qui sait t.,** clerk who can type. **T. sur qn,** to abuse, slate, slang, s.o. **Tapez dessus,** pitch into him. **T. sur les nerfs (à qn),** to get on s.o.'s nerves. (Of wine) **T. à la tête,** to go to the head. **Le soleil nous tapait sur la tête,** the sun beat down on our heads. *F:* **Ça tape,** it's pretty hot. **Je les regardais se t.,** I watched them knocking each other about. *Mil: F:* **T. sur un objectif,** to give a target a pasting. (*c*) *F:* **T. qn de dix francs,** to tap, touch, s.o. for ten francs. *P:* **Tu peux te t.,** you can whistle for it; nothing doing. **2.** To dab on (paint). **3.** *v.i. P:* To stink.

tapette [tapɛt], *s.f.* (*a*) Mallet. (*b*) Carpet-beater. (*c*) (Engraver's) pad, dabber. (*d*) Flapper; fly-swatter. (*e*) *P:* **Elle a une fière t.,** she is a great chatterbox; she *can* talk! (*f*) Mousetrap. (*g*) *P:* Pansy, nancy, *U.S:* lily.

tapeur, -euse [tapœ:r, -ø:z]. **1.** *s. F:* Pianist (at a dance, etc.). **2.** Constant borrower; cadger.

tapinois, -oise [tapinwa, -wa:z]. *Adv.phr.* **En t.,** stealthily, on the sly.

tapioca [tapjɔka], *s.m.* Tapioca.

tapir[1] [tapi:r], *s.m. Z:* Tapir.

tapir[2] **(se)**, *v.pr.* To squat, cower; to ensconce oneself; (of game) to take cover. **Se t. derrière la porte,** to crouch behind the door.

tapir[3], *s.m. Sch: F:* **1.** Private lesson. **2.** Pupil who takes private lessons.

tapis [tapi], *s.m.* **1.** Cloth, cover. **T. de table,** table cover. **T. de billard,** billiard-cloth. **T. vert,** gaming table. **Le t. brûle!** put down your stakes! **T. de sol,** groundsheet. **Mettre qch. sur le t.,** to bring sth. up for consideration, for discussion. **Être sur le t.,** to be on the carpet. **Amuser le t.,** to keep the company amused (before main event). S.a. NET 1. **2.** Carpet. **T. de haute laine, de laine rase,** long-pile carpet, short-pile carpet. **T. de gazon,** (green)sward. **3.** *Ind:* **T. roulant,** travelling band, endless belt (in mass production).

tapis-brosse [tapibrɔs], *s.m.* Coir mat, door-mat. *pl. Des tapis-brosses.*

tapisser [tapise], *v.tr.* **1.** To hang (wall) with tapestry. **2.** To paper (room). **Mur tapissé d'affiches,** wall plastered with advertisements. **Une membrane tapisse l'estomac,** a membrane lines the stomach. **Mur tapissé de lierre,** ivy-clad, ivy-mantled, wall.

tapisserie [tapisri], *s.f.* **1.** Tapestry-making. **2.** Tapestry, hangings. (At a ball) **Faire t.,** to be a wall-flower. **3.** Tapestry-work; crewel-work. **4.** Wall-paper.

tapissier, -ière [tapisje, -jɛ:r], *s.* **1.** Tapestry-worker. **2.** **T. garnisseur,** upholsterer. **3.** *s.f.* **Tapissière.** *A:* (*a*) Delivery-van. (*b*) Covered waggonette.

tapon [tapɔ̃], *s.m.* Plug, stopper; screwed-up rag. **En t.,** (of clothes) bundled up; (of hair) screwed up into a knot.

taponner [tapɔne], *v.tr.* To screw up (handkerchief); to screw up (one's hair) into a knot.

tapot|er [tapɔte], *v.tr. F:* To pat (child's cheek, etc.); to drum (on the table). **T. un air (au piano),** to strum a tune. *s.m.* **-age.** *s.m.* **-ement.**

tapotis [tapɔti], *s.m.* Rattle, clatter (of typewriter).

taquet [takɛ], *s.m.* **1.** (*a*) Angle-block; bracket. (*b*) Flange; lug. **2.** *Mec.E: etc:* Stop(per), block. **T. d'arrêt,** (i) *Veh:* scotch; (ii) *Rail:* stop-block. **3.** *Nau:* (*a*) **T. de tournage,** (belaying-)cleat. (*b*) *pl.* Ribs, whelps (of capstan or windlass). **4.** **T. de soupape,** valve-tappet.

taquin, -ine [takɛ̃, -in]. **1.** *a.* (Given to) teasing. **2.** *s.* Tease.

taquin|er [takine], *v.tr.* (*a*) To tease; to plague, torment. **Ne taquine pas ta sœur,** don't tease your sister. **T. le goujon,** to go fishing. (*b*) **Ça me taquine qu'il n'arrive pas,** I'm rather worried that he isn't here yet. *s.m.* **-age.**

taquinerie [takinri], *s.f.* **1.** Teasing disposition. **2.** Teasing. **Faire des taquineries à qn,** to tease s.o.

tarabiscot [tarabisko], *s.m.* **1.** Groove or channel (between mouldings). **2.** Moulding plane.

tarabiscoté [tarabiskɔte], *a.* **1.** Grooved. **2.** *F:* Over-elaborate, finicky (style, etc.).

tarabuster [tarabyste], *v.tr. F:* **1.** To worry, plague, pester. **2.** *Lit:* To upbraid (s.o.).

tarare[1] [tara:r], *int. A:* Fiddlesticks! nonsense!

tarare[2], *s.m. Husb:* Winnowing machine.

tararer [tarare], *v.tr. Husb:* To winnow.

taratata [taratata], *int.* Nonsense!

taraud [taro], *s.m. Tls:* (Screw-)tap.

taraudage [taroda:ʒ], *s.m.* Screw-cutting; tapping, threading (of nut, rod).

tarauder [tarode], *v.tr.* To tap, thread (rod, nut, etc.). **Machine à t.,** tapping-machine.

taraudeuse [tarodø:z], *s.f. Tls:* Screw-cutter, thread-cutter, tapper.
tarbouch(e) [tarbuʃ], *s.m. Cost:* Tarboosh.
tard [ta:r], *adv.* Late. **Plus t.**, later on. **Au plus t.**, at the latest. **Tôt ou t.**, sooner or later. **Il est t.**, it is late. **Il se maria t.**, he married late in life. **Il se fait t.**, it is getting late. **Il travaillait t. dans la nuit,** he worked late at night. **Pas plus t. qu'hier,** only yesterday. *s.m.* **Sur le t.**, (i) late in the day; (ii) late in life. S.a. JAMAIS 2.
tarder [tarde], *v.i.* **1.** (*a*) To delay. **Pourquoi tarde-t-il?** why is he so long? **T. en chemin,** to loiter on the way. **T. à faire qch.**, (i) to put off, defer, doing sth.; (ii) to be long in (starting, coming, etc.). **Sans t.**, without delay. **Sans plus t.**, without further delay; without further loss of time. (*b*) **Nous ne tarderons pas à le voir venir,** it will not be long before he appears. **2.** *Impers.* **Il lui tarde de partir,** he is longing, anxious, to get away.
tard|if, -ive [tardif, -i:v], *a.* Tardy, belated (regrets); late (hour, fruit); backward (fruit, intelligence). *adv.* **-ivement.**
tardigrades [tardigrad], *s.m. pl. Z:* Tardigrada.
tardiveté [tardivte], *s.f.* Lateness, backwardness.
tard-venu [tarvəny], *s.m.* Late-comer. *pl. Des tard-venus.*
tare [ta:r], *s.f.* **1.** (*a*) *Com:* Depreciation, loss in value. (*b*) (Physical, moral) defect, blemish. **T. héréditaire,** taint (of insanity, etc.). **Cheval sans t.**, sound horse. (*c*) Stain of illegitimacy. **2.** (*a*) Tare; allowance for weight. **Faire la t.**, to allow for the tare. (*b*) **Faire la t. d'un ressort,** to calibrate a spring.
taré [tare] *a.* **1.** Spoilt, tainted; damaged (goods). **Cheval t.**, unsound horse. **2.** (*a*) Of damaged reputation, of ill repute. (*b*) With a taint or a blot in the family history.
tarentelle [tarɑ̃tɛl], *s.f. Danc: Mus:* Tarantella.
tarentule [tarɑ̃tyl], *s.f. Arach:* Tarantula.
tarer [tare], *v.tr.* **1.** To spoil, damage (goods); to tarnish (reputation). **2.** (*a*) *Com:* To tare, to ascertain the weight of (packing-case, etc.). (*b*) To calibrate (spring, valve).
se tarer. **1.** (Of fruit, etc.) to deteriorate, spoil. **2.** (Of pers.) To bring shame upon oneself.
taret [tarɛ], *s.m. Moll:* Teredo; ship-worm.
targette [tarʒɛt], *s.f.* Flat door-bolt; sash-bolt.
targuer (se) [sətarge], *v.pr.* **Se t. de qch., de faire qch.,** to pride, plume, oneself on sth., on doing sth.
tarier [tarje], *s.m. Orn:* Whinchat.
tarière [tarjɛ:r], *s.f.* **1.** *Tls:* (*a*) Auger. (*b*) Drill. **2.** *Ent:* Terebra.
tarif [tarif], *s.m.* (*a*) Tariff, price-list. (*b*) Scale or schedule of charges. **T. télégraphique,** telegraph rates. *Rail:* **Plein t.**, (i) full tariff (for goods); (ii) adult fare, full fare. **Billet à demi-t.**, half-fare ticket. **Classe de t.**, tariff rate. **Taux indices des tarifs,** tariff level indices.
tarifaire [tarifɛ:r], *a.* Relating to tariffs. **Lois tarifaires,** tariff laws.
tarif-album [tarifalbɔm], *s.m.* Trade catalogue. *pl. Des tarifs-albums.*
tarifer [tarife], *v.tr.* To tariff; to fix the rate of (duties), the price of (goods).
tarification [tarifikasjɔ̃], *s.f.* Tariffing; fixing the rate (of duties, etc.), the price of (goods).
tar|ir [tari:r]. **1.** *v.tr.* (*a*) To dry up (spring, tears). (*b*) To exhaust (one's means). **2.** *v.i.* (*a*) (Of waters) To dry up, run dry. (*b*) (Of conversation, etc.) To cease, stop; *F:* to dry up. **Ne pas t. sur un sujet,** to be for ever expatiating on a subject. *a.* **-issable.** *s.m.* **-issement.**
se tarir, to dry up, to run dry.
tarlatane [tarlatan], *s.f. Tex:* Tarlatan (muslin).
tarmac [tarmak], *s.m. Civ.E:* Tarmac.
tarpon [tarpɔ̃], *s.m. Ich:* Tarpon.
tarse [tars], *s.m. Anat: Ent:* Tarsus; (of human foot) instep.
tarsien, -ienne [tarsjɛ̃, -jɛn], *a.* Tarsal (bone).
tartan [tartɑ̃], *s.m.* Tartan (cloth or plaid).
tartane [tartan], *s.f. Nau:* Tartan, tartane.
tartare[1] [tarta:r], *a. & s.* **1.** *Ethn:* Tartar. **2.** *Cu:* **Sauce t.**, sharp mayonnaise sauce, *sauce tartare.*
Tartare[2] **(le).** *Pr.n.m. Myth:* Tartarus.
tarte [tart], *s.f. Cu:* (Open) tart; flan.
tartelette [tart(ə)lɛt], *s.f. Cu:* Tartlet.
tartine [tartin], *s.f.* **1.** Slice of bread and butter, bread and jam, etc. **2.** *F:* Long-winded speech; screed, rigmarole, effusion.
tartiner [tartine], *v.tr.* (*a*) To spread (bread) with butter. (*b*) *El.E:* To paste (accumulator plates).
tartrate [tartrat], *s.m. Ch:* Tartrate.
tartre [tartr], *s.m.* **1.** *Ch:* Tartar. **Crème de t.**, cream of tartar. **2.** (*a*) *Mch:* Scale, fur (of boiler). (*b*) *Dent:* Tartar (on teeth).
tartré [tartre], *a.* **1.** With (cream of) tartar added. **2.** Furry, scaly (boiler).
tartreux, -euse [tartrø, -ø:z], *a.* **1.** Tartarous (sediment). **2.** Scaly, furry (boiler).
tartrique [tartrik], *a. Ch:* Tartaric (acid). *Pharm:* **Émétique t.**, tartar emetic.
tartufe [tartyf], *s.m.* Tartuf(f)e; sanctimonious hypocrite. (From Molière's *Le Tartufe*).
tartuferie [tartyfri], *s.f.* Hypocrisy, cant.
tas [tɑ], *s.m.* **1.** (*a*) Heap, pile (of stones, etc.). **T. de foin,** hay-cock. **Prendre au t., piquer dans le t.**, to help oneself. **Prendre qn sur le t.**, to catch s.o. in the act, red-handed. **Mettre des objets en t.**, to heap up, pile up, things. **Être sur le t.**, to be at work. (*b*) *F:* Lot, crew, gang, pack (of persons); heaps, lots (of things). **T. de mensonges,** pack of lies. **Il y en a des t.**, there are heaps, bags, of it. *Ven: etc:* **Tirer dans le t.**, to fire into the brown. **2.** *Metalw:* (*a*) Stake (-anvil). (*b*) **T. à river,** dolly.
Tasmanie [tasmani]. *Pr.n.f. Geog:* Tasmania.
tasse[1] [tɑ:s], *s.f.* Cup. **T. à café,** coffee-cup. **T. de café,** cup of coffee. *F:* **La grande t.**, the sea, Davy Jones's locker. **Boire à la grande t.**, to get drowned (at sea). *F:* **Boire une t.**, to get a mouthful (when swimming).
Tasse[2] **(le).** *Pr.n.m. Lit:* Tasso.
tassé [tɑse], *a.* **1.** Squat, dumpy. **2. T. par l'âge,** shrunk with age. **3.** *F:* Liberal (in quantity); full. **4.** Squeezed together; packed tight; consolidated.
tasseau [tɑso], *s.m.* (*a*) Cleat, strip, batten (supporting shelf). (*b*) Bracket. (*c*) Lug (of casting). (*d*) Brick foundation (of shed).
tassée [tɑse], *s.f.* Cupful.
tass|er [tɑse], *v.tr.* To compress, cram, squeeze, (objects) together; to ram, pack, tamp (earth, etc.); to firm (the soil). **T. la chaussée,** to consolidate the road surface. *s.m.* **-ement.**
se tasser. **1.** (Of foundations) (*a*) To settle, set. (*b*) To sink, subside. *F:* **Ça se tassera,** things will settle down. (*c*) **Il commence à se t.**, he is beginning to shrink (with age). **2.** To crowd (up) together; to huddle together; (of troops) to bunch. **Tassez-vous un peu,** squeeze up a bit; sit a little closer.
ta ta ta [tatata], *int.* Nonsense!
tâter [tɑte]. **1.** *v.tr.* To feel, touch; to finger, handle (material). **T. qch. du bout du doigt,** to prod sth. **T. le pouls à qn,** (i) to feel s.o.'s pulse; (ii) *F:* to sound s.o. (on a matter). **T. le terrain,** to explore the ground; to throw out a feeler. **Avancer en tâtant,** to grope one's way forward. **2.** *v.ind.tr* (*a*) **T. d'un mets,** to taste a dish. *F:* **Vous en tâterez,** it will come your way one of these days. (*b*) **T. d'un métier,** to try one's hand at a trade. *F:* **Il a tâté de la prison,** he has done time.
se tâter. **1.** To feel one's muscle; to feel for a sore spot, etc. **2.** *F:* To think it over (before taking a step); to stop to look at the fence.
tâte-vin [tatvɛ̃], *s.m.inv.* Wine-taster (instrument), sampling-tube.
tatillon, -onne [tatijɔ̃, -ɔn]. **1.** *a.* (*a*) Meddlesome. (*b*) Niggling, finical. **2.** *s.* (*a*) Busybody. (*b*) Niggler.
tatillonn|er [tatijɔne], *v.i.* (*a*) To meddle. (*b*) To niggle; to be fussy over trifles. *s.m.* **-age.**
tâtonn|er [tɑtɔne], *v.i.* **1.** To grope (in the dark); to feel one's way; to grope about. **2.** To proceed cautiously, tentatively. *s.m.* **-ement.** *s.* **-eur, -euse.**
tâtons (à) [atɑtɔ̃], *adv.phr.* Gropingly. **Avancer à t.**, to go forward warily; to grope, feel, one's way (along).
tatou [tatu], *s.m. Z:* Armadillo, tatu.
tatou|er [tatwe], *v.tr.* To tattoo (the body). *s.m.* **-age.**
tatoueur [tatwœ:r], *s.m.* Tattooer, tattooist.

taud [to], *s.m.*, **taude** [to:d], *s.f.* *Nau:* Rain-awning; tarpaulin.
taudis [todi], *s.m.* Miserable room; hovel. **Les t. de Paris,** the slums of Paris. **Lutte contre les t.,** slum clearance campaign.
taulard [tola:r], *s.m.* *P:* Old lag.
taule [to:l], *s.f.* *P:* (*a*) House. (*b*) Room. (*c*) *Mil:* Prison. *P:* **Faire de la t.,** to do a stretch.
taulier [tolje], *s.m.* **1.** *Mil:* *P:* Prisoner, **2.** *P:* (*a*) Pub-keeper. (*b*) *Pej:* Landlord of furnished rooms.
taupe [to:p], *s.f.* **1.** *Z:* Mole. **2.** Moleskin. **3.** *Sch:* *P:* Class preparing for the *École polytechnique.* **4.** *P:* **Vieille t.,** old crone, old hag.
taupé [tope], *a.* **Feutre t.,** velours felt. **Chapeau t.,** velours hat.
taupe-grillon [topgrijɔ̃], *s.m.* *Ent:* Mole-cricket. *pl. Des taupes-grillons.*
taupier [topje], *s.m.* Mole-catcher.
taupière [topjɛ:r], *s.f.* Mole-trap.
taupin [topɛ̃], *s.m.* **1.** *Sch:* *P:* Student reading for the *École polytechnique.* **2.** Spring-beetle, clock-beetle, skipjack.
taupinée [topine], **taupinière** [topinjɛ:r], *s.f.* Mole-hill, mole-cast.
taure [tɔ:r], *s.f.* Heifer.
taureau [tɔro], *s.m.* **1.** Bull. **Pugiliste au cou de t.,** bull-necked pugilist. **Combat de taureaux,** bull-fight. **Prendre le t. par les cornes,** to take the bull by the horns. **2.** *Astr:* Le T., Taurus, the Bull.
tauresque [tɔrɛsk], *a.* Bull-like, taurine.
taurillon [tɔrijɔ̃], *s.m.* Bull-calf.
tauromachie [tɔrɔmaʃi], *s.f.* Tauromachy, bull-fighting.
tautologie [totɔlɔʒi], *s.f.* Tautology, redundancy.
tautologique [totɔlɔʒik], *a.* Tautological.
taux [to], *s.m.* Rate (of wages, discount, etc.); established price (of commodities). **T. du change,** rate of exchange. **T. d'intérêt,** rate of interest. S.a. ESCOMPTE 2. *Mec:* **T. de charge,** load per unit area.
tavaïole [tavajɔl], *s.f.* *Ecc:* (*a*) Chrisom-cloth. (*b*) Napkin.
taveler (se) [sətavle], *v.pr.* (il se tavelle) (Of fruit) To become spotted, specked. **Panthère tavelée,** spotted panther. *s.m.* **-age.** *s.f.* **-ure.**
taverne [tavɛrn], *s.f.* **1.** *A:* Tavern; public house. **2.** Café-restaurant.
tavernier [tavɛrnje], *s.m.* *A:* Tavern-keeper.
taxateur [taksatœ:r]. **1.** *s.m.* Taxer, assessor. *Jur:* Taxing master. **2.** *a.m.* Taxing (official).
taxation [taksasjɔ̃], *s.f.* **1.** Fixing of prices, wages, etc. *Jur:* Taxing (of costs). **2.** *Adm:* (*a*) Taxation. (*b*) Assessment.
taxe [taks], *s.f.* **1.** (*a*) Fixed price, official price (of certain foodstuffs); fixed rate (of wages). **Vendu à la t.,** sold at the controlled price. (*b*) Charge (for service); rate. **T. postale,** postage. **T. supplémentaire,** (i) surcharge; (ii) late fee. **2.** Tax, duty. **T. de séjour,** visitors' tax. **T. sur les spectacles,** entertainment tax. **T. à la valeur ajoutée,** added value tax. **T. à la production, à l'achat** = purchase tax. **3.** *Jur:* Taxing, taxation (of costs).
tax|er [takse], *v.tr.* **1.** (*a*) To regulate the price of (bread, etc.), the rate of (wages, postage). **T. une denrée,** to fix a controlled price for a food-product. (*b*) To surcharge (letter). (*c*) *Tp:* To charge for (call). **2.** To tax, impose a tax on (s.o., luxuries, motor cars). **3.** *Jur:* **Mémoire taxé,** taxed bill of costs. *Com:* To bill. **4.** To accuse. **T. qn de lâcheté,** to tax s.o. with cowardice. *Abs.* **Je ne taxe personne,** I am not accusing anybody. *a.* **-able.**
taxi [taksi], *s.m.* Taxi(-cab). **Chauffeur de t.,** taxi-driver.
taxidermie [taksidɛrmi], *s.f.* Taxidermy.
taxidermique [taksidɛrmik], *a.* Taxidermal.
taxidermiste [taksidɛrmist], *s.m.* Taxidermist.
taximètre [taksimɛtr], *s.m.* Taximeter.
taxiphone [taksifɔn], *s.m.* *Tp:* Public call-box.
Tchad (le) [lətʃad]. **1.** *Pr.n.m.* Lake Chad. **2.** Central African Republic of Chad.
tchécoslovaque [tʃekɔslɔvak], *a. & s.* Czechoslovak.
Tchécoslovaquie [tʃekɔslɔvaki]. *Pr.n.f.* Czechoslovakia.
tchèque [tʃɛk], *a. & s.* Czech.

te, before a vowel sound **t'** [t(ə)], *pers.pron. sg.*, unstressed. **1.** (*a*) (Acc.) You. **Il t'adore,** he adores you. (*b*) (Dat.) (To) you. **Il te l'a dit,** he told you so. (*c*) (With pr.vbs) **Tu te fatigues,** you are tiring yourself. **Va-t'en,** go away. **2.** Thee, thyself. (In addressing the Deity) **Nous te magnifions,** we magnify Thee.
té[1] [te], *s.m.* (The letter) T, tee. **En té,** T-shaped. **Fer à té,** T-iron. **Té à dessin, équerre en té,** tee-square, T-square.
té[2], *int.* *Dial:* (In S. of Fr.) Hullo! **Té, c'est Marius!** why, its Marius! **Je suis de Marseille, té,** I'm from Marseilles, of course.
technicien, -ienne [tɛknisjɛ̃, -jɛ:n], *s.m.* Technician.
technicité [tɛknisite], *s.f.* Technicality.
Technicolor [tɛknikɔlɔr], *s.m.* *R.t.m:* *Cin:* Technicolor.
technique [tɛknik]. **1.** *a.* Technical. **Raisons d'ordre t.,** technical reasons. **2.** *s.f.* (*a*) Technique. (*b*) Technics. **T. électrique,** electrical engineering. *adv.* **-ment.**
technocrate [tɛknɔkrat], *s.m.* Technocrat.
technocratie [tɛknɔkrasi], *s.f.* *Pol.Ec:* Technocracy.
technogénie [tɛknɔʒeni], *s.f.* Engineering.
technogénique [tɛknɔʒenik], *a.* **Données technogéniques,** engineering data.
technologie [tɛknɔlɔʒi], *s.f.* Technology.
technologique [tɛknɔlɔʒik], *a.* Technological.
technologue [tɛknɔlɔg], *s.m.* Technologist.
te(c)k [tɛk], *s.m.* Teak(-tree or -wood).
teckel [tɛkɛl], *s.m.* Dachshund.
tectonique [tɛktɔnik], *a.* Tectonic.
tectrice [tɛktris], *a.f. & s.f.* *Orn:* **(Plumes) tectrices,** tectrices, (wing-)coverts.
Te Deum [tedeɔm], *s.m.inv.* Te Deum.
tégument [tegymɑ̃], *s.m.* *Nat.Hist:* Tegument.
tégumentaire [tegymɑ̃tɛ:r], *a.* Tegumentary.
teigne [tɛɲ], *s.f.* **1.** (*a*) Tinea, moth. **T. des draps,** clothes-moth. (*b*) *F:* Pest (of a child); shrew (of a woman). **2.** (*a*) *Med:* Tinea; scalp disease. **T. faveuse,** favus. **T. tonsurante, t. tondante,** ringworm. (*b*) Scurf, scale (on old trees).
teign-e, -es, etc. See TEINDRE.
teigneux, -euse [tɛɲø, -ø:z], *a. & s.* (Person) suffering from scalp-disease. *s.m.* *F:* Scurvy fellow.
teindre [tɛ̃:dr], *v.tr.* (*pr.p.* **teignant**; *p.p.* **teint**; *pr.ind.* **je teins, il teint, n. teignons**; *p.h.* **je teignis**; *fu.* **je teindrai**) **1.** To dye. **T. qch. en rouge,** to dye sth. red. **2.** To stain, tinge, colour.
se teindre. **1.** To dye one's hair. **2.** To take on a tinge (de, of).
teint [tɛ̃], *s.m.* **1.** Dye, colour. **Bon t., grand t.,** fast dye; 'dyed in the wool.' **2.** Complexion, colour. **Au t. frais,** fresh-complexioned. **Au t. jaune,** sallow.
teinte [tɛ̃:t], *s.f.* (*a*) Tint, shade, hue. *Art:* **T. plate,** flat tint. **Demi-t.,** half-tint. (*b*) **Légère t. de . . .,** tinge of . . .; touch of (malice, irony). **Discours sans t. de pédanterie,** speech untinged with pedantry.
teinter [tɛ̃te], *v.tr.* (*a*) To tint. **Papier teinté,** tinted or toned paper. (*b*) **Ciel teinté de rose,** sky tinged with pink.
teinture [tɛ̃ty:r], *s.f.* **1.** (*a*) Dyeing (of cloth, hair). (*b*) Tinting (of a drawing). **2.** (*a*) Dye. **Couvertures sans t.,** undyed blankets. (*b*) Colour, hue, tinge. (*c*) *Her:* Tincture. **3.** *Pharm:* **T. d'iode,** tincture of iodine.
teinturerie [tɛ̃tyrri], *s.f.* **1.** Dyeing. **2.** Dye-works. **3.** Dying and cleaning business.
teinturier, -ière [tɛ̃tyrje, -jɛ:r], *s.* Dyer; dyer and cleaner.
tel, telle [tɛl], *a.* **1.** Such. (*a*) **Un t. homme,** such a man. **De telles choses,** such things. (*b*) This. **Il vous dira qu'en t. ou t. cas il faut . . .** he will tell you that in this or that case you should . . . **Telle et telle cause a t. et t. effet,** such and such a cause has such and such an effect. **En t. lieu,** in such and such a place. **Je sais telle maison où . . .,** I could mention a house where. . . . **Prendre telles mesures qui paraîtront nécessaires,** to take such steps as shall be considered necessary. (*c*) **Sa bonté est telle que . . .,** such, so great, is her kindness that. . . . **A t. point,** to such an extent, to such a pitch. **De telle sorte que,** (i) + *ind.* (of event realized), (ii) + *sub.* (of event to be realized), in such a way that. **2.** (*a*) Like; as. **T**

père, t. fils, like father like son. (*b*) **T. que,** such as, like. **Un homme t. que lui,** a man like him. **La clause telle qu'elle est,** the clause as it stands. **Voir les hommes tels qu'ils sont,** to see men as they are. **Je vois les choses telles qu'elles sont,** I look the facts in the face. **Les grandes villes, telles que Londres, par exemple,** large towns as, for example, London. (*c*) **Il n'y a rien de t., il n'est rien t., que d'avoir . . .,** there is nothing like having. . . . (*d*) *Lit:* **T. un éclair, il s'élance,** like lightning he rushes forward. (*e*) **T. quel.** (i) Just as it is; just as he is. **Je vous achète la maison telle quelle,** I'll buy the house from you just as it stands. (ii) **C'est un homme t. quel,** he's just an ordinary person. **Une paix telle quelle,** a makeshift peace, a peace of sorts. (iii) **Tout laisser t. quel,** to leave everything unaltered, in statu quo. 3. *pron.* (*a*) Such a one. **T. l'en blâmait, t. l'en excusait,** one would blame him, another would excuse him. **T. qui,** he who, many a one who. *Prov:* **T. rit vendredi qui dimanche pleurera,** laugh on Friday, cry on Sunday. (*b*) *Pred.* **T. fut son langage,** such were his words. *s.* **Un t., une telle,** so-and-so. **Monsieur un t., Un T.,** Mr So-and-so. **S'adresser à t. et t.,** to apply to this man and that. **T. ou t. vous dira que . . .,** some people will tell you that. . . . **Il m'a dit que t. de mes amis n'a pas réussi,** he told me that a certain friend of mine had failed.

Télamon [telamɔ̃]. **1.** *Pr.n.m. Myth:* Telamon. **2.** *s.m. Arch:* Telamon, *pl.* telamones, atlantes.

télautographe [telotɔgraf], *s.m. Tg:* Telautograph, telewriter.

télé [tele], *s.f. T.V: F:* The 'telly.'

télécinéma [telesinema], *s.m.* Telecine.

télécommande [telekɔmɑ̃:d], *s.f.* Remote control.

télécommander [telekɔmɑ̃de], *v.tr.* To operate by remote control.

télécommunication [telekɔmynikasjɔ̃], *s.f.* Telecommunication.

télécran [telekrɑ̃], *s.m. T.V:* Tele(vision)-screen.

télédynamie [teledinami], *s.f. El.E:* Teledynamics.

téléférique [teleferik], *a. & s.m.* = TÉLÉPHERIQUE.

télégramme [telegram], *s.m.* Telegram. **T. sous-marin,** cable(-gram). **Envoyer un t. pour faire venir qn,** to wire for s.o.

télégraphe [telegraf], *s.m.* **1.** (*a*) *A:* Semaphore. *F:* **Faire le t.,** to fling one's arms about; to gesticulate. (*b*) *Tls:* Bevel square. **2.** (Electric) telegraph. **T. enregistreur,** recording telegraph. **T. imprimeur,** ticker. **T. sous-marin,** cable. **Aviser qn par le t.,** (i) to wire, (ii) to cable, to s.o. **3.** *Fr.C:* Person who illegally votes in place of s.o. else.

télégraphie [telegrafi], *s.f.* Telegraphy. S.a. FIL 1.

télégraphier [telegrafje], *v.tr. & i.* To telegraph; (i) to wire, (ii) to cable.

télégraphique [telegrafik], *a.* Telegraphic. **Réponse t.,** reply (i) by wire, (ii) by cable. **Bureau t.,** telegraph office. *adv.* **-ment,** -ally.

télégraphiste [telegrafist], *s.m.* Telegraphist. **Facteur t.,** telegraph-messenger. **Petit t.,** telegraph boy.

téléguidage [telegida:ʒ], *s.m.* Radio-control. **T. par ondes haute-fréquence,** command guidance.

téléguidé [telegide], *a.* (Of missile) Guided.

téléguider [telegide], *v.tr.* To radio-control.

téléimprimeur [teleɛ̃primœ:r], *s.m.* Teleprinter.

télékinésie [telekinezi], *s.f. Psychics:* Telekinesis.

télémark [telemark], *s.m. Skiing:* Telemark.

télémécanicien [telemɛkanisjɛ̃], *s.m.* Telecommunications specialist.

télémécanique [telemɛkanik]. **1.** *a.* Electrically controlled (at a distance). **2.** *s.f.* Telemechanics.

télémètre [telemɛtr], *s.m.* Telemeter. *Mil: etc:* Range-finder.

télémétr|-er [telemetre], *v.tr. Mil: etc:* To take the range of (sth.). *s.m.* **-eur.**

télémétrie [telemetri], *s.f.* Telemetry. *Mil: etc:* Range-finding.

télémétrique [telemetrik], *a.* Telemetric(al).

téléobjectif [teleɔbʒɛktif], *s.m. Phot:* Telephoto lens; telelens.

téléologi|e [teleɔlɔʒi], *s.f. Phil:* Teleology. *a.* **-ique.**

télépathie [telɛpati], *s.f.* Telepathy, thought-transference.

télépathique [telɛpatik], *a.* Telepathic.

téléphérique [teleferik], *a. & s.m.* **(Ligne) t.,** telpher railway; rope-way; teleferic.

téléphone [telefɔn], *s.m.* Telephone, *F:* phone. **T. automatique,** dial telephone. **Coup de t.,** telephone call. **Demander qch. par t.,** to phone for sth. **T. intérieur,** house telephone; interphone. *Pol:* **T. rouge,** hot line (U.S.A. to Kremlin). **T. vert,** (Élysée to Kremlin).

téléphoner [telefɔne], *v.tr. & i.* **1.** To telephone, *F:* to phone. **2. T. à qn,** to ring s.o. up; to phone to s.o. **Je vous téléphonerai,** I'll give you a ring.

téléphonie [telefɔni], *s.f.* Telephony. **T. sans fil,** wireless, radio.

téléphonique [telefɔnik]. *a.* Telephonic. **Cabine t.,** telephone booth, call-box. **Appel t.,** telephone call. **Commande t.,** order by telephone. *adv.* **-ment.**

téléphoniste [telefɔnist], *s.m. & f.* Telephonist; telephone operator.

téléphotographie [telefɔtɔgrafi], *s.f.* **1.** *Tg:* Phototelegraphy. **2.** *Phot:* (*a*) Telephotography. (*b*) Telephotograph.

téléphotographique [telefɔtɔgrafik], *a.* **1.** Phototelegraphic. **2.** Telephotographic.

télépointage [telepwɛ̃ta:ʒ], *s.m. Navy:* Directing of gun-fire by means of a director theodolite. **Hune de t.,** director top.

télérécepteur [telerєsɛptœ:r], *s.m.* Television set.

télescopage [telɛskɔpa:ʒ], *s.m.* Telescoping (of parts, of trains, etc.).

télescope [telɛskɔp], *s.m.* (Reflecting) telescope.

télescoper [telɛskɔpe], *v.i., tr. & pr.* (Of railway coaches, etc.) To telescope; to crumple up.

télescopique [telɛskɔpik], *a.* Telescopic.

téléscripteur [teleskriptœ:r], *s.m.* Teleprinter.

téléséisme [teleseism], *s.m. Geol:* Distant shock.

télésiège [telesjɛ:ʒ], *s.m.* Chair-lift.

téléski [teleski], *s.m.* Ski-lift.

téléspectateur, -trice [telespɛktatœ:r, -tris], *s.* Televiewer, viewer.

télétype [teletip], *a. & s.m.* **(Appareil) t.,** teleprinter.

télétypie [teletipi], *s.f.* Teleprinting.

téléviser [televize], *v.tr.* To televise.

téléviseur [televizœ:r], *s.m.* Television set.

télévision [televizjɔ̃], *s.f.* Television, *F:* Television set. **A la t.,** on television.

telexer [telɛkse], *v.tr.* To send by Telex machine.

tell [tɛl], *s.m.* **1.** *Geog:* Tell. **2.** (In Mid. East) *Archeol:* Tell, occupation site.

tellement [tɛlmɑ̃], *adv.* **1.** In such a manner; so. **2.** To such a degree; so. **T. que** + *ind.,* to such an extent that. **Il est t. sourd qu'il faut crier,** he is so deaf that one has to shout.

tellière [tɛljɛ:r], *a.inv. & s.m.* Foolscap (paper). (From the Chancellor Le Tellier, 1603-85).

tellure [tɛlly:r], *s.m. Ch:* Tellurium.

tellureux, -euse [tɛllyrø, -ø:z], *a.* Tellurous.

tellurien, -ienne [tɛllyrjɛ̃, -jɛn], *a.* Tellurian; earth (current).

tellurique[1] [tɛllyrik], *a. Ch:* Telluric (acid).

tellurique[2], *a.* Telluric (fever); arising from the soil.

tellurure [tɛllyry:r], *s.f. Ch:* Telluride.

téméraire [temerɛ:r], *a.* (*a*) Rash, reckless, foolhardy. (*b*) Rash (judgment, statement). *adv.* **-ment.**

témérité [temerite], *s.f.* **1.** Temerity, rashness, recklessness, foolhardiness. **2.** Rash deed; piece of daring.

témoignage [temwaɲa:ʒ], *s.m.* **1.** Testimony, evidence. (*a*) **Porter t.,** to bear witness, give evidence. **Rendre t. de qch.,** (i) to give evidence about sth.; (ii) to bear testimony to sth. *F:* **Je vous rends ce t. que . . .,** I will say this about you that. . . . **Appeler qn en t.,** to call s.o. as witness. **Faux t.,** false witness; perjury. (*b*) Statement. **D'après son t.,** according to his statement. **T. des sens,** evidence of the senses. **2.** *Jur:* Hearing (of witness). **Être appelé en t.,** to be called upon to give evidence. **3. En t. d'estime,** as a mark, as a token, of esteem.

témoigner [temwaɲe]. **1.** *v.i.* To testify; to bear witness; to give evidence. **T. en faveur de qn,** to give evidence in s.o.'s favour. **T. contre qn,** to bear witness against s.o. **2.** *v.tr. or ind.tr.* **T. (de) qch.,** to show, evince, prove, sth.; to bear testimony to, bear witness to, testify to, sth.; to give evidence of sth. **T. d'un goût pour . . .,** to show, display, evince, a taste for. . . . **T. sa reconnaissance à qn,** to give expression to one's gratitude to s.o. Ses écrits témoignent de son industrie, his writings attest, bear witness to, his industry. Elle ne témoigna pas avoir rien remarqué, she gave no indication of having noticed anything.

témoin [temwɛ̃], *s.m.* 1. Witness. (*a*) Être t. d'un accident, to witness an accident. *Jur:* T. à un acte, witness to a signature. (*b*) *Jur:* T. à charge, à décharge, witness for the prosecution, for the defence. Barre des témoins, witness-box. T. oculaire, eye-witness. Appeler, prendre, qn à t., to call, take, s.o. to witness. Dieu m'est t. si je vous ai aimé! God knows how much I loved you! T. les coups que j'ai reçus, witness the blows which I received. (*c*) Second (in duel). 2. *A:* (= TÉMOIGNAGE) En t. de quoi . . ., in witness whereof. . . . 3. (*a*) Boundary mark. *Aut:* T. d'aile, wing indicator. (*b*) *Ch:* Reference solution. Échantillon t., check sample. *Phot:* Plaque t., reference plate. Épreuve t., pilot print. (*c*) *El.E: Ind:* Lampe t., telltale lamp, pilot lamp, warning light. (*d*) *Sp:* Baton, etc., passed from hand to hand in relay race. (*e*) Denrée t., basic commodity (food). Appartement t., show flat.

tempe [tɑ̃:p], *s.f.* *Anat:* Temple.

tempérament [tɑ̃peramɑ̃], *s.m.* 1. (*a*) (Physical) constitution, temperament. Paresseux par t., constitutionally lazy. Son t. de fer, his iron constitution. (*b*) T. violent, placide, violent, placid, temper. (*c*) *F:* Avoir du t., to be of an amorous disposition. 2. (*a*) *A:* Moderation; spirit of compromise. Garder en tout un certain t., to observe a certain measure in all things. Circonstances où les règles doivent admettre quelque t., circumstances when rules should allow some modification. (*b*) *Mus:* Temperament (of the intervals of the scale). 3. *Com:* A t., by instalments, on the deferred payment system. Vente à t., hire-purchase.

tempérance [tɑ̃perɑ̃:s], *s.f.* Temperance, moderation.

tempérant [tɑ̃perɑ̃], *a.* Temperate, moderate.

température [tɑ̃peraty:r], *s.f.* Temperature. *Med: F:* Avoir de la t., to have a (high) temperature. *F:* Prendre la t. de l'auditoire, to sense the audience.

tempéré [tɑ̃pere], *a.* 1. Temperate, moderate (climate, speech); restrained, sober (style). Monarchie tempérée, limited monarchy. 2. *Mus:* Gamme tempérée, equally tempered scale.

tempérer [tɑ̃pere], *v.tr.* (je tempère; je tempérerai) To temper, moderate (sun's heat, etc.).

tempête [tɑ̃pɛ:t], *s.f.* Storm (of wind); *Lit:* tempest. *Nau:* Hurricane. T. de neige, blizzard, snow-storm. Le vent souffle en t., it is blowing a hurricane. Battu par la t., storm-beaten (coast); storm-tossed (ship). *F:* Une t. dans un verre d'eau, a storm in a tea-cup. T. d'applaudissements, storm of applause.

tempêter [tɑ̃pete], *v.i.* *F:* To storm; to rage.

tempétueu-|x, -euse [tɑ̃petɥø, -ø:z], *a.* Tempestuous; stormy. *adv.* -sement.

temple [tɑ̃:pl], *s.m.* 1. Temple; *Poet:* fane. 2. Church, place of worship (of Protestants); 'chapel.' 3. (Freemasons') lodge. 4. *Hist:* Les chevaliers du T., the Knights Templars.

templier [tɑ̃plie], *s.m.* *Hist:* (Knight) Templar.

tempo [tɛ̃po, tempo], *s.m.* *Mus:* Tempo, time.

temporaire [tɑ̃pɔrɛ:r], *a.* 1. Temporary; provisional. 2. *Mus:* Valeur t., time-value (of a note). *adv.* -ment.

temporal, -aux [tɑ̃pɔral, -o]. *Anat:* 1. *a.* Temporal (bone, artery). 2. *s.f.* Temporal (artery).

temporel, -elle [tɑ̃pɔrɛl], *a.* (*a*) Temporal (as opposed to eternal). (*b*) Temporal (as opposed to spiritual). Puissance temporelle, temporal power. *adv.* -lement.

temporisateur, -trice [tɑ̃pɔrizatœ:r, -tris]. 1. *s.* Temporizer; procrastinator. 2. *a.* Temporizing. 3. *s.m.* *Welding:* Timer.

temporisation [tɑ̃pɔrizasjɔ̃], *s.f.* Temporization temporizing; calculated delay.

temporiser [tɑ̃pɔrize], *v.i.* To temporize.

temps [tɑ̃], *s.m.* 1. Time. (*a*) Mettre beaucoup de t. à faire qch., to take a long time over sth. *F:* Tuer le t., to kill time. Vous avez bien le t., vous avez (tout) le t. voulu, you have plenty of time. Combien de t. faut-il pour . . .? how long does it take to . . .? Gagner du t., to gain time, to temporize, to play for time. Cela rapportera avec le t., it will pay in the long run. Dans le cours du t., avec le t., in process of time, in course of time. Usé par le t., time-worn. De t. en t., de t. à autre, now and then, now and again; from time to time. Une fois de t. à autre, once in a while. En même t., at the same time. Emploi à plein t., full-time employment. En d'autres t., at any other time. *F:* Se donner du bon t., to have a good time; to enjoy oneself. *Myth:* Le T., (Father) Time. (*b*) (i) While, period. Chaque chose a son t., everything has its day. En t. de guerre, in war-time. Il y a peu de t., a little while ago. Peu de t. après, not long after. Pendant quelque t., for a short while. Il restera alité pendant quelque t., he will be in bed for some time. Au bout de quelque t., d'un certain t., after a time. Entre t., meanwhile. Il y a beau t. qu'il est parti, he went off a long time ago. Faire un t. de galop, to have a short gallop. T. d'arrêt, pause, halt. Marquer un t., to pause. T. de l'Ascension, Ascensiontide. Cette théorie a fait son t., this theory is out of date. Tout n'a qu'un t., there is an end to everything. (ii) Term (of service, etc.). Faire son t., to serve one's time; (of convict) to do one's stretch. Travaux forcés à t., term of penal servitude. (*c*) Age, days, times. Le bon vieux t., the good old days. Dans le t., au t. jadis, in times past, in the old days; formerly. Dans la suite des t., in the course of ages. Au t. de ma jeunesse, in the days of my youth. Dans le t. où j'étais jeune, (in the days) when I was young. Dans ce t.-là, at that time. Ce pays n'est plus l'Angleterre des t. passés, this is no longer the England of the past. Les t. sont durs, times are hard. Il fut un t. où . . ., time was when. . . . Par le t. qui court, as times go; in these days. Être de son t., to move with the times; to be up to date. Vous n'êtes pas de votre t., you are behind the times. Il n'en était pas ainsi de mon t., it was not so in my day. De tout t., en tout t., at all times. S.a. DERNIER 1, PREMIER 1. (*d*) Hour. Arriver à t., to arrive in time. En t. voulu, utile, in due time. Il est t. de rebrousser chemin, we'd better be going back. Il est grand t. de partir, it is high time to start. Il se fait t. de partir, it is nearly time to start. Il n'est plus t., it is too late. Il y a t. pour tout, there is a time for everything. En t. et lieu, in proper time and place; in due course. Venir en son t., to be timely (event). Chaque chose en son t., that's a bridge we'll cross when we get to it. Il n'était que t., it was only just in time. 2. Weather. Par tous les t., in all weathers. Quel t. fait-il? What's the weather like? Si le t. le permet, (wind and) weather permitting. Beau t., fine weather. *Nau:* Gros t., heavy weather. Coup de t., sudden squall. Prévision du t., weather forecast. Le t. est à la pluie, it looks like rain. Quelque t. qu'il fasse, il ne manque jamais sa promenade, blow high, blow low, he always takes a walk. 3. *Gram:* Tense, T. primitifs, principal parts (of verb). 4. (*a*) *Mus:* T. fort, strong beat, down-beat. T. faible, up-beat. Mesure à deux t., common time, duple time. Mesure à trois t., triple time. (*b*) *Gym: Mil:* Exercice en trois t., exercise in three motions. Au t.! as you were! *F:* Je vais vous faire ça en deux t. trois mouvements, I'll have it done in less than no time. (*c*) *I.C.E:* Moteur à deux, à quatre, t., two-, four-stroke engine. S.a. MORT[1] 1, MOTEUR 1.

tenable [tənabl], *a.* (Usu. with negation) 1. Tenable, defensible (position). La position n'était plus t., it was impossible to hold out any longer. 2. Par cette chaleur, le bureau n'est pas t., in this heat the office is unbearable.

tenace [tənas], *a.* Tenacious; adhesive (matter); clinging (plant, perfume); tough (metal); dogged, stubborn (will); retentive (memory). *adv.* -ment.

ténacité [tenasite], *s.f.* Tenacity; toughness (of iron); adhesiveness, stickiness (of glue); strength (of paper, etc.); stiffness (of soil); retentiveness (of memory); stubbornness (of will). Avec t., tenaciously.

tenaille [tənɑ:j], *s.f.* (*a*) T. de forge, blacksmith's tongs. T. à vis, hand-vice. (*b*) *pl.* Tenailles, pincers (for drawing nails). *Mil:* Manœuvre en tenailles, pincer movement.

tenailler [tənɑje], *v.tr.* *A:* To tear (criminal's flesh) with (red-hot) pincers. *F:* Tenaillé par le remords, racked, tortured, by remorse. Tenaillé par la faim, gnawed by hunger.

tenancier, -ière [tənɑ̃sje, -jɛːr], *s.* **1.** Tenant-farmer. **2.** Keeper (of gambling-den); lessee (of bar, casino, etc.); proprietor, -tress (of bar).

tenant, -ante [tənɑ̃, -ɑ̃ːt]. **1.** *a.* (Used in) **Séance tenante,** forthwith, then and there. **2.** *s.* (*a*) Champion, supporter (of an opinion); taker (of a bet). (*b*) *Sp:* Holder (of championship). **3.** *s.m.* (Of landed property) **Tout d'un t., d'un seul t.,** continuous; all in one block. *pl.* **Tenants,** lands marching with an estate. **Tenants et aboutissants,** (i) adjacent parts (of estate); (ii) *F:* ins and outs, full details (of an affair).

tendance [tɑ̃dɑ̃ːs], *s.f.* Tendency, propensity, trend; the trend of opinion. **La t. générale de son caractère,** the general bent of his character. **Avoir une t. à qch.,** to be inclined to sth. **T. à se griser,** propensity for getting drunk. **Livre à t.,** tendentious book.

tendancieux, -euse [tɑ̃dɑ̃sjø, -øːz], *a.* Tendentious, tendential. *Jur:* **Question tendancieuse,** leading question.

tende [tɑ̃ːd], *s.m.* *Cu:* **T. de tranche,** topside (of beef).

tender [tɑ̃dɛːr], *s.m.* *Rail: Nau:* Tender.

tendeur, -euse [tɑ̃dœːr, -øːz]. **1.** *s.* (*a*) Layer (of carpets); hanger (of wall-paper). (*b*) Setter, layer (of traps). **2.** *s.m.* Stretcher, tightener; wire-strainer. *Cy:* **T. de chaîne,** chain-adjuster. *a.* **Fil t.,** bracing-wire.

tendineux, -euse [tɑ̃dinø, -øːz], *a.* Stringy, sinewy (meat).

tendoir [tɑ̃dwaːr], *s.m.* Clothes-line, drying-line.

tendon [tɑ̃dɔ̃], *s.m.* Tendon, sinew. **Le t. d'Achille,** the Achilles tendon. **T. du jarret,** hamstring.

tendre¹ [tɑ̃ːdr]. **1.** *a.* Tender. (*a*) Soft; delicate (colour); new (bread); early (age). **Viande t.,** tender meat. (*b*) Fond, affectionate, loving. **Avoir le vin t.,** to be maudlin in one's cups. **2.** *s.m.* *F:* **Avoir un t. pour qn,** to have a soft place in one's heart for s.o., a soft spot for s.o. *adv.* **-ment.**

tendre². **1.** *v.tr.* (*a*) To stretch. **T. une courroie,** to tighten a belt. **T. la peau d'un tambour,** to brace a drum. **T. une corde (de violon),** to tighten a (violin) string. **T. un ressort, un piège,** to set a spring, a trap. (*b*) To fix up (tent, etc.); to spread (sail); to lay (carpet); to hang (wall-paper, tapestry). **Église tendue de noir,** church hung, draped, with black. **Chambre tendue de (papier) bleu,** room papered in blue. (*c*) To stretch out, hold out. **T. la main,** (i) to hold out one's hand; (ii) to offer a helping hand; (ii) to beg. **T. le cou,** to crane one's neck. S.a. BRAS 1. (*d*) To (over)strain. **2.** *v.i.* To tend, lead, conduce (à, to). **Où tendent ces questions?** what is the aim, the drift, of these questions?

se tendre, to become taut; (of relations) to become strained; (of prices) to harden.

tendresse [tɑ̃drɛs], *s.f.* Tenderness; fondness, love. **Avec t.,** fondly, lovingly.

tendreté [tɑ̃drəte], *s.f.* Tenderness (of eatables).

tendron [tɑ̃drɔ̃], *s.m.* **1.** *Bot:* Tender shoot. **2.** *Cu:* Gristle (of veal). **3.** *F:* Young girl.

tendu [tɑ̃dy], *a.* Tense, taut, tight. **Rapports tendus,** strained relations. **Situation tendue,** tense situation. **Chaîne mal tendue,** slack chain. S.a. BRAS 1.

ténèbres [tenɛːbr], *s.f.pl.* Darkness, gloom. *Ecc:* Tenebrae. **Dans les t.,** in the dark. **Œuvre de t.,** deed of darkness.

ténébreu|x, -euse [tenebrø, -øːz], *a.* **1.** Gloomy, dark, sombre (wood, prison). **2.** Mysterious, sinister; deep (conspiracy). *adv.* **-sement.**

ténébrion [tenebriɔ̃], *s.m.* *Ent:* Tenebrio; meal-beetle, meal-worm.

teneur¹, -euse [tənœːr, -øːz], *s.* **1.** Holder; taker (of a bet). **2. T. de livres,** book-keeper.

teneur², *s.f.* **1.** Tenor, purport, terms (of document). **2.** Amount, percentage. **T. en eau,** degree of humidity. *Miner:* Grade; assay value. **Minerai de haute t.,** high-grade ore. **T. en fer,** iron content.

ténia [tenja], *s.m.* Taenia, tapeworm.

ténifuge [tenifyːʒ], *a.* & *s.m.* *Med:* **(Médicament) t.,** Taenifuge, worm-medicine.

tenir [təniːr], *v.* (*pr.p.* **tenant**; *p.p.* **tenu**; *pr.ind.* **je tiens, il tient, n. tenons, ils tiennent**; *p.d.* **je tenais**; *p.h.* **je tins, n. tînmes, ils tinrent**; *fu.* **je tiendrai**) I. *v.tr.* **1.** To hold. (*a*) **T. qch. à la main, sur ses genoux,** to hold sth. in one's hand, on one's lap. **T. serré qch.,** to keep tight hold of sth. **La fièvre le tient,** the fever has him in its grip. **Je tiens mon homme,** I've got my man. **T. le mot de l'énigme,** to hold the key to the puzzle. **T. qn de près,** to hold, keep, s.o. under strict control. **Auto qui tient bien la route,** car that holds the road well. S.a. CORDE 1. *Prov:* **Un "tiens" vaut mieux que deux "tu l'auras,"** a bird in the hand is worth two in the bush. **Faire t. qch. à qn,** (i) to make s.o. hold sth.; (ii) to put s.o. in possession of sth. *Abs.* in the *imp.* **Tiens! tenez!** look (you)! look here! here! S.a. TIENS². **Tenez! (ceci est pour vous),** here you are! *F:* **Je tiens mon article,** I have my paper all fixed, all written out in my head. *F:* **T. un bon rhume,** to have a whale of a cold. *P:* **T. une bonne cuite,** to be gloriously drunk. S.a. CÔTE 1, DRAGÉE. (*b*) To contain, have capacity for (a certain quantity). **Auto qui tient six personnes,** car that holds six. *v.i.* **On tient douze à cette table,** this table seats twelve. **Tous ces livres tiendront dans cette caisse,** all these books will easily get into this box. **Tout ça tient en deux mots,** all that can be said in a couple of words. **Faire t. beaucoup de faits en peu de lignes,** to crowd a great many facts into few lines. (*c*) **Baril qui tient l'eau,** barrel that holds water, that is watertight. (*d*) **T. de,** to have, get, derive, (sth.) from, to owe (sth.) to (some source). **T. qch. de mains sûres,** to have sth. on good authority. (*e*) To keep, stock (groceries, etc.). S.a. COMPTE. (*f*) **En t.** (Of partridge, etc.) **Elle en tient** (*i.e. du plomb*), she's winged. *F:* (*Of pers.*) **Il en tient,** he's had a nasty blow. **2. T. un magasin, une école,** to keep, run, a shop, a school. **T. la caisse,** to have charge of the cash. **Mlle X tenait le piano,** Miss X was at the piano. **T. une séance,** to hold a sitting. **Le marché se tient le samedi,** the market is held on Saturdays. **3.** (*a*) To hold, maintain (opinion); to keep (one's word, promise). (*b*) **T. de grands discours,** to hold forth at great length. (*c*) **T. son rang,** to keep up, uphold, one's position. (*d*) **T. qn en grand respect,** to hold s.o. in great respect. **4.** To hold back, restrain (one's tongue). **T. un cheval,** to control a horse. **Il ne sait pas t. ses élèves,** he cannot control his pupils. **5.** (*a*) To hold, keep, preserve (in a certain position). **T. (qn) à l'œil,** to keep an eye on (s.o.). **Il nous a tenus debout pendant deux heures,** he kept us standing for two hours. **T. qch. en état,** to keep sth. in good order. **T. qch. sous clef,** to keep sth. under lock and key. S.a. CHAUD 2. **Tenez votre gauche,** keep to the left. (*b*) **T. la chambre,** to be confined to one's room. (*c*) **T. la mer,** (of ship) to keep the sea. **Navire capable, incapable, de t. la mer,** seaworthy ship, unseaworthy ship. **6.** To occupy, take up (space). **7.** *Pred.* **T. les yeux fermés,** to keep one's eyes shut. **T. qn captif,** to keep, hold, s.o. prisoner. **Je le tiens pour un honnête homme,** I consider him to be an honest man. **T. une nouvelle pour vraie,** to take news to be true. **Tenez cela pour fait,** take it as done. **Tenez-vous-le pour dit.** I shall not tell, warn, you again. S.a. DÉSHONNEUR, HONNEUR 1.

II. **tenir,** *v.i.* **1.** (*a*) To hold; to adhere. **Clou qui tient bien,** nail that holds well. **Cela tient comme poix,** it sticks like pitch. S.a. CŒUR 2, FIL 1. (*b*) **Sa terre tient à la mienne,** his estate borders on mine. (*c*) To remain. **Il ne tient plus sur ses jambes,** he is ready to drop (with fatigue). **Ne pas t. en place,** to be restless. S.a. PEAU 1. **2.** (*a*) **T. (bon, ferme),** to hold out, to stand fast; to hold one's own; (of cable, etc.) to stand the strain, to hold. **T. jusqu'au bout,** to hold out to the end. **Tenez bon!** (i) hold tight! hold on! (ii) never say die! **Je n'y tiens plus,** I can't stand it any longer. (*b*) To last, endure. **Couleur qui tient bien,** fast colour. **Mon offre tient toujours,** my offer stands. **Il n'est d'ordre qui tienne, faites ce que je vous dis,** never mind orders, do as I tell you. **3. T. pour,** to hold for, be in favour of (s.o., sth.). **En t. pour qn,** to be fond of s.o., in love with s.o. **4. T. à qch.** (*a*) To value, prize, sth. **T. à faire qch.,** to be bent on doing sth. **Je n'y tiens pas,** (i) I don't care for it, (ii) I would rather not. **Tenez-vous beaucoup à y aller?** are you very keen on going? **Il tient à vous voir,** he is bent on seeing you. **Je tiens à savoir . . .,** I want, would like, to know. . . . **T. à ce qu'on** fasse qch., to be anxious, insistent, that something shall be done. (b) To depend on, result from, sth.; to be due to sth. **Cela tient à son éducation,** that's the result, the fault, of his education. **Cela tient à ce que vous êtes Écossais,** that comes of your being Scotch. **A quoi cela tient-il?** what's the reason for it? what is it due to? *Impers.* **Il ne tient qu'à vous de le faire,** it rests, lies, entirely with you to do it. **Qu'à cela ne tienne,** never mind that, that need be no obstacle. **S'il ne tient qu'à cela . . .,** if that is all (the difficulty). **5. Tenir de qn,** to take after s.o. **T. de qch.,** to partake of the nature of sth. **Cela tient du miracle,** it sounds like a miracle. **Cela tient de la famille,** it runs in the family.

se tenir. 1. (a) To keep, be, remain, stand, sit. **Se t. chez soi,** to stay, remain, at home. S.a. DEBOUT 1. **Tenez-vous là!** stand there! stay where you are! **Tenez-vous droit,** (i) sit up, sit straight; (ii) stand up straight. **Se t. tranquille,** to keep quiet. **Se bien t. à cheval,** to sit a horse well. **Tiens-toi,** behave yourself. (b) **Se t. à qch.,** to hold on to sth. *Rail:* **Se t. aux courroies,** to strap-hang. (c) **La boisson, la misère, le crime, tout cela se tient,** drink, poverty, crime, all these hold together. **2.** To contain oneself. **Il ne se tient pas de joie,** he cannot contain himself for joy. **Je ne pus me t. de l'embrasser,** I couldn't resist giving her a kiss. **Je ne pus me t. d'admirer,** I could not help admiring. S.a. QUATRE. **3. Se t. à qch.,** to keep to sth.; to abide by sth. *Cards:* **Je m'y tiens,** content! **S'en t. à qch.,** to confine oneself to sth.; to be satisfied, contented, with sth. **Je m'en tiens à ce que j'ai dit,** I will not go beyond what I have said. **Nous nous en tenons à l'exécution du traité,** we abide by the treaty. **Je ne sais pas à quoi m'en t.,** I don't know what to believe.

tennis [tɛnis], *s.m.* **1.** (Lawn) tennis. **2.** Tennis court. **3.** *Tex:* Flannel with narrow stripes.

tennisman, *pl.* **tennismen** [tɛnisman, tɛnismɛn], *s.m.* *F:* Tennis-player.

tenon [tənɔ̃], *s.m.* **1.** *Carp:* Tenon. **2.** (a) Shoulder, lug. (b) Stud.

ténor [tenɔːr], *s.m.* *Mus:* Tenor. *F: Pol: etc:* Star performer.

tenseur [tɑ̃sœːr], *a. & s.m.* **1.** (a) *Anat:* **(Muscle) t.,** tensor. (b) *s.m. Mth:* Tensor. **2.** *Tchn:* = TENDEUR 2.

tensiomètre [tɑ̃sjəmɛtr], *s.m.* *Med:* Sphygmomanometer.

tension [tɑ̃sjɔ̃], *s.f.* Tension. **1.** (a) Stretching (of muscles); tightening (of guy-rope). **Écrou à t.,** tightening nut. **T. d'esprit,** close application. (b) *Mec:* **T. de rupture,** breaking strain or stress. **2.** (a) Tightness (of rope); tenseness (of relations); flatness (of trajectory). *Mec.E:* **T. de courroie,** belt tension. **Chaîne de t. réglable,** adjustable tension chain. (b) *St.Exch:* Hardness, firmness (of prices). **3.** Pressure (of steam). *Med:* **T. artérielle,** blood-pressure. **Avoir, faire, de la t.,** to suffer from high blood-pressure. *El.E:* **T. du courant,** tension, voltage, of the current. **Haute t.,** high voltage. **Fil sous t.,** live, charged, wire. (Of conductor) **Sans t.,** dead. **Montage des piles en t.,** connection of batteries in series. **Chute de t.,** potential drop. S.a. VENTRE 2.

tentaculaire [tɑ̃takylɛːr], *a.* *Z:* Tentacular.

tentacule [tɑ̃takyl], *s.m.* *Z:* Tentacle, feeler.

tentant [tɑ̃tɑ̃], *a.* Tempting, alluring, enticing. **Le sujet est t.,** the subject is inviting.

tentateur, -trice [tɑ̃tatœːr, -tris]. **1.** *s.* Tempter, temptress. **2.** *a.* Tempting.

tentation [tɑ̃tasjɔ̃], *s.f.* Temptation **(de faire qch.,** to do sth.). **Succomber, céder, à la t.,** to succumb, yield, to temptation; to fall.

tentative [tɑ̃tatiːv], *s.f.* Attempt, endeavour. **T. d'évasion,** attempt to escape. **T. d'assissinat,** attempted murder.

tente [tɑ̃ːt], *s.f.* (a) Tent. **Dresser les tentes,** to pitch (the) tents. **Abattre, plier, les tentes,** to strike tents. **Coucher sous la t.,** to sleep under canvas. **T. individuelle,** bivvy. (b) *Nau:* Awning.

tente-abri [tɑ̃tabri], *s.f.* *Mil:* Shelter-tent. *pl. Des tentes-abris.*

tenter [tɑ̃te], *v.tr.* **1.** (a) *A. & B:* To tempt; to put (s.o.) to the test. **Dieu tenta Abraham,** God did tempt Abraham. (b) **T. la chance, la fortune,** to try one's luck. **T. Dieu,** to tempt Providence. **2.** To tempt (s.o.). **Se laisser t.,** to allow oneself to be tempted. **3.** To attempt, try. **T. d'inutiles efforts pour . . .,** to make useless attempts to. . . . **T. de faire qch.,** to try, endeavour, to do sth.

tenture [tɑ̃tyːr], *s.f.* (a) Hangings, tapestry. *Fr.C:* Curtain, *U.S:* drape. (b) **(Papier-)t.,** wall-paper.

tenu [təny]. **1.** *a.* (a) **Bien t.,** well-kept (child); tidy (house); neat, trim (garden). **Mal t.,** ill-kept, neglected, uncared-for; untidy. (b) **Être t. de, à, faire qch.,** to be bound, obliged, to do sth. *Jur:* **Être t. à restitution,** to be bound to make restitution. **Tenu!** (Of a bet) Done! I take you! S.a. IMPOSSIBLE. **2.** *s.m.* *Box:* Hold.

ténu [teny], *a.* Tenuous, thin; slender, fine (thread, etc.); subtle (distinction); thin, watery (fluid).

tenue [təny], *s.f.* **1.** (a) (Manner of) holding (pen, etc.). *Nau:* **T. de l'ancre,** hold of the anchor. **Fond de bonne t.,** good holding ground. (b) Session, holding (of an assembly, of assizes). (c) Keeping, managing, running (of shop, etc.). **T. des livres,** book-keeping. *Mch:* **T. des chaudières,** care of the boilers. **2.** (a) Bearing, behaviour, carriage. **Avoir de la t.,** (i) to behave oneself; to have good manners; (ii) to have dignified manners. **Arthur, de la t.!** Arthur, behave yourself! *Equit:* **Avoir une bonne, mauvaise, t.,** to have a good, poor, seat. (b) *Aut:* **T. de route,** road-holding qualities. **3.** Dress, *F:* get-up. **T. de soirée,** evening dress. *Mil:* **En t.,** in uniform. **En grande t.,** in full dress (uniform). **Petite t.,** undress. **T. de campagne,** (i) battle-dress; (ii) heavy marching order. *Navy:* **T. numéro un,** Number one (uniform). *F:* **Je vais me mettre en t.,** I'm going to change. **4.** *Mus:* (a) Holding-note, sustained note. (b) Organ point.

ténuité [tenɥite], *s.f.* Tenuity, tenuousness; slenderness; fineness (of sand, of distinction).

tenure [tənyːr], *s.f.* *Jur:* Tenure. **T. à bail,** leasehold.

ter [tɛːr], *Lt. adv.* (a) Three times. *Mus:* Ter. (b) For the third time. **Numéro 5t.,** number 5c.

tératologie [tɛratɔlɔʒi], *s.f.* Teratology.

tératologique [tɛratɔlɔʒik], *a.* Teratological.

tercet [tɛrsɛ], *s.m.* *Pros:* Tercet. *Mus:* Triplet.

térébenthine [terebɑ̃tin], *s.f.* Turpentine. **Essence de t.,** (oil of) turpentine; *F:* turps.

térébinthe [terebɛ̃ːt], *s.m.* *Bot:* Terebinth(-tree).

térébrant [terɛbrɑ̃], *a.* (a) Terebrant, boring (insect). (b) **Douleur térébrante,** terebrating pain.

térébration [terebrasjɔ̃], *s.f.* Terebration. **1.** Boring (of resinous tree, etc.). **2.** *Surg:* Trephining.

tergal¹, -aux [tɛrgal, -o], *a.* *Z:* Tergal; concerning the back.

tergal², *s.m.* *R.t.m:* = TÉRYLÈNE.

tergiversateur, -trice [tɛrʒiversatœːr, -tris], *s.* Tergiversator, shuffler, wriggler, twister.

tergiversation [tɛrʒivɛrsasjɔ̃], *s.f.* Tergiversation; beating about the bush.

tergiverser [tɛrʒiverse], *v.i.* To tergiversate, equivocate; to beat about the bush.

terme¹ [tɛrm], *s.m.* **1.** *Sculp:* Terminal (figure); term, terminus. *F:* **Il ne bouge pas plus qu'un t.,** he stands like a statue. **2.** Term, end, limit (of life, journey, etc.). **Toucher à son t.,** to be near one's end. **Mettre un t. à qch.,** to put an end, a stop, to sth. **Il y a t. à tout,** there is an end to everything. **Mener qch. à bon t.,** to bring sth. to a successful conclusion; to carry sth. through. **Être arrivé au t. de son mandat,** to have exhausted one's mandate. **3.** (a) (Appointed) time. **Accouchement avant t.,** premature childbirth. *Mil: Navy:* **Engagement à long t.,** long service. **T. de rigueur,** latest time, latest date. **Marché à t.,** time-bargain. (Of bills) **A court t., à long t.,** short-dated, long-dated. **Avance à long t.,** long-term advance. *St.Exch:* **Le t.,** the settlement. **Opérations à t.,** forward deals. **Taux pour les opérations à t.,** 'forward' rates. (b) **Demander un t. de grâce,** to ask for time to pay. **Payable à deux termes,** payable in two instalments. **4.** (a) Quarter (of rent); term. (b) Quarter's rent. (c) Quarter day.

terme², *s.m.* **1.** Term, expression. **T. de métier,** technical term. **En termes de pratique,** in legal parlance. **Il m'a dit en propres termes, en termes exprès, que . . .,** he told me in so many words that. . . . **En d'autres**

termes, in other words. **Peser, mesurer, ses termes,** to weigh one's words. **Il m'a parlé de vous en très bons termes,** he spoke very favourably of you. **Dans toute la force du t.,** in the full sense of the word. S.a. MOYEN[1] 1. **2.** *pl.* Wording (of clause, etc.); terms, conditions. **3.** *pl.* Terms, footing. **Être en bons termes avec qn,** to be on good terms, on friendly terms, with s.o.

terminaison [tɛrminɛzɔ̃], *s.f.* Termination, ending.

terminal, -aux [tɛrminal, -o], *a.* Terminal, final.

terminatif, -ive [tɛrminatif, -iːv], *a. Ling:* Terminational (change, accent, etc.).

termin|er [tɛrmine], *v.tr.* To terminate. **1.** To bound, limit (estate). **2.** *(a)* To end, finish; to bring to an end, to a close; to conclude (bargain, etc.); to complete (piece of work). *(b) v.i.* **Il faut en t.,** we must make an end. **T. court,** to come to an abrupt ending. *a.* **-able.**

se terminer, to end; to come to an end.

terminologie [tɛrminɔlɔʒi], *s.f.* Terminology.

terminologique [tɛrminɔlɔʒik], *a.* Terminological.

terminus [tɛrminyːs], *s.m.* (Railway, etc.) terminus; (air) terminal.

termite [tɛrmit], *s.m. Ent:* Termite, white ant.

termitière [tɛrmitjɛːr], *s.f. Ent:* Termitary.

ternaire [tɛrnɛːr], *a.* Ternary (notation, compound). *Mus:* **Mesure t.,** triple time.

terne [tɛrn], *a.* Dull, dim, lustreless, leaden (colouring, etc.). **Voix t.,** flat voice, colourless voice. **Style t.,** dull, lifeless, colourless, style.

tern|ir [tɛrniːr], *v.tr.* To tarnish, dull, dim, deaden. **T. une réputation,** to tarnish a reputation. *s.m.* **-issement.**

se ternir, to tarnish; to grow dull or dim.

ternissure [tɛrnisyːr], *s.f.* *(a)* Tarnished appearance; dull spot or patch. *(b)* Blemish, stain (on reputation).

terrain [tɛrɛ̃], *s.m.* Ground. *(a)* Piece of ground, plot of land. **T. à bâtir,** ground-plot, building-site. **T. vague,** waste land. *(b)* Land. **T. accidenté,** hilly ground. **T. mou,** soft soil. *(c)* Duelling ground; football field; golf course. **T. de jeux,** (i) playground; (ii) playing-field. **T. de manœuvres,** drill-ground, parade-ground. **Aller sur le t.,** to fight a duel. *Mil:* **Gagner du t.,** to gain ground. *F:* **Être sur son t.,** to be on familiar ground. **Sonder, tâter, le t.,** to see how the land lies. **Travaux sur le t.,** field-work.

terramycine [tɛramisin], *s.f. Med: Pharm:* Terramycin.

terrassant [tɛrasɑ̃], *a.* Crushing (news, answer).

terrasse [tɛras], *s.f.* *(a)* Terrace; bank. **Jardin en t.,** terraced garden. **Les enfants jouaient sur la t.,** the children were playing on the terrace. *(b)* Pavement (in front of a café). **Assis à la t.,** sitting outside the café. *(c)* **(Toit en) t.,** flat roof.

terrassement [tɛrasmɑ̃], *s.m.* **1.** Banking, digging (of earth). **Travaux de t.,** navvying. **2.** Earthwork, embankment.

terrasser [tɛrase], *v.tr.* **1.** To bank up, embank. **2.** *(a)* To lay (s.o.) low; to throw, floor (wrestler). *(b)* To overwhelm, dismay, crush, nonplus.

terrassier [tɛrasje], *s.m.* Navvy. **Travaux de t.,** navvying.

terre [tɛːr], *s.f.* **1.** Earth. *(a)* The world. **Être seul sur la t.,** to be alone in the world. **Être encore sur t.,** to be still in the land of the living. S.a. REMUER 1. *(b)* Ground, land. **Armée de t.,** land forces. **Basses terres,** lowlands. **Hautes terres,** highlands. **Aller par t.,** to go by land, overland. **Tomber par t.,** to fall down (from standing position). **Tomber à t.,** to fall down (from height). **Être assis, couché, par t.,** to sit, lie, on the ground. **Mettre pied à t.,** to set foot to ground; to dismount (from horse). S.a. PIED-À-TERRE. **Attaquer une ville par t. et par mer,** to attack a town by land and sea. *Mil:* **Tactique de la t. brûlée,** scorched earth policy. *F:* **Qui a les pieds sur t.,** down to earth. **Être sous t., en t.,** to be in one's grave. **Porter qn en t.,** to bear s.o. to his grave. *El.E:* **Mettre, relier, le courant à (la) t.,** to earth the current. **Mise à t.,** (i) earthing (of current); (ii) earth-connection, -lead. (Of ship) **Être à t.,** to be aground, ashore. **Mettre qn à t.,** to land s.o.; to put s.o. ashore. S.a. MISE 1. **Aller, descendre à t.,** to land, disembark, go ashore. **Perdre t.,** *Nau:* to lose sight of land. **Être t. à t.,** to be matter-of-fact. *s.* **Le t. à t. de sa pensée,** the lack of any elevation in his thought. **2.** Soil, land. **T. grasse,** rich soil. **3.** *(a)* Estate, property. **Il a une t. en Normandie,** he has an estate in Normandy. *(b)* **Terres étrangères,** foreign lands. **La T. Sainte,** the Holy Land. *Geog:* **La T. de Feu,** Tierra del Fuego. **4.** Loam, clay. **T. végétale,** mould, loam. **Parquet en t. battue,** mud floor. **T. à potier,** potter's clay. **T. de pipe,** pipe-clay. **Pipe en t.,** clay pipe. **T. cuite,** (i) baked clay, (ii) terra cotta. S.a. FOULON, GLAISE, OMBRE[2].

terreau [tɛro], *s.m. Hort:* (Vegetable-)mould. **T. de feuilles,** leaf-mould; compost.

terre-neuvas [tɛrnœva], *s.m. inv.* = TERRE-NEUVIEN 2 *(a)* and *(b)*.

Terre-Neuve [tɛrnœːv]. **1.** *Pr.n.f.* Newfoundland. **2.** *s.m.inv.* Newfoundland dog.

terre-neuvien, -ienne [tɛrnœvjɛ̃, -jɛn]. **1.** *(a) a.* (Of) Newfoundland. *(b) s.* Newfoundlander. **2.** *s.m.* *(a)* Newfoundland fisherman. *(b)* Newfoundland fishing-vessel; banker.

terre-plein [tɛrplɛ̃], *s.m.* **1.** *Fort:* Terreplein. **2.** *(a)* Earth platform; terrace. *(b)* Raised strip of ground (with trees, etc.) running along a street or boulevard. *(c)* (On road) **T.-p. de stationnement,** lay-by. *pl. Des terre-pleins.*

terrer [tɛre], *v.tr.* **1.** To earth up (tree, plant). **2.** *Agr:* To warp (field). **3.** *Tex:* To full (cloth).

se terrer. **1.** *(a)* (Of rabbit) To burrow; (of fox) to go to earth. *(b)* (Of rabbit, partridge, etc.) To squat. *(c)* **On dit qu'il s'est terré dans un monastère,** they say he has buried himself in a monastery. **2.** *Mil:* To entrench oneself, *F:* to dig oneself in.

terrestre [tɛrɛstr], *a.* Terrestrial; ground-(plant); earthly, worldly (thoughts). **Paradis t.,** earthly paradise. *Mil:* **Effectifs terrestres,** land forces.

terreur [tɛrœːr], *s.f.* Terror; (intense) fear; dread. **Fou de t.,** wild with fear; frightened out of one's wits. **Être dans la t.,** to be in terror. *Fr.Hist:* **La T.,** the (Reign of) Terror (1793).

terreux, -euse [tɛrø, -øːz], *a.* *(a)* Earthy (taste, smell). *(b)* Grubby, dirty (hands). *(c)* Dull (colour); ashy, sickly (face).

terrible [tɛribl], *a.* Terrible, terrific, frightful, dreadful. *F:* **Un temps t.,** awful weather. **Enfant t.,** 'enfant terrible'; *F:* a little terror. *adv.* **-ment,**

terrien, -ienne [tɛrjɛ̃, -jɛn]. **1.** *a.* Possessing land. **Propriétare t.,** landed proprietor. **2.** *s.* *(a)* Landowner; landed proprietor. *(b) Nau:* Landsman, *F:* landlubber. *(c)* Inhabitant of the earth.

terrier[1] [tɛrje], *s.m.* Burrow, hole (of rabbit); earth (of fox). **Sortir de son t.,** to break cover.

terrier[2], *a. & s.m.* Relating to lands. *Hist:* **(Papier) t.,** terrier; register of landed property.

terrier[3], *a.m. & s.m.* **(Chien) t.,** terrier.

terrifiant [tɛr(r)ifjɑ̃], *a.* Terrifying, awe-inspiring. **Roman t.,** thriller.

terrifier [tɛr(r)ifje], *v.tr.* To terrify; *F:* to scare to death.

terrine [tɛrin], *s.f.* **1.** *(a)* Earthenware vessel, pan (for milk, etc.). *(b)* (Earthenware) pot (for foie gras, etc.). **2.** Pâté; **t. du chef,** the chef's special pâté.

terrinée [tɛrine], *s.f.* Panful; potful.

territoire [tɛritwaːr], *s.m.* Territory; area under jurisdiction. **Territoires cérébraux,** areas of the brain.

territorial, -aux [tɛritɔrjal, -o]. **1.** *a.* Territorial. **Eaux territoriales,** territorial waters. **2.** *F:* *(a) s.m.* Territorial (soldier). *(b) s.f.* **La territoriale,** the territorial army. *adv.* **-ement.**

territorialité [tɛritɔrjalite], *s.f.* Territoriality.

terroir [tɛrwaːr], *s.m. Agr:* Soil. (Of wine) **Goût de t.,** tang of the soil; native tang. **Sentir le t.,** to smack of the soil.

terroriser [tɛr(r)ɔrize], *v.tr.* To terrorize.

terrorisme [tɛr(r)ɔrism], *s.m.* Terrorism.

terroriste [tɛr(r)ɔrist], *s.m.* Terrorist.

tertiaire [tɛrsjɛːr], *a. Geol:* Tertiary (period).

tertio [tɛrsjo], *adv.* Thirdly.

tertre [tɛrtr], *s.m.* Hillock, mound, knoll. *Golf:* **T. de départ,** teeing ground.

térylène [terilɛn], *s.m. R.t.m:* Terylene.

tes [te], *a.poss.* See TON[1].

tesson [tesɔ̃], *s.m.* Potsherd. **T. de bouteille,** broken bottle end.
test[1] [tɛ(st)], *s.m.* = TÊT 2.
test [tɛst], *s.m.* Test. *Psy:* **T. de capacité intellectuelle,** intelligence test. **T. d'intelligence pratique,** aptitude test. **T. professionnel,** vocational, trade, occupational test.
testacé [tɛstase]. **1.** *a.* Testaceous, shelled. **2.** *s.m.* Shell-fish; testacean.
testament[1] [tɛstamɑ̃], *s.m.* Will, testament. **Mettre qn sur son t.,** to mention s.o. in one's will. **Mourir sans t.,** to die intestate.
testament[2], *s.m. B:* **L'ancien, le nouveau, T.,** the Old, the New, Testament.
testamentaire [tɛstamɑ̃tɛːr], *a.* Testamentary. **Disposition t.,** clause (of a will); devise. **Héritier t.,** devisee. S.a. EXÉCUTEUR 1.
testateur, -trice [tɛstatœːr, -tris], *s.* Testator, testatrix. *Jur:* Devisor.
tester[1] [tɛste], *v.i.* To make one's will.
tester[2], *v.tr.* To test.
testiculaire [tɛstikylɛːr], *a. Anat:* Testicular.
testicule [tɛstikyl], *s.m. Anat:* Testicle.
testimonial, -aux [tɛstimɔnjal, -o], *a.* (*a*) *Jur:* Deponed to by witness. **Preuve testimoniale,** proof by witnesses. (*b*) **Lettre testimoniale,** testimonial; certificate.
têt [tɛ], *s.m.* **1.** *Ven: A:* Skull (of stag). **2.** (*a*) *Z:* Test, shell (of sea-urchin, etc.). (*b*) *Bot:* Testa, skin (of seed). **3.** *Ch:* Small fire-clay cup. (*a*) Cupel. (*b*) **T. à gaz,** beehive shelf.
tétanie [tetani], *s.f. Med:* Tetany.
tétanique [tetanik], *a. Med:* Tetanic.
tétaniser [tetanize], *v.tr. Med:* To tetanize.
tétanisme [tetanism], *s.m. Med:* Tetanic state.
tétanos [tetanɔs], *s.m. Med:* Tetanus, lock-jaw.
têtard [tɛtaːr], *s.m.* **1.** Tadpole. **2.** *Arb:* Pollard. **3.** *Ich:* (*a*) Bull-head, miller's-thumb. (*b*) Chub.
tête [tɛːt], *s.f.* Head. **1.** (*a*) **De la t. aux pieds,** from head to foot. **Être t. nue,** to be bareheaded. **Monstre à deux têtes,** two-headed monster. **Corps sans t.,** headless body. **Elle se jette à votre t.,** she is rather gushing. **Tenir t. à qn,** to hold one's own against s.o.; to stand up to s.o. **tenir t. au malheur,** to bear up against misfortune. **J'en ai par-dessus la t.,** I can't stand it any longer; *F:* I'm fed up. **La t. en bas,** head downwards; upside down. **T. basse,** with a hang-dog look. **La t. la première,** head foremost; head first. **Ne (pas) savoir où donner de la t.,** not to know which way to turn. **Dîner t. à t.,** to dine alone together. S.a. TÊTE-À-TÊTE. **Signe de t.,** nod. **Mal de t.,** headache. **Avoir mal à la t.,** to have a headache. **T. ronde,** bullet-head. *Hist:* **T. ronde,** Roundhead. *Fb:* **Jouer le ballon de la t.,** to head the ball. *Swim:* **Piquer une t.,** to take a header. S.a. BAISSER I. 1, BONNET 1, COUP 1, HAUT I. 1., III. 2, LAVER, LEVER I. 1, MORT[1] 2. (*b*) Head of hair. **Se laver la t.,** to wash one's hair. (*c*) Face, appearance. *Th:* **Se faire la t. d'un rôle,** to make up for a part. *F:* **Faire une t.,** to pull a long face, to look glum. S.a. PAYER. **Il a une bonne t.,** (i) he looks a decent fellow; (ii) he looks a bit of a mug. **Avoir une drôle de t.,** to be an odd-looking chap. **Il a une sale t.,** he's a nasty-looking customer. (*d*) Head (of animal, fish); jowl (of fish). (*e*) Fancy head-dress. **2.** Headpiece, brains, mind. **Se creuser la t.,** to rack one's brains. **Avoir de la t.,** to have a good head on one's shoulders. **C'est une femme de t.,** she is a capable woman. *F:* **C'est une t. de bois,** he's a blockhead. **Se mettre en t. de faire qch.,** to take it into one's head to do sth. **Se mettre dans la t. que . . .,** to get it, take it, into one's head that. . . . **Il a quelque chose en t.,** he is planning something, *F:* he is up to something. **Forte t.,** strong-minded person. **Mauvaise t.,** unruly boy, workman, etc. **Faire la mauvaise t.,** to be a rebel. **T. chaude,** hot-head. **C'est une t. brûlée,** he has a bit of the devil in him. *P:* **Tomber sur la t.,** to go crackers. **Travail de t.,** brain-work. **Calculer de t.,** to reckon in one's head. **Calcul de t.,** mental arithmetic. **En faire à sa t.,** to have one's way. **Avoir sa petite t. à soi,** to have a will of one's own. **Où ai-je la t.!** what am I thinking about! **Conserver sa t.,** to keep cool; to remain calm and collected. **Perdre la t.,** to lose one's head, one's self-possession. **Est-ce que vous perdez la t.?** have you taken leave of your senses? **Avoir toute sa t.,** to be quite rational. **Il n'avait plus sa t. à lui,** he was off his head. **Il a la t. montée,** his blood is up. **A t. reposée,** at one's leisure. *Prov:* **Autant de têtes autant d'avis,** so many men so many minds. S.a. CASSER 1, COUP 4, SE PERDRE 2. **3.** (*a*) Leader (of undertaking). (*b*) Summit, crown, top (of volcano, etc.); head, top (of book). *I.C.E:* **Soupapes en t.,** overhead valves. **T. de chapitre,** chapter heading. (*c*) Head (of pin, nail, etc.); loaf, head (of cabbage). *Gramophones:* **T. enregistreuse,** recording head. *Anat:* **T. du fémur,** apophysis of the femur. S.a. BIELLE. (*d*) Front (place) **Colonne de t.,** leading column. *Mil:* **T. de pont,** beach-head; bridge-head. *Rail:* **Voiture de t.,** front carriage. **Marcher en t.,** to lead the way, to lead the van. **Marcher à la t. du cortège,** to head the procession. **Être à la t. de la classe,** to be at the top of the form. *Rac:* **Prendre la t.,** to take the lead. *Rail: etc:* **T. de ligne,** (i) starting point, terminus; (ii) rail-head.
tête-à-queue [tɛtakø], *s.m.inv.* Slew round. **Faire (un) t.-à-q.,** (i) *Aut:* to slew round; (ii) (of horse) to whip round.
tête-à-tête [tɛtatɛːt], *s.m.inv.* Private interview, confidential conversation; tête-à-tête.
tête-bêche [tɛtbɛʃ], *adv.* Head to foot (alongside of one another); head to tail.
tète-chèvre [tɛtʃɛːvr], *s.m. Orn:* Nightjar, goatsucker.
tête-de-loup [tɛtdəlu], *s.f.* Turk's-head brush; wall-broom. *pl. Des têtes-de-loup.*
tête-de-Maure, -More [tɛtdəmɔr], *s.f. Cu:* Dutch cheese. *pl. Des têtes-de-Maure, -More.*
tête-de-mort [tɛtdəmɔr], *s.f.* **1.** Death's head. **2.** *Cu:* Dutch cheese. **3.** *Ent:* Death's head moth. *pl. Des têtes-de-mort.*
tête-de-nègre [tɛtdənɛːgr], *a. inv.* Nigger-brown (colour).
tétée [tete], *s.f.* Suck. **L'heure de la t.,** (infant's) feeding-time.
téter [tete], *v.tr.* (**il tète; il tétera**) (Of infant or young) To suck. **Donner à t. à un enfant,** to give suck to a child.
têtière [tɛtjɛːr], *s.f.* **1.** Infant's cap. **2.** *Harn:* Head-stall. **3.** Antimacassar. **4.** *Nau:* Head (of sail).
tétin [tetɛ̃], *s.m.* Nipple, pap; teat (of woman); dug (of cow).
tétine [tetin], *s.f.* **1.** Dug (of animal). (*a*) Udder. (*b*) Teat. **2.** (Rubber) teat (of feeding-bottle). **T. sur anneau,** baby's dummy.
téton [tetɔ̃], *s.m. F:* (Woman's) breast.
tétracorde [tetrakɔrd], *s.m. Mus: A:* Tetrachord.
tétraèdre [tetraɛdr]. *Geom:* **1.** *a.* Tetrahedral. **2.** *s.m.* Tetrahedron.
tétraédrique [tetraedrik], *a. Geom:* Tetrahedral.
tétraéthyle [tetraetiːl], *a. Ch:* Tetraethyl.
tétragone [tetragɔn]. *Geom:* **1.** *a.* Tetragonal. **2.** *s.m.* Tetragon.
tétramètre [tetramɛtr], *s.m. Pros:* Tetrameter.
tétrarque [tetrark], *s.m. A.Hist:* Tetrarch.
tétras [tetrɑ(s)], *s.m. Orn:* Grouse. **T. lyre,** black-cock; **t. (femelle),** grey hen. **Grand t.,** wood grouse, capercailzie.
tétrasyllabe [tetrasillab], **tétrasyllabique** [tetrasillabik], *a.* Tetrasyllabic.
tette-chèvre [tɛtʃɛːvr], *s.m. Orn:* Nightjar, goatsucker.
têtu [tety], *a.* Stubborn, obstinate; mulish. *F:* **T. comme un mulet, comme une mule,** as stubborn, as obstinate, as a mule.
teuf-teuf [tœftœf], *s.m. F: A:* (Child's word) Puff-puff; train or car.
teuton, -onne [tøtɔ̃, -ɔn]. **1.** *a.* Teuton(ic). **2.** *s.* Teuton.
teutonique [tøtɔnik], *a.* Teutonic.
texte [tɛkst], *s.m.* (*a*) Text. **Erreur de t.,** textual error. **Revenons à notre t.,** let us return to our subject. *Sch:* **Cahier de textes,** home-work, preparation, book. *Bookb:* **Gravure hors t.,** plate; full-page engraving. S.a. CRITIQUE[2] 1. (*b*) Letterpress (to illustration).
textile [tɛkstil], *a. & s.m.* Textile.
textuaire [tɛkstɥɛːr]. **1.** *a.* Relating to the text; textual. **2.** *s.m.* Bare text (of the Bible, of the Law).

textu|el, -elle [tɛkstɥɛl], *a.* Textual. *adv.* **-ellement.**
texture [tɛksty:r], *s.f.* Texture (of cloth, bone).
thaï [tai], *Geog:* **1.** *a.* Thai, Siamese. **2.** *s.m.* Siamese language.
Thaïlande (la) [tailɑ̃:d]. *Pr.n. Geog:* Thailand, Siam.
thallium [taljɔm], *s.m. Ch:* Thallium.
thalweg [talvɛg], *s.m. Geol:* Thalweg, talweg.
thaumaturge [tomatyrʒ], *s.m.* Thaumaturge, thaumaturgist; miracle-worker.
thaumaturgie [tomatyrʒi], *s.f.* Thaumaturgy.
thé [te], *s.m.* **1.** (*a*) Tea. **C'est l'heure du t.,** it is tea-time. **Boîte à t.,** (i) tea-caddy, (ii) tea-canister. **T. de Ceylan** = Indian tea. (*b*) **T. du Paraguay,** maté. *Fr.C:* **T. des bois,** wintergreen. **2.** Tea-party. **T. musical,** musical afternoon. **Salon de t.,** tea-shop, tea-room(s). **T. dansant,** thé-dansant.
théâtral, -aux [teɑtral, -o], *a.* Theatrical; *Pej:* stagy. *adv.* **-ement.**
théâtre [teɑ:tr], *s.m.* **1.** Theatre, playhouse. **T. de verdure,** open-air theatre. **Le t. de la guerre,** the theatre, seat, of war. **2.** Stage, scene. **Paraître sur le t.,** to appear on the stage, on the boards. **Mettre une pièce au t.,** to stage, put on, a play. **3.** (*a*) Dramatic art. **Pièce de t.,** play. **Faire du t.,** to be an actor, to be on the stage. **Coup de t.,** dramatic, sensational, turn (to events). **En coup de t.,** with startling suddenness. (*b*) Plays, dramatic works (of s.o.). **Le t. anglais,** the English drama.
thébaïque [tebaik], *a. Ch: Pharm:* **Extrait t.,** opium extract.
thébaïsme [tebaism], *s.m. Med:* Opium poisoning.
théier [teje], *s.m. Bot:* Tea(-plant).
théière [tejɛ:r], *s.f.* Teapot.
théisme[1] [teism], *s.m.* Theism; tea-poisoning.
théisme[2], *s.m. Theol:* Theism.
théiste [teist]. **1.** *a.* Theistic. **2.** *s.* Theist.
thème [tɛm], *s.m.* (*a*) Theme, topic; subject (of discourse, etc.). (*b*) *Sch:* Prose. **T. latin,** Latin prose. *F:* **Fort en t.,** good at learning by heart. **Ce n'est pas un fort en t.,** he isn't brainy.
théocratie [teɔkrasi], *s.f.* Theocracy.
théocratique [teɔkratik], *a.* Theocratic.
théodicée [teɔdise], *s.f. Phil:* Theodicy.
théodolite [teɔdɔlit], *s.m. Surv:* Theodolite.
théologal, -aux [teɔlɔgal, -o], *a.* Relating to theology. **Les trois vertus théologales,** the three theological virtues.
théologie [teɔlɔʒi], *s.f.* Theology. **Cours de t.,** divinity course. **Docteur en t.,** doctor of divinity; D.D.
théologien [teɔlɔʒjɛ̃], *s.m.* Theologian; divine.
théologique [teɔlɔʒik], *a.* Theological. *adv.* **-ment.**
théorème [teɔrɛm], *s.m.* Theorem. **Le t. de Newton** [nøtɔ̃], the binomial theorem.
théoricien, -ienne [teɔrisjɛ̃, -jɛn], *s.* Theor(et)ician, theorist.
théorie [teɔri], *s.f.* **1.** Theory. **2.** *Mil:* (*a*) Theoretical instruction (as part of training). **Ce plan est excellent en t.,** the scheme is a good one on paper. (*b*) Training-manual.
théorique [teɔrik], *a.* Theoretic(al). *adv.* **-ment, -ally.**
théoriser [teɔrize], *v.tr. & i.* To theorize.
théoriste [teɔrist], *s.m. & f.* Theorist, theorizer.
théosophe [teɔzɔf], *s.m. & f.* Theosophist.
théosophie [teɔzɔfi], *s.f.* Theosophy.
théosophique [teɔzɔfik], *a.* Theosophical.
thérapeute [terapø:t], *s.m.* Therapeutist.
thérapeutique [terapøtik]. **1.** *a.* Therapeutic. **2.** *s.f.* Therapeutics.
thérapeutiste [terapøtist], *s.m.* Therapeutist.
thérapie [terapi], *s.f. Med:* Therapy. **Spécialiste de t. rééducative,** occupational therapist.
Thérèse [terɛ:z], *Pr.n.f.* T(h)eresa.
thermal, -aux [tɛrmal, -o], *a.* Thermal. **Eaux thermales,** hot springs, thermal springs. **Station thermale,** spa, watering-place.
thermalisme [tɛrmalism], *s.m.* Balneology.
thermalité [tɛrmalite], *s.f.* Nature and quality of thermal springs.
thermes [tɛrm], *s.m.pl.* **1.** *Gr. & Rom. Ant:* Thermae, public baths. **2.** Thermal baths; hot springs.
thermidor [tɛrmidɔ:r], *s.m. Fr.Hist:* Eleventh month (July-August) in the Fr. Republican calendar.
thermie [tɛrmi], *s.f. Ph: Meas:* Therm.
thermique [tɛrmik]. **1.** *a. Ph:* Thermic, thermal. **Moteur t.,** heat engine. *Aer:* **Courant t.,** thermal current, thermal. **2.** *s.m. Aer:* Thermal.
thermistance [tɛrmistɑ̃:s], *s.f.* Thermistor.
thermite [tɛrmit], *s.f. Metalw:* Thermit(e).
thermo-avertisseur [tɛrmɔavɛrtisœ:r], *s.m.* Alarm-thermometer. *pl. Des thermo-avertisseurs.*
thermobaromètre [tɛrmɔbarɔmɛtr], *s.m. Meteor: Surv:* Thermobarometer.
thermocautère [tɛrmɔkotɛ:r], *s.m. Surg:* Thermo-cautery.
thermochimie [tɛrmɔʃimi], *s.f.* Thermochemistry.
thermochimique [tɛrmɔʃimik], *a.* Thermochemical.
thermocollage [tɛrmɔkɔla:ʒ], *s.m.* Heat-sealing.
thermocouple [tɛrmɔkupl], *s.m. El:* Thermocouple.
thermodynamique [tɛrmɔdinamik], *s.f.* Thermo-dynamics.
thermo-électricité [tɛrmɔelɛktrisite], *s.f.* Thermo-electricity.
thermo-électrique [tɛrmɔelɛktrik], *a. Ph:* Thermo-electric(al). **Pince t.-e.,** thermo-couple. *pl. Thermo-électriques.*
thermo-électronique [tɛrmoelɛktrɔnik], *a. Ph:* Thermo-electronic.
thermogène [tɛrmɔʒɛn], *a. Physiol:* Thermogenic, heat-producing. *Med:* **Ouate t.,** thermogene (wool).
thermogénèse [tɛrmɔʒenɛ:z], *s.f. Physiol:* Thermo-genesis.
thermographe [tɛrmɔgraf], *s.m. Ph:* Thermograph; self-registering thermometer.
thermoïonique [tɛrmɔjɔnik], *a. W.Tel:* Thermionic (valve, etc.).
thermologie [tɛrmɔlɔʒi], *s.f. Ph:* Thermology.
thermomètre [tɛrmɔmɛtr], *s.m.* Thermometer. **T. à mercure,** mercury thermometer. **T. médical, de clinique,** clinical thermometer. **T. à maxima et minima,** maximum and minimum thermometer. **T. mouillé, à boule mouillée,** wet-bulb thermometer.
thermométrie [tɛrmɔmetri], *s.f. Ph:* Thermometry.
thermométrique [tɛrmɔmetrik], *a.* Thermometric(al).
thermonucléaire [tɛrmonykleɛ:r], *a. Atom.Ph:* Thermonuclear.
thermopile [tɛrmɔpil], *s.f. El:* Thermopile.
thermoplasme [tɛrmɔplasm], *s.m. Med:* Electric pad.
thermopropulsé [tɛrmɔprɔpylse], *a.* Thermo-motive (force, etc.).
thermopropulsion [tɛrmɔprɔpylsjɔ̃], *s.f.* Thermo-motion.
thermorésistant [tɛrmorezistɑ̃], *a.* Heat-resisting.
Thermos [tɛrmɔs], *s.m. R.t.m:* **Bouteille T.,** 'Thermos' vacuum flask.
thermoscope [tɛrmɔskɔp], *s.m. Ph:* Thermoscope.
thermoscopique [tɛrmɔskɔpik], *a. Ph:* Thermo-scopic(al).
thermostat [tɛrmɔsta], *s.m.* Thermostat.
thermostatique [tɛrmɔstatik], **1.** *a.* Thermostatic. **2.** *s.f.* Thermostatics.
thermothérapie [tɛrmɔterapi], *s.f. Med:* Heat treatment; thermotherapy.
thésauris|er [tezɔrize], *v.tr.* To hoard, pile up (money); *abs.* to hoard. *s.f.* **-ation.**
thésauriseur, -euse [tezɔrizœ:r, -ø:z]. **1.** *s.* Hoarder of treasure. **2.** *a.* Acquisitive.
thèse [tɛ:z], *s.f.* **1.** Thesis, proposition, argument; approach. **La t. de la France sur le problème de la bombe atomique,** the French approach to the atom-bomb question. **Pièce à t.,** propaganda play; problem play. **En t. générale . . .,** as a general principle . . ., generally speaking. . . . **Poser en t. que . . .,** to submit that. . . . **Voilà qui change la t.!** that alters the case! **2.** *Sch:* Thesis (submitted for degree). **Soutenance de t.,** defence of, oral examination for, a thesis.
thibaude [tibo:d], *s.f.* (*a*) Coarse haircloth. (*b*) Under-carpet.
thon [tɔ̃], *s.m. Ich:* Tunny(-fish).
thonier [tɔnje], *s.m. Fish:* Tunny-fishing vessel.
thoracique [tɔrasik], *a. Anat:* Thoracic.
thorax [tɔraks], *s.m.* **1.** *Anat:* Thorax, chest. **2.** *Ent:* Thorax.
thorite [tɔrit], *s.f. Miner:* Thorite.
thorium [tɔrjɔm], *s.m. Ch:* Thorium.
thran [trɑ̃], *s.m.* Train-oil.

thrips [trips], *s.m. Ent:* Thrips, thysanopter.
thrombine [trɔ̃biːn], *s.f. Med:* Thrombin.
thrombose [trɔ̃boːz], *s.f. Med:* Thrombosis.
thrombus [trɔ̃byːs], *s.m. Med:* Thrombus.
thulium [tyljɔm], *s.m. Ch:* Thulium.
thuriféraire [tyriferɛːr], *s.m.* (*a*) *Ecc:* (i) Thurifer, incense-bearer; (ii) boat-bearer. (*b*) *F:* Flatterer, extoller; *P:* booster (of s.o.). *F:* **Entouré de thuriféraires,** surrounded by devotees.
thuya [tyja], *s.m. Bot:* Thuja, thuya, arbor vitae. **Bois de t.,** citron-wood.
thym [tɛ̃], *s.m. Bot:* Thyme.
thymique [timik], *a. Anat: Med:* Thymic.
thymol [timɔl], *s.m. Pharm:* Thymol.
thymus [timyːs], *s.m. Anat:* Thymus (gland).
thyratron [tiratrɔ̃], *s.m. El:* Thyratron.
thyroïde [tirɔid], *a. Anat:* Thyroid (gland).
thyroïdien, -ienne [tiroidjɛ̃, -ɛn], *a. Med:* Thyroidal.
thyroïdisme [tirɔidism], *s.m. Med:* Thyroidism.
tiare [tjaːr], *s.f.* Tiara. **Aspirer à la t.,** to aspire to the papacy.
Tibère [tibɛːr]. *Pr.n.m. Rom.Hist:* Tiberius.
Tibet (le) [lətibɛ], *Pr.n.m. Geog:* Tibet.
tibétain, -aine [tibetɛ̃, -ɛn], *a. & s.* Tibetan.
tibia [tibja], *s.m. Anat:* Tibia, shin-bone. **S'érafler le t.,** to bark one's shin.
tibial, -aux [tibjal, -o], *a. Anat:* Tibial.
Tibre (le) [lətibr]. *Pr.n.m.* The (river) Tiber.
tic [tik], *s.m.* (*a*) *Med:* Tic; twitching. **Il a un t.,** his face twitches. **T. douloureux,** facial neuralgia. (*b*) *Farr:* Vicious habit, stable vice (of horse). (*c*) *F:* (Unconscious) habit; mannerism; trick (of doing sth.).
ticket [tikɛ], *s.m.* Ticket (esp. on bus, at swimming-bath, etc.); numbered slip, check (at restaurant, cloak-room). *Rail: etc:* **T. de quai,** platform ticket. **T. de place,** reserved-seat ticket. **T. d'appel,** (numbered) call-slip (at bus stages in Paris). *War Adm:* **T. de pain,** bread coupon.
tic-tac [tiktak], *s.m.* Tick-tack, tick-tock; ticking (of clock); pit-a-pat (of heart). **Faire t.-t.,** to go tick-tack, pit-a-pat.
tictaquer [tiktake], *v.i.* (Of clock) to tick; (of loom) to go clack-clack; (of heart) to go pit-a-pat.
tiède [tjɛd], *a.* Tepid; lukewarm; mild (of air). *adv.* **Je bois toujours t.,** I always take the chill off my drink. *adv.* **-ment.**
tiédeur [tjedœːr], *s.f.* Tepidity, tepidness; lukewarmness (of water, friendship). **Agir avec t.,** to act without zeal, half-heartedly.
tiédir [tjediːr]. **1.** *v.i.* To become tepid, luke-warm; (of friendship, etc.) to cool off. **2.** *v.tr.* To make tepid, lukewarm.
tien, tienne[1] [tjɛ̃, tjɛn]. Yours; thine. (For the use of **tien** as opp. to **votre,** *cf.* TU.) **1.** Occ. *poss. a. pred.* **Mes intérêts sont tiens,** my interests are yours. **2. Le t., la tienne, les tiens, les tiennes.** (*a*) *poss.pron.* **Ma sœur se promène avec la tienne,** my sister is out walking with yours. (*b*) *s.m.* (i) Your own (property, etc.); yours. **Il faut y mettre du t.,** you must contribute your share. (ii) *pl.* Your own (friends, etc.). (iii) *F:* **Tu as encore fait des tiennes,** you have been up to your old tricks.
tien-drai, -ne[2], **-s**[1], **-t,** etc. See TENIR.
tiens[2] [tjɛ̃], *int.* **1.** Hullo! **2.** To be sure! **3. T., t.!** indeed? well, well! **T.! t.! c'est curieux,** hullo! that's curious.
tierce [tjɛrs]. **1.** See TIERS. **2.** *s.f.* (*a*) *Astr: Mth:* Third (= sixtieth part of a second). (*b*) *Cards: Fenc:* Tierce. (*c*) *Ecc:* Terce, tierce. (*d*) *Mus:* **T. majeure,** major third. (*e*) *Typ:* Final revise.
tiercé [tjɛrse], *a.* **1.** *Agr:* Ploughed for the third time. **2.** *Her:* Tierced. **3.** *Pros:* **Rimes tiercées,** terza rima. **4.** *Horse Rac:* **(Pari) t.,** forecast.
tiercelet [tjɛrs(ə)lɛ], *s.m.* Tercel; male falcon.
tierc|er [tjɛrse], *v.tr.* **(je tierçai(s); n. tierçons) 1.** To raise the price (of sth.) by one third. **2.** *Agr:* To plough (land) for the third time.
tiers, *f.* **tierce** [tjɛːr, tjɛrs]. **1.** *a. A:* Third. *Hist:* **Le t. état,** the third estate, the commonalty. *Jur:* **En main tierce,** in the hands of a third party. *A.Med:* **Fièvre tierce,** tertian ague. *Mth:* **n tierce,** n triple dash (n‴). **2.** *s.m.* (*a*) Third (part). **Remise d'un t. (du prix),** a third off. (*b*) Third person, third party. **Être en t.,** to be present as a third party, to make a third. *F:* **Le t. et le quart,** everybody, anybody. **Devoir au t. et au quart,** to owe money right and left. S.a. SE MOQUER.
tiers-arbitre [tjɛrarbitr], *s.m.* Referee (in case of tie between arbitrators). *pl. Des tiers-arbitres.*
tiers-point [tjɛrpwɛ̃], *s.m.* **1.** *Arch:* Tierce-point. **2.** *Tls:* Triangular file; three-cornered file. *pl. Des tiers-points.*
tige [tiːʒ], *s.f.* **1.** (*a*) Stem, stalk (of plant). (*b*) Trunk, bole (of tree). **(Arbres à) hautes tiges,** tall standards. (*c*) Stock (of family). **2.** (*a*) Stem (of candlestick, etc.); shank (of rivet, key). **T. de soupape,** valve-stem, -spindle. (*b*) Rod. *Mch:* **T. du piston,** piston-rod. **T. de tiroir,** slide-rod. **T. de paratonnerre,** lightning-rod. *Cy:* **T. de selle,** saddle-pillar. (*c*) Leg (of boot). **Bottes à tiges,** top-boots.
tignasse [tiɲas], *s.f.* Shock, mop (of hair).
tigre[1], **tigresse** [tigr, tigrɛs]. *s. Z:* Tiger, tigress.
Tigre[2] **(le).** *Pr.n.m.* The (river) Tigris.
tigré [tigre], *a.* Striped (fur); speckled, spotted (skin). **Chat t.,** tabby cat. **Lis t.,** tiger-lily.
tilde [tild], *s.m. Typ: etc:* Tilde.
tillac [tijak], *s.m. Nau:* Deck. **Franc t.,** flush deck, main deck.
tille [tiːj], *s.f.* Bast, bass. **Paillasson de t.,** bass(-mat).
tilleul [tijœl], *s.m.* **1.** Lime-tree, linden-tree. **2. (Infusion de) t.,** lime-blossom tea.
timbale [tɛ̃bal], *s.f.* **1.** *Mus:* Kettledrum; *pl.* timpani. **2.** Metal drinking-cup or mug. *F:* **Décrocher la t.,** to win the prize (originally from the top of the greasy pole). **3.** *Cu:* Pie-dish.
timbalier [tɛ̃balje], *s.m.* Kettledrummer; (in orchestra) performer on the timpani.
timbre [tɛ̃ːbr], *s.m.* **1.** (*a*) (Fixed) bell (with striking hammer); gong (of clock). **T. électrique,** electric bell. **Coup de t.,** stroke of the bell. *F:* **Avoir le t. fêlé,** to be batty, loopy, to have a screw loose. (*b*) Shell (of helmet). (*c*) Snare (of drum). (*d*) Timbre, quality in tone (of voice, instrument). **Voix sans t.,** toneless voice. **2.** (*a*) Stamp (on document, etc.); (postage) stamp. **T. fixe, à empreinte,** impressed stamp, embossed stamp. **T. de la poste,** post-mark. (*b*) **T. mobile,** adhesive stamp. **T. d'effets,** duty stamp. (*c*) Stamp(ing instrument). **T. sec,** embossing press. **T. humide,** rubber stamp. **T. à date, t. dateur,** date-stamp. (*d*) Stamp-duty. **3.** *Mch:* (*a*) Test-plate (of boiler). (*b*) Test pressure.
timbré [tɛ̃bre], *a.* **1.** Sonorous (voice). **2.** *F:* Cracked (brain); crack-brained (person). **3.** Stamped (paper, document).
timbre-épargne [tɛ̃brepargn], *s.m.* Savings-bank stamp. *pl. Des timbres-épargne.*
timbre-poste [tɛ̃brəpɔst], *s.m.* Postage stamp. *pl. Des timbres-poste.*
timbre-prime [tɛ̃br(ə)prim], *s.m. Com:* Trading-stamp. *pl. Des timbres-prime.*
timbre-quittance [tɛ̃brəkitɑ̃ːs], *s.m.* Receipt stamp. *pl. Des timbres-quittance.*
timbr|er [tɛ̃bre], *v.tr.* **1.** To stamp (passport, etc.). **Lettre timbrée de Paris,** letter bearing the Paris post-mark. **T. une lettre,** to stick a postage stamp on a letter, to stamp a letter. **2.** To put (boiler) through its test. *s.m.* **-age.**
timbre-taxe [tɛ̃brətaks], *s.m.* Postage-due stamp. *pl. Des timbres-taxe.*
timbreur, -euse [tɛ̃brœːr, -øːz], *s.* Stamper.
timide [timid], *a.* Timid. (*a*) Timorous, apprehensive. (*b*) Shy, bashful; diffident (**envers,** with). **Peu t.,** not at all shy; bold. (*c*) *s.* **C'est un grand t.,** he's very shy. *adv.* **-ment.**
timidité [timidite], *s.f.* Timidity. (*a*) Timorousness. (*b*) Shyness, bashfulness, diffidence.
timon [timɔ̃], *s.m.* **1.** (*a*) Pole (of vehicle); beam (of plough). (*b*) Occ. *pl.* Shafts (of vehicle). **2.** *Nau: A:* Tiller. **Prendre le t. des affaires,** to take the helm.
timonerie [timɔnri], *s.f.* **1.** *Nau:* (*a*) Steering (of ship). **Kiosque de t.,** wheel-house. (*b*) (Naval) signalling. **Poste de t.,** signal station. **Maître de t.,** (in the navy), yeoman of signals; (in the merchant service) quarter-master. **Mousse de t.,** signal boy. **2.** *Aut:* Steering-gear or brake-gear.

timonier [timɔnje], *s.m.* **1.** *Nau:* (*a*) *A:* Helmsman; man at the wheel. (*b*) Quartermaster. (*c*) *Navy:* Signalman. **2.** *Veh:* Wheel-horse; wheeler.
timoré [timɔre], *a.* Timorous, fearful. **Conscience timorée,** easily alarmed conscience.
tin [tɛ̃], *s.m.* **1.** Block; (boat-)chock. *pl. N.Arch:* Keel-blocks (in dry dock); stocks (on slip). **2.** Barrel-chock.
tinctorial, -aux [tɛ̃ktɔrjal, -o], *a.* Tinctorial. **Matières tinctoriales,** dye-stuffs.
tine [tin], *s.f.* Butt, water-cask.
tinette [tinɛt], *s.f.* **1.** Tub, firkin. **2.** *Hyg:* (Sanitary) soil-tub.
tin-s, -t, etc. See TENIR.
tintamarre [tɛ̃tamaːr], *s.m.* *F:* (*a*) Din, racket, noise. (*b*) Rough music. (*c*) **Faire du t. autour d'un roman,** to give a novel wide publicity.
tintamarresque [tɛ̃tamarɛsk], *a.* *F:* Loud, noisy (entertainment, humour). **Succès t.,** resounding success.
tint|er [tɛ̃te]. **1.** *v.tr.* To ring, toll (bell). **2.** *v.i.* (*a*) (Of bell) To ring, toll; (of small bells, etc.) to tinkle; (of coins) to chink; (of sleigh-bells) to jingle; (of glasses) to clink. **Faire t. les verres,** to clink glasses. (*b*) (Of the ears) To buzz, tingle. **Les oreilles ont dû vous t. hier soir,** your ears must have burned last night (*i.e.* you were talked about). *s.m.* **-ement.**
tintin [tɛ̃tɛ̃]. **1.** *s.m.* Tinkle, chink, clink (of glasses, etc.). **2.** *int.* *P:* Nothing doing.
tintinnabuler [tɛ̃tinabyle], *v.i.* *Lit:* (Of bells) To tinkle, jingle.
tintouin [tɛ̃twɛ̃], *s.m.* **1.** *A:* Buzzing (in the ears). **2.** *F:* Trouble, worry. **Donner du t.,** to give trouble.
tipule [tipyl], *s.f.* *Ent:* Tipula; *F:* daddy-longlegs, crane-fly.
tique [tik], *s.f.* *Arach:* Tick, cattle-tick. *F:* **Être comme une t. après qn,** (i) to pester s.o.; (ii) to batten on s.o.
tiquer [tike], *v.i.* **1.** *F:* (*a*) To twitch (with the face, eyelid). (*b*) To wince; to show a sign of emotion, interest or disapproval. **Il n'a pas tiqué,** he never turned a hair. *F:* **Il a tiqué,** he looked as if he didn't like it. **2.** (Of horse) To have a stable vice; to crib.
tiqueté [tikte], *a.* Speckled, mottled, variegated.
tiqueture [tiktyːr], *s.f.* Speckles.
tiqueur, -euse [tikœːr, -øːz], *s.* Horse, mare, with a stable vice; crib-biter.
tir [tiːr], *s.m.* **1.** (*a*) Shooting. *Mil:* Musketry. *Artil:* Gunnery. **T. aux pigeons,** pigeon shooting. S.a. ARC 1. (*b*) Shooting-match. **2.** Fire, firing. **Habileté au t.,** marksmanship. **T. à la cible,** target practice. **T. à volonté,** individual fire. **T. de soutien,** barrage. *Navy:* T. en chasse, bow fire. **A t. rapide,** quick-firing. **3.** (*a*) Rifle-range. (*b*) Shooting-gallery.
tirade [tirad], *s.f.* (*a*) *Th:* Declamatory speech (of some length). (*b*) Tirade; vituperative speech. **Débiter des tirades contre qn,** to tirade against s.o.
tirage [tiraːʒ], *s.m.* **1.** (*a*) Pulling, hauling (of carts, etc.); *F:* trouble, difficulty. **Cheval de t.,** draught horse. *F:* **Il y a du t. entre eux,** there is friction between them. (*b*) (i) Towing (of barges). (ii) Towing-path. (*c*) *Metalw:* Wire-drawing. (*d*) Quarrying, extraction (of stone). **2.** *Phot:* Extension, focal length (of camera). **3.** Draught (of flue). **T. forcé,** forced draught. **4.** Drawing (of lottery, of bonds). **Bons sortis au t.,** drawn bonds. S.a. SORT[2] 3. **5.** *Typ: Phot:* (*a*) Printing (off). **T. par contact,** contact printing. **T. à part,** off-print. (*b*) Number printed. **Journal à gros t.,** newspaper with a wide circulation.
tiraillement [tirɑjmɑ̃], *s.m.* **1.** Tugging; pulling about. **2. Tiraillements d'estomac,** gnawing of the stomach; pangs of hunger. **3.** *F:* Wrangling, friction.
tirailler [tirɑje], *v.tr.* **1.** To pull (s.o., sth.) about; *Fr.C:* to tussle, to scuffle. *F:* **Tiraillé entre deux émotions,** torn between two opposite feelings. **Se faire t.,** to need a lot of asking. **2.** *Abs.* (*a*) To shoot aimlessly, to blaze away. (*b*) *Mil:* **T. contre l'ennemi,** to pot, snipe, at the enemy.
tiraillerie [tirajri], *s.f.* **1.** (*a*) Wrangling, friction. (*b*) Pestering. **2.** Wild or aimless firing.
tirailleur [tirajœːr], *s.m.* *Mil:* Skirmisher, sharp-shooter, tirailleur. **En tirailleurs,** in extended order.
tirant [tirɑ̃], *s.m.* **1.** Purse-string. **2.** (*a*) Boot-tag. (*b*) *pl.* Braces (of drum). (*c*) Sinew (in meat). **3.** (*a*) Tie-beam (of roof); tie, tie-rod, truss-rod. (*b*) Stay, brace(-rod) (of boiler, machine). **T. de frein,** brake-rod. **4.** *Nau:* **T. d'eau,** (ship's) draught. **Avoir dix pieds de t. d'eau,** to draw ten feet of water. **T. d'air,** head-room.
tirasse [tiras], *s.f.* **1.** *Ven:* Draw-net, clap-net. **2.** *Organ:* Pedal-coupler.
tirasser [tirase]. **1.** *v.tr.* To catch (partridges, etc.) with a draw-net. **2.** *v.i.* **T. aux cailles,** to go quail-netting.
tire [tiːr], *s.f.* **1.** Pull(ing). **Tout d'une t.,** at one go; with one jerk. **Voleur à la t.,** pickpocket. S.a. VOL[2] 1. **2.** *Fr.C:* Molasses toffee, *U.S:* molasses candy, taffy, taffy pull. **T. d'érable,** maple taffy.
tiré [tire]. **1.** *a.* (*a*) Drawn, worn-out, peaked, pinched, haggard (features). **Il avait les traits tirés,** his face was drawn. (*b*) **T. par les cheveux,** far-fetched. (*c*) *Golf:* **Coup t.,** pulled drive; pull. (*d*) **Broderie à fils tirés,** drawn-thread work. **2.** *s.* *Com:* Drawee. **3.** *s.f.* *Mount:* Tirée, pull-up.
tiré-à-part [tireapaːr], *s.m.* *Typ:* Off-print. *pl. Des tirés-à-part.*

NOTE. In the following compounds TIRE is inv., the noun takes the plural,—unless otherwise stated.

tire-au-flanc [tiroflɑ̃], *s.m.inv.* *Mil:* *P:* Malingerer.
tire-bonde [tirbɔ̃ːd], *s.m.* Bung-drawer.
tire-botte [tirbɔt], *s.m.* Bootjack.
tire-bouchon [tirbuʃɔ̃], *s.m.* **1.** Corkscrew. **2.** *Hairdr:* Corkscrew curl.
tire-bouchonné [tirbuʃɔne], *a.* (Of hair) In corkscrew curls. *F:* **Mouchoir t.-b.,** screwed up handkerchief.
tire-bouchonner [tirbuʃɔne]. **1.** *v.i.* (Of smoke) To curl up; to rise in spirals. **2.** *v.tr.* **T. son mouchoir,** to screw up one's handkerchief.
tire-clous [tirklu], *s.m.* Nail-wrench.
tire-d'aile (**à**) [atirdɛl], *adv.phr.* **S'envoler à t.-d'a.,** to fly swiftly away.
tire-fond [tirfɔ̃], *s.m.inv.* **1.** Long bolt, screw-spike, foundation-bolt. *Carp:* Coach-screw. *Rail:* Sleeper-screw. **2.** Hook, ring (screwed into ceiling).
tire-jus [tirʒy], *s.m.inv.* *P:* Handkerchief; *P:* snot-rag.
tire-laine [tirlɛn], *s.m.inv.* *A:* Robber, cloak-snatcher.
tire-larigot (**à**) [atirlarigo], *adv.phr.* *F:* **Boire à t.-l.,** (i) to drink by pouring wine from a height into the mouth; (ii) to drink deep, *F:* like a fish.
tire-ligne [tirliɲ], *s.m.* **1.** Drawing-pen. **2.** *Tls:* Scriber, scribing-awl.
tirelire[1] [tirliːr], *s.f.* **1.** Money-box. **2.** *P:* Face, mug.
tire-lire[2], *s.m.* (Lark's) carol, tirra-lirra.
tire-lirer [tirlire], *v.i.* (*a*) (Of lark) To carol. (*b*) *F:* To sing like a lark.
tire-l'œil [tirlœːj], *s.m. & a. inv.* Eye-catching object. **Titre t.-l'o.,** flashy title (of book, etc.).
tirer [tire]. **I.** *v.tr.* **1.** (*a*) To pull out, lengthen (out), stretch. **T. des fils métalliques,** to draw wire. **T. ses chaussettes,** to pull up one's socks. **T. une affaire en longueur,** to spin out an affair. *F:* **Encore une heure à t. d'ici le déjeuner,** still another hour before lunch. S.a. CAROTTE 3, ÉPINGLE 1. LANGUE 1. (*b*) **T. une vache,** to milk a cow. **2.** To pull, tug, draw, drag, haul. **T. qn par la manche,** to pluck s.o.'s sleeve. **Il s'est fait t. pour consentir,** he consented very reluctantly. **T. les cheveux à qn,** to pull s.o.'s hair. **T. la jambe,** to limp. *abs.* *F:* **Ça tire!** it's stiff going! **T. les rideaux,** to draw the curtains (to or apart). **T. le verrou,** to draw the bolt (in or out). *Mus:* Tirez! down bow! *Golf: etc:* **T. la balle, un coup,** to pull a stroke. *A:* **T. un criminel à quatre (chevaux),** to draw and quarter a criminal. *F:* **Être tiré à quatre,** to be worried on every side. **3.** (*a*) To pull off, draw off (shoes, stockings). (*b*) **T. son chapeau à qn,** to raise. lift, one's hat to s.o. S.a. RÉVÉRENCE 2. **4.** To pull out, draw out, take out, extract. S.a. ÉPINE 2. **T. son épée, t. sabre au clair,** to draw one's sword. S.a. COUTEAU. **T. de l'eau,** to draw water. **T. les cartes,** to tell fortunes by cards. *Cards:* **T. pour la donne,** to cut for deal. S.a. PAILLE 1, SORT[2] 3. **T. vanité de qch.,** to take pride in sth. **T. plaisir de qch.,**

to derive pleasure from sth. S.a. PARTI 4. **L'huile se tire des olives,** oil is extracted from olives. **T. un bon revenu d'une propriété,** to derive a good income from an estate. **Mot tiré du latin,** word derived from Latin. **T. qn de son lit,** to drag s.o. out of bed. **T. qn de son sommeil,** to arouse s.o. from his sleep. S.a. CLAIR 3, COUVERTURE 1, ÉCHELLE 1, ÉPINGLE 1, MARRON[1] 1. VER 2. 5. (a) To draw (line). (b) To pull, print (off) (proof). **Donner le bon à t. d'un volume,** to pass a book for press. **Épreuve en bon à t.,** press-proof. **Auteur qui tire à vingt mille,** author whose first editions run to twenty thousand. (c) *Com:* To draw (bill of exchange). **T. à vue sur qn,** to draw on s.o. at sight. 6. (a) To shoot, fire, let off (fire-arm, etc.). **On tirait le canon,** artillery was in action. **T. un coup de revolver à qn,** to fire, shoot, at s.o. with a revolver. **T. une flèche à qn,** to let fly an arrow at s.o. **T. un feu d'artifice,** to let off fireworks. S.a. BORDÉE 2. **T. un lièvre,** to shoot at a hare. **T. à blanc,** to fire (off) blank (cartridge). **T. sur qn,** to shoot, fire, at s.o. (b) *Fenc:* **T. (des armes),** to fence. (c) *Phot:* **T. le portrait de qn,** to take s.o.'s photo(graph). **Se faire t.,** to have one's portrait taken. 7. *Nau:* **Vaisseau qui tire vingt pieds,** ship that draws twenty feet (of water).

II. **tirer,** *v.i.* 1. To pull. **T. sur sa barbiche,** to tug at one's beard. **T. sur sa pipe,** to suck one's pipe. 2. (a) To tend (to), incline (to); to verge (on). **Bleu tirant sur le vert,** blue tending to green. **Le jour tire à sa fin,** the day is drawing to its close. **Nos provisions tirent à leur fin,** our stores are running low, are giving out. **T. sur l'âge,** to be growing old. S.a. CONSÉQUENCE, LONGUEUR 1. (b) **T. sur la gauche,** to incline to the left. **T. au large,** (i) *Nau:* to stand out to sea; (ii) *F:* to skedaddle. S.a. FLANC. 3. (Of chimney) To draw.

se tirer. 1. **Se t. d'un mauvais pas,** to get oneself out of a fix. **S'en t. sans aucun mal,** to escape uninjured. **Se t. d'affaire,** (i) to tide over a difficulty; to 'manage'; (ii) to get out of trouble. **Vous ne vous en tirerez pas avec cette excuse-là,** you won't get away with that excuse. 2. *P:* (Of pers.) To be off, to make tracks; to beat it.

tiret [tirɛ], *s.m.* *Typ:* (a) Hyphen. (b) Dash. *Typ:* **Ligne de tirets,** pecked line.

tirette [tirɛt], *s.f.* 1. Curtain cords. 2. Writing-slide, tablet (of desk). 3. Flue damper. 4. *Aut:* **T. de fermeture,** bonnet fastener.

tirette-éclair [tirɛteklɛ:r], *s.f.* (In Belgium) Zip-fastener.

tireur, -euse [tirœ:r, -ø:z], *s.* 1. One who draws; drawer. (a) **T. de fils métalliques,** wire-drawer. (b) (Wine-, beer-)drawer. (c) *Com:* Drawer (of bill of exchange, of cheque). (d) **Tireuse de cartes,** fortune-teller. S.a. FLANC. 2. (a) Shooter; marksman. **Un bon t., un t. d'élite,** a good shot, a crack shot. S.a. FRANC-TIREUR. (b) **T. d'armes,** fencer.

tiroir [tirwa:r], *s.m.* 1. Drawer (of table, etc.). *Lit:* **Comédie à tiroir(s),** episodic play. 2. Slide-valve (of steam-engine). **Boîte à t.,** steam-chest.

tiroir-caisse [tirwarkɛs], *s.m.* *Com:* Till. *pl. Des tiroirs-caisses.*

tisane [tizan], *s.f.* Infusion (of herbs, etc.). **T. de camomille,** camomile tea.

tison [tizɔ̃], *s.m.* (Fire-)brand; half-burned log. *F:* **Garder les tisons,** to stick to one's chimney-corner. **T. de discorde,** fire-brand.

tisonner [tizɔne], *v.tr.* To poke, stir (the fire).

tisonnier [tizɔnje], *s.m.* Poker.

tissage [tisa:ʒ], *s.m.* 1. Weaving. 2. Cloth mill.

tisser [tise], *v.tr.* To weave.

tisserand, -ande [tisrɑ̃, -ɑ̃:d], *s.* Weaver.

tisseranderie [tisrɑ̃dri], *s.f.* Weaving(-trade).

tisserin [tisrɛ̃], *s.m.* *Orn:* Weaver-bird.

tisseur, -euse [tisœ:r, -ø:z], *s.* Weaver.

tissu [tisy]. 1. *a.* (a) *A:* Woven (material, etc.). (b) **Systèmes fortement tissus l'un avec l'autre,** closely interwoven systems. 2. *s.m.* (a) Texture. (b) Material; fabric. **T. métallique,** wire gauze. **T. de mensonges,** tissue of lies. (c) *Biol:* Tissue.

tissu-éponge [tisyepɔ̃:ʒ], *s.m.* Sponge-cloth; towelling. *pl. Des tissus-éponges.*

tissure [tisy:r], *s.f.* Texture.

titan [titɑ̃], *s.m.* Titan. **Travail de t.,** titanic work.

titane [titan], *s.m.* *Ch:* Titanium.

titanesque [titanɛsk], **titanique**[1] [titanik], *a.* Titanesque, titanic.

titanique[2], *a.* *Ch:* Titanic (acid, oxide).

Tite-Live [titli:v]. *Pr.n.m.* *Lt.Lit:* Livy.

titi [titi], *s.m.* *P:* Cheeky youth (of the boulevards); street arab.

titillation [titillasjɔ̃], *s.f.* Titillation, tickling.

titiller [titille], *v.tr.* To titillate; to tickle.

titrable [titrabl], *a.* *Metall:* Assayable.

titrage [titra:ʒ], *s.m.* (a) *Ch:* *Ind:* Titration (of solution); assaying (of ore). (b) Sizing, numbering (of cotton, wire, etc.). (c) *Cin:* Insertion of the titles; titling.

titre [ti:tr], *s.m.* 1. (a) Title (of nobility, honour); official title; form of address. **Se donner le t. de . . .,** to style oneself. . . . (b) *Adj.phr.* **En t.,** titular; on the regular staff. **Professeur en t.,** titular professor. **Sans t. officiel,** without any official status. 2. (a) Diploma, certificate. **Pourvu de tous ses titres,** fully certificated. (b) Voucher. *Rail:* **T. de transport,** ticket. (c) **T. de propriété,** title-deed. (d) **T. de créance,** proof of debt. (e) *Fin:* *Com:* Warrant, bond, certificate; *pl.* stocks and shares, securities. **T. de rente,** government bond. **T. au porteur,** bearer-bond. **Titres nominatifs,** registered securities. 3. Title, claim, right. **Titres de gloire,** titles to fame. **Titres à un emploi,** qualifications for an appointment. **Ses titres à notre amitié,** his claims to our friendship. **A t. de . . .,** (i) by right of . . ., by virtue of . . .; (ii) by way of . . ., as a . . ., **A t. d'essai,** as a trial measure, experimentally. **Montre envoyée à t. d'essai,** watch sent on approval. **A t. de faveur,** as a favour. **A bon t., à juste t.,** fairly, rightly. **A quel t.?** by what right? upon what score? S.a. CONFIDENTIEL, GRACIEUX 2, GRATUIT, INDICATION 2, ONÉREUX. 4. (a) Title (of book, song). **(Page de) t.,** title-page. **Faux t.,** half-title, bastard title. (b) Heading (of chapter). *Typ:* *Journ:* **T. courant,** running headline. **Les gros titres,** big headlines. 5. (a) Title, titre (of gold); grade, content (of ore); fineness (of coinage). *Ch:* Strength, titre (of solution). **Or au t.,** standard gold. (b) Size, number (of cotton, wire).

titré [titre], *a.* 1. Titled (person). 2. Qualified (teacher). 3. Titrated, standard (solution).

titrer [titre], *v.tr.* 1. To give a title to (s.o., sth.). *Cin:* **T. un film,** to insert the titles. *Journ:* **La presse titrait en énormes manchettes,** the press printed enormous headlines. 2. (a) To titrate (solution); to assay (ore); to determine the strength of (alcohol, etc.). (b) To size, number (cotton, wire).

titreur, -euse [titrœ:r, -ø:z], *s.* *Cin:* 1. Title-writer. 2. *s.f.* **Titreuse** (*device*) titler.

titub|er [titybe], *v.i.* To reel (about); to lurch; to stagger. *s.f.* **-ation.**

titulaire [tityIɛ:r]. 1. *a.* Titular (bishop, professor). 2. *s.* Holder (of right, certificate, etc.); bearer (of passport); incumbent (of parish).

titulariser [titylarize], *v.tr.* *Adm:* *etc:* To put (s.o.) on the establishment; to confirm (s.o.) in his post or appointment. **Fonctionnaires titularisés,** established civil servants.

tmèse [tmɛ:z], *s.f.* *Gram:* Tmesis.

toast [tɔst], *s.m.* Toast. 1. **Porter un t.,** to propose a toast. 2. **T. beurré,** buttered toast.

toboggan [tɔbɔgɑ̃], *s.m.* (a) Toboggan. **Piste de t.,** toboggan run. (b) Chute (in swimming-bath).

toc [tɔk]. 1. (a) *int.* Tap, tap! (b) *s.m.* Tap, rap, (on door, etc.). 2. *s.m.* *F:* Sham gold; faked stuff. **Bijoux en t.,** imitation jewellery. **En t.,** pinchbeck.

tocade [tɔkad], *s.f.* = TOQUADE.

tocante [tɔkɑ̃t], *s.f.* *P:* Watch.

toccata [tɔkkata], *s.f.* *Mus:* Toccata.

tocsin [tɔksɛ̃], *s.m.* Tocsin; (i) alarm-signal, (ii) alarm-bell.

toge [tɔ:ʒ], *s.f.* (a) *Rom.Ant:* Toga. (b) Gown, robe (of judge, etc.).

Togo [tɔgɔ]. *Pr.n.m.* *Geog:* (Republic of) Togo.

tohu-bohu [tɔybɔy], *s.m.* *F:* Confusion, medley; hurly-burly; hubbub.

toi [twa], stressed *pers. pron.* (For the use of **toi,** *cf.* TU) (a) You (subject or object). **C'est t.,** it is you. **Tu as raison, t.,** you are right. **Ce livre est à t.,** this book is yours, belongs to you. **Tais-t.,** hold your tongue. (*b*) (To the Deity, also in Quaker speech) Thou, thee. **Assieds-t.,** sit thee down.

toile [twal], *s.f.* **1.** (*a*) *Tex:* Linen, linen cloth. **T. bise, écrue,** unbleached linen; holland. **T. à chemises,** shirting. **T. à matelas,** tick, ticking. **Marchand de t.,** linen-draper. **T. à patrons,** leno. **T. de Jouy,** toile, (kind of) cretonne print. (*b*) Cloth. **T. de crin,** horsehair cloth. **T. de coton,** calico. **T. cirée,** (i) American cloth, oilcloth; (ii) *Nau:* oilskin. **T. vernie,** oilskin. **T. à voiles,** canvas, sail-cloth. **T. d'emballage,** pack-cloth. **T. à sac,** sackcloth, sacking, bagging. **Reliure en t.,** cloth binding. (*c*) Canvas. **Seau en t.,** canvas bucket. **T. de tailleur,** tailor's canvas. (*d*) **T. métallique,** wire gauze. (*e*) **T. d'araignée,** cobweb; spider's web. **2.** (*a*) Oil painting (on canvas); canvas. (*b*) *Th:* Curtain. **T. de fond,** backcloth, drop-scene. **3.** *Nau:* Sail. **Augmenter de t.,** to make more sail. **Forcer, diminuer, de t.,** to crowd, shorten, sail. **A sec de t.,** under bare poles.

toilé [twale]. **1.** *s.m.* Ground(-net) for lace. **2.** *a.* **Papier t.,** linen (finish) paper, linen-faced paper.

toilerie [twalri], *s.f.* **1.** Linen industry or trade; textile trade (excluding wool and silk). **2.** Linen warehouse. **3.** Goods of linen, cotton or hemp.

toilette [twalɛt], *s.f.* **1.** (*a*) (Tailor's, dressmaker's) wrapper (for garments). (*b*) *Cu:* Caul (over mutton); crow (of pig). **2.** *A:* Toilet-cover. **3.** (*a*) Washstand. (*b*) Toilet-table, dressing-table. **4.** Toilet, washing, dressing. **Faire sa t.,** to wash and dress. **Cabinet de t.,** dressing-room with wash-basin. **Faire la t. d'un mort,** to lay out out a corpse. **5.** Lavatory, toilet. **6.** (Women's) dress, costume. **Aimer la t.,** to be fond of dress. **Être en t.,** to be dressed up. **Faire t. pour qn,** to dress up for s.o. **En grande t.,** in full dress.

toilier, -ière [twalje, -jɛːr]. **1.** *a.* Linen (industry, etc.). **2.** *s.m.* Linen manufacturer or dealer.

toi-même [twamɛm], *pers.pron.* See TOI and MÊME 1.

toise [twaːz], *s.f.* **1.** *A:* Fathom. **2.** Measuring apparatus (for conscripts, etc.). **Passer à la t.,** to be measured (for height).

tois|er [twaze], *v.tr.* **1.** (*a*) To measure (conscript). (*b*) *Civ.E: O:* To survey for quantities, for work done. **2.** To take stock of (s.o.); to eye (s.o.) from head to foot. *s.m.* **-eur.**

toison [twazɔ̃], *s.f.* **1.** Fleece. **La T. d'or,** the Golden Fleece. **2.** *F:* Mop, shock (of hair).

toit [twa], *s.m.* **1.** Roof; house-top. **Habiter sous les toits,** to live in a garret. **Publier, crier, qch. sur les toits,** to proclaim sth. from the housetops. *Aut:* **T. ouvrant,** sunshine roof. **2.** (*a*) House. **Le t. paternel,** the home. (*b*) Lean-to roof.

toiture [twatyːr], *s.f.* Roofing, roof.

tôlage [tolaːʒ], *s.m.* (Action of) covering (sth.) with sheet metal.

tôle [toːl], *s.f.* **1.** Sheet-metal. (*a*) Sheet-iron. **T. ondulée,** corrugated iron. **T. vernie,** japanned iron. (*b*) **T. de cuivre,** copper sheets. **2.** (Steel-, iron-) plate (for boilers, etc.); boiler-plate. **Tôles de fond,** bottom plates (of boiler). **T. de blindage,** armour-plate.

tôlé [tole], *a.* **1.** Built of, or covered with, sheet metal. **Panneau t.,** metal panel. **2.** *Mount: Skiing:* **Neige tôlée,** *s.f.* **tôlée,** crusted snow.

tolérable [tɔlerabl], *a.* Bearable, tolerable. *Mec.E:* **Jeu t.,** permissible clearance. *adv.* **-ment.**

tolérance [tɔlerɑ̃ːs], *s.f.* Tolerance. **1.** Toleration (in religious matters, etc.). **Par t.,** on sufferance. **2.** *Mec.E:* Margin, limits, tolerance. **T. sur l'épaisseur,** thickness-margin. **T. nulle,** zero allowance. *Cust:* **T. (permise),** quantity permitted, allowance (of cigars, etc.). 3. *Med:* (Of patient) Tolerance (of a drug).

tolérant [tɔlerɑ̃], *a.* Tolerant.

tolérantisme [tɔlerɑ̃tism], *s.m.* Religious toleration; latitudinarianism.

tolérer [tɔlere], *v.tr.* (**je tolère; je tolérerai**) (*a*) To tolerate. (*b*) To allow tacitly, to turn a blind eye to, wink at (abuses, etc.). (*c*) *Med:* To tolerate (drug).

tôlerie [tolri], *s.f.* **1.** Sheet-iron and steel-plate trade. **2.** Rolling-mills; sheet-iron works. **3.** *Aut: etc:* Steel-work.

tolet [tɔlɛ], *s.m.* *Nau:* Thole-pin. **T. à fourche,** swivel rowlock.

toletière [tɔltjɛːr], *s.f.* *Nau:* Rowlock.

tôlier [tolje], *s.m.* **1.** Sheet-iron merchant. **2.** *Aut:* Panel-beater; sheet-iron worker.

tolite [tɔlit], *s.f.* *Exp:* Tolite, T.N.T.

tollé [tɔlle], *s.m.inv.* **Soulever un t. général,** to raise a general outcry.

toluène [tɔlɥɛn], *s.m.* *Ch:* Toluene; methyl benzene.

tomahawk [tɔmaɔk], *s.m.* Tomahawk.

tomaison [tɔmɛzɔ̃], *s.f.* *Typ:* Volume number (on each signature).

tomate [tɔmat], *s.f.* Tomato. **Sauce t.,** tomato sauce. *F:* **Être comme une t.,** to be as red as a tomato.

tombal, -aux [tɔ̃bal, -o], *a.* Relating to tombs. **Pierre tombale,** tombstone.

tombant [tɔ̃bɑ̃], *a.* (*a*) Falling. **A la nuit tombante,** at nightfall. (*b*) Flowing (hair); drooping (moustache.) **Épaules tombantes,** sloping shoulders.

tombe [tɔ̃ːb], *s.f.* (*a*) Tomb, grave. **Être dans la t.,** to be dead. **Être au bord de la t.,** to be on the point of death; to have one foot in the grave. (*b*) Tombstone.

tombé [tɔ̃be], *a.* *Rugby Fb:* **Coup de pied t.,** drop-kick.

tombeau [tɔ̃bo], *s.m.* (*a*) Tomb; monument (over grave or vault). **T. de famille,** family vault. **Fidèle jusqu'au t.,** true till death. **Être aux portes du t.,** to be at death's door. **Mettre un corps au t.,** to entomb a body. **Mise au t.,** entombment. (*b*) *Prehist:* Barrow.

tombée [tɔ̃be], *s.f.* Fall (of rain, night, etc.). **Quelle t. de pluie!** what a downpour! **A la t. de la nuit,** at nightfall. *F:* **T. (de tissu),** odd-come-short.

tomber [tɔ̃be]. I. *v.i.* (Aux. is usu. **être**) **1.** To fall, fall down, tumble down, drop down. **Tout tombe en pièces,** everything is falling to pieces. *Impers.* **Il tombe de la neige,** it is snowing. **Il a tombé de l'eau,** it has been raining. **Le sort tomba sur lui,** the lot fell on him. **T. à bas de l'échelle,** to fall off the ladder. **T. aux pieds de qn,** to fling oneself at s.o.'s feet. **T. de fatigue, de sommeil,** to be ready to drop (with fatigue, with sleep). S.a. MAL[2] 2. **Faire t. qn, qch.,** (i) to knock over, push over, s.o., sth.; (ii) to bring about the fall of (the Government, etc.). **J'ai vu t. la foudre,** I saw the lightning strike. **Laisser t. un droit,** to allow a right to lapse. *F:* **Laisser t. qn,** (i) to drop s.o.; (ii) to let s.o. down. **Laisser t. qch.,** (i) to drop sth.; (ii) to allow sth. to fall. **Se laisser t. dans un fauteuil,** to drop, sink, into an arm-chair. *F:* (Of pers.) **T. comme une masse,** to fall all of a heap; to collapse. *F:* **Les bras m'en tombent,** I am dumbfounded. **T. à l'eau,** (i) to fall in; (ii) *F:* to get into trouble; (iii) to fail, come to nothing. *Journ:* **Le journal est tombé,** the paper has gone to bed. **Fruits tombés,** windfalls. S.a. HAUT III, 1, NUE. **2.** (Of wind, fever, etc.) To drop, abate, subside; (of conversation) to flag. **Laisser t. sa voix,** to drop one's voice. **Le feu tombe,** the fire is dying down. **Le vent tomba,** the wind died away. **L'art de la biographie est tombé bien bas,** the art of biography has sunk low. **3. T. dans, entre, les mains de qn,** to fall into s.o.'s hands. **T. en disgrâce,** to fall into disgrace. *Nau:* **T. sous le vent,** to fall off; to fall to leeward. **4. T. sur l'ennemi,** to attack, fall on, the enemy. **5. T. sur qn, sur qch.,** to fall in with, light upon, come across, happen on, s.o., sth. **Je suis tombé par hasard dans leur société,** I was thrown by accident into their company. **Ce livre m'est tombé sous la main . . .,** I came across this book. **T. sur qn à l'improviste,** to drop in on s.o. unexpectedly. **Vous tombez bien,** you've come at the right moment. **Vous tombez mal,** (i) you've come at an awkward moment; (ii) *F:* you've come to the wrong shop. **Comme ça tombe!** what a coincidence! **T. juste,** (i) (of thg) to happen at the right time; (ii) (of pers.) to come at the right moment; (iii) to guess right. S.a. PARTAGE 2, PIC[1] 3. **6.** To fail. **La pièce est tombée (à plat),** the play was a failure. **7.** (Of hair, drapery, etc.) To fall, hang down. **Jupe qui tombe bien,** skirt that hangs, sits, well. **8. T. amoureux de qn,** to fall in love with s.o. **T. malade,** to fall ill. **T. mort,** to fall dead. **9.** *v.tr.* (*a*) **T. un adversaire,** (in wrestling) to throw, give a fall to, an opponent. (*b*) *Metalw:* **T. le bord d'une tôle,** to turn down the edge of a sheet. **Tôle à bord tombé,** flanged plate.

II. **tomber,** *s.m.* **Au t. du jour,** at nightfall.

tombereau [tɔ̃bro], *s.m.* Tip-cart. **T. à ordures,** dust-cart.
tombeur [tɔ̃bœ:r], *s.m.* **1.** *Const:* Housebreaker. **2.** (Professional) wrestler. **3.** *A:* Tumbler, acrobat. **4.** **T. de femmes,** lady-killer.
tombola [tɔ̃bɔla], *s.f.* Tombola.
Tombouctou [tɔ̃buktu]. *Pr.n.m. Geog:* Timbuctoo.
tome [to:m, tɔm], *s.m.* Volume; tome.
tomme [tɔm], *s.f.* Cheese (made in Savoy and Dauphiné).
tommy [tɔmi], *s.m. Mil: F:* (British) Tommy. *pl. Des tommies.*
tom-pouce [tɔmpus], *s.m.* **1.** Tom Thumb, dwarf, midget. **2.** Stumpy umbrella, Tom-Thumb umbrella. *pl. Des tom-pouces.*
ton[1], **ta, tes** [tɔ̃, ta, tɛ], *poss.a.* **(Ton is used instead of ta** before fem. words beginning with a vowel or **h** 'mute.' For the use of **ton** as opp. to **votre,** *cf.* TU) (*a*) Your. **T. ami, t. amie,** your friend. **Un de tes amis,** a friend of yours. **Tes père et mère,** your father and mother. (*b*) (To the Deity, also in Quaker speech) Thy. **Que ta volonté soit faite,** Thy will be done.
ton[2], *s.m.* **1.** (*a*) Tone, intonation. **Parler d'un t. doux, sur un t. amical,** to speak gently, in a gentle tone, in a friendly tone. **Hausser le t.,** to raise one's voice. **Faire baisser le t. à qn,** to make s.o. sing small. **Elle le prend sur ce t.?** is that how she speaks to you? (*b*) Tone, manners, breeding. **Le bon t.,** good form. **C'est de mauvais t.,** it is bad form. **2.** *Mus:* (*a*) **(Hauteur du) t.,** pitch. **Donner le t.,** (i) to give (an orchestra) the tuning A; (ii) *F:* to set, lead, the fashion. (*b*) Key. **Le t. d'ut,** the key of C. (*c*) **Tons et demi-tons,** tones and semi-tones. (*d*) **T. de rechange,** crook (of horn, trumpet). **3.** *Ling:* Pitch, accent. **4.** Tone, tint, colour. **Tons chauds,** warm tints. **Procurable dans n'importe quel t.,** obtainable in any shade. **5.** *Med:* Tone.
tonal, -als [tɔnal], *a. Mus:* Tonal.
tonalité [tɔnalite], *s.f. Art: Mus:* Tonality.
tondaison [tɔ̃dɛzɔ̃], *s.f.* **1.** = TONTE. **2.** *Dial:* Sheep-shearing festivities.
tondeur, -euse [tɔ̃dœ:r, -ø:z]. **1.** *s.* Shearer (of cloth, sheep); clipper (of horses, dogs, hedge). **2.** *s.f.* **Tondeuse.** (*a*) Shearing-machine; shears (for cloth, sheep); (hair) clippers. (*b*) Lawnmower. **Tondeuse (de gazon) automobile, à moteur,** motor mower.
tond|re [tɔ̃:dr], *v.tr.* **1.** To shear (cloth, sheep); to clip (hair, hedge). **T. le gazon,** to mow the lawn. **T. qn,** (i) to clip, crop, s.o.'s hair; (ii) *F:* to fleece s.o. *F:* **Il tondrait (sur) un œuf,** he would skin a flint. **2. Les brebis tondaient l'herbe,** the sheep were cropping the grass. *s.m.* **-age.**
tondu [tɔ̃dy]. **1.** *a.* (i) Mown (grass). (ii) Clipped (hedge). (iii) Cropped (cloth, turf). (iv) Shorn (sheep). **2.** *s. Ecc:* Monk. *Hist: F:* **Le petit T.** = Napoleon Bonaparte. **Il y avait quatre pelés et un t.,** only the rag, tag and bobtail were there.
tonicardiaque [tɔnikardjak], *a. & s.m.* Cardiotonic.
tonicité [tɔnisite], *s.f. Med:* Tonicity, elasticity (of the muscles, etc.).
tonifiant [tɔnifjɑ̃], *a.* Bracing, tonic.
tonification [tɔnifikasjɔ̃], *s.f.* Toning up, bracing.
tonifier [tɔnifje], *v.tr.* To brace, to tone up; to invigorate.
tonique [tɔnik], *a.* **1.** *Med:* (*a*) **Convulsion t.,** tonic spasm; tonus. (*b*) **Médicament t.,** *s.m.* **tonique,** tonic (medicine). **2.** *Ling:* Tonic (accent); accented, stressed (syllable). **3.** *Mus:* **Note t.,** *s.f.* **tonique,** tonic, key-note.
tonitruant [tɔnitryɑ̃], *a.* Like thunder; resounding, stentorian (voice); violent, blustering (wind).
tonitruer [tɔnitrye], *v.i.* To thunder (of person).
Tonkin (le) [lətɔ̃kɛ̃]. *Pr.n. Geog:* Ton(g)kin(g).
tonkinois, -oise [tɔ̃kinwa, -wa:z], *a. & s. Geog:* Ton(g)kinese.
tonnage [tɔna:ʒ], *s.m. Nau:* **1.** Tonnage, burthen (of ship). **T. brut,** gross tonnage. **T. net,** register tonnage. **2.** Tonnage (of a port). **T. actif, en service,** active tonnage. **T. désarmé,** idle shipping.
tonnant [tɔnɑ̃], *a.* Thundering.
tonne [tɔn], *s.f.* **1.** Tun; (large) cask. **2.** (*a*) *Meas: Nau:* Metric ton (= 1000 kilograms). (*b*) *Nau:* **T. d'encombrement,** measurement ton. **3.** *Nau:* Nun-buoy.
tonneau [tɔno], *s.m.* **1.** (*a*) Cask, tun, barrel. **Bière au t.,** draught beer. *F:* **Du même t.,** of the same kind; alike. **Petit t.,** keg. (*b*) **T. mélangeur à béton,** concrete mixing-drum. (*c*) **T. d'arrosage,** watering-cart. **2.** *Meas: Nau:* Ton. **Vaisseau de 500 tonneaux,** ship of 500 tons burden. **3.** *Veh:* (*a*) Governess-cart. (*b*) Tonneau (of car). **4.** *Av:* Horizontal spin; roll. **T. déclanché,** flick roll. **T. lent,** aileron roll. **T. en descendant,** aileron turn.
tonnelage [tɔnla:ʒ], *s.m.* Cooperage. **Marchandises de t.,** goods in barrels.
tonnelet [tɔnlɛ], *s.m.* Small cask; keg (of brandy); drum (of oil).
tonnelier [tɔnəlje], *s.m.* (Wet) cooper.
tonnelle [tɔnɛl], *s.f.* (*a*) Arbour, bower. (*b*) *Arch:* Barrel-vault.
tonnellerie [tɔnɛlri], *s.f.* **1.** Cooperage. **Bois de t.,** cooper's wood. **2.** Cooper's shop.
tonner [tɔne], *v.i.* **1.** To thunder. **Il tonne,** it is thundering. **2.** (Of cannon, etc.) To thunder, to boom. **T. contre qn,** to thunder, inveigh, against s.o.
tonnerre [tɔnɛ:r], *s.m.* (*a*) Thunder. **Coup de t.,** clap, peal, of thunder; thunder-clap. *F:* **T. d'applaudissements,** thunder of applause. (*b*) *F:* Thunderbolt, lightning. **Le t. est tombé sur une maison,** a house was struck by lightning. (*c*) *int.* **T. de Dieu! mille tonnerres!** by thunder! *P:* **Il fera un marin du t. (de Dieu),** he'll be a hell of a good sailor. **C'est du t.!** It's wonderful, terrific!
tonsillaire [tɔ̃sillɛ:r], *a. Anat:* Tonsillar.
tonsure [tɔ̃sy:r], *s.f.* Tonsure. **Recevoir, prendre, la t.,** to enter the priesthood.
tonsurer [tɔ̃syre], *v.tr.* To tonsure (a cleric). *s.m.* **Un tonsuré,** a cleric, a priest.
tonte [tɔ̃:t], *s.f.* **1.** (*a*) Sheep-shearing; clipping. (*b*) Clip. (*c*) Shearing-time. **2.** Shearing, cropping (of cloth).
tontine [tɔ̃tin], *s.f. Ins:* Tontine.
tontisse [tɔ̃tis], *a. & s.f. Tex:* **(Bourre) t.,** cropping flock. *Paperm:* **Papier t.,** flock-paper.
tonton [tɔ̃tɔ̃], *s.m. F:* Uncle.
tonture[1] [tɔ̃ty:r], *s.f.* **1.** (*a*) *Tex:* Shearing, cropping (of cloth). (*b*) Mowing (of lawn); clipping (of hedge). **2.** (*a*) *Tex:* Shearings, croppings, flock. (*b*) Cut grass, hay (from the lawn); clippings (of hedge).
tonture[2], *s.f. N.Arch:* Sheer, camber.
top [tɔp], *int.* (Voice signal in recording time signals) **Un, deux, trois, t.!** one, two, three, now! *s.m. W.Tel:* **Les tops,** the pips.
topaze [tɔpa:z], *s.f.* Topaz.
toper [tɔpe], *v.i. F:* To agree, consent; to shake hands on it. **Tope! tope là!** done! agreed!
topette [tɔpɛt], *s.f.* Phial; sample-bottle.
topinambour [tɔpinɑ̃bu:r], *s.m. Bot: Cu:* Jerusalem artichoke.
topo [tɔpo], *s.m. P:* (*a*) *Journ:* Popular article. (*b*) *Sch:* Lecture, demonstration (by master or pupil). (*c*) Plan.
topographe [tɔpɔgraf], *s.m.* Topographer.
topographie [tɔpɔgrafi], *s.f.* **1.** Topography, surveying. **2.** Topographical map.
topographique [tɔpɔgrafik], *a.* Topographic(al). **Le service t.,** the Ordnance Survey. **Carte t.,** ordnance map. **Instruments topographiques,** surveying instruments.
toponymie [tɔpɔnimi], *s.f. Ling:* Toponymy.
topper [tɔpe], *v.tr.* Golf. **T. la balle,** to top the ball.
toquade [tɔkad], *s.f. F:* (Passing) craze, fancy. **Avoir une t. pour qn,** to be infatuated with s.o.; *F:* to be gone on s.o.
toquard [tɔka:r], *s.m. Rac:* Outsider.
toque [tɔk], *s.f. Cost:* (*a*) Cap (of a chef, of French magistrate). (*b*) Jockey's cap. (*c*) (Woman's) toque.
toqué [tɔke], *a. F:* **1.** Crazy, cracked, dotty. **2. Être t. de qn,** to be infatuated, madly in love, with s.o.; *F:* to be gone on s.o.
toquer [tɔke], *v.tr.* To send (s.o.) off his head; to turn (s.o.'s) head; to infatuate (s.o.).
se toquer (d'une actrice, etc.), *F:* to become infatuated (with an actress, etc.).
torche [tɔrʃ], *s.f.* **1.** Torch. **T. électrique,** (electric) torch. *F:* **T. de discorde,** fire-brand. (Of parachute) **Se mettre en t.,** to fail to open, to snake. **2.** (*a*) Twist

of straw. (*b*) **T. d'osier,** rope-border (of basket). (*c*) Pad (on head, for carrying loads). (*d*) Saddle-cushion.

torche-pot [tɔrʃpo], *s.m. Orn:* Nuthatch. *pl. Des torche-pots.*

torcher [tɔrʃe], *v.tr.* **1.** To wipe (sth.) clean (with rag, etc.). **Se t.,** (i) to wipe oneself; (ii) *P:* to fight, to have a set-to. **2.** *F:* To do (sth.) in a hurry. **Ouvrage mal torché,** scamped, botched, piece of work. **3.** *Const:* To daub (a wall). **4.** To twist a rope-border on (basket).

torchère [tɔrʃɛ:r], *s.f.* (*a*) *A:* Cresset. (*b*) Standard-lamp. (*c*) Candelabrum, candelabra, torchère.

torchis [tɔrʃi], *s.m. Const:* Cob, daub. **Mur en t.,** cob wall, mud wall.

torchon [tɔrʃɔ̃]. **1.** *s.m.* (*a*) Twist of straw. (*b*) (Kitchen) rubber; floor-cloth; dish-cloth; duster. *F:* **Le t. brûle (chez eux),** they keep on quarelling (at home). (*c*) **T. végétal,** loofah. **2.** *a.inv.* (*a*) **Dentelle t.,** torchon lace. (*b*) **Édition t.,** cheap edition (of book). (*c*) *Art:* **Papier t.,** torchon-paper.

torchonner [tɔrʃɔne], *v.tr. F:* **1.** To wipe, rub clean (plates, etc.). **2.** *P:* To scamp, botch (piece of work).

torcol [tɔrkɔl], *s.m. Orn:* **T. fourmilier,** wryneck.

tordant [tɔrdɑ̃], *a. F:* Screamingly funny (story, joke). **C'est t.,** it's a scream.

tord-boyaux [tɔrbwajo], *s.m.inv. P:* **1.** Raw spirits; *P:* rot-gut. **2.** Rat-poison.

tordeur, -euse [tɔrdœ:r, -ø:z]. **1.** *s. Tex:* Twister (of hemp, wool); throwster (of silk). **2.** *s.f.* **Tordeuse.** (*a*) Cable-twisting machine. (*b*) *Ent:* Tortrix; leaf-roller moth.

tord-nez [tɔrne], *s.m.inv. Vet:* Twitch (for mastering horse).

tordoir [tɔrdwa:r], *s.m.* **1.** Rack-stick, rope-tightener. **2.** *Laund:* Mangle, wringer.

tord|re [tɔrdr], *v.tr.* To twist (hemp, etc.); to wring (clothes). **T. le cou à qn,** to wring s.o.'s neck. **T. la soie,** to throw silk. **T. la bouche,** to make a wry mouth. **Traits tordus,** distorted features. **T. le bras à qn,** to twist s.o.'s arm. **Se t. les mains, les bras,** to wring one's hands. *s.m.* **-age.**

se tordre, to writhe, twist. *F:* **Se t. (de rire), rire à se t.,** to split one's sides with laughter. **La pièce fait t. le public,** the play is screamingly funny.

tordu [tɔrdy], *a.* **1.** Twisted, wrung; (of metal plate etc.) buckled. **Châssis t.,** bent chassis. **2. Nerfs tordus,** nerves on the rack. *P:* **Il est t.,** he's cracked. *s.m. F:* **Les tordus,** the lunatic fringe.

tore [tɔ:r], *s.m. Arch: etc:* Torus.

toréador [toreadɔ:r], *s.m.* Toreador, bull-fighter.

toréer [toree], *v.i.* To fight (in the bull-ring).

torgn(i)ole [tɔrɲɔl], *s.f. P:* Cuff, slap.

toril [toril], *s.m.* Bull-pen.

tormentille [tɔrmɑ̃ti:j], *s.f. Bot:* Tormentil.

tornade [tɔrnad], *s.f.* Tornado.

toron [tɔrɔ̃], *s.m.* **1.** Strand (of rope). **2.** Wisp (of straw).

torpédo [tɔrpedo], *s.m. or f. Aut: A:* Open touring-car, open tourer.

torpeur [tɔrpœ:r], *s.f.* Torpor.

torpide [tɔrpid], *a.* Torpid.

torpille [tɔrpi:j], *s.f.* **1.** *Ich:* Torpedo, numb-fish. **2.** *Navy: Aer:* Torpedo. **3. Sac t.,** barrel-shaped handbag.

torpill|er [tɔrpije], *v.tr.* To torpedo (ship); *F:* to torpedo (project). *s.m.* **-age.**

torpillerie [tɔrpij(ə)ri], *s.f. Navy: Aer:* Torpedo-store; torpedo-gear.

torpilleur [tɔrpijœ:r], *s.m. Navy:* **1.** Torpedo man. **2.** (Small) destroyer; *A:* torpedo-boat.

torque [tɔrk], *s.f.* **1.** *Cost:* Torque (of ancient Gauls). **2.** Coil ((i) of wire, (ii) of tobacco). **3.** *Her:* Crest wreath.

torréfacteur [tɔrrefaktœ:r], *s.m.* Roaster (for coffee, etc.).

torréfaction [tɔrrefaksjɔ̃], *s.f.* Torrefaction.

torréfier [tɔrrefje], *v.tr.* To torrefy; to roast (coffee, maize, etc.); (of sun, etc.) to scorch.

torrent [tɔr(r)ɑ̃], *s.m.* Torrent, mountain stream. *F:* **Il pleut à torrents,** it is raining in torrents. **T. d'injures,** stream of abuse.

torrentiel, -elle [tɔr(r)ɑ̃sjɛl], *a.* Torrential. *adv.* **-ellement.**

torrentueux, -euse [tɔr(r)ɑ̃tɥø, -ø:z], *a.* Torrent-like (river, etc.).

torride [tɔrrid], *a.* Torrid (zone, etc.); scorching (heat, etc.); *F:* broiling (weather).

tors, *f.* **torse**[1] [tɔ̃:r, tɔrs]. **1.** *a.* (*a*) Twisted (thread, etc.); thrown (silk). (*b*) (*f. occ.* **torte**) **Jambes torses, tortes,** crooked, bandy, legs. **Cou t.,** wry neck. **2.** *s.m.* (*a*) Twist, lay (of rope). (*b*) *Furn:* Twisted cord.

torsade [tɔrsad], *s.f.* **1.** (*a*) Twisted fringe; torsade. **T. de cheveux,** twist, coil, of hair. (*b*) Thick bullion (of epaulet). **2.** *Arch:* Cable moulding.

torsader [tɔrsade], *v.tr.* To twist.

torse[2] [tɔrs], *s.m.* Torso (of statue, of person); *F:* chest. S.a. BOMBER 1.

torsion [tɔrsjɔ̃], *s.f.* Torsion; twisting. *Mec:* **Effort de t.,** twist; torque reaction. **Moment de t.,** torque. **Rigidité, raideur, à la t.,** torsional stiffness. *Aut:* **Barre de t.,** torsion bar (spring).

tort [tɔ:r], *s.m.* Wrong. **1.** Error, fault. **Avouer ses torts,** to confess one's faults. **Avoir t., être dans son t.,** to be wrong, in the wrong. **Se mettre dans son t.,** to put oneself in the wrong. **Donner t. à qn,** to decide against s.o. **Avoir des torts envers qn,** to have behaved badly to(wards) s.o. **A t.,** wrongly. **A t. ou à raison,** rightly or wrongly. **A t. et à travers,** at random; without rhyme or reason. S.a. ABSENT 2. **2.** Injury, harm, detriment, hurt. (*a*) **Faire (du) t. à qn,** (i) to wrong s.o.; to do s.o. an injustice; (ii) to damage s.o.'s cause, business, or reputation. **Faire t. à la réputation de qn,** to injure s.o.'s reputation. *F:* **Ça lui fait t.,** it spoils her, him. (*b*) **Faire t. à qn de qch.,** to wrong s.o. of sth.; to defraud s.o. of sth.

torte [tɔrt]. See TORS 1.

torticolis [tɔrtikɔli], *s.m.* Crick, (w)rick, in the neck; stiff neck; wryneck; torticollis.

tortil [tɔrtil], *s.m. Her:* Baron's coronet.

tortillage [tɔrtija:ʒ], *s.m. F:* **1.** Quibbling, wriggling. **2.** Underhand intrigue, trickery.

tortillard [tɔrtija:r]. **1.** *a.* (*a*) Cross-grained (wood). (*b*) *Bot:* **Orme t.,** dwarf elm. **2.** *s.m.* (*a*) *P:* Deformed cripple. (*b*) *F:* Meandering railway; small local railway.

tortill|er [tɔrtije]. **1.** *v.tr.* (*a*) To twist (up) (paper, hair, etc.); to twirl, twiddle (one's moustache). (*b*) To kink (rope). **2.** *v.i.* (*a*) **T. des hanches,** to swing the hips (in walking). (*b*) *F:* To shuffle, prevaricate, quibble, wriggle; to use subterfuges. *s.m.* **-ement.**

se tortiller. **1.** (Of serpent) To wriggle, twist. **2.** To writhe, squirm.

tortillon [tɔrtijɔ̃], *s.m.* **1.** Twist (of paper); wisp (of straw). **2.** Pad (on head, for carrying loads).

tortionnaire [tɔrsjɔnɛ:r]. **1.** *a.* (*a*) (Instrument) of torture. (*b*) *Jur:* Cruelly excessive; iniquitous (law, etc.). **2.** *s.m.* Torturer, executioner.

tortu [tɔrty], *a.* Crooked. **Avoir l'esprit t.,** to have a crooked, tortuous, mind.

tortue [tɔrty], *s.f.* **1.** Tortoise. **T. de mer,** turtle. **Aller à pas de t.,** to go at a snail's pace. **Soupe à la t.,** turtle soup. **Tête de veau en t.,** mock turtle. **Pont en carapace de t.,** turtle-back deck. **2.** *Ant:* Testudo, tortoise.

tortueu|x, -euse [tɔrtɥø, -ø:z], *a.* Tortuous, winding, meandering; twisted (tree); crooked, underhand (conduct). *adv.* **-sement.**

tortuosité [tɔrtɥozite], *s.f.* **1.** Tortuosity; crookedness (of character, intrigue). **2.** *pl.* Windings (of a maze, etc.).

torture [tɔrty:r], *s.f.* Torture. **Mettre qn à la t.,** to put s.o. to the torture. *F:* **Être à la t.,** to be on the rack, on thorns.

torturer [tɔrtyre], *v.tr.* **1.** To torture. **Se t. l'esprit,** to rack, cudgel, one's brains. **2.** *F:* To strain, twist, pervert (meaning of words, etc.).

torve [tɔrv], *a.* Grim, menacing (look).

tory [tɔri], *a. & s.m. Pol:* Tory; conservative. *pl. Des tories.*

torysme [tɔrism], *s.m. Pol:* Toryism.

toscan, -ane[1] [tɔskɑ̃, -an], *a. & s.* Tuscan.

Toscane[2]. *Pr.n.f. Geog:* Tuscany.

toss [tɔs], *s.m. F: Fb:* Toss. **Gagner, perdre, le t.,** to win, lose, the toss.

tôt [to], *adv.* (*a*) Soon. **Le plus t. possible,** as soon as possible. **La semaine prochaine au plus t.,** next week at the earliest. **Le plus t. sera le mieux,** the sooner the better. **T. ou tard,** sooner or later. S.a. AUSSITÔT, BIENTÔT, SITÔT. (*b*) **Se lever t.,** to rise early. **Venez t.,** come early. **Vous auriez dû me le dire plus t.,** you should have told me so before. *P:* **C'est pas trop t.,** and about time too!

total, -aux [tɔtal, -o]. **1.** *a.* Total, complete, entire, whole. **Éclipse totale,** total eclipse. **2.** *s.m.* Whole, total. **T. global,** sum total, grand total. **Au t.,** on the whole, all things considered. *adv.* **-ement.**

totalisateur, -trice [tɔtalizatœːr, -tris]. **1.** *a.* Adding (machine, etc.). **2.** *s.m.* Adding-machine. *Turf:* Totalizator, *F:* tote. **3.** *s.f.* **Totalisatrice,** cash-register.

totalisation [tɔtalizasjɔ̃], *s.f.* Totalizing, totalization; adding up (of amounts).

totaliser [tɔtalize], *v.tr.* To totalize, total up.

totalit|aire [tɔtalitɛːr], *a.* Totalitarian. *s.m.* **-arisme.**

totalité [tɔtalite], *s.f.* Totality, whole. **En t.,** wholly, as a whole. **Pris dans sa t.,** taken as a whole.

totem [tɔtɛm], *s.m.* Totem.

totémisme [tɔtemism], *s.m.* Totemism.

toto [toto], *s.m. P:* Louse.

toton [tɔtɔ̃], *s.m.* Teetotum.

touage [twaːʒ], *s.m. Nau:* **1.** Warping; kedging; chain-towing, towage (on canals etc.). **2.** Chain-towage dues.

touaille [twɑːj], *s.f.* Roller-towel, jack-towel.

Touareg, *F:* **Touaregs** [twarɛg], *a.inv. & s.pl. Ethn:* Tuareg.

toubib [tubib], *s.m. F:* Doctor.

toucan [tukɑ̃], *s.m. Orn:* Toucan.

touchant [tuʃɑ̃]. **1.** *a.* Touching, moving, affecting (speech). **2.** *prep.* Touching, concerning, about, with regard to.

touche [tuʃ], *s.f.* **1.** (*a*) Touch, touching. **Pierre de t.,** touchstone, test. (*b*) *Bill:* Hit. **Manque de t.,** miss. *Fenc:* Hit. (*c*) *Fish:* Bite, nibble. (*d*) *Typ:* Inking. (*e*) *Hockey:* Roll-in. *Fb:* Throw-in. **Ligne de t.,** touch-line. **Hors des touches,** out of touch. **Remise en t.,** throw-in. (*f*) Touch, manner (of painter). (*g*) *F:* (External) appearance, look. **Il a une drôle de t.,** he's a queer-looking fish. (*h*) *F:* **La Sainte T.,** pay-day. **2.** (*a*) Digital, (finger-)key (of piano); key (of typewriter). (*b*) Finger-board (of violin); *pl.* frets (of mandolin, guitar). (*c*) Tab (of alphabetical register); *pl.* thumb-index (of dictionary, etc.). (*d*) Goad (for driving cattle). **3.** *El:* Contact. *Tg:* **T. d'interruption,** break-key.

touche-à-tout [tuʃatu], *s.m. & f. inv. F:* (*a*) Meddler, busybody. (*b*) Jack-of-all-trades.

touch|er [tuʃe]. I. *v.* To touch. **1.** *v.tr.* (*a*) **T. qn à l'épaule,** to touch s.o. on the shoulder. *Bill:* **T. une bille,** to hit a ball. *Artil: etc:* **T. le but,** to hit the mark. *Fenc:* **T. son adversaire,** to score a hit. **Votre observation l'a touché au vif,** your remark has touched him on the raw. **T. les bœufs,** to goad the oxen. **T. un cheval (du fouet),** to whip up, touch up, a horse. **T. le piano, l'orgue,** *v.ind.tr.* **t. du piano, de l'orgue,** to play the piano, the organ. *A:* **Touchez là!** your hand on it! *F:* put it there! **T. ses appointements,** *Abs.* **t.,** to draw, receive, one's salary; to be paid. **T. un chèque,** to cash a cheque. *Mil:* **T. des rations,** to draw rations. *Fb:* **T. dans les buts,** to touch down. *F:* **Touche du bois!** touch wood! *F:* **Je n'ai pas pu le t.,** I couldn't get hold of him. (*b*) To assay, test (precious metal with touchstone). (*c*) To move, affect (s.o.). **T. le cœur de qn,** to touch s.o.'s heart. **T. qn jusqu'aux larmes,** to move s.o. to tears. (*d*) To concern, affect. **En ce qui vous touche,** as far as concerns, regards, you. **Cela nous touche de (plus) près,** this comes (nearer) home to us. (*e*) *Nau:* **T. terre,** to touch land. *Abs.* **T. à un port,** to touch, call, at a port. (*f*) *Min:* **T. le pétrole, un filon,** to strike oil, a seam. (*g*) *Nau:* **T. (le fond),** (i) to touch bottom, to bump; (ii) to be aground. **T. sur un écueil,** to strike a reef. (*h*) To reach. **Ma lettre ne l'aura pas touché,** my letter can't have reached him. **2.** (*a*) *v.tr.* To touch on, dwell on, deal with (fact, subject); to touch (lightly) on, allude to (subject). *F:* **Je lui en toucherai un mot,** I shall mention it to him. (*b*) *v.ind.tr.* To meddle, interfere. **Toucher à,** to tamper with. **Ne touchez pas à ce qui est bien,** let well alone. **Ne touchez pas à mes outils,** don't meddle with my tools; leave my tools alone. **N'y touchez pas!** hands off! **Ne pas t. à un plat,** to leave a dish untasted. *F:* **Sans avoir l'air d'y t.,** in a detached manner; as if quite unconsciously. *F:* **Avoir l'air de ne pas y t., n'avoir pas l'air d'y t.,** to put on an innocent air. **3.** *v.i.* (*a*) **T. à qch.,** to touch, be in contact, with sth.; to be near, close, to sth.; to border on sth. **L'année touche à sa fin,** the year is drawing to a close. **Elle touche à la cinquantaine,** she's nearly fifty. (*b*) **T. de près à qn,** to be related to s.o. **Cela touche de très près à mes intérêts,** it closely affects my interests. **En ce qui touche à cette question,** as far as this question is concerned. *a.* **-able.**

se toucher. **1.** To touch, adjoin; to be contiguous. **2.** (Of curves) To touch, osculate.

II. **toucher,** *s.m.* Touch. **Reconnaître qch. au t.,** to know sth. by the touch, by the feel of it.

touchette [tuʃɛt], *s.f.* Fret (of mandolin, guitar).

toucheur, -euse [tuʃœːr, -øːz], *s.* **1.** (*a*) *Fenc:* Scorer of a hit. (*b*) (Cattle-)drover. **2.** *s.m. Typ:* Inking-roller, inker.

toue [tu], *s.f. Nau:* **1.** (*a*) Warping. (*b*) Kedging. **2.** (*a*) (Flat-bottomed) barge. (*b*) Chain-ferry.

touée [twe], *s.f. Nau:* **1.** (*a*) Warping. (*b*) Kedging. **Ancre de t.,** kedge. **2.** Warp; warping-rope, -cable. **Filer une t.,** to pay out a cable.

touer [twe], *v.tr. Nau:* **1.** (*a*) To warp. (*b*) To kedge. **2.** To chain-tow. **3.** To tow.

toueur, -euse [twœːr, -øːz], *Nau:* **1.** *a.* Warping. **Ancre toueuse,** kedge-anchor. **2.** *s.m.* (*a*) Warper (man). (*b*) Tug; tow-boat (esp. on chain).

touffe [tuf], *s.f.* Tuft (of hair, etc.); wisp (of straw); clump, cluster (of trees).

touffeur [tufœːr], *s.f.* Suffocating heat (of a room); *F:* fug.

touffu [tufy], *a.* Bushy (beard); thick (wood, eye-brows); thickly wooded (hillside, etc.). **Style t.,** involved style.

touill|er [tuje], *v.tr. F:* To stir (up), (liquor, paste, etc.). *s.m.* **-age.**

toujours [tuʒuːr], *adv.* **1.** Always, ever. **Pour t., à t.,** for ever. **Un ami de t.,** a lifelong friend. **2.** Still. **Demeure-t-il t. là?** is he still living there? **Cherchez t.,** go on looking. **Allez t.!** proceed! go ahead! **Il fait t. aussi chaud,** it is as warm as ever. **3.** Nevertheless, all the same, but. **Je peux t. essayer,** anyhow I can try, I can but try. **Dites t. ce que vous savez,** anyhow tell us what you know. **T. est-il que . . .,** the fact remains that . . ., anyhow. **C'est t. ça,** that's something anyhow. **La maison est à vous, il vous reste t. un chez-vous,** the house is yours; at all events you still have a home.

touline [tulin], *s.f.* (*a*) Boat-rope. (*b*) Heaving-line.

toundra [tundra], *s.f. Geog:* Tundra.

toupet [tupɛ], *s.m.* **1.** (*a*) Tuft of hair. (*b*) Fore-lock. **Faux t.,** transformation, toupet. (*c*) Forelock (of horse). **2.** *F:* Cheek, impudence, effrontery. **Payer de t.,** to brazen it out.

toupie [tupi], *s.f.* **1.** Top; *esp.* peg-top, spinning-top. **Faire aller une t.,** to spin a top. *F:* **Ronfler comme une t.,** to snore like a pig. **2.** Vertical shaper, milled cutter (of moulding-machine). **3.** *P:* **Vieille t.,** old frump.

toupiller [tupije]. **1.** *v.i. F:* (*a*) To spin round (like a top); to twirl round. (*b*) To bustle about. **2.** *v.tr. Tchn:* To shape (wood).

touque [tuk], *s.f.* **1.** (Small) drum (for carrying liquids). **2.** Herring-boat.

tour[1] [tuːr], *s.f.* **1.** Tower. *Arch:* **T. à cheval,** ridge turret. *Av:* **T. de contrôle,** control tower. **2.** *Chess:* Castle, rook.

tour[2], *s.m.* **1.** (*a*) (Turning-)lathe. **Fait au t.,** (i) machine-turned; (ii) *F:* shapely (leg, etc.). **T. à pédale,** foot-lathe. **T. revolver,** turret-lathe. **T. à fileter,** screw-cutting lathe. **T. à guillocher,** rose-engine. (*b*) **T. de potier,** potter's wheel. (*c*) Turn-box (of convent, foundling-hospital). **2.** (*a*) Circumference, circuit. **T. (d'une spirale),** whorl. **T. d'horizon politique,** political survey. **Faire le t. du monde,** to travel, sail, round the world. **Faire le t. du parc,** to walk, drive, round the park. *Sp:* **T. de piste, de circuit,** lap. **T. de France (cycliste),** cycle race all round France. *F:* **Faire le t. du cadran,** to sleep the clock round. **Faire le grand t.,** to take the longest way round. **Avoir quarante pouces de t. de taille,** to be forty inches round the waist. **T. de poitrine,** chest or bust measurement. **T. de tête,** size in hats. S.a. HANCHE 1. (*b*) **T. de lit,** bed-valance. *Cost:* **T. de cou,** necklet (of fur); neck-ribbon. (*c*) *Nau:* **T. de bitte,** turn round the bitt. **Prendre un t.,** to take a turn. (*d*) **Tours et retours d'un chemin,** twists and turns of a road. (*e*) Turn (of phrase); shape, contour (of face); course, direction (of business transaction). **Donner un bon t. à qch.,** (i) to give sth. a favourable turn; (ii) to put sth. in a favourable light. **T. d'esprit,** turn of mind. (*f*) **T. de reins,** twist, strain, in the back. **3.** (*a*) Round, revolution, turn. **2000 tours à la minute,** 2000 revolutions a minute. **Donner un t. de clef à la porte,** to lock the door. **Frapper à t. de bras,** to strike with all one's might. **Son sang n'a fait qu'un t.,** it gave him a dreadful shock. S.a. DEMI-TOUR. (*b*) Stroll. **(Aller) faire un t.,** to go for a stroll, to take a walk. (*c*) Trip, tour, **Faire un t. sur le continent,** to make a continental tour. **4.** Rotation, turn. **A qui le t.?** whose turn is it? **T. de service,** spell of duty. **Chacun à son t.,** each one in his turn. S.a. CHACUN 2, **T. à t.,** by turns, in turn(s); turn and turn about. **A t. de rôle,** in turn, by roster. *F:* **Quand viendra mon t.,** when my number is up. **5.** Trick, feat. **Je fis exécuter quelques tours à mes animaux,** I put my animals through some tricks. **Faire, jouer, un mauvais t. à qn,** to play s.o. a nasty trick. **Le t. de main,** the knack (of doing sth.). **T. d'adresse,** (i) piece of sleight of hand; (ii) feat of acrobatics. **T. de force,** feat of strength. S.a. GOBELET, MAIN 1, MÉTIER 1, PASSE-PASSE.

tourangeau, -elle [turɑ̃ʒo, -ɛl], *a. & s.* (Native, inhabitant) (i) of Tours, (ii) of Touraine.

tourbe¹ [turb], *s.f.* Mob, rabble.

tourbe², *s.f.* (*a*) Peat, turf. **Une motte de t.,** a peat. **Litière de t.,** peat litter. (*b*) *Fr.C:* Turf (cut for lawn).

tourber [turbe]. **1.** *v.i.* To dig, cut, peat. **2.** *v.tr.* **T. un marais,** to cut peat out of a bog.

tourbeux, -euse [turbø, -ø:z], *a.* **1.** Peaty, boggy. **2.** Growing in peat-bogs. **Marais t.,** turf-moor.

tourbier, -ière [turbje, -jɛ:r]. **1.** *a.* Peaty (soil). **2.** *s.m.* (*a*) Peat-worker. (*b*) Owner of peat-bogs. **3.** *s.f.* **Tourbière,** peat-bog; turf-moor.

tourbillon [turbijɔ̃], *s.m.* **1.** Whirlwind; swirl (of dust). **Monter en tourbillons,** to swirl up. **2.** (*a*) Whirlpool. (*b*) Eddy. (*c*) *F:* Whirl, bustle (of political life); vortex, giddy round (of pleasures, etc.). *Ph:* **T. acoustique,** sound whirl.

tourbillonnant [turbijɔnɑ̃], *a.* Whirling (wheels, senses, etc.). *Fb:* **Ballon t.,** spinning ball.

tourbillonn|er [turbijɔne], *v.i.* To whirl (round); to eddy, swirl. *s.m.* **-ement.**

tourelle [turɛl], *s.f.* (*a*) *Arch:* Turret. (*b*) *Navy:* (i) (Gun-)turret. (ii) **T. de contrôle, de veille,** conning-tower. *Av:* **T. de mitrailleuse,** gun-turret. (*c*) Turret, capstan (of lathe).

touret [turɛ], *s.m.* **1.** Small wheel (for spinning, etc.). **2.** (*a*) Reel. (*b*) Drum (of winch); *El.E:* cable-drum. **3.** *Tls:* Bow-drill.

tourie [turi], *s.f.* Carboy.

tourier, -ière [turje, -jɛ:r], *s.* Monk, nun, in attendance at the turn-box of a convent. **Sœur tourière,** turn sister, extern sister.

tourillon [turijɔ̃], *s.m.* **1.** (*a*) Pivot(-pin), swivel-pin. (*b*) Gudgeon(-pin) (in piston or cross-head); link-pin (of roller-chain). **2.** (*a*) Journal (of shaft, of axle). (*b*) Trunnion (of gun, of oscillating cylinder). (*c*) Crank-pin.

tourisme [turism], *s.m.* **1.** Tourist trade. **2.** Touring. **Bureau de t.,** travel agency, tourist agency. *Aut:* **Voiture de t.,** private car.

touriste [turist], *s. m. & f.* (*a*) Tourist. (*b*) Tripper.

touristique [turistik], *a.* Touristic. **Renseignements touristiques,** tourist information.

tourmaline [turmalin], *s.f. Miner:* Tourmalin(e).

tourment [turmɑ̃], *s.m.* (*a*) Torment, torture. **Il a fait le t. de ma vie,** he has been the bane of my life. (*b*) (Bodily, mental) anguish, pain. **Les tourments de la jalousie,** the pangs of jealousy.

tourmente [turmɑ̃:t], *s.f.* (*a*) Gale, storm, tempest. **T. de neige,** blizzard. (*b*) **La t. politique,** the turmoil of politics.

tourmenté [turmɑ̃te], *a.* (*a*) Distorted, contorted. **Sol t.,** broken, rough country. (*b*) Tormented, tortured. (*c*) Uneasy, agitated (mind); turbulent, seething (sea). (*d*) **Style t.,** over-elaborate, -ornamented style (of writing).

tourmenter [turmɑ̃te], *v.tr.* **1.** To torture, torment. **2.** (*a*) To harass, trouble, worry; *F:* to bother. (*b*) To plague, pester, tease, bait. **Ses créanciers le tourmentent,** his creditors are dunning him. **T. un bouton,** to fiddle with a button.

se tourmenter, to be uneasy; to fret, worry; *F:* to bother.

tourmenteur, -euse [turmɑ̃tœ:r, -ø:z]. **1.** *a.* Tormenting, torturing; *F:* teasing. **2.** *s.* Tormenter, torturer; *F:* tease.

tournage [turna:ʒ], *s.m.* **1.** Turning (on the lathe); lathe-work. **2.** **Taquet de t.,** belaying-cleat. **3.** *Cin:* Shooting.

tournailler [turnaje]. *F:* **1.** *v.i.* (*a*) To keep wandering round and round. (*b*) To prowl (about). **2.** *v.tr.* To twiddle (sth.) round and round.

tournant [turnɑ̃]. **1.** *a.* (*a*) Turning; revolving (bookcase, etc.); slewing (crane, etc.); live (axle). **Pont t.,** swing-bridge. **Plaque tournante,** turn-table. (*b*) Winding (road); spiral (staircase). **2.** *s.m.* (*a*) Turning, bend (of road, river); street corner. *Aut:* **T. brusque,** dangerous corner. **Les tournants de l'histoire,** the turning-points of history. *F:* **Attendre un concurrent au t.,** to be waiting for (a chance to catch) a rival. (*b*) Whirlpool, eddy.

tourne [turn], *s.f.* *F:* **La t. du lait,** the turning (i.e. going sour) of the milk.

tourné [turne], *a.* **1.** Turned (on lathe). **Jeune fille bien tournée,** girl with a beautiful figure. **Phrase bien tournée,** neatly turned sentence. **Esprit mal t.,** cross-grained mind. **2.** **Esprit t. aux plaisirs,** mind disposed to enjoyment. **3.** (*a*) Sour (milk, etc.). (*b*) **Avoir la tête tournée,** (i) to have one's head turned (by success, etc.); (ii) to be distracted (by fear, etc.).

tourne-à-gauche [turnago:ʃ], *s.m.inv. Tls:* **1.** (*a*) Wrench. (*b*) Stock (for dies). **2.** Saw-set.

tournebouler [turnəbule], *v.tr. F:* To upset.

tournebroche [turnəbrɔʃ], *s.m.* **1.** Roasting-jack. **2.** *A:* Turnspit (dog or boy).

tourne-disques [turnədisk], *s.m.inv.* Record-player. **Plateau t.-d.,** turn-table.

tournedos [turnədo], *s.m. Cu:* Tournedos (steak).

tournée [turne], *s.f.* **1.** Round, tour (of official); round of visits (of doctor); circuit (of judge). **La t. du facteur,** the postman's round. **Troupe en t.,** theatrical company on tour. **Faire une t. en province,** to tour the provinces. **Notre voyageur est en t.,** our traveller is out. **Faire la t. des musées,** to go round, *F:* to do, the art galleries. **Faire une t. électorale,** to canvass a constituency. **2.** *F:* **Payer une t.,** to stand a round (of drinks).

tourne-feuille(s) [turnəfœ:j], *s.m.* Leaf-turner (for music). *pl. Des tourne-feuilles.*

tournemain [turnəmɛ̃], *s.m. A:* (= **tour de main**) **En un t.,** in a trice, in the twinkling of an eye.

tournement [turnəmɑ̃], *s.m.* **T. de tête,** vertigo, giddiness.

tourne-pierre [turnepkɛ:r], *s.m. Orn:* Turnstone. *pl. Des tourne-pierres.*

tourner [turne], *v.* To turn. **1.** *v.tr.* (*a*) To fashion, shape, turn, (sth.) in a lathe. *F:* **Bien t. une phrase,** to give a neat turn to a phrase. *Cer:* **T. un pot,** to throw a pot. (*b*) To revolve, turn round, rotate (wheel, etc.). **T. qch. autour de qch.,** to wind sth. round sth. **T. la tête, les yeux, vers qn,** to turn one's head, one's eyes, towards s.o. **T. le dos à qn,** (i) to turn one's back on s.o.; (ii) to have one's back turned to s.o.; to face the other way. **T. le dos à ses assaillants,** to turn tail. *Rugby Fb:* **T. la mêlée,** to wheel the scrum. **T. les pieds en dedans,** to turn in one's toes. S.a. POUCE 1. **T. bride,** to turn one's horse's head (and gallop away). *Cin:* **T. un film,** (i) to take, shoot, a film; (ii) to play, star, in a film. **T. une scène,** to film a scene. (*c*) To change, convert. **T.**

tout en mal, to put a bad complexion upon everything. **T. qn en ridicule,** to hold s.o. up to ridicule. (*d*) To turn over (page, etc.). (*e*) **T. un pardessus,** to turn an overcoat. S.a. CASAQUE 1. (*f*) To get round (obstacle); to evade, dodge (difficulty, the law); *Mil:* to outflank. (*g*) **Il lui a tourné la tête,** she has become infatuated with him. **Cela m'a tourné l'estomac,** it turned my stomach. **2.** *v.i.* (*a*) To revolve; to go round; (of top) to spin. **La terre tourne autour du soleil,** the earth revolves round the sun. *F:* **Allons, l'heure tourne!** come on, time is getting on! **T. rond,** (of machinery) to work well. *F:* **Nos affaires tournent rond,** business is fine. **T. autour du pot,** to beat about the bush. **Voilà huit jours qu'il tourne autour d'elle,** he's been hanging round her for a week. **Le pied lui a tourné,** he twisted his ankle. **Machine tournant à plein,** machine in full action. **T. comme une toupie,** to spin like a top. **La tête me tourne,** my head is spinning. *F:* **T. de l'œil,** to faint. (*b*) To change direction. **Tournez à gauche,** turn to the left. **T. court,** (i) to turn short, sharply; (ii) to make off; (iii) to stop abruptly, to end suddenly. *F:* **Ne savoir de quel côté t.,** not to know which way to turn. **Le temps tourne au froid,** it is turning cold. **Sa chance a tourné,** his luck has turned. (*c*) (Of fruit, etc.) To colour, ripen. (*d*) To turn out, result. (Of pers.) **Mal t.,** to go to the bad. **Cela tournera mal,** evil will come of it. (*e*) **L'affaire tournait au tragique,** the affair was taking a tragic turn, was turning to tragedy. (Of wine) **T. au vinaigre,** to turn acid. *Abs.* **Lait qui tourne,** milk that is turning, curdling. **Faire t. qch.,** to curdle sth.; to turn sth. sour. (*f*) *Cin:* **T. dans un film,** to act in a film.

se tourner. 1. (*a*) **Se t. vers qn, du côté de qn,** to turn towards s.o. (*b*) **Se t. contre qn,** to turn against s.o. (*c*) To turn round. **Tournez-vous un peu que je vous voie de côté,** turn round a little and let me see your profile. **2. Le temps se tourne au beau,** the weather is turning fine.

tournerie [turnəri], *s.f.* Turner's shop.

tournesol [turnəsɔl], *s.m.* **1.** *Bot:* Turnsole, sunflower. **2. Papier (de) t.,** litmus paper.

tournette [turnɛt], *s.f.* **1.** Reel; wool-winder. **2.** Washer cutter; circular glass-cutter. **3.** (*a*) Turntable (for small objects). (*b*) (Drying) whirler. **4.** Squirrel's cage.

tourneur, -euse [turnœːr, -øːz]. **1.** *a.* **Derviche t.,** dancing, whirling, dervish. **2.** *s.m.* Turner. **T. de vis,** screw-cutter. **3.** *s.f. Tex:* **Tourneuse,** (woman) reeler, winder (of silk).

tournevent [turnəvɑ̃], *s.m.* Chimney-cowl.

tournevis [turnəvis], *s.m. Tls:* Screw-driver.

tournicoter [turnikɔte], *v.i. F:* To wander round and round.

tourniole [turnjɔl], *s.f.* Whitlow, esp. felon.

tourniquet [turnikɛ], *s.m.* **1. T.(-compteur),** turnstile. **2.** (*a*) Roller (for ropes, etc., to pass over). (*b*) Swivel. (*c*) Button, turnbuckle (on shutter, etc.). **3.** (*a*) Whirligig. (*b*) Catherine-wheel. (*c*) *Ph:* **T. hydraulique,** reaction wheel. (*d*) Sprinkler (for watering plants). **4.** *Surg:* Tourniquet. **5.** *Ent:* Whirligig-beetle.

tournis [turni], *s.m. Vet:* Staggers, sturdy.

tournoi [turnwa], *s.m.* Tournament, tourney; (whist) drive.

tournoiement [turnwamɑ̃], *s.m.* **1.** Whirling; swirling; wheeling (of birds). **2.** Giddiness, dizziness.

tournoy|er [turnwaje], *v.i.* **(je tournoie; je tournoierai)** To turn round and round; to whirl; (of water) to eddy, swirl. **Faire t. qch.,** to twirl, whirl, sth. *a.* **-ant.**

tournure [turnyːr], *s.f.* **1.** *Metalw:* Turnings (from a lathe). **2.** Turn, course (of events). **Les affaires prennent une vilaine t.,** things are shaping badly, are looking black. **3.** Shape, form, figure, appearance. **Quelqu'un avec votre t.,** someone with your figure. **T. d'esprit,** cast, turn, of mind. **Donner une autre t. à la chose,** to put a new face on the matter. **T. de phrase,** turn of phrase. **4.** *Cost: A:* Bustle; dress-improver.

tourte [turt], *s.f.* (*a*) (Covered) tart. (*b*) *P:* Hopeless idiot, dolt.

tourteau [turto], *s.m.* **1.** Oil-cake (for cattle). **2.** Edible crab. **3.** Centre-boss (of wheel, crank). **4.** *Her:* Roundel.

tourtereau [turtəro], *s.m.* Young turtle-dove. *F:* **S'aimer comme deux tourtereaux,** to bill and coo.

tourterelle [turtərɛl], *s.f.* Turtle-dove.

tourtière [turtjɛːr], *s.f.* (*a*) Pie-dish; baking-tin. (*b*) *Fr.C:* Meat pie, minced-pork pie.

tous. See TOUT.

Toussaint (la) [latusɛ̃]. *Pr.n.f.* All Saints' day; All-Hallows. **La veille de la T.,** Hallowe'en.

touss|er [tuse], *v.i.* To cough. **T. gras,** to cough up phlegm. *s.* **-eur, -euse,**

tousserie [tusri], *s.f.* (Constant) coughing (esp. among audience).

toussoter [tusɔte], *v.i.* (*a*) To hem; to cough slightly. (*b*) To have a slight cough.

toussoterie [tusɔtri], *s.f. F:* Constant slight coughing.

tout, toute, *pl.* **tous, toutes** [tu, tut, tu, tut]. (When **tous** is a pronoun it is pronounced [tuːs]) All. **I.** *a.* **1.** (Noun undetermined) Any, every, all. **Toute profession est honnête,** any, every, calling is honest. **Repas à toute heure,** meals served at any time. **Pour t. mobilier deux petits lits,** for sole furniture two small beds. **T. autre que vous,** anybody but you. **J'ai toute raison de croire que . . .,** I have every reason to believe that. . . . **2.** (Intensive) **De toute force il nous faut . . .,** we absolutely must. . . . **Dans sa toute jeunesse,** when he was quite a child; in his early youth. **Des arbres de toute beauté,** most beautiful trees. **A toute vitesse, à toute allure, à toute bride, à toute vapeur,** at full speed. **T. à vous,** entirely yours. **De toute importance,** of primary importance **3.** The whole; all. **Toute la famille,** the whole family, all the family. **Pendant t. l'hiver,** throughout the winter; all through the winter. **L'armée cédait sur toute la ligne,** the army was giving way all along the line. **Au milieu de t. ça . . .,** in the midst of it all. . . . S.a. MONDE 2. **4.** All, every. **Tous les invités,** all the guests. **Tous ces livres,** all these books. **Tous les jours,** every day. **Toutes les fois que . . .,** every time that . . .; whenever. . . . **Au-dessus de toutes choses . . .,** above all. . . . **5.** (With numerals) **Tous (les) deux,** both. **Tous (les) trois,** all three. **Tous les deux jours,** every other day. **Tous les trois jours,** every third day. **6.** (With un) **T. un quartier de la ville a été incendié,** a whole quarter of the town was burnt. **C'est toute une histoire,** (i) it's a long story; (ii) *F:* it's no end of a job.

II. tout, *pron.* **1.** *sg.neut.* All, everything. **Il faut t. lui montrer,** we must show him everything. **T. est bien qui finit bien,** all's well that ends well. **C'est t. ce qu'il y a de plus beau, de plus drôle,** it is most beautiful; nothing could be funnier. **Il mange de t.,** he eats anything. **Vendre de t.,** to deal in all sorts of wares. **Il est capable de t.,** he is capable of anything. **C'est t. dire,** I needn't say more. **C'est t. un,** it's all one. **En t. et pour t. . . .,** first and last. . . . *P:* **Drôle comme t.,** so funny, awfully funny. **Rire comme t.,** to laugh like anything. *F:* **Et t. et t.,** and all the rest of it. **2.** *pl.* **Une (bonne) fois pour toutes,** once for all. **Venez tous** [tuːs]! come all of you! **Le meilleur de tous,** the best of them all. **Tous à la fois,** all together. **Tous sans exception,** all without exception; one and all. **Nous tous, vous tous, eux tous,** all, (everyone) of us, of you, of them. **Combien d'argent out-ils à eux tous?** How much money have they got between them (all)?

III. tout, *s.m.* **1. Le t.,** the whole. **Le t. est de réussir,** the main thing is to succeed. **Il faut risquer le t. pour le t.,** we must stake everything; *F:* it's neck or nothing. **Du t. au t.,** entirely. **La situation a changé du t. au t.,**the situation has entirely changed. **En t. ou en partie,** wholly or partly. **Pas du t.,** *F:* **du t.,** not at all. S.a. METTRE 1, RIEN I. 2. **2.** *Mth:* (*pl.* **touts**) Total. (In charades) **Mon t.,** my all, my whole.

IV. tout, *adv.* (Intensive) (Before a fem.adj. beginning with a consonant or **h** 'aspirate' **tout** becomes **toute**) **1.** Quite, entirely, completely, very. **T. nouveau(x), toute(s) nouvelle(s),** quite new. **Elle était encore toute petite,** she was still quite little. **T. de noir vêtue, toute vêtue de noir,** dressed all in black. **Des lutteurs de t. premier ordre,** the very best wrestlers. **Une t. autre personne,** quite a different person. **T. droit,** (i) bolt upright; (ii) straight ahead. **T. neuf,** brand new. **T. nu,** stark naked. **T. éveillé,** wide awake. **Vêtement t. fait,** ready-made garment. **T. au bout,** right at the end. S.a. CONTRE 1, 2. **T. doux!** gently! **T. à fait,** quite, entirely, altogether. **T. au plus,** at the very most. **T. au moins, t. le moins,** at the very least. (At end of letter) **T. à vous,** yours very truly. S.a. AUTANT 1, BON I. 12, BONNE, COUP 4, COURT[1] 2, GO, HAUT II. 1, HEURE 2, LONG 2, MÊME 3, SUITE 1, UN 1. **2.** (With gerund) **T. en parlant,** while speaking. **3.** (Concessive) **T. ignorant qu'il est, qu'il soit,** however ignorant he is; ignorant though he may be. **4.** (Invariable in) **Être t. yeux, t. oreilles,** to be all eyes, all ears. **Elle est t. le portrait de sa mère,** she is the living image of her mother.

tout-à-l'arrière [tutalarjɛ:r], *a. Aut:* Rear-engined.

tout-à-l'avant [tutalavɑ̃], *a. Aut:* Front-wheel-drive.

tout-à-l'égout [tutalegu], *s.m.inv.* Main-drainage.

toute-bonne [tutbɔn], *s.f.* **1.** *Bot:* Clary. **2.** Variety of pear. *pl. Des toutes-bonnes.*

toute-épice [tutepis], *s.f. Bot: Cu:* Allspice, pimento, Jamaica pepper. *pl. Des toutes-épices.*

toutefois [tutfwa], *adv.* Yet, nevertheless, however.

toute-présence [tutprɛzɑ̃:s], *s.f. Theol:* Omnipresence. *No pl.*

toute-puissance [tutpɥisɑ̃:s], *s.f.* Omnipotence. *No pl.*

toutou [tutu], *s.m.* (Child's word) Doggie, bow-wow. *pl. Des toutous.*

tout-ou-rien [tuturjɛ̃], *s.m.inv.* **1.** *Clockm:* Repeating-spring. **2.** *Mec.E:* **Régulateur par t.-ou-r.,** hit-or-miss governor.

Tout-Paris [tupari], *s.m. F:* The Paris-that-matters; fashionable Paris.

tout-puissant, *f.* **toute-puissante** [tupɥisɑ̃, tutpɥisɑ̃:t], *a.* Almighty, omnipotent, all-powerful. *s.m.* **Le T.-P.,** the Almighty. *pl. Tout-puissants, toutes-puissantes.*

tout-venant [tuvnɑ̃], *s.m. Com:* Ungraded product; esp. unsorted coal, run-of-the-mine coal.

toux [tu], *s.f.* Cough. **Accès, quinte, de t.,** fit of coughing. **T. grasse,** loose cough.

toxémie [tɔksemi], *s.f.* Blood-poisoning.

toxicité [tɔksisite], *s.f.* Toxicity, poisonousness.

toxicologie [tɔksikɔlɔʒi], *s.f.* Toxicology.

toxicologique [tɔksikɔlɔʒik], *a.* Toxicological.

toxicologue [tɔksikɔlɔg], *s.m.* Toxicologist.

toxicomane [tɔksikɔman], *s.m. & f.* Drug addict; *F:* dope-addict, dope-fiend.

toxicomanie [tɔksikɔmani], *s.f.* Drug-habit; toxicomania; *F:* dope-habit.

toxicose [tɔksikø:z], *s.f. Med:* Toxicosis.

toxine [tɔksin], *s.f. Physiol:* Toxin.

toxique [tɔksik]. **1.** *a.* Toxic. **Gaz t.,** poisonous gas; *Mil: F:* poison gas. **2.** *s.m.* Poison.

trac[1] [trak], *s.m. F:* Funk, fright; *Th:* stage-fright. **Avoir le t.,** to be in a funk, to get the wind up.

trac[2], *s.m.* **Tout à t.,** (i) thoughtlessly; without reflection; (ii) out of the blue.

traçant [trasɑ̃]. *(a) a.* Running; creeping (root). *(b) Ball: s.m.* **Un t.,** a tracer-shell. *s.f.* **Une traçante,** a tracer-bullet.

tracas [trakɑ], *s.m.* Worry, trouble, bother. **Avoir du t.,** to be worried.

tracass|er [trakase], *v.tr.* To worry, bother, plague. *a.* **-ant.**

se tracasser, to worry.

tracasserie [trakasri], *s.f.* **1.** Worry, fuss (about nothing). **2.** Pestering, worrying (of s.o.). **3.** *pl.* Vexatious or ill-natured interference; pin-pricks.

tracassier, -ière [trakasje, -jɛ:r]. **1.** *a. (a)* Vexatious. *(b)* Pestering, interfering (person). *(c)* Fussy (person). **Peu t.,** easy-going. **2.** *s.* Busybody; fussy person.

tracassin [trakasɛ̃], *s.m. F:* Worry. **Avoir le t.,** (i) to be keyed up; (ii) to be unsettled.

trace [tras], *s.f.* Trace. **1.** *(a)* Trail, track, spoor (of beast); foot-print(s), trail (of person); (wheel-)track (of vehicle). (Of hounds) **Perdre la t.,** to lose the trail. **Marcher sur les traces de qn,** to tread in s.o.'s footsteps. **Laisser une t. profonde,** to leave a deep impression behind. *Mount: Skiing:* **Faire la t.,** to lead the way, to find the route. *(b)* Weal, scar, mark (of wound, etc.). *(c)* (Slight) trace. **Pas de traces de poison,** no traces of poison. **2.** *Geom:* **Traces d'une droite,** traces of a straight line.

tracé [trase], *s.m.* **1.** *(a)* Tracing, sketching; setting out, plotting (of curve, etc.); marking out (of tennis-court); laying out (of road). *(b)* Lay-out (of town, railway system, etc.); lie (of a road, etc.). **2.** *(a)* Outline, sketch, diagram, drawing. *(b)* Graph.

tracelet [traslɛ], *s.m. Tls:* Scriber, tracing-awl.

tra|cer [trase], *v.* (je **traçai(s)**; n. **traçons**) **1.** *v.tr.* To trace. *(a)* To lay out (road, railway); to mark out (tennis-court); to plot, set out (curve); to map out (route). **T. une ligne de conduite,** to lay down a line of conduct. *(b)* To draw (a line); to outline (plan, pattern). **Aiguille à t.,** scriber. **T. quelques lignes,** to write, pen, a few lines. **2.** *v.i.* *(a)* (Of roots) To run out; to creep. *(b)* (Of moles) To burrow. *s.m.* **-çage.** *s.m.* **-cement.**

traceret [trasrɛ], *s.m.* = TRACELET.

traceur, -euse [trasœ:r, -ø:z], *a.* Tracer. **Projectile t.. balle traceuse,** tracer-bullet. *Rad.A:* **Traceur,** *s.m,* tracer.

trachéal, -aux [trakeal, -o], *a. Anat:* Tracheal.

trachée [traʃe], *s.f.* **1.** *(a) Ent:* Trachea. *(b) Bot:* Duct. **2.** = TRACHÉE-ARTÈRE.

trachée-artère [traʃeartɛ:r], *s.f.* Trachea, windpipe. *pl. Des trachées-artères.*

trachéite [trakeit], *s.f. Med:* Tracheitis.

trachéotomie [trakeɔtɔmi], *s.f.* Tracheotomy.

trachome [trako:m], *s.m. Med:* Trachoma; granular conjunctivitis.

traçoir [traswa:r], *s.m.* = TRACELET.

tract [trakt], *s.m.* **1.** Tract. **2.** Leaflet.

tractation [traktasjɔ̃], *s.f. Pej:* (Underhand) deal or dealing; bargaining.

tracté [trakte], *a.* Tractor-drawn.

tracteur [traktœ:r], *s.m.* *(a)* Tractor. *(b)* Traction-engine.

tractif, -ive [traktif, -i:v], *a.* Tractive (effort, force). **Roues tractives,** traction-wheels (of locomotive). *Av:* **Hélice tractive,** tractor-propeller.

traction [traksjɔ̃], *s.f.* Traction. *(a)* Pulling. **Résistance à la t.,** tensile strength. **Effort de t.,** pull. *Gym:* **Faire une t., des tractions,** (i) to pull up to the bar, to chin the bar; (ii) to do pushings, press-ups. *(b)* Draught. **T. à bras,** man-haulage. **Véhicule à t. mécanique,** mechanically propelled vehicle. *Aut:* **T. avant,** front-wheel drive.

tradition [tradisjɔ̃], *s.f.* **1.** *(a)* Tradition. **Il est de t. . . ., que +** *sub.*, it is traditional to . . ., that. . . . *(b)* Folklore. **2.** *Jur:* Delivery, handing over (of property).

traditionn|el, -elle [tradisjɔnɛl], *a.* Traditional; standing (custom). *adv.* **-ellement.**

traducteur, -trice [tradyktœ:r, -tris]. **1.** *s.* Translator. **2.** *s.m. Cin:* **T. phonique,** sound unit.

traduction [tradyksjɔ̃], *s.f.* **1.** Translating. **2.** Translation. **T. inexacte,** mistranslation. **Essai de t.,** proposed rendering. **3.** *Automation:* **T. des informations,** data reduction.

traduire [tradɥi:r], *v.tr.* (*pr.p.* **traduisant**; *p.p.* **traduit**; *pr.ind.* **je traduis, n. traduisons**; *p.h.* **je traduisis**; *fu.* **je traduirai**) **1.** *Jur:* **T. qn en justice,** to sue, prosecute, indict, s.o. **T. qn en conseil de guerre,** to summon s.o. before a court martial. **2.** *(a)* To translate (en, into). *(b)* To decode (a cable). *(c)* To interpret, explain, express (sentiment, idea, etc.). **Vous traduisez mal ma pensée,** you misinterpret me. **Sa douleur se traduisit par des larmes,** his grief found expression in tears.

traduisible [tradɥizibl], *a.* **1. T. en justice,** liable to prosecution; liable to be sued. **2.** Translatable.

Trafalgar [trafalga:r]. *Pr.n.m.* **1.** *Geog:* Trafalgar. **2.** *F:* **Un coup de T.,** an unexpected disaster.

trafic [trafik], *s.m.* Traffic. **1.** *(a)* Trading, trade. *(b) Pej:* Illicit trading. **Le t. des stupéfiants,** the drug traffic. **Faire le t. des stupéfiants,** to peddle drugs. **Faire t. de son influence,** to trade on one's influence. **T. d'influence,** corrupt practices. **2. T. ferroviaire,** railway traffic. **Ligne à grand t.,** busy line. **Heures de fort t.,** busy hours; peak hours. **Heures de faible t.,** slack hours.

trafiquant [trafikɑ̃], *s.m.* *(a)* Trader, trafficker. **T. en stupéfiants,** drug pedlar. *(b) Pej:* Trafficker.

trafiquer [trafike]. **1.** *v.i.* To traffic, deal, trade (en, in). *Pej:* **T. de sa conscience, de son honneur,** to sell

one's conscience, one's honour. **2.** *v.tr.* To negotiate (a bill, etc.).
trafiqueur, -euse [trafikœ:r, -ø:z], *s. Pej:* Trafficker (de, en, in).
tragédie [traʒedi], *s.f.* Tragedy. **1. Les tragédies de Racine,** the tragedies of Racine. **2.** The art of tragedy.
tragédien, -ienne [traʒedjɛ̃, -jɛn], *s.* Tragedian; *f.* tragic actress, tragédienne.
tragi-comédie [traʒikɔmedi], *s.f.* Tragi-comedy. *pl. Des tragi-comédies.*
tragi-comique [traʒikɔmik], *a.* Tragi-comic(al). *pl. tragi-comiques.*
tragique [traʒik]. **1.** (*a*) *a.* Tragic (writer, play); tragic(al) (event). (*b*) *s.m.* Tragicalness; tragic side (of an event). **Cela tourne au t.,** the thing is becoming tragic. **Prendre qch. au t.,** to make a tragedy of sth.; *F:* to get panicky. **Ne le prenez pas si au t.,** don't be so tragic about it, don't take it so seriously. **2.** *s.m.* Tragic poet. **3.** *s.m.* **Le t.,** the tragic art; tragedy. *adv.* **-ment,** -ally.
trahir [trai:r], *v.tr.* To betray. **1.** To reveal, disclose, *F:* give away (secret). **T. sa pensée, se t.,** to give oneself away. **2. T. qn,** to play s.o. false. **Ne me trahissez pas,** do not betray me; *F:* don't give me away. **T. ses serments,** to be false to one's oaths.
trahison [traizɔ̃], *s.f.* **1.** (*a*) Treachery, perfidy. (*b*) *Jur:* Treason. **Haute t.,** high treason. **2.** Betrayal, betraying.
traille [trɑ:j], *s.f.* **1.** Trail-bridge or ferry. **2.** *Fish:* Trawl(-net). **Pêcher à la t.,** to trawl.
train [trɛ̃], *s.m.* **1.** (*a*) Train, string, line (of vehicles, etc.). **T. de bois,** timber raft, float. **T. de roues,** (i) set of wheels; (ii) *Mec.E:* wheel train. **T. d'engrenages,** gear-train. **T. baladeur,** sliding gear. *W.Tel:* **T. d'ondes,** train of waves. *Aut:* **T. avant,** front axle (assembly). **T. arrière,** rear axle (assembly). **T. de pneus,** set of tyres. (*b*) (Railway-)train. **T. de voyageurs,** passenger train. **T. de marchandises,** goods train. **T. omnibus,** stopping train. **T. direct,** through-train, non-stop train. **T. supplémentaire,** relief train. **T. express, t. rapide,** fast, express, train. **T. de luxe,** Pullman. **T. de plaisir,** (short distance) excursion train. **T. auto-couchette(s),** car-sleeper. **Monter dans le t.,** to get in. **Descendre de t.,** to get out. S.a. INTERCOMMUNICATION, MIXTE 2. (*c*) *Mil:* Train (of transport). **Le t. des équipages,** *F:* **le T.,** approx. = the Army Service Corps. (*d*) Suite, attendants; train (of servants, etc.). (*e*) Quarters (of horse). **T. de derrière,** hind quarters. (*f*) *Av:* **T. d'atterrissage,** under-carriage. **2.** Movement. (*a*) Pace, rate. **Cheval au t. doux,** easy-paced horse. **Mener une auto bon t.,** to drive a car at a good rate; to drive fast. **Aller bon t.,** to go at a good round pace. **Aller son petit t.,** to jog along. **A fond de t.,** at full speed, at top speed. **Au t. dont il va, à ce t.-là,** at the rate he is going, at that rate. *Sp: Cy:* **Meneur de t.,** pace-maker. **Mener le t.,** to set the pace. **Mise en t.,** warm-up. (*b*) **Il y a quelque chose en t.,** there is something afoot, something in the wind. **Mettre qch. en t.,** to start sth.; to set sth. going. *Typ:* **Mettre en t.,** to make ready. **C'est lui qui met tout en t.,** he is the life and soul of the whole thing. **L'affaire est mal en t.,** the business is hanging fire. **Le malade est en bon t.,** the patient is doing well. **Être en t. de faire qch.,** to be engaged in, busy, doing sth. **Il est en t. de travailler,** he is at work. **Le t. ordinaire des jours,** the daily round. **Les choses vont leur t.,** things are proceeding as usual; *F:* we are jogging along. *F:* **Être dans le t.,** to be in the swim. (*c*) Mode of life. **T. de maison,** style of living. **Mener grand t.,** to live on a grand scale. **Mener un t. d'enfer,** to go the pace. (*d*) *F:* Noise, row, clatter. **Faire du t., faire un t. de tous les diables,** to kick up, raise, a dust, a shindy. **3.** Mood. **Être en t.,** to be in good spirits, in good form. **Être mal en t.,** to be out of sorts. **Je ne suis pas en t. pour travailler,** I'm not in a working mood.
traînage [trɛna:ʒ], *s.m.* (*a*) Hauling, haulage; sledging, sleighing. **Câble de t.,** haulage rope. (*b*) *T.V:* Streaking.
traînailler [trɛnɑje], *v.i.* = TRAÎNASSER.
traînant [trɛnɑ̃], *a.* **1.** Dragging, trailing. **2.** Languid, listless (life); drawling (voice); shambling, shuffling (gait); drifting (clouds); lifeless (style).
traînard [trɛna:r], *s.m.* (*a*) *Mil:* Straggler, laggard. (*b*) *F:* Slow-coach; dawdler.
traînasse [trɛnas], *s.f.* **1.** *Bot:* Knotgrass, hogweed. **2.** *Ven:* Drag-net.
traînasser [trɛnase], *v.i.* To loaf, loiter; to trail about.
traîne [trɛ:n], *s.f.* **1.** (Act of) being dragged. *Nau:* **A la t.,** (i) in tow; (ii) astern. *F:* **Être à la t.,** to lag behind. **2.** Object, rope, bundle, etc., dragged behind; esp. train (of lady's dress). **3.** Seine(-net), drag-net trail-net. **4.** *Fr.C:* **T. sauvage,** toboggan.
traîneau [trɛno], *s.m.* Sledge, sleigh. **Chien de t.,** sledge-dog; husky.
traînée [trɛne], *s.f.* **1.** (*a*) Trail (of smoke, etc.); train (of gunpowder). **Se répandre comme une t. de poudre,** to spread like wildfire. (*b*) *Av:* **Effort de t.,** drag. (*c*) Air lag (of bomb). **2.** *Fish:* Ground-line, bottom-line. **3.** *Bot:* Runner. **4.** *P:* Street-walker.
traîne-malheur [trɛnmalœ:r], *s.m.inv.* **traîne-misère** [trɛnmizɛ:r], *s.m.inv. F:* Miserable wretch.
traîn|er [trɛne]. **1.** *v.tr.* To drag, pull, trail, haul, draw (sth.) along; to tow (barges); to drag on, drag out (one's existence); to spin out, drag out (speech); to drawl (one's words). **T. une vie de misère,** to drag out a wretched life. **T. la jambe,** to be lame, to have a limp. **T. le pied,** to lag behind. **S'avancer en traînant le pas,** to slouch, shamble, shuffle, along. *F:* **T. qn dans la boue,** to drag s.o., s.o.'s name, through the mud, through the mire. **2.** *v.i.* (*a*) To trail, draggle (in the dust, etc.). (*b*) To lag behind; to trail behind; to straggle. (*c*) To linger, loiter, dawdle. With cogn. acc. **T. la rue, t. les rues,** to loaf. (*d*) **Laisser t. son argent,** to leave one's money lying about. **Cela traîne partout,** it is found, met with, everywhere. (*e*) To flag, drag, languish. **L'affaire traîne,** the matter hangs fire. (Of lawsuit) **T. en longueur,** to drag (on). **Laisser t. un compte,** to leave an account unpaid. *s.m.* **-ement.**
se traîner. **1.** (*a*) To crawl (along). (*b*) **Se t. aux genoux de qn,** to go on one's knees to s.o. **2.** To drag oneself along; to move with difficulty. **Des fumées se traînent dans le ciel,** trails of smoke drift across the sky.
traînerie [trɛnri], *s.f.* Delay, dawdling.
traîneur, -euse [trɛnœ:r, -ø:z], *s.* **1.** Dragger, trailer (of sth.); hauler. **T. de sabre,** swaggerer, swashbuckler. **2.** Straggler, laggard. **3.** Sleigh-driver.
trainglot [trɛ̃glo], *s.m. P:* Soldier of the French Army Service Corps.
train-poste [trɛ̃pɔst], *s.m.* Mail-train. *pl. Des trains-poste(s).*
train-train [trɛ̃trɛ̃], *s.m. F:* Round, routine. **Le t.-t. quotidien de la vie,** life's daily grind; the trivial round. **Les choses vont leur t.-t.,** we are jogging along.
traire [trɛ:r], *v.pr.* (*pr.p.* **trayant**; *p.p.* **trait**; *pr.ind.* **je trais, n. trayons, ils traient**; *fu.* **je trairai**; no *p.h.*) **1. T. une vache,** to milk a cow. **2. T. le lait,** to draw the milk.
trait [trɛ], *s.m.* **1.** (*a*) Pulling. (At chess or draughts) **Avoir le t.,** to have first move. **Tout d'un t.,** at one stretch. **Cheval de t.,** draught-horse, cart-horse. (*b*) Trace (of harness). **2.** (*a*) **Armes de t.,** missile weapons. (*b*) Arrow, dart, *Poet:* shaft. *F:* **Partir comme un t.,** to be off like an arrow, like a shot. **Les traits de Jupiter,** Jove's thunderbolts. **T. de satire,** gibe. **Envoyer, lancer, un t. à qn,** to have a dig, a fling, at s.o. (*c*) Beam (of light). **Le soleil darde ses traits,** the sun darts its beams. (*d*) Flash (of light). **T. d'esprit,** flash of wit; witticism; sally. (*e*) *Mus:* (i) Brilliant passage; (ii) run; (iii) melodic passage. **3.** Draught, gulp. **D'un (seul) t.,** at one gulp, *F:* at one go. **4.** (*a*) Stroke, mark, line, streak, bar. **D'un t. de plume,** with a stroke of the pen. **Dessin au t.,** outline drawing. **Gravure au t.,** line engraving. **Décrire qch. à grands traits,** to give a bold outline of sth. **T. plein,** continuous line. **T. discontinu,** broken line. **En traits mixtes,** chain-dotted. *Tg:* **Points et traits,** dots and dashes. (*b*) **T. d'union,** hyphen. (*c*) Kerf, saw-cut. **5.** (*a*) Feature, lineament (of face). (*b*) Trait (of character). **6.** Act, deed (of courage, kindness). **T. de génie,** stroke of genius. **Ce sont là de ses traits,** those are some of his tricks. **7. Avoir t. à qch.,** to have reference to sth.; to refer to sth.

traitable [tretabl], *a.* Tractable, manageable, docile.
traitant [tretɑ̃]. **1.** *a.* **Médecin t.,** doctor in charge of a case. **Qui est votre médecin t.?** Who is your regular doctor? Who is the doctor in charge of your case? **2.** *s.m.* *Hist:* Farmer of revenue, of taxes.
traite [tret], *s.f.* **1.** Stretch (of road); stage (of journey). **J'ai fait une longue t.,** I have come a long way. **(Tout) d'une t.,** at a stretch. **2.** Transport (of goods); trading. **La t. des noirs, des nègres,** *Abs.* **la t.,** the slave-trade. **La t. des blanches,** the white slave traffic. **3.** *Com:* (*a*) Drawing (of a bill of exchange). (*b*) (Banker's) draft; bill (of exchange). **Faire t. sur qn,** to draw (a bill) on s.o. **4.** (*a*) Milking. (*b*) The milk (of one milking).
traité [trete], *s.m.* **1.** Treatise (**de, sur,** on). **2.** Treaty, compact, agreement. **Préparer, négocier, conclure, un t.,** to arrange, to negotiate, to conclude, a treaty (**avec,** with). **Être en t. avec qn pour . . .,** to be in treaty, to be negotiating, with s.o. for. . . .
traitement [tretmɑ̃], *s.m.* **1.** Treatment. (*a*) **Mauvais traitements,** ill-usage, maltreatment. **T. brutal,** rough handling. *Med:* **Premier t.,** first-aid. (*b*) Processing (of raw material). *Automation:* **T. des informations,** data processing. **2.** Salary; (officers') pay. **Secrétaire sans t.,** secretary unpaid.
traiter [trete], *v.tr.* To treat. **1.** (*a*) **T. qn avec civilité,** to deal civilly with, by, s.o.; to treat s.o. civilly. **T. qn de haut en bas,** to be patronizing to s.o.; to put on airs with s.o. **T. qn comme un ami,** to treat s.o. like, as, a friend. **T. qn d'égal,** to treat s.o. as an equal. (*b*) **T. qn de lâche, d'enfant,** to call s.o. a coward, a child. (*c*) **T. un malade, une maladie,** to treat a patient, a disease. **Se faire t. d'un cancer,** to undergo treatment for cancer. (*d*) To entertain. **Il nous a traités splendidement,** he treated us splendidly. (*e*) *Ind:* To process. *Phot:* **Objectif traité,** coated lens. **2.** (*a*) To negotiate (deal, marriage, etc.); to handle (business). **T. une opération avec qn.,** to transact a piece of business with s.o. (*b*) To discuss, handle, deal with (subject). **3.** *v.i.* (*a*) **T. de la paix,** to treat for peace. **T. avec ses créanciers,** to treat, negotiate, with one's creditors. (*b*) (Of book) **T. d'un sujet,** to treat of, deal with, a subject.
traiteur [tretœ:r], *s.m.* (*a*) *A:* Keeper of an eating-house. (*b*) Caterer.
traître, traîtresse [trɛ:tr, tretrɛs]. **1.** *a.* Treacherous, traitorous; vicious (animal); dangerous (stair, crevasse). **T. à l'honneur,** false to honour. *F:* **Il n'en a pas dit un t. mot,** he didn't breathe a word about it. *F:* **Un petit vin t.,** an insidious wine. **2.** *s.* (*a*) Traitor, traitress. **En t.,** treacherously. (*b*) *Th:* **Le t.,** the villain.
traîtreusement [tretrøzmɑ̃], *adv.* Treacherously.
traîtrise [tretri:z], *s.f.* Treachery.
trajectoire [traʒɛktwa:r], *s.f.* Trajectory.
trajet [traʒɛ], *s.m.* (*a*) Journey (by railway, etc.); (length of) ride, drive, flight, etc.; passage (e.g. of food through the alimentary tract). **T. de mer, par mer,** passage, crossing. **J'ai fait une partie du t. en avion,** I flew part of the way. **Sur le t. du restaurant,** on the way to the restaurant. (*b*) Course (of artery, etc.); path (of projectile).
tralala [tralala], *s.m.* **1.** Tra la la, tol-de-rol. **2.** *F:* Fuss, ado (at social ceremony, etc.). **Faire du t.,** to make a great display. **Être sur son t., en grand t.,** to be dressed up to the nines.
tram [tram], *s.m.* *F:* = TRAMWAY 2.
tramail [trama:j], *s.m.* Trammel(-net), drag-net. *pl.* *Des tramails.*
trame [tram], *s.f.* **1.** *Tex:* Woof, weft. **La t. de la vie, d'un discours,** the web, thread, of life; the texture of a speech. **2.** Plot, conspiracy. **Ourdir une t.,** to hatch concoct, a plot. **3.** *Phot:* (Ruled half-tone) screen. **4.** *T.V:* Frame.
tramer [trame], *v.tr.* (*a*) *Tex:* To weave. (*b*) **T. une action,** to weave the plot (of novel, play). (*c*) **T. un complot,** to hatch, weave, a plot. **Il se trame quelque chose,** there is something afoot.
tramontane [tramɔ̃tan], *s.f.* **1.** Tramontana, north wind (in Mediterranean area). **2.** (*a*) North (in Mediterranean area). (*b*) North Star. *F:* **Perdre la t.,** to lose one's bearings; *F:* to lose one's head.
tramp [trɑ̃:p], *s.m.* *Nau:* Tramp steamer.
tramway [tramwɛ], *s.m.* **1.** Tramway (line). **2.** Tram' *U.S:* street car.
tranchant [trɑ̃ʃɑ̃]. **1.** *a.* (*a*) Cutting, sharp (tool, sword); keen (edge). (*b*) Trenchant (words, opinion); sharp, peremptory (tone); self-assertive (person). (*c*) Sharply contrasted (colours); loud, glaring (colour). **2.** *s.m.* (Cutting) edge (of knife, etc.); thin edge (of wedge). **Mettre le t. à une lame,** to put an edge on a blade. **Épée, argument, à deux tranchants,** two-edged sword; argument that cuts both ways.
tranche [trɑ̃:ʃ], *s.f.* **1.** (*a*) Slice (of bread, etc.); round (of beef); rasher (of bacon). **T. napolitaine,** Neapolitan (ice-cream). **En tranches,** in slices, sliced. *F:* **Une t. de vie,** a cross-section of life. (*b*) Block, portion (of an issue of shares, lottery prizes, etc.). *Adm:* **Par t. de 100 livres ou fraction de 100 livres,** for every complete sum of £100 or part thereof. *Ar:* **T. de trois chiffres,** group, period, of three figures. **2.** Slab (of marble, stone). **3.** (*a*) Face (of wheel, etc.). (*b*) Edge (of coin, plank). (*c*) (Cut) edge (of book). **Livre doré sur t.,** gilt-edged book. (*d*) *Geom. Drawing:* **T. verticale,** vertical section. **4.** *Tls:* Set, chisel. **T. à froid,** cold set.
tranchée [trɑ̃ʃe], *s.f.* **1.** (*a*) Trench. *Agr:* Drain. *Rail:* Cutting. *Mil:* **Monter à la t.,** to go into the trenches. (*b*) Cutting (through forest). **2.** *pl.* Colic, gripes.
tranchefile [trɑ̃ʃfil], *s.f.* *Bookb:* Headband.
tranchelard [trɑ̃ʃla:r], *s.m.* Cook's knife.
tranche-pain [trɑ̃ʃpɛ̃], *s.m. inv.* Bread-cutter.
tranch|er [trɑ̃ʃe]. **1.** *v.tr.* (*a*) To slice (bread, etc.); to cut. **T. la tête à qn,** to cut off s.o.'s head. **T. dans le vif,** (i) *Surg:* to use the knife; (ii) *F:* to adopt drastic measures. (*b*) To cut short (discussion, s.o.'s career); to settle (question) out of hand, once and for all. **T. le mot,** to speak plainly; to speak out. S.a. MOT 1. **Pour t. net. . .,** to cut it short. **Tranchons là,** that's enough; (let's) say no more. **Il t. sur tout,** he is so positive, so cocksure. (*c*) To decide, settle, solve (question). **2.** *v.i.* (*a*) (Of colours, etc.) To contrast strongly (**sur,** with); to stand out clearly. (*b*) **T. du bel esprit, du philosophe,** to set up for a wit, for a philosopher. S.a. SEIGNEUR 1. *s.m.* **-age.**
tranchet [trɑ̃ʃɛ], *s.m.* *Tls:* **1.** Anvil-cutter. **2.** (Shoemaker's) paring-knife.
tranchoir [trɑ̃ʃwa:r], *s.m.* **1.** *Cu:* Trencher, cutting-board. **2.** *Ich:* Zanclus.
tranquille [trɑ̃kil], *a.* Tranquil. (*a*) Calm, still, quiet (sea); steady (compass); placid (stream). **Il ne peut pas rester t.,** he can't keep still. **Se tenir t.,** to keep still; to keep quiet. (*b*) Quiet, peaceful (town, people, etc.). **Un quartier t.,** a quiet district. (*c*) Undisturbed, untroubled, easy (mind). **Laissez-moi t.,** leave me alone; let me be. **Soyez t. (là-dessus),** set your mind at rest, at ease (about that). **Un père t.,** a placid sort of chap. *adv.* **-ment.**
tranquillisant [trɑ̃kilizɑ̃]. **1.** *a.* Tranquillizing, reassuring (news, etc.); soothing (effect). **2.** *s.m.* *Med:* Tranquillizer.
tranquilliser [trɑ̃kilize], *v.tr.* To tranquillize; to reassure (s.o.) (**sur,** on, about); to set at rest, to soothe (the mind).
se tranquilliser. 1. (Of the sea, etc.) To calm down. **2. Tranquillisez-vous là-dessus,** set your mind at rest about that.
tranquillité [trɑ̃kilite], *s.f.* **1.** (*a*) Tranquillity, calm (-ness), quiet, stillness. (*b*) Quietness (of horse). **2. T. d'esprit,** peace of mind.
transaction [trɑ̃zaksjɔ̃], *s.f.* **1.** (*a*) *Com:* Transaction; *pl.* dealings, deals. (*b*) *pl.* **Transactions d'une société,** transactions, proceedings (of the Royal society, etc.). **2.** (*a*) *Jur:* Settlement arrived at by parties *inter se*; arrangement, compromise. (*b*) *Pej:* **T. avec sa conscience,** compromise with one's conscience.
transactionnel, -elle [trɑ̃zaksjɔnɛl], *a.* Of the nature of a compromise. **Arriver à une solution transactionnelle,** to effect a compromise.
transafricain [trɑ̃zafrikɛ̃]. **1.** *a.* Trans-African. **2.** *s.m.* **Le T.,** the Cape-to-Cairo railway.
transalpin [trɑ̃zalpɛ̃], *a.* Transalpine.
transaméricain [trɑ̃zamerikɛ̃], *a.* Trans-American.
transat [trɑ̃zat]. **1.** *s.m.* *F:* (*a*) Liner. (*b*) (Hammock) deck-chair. **2.** *s.f.* *F:* **La T. = La Compagnie Générale Transatlantique,** French Line.

transatlantique [trɑ̃zatlɑ̃tik]. **1.** *a.* Transatlantic. **2.** *s.m.* (*a*) (Atlantic) liner. (*b*) (Hammock) deck-chair.
transbordement [trɑ̃sbɔrdmɑ̃], *s.m.* **1.** (*a*) Transshipment. (*b*) *Rail:* Transfer from one train to another. **2.** Ferrying across.
transborder [trɑ̃sbɔrde], *v.tr.* **1.** (*a*) To trans-ship (cargo, passengers). (*b*) *Rail:* To transfer (goods) from one train to another. **2.** To convey, ferry, (passengers, etc.) across river, etc.
transbordeur [trɑ̃sbɔrdœːr], *s.m.* **(Pont) t.,** transporter-bridge; aerial ferry.
transcanadien, -ienne [trɑ̃skanadjɛ̃, -jɛːn], *a.* Trans-Canadian. **Route transcanadienne,** Trans-Canada highway.
transcendance [trɑ̃ssɑ̃dɑ̃ːs], *s.f.* Transcendency, transcendence.
transcendant [trɑ̃ssɑ̃dɑ̃], *a.* **1.** Transcendent. **2.** *Mth:* Transcendental (quantity, geometry).
transcender [trɑ̃sɑ̃de], *v.tr.* (*a*) *Phil:* To transcend. (*b*) *F:* To be superior to everybody.
transcontinental, -aux [trɑ̃skɔ̃tinɑ̃tal, -o], *a.* Transcontinental.
transcripteur [trɑ̃skriptœːr], *s.m.* Transcriber.
transcription [trɑ̃skripsjɔ̃], *s.f.* **1.** Transcription, transcribing. *Book-k:* Posting (of journal). **2.** (*a*) Transcript, copy. (*b*) *Mus:* Transcription (of song for violin, etc.).
transcrire [trɑ̃skriːr], *v.tr.* (Conj. like ÉCRIRE) **1.** (*a*) To transcribe, write out (shorthand notes, etc.). (*b*) *Book-k:* **T. le journal au grand livre,** to post the journal into the ledger; to post up. **2. T. un morceau pour le piano,** to make a transcription of a piece for the piano.
transe [trɑ̃ːs], *s.f.* **1.** Usu. *pl.* Fright, fear. **Être dans des transes,** to be shivering in one's shoes. **2.** (Hypnotic) trance.
transept [trɑ̃sɛpt], *s.m.* *Ecc.Arch:* Transept.
transf|érer [trɑ̃sfere], *v.tr.* (**je transfère; je transférerai**) (*a*) To transfer; to convey, remove, from one place to another; to translate (bishop). (*b*) **T. ses biens à qn,** to make over, assign, one's goods to s.o. **T. une propriété,** to convey an estate. *a.* **-érable.** *s.m.* **-èrement.**
transfert [trɑ̃sfɛːr], *s.m.* **1.** Transference. *Phot:* **Papier de t.,** transfer paper (in carbon process). **2.** Making over; transfer, assignment (of stock, rights, etc.); demise, conveyance (of estate). *Jur:* **Acte de t.,** deed of assignment (in favour of creditors).
transfiguration [trɑ̃sfigyrasjɔ̃], *s.f.* Transfiguration.
transfigurer [trɑ̃sfigyre], *v.tr.* To transfigure.
se transfigurer, to be, become, transfigured.
transformateur, -trice [trɑ̃sfɔrmatœːr, -tris]. *El.E:* **1.** *a.* Transforming. **2.** *s.m.* Transformer. **T. rotatif,** rotary transformer; converter. **T. élévateur,** step-up transformer. **Poste, station, de transformateurs,** transformer station. *W.Tel:* **T. d'oscillations,** transformer, *F:* jigger.
transformation [trɑ̃sfɔrmasjɔ̃], *s.f.* **1.** (*a*) Transformation (en, into). **Acteur à transformations,** quick-change artist(e). *Pol.Ec:* **Industrie de t.,** processing industry. *El:* **Rapport de t.,** transformer ratio. (*b*) *Log:* Conversion (of proposition). **2.** Transformation(-wig).
transform|er [trɑ̃sfɔrme], *v.tr.* (*a*) To transform, change (en, into). *Dressm:* To make over (a dress). *Rugby Fb:* **T. un essai,** to convert a try. (*b*) *Log:* To convert (proposition). *a.* **-able.**
se transformer, to be transformed, to change, turn (en, into).
transfuge [trɑ̃sfyːʒ], *s.m.* (*a*) *Mil:* Deserter to the other side. (*b*) *F:* Turncoat.
transfuser [trɑ̃sfyze], *v.tr.* To transfuse (blood). *F:* To instil (à, into).
transfuseur [trɑ̃sfyzœːr], *s.m.* *Med:* **1.** Transfuser (of blood). **2.** Transfusionist.
transfusion [trɑ̃sfyzjɔ̃], *s.f.* Transfusion (of blood).
transgress|er [trɑ̃sgrɛse], *v.tr.* To transgress, contravene, break, infringe (the law). *s.m.* **-eur.**
transgressif, -ive [trɑ̃sgrɛsif, -iːv], *a.* Transgressive.
transgression [trɑ̃sgrɛsjɔ̃], *s.f.* Transgression.
transhumance [trɑ̃zymɑ̃ːs], *s.f.* *Husb:* Transhumance.
transhumant [trɑ̃zymɑ̃]. **1.** *a.* **Troupeau t.,** flock, herd, on the move. **2.** *s.m.* *pl.* Flocks, herds, moved (to or from the mountain pastures).
transhumer [trɑ̃zyme], *v.tr.* To move (flocks, herds) to or from mountain pastures.
transi [trɑ̃si], *a.* Chilled; perished with cold. *F:* **Amoureux t.,** bashful lover.
transiger [trɑ̃ziʒe], *v.i.* (**je transigeai(s); n. transigeons**) To compound, compromise; to effect a compromise. **Ne pas t.,** to be adamant.
transir [trɑ̃siːr], *v.tr.* (*a*) To chill, benumb (with cold). (*b*) To paralyse, overcome (with fear).
transistor [trɑ̃zistɔːr], *s.m.* *El:* Transistor. *W.Tel:* *F:* Transistor (wireless) set.
transit [trɑ̃zit], *s.m.* **1.** *Cust:* Transit. **Document de t.,** transit permit. **Maison de t.,** forwarding agency. **2.** *Rail:* Through traffic.
transitaire [trɑ̃zitɛːr]. **1.** *a.* **Pays t.,** country through which goods are conveyed in transit. **2.** *s.m.* Forwarding agent, transport agent.
transiter [trɑ̃zite]. **1.** *v.tr.* To convey (goods) in transit; to forward (goods). **2.** *v.i.* (Of goods) To be in transit.
transit|if, -ive [trɑ̃zitif, -iːv], *a.* *Gram:* Transitive (verb). *adv.* **-ivement.**
transition [trɑ̃zisjɔ̃], *s.f.* Transition. **Sans t.,** abruptly.
transitoire [trɑ̃zitwaːr], *a.* Transitory, transient; temporary (measure). *adv.* **-ment.**
translateur [trɑ̃slatœːr], *s.m.* *El:* *Tg:* Translator, repeater. **T. d'impulsions,** impulse repeater.
translatif, -ive [trɑ̃slatif, -iːv], *a.* *Jur:* Translative. **Acte t. (de propriété),** conveyance, transfer.
translation [trɑ̃slasjɔ̃], *s.f.* **1.** *Ecc:* Translation (of bishop, relics). *Jur:* Transferring, conveyance (of property). *Tg:* Retransmission (of message). **2.** *Mec:* **Mouvement de t.,** motion of translation.
translucide [trɑ̃slysid], *a.* Translucent.
translucidité [trɑ̃slysidite], *s.f.* Translucence.
transmetteur [trɑ̃smɛtœːr], *s.m.* (*a*) *Tg:* Transmitter. (*b*) *Nau:* **T. d'ordres,** (ship's) telegraph; transmitter. **(Officier) t.,** signals officer.
transmettre [trɑ̃smɛtr], *v.tr.* (Conj. like METTRE) **1.** To transmit (light, message); to pass on, convey (message, etc.); to hand (sth.) down (to posterity). **2.** *Jur:* To transfer, convey, make over (property); to assign (shares, patent).
transmigration [trɑ̃smigrasjɔ̃], *s.f.* Transmigration (of peoples, of the soul).
transmigrer [trɑ̃smigre], *v.i.* To transmigrate.
transmi-s, -t, etc. See TRANSMETTRE.
transmissiblité [trɑ̃smisibilite], *s.f.* (*a*) Transmissibility. (*b*) Transferability.
transmissible [trɑ̃smisibl], *a.* (*a*) Transmissible, transmittable. (*b*) Transferable (right, etc.).
transmission [trɑ̃smisjɔ̃], *s.f.* **1.** (*a*) Transmission, transmittal (of heat, message); passing on (of order); handing down (of tradition, etc.); *Tg:* sending (of message). **T. aux ondes dirigées,** beam transmission. *W.Tel:* **Antenne de t.,** sending aerial, transmitting aerial. **T. directe, en direct,** live broadcast. **T. différée, en différé,** recorded broadcast. *Navy:* *Mil:* **Les transmissions,** signals. *Navy:* **Officier de transmissions,** signal officer. (*b*) *Mec.E:* **La t.,** the transmission gear; the shafting, belting, gearing, etc. **Arbre de t.,** driving shaft. **T. par courroie,** belt-transmission, belt-drive. **2.** *Jur:* Transfer(ence), making over, conveyance (of estate); assignment (of shares, patent). *Adm:* **T. des pouvoirs,** 'handing over.'
transmuable [trɑ̃smɥabl], *a.* Transmutable.
transmuer [trɑ̃smɥe], *v.tr.* To transmute.
transmutabilité [trɑ̃smytabilite], *s.f.* Transmutability.
transmutation [trɑ̃smytasjɔ̃], *s.f.* Transmutation (en, into).
transmuter [trɑ̃smyte], *v.tr.* = TRANSMUER.
transocéanique [trɑ̃sɔseanik], *a.* Transoceanic.
transparaître [trɑ̃sparɛːtr], *v.i.* (Conj. like PARAÎTRE) To show through.
transparence [trɑ̃sparɑ̃ːs], *s.f.* Transparency.
transparent [trɑ̃sparɑ̃]. **1.** *a.* Transparent. **2.** *s.m.* (*a*) Transparency (illuminated from behind). (*b*) Under-lines, 'black lines' (supplied with writing-block). (*c*) *pl.* *Tail:* Vest slips. (*d*) *Cost:* Thin material worn over a foundation.
transperc|er [trɑ̃spɛrse], *v.tr.* (**je transperçai(s); n. transperçons**) To (trans)pierce; to transfix; to stab.

pierce, (s.o., sth.) through. **T. qn du regard,** to look s.o. through and through. *s.m.* **-ement.**

transpiration [trɑ̃spirasjɔ̃], *s.f.* (*a*) Perspiration, sweat. **Être en t.,** to be perspiring. (*b*) *Bot:* Transpiration. (*c*) Transpiring (of a secret, etc.).

transpirer [trɑ̃spire], *v.i.* **1.** (Aux. **avoir**) (*a*) To perspire. *Med:* **Faire t. qn,** to sweat s.o. **Je ne transpire pas des pieds,** my feet don't perspire. (*b*) *Bot:* To transpire. **2.** (Aux. **avoir** or **être**) To transpire; (of news) to leak out, to get abroad. **Il n'en était rien transpiré,** nothing of it had transpired.

transplantation [trɑ̃splɑ̃tasjɔ̃], *s.f.,* **transplantement** [trɑ̃splɑ̃tmɑ̃], *s.m.* Transplantation, transplanting.

transplant|er [trɑ̃splɑ̃te], *v.tr.* To transplant. *a.* **-able.** *s.m.* **-eur.**

se transplanter, to settle elsewhere.

transport [trɑ̃spɔ:r], *s.m.* **1.** (*a*) Transport, conveyance, carriage (of goods, passengers). **Frais de t.,** freight charges; carriage. **Compagnie de t.,** carrying company, forwarding company. **T. par avion,** air freight. **Capacité de t.,** carrying capacity. *Ind:* **Courroie de t.,** conveyor belt. (*b*) *Jur:* **T. sur les lieux,** visit (of experts, officials, etc.) to the scene of the incident. **2.** *Navy:* Transport(-ship); troop-ship. **3.** (*a*) *Jur:* **T.(-cession),** transfer, assignment, making over, conveyance (of property). (*b*) *Book-k:* (i) Transfer (from one account to another); (ii) balance brought forward. (*c*) *Lith:* Transfer (on to the stone). **Papier à t.,** transfer paper. **4.** Transport, rapture; outburst of feeling. **Dans un t. de joie,** in an ecstasy of joy. **Dans un t. de colère,** in a burst of passion. **Accueillir une nouvelle avec t.,** to receive news with transports of delight. **5.** *Med:* **T. au cerveau,** rush of blood to the brain; brain-storm; stroke.

transportable [trɑ̃spɔrtabl], *a.* Transportable; (patient) fit to be (re)moved.

transportation [trɑ̃spɔrtasjɔ̃], *s.f.* **1.** Conveyance (of goods). **2.** (Penal) transportation (of convicts).

transporté [trɑ̃spɔrte]. **1.** *s.* Transported convict. **2.** *a.* **T. de joie, de colère,** beside oneself with joy, with rage.

transporter [trɑ̃spɔrte], *v.tr.* **1.** (*a*) To transport, convey, remove, transfer, carry (goods, troops, etc., from one place to another). **Le courrier est transporté par avion,** the mail is flown, goes by air. (*b*) *Jur:* To transport (convict). **2.** *Jur:* To transfer, make over, assign (rights). **3.** To transport, to carry away, to enrapture.

se transporter, to go, betake oneself, repair (to a place). *Jur:* (Of officials) **Se t. sur les lieux,** to visit the scene of the incident.

transporteur [trɑ̃spɔrtœ:r], *s.m.* **1.** Carrier; forwarding agent. **2.** *Ind:* (*a*) **T. à vis,** spiral conveyor. **T. à bande,** belt-conveyor. **T. aérien,** cable-way, aerial ropeway, overhead runway. **T. monorail,** telpher. (*b*) **(Chariot) t.,** travelling crane.

transposable [trɑ̃spozabl], *a.* Transposable.

transposer [trɑ̃spoze], *v.tr.* To transpose.

transpositeur [trɑ̃spozitœ:r], *s.m.* *Mus:* Transposing instrument.

transpositif, -ive [trɑ̃spozitif, -i:v], *a.* Transpositional, transpositive.

transposition [trɑ̃spozisjɔ̃], *s.f.* Transposition.

transrhénan [trɑ̃srenɑ̃], *a.* Beyond the Rhine; transrhenane.

transsaharien, -ienne [trɑ̃ssaarjɛ̃, -jɛn], *a.* *Geog:* Trans-Saharan.

transsibérien, -ienne [trɑ̃ssiberjɛ̃, -jɛn]. **1.** *a.* *Geog:* Trans-Siberian. **2.** *s.m.* **Le T.,** the Trans-Siberian Railway.

transsonique [trɑ̃ssɔnik], *a.* *Av:* Trans-sonic, transonic (region of speed just beyond Mach 1).

transsubstantiation [trɑ̃ssypstɑ̃sjasjɔ̃], *s.f.* *Theol:* Transubstantiation.

transsubstantier [trɑ̃ssypstɑ̃sje], *v.tr.* *Ecc:* To transubstantiate.

transsudation [trɑ̃ssydasjɔ̃], *s.f.* Transudation.

transsuder [trɑ̃ssyde], *v.i.* (Of liquid) To transude; to ooze through.

transvas|er [trɑ̃svɑze, trɑ̃z-], *v.tr.* To decant (wine, etc.) *s.m.* **-ement.**

se transvaser, (of water) to siphon.

transvaseur [trɑ̃svazœ:r, trɑ̃z-], *s.m.* Decanter (pers. or apparatus).

transversal, -aux [trɑ̃svɛrsal, trɑ̃z-, -o], *a.* Transverse, transversal; cross-(section, gallery). **Mur t.,** partition (-wall). **Poutre transversale,** cross-girder. **Rue transversale,** cross-street, side-street. *N.Arch:* **Plan t.,** athwartship plane. *Mec.E:* **Avance transversale,** cross-feed. **Vis d'avance transversale,** cross-fed screw (of lathe).

transversalement [trɑ̃svɛrsalmɑ̃, trɑ̃z-], *adv.* Transversely, crosswise, athwart.

transverse [trɑ̃svɛrs, trɑ̃z-]. **1.** *a.* *Anat:* *Geom:* Transverse. **2.** *s.m.* *Anat:* Transverse (muscle).

transvider [trɑ̃svide], *v.tr.* To pour (sth.) into another container.

tran-tran [trɑ̃trɑ̃], *s.m.* *A:* = TRAIN-TRAIN.

trapèze [trapɛ:z], *s.m.* **1.** (*a*) *Geom:* Trapezium (with two sides parallel). (*b*) *Gym:* Trapeze. **2.** *a.* **Muscle t.,** trapezius (muscle).

trapéziste [trapezist], *s.m. & f.* *Gym:* Trapezist.

trapézoïde [trapezɔid]. **1.** *a.* Trapezoid(al). *Anat:* **Os t.,** trapezium. **2.** *s.m.* *Geom:* Trapezoid; trapezium (with no sides parallel).

trapézoïdal, -aux [trapezoidal, -o], *a.* Trapezoidal. **Courroie trapézoïdale,** V-shaped belt.

trappe[1] [trap], *s.f.* **1.** *Ven:* Trap, pitfall. **2.** (*a*) Trap-door, flap-door. *Th:* Trap. (*b*) Register (of fireplace).

Trappe[2] **(la).** *Pr.n.f.* **1.** The convent of La Trappe (in Normandy); Trappist monastery. **2.** The Trappist order of monks.

trapper [trape], *v.i.* *Fr.C:* To hunt by trapping.

trappeur [trapœ:r], *s.m.* Trapper (of wild animals).

trappillon [trapijɔ̃], *s.m.* *Th:* Trap-door; slot.

trappiste [trapist], *a. & s.m.* Trappist (monk).

trappistine [trapistin], *s.f.* *Ecc:* Trappistine (nun or liqueur).

trapu [trapy], *a.* Thick-set, squat, dumpy, stocky (man, horse).

traque [trak], *s.f.* *Ven:* Beating for game.

traquenard [trakna:r], *s.m.* (*a*) Trap, deadfall. **Pris au t.,** caught in a trap. **Pris dans son propre t.,** hoist with his own petard. **Les traquenards d'une langue,** the pitfalls of a language. (*b*) Ambush.

traquer [trake], *v.tr.* *Ven:* **1.** To beat (wood, etc.) for game; to beat up (game). **2.** (*a*) To enclose, surround, hem in (quarry, bandits). (*b*) To track down, hunt down, run to earth (criminal).

traquet [trakɛ], *s.m.* **1.** (Mill-)clapper, clack. **2.** *Orn:* **T. motteux,** wheatear. **T. rubicole,** stonechat.

traqueur [trakœ:r], *s.m.* *Ven:* Beater.

traumatique [tromatik], *a.* *Med:* Traumatic (fever, shock).

traumatisme [tromatism], *s.m.* *Med:* Traumatism.

traumatologie [tromatɔlɔʒi], *s.f.* *Med:* Traumatology.

travail[1] [trava:j], *s.m.* *Farr:* *Vet:* Sling or frame (in which a horse is placed to be shod or to be operated upon). *pl. Des travails.*

travail[2], **-aux** [trava:j, -o], *s.m.* Work. **1.** (*a*) Labour, toil. **T. de tête, t. intellectuel,** brain-work. *Med: etc:* **Travaux pratiques,** tutorials. **T. à la main, t. manuel,** manual labour. **Travaux des champs,** agricultural labour. **T. à la pièce, aux pièces,** piece-work. **T. à l'entreprise,** contract work. **T. en série,** mass production. **T. à l'aiguille,** needlework. **Costume, vêtements, de t.,** working dress or clothes. **Homme de (grand) t.,** hard-working man; hard-worker. **Le Ministère du T.,** the Ministry of Labour. **Travaux forcés,** hard labour. *Myth:* **Les douze travaux d'Hercule,** the twelve labours of Hercules. **Avoir le t. facile, lent,** to work easily, slowly. **Se mettre au t.,** to get, set, to work. **Cesser le t.,** (i) to cease work; (ii) (= **se mettre en grève**) to down tools. (*b*) Working, operation. **T. du vin,** working, fermenting, of wine. *Mec:* **T. à la tension,** tension stress. **Surface de t.,** working face (of valve, etc.). *Mch:* **Pression de t.,** working pressure. S.a. PLEIN 1. (*c*) Travail, labour, childbirth. **Femme en t.,** woman in travail. (*d*) **Coup qui demande beaucoup de t.,** stroke that requires a lot of practice. (*e*) Occupation, employment. **Donner du t. à qn,** to give s.o. employment. **Manque de t.,** lack of work; unemployment. **Être sans t.,** to be out of work. **Les sans-t.,** the unemployed. **2.** (*a*) Piece of work. (*b*) (Literary, etc.) work. **Auteur d'un t. sur les métaux,** author of a work on metals. (*c*) **Travaux d'une société,** proceedings, transactions of a society. (*d*) *Adm:* **Travaux publics,** public works. *P.N:* **"Travaux."** 'Road-works ahead.' S.a. ART 2. 3. **Bijou d'un beau t.,** jewel of fine craftsmanship.

travaillé [travaje], *a.* (*a*) Worked, wrought (iron). **Non t.,** unworked; unwrought. **L'opinion publique est très travaillée,** public opinion is very much worked up. (*b*) Laboured, elaborate (style).

travailler [travaje]. **1.** *v.tr.* (*a*) To torment. **Un désir le travaillait,** he was tormented, obsessed, with a desire. **Être travaillé de, par, la goutte,** to be a prey, a martyr, to gout. **Se t. l'esprit,** to worry. (*b*) To work upon (s.o., the feelings, etc.); to bring pressure to bear upon (s.o.). **T. des témoins,** to tamper with witnesses. **T. les ouvriers de qn,** to work up, stir up, s.o.'s workmen. (*c*) To overwork, fatigue (horse). (*d*) To work, fashion, shape (wood, iron); to knead (dough); to elaborate (one's style); to work up (a negative). (*e*) To work at, study (one's part, music, etc.). **2.** *v.i.* (*a*) To work, labour, toil. **T. dur,** to work hard. *F:* **T. comme un nègre, comme quatre,** to work like a nigger. **Se tuer à (force de) t.,** to kill oneself with work; to work onseself to death. **T. contre qn,** to work, intrigue, against s.o. **T. à la perte de qn,** to work for the undoing of s.o. *P:* **T. du chapeau,** to have a screw loose. **Le temps travaille pour nous,** time is on our side. (*b*) (Of performing animals, etc.) To go through their performance; to perform. (*c*) (Of ship, cable) To strain; (of beam) to be in stress; (of wine) to ferment, to work; (of wood) to warp or shrink; (of walls) to crack. (*d*) **Faire t. une machine,** to work, run, an engine. **Faire t. son argent,** to put one's money out at interest.

travailleur, -euse [travajœːr, -øːz]. **1.** (*a*) *a.* Industrious, hard-working. (*b*) *s.* **C'est un rude t.,** he's a hard worker. **2.** *s.* (*a*) Worker, workman, labourer. **T. de force,** heavy worker. *s.f.* **Travailleuse familiale,** mother's help. **T. en chambre,** home-worker. (*b*) *s.f. Ent:* **Travailleuse,** worker (bee).

travailliste [travajist]. *Pol:* **1.** *s.m.* Member of the Labour party; *F:* labourite. **2.** *a.* **Parti t., député t.,** Labour party, Labour member.

travée [trave], *s.f.* **1.** *Const: Arch:* Bay. **2.** (i) Span, bay (of bridge); (ii) independent girder (of bridge). **3.** *Av:* Rib (of wing).

travelling [travəliŋ], *s.m. Cin:* (*a*) Dolly, travelling platform (of the camera). (*b*) **T. en poursuite,** dolly shot, follow shot.

travers [travɛːr], *s.m.* **1.** (*a*) Breadth. **En t.,** across, transversely, crosswise. **Profil en t.,** cross-section. **En t. de,** across, athwart. **A t. qch., au t. de qch.,** through sth. S.a. CHAMP[1] 1. (*b*) *Nau:* Beam, broadside (of vessel). **Vent de t.,** wind on the beam. **Par le t.,** abeam, on the beam, on the broadside, athwartships. **Cabine par le t.,** cabin amidships. **Collision par le t.,** collision broadside-on. **En t.,** athwart. **En t. du vaisseau,** athwartship(s). **Venir en t.,** to broach to. **2. De t.,** askew, awry, the wrong way, amiss. **Tout alla de t.,** everything went wrong. **Regarder qn de t.,** to look askance, to scowl, at s.o. **Les tableaux pendaient de t.,** the pictures were hung crookedly. **Il a des idées tout(es) de t.,** his ideas are all wrong. **Entendre, prendre, tout de t.,** to put a wrong construction on everything; to take things the wrong way. **3.** Failing, bad habit, fault. **Malgré tous ses t.,** in spite of all his faults.

traversable [traversabl], *a.* Traversable (desert, etc.); fordable (river).

traverse [travers], *s.f.* **1. (Chemin de) t.,** cross-road, short cut. **J'ai pris la t.,** I took the short cut. **2.** (*a*) **(Barre de) t.,** cross-bar, cross-piece; slat (of bed). *Rail:* Sleeper. *Aut: etc:* Cross-member (of frame). (*b*) *Fort:* Traverse. **3.** (*a*) Hitch, set-back. (*b*) **Se mettre à la t. des projets de qn,** to oppose, thwart, cross, s.o.'s plans.

traversée [traverse], *s.f.* **1.** (*a*) Passage, crossing (by sea). **Faire la t. de Douvres à Calais,** to cross from Dover to Calais. (*b*) *F:* **Faire la t. d'une ville,** to pass through a town. (*c*) *Mount:* Traverse. **2.** *Rail:* **T. de voie,** railway crossing; cross-over.

travers|er [traverse], *v.tr.* **1.** To traverse (region); to cross, go across, step across (street); to go, pass, through (town, danger, crisis); to make one's way through (crowd). **T. la rivière à la nage, en bateau, par le bac,** to swim, row, ferry, across the river. **Le pont qui traverse la rivière,** the bridge that crosses, spans, the river. **T. la forêt à cheval, à bicyclette, en auto,** to ride, cycle, drive, through the forest. **Il eut la jambe traversée par une balle,** he was shot through the leg. **T. qch. de part en part,** to go clean through sth. **2.** To cross, thwart (s.o.'s plans).

traversier, -ière [traversje, -jɛːr]. **1.** *a.* Cross, crossing. **Rue traversière,** cross-street. *Nau:* **Vent t.,** leading wind. **2.** *s.m.* Spreader (of fan aerial). **3.** *s.m. Fr.C:* Ferry boat.

traversin [traversɛ̃], *s.m.* **1.** (*a*) Cross-bar, cross-piece; thwart or stretcher (of rowing-boat). (*b*) *Nau:* Cross tree. (*c*) Beam (of balance). **2.** Bolster (of bed).

traversine [traversin], *s.f.* **1.** Cross-bar, cross-beam. **2.** (Crossing) plank (between two ships); gang-plank.

travesti [travesti]. **1.** *a.* (*a*) Disguised. **Bal t.,** fancy-dress ball. *Th:* **Rôle t.,** *s.m.* **travesti,** man's part taken by a woman and vice versa. (*b*) Burlesqued, parodied (play, etc.). **2.** *s.m.* Fancy dress.

travestir [travestiːr], *v.tr.* **1.** To disguise (esp. with ludicrous effect, or for fancy dress). **T. un homme en femme,** to disguise a man as a woman. **2.** (*a*) To travesty, parody, burlesque (play, poem). (*b*) *F:* **T. la pensée de qn,** to misrepresent, travesty, s.o.'s thought.

se travestir, to disguise oneself.

travestissement [travestismɑ̃], *s.m.* **1.** (*a*) Disguising. (*b*) Disguise. *Th:* **Rôle à t.,** quick-change part. **2.** Travesty, misrepresentation (of facts).

traviole (de) [dətravjɔl], *adv.phr:* *P:* Askew, cock-eyed.

tray-ant, -ais, etc. See TRAIRE.

trayeur, -euse [trɛjœːr, -øːz]. *Husb:* **1.** *a.* Milking (apparatus, etc.). **2.** *s.* Milker. **3.** *s.f.* **Trayeuse,** milking-machine.

trayon [trɛjɔ̃], *s.m.* Dug, teat (of cow, etc.).

trébucher [trebyʃe]. **1.** *v.i.* (*a*) To stumble, totter. **Marcher en trébuchant,** to stagger along. **Faire t. qn,** to trip s.o. up. **T. sur un mot,** to trip over a word. (*b*) (Of coin) To turn the scale. **2.** *v.tr.* To test (coin) for weight.

trébuchet [trebyʃɛ], *s.m.* **1.** (*a*) Bird-trap. (*b*) Trap, deadfall. **2.** Precision balance; assay balance.

tréfil|er [trefile], *v.tr. Metalw:* To wire-draw. **Banc à t.,** drawing-frame. *s.m.* **-age.** *s.m.* **-eur.**

tréfilerie [trefilri], *s.f.* **1.** Wire-drawing. **2.** Wire-works, wire-mill, drawing-mill.

trèfle [trɛfl], *s.m.* **1.** *Bot:* (*a*) Trefoil, clover. **T. blanc,** wild white clover. **T. à quatre feuilles,** four-leaved clover. (*b*) **T. d'eau,** marsh-trefoil; bog-myrtle. **2.** *Arch:* Trefoil. *Civ.E:* **Croisement en t.,** clover-leaf intersection. **3.** *Cards:* Clubs. **Jouer t.,** to play a club, to play clubs.

tréfonds [trefɔ̃], *s.m.* Subsoil; minerals, etc., lying below the ground. **Vendre le fonds et le t.,** to sell soil and subsoil. **Dans le t. de mon cœur,** in my heart of hearts. **Le t. de notre être,** our in(ner)most being. **Savoir le fonds et le t. d'une affaire,** to know all about a matter.

treillage [trɛjaːʒ], *s.m.* Trellis(-work); lattice-work. **T. en fil de fer,** wire netting.

treillager [trɛjaʒe], *v.tr.* **(je treillageai(s); n. treillageons)** To trellis, lattice (wall, etc.).

treille [trɛːj], *s.f.* (*a*) Vine-arbour. **T. à l'italienne,** pergola. (*b*) (Climbing) vine. **Le jus de la t.,** the juice of the grape; wine.

treillis [trɛji], *s.m.* **1.** Trellis(-work); lattice. **T. métallique,** wire netting. *N.Arch:* **Mât t.,** trellis-mast. **2.** (*a*) Grating. (*b*) Grid (for maps, etc.). **3.** (Coarse) canvas (for working garments); sackcloth, sacking. **T. pour matelas,** ticking. *Mil:* **Jeu de t.,** dungarees; fatigue dress; denims.

treillissé [trɛjise], *a.* **1.** Trellised, latticed (window, etc.). **2.** Criss-cross, interlaced (pattern, etc.).

treillisser [trɛjise], *v.tr.* (*a*) To trellis, lattice. (*b*) To enclose with wire netting.

treize [trɛːz], *num.a.inv. & s.m.inv.* Thirteen. **Le t. mai,** the thirteenth of May. **Louis T.,** Louis the Thirteenth.

treizième [trɛzjɛm]. **1.** *num. a. & s.* Thirteenth. **2.** *s.m.* Thirteenth (part). *adv.* **-ment.**

tréma [trɛma], *s.m.* Diaeresis.
trémail [trɛmaːj], *s.m.* = TRAMAIL.
tremblaie [trɑ̃blɛ], *s.f.* Aspen plantation.
tremblant [trɑ̃blɑ̃], *a.* Trembling; quivering (face); quaking (ground, voice); unsteady, flickering (light); tremulous, quavering (voice).
tremble [trɑ̃ːbl], *s.m.* **(Peuplier) t.**, aspen; trembling poplar.
tremblé [trɑ̃ble], *a.* (*a*) Shaky (handwriting); wavy (line). (*b*) **Notes tremblées**, tremolo notes.
tremblement [trɑ̃bləmɑ̃], *s.m.* **1.** Trembling, quiver(ing), shaking; tremulousness, quavering (of voice). **2.** Tremor. **T. de terre**, earth tremor; earthquake. *P:* **Et tout le t.**, and all the rest of it; and the whole caboodle.
trembler [trɑ̃ble], *v.i.* (*a*) To tremble, shake; to quake; (of light) to quiver, flicker; (of voice) to quaver. **Le sol tremble**, the earth is shaking. **T. de colère, de froid**, to shake with anger; to shiver with cold. (*b*) To tremble, quake, with fear. **T. de tout son corps, de tous ses membres**, to shake all over; *F:* to be all of a tremble. *F:* **T. dans sa peau**, to quake, shake, in one's shoes. **En tremblant**, tremblingly, tremulously. **Je tremble de le rencontrer**, I tremble at the thought of meeting him. **Elle tremblait qu'on (ne) la découvrît**, she was in deadly fear of being discovered. **Ça me fait t. quand j'y pense**, it gives me the shivers to think of it.
trembleur, -euse [trɑ̃blœːr, -øːz], *s.* **1.** *Rel.H:* (i) Quaker. (ii) Shaker. **2.** Timid, apprehensive, person. **3.** *El:* (*a*) *s.m.* Trembler, vibrator (of coil); hammer-break. *Tg: Tp:* Buzzer, ticker. (*b*) *a.* **Sonnerie trembleuse**, trembling electric bell.
tremblote [trɑ̃blɔt], *s.f.* *P:* **Avoir la t.**, to have the shivers, the shakes.
tremblot|er [trɑ̃blɔte], *v.i.* To tremble (slightly); to quiver; (of voice) to quaver, shake; (of light) to flicker; (of wings) to flutter. **T. de froid, de peur**, to shiver with cold, with fear. *a.* **-ant.** *s.m.* **-ement.**
trémie [tremi], *s.f.* (Mill-)hopper; loading funnel; cone (of blast-furnace).
trémière [tremjɛːr], *a.f.* **Rose t.**, holly-hock.
trémolo [tremɔlo], *s.m.* *Mus:* **1.** Tremolo. *F:* **Avoir des trémolos dans la voix**, to have a quaver in one's voice. **2.** Tremolo stop (of organ).
trémouss|er [tremuse], *v.i.* (Of bird) **T. des ailes**, to flutter, flap, its wings. *s.m.* **-ement.**
se trémousser. **1.** (*a*) To have the fidgets; to fidget. (*b*) To jig up and down (in dancing, etc.). (*c*) (Of bird) To flutter about (in cage). **2.** To bestir oneself.
trempe [trɑ̃ːp], *s.f.* **1.** *Metall:* Tempering, hardening. **Acier de t.**, hardening steel. **T. à l'eau**, water-tempering. **T. parc émentation**, case-hardening. **T. glacée**, chilling. **2.** (*a*) Temper (of steel). **Donner la t. à . . .**, to temper . . ., to harden. . . . (*b*) Quality. **Les hommes de sa t.**, men of his stamp, *F:* of his kidney. **3.** *P:* Thrashing, walloping, hiding.
trempé [trɑ̃pe], *a.* (*a*) Wet, soaked. **T. comme une soupe, jusqu'aux os**, wet through; soaked to the skin; drenched. (*b*) **Esprit bien t.**, well-tempered mind.
trempée [trɑ̃pe], *s.f.* **1.** Steeping, soaking. **2.** *P:* Thrashing, walloping, hiding.
tremp|er [trɑ̃pe]. **1.** *v.tr.* (*a*) To mix, dilute, with water. (*b*) To soak, steep; to drench. **T. qch. dans un liquide**, to dip or soak sth. in a liquid. **T. la soupe**, to pour the soup on the bread. **T. sa plume dans l'encre**, to dip one's pen in the ink. *Tan:* **T. les peaux**, to steep, drench, the skins. (*c*) *Metall:* To harden (steel); to chill (cast iron). *F:* **T. les muscles**, to harden the muscles. **2.** *v.i.* (*a*) To soak, to steep, to lie in soak. (*b*) *F:* **T. dans un complot**, to have a hand in a plot. *P:* **Il trempe dans le bain**, he's in it up to the neck. *s.m.* **-age.** *s.m.* **-eur.**
se tremper, *F:* to steep oneself in. **Se t. dans l'atmosphère du Moyen Age**, to steep oneself in the atmosphere of the Middle Ages.
trempette [trɑ̃pɛt], *s.f.* **1.** Sippet. **2.** *F:* (*a*) **Faire la t.**, to dip bread, biscuit, etc., in wine, in coffee, etc.; to dunk. (*b*) (Of pers.) **Faire t.**, to have a dip; a quick bath.
tremplin [trɑ̃plɛ̃], *s.m.* (*a*) Spring-board; (spring) diving-board. **Faire le (saut du) t.**, to turn a somersault off the spring-board. *F:* **Être sur le t.**, to be about to take the plunge. (*b*) *F:* **Servir de t.**, to serve as a stepping stone (to advancement).
trentaine [trɑ̃tɛn], *s.f.* (About) thirty, some thirty. **Une t. de francs**, thirty francs or so. **Avoir passé la t.**, to be in the thirties.
trente [trɑ̃ːt], *num.a.inv.* & *s.m.inv.* Thirty. **T. jours**, thirty days. **Le t. juin**, (on) the thirtieth of June. *F:* **Se mettre sur son t. et un**, to put on one's best clothes. *Med:* **Dites trente-trois**, say ninety-nine. **Les années t.**, the thirties (1930-39). *Ten:* **T. à, t. partout**, thirty all.
trentenaire [trɑ̃tnɛːr], *a.* **Concession t.**, thirty years' lease (esp. of a grave).
trente-six [trɑ̃tsi, -sis, -siz; for rules of pronunciati on see SIX], *num.a.inv.* & *s.m.inv.* Thirty-six. *F:* **Voir t.-s. chandelles**, to see stars (after receiving a blow on the head). **Il n'y va pas par t.-s. chemins**, he doesn't beat about the bush. **Je le vois tous les t.-s.** [trɑ̃tsis] **du mois**, I see him once in a blue moon. **Avoir t.-s. raisons de faire qch.**, *F:* to have umpteen reasons for doing sth.
trentième [trɑ̃tjɛm]. **1.** *num. a.* & *s.* Thirtieth. **2.** *s.m.* Thirtieth (part).
trépan [trepɑ̃], *s.m.* **1.** *Tls:* (*a*) Trepan; rockdrill. (*b*) *Surg:* Trepan, trephine. **2.** = TRÉPANATION.
trépanation [trepanasjɔ̃], *s.f.* *Surg:* Trepanning, trephining.
trépaner [trepane], *v.tr.* **1.** To bore, drill, into (rock, etc.). **2.** *Surg:* To trepan; to trephine.
trépas [trepɑ], *s.m.* Death, decease. *F:* **Passer de vie à t.**, to pass away; to depart this life.
trépassé, -ée [trepase], *a.* & *s.* Dead, deceased (person). **Les trépassés**, the dead, the departed. *Ecc:* **Le Jour, la Fête, des Trépassés**, All Souls' Day; All Souls.
trépass|er [trepɑse], *v.i.* (Aux. **avoir**, occ. **être**) To die; to depart this life; to pass away. *s.m.* **-ement.**
trépidant [trepidɑ̃], *a.* Agitated, vibrating. **Quartier affairé et t.**, busy and bustling quarter.
trépidation [trepidasjɔ̃], *s.f.* **1.** Tremor (of the ground); trepidation, jarring (of machinery, etc.). **2.** Trepidation; agitation, flurry.
trépider [trepide], *v.i.* **1.** (Of machines, etc.) To vibrate, shake. **2.** *F:* To be in a nervous, trembling, state of apprehension.
trépied [trepje], *s.m.* Tripod. (*a*) Three-legged stool or stand. (*b*) *Cu:* Trivet. (*c*) (Three-legged) brazier. (*d*) Tripod mounting (of gun, rocket, theodolite).
trépign|er [trepiɲe]. **1.** *v.i.* **T. de colère, de rage**, to dance, prance, with rage. **Il trépignait de partir**, he was itching to start. **2.** *v.tr.* To trample down (earth). *s.m.* **-ement.**
trépointe [trepwɛ̃ːt], *s.f.* Welt (of shoe).
très [trɛ], *adv.* Very, most; (very) much. **T. bon**, (i) very good; (ii) most kind. **Il n'est pas t. lu aujourd'hui**, he is not widely read to-day. **T. estimé**, much, highly, esteemed. **Il est soldat et t. soldat**, he is a soldier and very much of a soldier. **Prendre qch. t. au sérieux**, to take sth. very seriously. *F:* **Avoir t. faim, t. soif**, to be very hungry, very thirsty. **Avoir t. peur**, to be very much afraid.
Très-Haut (le) [lətrɛo]. *Pr.n.m.* The Almighty.
trésor [trezɔːr], *s.m.* **1.** (*a*) Treasure. *F:* **Mon t.**, darling. (*b*) *Jur:* Treasure-trove. (*c*) *Ecc:* Treasure. **2.** *pl.* **Entasser des trésors**, to accumulate, hoard, riches. **Les trésors de la terre**, the treasures of the earth. **3. Le T. (public)**, the (French) Treasury.
trésorerie [trezɔrri], *s.f.* **1.** Treasury. **2.** (*a*) Treasurership. (*b*) Treasurer's office. **3.** Funds.
trésorier, -ière [trezɔrje, -jɛːr], *s.* Treasurer; paymaster, paymistress. **Commis t.**, treasury clerk. *Mil:* **Officier t.**, paymaster.
tressaillement [trɛsajmɑ̃], *s.m.* Start (of surprise); quiver; shudder (of fear); thrill (of joy); wince (from pain).
tressaillir [trɛsajiːr], *v.i.* (*pr.p.* **tressaillant**; *p.p.* **tressailli**; *pr.ind.* je **tressaille**, **n. tressaillons**; *p.h.* **je tressaillis**; *fu.* je **tressaillirai**) To start; to give a start, a jump (from surprise); to quiver; to shudder (from fear); to thrill (with joy); (of heart) to throb, bound. **T. de douleur**, to wince. **Faire t. qn**, to startle s.o.
tressaut [trɛso], *s.m.* **1.** Start, jump (of surprise). **2.** Jolt.

tressaut|er [trɛsote], *v.i.* **1.** To start, jump (with fear, surprise). **2.** To jolt; to be jolted; to be tossed about. *s.m.* **-ement.**
tresse [trɛs], *s.f.* (*a*) Plait, tress (of hair). (*b*) Braid (of yarn, etc.); plait (of straw, etc.). **T. de coton,** cotton tape. *El.E:* **Fil conducteur sous t.,** braided conductor wire.
tress|er [trɛse], *v.tr.* To plait (hair, straw); to braid (yarn); to weave (basket, garland). *s.m.* **-age.**
tresseur, -euse [trɛsœːr, -øːz], *s.* (*a*) Braider, plaiter. (*b*) Wig-maker.
tréteau [treto], *s.m.* **1.** Trestle, support, stand. **2.** *pl.* (Mountebank's) stage, boards (on trestles). **Monter sur les tréteaux,** (i) to join a travelling theatre; (ii) *Iron:* to go on the stage.
treuil [trœːj], *s.m.* Winch, windlass, winding-drum. *Mec.E:* **T. à bras, à manivelle,** hand-winch, break-winch. **T. à vis tangente, à vis sans fin,** worm-winch.
trêve [trɛːv], *s.f.* (*a*) Truce. *Hist:* **La t. de Dieu,** the truce of God. *Pol: F:* **T. des confiseurs,** political truce in the Chamber at New Year. (*b*) Respite, intermission. **T. de . . .,** enough of. . . . *F:* **T. de plaisanteries,** no more of your joking! **Sans t.,** unceasing(ly); without intermission.
tri [tri], *s.m.* Sorting (out); classifying. **Faire le t. de . . .,** to sort out . . .; to set aside. . . . *Post:* **Bureau de t.,** sorting-office. *a.* **-able.**
triacide [triasid], *s.m.* *Ch:* Triacid; having three replaceable hydrogen atoms.
triade [triad], *s.f.* Triad.
triage [triaːʒ], *s.m.* Sorting (of coal, letters, etc.). **T. à la main,** hand-picking or -sorting. *Rail:* **Manœuvres de t.,** shunting operations. **Gare de t.,** marshalling yard. *For:* Beat.
triangle [triɑ̃ːgl], *s.m.* **1.** Triangle. **2.** (*a*) *Nau:* Triangular flag. (*b*) *Draw:* Set square. (*c*) *Mus:* Triangle.
triangulaire [triɑ̃gylɛːr], *a.* Triangular; three-square (file). *Nau:* **Voile t.,** leg-of-mutton sail. *Pol:* **Élection t.,** three-cornered fight. *adv.* **-ment.**
triangulation [triɑ̃gylasjɔ̃], *s.f.* *Surv:* Triangulation.
trianguler [triɑ̃gyle], *v.tr.* *Surv:* To triangulate.
trias [triɑːs], *s.m.* *Geol:* Trias.
triasique [triazik], *a.* *Geol:* Triassic.
triatomique [triatɔmik], *a.* *Ch:* Triatomic.
tribasique [tribazik, -bɑ-], *a.* *Ch:* Tribasic.
tribomètre [tribɔmɛtr], *s.m.* *Ph:* Tribometer.
tribométrie [tribɔmetri], *s.f.* *Ph:* Tribometry.
tribord [tribɔːr], *s.m.* *Nau:* Starboard. **A t.,** on the starboard side; to starboard. **La barre toute à t.!** hard-a-starboard! **Venez sur t.!** port (the helm)! *Row:* **Aviron de t.,** bow-side oar.
tribordais [tribɔrdɛ], *s.m.* Man of the starboard watch.
tribraque [tribrak], *s.m.* *Pros:* Tribrach.
tribu [triby], *s.f.* Tribe. **Membre d'une t.,** tribesman.
tribulation [tribylasjɔ̃], *s.f.* Tribulation; trouble, trial.
tribun [tribœ̃], *s.m.* (*a*) *Rom.Hist:* Tribune, (*b*) *F:* Democratic leader.
tribunal, -aux [tribynal, -o], *s.m.* Tribunal. (*a*) Judge's seat, bench. (*b*) Court of justice, law-court; (the) magistrates. **En plein t.,** in open court. **T. de simple police,** police-court. **T. militaire,** military tribunal. **T. d'enfants, t. pour enfants et adolescents,** juvenile court. *F:* **Le t. de l'opinion publique,** the tribunal, the bar, of public opinion. **Gazette des tribunaux,** law reports. S.a. INSTANCE 1. (*c*) *Navy:* **T. de prise,** prize court.
tribune [tribyn], *s.f.* **1.** Tribune, rostrum, (speaker's) platform. **Monter à la t.,** to go up to the tribune (in Fr. Parliament); to address the House. **Éloquence de la t.,** parliamentary eloquence. **2.** (*a*) Gallery (in church, etc.). *Parl:* **La t. publique,** the strangers' gallery. (*b*) *Sp:* **T. (d'honneur),** grandstand. **Les tribunes,** the stands. (*c*) **T. de l'orgue,** organ-loft. **3.** Forum (discussions on literature, politics, etc.).
tribut [triby], *s.m.* Tribute. **Payer t.,** to pay tribute. *F:* **Payer le t. à la nature,** to pay the debt of nature; to die.
tributaire [tribytɛːr], *a.* & *s.m.* **1.** Tributary. **Être t. de l'étranger,** to be dependent upon foreign supplies. **2.** Tributary (river). **Fleuve t. de l'Atlantique,** river flowing into the Atlantic.
tricentenaire [trisɑ̃tnɛːr], *a.* & *s.m.* Tercentenary.
tricéphale [trisefal]. **1.** *a.* Tricephalous, three-headed (monster, etc.). **2.** *s.m.* Tricephalus.
triceps [trisɛps], *s.m.* *Anat:* Triceps (muscle).
triche [triʃ], *s.f.* *F:* (Act of) cheating. **Obtenir qch. à la t.,** to get sth. by trickery, by fraud.
tricher [triʃe], *v.i.* & *tr.* To cheat; to trick (s.o.).
tricherie [triʃri], *s.f.* Cheating (at cards, etc.); trickery.
tricheur, -euse [triʃœːr, -øːz]. **1.** *a.* Given to cheating. **2.** *s.* Cheat; trickster.
trichine [triʃin, trikin], *s.f.* *Med:* Trichina, thread-worm.
trichiné [triʃine, trikine], *a.* Trichinous, trichinosed.
trichinose [triʃinoːz, trikinoːz], *s.f.* *Med:* Trichinosis.
trichocéphale [trikɔsefal], *s.m.* *Med:* Trichocephalus.
trichologie [trikɔlɔʒi], *s.f.* Trichology.
trichrome [trikroːm], *a.* Three-colour(ed); trichromatic (photography).
trick [trik], *s.m.* *Cards:* Odd trick.
tricoises [trikwaːz], *s.f.pl.* (Farrier's) pincers.
tricolore [trikɔlɔːr], *a.* Tricolour(ed). **Le drapeau t.,** the French flag, the Tricolour.
tricorne [trikɔrn]. **1.** *a.* Three-horned; three-cornered. **2.** *s.m.* Three-cornered hat.
tricot [triko], *s.m.* **1.** (*a*) Knitting; knitted wear. **T. sport,** fisherman-knit. **Faire du t.,** to knit. (*b*) *Tex:* Jersey-fabric. **2.** (*a*) (Knitted) jersey, jumper; *F:* woolly. (*b*) (Under)vest.
tricot|er [trikɔte], *v.tr.* **1.** To knit. **Aiguilles à t.,** knitting-needles. **Machine à t.,** knitting-machine. **2.** *F:* To run fast, to leg it; (on bicycle) to scorch along. *s.m.* **-age.**
tricoteur, -euse [trikɔtœːr, -øːz]. **1.** *s.* Knitter. **2.** *s.f.* **Tricoteuse,** knitting-machine.
trictrac [triktrak], *s.m.* **1.** Click, rattle (of dice, etc.). **2.** *Games:* (*a*) Backgammon. (*b*) Backgammon-board.
tricuspide [trikyspid], *a.* Tricuspid, three-pointed. Esp. *Anat:* **Valvule t.,** tricuspid valve (of the heart).
tricycle [trisikl], *s.m.* Tricycle.
tricycliste [trisiklist], *s.m.* & *f.* Tricyclist.
tridactyle [tridaktil]. **1.** *a.* *Z:* Tridactyl(ous). **2.** *s.m.* (*a*) *Ent:* Mole-cricket. (*b*) *Orn:* Button-quail.
trident [tridɑ̃], *s.m.* **1.** Trident (of Neptune). **2.** (*a*) Fish-spear. (*b*) Three-pronged (pitch-)fork.
tridenté [tridɑ̃te], *a.* Tridentate.
trièdre [triɛdr], *a.* & *s.m.* Trihedral (angle).
triennal, -aux [triɛnnal, -o], *a.* Triennial. **1.** Lasting three years. **2.** Recurring every third year. *Agr:* **Assolement t.,** three-year rotation.
triennat [triɛnna], *s.m.* (*a*) Triennium. (*b*) Three-years' spell of office.
trier [trie], *v.tr.* (*a*) To sort (letters); *Rail:* to marshal (trucks). (*b*) To pick out, sort out (the best). **T. à la main,** to hand-pick. S.a. VOLET 1.
trière [triɛːr], *s.f.* *Gr.Ant:* Trireme.
trieur, -euse [triœːr, -øːz]. **1.** *s.* Sorter (of letters, etc.). **2.** *s.m.* *Ind:* Screening-machine. **3.** *s.f.* **Trieuse,** wool-picking machine.
trifilaire [trifilɛːr], *a.* *W.Tel:* Three-wire (aerial).
triforium [trifɔrjɔm], *s.m.* *Arch:* Triforium.
trifouill|er [trifuje], *v.tr.* & *i.* To rummage, fiddle about. *F:* **T. dans un tiroir,** to rummage in a drawer. **Ne trifouillez pas le mécanisme,** don't fiddle about with the mechanism. *s.m.* **-age.** *s.* **-eur, -euse.**
trigémellaire [triʒemɛlɛːr], *a.* **Accouchement t.,** birth of triplets.
trigle [trigl], *s.m.* *Ich:* Trigla, gurnard.
triglyphe [triglif], *s.m.* *Arch:* Triglyph.
trigone [trigɔn], *a.* Trigonal, three-cornered.
trigonométrie [trigɔnɔmetri], *s.f.* Trigonometry. **T. rectiligne,** plane trigonometry.
trigonométrique [trigɔnɔmetrik], *a.* Trigonometric(al). *adv.* **-ment,** -ally.
trigrille [trigrij], *s.f.* *W.Tel:* Five-electrode valve.
trihebdomadaire [triɛbdɔmadɛːr], *a.* Tri-weekly; appearing, occurring, three times a week.
trijumeau, -elle [triʒymo, -ɛl]. **1.** *s.* Triplet, trilling. **2.** *a.* & *s.m.* **(Nerfs) trijumeaux,** trigeminal nerves.
trilatéral, -aux [trilateral, -o], *a.* Trilateral, three-sided.
trilinéaire [trilineɛːr], *a.* *Geom:* Trilinear.
trilingue [trilɛ̃ːg], *a.* Trilingual.

trille [tri:j], *s.m.* *Mus:* Trill, shake.
triller [trije], *v.tr.* *Mus:* To trill, shake (a note).
trillion [triljɔ̃], *s.m.* Trillion (10^{18}).
trilobé [trilɔbe], *a.* **1.** *Arch:* Three-cusped, trefoiled (arch). **2.** *Bot:* Trilobate.
trilogie [trilɔʒi], *s.f.* *Lit:* Trilogy.
trimard [trima:r], *s.m.* *P:* High road. **Battre le t., être sur le t.,** to be on the tramp.
trimarder [trimarde], *v.i.* *P:* To be on the tramp.
trimardeur [trimardœ:r], *s.m.* *P:* Tramp, *U.S:* hobo.
trimbal|er [trɛ̃bale], *v.tr.* *F:* To carry about; to drag, lug, about (parcels, etc.); to trail (children, etc.) about. *s.m.* **-age.** *s.m.* **-ement.**
se trimbaler, to wander along (heavily and slowly).
trimer [trime], *v.i.* *P:* To drudge; to fag; to toil (and moil). **Faire t. qn,** to keep s.o. at it.
trimestre [trimɛstr], *s.m.* **1.** Quarter; three months; trimester. *Sch:* Term. **Par t.,** quarterly. **2.** Quarter's salary, quarter's rent. *Sch:* Term's fees.
trimestriel, -elle [trimɛstriɛl], *a.* Quarterly (magazine, payment). *Sch:* **Bulletin t.,** end-of-term school report. *adv.* **-lement.**
trimètre [trimɛtr], *s.m.* *Pros:* Trimeter.
trimoteur [trimɔtœ:r], *a.* & *s.m.* Three-engined (aircraft).
tringa [trɛ̃ga], *s.m.* *Orn:* Tringa, sandpiper.
tringlage [trɛ̃gla:ʒ], *s.m.* *Mec.E:* (System of) rods.
tringle [trɛ̃:gl], *s.f.* **1.** (*a*) Rod. **T. de rideau,** curtain-rod. **T. d'un pneu,** wire of a tyre. (*b*) Bar. *Rail:* **T. de manœuvre,** switch-bar (of points). **2.** Line, mark (made by chalked string). **3.** *Arch:* Tringle; square moulding.
tringler [trɛ̃gle], *v.tr.* *Const:* *etc:* To line out (piece of timber); to chalk (a line).
trinitaire [trinitɛ:r], *s.m.* or *f.* (*a*) *Ecc:* Trinitarian, Redemptionist (monk or nun). (*b*) *Theol:* Trinitarian.
trinité [trinite], *s.f.* **1.** *Theol:* Trinity. **(Fête de) la T.,** Trinity Sunday. **2.** *Geog:* **(Ile de) la T.,** Trinidad.
trinitrotoluène [trinitrɔtɔlɥɛn], *s.m.*, **trinol** [trinɔl], *s.m.* *Exp:* Trinitrotoluene, trinitrotoluol, trotyl, *F:* T.N.T.
trinôme [trino:m], *a.* & *s.m.* *Mth:* Trinomial.
trinquart [trɛ̃ka:r], *s.m.* *Fish:* Herring-boat.
trinqueballe [trɛ̃kbal], *s.m.* = TRIQUEBALLE.
trinquer [trɛ̃ke], *v.i.* **1.** (*a*) To clink glasses (before drinking). **T. avec qn,** to take wine with s.o. (*b*) *F:* To hobnob (**avec,** with). **2.** *P:* To suffer a loss; to get the worst of it; to 'catch it.'
trinquet [trɛ̃kɛ], *s.m.* *Nau:* Foremast (in lateen-rigged vessel).
trinquette [trɛ̃kɛt], *s.f.* *Nau:* **1.** Storm-jib. **2.** Fore-topmast staysail.
trinqueur [trɛ̃kœ:r], *s.m.* *F:* Drinker, tippler.
trio [trio], *s.m.* *Mus:* *etc:* Trio.
triode [triɔd], *a.* & *s.f.* *W.Tel:* **(Lampe) t.,** three-electrode lamp.
triolet [triɔlɛ], *s.m.* **1.** *Pros:* Triolet. **2.** *Mus:* Triplet. **3.** (*a*) Dutch clover. (*b*) Black medick.
triomphal, -aux [triɔ̃fal, -o], *a.* Triumphal.
triomphalement [triɔ̃falmɑ̃], *adv.* Triumphantly; in triumph.
triomphant [triɔ̃fɑ̃], *a.* Triumphant.
triomphateur, -trice [triɔ̃fatœ:r, -tris]. **1.** *a.* Triumphing. **2.** *s.m.* Triumpher.
triomphe [triɔ̃:f], *s.m.* Triumph. **Porter qn en t.,** to carry s.o. shoulder high; to chair s.o. **Arc de t.,** triumphal arch.
triompher [triɔ̃fe], *v.i.* **1.** (*a*) *Rom.Ant:* To triumph. (*b*) To triumph (**de, sur,** over); to get the better (of s.o.). **T. d'une difficulté,** to overcome a difficulty. **2.** To exult, glory; to gloat (**de,** over).
tripaille [tripɑ:j], *s.f.* **1.** *Ven:* (Quarry's) intestines. **2.** *F:* Offal.
tripale [tripal], *a.* **(Hélice) t.,** three-bladed (screw).
triparti [triparti], *a.* Tripartite.
tripartisme [tripartism], *s.m.* *Pol:* *Dipl:* Three-party government, three-party coalition.
tripartite [tripartit], *a.* *Dipl:* *Pol:* **Conversations tripartites,** three-party conversations. **Pacte t.,** three-power pact.
tripartition [tripartisjɔ̃], *s.f.* Tripartition.
tripatouill|er [tripatuje], *v.tr.* **1.** *F:* To tamper, tinker, with (literary work); to garble (news, etc.); to cook (accounts); to gerrymander (an election). **2.** *P:* To paw, cuddle (s.o.). *s.m.* **-age.**
tripe[1] [trip], *s.f.* Usu. *pl.* (*a*) *F:* Intestines, guts, (*b*) *Cu:* Tripe. **Tripes à la mode de Caen,** braised tripe.
tripe[2], *s.f.* *Tex:* **T. de velours,** mock velvet; velveteen.
triperie [tripri], *s.f.* Tripe-shop or -trade.
tripette [tripɛt], *s.f.* Small tripe. *F:* **Ne pas valoir t.,** to be utterly worthless.
triphasé [trifɑze], *a.* *El.E:* Triphase, three-phase (current). **Alternateur t., génératrice triphasée,** three-phase generator.
triphtongue [triftɔ̃:g], *s.f.* *Ling:* Triphthong.
tripier, -ière [tripje, -jɛ:r], *s.* Tripe-dealer.
triplace [triplas], *a.* Three-seater.
triplan [triplɑ̃], *a.* & *s.m.* *Av:* Triplane.
triple [tripl], *a.* & *s.m.* Treble, threefold, triple. **Des forces triples des nôtres,** forces three times as great as ours. *F:* **Menton à t. étage,** triple chin. **Facture en t. exemplaire, en t. expédition,** invoice in triplicate. *Mth:* **Raison t.,** triple ratio. *F:* **Aller au t. galop,** to ride hell for leather. **Un t. coquin,** a villain of the deepest dye. S.a. ALLIANCE 1.
triplé [triple], *a.* **1.** *Mth:* **Raison triplée,** triplicate ratio. **2.** *Mus:* **Intervalle t.,** double octave. **3.** *s.* **Triplés, -ées,** triplets.
triplement[1] [tripləmɑ̃], *adv.* Trebly; threefold.
tripl|er [triple], *v.tr.* & *i.* To treble, triple; to increase threefold. *Aut:* (*In Belgium*) To overtake three abreast. *s.m.* **-ement**[2].
triplet [triplɛ], *s.m.* *Opt:* Triplet lens.
triplette [triplɛt], *s.f.* *F:* Group of three. Esp. *Fb:* **La t. du centre,** the three centre men.
Triplex [triplɛks], *a.inv.* *R.t.m:* Triplex (glass).
triplicata [triplikata], *s.m.inv.* Triplicate; third copy.
Triplice [triplis], *s.f.* *Hist:* **La T.,** the Triple Alliance.
tripode [tripɔd], *a.* & *s.m.* *Navy:* *etc:* **T., mât t.,** tripod mast.
Tripoli [tripɔli]. **1.** *Pr.n.* *Geog:* Tripoli. **2.** *s.m.* Tripoli (stone). **T. anglais,** rottenstone.
triporteur [tripɔrtœ:r], *s.m.* **1.** Carrier-tricycle. **2.** (Commercial) tricar.
tripot [tripo], *s.m.* Gambling-den.
tripotage [tripɔta:ʒ], *s.m.* *F:* **1.** Messing round; fiddling about. **2.** Underhand work; intrique; jobbery.
tripotée [tripɔte], *s.f.* *P:* **1.** Dressing down, drubbing, licking. **2.** Large quantity; lots.
tripoter [tripɔte]. *F:* **1.** *v.i.* (*a*) To fiddle about; to mess around. **T. dans l'eau,** to dabble, mess about, in the water. (*b*) To engage in underhand dealings, in shady business. **T. dans la caisse,** to tamper with the cash. **2.** *v.tr.* (*a*) To finger, handle (sth.); to paw (s.o.); to meddle with (sth.). **T. sa chaîne de montre,** to fiddle with one's watch-chain. **Qu'est-ce que vous tripotez là?** what are you up to? (*b*) To deal shadily, dishonestly, with (money). **Il se tripote quelque chose,** there is something afoot.
tripoteur, -euse [tripɔtœ:r, -ø:z], *s.* *F:* Schemer; esp. shady speculator.
triptyque [triptik], *s.m.* **1.** *Art:* Triptych. **2.** *Aut:* Triptyque (for international travel).
trique [trik], *s.f.* *F:* Cudgel; heavy stick. **Avoir recours à la t.,** to use big stick methods. **Maigre comme une t.,** as thin as a rake.
triqueballe [trikbal], *s.m.* or *f.* **1.** Sling-cart, devil-carriage. **2.** Timber-cart. **3.** Logging-wheels.
trique-madame [trikmadam], *s.f.* *Bot:* White stone-crop.
triquer [trike], *v.tr.* *F:* To cudgel; to beat, thrash (s.o.).
trirème [trirɛm], *s.f.* *Gr.Ant:* Trireme.
trisaïeul, -e [trizajœl], *s.* Great-great-grandfather; great-great-grandmother. *pl.* *Des trisaïeul(e)s.*
trisannuel, -elle [trizan(n)ɥɛl], *a.* Triennial.
trisecteur, -trice [trisɛktœ:r, -tris]. *Geom:* **1.** *a.* Trisecting. **2.** *s.m.* Trisector.
trisection [trisɛksjɔ̃], *s.f.* Trisection.
trisme [trism], **trismus** [trismys], *s.m.* *Med:* Lockjaw.
trisser [trise], *v.i.* (Of swallow) To twitter.
tris(s)yllabe [trisillab]. **1.** *s.m.* Trisyllable. **2.** *a.* Trisyllabic.
tris(s)yllabique [trisillabik], *a.* Trisyllabic.
triste [trist], *a.* Sad. **1.** (*a*) Sorrowful, doleful, woeful; melancholy (news). **Sourire t.,** sad, wan, smile. *F:*

t., these animals herd together, are gregarious. 2. *Mil:* (a) Troop; body of soldiers. (b) (i) N.C.O.'s and men; (ii) men (as opp. to officers). **Officiers et t.,** officers and other ranks. **Chevaux de t.,** army remounts. (c) *pl.* Troops, forces.
troupeau [trupo], *s.m.* Herd, drove (of cattle); flock (of sheep, geese, etc.). *P.N:* **Passage de troupeaux,** cattle crossing.
troupier [trupje], *s.m.* *Mil:* Soldier, private. *F:* **Vieux t.,** old campaigner.
trousse [trus], *s.f.* 1. Bundle, package; truss (of hay). 2. *pl.* *A.Cost:* Trunk-hose. *F:* **Être aux trousses de qn,** to be after s.o., on s.o.'s heels. 3. Case, kit (of instruments, tools). **T. de toilette,** dressing-case. **T. à réparations,** (cyclist's, etc.) repair outfit. *Sch:* **T. d'écolier,** (pen and) pencil wallet. **T. de première urgence,** first-aid kit.
troussé [truse], *a.* 1. Bundled up; tucked-up (skirt, etc.); trussed (fowl, etc.). 2. *F:* **Bien t.,** well-arranged, neat (object); dapper (individual); well-prepared (meal); neatly turned (compliment).
trousseau [truso], *s.m.* 1. Bunch. Esp. **T. de clefs,** bunch of keys. 2. (a) Outfit (of clothing), esp. school outfit. (b) (Bride's) trousseau.
trouss|er [truse], *v.tr.* 1. (a) To tuck up, pin up (skirt, etc.); to turn up (one's trousers). (b) *Cu:* To truss (fowl). 2. *F:* To dispatch, get through, (work, business) promptly. *s.m.* **-age.**
se trousser, to tuck up one's clothes.
troussis [trusi], *s.m.* Tuck (in garment).
trouvaille [truva:j], *s.f.* Find, lucky find, godsend, windfall.
trouv|er [truve], *v.tr.* To find. 1. (a) **Je ne peux pas t. mes clefs,** I cannot find my keys. **Je lui trouve d'excellentes qualités,** I think he has excellent qualities. **Je lui trouve mauvaise mine,** I think he's looking seedy. **Ces plantes se trouvent partout,** these plants are found everywhere. **Aller t. qn,** to go to s.o.; to go and see s.o. (b) To discover, invent (process). 2. **T. (qch.) par hasard,** to discover, hit upon, come upon, come across (sth.). **T. qn en faute,** to catch s.o. napping. **Bureau des objets trouvés,** lost-property office. **T. un filon, une idée,** to strike upon a vein, an idea. **C'est bien trouvé!** happy thought! **T. à qui parler,** to meet one's match. **Il trouva la mort à . . .,** he met his death at. . . . S.a. ENFANT, REDIRE 2. 3. To think, deem. **Je la trouve jolie,** I consider her pretty. **Vous trouvez?** you think so? 4. *Artil:* **T. la portée,** to work out the range. S.a. BON I. 7, MAUVAIS. *a.* **-able.** *s.* **-eur, -euse.**
se trouver. 1. (a) To be. **Je me trouvais alors à Paris,** I was then in Paris. **Se t. pris,** to be caught. **Trouvez-vous ici à quatre heures,** be here at four o'clock. (b) To feel. **Je me trouve très bien ici,** I feel very comfortable here. **Se t. bien de qch.,** to feel all the better for sth. **Se t. bien d'avoir fait qch.,** to find it an advantage to have done sth. **Je me trouve mieux,** I feel better. **Je m'en trouve mieux,** I feel better for it. S.a. MAL[3] 2. 2. To happen; to turn out. **Cela se trouve bien,** this is most opportune. **Je me trouve avoir du temps devant moi,** I happen to have some spare time. *Impers.* **Il se trouve que** + *ind.*, it happens that. . . . *F:* **Si cela se trouve, il est déjà rentré,** maybe he's back.
trouvère [truve:r], *s.m.* *Lit.Hist:* Trouvere; minstrel.
troyen, -enne [trwajɛ̃, -ɛn], *a.* & *s.* (a) Trojan. (b) (Inhabitant) of Troyes (France).
truand, -ande [tryɑ̃, -ɑ̃:d], *s.* (a) *A:* Vagrant. (b) Good-for-nothing.
truble [trybl], *s.f.* *Fish:* Hoop-net; shove-net.
trublion [trybliɔ̃], *s.m.* Trouble-maker.
truc [tryk], *s.m.* *F:* 1. (a) Knack. **Avoir le t. pour faire qch.,** to have the knack of doing sth. (b) Trick, dodge. *Th:* **Pièce à trucs,** play with elaborate stage effects. **T. d'optique,** optical illusion. 2. *P:* Thing, contraption, gadget.
trucage [tryka:ʒ], *s.m.* 1. Faking; *F:* cooking (of accounts). 2. Fake. *Cin:* Trick picture.
truchement [tryʃmɑ̃], *s.m.* 1. *A:* Interpreter. 2. Go-between; spokesman (for s.o.). **Par le t. de,** through.
truck [tryk], *s.m.* *Rail:* Truck.
truculence [trykylɑ̃:s], *s.f.* Tough realism; earthiness; roughness.
truculent [trykylɑ̃], *a.* Realistic, tough, earthy (language). **Visage t.,** red, rubicund, face.
trudgeon [trydʒɔ̃], *s.m.* *Swim:* Trudgen stroke.
truelle [tryɛl], *s.f.* 1. Trowel. 2. **T. à poisson,** fish-slice.
truellée [tryɛle], *s.f.* Trowelful.
truffe [tryf], *s.f.* (a) Truffle. (b) *F:* Bulbous nose. (c) Dog's nose.
truff|er [tryfe], *v.tr.* 1. To stuff with truffles. **Dinde truffée,** truffled turkey. 2. To pad (speech, etc.). 3. *F:* **Truffé de balles,** riddled with bullets. **Le sable est truffé de pierres noires,** the sand is scattered with black stones. *s.m.* **-age.**
trufficulteur [tryfikyltœ:r], *s.m.* Truffle-grower.
trufficulture [tryfikylty:r], *s.f.* Truffle-growing.
truffier, -ière [tryfje, -jɛ:r]. 1. *a.* Relating to truffles. **Chien t.,** truffle-hound. 2. *s.* = TRUFFICULTEUR. 3. *s.f.* **Truffière,** truffle-bed.
truie [trɥi], *s.f.* Sow. **Peau de t.,** pigskin.
truisme [tryism], *s.m.* Truism.
truite [trɥit], *s.f.* *Ich:* Trout. **T. saumonée,** salmon trout. **T. de mer,** salmon-trout, sea-trout. **T. de rivière,** brown trout. **T. arc-en-ciel,** rainbow trout.
truité [trɥite], *a.* Red-spotted; speckled; spotted (dog); flea-bitten (horse); crackled (china).
trumeau [trymo], *s.m.* 1. (a) *Arch:* Pier. (b) *Furn:* Pier-glass. (c) *P:* **Vieux t.,** *m.* old dodderer, *f.* old hag. 2. *Cu:* Leg of beef; gravy beef.
truquage [tryka:ʒ], *s.m.* = TRUCAGE.
truqu|er [tryke]. 1. *v.tr.* To fake; *F:* to cook (accounts). **T. une élection,** to gerrymander an election. **Article truqué,** fake. 2. *Abs.* To sham. *s.* **-eur, -euse.**
trusquin [tryskɛ̃], *s.m.* *Tls:* Marking-gauge, mortise gauge. **Compas à t.,** beam-compass.
trust [trœst], *s.m.* *Fin:* Trust. **Le T. du Pétrole,** the Standard Oil Trust.
truster [tryste, trœste], *v.tr.* 1. To form a trust. 2. *F:* To monopolize.
trusteur [trystœ:r, trœst-], *s.m.* (i) Founder, (ii) organizer, administrator, of a Trust.
tsar [tsa:r], *s.m.* Czar, tsar.
tsarévitch [tsarevitʃ], *s.m.* Czarevitch, tsarevitch.
tsarine [tsarin], *s.f.* Czarina, tsarina.
tsarisme [tsarism], *s.m.* Czarism, tsarism.
tsariste [tsarist], *a.* & *s.* Czarist, tsarist.
tsé-tsé, tsétsé [tsetse], *s.f.* *Ent:* Tsetse(-fly).
tu[1] [ty], *pers.pron.nom.* (Familiar form of address to relations, intimate friends, children, animals) (a) You. **Qui es-t., toi?** who are *you*? *F:* **Être à t. et à toi avec qn,** to be on familiar terms with s.o. *P:* (Abbreviated to t') **T'entends bien!** you understand! (b) (In Biblical style; also in Quaker speech) Thou.
tu[2]. See TAIRE.
tuant [tɥɑ̃], *a.* *F:* 1. Killing, laborious (work). 2. Boring; exasperating.
tub [tœb], *s.m.* *Toil:* Tub, (sponge-)bath.
tuba [tyba], *s.m.* *Mus:* (Sax-)tuba; bass-tuba; ophicleide (of organ).
tube [tyb], *s.m.* 1. (a) Tube, pipe. **T. acoustique,** speaking-tube. *W.Tel:* **T. redresseur,** rectifying valve. **T. de pâte de couleur,** tube of colour. *Mch:* **T. de niveau,** glass gauge, gauge-glass. **Chaudière à tubes,** tubular boiler. *Radar:* **T. phare,** lighthouse. (b) *Anat:* Tube, duct. 2. *Artil:* (i) Inner tube (of gun). (ii) *F:* Gun. 3. *pl.* *Dressm:* Bugles. 4. *P:* Top hat, *F:* topper.
tub|er [tybe], *v.tr.* To tube. *s.m.* **-age.**
tubercule [tybɛrkyl], *s.m.* 1. *Bot:* Tuber. 2. *Med:* Tubercle.
tuberculeux, -euse [tybɛrkylø, -ø:z]. 1. *a.* (a) *Bot:* Tubercular (root). (b) *Med:* Tuberculous (lung). 2. *s.* Tubercular patient; consumptive.
tuberculination [tybɛrkylinasjɔ̃], *s.f.* *Med:* Tuberculosis test.
tuberculine [tybɛrkylin], *s.f.* *Med:* Tuberculin.
tuberculiner [tybɛrkyline], *v.tr.* *Med:* To carry out test with tuberculin. *Vet:* To tuberculinize. **Troupeaux tuberculinés,** attested herds, tuberculin tested herds.
tuberculose [tybɛrkylo:z], *s.f.* Tuberculosis.
tubéreux, -euse [tyberø, -ø:z]. *Bot:* 1. *a.* Tuberous, tuberose. 2. *s.f.* **Tubéreuse,** tuberose.
tubulaire [tybylɛ:r], *a.* Tubular.

tubuleux, -euse [tybylø, -ø:z], *a.* Tubulous.
tubulure [tybyly:r], *s.f.* *Hyd.E: etc:* Tubulure, tubulature; pipe; nozzle. **Flacon à trois tubulures,** three-neck bottle. *I.C.E:* **T. d'échappement,** exhaust manifold.
tudesque [tydɛsk], *a.* Teutonic, Germanic.
tudieu [tydjø], *int.* *A:* Zounds! 'sdeath!
tue-mouches [tymuʃ], *s.m.inv.* **1.** *Bot:* Fly agaric. **2.** (*a*) Fly-swatter. (*b*) **Papier t.-m.,** fly-paper.
tue-punaises [typynɛ:z], *s.m.inv.* Insect-powder, bug-killer.
tuer [tɥe], *v.tr.* To kill. **1.** To slaughter, butcher (animal). **2.** To slay, make away with (s.o.). **T. qn d'un coup de couteau,** to stab s.o. dead. **Il fut tué d'une balle au cœur,** he was shot through the heart. **T. qn raide,** (i) to kill s.o. on the spot; (ii) to shoot s.o. dead. **Se faire t.,** (i) to seek death; (ii) to get killed. **Tué à l'ennemi,** killed in action. **Les tués,** the fallen. *F:* **T. le temps,** to kill time.
se tuer. 1. (*a*) To kill oneself; to commit suicide. (*b*) To get killed. **2. Se t. à force de boire,** to drink oneself to death. **Je me tue à vous le dire,** I am sick and tired of telling you.
tuerie [tyri], *s.f.* Slaughter, butchery, carnage.
tue-tête (à) [atytɛt], *adv.phr.* At the top of one's voice. **Crier à t.-t.,** to bawl, yell.
tueur [tɥœ:r], *s.m.* (*a*) Butcher, slaughterer. (*b*) Killer, slayer. **T. de lions,** lion-killer. **T. à gages,** hired assassin.
tuf [tyf], *s.m.* **1.** *Geol:* (*a*) **T. volcanique,** tuff. (*b*) **T. calcaire,** calcareous tufa; chalky subsoil. **2.** *F:* Bottom, bed-rock, foundation (of one's mind, being). **Descendre jusqu'au t.,** to get down to bed-rock.
tuile [tɥil], *s.f.* **1.** (Roofing) tile. **T. flamande en S.,** pantile. **T. faîtière,** ridge tile. **Couvrir un comble en tuiles,** to tile a roof. **2.** *F:* (Piece of) bad luck. **Quelle t.!,** what a blow!
tuilerie [tɥilri], *s.f.* (*a*) Tile-works. (*b*) **Les Tuileries,** the Tuileries (i) *Hist:* Palace; (ii) Gardens (in Paris).
tuilier [tɥilje], *s.m.* (*a*) Tile-maker, tiler. (*b*) Owner of tile-works.
tulipe [tylip], *s.f.* **1.** Tulip. **2.** (Tulip- or bell-shaped) shade (for electric light).
tulipier [tylipje], *s.m.* *Bot:* Tulip-tree.
tulle [tyl], *s.m.* *Tex:* Tulle; net (fabric).
tullerie [tylri], *s.f.* **1.** Tulle-making. **2.** Tulle-factory.
tuméfaction [tymefaksjɔ̃], *s.f.* Tumefaction, swelling.
tuméfier [tymefje], *v.tr.* To tumefy; to cause (joint, etc.) to swell.
se tuméfier, to tumefy; to swell.
tumescence [tymɛssɑ̃:s], *s.f.* Tumescence; swelling.
tumescent [tymɛssɑ̃[, *a.* Tumescent, swelling.
tumeur [tymœ:r], *s.f.* *Med:* **1.** Tumour; *F:* growth. **2.** Swelling.
tumulaire [tymylɛ:r], *a.* Tumulary; sepulchral. **Pierre t.,** tombstone, gravestone.
tumulte [tymylt], *s.m.* Tumult, hubbub, turmoil, uproar. **En t.,** in an uproar, in confusion.
tumultueu|x, -euse [tymyltɥø, -ø:z], *a.* Tumultuous, noisy, riotous. *adv.* **-sement.**
tumulus [tymyly:s], *s.m.* Tumulus, barrow; sepulchral mound. *pl. Des tumulus, des tumuli.*
tungstate [tœ̃kstat], *s.m.* *Ch:* Tungstate.
tungstène [tœ̃kstɛn], *s.m.* *Ch:* Tungsten. **Acier au t.,** tungsten steel.
tunique [tynik], *s.f.* **1.** *Cost:* Tunic. *Ecc:* Tunicle. **2.** *Biol: Bot:* Tunic; coat, envelope (of an organ).
Tunisie [tynizi]. *Pr.n.f.* *Geog:* (Republic of) Tunisia.
tunisien, -ienne [tynizjɛ̃, -jɛn], *a. & s.* *Geog:* Tunisian.
tunnel [tynɛl], *s.m.* (*a*) Tunnel. *Aer:* **T. aérodynamique,** wind tunnel. (*b*) *El.E:* **T. de câbles,** cable subway.
tuque [ty:k], *s.f.* *Cost:* *Fr.C:* Tuque; pompom hat, *F:* bobble cap.
turban [tyrbɑ̃], *s.m.* Turban. *F:* **Prendre le t.,** to go over to Islam.
turbidité [tyrbidite], *s.f.* Turbidity, cloudiness, muddiness (of liquid).
turbin [tyrbɛ̃], *s.m.* *P:* Work, grind. **Maison où il y a beaucoup de t.,** house where there is a lot to do.
turbine [tyrbin], *s.f.* **1.** Turbine. **T. à choc,** impulse turbine. **T. à réaction,** reaction turbine. **T. hydraulique,** water turbine, water-wheel. **T. à vapeur,** steam turbine. *Mec.E:* **T. à gaz,** gas turbine. **T. à hélice,** propeller-jet, turbo-propeller. **2.** (Rotary) fan (of vacuum-cleaner, etc.).
turbiné [tyrbine], *a.* Turbinate(d); whorled.
turbiner [tyrbine], *v.i.* *P:* To work, slog.
turbineur [tyrbinœ:r], *s.m.* *P:* Hard worker, slogger.
turbo-alternateur [tyrboaltɛrnatœ:r], *s.m.* *El.E:* Turbo-alternator. *pl. Des turbo-alternateurs.*
turbocompresseur [tyrbokɔ̃prɛsœ:r], *s.m.* *Mec.E:* *Av:* Turbo-compressor; turbo-supercharger.
turbodynamo [tyrbodinamo], *s.f.* *El.E:* Turbodynamo.
turbo-électrique [tyrboelɛktrik], *a.* *Mch:* Turbo-electric. *pl. Turbo-électriques.*
turbogénérateur [tyrboʒenɛratœ:r], *s.m.* Turbo-generator.
turbomachine [tyrbomaʃin], *s.f.* Gas turbine.
turbomoteur [tyrbomɔtœ:r], *s.m.* Turbo-motor; turbine.
turbopompe [tyrbopɔ̃:p], *s.f.* *Mch:* Turbo-pump.
turbopropulseur [tyrboprɔpylsœ:r], *s.m.* *Av:* Propeller turbine, propeller jet, turbo-propeller. **Avion à t.,** turbo-prop aircraft.
turboréacteur [tyrboreaktœ:r], *s.m.* *Av:* Turbo-jet, power jet. **T. à soufflante canalisée,** turbo fan. **T. double flux,** by-pass engine.
turbosoufflante [tyrbosuflɑ̃:t], *s.f.*, **turbosouffleuse** [tyrbosufløːz], *s.f.* Turbo-blower; blower (of submarine).
turbot [tyrbo], *s.m.* *Ich:* Turbot.
turbotière [tyrbɔtjɛ:r], *s.f.* *Cu:* Turbot-kettle.
turbotrain [tyrbotrɛ̃], *s.m.* Turbotrain.
turboventilateur [tyrbovɑ̃tilatœ:r], *s.m.* Turbo-ventilator.
turbulence [tyrbylɑ̃:s], *s.f.* Turbulence. (*a*) Unruliness, insubordination. (*b*) Boisterousness.
turbulent [tyrbylɑ̃], *a.* Turbulent. (*a*) Restless, unruly (crowd). (*b*) Boisterous (child).
turc, *f.* **turque** [tyrk]. **1.** *a.* Turkish. **Être assis à la turque,** to sit cross-legged. **2.** (*a*) *s.* Turk. **Tête de T.,** (i) try-your-strength machine (at fairs); hence (ii) butt, scapegoat. (*b*) *s.m.* *Ling:* Turkish.
turcoman [tyrkɔmɑ̃], *s.m.* *Ethn:* *Ling:* Turcoman, Turkoman.
turf [tyrf], *s.m.* **1.** Race-course. **2. Le t.,** racing; the turf.
turfiste [tyrfist], *s.m.* Race-goer.
turgescence [tyrʒɛssɑ̃:s], *s.f.* Turgescence, turgidity.
turgescent [tyrʒɛssɑ̃], *a.* Turgescent.
turgide [tyrʒid], *a.* Turgid, swollen.
turlupin [tyrlypɛ̃], *s.m.* (*a*) Clown, buffoon, merry-andrew. (*b*) Scamp.
turlupinade [tyrlypinad], *s.f.* Piece of clownery, of low buffoonery.
turlututu [tyrlytyty], *int.* *F:* Fiddlesticks!
turne [tyrn], *s.f.* *P:* (*a*) Digs. (*b*) Sanctum, den. (*c*) **Quelle t.!** what a hole!
turpitude [tyrpityd], *s.f.* Turpitude. **1.** Depravity, baseness. **2.** (*a*) Scurvy trick, base deed. (*b*) **Débiter des turpitudes,** to talk smut.
turque [tyrk], *a. & s.f.* See TURC.
turquet [tyrkɛ], *s.m.* **1.** Maize. **2.** Pug(-dog).
turquette [tyrkɛt], *s.f.* *Bot:* Rupture-wort.
Turquie [tyrki]. *Pr.n.f.* *Geog:* Turkey.
turquin [tyrkɛ̃], *a.* **Bleu t.,** slate-blue, bluish-grey (marble, etc.).
turquoise [tyrkwa:z]. **1.** *s.f.* Turquoise. **2.** *a.inv. & s.m.inv.* Turquoise (blue).
tu-s, -t, etc. See TAIRE.
tussilage [tysila:ʒ], *s.m.* *Bot:* Coltsfoot.
tussor [tysɔ:r], *s.m.* *Tex:* Tussore silk.
tutélaire [tytelɛ:r], *a.* Tutelary (divinity); guardian (angel). *Jur:* **Gestion t.,** guardianship.
tutelle [tytɛl], *s.f.* **1.** (*a*) *Jur:* Tutelage, guardianship. **Enfant en t.,** child under guardianship. (*b*) *Pol:* Trusteeship. **2.** *F:* Protection. **Prendre qn sous sa t.,** *F:* to take s.o. under one's wing. **Tenir qn en t.,** to keep s.o. under one's thumb.
tuteur, -trice [tytœ:r, -tris]. **1.** *s.* (*a*) *Jur:* Guardian; tutor (of a minor). (*b*) *F:* Protector. **2.** *s.m.* *Hort:* Prop, support, stake.
tut|oyer [tytwaje], *v.tr.* **(je tutoie; je tutoierai)** To address (s.o.) as **tu** and **toi** (instead of **vous**); to be on familiar terms with (s.o.). *s.m.* **-oiement.**

tutu [tyty], *s.m.* **1.** (Child's word) Bottom, behind. **2.** Ballet-skirt, tutu.
tuyau, -aux [tyjo, tɥijo], *s.m.* **1.** (*a*) Pipe, tube. **T. de descente (d'une maison)**, rain-water pipe, down pipe. **T. d'évent**, blow-off pipe (of cesspool). **T. flexible, t. en caoutchouc**, (i) rubber tubing; (ii) hose(-pipe). **T. d'incendie**, fire-hose. **T. d'arrosage**, garden-hose. **T. de cheminée**, chimney-flue. **T. de poêle**, (i) stove-pipe; (ii) *P:* top hat, topper. **T. acoustique**, speaking-tube. **T. d'orgue**, organ-pipe. *Aut:* **T. d'échappement**, exhaust pipe. *F:* **Dire qch. à qn dans le t. de l'oreille**, to whisper sth. in s.o.'s ear (whence the meaning 2 below). (*b*) Stem (of tobacco-pipe); nozzle (of bellows). (*c*) Barrel (of quill). (*d*) Stalk (of corn). (*e*) *Laund:* Flute, goffer, quill. **2.** *F:* Tip (at horse-racing); wrinkle, hint. **Avoir des tuyaux**, to be in the know. **C'est un t. increvable**, it's straight from the horse's mouth.
tuyauter [tyjote, tɥijote], *v.tr.* **1.** *Laund:* To flute, goffer, quill (linen). **Fer à t.**, goffering tongs. **2.** *Rac: etc:* To give a tip, a wrinkle, to (s.o.).
tuyauterie [tyjotri, tɥijotri], *s.f.* Pipe and tube works, factory or trade.
tuyauteur [tyjotœːr, tɥijotœːr], *s.m.* *F:* Tipster.
tuyère [tyjɛːr], *s.f.* (*a*) *Metall:* Tuyère, twyer, blast-pipe, nozzle. (*b*) **T. d'injecteur**, injector nozzle. (*c*) *Av:* Jet-pipe. **T. de post-combustion**, after-burner.
tweed [twid], *s.m.* *Tex:* Tweed.
twill [twil], *s.m.* *Tex:* Twill.
tympan [tɛ̃pɑ̃], *s.m.* **1.** *Anat:* Drum (of ear). **Membrane du t.**, tympanic membrane; ear-drum. **Bruit à briser le t.**, ear-splitting noise. **2.** *Typ:* Tympan. **3.** *Arch:* Tympanum.
tympanique [tɛ̃panik], *a.* **1.** *Anat:* Tympanic. **2.** *Mus:* Percussive.
tympanon [tɛ̃panɔ̃], *s.m.* *Mus:* Dulcimer.
type [tip], *s.m.* **1.** Type. *Com:* Sample piece; pattern. **T. (d'un moteur, d'une machine)**, pattern, design. *For:* **Arbre t.**, sample tree. **2.** *F:* (*a*) Character, type. **Drôle de t.**, queer customer. **C'est un pauvre t.**, he's a poor sort of chap. (*b*) Chap, type. **T'es un chic t.**, you're a good sort. **3.** *Typ:* Type.
typer [tipe], *v.tr.* To stamp, to mark (sth.) (as belonging to a certain type).
typha [tifa], *s.m.* *Bot:* Typha, (cat's)-tail.
typhlite [tiflit], *s.f.* *Med:* Typhlitis.
typhoïde [tifɔid], *a.* **Fièvre t.**, typhoid (fever); enteric fever.
typhoïdique [tifɔidik], **typhoïque** [tifɔik]. **1.** *a.* Typhoidal. **2.** *s.* Patient suffering from typhoid.
typhon [tifɔ̃], *s.m.* *Meteor:* Typhoon.
typhus [tifyːs], *s.m.* *Med:* Typhus (fever).
typifié [tipifje], *a.* Typical; standardized.
typique [tipik], *a.* Typical. **1.** Symbolical. **2.** True to type. *adv.* **-ment.**
typographe [tipɔgraf], *s.m.*, *F:* **typo** [tipo], *s.m.* Typographer, printer.
typographie [tipɔgrafi], *s.f.* **1.** Typography. **2.** Printing-works.
typographique [tipɔgrafik], *a.* Typographic(al). **Erreur t.**, misprint. *adv.* **-ment, -ally.**
typolithographie [tipɔlitɔgrafi], *s.f.* Typolithography.
typomètre [tipɔmɛtr], *s.m.* *Typ:* Typometer.
typon [tipɔ̃], *s.m.* *Typ:* Offset film.
tyran [tirɑ̃], *s.m.* Tyrant. **Femme qui est un t. domestique**, woman who is a domestic tyrant. **Il est le t. de sa famille**, he tyrannizes his family.
tyranneau [tirano], *s.m.* *F:* Petty tyrant.
tyrannie [tirani], *s.f.* Tyranny.
tyrannique [tiranik], *a.* Tyrannical, tyrannous. *adv.* **-ment.**
tyranniser [tiranize], *v.tr.* To tyrannize over (s.o.); to tyrannize (s.o.).
tyrolien, -ienne [tirɔljɛ̃, -jɛn]. **1.** *a. & s.* Tyrolese; Tyrolean. **Sac t.**, rucksack. **2.** *s.f.* **Tyrolienne**, Tyrolienne; yodelled song or melody.
tzar, -évitch, -ine, *etc:* = TSAR, etc.
tzigane [tsigan], *s.m. & f.* Tzigane; Hungarian gipsy.

U, u [y], *s.m.* (The letter) U, u. **Fer en U,** channel iron. **Porte-objectif en U,** stirrup lens-front. *Tp:* **U comme Ursule,** U for uncle.
ubiquité [ybikɥite], *s.f.* Ubiquity. **Avoir le don d'u.,** to be able to be in several places at the same time, to be ubiquitous.
udomètre [ydɔmɛtr], *s.m.* Udometer, pluviometer, rain-gauge.
uhlan [ylɑ̃], *s.m.* (Pronounced as with h 'aspirate') Uhlan. **Les uhlans** [leylɑ̃], the uhlans.
ukase [ykɑːz], *s.m.* Ukase. **U. paternel,** paternal fiat.
ukulele [ykylele], *s.m. Mus:* Ukulele.
ulcération [ylsɛrasjɔ̃], *s.f.* Ulceration.
ulcère [ylsɛːr], *s.m.* Ulcer; sore.
ulcéré [ylsere], *a.* Ulcerated. *F:* **Avoir une conscience ulcérée,** to suffer pangs of conscience. **Cœur u.,** embittered heart. **Elle en était ulcérée,** it rankled with her.
ulcérer [ylsere], *v.tr.* **(il ulcère; il ulcèrera)** *(a) Med:* To ulcerate. *(b)* To wound, embitter (s.o.).
s'ulcérer, to ulcerate; to fester.
ulcéreux, -euse [ylserø, -øːz], *a. Med:* Ulcerous; ulcerated.
ulmaire [ylmɛːr], *s.f. Bot:* Meadow-sweet.
ulnaire [ylnɛːr], *a. Anat:* Ulnar.
ultérieur, -eure [ylterjœːr], *a.* Ulterior. **1.** *Geog:* Further. **2.** Subsequent **(à,** to); later (news, date). *Com:* **Ordres ultérieurs,** further orders.
ultérieurement [ylterjœrmɑ̃], *adv.* Later on, subsequently, hereafter.
ultimatum [yltimatɔm], *s.m.* Ultimatum.
ultime [yltim], *a.* Ultimate, final, last.
ultimo [yltimo], *adv.* Lastly, finally.
ultra [yltra], *s.m. Pol:* Ultra(ist), extremist.
ultra-court [yltrakuːr], *a. Ph:* **Ondes ultra-courtes,** ultra-short waves.
ultramicroscope [yltramikrɔscɔp], *s.m.* Ultramicroscope.
ultramontain [yltramɔ̃tɛ̃]. **1.** *a.* Ultramontane; beyond the Alps (as from France). **2.** *s.m. Theol: Pol:* Ultramontanist, Vaticanist.
ultra-royaliste [yltrarwajalist], *a. & s.* Ultra-royalist. *pl.* **(***Des***)** *ultra-royalistes.*
ultra-son [yltrasɔ̃], *s.m.* Ultra-sound. **Sondage sous-marin par ultra-sons,** supersonic sounding. *pl. Des ultra-sons.*
ultrasonique [yltrasɔnik], *a.* Supersonic.
ultrasonore [yltrasɔnɔːr], *a. Ph:* Ultrasonic.
ultra-violet, -ette [yltravjɔle, -ɛt], *a. Opt:* Ultra-violet. *pl. Ultra-violets, -ettes.*
ululation [ylylasjɔ̃], *s.f.,* **ululement** [ylylmɑ̃], *s.m.* Ululation (of owls); hoot(ing).
ululer [ylyle], *v.i.* (Of owl) To ululate; to hoot.
Ulysse [ylis]. *Pr.n.m.* Ulysses.
un, une [œ̃, yn]. **1.** *num. a. & s.* *(a)* One. **Il n'en reste qu'un,** there is only one left. **Un à un** [œ̃naœ̃], **un par un,** one by one. **En colonne par un,** in single file. **Une heure,** one o'clock. **Sur les une** [leyn] **heure,** about one (o'clock). *F:* **Il était moins une,** that was as near as dammit. **Page un,** page one. *Journ:* **La une** [layn], first page (of paper). **Un et un** [œ̃ e œ̃] **font deux,** one and one are two. *Th:* **Le un** [ləœ̃], the first act. *F:* **En savoir plus d'une,** to know a thing or two. **Il vient un jour sur deux, de deux jours l'un,** he comes one day out of two, every other day. **Une, deux, trois, partez!** one, two, three, go! **Il n'a fait ni une ni deux,** he did not hesitate. *F:* he made no bones about it. **Ces verres coûtent un franc l'un,** these glasses cost one franc apiece; one franc each. *(b)* One (and indivisible). **Dieu est un,** God is one. **C'est tout un** [tutœ̃], it's all one, all the same. **Ne faire qu'un,** to be rolled into one. *F:* **Ils ne font qu'un** (i) they are one man, one thing; (ii) they are hand in glove together. **2.** *Indef. pron.* One. **Un qui a de la chance,** a lucky one, a lucky man. **(L')un de nous, (l')un d'entre nous,** one of us. **Les uns disent que . . .,** some say that. . . . **L'un et l'autre, l'un ou l'autre, l'un l'autre,** see AUTRE 1. **Pas un,** see PAS² 2. **3.** *Indef. art.* (*pl.* **des,** *q.v.* under DE III.) A, an (*pl.* some). *(a)* **Un jour, une pomme, une heure,** a day, an apple, an hour. **Un père et une mère,** a father and mother. **Un père de famille,** the father of a family. **Venez me voir un lundi,** come and see me on a Monday, some Monday. **Un jour de la semaine dernière,** one day last week. **Pour une raison ou pour une autre,** for some reason or other. *(b)* Such a one as. **Sans doute un Worth vous aurait-il mieux habillée,** no doubt a (firm like) Worth would have dressed you better. *(c)* (Intensive) **J'ai eu un monde aujourd'hui!** I've had such a lot of people to-day! **Tu m'as fait une peur!** you gave me such a fright! **Il a fait une de ces têtes!** you should have seen his face!
unanime [ynanim], *a.* Unanimous **(dans,** in); of one mind. **Ils sont unanimes à vous accuser,** they are unanimous in accusing you.
unanimement [ynanimmɑ̃], *adv.* Unanimously; with one accord.
unanimité [ynanimite], *s.f.* Unanimity. **A l'u.,** unanimously. **A l'u. des voix,** without one dissentient voice.
uncial, -aux [ɔ̃sjal, -o], *a.* = ONCIAL.
Unesco [ynɛsko], *s.f.* Unesco (initials of United Nations Educational, Scientific and Cultural Organization).
unguéal, -aux [ɔ̃gɥeal, -o], *a. Anat:* Ungual.
unguifère [ɔ̃gɥifɛːr], *a. Z:* Unguiferous; clawed.
uni [yni], *a.* **1.** *(a)* United, harmonious (family). *(b)* **Le Royaume-U.,** the United Kingdom. **Les États-Unis,** the United States. **2.** Smooth, level, even (ground). **3.** Plain (material, colour); self-colour(ed) (material).
uniate [ynjat], *s.m. & a. Rel.H:* Uniat(e).
unicellulaire [ynisɛlylɛːr], *a. Biol:* Unicellular.
unicité [ynisite], *s.f.* **1.** *Phil:* Oneness, uniquity. **2.** Uniqueness, singleness.
unicolore [ynikɔlɔːr], *a.* Unicolour; one-coloured, plain (material), etc.
unicorne [ynikɔrn]. **1.** *a.* Single-horned. **2.** *s.m.* = LICORNE.
unième [ynjɛm], *num.a.* (Used only in compounds) First. **Trente et unième,** thirty-first.
unification [ynifikasjɔ̃], *s.f.* Unification; consolidation (of loans, etc.); standardization (of weights and measures); amalgamation (of industries).
unifier [ynifje], *v.tr.* To unify (ideas); to consolidate (loans); to standardize; to amalgamate (industries).
uniform|e [ynifɔrm]. **1.** *a.* Uniform, unvarying. **Taux u.,** flat rate (of interest, etc.). **2.** *s.m.* Uniform. *Mil:* **Grand u.,** No. 1 Ceremonial. *F:* **Endosser l'u.,** to become a soldier. **Quitter l'u.,** to leave the service. *adv.* **-ément.**
uniformiser [ynifɔrmize], *v.tr.* To make uniform; to standardize.
uniformité [ynifɔrmite], *s.f.* Uniformity.
unijambiste [yniʒɑ̃bist], *a. & s.* One-legged (person).
unilatéral, -aux [ynilateral, -o], *a.* Unilateral; one-sided (contract, etc.). *P.N:* **Stationnement u.,** parking on one side. *adv.* **-ement.**
unilingue [ynilɛ̃ːg], *a.* Unilingual (dictionary).
uniloculaire [ynilɔkylɛːr], *a. Bot:* Unilocular, uniloculate, one-celled (ovary).
uniment [ynimɑ̃], *adv.* Smoothly, evenly. **Dire qch. tout u.,** to say sth. quite simply, plainly.
uninominal, -aux [yninɔminal, -o], *a.* Uninominal. **Scrutin u.,** voting for a single member, for one member only.
union [ynjɔ̃], *s.f.* Union. **1.** Coming together. S.a. TRAIT 4. **2.** Society, association. **U. chrétienne de jeunes gens,** Young Men's Christian Association. **U. douanière,** customs union. **3.** Marriage. **4.** Unity, concord, agreement. **L'u. fait la force,** unity is strength.
unipare [ynipaːr], *a. Biol:* Uniparous.
unipolaire [ynipɔlɛːr], *a. El.E: Biol:* Unipolar, single-pole.

unique [ynik], *a.* **1.** Sole, only, single; that stands alone. **Fils u.,** only son. **Rue à sens u.,** one-way road, street. **Seul et u.,** one and only. **2.** Unique, unrivalled, unparalleled. *F:* **Vous êtes u.,** you're the limit!
uniquement [ynikmɑ̃], *adv.* Solely. **Je viens u. pour vous voir,** I've come especially to see you.
unir [yniːr], *v.tr.* **1.** To unite, join. **Faits étroitement unis,** facts closely linked together. **Être uni par le mariage à . . .,** to be joined in wedlock to. . . . **U. à nouveau,** to reunite. **2.** To smooth, level, make plane.
s'unir. 1. To unite, join. **S'u. à qn,** (i) to join forces with s.o.; (ii) to marry s.o. **2.** To become smooth, even.
unisexué [ynisɛksɥe], **unisexuel, -elle** [ynisɛksɥɛl], *a. Biol:* Unisexual, unisexed.
unisson [ynisɔ̃], *s.m. Mus:* Unison. **A l'u.,** (i) in unison (de, with); (ii) in keeping (with).
unitaire [ynitɛːr], *a.* **1.** = UNITA(I)RIEN. **2.** Unitary (system, etc.). *Com:* **Prix u.,** unit-price. *Mec.E:* **Allongement u.,** elongation per unit-length.
unitairien [ynitɛrjɛ̃], **unitarien, -ienne** [ynitarjɛ̃, -jɛn], *a. & s. Rel.H:* Unitarian.
unité [ynite], *s.f.* **1.** (*a*) *Mth:* Unity, one. *Com:* **Prix de l'u.,** price of one (article). (*b*) Unit (of measure, etc.). *Mil:* Unit. *Navy:* **Grosse u.,** capital ship. *Ind:* **U. de cracking,** cracking unit. **2.** Unity. (*a*) Oneness (of God). (*b*) Uniformity (of plan, action). **Il n'y a pas d'u. dans sa conduite,** there is no unity, no consistency, in his conduct. *Lit:* **Les trois unités,** the three unities.
univalent [ynivalɑ̃], *a. Ch:* Univalent.
univalve [ynivalv], *a.* (*a*) *Bot:* Univalvular. (*b*) *Moll:* Univalve.
univers [ynivɛːr], *s.m.* Universe. **Par tout l'u.,** all over the world.
universaliser [ynivɛrsalize], *v.tr.* To universalize; to make (sth.) universal.
universalité [ynivɛrsalite], *s.f.* **1.** Universality, universalness. **2.** Sum total, the whole.
universaux [ynivɛrso], *s.m.pl. Phil:* **Les u.,** the universals.
univers|el, -elle [ynivɛrsɛl], *a.* Universal. **Réputation universelle,** world-wide reputation. *Mch:* **Tracteur u.,** all-purpose tractor. **Savoir u.,** all-embracing knowledge. *F:* **Homme u.,** all-rounder. **Légataire u.,** (i) sole legatee, (ii) residuary legatee. *adv.* **-ellement.**
universitaire [ynivɛrsitɛːr]. **1.** *a.* University (studies, town). **Cité u.,** (students') hall of residence. **2.** *s.* Member of the *Université de France* (*q.v.* below); member of the teaching profession. **Des universitaires,** Academic people.
université [ynivɛrsite], *s.f.* **1.** University. **2. L'u. de France,** the whole body of university and school teachers, professors, inspectors, etc.
univoque [ynivɔk], *a.* Univocal.
Untel [œ̃tɛl], *s.m.* **M. Untel,** Mr So-and-so. Cf. TEL 3.
upas [ypɑːs], *s.m.* **1.** Upas(-tree). **2.** Upas (juice).
upsilon [ypsilɔn], *s.m. Gr.Alph:* Upsilon.
urane [yran], *s.m. Ch:* Uranium oxide.
uranifère [yranifɛːr], *a.* Uranium-bearing.
uranium [yranjɔm], *s.m. Ch:* Uranium.
uranographie [yranɔgrafi], *s.f.* Uranography.
urate [yrat], *s.m. Ch:* Urate.
urbain [yrbɛ̃]. **1.** *a.* Urban (population); town (house). **Architecture urbaine,** town planning. **2.** *s.m.* Town-dweller; city-dweller.
urbanisation [yrbanizasjɔ̃], *s.f.* Urbanization.
urbaniser [yrbanize], *v.tr.* To urbanize (rural district, etc.).
urbanisme [yrbanism], *s.m.* Town-planning.
urbaniste [yrbanist], *s.m.* Town-planner.
urbanité [yrbanite], *s.f.* Urbanity. **Avec u.,** urbanely.
urée [yre], *s.f. Ch:* Urea.
urémie [yremi], *s.f. Med:* Uraemia.
urémique [yremik], *a. Med:* Uraemic.
uretère [yrtɛr], *s.m. Anat:* Ureter.
urètre [yrɛtr], *s.m. Anat:* Urethra.
urgence [yrʒɑ̃ːs], *s.f.* Urgency. *Med:* **Une u.,** an emergency. **Il a été appelé d'u.,** he received an urgent call. **Transporter qn d'u. à l'hôpital,** to rush s.o. to hospital. **Salle d'u.,** emergency ward. **En cas d'u.,** in case of emergency. **État d'u.,** state of emergency. **Il y a u.,** the case is pressing. **Y a-t-il u. à ce qu'il parte?** Need he leave? **A adresser d'u.,** to be sent immediately. **Convoquer d'u. les sociétaires,** to call an extraordinary meeting of the shareholders. *Parl:* **Demander l'u.,** to call for a vote of urgency.
urgent [yrʒɑ̃], *a.* Urgent, pressing; instant (need). **Cas u.,** urgent case; emergency. *Post:* **"Urgent,"** 'urgent'; 'for immediate delivery.'
urinaire [yrinɛːr], *a. Anat:* Urinary.
urinal, -aux [yrinal, -o], *s.m.* Urinal (vessel).
urine [yrin], *s.f.* Urine. **Évacuer l'u.,** to pass water.
uriner [yrine], *v.i.* To urinate; to make water.
urinoir [yrinwaːr], *s.m.* (Public) urinal.
urique [yrik], *a.* Uric (acid, concretion).
urne [yrn], *s.f.* (*a*) Urn. (*b*) Ballot-box. **Aller aux urnes,** to go to the polls.
urologiste [yrɔlɔʒist], **urologue** [yrɔlɔg], *s.m. or f.* Urologist.
Ursse [yrs]. *Pr.n.f. F:* U.S.S.R.
ursuline [yrsylin], *s.f. Ecc:* Ursuline (nun). *F:* **Les Ursulines,** Ursuline convent-school.
urticacées [yrtikase], *s.f.pl. Bot:* Urticaceae.
urticaire [yrtikɛːr], *s.f. Med:* Urticaria; nettle-rash.
urticant [yrtikɑ̃], *a.* Urticating, stinging.
urtication [yrtikasjɔ̃], *s.f. Med:* Urtication.
urus [yryːs], *s.m. Z:* Urus, aurochs.
us [y], *s.m.pl. A:* Usages. (Still used in) **Les us et coutumes** [lɛzyɛkutɥm] **d'un pays,** the ways and customs of a country.
usable [ysabl], *a.* Liable to deteriorate through wear; liable to wear out.
usage [yzaːʒ], *s.m.* **1.** (*a*) Use, using, employment. **Mettre un article en u.,** to put an article into use. **Faire u. de qch.,** to use, to make use of, sth. **Faire bon u. de qch.,** to make good use of sth.; to put sth. to good use. **Faire mauvais u. de qch.,** to make bad use of sth.; to put sth. to (a) bad use; to misuse sth. *Pharm:* **"Pour l'u. externe,"** 'for external application.' **Article à mon u.,** article for my personal use. **Article d'u.,** article for everyday use. **Hors d'u.,** (i) worn out, (ii) obsolete. (*b*) Wear, service (of garments, etc.). **Faire un bon u., faire de l'u.,** to wear well, do good service. **Garanti à l'u.,** warranted to wear well. **2.** *Jur:* **Droit d'u. continu,** (right of) user. **3.** (*a*) Usage; use (and wont); custom, practice. **Usages locaux,** local customs. **Phrases d'u.,** conversational commonplaces. **Comme d'u.,** as usual. **Selon l'u., suivant l'u.,** according to custom. **Il est d'u. de + *inf.*,** it is customary to. . . . (*b*) Practice, experience. **Avoir l'u. de qch.,** to be used to sth. **L'u. du monde,** good breeding. **Avoir l'u. du monde,** to be well-bred. **Manquer d'u.,** to lack breeding. **Le bon u.,** *A:* **le bel u.,** correct French (= the Queen's English).
usagé [yzaʒe], *a.* (Article) that has been used or worn; second-hand. **Non u.,** new.
usager, -ère [yzaʒe, -ɛːr]. **1.** *s.* User (of sth.). **Les usagers de la route,** road-users. **2.** *a.* (Of articles) Of everyday use. *Cust:* **Effets usagers,** articles for personal use.
usé [yze], *a.* (Of metal, stone) Worn; (of garment) shabby, threadbare; (of rope) frayed. **Sujet u.,** hackneyed, stale, threadbare, trite, trivial, subject. **Cheval u.,** worn-out horse. **Terre usée,** exhausted land.
user [yze]. **1.** *v.ind.tr.* **U. de qch.,** to use sth., make use of sth. **U. bien, mal, de qch.,** to make good use, bad use, of sth. **U. de force, de violence,** to resort to force, to violence. **U. de patience,** to exercise patience. **U. de douceur,** to deal gently (with s.o.). **U. de son droit,** to avail oneself of one's right. **En bien u. avec qn,** to treat s.o. well. **En mal u. avec qn,** to treat s.o. badly; to use s.o. ill. **Est-ce ainsi que vous en usez avec lui?** is that how you deal with him, how you treat him? **2.** *v.tr.* (*a*) To use (up), consume (sth.). **U. toutes ses provisions,** to use up all one's provisions. **U. du charbon,** to eat up coal. (*b*) To wear (sth.) (out, away, down); to abrade. **U. ses vêtements,** to wear out one's clothes. **Meule à u.,** abrading wheel.
s'user, to wear (away). **Il s'est usé à la tâche,** he wore himself out on the job. **Sa résistance s'usera à la fin,** his resistance will wear down, break down, in due course. **Ce tissu s'use vite,** this material wears out quickly.

usine [yzin], *s.f.* Works, factory, mill. **U. à gaz,** gas-works. **Ouvrier d'u.,** factory-worker.

usin|er [yzine], *v.tr.* **1.** *Metalw:* To machine, to tool (castings, etc.); to machine-finish (parts). **Parties usinées,** bright parts. **2.** *F:* To work hard. **Ça usine là-dedans,** they're hard at it. *s.m.* **-age.**

usinier [yzinje], *s.m.* Manufacturer; factory-owner.

usité [yzite], *a.* Used; in use; current. **Le mot n'est plus u.,** the word is obsolete.

ustensile [ystɑ̃sil], *s.m.* Utensil, implement, tool.

usu|el, -elle [yzɥɛl], *a.* Usual, customary, habitual, common. **Connaissances usuelles,** knowledge of everyday things. **L'anglais u.,** everyday English. *adv.* **-ellement.**

usufruit [yzyfrɥi], *s.m. Jur:* Usufruct; life interest.

usufruitier, -ière [yzyfrɥitje, -jɛːr], *a. & s. Jur:* Usufructuary. *s.* Tenant for life.

usuraire [yzyrɛːr], *a.* Usurious (interest).

usure¹ [yzyːr], *s.f.* Usury. **Pratiquer l'u.,** to practise usury. **Rendre un bienfait avec u.,** to repay a service with interest.

usure², *s.f.* (*a*) Wear (and tear). **U. par frottement,** attrition. *Mil:* **Guerre d'u.,** war of attrition. (*b*) *Geol:* Wearing away; erosion.

usurier, -ière [yzyrje, -jɛːr]. **1.** *s.* Usurer. **2.** *a.* Usurious.

usurpateur, -trice [yzyrpatœːr, -tris]. **1.** *s.* Usurper. **2.** *a.* (*a*) Usurping. (*b*) Encroaching.

usurpation [yzyrpasjɔ̃], *s.f.* (*a*) Usurpation. (*b*) Encroaching, encroachment (**de,** upon).

usurpatoire [yzyrpatwaːr], *a.* Usurpatory.

usurper [yzyrpe]. **1.** *v.tr.* (*a*) To usurp (**sur,** from). (*b*) To encroach upon, usurp (s.o.'s rights, etc.). **2.** *v.i.* **U. sur les droits de qn,** to encroach, usurp, (up)on s.o.'s rights.

ut [yt], *s.m.inv. Mus:* (The note) C. **Ut dièse,** C sharp. **Clef d'ut,** C clef. **Clef d'ut quatrième ligne,** tenor clef.

utérin [yterɛ̃], *a.* Uterine. **Frère u.,** half-brother on the mother's side.

utérus [yteryːs], *s.m. Anat:* Uterus, womb.

utile [ytil], *a.* Useful, serviceable. **Si je puis vous être u. à quelque chose,** if I can be of any use, of any assistance, to you. **Puis-je être u. en rien?** can I do anything? can I be of any use? **Se rendre u.,** to make oneself useful. **Cela m'a été bien u.,** it came in very handy, stood me in good stead. **En temps u.,** in (good) time; duly. **Prendre toutes dispositions utiles,** to make all necessary arrangements. **Dictionnaire u. à consulter,** dictionary that may be usefully consulted. *Mec:* **Effet u.,** useful effect; effective power. *s.m.* **Joindre l'u. à l'agréable,** to join pleasure and profit, to combine business with pleasure. *adv.* **-ment.**

utilisable [ytilizabl], *a.* Usable; fit for use. **Billet u. pour tous les trains,** ticket available on all trains.

utilisation [ytilizasjɔ̃], *s.f.* Utilization, use (of sth.); turning (of sth.) to account.

utiliser [ytilize], *v.tr.* To utilize; to make use of (sth.); to turn (sth.) to account.

utilitaire [ytilitɛːr], *a. & s.m. & f.* Utilitarian. *Aut:* **Véhicule u.,** commercial vehicle.

utilitarisme [ytilitarism], *s.m.* Utilitarianism.

utilité [ytilite], *s.f.* **1.** Utility, use(fulness); useful purpose; service, avail. **Être d'une grande u.,** to be of great use. **Outil de première u.,** essential tool. **Sans u.,** useless(ly). **S'entremettre sans grande u.,** to intervene to little purpose. **2.** *Th:* Utility actor or actress. Utility man. **Les utilités,** the small parts. **Jouer les utilités,** to play second fiddle.

utopie [ytɔpi], *s.f.* Utopia.

utopique [ytɔpik], *a.* Utopian.

utopiste [ytɔpist]. **1.** *s.* Utopian, utopist. **2.** *a.* Utopian.

utriculaire [ytrikylɛːr], *s.f. Bot:* Utricularia, bladder-wort.

utricule [ytrikyl], *s.m. Nat.Hist:* Utricle.

uval, -aux [yval, -o], *a.* Pertaining to grapes. *Med:* **Cure uvale,** grape-cure. **Station uvale,** grape-juice bar.

uvulaire [yvylɛːr]. **1.** *a. Anat:* Uvular. **2.** *s.f. Bot:* Uvularia.

uvule [yvyl], *s.f. Anat:* Uvula.

V, v [ve], *s.m.* (The letter) V, v. **Double v(é),** W, w. *I.C.E:* **Moteur à cylindres en V,** V-type engine. *Tp:* **V comme Victor,** V for Victor.
va [va]. See ALLER.
vacance [vakɑ̃:s], *s.f.* **1.** Vacancy; vacant office or post. **2.** *pl.* Vacation, holidays; (of parliament) recess. *Sch:* **Les grandes vacances,** the summer holidays; (of university) the long vacation. **En vacance(s),** on holiday. **Entrer en vacances,** (school) to break up, (Parliament) to rise. **Un jour de v.,** a (day's) holiday.
vacancier [vakɑ̃sje], *s.m.* *F:* Holiday-maker.
vacant [vakɑ̃], *a.* Vacant, unoccupied, tenantless (house, etc.). **Place vacante,** (i) vacant seat, (ii) vacancy (for job, post). **Succession vacante,** estate in abeyance.
vacarme [vakarm], *s.m.* Uproar, din, racket. **Faire du v.,** to make a row, *F:* to kick up a shindy.
vacation [vakasjɔ̃], *s.f.* **1.** (*a*) Attendance, sitting (of officials); day's sale (at an auction). (*b*) *pl.* Fees (of lawyer). **2.** *pl.* *Jur:* Vacation, recess (of law-courts). **3.** Abeyance (of succession, etc.).
vaccin [vaksɛ̃], *s.m.* *Med:* Vaccine, lymph.
vaccinateur [vaksinatœ:r], *s.m.* Vaccinator.
vaccination [vaksinasjɔ̃], *s.f.* *Med:* (*a*) Vaccination. (*b*) Inoculation. **V. préventive, immunisante,** protective inoculation.
vaccine [vaksin], *s.f.* **1.** (*a*) *Vet:* Cow-pox. (*b*) *Med:* Inoculated cow-pox, vaccinia. **2.** = VACCINATION.
vacciner [vaksine], *v.tr.* *Med:* To vaccinate, inoculate. **Se faire v.,** to get vaccinated, inoculated (**contre,** for, against). **V. contre la diphtérie,** to immunize against diphtheria. *F:* **Être vacciné contre les désagréments du métier,** to become immune to the drawbacks of the job.
vache [vaʃ], *s.f.* **1.** (*a*) Cow. **V. à lait,** milch-cow S.a. LAITIER[1] **V. à eau,** canvas water-carrier. *F:* **Le plancher des vaches,** terra firma. **Parler français comme une v. espagnole,** to murder the French language. **Manger de la v. enragée,** to have a rough time of it. **L'ère des vaches maigres,** the time of the lean kine. *Nau:* **Nœud de v.,** granny's knot. (*b*) **V. marine,** sea-cow. (*c*) *P:* (i) Fat woman. (ii) Policeman. *P:* **Mort aux vaches!** Down with the cops! (iii) Disagreeable fellow; swine; beast. **2.** Cow-hide. **Valise en v.,** leather suit-case.
vachement [vaʃmɑ̃], *adv.* *P:* Tremendously. **C'est v. dur,** it's damned hard.
vacher, -ère [vaʃe, -ɛ:r], *s.* Cowherd *m.*, cow-girl *f.*
vacherie [vaʃri], *s.f.* **1.** (Cow)byre, cow-shed. **2.** *P:* Dirty trick.
vacillant [vasillɑ̃, -ijɑ̃], *a.* **1.** Unsteady, wobbly (table); unsteady, flickering (flame); uncertain, staggering (gait). **2.** Vacillating; wavering, undecided (mind); uncertain (health).
vacillation [vasijasjɔ̃, -ilasjɔ̃], *s.f.* **1.** Unsteadiness; wobbling; flickering (of flame). **2.** Vacillation, shilly-shallying; wavering (of opinion).
vacillement [vasijmɑ̃, -ilmɑ̃], *s.m.* = VACILLATION 1.
vaciller [vasije, -ile], *v.i.* **1.** (*a*) To be unsteady, to wobble. **Entrer, sortir, en vacillant,** to stagger in, out. (*b*) (Of light) To flicker. **2.** To vacillate, waver.
va-comme-je-te-pousse (à la) [alavakɔməʒtəpus]. *Adv.ph.* *F:* In a slap-dash way, manner, anyhow.
vacuité [vakɥite], *s.f.* Vacuity, emptiness.
vacuole [vakɥɔl], *s.f.* *Biol:* Vacuole.
vacuum [vakɥɔm], *s.m.* Vacuum.
vade-mecum [vademekɔm], *s.m.inv.* Note-book, vade-mecum.
vadrouille [vadru:j], *s.f.* **1.** *Nau:* (*a*) Pitch-mop. (*b*) (Deck-)swab. (*c*) *Fr.C:* *Dom.Ec:* Mop. **2.** *P:* Outing. (*a*) **Faire la v., aller en v.,** to go on the spree. (*b*) Gadabout. (*c*) Party out on the spree.
vadrouill|er [vadruje], *v.i.* *P:* (*a*) To go on the spree. (*b*) **V. de par le monde,** to roam; to knock about the world. *s.* **-eur, -euse.**

va-et-vient [vaevjɛ̃], *s.m.inv.* **1.** (*a*) Movement to and fro; (i) backward and forward motion; (ii) see-saw motion. (Of ferry-boat) **Faire le v.-et-v. entre . . . et . . .,** to ply between . . . and. . . . *a.inv.* **Porte v.-et-v.,** swing door. (*b*) Coming and going (of persons). **2.** (*a*) *Nau:* Hauling line (e.g. between wreck and shore). (*b*) *El:* Two-way wiring (system). *a.inv.* **Commutateur v.-et-v.,** two-way switch. (*c*) *Mec.E:* Reciprocating gear.
vagabond, -onde [vagabɔ̃, -ɔ̃:d]. **1.** *a.* Vagabond; wandering, roving (life); *El:* stray (current). **2.** *s.* Vagabond; vagrant, tramp.
vagabondage [vagabɔ̃da:ʒ], *s.m.* Vagrancy, vagabondage. **V. spécial,** living on immoral earnings.
vagabonder [vagabɔ̃de], *v.i.* **1.** To be a tramp; to play truant. **V. de par le monde,** to rove about the world; to roam. **2.** (Of the mind) To wander.
vagin [vaʒɛ̃], *s.m.* Vagina.
vagir [vaʒi:r], *v.i.* (Of new-born infant) To cry, wail; (of hare) to squeak.
vagissement [vaʒismɑ̃], *s.m.* Wail(ing) (of new-born infant); squeak(ing) (of hare).
vague[1] [vag], *s.f.* (*a*) Wave. **Grosse v.,** billow. **Une v. balaya le pont,** the deck was swept by a sea. **V. de fond,** tidal wave. **V. de chaleur,** heat wave. *Mil:* **V. d'assaut,** assaulting wave. *El:* **V. de courant,** surge of current. (*b*) Generation. **La nouvelle v.,** the new wave.
vague[2]. **1.** (*a*) *a.* Vague, indefinite; dim (recollection); hazy (knowledge). **Quelque v. écrivain,** (i) a writer of some sort; (ii) some writer or other. (*b*) *a. & s.m.* *Anat:* (Nerf) v., vagus (nerve). **2.** *s.m.* Vagueness, indefiniteness. **Se sentir du v. à l'âme,** to have vague yearnings. *adv.* **-ment.**
vague[3]. **1.** *a.* Empty, vacant. (Still so used in) **Regard v.,** vacant stare. **Terrains vagues,** waste ground, *F:* no man's land. **Un terrain v.,** an empty site. **2.** *s.m.* Empty space. **Fixer les yeux dans le v.,** to gaze into space.
vaguemestre [vagmestr], *s.m.* **1.** *Mil:* *A:* Baggage-master. **2.** (*a*) *Mil:* Post orderly. (*b*) *Navy:* Postman.
vaguer [vage], *v.i.* To wander, roam, ramble (about). **Laisser v. ses pensées,** to let one's thoughts wander.
vaigrage [vɛgra:ʒ], *s.m.* *N.Arch:* Ceiling, inner planking, inner plating.
vaigre [vɛ:gr], *s.f.* *N.Arch:* (*a*) Ceiling-plate, inner plank. (*b*) Bottom-board (of small boat).
vaillance [vajɑ̃:s], *s.f.* Valour, bravery, courage, gallantry.
vaill|ant [vajɑ̃]. *a.* **1.** (*a*) Valiant, brave, courageous, spirited; stout (heart); *Mil:* gallant. (*b*) *F:* **Être v.,** to be in good health. **Je ne me sens pas v.,** I feel pretty shaky, under the weather. **2. N'avoir pas un sou v.,** to be penniless, not to have a penny to bless oneself with. *adv.* **-amment.**
vaill-e, -es, etc. See VALOIR.
vain [vɛ̃], *a.* **1.** Vain. (*a*) Sham, unreal, empty (title, etc.). **Vaine gloire,** vainglory. **De vains amusements,** futile amusements. **Vaines promesses,** hollow promises. (*b*) Ineffectual, useless, fruitless, unavailing (efforts). *Adv.phr.* **En v.,** in vain; vainly. (*c*) **Vaine pâture,** common(-land). **2.** Vain, conceited.
vaincre [vɛ̃:kr], *v.tr.* (*pr.p.* **vainquant;** *p.p.* **vaincu;** *pr. ind.* **je vaincs, il vainc, n. vainquons;** *p.h.* **je vainquis;** *fu.* **je vaincrai**) **1.** (*a*) To vanquish, conquer, defeat (adversary). (*b*) *Sp: etc:* To beat (rival). **2.** To overcome, master, conquer (disease, difficulties). **3.** *v.i.* **V. ou mourir!** To conquer or to die!
vainement [venmɑ̃], *adv.* Vainly, in vain; to no purpose.
vainqu-e, etc. See VAINCRE.
vainqueur [vɛ̃kœ:r]. **1.** *s.m.* (*a*) Vanquisher (**de qn,** of s.o.); victor, conqueror. (*b*) *Sp: etc:* Winner. **2.** *a.m.* Vanquishing, conquering, victorious.
vair [vɛ:r], *s.m.* **1.** *Her:* Vair. **2.** *Com:* (Whole-) squirrel fur.

vairon [vɛrɔ̃]. 1. *a.* (*a*) **Aux yeux vairons,** with eyes of different colours. (*b*) Wall-eyed (horse). 2. *s.m. Ich:* Minnow.
vais [vɛ]. See ALLER.
vaisseau [vɛso], *s.m.* 1. *A:* Vessel, receptacle. 2. Ship, vessel. **V. à voiles,** sailing vessel. **V. de guerre,** warship. **V. amiral,** flagship. **Brûler ses vaisseaux,** to burn one's boats. S.a. FANTÔME. 3. Nave (of church); body, hall (of building). 4. *Anat: Bot:* Vessel, canal, duct. **V. sanguin,** blood-vessel.
vaisseau-école [vɛsoekɔl], *s.m.* Training-ship. *pl. Des vaisseaux-écoles.*
vaisselier [vɛsəlje], *s.m. Furn:* Dresser.
vaisselle [vɛsɛl], *s.f.* Table-service; plates and dishes, crockery. **V. de terre,** earthenware. **V. de porcelaine,** porcelain, china. **V. plate,** (gold or silver) plate. **Laver, faire, la v.,** to wash up. **Machine à laver la v.,** dish-washer, washing-up machine. **Eau de v.,** dish-water. **C'est un marchand de v.,** he keeps a crockery, china, shop.
val [val], *s.m.* (Narrow) valley, vale. The *pl.* is usu. **vals,** except in the phr. **Par monts et par vaux,** *q.v.* under MONT.
valable [valabl], *a.* Valid, good (title, excuse). **Billet v. pour deux mois,** ticket available, good, for two months.
valablement [valabləmɑ̃], *adv.* Validly.
Valence[1] [valɑ̃:s]. 1. *Pr.n.f.* (*a*) Valencia (in Spain). (*b*) Valence (in France). 2. *s.f.* Valencia orange.
valence[2], *s.f. Ch:* Valence, valency.
valenciennes [valɑ̃sjɛn], *s.f.* Valenciennes lace.
valériane [valerjan], *s.f. Bot:* Valerian, all-heal.
valet [valɛ], *s.m.* 1. (*a*) *A:* = VARLET 1. (*b*) *Cards:* Knave, jack. 2. **V. de chambre,** valet, man-servant. **V. de pied,** footman. *Ven:* **V. de chiens,** whipper-in. **V. d'écurie,** groom, stable-boy. **V. de ferme,** farm-hand. *Prov:* **Tel maître, tel v.,** like master, like man. **Faire le plat v.,** to toady, to fawn. 3. (*a*) Door counter-weight. (*b*) Clamp, holdfast. (*c*) Support, rest, stand (of mirror, etc.).
valetaille [val(ə)tɑ:j], *s.f. Pej:* Flunkeys, menials.
valétudinaire [valetydinɛ:r]. 1. *a.* Valetudinary. 2. *s.* Valetudinarian.
valeur [valœ:r], *s.f.* 1. (*a*) Value, worth. **Augmenter en v.,** to advance, rise, increase, in value. **Bijou de v.,** valuable jewel. **Artiste de v.,** talented artist. **Homme de v.,** man (i) of real ability, (ii) of merit. **De première v.,** (article) of the best quality; (man) of outstanding merit. **Sans v.,** worthless. **V. en fabrique,** cost price. *Com:* **V. reçue,** for value received. **Papier de v. douteuse,** dubious bills. **Colis avec v. déclarée,** insured parcel. **Mettre une terre en v.,** to develop land. (*b*) *Mus:* (Time-)value, length (of a note). (*c*) **Boire la v. d'un verre de vin,** to drink the equivalent of a glass of wine. (*d*) Import, weight, value. **Votre argument n'est pas sans v.,** there is something in what you say. **Renseignements sans v.,** valueless information. **V. des mots,** import, full meaning, of words. **Mettre qch. en v.,** to show sth. to advantage. **Mettre un mot en v.,** to emphasize, give importance to, a word. 2. *Fin:* (*a*) Asset. (Of pers.) **C'est une de nos valeurs,** he is one of our assets. (*b*) *pl.* Bills, shares, securities. **Valeurs mobilières,** transferable securities; stocks and shares. **Valeurs actives,** assets. **Valeurs passives,** liabilities. 3. Valour, gallantry.
valeureu|x, -euse [valœrø, -ø:z], *a.* Valorous, brave, gallant (in battle). *adv.* **-sement.**
validation [validasjɔ̃], *s.f.* Validation (of election, marriage); ratifying (of law).
valide [valid], *a.* 1. Valid (contract, marriage). 2. *Mil: etc:* Fit for service; able-bodied. *adv.* **-ment.**
valider [valide], *v.tr.* To validate (election, marriage); to ratify (contract, etc.); to authenticate (document).
validité [validite], *s.f.* Validity (of contract, election, passport, etc.). **Durée de v. d'un billet,** availability of a ticket. **Établir la v. d'un testament,** to prove a will.
valise [vali:z], *s.f.* (*a*) Suit-case. **Faire ses valises,** to pack (one's bag). (*b*) **V. diplomatique,** *F:* **la valise,** diplomatic bag, *F:* the bag.
vallée [vale], *s.f.* Valley.
vallon [valɔ̃], *s.m.* Small valley; dale, dell, vale; *Scot:* glen.
vallonné [valɔne], *a.* Undulating (country).
vallonnement [valɔnmɑ̃], *s.m.* 1. Laying out (of park, etc.) in dells. 2. *pl.* Foothills.
valoir [valwa:r], *v.tr. & i.* (*pr.p.* **valant;** *p.p.* **valu;** *pr.ind.* **je vaux, il vaut, n. valons, ils valent;** *pr.sub.* **je vaille, n. valions, ils vaillent;** *p.h.* **je valus;** *fu.* **je vaudrai**) 1. (*a*) To be worth. **Maison valant cent mille francs,** house worth one hundred thousand francs. **Combien,** *F:* **qu'est-ce (que), vaut le beurre aujourd'hui?** what is the price of butter to-day? **A v. sur (une somme),** on account of (a sum). **Payer dix francs à v.,** to pay ten francs on account. **A v. sur qn,** on account of s.o.; for account of s.o. *s.m.* **A v.,** sum on account; *Publ:* advance (on royalties). **Ne pas v. grand'chose,** not to be worth much. **Cela ne vaut rien,** that's no good. **Comme acteur il ne vaut pas cher,** as an actor he is not up to much. **S'il n'est pas mort, il n'en vaut guère mieux,** if he is not dead, he is not far from it. **Ne v. rien pour la santé,** to be bad for the health. **Ce n'est rien qui vaille,** it is not worth having, it is nothing of any value. **Un, une, rien qui vaille = un vaurien, une vaurienne.** (*b*) To be equivalent to. **C'est une façon qui en vaut une autre,** it is as good a way as any other. **L'un vaut l'autre,** one is as good, as bad, as the other. **Ça se vaut,** it's the same either way. **Il ne vaut pas mieux que son frère.** he is no better than his brother. **Il ne vaut pas son frère,** he can't compare with, *F:* is not a patch on, his brother. (*c*) *Impers.* **Il vaut mieux, il vaudrait mieux, rester à la maison,** it is, would be, better to stay at home. **Il vaut mieux qu'il en soit ainsi,** (it is) better that it should be so. **Il vaut mieux** + *inf.* **que (de)** + *inf.*, it is better to + *inf.* than to + *inf.* **Mieux vaut tard que jamais,** better late than never. **Autant vaut rester ici,** we may as well stay here. **Choses qu'il vaut autant ne pas rappeler,** things best forgotten. (*d*) **Faire v. qch.,** to make the most of sth.; to set sth. off to advantage. **Monture qui fait v. la pierre,** setting that shows off the stone. **Faire v. ses opinions,** to command respect for one's opinions. **Faire v. ses raisons,** to put forward, set forth one's reasons. **Faire v. ses droits à . . .,** to assert, enforce, one's claims to. . . . **Faire v. son bon droit,** to vindicate one's rights. **J'ai fait v. que . . .,** I pointed out, urged, that. . . . **Se faire v.,** to push oneself forward; to assert oneself. **Faire v. son argent,** to invest one's money to good account. **Faire v. une terre,** to farm, to develop an estate. S.a. MARCHANDISE. 2. To be worth, to deserve, merit (sth.). **Un service en vaut un autre,** one good turn deserves another. **Le livre vaut d'être lu,** the book is worth reading. **Cela vaut la peine de faire le voyage,** it is worth a special journey. **Cela ne vaut pas la peine d'y penser,** that's not worth a moment's thought. *F:* **Cela vaut le coup,** it's worth trying. *F:* **Ça ne vaut pas le coup,** it isn't worth the trouble. 3. **V. qch. à qn.** (*a*) To bring in, yield, fetch (so much). **Cette terre lui vaut dix mille francs de rente,** this land gives him an income of ten thousand francs. **Cela lui a valu une gratification,** it got him a bonus. **Vaille que vaille,** at all costs, come what may. (*b*) To obtain, win, gain. **Cette action lui a valu d'être décoré,** this act won him a decoration. **Qu'est-ce qui me vaut cet honneur?** to what do I owe this honour?
valorisation [valɔrizasjɔ̃], *s.f. Com: Fin:* Valorization.
valoriser [valɔrize], *v.tr. Com: Fin:* To valorize.
valse [vals], *s.f.* Waltz. **Faire un tour de v.,** to waltz round the room.
vals|er [valse], *v.i.* 1. To waltz. **J'ai fait valser Mlle. X,** I waltzed with Miss X. 2. *F:* (*a*) **Et les assiettes de v.,** and up flew the plates. **Envoyer v. qch.,** to send sth. flying. (*b*) **Faire v. qn,** (i) to lead s.o. a dance; (ii) to show s.o. the door. **Faire v. l'argent,** to make the money fly. *s.* **-eur, -euse.**
valve [valv], *s.f.* 1. *Nat.Hist:* Valve. 2. *Mec.E:* Valve (esp. of clack-valve or ball-valve type). **V. de retenue,** non-return valve. **V. de chambre à air,** tyre-valve. 3. *El:* Valve. **V. redresseuse,** rectifying valve.
valvule [valvyl], *s.f.* Valvule.
vamp [vɑ̃p], *s.f.* Vamp.
vampire [vɑ̃pi:r], *s.m.* 1. (*a*) *Myth:* Vampire. (*b*) *F:* Vampire, extortioner, blood-sucker. 2. *Z:* Vampire (-bat).

vampirisme [vɑ̃pirism], *s.m.* Vampirism. **1.** Belief in vampires. **2.** *F:* Blood-sucking; extortion.
van[1] [vɑ̃], *s.m. Husb:* Winnowing-basket; fan.
van[2] [vɑ̃ or van], *s.m. Veh:* Horse-box.
vanadium [vanadjɔm], *s.m. Ch:* Vanadium.
Vandale [vɑ̃dal], *s.m. & a.* **1.** *Hist:* Vandal. **2.** *Art: etc:* Vandal.
vandalisme [vɑ̃dalism], *s.m.* Vandalism.
vandoise [vɑ̃dwa:z], *s.f. Ich:* Dace.
vanesse [vanɛs], *s.f. Ent:* Vanessa (butterfly).
vanille [vani:j], *s.f.* Vanilla.
vanillé [vanije], *a.* Flavoured with vanilla.
vanillier [vanije, -ilje], *s.m. Bot:* Vanilla plant.
vanité [vanite], *s.f.* Vanity. **1.** Futility (of worldly pleasures). **2.** Conceit, vainglory. **Tirer v. de qch.,** to take an empty pride in sth. **Sans v.,** with all due modesty, without wishing to boast.
vaniteu|x, -euse [vanitø, -ø:z], *a.* Vain, conceited, vainglorious. *s.* **C'est un v.,** he is conceited. *adv.* **-sement.**
vannage[1] [vana:ʒ], *s.m. Hyd.E:* **1.** Sluicing (of water-gate). **2.** (System of) sluice-gates.
vanne [van]. **1.** *s.f.* (*a*) Sluice(-gate), water-gate. **Lever les vannes,** to open the flood-gates. **Mettre les vannes,** to close the flood-gates. (*b*) *Mch:* Butterfly valve. (*c*) *Nau:* Cock. **2.** *a.* **Eaux vannes,** waste-water (from factories); sewage-water (from houses).
vanneau [vano], *s.m. Orn:* Lapwing, peewit. *Cu:* **Œufs de v.,** plovers' eggs.
vann|er [vane], *v.tr.* **1.** To winnow, fan. **2.** *F:* To tire out, exhaust. **Être vanné,** to be dead beat, done up. *s.m.* **-age**[2].
vannerie [vanri], *s.f.* **1.** Basket-making, basket-trade. **2.** Basket-work, wicker-work.
vanneur, -euse [vanœ:r, -ø:z], *s.* Winnower.
vannier [vanje], *s.m.* Basket-worker, -maker.
vantail, -aux [vɑ̃ta:j, -o], *s.m.* Leaf (of door, shutter, sluice-gate). **Porte à deux vantaux,** double door.
vantard, -arde [vɑ̃ta:r, -ard]. **1.** *a.* Boasting, boastful, bragging. **2.** *s.* Braggart, boaster; *F:* bragger.
vantardise [vɑ̃tardi:z], *s.f.* **1.** Bragging, boastfulness; braggadocio. **2.** Boast.
vanter [vɑ̃te], *v.tr.* To praise (s.o., sth.); to speak highly of (sth.); *F:* to crack up (s.o., sth.). S.a. MARCHANDISE.
se vanter, to boast, brag. **Se v. d'être . . .,** to pride oneself on being. . . .
vanterie [vɑ̃tri], *s.f.* **1.** Bragging, boasting. **2.** Boast.
va-nu-pieds [vanypje], *s.m. & f.inv.* (Barefoot) tramp, beggar.
vapeur[1] [vapœ:r], *s.f.* **1.** Vapour; haze; fumes. **2.** (*a*) **V. d'éther, d'alcool,** ether vapour, alcoholic vapour. (*b*) V. d'eau, steam. **Machine à v.,** steam-engine. **Bateau à v.,** steamer, steamship. **Mettre la v.,** to put steam on. **Navire sous v.,** ship under steam. **A toute v.,** (at) full steam, at full speed, full steam ahead. **3.** *pl. A.Med:* Vapours. **Il lui prit une v.,** she had a fit of dizziness.
vapeur[2], *s.m.* Steamer, steamship.
vaporeu|x, -euse [vapɔrø, -ø:z], *a.* (*a*) Vaporous, misty; steamy (atmosphere). (*b*) Hazy (ideas). *adv.* **-sement.**
vaporisateur [vapɔrizatœ:r], *s.m.* (*a*) Vaporizer, atomizer. *Hort:* Sprayer. (*b*) Scent-spray.
vaporisation [vapɔrizasjɔ̃], *s.f.* (*a*) Vaporization. (*b*) Atomization.
vaporis|er [vapɔrize], *v.tr.* (*a*) To vaporize. (*b*) To atomize, spray (liquid). *a.* **-able.**
se vaporiser, to become vaporized; to vaporize.
vaquer [vake], *v.i.* **1.** (*a*) (Of situation) To be vacant. (*b*) (Of Parliament, law-courts) To be in vacation, not to be sitting. **Les classes vaqueront la semaine prochaine,** there will be no school next week. **2. V. à qch.,** to attend to sth. **V. aux soins du ménage,** to see to the housework. **V. à ses affaires,** to go about one's work.
varangue [varɑ̃:g], *s.f. N.Arch:* Floor-timber, floor-frame.
varappe [varap], *s.f. Mount:* **1.** Rock-face (to be climbed). **2.** Rock-climbing. **3.** Rope-soled shoe.
varappée [varape], *s.f.* Rock-climbing expedition.
varappeur [varapœ:r], *s.m.* Rock-climber; cliffsman.
varec(h) [varɛk], *s.m.* Wrack, seaweed, varec(h); kelp.
vareuse [varø:z], *s.f.* **1.** *Nau:* (*a*) (Sailor's) jersey, jumper. (*b*) Pilot-coat, pea-jacket. **2.** Loose-fitting jacket.
variabilité [varjabilite], *s.f.* (*a*) *Biol: Gram: etc:* Variability. (*b*) Changeableness (of mood, weather).
variable [varjabl]. **1.** *a.* (*a*) *Biol: Gram: Mth:* Variable. (*b*) Changeable, altering (mood, etc.); unsteady (barometer). **Le baromètre est au variable,** the barometer is at "change". **Temps v.,** changeable, unsettled, weather. *Astr:* **Étoile v.,** variable star. **2.** *s.f. Mth:* Variable.
variant, -ante [varjɑ̃, -ɑ̃:t]. **1.** *a.* Variable, fickle. **2.** *s.f.* **Variante,** variant (reading of text, spelling of word).
variation [varjasjɔ̃], *s.f.* **1.** Variation. **V. du temps,** change in the weather. *Nau:* **V. du compas,** compass error. **2.** *Mus:* **Air avec variations,** theme with variations.
varice [varis], *s.f. Med:* Varix, varicosity; varicose vein.
varicelle [varisɛl], *s.f. Med:* Varicella, chicken-pox.
varié [varje], *a.* Varied; varying (types, etc.); miscellaneous (news); variegated (plumage); chequered (existence). *Mus:* **Air v.,** air with variations. *Mec:* **Mouvement v.,** variable motion.
varier [varje]. **1.** *v.tr.* To vary; to diversify (occupations, etc.); to variegate (colours). **2.** *v.i.* To vary, change; (of markets) to fluctuate. **Les auteurs varient souvent,** authors often differ. **V. de méthode,** to vary one's methods. *Mth:* **Lorsque** *y* **varie dans le même sens que et proportionnellement à** *x*, when *y* varies as *x*.
variété [varjete], *s.f.* **1.** Variety (de, of); diversity (of opinions); variedness (of landscape). **Donner de la v. au menu,** (i) to vary the menu; (ii) to lend variety to the menu. *pl.* **Variétés,** miscellanea. **(Spectacle de) variétés,** variety show, entertainment. **2.** *Nat. Hist:* Variety (of flower, etc.).
variole [varjɔl], *s.f.* **1.** *Med:* Variola, smallpox. **2. V. des vaches,** cow-pox.
variolé [varjɔle], *a.* Pock-marked.
varioleux, -euse [varjɔlø, -ø:z]. **1.** *a. Med:* Variolous (pustules, patient). **2.** *s.* Smallpox patient.
variqueux, -euse [varikø, -ø:z], *a.* **1.** *Med:* Varicose. **2.** Varicated (shell).
varlet [varlɛ], *s.m.* **1.** *Hist:* Varlet; page. **2.** = VALET 3. (*b*).
varlope [varlɔp], *s.f. Tls:* Trying-plane, jointer.
Varsovie [varsɔvi]. *Pr.n.f. Geog:* Warsaw.
vas [va]. See ALLER.
vasculaire [vaskylɛ:r], **vasculeux, -euse** [vaskylø, -ø:z], *a.* Vascular (tissue, etc.). **Pression v.,** blood-pressure.
vase[1] [vɑ:z], *s.m.* Vase, vessel, receptacle. **V. à fleurs,** flower vase. **V. de nuit,** chamber(-pot). *El:* **V. d'un élément de pile,** battery-jar. **V. poreux,** porous cell. *Rel:* **V. d'élection,** chosen vessel. **Expérience faite en v. clos,** experiment carried out in an airtight chamber. **Vivre en v. clos,** to live as a recluse.
vase[2], *s.f.* Mud, silt, slime, ooze, sludge. **Banc de vase,** mud-bank.
vaseline [vazlin], *s.f.* Vaseline (*R.t.m*); petroleum jelly, petroleum. *Pharm:* **Huile de v.,** liquid paraffin.
vaseux, -euse [vɑzø, -ø:z], *a.* **1.** Muddy, slimy. **2.** *P:* (*a*) Knocked-up; seedy, off colour. (*b*) Without any guts; *F:* woolly. **Des idées vaseuses,** woolly ideas.
vasistas [vazista:s], *s.m.* Opening window frame at the top of a door or window.
vaso-constricteur, -trice [vazɔkɔ̃striktœ:r, -tris]. *Anat:* **1.** *a.* Vaso-constrictive. **2.** *s.m.* Vaso-constrictor. *pl. Vaso-constricteurs, -trices.*
vaso-moteur, -trice [vasomɔtœ:r, -tris], *a. & s.m. Anat:* Vaso-motor (nerve-centre). *pl. Vaso-moteurs, -trices.*
vasque [vask], *s.f.* **1.** Basin (of fountain). **2. V. (lumineuse),** bowl (for electric light).
vassal, -ale, -aux [vasal, -o], *s. & a.* Vassal.
vassalité [vasalite], *s.f.,* **vasselage** [vasla:ʒ], *s.m.* **1.** Vassalage. **2.** Bondage.
vaste [vast], *a.* Vast, immense, spacious. **Le v. monde,** the wide world. **Une v. étendue,** a broad expanse. **Une v. érudition,** comprehensive learning. *adv.* **-ment.**
vastringue [vastrɛ̃:g], *s.f. Carp:* Spoke-shave.

Vatican (le) [ləvatikɑ̃]. *Pr.n.m.* The Vatican.
vaticination [vatisinasjɔ̃], *s.f.* Vaticination.
vaticiner [vatisine], *v.i.* To vaticinate.
va-tout [vatu], *s.m.inv.* **Jouer son v.**, to stake one's all.
vau (à) [avo], *adv.phr.* **A v. l'eau**, down-stream, with the stream. **Tout va à v. l'eau**, everything is going to rack and ruin.
vaudeville [vodvil], *s.m.* **1.** *Lit.Hist:* Topical or satirical song (with refrain). **2.** *Th:* Vaudeville, light comedy (with occasional song).
vaudevillesque [vodvilesk], *a.* Comical, farcical, Gilbertian.
vaudevilliste [vodvilist], *s.m.* Vaudevillist; writer of vaudevilles.
vaudois, -oise [vodwa, -wa:z], *a. & s.* **1.** (Native, inhabitant) of Vaud (Swiss canton); Vaudois. **2.** *Rel.H:* Waldensian.
vaudou [vodu], *s.m.* Voodoo, hoodoo.
vaudr-ai, -as, etc. See VALOIR.
vaurien, -ienne [vorjɛ̃, -jɛn], *s.* (*a*) Waster, rotter, bad lot. (*b*) *F:* **Petit v.!** you little scamp! you little rascal!
vaut [vo]. See VALOIR.
vautour [votu:r], *s.m.* *Orn:* Vulture.
vautr|er (se) [səvotre], *v.pr.* (*a*) (Of pig) To wallow (in mud). **Se v. dans le vice**, to wallow in vice. (*b*) *F:* To sprawl (on grass, on a sofa).
vauvert [vovɛ:r]. See DIABLE 1.
vaux [vo]. See VALOIR.
va-vite (à la) [alavavit], *adv.phr.* **Travail fait à la v.-v.** scamped work, rushed work.
veau [vo], *s.m.* **1.** (*a*) Calf. **Le v. gras**, the fatted calf. *F:* **Pleurer comme un v.**, to weep copiously; to blubber. (*b*) **V. marin**, sea-calf, seal. (*c*) *F:* Lumpish fellow, lump. **2.** *Cu:* Veal. **Côtelette de v.**, veal cutlet. But **Gelée de pied de v.**, calves-foot jelly. **Tête de v.**, calf's-head. **3.** Calf(-leather), calfskin.
vecteur [vɛktœ:r], *s.m.* *Mth:* Vector. **Rayon v.**, radius vector.
vectoriel, -elle [vɛktɔrjɛl], *a.* *Mth:* Vectorial.
vécu [veky], *a.* **1. Choses vécues**, actual experiences. **2.** (Play, novel) true to life.
vedette [vədɛt], *s.f.* **1.** *Mil:* *A:* Vedette; mounted sentry. **Être en v.**, to be on vedette duty. **2.** (*a*) *Navy:* Vedette-boat; scout; picket-boat. (*b*) Small steamer, motor boat (on cross-harbour service, etc.). **3.** (*a*) **Écrire, imprimer, qch. en v.**, to write, print, sth. in a line by itself. **Mots en v.**, words displayed in bold type. **Mettre en v.**, to high-light. (Of actor) **Se trouver, être mis, en v. sur l'affiche**, to head, top, the bill. **Être en v.**, to be in the limelight. (*b*) *Th:* *Cin:* Star.
védique [vedik], *a.* *Rel.H:* Vedic.
végétal, -aux [veʒetal, -o]. **1.** *a.* Plant-(life, etc.); vegetable (kingdom). **2.** *s.m.* Plant.
végétarien, -ienne [veʒetarjɛ̃, -jɛn], *a. & s.* Vegetarian.
végétarisme [veʒetarism], *s.m.* Vegetarianism.
végétatif, -ive [veʒetatif, -i:v], *a.* Vegetative.
végétation [veʒetasjɔ̃], *s.f.* **1.** Vegetation. **Arbres en pleine v.**, trees in full growth. **2.** *pl.* *Med:* Vegetations. **Végétations adénoïdes**, adenoid growths; *F:* adenoids.
végéter [veʒete], *v.i.* (**je végète; je végéterai**) **1.** (Of plant) To vegetate, grow. **2.** To vegetate; to lead an aimless or uneventful life.
véhémence [veemɑ̃:s], *s.f.* Vehemence. **Avec v.**, vehemently.
véhément [veemɑ̃], *a.* Vehement, violent. *adv.* **-ement.**
véhicule [veikyl], *s.m.* **1.** Vehicle. **2. L'air est le v. du son**, the air is the vehicle, the medium, of sound.
véhiculer [veikyle], *v.tr.* To convey, carry (sth.) (by vehicle); to cart (sth.).
veille [vɛ:j], *s.f.* **1.** (*a*) Sitting up, staying up (at night); watching (by night). (*b*) Vigil (of nun, etc.). (*c*) *Mil:* (Night) watch. *Nau:* Look-out. *Nau:* **Homme de v.**, look-out (man). **Ancre de v.**, sheet-anchor. **Chambre de v.**, chart-house. (*d*) Wakefulness. **Entre la v. et le sommeil**, between waking and sleeping. **Causer à qn bien des veilles**, to cause s.o. many a sleepless night. **2.** (*a*) Eve; preceding day. **La v. de Noël**, Christmas Eve. **Je l'avais vu la v.**, I had seen him the day before. **La v. au soir**, the evening before. (*b*) **Être à la v. de la ruine, d'une guerre**, to be on the brink, on the verge, of ruin, of a war. **A la v. de la réunion**, just before the meeting.
veillée [vɛje], *s.f.* **1.** Night-nursing (of the sick); watching, vigil (by dead body). **2.** Evening (spent in company). **Faire la v. chez des voisins**, to spend the evening socially with neighbours (esp. among country people during the winter months).
veiller [vɛje]. **1.** *v.i.* (*a*) To sit up, stay up, keep awake **V. fort avant dans la nuit**, to burn the midnight oil. **Faire v. qn**, to keep s.o. up. (*b*) To watch, be on the look-out; to stand by. (*c*) **V. sur qn**, to look after s.o.; to take care of s.o. (*d*) **V. à qch.**, to watch over, see to, sth. **V. aux intérêts de qn**, to attend to, look after, s.o.'s interests. **V. à la besogne**, to keep an eye on the work. **V. à ce que qch. se fasse**, to see (to it) that sth. is done. *F:* **V. au grain**, to look out for squalls; to keep one's weather eye open. **2.** *v.tr.* To sit up with, look after, watch over, attend to (sick person, etc.). **V. un mort**, to sit up with, keep vigil over, a corpse.
veilleur, -euse [vɛjœ:r, -ø:z]. **1.** *s.m.* Watcher (by night); keeper of a vigil. **V. de nuit**, night-watchman. **2.** *s.f.* **Veilleuse.** (*a*) Night-light. **Lumière en veilleuse**, light turned low. *Aut:* **Mettre les phares en veilleuse**, to put on the side lights. **Ampoule veilleuse**, dimmer-bulb. **Mettre une entreprise en veilleuse**, to reduce output to a minimum. (*b*) Pilot-light. (*c*) *Bot:* Meadow-saffron.
veinard, -arde [vɛna:r, -ard], *a. & s.* *F:* Lucky (person, player). **C'est un v.**, he has all the luck. **V.!** you lucky devil!
veine [vɛn], *s.f.* **1.** (*a*) *Anat:* *Bot:* Vein. *Anat:* **V. cave**, vena cava. (*b*) (Underground) stream, rivulet. (*c*) Vein (in wood, marble). **2.** (*a*) *Geol:* Vein; lode (of ore); seam (of coal). (*b*) Vein, inspiration, humour. **V. poétique**, poetic vein. **Être en v. de faire qch.**, to be in the mood, in the humour, to do, for doing, sth. **Être en v. de générosité**, to be in a generous mood. (*c*) *F:* Luck. **Être en v., avoir de la v.**, to be in luck('s way). **Quelle v.!** My luck's in! **C'est bien ma v.!** Just my luck! **Porter v. à qn**, to bring s.o. good luck. **Coup de v.**, (i) stroke of luck, lucky strike; (ii) fluke.
vein|er [vene], *v.tr.* To vein, grain (door, etc.). *s.m.* **-age.**
veineux, -euse [vɛnø, -ø:z], *a.* **1.** Venous (system, blood). **2.** Veiny (wood, etc.).
veinule [vɛnyl], *s.f.* Veinlet.
vélaire [velɛ:r], *a. & s.f.* *Ling:* Velar; back (consonant).
vêl|er [vele], *v.i.* (Of cow) To calve. *s.m.* **-age.** *s.m.* **-ement.**
vélin [velɛ̃], *s.m.* **1.** Vellum (parchment). **2.** **(Papier) v.**, wove paper.
velléitaire [vɛlleitɛ:r], *a.* Impulsive, erratic.
velléité [vɛlleite], *s.f.* Slight desire or inclination; stray impulse. **Avoir des velléités de résistance**, to put up some sort of, a show of, resistance. **Avoir des velléités de travail**, to toy with the idea of work.
vélo [velo], *s.m.* *F:* (= VÉLOCIPÈDE) Cycle; *U.S:* wheel. **Aller à v.**, to cycle. **Faire du v.**, to go in for cycling.
vélocipède [velɔsipɛd], *s.m.* *A:* Velocipede.
vélocité [velɔsite], *s.f.* Speed, velocity, swiftness.
vélodrome [velɔdro:m], *s.m.* Cycle-racing track.
vélomoteur [velɔmɔtœ:r], *s.m.* Lightweight motor-cycle.
velours [v(ə)lu:r], *s.m.* Velvet. **1.** *Tex:* **V. uni**, plain velvet. **V. façonné**, figured velvet. **V. frisé**, uncut velvet. **V. à côtes, côtelé**, ribbed velvet, corduroy velvet. **V. de coton**, velveteen. **V. de laine**, velours. S.a. PATTE 1. **Jouer sur le v.**, to be on velvet. **2.** *F:* Incorrect 'liaison', e.g. **J'ai été** [ʒezete], **il leur a dit** [ilœrzadi].
velouté [v(ə)lute]. **1.** *a.* Velvety; velvet-like; soft as velvet; downy (peach, cheeks). **2.** *s.m.* (*a*) Velvetiness, softness (of material, voice); bloom (of peach). (*b*) *Cu:* Thick rich sauce or soup.
velouter [v(ə)lute], *v.tr.* To give a velvety appearance to (sth.); (of haze, etc.) to soften (contour).
velouteux, -euse [v(ə)lutø, -ø:z], *a.* Velvety, soft.
veloutine [vəlutin], *s.f.* Flannelette.

velpeau [vɛlpo], *s.m. Surg: Sp: Box:* **Bande V., un v.,** crêpe bandage.
velu [vəly], *a.* Hairy; villous (leaf, etc.).
vélum [velɔm], *s.m.* Awning.
venaison [vənɛzɔ̃], *s.f. Cu:* Venison. **Basse v.,** hare, rabbit.
venaissin [vənɛsɛ̃], *a.* Pertaining to Vaucluse.
vénal, -als, -aux [venal, -o], *a.* **1.** Venal, purchasable (privilege, etc.). *Com:* **Valeur vénale,** market value. **2.** *Pej:* Venal, mercenary, corruptible; corrupt (press). *adv.* **-ement.**
vénalité [venalite], *s.f.* Venality.
venant [vənɑ̃]. **1.** *a.* **Bien v.,** thriving, coming on well. **2.** *s.m.* **A tout v., à tous venants,** to all comers, to all and sundry. S.a. ALLANT 2.
vendable [vɑ̃dabl], *a.* Saleable, marketable.
vendange [vɑ̃dɑ̃:ʒ], *s.f.* **1.** (Often in *pl.*) Vintage (season). **2.** (*a*) Vintaging; grape-gathering; vine-harvest, wine-harvest. (*b*) The grapes.
vendang|er [vɑ̃dɑ̃ʒe], *v.tr. & i.* (**je vendangeai(s)**; **n. vendangeons**) To vintage; to gather (the grapes). *s.* **-eur, -euse.**
vendéen, -enne [vɑ̃deɛ̃, -ɛn], *a. & s. Geog:* Vendean; of the Vendée.
vendémiaire [vɑ̃demjɛ:r], *s.m. Fr.Hist:* First month of the Fr. Republican calendar (Sept.-Oct.).
vendetta [vɛ̃dɛtta, vɑ̃-], *s.f.* Vendetta.
vendeur, -euse [vɑ̃dœ:r, -ø:z], *s. Com:* Seller (of goods); (in shop) salesman, saleswoman; assistant.
vendre [vɑ̃:dr], *v.tr.* **1.** To sell. **V. qch. à qn,** to sell s.o. sth.; to sell sth. to s.o. **V. à terme,** to sell on credit. **V. comptant,** to sell for cash. **V. moins cher que qn,** to undersell s.o. **V. chèrement sa vie,** to sell one's life dearly. **V. un objet trois francs,** occ. **pour trois francs,** to sell an object for three francs. **Cela se vend comme des petits pains,** it is selling like hot cakes. **Cela s'est vendu pour rien,** *F:* **pour une bouchée de pain,** it went for a song. **Maison à v.,** house for sale. **L'art de v.,** salesmanship. **2.** (**Faire**) **v. qn,** to sell s.o. up (for debt). **3. V. qn,** to betray s.o. **V. un secret,** to betray a secret.
vendredi [vɑ̃drədi], *s.m.* Friday. **Le v. saint,** Good Friday.
vendu [vɑ̃dy], *s.m.* Traitor.
venelle [vənɛl], *s.f.* Alley. *A:* **Enfiler la v.,** to slip away; to take to one's heels.
vénéneux, -euse [venenø, -ø:z], *a.* Poisonous (plant, food).
vénérabilité [venɛrabilite], *s.f.* Venerability.
vénérable [venɛrabl]. **1.** *a.* Venerable. **2.** *s.m.* Worshipful master (of masonic lodge). *adv.* **-ment.**
vénérateur, -trice [venɛratœ:r, -tris], *s.* Venerator.
vénération [venɛrasjɔ̃], *s.f.* Veneration, reverence. **Avoir de la v. pour qn,** to hold s.o. in veneration.
vénérer [venere], *v.tr.* (**je vénère**; **je vénérerai**) (*a*) To venerate, reverence, revere. (*b*) To worship (saint, relics).
vénerie [venri], *s.f.* Venery; (science of) hunting. **Termes de v.,** hunting terms.
vénérien, -ienne [venerjɛ̃, -iɛn), *a.* Venereal.
venette [vənɛt], *s.f. F:* **Avoir la v.,** to be in a blue funk; to have, get, the jitters. **Donner la v. à qn,** to put s.o. in a funk.
veneur [vənœ:r], *s.m. Ven:* Huntsman.
vénézuélien, -ienne [venezɥeljɛ̃, -iɛn], *a. & s.* Venezuelan.
vengeance [vɑ̃ʒɑ̃:s], *s.f.* **1.** Revenge. **Par v.,** in revenge. **Esprit de v.,** vengefulness. **Tirer v. d'une injure,** to be revenged for an insult. **Tirer v. de qn, exercer sa v. sur qn,** to be avenged on s.o. **2.** Vengeance, retribution, requital. **Crime qui crie v.,** crime that cries for vengeance.
venger [vɑ̃ʒe], *v.tr.* (**je vengeai(s)**; **nous vengeons**) To avenge. **V. qn d'une injure,** to avenge s.o. for the insult offered.
se venger, to be revenged; to have one's revenge. **Se v. d'une injure,** to take vengeance for an insult. **Se v. sur qn (de qch.),** tor evenge onesel fon s.o. (for sth.).
vengeur, -eresse [vɑ̃ʒœ:r, -ərɛs]. **1.** *s.* Avenger, revenger. **2.** *a.* Avenging, vengeful.
véniel, -elle [venjɛl], *a.* Venial (sin).
venimeux, -euse [vənimø, -ø:z], *a.* Venomous. (*a*) Poisonous (bite, serpent). (*b*) Spiteful.
venin [vənɛ̃], *s.m.* Venom. (*a*) Poison (of adder). (*b*) Spite, malice. **Jeter son v.,** to vent one's spleen. S.a. MORT[1] 1.
venir [v(ə)ni:r], *v.i.* (*pr.p.* **venant**; *p.p.* **venu**; *pr.ind.* **je viens, il vient, n. venons, ils viennent**; *pr.sub.* **je vienne**; *p.h.* **je vins, n. vînmes, v. vîntes, ils vinrent**; *p.sub.* **je vinsse**; *fu.* **je viendrai.** Aux. **être**) To come. **1.** (*a*) **Je viens!** I'm coming! **Ne faire qu'aller et v.,** (i) to be always on the move, on the go. (ii) **Je ne ferai qu'aller et v.,** I shall come straight back. **Venez par ici,** step this way. **D'où venez-vous?** where have you come from? **Il vint à moi, vers moi,** he came up to me. **Il vint sur moi,** he advanced on me (threateningly). **V. au monde,** to be born. **Dans les temps à v.,** in the days to come. **Ses succès à v.,** his future successes. **L'année qui vient,** next year. **Vienne un peu de soleil et tout le monde est gai,** the minute the sun comes out everyone is cheerful. **Faire v. qn,** to send for, call in, fetch, s.o. **Faire v. ses robes de Paris,** to get one's dresses from Paris. **Voir v. qn,** to see s.o. coming. *F:* **Je vous vois v.!** I see what you are getting at! **Je préfère voir v.,** I'd rather wait and see. **Le voici v., le voici qui vient,** here he comes. **Se faire bien v. de qn,** to ingratiate oneself with s.o. **Être bien, mal, venu,** to be welcome, unwelcome. **Je serais mal venu à . . .,** it is not for me to. . . . *Impers.* **Est-il venu quelqu'un?** has anyone called? **Il est venu deux lettres pour vous,** two letters have come for you. **V. dans le vent,** to come round. **V. sur bâbord, sur tribord,** to alter course to port, to starboard. (*b*) **Venir** + *inf.* (i) **Il vint tomber à mes pieds,** he fell at my feet. (ii) **Venez me trouver à quatre heures,** come and see me at four o'clock. **Je viens vous voir,** I have come to see you. **V. chercher qch., qn, v. prendre qch.,** to come and fetch sth.; to call for s.o. (*c*) **V. de faire qch.** (*pr. & p.d.* only), to have (only) just done sth. **Il vient, venait, de sortir,** he has just, had just, gone out. **2.** (Denoting origin) (*a*) **Il vient d'Amérique,** he comes from America. **Mot qui vient du latin,** word derived from Latin. **Ce bien lui est venu de famille,** this property was a family inheritance. **Tout cela vient de ce que . . .,** all this is the result of. . . . (*b*) *Impers.* **D'où vient(-il) que . . .?** how is it that . . .? **3.** (*a*) To occur, to come. **Le premier exemple venu,** the first example that comes to mind. **L'idée me vient que . . ., il me vient à l'esprit que . . ., il me vient l'idée que . . .,** the thought strikes me, it comes to my mind, that . . .; it occurs to me that. . . . (*b*) **V. à faire qch.,** to happen to do sth., to chance to do sth. **4.** (*a*) To attain, reach. **L'eau leur venait aux genoux,** the water was up to their knees. **Il ne me vient pas à l'épaule,** he does not come up to my shoulder. (*b*) **V. à rien,** to come to nothing. **V. à bien,** to succeed, prosper. S.a. BOUT 1. (*c*) **En v. à qch., à faire qch.,** to come to sth., to the point of doing sth. **En v. aux coups, aux mains,** to come to blows. **Il en était venu à mendier,** he had come down to begging. **J'en viens à votre manière de penser,** I am coming round to your way of thinking. **Les choses en sont-elles venues là?** have things come to such a point? **Je comprends où vous voulez en v.,** I see what you are driving at. **5.** (Of plants, teeth, children, etc.) To come up, grow, grow up. **Il lui est venu une tumeur,** he has developed a tumour. **Bien v.,** to thrive. **Enfant mal venu,** puny child. **Arbre mal venu,** stunted tree. **Faire v. du blé,** to grow corn. (Of photograph, etc.) **Être bien venu,** to be successful, to have come out well. *Metall:* **Venu de forge, de fonte, avec . . .,** forged, cast, in one piece with. . . .
s'en venir, *F:* to come along.
Venise [v(ə)ni:z]. *Pr.n.f.* Venice. **Point de V.,** Venetian lace.
vénitien, -ienne [venisjɛ̃, -jɛn], *a. & s.* Venetian. S.a. LANTERNE 1.
vent [vɑ̃], *s.m.* **1.** (*a*) Wind. *Nau:* **V. frais,** strong breeze. **Grand v., v. fort,** high wind; gale. **Avoir bon v.,** to have a fair wind. **Coup de v.,** gust of wind; squall. *F:* **Entrer, sortir, en coup de v.,** to dash in, out. **A l'abri du v.,** (i) sheltered from the wind; (ii) *Nau:* under the lee. *Mus:* **Instrument à v.,** wind instrument. **Les vents,** the woodwinds. S.a. MOULIN. **Il fait du v.,** it is windy (weather). **Pression du v.,** wind pressure; *Metall:* blast pressure. *Av:* **V. de**

l'hélice, slipstream. **Aller comme le v.,** to go like the wind. *F:* **Il a le v. en poupe,** he is on the high road to success. *F:* **Avoir du v. dans les voiles,** to be three sheets in the wind. **Aller v. arrière,** to sail, run, before the wind. **Contre le v.,** against the wind, in the teeth of the wind. **Sous le v.,** alee; to leeward. **Au v.,** a-weather, to windward. S.a. BOUÉE 1. **Mettre la barre au v.,** to put the helm up, alee. **Côté du v.,** weather-side. **Côté sous le v.,** lee-side. **Avoir l'avantage du v.,** to have the weather-gauge. **Regarder de quel côté vient le v.,** to watch which way the wind is blowing. **Tourner, virer, à tous les vents,** to be a weathercock. **Aller selon le v.,** (i) *Nau:* To sail according to the wind; (ii) to drift with the current. *F:* **Être dans le v.,** to be up-to-date, *F:* to be with it. *Prov:* **Qui sème le v. récolte la tempête,** he who sows the wind shall reap the whirlwind. **Ce n'est que du v.,** it's just hot air. S.a. ABATTRE 5, ALIZÉ, AUTANT 1, BREBIS 2, COULIS[1], DEBOUT 2, ÉCORNER 1, MARÉE 1. (*b*) **Aire de v.,** point of the compass. **Logé aux quatre vents,** exposed to the four winds of heaven. (*c*) Air. **Marché, assemblée, en plein v.,** open-air market, meeting. S.a. MARCHAND 1. **Mettre qch. au v.,** to hang sth. out to air. *F:* **Donner v. à sa colère,** to give vent to one's anger. (*d*) Blast (of bellows, gun). (*e*) Wind, breath, breathing. **Prendre v.,** to recover one's wind, one's breath. (*f*) *Med:* Flatulence, wind. **Lâcher un v.,** to break wind. **2.** *Ven:* Scent. **Avoir le v. de son gibier,** to have the wind of one's game. **Avoir v. de qch.,** to get wind of sth.

vente [vɑ̃:t], *s.f.* **1.** Sale. **V. aux enchères,** sale by auction. **V. judiciaire,** sale by order of the court. **V. de charité,** (charity) bazaar. **Marchandise de bonne v.,** goods that sell well. **Salle de v.,** sale-room. **Salle des ventes,** auction room, sale-room. **V. publique,** public sale; auction(-sale). **En v. chez . . .,** on sale at . . ., to be had from. . . . **Mettre qch. en vente,** to offer, put up sth. for sale. (Of book) **Avoir rencontré la forte v.,** to be a best seller. **(Livre) retiré de la v.,** (book) withdrawn from sale, copies recalled. *Com:* *F:* **Je n'en ai pas la v.,** I have no sale for it. S.a. ACTE 2, AMIABLE. **2.** Felling (of timber); timber felled. **Jeune(s) vente(s),** new undergrowth.

venté [vɑ̃te], *a.* Wind-shaken; exposed to the wind; wind-driven.

venter [vɑ̃te], *v.impers.* To blow, to be windy. **Il vente fort,** it is blowing fresh; it is very windy.

venteux, -euse [vɑ̃tø, -ø:z], *a.* (*a*) Windy (weather); windswept (country). (*b*) Causing flatulence; *F:* windy (food).

ventilateur [vɑ̃tilatœ:r], *s.m.* Ventilator. **V. rotatif,** fan; blower. **V. électrique,** electric fan.

ventilation [vɑ̃tilasjɔ̃], *s.f.* **1.** Ventilation. **2.** (*a*) Separate valuation (of objects sold together); (*b*) *Book-k:* Apportionment.

ventiler [vɑ̃tile], *v.tr.* **1.** To ventilate, air (room, etc.). **Mal ventilé,** stuffy. **2.** (*a*) To value separately (objects sold together); (*b*) *Book-k:* To apportion.

ventôse [vɑ̃to:z], *s.m.* *Hist:* Sixth month of the Fr. Republican calendar (Feb.-March).

ventouse [vɑ̃tu:z], *s.f.* **1.** (*a*) *Med:* Cupping-glass. **V. scarifiée,** wet-cup. **V. sèche,** dry-cup. **Appliquer des ventouses à qn,** to cup s.o. *F:* **Faire v.,** to adhere by suction. (*b*) Sucker (of leech). (*c*) Nozzle (of vacuum-cleaner). (*d*) Suction-cup. **Cendrier à v.,** suction-grip ash-tray (for car). **2.** Air-hole, ventilator, vent(-hole).

ventral, -aux [vɑ̃tral, -o], *a.* Ventral.

ventre [vɑ̃:tr], *s.m.* **1.** (*a*) Abdomen, belly. **Se coucher à plat v.,** to lie flat on one's belly, one's stomach, one's face. *Av:* **Atterrissage sur le v.,** belly-landing. *F:* **Se mettre à plat v. devant qn,** to grovel before s.o. (Of horse) **V. à terre,** at full speed. **Avoir mal au v.,** to have the stomach-ache. **Avoir du v.,** to be stout. **Prendre du v.,** to grow stout. **Se serrer le v.,** to tighten, pull in, one's belt; to be on short commons. S.a. CŒUR 3, DÉBOUTONNER, TAPER 1. (*b*) Stomach, paunch. **Être porté sur son v., faire un dieu de son v.,** to make a god of one's belly. **Il a qch. dans le v.,** there's sth. in him. **N'avoir rien dans le v.,** (i) to be starving; (ii) *F:* to have no guts; to be no good. *Prov:* **V. affamé n'a pas d'oreilles,** it's no use preaching to a hungry man. *F:* **Quand on a faim out fait v.,** when one is hungry anything will go down. (*c*) (a mother's) womb. **2.** *Tchn:* (*a*) Bulge, paunch, swell (of bottle, girder); belly, sag (of sail); belly (of ship). **Faire v.,** (i) to bulge out, to belly out; (ii) to sag. (*b*) *Ph:* Anti-node; ventral segment. **V. de potentiel, de tension,** antinode, loop, of potential (in circuit or aerial). **3.** *Fr.C:* **V. de bœuf,** pot-hole (in road).

ventrebleu [vɑ̃trəblø], *int.* *A:* Zounds!

ventrée [vɑ̃tre], *s.f.* *F:* Bellyful.

ventricule [vɑ̃trikyl], *s.m.* *Anat:* Ventricle.

ventriloque [vɑ̃trilɔk]. **1.** *a.* Ventriloquous. **2.** *s.* Ventriloquist.

ventripotent [vɑ̃tripɔtɑ̃], *a.* *F:* = VENTRU.

ventru [vɑ̃try], *a.* (*a*) Corpulent, portly, *F:* pot-bellied. (*b*) Bulbous (column), bulging, swelling (sail).

venu, -ue[1] [vəny], *s.* (With **premier, dernier, nouveau**) Comer. **Les nouveaux venus,** the new-comers. **Les premiers venus,** the first comers. **Le premier v. vous dira cela,** anyone will tell you that. **Ce n'est pas le premier v.,** he is not just anybody.

venue[2] [vəny], *s.f.* **1.** Coming, arrival; advent, approach (of spring); rush, irruption (of water). S.a. ALLÉE 1. **Lors de ma v. au monde . . .,** when I was born. . . . **2.** Growth (of tree, etc.). **D'une belle v.,** well-grown.

vêpres [vɛ:pr], *s.f.pl.* *Ecc:* Vespers; evensong.

ver [vɛ:r], *s.m.* **1.** Worm. (*a*) **V. de terre,** earth-worm. **V. des pêcheurs, v. rouge,** lobworm. (*b*) *Med:* **V. solitaire,** tapeworm. *F:* **Tuer le v.,** to drink a glass of neat spirits before breaking one's fast. **2.** (*a*) Grub, larva, maggot. **V. blanc,** grub (of cockchafer). **V. de viande,** maggot. **V. de farine,** meal-worm. **Rongé, piqué, des vers,** worm-eaten, moth-eaten. **V. rongeur,** (i) cankerworm, canker; (ii) remorse; (iii) constant drain on the resources. **Rose rongée de vers,** cankered rose. *F:* **Tirer les vers du nez à qn,** to worm secrets out of s.o. (*b*) **V. luisant,** glow-worm. (*c*) **V. à soie,** silk-worm.

véracité [verasite], *s.f.* Veracity. **1.** Truthfulness. **2.** Truth (of a statement).

véranda [verɑ̃da], *s.f.* Veranda(h).

verbal, -aux [vɛrbal, -o], *a.* **1.** (Of promise, order) Verbal; by word of mouth. S.a. PROCÈS-VERBAL. **2.** *Gram:* Verbal (adjective, etc.). *adv.* **-ement.**

verbalisation [vɛrbalizasjɔ̃], *s.f.* *Jur:* Entry of charge (by policeman) for minor offence.

verbaliser [vɛrbalize], *v.i.* *Jur:* (Of policeman) **V. contre un conducteur d'auto,** to charge a motorist (for minor offence).

verbe [vɛrb], *s.m.* **1.** Tone of voice; speech. **Avoir le v. haut,** to speak loudly; to be dictatorial. **2.** *Theol:* Le V., the Word. **3.** *Gram:* Verb.

verbeux, -euse [vɛrbø, -ø:z], *a.* Verbose, long-winded; prosy (orator).

verbiage [vɛrbja:ʒ], *s.m.* Verbiage.

verbosité [vɛrbozite], *s.f.* Verbosity, wordiness.

ver-coquin [vɛrkɔkɛ̃], *s.m.* **1.** Vine-grub. **2.** *Vet:* (*a*) Stagger-worm. (*b*) (Blind) staggers. *pl. Des vers-coquins.*

verdâtre [vɛrdɑ:tr], *a.* Greenish.

verdelet, -ette [vɛrdəlɛ, -ɛt], *a.* (Of wine) Tart; slightly acid.

verdeur [vɛrdœ:r], *s.f.* **1.** (*a*) Greenness (of immaturity). (*b*) Sap (in wood); greenness (of wood). **2.** (*a*) Tartness, acidity (of fruit, wine). (*b*) Crudeness (of speech). **3.** *F:* Vigour, vitality (of old people); greenness (of old age).

verdict [vɛrdikt], *s.m.* *Jur:* Finding of the jury; verdict. **Prononcer, rendre, un v.,** to return a verdict; to find (for or against s.o.).

verdier [vɛrdje], *s.m.* **1.** Greenfinch, green linnet. **2.** *Hist:* Verderer.

verd|ir [vɛrdi:r]. **1.** *v.tr.* To make or paint (sth.) green. **2.** *v.i.* (*a*) (Of vegetation) To grow, become, turn, green. (*b*) (Of copper) To become covered with verdigris. *s.m.* **-issement.**

verdoyant [vɛrdwajɑ̃], *a.* Verdant, green.

verd|oyer [vɛrdwaje], *v.i.* (**il verdoie; il verdoiera**) (Of field, etc.) To take on a green colour. *s.m.* **-oiement.**

verdunis|er [vɛrdynize], *v.tr.* To chlorinate (water). *s.f.* **-ation.**

verdure [vɛrdy:r], *s.f.* **1.** (*a*) Greenness. (*b*) Verdure, greenery. **Cabinet de v.,** green arbour. **Tapis de v.,** greensward; green. **2.** *Cu:* Green-stuff.

véreux, -euse [verø, -øːz], *a.* **1.** Maggoty (fruit). **2.** *F:* Of dubious character; *F:* fishy. **Financier v.,** shady financier. **Affaire véreuse,** bubble scheme; fishy business. **Dettes véreuses,** bad debts.
verge [vɛrʒ], *s.f.* (*a*) Rod, wand, switch, cane. **V. d'huissier,** usher's wand. (*b*) **(Poignée de) verges,** birch-rod, birch. **Battre de verges un enfant,** to birch a child. (*c*) Shank (of anchor). (*d*) *Bot:* **V. d'or,** golden-rod, Aaron's rod. (*e*) *Anat:* Penis. (*f*) *Fr.C: Meas:* Yard; yardstick.
vergé [vɛrʒe], *a.* **1.** *Tex:* (*a*) Badly dyed; streaky. (*b*) Corded. **2.** Laid (paper). *s.m.* **V. blanc,** cream-laid paper.
verger [vɛrʒe], *s.m.* Orchard.
vergeté [vɛrʒəte], *a.* **1.** Streaky. **2.** *Her:* Paly.
vergette [vɛrʒɛt], *s.f.* **1.** Small cane, switch. **2.** Clothes-brush. **3.** *Her:* Pallet.
vergeture [vɛrʒətyːr], *s.f.* (*a*) Weal, red mark (caused by lash of whip, etc.). (*b*) *Obst:* Vibex, stria.
vergeure [vɛrʒyːr], *s.f.* Wire-mark (on laid paper).
verglacé [vɛrglase], *a.* **Route verglacée,** icy road.
verglas [vɛrglɑ], *s.m.* Glazed frost, silver thaw. **Il y a, il fait, du v.,** the roads are slippery.
vergogne [vɛrgɔɲ], *s.f.* *A:* Shame. (Still used in) **Sans v.,** shameless(ly).
vergue [vɛrg], *s.f.* *Nau:* Yard. **Grande v.,** main-yard. **Bout de v.,** yard-arm.
véridique [veridik], *a.* Veracious (person, account). *adv.* **-ment.**
vérificateur [verifikatœːr], *s.m.* **1.** Verifier, inspector, examiner. **V. de comptes,** auditor. **2.** Testing device; gauge, calipers. **V. de pression (des pneus),** tyre pressure-gauge.
vérification [verifikasjɔ̃], *s.f.* Verification (of statement); inspection, examination, checking (of work, etc.); scrutiny (of votes). **V. de comptes,** audit(ing) of accounts.
vérifi|er [verifje], *v.tr.* **1.** To verify; to inspect, examine, check (work, etc.); to overhaul (machinery); to audit (accounts); to scrutinize (votes). **V. des références,** to take up references. **Vérifié et revérifié,** checked, double-checked and cross-checked. **2.** To verify, prove, confirm (statement, etc.). *a.* **-able.**
vérin [verɛ̃], *s.m.* *Tchn:* Jack. **V. à vis,** screw-jack. **V. hydraulique,** hydraulic jack.
véritable [veritabl], *a.* **1.** True (story, etc.). **2.** Real, genuine, veritable. **C'est un v. coquin,** he's a regular rogue. **Une v. escroquerie,** a downright swindle. **C'est un v. épouvantail,** she's a perfect fright. *adv.* **-ment.**
Véritas [veritɑːs], *s.m.* *Nau:* **1. Le (Bureau) V.** = Lloyd's. **2. Le V.** = Lloyd's List.
vérité [verite], *s.f.* **1.** Truth, verity (of statement). **Dire la v.,** to speak the truth. **La v. finit toujours par se découvrir,** truth will out. **A la v.,** as a matter of fact. **En v.,** really, actually; *B:* verily. **2.** Fact, truth. *Jur:* **La v., rien que la v., toute la v.,** the truth, the whole truth, nothing but the truth. *F:* **C'est la v. vraie,** it's an actual fact; it's the honest truth. **Dire à qn (toutes) ses vérités, ses quatre vérités,** to tell s.o. a few home truths. S.a. LA PALICE. **3.** Sincerity, truthfulness.
verjus [vɛrʒy], *s.m.* **1.** Verjuice. **2.** Verjuice grape.
vermeil, -eille [vɛrmɛːj]. **1.** *a.* Vermilion, bright red; ruby (lips); rosy (cheeks). **2.** *s.m.* Silver-gilt, vermeil.
vermicelle [vɛrmisɛl], *s.m.* *Cu:* Vermicelli.
vermicide [vɛrmisid]. *Pharm:* **1.** *a.* Vermicidal (drug). **2.** *s.m.* Vermicide.
vermiculaire [vɛrmikylɛːr], *a.* Vermicular, worm-shaped. *Anat:* **Appendice v.,** vermiform appendix.
vermiculé [vɛrmikyle], *a.* **1.** *Arch:* Vermiculated (stone-work). **2.** Engine-turned (watch-case, etc.). **3.** *Nat.Hist:* Vermiculate (markings).
vermiculure [vɛrmikylyːr], *s.f.* *Arch:* Vermiculation.
vermiforme [vɛrmifɔrm], *a.* Vermiform.
vermifuge [vɛrmifyːʒ], *a.* & *s.m.* Vermifuge, anthelmintic. **Poudre v.,** worm-powder.
vermillon [vɛrmijɔ̃], *s.m.* **1.** Vermilion; cinnabar. **2.** Vermilion (colour); bright red.
vermine [vɛrmin], *s.f.* Vermin. **Couvert de v.,** *F:* **grouillant de v.,** verminous, crawling with vermin.
vermisseau [vɛrmiso], *s.m.* Small earthworm.
vermouler (se) [səvɛrmule], *v.pr.* (Of wood) To become worm-eaten.
vermoulu [vɛrmuly], *a.* (*a*) Worm-eaten (wood, etc.). (*b*) *F:* Out-of-date; decrepit.
vermoulure [vɛrmulyːr], *s.f.* **1.** Worm-hole (in wood). **2.** Wood dust (from worm-hole).
vermout(h) [vɛrmut], *s.m.* Vermouth.
verni [vɛrni], *a.* (*a*) Varnished. **Cuir v.,** patent leather. *F:* **Être v.,** (i) to bear a charmed life; (ii) to be a lucky dog. (*b*) **Tuile en grès v.,** vitrified drain tile.
vernier [vɛrnje], *s.m.* Vernier; sliding-gauge.
vernir [vɛrniːr], *v.tr.* **1.** To varnish (picture); to polish (mahogany); to japan (iron, leather). **V. au tampon,** to french-polish. **2.** *Cer:* (= VERNISSER) To glaze.
vernis [vɛrni], *s.m.* **1.** (*a*) Varnish, polish, glaze, gloss. **V. à l'alcool,** spirit varnish. **V. à l'essence,** turpentine varnish. **V. cellulosique,** cellulose varnish. **V. japonais,** japan. **V. au tampon,** french polish. *Cer:* **V. luisant,** glaze. **V. de plomb,** lead glaze. *Attrib:* **Peinture v.,** gloss paint. (*b*) **Un v. de politesse,** a veneer of good manners. **2.** *Bot:* **V. du Japon,** varnish-tree, lacquer-tree, tree of heaven.
vernissage [vɛrnisaːʒ], *s.m.* (*a*) Varnishing, glazing, or japanning. (*b*) Varnishing-day (at the Salon), private view (of an exhibition).
vernissé [vɛrnise], *a.* (*a*) Glazed. (*b*) Glossy. S.a. BRIQUE 1.
vernisser [vɛrnise], *v.tr.* To glaze (pottery).
vernisseur, -euse [vɛrnisœːr, -øːz], *s.* **1.** Varnisher, japanner. **V. au tampon,** french-polisher. **2.** *Cer:* Glazer.
vérole [verɔl], *s.f.* (*a*) *Med:* **Petite v.,** smallpox. **Marques de la petite v.,** pock-marks. (*b*) *V:* Syphilis, pox.
vérolé, -ée [verɔle], *a.* *V:* Syphilitic, poxed.
véronal [verɔnal], *s.m.* *Pharm:* Veronal, barbitone.
Véronique [verɔnik]. **1.** *Pr.n.f.* Veronica. **2.** *s.f.* (*a*) *Ecc:* Veronica. (*b*) *Bot:* Speedwell, veronica.
verr-ai, -as, etc. [vɛre, -a]. See VOIR.
verrat [vɛra], *s.m.* *Breed:* Boar.
verre [vɛːr], *s.m.* **1.** Glass. **V. moulé,** pressed glass. **V. laminé, à glaces,** plate-glass. **V. à vitres,** sheet-glass, window-glass. **Verres dalles,** pavement lights. **V. armé, v. grillagé,** wired glass. **V. de couleur,** stained glass. **Articles de v.,** glass-ware. **Un œil en v.,** a glass eye. **Peintre sur v.,** artist in stained glass. **Sous v.,** under glass, in a glass case. *F:* **Il est à mettre sous v.,** he ought to be kept in a glass case. **Coton de v., fil de v.,** spun glass. **Laine de v.,** glass-wool. **Papier de v.,** glass-paper or sand-paper. S.a. MOUSSELINE 2. **2.** (Object made of glass) **V. de lunettes,** lens. **Porter des verres,** to wear glasses. **V. grossissant,** magnifying glass. **V. de montre,** watch-glass. **V. de lampe,** lamp-glass, -chimney. *Nau:* **V. de hublot,** bull's-eye. **3.** (*a*) **V. à boire,** (drinking-)glass. **V. gobelet,** tumbler. **V. à pied,** stemmed glass. **V. à madère,** sherry glass. **V. à liqueur,** liqueur glass. **V. gradué,** graduated measure. (*b*) Glass(ful). **V. de vin,** glass of wine. **Plein v.,** bumper. **Boire un petit v.,** to have a drop of spirits. *F:* **Tempête dans un v. d'eau,** storm in a tea-cup. **4. V. soluble,** water-glass.
verrerie [vɛr(ə)ri], *s.f.* **1.** Glass-making. **2.** Glass-works. **3.** Glass-ware.
verrier [vɛrje], *s.m.* **1.** Glassmaker, glassblower. *a.* **Peintre v.,** artist in stained glass. **2.** Glass-rack.
verrière [vɛrjɛːr], *s.f.* **1.** Glass casing (to protect shrine, etc.). **2.** Stained glass window. **3.** Glass-roof (of a railway station). **4.** *Av:* Canopy.
verroterie [vɛrɔtri], *s.f.* Small glass-ware.
verrou [vɛru], *s.m.* **1.** Bolt, bar. **Fermer une porte au v.,** to bolt a door. **S'enfermer au v.,** to bolt oneself in. **Pousser le v.,** to bolt the door. **Tirer le(s) verrou(s),** to unbolt the door. **Sous les verrous,** under lock and key, in safe custody, locked up. **2.** *Sm.a:* Bolt.
verrouill|er [vɛruje], *v.tr.* To bolt (door). **V. qn,** to bolt s.o. in; to lock s.o. up. *Sm.a:* **V. la culasse,** to lock the breech. *s.m.* **-age.**
verrue [vɛry], *s.f.* Verruca, wart.
vers[1] [vɛːr], *s.m.* *Pros:* Verse, line (of poetry). **Faire des v.,** to write poetry. **Méchants v.,** doggerel. **V. blancs,** blank verse. **Vers libres,** free verse.

vers¹, *prep.* **1.** (Of place) Toward(s), to. (At marine station) "**V. le bateau,**" 'to the boat.' **2.** (Of time) (*a*) Toward(s). **V. la fin du siècle,** towards the end of the century. (*b*) About. **Venez v. (les) trois heures,** come about three.

versage [vɛrsa:ʒ], *s.m.* **1.** Tipping, emptying (of lorry, truck). **2.** First ploughing (of land).

versant [vɛrsɑ̃], *s.m.* Slope, side, versant (of mountain); bank (of canal, etc.). **V. de colline,** hillside.

versatile [vɛrsatil], *a.* **1.** Changeable, fickle, inconstant, unstable (disposition). **2.** *Bot:* Versatile (anther).

versatilité [vɛrsatilite], *s.f.* Inconstancy, fickleness.

verse¹ [vɛrs], *s.f.* **1.** Lodging, laying (of corn by wind, etc.). **2. A v.,** in torrents. **Il pleut à v.,** it is pouring.

verse², *a. Geom:* **Sinus v.,** versed sine; versine.

versé [vɛrse], *a.* Versed, experienced, practised, well up (**dans, en,** in); conversant (with).

Verseau (le) [ləvɛrso]. *Pr.n. Astr:* Aquarius, the Water-bearer.

versement [vɛrs(ə)mɑ̃], *s.m.* **1.** Pouring (out) (of liquid, etc.). **2.** *Fin:* Payment. **V. partiel,** instalment. **En plusieurs versements,** by instalments. *Bank:* **Bulletin de v.,** paying-in slip.

verser [vɛrse]. **1.** *v.tr.* (*a*) To overturn, upset (vehicle); (of wind, etc.) to lodge, lay (crops). (*b*) To pour (out) (liquid, etc.). **V. à boire à qn,** to pour out a drink for s.o. **V. des décombres,** to shoot rubbish. (*c*) To shed (tears, blood, light). (*d*) To pay (in), to deposit (money). **Capitaux versés,** paid-up capital. (*e*) (i) *Mil:* **V. des hommes à un régiment, dans une arme,** to assign or transfer men to, to draft men into, a regiment, an arm. (ii) To issue (stores). **2.** *v.i.* (*a*) (Of vehicle) To turn over (on its side); (of crops) to be lodged, beaten down, laid flat. (*b*) **V. dans la bigoterie,** to drift into bigotry.
se verser, (of river) to flow, pour (**dans,** into).

verset [vɛrsɛ], *s.m.* **1.** Verse (of Bible). **2.** *Typ:* Versicle.

verseur, -euse [vɛrsœ:r, -ø:z]. **1.** *s.* Pourer (of liquids); *Tchn:* tipper. **2.** *s.f.* **Verseuse,** coffee-pot.

versicolore [vɛrsikɔlɔ:r], *a.* Versicolour(ed), particoloured, variegated, chameleon-like.

versificateur, -trice [vɛrsifikatœ:r, -tris], *s.* Versifier.

versification [vɛrsifikasjɔ̃], *s.f.* Versification.

versifier [vɛrsifje]. **1.** *v.i.* To versify; to write poetry. **2.** *v.tr.* To versify; to write (sth.) in verse.

version [vɛrsjɔ̃], *s.f.* **1.** *Sch:* Translation (from foreign into mother tongue), unseen; **v. latine,** Latin unseen. **2.** Version, account (of event).

verso [vɛrso], *s.m.* Verso, back, reverse (of sheet of paper). "**Voir au v.,**" 'see overleaf.'

versoir [vɛrswa:r], *s.m.* *Agr:* Mould-board (of plough).

vert [vɛ:r]. **1.** *a.* (*a*) Green. **V. comme pré,** as green as grass. **Légumes verts,** green vegetables. **Plantes vertes,** evergreens. (*b*) **Bois v.,** green wood. **Haricots verts,** French beans. **Fruits verts,** unripe fruit. *Prov:* **Ils sont trop verts,** sour grapes! **Cuir v.,** raw hide, green hide. (*c*) **Verte vieillesse,** green old age. **Vieillard encore v.,** old man still hale and hearty, spry old man. (*d*) Sharp (reprimand). (*e*) *F:* Spicy (story). **En raconter de vertes,** to tell spicy stories. *F:* **Il en a vu des vertes et des pas mûres,** he has been through a lot. (*f*) **Langue verte,** slang. **2.** *s.m.* (*a*) (The colour) green. *Her:* Vert. **Des rubans v. bouteille, v. chou,** bottle-green, cabbage-green, ribbons. **V. pomme,** apple-green. **V. d'eau,** sea-green. (*b*) Green grass; fresh vegetation. **Mettre un cheval au v.,** to turn a horse out to grass. **Se mettre au v.,** (i) to go to the country to recuperate; (ii) to settle down to a quiet reformed life. *F:* **Prendre qn sans v.,** to catch s.o. napping. S.a. DIABLE 1.

vert-de-gris [vɛrdəgri], *s.m.* Verdigris.

vert-de-grisé [vɛrdəgrize], *a.* Verdigrised; coated with verdigris. *pl. Vert-de-grisés.*

vertébral, -aux [vɛrtebral, -o], *a.* Vertebral. **Colonne vertébrale,** spine; backbone.

vertèbre [vɛrtɛ:br], *s.f.* *Anat:* Vertebra.

vertébré [vɛrtebre], *a.* & *s.m.* *Z:* Vertebrate.

vertement [vɛrtəmɑ̃], *adv.* *F:* **Tancer qn v.,** to reprimand s.o. sharply; to give s.o. a sharp scolding.

vertical, -aux [vɛrtikal, -o]. **1.** *a.* Vertical; perpendicular, plumb; upright. **Éclairage v.,** overhead lighting. **2.** *s.f.* **Verticale,** vertical. *adv.* **-ement.**

verticalité [vɛrtikalite], *s.f.* Verticality.

verticille [vɛrtisil], *s.m.* *Bot:* Verticil, whorl.

vertige [vɛrti:ʒ], *s.m.* **1.** Dizziness, swimming of the head, giddiness. **Être pris de v.,** to become dizzy. **Avoir le v.,** to feel dizzy. **Avoir des vertiges,** to have fits of giddiness. **2.** Fear of heights. **Avoir facilement le v.,** to have a bad head for heights.

vertigineux, -euse [vɛrtiʒinø, -ø:z], *a.* Vertiginous; dizzy, giddy (height). *F:* **Allure vertigineuse,** breath-taking speed.

vertigo [vɛrtigo], *s.m.* *Vet:* (Blind) staggers.

vertu [vɛrty], *s.f.* **1.** *A:* Courage, valour. **2.** Virtue. **Faire de nécessité v.,** to make a virtue of necessity. **3.** (*a*) Chastity. **Femme, demoiselle, de petite v.,** woman of easy virtue. (*b*) **Ce n'est pas une v.,** she's no saint. **4.** Quality, property (of remedy, etc.). **Plantes qui ont la v. de guérir,** plants that have healing properties. **En v. de,** in pursuance of, by virtue of. **En v. de cet accord,** under this agreement.

vertueu|x, -euse [vɛrtɥø, -ø:z], *a.* **1.** Virtuous. **2.** *f.* Chaste. *adv.* **-sement.**

verve [vɛrv], *s.f.* Animation, zest, verve; *F:* go. **Être en v.,** to be in capital form. **Plein de v.,** full of life; lively, spirited.

verveine [vɛrvɛn], *s.f.* *Bot:* Vervain, verbena.

verveu|x¹, -euse [vɛrvø, -ø:z], *a.* Animated, lively, spirited. *adv.* **-sement.**

verveux², *s.m.* *Fish:* Hoop-net.

vesce [vɛs], *s.f.* *Bot:* Vetch, tare.

vésicant [vezikɑ̃], *a.* **Gaz v.,** blistering gas.

vésicatoire [vezikatwa:r], *a.* & *s.m.* *Med:* Vesicatory. **Appliquer un v. à qn,** to blister s.o.

vésicule [vezikyl], *s.f.* **1.** Vesicle. *Bot:* Air-cell. **V. biliaire,** gall-bladder. **2.** Blister (on the skin, in a casting).

vespasienne [vɛspazjɛn], *s.f.* Street urinal.

vesse [vɛs], *s.f.* *V:* Silent fart.

vesse-de-loup [vɛsdəlu], *s.f.* *Fung:* Puff-ball. *pl. Des vesses-de-loup.*

vessie [vesi], *s.f.* Bladder. **V. à glace,** ice-bag. *F:* **Prendre des vessies pour des lanternes,** to believe that the moon is made of green cheese. S.a. NATATOIRE.

vestale [vɛstal], *s.f.* *Rom.Ant:* Vestal (virgin).

veste [vɛst], *s.f.* *Cost:* (Short) jacket. *F:* **Retourner sa v.,** to turn one's coat. *F:* **Tomber la v.,** to take off one's coat. **Remporter une v.,** to fail; to come a cropper.

vestiaire [vɛstjɛ:r], *s.m.* (*a*) Cloakroom (of theatre, etc.). *F:* (On leaving theatre, etc.) **Mon v., s'il vous plaît,** my things, please. (*b*) Changing-room (of sports pavilion); robing-room (of judges). **2.** Hat and coat rack.

vestibule [vɛstibyl], *s.m.* Vestibule, (entrance-)hall, lobby.

vestige [vɛsti:ʒ], *s.m.* **1.** Mark, trace, footprint. **2.** Vestige, remains, trace (of former habitations, etc.). **Derniers vestiges de . . .,** last remnants of. . . . **Vestiges du passé,** relics of the past.

vestimentaire [vɛstimɑ̃tɛ:r], *a.* **Industrie v.,** clothing trade.

veston [vɛstɔ̃], *s.m.* (Man's) jacket; lounge-coat. *Nau:* Monkey-jacket. **V. court,** round jacket. **Complet v.,** lounge suit.

Vésuve [vezy:v]. *Pr.n.m.* *Geog:* Vesuvius.

vêtement [vɛtmɑ̃], *s.m.* Garment. *pl.* Clothes, clothing; *F:* things. **Étoffes pour vêtements,** dress materials. **Industrie du v.,** clothing trade. **Vêtements sacerdotaux,** vestments. **Vêtements de dessous,** underwear, underclothing. **Vêtements de pluie,** rainwear. **Vêtements de plage,** beachwear. **La nourriture et le v.,** food and clothing.

vétéran [veterɑ̃], *s.m.* **1.** Veteran; old campaigner. **2.** Student, pupil, who repeats a course. **3.** *Pol:* *F:* **Les vétérans (de la politique),** the Elder Statesmen.

vétérinaire [veterinɛ:r]. **1.** *a.* Veterinary. **2.** *s.m.* Veterinary surgeon; *F:* vet.

vétille [veti:j], *s.f.* Bagatelle, trifle; mere nothing.

vétilleux, -euse [vetijø, -ø:z], *a.* **1.** Delicate, ticklish, finicky (business). **2.** Captious, finicky (person).

vêtir [vɛti:r], *v.tr.* (*pr.p.* **vêtant**; *p.p.* **vêtu**; *pr.ind.* **je vêts, n. vêtons**; *p.h.* **je vêtis**; *fu.* **je vêtirai.** The

forms **vêtissant, vêtissons, vêtissais,** etc., are also met with.) To clothe; to dress (s.o.) (**de,** in). **Chaudement vêtu,** warmly clad.
se vêtir, to dress (oneself) (**de,** in); to clothe oneself.
veto [veto], *s.m.* Veto. **Mettre son v. à qch.,** to veto sth.
vétusté [vetyste], *s.f.* Decay, decrepitude.
veuf, veuve [vœf, vœ:v]. **1.** *a.* Widowed (man, woman). **2.** *s.* Widower, *f.* widow. *P:* **La Veuve,** the guillotine.
veuill-e, -es, etc. [vœ:j]. See VOULOIR.
veule [vœ:l], *a.* Weak, feeble, flabby (person, etc.); toneless (voice); drab, flat (existence). *adv.* **-ment.**
veulent [vœl]. See VOULOIR.
veulerie [vœlri], *s.f.* Inertia, flabbiness, listlessness; tonelessness (of voice); dullness, emptiness (of existence).
veut [vø]. See VOULOIR.
veuvage [vœva:ʒ], *s.m.* Widowhood or widowerhood.
veuve. See VEUF.
veux [vø]. See VOULOIR.
vexant [vɛksɑ̃], *a.* Vexing, provoking, annoying.
vexateur, -trice [vɛksatœ:r, -tris], *a.* Vexatious.
vexation [vɛksasjɔ̃], *s.f.* Vexation. (Restricted in meaning to): **1.** Harassing, *F:* plaguing. **2.** Vexatious measure.
vexatoire [vɛksatwa:r], *a.* Vexatious.
vexer [vɛkse], *v.tr.* To vex. **1.** *A:* To plague, harass. **2.** To annoy, provoke. **Être vexé de qch.,** to be vexed, annoyed, at sth.
se vexer de qch., to get vexed, annoyed, piqued, at sth.
via [vja], *prep.* Via, by way of.
viabilité[1] [viabilite, vja-], *s.f.* Viability (of new-born child, etc.)
viabilité[2], *s.f.* Traffic condition, practicability (of road). **Mettre une route en état de v.,** to make a road suitable for traffic.
viable[1] [viabl, vjabl], *a.* Viable (infant); capable of living.
viable[2], *a.* (Road) fit for traffic.
viaduc [vjadyk], *s.m.* Viaduct.
viager, -ère [vjaʒe, -ɛ:r]. **1.** *a.* For life. **Rente viagère,** (life) annuity. **2.** *s.m.* Life interest. **Placer son argent en v.,** to invest one's money in an annuity; to buy an annuity.
viande [vjɑ̃:d], *s.f.* Meat. **1.** *A:* Food, viands. **2.** Meat, flesh. **V. de boucherie,** butcher's meat. **V. de cheval,** horse-flesh. S.a. MOUCHE 1.
viatique [vjatik], *s.m.* Viaticum. **1.** *Ecc. & F:* Money, provisions, for a journey. **2.** *Ecc:* Last sacrament.
vibrant [vibrɑ̃], *a.* **1.** Vibrating, vibrant. **Le public se montra v. et réceptif,** the public was eager and receptive. **2.** (*a*) Resonant, ringing (voice). (*b*) Rousing, stirring (speech).
vibrateur [vibratœ:r], *s.m.* *El.E:* Vibrator.
vibration [vibrasjɔ̃], *s.f.* **1.** Vibration. **2.** Resonance (of voice).
vibratoire [vibratwa:r], *a.* Vibratory. *W.Tel:* **Circuit v.,** oscillatory circuit.
vibrer [vibre], *v.i.* To vibrate. **Faire v. le cœur de qn,** to thrill s.o., s.o.'s heart.
vibreur [vibrœ:r], *s.m.* *El.E:* Trembler, vibrator, buzzer.
vibrion [vibriɔ̃], *s.m.* *Biol:* Vibrio. **V. septique,** gas bacillus.
vicaire [vikɛ:r], *s.m.* *Ecc:* (*a*) **V. apostolique,** vicar apostolic. **Grand v., v. général,** vicar-general. (*b*) Curate (of parish). *R.C.Ch:* (Assistant) priest. *Cf.* CURÉ.
vice [vis], *s.m.* **1.** (*a*) Vice, depravity, corruption. (*b*) Vice; moral failing. **Il a tous les vices,** *F:* he is a bad lot. **2.** Fault, defect, blemish, flaw, imperfection. **V. de prononciation,** faulty pronunciation. *Jur:* **V. de forme,** flaw (in a deed, etc.); faulty drafting. **V. propre,** inherent defect. S.a. RÉDHIBITOIRE.

NOTE. In the following compounds VICE is inv.; the noun takes the plural.

vice-amiral, -aux [visamiral, -o], *s.m.* Vice-admiral.
vice-chancelier [visʃɑ̃səljɛ], *s.m.* Vice-chancellor.
vice-consul [viskɔ̃syl], *s.m.* Vice-consul.
vice-consulat [viskɔ̃syla], *s.m.* **1.** Vice-consulship. **2.** Vice-consulate.
vice-gérant [visʒerɑ̃], *s.m.* Deputy-manager, acting manager.
vicennal, -aux [visɛnnal, -o], *a.* Vicennial.
vice-présidence [visprezidɑ̃:s], *s.f.* (*a*) Vice-presidency. (*b*) Vice-chairmanship.
vice-président [visprezidɑ̃], *s.m.* (*a*) Vice-president. (*b*) Vice-chairman.
vice-roi [vis(ə)rwa], *s.m.* Viceroy.
vice versa [vis(ə)vɛrsa]. *Lt.adv.phr.* Vice versa; conversely.
vichyssois, -oise [viʃiswa, -wa:z], *s. & a.* Supporter of, belonging to, the Vichy Government (1940-44).
viciateur, -trice [visjatœ:r, -tris], *a.* Vitiating, contaminating.
viciation [visjasjɔ̃], *s.f.* Vitiation; corruption (of morals); contamination (of the air); poverty (of blood).
vicié [visje], *a.* Vitiated, corrupt; poor, thin (blood). **Air v.,** stale, foul, air.
vicier [visje], *v.tr.* **1.** To vitiate, corrupt, spoil. **V. l'air,** to taint the air. **2.** *Jur:* To vitiate, invalidate (deed).
se vicier, to become tainted.
vicieux, -euse [visjø, -ø:z], *a.* Vicious. **1.** Depraved. **2.** Defective, faulty. **Cercle v.,** vicious circle. **3.** Tricky, restive, bad-tempered (horse).
vicinal, -aux [visinal, -o], *a.* **Chemin v.,** Local road.
vicissitude [visissityd], *s.f.* Vicissitude, mutability (of fortune, etc.). **Les vicissitudes de la vie,** the ups and downs of life.
vicomte [vikɔ̃:t], *s.m.* Viscount.
vicomté [vikɔ̃te], *s.f.* **1.** Viscountcy, viscountship. **2.** Viscounty.
vicomtesse [vikɔ̃tɛs], *s.f.* Viscountess.
victime [viktim], *s.f.* **1.** Victim (of sacrifice). **2.** Victim, sufferer. **J'ai été v. d'un escroc,** *F:* I've been had by a swindler. **Être la v. d'une illusion,** to labour under a delusion. **J'ai été v. de la grippe,** I have been down with influenza ('flu). S.a. ACCIDENT 1.
victoire [viktwa:r]. **1.** *s.f.* Victory. **Remporter la v.,** to gain a, the, victory (**sur,** over); to carry, win, the day. *F:* **Chanter v.,** to crow, to triumph. **V. à la Pyrrhus,** Pyrrhic victory. **2.** *Pr.n.f.* Victoria.
victorien, -ienne [viktɔrjɛ̃, -jɛn], *a.* Victorian.
victorieu|x, -euse [viktɔrjø, -ø:z], *a.* Victorious. **Être v.,** to win the day; to gain the victory. **Être v. de qn,** to be victorious over s.o. *adv.* **-sement.**
victuailles [viktɥa:j], *s.f.pl.* Victuals, eatables.
vidange [vidɑ̃:ʒ], *s.f.* **1.** (*a*) Emptying (of cesspools, etc.). (*b*) Draining, emptying (of sump); blowing off (of boiler). **Bouchon de v.,** drain-cock; blow-off cock; sump-plug; draining-plug. **Robinet de v.,** drain-cock. **Tonneau en v.,** broached cask. *Aut:* Oil change. **Faire la v.,** to change the oil. **2.** Usu. *pl.* (*a*) Night-soil. (*b*) Sediment, sludge.
vidanger [vidɑ̃ʒe], *v.tr.* (**je vidangeai(s)**; **n. vidangeons**) To empty (cesspool, radiator); to drain (engine sump); to blow off (boiler).
vidangeur [vidɑ̃ʒœ:r], *s.m.* Cesspool cleaner. **Voiture de v.,** cesspool emptier.
vide [vid]. **1.** *a.* Empty; blank (space in document); unoccupied, vacant (seat). **Revenir les mains vides,** to return empty-handed. *F:* **Avoir la tête v.,** to be empty-headed. **V. de sens,** void, devoid, of meaning. **Phrases vides,** empty words; claptrap. **2.** *s.m.* (*a*) Empty space; gap; cavity; void; blank (in document). **Combler les vides,** to fill up the gaps. (*b*) *Ph:* Vacuum. **Nettoyage par le v.,** vacuum cleaning. **V. très poussé,** very high vacuum. **Faire le v.,** to create a vacuum. **Faire le v. autour de qn,** to isolate s.o., to drive all his friends away. (*c*) Emptiness. **Taper dans le v.,** to (hit out and) miss the mark. **Regarder dans le v.,** to stare into space. **Voiture revenant à v.,** carriage returning empty. (Of machine) **Marcher à v.,** to run on no load, to run light. **Usine qui marche à v.,** factory only just turning over. *Mus:* **Corde à v.,** open string.
vidé [vide], *a.* Emptied, exhausted. *F:* **C'est un homme v.,** he is played out.
vide-ordures [vidɔrdy:r], *s.m.inv.* Rubbish-shoot.

vide-poche(s) [vidpɔʃ], *s.m.inv.* *Furn:* (*a*) (Dressing-table) tidy; pin-tray. (*b*) *Aut:* Cubby-hole, glove compartment.
vide-pomme [vidpɔm], *s.m.* Apple-corer. *pl. Des vide-pommes.*
vid|er [vide], *v.tr.* **1.** To empty; to clear out (room, drawer); to drain (cask, one's glass); to drain off (pond); to exhaust (mind, brain); to blow off (boilers); to blow (an egg). **Videz vos verres!** Drink up! **V. les lieux,** to vacate the premises; *F:* to clear out, to quit. **Le juge ordonna de faire v. la salle,** the judge ordered the court to be cleared. *Av:* **Il fut vidé (de l'appareil),** he was thrown clear. *P:* **Se faire v.,** to be sent out (of the room); to get the sack. S.a. ARÇON 1, SAC[1]. **2.** To eviscerate (carcass); to gut, clean (fish); to draw (fowl); to core (apple); to stone (fruit). **3.** To settle (question). **V. une querelle,** (i) to adjust, settle, a difference; (ii) to fight it out; to have it out. *s.m.* **-age.**
se vider, to empty; to become empty.
vide-tasses [vidtɑːs], *s.m.inv.* Slop-basin.
vie [vi], *s.f.* Life. **1. Être en v.,** to be alive. **Donner la v. à un enfant,** to give birth to a child. **Avoir la v. dure,** to be hard to kill; to die hard. **Question de v. et de mort,** matter of life-and-death. **Il y va de la v.,** it's a case of life and death. **Sauver la v. à qn,** to save s.o.'s life. **Sans v.,** lifeless. **Donner de la v. à . . .,** to enliven, to liven up. **Elle déborde de v.,** she is bubbling over with vitality. **Musique pleine de v.,** lively music. **2.** Lifetime. **De toute ma v. je n'ai entendu chose pareille!** in all my born days I never heard the like! **Pour la v.,** for life; till death. **Entre eux c'est à la v. à la mort,** they are sworn friends. **Une fois dans la v.,** once in a lifetime. **Pension à v.,** life pension. **Nommé à v.,** appointed for life. **3.** Existence, mode of life, way of living. **Ainsi va la v.! c'est la v.!** such is life! **Changer de v.,** to mend one's ways. **Rendre la v. dure à qn,** to make life a burden for s.o. *F:* **Faire la v.,** (i) to live fast, riotously; (ii) to kick up a row. **Mauvaise v.,** loose living. **Femme de mauvaise v.,** loose woman. **4.** Living, livelihood. **Niveau de v.,** standard of living. **Coût de la v.,** cost of living. **Allocation de v. chère, indemnité de cherté de v.,** cost-of-living bonus. **Gagner sa v.,** to earn, get, one's living, one's livelihood.
vieil, vieille. See VIEUX.
vieillard [vjɛjaːr], *s.m.* (*f.* usu. **vieille,** *q.v.* under VIEUX) Old man. **Les vieillards,** the aged; old people.
vieilleries [vjɛjri], *s.f.pl.* Old stuff, old things; outworn ideas.
vieillesse [vjɛjɛs], *s.f.* (Old) age. **Pension de v.,** old age pension. S.a. BATON 1.
vieill|ir [vjɛjiːr]. **1.** *v.i.* (*a*) To grow old. (*b*) To age (in appearance). (*c*) (Of custom, word) To become obsolete, antiquated. **2.** *v.tr.* To age (s.o.); to make (s.o.) look older. *s.m.* **-issement.**
se vieillir. 1. To make oneself look old(er). **2.** To give oneself out as older than one is.
vieillot, -otte [vjɛjo, -ɔt], *a.* **1.** Oldish. *s.* **Petite vieillotte,** little old woman. **2.** Antiquated, old-fashioned. **3.** Wizened (face).
vielle [vjɛl], *s.f.* Hurdy-gurdy. (*N.B.* Not barrel-organ.)
viendr-ai, -as, etc. See VENIR.
vienn-e, -es, etc. See VENIR.
vien-s, -t. See VENIR.
vierge [vjɛrʒ]. **1.** *s.f.* (*a*) Virgin, maid(en). **La (Sainte) V.,** the Blessed Virgin (Mary). **Chapelle de la V.,** Lady-chapel. S.a. FIL 1. (*b*) *Astr:* **La V.,** Virgo. **2.** *a.* Virgin, virginal; pure, intact, spotless. **Terre, forêt, v.,** virgin soil, forest. **Page v.,** blank page.
Vietnam (le) [vjɛtnam], *Pr.n.m. Geog:* Vietnam.
vietnamien, -ienne [vjɛtnamjɛ̃, -j ɛn], *a. & s.* Native, inhabitant, of Vietnam, Vietnamese.
vieux, vieil, *f.* **vieille** [vjø, vjɛ(ː)j], *a.* (The form **vieil** is used before masc. nouns beginning with a vowel or *h* 'mute,' but **vieux** also occurs in this position) **1.** (Of pers.) Old. (*a*) (In years) **Se faire v.,** to be getting old, to be getting on in years. **Vivre v., vieille,** to live to an old age. *s.* **Un v., une vieille,** an old man, an old woman. *F:* **Eh bien, mon v.!** well, old man, old chap! **Mes v.,** my old people, my parents. (*b*) Of long standing. **Un vieil ami,** an old friend, a friend of long standing. **Une v. fille,** an old maid. *s. F:* **Un v. de la vieille** (*i.e.* **de la vieille garde de Napoléon**), one of the old guard; a veteran. **2.** (Of thgs) (*a*) Old, ancient (building, etc.); stale (bread, news); worn, shabby (hat). **V. papiers,** waste paper. **V. comme les rues, comme Hérode,** as old as Adam, as the hills. **Le bon v. temps,** the good old times. *Adj.phr.inv.* **V. jeu,** old-fashioned. **Être v. jeu,** to be a back number, an old stick-in-the-mud. **Doctrines v. jeu,** antiquated doctrines, outworn shibboleths. (*b*) *inv.* **Des rubans vieil or,** old-gold ribbons. **3.** *s.f. Ich:* **Vieille,** ballan (wrasse).
vif, vive [vif, viːv]. **1.** *a.* (*a*) Alive, living. **Être brûlé v.,** to be burnt alive. **De vive force,** by main force. **De vive voix,** by word of mouth; viva voce. **Haie vive,** quickset hedge. **Eau vive,** running water, spring water. **Vives eaux** [vivzo], spring-tide. S.a. CHAUX, FORCE 2, ŒUVRE 4. (*b*) Lively, animated; fast, brisk (action, discussion); brisk, hot (fire). **Enfant v.,** lively child. **Vive allure, allure vive,** rapid gait, brisk pace. **Des yeux vifs,** bright, sparkling, eyes. **V. à répliquer,** quick to retort. **C'est une personne un peu vive,** she's rather quick-tempered. **Il y eut un échange de paroles vives,** words ran high. **Cheval v.,** high-spirited horse. (*c*) Sharp (wind, reprimand). **L'air est v.,** there is a tang in the air. **Arête vive, vive arête,** sharp edge. (*d*) Keen, quick (wit, etc.); vivid (imagination). **V. plaisir,** keen pleasure. **Vive satisfaction,** great satisfaction. **Avec mes plus vives félicitations,** with my heartiest congratulations. (*e*) **Couleurs vives,** bright, vivid, colours. **2.** *s.m. Jur:* Living person. *Jur:* **Donation entre vifs,** donation inter vivos. **3.** *s.m.* (*a*) **Peindre au v., sur le v.,** to paint from life. (*b*) Living flesh; quick. **Blessé, piqué, au v.,** stung to the quick. **Entrer dans le v. de la question,** to come to the heart of the matter.
vif-argent [vifarʒɑ̃], *s.m. A:* Quicksilver, mercury.
vigie [viʒi], *s.f. Nau:* (*a*) Look-out. **Être de v., en v.,** to be on the look-out. (*b*) Look-out (man). (*c*) Watch-tower. **V. de signaux,** signal-cabin. *Rail:* (Observation) box (on van).
vigilance [viʒilɑ̃ːs], *s.f.* Vigilance; watchfulness. **Surprendre la v. de qn,** to catch s.o. napping.
vigilant [viʒilɑ̃], *a.* Vigilant, watchful, alert.
vigile [viʒil], *s.f. Ecc:* Vigil(s).
vigne [viɲ], *s.f.* **1.** *Vit:* (*a*) Vine. **Feuille de v.,** vine-leaf. (*b*) Vineyard. *F:* **Être dans les vignes du Seigneur,** to be in one's cups. **2.** *Bot:* **V. vierge,** Virginia creeper.
vigneron, -onne [viɲrɔ̃, -ɔn], *s.* (*a*) Vine-grower. (*b*) Vine-dresser.
vignette [viɲɛt], *s.f.* (*a*) Vignette. *Typ:* Text illustration; head- or tail-piece; ornamental border. (*b*) *Adm:* Special tax label. (*c*) Cigarette card.
vignettiste [viɲetist], *s.m.* Vignettist.
vignoble [viɲɔbl]. **1.** *s.m.* Vineyard. **2.** *a.* **Région v.,** wine region.
vigogne [vigɔɲ], *s.f.* (*a*) *Z:* Vicuña, vicuna. (*b*) *Tex:* Vicuna (wool or cloth).
vigoureu|x, -euse [vigurø, -øːz], *a.* Vigorous, strong, sturdy. **Faire une opposition vigoureuse à un projet,** to offer strenuous opposition to a plan. *adv.* **-sement.**
vigueur [vigœːr], *s.f.* **1.** Vigour, strength. **Donner de la v. à qn,** to invigorate s.o.; to brace s.o. (up). **2.** (Of decree, etc.) **En v.,** in force. **Entrer en v.,** to come into force, into effect, into operation. **Mettre une loi en v.,** to enforce a law. **Cesser d'être en v.,** to lapse.
vil [vil], *a.* **1.** Cheap, low-priced. **Vendre qch. à vil prix,** to sell sth. at a low price, *F:* dirt cheap. **2.** Low(ly) (origin, condition, etc.); base (metal). **3.** Vile, base (person, soul, motive). **Une vile calomnie,** a foul calumny. *adv.* **-ement.**
vilain, -aine [vilɛ̃, -ɛn]. **1.** *s.* (*a*) *Hist:* Villein. (*b*) Villain. *Prov:* **A v. v. et demi,** set a thief to catch a thief. (*c*) *F:* **Oh, la vilaine!** for shame, you naughty girl! (*d*) Trouble. **Il y aura du v.,** there is going to be trouble. *F:* **Il y a du v. dans l'air,** there's trouble brewing. **2.** *a.* (*a*) Nasty, bad, unpleasant. **Un v. monsieur,** a most objectionable man. **Ce sont de vilaines gens,** they are a bad lot. **Un v. tour,** a mean, scurvy, dirty, trick. **C'est une vilaine histoire,** it is an ugly story. (*b*) Ugly; shabby (hat, etc.); sordid, wretched (street, etc.). *adv.* **-ement.**

vilebrequin [vilbrəkɛ̃], *s.m.* **1.** *Tls:* (i) (Bit-)brace; (ii) brace and bit. **V. à cliquet,** ratchet-brace. **2. (Arbre à) v.,** crankshaft.
vilenie [vilni], *s.f.* **1.** Meanness, stinginess. **2.** (*a*) Mean, vile, low, action; foul deed. (*b*) **Dire des vilenies à qn,** to hurl foul abuse at s.o.
vilipender [vilipɑ̃de], *v.tr.* To vilify, abuse; to run (s.o.) down.
villa [vil(l)a], *s.f.* Villa; house (in residential area).
village [vilaːʒ], *s.m.* Village. *F:* **Il est bien de son v.,** (i) he is still very countrified; (ii) he is still very green. S.a. COQ[1] 1.
villageois, -oise [vilaʒwa, -waːz]. **1.** *s.* Villager; countryman, countrywoman. **2.** *a.* (*a*) Rustic, country (customs, etc.). (*b*) Boorish.
ville [vil], *s.f.* Town. **Grande v.,** city. **V. d'eaux,** watering-place, spa. **Demeurer dans la v.,** to live in the heart of the town. **Demeurer à la v.,** to live in town. **Être en v.,** to be in town, not at home. **"En v.,"** (on letters) 'local.' **Tenue de v.,** (i) town, city, clothes; (ii) (on invitations) lounge suit. **Dîner en v.,** to dine out. **Hôtel de v.,** town-hall.
villégiature [vil(l)eʒjatyːr], *s.f.* (*a*) Stay in the country or by the sea. **En v.,** on holiday. (*b*) Summer resort.
villégiaturer [vileʒjatyre], *v.i.* To stay in the country, to spend one's holiday by the sea.
villégiaturiste [vileʒjatyrist], *s.m.* Holiday maker.
villeux, -euse [villø, -øːz], *a.* Villous, villose, hairy.
villosité [villozite], *s.f.* *Anat: etc:* Villosity, villus.
vin [vɛ̃], *s.m.* Wine. **Les grands vins,** vintage wines. **V. ordinaire, v. de table,** table wine, beverage wine. **V. rosé,** rosé wine. **V. mousseux,** sparkling wine. **V. de Bordeaux,** claret. **V. du Rhin,** hock. **V. chaud,** mulled wine. S.a. CRU[2], ENSEIGNE 1, LIE[2]. **Marchand de v.,** (retail) wine-merchant; publican. **Négociant en vins,** wine-merchant. **Offrir un v. d'honneur à qn,** to hold a reception in honour of s.o. (esp. as a leave-taking). **Être pris de v.,** to be the worse for drink. **Avoir le v. gai, triste,** to be merry, maudlin, in one's cups. **Entre deux vins,** *F:* half-seas over. *Prov:* **Le v. est tiré, il faut le boire,** it is too late to draw back now. **Mettre de l'eau dans son v.,** (i) to water one's wine; (ii) *F:* to draw in one's horns.
vinaigre [vinɛːgr], *s.m.* **1.** Vinegar. **V. à l'estragon,** tarragon vinegar. **2.** *Games:* **Donner du v.,** to turn (the skipping rope) quickly. *P:* **Faire v.,** to hurry.
vinaigrer [vinɛgre], *v.tr.* To season with vinegar.
vinaigrerie [vinɛgrəri], *s.f.* **1.** Vinegar factory. **2.** Vinegar-making; vinegar trade.
vinaigrette [vinɛgrɛt], *s.f.* **1.** *Cu:* Oil and vinegar dressing, French dressing. **2.** *A:* Two-wheeled sedan.
vinaigrier [vinɛgrie], *s.m.* **1.** Vinegar-maker. **2.** Vinegar-cruet.
vinasse [vinas], *s.f.* *F:* Washy wine.
vindicatif, -ive [vɛ̃dikatif, -iːv], *a.* Vindictive, spiteful, revengeful.
vindicte [vɛ̃dikt], *s.f.* *Jur:* Prosecution (of crime). **V. publique,** vindication of society.
vineux, -euse [vinø, -øːz], *a.* **1.** (Of wine) Full-bodied. **2.** (*a*) Vinous (flavour); wine-flavoured (peach). (*b*) Wine-coloured; wine-stained (napkin). *F:* **Nez v.,** ruby, winy, bibulous, nose. **3.** (Of region) Rich in vintage.
vingt [vɛ̃], *num.a.inv.* & *s.m.inv.* Twenty; a score. **V. et un** [vɛ̃teœ̃], twenty-one. **V.-deux** [vɛ̃tdø], twenty-two. **Le v. juin** [vɛ̃ʒɥɛ̃], (on) the twentieth of June. **Avoir plus de v. ans** [vɛ̃tɑ̃], to be out of one's teens. **Les années v.,** the twenties (1920-1929). **Je vous l'ai dit v. fois,** I've told you so time and time again. *P:* **Vingt-deux!** Watch out! (As a *card. adj.* takes an *s* when multiplied; S.a. QUATRE-VINGTS.
vingtaine [vɛ̃tɛn], *s.f.* (About) twenty; a score.
vingtième [vɛ̃tjɛm]. **1.** *num. a.* & *s.* Twentieth. **2.** *s.m.* Twentieth (part).
vinicole [vinikɔl], *a.* Wine(-growing).
vin-s, -t, vinss-e, etc. See VENIR.
Vintimille [vɛ̃timiːj]. *Pr.n. Geog:* Ventimiglia.
viol [vjɔl], *s.m.* *Jur:* Rape.
violacé [vjɔlase], *a.* Purplish-blue. (Of pers.) **Prendre un teint v.,** to go blue.
violateur, -trice [vjɔlatœːr, -tris], *s.* Violator; transgressor (of laws, etc.).
violation [vjɔlasjɔ̃], *s.f.* Violation, infringement, breach (of law, etc.). **V. des règles,** breaking of the rules. **Agir en v. d'une règle,** to act in contravention of a rule. **V. de domicile,** illegal entry.
violâtre [vjɔlɑːtr], *a.* Purplish.
viole [vjɔl], *s.f.* *Mus: A:* Viol. **V. d'amour,** viola d'amore.
violence [vjɔlɑ̃ːs], *s.f.* Violence, force. **Faire v. à qn,** to do violence to s.o. **Se faire v.,** to do violence to one's feelings.
viol|ent [vjɔlɑ̃], *a.* Violent; high, buffeting (wind); pungent (smell); fierce (encounter). **Mourir de mort violente,** to die a violent death. *F:* **C'est par trop v.!** it really is the limit! *adv.* **-emment.**
violenter [vjɔlɑ̃te], *v.tr.* To do violence to (s.o.).
violer [vjɔle], *v.tr.* **1.** To violate; to transgress (law); to break (law, treaty, faith). **V. une sépulture,** to desecrate a grave. **2.** To rape (a woman).
violet, -ette[1] [vjɔlɛ, -ɛt], *a.* Violet, purple(-coloured). *s.m.* (The colour) violet.
violette[2] [vjɔlɛt], *s.f.* *Bot:* Violet.
violier [vjɔlje], *s.m.* *Bot: F:* **1.** Stock. **2. V. jaune,** wallflower.
violon [vjɔlɔ̃], *s.m.* **1.** (*a*) Violin, *F:* fiddle. *F:* **C'est son v. d'Ingres,** it is his pet hobby. (*b*) Violin (player). *F:* **Payer les violons,** to pay the piper. **2.** *P:* **Le v.,** the cells, the lock-up. **Mettre au v.,** to lock up. **3. (Poulie à) v.,** fiddle-block. **4.** *Nau:* **Violons de mer,** fiddles (for the tables).
violoncelle [vjɔlɔ̃sɛl], *s.m.* (*a*) Violoncello, 'cello. (*b*) 'Cello (player).
violoncelliste [vjɔlɔ̃sɛlist], *s.m.* & *f.* Violoncellist, 'cellist.
violoneux [vjɔlɔnø], *s.m.* *F:* Fiddler.
violoniste [vjɔlɔnist], *s.m.* & *f.* Violinist.
viorne [vjɔrn], *s.f.* *Bot:* Viburnum.
vipère [vipɛːr], *s.f.* Viper, adder. *F:* **Langue de v.,** viperish, venomous, tongue.
vipérin, -ine [viperɛ̃, -in]. **1.** *a.* Viperine. **2.** *s.f.* **Vipérine.** (*a*) *Bot:* Viper's bugloss. (*b*) *Rept:* Viperine snake.
virage [viraːʒ], *s.m.* **1.** Turning (round), sweeping round; slewing round, swinging round. *Nau:* Tacking, going about. *Av:* **V. incliné,** bank(ing). **2.** (*a*) (Sharp) turn, corner, bend (in road or track). **V. sans visibilité,** blind corner. *P.N:* **Virages sur 3 km,** bends for 2 miles. (*b*) Banked corner, bank (of racing-track). **Prendre un v.,** to corner. **3.** (*a*) (Of coloured material) Changing of colour. **V. au rouge,** turning red. (*b*) *Phot:* Toning (of proofs).
virago [virago], *s.f.* Virago, termagant.
vire [viːr], *s.f.* *Mount:* Ledge (of rock).
virée [vire], *s.f.* *F:* **Faire une v.** (i) To go on a binge; (ii) To go on a trip.
virement [virmɑ̃], *s.m.* **1.** = VIRAGE 1, 3. **2.** *Nau:* **V. de bord,** tacking and veering. **3.** *Bank:* Transfer. **Banque de v.,** clearing-bank.
virer [vire]. **1.** *v.i.* To turn; to sweep round. (*a*) *Aut: etc:* To take a bend or a corner; to corner. **V. court,** to take a short turn. **V. sur place,** to turn in one's own length. (*b*) *Av:* To bank. (*c*) (Of crane, etc.) To slew round, swing round. (*d*) *Nau:* **V. de bord,** (i) to tack, go about; (ii) (of steamship) to turn. S.a. LOF 1. **Pare à v.!** ready about! (*e*) **V. au cabestan,** to heave at the capstan. (*f*) (Of coloured material) To change colour. **Encre qui vire au noir en séchant,** ink that turns black on drying. (*g*) *Phot:* (Of print) To tone. **2.** *v.tr.* (*a*) To turn (sth.) over. (*b*) *Bank:* (i) To transfer (a sum). (ii) To clear (cheques). (*c*) *Phot:* To tone (print).
virevolte [virvɔlt], *s.f.* *Equit:* Quick circling (of horse). **V. de la fortune,** sudden change of fortune.
virevolter [virvɔlte], *v.i.* (*a*) (Of horse) To circle. (*b*) (Of pers.) To spin round.
virginal, -aux [virʒinal, -o], *a.* Virginal; maiden(ly) (modesty). *Bot:* **Lis v.,** pure white lily.
virginité [virʒinite], *s.f.* Virginity; maidenhood.
virgule [virgyl], *s.f.* (*a*) *Gram:* Comma. **Point et v.,** semicolon. *Med:* **Bacille v.,** comma bacillus. (*b*) *Mth:* = Decimal point. **Trois v. cinq** (3,5) = three point five (3·5).
viril [viril], *a.* Virile. (*a*) Male. (*b*) Manly (action, soul). **L'âge v.,** man's estate; manhood.

virilement [virilmɑ̃], *adv.* Like a man; in a manly fashion.
virilité [virilite], *s.f.* Virility, manliness.
virole [virɔl], *s.f.* Ferrule, thimble (of walking-stick, etc.). *Mec.E:* Collar, hoop, sleeve. **V. à air (d'un brûleur à gaz),** air-clip (of gas-burner).
virtuel, -elle [virtɥɛl], *a.* Virtual (intention; image, focus).
virtuellement [virtɥɛlmɑ̃], *adv.* Virtually; to all intents and purposes.
virtuose [virtɥoːz], *s.m. & f.* Virtuoso.
virtuosité [virtɥozite], *s.f.* Virtuosity.
virulence [virylɑ̃ːs], *s.f.* Virulence.
virulent [virylɑ̃], *a.* Virulent. **Diatribe virulente,** scathing diatribe.
virure [viryːr], *s.f. N.Arch:* Strake.
virus [viryːs], *s.m. Med:* Virus. **V. filtrant,** filterable virus.
vis [vis], *s.f.* Screw. **1.** (*a*) **V. sans fin,** endless screw, worm(-screw). *Hyd.E:* **V. d'Archimède,** Archimedean screw. *Ind:* **V. de transport,** spiral conveyor. (*b*) Thread. **V. à droite, à gauche,** right-, left-handed screw or thread. **Tige à v.,** screwed, threaded, rod. *F:* **Serrer la v. à qn,** to put the screw on s.o. (*c*) **Escalier à v.,** spiral staircase. **2. V. à bois,** wood screw. **V. à oreilles, à ailettes,** thumb-screw, wing-screw. **V. à tête cylindrique,** cheese-head screw.
vi-s, -t, etc. See VOIR and VIVRE.
visa [viza], *s.m.* (*a*) Visa. **Apposer un v. à un passeport,** to visa a passport. (*b*) Signature (on document, etc.); initials (of supervisor).
visage [vizaːʒ], *s.m.* Face. **Homme au v. agréable,** pleasant-faced man. **Changer de v.,** to change countenance. **A v. découvert,** with the mask off, bare-facedly, openly. **Se faire le v.,** to make up (one's face). **A deux visages,** double-faced. **Avoir bon v.,** to look well. **Faire bon, mauvais, v. à qn,** to smile, frown, on s.o. *F:* **Trouver v. de bois,** to find nobody at home.
visagiste [vizaʒist], *s. R.t.m:* Beautician (who specializes in the face).
vis-à-vis [vizavi]. **1.** *Adv.phr.* Opposite. **La maison (qui est) v.-à-v.,** the house over the way. **Assis v.-à-v.,** sitting face to face. **2.** *Prep.phr.* **V.-à-v. de (qn, qch.).** (*a*) Opposite, facing (s.o., sth.). (*b*) Towards, with respect to, with regard to, in relation to (s.o., sth.). **Ses sentiments v.-à-v. de moi,** his feelings towards me. **3.** *s.m.* Person opposite (at table, etc.). *Cards:* Partner. **Faire v.-à-v. à qn,** to be, stand, sit, opposite s.o. **Ils se font v.-à-v.,** they are facing each other.
viscéral, -aux [visseral, -o], *a. Anat:* Visceral.
viscère [visseːr], *s.m. Anat:* Viscus; internal organ. **Les viscères,** the viscera.
viscose [viskoːz], *s.f. Ch: Ind:* Viscose.
viscosité [viskozite], *s.f.* Viscosity, viscidity; stickiness.
visée, *s.f.* **1.** Aim. *Mil: Surv:* Aiming, sighting. **Prendre sa v.,** to take aim. **Ligne de v.,** line of sight. **Point de v.,** point aimed at. **2.** *pl.* Aims, designs. **Avoir de hautes visées,** to have great ambitions; to aim high.
viser[1] [vize]. **1.** *v.i.* To aim (**à,** at). **V. à l'effet,** to aim at effect. **V. à faire qch.,** to aim at doing sth.; to aspire to do sth. **V. haut,** to aim high. **2.** *v.tr.* (*a*) To aim, take aim, at (s.o., sth.). **V. juste,** to aim straight. *Golf:* **V. la balle,** to address the ball. (*b*) *Surv:* To sight; to take a sight on (sth.). (*c*) To have (sth.) in view; to relate to (sth.). **Accusation visant qn,** accusation directed against s.o. **Les denrées alimentaires ne sont pas visées par ce décret,** articles of food are not affected by this order. (*d*) To allude to (s.o.). **Je ne vise personne,** I am not alluding to anybody in particular.
viser[2], *v.tr. Adm: Com: etc:* To visa (passport); to countersign, initial (document).
viseur, -euse [vizœːr, -øːz]. **1.** *s.* Aimer. **2.** *s.m.* (*a*) *Phot:* View-finder. (*b*) (Of surveying instrument, etc.) Sighting-tube, eye-piece. *Av:* **V. de lancement,** bomb-sight.
visibilité [vizibilite], *s.f.* Visibility. *Av:* **Vol sans v., pilotage sans v. (P.S.V.),** blind, instrument, flying.
visible [vizibl], *a.* **1.** (*a*) Visible, perceptible. **Il n'y avait personne de v.,** there was nobody about. (*b*) Obvious, manifest, evident. **Très v.,** conspicuous. **2.** (*a*) Ready to receive company, free. **Je ne suis pas v.,** I am not at home. **Je ne serai pas v. avant trois heures,** I can't see anybody before three o'clock. **Être v. pour qn,** to be in for s.o. (*b*) (Collection) accessible, open, to the public. *adv.* **-ment.**
visière [vizjɛːr], *s.f.* (*a*) *Hist: Cost:* Visor, vizor (of helmet). **Rompre en v. à, avec, qn,** (i) to quarrel openly with s.o.; (ii) to take up a diametrically opposite view to that of s.o. (*b*) Peak (of cap). (*c*) Eye-shade.
vision [vizjɔ̃], *s.f.* Vision. **1.** (*a*) (Eye)sight. (*b*) Sight (of sth.). **V. momentanée,** glimpse (of sth.). (*c*) *Cin:* **En première v.** = first showing. **2. Les visions d'un poète,** a poet's visions. **3.** Fantasy; phantom.
visionnaire [vizjɔnɛːr], *a. & s.* Visionary; dreamer.
visionneuse [vizjɔnøːz], *s.f. Cin: Phot:* Viewer.
visitandine [vizitɑ̃din], *s.f.* Nun of the Order of the Visitation.
Visitation [vizitasjɔ̃], *s.f. Ecc:* Visitation (of the Virgin to St Elizabeth).
visite [vizit], *s.f.* Visit. **1.** (*a*) (Social) call. **Faire des visites,** to pay calls. **Faire une petite v. à qn,** to drop in on s.o. **Faire, rendre, v. à qn; faire une v. à qn,** to visit s.o.; to call on s.o. **Rendre une v., rendre sa v. à qn,** to return s.o.'s call. **En v. chez qn,** on a visit to s.o. **Carte de v.,** visiting-card. **Heures de v.,** (i) calling hours; (ii) visiting hours (at hospital, etc.). (*b*) Caller, visitor. **2.** Attendance (of doctor). **3.** (*a*) Inspection; overhauling (of machinery); survey (of ship). **Faire la v.,** to go on one's round of inspection. **V. médicale,** medical examination. **V. des malles, de la douane,** customs examination. **Trou de v.,** manhole (of sewer, etc.). (*b*) Search (of house, ship, etc.). *Nau:* **Droit de v.,** right of search.
visiter [vizite], *v.tr.* **1.** (Of doctor) To visit, attend (patient). **2.** (*a*) To examine, inspect, view, go over (premises, etc.); to overhaul (engine); to examine (ship for contraband); to survey (ship). **Nous avons visité la cathédrale,** we went over the cathedral. **V. les musées,** to go round the museums. **On leur a fait v. la maison,** they were shown over the house. **J'ai visité toutes les pièces,** I have been into every room. **Permis de v.,** order to view (house). (*b*) (Of police) To visit, search (house).
visiteur, -euse [vizitœːr, -øːz]. **1.** *s.* (*a*) Caller, visitor. (*b*) **Les visiteurs du musée,** visitors to the museum. (*c*) Inspector. *Cust:* Searcher. **2.** *a.* Visiting.
vison [vizɔ̃], *s.m. Z:* Vison; American mink.
visqueux, -euse [viskø, -øːz], *a.* Viscous, gluey, sticky; tacky (rubber solution); thick (oil); slimy (secretion).
viss|er [vise], *v.tr.* **1.** To screw, screw on, screw in, screw down, screw up (sth.). *F:* **Rester vissé sur sa chaise,** to sit tight on one's chair. **2.** *Mil: P:* To put (man) in clink. *s.m.* **-age.**
visu|el, -elle [vizɥɛl], *a.* Visual. **Champ v.,** field of vision. *adv.* **-ellement.**
vit. See VIVRE and VOIR.
vital, -aux [vital, -o], *a.* Vital. **Parties vitales,** vitals. **Question vitale,** vital question.
vitalisme [vitalism], *s.m. Biol:* Vitalism.
vitaliste [vitalist]. **1.** *a.* Vitalistic (doctrine, etc.). **2.** *s.* Vitalist.
vitalité [vitalite], *s.f.* Vitality.
vitamine [vitamin], *s.f. Bio-Ch:* Vitamin(e).
vitaminé [vitamine], *a.* Vitaminized, enriched with vitamins.
vite [vit]. **1.** *a.* Swift, rapid, speedy. **2.** *adv.* Quickly, fast, swiftly. *Nau:* **"Plus v.!"** 'increase speed!' **Vous allez v. en besogne,** you aren't long about it. **Ça ne va pas v.,** it is slow work. **Vous serez v. guéri,** you'll soon be better. **Faites v.!** make haste! look sharp! look alive! **Allons, et plus v. que cela!** now then, be quick about it! **Au plus v.,** as quickly as possible. **Avoir v. fait de faire qch.,** to be quick about doing sth. **Il eut v. fait de s'habiller,** he was dressed in no time. **On a v. fait de dire que . . .,** it's easy to say that. . . .
vitellin [vitɛllɛ̃], *a. Biol:* Vitelline. **Membrane vitelline,** vitelline membrane, yolk-sac.
vitellus [vitɛllyːs], *s.m. Biol:* Vitellus, yolk.
vitesse [vitɛs], *s.f.* Speed, swiftness, rapidity, velocity. **A la v. de . . ., avec une v. de . . .,** at the rate of. . . .

F: **En v.**, with all speed. **De toute sa v.**, at the top of one's speed. **Aller à toute v.**, to go (at) full speed; to tear along. **V. folle**, breakneck speed. *Nau:* **En avant à toute v.**, full speed ahead. **Il lutta de v. avec le renard**, he ran a race with the fox. **Gagner qn de v.**, (i) to outstrip s.o.; to overtake, pass, s.o.; (ii) to steal a march on s.o. (Of train, etc.) **Prendre de la v.**, to pick up speed, to gather pace. *Aut: etc:* **Faire de la v.**, to speed. **Indicateur, compteur, de v.**, speedometer. *Av:* **Perte de v.**, stalling. *O:* **Colis en grande v.**, parcel by fast goods service. **En petite v.**, by slow goods service. *Mec:* **V. uniformément accélérée**, uniform acceleration. **V. acquise**, momentum. *Aut:* **Changement de v.**, (i) change of gear, (ii) change-speed gear. **Boîte de vitesses**, gear-box. **Passer les vitesses**, to go through the gears. **Première v.**, first gear, bottom gear. **Filer en quatrième v.**, (i) to drive in top (gear); (ii) to disappear at top speed.

viticole [vitikɔl], *a.* Viticultural; wine (industry).

viticulteur [vitikyltœːr], *s.m.* Vine-grower.

viticulture [vitikyltyːr], *s.f.* Vine-growing, viticulture.

vitrage [vitraːʒ], *s.m.* **1.** Glazing. **2.** (*a*) Windows, glass-work (of church, etc.). (*b*) Glass partition or door.

vitrail, -aux [vitraːj, -o], *s.m.* Leaded glass window; esp. stained glass (church) window.

vitre [vitr], *s.f.* Pane (of glass); window-pane. *F:* **Casser les vitres**, to kick up a shindy.

vitré [vitre], *a.* **1.** Glazed. **2.** Vitreous, glassy. S.a. HUMEUR.

vitrer [vitre], *v.tr.* To glaze (window, etc.).

vitrerie [vitrəri], *s.f.* Glaziery.

vitreux, -euse [vitrø, -øːz], *a.* Vitreous (mass); glassy (appearance). **Yeux v.**, glassy eyes.

vitrier [vitrie], *s.m.* **1.** Maker of glass (for windows). **2.** Glazier. **3.** *pl. P:* **Les vitriers**, the *chasseurs à pied*, the light infantry.

vitrification [vitrifikasjɔ̃], *s.f.* Vitrification.

vitrifi|er [vitrifje], *v.tr.* To vitrify (sand, etc.). **Brique vitrifiée**, glazed brick. *a.* **-able.**

vitrine [vitrin], *s.f.* **1.** Shop-window. **2.** Glass case, glass cabinet. *Com:* Show-case.

vitriol [vitriɔl], *s.m.* Vitriol. **(Huile de) v.**, oil of vitriol, concentrated sulphuric acid. *F:* **Plume trempée dans du v.**, vitriolic pen.

vitriol|er [vitriɔle], *v.tr.* **1.** *Tex:* To sour (material). **2.** To throw vitriol at (s.o.). *s.m.* **-age.**

vitrioleur, -euse [vitriɔlœːr, -øːz], *s.* Vitriol-thrower.

vitupération [vityperasjɔ̃], *s.f.* Vituperation.

vitupérer [vitypere], *v.tr.* (**je vitupère; je vitupérerai**). To vituperate, blame (s.o.).

vivable [vivabl], *a.* **Il n'est pas v.**, he is just impossible.

vivace [vivas], *a.* (*a*) Long-lived. (*b*) *Bot:* Hardy. (*c*) *Bot:* Perennial. **Pois v.**, everlasting pea. (*d*) **Haine v.**, undying, inveterate, hatred. **Souvenirs encore vivaces**, memories still green.

vivacité [vivasite], *s.f.* **1. V. à agir**, promptness to act. **2.** (*a*) Hastiness (of temper); petulance. **Avec v.**, hastily. (*b*) Hasty utterance; outburst of temper. **3.** (*a*) Acuteness (of feeling); heat (of a discussion); fire, intensity (of a passion). (*b*) Vividness, brilliancy (of colour, light). **V. du teint**, high colour. **4.** Vivacity, vivaciousness, sprightliness, liveliness. **V. d'esprit**, readiness of mind. **Avoir de la v.**, to be vivacious, full of life. **Avec v.**, vivaciously.

vivandier, -ière [vivɑ̃dje, -jɛːr], *s. A: Mil:* Sutler, canteen-keeper; *f.* vivandière.

vivant [vivɑ̃]. **1.** *a.* (*a*) Alive, living. **Pas une âme vivante**, not a living soul. **Portrait v.**, lifelike portrait. **Être le portrait v. de qn**, to be the very image of s.o. **Langue vivante**, modern language. S.a. TABLEAU 2. (*b*) Lively, animated (street, scene). (*c*) Vivid, live (narrative). **2.** *s.m.* (*a*) Living being. **Les vivants et les morts**, the living and the dead. (*b*) **Bon v.**, (i) jolly good fellow, boon companion; (ii) man who enjoys life. **3.** *s.m.* **En, de, son v.**, during his lifetime; in his day.

vivat [viva], *s.m.* Hurrah, vivat.

vive[1] [viːv], *s.f. Ich:* Weever, sting-fish.

vive[2]. See VIF.

vive[3], *int.* See VIVRE I. 1 (*a*).

vive-eau [vivo], *s.f.*, **vives-eaux** [vivzo], *s.f.pl. Nau:* Spring-tide.

vive-la-joie [vivlaʒwa], *s.m.inv. F:* Jolly fellow; one of the boys.

vivement [vivmɑ̃], *adv.* **1.** (*a*) Briskly, sharply, smartly. **Partons v.**, let's hurry off! (*b*) **Réprimander v. qn**, to give s.o. a sharp reprimand. **Répondre v.**, to answer sharply. **2.** (Of feelings) (*a*) Keenly, deeply, acutely. (*b*) **Remercier v. qn**, to thank s.o. warmly.

viveur [vivœːr], *s.* Pleasure-seeker.

vivier [vivje], *s.m.* **1.** (*a*) Fish-pond; fish-preserve. (*b*) Breeding-ground (**de**, for). **2.** (In boat) Fish-well.

vivifiant [vivifjɑ̃], *a.* Vivifying, quickening; (of air, etc.) invigorating, bracing.

vivifier [vivifje], *v.tr.* To vivify, quicken; to endue (sth.) with life; (of air, etc.) to invigorate.

vivipare [vivipaːr], *a.* Viviparous. **Poissons vivipares**, live-bearers.

vivisection [vivisɛksjɔ̃], *s.f.* Vivisection.

vivoir [vivwaːr], *s.m. Fr.C:* Living-room.

vivoter [vivɔte], *v.i. F:* To live sparely; to keep body and soul together.

vivre [viːvr]. **I.** *v.i.* (*pr.p.* **vivant**; *p.p.* **vécu**; *pr.ind.* **je vis, il vit, n. vivons, ils vivent**; *p.h.* **je vécus**; *fu.* **je vivrai**) To live. **1.** (*a*) To be alive. **V. longtemps**, to live long. **Cesser de v.**, to die. **Être las de v.**, to be tired of life. **Vive le roi!** long live the King! **Vive(nt) les vacances!** hurray! we're breaking up! **Vive la joie!** let us be merry! *Mil:* **Qui vive?** who goes there? S.a. QUI-VIVE. **Ne rencontrer âme qui vive**, to meet no one, not a living soul. *Prov:* **Qui vivra verra**, time will show. (*b*) **Ouvrage qui vivra**, work that will endure. **Traditions qui vivent encore**, traditions that are still alive. **2.** To spend one's life. **V. à Paris**, to live in Paris. **Il a beaucoup vécu**, he has seen life. **Être aisé à v., commode à v.**, to be easy to get on with. **Savoir v.**, to know how to behave; to be well-bred. S.a. SAVOIR-VIVRE. **Apprendre à v. à qn**, to teach s.o. manners. **Se laisser v.**, to take life easily. **Il fait bon v. ici**, life is pleasant here. *With cogn.acc.* **Les événements que nous avons vécus**, the events (that) we lived through. **3.** To subsist. **On vivait bien juste**, we could just manage, just rub along. **V. bien**, to live well; to keep a good table. **Travailler pour v.**, to work for one's living. **Il fait cher v. ici**, the cost of living is high here. **Faire v. sa famille**, to support, keep, one's family. **V. au jour le jour**, to live from hand to mouth. **V. de sa plume**, to live by one's pen. **De quoi vit-il?** what does he live on? **Avoir de quoi v.**, to have enough to live on.

II. vivre, *s.m.* (*a*) Living. (*b*) Food. **Le vivre et le couvert**, board and lodging. (*c*) *pl.* Provisions, supplies. *Mil:* Rations. **Vivres de réserve**, iron rations. **Couper les vivres à qn**, (i) to cut off s.o.'s supplies; (ii) to stop s.o.'s allowance.

vizir [viziːr], *s.m.* Vizier.

v'là [vla], *prep. P:* = VOILÀ.

vlan, v'lan [vlɑ̃], *int.* Slap(-bang)! whack!

vocable [vɔkabl], *s.m.* **1.** Vocable, word. **2.** *Ecc:* Name-patronage (of saint). **Église sous le v. de saint Pierre**, church dedicated to Saint Peter.

vocabulaire [vɔkabylɛːr], *s.m.* Vocabulary.

vocal, -aux [vɔkal, -o], *a.* Vocal. *adv.* **-ement.**

vocalique [vɔkalik], *a.* Vocalic; vowel (change, sound).

vocalisation [vɔkalizasjɔ̃], *s.f.* Vocalization.

vocalise [vɔkaliːz], *s.f. Mus:* Exercise in vocalization.

vocaliser [vɔkalize], *v.tr.* To vocalize (a melody, a consonant).

vocatif [vɔkatif], *s.m. Gram:* Vocative case. **Au v.**, in the vocative (case).

vocation [vɔkasjɔ̃], *s.f.* Vocation. **1.** (Divine) call. **Je ne me sens pas la v. de la prêtrise**, I feel no call to the Church. **2.** Calling, bent, inclination. **Avoir la v. du commerce**, to have a turn for business. **Avoir la v. du professorat**, to be cut out for a teacher. **Manquer sa v.**, to mistake, miss, one's vocation.

vociférant [vɔsiferɑ̃], *a.* Vociferous, clamorous.

vociférateur, -trice [vɔsiferatœːr, -tris], *s.* Vociferator; noisy clamourer.

vociférations [vɔsiferasjɔ̃], *s.f.pl.* Vociferation(s).

vociférer [vɔsifere], *v.i.* (**je vocifère; je vociférerai**) To vociferate (**contre**, against); to shout, bawl, yell. *With cogn.acc.* **V. des injures**, to shout insults (**contre**, at).

vœu, -x [vø], *s.m.* **1.** Vow. **Faire v. de faire qch.,** to make, take, a vow to do sth. *Ecc:* **Prononcer ses vœux,** to take one's vows. **Les vœux de baptême,** the baptismal vows. **2.** Wish. **Émettre un v.,** to express a wish; (at meeting) to pass a resolution. **Appeler qch. de tous ses vœux,** to pray for the coming of sth. **Tous mes vœux!** all good wishes!

vogue [vɔg], *s.f.* Fashion, vogue. **Mettre qch. en v.,** to bring sth. into vogue. **Avoir de la v., être en v.,** to be popular, in vogue, in request. **Entrer en v.,** to come into vogue. **C'est la grande v.,** it's all the rage.

voguer [vɔge], *v.i. Nau:* To sail. **Les nuages voguant dans le ciel,** the clouds sailing by. **V. à pleines voiles,** to forge ahead; to advance from success to success. S.a. GALÈRE.

voici [vwasi], *prep.* **1.** Here is, are. **Me v., les v.,** here I am, here they are. **Nous v. arrivés,** here we are. **Du pain? En v.,** bread? Here is some, here you are. **En v. bien d'une autre!** here's something new! **La v. qui vient,** here she comes. **V. venir Jeanne,** here comes Jeanne. **V. venir le printemps,** spring is coming, is at hand, is (drawing) near. **Mon ami que v. vous le dira,** my friend here will tell you. **Monsieur que v.,** this gentleman. **V. ce qu'il m'a dit,** this is what he told me. **V. pourquoi,** for this reason, this is why. **La petite histoire que v.,** the following little story. **V. qui pourra vous édifier,** this may edify you. **V. Noël!** Christmas is here! **2. (= il y a) Je l'ai vu v. trois ans,** I saw him three years ago.

voie[1] [vwa], *s.f.* **1.** *(a)* Way, road, route, track. **V. publique,** public thoroughfare; public highway. **Grande v. de communication,** main artery, arterial road. S.a. LACTÉ 1. **Route à quatre voies,** four lane highway. **Être toujours par v. et par chemin,** to be always on the move. **V. fluviale, v. navigable,** waterway. *Geog:* **La v. maritime du Saint-Laurent,** the St Lawrence Seaway. **Par v. de terre,** by land; overland. **Par v. de mer,** by sea. **Par la voie des airs,** by air. *Mec.E:* **V. de roulement pour billes,** ball-race. *Min:* **V. d'aérage,** air-way, wind-gate. *(b) Ven:* (Often *pl.*) Tracks (of game); slot (of deer). **Mettre les chiens sur la v.,** to put the dogs on the scent. *F:* **Mettre qn sur la v.,** to put s.o. on the right track. *(c) Rail:* **V. ferrée,** railway track, *U.S:* railroad, track, line. **V. de service, de garage,** siding. *F:* **Mettre sur une v. de garage,** to shelve. **Envoi par v. ferrée,** dispatch by rail. **Largeur de v.,** gauge. *(d)* Gauge (of wheels of vehicle). *(e)* (i) Kerf, clearance (of a tool); (ii) set (of a saw). **Donner de la v. à une scie,** to set a saw. *(f) Nau:* **V. d'eau,** leak. **Faire une v. d'eau,** to spring a leak. *(g) Anat:* Passage, duct. **Les voies digestives,** the digestive tracts. **Les voies urinaires,** the urinary passages. **2.** *(a)* Way. **La v. étroite,** the narrow way. **La v. des armes,** recourse to arms. **Par v. diplomatique,** through diplomatic channels. S.a. HIÉRARCHIQUE. **Une v. dangereuse,** a dangerous course. **Affaire en bonne v.,** business going well. **En v. de formation,** in process of formation. **En v. d'achèvement,** nearing completion. **Être en v. de faire qch.,** to be in a fair way to do sth. **Être en (bonne) v. de réussir,** to be on the (high) road to success. *Jur:* **Voies de droit,** recourse to legal proceedings. **Voies de fait,** acts of violence; assault and battery. **En venir aux voies de fait,** to come to blows. *(b) Ch: etc:* **V. sèche, humide,** dry, wet, process. **Essair par la v. sèche,** dry test. **3.** *Meas:* (Carriageable) load (of wood).

voie[2]. See VOIR.

voilà [vwala], *prep.* **1.** *(a)* There is, are. **Le v., les v.,** there he is, there they are. **V. où il demeure,** that is where he lives. **En v. assez!** that's enough (of it)! that will do! **En v. une idée!** what an idea! **La pendule que v.,** that clock (there). **En v. un qui fera son chemin,** that fellow will get on. **V. tout,** that's all. **Et voilà,** and that's that. **Le v. qui entre, v. qu'il entre,** there he is coming in. **V. qui s'appelle danser!** that's something like dancing! **V. comme elle est; la v. bien!** that's just like her! **V. comme je suis,** I am that sort of man. *F:* **(Ne) v.-t-il pas qu'il pleut!** there now! if it isn't raining! **En v.-t-il!** what a lot! (In restaurants) **V., monsieur!** coming, sir! *(b) F:* Often = VOICI. **Me v.!** here I am! **Le v.,** here he comes. **2. (= il y a) En juin v. trois ans,** in June three years ago. **V. dix ans que je le connais,** I've known him for ten years.

voile [vwal]. I. *s.f.* Sail. **V. carrée,** square sail. **Déployer, établir, une v.,** to set a sail. **Bateau à voiles,** sailing-boat. **Aller à la v.,** to sail. **Vaisseau sous voile(s),** ship under sail. **A toutes voiles,** at full sail. **Faire v., mettre à la v.,** to set sail (pour, for). *P:* **Mettre les voiles,** to clear out, to beat it. **Faire force de voiles,** to crowd on all sail. **Toutes voiles dehors,** in full sail, all sails set. S.a. PLEIN. 1.

II. **voile,** *s.m.* **1.** *(a)* Veil. *Ecc:* **Prendre le v.,** to take the veil. **Sous le v. de la religion,** under the cloak of religion. *(b) Tex:* Voile. *(c) Anat:* **V. du palais,** soft palate; velum. *(d) Phot:* Fog (on the negative). *(e)* **Avoir un v. devant les yeux,** to have a mist before one's eyes. **2.** *Mec.E:* Buckle (of wheel, etc.); warping.

voilé, *a.* **1.** *(a)* Veiled, dim (light); dim (eyes); veiled, obscure (meaning); muffled (drum); husky (voice). **Allusion peu voilée,** broad hint. **En termes peu voilés,** in thinly veiled terms. *(b)* Fogged (plate, print). **2.** (Of wheel, etc.) Buckled; out of true.

voiler[1] [vwale], *v.tr.* **1.** *(a)* To veil. **Se v. la face,** (i) to veil one's face; (ii) to hide one's face in horror. *(b)* To veil, obscure, dim, cloud (light, etc.); to muffle (sound, drum, etc.); to shade (light). *(c) Phot:* To fog (plate, print). **2.** To buckle, warp (wheel, etc.).

se voiler. 1. (Of sky, etc.) To become overcast, to cloud over. **2.** (Of wheel) To become buckled.

voiler[2], *v.tr. Nau:* To rig (ship) with sails.

voilerie [vwalri], *s.f.* **1.** Sail-loft. **2.** Sail-making.

voilette [vwalɛt], *s.f.* (Hat-)veil.

voilier, -ière [vwalje, -jɛːr]. **1.** *a.* **Bâtiment bon v., mauvais v.,** good, bad, sailer. **2.** *s.m.* Sailing-ship, sailing-boat; wind-jammer. **3.** *s.m.* Sail-maker.

voilure[1] [vwalyːr], *s.f.* *(a)* Sails (of ship). **Réduire la v.,** to shorten sail. *(b) Av:* Wings, flying surface, aerofoil.

voilure[2], *s.f.* Buckling, bending (of wheel, etc.); warping (of board).

voir [vwaːr], *v.tr.* (*pr.p.* **voyant**; *p.p.* **vu**; *pr.ind.* **je vois, il voit, n. voyons, ils voient**; *pr.sub.* **je voie**; *p.h.* **je vis**; *fu.* **je verrai**) To see. **1.** *(a)* To set eyes upon (s.o., sth.); to sight (ship). *F:* **Il ne voit pas plus loin que (le bout de) son nez,** he can't see further than the end of his nose. **Il faut le v. pour le croire,** it must be seen to be believed. **V. c'est croire,** seeing is believing. **Je le vois qui arrive,** I see him coming. **On lui voit beaucoup d'amis,** he appears to have many friends. **A le v. on dirait . . .,** by the look of him, to judge by his looks, one would say. . . . **Avoir vu bien des batailles,** to have witnessed many a battle. **Il a vu bien des révolutions,** he has been through many a revolution. **Monument qui se voit de loin,** monument that can be seen from afar. **Son jupon se voit,** her petticoat is showing. *Abs.* **Je n'y vois pas,** I can't see (for want of light). **Je n'y vois plus,** I can't see any more. **V. rouge,** to see red. **V. trouble,** to see things through a mist. *Chess:* **Mener une partie sans v.,** to play blindfold chess. **L'hôtel vu de face,** front view of the hotel. **(Détail) vu de près,** close-up (detail). *F:* **On aura tout vu!** wonders will never cease! **Voyez vous-même!** see for yourself! *Lit:* **Que vois-je?** what is this (that I see)? *Iron:* **Voyez un peu!** Just imagine! just look at him! S.a. CLAIR 2, COULEUR 1, FEU[1] I. 4, GOUTTE 4. **Il faut y aller voir,** we must go and see. **Faire v., laisser v., qch. à qn,** to show sth. to s.o.; to let s.o. see sth. **Laisser v. son ignorance,** to reveal, betray, one's ignorance. **Faites v.!** let me see it! *F:* **Voyons v.,** (i) let us see, let me see; (ii) show it to me. **Montrez v.,** just let me see it. **Dites v.,** let us hear it. **Regardez v.,** have a look. S.a. ATTENDRE 1. *(b)* (Of building) **Voir sur . . .,** to look out on. . . . **2. Voir +** *inf.* *(a)* **V. venir qn,** to see s.o. coming. **Quels acteurs avez-vous vus jouer ce rôle?** what actors have you seen in this part? *(b)* **V. faire qch.,** to see sth. done. **V. faire qch. à qn,** to see s.o. do sth. **Quelles pièces avez-vous vu jouer?** what plays have you seen acted? **3.** *(a)* (As aux. of the passive voice) **Je me vis forcé de partir,** I was compelled to depart. *(b)* (In quasi passive constructions) **Il se voyait refuser les fournitures les plus urgentes,** he was refused the most urgent supplies.

Je me vois reprocher les bévues de mes collègues, I am blamed for my colleagues' mistakes. **4.** (*a*) To visit (s.o., sth). **Aller v. qn,** to go to see s.o.; to go and see s.o. **Nous avons vu les musées,** we visited the museums. **V. du pays,** to travel. (*b*) **V. qn,** to receive s.o.'s visit. **Il ne voit personne,** he receives no one; he is not at home to anyone. **Nous nous voyons souvent,** we often meet. **Ils ne se voient pas,** they are not on visiting terms. **Nous ne les voyons plus,** we have dropped them. **On ne vous voit plus,** you are quite a stranger! **5.** (*a*) To understand. **Je vois où vous voulez en venir,** I see, understand, what you are driving at. **V. de loin; v. bien loin,** to be far-sighted. *F:* **Ni vu ni connu,** nobody is, was, any the wiser for it. (*b*) To perceive, observe (sth.). **Il la voyait moins attentive,** he noticed she was less attentive. **On verra de quel bois je me chauffe,** I'll show them what stuff I am made of. **A ce que je vois,** from what I can see. **Cela se voit (tout seul),** that is obvious. **Vous voyez ça d'ici,** you can imagine what it was like. **Je ne le vois pas marié,** I can't imagine him as a married man. **6.** (*a*) **V. une affaire à fond,** to look into a matter thoroughly. **Faire qch. seulement pour v.,** to do sth. just as an experiment. **Eh bien, je verrai,** well, I'll see about it. **C'est ce que nous verrons!** that remains to be seen. *P:* **Va-t'en v. s'ils viennent!** tell me another! **Il n'a rien à v. là-dedans,** it is nothing to do with him; it is no business of his. **Vous n'avez rien à y v.,** it is no concern of yours. **Cela n'a rien à v. à l'affaire,** that has nothing to do with the matter. (*b*) **V. à** + *inf.* **Voyez à nous loger,** see that we are housed. **V. que** + *sub.* **C'est à vous de v. que rien ne nous manque,** it is for you to see that we have everything we need. (*c*) *int.* **Voyons!** (i) let us see; (ii) come! come! **7.** To consider, regard (s.o., sth., in a particular way). **Chacun a sa façon de v.,** every man has his own way of looking at things. **Se faire bien v. de qn,** to gain s.o.'s favour, s.o.'s goodwill; *F:* to get into s.o.'s good books. **Se faire mal v. de qn,** to get into s.o.'s bad books. **Être bien vu de tous,** to be highly esteemed, well thought of, by all. **Mal vu,** disliked; badly considered. S.a. NOIR 3. *F:* **Je ne peux pas le v.,** I can't bear the sight of him.

voire [vwa:r], *adv.* **1.** *A:* In truth. **2.** Nay. **V. même,** and even, or even, (and) indeed. **J'en suis ahuri, v. révolté,** I am astounded, indeed, disgusted.

voirie [vwari], *s.f.* **1.** (*a*) Road system. **La grande v.,** the high roads. (*b*) Administration of public thoroughfares. **Le Service de v.,** the highways department. **Travaux de v.,** road works. **Travailleur de la v.,** scavenger. **2.** Refuse-dump; garbage-heap. **Jeter les ordures à la v.,** to dump the refuse.

voisin, -ine [vwazɛ̃, -in]. **1.** *a.* Neighbouring, adjoining. **La chambre voisine,** the next room. **Être v. de qch.,** to be next to, near, sth. **Émotion voisine de la terreur,** emotion bordering on terror. *Nat.Hist:* **Espèces voisines,** closely related species. **V. de la mort,** at death's door. **2.** *s.* Neighbour. **V. d'à côté,** next-door neighbour. **Agir en bon v.,** to act in a neighbourly way.

voisinage [vwazina:ʒ], *s.m.* **1.** Proximity, vicinity, nearness. **Le v. de la gare est un avantage,** proximity to the station is an advantage. **2.** Neighbourhood, surrounding district. **3.** Neighbourly intercourse. **Relations de bon v.,** neighbourliness.

voisiner [vwazine], *v.i.* **1.** To visit one's neighbours. **Nous voisinons avec les nouveaux locataires,** we are on friendly terms with the new tenants. **2.** (Of things) To be placed side by side; to adjoin.

voiturage [vwatyra:ʒ], *s.m.* Cartage, carriage, conveyance (of goods, etc.).

voiture [vwaty:r], *s.f.* **1.** *A:* Conveyance, transportation. (Still so used in) *Com:* **Lettre de v.,** way-bill, consignment note. **2.** (*a*) Conveyance, vehicle, carriage, car. **Attention aux voitures!** Beware of the traffic! **V. publique,** public conveyance. **V. de place,** hackney-carriage; taxi. **V. à deux chevaux,** carriage and pair. **V. (automobile),** car. **V. école,** learner's car. **Aller en v.,** to drive. **Partir en v.,** to drive away, off. (*b*) Cart, van. **V. de livraison,** delivery van. **V. de laitier,** milk-cart, -van. **V. à bras,** barrow, handcart. **Petite v.,** wheel-chair. **V. d'enfant, de bébé,** baby-carriage, perambulator; *F:* pram. **V. cellulaire,** prison-van. **V. de malade,** invalid chair, Bath chair. **V. de chemin de fer,** railway coach, carriage; *U.S:* car. **"En v.!"** 'take your seats!' *U.S:* 'All aboard!'

voiturée [vwatyre], *s.f.* Carriageful (of people); cartload (of goods).

voiturer [vwatyre], *v.tr.* To convey, transport (goods, etc.).

voiturette [vwatyrɛt], *s.f.* Trap; small spring-cart. *Aut:* Light car; 'baby car.'

voiturier [vwatyrje], *s.m.* Carter, carrier.

voix [vwa], *s.f.* **1.** Voice. **Parler à haute v.,** to speak aloud. S.a. HAUT I. 1. **Parler à v. basse, à mi-v.,** to speak in a low voice, under one's breath, in a whisper. **Élever la v.,** to speak out; to raise one's voice. **Faire la grosse v.,** (i) to assume a tone of severity, (ii) to take on a hectoring tone. **A portée de (la) v.,** within earshot, within call. **Hors de portée de la v.,** out of hearing, out of earshot. (Of dogs) **Donner de la v.,** to bark, to give tongue, to bay. *Mus:* **V. de poitrine,** chest-voice. **V. de tête,** head-voice. **Chanter à plusieurs v.,** to sing in parts. **V. humaine,** vox humana (stop of organ). **2. Demeurer sans v.,** to remain speechless. **De vive v.,** by word of mouth; viva voce. **La v. de la nature,** the call of nature. **La v. du peuple,** public opinion. **D'une commune v.,** by common consent. **Donner sa v. à qn,** to vote for s.o. **Mettre une question aux v.,** to put a question to the vote. **La Chambre alla aux v.,** the House divided. **Avoir v. au chapitre,** to be entitled to give one's opinion; to have a say in the matter. **3.** *Gram:* **A la v. active, passive,** in the active voice, in the passive (voice).

vol[1] [vɔl], *s.m.* **1.** (*a*) Flying, flight. **Prendre son v.,** (i) (of bird) to take wing; (ii) *Av:* to take off. **Au v.,** on the wing. *F:* **Saisir l'occasion au v.,** to grasp the opportunity. **A v. d'oiseau,** as the crow flies. **Vue à v. d'oiseau,** bird's-eye view. **Oiseau de haut v.,** high-flying bird. (*b*) *Av:* **V. à voile,** gliding. **V. en piqué,** dive. **Vols de virtuosité,** trick flying. S.a. PLANÉ[2]. **2.** Flock, flight (of birds flying together); covey (of game birds); swarm (of locusts). **3. Chasse au v.,** hawking.

vol[2], *s.m.* **1.** Theft; stealing, robbery. *Jur:* **V. qualifié,** aggravated theft; robbery. **V. (de nuit) avec effraction,** burglary. **V. à la tire,** pocket-picking. **V. à l'étalage,** shop-lifting. **V. à l'américaine,** confidence trick. **V. de grand chemin,** highway robbery. **Commettre plusieurs vols,** to commit several thefts. **2.** Stolen goods or object.

volable [vɔlabl], *a.* **1.** Worth stealing. **2.** (Man) easy to rob.

volage [vɔla:ʒ], *a.* Fickle, inconstant, flighty. *adv.* **-ment.**

volaille [vɔla:j], *s.f.* **1.** Poultry, fowls. **Marchand de v.,** poulterer. **2.** *Cu:* Fowl. **Des foies de v.,** chicken livers.

volailler [vɔlaje], *s.m.* **1.** Poulterer. **2.** Poultry-yard.

volant [vɔlɑ̃]. I. *a.* **1.** Flying; fluttering (ribbons, tresses). *Ich:* **Poisson v.,** flying fish. *Navy:* **Escadre volante,** flying squadron. **2.** Loose; movable. **Feuille volante,** loose leaf, detachable slip. **Table volante,** occasional table. *El:* **Fiche volante,** wander-plug. *Nau:* **Cabestan v.,** portable winch. **Pont v.,** flying bridge.

II. **volant,** *s.m.* **1.** *Games:* Shuttlecock. **Jeu de v.,** (game of) battledore and shuttlecock. **2.** Sail (of windmill). **3.** (*a*) Fly-wheel (of engine); fly (in clock-work). **Former v.,** to act as a fly-wheel. (*b*) (i) Head of steam. (ii) Steadying force or factor; reserve supply; store of energy (for smooth working). **4.** Hand-wheel. *Aut:* **V. (de direction),** steering-wheel. **Tenir le v.,** to drive. **Se mettre au v.,** to take the wheel. **5. Talon et v.,** counterfoil and leaf. **6.** *Dressm:* (i) Flounce. (ii) Shaped panel.

volatil [vɔlatil], *a.* Volatile.

volatile [vɔlatil], *s.m. or f.* Winged creature; bird.

volatilisation [vɔlatilizasjɔ̃], *s.f.* Volatilization.

volatiliser [vɔlatilize], *v.tr.* *Ch:* To volatilize.

se volatiliser, to volatilize, *F:* to vanish into thin air.

volatilité [vɔlatilite], *s.f.* Volatility.

vol-au-vent [vɔlovɑ̃], *s.m.inv.* *Cu:* Vol-au-vent.

volcan [vɔlkɑ̃], *s.m.* Volcano.

volcanique [vɔlkanik], *a.* Volcanic (rock, etc.); fiery, ardent (imagination, etc.).

vole [vɔl], *s.f.* *Cards:* Vole; all the tricks.

volée [vɔle], *s.f.* **1.** Flight (of bird, projectile, etc.). **Prendre sa v.,** to take wing. **Tirer à toute v.,** to fire (a gun) (i) at maximum elevation, (ii) at random. *Rugby Fb:* **Coup de v.,** punt. **Signifier un arrêt de v.,** to make one's mark. *Ten:* **V. haute,** smash. **V. basse,** low volley. **V. amortie,** stop-volley. **Relancer une balle à la v.,** to volley a return. **Attraper à la v.,** to catch in the air, on the fly. (*b*) *Adv.phr.* **A la v.,** (i) Flying, in the air. **Saisir une allusion à la v.,** to catch an allusion promptly, instantly. *Agr:* **Semer à la v.,** to broadcast. (ii) At random, without thinking. **2.** Flock, flight (of crows, etc.); covey (of partridges). **3.** (*a*) Volley (of missiles). (*b*) **V. de coups de bâton,** shower of blows. **Recevoir une bonne v.,** to get a sound thrashing. (*c*) **V. de cloches,** full peal of bells. **Sonner à toute v.,** (i) to set all the bells ringing; (ii) (of bells) to ring a full peal. **4. V. d'escalier,** flight of stairs. **5.** Jib (of crane). **6.** Chase (of gun).

voler[1] [vɔle], *v.i.* To fly. (*a*) **V. de ses propres ailes,** to fend for oneself. **On aurait entendu v. une mouche,** you could have heard a pin drop. **V. en éclats,** to fly into pieces. **Faire v. un cerf-volant,** to fly a kite. (*b*) (Of the mind) To soar. (*c*) To travel fast; to move with speed. **Le temps vole,** time flies. **Il vola à leur rencontre,** he rushed to meet them. **Faire v. une nouvelle,** to spread a piece of news.

voler[2], *v.tr.* **1.** To steal. **V. qch. à qn,** to steal sth. from s.o.; to rob s.o. of sth. *F:* **Il ne l'a pas volé,** he richly deserves it. **2.** (*a*) To rob (s.o.). (*b*) *F:* To swindle, cheat, do (s.o.).

volerie [vɔlri], *s.f.* *F:* Thieving, robbery.

volet [vɔlɛ], *s.m.* **1.** (*a*) Sorting-board (for seeds, etc.). *F:* **Trié sur le v.,** very select, hand-picked (company, etc.). (*b*) Float-board, paddle (of water-wheel). **2.** (*a*) (i) Inside shutter (of window); (ii) (= CONTREVENT) outside shutter; (iii) shop shutter. **Mettre les volets,** to put up the shutters. **Enlever les volets,** to take down the shutters. **Volets d'un triptyque,** volets of a triptych. (*b*) *Phot:* Shutter (of plate-holder). (*c*) *I.C.E:* Butterfly valve (of carburetter). (*d*) *El.E:* **Indicateur à volets,** drop indicator (of annunciator board, etc.). *Tp:* **V. d'appel,** call indicator, disk.

voleter [vɔlte], *v.i.* (**il volette; il volettera**) (Of bird) To flutter. **V. d'arbre en arbre,** to flit from tree to tree.

volettement [vɔlɛtmɑ̃], *s.m.* (*a*) Fluttering, flutter (of wings, of flag). (*b*) Flitting (hither and thither).

voleur, -euse [vɔlœːr, -øːz]. **1.** *s.* (*a*) Thief, robber, burglar. **V. de grand chemin,** footpad, highwayman. **V. à la tire,** pickpocket. **Voleuse à l'étalage,** shoplifter. **Au v.!** stop thief! (*b*) **V. d'idées,** stealer of ideas. **V. de moutons,** sheep-stealer. **2.** *a.* Thieving, thievish; fleecing, rapacious (tradesman).

volière [vɔljɛːr], *s.f.* (*a*) Aviary. (*b*) Pigeon-run.

volige [vɔliːʒ], *s.f.* *Const:* (*a*) Scantling, batten. **Caisse en voliges,** crate. (*b*) Slate-lath.

volig|er [vɔliʒe], *v.tr.* (**je voligeai(s); n. voligeons**) *Const:* (*a*) To batten. (*b*) To lath. *s.m.* **-eage.**

volis [vɔli], *s.m.* *For:* Wind-break; broken tree-top.

volitif, -ive [vɔlitif, -iːv], *a.* Volitional, volitive.

volition [vɔlisjɔ̃], *s.f.* Volition.

volontaire [vɔlɔ̃tɛːr], *a.* **1.** Voluntary; spontaneous (act). **Homicide v.,** voluntary homicide. *Mil:* **Engagé v.,** *s.m.* **v.,** voluntarily enlisted man; volunteer. **2.** Self-willed, wilful, headstrong. **Menton v.,** firm, determined, chin. *adv.* **-ment.**

volonté [vɔlɔ̃te], *s.f.* **1.** Will. (*a*) **V. de fer,** will of iron, iron will. **Manque de v.,** lack of will, infirmity of purpose. **Ne pas avoir de v.,** to have no will of one's own. **Cause indépendante de la v. de qn,** cause beyond s.o.'s control. (*b*) **Bonne v., mauvaise v.,** goodwill, ill-will; willingness, unwillingness. **Avec la meilleure v. du monde,** with the best will in the world. **Travailler de bonne v.,** to work with a will. **Faire qch. de bonne v.,** to do sth. of one's own free will, with a good grace. **Homme de bonne v.,** volunteer (for dangerous enterprise, etc.). S.a. ACTE 1. (*c*) **Suivre sa v.; en faire à sa v.,** to have one's own way. **A v.,** at will, at pleasure, ad lib. *Mil:* **Feu à v.,** independent firing. **De sa propre v.,** of one's own accord; spontaneously. S.a. ACTE 2. **2.** *pl.* (*a*) **Les dernières volontés de . . .,** the last will and testament of. . . . (*b*) Whims, caprices. **Elle fait ses quatre volontés,** she does just what she pleases. **Elle lui fait faire ses quatre volontés,** she can twist him round her little finger.

volontiers [vɔlɔ̃tje], *adv.* (*a*) Willingly, gladly, with pleasure. **Il cause v.,** he is fond of talking. (*b*) Readily. **On croit v. que . . .,** we are apt to think that. . . .

volt [vɔlt], *s.m.* *El.Meas:* Volt.

voltage [vɔltaːʒ], *s.m.* *El:* Voltage.

voltaïque [vɔltaik], *a.* *El:* Voltaic (cell, pile).

voltampère [vɔltɑ̃pɛːr], *s.m.* *El.Meas:* Voltampere; watt.

volte [vɔlt], *s.f.* **1.** *Equit:* *Fenc:* Volte. **2.** *Gym:* **(Exercices de) v.,** vaulting.

volte-face [vɔltəfas], *s.f.inv.* Turning round; volte-face; face-about. **Faire v.-f.,** to face about.

voltige [vɔltiːʒ], *s.f.* **1.** *Equit:* Mounted gymnastics. **Haute v.,** trick-riding. **Saut en v.,** flying leap into the saddle. **2.** (*a*) Slack rope, leaping-rope. (*b*) Slack-rope gymnastics. (*c*) Flying-trapeze exercises.

voltigement [vɔltiʒmɑ̃], *s.m.* Fluttering, flitting.

voltiger [vɔltiʒe], *v.i.* (**je voltigeai(s), n. voltigeons**) **1.** *Gym:* *Equit:* *etc:* To perform on horseback, on the slack rope, on the flying trapeze. **2.** (Of bird, insect) To fly about; to flit; (of curtain, flag, etc.) to flutter, flap. **Il l'envoya v. en l'air,** he tossed him well up into the air.

voltigeur, -euse [vɔltiʒœːr, -øːz]. **1.** Performer on horseback, on the slack rope, on the flying trapeze. **2.** *s.m.* Light infantryman, rifleman. **3.** *s.m.* *R.t.m:* Kind of cigar.

voltmètre [vɔltmɛtr], *s.m.* *El:* Voltmeter.

volubilis [vɔlybilis], *s.m.* *Bot:* Convolvulus.

volubilité [vɔlybilite], *s.f.* Volubility; glibness of tongue. **Parler avec v.,** to talk glibly, to be a voluble talker.

volume [vɔlym], *s.m.* **1.** Volume, tome. **Il faudrait des volumes pour raconter . . .,** it would take volumes to relate. . . . **2.** (*a*) Volume, bulk, mass (of solid or fluid). *Nau:* **Chargé en v.,** laden in bulk. (*b*) Volume (of sound, of the voice). (*c*) Capacity (of bunkers, etc.).

volumétrique [vɔlymetrik], *a.* Volumetric(al). *adv.* **-ment,** -ally.

volumineux, -euse [vɔlyminø, -øːz], *a.* **1.** Voluminous, bulky, large. **2.** Voluminous (writer).

volupté [vɔlypte], *s.f.* (Sensual) pleasure or delight. **Toutes les voluptés,** every pleasurable sensation.

voluptuaire [vɔlyptɥɛːr], *a.* *Jur:* (Of expenses) For embellishment.

voluptueu|x, -euse [vɔlyptɥø, -øːz]. **1.** *a.* Voluptuous. **2.** *s.* Voluptuary, sensualist. *adv.* **-sement.**

volute [vɔlyt], *s.f.* (*a*) *Arch:* *etc:* Volute, helix; scroll (of violin). **Ressort en v.,** helical spring. **V. de fumée,** twirl, wreath, of smoke. (*b*) *Conch:* Whorl.

vomer [vɔmɛːr], *s.m.* *Anat:* Vomer; ploughshare bone.

vomique [vɔmik]. **1.** *a.* *Bot:* *Pharm:* **Noix v.,** nux vomica. **2.** *s.f.* *Med:* Vomica.

vomiquier [vɔmikje], *s.m.* Nux vomica (tree).

vomir [vɔmiːr], *v.tr.* (*a*) To vomit; to bring up (food). **Envie de v.,** squeamish feeling; nausea. **Avoir envie de v.,** to feel sick. **Faire des efforts pour v.,** to retch, to heave. (*b*) (Of chimney, volcano, etc.) To vomit, belch forth (smoke, flames).

vomissement [vɔmismɑ̃], *s.m.* **1.** Vomiting. **Il fut pris de vomissements,** he began to vomit. **2.** Vomit.

vomitif, -ive [vɔmitif, -iːv], *a.* & *s.m.* *Med:* Emetic; vomitory.

vont. See ALLER.

vorace [vɔras], *a.* Voracious, ravenous. *adv.* **-ment.**

voracité [vɔrasite], *s.f.* Voracity, voraciousness.

vortex [vɔrtɛks], *s.m.* (*a*) Whorl. (*b*) Vortex-ring.

vos. See VOTRE.

votant, -ante [vɔtɑ̃, -ɑ̃ːt]. **1.** *a.* Having a vote; voting (assembly, member). **2.** *s.* Voter.

votation [vɔtasjɔ̃], *s.f.* Voting.

vote [vɔt], *s.m.* **1.** (*a*) Vote. (*b*) Voting, ballot(ing), poll. **Droit de v.,** franchise. **Prendre part au v.,** to go to the poll; to vote. **Bulletin de v.,** voting-paper, ballot-paper. **Section de v.,** polling district or station. **2. V. d'une loi,** passing of a bill. **V. de confiance,** vote of confidence. **Le v. est pour, contre,** the ayes, the noes, have it. **Provoquer un v.,** to challenge a division.

voter [vɔte]. **1.** *v.i.* To vote. **V. à main levée,** to vote by (a) show of hands. **2.** *v.tr.* (*a*) To pass, carry (a bill). (*b*) To vote (money, etc.). **V. des remerciements à qn,** to pass a vote of thanks to s.o.

votif, -ive [vɔtif, -i:v], *a.* Votive (offering, mass).

votre, *pl.* **vos** [vɔtr, vo], *poss.a.* Your. **Votre fils et votre fille,** your son and (your) daughter. **Vos père et mère,** your father and mother. **Un de vos amis,** a friend of yours.

vôtre [vo:tr]. **1.** Occ. *poss.a.* Yours. **Je suis tout v.,** I am entirely at your service. **2. Le v., la v., les vôtres.** (*a*) *poss.pron.* Yours; your own. *F:* **À la v.!** here's to you! cheers! (*b*) *s.m.* (i) Your own (property, etc.). **Il faut y mettre du v.,** you must do your share. (ii) *pl.* Your own (friends, etc.); your own folk. (iii) *F:* **Vous avez encore fait des vôtres,** you've been up to some of your tricks again.

voudr-ai, etc. See VOULOIR.

vouer [vwe], *v.tr.* To vow, dedicate, consecrate. **V. obéissance au roi,** to pledge one's allegiance to the king. **Se v. au service de Dieu,** to dedicate one's life to the service of God. **V. sa vie, se v., à l'étude,** to devote, give up, one's life to study. *F:* **Il ne sait (pas) à quel saint se v.,** he is at his wits' end. **Être voué à l'échec,** to be doomed to failure.

vouloir [vulwa:r]. **I.** *v.tr.* (*pr.p.* **voulant**; *p.p.* **voulu**; *pr.ind.* **je veux, il veut, n. voulons, ils veulent**; *pr.sub.* **je veuille, n. voulions, ils veuillent**; *imp.* in 1. **voulez,** otherwise **veuille, veuillez**; *p.h.* **je voulus**; *fu.* **je voudrai**) **1.** To will (sth.); to be determined on (sth.). **Ce que Dieu veut,** the will of God. **Dieu le veuille!** please God! *Prov:* **V., c'est pouvoir,** where there's a will there's a way. **L'homme qui ne sait pas v.,** the man who has no will-power, who cannot make up his mind. **Vous l'avez voulu!** you have only yourself to blame! **Nous n'avons pas voulu cela,** we didn't expect that. **2.** (*a*) To want, to wish (for), to desire (sth.). **Il sait ce qu'il veut,** he knows what he wants, he knows his own mind. **Faites comme vous voudrez,** do as you please. **Vous le ferez, je le veux!** you *shall* do it! **Qu'il le veuille ou non,** whether he chooses or not. **Je ne le veux pas!** I will not have it! **Que voulez-vous? qu'est-ce que vous voulez?** what do you want? *F:* **Que voulez-vous!** well, well! **Que voulez-vous que j'y fasse?** How can I help it? **V. qch. de qn,** to want sth. from s.o., of s.o. **V. de qch.,** to want (some of) sth. **Voulez-vous de ma compagnie?** would you like my company? **Je ne veux pas de cela,** I'll have none of that. **Ils ne veulent pas de moi,** they won't have me. **En voulez-vous?** do you want any? will you have some? **Combien en voulez-vous?** How much are you asking for it? *Adv.phr.* **En veux-tu, en voilà,** as much as ever you like. **Il y en avait à bouche que veux-tu,** there was enough and to spare. (*b*) *Pred.* **V. qn pour roi,** to want s.o. for a king, as a king. **Je te veux heureuse,** I want you to be happy. (*c*) **V. du bien, du mal, à qn,** to wish s.o. well, harm. **En v. à qn,** to bear s.o. ill-will, a grudge. **Ne m'en veuillez pas,** don't be vexed with me. **En v. à qn de qch.,** to owe s.o. a grudge for sth. **A qui en voulez-vous?** what's the trouble now? **S'en v.,** to be angry, vexed, with oneself. **3. V. +** *inf.* (expressed or understood); **vouloir que +** *sub.* (*a*) To will, to require, to demand. **Le mauvais sort voulut qu'il arrivât trop tard,** ill-luck would have it that he should get there too late. **Je veux être obéi,** I intend, mean, to be obeyed. **V. absolument, à toute force, faire qch.,** to insist upon doing sth., to be determined to do sth. **Le moteur ne veut pas démarrer,** the engine won't start. (*b*) To want, wish. **Il voulait me frapper,** he wanted to hit me. **Il ne voulait pas s'en aller,** he was loath to go. **J'aurais voulu y rester toujours,** I would, could, have stayed there for ever. **Il aurait voulu être mort,** he wished himself dead. **Je voudrais bien être à votre place,** I wish I were in your place. **J'aurais tant voulu le voir,** I should have so much liked to see him! **Je voudrais le voir me parler sur ce ton,** I'd like to see him speaking to me in that tone of voice. **Je veux que tu sois heureuse,** I want you to be happy. **Je veux que vous sachiez que . . .,** I will, would, have you know that. . . . **J'aurais voulu qu'il le sache,** I wish he had been told. **Que voulez-vous que je fasse?** what do you expect me to do? **Rentrons, voulez-vous?** let us go in, go home, shall we? (*c*) To try to (do sth.). **Il voulut arrêter le coup,** he made an endeavour to stop the blow. **Il voulut me frapper,** he tried to strike me. (*d*) To mean, intend. **Il voulait me rendre service,** he meant to do me a service. **Faire qch. sans le v.,** to do sth. unintentionally, without meaning it. S.a. DIRE I. 5. (*e*) **V. bien faire qch.,** to consent, be willing, to do sth. **Je veux bien que vous veniez,** I am willing that you should come. **Je veux bien que vous ayez raison,** (I grant that) you may be right. **Vous n'avez rien à vous reprocher, je le veux bien, mais . . .,** You are in no way to blame, I am ready to admit, but. . . . **Voulez-vous bien attendre un instant,** will you kindly wait a moment. **Veuillez (bien) vous asseoir,** (i) kindly sit down; (ii) please sit down. **Venez-vous avec nous?—Je veux bien,** are you coming with us?—I don't mind; by all means. **Si vous voulez,** if you like. **Je viens quand je veux,** I come when I choose, when I like, when I please. **Dieu veuille que . . .,** God send, grant, that. . . . (*f*) (**Bien** used as an intensive) **Voulez-vous bien vous taire!** *will* you be silent! do shut up! **4.** To be convinced, to insist. **Il veut absolument que je me sois trompé,** he will have it that I was mistaken. **5.** (Of thg) To require, need, demand (sth.). **La vigne veut un terrain crayeux,** vines require a chalky soil. **Ce verbe veut l'accusatif,** this verb takes the accusative.

II. vouloir, *s.m.* Will. **Bon, mauvais, v.,** goodwill, ill-will (**pour, envers,** towards).

voulu [vuly], *a.* **1.** Required, requisite (formalities, etc.). **Cela se fera à l'heure voulue,** it will be done in due time. **2.** Deliberate, intentional. **Impertinence voulue,** studied impertinence.

vous [vu], *pers. pron. sg. & pl.* **1.** (*a*) (Subject) You; *A. & Lit: pl.* ye. (*b*) (Object) You, to you. **Il v. en parlera,** he will speak to you about it. *F:* (Ethic dative) **La mule v. lui détacha un coup de sabot,** the mule let fly a kick at him. (*c*) (Refl.) **V. v. êtes donné bien de la peine,** you have given yourself, yourselves, much trouble. **Taisez-v.,** be silent. (*d*) (Reciprocal) **V. v. connaissez,** you know one another. **2.** (Stressed) (*a*) (Subject) You. **V. et votre femme,** you and your wife. **V. autres Anglais,** you English. (*b*) (Object) **Ces gants sont à v.,** these gloves are yours, belong to you. **C'est à v. de jouer,** it is your turn to play.

vous-même(s) [vumɛ:m], *pers.pron.* See MÊME.

vousseau [vuso], *s.m.*, **voussoir** [vuswa:r], *s.m.* Voussoir, arch-stone.

voussure [vusy:r], *s.f.* Curve, bend (of arch); arching.

voûte [vu:t], *s.f.* Vault, arch. Vaulting. **V. d'arête,** groined vault(ing). **V. à, en, plein cintre,** barrel vault. **V. en éventail,** fan vaulting. S.a. CLÉ 3, OGIVE. (*b*) **La v. céleste,** the vault, canopy, of heaven. *Anat:* **V. du crâne,** dome of the skull. **V. du palais,** roof of the mouth.

voûté [vu:te], *a.* (*a*) Vaulted, arched. (*b*) Stooping, bent. **Il a le dos v.,** he has a stoop.

voûter [vute], *v.tr.* (*a*) To arch, vault (roof). (*b*) **L'âge voûte la taille,** age bows the back.

se voûter, to become bent, bowed; to get round-shouldered.

vouv|oyer [vuvwaje], *v.tr.* (**je vouvoie; je vouvoierai**) To address (s.o.) as **vous** (instead of **tu**). *s.m.* **-oiement.**

voyage [vwaja:ʒ], *s.m.* Journey, trip, tour, run. **Aimer les voyages,** to be fond of travel. **V. en chemin de fer,** railway journey. **V. sur mer,** voyage. **V. de retour,** return journey. **V. (touristique) accompagné,** conducted tour. **V. autour du monde,** world tour. **Faire un v.,** to go on a journey or on a voyage. **Petit v. d'agrément,** pleasure trip. **V. de noces,** honeymoon trip. **Vaisseau engagé au v.,** ship engaged by the run. **Faire le grand v.,** to go on one's last journey. **Il est en v.,** he is travelling. **Costume de v.,** travel suit. **Compagnon de v.,** (i) travelling companion, (ii) fellow-passenger. **Bon v.!** pleasant journey!

voyager [vwajaʒe], *v.i.* **(je voyageai(s); n. voyageons)** **1.** *(a)* To travel; to make a journey, a trip. **Il a beaucoup voyagé,** he has been a great traveller. **Personne qui a beaucoup voyagé,** much-travelled person. *(b) Com:* To travel; *F:* to be on the road. **V. pour les vins,** to travel in wine. *(c)* (Of birds) To migrate. **2.** (Of goods, etc.) To be transported.

voyageur, -euse [vwajaʒœːr, -øːz]. **1.** *s.* *(a)* Traveller; (in train, etc.) passenger; (in taxi) fare. *(b)* Esp. *Hist:* Voyager, explorer. *(c)* **V. de commerce,** commercial traveller. **2.** *a.* *(a)* Travelling. **Commis v.,** commercial traveller. *(b)* **Oiseau v.,** migratory bird. **Pigeon v.,** carrier pigeon.

voyant, -ante [vwajɑ̃, -ɑ̃ːt]. **1.** *a. & s.* *(a)* Seeing (person); seer (as opposed to blind). *(b)* Clairvoyant. **2.** *a.* Gaudy, loud, garish (colour); showy, conspicuous (monument, etc.). **3.** *s.m.* *(a)* Mark, signal; *Surv:* slide-vane, sight (of levelling-rod); *Nau:* sphere (of light-ship). *(b)* Sighting-slit (of scientific instrument).

voyelle [vwajɛl], *s.f.* Vowel.

voy-ez, -ons, etc. See VOIR.

voyou, -oute [vwaju, -ut]. *s. F:* *(a)* Cheeky street-arab; gutter-snipe. *(b)* (Young) loafer, hooligan. *(c)* Blackguard.

vrac [vrak], *s.m.* (Used in) **En v.,** loose, in bulk. **Charger en v.,** to load in bulk. **Marchandises en v.,** loose goods (not packed).

vrai [vrɛ]. **1.** *a.* *(a)* True, truthful. **C'est v. comme l'Évangile,** it's (the) gospel truth. **C'est (bien) v.!** true! *F:* **(Pour) de v.,** really, in earnest. **C'est pour de v.,** I am in earnest. *(b)* True, real, genuine. **Le v. Dieu,** the true God. **Un v. ami,** a real friend. **Des couleurs vraies,** lifelike colours. *(c)* Downright, arrant, regular (swindler, etc.). **2.** *adv.* Truly, really, indeed. **Dire v.,** to tell the truth. **A v. dire, à dire v.,** if the truth must be told; as a matter of fact. *F:* **Tu m'aimes, v.?** you *do* love me? **V. de v.!** as true as true! honest Injun! **Vous m'écrirez, pas v.?** you *will* write to me, won't you? **3.** *s.m.* **Distinguer le v. du faux,** to distinguish truth from falsehood. **Être dans le v.,** to be right. **Il y a du v. dans ce bruit,** there is some truth in the rumour.

vraiment [vrɛmɑ̃], *adv.* Really, truly, in truth. **Vous êtes v. trop bon,** you are really too kind. **V.?** indeed? is that so? **Oui v.,** yes indeed. **Ils voyagent beaucoup.—V.?** They travel a great deal.—Do they?

vraisemblable [vrɛsɑ̃blabl]. **1.** *a.* Probable, likely. **Il n'est pas v. que** + *sub.*, it is (i) hardly credible, (ii) hardly to be expected, that. . . . **Excuse peu v..** unconvincing excuse. **2.** *s.m.* What is probable, likely. **Au-delà du v.,** beyond the bounds of probability. *adv.* **-ment.**

vraisemblance [vrɛsɑ̃blɑ̃ːs], *s.f.* Probability, likelihood, verisimilitude. **Selon toute v.,** in all probability.

vrille [vriːj], *s.f.* **1.** *Bot:* Tendril. **2.** *Tls:* Gimlet, borer, piercer. *F:* **Yeux percés en v., yeux en trou de v.,** gimlet eyes. **3.** *Av:* Tail spin. **Descente en v.,** spinning dive. **V. à plat,** flat spin. **V. serrée,** steep spin. **Monter en v.,** to corkscrew. **Se mettre en v.,** to get into a spin.

vrillé [vrije], *a.* *(a)* Spiral; twisted, kinked (thread). *(b) Bot:* With tendrils; tendrilled.

vrillée [vrije], *s.f. Bot: F:* Bindweed.

vrill|er [vrije]. **1.** *v.tr.* To bore (with a gimlet). **2.** *v.i.* *(a)* (Of rocket, etc.) To ascend in a spiral. *(b)* (Of thread, rope) To twist, kink; to corkscrew. *s.m.* **-age.**

vrillette [vrijɛt], *s.f. Ent:* Death-watch (beetle).

vromb|ir [vrɔ̃biːr], *v.i.* (Of flies) To buzz; (of top, aircraft) to hum; (of engine) to throb, to hum. *s.m.* **-issement.**

vu [vy]. **1.** *s.m.* *(a)* **Cela fait l'effet du déjà v.,** it strikes one as familiar. **Au v. de tous,** openly, publicly. **Au v. et au su de tous,** to everybody's knowledge, as everyone knows. *Com:* **Sur le v. de la facture,** upon presentation of the invoice. *(b) Jur:* **Le v. d'un arrêt,** the preamble of a decree. **2.** *prep.* Considering, seeing. **V. la chaleur je voyagerai de nuit,** in view of the heat, owing to the heat, I shall travel by night. **V. que** + *ind.*, seeing that . . .; (in legal preambles) whereas. . . .

vue [vy], *s.f.* **1.** *(a)* Sight. **Perdre la v.,** to lose one's (eye) sight. **Avoir la v. courte, basse,** to be short-sighted. *F:* **Toilette qui donne dans la v.,** conspicuous dress. **Connaître qn de v.,** to know s.o. by sight. **Garder qn à v.,** to keep a close watch on s.o. **Perdre qn de v.,** (i) to lose sight of s.o.; (ii) to lose touch with s.o. **A perte de v.,** as far as the eye can reach. **Mettre en v.,** to bring to the fore. **Personnes les plus en v.,** people most in the public eye. **Faire qch. à la v. de tous,** to do sth. in sight of everybody. **Se tenir hors de v.,** to keep out of sight. **A v. d'œil,** (i) at a rough estimate; (ii) visibly. *(b) Psychics:* **Seconde v.,** second sight. **2.** *(a)* View. **Vues saines,** sound views. *(b)* View, survey. **La v. n'en coûte rien,** it costs nothing to look at it. **Dessin à v.,** free-hand drawing. **3.** **A la v. de qn,** at the sight of s.o. **A première v.,** at first sight, off-hand. *Mus:* **Lecture à v.,** reading at sight. **A v., en v., de terre,** (with)in sight of land. S.a. NEZ 1. *Com:* **Payable à v.,** payable at sight. **A sept jours de v.,** seven days after sight. **4.** View. *(a)* Prospect, outlook. **Chambre qui a v., qui prend v., sur le jardin,** room that looks out on the garden. **V. en coupe,** sectional drawing, cross-section. **Vues de Paris,** views of Paris. **Voir qch. sous un autre point de v.,** to see sth. in another light. **Échappée de v.,** vista. S.a. OISEAU 1, POINT[1] 3. *(b)* Window, light (of house). *Jur:* **Droit de vues,** ancient lights. **Condamner les vues,** to block up the windows. *(c)* Intention, purpose, design. **Entrer dans les vues de qn,** to agree with s.o.'s views. **Avoir qch. en v.,** to have sth. in view. **Avoir des vues pour qn,** to have plans for s.o.'s future. **Avoir des vues sur qn,** to have designs on s.o. *Prep.phr.* **En v. de,** with a view to. **Travailler en v. de l'avenir,** to work with an eye to the future. **En v. de plaire,** with a view to pleasing, in order to please. **5.** *(a)* **V. (pour projections),** (lantern-) slide. *(b) Cin:* **Prendre les vues,** to shoot the film.

vulcanisation [vylkanizasjɔ̃], *s.f. Ind:* Vulcanization (of rubber).

vulcaniser [vylkanize], *v.tr. Ind:* *(a)* To vulcanize, to cure (rubber). *(b)* To haskinize (wood).

vulcanite [vylkanit], *s.f.* Vulcanite, ebonite.

vulgaire [vylgɛːr]. **1.** *a.* Vulgar. *(a)* Common, everyday (custom). **Nom v. (d'une plante),** common name (of a plant). **Langue v.,** vernacular. *(b)* Low, unrefined, coarse. **2.** *s.m.* *(a)* **Le v.,** the common people. *(b)* **Donner dans le v.,** to lapse into vulgarity. *adv.* **-ment.**

vulgarisateur, -trice [vylgarizatœːr, -tris], *s.* Popularizer (of knowledge).

vulgarisation [vylgarizasjɔ̃], *s.f.* Popularization (of knowledge). **Ouvrage de v.,** popular work, popular treatise.

vulgariser [vylgarize], *v.tr.* **1.** To popularize (knowledge). **2.** To coarsen, vulgarize.

se vulgariser, to grow vulgar.

vulgarisme [vylgarism], *s.m.* Vulgarism.

vulgarité [vylgarite], *s.f.* Vulgarity.

vulnérabilité [vylnɛrabilite], *s.f.* Vulnerability.

vulnérable [vylnɛrabl], *a.* Vulnerable.

vulnéraire [vylnerɛːr], *s.f. Bot:* Kidney vetch, woundwort.

vulpin [vylpɛ̃], *s.m. Bot:* Foxtail (grass).

vulve [vylv], *s.f. Anat:* Vulva.

W, w (double v) [dubləve], *s.m.* (The letter) W, w. *Tp:* **W comme William,** W for William.
wagnérien, -ienne [vagnerjɛ̃, -jɛn], *a. & s. Mus:* Wagnerian.
wagon [vagɔ̃], *s.m. Rail:* Carriage, coach, car (for passengers); waggon, truck (for goods). **W. à bestiaux,** cattle-truck. **W. à chevaux,** horse-box. **W. frigorifique,** refrigerator car. **W. détaché,** slip-coach. **W. de groupage,** through-coach. **Monter en w.,** to get into the train.

NOTE. In the following compounds both nouns add s in the plural.

wagon-bar [vagɔ̃baːr], *s.m.* Refreshment-car.
wagon-citerne [vagɔ̃sitɛrn], *s.m.* Tank-car, tank-waggon.
wagon-couloir [vagɔ̃kulwaːr], *s.m.* Corridor coach
wagon-foudre [vagɔ̃fudr], *s.m. Rail:* Tank-car, tank-waggon.
wagon-lit [vagɔ̃li], *s.m.* Sleeping-car; *F:* sleeper.
wagon(n)et [vagɔnɛ], *s.m. Min:* Tip-truck, tip-waggon.
wagon-poste [vagɔ̃pɔst], *s.m.* Mail-van. *pl. Des wagons-poste.*
wagon-restaurant [vagɔ̃rɛstɔrɑ̃], *s.m.* Restaurant-car; dining-car.
walk-over [wɔlkɔvœːr], *s.m. Sp:* Walk-over. *pl. Des walk-overs.*
Walkyrie [valkiri], *s.f. Myth:* Valkyrie.
wallace [valas], *s.f. F:* (Also **Fontaine W.**) Drinking-fountain (of which a number were presented to Paris by Sir Richard Wallace).
wallon, -onne [valɔ̃, -ɔn]. **1.** *a. & s. Ethn:* Walloon. **2.** *s.m. Ling:* Walloon.
wapiti [wapiti], *s.m. Z:* Wapiti, American elk.
warrant [warɑ̃ːt, varɑ̃ːt], *s.m. Com: Jur:* (Warehouse or dock) warrant. **W. en marchandises,** produce warrant.
warrant|er [varɑ̃te], *v.tr. Com:* To issue a warehouse warrant for (goods). **Marchandises warrantées,** goods covered by a warehouse warrant. *s.m.* **-age.**
wassingue [vasɛ̃ːg], *s.f.* Floor cloth.
water [watɛr, *P:* vatɛr], *s.m. usu. in pl. F:* **Où sont les waters?** Where is the toilet?
wateringue [vatərɛ̃ːg], *s.f.* (In N. France and Low Countries) **1.** Drainage-works. **2.** Draining syndicate.
water-polo [watɛːrpolo], *s.m.* Water-polo.
waterproof [watɛrpruf], *s.m.* Waterproof (coat); raincoat.
watt [wat], *s.m. El.Meas:* Watt, ampere-volt.
wattage [wataːʒ], *s.m. El.E:* Wattage.
watt-heure [watœːr], *s.m. El.Meas:* Watt-hour. *pl. Des watt-heures.*
wattman [watman], *s.m.* Driver (of tram or electric train). *pl. Des wattmen* [watmɛn].
wattmètre [watmɛtr], *s.m. El.E:* Watt-hour meter; wattmeter.
W.C. [dubləvese, vese], *s.m. usu. in pl.:* **les w.c.,** W.C., lavatory, toilet.
week-end [wikɛnd], *s.m.* Week-end. *pl. Des week-ends.*
weekendard [wikɛndaːr], *s.m. F:* Week-ender.
wesleyen, -enne [wɛslejɛ̃, -ɛn], *a. & s.* Wesleyan.
western [wɛstɛrn], *s.m. F: Cin:* Western.
Westphalie [vɛsfali], *Pr.n.f. Geog:* Westphalia.
wharf [warf], *s.m.* Wharf.
whisky [wiski], *s.m.* Whisky. *pl. Des whiskys.*
whist [wist], *s.m.* Whist. **W. à trois avec un mort,** dummy whist.
wigwam [wigwam], *s.m* Wigwam.
wisigoth, -othe [vizigo, -ɔt]. *Hist:* **1.** *a.* Visigothic. **2.** *s.* Visigoth.
wolfram [vɔlfram], *s.m. Miner:* Wolfram; tungsten ore.

X, x [iks], *s.m.* (The letter) X, x. *Jur:* = person or persons unknown. *Ph:* **Rayons X,** X rays. **Passer aux rayons X,** to X ray. *F:* **L'X,** the *École polytechnique.* **Un X,** a cadet of that school. *Tp:* **X comme Xavier,** X for Xmas.
xanthéine [gzɑ̃tein], *s.f. Ch:* Xanthein.
xanthine [gzɑ̃tin], *s.f. Ch:* Xanthin(e).
xanthophylle [gzɑ̃tɔfil], *s.f. Ch: Bot:* Xanthophyll.
xénon [ksenɔ̃], *s.m. Ch:* Xenon.
xénophobe [ksenɔfɔb], *a. & s.* Xenophobe.
xénophobie [ksenɔfɔbi], *s.f.* Xenophobia.
xéranthème [kserɑ̃tɛm], *s.m. Bot:* Xeranthemum.
Xérès [kerɛs, gzerɛs]. **1.** *Pr.n. Geog:* Jerez. **2.** *s.m.* (Also **vin de X.**) Sherry.
xérodermie [kserɔdɛrmi], *s.f. Med:* Xeroderm(i)a.
xi [ksi], *s.m. Gr.Alph:* Xi.
xiphias [ksifjɑːs], *s.m. Ich:* Xiphias, sword-fish.
xiphoïde [ksifɔid], *a. Anat:* Xiphoid, ensiform. **L'appendice x.,** the xiphoid appendage, cartilage, or process; the xiphoid.
xylographe [ksilɔgraf], *s.m.* Wood-engraver.
xylographie [ksilɔgrafi], *s.f.* **1.** Xylography, wood-engraving. **2.** Xylograph, wood-cut.
xylophone [ksilɔfɔn], *s.m. Mus:* Xylophone.
xystre [ksistr], *s.m. Surg: Dent:* Xyster.

Y, y[1] **(i grec)** [igrɛk], *s.m.* (The letter) Y, y. *Tp:* **Y comme Yvonne,** Y for yellow.

y[2] [i], *adv. & pron.* **1.** *adv.* There; here; thither. **Est-il à Paris?—Oui, il y est,** is he in Paris?—Yes, he is (there). *F:* **J'y suis, j'y reste!** here I am and here I stay! **Madame y est-elle?** is Mrs X at home? **En quittant la table j'y laissai ma lettre,** when I got up from the table I left my letter on it. *F:* **Ah, j'y suis!** ah, now I understand! I have got it, I have it! I follow you, I get you. **Y êtes-vous?** (i) *F:* do you get it? (ii) are you ready? **Vous n'y êtes pas du tout,** you are all at sea. *F:* **Vous y êtes!** You've hit the nail on the head! **Pendant que vous y êtes,** while you are about it. **2.** *pron.inv.* (*a*) **J'y pense sans cesse,** I am always thinking of it. **Pendant que j'y pense,** by the way, by the by, while I think of it. **J'y gagnerai,** I shall gain by it. **Je m'y attendais,** I expected as much. (*b*) (Standing for clause governed by **à**) **Venez nous voir.—Je n'y manquerai pas,** come and see us.—I shall not fail to do so. (*c*) (Standing for person just mentioned) **Pensez-vous à lui?—Oui, j'y pense,** do you think of him?—Yes, I do. **Cet homme-là, ne vous y fiez pas!** Don't trust that man! **3.** (Indeterminate uses) **Je vous y prends!** I have caught you (in the act)! **Ça y est** [sajɛ]! (i) it's done! that's it! (ii) all right! done! (iii) there now, I was sure it would happen! I knew it! **Il y est pour quelque chose,** he has a hand in it. **Je n'y suis pour rien,** I have nothing at all to do with it, I had no part in it. S.a. ALLER I 6, 7, AVOIR 8, FAIRE IV. 2. **4. Vas-y** [vazi], (i) go there, (ii) go ahead, get on with it! **Penses-y** [pɑ̃szi], think of it.

yacht [jak(t), jɔt], *s.m.* *Nau:* Yacht. **Y. de plaisance** pleasure yacht. **Croisière en yacht,** yachting cruise.

yachteur [jatœːr, jɔtœːr], *s.m.* Yachtsman.

yachting [jɔtiŋ, jaktiŋ], *s.m.* Yachting, sailing.

ya(c)k [jak], *s.m.* *Z:* Yak.

ya(h)ourt [jaurt], *s.m.* *Comest:* Yaourt, yogurt. *Aut: F:* **Pot de y.,** bubble-car.

yankee [jɑ̃ki]. **1.** *s.m.* Yankee. **2.** *a.* **La littérature yankee,** American literature.

yatagan [jatagɑ̃], *s.m.* Yataghan.

yearling [jœːrliŋ], *s.m.* Yearling (thoroughbred horse).

yeuse [jøːz], *s.f.* *Bot:* Ilex, holm-oak, holly-oak.

yeux. See ŒIL.

yod [jɔd], *s.m.* *Ling:* Yod.

yodler [jɔdle], *v.i.* *Mus:* To yodel.

yog(h)ourt(h) [jɔgurt], *s.m.* = YA(H)OURT.

yole [jɔl], *s.f.* *Nau:* Gig, skiff, yawl. **Y. d'amiral,** galley.

yoleur [jɔlœːr], *s.m.* *Nau:* Gigsman.

youdi [judi], *s.m.* (In N. Africa) Jew.

yougoslave [jugɔslaːv], *a. & s.* *Geog:* Yugoslav.

Yougoslavie (la) [lajugɔslavi]. *Pr.n.f.* *Geog:* Yugo-Slavia, Jugo-Slavia.

youpin, -ine [jupɛ̃, -in], *s.* *P:* Sheeny, Yid.

youyou [juju], *s.m.* *Nau:* Dinghy. *pl. Des youyous.*

ypérite [iperit], *s.f.* *Ch:* Yperite; mustard-gas.

ypréau, -aux [ipreo], *s.m.* *Bot:* **1.** Broad-leaved elm, wych-elm. **2.** White poplar.

yttrium [itriɔm], *s.m.* *Ch:* Yttrium.

yucca [juka], *s.m.* *Bot:* Yucca.

Z, z [zɛd], *s.m.* (The letter) Z, z. *Tp:* **Z comme Zoé,** Z for zebra.
zabre [zɑ:br], *s.m. Ent:* Zabrus; caraboid beetle.
zagaie [zagɛ], *s.f.* = SAGAIE.
zain [zɛ̃], *a.m.* Whole-coloured (horse, with no white hairs).
Zambèze (le) [ləzɑ̃bɛ:z]. *Pr.n.m. Geog:* The Zambezi (river).
zèbre [zɛbr], *s.m.* **1.** Zebra. **2.** *F:* **Qu'est-ce que c'est que ces zèbres-là?** Who are those chaps?
zébré [zebre], *a.* Striped (de, with).
zébrer [zebre], *v.tr.* **(je zèbre; je zébrerai)** To mark (sth.) with stripes; to streak.
zébrure [zebry:r], *s.f.* **1.** Stripe. **2.** (Series of) stripes; zebra markings.
zébu [zeby], *s.m. Z:* Zebu; humped ox.
zédoaire [zedɔɛ:r], *s.f. Bot:* Zedoary.
zée [ze], *s.m. Ich:* Zeus. **Zée forgeron,** (John) Dory.
Zélande [zelɑ̃:d]. *Pr.n.f. Geog:* Zealand (Holland).
zélateur, -trice [zelatœ:r, -tris]. **1.** *s.* Zealot. **Z. d'une cause,** enthusiastic worker for a cause. **2.** *a.* Zealous.
zèle [zɛ:l], *s.m.* Zeal, ardour (pour, for). **Avec z.,** zealously. **Brûler de z. pour qch.,** to be fired with enthusiasm for sth. **Faux z.,** misguided zeal. *F:* **Faire du z.,** (i) to make a show of zeal; (ii) to go beyond one's orders.
zélé, -ée [zele], *a. & s.* Zealous. **Trop z.,** over-zealous. **Peu z.,** *F:* slack, remiss.
zélote [zelɔt], *s.m. B.Hist:* Zealot.
zénana [zenana], *s.m.* **1.** (In India) Zenana. **2.** *Tex:* Zenana(-cloth).
zénith [zenit], *s.m.* Zenith. **Parvenu au z. de sa gloire,** having reached the zenith of his fame.
zéolit(h)e [zeɔlit], *s.f. Miner:* Zeolite.
zéphire [zefir], *a.* **Laine z.,** *s.m.* **zéphire,** zephyr.
zéphyr [zefi:r], *s.m.* (a) *Myth:* Zephyr, the West Wind. (b) Balmy breeze; zephyr.
zeppelin [zɛplɛ̃], *s.m. Aer:* Zeppelin.
zéro [zero], *s.m.* **1.** Cipher, nought. *Tp:* 0 [ou]. *F:* **C'est un z.,** he is a mere cipher, a nonentity, a nobody. *Ten:* **Trois à z.,** three love. **2.** Starting point, zero (of various scales). **Point z.,** zero point. S.a. ABSOLU. **Correction du z., mise au point z.,** index correction, initial adjustment (of surveying instrument, etc.). **Z. (la barre),** helm amidships. *El.E:* **"Z.",** 'off' (on electric stove, etc.). **Partir de z.,** to start from scratch.
zérotage [zerɔta:ʒ], *s.m.* Calibration (of thermometers, etc.); determination of the zero point.
zest [zɛst]. **1.** *int. A:* Pish! tush! **2.** *s.m.* **Être entre le zist et le z.,** to be neither one thing nor the other; to be betwixt and between.
zeste [zɛst], *s.m.* (a) *Cu:* Zest, outer skin (of orange). (b) Partition quartering the kernel (of walnut). *F:* **Cela ne vaut pas un z.,** it is not worth a straw.
zester [zɛste], *v.tr.* To peel the outer skin off (lemon, orange).
zesteuse [zɛstø:z], *s.f.* Orange-peeler; lemon-peeler.
zêta [zɛta], *s.m. Gr.Alph:* Zeta.
zeugme [zø:gm], **zeugma** [zøgma], *s.m. Gram: Rh:* Zeugma.
Zeus [zø:s]. *Pr.n.m. Myth:* Zeus.
zézaiement [zezɛmɑ̃], **zézayement** [zezɛjmɑ̃], *s.m.* Lisping, lisp.
zézayer [zezɛje], *v.i. & tr.* **(je zézaie, je zézaye; je zézaierai, je zézayerai)** To lisp.
zibeline [ziblin], *s.f.* **1.** *Z:* **(Martre) z.,** sable. **2.** *Cost:* Sable (fur).
zig, zigue [zig], *s.m. P:* Fellow, chap. Esp. **Un bon z.,** a decent chap.
zigoto [zigɔto], *s.m. P:* **C'est un drôle de z.,** he is a queer customer. **Faire le z.,** to play the fool.
zigouiller [ziguje], *v.tr. P:* To kill, murder, knife (s.o.); to bayonet (s.o.).
zigzag [zigzag], *s.m.* Zigzag. **Éclair en z.,** forked lightning. **Tranchées en z.,** zigzag trenches. **Faire des zigzags,** to stagger along (when tipsy); to zigzag along. *Nau:* **Faire route en z.,** to steer a zigzag course. **La route fait des zigzags,** the road runs zigzag, twists and turns. *Mec.E:* **Disposés en z.,** staggered (rivets, etc.).
zigzagu|er [zigzage], *v.i.* (a) To zigzag. (b) To drive erratically. *s.m.* **-ement.**
zinc [zɛ̃:g], *s.m.* **1.** Zinc. *Com:* Spelter. **Poussière de z.,** zinc powder. **Z. à souder,** spelter solder. **Galvanisation au gris de z.,** sherardizing. *Pharm:* **Pommade à l'oxyde de z.,** zinc-ointment. S.a. BLANC II. 4. **2.** *P:* (Zinc) counter (of public-house); bar. **3.** **Gravure sur z.,** zincograph. **4.** *Av: P:* Aeroplane.
zincographie [zɛ̃kɔgrafi], *s.f.* Zincography.
zincogravure [zɛ̃kɔgravy:r], *s.f. Phot.Engr:* **1.** Zincography. **2.** (a) Zincograph, zincotype. (b) Zinc block; *F:* zinco.
zingaro [zɛ̃garo], *s.m.* Gipsy, zingaro. *pl. Des zingari.*
zing|uer [zɛ̃ge], *v.tr.* **1.** To cover (roof, etc.) with zinc. **2.** *Metall:* To coat with zinc; to zinc; *F:* to galvanize (iron). **Fer z.,** *F:* galvanized iron. *s.m.* **-age.**
zinguerie [zɛ̃gri], *s.f.* **1.** Zinc-works. **2.** Zinc-trade. **3.** Zinc-ware.
zingueur [zɛ̃gœ:r], *s.m.* (a) Zinc-worker. (b) Zinc-roofer.
zinnia [zinja], *s.m. Bot:* Zinnia.
zinzolin, -ine [zɛ̃zɔlɛ̃, -in], *a. & s.m.* Reddish purple.
zircon [zirkɔ̃], *s.m. Miner:* Zircon.
zirconium [zirkɔnjɔm], *s.m. Ch:* Zirconium.
zist [zist], *s.m.* See ZEST.
zizanie [zizani], *s.f.* (a) *A:* Tare, darnel. (b) Discord. **Semer la z. entre les familles,** to sow discord between families. **Perpétuellement en z.,** perpetually quarrelling, at loggerheads.
zoanthaires [zɔɑ̃tɛ:r], *s.m.pl. Coel:* Zoantharia.
zodiacal, -aux [zɔdjakal, -o], *a. Astr:* Zodiacal (star, light).
zodiaque [zɔdjak], *s.m.* **Le z.,** the zodiac.
Zoé [zɔe]. **1.** *Pr.n.f.* Zoe. **2.** *F:* Nickname for the atomic pile.
Zoïle [zɔil]. *Pr.n.m. Lit:* (a) Zoilus (severe critic of Homeric poems). (b) *s.m. F:* Ill-natured critic, criticaster.
zona [zɔna], *s.m. Med:* Shingles, zona.
zonal, -aux [zɔnal, -o], *a.* Zonal.
zone [zo:n], *s.f.* Zone. (a) *Geom:* **Z. sphérique,** spherical zone. (b) *Geog:* **Z. torride,** torrid zone. **Z. des alizés,** trade-wind belt. **Z. houillère,** coal belt. *Meteor:* **Z. de dépression,** trough (of low pressure). (c) *Adm: etc:* **Z. frontière,** frontier zone. **Z. verte,** green belt. **Z. postale,** postal area. *Pol.Ec:* **Z. sterling,** sterling area. *Pol:* **Z. d'influence,** sphere of influence. *Aut:* **Z. bleue** = pink zone. *Vit:* **Champagne de deuxième, seconde, z.,** non-vintage champagne. (d) *Mil:* **Z. militaire,** military area. (In war) **La z. des armées,** the war zone, the army zone. (e) *F:* **La Z.,** the outskirts of Paris (outside old line of fortifications). (f) *W.Tel:* **Z. de silence,** skip, silent zone.
zonier, -ière [zonje, -jɛ:r]. **1.** *s.* Inhabitants of the "zone," the outskirts of Paris. **2.** *a.* Relating to a frontier zone.
zoo [zɔ, zoo], *s.m. F:* Zoo.
zooglée [zɔɔgle], *s.f. Biol:* Zooglœa.
zoolithe [zɔɔlit], *s.m.* Zoolite.
zoologie [zɔɔlɔʒi], *s.f.* Zoology.
zoologique [zɔɔlɔʒik], *a.* Zoological. **Jardin z.,** zoological garden(s), *F:* zoo.
zoologiste [zɔɔlɔʒist], *s.m.* Zoologist.
zoophage [zɔɔfa:ʒ]. **1.** *a.* Zoophagous, carnivorous. **2.** *s.m.* Zoophagan. *pl.* **Les zoophages,** the zoophaga.
zoophytes [zɔɔfit], *s.m.pl. Biol:* Zoophytes, zoophyta; phytozoa.
zoospore [zɔɔspɔ:r], *s.f. Biol:* Zoospore, swarm-spore.
zootrope [zɔɔtrɔp], *s.m. Toys:* Zootrope, zoetrope; wheel of life.

zostère [zɔstɛːr], *s.f. Bot:* Grass-wrack, sea-wrack, sea-grass; zostera.
zouave [zwaːv], *s.m. Mil:* Zouave. *F:* **Faire le z.**, to play the fool.
zoulou [zulu], *a. & s.* Usu. *inv. in f.* Zulu. *pl. Des zoulous.*
zozoter [zɔzɔte], *v.i. F:* = ZÉZAYER.
zut [zyt], *int. P:* (*a*) (Of disappointment, anger) Hang it all! dash (it)! (*b*) (Of contempt) Rats! shut up! (*c*) I can't be bothered! *F:* **Avoir un œil qui dit z. à l'autre,** to squint.
Zuyderzée (le) [ləzɥidɛrze]. *Pr.n. Geog:* The Zuyder Zee.
zyeuter [zjøte], *v.tr. P:* To have a look, a squint, at (sth.). **Zyeute-moi ça!** just look at that!
zygomatique [zigɔmatik], *a. Anat:* **L'arcade z.**, the zygomatic arch.
zymase [zimɑːz], *s.f. Ch:* Zymase.
zymologie [zimɔlɔʒi], *s.f.* Zymology.
zymotique [zimɔtik], *a. Med:* Zymotic.

COMMON ABBREVIATIONS

A., *Clockm: Avancer*, fast.
a., *Meas:* Are.
a.b.s., *Post: Aux bon soins (de)*, c/o.
a.c., *Com: Argent comptant*, ready money.
ac., *Com: Acompte*, payment on account.
A.C.F., *Automobile Club de France.*
act., *Fin: Action*, share.
ad(r)., *Adresse*, address. **Adr. tél.**, *adresse télégraphique*, telegraphic address.
A. & M., *Arts et Métiers*, see MÉTIER.
A.F., *Allocations familiales*, family allowances.
A.F.A.T., *Auxiliaires féminines de l'armée de terre* = W.R.A.C.
A.-M., *Alpes-Maritimes.*
amp., *El: Ampère*, ampere.
A.P., *Assistance publique*, national assistance.
ap(r).J.C., *Après Jésus-Christ*, anno Domini, A.D.
AR., *Aut: Arrière*, rear.
arrt., *Adm: Arrondissement*, district.
a/s., *Post: Aux soins de*, care of, c/o.
A.S., *Adm: Assurances sociales*, social insurance.
A.T., *Ancien Testament*, Old Testament.
auj., *Aujourd'hui*, to-day.
av., **1.** *Avenue*, Avenue. **2.** *Book-k: Avoir*, credit.
AV., *Aut: Avant*, front.
av.J.-C., *Avant Jésus-Christ*, before Christ, B.C.

B.-A. *Basses-Alpes.*
B.A. (*Boy Scouts*) *Bonne action*, good deed.
b. à p., *Com: Billet à payer*, bill payable.
b. à r., *Com: Billet à recevoir*, bill receivable.
Bches-du-R., **B.-du-R.**, *Bouches-du-Rhône.*
B.C.G., *Med:* Bacille Calmette-Guérin.
bd., *Boulevard*, Boulevard.
B.E.G., *Brevet d'enseignement général.*
B.E.P.C., *Sch: Brevet d'études du premier cycle* (*du second degré*).
B.F., *Banque de France*, Bank of France.
B.I.T., *Bureau international du travail*, International Labour Organisation, I.L.O.
B.N., *Bibliothèque nationale.*
B.O., *Bulletin officiel.*
boul., *Boulevard*, Boulevard.
B.-P., *Basses-Pyrénées.*
B.P.F., *Fin: Bon pour francs*, value in francs.
B.-Rh., *Bas-Rhin.*
B.S.G.D.G., *Breveté sans garantie du Gouvernement*, patent.
bté., *Breveté*, patent.
Bx.-A., *Beaux-Arts.*

c., **1.** *Cent*, hundred. **2.** *Meas: Centimètre.* **3.** *Num: Centime.* **4.** *St.Exch:* (*a*) *Coupon.* (*b*) *Coupure*, denomination. (*c*) *Cours*, quotation. **5.** *Contre*, versus, v.
ca., *Meas: Centiare.*
c.-à-d., *C'est-à-dire*, that is to say, i.e.
C.A.F., *Com: Coût, assurance, fret*, cost, insurance and freight, C.I.F.
cal., *Ph: Petite calorie*, gramme calory.
Cal., *Ph: Grande calorie* (large, great) calory.
C.A.P., *Sch:* **1.** *Certificat d'aptitude pédagogique* (*enseignement primaire*). **2.** *Certificat d'aptitude professionnelle.*
C.A.P.E.S., [kapɛs], *Sch: Certificat d'aptitude au professorat de l'enseignement secondaire.*
cart., *Cartonné*, bound in boards.
c. at(t)., *St.Exch: Coupon attaché.*
cc., *Centimètre cube*, cubic centimetre, cc.
C.C., *Corps consulaire.*
C.C.P., *Compte courant postal.*
C.D., *Corps diplomatique.*
C.-du-N., *Côtes-du-Nord.*
C.E.C.A., *Communauté européenne du charbon et de l'acier*, E.C.S.C.
C.E.E., *Communauté économique européenne* = common market.
cent., **1.** *Centime.* **2.** *Centiare.*
centig(r)., **1.** *Centigramme.* **2.** *Centigrade.*
centim., Centimètre.
C.E.P., *Sch: Certificat d'études primaires.*
cf., *Confer, voir*, see.
C.F.T.C., *Confédération française des Travailleurs chrétiens.*
cg., *Centigramme.*
C.G.C., *Confédération générale des Cadres.*
c.g.s., *Ph: Centimètre-gramme-seconde.*
C.G.T., **1.** *Confédération générale du Travail.* **2.** *Compagnie générale transatlantique*, French Line.
C.G.T.-F.O., *Confédération générale du travail-force ouvrière.*
ch., **1.** *Chapitre*, chapter. **2.** *Cheval*, horse-power, h.p.
ch. de f., *Chemin de fer*, railway.
ch.-l., *Chef-lieu*, chief town.
Ch.-Mar., **Ch.-Mme**, *Charente-Maritime.*
Cie., *Compagnie*, Company, Co.
cl., *Meas: Centilitre.*
cm., *Centimètre.* **cmq**, **cm^2**, *centimètre carré*, square centimetre, sq. cm., cm^2.
c/m., *St.Exch: Cours moyen*, average quotation.
c/n., *St.Exch: Cours nul*, no dealings.
C.N.P.F., *Conseil national du Patronat français.*
C.N.R.S., *Centre national de la Recherche scientifique.*
C.N.T., *Confédération nationale du travail.*
C.Q.F.D., *Geom: Ce qu'il fallait démontrer*, Q.E.D.
cr., *Book-k: Crédit.*
C.-R.F., *Croix-Rouge Française*, French Red Cross (Society).
C.R.S., *Compagnies républicaines de sécurité*, (in France) State security police.
ct., *Corr: Courant*, instant, inst.
C.U., *Charge utile*, useful load.
c.v., *Mec: Cheval-vapeur*, horse-power, h.p.

D., (*Route*) *départementale* = B road.
D.A.T., *Défense anti-aérienne du territoire.*
D.B., *Division blindée*, armoured division.
D.C.A., *Mil: Défense contre avions*, anti-aircraft defence.
D.D.T., *Ch: Dichlorodiphényl-trichloroéthane*, D.D.T.
del., *Engr: Delineavit.*
D.I., *Division d'infanterie*, infantry division.
div., *St.Exch: Dividende*, dividend.
dm., *Décimètre*, decimetre.
do., Ditto.
D.P., *Défense passive*, civil defence, A.R.P.
D.P.L.G., *diplômé par le Gouvernement* (*architecte*).
Dr., *Docteur*, Doctor.
dt., *Book-k: Doit*, debit.
dz., *Com: Douzaine*, dozen.

E., *Est*, east, E.
Éd., *Édition.*
É.d.F., *Électricité de France.*
E.-et-L., *Eure-et-Loir.*
É.G.d.F., *Électricité Gaz de France.*
É.M., *Mil: État-major*, H.Q., headquarters.
env., *Environ*, about.
e.o.o.e., **e. & o.e.**, *Book-k: Erreur ou omission exceptée* errors and omissions excepted, E. & O.E.
É.O.R., *Mil: Élève officier de réserve*, cadet.
Esc., *Fin: Escompte*, discount.
E.S.E., *Est-sud-est.*, East-South-East, E.S.E.
Établ., *Com: Établissement*, company.
É.-U., *États-Unis*, United States.
E.V., *Post: En ville*, local.
ex., **1.** *Exemple*, example. **2.** *Book-k: Exercice*, year's trading. *St. Exch:* **Ex. att.**, *exercice attaché*, cum dividend.
ex-c(oup)., *St. Exch: Ex-coupon.*
&, *Et commercial*, ampersand.
ex-d., *St.Exch: Ex-dividende*, ex-dividend.

F., *Franc(s)*, franc(s).
f. à b., *Com: Franco à bord*, free on board, f.o.b.
Faub., *Faubourg*, suburb.
f. c(t)., *Corr: Fin courant*, at the end of this month.
fco, *Com: Franco*, free of charge, carriage paid.
F.F.I., *Hist: Forces françaises de l'intérieur*, French Forces of the Interior.
F.F.L., *Hist: Forces françaises libres*, Free French Forces.
fig., **1.** *Figure*, illustration, figure, fig. **2.** *Figuré*, figurative, fig.
F.M., **1.** *Fusil mitrailleur*. **2.** *Post: Franchise militaire*, forces (free) mail.
F.M.I., *Fin:* I.M.F.
f^{o}., *Folio*.
fr(s)., *Franc(s)*, franc(s).
Fr., *Ecc: Frère*, Brother.
F.S., *Post: Faire suivre*, please forward.

g., **1.** *Gauche*, left. **2.** *Meas: Gramme*, gramme.
Gar., *Garonne*.
G.C., *A: (Route de) grande communication* = B Road.
G(r).C., *Grand'croix*, Grand Cross (of the Legion of Honour).
G. de F., *Gaz de France*.
Gir., *Gironde*.
G.Q.G., *Mil: Grand Quartier général*, General Headquarters, G.H.Q.
G.V., *Rail: O: Grande vitesse*, per passenger train.

ha., Hectare.
H.-A., *Hautes-Alpes*.
H.C., **1.** *Hors concours*, not competing. **2.** *Mil: Hors cadre*, not on the strength.
H.E.C., *(École des) hautes études commerciales*.
H.-G., *Haute-Garonne*.
hl., Hectolitre.
H.-L., *Haute-Loire*.
H.L.M., *Habitations à loyer modéré*.
hm., *Meas: Hectomètre*, hectometre.
H.-M., *Haute-Marne*.
H.-P., *Hautes-Pyrénées*.
H.-Rh., *Haut-Rhin*.
H.-Sav., *Haute-Savoie*.
H.-V., *Haute-Vienne*.

ibid., *Ibidem*, ibidem.
id., *Idem*, idem.
I.-et-L., *Indre-et-Loire*.
I.-et-V., *Ille-et-Vilaine*.
I.G.A.M.E., *Inspecteur général de l'administration en mission extraordinaire*.
I.H.S., *Jésus* (from Greek ΙΗΣΟΥΣ).
ing(én)., *Ingénieur*, engineer.
I.N.R.I., *Ecc: Iesus Nazarenus Rex Iudaeorum*, Jesus of Nazareth, King of the Jews.

J., *Mil: Jour* = zero day.
J.A.C., *Jeunesse agricole catholique*.
J.-B., *Jean-Baptiste*.
J.-C., *Jésus Christ*, Jesus Christ.
J.E.C., *Jeunesse étudiante catholique*.
J.-J., *Jean-Jacques*.
J.O., *Journal Officiel*.
J.O.C., *Jeunesse ouvrière catholique*.

kg., *Meas: Kilogramme*, kilogramme.
km., *Meas: Kilomètre*, kilometre.
kW., *El: Kilowatt*, kilowatt.
kWh., *El: Kilowatt(s)-heure*, kilowatt-hour(s).

l., *Litre*.
lat., *Latitude*.
L. en D., *Licencié en Droit* = LL.B.
L. ès L., *Licencié ès Lettres* = B.A.
L. ès Sc., *Licencié ès Sciences* = B.Sc.
L.-et-C., *Loir-et-Cher*.
L.-et-G., *Lot-et-Garonne*.
Lieut., *Mil: Lieutenant*, Lieut.
liq., *St.Exch: Liquidation*, settlement. **Liq. pro.**, *liquidation prochaine*, next account.
LL. AA. II., *Leurs Altesses Impériales*, Their Imperial Highnesses.
LL.AA.RR., *Leurs Altesses Royales*, Their Royal Highnesses.
LL. EE(M)., *Leurs Éminences*, Their Eminences.
LL. EE(xc)., *Leurs Excellences*, Their Excellencies.
LL.MM., *Leurs Majestés*, Their Majesties.
loc. cit., *loco citato*, in the place quoted.
log., *Mth: Logarithme*, logarithm.
long., *Longitude*.
L.S.D., L.S.D. (drug).
Ltée., *Fr.C: Limitée*, Limited (Company).

M., *Monsieur*, Mr.
m., **1.** *Mort*, died. **2.** *Mètre*, metre. **mq.**, **m^{2}**, *mètre carré*, square metre, sq.m., m^{2}. **3.** *Masculin*.
max., *maximum*.
mb., *Meteor: Millibar*, millibar.
mc., *Mètre cube*.
Mc., *Mégacycle*.
M^{e}., *Jur: Maître*, *q.v.*
M.-et-L., *Maine-et-Loire*.
M.-et-M., *Meurthe-et-Moselle*.
mg., *Meas: Milligramme*, milligramme.
Mgr., *Ecc: Monseigneur*, Monsignor.
min., **1.** Minimum. **2.** Minute(s).
Mlle., *Mademoiselle*, Miss.
Mlles., *Mesdemoiselles*, the Misses.
mm., *Millimètre*, millimetre. **mmq.**, **mm^{2}.**, *millimètre carré*, square millimetre.
MM., *Messieurs*, Messrs.
Mme., *Madame*, Mrs.
Mmes., *Mesdames*, Mesdames.
M.P.C., *Sch: Certificat d'études de mathématiques, physique et chimie*.
M.R.P., *Pol: Mouvement républicain populaire*.
MS., *Manuscrit*, manuscript, MS.

N., **1.** *Nord*, north. **2.** *(Route) nationale* = "A" Road.
N.(B.), *Nota bene*, N.B.
N.-D., *Notre-Dame*, Our Lady.
N.d.F., *Nécessité de fermer*.
N.D.L.R., *Note de la Rédaction*.
N.du.T., *Note du traducteur*.
N.-E., *Nord-est*, north-east, N.E.
Nég., *Négociant*, wholesaler.
N.F., *O: Nouveau franc*.
N^{o}., *Numéro*, number.
N.-O., *Nord-ouest*, north-west, N.W.
nom., *Fin: Nominatif*, registered (security).
N.S.J.C., *Notre Seigneur Jésus-Christ*.
N.T., *Nouveau Testament*, New Testament.
N.-W., *Nau: Nord-Ouest*, North-west, N.W.

O., *Ouest*, west, W.
O.E.C.D., *Organisation économique de cooperation et de développement*.
O.E.C.E., *Organisation européenne de coopération économique*, O.E.E.C.
O.N.M., *Office national météorologique*, Central Forecasting Office.
O.N.O., *Ouest-nord-ouest*, west-north-west, W.N.W.
O.N.U., *Organisation des Nations unies*, U.N.O.
O.P., *Ordre des Prêocheurs (Dominicains)*.
op.cit., *Opere citato*, in the work quoted.
O.R.T.F., *Office deRadiodiffusion Télévision française*.
O.S.O., *Ouest-sud-ouest*, west-south-west, W.S.W.
O.T.A.N., *Organisation du Traité de l'Atlantique Nord*, N.A.T.O.
O.T.A.S.E., *Organisation du Traité de l'Asie du Sud-est*, S.E.A.T.O.

p., *Page*, page.
P.A., *Pour ampliation*, true copy.
p.c., *Pour cent*, per cent.
p/c., *Pour compte*, on account.
P.C., **1.** *Poste de commandement*, fighting post of headquarters. **2.** *Parti communiste*.
P.C.B., *Sch: Certificat d'études de physique, chimie et biologie*, medical preliminary examination.
P.C.C., *Pour copie conforme*, true copy.
P.C.V., *Tp: PerCeVoir. Communication avec P.C.V.*, reverse charge call.
p.d., *Port dû*, carriage forward.
P.-de-C., *Pas-de-Calais*.
P.-de-D., *Puy-de-Dôme*.
P. et Ch., *Adm: Ponts et Chaussées*.

p. et p., *Book-k: Profits et pertes*, profit and loss.
P. et T., *Postes et Télecommunications* (formerly *P.T.T., Postes, Télégraphe, Téléphone*) = G.P.O.
p.ex., *Par exemple*, for example, e.g.
p.g.c.d., *Ar: Plus grand commun diviseur*, highest common factor, H.C.F.
P.G., **1.** *Prisonnier de guerre*, P.O.W. **2.** *Paralysie générale.*
P.J., *Police judiciaire.*
pl., *Planche*, full-page illustration.
P.M.(E.), *Préparation militaire (élémentaire)* = Combined Cadet Force, C.C.F.
P.M.S., *Préparation militaire supérieure* = Senior Training Corps.
P.M.U., *Pari mutuel urbain.*
P.O., *Par ordre*, by order.
P.-O., *Pyrénées-Orientales.*
pp., *Pages*, pages, pp.
p.p., **1.** *Port payé*, carriage paid. **2.** *Com: Profits et pertes*, profits and losses.
P.P.C., *Pour prendre congé.*
p.p.c.m., *Ar: Plus petit commun multiple*, lowest common multiple, L.C.M.
P.S., *Post scriptum.*
P.S.V., *Av: Pilotage sans visibilité*, blind flying.
P.V., **1.** *Procès-verbal.* **2.** *Rail: O: Petite vitesse*, per goods train.

Q.G., *Quartier général*, headquarters, H.Q.
qq., **1.** *Quelques*, some. **2.** *Quelqu'un*, someone.
qqf., *Quelquefois*, sometimes.
qx., *quintaux.*

R., *Clockm: Retarder*, slow.
R.A.T.P., *Régie autonome des Transports parisiens*, Paris public transport services.
R. (du) C., *Registre du Commerce*, register of trade.
r.d., *Rive droite*, right bank (of river).
rel., *Publ: Relié*, bound.
remb., *Fin:* **1.** *Remboursable*, redeemable. **2.** *Remboursement*, redemption.
rep., *St.Exch: Report*, contango.
R.F., *République Française*, (the) French Republic.
r.g., *Rive gauche*, left bank (of river).
R.I., *Régiment d'infanterie.*
R.N., *Route nationale* = "A" Road.
R.P., **1.** *Révérend Père*, Reverend Father. **2.** *Pol: Représentation proportionnelle*, proportional representation. **3.** *Post: Recette principale* = head post office.
r.p., *Réponse payée*, reply prepaid,
R.S.V.P., *Répondez s'il vous plaît.*

s/., *Sur.*
S., **1.** *Sud*, south. **2.** *Ecc: Saint.*
S.A., *Com: Société anonyme*, limited company.
S.A.B.E.N.A., *Société anonyme belge d'exploitation de la navigation aérienne.*
S.A.(R.), *Son Altesse (Royale)*, His (Her) (Royal) Highness.
S.A.R.L., *Société à responsabilité limitée* = limited liability company.
s/c., *Sous couvert (de)*, under cover (of).
s.d., *Sans date*, no date.
S.D.N., *Société des Nations*, League of Nations.
S.-E., *Sud-est*, south-east, S.E.
s.e. & o., **s.e. ou o.**, *Com: Sauf erreur ou omission*, errors and omissions excepted.
S.E(m)., *Son Éminence.*
S.-et-L., *Saône-et-Loire.*
S.-et-M., *Seine-et-Marne.*
S.-et-O., *Seine-et-Oise.*
S.E(xc)., *Son Excellence*, His Excellency.
S.E.I.T.A., *Service d'exploitation industrielle des Tabacs et des Allumettes.*
S.F., **1.** *Com: Sans frais*, no expenses. **2.** *Mec.E: Système français*, French system (of screw threads).
S.F.F., *Services féminins de la Flotte*, = W.R.N.S.
S.F.I.O., *Section française de l'Internationale ouvrière.*
S.G., **1.** *Sa Grâce*, His Grace. **2.** *Sa Grandeur*, His Highness.
S.G.D.G., *Sans garantie du Gouvernement*, (patent) without Government guarantee (of quality).
S.H.A.P.E., Supreme Headquarters Allied Powers in Europe, SHAPE.
S.I., *Syndicat d'initiative.*
S.J., *Société de Jésus (Jésuites).*
S.M., *Sa Majesté*, His (Her) Majesty.
S.-Mar., **S.-Mme.**, *Seine-Maritime.*
S.M.I.G., *Salaire minimum interprofessionnel garanti* = Guaranteed minimum wage.
S.N.C.A., *Société nationale des constructions aéronautiques.*
S.N.C.F., *Société nationale des Chemins de fer français.*
s.o., **1.** *Service officiel*, on official service, On Her Majesty's Service. **2.** *Sauf omission*, omissions excepted.
S.-O., *Sud-ouest*, south-west.
S.O.S., *Save our souls, (signal de détresse)*, S.O.S.
S.P., *Ecc: Saint-Père*, Holy Father (the Pope).
S.P.A., *Société protectrice des animaux* = S.P.C.A.
s.-préf., *Sous-préfecture.*
S.R., **1.** *Service de renseignements*, Intelligence department. **2.** *Service de renseignements*, information service.
s/s., *Steam-ship.*
S.S., **1.** *Sa Sainteté*, His Holiness. **2.** *Sa Seigneurie*, His Lordship. **3.** *Sécurité Sociale* = National Insurance.
st., *Stère*, cubic metre (of timber).
Ste., *Sainte.*
Sté., *Com: Société*, Company.
s.v., *St.Exch: Post: Sans valeur*, of no value.
S.V.P., *S'il vous plaît*, if you please.
Succ., *Com: Successeur*, successor.
S.-W., *Nau: Sud-Ouest*, south-west, S.W.

t., **1.** *Tome*, volume. **2.**, *Tonne*, ton.
t.c., *Post: Télégramme collationné*, repetition p... (telegram).
T.C.F., *Touring Club de France.*
tél., **1.** *Télégraphique*, telegraphic. **2.** *Téléphone*, telephone.
T.-et-G., *Tarn-et-Garonne.*
T.O.E., *Mil: Théâtre d'opérations extérieures.*
t.p.m., *Mec.E: Tours par minute*, revolutions per minute, r.p.m.
T.S.F., *Télégraphie sans fil*, wireless telegraphy. *Téléphonie sans fil, F: la T.S.F.*, the wireless. *F: Une T.S.F.*, a wireless set.
T.S.V.P., *Tournez s'il vous plaît*, please turn over, P.T.O.
T.V.A., *Taxe à la valeur ajoutée* = purchase tax.
tx., *Nau: Tonneaux de jauge*, tonnage (of ship).

U.N.C., *Union nationale des Anciens Combattants.*
U.N.E.S.C.O., *Organisation des Nations Unies pour l'Éducation, la Science et la Culture*, the United Nations Educational, Scientific and Cultural Organisation, U.N.E.S.C.O.
U.N.R.R.A., *Administration des Nations Unies pour la reconstruction et l'assistance*, the United Nations Relief and Rehabilitation Administration, U.N.R.R.A.
U.R.S.S., *Union des Républiques Socialistes Soviétiques*, Union of Soviet Socialist Republics; U.S.S.R.
U.S.A., (les), *États-Unis.*

v., **1.** *Voir*, see. **2.** *Votre*, your. **3.** *El: Volt.*
var., *Variante*, variant.
V.E(xc)., *Votre Excellence*, Your Excellency.
vo., *Verso*, back of the page.
vol., *Volume.*
Vve., *Veuve*, widow.

W., **1.** *El: Watt*, watt. **2.** *Nau: Ouest*, west, W.
W.C., **w.c.**, [dubləvese, *F:* vese], *Water-closet*, W.C.
Wh., *El: Watt(s)-heure*, watt-hour(s).
W.L., *Rail: Wagons-lits*, sleeping-cars.
W.R., *Rail: Wagons-restaurants*, dining-cars.

X.P., *Post: Exprès payé*, express paid.

%., *Pour cent*, per cent, %.
‰., *Pour mille*, per thousand, ‰.